禮樂興革部

大清國旗分部

綜　述

清·寶鋆等《籌辦夷務始末（同治朝）》卷九《奕訢等奏請我國師船一律添設黃龍旗摺同治元年閏八月》　恭親王（奕訢）等又奏：

查本年（元年）五月間，據法國公使哥士耆論及外國般隻，向皆豎立各國旗號，易於認識，設有動移其旗幟，即為犯該國之禁，可以據理折服等語。臣等適因湖北、江南，皆有英人與我兵勇鬬毆焚毀兵船等事，屢向理論，而該國詞窮，則以不能識別强辯。當因哥公使既有此論，如我處師船亦一律豎立黃色龍旗，外國果能望而知為官船，不敢輕舉妄動，未始非豫事防維之一法；即或不然，我亦可執彼國之例與之辯論，彼自不能再行曲意狡展。

惟是否有礙行軍，臣等無從懸斷，當經函商曾國藩，屬其議定覆知，儻事屬可行，亦當於龍旗之下另立各營旗號，以示分別等因去後。茲准該督覆稱：各處師船仿照外國豎立旗號之例，概用黃色龍旗，使彼一望即知，不敢妄動，且於行軍無礙。當與湖北、江西各巡撫，暨侍郎彭玉麟、提督楊岳斌會商，嗣後除各營旗幟照常豎立外，應分飭各營另添龍旗一面，擬用三角尖旗，大船直高一丈，小船旗高七八尺，其斜長及下横長各從其便，均用黃色龍旗，龍頭向上等因前來。查臣等所擬師船添設（號旗）［旗號］一節，既據曾國藩咨稱有益公事，無礙行軍，似可通行照辦。除由臣等照會英、法、俄、美等國，暨行令通商大臣薛煥照會布路斯、比利時、大西洋等國外，相應請旨飭下沿海沿江督撫將軍統兵大臣一體遵照。

御批：依議。

附：給英法俄美四國公使照會

為照會事：

查各國船隻，向皆豎立各國旗號，易於認識，遠近一見知為官船，設有動移其旗幟，即為犯禁。中國兵船原有旗幟可認，今復一律添設龍旗一面，其旗用三角尖式，大船直高一丈，小船高七八尺，其斜長及下横長各從其便，均用黃色畫龍，龍頭向上，如此辦理，庶可一望即知，業經奏明奉旨飭下各省水師船，一律照樣辦理在案。為此照會貴大臣，希即行知貴國各路水師及各般隻，嗣後遇有前項黃龍旗幟，即係中國官船，應照外國之例，不准擅動，儻有移動，即照犯禁辦理。無論其因何啓釁及理之長短，均先將犯禁之案從嚴懲辦後，再為理論別事。務希貴大臣查照，嚴為轉飭照辦可也。

《清穆宗實録》卷三〇六　（同治十年二月辛巳）閩浙總督英桂等奏《遵議輪船訓練章程十二條》。一、統領外應派分統，以專責成。一、挑選水師弁兵在船練習。一、弁兵人等技藝精通者，分別給予職銜。一、分泊各口輪船按季互相更調，以期聯絡。一、每年春冬定期操閱，以憑黜陟。一、水手炮手彼此兼練，以求精熟。一、管駕官每旬合操一次。一、廣控輿圖，以資考證。一、頒定一色旗號，以分中外。一、口糧造冊請領，據實報銷。一、稽覈煤斤，以省浮費。一、篷索輪機雜件，隨時修配，船身損壞，應候勘驗修理。下所司知之。

總理海軍事務衙門《北洋海軍章程》第一三章《國旗》　按西洋各國，有國旗、兵船旗、商船旗之別。而國旗又有兵、商之別。大致旗式以方長為貴，斜長次之。同治五年，總理各國事務衙門初定中國旗式，斜幅黃色，中畫飛龍。係為雇船捕盗而用，并未奏明定為萬年國旗。今中國兵商各船日益加增，時與各國交接，自應重定旗式，以崇體制。應將兵船國旗改為長方式，照舊黃色，中畫青色飛龍。各口陸營國旗同式。

清·張之洞《張文襄公公牘未刊稿·咨札·善後局照繪國旗圖式札光緒十五年二月初十日》　為飭遵事。案准欽差會辦海軍事務直隸閤爵督部堂李咨開，照得奏定海軍章程武備條内，國旗一節内開：按西洋各國，有國旗、兵船旗、商船旗之别，而國旗又有兵、商之别。大致旗式以長方為貴，斜長次之。同治五年，總理各國事務衙門初定中國旗式，斜幅黄色，中畫飛龍。係為雇船捕盜而用，并未奏明定為萬年國旗。今中國兵、商各船日益加增，時與各國交接，自應重定旗式，以崇體制，應將兵船國旗改為長方式，照舊黄色，中畫青色飛龍，各口陸營國旗同式等因。當飭天津軍械局妥酌尺寸，照制式樣，呈送核定。去後茲據天津軍械局詳稱：『伏查兵船暨海防炮臺各營升挂黄龍旗，原定斜幅黄龍旗式，用黄羽紗製造，中畫飛龍，因畫龍不能經久，改用藍羽紗鑲嵌五爪飛龍，龍頭向上。茲奉奏定章程，自應遵照憲飭妥酌照制。查黄龍旗為與各國交接而設，旗幅必須較大，方壯觀瞻。其寬長尺寸又須與升挂之處合宜。職局向製斜幅黄龍旗，其寬長尺寸，均照營造尺，分别大小四號，照式製造。現改用長方旗式，應仍仿照辦理。遵經妥細考校，酌擬製造。尺寸分為大小四號：頭號横長一丈五尺六寸，直寬一丈六寸五分；二號横長一丈三尺九寸，直寬九尺五寸；三號横長一丈一尺五寸，直寬七尺六寸；四號横長九尺六寸，直寬六尺三寸。旗式一律照長方，照舊用正黄色羽紗製造。旗中青色飛龍，仍用羽紗照舊制鑲嵌，龍頭向上，五爪，業經製成式樣，呈請核定。轉咨海軍衙門、總理衙門查照立案，并咨行沿海、江各省關，照會東、西洋各國一體知照』等情，到本閣爵大臣，據此相應咨送查照。計大小旗圖四張等因，到本部堂準此。所有送到大小旗圖四張，合就札發札到該局，即便會同營務處查照。將發去各旗圖，分别照會移行沿海地方文武各衙門，及各局所、各臺汛暨管帶兵輪各員弁，一體遵照辦理。并移送藩、臬、運三司，暨呈送撫部院衙門、水陸提督，粤海關一體查照，仍俟辦畢，即將原圖繳還備案。

清・張蔭桓《奏請定國旗形式片》 再准北洋大臣咨會北洋海軍章程國旗一款内開，按西洋各國有國旗、兵船旗、商船旗之别，又有兵商之别。大致旗式以方長為貴，斜長次之。同治五年，總理衙門初定中國旗式斜幅黄色，中畫飛龍，衹為雇船捕盜而用，並未奏明定為萬年國旗。今中國兵商各船日益加增，時與各國交接，自應定旗式以重體制，應將兵船國旗改為長方式，照舊黄色，中畫青色飛龍，各口陸營國旗同式等因。臣奉使海外，例張國旗，而南北美洲每以中國旗式官商一致為詫。蓋諸華商久經循用斜幅龍旗，遇中國慶典及臣出入島境，輙高懸以為榮耀，未便抑令更張，而西俗國旗最為鄭重，亦不宜無所識别。且章程内亦有巡歷外洋與各使臣相涉之事，今北洋海軍國旗既以長方為式，臣在海外敬懸國旗，亦擬用長方式繪畫仍舊。此外各華商仍令永遠遵用斜幅龍旗，以示等差。如蒙俞允，臣即檄飭各口領事官，並照會奉使諸國一體知照奉行。謹奏。光緒十五年四月二十七日奉硃批，該衙門知道。

論説

《申報・海舶旗幟定式同治十二年二月廿日》 北京總理衙門，照會各西國官員，謂中國新定旗式，如三角，色用黄，中畫龍，用藍色。所有福州、上海炮局所製輪舶，及各關口巡河船，均建此旗，以標認識。其船長一百六十尺之下者，該旗長用六尺四寸；其船長在一百六十尺之上者，該旗長用九尺六寸。

《臺灣日日新聞報・普天同慶會積聞一九〇六年七月十七日》 （萬壽令節）厦門商會擬於是日舉行迎會，以為祝嘏。提道憲亦表同情，均出為提倡鼓舞，美其名曰『普天同慶會』。且欲熱鬧三天，從廿五日起，至廿七日止。此外仍須客户懸挂龍旗，衙署鋪設，以壯觀瞻。

康有為《布告百七十餘埠會衆丁未新年元旦舉大慶典告蕆，保皇會改為國民憲政會文一九〇六年十月廿一日》 十八，吾國龍國旗，本於古昔，《詩》稱『龍旗揚揚』，原為天子之用，與國無關。同治初時，新定國旗，乃用黄龍，實為未合。且萬國交通，彼不能喻吾國俗，而在彼以龍為大獸，黄為病旗，不見敬重，反為輕譏，將來在所必改者也。

清・鄒容《革命軍》第五章《革命必去奴隸之根性》 曰國民，曰奴隸。國民强，奴隸亡；國民獨立，奴隸服從。中國黄龍旗之下，有一種若國民非國民，若奴隸非奴隸，雜糅不一，以組織成一大種。謂其為國民乎？吾敢謂羣四萬萬人居者，即具有完全之奴顔妾面，國民乎何有？尊之以國民，其污穢此優美之名詞也孰甚？若然，則以奴隸畀之。吾敢拍手叫絶曰：奴隸者，為中國人不雷同，不普通，獨一無二之徽號！

雜録

張德彝《歐美環游記·合衆國游記》（同治七年四月）初六日乙酉，晴。酉刻，隨志、孫兩欽憲往芒格茉街利克房中赴宴，係總督黑公所約。樓房峻麗，燈燭輝煌，正面高懸大清龍旗與合衆花旗，左右則英法各國彩旗，隨風飄漾，綺浪疊翻。琴瑟鼓鐘，上奏雅樂；杯盤簠簋，下列盛筵。是日官商五百，華商暨六館司事［五十］七人。每人（劇）［醵］金十一圓，計六千二百七十圓。飯畢衆興稱祝。丑初告別，鷄既三唱矣。【略】

（同治七年閏四月）二十八日丙子，晴，午後陰。未初一刻隨志、孫兩欽憲乘車東行數里至教軍場。正面兵房如蜂穴，以木板高搭看臺，中竪合衆國花旗，左右立二中國龍旗。欽憲初到，連施七聲大炮恭迎。有演兵大臣韓闊者，引登看臺，謁見統領并大官百員。是日，演馬步兵千名，號令嚴肅，軍馬整齊。又演救火激筒，筒行如炮，後接皮龍，不需人力，水出如雨。【略】

（同治七年六月）十五日壬戌，天光如昨。寅初睡起，卯正，登『丹呢拉得陸米』輪舟，長約十六七丈，明樓三層，登之可以遠眺，上立大清龍旗。既時開船西北行，走和村河，又名活得遜，寬約三里，左右皆青山緑樹，村鎮田園。東岸有火輪車道，車飛似箭，聲震如雷。午後遇一輪艇，後帶四隻樓船，長皆十餘丈，遍插花旗緑樹枝，過我船時皆摇巾捧冠以示敬。沿途村鎮埔頭十餘處，風平船穩。行四百三十五里，申正至紐邦大市鎮阿爾巴呢地方。下船，乘馬車行數里，入店名『代婁萬貫』，極闊大，樓房數進，左臨火輪車道，右跨街衢。聞是地多産鋼鐵，城内居民約六萬，周十餘里。戌初出店街游，步行數武，土人相見皆瞻望咨嗟，有言日本者，有言越南者，更有言係朝鮮者，明皆對以『那歐齋呢司』，譯言『非也，乃中華人也。』衆聞之喜之。【略】

（同治七年六月廿七日甲戌）後至河岸登小輪船，長十餘丈者，名『貴客禮』。是日街市多插花旗，船上高樹大清龍旗，鼓樂笙簫，疑在天上。客人男女四百餘名前圍後擁，以致騎篷倚舵者幾無餘地。開船時，大小番舶皆鳴哨而賀。入益湖，過炮臺，連放二十一聲大炮。【略】

（同治七年）戊辰七月初三日己卯，陰，細雨如絲。辰初起程，登火輪車東行一百三十二里，午刻至包斯頓。停車後，連放十五聲大炮，有本地官備車來迎。下火輪車，乘雙馬車一十六輛，即刻而發。有馬兵四百，舉刀奏樂，分為二隊，以資護衛。先在包城内外周游六十餘里，一路皆插花旗，間有竪中國黄旗者。男女開窗眺望，免冠摇巾，擊掌飛花，口呼『賀來』。有舉中國雨傘者，有摇中土綉花綢緞者，有鋪紅被列烟具磁盤於窗下者，有戴中土秋帽者。總之，凡有些須華物，無不炫之。沿途人多，竟有騎墻跨脊，攀樹登梯者。申初，游畢下車，有官紳導入『博克爾』店。是夕結彩奏樂，會見通城官紳士商二百餘名，丑初始散。【略】

（同治七年七月）初七日癸未，晴。辰正，隨志、孫兩欽憲乘馬車三十五輛，過十里長橋，至堪布立支。在麻邦另為一邑，城不大，居民十萬，與包城相隔一水，此水與邑同名。是日，邑長帶馬兵二百名來迎。過橋後，前引有馬隊二百名，皆執堅披鋭；次則鄉紳百名，皆錦衣文馴；次則福立美遜黨人一百四十名，皆服黨衣，持黨具如書卷、花旗、銅尺、寶劍等物；次則救火人百名，皆紅衣黑帽，腰纏皮帶，手執鮮花，隨有火機暨各種器具；大車十五輛，車之左右各一紅衣護衛，皆白馬長矛；後護者亦馬隊二百名。以上皆結隊而行，鼓樂迎入城内。街道清水灑塵，家家懸挂花幟，有大書『敬接貴客』者，亦有書『慶賀』者，男女老幼，裝飾一新。車過時男子免冠，女子摇巾，羣呼慶賀。更有女子擲花車内者，花上繫箋書『慶賀中華』四字。緩行數十里至會堂，堂前挂大清龍旗，高懸匾額，文曰『慰望慶賀』。出入重門，登臺少坐，薄欽使與邑長何仁立談數語，互陳敬謝之意。

又《隨使法國記》（同治九年十月）十三日乙巳，晴。早起稍穩，見船面前半木闌竟被海水打壞二丈餘。辰刻抵烟臺住船。距『南潯』一（失）［矢］之地，有輪船名『滿洲』者，上插龍旗，想即志、孫星使由法邦回棹至此也。乃奉崇星使命，駕小舟往謁，得見志、孫星使暨前次同事之鳳夔九、聯春卿、桂冬卿、鄒秋帆諸人。未初大雨，申正止，仍陰。【略】

（同治九年十月）二十四日丙辰，晴。早，挂大清黄龍旗於桅頂，舒卷飄揚，飛空蔽日。

清・何如璋《使東述略》（同治十年十月）丁未，達長崎港。港勢斜趨東南，蜿蜒數十里，如游龍戲海。盡處名野母崎，北則羣島錯布，大小五六，山骨蒼秀，林木森然，雨後嵐翠欲滴，殘冬如春夏時。沿島徐行，恍入山陰道中，應接不暇。古所謂「三神山」，是耶非耶？

船近內口，依戍臺停泊後，施炮二十一聲，桅換日章。日本戍兵，亦挂龍旗，炮如其數。互相為敬，西人所謂儀炮是也。少頃，泰西各兵艦均具儀如款賓然，我船亦依次答之。從宜從俗，古人不廢，記之以覘外邦之制云。

清・李圭《漫游隨録・美會紀略》圭於見聞，誠弗克周詳，然就所及者，亦不憚煩瑣，不揣俚陋，謹列於左：

中國赴會之物，計七百二十箱，值銀約二十萬兩。陳物之地，小於日本，頗不敷用。此非會內與地不均，蓋我國原定僅八千正方尺，初不意來物若是之多也。地居院之西門內，左為智利、秘魯，右為日本、埃及、土耳基，對面為義大利、哪喊、瑞典等國。北向建木質大牌樓一座，上面大書「大清國」三字。横額曰：「物華天寶」。聯曰：「集十八省大觀，天工可奪；慶一百年盛會，友誼斯敦。」此為德君囑圭所擬者。兩旁有東西轅門，上插黃地青龍旗，與官衙一式，極形嚴肅。

清・郭嵩燾《使西紀程》（光緒二年十月）二十日。行次汕頭、碣石。遥望諸山横亙。見有大鐵甲船尾追而至。船主云，水師提督賴得船也。我船升旗，來船見，亦升旗。我船隨下旗。來船漸趨而近，兩船並行，相距可十餘丈。來船船人皆升桅，舟中樂作。我船復升旗。來船横掠船首而過，我船停輪候之，遂揚帆馳去。因詢船主：「升旗何也？」曰：「所以告也。」「彼亦升旗何也？」曰：「報也。猶曰欽差在船，已謹知矣。」「下旗何也？」曰：「既告，則可以下矣。」「彼船人升桅而立，何也？」曰：「示敬也，猶之列隊也。升桅而後可以示遠。樂，所以作軍樂也，以為列隊之節也。」「掠船首而過，何也？」曰：「趨而迎也。停輪者，以示讓也。」彬彬然見禮讓之行焉。中國之不能及，遠矣。

又 《郭嵩燾日記》卷三（光緒二年十一月）十九日。午正，行七百五十六里，在赤道北二十三度五十七分。早過麥加，距海尚一程，即阿剌伯都城也。南岸阿非利加已入努伯亞境，亦回部也，為麥西兼轄之屬國。自新嘉坡近距赤道，日長如春、秋二分時，入紅海北行，日長如故，子、午二時，相為贏縮，視中國爭差一時許。倫敦則差至兩時有奇，蓋當地球極西，見日宜稍遲也。德在初查開各國旗式，略録其大概。如：美利堅旗，長方，横分十三層，六白七紅，近杆處藍地綉金星三十七，其國分三十七部，所以為旗識也。其會合同心旗，長方正藍，周列三十七星。俄羅斯旗，長方，前半正白，斜横藍十字，後半横分白、藍、紅三色。瑞典旗，正藍，黃十字，右角近杆處另一十字，横黃、竪藍，鑲白邊，十字中空處又各分紅、藍二色。日耳曼旗，長方正白，中横黑十字，每畫又分五行，三黑二白，十字中心黑圍內一金鷲，十字右邊上半近杆處，另横分黑、白、紅三色，中心又一白邊黑十字。丹國旗，長方，正紅，白十字。法（藍）［蘭］西旗，長方，竪分三行，前藍、後紅、中白。英吉利旗，長方，正藍，四分之一近杆上半加紅色白邊，横斜兩十字，如六出花。西班牙旗，長方，横分五行，三黃二紅。奥地利亞旗，長方，横分三行，上下紅，中白，上行正中一金王帽，圍以十二銀星，中行正中另一方旗，亦上下紅，中白，圍以黃邊。意大（地）［里］旗，長方，竪分三行，中白、左紅，右緑，中方另一紅方，藍邊白十字。葡萄牙旗，長方，左白右藍，中一紅地，畫金王帽，帽下一小紅方，黃邊，上及左右七座小黃塔，當中又一白小方，中列五藍小方，作十字形。比利時旗，長方，竪分三行，中黃、左紅、右黑。荷蘭旗，長方，横分三行，中白、上黃、下藍。希臘旗，長方，横分九行，四白五藍，其上半近杆另成一方，藍地白十字。土耳其旗，長方，正紅，近杆上半另一長方，紅地白邊，中一白星。墨西哥旗，長方，竪分三行，中白、左紅、右緑。秘魯旗，長方，竪分三行，中白，左右紅。埃及旗，長方，正緑，中立白月牙。波斯旗，長方，中白鑲緑，中畫一獅，黃色，前左爪舉刀，藍色，背荷日，帶金光。日本旗，長方，正白，中一紅日。暹羅旗，長方，正紅，中一白象。瑞士旗，長方，正紅，中一粗白十字。羅馬教皇旗，長方，正白，中一大花，狀如兩鑰匙交成十字，上架一藍地金花帽，下一橢圓，金邊，内分四鈍角，二藍地金獅，二紅白各二行，上下左右相錯，又下二枝花葉上（灣）［彎］，長及鑰頭，鑰下有穗，帽與枝下亦有飄帶，皆紅色。其各國水師船旗、商船旗又各不同。水師亦視官品崇卑為畫色多寡之等。諸小國及各國屬部旗幟亦時有异同，以難於辨晰，不詳録。然要皆長方，其長處為横，以杆竪則旗横，故横當幅之長短，而以其正幅為竪。横長約七八尺，竪四五尺。其桅頂常挂之旗，竪長而横縮，以桅頂受風，其長處繫之於杆，使不至為風纏繞也。兵船旗或用長幅，末作兩岔如魚尾式，亦有鋭角者，有三角者，有三角之尖仍作兩岔者。旗身皆方，未嘗用斜幅作尖角式。有惡病則竪黄旗所至之海口，候之，即以醫至；禁舟人不得上下，行海各國皆同此例。因考《周禮》九旗，有通帛者，則一色者是也；有雜帛者，則錯五色者是也。《爾雅》曰：『長尋曰旐，繼旐曰（斾）［旆］。』鄭康成謂旐末為燕尾，則長幅末作兩岔者是也。西洋不必師古，而天地自然之文，無中外一也。九旗之等，以丈尺為差，其制皆長方。古旗無用斜幅者。今惟令旗尖角，以便卷舒。國旗尖角，似不足式觀瞻。竊意古旗皆有旒，而今無之。旒即所以為鑲也。出使西洋，自當避其所忌。宜加紅帛為旒，而仿古制為升龍降龍，繪二龍於旗。存此以備他日考定旗式之一助。

《張蔭桓日記》（光緒十四年六月）二十六日丙午晴。恭逢皇上萬壽，率參贊領事各官望闕叩祝。午後秘總統遣侍衛官來稱祝，先致總統之意，然後自申嵩祝之私，可云得體。少頃外部來賀，為言秘例向送音樂，今年因他處使館以為煩擾，遂不敢送。各使館循例升旗，各駐使暨按察司并諸秘紳雜遝滿坐，款以酒面。最後則秘前總統覇拉度，曾游歷京師者，久談而去。竟日款接，尚不覺疲，使館既升旗，今日諸華商行棧亦升旗，放假一日，由領事官先期曉諭志慶也。晚赴前總統宅謝步，繁星麗天，秘都僅見。

清·張蔭桓《三洲日記》（光緒十四年十月）二十五日癸卯陰晴不定。巴西代辦送到游員護照。外國旗式最為鄭重，顔色繪畫咸有等差，亦有官商之別。美則有總統旗識、水師部旗識、水師提督及部下各官旗識，商旗則一律也。英官書局温士德送閲現刊各式，請余鑒定，所刊龍旗繪畫未精，缺去紅珠，其兵衣所綴之方塊則繪一獼猴，尤誤也，因屬參贊檢查《會典》，别繪一紙示之。又諸國皆無朝鮮，亦并告官書局補刊。

蔡爾康《李鴻章歷聘歐美記·聘俄記·專使記略》（光緒二十二年二月）十五日未初，郵船高揭龍旗及頭等欽差大臣旗，展輪駛出吳淞口。炮臺暨中西各兵艦，亦共鳴炮送行。一縷輪烟，遂指香港海程進發。

又《俄軺記略》（光緒二十二年三月廿二日）中堂持節入彼得堡，火車甫停，中國駐俄使館中諸隨員，共祗迎於道左。俄京尹則先就車站高懸國旗，并派樂工及兵士恭待。中堂下車，兵官迎之，欽使許竹篔少司馬（景澄）繼至。中堂先問候俄皇安好。俄皇已預備朝車，傳命請中堂乘座，迤邐送至大客館。

聞中堂將俟俄禮畢後，先至德國柏靈都城，并繞游各國一周，末至美國乘坎拿大公司『皇后』船過日本，約華曆十月下浣返北京。其到倫敦也，約在西七月之杪，約住一禮拜。

又云：英國駐俄頭等欽差歐格訥大臣，向使中華，與傅相公事往返，彼此推誠相與。傅相既至俄都，异地欣逢，愈形親密。西曆五月十五日，歐大臣潔治酒肴，即就使署延請傅相，又洗塵盛會。

又云：俄皇升冕期近，臨幸木司寇舊部，各國欽使追隨恐後。傅相之至也，俄皇早為之潔治館舍。乃有富埒王侯之俄商巴勞輔，以向在中國買茶曾覿偉人儀表之故，堅邀傅相駐節其家。傅相本不欲重費有司，又未忍違故人之雅意，遂辭俄皇而就巴勞輔。巴於是特設盛禮奉迓。軺車甫抵門前，見已高搭彩樓，樓額即嵌傅相像，以示專迓，而表至敬。入其堂，則四壁高懸中國黄龍旗，窗門外屏障間皆懸中華文字，又皆吉祥頌禱語。室內則氍毹貼地，排列盆花，十色五光，如在洞天福地。更遣其婦子出幃，捧金盤而獻鹽餅。此乃俄國最隆之禮，非君父不易得此；今以施諸傅相，其中懷之傾慕，豈尋常所得而比哉！

《清議報·康有為〈美洲祝聖壽記一八九九年九月十五日〉》 光緒二十五年六月廿八日，為我皇上三十萬壽之慶典也。向例聖壽逢十之年，施澤海內，錫封耆老，免囚徒，開恩科，百官加級，鰥寡孤獨，皆有大惠覃及。今以幽廢之故，并此不舉行，不欲天下百姓之知有吾君也；正殿不行禮，不欲羣臣之以為君也；向以不廢飾天下之目者，今且公然行之矣。然今日之壽也，實為曠古不可得之遭逢，中國猶有生存之幸望，黄種猶有不絶之思想，豈非五萬萬人之大慶，四千年所未有者哉？故國中宮中不舉行之，而海外向不舉行祝聖壽者，懷思聖主，沐浴恩澤，乃咸奮起醵資祝聖齡、祈聖安矣。

美洲各埠，曰域多利，曰灣高花，曰梟花士眠士打，曰舍路，曰砵倫，曰砵當臣，幷然燈升旗，各以電致於四萬里外之故國總署，問聖躬安否？祝聖壽萬年，願皇上復政以保中國。語雖不同，而義不出此也，此海外未有之舉也。

若吾所見聞者，灣高花及鳧花士眠士打埠尤為盛鬧華樂，凡中土人所居者，懸燈夾道以千數，燈色樣備極瓌詭，光麗如白日，觀者塞道，凡中國人皆停工業，西人亦諒之，皆置酒室，灣高花則有戲園。西人男女接紅裳戴高冠來賀者，灣高花四百餘，鳧花士眠士打二百餘，幷舉盞相碰，高唱頌詞，祝我聖主多利萬福，聲若雷霆。祝畢，飲酒觀劇，醉者相屬於道，道廣數丈，乃皆闐塞，燒爆約萬億，不能容行人，皆為西人所未目睹。西人怪中人昔無此舉，今何忽能忠愛若是，其報又大稱之。中土人則曰：『吾思聖主之行新政，舍身救吾國民，而不忍忘之，而特舉慶之也。』又言曰：『今歲侖卒，辦百物不備，來年尤光大之也。』逋臣既避暑於文島，在海波四面中，與漁人二三，席者設棚，北望行禮，波光浩蕩，思望南海瀛臺之在波中，載悲載喜，載笑載憂，域多利鄉人迎吾來會館，復率鄉人行禮，則燭設煌煒，簫鼓鏘鏗，冠裳璀璨，龍牌在上，龍旗在頂，鄉人無商工貴賤老幼，長袍短褐，咸拳跪起伏，九叩首，行漢官威儀，西人左右視，皆以為未之見云。

先是，灣高花將舉慶典，天大雨，新寧葉恩曰：『我聖主若終不復位，雨終夕；若天不亡中國，聖主將復位者，雨當晴。』已而果晴，衆人大喜，釀資益多，歡祝益樂。又數埠華人生計，皆以漁紅魚，去歲魚不來，多虧敗者，是時魚亦憂少。葉恩祝曰：『若聖主終不復位，魚不來；若天不亡中國，聖主將復位，魚可大來。』祝壽畢，已而魚即大來。浹旬日，魚浮江面，可以足踏脊而渡也。鄉人乃大噱大嘩，大慶大樂，喜天之相己，喜天之不將亡中國也。乃皆歡躍，奔走告逋臣記之。聞三藩謝司戈、星坡、橫濱皆同舉行也，奉詔逋臣康有為記。

《清德宗實録》卷五七六（光緒三十三年秋七月乙未）又奏，遵派兵輪巡視西貢華僑，該華僑等遥望龍旗，歡聲雷動，稱為中國自開海禁以來難得之盛事。報聞。

雷震《新燕語》卷上《龍旗耶靈符耶》 庚戌八月下旬，余在都門。見警察遍傳内外城各鋪戶住戶，於九月初一日，一律懸挂龍旗，以賀資政院開院大典。命令一下，紛紛置備。於是各巷有貼發售龍旗或代繪龍旗之廣告，定價衹銅幣數枚。旗之可觀與否，置之不論。最可笑者，如東城之花兒市、打磨廠一帶，設攤於地，亦云發賣龍旗，每對銅元四枚。余俯視之，乃於黃紙一幅，上塗一似蛇非蛇，似龍非龍之怪物。過而見之者，以其價廉，竟爭購之，傾刻而盡。説者謂中國人民，本不知資政院為何物，今即隨聲附和，仿端午之靈符，懸挂黃紙，雖近兒戲，亦甚難得云。

《黃遵憲文集·論説·朝鮮策略》 羣疑既釋，國是一定。於親中國則稍變舊章，於結日本則亟修條規，於聯美國則急締善約。而即奏請陪臣常駐北京，又遣使居東京，或遣使往華盛頓，以通信息。而即奏請推廣鳳凰廳貿易，令華商乘船來釜山、元山津、仁川港各口通商，以防日本商人之壟斷。又令國民來長崎、橫濱，以習貿遷。而即奏請海陸諸軍，襲用中國龍旗，為全國徽幟。又遣學生往京師同文館習西語，往直隸、淮軍習兵，往上海製造局學造器，往福州船政局學造船。凡日本之船廠、炮局、軍營，皆可往學。凡西人之天文、算法、化學、礦學、地學，皆可往學。或以釜山等處，開學校，延西人教習，以廣修武備。誠如是，朝鮮自强之基基此矣。

藝文

《丘逢甲集·汕頭海關歌寄伯瑶》 我工我商皆可憐，强弱豈非隨國勢。不然十丈黃龍旗，何嘗我國無公使。彼來待以至優禮，我往竟成反比例。華商半懸他國旗，報關但用橫行字。

王照《方家園雜詠二十首並紀事·其七》 胡騎原來識代宗，共欽中國有英雄。早教撥霧青天見，單騎何勞郭令公。

太后之將奔也，皇上求之曰：無須出走。外人皆友邦，其兵來討拳匪，對我國家非有惡意。臣請自往東交民巷，向各國使臣面談，必無事矣。太后不許，上還宮，著朝服，欲自赴使館。小閹奔告太后，太后自來，命褫去朝服，僅留給一洋布衫，嚴禁出户，旋即牽之出狩矣。鑾輿出德勝門，暮駐貫市李家。明日至昌平，遇岑春煊以甘肅馬隊來迎。上求春煊分護太后西巡，上自回京議和。春煊仰體太后之意。佯不敢任。於是西狩之局遂定，而中外之交涉擴大矣。

附記：貫市非大道，李家為京北一帶鏢行頭領，富而俠。迎請駐蹕其家，任糧芻捍衛。壬寅，余遇其保鏢之武士於湯山店中，言皇上至李家時，尚身著藍布衫，亦奇觀也。李家鏢車高插黃龍旗，云是太后所賞。是時國内商民尚無插國旗之例，以為異數。

清·黃遵憲《人境廬詩草》卷一《香港感懷》　遣使初求地，高皇全盛時。六州誰鑄錯？一慟失燕脂。鑿空蠶叢闢，噓雲蜃氣奇。山頭風獵獵，猶自誤龍旗。

又　卷三《罷美國留學生感賦》　漢家通西域，正值全盛時。南至大琉球，東至高句驪，北有同盟國，帝號俄羅斯。各遣子弟來，來拜國子師。皇帝臨辟雍，皇皇漢官儀。《石經》出玉篋，寶蓋張丹墀。諸王立橫卷，百蠻環泮池。於戲盛德事，慨想軒與羲。自從木蘭狩，國弱勢不支，環球六七雄，鷹立側眼窺。應制臺閣體，和聲帖括詩，二三老臣謀，知難濟傾危。欲為樹人計，所當師四夷。奏遣留學生，有詔命所司，第一選俊秀，其次擇門楣。高門掇科第，若摘頷下髭。黃背好八股，肯令手停披？茫茫西半球，遠隔天之涯，千金不垂堂，誰敢狎蛟螭？惟有小家子，重利輕別離，紇干山頭雀，短喙日啼饑，但圖飛去樂，不復問所之。藍縷田舍奴，蓬頭乳臭兒，優給堂餐錢，榮頒行裝衣。舟中東西人，相顧驚復疑，此乃窶人子，胡為來施施？使者挈乘槎，四牡光騑騑。鄭重詔監督，一一聽指麾。廣廈百數間，高懸黃龍旗，入室闃無人，但見空皋比，便便腹高卧，委蛇得委蛇。借問諸學生，了不知東西，各隨女師去，雛鷄母相依，鳥語日啾哵，庶幾無參差。就中高才生，每有出類奇，其餘中不中，太半悲染絲。千花紅毾㲪，四窗碧琉璃，金絡水晶柱，銀盤夜光杯。鄉愚少所見，見异輒意移。家書説貧窮，問子今何居？我今膳雙鷄，誰記炊扊扅。汝言盎無糧，何不食肉糜？客問故鄉事，欲答顏忸怩。嬉戲替戾岡，游宴賀跋支，互談伊優亞，獨歌妃呼豨，吴言與越語，病忘反不知。亦有習祆教，相率拜天祠，口嚼天父餅，手翻《景教碑》。樓臺法界住，香華美人貽。此間國極樂，樂不故蜀思。

授勳制度分部

綜　述

清·寶鋆《籌辦夷務始末（同治朝）》卷一五《奕訢等奏議覆崇厚請以寶星等奬英法助戰各員摺同治二年三月》　恭親王（奕訢）等又奏：

臣等查外國領事等官，出力助剿，疊獲勝仗，身受矛傷，自應量給奬勵，以昭激勸。惟以外國之人，給予中國勇號，不獨於體制不合，且恐該領事因勇號僅屬虚名，雖經中國破格給予，其意仍多未協。不如查照上年（元年）英國提督暨繙譯官在江蘇助剿出力成案，由總理衙門照會英國公使轉奏該國君主，酌給奬敘，較為妥洽，當經函商崇厚去後。茲據崇厚覆稱：該領事情願祇領功牌，並不敢別有希冀等語。自係可以允准。惟查外國向有寶星名目，與中國功牌相似，不過製造精工。現經崇厚商請，擬造一兩四錢重金寶星一面，予吉必勳；再造一兩二錢重及一兩重金寶星二面，分給克迺、徐伯理；再造一兩重銀牌十二面，分給分教瑞克斯等各員。寶星各樣，背面作雙龍形；銀牌式樣，背面作螭虎文，正面皆鑄御賜字樣，給該領事等分別祇領，以示優異各等語。臣等查崇厚所請，尚屬可行，如蒙俞允，當由臣等知照崇厚照式鑄造，分給祇領，俾得仰沐恩施。至克迺等應給薪工銀兩，現據崇厚函稱：查照上海章程，分別等差，按兩箇月酌給，共計統教分教人等，分給洋銀一千一百八十圓。應請飭下崇厚照章發給，務須覈實支放，毋得虚縻。

御批：依議。

總理各國事務衙門《奏定寶星章程》　奏為釐定寶星章程請旨遵行以昭慎重，恭摺仰祈聖鑒事。竊臣等於本年八月二十四日奏請賞給英國使臣威妥瑪等寶星摺内，聲明再由臣等釐定等第，酌擬章程奏明。奉旨後製造頒給等因，奉旨依議，欽此。欽遵在案。查泰西各國行用寶星，大抵視品級之崇卑，定禮文之隆殺。約言其制，則有四端：一曰名目。各國張掛旗幟制度各有不同，中國之旗幟向例以繪畫龍文為識。現擬仿照此例，於寶星之上鏨以雙龍，即命名曰雙龍寶星。自頭等第三以下，皆於上面鏨大清御賜四字。其頭等第一、第二係特表優異之典，不得率行濫請。一曰等第。各國之寶星，有國君自行佩帶，因贈予與國之君者，有頒賜臣下而推及於與國之臣下者，分際迥殊，等威不一。現擬將寶星分列五等，並於頭、二、三等中每等再分三級，計次序之數，共十有一。即於寶星上鏨刻清文，註明等第字樣，自國君以至於工商人等，各如其分以相酬，庶名器不至濫邀，而更免畸重畸輕之弊。一曰藻飾。我朝之有品級，考例意綦嚴，故上自王公，下及生監，向以頂戴別尊卑。現擬參用此意，於寶星之上鑲嵌珠寶一顆，分其顏色，以示區別。一曰執照。各國每遇發給寶星之時，除應行之文書外，另備執照一紙給本人收執以為憑。現擬於寶星執照內，前半恭録允准釐定寶星之諭旨，後半填寫承領執照之人姓名、籍貫，敘明因何給予之故，暨給予之年月日。其頭等第一、第二未便加用執照，應由臣衙門知照各國外部大臣，分別轉贈移送。其頭等第三以下應用執照，則蓋用臣衙門關防，此後本人若有劣迹，經本國斥退者，仍將寶星執照一律追繳。其餘尺寸之大小、條帶之短長，亦各隨等第以判低昂。以上所擬各條，考之各國崇尚寶星之例，立法雖異，立意則同，要皆因時制宜，以期折衷至當。謹開列清單，酌擬執照格式暨寶星式樣，繪圖恭呈御覽。嗣後凡遇頒賞頭二等寶星，奉旨後均由臣衙門製造頒給。其三等以下寶星，何處奏請頒賞，即由何處照式製造頒給，仍知照臣衙門蓋用關防，發給執照，以備稽核。如蒙俞允，應由臣衙門照會各國使臣暨知照南北洋大臣、各省督撫，出使各國大臣，一體遵照辦理，伏乞聖鑒。光緒七年十二月十九日。奉旨依議。欽此。

謹將寶星章程開列清單，恭呈御覽。頭等第一：專贈各國之君。頭等第二：給各國世子、親王、宗親、國戚等。頭等第三：給各國世爵大臣、總理各部務大臣、頭等公使等。二等第一：給各國二等公使等。二等第二：給各國三等公使、總稅務司等。二等第三：給各國頭等參贊、武職大員、總領事官、總教習等。三等第一：給各國三等參贊、領事官正使隨員、水師頭等管駕官、陸路副將教習等。三等第二：給各國副領事官、水師二等管駕官、陸路參將等。三等第三：各國繙譯官、游擊都司等。四等：給各國兵弁等。五等：給各國工商人等。頭等應用赤金地法藍雙龍；第一中嵌珍珠，金龍金紅色帶；第二中嵌紅寶石，第三中嵌光面珊瑚，俱銀龍大紅色帶。二等應用赤金地銀雙龍，中嵌起花珊瑚，黃龍紫色帶。三等應用法藍地金雙龍，中嵌藍寶石，紅龍藍色帶。四等應用法藍地銀雙龍，中嵌青金石，綠龍醬色帶。五等應用銀地法藍龍，中嵌硨磲，藍龍月白帶。頭等寶星式尚方，計營造尺長三寸三分，寬二寸二分。二等以下寶星式尚圓，二等徑二寸七分，三等徑二寸五分，四等徑一寸九分，五等徑一寸六分，其上皆有環首。頭二等帶均長一尺三寸，寬一寸五分，兩頭有穗絲繩束結，三等帶長一尺三寸，寬一寸五分，四五等帶均長五寸，寬一寸一分。

總理各國事務衙門《咨奏改寶星章程》 總理衙門咨：光緒二十二年三月二十一日本衙門附奏詳定寶星章程一片，本日奉硃批依議。欽此。相應恭録諭旨，刷印原奏，咨行貴撫查照可也，須至咨者。附原奏。再，臣衙門光緒七年奏定寶星章程內開頭等第二給各國世子、親王、宗戚等，頭等第三給各國世爵大臣、總理各部務大臣、頭等公使等，通行各省歷經遵照辦理在案。近日邦交加密，頒賜寶星之案比舊增多，洋員職分崇卑，不能不詳悉查考，以免畸重畸輕之弊。近接出使大臣許景澄函陳洋人爵分五等，其首等曰潑林次，略如中國王爵，為世子及近支親王通稱。而近支親王與疏遠世襲之王體制迥異，親王禮同儲貳，世爵但據以標門望，官秩並不加崇。如各國駐使之世襲者，即援世爵大臣字樣，越請頭等寶星，恐無以為酬奬。彼國宰相、部院大臣之地，應請於章程內立案聲明，頭等第二寶星專贈給各國世子並近支親王，凡例襲王爵者不在此例。其頭等第三寶星應以部院大臣、頭等公使為斷，庶二等公使有爵者不能援照等語。臣等覆加查核，所言甚有條理，與原奏慎重釐定、分別等威之義亦屬相符。惟事關奏定章程，應仍奏明請旨。如蒙俞允，即由臣衙門立案通行，一律遵辦。謹附片具陳，伏乞聖鑒，謹奏。光緒二十二年三月二十一日奉硃批依議。欽此。

總理各國事務衙門《咨奏明改定寶星式樣》 總理衙門咨：本衙門於光緒二十三年二月十一日具奏酌改寶星式樣一摺，本日奏硃批：依議。欽此。本衙門現將改定寶星式樣自頭等至五等繪就圖式，註明等第，用石印排刷，相應抄録原奏並寶星圖樣咨行貴撫，欽遵可也，須至咨者。光緒二十三年九月二十九日咨湖南巡撫。附原奏。奏為酌定寶星式樣請旨遵行，恭摺仰祈聖鑒事。竊臣衙門於光緒七年十二月十二日，奏定寶星章程，奉旨：依議。歷屆欽遵辦理。嗣於二十二年三月二十一日，復奏請將頭等第二、第三寶星頒給限制立案聲明。奉硃批：依議。欽此。近日邦交益密，往來贈答事類繁多，上而列國君主之周旋，下及貴戚臣工之頒賜，典儀所在，義貴精詳。寶星取象列星，外國製造多為光芒森射之形，以顯昭明而彰華貴。中國舊式形方且重，與內地功牌相近，外人往往以艱於佩用，似無以達彼嚮風拜寵之忱。臣鴻章奉使歐洲，於請旨頒給洋員寶星案內，曾將應行釐定情形附片陳明在案。現臣等公同酌議，嗣後寶星式樣應請量與變通，參酌歐洲各大國通行式樣，加以星芒，改製精工鑄造，藉示恩榮。其名目、藻飾、鏨刻，一切均照舊章。其鑄造擬選募津滬良工，範以銀模，俾臻精美。其大小佩帶，均無庸加繡龍形。似此斟酌變通，其於樽俎雍容頗為宜稱，亦慎固邦交之一道。謹將新擬寶星式樣，繪圖恭呈御覽。如蒙俞允，即由臣衙門遵照改造，照會各國使臣暨知照南北洋大臣、各省督撫、出使大臣一體遵照辦理。是否有當，伏乞聖鑒。謹奏。光緒二十三年二月十一日奉硃批：依議。圖留中。欽此。

劉錦藻《清朝續文獻通考》卷一八二《改定寶星章程》 頭等第一：專贈各國之君，式樣應用赤金地法綠龍起金鱗，上嵌大珍珠一顆，團龍內中心嵌小珍珠一顆，沿邊用小珍珠鑲嵌一圍，赤金星芒佩帶，副寶星亦用綠龍起金鱗，中嵌珍珠一顆，外鑲小珍珠一圍，金紅色帶。頭等第二：專贈各國世子並近支親王等，式樣應用赤金地法綠龍起金鱗，上嵌光面紅小珊瑚，中嵌光面大珊瑚，珊瑚之外鑲小珍珠一圍，赤金星芒佩帶，副寶星亦用綠龍起金鱗，中嵌光紅珊瑚，上嵌小紅珊瑚，大紅色帶。頭等第三：專給各國世爵宰相、部院大臣、頭等公使，式樣應用赤金地法綠龍起金鱗，上嵌光面小紅珊瑚，中嵌光面大珊瑚，雲頭內各鑲小珍珠共八顆，赤金星芒佩帶，副寶星亦用綠龍起金鱗，中嵌光紅珊瑚，上嵌小紅珊瑚，大紅色帶。頭等第三以下均有『御賜』字樣。二等第一：專給各國二等公使，式用金地起鱗金龍，上嵌小珊瑚，中嵌起花大珊瑚，銀星芒佩帶，副寶星亦用金地金龍，中嵌起花珊瑚，上嵌小紅珊瑚，紫色帶。二等第二：給各國三等公使、署理公使、總稅務司等，式用金地金光龍，上嵌小珊瑚，中嵌起花大珊瑚，銀星芒佩帶，副寶星亦用金地金光龍，中嵌起花珊瑚，上嵌小紅珊瑚，紫色帶。二等第三：給各國頭等參贊、武職大員、總領事官、總教習等，式用金地起鱗銀龍，上嵌小珊瑚，中嵌起花大珊瑚，銀星芒佩帶，副寶星亦用金地起鱗銀龍，中嵌起花珊瑚，上嵌小珊瑚，紫色帶。三等第一：給各國二三等參贊、領事官正使隨員、水師頭等管駕官、陸路副將、教習等，式用法綠地金光龍，中嵌藍寶石，上嵌小紅珊瑚，自三等以下均無佩帶。三等第二：給各國副領事官、水師二等管駕官、陸路參將等，式用法綠地起鱗銀龍，中嵌藍寶石，上嵌小紅珊瑚。三等第三：給各國繙譯官、游擊都司等，式用法綠地銀光龍，中嵌藍寶石，上嵌小紅珊瑚。四等：給各國弁兵等，式用法藍地銀光龍，中嵌青金石，上嵌小紅珊瑚。五等給各國工商人等，式用銀地綠光龍，中嵌硨磲，上嵌小紅珊瑚。

朱壽朋《光緒朝東華録・光緒三十四年八月己巳》 外務部奏。竊查臣部奏定寶星章程，專為贈給各國人員，以示聯絡邦交，特加優異。我國出使大員，向無賞給寶星之例。惟前大學士李鴻章，曾荷殊恩賞給寶星。有案查各國通例，其國之有寶星者，內外官員一律頒給。是以外交官吏佩帶寶星，必先本國而後他國，遇有初膺使任，經他國先給寶星者，本國亦必隨後補給。緣酬酢之際，典禮攸關，當以本國寶星為主，以他國所贈之寶星為輔。其餘內外輕重，具有斟酌。我國既有寶星以獎外人，於他國所贈者亦准收受。出使大員每於中外慶典，樽俎周旋，不能不佩帶他國所贈之寶星，而獨無本國之寶星。方今列國並峙，風氣漸趨大同，自應因時制宜，以昭一律。今擬仰懇天恩，賞給出使大臣寶星，俾增榮寵。得旨：如所議行。

載濤等《為請擬頒行各項勳章事奏摺宣統元年閏二月十二日》 奏為請旨飭擬各項勳章，恭候欽定頒行，以辨等威而資勸賞，敬陳管見，恭摺仰祈聖鑒事。

竊維酬庸之典所以待有功，而表章之榮所以勵後進。我國定制，凡爵職品級以及車服冠裳，莫不等列詳明，昭然若揭。朝廷懸格以待，無非欲人希沐恩寵，奮起功名，藉以上固邦基，下安衆庶，意至善也。洎自門户洞闢，中外往來，竊見各國貴族顯官，莫不有榮身之具，其焜耀華美，為彼都人士所最欣慕者，厥惟勳章。考勳章之製造式樣，各不相襲，其佩帶之法，與夫矜貴之意大略相同。中國出洋各官，游歷所經，其國君每以贈遺，藉聯睦誼，往往收佩多種而燦然胸際，獨無本國勳章，外人時竊議之，外務部所製之寶星，昔僅用以獎勵外賓，近雖頒賞外務部堂官及出洋各使，其非辦理外交人員，尚未能獲此美觀，幸邀曠典。蓋緣寶星製自外部，與各國之製自政府者，惟質既有不同，用法因亦各异。刻值四方和會，士大夫交相砥礪，已稍稍以此為榮，軍人戎服佩刀，尤以不帶勳章為憾。

查各國勳章概分皇族、戰功、勞績等類，每類各分若干等。皇族勳章，惟近支有顯爵者得以佩之。戰功勳章，體制最重，非實在立功疆場者，未能輕畀，蓋非徒飾外觀，亦且隨有俸糈，勞績勳章，各項出力人員皆得與乎。其選戰功、勞績兩項，視功績之大小，定等第之高下，進則升而退則降，罪則奪而故則繳。事屬於勳賞局，局隸於内閣。勳章執照，君主簽字鈐章，頒發到署。承領之員，禮服致敬，然後收受，傳視友朋，咸為慶賀，其隆重有如此者。

奴才等一得之愚意，謂此項勳章確有激勵人才之妙用，中國似宜仿行。惟有關制度未敢率行擬議，謹不揣冒昧，具以上陳。可否請旨飭下外務部、陸軍部及會議政務處等衙門，速將各國勳章詳細考察，切關研究，參酌古制，妥擬式樣章程，繪圖開單，奏請欽定，特降明綸，頒布全國。庶幾人人知所感奮，争立勳名，俾期日起有功，克臻於長治久安之盛，是則奴才等區區之微意也。

是否有當，謹恭摺具陳，伏乞皇上聖鑒訓示。謹奏。

載濤等《為遵旨抄送請飭擬各項勳章摺事致會議政務處咨文》宣統元年閏二月十三日 欽命專司訓練禁衛軍大臣，郡王銜多羅貝勒載、多羅貝勒毓，為恭録咨行事。

本大臣於宣統元年閏二月十二日，准軍機處片交軍機大臣欽奉諭旨：貝勒載濤等奏請飭擬各項勳章一摺，著外務部、陸軍部、會議政務處議奏。等因。欽此。欽遵。抄交前來。相應恭録諭旨，抄録原奏，咨行貴處欽遵查照可也。須至咨者，右咨會議政務處。

計抄原奏。

外務部《奏遵議各項勳章并擬訂章程摺》 宣統元年閏二月十二日，准軍機處片交軍機大臣欽奉諭旨：貝勒載濤等《奏請飭擬各項勳章》一摺，著外務部、陸軍部、會議政務處議奏。等因。欽此。欽遵。抄交前來。查原奏内稱『各國勳章概分皇族、戰功、勞績等類，每類各分若干等。皇族勳章，惟近支有顯爵者得以佩之；戰功勳章，體制最重，非實在立功疆場者未能輕畀，蓋非徒飾外觀，亦且隨有俸糈；勞績勳章，各項出力人員皆得與乎。其選戰功、勞績兩項，視功績之大小，定等第之高下，進則升而退則降，罪則奪而故則繳。事屬於賞勳局，局隸於内閣，勳章執照，君主簽字鈐章。此項勳章確有激勵人才之妙用，中國似宜仿行』等語。臣等竊查前總理衙門奏定各項寶星章程，原取各國勳章之制，為外交錫予之資，近年以來亦已推及臣工。惟寶星章程僅設雙龍寶星一種，似嫌過簡。各國勳章率皆設有數種，雖不顯分軒輊，而此之一種常稍亞於彼之一種，種類多而等差之辨精，斯賞賚之重輕易於適當。又，寶星各等式樣小异大同，亦未足以辨等威而昭區别。方今冠裳和會，觿韘争榮，人士觀摩，喁望恩澤，允宜遐稽古義，近取新規，斟酌詳明，及時修訂。臣等公同商榷，謹擬皇上佩章一種、皇族勳章二種、臣工勳章二種，敬將用意為我皇上陳之。自《虞書》作服垂十二章，歷代相沿，稍有同异，或酌用為絺綉，或分畫於旌旗。我朝酌古準今，燦然大備。《會典》載：『皇帝朝服，日月星辰山龍華蟲黼黻在衣，宗彝藻火粉米在裳，誠以十二章之設，取象三辰，昭備萬物，洵足宣揚巍焕，表示尊嚴。』擬沿朝服之制，於佩章中圜繪十二章，四圍珠飾，符經緯之周天重出，光芒普照，臨於八極。命名則稱大寶，取《易》義，以彰中國之聖人。帶綬則用明黄，採月令以顯中央之土德。此臣等遵擬大寶章之意也。自《易》著龍飛之象，史傳龍負之祥，龍之為文炳於中土，施為禮服而章采繽紛，畫之國旗而聲名洋溢，古今同尚，中外咸聞。今擬皇族、臣工勳章中皆繪龍，而以黄、赤、青、黑四色分為四種，蓋用古者伏羲以龍紀官、設黄龍、赤龍、青龍、黑龍諸官之説。黄、赤則以待宗屬，各一種，以明禮有貴少之時；青、黑則以錫羣僚，區八等，以示賞必視功之義。此臣等遵擬黄龍、赤龍、青龍、黑龍各等勳章之意也。至勳章一切事宜，應設勳章局以專職掌。查各國勳章局大率隸於内閣，現在我國官制尚未釐訂，此項勳章局擬暫設於外務部，俟官制訂定後再遵照定制辦理。陸軍部、海軍部查《通禮》內載：『從征將士，飲至策勳，國家原設有酬庸之典，嗣後遇有國際戰事，如有能搴旗斬將、奮不顧身以及制勝出奇者，自應寵以殊榮，俾勵忠勇。』此項勳章應由陸、海軍部詳細細訂，繪具圖式，分列條目，另行具奏，恭請欽定，以彰戰績而示褒榮。謹公同遵擬皇上、皇族暨臣工各勳章，繪具圖式幷酌擬章程，恭呈御覽，伏候欽定。再，此摺係外務部主稿，會同陸軍部、海軍部、會議政務處辦理，合幷陳明。謹奏。宣統三年二月二十日奉旨，著依議，欽此。

外務部《奏頒給勳章辦法片》 再，各國贈賞勳章，恒視勳勞大小以定等差，而爵位之崇卑不計焉，往往有以高等官僅受尋常勳章，而非高等官反得優等勳章者。其間優遇重臣、禮待鄰好，則國君所佩勳章亦可特行賚予。蓋勳章與爵章比較，其性質實不相同，故體制亦因之各异也。

惟是朝廷旌酬有典，雖可特沛殊恩，而臣民觀感所資必須先明等級。此次擬定《勳章章程》第六條內開『請賞文武官員勳章五六品不得過三四等，七八品不得過五六等，九品不得過七等，至臣民等本無官階者及外國官紳人等，應參酌比照辦理』等語，條文簡括，未盡明晰，當此施行之始，應將黃龍以次各等勳章賞給辦法逐一開列，以便推行。

茲擬：黃龍勳章以備爵位最崇、勳勞卓著之皇族佩帶；赤龍勳章以備賞給親王以下、貝勒以上之皇族，其貝子、公、一品大員之著有大勳勞者，恭候特旨賞給；青龍一等勳章以備賞給貝子、公暨一品大員之有异常勞績者；黑龍一等勳章以備賞給貝子、公、一品大員，其二品大員之著有勳勞者，恭候特旨賞給；青龍二等勳章以備賞給二品大員之有异常勞績者；黑龍二等勳章以備賞給二品大員，其三品大員之著有勳勞者，奏請特旨賞給；青龍三等勳章以備賞給三品大員之有异常勞績者；黑龍三等勳章以備賞給三品大員或實缺四品大員之著有勳勞、經專摺奏請者；青龍四等勳章以備賞給四品大員之有异常勞績者；黑龍四等勳章以備賞給四品大員或實缺五六品官員之著有勳勞、經專摺奏請者；青龍五等勳章以備賞給五品官員之有异常勞績者；黑龍五等勳章以備賞給五品官員或實缺六七品官員之著有勳勞、經專摺奏請者；青龍六等勳章以備賞給六品官員之有异常勞績者；黑龍六等勳章以備賞給六品官員或實缺七八品官員之著有勳勞、經專摺奏請者；青龍七等勳章以備賞給七品官員之有异常勞績者；黑龍七等勳章以備賞給七品官員及實缺八九品官員之著有勳勞者；青龍八等勳章以備賞給八九品官員之有异常勞績者；黑龍八等勳章以備賞給八九品官員。以上各項官員係就文官、海陸軍官而言，其舊制水師、綠營將領非有軍功不得奏請賞給。

其臣民人等，如有實學湛深、裨益政教，或創辦實業、衆所推許者，及平民著有勞績、堪以優獎者，亦得酌量獎給黑龍勳章。外國臣民賞給勳章各按官階、勞績比照上開各節辦理。黑龍勳章略亞青龍，如尋常勞績、异常勞績之分。凡應賞勳章人員，其功績、官階不便徑給青龍者，即給黑龍勳章；其已得黑龍勳章，續有功績而不便升等者，換給同等之青龍勳章。

以上所開辦法補條文所未及，期損益之得宜於獎勵功績之中，寓慎重名器之意。如蒙俞允，即由臣部備案遵照辦理。惟此係頒給勳章辦法，擬不附章宣布，理合附片陳明。謹奏。宣統三年二月二十日奉旨，著依議，欽此。

外務部《奏勳章未辦以前請獎各案辦法片》 再，各種勳章、綬帶、勳表業經分別繪就圖式，照章精製辦理尚需時日，擬俟製齊後再由臣部奏明開辦日期，一面刷印章程，通告內外。其未經開辦以前，所有京外請獎各案仍照向章辦理，以免紛歧，理合附片陳明。謹奏。宣統三年二月二十日奉旨，著依議，欽此。

外務部《為請速議結勳章辦法幷擬添寫條文事致會議政務處片宣統三年正月十六日》 外務部為片行事。

所有頒發勳章辦法一事，茲由本部擬就，附奏片稿片行貴處畫齊，早日送還本部，以便定期具奏。

再，勳章章程第七條之末擬加：其已得勳章者，於一年之內不得再請勳章。等語。相應一并知照可也。須至片者，右片行會議政務處。

《外務部總理大臣奕劻等擬定勳章章程宣統三年二月》 謹擬勳章章程，開具清單，恭呈御覽。

勳章章程

第一章 總則

第一條　設勳章局，掌賞勳事務，暫附設於外務部。

第二條　勳章局設局長一人。

第三條　局中分設文牘、製造、會計三科。

第四條　各種勳章由特旨賞給及奏奉特准者，由局注册給發。其奉旨交議之件，由局核議具奏。

第五條　凡京外各衙門奏請賞給中外臣民勳章，應將擬給人員之履歷、勞績詳細臚陳，由局核辦。

第六條　請賞文武官員勳章，五六品不得過三四等，七八品不得過五六等，九品不得過七等。至臣民等本無官階者及外國官紳人等，應參酌比照辦理。

第七條　凡著有勞績，經保奬實官虛銜花翎封典者，同時不得再請賞給勳章。其已得勳章者，於一年之内不得再請勳章。

第八條　凡得有同種上級勳章者，應將其下級勳章繳還勳章局。外國人領受同種上級勳章者，亦照上辦法繳還下級勳章。如在外國時，應送交於最近之中國使署或領事署，由該使、領署轉送外務部。

第九條　凡得賞勳章者，如因奉旨褫革之時，應將其勳章褫奪。如得有外國勳章者，亦不得佩帶。遇有以上情事，該管衙門應即咨照勳章局。

第十條　官員有奏事之權者，得有外國勳章時，應自行奏聞，得旨准收後，方可佩帶，餘應呈明勳章局注册匯奏。

第十一條　本章程奏定後，嗣後賞給勳章，均照新章辦理，除王、貝勒、公等業經賞有寶星者擬請特旨賞换外，其餘中外官紳從前賞有寶星者，為數較多，仍一律佩帶，毋庸另行更换。

第二章　勳章等級

第十二條　勳章之等級如左：

一、大寶章，皇帝佩帶；

二、黄龍章，皇族之爵位最崇、勳勞卓著者佩帶之；

三、赤龍章，以賜皇族之有勳勞者；

以上黄龍章、赤龍章兩種，大臣有大勳勞者可由特旨賞給，不准奏請頒賜。

四、一等青龍勳章；

五、一等黑龍勳章；

六、二等青龍勳章；

七、二等黑龍勳章；

八、三等青龍勳章；

九、三等黑龍勳章；

十、四等青龍勳章；

十一、四等黑龍勳章；

十二、五等青龍勳章；

十三、五等黑龍勳章；

十四、六等青龍勳章；

十五、六等黑龍勳章；

十六、七等青龍勳章；

十七、七等黑龍勳章；

十八、八等青龍勳章；

十九、八等黑龍勳章；

右青龍勳章、黑龍勳章二種，各分八等，以賜左開各項臣民：

一、自一品至九品文武官員之著有勳勞者；

二、紳民之著有勳勞者；

三、農工商業人等於事業、學問上著有功績，國家、社會受其利益者。

第三章　綬制

第十三條　勳章之綬制如左：

大寶章大綬，色明黄，黄龍章大綬，色金黄紅緣；赤龍章大綬，色金黄白緣；一等青龍勳章大綬，色紅白緣；一等黑龍勳章大綬，色藍紅緣；二等青龍勳章不用綬；二等黑龍勳章不用綬；三等青龍勳章領綬，色紅白緣；三等黑龍勳章領綬，色藍紅緣；四等青龍勳章襟綬，加結色紅白緣；四等黑龍勳章襟綬，加結色藍紅緣；五等青龍勳章襟綬，色紅白緣；五等黑龍勳章襟綬，色藍紅緣；六等青龍勳章襟綬，色紅白緣；六等黑龍勳章襟綬，色藍紅緣；七等青龍勳章襟綬，色紅白緣；七等黑龍勳章襟綬，色藍紅緣；八等青龍勳章襟綬，色紅白緣；八等黑龍勳章襟綬，色藍紅緣。

第四章　勳表

第十四條　凡得有勳章者，按照章程於便服襟上扣帶勳表。

第十五條　各種勳章均附以勳表，其顏色如綬制，各依等級而殊其式樣。

第十六條　二等青龍勳章、二等黑龍勳章不用綬，其勳表顏色比照一等。

第五章　佩帶規則

第十七條　勳章應於著禮服之時佩帶，遇外交上必需之時，亦得於便服上佩之。

第十八條　凡大綬章，佩章於左胸，帶綬自右肩斜至左脅下，而結副章於綬末；領綬，章佩於領下；襟綬，章佩於左襟。

第十九條　有一等勳章而更受他種一等勳章時，而勳章可以并佩，惟不帶前有之大綬及副章；有二等勳章者同。

第二十條　凡已有勳章而更受同種上級之勳章，則解去其下級勳章；若受他種之同級或上級勳章時，得并佩之。

第二十一條　凡并佩兩個以上之勳章時，後受者應列於前受者之上或其左。

第二十二條　佩帶外國勳章之法，應照各該國所定之佩帶章程。

第二十三條　得有本國大綬章及外國大綬章者，仍帶本國大綬，但外交上必需之時，可帶外國大綬。

第二十四條　外國勳章應於本國勳章之右或其下佩之。

第二十五條　本章未施行以前，凡賞有雙龍寶星者，於本章施行以後仍可佩帶，其榮譽與勳章無殊。

第六章　章綬圖式

第二十六條　章、綬圖式見勳章圖。

第七章　勳表圖式

第二十七條　勳表圖式附繪勳章圖後。

第八章　勳章執照

第二十八條　勳章執照之式如左：

第二十九條　大寶章不用執照。

第三十條　黃龍、赤龍勳章及一等青龍勳章至三等黑龍勳章執照，均請用御寶；至四等以下執照，蓋用勳章局印信。

雜録

吴汝綸《李文忠公全集·奏稿二·奏獎外國官弁片同治元年十一月十八日》

再欽奉九月二十五日上諭：李鴻章奏中外官軍克復嘉定縣城，乘勝擊退援賊一摺。此次英國提督何伯與李鴻章謀定後動，將上輯睦崇朝而下堅城，法國官兵亦奮勇争先出力剿賊，均克盡友邦之誼，著李鴻章傳旨嘉獎等因。欽此。臣當即欽遵傳旨嘉獎，該兩國官弁等莫不歡欣鼓舞，感激恩施，以為榮寵。惟查自中外會防以來，英國領事麥華陀、法國領事伊擔不分畛域，遇事籌商，曾經勸諭洋行捐造炮臺，開築濠墻。工程浩大，辦理迅速。其兩國會剿之兵弁、房屋、夫船供應一切費用，雖由中國籌備，而西兵糧餉皆係該國自行給發。英國水師提督何伯、陸路提督士迪佛立、翻譯官阿查里、法國水師提督伏恭等奮勇争先，不辭艱險，疊次助剿，克復堅城。竊惟中國出力員弁皆職分應為之事。我國家酬庸有典，猶且細大不遺。矧在遠國外臣視同己事，摧堅陷陣，卓著戰功，酌理衡情，似難没其勞績，可否懇恩飭下總理各國事務衙門照會兩國駐京公使，同奏該國酌給議敍，以示我朝行賞論功中外一體之至意。其餘兩國出力員弁即由臣飭令會防局仿照該國功牌式樣另鑄金銀等牌若干面，分别酌給佩帶，宣布皇仁，俾知感奮。臣為柔遠旌功起見，是否有當，伏乞皇上聖鑒，訓示。謹會同頭品頂戴辦理通商大臣臣薛焕附片具奏。

清·郭嵩燾《倫敦與巴黎日記》（光緒三年五月初九日）便過虎克，賀其新得寶星。克爾諦斯輯《花草譜》成十五帙，號為奇博；虎客繼之，已得百餘帙。云將赴美國搜尋草木種類，辨其質性，方日求進不已也。國家亦賞其分别藥性有功於人，因有寶星之賜。寶星本名巴思，巴思者，譯言澡洗也。故事：賞寶星者，皆先夕澡洗，着甲衣進見，國主以劍加其頭而賜之，因以為名，蓋專以獎武功也。其後凡有功於家國皆得賞。而自開闢印度以後，特表武功，易名曰印度星，其餘曰巴思。因印度星之名，譯以華名曰寶星。

清·曾紀澤《曾惠敏公遺集·奏疏四·請旨定寶星章程疏壬午二月二十七日**》**　奏為請旨明定寶星章程頒示各國，以重名器而聯邦交，恭摺具陳，仰祈聖鑒事。

竊維寶星之制，泰西各國自有章程，彼此不相沿襲。其制則別之以會，列之以等。至貴之等，乃其君長所自佩，即以致諸與國之君。其諸臣之有勳績者，亦各以其等賜之。於是殊其章服，優以名稱，而以佩帶之寶星表著其寵榮之差等。伏查中朝制度，向無寶星名目，御用服飾，尤非臣下所敢擅擬。近歲以西人之效用吾華者，不無微勞足録，遂因其制，製寶星以獎之，而其間之勤勞卓著者，則或授之顯職，加以崇銜，又其著者，更獲邀异數之榮。在國家懋賞懋官，無分中外，恩至渥也。惟是泰西衣服不與華同，該西員等身荷殊榮，乃不獲與佩帶寶星者一體表揚其恩遇，似於觀感之道猶有未盡。

臣愚以為宜考中朝之制度，製中國之寶星，以最崇之等列為首條，凡在臣工，均不得佩帶。此外則按照錫予滿漢臣工各項恩賞之名目，製為各項寶星，以獎西員，明定章程，頒示各國，內以慎重名器，外以聯絡邦交。曾以此意商之總理各國事務衙門，旋准函稱：寶星一事，矚由本處設法整頓，自係為聯絡邦交慎重名器起見，惟中國向來頒賞寶星，僅憑總稅務司暨外省呈報辦理，此時應如何釐定章程之處，本處實無從懸擬，可否向英法俄各外部詳細查詢其國之制度若何，并參以己意，奏明請旨遵行，較為周妥等因。臣即恭稽會典，考證西圖，并參以愚見，擬就寶星章程，首列優等，以備致予邦君；繼列各項名目，以酬出衆勳庸；末附五等功牌，以獎尋常勞績。除繪圖帖説連同翻譯西國寶星章程咨呈總理各國事務衙門以備查核外，謹恭摺具陳，請旨飭下該衙門妥議具奏，伏候欽定遵行。抑臣并有請者，此次明定寶星章程，倘蒙俞允，可否准令中外臣工，如奉特旨恩賞何項寶星，亦得一體佩帶，庶西洋各國諸人信尊榮之有據，益奮勉以圖功。

愚昧之見，是否有當，伏乞皇太后皇上聖鑒訓示。謹奏。

朱壽朋《光緒朝東華録·光緒二十年九月》　又奏：九月十一日准總理衙門電開，本日奉旨，洋員漢納根在海軍當差，教練有方，此次大東溝之戰，奮勇效力，深堪嘉奬，加恩賞給二等第一寶星以示鼓勵。欽此。當飭水師營務處按照等第製成寶星，發交祗領。此次海戰，洋員在船者共有八人，陣亡二員，受傷四員，該洋員等以異域兵官，為中國效力，不惜身命，奮勇爭先，洵屬忠於所事，深明大義，較之中國人員尤為難得。漢納根仰蒙特恩奬賞，西人傳播，歆羡有加。其餘死事立功各員，自應一體給予奬卹。茲據丁汝昌及漢納根開單呈請具奏前來，臣覆加查核，所有單開陣亡之定遠管碼洋弁尼格路士、余錫爾二員，擬請按照西國章程給予三年薪俸，以示體恤。其力戰受傷之總管鎮遠炮務德員哈卜門，擬請以水師參將用；幫辦定遠副管駕英員戴樂爾、幫辦定遠總管輪德員阿壁成、幫辦鎮遠管帶美員馬吉芬，均擬請以水師遊擊用。該四員並請賞戴花翎，給予三等第一寶星。查西國賞功之典，固重寶星。至應募來華各員，尤以得中國官號為榮，足見仰慕華風，情殷報効。漢納根本有花翎總兵銜，此次在船督戰，尤為出力，可否並請賞加提督銜以示優異，出自恩施逾格。以上各洋員所請奬恤，如蒙俞允，應請特旨宣示，愈足堅其効力用命之忱。上諭：李鴻章奏查明海戰出力員弁請奬一摺，八月十八日，海軍各艦在大東溝洋面與倭艦接仗，各將士奮勇出力，自應量加奬敍。右翼總兵劉步蟾著以提督記名簡放，並賞換格洪額巴圖魯名號。左翼總兵林泰曾，著賞換霍伽助巴圖魯名號。升用參將右翼中營游擊楊用霖，著免補參將，以副將儘先補用，並賞給捷勇巴圖魯名號。右翼中營遊擊李鼎新，著以參將儘先補用，並賞給振勇巴圖魯名號。升用遊擊提標都司吳應科，著免補遊擊，以參將儘先補用，並賞給揚勇巴圖魯名號。升用都司左翼中營守備徐振鵬、沈壽堃，均著免補都司，以遊擊儘先補用，並賞加副將銜。左翼中營守備沈叔齡、右翼中營守備高承錫，均著以都司儘先補用，並賞戴花翎。提督丁汝昌，著交部議敍。另片奏陣亡各員弁請分加議卹等語，所有單開陣亡之儘先遊擊中營左營都司沈壽昌，著照副將例從優議卹。都司銜中軍左營守備柯建章、儘先守備黄承勳，均著照游擊例從優議卹。署中軍左營守備楊建洛、署右翼左營守備徐希顔、左翼中營千總池兆濱、署右翼左營千總蔡馥書，均著照都司例從優議卹。儘先把總孫景仁、史壽箴、王宗墀、張炳福、何汝賓，儘先外委郭耀忠，均著照守備例從優議卹。擬保把總易文經、王蘭芬，均著照千總例從優議卹。五品軍功張金盛、六品軍功王錫山，均著照千總例從優議卹。又片奏出力及陣亡洋員請分別奬卹等語，漢納根前已特賞二等第一寶星，著再賞提督銜。陣亡之尼格路士、余錫爾，均著給予二年薪俸。受傷之哈卜門，著以水師參將用。戴樂爾、阿璧成、馬吉芬，均著以水師遊擊用。哈卜門等四員，並著賞戴花翎，給予三等第一寶星。該衙門知道。片二件單一件併發。

許同莘《許文肅公遺集卷八·函牘四·致總理衙門總辦函光緒二十一年十一月》 再接衙門勘電，查詢德相寶星等第，當據寶星章程並外部自擬緣由，請弗加等電覆計已鑒及。查西國世襲之爵，首為王爵，法文稱為潑林次，遞分五等，各有稱名。今略以公、侯、伯、子、男當之。拜是爵者，率係異姓勳舊暨各國近支以降疏遠宗屬，惟潑林次之號，各國世子及近支親王均用是稱，向來譯者不能詳知西制親疏貴賤之辨，遂以凡襲王者亦譯稱為親王，此紳使援請加等之説之由來也。不知各國近支親王，西制與儲貳均禮，並居宮闈，不在人臣之列。其凡襲王爵者，服官遷轉與常人同。西人雖與親王同稱，而但以世爵視之。寶星章程載，頭等第二給世子親王、宗親、國戚等，親王與世子連敍，明係專屬近支親王，若與世爵襲王之人，一體議給，以後如有贈給世子暨近支親王之禮，無可議加，又無由別異辦理，必至窒礙。本年王使唁賀案內，所請寶星等第，經與俄禮官商定，單內稱潑林次者三人，其一人僅得三等第一，蓋仍視其官為差，而不論其爵。此次自德相以次諸員，擬請寶星等第，悉係馬沙爾索閱章程，自行酌擬。想衙門據此轉告，紳使自當釋然。惟洋文親王名稱既少區別，而章程宗親國戚未有確指，尚慮後來解説歧異，致逾限制。應請衙門立案聲明，頭等第二寶星專贈給各國世子並近支親王，凡例襲王爵者，不在此例，以昭畫一。又章程載頭等第三寶星給各國世爵大臣、總理部院大臣、頭等公使等，此條應以部院大臣、頭等公使為斷，庶二等公使有爵者，不能援照。蓋西制襲爵最寬，世族之家嫡派子孫無論多寡，皆准襲稱。故一人之爵傳之數代，生育繁衍者即可數十人。西人但據以表別門望，而官秩不能因之加貴，誠恐各國駐京使臣偶有襲爵即用世爵大臣字樣，越請頭等寶星，則無以為酬獎彼國宰相、部院大臣之地。故一併陳請及之，統祈堂憲鑒核施行是幸。

清·翁同龢《翁文恭公日記》 （光緒二十四年三月）廿六日陰，微風。外摺多而面摺少。以總署新製之頭等第二寶星及二等一、三等三各一匣呈覽，以下照辦，又遞擬件，辰正三散。

《清德宗實録》卷二九三 （光緒十七年正月己丑）以交涉公平，賞法國外部大臣戈可登寶星。

又 卷五四三 （光緒三十一年三月庚寅）以赴美賽會，襄助出力，賞美國宮符大臣賽門寸寶星。以聲名平常，撤銷美國紐約礦員蘇達利寶星。

又 卷五九五 （光緒三十四年八月己巳）賞專使美國兼考察各國財政大臣唐紹儀寶星。

《宣統政紀》卷五 （光緒三十四年十二月戊寅）賞總理外務部事務慶親王奕劻頭等第二寶星，外務部會辦大臣大學士那桐、署外務部尚書會辦大臣梁敦彦頭等第三寶星，外務部左侍郎聯芳、署外務部右侍郎鄒嘉來二等第一寶星，出使德國大臣廕昌頭等第三寶星，出使英國大臣李經方、出使俄國大臣薩蔭圖、出使法國大臣劉式訓、出使美國大臣伍廷芳、出使日本國大臣胡惟德、出使和國大臣陸徵祥、出使奧國大臣雷補同、出使義國大臣錢恂、出使比國大臣李盛鐸二等第一寶星。

載振《奏請賞日本接待員等物品摺宣統元年七月十五日》 奴才載振跪奏，為前往日本答謝所有該國接待等員援案懇恩量予賞賚，恭摺仰祈聖鑒事。竊奴才本年五月間，奉命前往日本答謝，禮成後日廷頒贈物品，並頒給隨帶各員寶星。當經分別電奏在案，伏念交際以往來為尚，酬答亦聯絡之資，此次奉使該國，其所派接待專員導護迎送，倍著勤勞，照料一切俱臻周妥。以及沿途各地方官等，款接甚殷，禮文尤備。雖皆係奉其政府命令，然從事兩旬，未便沒其勞勩。查上年貝子溥倫前往日本報聘，所有接待各員奏請頒給寶星暨福壽字者，共四十餘員。自應援案懇恩，分別賞賚，俾昭榮寵。當由該國外部查取銜名，經奴才詳加核閱，計開三十六員。其未經得有寶星者，按其品位酌定等差，擬請一體賞給寶星。其先已得有寶星，核其等級，無可再加者，擬懇恩施頒賞珍物。即由外務部酌量發給，以免向隅。謹分繕清單，恭呈御覽。如蒙俞允，即由奴才咨行外務部，欽遵分別發給各該員等祇領，所有日本接待等員擬懇恩賞緣由，理合恭摺具陳，伏乞皇上聖鑒訓示，謹奏。宣統元年七月十五日。奉硃批：著照所請。外務部知道，單併發。欽此。

附件一　日本官員銜名單

謹將擬請賞珍物寶星日本官員銜名繕具清單恭呈御覽

計開

式部長伯爵戶田氏共
式部官伊藤博邦
式部官（但）［伯］爵稻葉正繩
宮內省調度頭長崎省吾
參謀部次長陸軍中將神島安正
以上五員，均已得有寶星。按其官階無可再加，擬請頒賞珍物。
別當桂潛太郎
內苑頭子爵福羽逸人
以上二員，擬請賞給二等第一寶星。
主獵官男爵萬里小路正秀
以上一員，曾蒙頒賞二等第三寶星，擬請賞換二等第一寶星。
家令小野保知
以上一員，擬請賞給二等第三寶星。
陸軍步兵大尉齋藤德巨
鐵道院主事高橋善一
鐵道院主事桑原義清
山口縣警視熊谷真正
福岡縣港務長田中次郎
福岡縣港務官明石幸橘
以上六員，擬請賞給三等第一寶星。
陸軍步兵中尉市川盛雄正
陸軍步兵中尉相澤憲正
陸軍步兵少尉高野重治
陸軍騎兵中尉有地敏三
主膳前田為一郎
宮內屬縣直樹
主馬寮技手多賀一
以上七員，擬請賞給三等第二寶星。
宮內屬高橋勇治
以上一員，曾蒙頒賞三等第三寶星，擬請賞換三等第二寶星。
宮內屬今井竹藏
內舍人伊藤三郎
內匠寮技手手中千代太郎
宮內屬都築鈞太郎
鐵道院書記兵頭新八
山口縣警部杉喜熊
以上六員，擬請賞給三等第三寶星。
主膳阪野一夫
主膳山田信太郎
皇宮警部向用惣吾
主馬寮技手莊子英五郎
主馬寮技手石井龜吉
主馬寮雇赤澤富次
宮內屬玉木三郎
以上七員，擬請賞給四等寶星。

硃批：覽。

《宣統政紀》卷六〇　（宣統三年八月）丙申，諭內閣：總稅務司赫德於咸豐年間來華，由粵海關副稅務司洊升總稅務司，疊受先朝恩遇。歷經賞加按察使銜、布政使銜、花翎頭品頂戴，並雙龍二等第一寶星、三代正一品封典、太子少保銜。前因病請假回國，復賞加尚書銜。該總稅務司供職中國，所有通商各口設關徵稅事宜，均由其經手創辦，以及辦理船廳，設同文館，赴各國賽會，設立郵政，經始規畫，悉臻妥協。遇有交涉，時備諮詢。在中國宣力五十餘年，深資贊助。茲據稅務處呈遞出使英國大臣劉玉麟來電，遽聞溘逝，軫惜殊深。加恩著賞加太子太保銜，伊子赫承先著賞換雙龍二等第三寶星，以示優異。

外國公使覲見禮分部

綜述

清・文慶等《籌辦夷務始末（道光朝）》卷七二 （道光二十四年九月壬午）諭軍機大臣等：據耆英奏連日接見夷使大概情形一摺，覽奏俱悉。咈囒哂夷使到粵，經該督連次接見，詳加詰問，該夷使請頒咦、咪兩國貿易章程，自應查照前議條約，令其仿照辦理。其越分妄求各情節，萬無允准之理。至所請進京朝見一節，著諭以天朝體制，大皇帝從不接見外夷，徒勞跋涉。即如咦咭唎、咪唎㗼亦未進京朝覲，中朝撫馭外夷，一視同仁，豈肯稍分彼此。該國自當與咦、咪兩國共遵條約，不得於例外妄有干求。該夷使叵測情形，不可不密為防範。該督務當設法羈縻，示以鎮靜，不可別生枝節。諒該督必能仰體朕意，籌畫萬全也。

《清文宗實録》卷九七 （咸豐三年六月戊子）又諭：前據怡良奏，亞美理駕國公使馬沙利面交文書，並聲稱帶有國書欲求呈遞。已諭該督妥為曉諭，令其仍遵舊例，聽候兩廣欽差大臣覈辦。本日復據怡良奏，已在崑山與該夷酋相見，並將所遞夷書摺封進呈。朕閲其情詞不過新換公使，聲敘姓名，仍求和好，照常貿易之事。其所稱遣令入覲一語，雖係空言，亟須明白曉諭，杜其妄念。惟賜以覆書，則斷無此理。上海道吴健彰熟悉夷情，該督即密飭該道堅持定議，妥為開導。中國撫馭外藩，惟年班及入貢諸國陪臣，乃有請覲之例。該國遠隔重洋，素敦禮義，中外體制自所深知，但須恪守條約，照舊通商，正不必遣使入覲，始見誠悃也。總以正論婉言，使其心服，該酋自不致別生枝節。儻或另有要求，不能理喻，即仍遵前旨，告以欽差大臣現在廣東，令其靜候查辦。一面知照葉名琛妥為籌辦，務使該酋知奉旨不准之件。無論何省督撫，皆不敢再為陳奏，則無從要挾覬覦，自必安靜貿易。該督其慎密行之，另片一件留中。該道吴健彰仍著留於上海本任，無庸帶船前赴江面協剿。將此由五百里諭知怡良，並傳諭吴健彰知之。

又 卷二五〇 （咸豐八年夏四月戊申）諭軍機大臣等：譚廷襄等奏體察夷情現籌撫馭一摺，並片奏俄夷欲由陸路赴黑龍江，復代各夷要請進京等語，俄夷以現無船隻，水路難行為詞，顯係知我意在速了，故為迫促之語。分界一事，已越數年，該夷日久耽延，何此時忽行急切。現已加恩准其在海口通商，則通商自為先務彼處之事。現有木哩斐岳幅經理，該夷若能寄信伊國，秉公勘辦固為妥善。否則不必與聞，竟將通商事宜，赴各海口妥為料理，得霑利益，亦不負天朝加惠之意。分界一事，查勘需時，恐其耽誤通商。可將此意告知普酋，竟不必派人親往。至外國人進京，皆係朝貢陪臣，若通商各國原因獲利起見。近年海口事宜，均在廣東定議，即康熙年間與俄夷會議互市，亦均在邊界定議，從無在京商辦之例。該夷來京無論人數多寡，中國有何畏懼？實因與體制不合。上年普酋請許來京，尚且因接待禮節向無章程，令其停止。何況咦咈兩夷，稱兵犯順，尤非恭順之國可比。此次准其接見大臣，已屬格外，豈能再准進京？現在減税、增口，大皇帝優待外國，已盡其道。普酋若不能説合，只可聽咦咈回文，如不講道理，中國亦不以禮待，譚廷襄等亦已盡其力量，不能再辦矣。儻咦咈等以獲利無多，更有奢望，總告以不能再行奏請。其權總在廣東，即如減税一事，可多可少，非天津所能定議，總須與廣東新任欽差商議也。咪唎㗼欲遞國書，前已准其呈進。此次必欲見有上諭方肯呈遞，著譚廷襄等告以天朝體制，凡非朝貢之國，偶有國書往來，均有定式，從不加以傲慢。況今咪國彼以禮來，我以禮往，儘可無庸疑惑。譚廷襄等可摘録此數語以示該夷，告以奉到諭旨可也。總之夷人要求斷無饜足，上次到津即係開列多條，迨酌允一二事，亦即回帆。此次情形雖屬不同，而詳細章程豈能在津定議？即如税則輕重，貨物貴賤，非各海口不能知。廣東、福建添設小口，亦必須到彼察看地方，始能指定何處。不過天津已許之事，天朝斷不食言，其詳細節目尚待外省商定，而大局決無變更。譚廷襄等應承指授機宜，諒不致受其恐嚇，稍露畏怯之情，被該夷窺破，愈肆誅求也。將此由五百里密諭譚廷襄、崇綸、烏爾棍泰，並傳諭錢炘和知之。【略】

（庚戌）諭軍機大臣等，譚廷襄等奏夷情遽難就撫一摺，該夷堅請進京，不能允准之處，已於初三日寄諭，並批摺內詳細指示。該督等尚未接奉，又為此奏，未免過涉驚惶。現在嘆咈兩夷尚無回文，其肆意要求之款正未可知，自應待其回覆，然後斟酌奏辦。譚廷襄等屢以允其進京為請，直似此事一准，其餘遂可不煩講論。豈知進京之請，半由俄夷因不允所請，特借嘆咈為要挾。究之嘆咈所重者在利，未必全重此事，亦當分別觀之。此時俄咪均未允准，何況嘆咈，且看其回文如何，如必以實情不能上達為憂，再可告以此係遠慮，尚在他時。若論目前之事，必須到廣東商辦，設或日後廣東有不辦之事，尚有福建、兩江總督、浙江巡撫皆可請為代奏，不至再有阻隔，其議自寢。然亦須觀嘆咈回文，如果堅執，再以此言作為出路，不必先行諭知也。【略】

（癸丑）諭軍機大臣等：譚廷襄奏代進咪夷國書一摺，該夷所遞漢字、夷字國書各一件，以修好問安為詞，欲派其國全權大臣駐劄京師，與俄夷之意相同，礙難允准。現既准其呈進，自應賜函答覆，用示羈縻。若夷酋詢問回函日期，告以大皇帝嘉爾前在粵東，未曾助逆，數日內必當修書褒答，不必吐露他詞。如該夷詢及進京一節，譚廷襄等即當如前答俄夷之語，告以天朝體制，凡外國人許其進京者，皆係朝貢陪臣。若咪唎𠸄既是與國，款待之禮，例所不載。既無章程可仿，即恐禮貌未周，轉傷和好之誼，此事恐難允准。其增口減稅業經有旨，但須嘆咈局定，方能均霑利益。閱所進國書內，該國王竟自稱朕，實屬夜郎自大，不覺可笑。該夷前曾鈔録國書給譚廷襄等看，其詞語是否相符，茲將漢字夷書鈔給該督等覆對。惟夷書兩件，均未蓋用伊主國璽，僅於漢字內墨寫國璽二字。此次回函亦未便用寶，以示相當。至嘆咈各酋時至俄船見面，俄酋亦時往海外通信，其為串通一氣已無可疑。譚廷襄等不再催問，所見尚協機宜。如咪夷以遞書為名轉換說合，亦可探詢各夷情狀，藉作轉圜。將此由五百里密諭譚廷襄、崇綸、烏爾棍泰，並傳諭直隸布政使錢炘和知之。

又　卷二五三　（咸豐八年五月己卯）又諭：前因夷人所求內地通商、游歷及進京一節，雖經桂良等許以緩圖，仍恐貽後日之患，令其囑俄使轉圜。本日據桂良等奏瀝陳現辦情形一摺，據稱明知和議既成，必有從而議其後者，然不敢因此而不顧大局。因思兵費一節，原屬無理，惟前許其到粵公論，此時若已許之，毋庸另議。至內地通商及進京二事，皆不可行。桂良等已知照該夷，未知如何回覆。據奏嘆夷現感桂良等優待之意，疑慮稍釋，桀驁亦稍遜於前。該大臣等既令委員詳細開導，復託俄夷婉轉關說，如有轉機固好，儻必無挽回之術，亦祇可就桂良等所議辦理，不至目前決裂。但此外或尚有不可行之事，續肆要求，墮其術中，更無把握。必須定議後即退兵船，並不別生枝節，方可與之定議，准其將詳細章程馳奏。現聞夷人已有占踞村莊之事，防其欲久駐天津，不可不豫為計及。再據宋晉片奏，嗄吧、李泰國可隱餌以利各等語，著桂良等妥籌，酌量辦理。原片著鈔給閱看，將此由六百里諭令知之。

《清文宗實録》卷二五四　（咸豐八年五月壬辰）又諭：桂良、花沙納奏呈遞俄咪兩夷條約並歷陳嘆咈所請不得不從權允准一摺，桂良等所稱，以後但當臥薪嘗膽，力圖補救。豈知和約已定，如何補救？即自請治罪，何補於事耶？俄咪條約內均有進京一條，皆無久住京城之說，嘆咈兩夷豈能偏准？桂良等既言不妨權允，亦當與之約定，來時祇准帶人若干，到京後祇准暫住若干時，一切跪拜禮節悉遵中國制度，不得攜帶眷屬。如咪夷條約內所載，每年不得逾一次，到京不得耽延；或由陸路，或由海路，不得駕駛兵船進天津海口；小事不得援引輕請，從人不得過二十名；上京時先行知照禮部，公館自由中國豫備。嘆夷若能照此，亦自可允。若必欲住京，則前此業經諭及，必須更易中國衣冠，諒該夷亦所不願。其人數、時日及禮節事宜，總須照咪夷約定載入條款，方可允準。

又　卷三二七　（咸豐十年八月乙丑）又諭：本日據載垣、穆蔭奏夷情恣肆萬難允許一摺，該夷吧嗄禮等，已帶四十餘人抵通州，呈出照會，有互換和約時須將該夷人國書親呈御覽之語。經載垣等再三駁詰，堅執如故。此係該夷狡詐，故生枝節。國體所存，萬難允許。該王大臣可與約定，如欲親遞國書，必須按照中國禮節拜跪，如儀方可允行。設或不能，祇宜按照咪俄兩國之例，將國書齎至京師，交欽差大臣呈進。俟接收後，給與璽書，亦與親遞無異。現在撫局將有成說，不值因禮節而決裂。設該夷固執前說，不知悔悟，惟有與之決戰。其隊伍敢過張家灣以北，即著該王大臣一面趕緊知照僧格林沁等督兵剿辦，該王大臣即一面回京，毋得泥於議撫，致誤戰局。至該夷劫去天津府知府石贊清一節，該王大臣可即行文知照巴酋，此係中國最得民心之官，猝被爾國羈留，士民憤恨異常，洵洶欲鬭，中國亦斷難禁止。現當兩國互換和約之時，豈宜有此？務令孟姓夷酋迅速以禮送還，以全和好而弭事變。該王大臣與夷人約定各條，務須於在通時與之定準，切不可有俟到京後再行商酌之語。夷情狡執，言詞務須斬截，以昭中國信義，勿得稍有游移。將此由六百里加緊密諭知之。

又諭：載垣、穆蔭奏稱，暎夷所請各條，已皆允許。該夷吧嗄嘽復邀同咈夷吧吐嗹㗂哩噔來通，呈出照會，內有換約時所有該國夷書，須親呈御覽之語。雖經載垣等反復開導，而該逆堅執如故。此條萬難允許，已知照僧格林沁等嚴兵以待等語。似此夷情狡展，又復忽生枝節，殊屬可惡。如載垣等再加開導，該夷能悔悟不執前説，自不值因此決裂。已諭令該大臣等，如果夷酋能遵天朝禮節，拜跪呈遞國書，自屬可行，否即仍應援照咪夷來京呈遞國書辦理。誠恐夷情多生枝節，並無就撫之心，如因此條不允，仍帶夷兵過張家灣，著僧格林沁等即行痛剿，不必再為顧惜撫局。該大臣等務嚴兵以待，毋致倉猝或失事機。

清·寶鋆等《籌辦夷務始末（同治朝）》卷八九《奕訢等奏各國使臣欲朝覲聖主請飭下廷臣會議覲見禮節摺》 總理各國事務恭親王（奕訢）等奏：

竊臣等於本年正月二十七日，據俄、德、美、英、法國各使臣聯銜照會內稱：恭逢大皇帝親裁大政，若不請准立將各國慶忱面達聖聽，則膺使任者難免失職之愆，合希奏請聖裁，降旨召見，以申遠懷等情。正籌議間，又於二月初七日，仍前連銜照會，請定何日何處晤議。伏查各使臣等慶賀情殷，固由於就日瞻雲之切，而中外地隔，良不免禮儀習俗之殊，是以十數年籌議及此，每以禮節不同，彼此議論未合。此次各使臣之請，誠屬積念已久，執詞甚堅。經臣等辦給照覆，並訂期屢次晤論，總以禮節應先議定，則入告始有可憑。再三執辯，各使臣等雖極懷籲覲之誠，而於中國跪拜禮節，未肯照行。事關中外大局，應否飭下廷臣會議，恭候訓示遵行。謹繕摺具情上陳，並鈔録來往照會三件，恭呈御覽。

硃批：朝覲應議事宜，著該衙門妥議具奏。

英法俄美德照會

為照會事：

照得本大臣等昨准貴親王通行照會內，以現今恭遇大清國大皇帝堯年鼎盛，已於同治十二年正月二十六日，親裁大政等因准到。本大臣等竊思幸茲盛典，實開中華納福之源，仰悉斯美。如弗請准立將各國慶忱面奏，則膺使任者，何免失職之愆。合希貴親王即將各大臣等所有面慶之公意，奏請大皇帝聖裁，欽定降旨召見，以申遠懷可也。為此照覆。

英法俄美德照會

為再行照覆事：

本大臣等請貴親王即將面慶之公意，奏請大皇帝降旨召見，以申遠懷等情，會同照覆去後。嗣接貴署列位大臣函達，正擬同赴各館面談一切，適文中堂身體違和，是以暫遲數日等情，准此。因念文中堂此疾纏綿，本大臣等深覺弗安，惟因情事切要，是以特用聯銜，指為緊急之據，請貴親王定期集晤，係在何日何處示復，以便本大臣等共聚遵行可也。為此再行照覆。

給英法俄美德國照會

為照覆事：

准諸位貴大臣聯銜照會內開，現今恭遇大清國大皇帝親裁大政，希將面慶公意，奏請大皇帝聖裁，欽定降旨召見，以申遠懷等因。又於本月初七日，復准照會，請定何日何處晤議。本爵查係關繫緊要之件，現定於本月十三日一點鐘，先由本衙門大臣文中堂暨各大臣赴倭大臣處，與諸位貴大臣晤談一切。即希諸位貴大臣屆期於倭大臣處齊集是盼。除由本衙門各大臣先行函致外，相應照覆。

又《奕訢等又奏與各國使臣辯論覲見禮節摺》 恭親王（奕訢）等又奏：

再，查覲見之事，載在咸豐八年所定條約。即覲見二字而論，自係尊崇中國之意。從前各國使臣時嘗論及，臣等因中外禮節不同，難於定議。各國使臣每謂該國向無拜跪，考之各家記載，亦謂其國不習此儀，凡臣下見君，以免冠俯首立地而叩為敬。即臣衙門奏派志剛、孫家穀出使各國，暨臣崇厚出使法國，亦均立而見之，同治六年豫籌修約，臣等將此事函商各督撫將軍大臣，擬令酌中定禮。嗣據曾國藩、李鴻章、左宗棠條復，以敵國使臣，不必强以所難，英約中載明礙於國體之禮，是不可行，其不肯拜跪，已有成議，並謂酌中定制，於義無取等語。此時各疆吏有謂皇上尚未親政，可以正言阻拒者，臣等因此論仍係不許之許，從未據以駁辯，惟以應候聖裁，應先議禮為説。此次聯銜照會，詞意俱屬恭順，雖未便遽加拒絶，阻其恭敬之忱，亦不得不迎機以導，仍就禮節與之熟商力爭。彼謂條約中有礙於國體之禮，為不可行，則告以礙於中國國體，亦不可行。彼謂條約允以優待，則告以中國相待能優於禮之中，不能優於禮之外。彼謂惟拜跪之禮，有礙國體者不能行，此外均可商酌，則告以惟拜跪之禮，最關中國國體，首先議定，此外始可從容擬議。加以譬曉百端，反復辯詰，幾於舌敝唇焦。辯論既久，各使臣謂我等五人，非敢固執，惟本國向無此禮，如一經拜跪，即不得為本國之人，其詞頗為迫切。臣等原知彼國從未嫻習之禮，未易强以必行，而藉筆舌之力，如能就我範圍，固於體制較免窒礙，亦藉以折其虛憍桀驁之氣。且使彼之所謂外國制度，君臣並立相見，及各國使臣代其國主行事，如其國主親來，各等非理之説，無可乘閒置喙。今歷次辯詰後，彼等於前項非禮之説，不復引援，復於彼國覲見常禮，免冠三鞠躬者，願為免冠五鞠躬。所謂鞠躬，即彼國俯首立地而叩之禮，茲擬倍加恭敬以將其誠。並聲明於覲見時，由在前一員奏詞稱頌，復將所奏之詞先期知照臣衙門，以見並無妄瀆。其意若以該使臣等知此盡禮，儻再不準舉行，是中國不能以禮待人，勢將執為口實。臣等竊思咸豐八年所定條約，業經奉旨允准約内覲見一節，庚申之事，各國皆以之藉口。今各使臣復竭誠籲請，臣等仍不能不與往返辯論，謹鈔録來往節略共四件，併附片密陳。

硃批：知道了。

又《總理衙門與各國公使往來節略》 一、各國節略

外國使臣覲見一節，其理較條約增隆。蓋品級崇重使臣齎有國書，進入他國，係兩邦和睦之證。他國不見，係和睦不極之據。咸豐八年所定條約第四款内載：泰西各國，於此等大臣向為合宜，例准應有優待之處，皆一律行辦等因。茲在泰西各國，向為例准應有優待之處。覲見之禮，最為崇巨，准否施行，有譯漢之萬國公法一書可稽，中國各大臣向已披閲。各國使臣進京常住，雖歷次面論，因大皇帝尚未親政，未欲切請。至親政之日，不能不請舉辦。十數年來，各國大臣向總理衙門言及，匪止一次，大清欽差大臣蒲前往各國，美、法兩國總理各國事務大臣等前後兩文，均言撤簾後不能不切請覲見在案。本年正月二十一日，總理衙門函致德國大臣，李奉旨備文，為李大臣未進璽書緣由回文，當經李大臣告以覲見事宜，數日外自不能不特提及。竊念總理衙門既係奉旨備文，尚未交德國李大臣收受，自必復命，總署可否轉示綸音如何下逮，以便敬悉。若覲見之禮，中國以為難者，在於節文。而外國見他國君上之節，中國未晰。中國以為外國使臣，既奉有代本國之權，前往某國，料想應與某國之君平行，焉有斯理。接見之禮，某國君上，坐立自便，適有優顧賜坐，或賜茶酒，抑或别用榮異，均君恩，非應討請。若謂奏對，各國使臣入朝見上之際，每有請安奏賀數言，自亦不敢首先論及事務。蓋凡公務，國主若肯首先問及，應聽主張。奏對之後，使臣如欲續奏，抑或於國主未問之先，遽然奏陳，國主亦可以禮卻謝。斯乃自然之理。此次大清大皇帝召見使臣，大約以入華資深之員領班，代各同僚奏對。儻玉音另詢他臣，恭候清問。鄙意必係如此辦理。現在各國因條約中尚有未盡守之處，中國形似格拒遠人，為此疑慮。各國使臣一奉召見，可知中國於西國與外夷、友邦與屬國實為分晰，各國聞悉，疑必解釋。斯疑一解，友誼增敦，於中國豈無宜益。蓋中國之難，匪但在外，内地雖已漸平，尚有難辦之處。若失好外國，則内地之難，當必加倍。總之，見使之舉，中國願行，要在迅速。中國自古以來恆有成見，外國使臣，均已悉知。此次覲見，自不能無改行之議。各國使臣，一視中國，並無必討有礙外國體制之心，則必有設法通融相讓分際，圖免拂性之傷。

一、覆各國節略

本年〔十二年〕正月二十七日、二月初七日，疊接各大臣公照會，稱我大皇帝親政，請召見各國大臣，並示期集議等情。當於本月十三、十六兩次晤談，十三日威大臣暨各大臣又面交節略一件，本王大臣均經閲悉。内稱咸豐八年所定條約第四款，載泰西各國於此等大臣，例准應有優待之處，皆一律行辦等因。是覲見即中國優待各國使臣之禮，自當設法舉行，並應由中國自行舉辦，庶彼此均為得體。各大臣亦明此意，從前並有向本大臣等談及者。乃正月二十六日，我大皇帝甫行親政大典，二十七日已接各大臣請覲照會，與從前自行舉辦之説不符。各大臣試為中國計之，將何以處此。又稱本年〔十二年〕正月二十一日，本署函致李大臣等因。此事

本王大臣因去冬［十二年］李大臣録送國書，查從前德國知照更明國號成案，奏明辦理，事在正月二十六日以前，與現議事宜不同。又稱中國以為外國使臣，既奉有代本國之權，前往某國，應與某國之君平行，焉有斯理等因。平行之説，各大臣有言之者矣，安得不令人生疑。現節略内既云焉有斯理，剖辨可為明晰。又前日各大臣談及條約内與國二字，中國終未明白等因。其實中國從前非無與國也，即如俄國與中國久為友邦，當時覲見，載在典册，人人知之。儻如各大臣今日所云，將謂當日中國之待俄國，非與國耶？否則今日泰西各國，又視中國為非與國耶！又稱必如此辦理，各國之疑解釋，友誼增敦等因。本王大臣固所深知，並嘗與各大臣言及中外之交，日深一日，即未能就辦，亦不必疑為格拒，緣自和好以來，彼此遵約而行，如中國康熙年間使臣至俄，俄國亦未嘗見，迄今二百年和好如初，中國從不疑其相拒，可為明證。蓋兩不相强，自一無所難，其疑不待今日而始解，其好亦不因此事而失也。

總之，此事中國非不願行，所以要彼此熟商者，亦深望其有成。如第以速行奏請為盡心，本王大臣無難照辦，所恐據情上達之後，能行固好，不能即無可轉圜。本王大臣之責雖易塞，本王大臣之心不肯以是為安。所擬禮節，正是酌乎其中，中與外均無妨礙，並非專為中國一邊設想。中國一俟各大臣並無必討有礙中國體制之心，即可從容易辦。各大臣見事極明，又皆熟悉中國情形者，耑詳察焉。

一、各國節略

覲見一節，原係和睦之舉。天下友邦，無論有無條約，恆皆相讓。英國條約第四款内載：泰西各國，於此等大臣，向為合宜，例准應有優待之處，皆一律行辦云云。屢次承教，以各國使臣，會銜行文，恭請召見，似乎意外之事，諸節均未豫定。溯查咸豐十年英、法兩國换約以來，恆及斯事，匪但泰西各國來使在總署屢次論及，而同治六年九月十五日，所奉上諭，亦曾妥籌萬全，欽遵在案。又於同治六年十一月十二日，美國大臣蒲奉命前往有約各國，一時同派三人。恭親王通行各國大臣照會内載：查兩國和好，泰西各國，本有互派使臣之事，茲中國與貴國和好有年，早應特派大臣前往辦理交涉事件，惟因各國言語風俗尚未諳習，是以遲遲。今因蒲大臣公正和平，熟悉中外情形，願代中國辦事，且為中國所素信，是以奏請派為前往有約各國之欽差大臣，以柏德為左右協理，襄辦其事，以專責成。惟中國若無大員前往，則將來仍不能諳習奉使之事，是以復請欽派志大臣、孫大臣為欽差，一同前往等情。内中所指中國有欲諳習奉使事宜之意，此句最為緊要。嗣經欽差蒲大臣等，所至各國皆以敵體相見。彼時所有各國召見禮節，諒志、孫二大臣必行遵為覆奏。尤可據者，中國使臣抵美國時，有總理各國事務丞相秀咨復内以住華使臣覲見之處，暫於垂簾未撤之間，僅庋弗論，迄至大皇帝親政之日，再為舉行。旋於抵法國時，亦有總理各國事務丞相拉咨文，内以中國雖未舉行斯禮，委因大清大皇帝歲在沖齡，尚未親政，斯語豫言，庶免後誤，即希轉為申明入奏各等因。茲垂簾一撤，覲見之禮，自不能不請興舉。六年以來，各國大臣進京，曾屢向總理衙門論及。卒至本年正月二十日，董崇夏大臣奉諭恭備國書，親送德國李大臣處，李大臣因本國國書，尚未進呈，無從收受，乘便云：現距親政不過五六日，彼時覲見之禮，不能不為提及。以上均係先期論述之證。迨至正月二十六日，恭逢大皇帝親裁大政，同日恭親王知照各國大臣知悉，即於次日照復，希將面慶公意奏請召見，用伸遠懷，詎總署竟以事出創聞，諸節均未豫備，嗣經屢次面晤，終以覲見非願下跪，難以舉行為詞答復。外國使臣下跪，未免礙於本國體制，總署久已洞悉。總署以使臣不跪，礙於中國體制。使臣以凡自主之國，派使進華，其覲見之禮，總須示衆，俾曉來使之本國，係與中國平行，非其下屬。總署更以中國若依外國將見上禮節更易，則中華國體，必為百姓輕視，而本署亦必被人譏刺。據此中華君上百姓，於凡天下諸國平行相待之處未明。各國素以覲見為緊要，今更視為緊要矣。蓋兩國原以友誼為言，若接見之禮，各國素礙體制，仍欲必行，否則不准接見，則友誼豈非虚語。

總之，彼此兩國互派使臣，本為敦友之據，彼國使臣到此國，以進見體制相礙，即不容見，與弗願接見何異。至下跪一節，中華果能通融改易，則外國於本國之禮，亦可酌議變更。中華若仍以使臣必須下跪，則再為晤談，似未免徒費日時矣。

一、覆各國節略

二月二十三日，准貴大臣節略内開各情，仍述英約四款優待之處云云。中國欲優待各國大臣，祇能將中國素有之禮相待，不能以中國未有之禮相待。本爵已與諸位大臣面述其詳。從前各國大臣於此事屢經論及，本衙門各大臣亦將中外禮節不同，須斟酌妥善之故，屢經論及。自諸位大臣照會到後，凡所面議，并未謂此事之出於意外，驚為創聞。而諸節不能不議之由，亦歷歷言之。所議禮節，正係與國往來之禮，並非以屬國相視。前次所覆諸位大臣節略，極為明晰，無庸複述。溯蒲大臣及志、孫大臣出使之時，本衙門即豫給蒲大臣咨會，以中外禮節不同，中國無論何時，國體總不能改。如泰西各國，有優待之處，中國不能援照辦理等語相告。及至各國時相待情形，係出自各國之意，有謂中國雖未曾舉行，而本國自願辦理者，並非謂中國之相强。今諸位大臣以中國曾經出使泰西各國，應明泰西與國往來之禮，諸位大臣在中國多年，當更深明中國向有之禮，及向共與國往來之禮。若謂蒲、志、孫大臣在各國時，曾照各國之禮，則各國大臣在中國，亦照中國之禮，方為從宜從俗。蓋以覲見一節，誠如貴大臣節略所云，係和睦之舉，乃於和好中更進一層，愈求和好之意。如以跪拜禮節，有礙貴國體制，難以照行，所言固為有理。應即思覲而不跪，有礙中國體制，中國亦未能照行，其論方為公允。今貴大臣於有礙貴國體制之處，則謂友誼豈非虚話，於有礙中國體制之處，明知中國人人以為難行，而謂係總署不公允。

總之，國體攸關之處，兩邊均應兼顧，衹求彼此無所妨礙，始可期於有成。正因事之極為緊要，非欲事之歸於不辦也。諸位大臣皆深知中國情形，如果兩面俱顧，並設身處地，為中國一想，為本王大臣一想，便可識本王大臣之苦心，而有道焉以處此矣。

又　卷九〇《奕訢等奏各國使臣仍堅持前見請再飭在廷王大臣妥議奏覆以候旨遵行摺》　總理各國事務恭親王（奕訢）等奏：

竊臣等於本年三月十八日，奏陳各國使臣聯銜照會公籲覲見一摺。欽奉硃批：朝覲應議事宜，著該衙門妥議具奏。欽此。伏查此事，以拜跪禮節為首先應議之件，前經臣等與各使臣往返晤論，再三執辯，各使臣均以本國從無此禮，未能照行。此次欽奉諭旨，妥議朝覲事宜，臣等公同悉心籌酌，仍從拜跪禮節發端，並將各應議事宜，共列六條，相與訂期屢次晤論，聲明未盡各節，隨時續商。各使臣於所列各條，略有成議，獨於拜跪一層，尚復堅持前見。臣等仍以不拜跪不合中國禮節，與之相持，一面將往來問答之詞，分註六條之下，繕寫清單，約定各使臣，在單上彼此面同畫押。又將各使臣前遞節略內述及一切事宜，有應照辦者，摘敘四條，復渾括畫押節略內大意，併敘一簡明節略，與之閲看，告以憑此入奏，用昭信守。並謂似此擬議入告後，能否仰邀聖裁俞允，實未可以臆度。各使唯唯，仍不易其前説。計此事往復辯議，迄今已逾三月，凡有可以設難設解，剛柔互用之處，為意計所到者，靡不詳盡言之。臣等身在局中，審度時勢，體察情形至此，實已知窮計竭。惟念關繫良鉅，行止亦亟應定議，應仍請旨飭下在廷王大臣，統籌全局，詳細妥議，確實奏覆，候旨遵行。

又　《奕訢等又奏各國使臣堅執不肯跪拜請將各摺片交由會議諸臣詳閲妥籌摺》　恭親王（奕訢）等又奏：

再，臣等與各國使臣辯論覲見禮節，再三駁詰情形，已於三月十八日附片密陳案。各使臣於拜跪一層，未能照行。臣等非不知禮主於敬，各有其禮，即各有其敬，原不必責外國以所未嫻；而必與力爭詳議，冀得一當者，以洋人用心最深，恐其或留餘步。若臣等力有一毫未盡，即臣等心有一分未安，乃經節次持論，正言婉諭，疊出相乘。雖於各國大無禮之事，次第刪除，而於拜跪一節，始終堅執，以該國向無此禮答復。至此次遵旨妥議，臣等猶告以此節一經入奏，即議無可議，隱示以如因不跪一事，被斥不行，將來難以再瀆，恐不勝事後之悔，冀其由此省悟，不致堅持。而各使臣仍未稍有活動，是其未能拜跪，已無可疑。事勢如此，臣等原不敢因虞決裂，遂涉遷就。然謂其斷無足慮，不至如咸豐十年請覲未就，因而啓釁，此説究亦未敢謂有把握。且此時各使臣之請，但為恭順之詞，未露要挾之意；夫允其請於要挾之時，而力不能杜，與允其請於恭順之際，而體尚無傷，此中得失之機，不待智者而決。議者謂今日之請既行，將來習以為常，或至要求日甚。臣等查現在各國，既以籲請懇誠，准其覲見，將來各國奉有國書，自當一視同仁，礙難歧視。至於應防應議要求各節，已於兩節略清單逐條詳細覈議。至日後交涉未已，變遷萬端，誠未敢謂藉此範圍，必無踰越。第就今日之事言之。力之所當盡在此，力之所能盡亦止此也。事關大局，臣等未敢擅便，如蒙俞允飭議，應請將三月十八日奏陳摺片，及此次摺片，並兩次鈔呈照會節略清單各件，均由會議諸臣詳閲妥籌，以當事理而扶大局。

硃批：覽。

又《奕訢等又奏請將李鴻章摺片飭交會議片》 恭親王（奕訢）等又奏：

再，臣等正議奏間，復於四月初五日，由軍機處鈔交大學士直隸總督李鴻章議覆編修吳大澂、御史吳鴻恩密陳洋務等情一摺。又鈔交二十九日大理寺少卿王家璧摺片各一件。五月初三日御史王昕摺片各一件，邊寶泉摺一件，先後欽奉諭旨：該衙門知道等因，欽此。臣等查王昕、邊寶泉所奏，與業由李鴻章議覆之吳大澂、吳鴻恩摺，大致相同，並與咸豐十年前衆論相同。而王家璧所奏，則與李鴻章摺相同。臣衙門摺件，如蒙交議，擬請將李鴻章等摺四件，片兩件，一並飭交會議。至李鴻章摺內所稱各國使臣來京，止准一見，不准再見，此准同見，不准單見一節，其愈簡愈妙之意，與臣等無異。無如數月來疊次辯論，舌敝脣焦，止能如節略所開，未能與李鴻章所稱及臣等初意一一脗合，合併陳明。

硃批：覽。

又《奕訢等又奏和國使臣到京並請覲見摺》 恭親王（奕訢）等又奏：臣衙門於同治十二年三月二十五日，接到和國使臣費果蓀照會，內稱：茲擬於四月初間來京，辦理公務。該使臣旋於四月初九日到京，請定日期會晤，當經臣等約其來署晤見。據該使臣面遞該國總理大臣照會一件，以為該使臣此次來華之據。談次察其辭色，尚屬恭順。維時臣等正與各國使臣商辦覲見事宜，嗣於四月十七日，准該使臣照稱，奉有國書，親獻大皇帝。又於二十二日，復准該使臣照稱，覲見之事，各國使臣有何商議之處，當亦同心照辦，斷無異詞各等語。該使臣所稱覲見一節，應與各國使臣恭候諭旨遵行。

又《給各國使臣簡明節略》 一、接見之禮，某國君上，坐立自便，或賜茶酒，或別用榮異，均為君恩，自非必應討請。

一、使臣入朝見上之際，有請安奏賀數言，不敢首先論及事務。蓋凡公務，國主若肯首先問及，應聽主張。奏對之後，使臣如欲續奏，抑或於國主未問之先，遽然奏陳，國主亦可以禮御謝。

一、此次使臣，大約以入華資深之員領班，代各同僚奏對。如詢他臣，恭候清問。

一、中國果能通融改易，則外國於其本國之禮，亦可酌議變更，必有設法通融，相讓分際。

以上係節略中所議各條。

一、中外禮節不同，如有礙於國體之處，不得勉強。各大臣云：各國臣工見本國君上，及見他國君上，并不拜跪，均三鞠躬。此次在中國請覲，改為五鞠躬，以昭格外誠敬。本大臣等云：不跪非中國禮節，如何辦理，應候大皇帝諭旨遵行。

一、各國實任出使大臣，奉有本國國君之書，初次來住中國者，始覲見大皇帝，以便面遞國書，其餘不在請覲之列。

一、覲見禮節言詞，應先期繪圖演習。

一、覲見處所，及何月何日何時，恭候大皇帝諭旨遵行。

一、定議後，將來無論何國，無論幾等使臣，初次來住中國，如奉有國書，必應親遞者，均照此次五國大臣覲見禮節，不得稍有參差。

一、覲見大典，不宜輕舉。且日後初次來華之各國大臣，既住中國，為日正長，當照此節略所言五國使臣同見之例，遲早恭候諭旨遵行。不能一人隨時請覲，用昭鄭重。

一、中國現無駐紮各國大臣，不得以有施無報責我中國；將來中國即有大臣出使，奉有國書，見與不見，仍聽各國之便，如遇有禮節不同，或別有事故，見與不見，亦聽中國出使大臣之便，仍照常辦事。緣中國所重在和好，不在覲見一端也。

以上係面議各條。

再，各使臣閱看此件節略時，以將來各國使臣來華，不能一人隨時請覲，並中國大臣出使各國，見與不見，應聽中國使臣之便數語相辯駁，越日即有照會前來，謂為未足滿恰。臣等仍將嗣後來華之各國使臣請覲，其遲早應候諭旨遵行；至中國出使各國大臣，如遇禮節不同，或別有事故，見與不見，不得勉強，仍照常辦事等語照復。各使臣亦無他說。合併聲明。

又《畫押問答節略》 今將朝覲應議各條開列，此外尚有未盡事宜，再行續議。

一、中外禮節不同，如有礙於國體之處，不得勉強。

倭、威、熱大臣云：跪見實不能行。答以本大臣等自正月二十六日以後，疊次晤論，何嘗不知。惟此次既奉旨妥議，本大臣等應將禮節一層，再行熟商，以便與各條一併入奏，恭候欽定。各大臣云：此條如作罷論，以下始可商議。且跪見一層，以後無論照會信函，及彼此議論，均可不提。答以作為罷論與否，本大臣等所不能知。現既奉旨妥議具奏，將來入奏後，行則不必再議，不行更無可議，無庸諄屬也。

一、各國實任頭等欽差，奉有本國國書者，覲見中國大皇帝，其餘不在此列。

各大臣云：現在我三國均非頭等欽差，亦與覲見之禮無礙。蓋因使臣不分幾等，凡有恭奉國君之書到各國後，均當請覲。如無國君之書，而但有本國總理衙門之書，不在此列。署事及代辦者，均無國書。問曰：各大臣初此來住中國，奉有國書，係奉國君之命而來，故應請覲。其從前已交國書者，此時如何辦理？各大臣云：現在惟有請將已交之國書揀還，俟覲見時呈遞，亦是一樣。問曰：姓名年月不符如何？各大臣答云：卻無不符者。至年月日，係指給國書時言，並無窒礙也。

一、覲見大典，不宜輕舉，應照此次節略所言五國欽差同見之例為率，仍敬候大皇帝特旨遵行。

各大臣云：嗣後來住中國大臣，大皇帝自無不見。惟見的時候，應候諭旨遵行，是否如此講法？答以候旨遵行，固如此講，所謂照此節略所云，五國大臣同見之例者，因覲見大典，不宜輕舉，且將來初次來華之各國大臣，既住中國，為日正長，如有應行請覲之大臣，遲早均應恭候諭旨，不能一人隨時請覲，用昭鄭重。各大臣云：新使係奉國書進華，一日未能呈遞，職任一日自視有虧。然則我國嗣派繼任者，中國欲制必俟同見之期，此在我各國定弗肯允。答以此條原議，本因覲禮太瀆則輕，若如各大臣所言，設或此月來一人，下月又來一人，甚或每月來者不斷，一來一見，不但日不暇給，抑且重禮因瀆而輕，窒礙難行。各大臣云：此次所議第五條，既經商定，嗣後來往中國之大臣，奉有國書請覲，設為期太遠，並無准見日子，難免彼國疑有不和之心。答以必俟五國同見，既恐為期太遠，若欲一人一見，並無定準，不免為禮太輕。然則將如之何？各大臣云：所慮者原係時期太遠耳，惟思覲見之日，必在欽定。本大臣等所指時期太遠，各國難免不允之理。既已言明，未便自取定準之權。答以諸大臣既如此說，將來遲早祇有聽候旨意辦理。

一、覲見禮節，應先期演習。

各大臣云：先期演習，如畫一圖可否？答曰：可。

一、覲見處所，及何月何日何時，敬候大皇帝諭旨遵行。

各大臣無說。

一、中國現無駐紮各國大臣，不得以有施無報責我中國。中國將來即有大臣出使，奉有國書，見與不見，仍聽各國之便。

各大臣云：中國使臣，如非奉有國書，不能請見。答以中國使臣，未齎國書，固不勉强要見，即奉有國書，亦不勉强請見。中國所重並不在此，所謂聽各國之便也。

再，前者德國李大臣因病回國，本大臣等以請覲係五國大臣聯銜照會，刻下止有四國，未免參差。嗣接倭大臣照會，業經聲敘明晰。至李大臣出京時，晤本大臣等，談及覲見一事，現有英、俄、美、法國大臣會議，與本大臣在京無異云云。嗣後覲事，如與各大臣議定，未知李大臣有無異議。各大臣答云：覲見一節，四國大臣定議，凡有泰西各國大臣，必能均無異見，自所深知。至德國大臣李有無異議，溯查彼此論及覲見以來，李大臣屢於斯事，以四國大臣允為妥善之舉，李大臣嗣亦同心一意，所有列右各節，今細加校對，實與中外各大臣先後面晤敘詞，其意無異。

以上係畫押節略。

再，自正月二十七日，臣等接准五國使臣聯銜照會後，彼此往復辯論數十次，歷時逾三閱月。其間面折口爭，不下數千百言，而彼所遵允者，僅僅有此。此項節略所開，係臣等與各使臣最後定議畫押之件。前次辯駁各詞，未便一一敘入，用歸簡易。

又《奕訢等又奏日使欲面遞國書請與西洋各使臣一律辦理片》 恭親王（奕訢）等又奏：

此次日本國使臣到京，齎有國書，業將鈔録副本，送交臣等閱看。並據該使臣聲稱，所齎國書，應行面遞。現當西洋各使臣合詞請覲之時，日本使臣，既欲面遞國書，臣等即將與西洋各使臣所訂節略，與之覈議，如能事歸一律，再行併案辦理。謹附片密陳。

硃批：知道了。

又《奕訢等奏日本使臣覲見事宜請與西洋各使臣並案辦理摺》 總理各國事務恭親王（奕訢）等奏：

日本使臣到京，齎有國書，欲行面遞。臣等隨即給與該國使臣副島種臣照會，以西洋住華各使臣公籲朝覲，屢次會議，繕具節略，即須奏請聖裁。該使臣如無異議，亦當併案請旨，並將與各國會議簡明節略摘鈔給閲。旋據該使臣照覆，所送節略，必有出於至公至平，與情義相符，自無異議，請即代奏前來。查西洋各國使臣，籲請覲見，經臣等據情入奏，業奉諭旨准行。今日本事同一律，該使臣既稱臣等前與西洋各使臣面議簡明節略，並無異議，自應據實奏聞，可否併案辦理之處，伏候訓示遵行。

硃批：著准其併案辦理。

《同治朝上諭檔·同治十二年五月二十日》 内閣奉上諭：總理各國事務衙門奏駐京各國使臣籲請覲見呈遞國書一摺，現在賫有國書之駐京各國使臣，著准其覲見。欽此。

《清穆宗實録》卷三五〇 （同治十二年三月）丙午，諭軍機大臣等：前據翰林院編修吴大澂奏：洋人懇請召見，未可允准。本日復據御史吴鴻恩奏：洋人請覲，請飭開導，並酌定禮節各摺片，西洋各國使臣籲懇朝覲，蓄志已久。此次復向總理各國事務衙門屢次懇請，經王大臣力為辯論，儻該使臣堅執前説，應如何豫籌辦理，期於朝廷體制及中外大局兩無窒礙之處，著李鴻章妥議具奏。原摺片均著鈔給閲看。將此密諭知之。尋奏：各國以朝覲為修好第一事。今值親政大典，請准面申慶忱，措詞尚屬恭順。惟泰西各國，見君向無跪拜之儀；本朝有待屬國一定之禮，而無待與國一定之禮；各使不從中國禮節，良由習俗素殊。儻寬其小節，示以大度，似尚無損朝廷體制。下所司知之。

又 卷三五三 （同治十二年六月壬子）日本國使臣副島種臣、俄羅斯國使臣倭良嘎哩、美利堅國使臣鏤斐迪、英吉利國使臣威妥瑪、法蘭西使臣熱福理、和蘭國使臣費果蓀，於紫光閣前瞻覲。

又 卷三六五 （同治十三年夏四月丁丑）俄羅斯國使臣布策等二人，於紫光閣前瞻覲。

又 卷三六九 （同治十三年七月庚申）比利時國使臣謝惠施等三人，於紫光閣前瞻覲。

《欽定大清會典事例（光緒重修本）》卷一二二〇 （十六年）諭：各國訂約以來，璽書通問，歲時不絕。和好之誼，歷久彌敦。駐京各國使臣，均能講信修睦、聯絡邦交，深堪嘉悦。上年正二月間，疊逢慶典，欽奉懿旨，命總理各國事務衙門設燕款待，寰海聯歡，洵稱盛舉。茲朕親裁大政已閲二年，在京各國使臣誼應覲見。允宜仿照同治十二年成案，並增定歲見之期，以昭優禮。所有各國駐京實任、署任各使臣，著於明年正月，由總理各國事務衙門奏請定期覲見，即於次日在該衙門設燕款待，嗣後每歲正月均照此舉行，續到使臣按年進見。至國有大慶，中外臚歡，並著該衙門屆時奏請筵燕，用示朝廷修好睦鄰、有加無已至意。所有應行禮節，著該衙門先期具奏。

《清德宗實録》卷二九三 （光緒十七年正月）庚寅，上御紫光閣。德國使臣巴蘭德等覲見，呈遞國書。

又 卷三〇一 （光緒十七年九月丁丑）總理各國事務衙門奏：德使巴蘭德來署面稱，紫光閣為筵燕藩屬之地，見諸記載。同治十二年以來各國使臣於此覲見，在聖意固屬優待，而道路傳聞，總疑視與國使臣等於藩屬，於體面有礙。堅請代奏，另定處所。依議行。【略】

（光緒十七年九月）丙戌，上御承光殿。奥國使臣畢格哩本覲見。

又 卷三一七 （光緒十八年冬十月）己卯，【略】上御承光殿，英吉利使臣歐格訥等四人覲見。

又 卷三二一 （光緒十九年二月）戊辰，上御承光殿。德國請假回國使臣巴蘭德覲見。

又 卷三二五 （光緒十九年六月）庚申，上御承光殿。德國使臣紳珂覲見，呈遞國書。摺包。

又 卷三三八 （光緒二十年夏四月）辛酉，上御承光殿。義大利使臣巴爾迪等三人覲見。

又 卷三四二 （光緒二十年六月）乙卯，上御承光殿。日本國使臣小邨壽太郎覲見。包摺。

又 卷三五一 （光緒二十年冬十月）戊午，上御文華殿。各國慶賀慈禧端佑康頤昭豫莊誠壽恭欽獻崇熙皇太后萬壽，齎遞國書，使臣瞻覲。

又 卷三五九 （光緒二十一年正月）壬辰，上御文華殿。覲見各國使臣，温語慰問。

又 卷三六七 （光緒二十一年五月）乙酉，上御文華殿。俄羅斯使臣喀布呢、法蘭西使臣施阿蘭覲見。

又 卷三六九 （光緒二十一年閏五月）乙卯，上御文華殿。日本使臣林董覲見。

又 卷三七六 （光緒二十一年九月）壬子，上御文華殿。英國使臣歐格訥覲見。

壬戌，上御文華殿。和蘭國使臣克羅伯覲見。

又　卷四一六　（光緒二十四年三月戊戌）御文華殿，俄國齎遞國電使臣巴布羅福覲見。

又　卷四一六　（光緒二十四年三月庚子）總理各國事務衙門奏：出使大臣許景澄函稱，德君遣其胞弟帶有禮物，赴京請覲。請參考中西酌定各國近支親王覲見禮節，奏明立案，以重睦誼而垂定章。謹電商酌擬具陳，屆時欽定處所。得旨：朕欽奉慈禧端佑康頤昭豫莊誠壽恭欽獻崇熙皇太后懿旨，恭著在園內覲見。

又　卷四一七　（光緒二十四年閏三月）庚辰，上御文華殿，法國使臣畢盛覲見。

又　卷四一八　（光緒二十四年四月己酉）又諭：著總理各國事務衙門將各國君后、宗藩及特派頭等公使來華，於皇太后前及朕前接見款待禮節，務須參酌中西體制，詳定章程，從優接待。一俟議妥奏准後，即行照會各國駐京公使，並分電出使各國大臣，令其一體知悉。

又　卷四一九　（光緒二十四年五月乙丑）總理各國事務衙門奏《遵議各國君后宗親及頭等公使來華禮節》，從之。

又　卷四二〇　（光緒二十四年五月）壬申，上御文華殿。美國卸任使臣田貝，接任使臣康格覲見。

清・王彥威《清季外交史料》卷八四《總署奏使臣覲見懇求另定處所據實代陳摺》　總理各國事務慶親王奕劻等奏為使臣覲見懇求另定處所，據實代陳事。竊本月十三日，因奧國使臣畢格哩本近患咳症，不能口奏頌詞，懇求代請緩期覲見，由臣衙門具奏在案。嗣德國使臣巴蘭德來臣衙門會晤，述及紫光閣為筵宴藩屬之地，見諸記載。各國使臣於此處覲見，在聖意固屬優待，而道路傳聞總疑視與國使臣等於藩屬，於體面有礙，堅請據情代奏，嗣後務求另易他處。雖經往復辯論，總不能破其成見。臣等溯查同治十二年間，各國使臣在紫光閣覲見後，英國使臣威妥瑪先有是説，各使臣為其搖惑，頗多未愜。本年春間，復經巴蘭德疊至臣衙門商議此節。臣等再四駁辯，幾於舌敝唇焦，彼始遵照成禮。當時各國使臣會遞節略，內稱紫光閣覲見因有視為不合宜之故，將來觀見賀年另指他處。因總署王大臣前稱，此次業經明降諭旨，言明必須在紫光閣，該地方已經預備妥當，各國大臣均暫應允等語，巴蘭德現執前説牢不可破，察看各國使臣之意亦皆附和其議，無可開導。臣等伏查西國通例，使臣所至之國以呈遞國書，為通好之據視為至重。且外國之待使臣，無不親接國書加以優禮。彼知中國體制不同，尚能就我範圍。惟聞紫光閣為筵宴藩屬之地，力求另易他處。窺其本意祇係拘於成見，並非故意抗違。且奧國使臣照會內，總以臣等未能將其下情上達為言，其措詞尚屬恭順。臣等公同商酌，可否於使臣請覲之時，另易他處，俾釋懷疑之見而紓就日之忱，似於交涉大局不無裨補。伏候聖裁。謹奏。光緒十七年九月十八日奏。硃批，依議。

又　卷一三二《總署奏遵議款接外賓參酌中西體制詳定章程摺》　總理各國事務慶親王奕劻等奏為遵旨議奏事，光緒二十四年四月二十七日軍機處片交，本日奉旨：着總理衙門將各國君后、宗藩及特派頭等公使來華，於皇太后及朕前接見款待禮節，務須參酌中西體制，詳定章程，從優款待。一俟議妥奏准後，即行照會各國駐京公使，並分電各國大臣，令其一體知悉等因。欽此。臣等竊惟中西禮俗不同，往往中國以為極輕，泰西視為極重者；中國行之甚繁，泰西行之甚簡者。中國向不與友邦交際，歷年來享來王莫非藩服。自歐美諸洲立約通事，邦交日重，典禮日隆。茲奉聖旨詳定章程，從優款待。臣等伏查各國君后往還，凡有約之國悉以敵體之禮相見，款之宮中，迓諸郊外，中國春秋盟會何莫不然。惟歐洲各國大都水陸相接，不過一二日程，亦多姻親之國，故列邦君后時有往來。現在中國風氣漸開，彼此之情日通，鐵路輪船亦日盛。各國君后來華之會，誠不能不預先籌畫。但儀文繁重，非一二言所能盡，當視國之遠近，臨時妥酌請旨遵行。惟宮中款待一事，外國視為極隆，布置亦極不易。外國宮室多樓居，又無重門之限，房廊櫛比主客一家，言語居處服食無異，風俗使然，款接良便。中國似難强同而友邦君后之尊，豈能闕東道之誼，似宜專建宮館以備稅駕。

都下王公舊府甚多，擬乞皇上酌撥一所，門楣依舊，但就堂室中酌照西式裝修完美，陳設合宜，足備各國君后旅居之用。即王子、親王亦可於此安憩，官為供張，凡百從豐。其初到時，皇上一為筵宴，或在宮中、或在西苑，屆時請旨施行。至宗藩來華，有親疏之別，如今年之德國親王享利本為德國王子，又為德國王弟，此次來華有代君相見之誼。皇太后、皇上接待如禮，各國咸以為優，德國尤深感謝。復有類此之友邦親王來華，擬懇皇太后、皇上仍照此次款待禮節，毋庸另議他日，官館建就不令寄居，彼館則尤加優也。至各國特派頭等使臣，自必齎有國書，如為慶賀皇太后、皇上而來，擬請皇太后、皇上均予接見。如為兩國交涉而來，按照各使臣現行遞書之禮，皇上親接國書，口敕答頌，如係頭等公使，擬請皇上立受國書，俾與二等公使有所區別，亦足以示優。異該使臣請見皇太后，亦西例之常，視其國書如何聲敘。臣衙門於奏請欽定覲見日期，摺內恭請皇太后懿旨。屆時，由御前大臣與臣等帶領該使臣進殿俯首修敬，皇太后坐受。該使臣將命遠來，皇太后量加慰勞，或賜以珍玩以作優待之處，屆時恭候懿旨施行。臣等遵議各節如蒙俞允，臣衙門自應奉宣德意，酌照此次奏案照會各駐使並分行出使大臣一體知悉，俾有約各國咸曉。然於我國從優接待之盛意，而泰西各國延見使臣向無禮節，單紙憑帶引之員接導，如國有大慶則編成一冊分送各使，告以齊集讌會日期、服色，並非律人以步趨行立鞠躬之煩。臣衙門恭遇慶典，擬仿照編送至尋常覲見各使臣，類皆不諳漢文，其繙譯亦未盡通暢，往往典禮未成而於擅寫款式先煩辨論。臣衙門擬以後不開送禮節單。謹奏。光緒二十四年五月十三日奉旨，依議。

又《西巡大事記》卷八 （光緒二十七年五月廿二日）軍機大臣片。頃據奕劻、李鴻章來電，擬於儀鸞殿蓋造西式洋房，專供各國使臣覲見之用。若照此辦法，可免其進乾清宮。然必須於紫光閣之西、集靈囿之東，另行預備皇太后燕息之所，然後可於儀鸞殿改建洋房。伏乞聖裁。

《議和大綱》 一九〇〇年十二月二十二日、一九〇一年一月十六日，光緒二十六年十一月初一日、十一月二十六日，北京。

聯銜公書

本年五、六、七、八等月，即光緒二十六年四、五、六、七等月間，在中國北方省分，釀成重大禍亂，至罹窮兇極惡之罪，實為史冊所未見，事殊悖萬國公法，並與仁義教化之道均相牴牾。茲將其情節尤重者，開列於左：【略】

第十二款　總理各國事務衙門必須革改更新，及諸國欽差大臣覲見中國皇帝禮節，亦應一體更改，其如何變通之處，由諸大國酌定，中國照允施行。

《辛丑各國和約》 一九〇一年九月七日，光緒二十七年七月二十五日，北京。

大清欽命全權大臣便宜行事總理外務部事務和碩慶親王，大清欽差全權大臣便宜行事太子太傅文華殿大學士北洋大臣直隸總督部堂一等肅毅伯李鴻章；大德欽差駐紮中華便宜行事全權大臣穆默；大奧欽差駐紮中華便宜行事全權大臣齊幹；大比欽差駐紮中華便宜行事全權大臣姚士登；大日欽差駐劄中華全權大臣葛絡幹；大美國欽差特辦議和事宜全權大臣柔克義；大法欽差全權大臣駐劄中國京都總理本國事務便宜行事鮑渥；大英欽差便宜行事全權大臣薩道義；大義欽差駐紮中華大臣世襲侯爵薩爾瓦葛；大日本國欽差全權大臣小村壽太郎；大和欽差駐劄中華便宜行事全權大臣克羅伯；大俄欽命全權大臣內延大夫格爾思；今日會同聲明，核定大清國按西曆一千九百年十二月二十二日，即中曆光緒二十六年十一月初一日文內各款，當經大清國大皇帝於西曆一千九百年十二月二十七日，即中曆光緒二十六年十一月初六日，降旨全行照允，足適諸國之意妥辦。【略】

附件十九

覲見禮節説帖

一、諸國使臣會同或單行覲見大清國大皇帝時，即在大內之乾清宮正殿。

二、諸國使臣覲見時來往乘轎至景運門外，在景運門換乘椅轎至乾清門階前，降輿步行至乾清宮大皇帝前，禮成後，諸國大臣一體回館。

三、每值使臣呈遞敕書或國書時，大皇帝必遣加用黃襻如親王所乘之綠轎到館，將使臣迎入大內，禮成後，仍一體送回，來往之時，必派兵隊前往使館迎送。

四、每值呈遞敕書或國書時，其書在使臣手內，必由大內之各中門走進，直到駕前，禮成後，即由已定諸國使臣覲見禮節所議各門而回。

五、使臣所遞敕書或國書，皇帝必親手接收。

六、如皇帝欲款宴諸國使臣，現已議明，應在大內之殿延設備，皇帝亦躬親入座。

七、總之，無論如何，中國優禮諸國使臣，斷不至與彼此兩國平行體制有所不同。

《軍機處録副奏摺・全權大臣奕劻等摺光緒二十七年六月十一日》 臣奕劻、臣李鴻章跪奏，為按照和議總綱第十二款商定各國使臣覲見禮節，恭摺仰祈聖鑒事：竊據領銜日國使臣葛絡幹三月初一日照會内開：諸國會同覲見皇帝，必在太和殿。其一國使臣單行入覲者，必在乾清宮。使臣呈遞勅書或國書，必派御輿暨應有之侍衛前往使館，並參隨各員同迓，覲見之宜禮成後，一體送歸。使臣齎奉國書，必由各中門行走，皇帝必親手接收國書，諸國使臣至宮殿階前降輿。儻設宴款待，必在乾清宮，皇帝必躬親入座。各禮節必與自主平等大國成規相符。等語。

臣等查覲見一事，因中西體制不同，各國使臣動援西例相衡，以為相形見絀。三十年來，為此事彼此辯駁，迄未能定。今乘聯軍大勝之後，請將禮節更改，固係有挾而求。然各國既有成規，則所言亦非盡無禮。祇可就其能行者酌予通融，擇其不能行者力加駁阻。爰指出礙難照辦者四端：一、使臣會同覲見，必在太和殿；一、使臣呈遞國書須派御輿迎迓；一、使臣覲見，在宮殿階前降輿升輿；一、設宴必在乾清宮，皇帝躬親入座。一面備文照復，一面與各使公推承辦覲見禮節之美國使臣柔克義、日本國使臣小村壽太郎竭力磋商。三月二十三日又接葛絡幹照會，但允將會同覲見改在乾清宮，而輿用黄色，在宮殿階前降輿，仍不肯改。至設宴一節，據稱各使並無必請賜宴之意。

臣等復以轎色祇有皇帝用黄，諸王公大臣皆用緑，各國使臣入覲時，由内務府備派緑呢大轎迎送，已足以昭隆重，若乘坐黄轎，未免駭人聽聞，礙難轉奏。又，降輿升輿一節，中國向來體制，王公大臣均在東華門外降輿，惟賞紫禁城内乘坐肩輿者方能乘椅轎至景運門，各使既請均在乾清宮覲見，入宮之路必由景運門，應倣中國王公大臣特賞紫禁城乘坐肩輿之例，於進東華門後換坐椅轎，至景運門停下，較為相宜。備文照復。

旋聞英國使臣薩道義嘖有煩言，謂照復詞氣不甚和平，意將痛加駁斥。臣等佯為不知，彼亦競置不答。繼思回鑾在邇，覲見禮節必須早日商定。戶部右侍郎那桐奉出使日本之命，小村壽太郎頗與聯絡，因屬其酬應之便，婉曲熟商，許以緑轎加用黄襻。小村允與各使商酌。臣等復又辦給照會，大意以日後或有國王及太子等來京，必須豫留區別地步，敍明轎加黄襻，下轎可在景運門外。五月十七日據日使葛絡幹照復，轎加黄襻，各使遵允，惟降輿請改在乾清門外，等語。臣等復又備文商酌，改為至景運門外換坐椅轎，至乾清門外階前降輿，略示通融，以期就範。茲據日使復稱，各使視以為然，等語。自應就此定議。

竊思歐美各邦咸以遣使聯交為重，軺車來往，絡繹於途，將命呈書，儀文必洽，興戎出好，消息可以微參。上年啓衅之端，莫甚於攻圍使館。是以此次各使必欲將覲見禮節乘機更改，積年所不能請者，一旦邀準，雖覈諸西國敬使之儀，未必盡為過當，而揆諸天澤堂廉之辨，豈能每事曲從。臣等設法磋磨，歷時至數月之久，始將乘坐黄轎及在太和殿覲見暨宮殿階前降輿三節酌議改易。其在乾清宮設宴一節，賜宴與否既可不拘，自應暫從緩議。遇有應行設宴款待者，統由外務部出名，不言賜宴，各使當無可挑剔也。

所有商定使臣覲見禮節緣由，除將來往照會鈔送軍機處查核外，理合恭摺由驛具陳，伏乞皇太后、皇上聖鑒，訓示。謹奏。

光緒二十七年六月十九日奉硃批：依議。欽此。

論説

清・寶鋆等《籌辦夷務始末（同治朝）》卷五〇《總理衙門條説六條同治六年九月乙丑》 一、議請覲。自古兩國修好，使臣入覲，載入史冊，具有典章，迨至宋時，儀節無不變易，未可為訓。我朝聖祖仁皇帝、高宗純皇帝召見外國使臣，震懾天威，罔不讋慄。嘉慶年間，英使來朝，未克成禮而罷。咸豐十年，與各國換約，英、法皆請呈遞國書，照會數次，竟以儀節未定，事不果行。今以皇上沖齡，兩宮皇太后垂簾聽政，因之停罷。彼即以阻其入覲，為不以客禮相待，時來饒舌，言多憤激。雖曾以如欲請覲，必須行跪拜禮為説，彼即堅稱：並非屬國，不能改從中華儀節。而終不肯謂覲可不行。昔韓昌黎《原道》曰：『孔子之作《春秋》也，諸侯用夷禮則夷之，夷而進於中國則中國之。』今夷並未自進於中國，而必以中國之禮繩之，其勢有所不能。若權其適中者而用之，未卜彼之能否聽從，而本衙門亦不敢主持獨創此議。第不許入覲，我實無詞，究應如何？

惟希公同商酌。

又　卷八九《吳大澂奏洋人懇請覲見未可允准以絕覬覦之萌摺》　翰林院代遞編修吳大澂奏：

自英、法各國通商以來，立有條約，凡中外交涉事宜，經總理各國事務衙門及各口通商大臣，秉公辦理，不亢不卑，泰西諸國，得以相安。其中苦心孤詣，委曲周旋，外廷臣工，未能盡悉。近聞道路傳言，英國全權大臣，力請入覲天顔，情詞懇切，此洋人瞻就之誠，恐難堅拒。惟外國向無跪拜之禮，而我國定制，從無不跪之臣。若謂賓禮與外藩不同，必欲執泰西禮節，行之於中國，其勢萬不能行。夫朝廷之禮，迺列祖列宗所遺之制，非皇上一人所得而私也。若殿陛之下，儼然有不跪之臣，不獨國家無此政體，即在廷議禮諸臣，問心何以自安？不獨廷臣以為駭異，即普天臣民之心，亦必憤懣而不平。即皇上招攜懷遠，示以大度，不難從一時之權，而列祖列宗二百餘年之舊制，又安可輕易乎！自古言禮，必曰從宜從俗。中國出使之臣，在外國則行外國之禮，英、法住京大臣，在中國則行中國之禮，以此相責，兩言而決，洋人亦無辭可辯。同治九年，崇厚奉命出使法國，彼國如何優待之處，臣所不知，然必以彼國之待崇厚者待其使臣，是欲皇上易列祖列宗之舊制，而為崇厚圖報施之禮，有是理哉！臣恐此端一開，將來中外交涉事宜，稍有齟齬，洋人必復請召見，出入宫門，習以為常，面質廷爭，毫無顧忌。屆時拒之不可，禁之不能，則總理各國事務王大臣等，種種為難之處，必有十倍於今日者。與其貽悔於事後，不如防微於目前。至洋人狡獪之情，虛詞恫喝，誠所不免。不過藉此以為挾制之計，斷不肯以小節而開大釁，此尤無足深慮者。臣知總理各國事務王大臣等，公忠體國，夙夜籌思，必不遽遂其請。萬一挽回無術，不得已而請旨遵行，伏願皇上獨奮乾斷，堅持不允，以絕洋人覬覦之萌，以慰薄海臣民之望。

又　《吳鴻恩奏請密諭總署王大臣悉力堅拒洋人請覲摺》　山東道監察御史吳鴻恩奏：

皇上親政以後，次第舉行典禮，召見臣工，事事均復舊制。近聞英國全權大臣，有力請入覲天顔之事，並欲執外國禮，不拜不跪。議者紛紛，以為洋人果有瞻就之誠，當循拜跪之節。臣竊謂洋人既非嚮化之國，豈有瞻就之誠，不過欲親遞國書，以要求我皇上真心和好之據，則今日所爭者不在拜跪，而在乎可見與不可見。夫尊君親上者，臣下之至情；杜漸防微者，朝廷之至計。咸豐庚申八月，變出非常，文宗顯皇帝巡幸木蘭，迺萬不得已之舉，旋以和約定後，尚有親遞國書一節，未與洋人言明，暫緩回鑾。仰見先皇帝籌及萬全，謀深慮遠。皇上纘承大統，凡中外交涉事件，皆由總理各國事務衙門王大臣及各口通商大臣等委籌具奏，恭候聖裁。自英、法各國通商以來，歷十餘年，幸得相安無事。在外國永敦和好，固不必爭此儀節，致啓中國臣民之疑；在中國懷柔遠人，委曲求全，亦當稍存體制。且恐此端一開，得步進步，將來窒礙難行之事，輒以面奏為詞。屆時忽不允從，必至決裂。慎終於始，洵不可不兼權而熟計之。

再，溯查嘉慶年間，洋人入貢，因使臣不肯如禮朝覲，仁宗睿皇帝特降敕諭，絕其朝貢。當時兵釁未開，已有不能聽命者，況今儼為敵體之國，無論令其拜跪，未必肯從，即使先事勉强遵依，亦難保不臨時違抗也。伏望密諭總理各國事務衙門王大臣等，悉力堅拒，並請寄諭直隸督臣李鴻章反復開導，以遏禍萌，庶足慰先皇帝在天之靈，天下幸甚。

吳鴻恩又奏：

再，臣前摺已經繕就，再四思維，如洋人能聽受王大臣等善言，自以不見為要義。萬一堅執親遞國書一節，必欲鄭重其事以為榮，可否仿照賜宴外藩之例，皇上御太和殿，特派親王大學士帶領該國使臣入殿中行拜跪禮，皇上將國書授親王大學士，親王大學士轉遞該國使臣，隨即退出。祇此一見之後，將來交涉事件，悉由總理衙門辦理，永不得以請見為辭，似於招攜懷遠之中，仍寓守經行權之道，國體尊而人心順，此亦兩全之策也。

又　卷九〇《李鴻章奏請斟酌時勢權宜變通以定洋人覲見禮儀摺》　大學士直隸總督李鴻章奏：

臣承准軍機大臣密寄，同治十二年三月二十八日，奏上諭：前據翰林院編修吳大澂奏，洋人懇請召見，未可允准。本日復據御史吳鴻恩奏，洋人請覲，請飭開導，並酌定禮節各摺片。著李鴻章妥議具奏等因，欽此。伏讀之下，仰見聖主虛衷博訪，執兩用中。臣詳閲吳大澂、吳鴻恩所陳各節，皆係正論，朝廷體制，爭得一分，有一分之益。在廷諸臣，共有此心，況總理衙門王大臣，受恩深重，尤未嘗一日不存是心。是以自咸豐九年以後，洋人請覲，無不極力拒阻。迨我皇上御極，十餘年來，英、法使臣疊次要求，總理衙門每以中國禮節相繩，幾於脣焦舌敝。而各國總以為修好第一要事，謂若阻其入覲，即為不以客禮相待，多延一日，則怠慢外國之意多甚一日等語。其必求覲見，又斷不肯行中國禮節，此各國之處心積慮也。先拒其進見，次責以中國禮節，此總理衙門之辯論依據也。今值親政大典，各使請准面申慶忱，措詞尚屬恭順，王大臣等仍以前議相抵制，辯爭不為不力，開導不為不明，外廷容有未知，聖明固已洞鑒。夫旁觀者不悉其事之曲折艱難，每覺言之甚易；當局者備歷夫時之始終常變，確知勢有難行。自古兩國修好，使臣入覲，歷載史冊。我朝康熙乾隆年閒，均有召見西洋使臣之事。其時各國未立和約，各使未住京師，亦尚不如今日之國勢强大，而齊心協力，我猶得律以升殿受表之常儀。然而嘉慶二十一年，英吉利來朝，已不能行三跪九叩禮，蓋其國勢漸强，而釁端已伏矣。厥後道光、咸豐年閒，各國互立條約，鈐用御寶，儼然為敵體平行之國。既許為敵國，自未便以屬國之禮相待。各使臣拘執該國體例，不願改從中國禮儀，固人情之常，無足怪者。

若謂中國使臣在外國，則行外國之體，各國使臣在中國，當行中國之體，似可兩言而決。總理衙門與臣等皆以此兩相詰責，該使等以外國無跪拜，故未可强中國使臣以跪拜，中國亦何必强外國使臣以跪拜。洋人素性狡黠，貪得便宜，豈不知跪拜之輸於不跪拜耶！彼國見君，與見他國之君，實無跪拜之禮，勢不能自變通行之例，獨改於中國，中國亦無權力能變其各國之例。必以不見卻之，則於情未洽；必以跪拜糾之，又似所見不廣。彼但以敬其國君之禮，敬我皇上，或取其敬有餘而恕其禮不足耳。若謂禮節不合，拒以不見，遂開兵釁，目前固未必然，惟中外交涉事件繁多，為日甚長，洋人好體面而多疑猜，彼求之十數年，迄今仍不准一見，或准見而强之跪拜，彼以為不得體面，積疑生釁，積愧生忿，將來稍有齟齬，必先引為口實。在我似覺理詘，亦非聖主包容六合駕馭羣雄之志量也。儻拒之於目前，仍不能拒之於日後，甚至議戰議和，力爭而後許之，則所失更多，悔之亦晚矣。

若謂此端一開，得步進步，他日窒礙難行之事，輒以面奏為詞，不允

必至決裂，此則不諳夷情之語。彼以入覲為真心和好之據，本非另有要求。臣前與大學士文祥等面商，如奉准見，宜先與議定條規，各國使臣來京，衹准一見，不准再見；衹准各使同見一次，不准一國單班求見，當可杜後覬覦。即伊等信守之《萬國公法》一書，內載延見時各使獻璽書於君，善言稱頌，君亦善言慰答。又使臣概與國君所派部臣議事，君旨所在，即可從其臣而知等語。循此例文，何至有面質廷爭、毫無顧忌之事。萬一有之，則詘不在我，總理衙門與臣等皆無難據理駁斥，並可布告各國，明正其非矣。

孔子云：『嘉善而矜不能，所以柔遠人也。』今遠人既不能行中國之禮，當在矜之柔之之列。孟子云：『以大字小者，樂天者也，樂天者保天下。』朱子註謂：『仁人之心，寬洪惻怛，小國雖或不恭，而吾所以字之之心，自不容已。』聖賢持論，交鄰國與馭臣下，原是截然兩義，朝廷禮法嚴肅，中國臣庶所不容絲毫僭越者，非必概責諸數萬里外向未臣服之洋人。且禮與時為變通，我朝向有待屬國一定之禮，而無待與國一定之禮。現在十餘國通商立約，分住京師，與各省口岸，實為數千年一大變局，不但列祖列宗無此定制，即載籍以來，昔聖昔賢，亦未豫訂此禮經。一切交接儀文，無可援據，應如何斟酌時勢，權宜變通，是在議禮制度之天子，非臣等所敢妄擬也。儻蒙皇上俯念各國習俗素殊，寬其小節，示以大度，而朝廷體制自在，天下後世，當亦無敢議其非者。臣忝任通商，已逾十年，於洋人要挾毫無情理之事，從不敢附和依違，致乖大體。其稍有情理可原，亦不敢立異沽名，致誤全局。稔知此事終在必行，而禮節不能强遵，以故同治六年九月閒，奉旨飭議，臣與曾國藩、左宗棠等各有覆奏，皆請格外優容。本年二月進京，仰蒙召對，又已臚陳梗概。茲復奉旨垂詢，敢不據實覼縷直陳，用備採擇。

硃批：該衙門知道。

又《王家璧奏外國使臣朝覲禮儀摺》 大理寺少卿王家璧奏：

竊臣聞《書》曰：『明王慎德，四夷咸賓。』《周禮》曰：『九州之外，謂之蕃國，世一見。』言其君嗣世一來見也。世見曰王。《商頌》曰：『莫敢不來享，莫敢不來王。』禮至重也。《宋史·外國傳》曰：『厚其委積而不計其貢輸，假之榮名而不責以煩縟，來則不拒，去則不追。』先王柔遠

之制，豈復有加於是哉！臣現風聞外國使臣有求見皇上之請，久未定議。臣竊以為國家之見外蕃，自有體制，典禮所在，不可意為輕重。召見便殿，乃古之燕朝，所以見中國臣工，不但五步必慎，亦非所以優禮外國使臣也，自無庸議。然西洋各國，久立和約，近因我內地漸次肅清，復有此請，果心存恭順，未便阻其觀光之志；若意涉要挾，亦當示以不怒之威。況我朝每逢慶典，朝鮮等國使臣，俱隨班行禮，緬甸、安南、琉球等國，遇朝貢之年，亦隨班行禮。西洋各國，舊亦多在朝貢之列，未便歧視。但聞各國使臣，自見其君，禮節甚簡。若遽欲責以中國儀文，不但非其所願，蓋亦有所不能。聖王柔遠之道，嘉善而矜不能，正此類也。臣愚以為彼之不尚跪拜，特囿於見聞耳。臣隨曾國藩在江南時，鑄炮局三品洋人馬格里見臣，彼此相揖。臣在左宗棠軍營，洋槍隊營官洋人喬爾特來見，已效中國衣冠，跪拜如儀。由是觀之，彼若獲覲典禮，未必不慕華風。

臣伏讀欽定《周官義疏·秋官·象胥》掌蕃國之臣來頫聘者，其拜跪坐起，不同於中國，則教之以中國之儀，主於夷則非王朝之禮，主於華則夷人不能行，故和協其所當行之禮，與其所以奉上之辭而譯傳之。至於賜予誥諭，彼受之不可以無禮，於是儐相之以存中國之體，此誠萬世所當法守也。臣愚擬請皇上聖斷，俯准各國使臣，於恭逢慶典，御太和殿受賀時，同班廷見，或就朝鮮、琉球、緬甸、安南諸國使臣班次行禮，或先由總理衙門王大臣派員帶領在儀仗外觀禮。俟文武諸臣及朝鮮等國使臣行禮後，帶領西洋各國使臣另為一班瞻覲，聽其或行中國跪拜之禮，或行該國見君免冠致敬之禮，俾得遂其瞻天仰聖之忱，而不强以所難。其能行中國禮節者，或更錫以禮服，以旌異之。彼獲親覲殿陛森嚴，威儀肅穆，文物聲明之盛，中外翼戴，莫不尊親之誠，當自潛移默奪，消其狙詐之心，而動嚮慕之忱者。自古帝王，兩階干羽，修文德以格遠人，疑亦不外於此。其在慶典後至者，統由總理衙門奏請，俟下次慶典帶領廷見，以照限制而免煩瀆。

王家璧又奏：

敬密陳者，臣在陝西閱《上海新聞紙》，洋人來往信息，屢以求見為言，意在要挾。今值皇上親政之始，明申此請，雖屬瞻仰之忱，亦正欲藉以窺伺天海之量。皇上若固拒其請，彼必所請益堅。不若示之以優禮，而不予以親近；假之以榮名，而不責以煩縟。大禮舉行，侍衛環列之時，帶領之人，即夾持之人，必無非常之猝發，發亦有以備之。如此則遂蕃服之觀光，即以廣聖朝之聲教。彼震懾於帝王之自有真，當更無曉曉要挾之後言矣。

軍機大臣面奉諭旨：該衙門知道。

又《王昕奏請乾綱獨斷昭示禮儀摺》 江南道監察御史王昕奏：

竊維天下之患，惟禮可以已之。禮也者，所以正君臣之分，嚴夷夏之防，以銷患於未形者也。臣聞外夷使臣，欲求瞻覲天顏，不行拜跪，其無禮甚矣。在通商大臣等，必能熟思審處，以求萬全，原無俟小臣之末議也。惟念事機易失，禮法難寬，今日之從違，關繫大局之利害，臣職在言責，請為我皇上敬陳之。夷人狡黠性成，凡事皆以漸而入。今日之事，其情殷瞻覲乎，抑意在嘗試乎？彼若情殷瞻覲，則宜卑遜其詞，匍匐以請，方恐懼悚惶之不暇，焉敢於天威咫尺之地，不行拜跪之儀。況我朝典禮，雖以懿親之貴，不能寬假，彼不過外夷使臣，今不俟命而見，且不拜跪而見，是尚為情殷瞻覲乎？是特夷人因我皇上初親大政，以此為嘗試之計耳。夫嘗試而託於恭順，猶可言也，若嘗試而出於挾制，是何心乎！如謂和約所載，須踐前言，夫和約屢有變更，當日即許之以見，未許之不以禮見也。禮，天子不下堂而見諸侯，況其不拜跪者乎！如謂夷人向無此禮，前之出使外洋者非不知之。禮入境問禁，入國問俗，我之於彼，尚可降心以從；彼之於我，何以堅持不下。上天下澤，萬古不違，彼明知其不可違而違之，其意自有在矣。如謂夷人無足深較，邊釁不可輕開，臣愚竊不謂然。國有四維，禮居其一，中國之異於外夷者此耳。即或有變，在彼為無禮，在我為有詞，薄海臣民，同仇敵愾，其欲得而甘心者衆矣。夷人心計夙深，豈肯出此？若再隱忍不較，以為和約由此而定，竊恐釁端由此而開。何也？彼以無禮之請，皇上猶曲從之，下而官吏無論矣，更下而軍民無論矣。內懷無厭之求，外挾難制之勢，異日之變，將有難於此而甚於此者，臣未知誰執其咎也。如謂此事後不為例，似可無慮其他，夫夷情叵測，彼若有所忌憚，斷無今日，今再無所懲創，遑問將來。臣恐此端一開，以後中外交涉事件，稍不快心，勢必紛紛瀆請，而謂一紙之照會，必能杜塞其奸謀，難矣。況外夷實繁有徒，彼若得志於前，誰不生心於後。設以鬼蜮之輩，而通狼狽之奸，今歲一夷援例以請，明歲一夷又援例以請，將以何詞拒之。不特此也。該夷既無拜跪之禮，復有奏對之言，萬一舉止不馴，出口不謹，乘勢而妄有干求，將奈何！歷觀往代和戎之失，從未有善其後者，蓋委曲求和，必至難和；僥倖無事，必至多事，墮軍實而長寇仇，所關非淺鮮也。臣再四思維，夷人之情，見利則趨，見害則避，今日之事，我弱則彼强，我强則彼弱，與其失機貽誤，莫如據禮以爭也。臣惟伏願我皇上乾綱獨斷，明降諭旨，昭示禮儀，屆期親御午門，盛陳兵衛，俾知天朝體制尊嚴，萬難遷就。該夷理屈詞窮，或者知所恐懼，而後患於以可弭矣。

軍機大臣面奉諭旨：該衙門知道，片併發。

又《邊寶泉奏外使覲見不行跪拜萬不可行摺》 浙江道監察御史邊寶泉奏：

奴才近聞通商各國夷使，欲求瞻覲天顏，並依彼國夷制，不行拜跪。疊經王大臣再三駁斥，仍復抗違不遵，其中詳細情節，非外廷臣子所得而知。即稍有傳聞，曷敢以無據之詞，妄瀆宸聽。惟夷人要求無禮，在彼有甚得計，在我有大不可者，若不嚴行杜絕，恐將來夷患愈形難制。謹將奴才管見所及，為我皇上敬陳之。

瞻覲不行拜跪，中國從無此禮。和約以來，該夷雖非屬國，然其使臣亦與我中國之臣等耳。以待中國臣子之禮待之，已不為不優。聞上年出使外洋者，見彼國王，皆不拜跪，所以從彼國之禮，即以敦和好之誼。今欲瞻覲而不拜跪，是在彼在此，皆以彼為政，此其得計一也。且不拜跪之不可行，夷人豈不知之，而必欲出此者，蓋以皇上為天下臣民之主，必以不拜跪者輕褻我朝廷，而後可以悚動我臣民，震驚我屬國，使天下皆謂夷人違禮之請，皇上猶曲從之，誰復敢與抗者，此其得計二也。況咸豐十年之事，該夷亦知薄海同仇，臣民共憤，無時不惴惴在心。今值我皇上親政伊始，更懼天威不可測度，震怒或在崇朝，故以必不可行之事，為姑為嘗試之謀，以觀皇上之肯俯從與否，並觀通商大臣之敢以此事請皇上俯從與否，因以覘我異日舉動，此其得計三也。或謂夷人不必深較，操之太蹙，邊釁恐由此開，奴才竊不謂然。夷人趨利避害，實其生性。自通商後，到處修造夷館，販運貨物，外夷精華悉萃中國。若一旦決裂，內地臣民，勢必同仇敵愾，滅此朝食。即如天津民人，拳斃夷使豐大業一事，當時夷人在津者，紛紛逃避，而各省夷人，聞信悚惶，不知所措，其鬼蜮伎倆，已可概見。顧謂不許其瞻覲，該夷即捐棄一切財物，與中國尋釁，以天津之往事推之，可決其斷不出此。

又《吳可讀奏請申飭諸臣堅持跪拜之非特旨允准各國來使不必跪拜摺》 河南道監察御史吳可讀奏：

竊自各國齎呈國書使臣到京，諸臣初則爭以見與不見，繼則又爭以跪拜與不跪拜。羣議未定，近半年矣。臣竊與二三同志小臣妄言，此何大事，而直舉國紛紛若是乎！孟子曰：『君子與禽獸何難。』各國之主，由各國之臣民廢置，如奕棋然，此臣所聞也。其在京者，出門時婦人居前，男子執役在後，此臣所見也。觀其條約，無慮數十，問有一語述及親親尊賢、國之九經否，曰無有也。問有一字道及禮義廉恥、國之四維否，曰無有也。不過曰此事有利，此事於中國亦有利，以利自處，而又以利誘中國。彼本不知仁義禮智信為何物，而我必欲其率五常之性；彼本不知君臣父子夫婦昆弟朋友為何事，而我必强之行五倫之禮，是猶聚犬馬羊豕於一堂，而令其舞蹈揚塵也。然則即得其一跪一拜，豈足為朝廷榮；即任其不跪不拜，亦豈足為朝廷辱！而議者之意，則必以為必須如此鄭重再四而後允，則彼將曰中國於此等小事，尚不肯輕以我與，則事有大於此者，更無望其與我矣。於是要挾無已之心，自此而遂息，則我之勢尊，而彼之勢屈。臣愚以為我之尊自若也，不因彼之尊之而我始尊也；彼之不屈自若也，不因我之屈之而彼即屈也。彼知吾所重在跪拜，所忌在不跪拜，所畏在用兵，則常增吾所重，益吾所忌，而示吾所畏。蓋我之勢一弱，彼計無施而不可。臣聞各國文書，並所進表章，有如許不知何物之某皇帝、某皇帝，竟與我皇上並列矣。諸臣不彼之恥而恥此乎！俄夷由伊犂而入新疆，自東而南而西，創千古外夷入中國未有之局，其措置甚遠，其處心積慮甚深甚毒，諸臣不彼之慮而慮此乎！

諸臣以為各國不從中國禮節，即足為中國羞，而臣以為各國若從中國禮節，更足為中國害。自古國家大局，時與勢二者而已。度吾時未可與爭，力未能校，則當別求吾自强之道，而暫行吾權宜之計。昔子貢問政，孔子告以足食足兵民信。迨子貢再以不得已而去請，孔子曰去兵，又曰去食。聖賢謀人家國，出於萬全，豈鹵莽從事者可比。去之云者，平時必有一番經濟作用，成竹早已在胸，並非直至不得已時，倉皇失措，作此束手無策狀也。此事諸臣於初議時，即應權其輕重，外審之彼，內揆之己，度此事可以一爭，吾力又足以爭，不妨終始堅執爭之，必得而後已；若豫料其必不能爭，而其事又不足以一爭，則當早占先著，於許其進見時，不俟彼啓齒，一併慨然許以代為奏請，不必行跪拜禮，豈不光明正大！乃初則沾沾於見與不見，既不能善之於前；繼則斤斤於跪拜與不跪拜，又不能持之於後，終於為人挾制，無一不從。猶之與人也，出納之吝，謂之有司，是犯四惡之所屏也。是蹈昔日津門辦理夷務諸臣之覆轍也，臣竊為朝廷惜之。

今已奉旨朝見有日，於萬分無可挽回之中，求一猶為彼善於此之說，惟有仰祈皇上斷自宸衷，申飭諸臣以堅執跪拜之非。本非吾國臣子，何必令行吾國禮儀；儻行不中禮，甚或失儀，則各國使臣，既愧失來見之誠，中國亦未為得懷柔遠人之法。諭令不必跪，不必拜，顯示以無所不容之量，隱寓以不屑與校之意。並請明降諭旨，宣示各國暨我中外臣民，使知此係皇上力卻諸臣之議，特旨允准。儻各國因此而遂起要挾情事，事事瑣瀆面陳，則亦不能奪諸臣之公議而再為寬假也。如是則操縱之權，猶自我出，似於體制稍覺尊崇，即中國臣民，亦不致憤激起而與該夷為難，重煩朝廷經畫，而力求吾所以自强之道，此事不足校也，此時不必校也。

抑臣更有請者。彼狡詐百出，進見時難保其必不有言。此則諸王大臣，諒已早為兼籌熟計，必不至臨時張惶，又復一誤再誤，著著後人。宋臣范祖禹有言：『凡事言於未然，則誠為過；及其已然，則又無所及，言之何益？』臣惟國家至重，一切皆宜戒於先事，願朝廷可受未然之言，不願朝廷重有無及之悔。

軍機大臣面奉諭旨：該衙門知道。

清・薛福成《庸庵海外交編》卷一《豫籌各國使臣合請覲見片》 再查外洋各國風氣，交際與交涉，截然判為兩事。交際之禮節，務為周到；交涉之事作，不稍通融。惟其厚於交際，故可嚴於交涉。凡各國使臣初到一國駐札之時，其君主無不接見，慰勞數語以示優待，使臣鞠躬而退，并不言及公事，此西國之通例也。臣到英後，除呈遞國書外，其君主延請宴會一次，聽樂觀舞會各二次，禮意頗為周浹。今聞各國駐京公使，以未蒙晝接，不無私議。萬一合辭來請，我若深閉固拒，相形之下，似覺情誼恝然。昔年英使威妥瑪，借未許覲見為辭，頗於烟臺條款多所要挾。未蘄虛禮而受實損，非計之得也。臣愚以為，今日有同治十二年間成案可循，不妨援照辦理。當時議者亦頗多疑慮，一則恐其有所瀆請，一則謂中西之禮不同也。然禮成而退，海內且傳為盛事者，何也？西例公見不言公事，即晤其外部亦然，洋使斷無不諳之理。若論禮節，可於召見各使臣之先，敕下總理衙門，告以如願行中禮，或願行西禮，各聽其便。如是，則彼雖自行西禮，仍於體制無損。又聞雍正年間，羅馬教王遣使到京，世宗憲皇帝允行西禮；乾隆五十八年，英國遣使馬戛爾尼原作馬格理，今依出使奏疏，據《海國圖志》。來華，亦奉高宗純皇帝特旨准行西禮，賜以筵宴。未知禮部等衙門，是否有案可稽，似亦足備考證。臣為豫籌應付各使起見，理合附片密陳，伏乞聖鑒。謹奏。

又《出使公牘》卷三《致總理衙門總辦論接見外國使臣書》 敬啓者：六月二十七日肅布英字第五號書，計達荃覽。福成到洋後，倏已五月有餘，察看交涉情形，粗有所見。茲謹具一摺二片，敬求貴衙門恭遞。除鈔稿咨照外，有摺中未敢陳明者，請為執事言之。查西洋通例，於各國使臣來駐國都者，平日接待禮文，頗為周至，异乎尋常。即如朝會禮節，其待各國使臣，與本國貴戚一體，而與待國中之臣不同，以寓賓敬之意，即以聯彼此之情。福成來英四月，除常例朝會外，樽俎款接，聽樂觀舞，已非一次。前日閱彼國《泰晤士新報》，將此事著為論説，謂中國皇上親政之後，尚未接見外國使臣，其意不無觖望，且似咎中國使臣，不將外人接待情形，告知本國，以致中外交際之禮，厚薄懸殊云云。在彼族不知中國堂陛尊嚴，自有體制，萬不能與外邦之禮，相提并論。然準情酌理，歐洲各使駐京十數年，尚未一邀覲見，似於情誼恝然。福成竊揣彼族不久必有合詞請見之舉，屆時似不能却。然此議與其發之於彼而我始俯允之，不如發之自我，尤為得體。若諭旨定期召見，慰勞數語，俾各如所願而退，此王會之隆儀，實懷柔之勝算。福成於正摺中微引其端，附片復詳陳之；而於明請諭旨一節，仍不敢輕言於君父之前。誠以事體重大，未可瀆陳，而區區之愚，終不能自閟，伏祈回明堂憲裁奪為禱。專肅布達。謹請勛安。七月初六日英字第六號。

雜録

清・吳汝綸《李鴻章朋僚函稿》卷一三《復孫竹堂觀察》（同治十二年三月二十六日）各使請覲一事，業經總署奏准妥議，日來籌議章程若何？尚不過費唇舌否，深繫遠懷。前閲新聞紙有云：歐洲各國見君之禮，只屈一足，其君亦舒一手以引之，其臣乃以鼻接其君之手，然後命之起，侍立於旁。昨密妥士過，便中詢及，據稱亦屈一足。未知崇志諸君在外國，所行禮節有异同否？如能屈一足略與中國請安相等，即不跪拜較為順眼。又萬國公法云，概以内廷延見，文相欲令在海子等處便殿召對，果可行否？鴻章與議於六年冬間，昨在京亦經面陳大略。現既奉准，似可不再煩瀆。惟冀議奏章程速定，借釋外廷之疑慮，則浮議當漸息矣。吳清鄉鍼鍼接晤，未便深談此事，乃倡為迂論，殊出意料之外。近又有人續奏否？當局事理，非淺見。能測量也。東使副島十三日自滬啓程，二十四始到津門，尚未來見。若逕赴京，總署自應駁回，彼必觀望請覲可成，乘機合從。其帶兵船二支至大沽，貌為恭敬，隱示威武，當以度外置之。總署司員辦公清苦，義應各海關籌給津貼，但須先奉公函商辦，乃可定數。所上赫德條議，當蒙採納，信任已久，挽回殊不易也。【略】

（同治十二年四月二十二日）東使在京，諸承指示傳宣，動必中禮，佩慰良深。副島何日拜謁總署？前據面稱，欲早回國辦理秘魯議約之事，緣秘使在彼專候，似尚近情。熱使言日有難辦之事，或即指此。至謂西人以中國太弱，勸以乘機邀利，難保彼族非故意挑釁，我無詘於西人，更無嫌於東人，釁從何起？臺灣生番一節，昨臺灣同知黄維煊護送法人德克碑進京，議教堂事，面詢，生番地方險峻趫捷，美人屢攻不得手，李仙得雖曾去過，無奈伊何。且琉球稟閩帥甚感收撫難夷，豈日本所應過問。王補帆函告仙得為厦門領事，殊不安分。今聞招令通事林鍼觀往充，日本隨員林補是否在隨員中，似不甚確。李仙得不通中國與日本語言，前在津時略與寒暄，并未過加指飭，亦傳聞之誤矣。各使請覲已否奏明交議？副島尚能静候隨班否？前換約本該國既有上諭為憑，似可勿庸深究。彼數千里來專為此事，豈可因小節駁回耶。德克碑為傳教一事，頗發公論。左沈諸公令其賫書往商熱使，似與修約稍有裨助。到京時，希晤商辦理為荷。【略】

（同治十二年五月初六日）副島因覲事未有定局，偶發狂言，執事二十四日面諍之言，殊為得體。各國會議節略既經畫押，定案簡明，另單幾成贅文，宜西使之退有後言也。日内計已入告，諭旨若何？深為懸繫。《周禮》象胥以時入，實則協其禮。注疏云，夷狄之君不能行中國禮，亦當以禮和合之，使得其所。此實可為今日證據，將來奉准後繪圖擇期，至早須本月下旬。副島急欲東歸，想須耐性少待，同一不跪，自無庸另班分起矣。沈仲復四月二十一日函報，英法美到滬兵船不少，聲稱聽候此信，如請觀或有齟齬，難免堅求等語。請為密致總署，弟知此事已有成議，虚詞恫喝，斷不足信，故未函告，免致無端摇惑。頃晤密妥士據稱津商僉知議單畫押，事在必行，遠人同聲翕服，倘新聞紙亂造謡言，切勿輕聽為要。【略】

（同治十二年五月二十日）奉十六日手書抄件敬審。於東使求觀一事，調停委曲控馭得宜。副島機警英鷙，初八初十兩次照復，目中無人，閲之殊為發指。所以矯强之由，不過該國近來拾人牙慧，能用後門槍炮，能開鐵路煤礦，能學洋語洋書，能借國債，能製洋銀數事耳。我中土非無聰明才力，士大夫皆耽於章句帖括，弗求富强實濟，被彼一眼覷破，遂肆意輕侮，口無擇言。雖將彼此照會撤回，而使若輩得以嘗試，以後交涉事機，關係非淺。鄙意當時彼即出京，詘不在我，何至起釁，釁既由彼，何至動兵。即使興兵又何畏此小國。日本在唐宋以前貢獻不絶，至元世祖往征大敗後乃夜郎自大。今彼雖與西洋合好，尚無如朝鮮，何豈遽能强壓我國耶？副島在津時，并無一語强迫，不意到京以後漸露鴟張，總署入手應與面議禮節，免致筆墨痕迹，斯上乘文字也。迨以一挑半剔，惹出大鼓金槍，非執事慘淡經營，幾莫能解此圍矣。十四具奏諭旨若何？能即定期進見否？中國以後若不稍變成法，徒恃筆舌以與人争，正恐長受欺侮，焦悶莫名。王邊二侍御疏稿便中抄示。總之，争門面而不切病根，終搔不到痛養耳。李雨帥函懇無久留鄭玉軒，滬局實不可無此人，是以姑令南歸。

又《李雨亭制軍》（同治十二年六月初一）各使朝覲一事，昨方照抄總署議定儀節單寄覽。旋聞英使以不帶刀劍，不親遞國書為非，日本使臣自居頭等欽差，欲請同日先班進見，又不應將國書置於黄案，呶呶置辦辨，副島口出怨言，謂即告辭回國并牽及朝鮮興戎、臺灣生番等事。文百翁雖與力持，而尚無成説，勢須改期，俟有確信再附。聞前有臺諫，紛紛陳奏，强令行中國之禮，奉旨交議，揣度時勢，不敢不直抒臆見。聖度幸可包容，异族猶懷解望。日用西法為歐洲所共推，乃肆行無狀。若此玆事，諒無中輟，邊患何日能休耶？

薛福成《出使英法意比四國日記續刻》卷三（光緒十七年十一月）二十日記　奥、法、俄三國使臣先後入都，應以抵京先後為序，依次覲見。惟各使以紫光閣為接見蒙古外藩之地，迭啓争辯，總以改擇合宜之地為請。經總署上遞封章，請旨酌裁。嗣由署迭與奥使和衷商榷，擬改於西苑團城中承光殿覲見。此殿不僅外藩所未至，即中朝臣工亦不克輕到。彼此議定，簽押立案。又上封章，奉旨著於九月二十五日在承光殿覲見，欽此（後不知何以改在十一月初十日）。届期九點鐘，奥使畢格哩本率翻譯官赴西苑，由三座門入，與總署堂司官相晤，即同進琉璃門，於值房少憩。逾二十分，皇上駕臨承光殿升寶座，堂官偕使臣翻譯入昭景門，至承光殿，由殿東門趨進。初進殿時，畢使翻譯向上行一鞠躬禮；前行數武，復一鞠躬；至龍柱間應立處，又一鞠躬。畢使捧國書，致洋語，翻譯以華語譯之。畢使捧國書向前，至納陛中階下；慶邸由左階下，迎接國書，轉陳御座前黄案上。畢使再一鞠躬，皇上點頭答之。使臣退回柱間原立處，皇上温語宣慰。使臣翻譯將出殿，復向上一鞠躬，然後次第而出。當是時，殿内外王公侍衛官員、凡百執事，擁衛排班，静穆無聲。及奥使退出昭景門，皇上啓鑾還畫舫齋。【略】

（光緒十八年二月）初七日記　袁爽秋來信云：俄使喀希尼照會，引雍正五年俄使薩瓦在太和殿覲見故事，稱欲在宫内首殿覲見遞國書。李梅亦云然。而旨意已定在北海之承光殿。届期李梅稱病，函請改日，喀使則照稱，外部令其照成案，托總理衙門代遞國書。現已函致許竹篔星使，詢商俄外部矣。

又　卷四（光緒十八年四月）初十日記　張樵野函云：俄法兩使請覲，俄援雍正五年之例，以太和殿為請，當經駁止。俄使復文，遵詣承光殿，惟以『華使到俄，俄亦另擇一地見之』為欺人之語。署中定稿駁復，遂至臨時翻异，業奉冬月初十日覲見之旨而不能成禮。法使則實患病，已送到頌詞而不克到。署中又為復奏，並電許星使詢俄外部。允電俄使，俟年例賀正，各使所到之地，俄使亦到，似尚有轉機。德使為領袖，不能不責以撮合。德使閲署中與俄使照會，謂西例國君能在某處接見本國臣工，他國使者亦可於是處請見，若專定一地，餘均不准到，則使臣之體制已乖；又行宫接見，本屬權宜，今中國欲永在承光殿，各使所以必争云云。署文有將來各使仍在承光殿之語，『將來』二字，洋文本有兩解。署意但言『以後』，各使譯作『永遠』，此其所以致扞格也。

清·張蔭桓《甲午日記》（光緒二十年三月）十九日丙申晴。户、禮兩部并加班奏事，户部帶引見，寅初到班，與桂笙同坐王公朝房。天既曙，蒙召見，亟趨直廬。小云迎述火油池事，少頃慶邸來言，今早書房承諭及此，宜妥為奏對。及入見，因湘撫辦茶事條奏稍繁，油池事但陳利害應由南洋查奏而已。既退出，未下階復帶引見。小云候於階下，當將奏對大致告之，旋與豫甫立談，遂出。福相今日請假，未到班也。返寓少憩，未初赴署接晤法新使施阿蘭，仍不肯遞國書，又不能説出所以然，但云商之俄使以為不可，與北洋公函迴异。慶邸、小云皆以不遞亦可，該使云須再商。余告以法國派爾來，爾願盡使者之職便遞國書，爾不願盡職，聽之而已。仲山謂余此言甚辣。前年俄使不遞國書之故，以有雍正五年舊典，尚可勉强援引；法國通使在咸豐十年以後，法非俄屬，何必借俄為説哉？如此使才，不直一笑。晚致北洋書。

清·翁同龢《翁文恭公日記》（光緒二十四年三月）十三日晴，大風，塵土濛濛。卯正二刻上自園啓行，巳正還宫。午初見起，上云十五日巴使進見，著上納陛親遞國電。臣對此次該使并無格外請索，似不必加禮，上不謂然。又云德親王進見，在園不便，恐其請見慈聖，懿旨著在宫内。又云著在毓慶宫，開前星門，於東配殿賜食，准其乘轎入東華門。臣對優待極矣，然有窒礙，毓慶前殿曰惇本殿，東間供孝静皇后御容，萬不能闢中間為過路，一也。配殿極隘無容席地，二也。參隨無別處可見，三也。前星門近百年未啓，框木沉陷，四也。乘轎入門非禮，五也。上皆駁之，并盛怒，責剛毅，謂爾總不以為然，試問爾條陳者能行乎否乎？因論赫德亦可見，從前漢納根欲見，為恭親王所阻，并傳張蔭桓，將前日所開禮節照舊遞上，十七日摺仍雙請。前後語不能悉記。記之者，知聖意焦勞，臣等因循一事不辦，為可愧憾也。三刻退，遞事訖，午正一刻散。訪樵野傳旨，樵野斟酌，以為毓慶宮似未宜，不如西苑，余未敢應。又訪李相告如前。祝芝庵壽即歸，乏極，稍憩。晚飯後訪慶邸傳旨，慶云昨日崔太監傳懿旨令籌此事，在宮在園似尚兩可，亦問恭邸，邸對乾清宮亦可，擬十七日面請慈諭也。歸曛黑。【略】

十五日晴，是日清明節。卯初二刻上閱祝版，後詣奉先殿、壽皇殿行禮。辰初還宮辦事，召見，論今日巴使入覲，命上踏跺陳國電於御案上，退立原處，慶親王宣答敕畢，出殿東槅扇，由甬路帶出文華中門。臣再三申請，然後宣布，恐有誤也。二刻退，辰正一散，到館小憩。那琴軒來回館事。飯罷赴傳心殿，諸公陸續至。午初二刻巴布羅布率六人來，午正上御殿，以重定答敕交慶邸，巴使入見如儀，上宣諭用漢語，此皆從前所未有也。此次儀節，慶邸不知，臣等亦不知，真闢門達聰之意矣。【略】

（光緒二十四年四月）十七日晴矣，風熱。外摺無多，吏部帶引見，有沈翊清一員原係江西候補道，旨發四川候補，蓋前月裕禄奏調赴川也。朝房晤慶邸，以海靖照會德親王進見禮節八條，內有一條稱皇太后自願賜見，親王亦應賜坐云云。此節殊辦不到，擬到署令樵野即日赴德館與海靖聲明，若必欲賜坐，皇太后即不能賜見，余等均以為是。慶邸請起，上見之，一面令南屋將照會抄遞，余等見起復面諭，寫一奏片敍明辦法，退後并述旨遞上，無說傳散。【略】

廿四日晴，晚風一陣，旋止，此旱象也。早入。德親王西利昨日兩點鐘到馬家鋪，慶王、李相、張公，敬、崇兩公皆迎於火車棧頭，入篷小坐，備綠轎黃絆，及從者皆車轎，慶王等皆送至德國使館，時酉初也。海靖於該親王進見東朝時仍請賜坐，慶邸拒之。入夜蔭昌問福蘭格，則云彼王有屈從口氣，余等見起時備陳之，辰正二散。慶邸有起，亦至樂壽堂見，張公却未叫起。未刻訪晤立豫甫，知南苑修理新舊衙門、團河三處行宮，估六十萬。訪晤樵野，值仲山在彼，三人同赴娘娘廟看明日德王憩息之所，廟之西偏屋極華麗，昔為內監劉修，今為李有矣。德船泊大沽沙外，昨晨鎮司道府上船迎，易小輪至唐沽，總督迎之，送至楊村。

廿五日晨陰，午後風起露日，望西山殊冥冥也。早入見面摺稍多，遞侍郎名單，起下未至辰初即散。歸小憩，儀公來晤談，許筠翁亦來。巳正同詣東宮門入，在聽起處坐，同人畢集。將午初德王亨利到，乘轎直入宮門，兵廿四人翼而趨，余叱之乃下。相見握手，王既直入南配殿，其隨員自海靖以下十七人皆從至南配殿，告以此專備王坐，餘人皆在中門外兩旁屋，而彼不應也。余告福蘭格令兵退出宮門，初尚應許，既而不但不退出，并帶至南配殿陛下排立矣。坐二刻，慶邸帶亨利、海靖、兩翻譯四人及蔭昌，先詣樂壽堂見皇太后，三刻許，余等帶隨員十餘人在山道口會齊，同赴玉瀾堂見皇上。伊等先致頌詞，次進大瓷瓶兩個。上坐，命亨利坐於右偏，海靖以下皆入殿立，余等在檐下立，戈什乾清門在殿內外立。上與彼寒暄，奕劻傳旨，蔭昌傳與翻譯，約一刻畢。退至南配殿，其從官堅不肯出，乃添坐環列，飲食衎衎，二刻許上步行至南配殿慰勞之，一刻上還至玉瀾堂，慶邸、張公率亨利等上船游龍王寺，余等先退至聽起處，少坐即退出宮門回寓，即赴承澤園候之。未正亨利到，慶邸設宴於園款待之，邸主席，余等陪坐，洋人十一人，余等十三人，申正散。又徘徊一二刻，登樓坐眺，歸申正二刻矣。未入見時，南配殿廷中閑人壅塞，余飭首領太監叱出之，曰不速出即捆，并請英菊儕嚴管，廷中始肅清。歸乏極。

亨利出西直門即騎馬沿河行，過萬壽寺，到娘娘廟更衣，易轎至東宮門，在南配殿坐，於樂壽堂覲見畢，在德和堂穿堂少憩，旋帶隨員入見於玉瀾堂，退至南配殿賜飯。一刻許上親舉玉趾答之，坐少頃上還，慶邸率一行人乘輪船小船赴龍王廟游觀。出，乃赴慶邸宴，宴罷復至娘娘廟更衣入城。今日洋菜，酒半邸致頌詞，少頃彼亦致頌詞，其王請慶邸寫吉祥字，次李相，次及余，與余聯坐者曰【略】亦請書好語，余書永敦和好，吾意在大局，不肯私祝也。宴時用洋樂。

廿九日【略】

記德親王亨利到京事

廿四日由津乘火車至馬，至京。是日住德館。廿五日到園進見。廿六日至天壇瞻仰，至荷蘭國館吃飯，游西什庫內教堂。廿七日乘馬進雍和宮，出安定門至東黄寺，奥國請吃飯，游西黄寺歸，進景西門，登景山，至意館吃飯，夜赴英館茶會。廿八日步行至東交民巷祁羅弗洋行及玉珍古玩局，未刻赴比國館吃飯，晚赴臺基廠海關館茶會，戌正赴俄館吃飯。廿九日出德勝門，過沙河日館吃飯，復行至南口義興店公館住宿。初一日進山，巳初居庸關，大風起，午初至八達嶺，復行至岔道公館吃飯，至此折回，宿南口公館。初二日游明陵，住湯山。初三日由湯山旋京。初四日到總署。初五日進見。初六日出京，乘火車去。

初三日【略】

德王亨利到署會晤，慶、李、許、敬、崇、張皆集，公服候之。申初二來，帶兩翻譯、兩隨員，彼云得國電欲送黑鷹寶星於大皇帝，請初五日面見。答以上今日在園，爾往見則可，待數日亦可，彼反復申辨，漸露桀驁，意乃還就於西苑見，又還就於初五、六兩日請旨，彼勉允西苑而仍執初五之説。凡此皆獨與慶邸談，余等有二公，彼置弗答。余抗聲曰，爾以君命遲留一日有何不可，彼雖語塞而意則怫然，慶邸解之，申正三去。伊贈慶邸鳥槍，欲在署演放，余阻之。辭海靖今日宴集。酉初赴園，冒風行，過小廟憩，到時尚未黑。廖公饋鮒魚四尾、熊掌一對。得鹿卿函即復之，伊中旬北來。【略】

初四日【略】

見起三刻，略陳亨利所請，上俯允，并言宫内見亦無不可，余力言非體。余等退，慶邸有起，復言之。午正總辦來告，慶王見皇太后起，傳上明日午正在西苑見德王矣。【略】

初五日晴熱，午風，晚止，西山雲氣滃然。無述件，辰初一散。辰正行，過小廟憩，巳正三到苑門，在鍋鋪與諸公會齊，先到德昌門，後折回在苑門候之。午正亨利帶五人至門外降輿乘船，余等同至德昌門，由中門入。上御勤政殿，亨利入，摘帽鞠躬，向上立致國電，數語畢。上起立，命之前握手，賜亨利坐，略言謝彼主美意。伊言膠澳練兵，答以兩國并泊，請伊照料，其餘語無多，遂出，計見時不過十分鐘。賜游北海，邸與李相、張公陪之，余等皆出西苑門各歸。到家小憩，亦多俗事。申正一刻詣德館拜德王，小駐輿，乃延入，并坐一榻，周旋刻餘，握手而别。【略】

廿七日【略】

是日法使畢盛遞國書，午初來，午正上御文華殿，向例納陛下致頌詞，國書交戈什愛班置御案，宣答詞，戈仁愛班下傳於翻譯，近來俄使進見令上納陛遞國書，此次特命上納陛致頌詞，上親宣答詞，不令慶親王傳宣，上亦佩寶星，蓋异數也。

大清國歌分部

綜述

《清德宗實録》卷三三〇 （光緒十九年十一月庚辰）又諭御史烏爾慶額奏請飭頒禮節樂章俾資法守一摺。著禮部太常寺查明向章妥議具奏。

《宣統政紀》卷三四 （宣統二年夏四月辛巳）禮部左參議曹廣權奏：豫備立憲，宜及時整飭禮樂，以正人心而厚風俗。下所司議。

《禮部會奏遵擬國樂辦法摺》 宣統二年十二月二十五日，禮部等衙門會奏議覆禮部左參議曹廣權奏整飭禮樂一摺，原奏内稱，國樂亟需編制，擬請飭下出使全國大臣考求樂譜咨送到部，以便會同樂部各衙門延聘海内知音之士公同考訂，參酌古今編成樂律，請旨頒行。又軍用之樂歌未加修訂，應請飭下樂部，將有合軍用之歌辭及其樂譜選擇編輯會同軍咨處、海軍部、陸軍部詳加修訂各等語，奉旨允准，欽遵在案。臣等竊維聲音之道本與政通，我朝列聖相承，樂章燦然大備，莫不上合古制，蔚為盛世元音，際茲環瀛交會之時，實命維新，百端締造，亟宜仰述先謨，專定國樂以揚盛德而壯聲容。考諸東西列邦，國樂一經頒定，舉凡陸海軍隊暨外交公讌無不一律通行，良以全國極致欽崇遵奉，不容歧异也。惟我國國樂迄今未經編制，即前出使大臣曾紀澤所擬國樂亦未經奏定頒行，洎自陸軍成立以來，則又别製一章指為國樂，各國已多有傳習之者，殊不足以表示遵崇，垂諸久遠。查禮部奏請由出使各國大臣考求樂譜咨送到部，嗣准將歐洲及日本等國樂譜陸續咨送前來，現經臣等公同集議詳細研求，竊以為我國朝會燕饗所用樂章典麗喬皇，允宜奉為楷則。至各國國樂，定義製音類皆別具本原，自未可舍己從人，輕斁盛典，所有應定國樂，擬請由臣等延聘通才及諳習音樂人員，參酌古今中外樂制，詳慎審訂，編制專章，奏請欽定頒行，庶幾廣布寰區，咸仰昭德象功之盛，如蒙俞允，謹當欽遵辦理。謹奏。宣統三年六月二十日奉旨，依議。欽此。

《禮部會奏議覆左參議曹廣權奏豫備立憲宜及時整飭禮樂摺》 本年四月初八日，軍機處片交軍機大臣欽奉諭旨，禮部左參議曹廣權奏《豫備立憲宜用時整飭禮樂以正人心而厚風俗》一摺，着該衙門議奏，欽此欽遵，抄交前來。

原奏內稱：東西各國憲法各殊，皆依其立國性質為率，中國家庭制度，相習四千餘年，大都沿因生賜姓、胙土、命氏之舊。宜及今編審族姓，重一本之親，敷明倫之教，行宗法，明鄉約，就地方自治分區，為禮教自治分區，按季造表，注明各族姓所行冠、昏、喪、祭、鄉、相見及曲禮，內則弟子職各禮以觀民德等語。

禮部伏查憲政之施行，必賴禮教以相維繫，而禮教之推暨，其本端於上，其用先徵諸民。是以上年臣部奏定《編纂通禮條例》，曾經聲明修書大旨，特於民禮加詳。良以三物之教，始於鄉閭，五禮之行，達乎士庶，必民欲皆有肅雍之象，而後可以見朝廷德化之成。該參議所請，就地方自治分區，為禮教自治分區，按季造表，以觀民德，自係為修明禮教起見。惟是宗法之廢墜已久，族姓之統系難稽，有一族而散處於各鄉者，有异姓而同居於一域者，必拘守家族制度，專以姓氏為界別，不特審查易滋繁擾，亦恐窒礙遽難通行。

擬俟《新纂通禮》告成後，即就地方自治區域劃為禮教自治分區，凡民間一切應行各禮，均定為表式，頒布各省、府、廳、州、縣，責成各地方議事會、董事會，每季按式填報，以驗禮教之是否實行。其有因沿陋俗，不遵秩序者，即由該地方官長隨時董飭，總期按照部定禮式，切實遵循，俾科條之頒布，非等諸空文，而教化所涵濡，自蒸為善俗。其各處鄉鎮有聚族而居及通者，巨姓建有宗祠者，亦可諭令該族長協同勸導，以家庭自治之規，輔官治之所不逮。如果行有成效，自可逐漸推廣，如原奏所稱，重一本之親，敷明倫之教，以為施行主義者，要屬探本之論，第其事在乎因勢利導，而非可強迫諸旦夕者也。

原奏又稱：直省學堂林立，音樂設科，雖風琴、歌譜傳自他邦，然隔八相生，大致與中音無异，宜及今修改各學堂歌辭，寓國教於諷誦。且各國皆有專定國樂，極致欽崇，遇親貴游歷、公使宴集，既自奏其國樂，又必奏公使等本國之樂，而且評論節奏為研究得失之資，故日本户山學校教習國樂及各種軍樂并習各國之樂，於內外交際禮節編有專書，我國國樂，從前由出使大臣曾紀澤權宜編制，聲調慢緩，至今各國常致疑問，而軍樂尚未專修，各國之樂，亦未傳習，宜及今飭下駐各國使臣，搜譯樂章禮節，并亟召海內知音之士審訂，庶使分別實習等語。

禮部查一代之興，必有一代之樂，所以象功昭德，鼓吹休明。我朝列聖相承，制作大備。凡屬朝會、祭祀、燕饗，莫不因時、因事特定樂章。此外如臨雍釋菜，備列宮懸，則視學有樂；大閱凱旋，鐃歌并作，則行軍有樂。歷考《欽定大清會典》及皇朝《三通》所載，卓哉煌煌，美矣善矣！惟是五洲未通之前，歲時朝貢，不過藩服諸邦，今則梯航四集，使命常通，樽俎之間，非金奏工歌，不足以壯聲容而敦情誼，是國樂之亟需編制，固時勢之不得不然。擬請飭下出使各國大臣，考求樂譜，詳籌辦法，并將所經驗之交際禮節，縷晰敘述，咨送到部，以便會同樂部暨外務部各衙門審酌，採入新禮，并延聘海內知音之士，公同考訂，參酌古今，編成樂律，請旨頒行。嗣後凡宴會各國賓客，及我國使臣在外國公宴，遇應行奏樂之時，均用此為國樂，以聯友邦玉帛相見之歡，即以昭聖代雅頌同文之盛。

至所稱修改學堂歌辭一節，學部查學堂歌辭，寓國教於諷誦，誠如原奏所云。臣部定章，自初等小學堂至中學堂，均令學生讀有益風化之古詩歌，即是此意。現復飭令圖書局局員編輯此項歌辭，一俟編輯完竣，即當一體頒行，借收鼓舞化導之益。

又，所稱軍樂尚未專修一節，軍咨處、海軍部、陸軍部查《樂記》一編，多紀武功之盛，聞鼓鼙而思將帥，聲音之感之最深。考各國軍隊，皆有專訂樂章，而蹈厲發揚，洵足以振奮士氣。我國陸、海軍軍樂隊，雖照章編設，惟軍用之樂歌，未加修訂，恭查《會典》乾隆四十一年平定兩金川，我高宗純皇帝御製凱歌，播諸金石，天藻輝煌，聿昭偉烈，豐功之盛，他如大閱、出師、凱旋諸篇，靡不聲容美善，丕振尚武之精神。相應請旨飭下樂部，將有合軍用之歌辭及其樂譜，選擇編輯，會同軍咨處、海軍部、陸軍部詳加修訂，請旨頒行，以成專章而張武烈。謹奏。宣統二年十二月二十五日，奉旨，依議。欽此。

《宣統政紀》卷五六 （宣統三年六月丙戌）禮部會奏《遵擬國樂辦法》延聘通才，及諳習音樂人員，參酌古今中外樂制，詳慎審訂，編製專章奏請頒行。從之。

又 卷六〇 宣統三年八月丁未專章，諭令禮部各衙門妥慎編製。茲據典禮院會同各該衙門將編製專章繕單呈覽，聲詞尚屬壯美，節奏頗為叶和，著即定為國樂，一體遵行。詞曰：『鞏金甌，承天幬，民物欣鳧藻，喜同袍，清時幸遭。真熙皞，帝國蒼穹保，天高高，海滔滔。』

《宣統上諭檔·宣統三年八月十三日》 內閣奉上諭：典禮院會奏《遵旨編製國樂專章》一摺，聲音之道，與政相通。前因國樂未有專章，諭令禮部各衙門妥慎編製。茲據典禮院會同各該衙門將編製專章繕單呈覽，聲詞尚屬壯美，節奏頗為叶和，著即定為國樂，一體遵行。餘著照所議辦理。欽此。

學堂樂歌分部

綜述

康有為《戊戌奏稿·請開學校摺》 吾國周時，國有大學、國學、小學三等，鄉有黨庠、州序、里塾之分；教法有詩書、禮樂、戈版、羽籥、言說、射御、書數、方名之繁。人自八歲至十五歲，皆入大小學。萬國立學，莫我之先且備矣。【略】後世不立學校，但設科舉，是徒因其生而有之，非有以作而致之，故人才鮮少，不周於用也。臣不引遠古，請近校於今歐美各國，而知其故矣。

歐美之作其國民為人才也，當吾明世，乃始立學，僅從僧侶，但教貴族，至不足道。及近百年間，文學大興，普之先王大非特力，館法名士窩多於其生蘇詩宮而師之，聘柏羅斯其於瑞士，而創國民學，令鄉皆立小學。限舉國之民，自七歲以上必入之。教以文史、算術、輿地，物理、歌樂，八年而卒業。其不入學者，罰其父母。【略】

近者日本勝我，亦非其將相兵士能勝我也。其國遍設各學，才藝足用，實能勝我也。吾國任舉一政一藝，無人通之。【略】今各國之學，莫精於德，國民之義，亦倡於德；日本同文比鄰，亦可採擇。請遠法德國，近採日本，以定學制。乞下明詔，遍令省府縣鄉興學。

梁啓超《飲冰室詩話》 七七

去年聞學生某君入東京音樂學校，專研究音樂，余喜無量。蓋欲改造國民之品質，則詩歌音樂為精神教育之一要件，此稍有識者所能知也。中國樂學，發達尚早。自明以前，雖進步稍緩，而其統猶綿綿不絕。前此凡有韵之文，半皆可以入樂者也。《詩》三百篇，皆為樂章，尚矣。如《楚辭》之《招魂》、《九歌》，漢之《大風》、《柏梁》，皆應弦赴節，不徒樂府之名，如其實而已。下至唐代絕句，如『云想衣裳』、『黃河遠上』，莫不被諸弦管。宋之詞，元之曲，又其顯而易見者也。蓋自明以前，文學家多通音律，而無論雅樂、劇曲，大率皆由士大夫主持之，雖或衰靡，而俚俗猶不至太甚。本朝以來，則音律之學，士大夫無復過問，而先王樂教，乃全委諸教坊優伎之手矣。讀太西文明史，無論何代，無論何國，無不食文學家之賜；其國民於諸文豪，亦頂禮而尸祝之。若中國之詞章家，則於國民豈有絲毫之影響耶？推原其故，不得不謂詩與樂分之致也。鄭夾漈有言：『古之詩曰歌行，後之詩曰近古二體。歌行主聲，二體主文。詩為聲也，不為文也。』浩歌長嘯，古人之深趣。今人既不尚嘯，而又失其歌詩之旨，所以無樂事也。凡律其辭則謂之詩，聲其詩則謂之歌，詩未有不歌者也。【略】嗚呼！詩在於聲不在於義。孔子曰：『《關雎》「樂而不淫，哀而不傷」，亦為《關雎》之聲和平，能令聞者感發而不失其度耳。若誦其文，習其理，能有哀樂之事乎？二體之作，失其詩矣。』《通志·樂略》其言可謂特識。夾漈時已然，晚近乃益甚。至於今日，而詩、詞、曲三者皆成為陳設之古玩，而詞章家真社會之蠹矣。頃讀雜志《江蘇》，屢陳中國音樂改良之義，其第七號已譜出軍歌、學校歌數闋，讀之拍案叫絕，此中國文學復興之先河也。惜余亦一門外漢，僅如夾漈所謂誦其文習其理而已。寄語某君，自今以往，更委身於祖國文學，據今所學，而調和之以淵懿之風格，微妙之辭藻，苟能為索士比亞、彌兒頓，其報國民之恩者，不已多乎？

七八

近年以來，愛國之士，注意此業者，漸不乏人，而黄公度其尤也。公度所製《軍歌》二十四章、《幼稚園上學歌》若干章，既行於世；今復得見其近作《小學校學生相和歌》十九章，亦一代妙文也。其歌以一人唱，章末三句，諸生合唱。【略】

惜公度亦不解音律，與余同病也。使其解之，則制定一代之樂不難矣。此諸編者，苟能譜之，以實施於學校，則我國學校唱歌一科，其可以不闕矣。抑吾猶有一説焉：今日欲為中國制樂，似不必全用西譜。若能參酌吾國雅、劇、俚三者而調和取裁之，以成祖國一種固有之樂聲，亦快事也。將來所有諸樂，用西譜者十而六七，用國譜者十而三四，夫亦不交病焉矣。但語此者，非於中西諸樂神而明之不能。吾儕門外漢，蓋無取喋喋云爾。【略】

八六

湘潭楊哲子度，王壬秋先生大弟子也。昔盧斯福演説，謂欲見純粹之亞美利加人，請視格蘭德，吾謂欲見純粹之湖南人請視楊哲子。頃哲子以新作《湖南少年歌》見示，亟録之，以證余言之當否也。【略】

九七

上海曾志忞，留學東京音樂學校有年，此實我國此學先登第一人也。今日不從事教育則已，苟從事教育，則唱歌一科，實為學校中萬萬不可闕者。舉國無一人能譜新樂，實社會之羞也。曾君頃編一書，名曰《教育唱歌集》。凡為幼稚園用者八章，尋常小學用者七章，高等小學用者六章，中學用者五章；皆按以譜，而於教授方法，復懇切説明。凡教師細讀一過，自能按譜以授。從此小學唱歌一科，可以無缺矣。吾見刻本，不禁為之狂喜。原詩卷首有《告詩人》一條，足為文學家下一針砭而增其價值。【略】

一一九

樂學漸有發達之機，可謂我國教育界前途一慶幸。苟有此學專門，則

吾國古詩今詩，可以入譜者正自不少，如岳鄂王《滿江紅》之類最可譜也。近頃横濱大同學校為生徒唱歌用，將南海舊作《演孔歌》九章譜出，其音温以和；將鄙人舊作《愛國歌》四章譜出，其音雄以强；能叶律如是，是始願所不及也。推此以譜古詩，何憂國歌之乏絶耶？【略】

一二〇

今欲為新歌，適教科用，大非易易。蓋文太雅則不適，太俗則無味。斟酌兩者之間，使合兒童諷誦之程度，而又不失祖國文學之精粹，真非易也。楊哲子之《黄河》、《揚子江》諸作，庶可當之。亞雅音樂會之成立，鄙人嘗應會員諸君之命，撰《黄帝》四章。該會第一次演奏，即首唱之。和平雄壯，深可聽，但其詞弗能工也。今將譜與文兩録之：

一、赫赫我祖名軒轅，降自昆侖山。北逐獯鬻南苗蠻，馳驅戎馬間。掃攘异族定主權，以貽我子孫。嗟我子孫無忘無忘乃祖之光榮！

二、温温我祖名軒轅，世界文明先。考文教算明歷元，還將醫藥傳。科學思想尋厥源，文明吾最先。嗟我子孫遺傳繼續乃祖之光榮！

三、巍巍我祖名軒轅，明德一何遠！手闢亞洲第一國，布地金盈寸。山河錦繡爛其明，處處皆遺念。嗟我子孫保持勿墜乃祖之光榮！

四、繩繩我祖名軒轅，血胤多豪俊。秦皇、漢武、唐太宗，寰宇威棱震。至今白人説黄禍，聞者顔為變。嗟我子孫發揚蹈厲乃祖之光榮！

又《終業式》四章：

一、國旗赫赫懸當中，華旭照黄龍。國歌肅肅諧笙鏞，漢聲奏《大風》。借問儀式何其隆？迎我主人翁。於乎！今日一少年，來日主人翁。

二、五千年來文明種，神裔君傳統。二十世紀大舞臺，天驕君承寵。國民分子盡人同，責任君惟重。於乎！眇眇一少年，中國主人翁。

三、衆生沈痛吾其恫，吾將儲藥籠。國民奮飛吾其雄，吾待羽毛豐。不然赤手雙拳空，壯語終何用？於乎！以何一少年，成就主人翁！

四、前途進步靡有窮，一得寧自封？河伯語海含驕容，遼豕真如夢。業耶業耶終未終，來日君珍重！於乎！勉勉一少年，無忝主人翁！

【略】

一三七

歐美學校，常有於休業時學生會演雜劇者。蓋戲曲為優美文學之一

種，上流社會喜為之，不以為賤出。今歲横濱大同學校年假時，各生徒開一音樂演藝會，除合歌新樂府外，更會串一戲，曰《易水餞荆卿》。其第一幕《餞别》内有歌四章：以《史記》所記原歌作尾聲，近於唐突西施，點竄《堯典》，然文情斐茂，音節激昂，亦致可誦也。今録之：『等閑談笑見心肝，壯别寧為兒女顔？地老天荒孤劍在，風蕭蕭兮易水寒。嗚！嗚！風簫簫兮易水寒，壯士一去兮不復還。啼鴂聲聲行路難，夕陽雖好近黄昏，不啼清泪長啼血，風蕭蕭兮易水寒。嗚！嗚！風蕭蕭兮易水寒，壯士一去兮不復還。天地無情歲又闌，恩仇稠疊泪闌干。男兒死耳安足道，風蕭蕭兮易水寒。嗚！嗚！風蕭蕭兮易水寒，壯士一去兮不復還。别時容易見時難，我欲從之路阻艱。既悲逝者行自念，風蕭蕭兮易水寒。嗚！嗚！風蕭蕭兮易水寒，壯士一去兮不復還。』右歌於席間酒酣唱之，前後皆唱俗樂，獨此四章拍以新譜，用風琴節之。每章前四句以扮高漸離者獨唱，其『嗚！嗚！』以下則舉座合唱，聲情激越，聞者皆有躬與壯會之感。

《直隸教育雜誌》第五期《議設音樂學堂一九〇三年三月》　鄂督張宫保，以鄂省各學堂，大致具備，惟音樂一門，尚屬闕如。爰飭學務處籌議章程，專議一堂，研究此科。聞所需經費無多，尚易籌劃，大約今春即可開辦。

陳懋治《〈小學唱歌教授法〉序》　余既為沈君叔逵序其《唱歌教科書》二集，越二旬，又以譯輯之《唱歌教授法》示余，且命一言謂將再版焉。余惟音樂之在今日，其關乎教育也，稍具新知識者，皆知其為切要之務矣。即好言舊學之士，亦能援引古籍，以證三代學制六藝并重之義。然而溯厥先河，乃近在三年以内，一二人之所倡導，方君之《唱歌教科書》未行於世也。我國之言教育者，未聞有習此者也。日本東京音樂講習會由君發起，今與會者衆矣。然君之未赴日也，我國之留學於日者，亦未聞於此有專習者也。

今滬上一隅黌舍林立，琴歌之聲洋溢盈耳，實惟君樂歌講習會有以布濩而發揚之。其最先列為教科者，惟務本女塾，其時借助於日本女師河原操子，歌詞多日文，不適於用已。而河原氏又應蒙古喀喇沁王之聘，務本於此科亦闕，此即君在東京講習會時也。先是余監南洋公學小學定科目、編課本，教授管理俱規仿日本。時欽定章程未頒，不知者皆謂為戾。世所相推許者，一二朋輩究心教育者而已。繼以音樂教師之不能得，嘗欲借材於天主教士，卒以彼門户甚嚴不果行。未幾，而君赴日學院師，因與語曰：今日學校音樂闕如，不得不取益於外，君故通音律，盍往學之，以為我國他日樂界改良之初祖乎。君頗韙其説，及游日歸，而小學遂得有唱歌一科。然是時風氣未開，當局不謂然，且笑之以為兒戲。校中購導尋常風琴一具，亦頗費心力云。既而私立諸學，相繼設唱歌科，而各省官私立學校，有曾入日本音樂會而歸者，各以其所素習，講授傳習矣。甲辰溿陽尚書來撫蘇道申莅小學，聞諸生歌，亟加贊賞。於是當事者又以為學校當有樂歌，而公學儼然負開山之功矣。

余感夫慮始之難，而又幸夫教育之日有進步也。為溯其緣起，以諗他日之作音樂史者。至君所譯著，行世已久，不贅言，言也不足以益君也。

光緒三十二年丙午仲春　六和　陳懋治序

《教育世界》一九〇七年九月第一七期第一五九號《佚名〈音樂〉》

音樂往往有不可思議之力。奥克斯福特大學中莫鏗多立克教師講義云，聽神經之根在人身體中，比他神經分布尤廣。

俞夏《〈修身唱歌〉序》　是書前數版印行時，僅以為幼年唱歌之用，故未列入曲調。屢承各處校友函商，謂是書文妙理真，若系以音程，勿論初高等小學，皆當被之琴簧，以為唱歌科主要之書，余心韙其説，欲就商於通斯學者。適鄒君華民以新譜是書之曲數闋見示，調以琴簧，辭與曲多相應。因請鄒君依次譜定音程，復將歌辭每類裁為一律。鄒君之言曰，歌辭與曲調，不易通假者也。近出唱歌本，多採用舊調，繫以新辭。往往有游戲之調，隸以嚴正之辭者，自謂按之所譜，節拍無誤，豈知其音調之已乖乎。今就歌辭之旨，察理審音，莊嚴者則莊嚴之，强毅者則强毅之，既求無戾乎音範，又期克肖夫辭旨。蓋一曲之成，而予手拮據，予口卒瘏矣。鄒君所言如是，其不苟焉為之可知也。全書各曲，成於丙午之冬。今年鄒君任上海龍門師範學堂樂歌科教員，暇時又多所訂正。鄒君之治樂歌，二十有餘年矣。始受之於基督教某西士，刻自研求，復時與西士之通學者，討論而榷商之。近又博徵夫東邦樂歌之書，而於音程之關於兒童心理者，尤加意焉。余見鄒君之篤好斯學，勤求弗懈，知其所得之已深。而予卜是書之出，定邀學界公共之歡迎，不僅有答函商諸君之盛意也。

光緒丁未冬十二月

《教育雜誌》一九一一年第七期《吴福臨〈小學唱歌之實驗〉》 唱歌一科，年來漸為學界所趨重，而尤為敝校諸生所歡迎。每逢唱歌時間，輒欣欣有喜色，娓娓無倦容，手舞足蹈，而不自知焉。茲述其情狀以就正於高明，非敢云心得也。

我國部章，至己酉始列唱歌為隨意科，然敝校自丁未開辦之初即有之。試分組織、教材、時間、方法，而疏列之。

組織：邇來編教授法者，多主張唱歌當聚各班生在同一之教室而施教焉。矧敝校為單級編制法，尤不得不然。便歷年以來，施於實際，知有不能盡然者。彼一年級之新生，於音調之高下、音節之長短以及詩歌之詞意，茫無所解。雖一至單簡淺顯之樂歌，非數星期未能純熟，甚至有終一學期不能獨唱一調者。而三四年級生則任何長歌繁譜，不出一二星期，便能操縱自如。是故欲使舊生俯就，則淡漠無味，欲使新生仰攀，則焉能企及？是以不得不區分二部分焉。然甲部課唱歌時，乙部將授以何種功課，亦甚費躊躇。因唱歌時既不許他聲混淆，而一教員亦無暇兼顧他課。則縱與以習字，仍須巡視矯正，且非屬舒困之課，不能與體操唱歌相伴。於是乎與以自由圖畫，頗得諸生之歡迎，且獲有特別成績。至於唱歌之進步，非如他科可以必其循序漸進，其優劣多為天賦。故間有三四年生，仍格格不能中節者。有甫三四月，而嘹亮就範者。故臨之組織唱歌部，不拘年限，惟性格是視。故有二年生而列甲部者，有三、四年生而列乙部者，間有一二，就學數年，而音調絶不能相符者，臨則不强以其所苦，每唱歌時，悉與圖畫焉。但區分二部者，只限於教材太相懸殊者，若夫通用之《體操歌》、《歡迎歌》、《紀念歌》、《放假歌》等，則仍使合唱。而於酬應或特別聚會時，則擇音調最優者八名為唱歌選手，以為全體之表率云。

教材：學科之利器，即教材是。而教材必取其程度適當，趣味豐美者。敝校之唱歌教材，并用商務印書館之《小學唱歌教科書》，半用自為編製及另行搜輯者。因時制宜，錯綜採用。蓋兒童之樂趣，在歌譜者少，在歌詞者多。固當因勢利導，不慮淺白，只忌艱澀。近來之教授唱歌者，多以文言而【略】合唱，或全班合唱。或前後列互唱，或一部唱譜一句，使他部唱歌一句繼之，輪流交换，迭更休息。或製問答之歌，而令一部唱問，一部唱答，或一人唱問，一人唱答。種種遞變，務使樂而忘倦，踴躍活潑，消除全日胸部之鬱滯，而不為膠柱之鼓瑟，以錮兒童之愉快，餘如游戲并行之唱歌，亦先於教室授之，而於姿勢只切戒其屈彎上體，而使舒張胸部。其他則任其自然，否則束縛過甚，恐成木偶無生氣之體態焉。

形形色色之世，事事物物之理，罔不利害相因。敝校之唱歌法，亦非純利而無害者，蓋限於經濟，不得特別之唱歌教室，又無適當之操場，自晨至晡，埃塵漸積，末後之一時間，實埃塵最盛之時，而空氣亦多含炭（養）［氧］也。高唱必繼以深呼吸，於衛生上隱受其損。既不可因噎廢食，而鄙見亦無計可施。深望世之教育家，懷普愛之念，有以保全之，則不特鄙人之幸，實諸生之幸也。

曾志忞《〈教授音樂之初步〉序》 欲改良吾國歌詞者，恒相聚言曰：作歌難，作歌難。欲改良吾國曲譜者亦曰：作曲難，作曲難！之二者一係文學的，一係音學的，非明通亞歐詩言音律，固不足語此。且數十年之研究，亦不克在此。然則欲發達吾國學校唱歌（社會唱歌不在此列）一科目，將待數十年後乎？曰不可。今吾國所刻不待緩者，幼稚園（聞北京、上海、湖北均有是舉）及小學唱歌也。既不能緩，又不能速，是非假用歐洲通用樂譜，而和以本國歌詞權以應用，勢不能也。（歌詞固不可不用本國文字，然曲譜當以五綫譜為完備。）既用西譜矣，而不知樂典（Musical grammar），不知教授法則，教授者無從下手。本志第六號列《樂理大意》，於樂典上略見一端。然教授未得其法，閲者憾之。固書此以告吾國之教育家及音樂家。

《江蘇》一九〇一年四月第一一、一二期《保三〈樂歌一斑〉》 唱歌為小學必修科之一。誠以唱歌者，引起兒童興趣，陶淑生徒情性，於教育上為至要之端也。今學校競言興立矣，而於體操一科，羣知注重，於唱歌一科，則尚多缺如。抑有體操而無唱歌，斯巴達之教育也，徒知武勇而無音樂調和，則小學校科目之不完全，即於生徒將來有多少流弊。蓋學校之有唱歌，凡歷史、地理、修身、理科、體操等各科目，無不寓於其中。能使兒童口舌之間，引起各科之舊觀念，而得新知識，此一端也。同班生徒，同唱一歌，調其律，和其聲，互相聯合，聲氣一致，可引起兒童之共同心。或單獨唱歌，或共同唱歌，惟教師指導得意，使生徒各臻上乘，而下乘者自愧不如，可引起兒童之名譽心。兒童天性，單獨游戲，不如共同游戲之為快也。學校中唱歌一科，每排於艱困學科之後，以舒兒童之腦力，以起兒童之快心，此又可引起兒童之愉快心。之數端者，於兒童心理學上，有密接之關係，為研究教育之人，所不可不知也。是則唱歌一科之為小學校之必修科，其故不可明乎？去冬由東返國，組織一小學校，爰編歌詞數闋，兼採國人所編者，以教校中生徒，久而積十數闋，名曰《樂歌一斑》。願今日之辦學校者，皆注意唱歌一科和體操一科，乃剛柔相濟，動靜相協，辦對待并重者也。

李叔同《國學唱歌集》序 樂經云亡，詩教式微，道德淪喪，精力爨摧。三稔以還，沈子心工、曾子志忞，紹介西樂於我學界，識者稱道毋少衰。顧歌集甄録，僉出近人撰著，古義微言，匪所加意，余心恫焉。商量舊學，綴集茲册，上訴古毛詩，下逮昆山曲，靡不鰓理而會粹之。或譜以新聲，或仍其古調，顔曰《國學唱歌集》。

李寶巽《教育唱歌》序 今之抵掌譚國是者莫不曰：國家之强弱，基於教育之盛衰，尚矣。然執幼稚園之赤子，而遽語以普通科學之智識，執垂髫之閨秀，而遽告以母教之大綱，雖起蘇枯拉氏為之師，柏拉圖氏為之傅，無補是也。是故根底不盤固者，枝葉無從而滋長。精氣不團結者，實質無從而附麗。心性不端純、品格不高尚者，教育無從而設施也。日本維新之初，頒大、中、小各學校制度，隨即補入唱歌一科，并設立音樂專門學校，以期養成教員。蓋唱歌者，所以涵養其德性，唤起其精神，童而習之，一種篤實之念，忠愛之情，有陶淑漸摩於不覺者也。余居東日久，時與諸生參觀各師範學校及小學、幼園，聆其歌聲、樂聲，自成節奏，輒游於我中國古昔盛時弦誦鼓歌之盛。今者朝廷疊下明詔，頒發學制，各省疆臣亦竭力振興之，教育之盛，其庶幾乎？顧事屬草創，科學尚未臻完備，音樂一門更闕焉不講。夫中國今日所汲汲未遑者，政治也，法律也，經濟也，海陸軍也，不此之圖，而僅曰音樂，得毋謂非當務之急乎？不知今日所急者，雖不在此，而所以養成人才，以求能學。夫政治、法律、經濟、海陸軍與夫一切專門之學者，固基礎於教育。而所以作教育之精神者，非音樂不為功。東西文明諸國，莫不皆然。然則音樂之不可缺也，蓋可知矣。適音樂學諸生，所作《教育唱歌》二編，就正於余。余曰：此即幼學、女學之主動力而篤實之，念忠愛之情所由發生之原料也。

黃子繩等《教育唱歌》敍言 有一事而可以養道德、善風俗、助學藝、調性情、完人格，集種種不可思議之支配力者乎？曰有之，厥惟音樂。音樂之為體，其入人也易，故吾人之習他科，不如習音樂之善。音樂之感人也深，故吾人之嗜他學，不如嗜音樂之甚，此殆心理學自然之作用，非人力所得以易。而五洲萬國，凡有血氣者，莫不皆然也。蓋人類之普通心理學，不外喜怒哀樂四者。喜怒哀樂無定時，有可以使吾喜、使吾怒、使吾哀、使吾樂者，也即隨之而喜、而怒、而哀、而樂矣。喜怒哀樂有定形，有可以使之忽而喜、忽而怒、忽而哀、忽而樂者，則亦莫之喜而喜，莫之怒而怒，莫之哀而哀，莫之樂而樂矣。感觸於耳目，振蕩於腦筋，營注於神經，久之而吾身之靈臺，遂與之同化矣。故以之養國民之道德，則道德修；以之革社會之風俗，則風俗易；以之助一般之學藝，則學藝進；以之調社會之風俗，則全人類之品格，則性情淑，品格尚。此種能力，惟音樂足以當之。且也干羽可格有苗，鳴琴可理單文。爾雅宮為君，商為臣，角為民，徵為事，羽為物，五者格調不亂，故無沾滯之音。語曰：觀其舞，知其德；聞其樂，知其政。則知音樂之道，與政治之隆替，有莫大之關係焉。音樂之能力如是，關係如是，則音樂學之不可不講，亦吾輩所宜共認者也。讀希臘文明史，音樂實為教育界、學術界之要點，且以此定國民之等級。至小學教訓，幾乎純用音樂，音樂之外則惟體操。蓋體操所以强身格，音樂所以淑性情，二者既備，教育之基址立固矣。今日歐西文明，多淵源於希臘羅馬，所謂精神教育，莫不兢兢於音樂一科。日本自隋唐以來，凡有學業，咸取吸於中國，所用音樂，即古雅樂。至維新後，多有研究歐西音樂者。明治十四年，新頒學制，立音樂於專門學科，至今彬彬可觀。吾中國上世以來，後夔以典樂教胄子，成周以大司樂掌國學政，所謂六代之樂，美矣美矣。三代後，義理之説日盛，樂歌之學日微，音樂之道蓋幾乎息矣。偶有一二嗜痂者，不斥為游蕩子弟，則目為世外散人。究其所謂音樂者，亦不過供個人之玩好，於社會上無絲毫裨益也。故今日欲增進羣治，必自改良社會始；欲陶融社會，必自振興音樂始。同人東徂以來，竊有概乎是，因於此道三致意焉。今就一得之長，擇其所學曲譜，綴以漢文歌詞，付諸梓人，意為吾國社會上作風氣之先導。歌詞工拙，不及計也。

田北湖、鄔華民《〈修身唱歌書〉初版編輯大意》 歐西大學家，議論小學校唱歌教授，其説不一。主張用樂譜以教授之者，南峨利是也。主專以聽覺教授之者，拿托羅普是也。惟愛侖斯托氏，漸得其中庸，謂唱歌教授，初二年宜專主聽覺，其後乃漸用樂譜中之記號。蓋幼年唱歌，信口無腔，亦不嫌其真率。必以樂譜記號擾其腦覺，是欲和樂其性情，而先困縛其耳目矣。是編為幼年唱歌之用，故不復列入樂譜記號。

修身書詞頭，每嫌意味枯寂，與小兒講解，尤未易使之體會。是編就修身範本之雜目，演為簡淺短歌，隨口成誦，入耳易感，豈惟學童長德之方，抑亦社會公益之助。就中如對國一門，於軍國民觀念，尤所關注，有强種保國之思者，此足當精神之教育。

唱歌一科，原以進人於道德為主，故與修身科最為切近。是編將修身、唱歌兩科，合而為一，於應用上頗多便利。惟作者之意，注重在修身一邊，期於婦豎皆能口誦，以易彼俚俗淫猥之山歌村曲。故不欲拘於樂譜形式，以濫側於唱歌科著作之林。

湯化龍《〈教育唱歌集〉敍言》 自希臘開文明之幕，以音樂列教育之科，復經諸大家之發明，踵步後塵，遍及歐美。扶桑島國，吸星宿之流而揚其波，音樂專科，永定學制。三尺童子，束髮入塾，授之以律譜，教之以歌詞，導活潑之神，而牖忠愛之義。浸淫輸灌，養成能獨立、能合羣之國民，黑子彈丸，一躍而震全球之目。以吾國國力之弱，民氣之痿，轉捩之鍵，全恃小學陶鎔鼓導，音樂一科，有不能刻緩之理。而內地士夫，尚多囿蛙蠡之識，鄙夷小道而不肯過問，即過問而亦不得其津涘。移風易俗，要道晉然，斯可悲也。今年夏，予游學日本，適友人樊君藻香、王君曰襄、盧君次銓、王君佛權編輯《教育唱歌集》成。予於此道略無所知，惟知其歌詞，適合於小學之程度。以此提教能導活潑之神，牖忠愛之義，於振興中國之前途，其裨益必甚巨也。嗚呼！文化沉沉，千年於茲。諸君不憚艱苦，求絶學於异國，又編輯課本以饗學界，用心之遠，佩何可言。歸而致之，使吾國小學有造之才，咸納於中正之治，拭目以從諸君之後者大有人矣。諸君勉哉。光緒三十二年丙午四月既望湖北蘄水愚弟湯化龍序於日本東京。

李寶巽《〈新編唱歌集〉敍言》 能利用物力之自然者，斯為文明。能利用人情之自然者，乃稱教育。教育者，非能强人情之所不美而以為美也。然以個人之情言之，其反復也，雖金吾不能禁。以社會之情言之，其複雜也，雖巧歷不能推。執教育之權者，不先鎔以大冶，而冀其咸就吾範，不綦難乎。故欲握人情之中樞，使歸教育之範圍，舍音樂不為功。音樂之為道，其感應力甚捷，其同化力甚强，其支配力亦無所不至。諸教育大家之言曰：音樂者，所以發揮審美之情操，涵養國民之德性，洵確論也。予旅日本有年，觀其幼稚園、小學校、中學校、高等師範學校，以及女子諸學校，莫不有體操、音樂以調劑其中，惟能以體操求身美，以音樂求心美。故種種學問之進步，令人望塵而不可及。我中國各省學堂，體操非不注意，而音樂一端，視為可有可無之數。得毋以伶官去魯，雅樂久亡，靡音艷曲，貽害風俗，故并諱言音樂二字歟？無惑乎師生教受之間，嚴毅之形式有餘，而活潑之精神不足也。諸君有鑒於兹，特於音樂學極力研究，并拔其曲譜之粹而無漢文歌詞者，綴而補之，以謀整理中國國民之情，定精神教育之基礎。將來涵育人才，改良社會，洗濯上桑間之習，臻禮明樂備之盛，又意計中事耳。予於此學無所得，而深知其與教育有密接之關係，故弁數言於卷端，工拙不暇計也。

陳懋治《〈學校唱歌二集〉序》 學校歌詞不難於協雅，而難於諧俗。今若院本，國初以來，雲亭西堂風靡一世，其在今日，乃不能與燕秦俚俗之辭，角勝負於歌臺辭榭間。風氣之變，雖視夫提倡者之何如，然以閲數千年不能人人盡通之文字，又益之以藻飾，其能使家弦户誦，而不為廣陵絶響耶？夫樂之所以感人者，非徒以音焉而已。彼樂工日誦《琵琶記》、《桃花扇》諸曲，而純無能解其義者，其感情曾有幾何？故謂化俗移風於樂無與則已，若循春誦夏弦之義，而俾黃口孺子歌風肄雅，謂能陶淑情性，少知心理者能信之乎？比年以來斯義漸彰，按譜協律頗有作者。然其弊病大都不純：一闋之内文俗雜操，求所謂質直如話而又神味雋永者，自沈君叔逵所著外，蓋不數見也。君所著《學校唱歌集》甲辰五月問世，今已五版。近又出示其新作，則所詣益進。君之志在改良社會，而今日急務尤莫先於德育，故其中注意修身者殆十八九。歌凡十四，首以文句深淺序。【略】皆矢口而道純任自然，所謂天籟假物以鳴者非歟？【略】即小見大，激發志氣，將使髫齔之年，熟夫合羣愛國之義焉。曩吾嘗見李氏小學弦歌矣，皆集古近體詩之與修身有關係者，惟文人著述，非婦孺能解，於小學教育未有合也。君此編猶李氏之思，而視李氏所集殆過之。吾知風行海内，必視甲辰諸作尤為教育家所歡迎矣。記曰：善教者使人繼其志，善歌者使人繼其聲，如君者所謂善教善歌者歟！

無錫城南公學堂《〈學校唱歌集〉編著大意》 樂歌之作用，最足以發起精神，激揚思想。故泰東西各國均以為注重之科目，而吾邦亦漸次發明。近今各校增入樂歌一科，歌集不一而足，專以陶融學生之性情為宗旨。有為幼稚園用者，有為男子用者，有為女子用者，法良意美，莫贊一辭。然於學堂外普通之事矣，及尋常所唱之歌詞，各書均兢兢注意，而於學堂内之各科目，則尚略而不備，未始非樂歌上之闕點也。是集共著有四十三首，無分男女均為學堂内必須之科目，最屬普通。凡每上一科，即可令學生歌咏一遍，以鼓舞其興會，開展其胸襟，俾不致有萎靡不振之態。誠以修身講經諸科，尤為沉悶，不得不藉此而振刷之，此本校所實地經驗者也。學堂所尊奉者為孔教，故以崇歌列為第一。學生必待小學畢業後，始能升入中學，故以升學歌列於卷尾。次序秩然，當為有心人所嘉許。至若詞句之工拙，實未敢自信，尚望教授者之隨時改良耳。

王季梁、胡君復《〈唱歌游戲〉緒言》 是書為日本山田源一郎、高橋忠次郎二人原著。其言曰：學校所課游戲，大别為二。其一以唱歌為主，而附以動作，使生徒身心愉快者也；其一純以競争為主，使生徒於體操所得之能力，更練習於實際者也。是書選擇教材，則斟酌於二者之間，使生徒忍裁制之小苦，以求競勝之大樂。唱歌則用以為教授之方面，絶無不唱歌即不能游戲之弊，可以知其價值矣。頃歲以來，小學游戲之法，流入我國，遠近仿效。内地之人，求師資於滬上，歸以教其鄉里者踵相接，可謂盛矣。是則取彼國之善本，易以我國之歌詞，以應當世之求，夫豈可少也哉？抑余尤有感焉，我國舊儒，夙守師嚴道尊之説，以束縛其生徒者，徒苦拘攣，不見學校之樂。今則反之，試一臨學校之運動場，見其生徒之動作進退，皆具活潑愉快之精神，抑何與向者相去之遠耶？所教授上之訓練，固在此不在彼耶。有教育之則者，宜知所注意矣。

石更《〈中學唱歌集〉序》 比年以來，國家迨今亦云瘳矣。感此無已，沉憂攻中，托志聲樂，亦咏嘆以自聊耳。且弦誦之聲通於政教，風雅紹垂面可淪墜。秉此二義，比者學暑催夏海峙傳居，乃不量淺薄，復有此撰著。容山經君且答我矣，每成一首，共相商榷。近則剞劂告竣，較之前著雅謂加進。當此君子想有同者，於以乎此短書，協之樂律，揚吭發聲，拂抒所懷，宏此樂育之志。雅視之矣，然非所敢望也。

蔡鍔《〈蔡松坡先生遺集・軍國民篇〉》 七、原因於鄭聲者【略】

日本自維新以來，一切音樂皆摹法泰西，而唱歌則為學校功課之一。然即非軍歌、軍樂，亦莫不含有愛國尚武之意。聽聞之餘，自可奮發精神於不知不覺之中。而復有吟咏古詩而舞劍，以繪其慷慨激昂之情者，故漢學家多主持保全詩議焉。

葉中泠《〈女子新唱歌三集〉例言》 是編取例仍準著者所編之首集，淺者適於幼稚、小學，深者適於師範、中學。選曲務取優美，遣詞亦宜雅俗，寓意均關諷勸。

作雅歌易，作俚歌難。俚歌須淺顯有味，既不悖乎心理，亦有契乎道德。所謂成如容易却艱辛者，庶不至令聆者耳憎，閲者目刺。本編《猫咪咪》、《摇籃》、《地圖》、《手巾》等歌，稍本此旨。

金陵為六朝名勝區域，尤宜歌咏，故特遴景十二，譜入寧垣女校最流行之曲。遥吟俯唱，感謂蒼凉，思古之情亦足以發。

寧垣匯文女書院生，各秋於運動會合唱《鳩迦進軍》西歌，悲壯激昂，聆者交贊。故特僭譯其辭，并附復音簡譜以廣傳誦。

論　説

《浙江潮》第六期《匪石〈中國音樂改良説一九〇三年六月〉》 然則今

日所欲言音樂改良，蓋為至重至複之大問題。詩亡以降，大雅不作，古樂之不可驟復，殆出於無可如何。而所謂今樂，則又卑隘淫靡若此，不有廢者，誰能與之？而好古之子，猶戚戚以復古為念。雖然，吾向言之矣，古樂者，其性質為朝樂的而非國樂的者也。其取精不弘，其致用不廣，凡民與之無感情。何以知其然也？魏文侯謂子夏曰，吾端冕以聽古樂，則惟恐臥，其不能發人美感明矣。且我非敢謂必盡棄舊樂也。雖然，徇其名而失其實，於我亦惡乎取。抑我又有一確例焉，則日本今日是也。維新之前，所用樂器，若琴、笛、琵琶、胡弓、三味綫之屬，類皆出自中土。明治改革，盛行西樂，自師範學校以下，莫不兼習樂學，未聞有妨於國民也，而今日猶日以音樂普及為言。嗟我國民，若之何其勿念也。

故吾對於音樂改良問題，而不得不出一改弦更張之辭，則曰：西樂哉，西樂哉。西樂之為用也，常能鼓吹國民進取之思想，而又造國民合同一致之志意。其大別二：曰雅樂，則學校及家庭之所用也；曰軍樂，則軍隊及種種進行時之所用也。日本則軍樂兼及於學校。慶應塾者，學校之原動力也。校中起居坐止，皆以軍樂，盛之至矣。故吾人今日尤當以音樂教育為第一義：一設立音樂學校，二以音樂為普通教育之一科目，三立公衆音樂會，其四則家庭音樂教育是也。吾國家政之衰，至今至極，乃至父子相仇，兄弟相鬩，妻子相怨。蓋古説主嚴，謂家政如國政，而其敝乃如此，積壓之極，遂生潰亂，甚或投身於淫佚不潔之地，以戕其生，以破其家，以妨其社會。究其原始，則皆以家庭無音樂教育故也。嗚呼，入其國，過其都市，弦歌之聲，闃焉不聞；但見青樓丹楹，管弦雜列，冶郎游女，嘈雜笑謔，若之何其不不淫且佚也。

夫我非能知音者也。顧以為不言教育則已，苟言之，其必以感情教育為上乘。蓋感情者，使人自入於至情之範圍，而未嘗或叛者也。夫論事不外情理二者，泰東西立國之大別，則泰東以理，泰西以情。以理者防之而不終勝，故中國數千年來，顔、曾、思、孟、周、張、程、朱諸學子，日以仁義道德之説鼓動社會而終不行，而其禍且横於洪水猛獸，非理之為害也，其極乃至是也。以情者愛之而有餘慕，而又制之以禮，則所謂人道問題，所謂天國，所謂極樂世界，皆互詰而無終始。至情無極，天地無極，吾教育亦無極。嗟，我國民可以興矣。

《新民叢報》一九〇四年第一四、二〇號《志忞〈音樂教育論〉》 教育思想，日益發達。吴、越、燕、趙，風氣先開之地。研究教育者，殆已公認音樂為學科之一目，於是亟相輸入，以助文明。然而發軔不入正軌，終必迷途，下筆認題不具，終難中肯。爰輯東西名論，參以愚見，作《音樂教育論》，就今日吾國樂界情況，詳言音樂之體用，及發達之方針。見到寫到，殊非文學的，閲者會其意而略其文可也。

第一章　緒　言

今試就教育者而叩之曰：『公等日孜孜於音樂，究竟目音樂為何物？音樂之存於世其價值如何？其功用如何？』此問題固更席難決。試更叩之曰：『西人之視音樂為何物？其國之有音樂究於其國有何等之關係？』此問題範圍太廣，非一二語所能了結。則更叩之曰：『公等見日本學校皆有唱歌科，於是羨而效之。然亦細察日人之輸入西樂，用何方法，用何材料，以至今日？』此則正鄙人今日所欲研究之問題，而深願與世之教育家相愧勉，相商榷者也。

凡欲發達一種事業，必先求發達之利器，音樂亦何獨不然。今請揭其利器之要如左。

一、培養本國音樂教師

二、雇用外國音樂教師

三、編輯音樂用教科書

四、仿造泰西風琴洋琴

今國内府縣學堂，歲月增加，不為不速。海外留學生，數以千計。學堂自小、中、大以及實業專門，留學生自農、工、商以及政、法、陸軍，略具一斑，而獨於音樂一科，付諸缺如。即有一二團體、一二個人，私相研究，將來或自有結果。然試問此結果，果期諸何日？此培養本國教師之缺點一也。

無已，其聘外國教師，然未聘以前，以吾眼力，以吾學力，當由何道，以慎選擇之。既聘定後，以吾財力，以吾手法，當由何道，以善待遇之。此凡雇用外國教師者所當注意，不獨音樂一科為然也。乃吾國於此，既不慎選擇於前，又不善待遇於後。致被雇者，非敷衍了事，即擅權掣肘。有選擇不慎而不得好結局者；有選得其人，因待遇不善，而失敗者。英人亦雇法人，法人亦雇德人，日人亦雇美人。何法、德、美之被雇者，獨厚心於英、法、日。而吾之所雇者，獨薄於吾耶？責人不如責己，自憤不如自勉。今吾一二音樂小團體，上未嘗不雇外人，然能否收其用，蓋難言焉。此於雇用外國教師之缺點二也。

教科書者，教育之命脉也。全國教科書不能統一，即全國教育不能統一。今都野之士，以個人之資格財力，從事於此，不獨不能致全國教育於一致，即恐求一書一課之完全，亦甚難也。音樂教科書，今全國僅有二三種。且此一二種，又出於極脆弱極單薄之手。於此而欲語普及，云何可期。此編輯教科書之缺點三也。

輸入文明，而不製造文明，此文明仍非我家物。每歲統計教育品及工業品之携歸故鄉者，以萬千計，而終不能自造一教育用品及工業用品。甚至一支木槍、二枚鐵球，亦必購自日本。倘得其店減價廉售，已沾沾自喜，購風琴、洋琴者亦然。內地音樂發達一日，則需用風琴日多一日。苟不早事抵制，豈非教育上、工業上之一漏卮耶？願輸入文明者，勿但以數十册、數十頁之小說，及數十册金字華裝之雜志單本，作回家禮物也。此製造樂器之缺點四也。

本論發端，作種種非難，想讀者厭之。然本論立說，專以解決以上諸問題。言不事空論，文不加浮藻。以吾國古今樂界之現象，證以西儒學說，并詳列音樂得失之源，此本論之目的也。

以樂助風教，堯舜以來之治道也。孔子聽樂，三月不知肉味。西人亦以音樂為慰心之一大物。音樂者，誠美術中最具完備之性質者也。其性質完備，故其發達力最普。能感能興，人不問貴賤貧富，老幼智愚；國不問開明優文，野蠻俗鄙，無一地無一時無樂器無歌謡。

高尚者有高尚之音樂，淫頹者有淫頹之音樂。故音樂足以敦風善俗，亦足以喪風敗俗。前者得為美的引導，而後者得為惡的媒介。

音樂的概念如此，雖若泛言音樂，此大謬誤。蓋音樂二字，但一普通名詞耳，若不加以形容詞，又安知其為何音何樂？譬之德字，若不加以形容詞，將安知其為惡德、為善德？故今先語其界說。

樂有正的淫的，更分學校的、社會的。今欲發達何種音樂，則可行何種之方法。

春秋之時，最習聞者，如侍坐鼓瑟、武城弦歌，此得謂之學校音樂，蓋六藝之一也。至若朝廷之祝祭、庶民之冠婚，此乃社會音樂。

學校音樂，與社會音樂，不可不嚴別。以吾國今日學界觀之，社會音樂，流入下賤者，已不可救。吾人所當研究者，其在學校音樂乎。

今日社會音樂，大半淫靡。苟一旦學校音樂發達，則此外不正之樂，自然劣敗。聞內地某學校學生，其入校也，則唱《勵志》、《勉學》，其出校也，則唱『一更一點月正圓』之句。此等處音樂家最宜注意者也。

所別既定，欲喚起全國之精神，一般之智識，是非一二報紙空談嘲論所能奏效。非有數輩犧牲，修養技術，磨煉品格，忘食忘寢，無我無私，則不能鼓動。即能矣，是猶五十年前之談教育實業，徒事皮毛，不得精髓。西人言日人無音樂思想，至今日有譏者。今日人更以是譏我，果我輩之不能耶？抑日人之授教無法耶？願我同胞一思之。今急宜修養者揭其大要如左：

一、幼稚園、小學校教師。

二、中學校、高等學校教師。

三、軍樂隊。

四、樂器製造者。

所宜修養之科目如左：

一、唱歌科，專習唱者。

二、風琴洋琴科，專彈者。

三、和聲作曲科，研究學理者。

有技術，有學術，於是編唱歌集，設音樂科。若猶以為普及之不速，則月開音樂會，或日開講習會，或於公共地方，設奏樂堂，俾上、中、下社會人民，各知學校音樂之美。

考西洋音樂發達史，凡國樂之勃興，有二大原因。一由君主或貴族提倡，故力大而速；一由學者相繼研求，故本固而厚。

吾國輕侮音樂，相習成風。苟家庭間朝弦暮管，非特父師戒之，親友諍之，即鄰右奴僕亦必私相誹謗。雖然，撥四弦，引七鍵，吐無限之情感，能使英雄泣，鬼神驚，天地之調和因之而發揮，宇宙之真美因之而顯象，家族之關係因之而親密，异類之動物因之而和好。非音樂之優美靈妙，其孰能與於此？無論於外交，於軍政，於義賑之關係，於政治、於父子、於兄弟、於夫婦之關係，於家政，有是而活動、而歡樂、而安慰、而情愛，於一國維持一國之風教，於一家增進一家之幸福，於一身調和一身之思志。功用之大，如是如是。因先敘其要旨，紹介於吾黨。自任文明者，幸素修養焉。

第二章　音樂之定義【略】

第三章　音樂之功用

定義明矣，苟不知其用，是猶獲明珠而不售，積銅帛而待朽也。際此新舊交代時期，患不能輸入文明，而尤患輸入而不能用。今洋樂之輸入，僅及於學校。然所及之學校，能有幾何？學校且不能遍全國，而欲藉學校以發達音樂，是猶杯水之於車薪也，有何濟耶？欲音樂發達，而僅僅經營於教育方面上，則其力殊薄弱也。

海内達者，皆以為知教育上音樂之功用矣。【略】幼稚園小學校，非音樂幾若有不成立之勢。於此二者，音樂之要用，固無待予言。至於中學女學大學等，則似非急務矣。雖然，此教育者之大謬也。凡一學生，每日講堂授業六七時，種種用腦，種種困倦，此固然也。而力學者，猶復燈下獨修，幾廢眠食。但為求學計，雖使活潑青年，殺盡生氣，而不知惜。其游惰者，則受不良之外感，一及休暇假期，非聽戲則鬥酒。在彼不過為人生休養事耳，然一人迷途，終身墮落矣。以上兩者，乃吾國學生之通病。苟任教育者，一思量之，豈不得其源而治耶？

凡事求中庸耳，過猶不及。前者而過也，以音樂涵養之；後者而不及也，以音樂補助之。如體操然，於各學校設一專科，每一星期，間日教授，亦何至有妨礙耶？

嬉戲娛樂，乃動物之性耳。吾國少年，何以獨多淫逸，此豈非教育者不得辭之責耶？所謂教育，非使學生徒死讀書也。言行舉動，立身之本，嬉戲娛樂，治身之末，無一可不注意也。西人於大學高等教育，其運動游嬉之事最備，若擊劍、若打球、若相撲、若斗艇，皆備以為學生游戲之具。若以吾國人觀之，豈非一游戲學校乎。但此中自寓深意，一以防力學者之過度，一以防好游者之不及也。

音樂在吾國學校中，可為游戲之一具，俾過度者得以休養，不及者得以防閑，豈非兩全其美乎。【略】

第四章　音樂之實修

有名必先求實，不求實而務名，無論何事，不能發達。目的不問大小，有則必達。希望不問淺深，求則必得。無目的，無希望，固事不成。有目的而目的在名，有希望而希望在名，則事亦不成。吾國人事西學而不得良結果者，其以此乎。

國無音樂，不得為文明國。人不知音樂，不得為文明人。於是羣相趨步，以為立足音樂會，不文明而自文明；側身音樂學校，不開化而自開化。習得一知半解，好為人師，此非特致神聖之音樂於地下，其罪不可恕，且於引導後進上，其罪惡可勝言哉！音樂之輸入吾新世界，於今三年矣。然求一小學校唱歌教師，而不可多得，此何故耶？予得決之曰，無實修力也。往者不咎，來者可追。自今以後，願各減少名譽心，而加增實修力，音樂其或有發達之日乎。

研究音樂者，先定一目的，然後下切實工夫，此所謂實修也。實修之事，略揭如左：

有將來幼稚園小學校音樂教師希望者，其實修須二年以下，各書須練習一通（下列各書皆日本出版）。

幼稚園唱歌集　一册

小學唱歌集　三册

重音唱歌集　一册

風琴教則本　二册

進行曲　一册

有將來中學校以上各學校音樂教師希望者，其實修須三年以下，各書須練習一通。

小學唱歌集　三册

女學唱歌集　二册

中學唱歌集　一册

音學唱歌集　二册

風琴教則本　二册

高等風琴教則本　一册

進行曲　一册

有將來音學專門希望者，其實修須入東京音樂學校。

預科　一年

本科　三年　入學者須知中國文學及通英、德文各一門。

研究科　二年

有將來編制軍樂隊希望者，其實修須入陸、海軍軍樂學校。

修業　四年

研究　二年

自速成二字出，學界大歡迎之，凡百學術，皆事速成。吾不知吾國士夫，何愛慕速成，一至於此。雖曰時勢艱難，不得已而為此，速成者之苦心，當亦國民所共諒。然速成者固不可少，而專攻者豈可無耶？先鋒已去，後勁未來，此境此情亦云危矣。有志音樂者，幸勿徒事速成。須知以上年限，乃係極短之期，不可再短縮矣。

凡百事業，下一日工夫，當求一日之進步。習一月者，當有一月之所得。習一年者，當有一年之所得。得必求明，不可暗昧，得必求能，不可假借。吾國學者，往往以『不求甚解』之良箴，銘諸座右，遂致萬事不能進步。幸音樂家勿蹈此復轍。

曾志忞《告詩人〈教育唱歌集〉序》　曰戀，曰窮，曰狂，曰怨，四者古今詩人之特性，舍此乃不足以成詩人。其為詩也，非寒燈暮雨，即血泪冰心；求其和平爽美，勃勃有春氣者，鮮不可得。且好為微妙幽深之語，務使婦孺皆不知，惟詞章家獨知之，其詩乃得傳於世。總言之，詩人之詩，上者寫戀窮狂怨之態，下者博淵博奇特之名，要皆非教育的、音樂的者也。近數年有矯其弊者，稍變體格，分章句，間長短，名曰學校唱歌，其命意可謂是矣。然詞意深曲，不宜小學，且修詞間有未適，於教育之理論實際病焉。雖然，是皆未得標準以參考之耳。歐美小學唱歌，其文淺易於讀本。日本改良唱歌，大都通用俗語。童稚習之，淺而有味。今吾國之所謂學校唱歌，其文之高深，十倍於讀本。甚有一字一句，即用數十行講義，而幼稚仍不知者。以是教幼稚，其何能達唱歌之目的？僅廣告海内詩人之欲改良是舉者，請以他國小學唱歌為標本，然後以最淺之文字，存以深意，發為文章。與其文也寧俗，與其曲也寧直，與其填砌也寧自然，與其高古也寧流利。辭欲嚴而義欲正，氣欲旺而神欲流，語欲短而心欲長，品欲高而行欲潔。於此加意，庶乎近之。

又《〈樂典教科書〉自序》　中國之物，無物可改良也，非大破壞不可，非大破壞而先大創造亦不可。破除好古之迂見，掃净近今之惡習，苟利於國，當發明之。發明之不能，則採仿之。主斯義也，以革新中國，是無往不利，不然者無益。

今『愛國者』論事，以為凡事物之行於今世界者，考之我古國無不畢具，然今安在者哉！此等思想不出於泥古、自恃二者。夫苟事一事而不脱此泥古、自恃之性質，欲理想之發達，社會之進步，不亦難乎？夫音樂亦然。

近年來因教育而少少知唱歌之要矣，因唱歌而少少知音樂之要矣。於是創音樂改良之説，於是立音樂改良之會。嗚呼！革新中國不當如是耶？雖然，今日之言改良音樂，猶五十年前之練洋操、購兵輪耳，口令未改，駕駛無人也。噫！

入一外國小學校，歌聲朗朗，琴聲洋洋，其有動於衷也。於是歸作一歌，購一琴，於其學堂中則更添一科，曰唱歌。其歌之能唱與否，琴之能彈與否，吾不敢知。至若無力者，則喟然嘆曰：吾中國素有樂也，而今淪亡不再矣！其熱心音樂也有如此。

夫曰音樂，其易事哉？專而習之，即其理而研究之，非可旦夕期也。音樂之入門曰樂理，或曰樂典，非此不足言音樂。

知其當然而不知其所以然。知實行而不知理論，亡吾中國者其在此乎。音樂者不知其理或典，不可以作曲，不可以用器。即或能之，不合節奏。故欲言音樂，當先讀音樂理論或樂典。

知音樂之為物，乃可言改革音樂，為中國造一新音樂。然則音樂有利於國也何如？曰：音樂之於學校改良兒童性質尚小，音樂之於社會改良一般人民性質更大。

音樂之關於學校者：
- 發音之正確
- 涵養之習練
- 思想之優美
- 團體之一致

以上就唱歌之教授言

音樂之關於社會者：
- 德育：忠孝、公德；自治、獨立
- 智育：普通知識；農、工、商、實業
- 體育：尚武精神；敏捷舉動

以上就唱歌之普及、樂器之感人言

下等社會最優於感動音樂，北人之好唱戲，南人之好唱小調皆是也。社會腐敗以音樂感動之，當今當務也。然當杜絕從前哀艷淫蕩之音調。

今日之所謂改良歌曲，非用《十送郎》、《五更調》等改頭換面，即用樂府曲牌名，摹仿填砌。作者於此或別有存意，然泥古、自恃恐不能免，況更因陋就簡乎。欲改良中國社會者，盍特造一種二十世紀之新中國歌。

吾國人之熱心於音樂如此，而音樂之有益於社會如彼。音音樂之難如此，而改良音樂者之可憫又如彼。則此書之出世，當亦吾國人所歡迎者歟。

《女子世界》一九〇四年第八期《竹莊〈論音樂之關係〉》 我國古時，音樂極盛。樂器有金、石、絲、竹、匏、土、革、木。金即鐘之屬，石即磬之屬，絲即琴瑟，竹即簫管，匏即笙，土即塤，革即鼓屬，木即柷屬，其樂器至全備。蓋歌者應乎八聲而長言之，使之高下抑揚以赴節。又使之合乎各器之音，然後為樂。宮、商、角、徵、羽五音，合變宮、變徵共七音，此為人生自然之天籟，無論古今中外，皆一例也。

即論孔氏之門，如六藝之樂，列為專科。擊磬鼓瑟，古書中數見不鮮。可見音樂之養人性情，關乎德育者，至重且大。古人重視之，良有以也。

音樂既關乎德育，則於風俗人心影響尤大。如《周南》、《召南》，風俗純美，民間發為詩歌，雅正和平。由是被之絲管，成治世之音。其音感人，而風俗人心，因之益美。如鄭衛之俗，習為淫放，民間發為詩歌，無非男女相悅之辭。由是被之絲管，成亂世之音。其音感人，而風俗人心，因之益壞。大抵聲音之起，始乎風俗人心之純灕，繼而因聲音之純灕，而益影響於人心風俗。純者益純，灕者益灕，感應之理，互相循環，故審音可以知政也。

吾國古時，音樂如此之盛，而後世竟失其傳。純粹之古歌、樂府，竟為小曲、彈詞所奪。古雅之琴瑟，意為琵琶、胡琴所奪。其故何在，可以深長思矣。【略】

近今東西各國，於音樂一事，視之甚重。音樂名家，推尊一時。凡養成社會個人種種之道德心，類皆源本於音樂、詩歌以鼓舞之。故欲觀其國之風俗人心，迹其流傳之樂歌，亦可得其大較矣。至於學堂中，有唱歌一科，蒙小學用單音唱歌，小學以上用復音唱歌，其樂器適於共同唱歌者有三種，而最普通者為風琴。琴上所按之音，與我國古今之音，各异而實則同也。

遠徵之古，樂歌之重既如彼，近徵之東西各國，樂歌之重又如此。凡所謂愛國心、愛羣心、尚武之精神，無不以樂歌陶冶之。則欲改良今日中國之人心風俗，舍樂歌末由。學校為風俗人心起原之地，則改良之著手，舍學堂速設唱歌科末由。

今中國辦理學堂，尚在萌芽時代。唱歌一科，多付缺如。實因古樂之既亡，而俗樂尤萬非可用於學校也。然若聽其無唱歌一科，又烏乎可？

且音樂感人至深，關係之大，尤非若他種學科，可權用外國成法也。是故聞悲壯之聲，則令人激昂；聞哀怨之聲，則令人短氣。滬濱教會學堂，唱贊美耶穌歌，則養成許多信教之徒，供彼族之驅遣，於祖國無絲毫之益，且有害焉。故我國學堂之設唱歌，必宜斟酌，非可借用英、美等國之歌，亦非可用日本歌也。

近日有志教育之士，乃能假徑彼國之音調與學器，而編成祖國之歌，此至善之法也。滬濱各學堂，樂歌之聲，洋洋盈耳矣。而內地則闃如，推廣而傳布之，實吾常之責也。惜余於此事，研究至淺，略得一知半解，遂自忘其醜，欲貢獻於吾常之社會。同志諸君，熱心教育，不以余為不肖，惠然肯來，雖盛暑不倦。余實自愧，而深佩諸同志之熱心，必能為吾黨學界造福，又喜不自勝出。

《雲南》一九〇六年第二號《劍虹〈音樂於教育界之功用〉》 日人論中國教育者，動引心理學家言曰，人性有三：一膽汁性，一多血性，一粘液性。膽汁性者，情强而意志强，英吉利、德意志、俄羅斯是也。多血性者，情强於意志，法蘭西、意大利、日本是也。粘液性者，情弱而意志亦弱，中國是也。故英、德、俄、法、意、日等國，或傾倒專制，或改革宗教，或建立新國，或顛覆幕府，皆由其國民富於感情。稍有刺激，即有一發莫過之勢。而中國則保守數千年之舊習，愈趨愈下，不思振作。雖云專政之毒焰有以召之，然亦國民感情薄弱階之厲也。故中國教育宜注重感情教育。嗚呼，我中國自通商以來，歐風美雨，并趨東亞，外界刺激不為不深，而乃昏然貿然，毫不一思改革。方且厝薪以為安，處堂以為樂，此何故歟？殆日人所謂粘液性者非歟？雖然今日之中國，前此之國民釀成之，後此之國民則今日之教育養成之。昔者普魯士聯邦，當其未統一之時，國力既分，人心渙散，無國家之觀念，無團體之結合，亦與今日中國同。後以注重小學教育，遂成為今日之德意志。然則救中國者，舍教育何由乎。特是教育者，貴察國民之心理，按其缺點，施以方針，乃能收善良之結果。否則夏裘冬葛，南轅北轍，亦惟是徒勞無功也。夫我國民心理之大缺點，莫感情若矣。內之見同胞之痛苦不知恤，外之受强鄰之欺侮不知恥。以若是之國民，勢必舉亞東大陸，沉埋於太平洋海底，永無復見天日之一日。然則感情教育安在乎？音樂是也。音樂一科，現今世界教育家，皆公認為一般重要之學科。幼稚園、小學校幾有舍音樂不能成立之勢。進而至於中學，仍每周授業一二時或二三時焉。則其學科之重要可知也。蓋音樂者，含有美的方面及道德的方面之二方面。自美的方面觀之，即養成純美高潔之感情也；自道德的方面觀之，即高尚兒童之品性，純潔其思想，并養成愛國的感情也，音樂之有偉大勢力，徵諸東、西、古、今歷史，歷歷可指。歐洲音樂，起源希臘。日本則奈良之朝，稱為全盛。我國自虞廷命夔典樂，特設專官。此時律吕之學，早已發明。琴、瑟、鐘、鼓之制，亦已完備。觀孔子在齊聞《韶》，三月不知肉味，則其美善可知也。至於成周，樂制大備，當時樂歌則有《風》、《雅》、《頌》，樂器則有金、石、絲、竹、匏、土、革、木之别。里巷之歌謡，賢士大夫之著作，皆可播諸風詩，諧諸律吕。采風者且藉以覘國勢之盛衰，政教之美惡，風俗之邪正。樂學之盛，可以想見。漢唐以來，樂歌學與樂器學，歧而為二。故雖有空前絶後之杰作，只能吟咏，不能歌唱。古樂淪亡已非一日，至於今則音沉響絶久矣，我國民之心中尚復有一音樂觀念者乎？夫《底伊窪赫德昂母萊因》之曲，唤起普魯士國民之敵愾心；《赫爾哥倫波》之曲，鼓動美國之獨立；《馬爾生哀只》之曲，聲援佛國之革命。而我中國者，欲蓄積實力，革新庶政，必自小學校音樂教育始。多編國歌，叫醒國民，發揚其愛國之心，鼓舞其勇敢之氣，則茫茫禹甸，翻獨立之旗，開自由之花，日月為之重光，山河為之生色，其效可計日而達。況音樂一科，與小學教育，有絶大之關係者四：一曰以音樂輸入科學也。嬉戲娛樂兒童天性，今以其性所最近者，唱歌之中，即輸入以各種科學，兒童常復習，了解自易。一曰以音樂節其勞逸也。國文、算學之後，教以音樂，音樂之後教以修身，難易分配，兒童方不覺其苦。一曰以音樂化其各個性而成一共通性也。兒童之性，彼此各殊。音樂者有統一，無參差，唱則俱唱，止則俱止，漸以養成共同一致之習慣。一曰以音樂整理其秩序也。兒童心思多屬活放，凡事不守秩序，今以音樂調和之，循腔按拍，則秩序自生。音樂之於小學教育其關係如此，則以之教育我感情薄弱之國民，將來於社會上、政治上、軍事上皆受無窮之影響者也。蓋音樂者使人有合羣之美德，有進取之勇氣，有愛國之熱誠者也。我四百兆同胞，人人能合羣，能進取，能愛國，則內之足以謀社會之公益，外之足以杜列强之窺伺，國未有不勃然而興者。熱心教育者，果其審察國民心理之所缺，一注重於感情教育，則研究音樂之不可一日緩也明矣。

《醒獅》第四期《中國未來之裴獮〈音樂四哭〉一九〇六年四月一日》 近二年來，音樂之發達，將及全國。人皆喜之不暇，予何以哭為？曰喜者固不可非，而哭者亦不得已也。喜者喜吾國人之知音樂，而得一知半解；哭者哭吾國人之不能真知音樂，而胡亂戲弄也。人有繼予而哭者乎？則予哭可喜；人有繼予哭而興者乎？則因予哭而興者可喜也。今非可喜之時代，因作音樂四哭。

一哭同胞之不能刻實修養。

音樂者，術也，亦學也。不論為術、為學，安有旬日、旬月而可成就者乎。乃吾同胞之視音樂不然，有以為習音樂者，不必用腦；有以為習音樂者，不必用力；甚有以習音樂，為娛樂計，而隨意油腔滑調者。嗚呼！音樂何不幸而遇吾同胞也，吾同胞何不幸而賤薄音樂至此也。

或唱或彈，皆謂之術。術之修養，不問時之暫久，要當以全副精神，注入個中。習一年者當用一年之刻苦工夫，習二年者，當用二年之刻苦功夫。工夫刻實，自然技術真純。否則，不用腦，不用力，其能免油腔滑調乎？試觀名伶，其演劇時，何等鄭重，何等周密。吾等習高尚之音樂，而不及一伶人之有心力，豈不愧耶？

作曲編歌，是為之學。學之研究，非十年二十年不能成功。即十年二十年，亦恐不免失敗。乃一聞『十年』二字，人已搖首失色，一若俟河之清，無此人壽。雖然吾同胞平日所念念不忘之『國歌』，其將假乎於外人耶？抑將受自天仙耶？欲解此『作國歌』之問題，徒托空言，而不為刻實研究，此豈志士之所願歟？

敬告吾同胞，欲修術者，每晨每夕至少須練習二小時。若二小時不能，則諸不必作此式形，敗音樂之名。

欲究學者，須通英、德兩國文字，留學歐洲，勿往日本。

一哭同胞之少音樂天才。

習音樂，當具有一種音樂之天才。人一己百，人十己千，可以人才，而不可以造天才。自暴自棄，自輕自賤，雖有天才，終不可以成人才。音樂者，美術的亦教育的專科也。吾同胞於美術教育上，思想低薄，乃天才少乏之一大因。然天才之最少者，在氣力單弱，精神渙散。以上兩因，雖關於先天之培植，然也關於後天之修補。後天不足以補先天。人才既難得，天才更絕無。瞠目喃喃，無异僧人之禮懺；撥弦軋軋，不及乞丐之吹簫。同胞同胞，志士志士，想亦同予痛苦也。雖然，徒哭亦無益也。有天才者，幸勿暴棄；無天才者，幸造人才。

一哭同胞之不得良師傳授。

近來音樂之輸入，半出於日本人之手。以日本各科學進步比較之，音樂最為幼稚，合全國計之，學者絕無而僅有。術者之專門名家，亦不得一二十人。吾同胞之傳其衣鉢者，倘得其上，幸也；若得其中，猶可也。少一不慎，入於下等技人之手，任其斂財播弄，豈非遺誤前途。同胞勉旃，幸各犧牲，刻苦五年十載，養成學術，自作良師。一免外人之訕笑，一恢復國民之名譽。

一哭社會之鄙薄音樂。

既無天才又乏人才，當局既不獎勵，常人自難奮發。當今之世，非待『文王』則不興。若無真正熱心、真正毅力之士，反鄙薄而登諸高貴，音樂其何日發達耶？當今為音樂教師者，或習數周，或習數月，唱則不能開口，彈者不能運指，則社會之不鄙薄，蓋亦難也。知其難而不為，此豈可專責社會耶？予為社會哭，實為當今音樂教師哭也。

《教育世界》一九〇七年十月第一四八號《王國維〈論小學校唱歌科之材料〉》 今日教育上有一可喜之現象，則音樂研究之勃興是也。二三年來學校唱歌集之出版者以數十計。大都會之小學校亦往往設唱歌一科，至夏期音樂研究會等，時有所聞焉。然就唱歌集之材料觀之，則吾人不能不謂提倡音樂、研究音樂者之大半，於此科之價值，實尚未盡曉也。夫音樂之形而上學的意義（如古代希臘畢達哥拉斯及近世叔本華之音樂說）姑不具論，但就小學校所以設此科之本意言之，則一調和其感情，二陶冶其意志，三練習聰明官及發聲器是也。一與三為唱歌科自己之事業，而二則為修身科與唱歌科公共之事業。故唱歌科之目的，自以前者為重。即就後者言之，則唱歌科之補助修身科，亦在形式而不在內容（歌詞）。雖有聲無詞之音樂，自有陶冶品性，使之高尚和平之力，固不必用修身科之材料為唱歌科之材料也。故選擇歌詞之標準，寧從前者而不從後者。若徒以干燥拙劣之辭，述道德上之教訓，恐第二目的未達，而已失其第一之目的矣。欲達第一目的，則於聲音之美外，自當益以歌詞之美。而就歌詞之美言之，則今日作者之自制曲，其不如古人之名作審矣。或謂古人之名作不必合於小學教育之目的與程度，然古詩中之咏自然之美及古迹者，亦正不同此等材料，以有具體的性質，而可以呈於兒童之直觀故，故較之道德上抽象之教訓，反為易解，且可與歷史、地理及理科中之材料相聯絡。而其對修身科之聯絡，則寧與體操科等。蓋一在養其感情，一在强其意志，其關係乃普遍關係，而不關於材質之意義也。循此標準，則唱歌科庶不致為修身科之奴隸，而得保其獨立之位置歟。

雜録

清・戴鴻慈《出使九國日記》卷二　（光緒三十一年十一月廿六日）觀『同文學校』。校為華商公立，建於光緒二十七年。入學者有男女二班，自一二附學者外，皆粵人也。男約三十餘人，女十餘人。每歲邀日人犬養毅君為名譽總校長，其餘教習，杜蓀伯、陳簡肅、李舉言、葉墨君、何慶泉及日人久保島祐、瀨崎伊織，凡七人，分任各學科。觀生徒兵式體操，演放槍諸法，步法頗整，演習純熟。次觀唱歌室，教唱從軍樂之章及日本竹謠，教習鼓風琴以導，其音節抑揚有致，令人生蹈厲發揚之慨。余因與午橋中丞贈以學費五百元，且以三十元為冬季獎賞焉。

又　卷六　（光緒四年二月十五日）夜觀劇【略】是夜騎馬騎象，紛紜繁會，最後則樓閣三層，有百十女郎，排次歌舞，燈光五色，悦目賞心。亡何樓閣上升，下用白紗為罩，四面有女郎，衣色變換，瞬息二三十次，异彩奪目，花樣翻新。蓋用電光，攝射各色於素衣之上，使人目迷五色也。維時水景激射，如珠落玉盤，尤為可觀。前在紐約、巴黎所看諸劇已嘆觀止，不圖至此又別開生面，光怪陸離如此也。吾國戲本未經改良，至不足道。然尋思歐美戲劇，所以妙絶人世者，豈有他巧，蓋由彼人知戲曲為教育普及之根源，而業此者，又不惜投大資本，竭心思耳目以圖之。故我國所卑賤之優伶，彼則各博士也，大教育家也。媟詞俚曲，彼則不刊之著述也，學堂之課本也如此，又安怪彼之日新而月异而我乃瞠乎在後耶？今之倡言改良者，抑有人矣，顧程度甚相遠，驟語以高深微眇之雅樂，固知聞者之惟恐卧，必也。但革其閉塞民智者，稍稍變焉，以易民之觀聽，其庶幾可行歟？

項文瑞《東游日記》　（一九〇二）八月二十日，午後往赤城小學校，森利平磯、貝馬五郎皆在。問：『我欲學造敝國歌，如學琴三月，能造之乎？』森利平曰：『短篇可能，長篇則否。』問：『拍琴較造歌為易，如學三月，貴國歌皆能歌乎？』答曰：『約十餘短篇可能。』問：『學琴之日，當以餘暇自修，今無琴，何如？』曰：『發音以練習之，以隱合於琴聲，可矣。』予細觀諸琴，其小者，黑鍵十六；高聲八，低聲八，白鍵二十三；高聲十二，低聲十一。大琴則白鍵三十六，黑鍵二十五。有專門唱歌女教員，另一女教員特為奏琴，唱日本《海軍歌》，觀音樂教室，凳長七尺，以兩凳連接為一列，共五列。左右置大小兩琴，師弄大琴，學生皆依琴聲而歌。初唱《大炮歌》，次唱《德川公歌》、次唱《海之世界歌》，其所用書為《幼年唱歌》（四編上卷）。每一歌終，師復略略弄琴，作他歌之琴聲一句，學生皆舉手。師擇一生問之，答是某歌，又弄琴，又問而又答之，所以令其辯音也。歌聲十分雄壯，十分齊一，其氣遠吞洲洋，令人生畏。余心大為感動，毛骨悚然，不料海外鼓鑄人才乃至若此。

十月十一日，游音樂學校，教室凡四十餘間。余入一室。見男學生坐左，女學生坐右，各十餘人。一教師以琴聲指示之，學生因其琴聲所指而歌之，歌中有聲無詞，各生各持一册，但有記號，并無文字，已知其所教為音譜也。學生皆年二十左右，但見開口撮口，一律無差而已。又入一教室，教者西洋人，六女生四男生學之，也音譜也。入大講堂，一女子調風琴，手婉欲脱，鏗鯨之聲，高入雲表。此堂縱六丈六七尺，横四丈三四尺，大約是會講之所也。餘室皆有風琴，其他樂器罕有，余未能知音，索規則一紙而辭。

繆荃孫《日游匯編》　（一九〇三）十二日，【略】看第二高等女學校附屬小學校。【略】午後二時，師範生集音樂室，唱歌教員坐彈洋琴，諸生執課本引聲和之，疾徐抑揚，如出一口。記音節之方法，仿之歐洲，樂器皆自歐洲來，而曲中詞義音節，則本國教育家、文家及音樂家所議定。

十五日，【略】午後至音樂學校，講師已撤席，無可觀，僅睇生徒自修而已。人手一譜，箏琴雜并，其樂大抵皆取之歐羅巴者居多。

高等師範學校校長嘉納講：『音樂學校所教，概屬西洋之音樂，敝國之音樂，僅供參考而已。』

《東方雜誌》第三卷第十二號《中國提學使東游訪問紀略》　中國提學使黃紹箕等訪日本，曾提出『普及教育』和『性・音樂』二問題，與日本學者座談。

日本教育會長云：『【略】古樂之廢久矣。貴國今日所行之樂，果為漢唐之所遺乎？抑為宋代之所傳乎？皆無能知之矣。來書所述音樂之教育，無論日本歐美，均不能行。就今時言之，日本古樂除祭祀戎事以外，用者蓋鮮，即用之亦屬形而下者，至於形而上之古樂，則為教育之大本【略】不遑講習古樂。』

黃紹箕云：『【略】古樂存者，僅十中之一二，欲復興之良非易易，故鄙意謂不如襲用外國音樂，較為便捷。』

湯木云：『音樂實為涵養德性之要道，非僅成有一科學而已。頌《君代》之曲，而忠君愛國之忱，油然生焉。是可知音樂者，不但可以發動高尚優美之性情，亦可以涵養道德之心者也。昔者日本民間俗謠盛行，淫猥之聲，充溢閭里。至於今日，則所聞者惟《鐵道唱歌》、《電車唱歌》、《戰役唱歌》之類。雖非盡屬道德，而其能驅除惡俗，改良社會，夫固彰明較著，無待贅述者矣。是故音樂一科，不僅學校宜有之，其關係於社會實非淺鮮也。』

張德彝《五述奇》（光緒十六年）七月十五日，【略】西國無樂可化民之説，惟云聽人之樂，可知其人之性情。然余往來東西各國十數年之久，頻聞其聲。細考查之，亦有正淫之分，乃士人不講耳。其樂之正者，聲亦莊重，聞之令人悦耳而心定；其淫者，聲自輕浮，聞之令人悦耳而心移。其人之所以不分者，蓋賴人心。倘誠心之所向，惟視樂之優劣，以及樂工之精否，而無暇而异念旁思也。按其樂器，亦造以金石絲竹之類，調也五音六律，與中國相似。西國大小各學塾，本有唱詩和樂之學，每禮拜堂亦皆鼓琴。然學得此等音樂，亦僅樂之大略，因而國家設有音樂學[院]，凡欲窮其理者，皆須入學肄業，又必先通其法，方可入學。其理極深，更須自幼專心，庶幾有成。學中樂器俱全，使生徒有所揣摩，各專所學。能一人通數器為尤妙，及各器齊奏，聲調分明不紊，或幽雅、或激烈，始動聽也。

紀事

《醒獅》第二期《國民音樂會發起一九〇五年十月號》　本會以修養高尚技術、探本求源、擴張國民音樂思想，鼓吹國民音樂精神為宗旨。

設軍樂科

管弦合奏科

普通科

發起人：朱少屏、曾志忞

《女子世界》一九〇七年第六期《音樂大會》（上海）丙午十二月初六晚，上海孤兒院為集款建屋事，謹請清心女學校、卓越音樂會、中西書院樂部、虹口唱詩學堂男女名士唱歌、奏樂、演劇於蘇州路天安堂。預售入場卷六百張，每張售銀一元。茲録其事序單於右。

第一段：（1）絲弦合奏　中西書院樂部

（2）復音和唱　卓越音樂會

（3）琴曲獨奏　湯女士

（4）幼童獨唱　曹幼芳

（5）四聲合唱　卓越音樂會

（6）琴曲雙和　湯、張二女士

（7）單聲獨唱　張女士

（8）盛和復音　清心女學校

休息五分鐘

第二段：（1）獨奏琵琶

（2）男聲獨唱　胡念劬及周森友

（3）琴曲獨奏　顏女士

（4）復立和唱　清心女學校

（5）單聲獨唱　張女士

（6）四聲合唱　卓越音樂會

（7）幼女獨唱　丁文愛

（8）盛立復音　清心女學校

休息五分鐘

第三段　戲劇

一、河東獅吼

二、新舊紛爭　虹口唱詩學堂。

婦女解放運動部

戒纏足分部

綜述

《知新報·佚名〈倡辦順德戒纏足會敘光緒二十三年八月一日〉》　光緒二十三年，順德陳君默庵、賴君弼彤，倡戒纏足會於龍山，注會籍者數百人。新會梁卓如孝廉，復倡於上海，以廣東公善堂爲公會，注籍者趾相錯也。梁劭穆進士，聞而説焉！商諸龍笙陔舜臣兩孝廉，而屬其姪壻羅惇融，草定此籍，惇融援筆爲之敍曰：纏足之風，莫知所自始，説部所載，未爲碻據，有明一代，積習尤甚，至張獻忠之亂，纏足女子，罹禍最慘。國家定鼎，懸為厲禁，違者罰其父母，流三千里，聖訓煌煌，著諸令甲，而三百年內，卒莫能革者何也？薙髮之令，首定鉅制，以新王之力，一率土之規，四海會同，事無不舉。纏足之禁，輕於留髮，無大吏以督之，無訐告以發之，督察不嚴，斯奉行不力，因循展轉，留茲謬種，日甚一日，不可究詰，秉鈞諸公，無復再議及此。於是視爲固然，等諸無足重輕之數，通人偉儒，或知其非，則以爲閫內瑣屑之事，非男子所宜問也。遂日任其所生，肢體殘廢，血肉狼藉，號呼徹夜，病瘠彌年而不顧，以爲女子之分應爾也，中國二萬萬之女子，乃長罹水火而不可脫矣！西人之窺我中國也，事事加以訕笑，而於纏足一事，往往箸之論説，詫爲奇談。彼蓋見五洲萬國，絕無此楚毒之刑，加諸無辜之族，我中國每不爲怪，又烏得而不藐我也？説者曰：『中國亟宜舉行之事夥矣！顧屑屑焉厝意於是，得無所務非所急乎？』釋之曰：『男治陽教，女治陰教，平等之義也。自後世以女子爲玩好之具，婦德不問，專論婦色。婦色之外，復較小足。萬衆一轍，牢不可破。瞀者復借是爲鈐制之術，以爲閉寘一室，淫禍可戢。豈知淫佚之事，生於所習，無禮義以範之，雖日束縛以求其貞，不可得也。且必借是爲防淫之具，將徧加墨、刖、剕、宮之法於二萬萬之衆，而曰吾以是防盜也，有是理乎？』説者曰：『戒纏足誠善矣！家自爲戒，何必設會？』豈知心知其弊，而莫敢毅然爲之者。豈不以矯同立異，非人情所安。昏姻之事，又多顧慮，故欲行而仍止也。有會以合之，巨室富家，以爲鄉表，合百家則百家之昏姻可以通，合一鄉則他鄉之風氣可以轉，舉千百年之積習，掃除而更張之，更何事不可爲哉？且事惟創始最難，而踵後甚易，龍山既倡之前，而省會及香山、澳門、陳村、赤花諸處爲之應，張香帥且命設會於湖北，《時務報》諸公，皆海內通人，各於本省並設分會，銅山洛鐘，東西相應，風氣之轉，不待十年。竊願袪其積蔽，振此乾綱，壓力之所不能撓，拒力之所不能困，則二萬萬女子之廢疾，猶解倒懸；千萬年謬種之留傳，絕其孳乳，其諸同志之所樂道歟！丁酉五月二十日。

倡辦董事順德，龍贊宸、龍景愷、何崇光、馮永圖、梁榮祥、梁棨熙、羅惇策、潘玉璿、梁用弧、羅壽崇、羅寶瑔、羅琳、羅惇泉、羅惇最、羅垣墉、梁步雲、羅惇融、阮鈞伯、羅宗鎏、馮鼎鏗、李建猷、馮焜照。

梁啓超《飲冰室文集·戒纏足會敘》　眼、耳、鼻、舌、手、足，受諸天，受諸父母，有一不具若殘缺者，謂之廢疾，謂之天之僇民。古王之制刑也，爲劓，爲刵，爲刖，將以天僇僇不肖以威天下，仁者猶或譏之，惡其傷天而殘人類也。男女中分，人數之半，受生於天，受愛於父母，匪有異矣。雖然，人類之初起，以力勝者也，力之最懸絕不相敵，而大勢最易分者，莫如男女。故男子之強悍者相率而倡扶陽抑陰之説，盡普天下之女子而不以同類相待。是故塵塵五洲，莽莽萬古，賢哲如鯽，政教如海，無一言一事爲女子計。其待女子也，有二大端：一曰充服役，二曰供玩好。由前之説，則豢之若犬馬；由後之説，則飾之若花鳥。稟此二虐，乃生三刑：非洲、印度以石壓首，使成扁形，其刑若黥；歐洲好細腰，其刑若關木；中國纏足，其刑若斮脛。三刑行而地球之婦女無完人矣。

纏足不知所自始也，要而論之，其必起於汙君、獨夫、民賊、賤丈夫。苟以恣一日之欲，而敢於冒犯千世之不韙，其行事則商受之剖孕斮涉，其居心則劉鋹之鬬獸戲蛇。以孔教論，所謂作俑其必無後；以佛法論，所謂地獄正爲此人。嗟夫！天下事良法每憚於奉行，而謬種每易於相襲。以此殘忍酷烈輕薄猥賤之事，乃至波靡四域，流毒千年。父母以此督其女，舅姑以此擇其婦，夫君以此寵其妻。齔齒未易，已受極刑，骨節折落，皮肉潰脫，創瘍充斥，膿血狼藉，呻吟弗顧，悲啼弗恤，哀求弗應，嘷號弗聞，數月之內，杖而不起，一年之內，舁而後行。雖獄吏之尊，無此忍心，即九世之讎，亦報不至是。顧乃以骨肉之愛，天性之親，狥彼俗情，爲此荼毒。嗚呼！可不謂愚人哉，可不謂忍人哉！昔五季兩宋之間，此風雖盛，然猶不過教坊樂籍，用以飾狐媚，博纏頭。漦涎所浸，禍極今日。世冑豪富，競相夸尚，良家清裔，視爲固然。刑戮其所生而不以爲怪，倡優其門戶而不以爲恥。匪直不可聞於鄰國，乃真所謂失其本心。豈人之性惡耶？所習者然耳。且中國之積弱，至今極矣。欲强國本，必儲人才；欲植人才，必開幼學；欲端幼學，必稟母儀；欲正母儀，必由女教。人生六七年，入學之時也。今不務所以教之，而務所以刑戮之、倡優之，是率中國四萬萬人之半，而納諸罪人賤役之林，安所往而不爲人弱也。吾聞之，《春秋》之義，以力陵人者，據亂世之政也。若升平世、太平世，乃無是矣。地球今日之運，已入升平，故陵人之惡風漸銷，而天然之公理漸出。非洲、印度之壓首，歐洲之細腰，今其地好義之士，各合羣力，思所以豁去之，殆將變矣。而吾中國滿蒙舊俗，幸未染此。后妃崇貴，同屣依然。世祖章皇帝，制作之聖人也。順治十七年，特下制書，普諭海隅，痛改積習。其爲法也，其女若婦有抗旨纏足者，其父若夫杖八十，流三千里。大哉王言，將救此一方民矣。徒以舊汙太深，奉行不力，沿謬蹈敝，仍數百年。《易》曰：『窮則變，變則通，通則久。』於是豪傑之士，毅然思所以易之者。雖然持藻火以入裸國，則濩落而無容，懸隻柱以砥橫流，則力薄而易敗。故斯義雖立，而不變爲難。順德賴君弼彤、陳君默庵，今之人傑也。鑒此魔習，誓救衆生，廣集羣才，力闢宏會，義取易簡，例必謹嚴。昏姻相通，故相攸可無他虞，婦學繼開，則風流將以益廣，振臂一呼，而同志谷應者已數百戶。嗚呼！豈非人心所同然，天理所可信者邪！非常之原，黎民懼焉，及其成就，海內翕如也。三十年後，吾神明之裔，必有二萬萬人，奉兩君而尸祝之者。世之君子，請懸吾言以俟之。

又《試辦不纏足會簡明章程》　一、此會之設，原爲纏足之風，本非人情所樂。徒以習俗既久，苟不如此，即難以擇昏，故特創此會，使會中同志可以互通昏姻，無所顧慮，庶幾流風漸廣，革此澆風。

以上立會大意一條。

二、凡入會人所生女子，不得纏足。

三、凡入會人所生男子，不得娶纏足之女。此指入會後所生男子而言，若會前年已長大，無不纏足之女可娶，或入會人尚少擇配不易相當，則不在此例。

四、凡入會人所生女子，其已經纏足者，如在八歲以下，須一律放解；如在九歲以上，不能放解者，須於會籍報明，方準其與會中人昏娶。

五、凡入會者，書其姓名、年歲、籍貫、居寓、仕履，及妻之姓、子女之名，凡未定昏者皆報名，已定昏者無庸報名。以備刊登會籍之用。其式別列附張。

六、凡入會後，所生子女，當隨時陸續報名，以備續刊會籍。

七、凡入會報名後，由本館贈《勸女學歌》一本，以為入會之據。

以上入會章程六條。

八、凡會籍以姓分册，百人爲一册，每年刊印一次，分致入會之家。

九、開會之始，由同志各持一籍，勸人入會，謂之草籍。草籍不以姓分册，歲終將草籍繳至總會，排比族姓，刊定清册，請之正籍。

以上會籍章程二條。

十、本會總會，設於上海，暫借《時務報》館開辦。各省會皆設分會，各州縣市集，就入會人多之處，隨時設小分會。其所在之地，陸續登報佈告。

十一、各總會、分會，隨地皆立主會、副主會，以有功德於本會者爲之，或由董事公舉，無定員，主釐訂會例，稽查清册。若不兼辦女學、刻書等事，不受薪水。

十二、各總會、分會，皆設董事，無定員，主勸人入會，並商略會例，督辦、會辦皆以同志領之，不受薪水。

十三、總會設司事四人，分會設司事二人，小分會設司事一人，主收各處報名單，一、排比族姓，刊刷會籍。二、將會籍分致入會之家。三、並登記捐資人姓名。四、刊印每年出入清册。五、等事，酌給薪水。若入會人多事繁冗，則隨時議增設司事。

十四、本會草籍，以五十人爲一册。凡有在本會領出草籍，勸人入會滿一册者，即推爲董事，滿十册者，即設小分會。

十五、各會司事，由主會、董事擇人而用。

以上開會章程六條。

十六、本會之設，建會所，請司事，印送會籍，及勸女學歌等事，費頗浩繁，不能不設法佽助。然亦不宜强人捐錢，方准入會。凡入會者，願捐則捐，不拘多少，即少至數百錢亦可，即不捐亦可。

十七、此會若推行日廣，則需費益多，入會之時，收捐甚微，仍恐不敷開銷。海内達人，好行其德，務望慷慨見助，以贊厥成，天下幸甚。

十八、凡助資一百兩以上者，公推爲主會。十兩以上者，公推爲副主會。凡主會、副主會，每年皆將姓名臺銜，彙登報章。其助資至五百兩以上者，他日在會館中設立木主祀之，千秋俎豆，以志盛德。

十九、本會每年集貲若干，開銷若干，皆列清單，附會籍後，分致入會之家，並登報章，以昭大信。

二十、本會所收入會捐及助貲，除按年實銷，開列清單外，如有餘貲，或設女學校，或設婦孺報館，或設婦嬰醫院，或設恤嫠局，皆由臨時酌議。惟他日所有一切利益，惟會中人乃得均霑。

以上經費章程五條。

不纏足會董事鄒凌瀚、吴樵、龍澤厚、康廣仁、汪康年、張通典、譚嗣同、賴振寰、張壽波、梁啓超、麥孟華同啓。

右試辦章程吴君與啓超同草定，鄒君、譚君、龍君續有增删，諸同人悉已經目。惟推行伊始，恐未能遽臻妥洽，用先刻之《時務報》中。海内同志，如有所見，伏乞郵致本館賜教，博採衆論，務期可行，乃刻草籍，將以五月初一日開會，有志救世者，庶共贊之。啓超附識。

《知新報·張之洞〈不纏足會敘光緒二十三年九月初一日〉》 今世士君子爲中國謀富强計安危者，會中國民數，率皆曰四萬萬人。烏乎！中國果有四萬萬人哉？山澤民數，陰陽不齊，以男女各半為通率，禹迹九州之内，自荒服狹鄉，極貧下戶外，婦女無不纏足者，農工商賈，畋漁轉移職事之業，不得執一焉！或坐而衣食，或爲刺繡玩好無益之事，即有職業者，尫弱頃側，跰躚卻曲，不能植立，不任負戴，不利走趨，所作之工，五不當一。（機器紡紗織布局司機者一人，常管數機，須終日植立奔走，纏足者不能爲也。機器繅絲局其司盆者，亦須久立，纏足者亦不便。）與刑而廢之，幽而禁之，等是此四萬萬人者，已二分去一，僅爲二萬萬人。男子二萬萬，其吸洋藥者，南北多寡相補，大率居半，又十分去五，僅爲一萬萬人。此一萬萬人中，其識字讀書，有德慧術智者，十人中止二人，又十分去八，僅爲二千萬人。以中國幅員之廣，而所資以出地產，盡人巧，上明道術，下效職事，旁禦外侮，其可用之民僅如此，裁足當日本之半，甚矣！其危也。古之欲强國者，先視其民，一曰衆其民，二曰强其民，三曰智其民。今日智民在興學，强民在戒煙，衆民在使男女皆可資國家之用。興學之舉，朝廷屢有明詔矣！戒煙之舉，余於撫山西時，設兩局力行於省會，官弁吏士，戒者日多，余去晉後，旋即廢罷。今江湖諸省，政令不如山西之易行，惟先於書院之士，挑練之兵，新募之勇行之，其餘俟以漸變化之耳！若禁纏足之議，則同治初年，南海桂君文燿，嘗上疏言之而未行也。梁君卓如，合南北之賢者數十輩，倡爲此會，並爲之説，其意美矣！其言創此事者之不仁，亦已痛切矣！然特言其拂乎天理也。請更言其害於家病於國者：不任職事，家食自窘，一也。貧者困於汲爨抱子，富者修飾愈甚，疾病愈多，終身若負械而行，不能自脱，家政廢，醫藥繁，二也。水火兵亂，不良於行，不能逃免，三也。尤酷者，人子之生，得父母氣各半，其母既殘其筋骸，瘁其血脈，行立操行，無不勉强，日損無已，所生之子女，自必脆弱多病。噫！吾華民之禀賦日薄，軀幹不偉，志氣頹靡，壽命多夭，遠遜歐美各洲之所謂不道，兼而有之，此其可怪，殆有甚於吸洋藥者矣！且夫父母非不慈其子也，爲其戾俗則難嫁也。是故俗之所染，可以勝禮，俗之所錮，可以抗令。今欲請諸朝而禁革之，則必有以不知務沮之者。然非齊之以法，則私禁亦終不行。然則爲之奈何？曰記不云乎？化民成俗必由學。是惟志士仁人，日以强華族，化游惰，足民食之義，提倡海内，期年之外，十九省之廣，感發必多。父兄儆其家，薦紳曉其鄉，其俗已動於學，然後以法從之。於是各約同鄉京官，合詞上請於朝，重申順治十七年聖諭懲罰之條，罪其父母夫男，並著爲令，自光緒二十年以後所生之女，凡纏足者，不准給封爲命婦，又纏足之婦女爲人所欺者，以良賤相毆論，如是則此俗革矣！吾不惟傷此中華二萬萬婦女，廢爲閒民僇民也，吾甚懼中華四萬萬之種族，從此嵬瑣疲薾以至於澌滅也。今年七月初五日，湖北、湖南兩省人服官廣東者，潮州府知府李士彬、韶州府知府陳純武等二十二員，聯名公稟，乞余下禁婦女纏足之令於兩湖，事雖未能猝行，人心之憬悟振奮，已大可見，是此會之效也。諸君既爲此會以救二萬萬之婦女，何不更舉戒煙會以救一萬萬之男子？除此兩害，雖不能比於抑洪水，驅猛獸，其功當不在韓昌黎之下。願梁君更播吾説於十九省，以吾之所懼者動之。光緒二十三年七月南皮張之洞書。

《湘報》光緒二十四年第二十八號《湖南開辦不纏足會》　不纏足總會設於省城小東街《湘報》館内，不日開辦，有願入會者，請至本會注册以便登報。其詳細章程容後續出。董事劉善汯白。

又　光緒二十四年第二十八號《佚名〈湖南不纏足總會董事題名〉》

黄遵憲、字公度，廣東嘉應州人，現署湖南按察使。徐仁鑄、字研甫，宛平人，現任湖南學政。熊希齡、字秉三，湖南鳳皇人，翰林院庶吉士。梁啓超、字卓如，廣東新會人，舉人，掌教湖南時務學堂。譚嗣同、字復生，瀏陽人，江蘇候補道。鄒代鈞、字沅帆，新化人，補用知縣。唐才常、字佛塵，瀏陽人，拔貢。畢永年、字松琥，善化人，拔貢。蔡鍾濬、字邵諳，武陵人，保選訓導。樊錐、字春徐，邵陽人，拔貢。羅棠、字召甘，瀏陽人，廩生。張通典、字伯純，湘鄉人，廩生。曾慶榜、字曉霆，長沙人，廩生。易鼐、字叡無，湘潭人，廩生。楊毓麟、字篤生，長沙人，舉人。劉善汯。字湘蕖，瀏陽人，附生。

又　光緒二十四年第三十四號《不纏足會董事續登》　龍紱瑞，字臾溪，攸縣人。胡瀛洲，字梅坪，安徽涇縣人。皮嘉祐，字吉人，善化人。張緝光，字劭熙，善化人。戴時翔，字梧岡，桃源人。劉宗球，字崑山，瀏陽人。

又　光緒二十四年第五十五號《佚名〈不纏足會董事續題名〉》　朱楷，字薪畬，善化人。蔡壽臻，字福駢，長沙人。宋德康，字熙臣，瀏陽人。歐陽中鵠，字節吾，瀏陽人。易鼎元，字與凡，湘陰人。廖貫吾，字子忠，瀏陽人。易鴻謙，字雋丞，長沙人。莊鍾溥，字秉恒，江蘇陽湖人。黄兆芝，字廉生，湘陰人。易經淇，字竹仙，湘陰人。

又　光緒二十四年第六十六號《佚名〈不纏足會董事續題名〉》　劉友構，字炳堂，瀏陽人。陳奐奎，字芝生，善化人。鄒燮堃，字壽生，瀏陽人。沈思錦，字少白，瀏陽人。劉榮勳，字漢臣，瀏陽人。張汝翼，字□□，善化人。黄劍，字莘堯，瀏陽人。章恭斌，字憲庵，善化人。

又　光緒二十四年第三十號《湖南不纏足總會簡明章程》　一、此會一名衛足會，亦名不纏足會。

以上命名一條。

二、此會之設，原爲纏足之風，本非人情所樂。徒以習尚既久，苟不如此，卽難以擇昏，故特創此會，使會中同志，可以互通昏姻，無所顧慮，庶幾流風漸廣，革此澆風。

以上立會大意一條。

三、凡入會人所生女子，不得纏足。

四、凡入會人所生男子，不得娶纏足之女。此指入會後所生男子而言，若會前年已長大，無不纏足之女可娶，或入會人尚少，擇配不易相當，則不在此例。

五、凡入會人所生女子，其已經纏足者，如在八歲以下，須一律解放；如在九歲以上，不能解放者，聽。

六、凡入會者，書其名姓、藉貫、居寓、仕履、子女、年庚，以備刊登會籍之用。如程途太遠，或將報名單函寄本會亦可。

七、凡入會報名後，由本館贈《戒纏足歌》一本，以爲入會之據，並隨時將姓氏附登《湘報》。

八、凡入會者，平日在家宜反復開導家人、婦女、親友、戚屬，使勿以惡俗爲美。

以上入會章程六條。

九、開會之始，同志各持一籍，勸人入會，謂之草籍，不以姓分册，歲終將草籍繳入總會，排比族姓，刊定清册，謂之正籍。

以上會籍章程一條。

十、本總會設於湖南省城小東街《湘報》館内。各州縣市集，亦就入會人多之處，隨時設立分會，其所設分會之地，祈陸續函告總會，以便登入《湘報》。

十一、各總會、分會，隨地皆立主會、副主會，以有功德於本會者爲之，或由董事公舉，無定員，主釐訂會例，稽查清册，不受薪水。

十二、各總會、分會，皆設董事，無定員，主勸人入會，並商畧會例，督辦會籍，皆以同志領之，不受薪水。若兼辦女學、刻書等事，然後隨時公同酌定薪水。

十三、總會設司事四人，分會設司事二人，小分會設司事一人，主收各處報名單。一、排比族姓，刊刷會籍。二、並登記捐資人姓名。三、刊印每年出入清册。四、等事，酌給薪水。若入會人多事繁冗，則隨時議增設司事。

十四、本會草籍，以五十人爲一册，凡有在本會領出草籍，勸人入會滿一册者，即推爲董事，滿十册者，即設小分會。海内同志，有願提倡此舉，任作董事者，請隨時將臺銜、住址函告本總會，便當將草籍寄上。

十五、各會司事，由主會、董事擇人而用。

以上開會章程六條。

十六、本會之設，建會所，請司事，印送會籍及勸女學歌等事，費頗浩繁，不能不設法攸助，然亦不宜强人捐錢，方准入會。凡入會者，願捐則捐，不拘多少，即少至百錢亦可，即不捐亦可。

十七、此會若推行日廣，則需費亦多，入會之時，取捐甚微，仍恐不敷開銷。海内達人，好行其德，務望慷慨見助，以贊厥成，天下幸甚。

十八、凡助資百兩以上者，公推爲主會。十兩以上者，公推爲副主會。凡主會、副主會，每年皆將姓字、臺銜彙登報章。其助資至五百兩以上者，他日在會館崇祀，千秋俎豆，以誌盛德。

十九、凡入會之人，雅意書捐者，請就近交其地之董事，或按節或按月匯寄本會。凡書捐雖少至百錢者，亦於正籍中開列臺銜，以誌樂善。

二十、本會每年集貲若干，開銷若干，皆列清單附會籍後，分致入會之家，並登報章，以昭大信。

二十一、本會所取入會及捐助資，除按年實銷開列清單外，如有餘資，或設女學校，或設婦孺報館，或設婦嬰醫院，或設恤嫠局，皆由臨時酌議。他日所有一切利益，會中人皆得均霑。

以上經費章程六條。

又　光緒二十四年第五十三號《譚嗣同〈湖南不纏足會嫁娶章程十條〉》　第一條　本會所以立會之旨，原爲同會之人互通婚姻，不致以不纏足之故，爲世俗所棄。故會籍以姓分册，男女載明年歲，正以備同會擇婦相攸之用。今依此意，定爲同會嫁娶章程。

第二條　凡同會皆可互通婚姻，除會外人亦係不纏足者，仍通婚姻外，餘不得與通婚姻。

第三條　同會雖可互通婚姻，然必須年輩相當，兩家情願方可，不得由任指一家，以同會之故，强人爲婚。

第四條　同會之人，籍貫非一，苟平素兩家相得，而兩家中有力能遠就者，即可爲婚。有志之士，必能破除不肯遠嫁之俗見。

第五條　訂婚之時，以媒妁婚書爲憑，或略仿古禮奠鴈之意，隨意備禮物數色。無論家道如何豐富，總以簡省爲宜，女家不得絲毫需索聘禮。

第六條　女家置備嫁奩，亦應簡省，男家尤不得以嫁奩不厚，遽存菲薄之意。

第七條　婚姻之禮，久矣廢絕，古禮既不適於今，能依《大清通禮》固亦可矣。有時不能不從俗，從宜，總擇其簡便者用之。

第八條　不纏足之女，其衣飾仍可用時制，惟著鞋襪與男裝同式。此節凡同會皆宜一律，不可獨爲詭異，致同會驚詫，難與爲婚。

第九條　凡人莫不願其女之賢，則女學萬不可不講。己即無女，亦莫不願其婦之賢，則應出貲隨地倡立女學塾。塾之大小，惟其力。以助人之女爲學，安知非即助己之婦爲學。蓋必女學昌明而後婚姻之本正矣。

第十條　以上章程，但擇其易於遵行者，臚列質實，屏棄華藻，務使人人皆解。若並此而不能遵行，又復入會何爲。故初入會時，即當揣量及此，自無後悔也。

又　《士紳劉頌虞等公懇示禁幼女纏足稟光緒二十四年第五十三號》

具稟生監劉頌虞、黄聖清、歐陽坤、熊崇煦、劉澤渠、鄧丙燿、張銘彝、盛炎、鄒兆慶、劉藎勳、周贊易、黄昌、劉澤熙、歐陽均稟爲纏足禍烈，風氣難開，懇祈示禁以廣推行事。竊以纏足者抗朝令，折肢體，國家積弱之根，世局敗壞之源，古今之奇殃，天下所共憤者也。俚語云：『小脚一雙，眼淚一缸。小脚偏邑，眼淚四溢。』然則中國已成淚海矣！凡稍有知覺者，宜皆悚然懼，色然駭，幡然改，羣然和，不崇朝。而數百年之愚障，如雲開霧豁，無纖毫留滯也。乃今仁人君子，既創立不纏足會，且大聲疾呼，開其蒙惑，從者雖夥，半屬士人，而愚婦、愚夫，仍然固執，且以『不適觀』『不入時』諸謬説從中阻撓。悲夫！悲夫！中國四萬萬人，方保護之不暇，而必執我四萬萬人之半，束之縛之，桎之梏之，成廢疾之徒，置無用之地，以求其所謂適觀，所謂入時，爲燕幕魚釜之樂，而不知殊方異族，正喜其自戕、自賊、自弱、自斃，待時而動，如摧枯朽也。嗚呼！其亦不思而已。夫今日之急務，必咸曰富家富國以新氣象，强種繁種以固基本。而不禁纏足，終無起點之術，何者？天生一人，即有一職業以令自養。今二萬萬女子，嗷然待哺，重困男子，生計艱窘，家既如此，國亦隨之。古者先王之治天下也，地無餘利，民無餘力，今蠶桑不興，地利荒矣！婦女失業，民力惰矣！若使舒其趾，鉅其足，則執業之人，可增一倍，土產物宜，亦增一倍，各處税務，亦增一倍，此利益之大何如也。而棄置不講，宜其司農仰屋，計吏拊膺，既借洋款，復借華款，而終形支絀，無一富國之策也。然此事猶小，若强種繁種之説，則實關人類之絶續，尤可憂危之極矣！聞西人强種之法，必令婦人皆習體操，而後其子膚革充盈，筋力雄健。今中國舉步艱蹇，滯其血輪，故婦人多產難，生子多羸瘠，致令舉國之人潛消暗蝕，况加以貧夫難活其妻，恒多不娶，生聚失道，不堪問矣！《墨子》稱：『聖王之法，丈夫年二十，毋敢不處家，女子年十五，毋敢不事人。』今則民之婚配，漠不關心，故泰西人數日繁，而我國絕不加增，彼衆我寡，强弱自判。不早爲之所，恐中國日瘠，貧夫愈多，馴致無一能活其妻者，黄種之微，不忍言其究竟矣！可不哀哉！生等蒿目時艱，痛心疾首，悲號哽咽，告訴無門。欣逢大人熱誠洋溢，仁政覃敷，作一路之福星，破萬民之癥結，蓋天運循環，無往不復，中流砥柱，非大人其誰任之？爲此，邀集同人，不揣冒昧，將纏足爲禍最烈之處，瑣瀆直陳，籲懇大人出示嚴禁，並通飭府、廳、州、縣，曉諭鄉團，互相痛戒，以利國家而保種族，深爲德便，上禀。

又　光緒二十四年第五十三號《黄公度廉訪批》　據禀具悉：纏足一事，貽害無窮，作俑千年，流毒四域。今以不纏足爲富國强種根本，所見尤大。中華爲文物之邦，五行百產，甲於全球。乃徇耳目之觀聽，即慆淫之汙俗，士習時文，女尚纏足，久爲外人所竊笑！順治、康熙間，有疏請廢時文、禁纏足者，因積習已深，舊染難滌，然當國家全盛時，猶未見其害之烈也。今强鄰環迫，種類日弱，利權日移，利源愈絀，毁天然有用之肢體，減物產固有之利權，舉凡繅絲、織布、種茶、植桑，皆積衰遞弱，每況愈下，勢岌岌不可終日。朝廷既改設經濟特科，歲舉不專以時文取士，臥薪嘗瞻，以共圖富强。則勸禁幼女纏足一事，自屬當務之急。本署司游歷中外，殫心世局，曾與同人設立不纏足會，編列會籍，互通婚姻。該生等蒿目時艱，痛陳積弊，禀請示禁，以廣推行，足以徵心所同然之理，物窮必變之道。准即撰示頒發，並飭各府、廳、州、縣一體張貼曉諭。該生等務各父詔兄勉，身體力行，並就其鄉人剴切勸導，俾得家諭戶曉，毋稍遲回觀望，開一鄉一邑之風氣，即能增千手千足之事功；破匹夫匹婦之愚癡，即以保四萬萬人之種族。《漢書》有言：『仁人君子，心力之爲。』願與諸生等共勉之，切切。刊示即發禀附卷。

又　光緒二十四年第一百四十九號《新化縣士紳等公懇示幼女纏足禀並批諭》　具公禀廪生鄒德淹、楊光世、曹章達、潘保南、顏燮勳，增生曾繁尉，附生曾祥彫、王成德、楊光植、周辛鑠、羅永紹、蕭湘柱、曾繼沂、孫鈞治、彭述策、周贊綸、周重襄、鄔驤，童生曹樹森、王以聘、周光室、陳天華等，今當老公祖台前，爲禁革敝俗懇示通行事情。婦女纏足，於古無徵，不知何人作俑，而決其必始於倡門樂籍，藉以飾世俗美觀，浸至毒流搢紳。上下波靡，害及天下萬世。故世祖章皇帝登極之初，即思革此惡習，於順治十七年赫然頒布明詔，嚴行革止，凡爲妻女纏足者以重罪治其父母夫男。天語煌煌，載在典策，溥海臣民，理宜遵改。無如習染太深，竟爾違背綸音，甘效淫鴇所爲，不惜予愛女以終身桎梏，舉國若狂，迷不知悟。甚而鄉愚無知，至以纏足爲艱，因而多溺女嬰，自殘種類，上干天和。夫纏足之苦，揆之今日，父母之心皆所不忍，特爲敗俗所囿，不纏足則難於婚嫁。是以雖知其害同刖足，不得不强爲束縛。今幸海內通人，於滬上創設戒纏足總會，兩湖督憲張公悲憫民生疾苦，慨然代作會敘，録諸報端，開醒愚俗，至比於天僇怪民。而前督學江公痌瘝在抱，亦於省垣極力倡辦，士紳從風丕變。生等粗讀詩書，頗明義理，竊以纏足澆風，斷非起於賢妃聖母。當中土風氣轉移之會，倘猶不知變計，未免下愚貽誚恥首。四民爰敬遵聖訓并仰體大憲盛心，邀合同志，編立會籍，記注姓名，以便互通婚姻。而樂從者已數千戶，惟事屬創始，守舊之徒或多觀望遲疑，不得長官明諭，終恐推行不廣。伏思公祖下車以來，關心民瘼，凡屬閭閻大害，悉經革除，睹此女孩災厄，其惻怛慈祥之念必較生等爲尤，肫摯用敢合懇公祖賞准存案，出示曉諭，以覺愚俗而變頹風，則不惟二萬萬女孩馨香頂祝，而强種保族之舉，亦畧見一端矣。冒瀆直陳，不勝惶悚，待命之至上稟計，附呈草籍章程一本。

縣正堂慶批准存案，出示曉諭。又諭：爲諭飭遵辦事，本年閏三月初一日，據增生曾繁蔚、附生楊光植等以禁革敝俗懇示通行事稟，稱情婦女纏足，於古無徵，同上云云至不勝悚惶，待命之至上稟等情到縣，據此除稟批准存案並出示曉諭榜示外，合行諭飭爲此諭。仰該團紳等立即遵照，將發來告示，徧貼曉諭，實力勸辦。其已領草籍者即照所議章程認真辦理，未領者亦卽赴局先領草籍照辦，於本年五月內，將草籍會項彙繳總局。另編正草籍以歸劃一，此爲剪除痼疾，力挽頹風起見，不分貧富有益無損，務須一體遵行，愼毋瞻顧遲疑，切切。特諭。

康有爲《戊戌奏稿·請禁婦女裹足摺》　奏爲請禁婦女裹足，以全肌膚，而維俗化，恭摺仰祈聖鑒事。竊惟漢臣賈誼上《治安策》，謂大臣以簿書期會爲大故，至俗流失，世敗壞則不知怪，此誠知治亂之體要者也。夫爲政之道，本末兼賅，而莫大於保民，聖化之隆纖悉備舉，而莫先於正俗。方今萬國交通，政俗互校，稍有失敗，輒生譏輕，非復一統閉關之時矣！吾中國蓬蓽比戶，藍縷相望，加復鴉片熏纏，乞丐接道，外人拍影傳笑，譏爲野蠻久矣！而最駭笑取辱者，莫如婦女裹足一事，臣竊深恥之。夫刖足者，爲古肉刑之一，刑者成也，一成不變，後王恐波及無辜，猶爲廢之，史稱其美，女子何罪，而自童幼加以刖刑，終身痛楚，一成不變，此真萬國所無，而尤爲聖王所不容者也。夫父母撫子，以慈爲義，女子體弱，尤宜愛護。乃乳哺甫離，髫髮未燥，筋肉未長，骨節未堅，而橫縶弱足，嚴與裹纏，三尺之布，七尺之帶，屈指使行，拗骨使折，拳攣跼蹜，跼地蹐天，童女苦之，旦旦啼哭，或加藥水，日夕熏然，窄襪小鞵，夜宿不解，務令屈而不伸，纖而不壯，扶床乃起，倚壁而行。富人苦之，貧家尤甚，親操井臼，兼持饋浣，下撫弱息，上事病姑，跛往報來，走無停趾，臨深登高，日事征行，皆捫足歎嗟，愁眉掩泣，或因登梯而墜命，或因楚病而傷生。若夫水火不時，亂離奔命，扶夫抱子，挾物携衣，絕澗莫逾，高峯難上，亂石阻道，荆棘鈎衣，多有縊樹而棄生，墜樓而絕命者，不可勝數也。卽使治世承平，富家大吉，婢嫗盈前，安坐而食，而人倫有禮，疾病不時，仰事俯畜，接親應有，能無勞苦乎？且勞苦卽不足道，而衛生寔有所傷，血氣不流，氣息汙穢，足疾易作，上傳身體，或流傳孫子，奕世體弱，是皆國民也，羸弱流傳，何以爲兵乎？試觀歐美之人，體直氣壯，爲其母不裹足，傳種易强也。迴觀吾國之民，尫弱纖僂，爲其母裹足，故傳種易弱也。今當舉國徵兵之世，與萬國競，而留此弱種，尤可憂危矣！夫父母之仁愛，豈樂施此無道之虐刑於其小兒女哉！徒以惡俗流傳，非此不貴，苟不纏足，則良家不娶，妾婢是輕，故寧傷損其一體，而免擯棄其終身，此爲一人一家之事，誠有茹苦含辛而無如何者。若聖世懷保小民，一夫之有失時，以爲予辜；一物不得所，引以爲己罪，而令中國二萬萬女子，世世永永，嬰此刖刑；中國四萬萬人民，世世永永，傳此弱種，於保民非榮，於仁政大傷，皇上能無惻然矜之、愍然憂之乎？臣嘗考裹足惡俗，未知所自，史記利屣，不過尖頭，唐人詩歌，尚未詠及，宋世奄被，遂至方今，或謂李後主創之，恐但惡風所扇耳！宋人稱只有程頤一家不裹足，則餘風可知。古今中外，未有惡俗苦體，非關功令，乃能淹被天下，流傳千年，若斯之甚也，其可駭莫甚焉！以國之政法論，則濫無辜之非刑；以家之慈恩論，則傷父母之仁愛；以人之衛生論，則折骨無用之致疾；以兵之競强論，則弱種輾轉之謬傳；以俗之美觀論，則野蠻貽誚於鄰國。是可忍也，孰不可忍？且國朝龍興，嚴禁裹足，故滿洲婦女，皆尚天足。凡在國民，同隸覆幬，率土婦女，尤宜哀矜，且法律宜一，風俗宜同。皇上憐此弱女，拯此無辜，亟宜禁此非刑，改茲惡俗，乞特下明詔，嚴禁婦女裹足：其已裹者一律寬解，若有違抗，其夫若子有官不得受封，無官者其夫亦科鍰罰，其十二歲以下幼女，若有裹足者，重罰其父母，如此則風行草偃，惡俗自革，舉國弱女，皆能全體；中國傳種，漸可致强，外人野蠻之譏，可以銷釋，其裨聖化，豈爲小補？伏惟聖上聖鑒，謹奏。

《浙江潮》光緒二十九年第二期《江東〈記杭州放足會〉》 丁戊之間，上海志士，首創不纏足會，各省應之。廣東、湖南兩省，尤電掣飈發，號稱最盛，吾浙闃如也。八月政變，各省不纏足會，相繼瓦解。庚子以後，風氣久鬱之餘，復漸開拓，然卒未有能光復舊物，蓋視戊戌以前，精神亦稍稍衰矣！杭州高白叔中翰之夫人，母家金氏，故杭垣紳族。夫人有弟某某二人，以頑固鳴於鄉里，百計欲中傷新黨，而及見外人，則又貢諛獻媚，靡所不至。夫人與弟异母，禀性特別，弗之善也。夫人幼通漢文，喜涉獵書史，尤熟《資治通鑑》，故於中國四千年來治亂興亡之迹，靡不燎若觀火。世變日亟，每念國事，輒唏噓欲絶。歲辛丑，遂遣其郎君爾翰、爾登，游學日本，入成城學校，習陸軍。杭垣巨室大族，命婦之多若鯽，明白通達，未有若夫人者。今歲正月，與同城女史孫淑儀氏、顧嘯梅氏，胡畹畦氏，組織成放足會，先期刊發演稿，俾家喻戶曉。十九日，乃於西湖之濱，張勤果公祠，大開放足會，士紳眷屬，來會者八十餘人，演説及三時之久，演説畢，合撮小影，爲後日留記念。此杭州開會第一次盛舉，而不圖出自巾幗，七尺鬚眉，滋媿恧矣！乃者，頗聞夫人更擬慷慨輸捐，提倡設立女學校，大興女學，風氣之開，正未有艾，海外同人，其頂禮祝之，拭目俟之哉！兩次演説稿，刊列如左，名閨淑媛，其覽觀焉！

又 光緒二十九年第三期《杭州放足會第二次調查信》 杭州設立放足始末，已紀入二期，茲復得信如左：

放足會員之評議

（甲）凡幼女年及四、五歲者，會員有勸戒纏足之義務。

（乙）凡成年婦人已纏足者，會員有勸令放足之義務。

（丙）協商放足免痛之方法。

（丁）協商放足後所穿鞋履之式樣。

開會後杭州平和黨之協議

（甲）先標明『奉旨不纏足』字樣。

（乙）除去『會』字而附屬『善堂』爲其分支。

（丙）當以『女學』爲放足會之天職。

（丁）當改定『女子裝飾』。

（戊）自各地鄉邑紳富家通婚始。

計是日到會者凡八十餘人，別類如左：

已放足者十餘人。

卽時願放足者，三十餘人。

將來不願兒女纏足者，二、三十人。

《警鐘日報・吳江女士王壽芝慕歐〈黎里不纏足會緣由光緒三十年三月十三日〉》 西哲有言：十九世紀民權時代，二十世紀其女權時代乎？信斯言也，則何以處我中國？中國鬚眉男子屈伏於千重壓制之下，不知權利義務爲何物，奴隸之名，稱於大地，而我巾幗社會，復爲男子所奴視，重重羅網，歷數千年不能衝決，且愈趨而愈下。吾嘗推測其原因，則纏足爲之倀矣！纏足之習，濫觴於南唐，而弊極於今日，家桎戶梏，鬼氣淫淫，朽腐以爲神奇，苦楚以爲歡樂，既鞠育之，復戕賊之，愈親愛之，愈束縛之，使我二萬萬聰秀婉麗之同胞，於青梅竹馬之年華，必經此無量數，宛轉呼號，骨折肉潰之一階級。怒則困之鞭箠之下，喜則玩之股掌之上，我可憐之同胞，亦且久而忘其醜，忍其痛，爭妍鬪媚，以為美觀，蚩蚩蠢蠢，喁喁纍纍，樂於俎，頌於牢，歌於檻，慶於羅，母訓其女，姊勸其妹，若以纏足爲我同胞一生莫大之義務，莫大之榮譽，雖九死一生，終不敢稍動其反抗力。夫矯揉造作而以爲美，此在花木鳥獸不自由之動植物容或有之，我至尊至貴神聖不可侵犯之同胞，奈何不自愛惜，以供人玩好爲得計耶？且血肉崩潰，則容顏憔悴，步履艱難，則行止傾側，我不知所謂美觀者又烏在也？生理學者有言曰：人類者，獸類之進化也。進化愈早者，足愈大，而發達愈强。今我同胞之嗜好，乃反是焉！而崇拜此蹄跡時代之舊影，誠不可思議之怪現象矣！澆風陋俗，習與性成，有不如是者，則羣議而譁之，幾幾乎不可列於金閨繡閣之林。汲狂泉而飲，舉國皆狂，遂不以狂爲狂，野蠻人有自去其板齒，而呼有齒爲犬類者，我同胞其狂耶？其野蠻耶？夫既戕賊之，束縛之矣！則其體魄必孱弱，其靈魂必腐敗，坐是而蔽聰塞明，造成無教育之惡名譽，演出不自由之陋人格，坐是而遏絶禁錮，筐篋以外無思想，帷房以外無事業，坐是而實行無才是德之邪説，坐是而簧鼓三從七出之惡諺，坐是而永爲雙料奴隸三重奴隸，以汙點我皇漢民族之社會。嗚呼！女子者，國民之母也。今淪胥墜落至於斯極，又安望其誕育佳兒以光輝我歷史哉？傅蕚紗德夫人有言：『女權不昌之國，其鄰於亡也。』近今我同胞尚不能保全其肢體而摧殘削弱之，遑論權利？我國民之覆宗絕祀，萬劫不復，我女子其罪魁矣！而烏可不自思也？海通以來，歐美文明，窈窕之花，將移植於中國，彌勒約翰、斯賓塞之學說，汽船滿載，掠太平洋而東，我同胞女豪傑亦發憤興起，相與馳逐以圖之，女界文明稍稍啓矣！而鄉曲固陋，囿於見聞，左顧右盼，莫敢先發。鄙人不佞，竊願爲擁帚之資，因有不纏足會之組織，開通風氣，請自隗始。知我罪我，皆所不顧，我桑梓姊妹有惠然肯來者乎？請相爲揚摧言之，粗擬章程十則列左：

一　宗旨　開通女界，剗除惡習。

二　會所　設於吳江縣黎里鎮汝家橋東民立求我蒙塾。

三　會員　青年女士表同情於本會者，請將籍貫、住址、年齡、姓氏開示，作爲本會會員。

四　義務　種種有益女界之事，與不纏足相緣而起者，本會會員當盡力助其組織。

五　開會　本會會員以時齊集會，所開茶話會及懇親會，或討論學術，或提議治事，以收交換智識，結合團體之功效。

六　選舉　本會設會長一人，由會員投票公舉，以爲全體表率。

七　經濟　本會會員不納普通捐款，凡經濟上問題，皆由發起人擔任。

八　名譽　會員自入會後，當互相砥礪，以爲女界表率，不得損壞本會名譽。

九　方法　欲知放足之法，及靴鞋樣者，請至本會所問取，遠處本函，當速奉覆，以廣風氣。

十　宣布　本會成立以後，當撮影登報，宣告海內，藉作記念。

《東方雜誌》第一卷第十一號《政務處奏覆東撫請禁漢人陋俗摺》

七月二十八日，軍機處鈔交山東巡撫周馥奏籌畫駐防旗人生計，並嚴禁漢人陋俗一摺，奉硃批，政務處議奏，欽此。【略】又原奏內稱漢人婦女纏足，敝俗相沿，應嚴定禁令，擬將此後命士以上，其家有未經纏足，再行纏者，即以違制論，由部定例，通行各省，出示諭禁各等語。竊謂律設大法，禮順人情，現今風氣開通，況經明詔宣示，因勢利導，便而易行，似不必嚴定禁令。溯自欽奉懿旨，中外感頌，搢紳之家，已多遵奉，該撫所云奉行不過百分之一，諒係指偏隅編戶而言。習俗視貴族爲轉移，人情以便利爲趨向，此後應由地方官隨時善爲勸導，自能逐漸感化，無庸多設科條，謹奏。奉旨，依議，欽此。

又　第六卷十二號《前兩江總督端札飭各屬禁止纏足章程》　照得婦女纏足，有三大害：一曰弱種，二曰敗德，三曰害事。十餘年來，綸音誥誡於上，士大夫講明於下，凡通都大邑，搢紳之家，詩禮之族，多已湔除積習。而鄉曲愚賤，及內地頑鈍無識之徒，仍復不知改變。良由智識本極錮蔽，既不知此事之利害切身，又未知功令早經誡諭，是以進步遲緩，痼疾依然，荏苒十年，因循如故，所謂喻曉者安在？本部堂用是手定禁止纏足章程，特定賞罰之條，以爲督促進行之具，通飭蘇皖贛三屬各直隸州廳州縣，遵照辦理。事在必行，義無瞻顧，考成既定，責任斯專，各該廳州縣如有仍前漠視者，輕則記過，重則撤參，務期十年以內，將纏足陋習，一律禁絕，本部堂與該牧令等俱有榮焉云云。

一現奉民政部奏頒調查戶口章程，業經本部堂刊發各屬，飭令依限舉辦。各該廳州縣，應於調查戶口之日，即飭經辦員紳，按戶散給勸不纏足白話告示歌曲，並逐戶告以此事利害迫切，業經本部堂明定賞罰章程，俟一年後即於復查戶口之時，挨戶查究，爲家長者，應督率家中婦女，速於一年內，切實遵行，免致臨時受罰。

一禁纏足，與勸放足，應分兩事。自宣統元年起，凡十歲以下之幼女，一律禁止纏足。至宣統二年復查戶口之時，凡十一歲至六歲之女子，均應由查戶員紳，親爲查驗，有仍纏足者，即於册內註明某戶纏足女子幾人應罰字樣，俟一區查竣，由該員紳另造應罰纏足女子清册，送各該廳州縣衙門核辦。其十一歲以上之婦女，纏足已成，其骨已損，而能聽勸放足者，由本戶自向查戶員紳報明，毋須親驗，即由該員紳另造應賞放足女子清册同送，兩册均應載明該家主姓名、住址、執業。以後逐年查戶，均照此辦理。

一城廂鄉鎮，均應遍設不纏足會，以樹風聲，而便考察，由地方官勸諭士紳，剋日開辦，各就本地情形，議定會章，稟明本部堂，獎給該會匾額，由官親自齎往，鼓吹懸掛。其有女學堂地方，應以該堂女堂長，或女職員，兼充稽查不纏足女董事，飭令切實勸導，兼任執行賞罰事宜。其尚無女學地方，以素有名譽之紳董家不纏足婦人充之，均由地方官給予照會，以示優異。此項稽查女董，城鄉均應遍設，愈多愈善，遇有報告地方官事件，仍由各該家主代遞，其女董毋庸出入官署，俟勸辦有效，照不纏足會辦法，一體給獎。

一應罰之戶，列爲三等：平民之家，每一纏足人，罰洋銀一元。（實係赤貧者，准酌減。）舉貢生員家，每人罰洋銀兩元。職官家，每人罰洋銀四元。（佐貳微員，准照舉貢生員論。）自宣統二年起，俟查戶員紳呈報到日，由該地方官，查照册開人類，分別等級，按名掣給兩聯印單，註明罰款數目，發交城鄉女董事，分往收取罰銀，隨給印單爲據。其赤貧之戶，應量爲減罰者，須由女董報明寒苦實情，經地方官核定，方准減罰。遇有抗不繳款者，亦即報明，由官諭令向辦慈善事業之董事，帶同地甲，前往勸令照繳，仍不遵者，簽提責追，如有不持印單前往收款者，即係冒詐，亦准挨戶指控嚴辦。

一應賞之戶以内有年長婦女，不便查戶員紳親驗，俟該員紳開報到日，即由官按照人數，每人製給一兩重銀牌一面，上鐫『遵旨不纏足淑女』七字，發交女董事，逐戶前往看明，再行發給。如員紳所報不實，即行扣發繳回；倘女董徇情濫給，查明追回銀牌，其女董並應酌量議罰；或有不領銀牌，願改領匾獎者，准由該地方官製匾發給。

一本年應罰之戶，照罰後，由女董再爲剴切勸諭。至次年查戶之日，此項上年已經受罰之戶，即由女董挨家復驗，有仍不遵辦者，照上屆罰金之數，勒加一半，仍給印單，以後逐年照加。其應賞之戶，上屆未經報明者，次年准其補報，仍照章驗明給獎，惟已賞者不得復領，受罰後放足者，亦不得給賞。

一女董復查，應酌給費用，由地方官查核該女董所歷地面之遠近，臨時酌定。此項經費，及製給銀牌匾額之費，均於罰款内核實動支，有餘則悉數撥充女學堂及育嬰、清節等堂經費。每屆年終，應將收支數目，大張曉諭，遍貼城鄉，並造册報該管上司，及本部堂查考。

一女學堂學生，及育嬰堂女嬰，一律不許纏足。由地方官會同經管紳董，實力稽查，不得遷就。

一地方自治會成立後，該議事會及董事會，均有協助地方官禁止婦女纏足之義務，該地方官應隨時會商辦理。

一自宣統二年起，由各該廳州縣，將該管地方十一歲以下女子，分別纏足、不纏足，及十一歲以上婦女，報明放足者，按照查戶員紳册報，分別城廂四鄉，每處每項，各若干名，開具清摺，年終呈候本部堂查核。比較鄰縣摺報，明定優劣，其成效昭著者，由本部堂隨時特予優獎，勸諭不力者，由本部堂分別記過撤任。

一勸不纏足文告，歷年屢經通飭，以本部堂光緒三十三年九月所發六言告示、天足圖説、放足良方，及三十年九月本部堂署督任内，飭由寧蘇皖贛藩司，轉行揚州紳士李新田所撰勸不纏足歌，最爲剴切。惟循例張貼，能讀者少，婦女尤無從取閲，應由該地方官檢卷，迅速鈔印多張，發交查戶員紳，挨戶散給。家有一紙，庶可觸目警心，識字婦女，得以傳觀，收效尤捷，務即遵辦，此項檔案，如有遺失，准其申請補發。

《順天時報·順天府通州紳民公議天足社啓光緒三十年十一月十一日》

嘗聞物極有必反之時，積久無不變之理。我中華纏足之習，始自南唐。緣宵娘妖媚，後主荒淫，上下相沿，寖成風俗，迄今垂千年矣！爲父母者，毁傷兒女肢軀，忝不爲怪，任使終身殘廢，視以爲宜，況乃淋漓血肉，婉轉悲啼，弱稚何辜？罹此慘毒。關心世道者，能弗疾首痛心、力圖補救哉！在昔之仁人達士，久識其非，譏誚者有之，唾罵者有之，甚謂以兒女肢體造作淫具者又有之，奈因賤丈夫之所好，愚婦女之無知，錮蔽既深，終未能挽回一二也。光緒二十七年，欽奉皇太后懿旨，令各省地方官勸導人民改革此習，近來上海、天津等處，風氣漸開，皆已創辦天足社，著有成效。愚等力雖綿薄，志切變更，故招集同人，挽回積習，庶革千載澆漓之俗，得全婦女素定之天，此則愚等厚望也夫，同人公啓。

謹將規條列後

一、同人所生女子在五歲以内者皆不纏足。

一、同人家中婦女已經纏足者，或放或否各隨其便。

一、本社乃爲改革積弊起見，非但爲己，亦當爲人，應各處散布報紙，俾衆周知，且隨時隨地開導他人，務期除盡此弊。

一、本社之用款，最要者乃在印刷報紙，同人當量力助貲，以成此善舉。（若願每年助資若干尤善。）

一、本社既成，當將公啓規條稟請州尊立案實示曉諭，並發報館登報。

一、諸同人每年至少須聚集一次，酌商一切事宜。（若能設法招集多人，須同人酌議者，雖聚集數次亦無不可。）

一、諸同人每年當輪二人值年，以司銀錢帳目及一切雜務。

一、每年期聚集，由本年司事者酌定日期，隨將一年經手事件、銀錢、帳目交次年司事者接管。

一、本社創立之初，諸親友未必周知，此後有願襄辦者，當在司事處言明，隨心助貲若干，即列芳銜於册上，做爲善友。

一、或願助本社不願列名者，亦可在司事處（或親往或遣人均可）交納助貲，必於册上另列芳銜，註明助貲若干。

一、在聚集之時，或有意見不合，當請諸同人公同斷定，惟人數多者是從，不可固執己見，有傷和睦。

一、積習已久，風氣本不易開，本社所行者未必遽有速效，諸同人當恒心耐久，志在必成，斷不可勤始惰終，貽他人笑柄。

以上數條係諸同人公同擬定，大家遵守，以後或審機度勢，欲加增減者，當在期年聚集時言明，同人中有三分之二允准，方可略爲刪改。

又 **《佚名〈演説放脚之法子**光緒三十一年八月十九日、二十三日**〉》** 纏脚之害處，已經許多明白人講過，稍有知識之人，未有不信從，使全國之女人，可以永遠不再受小脚伶仃之苦。最可憐從前戒纏脚之風氣，尚未有開，做父母者，生怕女兒脚大，被人恥笑，忍心用布把他繞緊，硬把一個完完全全之人，弄得同殘疾一樣，行亦行不動，立亦立不穩。如今始曉得纏脚之害處，雖後悔已遲，然幸苦海無邊，回頭是岸，上半世冤枉受了苦楚，不堪言狀，下半世日子尚長，趕緊把脚放開，尚可以享幾十年安樂日子。因此，近年來各處明白纏脚之女人，都急急把脚放了。放脚原是好事，可惜放法未必人人知道，往往有一心要放脚，因不曉得放之法子，故無從下手。我本會諸女士，都是從小纏脚，新近始放，古人有句格言，叫做同病相憐，所以特把我大家試過之好法子講出來，諸位情願放脚之同志聽聽。

放脚之法子，細講起來，説來甚長，恐怕諸位聽得不耐煩，所以把目録先講，好叫諸位聽聞，不至於沒頭沒腦，目録列左：

（一）做寬大之鞋襪；

（二）去脚帶之法子；

（三）放直脚指頭、脚心之法子；

（四）放脚時，脚上皮膚裂痛或鷄眼痛之治法；

（五）去裏面高底之法子。

講做寬大之鞋襪　放腳之鞋襪，要比原來所穿者做長一寸或半寸。初穿時若嫌大，可以襯些棉花在鞋頭裏，腳漸漸大，棉花漸漸少，到後來此套鞋襪不襯棉花，亦不嫌大，又做第二套鞋襪，比第一套又要做長半寸，如此越放越大，直放到脚指頭不彎，腳心不斷爲止。鞋底之濶總要比鞋面濶一二分，如此穿在腳上，可以平穩，否則脚仍是立不穩，鞋底亦容易歪。

講去脚帶之法子　纏脚之人，脚裏之血脈，向來被脚帶束住，久不流通，如忽然解去脚帶不纏，血脈下行太暴，往往脚要腫痛。所以初放脚時，總要留一二尺脚帶，鬆鬆在脚上纏兩週，餘皆繞在脚眼骨上，一日一日漸漸放鬆，半年之後，可以不用脚帶。放脚時候，脚帶之纏法，要同纏脚之時候纏法相反。纏脚時候，要保腳指頭裏到脚底下去，所以左脚是順繞，右脚是反繞；現在須變其法，左脚要反繞，右脚要順繞。

講放直脚指頭、脚心之法子　小脚無力之緣故，一半因爲著力之地方小，一半因爲脚指頭壓在脚底下，受不起大力量。要治此兩個毛病，就要把脚指頭、脚心放直，而且尤其脚指頭不可不直。放直之法子，先要臨睡之前半時，用熱水溫和筋絡，再用黃花士令藥膏擦在摺縫裏及鷄眼等處，又用棉花放在摺縫裏，外面用脚帶擋住，不使棉花離開，脚心之棉花，須把脚帶從脚背繞到脚底，約繞兩週，擱在脚指頭摺縫裏之棉花，要用半寸濶之布條，連棉花及四個脚指頭繞住，外面再加脚帶。脚指頭半開之時候，踏在地下，初或覺痛，可在鞋底裏放一層棉花，棉花之厚薄，以踏地不覺其痛爲止。

講脚上皮膚裂痛及鷄眼等痛之治法　大年紀之人，或者脚纏得格外緊之人，脚上皮膚，往往不大滋潤，一驚動他，就覺得痛，更有脚上生鷄眼，動之亦痛。治之法子，就照前一條溫洗擦繞之法行之，則此痛之地方，自然不痛，不滋潤之地方，自然滋潤，鷄眼亦自然好了。黄花士令，是一種外國之芍油，外國芍房裏都有發賣，如果不便，可用生羊骨中間之油擦之亦好，如遇皮膚破爛，用硼砂保水燻洗，亦極見效。

講去高底屐之法子　向來纏脚人所着之鞋皆裝高底屐，忽然不裝，亦覺不甚自然。今可用幾層厚紙，做成與高底屐之厚相同，當高底屐用，厚紙越踏越實，越實越薄，既踏薄了，又以新紙，照踏薄之紙差不多厚，做爲第二次高底，再踏實了，再照第二次踏實之紙，厚薄相同，爲第三次高底，換一回，薄一回，到後來此紙亦可以不必用。照此樣放脚，萬穩萬當，既無難處，亦無害處，不論老年人少年人，任憑脚小，未有不能放者。我會裏有七、八十歲之老太太，亦已放了。放了腳之安樂便當，像盲人有了眼睛一樣。不是筆墨所能夠寫出來，亦不是不曾放脚之人，能夠意想得到。而且纏脚之人，不大活動，容易生病；放了之後，活動異常，疾病必少，身體即日以强固。是以皇上選妃，如入選者係纏小脚之人，必使之將脚放了。且外國女人，皆不纏脚，故身體强固，百事能爲。我等既誤於前，急宜補救於後，放之！放之！勿遲！勿遲！

又《佚名〈天足會已舉定幹事員宣統三年五月二十一日〉》　日前順直紳民假（天津）河北三條石自治研究總所開順直天足總會，到會者約有百餘人，除研究章程外，當舉定各部幹事員。

又《佚名〈天足會成立會詳誌宣統三年閏六月九日〉》　天津縣天足會於初五日，假襪子胡同城議會會場開成立大會。是日，舉錢玉振君爲臨時會會長。研究章程畢，各會員自認職員後，公推陳蔗圃君爲正會長，郭東潮君爲副會長。縣尊姒大令演説，大致謂禁煙、天足兩事爲近今切要之事，諸君既極力組織進行，本縣更願遇事扶助，以期官紳互相維持，而收速效。又會長陳君演説：『鄙人數年來於此事無時不極力鼓吹，今蒙謬舉會長，自當勉竭愚誠，惟期在會諸員切實維持，始終其事云云。』遂開會討論立案及以後進行各事。是日到會者約一百六十餘人，並有女賓井碧岩諸女士到會云。

又《佚名〈天足會開會補遺宣統三年閏六月十二日〉》　天津縣天足會本月初五日開成立大會各事已詳前報，今再探該會是日開會詳情，補誌如下，計該會在研究章程以前：（一）由臨時幹事錢君玉振報告開會宗旨，並創辦之情形。（二）公推錢君爲臨時職員，有郭君東潮、魯君嗣香、陳君鳳樓、耿君幼生、潘君厚孫、徐君幼年、胡君鹿泉、張君小舫、盧君子衡。（三）宣讀光緒二十七年戒纏足之諭旨，由警署委員丁君其慰率衆起立敬聽。（四）宣讀順直諮議局議決婦女天足議案並督憲批詳。（五）報告本會創辦日記。（六）研究簡章。（七）公推職員，有自認者數人，餘者發起人舉爲職員，並列名如下：陳君蔗圃、郭君東潮、錢君翌臣、錢君玉振、孫君少文、李君玉孫、周君敬侯、王君伯辰、王君易臣、馮君文壽、陳君鳳樓、蔣君志林、沈君笏臣、張君小舫、張君仲苓、張君子明、張君國體、嚴君範孫、魏君小田、潘君厚孫、魯君嗣香、黄君育谷、姚君石孫、汪君貢廷、宋君則久、熊君亞士、梁君俊峰、杜君竹軒、徐君幼年、徐君鏡波、邱君桂山、高君子受、胡君鹿泉、盧君子衡、丁君義華、丁君子良、劉君普同、劉君恩華、劉君聖符、劉君子良、溫君立菴、耿君幼生、英君歛之、劉君伯年。（八）由職員中公推陳君蔗圃爲正會長，郭君東潮爲副會長。（九）本會監督縣尊演説，辭意詳前報。（十）正會長演説，副會長因病未能演説。（十一）振鈴閉會。（十二）茶話，職員等公議進行事宜。

又《佚名〈示禁纏足之告示光緒三十年十一月十日〉》　通州何刺史爲出示曉諭【略】竊我中華纏足一節，相沿已久，浸成敗壞之風，揆厥由來，甚非正直治家之道。爲父母者，執迷不悟，毁傷兒女肢體，忝不爲怪，任使終身殘廢，視以爲宜，況乃弱穉，何辜罹此慘毒？以親生之幼女，加無故之非刑，本體原屬完全，甘心作為殘缺，稍有慈愛之心者，豈肯隱忍不言，弗思力圖補救哉！奈因愚婦女之無知，以殘忍爲能事；賤丈夫之所好，以纖小爲美談，似此惡風，深堪痛恨。且欽奉皇太后懿旨，令各省地方官勸導人民改革此習。近來上海、天津等處，風氣漸開，皆已創立天足社，著有成效。職等力雖綿薄，志切變更，故廣集同人，共成善舉，惟期遐邇一體，頓改全非，俾全婦女素定之天，一洗千載澆漓之俗，請示諭等情，據此，除稟批示外，合行出示曉諭。

《湘報》光緒二十四年第五十五號《佚名〈臬憲告示〉》 欽命二品銜署理胡南等處提刑按察使司按察使、總理全省驛傳事務鹽法長、寶道隨帶加一級黃，為出示曉諭事。照得天地生人，本無生女悲酸之意。父母愛子，時廑生疾毀傷之憂，故圓顱方趾麻木偏枯則為疾，屬毛離裏痛疾噢咻之謂慈。自薄俗流傳，公理蒙晦，求工纖趾，肆彼忍心，毒螫千年，波靡四域，肢體因而脆弱，民氣以之凋殘。使天下有識者傷心，貽後世無窮之唾罵，今之纏足是已！本署司實憐之、憫之、痛之、惜之，特臚舉其害，覼縷言之。一曰廢天理。不良於行，天之所廢，三刖其足，古之酷刑。今國家久廢肉刑，上天不聞降割，赤子何罪？橫加五刑，几席之間，忽來屠伯之酷；閨房之內，竟同獄吏之尊。謂天謂地，跼蹐無所逃；呼父呼母，疾痛之弗恤。由斯而言，天理安在？一曰傷人倫。母子為天下之至愛，夫婦本人倫所造端，而乃割慈忍愛，戮所生以為榮；折骨斷筋，求所天之驩喜。舅姑以生偏愛，婢妾以爭寵妍，妯娌以失和諧，姑嫂以滋謠諑，一家以此分好惡，四德不問其有無，人倫傷矣！何恩之有？一曰削人權。夫譏不親迎，《春秋》平等之微言；妻之言齊，《禮經》應有之義例。而乃曲坿抑陰扶陽之說，祇為冶容好色之求，以充服役，則視之如犬馬；以供玩好，則飾之如花鳥。既不學以愚其心，更殘刑以斲其性，遂使遇强暴則膝行而前，嗟實命則抱足而泣，鎖閉在室，呼籲無門，戰戰在心，拳拳縮足，人權喪矣！何義之有？一曰害家事。不利走趨，不任負戴，不能植立，不便提攜。或箕踞以見家公，或跛倚而襄賓祭，或長跪而司浣濯，或偕行而待扶持，乃至饁餉之事，代役於餘夫。井臼之操，盛稱為奇行。六極兼受其惡弱，畢生强付於尸居。四萬萬人，半成無用之物。二十一省，各增內顧之憂。害於而家，凶於而國矣！一曰損生命。既縛束之，又朘削之；既禁錮之，又幽閉之。其痛楚酸心厎削致疾者無論矣！其或變故猝至，倉卒走逃，或譆譆出出之火災，或浩浩蕩蕩之水患，又或生當亂難，俘作囚虜，受縶則鞭杖交加，僨僕則人馬踐踏，爺娘弟妹，欲救而不能。縊溺屠頸，求死而不得。至於張獻忠之酷，削趾以像天山；洪秀全之慘，駢足以作人燭。此更耳不忍聞，口不忍述者矣！生命之損，非此階之厲乎？一曰敗風俗。夫戕賊杞柳，以為杯棬，道家猶譏其傷物；豢養魚鳥，施之籠網，君子猶譏其不仁。今以人類等物，藉殺人以媚人，肢體何物，以供戲玩，骨肉至親，使之誨淫，是何異乎劉龑嗜殺，涎蛟而下酒；鬱林取樂，聚蝎以螫人。乃彼則全無心肝，衆所笑罵。而此則舉世相習而不察，千年沿襲而不改，誰為作俑？豈啻無後，世有地獄，正為斯人，風俗之敗，無以踰於此矣！一曰戕種族。五代以後，至今千年，神明之胄，層遞衰弱，豈人材之不古若歟？抑他族之獨為天驕耶？非也。蓋人生得半於母氣，今在母先損其胎元，稟賦已薄，則軀幹不偉；孱弱多疾，則志氣日頹。本實先撥，無怪枝葉之凋；魚肉自戕，若待刀砧之供。遼宋以來，此風盛行，華夏之舊，積世逾弱，彼漢唐極盛，曾有天可汗之稱。歐美大邦，絕無人為奴之事。反是以觀，種族之戕，又奚堪設想乎？凡斯利害昭然，目前苟有天良，能無心痛？本署司早歲隨槎環遊四國，先往東海，後至西方，或作文身，或束細腰，雖屬異形，尚無大害。若非洲之壓首使扁，印度之雕題飾觀，雖有耳聞，並未目覩。惟華人纏足，則萬國同譏，星軺貴人，聚觀而取笑。畫圖新報，描摹以形容，博物之院，陳列弓鞋，說法之場，指為蠻俗，欲辯不能，深以為辱。既聞寓居西人，聯合大會，名為天足，意在勸懲，在彼以普渡衆生為名，使我增獨為君子之恥。適新會梁君，即今之時務學堂教長，商立此會，首列賤名，而南皮張公，今湖廣總督部堂，遂手書一敘，普告於衆。近而滬蘇，遠而閩廣，以小生鉅，異步同趨。行之未及一年，入會已逾萬衆。今本署司從宦湘中，忝居民上，若畏避訕謗，置為後圖，非特無以慰我黎庶，亦復何顏對我友朋？此本署司平生之志，不敢不焉士民告者也。大清受命近三百年，《會典》、《通禮》，明載服色，后妃福晋，依然同屨，凡我臣民，自當效法。恭讀順治十七年聖諭，有纏足者，罪其父若夫杖八十，流三千里。又嘉慶九年奉諭，今鑲黃旗漢軍應選秀女內，纏足者竟至十九人，殊為非是。此次傳諭後，仍有不遵循者，定將秀女父兄照違制例治罪。皇祖有訓，普天共聞，祇以本朝政體尚寬，漢人聽其從俗，故官吏視為具文，士民逃於法網。夫《王制》首禁異服，史志明譏服妖，乃生今而蹈違制之罪，欲蠱而為折割之人，撫膺以思，若芒在背，此又本署司官司之守，不敢不為士民告者也。查光緒九年，湖南奏准故殺幼媳酌議監禁，勿聽收贖。近有村婦為九歲養媳纏足，惡其啼號，立時毆殺者，本署司遇有此案，必援照辦理。同治十年部議，凡宦家致死婢女者，除死者年齒已長，或邂逅斃命，仍照舊章辦理外，如年在十五以下，驗有水淋火烙傷痕，照金刃損折五傷以上，俱入情實，嗣後如有官民婦女因纏足致死卑幼及白契婢女，罪應絞候者，秋審時必援照此案，概入情實。孺子入井，皆有惻隱之心；婦人黑心，敢為姑息之愛，冀少免赤子之宛轉啼號，斷不縱惡姑之狠心毒手，此又本署司刑名之涯，不敢不為士民告者也。本署司之出勸諭，非謂能伸其禁制之權，兼慮鄉曲愚民，不免非笑之舉，習焉不知，積重難返，滔滔皆是，藐藐誰聽？然竊計數年之間，朝廷必重伸禁革之令，數十年後，天下必無纏足之風。理出於大同，弊去其太甚，道窮於必變，任重於先知。為此示仰紳商士民人等，一體知悉，所望不纏足一事，父詔而兄勉，家喻而戶曉。早除一日，即早脱一日之厄；多救一人，即多得一人之用。以存天理，以敦人倫，以保人權，以修家事，以全生命，以厚風俗，以葆種族。本署司實有厚望焉！切切！特示。

《光緒朝東華録・光緒二十七年十二日》 乙卯諭：朕欽奉慈禧端佑康頤昭豫莊誠壽恭欽獻崇熙皇太后懿旨。【略】至漢人婦女，率多纏足，由來已久，有傷造物之和。嗣後搢紳之家，務當婉切勸導，使之家喻戶曉，以期漸除積習，斷不准官吏胥役藉詞禁令，擾累民間。如遇選秀女年分，由八旗挑取，不得採及漢人，免蹈前明弊政，以示限制而恤下情。將此通諭知之。

《萬國公報》光緒二十九年十二月號《光緒癸卯七月項城袁世凱電〈直督袁慰帥勸不纏足文〉》 恭讀光緒二十七年十二月二十三日上諭，朕欽奉慈禧端佑康頤昭豫莊誠壽恭欽獻崇熙皇太后懿旨，我朝深仁厚澤，浹洽寰區，滿漢臣民，從無歧視，惟舊例不通婚姻，原因入關之初，風俗語言或多未喻，是以著爲禁令。今則風同道一，歷二百餘年，自應俯順人情，開除此禁，所有滿漢官民人等，著准其一律結婚，毋庸拘泥。至漢人婦女率多纏足，行之已久，有乖造物之和，此後搢紳之家，務當婉切勸誡【略】欽此。大哉聖人之言，仁至義盡，凡在士民，罔不感喻。世凱敬釋明昭，願爲我紳民勸者厥惟數端：

一曰保身。《孝經》有曰：『身體髮膚，受之父母，不敢毀傷。』今婦女之纏足者，自幼年以迄成人，束縛磨折，備嘗痛苦，甚至骨節潰落，血肉消耗，趦趄蹢躅，舉步維艱，以故中國女子大都孱弱多病。徇世俗之好，而傷殘父母之肢體，忘人性之親愛，而忍令其女受百般之酷虐，豈仁者之所爲乎？此首保身而當去纏足之害者也。

一曰教育。古者女子最重姆教，今東西學者論强國之道，輒推原於女子教育。蓋智育、德育、體育三者男女並重，不可或廢。中國婦女尚纏足，敝精勞神，於猥賤纖屑之舉，矯揉造作，以修容飾媚為工，而智識不開，德性不充，體質不健，竟不知教育為何事？欲盡義務，先除惡習，此言教育而當去纏足之害者也。

一曰母儀。人之材質本於初生，學養基於幼稚。蓋求異日之男子軀體强偉、智能發達，必先求今日之女子軀體强偉、智能發達也。今纏足之婦，氣血羸弱，則生子不壯；跬步伶仃，則教子者尠，幼學荒廢，似續式微，其於種族盛衰之故，人才消長之原，有隱相關繫者，此言母儀而當去纏足之害者也。

一曰執業。人之智愚，男女相近，若農、醫、格致、製造等專門之業，女子或勝於男子。今纏足之婦女，深居纖步，縛其手足，窒其靈明，而受養於其丈夫，其上者或僅工針黹，或略解吟詠，要皆於事無補。苟釋纏足之苦，則四體安舒，使得執一業以自養，而一切新理新法，女子亦可研求，其裨益於國政工業與家人生產者甚大，此言執業而當去纏足之害者也。

凡此皆爲今日纏足之婦女言也。夫纏足之害，近人亦言之切矣！茲特舉其犖犖大者，爲搢紳之家告，亦願地方士紳仰體朝旨，婉切勸導，家喻戶曉，俾除積習，予有厚望焉！

論説

鄭觀應《盛世危言》卷一三《女教》 至婦女裹足，合地球五大洲，萬國九萬餘里，僅有中國而已。國朝功令已加禁革，而相沿既久，俗尚未移。夫父母之愛子也無所不至，而鍾愛女子尤甚於男兒，獨此事酷虐殘忍，殆無人理。或四五歲，或七八歲，嚴詞厲色，陵逼百端，必使骨斷筋摧，其心乃快。以為如此而後，他日適人可矜可貴，苟膚圓六寸，則戚里咸以為羞。此種澆風，城市倍於鄉曲，世家巨室尤而效之。人生不幸作女子身，更不幸而為中國之女子。戕賊肢體，迫束筋骸，血肉淋漓，如膺大戮，如負重疾，如覯沈災。西人論女子裹足、男子宮刑，乃極弊之政，為合地球五大洲之所無，宜為彼族嗤笑。革之者真為聖君賢相矣！稚年罹剝膚之凶，畢世嬰刖足之罪。氣質虛弱者因以傷生，雖父母愛憐，而死者不可復生，斷者不可復續矣！即倖全性命，而終日需人扶掖，井臼安克操持？偶有水火盜賊之災，則步履艱難，坐以待斃。戕伐生質以為美觀，作無益以為有益，是為誨淫之尤。苟易裹足之功，改而就學，罄十年之力，率以讀書，則天下女子之才力聰明，豈果出男子下哉？所望有轉移風化之責者，重申禁令，立限一年。已裹者姑仍其舊，而書『裹足』二字表其額，懸其門楣。嗣後一律禁止。故違者罪其家長，富貴者停給誥封，通飭各省廣立女塾，使女子皆入塾讀書。其美而才者，地方官吏贈物贈扁以獎榮之。各塾女師如能教化賢才，卓有成效，咨請旌獎以勸將來。一轉移間而道一風同，利興弊去。成周之雅化，《關雎》《麟趾》之休風，無難復見於今日矣！

天下事，貴自然，不貴造作，人之情，行其易，不行其難。惟裹足則反是，並無益於民生，實有關於世教。且稽之三代，考之經史，無有一言美之者，而舉世之人，皆沿習成風。家家裹足，似足不小不可以為人，不可以為婦女者。眞所謂戕賊人以為仁義，亦惑之甚矣！國朝八旗婦女，皆不裹足，古道猶存，其風足尚。《莊子》云：『天子之侍御，不爪揃，不穿耳。』耳尚不穿，豈可裹足耶？應由地方大吏出示禁約：凡屬貴臣望族以及詩禮之大家，俱遵王制；其倡優隸卒及目不識丁之小戶，聽其自便。如以此法行之十年，則積習漸消，天下萬民皆行古之道矣。況婦女裹足，則兩儀不完；兩儀不完，則所生男女必柔弱；男女一柔弱，而萬事隳矣！夫裹足為賤者之服，豈可以行之天下，而且行之公卿大夫之眷屬耶？予所以言之喋喋者，實有繫於天下蒼生，非僅考訂其源流而已。我朝崇德三年七月奉諭旨：『有效他國裹足者，重治其罪。』順治二年禁裹足。康熙三年又禁裹足。七年七月，禮部題為恭請酌復舊章以昭政典事，都察院左都御史王熙疏內開：『順治十八年以前，民間之女未禁裹足。康熙三年遵奉上諭，下議政王、貝勒、大臣、九卿、科道官員會議：元年以後所生之女，禁止裹足。其禁止之法，該部議覆等因，於本年正月內臣部題定：元年以後所生之女，若有違法裹足者，其父有官者交吏兵二部議處；兵民則交付刑部，責四十板，流徙，家長不行稽察，枷一個月，責四十板。該管督撫以下文職官員，有疏忽失於覺察者，聽吏兵二部議處在案。』查立法太嚴，牽連無辜，以為無關緊要，事竟中止。第使當時禁不過急，持之以恆，則今日已可永除此陋習也。

《萬國公報》光緒八年十月號《抱拙子〈勸戒纏足〉》 夫纏足之俗，各國皆無，惟中國獨有，然亦非舉國皆然，惟漢人大半有之。推其原由，歷朝史册並無言及，僅見於後唐，李後主愛妃窅娘，善歌舞，得寵幸，後主乃作金蓮花，命窅娘以白帛纏足，作新月狀，歌舞其上，由是作俑，而後人相沿成風，愈久愈熾，牢不可破。想其時窅娘始纏之足，如現在同邑鄉間婦女，式大而曲，故能舞於金蓮中，若今時城市女人，式尖而小，詎能跳舞哉！但後主所爲，大非正道，是故其國不久寖衰，爲宋所滅，可見纏足乃傾家敗國之兆也。無知俗人習焉不察，以纏足爲美觀，以愈小爲艷羨，由是苦其足而不辭。而我信主之人見是則遷，知非則改，豈可效此冶容之惡俗，而干正道者哉？或謂纏足之事，始於紂王愛妃妲己，他乃妖狐化身，其足有毛，故纏帛以飾之，欲紂王觀其嬈嬌體態，庶可蠱惑恬寵，然此乃耳食相傳，經史並無此説也。縱使果由妲己倡，益明爲惡俗矣！夫妲己乃敗國之婦，依野史所載，又是獸類，吾人爲萬物之靈，可效彼獸類所行乎？然世人愚昧，執迷難曉，我教會有受眞理之光照，名稱正教，斷不可從此惡俗也。且人愛子女之心，禀自天性，由生育以至長成，就不盡心縈懷，拊畜顧復，願其强健爽俐，或有偶染微疾，則急爲問藥調治，如其身患瘡瘍，則尋方敷施，不忍坐視其疾痛之苦，如孔子云：『父母惟其疾之憂。』故爲父母者，每遇兒女有疾，則焦心思慮，廢寢忘餐，尤過於己之患病，倘其子女之足被人所傷，孰肯甘心而置之不問也？至若纏足一事，則自傷其肢體而不顧，自五六歲時，則以布條緊紮，使其肉糜骨折，痛楚難堪，致生成之善足，變爲殘跛之廢人，畢生艱難，趨步不便，欲求其小，不顧其苦，貪其美，不計其害，名雖愛而實傷之也。嘗聞究醫道者謂，人遍身血氣，日夜運行不息，如一處束縛，則血阻而不週，常生疾病，若女子自五六歲纏束其足，則血氣必然不行，及至嚴寒，足脛常冷不温，而結曆縮甲種種痛礙，且足之脛節，亦必肉消骨小，上體重而下體輕，行步艱難，身體軟弱，倚杖扶墻，顛之倒之。迨及暮年，身愈衰弱，多生疾病，此時方悔不如無纏足之强健便捷也。余於此三月間，搭五帆船往小溪，見一老婦年近八旬，執篙撑船，不歉方剛男子，觀其首則兩鬢垂秋矣！而身猶康健有氣力，乃自幼無纏足之故也。又此四月間，余再由陸路往小溪，見一女子年約十三四歲，肩挑生草四五十斤，由山而下，以其無有纏足，方能如是之輕捷也。若夫纏足之婦，年逾八旬，縱使身體强健，亦必艱於行動，何能擧篙搖櫓哉！至若少婦纏足者，年近及笄，亦行路惟艱，何能挑草下山哉！故纏小足之婦女，罕能出門，緣其跬步艱難也。若偶有行路，則必賴人扶持，或藉雨傘爲杖，手不能携一物，肩不能背一兒，且肩膊向後，兩手緣壁，顛倒難以自在，搖擺不能徑行，及居家理事，亦虧婦女之職。嘗稽古時男耕女織，布粟交易，民用乃足，而國亦富厚，故一夫不耕則或受飢，一女不織則或受寒。惜乎今時婦女纏足，不能操作，致使男人而作女工，以此民用空乏，而國計困窮也。且婦女既纏足，多不能赴稍遠之會堂聽道禮拜，又不能就塾讀書，大傷閨閫風化，此不第害及其身，並害及其魂。噫！是誰之過歟？或曰：纏足乃漢人風俗，足大足小不拘，特我教會中人，切不可效彼纏小足之害。若纏其大者，既無害於身，又不遠乎俗，以爲兩便，則將應之曰：非是之謂也。漢俗非漢俗，不在乎纏足無纏足之分，蓋纏足之俗，始自後唐，未聞後唐以前婦女則謂夷婦，後唐以後婦女乃稱漢人也。且自後唐以後，婦女纏足者有之，不纏足者亦有之，又未聞無纏足者皆非漢人也，故纏足之大者雖曰無甚傷害，然不免貽譏於世俗，究不如不纏之爲美也。曾觀纏足之大者，遇涉水而畏難，雖無楚江之厄，亦當賴鍾建之負，若一顛躓，則同曹娥赴水，無復妃子凌波矣！且歷觀經史女人，無纏足之累，皆多才逾鮑妹，韵敵右芬，若今時纏足之婦女，惟慣嬌痴，欲求其一二稍通於翰墨，則杳不可得也，是纏足之俗，枉屈古今名媛閨秀，不知凡幾矣！或謂纏足與無纏足乃欲別妍媸耳！蓋俗以纏足爲妍，以無纏足爲媸，故諺之曰：『梳好頭，蔭好面；纏美足，蔭美身。』是足之纏烏可忽乎哉！噫！人心蒙昧，順逆倒施，竟由於此。夫人之妍媸在乎容貌之醜麗，不在其足之纏與不纏也，若果纏足能使人妍，不纏足能使人醜，則無鹽可成西子，孟陬將爲龐廉矣！吾知其必不然也。夫醜婦纏足適如東施效顰，反纏以增其醜，且無纏足者天然美質，有纏足者接指癰腫，若跣足比較，其醜麗立判，故纏足之女，雖夫婦至親亦羞現其足，其明證也。或曰富貴之家，婦女鄭重纏足，以能紐金玉足環，設無纏足，則不能飾之焉！夫金釵布裙之婦，古今賢之，若金玉乃國之寶，富貴之家用以裝飾，且爲之僭，況以纏足著履，得毋暴殄天物，驕奢過度耶？我本朝開國，俗尚樸素，男女衣冠，猶存古風，後人之奢侈已不合於功令，婦女帶金履玉，得謂無干乎例禁也？且我教會中人，有聆聖書訓示，益當樸素，如保羅云：『我欲婦女衣素衣，金珠文繡勿以爲飾。』若仍紐於習俗，是背聖書之訓也。不第此已也，纏足之事實，僭上帝之權，犯罪非輕。稽考古昔，上帝摶土為人，噓氣入鼻，而成血氣之身，次令亞當酣睡，取其一脅骨成爲女人，四肢五官純備無缺，由是生育衆多，無論男子手足皆同。今觀天下，除中國以外，婦女均無纏足，可見上主造人之足形，男女無二致，此古今之通義也。惜乎蚩未盡善，當再加以矯揉之功，而後全美，是謂己之才智超越於上帝矣！其僭妄之罪不亦大乎？且纏足亦失愛主愛人之道，原上帝造人，四肢五官各適其用，男女皆同，是以女足不異於男足，故掌以着地，指以歧足，均循其性之用，而人乃足屈其指，曲拆其蹠，使之縮而不伸，竟厭其天然，而不憚其矯揉，不惜其痛苦，並不顧其艱於行步，斯乃壞上主所造之形器，將善足戕賊而變爲逆性之施。夫不率性之道卽逆理，所謂逆理，則獲罪於上帝也，豈特愛主愛人之道有虧已哉！蓋愛人之道，莫先於愛己子女，奈何將己之子女，自五六歲則苦其足，牢束緊紮，儼似烙偪；氣阻不行，若同壓閉，以致皮肉潰爛，疼痛號泣，艱於步履，忍受終身之苦厄。或觀纏足之時，緊紮呼痛，母卽酷打其女，强使之痛楚難堪，旁觀之人，每為傷心，其父母反鐵石心腸，絕無惻隱。嗚呼！殘忍若是，擧愛主愛人之道安在哉！試思之，是直使兒女犯第五誡也，誡曰：『敬爾父母。』保羅亦曰：『父勿使子怨怒，必宗主教誨養育之，此父慈子孝，各止其所也。』孔子曰：『爲人父止於慈。』今之爲父母者，苦偪其足，是既失慈愛之心，而止於忍矣！夫女既痛苦，則心不舒暢，因悲憤而生怠慢，詎非女子所稟之天良，致為父母激壞歟？女之犯誡，實爲父母者有以致之也。且纏足亦是冶容誨淫，緣纏足者，常欲裝飾，嬈嬌體態，惹人眺視致邪僻狂，且每生淫念，耶穌曰：『見色而好者，心已淫之也，雖則他人之孽，實由我之孽以引之也。』又曰：『陷人於罪，事所必有，但陷人於罪禍哉！斯人也。』可見纏足亦閨門之斁風，大獲罪於上帝，我教會切宜速除此弊焉！

又 光緒二十二年七月號《鴛湖痛定女士賈復初稿〈纏足論〉》 天下弊俗多矣！名人通儒，往往著爲論説，痛切訓戒。獨至纏足一俗，其殘忍不亞於火葬溺女，其關係無殊於煙癮酒狂，而稽之儒先垂訓，以及所紀嘉言懿行，鮮有能不隨流俗，力自振拔，且大聲疾呼，以覺世人者，而腐儒且泥於重男輕女之見，甚至以纏足爲得計，坐使中華女子，遭此浩劫而莫之拯。嗚呼！同一爲人，何不幸而至於此極哉！今幸西國閨秀，創立天足會，冀救吾華弱女子於裹紮束縛之中，誠盛舉也。但思祛其弊，必先知其難，間嘗深求其故，乃知不徒輕女之見，中於人心已也。中華婦女，鮮有讀書明理，率視纏足為不可少之事，積習相沿，牢不可破，男子雖極力阻止，婦女未必聽從，其難一。世人娶婦，不問婦德，先問女足，若使蓮船盈尺，則雖德容兼備，必將指爲大疵，故父母雖欲不纏，而不能不爲擇配計，其難二。婦女衣服裝飾，尚思爭勝，況顯然足之大小乎？同輩聚處，俯視裙下，獨不如人，未免啓笑同儕，或且取憎夫婿，當此之時，有反謂寧受痛楚，而怨其父母不早爲纏小者，其難三。因是三難，士大夫家，遂至因循，且古今不少豪傑之士，而於此卒未敢輕議者，職是故也。曰，然則此俗果未能廢歟？曰，否。由前言之，雖沿數千年，其關係尚淺，由今言之，則其禍益急，惡可視為緩圖哉！何以言之？方今國勢，甚貧弱矣！士農工商，皆當奮發興起，力求自强，女子亦當合力相助。若仍令忍痛含怨，矯揉造作，則狠心辣手，既乖母女之情；寸步艱難，復失内助之義。重男子内顧之憂，有妻女爲累之嫌，是有礙於倫誼交接者，一也。經營局廠，製造貨物，雖男子之責，其需女工者亦不少。西人貿遷異國，多挈妻女同行，若纏足之人，惟有安坐家中，刺繡描花已耳！欲如泰西婦女之兼任外事，更謝不敏，是有礙於富强經營者，二也。纏足則朝夕愁悶咨嗟，因是氣血不舒，無殊殘廢，提携既覺其艱，操習亦形未便，較之西女之遊行自在，何啻霄壤？所育子女，亦難望其强盛，是有礙於身體壯健者，三也。況乎今日，中外一家，吾華素號教化最先之國，乃此等惡俗，徧地球不見於他國，而偏盛於吾華，豈不益增外人之恥笑輕侮耶？言念及此，在今日之廢此俗，誠有不可稍緩須臾者。且果廢此事，何異驟增二百兆有用之人？而覘國者亦以爲，數千年惡俗，尚欲一旦廢之，則他事之振興可知，欽敬之心，不期而至。其廢之之益有如此，然則縱未易速變，不可不思善法，以冀復其本初也，明矣！茲謹議治本之法一，治標之法二，旁治之法二。何謂治本？廣女學是也。凡百惡俗，皆由不學，今議推廣女學，女孩概令入塾讀書，設法鼓舞懲戒，但求明理，不騖詞章，務使人人知纏足爲毁體媚人之事，可恥可傷，互相勸導，則不禁自絶矣！此法似迂實確，雖緩而獲益甚大，所首當議及者也。何謂治標？宜請於朝廷，嚴加申警，若恐查察騷擾，則惟限三品以上官員，所生子女，皆書之籍，歲遣旗籍命婦徧查之，有纏足者，罪其父母，如此，則貴家皆不纏足，其纏足者，不徧而自成賤籍矣！此一法也，士大夫宜自立戒纏足會，同志入會者，皆自戒其婦女，而互相稽察，違則斥出議罰。如此，則同會者可互通婚姻，不憂難於擇配矣！此又一法也。何謂旁治？一則方今各埠工廠，傭用女工不少，宜屬其立一章程，所用女工，不收小脚。如此，則人人知纏足則覓食艱難，貧家必自戒矣！一則請來華傳教士，定一教規，凡入教之家，皆放其足，懸爲厲禁，入堂禮拜時，經查而申戒焉！所免女子，當亦不少，此法最爲易行。五法果行，三難自去，是否可採？祈裁擇焉！

又 光緒二十三年正月號《番禺愚叟〈衛足説〉》 痛夫風俗移人，作淫巧，殘形性，極大害而無小補，未有如纏足之甚者也。統不仁不智，無禮無義，甘心爲之而不知悔，未有如纏足之愚者也。人必有大罪，然後臏刖，仁主愍之，猶除肉刑，惡丐竊人孩穉，藥之使變其形以行乞，人必深恨而欲寘之死，奈何以至親骨肉，忍而爲此慘也。鴇母之苦假女，貪主之飾妖婢，後妻之虐遺孤，猶可言也。乃有獨育掌珠，方離提抱，未受一日有足之樂，遽與以終身刖足之刑，束縛之，朘削之，血肉狼藉，聲色俱變，百端哀免，靳置不聞。且臏刖一痛卽已，茲則肌骨日銷，飲食忘味，捧足而泣，罔間晨昏，寒夜無溫，炎宵愈酷，瘃繭交迫，呼號達於九衢；木石偶攖，酸楚澈於五内，重囚且因寒暑減刑，茲更因時增劇，何樂乎有此足也？且長處富貴，猶未劇也，莫甚於貧小之家，望作門楣，而姿首平常，妝飾緜薄，極力纏剝，務求勝人，苟充下陳，則爭寵不前，侍奉無狀，虎烋獅吼，主嫡交瞋；足戰郄行，甚於犴獄；幸爲匹敵，自必門戶相當，躬操井臼，而霜天雨夕，蹩躠逾艱，加以粟布無餘，膏沐少暇，三日不澣，泥滓淋灕，不可嚮邇。其苦不徒在痛，又況前榮後悴，力弱瞳昏，賃舂不能，箴功亦廢，降爲傭嫗，主人以纏足爲嫌，不得已而謀放，則筋疲骨折，不良於行，作香櫞形，有爛橙色，匍匐就食，困苦莫名，予實親聆其泣訴煩寃，而詬其爺孃者也。此猶屬處常也，若夫不虞洊至，倉卒羣逃，貲物難携，舟車莫覓，心忙體栗，十步五停，夫妻子母姊妹之間，初尚牽連啜泣，竭力維持，迨至情急勢危，忍而舍之，則累其不孝不慈，不忍而顧之，則順子義夫，且因之而同斃。矧淫擄之餘，苟延殘喘，仍復纍繫馬後，驅使偕行，少緩則鞭杖交加，偶僕則人馬踐踏，斯時也，天地慘黷，蘭玉泥沙，尚何言哉！即較輕而逃荒，輾轉中途，周親不保，即較小而避火，固難自顧其兒女要物。且數男掖一女，亦顛躓良久而不能行，至多喪失，此則予屢經目擊者也。猶憶歲在己未，海氛告警，予爲叔父懷重資出城，西門僅半開，前忽有七八處女，連踣於地，後者排擠甚迫，危急萬狀，予方少年氣盛，悉力暫遏而援之起，揮使逕行，其免蹂躪幸耳！夫藏鵜屈笱，俗猶謂之不仁，屠劊行刑，猶必先自痛飲，以鼓其一時之殺氣，奈何以無辜愛女，從容談笑，行其殘忍，而莫之惜也？斯眞與於不仁之甚者也。且豈惟不仁，抑亦不智，智者能急所當務，而濟所不足也。故體弱則藥之使壯，眼眊則鏡之使明，膃肭則薰之使潔，而復引導以暢之，技擊以健之，挾鉛以趫之，鈍也且轉爲利，蠢也且化爲靈，即無名指屈，亦必百計求伸，而凡瘖聾攣跛，殘疾至廢，爲天所刑者，皆能補救，使適用以自養。今也，有用之足，戕之使無用，無臭之體，染之使有臭，天不刑人，人不刑之，顧自刑焉！季蘭戶之，神弗降矣！中饋資之，謝無能矣！即貲財徧地，取之無禁，亦負荷不勝，挨擠不上矣！非扶掖不能遠行，進止遲速，或反授權於婢僕，見嬲於無賴，可謂苦乎？婦女亦多鑒纏足之苦，而知其非，但狃於習俗，動曰：『爲嫡室，非此不矜貴也。』試問嫡之見貴，以德乎？以名乎？抑以臭且廢之肢體乎？而不見擁八座，受五花封，不纏足者之多乎？纏足而爲娼爲優者，比比皆是乎？且女子每欲求尚於男子，故紂之暴虐，且作為奇技淫巧，以悅婦人。今不惟外假諸器，且殘賊肢體，以求悅男子，先自屈辱矣！況反目亦所時有，遇熨體苟郎，怒極猶憐，尚可言也。儻躁莽者，不顧焚琴煮鶴，大杖亦不能走，斯慘矣！即兩能相角，而大足一蹴，脂虎殺威，皺之不可，追之不及，計惟盤地號咷，肆其毒口，而狂夫揚揚，遠去游冶，而不顧不知矣！平日詈淫賤者，曰，殘花敗柳，而顧自殘之敗之。嗚呼！何其愚也！而逐臭之夫，下流之傖，又從而愚焉！不問德，且不問色，而先下體之是求，以爲美觀，則掀胸突臀，折腰撐手，備諸劣態，以爲侍奉，無論鹿車之輓，鴻案之舉也。即謂藉人以煖，彼不能自煖，何能煖人？愈寒愈痛，終夜有聲，只擾清睡耳！矧閨門中有甚於畫眉者，尤多不便乎？舉世溺之，皆與於不智之甚者也，由不仁而不智，而禮義因而缺焉！即就顯淺者略言之，搔抑扶持，無望其勤趨也，侍膳奉匜，無望其久立也。箕踞而見家公，憑几而呼父母，賓祭之重，久跛倚而不共；肅拜之微，非扶翊則將仆，而於廛肆之間，臧獲之賤，反喜跪與之言，揖讓周旋，顛倒拙滯，儀且不圖，安問禮乎？凡百不宜，又安問義乎？夫事尊長，撫孤幼，皆貴行而宜之也，乃悉以自諉，而强人之相恕，義乎？男女居室，宜黽勉同心，通力分任也，若夫倡而婦不隨，男勤而女終惰，義乎？夫無所操作，則貧者旨蓄不充，愁苦而多蟲瘵，富者溺於飽煖，而好聚談，無力以經營，則狡計滋，有餘以濟奸，則私慾熾，其多行不義，非惟淫盜賭博而已。夫授受不親，禮也。勤儉宜家，義也。恃纏足之故，疏於奉養，時或坐役其夫，而行路顛危，忽抓途人而倚之，且或雇而背負之，禮義廉恥，不幾掃地耶？且夫四維不張，五常有憾，非細故也，害於民生，即關於國計。昔者，寇警孔棘，瀕危之際，戍樓一空，守陴無人，問所以然，則以將士之孥皆纏足，謀舁之遁故。夫客兵旣不習其道徑，又不悉其奸慝，休戚更漠不相關，久養駐防，欲其保城，即以保家也。乃無事之時，饟薄則坐食無輔，饟厚者又習為嬌惰，耗無所儲，少有警動，即憂其孱軟，徬徨呼泣，徒亂軍心。迨事機迅變，頃刻需人，不能賴其母妻，提挈老幼，反致累其夫男，多方提挈，因私廢公，各鳥獸散，如此，皆纏足之爲禍烈也。使足完而體便，氣亦盛焉！膽亦壯焉！平時，習見兵事，有警，則相其夫子，筋器械，庀糗糧，無相擾，且式相成，咸得專其心以捍外，故以戰則勇，以守則固。夫危急存亡之交，問不容髮，聚則衆志成城，反危為安；散則三軍可奪，事機坐失，所關豈淺鮮哉！古來，詠板屋者知兵，號孃子者成軍，上馬殺賊以復讐，男裝替爺而征戍，軍興以來，女將間出，巾幗中大有英雄，第非纏足者所能也，則勿謂致强不在此也。且强必以寓為基，女之力緜於男，而心則靜而專，摯而細，吝嗇而忍耐，競及刀錐，蓄及木屑，以之生財而保業，每勝於男，壯於趾而不苦其形神，不惟健者可把犁鋤，巧者能工筦算，其尤者，可講求機器兵械，極精而出奇，卽夫耕婦饁，夫獲婦藏，分任其勞，俾無兼顧，則事以專而功倍焉！間觀山犵水蜑之家，卽畝乏汁萊，濟無舟楫，而採樵撈蛤，恒有贏餘，不纏足故也。又觀於機器各局，男工或作輟無時，女則常川洊至。故同一播植也，纏足之家，荏弱晏起，妝辦需時，炊餉細務，動役佃丁而擾餘夫；不纏足，則不惟不耗之，而且事必躬親，更知撙節，以此爲例，其相去何止倍蓰？夫物產饒裕，則賦稅充；家室完聚，則逋負鮮，因富加教，而强赤可馴至焉！夫不逞之徒恒有，而類多戀其故，惟顧目前，凍餒交迫，斯鋌而走險，見誘而爲奸爲宄，畔上而爲間諜，爲倒戈耳！苟有生計妻孥以縻之，蓬生麻中，亦相隨勉於從公，以爲保身家之私計；且均而不貧，則聚而入保，聲勢以聯而愈盛，近不敢竊發，外不敢輕窺，縱有侵擾，亦可助夫男以禦之。憶昔土客之鬭，客少於土，而勢倍於土，得女助之明徵也。土婦受客婦之戕虐，而不能支拒，聞之尤可慨然。洪逆之亂，有蘇氏一旅者，因賊掠無家，始隨大軍，供樵炊耳！寖而利其俘獲，每戰必從，終且集健婦自爲一隊，又其明徵也。傳聞明季張獻忠，嘗斮纏小之足，累爲巨燭以祀天，復取其愛妾之趾最纖者，合其燭尖，其黨高賊，所至悉索婦女，足小者供縫爨，淫虐至斃，足大者役芻牧，往往逃去，其利害愈判然矣！自海禁日弛，間有華商，挈眷遠涉，彼土見纏足者，訝以為怪，聚而讙之，或侮而弄之，其何以爲情耶！夫長裙狹舄，西婦之文秀者，亦復楚楚可憐，卽六寸圓趺，一雙軟玉，堪資吟詠，何害爲西方美人？聞其夙尚細腰，因挽多難，近已力革，有憫華婦之無辜臏刖者，集一天足會，欲拯勸之，以復其天，誠美意也。越國而謀，且懇乎其至，而居中土者，顧恝然置之，且忻然樂之，何耶？況纏之工而纖勻整潔者，猶惡鑿天眞而非雅觀，若笨如小舟，昂其首尾，跋前疐後，擁腫過於其舊，如傴如僂，循牆而莫走，東施效顰，只令人欲嘔耳！以云取媚，誠不知其何取也。間有大足之女，望之若登仙，而無識之獠，反舍其璞而慕鼠，更不知其何心也？妝飾之轉移，恒視乎通都大邑，二三巨室士大夫，關心世道，廣約同志，預訂婚姻，躬先倡之，苦口道之，並瀝情上籲而申禁之，不必嚴刑峻法以相繩也，但與約法三章曰：作爲淫巧，有斁彝倫，自今十二歲以內，仍纏足者，不得作良家論，不得居冢嫡，不得邀封典，違者罪之，坐及家長，惟優娼不禁，且略爲服飾以別之，惟嫡與命婦，許其著鞾及朱舄，且喻以毋惑備選采女之浮言，至與京師異尚，行見遠近翕然，不十年而改觀也。夫一女呼訴，冤霜夏零，宮人放歸，甘澍隨降，以億兆之婦孺，日夕爲卞和泣，愁慘之氣，其升聞顧何如哉！覩此顚連之衆，卽所繫非鉅，猶廑胞與之懷，矧禁之可爲富强之漸，不禁且墮禮義之防，仁人智士，起而力拯之，千百年之頹波，挽諸一旦，滌蕩瑕穢，以迓祥和，是亦神禹之徒也。抑又思之，觀音大士，婦女之所崇奉者也，現女子身而說法，更露雙趺以眎之，意欲警彼夢夢，踵武而登彼岸也，顧皆不悟，且詈不纏足者，以傷菩薩之類，而欲大慈悲救其苦難也，難矣！儻有乾綱不振，閨閣中仍固執强辨，不能理喻勢禁情動者，願更以此告之。

丙申春，甚雨，適款客於門，見有弓鞵涉潦者，心殊惻然，因話素志，諸君子促予著說以覺之，西旅閱而笑曰：『子志經世，而尚簡默，何辭之靡而煩也，且纏足之縱，欲弱漢媍也，何昧昧耶！』子曰：『噫！纏足由來久矣！《雜事秘辛》，其書雖未足信，而謂梁媛趾微斂，如宮中束帛者然，其言匪盡無因。且康熙二年，嘗禁之矣！而習俗難返，殆無大聲疾呼，痛切以喻之者耳！予何憚頤頤也，且不徒以眎同儕，如周公之告多士多方，反復猶恐不達，何能如虞廷之危微精一，夔龍之吁咈都俞，簡而能會也。且冷眼熱血，欲言仍茹，久已噤若寒蟬。茲取若輕忽而實關重要者，姑試啼聲，為朝陽鳴鳳引，而客又不諒，何有於蚩蚩之氓，囂囂之雌也？客休矣！予其燼之矣！』客改容，謝不敢復戲，請備録而退。幼聞困於纏足者，叫天無宰，卽憬然思得不纏足之婦，以爲嘉耦，因愧不敢請，後為諸男求之，而無合式者，今又欲爲孫聘婦矣！素願其果遂歟？愚叟幷跋。

縷馨仙史曰：『君子曰，鮑莊子之智不如葵，葵猶能衛其足，余於纏足之女亦云然，然女非不樂自衛也，有愛之而不令衛之者，寧武子之愚，則誠不可及矣！』

又　光緒二十三年三月號《蜀南趙增澤潤琴氏〈勸釋纏腳説并跋〉》

罪莫大於違背君師，禍莫痛於斷折筋骨，雖極愚陋，亦知其然也，況賢士大夫，崇王制，畏聖言，儼然自謂爲豪俊者哉！若我中國女子纏足一事，則大有不可解者。稽諸雜説，或近託李唐，或遠託商周，苟且因仍，遂至今日。然我朝定鼎之初，固有禁止纏足之令，徒以殷頑負固，致梗教化。今則食毛踐土，二百餘年，縱使皇仁寬大，聽斯民以自然，而猶以纏足乏風，甘與君上相殊異，違棄君教，其心何居？肢體受之父母，不敢毀傷，讀聖賢書，謂當若何崇奉？今則擧數歲女孩之足，嚴加綑縛，淋漓膿血，務使潰爛斷折，以期瘦小，毀傷之訓，其謂之何？是蓋獲罪君師，而虧體辱親者也。國家教化天下，滿洲蒙古，以及漢軍，素不纏足，初未損其尊貴也。近時，直隸兩廣，連遭兵燹，漸知纏足之非，已半化其惡習，我四川之蓬州、蓬溪、洪雅、夾江等處，昔有明敏特達之士，改纖足爲長足，合境咸化其風，今古不殊，安見今人之不古若也？外洋英、法、德、美數十國，環列宇內，絕無纏足之苦，計同生天地中者，獨我華愚陋之民，衆猶甘沉苦海。爲父母者，不聞以四德三從諸大法，教訓女子之心，而獨以此惡陋之習，殘毁其足，既背聖君之教，又非聖人之意，曾不思娼妓足雖纖小，不能入君子之門乎？貴賤之分，與足何涉也？況乎國家法令，懲治兇暴，然除凌遲斬絞而外，雖身犯重辟，但有一毫可原者，則減爲軍流等事，未聞有毀其一肢一體者。夫國家待兇暴之徒，尚復如此仁厚，平人相毆，毀人肢體，亦且律有常刑。今乃擧幼女之足，故爲潰爛斷折，使之哀號痛楚而不顧，猶悍然自謂爲能愛，曾不思弱女所犯何辜？所得何罪？而使其晝夜痛苦，竟百倍於兇横盜賊之受笞受杖乎？況受笞杖者，半月即能平復，女子則終身殘廢，斷不能反本還原，揆諸吾人愛女之情，必非所願，而或者曰：『吾祖宗累代如是，今改易之，是背本也』。曾不知若祖若宗有無窮寬厚仁恕，後人不能則效其萬一，乃欲以無辜幼女，甘爲殘廢，而自矜上紹先型，冥頑不靈，誠堪痛恨矣！腐儒意氣自高，攘臂而談利濟，乃近在膝前之幼女，甘視其哀號苦痛，而至於四體不全，由此靜思，能無自笑？所尤恨者，纏足而後，擧止艱難，猝遇兵戈，莫能逃避，以致父棄其女，夫棄其妻，各爲性命而奔逃，甘視妻孥之俘掠，完節者墜巖投井，偷生者喪節亡身，揆其毒禍之由，實爲父母之罪。伏願世有豪傑之士，點頭相許，有足莫纏，使諸女子，平居而忽逢禍變，既可操梃以衛身；昏夜而猝遇非常，亦可負姑而出走，女子亦知執鋭，可以敵愾於國家，强寇無敢至門，可以自全其名節，既忠孝之克盡，亦常變之攸宜，則娶一媳，或遠勝於弱男，亦生一子，可資力於佳婦，豈不快哉！然積弊既深，轉移匪易，當先於里閭親婭，互約婚姻，誓有足而莫纏，庶同力之易擧。人皆有女，常思聖賢啓足之言，父戒其兒，莫爲流俗嫌妻之事，爲丈夫者，若以不纏之故，遽起憎嫌，當思汝今日娶人之女，以不纏足爲嫌，即他日人娶汝之女，以能纏足爲樂，誰不爲父？誰不生女？相率而纏，不能改易，設當禍變，或罹穢毒，是汝憎人之女於前日，可謀生全團聚而不爲，實汝害汝之女於後時，雖痛哭悔恨而無及也。況乎禍變之至，富貴者首罹其毒，蓋其婦女素慣安逸，不能奔走，一朝有事，惟有坐以待斃，視彼不纏足者，負重持械，奔走迅速，既無離別之悲，又無死亡之禍，夫非判若天淵乎？若令略嫻武備，雖土寇劫奪，尚可爭戰而獲安全，同免危機，是爲快事，而愚者曰：『保衛之道，不責之男子，而望之婦人。』陋矣！曾不思自古迄今，有位兼將相，而不能自保其妻子者，滔滔皆是，庚子山演連珠，誠可痛也。又況纏足之禍，不徒女子受之，而男子亦同受之，何也？賊寇未至，其男子本可遠避，然既有妻女，勢不能棄之而去，使辱於他人之手，於是稍存冀望，尚盼神天保祐，或可無事，迨賊人迫近，其妻女已俘已戮，乃思趨避，不可得矣！亡身破家，哀何如哉！是女子因纏足而受禍，其男子本可免禍，轉因女子纏足而同罹於禍也。所望諸君子，共勉爲中智以上，而不爲下愚不移，則大幸矣！方今海疆多事，兵禍未靖，外洋婦女皆長足，勇能習戰、從戎，多剛猛之風。我國婦女多纖足，弱不勝衣，退處習娉婷之態，直自弱之術也，亦自斃之道也。儒生未用於世，當求有益於人，即此一端，未必非革薄從忠之漸。我川人稠地密，失業尤多，意外憂虞，何堪設想，有心世故者，其何説乎？

痛夫積習之相沿也，以無辜幼女，罹此慘毒，豈慈父母本心哉？誠有大不得已者於中，故忍而爲此割愛之擧，以曲成其愛耳！然傷天地之和，違生成之理，廢操作之業，長驕逸之風，揆厥由來，至斯而極。聖朝定鼎之初，下令禁止，天亶聰明，爲民父母，超越前代，實相萬萬。無如愚夫愚婦，牢不可破，甘遭戮辱，違背憲章，二百餘年來，習常蹈故，已無有覺其非者，豈一二人之力，所能家喻而戶曉哉！然每見幼女，躑躅呼號，爲之母者，亦且持踵泣下，雖復加以捶楚，而肝腸之斷裂，業已可知。何況一經兵燹，踰越險阻，掉陷泥淖，卒以步履艱難，辱於賊人之手者，十有八九，悔恨之聲，盈於道路，窮而思返，或亦世運之一轉機歟？苟有一二學士大夫家倡於前，未必無什佰蓬戶桑樞民和於後，趙君獨能感觀變，慮遠思深轉相傳述，訂婚之始，即約女家毋狃習見，俾千百餘年之積習之非，爲破迷之論，婆心苦口，萬喚千呼，所冀明敏特達之士，審時積弊，漸移漸化，由近而達之天下四海，豈不懿哉！豈不快哉！若老子所稱，下士聞道大笑之，則吾不知也，則吾不知也。噫！韓乾學、龔澤培、陳嘉璋、曾鳴玉、侯世光同啓。

《湘報》光緒二十四年第十五號《浙江洪文治〈戒纏足說〉》 女子纏足，或云始自齊東昏侯之潘淑妃，或謂始於南唐後主之窅娘，我據《史記》『邯鄲婦人躡利屣』之語，謂周末已有之。楊用修求其説而不得，乃僞造《漢雜事秘辛》。高江村則直言莫知所始。愚謂《史記》所云，即《漢書》言『彈絃跕躧』，乃躡無跟小履，與後世弓鞋迥異。東昏侯言所謂『步步生蓮花』，亦借用《報恩經》鹿女步生蓮花事，皆未可爲纏足之證。陶靖節《閒情賦》：『願在絲而爲履，附素足以周旋。悲行止之有節，空委棄於牀前。』其未加纏裹可知。世傳馬嵬老嫗得楊妃錦襪，長不盈三寸，小説家言，或由附會。若溫飛卿《錦鞵賦》：『闌裏花春，雲邊月新，耀粲織女之束足，嬿婉嫦娥之結璘。』則明言束足矣。『六寸膚圓』之句，雖出依託，要是五代人語。然李後主詞：『剗襪步香階，倒提金縷鞵。』剗襪能行，知鐵骨猶未折也。至宋劉改之《沁園春》詞：『窮形盡相，與今世不殊。』蓋此風乃積漸而成。事褻且微，史冊不載，故無由得其緣起。大抵婦人形體率尚纖柔，眉脣腰指罔弗以小爲貴，惟足亦然，惡其長巨，則束縛而摧折之，萌於唐而熾於宋。觀唐人言女樂，皆歌舞並稱，宋則言歌而罕及舞，殆不能矣。元明至今，薄俗相沿，習非勝是，誠不解其何所取而爲之。以言乎美，則毛嬙、西施，初非纖趾，借曰美焉，則是冶容誨淫，爲人父母更不宜出此。或有曲爲解説者曰用是拘束其身，毋俾亂步，不知共姜，伯姬誰加縶縛！而流娼繩伎，遠涉江湖，未見其能禁絕也。《周官》婦學之法曰婦德、婦言、婦容、婦工。所謂婦容，即足容重、手容恭之類。今行則跉踔，立則跛倚，婦容失矣。繅而弗織，婦工闕矣。問安視膳，因茲漸廢，而婦德亡矣。婦德亡，家政荒，大亂之道也。一事之微，其流弊乃至於此極，可勿懼乎！天地之運，極則窮，窮則變，乃今志士仁人，創立不纏足會於上海、湖南、福建，接踵議行，物窮將變之幾乎？會中章條周密簡易，不須贅言。獨念屬毛離裏之親，顧復根於天性，其恣行慘酷而不顧者，蓋有不得已焉！夫樂稱譽，畏譏評，而不問事理之是非，庸人之情，大都如此。婦女之恥不若人，則新婚爲甚。故世俗呼爲鐵門限。娶婦延賓名曰鬧房，浮薄少年狂調虐謔，無所不至。幼時嘗聞有著假履之新婦，賓客篡取爲笑，婦遂闔戶自經。近見新婦足形不直，其姑束之以竹，婦乃仰藥而死。夫婚姻之禮，爲酒食以召鄉黨僚友，所以厚其別也。爲禮而始於無別，將何以宜家室而蕃子孫？魏晉之間，世以放誕相高，此風乃起。葛稚川嘗深詆之，説見《抱樸子·外篇》。竊願章條中增此一禁，婚家延客勿入青廬，庶以塞禍源而端本始。昨讀沈君廣議，欲乞詔旨申禁，斯事猥瑣，似難上瀆宸聰。然亦有可言者。婦人於其親女，雖割慈忍愛，加以戕賊，猶存哀憫之心，程功尚緩，惟惡姑悍婦之於養媳、婢女，狠戾殘毒，往往出乎恒情之外。近有村婦爲九歲養媳纏足，惡其啼號，立時毆殺者，乃因名分已定，擬徒收贖。有治罪之名，無懲創之實，用是益無忌憚。愚謂似此案件，宜援光緒九年故殺幼媳，通行酌議監禁，勿聽收贖。宦家致死婢女，則援同治十年部議章程，分別辦理。其官民婦女，因纏足致死卑幼及白契婢女，罪應絞候者，秋審時除死者年齒已長，或邂逅斃命，仍照舊章議擬外，如年在十五歲以下，驗有水淋火烙傷痕，照金刃損折五傷以上，俱入情實，不得曲爲開脱。地方官每辦一案，即摘敘事由，出示曉諭，風聲所樹，全活必多，是則有言責者，皆可上聞者也。

又 光緒二十四年第十七號《唐才常〈書洪文治戒纏足説後〉》 唐才常曰：『痛哉言乎！凡我含生負氣之倫，見之而不隕淚者，無心肝者也。』曩者賴、陳諸君子，倡爲不纏足會，號且泣走海上，以語梁君卓如。卓如韙之曰：『仁人哉！』於是編會籍而爲之敘，引吭長鳴，血淚盈簡。

南皮尚書又昌言弱種瘠種之由，憤然曰：『中國四萬萬人，尫弱跰躚、顛側郤曲、刑廢幽禁之女子去其半，祇爲二萬萬人。』又曰：『幾何不馴至家家爲病夫，人人爲侏儒，盡受殊方異族之蹂踐魚肉而莫之校。』余嘗反覆南皮、新會之言，甇甇在疚，怳若有亡，視天無色，日月爲愁。於是凡廉纖弱足之搆於吾目者，不啻吾之縶之、縛之、刑之、刖之、犴獄之。輒自誓曰：『及吾身而不强聒天下回茲浩劫，則且生生世世，永墮地獄，不復與六根六塵伍矣。』又以是誓同志曰：『子而有心人也者，而不强聒天下回茲浩劫，則亦生生世世，永墮地獄，不復與六根六塵伍矣。』今觀洪君所言，新婦以假履爲賓客姍笑，遽闔門自經。又新婦足形不直，其姑束之以竹，婦乃仰藥而死。又村嫗以纏足故，毆殺童養媳，皆親得之見聞。才常因憶五年前，鄰有鄧姓者，其女甫五歲，白晳而豐，人或語之纏足事，則啜然泣，其母亦憂之，然慮其長成擇婿難，遂强之纏，其行乃趦趄不良，夜或徹旦哭。余勸其亟釋，弗應。余家適他徙，越一年視之，則奄然死矣。羅君召甘者，余丱角交也，每言及纏足事，則痛心疾首，切齒咬牙，若有所重讐者。詢之，則其女許字長沙某氏，欲勿纏足，而某氏弗允，卒以是致疾死。嗟夫！以洪君所見如彼，才常所見如此，則其他之纏而疾，疾而死，死而以謂彼命數使然，而無人推究其由者，何可勝道！夫卽不疾不死，而尫弱跰躚、顛側郤曲，行廢幽禁之餘，其無生人之樂也久矣。方足之初纏也，必用新布緊束之，其著鞋，或用敲火石之小鐵刀撬上，痛必徹骨，不三日必潰而成瘡，不瘡則脚不能成，瘡極敗爛，其肉盡化紅膿流出，而後血枯筋斷，脛折皮燥，足底乃折作兩灣形。其兩足旁凸之骨名曰髁子，髁最爲纏足時害，必畢力削成之如筍直，而足乃纖小，可世俗意。故婦人恒撫髁太息曰：此不知裂腸幾許，揮淚幾許也。至今思之，猶骨顫心悸耳。《詩》曰：『先祖匪人，胡甯忍予』。又曰：『哀今之人，胡爲虺蜴。』悲哉！天同覆，地同載，肢同四，官同五，而生人之樂，獨不得而同之。吾之生也，幸而男子，不過數十寒暑耳！儻此數十寒暑中，肢體少羸瘠，手足少痿痺，卽恨恨曰：此數十寒暑奚爲也？彼女子則自五六歲以來，已天霾日晦，無復生人之氣。天下古今之至不平者，孰有過於此。又況世亂兵燹之禍，凶荒顛沛之秋，更有不忍言不忍聞者哉！而或者曰：子言誠是，如不雅觀，何曰忍哉？既非花鳥，又非娼妓，何故作此不情之飾，以求悆心目。假天下皆不纏足，忽有一儔停妖媚者出其間，必且以狐狸駭之。是丹非素，安知不是素而非丹？且如以此爲雅觀，則我二萬萬男子，胡弗跛躃傾側，搖風曳影，供人玩弄矣！或者曰：男女有別，禮之善經。如子言，則踰閑蕩檢者多矣。曰：謬哉！男女之貞淫邪正，教化之有無爲之，甯在人身之强弱矣！才常瀏人也，瀏東界義甯，其間分土客二籍，土籍以客籍弗纏足羞與連姻，然客籍閨門極肅，雖貧不失禮，土籍庸未之逮也。且曾見窮鄉胼胝勤苦之赤足婦，皆淫奔，而娼寮妓館之纖益求纖者爲貞節乎？且夫道闇於時，理湮於運，横盡六合，豎盡古今。凡吾輾轉桎梏二千餘年，愚民之術未之覺焉，無責耳矣！若明使屬毛離裏之倫，併身刑戮而習焉忘之，是不智也。孺子入井，怵惕於心，吾子若女，折枝斷筋，夷然弗之恤，是不仁也。天朝禁令，惶惶耳目而弁髦之，是不忠也。身體髮膚，受之父母，弗敢毁傷，獨甘戕先人之遺種以爲美觀，是不孝也。海内士夫，號咷痛哭而猶觀望周章，坐蹈後時之罪，是不義也。斮種之刃，刲腹及腸，凡百新政，目不暇給，此最能自主之權，又奏功易易者，反瞠目視之，是不勇也。不智、不仁、不忠、不孝、不義、不勇，清夜捫心，宙合中烏容有是人矣！凡我同人，務矢宏願，平支那之沴氣，撥將盡之劫灰，拯切膚之隱痛，杜亡種之奇殃，其視造七級浮屠，階梯衆生者，程功速而積德宏也。輒傾心瀝血，奮筆疾書，補洪君所未盡云。

又　光緒二十四年第一百五十一號《新化曾繼輝〈不纏足會駁議〉》

此會創始於蜀人茂才周君、孝廉梅君，著論勸戒於上流各省。嗣是粵人賴君弼彤、陳君默庵等設會於順德。去歲梁君卓如、譚君復生等復設會於上海。風氣提倡，海内於變，各省分會，開建日多。輝等竊步後塵，相地因時，設法開辦。奈創行伊始，守舊之徒，齗齗之爭不能免也。茲將與會外諸君辯難之語，録諸簡端，凡我同人，其尙以此舉爲多事者，謹操斯言以進，庶稍損脣舌之力云爾。

難者曰：纏足之舉，始於周代，考《史記》臨淄女子彈絃纏屣，此爲纏足權輿。嗣是而後，如《襄陽耆舊傳》盜發楚王塚，得宮人玉屣，《瑯環記》馬嵬老媪女得太眞雀頭履，長三寸，皆小足明證。他如潘妃之步步生蓮，李後主命宮嬪窅娘以帛繞足，作新月形，傳爲一時佳話。夫以二千年來，君民士庶一體遵行之古制，一旦驟爲更張，其如駭人聞聽何？

答曰：否否。子不讀夫《詩》乎？《衛風》之美碩人，若手、若膚、若領、若齒、若首、若眉、若口輔之笑，若美目之盼舉，婦人全體大段，極力贊揚，從未聞一語論及足者。則周時美人，固不以小足貴矣。然則纏屣之説謂何？曰：後世有以纏頭爲美者，纏屣或猶夫此，非必即小足之證也。蓋此事作俑誰何，原無實據。然如唐明皇、齊東昏、李後主所爲，此皆亡國獨夫窮奢極欲之行。聖主賢王紛紛制作不此之法，顧謂謬種相沿，克遵古制。然則商受之剖心斮脛，劉鋹之鬬獸獻蛇，亦當帝之天之圭之臬之也乎？以革除陋習爲駭人聽聞，殊甚無謂。

難者曰：此制誠未善也。然閫內閫外防閑必嚴，男女賴以分别者，足爲之也。今立纏足之禁，則野田草露聽其往來，無所約束，且張冠李戴，假冒必多，男女混亂，淫風莫懲，其如流弊無底何？

答曰：否否。歷代忠臣義士，古誼若龜鑑，忠肝如鐵石者，志爲之也。婦人亦然。摩笄之山，望夫之石，詠柏舟而自矢，歌黄鵠以盟心，皆由一片眞摯血性，可以驚天地泣鬼神而爲之，非因足小而然也。必以此爲防閑邪蕩之一端，孰知此微步凌波輕盈可愛者，尤叢奸所集乎？大抵蕩子狂兒，揮千金買一笑，必先評弓影，次及花容。試思鬻入青樓居爲奇貨，有一蓮船盈尺者乎？且香閨閒坐，寸步難移，於是楊柳陌頭，芙蓉燈下，春風秋月，處處移情。昔人有句云：『欲知無限傷春意，盡在停鍼不語時。』似乎淫情蕩思，皆由縛乃手足而來也。且無别之累，更不謂然。夫鳥有雌雄之别，獸有牝牡之分，男女各秉天地之氣以生，陰陽異體，高下殊聲，以李代桃，一見便曉。且必謂女裝可冒男裝，獨不思小脚可充大脚乎？總之，此等流弊，關夫國法之寬嚴，王章之振廢，風俗之厚薄，不在乎區區弱女子一足也。抱此杞人之懼，以置普天下女子於陷阱之中，毋乃過歟！

難者曰：防淫之説可以釋然矣。特男子屬陽，女子屬陰，扶陽抑陰，古今通義也。今禁纏足，則女人高視闊步，無拘牽顧慮之虞，倘河東獅子擅厥神威，則不作三公跪，即無如九子魔，何矣。其如婦權日重何？

答曰：否否。婦人之情，貞淫慈悍，性使然也。必謂箝其手足，悍燄遂消，則吾中國裹足千餘年矣，宜乎臙脂虎絶不聞聲，露井龍無能爲怪矣，胡爲捉跗受杖，偏生諸葛之驚，斷髮逞威，不少宣城之妬乎？總之，婦德未嫻，姆教不善，雖日日臨以利刃，飲以鴆羹，求其悍氣之斂，不可得也，豈殘毁其肢體，遂變换其性情乎？且朝廷懸一厲禁，犯者刑罰隨之，今合普天下女孩，無分貞淫慈悍，亂齒未易，而皆予以極刑，其不公也孰甚。吾有子焉，翩翩頭角，就傅之年也，必先予以宫刑，曰吾恐汝異日行淫也；予以刖刑，曰吾恐汝他年作盜也。傎耶？悖耶？斷不至此。穉女何辜？易地以思，其得失是非，當必爽然自失矣。抱犢車之奇懼，造天燭之奇冤，三復斯言，其燄亦可稍熄矣。

難者曰：婦威之積，洵無關乎此也。然邇年海禁解網，醜虜鴟張，吾華人乏禦夷之策，事事師之，如輪舟、鐵路、電線諸政，已師之久矣。今且設織布局，服洋之服矣；設繙譯館，言洋之言矣；開時務武備學堂，行洋之行矣。所恃以碩果獨存，猶然中國舊制者，女人一足也。今并此而師之，則男率洋男，女亦洋女，國亦洋國矣。其如夏變於夷何？

答曰：否否。邵州魏默深先生《海國圖志》有云：『師夷之長技以制夷』，非尊夷慕夷也。蓋嫉夷之深，忿夷之至，思欲以學夷者，創夷也。子老學究也，既不能閉關以拒夷，復不肯設法以逐夷，徒曰師夷即夷也，是甘爲夷侮而不肯侮夷者也。吾姑不以此爲汝責，特以女人一足必謂矯揉造作，杞柳桮棬爲中國古制，反此則爲師夷。然則纏者爲華人，不纏者即洋人，豈纏者爲華足，不纏者即洋足乎？三代以前，無此惡習，然則漢唐以降，方是華人，商周以前盡是洋人乎？吾中國滿蒙不纏足，廣東沿海不纏足，黔滇諸省亦多不纏足者。然則彼數省久已學作洋人，吾腹地諸省今乃變爲洋人乎？此等不通之論，有識當前，徒增一噱耳。先生其亦可以休矣！

難者曰：師夷之説誠如子所言矣，然纏足之風相沿已久，朝廷未有明禁。《語》云：『天下有道則庶人不議。』轉移風氣，秉國諸公事也，吾與子草茅下士，恪守王章，相安無事可也。創此非常之舉，必窒礙難行，即事得就理，其如下奪上權何？

答曰：否否。如先生所言，眞化外之民也，眞迂腐之士也，眞所謂鄉曲冬烘先生，日抱八股、八韻、八段呫嗶咿唔以外，各書毫不與目者也。亦曾讀我朝《會典》諸書乎？男女衣服制度，昭昭可考，亦曾讀我朝律例諸書乎？崇德三年原有裹足之禁。順治二年又申前禁。康熙三年復降制書：有抗旨違禁者，官交吏、兵二部議處，兵民責四十，流徙。聖訓煌煌，其救我下民者深且切矣。奈愚民積習難返，官長奉行不力，流毒至今，靡所底止。今體先皇帝痛癢相關，纏綿愷惻之苦衷，恪守明訓，謂爲下奪上權，洵不通之極者矣。

難者曰：擅權之説誠不足以服子矣。特吾中國積習已深入人肺腑，今有王嬙、西施之色，苟裙下雙鈎輸人一著，輒比諸已玷之圭、未完之璧。所以閨閣嬌娃，年及垂髫，稍解人事，輒日以修足爲要務，似乎德言容工猶不如纏足之急也。今欲强遵國典，其如不協輿情何？

答曰：否否。非洲有扁頭焉，彼固以爲美也。歐洲有細腰焉，彼固以爲佳也。此扁頭細腰者，使我中國人見之，果美乎？佳乎？否乎？惡習之中於人心，牢不可破，非小足之美也，以之爲美則美矣。舉中國而皆不纏足之婦人，有一顛跛狼狽若鬼若妖者雜乎其間，其醜也孰甚！且此等傎謬痼習，果女子倡之乎，抑男子爲之也？大抵女兒以身許人，膏澤塗飾隨男子好尚爲轉移，此楚王宫中所以多餓死之鬼也。今使普天下男子別創一新聞曰：自今以後，以不纏之足爲出水芙蓉，天然可愛之品，吾知一轉移間而同履之風，海内晏如矣。蓋女人所以毁其形骸而不惜，折其骨節而不辭，糜其血肉而罔顧者，謂所天之好在此，即終身之計在此也。今所貴者反是，則羣相與離苦海登樂國矣。歌功頌德之不暇，梗命不從，吾決其萬萬不出夫此。

難者曰：輿情之協，又如子所言矣。然此皆閨閫中瑣瑣細事。敵國大患相逼而來，天下事急此者甚夥，此等猥陋末務，似不必爲此勞勞也。其如急非所急何？

答曰：否否。吾向者輕量天下士，以先生爲幕上燕、釜中魚，時局艱危，茫然不識者也。今既言及天下事，請爲先生進一解。今日地球萬國，族類蕃昌，人物充斥者，非中國乎？然何以始創於英割我香港也，繼脅於法取我越南也，旋敗於日奪我臺灣，侵我朝鮮也。今且松花飲馬，琿春挽弓，俄人有南瞰之勢矣。膠州駐轡，三沙承涎，德人啓蠶食之端矣。甚至瓜分之圖，朝夕百變。嗟乎！我中國豈無人之國乎？胡爲束手待斃一至於斯也？則向者吾方謂中國爲人數之至多，今始覺人數之至少。夫四萬萬之衆，尙謂之人少乎哉？然纏足之習不除，則女人二萬萬已去其半也。且不特去其半，減其數而已，坐以待食，其弊一也；深閨無事，拈花刺繡，耗費益繁，其弊二也；井臼操作弗克任，水火盗賊不能防，丈夫有四方之志，内顧多處，其弊三也。有此三弊，乃生三窮：生少食多，其窮一；窮奢鬬靡，其窮二；因二萬萬無用之女并二萬萬有用之男，亦消磨其志氣，阻撓其事機，其窮三。夫至弊與窮交深，國其危矣。今者欲救國，先救種，欲救種，先去其害種者而已。夫害種之事，孰有如纏足乎！孰有如纏足乎！則毋謂此舉爲瑣瑣細故，通人所不屑講求者也。

難者曰：不纏足之舉洵美矣，善矣，吾無從置喙矣。然更有藥石之言，請爲吾子進。夫不纏足有利無弊，家自爲訓，人自爲戒，無不可也，奚必以會爲？夫會者，黨之基礎也。牛李樹黨，唐室傾矣；洛蜀朔分黨，宋廷擾矣；東林立黨，明禍興矣。子今者抱救世救民之盛意，倘無識者以『黨』字陷之，其如濁流之禍何？

答曰：否否。孔子曰：『君子以文會友，以友輔仁。』洙泗之間，師弟講學會者三千人，而道卒以之傳。今者聯一會以救數十百之女孩，又奚從以『黨』字陷者？且非常之原，黎民懼焉，不創此會以開風氣，築室道旁，終資談柄而已。況婚姻之事，動多顧慮。昔人多以此舉爲善，然欲行而終止者，無會以聯之也。今者百家爲會，則百家之婚姻可以通。一邑爲會，則一邑之婚姻可以通。婚事既通，巨禍自去矣。竊擬此後五年間，海内士大夫提倡而互和之，將見會内會外同歸一律，而此會之設，仍可仔肩矣，又奚煩長者之過慮歟？

前言既畢，難者摳衣而前曰：『鄙人學識淺薄，向見此會創興狐疑之見不能去諸懷，今則涣然冰釋矣。子其努力爲之，毋中輟。鄙人亦將爲驥尾之附也。』輝於是不辭辯喋之譏，謹述難者暨答難者之言，以答夫天下之繼斯人而難余者。

《女學報》光緒二十九年第二期《陳超〈纏足之害〉》 近來女報越發興盛，恭喜恭喜！新年以來，尙有曾同普天下女子賀禧。但是據我看來，這新年眞正是沒有意趣，不過大家都起勁，商量做紅紅緑緑的衣裳，打扮得滿頭珠寶，一雙小脚。越小越好。咳！我想眞是無味。今日我要勸諸位，就是快些放脚，我看去年女報上亦曾提起，但是看報的不過用眼睛，心上仍舊不改，這是做父母的不是。我説一件事，諸位往下看，就曉得小脚眞是不好了。前六七年有一鄰居張姓，有兩個女兒，大的名慧兒，小的新兒，生得一副聰明樣式，可惜一雙小脚，兩個人都是二寸半長，只是不會走，若要走一步，卽要人扶，或者人背，我看不過意，就問他：『因什麽緣故要受這樣苦？』可憐他們眼淚漣漣，不敢説出，因爲他的母親强逼的，若是不肯，就要打得遍身青紫，我看的時候還不曾退，我就對兩個姊妹説：『現在外面很行大脚，快快放了，你們現在臉發青，眼發呆，都是小時硬裹脚的緣故，若然不放，將來還有病痛，身子一軟弱，做事都不便，只受別人挾制，若是放了脚，到學堂讀書，將來很有見識，身子乃爽快了。』兩個姊妹實在情願，可恨他的母親不肯。我説人人養兒女何等愛惜，到病的時候，親來喂藥，愁的了不得，到了裹脚的時候就那樣嚴逼，這是什麽道理呢？他的娘反説是爲好，因怕將來不能嫁一個好的門戶。咳！眞正大錯，爲了要嫁個好門戶的親，就拿自己骨肉來受這麽痛苦，後來我過數月，就到上海來了，我臨走的時候，還看見他，更加憔悴，我向他説：『爲人有志竟成，我將來要救你。』不意我一到上海，就看見許多人，都是尖尖的脚，走也快，又是好看，倒把我的心也引動了，纔打算去裹脚。忽然接一封信，你們想看是誰寫的，就是張新兒，爲什麽慧兒沒有信呢？有個緣故，説來眞正可嘆，慧兒自聽見女子有學問是好處，女子大脚是好處的説話，日夜要救自己，誰知他的母親不准，時時責罵，把一個好好的女兒氣死了，他方知道這樣管束女兒是錯的，就對新兒説：『趕緊放脚，到學堂讀書。』他自己的脚也很小，也就放了，這新兒所以寫信告訴我，把我駭得一身汗，方信小時候的人，心性容易改變，所以我也不想裹脚了。倘是有人説不好看，只好讓人説去，我們强壯自己的身體，不要管別人的議論。我奉勸普天下看女報的，家中若然有女兒，一定不可裹小脚，因爲是有損無益，現在很明白的人，一聽見這話，一定信是眞的，但有的不明白，一定要説將來穿戴不雅。我看有人家是很富的，既是有錢，應該請好好的教習，來教女兒，因爲女兒同男子是一樣的，若論穿戴，大脚小脚都可以的。近來我在某女塾內，看見一位女學生，眞正會打扮，苦的是脚小不能來往，種種不便，不過在塾十餘日，從今不敢再來，因爲在家驕養慣，諸位試想，可惜不可惜？這女學生單顧外面好看，腹中一字亦不識，好似一個泥塑的美人。古時候教女，以德言容工爲四德，並不曾提起裹脚，現在各處有不纏足會，可以去報名，再要不相信，一定要害女兒，像慧兒一樣，就是不死，終身也成了廢物了。

又　光緒二十九年第二年第三期《佚名〈論杭州不纏足會〉》　正月，杭州紳衿有不纏足會之設，假地於錢塘門外張勤果祠中。見之者謂事由紳衿傳柬邀集，而非紳衿不與也。既曰紳衿，則不拘其明達事理與否；苟非紳衿，雖明達不與也。紳衿所邀，非族卽黨，則雖有明達，苟非紳衿聲氣之所同，亦不與也。越數日，遂有獨立生致函本館，謂其表面諸形式，均與本旨未合云云相責勵。執筆人亦方以至今未見章程爲憾，而不禁對於會中主事等有所陳詞曰：縶馬以韁，爲欲其知所往也，然苟無指所往者，雖有韁何用焉？準舟以舵，爲欲其定所向也，然苟無識所向者，雖有舵何行焉？事有驟觀之宜乎致此，而其所以致此，實不止乎此者，知其一不知其二，求其流不求其源，將併其一焉流焉！亦終歸無濟耳！夫不纏足之説，行於中國也久。顧自戊戌上海之會中輟後，其他繼起者寥寥無聞，杭州紳衿知急急於此，是誠知天足之於今爲要務矣！雖然，遠考印度、安南，其婦女非天足乎？而淪於英矣！而隸於法矣！近觀西藏，其婦女非天足乎？而汲汲處於兩大之間矣！卽以中國論，自浙西嘉湖以迄江南北流域，凡下等社會婦女，類多天足之人，而闇陋輒以終古矣！諸紳衿之設此會，其將效法於印安乎？抑將觀感於西藏乎？抑將儕置於下等社會而止乎？夫有一於此，執筆人固無容其贅言，苟必不爾，則徒設不纏足會，吾知其必無濟也。曰創會之始，卽當以興女學爲先，女學之興，如演説也，會社也，學校也，其中尤以學校為實行之根本。今上海設女學者踵接而起，如愛國、務本等學校，諸紳盍詢而求之？女學之基礎既立，則不纏足一事，不必注其精神，自聯屬而及之。蓋不纏足者，乃今日中國女學之一部分，非可以獨立爲全部也。獨立爲全部，則卽爲印度、安南之豫備，爲西藏之豫備，爲下等社會之豫備，雖通國婦女不纏足，亦仍歸於盡而已矣！或曰是諸紳者，其平日素能任事，如義塾，如善堂，如遷善自新所，如清節堂、孤老院等，皆稱道於鄉里，而有實濟於地方者。雖然，有是數者，何以不及女學之興也？夫經濟之所出，卽政策之所向，苟以數者之財力，稍移而及於此，吾恐影響於社會，較之徒養窮氓之無益於今時，其相去未可以道里計。且諸紳之設此會，蓋亦知守舊不足以圖存，而故急急於此，抑知不守舊卽當謀新，天下可斷無中立者。不纏足者，去其舊也，非謀其新也。欲謀其新，舍學無與矣！或又曰，興學爲今日急務，諸紳奚嘗不知之，特以是會爲起點耳！雖然，苟本此宗旨，則創設不纏足會之始，卽當以此意演説於先，使會中人羣知不纏足之根本，而不致滋惑焉！而何以開會之日，未聞有此也，此執筆人所以惕然不能已於言也。

《浙江潮》光緒二十九年第二期《江東〈記杭州放足會·奉勸婦女放足説〉》 中國女子纏足的陋習，相沿千數百年，斷趾折骨，血脈不行，身體受傷，行動不便。初纏時就使不害脚痨，那幼女日夜號叫聲音，已甚可慘。既纏後，雖幸不遭兵燹，那婦人步履難艱的形狀，亦甚可危，歷盡種種苦處，受盡種種害處，究竟要圖好看呢？婦女的美麗，原不在乎纏足。爲守家教呢？婦德的貞靜，更不在乎纏足。徒然損肢體，弱子嗣，走無走相，立無立相，羞羞縮縮，爲婦女種種不開化的原因，何苦害盡千萬柔弱女子，無故受罪呢？近年上海明達的志士，創設不纏足會，西國女士亦設天足會，發明强種衛生的道理，以及纏足的許多壞處，到處勸人，無如相信的少，杭州風氣，總不大改。據鄙意推原其故，無非爲現在各家女眷，無不纏足，爲母的看慣了自己，定要替女兒纏足，想到女兒日後許人家，恐怕大脚的，被姑婿憎嫌，妯娌恥笑，更要替女兒纏足。又有一種明白的人，原想不纏，無奈往來的親戚內眷，總要説不纏足難看，也不得不替女兒纏足。所以爾看我，我看爾，不能決定不纏足的主意，這樣因循下去，衰弱的中國，那裏有轉機呢？現在我們想了一個法子，要去盡纏足的陋習，必須斬草除根，立刻下手，如果爲母的，爲姑的，爲嫂的，爲姊的，一概已經放足，那幼年的女子，自然安心樂意，不去纏足了。所以本會的名目，不叫做不纏足會，叫做放足會。無非要年長的，已嫁的，立願放足，做個榜樣，好叫那年幼未纏的安心，連自己也樂得受放足的舒服，只要在會的立志不移，自然大家看樣，可永遠斷絕纏足的病根。至於强種衛生的大道理，暫且擱起不講。總之，立改舊習，免誤後來，是本會的主義，並非好立新名，實在見得要女子不纏足，非如此辦法不可。不然，我們已經纏足的人，並且有將近老年的，又何必多此一舉呢？我們也知道各人議論不同，有人説脚小的難放，我們會中，也有脚狠小的，現在已經放好，可見『世上無難事，只怕有心人。』有人説年老的何必放，那曉得纏足的積習難除，全壞在年老的不肯改樣子，弄得年輕的要放不敢放，我勸年老的先放纔是呢！有人説年輕的不便放，那不便放的原故，上文已經申説過了。趁現在大家一齊放，何等爽快？就算有人不喜歡，我想這放足是婦女本身的事體，比不得別樣舉動，做不起主，我勸年輕的同放，纔是呢！又有人説富貴婦女，並無粗重生活，何妨纏足？這説錯了。富貴的人家，所生的女兒，都是聰明讀書的種子，如今大家婦女，多因爲自幼纏足，害得身子十分瘦弱，豈不是文明的種子變壞麼？又有人説婦女不纏足，難以防範，這説更錯了。明理的婦女，雖不纏足，自然能守規矩，如果要借此防範，試問以前人人纏足，保無非禮的事麼？更有人説我素來不喜入會，只要自家女兒不纏足，何必勸人？這説格外錯了。我們立這個會，也是不勉强人的，但從來熱心的人，自己曉得這件事的好處，斷無不勸人之理。況且立這個放足會，並不是什麼哥老會、三合會，要令人嚇得一跳，不過聚集幾位姊妹們，約定大家放足，這也并不是犯法之事。爾看那三天竺、小和山進香的，不是也有個香懺老會麼？他們燒香好立會，我們放足不好立會，這是什麼道理呢？明白這個道理，入會有何妨礙呢？更有一班聰明的人説道，爾們勸人放足，果然不錯，但請問中國婦女，盡行放足，就成了新世界麼？這句話，被他問住了，要知婦女纏足，係種種不開化的原因，如今先把足放了，這便是開化的起點，隨後自然要興女學，將各家女子教育起來，若是連足都不肯放，那能講得到女學上呢？近來廣東省城，女學大興，放足的十有八九，都説放的是文明，纏的是野蠻，其餘蘇州、福州各處，都有不纏足會，我們杭州人，不可再迂執了。這篇白話，請列位細想想，將來我們，還要邀大家到張公祠聚會呢！

又《江東〈記杭州放足會·張公祠第一次放足會演説〉》 今日是我們商議戒纏足的日子，承諸位光顧，感激得狠。我們中國的女子，受那纏足的苦楚，已經九百餘年了。可憐這許多女子，四五歲的時候，做娘的便要把他纏起足來，那疼痛難熬，啼啼哭哭的情狀，請問諸位不是都是過來人嗎？講到那做娘的意思，卻也沒有什麽道理，不過習俗已久，眼見得纏足的多，不纏足的少，做娘的總要望女兒們體面，殼得上人人道句好，個個說聲俏，所以到那時候，便不知不覺的，下出這番毒手來了。這且莫講他，我先把纏足的來歷，講與諸位聽聽。我想中國女子，必定要纏足的緣故，不過道一雙小腳，裝束得端正，便算定一個美女，咳！那曉得這就錯了。我想古時的美女，不知多少，從沒有講過纏足這一件事，莫說別的，就是春秋時候，衛莊公所娶的莊姜，他們國裏的人，做了一首碩人詩，稱贊他的相貌，極講他生成的美麗，何嘗講起纏足的事？這首詩在《詩經》裏的，念書人都知道，不是我造出來的。直到了南唐李後主，他有一個妃子，叫什麽窅娘。這窅娘的相貌，便同現在的妓女一般，也會唱，也會舞，那昏天黑地的李後主，便叫用帛纏起足來，什麽金蓮貼地，說得來好看無比。這個事情，在那個時候，不過是昏君偶然取樂，並不叫人看樣，那曉得宮裏一通行。百姓便看榜樣了。還有幾層的意思，我要對諸位講講。我們常常想，天生人有男有女，那相對的情形，自然不分厚薄，莫說別的，就是現在文明各國，那一國不是男女平等，那一國的女子沒有責任。只有我們中國人，說什麽『男女相去五百級』、說什麽『女子無才便是德』種種的議論，把個女子說得來一錢不值。這些事情，都緣那些男子們，看得自己太貴重，恐怕女子侵犯他們，所以講出這兩句不通道理的話來，便把女子一筆勾消。諸位試想想，我們做女子的，羞也不羞，若是我們做女子的，因這兩句話，便情願無才，情願相去五百級，這便是我們女子不想自立的憑據，還有什麽話講？還有什麽法子想？若說是不情願，我還有一席話，要與諸位講講。現在日本國，有一位女教習，雙姓下田，名叫歌子，大家都講他是女教育家，他嘗對我們中國人說，從前日本初講維新的時候，女學還不講究，後來他在國裏，極力提倡，二十年來，不但這些女子，人人都會看報，人人都能寫信，並且文繡、彫刻、美術、工藝，沒有一樣不曉，沒有一樣不精，幾乎同男子一樣，不像我們中國的女子，有奄奄一息的樣子。下田歌子又說道，不論世界上，那一國國裏的女子，便是國裏的百姓，國家是什麽東西？國家是甚樣講？既是國裏的百姓，豈有不愛國家的道理？倘是做女子的都不知道，那男子便算都是愛國的人，一個國裏愛國的也不過一半，拿這個國度來比人身，可不是半身不能運動麽？那裏有半身不能運動的，還可算一個人嗎？可曉得做百姓的道理，原是不分男女。我國權利，不論那一國人，來動我一分，礙我一毫，國家受辱，便與身子受辱一樣。知道辱身辱國的道理，有的代父從軍，有的替夫報仇，有的爲國出力。一國的女子，都是這樣熱心，男子也是這樣熱心，那時要想國家不興旺，恐怕也不能殼，還怕什麽欺侮呢？聽了下田歌子這一番說話，可見我輩女子的責任，並不在男子之下。今天放足的事，不過是小小的一點兒起根，將來還有別事，要與諸位商量。今日先把兩件緊要的告訴諸君罷！一放足的事，不過是養身體、强種族的一端，並非不纏足，便能强國，若說不纏足，便能强國，那江北地方，和各省的鄉村婦女，大腳的不知幾多，爲什麽也和我們一樣，受外人欺侮，這可不是沒有學問的緣故麽？那雖如此，那大足的婦女，比那纏足的身體到底强些，舉動到底便些，同是中國的婦女，比起來便兩樣，不過是他們沒有學問，所以仍舊同我們一樣的受辱，若說有人教育他，豈不是更强呢？這樣看來，振興女學的事情，是萬不能再緩了，現在我們杭州學堂大興，男子都入學堂讀書，固然是分內的事，難道我們女子，可以不學的嗎？還是我們女子，殼不上讀書嗎？不過興學的這一件事，須俟大衆商量一個完全辦法纔好，今且暫緩，等改日再說。總之，女子既曉得是一個國民，便有做事的責任。現在女子的積習，下等人家是不必講，便是上等的，最時道的，叉麻雀，吃鴉片，塗脂抹粉，一套一套的衣服，一時一時的鑲滾，空費銀錢，何嘗有益？從今以後，我們便應該逢人勸勉，到處儆戒，事事脚踏實地，人人盡心竭力，做些事業出來，纔算把二萬萬的同胞姊妹吐氣，若說仍舊照從前那個樣子，便是放了足，只怕仍舊是個野蠻女子罷了！

《東方雜誌》第一卷第十一號《佚名〈論東撫請設纏足禁令事〉》 前者東撫周中丞，有籌畫駐防旗人生計之摺，兼及嚴禁漢人纏足陋俗事。近經政務處議覆，略謂律設大法，禮順人情，現今風氣開通，况經明詔宣示，因勢利導，便而易行，似不必嚴定禁令。溯自欽奉懿旨，中外感頌，縉紳之家，已多遵奉，該撫所云奉行不過百分之一，諒係指偏隅編戶而言。習俗視貴族爲轉移，人情以便利爲趨向，此後應由地方隨時善爲勸導，自能逐漸感化，無庸多設科條云云。按政務處此等議論，實爲大而無當，浮而不實，宜爲津報所譏。惟周中丞因欲嚴禁纏足陋習之故，欲特立禁令，以爲之助，似亦未爲扼要之策，則政務處駁之，亦未可厚非也。何以言之？蓋禁令二字，實含有二義：一爲防其未然，一爲禁其已然。纏足之事，當屬於已然之一類，然而禁令之設，亦有不能爲力者。蓋天下害人之事，使其自起始至今，爲日尚淺，則猶易禁，若已經千餘年之久，而且成爲風俗，則卽難禁，一也。又使犯此弊者，居於少數，則猶易禁，若人人皆然，且久而不自知其非，則卽難禁，二也。又使其害爲人人所共知，特爲衆所牽制，不能改革，則猶易禁；若人人並不知其害，方且以是爲美觀，則卽難禁，三也。（按近日中國亦漸知纏足之爲害矣！然合全國之人而計之，則知者猶居少數。）又中國所定之禁令，率施於以人害人之一類，若夫纏足之害，乃出於自爲之而自受之，卽斷非禁令所能施，四也。具此四者，故欲特設一科條，以禁人之纏足，實爲未必有益之事，可斷言矣！竊謂今日有心之士，痛乎纏足之爲害，欲思掃除而更張之。第一當明乎纏足之所由盛，而後乃有下手之方。第二必當設法使人人知纏足之爲害，而後纏足之俗，乃可漸改。第三亦當持之以恒，貞之以漸，已纏足者，姑置勿論，惟未纏足之女子，必設法使之不纏足，一時雖未必見效，而百年之後，可使遍中國無纏足之婦女。竊謂除害之法，殆無逾於此矣！何以明其然也？按纏足之俗，約由唐宋之間，富貴之家，例蓄有家妓，始彼時爲妓者，例必習舞，習舞則必纏足，久之其家之婦女，濡染已久，遂亦效其所爲，競相纏足，此實為纏足之所由始。而猶未沿及中下社會也。然而婦人例好妝飾，而妝飾之法，例必取則於富貴之家，於是而纏足之風遂益盛。試觀各行省中，其纏足最盛之處，實爲從前曾經建都之地，否則爲貴族豪家聚居之地，甚或爲自昔至今，妓女最繁盛之地，其故亦概可知矣！故今日勸戒纏足之法，當從仕宦之家爲始，但使一地之中，有一二家以爲之倡，則由親及親，由友及友，互相勸戒，終有化民成俗之時。彼夫中資以下之家，見夫富貴家之婦女，已不復纏足如彼也，則又何樂而爲之？此固非禁令所能爲力，而當責諸提倡風氣之人者也。惟是人情習於自然，憚於改革，彼富貴家之婦女，自其有生以來，目中所見，無一非纏足之女子，若驟以不纏足之説進，非特詫爲異聞，抑且不敢違衆而獨斷。故惟有由倡首之人，匯聚纏足之弊害，逢人而教告之，但使有一人能聽從，則其一家之婦女，已爲所勸化矣！再有十人能聽從，則其十家之婦女，已爲所勸化矣！推而廣之，其道豈能外是？而要必使有女子之家，咸怵乎纏足之爲害，而後其效乃可漸致，此演説之所以不容或緩也。至周中丞所以請嚴定禁令者，蓋爲求速效計也。不知一國之風俗，成之者幾何年，則廢之者亦必以幾何年，其始因何而成，其後亦必因何而廢，皆有一定之比例，非可一蹴而幾，亦非可無因而致。故今日有志之士，若力持不纏足之議，宜當如傳教之士，引此事爲己任，終日逢人勸説，强聒不舍，久而久之，必有達其目的之一日，較之特立科條者，其收效雖遲，而其益則實大矣！此固就理以決之者也，至於正本清源之策，則尤宜廣設女學，提倡女教，使世之爲女子者，知己身之職業，並不亞於男子，亦並不必恃男子以爲生活，而後自重之念，因以漸增，則其自待，亦必與男子等，必不肯戕賊肢骸，以取媚於男子，而纏足之弊，自不禁而自絕，較之僅言戒纏足者，其效固有進矣！

《順天時報·佚名〈通州紳民公議天足社勸世淺説光緒三十年一月十一日**〉》** 我們中國稱爲禮義之邦，惟有婦女纏足這一層最是不好的風俗，也是婦女最大的害處。衆位知道這纏足的來歷嗎？乃是南唐後主的時候，有一個妃，名叫窅娘，用白綾子把脚纏上，做成月牙的樣子，爲的是討後主的喜愛，從此人都跟著他學，竟成了中國的風俗了。爲父母的甘心損傷兒女的骨肉，叫他一輩子像個有殘疾的人，以爲是應當的。比如有一棵小樹，若是把他的枝子硬强的彎曲過來，用布纏上，永遠不叫他舒展，這樹的汁漿還能通暢麽？以後長大了，枝葉還能茂盛麽？把小孩的脚硬强的彎曲過來，用布纏上，永遠不叫他舒展，這孩子的血脈也必不能通暢，以後長大了，身體必然軟弱。我們庶民人家的婦女不能不做飯做活，因爲兩隻腳不得力，必多受好些個累，耽誤好些個事，若是有點費力氣的話，必然不能做。鬧拳匪的那一年，洋兵來了，東逃西跑，因爲走不動，所受的苦就説不盡了，這不是我們經過的苦難麽？我們還不醒悟，拿著纏足當件事麽？再論到小孩子乍一裹脚的時候，那二三年之內，苦處更不必説了，流膿流血，疼痛難忍，有時候哭哭啼啼的央求他的母親，那可憐可慘的樣子眞是令人眼不忍看，耳不忍聞。請問作父母的，這女孩子犯了什麽罪？這樣的刑罰他呀！他不是你們親生的女兒嗎？他要是受了一點委曲，你們必然心疼，爲什麼在這件事情上這樣狠毒呢？眞叫壞風俗捆住喇！在光緒二十七年，皇太后下了旨意，叫各處地方官勸化百姓，去這風俗，近來上海、天津等處多有不纏足的了。所以我們在通州也要創辦此社，勸人除掉了這壞風俗，並且稟明州尊大老爺出告示曉諭衆人。衆位若是明白過這個理來，就不必叫女孩子受那個罪咯！不必叫他一輩子像個有殘疾的人咯！倘或家中的婦人不十分明白，還仗著作爺們的慢慢的勸解。我們這篇淺説正是爲婦道們和不大通文的人預備的，衆位若看我們所説的合理，不妨與我們一同勸化別人，叫這地方的人都能脱離這壞風俗的捆綁，婦女都能免了這樣的苦難，豈不是一件大大的好事麼？仝人公啓。

藝文

《時務報・林琴南〈閩中新樂府・小脚婦 傷纏足之害也〉》光緒二十三年十二月一日》 小腳婦，誰家女？裙底弓鞋三寸許，下輕上重怕風吹，一步艱難如萬里。左靠媽媽右靠婢，偶然蹴之痛欲死，問君此脚纏何時，奈何負痛無了期。婦言儂不知，五歲六歲纔勝衣，阿娘作履命纏足，指兒尖尖腰兒曲，號天叫地娘不聞，宵宵痛楚五更哭。床頭呼阿娘，女兒疾病娘痛傷，女兒顛跌娘驚惶，兒今脚痛入骨髓，兒自凄涼娘弗忙。阿娘轉笑慰嬌女，阿娘少時亦如汝，但求脚小出人前，娘破工夫爲汝纏，豈知纏得腳兒小，筋骨不舒食量少，無數芳年泣落花，一弓小墓聞啼鳥。

破屋明斜陽，中有賢婦如孟光，搬柴做飯長日忙，十步九息神沮傷。試問何爲脚不良？婦看脚，淚暗落，纏來總悔當年錯。六七年前往江邊，暴來大水聲轟天，良人負販夜不反，嬌兒嬌女都酣眠，左抱兒，右抱女，娘今與汝歸何所。阿娘脚小被水搖，看看母子隨春潮，世上無如小脚慘，至今思之猶破膽。年來移家往榜城，嘻嘻火鳥簷間鳴，鄰火陡發神魂驚，赤脚抛履街上行，指既破，跟且裂，足心染上杜鵑血。奉勸人間足莫纏，人間父母心如鐵，聽儂訴苦心應折。

敵騎來，敵騎來，土賊乘勢風吹埃，逃兵敗勇閧成堆，挨家劫，挨家殺。一鄉逃亡七十八，東鄰健婦赤雙足，抱兒夜入南山谷，釜在背，米在囊，藍布包頭男子粧，賊來不見身幸藏。西家盈盈人似玉，脚小難行抱頭哭，哭聲未歇賊已臨，百般奇辱堪寒心。不辱死，辱也死，寸步難行始至此，牽連反累丈夫子。眼前事，實堪嗟，偏言步步生蓮花，鴛鴦履，芙蓉緣，仙樣亭亭受一刀，些些道理説不曉，爭愛女兒纏足小，待得賊來百事了。

《湘報》光緒二十四年第六十六號《慕蓮女史撰〈衛足詩並序〉》 慕蓮，羊城崔兵部女兒也。素愛嚴妝，不工時世。著梅姑屐，健若凌云。仿葉公鞋，醜忘陪月。乙未冬，遭黎人之變，侍父買棹南來。年甫，適靳江蓮花主人。憐香惜玉，金屋貯嬌，問字挑燈，芸窗佐讀，固三生石上鴛譜盟心。奈四月山中鶯兒弄舌，遂致蓮鈎是束。究非夫也不良，兼以萱閣難違，敢謂煎何太急。鍼氈是坐，箕帚多疎。悲夫！姑惡！姑惡！姑不惡，妾命薄也。昨魚更初躍時，拾得稾砧案頭《湘報》，畧爲翻閲，泣感成珠。所立不纏足會、戒纏足諸篇並廉訪黄公批示。洵瓶中楊柳，大地回春。座上蓮花，慈航渡世。得一切解脱，抛擲雲霄。頌萬代公侯，昭垂日月。從此上紓國難，美人戰亦援桴而來。試看恥雪和戎，娘子軍可置幕以待呼。管城子倩松使者，爲我支那二萬萬女子湊成俚句，以誌無量佛億萬功德，若蒙賜和則吾豈敢。人生不幸女兒身，縛束筋骸苦莫伸。會結菩提逢解脱，馨香願祝赤趺人。東坡妹子善詼諧，佳耦因茲誼幾乖。羞見翁姑羞作婦，誤人畢竟是弓鞋。容德工言四字全，紅顔不愧丈夫賢。狂瀾既倒今誰挽，泣讀諸君保種篇。國富人强石勒勳，援桴助戰約章焚。倘教再恣鯨香虐，相繼柴家娘子軍。

《女學報》光緒二十九年第四期《會稽金國書稿〈戒纏足詩〉》 大東黄族是中華，進步文明自可嘉。獨有婦人一雙脚，出乖露醜鬪尖尖。

窅娘足疾未能瘳，花樣翻新自掩羞。由是病根積女界，唐宮作俑更何尤？

英雄巾幗守眞吾，同是人間大丈夫。西國腰肢東亞脚，可憐一束比生芻。

紅羅鞋子踏清時，風颭蜻蜓力不支。一雨經春泥滑透，來兮歸去賴扶持。

幸而同慶太平天，細步伶仃顛倒顛。儻遇刀兵風火劫，吁嗟裹足不能前。

因何女子愧鬚眉，苦被牢籠實可哀。身體毀傷眞不孝，那能全受又全歸。

色界居然倡革命，弓鞋何必鬬新粧。列强種子分明在，捷足先登大劇場。

勸人流毒莫糾纏，比戶同操平等權。喚起同胞二萬萬，哄然跳出自由天。

《女子世界》光緒三十年第五期《佚名〈戒纏足詩十首〉》　窅娘作俑恨南唐，穿鑿雙趺劇可傷。地下猶傳李後主，頻年纖履貢閻王。

蜀山荼毒君知否，萬足朝天喋血紅。殺盡妖魔方罷手，繪圖刋説莽英雄。

裙底分明難掩乖，何人深夜製弓鞋。名園尺素傳佳話，誰識當年袁簡齋。

纏盡紅絲與碧絲，楚腰瘦損不能支。同胞足踏繹丸上，虎視眈眈知未知。

聞道遼東似奕秤，傷心祖國淚縱横。除非束帛輕輕解，如此風潮不可行。

吾華魔習未捐除，舉國沈沈似病夫。滌盡妖氛逃苦海，舞臺踴躍快何如。

一曲風琴愛國歌，中閨姊妹倡共和。而今十尺輕盈縷，變作長纓縛虎俄。

裙釵阨運乘時啓，體育居然大發明，莫羨凌波仙子好，塵寰小謫可憐生。

及今跳出自由身，闊步環球儔與倫。帝國有人悲老大，玉鈎羅襪暗生塵。

更誰巧樣學邯鄲，樂府新刪行路難。訝道年來進步速，演壇到處説羅蘭。

又　光緒三十年第十一期《纏脚歌》　G調纏脚歌

4 5 4 2—1 6 1—2 1 6 1—5|—
(1) 纏—腳的 苦——最—苦—惱
(2) 想—初— 起——你年還—小
(3) 你—怕—痛——叫—親—娘
(4) 眉—頭—縐——眼—淚—流
(5) 假—小—腳——真—罪—過
(6) 眞—小— 腳——愛—賣—俏

1 2 1· 6—5 6 5· 4—2 4· 2—1——
(1) 從小那—苦起— 苦到—老
(2) 聽見那—纏腳你—就要—逃
(3) 叫殺那—親娘——像聾—聾
(4) 咬緊那—牙關把—雞眼—修
(5) 裝到那—高底要—緞帶—多
(6) 弔起那—羅裙——格外—高

1· 2 4 4—5 6—5 4 2 1—2——
(1) 未—曾—開步身—先—裊
(2) 都—謝—傍人來—討—好
(3) 親—娘—到底親—身—養
(4) 怕—他—乾痛怕—他—臭
(5) 還—怕—冷眼來—看—破
(6) 間—來—還向門—前—靠

創興女學分部

綜　述

《時務報》第四十七冊《上海新設中國女學堂章程一八九七年十二月四日》　一、學堂之設，悉遵吾儒聖教，堂中亦供奉至聖先師神位。辦理宗旨，欲復三代婦學宏規，爲大開民智張本，必使婦人各得其自有之權，然後風氣可開，名實相副。故堂中一切捐助創始，及提調教習，皆取材於閨閣之中，藉除內言出閫之戒。以上立學大意一條。

二、堂中暫設教習四人，中文西文各半，皆延請華婦主之。大率每學生二十人，而設中西文教習各一人。此後經費漸充，學生漸增，教習亦漸增。

三、堂中設提調二人，華婦西婦各一，皆常川駐學，照料學生出入，管束堂中女僕人等，酌奉薪水。

四、堂中設內董事十二人，皆以曾經捐款之婦人爲之，主輪日到學稽察功課，並助提調照料管束一切，不領薪水。

五、堂中設外董事十二人，皆以曾經捐款之人之子若夫若兄弟爲之，主在外提倡集款，延聘教習，提調商定功課，稽察用度等事，不領薪水。

六、堂中設司事二人，以男子爲之，主管銀錢出入，及堂內外瑣務，由外董事公擇老成謹慤能會計者爲之，酌給薪水。以上辦事人員章程五條。

七、堂中暫招學生四十人，以後經費漸充，隨時增廣。

八、學生年限幼不過八歲，長不過十五歲。

九、凡學生年在八歲至十一歲者，必能略識字方許入學。十二歲至十五歲者，必略識文法，能閱淺近之信札者，乃許入學。俟有定期，即刊日報，以廣招徠，以示大信。

十、纏足爲中國婦女陋習，既講求學問中人，亟宜互相勸改。惟剏辦之始，風氣未開，茲暫擬有志來學者，無論已纏足、未纏足，一律俱收，待數年以後，始畫定界限，凡纏足者皆不收入學。

十一、立學之意義主平等，雖不必嚴分流品，然此堂之設，為風氣之先，為他日師範所自出，故必擇良家閨秀，始足儀型海內，凡奴婢、娼妓一切不收。以上招選學生章程五條。

十二、堂中功課，中文西文各半，皆先識字，次文法，次讀各門學問，啓蒙粗淺之書，次讀史志、藝術、治法、性理之書。

十三、堂中設顓門之學三科：一算學，二醫學，三法學，學生每人必自占一門。惟習醫學、法學者，於粗淺之算理亦必須通曉。

十四、於三科之外，別設師範科，專講求教育童蒙之法。凡自認此科起，於各種學問皆須略知本末，則不必於三科之中自占顓門。

十五、紡織繪畫等事，婦學所必需，俟經費擴充，陸續延請教習，教以中外藝事。

十六、堂中每月設課一次，由教習命題，評定甲乙。每季設大課一次，課卷送通人評定，列等第，設獎賞。惟初辦之始，或學生未能應課，則此項俟數月以後，始行舉辦。以上學規五條。

十七、凡堂中執事，上自教習提調，下至服役人等，一切皆用婦人，嚴別內外。自堂門以內，永遠不准男子闖入。其司事人所居，在門外別闢一院，不得與堂內毘連。其外董事等或有商榷，亦只得在外院集議。

十八、學堂初設租界，地貴圖成不易，擬設於滬南桂墅里，惟去城及租界過遠，必預備各人住宿之所，方爲妥便。

十九、學生學費仿照西國書院章程略爲減收，第一、二、三三年，每月每生收銀一元，膳在外，駐堂不計房費，每節每生賞僕傭五角。將來辦有成效，來者漸衆，乃議加收。若捐費既裕，亦可仍舊。或多開數堂，以廣教育，隨時相度情形，妥爲商定，如遇醴泉芝草，當不拘常例，酌籌培植之道。

二十、堂中僱潔淨誠慤之僕婦等，學生來學者，一切侍奉，均須周到。若或不遵使令，應告提調更換，各生不得自帶僕婦來堂，至滋別事。如有隨行僕婦，當另設一房屋，因婦女出入，必有隨行者。以上云云，是各生僕婦，不與其住宿之謂。若隨行者，亦宜設法安置。以上堂規四條。

二十一、凡學生習一事，或師範科及藝事等學成者，由堂中給以文憑，他日即可以充當醫生、律師、教習等任。

二十二、滬濱鄭衛之風向盛，而租界中，桑濮穢跡，尤彰明昭著。今創設女學，各得自有之權，不先從本根上講究起，恐流弊較男學外孔內楊者更烈。公議凡眞正苦節之女，即非醴泉芝草，亦宜破格栽培。勗以專認師範一門，秉貞母之賦，畀先覺覺後覺，或冀形端表正，防微杜漸，其庶幾乎。以上學成出學規例二條。

二十三、凡書捐者，請皆書其夫或子之官階、籍貫、姓名，及本人所受封典，以備登之捐籍。凡各業輸捐，准書局棧、公司、莊典行號等各大業招牌。

二十四、西國義學，多有認年捐、月捐之例，堂中常年費用不貲，必得常年經費，乃易集事。若海內賢淑開辦創捐款至五百元以上，每年常捐款至五十元以上者，皆准送一生入堂讀書，免其脩金膳費，以爲好善之報，而資激勸。滬上南北市局棧、公司、莊典、行號等各大業，皆拚股者多，難書女東姓氏。擬祇募常捐，不勸刱捐，或闔業羣捐，或各家分捐，每業共數若干，准其併計，至五十元以上者，亦照例准送一生入堂肄業。

二十五、凡捐款不論華婦、西婦、嫡室、簉室，不論捐金多寡，自一元以上，一律皆收。以上捐例三條。

二十六、草刱之始，經費未充，擬先設堂上海，然後徐議推廣，普及各省府州縣。

二十七、西文教習，擬先聘江西康女士愛德、湖北石女士美玉，其華文教習及提調等，以次訪聘。

二十八、凡內外董事，皆須由同人公舉，依西國舉議員之例，以投匭爲法。惟刱辦之始，同人皆散在他方，未能聚議。擬暫由倡議諸君，權充外董事之職，倡議諸命婦，權充內董事之職，俟一、二年後，規模稍定，乃如法公舉。

二十九、所有捐款暫由《時務報》館代收，每期報出，將獎助諸芳名，刊列報末。其開銷各項，亦登《時務報》中，以昭大信。

三十、此係試辦，草刱章程，取具大意，至其堂中詳細功課及辦事章程等，俟開辦後，更由教習、提調暨內外董事妥立細章。

三十一、堂宇落成後，除供奉至聖先師神位外，另闢一院，裝設龕座，爲女先董祠宇。將來諸女董出心出力者，身後憑現在女董公論，敬贈鄉謚，恭送栗主入祠，春秋兩祭，永遠配享，與斯堂並垂不朽。海內賢淑，實係清正良家，樂輸捐款者，當另設一龕，數至百元，亦一律配享，始助未足，准陸續加捐併計。以上暫章五條。

《湘報》第六號《上海議設女學堂稟北洋大臣稿》　三品銜道員用候選知府經元善等爲稟報創設女學堂，請在備賑生息項下歲撥規銀三千兩津貼常年經費，乞賜批准，咨明盛京堂由。敬稟者，竊卑府等見我中國旁習西學，漸圖自强，各省大憲設立中西學堂，先於本源之地培其根柢，薄海士民，同深欽仰。伏惟治國之要，必本齊家。事理之繁，尤資內助。但我國人心蔽錮，咸以婦女不必讀書。然以經義求之，《白虎通》曰：『婦人之所以有師何？學事人之道也。』然則不學不可以事人明矣。《詩》云：『言告師氏。』《傳》曰：『國君取大夫之妾、士之妻，老無子而明於婦道者，祿之，使教宗室五屬之女。』此即女教師、女學徒之制也。至於列烈貞節，劉子政以著竹書，藹藹善言。曹大姑能爲女誡，斯又其學成者矣。由此觀之，我中國豈無女學，豈無道德之女士哉？徒以積習已久，無人振起之耳。夫以泰西而論，則十家之堡、三十家之城，無不男女幷設學堂。堂中女士之多者數百人，少亦數十人。或習醫，習格致，習商工，習學政，無不專門講求，以致其極。以故歐洲諸國，學校之費，歲支數百萬金，而英美尤甚，學費幾與兵費等。故今西婦多有知學，而國亦由此强矣。卑府等深圖我國自强，女學眞不能不急急興起。然此事雖朝野上下異口同聲，思贊其成而卒遲遲不果者，豈非以風氣之先，最難開創耶。卑府等不自度量，仰體憲意，擬邀集同志出而籌辦，先從上海設起，以次逐漸推廣。曾於去冬月二十一日，會集寓滬中西紳商，到者四五十人，羣情踴躍，輿論翕然，定議拓地，庀材鳩工，期於必成。惟此舉費款鉅大，卑府等深悉當前商務百廢俱舉，庫藏未裕，不敢請撥官款。擬仿籌賑之法，四出勸募，雖誠求必有誠應，賑捐已有成效，但緩不濟急，匱乏堪虞。前本擬請憲臺咨商督辦鐵路大臣盛京堂，輪、電兩局捐助南北洋出學經費內，每歲借撥二三千金，舉人啓超曾接奉京堂兩論，謂款本不多，公費尚不敷用，似不便復行干瀆。再四思維，尚有卑府元善從前承乏籌勸賑款時，曾與盛京堂商募招商局於官款息項下撥銀十萬兩，存於銀行，以備各省賑灾之需，名曰備賑生息，稟請前北洋大臣李，奏明在案。現在此款亦請盛京堂經理。擬在此中歲撥三千兩，以應開辦女學堂各項用款，一俟募捐綽有餘裕，即行停止。亞聖有云：『分人以財謂之惠，教人以善謂之忠。』女學堂之教人以善，與賑濟之分人以財，可同日而論，且並行不悖。惟念卑府元善與盛京堂同辦電報商局，又係相輔辦賑之人，倘竟私相授受撥用前款，未免貽人口實，爲特縷晰稟陳，伏候憲臺俯賜批准，一面懇咨請盛京堂照撥施行，實爲德便。再，中國之患，在上下不通。泰西諸國，君行一政，民即知之，民舉一事，君亦知之，所以上下一心而無所閡隔。雖不敢謂此舉爲國家大政，然創辦千古未有之局，以開風氣之先，亦非尋常細故。應否奏明立案之處，出自憲裁。謹擬定賑啓章程一冊，另録稟盛京堂一摺，合詞稟陳，伏乞憲臺鑒核，批示祇遵，實爲公便。專肅寸稟，恭叩鈞安。

又 第六十四號《中國女學會書塾章程》 本學會書塾，設於上海城南高昌鄉桂墅里，聘請名門賢淑閨秀爲教習，專教吾華女子中西書史與一切有關實用、醫算、樂律等學。採仿泰西、東瀛師範，以開風氣之先，而復上古婦學宏規。其教育宗旨，以彝倫爲本，所以啓其智慧，養其德性，健其身體，以造就其將來爲賢母、爲賢婦之始基。所有創辦章程，同人公議，業經刊布。今以堂宇落成，尚需時日，先行賃屋試辦，准於四月內開學。因地因時，於原章不能不小有變通。今將啓塾，理合續行刊布於左：

一、原議本塾學生十一歲以下，必畧識字，十五歲以下，必畧知文法，乃許入學。今暫不拘執年歲，祇須清白良家，能遵守章程，皆可來塾肄業。或朝來暮返，或住宿在塾，均聽其便。逾數載後仍照總章考取。

二、凡學生來塾肄業，須覔妥實保人，繕立本塾印就保單，須寫明籍貫、住址。凡住塾學生，除父母外，就近有無親友照料，指明何人來領，皆應填入保單。如該生親戚，非指定來領之人，祇許來塾探望，不得將該生領出，以昭鄭重。

三、來塾教法，中西並重，各項課程，皆由教習隨時酌派班次，功課另有專表，俟開塾後華洋教習妥商訂定再刊。每日按定時刻習學，量材訓迪。如欲專習中文或專習西文，及兼習琴學，由該生父母於入塾時在保單內聲明。中國物力維艱，興家必本勤儉，凡入塾學生，必宜兼習女紅、中饋等事。

四、本塾正月二十日開館，十二月望日散館。其餘令節、誕忌、星期休沐外，平時不宜輕易作輟，致曠課功。如家中有正事請假，須該生父母，或曾膺重托之人來領，並訂定日期，不得逾限。

五、本塾華三月朔起，每晨七點半鐘開課，十二點鐘放飯，午後一點鐘開課，五點半鐘放學。九月朔起，每晨八點半鐘開課，十二點鐘放飯，午後一點鐘開課，四點半鐘放學。秋冬兩季加添夜課。暇時游息，習練體操。每逢星期休沐一天，或繪事，或鼓琴，藉以活潑天機，發舒神智。三伏酷暑，午後停課納涼，如欲回家歇夏，准予給假一月，期滿即行返塾。

六、本塾學費，議定每生每月收修銀一元，學生在塾食宿者，每月外加膳資銀三元。每日一粥兩飯，飯菜四簋，兩葷兩素。洗衣服，役有女傭侍值，不須該生躬親。如不在館住宿，食午、晚飯兩餐者，每月加膳資銀二元，僅食午飯一餐者，每月加膳資銀一元。日後經費充裕再行酌減。入塾在十五日以後者，准免收上半月脩膳。此外別無分文浮費。如欲帶女傭須自貼膳資。

七、《詩·關雎》爲房中之樂，琴瑟鐘鼓，陶淑情性，自古聖后賢妃所不廢。今本塾所延華洋文教習，亦有明於琴學者，如諸生欲習者多，俟堂宇落成後，亦當置備古琴、洋琴各一具，即可由教習指授，每月亦仿西學塾，另加琴修銀一元，不願學者聽便。

八、修繕金按月計算，入塾之時，須先交送半年，存於賬房，屆期將滿，再送半年，放年學散館時，一併結算。若學生家有正事，預先告假，或有恙停止者，除半年修金六元須全扣外，膳資准照月分計算，多餘找還。倘非預先告假者，不得援以爲例。

九、所謂中西書籍，華紙、墨、筆、硯、洋紙、簿、石板、鉛銅粉筆等，均須自備，或由塾代買，收回價值亦可。惟墨水由塾供給，不得無端浪費。

十、學生住塾，床帳由塾備就，舖陳被席，均須自帶。衣衫皆當整潔，褂褲白巾，略須多備幾套，以便隨時更換。手巾亦須自帶，惟家伙、木器，不必攜來。

十一、本塾來學生徒，平素須敦守禮義信讓，銳志向學，恪遵訓誨，更須飲食有節，運動適宜，庶精神氣力，悉臻快健。荒怠不形，於養生之道，亦有所益，而尤以不纏足爲第一要義。凡衣服起居，宜以樸素爲主，至於華冑巨室，尤須遵守學規，使人則傚，幸勿競美爭麗，致啓驕奢惡習。

十二、學生如偶有疾病，塾中有女醫教習，即爲診治。一面關照其父母，或所託照顧之親戚。如欲接回調理，准予給假，領歸愈後，即速送回塾。

十三、每歲冬夏，甄別學生考課二次，各給考單一紙，註明學生之德性品誼與所習各種學問分數，以及到館日期之多寡，俾該生父母覽之欣慰。本年開塾已屆夏季，至歲底散館併考一次。

十四、西國學堂通例，課程皆分年派定，俟學生讀全考取後，給以文憑，可以出而教人。今本塾亦擬仿照辦理。應如何分門別類，評定等第之處，逾數年後，再行詳細妥議格律。

大清光緒二十四年歲次戊戌　孔子降生二千四百四十九年中國女學會書塾提調歸鉅鹿明州沈和卿　歸潁川巴黎賴媽懿仝啓

《浙江潮》一九〇三年第一〇期《公立杭州女學校章程》　宗旨

第一條　本校以開通女子智識，並普及女學爲宗旨。

職員

第二條　本校現擬定之職員如左：

校長一人、教員四人、監督一人、内庶務一人、外庶務一人。

第三條　以上各職員，皆聘請女士能勝職任者充之，惟外庶務公舉一老成幹練之士充之。

僕役

第四條　本校現擬定之僕役如左：

司閽二人、女僕十人、司厨二人。

款項

第五條　本校草創伊始，經費支絀，全賴衆力捐助，相與維持。茲將捐項之大别列左：

（甲）創辦捐　捐納款項以充本校開辦經費者，爲創辦捐，輸創辦捐者爲發起員。

（乙）常年捐　每年認捐若干爲常年捐，輸常年捐者爲本校贊成員。

（丙）特别捐　臨時捐納一次，非永遠繼續者爲特别捐，輸特别捐者爲名譽贊成員。

第六條　於創辦捐、常年捐、特别捐外，本校更願有人捐入圖書、儀器，及本校應用諸物。

第七條　本校教科分尋常小學、高等小學兩級。平日未曾識字讀書，或粗通文理者，入尋常科；讀書有年，程度較高者，入高等科。

第八條　尋常科之科目：修身、國文、算術、圖書、裁縫、唱歌、體操。高等科之科目：修身、國文、英語、算術、中國歷史、地理、理科、圖書、唱歌、裁縫、體操。

第九條　尋常科之科目以三年卒業，高等科之科目以二年卒業。

第十條　本校俟經費寬足後，再擬於尋常、高等科外，别設師範科。

定額

第十一條　學生定額如左：

（甲）尋常小學科　三十名。

（乙）高等小學科　二十名。

第十二條　走讀學生不住校者，無定額。

假期

第十三條　除星期令節以外之假期如左：

夏季假期　自小暑節起至處暑節止。

冬季假期　自十二月二十日起，至正月二十日止。

第十四條　星期及例假外，學生如有事須請假者，須有家中信據方准出校。

入校資格

第十五條　學生入校資格如左：

（甲）舉止嫺雅，身體健全。

（乙）不得纏足。（已纏足者，入校後須漸解放。）

（丙）年齡十一歲以上，二十歲以下。

入校規約

第十六條　學生入校，須得公正紳士之保證，入校後先試讀一月，是爲試讀期，如期滿留校，須由保證人協同學生填寫入學證書。

第十七條　學生每年須繳膳資二十四元，卽於填寫證書之時，由保證人預繳半年之數，如試讀期滿不留，扣除繳還，以後分春秋兩季繳納。

第十八條　學生不得着艷麗衣服，及塗抹脂粉。

附則

第十九條　本校設於杭州城内積善坊巷。

《警鐘日報・宗孟女學堂新章程》一九〇四年三月十六日　（一）本學堂以孟子『民為貴』一語為宗旨，故曰宗孟。

（二）本學堂經理及教習，以至學生，一律平等相待，視中國向來惡習鄉願一派不同。

（三）本學堂經理及教習等，既以平等之禮待學生，學生亦宜深體此意，諸事誠敬自愛。

（四）本學堂經理、教習、司帳、司事等，俱係女士，規模整肅。

（五）本學堂課堂，及寄宿舍等處，非婦人概不得入，與本學堂無涉之婦女，亦不得入。

（六）凡貞節婦女之貧苦者，如欲來學，可先向本學堂報明詳細，由本學堂確切查明，如實係貞節貧苦，且與本學堂宗旨合者，則本學堂非但免其學費，且格外推重，以明本學堂重視氣節之宗旨。

（七）今租上海大南門外洋房開辦，該洋房軒爽寬敞，合於衛生之理。定學額六十人，足數之後，即行推廣。現已備齊款項。為他日購地建屋、開拓一切之用。

（八）本學堂經費，由總理一人獨人擔任，並不在外勸募分文。

（九）本學堂飲食整潔，每日三餐，飯菜每桌五大碗，經理及教習及學生，一律不分厚薄。

（十）衣服以樸實潔淨為主，不得用一切脂粉等類，能不纏足最為合格。

（十一）凡學生有事出外，必俟監院、監起居允可。

（十二）學費：高等科每月二元，尋常科每月一元，繕金寄宿者，每月三元，只午餐者，每月一元五角，俱先繳半年，中途輟學，概不發還。

（十三）假期：年假自十二月十六日起，至次年正月二十日止，暑假自小暑起到立秋止，清明、端午、中元、中秋各三日，爐節、冬至各二日，夏至、重九各一日，每星期均假。

（十四）課程：分歷史、輿地、天算、政治、宗教、西文、東文等，其詳細表懸課堂內，畢業證書等亦載表中。

（十五）本學堂設『對俄同志女會』，學生既與本學堂宗旨相合，自應書名入社。

（十六）本學堂創建『中國赤十字社』，學生願與聞者極佳，不願者聽，各言爾志可也。

（十七）本學堂總經理，自幼守志，好學不倦，近著有宗孟課本三編：初編造句，二編問答，三編論說，詞意簡要，為教材中不數觀之書，且於女學更切實，有益閨範。不少女子誦讀，當以此書為最得體。初編已出版，定價洋二角，二編、三編，亦將次第印成。

總經理：上海陳女士婉衍；總教習：上海童女士同雪；國文教習：浙江萬女士昭平（兼醫學教習）、太倉吳女士慶霞（兼刺繡教習）、陽湖程女士佩月、華亭郭女士修；英文教習：吳縣沈女士秀貞；法文教習：浙江馬女士當助；東文教習：上海秦女士浩；醫學教習：美國柏女士佩蘭；會計：上海周女士珮瑛、太倉朱女士宗蘐；監起居：太倉朱女士宛方（兼繪事教習）、嘉定童女士越珊；贊成：美國高女士美蘭（稽察英文課程，兼教體操、音學）、英國龔女士契湘、福建鄭女士素伊、上海童女士汝幸、太倉汪女士賢儀、太倉朱女士靜宜、太倉吳女士慶雲、上海陳女士婉芳、太倉汪女士淑君。

《警鐘日報・宗孟女學堂之特色一九〇四年九月八日》 宗孟女學校以辨種族，尚氣節為宗旨，於本歲六月下旬定議，起造洋房一所，剋期竣工，而所定章程亦愈臻良善，已於本月二十日開校矣！

本社案宗孟女學校之特色，約有三端：

（一）凡貞節婦女之貧苦者，免收學費。

（二）校中另設特別科，凡月課所出各題，命意尤為深遠。

（三）去冬設對俄同志女會，今春改設慈航社，皆許學生與聞。此皆宗孟女校之特色。該校自開辦以來，即提倡民族主義，以注意精神教育。聞今秋開課後，入學之人益增，而教科復極形完備，吾不禁為中國女學之前途賀矣！

《萬國公報》光緒三十一年七月號《東吳范禕〈中西女塾章程序〉》

博矣哉！女學之義也。世界文化之進退，風俗之隆汙，種類之强弱，以及社會之振起與頽落，莫不關係於女子。故女學者，世界之精神，即一國之命脈也。

中國三千年來，一以錮閉女子、壓制女子為政治上、教化上永無改變之大宗旨。其歷代相傳之經典，與專為女子而著之書，所言女子之天職，當行與當知，無得踰門閾一步者。故綜中國女子之生平，貞節外無奇操，服從外無高行，柔順外無美德，間有天資明敏不能掩沒者，或溢為詩詞字書等技，則儒者猶正襟危坐而識之曰：『此非女子之本分也。』吁！可悲已！

今者吾中國人民四百兆，而二百兆之女子，幽靜之於閨闥之中，無教育，無學問，無見識，上焉者為花為鳥以供人之玩弄，下焉者為牛為馬以給人之驅遣，而又有纏足之惡習，殘賊其形體，俾成無用之廢物。凡女子自墮地以後，父母之教訓，親友之勗勉，鄉里之月旦，舉不外責望其完全婢妾之道而止，彼女子之自期，亦復不過如是。嗚呼！去全國人民之半，地位日卽於卑微，而欲求文化之興，風俗之改良，社會之有進步，國不陵夷衰敗者，未之有也。又況以種類言，則婢妾之女子，其遺傳與熏陶，安往而不足以養成奴隸之男子哉？

自耶教東來，第一以釋放女子、提挈女子為事。其釋放與提挈之法，則在興女學，使女子與男子，同受教育，同有學問，同有見識，同擔荷其天與之責任，同享用其天賦之權利。夫女子既得釋放則自主，既得提挈則自貴，在自主與尊貴之地位，於是乎發現其才能，以共赴社會之一點，此社會之所以能文明，而國之所以能興存也，人第見歐美各國之盛，而欣慕之，而豔羨之。其亦考歐美各國女子之氣象為何如？而知其根基之所在矣！中西女塾者，美國監理公會傳耶教之女士所設立，欲以興盛本國之法，興盛中國，而為我中國女學之倡者也。自一千八百九十一年，至今歷十四年矣！其間女學生之得畢業文憑者，已不乏人，咸有學問見識以表著於社會之間，亦多熱心教育充教習於各學堂，謀造同類之幸福者。嗟嗟！我中國女界，晦盲塞窒三千年，乃始發一線之光明，而將來之希望，不可限量，卽我中國之希望不可限量也。

女塾章程，舊印若干冊。為人索取已盡，茲特重加刪改。益為簡明易遵，而課程表一種，尤關重要。從前國文教科，沿用舊法，未能盡善。今參以實驗，輔以新技，期於我國之國粹無所闕失，其餘各教科，亦皆精實完備，採西方之善本，合現時之程度焉！然一切學問見識，必以真道德為基礎，令所得之釋放提攜，不惟其外貌，而在其內心，斯又章程與課程之總意也。院長連吉生女士手著西文章程，底稿譯述以授余，因為之斟酌，實録既畢，重念時局之日艱，同胞之涂炭。逖矣前途，在茲後起，故略論女學之關係，並於其首以告我國人，非徒為本章程作序也。

附記

謹案林樂知先生宣道來華，獨抱教育之盛心，以幸福我國，既創立中西書院於上海，復以女學為興國之基，其重更甚於男子，於是蓄意經營，擬再創立中西女塾，以開風氣之先，美國女播道會聞其旨，特派海淑德女士至，捐資籌款，購地建屋，又歷載餘而後，本塾始告落成，開校之日，一千八百九十二年四月也。方是時，中國沉沉，甜夢未旦，其能令女子讀書者，千百無一、二，而先生為之綢繆若此，他日女學界苟有發達，則買絲之繡，鑄金之事，其將誰屬耶？不佞承乏國文講席，二歲於茲，諗知諸生中多志願高尚，具有愛國熱心者，而才識超然，迥與流俗殊別，則陸女士秀貞其選也，茲取其畢業之試論，録之於後，讀者非獨足以覘一人之程度，而亦以明女學之效有如斯焉！范禕記

《東方雜誌》第一卷第六期《直隸天津縣詳送試辦女學堂章程》　第一章宗旨　一、人才最重母教，母教不明，人才何出？創設女學，所以立他日母教之基。一、朝廷明降諭旨，勸戒纏足，終成畫餅。推原其故，實由婦女無學。本學倡立女教，必使名實相符，有百利而無一弊。第二章經費　一、學中一切經費，概由執事同人自備，按日交納。一、同人按日出資，並不限定數目，恐其中有力不足者，用示體貼。一、納費即不拘定數，凡稍為殷實者，必當踴躍出資，以襄義舉。一、本學現屬初創，倘有欲行襄辦者，亦准聲明註冊。第三章功課　一、女學功課，總以淺近為尚。一、本學原係起點，將來學有進步，功課酌核加增。一、女子體質懦弱，不可予人以過苦，早課限定二點鐘，午課限定三點鐘。一、針黹乃女子必不可缺之事，正課外酌學女紅。第四章規條　一、學中公舉年高有德之人，日常在堂監視。一、女學教習現時乏人，卽於學生父兄中公舉數人授課，概無脩金。一、學生應用書籍，由本學備辦。一、學生以身家清白，不復纏足，七歲以上，十五歲以下者為合格。到學後，概不准塗脂敷粉，妝飾簪珥。一、學生不限額數，隨到隨收。一、女學生如願入學肄業，必須預為聲明，並須該學生父兄出名註冊。一、學生紙筆墨硯，概由學生自備。一、學中另設會議室，以便同人會議。一、學中須雇女役一名。一、舉行一事，總以公議公允為是，不可由一人意見自行改更。一、堂中俱係女學生，同人中無授課責任者，不可擅行到學，有妨功課。一、教習遇有他故，務期早日示知，以便代為理課。一、本學以外以清靜嚴肅為主，出入同人不可喧笑。一、間月將出入各項，膳清一紙，粘貼會議室

左壁。一、他處女學生有欲參觀者，必須先期聲明，至日由學中監視人導入，教習及學生惟有正立，概不迎送。一、辦法有當增改處，務期隨時改良。

又　第二卷第六號《日本東亞女學校附屬中國女子留學生速成師範學堂章程》　宗旨：　家有賢母，猶國有賢臣，國有之必興，家有之必榮。昔者孟母，果出大賢，以貢獻國家，實家庭教育之明效也。方今女學盛興，其亦有見於此歟？夫男女七歲入學，則必受智德體三教者，何也？偏乎智，其弊也詐；偏乎德，其弊也魯；偏乎體，其弊也鄙。故兼修三教，始可得為賢母。但智體之易增進，而德器之難成就，余等夙慨於此，曾建設東亞女學校，專教育女子，不偏不倚，兼課三教，試諸實際，其效驗歷歷可徵矣！頃者，又別設女子速成師範學堂，擬專教育清國女子留學生，以期養成師範之資格。聞清國大興新學，盛建學校，所需男女教師必多，異日女學蔚興，賢母出其中，麟鳳子出其中，賢臣並無不出其中，則不啻家國之慶幸，實東亞大局之禎祥也。聊記興學大旨如斯：（明治三十八年三月上浣）

第一章名稱　第一條、本校稱東亞女學校附屬中國女子留學生速成師範學堂。第二章住地　第二條、本校設於日本東京市神田區雉子町三十四番地。第三章主意　第三條、本校為中國女子留學生特設速成師範學堂，教授普通學科，要使此等卒業生擔任祖國女子教育，以資其開進輔導。第四條、本校於第三條所定本科之外，更察中國現在之情形，設兩種之別科：一爲音樂專修科，一爲游戲體操專修科，使少期間，通其大意。第五條、本校學生經本校之允許者之外，須在本校寄宿舍，應設細則，嚴行監督。第四章教科　第六條、本校所定教科目，分為修身、日語、教育、英語、數學、地理、歷史、家事、圖畫、音樂、體操。第七條、音樂專修科所定教科目，分為修身、日語、音樂、教育、數學、遊戲、體操、家事。第八條、遊戲體操專修科所定教科目，分為修身、日語、遊戲、體操、教育、音樂、數學、家事。第五章修業年限學生學期及休業　第九條、本校修業年限定為二年，兩種專修科各為六個月。第十條、本校學年，四月初八日起，第二年三月三十一日止。第十一條、一學年分為三學期，第一學期：　四月八日起，七月二十日止。第二學期：　九月十一日起，十二月二十五日止。第三學期：　一月初八日起，三月三十一日止。第十二條、受業日數，一學年大約共計四十二禮拜。授業時數，每一禮拜約計三十點鐘為準。第十三條、本校例定休業日如左：　一、每禮拜日。一、中日兩國例定祝祭日。一、本校創立紀念日。一、春期休業：　四月初一日起，四月七日止。一、夏期休業：　七月二十一日起，九月初十日止。一、冬期休業：　十二月二十六日起，第二年一月初七日止。第十四條、本科所定之學科課程如左：　第一學年、第二學年修身每禮拜各一點鐘，日語各九點鐘，教育二、三點鐘，英語各二點鐘，數學各二點鐘，地理各一點鐘，歷史二、一點鐘，理科三、二點鐘，家事〇、二點鐘，裁縫各二點鐘，圖畫各一點鐘，音樂二、一點鐘，體操三、二點鐘。第十五條，音樂及游戲體操專修科所定之學科課程如左：　音樂專修科、游戲體操專修科修身每禮拜各一點鐘，日語各九點鐘，音樂九、三點鐘，教育各二點鐘，遊戲、體操三、九點鐘，數學各三鐘，裁縫各二點鐘，家事各一點鐘。第六章考試　第十六條、本校檢定學生學年進步之程度，舉行考試。第十七條，考試分為定期考試、臨時考試之二種。定期考試於每學年終舉行之，又臨時考試隨時舉行之，以考學業之進否。第十八條、修了本校教科者，授與卒業文憑，以證卒業。第七章進學及退學　第十九條、凡進本校者，須具出願書、履歷書及一保人署名蓋印於本校。

入學願書

某茲願進貴校修業，並開具履歷，如蒙允許，本人一切之事，惟保人是問，因出具願書是實。

明治　年　月　日

國籍　省分　居址職業

本人　姓名　蓋印

某年某月生

國籍　省分　居址職業

保人　姓名　蓋印

東亞女學校長殿

履　歷　書

國籍　省分　居址職業

本人姓名

某年某月生

一、自某年某月起，某年某月止，在何學堂，從某師，學習何種學問。一、某年某月從嫁某。一、某年某月在何處，受何等賞罰。

明治　年　月　日

右　本人姓　名蓋印

第二十條、保人須經本校之允許。第二十一條、學生如有不得已事故，或冀退學、停學者，應出具本人保人連名蓋印之願書於本校。經允許方可准行。第八章學費　第二十二條、學生先納全年學費二百四十元，中途無故退學，則不還學費，如允許退學，雖既納學費，應按日還算。第二十三條、不交納學費者，停止授業，且斥退寄宿舍。

日本實踐女學校附屬中國女子留學生師範工藝速成科規則

緣起，頃者，中日兩國交誼既日加厚，彼國女士之來我國從學者亦歲加多，彼國女子之教養，刻下為圖開明，尚未視為重要，故教養之方未能完善，而女學生之留學我邦者，期間既甚短促，其能確有所得者實不多人，此不獨彼國女士之所憂，抑亦我輩見彼國之時運如此，尤為痛惜者也。女子之天職，在內助之實務與家庭之教育，此不待言。至其天職之能舉與否，又關於其國運之消長，亦不待智者而後知也。今我等欲使彼邦女子，以短少之時日，得能盡其天職之技能，故為特設速成師範及工藝科，以漢語通譯為教授方法之便。至於飲食起居，一切概從彼國之習慣，期以一年畢業，使得為慈母與教師之教養概要。擬以西曆五月一日為開校之期，中國女子能陸續來此者，則不獨其人之幸，抑亦東亞之幸也。校長下田歌子述。

規則　第一條、本科之設，以便利方法於短時日中，為中國留學女生授以女子教養之道。第二條、本科設置原為實踐女學校之一部，因留學女生居食等習慣，與日本女生不能無異，故別規定之。第三條、本科生徒須年齡在十五歲以上，有寄留日本確實之本國人為之保證者。第四條、本科教程雖分師範及工藝二科，然凡適於為師及為幼稚園保姆各種緊要科目，則使學生共修之。第五條、本科畢業期限定為一年，更分為三學期如左：

第一學期，自西曆五月一日至八月二十日；第二學期，自九月十日至十二月二十五日；第三學期，自翌年一月十日至三月三十一日。第六條、師範科科目如左：教育、心理、理科、地理、歷史、算術、體操、唱歌、日語、漢文。第七條、工藝科科目如左：教育、理科、算術、體操、唱歌、日語、漢文。（刺繡、編物、圖畫、造花，此四科中，或專授一科，或兼習二、三科。）第八條、本科學生於講習學科之外，更時由本校職員帶同參觀關於女子教育及事業之設營物等。第九條、休業日如左：一、日曜日，一、祝祭日，一、夏季休業（其休業或二週間，或三週間，由學校臨時酌定），一、冬休業（自十二月二十六日至翌年一月九日）。第十條，有志入學者，須具入學願書，其式如左：

入學願書

本人姓名

年歲

原籍

父兄姓名

本國住所

本人之學業略記

今願入師範科或工藝科肄業，所有校中一切定章，自當遵守勿違。

明治　年　月　日

光緒　年　月　日

保證人　姓名印

現住所

實踐女學校校長下田歌子殿

第十一條、卒業時由學校授與卒業證書。第十二條、生徒應注意確守之規則如左：一、在學中非與舍監或教師同行不得外出，但有特別事故，得保證人之證明書者，不在此限。二、非有保證人之證明，不許與外來人面會，面會處必在舍監教師所指定之室內。三、凡生徒有近於奢侈之衣服、裝飾等，概不許用。四、受課之時，皆須著用學服。五、偶有疾病或異常之事故，須告舍監及教師，待其指示。六、於本校付與之服食外，或特爲衛生有所需要之時，可請於本校職員爲之備辦。七、學生中若有親族同寓者，特許通學。第十三條、生徒之經費如左：一、全年學費三十六元，一、入學金二元，一、全年食費百二十元，一、全年舍費二十四元，一、學服二件三元五角，一、外出用服八元，一、夏衣三件五元，一、春秋服二件六元，一、冬服二件六元，一、四季襯衣類五元，以上共計全年日金二百一十五元五角正。（附記：食費及舍費二項，係約計，暫定此數，將來或不能無所增減。又校中所給衣服，概屬布製，或特爲保養之故，須著用絨類服物。又在學中購置書籍，服用藥餌，及一切雜用，概在此上列經費之外。）

師範速成科課程表

學科	時間	第一學期	時間	第二學期	時間	第三學期
教育	六	教育理論 管理法	六	同上		六同上 並保育
心理	二	要論	一	同上	一	同上
理科	二	植物 動物	二	物理 科學	二	生理 衛生
歷史			二	萬國歷史	二	同上
地理			二	萬國地理	二	同上
算術	四	四則	三	同上		分數
圖畫	一	自在畫	一	同上	三	同上
體操	二	遊戲體操	二	同上	一	同上
唱歌	三	單音唱歌	三	同上	二	同上
日語	六	會話	四	會話 文法	三 四	會話 文法、作文
漢文	二		二		二	
合計	二八		二八		二八	

工藝速成科課程表

學科	時間	第一學期	時間	第二學期	時間	第三學期
教育	三	教育叢談	三	同上	三	同上
理科	二	同前表	二	同上	二	同上
算術	二	四則	二	同上	二	同上
術科	十	編物造花 圖畫刺繡	十	同上	十	同上
體操	二	同前表	二	同上	二	同上
唱歌	三	同前表	四	同上	四	同上
日語	四	會話	三	會話	三	會話、文法
漢文	二		二		二	
合計	二八		二八		二八	

附言　中國近年以來，教育之理，日推行於社會，言學校教育者，無不知以家庭教育爲本，而家庭教育所以能善之故，則必由於女子教育，此又識者所同認也。然卒未有於女子教育注之意者，是非特言教育者力有所未暇及，亦由於中國數千年之習慣，女子之職務，僅行於家庭，而不行於社會，防之甚密，禁之甚嚴，殆視爲男子之附屬焉！不教之以學問，不授之以職業，而惟以坐食於家爲事，故曰女子無才便是德，以謬説之流傳，遂成此禁錮之風氣，而女子以無才、無學、無職業之故，即欲不以坐食於家爲其畢生之事業而不可得。夫使女子於此，雖不能爲社會之益，而亦不至爲家庭之損，此則亦無所不可。然觀於中國今日之男子，十人之

中，其有家庭之願慮者有九人焉！夫以中國男子無教育之故，其無學、無才、無職業者，固已於四萬萬人之半數，無人而不然者矣！以此比之各文明國之人人有學問、有職業者，已不能稱爲完全之人格，立於今日世界競爭之場，欲其自養自立已不能矣！而還問其家庭，則又皆有妻子之累，以彼之不能自養者，尚有待養之人以立其後，從而分其自養之具焉！其不相率而入於凍餒之途者幾希矣！今有夫婦二人於此，其夫歲得百金，其妻亦歲得百金，而其家歲用百金已足，則合二人之力，每歲可餘百金也，外國男女之同有學問，同有職業者乃如此。又有夫婦二人於此，其夫歲得五十金，其妻無所得，而其家歲用當百金，則以此供二人之養，尚短五十金也。中國男女同無學問，同無職業，而女子又待養於男子者，又如此積人而成家，積家而成國，國與國相比較，此國之男女與彼國之男女相比較，而其生活之相去乃如此，國焉得而不弱？家焉得而不貧？人焉得而不困？故中國今日之貧弱，卽謂女子無學問爲其一大原因，決非過言也。今日内地欲立一女學校，則求一女師不可得；欲設一幼稚園，則求一保姆不可得。問其在家庭所爲行動及教督子女之方法，其不爲學校生魔力，爲社會造惡因者，蓋百不得一焉！如此而欲與謀社會共同之利益，烏可得乎？故女子教育不興，則男子教育斷不能得完美之進步；女子之學問之德業不講，則男子之學問之職業亦斷不能得完全之自立，此卽家庭與社會之關係最爲密切者也。今吾國女子之後先至日本求學者，亦既不乏人矣！然未來之時，既無學問之豫備，既來之後，又無相當之學校，語言不通，則期限甚久，中途或以事故之牽累，或以資用之短缺，常有不能終業之累，實於吾國女子出洋求學之途，未爲便利，亦卽吾國女學推廣發達之效必見遲滯者也。愚等有憾於此久矣！特未得其所以補助之道，適日本女教育家、實踐女學校校長下田歌子氏，擬爲吾國女子特設一速成師範科及速成工藝科。師範科之用意，欲使知學校教育以家庭教育爲其本原；工藝科之用意，欲使知社會生活以個人生活爲其基礎。一以待素嫻文學，而不必注意工藝者；一以待僅知工藝，而未嘗深求文學者。不抗意以求高，惟求能勝任而愉快，期養成教師保姆之才，能自養以教人而已。學期既不能長，故擬用通譯以便聽講，而以一年畢業。今西曆五月一日爲第一學期開始之時，以此經畫謀於愚等，愚等既感下田氏爲吾國代謀振興女學之熱心，後恐内地聞者或未深知其設此之用意，故復爲表白之。凡我國名門秀媛有志於世界學術之途者，若能翩然渡海，相率來遊，實爲吾中國之幸，而亦下田氏所以創設此科，及愚等所以贊成之本意也。中國贊成員楊樞等公啓。

遊學女子須知：一、行李不宜多帶，每人二箱及一被包已足。一、衣服皆須穿布，以青藍二色爲限，凡華麗艷色之服及綢緞奢侈之飾，皆宜屏絶。但夏衣及冬用之小襖等，亦不可不帶。一、裝飾不宜用釵環釧鐲之類。一、不可帶女僕及婢，如已帶，至上海亦宜遣歸。以至此須入學校，雖帶有僕婢，亦無所用之。使獨居於外，語言不通，諸事不便，徒費伙食、增累贅而已。一、有志來者，不須各督撫及學務處咨文，到此後覓同鄉親友作保證人，卽可入學。一、如有尚未放足者，急宜趕放，著平底圓頭鞋。一、此間擬另立寄宿舍，起居飲食一切務求與中國習慣相合，必不致多有不便。一、來此乘船，宜坐二等艙。一、有欲調查此間入學情形，及來此至横濱時須人招待者，宜先致信知照各該本省同鄉會幹事。（如有親友在此可託者，卽不須此。）如不知該同鄉會幹事住址者，可由東京神田駿河臺鈴木町十八番地，中國留學生會館轉交。若不知幹事姓名，但書請會館幹事轉交某省同鄉會幹事，亦不至誤。一、每年除學費、服食、書籍等用外，零用五十元内外已足。來此者，約須各備全年用費日鈔三百元，惟來往盤費及自買書物等費在外。

又 第一二號《北京豫教女學堂章程》 第一章 名稱 第一條 本學堂稱曰北京豫教女學堂。第二章位置 第二條 本學堂設在東單牌樓二條胡同。第三章 目的 第三條 本學堂以中等以上女子，施普通教育及高等普通教育，造就賢母良婦爲目的。第四章 教科 第四條 本學堂教科，分爲尋常科，及高等科。第五條 尋常科及高等科修業年限，各定爲四年。第六條 學生入尋常科第一年班者，其年歲最小須滿六歲，高等科第一年班者，最小須滿十歲。第七條 尋常科之教授科目：一修身，二國語，三算術，四歷史，五地理，六圖畫，七聲歌，八裁縫及手藝，九遊藝及體操。第八條 高等科之教授科目：一修身，二國文，三算術，四歷史，五地理，六格致，七家事，八圖畫，九聲歌，十裁縫及手藝，十一體操及游藝。願習外國文者，另自爲班。第九條 尋常高等兩科之教授科目，均因奏定章程所定，教授要義酌量而變通之，尤以適用於女子爲要。

第十條　尋常各科目程度及每星期教授時刻表如左：

學科＼學年	第一年　每星期鐘點	第二年　每星期鐘點	第三年　每星期鐘點	第四年　每星期鐘點
修身	二道德要旨	二道德要旨	二道德要旨	二道德要旨
國語	一日常須知之文字　二近易普通之文	一日常須知之文字　二近易普通之文	一日常須知之文字　五近易普通之文	一日常須知之文字　五近易普通之文
算數	六加減乘除用二十以下之數	六加減乘除用一百以下之數	五加減乘除小數	五加減乘除小數分數諸等數
歷史			一中國史	一中國史
地理			一中國地理	一中國地理
圖畫		單形	一簡易形體	一簡易形體
聲歌	單音聲歌	單音聲歌	單音聲歌	單音聲歌
游藝及體操	六游藝	六游藝普通體操	六游藝普通體操	六游藝普通體操
裁縫及手藝	二編物	二編物	二編物運針法	二編物運針法

第十一條　高等科各科目程度及每星期教授時刻表如左：

學科＼學年	第一年　每星期鐘點	第二年　每星期鐘點	第三年　每星期鐘點	第四年　每星期鐘點
修身	二道德要旨	二道德要旨	二道德要旨儀節	二道德要旨儀節
國文	一讀文習字作文默寫	一讀文習字作文默寫	一讀文習字作文默寫	一讀文習字作文默寫
算術	三加減乘除小數諸等數	三小數分數比例	三分數比例百分算	三比例百分算開平開立
歷史	二中國史	二中國史	二世界史	二世界史
地理	二中國地理	二中國地理	二世界地理	二世界地理地文
格致	二動植鑛物自然現象	二動植鑛物自然現象	二動植鑛物自然現象	二生理及衛生
家事			二衣食住	二養老育兒看病家政
圖畫	一簡易形體	一自在畫	一自在畫	一自在畫
聲歌	二單音聲歌	二單音聲歌	二單音聲歌二部輪歌	二單音聲歌二部輪歌及合歌
裁縫及手藝	三裁縫編物	三裁縫編物	三裁縫刺繡	三裁縫造花
體操及游藝	三普通體操游藝	三普通體操游藝	三普通體操游藝	三普通體操游藝

學年／學科	每星期鐘點 第一年	每星期鐘點 第二年	每星期鐘點 第三年	每星期鐘點 第四年
外國文	發音綴字讀法 譯解會話默寫 習字	發音綴字讀法 譯解會話默寫 習字	讀法譯解會話 默寫作文	讀法譯解會話 默寫作文

第五章　星期及放假　第十二條　每年以正月二十日開學，至小暑節散學，是爲第一學期。立秋後六日開學，至十二月二十日散學，是爲第二學期。第十三條　每月按房虚星昴四日爲休息。第十四條　恭逢皇太后萬壽節、皇上萬壽節、皇后千秋節、孔子誕日，慶祝行禮後，放假一日。第十五條　端午節、中秋節，各放假一日。第六章　授課時刻　第十六條　春分後，早八點鐘至十一點鐘，晚十二點至三點，分別授課。秋分後，九點至十二點，晚一點至四點，分別授課。第七章　考試畢業及獎勵　第十七條　每月小考一次，每學期大考一次，均按學業、勤學、立品，分別記功過，其記功者，分別獎勵。第十八條　尋常科及高等科畢業時，各與以畢業文憑，仍按學業、勤學、立品、分別加考語，且與以獎勵。第十九條　前二條獎勵，或給圖書文具，或止用言語。第八章　請假退班除名　第二十條　學生因本身或親長疾病，及各種不得已之事請假者，必由父兄預先報明方可。第二十一條　學生請假在數月以外，學業不能企及衆人者，退班或除名。第二十二條　學生不遵本學堂規則，學業甚劣者，除名。第二十三條　學生所用各科課本，以至文具等，本堂一概不行給與，須由學生自行出資代爲置辦。第九章　學費　第二十四條　學生無論貧富，每月均收一元。第二十五條　本堂每日預備午飯一餐，每人每月收銀三元。第二十六條　本堂先試辦尋常科，俟學生到學堂後，考察各學生程度，高者再設高等科。第十章　總理辦事員教習　第二十七條　本堂設總理一人，創設者自任之。第二十八條　本堂設辦事員四人。第二十九條　本堂聘中外教習數位，分門授課。第三十條　本堂所請中外女教習，現均願名譽幫助，俟試辦成效後，再行酌給酬金，不願收酬金者，爲名譽教習。第十一章　贊成員　第三十一條　本堂請中外士女有學識名望者爲贊成員，凡關乎本堂之大事，皆諮商之。第十二章　衛生　第三十二條　本堂聘醫師一人，爲學堂醫。凡學堂衛生事宜，必諮商之。第三十三條　學生在講堂内外倉猝發病，即由學堂醫生治之。第三十四條　學生有患傳染病者停入學，病愈再行聽講，學生家中有患傳染病者亦同。第三十五條　學生有在學堂内發傳染病者，則一定期間放學，以免傳染於他人。第三十六條　學生無論年歲大小，均不許吸煙。第十三章　講堂　第三十七條　學生在講堂除應用書籍文具等外，不得携帶他物。第三十八條　講堂坐位均預爲編定，學生依次列坐，不得任意挪移。第三十九條　每點鐘課業之始終，各學生起立，對於教習作禮。第四十條　每點鐘上堂下堂，均以鳴鐘爲號。第四十一條　每點鐘休息十五分，由教習引率衆生在講堂外游散。第四十二條　講堂上學生遇教習詢問，知者舉右手，教習指其一人，即起立答之。第四十三條　講堂上學生如有疑問，必舉右手，俟教習問之，方起立致問。第四十四條　學生在堂内，概不許携跟隨之人，其應照料之事，概由學堂役婢行之。第四十五條　本堂於飯廳預備茶水，不許學生自携飲食，亦不許在講堂内喝茶。第四十六條　凡講堂内外宜潔淨，無論何人，不許涕唾於地。第四十七條　講堂内圖籍概不得汙損，牆壁椅案不得塗抹。第四十八條　每天功課完後，由教習指揮衆生整理講堂，然後由本堂派役婢灑掃。第十四章　裝服　第四十九條　學生裝服宜樸實，不宜華侈，雖富家大族，既到學堂，亦必去奢崇儉。第十五章　交際　第五十條　學生相交，尤宜誠信謙讓，不得挾富貴，而輕侮他人。第十六章　參觀　第五十一條　凡欲至本堂觀覽者，必經總理允許，方可進内。第十七章　父兄會　第五十二條　每學期數次，由本堂請各學生父母兄姊來堂，由總理教習説明本堂教育宗旨方法，及學生進步情形，父母兄姊有關乎本堂教育意見之處，儘可説明，彼此考究，以期與家庭聯絡一氣，有益於教育之進步，漸臻完全。第十八章　通知簿　第五十三條　本堂以通知簿一本交各學生，凡遇事須通知於家庭者，則記註之，學生每天回家之後，請由父兄查看簽字。附則　第五十四條　本堂開辦伊初，暫收六歲以上，十二歲以下之女子三十人。第五十五條　本堂擬附設幼稚園及保姆練習處，其開辦之期另定之。本學堂擬先延請英文、法文、東文女教習，及漢文普通女教習數位，均通中國語言文字。本學堂每月初一、十五兩天，設學術實驗演説會。本學堂自開學之日起，每至一月，考試一次，總經理

教習監場，每次考試時，由總總理敦請贊成員及各名譽大老監場，並可隨意抽考，面試一二生，教習仍均在座。本學堂係屬初立，所擬各項章程恐有未妥之處，求四方熱心君子，苟有卓見可以裨益本學堂者。如蒙名媛淑女及京外女學堂學生親臨考察，並一函示遵卽改易，由本校女經理接待，領教一切，務期盡美盡善。本學堂所有開辦一切經費，先由總經理人沈鈞之母王氏認助銀二千兩，以作租賃房屋、置備校具、書籍、器具等件，並改修門窗、修理房屋之用。擬試辦半年之後，倘力有未逮，或欲擴充，再與諸名譽贊成員互相討論，續辦以垂久遠。本堂現無在外募捐等事，如有樂善之君子，隨意資助堂內應用圖籍文具課本等件，必當登報鳴謝。本堂每月經費統共需用若干，均須按月開明清單，登諸各報。前擬二十四、五條之內，或因家計不及於脩金火食費者，抑一時囊乏未便，實有眞心向學者，恐因資費不足，至使阻志中止，未免有向隅之歎，殊爲憾事。現有本學堂總經理人沈鈞之母，年已七十有二，自願將家計累年積蓄，傾囊資助有志向學而力不足之女學生，或全數代付，或代付幾成，均可樂從，以成其美。然須於報名時聲說明白，面爲訂定。創修本堂各項章程幫助經理人：大學堂總教習服部宇之吉。女幫經理本堂一切事務：服部繁子。女經理人：沈貞淑。總經理人：沈鈞字綬青。計延請女教習：服部繁子，佐伯園子，加美田操子，林氏二女士，李淑貞。中外贊成員：刑部侍郎胡燏芬，內閣學士吳鬱生，候補副都統治格，掌京畿道監察御史汪鳳池，翰林院編修汪鳳梁，戶部郎中卽補道薩蔭圖，江蘇候補道楊書雯，分省補用道唐家貞，候選同知吳熙賢，直隸候補知縣侯奎，候選知縣汪立元，江西通判彭詒孫，揀發廣西委用知縣周岸登，中書科中書杭愼修，候選知縣陸俊良，揀選舉人曾學仁，府經歷韓景珍，華德學堂經理李海晏，譯書局員王徵，國子監典簿銜廩貢生朱淇，廩膳生李詢，同知銜楊紹渥，文生文貞，文生恩福，大學堂總教習服部宇之吉，八旗高等學堂教習佐伯信太郎，《順天時報》館總辦上野巖太郎，比國府翻譯官林阿德，華德學堂總教習里布克，日本醫員川田德治郎。經理人：總經理人沈鈞，襄助學堂一切事務；經理人服部宇之吉，襄助學堂一切事務；女經理服部繁子；女經理沈貞淑。

又　第三卷第九號《北洋女子師範學堂章程》　第一章　總則　第一條　本學堂以養成高等小學、初等小學女教員，期於女學普及爲宗旨。第二條　本學堂爲速造師範起見，先設簡易科、選科，兼設附屬小學，以資練習。俟本期女生畢業後，再設完全科以蘄深造。第三條　本學堂爲造師資，尤重婦德，一切管束教授，務在陶冶其行爲心性，使可爲後生儀範，一切急激過新之學說時論，概戒弗譚。

第二章　學科及修業年限　第一條　簡易科分爲第一、第二兩部，每部各有必修隨意科目。選科除限定某科爲必修科目外，餘聽本生選擇。第二條　第一部科目：修身、教育、國文、歷史、地理、憲政、體操，爲必修科；習字、圖畫、手工、樂歌，爲隨意科。第三條，第二部科目：修身、教育、國文、算學、理科、家政、圖畫、體操，爲必修科；習字、手工、樂歌，爲隨意科。第四條　簡易科修業年限計一年六個月，選科同。

第三章　學期及休業日　第一條　一年分爲兩學期，自正月開學至六月暑假爲一學期，七月開學至十二月年假爲二學期。第二條　年中休假日：暑假、年假；月中休假日：星期、清明、端午、中秋。萬壽日、孔子生日、開校紀念日。

第四章　學科程度　第一條　第一部：修身（人倫道德要旨、教授法）、教育（教育史、應用心理學、論理學大意、教育原理、教授法、保育法、管理法、實地練習）、國文（講讀、文法、作文、教授法）、歷史（中國歷史、東洋史要、西洋史要、教授法）、地理（中國地理、外國地理、地文、教授法）、家政（家事衛生、衣食住、育兒、家計簿記）、體操（普通、遊戲、教授法）、習字（楷書、行書）、圖畫（自在、用器、教授法）、手工（裁縫、編物、刺繡、教授法）、樂歌（單音唱歌、複音唱歌、樂器用法、教授法）。第二部：修身（人倫道德要旨、教授法）、教育（教育史、應用心理學、論理學大意、教育原理、教授法、保育法、管理法、實地練習）、國文（講讀、作文）、算學（四則諸等、分數、小數、比例、百分、難題、開方）、理科（植物、動物、礦物、地質、化學、物理、地文、生理、教授法）、家政（家事衛生、衣食住、育兒、看護、家計薄記、教授法）、圖畫（自在、用器）、體操（普通、遊戲、教授法）、習字（楷書、行書、教授法）、手工（裁縫、編物、刺繡、教授法）、樂歌（單音唱歌、複音唱歌、教授法)。

第五章　學額入學試業退學，第一條　簡易科每部每班額定四十人，選科以二十人爲限。第二條　每年正月、七月爲入學期，其入學資格如左：甲、簡易科以品行端謹，身體健全、文理通順，年在二十歲以上，四十歲以下者爲合格。乙、選科具有入甲科資格，因自己志願不欲兼修各科者，歸入此科。惟修身、教育爲必修科，餘任自擇某學科，按時入班聽講。第三條　凡文理不通，身家不清，及性質不純，曾經他學堂斥退者，概不收録。第四條　入學試業，兩月爲期，如考驗德行學業，均能合格者，應簽名立保證書，爲留學之證。兩月之内，考驗未能合格者，即行辭退，願於是時告退者，亦聽，除此概不得無故退學。第五條　資性過鈍，罹染重病，或不守教規者，得隨時令其退學。

第六章　考試卒業服務　第一條　分學期考試、學年考試，學業之優劣，以平日積分，及臨時考試定之。第二條　學年考試及格者，遞推一級，不及格者，仍留原級修業。第三條　每一次考試畢業考驗合格者，給予畢業文憑。簡易科生留本校爲助教，或派充他處教員；　選科生期滿合格，給予修業文憑，自事生業。

第七章　職員分掌事務章程　第一條　本學堂職員所掌事務如左：一、監督總理全學一切事宜。二、教員擔任學級分科教授，及關於本學級一切事務。三、舍監掌理約束，檢查衛生，傳達休假出入，課習籍簿等事務。四、内庶務經理飲饌休沐，檢查傳達收掌，及察看醫疾，督察僕役等事務。外庶務經理文牘記録，銀錢核算，備辦修繕，並監察飲饌、灑掃，督飭丁役等事務。

第八章　寄宿舍規則　第一條　堂内每班選派正副班長各一人，每日輪派值日生一人，每寢室派室長一人，其責任分見別條。第二條　本科以德育爲重，同學共處，當互爲輯睦，以禮義節操相勉，凡涉舊日有失忠厚之言語行爲，均宜嚴避。第三條　堂内以靜肅爲主，除遊戲場外，不得唱歌喧笑，及有一切違礙之舉動。第四條　堂内上班下班，飲饌起眠，自習休息，休課放假，沐浴梳櫛等事，亦有一定時刻，服裝、休作、出入、養護，置備，攜帶等事，亦有一定限制，在堂各生必須切實遵守，毋得有意違犯。第五條　寢室榻位，由舍監相度指派，每星期日一掃除，每一學期一更易，學生不得私相調換，第六條　每晨學生上班後，舍監至各寢室依次檢點，有不妥適處即督責整理。第七條　住堂携帶裝具，不得多於下列限定數目：　衣箱一雙或軟包一個，中號皮包一個或小衣包、小皮匣一個，共占面積不過六方尺。第八條　住堂不得携帶珍貴物品，華麗衣服，及極麤陋油舊之衣件、被褥，與有妨道德衛生之書籍、食品、物件。第九條　衣服被褥稍涉油舊，即須拆洗，以潔淨整理爲度。第十條　在上課時刻内之小憩時，不得入寢室偃臥。第十一條　每夕限定兩小時在講堂自習，五月至七月可改至他時，或免除，非身體小有不適者，不得請假曠課。第十二條　每夕滿自修時限後，由舍監點名一次，即各歸寢室。第十三條　關涉疾病者：　一、因有疾病不得上課，須將緣由告知班長或室長，轉稟舍監。二、有病須行靜養，及患傳染瘟疫、傷寒、肺炎等症者，須入養病室醫治調養，在本處有眷屬願回家養病者聽。三、有病准其不在飯堂用饌，並准另與調和飲食。四、患病者除在本堂指定醫師外，或有保人親族代薦醫師，非經本堂認可，不得擅入診治。五、患病非親屬女眷，不准至病室探看。第十四條　本堂休課之日，准其外出，惟不得過一定時刻。本學生親屬不在本處者，並不准在外過宿。第十五條　家屬在本處，遇父母及長親有重病，必須本學生服侍者，准其聲敍緣由告假回家。惟請假日限不得過久，且不得逾時不歸，倘有萬不得已情節，仍准聲敍續假。第十六條　除有特別事情外，不問堂内學友，不許借貸銀錢。第十七條　損壞本堂之圖書器具，照式賠償，或出資修理，非本學生資力所及，即責令保人或父兄償還，第十八條　有女戚來堂採訪者，俱在會客室會見，非經稟明舍監允准，不得輒入寢室。第十九條　班長所司之事：　一；平日留意同班生學行率先勸導之。二、留意課堂規則之實行。三、同班缺課者，每小時報告教員。四、課員下班，率同班生同行。五、整理遊戲用具。六、管理遺失物品。七、傳達教員命令。八、正副班長均告假時，托同班生代理。第二十條　值日生所司之事：　一、每日較他學生早起十五分鐘，監察灑掃講堂講壇，整理座位，拂拭墨板。在課畢小憩時，經營啓閉門窗等事。二、每日察看割烹，調派飯蔬，並督責僕役整理一切。第二十一條　室長所司之事：　一、平日留意同室風紀及衛生。二、傳達舍監命令。三、留意同室之疾病。四、每晨夕催促同室應時起眠。五、每夕檢視寄宿舍内外。

又　第四卷第四號《學部奏詳議女子師範學堂及女子小學堂章程摺章程附》　竊中國女學，本於經訓，故周南、召南首言文王后妃之德，一時諸侯夫人、大夫妻，莫不恪秉后妃之教。風化所被，普及民間，江漢諸篇，言之尤備。孔子曰：人而不爲周南、召南，其猶正牆面而立也與？蓋言王化始於正家。倘使女教不立，婦德不修，則是有妻而不能相夫，有母而不能訓子，家庭之教不講，蒙養之本不端，教育所關，實非淺鮮，此先聖先王化民成俗所由，必以學爲先務也。方今朝廷鋭意興學，兼採日本歐美規則，京外臣工條奏，請辦女學堂者不止一人一次，而主張緩辦者亦復有人。臣等每念中外禮俗各異，利弊務宜兼權。自欽派學務大臣，以至設學部以來，歷經往復籌商，亦復審慎遲回，未敢輕於一試。故前年奏定學堂章程，將女學歸入家庭教育法，以爲先時之籌備；上年明定官制，將女學列入職掌，以待後日之推行。惟近日臣等詳徵古籍，博訪通人，益知開辦女學，在時政固爲必要之圖，在古制亦實有脗合之據。且近來京外官商士民，創立女學堂，所在多有。臣等職任攸關，若不預定章程，則實事求是者，既苦於無所率循；而徒騖虚名者，或不免轉滋流弊。臣等用是夙夜思維，悉心商酌，謹擬女子師範學堂章程三十六條，女子小學堂章程二十六條。凡東西各國成法，有合乎中國禮俗，裨於教育實際者，則仿之；其於禮俗實不相宜者，則罷之；不能遽行者，則姑緩之。現在京外各地方，如一時女教習難得，不能開辦者，務須遵照前章，實行家庭教育之法，以資補助；其已開辦各女學堂，務須遵照此次奏定章程，以示準繩。倘有不守定章，漸滋流弊者，管理學務人員及地方官，均當實力糾正。總以啓發知識、保存禮教，兩不相妨爲宗旨，以期仰副聖朝端本正俗之至意。如蒙俞允，即由臣部督飭京師督學局，並通行各省將軍督撫，一體遵照辦理，謹奏。奉旨依議，欽此。

謹將酌擬女子師範學堂章程，繕具清單，恭呈御覽。

立學總義章第一：第一節、女子師範學堂以養成女子小學堂教習，並講習保育幼兒方法，期於裨補家計，有益家庭教育爲宗旨。第二節、女子師範學堂須限定每州縣必設一所，惟此時初辦，可暫於省城及府城由官籌設一所，餘俟隨時酌量地方情形，逐漸添設。第三節、女子師範學堂由官設立者，其經費當就各地籌款備用，女子師範生無庸繳納學費。第四節、女子師範學堂亦許民間設立，惟須由地方官查明，確係公正紳董經理者，方許設立，並須先將詳細辦法，稟經提學使批准，與章程符合，方許開辦。第五節、開辦之後，倘有劣紳地棍造謠誣衊，藉端生事者，地方官有保護之責，如該學堂辦理有未合者，地方官應隨時糾正。

學科程度章第二：第一節、女子師範學堂之學科，爲修身、教育、國文、歷史、地理、算學、格致、圖畫、家事、裁縫、手藝、音樂、體操。其音樂一科，生徒中察有實在學習困難者，可不課之。第二節、修業年限爲四年，教授日數每年四十五星期，教授時刻每星期三十四點鐘。第三節、女子師範學堂教育總要如左：一、中國女德歷代崇重，凡爲女爲婦爲母之道，徵諸經典、史冊、先儒著述，歷歷可據。今教女子師範生首宜注重於此，務時勉以貞靜、順良、慈淑、端儉諸美德，總期不背中國向來之禮教與懿媺之風俗，其一切放縱自由之僻説，（如不謹男女之辨及自行擇配，或爲政治上之集會、演説等事。）務須嚴切屏除，以維風化。（中國男子間有視女子太卑賤或待之失平允者，此亦一弊風，但須於男子教育中注意矯正改良之。至於女子之對父是夫壻總以服從爲主。）二、家國關係至爲密切，故家政修明，國風自然昌盛，而修明家政，首在女子普受教育，知守禮法。又女子教育，爲國民教育之根基，故凡學堂教育必有最良善之家庭教育以爲補助，始臻完美而欲家庭教育之良善，端賴賢母，欲求賢母，須有完全之女學。凡爲女子師範教習者，務於此旨，體認真切，教導不怠。三、無論男女，均須各有職業，家計始裕。凡各種科學之有關日用生計及女子技藝者，務注意講授練習，力祛坐食交謫之弊。四、女子必身體強健，斯勉學持家能耐勞瘁。凡司女子教育者，須常使留意衛生，勉習體操，以强固其精力。至女子纏足，尤爲殘害肢體，有乖體育之道，務勸令逐漸解除，一洗積習。五、教授女師範生，須副女子小學堂教科、蒙養院保育科之旨趣，使適合將來充當教習保姆之用。六、教授各學科，當體認各學科之性質要旨，於今日世界情形之適宜者，用意教導。七、講堂教授固貴解本題之事理，尤貴使學生於受業之際，領會教授之次序法則。八、言語明瞭正確爲教習者最宜加意，凡當教授之際，宜時使學生演述所學，以練習言語。九、學習之法，不可但憑教授，尤當勗勉學生，使其深造常識，研精技藝。十、各種科學務以官定之教科書爲講授之本。第四節、女子師範學堂各學科要旨程度如左：一、修身，其要旨在涵養女子之德性，期於實踐躬行。其教課程度，首宜徵引嘉言懿行，就生徒日用常習之，故示以道德之要領，次教以言容動作諸禮儀，次教以修己治家，及對於倫類國家當盡之責任，次授以教授修身之次序法則，凡教修身之課本，務根據經訓，並薈萃《列女傳》（漢劉向撰）、《女誡》（漢曹大家撰）、《女訓》（漢蔡邕撰）、《女孝經》（唐侯莫陳邈妻鄭氏撰）、《家範》（宋司馬光撰）、《內訓》（明仁孝文皇后撰）、《閨範》（明呂坤撰）、《溫氏母訓》（明溫璜録其母陸氏訓語）、《女教經傳通纂》（任啓運撰）、《教女遺規》（陳宏謀撰）、《女學》（藍鼎元撰）、《婦學》（章學誠撰）等書，及外國女子修身書之不悖中國風教者，擷其精要，融會編成，且須分別淺深次序，附圖解説，令其易於明曉。二、教育，其要旨在使理會女子小學堂教育、蒙養院保育及家庭教育之旨趣法則，並修養爲教育者之精神。其教課程度，先教以教育原理，使知心理學之大要，及男性女性之別，並使明解德育智育體育之理，次教以家庭教育之法，次教以蒙養院保育之法，次教以小學堂一切教授管理訓練之法，並使知家庭教育與學堂教育之關係，及家庭教育與國家之關係，次使於附屬女子小學堂及蒙養院，實地練習教授生徒及保育幼兒之法則。三、國文，其要旨在使能解普通之言語及文字，更能以文字自達其意，期於涵養趣味，有裨身心。其教課程度，先講讀近時平易之文，再進講讀經史子集中雅馴之文，又時使作簡易而有實用之文，兼授文法之大要及習字，並授以教授國文之次序法則。四、歷史，其要旨在使知歷史上重要之事迹，省悟羣治之變遷，文化之由來，及强弱興亡之故，正邪忠佞之分。其教課程度，授中國古代至本朝之大事，及外國歷史之大要，並授以教授歷史之次序法則。五、地理，其要旨在使知地球形狀運動，並地球表面及人類生存之情狀，且使理會本國及外國之國勢。其教課程度，授地理總論、中國地理，及與中國有重要關係之外國地理，兼授地文學大意，並授以教授地理之次序法則。六、算學，其要旨在使習熟計算，適於日用生計，且練習其心思，使進於細密精確。其教課程度，授算術兼授珠算，次授代數初步，及平面幾何初步，並授以教授算學之次序法則。七、格致，其要旨在使知各種物質天然之形狀，交互之關係，及物質對於人生之關係，俾適於日用生計，有益於技藝職業。其教課程度，授以普通動植物之知識，及生理衛生之大要，次授以普通物理化學，並授以教授格致之次序法則。八、圖畫，其要旨在使精密觀察物體，能肖其形象神情，兼養成其尚美之心性。其教課程度，授寫生畫，隨加授臨本畫，且使時以己意畫之，更進授幾何畫之初步，並授以教授圖畫之次序法則。九、家事，其要旨在使能得整理家事之要領，兼養成其尚勤勉、務節儉、重秩序、喜周密、愛清潔之德性。其教課程度，授衣食居處，看病育兒，家計簿記，及關於整理家政之一切事項，並授以教授家事之次序法則。十、裁縫，其要旨在使習得關於裁縫之知識、技能，兼使之節約利用。其教課程度，授普通衣類之裁法、縫法及修繕之法，並授以教授裁縫之次序法則。十一、手藝，其要旨在使學習適切於女子之手藝，並使其手指習於巧緻，性情習於勤勉，得補助家庭生計。其教課程度，可就編織、組絲、囊盒、刺繡、造花等項，酌擇其一項或數項授之。此外各種圖樣，凡有適切於女子之技藝者，均可酌量授之，並授以教授手藝之次序法則。十二、音樂，其要旨在使感發其心志，涵養其德性，凡選用或編製歌詞，必擇其有裨風教者。其教課程度，授單音歌、複音歌及樂器之用法，並授以教授音樂之次序法則。十三、體操，其要旨在使身體各部均齊發育，動作機敏，舉止嚴肅，使知尚協同守規律之有益。其教課程度，授普通體操及遊戲，並授以教授體操之次序法則。第五節、各學科四年間，每星期教授時刻，如左表：

學科	第一年 每星期鐘點	第二年 每星期鐘點	第三年 每星期鐘點	第四年 每星期鐘點
修身	二	二	二	二
教育	三	三	三	十五
國文	四	四	四	
歷史	二	二	二	
地理	二	二	二	
算學	四	四	三	二
格致	二	二	二	二
圖畫	二	二	二	一
家事	二	二	二	二

裁縫	四	四	四	三
手藝	四	四	四	三
音樂	一	一	二	二
體操	二	二	二	二
合計	三四	三四	三四	三四

第六節、女子師範學堂可酌設預備科，使欲入師範科而學力未足之女生，補習各種學科。其科目可斟酌女子高等小學堂第三、四年程度定之。

考録入學章第三：第一節、學生入學，以畢業女子高等小學堂第四年級，年十五歲以上者爲合格。其畢業女子高等小學堂第二年級年十三歲以上者，亦可入學。惟當令其先入預備科，補習一年，再升入女子師範科。至現時創辦，可暫以與畢業高等小學堂學力相等者充之。第二節、選女子師範生入學之定格，須取身家清白，品行端淑，身體健全，且有切實公正紳民及家族爲之保證，方收入學。

編制設備章第四：第一節、每一班之學生以四十人爲限，每學堂不得過二百人。第二節、學堂建設之地，其位置及規模必須與學堂相稱，且須擇其鄰近人家之風俗於道德衛生均無妨礙者。第三節、學堂内當按學科之門類，備設諸堂室如左：一、通用講堂。二、格致圖畫等專用講堂。三、家事裁縫手藝等各實習室。四、圖畫室器具室。五、禮堂。六、管理員室及其餘必需諸室。第四節、學堂内另設體操場，分爲屋内、屋外二式。第五節、學堂内應分設學生自習室、寢室，以便於管理稽察爲準，監學室、會食堂、盥所、浴所、養病所、厠所、應接所均宜全備，惟均須注意適合於女子之應用。第六節、學堂應備几案、椅凳、黑板，必須取深合法度者。第七節、凡教授格致、歷史、地理、算學、圖畫、家事、裁縫、手藝、音樂、體操等，所用圖畫器具、標本模型等，均宜全備，且須合於教授女子師範生學科之程度者。第八節、圖畫當備可供教科用者，兼須備可供參考用者。第九節、女子師範學堂當設附屬女子小學堂及蒙養院一所，以便師範生實地練習。

監督教習管理員章第五：第一節、女子師範學堂應置各科教習管理員如左：監督、教習、副教習、監學、附屬小學堂堂長、蒙養院院長。第二節、監督統轄各員，主持全學内部事務。第三節、教習掌教育學生，副教習助教習之職務。第四節、監學以教習或副教習兼充，掌學生齋舍事務。第五節、女子小學堂堂長、蒙養院院長，以教習兼充，管理附屬女子小學堂、蒙養院事務。第六節、以上各員，均以品端學優，於教育確有經驗之婦人充之。第七節、學堂教習許聘用外國女教習充之，惟須選聘在女子高等師範畢業，品學優良者。且須明定應與中國女教習研究教法，其研究時限，由訪學堂自行酌定。第八節、學堂僕役亦須用端定守禮之婦女，若其平日於名節有損者不許充當。第九節、以上各員外，可置總理一人，書記一人，庶務員一人。總理管理學堂一切規畫措置，及學堂外一切交涉事務，書記掌公文書件，庶務員掌收支，一切庶務均歸總理統轄。第十節、總理、書記、庶務員，均以篤行端品，究心學務，年在五十以上之男子充之，且須於學堂旁近別建公務室，辦理一切事務，不得與學堂混合。第十一節、凡外客來觀覽學堂，考察教育者，無論中外人，非由公正官紳介紹，且經總理監督認可者，不得入堂觀覽。第十二節、教育管理員及學生之親族，有因事來堂者，須先經總理、監督察驗屬實，始准在外面客廳見接，若非親族，一概不准在學堂接見，雖外國女教習亦應守此規則。第十三節、學堂既有寢室，女師範生皆須住堂，不得任意外出，其星期及因事請假者，必須家人來接，方令其行。第十四節、學堂教員及學生當一律布素（用天青或藍色長布褂最宜），不御紈綺，不近脂粉，尤不宜規撫西裝，徒存形式，貽譏大雅，女子小學堂亦當一律遵守。

教職義務章第六：第一節、女子師範學堂畢業生，自領畢業文照之日起，三年以内，有充當女子小學堂教習或蒙養院保姆之義務。第二節、女子師範學堂畢業生，如有不得已事故，實不能盡教職義務者，由地方官查明，稟奉提學使，允准量繳學費，可豁除其教職義務。第三節、女子師範學堂畢業生，如有不肯盡教職之義務，或因事撤銷教習憑照者，當勒繳在學時所給學費，其數多少臨時酌定。奉硃批，覽，欽此。

謹將酌擬女子小學堂章程，繕具清單，恭呈御覽。

立學總義章第一：第一節、女子小學堂以養成女子之德操，與必須之知識技能，並留意使身體發育爲宗旨。第二節、女子小學堂與男子小學堂分別設立，不得混合。第三節、女子小學堂分爲女子初等小學堂、女子高等小學堂兩等，併設者名爲女子兩等小學堂。第四節、女子初等小學堂使七歲至十歲者入之，女子高等小學堂使十一歲至十四歲者入之。第五節、凡設立女子小學堂，須先將辦法情形稟經地方官核准，方許開辦，該地方官並應隨時將辦法情形稟申本省提學使，以備查核。第六節、開辦之後，倘有劣紳地棍造謠誣衊，藉端生事者，地方官有保護之責，如該學堂辦理有未合者，地方官應隨時糾正。

學科程度章第二：第一節、女子初等小學堂之教科凡五科，曰：修身、國文、算術、女紅、體操。外音樂、圖畫二科，爲隨意科，得斟酌加入。第二節、女子高等小學堂之教科凡九科，曰：修身、國文、算術、中國歷史、地理、格致、圖畫、女紅、體操。外音樂一科爲隨意科，得斟酌加入。第三節、女子初等高等小學堂修業年限均爲四年，每星期授業鐘點，在女子初等小學堂，至少以二十四點鐘爲率，多不得過二十八點鐘。在女子高等小學堂，至少以二十八點鐘爲率，多不得過三十點鐘。但依地方情形有只教半日者，則年限鐘點可酌量變通。第四節、女子初等高等小學堂教育總要如左：一、中國女德歷代崇重，今教育女兒首當注重於此，總期不悖中國懿孅之禮教，不染末俗放縱之僻習。三、無論何種學科，苟有與道德教育、國民教育相關之事理，各教習均當留意指授之。三、教授知識技能須選適於日用生計者，使之反覆練習，應用自如。四、童年身體期於發達健全，凡教授各種學科，須合女子心身發達之程度，勿得逾量增課，致有耗傷。五、女子纏足，最爲殘害肢體，有乖體育之道，各學堂務一律禁除，力矯弊習。六、女子性質及將來之生計，多與男子殊異。凡教女子者，務注意辨別，施以適當之教育。七、凡教授學科，期無誤其旨趣及法則，尤務使各學科互相聯絡，以謀補益。第五節、女子初等高等小學堂各教科要旨程度如左：一、修身，其要旨在涵養女子德性，使知高其品位，固其志操。其教課程度，在女子初等小學堂，初則授以孝弟、慈愛、端敬、貞淑、信實、勤儉諸美德，並就平常切近事項，指導其實踐躬行，漸進則授以對於倫類及國家之責任。在女子高等小學堂，則擴充前項之旨趣，而益加陶冶之功，使之志行更爲堅實。授修身者，務援引古今名人及良援淑女嘉言懿行，以示勸戒，常使服膺勿忘。二、國文，其要旨在使知普通言語，日用必須之文字，能行文自達其意，且啓發其智慧。其教課程度，在女子初等小學堂，初則正其發音，使知字之讀法、書法、綴法，漸進則及於日用必須之文字，及淺易之普通文，又使之練習言語。在女子高等小學堂，其程度稍進，則宜從其程度授以日用必須之文字，及普通文之讀法、書法、綴法，又使之練習言語。讀法、書法、綴法可區別時刻教授，但須注意使相聯絡。讀本之文章，須平易純正，且足爲國文之模範，又足令兒童之性情愉快者。其材料可取關於修身、歷史、地理、理科、家事及凡生計所必須之事項富於趣味者。綴文章之法，多則使記述其讀法，及他種教科目所授事項，與生徒平日見聞之事，及處世所必須之道，且須行文平易，旨趣明瞭。書法須用楷書、行書二種。授國文之際，務當使明瞭其意義，且使就已學之文字，隨意書寫通常之人名、地名、物名等，使知文字應用之法。又使默書單語、短句、短文，或使改作，期於習熟字句之用法。授各種教科目之際，亦須注意練習言語，其書寫文字時，須使正其字形，整其行數。三、算術，其要旨在使習熟計算，適於日用生計，且練習其心思，使進於細密精確。其教課程度，在女子初等小學堂，初則授以十位以下之數法、書法，及加減乘除，漸進及於百以下之數，更進授通常之加減乘除，漸次授本國貨幣度量衡，及時歷計算之大要。在女子高等小學堂，初則擴充女子初等小學堂所授之算術使學習之，漸進授分數及步合算，更進授比例及日用簿記之大要。算術當用筆算並珠算，授算術者，務使生徒理會精確，習熟運算，應用自如，尤宜使生徒確實說明運算之法則及其理由，且使習熟暗算。算術命題，當斟酌他種教科中所授之事項，及地方情形，選其適切日用者。四、中國歷史，其要旨在使知中國歷代重要事實，兼養成國民之志操。其教課程度，則授歷代帝王之盛業，忠良賢哲之事迹，及國民文化之由來，並本國與外國之關係。授中國歷史者，務授以圖畫、地圖、標本，使生徒易想像當時之實狀，尤須使與修身所教授事項互相聯絡。五、地理，其要旨在使知地球表面，及人類生存之情狀，並本國國勢之大要，兼養成其愛國心。其教課程度，先授以本國地勢、氣候、區畫、都府、產物、交通等，並地球形狀、運動等，更進使知各大洲地勢、氣候、區畫、交通之概略，並使知各與本國有重要關係諸外國之都會、交通、產物等，且可援本國政治、財用、生計之大勢，比較於外國所處之地位。授地理者，務本諸實地之觀察，並示以地球儀、地圖、標本、寫真等類，使得確實之知識，尤須與歷史及格致所教授事項互相聯絡。六、格致，其要旨在使知天然物質，及自然形象之大略，並使理會其相互之關係，及對於人生之關係。其教課程度，初授以植物、動物、礦物，及自然形象，就兒童所得目擊者指示之，且使知重要植物、動物之名稱、形狀、效用，及發育之大要，更進授物理、化學上之通常形象，及其重要之元質與化合物，並授簡易器械之構造作用，及生理衛生之大要。凡教授格致，務切於農事、水產、工業、家事等項，如授動植物，務就人工製成之重要品，說明其製法效用，授格致者，務本諸實地之觀察，或示以標本、模型、圖畫等類，或施簡易之試驗，總期理會明瞭。七、圖畫，其要旨在使觀察通常形體，能確實畫出，兼養成其尚美之心性。其教課程度，在女子初等小學堂，始畫單形，漸及於簡單形體，或令其以直線曲線想像諸形而畫之。在女子高等小學堂，先準前項教授，漸進則從其程度使就實物臨本模畫，或時以己意畫之，並可授以簡易幾何畫。授圖畫者，務就他教科中所授之物體，及生徒日常目擊之物體而奏之，兼養成其好清潔、尚密緻之品性。八、女紅，其要旨在使習熟通常衣類之縫法、裁法，並學習凡女子所能爲之各種手藝，以期裨補家計，兼養成其節約、利用、好勤勉之常度。其教課程度，在女子初等小學堂，初則授以簡易之縫紝，以練習其手指，使習熟運鍼之法，漸進授以簡易衣類之縫法、通常衣類之繕法。在女子高等小學堂，則進授通常衣類之縫法、裁法、繕法，兼授編織、組絲、囊盒、刺繡、造花等各項手藝，但此等手藝亦可依地方情形，酌擇一項或數項授之。凡女紅所用之材料，須取日常所用者。教授之際，宜示以用具之使用法，及各種物類之圖樣，材料之品類性質，並教以各種物類之保存法、洗濯法、染彩法等項。九、體操，其要旨在使身體各部發育均齊，四肢動作機敏，咸知守規律、尚協同之公義。其教課程度，在女子初等小學堂，初則授以適宜之游戲，時或與音樂結合授之，漸進授普通體操在女子高等小學堂，則授普通體操或游戲。凡教授游戲，雖當使之活潑愉快，但須注意使之不蹈放縱之行爲，又依體操所習成之姿勢，務常使之保持勿失。十、音樂，其要旨在使學習平易雅正之樂歌，凡選用或編製歌詞，必擇其切於倫常日用，有裨風教者，俾足感發其性情，涵養其德性。其教課程度，在女子初等小學堂，宜不用表譜，授以平易之單音樂歌。在女子高等小學堂，先準前項教授，漸進則用表譜授以單音樂歌。第六節、女子初等小學堂各學科四年間每星期教授時刻如左表：

第一年

學科	程度	每星期鐘點
修身	道德要旨	二
國文	發音，字及淺易普通文之讀法、書法、綴法	十二
算術	二十以下數之數法、書法及加減乘除	六
體操	遊戲	四
音樂	平易單音樂歌	
合計		二四

第二年

學科	程度	每星期鐘點
修身	道德要旨	二
國文	字及日用必須之文字，及淺易普通文之讀法、書法、綴法	十二
算術	百以下數之數法、書法及加減乘除	六
體操	遊戲、普通體操	四
圖畫	單形	
音樂	平易單音樂歌	
合計		二四

第三年

學科	程度	每星期鐘點
修身	道德要旨	二
國文	日用必須之文字，及淺易普通文之讀法、書法，綴法	十四
算術	通常之加減乘除	六
女紅	簡易之縫衽，及通常衣類之縫法	二
體操	遊戲、普通體操	四
圖畫	簡易形體	
音樂	平易單音樂歌	
合計		二八

第四年

學科	程度	每星期鐘點
修身	道德要旨	二
國文	日用必須之文字，及淺易普通文之讀法、書法、綴法	十四
算術	通常之加減乘除，及小數之稱法、書法，並簡易加減乘除，珠算加減。	六
女紅	通常衣類之縫法、繕法	二
體操	遊戲、普通體操	四
圖畫	簡易形體	
音樂	平易單音樂歌	
合計		二八

第七節、女子高等小學堂各學科四年間每星期教授時刻如左表：

第一年

學科	程度	每星期鐘點
修身	道德要旨	二
國文	日用必須之文字，及普通文之讀法、書法、綴法	九
算術	整數、小數諸等數、珠算加減	四
歷史	中國歷史大要	二
地理	中國地理大要	二
格致	植物、動物、礦物，及自然之形象	二
圖畫	簡單形體	一
女紅	通常衣類之縫法、裁法、繕法，並酌授各項手藝	五
體操	普通體操、遊戲	三
音樂	單音歌	
合計		三十

第二年

學科	程度	每星期鐘點
修身	道德要旨	二
國文	日用必須之文字，及普通文之讀法、書法、綴法	九
算術	分數、步合算、比例、珠算、加減乘除	四
歷史	續前學年	二
地理	續前學年	二
格致	植物、動物、礦物，及自然之形象	二
圖畫	簡單形體	一
女紅	通常衣類之縫法、裁法、繕法，並酌授各項手藝	五
體操	普通體操、遊戲	三
音樂	單音歌	
合計		三十

第三年

學科	程度	每星期鐘點
修身	道德要旨	二
國文	日用必須之文字，及普通文之讀法、書法、綴法	九
算術	分數、步合算、比例、珠算、加減乘除	四
歷史	補習中國歷史	一
地理	外國地理大要	二
格致	通常物理化學上之形象元質，及化合物，簡易器械之構造作用，人身生理衛生之大要。	二
圖畫	諸般形體	一
女紅	通常衣類之縫法、裁法、繕法，並酌授各項手藝	六
體操	普通體操、遊戲	三
音樂	單音歌	
合計		三十

第四年

學科	程度	每星期鐘點
修身	道德要旨	二
國文	日用必須之文字，及普通文之讀法、書法、綴法	九
算術	比例、日用簿記、珠算、加減乘除	四
歷史	續前學年	一
地理	補習中國地理及外國地理	二
格致	通常物理化學上之形象元質及化合物，簡易器械之構造作用，植物、動物、礦物相互之關係，及對於人生之關係，人	

身生理衛生之大要。　二

圖畫　諸般形體、簡易幾何畫

女紅　通常衣類之縫法、裁法、繕法，並酌授各項手藝　六

體操　普通體操、遊戲　三

音樂　單音歌

合計　三十

第八節、女子初等小學堂之圖畫、音樂二隨意科，如加課其一，可就他教科之每星期教授鐘點中酌減一點或二點鐘充之。如加課其二，可酌減三點或四點鐘充之。女子高等小學堂之音樂隨意科，如加課時，可就他教科之每星期教授鐘點中酌減二點鐘充之。第九節、女子小學堂可於本科外，設置補習科，使已畢業女子初高等小學堂及有與之同等以上之學力者入學，以補足其學力。第十節、女子小學堂所用教科書，須經學部所檢定，有著作權者。如同一教科之圖書，受檢定有數種者，可呈明提學司採用之。

編制設備章第三：第一節、女子小學堂，每一學級至多以六十人爲限，初等或高等小學堂，每堂學級各以六學級爲限，兩等小學堂以十二學級爲限。第二節、凡女子小學堂建設之地，及各種堂室體操場用具，均須適應學堂之規模，建設之地須選於道德衛生上均無妨害，且便利兒童通學之所。各種堂室亦須便於教授管理，適於衛生，且須以質樸堅牢爲主，不可涉於華靡。第三節、女子小學堂本無庸設置寄宿舍，但在女子高等小學堂暫時可聽其設置。第四節、依地方情形，可酌設教習住宅。

教習管理員章第四：第一節、女子小學堂設堂長一員，統理全學教育事宜，其學生在四級以內者，以正教習兼充，踰四級者，自當另置。第二節、每學堂設立正教習、副教習若干人，均照男子小學堂章程，以學級多寡配置之。第三節、女紅、圖畫、音樂、體操等科，可置專科教習。第四節、女子初等高等堂長教習均須以女子年歲較長、素有學識、在學堂有經驗者充之。第五節、女子小學堂可置經理一人，管理學堂一切規畫措置，及公文書件收支等項，并學堂外一切交涉事務。若在六學級以上之學堂，尚可酌添書記、庶務員。第六節、經理、書記、庶務員，均以篤行端品，留心學務，年在五十以上之男子充之，且須於學堂旁近別建公務室辦理事務，不得與學堂混合。奉硃批，覽，欽此。

又　第五卷第八號《學部奏遵議設立女子師範學堂摺》　奏爲遵旨議覆設立女子師範學堂恭摺仰祈聖鑒事。三月初十日，軍機處鈔交御史黃瑞麟奏請設立女子師範學堂一片，奉旨學部議奏，欽此。欽遵到部。查原奏內稱，女學爲教育根本，亟宜明示準繩，現在各省官立女子師範學堂均未開辦，而民間私立者，亦寥寥無幾。擬請飭下學部，先於京師由官設立女子師範學堂以爲提倡，並由該部轉飭各省提學使，按照定章於省城府城，從速設立女子師範學堂一所，以爲振興女學之地等語。竊維二南聖化，首自宮庭。考之《毛詩》、《春秋》，婦女之讀書明理博學能文者，指不勝屈。下至《列女傳》以及漢魏諸史，名媛賢母以學行兼備、相夫教子著聞者甚多。後世明慧女子所習，大率不過詩詞小技，儒者遂視爲無裨世教，於是女學遂微。迨風俗日趨浮薄，遂不免懲羹吹齏，因噎廢食。方今屢奉明詔，殷殷以教育普及爲務。然則欲端修齊之本，培蒙養之基，自非修明女學不可；欲求正本清源之道，尤非注重女子師範學不可。臣部前經詳訂章程具奏，並聲明以啓發知識、保存禮教，兩不相妨爲宗旨，是女子師範誠宜速籌舉辦，以樹初基。現查各省女子師範學堂，除北洋早經設立，業已舉行畢業一次外，其餘各省設女學者，雖有數處，惟專教女師範者尚少，且教法亦未必盡善。該御史原奏所稱，在京師設立女子師範學堂，明示準繩一節，自是要義，應即由臣部妥籌設立，以爲模範。查臣部奏定章程，女子師範學堂應設總理一人。茲查有軍械處存記補用道北洋學習翰林院編修傅增湘，品端學粹，才識優長，辦理北洋女子師範學堂成效昭著，衆論翕然。擬即派充臣部女子師範學堂總理，一切堂舍設備，教授管理諸事，均責成該編修妥籌辦理，其有應行斟酌變通之處，仍隨時稟承臣部，以期妥協。現派員於京城內外相度地方，惟有西安門內旃檀寺、仁壽寺廢址，地界毘連，局勢寬敞，最爲適宜。擬請賞給該學堂應用，統計建築開辦經費約需五萬金，常年經費約需三萬金，均由臣部設法籌撥，一面借地先行開辦。擬設簡易科兩班，定額百名，除就近在京師招考外，並派員分赴各省招考合格學生。所招務取樸質穩重之人，不收儇巧佻薄之輩，令其住堂肄業，內外有別，嚴立門禁，所以必使住堂者放假有定期，不使招搖過市，沾染惡習。至學堂衣裝式樣，定爲一律，以樸素爲主。概行用布，

不服羅綺，其釵珥亦須一律，不准華麗。選擇重要科目分門教授，先學簡易師範科，畢業年限暫定爲二年，以備各省開辦女子小學，充當教習之用。其入學年齡，擬照臣部前訂四年師範章程增加五歲，凡年在二十歲以上，三十歲以下，德性純淑，文字清順者，均屬合格。又定章各科教習皆以婦人充當，亟應廣爲延訪。但國文一科尤爲重要，現當創辦之初，如國文程度較高之女教習，一時實難其人，應由該堂精選年在五十以上，品學俱優之男教習，暫資教授，俟五年以後，婦女中深通國文者漸多，此項國文教習卽一律全用婦女充當，以歸畫一，而謹防閑。至堂中建置，應分別內堂外堂，外堂爲各男職員所居，內堂爲各女職員及女學生所居，界限謹嚴，力求整肅。外堂設教務長、庶務長及教授國文年逾五十之男教習，務擇老成端謹之人以充其選；內堂設齋務長、內庶務長、各科教習、正副監學，均以婦女充當，或卽以女教習兼充監學，令其專任內堂考查學業，並管理出入休假，起居飲食，疾病調護等事。以上各職員，均由該總理妥慎選擇，務期遵照臣部奏定章程，以啓發知識，保存禮教，兩不相妨爲宗旨。不但語言行事力戒新奇，卽一切服飾皆宜恪守中國舊式，不得隨俗轉移。並責成國文、修身教習，選取經史所載列女嘉言懿行，時時與之講授，以培根本。似此嚴定章程，庶幾有實益而無流弊。惟此項簡易科，係爲女學教習缺乏，暫應急需而設，嗣後仍當照章接辦四年完全科，俾教育漸臻美備。至所請由臣部轉飭各省提學使，於省城府城設立女子師範學堂一節，卽由臣部咨明各省督撫督同提學使，體察地方情形，按照定章，酌量辦理，先禁流弊，再講開通，以仰副聖朝振興女學之至意。所有臣等遵旨議覆緣由，謹恭摺具陳。伏乞皇太后、皇上聖鑒，謹奏。光緒三十四年六月初六日奉旨，依議，欽此。

《順天時報・學部議女學教育章程光緒三十二年六月一日》 學部各堂憲近日議商，以邇來京外設立女學堂接踵而起，頗有興盛氣象。惟現在各女學堂功課未能一律，殊屬闕如。擬從定一女學管理教授劃一章程。並將來各學堂畢業後，其女教習應如何獎勵，亦應擬定章程。現已諭令各司員悉心擬撰，俟議妥後卽行入奏矣！

又　光緒三十三年五月十五日《直隸藩司增稟籌辦省城女學堂附設幼穉園請立案文》 敬稟者：竊本司前奉面諭，以育嬰堂所收女子有養無教，亟應設立女學，以立家庭教育基礎等因，當將開辦情形，並籌辦節略及各項規則，呈遞摺冊，已荷允准照辦，並簽示各條，俾可更正。復以籌措經費爲難，於正月赴津時面陳，仰蒙鈞諭可由提學使每年酌撥五、六千兩，其餘由司籌撥等因，仰見憲臺提倡女學，教養兼施之至意，欽佩莫名。伏查育嬰堂女嬰共三百餘名，除未及學齡者不計外，凡年在七歲以上、十五歲以下者，計有七十三名，並收録堂外附學學生六十九名，各按年齡程度，分設初等小學三班，高等一班，已聘得女教習四員，現就堂內西院空閒房舍，略加修葺，設立四堂，於上年十月開學授課。目下風氣日開，省中官紳士女報名附學者，日漸增多。就堂後府倉房屋，改築講堂，添聘教員，又設初等一班。此後初等、高等以及師範各科，仍非添設班次，不足以廣教育。但育嬰堂院落狹隘，無地擴充，非覓地鳩工，不足容納。現查府倉空閒地基，甚屬寬敞，若再將倉廳舊署，歸併在內，除建築堂舍外，尚可附設幼穉園。查堂內女嬰年在四歲以上、七歲以下者，共一百餘名。該堂舊有乳媪，不過僅知長養愛護，而一切保育教導之法，概不通曉。茲已聘定幼穉專門教員一名，先設保姆傳習所，挑取全節堂節婦之識字者，傳習游戲、歌謠、談話、手技等科目，以二十人爲率。該節婦如不敷額，再招考堂外身家清白識字婦人來堂肄習，三月畢業後，卽轉相授受，從此全堂女嬰無一不受完全教育，則初等小學之預備卽基於此矣！然興學尤重籌款，以目下初辦，核計每月已需經費四百餘兩，日來附學增加，及添設幼穉園，每月約需五百金，方足敷用，惟有仰懇靈恩，轉飭提學司每年籌撥學堂經費銀六千兩以濟要需。至於建築一切堂舍及幼穉園房屋，飭工核實估計，約需銀二萬餘兩，現擬於司庫外結項下設法騰挪動用，以便修築。又省城全節堂節婦隨養之女，有養無教，與女嬰相等。上年十一月間，已就該堂舊有房屋，略加修葺，並挑取已及學齡者二十五名，延聘教員，開堂授課，仍以女學堂總理等兼攝其事，統計育嬰、全節兩堂及堂外附學各學生，分設五班，已有一百六十七名。然近來報名附學者，仍紛紛而至，擬卽擇日興工建築，以期普及，而資推廣。所有籌辦直隸全省女學堂附設幼穉園，暨全節堂添設女學，並懇籌撥銀兩以資常年經費各緣由，理合將擬定章程，並建築草圖，稟請宮保鑒核批示立案，實爲公便。再女學堂現係試辦，一切未能完善，請俟辦有成效，再由司稟請具奏，合併聲明。肅此具稟，敬請鈞安，伏乞垂鑒。

又《奏爲蒙旗興辦女學摺光緒三十三年六月一日》 學部謹奏。爲蒙旗興辦女學據呈代奏擬請從優獎勵恭摺仰祈聖鑒事。竊喀喇沁扎薩克多羅郡王貢桑諾爾布咨呈：本旗開辦毓正女學堂一所，招生徒八十名，延請中東女教習教授學科，迄今已屆三年，頗見成績。查此學堂開辦以來，皆係本爵之福晉、多羅、格格自行捐辦。伏念本爵福晉，誼屬宗親，兼在藩封，創辦學校，亦屬分所應爲。惟蒙地風氣未開，創辦學堂，既屬不易，而開通女學，尤爲艱難，用特呈請存案，並祈爲奏聞，以示提倡，此實爲振興蒙地學風起見，並不敢仰邀獎敘等語。維內外蒙古各盟，世守藩服，武功素著，惟今昔情勢迥異，將欲慎固制守，必先廣儲知能，庶幾堅衆志而策自强，上年據該郡王咨明捐俸創辦學堂，曾經前學務大臣奏請特旨褒嘉，並乞飭下各盟王公仿照推行，欽奉傳旨嘉獎在案。茲據咨稱：該郡王福晉、多羅、格格捐辦毓正女學堂一所，招生徒八十名，延請中東女教習教授學科，迄今已屆三年，頗見成績，咨呈存案代表等因。查臣部女子師範學堂、女子小學堂章程，今年二月始經奏准通行，該郡王於奏章未頒以前，即能提倡女子教育，洵屬尚義可風，自應照准立案，仍令將該學堂課目規則，咨送臣部察核，並責成該郡王遵照奏章辦理，以歸一律。至該郡王福晉，捐資興辦女學，雖據稱不敢仰邀獎敘，惟是官民捐款興學，歷經奏獎在案。該郡王福晉，事同一律，未便湮沒不彰，惟誼屬宗親，尤應從優獎勵。可否出自特恩，賞給御書匾額，俾藩制有所觀感，而蒙民普資勸勵，所有蒙旗，創設學堂，先行立案，奏請給獎緣由，謹繕摺具陳，伏乞皇太后、皇上聖鑒，謹奏。光緒三十三年五月十六日奉旨，依議，欽此。

《政治官報·陝撫恩壽奏試辦女學片宣統元年十一月廿九日》 再陝省民風古樸，爲二南起化之區。今者，固陋相沿，而女教不講，發蒙養正，匪學莫由。奴才迭與署提學使余堃提議籌辦，並准學部頒發女子師範學堂及女子小學堂章程到陝，初開風氣，宜謹防閑。茲據詳稱遵在省城仿照天津女塾規制建築學堂一所，聘定女教習二人。擬先試辦師範、豫備科暨附設初等小學堂，於本年七月間招考女生五十名，肄習初等小學，明年添招五十名，開辦豫科，一年畢業，升入師範本科。其宗旨在養成家庭教育爲根本，其成績在授以知識操作所必需。至於服飾不尚時新，家長許陳意見，伺候必以女役，放學須用對牌，一切遵守學部章程，參以地方情形，杜漸防微，慎之又慎。開辦經費，暫在公所撙節墊支，常年經費現在每月約須銀二百兩，先由司局籌撥濟用，將來添招師範如額，再請議加等情，詳請奏咨前來。奴才覆核所擬各節，與學部啓發知識、保存禮教二語，尚屬相符，行之數年，風化漸復古初，民生自臻敦厚矣！除分別咨行外，謹附片陳明。伏乞聖鑒訓示，敕部立案，謹奏。宣統元年十一月二十五日奉硃批，該部知道，欽此。

論說

《益智新報》一八七七年六月《迪謹氏〈勸設女學〉》 夫女學之不可不設也，申報屢論，既詳且賅，毋庸贅言矣！問嘗考國有學，黨有庠，州有序，家有塾，此特專爲士子肄業而設耳！何偏廢夫女學也？古來才女，不少概見，即如蔡文姬、曹大家等，若非幼時習學，其能如是乎？余以爲學之不可不設也誠矣！士固宜攻讀，而女亦不可偏廢。夫巾幗中亦有才人，或能詩文，或工書法，或染丹青，或習會計，才之有用者非鮮，才之逾乎士者亦非鮮，何獨沾沾夫士，而偏棄夫女也？蓋家設書塾，延師教授女生，僅望其心通六藝，結翰墨緣而已，此乃淺焉者耳！今我教中所設女學，擇師品行端方，老成夙儒，課讀勤慎，其爲師者既不愧爲師，而其爲生者亦不愧爲生也。朝而考焉，夕而究焉，講論天道，直抉人心，當其少時，氣質易化。諺云：『近硃則赤，近墨則黑。』若爲師者，孳孳不倦，日以聖道尋繹，口講指畫，陶淑夫性情，啓發夫顓愚，況女子柔順，易於變化，參究天人之旨，詳考生死之理，夫何而棄僞學？夫何而屏世習？彼女子翻然改曰：『斯道也，真道也，我今信從。』所謂取法乎上者，且斯之意乎！女學之不可不設也誠矣！而我教之女學，更不可缺焉！將見女才迭興，聖道日隆，夫豈尋常之盛事，可同日語哉？

鄭觀應《盛世危言》卷二《學務·致居易齋主人論談女學校書》 承示擬設女學校，廣求中外章程妥定事，然女學校乃當今急務救本之始基，前駐日本星使裕郎西嘗云，日本華族女學校規則十六科：曰修身，曰教育，曰家事，曰體操，則婦德、婦容之事也。曰國語，曰漢文，曰西文，曰史學，曰地理，曰算學，曰物名，曰格致，曰習字，曰繪畫，曰裁縫，曰音樂，則婦言、婦功之事也。歌曲箏琴，有房中之樂焉！撫嬰、看病、御下，一切瑣事授之矩則，有正位之體焉！學務轄之宫内省，有陰教之修焉！動應經義，根本儒術，不其善歟？又有甚美者，西國學堂必列教學一門，不出彼法宗旨，東方學級，首知研究修身之道，又以見彼都人士之表章孔學，自立厥志，不惑異説也。然男女平權之説，大倡於美而漸行於日本，嘗聞長崎領事余雲眉又云，日本女學分十三科：一修身，二教育（言教授及蒙養之法），三國語（謂日本文），四漢文，五歷史（兼外國史），六地理，七教學，八理學（謂格致），九家事，十習字，十一圖畫，十二音樂，十三體操，其與男學相出入者不過數事而已，此數事大率與兵政相關，亦尚力之世所當有事者也。然《春秋》張三世，據亂世，昇平世，太平世，西人之立國，尚未能至太平世。太平之世，天下一家，無國界，無兵事，無兵器，無兵制，國中所宜講者，惟農、商、醫、律、格致、製造等事，國人無男女，皆可各執一業以自養，而無或能或不能之别，故女學與男學必相合，今之美國庶乎近之，是故女學最盛者其國最强，不戰而屈人之兵，美是也。女學次盛者，其國次盛，英、法、德、日本是也。女學衰，母教失，愚民多，智民少，如是國之所存者幸矣！是故中國而不欲富强則已，如欲富强，必須廣育人才。如廣育人才，必自蒙養始，蒙養之本，必自母教始，母教之本，必自學校始，推女學之源，國家之興衰存亡繫焉！何則？襁褓之嬰，孩提之童，親母之日多，親父之日少，親母之性多，親父之性少。由六、七歲有知識，以迄十二、三歲，天性未漓，私慾未開，母教之如種花蒔果，灌溉栽培，先養其根本，教子女亦然。凡衣服飲食，嬉戲步趨，皆母得而引導焉，指授焉，勉勵焉，節制焉！故自有生以來，其對於母也，如是其久，如是其切。使母之教而善，則其成立也易；母之教而不善，則其子之成立也難。孟母三遷厥居，以訓其子，孟子遂成大賢。歐陽文忠公爲一代文章大家，始其母以畫荻教之，求之古人，是其明證。今泰西學校之興，通都大邑，學校如林，僻壤遐陬，義塾遍設，各塾教習且多用婦人，蓋以其閒静細密，善於撫育，能得孩童之心理，收效最易，而通文理之婦人，得國家奬勵而益奮，故奬勵婦人一道，誠能講求富强之本源者。乃中國之婦，以無才是德，知刺繡女紅，便詫爲能事，是以爲人母者，文字不識，大義不諳，孔顔曾孟之名，終身所未聞，《詩》、《禮》、《春秋》之經，畢世所未睹，教子無術，訓女無方，吁！可嘆矣！孟子云：『逸居而無教，則近於禽獸。』今中國二萬萬之女子，無教者居多數，能不近禽獸者鮮矣！吾嘗見鄉間婦女不識字之苦，其夫及子有信寄歸，必須央人讀之，並求詳解，而欲寄覆一函，竟有遲之日久，始得人代書，雖有密事要言，亦難守秘密。西國之女，爲婢爲傭，亦能歌詩作札，而中國婦女識字通文之難，豈非被『無才便是德』一語之所累哉！嘗讀《國語》至敬姜勞逸一篇，而歎古之婦女非獨讀書，而且無人而不操作也。古者養民之道，首重耕織，耕之事男任之，織之事女任之，故《禮》之月令，《詩》之邠風，於農桑諸務，皆三致意焉！梁卓如孝廉所論中國積弱之本，由於婦人無教育始，備陳四大義，極中肯綮，實獲我心，謹附録於後，以告天下。

又 卷一三《女教》 中國古女學諸書，失傳已久，自片語單文散見六經、諸子外，以班昭《女誡》爲最先。劉向《列女傳》、鄭氏《女孝經》、《女訓》、《閨範》、《女範》各有發明。近世藍鹿洲採輯經、史、子、集中爲婦人法式者，謂之女學，頗稱詳贍。所惜者，朝野上下間，拘於『無才便是德』之俗諺，女子獨不就學，婦功亦無專師。其賢者稍講求女紅，中饋之間而已。於古人所爲婦德、婦言、婦容、婦工者，有其名無其實。禮教之不講，政化之所由日衰也。泰西女學與男丁並重，人生八歲，無分男女，皆須入塾，訓以讀書、識字、算數等事。塾規與男塾畧同。有學實學者，有學師道者，學成准在女塾教授女徒。有學仕學者，有入太學院肄業以廣其聞見者。雖平民婦女不必如男子之博雅淹通，亦必能通書文，明道理，守規矩，達事情，參以書數、繪畫、紡織、烹調之事，而女紅、中饋附之，乃能佐子相夫，爲賢内助矣。瑞士國有大書院，准女子入内習醫，如果精通，亦可給憑行道。而收生一端，關繫尤重。俄國特設教女收生院，凡胎前産後，一切要症必須明白透澈，體恤入微，既講求婦科，即内、外各科亦可兼習也。中國之人，生齒繁昌，心思靈巧，女範雖肅，女學多疏。誠能廣籌經費，增設女塾，參仿西法，譯以華文，仍將中國諸經、列傳、訓誡女子之書，別類分門，因材施教，而女紅、紡織、書數各事繼之。富者出貲，貧者就學。由地方官吏命婦歲月稽查，獎其勤而懲其惰。美而賢者，官吏妥爲擇配，以示褒嘉。至於女塾章程，必須參仿泰西，整齊嚴肅。庶他日爲賢女，爲賢婦，爲賢母，三從四德，童而習之，久而化之。紡繡精妙，書算通明，復能相子佐夫，不致虛糜，坐食愚賤，皆知禮義教化，具有本原。此文武之所以化行俗美也。

梁啓超《飲冰室文集》卷二《丁酉集上·論女學》　孟子曰：『逸居而無教，則近於禽獸。』痛哉斯言乎！執一人而目之曰禽獸，未有不色然怒者。然信如子輿氏之言也。則今日之近於禽獸者，何其多也。海內之大，員其首方其足之種，蓋四萬萬，其名之爲農、爲工、爲商、爲兵，終身未嘗讀書者，殆一萬九千萬有奇；其名之爲官、爲士，號稱讀書，而實未嘗讀書者，殆數百萬。其員其首而纖其足，不官、不士、不農、不工、不商、不兵，而自古汔今，未嘗一讀書者，凡二萬萬。不寧惟是，彼之官焉、士焉、農焉、工焉、商焉，而近於禽獸者，猶或以禽獸爲恥也，此之不官、不士、不農、不工、不商、不兵，而近於禽獸者，豈直不恥。迺羣天下之人以爲是，固宜然耳。嗚呼，豈不痛哉！豈不痛哉！梁啓超曰：居今日之中國，而與人言婦學，聞者必曰，天下之事，其更急於是者，不知凡幾，百舉未興，而汲汲論此，非知本之言也。然吾推極天下積弱之本，則必自婦人不學始。請備陳其義以告天下。

一義曰：公理家之言曰：凡一國之人，必當使之人人各有職業，各能自養，則國大治。其不能如是者，則以無業之民之多寡爲强弱比例差。何以故，無業之人，必待養於有業之人，不養之則無業者殆，養之則有業者殆。斯義也，西人譯者謂之生利分利，即吾《大學》『生之者衆，食之者寡』之義。或□□□□曰食訓蝕謂耗蝕也。筦子曰，『一夫不耕，或受之饑；一女不織，或受之寒。』此非空言也。蓋合一國之人民物產，而以決疑數術，盈虛消息之，其所得之率，實如此也。中國即以男子而論，分利之人，將及生利之半，余近著《説羣》中詳言其故。自公理家視之，已不可爲國矣。况女子二萬萬，全屬分利，而無一生利者。惟其不能自養，而待養於他人也。故男子以犬馬、奴隸畜之，於是婦人極苦。惟婦人待養，而男子不能不養之也。故終歲勤動之所入，不足以贍其妻孥，於是男子亦極苦。以予所見，上而官，中而士，下而農、工、商、兵，無論爲何等人，則無時不皇然愀然。若重憂貧者，其受凍餓，轉死溝壑者，更不知凡幾也。其實以比例淺理論之，苟人人以一身所作之業，爲一身衣食計，必無可以貧之理。今中國之無人不憂貧也，則以一人須養數人也。所以釀成此一人養數人之世界者，其根原非一端，而婦人無業，實爲最初之起點。雖然，等是人也，何以或有業或無業？蓋凡天下任取一業，則必有此業中所以然之理，及其所當行之事，非經學問不能達也。故即以男子而論，大率明達事理之人，謀業甚易，反是者謀業較難。然則學也者，業之母也，婦人之無業也，非天理宜然也。其始據亂之世，專尚力爭，彼男子之所欲有事者，固非婦人之所能也。於是以婦人爲不足輕重，而不復教之。既不教矣，其無從執業，有固然也。積之既久，漸忘其本來，則以爲是固當生而不事事，而嗷然待哺於人者也。是以男子貴，而婦人賤，婦人逸，而男子勞。逸而賤，非人情所樂也。貴而勞，亦非人情所樂也。則何如均其貴賤，亦均其勞逸之爲得也。論公理則如此，考事勢則如彼。故曰：國何以强，民富斯國强矣。民何以富，使人人足以自養，而不必以一人養數人，斯民富矣。夫使一國之内，而執業之人，驟增一倍，則其國所出土產作物，亦必驟增一倍。凡所增之數，皆昔日棄地之貨也。取棄地之貨，而藏之民間，其事甚順，而其益甚宏。若此者，舍學末由也。

二義曰：人有恆言曰：『婦人無才即是德。』此讏言也。世之瞀儒執此言也，務欲令天下女子，不識一字，不讀一書，然後爲賢淑之正宗，此實禍天下之道也。古之號稱才女者，則批風抹月，拈花弄草，能爲傷春惜別之語，成詩詞集數卷，斯爲至矣。若此等事，本不能目之爲學。其爲男子，苟無他所學，而專欲以此鳴者，則亦可指爲浮浪之子，靡論婦人也。吾之所謂學者，內之以拓其心胸，外之助其生計，一舉而獲數善，未見其於婦德之能爲害也。如曰無才即是德云爾，則夫鄉僻婦嫗，不識一字者，不啻千百億萬，未嘗聞坐此之故，而賢淑有加，而惟聞取帚之誶，反唇之稽，視宦學家之婦人，殆益甚焉，則又何也。凡人之鄙吝也，忿爭也，必其所見極小，目光心力，盡日營營於此極小之圈限中，以生此蔽也。使其人而知有萬古，有五洲，與夫生人所以相處之道，萬國所以弱强之理，則其心也，方憂天下憫衆生之不暇，而必無餘力以計較於家人婦子之事也。今夫婦人之所以多弊於彼者，則以其於天地間之事物，一無所聞，而竭其終身之精神，以爭强弱，講交涉於筐篋之間。故其醜習，不學而皆能，不約而盡同也。是以海内之大，爲人數萬萬，爲戶數千萬，求其家庭内外，相處熙睦，形迹言語，終身無間然者，萬不得一焉。而其發端，罔不起於姑嫜姒娣之間。憤時者至謂婦人爲盡可殺。夫婦人豈性惡耶？羣塊然未經教化之軀殼若干具，而鍵之於一室，欲其能相處焉，不可得也。彼婦人之累男子也，其不能自養，而仰人之給其求也，是猶累其形骸也。若夫家庭之間，終日不安，入室則愀，靜居斯歎。此其損人靈魂，短人志氣，有非可以常率推者。故雖有豪傑倜儻之士，苟終日引而置之牀笫筐篋之側，更歷數歲，則必志量局瑣，才氣消磨。若是乎婦人之果爲鴆而不可近也，夫與其飲鴆而甘之，則盍於療鴆之術，少留意矣。

三義曰：西人分教學童之事爲百課，而由母教者居七十焉。孩提之童，母親於父，其性情嗜好，惟婦人能因勢而利導之。以故母教善者，其子之成立也易；不善者，其子之成立也難。《顏氏家訓》曰：『教兒嬰孩，就傅以前，性質志量，皆已畧定。少成若性，長則因之。』此實言教言學一切之始基也。苟爲人母者，通於學本，達於教法，則孩童十歲以前，於一切學問之淺理，與夫立志立身之道，皆可以粗有所知矣。今中國小學未興，出就外傅以後，其所以爲教者，亦既猥陋滅裂，無所取材。若其髫齔嬉戲之時，習安房闥之中，不離阿保之手。耳目之間，所日與爲緣者，舍牀笫筐篋至猥極瑣之事，概乎無所聞見。其上焉者，歆之以得科第，保禄利，誨之以嗣産業，長子孫，斯爲至矣。故其長也，心中目中，以爲天下之事，更無有大於此者。萬方億室，同病相憐，冥冥之中，遂以釀成今日營私趨利，苟且無恥，固陋蠻野之天下，而莫知所自始。豈惟莫知所自始而已，且恬然不以爲怪。故試取西人幼塾乳臭之子，與吾此間龐壯碩老之士大夫相挈，其志趣學識，必有非吾此間此輩之所能望者，豈其種之特異哉？無亦少而習焉者之不得其道也。故治天下之大本二：曰正人心；廣人才。而二者之本，必自蒙養始。蒙養之本，必自母教始。母教之本，必自婦學始。故婦學實天下存亡强弱之大原也。

四義曰：胎教之道。《大戴禮》、《論衡》，詳哉言之，後世此義不講蓋久。今之西人，則斷斷留意焉。西國公理家，考物種、人種遞嬗遞進之理，以爲凡有官之物，人禽蟲介草木爲有官之物，金石水土爲無官之物。一體之中，有其死者焉，有其不死者焉。如一草木根荄、支幹、果實、花葉，其死者也。而常有不死者，離母而附於其子，緜緜延延，相續不斷，是曰傳種，惟人亦然。雖然，兩種化合之間，有浸淫而變者，可以使其種日進於善，由猩猴而進爲人也，由野番賤族而進爲文明貴種也。其作始甚微，而將畢至鉅也。故西人言種族之學者，以胎教爲第一義，其思所以自進其種者，不一而足。而各國之以强兵爲意者，亦令國中婦人，一律習體操，以爲必如是，然後所生之子，膚革充盈，筋力强壯也。此亦女學堂中一大義也。今之前識之士，憂天下者，則有三大事：曰保國，曰保種，曰保教。國烏乎保？必使其國强，而後能保也。種烏乎保？必使其種進，而後能保也。進詐而爲忠，進私而爲公，進渙而爲羣，進愚而爲智，進野而爲文，此其道也。教男子居其半，教婦人居其半，而男子之半，其導原亦出於婦人，故婦學爲保種之權輿也。今與人言此義，鮮不謂以耕捄饑，掘井消渴，迂遠而無當也。而不知此蓋古先哲王與泰西通儒，所講之極熟，推之至盡，而汲汲焉以爲要圖者也。《胎教》篇曰：『《易》曰：「正其本，萬事理，失之豪釐，差以千里。」故君子慎始，謹爲子孫，昏妻嫁女，必擇世世有行義者，如是則其子孫慈孝，不敢淫暴，黨無不善，三族輔之。故鳳凰生而有仁義之意，虎狼生而有貪戾之心，兩者不等，各以其母，其言極深切著明。』又曰：『胎教之道，書之玉版，藏之金匱，置之宗廟，以爲後世戒。蓋古人之重之如此，必非無故也。』侯官嚴君又陵譯《天演論》云：『無官者不死，以其未嘗有生也。而有官者一體之中有其死者焉，有其不死者焉，而不死者又非精靈魂魄之謂也。可死者甲，不死者乙，判然兩物，如草木之根荄、支幹等，甲之事也；而乙則離母附子代，可微變而不可以死，或可分其少分以死，而不可以盡死，此動植所莫不然者也。』是故一人之身，常有物焉，乃祖父之所有，而託生於其身。蓋自得生受形以來，遞嬗迤降以至於今，此胎教所以然之公理。嚴君與余書又云：『生學公例，言一人之生，其心思材力，形體氣習，前則本數十百代祖父母之形神、閱歷積委而成。後則依乎見聞、師友與所遭之時，與地而化。』其論極精，欲言保種者，非措意於此二義不可。欲措意於前一義，則胎教爲之根原，欲措意於後一義，則胎教尤爲根原之根原。此學數十年後必大明於天下，今日則鮮不以爲迂遠無用矣。

西人格致家之言曰：『言算學格致等虛理，婦人恆不如男子。由此等虛理而施諸實事，以成為醫學製造等專門之業，則男子恆不如婦人。然則男女之於學，各有所長，非有軒輊。論者或疑數千年來，男子之成絕學，立大功者，方策不絕，而婦人無聞焉。若是乎雖興婦學，其所成亦僅矣，抑吾又聞生學家之言公理矣。凡含生負氣之物，倒生者最愚，横生者次愚，若夫軀體峙立，首函清陽者，其聰明必不甚相遠。所以生差別者，在智慧之開與不開耳。昔乾嘉間，漢學彬彬於江浙，而吾粵靡一人焉。咸同以後，口馬鄭手《説文》者如鯽矣，非粵民愚於乾嘉，而智於咸同也。日本明治以前，民智優塞，工藝窳劣，翻然維新，遂有今日，非日人拙於曩而巧於今也。其腦筋伏而未動，其靈髓塞而未通，從而導之，機捩一撥，萬綫俱動矣。彼婦人之數千年，莫或以學名也，未有以導之也。婦人苟從事於學，有過於男子者二事：一曰少酬應之繁，二曰免考試之難。其居靜，其心細，故往往有男子所不能窮之理，而婦人窮之。男子所不能創之法，而婦人創之。西史所載若摩哈默德之母，以伯南之女，侯失勒約翰之姑，其學業成就，視男子未或讓。而吾中國之女子，游學異國，成學而歸者，若吾向者所聞康愛德氏、石美玉氏，雖西域耆宿，猶歆譽之。然則婦人豈生而不能學耶？夫以二萬萬戴天履地，首函清陽之人類，而必夷而棄之，謂與倒生、横生之物相等，欲不謂爲不仁，不可得也。

善夫諸教之言平等也，南海先生有《孔教平等義》。不平等惡乎起？起於尚力。平等惡乎起？起於尚仁。等是人也，命之曰民，則為君者從而臣妾之；命之曰女，則為男者從而奴隸之；臣妾、奴隸之不已，而又必封其耳目，縛其手足，凍其腦筋，塞其學問之塗，絕其治生之路，使之不能不俯首帖耳於此强有力者之手。久而久之，安於臣妾，安於奴隸，習爲固然，而不自知。於其中有人焉，稍稍自疑於為臣妾、為奴隸之不當者，反羣起而譁之。以故數千年來之男子，無或以婦學為治天下所當有事。而數千年之婦人，益無有奮然自張其軍，以提倡其同類者也。非不才也，壓力使然也。今語人曰：『欲强國，必由學校。』人多信之。語人曰：『欲强國，必由女學。』人多疑之。其受蔽之原，尚有在焉。今日之攘臂奮舌，以譚强國，震驚於西人，而思效其長者，則惟是船艦之雄也，槍礮之利也，鐵路之速也，礦務之盛也，若此者皆非婦人所能有事也。故謀國者曰：『教婦人非所急也。』而不知西人之强在此，其所以强者不在此。農業也，工作也，醫學也，商理也，格致也，律例也，教授也，謂教授之法。男子所共能，抑婦人所共能也，其學焉而可以成為有用之材，一也。今夫言治國而必推本於學校，豈不以人才者國之所與立哉？豈不以中國自有之才，必待教而始成哉？夫必謂彼二萬萬為人才，而謂此二萬萬為非人才，此何説也？

西方全盛之國，莫美若，東方新興之國，莫日本若。男女平權之論，大倡於美，而漸行於日本。日本之女學，約分十三科，一修身，二教育，言教授及蒙養之法。三國語，謂日本文。四漢文，五歷史，兼外國史。六地理，七數學，八理科，謂格致。九家事，十習字，十一圖畫，十二音樂，十三體操，其與男學相出入者，不過數事而已。此數事者，大率與兵政相關，亦尚力之世所當有事者也。彼西人之立國，猶未能至太平世也。太平之世，天下遠近大小若一，無國界，無種界，故無兵事，無兵器，無兵制。國中所宜講者，惟農、商、醫、律、格致、製造等事。國人無男無女，皆可各執一業以自養，而無或能或不能之別。故女學與男學必相合，今之美國，殆將近之矣。是故女學最盛者，其國最强，不戰而屈人之兵，美是也。女學次盛者，其國次强，英、法、德、日本是也。女學衰，母教失，無業衆，智民少，國之所存者幸矣，印度、波斯、土耳其是也。

若是夫中國之宜興婦學，如此其急也。雖然，今日之中國，烏足以言婦學。學也者，匪直晨夕伏案，對卷伊吾而已。師友講習以開其智，中外游歷以增其才，數者相輔，然後學乃成。今中國之婦女，深居閨閣，足不出戶，終身未嘗見一通人，履一都會，獨學無友，孤陋寡聞，以此從事於批風抹月，拈花弄草之學，猶未見其可，況於講求實學，以期致用。雖有異質，吾猶知其難矣。不寧惟是，彼方毀人肢體，漬人血肉，一以人為廢疾，一以人為刑僇，以快其一己耳目之玩好，而安知有學，而安能使人從事於學。是故纏足一日不變，則女學一日不立。嗟夫！國家定鼎之始，一下令薙髮，率土底定，順治末葉，懸禁纏足，而奉行未久，積習依然。一王之力，不改羣盲之心，强男之頭，不如弱女之足。遂留此謬種，孳乳流衍，歷數百年，日盛一日，內違聖明之制，外遺異族之笑，顯罹楚毒之苦，陰貽種族之傷。嗚呼！豈蒼蒼者天，故厄我四萬萬生靈，而留此孽業以為之窒歟，抑亦治天下者未或厝意於是也。

《嚴復集·論滬上創興女學堂事》 中國四百兆人，婦女居其半；婦女不識字者，又居其十之九。即偶有一二知書者，亦不過以其餘力，粗解詞章。物以罕而見珍，遂以通人自命。初不知所謂學問者，即人所以異於禽獸之處。名既爲人，即當學問，不以男女而異也。區區識數字，何足奇乎？

自學問之道不修，男子作八股，工摺卷，於兵、農、禮、樂之事，絲毫不相涉。士夫如此，農商可知；男子如此，婦人可知。婦人既無學問，致歷來婦人畢生之事，不過敷粉纏足，坐食待斃而已。一家數口，恃男子以爲養，女子無由分任。遷流既極，男子亦不能自養，而又仰給於他人。展轉無窮，相（煦）［呴］以沫，蓋皆分利之人也。故無論男子女人，當其冠笄之歲，尚有雄心，中年以往，精神志量，逐漸消磨於衣食之中。夫壯年之人，意氣擴充，正宜勝於少年者，而反不及之，則其故可知矣。國弱民貧，實階於是。即常此千古，亦復不難。

自中日議和之後，憂世之人，競言學校，近更於滬上創興女學堂。此後有志之女，若能努力，何患不能比迹於西人。一家無坐食之人，則家累輕；家累輕，而後人有餘力以事其事。或者可以挽回頹俗，轉弱爲强乎？雖然人之學問，非僅讀書，尤宜閲世。蓋讀書者，閲古人之世，閲世者，即讀今人之書，事本相需，不可廢一。

中國婦人，每不及男子者，非其天不及，人不及也。自《烈女傳》、《女誡》以來，壓制婦人，待之以奴隸，防之以盜賊，責之以聖賢。爲男子者，以此爲自强之勝算。不知婦人既不齒於人，積漸遂不以人自待。其愚者獷悍無知，無復人理；其明者亦徒手飽食，禁錮終身，而男子乃大受其累矣。泰西婦女皆能遠涉重洋，自去自來，故能與男子平權。我國則苦於政教之不明，雖有天資，無能爲役。蓋婦人之不見天日者久矣。今日既興女學，效法泰西，然猶不使之增廣見聞，則有學堂與無學堂等。不見村學究之日事咿唔，而一無所用乎？讀書而不閲世，直如此耳。今倘有人，獨排衆議，自立一會，發明婦人應出門之故，庶幾風氣漸開矣。若謂既無限制，難保無越禮之事。則且無論西人，即以中國論之，大家婦女，其防閑出矣，豈絶無越禮事乎？小家婦女，其防閑又疏矣，豈盡人皆越禮乎？則此言不足辨也。

故使國中之婦女自强，爲國政至深之根本；而婦女之所以能自强者，必宜與以可强之權，與不得不强之勢。禁纏足、立學堂固矣，然媒妁之道不變，買妾之例不除，則婦女仍無自立之日也。

雖然，此事難言之矣。翻《大清律例》而觀之，所引成案，禍之原於男女而起者，幾及大半。而窮凶極醜，非復人情，亦較他事爲獨多。今日之縣案，亦每如此。上海會審公堂之瑣案，每日見於《申報》者，更無論矣。西人之紀各國娼妓之數者，以中國爲至多，乃過於法國。蓋法國女閭雖盛，然皆在大都會之處，非若中國窮鄉僻壤，凡有人迹之地，幾無不有之也。合此二者觀之，則中國教化之壞，百口無以自白也。

夫中國之禮俗，固以嚴男女之防爲一大事者也。六經之中，諄諄教誨，百家諸子，罔不如一，乃何爲而至於斯乎？則其故即由於辨之太嚴而已。天下之事，大約隔之愈遠，愈不可即，則愈以其事爲可樂；若日日見之，則以爲常情，而不以措意。今者讀《士禮》、《小戴記》言禮諸文，謂中國三代時，男女之辨不嚴，不可得也。又讀《春秋》内外傳、《國風》之詩，謂中國三代時，男女之防不亂，亦不可得也。然則禮亦何益於事乎？説者又謂《士禮》、《小戴記》爲紀其盛時，而《左》、《國風》詩則言其衰時，不可執其末流，以病其本源之非也。然若果如此，則嚴定範圍，即可持世，禮法既立，應無衰時，何爲而有始亂之之人乎？故以名學之理言之，則此義不能立也。此義不立，則防之愈嚴，啓亂愈多之義立矣。然而此義，不過證古説之非，而仍不能救今世之俗。今我國律法，其嚴十倍於歐人。其無事也，防之若此其周；其既事也，刑之若此其酷，而猶冒白刃以試之。設一旦寬其殺戮，則愚俗之傾頽，將更不知伊於胡底矣。此萬萬不能行者也。

又如泰西之俗，男女自行擇配，亦爲事之最善者。中國守舊之人聞之，必以爲怪。然可設一事以喻之：譬如有人或造一物、置一衣，使成本稍大，亦必自爲省度而後可，設無別故，無他人代決之，絶不關白本人者也。小事尚然，豈有伉儷之大，一與之齊，終身不改，而發端之始，乃以探籌抓鬮之法行之乎？此理必不可通者也。然若以我國今日之俗，即行之，則流弊亦不可勝言，何也？嘗謂中國之婦人，固無自主之權者也。而中國婦人之爲娼者，則未嘗無自主之權。無論其平日所爲也，即以擇配一事觀之，彼固明明自行擇配矣，乃其愚者每爲客所誑，而黠者則又能誑客。情僞相攻，機械百出，倏去倏來，終返故轍。使天下之婦人盡若此，則此世界不能一日居矣。是故婦女之出門晉接，與自行擇配二事，實爲天理之所宜，而又爲將來必至之俗。而以今日之俗論之，則皆無能行之理。然則此俗又何以行乎？仍不外向所言，讀書閱世二者而已。大家婦人非不知書，而所以不能與男子等者，不閱世也。娼家之女，日事宴游，而行事又若此其狼藉者，不讀書也。二者兼全，則知天下之變，觀古今之通，有美俗而無流弊矣。

雖然，男女平權之説，創自西人，而自今日觀之，則此説之行，不知何日？我國暨突厥、印度、波斯諸國之婦女，其煩冤紆抑不待言矣。即歐洲之婦女，惟無妾一事，實勝泰東，其餘則仍與男子不平等也。上不爲伯里璽天德，中不爲議員，下不爲軍士，不過起居飲食，威儀進止之間，男子均優待之耳。蓋同一不平等之待法，不開化之國，則欺凌弱者；而開化之國，則保護弱者也。嗟呼！雌雄牝牡之不齊，人及非人，莫不若此，其由來遠矣，豈一朝一夕之力所能改哉！

《知新報・康同薇〈女學利弊説〉光緒二十四年閏三月二十一日》　凡物無能外陰陽者矣！光有白黑，形有方圓，質有流凝，力有吸拒，數有奇偶，物有雌雄，人有男女，未有軒輊者也。形質不同，而為人之道則一也。夫學者學為人所必需也。一飲一啄，一言一行，非生而已然，則皆謂之學。是故扶床之孫，即挾之以步履；盈尺之孩，即訓之以稱謂，其有喑啞而不能成聲，翹企而不免卻步者，鮮不以廢疾憂之。夫廢疾於語言動作，則亟亟然以憂，廢疾於知識學問，則安焉習焉，恬不為怪者。何哉？豈女子寧非人？固天生之戮民，而親之棄體哉！毋亦未加之意焉耳！不寧惟是，學也者，固文教野蠻之所攸分也，國也而野蠻半其數，家也而野蠻共其事，不亡何待？不亂何俟？同薇居常想念，以為天之生斯民也，既有男女之分，即有智愚之別，雖有巧婦，不及拙夫，雖有賢姬，不如莽漢，天所興廢，人無能為。及今思之，乃知有大謬不然者。何言之？波斯、印度，恥其國之有女也，不敢以示人。美利堅覩其女之多也，羣喜而賀之。夫亦猶是人也，而輕重若此，乃知男女之軒輊，良有所因，而國家之盛衰，亦非無故也。夫歐美之强，度越前古，而考其制度之美備，人才之衆多，智慧之濬發，風俗之敦實，泱泱乎雄視萬國者，胥成於學校。其學校之制，凡男女八歲不入學者，罪其父母，幼學處所，男女並同，及其長也，別為女學以教之。學分三等，循序而升，高等師範，下及百藝，視其性近，乃入專門，由是輔之以女紅場，廣之以女學會，上以蓄德，下及藝事。其教之也，分聖教、閨範、修身、教育、天文、地輿、律法、家政、醫算、格致、音樂、書畫、女紅，各有專門，學成者同得優第。故美法之女，有為臬司者，英美之女，有為天文生者、典吏者，有為傳電報、司文案、醫師、律師、教授、傳教者，類皆與男無異。日本步武泰西，亦重女學，其女學之制，約分十三科：一修身，二教育，三國語，四漢文，五歷史，六地理，七數學，八理科，九家事，十習字，十一圖畫，十二音樂，十三體操，其所以異於男學者，不過數事。蓋德足以自輔，才足以自養，相礪以廉節，相信以德義，而不為嚴密之防，不興猜疑之心，內顧既寡，而工業得力，既無坐食蠹國之民，即收興業植產之益，此西方所以致富强，而王道之成，治外必先乎治內也。且夫福興有基，邦亂有胎，國之强弱，視乎人才，才之良窳，視乎幼學，西人蒙塾，多用女師，蓋以其專精靜細也。然尚不若賢母之益，何則？初生之赤子，天性純一，其性情嗜好，惟婦人能因其勢而利導之，且孩提之童，狎母而畏父，習於父者寡，成於母者多，幼之所學，壯而行焉！引線之差，視乎起點，九層之臺，立於初基，故諺有之曰：『少成若天性，習慣成自然。』記曰：『行遠自邇，登高自卑。』根本之地，顧不重哉！夫女學者，所以端本也，本端則萬事理。故太姙胎教，厥產聖子，孟母三遷，乃成大賢，此又人才之關係也。夫孝以事父，賢以相夫，義以訓子，大義弗明，三從之道阻矣！修身立志，言動作為，聖道不聞，則舉措乖方矣！今女學廢弛，流弊無既，不得已乃嚴其防範，密其扃鑰，擁其面，刖其足，惴然歎然。恐尚有失，而名節日下，世風愈頹，雖曰：『刑于之化，防其未萌。』而疑問斯存，人道益苦，猶之防盜，嚴刑峻法，以為得計，而盜風之熾，日甚一日。蓋不窮本溯源，去害興利，使遂其生，且濬其智，譬猶止沸而加薪，不絕之於此，而絕之於彼，豈可得哉？夫女學不講，而幾以防盜之法防之，日望天下之賢母教其子，淑妻相其夫，孝女事其父，使家庭雍睦，閭里熙讓，仁義之風播於國，敦厚之化徧於都，人人皆修其身，齊其家，以致平治，不亦難乎？語云：『家齊而後國治，國治而後天下平。』蓋福之興，莫不本家室，道之衰，莫不始於梱內，往乘所紀，言之綦詳，今而欲為起化之漸，行道之先，必自女教始。故古者內政修明，為之宮公保傅，以正其趨；為之典禮訓言，以廸其志，是以教成於內，而順成於外，所以佐婦德，善風俗，而上古風化之厚，亦由於此也。春秋之際，內習漸蔽矣！然而秉禮者貞而難犯，稱古者辯而有辭，蓋其時師保之訓，宮廟之教，殆未盡廢，而先王遺澤，浸灌已深也。若夫老萊之婦，黔婁之妻，豈獨嫻於禮節，習於古訓哉！觀其所論，殆與聞聖人之大道者也，及至末世澆漓，重才華而輕德行，女教益衰，士夫既無實學之足法，而女子日習於邪僻，以文詞自炫，以才藻相矜，而先王所以立教，君子所以端化者。亦鮮能明其旨，乃因噎廢食，為詞以號於天下曰：『女子以無才為德。』其尤甚者，倡偽古文之説曰：『牝雞司晨，非家之祥。』於是無非無儀，酒食是議，父若兄，夫若弟，相戒惟恐其妻女之識一字，解一理，以敗閨範，舉中國二萬萬之人，有目而闇，有耳而充，有腦而閉，有心而蓬，以成此不痛不癢之世界，使外國嗤為半教，視為野蠻，豈不哀哉！豈不痛哉！雖然！由上之説，則不學之為害矣！然今日之號於大衆，而自以為讀書者，卒未覩厥效，何哉？夫海內淑秀，知書識字者非無其人也，然其上者，則沉溺於詞賦，研悦於筆札。歎老嗟悲之字，充斥乎閨房；春花秋月之辭，繽紛於楮墨。其尤下者，且以小説彈詞之事，陸沉於其間，而為父兄者，不能因其道而導之，反以為無所用而禁之。夫若此等事，誠無用也，然短視而並去其目，跛步而並斷其足，掩耳盜鈴，自為得計，寧不哀哉！學非所用，用非所學，雖男子亦知其無益也，而奚論婦人耶？彼班姬續史，伏女傳經，韋母下帷以講學，二宋繼軌而授教，觀古之賢女，類能引經據義，以決禍難，苟非讀書，誰復能此？是故泰西各國，深通古義，昌明女學，即小如瑞典、挪威，女子百人中不識字者一人耳！日本新樹小邦，前十年間，女學生徒二百餘萬，教習千餘員，學校三百餘所，而我文明之邦，聖教之澤，神明之裔，山川之秀，二萬里之地，二百兆之女，曾未有一女學以教育婦女，此何故耶？且西人在我通商之地，分割之境，皆設學校教堂，以教我女子。我有民焉，而俟教於人，彼所以示辱我也，無志甚矣！聞之海不擇細流，而百物被其澤，聖人輔相天地，而有生賴其拯，未有澤及艸木，仁被禽獸，而教不逮於婦女者。是故孔佛之道，男女平等，孔子編詩，則首關雎，傳禮則詳內則，大義昭然，至可信據，而無知妄作之吳培，乃復禁婦女謁聖廟，一若此二百兆之人，無與於教化之事也者。嗚呼！不亦示敬彌甚，而去道彌遠乎？竊嘗觀大地奉教圖矣！舉中國之大，而惟佛教之從，蓋於孔子無與焉者。雖然，其又奚怪也？夫中國婦女所拜者菩薩，至聖列賢之名未聞也；所禮者經懺，傳記大義不知也。吝於為善，而侈於飯僧；愚於醫藥，而智於祈禳，篤於事佛者，莫婦女若也，莫婦女衆也。四百兆之衆，聞聖教者僅十之一二，而事佛者乃半之，其曰佛教，何足怪哉！若不早圖，安其故習，一任此圓顱纖趾之輩，自生自滅於高天厚地之中，吾恐不歸釋，必歸耶，奉彼教者日益多，歸吾道者日益寡，靡獨國家之危，繫於眉睫，即吾教之亡，亦弗遠矣！且纏足之害，無人不知，而受斯害者，舉天下而皆是，蓋皆婦女惑於禍福，不明大義之所致也。今纏足之禍，雖或稍戢，然開會者不過通商數區，入會者不過通人數輩，行省之大，充耳不聞，毋亦知此理者尚少也。若欲擴其捄人之心，非先徧開女學，以警醒之，啓發之不可，曰，女學如此其亟亟也。然神州之大，行省之遠，流風所暨，未易徧及，有其舉之，條理奚在？曰，徧立小學校於鄉，使舉國之女，粗知禮義，略通書札，則節目舉矣！分立中學校於邑，講求有用之學，大去邪僻之習，則道德立矣！特立大學校於會城，羣其聰明智慧，廣其材藝心思，務平其權，無枉其力，則規模大立，而才德之女彬彬矣！起二萬萬沉埋之囚獄，革千餘年無理之陋風，昌我聖道，復我大同，于嗟中國！其毋塞才壅智而自窮。

《女學報》一九〇三年第二期《陳擷芬〈盡力〉》　中國為什麽不强？因為沒有人材。為什麽沒有人材？因為女學不興。這是一句籠統話，本報上也曾大略説過，諸位也都曉得，但是還有許多枝枝節節的原因，也是很要緊的。我去年在報上做的一段演説，題目是一個等字，勸人做事不要等。這一段演説出去，就有許多人來説，我從前做一樣事很歡喜等，現在看了這段演説，不論什麽事都不等了，覺得省了許多事，做演説的人，聽了這個話，真覺得歡喜，並不是因為説我的演説好了，我就歡喜，因為我做演説的意思，為是要看的人，看了覺得好就照著做，不願意看的人，看了只口裏説一句倒説得不錯，仍舊不肯照着做，這是於列位很沒有益處，於做演説的人也很失望，雖然諸位有見識的，自己會做好的事，用不著我的演説，但是不論什麼，人總有一時想不到的去處，有人提醒一句，就當下明白了，狂夫之言，聖人擇焉！就是這個意思，何況我們中國女子，從小沒有受好的教育，不許讀書，不許交朋友，現在要想做事，豈有不要人提醒的道理？我做一篇演説，一面勸我二萬萬姊妹，一面勸我自己，所以我很巴望諸位姊妹，看了就照了做，若是看了覺得不合意，儘可寫信來説，做演説的説錯了，得了諸位的信，也可以長些見識，得些益處，若是做演説的説得對，諸位也可以長些見識，得些益處，豈不是彼此有益的事麼？如今世界上説的互換智識，就是這個了，不必一定要見了面，纔可以互換智識的，隔了幾萬里、幾千里，也可以互換智識的，我和二萬萬姊妹雖然不能都會面，都可以互換智識，這就是做報的人切心巴望的了，這些都是題目外的話，如今要説到題目上來了，這個題目就是盡力兩個字，盡力兩個字，有無窮無盡的好處在裏面，與等字恰恰是一反對，不論什麼事，只要盡力去做，總沒有做不成的，俗話説天下無難事，只要用心人，這用心兩個字，就是盡力兩個字。比方有了一件為難的事，總不要先存了個心，這件事真是煩難，我沒有力量做，這就終久不成了。什麼叫做奴隸畜生，奴隸敵不過主人，所以做了奴隸；畜生敵不過人，所以做畜生。我們若是遇著一樣為難的事，就不肯盡力，倘然有個盡力的人做成了呢？我們敵不過他，比較起來，豈不就是他的奴隸、他的畜生麼？所以不論什麼難事，總盡我的力量做去，自然就不覺得難了。我怎麼曉得呢？譬如我們這件事喜歡做的，雖然為難，被喜歡裝滿了腦子，便不覺的難了，我們如今但是要喜歡這盡力兩個字，自然事事都喜歡做，事事都不難做了。去年我在學堂裏讀書，學堂裏的規矩每一季要考，考的時候，把一季讀過的書，提出幾句來問，有一個同學，他讀的一本地理志，有許多海灣海岔的名目，常常心上發愁，恐怕許多名目，記不清楚，索性不高興去記了，後來一個先生勸他説，你盡你的力去記，不要自己先存了一個心説記不清，不肯盡力，那恰真就記不清了，這同學一想真不錯，就把煩悶的心，除得干干淨淨，盡心盡力的看幾篇，都記得了。我由他這件事，所以相信不論什麼難的事，只要肯盡力，沒有做不成的，就是萬一有做不成，盡了力做，心上也沒有後悔。每一個人，存了這個盡力的心，還有什麼難的事？現在我們興女學，説起來都説是件難事，實在並不是興女學難，就是沒有肯盡力的人，要是我們二萬萬人，盡力要興女學，豈有興不起的理？做事的盡力做事，讀書的盡力讀書，沒有力量讀書的，若是自己明白，可以勸人讀書，也是一樣的，雖然別人當時不相信，我總盡我的力，久後他總有相信的日子。他們外國人為什麼辦一樣事，又容易，又快，難道他們真是人人都非常的才學麼？不過人人肯盡人人的力。我聽説他們美國，若是有人做了一件於國家有益的事，沒有力量做成，傍人聽見了，就盡了各人的力去幫助。有一個做傭婦的，年紀很老了，他聽見一個人要辦女學堂，因為經費還沒有足，所以沒有成功，這傭婦就拿自己一年所聚的苦錢，都去捐與這開女學堂的人。咳！他們做傭婦的都有盡力的思想，做事自然就容易了。我並不是做了中國人，説外國人好，不過是説他們的法律好，教育好，所以人人都有好的思想，我們中國人真是可憐，從小到大，沒有這些話聽見，也沒有這些事看見，就有聰明才智，也不用到這些事上來，所以不能怪我們中國人不好，只能殼怪我們中國的法律教育不好。然而他雖然不好，難道我們就隨了他不好的法律教育做不好的人麼？一定總要想法改正這法律，改正這教育，人人盡人人的力，自然就改正了。總之，我這女報，是為了中國二萬萬姊妹做的，盼望我二萬萬姊妹，各人盡力，做事的做事，讀書的讀書，勸人的勸人，不到幾年，我們二萬萬女人，就另是一個新世界，不但像他們外國一樣，直可勝過他們外國了。

《雲南》第十六、十八、十九號《師竹·論女學之關係》　緒論

白禍西來，滔天洪水。黄族陵夷，滿地荆榛。嗟我中邦，削弱危殆。睡獅雖醒，其如虎狼已據我堂階何！適逼處此，相形見絀。方知他人之所以富且强者，不在船堅炮利，而在教育普及；我之所以負且弱者，不僅在船不堅，礟不利，而在教育不普及。於是朝野上下，學士大夫，方汲汲遑遑於推廣學堂，以謀教育普及，豈不以教育為强國之本哉！是學堂亦可謂綦重矣！學堂綦重，而教育自不患不普及。雖然，今之所謂學堂者，不過為男子而設，其為女子設者僅百分之一、二。而此百分之一、二，亦只發達於一、二熱心志士創設於開通省分。此外如陸阻於山、水艱於渡、人寡於識之地，尚不知女學之為何而重。且並為女子無才便是德之謬談印入於腦筋，反有謂女學不當興者，豈不大可悲哉！夫天生斯民，

男女並重。重男輕女，例違文明。我中國文備於周，關睢雅化，胥得力於內助；亂臣同德，尚推崇於婦人。如脫簪待罪，是善於諫君也；上書除刑，是善於救父也；編輯典章，是善於繼述也。他若軍稱娘子，屢摧隋氏之鋒；城號夫人，亦寒符堅之膽。粵稽往籍，彤管流芳，豈獨讓泰西之女界專美於今哉！嗚呼！時勢如此，夢尚未覺。女界黑暗，累及鬚眉，亦可悲矣！及今不圖，後悔何及？故我中國今日不欲强則已，欲强則非圖教育普及不可。圖教育普及，非男女學堂並設不可。此非一人之私言，乃世界之公言也。我滇僻處山陬，風氣晚闢，亦地勢使然。今日既廣設學堂，以謀教育普及，亦可謂於學界上放一線光明。獨於女學毫無影響，噫！殆矣！鄙人研究教育，覺女學與男學有莫大之關係。泰西男女並教，職是故耳！因不揣固陋，敢貢其說於我鄉人父老伯叔兄弟之前曰：欲强國，非造國民不可，欲造國民，非興女學不可。女學之利益，非一言所能盡。今既望我滇人興女學，則請言女學對於各種之關係。

第一節　女學對於種族之關係

今日文明國之對野蠻國，動輒呼為賤種。夫同處一地球，同為脊椎動物所進化，何貴賤之有哉？噫！我知之矣！蠢如鹿豕，語以學問而不知；愚如牛馬，告以烹宰而不動。僅具人之形式，已失人之資格。如美洲之紅番，彼之所稱賤種者卽此之謂歟？又或者凡百事業，萎靡不振。甚至於勞費精神，消磨於無用之地。戕生嗜慾，而喪其固有之生。僅有人之外表，已失人之精神。如非洲之黑奴，彼之所謂賤種者，又卽此歟？夫以素不開化之國，被人滅亡，而反呼為賤種，亦應有之事也。若我中邦，以黄帝之子孫，居文明之古國。有時賤種之聲尚聒於耳，賤種之論，時觸於目。我不以紅番黑奴自居，如彼直以紅番黑奴視我何哉？雖然，受侮之事，必有所因。文野之分，對照斯覺。彼之謂紅番黑奴為賤種者，為其愚而弱耳！其愚而弱，為其無學耳！試問我中國今日能免此愚而弱之弊哉！我誠能免此也，則他人之毁我為無當。我苟有一於此也，則受他人之毁，我宜如何痛洗斯恥乎？興言及此，真令人痛哭流涕也。夫自强之本，基於一身。男界之生，導源女子。我國女子不學，僅供男子作玩物。故聖賢豪傑之主。或問世一出，或千古一人。歎才難者往往諉於山川之靈秀不鍾，而不知實女學不興，精神（倫理學分精神、肉體遺傳）之遺傳不美善也。精神之遺傳既不美善，而又處之以纏足之酷刑，鴉片之餘毒。戕其身體，耗其精神，所生子嗣不能强壯，種既不强，尚何望其强國乎？女學不興，因之肉體之遺傳亦單薄，我國民遂弱矣！既愚且弱，於是病夫之稱未已，而賤種之呼又起矣！誰實為之？而竟至此哉！女學之不興，致種族之多故。欲結佳果，必有善因。泰山可移，斯理不易也。不觀夫植物乎？欲播種也，必先擇良田，而後未萌之芽能保，栽培之功亦易。如種既擇矣，而田弗良，則苗不秀者有之，秀而不實者亦有之。雖極力栽培，亦難望碩大且實也。物猶如是，人何獨不然乎？其母而溫文爾雅，腹有詩書，則所生之子多文人學士也。其母而豪氣素著，熱心愛國，則所生之子多血誠男兒也。其母驕淫放縱，鷙驁不馴，則所生之子多狡詐凶惡也。强弱為肉體之遺傳，賢愚為精神之遺傳。歷觀人世，屢屢不謬。扶蘭斯志之母，熱心教育也，故扶蘭斯志能言卽以教育自任。華盛頓之母，誠信人也，故華盛頓之作事，無一毫虚僞。蓋母身之邪正，影響於子者甚多。我國古時，婦有胎，學有教，故麟趾詩序云，文王后妃德修於身，而子孫宗族皆化於善。西哲亦謂，自古英雄豪傑不過受得一個好胎耳！欲生令子，必得賢母；無古今無中外皆一也。孕育文明，支配人種，不於女子是賴哉！嗚呼！溯人類之初生，本同一元祖。其進化之遲速，卽文野之是分，紅番黑奴之被人呼為賤種，由於無教育而不進化也。我國女子非盡無教育，不過教者僅一部分，而且異其方針耳！故種族之愚弱，尚不至等於紅番黑奴，今得賤種之名，竟與紅番黑奴無異。若再不圖完全之教育，吾恐進化之種族亦等於不進化之種族也。言猶在耳，斯恥敢忘；則欲進化種族，改良種族，女學固可緩哉？

第二節　女學對於教育之關係

人不患無用，特患無教育。歐美日本諸國，盲者、啞者、跛者無不有教，教無不成。可見天生斯民，本無棄材，教育其可少哉！然又不可不因時制宜。古者家有塾，黨有庠，州有序，國有學。凡人生有八歲莫不入小學而教之。又曰人生十歲，始就外傅。我國非素不重教育也，特必至八歲、十歲始入學就傅，豈八歲、十歲以前竟無可教育乎？我中國無完全之教育者，卽以此也。夫教育之施，因時而異。一時有一時之教育，不至其時而教育不可，至其時而不教育亦不可，人之初生，本渾然一物，乃未幾而居然能言，居然能行，居然略知物之美惡。試問何以能言？蓋非教不能也；何以能行，亦非教不能也；及至能辨物之美惡，蓋其時為母者已大費教育矣（此在各國為初級之教育），特日日習之而不覺耳！假使置甲乙丙三童子而試之，甲為受文明之母教，乙為受世俗之母教，丙則並世俗之母教亦無之。吾知乙童之知識必去甲童遠甚，而丙童必至如痴如啞，一事不知也。蓋子當將免於父母之懷，尚不能自立。其能言者不過饑渴也，能辨者不過寒熱也。其他之行為，借鑑於母者尤多。蓋此時小腦雖自能言動，而大腦純是潔白。隨其所教而入之最易，如染絹然，有白絹於此，染青可，染藍亦可。絹之變化，視染絹之人為何如。女子者，國民之母也。故國民之資格，視乎母教以判優劣。古今英雄豪傑，成於賢母之手，比比皆是。孟母擇鄰，子輿子卒成大儒；柳母和丸，公權氏終為名臣。此外以義方教子者，畫荻有歐母，勉義有王母，教忠有岳母。賢聲昭著，巾幗流芳，豈不學而能如是？甚矣！女學之關係於教育大矣！何今之教幼稚者，竟大不然乎？其始而能言也，即以戲言相誘，或以詐術相引；不然即教以罵人之言，不經之事，鬼怪之談。在為母者不過以為戲謔斯哄小兒之常事，而不知其腦筋靈敏已印之深、藏之固矣！日後欲洗滌之，曾不易易。此初級之教育已乖也。及至方就外傅，則教以讀書。問何以必讀書？曰讀書將以求科名。問何為科名？曰若某氏子顯擢高科，坐擁厚祿。至若教以功名者，功於同胞、功於萬世，名於當時、名於後世，恐幾千萬人猶不得其一也。然而此猶普通教育也。他若子有過則怙之，子不學則聽之，不又為最下之級哉！若女子有學，豈如是乎？遠事不必徵，請觀近日之日本，即知矣！日本步武西人，謀教育普及。而女學與男學並重，因而特設有女子師範學校、高等女學校，皆養成國民之母；而幼稚園之事，全係女子任之。其為教也，或言已過之事，或作尚武之戲，使小兒樂此不倦，牢記不忘。雖不立表授課，而所教之事皆在至理存焉！故日後入學堂，循序漸進，不至大費教育；蓋平日受於母教者多也。我國欲教國民，不當先教國民之母哉！

第三節　女學對於家庭之關係

我國人口四百兆，女子居其半。微論為人母、為人妻、為人姊妹、為人子女，俱與男子共聚一室，豈毫無關係哉！女學不興，在半數之國民為不開化，姑且勿論，其如影響於男界何？方今時處萬難，人不我容。羣知非破除舊見，大啓新知，斷不能生存於二十世紀。於是宗教亦漸倡改革矣！政治亦漸倡改革矣！教育亦漸倡改革矣！民德亦漸倡改革矣！風俗亦莫不倡改革矣！而發之者寥寥，應之者亦無幾，此何故哉？噫！是殆由於家庭之未先改革也。孟子謂天下之本在國，國之本在家，家之本在身，（此身當兼女子而言）家庭之教育不綦重哉！然講家庭教育，女學又豈可忽諸？今試有人於此，抱國家思想，痛大陸將沉。於是奮然而起，或投筆從戎，或負笈遊學。使所處之家庭，上有徐子母，下有樂羊妻？豈不甚善。若遇人不淑，則多方之阻力出焉！或以為舉世昏昏，爾一人何必多事；或以為一家安樂，他事不必求；或以為隨遇而安，險阻不必冒。其母如是言，其妻如是言，下至於若姊若妹亦莫不如是言。在有堅定之操者，則抱此宗旨始終不變。若處平常之人，鮮有不為其搖動者。日日聚處，浸潤滋深。古今來英雄豪傑有誤於轉念而失於末路者，大半皆不學無術之婦人胎其咎。雖然，此或猶以為不盡然之論。以現在之事言之，纏足一事，慘無人理，莫此為甚，今尚冥頑不覺，豈無人心而甘為此？殆愚而不學之故也。且姑嫜姊姒，聚處一室，既無學以濬導之，其合羣之事，恐十無二三。始而齟齬，既而見形色矣！始而微隙，既而開釁端矣！於是睚眦之怨，儼成敵國；詬誶之聲，時聞比鄰。歷觀家庭之變，起點於婦人者實多。等而下之，嚚兇肆謔，子女遭不白之冤；陰毒險狠，門庭罹滅絕之禍。聖如虞舜，尚不免浚井之災；賢如閔子，亦隱抱蘆衣之痛。他若季子不禮於其嫂，賣臣見棄於其妻。家庭間難言之隱痛，謂非由於女子所致哉！然致此之女子，謂非由於不學哉？嗚呼！家庭聚首，為日良多。人之大倫，不外男女。男子有學，女子亦有學，則同心共濟，推愛家之心以愛國；如韓夫人、羅蘭夫人，相厥夫而成大功是也。男子不學，而女子有學，為男子者亦可以因此勉勵；如晏子御者因妻言而愧悔不能自立是也。此外如代乃人以從軍，儼然七尺英雄；為小郎而解圍，亦成千秋佳話。弟勇不沒，願香死者姓字；兄懷代白，乃得生入玉門，女子有學，微論為人母、為人妻、為人姊妹、為人子女，於家庭皆有無窮之幸福，於男界皆有莫大之影響。幼能為佳女，長必為賢母，理有固然者也。故欲講家庭教育，必自興女學始。

第四節　女學對於生計之關係

今之講生計學者，動謂中國之貧，貧於游民。夫游民何以能貧？由於坐食耳！故欲圖富國者，莫不兢兢以安置游民為務。噫！吾國女子，寧非坐食之人乎？女子二萬萬中，其能自立而不待養於人者，有幾人乎？彼日趨下流者無論矣！其式微之家，茅檐之女，不得已而以女紅度日，亦可謂自食其力之一道，而世俗反鄙賤之。至縉紳之婦，呼奴喚婢，出入需人，養尊處優，一無所事。既不能生財，已大失女子義務；又從而耗費之，不已甚乎？衣服之華麗需財，釵鈿之寶貴需財，費用之浩繁又需財。以有限之資財，盡消耗於閨房粉黛之中。內無賢助，受累畢生。事畜無資，進取無由。由是爲官者，因室家之累而剝民脂膏者有之；爲士者，因室家之累而不能遠圖者有之；爲商者，因室家之累而不能出塗者有之；爲兵者，因室之累而不能死事者亦有之。吾國自來因瑣屑細故，累其清思，奔走衣食，阻其進步者，蓋不知凡幾矣！以視東西文明各國之女子，有任國事而祿亦足以養其身，任教育而食亦不至待養於人者，其優劣相懸，奚啻天淵？此外，如發明新理，製造機械，充醫士，經商務，凡男子能爲之事，無不能之。可見顱同是圓，趾同是方，官骸同，神經同，則男不必獨智，女不必獨愚也。然吾國女子，竟遠不及於外人，非不學而何至此哉！使其果學也，其腦力當不在東西各國女子之下。往者不必論矣！以現在之女子言之，遊學日本之女學生，入校不過一二學期，而所習各科學，迎刃而解。不勞師說再三，而且愛國思想，時發現於言論。下田歌子，日本之熱心女教育家也，而贊嘆此等學生不置。謂其天資不亞於東西各國女子，非過譽也。又如北洋之高等女學堂、女工場，京師之淑範女學堂，於習各文科以外，或刺繡，或編物，俱著成效。異日爲女界放莫大光明，爲家庭添若干生計，爲巾幗減若干坐食，皆此等女子是賴也。而謂不學能如是乎？我中國地大物博，而獨患貧者，雖不盡由於女子，而女子亦致貧之一大原因。假使女學發達，女教改良；則無論縉紳之家，中人之婦，蓬門之女，皆將知有國家思想，皆知處此競爭極烈世界，非男女共盡義務，則不足以生存。於是化懦弱爲强健，變溫柔爲慷慨，洗粉黛之脂爲憂國之淚，竭其精力，以謀正事。學識高者，任教育，其次司諸務，再次爲女工。增一職業之婦，卽減一坐食之人。一家如是，一省如是，一國亦如是，則豈不足轉貧弱而爲富强？故今欲救中國之貧弱，非使女子各有職業不可，欲女子各有職業，非大興女學不可。

第五節　女學對於衛生之關係

衛生之學，分而言之，有個人衛生、家庭衛生、公共衛生，而家庭衛生則全關係於女子。何則？井臼之事，非女子不能操也，育兒之責，非女子不能任也。其他關於家庭一切瑣碎之役，非女子其誰親之？而謂女子不識衛生學可哉？今試就關於女子者言之，當幼稚之時，渾渾噩噩，飢則求食，渴則求飲。何者有益於生？何者有害於生？彼無由而知。惟恃爲其母者，使之飽煖合其宜，運動得其當，察空氣之良否，使小兒知趨避，而後天機活潑，疾病不生，此關於育兒之衛生也。菓蔬肉魚，固皆滋養之品。然必有普通知識，而後知何物含有窒素，足以增長筋肉之組織。何物含有澱粉，足以助成人生之體熱。其他凡食物之烹調及貯藏等，無不與衛生學大有關係；而豈無學之女子所能周知哉？此又關於飲食之衛生也。此外如衣服必適其體，冬夏各異其色。庭除之灑掃勤，而後黴菌不至於傷生；空氣之流通易，而後呼吸不中於害毒。諸如此類，非明衛生生理學不能知。此又關於衣服起居之衛生也。家庭衛生關係如是，女子之於學不亦綦切哉？觀於日本女子師範學校及高等女學校皆有家庭衛生一科，誠以此事非女子不能勝其責故也。

第六節　女學對於醫事之關係

疾病者，人生所不免也，孕育者，婦人之天職也。一有不慎，而死亡隨之；可不略具此中之知識哉！外洋風俗習慣，凡婦人之疾病產難，或診視，或剖解，男子亦可爲之。而有時亦覺不便，故設有產婆學校，專教女子以臨蓐之事。視其教授功課，頗爲完備。曰生理學，五官百骸，講之必詳，而後知人體之構造也。血輪細胞，驗之最精，而後知病源之所在也。曰化學，製藥用藥之理論所由出也。加之以圖書，復示之以模型，使明於形狀而後知處置之方法也。種種科學，薈萃於女子之身，故能保護一己之平安，增進他人之幸福也。我國醫學不精，草菅人命。赫赫名醫，有尚不知人身之原質爲何物、內臟之如何構造者。至於生產一事，則聽無識之老嫗爲之。安然無事，固云幸也。一有不測，愚而柔者，倉皇失措，徒喚奈何；狡而黠者，手段野蠻，送人性命。摶摶大地，無日不生，產婆無學，而斷送人之性命者不知凡幾矣！嗚呼！女子無論貴賤，無不以生子爲榮。男兒無論聖凡，莫不由女子而生。以至尊貴至重之事，而漫不加意，無惑於我國女子以生產爲可驚可悸之事也。女學之於醫事關係，豈不大哉！女學興，而醫學亦因之發達。於是更推其愛人之心及物我之念，或組織施醫院，或創設紅十字會，以救濟衆人，豈非盡美又盡善哉？此事於東西各國已視爲婦人應盡之義務矣！南丁格爾，一意大利之慈善女子也，爲日耳曼看護婦教員。後英俄開釁，從事戰場看護受傷兵士，而英尤受惠良多。後戰事告終，英政府酬以巨金而不受之，以其資創一看護婦學校於英倫，至今猶巍然高聳焉！日本婦人近亦師其意，於日俄之役，創設紅十字看護隊，救人甚多。以視我國無知婦女，崇拜土偶，捨資僧道，以示其仁慈者，其相去何啻霄壤也，則亦學與不學之分而已。

第七節　女學對於風俗之關係

集數十百人於一地，或迎土偶，或負芻靈。擊鼓鳴鐘，揚幡執幢。走者跪者，大衆雜沓，舄履交錯，勞精疲神，愚而不覺。前會散，後會聚，曰浴佛，曰盂蘭，曰蛇蟲。賤丈夫倡之，愚婦女和之。於是飲食之費，香水之費，僧道之費，動成鉅款。問何以爲此乎？曰求佛也。社會之怪風俗此其一。瞽者三四，管絃俱奏。無稽之言，連日不輟。而老嫗少婦，環坐左右，側耳靜聽，寂然無聲。問此何者？曰說書也。社會之怪風俗此其一。歲端春首，俗應履新。弱女嬌奴，往來於寺院菴禪之中，絡繹不絕，道途爲之阻塞。問此何爲者？曰閒遊也。社會之怪風俗又其一。夫信佛之非，已不待言。至聽書也，閒遊也，名本不足怪。我國女子何不效外國婦女乎？外國婦女，亦有聽人之演說者矣！然古來女賢，當今豪傑，或挺身任國難，或毀家救同胞，或相夫以立功，或教子以成仁，皆有益於國家，有功於社會。故聽之則足以振聾發聵，使日有所取法也。我國則不然，今瞽者所說，不過目蓮傳也，香山記也，邪說僻行，最足以鼓惑世俗，而聽者遂深印於腦中。於是有教子者必教以學目蓮，教女者望其學觀音。聽言不擇，不惟有害於一身，並有害及子女。女子無學，豈不大可懼哉？夫外國之女子亦然，足不出門戶，眼不見外人也。但不作無益之遊耳！其遊也，或爲運動會，以强健身體；或爲遊歷，以增長見識；決不似我國女子之作無益害有益也。又足本方也，而自桎梏之。面本具也，而又粉飾之。故作矯揉之形態，而失本來之面目。於是婦女所在，而無賴之子、輕狂之徒趨之若鶩，傷風敗俗，莫此爲甚。以視美洲之婦女所在而衆人不譁，女子登車人皆讓坐者，其榮辱相懸，奚啻天壤哉！雖曰男子之公德不講，而實由女子不以國民之母自居也。夫何言哉！然則女學不可緩矣！女學一興，則履正當之義務，舉動必合規矩也；去野蠻之迷信，遨遊不作無益也。具國民之知識，一洗從前之陋習。則既有可尊之資格，又安至爲人所輕侮哉！果如是，則吾人其可輕視女學乎？其關於轉移風俗固如是也。謂予不信，則請觀之女學大興之後。

第八節　女學對於婚姻之關係

洪荒初闢，男女並生。禽居獸處，無復分別。而生育一事，亦只發於天性之自然，初無所謂婚姻也。迨至伏羲氏出，始制嫁娶。元妃飼蠶，始重女工。厥後進化日速，事業日繁，知賴於女者不徒養子而已。故貴爲天子，賤至庶人，無不思得賢內助以成家而立國。若大禹之娶塗山，文王之求后妃，皆不敢輕易其事。誠以夫婦之道至大故也。雖然，此特指男子而言。至若女子，亦無不欲得賢君子而事之。如孟光之欲嫁梁鴻，卒遂其願，豈不以梁鴻之賢哉！湖陽之欲得宋弘，事雖不諧，亦未可謂非好賢之心也。男欲得良妻，女欲事賢夫，亦人情之常耳！乃後世專制日横，古禮喪失，又因女子無學，故男女之間，不得不嚴設藩籬。於是表面視婚姻爲至重，而其實反以輕之焉！夫人之交友也，必擇之於先，得免於凶終隙末。而況夫婦之間，終身聚首，非爲朋友之暫離暫合者可比。故不慎之於始，在畢生不能享安全之福者矣！

我國之婚姻有大可慨者焉！爲女子者，每逢論婚，輒羞縮不言，一任父母所命。爲父母者，亦非不欲爲子女得佳耦，無如事不屬己，終覺隔膜，徒聽人言，鮮得實際。其甚者，祇艷羨其富貴榮華，而其子女之賢不肖，則毫不注意焉！幸而兩美相遭，則爲家庭之福。若男女程度不能立於平等之地，則夫婦之間易生嫌怨。於是爲男子者，因不樂於家室，至抑鬱以終身。其甚焉者，則挾妓浪遊，揮金如土，豈不可歎！至若女子，則以吾國風俗，終身事一，別無他志。若夫也不良，受累畢生。作一世之奴隸，僅能博鄰里之哀憐。女界黑暗，不知埋沒幾許名媛矣！近來熱心志士，於結婚一事，幾經研究，欲提倡而改良之。乃按之事實，卒未易行。非法之不善，實時之未至也。其在何時乎？非女學大興之後不可。

夫女學大興，則女子皆自學堂出身。平日之廉隅，亦知自重。其論婚也，選擇則歸之父母，而可否仍決於一己。男女相悅，卽可請命於父母以成其事。日後如何治家營業，如何教育兒女，和衷共濟，不相牽制。以視向之憑媒撮合，十無一當，琴瑟調否，委諸福命者，其孰得孰失，可不辯而自明矣！

婚姻既得自主，則男女之取擇，必自有主張。或相取以學識，或相重以人品，或相尊以職務。如是則爲男女者，益不得不勤其學，勵其行，奮發於其職務。則於國家之進步，不大有影響哉！如德國之女子，以嫁陸軍爲榮，而德國之陸軍爲世界第一；日本之女子亦然，而日本亦一躍而爲强國。女子有學，影響於國者甚多也。我中國亦欲西法德，東法日，以作一等强國乎？則請自改良婚姻始。欲改良婚姻，則請自興女學始。

第九節　女學對於國家之關係

今之覘人家國者，咸謂國家之强弱視乎國民之優劣，誠以民爲國家之元素故也。夫民爲國家之元素，不能專指男子，何也？無女固不成國也。而今竟視女子爲無足重輕，不施以相當之教育，又何怪女子視國家之休戚，如秦人視越人之肥瘠者哉！夫知識發達，非學不能；愛國熱忱，非激不啓。必有前車之鑒，而後能作未來之觀。必讀亡國之史，而後能知爲奴之慘。今試問女界中能了然於當今大局者有幾人乎？至如我滇求識之無者，猶鳳毛麟角。今遽以國家思想責之，是不爲女子諒耳！以彼深閨寂守，見聞不出庭幃；心胸錮蔽，思想僅及衣食。語以時勢阽危，彼則曰自有人維持；語以女子當盡之義務，彼則曰婦人不預外事；語以女子從軍，彼則曰古今人不相及。斯言也，不惟女子以爲安本分，卽男子無莫不以爲此乃婦人之天職。於是男女之間，除飲食起居外，因所聞不同、所見不同、所學不同，故作爲不相謀，思想不相入。故賢如長孫，尚不敢干預政事；慧如道韞，亦只徒工詠吟。相習日久，男女之間，遂別成一種社會矣！夫女子不學故愚，愚故不見重於人，不見重於人，故不能不受人之專制。專制成，而隔閡斯不免矣！夫國以家成，家以男女成。世界不可一日無男子，卽不可一日無女子。男女互相治家，互相講學，互相愛國，尚恐有一時之或疏。今乃大相隔閡，其可乎？夫外國之富强也，其原因亦不僅在於男子。何也？男女同受教育，皆有愛國思想也。舉其大者，則爲法之沙魯脫，意大利之馬尼他，英之縷志者，皆以纖弱女子，抱國家主義，爲多數男子所不及。至今銅像巍峨，凡有血氣者，孰不崇拜？雖然，此猶遠事也。請徵之近事，日俄戰也，日本之女子出釵環以助軍資者，比比皆是，甚至下至娼妓之賤，亦莫不然。其送從軍也，皆祝其努力疆場，爲戰勝之國民。母以是勉其子，妻以是勉其夫，姊妹亦以是勉其兄弟。故以蕞爾三島，戰勝强俄。論者咸曰，其船堅砲利，有以致之。而不知女學之發達，亦與有力。此女學之關係於國家豈不大哉！守舊之徒，動謂女子無足輕重，殆亦未放眼一觀當今之時勢耳！

綜上所論，凡所謂種族、教育、家庭、婚姻、生計、衛生、以及醫事、社會、民族諸問題，皆我國所當研究者也。今與女子有如此之關係，是女子之可貴，女學之當興，善辯如滑稽，無心肝如叔寶，亦不能斥其非矣！而何以今日之女子，深閨伏處，不干外事，其無聞也如故；識字無多，安於固陋，其無見也如故；纖纖不前，艱於運動，無足也如故；覆巢之下，猶自嘻嘻，其無心也如故；野蠻迷信，牢不可破，其無腦也仍如故。五官雖具，而已不適於用。故任人謀我而不覺，辱我而不聞，滅頂焚身而不懼，大聲疾呼而不動。女界沉淪，長夜漫漫，是誰之咎哉？邇來熱心志士，痛女子之無學，由男子之壓制。於是絞幾許腦筋，費若干筆墨，以爲女界爭權。是說也，余非不謂然。特未至其時而行之，其流弊有不可勝言者，不觀今日男界之野蠻自由乎？自治毫無，放縱卑鄙。動輒貽頑固者之口實，而阻新學之進步。新學界中，亦時有所聞矣！若女學不興，婦職不盡。驟然弛其藩籬，在素而貧者，固不必慮。若矜驕之女，鷙鶩之婦，則藉口不受壓制，而侵男權者有之；假託遊歷，而出規則者有之；徒享權利，而無義務者又有之。牝鷄亂鳴，宮闈生人彘之慘；怒獅咆哮，庭幃有骨肉之悲。古今來女子不學，而敗人家國者，豈少也哉？故女子不學而無權，其患尚小。女子不學而有權，其患更大也。或者曰，女子無權，則壓制不除，錮蔽不破，女學仍不能興。故欲興女學，必自女子有權始。是說也，亦似近理。然無如忘其緩急，而顛倒其本末也。請藉一事以取譬焉！今試有蓄瀦於此，人莫不曰浩浩乎！淵淵乎！美哉此水也。何不決其堤而利用之？然未決堤之先，必先濬其渠、開其溝，而後能使之爲用。否則一瀉千里，茫無所止。四面流溢，反將爲害。可不愼乎？女子者，一蓄瀦也。爲之設學，即先濬其渠而開其溝也。故今日有權無權之問題，姑且勿論。請注意於興學可矣！且夫權利者，與義務相對待者也。有權利而無義務，人心何以悅服？有義務而無權利，天下亦無此不情。今日女子之無權，由於無聞無見也，不識不知也。無聞無見，不識不知，由於無學。故事事受人壓制，處處賴人保護。愚爲智用，賢馭不肖，亦世界之公例也。若女學既興，女子能自立。於是棄纏足之陋習，無驕淫之狀態，則爲改良種族之元素也。爲母儀之天職，基功於蒙養，則爲初級教育之良師也；法名媛之事業，造完善之家庭，則爲必需之賢內助也。若女工精良而生計不憂，衛生素嫻而幸福可保。不作無益之遊，而改良風俗；破除舊日之見，而心愛國家。男子做一分事業，女子亦爲一分義務。男子可爲之事，女子無不能爲之。有時女子能爲之事，而男子反不能爲之。如孩童之教，貴乎婉順，產婆之學，取其閱歷；豈非爲鬚眉中所不及哉！女子之貴重如此，女子之責任如此。任爾金剛之男子，亦必讓一籌；野蠻之專制，亦不能常施也。故今日惟主張興女學可矣！何必先爭論權之有無哉？大江南北，開通較早，女學亦漸自發達。有女子出洋游學者，有女子開報館者，有女子辦學堂者。激刺日多，閨夢驚醒。如晚近之惠興女士，因學堂而以身殉；秋瑾女史，爭國體而動以熱忱；皆爲當今女界中之至難得者也。我滇之女界，竟聽其沉淪黑暗，而不爲之放一線之光，援一手之力哉？假使女學不興，而學界、政界、商界、兵界、實業界，仍能組織完善，猶可說也；其如女學不興，其影響於事實大且多乎？今世界不競言原因結果乎？抑知有充足之原因，始能生結實之佳果乎？方今設學堂以造人材，亦可謂强國之一原因矣！然只注重男學，而不注重女學，是原因已不充足矣！匪惟不充足，而且有妨害原因之時矣！原因既不充足，而又妨害之，其所生之果，尚能結實乎？吾知必不能也。是所望於吾人父老，發覺悟之心，破頑固之見。富者出財，貧者出力，其次出言。或創辦女學堂，或廣設女工廠。善爲勸導，喚醒深閨，爲女界放一光明，即爲我輩增幸福。一家之女子皆賢，則一家無不興；一國之女子皆賢，則一國無不强矣！我滇人其有意於興家以强國乎？吾不禁夢寐思之，馨香禱之，而願與之研究此問題也。

《順天時報·女子爲國民之母光緒三十一年六月十七日》 國家要强，全在人才，這兩句話，人人都知道的。但是人才不是天上掉下來的，也不是地殼裏頭蹦出來的，人才還是人生的，不是男人生的，是女人生的。這樣說來，人才兩個字，可就都靠在女人身上了。

話正說不容易明白，比方說，譬如一個極笨極蠢的牛，他能生出麒麟來不能呀？譬如一個漆麻烏黑的大老鴰，他能生出五彩的鳳凰來不能呀？又譬如一個土堆子，那裏頭能生出明珠寶玉來不能呀？又譬如一個臭泥溝，那裏頭能湧出清泉甘泉來不能呀？女子不受教化，他能生出人才的種子來嗎？不是我嘴損，話不這樣說，這個强國的大道理，永遠不會明白了。

所以要講究培植人才，先得培植女子，要培植女子，先得多多設立女學堂，這是天字第一號頂頂要緊的一件事，不從此下手，空說强國强種，那是不中用的。

現在譬如對人家說，人是强的好，還是弱的好？必定都說是强的好。再問人家，人是文明的好，還是頑固的好？必定都說是文明的好。既然是强的好，弱的不好，現時的女子，可都是弱種；既然是文明的好，頑固的不好，現時的女子，文明的可沒有幾個，頑固的十成裏頭倒有九成。你想這多多少少，弱種頑固種，生下來的種子，要他强，要他文明，可就有點兒費事了。

現在尊重女學的，有七個字。是那七個字呢？請往下看『女子爲國民之母』。你看這七字，何等尊貴？何等重大？女子的關係，非同小可，中國人把女子看成玩物，緊裹着小腳，幽囚在屋中，如同殘疾的廢人，如同監禁的罪犯，這就是弱種弱國的一個大原因。

看官可知道，中國全國人，有四萬萬五千萬，男女各半，那女子就有二萬萬二千五百萬。你想這二萬萬二千五百萬女子，就可以算是江山平半分，佔了中國人數的半部，女子可輕視嗎？

國民是已經貴重的了，女子還是國民的大母，那貴重的還了得。女子既然這樣貴重，總得設法培植才好。培植一女子，就能成全多少國民，女子和國家，有密切的關係，女子可輕視嗎？

女學堂不開，國不能强，女學堂不多開，種不能强，這是怎麼說呢？

女智不開，實由女子不學的緣故，果能多開女學，共明强國强種的理，第一様，可以破除纏足的惡習，强；第二様，不纏足可以練習體操，强；第三様，凡有一切算數、輿地、格致、製造等科都可以學，强。做女子時强，做母時也必强，母强子必强，種强國必强，所以要國民强，必先女子强，這是世界的公理，這是天演的公例。現在中國的女學，不過一點兒萌芽，從此滋生發達，或能在女界大放光明，也未可知。看官記着這七字，女子爲國民之母，千萬不可再阻撓女學，千萬不可再阻撓女學。女學是强種的根本，女學是强國的基礎，沒有女子，安有國民？要培養國民，先培養女子，要崇拜國民，先崇拜女子。國民呀！國民呀！誰產生國民呀？女子呀！我再起立，高唱三聲，女子爲國民之母！女子爲國民之母！女子爲國民之母！

又《論女子教育爲興國之本光緒三十一年七月十三日、十五日》　建造國家，必賴良國民，養成良國民，必恃國民之賢母，養成國民之賢母，是在女子教育。種學家之言曰，拿破崙、華盛頓、俾斯麥，非既成既立，而知其拿破崙、華盛頓、俾斯麥也，當其精蟲蠕動胚胎化醇之時，而已具拿破崙、華盛頓、俾斯麥之氣質矣！教育家之言曰，求拿破崙、華盛頓、俾斯麥者，必在搖籃之内，恩物之中，幼稚園傅母之手。若大中小各等教育者，乃普通國民出生之地，而必不能得絕世之英雄，名世之聖哲也。斯言也，其知本哉！我知我國之人，罕不聞而疑之者。嗚呼！此而疑也，天下安復有可信之言歟？彼歐西日東，無數大哲學家、教育家所鼓吹倡導，而全國大國民所恃爲甄冶範鑄之型模者，舍女子教育莫屬也。特我國教育之道，墜歇湮沉，而女教一端，自三代而還，無復古先聖主之緒，舉國成風，錮蔽女界，廢黜女權，而女學遂以不講。闇者聞歐美之風，而或則嗤之，或則疑之，絕不知爲中國古昔盛時，所明著而大備者。嗟！嗟！其固陋可哂，其不學良可哀已！不然！數典而忘祖，蔑古而誣今，何其傎歟？

聞者亦知中國女教之脩明，在於上世乎？自禮經缺簡，女學不明，内則之篇，略存於戴記，内史保傅之職，聊備於周官。經曲三千，瑣節悉陳，俄空陰教之部；少儀半卷，女訓脫佚，竄入容經之文。賈子新書所録胎教之篇，隸於閫事，傅職保傅，滕於連語，其必爲中古禮經遺文，散見於職記者，周秦諸子，多識古事墜典，此其一矣！秦漢而降，宮闈之内，搢紳閥閱之家，女學時有存者，聖后賢妃，著述昭垂，大家尚宮，同符經傳，然已不遍逮於士族，安望其普及編戶，爲國家擔鑄造國民之責任，盡賢母良妻之義務乎哉？爰及唐宋，女權日替，桎梏日深，纏足之淫刑酷俗，託始於倡優，通行於豪右，漸染乎士庶。及夫道學日盛，而女界之衡軛日深，荏手拳足，不出閫門，而半數之國民，養爲玩物，錮爲廢人，豢爲禽畜，滋爲負累，以女子之待養於男子也。而男權寖尊，任意造爲法律，俾弱息展轉以從命，壓制之力遇苛，反抗之力亦甚，得間而發，往往反制其夫綱，不卹悍妒之名。夫孰知陰陽偏盛，一往一復之理有必至勢，有必然也哉？是以中國爲世界男權獨大之國俗，亦爲世界懼内最多之國民，是皆女學不講，女權太抑，勢極必反，横決不綱，此固積重之難返乎？彼亦積威約之漸也。夫以詩禮之族，顯貴之家，較其閫門以内，帷薄之中，往往有不堪告人者。喜則有甚於畫眉，怒則頓占夫脫幅。操刀横案，威豈歛於李陽；勃谿反唇，禮欲制於周姥。東山太傅，水長則船亦高；鹵簿内衙，作吏而卿尚爾。毛西河弟子滿堂，絳帳時有詬誶；汪容甫湛深經術，自序若有餘衷。彼齊民之家，小戶之女，杵臼或相乎尊嫜，耰鋤見德於父母，乾餱以愆，頡釜轢羹猶小也；豆箪是紾，有女戶饔豈常哉？嗟！嗟！以半數之國民，而錮爲刑餘，蠢同鹿豕，弱則一家之累，强則三族之羞，以是而爲現在國民之妻，未來國民之母，無助則事業必敗，無教則嗣續不昌，小家如是，中人如是，推而極於華閥世族，靡不如是，其家百敗不一興，可券致矣！積萬億京垓百敗不一興之家以成國，而欲其力振貧弱，以致富彊，是適燕而南其轅，之越而北其轍，夫安有可至之理哉？民爲邦本，家爲國積，舉世囂囂言救中國者，莫不曰教育也，教育也。教育何所始？靡不曰蒙小學也，普及强迫也，是豈知本之論哉？吾敢爲下一定義曰，救中國非自教育下手不能，言教育非從女學託始不可，則請陳其條理乎！

今吾且言興女學之條理，海内志士，攘臂奮盼，言興女學衆矣！然實行者不數數觀，行之而能善且久者尤稀有，此何以故？則興女學於今日之中國，必先去其阻礙，解其縛，療其毒，開其塞，而儲其師資，釋其障蔽，乃能有濟也。一曰纏足之惡習不剗除而立絕之，則教育莫能施，不獨體育不能善而已，既已虧其肢體，潰其血肉，束其筋骨，一以人爲廢疾，一以人爲刑戮，且飾之爲玩具，拳之爲禽畜，役之爲婢妾，處之如桎梏，彼方以爲女子應爾也，而安知有學？而安能使之受教育而還任教育之事也哉？是故纏足之風，一日不改，即女子教育，一日不立也，此去障解縛之第一義也。二曰女界之羅網不破，則教育亦不能興也。古人言女子往往儕於小人，詩言『無非無儀，酒食是議』，諺言『女子無才便是德』，直接以殺盡二萬萬之女國民，間接以殺盡四萬萬之大國民，以釀成國家貧弱之因，種族滅亡之禍，皆此等網羅職其咎也。惟其尚無才也，故不教育，不教育，則無藝能，亦無職業。不能自養，而男子之累重，而家道苦矣！不教育，則無智識，亦無道德。見不外家人筐篋，聞不外米鹽瑣屑，心力智力，日營營於此極小圈限中，不復知有天地日月，不復知有國家、世界、種族、衆生，而惟盡其精神於此小圈限中，而嘻嗃詬誶，鄙吝忿爭，一切醜習惡道，不學而皆能，不約而悉同，而室家之道苦，而丈夫之志氣消磨盡矣！三曰以守弱爲桎梏，以閉處爲貞淑，女子善懷，鬱鬱多感，而精神之病生；支體柔脆，血脈停滯，而軀幹之病起。以之理家，則耗財損日，而家道其荒；以之傳種，則病弱遺傳，而嗣續不茂。家庭無圓滿之幸福，子孫無健全之體質，積家爲族，而血統其衰；積族爲國，而國勢必弱，其關繫尤廣大，而貽害更無窮矣！若此者，悉舉之不能終其物也，聊示一例，以見興女教之必先廓清障礙、衝決網羅而已。

今吾且言興女子教育之次第，中國今日言教育，亦汲汲矣！而乏教才，或借材異域，或遺學速成，男子且然，至於女學，起二千年之廢墜，救二萬萬之人荒，其教才非直乏匱，抑且絕響。而造女界之教才，且難視男界百倍。然誠勇決而爲之，天下無不可成之事業，特欲其通行普及，非旦暮期月所能致耳！昔者湖南女學，大振厥緒，又聘保母於日本，以開辦幼稚園。而女學生留學日本者，湖南幾占三分之二，三數年後，此皆教才選也。故今日中國女學萌芽，湖南其庶幾矣！其他各省，時有所聞，女報、女塾、女醫院，相繼而起。吾願各行省，皆以湖南爲先導，而急起步其後塵，三十年後，而後起之青年，皆備完全大國民之資格，中國其有瘳乎！故以今日之中國，而興女子教育，其第一義在衝破網羅，第二義在儲備師資。其舉辦之手段次第，最好借鑒湖南，庶幾逐漸實行，觀成其必不遠。首在選擇搢紳婦女略嘗問學者，留學日本，俾速成教才，可收事半功倍之益。苟有一人足勝教才之任，即量其力而開一堂，二三年後，其學生皆可資遣游學，以爲續備教才之用。一人卒業歸籍，即設一堂，五年之後，州縣可略遍，十年而普及可勉企矣！至於開辦幼稚園，宜先開辦保母學堂，聘日本教員，以任教育，擇中國士夫之賢母賢婦，以任管理。一以俾學者刻期畢業，以宏教材，而幼官可立；一以俾名門淑媛，藉資實地練習，以廣知識，而女學益張。以湖南爲師資，而脩途大啓；以湖北爲炯戒，而笑柄勿貽。學東西之良法，即以復三代之舊章，借途善鄰，還我國粹，彌得恢張國學，以閒執頑愚之口。女媧補天，夏后浴月，於鑠哉！此眞補天浴月之偉勛宏業矣！胡其懿歟？願以質當世宏達知本之君子，其諸有取於斯。

又《論女子教育宜定宗旨光緒三十二年四月二十日》 近者京師風氣大開，自縉紳巨族，以及各省旅京人士，皆以興學爲今日之急務，從官立學堂外，有所謂公立者、私立者，各省旅京學堂，亦莫不先後創辦，集貲購材，招生開學，頗有競爭之氣象焉！使各省辦理學務，均如是踴躍，是誠可爲中國前途賀者也。然京師女界之開通，尤出人意料之外。近時所立學堂，如豫教女學、淑範女學、振懦女學、女工傳習所、譯藝女學、四川女學，大抵皆由士紳創辦，毫不藉以官力，其間組織而未底於成者，亦時有所聞，女學昌明，良可慶幸。然既設女學，則女子教育之法，不可不加意研究，既有女子教育，即當明一定不易之宗旨。執筆人嘗以是叩於熱心女學之士曰：『女子教育，其要點果安在乎？』或曰：『中國四百兆人，女子居其半，以二百兆人之多數，聽其柔懦不振，則國家受其影響者甚大。今日特興女學，即所以造就女國民也。』或曰：『中國女子誤於三從之說，遂終其身依人以爲生活，在家從父，則依賴者父，出嫁從夫，則依賴者夫，夫死從子，則依賴者子。今興女學，所以變易其依賴之性質，而養成獨立之性質，使女子能自謀生活，亦國家富强之道也。』或曰：『男女平權，爲文明國之通例。中國女子，受男子壓制，終年伏處，幾於不見天日。今興女學，即所以提倡女權，使彼受教育之後，自不難養成女子之新思想、新智識，而與男子得享平等之權利矣！』執筆人類紀其所言，洵各有見地，於中國女界，不無裨補，女學之興盛，其可翹足而待乎！

雖然，吾思之，吾重思之，如所謂造就女國民，使中國多收二百兆人之用，其用意固未嘗不嘉，然推其流弊，必有以女國民之資格，而越女子之範圍者。如所謂變易其依賴之性質，以養成獨立之性質，使子女能自謀生活，其立教亦未嘗不正，然推其流弊，必有以獨立社會爲榮名，擇配甚苛，且終身不肯字人者。如所謂養成女子之新思想、新智識，與男子得享平等之權利，似又人道所宜然，然推其弊害於將來，必至政界學界，起男女之競爭，而至於互相衝突者。中國今日而倡議女學，誠爲一至難之問題。以歐美女子風習，施之於中國，勢必方柄而圓鑿，即東鄰日本，近隔一衣帶水，其女子風習，亦與中國不同。中國教育女子，雖不能不取法於歐美日本，而截長補短，自在教育家之留意，擇選東西國之文明，調和中國舊有之道德，以成爲女子教育，以成爲中國女子教育。然則教育之宗旨，當明定於今日，使全國女學，有所遵循，不至悖道而馳焉！是中國女界之幸，抑亦中國之幸也。

執筆人反覆思之，竊不揣愚昧，擬訂女子教育宗旨，以商之全國熱心女學之人士，非敢刻意求新，不過就題中應有之義，揭而明之，以期其無流弊而已矣！女子教育，宜趨重道德，以養成賢女賢婦賢母爲宗旨。能爲賢女，自能爲賢婦賢母。其未嫁之日，皆爲受教育之日。欲先養成賢女，自不可不趨重道德，其他學術工業，皆不過爲道德上之助力。異日能爲賢婦賢母，或佐夫子以成名，或以所學之道德，教育子女，乃爲盡賢女之義務，乃爲盡女子之天職。若徒以學術工藝，炫其所長，矜言獨立於社會，致啓男女之競爭，則失教育之宗旨矣！女子者，國民之母也，有優美完全之賢女子，而後始能生養偉大之國民，國家實力之强大，原胚胎於此。願全國女界思之，願全國之興設女學者念之。

又《續論女子教育宜定宗旨光緒三十二年四月二十二日》　夫女子教育宜趨重於道德，非必對於女子，過嚴其範圍，而施以限制之手段也。近者吾國女界，所奉以爲教育之先導者，固莫如日本。是以各處女學堂，均延聘東洋女士，以充教員之任，且有旅居京邸之名門閨秀，巨族賢媛，對同種同文之女界，深抱熱心，多有願爲名譽教員者。吾國女界之開通，其得力於日本，良非淺鮮，執筆人亦不能不代爲之感謝。然中國之風俗習慣，自不能與日本强同。爲教員者，或於女子之性質，社會之現狀，及數千年遺傳之風習，有未深諳，即苦心孤詣，維日孜孜，施以最文明之教育，恐未必能收良好之效果。且中國於女子教育，師範一科，尚付闕如，而各處女學堂，均由私立，幾有家自爲教、人自爲學之現象，其教法參差，誠在所不免。執筆人竊思此事，係屬學部專責。以歐美而論，何國無女學？何國無女子教育？中國有二百兆之女子，而不爲之確定教育方法，先立師範規程，是不免爲國度文明之缺陷，在學部當軸，實不能辭其責矣！原女子教育，當籌統一之方法。籌統一之方法，當先有一定之宗旨。不然，教育雖興，成積難望。彼提倡女學之志士，講授學科之教員，不將辜負其一片熱心耶？

頃見東報所載，日本文部大臣牧野氏，演説教育方針一節，本報已譯載其大略。其歷言女子教育，雖爲日本女界計，不啻爲我中國女界計也。與執筆人之意見，恰相符合。足見東洋文明之有同源，社會道德之有同揆，而又深服文部大臣之能盡教育之責也。如謂女子教育，以造成賢母良妻爲宗旨，余特先言養成賢女。中國女子未嫁，爲母爲妻之事，彼決不能出諸口，是亦習慣使然。然賢母良妻，未有不出於賢女，此教育宗旨之正大，洵無間然矣！故牧野氏申明其意，言女子普通之本分，直在爲人之妻，爲人之母，修理内政，教養子女等事，古今東西，皆同一轍。而又慮世人誤會其宗旨，以爲男女同立於社會，均得以學問之優長，經營獨立，此爲誤其根柢之尤甚者。男女天性，既不能强齊，其本分亦迥然各別。故教育之事，女子決不能與男子同。且引證於歐洲之習俗，謂人類生理，在歐洲已發洩無餘，而女子競爭不講求義務者，又有女子因學問優秀，無足與爲配偶，孤孑一生，大悖人理者。牧野氏欲矯治其流弊，不惜痛切以陳之，愷切以言之，其意實欲女子教育，趨重於道德，故在造成賢母良妻爲宗旨。將來日本文明程度之增進，與社會道德之昌明，必更高出乎環球各國，可無疑矣！嗚呼！日本文部當軸，爲女子教育立其宗旨，俾全國之研究女學者，均守一定之方針，其重視女子教育如此，殷殷然計其改良，望其進步，我中國學部當軸，幸勿輕視女界，幸勿輕視女子教育。國必有賢女，而後有賢母賢妻，必有賢母賢妻，而後有爲國效力之國民。欲求國民教育之普及，必先立女子教育。女子教育之重要，上則關係於國家，下則關係於社會。學部當軸，當取法於日本文部牧野氏所定之教育宗旨，以爲女子教育之普遍，先立女子師範科，確定教育課程，俾全國女學，有所遵循，有所統一，不致蹈參差混糅之弊。若夫趨重道德，而以學術工藝爲輔，則爲一定之方針，願當軸其早籌之也可。

又《論女學關於政治最切光緒三十三年二月三日**》** 方今文明競爭時代，每談及學務事，無論東西洋各列强，未有不男女並重者。而究其競强之原，教育通行於國家，而尤以家庭教育，爲政治之要務，甚哉！治道之賴於女學也，固不獨丁男之急矣！吾中國特以學責丁男，於婦孺恝然置之，有若坤道成女，理宜阻於化外者，不知作俑之始，果誰爲此孽也？抑思女學之造端，非盡由於外洋乎？在昔漢臣劉向，校書中秘時，集録百家之言，於是有《列女傳》之奏上。惜乎！學者迄今，皆莫識其宗旨所在。及讀干寶《晉紀・總論》，以晉代風俗之衰，與治化之式微，悉歸其弊於女教之廢，然後歎向之著述，其用意爲至深也。近者熱心志士，關懷世界大局，特以女子教育，爲吾海内同族倡，或創辦學校，或設傳習所，雖其建立伊始，制度未能盡善，猶愈於阻撓之也。有識者咸曰：盛哉此舉！誠今日務本之事，即中國轉弱爲强之道，何則？夫女學爲當務之急，舉世誰不知之？然吾中國士夫，所以視爲緩圖者，約有兩言焉！一則謂女子之學，無裨於世用，與其開女學界，莫如理高等專門學科之切要。噫！爲斯言者，抑知教育之最盛，在於推廣蒙養小學，普及全國之智識乎？況以教育之理言，如彼蒙養小學，爲進化之初級，而蒙養小學之先，必以母教植其基。然欲明母教也，舍女學何由哉？則是女學居蒙養之始，而爲教育最初之級也。其適用於時，詎後於高等專門學科乎？或又謂男子之學，視女學爲最急，非俟通國男學競盛後，無暇計女學事，此又一説也。抑思女子之學不明，而家政之曠廢，瑣務之煩累，適足爲男子從學之害乎？夫女子未受教育，則婦德不修，其各種騷擾事，咸足損男子之神識，貽患於後嗣者不少。故女學之振興，實與全國教育之大，輔之行而不可緩也。甚且尤有進者，夫女學之事，不特使女子知高其人格，以趨於美善已也，舉凡社會人情之趨避，大抵偏視女子之習尚，以作其定衡之準，一若密率之比例然，此豈虛語哉！聞之泰西哲儒，嘗以婦女之轉移世風，比之宗教迷信作用，而事實之所在，固有不容諱者。即如英吉利之貴女，重視海軍中人，而其締姻也，恒以得匹海軍士官爲榮，故英之人多樂從海軍焉！有若得意志者，其女子重視陸軍中人，考其普法之役，從戰而歸之士，婦女悉爲遮道進酒，故德之人多羨陸軍焉！近者日與俄戰時，其卒伍兵士，所以一往無前，冒艱險而不顧，視疆場如樂土者，亦以其俗尚武，軍人整甲之際，而其家屬諸人，悉慷慨相送，以祈得戰死爲榮故也。女子之係於社會風氣者，既若是彰明較著矣！故列强之盛也如彼。獨至吾中國女界，其習俗之相沿，所重視無比者，惟在位尊而多金，且以不學之故，而其重之也，又但知揉羅被縠，盡其態，極其妍，數千年以來，社會既受其影響，而小人儌幸之念，即因之而益深，此可謂受不良之激刺，貽其害於無窮也。夫社會之風氣，與女學相關之故，其機原甚微也，既無以反之於中正，則莫若利用此消息，而以時左右之，庶猶得其一偏之益，而國家强弱之大，亦必與有賴焉！此在握其衡者，有以善導之而已。然欲利用女子之習尚，以爲全社會之先機，固非改良其舊致，大瀹其思想所存，不克奏功於當前。是則女學之亟宜振興，誠不可緩於斯須矣！夫故匪異人任也，當世士大夫君子，誰得寬其責？謂爲無與己事。而居處閨門者，尤宜克自憤思，力修於前途，以自成其品格，與丈夫並行而不悖，庶乎其可也。苟不其然，借興女學之名，甘違女學之實，非惟於治無補，而且有損於風化。統觀中外古今，奚貴此紛擾爲哉？今之昧於女學者，固占其多數矣！而知重女學之輩，亦不乏其人。竊願朝廷上下，盡心於實行，勿徒飾於外觀也可。

又《論學部通飭女學堂事光緒三十三年二月二十八日**》** 天下文明之盛，以學植其本；學界振興之至，以道定其衡，無古今中外一也。吾中國學界，今不逮於古，以視外洋列强，皆駸駸至於文明，固缺如有間矣！而女學之不講，尤爲當今所共議者，有心人咸憂之。不圖近數年之内，創辦女學者，既相繼而起，女子之從事於學者，亦志切於邁往，而無退縮之概。觀其進取之勢，似有發達之機，誠可爲女學前途賀。何賀之足云？蓋以女子生於中國者，多幽於閨門家室，而不知天之高地之厚，廓然其有容，是以宴安鴆毒，患且貽於累世也。由是而除其累世之患，將宴安鴆毒之害，一切痛絶之，則後此家庭教育，即爲之肇造其端倪，而文明競進之聖治，不可預卜之乎？雖現時學堂課程，未能遽臻美善，而日有新焉！

月有異焉！學部奏議定章，已宣佈海內矣！泰東西各列邦，亦莫不凝神注目，加意於其間，有是哉？其慎之也。乃自客歲南省災饑，勸辦賑捐事者，固所在皆是，而熱心女子，於此乘間而出，聯結慈善團體，大爲之開會助賑，首倡者興於前，步武者踵於後，不數月間，風聞海內矣！京師以首善之區，其進化尤勢不可遏。故近來各女學生，又有開辦慈善會，在琉璃窰地方，招集馬戲之事。竊謂此意良可嘉，揆諸禮俗所宜，似有所未安也。而誰則間之？日昨學部聞該會廣告，訝其舉之失當，美其意之可風，而恐其廢時曠課，有誤於學業，並慮其自召物議，與人以口實，惟是行文各學堂，通飭女學生等，不必親到會所，以唱歌舞蹈之舉，而致功課曠廢之愆，令其陳設手工物品，儘可遣人送往，發賣之助賑需，特責成創辦人員，將此通諭知之，誠善道也。夫主持學界事者，惟學部任其重，苟不能提倡女學，固有負於官職，使聽其隨意所致，而莫爲之節制，尤大非所宜也。謹讀其通飭之文，贊歎其勸諭之良殷，有心人已共鑒之，諒該會創辦人員，與女學生之儔，亦必體其意，各爲之力勉，不至有所疑忌，而羣相違背也。大凡天下事，不可流於極端，欲奏成功之至者，必自謹小慎微始，況乎女學事宜，在中國方兆萌芽，以萌芽之初，遽效老成之爲，猶難免失之於驟，而漫云無妨礙可乎？甚且學界諸務，皆有定章之可守。苟顯然明悖之，而不以循規蹈矩爲主，抑自思所學者何道？道將致於何用？而可徒事紛紜乎？近數日之間，關懷此事者，局外諒不乏人矣！識微見遠之輩，以爲通飭者善防閑之也力，實勉進之也深，豈故爲阻撓之哉！而昧於學務者流，徒見夫善舉之要，惟此事達於極點，由學部通飭於其間，勢難進於嗚盛，恐女學多阻力矣！而不知敬重女學生之深意，保全女學堂之苦心，即此通飭之所勸諭，蓋免之於無窮也。各女士躬列學堂，既欲高自位置，進德以修業，其志則尚矣！而服習者詩書，飫聞者禮義，盡力向學之徒，斷不能因茲通飭，遂變動其思想，而自退縮於不前。且苟由此加勉，倍鄭重其步履，愈愛惜夫光陰，弗忍以他務因循，猝令功課之有曠，則向學之念切，而進步之成效，自無患其不速矣！方今世界交通，凡文明之國，相競以富强者，禮教之日講，政化之所由盛也，而推其化之盛於國，必先立其教之本於家。故無論東西各邦，其女學之振興，原不後於男丁，而男丁之所有事，悉賴婦女爲之助，不學而能之乎？且女學之不講者，其家庭教育必缺如，教育既未行於家，安望其國之教育，徧施於民族乎？吾中國士大夫，鑒於外洋學界，其女學盛者，其治道從隆，遂爲之竭力提倡，以興女學爲急務，而熱心教育之輩，即翕然贊成之，此女學慈善會所由咸思效力也。然果以道自閑，進修而不怠，吾知道明德立，其所爲有大於斯者。京師女學堂各生，尚其知自奮勉，以爲海內矜式也可。文明之競進，庶其念在茲。

《萬國公報》光緒三十一年八月號《中國振興女學之亟》 人之所以爲人者，學問而已矣！無學問者不得謂之人。彼雖靦然人面，其與飛走之屬固何別也？是故國有人，則國富强，國無人，則國衰亡，無人有人云者，豈繫於一二英雄豪傑爲大將、爲名臣哉！在人人之學問如何耳！

東方人之意見則不然，其從古相傳之教育所造就者，所盼望者，所期許者，所崇拜者，不過出於一流，即有可以爲官之資格，而欲以大將名臣相待者也。自餘什百庸衆，則惟恐其不愚，惟恐其不賤，梟桀之帝王，恆以取民間之秀異，不可控制者，誘之以功名，俾爲我用，而壓抑其愚賤之輩，必令不識不知，而後順帝之則，爲保持一家產業無上之秘計，神聖之奇謀。嗚呼！試披東方歷史觀之，吾豈有所誣？至今則竟變其國人之輿論，以爲若是者乃天經地義之當然，而一國之人荒矣！

中國今日之學堂，頗稍稍發達矣！然而立學堂者之意，曰吾之所栽培者，異日以備朝廷之任使，作國家之棟梁也；入學堂者之意，曰吾若干年畢業，則受證書得出身而錦繡前程隨吾後矣！向者試於府，試於省，試於京師；今者小學堂、中學堂、大學堂。而學堂之目的，猶科舉之目的，舍是則何必立學堂？舍是則何用入學堂哉？

若夫女學則異是，女子者初無爲官之資格也，學而成不足以備朝廷之任使，其身無錦繡前程之可言，其父母無封典之可望，其子孫無閥閱之可傳，就令不學，而飲食猶是，居處猶是，爲人之妻，爲人之婦，爲人之母，一切之名分猶是，豈有所關於人類，而何爲必驅之使學哉？且女子而讀書，尤易爲不合時宜，不諧習俗之舉止，使頑錮者因之刺目而棘心，然則中國之女學，其無有振興之日已乎？

雖然，吾不知中國之視女子，果以爲人否也？如曰非人，吾將以之爲牛馬，資驅策而已；吾將以之爲花鳥，資玩弄而已；則誠無用其教育。無如吾有女，吾決不願牛馬之如奴婢，花鳥之如娼妓，而天下凡爲女之父若母者，固將同有此心焉！固有此心而並不教女使學者，何也？風俗使然也，素所持奉之宗教使然也。禮有之，男女有別，人倫之大節也，男女無別，則近於禽獸。今使女子入學堂，是大潰男女之防，而無以別嫌明微矣！故某大臣之訂奏定學堂章程也，獨特著一條曰，中國男女之辨甚謹，少年女子斷不宜令其結隊入學，遊行街市；且不宜多讀西書，誤學外國習俗，致開自行擇婚之漸，長蔑視父母夫婿之風。故女子衹可於家庭教之，或受母教，或受保姆之教，令其能識應用之文字，通解家庭應用之書算物理及婦職應盡之道，女工應爲之事，足以持家教子而已，其無益文詞，概不必教，其干預外事，妄發關係重大之議論，更不可教云云。由以上之説觀之，女子之生於世界也，不過爲貞節二字而有，閑之於父母之權内，閑之於夫婿之權内，而責以持家教子之本，務低眉俛首以作苦工。西書不可讀也，文詞不可學也，外事不可使之知也，關係重大之議論，不可許之發也，姑不問果何以持家？何以教子？顧彼亦含齒戴髮之倫，而猶得謂之人乎哉？

且男女苟且之行，大都失之不學耳！閉諸房闥之間以爲無虞矣！孰能窺其闇昧中之所爲何事也？女學者，使之讀西書，明外事，擅文才，而後其志氣高尚，其見識遠大，其位置崇亢，而不肯自卑，其行止灑落，而無所黏滯，焉有鄙薄之思想，入其腦中乎？就令不然，男女者，個人之私德也，中國之國恥，足以貽歷史上之汙點者多矣！士大夫不以屑意而獨於此靳靳焉！防微杜漸，先事綢繆，似一失足即無顔立國於地球之上者，若自由結婚，乃全世界之公理，而中國則引爲大辱，而一夫數婦則又爲禮所當然，怪怪奇奇，誠爲外人所不解也。

東方諸國，自突厥、波斯、印度以及中國，皆相傳同一性質之宗教，有兩大要端：一爲愚民術，一爲愚女術。愚民術者，保護皇帝與貴族之權利也；愚女術者，保護男子之權利也。然而，民愈愚，女愈愚，其國之政治風化亦愈壞，至今日皆陵夷衰亂，而不可收拾。蓋優勝劣敗，自然之天演，不挈全國之人，居優勝之地位，而欲與現世文明諸强國爭存也，難矣！

聞熱心救國者之言矣！曰變法變法，曰立憲立憲，欲變法於國乎？盍先變法於家家？欲立憲於國乎？盍先立憲於家家？家家不維新，而維新於國者，何也？家家不釋放，而釋放於國者，何也？故今日應爲之急務爲變法立憲之預備，不能入人人之家而戶説之，莫若興女學，勸女學，使女子而皆有學問，具完全之人格也，將與男子，同出而擔任人類之義務，則國其庶幾乎？

今中國通商各埠，略有女學，内地則寥寥，其爲風氣所錮閉，爲宗教所束縛，爲卑鄙之知識所限制，原因不一而足，而辨者又恆謂男子尚不能教育普及，何況於女？此説尤爲大謬，男女，等人耳！何分緩急。夫歐美女子，爲農爲工，爲商爲士，爲官署之文案，爲報館之記者，爲學堂之教員，爲醫院之醫生，且其入紅十字會者，皆經歷槍林彈雨之間，而傷兵病卒之治療，看護爲其專責，雖不與當兵之役，而已過半矣，其工何亞於男子？中國惟廢置而不用，恐其男女無別，有辱國之憂耳！不然，則奚先於彼？奚後於此也？矧欲謀男子之教育普及，非先興女學不可也。

嗟乎！言者無罪，聞者足戒，此本報所以盡抉中國積病之所在，而無少忌諱，深願讀者念藥石之苦口，而有以激發也，不然則本報其知罪已！

《東方雜誌》第二卷第十一號《論女學所以興國》 昔漢臣劉向，校書中秘，最録百家之言，於是有《列女傳》之奏上。歷來學者，皆莫識其標寄所在，及讀干寶《晉紀·總論》，以晉代風俗之蕩，治化之衰，皆歸其弊於女教之廢，然後歎中壘大夫著書之意，爲至深也。本報記者，知朝廷近方有事於華族女學校，慈聖於此，垂注尤殷，將由内廷撥款以爲天下倡，盛哉此舉！誠今日學校第一著手之方，而中國所以轉弱爲强之道也。夫女學爲當務之急，今人亦非不知，然其所以視爲緩圖者，約不外兩説：一以爲女子之學，無裨於世用，故莫如造就高等專門諸學之切要。不知教育之最盛，在於廣興蒙小學校，普及全國之智識。以教育之理言，蒙小學實爲進化初級，而蒙小學之上，又必以母教植其荄萌，欲明母教，固非藉女學無由，是女學實居蒙學之先，而爲教育最初之級，其爲適用，固不下於高等專門諸科，此一義也。又或以爲男子之學急於女子，故非俟通國男學堂徧立之後，無暇及於女學。不知女學不明，則男學亦因之遞減，家政之曠廢，瑣累之繁多，皆足以爲男子從學之害。加以女子未受教育，則婦德亦隳，乞火蒸梨，著於往事，凡此種種，皆足損男子之神識，而擾其爲學之功。故女學之興，實與全國教育事業之進行相率而不可緩，此一義也。而猶有當進者，女學之事，不獨使女子自知高尚其人格，以趨於孅善已也。凡社會人情之趨避，大都偏視女子之習向好惡以爲衡，有如密率之比例然。故泰西哲儒，嘗以婦女之轉移世風，比之於宗教迷信之作用，事實所在，固有不庸諱者。如英吉利之貴女，重視海軍中人，其締婚恆以得四海軍士官爲榮，故英之人多樂從海軍。德之女子，重視陸軍中人，普法之役，從戰而歸者，婦女至爲遮道進酒，故德之人多豔羨陸軍。近者日本之與俄戰，其兵士所以一往無前，冒險蹈難而不顧者，亦以其俗尚武，軍人整甲之時，其家屬慷慨相送，皆以祈得戰死爲榮故也。女子之關繫於社會風氣，既若是著矣！而吾國女界之習俗，自來所重視者，惟在位尊而金多，且以不學之故，其重之也，又但知有揉羅被縠，盡態極妍，千年以來，社會受其影響，而小人儌幸之念，亦因之而益深，此可謂受不良之激刺者也。夫社會之風氣，與女子所以相關之故，其機甚微，既無以返之於中正，則莫若利用此消息而以時左右之，庶猶得其一偏之益，而國家之强弱，亦必與有賴焉！此在握其衡者有以善導之而已。而欲利用女子之習尚，以爲全社會之先河，固非改良女子之習尚，一湔其舊有之思想，不克爲功，於是則女學之興爲尤亟矣！此則大夫君子之責也，嚮所慮者，吾國舊俗，錮閉已深，雖有少數之人，以女學爲然，而多數之人，中於扶陽抑陰之偏論，阻撓是所必至。今幸慈聖睿知照臨，主持在上，僉端中丞之所陳，力以興辦華族女學爲要，羣疑衆謗，庶幾可以息乎！夫漢代女學之昌明，爲歷朝冠，然所以開其先者，史臣固推鄧竇兩太后之功也。

又　第三卷第六號《論女學宜注重德育》　自彌勒約翰、斯賓塞輩，創爲天賦人權、男女平等之説，風馳雲湧於歐西，於是彼國之中，無論王黨政黨，以及進步、保守、激烈、溫和各種黨派，幾無不有驚天動地之女傑，厠乎鬚眉之列，以扶翼而左右之，其所設慈善之事業，不可枚舉，何其壯也！（歐美慈善事業均有益於公衆，非若吾國之誦經、惜字、施衣、戒殺也。）今歐人已挾其潮流，航太平洋而來，吾國之膠柱鼓瑟者，或詫爲奇譚，瞠目結舌，甚且詆毀而排斥之，其嗜新癖奇者，又不加深察，矯揉仿傚，而進鋭退速，莫底於成，二者均非正理，厥失維均也。

章實齋《文史通義》云：『《周官》有女祝女師，《漢書》有內起居注，婦學之名，見於天官內職，德言容工，所包者廣，非如後世，僅以文藝爲學問也。』又云：『婦學掌於九嬪，教法行於宮壼，內而臣采，外及侯封，六典未詳，自可例測。葛覃師氏，著於風詩；婉娩姆教，垂於內則；他如《女誡》、《胎教》諸篇，經史所載，條繫難窮。』由此觀之，則女學迺吾中國所固有，匪曰師外，實復古也。沿及近世，風教衰微，戕賊其足，桎梏其心，奪其權利，錮其智識，母道日墜，而孩提之訓迪無基；體育不究，而國民之種類漸弱，影響所及，國勢隨之。西人有言，泰西一人得一人之用，中國號稱四萬萬人，而無用者過半，不必問其政教何如，即以此比例，而强弱、貧富、勝負之率，已灼然可覩矣！豈不恫哉！

女學之宗旨，固不外乎智育、體育、德育三大端，而三者之中，尤以德育爲最宜注重。欲講德育必分倫理與義務爲二綱，此外瑣屑之條目，悉可以此包括之也。吾國迂儒舊訓，每以爲婦人女子，無與於國家。不知積家迺能成國，家庭之間，若無國家思想，則男子出而任事，必薄於愛國之感情。東瀛自歐化主義，一變而爲日本帝國主義，雖弱質裙釵，悉有愛國之念，故國勢之强，一日千里，其明證也。美國議會，近許女子有參政權，澳洲女子，亦欲求入議會，彼惟動於愛國之誠，故羣相籲乞耳！吾國政體，與彼大異，今日教育初胎，亦不必驟思學步，惟國家思想，則萬不可無，要在轉移風化者徐徐養成之而已。且論女子倫理，不必詡新奇、馳高遠也，仍不外孝舅姑、和妯娌、相夫教子數端。夫中人之家，再傳以內，聚居者多，非此孝慈順義諸美德，不能合吾國之社會。天演之理，適宜爲貴，凡人處一社會，能合其政教風俗者，謂之適宜，女子倫理，不能外此數境，則求其適宜，豈能外此諸德乎？日本下田歌子，著家政學，亦以和愛慈善爲主，任女教之責者，可以知所從之事矣！（右論倫理）

天地之生人也，有營養排洩之機關，即有勞動思想之機關，享生人之樂利者，即當盡生人之義務，無中外，無男女，一也。今世俗沿重男輕女之習，故不以義務責女子，而爲女子者，遂自處於無用之地。然則幸生今日過渡時代，婦女欲求自高其品地，自尊其人格，必先自盡其義務矣！惟義務亦當析而爲二：一爲髫齡之義務，一爲年長之義務。女子當髫齡之時，必習普通之學，一曰文字，文字爲無聲之語言，記事達情，爲用至廣，惟文以理明詞達，能作函牘爲及格；字以整齊勻淨，能習行艸爲及格，不必求深奧也。二曰算術，珠算筆算，均取其適用者，擇要研究。凡此二端，皆治家必不可少之事，亦世界凡事之根本也。二端既通，尤宜習工藝專業，以爲自立之基礎。英美各國婦女，操工程、測量、樂律諸事者，多至數十萬人，比利時於赦斯得唐地方，開博覽女工大會，合全球女子工業，羅列比校，進步改良。吾國女工，拘於紡織針黹，獲利纖微，卑無足道，坐令二百餘兆人之精力，銷磨於無用之地。儻能效法歐美，使女子不爲分利之人，富國裕民，可跂足待，裨益非淺鮮也。（右論義務，此節係髫齡女子之義務。）

若夫年長已嫁，孕育嬰孩，保抱幼稚者，則以家庭教育爲義務。天地之性人爲貴，人之所以超出毛角之倫，贊化育而配乾坤者，賴有教育耳！而家庭教育，尤爲萬化之原，必先於髫齡之時，以自治之能力，大公無我之思想，浸潤鎔冶於幼兒腦筋之中，語云：『少成若天性，習慣如自然。』異日入學校而修業，其進德固自易易。且所謂家庭教育，亦不必深求也，但使寢息有時，飲食有節，衣服去其汙穢，便溺禁於街衢，凡有礙於公衆之衞生，善良之德性者，咸勸導之，曉譬之而已。此等瑣屑之事，惟爲人母者，與其幼兒處於最密切之地位，得以從容誘啓，實施其教育之方，故西人稱母爲童稚之天然良教師，洵確論也。尤要者，鬼神禍福之譚，隱怪駭俗之論，勿使聽聞，以淆雜其腦筋，卽欲偶示勸懲，亦宜曉以正理。《曲禮》云：幼子常視毋誑，設教者烏可先自誑乎？此爲社會通弊，尤宜杜絶，幾何萬象起於點，人壽百歲始於胎，爲母者能以此爲應盡之義務，何患人種日趨於羸弱，國運漸卽於淩夷哉？

福澤諭吉之論女學也，謂女子苟無學問上之心得，治炊爨且不能，況主持家政乎？諒哉斯言！惟其言振興女學，宜注意於童年之女子，若結婚後之婦人，以治家養子爲分內事，斷不暇兼顧學問。竊謂此説未免稍偏，婦女於結婚前後，無時無地，不當研究學問，不可始勤而終怠也。且卽治家養子，亦無非試驗學問之具，流水不腐，戶樞不蠹，人生精力，不用則萎，治家之事，分用腦與用力爲二端，定適當之時刻，相間爲之，秩然有序，非富於識力者，不能得當也。至家庭教育之關係重大，前已備言之矣！惟專門優勝之學問，其願習與否，則不妨任其自由，苟有質美材高，家資豐裕，不願以淺學自封，而欲研求高尙術業者，奬勵而造就之。若尋常婦女，但使受普通教育而已。吾非於福澤之言，有所不滿也，特恐此言流播於學界，凡結婚後之婦人，將借以爲藏身之窟宅，因以增女學之大阻力，而中國文明之萌芽絶矣！故不得不辯。（右論年長女子之義務）

由前之説，則倫理與義務二者，洵爲德育之大綱矣！夫吾國舊日之女學，本亦注重於德育，而數千年之政教風俗，日趨於頹敝，致釀成重男輕女之習，自創無才爲德之謬論，而女學遂蕩然無存矣！惟世俗所創見之事，往往當局者艱苦卓絶，而旁觀者投間抵隙以訾之，稍有罅漏，議論蠭起。日本民情治法，其程度高於吾國數倍，而初興女學之時，猶不免激而生變，（見成瀨仁藏氏《女子教育論》）故發軔之始，必斷合於吾國政教風俗，而後可行之無弊。僕嘗私心憂之，爰採近人學説，俱以己意疏通證明之，以發表注重德育之理，與德育之二大綱，論不求新，理皆徵實，負提唱女學之任者，循吾説而行之，或不至顛踣覆敗，廢半途而招物議乎！

又 第三卷第十號《遣女學生赴各國肄習》 近年女學漸興，各省倡設女學堂，日有所聞，風氣所趨，不患來學無人，而患足居師席者少。蓋中國二千年來，不令女子入學，譬申公巫臣教吳弓矢，苟非自諳彀率，必不能於儔人之中驟擧師帥。於是議延男教習，與其以不學者充數，毋寧破男女之界，未可厚非也。然男女性質究異，加以舊俗避嫌，卒難融化，每見此等學堂，師弟各爲矜持，教學未能密切。且女子但學於國中，見聞狹隘，非所以宏造閨才也。宜定各省官派學生，男女以什一分額，擇通曉中文、才識開拓者遣之，專習師範，學費宜倍於男學生，則以女子遠出，舟車住宿，每多不便，非可與男子同論也。

又 第十三號《勇立〈興女學議〉》 於虖！始爲女子無才是德之説者，誰歟？甚乎作俑者也，誠可謂不仁之人哉！吾嘗讀歐洲女豪傑傳，見其所爲，大抵震古鑠今，驚天動地，未嘗不喟然歎曰，此非有才能如是乎？夫人之才能，非生而已具也，教育爲之也。西國教育，不偏於男子，故雖弱質裙釵，亦多讀書明理。而其尤者，乃能陶鑄人心，破壞專制，如法之羅蘭夫人其人者，卽千古奇男，罕有其匹。我國教育，雖不及西國之普及，然婦學見於《周官》，師氏著於風詩，以女子爲不必學者，古無有焉！自女子無才爲德之説興，於是男子有學，而女子無學，凡所以待其女子者，不過充服役、供玩好而已。夫以女子與男子較，聰明知覺，固未嘗稍弱也，（日本成瀨仁藏氏謂男女腦質實無優劣）而顧蓄之如犬馬，視之如花草，不使受同等之教育，獨何心歟？於虖！天下不仁之事，豈有過於此者？

夫使女子不學，於男子果有利焉，則爲女子無才是德之説者，雖曰不仁，而其爲男子謀，則善矣！然生計學公例，兩利爲利，獨利必不利，男女之間，關係最密，吾未見利於女者，不利於男也，亦未見害於女者，不害於男也，謂余不信，請申論之。

（一）女子不學，則害男子之生計。生利者衆而分利者寡，則富；反是則貧。此生計學公理也。一國如是，一家亦然。故治家者，但使一家之中，皆能執業自養，而不仰食於人，則家道興矣！外國婦女，大率爲學校教師，商店會計，以及工程、測量、樂律、收生諸事，卽家事旁午，子女衆多，無暇兼任外事，而治家有法，教子有方，使爲男子者得專營室外之事，不至紛心而減生利之效，以計學分功之理言之，可謂生利而不可謂分利。我國婦女，拘於紡織針黹，獲利微細，不足自養，而教子治家之事，又因未嘗學問，毫無方法，則所謂室内生利事業者，吾未見其果有利也。夫不生利則必分利，以一男子所生之利，爲一婦人所分，已不免於受累，而況其不止一人耶？古人謂婦人三從，吾則曰婦人三累，三累者何？未嫁累其父，既嫁累其夫，夫死累其子是也。雖然，彼豈欲累人哉？無學無術，不得不倚賴於人也，世之有妻孥之累者，其亦嘗一念及此乎？

（二）女子不學，則害男子之身體。男女居室，人之大倫，而古人以蛾眉爲伐性之斧，以洞房爲寒熱之媒，何其戒之深哉！夫女色之所以惑人者，以其妝飾華麗，形容妖艷耳！若情欲之感，無介於儀容；燕暱之私，不形於動靜，吾未見其爲蠱惑之媒也。是以古人所重，不僅婦德而已，卽婦容亦必謹之。孟德斯鳩謂，婦人屏豪華，捐虛飾，而一切傷教敗俗之端，末由得入。吾謂豈特如此而已，卽强種之道，亦在是矣！我國婦女，妖嬈其容，纖小其足，凡所以博男子之歡心者，幾於無所不至。吾嘗爲人診疾，治虛勞之病矣！而房室傷最難，治黃癉之病矣！而女勞癉最難，治病後之勞復矣！而女勞復必死不治，此雖自作之孽，而爲其妻者，亦不得辭其咎也。雖然孰使女子狐媚如此？順從如此？夫非視爲無用，而不使就學者之過乎？

（三）女子不學，則害男子之道德。吾人之聽言也，其人最爲親愛，卽其言最易入耳！常人於五倫之中，最親愛者其夫婦矣！故每有聞父兄師長之言，恍若東風過耳！而牀頭絮語，則以爲親切有味者。由是而言，則其妻苟賢，雖强頑之徒，間或爲其感悟；其妻苟不賢，雖明理之人，亦或被其轉移。吾嘗曠覽當世，流連史册，見有兄弟怡怡，讓果同衾，及家室既成，而友愛之情，有漸歸澌滅者矣！亦有激於大義，志在必死，及謀諸婦人，而涕泣之下，有頓易初衷者矣！且有素性淡泊，樂道安貧，及妻子交謫，則不恤枉道求合，曳裾於王侯之門矣！古人以聽婦言爲戒，誠閲歷有得之言哉！然閨房議論，最易動人，故古訓雖昭垂，而因此敗德者，終不絶於天壤也。雖然雞鳴一詩，夫婦牀頭之語也，而孔子取之。何也？三代以前之女子有學，三代以後之女子無學也。

夫以女子不學，爲無害於男子，則女學不興，猶可言也。知女子不學，而有害於男子，則女學不興，不可言也。吾今推近日之時勢，酌社會之情勢，爲籌振興女學之法如左：

（一）重德育：教育之法，當以智德體三育並重，男子然，女子亦然。然天演之理，適宜者存。以吾國風俗人情論之，則三者之中，實宜以德育爲重，但所謂德者，非必世俗之以無才爲德也。《内則》所載，《女誡》所言，固不可以稍背，而國家思想、公共觀念，亦不可無，非欲其干預外事也。家庭教育，感化最大，若其母無國家之思想、公共之觀念，則其子出而任事，必無裨於國家，而有礙於公衆，我國通弊，大率在此。則使女子有國家思想、公共觀念，以爲異日陶鑄幼童之地者，固當今第一要務也。

（二）禁早婚：早婚非獨爲男子之害也，而亦爲女子之害。文明各國通例，女子二十以前，正爲修學年齡，此修學年齡中，一生之道德智識，皆於是定焉！苟有所曠，有所廢，則其道德智識，必無足觀也。我國下等社會，多以老夫而娶少妻，每有三十許之男子，而娶十二、三之女子者，此誠女學之一大阻力也。福澤諭吉之論女學也，曰振興女學，宜注意於童年之女子，若結婚後之婦人，以治家養子爲事，斷不暇兼顧學問。早婚者舉其修學年齡中最要之部分，銷磨於治家養子之事，雖有美質，亦終歸無用而已。況夫婚嫁之早晚，與身體之强弱，有密切關係，我國女子弱不任事，其原因雖不一，而早婚亦尸其咎也。故今日而不興女學則已，今日而興女學，則早婚亦在所必禁。

《女子世界》一九〇四年第三期《竹莊〈論中國女學不興之害〉》 地球生人以來，斯有男女。男女同生天地間，同有天賦之權利，同有爭存之能力。故文明之國，男女並重，教化日以進，國力日以强。獨我中國女子，五千年來沉淪於柔脆怯弱、黑暗慘酷之世界，是何故哉？吾一言蔽之曰：女學不興之害也。夫女學不興之害，今日人人知之矣！吾且推論其害之所極，而臚舉其大端曰：害於個人者三，害於家族者三，害於社會者二，害於國家者二。

曷言乎害於個人也？曰：戕其肢體，錮其智識，喪其德性。世之論者曰：女子纏足，皆男子之罪也。夫男子誠有罪矣！毋亦女子之不學有以致之也？圓顱方趾，同是國民，胡爲纏足一事，雖慈母之於兒女，不得不忍心害理以行之！揣其本意，亦甚可笑，蓋恐其將來不能嫁耳！夫女子無學不能自立，慮其見棄於人，至殘其肢體而不悔，終身爲廢人，亦足悲矣！所謂害於個人者一也。人在動物中，所以爲高尚者，爲其有智識也，故爲人務發達其智識。知識愈富，爲用愈大。男子宜如此，女子何獨不然！往古陋儒，鑒於哲婦傾城之禍，不探其本原，輒倡爲瞽説，一則曰：『惟酒食是議』，再則曰：『無才便是德』。是猶獨夫民賊，畏其民犯上作亂，日以愚民爲事也。民智終不可遏，改革之慘禍隨之，今中國女子皆無學，宜乎傾城之禍可危矣！然而牝后亡國之活劇，不絶於我國之歷史，蓋天然之智識，無學問以濟之，則横決潰溢，無所不至。其下者則蠢如鹿豕，慮不出衣服金錢，足不出戶庭，愚陋暗昧，僅爲男子之附屬物，至可憫也。所謂害於個人者二也。人之天性，未必不善，輔之以學，則如春雨潤花，順其天然而培植之，養成一身之道德，而人格於以完。女子既不學，則天性本馴者，日以順從爲事，依賴之外一無所稱；否則乖戾謬誤，婦姑勃豀，擾亂家庭。執吾國人而問之，蓋含忍太息而莫能明言者，殆十家八九也。豈女子之性皆不善哉？逆其性，喪其德，有以致之耳！所謂害於個人者三也。

曷言乎害於家族也？曰：貧窶之媒，流傳弱種，家庭無教育。我國人所以貧，皆生利者寡，分利者多也。泰西女子，無有如中國之終身坐食，不能生利者。我國之人，自上流社會以至下流社會，無不曰家累家累，所謂家累者，即妻女之坐食也。一人謀生，依以爲生活者常二、三人也，甚或五、六人也。合全國計之，坐食者，殆過其半，而婦女居多數。所謂貧窶之媒是也。兒女之生，常得父母之遺傳性。纏足之母，運動不靈，血脈停滯，人人皆病夫；所生兒女，亦瘠弱夭昏，多不獲盡其天年，其得成立者類多病夫。故我國人以病夫貽笑地球萬國，揆厥所由，大率根於秉賦。所謂流傳弱種是也。人生所最急者，莫如家庭教育。家庭之中，與兒女最親者莫如母。故文明國小學校教師，多以女子任之，爲其與小兒最親也。我國女子無學，則家庭無教育；童蒙所習見習聞者，非佞佛茹素之類，即讒譖詬詈之事，其害至大，影響及於全國，不可救藥，殊足悲也。所謂家庭無教育是也。

曷言乎害於社會也？曰：迷信僧道，敗壞風俗。僧道之説，誘人以未來之禍福。我國婦女，愚昧無知，且以身爲女子之苦，無所希望，乃希望於來世，而僧道之説，適足以中之，於是全國教育婦女之權，乃爲僧道所扼，誦經禮懺，拜佛焚香，舉國如狂，滔滔不返。至於貧家婦女，積其針黹所得錢，蓄諸數十年，以供僧道之一擲，天下之至愚可憫，孰甚於是？富豪之家，布施巨萬，以崇飾寺廟土偶者又無論矣！所謂迷信僧道者此也。夫人不能恒苦而無樂，故文明國之教育，學業與游戲並重，社會之中，則有舞蹈、賽馬、角力諸運動，凡以舒展其氣血，强健其筋骨也。中國之待婦女，拘束深閨，耳不得聞外事，目不得見外物，恒苦無樂，絶少發泄之處；而惟燒香佞佛之事，得借口外出，父不能禁絶其女，夫不能禁絶其妻。於是佛會種種名目，如庚申坐夜之類，不可枚舉，一日之中，恒數起焉！有游觀之樂，有飲食之樂，爲婦女者，不知不覺，潛驅默運，相率入其中，雖賢明者不能免也。其下焉者，則喪身敗德之事，皆由於此。所謂敗壞風俗者此也。

曷言乎害於國家也？曰：亡國之源，亡種之源。國家者，積民而成也，無民則不能成國。民氛渙散不能爭存於强權之世界，則其國必亡。我國之滅亡，翹足可待矣！吾豈能以亡國之禍，歸咎於女子！然吾聞之，國家之强，必其國無一無用之民而後可。我國四萬萬人，女子居其半，此二萬萬之女子，皆無用之人也。而此二萬萬之男子，其有完全國民之資格者，幾何人哉？且爲此二萬萬之女子，相牽相掣，以淪胥於貧且弱之境遇也。抑又聞之，女權愈振之國，其國愈文明；女權愈衰之國，其國愈衰弱。今我國女子，大都廢人、病夫，乃愚乃頑乃怯乃惰，遑論女權！雖欲國之不亡，烏得而不亡？所謂亡國之源也。女子者，國民之母，種族所由來也。黄種之繁遠過於白種，而白種之强遠過於黄種，白種人常能以少數制黄種人之多數。南洋、美洲，華民數十萬，往往受制於數千白種人之下，驅之如牛馬，戮辱之如羊豕；上海一埠，白種數千人，而隱然敵國，黄種人雖多，無如之何也。日本與我同種，且於博覽會中，置我種於野蠻人類館矣，吁！可痛哉！推其原由，固由智識之不競，亦實由體魄之脆弱。體魄脆弱，非由國民之母皆纏足之故哉！抑又聞之，南洋之櫻色人，美洲之紅夷，臺灣之土番，皆日漸消耗，而印度、波蘭亡國之民，生齒亦日以促。亡國之禍，殆不若亡種之慘也！所謂亡種之源也。

凡女學不興之害，吾既論列之矣。近歲以來，滬濱明達之士，始有創設女學校者，務本女塾起於前，愛國女校起於後，而文化、宗孟、城東女學社繼之。內地如湖北、杭州、蘇州，亦有繼起者。吾嘗考驗女學生之性質，而知年幼女子之鋭敏於學，遠過於男學生；而其感覺之靈捷，愛力之團結，則又非男子之性情渙散各私其私之可比。則信乎中國女子非不可教，惜其埋没數千年，雖有英杰之姿，亦不可得見；今女學萌芽，僅此區區少數之女學生，而已嶄然顯其才智也。又惜乎中國如是之大，而僅得此區區少數之女學生，恐教育未能普及，而我國之亡已久矣！然大病垂危，醫藥終不能廢，吾猶幸及見此區區少數之女學生，而希望多數之女子，接踵而起也。抑又聞之，東西各國之改革，皆起自下，無有起自上者，且多借女子之力。吾國女子，正宜奮發其爭存之能力，規復天賦之權利，以掃除依賴男子之劣根性，各自努力於學問，以成救國之女豪杰，夫而後中國或有可望也。異日有瑪利儂、蘇菲亞其人乎？庶幾於二十世紀中遇之矣！

《江蘇》一九〇三年第三期《陳彦安〈勸女子留學説〉》　不登山者，不知泰岱之高；不赴海者，不知滄溟之深。我中國女子，日居深閨，耳無所聞，目無所見，故外國之如何强盛，中國之如何衰弱，女學之如何不振，皆毫不相關，以爲此男子當爲之事，我乃女子，不必干預也。噫！謬矣！人也者，非男子始得謂之人，而女子不得謂之人也。既同爲人，卽當同受教育。中國則不然，以男爲有用，女爲無用；以男爲當學，女爲不當學。故男則束髮後卽令讀書，教之以進德修業，教之以修身齊家，雖貧賤之子，亦恐不識一字爲終身之累，故猶思勉强就學數年。至於女子，則洞其耳，裹其足，飾塗其面目，一若天地間一種玩弄之物者然。諺曰：『女子無才便是德。』是恐二萬萬之女子讀書，將來智識日深，國中有用者過多，將無容才之地也。噫！謬矣！人有恒言曰：『女子治內。』苟女子非從事於學，其將何以治內耶？故謂女子不必學，是無理也。且夫我中國今日之弱，何莫非女子無學，有以致其然哉！試驗之歐美各國，可以明矣！若法、若美、若英等，其女學最盛，故國亦最强。女子所任之事，往往有勝於男子者，法之羅蘭夫人，英之獨羅瑟，美之美利萊恩等，其所爲之事，恐鬚眉男子，亦有所不能也。卽我國東海相望，區區三島之日本，維新以來，僅三十餘年，國中之女子，誦讀之聲，無間都鄙，卽至專門高等之學，卓然成才者，亦不乏人。我國女子所以不如人者，大要有三：不問外事，一也。不講讀書，二也。終身依賴於人，三也。於是坐聽爲人之奴隸玩弄，皆茫茫然以爲女子當如此。嗚呼！國中若是者占民數之半，國烏得不亡哉！由此觀之，女學之關係於國之存亡，實大矣！可不悚耶？可不勗耶？言念及此，我二萬萬同胞中，有一滴血心者，當共肩斯任，則不媿生於大陸之上矣！天地之有衆生，無强弱之分；父母育我輩，無男女之分，皆愛之若一體，而我儕所受之責任，應與男子相同，皆有國民之責任，國有難則皆肩之，國安樂則皆享之，豈可漠然無關，若草木之空生世界乎？但我國女學之不振，已四千餘年，欲興女學，無從措手，故不得不採他國之長，而爲拯救同胞之計。日本與我國道路相隔僅一東海，文字相同，資費又廉，以日本之女學而敷入我國，最爲相符，我同胞中，其有志東來者乎？此吾所日夜祈禱者也。

又　第六期《共愛會同人勸留學啓》　教育者，國之本也，必男女皆受教育，而後國可以立。故國之興亡盛衰，恒視女學爲轉移，縱觀古今中外，未有不若是者也。夫男女既皆受教育，則莫不有其所以自立之具。女無依賴於男，男亦無依賴於女，國必强，非然者國卽隨之而弱。然則男女皆當有學，非天經地義，萬古不磨之論歟？譬之一家之中，兄弟姊妹，伯仲妯娌，皆能自事其事，自業其業，家鮮有不興者。苟兄弟姊妹相依賴，伯仲妯娌相依賴，彼此交諉，長幼互累，則其家運之衰，不待智者而決矣！一家尚然，何況一國？遠稽古代，近徵歐美，明證昭然，不可誣也。我國人民四萬萬，而女子居其半。女子猶是人也，顧女學已廢，女權已摧，馴致二萬萬女子，皆學淺才薄，不克自立於世界，遂不得不以其千金之身，依賴二萬萬之男子。噫！是可恨，亦可悲矣！雖然，彼男子者，果足恃耶？使其足恃，則不勞吾心，不殫吾力，飽食安寢，或亦後顧無虞。無如彼男子且狃於舊俗，習於遊惰，躬則不閱，遑能恤人。夫使男子而卽可恃，吾輩猶不宜心存依賴，而況彼等又不足恃若此。不寧惟是，今日吾國纏足穿耳，慘酷無比，而吾同胞不以爲苦，反以爲美，非女子無學爲之厲階耶？吾於是不得不振袂大呼曰，中國盍急興女學？中國盍急興女學？雖然，中國如今日，又烏足與言女學乎？彼二萬萬之女子，其耳目久已錮閉，其手足久已束縛，其聰明久已封鎖，其智慧久已茅塞，非鹿豕則木石耳！非牛馬則玩具耳！固陋自安，習非成是，殆不齒於人類矣！一旦欲起而翻四千餘年之鐵案，而改造之，而教育之，其責任將使男子盡之乎？抑必女子自盡之耶？嘗聞歐美二洲，其幼童之教習，皆以婦女充之，何以故？以其沉靜縝密，能順兒童之性而利之。故今我中國女子，其程度且不啻幼童，以幼童之資格，而欲養成其沉靜縝密之能力，則教育女子之任，又非女子自肩之不爲功。顧以吾國素無學問之女子，而謂其能肩斯重任，吾且弗之信，然則女學將遂已乎？曰是可已，孰不可已？無已，其借材於異地乎？以彼所長，濟我所短，得寸則寸，得尺則尺，遲以歲月，必有可觀。且人之性質，其變化也至易，與衆善共處，則惡者可化爲善；與衆惡共處，則善者亦可化爲惡，男女皆然，莫能違此成例也。吾國錮蔽已久，女子皆目不識丁，靈光如豆，其最高等者，亦惟春花秋月，咏詩作賦以自遣而已。當今國家淪亡，恢復無日，印度波蘭，殷鑒不遠，有識者衆口一聲曰：興學堂！興學堂！然此語傳播全國，已十年矣！試問吾國，果有一完備之學校否？校之不立，學於何有？男子之不教，女子更無論矣！瞻我祖國，不可久居，學業無成，徒染錮習耳！則何如肄業他邦，開新耳目，拓其心思，張其能力，他日興國救民，免爲奴隸之慘，誰謂女子，不能揚眉吐氣，爲我祖國光耶？孰得孰失，其相去非可以道里計矣！考今日之女學，首推歐美。以日本較之，渺乎微矣！然如吾國女子之程度，則留學歐美，不如留學於日本。非崇拜日本也，日本女子之程度，與吾華相去不遠，吾國女子聰明才智之所能及也。且留學日本，又有二便：一、壤地緊接，便於往復。二、學費節省，便於苦學。我同胞姊妹，其亦有意於此乎？某等二十餘人，去夏來東，迄今已逾一載，長者二十餘，幼者八、九歲，或進女子大學校，或進高等女學校，或進美術女學校，或進小學校，或進幼稚園。初到之時，先學言語，略有端倪，卽可考察學問。自問一載以來，雖於一切學問，苦無寸進，然自覺陋俗稍除，見聞略廣，亦未始非遊學之益也。吾二萬萬同胞姊妹，試一東海之行，當知某言之不謬。某等負笈他邦，縈思祖國，每一念及，神馳涕零，草草數行，聊以奉告，某襝衽。

《警鐘日報·命婦羅庋氏呈請代奏派女生遊學摺稿一九〇四年十二月二十九日》 前布政使銜貴州候補道烏勒興額巴圖魯羅應旒之妻二品命婦庋氏，爲請派游洋以倡女學，敬陳管見，續懇具奏事。竊氏前以振興女學，有關大局一摺，自忘檮昧，上瀆天聽，慄慄危懼，以待斧鉞。乃諍候匝月，未沐訓示，狂瞽之詞，不遽譴責，瞻望闕廷，莫名感戴。氏世受國恩，夙膺封誥，當此聖明寬大，法令更新，比獻野人之曝，冀擇狂夫之言，前書所列，愚意未終，謹爲我皇太后、皇上再陳之。夫中國女學之衰，由來久矣！試窮其故，未始無因。蓋謂纂組織文，極人工之巧；紡績縫紉，本婦道之常。且男子成名，可高閥閱，女子勵志，莫望顯榮，儼挾策以亡羊，似守株不得免，宜天下爲父母者，視女皆過輕，而視學非急務也。況伊古以來，女子多才，匪蹈淫行，卽不安室。油碧青驄，曲傳蘇小；枝迎葉送，句出薛濤；律解文君，私奔司馬；詩誇道韞，抱恨王郎。後之人因噎廢食，杜漸防微，不特以女學爲無益，並且謂女學爲有損，乃欲振而興之，非大相剌謬之事歟？氏竊以爲不然。方今萬國競爭，五洲洞闢，矜奇鬭巧，日異月新，將來輪船通行，則舟楫之人廢矣！鐵路通行，則肩輿之人廢矣！電線通行，則郵驛之人廢矣！廢者愈衆，養者愈難，尚能兼顧婦女乎？且婦女手工所恃，以爲生活也，自機器大興，工廠羅列，貨美價廉，其獲值也幾何？欲謀衣食，豈易事乎？近來東西各國，早鑒及此，賈肆多婦女經營，用省夥伴；蒙塾多婦女指授，藉作師資。至信館之鈔寫，書局之繙譯，美術之繪畫，樂部之聲歌，一一以婦女爲之，甚有司朝廷之憲法，膺軍民之重任者，是小之可贍身家，大之可邀仕宦，非女學之明效耶？若夫人之邪正，性之貞淫，本出於心術，不關於智愚，果其教彝倫以明其理，觀圖籍以拓其職，習技藝以博其趣，示節義以動其天，久爲薰陶，寖成風俗，此而放於禮法之中，踰於範圍之外，必斷斷乎其無之也。彼欲興女學而有他慮者，其亦可不必矣！然而氏謂倡興女學，莫先於游洋，其故何也？蓋東西各國，風行最早，創始者樂於見功，而觀成者易於爲力，理固然也。如得命婦之博通古今，熟悉中外者數人，派往游歷，分駐彼都，舉凡規畫之周密，技藝之精良，經目驗則美善皆備，由意會則機巧漸生，神而明之，變而通之，有不難推行盡利者，此游洋所以有裨於女學也。抑又聞之西人新婚以後，相率遠行，覽山川之名勝，察風俗之變遷，擴充識見，涵泳性天。中國則束於禮教，艱於財力，不出戶庭，莫知廣大，宜民智之不開也。今不能遽行其事，遽易其俗，亦宜獎勵出洋者，或父女相携，或母子相從，或兄妹相依，或夫妻相隨，無論公私費，統婦女使照料。如女學生招邀同志，結伴多人，能至若干名者，准其禀呈外務部，及各直省督撫處，代爲奏請，簡派命婦帶領前往，俟卒業歸，果有心得，及有製造者，准與男學生一律給獎，量予録用，並延教專利等事，則女學之興，翹足可待，拭目可俟矣！且派命婦游洋，其益猶不止此也。氏嘗審今日之情，度今日之勢，而知其大有關係焉！蓋中國自通商以來，輪船麕集，險阻全無，蠹食交迫，鯨吞可慮，莫不謂岌岌矣！不知其似危而實安也，何以言之？今日外人，兵費可供，教堂可設，租界可挾，海稅可免，而耽耽之視，逐逐之欲，卒不可止，要其艷羡我，垂涎我，千方百計以謀我者，直可一言以決之曰：始於都會，終於礦產已耳！夫我以都會之曠地，使彼築宮室，成道梁，我之都會益繁，銷路愈暢矣！我以郊野之曠山，使彼興工作，用力役，我之郊野益香，困窮有養矣！我乃於都會郊野之間，監其利焉！收其稅焉！有稱兵於我者，彼又自爲保護，不必用其武焉！此箝制列强之術，所以危而實安。謀國類能言之，而以爲不必深慮者也。所慮者，生齒益繁，漏巵莫塞，禍患積於無形，貧弱可以立待，不施補救，何堪設想？是以爲今日計，我不能攻人之國，不如乘彼妬忌以妙權宜；我不能遏人之利，不如取彼贏餘以求抵制，而其要尤在派命婦游洋，乃能協經權合常變，始克於事有濟。奚以明其然也？東西各國女權最重，觀其遇女於塗，男必避於道傍；逢女於會，男必居於下座，至有男子意嚮，胥視女子爲轉移，若有固然，無足怪者，其風尚可想矣！中國命婦如派游洋，與其女主及王大臣夫人交際往來，上下議論，優游漸漬，情誼隆洽，必能與聞其內政，詳察其外交，俾朝廷於情之所無者預防之，勢之所及者先慮之，其所裨益匪淺鮮矣！夫既得彼之情，逆彼之勢，更通我之情，揆我之勢，且揣他國之情，藉他國之勢，合從締交，折衝禦侮，天下有事，不師古而法，頗宜今者，此類是也。道光二十年，廣東禁煙議起，罷英吉利互市，泰西與英仇者，美法二國請助兵船，爲我效力，俄人來約我兵並出甸藏，夾攻印度，廓爾哈喀亦白駐藏大臣，願率部兵攻東印度，英人環顧自危，傍徨失措，我於斯時不取印度，失計甚矣！然事機之來，本無移極，能應於後，亦未爲晚，是派命婦不可緩者，此其一也。東西各國，風俗奢侈，取之則異，錙銖用之，亦甚泥沙，然其所喜，苟弗深知，粗拙者貨固難售，精美者物亦不銷。昔明治十三年，日本商社直輪貿易設會於美之紐約克，委託販賣，不中嗜好，正金銀行所借資本，諸商不能償者六、七十家。嗣游洋歸者，述其注重，示以習慣，製作之品大改舊觀，聲價漸發，輸出遂多，中國可弗借鑒耶？況出口之貨，向稱絲茶爲大宗，今日本、印度、英、法、意大利諸國採種而歸，參以新法，茶色尤美，但味微薄，我利被侵，已經大半。至蠶子八兩，所取之絲，中國僅得二十五斤，西人能得七十五斤，且有至百斤者。倘至彼國細考其焙茶之法、樹桑之法、育蠶之法、繅絲之法，回華整頓，用保利權，其他法品，均仿製造，庶女工不致歇業，商務由此大興，是派命婦游洋不可緩者，又其一也。氏區區一弱女子耳！溝壑餘生，山林隱伏，既非應詔之臣工，何敢妄談夫國計？緣氏先夫臣於光緒五年六月十七日，曾召見養心殿，奏對海防事宜，仰荷皇太后面諭，謂其留心大同，獎勵有加。是以歸述綸音，夙夜思奮，每談及此，輒爲感泣，自以深受特知，備邀殊寵，竟無圖報之期，空有結銜之想。氏追維往事，慨念時艱，常願捐軀以酬先志，鈍似鉛刀，肉或思割；

利如錐末，見必處囊。所有請派命婦游洋一節，如蒙俞允，充選得人，則於大局實爲益甚。氏淺學無能，愚昧之見，不識忌諱，是否施行，出自聖裁，爲此續懇大人恩准，按情具奏，大局幸甚！並取具同鄉官印結呈遞，謹呈。再氏淹留旅舍已三閱月矣！封河在邇，行將南歸，合併陳明。

紀事

《萬國公報》光緒二十五年五月號《廣學會書記〈上海創設中國女學堂記〉》 光緒二十三年十一月，寓滬客紳經君蓮珊等，議設女公學書塾，擬定規條，聯名稟陳南洋節署，蒙劉峴帥批答，略謂：此舉有益，可開風氣之先，並准刊用木質關防，以昭信守。經君旋度地於城南高昌鄉之桂野里，鳩工庀材，不遺餘力，二十四年三月落成，即於四月十二日開塾，禮聘提調一人，總管塾務，延請華文教習二人，醫學、女紅教習各一人，西文教習一人，皆閨閣中之不櫛進士也。五月晦日，溽暑薰蒸，循章散塾，共得女學生二十餘名。七月朔日，秋涼開塾，敦聘美國閨秀林梅蕊女史爲西文總教習，而以華教習劉女史攝提調事，就學者日衆，截至年終，共得四十餘名。並先於是年九月十七日，就城内淘沙場，增設分塾，延請中西教習各一人，截至年終，亦得就學生二十餘名。二十五年正月，劉女史辭總塾提調兼謝華文教習，仍駐塾專教繪事，遂裁提調一席，別延一人，管理雜事，而增延醫學教習一人。時則聲名鵲起，遠方童女，亦願擔簦負笈而來，通計總分兩塾，凡住塾及報名而將到者，都七十餘人。此開塾以來措置之大略也。經君精心擘畫，不厭不倦，於外董事中實堪首屈一指，而内董事沈章恭人浣香女史贊助之力，亦屬不可泯沒。考其華文功課，如女孝經、女四書、幼學須知句解、内則衍義、十三經義、唐詩、古文之類，皆有用之書也。外此，則女紅、繪事、醫學，間日習之，每旬逢三八日，則由教習試課論説。西學功課，於讀書寫字之暇，兼及體操、鍼黹、琴學之類，以資質之高下，定課程之多寡。規模既定，風氣大開，一時之聞風興起者，如蘇州、松江、廣東及南洋新嘉坡等處，皆陸續設立女學堂。香港則有英國猊女史，亦議募捐金錢以教華女。從此深閨絃誦，盈耳洋洋，異日相夫教子之功，皆基於垂髫時之姆訓，於以興東土二千年絕學，造中華二百兆美材，固遠方之人，所聞而心喜者也。然陰教嚮明之機，實肇開於滬上，敝廣學會同人平日著書立説，常剴切以導之者，不尤樂觀厥成乎？比得其開塾時提調教習及諸生之玉貌，即印於本卷公報首葉，並爲之述其緣起。詩曰：『有斐君子，終不可諼兮！』其斯之謂與！

《湘報》第一百二十四號《女學先聲》 英國女士立德爾夫人昨致書於《字林西報》館云：上海新設之女學堂，久議開辦，今日居然告成，足開中國未有之風氣。現設高昌廟左近，地甚僻靜，房屋軒敞，參用中西式樣。學堂飲食起居，一切均甚整潔。女學亦循循有禮，女師教誘亦甚得法。學生内有不纏足者數人，各臥房均在樓上，每房安置四床，床皆有帳，床前有茶几、靠椅各一。每房有公用衣廚一，面架一。教針黹之女師，亦住樓上。有女畫師一人，繪工精妙，聞曾入宫内供奉繪事。近自雲南、四川各處來此，與談峨眉勝境甚暢。另有教英文及女醫師，尚未到堂。所有塾内什物，半係西製，大飧房、會客房，亦外國格式。六月一號爲開塾之期，宴請中内各官紳女客，到者有日斯巴尼亞國領事擔文律師、美副領事、美進士林樂知、美教士李提摩太、英教士文斐爾各夫人，及各西商士女。其總董堂務爲沈敦和、金元善兩夫人。此舉惟望歷久不改，如半塗而廢，實屬可惜。但恐經費不足，須請滬地中外紳商，量力捐輸，以期垂久。譯《字林西報》六月二號　録《時務報》。

《女學報》一九〇三年第四期《記上海愛國女學校》 上海愛國女學校，創始於去年秋間，經理人爲蔡君民友。今年六月，蔡君因事他適，乃託鍾君憲鬯經理校事，經費則由中國教育會各會員合力擔任。聞外來之願就學者，日多一日。茲將其改訂章程刊列於左：

愛國女學校章程

（甲）宗旨

一　本校以教育女子，增進普通知識，養成母師儀範，而使能鑄造國民爲目的。

（乙）辦法

一　本校定學額三十名，年十二歲以上、二十五歲以下者。

二　經費由教育會會員擔任籌措，倘有同志慨助巨款，當再圖擴大規模之辦法。

三　學生每月納學費銀二元，學英文者加一元。於年假後、暑假後開學日，各預納半年。

四　學生膳宿者，每月增納銀四元，止留午膳者，每月一元五角，均於月朔先繳。

五　本校延校長一人，教習六人，監督一人，名譽贊成員若干人。

（丙）學級及教科

一　本校分二學級：曰豫科，曰本科。

豫科以學力淺深分二期畢業：一以一年爲期，一以二年爲期。其教科之目如左：

第一年　修身及衛生　國文　習字　數學　體操

第二年　（學力稍深者，直修此科。）修身及衛生　國文　習字　數學　歷史　地理　理科淺説　唱歌　圖畫　體操

不畢豫科者，不入本科。如學力尤淺，不能以二年畢業，則更延長時日以補充之。

本科分文科、理科二部，俱以豫科畢業生及受試驗而有相當之學力者入之，以三年卒業。其教科目如左：

文科之部　倫理　心理　國文　外國文　數學　歷史　地理　家事　教育　唱歌　圖畫　體操

理科之部　倫理　國文　外國文　數學　歷史　地理　博物　物理　化理　教育　裁縫　唱歌　圖畫　體操

二　各科之教授細則，别規定之。

三　本校擬附設小學校：一爲幼年男女施完全教育，一爲本科生徒備實驗教授之地。

（丁）停課日

一　年假自十二月十六日起，至次年正月二十日止。

二　暑假自小暑起至立秋止。

三　清明、端午、中秋三節各一日。

四　每七日中之日曜日。

（戊）規則

一　講堂之規則，教習管理之。

二　自修室、閲覽室、寄宿舍之規則，監督管理之。

三　學生進校後服式之戒律略如左：

（甲）不得著尖頭履。（乙）不得用脂粉。（丙）不得著靡麗側豔之衣服及首飾。（丁）携帶行李不得過四件。

四　學生寄宿者，除教習、監督携同遊散外，平時非給假不得出校。

五　學生親屬來觀，必先通刺於門者，導至客座，乃由女僕通知監督，由監督通知學生出見。

六　女子來觀學校者，由監督導引。男子來觀學校者，由校長或教習導引。必先於前一日函約。

七　凡男子不得至寄宿舍，雖校長及教習亦不得破此例。

（己）考校

一　學生功課行儀，每日由教習監督核記分數，歷七日彙送校長，歷四十九日爲一學期，分科考試，歷三學期爲半學年，又有特別考試，均以平日積分及考期分數比較，而殿最之。

二　學生俟本科卒業，由本校給以證書。

（庚）附則

一　本校暫賃新馬路餘慶里第一弄一號。

二　願學者先報名於本校。

《東方雜誌》第一卷第一號《各省學堂類誌》　杭州向有女學堂三處，然皆教會創設。近有高女士者，糾合同志，商議另設女學堂一所，高女士每年捐款六百元，以爲之倡。堂中教習均係品學兼優之人，並已延請教會西婦一人爲英文教習，定章不收纏足學生，如已經纏足者，入堂亦必解放方可。已擇定二月開學，專課英文、天文、地理、算學、音樂諸學。

又　第二號《各省學堂類誌》　杭州公立女學校，在積善坊巷，准甲辰二月開辦。其簡章録下，職員：分校長一人，教員四人，監督一人，內庶務一人，外庶務一人，除外庶務公舉一老成幹練之士外，其餘皆聘請女士充之。僕役：分司閽二人，女僕十人，司厨二人。教科分尋常、高等兩科，尋常科目：修身、國文、算術、圖畫、裁縫、唱歌、體操；高等科目則增入英語、中國歷史、地理諸科。定額：尋常科二十名，高等科二十名，走讀學生、不住校者無定額。入校資格：需學止嫻靜，身體

健全，不得纏足，已纏足者，入校後以漸解放，學齡限十一歲以上，二十歲以下。入校規約：學生須公正紳士保證，先試讀一月，每年繳膳資二十四元，不得著艷麗衣服及塗抹脂粉。款項緣創辦伊始，諸多支絀，所冀衆力捐助，相與維持。【略】

天津學界逐漸推廣，惟女學尚未盛行。近有河東志士張止峯、毛紹權、張少輔、趙漱、張壽山、趙紹顔諸君，聯合同志，擬將自己子女，集有數人，擇定妥地，不日開學，以爲之倡。如他人願入學者，凡能合格，概無阻止，不納分文。至教課諸公，俱係女學生父兄躬任。所有學中之子女均不纏足，經費卽由諸公自備，亦不捐斂。此學果能獲效，實爲後生女子造福不淺，是在開化諸公之熱力耳。

鄂省幼穉園落成後，已由兼督端午帥出示招考。分設二科：一爲保育科，須十五歲至三十五歲之女生，專習師範；一爲幼穉科，須四歲至十歲之女生，收入教育。願入學者，卽赴園中報名，聽候示期傳考。

有陳某在漢口開設淑慎女學，學生以十五歲以下，六歲以上爲合格。其課目十五門：分爲國文、東文、教育、圖畫、歷史、經傳、體操、刺繡、烹飪、修身、理科、算學、輿地、書法、縫紉等門，現已具禀夏口廳請詳學務處立案。

又　第三卷第三號《各省學堂類誌》　大學助教江君亢甫於西庫貲衚衕設一女學傳習所，分師範、豫科二級。

又　第十號《各省學堂類誌》　杭州女學校附設保姆傳習所，教授修身、國文、教育學、兒童心理學、保育法、理科、算術、圖畫、游戲、唱歌等科，半年畢業，並擬俟開辦二、三月後，再招見習幼稚生二十名，以便保姆實地練習。

《中國女報》光緒三十二年第一期《女學記事·撥款興學》　浙江從前各州縣解送課銀到省的時候，都有一樁歇家費。前次由藩臺寶方伯提撥五成，作爲推廣女學堂、創立幼稚園的經費。刻下已由中學堂鄒監督同學界熱心的紳士極力提倡，如今在城內銀洞橋賃了一座大房子，先設一個保姆傳習所，以備後來教小學生的人材。定於十月下半月開課，有志要學保姆的人，幸勿錯了好機會。

又　《北洋師範》　北洋女子師範學堂開學已經有兩個月了，照章應該甄別一次，所以前月二十九日，由傅監督考試一次，分別學生的程度，見學生的進步狠快，喜歡得了不得。並聽説列優等以上的有數十人，漢文和科學的程度都狠高呢！

《秋瑾集·實踐女學校附屬清國女子師範工藝速成科略章啓事》　頃者，留日諸君組織速成師範女學校，凡我留學者，未嘗不為我國女界幸，及將來之中國幸也。意自後我國姊妹苦經費之艱難、期間之短促，有志未逮者，咸得束輕便之行裝，出幽密之閨房，乘快樂之汽船，吸自由之空氣，絡繹東渡，豫備脩業。而畢業以後委身教育，或任教師，或任褓姆，燦祖國文明之花，為莊嚴國民之母，家庭教育之改良，社會精神之演進，無量事業、無量幸福，安知不胚胎於今日少數之女子？此諸君成立速成師範之熱心，而秋競雄報告姊妹之希望也。然而近頃以來，我諸姊妹之航海而東者，又復寥寥。意內地之姊妹，風氣未開，或不知遊學之利焉，或知其利而不知遊學之可以速成焉。卽知之，或以家族、經濟種種之苦難，未克達其目的。是以秋競雄不屑犧牲個人之學業，於前月頃，回國為我親愛姊妹奔走呼號也。然而念二行省，吾不能家喻戶曉也。卽浙之東西，又苦交通之不便。我之奔走呼號於最親愛之姊妹者，僅屬之於筆墨之間接力，或諸姊妹量其苦衷，有表同情者。無論自費，或須籌費，請各抒高見，商榷辦法，通函於紹城萬安橋下明道女學堂。並祈開明籍貫，以便函商一切。秋競雄啓。

《順天時報·在日中國留學生光緒三十一年六月十九日、二十日、二十一日》

女子留學生　中國婦人生平蟄居雌伏於深閨之內，紅帳高懸，綠幃斜捲，日惟與姊妹妯娌共話閨幃瑣事，卽偶一出外遊行，不過有一二次詣賽神廟或掃祭祖塋而已。雖假令隔一衣帶水之日本，而能乘槎羈留異域，實屬天空海濶之壯舉，轉令人有天外奇想之感。然近年攪破其所蹈襲之陋習，風帆一路，取道瀛洲，前後接踵而至。所以然者，實因日本之文化漸波及於中國閨門之內也。但刻下在日本學堂者，雖未精確核查其數，而其至少有百人，又其所肄業之學堂，以女子大學、實踐女學校、美術學校等為其首班。

學程　前開三學堂內，中國肄業女學生尤多者，卽為實踐女學校。現在該學堂者，有十五名之譜，其內五名寄留於學堂中，他卽從各兄嫂同租一室棲止，每日肄業於學堂。而該學堂所授之學課卽為讀書日語、圖畫、手工、地理、歷史、數學、理科、音樂、體操等也。

教授之困難　中國女學生現在實踐女學校肄業者，自年長三十二歲至年輕十五歲不等，故其修學之差亦形十人十色，毫不相等，是以教授之法，頗形棘手。若以素養之低者為其標的，則稱優者隨之有倦色，然以高者為其規矩，則稍絀者有難解之意。故若課某學科之際，區別僅有十五人，或為二班，或為三班，以至教授之不得已也，又必須有能解中語教習（該學堂之教習盡係婦人）之多數焉！而該女學生內，有嘗就歐人學英語，略具普通之智識者，除此一人之外，在其故國所學不過讀書、習字二科，是以刻下授以尋常小學第一學年左右之程度。又彼女學生等，對於數學推理之力雖甚粗笨，而於界近之算計，其進步較有可觀者。

女學生習氣　中國女學生概形溫柔恭順，毫無輕佻驕矜之習，遵守教習之訓，不至稍有過失，但其拘泥之見，若遇事物改易，動有難色焉！故有教習改變上午之科程至下午，則不能聽受之也。蓋冀其於所決之事終不改易者，實為中國人士全般之習氣焉！又中國女學生於格物窮理之學，雖不見其功效，然至幹辦其己身之利害，頗形靈敏，實有屢令教習捲舌者焉！

惟以中國女學生比之日本女學生，雖屬有興味之問題，而今唯就中國女學生，特録其異者一二於下：中國女學生愛修邊幅，粧飾容色，每欲凝心用意，不肯潦草塞責。每天須用胰鹼之良佳者以洗滌臉面，濃施脂粉，櫛梳頭髮，未免曠廢時日。然其愛修容貌如斯，其能酷愛潔淨於萬事乎？必不然也。或有以洗臉之水再洗茶杯，或將潔手之水以濯飯碗，似毫不覺其不潔者。又彼等於就寢時，不敢改其寢衣，而其睡眠之狀，毫無殊於中國男學生。且沐浴一事，似非其所習慣，故其初，頗懼浸潤於浴槽之內，僅汲湯水拂拭身面耳。然逐漸習慣成自然，意至惹其愛念焉！又灑掃房屋，潔清杌棹，亦非其所顧及，若執箕掃以從事，反似其所慊焉！

留學女學生之出處　留學女生之門第較男留學生之程度更為高貴，彼等實係巨紳豪族之名媛。今舉其例：有一女姓朱名敬儀者，現在實踐女學校肄業，係湖北荊州江陵縣人，芳年十七。其兄朱永珍刻在東京青山高木町租購一室，日學法政大學。聞永珍家眷有母妻弟妹及婢僕等計共二十八名，實為地方素封之家，而迨東渡，卽隨帶一妻一子並與一妹云。又在實踐女學校最年長之留學生名金相者（年三十二），其夫沈兆緯，現監督福建所調派之留學生。生有一子，年十三歲，母子每日各就其學堂，從事於黃卷青燈。由是觀之，一則可以見其篤學，一則可以察其富有焉！

面晤留學之女生　予訪實踐女學校，與青木總教習共談論之際，松本教習伴一少女靜入堂內。該少女身纏閒雅之日本服，綠髮毵毵，長垂背後，一揖就坐，其風姿之瀟灑，儀容之高潔，確形其爲名門之淑媛焉！於時總教習徐起介紹，卽朱敬儀也。於是予發幾種之問難，彼操雛鶯半解之日語，應對不澁，毫無嬌羞之痴態，反有令人心清意快者。今將其問答開列於下：

問　貴孃遊學日本之主義何在？

答　因聞日本文明發達，冠絕於東亞。

問　其中以何項為最優？

答　聞學術超羣。

問　聞之於誰乎？

答　前年家兄遊玩日本，歸述其國文明，其民義俠，尚且山紫水明，不負瀛洲神仙之鄉。

問　遊學日本，貴孃自出心裁乎？

答　妾有自就之志，家兄亦慫恿之。

問　貴孃當辭桑梓之時，萱堂倚門而望，其亦有悔志否？

答　此為必無之事矣！

問　學課內，以何科為尤覺棘手？

答　各概覺艱澁。

問　學課之內，何物為尤愛好乎？

答　體操、遊戲及唱歌，作文最有趣味。

問　貴孃前在故國時，所學如何？

答　讀書、習字及刺繡而已。

問　中衣與日服孰愜貴孃之心志乎？

答　均足以適體，無美惡之別焉！

問　畢業學堂錦衣歸鄉之後，擬欲將為何事乎？

答　鄙竊自願從事育英之事業。

問　敢請貴孃歸國之後，將以肄業此學堂之課程，盡授之於貴國未學之巾幗乎？

朱女此時嬌頰微紅，淡笑而無一語，意似為之首肯耳。

體育　留學之女生最愛體操，蓋子與朱孃問答之際，朱孃亦謂愛之。問留學女生自入學堂以來，其身體之發育，頗收異常佳果。前之病柳嫋嫋不堪者，今則細腰依舊，而桃腮杏臉，益覓嫵媚可人。現中國婦人之姿態稍有彎曲於前者，實形寒乞之相，特為一改其陋態，故舉動之間，頗有落落大方之概，不至如從前之優柔纖弱矣！

又　**《在日中國留學生**光緒三十一年六月二十三日**》**　女子美術學校，學生二名。

娛姆講習所，學生一名。

實踐女學校，十五名。

東亞菁華女學校，二名。

女子實習學校，二名。

女子實業學校，二名。

又　**《中國留東女學生**光緒三十一年七月四日**》**　本報曩曾備録在日中國男女學生情狀，而於男學生較詳。茲將遊東女學生最近消息登載於下：

頃駐日楊星使與中國志士范源廉、楊度氏等十八名共議教育婦女之事，即新由本國招女學生二十名，請實踐女學堂督辦下田歌子女史以為教督，共受薰陶。是以該督辦從西七月十八日起，更設學堂一所，收容該女學生等，分師範、工藝二班，從速畢業，期以一年。而該女學生等，概係賢媛淑女，即家世多詩書門第焉！今以其氏名年齒與籍貫開列於左：

氏名	籍貫	年齒	氏名	籍貫	年齒
聶緝熙	湖南衡山	四十八歲	黃憲祐	湖南善化	四十三歲
楊莊	湖南湘潭	二十八歲	張漢英	湖南醴陵	二十九歲

前開女學生二十名內，除向來有三名肄業實踐女學堂外，盡係於西七月上旬始來東。是以本學堂督辦，因時制宜，暫先置重於日語之歷練，故於每星期授業二十八時間之內，在工藝科課七時間，在師範科課八時間。現有該學堂幫辦青木、舍監坂寄，教習松元諸氏，任擔該日話科教授，頗形熱心。該留學女生之志望，在將來歸中國後，以身任教育之事。是以比其他之留學生等中文根柢較富，且其動作亦甚是靈便，有似不耻中國婦女柔弱之習者，而按時努力肄學，日有進益，頗堪稱贊云。

又　**《速成師範學堂女學生紀略**光緒三十一年八月十八日**》**　文明之風氣瀰漫於中國以來，巾幗者流，負笈游學東瀛者，日多一日，洵盛事也。然若有不通東文，並不解東語，而漫然赴東，遽而選擇，誤其方向，彷徨於市井，事與志違，學業蹉跎，抱憾於終身，貽譏於異域者，豈獨一人之不幸而已哉？洵及禍於中國女界也。日人有慨於此，特為投資捐款，以興築學堂，並聘良師，以圖中國女學生得以各遂其志，定其學堂之名為大清國女子留學生速成師範學堂，專成就巾幗者流，是蓋莫大之美舉焉！今得其宗旨開列如左：

清國女子留學生速成師範學堂宗旨

家有賢母，猶國有賢臣，國有之必興，家有之必榮。昔者孟母，果出大賢，以貢獻國家，實家庭教育之明效也。方今女學盛興，其亦有見於此歟？夫男女七歲入學，則必受智德體三教者何也？偏乎智，其弊也詐。偏乎德，其弊也魯。偏乎體，其弊也鄙。故兼修三教，始可得為賢母。但智體之易增進，而德器之難成就，余等夙慨於此，曾建設東亞女學校，專教育女子，不偏不倚，兼課三教，試諸實際，其效驗歷歷可徵矣！頃者，又別設女子速成師範學堂，擬專教育清國女子留學生，以期養成師範之資格。聞清國大興新學，盛建學校，所需男女教師必多。異日女學蔚興，賢母出其中，麟麐鳳子出其中，賢臣並無不出其中，則不啻家國之慶幸，實東亞大局之禎祥也。聊記興學大旨如斯。

又　**《紀女學傳習所**光緒三十二年七月九日**》**　江亢虎比部在京師繩匠胡同就豫章學堂舊基設立外城女學傳習所，現將該處房屋大加擴充。其房室約五十餘間，頗合學堂規制。其大講堂四處，可容二百人，寄宿舍可容四、五十人。其閱報處、議事處、應接處、盥室、浴室盡爲完美。甫出廣告，報名者已有八十餘人，迨屆考試，必益形擁擠，北京女界風氣日有進步矣！

又　**《中國留學女生畢業**光緒三十三年二月二十九日**》**　陽三月三十一日，東京實踐女學校舉行畢業之典。於時，校長下田歌子女史首起演說，據云：此次畢業生共四十餘名，有第二次清國留學女生徒兩名。如本國女生徒姑勿言已，至清國留學女生徒，則係善鄰之誼。惟女生徒諸子，克修學業，而實績可觀，此次各歸本國後，惟當發揮平生蘊蓄，以助國家文明氣運等語。康氏同荷起而答，其詞曰：吾等留學貴國，今已兩換裘葛，日月如流，提撕恩深，遽屆畢業發給文憑之日，誠可謂一生之榮，實校長暨諸先生之賜也。惟敝國女子之留學貴國者，日多一日，然語言殊方，風土異地，始抵東瀛。欲擇師而學，將何往取？則令人轉興望洋之歎。今我實踐女學校，教育克得其道，善鄰之誼，招徠之法，悉已精備，毫無缺陷之憾。至設寄宿舍以勤生徒，建師範科以弘女訓，則誠盡美善，不愧留日之模範焉！吾等螢雪之業已畢，從此應遠辭去，惟情長詞短，憾未得披瀝胸懷，以酬諸先生，幸賜諒察。倘吾等服膺校長先生之言，得幫助邦家文明之氣運，何啻吾等之幸？抑亦東亞之慶也云云。

聞該學校畢業女子另有一人于氏保貞，蓋係蒙古旗籍云。

又《**留日女學生消息**光緒三十三年五月二十五日》東京實踐女學校，現在華人女子留學者，多至四十餘名。其中廿三名，係前次新由奉省選派，與從前留學生等共入該學校所設寄留舍，坐臥進止，概已慣習日本風氣，如衣裳，如髮髻，如袴褶，適然無非時樣。間有未脫故態，依然墨守滿蒙習氣者。每日至肄，學科漸染，近亦微覺有進步，特以語言不通，少收浸潤之益。其教師概以通華語者任之，專由實物上諄諄開導，以期心志相洽，潛滋暗長，絕其速成儇薄之風。生等深念教師之德，承奉不敢怠，成績次第漸著。現黃梅節屆，生徒中時有抱恙者，是以極重衛生，如運動，如遊戲，每日無敢或間。幸該女子無一學南方纏足之習者，跳舞飄踏之伎，頗能適意，軀體亦甚活潑，絕不見羸弱之態云。

《**中國新女界雜誌**》**第一號**《**蘭馨**〈**江西派遣官費女留學生**〉》近報載江西將派官費女學生十名，來日本就學，此細故耳！曷為論？區區者茲十名而已，何足當吾時評之首？大其始也。

頃年各省競派男學生留學，而女子則夢所未及。往年湖南有言派女留學生之舉，已考取矣！旋以中輟，不圖復見於江西，非惟女界之光，實國民之慶也。

女學不昌，國民不强。吾國甲午以還，派人學船械、習技藝而已。繼以政法為急，繼以師範為急，繼以兒童教育為急，雖言之而未行，固有能道者矣！至於女學，輒曰吾男界且未遑，彼閨閣而雌伏者烏足道？而數年男界之教育，則何如乎？江西之舉，可謂探微定本，更進一步，吾國教育，庶幾於是興，所望者循名附實，拔萃選英，此嚆矢也。

日本歲遣女學生數人往西洋，自教育心理，以及音樂刺繡，罔不分習。內無家庭之煩瑣，外無瞻蓄之勞心，故能肆志肆業也。吾國之大，行有鬻簪笄以求學者，何止十人哉？

又 **第二、三號**《**煉石**〈**成女學校**〉》日本的成女學校，素來沒有中國女學生在內。自從西曆去年冬天，有一位湖南女留學生，姓張，名漢英，字慧芬，才學是很高的，他費了許多心血，運動款項，在成女學校內，特開了一個女子速成師範班，請田君子勤當翻譯，學生一共有十餘人。自西曆去年十二月十六日開課，其功課很完全，今録於後：

正課：修身、漢文、日文、教育（教育學史、教授法、管理法）心理大要、論理大要、世界地理、世界歷史、算術、代數初步、幾何初步、物理、化學、博物大意（動植礦物）、生理衛生。隨意科：音樂、唱歌、家政學、體操（以上每週共卅三小時），編物、造花、裁縫（以上每週共三小時）。

此班到西曆一千九百零七年十二月就可以卒業了。內地女同胞中，如有想來學速成師範的，快些來趕這個班，還可以將就插入哩！寄宿舍就在學校內，也很合宜，學費每月四圓，舍費食費另外算，此是其中的大抵情形，我已報告完了。單説這位張漢英女士，前日將他在成女學校中，過日本除夕的日記文，寄來一篇，囑為登載，今特照録於後，內地女同胞見了，也可以知道日本女學校內過除夕，是這樣的光景：

日曆十二月二十一日，晴，是日尚抱病，五句半鐘起床，强勉梳洗，心殊不暢，灑掃房室事，蒙同學代作，悶坐無聊，不思飲食，忽忽若有所思，惟不知其所從來耳！八句鐘時，副舍監岩田樣，送來食物一盤，囑用開水泡服，其色如雪，其薄如紙，其明如鏡，其輕如毛，皆作平方形，噉之，知其為米粉所製者，日俗過年時，必造此物，呼曰餅，甚清淡，殆與中國年糕之取意同，然用糖甚少，即此可知其儉德矣！午後五句鐘，將用晚膳，時即日本除夕也，（乃中曆十一月十六日）與兩舍監同席，其料理共五種：青魚、紅蘿蔔、黄豆腐、綠海苔、白芋頭，皆極淡泊，所謂團年飯，如此而已。（中國女學堂諸位姊妹們，若過除夕吃酒席正高興的時候，千萬要想想這個景象纔好）膳畢，副舍監引入職員室，上懸電燈，光華耀目，地鋪綉毯，壁置煖爐，溫和如春，各國書畫，掩映四壁，中設一席，置古銅爐一具，幽香襲人，清趣宜人，恍惚置身小瑯環間也。正舍監宫田琴子，命衆咸就座，計斯時在場者，副舍監而外，有住校諸女教員，及日華同學諸姊妹，共百數十人，週圍繞座，如盤龍勢。有頃，下女呈銀絲細麵，及雨前茶，琴子先生歌太平歌曲，高唱入雲，令人心醉，曲終，飲茶食麵畢，琴子先生携一籃，内盛橘柚，令歌一曲者，賜一枚，無論東西譜調，各隨其意，於是絃歌之聲，達於戶外，余亦歌古詩一章：爆竹聲中逼歲除，春風送暖入屠蘇；千門萬戶曈曨日，咸把新桃換舊符。舍監笑曰：『桃符古俗，相傳為驅神逐鬼而設，用之埃及、朝鮮、印度則可，蓋其國内，徧地皆活鬼也。若敝國自維新以來，每逢度歲，惟家家門前，皆插植植物而已。以貴國聲名文物之邦，此等迷信，急宜改革。』余聞而失色，因急信口復歌一曲曰：歲云暮兮暗斷腸，吸取文明兮歸故鄉，花放自由兮種四方。一時拍掌之聲盈耳！少頃，會散，時計針已達十二點，遂自歸寄宿舍。一燈寂寞，萬籟無聲，遙憶宗邦，依然醉夢，時局逼人，悲感交作，低徊歎息，亦不知其憂之所從來矣！

以上就是張漢英女士，在成女學校中，過日本除夕的實在景況，月前他因事回國去了。

原來這成女學校内，所設的速成師範班，一切交涉，全是湖北匡君一（字羣觀，羅田人，現留學法政大學專門部。）所辦成的。計開此一班，以三十人為限，學費共八百圓，寄宿舍費在外。現有中國義務教授三人，義務翻譯四人，所以生徒無復須另攤譯費。

據師範生唐羣英女士、孫清如女士、林步荀女士、高女士諸人，皆言此校校長、監督、教員，對於中國女生，照應周洽，教授熱誠，非他校所能及。彼又深慮中國女生，來日本求學，很不是容易的事。初到東京，日本學校，既不能入，又沒有專為中國女生特設的完全豫備學校，所以從前初來留學的，多係在校外學習日語，以致延稽歲月，日久仍無所成。且有因在外豫備，極難完全，遂僅學音樂、手工數月，安於小成，便既歸國的。

凡此諸端，於女學前途，大有妨礙。故今於成女學校内，特設支那女學生部，共分五科，課程極為完備，即以匡一君，為監理員。今將其簡章，登録於後，凡有志留學諸姊妹，想必很是歡喜看的。

成女學校速成師範班中國義務教授三人：

漢　學　宋　錬

法制經濟　湯化龍　李　碧

義務譯員四人：

陳　旭　田　烈　劉鎮環　楊紹成

現在女留學界中，最近的事，就是奉天官派女留學生，於月前到了，一齊入實踐女學校新開的三年師範班。並且還有兩位在實踐肄業日久的，補了官費。此外，又有江蘇、湖南的幾位，因為已入專門學校，也補了官費。這是留日女學界，空前的創擧，眞可以算得中國女學界中，大大的一個紀念了。

本雜誌第一期時評門，曾載江西省要派女留學生，諸位是已經知道的。在東女界同人，每月盼望他們到來，以便招待，誰知候到如今，簡直沒有消息。

本社特向江西同鄉會會員處，詳細訪問，方纔知到這件事，已經中止了。原來當初發起此事，是江西提學使某公的意思，已經定議，忽然某公丁憂交卸，代理者，為前學務處總辦某觀察，此公又另具高見，於是這派官費女學生的事，竟隨同前提學使某公，一夥兒回原籍去了。咳！這是有多們喪氣呢！我記得書上説道，其人存則其政擧，那下面的一句，可恰巧是這件事的現象了，眞算得起古今同概罷！

留學成女學校速成師範生張漢英女士，今春因事歸國後，現改入是班者，又有時世英等三女士。該班學費八百元，從前開班時，本係運動各省監督擔任，自監督撤回後，此款遂無着落，前屆徵第二期學費時，不得已由生徒分攤。咳！自費學生，眞的苦得很呵！將來這一班師範生卒業後，歸國擔任教育，於祖國女學界，有多大的利益。現今男女同胞們，有力量的，也應該盡些維持的義務纔好呢！

藝　文

《萬國公報》光緒二十四年七月號《陽湖女史劉靓〈中國上海女學堂落成開塾歌〉》 鴻濛世界何年開？千形億貌從中來。人生墮其混沌內，陰陽迭亙相輪迴。坤儀所鍾則為女，亦稟閒氣成胚胎。官骸性情俱畢備，奚須貴賤紛疑猜？古來才媛不乏數，每覽青史神為追。況復生當盛明世，六洲萬國齊追陪。耳聞目見日詠廓，中西文學爭鴻裁。紺髮青瞳衆佳麗，其方一一皆瓌瑰。讀書識字作廢置，彼蒼胡必生吾材？曹昭左芬亦人耳，安見古今不逮哉？皇皇鬚眉號男子，衣冠逐隊號多材。文繡章身肉食鄙，無聞沒世隨塵埃。經濟功名不足道，庸愚亦復同吾儕。吁嗟！不學誠可哀。

《順天時報・女學生歌光緒三十二年一月二十五日》

姊姊，妹妹，清晨入學堂，你前，我後，相隨上講堂。
教習，進來，便把科學講，拿着，粉筆，寫在黑板上。
第一，修身，立品要端莊，言語，行動，自治須嚴方。
第二，倫理，古今都一樣，對着，家族，道德不可喪。
第三，國文，字義須明詳，國粹，要緊，千萬不可忘。
第四，歷史，帝王和將相，賢母，賢婦，尤須知真相。
第五，地理，黃河和長江，亞歐，非美，全球五大洋。
第六，圖畫，更宜求精良，動物，植物，繪事古所尚。
第七，算學，句股和開方，代數，幾何，一切都要講。
第八，格致，電化和聲光，此理，不明，耳目如聾盲。
第九，家政，更宜知其詳，女子，義務，這項是大綱。
第十，編物，組織藝術良，女工，優勝，也是一技長。
十一，洋文，東洋和西洋，英法，俄德，日本是鄰邦。
十二，體操，弱質可强壯，精神，活潑，卻病第一方。
還有，一句，要言須宣揚，愛國，二字，各宜相勉將。
合羣，公德，文明大思想，保國，保種，人人宜主張。
姊姊，妹妹，個個能自强，中國，國家，萬年永無疆。

這篇女學生歌，是本社白話記者新編的。為什麼上四句，要兩字一句，下又五字一句呢？只因為體操的時候，一步一步的前進，好便於按步唱歌。上兩句，每句一步，下一句，共分三步。字義很淺，人人能解，音調和諧，大可歌唱。歌中的意旨，又興會，又正大，女學生念熟同唱，必能發起自强的精神，和愛國的思想，實於女學界大有益處。關心女學的，當可共表同情。湖北武備學堂有勸軍歌，江西育材學堂有小學歌，句調都是這樣，也是開智識、助精神、齊步武的一個普通簡便大妙法。

林紓《閩中新樂府・興女學　美盛舉也》 興女學，興女學，羣賢海上眞先覺。華人輕女患識字，家常但責油鹽事。夾幕重簾院落深，長年禁錮昏神智，神智昏來足又纏，生男却望全先天。父氣母氣本齊一，母苟蠢頑靈氣失，胎教之言人不知，兒成無怪爲書癡。陶母歐母世何有？千秋一二掛人口。果立女學相觀摩，中西文字同切磋，學成卽勿與外事，相夫教子得已多。西官以才領右職，典簽多出夫人力，不似吾華愛牝鷄，內人牽掣成貪墨。華人數金便從師，師困常無在館時，丈夫豈能課幼子，母心靜細疎條理，父母恩齊教亦齊，成材容易駸駸起。母明大義念國仇，朝慕語兒懷心頭，兒成便蓄報國志，四萬萬人同作氣。女學之興係匪輕，興亞之事當其成。興女學，興女學，羣賢海上眞先覺。

《女學報》一八九八年第八期《章畹香〈桂墅里女學堂開館詩〉》

（一）

是誰華屋起嵯峨，大雅曾傳女學歌。
深感苦心援世切，始知習僞誤人多。
千秋粉黛咸欽仰，半教譏嘲卒奈何？
寄語寰區諸女士，及時盛業莫蹉跎。

（二）

滬江風氣已先開，力挽狂瀾信偉哉！
賴有精心能草定，不妨平地起樓臺。
論文難得中西貫，入座都逢管謝才。
笑我筆花全褪盡，何期佳會許追陪。

（三）

崛興陰教賴群賢，此舉能開風氣先。

不囿故常誠特識，得叨嘉惠亦前緣。
營謀想見操心苦，閨閣何妨俗學捐。
會看風行寰海內，私衷不禁望拳拳。

《中國女學集議初編・張藴華詩録・觀女學堂啓恭紀二絶》 海上傳聞廣廈開，紛紛紅袖問經來。

聽他歐美人争論，中國新添一半才。
女兒從此幸何之，物理人情盡可知。
教化陰陽罔偏廢，蛾眉願不讓須眉。

又 《和畹芳女士即席原韻》 寄語諸君力要殫，此圖休作等閑看。

關雎化自閨闈始，振起中原定不難。
二千年已廢坤基，極力修培趁此時。
莫道釵裙關係小，自强根本在於斯。

又 《女學歌》 天地生斯人，陰陽原并制，男耕而女織，各有謀生事。性情既相同，血肉亦無异，所以古聖人，教化不偏棄。導法雖湮没，内則留遺義。後代此風衰，天下女人廢。仰食於男子，見聞日以鄙。一人供妻女，其力安得繼？驕小日相仍，縱成陰陋輩，遂覺婦人儔，難與天下事。不教而棄之，試問誰之罪？假使男易女，縛束閨闈内，不使其讀書，依然巾幗類。六洲未通時，男子原足治。梯航萬國開，人才已不備。况彼婦女儔，與男學并貴。人一抵我百，相形日見累。二萬萬廢人，其家安不墜？卓哉當世賢，亟創女學議，建堂於海上，學問中西萃。從此不櫛儔，暢其天生志，知識日漸開，巾幗有奇器。夫惟創肇難，天下變不易，敢告同輩中，遐邇須相係。有志救世者，請各興其地，庶幾我輩流，羣得吐其氣。勉哉襄善舉，芳名億萬世。

《女子世界》第一年第一期《金一〈女學生入學歌〉》

G調　　女學生入學歌　4/4

1135—665——3312—3—・0—

（1）二十世紀　女學生　　美哉新國　民
（2）脂匳粉盝　次第抛　　伏案抽丹　毫
（3）緹縈木蘭　眞可兒　　班昭我所　師
（4）天儀地球　萬國圖　　一日三摩　挲
（5）紫裙窣地　芳草香　　戲入運動　場
（6）魚更三躍　燈花紅　　退習勤課　功

5566—535——2232—1—・0—

（1）校旂嫵媚　東風輕　　喜見開學　辰
（2）修身倫理　從師教　　吟味開心　苗
（3）羅蘭若安　夢見之　　批茶相與　期
（4）理化更兼　博物科　　唱歌音韻　和
（5）鞦韆架設　球網張　　皓腕次第　攘
（6）明朝休沐　歸家同　　姊妹相隨　蹤

6516—536——12332—1—・0——

（1）展師聯隊　整衣巾　　入學去重行　行
（2）愛國救世　宗旨高　　入學好女同　胞
（3）東西女傑　並駕馳　　願巾幗凌鬚　眉
（4）女兒花發　文明多　　新世界女中　華
（5）斯巴達魂　今來饗　　活潑地女學　堂
（6）勵志願作　女英雄　　不入學可憐　蟲

又 第二年第六期《江陰潘夢蕉〈女子歌（四章）〉》 我女子等蜉蝣，困守閨中不自由。堂堂巾幗胄，辱為男兒羞。昏昏辜負好春秋，我女子等蜉蝣。

我女子不自由，洞耳穿足如楚囚。女亦天所生，虐之若馬牛。悲憤填胸無限憂，我女子不自由。

我女子亦國民，億兆同胞苦沉淪。嗚呼我同胞！焉可再因循？社會進化權力伸，我女子亦國民。

我女子須自振，處人跨下非才俊。救世學批茶，心俠性悲憫。二十世紀尊平等，我女子須自振。

創建女子社會團體分部

綜 述

《江蘇》一九〇三年第六期《胡彬夏〈祝共愛會之前途〉》 歲癸卯，留學日本女學生十數人，課餘之暇，團聚談話，憤女學之衰敗，慨女權之摧折，不自量力，欲恃區區熱誠，拯救吾二萬萬同胞於塗炭之中。顧吾國女子，素重女紅而輕學問，積習相因，由來已久。吾輩雖有志於著述，其如筆難達意何？雖有志於講説，其如口難吐衷何？思之思之！遂以年之四月八日，有共愛會之組織，聯結團體，研究學問，以謀吾女同胞之公益。溯自創始迄今，爲時幾及四閱月，會員漸增，支會漸立，葱葱鬱鬱，日就月將，我共愛會之前途，正泱泱未有艾也。振興我女學，教育我女子，排斥女子無才為德之謬訓，脱去古來酒食是議之習慣，他日東亞女學，駕軼歐美，放一燦爛鮮明之奇花，著光輝於世界，我共愛會大有力焉！吾爲是祝。女權摧折殘敗兮！自我復之。自由廢棄墮弛兮！自我舉之。今而後女與男平等平權，共享家樂，共肩患難，彼男尊女卑之莠言，男重女輕之謬説，將不除而自除，不熄而自熄，我共愛會大有力焉！吾爲是祝。我二萬萬之女同胞，今霾沉於數十層地獄之下，誰實致之？誰則援之？發達其國家之思想，完全吾國民之分子，棄其依賴之性質，養其獨立之精神，與男子並存於東亞大陸，演出生龍活虎之大活劇於二十世紀之舞臺，巾幗未必讓鬚眉，以不愧女子之天職，我共愛會大有力焉！吾爲是祝。興我國於已亡，拯斯民於塗炭。他日我開化最早之中國，駕陵歐美，雄飛世界，達文化最高之點，我共愛會大有力焉！吾爲是祝。嗚呼！吾共愛會今日爲無聲無臭，僅爲十數女學生所組織，安知他日不爲全國轟轟烈烈之大團體？今日棲息於異國，養精蓄鋭之潛龍，安知他日不爲在天之飛龍？不鳴則已，一鳴驚人，不飛則已，一飛冲天。我共愛會榮耶否耶？樂耶否耶？覽世界之大勢，察中國之内情，吾悲甚。睹共愛會之前途，望中國之轉機，吾喜甚。悲耶？喜耶？二者交戰吾心中，而未知何所定也。總之，吾共愛會，苟能抱定目的，百折不回，持之以久，守之以恒，必可轉悲爲喜也。嗚呼！我有親愛之二萬萬女同胞，亦有投袂而起者乎？吾馨香而三祝之。

《浙江潮》一九〇三年第三期《日本留學女學生共愛會章程》 第一節 宗 旨

本會以拯救二萬萬之女子，復其固有之特權，使之各具國家之思想，以得自盡女國民之天職爲宗旨。

第二節 辦 法

（甲）先組織在東留學女子之團體，互相研究女學問題，以漸達其權力於祖國各行省。

（乙）本會會員公認本會爲其託命之所，凡本會之成立及其發達，各會員當以女學上之運動，爲其唯一之責。

（丙）本會公選會員四員，每月各作論説一、二篇，交事務長代爲登報，以流達於祖國。

第三節 職 掌

（甲）公選事務長一員，凡會中一切事務皆屬之。

（乙）公選書記一員，掌通信記事之事。

（丙）公選評議員二員，佐事務長以評議本會種種之辦法改良及其發達。

第四節 規 則

（甲）職掌會員由投票公選，每三月改選，或連選及他選，皆以投票決之。

（乙）每月開會二次，以月之第一日曜日及第三日曜日爲率，下午一時起至三時止，遇有要事可開臨時會，日期由事務長擇定。

（丙）凡遇舉人決事，會員到者須有三分之二，方可議決。

（丁）會員中如有特議之事，得三人之贊成，可開臨時會。

（戊）開會時會員均須一律到會，如有要事須先函知書記，開會時由書記報告同人。

（己）開會時首演説，次議會中之事。

(庚) 演説以循環法，每次三人，用拾票檢定甲乙。

(辛) 會員每月須納會費一角，於開會時納之事務長。

(壬) 演説議事時，不得談笑，阻人聽聞。

(癸) 職員既承公選之後，不得放棄其責任。

陽曆四月，留學日本女學生，組織共愛會，到者幾二十人。吾國女學方霾沉數十層地獄之下，今乃自地心上達，其光炎炎，其勢熖熖，要之其有影響於祖國也必矣！敢豫爲吾國女學前途賀。

《女學報》一九〇三年第四期《共愛會改訂章程》 宗 旨

第一條　本會以振興女學、恢復女權、盡國民之天職爲宗旨。

會　員

第二條　本會由留學日本女學生發起，凡在東京同志女子，均可爲會員。

第三條　内地同志女子願入本會者，須先函告書記，並寄小影一枚。開會時由書記報告，經會員公認，即爲會員。

第四條　會外同志有贊成本會捐助款項者，公推爲本會贊成員。

職　員

第五條　本會之職員如左：

(一) 會長一員，掌會中一切事務。

(二) 書記一員，掌通信記事等。

(三) 評議員二員，商量本會辦法，稽察會員行爲。

第六條　職員由投票公選，每三月改選一次，連選者連任。

經　費

第七條　本會之經費如左：

(一) 會員月捐。

(二) 贊成員捐。

義　務

第八條　本會會員之義務如左：

(一) 會員皆有遵守本會章程之責。

(二) 會員皆有推擴本會之責。

(三) 會員皆有保全本會名譽之責。

(四) 會員皆有擔任本會經費之責。

(五) 内地會員有設立支會之責。

權　利

第九條　本會會員之權利如左：

(一) 會員皆有舉人及被舉之權。

(二) 會員皆有議事及決事之權。

(三) 會員皆有提議及駁議之權。

開　會

第十條　每月開常會二次，以月之第二日曜日，及第四日曜日爲率，自下午一時至三時。

第十一條　有特别要事，由會員提議，得三人贊成，可報明會長，開臨時會。

第十二條　會期會所由會長定之。

第十三條　開會時會員均應到會，如有要事，須先函知書記，由書記報告同人。

第十四條　開會時首演説，次議事，不得喧嘩談笑。

第十五條　會員月納會費二角，於開會時交會長。

演　説

第十六條　會員演説，用輪流法，每次五人值演，演説稿，務交書記録存。

第十七條　名譽贊成員，雖無舉人議事之權，然有意見可以演説發表之，其在内地者，可函達書記，由書記報告。

第十八條　會員親友欲傍聽者，可就傍聽席，如有意見，亦得演説。

議　事

第十九條　舉人決事於開會時行之，參用舉手投票之法。

第二十條　無論常會臨時會，有會員三分之二出席，方得舉人決事。

第二十一條　議事有過半數贊成，方得議決，如可否同數，由會長定之。

第二十二條　議事時如有意見，須一人説畢，方可辯駁。

第二十三條　新入會會員，未能詳知會事者，舉人決事時，可先説明，不必投票舉手。

譯　著

第二十四條　本會會員每月公擧四人作論説一、二编，交會長刊行。

第二十五條　本會會員除照例應作論説外，如另有譯著者，亦交會長刊行。

懲　罰

第二十六條　會員中如有不守會章，及違宗旨悖公德害名譽者，本會會員應報告會長，及評議員，加以相當之處分，於開會時決之。

（一）勸戒

（二）詰問

（三）記過

（四）除名

附　則

第二十七條　所有章程經公認後，著爲定例，此後如應行增改之處，當於開會時提議，由衆公決。

第二十八條　本會事務所，暫設日本東京神田區駿河臺鈴木町十八番地，中國留學生會館。

《浙江潮》一九〇三年第五期《記留學女生擬創赤十字社之緣起》

陰曆五月初九日，女學生七人，赤十字社篤志看護婦會功課開始，日本皇族、貴族甚歡迎之。其功課每月例課二次（四時），特別演習一次，雖皆乘學課之隙以從事，然甚踴躍，甚鄭重也。並上書於貝子載振，請極力提倡。其書録如左：

日前晉謁，得領教言，以弱質愛國之忱，荷朱邸優湛之賜，感極而奮，不知所云。邇者在東留學生，以俄約日迫，一時忠憤，誓爲鬼雄，已設立軍國民教育會，練習體操，講求戰術，一有戰事，志在效國。某等亦吾國之民，宇宙一蒼赤，無一業之建樹，是自外於生成，安怪數千年來女權之摧踐凌遲以至於今日也？當俄約警報，達於東京，留學生等曼憂過慮，以爲北方即有血戰，僉欲剋日歸國，自效戎行。某等侘傺無訴，爲母國垂亡，同胞且殲，弱質女子，生復何益？故亦公議，隨軍北征。軍中之事，雖不克任，而裹傷收死，縫紝具食，或能爲之，即不得已邂逅死所，附於國殤，亦足以塞天下女子之責，矢心若此，未敢少渝。日來各報，所載俄國以我政府之拒，稍稍自戢，吾國或藉此得乘旦夕之安，奮發淬厲，以圖自振，學生等尤當因是以蓄七年之艾，力學積健，以期有爲，此留學生等軍國民教育會設立之旨，而女學生等赤十字社看護婦與會之因也。查各國赤十字會之設，其宗旨爲大同，爲博愛，戰地療傷，無分敵我，而仁術之所自擴，無不由於一二愛祖國、昵種族之士女，挾其親親之心，以爲博愛之本。奈丁格爾（Nightingale）、英國之女子也，以英法攻俄之故，馳赴戰地，療卹死傷，卒爲今日各國赤十字會之嚆矢。日本博愛社，赤十字會之先聲也，以鹿兒戡亂之故，隸於軍醫，從事救護，卒基明治二十年日内瓦府之同盟。惟其以英人急英國之患，日人卹日本之灾也，故其惻隱之心，持之愈貞，推之益廣，乃克底於博愛大同之域，列於涂南條約，爲萬國之所公認。（涂南，瑞士人，創立赤十字社者，歐人稱赤十字會條約爲涂南條約。）是以無論何國，苟欲與於日内瓦列國之盟者，必首樹其母國仁聞之幟，此其公例，萬無可越。而某等所爲切傷深慼，而有所望於我君相、我國民者也。戊戌之歲，大阪商人孫淦嘗编述《紅十字會説略》一卷，言『地球萬國，猛鷙如土耳其，褊小如暹羅，皆已締約，獨朝鮮與我未與前盟』。今距孫淦編書之歲纔五年，而朝鮮亦踵起前會，列於涂南。泱泱大國，顧朝鮮、暹羅之不若乎？營口之役，日本設立病院，吾國軍士傷者病者，轉蒙其澤，此實吾人之羞。吾國仿效西法，垂數十年，船塢礮廠，歲有所築，雖屢經挫衄，仍不惜鉅帑以經營之，至於救灾卹鄰，萬國共行之仁政，獨退讓隱忍而不敢任，是班孟堅所謂敢於殺人而不敢於生人者也，能無恫乎？孫淦又於光緒二十三年在東京禀請欽差出使日本大臣裕，欲至中國各地捐集鉅資，試辦此會，懇由裕大臣咨明總理衙門代奏。奉批紅十字會，西人謂之 Red Cross Society，拯災濟衆，最稱善擧，本大臣亦曾目覩該商所禀各節，具見存心利濟。惟善擧之設，事出衆擎，允準之權，應聽政府，仰候據情咨請總理衙門核奪可否，遲速應俟覆到之日，再行飭遵。某等因輾轉數年，吾國士女，無有繼起而道之者。庚子之變，畿輔一帶，積屍如邱，流血成渠，瘴疫死傷，復不能不攀援哀號，待救於敵國之軍醫，凍餒顛躓，又不能不匍匐累欷，受拯於强鄰之厚施。苟孫淦之説，能見諸實行，則近畿之民，尤多所存活，至今言之，猶有餘痛焉！日本赤十字會年開大會一次，某等在東，目覩其盛，開會之日，帝后親臨會中，厚錫資財，即泰西各國，提倡斯舉，皇室政府，無不與者。某等不敢不以善國之帝后，以望宮闈，尤不敢不以强國之設施，以責政府。諄諭懇切，允爲代奏，具見仁民愛物，不讓東西諸賢王。惟風氣未開，衆擎匪易，非得朝廷倡率之力，不足以振全國好義之氣，惟殿下有以拔起而規畫之。兹謹抄録日本赤十字會章程，及日内瓦條約，另摺具呈，伏乞代奏，并懇敕令各省，勸諭紳富，協力贊成。某等已入日本赤十字社篤志看護婦會，研究看護之法，苟有所得，不辭勞瘁，當竭誠爲效。一面且布告國人，苟有好義識時之士，聞風而起者，朝廷當有以獎勵之。幸甚！不宣。

《女子世界》一九〇四年第一期《告全國女子》 我們天天説中國要亡，中國要亡，要救中國，一定要個個人都想法子打俄國。這種話給你們女子聽到，恐怕你們總説是這單説給男子聽，和你們女子是没有什麽相干的。你們女子，有一等是專講究裝扮的，粉怎樣白，脂怎樣紅，衣服怎樣鮮明，首飾怎樣貴重，天天鬧這些還鬧不了，那裏有閒工夫管别事呢？又有一等是專講究操作的，或是做手工，紡紡紗，縫縫衣，繡繡花，或是管家務幾斗米，幾斤鹽，都要自己經營，天天鬧這些也還不了，也没有閑工夫管别事了。又有一等是知道講究講究學問，今天讀課英文，明天演條算草，天賦自由的理，也一點懂，男女平權的話，也會説幾句，這是頂文明的了，但天天鬧這些也是鬧不了，更没有閑功夫管别事了。照這樣看來，我們天天説拒俄救國的話，的確和女子不相干了。這却不然，女子要是没有愛國的思想，救國的責任，那專講裝扮的，便和蟲鳥一樣。專講操作的，雖然好一點，也和奴隸一樣。專講學問的，算頂好的了，也不過是高一等的奴隸。因爲自由平權的福氣，不是一個人爭得住，一定要有了國，國裏有了很公平的法律，纔享得着的。所以，現在拒俄救國的事，並不是單責男子，全國的女子，也是個個應該想法子的。但你們又要説女子身體柔弱，怎麽好像男子的去當兵呢？這也不用愁，從前女子會打仗的狠多。四百七十年前，法國和英國打仗，將近百年了，那時候法國皇帝不好，國裏頭大亂，英國趁這個機會，竟把法國滅了。幸靠法國奥能司地方有個女子，名叫若安，他説我是救法國的，號召法國人起義兵和英國打仗，自己騎了馬做先鋒。法國人都説，他一個小小女子，倒能這樣奮勇，我們趕緊去打啊。大家拚命上去，把英國的兵打退了，奪去的地方，也都奪回來了。法國從此漸漸强起來，百年的戰事也就了結。不是若安一個女子倡首的功勞麽？我中國漢朝時候，有個木蘭，扮了男子替父當兵。到打勝了回來，别人纔知道他是個女子。有一首古詩説他的事很詳細。明朝末年，有個秦良玉，帶了兵和流寇打仗，很有功勞。這都不是女子麽？這種都是説一個人的。西洋古時候有個斯巴達國，國裏的女子都喜歡打仗。他的丈夫、他的兒子要是打仗死了，他算是頂榮耀的事。他們送他打仗去的時候，縱説你拏了盾回來，要不是就把盾載了你回來，就是不是戰勝便該戰死的意思。他們女子這樣有志氣，所以那時候希臘幾十國裏頭斯巴達頂强。不但西洋有這種國，我們陝西地方，古時有個秦國，國裏的女子也和斯巴達國一樣，讀過《詩經》的人，都知道的。所以那時候幾十國裏秦國頂强。我們現在的女子，怎麽不能像他們呢？况且拒俄救國的事，也不是單靠打仗，助餉也可以。前一個月的《中外日報》，説日本民間人人要和俄國打仗，女子都把頭上簪珥拔下來去助餉呢。探聽軍情也可以。一百七十年前，法國被德國戰敗，奪了許多地方去，有一個披梯爾市中有一個電報局，也被德兵奪去，怕局裏管事的漏洩軍機，把他禁起來，把他的一妻一女，也禁起來。這女孩兒年紀很少，他偏偏偷藏了一個發電的機器，就被禁的屋裏通過的電綫，把機器裝上，把德國的軍情報告法國兵將，法國知道了趕緊防備，所以不上德國的當。後來德國知道是這個女孩子漏洩的，蕃問他，他説我是法國人，自然單知道愛法國的。這句話連德國人都很敬重他。如今美國的大報館訪事人，大半是女子，也是爲女子精細周到，比男子强。别人又不著眼，探訪事件，很能得力的緣故。暗殺奸細也可以。就是奪我們東三省的俄國，他國裏有許多不好的官員，被女子刺殺。因爲女子人不防備，所以容易做這些事情。中國唐朝時候，有個聶隱娘，也是女子做刺客的。結赤十字會也可以。赤十字會是一個意大利國女子名捏幾柯兒他創起來的，專爲打戰的時候，替受傷的兵士醫治的。各國都有這個會，會裏大半是女子。日本國連皇后都入會的。上半年我們在日本留學的男子，結一個義勇隊，要去打俄國，留學的女子，也就結了一個共愛會，照赤十字會一樣辦法。要是義勇隊到東三省去打戰，共愛會的女子也就要去。難道這留學的女子不是我們中國女子麽？所以女子但肯真心愛國，救國的事情，好做的很多呢。你們千萬不要自己看得太輕，趕緊各人盡各人的去做罷。

《警鐘日報·湯君爾和〈衛生講習會演説一九〇四年五月二十四日〉》

今日乃衛生講習會開會之期，鄙人敬舉此會之大旨，略爲諸君一述。夫衛生之關係至鉅，吾國於此學素罕講求者。雖然衛生者，實占醫學中最要之點也。吾國醫學發達至早，惟偏重學理，而略於實驗，遞演數千年，古人眞意遂失，今此道衰歇，亦滋甚矣！本會創設，固欲承絶學，而救末流之弊也。

張女士由粤渡海來滬，其所欲興辦之事至多，而適逢吾國政略有此不幸之現象，乃欲投身北方戰場，荷看護之任，以自完其天職。嗣經同人挽勸，因許暫時息駕，爲我滬上女子提倡斯學，凡我同志當必歡迎矣！夫吾黨有恒言曰：『同胞！同胞！然日見此同胞在於水火之中，吾竟坐視莫之救者，其故維何？』曰：『無實在之手段耳！』張女士研精醫學垂十年，一旦發大願，凡吾男子所不能爲之事，所不敢到之地，女士以一女子之身當之，吾國女界亦足以自豪矣！今張女士既留滬，欲以三月之時間在滬開辦三事，其始意本擬開醫學講習會，但因醫學術業至繁，斷非兩三月可以畢事，而張女士又鄭重其事，勿肯苟且，故不得已而辦衛生講習會。

衛生之有禆於人道，諸君既熟審之。雖然，諸君亦知斯學尚有至鉅之關係乎？吾今請言人種。夫人種之學，條理甚繁。今吾人之眼光觀察事物，往往只見其已成之果，而不能得其致此之因，此何以故？蓋亦日受外界之逼迫，有所不暇顧耳！未有果必先有因，使不察其過去及現在之因，而第日責其未來之果，則下手之着都無是處，而欲吾願之終償也實難。衛生之學，蓋爲世界人種造絶大之因者也。吾人日言種族，卒不能與彼歐美白晰人相競，雖慧智之不敵，抑體魄之懸絶者多矣！今我輩日從事於職業者，恒無逾數時間，而精神因數時間使用，往往至於困憊，此吾國人普通之病也。試求其故，詎非衛生不講於平昔所致乎？凡體魄康强之人，其精神必完足，精神完足，斯有活潑冒險之性，與言救國必勇赴，與言治事必無倦，而社會上乃亦得效力之人。吾國以病夫聞於世者久矣！叩求厥因，端在國民之恇弱。國家者，個人所積而成也。個人弱，國斯弱矣！吾今欲變此病夫之中國，爲少年之中國，則捨衛生一道，末有由然。則今兹衛生講習會之開始，吾人不得不視爲與吾國種族存亡有密接之關係也。

張女士於講習衛生之外，復創爲女子手工傳習所一區，此其用意之周至，吾又不能不爲諸君一述也。夫今高知達識之女子，疇不競言自立？雖然，自立而不求其下手之方法，猶之空談也。古之所謂女紅，大都鎮拙之業，不適於今世。手工者，蓋女子職業之要事，亦即脱離依賴自立之首基也。雖然，今世界工業競爭已達於燒點。吾國生計之頹落，端在生利少而分利多，以平均率比較之，則一人之力，恒給八、九、十人之用。今欲恢張工業，維持全國之生計，而僅僅及於女子手工，是何異乎持豚歸，而爲滿家之祝，無乃奢乎？然手工之事，其效果實不僅及於個人也。今吾人欲於社會有所盡力，恒爲家族所若，持劍出門，三步而卻顧，蓋有啼飢之妻在也。今使女子能從事於職業，所生之利足以自給，則男子之功力，既不分於家庭，即得效於社會，豈特女子之自計良得，即全社會皆受其禆矣！且手工之興，雖不足以維持全國之生計，然不有椎輪，安有大輅？今日女子之手工，即將來吾國工業之起點也。吾人切不可作退化之想，雖一極小事，亦必以全力爲之，先求個人之自立，而後謀爲外界之競爭，以手工爲下手之方法，其結果直至於與全世界實業競爭而止，此張女子手工傳習所創設之本意也。

至若贈醫一事，乃張女士每日辦事餘暇而爲此慈善之舉。中國醫學有最高之原理，而無實驗之方術，《靈樞》、《素問》不必論矣！下至各種醫藥之書，其奥義深文，直令人無從索解古人之意，殆以爲偶合者，認爲實驗不合於科學，即不足以傳世，以此虛空無薄之理，着之於篇，遂至吾國醫學衰敗，不能有强民之效。吾人今日大夢覺醒，此後談醫不可不如西醫之重實驗，以顯功用於國中也。今張女士以辦事之暇，而爲此慈善之舉，若輩之歡迎，當可知矣！夫吾輩平昔固欲求一法，以所懷抱之宗旨普及於社會，因循至今，卒莫達此志願者，良因方法不多，苦無附之以行者耳！醫者實足以附弘吾輩宗旨，間接而普及於社會者也。故贈送之效，雖不過患者受其賜，然倘挾吾之宗旨與醫俱行，殆亦爲吾國社會談教育普及之一方法歟？

綜觀三事，則張女士此舉之關係於吾國，詎不至重且大？僕不敏，承諸君之囑，因略述大意如此。敬爲吾國前途祝！敬爲張女士祝！

又**《衛生講習會章程**一九〇四年五月二十七日**》** 宗旨

（一）謀為國民增健康之幸福，立强毅之基礎。

教材

（一）講習生理衛生及診病法與體操，其他關於衛生之學科，皆演述其要略。

辦法

（一）請張竹君女士爲講師，而設會所於新垃圾橋北，普康里，第三衖，第二家。

（二）三個月畢業，除星期外，每日以下午四時半至六時，爲講習時間。

（三）會期晴雨無間，會員須準時刻到會，過時不候。

（四）會員聽講至一星期後，應在會所覆述已講之要義，以諗心得。

會員及食費

（一）願與會者，須由本會會員先行介紹。

（二）入會者請將職業、住址，告於本會幹事員，簽名入會。

（三）會員月納會費銀壹元，除備會中雜費外，擬仿外國慈善會之例，移助贈醫處，爲貧人就診，贈送藥物之用。

（四）凡未經入會而願旁聽者，須由本會會員先一日介紹，經本會認可，得入旁聽席，但旁聽以一次爲限。

（五）凡入手工傳習所者，來會聽講不取會費。

《中國新女界雜誌》一九〇七年第二期《燕斌〈中國留日女學生會成立通告書〉》 我中國女界，以全地球上八分之一之人口，不能獨立於社會，其原因有二端焉！一曰無教育故，二曰無團體故。無教育則無智識，無團體則無公義，無怪乎茫茫數千年，如奴隸，如散沙，極人生之苦趣，雖有英才，無以自拔，以至於今日也。

幸世界交通，國人驚歐美婦女社會之發達，竭力提倡，沉迷漸蘇。復不憚辛苦，跋涉重洋，隻身萬里，留學東瀛，爲吸取文明，歸布種子計者，比年以來，亦日以衆。非吾中國女學界，脫舊社會，入新時代之一大關鍵耶？

丙午秋，留東女學界同人，聚謀所以拯救祖國女同胞之策，僉曰：是非普及教育不可，非結大團體不可。然準登高自卑、求遠自邇之理，則當自先結留東團體始。

議既決，遂於西九月二十三日，組織中國留日女學生會，訂立規約，選舉幹事，而告成立。

開始之晨，當場互誓曰：吾輩遠別宗邦，留學異國，所擔負之責任何如？國内同胞之希望何如？今日既以此團體始，他日幸勿僅以此團體終。願共犧牲個人之私利，盡力致死，務爲我女同胞除奴隸之徽號，革散沙之性質，以購取最尊嚴最壯麗無上之位置，勿使至廿世紀之中，猶不入世界優勝民族之列也。

嗟夫！以此志願，敢敬告於我國内學界女同胞，請共努力，互爲聲援，發揮學術，推闡公理，增長人權，速求進境，則吾中國女界庶有裨乎！此本會同人，所淚泣懇切，不能已於言者矣！

中國留日女學生會章程

第一章　定名

第一條　本會由我國留日女學生組織而成，故名曰中國留日女學生會。

第二章　宗旨

第二條　本會以聯絡情誼、交換智識、推廣公益爲宗旨。

第三章　會員

第一節　組織

第三條　凡係我國留學日本女學生，皆得爲本會會員。

第二節　權利及義務

第四條　凡會員皆有選舉職員及被選職員之權。

第五條　凡會員皆有發言議事之權。

第六條　凡會員有疾病困乏時，同人有周顧之義務。

第七條　凡會員有維持本會發達之責任。

第四章　職員

第一節　組任

第八條　本會職員，設職庶務幹事一人，書記二人，彈正員二人，調查員二人，會計一人，招待員二人，辦理會中事務。

第二節　責務

第九條　庶務幹事有綜理全體事務之責任。

第十條　對内書記有辦理關於内務一切之責任。

對内書記應置簿籍如左：

一、會員録（備録會員名氏、籍貫、在東住址、學校、年歲、到東時期）。

二、職員録（備録職員氏名住址）。

三、記事録（記録關於内務事件）。

四、通信録（一、録來函，一、抄寄揭）。

第十一條　對外書記員，有掌理關於外務一切文件之責任。

對外書記應置簿籍如左：

一、名譽員録（備録名氏籍貫業務）。

二、記事録（記録關於外務事件）。

三、通信録（一、録來函，一、抄寄揭）。

第十二條　彈正員有整理會中秩序之責任。

第十三條　調查員有調查會員姓名、籍貫、現在住址、到東年月、學校學科及其他關係女學界一切事務之責任。

第十四條　會計有掌理會中出入經費之責任。

會計應置簿籍如左：

一、收入簿（二册：一、月捐部，一、臨時捐部）。

二、支出簿。

三、支收總簿。

第十五條　招待有招待新到會員入境入會之責任。

（以上各職員所置簿籍，開會時必親持至會場。）

第五章　職員解職及就職

第十六條　新職員被舉後，於一星期内，由舊職員約齊到職。

第十七條　新職員如於各科事件中，有查爲不確實及不完備時，得暫不接受，由該科舊職員於三日内整理清楚，再行交替。

第六章　職員請假及代理

第十八條　凡職員有不得已事故，不能蒞職者，由庶務幹事於各職員中囑託一人暫行兼理，如曠職至一月以上者，於開會時更選續理。

第七章　選舉

第十九條　本會職員任職期以半年爲限，越半年更選一次。

第二十條　凡選舉以投票爲之。

第二十一條　凡選舉以第八條爲次第。（編者案：原文缺第廿二條）。

第二十三條　凡選舉時如票數相同，以年長者當任。

第八章　會規

第二十四條　本會經常會期，以兩月一次。

第二十五條　有特别事務時，由庶務認可，得開臨時會。

第九章　會員捐金及其收入手續

第一節　月捐

第二十六條　凡會員每月納金一角，以濟會中一切支費，各會員於會場清交會計。

第二節　臨時捐

第二十七條　凡特别事務會員臨時捐費，須按事從速清交會計。

第十章　附則

第二十八條　本章既經全體會員認可後，即爲實行之期，此後須有會員五人以上之提議，全體多數之決議，乃得修改。

第二十九條　本會事務所，暫定日本東京駿河臺鈴木町，中國留學生會館。

又　一九〇七年第三期《中國婦人會章程附記略》　第一章　會名

（一）本會結合我國二百兆婦女之大團體，以組織成一靈活機關，故名曰中國婦人會。

（二）凡内國各地方婦女團體，組織成一社會，有用本會名目者，須先致函，通告本會，由本會認可，作爲分會，許用本會名目，聯絡一氣，自當力任保護，否則名同實異，本會概不承認。

第二章　會所

（一）本總會設於京師，便於貴族女界之提倡贊成，以期絕無阻礙，並欲擴張勢力，冀收發達之速效。故於天津設立北洋分會，而西北諸省實範圍之。上海設立南洋分會，而東南諸省，均歸組織。以上三處，係成立以來，指定之所，其餘各處逐漸推廣，初無限制。

第三章　宗旨

（一）我二百兆婦女同胞，實佔國民全數之半，對於社會，對於國家，均有應擔之責任，應盡之義務。凡屬公益之舉，急難之事，本會當力謀所以扶助救濟之道，隱然以赤十字之苦心，爲進化合羣，愛護同胞之表現。

第四章　義務

（一）救災恤難　凡我同胞，無論外國內地，設有水旱偏災，刀兵疾病，我會中同志，皆有力任救濟之責。

（二）扶助進化　我國女子教育，現時未能普及，本會有啓廸相導之義務。或設學堂，或開演説會，以期開通智識，養成文明同等之資格。

（三）講求實業　蠶桑、編織、刺繡，以及各項美術，倘能實力振興，尤爲女界自立之基礎。本會主張女學發達，自以講求此項實業爲要務。或設講習所，或設女工廠，按期設展覽會以相競賽，以期知識交換，製作日精，不致再以前日依賴之習慣，爲累男子，此爲改良婦女社會之第一機關。

（四）敬愛同體　舊社會婦女，無教育之普及，無道德之可言，往往傾軋破壞，爲害社會，其弊過於男子。本會結女界之團體，悟同胞之感情，尤以熱血對於同志及同體之婦女爲本務，不但於本會同人，有親愛扶持之任，即其他女界各社會，凡屬公益善舉，無不竭力贊成。

第五章　會員

（一）凡我國婦女同胞，有與本會宗旨相合者，均得入會，爲本會會員。

（二）本會會員，分為四種：（甲）發起會員，（乙）特別會員，（丙）名譽會員，（丁）普通會員。

（三）甲種會員，係本會發起之始，曾聲明凡捐助金山賑款者，一律作爲會員。此種會員，須補繳入會費二元，領取入會證券，會中利益，一律享受。

乙種會員，除繳普通會費外，能竭力捐助經費，在百元以上者充之。

丙種會員，由會中公舉名望學問素著之人，得其同情者充之，不需會費，如必量力樂助，亦如其願。

丁種會員，以凡經介紹，而得本會之認可，交納入會費三元，常年能足繳會費三元者充之。

第六章　規則

（一）入會須有本會會員介紹。

（二）姓名籍貫年歲及父兄夫子姓名職業等項，填寫願書，以便入冊。

（三）願書及入會費，交到本會，由本會審查後，即行填給會員證券。

（四）本會力除奢靡，凡會中同志，務戒浮華之習，如艷服冶容，以及鬥牌飲酒，種種嗜好，均必竭力屏除。

（五）會員中有不道德、不名譽，及妄行謬舉，傾軋破壞，致礙本會全局者除名。

（六）會員中皆互相扶助，互相維持，凡有急難屈抑之事，必當代爲援助，而學問生計上之事業，亦必竭力扶持，以鼓動同志之愛力。

第七章　職任

（一）本總會舉總裁三人，以道德名望照耀全體。總會長一人，副會長一人，對內則總持全局，對外則代表同人。執行部幹事一人，有施行操縱之責。庶務部幹事一人，有察查庶事之任。評議部幹事一人，有專司評判之權。招待部幹事一人，有周施接待之務。更有經濟部幹事一人，職掌會計。書記長一人，職掌書記。並須每部設參事員二人，以資佐理。

（二）各職員任期，以四年爲限。每屆四年，選舉一次。若經多數再舉，亦可聯任。

（三）特別會員及名譽會員，則於每年開第一次大會時，表其德行義務，當衆推舉。

（四）本會會員名籍，每年春夏秋冬，四季編入婦人小雜誌，以便稽考。

第八章　經費

（一）本會經費，以會費捐款，及其所出之利息，爲出納之用。

（二）會員入會費三元，應於入會之先清繳，至常年會費三元，則均屆期預繳，以便由本會填給收據。

（三）凡捐款以助本會經費者，除由本會舉爲特別會員外，並登報聲明該捐數目，以揚高誼。

（四）本會收到會費捐款，隨時交到妥實銀行生息，除留作正用外，不得以款項存擱會所，以免嫌疑。

（五）凡動用款項，在百元以內者，會長幹事決定之。百元以外者，總裁決定之。五百元以外者，當開臨時會員議事會，以決定之。

（六）本會每年收支數目，當彙刋一册，分致各會員考核，以昭信實。

第九章　會期

（一）每月望日，各職員月會，聚議會中隨時應辦事件。

（二）每屆三個月開季會一次，以歡迎入會新會員。

（三）每年本會紀念日，開紀念會。

（四）每届五年，開紀念大會一次於京師，届時各分會可派代表人來京與會。

（五）本會職員會議，須到會人數過半，方可開議。

第十章　分會

（一）各同志欲設分會者，總必其人道德名望皆堪矜式，而又得本會會員五人以上之介紹，可承認爲本會各地之分會者，一切任其組織。

（二）本會對於各地分會，惟以發達會事爲目的，一切經濟問題，概不干預。凡分會會員所交會費，即就近交各分會收入，以充經費，免致互相牽掣，其有願捐本總會經費者，特別登記。

（三）各分會務將會員姓名、籍貫，每季造册，報告本總會，以備彙列總册，載入雜誌。

（四）各地分會，均不得有强捐濫費之事，以期共保名譽。

以上章程，係屬暫時草定，其有未能詳盡之處，均須隨時會議改良。

按中國婦人會，係於去歲成立。發起者，為北京女學衞生醫院院長廖太夫人，及其媳鍾稱珊女士，當廖太夫人於乙巳秋遊歷東瀛時，見日本愛國婦人會、赤十字社，篤志看護婦會等之發達，太息中國女界數千年來漫無團體，即隱有歸國創辦中國婦人會之志。其主旨蓋欲提倡女界公益，以實行自立立人、慈善博愛之美德也。去春歸國，每苦於發端之難。其媳鍾稱珊女士，爲邵閑君夫人，任俠有大志。去夏四月，值金山大地震，華僑被此巨災，流離異域。女士時在上海，惻然心動，遂星夜北上，廣結同志，一力贊助其姑氏廖太夫人中國婦人會之組織，而金山捐款，亦同時興募。一時貴族顯宦之婦女，聞風響附者數百人，京津女學界亦極表同情，是會遂告成立，公舉廖太夫人，任三總裁之一，鍾女士任南洋會長。今春河北賑款，代募幾及萬元，是此會對於同胞所盡之義務，眞非他團體所能及，前途發達，定未可量。現會中發行一種機關小報，專述會務，遍行各地。本社總經理燕斌女士，素精醫學，廖太夫人之高足弟也。近接來函，得悉廖太夫人，現由滬返京，將從事於女界實業上之經營，且囑運動在東會員，組織東瀛分會。大哉前途，吾知其必獲美滿之效果焉！夫吾國女界二百兆，智識程度，極爲不齊，非爲廣義上之組織，必難結成偉大團體，共圖事業，此本社所以表滿幅之同情也。日本以四千餘萬之戶口，其愛國婦人會員，已六十餘萬人，故能代表女界全體，以結合世界婦人之交際，增進東亞民族之光榮。吾中國女界人數，十倍於日本，乃獨瞠乎其後，勢如散沙，罔知公義。於此而不急謀所以連合之策，以增其價值也，則未來之危險，實非吾人所忍言者矣！

又　一九〇七年第四期《張竹君〈女子興學保險會序〉》　附列章程如下：

宗旨

本會擬聯合海內女士爲一大羣，以提倡女學、激發患難相救之情、合力實行爲宗旨。

辦法

本會幹事員，及名譽贊成員，每月集會一次，砥礪志節，交換智識，總期有觀感興發之益，人人當以溶發文明，轉移風氣爲己責，痛洗從前腐敗渙散之習，以免前途之危險。

本會擬設女學堂四所，擇會中女士堪任教習者，講授學科，以增進文明幸福。

會中女士其所生子女必須讀書，如有願入本會，調查真確，免繳學費，以資體恤。

凡會中女士如遇孤寡貧病、失學無依者，本會悉協力救助，以盡義務。

凡會中女士如有不幸之危險，悉盡力協濟，惟不知自愛、好賭失行、自生困苦者，是爲自作之孽，不在救濟之例。

會中女士如有孤貧失依、無以餬口者，由本會酌助學費，往工藝女學堂肄習手工，授以資生之力。

會中女士入會後，染危病、罹廢疾者，如實係貧乏無力就醫，可告知本會，其願就西醫者，可入敝院，醫費免，不願入者聽。

會中女士，如有幼失父母，及既媒守寡，不能自存者，或羈留異域，猝遇大故，貧不能歸，及本人身故，殯斂無著者，本會一經知悉，養生送死，量爲資助。

集款

會中女士入會之始，每人捐銀十元，以爲開辦經費。

本會定每年集特別捐四次，屆時會中女士，各量力之多少，集腋捐湊，以維持永久。會中女士如遇種種危險，如辦法類所云者，臨時開特別議會，集議募捐，盡力匡濟。如有會外志士，慷慨捐助者，隨時送至本會，當每季刊登報章，以昭感謝。

場所

本會擬分設四所，於老城、新城、西關、河南等處，擇地開辦學堂，即附於各所之內。

規則

本會設總理一人，幹事員若干人，其有熱心實力者，舉爲名譽贊成員，擔當義務，每月集會一次，不到者聽。

本會常年經費，及特別費用，均開列豫算、決算表，以昭核實。

本會仿文明國法律，各女士有信教自由之權利。

入會各女士須品行體魄不致爲全體累者，本會定必歡迎。

本會以合大羣、謀公益爲主，其個人私行，與團體無涉。

《時報·世界女子協會章程一九一一年二月三日》 一、命名 本會定名曰世界女子協會，説明兩則列後：（甲）女子國民之母，須爲世界觀念。今國民程度幼稚，但知競爭鄉土權利，而無雄飛世界之思想，致外人疑爲奴隸性質，此在母教亦分其咎。同仁有見於此，特冠世界二字以自警，此本會命名之義也。（乙）本國女學幼稚，視世界列國女權大昌者未足比倫，急宜採集世界之所長而袪其短，以蘄爭優勝於天演時代。説萬國女界本宜交通，庶進化速而效果宏，並以祝世界之大同焉！此又本會之餘義也。

二、宗旨 以聯絡女界情誼、振興女權、結合團體、互相維持保護、並練習技能、交換智識、切磋學問、陶鎔德性爲宗旨。

三、會員資格 不限年輩、不限門第階級，不限省界國界，不限宗教，凡有會員二人以上之介紹，並多數會員之認可，均得入本會爲會員。倘有損本人名譽或損及本會名譽者，經全體會員之公決，可令其出會。

四、會中事業 約舉六門列後：（甲）研究科學：凡好新學者宜多參考，並宜專精一、二科。（乙）保存古學：凡好古學者宜注意保存，互相搜討。（丙）興辦實業：如花果、蜂蜜、蠶桑、織染等，凡農藝、工業皆可隨宜商辦。（丁）提倡美術：如顧繡及書畫、音樂、雕刻等，凡有關美術者，宜各盡所長，實力提倡。（戊）講習家政：如裁縫、中饋等事及有關家政者，皆女子分內所應亟宜講求。（己）家庭教育：身爲國民之母，即負教育責任，由家庭而幼稚園，而學校，皆包在此條之內。三育並重，植基尤不可忽。

五、會期 每年大會一次或兩次，先期由衆公決，每月各就本地開常會一次，如特別議事得開臨時會。

六、會費 凡入會爲會員者，每年各出大洋一元，歲首繳齊。如春秋兩分繳，每次小洋六角。其有熱心捐助鉅款者，特別登報廣告。

七、職員 不立會長等名目，除去俗例，務求實際。分立總務、評議兩部。一爲言論機關，一爲執行機關。不定員額，不拘年限，隨宜擴充，量力擔任。其家政、美術、科學、實業、教育、古學六門，輪推正副主任各一，更佚倡率。至會記、書記及遠道通信臨時招待各員，均由總務部酌議委託。

八、會所 大會六處：上海張園、愚園，蘇州西園，南京莫愁湖曾公閣及後湖湖神廟，杭州宋莊，臨時由衆決定。上海常會，城內兩處：也是園蕊珠宮、西城關帝廟圖書館，城外兩處：閘北徐園、斜橋西園，亦臨時公決。

九、附則　本章程由發起會公同擬稿，復於成立會逐條討論，多所改訂，作爲公決，暫行試辦。嗣後新入會之會員如有意見加入，亦隨時改良。上海通信處：西城小學堂隔壁陳宅姜映清女士。蘇州通信處：宏志女學堂内吴黄靜英女士。南京通信處：寧屬初級師範學堂隔壁姚寓夏清懿女士。如有志願入會者，請投函前三處可也。

《民立報・女子國民會簡章一九一一年八月五日》　一、本會定名曰中國女子國民會。二、本會以改良家庭柔靡之習俗，啓導女子尚武之天職爲宗旨。三、凡中國女子經會員二人介紹，即得爲本會會員。四、凡贊成本會宗旨予以捐助者，得由本會推爲名譽贊成員。五、本會職員由會員選舉任之。六、本會設正會長一人，副會長二人，幹事員若干人，均以一年爲任期，但得聯舉續任。七、本會與男子國民會機關雖别，宗旨相同。凡本會辦理情形，得通告各省男子國民會，務求應援，以匡本會之不逮。八、本會每年於春間開會員大會一次，每月開職員會一次。九、本會應辦事件，於職員會決議執行之。如有特別事件，不及招集全體開大會議決者，亦得由職員等決議執行，必於下期大會時報告理由，仍請全體認之。十、本會經費以特別捐、常年捐充之。(甲)、特別捐：自由捐助。(乙)、常年捐：凡本會會員，年納一元。十一、凡經費出入，每月由會計員結算公佈。十二、設事務所，於上海法租界平濟利路良善里一百六十六號。

附則：本會創辦伊始，凡會章有不完備處，得隨時修改。

中國女子國民會發起人：章在民、張維俊、王雄、尹鋭志、尹維俊、吴鐘秋。

論　説

《中國女報》一九〇七年第二期《吕碧城〈女子宜急結團體論〉》　自歐美自由之風潮，掠太平洋而東也，於是我女同胞如夢方覺，知前此之種種壓制束縛，無以副個人之原理，乃羣起而競言自立，競言合羣。或騰諸筆墨，或宣之演説，或遠出遊歷，無不以自立合羣爲宗旨。紛紛紜紜，其熱腸俠骨，真心愛羣者固不乏人，而乘此風潮，以圖炫耀於一時者，亦比比皆是。其從事筆墨者，則如荼如錦，一紙風行；其清辭善辯者，則燦花妙舌，娓娓動聽；其遠出遊歷者，則又以博望浮槎，顧盼以自豪，一時風起水湧，英雌女傑，層見疊出，不可謂非我女界之一線光明也。然而獲名譽則棄義務矣！因私見則忘公益矣！其略能搦管爲詩文論説者，既傲然自恃；而目能辨蟹行書，或手治專門學者，又若惟我獨尊。平心而論，自立云云，私心希冀，不過如此，固然其無足怪。然吾竊異彼終日以合羣爲言，而必位置較我不相上下，性情與我頗相融洽，方引爲同志。否則甲詆乙之無學，乙輕甲之無名，互相忌嫉，互相攻詆，欲合反離，各成孤立，小小之羣不能合，遑言能達其目的，而獲其益乎？嗟！嗟！吾非謂我同胞人格之不高也，志趣之不壯也，吾寢食中，夢寐中，所崇拜，所希望，所親愛之女同胞，吾焉肯訾議之？實以平日期望之者甚切，故責備之者甚深耳！或謂人之才能，各有不同，門户亦復互異，豈能强爲聯合？若第責其無愛國心可矣！責以互相攻擊可乎！蓋有團體必有抵排，愈抵排而愈成團體，假令以漢文自負者，專結一研究漢文之團體；以洋文自負者，專結一研究洋文之團體；以科學自負者，專結一研究科學之團體，各立門户，分道而馳，以達其愛國之目的，亦何不可？故只當問其有愛國心與否，而不當徒以互相攻擊責之也。斯言也，(某君在大同學校演説，蓋爲迴護某女士之辭，然一語之微，影響甚大，不得不爲矯正之。)予大不謂然。大凡人之所以攻擊抵排者，爲宗旨不同耳！若同具愛國心，則宗旨既同矣！而猶肆其攻擊抵排，是直忌人之技能，妒人之名譽，烏乎可也？何也？譬之人身，手足耳目鼻舌，所用各不用，而各盡其能，彼此互用，聚成一體，未見其自相衝突，自相戕賊也，即使有之，亦必醉癲之狂漢，烏可以我女界而有此魔障也？夫好勝之心，自利之心，固爲人之天性，無可諱言。但須熟爲計算，捨短取長，捨小取大，斯爲得耳！若捨大取小，捨長取短，於同羣之中，各各競爭，冀以排倒他人而獨立，相傾相軋，同室操戈，自相摧滅，一旦外患乘之，終至國亡家破，而身亦隨之爲奴隸，爲牛馬。嗚呼！身且不保，遑計身處之利益哉！是何如結爲團體，捍衛一國，而協力排倒他國，小則犧牲個人之利益，以圖公共之利益，己身可藉之以存立；大則如法蘭西之革命，美之脱英而自立，流幾多之頸血，擲幾許之頭顱，而得收今日之效果之爲愈乎！而不然者，覆巢之下無完卵，漏舟之中無完人，我同胞其勿思倖免也，然此對於國家言之也。若於男女間論之，則不結團體，女權必不能興，女權不興，終必復受家庭壓制。諸君以爲今日已脫男子之覊軛，登自由之新世界乎？蓋猶未也，不過纔見影響，纔茁根芽，若不合力培植，設或一旦傾覆，彼時壓力，必益加重，非我女子所能任受，擬其禍害之止境，必匪僅今日自由之樂，名譽之榮，滅如泡影，且恐貽爲將來之口實焉！語云『同舟遇風，則吳越人相救如左右手』，况我同胞既同在學界，又同一宗旨？吾輩而不能合羣，更何望他輩之能合？此時而不能合羣，更何望他時之能合？故吾深望同胞，急結成一完備堅固之大團體，一人倡而千百人附，如栽花然，一粒種發爲千丈樹果，其根柢深厚，生機活潑，則同根之樹，必無此枝榮彼枝悴之理。吾女同胞，特患狃於故態，不能結大團體耳！何患不收花簇文明之效果哉！而非然者，子矛子盾，自相抵觸，吾竊有所不取矣！

紀事

《萬國公報·記中國女維新會光緒廿九年十一月號》 昔英國某名家之詩云：常當鏡己如鏡人。今國之事爲西人所深知，而中國不能自鑑焉！惟流寓外洋者，以局外之身，多受激刺，其回首故鄉，發爲愛國之心，非內地人所及，則以鏡己如人之故也。尤奇者，不獨流寓之男子如是，卽女子亦然。近日居美國舊金山埠，有無數流寓之女子，共立一會，名曰中國女維新會。前八月二十二日大會於某戲園，是日演説之題，爲女子權利與女子學問，有薛女士錦琴與數人演説，而在座之聽者，皆爲女子云。

聚集之前，曾有傳單分於各處，敍是會之緣起云：我本國中華之同胞，有四百兆，而或謂不過二百兆者，殆除去二百兆女子，爲無用之物也。嗚呼！此等暴虐之説，直視我等女子之地位，幾非人類矣！夫女子之形體雖弱，同受天地之覆載，一國之人，苟無女子以爲之母，則又安從而得男子哉？彼自稱爲男子，而奪我等女子之權利，其得罪於女子，實非我等所能堪矣！

或又謂男女之大分別，在男子有學問以助國家。殊不知學問由於讀書，彼未受教育之男子，與不讀書之女子何別？男子得讀書而有權利，女子獨不許讀書，而俾之失其權利，是事之大不公者。故我等今日之所求，在於男女平等。

古諺云：『女子無才便是德。』又云：『女子無外交。』此謬説也，而至今仍之。豈知女子無才，亦有無數危險，足以關係於男子乎？我本國腐敗之近情，與其貧苦之現狀，皆由習俗相沿，不重女子教育之故，則男女必並重教育明矣！

夫女子無學堂，無演説會，何以能使男女平等，由黑暗轉入光明乎？故若能比美國之女子，自當激動，以期贊成此中國女維新會矣！云云。（原本爲華文，此由西文轉譯。）

譯者曰：觀於此，則中國之所缺少者，果何在乎？彼其國內學校中之青年已無不奮起，而至於在國外之女子亦然，則所缺少者，果何在乎？惟有將北京城之圍牆摧平，使其露出於天空之中，有日光之照入而後可耳！蓋中國所缺少者，其全國之心皆向上，而無首領以振臂而一呼。苟朝廷有人，騎槖駝，執龍旗，而躬先率之，詎不更善？乃聞河南、西安之行宮已修矣！於其他改變則未聞有所舉動也。嗚呼危矣！然風潮之所激蕩，萬不能再遏，順之則不失其推戴，逆之則必橫決而下，又豈用流血之手段所能阻絕哉！

《女子世界》一九〇四年第二期 設會對俄 自東省之禍變，大起滬瀆，一般熱心愛國之女士，於女界中多所運動近日有福建鄭素伊女士等，組織對俄同志女會於宗孟女校，入會者甚多。現已舉定議長議員，公擬議案，先創中國赤十字會，預備一切應變之事云。

《順天時報·創立中國婦人會光緒三十二年五月十日》 北京女學衛生醫院廖太太，現擬創辦一中國婦人會，目下組織已成。廖太太昨已電致其公子廖劭閑部郎速回京以充爲男子贊成員，刻下廖部郎已由日本到京，並有日本專門學校畢業生出雲彌助君刻已極力贊成此會，聞不日卽將開一特別大會矣！

又 《議設女學研究會光緒三十二年七月十八日》 演説研究會會員恩項臣現在與同志會商，因家庭教育關繫最重，京師女學漸次林立，是以提倡設立一女學研究會，延聘各學堂女教習每届星期臨會演説，同志亦均贊成，刻正擇地開辦。

《中國新女界雜誌》一九〇七年第一期《煉石〈留日女學生會〉》　我們中國女士，留學日本東京，在各學校肄業者，據最近的調查，已經知道的，不滿一百人。其餘在校外豫備的尚多，因東京地面太大，調查甚不容易，從前女留學界又未有團體，所以不能盡知呀！自從西曆去年暑假時候，有一位女留學生，姓李名元，湖北人，年方十九歲，在日本留學，已經好幾年了，現在女子第一高等學校肄業。他因爲女留學界，沒有個團體，不惟機關不靈通，精神也難振作，所以當放假時，四處奔走，調查運動，要組織一個留日女學生會。後來得了諸女士的贊成，簽名於簿子上的，共有七十幾位，於是議訂了章程，在中國留學生會館，開了第一次大會，公舉黃華女士爲庶務（卽會長），楊女士莊爲書記，餘外還有幾位職員。這會就纔成立了，正待要登報發布，忽然黃女士因事辭職，楊女士因要回國，故也辭職。遂又於西曆十一月二十日，開第二次大會於會館，補選幹事，當場公舉了李元女士接任庶務，燕斌女士接任書記，又修改章程，諸事議妥，方纔散會。

今將留日女學生現任幹事開列於後：

庶務　李元

書記二人　燕斌　唐羣英

會計　汪平

學務二人　陳德馨　吳亞男

招待二人　龔圓常　胡蘊莊

彈正二人　王昌國　李瑛

以上一共十位職員。自此以後，同心努力，按著章程上所規定的做去（章程下期雜誌續登）。雖説各人皆有學校內的功課，不能整天去做事，然學課餘暇，及日曜，彼此時常聚聚，研究些辦法，認眞去做，自然是日見其興旺了。況且從前因爲沒有團體，沒人招待，以致初來留學的，人地生疏，言語不通，有多少苦處。今後有了這個會，凡是內地女同胞要來留學的，不怕沒有來過，只要由上海或天津動身之前，寄一封信來，説明白來的人，姓甚麼，名甚麼，年歲，籍貫，何日動身來日本，坐的是甚麼名字的船，大約那一天可到橫濱；或是只坐船到神戶，由神戶坐火車來東京，只要此信一到，立刻就可以知會招待員，屆時去到橫濱海岸上招待；若是由神戶換坐火車的，則只可在新橋火車站招待。到東京後，如要買日本衣服，爲一切的事件，都不至於叫初來的爲難。如若要上學報名，或在外豫備日語，一切交涉，有學務幹事哩！卽或幹事不得閒，其餘會員中，幫忙的也很多。但是既經招待了，可是必須入會，及至過了幾個月，日語能説了，可是更須盡點兒義務，也照應照應後來的人。總之，去鄉離土，遠渡重洋，遊學異國，在男學生初來到，這個滋味，已經很苦的，何況我們女學生？然而男學生一到東洋，他的同鄉很多，親友也必不少，尙可有個依靠（今男學生總數一萬八千多人）。惟獨女學生，素來與男學界很疏遠，卽男學生雖有熱心的，也不便十分周旋。所以我們女學界，若沒有獨立的團體，彼此互相提攜，不惟對不住後來留學的女同胞，也見得我們女學界太無資格了。現今所以能有留日女學生會，盡皆是李女士愛同胞的熱力所鑄成的，留下這一個大大記念，諸位可別忘了呀！

《順天時報・中國女子禁煙會成立宣統三年一月三十日》　天津學界諸女士於去冬組織中國女子禁煙會，已在普育女學堂討論數次，年前移事務所於河北第一蒙養院，本月廿一日卽在蒙養院開成立會。是日蒞會者六十餘人，公推傅提學夫人凌萬瓏爲正會長，張祝春女士爲副會長，凌萬鍾女士爲書記長兼會計，徐育華女士、謝韞女士、周砥女士爲書記，陶淑修女士爲會計長兼書記，龐文垣女士、安桐君女士爲會計，陸文輔女士爲庶務長兼開導員，劉淑元女士爲開導員兼書記，王元澤女士、張文連女士爲開導員，楊永貞女士、鄭守眞女士、張佩瑾女士、李應蘭女士、劉素絢女士、夏太太爲庶務，卽由正副會長報告開會宗旨，並報告簽名者已逾千人。前順直禁煙會副會長宋君則久函索簽名單，爲英政府上書用者，業經抄録一份送去矣！次職員陶淑修、龐文垣、陸文輔、劉淑元、周砥、張佩瑾諸女士演説，來賓順直禁煙會會長張君伯芩演説，會員黃守景女士演説，北洋女師範學堂諸女士唱禁煙歌，後議商暫時進行方法數條：一運動全國女子速組織女子禁煙會，務期於本年年終全國禁絕鴉片。一聯合北京女子禁吸紙煙會，以通聲氣，庶可互相協助。一作禁鴉片之演説，登各處報紙。一印刷禁鴉片之演説及警世圖書，分送各處。至以後之進行辦法，下次開會時再行商議，時已六鐘矣！當由會長宣告閉會。

《時報·世界女子協會之新紀元一九一一年正月十四日**》**　姚周佩宜、姚吳景宣、姚楊藴玉、陳王慕青、劉蔣畹芳、甘周容章、顧吳承賢等諸女士近發起設立世界女子協會，昨假西門内武廟開成立大會，到者約五十餘人。其秩序：（一）周佩宜報告開會宗旨，（二）公決章程，（三）邵趙履貞、朱蘇本綺、袁希浩三女士演説，（四）談話，（五）閉會。是日臨時書記員爲陳姜映清，會計員爲范姚文柔。

又《女子協會之發達觀一九一一年二月廿一日**》**　昨日午後二時，世界女子協會假西門内關帝廟圖書館開常會，到者約百人，公推邵趙履貞爲臨時主席。書記部報告蘇州、揚州等處女界來函五件，均極贊成，惟請將章程第三條（會員資格内）會員二人以上之介紹一語酌改。因遠地願入會者甚多，未能與滬員人人相識也云云。衆會員共議進行方法，至五時散會。是日有新到會者數人，尤以皖省王戴珍輝女史爲最遠云。

又《女子國民第一次風雲會一九一一年七月十九日**》**　嘉興府國民尚武分會，各屬已次第成立，惟女界國民會尚付闕如。茲上海女子國民總會特派代表尹鋭志女士蒞禾，與嘉郡公立女校總教習錢王琬清女士組織女子國民分會。於十五日下午，借座精嚴寺藏經閣國民尚武分會事務所開嘉興女子第一次國民分會，男女來賓約二百餘人。首由錢王女士報告開會之理由，次代表尹女士登臺演説，略謂吾國女子以前種種之腐敗，無所謂國家思想。現在時事急迫，非極圖振作，不足以保生存。而目前之男子，雖有維新氣象，所謂留學界諸君，大率花天酒地，置國事於不問，間有留心時局，無非效法本朝開國暨中興諸勳臣，並無立憲國實行政策思想。語語激烈，合座俱爲感動。次錢王琬清女士演説，次國民尚武副會長金理才君演説，俱語語切中時弊。並公决八月初三日開成立大會，訂有簡章十條。擬屆時宣佈云。

《民立報·世界女子協會職員表一九一一年三月三日**》**　（總務部）陳王慕青、劉蔣畹芳、姜葛學潤、姜黄照、姚周佩宜、姚吳景宣。（評議部）朱蘇本綺、邵趙履貞、沈黄守淵、胡王琪齡、徐韻清、袁希浩、邵潘鼎烈、顧吳承賢。（古學部主任）吳沈茝筠、陳王慕青。（科學部主任）暫闕。（美術部主任）湯蘇本楠、袁希楨。（家政部主任）甘周容莊、葉蘇本清。（教育部主任）邵趙履貞、王蘇本喦。（實業部主任）暫闕。（書記）陳姜映清、姚楊藴玉、姚文蘭、姚明佩。（洋文書記）丁明玉、周蕙君。（幹事）范王嵩齡、姚葉鴻楨。（通信兼招待）郁姚明琬、吳顧明貞、楊淑貞、盛珠麟、范熙瑛、徐菊生。（會計）范姚文柔。

創辦女子報刊分部

綜　述

《知新報》第五十五冊《中國女學擬增設報館告白光緒二十四年四月廿一日**》**　敬啓者：中國女學不講已二千餘年矣！同人以生才之根本在斯，於是倡立女學堂。現定四月十二日開塾，已登日報告白外，欲再振興女學會，更擬開設官話女學報，以通坤道消息，以廣博愛之心。乃萬事創始，章程粗具。今得主筆兩三，恐不足以供應天下，想宇宙之大，閨秀中定不乏大手筆，無論中西賢淑名媛，如有高見卓識，乞請迅速惠賜官話緣起一篇，章程數則，本館當有文必録，公聘筆政。夫今日何日？宜愛才之不暇，尚可拘成見乎？佳作請寄英租界望平街蒙學報。

《浙江潮》一九〇三年第十期《女子世界調查緣起》　盲其目，聾其耳，刖其足，錮其腦，沉沉萬劫，永淪於黑暗地獄，而並不得與中國之男子並立平等地位者，非我國二萬萬同胞女子哉？夫源塞則流絕，柯伐則枝萎，民愚則國亡，我國既愚其二萬萬男子，俾為間接之奴隸於異種，而更以最親愛最文弱之二萬萬女子，為奴隸之直接奴隸。嗚呼！同物相陵，猶懷石救溺不至於兩斃不止。故欲拯今日之危亡，必先解脱女子之羈勒，俾立於平等地位，而聰其聽焉！明其視焉！鼓吹其精神而感刺其腦筋焉！是不可無物以司其運動之機，此本誌發行之目的也。雖然同人綿於才力，域於見聞，用設調查一部，以待熱心女界之善男子、善女人，時時報告於本社，紹介以公我同胞。臨風翹企，希望何如！

女子世界概目

一、圖畫　內國學校撮影，東西女傑事迹屬之。二、論説　本社論説屬之。三、演臺　白活演稿屬之。四、傳記　東西女傑事實屬之。五、譯叢　東西名論屬之。六、談藪　涉於新思想奇聞軼事屬之。七、小説傳奇　章回小説屬之。八、文苑　文詞、詩歌屬之。九、專件　來往尺素、調查專件等屬之。十、記事　各地女學事件屬之。

女子世界調查部簡約

一海内同志如有願充本社調查者，請將有關女學文件，及女學狀況，或論説、詩歌、新聞、規約等稿，隨時郵寄本社總發行所，每月以一件為率。

一調查事件刊出與否，原稿概不寄還。

一調查員當酬贈本誌全年，惟零星稿件不在此例。

一惠寄函件郵資概請自給。

附售例：（一本誌月出一冊，每冊零售大洋二角，全年二元，郵費照加，款到寄報。一代派處滿十份以上者，八折。三十份以上者，七折。）

總發行所在上海棋盤街大同印書局

《女子世界》一九〇四年第一期《金一〈女子世界發刊詞〉》　二十世紀之中國，有文明之花也。嬋媛其姿，芬芳其味，瑰瑋其質，美妙其心。歐風吹之而不落，美雨襲之而不零。太平洋之潮流，漫淫灌溉而適以涵濡滋潤助其發達也。玉井之蓮，望之而心折，羅浮之梅，對之而色變，富士山之櫻，見之而將羞死也。然而花不自知其美，乃閉其彩，幽其芬，摧折其蓓蕾。而吾乃焚香縹筆，問花之神，視花之魂，願花常好，以為二十世紀女國民。

雖然二十世紀之中國，亡矣，弱矣。半部分之男子，如眠如醉又如死矣。吾何望女子哉？是不然，女子者，國民之母也。欲新中國，必新女子；欲强中國，必强女子；欲文明中國，必先文明我女子；欲普救中國，必先普救我女子，無可疑也。聞者亦知中國前者之所以强乎？屈指而數，案籍而稽。彼聖賢帝王，英雄俠義，皆有賢母賢妻以為左右也。其尤特立獨行，則班昭、伏女、左芬、謝韞之文章；衛恒、若蘭、薛媛、蔡琰之靈秀；緹縈、聶姊、龐娥、紅線之義俠；馮嫽、木蘭、荀瓘、梁夫人、秦良玉之幹濟。此足表馨逸於陳編，播榮譽於彤史。鬚眉却步，冠劍低頭，不此之崇拜，而顧日言羅蘭、若安、蘇菲亞、娜玎格爾，以為不可及。不可及，所謂國有顔子而不知，目見千里而不自見其睫也。自女權不昌，而後民權墮落，國權淪喪，四千萬方里，四百兆同胞，乃有今日。絜果蘭因，可按而迹也。則吾今日為中國計，舍振興女學，提倡女權之外，其何以哉？謂二十世紀中國之世界，女子之世界，亦何不可。

吾今乃正襟危坐，以告我男子曰：自今以後，無輕視女子。女子者，文明之母也。復斂衽屏氣，以告我女子曰：自今以後，其無自輕視，無纖其足，奴其顔，蓬其心，輕其軀，委身任化，卑之無高論，而當奮起淬厲，以為新國民。藐姑射之山有神人，塵垢粃糠，陶鑄堯舜，女子其知之乎？湘妃之淚，足蘇虞帝之魂。女媧之爐，乃補共工之缺。女子其知之乎？知之其必興起矣！有舌如蓮，有女如仙。《女子世界》出現於二十世紀最初之年，醫吾中國，庶有瘳焉。

《順天時報·北京議辦女報光緒三十一年五月二十六日》　北京報主筆張君展雲之太夫人，夙憂中國女子風氣未開，常有提倡女學之志。頃與張展雲君議擬創設女報，以為開通風氣起見。現頒布開辦章程，擬定六月間出版。想國家之發達待之人材，人材之造就多因教育與庭訓，庭訓之權力，女子柄之。嗚呼！女子之關繫於國家可謂至重且大矣！然中國女子風氣未開，智識淺陋，能得教育兒女以造就人才者，寥寥不啻晨星，吾人輒滋遺憾。今有張君太夫人擬創辦女報以開通風氣，吾人喜於本報出版一千號時接此佳音，深祈該女報之發達焉！

創設北京女報緣起

中國女學不昌數千年矣！女子無才便是德一語，實誤盡蒼生，幽囚我二萬萬婦女於黑暗世界。痛哉！地球文明，各國競言女權。而女權發達之始，基由於女學。惟我中國開辦學堂甚非易事，蓋大廈非一木所能支，陋習又非一朝所能革，苟或辦理不善，必至物議叢生。然則舍女學堂之外，而求所以進我婦女於文明之域者，甚女報乎？考歐美各國，女報林立，其間以美國為尤盛。中國南省曾有女報出版，惜其旋起旋滅，未能垂久，且只有月報而無日報，亦屬缺然。近來北京風氣漸開，報界增漲力甚猛。茲擬別開生面，創設女報，一切內容悉仿日報體裁。按外洋女報館盡由婦女組織而成，中國今日女學未甚發達，且男女界限又不容無別。小兒毓書現充北京報主筆，女報之設，即命其總理一切外事，凡印行報章，採訪新聞均責成之。至於編撰論說，總司大權，則本主人之責。本主人自顧淺陋，深懼不能勝任，仍望海內女同志俯賜教言，匡其不逮，俾女學日興，風氣日開，則拋磚引玉，請自隗始。

北京女報主人會稽杜氏張筠薌啓

開辦簡章

一、中國文字過於艱深，女學又極幼稺，本報之設，專用白話，以淺近文理，俾各等人皆可購閱。

一、本報雖以開女智為宗旨，然所登論説則必正必大，所載新聞則必精必確，必速必多，不但婦人女子人人讀之，即官商士民亦當購閱。

一、本報體例，首載上諭，宮門抄，次論説，次電報，次新聞，次小説。

一、本報為開風氣起見，取價從廉，每日一紙，月收當十大錢兩千文。

一、本報既係女報，則主筆、繙譯、校對皆當延聘女手，惟各人即可由家中以函件往來，無須到館，既免往復車從之勞，且免頑固人退有後言。

一、中外官紳淑媛有肯辱教者，隨時可至本館，男客則由毓書接待，女客則由本主人接待，以嚴內外之分。

一、本館即設前門外延壽寺街羊肉胡同路北。

《中國女報》一九〇六年第一期《秋瑾〈中國女報發刊辭〉》 世間有最淒慘最危險之二字，曰黑闇。黑闇則無是非，無聞見，無一切人間世應有之思想行為等等。黑闇界淒慘之狀態，蓋有萬千不可思議之危險。危險而不知其危險，是乃真危險，危險而不知其危險，是乃大黑闇。黑闇也，危險也，處身其世間者，亦思所以自救以救人歟？然而沉沉黑獄，萬象不有，雖有慧者，莫措其手。吾若置身危險生涯，施大法力，吾毋寧脫身黑闇世界，放大光明，一盞神燈導無量衆生，盡登彼岸，不亦大慈悲耶？夫含生負氣，孰不樂生而惡死，趨吉而避凶？而所以陷危險而不顧者，非不顧也，不之知也。苟醒其沉醉，使驚心萬狀之危險，則人自為計，寧不勝於我為人計耶？否則雖灑遍萬斛楊枝水，吾知其不能盡度世人也。然則曷一念我中國之黑闇何如？我中國前途之危險何如？我中國女界之黑闇更何如？我女界前途之危險更何如？予念及此，予悄然悲，予憮然起，予乃奔走呼號於我同胞諸姊妹，於是而有中國女報之設。夫今日女界之現象，固於四千年來黑闇世界中稍稍放一線光矣！然茫茫長路，行將何之？吾聞之，其作始也簡，其將畢也鉅，苟不確定方針，則毫釐之差，謬以千里，殷鑑不遠，觀數十年來我中國學生界之現狀可以知矣！當學堂不作，科舉盛行時代，其有毅然舍高頭講章，稍稍習外國語言文字者，詎不曰：『新少年，新少年。』然而大道不明，真理未出，求學者類皆無宗旨，無意識，其效果乃以多數聰穎子弟，養成繙譯買辦之材料，不亦大可痛哉！十年來此風稍息，此論亦漸不聞，然而吾又見多數學生，以東瀛為終南捷徑，以學堂為改良之科舉矣！今且考試留學生，某科舉人、某科進士之名稱，又喧騰於耳矣！自茲以後，行見東瀛留學界蒸蒸日盛矣！嗚呼！此等現象進步歟？退步歟？吾不敢知。要之，此等魔力，必不能混入我女子世界中，我女界前途，必不經此二階級，是吾所敢決者。然而聽晨鐘之初動，宿醉未醒；睹東方之乍明，睡魔不遠。人心薄弱，不克自立，扶得東來西又倒，於我女界為尤甚，苟無鞭策之，糾繩之，吾恐無方針之行駛，將旋於巨浪盤渦中以沉溺也。然則具左右輿論之勢力，擔監督國民之責任者，非報紙而何？吾今欲結二萬萬大團體於一致，通全國女界聲息於朝夕，為女界之總機關，使我女子生機活潑，精神奮飛，絕塵而奔，以速進於大光明世界，為醒獅之前驅，為文明之先導，為迷津筏，為闇室燈，使我中國女界中放一光明燦爛之異彩，使全球人種，驚心奪目，拍手而歡呼，無量願力請以報創，吾願與同胞共勉之。

《中國新女界雜誌》一九〇七年第一號《煉石〈中國新女界雜誌發刊詞〉》 國於地球之上，無論彊域之大小，人口之多寡，其女界恒居全國民數之半，此常例也。使其女界黑暗，則雖男界開明，亦只得謂為半開化國，而況女界黑暗者，其男界必無獨能開明之理。

歐美諸强國，深知其故，對於女界，實行開明主義，與男子受同等之教育，其愛國之理想，國民之義務，久令灌注於腦筋。故其女國民，惟日孜孜以國事為己責，至於箇人私利，雖犧牲亦不之惜。斯其國始得為有民，宜其國勢發達，日益强盛，而莫之能侮。

我中國女界，數千年來，墨守古訓，積重難返。處今日世界交通競爭劇烈之時，而男女不平等之習慣，痼塞智慧、殘賊肢體之惡魔，依然盤據於社會上，根深蒂固，未易盡除。淺見者方謂此無妨於國運之進步也，豈知中國人口雖衆，此二萬萬中最多數之女子，既已如此，則是中國雖有多數女國民之形質，而無多數女國民之精神，則有民等於無民。

況家庭腐敗者，其兒童教育，必不完全，是未來數萬萬的偉大國民，已於幼稚時代，最淨潔之腦筋中，種以最頑劣之惡因，流害曷可勝言？

又況女界之與男界，有最密接之關係者也。無高尚的理想，則男子之志氣，為之消磨。無獨立的生活，則男子之資財，為之耗棄。職是之故，無怪乎以碩大民族，勢力衰微，經濟困難，至於此極。

近年以來，朝野上下，始從事於女子教育問題，通都大埠之間，女校相繼成立。雖規模未備，甫具雛形，較諸東西女界，瞠乎其後，然就吾中國論之，不可謂非為吾女學界開一新紀元也。

但深望當事者，勿徒尚物質的教育，必發揮其新道德，而活潑其新思想，斯教育一女子，即國家真得一女國民，由此類推，教育之範圍日以廣，社會之魔害日以消，國民之精神，即日以發達。十年以後，如謂中國女界，不足與歐美爭衡者，吾不信也。

顧東西女界，教育而外，可以發明新理、提倡精神、聯絡感情者，惟恃乎雜誌。吾中國茫茫四百餘州，雜誌之作，亦云夥矣！然出於吾女界所自力經營者，曾不獲一睹，非吾女界恥乎？

然則新女界雜誌之出世，其所擔負之天職何如？姑無具論。惟願吾女同胞，家置一冊，人手一編，察其主義，觀其言論，而見諸實行。更願吾男同胞，贊成而紹介之，令其普遍於家庭社會之間，則亦未始非改良積俗、造就國民之一助已。

《女報》一九〇九年《俠佛（謝震）〈發刊詞〉》 嗚呼！吾中國際茲二十世紀世界，列强環逼，內難迭興，設無以振作之、治理之，恐不十年後，將變爲波蘭、印度、緬甸、安南之續耳。振作之、治理之維何？無非曰練兵也，理財也。其尤要者則在於興教育，使國民有普通知識與技能，并發公德心，慷慨出資捐軀，保中國即以保個人也。顧興教育有年矣，而全社會之黑暗如故，紛擾如故，且加一種僞文明，新客氣。曰：是無蒙小學以爲之基礎也，無女學以爲家庭社會之模範也。即設蒙小學、女學矣，而具熱心相與維持圖謀改良進步者少，或作冷眼觀且造謠持破壞主義者居多，二三志士，屢受挫折，非變計，即喪氣耳。社會既不開通，教育終難發達，奈何奈何！曰：欲開通社會，非辦報不可。而男社會已大概染一種僞文明，新客氣，不如女社會猶是渾渾噩噩，爛漫天真，誠宜策厲之，使日見進步，不可偏私，使男女异法也。此女報之所由發起也。然女報之設亦有年矣。在上海發刊者，最初爲陳擷芬女士所創之《女學報》，次丁初我君之《女子世界》，次秋瑾女士之《中國女報》，又其次者有《天足會報》暨《中國婦人小雜志》。在日本東京發刊者，有何震女士之《天義雜志》，與燕斌之《中國新女界雜志》。大率曇花一現，即歸烏有，其存焉者，亦大有日薄虞淵之景象。推其原因有二：一由於無經費。發起者不過因一時熱誠激動，諸友從而和之，遂於報界猝樹一幟，冀其發達。迨資本既罄，從前之附和者漸散，於是不得不停止。一由於無成見。吾中國男學界尚在幼稚，何論女界。今不問其程度之何若，惟採集太西各國之一般新風氣，從而發揚之，鼓勵之，意非不善也，其奈藥不對症，且虞變病何。即不然，邇來女學初萌芽，開通女界，必須經過男界之一階段。男界因疑忌而生阻力，從此冰炭矣。語云：教育愈淺，愈有勢力。又云：輸新文明，如食河豚，不善食之，反傷生。又云：教育必須研究社會的心理，然後可施以適當之方法。數語誠見真理之言也。本報由商、學界諸同志發起，先集股組織女報社，又附設印刷局以維持之，經費可無慮矣。宗旨載在簡章，雖未詳明，總以破除迷信，注重道德與職業，期改良婦女社會，爲惟一之目的。種種客氣，芟除浄盡。根基既固，阻力不生，庶幾開通女界并男界以及於全國。從此文明進步，勢力膨脹，吾中國將尊爲二十世紀世界各國之主人翁，豈第扶植亞東女權而已哉！敢先爲之頌曰：《女報》萬歲！中國萬歲！

《民立報・婦女日報社簡章一九一一年五月二十三日》 一、宗旨 本報以發揮婦女固有之道德，增進婦女普通之知識，使人人先知修身齊家之必要，以為合羣愛國之始基，兼為我女界交通聲氣，發表意見之機關，冀由組織善良之家庭，漸推而成善良之社會，上為國家樹極鞏固之基礎，下為國民立最正淑之母儀，是為本報惟一宗旨。

二、名稱　定名曰婦女日報。

三、營業性質　股份有限公司。

四、資本金額　擬招股，滿二萬元足額，每股十元，計二千股。

五、發行次數　每日發行一回，星期休刊。

六、內容組織　一、論說。二、女界新聞。三、本國時事。四、批評。五、外國時事。六、新智識。七、風俗調查。八、文苑。九、女學紀聞。十、史傳。十一、婦女白話。十二、小說。共十二門，每日登載至少在八門以上。

又《留日女學會雜誌出版 一九一一年六月二十一日》　此雜誌為留日女學會所組織，執筆者為湖南唐羣英等知名之女士。以提倡女學、尊重女權、改良婚姻、振興職業為主旨。議論宏卓，文章修雅，誠為女學界不可不讀之良編也。每年四期，一、四、七、十月發行，每冊售大洋三角。第一號已出版，要目列左：圖畫三張、祝辭四首、發刊意見書、女子當具獨立性質、女權正論、女子復權論、婚姻改良論、美國演說女傑立巴摩亞傳、今日中國女子三大急務、女子職業問題、英國家庭觀察、其他科學小説，白話文苑，筆記，來稿皆材料豐富，有益女道之文。

發行所：　日本東京神田北神保町一七。

本社上海代派處：　民立報館　望平街秋星社　棋盤街羣益書社。

婦女投身反帝愛國運動分部

投身拒俄運動

綜　述

《女子世界》一九〇四年第二期《福州女士鄭錦湘〈致同學某女士書〉》　冬至前後得外子寄書。及《俄事警聞》發而觀之，時禍之迫，瓜分之慘，至於此極。吾輩惟有舍身致命而已，安能坐視神州陸沈、同胞奴隸乎？想海內同志，必有謀救亡之策者。有義勇隊乎？湘願為義兵。有赤十字社乎？湘願為看護婦。果能保全吾國，固為幸事。即不幸國滅，吾輩亦當捐此生之軀，以殉我祖國也。湘每欲鼓舞吾同胞，增進以民族國家之思想。其奈內地風俗蔽塞，不特女子，七尺鬚眉，淪在暗鄉者，實居多數也。堂將燎，舟將覆矣。秉筆咨嗟，血淚交進，願我同志出而有為，或使奴隸性成之男子，有所愧恥而興也。

又　一九〇四年第三期《慕雄女子黄芬慧〈敬告全國女子〉》　姊妹其思之，慧一幼女，才疏學淺，少見寡聞，豈敢肆然於我二萬萬衆姊妹之前。

提筆妄談，以貽笑方家。然時局急矣，將死之言，豈能終閟，敢不辭不遜之咎，而為一言。我國之弱之危，我同胞皆知之矣，我女同胞亦知之矣。既知之何不設法以救之？其法如何，以阻止强俄蠶食我土地為第一。慧知諸姊妹見之，必笑慧為痴為迂，以為俄者虎狼之國，政府尚不能阻，況我等柔弱之女子乎？慧亦深知此事誠非容易，然諸姊妹豈不聞數年前張園演説之薛錦琴姊妹乎？薛姊妹亦吾同胞之一也，彼以俄約一定，瓜分即成，故痛陳利害，以致集資電爭。密約不成，此功之首，非薛而誰？至於今日，則非電爭所能阻矣！慧之愚見，惟祈我二萬萬同胞姊妹，自今日始，請將各位日費零用，略省一二，日積月深，便成巨數。更勸各位之父兄子弟等，悉一心拒俄，則亦於籌餉練兵非小補也。夫列强之所以欲瓜分我而尚遲遲者，畏我人民之衆耳。使我二萬萬女同胞，竟不能設一策，則我人民四萬萬已去其半矣。男女平權，豈分彼此，願我同胞姊妹其思之。

論説

《中外日報・薛女士錦琴演説一九〇一年三月二十七日》　中國之敗壞一至如此，推其原故，實由居官者無愛國之心，但求保一己之富貴，互相推諉，將一切重大要緊之事任其廢置，而在下之士民又如幼小之嬰兒，不知國家於己有何關係，視國家之休戚，漠然不動其心。有此兩種人，上下之間不能連絡，以致受人欺侮。若英、美、日本諸國則不然，無論爲官爲民，皆視國家爲己之産業，視國家之事如己身之事，上下之間連爲一氣，人心團結，國勢强盛，所以外人不敢欺侮。

今日俄約迫我急矣，而在下之人不識不知，視若於己毫無關係，此最大謬。今日救急之法，當上下合爲一心，以國家事爲己身之事。現聞我國各大官，如劉制臺、張制臺、陶制臺，西安政府與明白之大員，皆知俄約不可允，不可簽押，特慮有一二大臣私交於俄，主持此約，竟欲允俄耳。我等當連合四萬萬人，力求政府請將主持俄約之大臣撤退，另换明白愛國之人爲議和大臣，則俄人迫脅之事庶乎可以挽回矣。

紀事

《中外日報・紀第二次紳商集議拒俄約事一九〇一年三月二十五日》　就中女士薛錦琴，年僅十餘齡，洞明時勢，慷慨陳説，尤令人欽佩無已。

《軍國民教育會紀事・序一九〇三年》　本會發起於拒俄，初稱爲義勇隊。當俄約警時，衆情憤激，女生童子，咸誓死願與虎狼國一争命。

馮自由《革命逸史》第五集《癸卯留日女學生軍姓名補述》　女學生參加十二人，即：

林宗素　王　蓮　曹汝錦　陳懋魖　華　桂　胡　彬
龔圓常　方君笄　鈕勤華　吴　芙　周佩珍　錢豐保

《軍國民教育會紀事一九〇三年》　五月初三日（五月二十九日），女學生入赤十字會開習。

《軍國民教育會會員名單》　以下女學生：

林宗素　王　蓮　曹汝錦　陳懋魖　華　桂　胡　彬
龔圓常　方君笄　鈕勤華　吴　芙　周佩珍　錢豐保

藝文

《女子世界》一九〇四年第二期《常熟女士佩蘅〈讀俄事警聞有感〉》

金鼓關山戰血紅，中宵起看薊門烽。南朝自有梁紅玉，何事蘄王不再逢。

十五垂髫帶劍來，腥風血雨斷頭臺。如何一樣君權國，不見虚無黨會開。

遼河風鶴信頻驚，北望天山一髮青。獨倩紅窗看北斗，詩心劍氣入滄溟。

十萬艨艟海上來，驚聞白禍起風雷。神州抔土腥膻滿，乞借江潮滌一回。

何處銅駝問故墟，怒江滾滾捲靈胥。勸郎珍惜畫眉筆，留向天關草羽書。

長白山前王氣無，玉橋明月夜啼烏。江南革命風潮起，自愧裙釵不丈夫。

雜録

《俄事警聞・祝對俄同志女會之前途一九〇四年一月二十五日》　對俄同志女會，爲福建鄭素伊女士等所創立，於本月初五日，公擬議案五條，其大旨謂：一旦有事，願赴戰地。當此會未成立也，吾聞美國赤十字會之婦女，熱心助日，謂一旦日俄開戰，擬偕行赴戰地救護日本戰兵，乃竊爲中國婦女愧。今觀於此會之議案，其第三條云：擬派專員前赴日本，與日本赤十字會聯絡。而知中國婦女，非無愛國之議矣！抑吾聞之：當東京義勇隊之起也，中國婦女之寓日者，亦創立共愛會，以盡保護戰兵之責，閱時既久，而結果無聞，此固國民無恒德使然，亦未始非此會前車之鑒也。吾觀中國古代，秦俗最悍，婦女知兵，故其詩曰：『修我甲兵，與子偕行。』自此以降，朱夫人卻虜於襄陽，秦良玉集軍於川蜀，花木蘭代父從軍，韓夫人援桴克敵，孰非婦人之救國者乎？吾願今之入此會者，日籌發達之方，以擴張其勢力，使敵人聞之而驚心，曰：『婦女尚如此，男子安可逢？』漢族幸甚！中國幸甚！

又《對俄同志女會之議案一九〇四年一月二十五日》 對俄同志女會發起以來，已會議數次，公推福建鄭女士素伊、上海陳女士婉衍、童女士同雪三人爲總議長，鄭女士獨力捐銀三千元為會費。於本月初五日，又會議於宗孟女學堂，由總議長將會中要事逐條提議。總議長創議，宜先行創設中國赤十字會，諸議長議員同聲贊成。陳婉衍女士將赤十字會中一切歷史演説一番，諸議長議員皆拍手稱誦，皆謂中國一旦有事，願赴戰地云云。由諸議長擬定應行先辨之事五條如左：

一擬繕西文信，布告瑞士等各國。

一擬仿旅日商人孫淦等故事，布告各督撫及外務部。

一擬派專員前赴日本，與日本赤十字會聯絡。

一擬於宗孟女學堂內添設醫學科，聘醫學女教習講求速成醫學。

一擬先行購辦療傷各藥備用。

對外關係總部

不平等條約部

通紀概説分部

綜述

清·薛福成《籌洋芻議·約章》 兩國議和，不能無約，約章行之既久，恐有畸重畸輕之事，以致兩國之有偏損也，不得不訂期修改以劑其平，此中外通行之例也。然修約之舉，期於兩國有益無損，損一國以益一國不行也，一國允而一國不允不行也，伊古以來，未聞有修約不遂，而遽至決裂之舉。惟其如是，則存自利之見者，不得恣睢以從事，有自護之權者，不妨從容以徐商。曩者滇邊案起，英國威使以馬加里之死，多方挾制，中國務持大體，不得不量予變通以弭外邊，於是始立煙臺之約。今前案早結，而英國於約內之事，尚未盡行，其理絀則其氣衰，所以威使支吾延宕，但嗾德國巴使，借修約之事多所要求，要求不得，旋肆恫喝，恫喝不應，而彼之技乃窮，即令佯示決裂之形，中國惟當靜以待之，其萬不能允者，始終堅執一辭，而彼固無如我何也。如其可允而有大損於中國者，宜取大益以抵之，有小損於中國者，宜取小益以抵之，損益適足相當，彼商民猶未愜望，或將如英國新約之訂而不行，否則相持不決，而修約中止，要之不失爲中道，固非中國所慮也。

雖然，中國立約之初，有視若尋常而貽患於無窮者，大要有二：一則曰，一國獲利各國均霑也。西人始來不過一二國，中國不知其牽率而至者如是其衆也，既因有此約，一國所得，諸國安坐而享之，一國所求，諸國羣起而助之，是不啻驅西洋諸國，使之協以謀我也，失計莫甚於此。從前諸國，以英國爲主謀，英國允而各國無不照行，是尚有統宗之處，今則德國雄長歐洲，每事與英競勝，且煙臺條款，德人藉英之力霑利多矣，今復以修約而誅求無已，而英人亦乘間而導之，合力以謀之，此皆『利益均霑』一語階之厲也。往者不可救，來者猶可追，今欲頓棄前約，彼必不肯從也，是莫如存其名而去其實，使彼相忘於不覺。往見戊辰與英國所訂新約，第一條及照會之文，用意甚善，惜乎其未行也。又聞總稅務司赫德之議，擬訂各國通行約本，另設一漢文條約底式，凡有外國訂約者，即按通行之約以授之，此誠省事之良法也。利益均霑之文不必去，而其弊自去矣。

今歲德國修約尚未定議，英法亦届修約之期，如竟能罷論固善，不然則三國同時議約，宜告之曰：約文有一體均霑之語，若稍有參差，則一事兩歧，而開辦無期，莫若乘立約之始，而會歸於一，英、法、德三國既允，其餘諸國可無慮矣。他日届期修約，彼即不能迭出以相嘗，萬一意見不合，不過互相牽制，不行新約而止耳，各國無端之喧聒，其少紓乎？

一則曰，洋人居中國不歸中國官管理也。夫商民居何國何地，即受治於此地之有司，亦地球各國通行之法。獨中國初定約時，洋人以中西律法迥殊，始議華人治以華法，歸華官管理，洋人治以洋法，歸洋官管理。然居此地而不受治於有司，則諸事爲之掣肘，且中國之法重，西洋之法輕，有時華人洋人同犯一罪，而華人受重法，洋人受輕法，已覺不均。今即以人命論，華人犯法必議抵償，議撫卹，無有能倖免者，洋人犯法，從無抵償之事，洋官又必多方庇護，縱之回國，是不特輕法所未施，而直無法以治之矣。此無他，有司無權之故也。

爲今之計，既不能强西人而就中法，且莫如用洋法以治洋人。按煙臺條款，有照會各國議定審案章程之約，赫德亦謂華洋訟件，宜定一通行之訊法，通行之罪名，乃能經久無弊。近聞美國與日本議立新約，許歸復其內治之權，外人皆歸地方官管轄，中國亦宜於此時商之各國，議定條約。凡通商口岸，設立理案衙門，由各省大吏遴選幹員，及聘外國律師各一人主其事，凡有華洋訟件，均歸此衙門審辦。其通行之法，宜參用中西律例，詳細酌覈，如猶不能行，即專用洋法亦可，何也？治華洋交涉之事，本與中國自治之法不同，以洋法治華人，所以使華人避重就輕也，以洋法治洋人，所以使洋人難逃法外也，補偏救弊，舍是無他術矣。夫條約之要義，固不止此二端，而以此二端爲最鉅，驟與之商，未必肯聽，則於無形之中，潛寓轉移可也。卽不然，用以抵其所索之款可也。若夫法國之約，莫如約束教民，俄國之約，莫如清理邊界，似皆宜於通行之約之外，別立專條，其間幾微之得失，實爲中國安危之機，是又當以全力注之者矣。

《光緒朝上諭檔・光緒三十二年二月十一日》 上諭：從來敦篤邦交，端在講信修睦。朝廷與東西各國通商立約，開誠布公，固已情誼交孚，毫無隔閡。各國亦均稱歡洽親密有加。中外相安，實天下所共悉。乃聞近日以來，訛言肆起，適遇有不虞之暴動，遂突起排外之謡傳。市虎杯蛇，衆情惶駭。推原其故，必由奸人播弄，匪徒煽惑，或思離間我交好，或欲激怒我民心。詭計陰謀，莫可究詰。關係大局，良非淺鮮，不得不明白宣示，一釋羣疑。方今時局艱難，正賴列邦互相聯絡，庶幾寰宇協和，豈有自啓猜嫌，擾害治安之理？我君臣上下，惟當力戒因循，勵精圖治，以實心行實政，期於漸至富强。各處學生尤當深明忠愛，爭自濯磨，精修本業，學成待用，以儲楨幹之才。應遵照奏定學堂禁令章程，束身自愛，尤不得干預外交，妄生議論。總之，團體原宜固結，而斷不可有仇視外洋之心；權利固當保全，而斷不可有違背條約之舉。若士大夫宗旨不明，愚民將何所倡導？一匪人乘機滋事，必至貽害地方。經此次宣諭之後，著各省將軍督撫，嚴飭該文武各官，認真財産乃防範所有外國人民各教堂，均應一體，切實保護。卽遇不平之事，應候官爲理論。如有造言生事、任意妄爲者，必非安分守法之人，卽著趕緊查拿，立行究辦。倘或防護不力致出重情，定將該地方官從重懲處，決不姑容。該將軍督撫等務卽剴切曉示隨時約束，懲前毖後，防患未然。用副國家輯睦友邦、保安黎庶之至意。欽此。光緒三十二年二月十一日。

論説

《外交報》一九〇四年第五號《論中國要事不可全付外人》 中國地大物博，教化夙成，斷不能謂無人材。惟自昔以閉關爲治，所成之俗，所造之材，其天演所陶冶而成之者，自與泰西殊異。一濱東海，一濱西海，蔚然兩大文明國，遙遙對時。而中隔中亞細亞高原，高山沙磧之險，野人蠻俗之阻，東西二岸因以不通。使命之往來，驥千載而一遇。商人旅客，轉展傳説，以備異聞而已。使其長此終古，則中國之事勢可以不變，卽中國之政體可以不改，而中國之人材亦永覺其可以足用。觀二十四朝之史，其盛衰無大殊矣，雖百世可知也。乃好靜之俗可以終古不逾域外，而好動之俗則不能不梯山航海以至其地。東西乍合，風俗殊異，如二種原質相遇，將欲變爲新質。而中國遂不能守其故常。通商以後至今凡六十年，其變以黄帝至今六千年較之，無其大也。所成之勢，既爲古之所無有；則所謀之事，亦必爲古之所無有；卽所用之材，亦必爲古之所無有。非惟無此學術而已，乃至此類風俗種性，亦爲古之所無有。非必我之劣於人也，事出於前聖之所不及料已，無其備而人乘之，其狼狽失據亦不足怪耳。既以漸困，斯不能不改其舊政之一二。然舉一從古未有之事，卽將需一從古未有之學。既迫於不得不爲，而已之材又無能任其事者，於是用客卿聘洋師之説，遂如鐵案之不可易。據理勢論之，亦誰能謂爲不然也。然就數十年之已事觀之，則所成者輒與所期者反。最初設者船政局，其次税務司，其次招商局，又其次電報鐵路，而最近者爲郵政局。方各事創設之始，政府之意莫不謂事方創舉，不能不借材異國俟。本國人習練已成之後，則以本國人任之。乃數十年間，非惟此各局之首領依然歸之外人，乃至一商船之船主，一海關之巡丁，一製造局之工頭，亦從無以中國人任之者。夫平心而論，極繁密重大之事，或非華人所能勝任。若謂中國人乃無一能具船主、巡丁、工頭之資格者，此非但吾人所不信，想亦西人之所不敢言。然而其事則竟至無一船主、巡丁、工頭。且不惟無此而已，駸駸乎反客爲主。以中國之地、中國之財、中國所創意而傭雇外人之事。日變月化，彷彿如外人之在外國辦事，而中國人爲依附末光沾溉餘瀝之人。此等彼主我奴之景象，幾於無時不然，無物不顯。凡一附郵船，一遊機廠之人，無不能領略之。惟相習已成，往往安之若素。然苟一思其故，輒有令人大惑不解者。蓋我之失其權者，由來遠矣，當外人之始至也，未便不自知主客之分。其後見爲主人者，置其事於不問，則一局之内主權必有所歸，外人遂不得不操之。一既操之，而覺其可樂也，則又思爲蟠據把持之方焉。再其後，則彼之政府知之，卽利用此爲機關而謀，遂其無窮之慾。蓋其始本無久假不歸之意也，其後則雖不肯遽去，而猶可爭者也，最後則爭無一爭。主人稍欲過問一二，且張目攘臂以爲大詫不情矣。至此，則爲主人者始病之。惟病之而亦無如何耳。雖然病之，猶愈於不病，使主人真能覺彼反客爲主之可惡，則主客之名分固在，未嘗不可據理以力爭。卽爭之而不能得，亦可臥薪嘗膽以謀恢復之道，終至光復舊物而止。惟爲主人者，絕不以外人之把持蟠據爲非。且樂外人之積著威信於我民也，反借外人爲機關以加其力於民。於是外國政府借此等人以爲機關，而加其力於中國政府。中國政府再借此人爲機關，而加其力於中國平民，則其效遂不可問矣。夫舉一事者，爲國家全體謀公利也。乃舉一事卽延一客，而客皆一來而不去，則未舉事之先，不過此事未顯而已。而此事之原力，常隱伏於國羣已。舉事之後，其事雖若有效，而其事之原力已輸送於外國。再其後，則外國不僅吸收此原力而止，乃至據此爲根本，而謀其吞蝕全體之舉。咄哉！世安有此怪事？此豈曾胡諸公議辦新政之時之所及料者哉？本報此論，非謂當因噎而廢食，但謂國權未失，則用外人與用本國人無異。按西律凡甲國人仕於乙國者，必入乙國之籍，卽爲乙國之子民。國權既失，則多一外人卽多一敵國。天下未有無量敵國布於國家之要害，而國家可以無事者也。今往事已不可追矣，深願執政諸公致謹於將來，而毋以外人爲必可恃也。

《東方雜誌》第一卷第九號《華人宜自辦路礦》 近歲賣礦之事屢見，雖政府與國民無有異辭，而尚有一二舊生，持空言囂以鳴於報紙之上。白種人若曰是賢子雖不足畏，然有一般輿論之反對，或足以尼吾事。因是比人欲辦上海至長沙南昌之鐵路，嗾中國官紳出面向政府運動。已則暗中附股包攬工程。夫中國路礦，中國人自辦之，此二語寧非今日達識之士所持之最力者耶？而白種人卽以名義上之近似此二語者，上迷政府之目，下噤一般之輿論。在彼持傀儡者，立於幕後，萬不至於跌足。在彼傀儡，方且晛高爾伊龔銘義而傲然曰，中國路礦中國人自辦之矣。噫嘻。

割地賠款分部

綜　述

《中英江寧條約》（道光二十二年七月二十四日、一八四二年八月二十九日，南京）一、因大英商船遠路涉洋，往往有損壞須修補者，自應給予沿海一處，以便修船及存守所用物料。今大皇帝准將香港一島給予大英國君主暨嗣後世襲主位者常遠據守主掌，任便立法治理。

一、因大清欽差大憲等於道光十九年二月間經將大英國領事官及民人等强留粵省，嚇以死罪，索出鴉片以爲贖命，今大皇帝准以洋銀六百萬員償補原價。

一、凡大英商民在粵貿易，向例全歸額設行商，亦稱公行者承辦，今大皇帝准以嗣後不必仍照向例，乃凡有英商等赴各該口貿易者，勿論與何商交易，均聽其便；且向例額設行商等内有累欠英商甚多無措清還者，今酌定洋銀三百萬員，作爲商欠之數，准明由中國官爲償還。

一、因大清欽命大臣等向大英官民人等不公强辦，致須撥發軍士討求伸理，今酌定水陸軍費洋銀一千二百萬員，大皇帝准爲償補，惟自道光二十一年六月十五日以後，英國因贖各城收過銀兩之數，大英全權公使大臣爲君主准可，按數扣除。

一、以上三條酌定銀數共二千一百萬員，應如何分期交清開列於左：

此時交銀六百萬員；

癸卯年六月間交銀三百萬員，十二月間交銀三百萬員，共銀六百萬員；

甲辰年六月間交銀二百五十萬員，十二月間交銀二百五十萬員，共銀五百萬員；

乙巳年六月間交銀二百萬員，十二月間交銀二百萬員，共銀四百萬員；

自壬寅年起至乙巳年止，四年共交銀二千一百萬員。

倘有按期未能交足之數，則酌定每年每百員加息五員。

《中俄愛琿城和約》（咸豐八年四月十六日、一八五八年五月二十八日）咸豐八年四月十六日，黑龍江將軍奕山，會同俄國東悉畢爾將軍岳福，在愛琿城議定和約三條：

一、黑龍江、松花江左岸，由額爾古訥河至松花江海口，作爲俄羅斯國所屬之地；右岸順江流至烏蘇里河，作爲大清國所屬之地；由烏蘇里河往彼至海所有之地，此地如同接連兩國交界明定之間地方，作爲兩國共管之地。由黑龍江、松花江、烏蘇里河，此後只准中國、俄國行船，各別外國船隻不准由此江河行走。黑龍江左岸，由精奇里河以南至豁爾莫勒津屯，原住之滿洲人等，照舊准其各在所住屯中永遠居住，仍著滿洲國大臣官員管理，俄羅斯人等和好，不得侵犯。

一、兩國所屬之人互相取和，烏蘇里、黑龍江、松花江居住兩國所屬之人，令其一同交易，官員等在兩岸彼此照看兩國貿易之人。

一、俄國結聶喇勒固畢爾那託爾木喇福岳福，中國鎮守黑龍江等處將軍奕山，會同議定之條，永遠遵行勿替等因；俄國結聶喇勒固畢爾那託爾木喇福岳福繕寫俄羅斯字、滿洲字，親自畫押，交與中國將軍宗室奕山，並中國將軍奕山繕寫滿洲字、蒙古字，親自畫押，交與俄羅斯國結聶喇勒固畢爾那託爾木喇福岳福，照依此文繕寫，曉諭兩國交界上人等。

《中英天津條約》（咸豐八年五月十六日、一八五八年六月二十六日）第五十五款　一、大英君主懷意恒存友睦，允將前因粵城一事所致需支賠補各項經費等款如何辦理，另立專條，與約內列條同爲堅定不移。

專　條

一、前因粵城大憲辦理不善，致英民受損，大英君主只得動兵取償，保其將來守約勿失。商虧銀二百萬兩，軍需經費銀二百萬兩二項，大清皇帝皆允由粵省督、撫設措，至應如何分期辦法，與大英秉權大員酌定行辦。以上款項付清，方將粵城仍交回大清國管屬。咸豐八年五月十六日

一千八百五十八年六月二十六日

《中法天津條約·和約章程補遺》（咸豐八年五月十七日、一八五八年六月二十七日）第三款　大法國民人及所保護者在廣東省城所有行內物件，大法、大英軍兵未入省之先，皆被百姓或燒、或劫，後計多寡，按據分賠。

第四款　中國官員固執不允大法國以理所請各賠補之處，以致軍需繁多，務必由廣東海關照數賠補。其賠補銀與軍兵費用約有二百萬兩之多；應將此銀交大法國駐紮中國欽差大臣收入，復回收單執照。其二百萬兩分六次，每年一次交清，或用銀兩，或用會單，仍由廣東海關交清，將來凡有本國完納出入貨稅各客商，皆准量稅之多寡，用銀九分，會單一分完納。其交銀，首次從兩國欽差大臣畫押章程之日起，約一年之內交清。廣東海關於抽稅時，若欲每年惟收會單，其會單值銀三十三萬三千三百三十三兩三錢四分之數，即六分之一抽稅，亦無不可。後在廣東，中國大憲會同大法國欽差派員預行會議，定立會單圖式印章，如何交收，每會單值銀多少，交清銀兩之後如何註銷，以免重複。

第五款　中國將上款所開銀數，或用銀兩，或用海關會單，一經交清，大法國軍兵即時退出粵省，惟以軍兵及速退出之便，中國欲將各會單或先期，或按次，分明年號交出，在領事官署寄存，亦無不可。

第六款　以上各款仍如各字列載和約章程內一律無異，因此兩國欽差大臣畫押鈐印。

《中英北京條約》（咸豐十年九月十一日、一八六〇年十月二十四日）第三款　一、戊午年原約後附專條，作爲廢紙，所載賠償各項，大清大皇帝允以八百萬兩相易。其應如何分繳，即於十月十九日在於津郡先將銀伍拾萬兩繳楚；以本年十月二十日，即英國十二月初二日以前，應在於粵省分繳三十三萬三千三百三十三兩內，將查明該日以前粵省大吏經支填築沙面地方英商行基之費若干，扣除入算；其餘銀兩應於通商各關所納總數內分結，扣繳二成，以英月三個月爲一結，即行算清。自本年英十月初一日，即庚申年八月十七日至英十二月三十一日，即庚申年十一月二十日爲第一結，如此陸續扣繳八百萬總數完結，均當隨結清交大英欽差大臣專派委員監收外，兩國彼此各應先期添派數員稽查數目清單等件，以昭愼重。再今所定取償八百萬兩內，二百萬兩仍爲住粵英商補虧之款，其六百萬兩少裨軍需之費，載此明文，庶免棼糾。【略】

第六款　一、前據本年二月二十八日大清兩廣總督勞崇光，將粵東九龍司地方一區，交與大英駐紮粵省暫充英法總局正使功賜三等寶星巴夏禮

代國立批永租在案，茲大清大皇帝定即將該地界付與大英大君主並歷後嗣，並歸英屬香港界內，以期該港埠面管轄所及庶保無事。其批作爲廢紙外，其有該地華民自稱業户，應由彼此兩國各派委員會勘查明，果爲該户本業，嗣後倘遇勢必令遷別地，大英國無不公當賠補。

《中法北京條約》（咸豐十年九月十二日、一八六〇年十月二十五日）第四款　己未年在天津所定遺補第四款內載，中國賠補軍需銀貳百萬兩，茲以删去；今復議定，賠補銀共捌百萬兩。在此數內，已收到去歲粵海關繳銀三十三萬三千三百三十三兩零。共餘銀兩，宜在中國各海關每年收税銀若干，按五分之一扣歸。其交銀之時，係三個月交一次，首次宜於咸豐拾年八月十七日起而於十一月二十日止。但所交之銀，或紋銀，或洋銀俱可，其銀應交大法國駐紮中國之欽差大臣，或所派之員亦可，但限定於十月十八日在津郡一盤現交銀伍拾萬兩。將來大法國駐紮中國欽差大臣暨中國大臣各派委員，會議定立如何交收銀兩，如何立定收單等事，再爲妥定。

第五款　中國今所賠補之銀本係爲軍需，又爲法國商人及其所保護者在廣東省城所有行內物件被百姓或燒、或劫。將來大法國將此賠補之銀，均公允分攤與被累之法國人；其銀扣一百萬兩，派與法國民人及其所保護者，爲補其害，或慰其苦，其餘皆抵軍費。【略】

第八款　戊午年所定原約互换之日，所有法國屯於舟山之軍立當出境，續約條所定應繳銀五十萬兩繳清之日，除統兵官暫駐天津過冬諒不便即行撤兵外，應如第七款內所言，即駐津各軍亦應離城，退至大沽砲臺、登州、北海、廣東省城各等處駐紮，俟續約所定賠補款八百萬兩全數繳清，以上各駐軍再當掃數撤歸。

《中俄北京條約》（咸豐十年十月初二日、一八六〇年十一月十四日）第一條　議定詳明一千八百五十八年瑪乙月十六日，即咸豐八年四月二十一日，在愛琿城所立和約之第一條，遵照是年伊云月初一日，即五月初三日，在天津地方所立和約之第九條：此後兩國東界定爲由什勒喀、額爾古納兩河會處；即順黑龍江下流至該江、烏蘇里河會處。其北邊地，屬俄羅斯國；其南邊地至烏蘇里河口所有地方，屬中國。自烏蘇里河口而南，上至興凱湖，兩國以烏蘇里及松阿察二河作爲交界。其二河東之地，屬俄羅斯國；二河西，屬中國。自松阿察河之源，兩國交界踰興凱湖直至白稜河；自白稜河口，順山嶺至瑚布圖河口，再由瑚布圖河口，順琿春河及海中間之嶺，至圖們江口。其東皆屬俄羅斯國；其西皆屬中國。兩國交界與圖們江之會處及該江口，相距不過二十里。且遵天津和約第九條議定，繪畫地圖，內以紅色分爲交界之地，上寫俄羅斯國阿、巴、瓦、噶、達、耶、熱、皆、伊、亦、喀、拉、瑪、那、倭、怕、啦、薩、土、烏等字頭，以便易詳閲。其地圖上，必須兩國欽差大臣畫押鈐印爲據。

上所言者，乃空曠之地。遇有中國人住之處及中國人所占漁獵之地，俄國均不得占，仍准中國人照常漁獵。從立界牌之後，永無更改，並不侵占附近及他處之地。

第二條　西疆尚在未定之交界，此後應順山嶺、大河之流，及現在中國常駐卡倫等處，及一千七百二十八年，即雍正六年，所立沙賓達巴哈之界牌末處起，往西直至齋桑淖爾湖，自此往西南，順天山之特穆爾圖淖爾，南至浩罕邊界爲界。

《中俄勘分西北界約記》（同治三年九月七日、一八六四年十月七日）第一條　自沙濱達巴哈界牌起，先往西，後往南，順薩彦山嶺，至唐努鄂拉達巴哈西邊末處，轉往西南，順賽留格木山嶺，至奎屯鄂拉，即往西行，順大阿勒台山嶺；至齋桑淖爾北面之海留圖兩河中間之山，轉往西南，順此山直至齋桑淖爾北邊之察奇勒莫斯鄂拉；即轉往東南，沿淖爾，順喀喇額爾齊斯河岸，至瑪呢圖噶圖勒幹卡倫爲界。此間分別兩國交界，即以水流爲憑：向東、向南水流之處，爲中國地；向西、向北水流之處，爲俄國地。

第二條　自瑪呢圖噶圖勒幹卡倫起，往東南行，至賽里鄂拉；先往西南，後往西行，順塔爾巴哈台山嶺；至哈木爾達巴哈，即轉往西南，順庫木爾齊、哈喇布拉克、巴克圖、葦塘子、瑪呢圖、沙喇布拉克、察汗托霍依、額爾格圖、巴爾魯克、莫多巴爾魯克等處卡倫之路；至巴爾魯克、阿拉套兩山嶺中間，由平地行，即在哈布塔蓋、阿嚕沁達蘭兩卡倫中間，擇山坡定界，自此至阿勒坦特布什山嶺東邊末處爲界。此間分別兩國交界，即以水流爲憑：向東、向南水流之處，爲中國地；向西、向北水流之處，爲俄國地。

第三條　自阿勒坦特布什山嶺東邊末處起，依阿拉套大嶺往西，順阿勒坦特布什、索達巴哈、庫克托木、罕喀爾察蓋等山頂。向北水流之處，爲俄國地；向南水流之處，爲中國地。至向東流之薩爾巴克圖河，向西流水之庫克鄂羅木河，向南流水之奎屯河源之匡果羅鄂博山，即轉往南。向西流水之庫克鄂羅木等河之處，爲俄國地；向東流之薩爾巴克圖等河之處，爲中國地。自此由奎屯河西邊之奎塔斯山頂，行至圖爾根河水從山内向南流出之處，即順圖爾根河，依博羅胡吉爾、奎屯、齊齊幹、霍爾果斯等處卡倫，至伊犂河之齊欽卡倫。過伊犂河，往西南行，至春濟卡倫，轉往東南，至特穆爾里克河源。轉東，由特穆爾里克即南山也山頂行，圍繞哈薩克、布魯特游牧之地，至格根河源，即轉往西南。格根等向西流水之處，爲俄國地；温都布拉克等向東流水之處，爲中國地。自此往西南，由喀喇套山頂行，至畢爾巴什山，即順向南流水之達喇圖河，至特克斯河。過特克斯河，順那林哈勒哈河，靠天山嶺爲界。自此往西南，分晰回子部落、布魯特部落住牧之處，由特穆爾圖淖爾南邊之罕騰格爾、薩瓦巴齊、貢古魯克、喀克善等山，統曰天山之頂，行至葱嶺，靠浩罕界爲界。

第四條　現將邊界順山嶺、大河及常住卡倫議定後，其邊界以外分入俄國之地，原有中國烏里雅蘇台、科布多所屬大阿勒台等山嶺迤北舊住之烏克克等卡倫，塔爾巴哈臺所屬塔爾巴哈臺山嶺迤北舊住之鄂倫布拉克等卡倫，及阿拉套山迤北舊住之胡蘇圖阿魯沁達蘭卡倫，伊犂所屬舊住之匡果羅鄂倫等卡倫，建立界牌鄂博以前，仍聽中國在彼住守，統俟明年兩國立界大臣會同建立界牌鄂博時，何處將界牌鄂博立畢，即將何處應向内挪移卡倫，限一月内挪移。

第五條　今將邊界議定，永固兩國和好，以免日後兩國爲現定邊界附近地方住牧人丁相爭之處，即以此次換約文到之日爲准，該人丁向在何處住牧者，仍應留於何處住牧，俾伊等安居故土，各守舊業。所以地面分在何國，其人丁即隨地歸爲何國管轄；嗣後倘有由原住地方越往他處者，即行撥回，免致混亂。

第六條　自現在議定邊界換約之日起，過二百四十日，即爲兩國立界大臣訂准日期，俄國兩起立界大臣均赴阿嚕沁達蘭、喀布塔蓋兩卡中間會齊：一起會同伊犂立界大臣往西南，按照議定界址，建立界牌鄂博；一起會同塔爾巴哈台立界大臣往東北，按照議定界址，建立界牌鄂博，行至瑪呢圖噶圖勒幹卡倫，會同科布多立界大臣，按照議定界址，建立界牌鄂博；行至索果克卡倫，會同烏里雅蘇台立界大臣，按照議定界址，建立界牌鄂博，至沙濱達巴哈止。

如遇大山，以山梁劃界；遇大河，以河岸劃界；如遇横山、横河，俱以新立界牌鄂博劃界。至建立界牌鄂博時，總以各界址處所水流之方向作爲立界之憑，擇其地方形勢建立。如有大嶺，行人不能越往、實難堆立之處，即以水流及山嶺爲界。其平曠之區，兩國堆立界牌鄂博時，中間空出二十丈，作爲公中之地。所立界牌鄂博以左，其山河所產一切物件，均屬中國；所立界牌鄂博以右，其山河所產一切物件，均屬俄羅斯國。

第七條　明年兩國立界大臣建立界牌鄂博畢，再將堆立界牌鄂博共若干處，及均在何處堆立地名，作記互換爲憑。

第八條　今將兩國應分界址議定。建立界牌鄂博後，倘有河源係在中國而流注於俄國者，中國不得改截其流注之故道；倘有河源係在俄國而流注於中國者，俄國亦不得改截其流注之故道。

《中俄伊犂條約》（光緒七年七月二十五日、一八八一年二月二十四日）第一條　大俄國大皇帝允將一千八百七十一年，即同治十年，俄兵代收伊犂地方，交還大清國管屬。其伊犂西邊，按照此約第七條所定界址，應歸俄國管屬。

第二條　大清國大皇帝允降諭旨，將伊犂擾亂時及平靖後該處居民所爲不是，無分民、教，均免究治，免追財產。中國官員於交收伊犂以前，遵照大清國大皇帝恩旨，出示曉諭伊犂居民。

第三條　伊犂居民或願仍居原處爲中國民，或願遷居俄國入俄國籍者，均聽其便。應於交收伊犂以前詢明，其願遷居俄國者，自交收伊犂之日起，予一年限期；遷居携帶財物，中國官並不攔阻。【略】

第五條　兩國特派大臣一面交還伊犂，一面接收伊犂，並遵照約内關繫交收各事宜，在伊犂城會齊辦理施行。該大臣遵照督辦交收伊犂事宜之陝甘總督與土爾吉斯坦總督商定次序開辦，陝甘總督奉到大清國大皇帝批准條約，將通行之事派委妥員前往塔什干城知照土爾吉斯坦總督。自該員到塔什干城之日起，於三個月內，應將交收伊犁之事辦竣，能於先期辦竣亦可。

第六條　大清國大皇帝允將大俄國自同治十年代收、代守伊犁所需兵費，並所有前此在中國境內被搶受虧俄商及被害俄民家屬各案補恤之款，共銀盧布九百萬圓，歸還俄國。自換約之日起，按照此約所附專條內載辦法次序，二年歸完。

第七條　伊犁西邊地方應歸俄國管屬，以便因入俄籍而棄田地之民在彼安置。中國伊犁地方與俄國地方交界，自別珍島山，順霍爾果斯河，至該河入伊犁河滙流處，再過伊犁河，往南至烏宗島山廓里扎特村東邊。自此處往南，順同治三年塔城界約所定舊界。

第八條　同治三年塔城界約所定齋桑湖迤東之界，查有不妥之處，應由兩國特派大臣會同勘改，以歸妥協，並將兩國所屬之哈薩克分別清楚。至分界辦法，應自奎峒山過黑伊爾特什河至薩烏爾嶺畫一直線，由分界大臣就此直線與舊界之間，酌定新界。

第九條　以上第七、第八兩條所定兩國交界地方及從前未立界牌之交界各處，應由兩國特派大員安設界牌。該大員等會齊地方、時日，由兩國商議酌定。

俄國所屬之費爾於省與中國喀什噶爾西邊交界地方，亦由兩國特派大員前往查勘，照兩國現管之界勘定，安設界牌。

專　條

按照中、俄兩國全權大臣現在所定條約第六條所載，中國將俄兵代收、代守伊犁兵費及俄民各案補卹之款，共銀盧布九百萬圓，歸還俄國，自換約之日起，二年歸完。兩國全權大臣議將此款交納次序辦法商定如左：

以上銀盧布九百萬圓，合英金磅一百四十三萬一千六百六十四圓零二希令，匀作六次，除兑至倫敦滙費毋庸由中國付給外，按每次中國淨交英金磅二十三萬八千六百一十圓零十三希令八本士，付與倫敦城內布拉得別林格銀號收領，作爲每四個月交納一次，第一次自換約後四個月交納，末一次在換約後二年期滿交納。此專條應與載明現在所定條約無異，是以兩國全權大臣畫押、蓋印爲憑。

《中葡北京條約》（光緒十三年十月十七日、一八八七年十二月一日）第二款　一、前在大西洋國京都理斯波阿所訂預立節略內，大西洋國永居、管理澳門之第二款，大清國仍允無異。惟現經商定，俟兩國派員妥爲會訂界址，再行特立專約。其未經定界以前，一切事宜俱照依現時情形勿動，彼此均不得有增減、改變之事。

第三款　一、前在大西洋國京都理斯波阿所訂預立節略內，大西洋國允准，未經大清國首肯，則大西洋國永不得將澳門讓與他國之第三款，大西洋國仍允無異。

《中日馬關條約》（光緒二十一年三月二十三日、一八九五年四月十七日）第二款　中國將管理下開地方之權并將該地方所有堡壘、軍器工廠及一切屬公物件，永遠讓與日本：

一、下開劃界以內之奉天省南邊地方：從鴨綠江口溯該江以抵安平河口，又從該河口劃至鳳凰城、海城及營口而止，畫成折綫以南地方。所有前開各城市邑皆包括在劃界綫內。該綫抵營口之遼河後，即順流至海口止，彼此以河中心爲分界。

遼東灣東岸及黄海北岸在奉天省所屬諸島嶼，亦一并在所讓境內。

二、臺灣全島及所有附屬各島嶼。

三、澎湖列島，即英國格林尼次東經百十九度起至百二十度止，及北緯二十三度起至二十四度之間諸島嶼。

第三款　前款所載及粘附本約之地圖所劃疆界，俟本約批准互換之後，兩國應各選派官員二名以上，爲公同劃定疆界委員，就地踏勘，確定劃界。若遇本約所訂疆界，於地形或治理所關有礙難不便等情，各該委員等當妥爲參酌更定。

各該委員等當從速辦理界務，以期奉委之後，限一年竣事。但遇各該委員等有所更定劃界，兩國政府未經認准以前，應據本約所定劃界爲正。

第四款　中國約將庫平銀貳萬萬兩交與日本，作爲賠償軍費；該款分作八次交完。第一次伍千萬兩，應本約批准互換後六個月內交清，第二次伍千萬兩應在本約批准互換後十二個月內交清。餘款平分六次遞年交納，其法列下：第一次平分遞年之款，於兩年內交清，第二次於三年內交清，第三次於四年內交清，第四次於五年內交清，第五次於六年內交清，第六次於七年內交清，其年分均以本約批准互換之後起算。又第一次賠款交清後，未經交完之款應按年加每百抽五之息。但無論何時，將應賠之款或全數、或幾分，先期交清，均聽中國之便。如從條約批准互換之日起，三年之內，能全數清還，除將已付利息或兩年半、或不及兩年半，於應付本銀扣還外，餘仍全數免息。

《交接臺灣文據》（光緒二十一年五月初十日、一八九五年六月二日）臺灣全島及所有附屬各島嶼並澎湖列島所有堡壘、軍器工廠及屬公物件清單：

一、臺灣全島澎湖列島之各海口及各府縣所有堡壘、軍器工廠及屬公物件。

一、臺灣至福建海綫應如何辦理之處，俟兩國政府商定。

《中日遼南條約》（光緒二十一年九月二十二日、一八九五年十一月八日）第二款　中國約，爲酬報交還奉天省南邊地方，將庫平銀三千萬兩，迨於光緒二十一年九月三十日，即明治二十八年十一月十六日，交與日本國政府。

第三款　中國將本約第二款所定之酬款庫平銀三千萬兩交與日本國政府，自是日起，三個月以內，日本國軍隊從該交還地方一律撤回。

《辛丑條約》（光緒二十七年七月二十五日、一九〇一年九月七日）第六款　按照西曆本年五月二十九日，即中曆四月十二日上諭，大清國大皇帝允定，付諸國償款海關銀四百五十兆兩。此款係西曆一千九百年十二月二十二日，即中曆光緒二十六年十一月初一日條款內第二款所載之各國、各會、各人及中國人民之賠償總數附件十二。

甲、此四百五十兆係照海關銀兩市價易爲金款，此市價按諸國各金錢之價易金如左：海關銀一兩，即德國三馬克零五五；即奧國三克勒尼五九五；即美國圓零七四二；即法國三佛郎克七五；即英國三先零；即日本一圓四零七；即荷蘭國一弗樂林七九六；即俄國一魯布四一二，俄國魯布按金平算，即十七多里亞四二四。

此四百五十兆按年息四釐，正本由中國分三十九年，按後附之表各章清還附件十三。本息用金付給，或按應還日期之市價易金付給。還本於一千九百零二年正月初一日起，一千九百四十年終止。還本各款，應按每屆一年付還，初次定於一千九百零三年正月初一日付還。利息由一千九百零一年七月初一日起算，惟中國國家亦可將所欠首六個月至一千九百零一年十二月三十一日之息，展在自一千九百零二年正月初一日起，於三年內付還，但所展息款之利，亦應按年四釐付清。又利息每屆六個月付給，初次定於一千九百零二年七月初一日付給。

乙、此欠款一切事宜，均在上海辦理如後：諸國各派銀行董事一名，會同將所有由該管之中國官員付給之本利總數收存，分給有干涉者，該銀行出付回執。

丙、由中國國家將全數保票一紙交付駐京諸國欽差領銜大臣手內，此保票以後分作零票，每票上各由中國特派之官員畫押。此節以及發票一切事宜，應由以上所述之銀行董事各遵本國飭令而行。

丁、付還保票財源各進款，應每月給銀行董事收存。

戊、所定承擔保票之財源，開列於後：

一、新關各進款，俟前已作爲擔保之借款各本利付給之後餘剩者，又進口貨稅增至切實值百抽五，將所增之數加之，所有向例進口免稅各貨，除外國運來之米及各雜色糧麵並金銀以及金銀各錢外，均應列入切實值百抽五貨內。

二、所有常關各進款，在各通商口岸之常關，均歸新關管理。

三、所有鹽政各進項，除歸還前泰西借款一宗外，餘剩一并歸入。

至進口貨稅增至切實值百抽五，諸國現允可行，惟須二端：一、將現在照估價抽收進口各稅，凡能改者，皆當急速改爲按件抽稅幾何。定辦改稅一層如後：

爲估算貨價之基，應以一千八百九十七、八、九三年卸貨時各貨牽算價值，乃開除進口稅及雜費總數之市價。其未改以前，各該稅仍照估價徵收。二、北河、黄浦兩水路，均應改善，中國國家即應撥款相助。

增稅一層，俟此條款畫押日兩個月後，即行開辦，除在此畫押日期後至遲十日已在途間之貨外，概不得免抽。

論說

《國聞報·嚴復〈駁英《泰晤士報》論德據膠澳事〉一八九七年十一月二十四日》 嗚呼！吾今而知英人開化之説爲不可信也。夫所謂開化之民，開化之國，必其有權而不以侮人，有力而不以奪人。一事之至，准乎人情，揆乎天理，審量而後出。凡横逆之事，不欲人之加諸我也，吾亦毋以施於人。此道也，何道也？人與人以此相待，謂之公理；國與國以此相交，謂之公法；其議論人國之事，持此以判曲直、别是非，謂之公論。凡地球進化之國之民，其自待待人，大率由此道也。

乃本館讀西曆十一月十八號路透電音，謂《泰晤士報》深許德與中國交涉所用之權力，并願英之舉動與此相類。雖電音簡略，該報所論，其詳不可得聞，然其宗旨，大要不外乎武斷滅裂，竊爲英人不取也。

夫德人借端教案，突據膠澳，此不特以野蠻生番之道待吾中國，直以野蠻生番之舉動自待而已矣。吾之與德，有和約之國也。山東，有官治之地也。假使爲德人者，當教士遇害之後，控之縣府，縣府不理，告之督撫，督撫不理，達之總署，總署又不理，則作一書以相告曰：所貴乎官司者，謂其能保民之身家財産也，今不理，是不有其民也，而吾不得不挾兵力以自保其民矣。則雖踞吾山東之全地可也。今官吏方在緝捕，朝廷甫及聞知，談笑未畢，鞭楚相隨，奪我要隘，燬我電綫，逼我守土之官，逐我駐防之兵，儼然以敵國相待。此不過恃其一時兵力，乘我不備，掩而襲之，其與海盜行劫、清晝攫金之子，又何以異哉！

雖然，德人之背公理、蔑公法，忍而爲此也，其亦有故矣。乙未遼東之役，步俄、法之後塵，而得吾之利益未足，旁觀者又從而訕笑之，於是因貪成羞，因羞成憤，其陰鷙横決之思，若矢在弦，待激而發。幸有教士被害之事，度其君臣，必欣欣然作色相告曰：此吾索酬中國之機會至矣，時哉！時哉！不可復失。遂置一切公道於不顧，忽發野蠻之心思，露生番之面目，利之所在，雖大不義而亦蹈之。昔吾中國常以夷目外人，而外人不受，今若此，則又何以自解於惡名耶！

夫德之捐棄公道，惟利是視，猶曰：吾雖貽笑天下，而其所得者，尚足以自娱也，吾亦無恤焉。彼英人則固局外閑評，主持公論者也，乃亦從而附和稱許，抑若以德之所爲爲可取法。嗟乎！向從歐美兩洲人士游，莫不言地球開化之國，英爲首稱，而《泰晤士報》館又爲其一時名士大夫所會合。今此論也出，則英之國民，其亦猶有野蠻生番之性也歟？

吾聞往者有英人商於希臘者，爲錢財小數，與希人争毆，壞其房舍。英人控之英廷，英政府卽派兵船數艘，守希口岸，索償二十萬鎊，期年未了。各國報館，羣起而議英廷之失，英乃前後命使臣四人往希查考，後始得直，賠英金一百二十鎊，事遂結。夫各報館之譏英公論也，英廷之不自護其短，公道也。往者英人之以兵逼希，與今日德人之以兵要我，其情事無以異也。乃昔之英人猶不自護其短，而今之英人，反護他人之短，則是英之民智轉卑，民德轉壞，其國家之治化，且視昔爲退矣。由此術也，公理何在？公道何在？其猶能執牛耳而爲西方之盟主乎？吾竊爲英人不取也。彼德人則更無責焉耳。

《新聞報·論賠款用金一九〇四年九月二十二日》 庚子賠款之用金用銀，因辛丑和約文義。與附表前後不同，以致解釋各異。中國則謂常用銀，各國則謂當用金。争辯再三，美國首允用銀之議，英國則允前十年用銀，後三十年用金。嗣因各國不允，英國亦執用金之説。惟前十年仍可按照附表上所列銀數，若以此銀購買金磅，不敷若干，卽作爲中國尚欠英國之債。應否清還，日後再行商定，並無必須清還之説。仍爲前十年用銀，後三十年用金之法，惟稍易其辭，以免爲他國所怨。德國雖不允此議，但德使照會外務部之文，聲明中國應付德國賠款，尚有短少，德國有例應索還之理，或現在，或將來，可以實力索還等語。既有將來字樣，未嘗不可商照英國辦法。夫中國政府果能按照和約附表執定用銀之説，使各國皆與美國一律，策之上也。否則稍爲遷就，如英國之説，前十年用銀，後三十年用金，亦尚不失爲中策。蓋期限稍寬，使中國民氣漸蘇，籌款或可漸易，而於此十年之中，從容布置自鑄金幣之策，以應後此三十年賠款之用。或與各國商定金銀互易之價，則十年之後卽使用金，中國亦不致大虧也。乃外部諸公於用金用銀之議久而不决，又於美國會議銀價之專使精琪，則簡慢之，抵拒之，不與商議改良幣制之策，而亦無自鑄金幣之政。各國見中國終無改用金幣之日，於是賠款用金之説乃復熾。夫金日貴，銀日賤，實爲必至之勢，而各國通用金幣。庚子賠款已列入歲入之表，若必用銀，則各國歲入必致年年短少，不能預定。故中國若自鑄金幣，或與商定金銀互易之價，則與各國國家之財政無甚出入，用金用銀皆無不可。否則各國卽不能不執用金之説以與中國爭，蓋各國亦實有爲難之處也。中國政府知各國之爲難，而有允准用金之意。直督袁宫保，知政府之爲難，而有不肯協爭之説，可謂遞相體恤矣。然政府諸公之遷就，非體恤各國之爲難，而體恤其自己之爲難也。袁宫保之不爭則以體恤政府之爲難，而自忘其爲難矣。在宫保之意，以爲煙酒税增重，印花税實行，則督撫亦無爲難之處。不知督撫不爲難則百姓爲難。百姓以爲難之故，迫於爲亂，則督撫亦卽爲難。核計三年以來賠款本利，若必用金，則所短之數已有一千餘萬兩。當此庫款支絀之時，盡取之於百姓，百姓必亂無所疑義。卽使借債還債，暫顧目前，而國家歲出每歲多數百萬，卽百姓捐款每年加重數百萬。現在百姓因捐重之故已覺拮据，各省民亂皆因鬧捐而起，尚可加重耶？假使督撫能體恤百姓之爲難，政府能體恤督撫之爲難，則必與各國力爭賠款用銀之説。各國雖不能如美國之甘於廉讓，亦必能如英國之暫緩。目前一面商議金銀互易之價，籌劃自鑄金幣之法，則雖當局諸公備嘗艱苦，然較之百姓迫於爲亂，以重督撫之憂，督撫不能弭亂以重宵旰之憂，其難易大小又何如耶？

清·王延熙等《清道咸同光奏議》卷一七下《張之洞〈澳門租界改歸葡國永遠居住緩定立約疏〉》 竊於光緒十三年三月廿四日承准總理衙門咨稱，洋藥税釐并徵新章，香港與澳門會辦各節，於光緒十三年二月十三日奏奉。

硃批，依議欽此，恭録咨行到粤。查原奏内稱，竊查洋藥自印度販運來華，駐於香港、澳門，分赴各口銷售，必須英葡兩國相助稽查，方可杜偷漏鐃越之弊。

上年正月間，奏請。

飭派道員邵友濂會同總税務司赫德前往香港與英官合商辦理。查知港地雖爲握要，尚須澳門會辦妗龍得力。澳門自前明嘉靖時，卽經葡國佔居，歲輸租課。造至。

國初，知該處被佔已久，難以收回。遂改税課爲地租，總令輸銀五百兩，按年完繳，自道光廿九年以後，并比項銀兩亦未交納。近年該國屢求通商，業已訂約通商因澳門之事爭論未定，輒作罷論。刻下因洋藥税釐併徵一案非與葡國商辦，則澳門之偷漏無從巡緝。是歲十二月間開辦併徵之後，卽密飭赫德派税務司金登幹就近前往葡國，徐圖辦法。兹據赫德申稱，現已准葡國外部電信：一、派使來華相議通商條約。二、葡國永駐澳門管理一切。三、葡國不得讓其地於他國。四、所見香港如何辦法澳門亦類推辦理。以上四款，澳門可卽由税務司金登幹在彼畫押爲據。一面照會英國使臣，持改葡國派使來華議約，并飭駐澳門洋官，卽照所議開辦各等語。查澳門久爲彼國盤踞，今縱不准其永遠居住，亦爲虚文，又徒於税務多添窒礙，并無收回澳門之實際。倘能議約有成，則權有專歸，税務可期無闗，向之偷漏税課者，今可設問，向之收納叛亡者，今可緝匪；向之拐騙丁口者，皆可安□稽□。而且與新加坡等埠鄰近，籍可通達消息，尤爲得力；再查葡國貧困日甚，如法美俄德各國尤有財力無不垂涎澳門，冀以巨款購得其地，爲駐兵之所。是不護其地於他國一層，尤應於議約之先，切實聲明，杜絶覬覦。所議各節，似宜照行。請旨飭下兩廣督臣遵辦，并札飭總税務司飭金登幹先行畫押。至同治年間原定未換條約各款，今昔情形不同，所有應增應删各節，應候該國使臣至華詳細核議，隨時另行請旨辦理等語。臣惟葡人僦居澳門，歷有築所，總署因其久假不歸，且慮他國垂涎，陽資其權税緝奸之力，陰築具併吞竊據之謀。原所以曲示羈縻，裨益國計。所以臣初見港報，尚覺將信將疑，未幾接到總署來文，方知成謀已定，迫灼徬徨，不知所喻。數日以來，通籌利害，竊恐羈縻之意雖善，滋長之患方多，兹事重大，有不得不歷陳於聖主之前者。查澳門爲香山縣管轄，距省城三百餘里，陸路可通，實爲廣東海面門户，非如瓊州之孤懸海外，亦非如香港之矗立海中。葡人乃盤踞多年，不交租銀，不守界址，然亦幸中國之不屑與較。至絜權量力，我之可以逼葡，葡之不足病我，事理至明，今因事要求，曲徇其請，遷就立約，在葡人始願不及，即他國亦相顧驚疑。夫因練軍而始籌餉，必先損權，可慮一也。葡人之住澳，本以圍橋爲界，橋外民田户籍悉隸香山。管轄葡人逐漸越佔，又屢向界外村民勒收田房租鈔，迭據旺厦村紳民聯繫赴愬，經臣先後委員勘明，照會葡官查禁在案。各爲租界，猶得加以詰問，明立提防。若竟界以管理一切之權，將此後近地人民盡歸葡屬，以後水界附島，葡皆視爲固有。是其政令既行於澳中，管轄得及於澳外。界限混淆，潛滋暗長，可慮二也。中國濱海各省租界林立，一切管轄辦案權判章程，幸有公法可循，條約可守，雖暫無退還之舉，亦莫生覬覦之心。今有澳門爲例，則日後諸强國乘機伺便，接踵效尤，拒之則有厚薄之嫌，應之則成滋蔓之勢。且此次英葡同一幇緝，英人倡議之事，德色尤深。葡則成效未見，已有先施，爽約收利，能無厚報？可慮三也。粤民僑寓澳門者何止數萬，往往兩地置產，兩地行商，無從限數。至於商民盜匪往來如織，尤無紀極。兩例凡生長於某國之地即可隸籍爲某國之民，領取栗據，恃爲護身符，遇有犯事，地方官不能以華法治之。即如光緒十一年南海縣民何回生，現隸民籍，家有職官，人所共知。乃英領事來文久居香港，買入英籍，公然指爲英國屬民，前車可鑒。查英國稽議較嚴，猶不能無自濫給票之弊。葡國貪鄙陋劣，若以澳門歸其管轄，奸民得以巧於冒稱，四出作奸，葡國必漁利相幇，紛紛輸釁，□□，官法不行，可慮四也。澳門敝盜庇奸由來已久。自臣到任後，所有照會葡官提究要犯雖不無往返駁詰，亦均陸續交出。以視港官之社留員弁，勒詔訟師，糜費曠日，或交或否，聽憑洋官辦理。往往始終不交出者，維易較殊。租界與屬地辦法不同，確有明驗。今若改歸管轄，以後不獨拐騙人口難以釁過問，彼之事權愈尋，我之隔越愈甚，可慮五也。葡據澳地未立條約，利益不能與各國同沾，葡人犯事，可歸地方官審辦。通商以來，未聞有葡人游歷傳教之條。彼族將籍長爲營利之計，將來只涉教憲必有歐洲之人所不屑爲者，葡人則緩爲之，可慮六也。葡人貧困日甚，各國垂涎澳門，誠如總署所云，冀以巨款購得爲駐兵之所，然名爲租界，環瀛共知，猶未敢公然取求，顯十名義。今改歸葡轄，我縱能□葡人之不得轉讓，笄能保各國之不以力爭？設竟效并吞之故智，不取之於我，而取之於人。葡爲自主之國而無可求援，中國爲局外之觀而無從庇護。澳門最近省埠，此後水陸等防均難措手，實爲肘腋之患，非獨唇齒之憂，可慮七也。有此數弊雖併徵得效，利害兼權，似亦不能無過慮。特是輩約已立，勢難中止。微臣愚陋竊思今日補救之策約有五條：一曰細訂詳約。查册雖經金登幹畫押，而詳細條約應删應增仍須與葡使到華會同總署核議請旨辦理。其『永駐澳門』一案，原因商辦徵税，格外見讓租銀，非畫地歸葡者，且約有『不得轉讓他國』之文，可見澳門係中國讓與葡國居住，仍係中國疆土，應聲明讓與葡國永遠居住，免其税銀，不得視爲葡國屬地。其『不讓地於他國』一案，應聲明澳門仍中國疆土，葡國不得讓於他國。如此則我有讓地之名而無損權之實，仍與立議毫不相背。既可閉葡人之口，亦不至生他國之心。一曰畫清界限。有水界、陸界。何謂陸界？東枕山、西南濱海，是爲澳。其原立之三巴門、水坑門、新開門舊址具在，誌書可考。彼所營砲路兵房均屬格外侵佔，應於立約時堅持圍墻爲界，不使尺寸有踰。彼有所在租界外之地，本屬可有可無，我讓則彼取，我爭則彼棄，斷不至因此遂棄前議。何謂水界？公法戴，地主有管轄水界之權，以砲碼能及之處爲止。若兩國土地毘連，中隔小河，以中流爲界。此係指各國自有之地及征伐所得者。而澳門本係中國之地。不應准其永遠居住，葡人只能管轄所住之地，宜明立規條約款，所有水道准其船隻往來，不得援引公法並管轄水界。一曰界由外定，准葡住澳，免其租銀。水界仍是中國所有，自無水界之可分。陸界至舊有圍墻爲止。葡人於同治初年將圍墻拆卸，希圖滅迹，然墻可拆而舊址終不可毀。將來若有成議，似應由粤省督撫臣就近派員會同葡使親往履勘詳查舊址，公同立界，俾免影射踰越。一曰核對洋文。查赫德申稱，所訂華約四條，與《澳門新報》所載者文義輕重懸殊。第一條『派使來華相議通商條約』，洋文內『悉與葡國別處屬地無異』字樣，草約内『澳門』字様凡三見，洋文皆作『澳門』及『澳門附近』二字，意極含糊。不難將圍墻外至旺厦村陰呑在內，即附近小島、毘連村落皆可作附地觀。至謂『與葡國别處屬地無異』一語，措辭亦謬。雖洋報所載，未足爲信，要其有意蒙混，籍圖侵佔傳説必非無因。既與總署奏案不符，亦非奉旨准其駐澳本意，應請飭下總署，先將草約文詳細較對，防其狡混而免侵越。一曰暫緩批准。凡對議，批准權在朝廷，各國之通例。英國《烟臺條約》，光緒二年所立，有批准之案直至上年始行議定。成案可據，自應明與之約。定約後須俟税釐款項大增，拐騙、逃亡、捕捉諸事均有明效可徵，兩國始行批准，在彼得售□願。以上五條，皆就原約之中力籌萬全，其間自必有總署所已經籌及者，亦容有澳門情形總署所未能深悉者，謹竭管蠡所及，以備挽救之。實竊葡人至貧至弱，無爲各國所輕。食用則仰資粤產，貿易則專仗粤商，其於粤尚不能無所顧忌。今既允其立約，并准其永駐澳門，港報所載，又有『利益均沾』之條，是葡人所獲已多，即此次洋藥有所刪增，亦足饜其顧望。況所陳各端，皆在草約立論，未定當有變更。應請飭下總理衙門，於葡使來華之時，就臣所陳細爲辯論，極力堅持。彼能就我範圍，自可照此立約。若其不從，是棄約出自葡國，草約自可任作罷論。香港徵税章程仍照舉行，而於拱北關多設巡船，前山廠多派巡丁，各陸路截緝，漏私當在無多，而葡人必大有所不便。利害相形，不數年間，彼終不能不就所議來立約章。如此則所損於釐税者少，所全於大局者多矣。

雜録

羅惇曧《割臺記》 臺灣舊隸福建，稱臺灣府，後設臺灣道，光緒乙酉，建行省，升淡水廳爲臺北府，設巡撫駐焉。閩浙總督實兼領臺灣。劉銘傳爲巡撫，振興百務，鐵路，商輪，屯墾，開礦，新政備舉，今日人所經營盡美者，皆本銘傳之舊以爲擴張者也。邵友濂繼爲巡撫，而中日方失和，海疆戒嚴，乃命福建水師提督楊岐珍，廣東南澳鎮總兵劉永福，率所部防臺，永福增募兵，仍稱黑旗。中法之戰，永福起於越南，以黑旗兵屢挫法軍，唐景崧獨身走越南招之。中法和議成，粵督張之洞薦授總兵，駐欽州。唐景崧以法越罷戰後，由吏部主事授臺灣道，旋擢藩司，朝廷方倚景崧知兵，而提督李本清與之交惡，遂求去，以提督綦高會代守滬尾，旋復以提督廖得勝代高會，兩月之間，滬尾三易將矣。援朝鮮之師既敗，遼東城邑相繼陷，友濂書生，不知兵，密求樞府内調，朝廷亦以景崧才，付以兵事，乃以景崧署巡撫，而調友濂撫湘。景崧與永福共事於越南後，積不相能，景崧既署撫，乃移永福軍臺南，景崧自任臺北。日兵艦攻澎湖媽祖宫，守將擊之，傷其兩艘，日人將攻文良港，而先攻媽組宫以牽綴華軍，使不爲備，乃潛登文良港。澎湖至臺北電綫中斷，日軍遂佔澎湖，海道中梗，軍械之購自外洋者盡爲日奪，臺灣乃孤懸矣。時更有李文奎之變，文奎故直隸游匪，從淮軍渡臺，充撫轅親兵，副將方某爲武巡捕，以文奎犯令革退，轉事中軍黄翼德，充什長。翼德募兵於粵，方某署中軍，復以事革文奎，文奎乃大恨。其黨徒徧城中，及署内外，思伺隙報之景崧壻余某内渡，文奎率黨刼其裝於道，護勇逃歸署，文奎追之，方副將自撫署出，文奎徑斫其顱，反奔入門，踣而斃。中軍護勇内應，爭發槍，景崧遣差官出視，及儀門中刃返，叛徒將入殺景崧。景崧出，叛兵猝見巡撫懾焉，斂刃立，並告無事，景崧慰之，以文奎徒黨衆，因令文奎充營官以安之。楊岐珍率所部入援，與叛軍對擊，傷居民十餘人，景崧命止之，以文奎募緝捕一營屯基隆，而張示別緝殺方副將之賊，爲掩飾計，將領多離心，兵浸驕不可制矣。及割臺議起，臺灣舉人以會試在都，上書力爭，不報。割臺信益急，主事邱逢甲建議自主，臺民爭贊之，乃議建民主國，開議院，製藍地黄虎國旗，議戴景崧爲總統。四月和議成，卒割臺灣。朝命景崧率軍民内渡，臺民乃决自主，上臺灣民主國總統印綬於景崧，鼓吹前導，紳民數千人，詣撫署，景崧朝服出望闕九叩首，謝罪，旋北面受任，大哭而入，即撫署爲總統府，電告自主，有遥奉正朔，永作屏藩語。命陳季同介法人求各國承認自主，皆不答。設内部外部軍部以下各大臣，省官不願留者，聽其内渡。提督楊岐珍等，歸於福州。日本兵艦大集，先攻基隆，吴國華守三貂嶺，遇日偵探隊，擊之，斃日兵官一，營官包幹臣奉命來助戰，奪日兵官首級以歸，遽報大捷，吏民皆賀。國華方逐日軍，遽回兵追幹臣，日軍遂佔三貂嶺。分統李文忠等方會師援基隆，而日軍已大集，文忠等戰皆敗。景崧命黄義德屯八堵，爲胡友勝後援，義德遽馳歸，詭言獅球嶺已失，八堵不能駐軍，日人懸金六十萬購總統頭，故馳歸防内亂，景崧不敢詰也。是夜義德所部軍索餉，大譁。翌晨，日軍佔獅球嶺，城中驚擾，幕客熊瑞圖請退守新竹，巡捕吴觀庭以槍擬瑞圖，禁之言。傍晚，潰兵爭入城，客勇土勇互鬭，屍徧地，總統府火發，景崧微服挈一子，妾易男服雜逃民中，竄出城，附英輪至於厦門。游兵大掠三日，日軍尚未至，德商畢狄蘭以書告日軍，乃以兵來收城，景崧歸老於鄉。庚子勤王軍謀起事漢口，約景崧舉事於桂林，漢口事敗，亦無發景崧者。光緒壬寅，客死廣州。劉永福守臺南，臺北既陷，鎮道以下官吏，相繼内渡，臺民上民主總統印綬於永福，永福不受，仍稱幫辦，設防守。部署稍定，而日兵艦至，窺安平口，永福自擊日艦，幾沉之。日軍攻新竹，相拒月餘，大小二十餘戰，互有傷亡。日人購奸民導僻徑抄台軍後路，分統楊紫云戰歿，吴彭年赴援不及，乃守大甲溪，義民長徐驤之軍，爲日軍追入深箐中，徐驤繞出其後擊之，日軍礮無所施，大敗，獲日兵數十。時庫帑既匱，僅恃鈔票爲挹注，軍饟益不支，永福先遣員渡厦門求款，並電乞沿海督撫助饟，絕無應者。饟絕械罄，永福憂惶無策，臺南土匪爲内間，引日軍深入，匪集愈衆，日軍爲前鋒，吳彭年伏兵大甲溪，候日軍至，猛擊之，日軍敗渡河，徐驤伏兵乘其半渡，奮擊之，日兵大敗。七月，日大隊攻大甲溪，相持未下，忽譁傳大營陷，軍皆驚退，蓋新楚軍統領李惟義，奉命爲後援，日軍以金啗土匪，冒稱日軍襲之，惟義驚遁，營遂潰，前敵乃大挫，袁錫清力戰死之。日軍據大甲溪。永福令諸軍嚴守彰化。徐驤屢以伏兵撓日軍，義民亦迭起抗之，日軍屢窘，多傷亡。日軍仍利用土匪導攻八卦山，吳彭年死守，力竭殉之，日軍奪八卦山，俯瞰彰化城，彰化降。日軍連陷云林苗栗二縣，進逼嘉義，誤入山谷，民團林義成等塞谷口盡殲之，臺南山谷險阻，深菁叢雜，民團潛伏，遇敵猝起，日軍不習地勢，屢戰恆敗衄。臺北臺中各城邑，聞臺南義聲，皆思奮起圖恢復，日大軍乃嚴備之。臺南援絕饟竭，相持數月，軍皆飢困，日軍以全力攻臺南。徐驤等尚力戰，驤每戰必居前敵，卒中礮死。嘉義守將王德標以地雷達日營，夜半地雷發，日軍死七百餘人，日軍驚退，以死將士多，大憤，聚巨礮猛轟嘉義，破之。僅餘臺南孤城，永福猶死守。日本臺灣總督樺山資紀，貽書永福，謂公以孤軍持絕地，數月不下，公已無負於臺民，今困守孤城，尺地以外，皆敵軍，徒傷民命何益，倘率所部去臺，當以禮送公去，永福拒之，詞甚峻，日軍乃大攻城，永福自發礮殪日軍數十人，相持數日，城中軍饑甚，譁潰，土匪蠭起，奪城，迎日軍。永福逃登德國商輪，日兵大索四次不獲，蓋德人深佩永福，秘藏之也。永福内渡至厦門，旋歸於廣東之欽州。永福守臺南數月，以饟糈並絕而敗，世猶諒之。

《東方雜誌》第二卷第十號《外務部奏議定付還賠款辦法與各國使臣互換照會摺》 竊查辛丑和約所載賠款關平銀四百五十兆兩，各國不允還銀。臣部業將先後磋議情形，並另擬辦法三端於光緒三十年十月二十一日奏明，請旨裁奪，奉硃批：著照所請，户部知道。欽此。欽遵在案，臣等迭與各使函商面議，迄今又逾半年始克就緒。緣與議和約者十一國勢如連雞，諸多牽掣，辦法或稍未平允羣謀卽不易僉同，故此乃反覆最多，磋磨最久。前所擬三端：一、金價按月摺中一鎊，虧免再計息一，每月付款扣還息銀，各使俱謂前三年已付之款早經各本國兌收撥用，礙難照新擬辦法更改，册籍祗允嗣後可設法通融。而前欠仍須索還，此在彼爲有詞難與爭辯，惟查各國銀行每屆還款之期，不免浮開鎊價。此三年内付過本利六期，據其銀行公會結算，虧欠已至一百四十餘萬鎊。經臣等詳加查核，指摘各銀行所定鎊價之不公平，各使始允以一百二十萬鎊，合和約關平銀八百萬兩作爲前三年虧欠之數，於議定後一律清還。此議結從前鎊虧之情形，也至以後還款爲日甚長，欲免鉅虧，必籌善後。原擬每月匀付之款未届，還期按月扣回息銀，各國已允照行，金價摺中之議，各使亦以爲公允。惟謂上海市面匯價常不能劃一，欲遂日開價摺中核算，恐無從定準，仍滋爭論，因議或照倫敦市面銀價用銀付還，或以金錢期票，或電匯票，聽各國於此三端擇定其一，其期票電匯票由中國不拘在何處及何銀行任便自購。以後每届還期照各國分票所載應付之數付清，自無所謂鎊虧，不必更議。及鎊虧免利一節，此議定嗣後還款之辦法，也以上所議已定各國皆願擇用電匯票。惟俄國與日斯巴尼亞願照倫敦市價付銀，而俄款最鉅辦法，尤宜詳訂所有，俄之盧布與倫敦之金鎊，其幣制比較若何，倫敦之温司與中國之關平，其權法比較若何。迭經臣部電飭江海關道，與該國銀行董事詳細議定。又日本因該國在倫敦需用款項，請將嗣後應付該國之款電匯倫敦，亦按日本幣制較準，合成英鎊。臣等詢探各國於俄日本所議，均無異言，始行照允，此則各國各有分别之辦法也。美國之款前允照銀數付還，此次各國將有成議，卽聞美亦須援照辦理，當經臣部照會駐京美使聲明原議據覆，稱美政府常願按照約載海關銀價接收。然亦有訓條聲明：若各國均照别項價值辦理，則美政府又須援利益均霑之通例照行等語。臣部復電駐美使臣請，於美外部所覆亦同。因念中美交誼素敦，各國之款已一律還金而美款獨令還銀，未免有所軒輊，於一體優待之例不合，自未便因其曾經允許而强與爭論，此又美款亦照各國辦理之緣由也。臣等竊維還金還銀辯論數年，迄無定局，處不得不轉圜之勢，藉此整頓還款辦法，亦可稍資補苴。現所議定者或由中國自購金錢匯票，則取捨之權操之在我，或照倫敦市價付銀，則價值劃一銀行無可居奇。至按月扣回年息四釐，其數積少成多，計算至三十九年終，所節省約在一千萬兩以上，於各國毫無所損，於中國實甚有益處。又查賠款所欠，首六個月之息九百萬兩，照約應展在三年内帶還其次，以八百萬兩償清前三年欠款，所有展息九百萬兩亦計在内。故從本年起，每年應付之數較前三年已減三百萬兩，即可以此款爲彌補鎊價之用。至第十年以後，賠款應付之數漸增而舊日之洋債漸減，其款仍可移挪，倘鎊價不致異常，騰貴自無庸再加攤派各省之額。臣等籌議已妥，即於五月三十日會同各國使臣在部簽字，互換照會，俾各遵守。謹將照會内所載議定辦法四條繕具清單恭呈御覽，謹奏。

謹將與各國使臣議定付還賠款辦法四條繕具清單恭呈御覽。

一、西曆一千九百零五年正月初一日以前中國因用銀款付還，以致虧欠，現擬以和約關平銀八百萬兩之總款一律清還。此總款即照一千九百零五年正月初一日所欠各國之數，分别劃撥，至所撥之數，應將每届六個月期限，以和約關平銀定數易金，核算所欠之款若干，茲請各國大臣各將應得之數從速開示，以便此節，允行後十五日内，用電匯票徑向各國付清。未經付清以前，此八百萬兩應按年行息四釐，其利由一千九百零五年正月初一日算起，至付清之日止。

二、本部所擬之各節，各國允准後，即將各國分票畫押。

三、每年應付之本利，將來每逢月之末日，按月均分，照附於各國。分票後，付還本息表内載明春付還，惟請各國允中國每届六個月期限滿日於所付款内扣回，按年四釐息銀，此息銀由付還之日起至六個月期限滿日爲止。所有應還各款，按照以上所載辦法，將和約關平銀依照各國金錢之價，核定中國或按倫敦市面銀價，用銀付還，或以金錢期票，或以電匯票均聽各國所願。此項期票、電匯票，中國不拘在何處及何銀行均可任便照最賤之價或照投標辦法購買，惟所付之金款務須於全應付還之日徑向各國付清，中國應擔保其電匯票及期票均能如數兑交無誤。本部現在所擬各節，如各國允行時，應即各擇定以上辦法三端之一，自擇定後照行，至賠款付清之日爲止。

四、由一千九百零五年正月初一日起，至改善付還賠款辦法開辦之日爲止，上海各國銀行董事已收之銀款現擬仍繳還上海道，由該道將應付還各國之款按照以上所指之辦法付清。惟此款自照新定辦法付還之日起，至該期六個月限滿之日止，須扣回四釐息銀。

又 第六卷第三號《各國賠款最近之調查》 宣統元年預算按月分期，解付各國償款總額表如下：正月分：初九，各國銀一百九十七萬；十五，釐金付十九萬。共銀二百十六萬兩。

二月分：初一，英德銀七十萬；初八，各國銀一百九十七萬；十四，釐金付十九萬；二十九，英德銀七十萬。共銀三百五十六萬兩。

閏二月分：初十，各國銀一百九十七萬；十五，釐金付銀十九萬；十九，各國銀十九萬七千五百。

共銀二百三十五萬七千五百兩。

三月分：初一，英德銀七十萬；十一，各國銀一百九十七萬；十六，釐金十九萬；二十六，道勝銀一百萬。共銀三百八十六萬兩。

四月分：初二，英德銀七十萬；初四，道勝銀一百萬；十一，各國銀一百九十七萬；十一，道勝銀一百萬；十八，釐金付銀十九萬；十八，道勝銀一百萬；二十二，麥加利銀三十萬零六千；二十五，道勝銀一百萬；三十，瑞記銀六十八萬。共銀七百八十四萬六千兩。

五月分：初六，匯豐銀一百七十萬；十三，各國銀一百九十七萬；十四，麥加利銀十萬；十八，釐金銀十九萬。共銀三百九十六萬。

六月分：初四，英德銀七十萬；十四，各國銀一百九十七萬；二十，釐金付銀十九萬。共銀一百八十六萬兩。

七月分：初五，英德銀七十萬；十六，各國銀一百九十七萬；二十，釐金付銀十九萬。共銀二百八十六萬兩。

八月分：初七，英德銀七十萬；十七，各國銀一百九十七萬；二十二，釐金付銀十九萬；二十七，麥加利銀一百二十八萬七千五百。共銀四百十四萬七千五百兩。

九月分：初七，英德銀七十萬；十七，各國銀一百九十七萬；二十，釐金付銀十九萬　共銀二百八十六萬兩。

十月分：初三，道勝銀六十萬；初八，英德銀七十萬；初十，道勝銀六十萬；十七，道勝銀六十萬；十八，各國銀一百九十七萬；廿二，釐金付銀十九萬；廿四，道勝銀六十萬；廿八，匯豐銀二百萬。共銀七百廿六萬兩。

十一月分：初一，道勝銀六十萬；初五，麥加利銀十萬；初八，英德銀七十萬；十四，各國銀一百九十七萬；二十，瑞記銀六十六萬。共銀四百零三萬兩。

十二月分：初十，英德銀七十萬；廿一，各國銀一百九十七萬；廿六，釐金付銀十九萬。共銀二百八十六萬兩。

總記共解付銀五千零六十二萬一千兩。

徐珂《清稗類鈔·外交·誤以賠款爲撫恤》 國際賠款，始於道光壬寅《中英江寧條約》。該約第四款以洋銀六百萬元償補鴉片原價，第六款償補兵費洋銀一千二百萬元，此爲國際賠之始。厥後咸豐戊午中英法之役，光緒甲申中法、甲午中日之兩役，至辛丑十二國和約之賠款四萬五千萬爲極矣。無戰不敗，敗必償款，此爲國恥，寧不彰彰。然吾國公私文書，則每每諱賠償爲撫恤。中日甲午開戰，吳大澂奉命督師，書生言兵，檄文中歷敍天朝深仁厚澤，柔遠有經，而於道光壬寅、光緒甲申兩次戰事之賠款，謂係中國戰勝外夷，撫恤遠人，恩威並用之至意。此文傳至滬，《申報》首先登載，繼由各西報譯登。英、法領事卽致書詰問，謂賠款約章俱在，何得肆爲侮訐。卒由蘇松太道復書道歉而事始寢。

租界和租借地分部

綜　述

《中英煙臺條約》（光緒二年七月二十六日、一八七六年九月十三日）第三款第二段。一、新舊各口岸，除已定有各國租界，應無庸議。其租界未定各處，應由英國領事官會商各國領事官，與地方官商議，將洋人居住處所畫定界址。

《天津紫竹林法國租地條約》（咸豐十一年、一八六一年）一、無論法國何人願租地若干，必須呈明領事官與地方官查指要租地基何處，量地畝若干。

一、本大臣與領事已經揀選法國人等可租地基，界內地基其畝若在河沿地一塊，應付原租價錢每畝地銀六十兩。其價一半三十兩領事官自己應付，該地原主親手收訖取具收字；再一半三十兩存收領事官署，以爲將來該地法國商人可租地界上修造道路、溝渠、橋樑、埠頭等處工程，並巡查衙役工食。但法國人願租後面之地塊不在河沿近處，租地價錢每畝只須銀三十兩給原主。

一、法國商人等願租地基若願租地塊之上有房屋，該房屋居住本地民人每户要收搬費銀一十兩，至於法國可租地基界內有民户數目，均照天津縣知縣送呈哥大臣所具户數底册辦理。言明該地界內有九十二户，不得再行添出，其搬費銀應由領事官確付，該搬户親手收訖取具收字。

一、以上所定地畝租價及搬費外，還須法國商人每名若願租地一塊之上有居民房屋，卽應價買原屋，其價值均照天津縣呈册內各户下開明每屋每間應付價若干。現茲本大臣與哥大臣言明，該可租地界內計共有灰瓦草房三百十五間半，草棚九間三條，廠棚十二間半間又四半間二條，過道草棚八間半三條，共估計大錢三千零七十七吊。日後照數不得再多，其價必由領事官付原主親手收訖取具收字。

一、本大臣與哥大臣現在言明：自今以後法國商人可租地界內除呈册開明已有房屋外，其數不得再多，惟一時未有多商卽能租盡界內之地。其地基上不准該地居民另蓋新房，未免不情，但日後商人租地遇有房屋不載原呈底册的，係新蓋者，不得給付房價如空地一般。

一、法國商人可租地界內，每户自在領事官處領收地畝價錢、房價錢、搬費錢之後，均應准一月以內搬清，地方官應將該商所租地一塊量明送交，任憑蓋屋居住等情。

一、該地界內法國商人每行可租之地，只可租得一塊橫直不得過二十五畝之數，若有法行必須需地在二十五畝以外，應卽具情呈明領事官，領事官會同本大臣查考清楚係何緣由，如實情理相符方與照辦。

一、法國商人願租之地辦妥後，所定界牆外前面去河沿應留地三丈，後面留地二丈五尺，以爲公共道路，不得稍有踰越。

一、法國商人可租地界內若有墳墓，法商不得自己移動，應照舊存留，但該墳如有子孫情願自己起遷改葬，法國商人應給葬費銀每棺一兩

一、所有天津縣開呈房屋數目姓名底册，應爲日後憑據。本大臣與哥大臣俱經畫押，並卽鈐印存收領事官署內。

一、法國商人每名租妥地基一塊，將來應付每年每畝永遠租錢二串

文，於每年十二月十五日將來年應付租錢照數送領事官收存，其錢一半卽係每一千之數，領事官全數送地方官入官；再一半留在署內爲將來修造道路、溝渠、橋樑、埠頭等工程並巡查衙役工食。

一、法國商人每名租地以後，領事官立卽照會本大臣以便寫立永遠租契，開明姓名何人，租地多少，價錢若干，房價若干並搬費錢以及每年照完何數。詳細開載付該商永遠爲據。

以上十二款崇大臣與哥大臣商量定議，當卽繕寫四紙畫押用印，一存總理衙門，一存駐京法使公署，一存三口通商大臣衙門，一存法國領事官署以爲永遠憑據。

《天津意國租界章程合同》（光緒二十八年、一九〇二年）第一款

大清國緣意國商務在中國北方宜直隸省內更較易得興旺起見，今將天津北河左岸上地方一段，永讓與意國作爲租界，該地界內意國全行管理，與別國所得租界辦法無異。

第二款

該租界之綫開列如左：由圖內鐵路上甲字起，順俄國租界之綫以至北河邊上乙字，由此順河向北至界邊石椿圖上丙字，又迤東順圖上所劃紅綫至鐵路丁字。由此順鐵道仍歸圖上甲字，原處所畫丁甲之綫，因鐵路公司稱有鐵路以北地產，現爲暫定。將來意國使館與鐵路公司特行會商，卽可按照特定之約將此界綫畫定爲准。意國官員所有周圍四至，業經特立界綫石椿以定准綫，而免混雜誤會。

第三款

該租界內一切官地中國國家均行讓給意國專爲永業，無庸出價。

第四款

鹽坨之地係中國鹽課官商之業，今意國既已專經佔用，自應會同鹽商在北河岸上另覓地方一段，便於鹽務。所有購買此地價值及修成合用鹽坨之費，全歸意國出價。

第五款

界內所有中國業主必持有整齊照例契紙，均可照常存業，惟意國執掌其權，無論何時每次自行酌定。現有公用或有利於蠲除邪穢，或因義商會集租界興旺之故，均可聽其將界內各產業隨時公平購買，所有房地之價自

行與業主商議，其地段本係民居周密之處，其地價房價應照日本租界價值減一成議給，按照租界工部局自行分定，應歸何等何類定價，其界內意國不用之地，仍准民間執業任便買賣，但不得賣與他國洋人管業。倘欲或租或典或押與他國洋人於未經意國租界工部局允准之前，不得租出或典或押。至購業時俟將價值付清後，仍准業主暫住，由付給價值之日起，限六個月騰空交出，彼此另有商法亦可辦理。

第六款

租界如有無主之業或不知業主之業，由意國先行出示，俾其業主得知將契紙持來閱看，如出示十二個月後仍無人投報，意國工部局可將該業充公。

第七款

租界內現在所有被燬房屋不准修蓋，如該業主持有整齊房契投報前來，應聽意國政府照第六款所載購置。

第八款

租界內准中國人置地居住，惟須遵照日後意國特行擬定章程。

第九款

租界內所有墳墓如本主自行遷葬，每棺由意國給費銀四兩，毋庸另給地價。若係義地其應如何遷讓，由地方官及意國委員會同商議，購地遷葬。其費用歸意國籌備。

第十款

他國辦理租界一事，如得有中國國家格外利益，意國以優待之國之禮，亦應一體均沾以昭劃一。

第十一款

自合同畫押之後，當由北洋大臣迅速出示，曉諭此處已給意國作爲租界。

第十二款

所有此次訂立租界地址，應按照他國租界所定章程，每畝交納錢糧制錢一吊，交地方官收解。

第十三款

此後倘中國國家電報公司及德律風公司在租界內設立木桿爲該項工程

需用，意國工部局絕不攔阻。

第十四款

此合同中國繕寫五分，各分隨帶義文及租界之圖，由直隸總督所派天津津海關道管理，新鈔兩關稅務唐紹儀，與大義欽差駐紮中華便宜行事全權大臣世襲伯爵嘎釐納畫押蓋印，以一分存外務部，一分存直隸總督公署，一分存意國駐京大臣公署，一分存天津津海關道衙門，一分存意國駐天津領事官署。

《杭州塞德耳門原議日本租界章程》（光緒二十二年八月二十一日）

第一條

一、日本商民居住之塞德耳門，現既奉兩國政府立有新約作爲專界專管，所有沿運河大馬路按照前督辦洋務聶議定十四條時所交畫定界圖，內載西沿運河東岸等語，則此路當在界內。惟查此地係中國人民往來出入，下接官塘必由之路，議仍作往來公共行走之路。應聽憑中國人任便上下行走，繫泊船隻，不設限制。仍於界內設立會審公堂，設或中國人於此路上及縱横馬路有滋事等情，按照上海公堂章程辦理，不得私行禁押、凌虐、欺侮，蓋專界者係以此處專爲日本商民之界，專管者係日本領事官，專管界內商民之事，而道路仍是中國道路，地土仍是中國地土。約義本是明白，誠恐中國人不明此義，動多驚疑，反生枝節。仍與中國地方官各行出示，曉諭俾衆咸知。

第二條

一、界內所有馬路、橋樑、溝渠、碼頭以及巡捕之權，由日本領事官管理，其馬路、橋樑、溝渠、碼頭，今議日本領事官設法修造，與中國地方官無涉。但照界內應設道路之外，若另開道路，凡於彼此人民水利有關之處，須與地方官妥商辦理。

第三條

一、原議章程租價分爲上中下三等，每畝上地二百五十元，中地二百元，下地一百五十元。惟原議道路、橋樑、溝渠、碼頭歸中國作造，今既議歸日本領事官自造，則租價亦應酌改，每畝上地一百七十元，中地一百六十五元，下地一百六十元。所有錢糧應照原議徵收以昭公允。共道路、橋樑、溝渠、碼頭公共所需之地，免納租價錢糧，其餘租地各事，仍聽中國地方官照章辦理。

第四條

一、原圖界內所有地區既歸日本專界，中國地方官已造沿運河馬路，所有已用過造路工費洋二萬三千元，已用過墳墓房屋拆遷費用洋一萬一千四百零八元，兩共洋三萬四千四百零八元。議於日本商民租地造屋貿易時，由日本領事官加徵償還。

第五條

一、中國地方官與日本領事官商議於界內設立會審公堂，悉照上海章程辦理。

第六條

一、原議之第二第三第四第十三條均應删節其餘條款，均照原議施行。如有未盡事宜，仍由日本領事官與中國地方官和衷商辦。

以上續議章程照繕漢文東文各二紙畫押蓋印，各存二紙以昭信守。

《通商口岸設立日本專管租界公文》（光緒二十二年九月二十三日）

第一款

添設通商口岸，專爲日本商民妥定。租界管理道路以及稽查地面之權，專屬該國領事。

第三款後節

中國政府亦允一經日本政府咨請，即在上海、天津、厦門、漢口等處設日本專管租界。

杭州塞德耳門原議日本租界章程（光緒二十二年八月二十一日）

第一條

杭州武林門外拱辰橋北運河東岸一帶，自長公橋起拱辰橋止，作爲福連塞德耳門，於此地區內，議分作日本商民居住之塞德耳門，繪圖二張分存中國地方官、日本領事官署內，以便日商按照圖上四址號數丈尺租用。

第二條（已删）

第三條（已删）

第四條（已删）

第五條

塞德耳門地基應分上中下三等定價租給，現議定：上等每畝二百五十元，中等每畝二百元，下等每畝一百五十元。每年每畝只繳完錢糧洋二元，不另繳地租。所有錢糧託日本領事官按期向租户照數代收，繳回中國地方官給回糧串。設有意外不測之變事，定之後仍由日本領事官補收補交。

第六條

塞德耳門界内凡日本商業工藝，均可在此照章租地建造屋宇棧房，但欲租地必須稟明日本領事官，並備應完地租以及一年錢糧，照會中國地方官收訖。即由地方官履勘印發租契三本，由日本領事官會印，一給租户，一存日本領事衙門，一存中國地方官衙門。一經承租之地，照章歸租户租用，不准何國何人强行退讓。所有租契式樣由中國地方官照會日本領事官商定。租地每人只准十畝爲止，若租至十畝以上，必須設立公司以及其事業非大地方不可者，方准承租。

第七款

所有租契應以三十年爲限，滿限後應准換契續租。届時如或商務興旺，應由中國地方官照商日本領事官酌照彼時該地租賃時價起徵錢糧酌量加增，以後永照三十年一換契之例辦理，限滿不報即行註銷。遇有換契年次逕准其換契續租，租户毋庸重納地租。兩國官員均不得稍有限制阻撓，令租户吃虧等情，設有意外事變，事定之後報官換契。

第八條

中國無身家之人，不得私在塞德耳門界内住家或開設店鋪行棧，違者分別懲辦。如實係殷實體面品行端正之人，方准在此界内居住營業。然該商民等只准居住，不得租地，如有形迹可疑、不安本分、不奉章程之人，中國地方官可知照日本領事官，日本領事官亦可知照中國地方官會同查確，由地方官罰辦，不得縱容包庇，以安商旅而昭公允。

第九條

如有外國體面人殷實人願在界内居住者，祇能居住不能租地。

第十條

一經租給之地，祇准出名承租之人居住，倘租户有事不能親身在此居住，須託親戚、友人、夥計、同行等有身家之人代理管辦。如有不得已事故非轉租不可之時，仍於轉租之前由日本領事官照會中國地方官，方能換給租契。

第十一條

塞德耳門地基由中國地方官向地主收買，照章租與日本國商民，其界内墳墓房屋拆遷等費項，不在原租價額之内，須由日本領事官與中國地方官商議定數支給。將來如欲另擇地區，或就附近之處以設日本人墳墓，届時由日本領事官照會中國地方官商辦。

第十二條

凡塞德耳門界内，不准搭蓋草屋及下等板屋，恐易引火貽害他人。至火藥、炸藥及一切有害人身家財産之物器，概不准收藏、夾帶、運送，一經由官察出或他人告訴，各照自國律例懲辦。設有工事，必須應用炸藥等件，應先稟明日本領事官作何用處，開明清單稟報聽候查明，照開清單知照新關，由税務司查明，方准起岸。起岸之後即須用去，不得久留貽害。

第十三條（已删）

第十四條

所有福連塞德耳門，及將來設有開拓之福連塞德耳門施設事宜，如别有優處，日本商民居住之塞德耳門，亦當一體均沾。

以上議立章程，繕漢文東文各二紙畫押蓋印，各存二紙以昭信守。

《蘇州日本租界章程》（光緒二十三年二月初三日）第一條

中國允將蘇州盤門外，相王廟對岸青陽地西自商務公司界起，東至水淥涇岸邊止，北自沿河十丈官路外起，南至採蓮涇岸邊止，即圖内紅綫所劃之處，竪立界石，作爲日本租界。至沿河十丈地面官路四，丈在内暫作懸案，但中國允日本人往來行走，上下客貨繫泊船隻，並聲明不得在該地面上有所建造，將來倘允别國將沿河地面列在居留地内，日本亦當一律辦理。

第二條

界内管理道路橋樑以及巡捕之權，由日本領事官管理。其道路橋樑，今議由日本領事官設法修造，與中國地方官無涉。但照圖内所劃，應設道路橋樑之外若另開道路，凡於彼此人民水利有關之處，須與地方官妥商辦理。

第三條

界內地基祇准日本人民租賃，但華人願在界內居住者，准其租屋自行貿易營生。至於品行不端、無業遊民、曾經犯案、不安本分之華人及擾害租界、行同無賴之日本人，概不准在界內居住。違者卽行驅逐，不許逗留，倘再故違，由該國應管之官懲辦。其界內居住之華人，凡有詞訟案件及中國地方官應辦事宜，務照上海租界洋涇浜會審章程辦理。中國應在界內設立會審公署。

第四條

界內地價每畝議定租價銀洋一百六十元，自議定之日起，十年內不得漲價。十年後則應照界內隣近公平價值租賃，租主業主均不得阻撓抑勒。

第五條

界內地稅，每畝每年應完納稅錢四千文，十年內三千，十年外永遠四千。其完稅日期每年限定華曆正月十六日至三十日止，此十五日內，各租主須將該年應完之稅如數措齊，照上海各國人完納之法辦理。但公用之道路、橋樑、井溝等處，不納地稅，亦不准一人一家租賃。

第六條

凡租地時須稟日本領事官，將承租人姓名以及欲租地若干畝會中國地方官，派員會同踏勘該地有無窒礙，始能出租。並俟其交清租價及一年地租，地方官應繕租契三紙，除一紙存案外，其餘二紙函送領事官蓋印，一紙交該民收執，一紙存領事公署以便查考。租妥後令租主自立界石，再界內地段每人至多祇能租六畝，至少亦須租二畝。倘有須租至六畝以上者，應先具情稟請領事官，領事官仍照會地方官核辦。

第七條

凡租地必須租主或代理人居住經營，若有不得已事故非轉租不可之時，須先稟請日本領事官查明，照會中國地方官存案，方准換契轉租，以便查考。

第八條

凡租契以三十年爲限，滿限後准其換契續租，以後永照三十年一換契之例。換契時租主應稟請日本領事咨照地方官更換，不得再給租價以及別項費用。倘滿限不報者，應由地方官通知領事官傳諭該名，倘逾兩月再不報，卽將該契註銷，以便稽查而有限制。

第九條

界內房屋應當遷讓之時，中國地方官相助辦理，至於墳墓，地方官極力開導遷移，其於墳墓多處，則應由地方官築牆圍護，以免踐踏。再界內未經日本人民承租之地，應聽憑華人照常居住耕種，以免失業。

第十條

界內不准建造草房及板頂等房，致易引火貽害他人。倘有違犯者，立卽禁止，勒令拆毁。

第十一條

界內不准收藏火藥、炸藥以及一切有害人身家財產性命之物，倘有違犯者，各按本國律例辦理。倘因工作必須應用炸藥等物，須先開單呈報日本領事官，由領事官先行通知稅關，查驗明確方准起岸。但起岸後應有一定收藏之所，並應速用完，不得任意貯藏。各處或久宕不用若有此等事故，應由領事官責令該名遷移界外，以安閭閻。

第十二條

日本領事官應與中國地方官籌商界內一僻靜空曠，與居民無礙之地，自行向民租賃作爲日本人葬墳之所，其地丈尺十畝爲率，倘將來不敷，隨時與地方官妥商擴充。

第十三條

嗣後蘇州别國居留地，倘中國另予利益之處，日本租界人民亦須一體均沾。

第十四條

其餘瑣碎事宜未及備載章程者，彼此另行照會存案。

《福州日本租界條款》（光緒二十五年三月十九日）第一款

日本專管租界定准福州口岸天主堂碼頭東界起，至尾墩村東方爲止，前部而沿閩江，後部包田地一帶地方，除冰廠界及尾墩村外，計量一十七萬坪；另將新洲一派除冰廠界約四萬坪，均在專界之內。繪圖二張，一存中國地方官衙門，一存日本領事官署中，以便日商按圖租用。立定此約之後，會同派員勘丈四至，由華官眼同樹立界石。

第二款

界內所有馬路驚察之權及界內諸般行政之權，皆由日本政府管理。界內道路、橋樑、溝渠、碼頭，由日本領事官設法修造，並由日本領事官管理。該道路、橋樑、溝渠、碼頭公衆所需之地，如有官街官地，免納租價錢糧。如係民地，除付租價外免納錢糧。

第三款

界內承租地基之契，應以三十年爲限，限滿可以續租。地價區分上中下三等，每等每畝應償租價，須照三年以內相等地基價值公平酌定。華官不准華民高擡時價，日官亦不得抑勒强租。日商願租之時，稟由日本領事官照會地方官履勘方准租用，界內地基如有官地，自應另議租價，稍爲從廉以示惠恤。日商清交價值卽當讓地，若未讓之先華民業户用地，祇可本人並其家眷居住種田。又界內不准新造墳墓安放靈柩，有礙日商經營。此層應由中國地方官出示禁止，將來如欲另擇他區以設日本人墳域，届時由日本領事官照會中國地方官商辦。

第四款

日商租地，必須稟明日本領事官照會中國地方官，由地方官履勘印發租契三紙，由日本領事官會印，將租契一給租户，一給存日本領事官衙門，一給存中國地方官衙門。業經承租之地，照章永歸租户，不准何國何人强行退讓。所有租契式樣，由中國地方官照會日本領事官定成。

第五款

界內應完錢糧區分地基上中下三等，每等每畝應完若干。託日本領事官按期向租户照數代收，繳回閩縣給串爲憑。其有日商未經租定地畝，華民仍自行交納錢糧。

第六款

一經租給之地，祇准出名承租之人居住，倘租户有事不能親身在此居住，須託親戚、友人、夥計、同行等有身家之人代理。如有不得已事故非轉租不可之時，仍於轉租之前由日本領事官照會中國地方官方可换給租契。

第七款

界內地基惟許日本臣民承租，亦准華民及外國人在界內居住營商，倘有不安分華民，不得私在界內住家開設店鋪行棧，違者分别懲辦。

第八款

界內華民如有形迹可疑、不安本分、不奉章程者，中國地方官察出可照會日本領事官，日本領事官察出亦可照會中國地方官會同查確。由中國地方官罰辦，不得縱容包庇。又界內如遇無駐華領事官，所管洋人以及華人涉訟，應歸中國官辦理。派員在租界審讞，若無領事所管之洋人並日本國人或各國人因被華人欺凌稟控，以及華民在租界內違犯章程，由中國官會同日本領事官或領事官所派員會審，如讞員定案不合，可由日本領事官照請辦理。洋務道臺再行復訊，如係兩國交涉事件，仍照約章辦理。所有會審公堂，中國可無論何時建設，若未設公堂以前，所有控案仍由領事官照會地方官審辦，或領事官訂期在地方官衙門觀審，若地方官派差赴租界內拘傳犯證，將信票逕賫領事官簽字，並由領事官派差協同拘傳，不准日官包庇容隱。俟設公署後，另訂租界會審章程。

第九款

大橋以下至馬江一帶，所有河道水利之事仍歸中國地方官管理，劃定租界後如日本商民於租界北方河岸及新洲上修建駁岸填築馬路，不得填出河外，以致淤塞河身致礙水利。惟大橋以下沙灘甚多，專界坪數丈尺定後，此後沿江沿洲如有續漲，沙岸應歸中國管理。倘日本官商欲在北方河岸通至新洲，無論如何辦理，總不得阻礙來往行船，更不准用土填塞河身致礙水道。

第十款

界內火藥、炸藥及一切害人身家財産之器物，概不准收存、夾帶、運送，一經由官察出或他人告訴查實有憑，各照本國律例懲辦。

第十一款

日本租界未開之前，已經外國人向華民租定地基，不准違礙，應照他國租界之例辦理。惟歸日本租界地基，並不准華民業户再向外國官民以地抵押或行租讓，違者由中國地方官懲辦。

第十二款

所有外國租界，及將來設有開拓之外國租界施設事宜，如別有優待之處，日本一體均沾。以上條款立爲租約，照繕漢文東文各兩紙，先行簽押。一俟兩國上憲批准，再行蓋印爲憑。

《福州日本租界另約章程》（光緒二十五年三月十九日）第一款

日本租界内港頭、中墩兩村百姓，於未立租界以前在是處居住之房屋，若不願賣悉聽其便，然只許賣與日本國人，不許賣與另國，並不准租與他國，違者由中國地方官從嚴懲辦。但該兩村傍江一帶地面，日本領事官要作碼頭、溝渠等件，由中國地方官勸令租給。

第二款

港頭、中墩兩村百姓於未立租界以前即在是處居住者，將來建路設、捕等費不得攤派，以恤民艱。如有自願出費者，亦聽其便。

第三款

兩村原有之華民在界内不願遷出者，以後出入租界之路准其往來行走。其北方洲岸，亦須留出道路一條與華人同沾利益。

第四款

界内原有民間宗祠祖廟，倘業主不願出租，應聽其便。日本官商不得抑勒强租，以示體恤。若華民願讓，亦聽其便。再原有墳墓，聽華民子孫隨時前往看視祭掃，倘該墳墓與宗祠祖廟有礙築路碼頭，必與各該業主商允讓租，方可遷出。

第五款

尾墩村内華民地基民屋之買賣，悉聽其便。惟不許該華民業户向他國官民以地抵押或行租讓，違者由中國地方官從嚴懲辦。

以上另約章程，照繕漢文東文各二紙畫押，各存二紙，俟兩國上憲批准，再行蓋印爲憑。

《天津日本租界推廣章程》（光緒二十九年三月二十七日）第一款

中國政府允許日本政府再行推廣租界，東界自朝鮮公館起，沿河上至閘口新道止，計長約一百十四丈；南界自朝鮮公館起，順新道向西計長一百另五丈止，北界自閘口起，順新道水溝迤邐至天津舊城東南角水溝向西十八丈止，共計長約一百三十丈；西界自北界西盡頭起，順新道外十八丈，相沿至南界西盡頭，再向西南至海光寺，後順東西路道外十八丈，西至南門新修大道東路邊爲止，計長約七百丈。其界内地畝共計約四百畝，此約立定後，中國地方官即會同日本領事官建立界石。

第二款

在推廣租界内，中國人民悉應遵守租界規則，即准其在界内居住。所有房屋地基仍准作爲自有之産，惟遇有修築道路以及租界内居民各項公用，順將房屋拆毁並收買地土之時，日本領事官隨時會同中國地方官按照時價，議訂公平價值收買。該業主等不得稍有異議。

第三款

日本政府前已宣言推廣租界地段内，除現在推廣租界下餘之地，北界自推廣租界西界起，沿城基新道水溝向西至舊南門西約二十四丈止。西界自北界西盡頭起，向南至海光門止。南界自海光門順土牆至原定租界界綫止之地，併在德國租界以下。原訂小劉莊碼頭租界附近之推廣地，東南界沿河至海大道止。西界以海大道爲界，北界至德國租界界綫之地，按照後開條款退還中國政府。

第一條

日本租界將來如必須將租界推廣之時，日本政府會商中國政府，將所有兩項退還地内可以再行推廣，中國政府決不租與他國。

第二條

兩項退還地内之中國人民，可將自有之房屋地基任便買賣，惟無論何國人買賣，須於契上載明：將來如遇日本再有推廣租界於收買時，照章辦理不得藉口異議。

第三條

此兩項退還地内，將來如有開築運路、安設水管等一切公用事業，若係中國政府自集華款籌辦，隨時由地方官知會日本領事，查照後可以自便。如有别國洋人願辦此事，非由日本政府允諾後，中國政府不得允准。

第四條

自南門外至海光門，現有日本軍隊修築之路，將來日本軍隊不用後，中國政府仍須隨時維持修理，以益公用。

第五條

日本租界開築要道工竣後，中國政府亦須迅速開通新路以便聯絡。

第四款

原定租界條約内凡有更改，及此次所訂條約内有未經議訂者，日本領事官均可隨時會同中國地方官妥商議訂。

第五款

推廣租界議定後，北洋大臣出示曉諭，告知此地已爲日本推廣租界。

第六款

推廣租界合用漢文、日本文各寫六分，兩國委員署名畫押蓋印之後，一分送北京外務部，一分送東京外務省，一分送北洋大臣，一分送北京日本使署，一分送津海關道，一分送日本總領事館存案。

《改正上海地產章程》（光緒二十四年、一八九八年）第一條　定立地方界限

租界地方界限，經兩江總督劉所派之委員暨上海縣會同，西曆一千八百九十九年份工部局首董商訂推廣，詳細議定竪立界石繪圖列說，以憑遵照。今將其界限開列於後：

北　蘇州河即吳淞江自小沙渡至接連泥城浜處之西約七十碼地方，由此處朝北到寶山上海兩縣之界綫，由此界綫一直至相連虹口港地方，由此處朝東至顧家浜口。

東　黄浦江自顧家浜口中至洋涇浜口。

南　洋涇浜自洋涇浜口至接連泥城浜處，由此處向西南大西路沿長浜之北首枝路，並向此枝路直達静安寺鎮後面之五聖廟。

西　自五聖廟直朝北，至蘇州河小沙渡地方。

第二條　租地之法

凡在所定租界限内，有人欲向中國原業户租用基地置買房屋產業，必須遵照中國與各國所立約章條款辦理。

第三條　租地應辦事宜如何方爲完善及立契之法

其永遠租地之事，如查無關礙方准，原承租者與中國原業户商定價值等事，稟明該管領事官，在署中呈出中國原業户所寫永遠出租契據，二紙係屬一式，繪圖一紙畫出地形詳載四址。領事官即據以轉送上海道衙門以備查考。查明所租之地事俱妥當無礙，即由道署加蓋印信，移還給執該地價值，即可照數付清。若所租基地内有墳墓厝柩等情，或遷葬或搬讓，必須臨事商辦。因中國例此等情節，不寫入永租契據之内故也。

第四條　租地須掛號入册即典押亦須報明入册

凡遵照以上例章置業立契事竣之後，限一年内由該租主持赴該管領事官衙門内，報明入册掛號以後，如有典押各情，亦須於一月内赴該管官署

報明，入册備考。

第五條　轉契中須掛號

凡轉租基地，須在該契掛號之領事衙門内呈明，其得主亦須赴該管領事衙門呈請掛號，並由領事官通知工部局。

第六條　讓出公用之地

凡在租界以内已經執業租主各西人讓出作公用之地如道路漲灘之類，嗣後仍照前遵行專作公用，不得另作别用。即將來置買新地内如有漲灘，亦必憑照此章讓作公用之資。執業因須預籌推廣開築租界通行往來之路，由工部局於西曆每年新正查勘地圖，將應作新開馬路處所，公同會議擬定工部局係租界之内執業租主及有圖准議事之西人，照章公同會議選舉設立，以辦事者所有關議章程、設局章程均見於後。凡遇此後轉租之事，基地内如有續漲灘地，即應開作道路之地，必由承租者照章讓作公用，以便執業。此章係議定衆所共知，自應遵照之租地執業章程此項照章讓出及已作公用之地，除齊集各執業租主有關人等公同會議核定，允准將該地給還原主收回之外，不能由原主自行任意收回。至此項已經讓出作爲公用之地，尚有應完年租，雖仍由原主照繳，但不能藉此希圖管業。除照上載各項外，如有佔用漲灘馬路等地作爲公用情事，必先經該執業租主應允才可施行。決不能以援引此章爲詞，各執業租主會同關議，將地段劃歸工部局管轄之後，工部局即將擬在該地方作公用公路等處，出示通知。倘有早在該地方置有產業之有約各國民商等，因工部局示内所云公用公路之處有所辯論，限十四天内投該管領事官具呈稟明，或自己專函通知工部局，以便設法調處。若照領事官意見未便妥協，即任聽工部局將管轄該地方之責推辭，此事即作爲罷論。租界内執業租主有關議事人亦在内會議商定，准其購買租界以外接連之地、相隔之地，或照兩下言明情願收受西人或中國人之地，以便編成街路及建造公花園，爲大衆遊玩怡情適性之處所有購買建造與常年修理等費准由工部局在第九款抽收捐項内隨時支付。但此等街路花園專作公用，與租界以内居住之人同沾利益，合行聲明。

工部局擬作公用之地，應繪第六條原載所指圖樣宣示。西國租主於圖樣未宣示以前已經管業，或雖已承租而尚未管業者，限三個月内准將詳細情形，及不願遵讓之處函報工部局或詣局面陳，或託人代訴，聽候工部局

核斷。倘逾限已四個月，及圖樣宣示一年內，並已將該租主所陳核定而仍行抗爭，即由工部局函請後開選立之勘估地值，地產董事共同核斷估給地值及屋價。如再不遵，查第六款原文雖似有異議，兹由各租主本管官員幫助，以伸地產董事之權。

勘估地值之地產董事須選舉三員，一員即於西曆每年正月十五日以前由工部局會議派充；一員由册載每年納税十兩以上各租主，於會選公局董事之日公舉租主二名，於會選七天前可，在工部局將保題姓名送請收存，至會選之日宣示，俾衆週知。倘届時保題姓名祇有一員，則此員即定爲地産董事，毋庸再行公舉之例；一員由租界出捐人公舉出捐人二名，於會議七天前可將保題姓名送交工部局接收，至會議之日，工部局將保題姓名及會議情形宣示大衆週知，倘届期並無保送姓名到局，則以照章合式之人臨時會議，定爲地産董事。此三員董事均於每年出捐人會議之次日莅任，辦公一年期滿，須將任内經手未完事件料理清楚方可交卸。凡在工部局支領薪水之人，不得選派爲地産董事。一年内或遇董事缺員，仍歸原舉者重舉一員接辦。如必不得已，即特行會議公舉一切事件均應於一月内訊斷完結。亦有從衆議而展限者，董事公費由公款内提給酬勞之項，由公局預定或照辦事久暫核付。凡鐵路和公司有欽命籌辦者，有憲札飭辦者，如欲在租界内購地築路，須繪畫圖樣送交工部局，閲看其鐵路和造法與工部局有何干涉，或築造橋樑或經過平地及一切緊要情形均開載明晰，倘經工部局允行，公司可將應需之地向該租主購用，照工部局購地公用規例辦理。給償時值地價，並按地價另加津貼每百兩極少二十五兩以償。勉强讓購基地所受虧損至用賸之地，該租主如尚受虧，應由地産董事酌給償款。

第七條　立分界石碑

凡租地四至，必經中國官員該管領事督率辦理。竪立分界石碑，將編成號數用英漢文字合寫刊刻明白。確實預定日期，届時由該管領事官派人傳同執業租主、亭耆地保、原業户等偕往查明。與道路界限均無違礙，方准將分界石碑竪立。以免將來因此爭論致啓訟端。

第八條　限期完納年租

凡中國業户租與西人之地，尚存有應完年租，限於每年十二月十五日預將明年地租全行照完。如有遲延及抗欠等情，即由上海道函致該管領事官向執業之西人追繳。

第九條　抽收馬路碼頭房地以入各項之捐

租界地方當預籌治理以資妥善。

設立辦事公局

興造租界以内各項應辦工程及常年修理等事

租界全境應行妥當，整理潔淨，設立路燈，儲水洒地，以免塵汙圍通溝渠。

設立巡查街道巡捕

籌備工部局所需用公用基地房屋或租或買事宜

籌措工部局應行延請僱用之辦公上下各項人役月支工資

因舉辦以上所開各事，需用銀兩或應行借支或另行措辦，有約各國領事官或其中已有過半人數於西曆每年之正二月初旬擇定日期，必於兩禮拜之前宣示於衆按照後開章程選舉辦事工部局之董事，各國領事官又於正二月内宣示，限二十一天齊集衆人會商籌議舉辦。上開各項事宜之經費銀兩，並准此會内齊集之人執業租主有關者，離境給據代辦之人亦在此内，將抽收損款及發給執照等事按後開規例各條辦理，議定施行凡議行之事，或大衆全允或大半已允者，均可從而行之。亦准將地基價值房屋租金自行估算以憑收捐，但地捐須與房捐相準，地捐照所估時值地價抽收，房捐照所估每年應收租金抽收。總之地捐如係抽一兩，則房捐所抽不得過二十兩，餘皆仿此類推，並准抽收貨捐。租界内之人將貨物過海關，或在碼頭上起卸貨物下船轉運，均可抽捐。捐數多少照貨之價值而定，但貨價每一百兩，捐不得逾一錢。又准其隨時酌量情形，抽取各項之捐以備舉辦上項各事，宜所需用之經費。

第十條　會同選舉工部局董事

凡辦事工部局之董事，應由各執業租主及有關議事人照第九條會議，按後開章程選舉董事，員數多不得過九位，少不得逾五人，以便將照章捐項抽收及已收捐款存候照例支用。並章程内一切應辦之事均宜切實遵行，以資妥善。故該董事選充之後，即當給以全權辦理捐款收支等事，倘有不遵章付捐者，即由局董投該管官署控追，並將欠捐人房地扣留作抵，或抄取貨物器具拍賣抵償以重捐項。

第十一條　工部局董事酌定規例

照章將工部局董事選舉妥當之後，凡已經批准附入章程以後，規例內一切權限勢力，並規例內議歸局董應辦之事，應得之物，均全給與工部局值年董事。及將來接辦之後，任該局董事，有隨時另行酌定規例之權，以便章程各項更臻完善。並可將酌定規例增改停止，但不能與章程相背，須俟批准宣示以後方可施行。局董照章酌定之例，除專指局內及所用上下人等事件，必奉有約各國領事官駐京欽差或其中已有過半人數批准，及特請衆位執業租主齊集會議應允，方可照辦。凡特請衆租主會議日期，須先期十天宣示，並將因何事會議之處聲明。

第十二條　查閲帳目

工部局因一切收進付出帳目，應行請人查閲，俟奉各執業租主公同會議允准。故於請人查閲之後，即將清帳刊呈衆覽。所有執業租主核准工部局帳目一事，係於各領事官照章所請年會第九款之每年公會之時舉行。

第十三條　控追欠捐

倘有人不肯付捐即照此章所抽之各項捐款，及不肯遵繳罰款即後附規例內各犯例之罰款，即由工部局或所委之經理人投該管官署控追，俟奉准後按律施行，以便將欠捐追回。若欠捐人係屬貨主無從尋查，或係在該管官員所轄地界之外，或係查無領事管束之人，則工部局俟奉地方官批准後，即將該貨即應完各捐之貨有不付遲延等情扣留賠抵，或另行設法將欠捐追回。若查係房地業主，即酌取其產業若干，以足抵欠捐之數爲止。

第十四條　追繳規例內罰款

凡違背後附規例內應罰各款，或不付執照費，工部局均可報該管官署呈控。該管官員查明屬實，即飭犯例之人遵繳或付出罰款或存項充用，並飭將訟費付出即工部局控追犯例人罰款所費之項，或云堂費。均由該員量行辦理。至按此章之現在已定將來酌定規例內一切罰款等項，均登記簿上，以資充裕而便照章支用。

第十五條　特會議事

凡遇酌開公會議之時，即可由有約各國領事官或一位或數位，或房地執業租主例得有關議事者必滿二十五人寫立允單方可舉行隨時訂期邀請赴會，以便公同商議與租界內大衆相關之事所訂之日所議係因何事須先期十天宣示。特會議之時，租界各執業租主統計人數，如到場者極少，須有三分之一凡房屋地基執業租主例得議事有關者或自己到場，或離境出門給據與人代辦者均在此數內而到場之人如已有大半贊成，則所議定之事未經到場之有關議事人等，悉當遵照。當赴會議事時，如有領事官在場，即以在任較久之領事官爲會長。如無領事官在場，則於例得有關議事諸位之中公推一人須允行人數在大半以上爲此次議事會長。凡照此章在公會議定允行之事，倘係章程內未經提及與大衆攸關者，會長必將此事報明各領事官等，俟其酌定批准之後方可施行。但事既經議定，限十天後方將領事官批示宣布。倘有人認爲與其自己產業有礙，可於此十天限內呈請領事官核辦。若已滿二個月，已經領事官將批准未諭宣出，衆人必當遵行。

第十六條　墳墓

租界以內應行專擇合宜地方，爲西人建造墳墓之需，至西人所租墓地內，如有中國原業主墳墓，非與商允不得擅行遷去。所有未遷之墳墓，亦准原業主隨時前往查視，屆期祭掃。總之，租界以內不准再行於地基上埋棺厝柩。

第十七條　違背租界章程

凡違背租界章程者，經人或地方官員報知該管領事傳案查實，即行議罰或由領事自辦，或係飭人代辦均可。其例有二：罰鍰之數不得過三百元，監押之期不得逾六個月，倘應另行發落，亦可酌辦。若查係無領事管束之人有違章程事，工部局稟由領事官數位或一位函致中國地方官商辦，以冀保全此章程之權威，而將犯例者懲罰。

第十八條　保舉工部局董事

凡例得議事有關之西人兩名，可照章保舉一照章合格之人此項資格詳後，充作工部局董事。一名作正保，一名作副保，塡具保章署名爲據。並取具本人願充董事之聲明書，於擇定選舉董事之期七日以前，送交工部局經理人或所委專辦此事之人。即於收單限滿之次日，將所保之人名登記清册，榜示於大衆共見之處，並刊入西字新聞紙內。倘屆期保充董事之人名數已超過九名，則值年董事即派兩人專司其事，在擇定選舉董事處所接收各執業租主之匭單，工部局所派之兩人按照執有房地，執業租主例得議事人公會發匭者姓名清册，於各有關人親到場者，按册給以一單單上書候選董事之姓名。俾在單内聽其將情願具保之人名用筆圈出，勿逾額，定九名之數，署名爲據。即將此單封置工部局所設之票匭内，從選舉之日起，至次日截止係接連兩天，第一天早十時起至午後三時止。次日早十時起，至下午三時止。立由工部局另行特派兩人開匭檢票，將單内圈保最多之九名檢出，此九名即定爲值年董事。倘保充人數恰在額數之内九名以下或五名以上即毋庸如此辦理此指給單簽字圈名封匭等而言。逕於接收保單限滿之次日，宣示大衆懸榜登報，已足定值年董事之當選矣。若所保人數較少不足五名四名以下，亦於收單限滿之次日，由值年董事將册載有圈人名，刊入日報。至選舉之日特開一會，由到會之有圈者，或發圈，或另用別法，酌添董事以符定額極少須有五人。此數人即定爲工部局值年董事。

第十九條　工部局參與會議人之資格

凡在租界居住之西人，執有產業或自己出名或做經理洋行之東家出名須將名下應付各捐付清，准在選舉董事及各公會議事之時發圈，並特聲明此等發圈議事之人，必所執產業地價在五百兩以上。每年所付房地捐項，照工部局估算在十兩以上各執照費不在此内，或係賃住房屋照工部局估計，每年租金在五百兩以上而付捐者，届會議時，惟持有此等離境出門因病未到者之特書託辦字據人，方准代其圈議。其堪充董事者必名下所付房地各捐，照工部局估算每年在五十兩以上各執照費不在内，或係賃住房屋，照工部局估算每年租金計數一千二百兩而付捐者方爲合格。凡照章應行有圈之人，每一洋行中所發不能過一圈。凡例應有圈者均名列清册存於工部局，由局内辦事人於西曆每年十二月一日起從速查核。將應行增減之數，照工部局酌定宣示大衆。

第二十條　董事缺額

工部局值年董事遇有一二名缺額時，其數不過三名，即由現任值年董事公同會議照先例辦以補其缺。倘空缺至三名以上，則選舉所缺董事手續，應照第十八條辦理。

第二十一條　董事任期

工部局任期將滿之董事，其帳目照第九條第十二項經入查閱，在年會核准報銷之後，即行交卸。新董事接任，直到自己經手收付帳目經人查閲會同核准報銷之後，即交與後任接辦。所有新董事接任後，於第一次會議，即公同選舉二名爲董事長，一正一副，以一年爲期。凡會議時正副董事如均未到會，即由各董事臨時推舉一人主席。

第二十二條　董事會議

董事會議之時，倘有事須公商者或贊或否，兩方同數取決於董事長。凡赴會議事極少，須在三人以上方可議決事項。

第二十三條　董事分任各專責成

工部局董事應辦事件内，如認有另設機關辦理較覺妥善者，隨時得由董事自行分派。應分設若干機關及應辦何事，全由工部局酌量分配。但各分機關所辦事務不得出工部局職權之外，分機關人數亦由工部局酌定。

第二十四條　委派辦事上下人等

工部局因照此章程辦事，應行委派僱用之上下人等計若干名，均歸工部局核定所需月支工費，由公款支付。並可酌定規例，以便管束此等人員之任用或辭退，悉聽工部局主裁。除特會公同議准之員缺薪費外，其餘人員缺額不得逾三年。

第二十條　開呈公款帳册

工部局酌將公款照開應行支付之帳，以備與大衆有益。有用而支付者，不得逾年會准或特會核准所開支付之數。每年現任董事將滿之時，必將一年中經手收進付出各項款目開載清册，呈候衆覽。此清册於年會定期之前十天宣示。

第二十六條　工部局董事被控其責任不歸本人

凡工部局董事，及遵守工部局命令之經理人勘工人巡捕頭及其他服務所辦事件，寫立合同實係遵章照辦。如因此有被控向索之事，其責任決不歸於經辦之人員至公局，應用之款核准之費，無論由何人經手支付，均在工部局照章抽收捐款銀兩内支用。

第二十七條　控告工部局

工部局可以做原告控人，亦可以被人控告，均由工部局之總經理人出名具呈，或用上海西人工部局出名具呈。尋常人民間訴訟所有經官、訊斷、究追等事應享之權利，工部局亦一體享受，毫無區別。工部局若係被告，所受被告責任亦與尋常人無異。惟應受之責任專歸工部局之產業，不與經手之各董事及經理人等相干。凡控告工部局及其經理人等者，應在國領事公堂投呈控告西曆每年年首有約各國領事會同公議，推出幾人組織領事公堂以便專審此類控案。

第二十八條　修改章程

此項章程將來如有修改，或所載文字，或所付權限等項發生疑義時，應由領事與中國地方官商擬，必俟各國公使及中國政府批准方能實行。

第二十九條　解明字義

此項章程中所稱執業租主，出捐人等字樣，均照第十九條指有關例得議事人而言，然或文字不同而按之意義各别者，仍就本字所稱爲斷。

第三十條　房屋

工部局可隨時設立造屋條例，以便稽查新造房屋之牆垣、基地、屋頂、烟囱是否堅固足禦火災，留出空地空氣能否流通，溝渠、坑廁及堆放垃圾處所是否合式。至不宜居住之屋或應永閉暫缺等事，各租主建蓋房屋須先將圖樣送交工部局查閲，工作時可派人勘視，如造屋違式，可以飭令拆去或改造式樣。工部局擬行規例，須交地產董事核閲。然不能駁回會議決定後，須俟宣示六個月方可實行。

《厦門鼓浪嶼公共地界章程》（光緒二十八年、一九〇二年）兹因中國將鼓浪嶼作爲公共地界，内有應添築修理新舊碼頭，道路設立路燈需水通溝。設立巡捕創立衛生章程，酌給公局延請辦事上下各項員役之薪工，及設法抽收款項作爲以上所開各項之公費。謹擬章程於左呈候中國外部大臣與有約各國駐京大臣商妥，奏請中國朝廷批准諭旨遵行。

一、公地界限：公地之内現定章程各應遵守，地方係鼓浪嶼一島。圍環潮落之處算出十丈酌擬一無形之綫周圍爲界。此島係在厦門西南向之西約，周圍有地合英國一方里有半，華四方里有半。

二、常年公會　界内應設立工部局專理，界内應辦事宜，西曆每年正月由是年之領袖領事官傳知界内有關之租業户，並知會厦門道臺派員，住在鼓浪嶼殷實妥當紳董之一二人，此人嗣後可爲工部局之董事。公會一次核對該局前年支發帳目，推舉值年局員，並將是局中公費以及該局照例應爲各項之事酌議訂定。應於公議前十日先行傳知公會時，由是年領袖領事官主會。該會係指衆人公集及來會者統計有關管業人，不到由付字代理人來者，有逾大半位數而言，可以照續開規例，抽收捐款、照費、估捐、田産、房屋之捐，並可抽收運入藏貯界内貨物之輸。惟百貨之輸，無論係運來及貯藏，均不得過貨值百之四分之一。該會衆人公集或來會者數逾大半，並可酌核抽收别項捐輸。

三、特會　領袖領事官指當時者言或出己意或由别領事係指一人或數人而言公局與有關之人必十人聯名片請，可以傳知完納捐輸之人，在常會外别集辦公會，惟將會辦之事仍須十日前通知，並將何事特會先行宣佈。會時何人主其會，與常會時例同。會時議定之事，經在座之有關人三分之二允准者，在公界内之人均應遵行。惟其時在座舉辦局事人不得少過三分之一。事經常會或特會議定仍候各領事核准，如無各領事中之大半批准，何項條議雖經議允概不准行。

四、界内工部總局　局中辦事之員洋人五六位華人一二位共以　位爲限，此五位洋人係公會經有關之人拈鬮推舉，此　位華人係厦門道臺派委殷實妥當之人，共此　人應任辦公事，至次年常會接辦之員舉定，方可交卸。何項人在會議時有關舉人員之權。

一、凡洋人在鼓浪嶼管地，在領事存案估值不在一千元之下者，可以公舉洋人董事，係公舉故須如此。華人董事由厦門道派定，毋須公舉不在此例。

一、執有特字代前項管業人之不在此口者可以公舉。

一、洋人除照費外，每年完捐在五元以上者可以公舉。

何項人可以舉充局員列左。

一、洋人有應管産業在鼓浪嶼估值五千元之上者可以舉充。

一、寓居鼓浪嶼洋人租捐每年納在四百元者，無論該租係伊行伊會或公司代償，均可舉充。惟同行同會同公司之内許一人舉充，同居之屋者亦只許一人舉充。

局員缺出

期内遇有局董缺出，由值年局員公推補充，仍執三占從二之例。如遇有華董事出缺，仍由厦門道選充。凡局員舉充後，皆應即行辦事，每年支銷册報均於次年常會時核辦。每年新舉局員應於首次會議時公舉正局董一人，副局董一人，凡遇局中議事可否之人平分，則視正局董之議爲可，否凡議事均以三人爲衆可以作斷。如二人可二人否而局董可，則可者多一人，餘類推。上文所用洋人二字係別中國人而言，凡中國人生長他國及入他國籍而爲他國人者均不得混入。

五、局員權分所能爲之事　照章將局員選定後，凡已經批准附入章程，以後規例內一切權柄、勢力並規例爲議歸局董應辦之事、應得之物，均全給與公局值年之董事。及將來接辦之後任，該局董有隨時另行酌定規例之權，以便章程各項更臻完善。並可將已定規例隨時删除增改，但不可與章程之旨相背，仍候批准宣示方可施行。其局董照章酌定之例，除專指局內及所用上下人等事件，必由厦門道與奉有約各國領事官商妥，稟蒙中國政府及駐京公使批准，及特請衆位執業租主齊集會議應允方可照辦。

六、局中員役　公局供役上下人等，如巡捕、員丁等，公局可隨時派委雇倩以辦章程。應辦各事所需月支薪工，由局核定作正開銷，並可酌定規例，以便管束此等人。其任用辭退亦由公局作主，惟未經特會允准派委額缺均不逾三年。

七、追欠　倘有人不肯照付章程所定各項捐抽，及不遵繳後附規例內犯罰之款，准由公局或其總經理事人赴各該管衙門控告，察核情形隨時酌辦。

八、控告　公局可以告人，公局亦可被人控告，均由其總理事人出名，或逕用鼓浪嶼之工程公局字樣亦可。凡控告公局及其經理人等，應在領事公堂，此堂係每年由各國領事派定，惟局中派雇人員及總經理事人遇因在局奉公被控者，所應得責任只歸公局之產業，不自任其咎。

九、租地　凡洋人租轉地基，應赴中國衙門及各該領事署報知註册之處，悉聽歷辦舊章辦理。

十、公業歸由公局掌管　凡界內現有馬路、碼頭、墓亭以及公局之地址、房產，均由公局掌業。遇有推廣增築以上各項另需地段之處，准由公局與該業户議價購置。如管業之人不肯售賣，而公局又係因公起見，如另築新路修整舊路以及另項公用工程保衛民生必需其地，可將案送候特派領事公堂判定。倘該局實係因公起見，所事尚在情理之中而又實無別地可換者，除傳到人證問取供詞外，應由公堂將所需之地址按照隨時所值酌斷地價由局照付。如其上有房屋亦一體約定房價，遇有此項斷歸地址房屋其所餘之地，或因此而價有漲落，自應隨時秉公妥議。公堂判定之後，倘有不遵之處，由掌業及租户之該管衙門設法勸令。再此係專指公局需用公地而言，此外華洋商民產業買賣價值悉聽業主自便，不得牽引影射。凡道路碼頭，非先經理巡廳允行由公局核准者，概不得興築。

十一、地租　鼓浪嶼雖作公地，仍係中國大皇帝土地，所有地丁錢糧及海灘地租照舊，由地方官征收轉交公局貼充經費，嗣後如有新填海灘應完地租，仍歸中國地方官收納，不充公局以定限制。

十二、會審公堂　界內由中國查照上海成案設立會審公堂一所，派委歷練專員駐理所屬有書差人等以資辦公。該員應由厦門道暨總辦福建全省洋務總局札委，遇界內中國人民被控干犯捕務章程之案，即由該員審判，倘所犯罪案重大應由該員先行詢問，再行録送交地方官審理。界內錢債房產等項詞訟，如有中國人被告，亦歸該公堂審辦。案經該公堂斷定，須內地及厦島地方官飭令遵斷之處，該地方官不得推諉。凡案涉洋人，無論小節之詞訟或有罪名之案，均由該管領事自來或派員會同公堂委員審問。倘會審之員與該堂承審之員意見不同，以致不能了案，其案可以上控由厦門道會同該領事再行提審。凡案內人證有現受洋人雇倩及住洋人寓處以內者，傳拘票簽先期送由該領事簽字，方准奉往傳拘。此外中國人犯逃避界內者，應照上海章程由委員選差逕提，不必知照領事，亦毋庸會捕協拘。華民僅受洋人雇倩而被傳時，並不住在洋人寓處以內者，票籤不用先送領事官。但是日送由該領事官視何緣故，或簽字或斟酌情形核銷。其餘該公堂聽理詞訟詳細章程，應由厦門道臺妥擬。

《中英展拓香港界址專條》（光緒二十四年四月二十一日、一八九八年六月九日）溯查多年以來，素悉香港一處非展拓界址，不足以資保衛。今中英兩國政府議定，大略按照粘附地圖展擴英界，作爲新租之地。其所定詳細界綫，應俟兩國派員勘明後再行畫定。以九十九年爲限期，又議定所有現在九龍城內駐紮之中國官員仍可在城內各司其事，惟不得與保衛香港之武備有所妨礙。其餘新租之地專歸英國管轄，至九龍向通新安陸路，中國官民照常行走。又議定仍留附近九龍城原有舊碼頭一區，以便中國兵商各船渡艇任便往來停泊，且便城內官民任便行走。將來中國建造鐵路至九龍英國管轄之界臨時商辦，又議定在所展界內不可將居民迫令遷移產業入官。若因修建衙署築造礮臺等官工需用地段，皆應從公給價。自開辦後遇有兩國交犯之事，仍照中英原約香港章程辦理。查按照粘附地圖所租與英國之地內，有大鵬灣深州灣水面，惟議定該兩灣中國兵船無論在局內局外仍可享用。此約應自畫押之日起開辦施行，其批准文據應在英國京城速行互換。爲此兩國大臣將此專條畫押蓋印以昭信守。此專條在中國京城繕立漢文四份，英文四份，共八份。

《中英租借威海衛專條》（光緒二十四年五月十三日、一八九八年七月一日）今議定中國政府將山東省之威海衛及附近之海面租與英國政府，以爲英國在華北洋得有水師合宜之處，並爲多能保護英商在北洋之貿易，租期應按照俄國駐守旅順之期相同。所租之地係劉公島，並在威海灣之羣島及威海全灣沿岸以内之十英里地方。以上所租之地，專歸英國管轄。以外，在格林尼址東經一百二十一度四十分之東沿海暨附近沿海地方，均可擇地建築礮臺、駐紮兵丁，或另設應行防護之法；又在該界內，均可以公平價值擇用地段，鑿井開泉、修築道路、建設醫院，以期適用。以上界內，所有中國管轄治理此地，英國並不干預，惟除中英兩國兵丁之外，不准他國兵丁擅入。又讓定現在威海城內駐紮之中國官員，仍可在城內各司其事，惟不得與保衛租地之武備有所妨礙。又議定所租與英國之水面，中國兵船無論在局內局外，仍可享用。又議定在以上所提地方內，不可將居民迫令遷移、產業入官，若應修建衙署、築造礮臺等，官工須用地段，皆應從公給價。此約應自畫押之日起開辦施行。其批准文據應，在英國京城速行互換。爲此，兩國大臣將此專條畫押蓋印，以昭信守。此專條在中國京城繕立漢文四份，英文四份，共八份。

《中法廣州灣租借條約》（光緒二十五年十月十四日、一八九九年十一月十六日）第一款

因和睦之由，中國國家將廣州灣租與法國國家作爲停船躉煤之所，定期九十九年，惟在其租界之內，定明所租情形，與中國自主之權無礙。

第二款

議定在停船躉煤之界，以守衛、備運、興旺等情，所有租借內水面，均歸入租界內管轄，其未入租界者，仍歸中國管轄。

開列於左：

東海全島

硇州全島，該島與東海島中間水面，係中國船舶往來要道，嗣後仍由中國船舶任便往來租界之內停泊，勿得阻滯，並勿庸納鈔、徵稅等事。其租界定在遂溪縣屬南，由通明港登岸向北至新墟，沿官路作界綫，直至志滿墟轉向東北，至赤坎以北福建村以南，分中爲界，赤坎、志滿、新墟歸入租界；黄略、麻章、新埠，福建各村均歸中國管轄。復由赤坎以北福建村以南，分中出海水面，橫過調神島北邊水面，至兜離窩登岸向東至吳川縣屬西礮臺河面，分中出海三海里爲界卽中國，十里黄坡仍歸中國管轄。又由吳川縣海口外三海里水面起，沿岸邊至遂溪縣屬之南通明港口外，向北三海里轉入通明港內，分中登岸，沿官路爲界。此約訂明並繪圖劃明界址，互相劃界分執後，兩國特派委員會勘明確，妥定界址，以免兩國爭執。

第三款

於九十九年期內所租之地，全歸法國一國管轄，以免兩國爭執。又議定租界內華民如能安分并不犯法，仍可居住照常自便，不可迫令遷移。其華民物業，仍歸華民管業，法國自應一律保護。若法國需用物業，照給業主公平價值。

第四款

在租界之內，法國可築礮臺，駐紮兵丁，并設保護武備各法。又在各島及沿岸，法國應起造燈塔，設立標記、浮樁等，以便行船，并添設整齊各善事，以利來往行船，以資保護。

第五款

中國商輪船隻在新租界灣內，如在中國通商各口，一律優待辦理。其租借各地灣內水面均歸法國管轄，法國可以立定章程，並徵收燈、船各鈔，以爲修造燈樁各項工程之費。此款專指廣州灣內水面而言，至硇東水面，已在第二款內聲明。

第六款

遇有交犯之事，應照中、法條款互訂中、越邊界章程辦理。

第七款

中國國家允准法國自雷州府屬廣州灣地方赤坎至安鋪之處建造鐵路、旱電綫等事，應備所用地段，由法國官員給價，請中國地方官代向中國民

人照購，給予公平價值。而修造行車需用各項材料及養修電路各費，均歸法國辦理。且按照新定總則數目，華民可用鐵路、電綫之益。至鐵路、旱電綫若在中國者，中國官員應有防護鐵路、車機、電綫等務之責；其在租界者，由法國自理。又議定在安鋪鐵路、電綫所抵之處，水面岸上，均准築造房屋，停放物件。並准法國各商輪停泊上落，以便往來而重邦交。

此約應自畫押之日起開辦施行，其現由大清國大皇帝批准及大法民主國大伯理璽天德批准後，即在中國京都互換，以法文爲憑。

此約在廣州灣繕立漢文四份，法文四份，共八份。

《中日會議東三省事宜正約》（光緒三十一年十一月二十六日）第一款

中國政府將俄國按照日俄和約第五款及第六款，允讓日本國之一切概行允諾。

第二款

日本國政府承允按照中俄兩國所訂借地及造路原約，實力遵行。嗣後遇事隨時與中國政府妥商釐定。

《日俄和約》（一九〇五年）第五款

俄國政府經中國政府之承諾，將旅順大連並其附近之領土領水之租借權，及與該租借權關聯或組成其一部份之一切權利特權利益，移讓於日本政府。

俄國政府將前項租借效力所及地域內之一切公共營造物財產，移讓於日本政府。

第六款

俄國政府允將長春寬城子旅順口間之鐵道及一切支綫，並在該地方附屬於鐵道之一切權利特權財產，以及在該地方屬於鐵道或爲其利益經營之一切煤礦，不受賠償。且經中國政府之承諾，移讓於日本政府。兩締約國議定，須互遵前記規定得中國政府之承諾。

《中俄會訂旅大租地條約》（光緒二十四年三月初六日、一八九八年三月十五日）大清國大皇帝，大俄國大皇帝欲更敦兩國盟誼，互籌相助之法，爲此，大清國大皇帝派總理各國事務大臣太子太傅文華殿大學士一等肅毅伯李鴻章，尚書銜户部左侍郎張蔭桓爲全權大臣，大俄國大皇帝派駐華署理全權大臣內廷郎巴布羅福爲全權大臣，該大臣等各以所奉全權之據視爲妥協，商定條款如左：

第一款

爲保全俄國水師在中國北方海岸得有足爲可恃之地，大清國大皇帝允將旅順口、大連灣暨附近水面租與俄國。惟此項所租，斷不侵中國大皇帝主此地之權。

第二款

因以上緣由所租地段之界，經大連灣迤北，酌視旱地合宜保守該段所需，應相離若干里，即准相離若干里，其確切界限以及此約各項詳細，俟此約畫押後，在森彼得堡會同許大臣刻即商訂，另立專條。此界綫商定後，所有劃入租界綫內之地及附近水面專歸俄國租用。

第三款

租地限期，自畫此約之日起，定二十五年爲限，然限滿後，由兩國相商展限亦可。

第四款

所定限內，在俄國所租之地以及附近海面，所有調度水陸各軍並治理地方大吏全歸俄官，而責成一人辦理，但不得有總督巡撫名目。中國無論何項陸軍，不得駐此界內。界內華民去留任便，不得驅迫。設有犯案，該犯送交就近中國按律治罪，按照咸豐十年中俄約第八款辦理。

第五款

所租地界以北，定一隙地，此地之界由許大臣在森彼得堡與外部商定。此隙地之内，一切吏治全歸於中國官，惟中國兵非與俄官商明不得來此。

第六款

兩國政府相允，旅順一口既專爲武備之口，獨准華俄船隻享用，而於各國兵商船隻，以爲不開之口。至於大連灣，除口內一港亦照旅順口之例，專爲華俄兵艦之用，其餘地方作爲通商口岸，各國商船任便可到。

第七款

俄國認在所租之地，而旅順大連灣兩口爲尤要，備資自行蓋造水陸各軍所需處所，建築礮臺，安置防兵，總設所需各法，藉以着實禦侮，並認以己資修養燈塔，以及保航海無虞之所需各項標誌。

第八款

中國政府允以光緒二十二年所准，中國東方鐵路公司建造鐵路之理，而今自畫此約日起，推及由該幹路某一站起至大連灣，或酌量所需，亦以此理推及由該幹路至遼東半島營口、鴨綠江中間沿海較便地方，築一枝路。所有光緒二十二年八月初二日中國政府與華俄銀行所立合同內各例，宜於以上所續枝路確切照行，其造路方向及經過處所，應由許大臣與東方鐵路公司議商一切。惟此項讓造枝路之事，永遠不得藉端侵佔中國土地，亦不得有礙大清國大皇帝應有權利。

第九款

此約自兩國全權大臣彼此互換之日起舉行，此約御筆批准之本，自畫押後，趕緊在森彼得堡互換。茲兩國全權大臣將此約備中俄二國文字各二份，畫押蓋印爲憑。兩國文字校對無訛，惟辨解之時，以俄文爲本。此約在北京繕就二本。

《中俄續訂旅大租地條約》（光緒二十四年閏三月十七日、一八九八年四月二十五日）大清國國家與大俄國國家願在俄曆九十八年三月十五日北京所定條約增立數款，兩國秉權大臣議定如下：

第一款

按照原約第二條租與俄國之旅順口及大連灣遼東半島陸地，其北界應從遼東西岸亞當灣之北起，穿過亞當山脊山脊亦在俄國租地內至遼東東岸皮子窩灣北盡處止。租界附近水面及陸地周圍各島，均准俄國享用，兩國各派專員就地詳確勘定所租地段之界綫。

第二款

從第一款所定地段北界起，應照北京約第五款所定隙地，其北界綫應從遼東西岸蓋州河口起，經岫巖城北至大洋河沿河左岸至河口，此河亦在隙地內。

第三款

俄國國家允西畢利鐵路通接遼東半島之支路末處，在旅順口及大連灣海口不在該半島沿海。別處又公同商定此支路經過地方，不將鐵路利益給與別國人。至中國以後自造路從山海關接長至此支路最近之地，俄國允不干預。

第四款

俄國國家允中國國家所請，允聽金州城自行治理，並城內設立應需巡捕人等，中國兵應退出金州，用俄兵替代。此城居民有權往來金州至租地北界各道路並日常需用附城。准俄國享用之水，但無權兼用海岸。

第五款

中國國家允認（一）非俄國應允不將隙地地段讓與別國人享用；（二）不將隙地東西沿海口岸與別國通商；（三）非俄國應允不得將隙地地段內造路開礦及工商各利益讓給。

第六款

以上議定各款繕立華文俄文專條各一份，由兩國全權大臣畫押鈐印，遇有講論，以俄文爲證。

《中俄勘分旅大專條》（光緒二十五年三月二十八日、一八九九年四月二十五日）大清國國家專派委員花翎道員用候補知府福培，花翎知府用前署金州廳海防同知涂景濤，大俄國國家專派委員坐探中國武備委員督辦營務處副將官倭高格，督辦營務處遊擊官伊林思齊，各奉本國劄派會同履勘遼東半島。俄國租地之陸地北界，按照華曆光緒二十四年三月初六日，俄曆一千八百九十八年三月十五日北京條約第一款就地畫界。爲標明界址所在，共立界碑三十一塊，以俄字母挨次爲記，即自阿始至額終，又加立小界碑八塊以號碼爲記，即自第一始至第八終。

茲該委員等會於旅順口議訂條款如左：

第一款

按照華曆光緒二十四年閏三月十七日一八九八年四月二十五日彼得堡續約第一款，遼東半島俄國租地之陸地北界，自半島西岸之亞當灣北岸起，往東間有偏北偏南至半島東岸之貔子窩灣北岸終。

阿字界碑即中國第一碑立於五湖嘴之防風山亦名亞當山極南崗頂，距棗房身屯西盡處之西南二百六十俄丈即羅鏡四十度，距棗房身屯往高家屯車道之北九十俄丈。

由阿字界碑起，界綫一面往南至亞當灣北岸，直出往英國海部第二千八百三十三號地圖所記，四百三十英丈高之陰嶺山頂，一面往北微偏，東順防風山脊而走，長六百四十餘丈，並在防風山脊極北山頂加立第一小界碑，距二道嶺子棗房身兩屯往老爺廟車道岔口之南四十五俄丈。由此小界碑起，界綫多偏東往黃衣山南坡之亂葬岡卽義地岡而走，在亂葬岡東圍牆立巴字界碑卽中國第二碑，距第一小界碑二百三十五俄丈。棗房身屯土地歸入俄國租界，其亂葬岡卽義地岡留在隙地之內隙地一。

由巴字界碑卽中國第二碑起，界綫往東二道嶺子姜家爐及兩屯土地，歸入俄國租地。其花兒山屯土地留在隙地之內隙地二。在姜家爐北山頂之南邊，立瓦字界碑印中國第三碑，距巴字界碑六百八十俄丈。由此界碑起，界綫微偏北陳家屯及其土地歸入俄國租地。孫家屯及其土地留在隙地之內隙地三。在孫家屯東北之山岡南坡加立第二小界碑，距孫家屯九十俄丈距瓦字界碑三百八十俄丈界綫，由此偏往東南，順陳家屯土地北界，而走直出至俄國租地內。三官廟及其土地與留在隙地內隙地四。姜家屯之分道處噶字界碑卽中國第四碑，立於附近陳家塋平坡之高頂，距第二小界碑六百二十俄丈。由噶字界碑起，界綫往東微偏北留韓家屯，及其土地於隙地之內隙地五，在驛山西北前山頂立達字界碑卽中國第五碑，距噶字界碑一千一百九二俄丈。

由達字界碑起，界綫往東微偏北，至自西自南繞過花山屯之無名小河，在小河右岸卽西岸橫過花山屯之車道處，加立第三小界碑，距達字界碑二百一十六俄丈。然後界綫順此無名小河左岸卽北岸至平陽河口，再順平陽河右岸卽西岸至被花山屯往孫家大道鋪屋車道橫過平陽河之處，卽在橫過處左岸卽東岸立耶字界碑卽中國第六碑。距花山屯東口二百一十俄丈，距第三小界碑四百四十五俄丈。

由耶字界碑起，界綫順花山屯往孫家大道鋪屋車道北邊而走在孫家大道鋪屋西口，加立第四小界碑，距耶字界碑一百七十俄丈。然後界綫自北繞過孫家大道鋪屋，將孫家大道鋪屋及其土地歸入俄國租地。經在蒼家屯小徑距孫家大道鋪屋東北二百二十五俄丈之第五小界碑，又微偏南至老平山之北前山頂在此立熱字界碑卽中國第七碑，距第五小界碑二百八十四俄丈。

由此界碑起，界綫往東偏北至後蒼家屯西口小廟，自西繞過北歸入俄國租地。之後蒼家屯及其土地往下順往李家屯車道北邊，而走留周家山嘴大李家屯，兩屯於隙地之內隙地六。卽於安子河左岸卽東岸附近，此河水淺處往李家屯之車道旁立皆字界碑卽中國第八碑，距熱字界碑一千二百四十俄丈。由皆字界碑起，界綫往東順李家屯街上老葉家、大周家屯土地中間，往李家屯之車道北邊，而走李家屯歸俄國享用。其街上老葉家、大周家屯留在隙地之內隙地七。

由距字界碑二百三十俄丈，李家屯車道之陡轉處，界綫往魯家塋而走，然後至李家屯往于家屯之車道北邊沙河安子河水嶺之牧牛場高頂，立伊字界碑卽中國第九碑，距李家屯三百零二俄丈，距皆字界碑七百六十俄丈。界綫由此順李家屯往于家屯之車道北邊而走，于家屯後綫石屯歸入俄國租地。韓家莊留在隙地之內隙地八。卽於後綫石屯西北山岡立亦字界碑卽中國第十碑，距此屯一百五十五俄丈，距伊字界碑八百六十五俄丈。然後界綫往沙河而走，後綫石屯及前綫石屯歸入俄國租地。韓家屯留在隙地之內隙地九。卽於沙河右岸卽南岸後綫石屯往沙河左岸卽北岸橋頭屯道邊之沙土堆，立喀字界碑卽中國第十一碑，距亦字界碑七百零五俄丈。

由喀字界碑起，界綫順沙河右岸卽南岸而走，往龍王廟山麓之第六小界碑長八百九十俄丈。界綫由此過沙河左岸卽北岸，距橋頭屯六百七十俄丈，距第六小界碑二百零七俄丈，立拉字界碑卽中國第十二碑。

由此界碑起，界綫順沙河左岸卽北岸而走，至流入沙河之小河口，在此立瑪字界碑卽中國第十三碑，距拉字界碑六百六十八俄丈。高家店李家店留在隙地之內隙地十。然後界綫往東北而走，繞過大晏家屯土地，在往李家屯之道邊，立那字界碑卽中國第十四碑，距大晏家屯五十俄丈，距瑪字界碑三百九十俄丈。七耳溝、大晏家屯土地歸俄國享用。其李家屯留在隙地之內隙地十一。

由那字界碑起，界綫往小晏家屯北口而走，繞過此屯經臺子山南上，距那字界碑八百八十俄丈之樓字山俄名聖尼□來山頂，共小晏家屯歸入俄國租地。

由樓子山頂起，界綫一直往東在樓子山東岡第二頂，立倭字界碑卽中國第十五碑，距那字界碑一千二百四十俄丈，距樓子山頂三百六十俄丈。

界綫由此微偏南，經楊家溝房屋，此溝留在隙地之內隙地十二。在山嘴立怕字界碑卽中國第十六碑，距楊家溝一百九十俄丈，距倭字界碑七百零五俄丈。然後界綫方向與前相同，至夾河右岸卽西岸，在右岸沙土岡北根樹林北半立啦字界碑即中國第十七碑，距怕字界碑七百八十俄丈。其姜家崴子屯土地歸入俄國租地，郎家屯、大唐家屯及其土地留在隙地之內隙地十三。

由啦字界碑起，界綫過夾河微偏南經巴家屯、北巴家屯及其土地歸入俄國租地。在巴家屯東南崗頂立薩字界碑即中國第十八碑，距巴家屯二百四十俄丈，距啦字界碑七百四十俄丈。

界綫由此一直往東經夾河廟北一百五十五俄丈之房屋，直出至葫蘆頭西山頂，在此立土字界碑即中國第十九碑，距夾河廟東北三百八十俄丈，距薩字界碑八百八十俄丈。其張家溝屯留在隙地之內隙地十四。

界綫由此微偏南經葫蘆屯北一百五十俄丈之房屋上，自葫蘆頭往東南之山脊立烏字界碑即中國第二十碑，距土字界碑七百俄丈。葫蘆屯大欒家屯歸入俄國租地，葫蘆頭留在隙地之內隙地十五。

由烏字界碑起，界綫仍按從前方向而走，過小河上老嵐子岡在岡頂附近塋地立福字界碑即中國第二十一碑，距烏字界碑六百二十俄丈，小欒家屯土地歸入俄國租地，劉家屯小陳家屯及其土地留在隙地之內隙地十六。

然後界綫偏北往山嘴屯順屯南小河左岸即北岸至小河流入清水河之河口，過清水河及清水河左汊之萬家溝河，在萬家溝河之左岸即東岸立哈字界碑即中國第二十二碑，距鄭家窑一百二十俄丈，距福字界碑七百二十俄丈。大連窑子及其土地歸俄國享用，其小老虎峪山嘴屯兩屯留在隙地之內隙地十七。

由哈字界碑起，界綫順萬家溝河右岸即北岸而走，至河之往北陡轉處，距萬家溝屯西北一百二十二俄丈。在河之左岸即東岸立茨字界碑即中國第二十三碑，碑距哈字界碑九百八十五俄丈。鄭家屯三官廟屯留在隙地之內隙地十八。界綫由此微偏南經歸入俄國租地之萬家溝屯，並礮臺子屯，北至貔子窩往蓋州之大道，在橫穿此道之楊家屯車道處，立磚字界碑即中國第二十四碑距礮臺子店北五十五俄丈，距茨字界碑六百五十俄丈。

由磚字界碑起，界綫順成爲礮臺子店土地北界山溝之北邊而走上岡頂在礮臺子、楊家屯、王家屯、滕家莊分道處，加立第七小界碑，距磚字界碑三百六十俄丈。界綫由此往滕家莊順莊之南口而走至小岡嘴，在此立沙字界碑即中國第二十五碑，距磚字界碑九百六十五俄丈。礮臺子、礮臺子店、王家屯土地歸入俄國租地，其楊家屯安家屯宋家屯滕家莊留在隙地之內隙地十九。

由沙字界碑距起，界綫直出河溝右岸即南岸順河溝而走至贊子河往下至河之分爲雙汊處，在此加立第八小界碑，距沙字界碑一千二百六十俄丈。然後界綫往留在隙地內之曲家屯至高家店北之山谷，在岔道附近處立四叉界碑，即中國第二十六碑，距高家店三百三十俄丈，距沙字界碑二千一百六十俄丈。

界綫由此往高家塋樹林南邊而走至潮溝崖，在此立耶爾界碑即中國第二十七碑，距四叉界碑七百八十俄丈。高家店土地歸俄國享用，其高家屯寧家屯留在隙地之內隙地二十。

由耶爾界碑起，界綫往林家屯即林家坎子屯歸邢家屯潮溝崖，於俄國租地留沙泡子於隙地內耶爾依界碑即中國第二十八碑立在阮窪處，距林家屯西北五十俄丈，距耶爾界碑一千二百九十二俄丈。

界綫由此往橡樹嵐墳塋，在牟家屯北二百四十俄丈，由此屯往北之車道旁，立。葉爾界碑即中國第二十九碑，距耶爾依界碑五百八十俄丈。林家屯即林家坎子屯、牟家屯土地歸俄國享用，然後界綫微偏南至距王家坦屯北一百五十八俄丈之烽臺，在由牟家屯往吳家屯去烽臺南二十俄丈之車道旁，立牙提界碑即中國第三十碑距葉爾界碑一千一百三十五俄丈。孫家屯、王家坦屯土地歸入俄國租地，其寧家溝屯留在隙地之內隙地二十一。

由牙提界碑起，界綫多偏南直出至火神廟高山角，在角頂立額字末碑即中國第三十一碑，距廟南一百五十二俄丈，距牙提界碑一千一百零五俄丈。界綫由此往東南而走，下往大海長二百俄丈，吳家屯及兩王家屯土地留在隙地之內隙地二十二。

第二款

此次專條第一款所定邊界，其屯莊土地錯出錯入，設有齟齬，兩國邊界本管官應切實按照此次所定專條第一款互相核辦。

第三款

按照華曆光緒二十四年閏三月十七日，俄曆一千八百九十八年四月二十五日彼得堡續約第二款，自北毗連遼東半島俄國租地之隙地，陸地北界，由半島西岸之蓋州河口起，往東偏南經過歸入隙地。蓋平縣城即蓋州及隙地外姚家店中間，然後界綫仍按前方向往大洋河而走，自北繞過隙地內之岫巖州城，過大洋河左岸即東岸界綫，又順此左岸往下，至河口在半島東岸爲止。

第四款

此次專條第三款所定隙地，陸地北界按照華曆光緒二十四年閏三月十七日，俄曆一千八百九十八年四月二十五日彼得堡續約所附地圖舉其綱領。若必須詳細就地勘劃界綫，兩國另應派員核辦。

第五款

按照華曆光緒二十四年三月初六日，俄曆一千八百九十八年三月十五日北京條約第一款暨華曆光緒二十四年閏三月十七日，俄曆一千八百九十八年四月二十五日彼得堡續約第一款，又按照北京俄國使署與總理各國事務衙門商定，遼東半島租界西岸附近水面陸地，北界緯綫以南各島，均歸俄國享用。

惟簸籮島南段歸俄國租界內，北段歸入隙地，此島詳細勘劃在後。

又租界東岸附近水面所有各島在北界緯綫以南者，均歸俄國享用。而以劃入俄國租界內之海洋島作爲盡東之界。

第六款

遼東半島租地陸地北界緯綫以北在隙地內，東西岸附近水面各島均應照華曆光緒二十四年三月初六日，俄曆一千八百九十八年三月十五日條約第五款暨華曆光緒二十四年閏三月十七日，俄曆一千八百九十八年四月二十五日續約第五款所定隙地辦法。

第七款

按照北京俄國使署與總理各國事務衙門商定，所有遼東半島以南廟羣各島，不歸租界之內，而中國允認不能將該全島或一二島讓與別國及別國之人，或永遠或暫行享用，並不能在此羣島開設通商口岸，亦不能在此各島准與他國人民造鐵路、開礦及工商利益各事。

第八款

此次專條所定界碑自本年爲始，每逾三年，應行查閱届期交界，本管官各派一員，會於一定處，所順界綫而走，查閱大小界碑，查閱時如大小界碑見有損壞，或全然損壞者，查閱官切實遵守此次專條，並附於此次專條之圖仍就原處重立。

兩國委員此次所定專條，以俄華文字各備四份，畫押蓋印以昭信守。校對相符，遇有辯解，要以俄文字爲憑。此外委員等將界綫繪圖，註以俄華文字，用紅色標明此次專條所定界綫，並就圖畫押蓋印爲憑。

兩國委員將新界專條互換後，應將專條分呈駐紮北京、俄國公使及總理各國事務衙門，以便批定完結。

論説

《中外日報・論英國預籌永租威海衛事一九〇四年七月二十二日》 外交之事，有當就全局之大勢求之，而不能局於一方面之情形者，如今日英人預籌威海之租借問題是已。按近日西報所載，有云英國將與中國妥議條約，永遠占領威海衛。雖當時約文有云，俄人若不據旅順，則威海定須給回中國。然今則英外部大臣藍斯唐君，已盡其能力，不令英人退出該處等語。此英人欲久據威海之確証也。竊謂英人此等用心，其貽患於中國者，近則足授日本以口實，而旅順雖陷，無望歸還。遠則將啓列强之貪心，而膠州廣灣諸地益難恢復。且外人之於中國無故而爲索地之請者，實由俄租旅順啓之。而英人當日之租威海，實以抑制俄國爲言，故約明俄退旅順，即英退威海。乃今者旅順已將爲日兵攻破，行見俄人不能終據其地，而前此訂借之約，墨瀋未乾，英人顧欲食言而肥，則列國之無故而生覬覦者，將來亦何所不至。此則威海一隅之主權，亦未必不成爲中國之危局。所謂牽一髮而動全身者是也。雖然英之欲永租威海衛也，其欲擴張殖民之政策無可疑，其欲使東方海軍多留一根據地無可疑。而就其經營屬地之事迹與其操縱外交之權謀察之，則今之欲租威海者，蓋實恐日俄戰事結局以後，德法兩國或出而干與其事，則英日兩國權利必致盡失。故不得不出於此也。夫英國不嘗於今年春間，聲言將退還威海乎？然就其意揣之，亦未必果甘以威海還於中國也。不過恐俄人畏敗逃之辱，先以外交政策竟棄旅順，以交還中國，使日本戰後了無所得，而俄轉得就此別向中國索取相當之利益。故英亦先聲明，若俄能退還旅順，則英亦必交還威海衛以互相抵制，不使俄人獨藉外交之手段得分外之利益。此則前者英人欲還威海於中國之微意也。而今之欲久佔威海衛也，亦非其自食前言也。蓋實見夫中國之力，不足自保，即令將旅順威海全行交還中國，而他國苟以外交政策再取諸中國，亦甚易易。威海一讓，德必從膠州而擴其勢力圈。旅順一還，法必借俄力而占爲根據地。夫德與法，皆俄之與國也，德法之得利即俄國之得利，英人安肯出此下策哉？此又其力圖久佔之本意也。且英之久佔威海，其用意又不止此。今者日人之攻旅順遼陽，已將垂得，而第一次戰事已將告終。告終以後，外交上之干涉果起與否，尚不可知。故於戰事未結以前，日本在牛莊已有代收關税二十年之舉。此其用意皆爲防遏將來外交之糾葛起見。日本既獨占牛莊矣，英豈肯讓威海乎？英果久占威海，即其地屯駐水師，則既可牽制德在山東之勢力，又可逆遏法人干涉之狡謀，是又其久占威海之用意也。夫日本永收牛莊關税，爲自通商以來所無之創例。即英之久占威海，亦爲自租借口岸以來未有之創例。此二者事實相因，必有由始。嗚呼！我中國日後前途之危險，固不問而可知矣哉。所望我政府當此朕兆已萌之時，亟籌自救之策也。

雜録

《大清法規大全·外交部》卷九《北洋大臣袁咨送外務部天津勘定俄國租界圖册文》（光緒三十二年四月）前據原辦天津租界候補道錢鑅稟稱：竊職道於光緒二十七年三月初八日，奉前全權大臣李劄飭以天津河東地方增設俄國通商市場，已經擬訂合同，奏奉硃批允准。兹准俄國駐京格大臣，照會内開和約第二款載，委員勘定天津俄國租界，並明定界限，請揀派委員以辦此事。劄委職道馳赴天津，會同俄國派出之員查照合同界址，逐一查勘，秉公畫定。其英俄互爭地段，務令彼此讓出遷改，以弭爭端，等因奉此。其時聯軍據守天津，兵戈滿地。職道既奉委派，不敢畏難，遂即馳赴天津，會同俄領事珀佩至河東地方逐細查勘。其所定界址，早經立有石柱，上自賀家胡同起，下至田家莊比國所佔租界爲止，東至鐵路，西至海河界内所包有京津鐵路、車站貨廠、開平礦務局煤棧、武備學堂地基，又有英俄爭執鐵路旁地一段，通計佔地五六千畝。職道當與珀領事辯論，貴國商務無多，何必佔此大地？珀領事謂，此地係本國武官蹈定，已將地圖寄回本國，外部不能再改，遂與商議租地價值及拆屋經費。該領事又謂，地係戰爭所得，不能給價。職道以居民遭此變亂，家業蕩然，祇此棲身之地而又攫而取之，恐文明之國必不出此。辯論再三，該領事始允給付價值。議定車站貨廠不入租界，礦務局歸公司自辦，武備學堂地基及英俄爭執之地提出另議，各洋人已買之地仍歸各洋人執業，其餘之地分作五等。頭等地租價每畝一百八十兩，坑地減銀四十五兩；二等地每畝租價八十兩，坑地減銀二十兩；三等地每畝租價四十兩，坑地減銀十五兩。三等地先行租用，四等、五等之地俟用時再定價值。房屋分别估價拆讓，墳墓議給遷費經稟陳前北洋大臣李批准照辦，遂即會同珀領事出示，立限三個月内各花户到局指丈地畝，領取租價，逾期將地充公。孰知各花户妄聽謠傳，在限到局領文者不及一半，其餘類多觀望。適有旗人鄭錫忠吉勒通阿，執持價買橚貝子府天津河東地契，向俄領事府□取地價。職道亦奉前北洋大臣李劄飭准橚貝子府移請查理祖遺河東地畝，飭即議擬詳辦。職道查得光緒十二年，有旗人鄭錫忠吉勒通阿，價買橚貝子府舊產天津河東季家樓等處地九百多畝。曾於光緒十五六年，到津向各住户收取地租。各地户抗不承認，旗人控官未能得直，案懸未結。職道查驗橚府送到地册，於乾隆四十九年，實有分受天津河東地九頃有零，不過年久失迷，輾轉爲人資賣。以册載方向核計，與俄界頭二等地名位脗合，舊主不能不認内。岳後所買地三十餘畝，自認地爲旗產，地價以七成歸吉鄭，以三成歸現業户。此外頭二等地，除居民早經報文者准付全價外，其遷延不報者，照示限例應充公，罰價一半付與吉鄭，其一半地價仍准現業户報領。稟蒙前北洋大臣李批准照辦，總計頭二三等共租用地七百六十七畝零，計發地價銀五萬八千一百二十六兩有奇。又界内拆磚房一百十二間半，每間八十兩，合銀九千兩。灰房一百零六間，每間給銀五十兩，合銀五千三百兩。草房三百九十五間，每間二十七兩，合銀一萬零六百六十五兩。又搬家費每户十兩，計三百零三户，合銀三千零三十五兩。統共發房價搬費銀二萬八千兩，至上年冬間陸續一律發給。祇存張榮軒三等地十五畝八分七釐零七絲，地價銀六百三十四兩八錢二分八釐，與馬棟阿稍有糾葛未領，已另文移交現任關道存儲。又界内有鹽坨地上下兩段，原奏不入租界之内，後因俄公使屢向前全權大臣李再三懇請，讓給租用。當派職道向長蘆商人商辦，該商人等因鹽無堆積之地爲難。適海河裁灣取直，上段掛甲寺工程告竣，新開河兩岸有空地，堪作鹽坨之用。當經職道稟蒙憲臺飭派運司覆勘合用，遂定議將坨地一并出租，統計坨地、席地、坑地、灘地一百九十六畝三分六釐七毫五絲，共地價四萬三千六百零二兩八錢五分。又拆屋十七間，價銀七百九十兩，共銀四萬四千三百九十二兩八錢五分。當即如數移交前長蘆汪運司收訖。職道現因奏調奉天當差，所有俄租界事已經料理清楚，理合繪具四至圖説，造具地畝房屋清册稟請察核，並請咨送外務部存案。再英俄爭執之地，亦經津海關税務司德璀琳查明調處了結合并聲明等情到本大臣據此除批示外，相應將清册圖説咨呈貴部，謹請查照。

又《度支部奏蕪湖畫闢租界摺》（光緒三十三年）奏爲遵旨查明蕪湖畫闢租界情形，謹恭摺，仰祈聖鑒事。竊安徽巡撫恩銘奏，蕪湖畫闢通商租界要工需款，請援案動撥，以應急需一摺。光緒三十三年正月初八日奉硃批，該部知道。欽此欽遵。由軍機處鈔文到部，查原奏内稱蕪湖開埠之始，曾經該關道與英領事會同勘定蕪湖縣西門外南至陶家溝，北抵弋磯山，東至普潼山，西抵大江，與英領事商定，作爲各國通商公共租界。議定章程十條，載明公用道路、溝渠、橋樑工程由地方官自辦，界内地段酌留馬路數條，闢爲東西街道，沿江五丈地面，須留爲往來之路等因，咨明外務部核覆照辦在案。嗣據該關道與英領事及税務司會同勘定，一切需用之款，不得不先行籌墊。該關既無外銷可以應付，又無閒款可以挪移。請援金陵下關，開辦商埠工程，奏撥洋藥税釐成案。稟請奏撥洋藥税釐銀五萬兩，以資應用等情。伏查蕪湖畫闢各國通商公共租界，一切公用道路、橋樑、溝渠工程，議明由我自修，本爲自保主權起見。惟是經費既鉅，無可騰挪，懇准援案，於蕪湖關洋藥税釐項下，先行動撥銀五萬兩，以應急需。不敷之款，或俟洋税旺收再行續撥，或一面與各國領事設法磋商。籌捐事竣，據實分晰，開單奏報。奴才仍一面督飭，將租界内一切事宜速籌辦理，俾臻妥洽等語。臣等伏查光緒三十一年八月間，金陵於儀鳳門外下關地方，闢作通商場地，請在該關洋藥釐金項下，動撥銀十萬兩，曾經奏准有案。今蕪湖開勘定蕪湖縣西門外作爲各國通商公共租界，既經咨明外務部核覆照辦，自應准如所奏辦理。至所需經費，懇准援案，在蕪湖關洋藥税釐項下，先行動撥銀五萬兩，核與准撥成案，相符亦應照准。正在辦理具奏間，又據安徽巡撫將所修租界横直馬路、水溝工料細摺，並租界圖説，咨送到部。查摺開蕪湖租界縱横馬路、明暗水溝工料，共用銀九萬四千六百九十一兩五錢。除據該撫奏撥藥釐銀五萬兩，其四萬四千六百九十一兩五錢，以及此後無論何項不敷等款，應令該關道於租界内設立籌捐，以資應用，不得再行請撥正款。所有此次動用藥釐銀五萬兩，俟將來收捐暢旺，應即照數歸還，以重税款。相應請旨飭下安徽巡撫，轉飭該關道，將所撥銀兩核實動用，撙節關文，不得稍涉浮冒，並將該關道與英領事議立章程抄録送部，以備查核外，所有查明蕪湖畫闢租界情形，理合恭相具陳，伏乞皇太后、皇上聖鑒。謹奏。奉旨：依議。欽此。

又《外務部咨蕪湖租界暫准英商自築碼頭文》（光緒三十年）爲咨會事，本年四月三十日，接准貴撫咨稱，蕪湖關道詳稱蕪湖租界事，並呈租界章程及附件照會，清摺等情，據情咨請核覆等因，前來查清摺内開改定租界章程，十條尚屬妥協，應准照行。惟附件照會，内稱暫准英商自築碼頭一節，係屬通融辦法，應令該英商於建築碼頭時，會同華官公估費用定數，先行立案，以便日後照案歸費收回，不致臨時爭論。應即轉飭該道，酌照於附件照會添敍此節，以期周密。相應咨覆貴撫查照飭遵可也，須至咨者，右咨安徽巡撫。

又《署黑龍江將軍程咨外務部齊齊哈爾華俄道勝銀行租地建屋擬訂合同抄呈備案文》（光緒三十二年九月）案據江省華俄道勝銀行總管林真別爾格來署聲稱：銀行賃住民房，諸多不便，請將倉房地基指給一段，以便自行興造等情。本署將軍查道勝銀行内有中國股本，與別項洋商不同，所請指地蓋房等情，勢難竣拒。惟倉房已爲俄外部官佔去其半，下餘一半不能再許。該銀行蓋房於其間，當飭交涉局總理，黑水廳同知鄭丞國華，妥向商辦。去後，茲據該丞稟稱：林真別爾格意謂銀行事關重要，必須附近中俄衙署，方足以昭慎重，如不能指給倉房之地，即須將將軍衙門迤西之民房賣與銀行，二者必居其一，等語。經該丞反覆磋商，歷數月之久，始議定於新建之黑水廳同知衙門左近，指給該銀空地一段，許其自行建造，並擬訂合同八條，稟覆前來本署將軍，覆加查核。該丞指給道勝銀行之地基，與官商均無妨礙，所定合同亦尚妥協。當即飭令於合同上蓋用該廳關防，以憑遵守。除咨商部查照外，理合照録合同，備文咨呈爲此。合咨大部，謹請鑒核備案可也。

附録齊齊哈爾華俄道勝銀行租地建屋合同

茲因光緒三十二年八月初一日，即俄一千九百零六年九月第五號，駐齊齊哈爾城華俄道勝銀行請，由黑水廳稟明，將軍揑准於土城南門外新放街基區域之内，租給相當地方一段，爲該行建築房屋之用。所有彼此訂定一切規則，條例於後。

第一條　銀行所租地段，係在土城南門外新放街基，黑水廳衙門之路南，計南北長三十沙申，合華工部尺二十丈，東西長六十沙申，合華工部尺四十丈，共計華尺八百方丈。聲明此段區域之内准該銀行就中建築，不得轉租他人，其管轄權亦不得越此段區域以外。

第二條　齊齊哈爾省土城南門外新放街基，專爲振興華民工商業發達起見，並非開作商埠，亦非各國租界。因道勝銀行内先有中國股本，所以准其租地建房。此後，無論何國洋商，不得援以爲例。

第三條　該行建築需用沙土石塊，不得於最近地方挖取，致礙他人營造。

第四條　該銀行所租街基中國，國家並不索要押租。由定立今同簽字日起，該銀行願按華尺每丈方每年繳租賦俄錢一盧布。共計華尺八百丈方，每年共應繳俄錢八百盧布，其款於每年華十二月初一日呈繳黑水廳衙門。

第五條　該銀行所建房屋訂明光緒三十二年八月初一日，即俄曆一千九百零六年九月五號本合同畫押之日起，以三十年爲限，限滿如中國國家需用此地，即可索回。但須按照該銀行蓋房所用款項，由交涉局或黑水廳，與銀行執事人各邀華俄商界中之公正人一二名估價，稟由將軍備款接收，作爲中國　國家公産。如一時無公正俄人可請，亦可由本城商會之代表華商，居中估價，該銀行已允認可。如中國　國家並不亟用此地，該銀行願意展租，三十年届時，如本城街基值錢，黑水廳應有增租之權，可與該銀行另行商定合同。

第六條　該銀行如未到限滿，或因事故歇業回國所遺居舍，亦查照第五條章程辦理。

第七條　該銀行既在華商街内，應歸本省巡警局承認保護。所有路燈、修道及有關衛生，一切花費應與華商一律認攤。又門前修理通水溝渠，該銀行不得阻止。

第八條　該銀行所用華人，如有違背中國章程，或被人告發之事，黑水廳得有拘傳審判之權，銀行不得禁阻。

以上八條彼此認許，校正無訛，以華、俄文書寫四分。以一分呈送將軍備案，餘黑水廳及道勝分行各自存留一分，其第四分存省城交涉總局。若將來遇有辦論之事，以華文爲主。再，該合同四分，每分照約應請駐省外部官簽字，以爲之證。

華曆光緒三十二年八月初一日

俄曆一千九百零六年九月第五號

大清國總辦黑龍江全省交涉試署黑水廳撫民府鄭

大俄國駐齊齊哈爾省城華俄道勝銀行執事人林真別爾格

條約口岸分部

綜述

《中英南京條約》（道光二二年七月二十四日、一八四二年八月二十九日）第二款

一、自今以後，大皇帝恩准英國人民帶同所屬家眷寄居大清沿海之廣州、福州、厦門、寧波、上海等五處港口，貿易通商無礙，且大英君主派設領事、管事等官住該五處城邑，專理商賈事宜。與各該地方官公文往來，令英人按照下條開敘之例，清楚交納貨税鈔餉等費。

《中英天津條約》（咸豐六年五月十六日、一八五八年六月二十六日）第十一款

一、廣州、福州、厦門、寧波、上海五處，已有《江寧條約》舊准通商外，即在牛莊、登州、臺灣、潮州、瓊州等府城口，嗣後皆准英商亦可任意與無論何人買賣，船貨隨時往來。至於聽便居住、賃房、買屋、租地、起造禮拜堂、醫院、墳塋等事，並别有取益防損諸節，悉照已通商五口無異。

《中英北京條約》（咸豐十年九月十一日、一八六〇年十月二十四日）第四款

一、續增條約畫押之日，大清皇帝允以天津郡城海口作爲通商之埠，凡有英民人等至此居住貿易，均照經准各條所開各口章程，比例畫一無別。

《中英煙臺條約》（光緒二年七月二十六日、一八七六年九月十三日）第三款（第一段）

一、所有現在通商各口岸，按前定各條約，有不應抽收洋貨釐金之界，茲由威大臣議請本國，准以各口租界作爲免收洋貨釐金之處，俾免漫無限制；隨由中國議准在於湖北宜昌、安徽蕪湖、浙江温州、廣東北海四處添開通商口岸，作爲領事官駐紮處所。又四川重慶府可由英國派員駐寓，查看川省英商事宜。輪船未抵重慶以前，英國商民不得在彼居住，開設行棧。俟輪船能上駛後，再行議辦。至沿江安徽之大通、安慶，江西之湖口，湖廣之武穴、陸溪口、沙市等處均係內地處所，並非通商口岸，按長江統共章程，應不准洋商私自起下貨物，今議通融辦法，輪船暫准停泊，上下客商貨物，均用民船起卸，仍照內地定章辦理。除洋貨半稅單照章查驗免釐，其有報單之土貨，只准上船，不准卸賣外，其餘完稅釐，由地方官自行一律妥辦。外國商民不准在該處居住，開設行棧。

《中英續增煙臺條約專條》（光緒十六年閏二月十一日）第一款

一、重慶即准作爲通商口岸，與各商通口岸無異。英商自宜昌至重慶往來運貨，或僱用華船，或自備華式之船，均聽其便。

《中英續訂滇緬條約附款》（光緒二十三年正月初三日、一八九七年二月四日）專條。

光緒二十一年十二月初六日，經總理衙門照會大英署理欽差大臣，以光緒二十一年十一月十五日本衙門具奏西江口岸通商一摺，奉旨：知道了，欽此。相應恭録諭旨，照會查照等因，今彼此言明，將廣西梧州，廣東三水縣城江根墟開爲通商口岸，作爲領事官駐紮處所。輪船由香港至三水、梧州，由廣州至三水、梧州往來，由海關各酌定一路先期示知，並將江門、甘竹灘、肇慶府及德慶州城外四處，同日開爲停泊上下客商貨物之口，按照長江停泊口岸章程一律辦理。現在議定以上所定中緬條約附款及專條各節，應於畫押後四個月之內開辦□行。其批准文據，應在中國京城速行互換，爲此兩國大臣將此附款專條畫押蓋印，以昭信守。

此附款專條在中國京城繕立漢文三分，英文三分，共六分。

《中英馬凱條約》（光緒二十八年八月初四日、一九〇二年九月五日）第八款第十二節

中國允願將下列各地開爲通商口岸，與江寧、天津各條約所開之口岸無異。即湖南之長沙、四川之萬縣、安徽之安慶、廣東之惠州及江門，凡各國人在各該通商口岸居住者，須遵守該處工部局及巡捕章程，與居住各該處之華民無異。非得華官允准，不能在該通商口岸之界內自設工部局及巡捕。此第八款若不施行，則不得索開以上所列之處作爲通商口岸，惟江門一處另載於第十款內，不在此列。

第十款

茲因光緒二十四年所訂中國內港行輪章程，准特在通商口岸註册之華洋各項輪船行駛貿易，又因是年六月、八月先後所訂，此項章程間有未便，是以彼此訂明應將此章從新修改，附載此約。惟此章程應按照遵行，直至日後彼此允願更改爲止。

又彼此議定將江門開爲通商口岸，除光緒二十三年正月初三日中英兩國畫押緬甸條約之專款所准，英輪前往西江之停泊處所外，茲將廣東省內之白土口、羅定口都城作爲暫行停泊上下客貨之處，按照長江停泊章程辦理。並將容奇、馬寧、九江、古勞、永安、後瀝、禄步、悦城、陸都、封川等十處，作爲上下搭客之處。

《中法天津條約》（咸豐八年五月十七日、一八五八年六月二十七日）第六款

中國多添數港准令通商，屢試屢驗實爲近時切要。因此議定！將廣東之瓊州、潮州，福建之臺灣、淡水山東之登州，江南之江寧六口，與通商之廣東、福州、厦門、寧波、上海五口，准令通市無異。其江寧俟官兵將匪徒剿滅後，大法國官員方准本國人領執照前往通商。

第七款

自今以後，凡大法國人，家眷可帶往第六款所開中國沿海通商，及江之各口市埠地方居住，貿易、工作平安無礙，常川不輟。若有蓋印執照，

任聽在議定通商各口周遊往來。惟明禁不得在沿海沿江各埠私買私賣，如有犯此例者，船隻貨物聽憑入官。但中國地方官查拿此等船隻貨物於未定入官之先，宜速知會附近駐口之大法國領事。

第十款

凡大法國人按照第六款至通商各口地方居住，無論人數多寡，聽其租賃房屋及行棧存貨，或租地自行建屋建行。大法國人亦一體可以建造禮拜堂、醫人院、周急院、學房、墳地各項。地方官會同領事官酌議定大法國人宜居住宜建造之地，凡地租房租多寡之處，彼此在事務須按照地方價值定議。中國官阻止內地民人高擡租值，大法國領事官亦謹防本國人强壓迫受租。值在各口地方，凡大法國人房屋間數地段寬廣，不必議立限制，俾大法國人相宜獲益，倘有中國人將大法國禮拜堂、墳地觸犯毁壞，地方官照例嚴拘重懲。

《中法越南條約》（光緒十一年四月二十七日、一八八五年六月九日）第五款

一、中國與北圻陸路交界，允准法國商人及法國保護之商人，並中國商人運貨進出。其貿易應限定若干處，及在何處，俟日後體察兩國生意多寡及往來道路定奪，須照中國內地現有章程酌合辦理。總之，通商處所在中國邊界者，應指定兩處一在保勝以上，一在諒山以北。法國商人均可在此居住，應得利益應遵章程均與通商各口無異。中國應在此設關收稅，法國亦得在此設立領事官，其領事官應得權利與法國在通商各口之領事官無異。中國亦得與法國商酌，在北圻各大城鎮揀派領事官駐紮。

《中法越南邊界通商章程》（光緒十二年三月二十二日、一八八六年四月二十日）第一款

一、兩國議定按照新約第五款，現今指定兩處，一在保勝以上某處，一在諒山以北某處。中國在此設關通商，允許法國卽在此兩處設立領事官，該法國領事官應得權利，卽照中國待最優之國領事官無異。現在條款畫押時，兩國勘界大臣尚未定議，其諒山以北應開通商處所，本年內應由中國與法國駐華大臣互商擇定至保勝。以上應開通商處所，亦俟兩國勘界定後，再行商訂。

《法國公使照會》（光緒十三年五月初三日、一八八七年六月二十三日）爲照覆事於光緒十三年五月初三日接准，貴王大臣照會內，稱尚有續約內未載者三端，擬定一按照前約中國可在北圻各大城鎮設立領事官，現經彼此商酌，中國允許此等領事官目前暫從緩設，應俟後兩國查看該處地方情形再行設立。一俟中國在河內海防兩處設立領事之時，法國始可於滇桂兩省城設立領事。一中國所允法國於龍州、蒙自兩處設立之領事官，及蠻耗設立之領事官屬下一員，係屬陸路通商處所，不可仿照上海等處通商口岸設立租界。以上三端彼此言明，雖未列入續約專條，與約文所載遵行無異。等因前來本大臣查彼此商議之時所商定各事，今照會妥洽爲憑。以上三端，在本大臣同貴王大臣，無不意見相符也，爲此照覆須至照會者。

《中法續議越南商務專條》（光緒十三年五月初六日、一八八七年六月二十六日）第二條

按照光緒十二年三月二十二日所定和約第一款，兩國指定通商處所，廣西則開龍州，雲南則開蒙自。緣因蠻耗係保勝至蒙自水道必由之處，所以中國允開該處通商與龍州、蒙自無異。又允法國任派在蒙自法國領事官屬下一員在蠻耗駐紮。

《中法續議越南商務專條附草》（光緒二十一年五月二十八日、一八九五年六月二十日）第二條

兩國於光緒十三年五月初六日，在中國京都互議續約之第二條，現已改定如左以全其事。兩國議定法越與中國通商處所，廣西則開龍州，雲南則開蒙自，至蒙自往保勝之水道，允開通商之一處。現議非在蠻耗而改在河口，法國任在河口駐有蒙自領事官屬下一員，中國亦有海關一員在彼駐紮。

第三條

議定雲南之思茅開爲法越通商處所，與龍州蒙自無異，卽照通商各口之例。法國任派領事官駐紮，中國亦駐有海關一員，至法國領事官所住公館，由地方官相幫照拂。其法國人民及法國保護之人前來思茅，均照咸豐八年五月十七日條約第七第十一十二等款，及光緒十二年三月二十二日商約第三款辦理。其運往中國各貨物，准由水道如羅梭河、湄江等河運入。並准由陸路如猛烈或倚邦至思茅普洱之官道。其貨之有應納稅項者，

即在思茅輸納。

《中美望厦條約》（道光二十四年五月十八日、一八四四年七月三日）第三款

嗣後合衆國民人，倶准其挈帶家眷，赴廣州、福州、厦門、寧波、上海共五港口居住貿易，其五港口之船隻，裝載貨物互相往來，倶聽其便。但五港口外不得有一船駛入別港，擅自遊弋，又不得與沿海奸民私相交易，如有違犯此條禁令者，應按現定條例，將船隻、貨物倶歸中國入官。

第十七款

合衆國民人在五港口貿易，或久居，或暫住，均准其租賃民房，或租地自行建樓，並設立醫院、禮拜堂及殯葬之處。必須由中國地方官會同領事等官，體察民情，擇定地基，聽合衆國人與內民公平議定租息，內民不得擡價掯勒，遠人勿許强租硬占，務須各出情願，以昭公允。倘墳墓或被中國民人毁掘，中國地方官嚴拏照例治罪。其合衆國人泊船寄居處所，商民、水手人等，止准在近地行走，不准遠赴內地鄉村任意閒遊，尤不得赴市鎮私行貿易；應由五港口地方官，各就民情地勢，與領事官議定界址，不准踰越，以期永久彼此相安。

《中美天津條約》（咸豐八年五月初八日、一八五八年六月十八日）

第十二款

大合衆國民人在通商各港口貿易，或久居或暫住，均准其租賃民房，或租地自行建樓，並設立醫館、禮拜堂及殯葬之處。聽大合衆國人與內民公平議定租息，內民不得擡價掯勒，如無礙民居不關方向，照例稅契用印外，地方官不得阻止。大合衆國人勿許强租硬佔，務須各出情願，以昭公允，倘墳墓或被中國民人毁掘，中國地方官嚴拏照例治罪。其大合衆國人泊船寄居處所，商民水手人等，只准在近地行走，不准遠赴內地鄉村市鎮私行貿易。以期永久彼此相安。

第十四款

大合衆國民人，嗣後均准携眷赴廣東之廣州、潮州，福建之厦門、福州、臺灣，浙江之寧波，江蘇之上海，並嗣後與大合衆國或他國定立條約准開各港口市鎮，在彼居住貿易，任其船隻裝載貨物，於以上所立各港口互相往來。但該船隻不得駛赴沿海口岸及未開各港私行違法貿易，如有犯此禁令者，應將船隻貨物充公歸中國入官。其有走私漏稅或携帶各項違禁貨物至中國者，聽中國地方官自行辦理治罪。大合衆國官民均不得稍有祖護，若別國船隻冒大合衆國旗號作不法貿易者，大合衆國自應設法禁止。

《中美續增條約》（同治七年六月初九日、一八六八年七月二十八日）第一款

大清國大皇帝按約，准各國商民在指定通商口岸及水路洋面貿易行走之處，推原約內該款之意，並無將管轄地方水面之權一併議給。嗣後如別國與美國或有失和或至爭戰，該國官兵不得在中國轄境洋面及准外國人居住行走之處，與美國人爭戰、奪貨、劫人。美國或與別國失和，亦不得在中國境內洋面及准外國人居住行走之處，有爭奪之事。有別國在中國轄境先與美國擅起爭端，不得因此條款禁美國自行保護。再凡中國已經指准美國官民居住貿易之地，及續有指准之地，或別國人民在此地內有居住貿易等事，除有約各國款內指明歸某國官管轄外，皆仍歸中國地方官管轄。

《中美續議通商行船條約》（光緒二十九年八月十八日、一九〇三年十月八日）第三款

美國人民准在中國已開及日後所開爲外國人民居住通商各口岸，或通商地方往來居住，辦理商工各業製造等事以及他項合例事業。且在各該處已定及將來所定爲外國人民居住合宜地界之內，均准賃買房屋行棧等，並租賃或永租地基自行建造。美國人民身家財産所享之一切利益，應與現在或日後給與最優待之國之人民無異。

第十二款（末段）

中國政府應允俟此約批准互換後，將盛京省之奉天府又盛京省之安東縣二處地方，由中國自行開埠通商。此二處通商場訂定，外國人公共居住合宜地界並一切章程，將來由中美兩國政府會同商定。

《中國瑞典那威通商條約》（道光二十七年二月初四日、一八四七年三月二十日）第三款

一、嗣後瑞典國、那威國等民人倶准其挈帶家眷赴廣州、福州、厦門、寧波、上海共五港口居住貿易，其五港口之船隻裝載貨物、互相往來，倶聽其便。但五港口外不得有一船駛入別港，擅自遊弋，又不得與沿海奸民私相交易，如有違犯此條禁令者，應按現定條例將船隻貨物倶歸中

國人官。

第二十二款

一、瑞典國、那威國等現與中國訂明和好五處港口，聽其船隻往來貿易。倘日後另有別國與中國不和，中國只應禁阻不和之國不准來五口交易，其瑞典國、那威國等人自往別國貿易或販運其國之貨物前來五口，中國應認明瑞典國、那威國等旗號便准入港。惟瑞典國、那威國等商船不得私帶別國一兵進口，及聽受別國商人賄囑換給旗號代爲運貨入口貿易。倘有犯此禁令，聽中國查出拿辦。

《中國瑞典通商行船條約》（光緒三十四年六月初四日、一九〇八年七月二日）第四款

中國人民准赴瑞典國各處地方往來運貨貿易，瑞典國人民准赴中國已開或日後所開各通商地方往來運貨貿易，兩國人民均准按照現行律例，暨給與最優待國人民之優例。在以上各地方從事商業工藝製作及別項合例事業，賃買各項房屋爲居住貿易之用，及租與地段起造房屋、禮拜堂、墳塋、醫院，並准僱用該處人民辦理合例事務，地方官不加禁阻。其一切優例豁免利益，兩國均照現在及將來給與最優待國之人民一律無異。

第六款

瑞典國商船准赴中國已開或日後所開各通商口岸運貨貿易，並准赴中國已准各國商船行駛之內港及准停泊之沿江各處卸載貨物。客商惟須悉照中國訂定之各國通商章程辦理，如瑞典船違章駛入中國未准通商之口岸，及未准行駛停泊之內港，或在沿海沿江各處私做買賣，任從中國將船貨一併充罰入官。

《中丹通商條約》（同治二年五月十十八日、一八六三年七月十三日）第十一款

一、各國議定通商口岸，如牛莊、天津、煙臺、上海、寧波、福州、厦門、臺灣、淡水、廣州、汕頭、瓊州及長江之漢口、九江、鎮江、江寧各口，丹國商民亦可任便出入。通市准與無論何人，均得聽意買賣。所有賃房、買屋、租地，起造建立廟堂、醫院、墳塋等事，亦隨其便。

第十二款

一、丹國民人准在通商各口一帶地方意欲租地蓋屋，設立棧房，建造廟堂、醫院、墳塋等事，均按民價照給公平定議，不得互相勒指。

《中和通商條約》（同治二年八月二十四日、一八六三年十月六日）

第二款

一、廣州、潮州、福州、厦門、寧波、上海、天津、牛莊、登州、臺灣、淡水、瓊州等口和商，皆准貿易船貨任便往來。若欲租賃地畝房屋，設立棧房、禮拜堂、醫院、墳塋等事，各聽其便。租價公平定議，不得互相勒指。其漢口、鎮江、九江等口和商，亦可一律前往通商。至長江如何防弊之法，任憑中國隨時設法辦理，惟有賊匪地方，和國民人不得前往游歷。出入和國商船亦不得私自往來，接濟軍火糧食，如查有違犯者，將船貨全行入官，其違例之人交就近領事官辦理。

《中葡通商條約》（光緒十三年十月十七日、一八八七年十二月一日）第十一款

一、所有大清國通商口岸，均准大西洋國商民人等眷屬居住，貿易、工作、平安無礙。船隻隨時往來通商，常川不輟，其應得利益均與大清國相待最優之國無異。

第十六款

一、大西洋國商民在通商各口地方買地、租地，或租房爲建造房屋，設立棧房、禮拜堂、醫院、墳墓，均按民價公平定議照給，惟須由業主報明地方官查明無礙民居方向者，方可交易，不得互相勒措。至於內地各處並非通商口岸，均議定不得設立行棧。

《中國西班牙通商條約》（同治三年九月初十日、一八六四年十月十日）第五款

一、各國議定通商口岸如牛莊、天津、煙臺、上海、寧波、福州、厦門、臺灣、淡水、廣州、汕頭、瓊州及長江之漢口、九江、鎮江、江寧各口，日斯巴尼亞國商民亦可任便出入通市。准與無論何人均得聽意買賣。所有賃房、買屋、租地，起造建立廟堂、醫院、墳塋等事，亦隨其便。

第八款

一、日斯巴尼亞國商民在通商各口地方租地蓋屋設立棧房、禮拜堂、醫院墳墓，均按民價公平定議照給，不得互相勒措。至內地各處並非通商口岸均議定不得設立行棧。

第四十三款

一、日斯巴尼亞國船隻獨在約內准開通商各口貿易，如到別處沿海沿江地方私作買賣，即將其船貨一併入官。

《中比通商條約》（同治四年九月十四日、一八六五年十一月二日）

第十一款

一、各國議定通商口岸如牛莊、天津、煙臺、上海、寧波、福州、厦門、臺灣、淡水、廣州、汕頭、瓊州及長江之漢口九江、鎮江、江寧各口，比國商民亦可携眷前往居住，貿易、工作平安無礙，常川不輟。

《中義通商條約》（同治五年九月十八日、一八六六年十月二十六日）第十一款

一、各國議定通商口岸如牛莊、天津、煙臺、上海、寧波、福州、厦門、臺灣、淡水、廣州、汕頭、瓊州及長江之漢口九江、鎮江、江寧各口，意國商民任便出入通市，准與無論何人均得聽意買賣。所有賃房、買屋、租地，起造建立廟堂、醫院、墳塋等事，亦隨其便。

第十二款

一、意國民人准在通商各口一帶地方意欲租地、蓋房，設立棧房，建造廟堂、醫院、墳塋等事，均按民價照給公平定議，不得互相勒揹。

第四十七款

一、意國商船在條約內列通商各口准其貿易，如到另處沿海地方私作買賣，即將船貨一併入官。

《中日馬關條約》（光緒二十一年三月二十三日）第六款（第一節）

中國約將下開讓與各款，從兩國全權大臣畫押蓋印日起六個月後方可照辦。第一：現今中國已開通商口岸之外，應准添設下開各處立爲通商口岸，以便日本臣民往來僑寓，從事商業、工藝製作。所有添設口岸均照向開通商海口或向開內地鎮市章程一體辦理。應得優例及利益等，亦當一律享受。

一　湖北省荊州府沙市

二　四川省重慶府

三　江蘇省蘇州府

四　浙江省杭州府

日本政府得派遣領事官於前開各口駐紮。

《中日通商行船條約》（光緒二十二年六月十一日）第五款

中國現已准作停泊之港，如安慶、大通、湖口、武穴、陸溪口、吳淞等處，及將來所准停泊之港，均准日本船卸載貨物。客商悉照現行各國通商章程辦理，如日本船違章到中國別口非係准停泊之港，亦非准通商口岸或在沿海沿江各處地方私做買賣，即將船貨一併由中國罰充入官。

《中日通商行船追加條約》（光緒二十九年八月十八日）第十款

現在兩國議定，如駐紮直隸省之各國兵隊暨各國護館兵隊一律撤退後，中國即當在北京自開通商場，其詳細章程臨時商酌訂定。

中國允願俟本日所訂畫押之《中日通商行船條約續約》批准互換後六個月以內，將湖南省之長沙府開作通商口岸，與已開各通商口岸無異。各國人民在該通商口岸居住者，須遵守該處工部局及巡捕章程，與居住各該處之華民無異。非得華官允准，不能在該通商口岸之界內自設工部局及巡捕。

中國政府應允俟此約批准互換後，將盛京省之奉天府又盛京省之大東溝兩處地方，由中國自行開埠通商。此兩處通商場訂定外國人公共居住合宜地界並一切章程，將來由中日兩國政府會同商定。

附件第六（係第十款附件之一）

大清國欽差辦理商約事務大臣爲照會事所有在北京開設通商場事，按照通商行船條約續約第十款所訂，如各國護館護路兵隊一律全行撤退後，於北京內城之外，擇彼此相宜並無窒礙之地，劃定界址開作各國商人居住貿易之所。界內地方准各國商人租地造屋，開設行棧、店鋪，惟民房民地必須業主情願出租者，公平商議租價，不得抑勒强迫。所有道路橋樑均由中國自行管轄經理，各國商民在北京商場內居住者，須遵守該處工部局及巡捕章程，與居住該處之華民無異。非得華官允准，不能在界內自設工部局及巡捕。自定界開辦以後，凡從前各國商民之散居城内外者，均須遷入界內，不得仍前散居各處，以致漫無稽考。所有外國商民房地公同酌定，給予公平價值，其遷移入界限期臨時酌定，若逾限不遷，即不給價。似此預定辦法則庶免臨時籌議周摺，實屬兩便之舉，爲此備文照請貴大臣核允，並希見覆可也須至照會者。

附件第七（係第十款附年之二）

大日本國欽差全權辦理商約事務大臣，爲照復事接准光緒二十九年八月十八日貴大臣照會內開所有北京開設通商場一事，按照《通商行船條約續約》第十款所訂如各國護館路兵隊一律全行撤退後，於北京內城之外擇彼此相宜並無窒礙之地，劃定界址，開作各國商人居住貿易之所。界內地方准各國商人租地造屋，開設行棧、店鋪，惟民房民地必須業主情願出租者，公平商議租價，不得抑勒强迫。所有道路、橋樑，均由中國自行管轄經理。各國商民在北京商場內店住者，須遵守該處工部局及巡捕章程，與居住該處之華民無異。非得華官允准不能在界內自設工部局及巡捕。自定界開辦以後，凡從前各國商民之散居城內外者，均須遷入界內，不得仍前散居各處以致漫無稽考。所有外國商民房地，公同酌定給予公平價值。其遷移入界限期臨時酌定，若逾限不遷，即不給價。似此預定辦法則庶免臨時籌議周摺，實屬兩便之舉，爲此備文照請貴大臣核允。等因准此本大臣查所有來文內開各節，大致均可照辦，至其詳細章程，自應按照兩國通商行船條約續約第十款所訂，臨時商酌妥定，惟不得與別國歧異。致有向隅，相應照覆貴大臣查照須至照覆者。

《中日會議東三省事宜附約》（光緒三十一年十一月二十六日）第一款

中國政府應允俟日俄兩國軍隊撤退後，從速將下開各地方中國自行開埠通商。

奉天省內之鳳凰城、遼陽、新民屯、鐵嶺、通江子、法庫門。

吉林省內之長春卽寬城子、吉林省城、哈爾濱、寧古塔、琿春、三姓。

黑龍江省之齊齊哈爾、海拉爾、愛琿、滿洲里。

第九款

所有奉省已開辦商埠之營口，暨雖允開埠尚未開辦之安東縣、奉天府各地方，其劃定日本租界之辦法，應由中日兩國官員另行妥商釐定。

《間島條約》（宣統元年七月二十日）第二款

中國政府俟本協約簽定後，從速開放左開各處，准各國人居住貿易。日本國政府可於各該埠設立領事館或領事館分館，其開埠日期應行另定。

龍井村、局子街、頭道溝、百草溝。

《中秘通商條約》（同治十三年五月十三日、一八七四年六月二十六日）第八款

一、中國商民准在秘國通商各處往來、運貨、貿易，一體與另國商民同獲利益。秘國商船准在中國通商各口往來、運貨、貿易，別國凡有利益之處，秘國亦無不均沾。

《中巴通商條約》（光緒七年八月十一日）第五款

中國民人准赴別國民人所至之巴國通商各處往來、運貨、貿易，巴國民人准赴別國民人所至之中國通商各口往來、運貨、貿易，嗣後兩國如有優待他國利益之處，係出於甘讓立有專條互相酬報者，彼此須將互相酬報之專條或互訂之專章一體遵守，方准同霑優待他國之利益。

《中墨通商條約》（光緒二十五年十一月十二日、一八九九年十二月十四日）第六款

中國人民准赴墨國各處地方往來、運貨、貿易，與別國人民一律無異。墨國人民准赴別國人民所至之中國通商口岸往來、運貨、貿易，嗣後兩國如有給與他國利益之處，係出於甘讓立有互相酬報專條者，彼此均須將互相酬報之專條一體遵守，或互訂專章，方准同霑所給他國之利益。

第七款

兩國人民及商船，凡在此國通商口岸，卽應遵照此國與各國現在合例通行商務章程，或日後續議新章一律辦理。

論説

《東方雜誌》第一卷第六號《長沙開埠》 五月十八日爲關長沙商埠之期。夫開埠例必設洋關。今奉命司稅務者爲夏立斯君。而以關署未及竣工，乃暫假紅船一艘，以爲辦公地。長沙並無洋商，如太古、怡和、大坂各輪船公司所設洋棚，皆託漢口之輪船客棧中人，爲之經理。開埠日，當舉祝典。監督長沙關長實道朱觀察延熙以爲，若而人者，雖非洋商，而實爲洋商之代表，吾固不可不以敬洋商者敬之。於是乃特假座水府廟，以宴各洋棚之經理人。有稅關不得無官銀號，以爲之存收款。此事會經大吏札委官錢局經理，而利之所在，人必趨之，一時遞呈爭攬者不可勝計。有修

君某者，辰州豪富也。呈稟撫署，有救中國莫若建學堂，立基礎必先設蒙學。自願出本銀萬兩，承充銀號，每年額提五千兩火耗，作爲長沙開設蒙學經費等語。雖未獲批准，而各人爭欲擇此利權，其聞羰蟜附之情形，卽此已可槩見矣。太古公司之輪船名沙市者，以某日抵埠，報關納稅。而官錢局司事，於其所納，槩收銀票，不收現銀，又每百兩索加二兩二錢，以爲津貼。現聞各輪船船主，大不以此辦法爲然。已經公同照曾撫憲，求其核辦矣。計各輪船之主者皆洋人也，在今日之中國，洋人何求而不得？吾恐稅關之經理者，不久□奮奪我鳳凰池之歎也。

雜録

《清法規大全·外交部》卷五《北洋大臣袁等會奏濟南自開商埠先擬開辦章程摺》（光緒三十一年）奏爲濟南城外自開商埠，謹先擬開辦章程，繕單恭摺會陳，仰祈聖鑒事。竊照山東濟南城外暨附近濰縣、周村兩處，前經臣世凱會同正任撫臣周馥，奏請自開商埠並陳明應辦事宜，俟議准後，再由臣等飭議章程奏咨門辦等因。欽奏硃批，外務部議奏。欽此。旋准部咨，以濟南城外既爲膠濟、津鎮兩鐵路交接之區，地勢扼要，商貨轉運自屬便利所請自開通商口岸核與成案相符其濰縣、周村均爲膠濟鐵路必經之道，應一并開通商埠，議覆照准。奉旨依議欽此。欽遵咨行前來伏查濟南等處，自開商埠與約開各埠不同，且爲陸路通衢，亦與江海口岸有別。經臣世凱與正任撫臣周馥及臣廷幹先後往復籌商，擬就濟南西關外膠濟鐵路迤南，東起十王殿，西至北大槐樹南沿長清大道，北以鐵路爲限，計東西不足五里，南北約可二里共地四千餘畝，作爲華洋公共通商之埠。准有約各國在該處設立照料商務之官員，准各國商民任便往來租地設棧，與華商一體居住，貿易。其商埠定界以外，所有城廂附近各處，仍照內地章程，不准洋商租賃房屋，開設行棧，至商埠界內應設之工程、巡警□□□、詞訟等事，本係地方應有之責，擬均歸濟東泰武臨道就近監督。開埠之始，首重招徠。議將稅關暫緩設立，所需各項經費先由華官自行籌備。應抽之房鋪、車輛等捐，查看情形照各埠通例依次舉辦。現就濟南省城設立商埠，總局遴員分別經理。臣等公同商酌，謹先擬濟南商埠開辦章程辦理，繕具清單恭呈御覽。至章程內應辦各事，仍須照訂詳細專章，俾資遵守，其濰縣、周村兩處開設分埠，擬卽參仿濟南章程辦理。除由臣等督飭印要，各員隨時擇要興辦暨咨外務部查照外，所有濟南商埠先擬開辦章程緣由，謹合詞恭摺具奏。伏乞皇太后、皇上聖鑒訓示。謹奏。

光緒三十一年正月二十二日具奏。

附録《濟南商埠開辦章程九條》

一、定界　查濟南城外開設商埠，必須畫定一區，以免牽連內地。現擬在西關膠濟鐵路迤南，東起十王殿，西至大槐樹，南沿長清大道，北以鐵路爲限，計東西不足五里，南北約可二里，共地四千餘畝，作爲華洋公共通商之埠，准有約各國在該處設立照料商務之官員，准各國商民任便往來，租地設棧，與華商一體居住貿易。其商埠定界以外，所有城廂內外以及附近各處，仍照內地章程。洋商不得租賃房屋，開設行棧。

二、租地　商埠界址既定，所有界內之地，凡官地民地應先查勘丈明劃分地段酌定價目等，第其民房田畝俟用時，由官購買轉租中外商民管業，以免彼此居奇抑勒之弊。一面出示地主租户不得私相授受，凡租户擬租何地，須先照章赴工程局掛號，庶分先後而杜爭端。租地詳細章程另訂

三、設官　商埠既開，招徠宜廣中外雜處交涉必繁，須有專官主持其事。擬由濟東泰武臨道就近監督。所有商埠應辦之事，約分三項：一爲工程局專管築路、建廠及一切修造之事；一爲巡警局專司巡查街道並稽查偷漏等事詳細章程另訂；一爲發審局專理中外一切詞訟之事，應均歸濟東泰武臨道派委員司分別辦理。惟埠務繁雜，擬再派一熟諳交涉大員住局會辦。亦可由北洋大臣山東巡撫酌派洋員幫同經理。

四、建造　查商埠內築馬路、修溝渠、建衙署、設押所、立市場、開井泉、種樹木，均須次第籌辦，房屋先求整潔，道路必須坦平。擬先將界內地址分別測定，陸續籌款，分極要、次要、又次要次第興辦。

五、稅捐　濟南城外爲陸路商埠，與各口岸情形不同。設立稅關章程俟日後察看情形隨時酌量訂辦。所有馬路、巡捕、路燈灑掃需用各項經費，先由華官自行籌備，應抽之房鋪大小車輛各項之捐，查看情形照各埠通例依次抽收。屆時華洋各商一體遵照。

六、經費　商埠甫闢，諸務俱興，大宗用款約分二項：一開辦經費如

購買地畝、舉辦工程約略計之，爲數甚鉅；一常年經費商埠辦事人員薪公差巡工食，及一切因公雜項，均應先行奏撥專款隨時撙節動支。

七、禁令　商埠界内不准搭蓋草房，暨存儲火藥、炸藥，無故施放大小洋槍，非在官弁兵身帶利器，及一切與衆人衞生有礙等事，違則各照本國律例懲辦。惟設有工程須用炸藥等物，先須由官核准，仍不准久存在埠。

八、郵電　商埠既闢，信息必須靈通，郵政電報電話即德律風均是中國主權，應一并設立，並嚴立限制不得由外人開設。

九、分埠　查濰縣、周村兩處，已奏明俱作通商分埠，一切章程參仿濟南城外商埠辦理。以上九條僅具大綱所有章程内應辦各事，當分定詳細章程，以便遵守。此外，未盡事宜及應因地制宜之處，隨時續議辦理。

謹按光緒二十二年前所開商埠，皆由外人要求妥將關章另列爲一類，而删去文牘之無用者。若自開各埠實與本國利權大有關係，故悉數編入。若長沙埠雖爲英約所載，然不啻自開，設亦録於文牘内，而附誌數語於此以資稽考。

協定關税分部

綜述

《中英南京條約》（道光二十二年七月二十四日、一八四二年八月二十九日）第十款

一、前第二條内言開關俾英國商民居住通商之廣州等五處，應納進口、出口、貨税、餉費，均宜秉公議定則例，由部頒發曉示，以便英商按例交納。今又議定，英國貨物自在某港按例納税後，即准由中國商人遍運全國内地，而路所經過税關不得加重税例，只可按估價則例若干，每兩加税不過某分。

《中英天津條約》（咸豐八年五月十六日、一八五八年六月二十六日）第二十四款

一、英商起卸貨納税，俱照税則，爲額總不能較他國有彼免此輸之別，以昭平允，而免偏枯。

第二十六款

一、前在江寧立約第十條内定進、出口各貨税，彼時欲綜算税餉多寡，均以價值爲率，每價百兩，征税五兩，大概核計，以爲公當，旋因條内載列各貨種式多有價值漸減而税餉定額不改，以致原定公平税則今已較重。擬將舊則重修，允定此次立約加用印信之後，奏明欽派户部大員，即日前赴上海，會同英員，迅速商奪。俾俟本約奉到硃批，即可按照新章迅行措辦。

第二十九款

一、英國商船應納鈔課，一百五十噸以上，每噸納鈔銀四錢；一百五十噸正及一百五十噸以下，每噸納鈔銀一錢。凡船隻出口，欲往通商他口並香港地方，該船主稟明海關監督，發給專照。自是日起以四個月爲期，如係前赴通商各口，俱無庸另納船鈔，以免重輸。

第三十款

一、英國貨船進口並未開艙欲行他往者，限二日之内出口，即不征收船鈔。倘逾二日之限，即須全數輸納。此外船隻出、進口時，並無應交費項。

第三十一款

一、英商在各口自用艇隻，運帶客人、行李、書信、食物及例不納税之物，毋庸完鈔；倘帶例應完税之貨，則每四個月一次納鈔，每噸一錢。

第三十七款

一、英國船隻進口，限一日該船主將船牌、艙口單各件交領事官，即於次日通知監督官，並將船名及押載噸數、裝何貨物之處照會監督官，以憑查驗。如過限期，該船主並未報明領事官，每日罰銀五十兩，惟所罰之數，總不能逾二百兩以外。至其艙口單内，須將所載貨物詳細開明，如有漏報捏報者，船主應罰銀五百兩；倘係筆誤，即在遞貨單之日改正者，可不罰銀。

第三十八款

一、監督官接到領事官詳細照會後，即發開艙單。倘船主未領開艙

單，擅行下貨，即罰銀五百兩，並將所下貨物全行入官。

第三十九款

一、英商上貨、下貨，總須先領監督官准單，如違即將貨物一併入官。

第四十款

一、各船不准私行撥貨，如有互相撥貨者，必須先由監督官處發給准單方准動撥，遠者即將該貨全行入官。

第四十六款

一、中國各口收稅官員，凡有嚴防偷漏之法，均准其相度機宜，隨時便宜設法辦理，以杜弊端。

第四十七款

一、英商船隻獨在約內准開通商各口貿易，如到別處沿海地方私做買賣，即將船、貨一併入官。

第四十八款

一、英國商船查有涉走私，該貨無論式類、價值全數查抄入官外，俟該商船賬目清後，亦可嚴行驅除，不准在口貿易。

第四十九款

一、約內所指英民罰款及船貨入官，皆應歸中國收辦。

《中英通商章程》（咸豐八年十月初三日、一八五九年十一月八日）

第一款

一、此次新定稅則，凡有貨物僅載進口稅則未載出口稅則者，遇有出口稅，皆應照進口稅則納稅；或有僅載出口稅則未載進口稅則者，遇有進口，亦皆照出口稅則納稅。倘有貨物名目進出、口稅則均未賅載，又不在免稅之列者，應核估時價，照值百抽五例征稅。

第七款

一、天津條約二十八條所定內地稅餉之議，現定出入稅則，總以照納一半爲斷。惟第二款所載免稅各貨，除金銀、外國銀錢、行李三項毋庸議外，其餘海口免稅各物，若進內地，仍照每值百兩完稅銀二兩五錢。此外運入內地各貨，該商應將該貨名目、若干、原裝何船進口、應往內地何處各緣由報關查驗確實，照納內地稅項，該關發給內地稅單、該商應向沿途各子口呈單照驗，蓋戳放行，無論遠近，均不重徵。至運貨出口之例，凡英商在內地置貨，到第一子口驗貨，由送貨之人開單，註明貨物若干，應在何口卸貨呈交該子口存留，發給執照，准其前往路上各子口查驗蓋戳。至最後子口，先赴出口海關報完內地稅項，方許過卡。下船出口時，再完出口之稅。若進出有違此例，及業經報明指赴何口沿途私賣者，各貨均罰入官。倘有匿單少報等情，將單內同樣之貨全數入官。所運各貨如無內地納稅實據，應由海關飭令完清內地關稅，始行發單下貨出口，以杜隱漏。內地稅則經此次議定，即准一次納稅，概不重徵。所有英國第二十八款所載經過處所，應納銀實數明晰，照復彼此，出示曉布華、英商民均得通悉一節，可毋庸議。

第十款

一、通商各口收稅如何嚴防偷漏，自應由中國設法辦理，條約業已載明。然現已議明各口畫一辦理，是由總理外國通商事宜大臣或隨時親詣巡歷，或委員代辦，任憑總理大臣邀請英人幫辦稅務，並嚴查漏稅，判定口界、派人指泊船隻及分設浮樁、號船、塔表、望樓等事，毋庸英官指薦干預。其浮樁、號船、塔表、望樓等經費，在於船鈔項下撥用。至長江如何嚴防偷漏之處，俟通商後察看情形，任憑中國設法籌辦。

《中英馬凱條約》（光緒二十八年八月初四日、一九〇二年九月五日）第三款

中國允許，凡民船載貨由香港往來廣東省內各通商口岸所納之稅，運釐金合算，不得少於海關征收輪船所載相同貨物之稅數。

第八款緣起

中國認悉，在出產處、於轉運時、及在運到處，紛紛征抽貨釐以及別項貨捐，難免阻礙貨物不能流通，勢必傷害貿易之利。是以允願，除第八節所載之銷場稅外，盡裁此項籌餉之法。英國允許，英商運進之洋貨，及運出之土貨，除當時稅則應納正稅外，加完一稅，以爲補償。

中英兩國彼此訂明，所有釐卡、及征收行貨他捐各關卡局所裁撤後，不得改名，或藉詞將此項關卡復行設立。進口洋貨所加抽之稅，不得過於中國與各國光緒二十七年七月二十五日，即西曆一千九百零一年九月七號簽押之和議條約所定之進口正稅一倍半之數。此項進口正稅及添加之稅一

經完清，其洋貨無論在華人之手或在洋商之手，亦無論原件或分裝，均得全免重徵各項税捐，以及查驗或留難情事。至出口土貨所納税之總數，不得逾值百抽七五之數。

第八款第一節

中國允將十八省及東三省陸路、鐵路及水道向設各釐卡及抽類似釐捐之關卡概予裁撤，於約款照行之時不得復設。惟在沿江、沿海通商口岸，並內地之水道、陸路或邊界現有之常關，不在此列。

第八款第二節

英國允願，洋貨於進口時，除按光緒二十七年所訂和約內載進口貨税增至切實值百抽五外，再加一額外税，照和約所定之税加一倍半之數，以抵裁撤釐金、子口税及洋貨各項税捐，並酬此款所載各項整頓之事，惟不得有礙第三節常關、第五節土藥、第六節鹽觔、第八節各項土貨抽收銷場税之權。

凡經陸路邊界運入中國十八省及東三省之貨，及從海道運入中國之貨，一律徵收此項加税。

第八款第七節

中國可以將現在出口税則從新修改，以值百切實抽五之例爲準。凡能改者，即當定爲各該貨按色應完税銀幾何；惟如欲加抽，須先六個月預行通知方可。現行税則有逾估價值百抽五之數者，亦須裁減無逾。又因裁撤釐金及各項貨捐之故，所有土貨販運出洋，或由通商此口轉運通商彼口，除出口正税外，可於出口時加抽出口正税之半，以爲抵補。至於絲斤一項，無論手繅或機器繅，所征出口正税之總數不得逾估價按色值百抽五之數，此税並可在絲斤所過之第一內地常關征抽一半，惟須按照第三節所載辦法給以單據，該單據即可抵納出口正税一半之數。若蠶繭經過常關，則須免抽各項之税。其在中國内銷不出洋之絲斤，仍按第八節，須納銷場税。

第八款第十三節

按下列第十四節所載明者若能照辦，則此款辦法應自西曆一千九百零四年正月初一日舉行。屆時將所有釐卡須盡行裁撤，凡徵收約內禁止税項之人員亦均須辭差。

《中法天津條約》（咸豐八年五月十七日）第九款

凡中國與各有立章程之國會議整頓或現、或後議定税則、關口税、噸税、過關税、出入口貨税，一經施行辦理，大法國商人均沾，用昭平允。

第二十二款

凡船按照第二十款進口，出二日之外與未開艙卸貨之先，即將船鈔全完。按照例式，凡船在一百五十噸以上者，每噸鈔銀五錢；不及一百五十噸者，每噸納鈔銀一錢。所有從前進口、出口各樣規費一概革除，以後不得再生别端。凡納鈔時，海關給發執照，開明船鈔完納，倘該船駛往别口，即於進口時，將執照送驗，毋容輸鈔，以免重複。凡大法國船從外國進中國，止須納船鈔一次。所有大法國三板等小船，無論有篷、無篷，附搭過客，載運行李、書信、食物，並無應税之貨者，一體免鈔。若該小船載運貨物，照一百五十噸以下之例，每噸輸鈔銀一錢。倘大法國商人僱賃中國船艇，該船不輸船鈔。

第二十三款

大法國貨物在通商各口已按例輸税，中國商人即便帶進內地，經過税關，只照現例輸税，不得復索規費，按今税則是有准繩，以後毋庸加增。倘有海關書役人等不守例款，詐取規費，增收税餉者，照中國例究治。

第二十七款

大法國人在通商各口貿易，凡入口、出口均照兩國欽差所定印押而附章程之税則輸納鈔餉中略。如將來改變則例，應與大法國會通議允後，方可酌改。至税則與章程現定與將來所定者，大法國商民每處每時悉照遵行，一如厚愛之國無異。

《中法通商章程》（咸豐八年十月十九日）第一款

一、此次新定税則，凡有貨物僅載進口税則未載出口税則者，遇有出口，皆應照進口税則納税；或有僅載出口税則未載進口税則者，遇有進口，亦皆照出口税則納税。倘有貨物名目進、出口税則均未賅載，又不在免税之列者，應核估時價，照值百抽五例徵税。

第七款

一、天津條約第二十三條所載內地税餉之議，現定出入税原文爲租則，總以照納一半爲斷。惟第二款所載免税各貨，除金銀、外國銀錢、行李三項毋庸議外，其餘海口免稅各物，若進內地，仍照每值百兩完稅銀二兩五錢。此外運入內地各貨，該商應將該貨名目、若干、原裝何船進口、應往內地何處各緣由報關查驗確實，照納內地稅項，該關發給內地稅單。該商應向沿途各子口呈單照驗，蓋戳放行，無論遠近，均不重徵。至運貨出口之例，凡法商在內地置貨到，第一子口驗貨，由送貨之人開單，註明貨物若干、應在何口卸貨呈交該子口存留，發給執照，准其前往路上各子口查驗蓋戳。至最後子口，先赴出口海關報完內地稅項，方許過卡。俟下船出口時，再完出口之稅。若進出有違此例，及業經報明指赴何口沿途私賣者，各貨均罰入官。倘有匿單少報等情，將單內同類之貨全數入官。所運各貨如無內地納稅實據，應由海關飭令完清內地關稅，始行發單下貨出口，以杜隱漏。內地稅則經此次議，定既准一次納稅，概不重徵。

第十款

一、通商各口收稅如何、嚴防偷漏，自應由中國設法辦理，條約業已載明。然現已議明各口畫一辦理，是由中國總理通商事宜大臣或隨時親詣巡歷、或委員代辦，任憑總理大臣邀請法國人幫辦稅務，並嚴查漏稅，判定口界派，人指泊船隻及分設浮樁、號船、塔表望樓等事。其浮樁、號船、塔表、望樓等經費，在於船鈔項下撥用。至長江如何嚴防偷漏之處，俟通商後察看情形，任憑中國設法籌辦。

《中美望廈條約》（道光二十四年五月十八日、一八四四年七月三日）第二款

合衆國來中國貿易之民人所納出口、入口貨物之稅餉，俱照現定例冊，不得多於各國。一切規費全行革除，如有海關胥役需索，中國照例治罪。倘中國日後欲將稅例更變，須與合衆國領事等官議允。如另有利益及於各國，合衆國民人應一體均沾，用昭平允。

《中美天津條約》（咸豐八年五月初八日、一八五八年六月十八日）

第十五款

大合衆國民人在各港貿易者，除中國例禁不准携帶進口、出口之貨外，其餘各項貨物俱准其任意販運，往來買賣。所納稅餉惟照粘附在望厦所立條約例冊，除是列國按條約有何更改，即因一體均同。因大合衆國人所納之稅，必須照與中華至好之國一律辦理。

第十六款

大合衆國船隻進通商各港口時，必將船牌等件交呈領事官，轉報海關，即按牌上所載噸數輸納船鈔，每噸以方停四十官尺爲准。凡在一百五十噸以上者，每噸納銀四錢；不及一百五十噸者，每噸納銀一錢。凡船隻曾在本港納鈔，因貨未全銷，復載往別口出售，或因無回貨，須將空船或未滿載之船駛赴別港覓載者，領事官報明海關，將鈔已完納之處在紅牌上注明，並行文別口海關查照，俟該船進別口時，止納貨稅，不輸船鈔，以免重徵。設立浮桴、亮船，建造塔表、亮樓由通商各海口地方官會同領事官酌量辦理。

《中美通商章程》（咸豐八年十月初三日、一八五八年十一月八日）

第七款

一、內地稅餉之議，現定出入稅則總以照納一半爲斷惟。第二款所載免稅各貨，除金銀、外國銀錢、行李三項毋庸議外，其餘海口免稅各物，若進內地，仍照每值百兩完稅銀二兩五錢。此外運入內地各貨該商應將該貨名目、若干、原裝何船、進口應往內地何處各原由報關查驗確實，照納內地稅項，該關發給內地稅單。該關商應向沿途各子口呈單照驗，蓋戳放行，無論遠近，均不重徵。至運貨出口之例，凡美國商民在內地置貨，到第一子口驗貨，由送貨之人開單，註明貨物若干，應在何口卸貨，呈交該子口存留，發給執照，准其前往路上各子口查驗蓋戳。至最後子口，先赴出口海關報完內地稅項，方許過卡。俟下船出口時，再完出口之稅。若進出有違此例，及業經報明指赴何口沿途私賣者，各貨均罰入官。倘有匿單少報等情，將單內同類之貨全數入官。所運各貨如無內地納稅實據，應由海關飭令完清內地關稅，始行發單下貨出口，以杜隱漏。內地稅則經此次議定，既准一次納稅，概不重徵。

《中美續約附立條款》（光緒六年十月十五日、一八八〇年十一月十七日）第三款

中國允美國船隻在中國通商各口，無論該船載美國貨物與別國貨物，其進口、出口及由此口進彼此口之稅，與其所納之鈔，均照中國船隻及各國船隻一律徵納，並不額外加徵，亦不另徵他項稅鈔。美國允中國船隻或由中國通商口及他國各口進美國各海口，或出美國各口前往他國各口，及

回中國通商各口，無論載中國貨物與別國貨物，均照美國船隻及各別國於美國船隻不額外加税鈔之國，一律徵納進口之税，與其應納之鈔並不額外加徵，亦不另徵他項税鈔。

《中美續議通商行船條約》（光緒二十九年八月十八日、一九〇三年十月八日）第四款

中國認悉，現在於轉運時，紛紛徵抽貨物之税捐，其中以釐金爲甚，難免阻滯貨物不能流通，勢必傷害貿易之利。是以允願，將通國轉運向抽之釐金，以及各項行貨税捐，一概裁去，并將向有徵收此項行貨税捐之局卡一併裁撤，不得另行設立局卡以徵抽行貨税捐。中美兩國彼此訂明，所有徵收行貨税捐之局卡裁撤後，不得改名或藉詞將此項局卡復行設立。

美國允許美商運進之洋貨及運出外洋，或運往通商他口之土貨，除照當時税則應納正税外，加完一税以爲補償。中美兩國彼此訂明。進口洋貨所加抽之税，不得過於中國與各國光緒二十七年七月二十五日，即西曆一千九百零一年九月七號簽押之和議條約所定之進口正税一倍半之數。此項進口正税及加添之税一經完清，其洋貨無論在華人之手或在洋商之手，亦無論原件或分裝，均得全免重徵各項税捐，以及查驗或留難情事。至出口土貨所納税之總數，連出口正税在内，不得逾值百抽七五之數。

本款所載各節毫無干礙中國主權，徵抽他等税項之意，祇須不與此款有所違背。中美兩國心存以上各節爲宗旨，故允願辦法如下：

中國允將十九省及東三省陸路鐵路及水道所設征收行貨釐捐，及類似行貨釐捐之各項，局卡概予裁撤，於本款照行之時不得復設。凡有在沿海及設於新關之通商處所，并在十九省及東三省中國沿陸之邊界現有各常關，不在此列。凡有新關之地方或日後新關，不論設在何處，均可設立常關，及沿海沿陸邊界不論何處，亦可一并安設。美國允願，洋貨於進口時，除按照光緒二十七年所訂和約内載進口貨税增至切實值百抽五外，再加一額外税，照和約所定之税加一倍半之數，以抵裁撤釐金、并行貨別項税捐及洋貨各項税捐，并酬此款所載各項。整頓之事中國可以將現在出洋土貨税則從新修改，以值百切實抽五一例爲准。凡能改者，即當定爲。各該貨按色應完税銀幾何。惟如欲加抽，須先六個月預行通知方可。現行税則有逾估價值百抽五之數者，亦須裁減無逾。但因裁撤釐金及内地各項行貨税捐之故，所有土貨販運出洋、或由通商此口轉運通商彼口，除出口正税外，可在起運處或於出口時，加抽當時出口正税之一半以爲抵補。

凡洋貨與土貨相類者，完納進口正税及所加之税後，該口新關若據貨主請領，應即遂包發給該貨已經完清各該税項之憑單，免至在内地爭執之虞。

凡民船運至通商口岸之土貨，將在本地銷售者，無論貨主是何國之人，只應報明常關以便照中國政府税項章程辦理。

凡用機器紡成之棉紗，及織成之棉布，無論係洋商在通商口岸、或係華商在中國各處紡織者，所應抽税項均須一律無異。惟各該機器廠製成之貨物，於完税時所用之棉花，若係外洋運來者，應將已完進口正税全數，及進口加税三分之二發還所用者；若係土産棉花，須將已征之各項税銀全數一併發還，其出口正税、出口加税、復進口半税概行豁免。凡另項貨物與洋貨相同，在中國用機器造成者，亦須按照以上章程辦法辦理。

由每省督撫自行在新關人員中選定一人或數人商明，總税務司由該督撫派赴常關當差，爲監察常關之辦法。凡有不合例之事，一經美國人民告發，即由中國派相當官員一名，會同美國官員一名，及新關人員一名，彼此職位相等，查辦其事。如經該人員查出實有留難、受虧各情，須由新關賠還。舞弊之員，應責成該省大吏從嚴參辦，開去其缺。倘查出實係瑣瀆或被誣，原告應罰還查辦一切費用。

此約一經兩國批准互換，并與中國有約之各國允照本款各節後則，會定此款舉行之日期，即應明降諭旨用謄黄布告於衆，通傳遍國言明。將向有之各項釐金，及行貨税捐全撤，并將徵抽此項税捐之局卡，及征收内地各項洋貨税捐盡行裁除。其征抽進口洋貨、出口土貨之加税，及本款所載他等更改税項，暨整頓税項之事，須一并同時舉行。

所降上諭亦須載明，如有背此約文詞意之員，即責成該省大吏從嚴參辦，開去其缺。

第五款

美國人民在中國輸納之進口貨物税則，須載録於此約附表之内，作爲此約全體之一分。如有修改之處，祇可按照本約第四款所載，或照中美兩國彼此日後所定辦理。但訂明美國人民無論何時輸納税項，較之最優待之

國之人民所輸納者，不得加重或另征。又中國人民運貨進美境者所納之稅，不得較重於最優待之國之人民所納者。

《中美續議通商行船條約附件》　（光緒二十九年八月十八日、一九〇三年十月八日）照會第一

大美國欽差辦理商約事務大臣爲照會事，照得本大臣與貴大臣現在修改中美兩國通商條約第四款內所載『裁去中國內地常關』係爲免征行貨起見，并不藉此款以裁撤北京崇文門并各城門土貨關稅，及左右翼之牲畜，并房屋稅，相應照會貴大臣查照存案，須至照會者。

《中國瑞典那威通商條約》　（道光二十七年二月初四日、一八四七年三月二十日）第二款

瑞典國、那威國等來中國貿易之民人所納出口、入口貨物之稅餉，俱照現定例册，不得多於各國。一切規費全行革除，如有海關胥役需索，中國照例治罪。倘中國日後欲將稅例變更，須與瑞典國、那威國等領事官議允。如另有利益及於各國瑞典國、那威國等民人應一體均沾，用昭平允。

第五款

瑞典人民欲將運入中國之貨進售內地，除納進口稅外，願一次納子口稅，以免沿途徵收；及入內地採買中國土貨以備運出外洋，除納出口稅外，願一次納子口稅，以抵沿途稅釐。均可照中國與各國現行章程辦理。

第六款

一、凡瑞典國、那威國等船隻赴五港口貿易者，均由領事等官查驗船牌，報明海關，按所載噸數輸納船鈔。計所載貨物在一百五十噸以上者，每噸納鈔銀五錢；不及一百五十噸者，每噸納鈔銀一錢。所有以前丈量及各項規費全行裁革，或有船隻進口，已在本港海關納完鈔銀，因貨未全銷復載往別口轉售者，領事等官報明海關，於該船出口時將鈔已完納之處在紅牌內註明，並行文別口海關查照。俟該船進別口時，止納貨稅，不輸船鈔，以免重徵。

第七款

一、凡瑞典國、那威國等民人在各港口以本國三板等船，附搭客商、運帶行李、書信，及例不納稅之零星食物者，其船隻均不須輸納船鈔。外若載有貨物，即應按不及一百五十噸之數，每噸納銀一錢。若雇用內地艇隻，不在按噸納鈔之例。

第十四款

一、瑞典國、那威國等商船停泊口內，不准互相剝貨。倘有必須剝過別船者，由該商呈報領事官報明海關委員，查驗明確方准剝運。倘不稟明候驗輒行剝運者，即將其剝運之貨一併歸中國入官。

第二十款

一、瑞典國、那威國等民人運貨進口，既經納清稅餉，倘有欲將已卸之貨運往別口賣售者，稟明領事官轉報海關檢查貨稅底簿相符，委員驗明實係原包原貨，並無拆動抽換情弊，即將某貨若干擔已完稅、若干之處塡入牌照，發該商收執。一面行文別口海關查照。俟該船進口查驗符合，即准開艙出售，免其重納稅餉。若有影射夾帶情事，經海關查出罰貨入官。

第二十二條

一、瑞典國、那威國等現與中國訂明和好，五處港口聽其船隻往來貿易。倘日後另有別國與中國不和，中國止應禁阻不和之國不准來五口交易，其瑞典國、那威國等人自往別口貿易，或販運其國之貨物前來五口中國，應認明瑞典國、那威國等旂號，便准入港、惟瑞典國、那威國等商船不得私帶別國一兵進口，及聽受別國商人賄囑換給旂號，代爲運貨入口貿易，倘有犯此禁令，聽中國查出拿辦。

《中丹通商條約》　（同治二年五月二十八日、一八六三年七月十三日）第二十三款

一、丹國商民起卸貨物、輸納稅餉，約准俱照稅則爲額，總不能較諸他國或有此免彼輸之弊，以示均平。

第二十五款

一、丹國商民出入各貨應納稅課，均照本約後附稅則爲例。

第二十七款

一、丹國商民販買土貨運口出洋，或將洋貨運入內地銷賣，應納內地稅餉。或於過卡隨時分數報完，或在海關一次全行完納，均准聽便。輸交一次納完之例，准照續定稅則章程第七款所載，除有第二款指明每值百兩完稅二兩五錢外，其餘各貨總以出入稅則照納一半爲准，其該貨應納正稅，仍宜於卡稅，半稅完納外如數完繳。

第四十四款

一、丹國商民沿海議定通商各口載運土貨，約准出口，先納正稅，復進他口再納半稅，後欲復運他口，以一年爲期，准向該關取給半稅存票，不復更納正稅。嗣到改運之口，再行照納半稅。

《中丹通商章程》（同治二年五月二十八日、一八六三年七月十三日）第一款

一、戊午年新定稅則，凡有貨物僅載進口稅則未載出口稅則者，遇有出口皆應照進口稅則納稅，或有僅載出口稅則未載進口稅則者，遇有進口亦皆照出口稅則納稅。倘有貨物名目進出口稅則均未賅載、又有不在免稅之列者，應核估時價照值百抽五例征稅。

《中和通商條約》（同治二年八月二十四日、一八六三年十月六日）第五款

一、和民任便覓致諸色華庶勷執分內工藝，中國官毫無限制禁阻，游行往來、卸貨下貨，任從和商自僱。小船剝運。【略】倘有走私漏稅情弊，查出該犯，自應照例懲辦。

第八款

一、和國商船應納噸鈔，八十六拉四以上，當作英國一百五十噸以上每噸納鈔銀四錢；八十六拉四正及八十六拉四以下，每噸納鈔銀一錢。凡船隻納清船鈔，由監督官發給執照，開明船鈔完納。倘該船欲往他處，自領照日起在四個月期內，前赴通商各口，無庸另納噸鈔。和船初進口，並未開艙欲往他處，限二日內出口卽免征收噸鈔。倘逾二日之限，難不開艙，亦須全數輸納。此外並無他項雜費。若犯風打壞船隻，入口修理，不在此例，免其完納噸鈔。如係通商之口起貨販賣，仍應完納稅鈔。和商在各口自用艇隻，帶運客人、行李、書信，以及例不納稅等物，無庸完鈔。如駁運例應完稅貨物，每四個月納鈔一次，每噸納鈔銀一錢。

第九款

一、和國船隻進口，限一日內該船主卽將船牌、艙口單等件檢交領事官，領事官卽於次日將船名及運載噸數、裝何貨物等情照會監督官，以便查驗。倘過限期，該船主並未報明領事官，每日罰銀五十兩，所罰之數總不能逾二百兩。其艙口單內須將所載貨物詳細開明，如有漏報、揑報等項，船主罰銀五百兩；若係誤筆，速於遞單之日改正，可以不罰。俟監督官接到領事官照會，發給開艙單，方准起貨。倘船主未領開艙單，擅行起貨，亦罰銀五百兩，並將所現起之貨物全行入官【略】。

第十款

一、和商起落貨物及經過內地稅關，納稅俱照稅則爲准，總不能較他國有多寡不均之數。輸稅之期，進口貨於起貨之時、出口貨於落貨之時、過內地關洋貨於給票之時，各行按納，各商船隻不准擅行撥貨。如欲撥貨，必先由監督官給領准單方准動撥。違者將所現撥之貨入官。和船上貨、下貨亦須先領監督官准單，如違亦將貨物一併入官。和商販運外國貨物進口，已經納清課稅，仍欲將貨轉運別口售賣，須稟監督官委員檢驗，果係原包原貨，與納稅底簿相符，並無拆動抽換情弊，則該商可向監督官請領存票一紙，內註明所完稅銀若干，他日不論本關進口、出口之貨，均可將此存票當作完納稅項之用。其轉運之貨抵他口時，再行納稅。若查有影射、假冒、夾帶等情，將貨亦罰入官。或欲仍將該貨運出外國，若經完稅亦當一體，聲明稟監督官驗明，發給存票一紙，他日不論進口出口之貨，均可將此存票當作完納稅項之用至於外國所產糧食和船裝載進口，全未經起卸，准其復運出口。如已經起卸，轉運中國別口，仍照稅則納稅章程辦理。

第十二款

一、中國各口收稅官員，凡有嚴防偷漏之法，均准其相度機宜，隨時便宜設法辦理，以杜弊端。和商船隻惟在約內准通商各口貿易，如到沿海江別處地方私作買賣，船貨一并入官。倘船隻遭風犯險避入者，不在此例，該處官長自當設法照料。俟諸務允妥，令其出口起程，不准在彼私行買賣。如有私行起岸販貨者，仍將船貨入官，若和國商船在通商各口查有涉走私，該貨無論式類、價值，全數查抄入官外，仍可將該船驅逐，不准在各口通商。凡約內所有和商罰款、船貨入官皆歸中國收用。

《中葡通商條約》第十二款

一、大西洋國商人起卸貨物納稅，俱照咸豐八年各國稅則爲額，總不能較他國有多寡不均之別，以昭平允，而免偏枯。

《中國西班牙通商條約》（同治三年九月初十日、一八六四年十月

十日）第二十款

一、日斯巴尼亞國商船應納鈔課，各按船牌可載若干噸而納，凡一百五十噸以上，每噸納鈔銀四錢；一百五十噸正及一百五十噸以下者，每噸納鈔銀一錢。既納鈔後，監督官發給執照，開明船鈔完納。所有噸數照依英國噸數計算。

第二十一款

一、日斯巴尼亞國商人起卸貨物納稅，俱照咸豐八年各國稅則爲額，總不能較他國有彼免此輸之別，以昭平允，而免偏枯。

第二十四款

一、日斯巴尼亞國商民販買土貨運口出洋，或將洋貨運入內地銷賣，應納內地稅餉，或於過卡隨時分數報完，或在海關一次全行完納，均准聽便。輸交一次完納之例，准照各國續定稅則章程第七款所載，除有第二款指明每值百兩完稅二兩五錢外，其餘各貨總以出入稅則照納一半爲准。其該貨應納正稅仍宜於卡稅半稅完納外如數完繳。

第二十七款

一、日斯巴尼亞國商人在各口自用艇隻運帶客人、行李、書信、食物、及例不納稅之物，毋庸完鈔；倘帶例應完稅之貨，則每四個月一次納鈔，每噸一錢。

第四十四款

一、日斯巴尼亞國商船議定，沿海通商各口載運土貨約准出口，先納正稅；復進他口，再納半稅；後復改運他口，以一年爲期准向該關取給半稅存票，不復更納正稅，嗣到改運之口，再行照納半稅。

《中比通商條約》（同治四年九月十四日、一八六五年十一月二日）

第三十款

一、比國商民起卸貨物輸納稅餉，約准均照本約後附稅則爲例，總不能較諸他國或有此免彼輸之弊，以示均平。【略】

第三十二款

一、比國商船應納鈔課，各按船牌所載若干噸而納，一百五十噸以上，每噸納鈔銀四錢；一百五十噸正及一百五十噸以下，每噸納鈔銀一錢。既納鈔後，監督官給發執照，開明船鈔完納。倘該船駛往別口，即於進口時將照送驗，遂按照第三十一款，自領執照之日起以及四個月止，無庸再輸船鈔，以免重復。比國屬民在各口用艇隻運帶客人、行李、書信、食物、及例不納稅之物，毋庸完鈔；倘該小船一併載運例應完稅之貨物，即按照一百五十噸以下之例，每噸輸鈔銀一錢。

第三十三款

一、比國商民販買土貨運口出洋，或將洋貨運入內地銷賣，應納內地稅餉，或於過卡隨時分數報完，或在海關一次全行完納，均准聽便。輸交一次納完之例，准照續定稅則章程第七款所載，除有第二款指明每值百兩完稅三兩五錢外，其餘各貨總以出入稅則照納一半爲准，其該貨應納正稅仍宜於卡稅半稅完納外，如數完繳。

第三十四款

一、比國商民沿海議定，通商各口載運土貨約准出口，先納正稅；復進他口，再納半稅；後復欲運他口，以一年爲期，准向該關取給半稅存票，不復更納正稅，嗣到改運之口，再行照納半稅。

第四十五款

一、兩國議定中國大皇帝今後所有恩渥利益施於別國，比國無不一體均沾實惠。日後如將稅則關口稅、噸稅、過關稅、出入口貨稅，無論何國施行改變，一經通行，比國商民船主人等亦一體遵照，無庸再議條款。

《中比通商章程》（同治四年五月十四日、一八六五年十一月二日）

第一款

一、乙丑年新定稅則，凡有貨物僅載進口稅則未載出口稅則者，遇有出口皆應照進口稅則納稅；或有僅載出口稅則未載進口稅則者，遇有進口亦皆照出口稅則納稅；倘有貨物名目進出口稅則均未賅載又不在免稅之例者，應覈估時價照值百抽五例征稅。

《中意通商條約》（同治五年九月十八日、一八六六年十月二十六日）第十四款

意國民人，凡遇遊行、卸貨、下貨各等事務，約准自雇小船剝運【略】，惟是該艇干涉走私、漏稅情弊，查出該犯，自應照例懲辦。

第二十四款

一、意國商民起卸貨物輸納稅餉，約准俱照稅則爲額，總不能較諸他

國或有此免彼輸之弊，以示均平。和約章程後所附通商章程，必視同和約章程無異，兩國務必信守。

第二十七款

一、意國商民販買土貨運口出洋，或將洋貨運入內地銷賣，應納內地稅餉，或於過卡隨時分數報完，或在海關一次全行完納，均准聽便。輸交一次納完之例准照續定稅則章程第七款所載，除有第二款指明每值百兩完稅二兩五錢外，其餘各貨總以出入稅則照納一半爲准，其該貨應納正稅，仍宜於卡稅、半稅完納外，如數完繳。

第三十六款

意國商船進口之後，約准以十二時爲限，該船主必將船牌、艙口單各件交領事官，即於次日通知海關，並將船名及押載噸數裝何貨物之處照會監督，以憑查驗。船主如過限期並未報明領事官，每日罰銀伍拾兩，惟所罰之數總不能逾貳百兩。至其艙口單內，須將所載貨物詳細開明，如有漏報、捏報者，船主應罰銀伍百兩。倘呈單入關後，該商自查筆誤，尚准刻即入關改正，惟總以十二時爲限，可不罰銀。

第三十七款

意國商船進口經該關監督，接到領事官按約詳細知照後，即發開艙單，倘該船主未領開艙單擅行卸貨，罰銀五百兩洋文誤作五十兩合行註明。並將各該貨物全行入官。

第三十八款

意國商人上貨、下貨，總須先領監督官准單，如違即將貨物一併入官。

第四十四款

一、意國商民沿海議定，通商各口載運土貨，約准出口先納正稅；復進他口，再納半稅；後欲復運他口，以一年爲期，准向該關取給半稅存票，不復更納正稅，嗣到該運之口，再行照納半稅。

第三十九款

意國商船不洋文漏寫不字合行註明准私行撥貨，如欲互相撥貨，必須先由監督發給准單，方准動撥。違者即將該貨全行入官。

第四十五款

意國商民洋貨進口納清稅課後，欲改運他國，抑或通商別口，約准稟明領事官轉報監督委員驗明，實係原包原貨，查與底簿相符，並未拆動抽換，即當按照該貨經納正稅之數發給存票。至於土貨自通商各口運入他口，按例完納半稅後，該商再欲運往外國，以一年爲期，期內亦准一律發給半稅存票。該票無論何商呈驗，均准專抵該關進出貨稅，不准持赴別關抵課。倘若該商欲將已納稅之貨載往別口售賣，海關應給免稅單，俟該商進別口再將此單呈送海關查驗後，即給卸貨牌照，一切規費俱毋庸再納。至於外國所產糧食，義船裝載進口，未經起卸仍欲出洋，概無禁阻查核洋文內發給存票下載有『倘查有漏稅情形中國將貨物入官』語句遇事應行照辦。

第四十六款

中國各口官員，凡有嚴防偷漏之法，均准相度機宜，隨時便宜，設法辦理，以杜弊端。

第四十七款

意國商船，獨在條約內列通商各口准其貿易，如到別處沿海地方私作買賣，即將船貨一併入官。

第四十八款

意國商船查出有涉走私，該貨無論式類、價值，全數查鈔入官外，俟該商船賬目清後，亦可嚴行驅除，不准在口貿易。

第四十九款

條約所載義民罰款，以及船貨入官各項，皆歸中國收辦，以充公用。

《中意通商章程》（同治五年九月十八日、一八六六年十月二十六日）第一款

一、此次新定稅則，凡有貨物僅載進口稅則未載出口稅則者，遇有出口皆應照進口稅則納稅；或有僅載出口稅則未載進口稅則者，遇有進口亦皆照出口稅則納稅。倘有貨物名目進出口稅則均未賅載，又不在免稅之例者，應核估時價照值百抽五例征稅。

《中日馬關條約》（光緒二十一年三月二十三日）第六款第四節

第四、日本臣民得在中國通商口岸城邑任便從事各項工藝製造，又得將各項機器任便裝運進口，只交所訂進口稅。

日本臣民在中國製造一切貨物，其於內地運送稅、內地稅、鈔課、雜

派，以及在中國内地沾及寄存棧房之益，即照日本臣民運入中國之貨物，一體辦理，至應享優例豁除亦莫不相同。

嗣後如有因以上加讓之事，應增章程規條，即載入本款所稱之行船通商條約内。

《中日通商行船條約》（光緒二十二年六月十一日）第九款

凡各貨物日本臣民運進中國，或由日本運進中國者，又日本臣民由中國運出口或由中國運往日本者，均照中國與泰西各國現行各税則及税則章程辦理，凡貨物於中國與泰西各國現行税則及現行税則章程之内并無限制進出口明文，亦准任便照運。其運進中國口者，只輸進口税；運出中國口者，只輸出口税。至日本臣民在中國所輸進出口税，比相待最優之國臣民不得加多或有殊異。又凡貨物由日本運進中國，或由中國運往日本，其進出口税亦比相待最優之國人民運進出口相同貨物現時及日後所輸進出口税，不得加多或有殊異。

第十款

凡貨物照章，係日本臣民運進中國，或由日本運進中國，在中國照現行章程，由此通商口運至彼通商口時，不論貨主及運貨者係何國之人，不論運器船隻係屬何國，所有税賦、鈔課、釐金、雜派各項一概豁免。

第十一款

日本臣民有欲將照章運入中國之貨進售内地，倘願一次納税，以免各子口徵收者，則聽自便。如係應完税之貨，則應照進口税一半輸納；如係免税之貨，則按值每百兩徵收二兩五錢輸納時領取票據，執持此票，内地各徵一概豁免，惟運進鴉片烟不在此條之内。

第十二款

日本臣民於中國通商各口岸之外，購買中國貨物土產爲運出外洋者，除出口時完出口正税外，如照以上第十一款所列數目照出口税則覈算完納子口税，以抵各子口税項，此後不論在中國何處，所有税賦、鈔課、釐金、雜派一概豁免，惟完子口税之日起，限十二個月内運往外國。又日本臣民在通商各口岸購買中國貨物土產，非係禁運外洋之物運出口時，只完出口正税，所有内地税賦、鈔課、釐金、雜派一概豁免。又日本臣民在中國各處購買貨物，以備出外洋，准由此通商口岸運到彼通商口岸，惟應照現行章程條規辦理。

第十五款

日本商船進中國通商各口，應納船鈔，按註册噸數在一百五十噸以上者，每噸納船鈔銀四錢；一百五十噸及以下者，每噸納船鈔銀一錢。如該船進口後未經開艙欲行他往，限四十八點鐘之内出口，不納船鈔。如已納船鈔之船，自領出口紅票之日起，限四個月内可往中國通商各口及准停泊之港，勿庸再納船鈔。凡日本商船在中國修理之時，亦毋庸納船鈔。又日本臣民使用各種小船裝運客商、行李、書信，及應免税之貨，往來中國通商各口，均勿庸納船鈔。惟各種小船及貨艇等運往貨物，其貨於運載時應輸税課者，該船須按四個月納船鈔一次，每噸納銀一錢。所有日本大小船隻，除納船鈔外，並無別項規費，至所納船鈔，不得過於最優之國各船所納之數。

《中日通商行船追加條約》（光緒二十九年八月十八日）第一款

中國現因釐革財政，擬欲照征海陸各關所過百貨之正税外，另添加税，以酌補因全行裁釐所絀之款。日本國政府允認，按照中國與有約各國共同商定加税之率，一律照輸無異。所有中國征收出產銷場出廠，以及土藥、鹽觔等税，亦悉照各國與中國商定辦法，無稍歧異。並不得因此，日本之商務暨利權較他國商務暨利權致有軒輊之處。

《中日會議東三省事宜附約》（光緒三十一年十一月二十六日）第十一款　滿韓交界陸路通商，彼此應按照相待最優國之例辦理。

《中秘通商條約》（同治十三年五月十三日、一八七四年六月二十六日）第九款

一、中國商人在秘國通商各處起卸貨物輸納税項，不能較諸相待最優之國稍有增加。秘國商人在中國通商各口起卸貨物輸納税餉，俱按通商總例税則，亦不能較諸相待最優之國或有增加之處。

《中巴通商條約》（光緒七年八月十一日、一八八一年十月三日）第六款

兩國商人商船，凡在此國通商口岸，即應遵從此國與各國原議續議通行商務章程辦理。至進出口税則，亦不能較相待最優之國或有增加。

《中墨通商條約》（光緒二十五年十一月十二日、一八九九年十二

月十四日）第八款

中國土產及製造各物運入墨國，或墨國土產及製造各物運入中國，彼此征進口稅，不得較相待最優之國之同樣物產現在或將來所徵之稅稍有區別，或有加增。各物出口徵稅，亦照此辦理。兩國彼此通商，若非通商各別國一律照辦，無論進口、出口貨物，不得稍有禁止，或立限制，惟國中遇有辦理人畜疫禁，或隄防損害豐收，或有軍務起見，則不在此例。

第十一款

兩國商船，准在彼此現在或將來開准通商各口與外洋往來貿易，但不准在一國之內各口岸往來載貨貿易，蓋於本國之地往返各口運貨，乃本國子民獨享之利也，如此國將此例施於別國，則彼國商民自應一律均沾。但須妥立互相酬報專條，方可照行。此國商船出入灣泊彼國各口，其應輸關稅、船鈔、燈樓入口、帶水疫禁、救生、救貨，以及國家地方抽收各費，不得較抽別國船隻稍有殊異，或有加增。此次立約所言各口，卽指現在及將來准設貨物進出通商之口岸，彼此均以海岸去地三力克每力克合中國十里爲水界，以退潮時爲准。界內由本國將稅關章程切實施行，並設法巡緝，以杜走私、漏稅。兩國船隻遇有天災，在彼此沿海地方收口者，該處官員須設法相助，所有未遭失險之貨物，如不出售，准免納稅。此項遇險船隻，均與別國遇險船隻一律相待。

雜録

《辛丑條約》（光緒二十七年七月二十五日、一九〇一年九月七日）

第六款（第五項）

戊、所定承擔保票之財源開列於後。

一、新關各進款，俟前已作爲擔保之借款各本利付給之後，餘剩者又進口，貨稅增至切實值百抽五，將所增之數加之。所有向例進口免稅各貨，除外國運來之米及各雜色糧麪，並金銀以及金銀各錢外，均應列入切實值百抽五貨內。

二、所有常關各進款，在各通商口岸之常關，均歸新關管理。

三、所有鹽政各進項，除歸還前泰西借款一宗外，餘剩一併歸入至進口貨稅，增至切實值百抽五，諸國現允可行，惟須二端。

一、將現在照估價抽收進口各稅，凡能改者，皆當急速改，爲按件抽稅幾何定辦改稅一層，如後爲估算貨價之基，應以一千八百九十七八九三年卸貨時各貨牽算價值，乃開除進口稅及雜費總數之市價；其未改以前，各該稅仍照估價徵收。

二、北河黃浦兩水路均應改善，中國國家卽應撥款相助。

增稅一層，俟此條款畫押兩個月後，卽行開辦，除在此畫押日期後，至遲十日，已在途間之貨外，概不得免抽。

《會訊船貨入官章程》（同治七年、一八七八年）一、凡各口有干涉稅務案件，領事官應先與稅務司彼此關照，或面見會議，或移文往來，定案時仍照後開數條辦理。

一、凡有洋商或船、或貨各在通商海口被關屬吏扣留，立宜稟明監督，監督聽稟，以爲罰辦合宜，卽委稅務司函致該商所犯河法，是以扣留，限自接函之時，以五日爲期，准商稟報領事官知悉。倘至第六日午刻，領事官尚未來文咨請公同查核，該船、該貨卽可入官。該商接函後，於期內仍見自無犯法，任便先向稅務司陳明，轉報監督，監督若以該商之言爲是，卽行釋放船貨。設該商不願赴關具稟，抑或先稟監督，不以爲然，均准稟知領事官，據其所稟轉咨監督，請其定期公同查辦。

一、凡監督接到領事官來文照復，定期何日到關當堂晤會，領事官諭飭該商是日統帶見證各人等赴關，是時領事官親身來關上堂，監督請其同坐，該稅務司亦當在坐相幫監督。監督先令海關原拏船貨人役將如何扣留情節稟明監督，監督按照情節隨時詰問，凡如該商尚有辯駁情節，准其當堂稟明領事官，領事官卽代爲逐一詰問，以期得實，而杜偏累。設若監督、領事官欲不親赴海關，亦可遣員代往，所有辦法一律相同。

一、詢問之間，所有關役商、證人等口供，隨時鈔録，監督、領事各爲畫押蓋印時，令全案人證退去，監督面告領事官可否如何辦理。或該船貨領事以爲應放而監督不以爲然，又准該商任意上控，具稟領事官行知，監督均卽各將案情鈔録蓋印，申請總理衙門與駐京大臣查核定奪。倘監督不肯釋放船貨，領事官以爲然，該商不准上控，稟請轉詳。再該船貨或經海關當堂詢明，或經兩國總理衙門駐京大憲核定應行釋放，均不能以原被扣留請索賠償。

一、案情既各詳請大憲定斷，准該商按估價出具日後情願遵斷繳案切結，由領事官蓋印交存，該關卽由監督將該船貨先行發還，俟大憲斷定後，或罰銀多少，或全數入官，再行飭商遵照。倘該商不肯具結，卽將船貨扣留，無論大憲定准誰是誰非，不准該商稟請賠補。

一、凡各口指謂商人犯章，其所犯之條並非船貨入官、係按約按章應罰銀兩者，稅務司一面知照監督，一面遣人在領事官署内立案，由領事官定期訊斷。定期後應先知照稅司，屆期傳集人證，或稅司本人，或委員卽在坐指證。如訊明該商實有應罰之處，如係約章程内載有銀兩之數目，卽由領事官按其數斷令交出；或可從寬辦理，則其權屬在該關卽由監督會同稅司自定可也。倘查明該商實無應罰之處，稅司亦無異言，如有船貨因此案留滯者，可一同開放，仍將案情知照監督，不得躭延時日。致該商稍有費用，該商不得索賠延擱貿易銀兩，亦不得索賠一切水脚費用等項。若稅司與領事官意見不合，卽行知會監督，一面鈔録全案總理衙門駐京大憲查核。當尚未定案之時，貨主亦應一律將擬罰銀數，出具日後情願遵斷繳案切結，送交領事官，由領事官行文知照監督，始准該商船貨先行開放。

一、如有監督領事官不能自定應徵、應免之事，均須援照本章程第五款所載，亦令該商出具日後情願遵斷繳案切結，由領事官蓋印送交監督存案，卽由監督先將該商貨物暫時免稅放行，一面將此案情形各詳總理衙門駐京大憲。倘日後斷定實係應免之稅，該監督卽將原結發還領事官查銷；如斷定實係應納若干稅項之物，該領事官卽飭該商赴關按數完稅銷結。

一、凡有洋商或船，或貨應入官者，或船貨均應入官者，監督與領事官意見不合，案情既各詳總理衙門駐京大憲核斷。當尚未定案之時，該商應援照本章程第五款估價具結，由領事官蓋印交存監督，惟所估數目恐多寡不符，卽按該商自稱定價爲准，由該關酌核情形，亦可按價收買。倘經收買後，日後斷定船貨實應入官，卽飭商將關上收買原銀如數呈繳銷結；若斷定船貨實應釋放，該關卽將原結送還領事官發商完案，所有收買原銀卽作爲船貨賣價，該商不得再持收買原銀赴關收贖，以昭核實。

《修改長江通商章程》（光緒二十四年五月二十五日、一八九九年七月十三日）審案辦法。八、凡在内港犯事者，無論或違背稅章、或毆辱人命、或盜竊財産等事，均須由該處地方官按懲辦本處人民之律章審斷。惟若係洋人之船，卽犯事者爲洋人船上所用之華人，應由地方官一面知照就近口岸之稅務司，轉告該船之領事官，該領事官卽可派員前赴觀審。若犯法者爲洋人，應照條約所論護照之條，將其人送交就近口岸之稅務司，轉交該領事事官辦理。

九、凡此項輪船，如經過稅關，釐卡等處，並不遵允停輪，或搭客水手等在内港地方滋鬧肇釁等事，卽照各關卡定章罰辦，一面由海關將該船之船牌撤銷，不准復往内港貿易。倘係洋商之船，若該商以審斷案情及罰款，均請照同治七年會詢船貨入官章程辦理亦可。

《總理衙門復英使照會》（光緒二十四年正月二十日、一八九八年二月十日）接准二月三日照稱，奉英國政府訓令，以總稅務司一職與英國之通商利益有重大之關係，倘英國在中國之貿易額仍如曩昔超過他國之時，則海關總稅務司一職當使英國人民襲任。曾於正月十七日向貴大臣面達，已蒙允諾，惟恐尚有誤會之餘地用，特將前項情事備文照會等因前來查。中國自開放口岸與各國通商以來，商業日漸發達，歲入確有增加，英商所納關稅實占全數十分之八。因是聘用英人赫德爲總稅務司，該稅務司經驗宏富，誠實可靠，任事以來深資倚畀。該員如欲離華，亦必加以慰留，萬一必須歸國，當令該稅司就各通商口岸詳細調查，於多數英人中選一堪以接手之人，須與該員有同一之材力，以備本衙門酌奪情形，繼續聘用，令其管理關稅事務，此爲保護各口岸商業起見。本衙門必愼重選擇，以維公益，相應備文照復，希卽轉達貴國政府。

附總理衙門續致英使照會（光緒二十四年正月二十三日、一八九八年二月十三日）關於聘用總稅務司由英人襲任一事，曾於前日照復在案。查中英通商關係遠在他國之上，是以將來仍擬聘用英人爲總稅務司。惟有應續行聲明者，將來他國在中國之貿易額若超過英國之上，則中國自可不必以英國人民爲總稅務司，相應備文照會，卽希查察。

《清法規大全·外交部》卷五《外務部照會金陵關開埠徵稅章程》（光緒三十一年）爲照會事，光緒三十一年六月二十七日，准南洋大臣咨稱據金陵關道詳請金陵開埠通商，在下關沿江設關完稅。華洋各商屯船聚集於此，上落商貨前因江邊道路不平鋪設馬路一條，本年又築石駁岸四十餘丈，將馬路加寬，以便行走。惟馬路年須修理，且應陸續推廣，以及添僱巡役、掃路、點燈各事在在需款應用。擬照上海、天津等關，收馬頭貨捐，專作修築馬路等項公用經，擬章程四條會同税務司轉商駐寧各國領事，業經各領事云華洋一律辦理，事屬可行，允轉稟駐京大臣贊成此舉，查此項捐款上海、天津等關年久奉行，商人自樂輸納，金陵援案照辦，係爲振興埠務，便利商民起見，理合照録。章程詳請咨部照會各國駐京大臣，允准施行等語，據情咨請核辦前來本部查。該關所擬章程四則尚屬妥善，相應抄録章程，照會貴大臣查照，希即核准見復，以便轉飭遵行，須至照會者。

計開

一、凡華洋商進口、出口，及復進口貨物，均照應征税銀五十兩之數，隨繳馬頭捐銀一兩。復出口貨在開辦以前進口者，照章補收其在他關已完税銀。各貨並有免照收税單者，仍一律照捐至照例免税貨物及官用免税之物，並應按值計税照收。

二、小輪船客商、行李，概從馬頭上下，并應收捐。擬每小輪到口一次，捐銀四錢，拖船每隻，捐銀二錢。

三、捐錢統用關單，隨税項一并存官銀號完納，另給號收，呈關查核所收捐銀，由銀號另行存儲，每月底與本關核對報道。

四、此項馬路捐作何開銷，應由監督會同税務司辦理，統在税司處結算，按給將收放各數開單兩分，一存本關，聽憑各國領事隨時查閱，一送道備案，至該款係專備惠民橋西首江邊一帶地方，修理推廣馬路及江邊馬路，並雇用巡役點燈，打掃街道，糞除齷齪。其自江邊至惠民橋尾一段馬路，仍歸工程局修理。如須在馬頭捐内動款修整，應由工程局將所收車捐酌貼，以昭公允。右照會各國公使。

内河航行權分部

綜　述

《中英天津條約》（咸豐八年五月十六日、一八五八年六月二十六日）第十款

一、長江一帶各口，英商船隻俱可通商。惟現在江上下游均有賊匪，除鎮江一年後立口通商外，其餘俟地方平靖，大英欽差大臣與大清特派之大學士尚書會議，准將自漢口溯流至海各地選擇，不逾三口，准爲英船出進貨物通商之區。

《中英續增煙臺條約專條》（光緒十六年閏二月十一日、一八九〇年三月三十一日）第四款

一、凡僱用華船，應照長江統共章程，在宜昌、重慶兩處完納船料，其有能懸英國旗號之華式船隻，應照條約章程完納船鈔。所有英人僱用華船及自備華式船隻由宜昌至重慶往來運貨者，務須在海關承領船牌、關旗，即使能懸英國旗號之華式船隻亦當一體遵照以上兩項。船隻倘無海關所發船牌、關旗，均不准獲享此次續增專條之利益。其領有海關船牌、關旗之兩項船隻，均克往來宜昌、重慶通商貿易。所有船貨均照條約及長江統共章程一律辦理，其餘船隻概由常關自行辦理。所領船牌、關旗，應由原船自行持用，不得轉付他船，並嚴禁華人船隻冒用英國旗號。凡船初違關章，可按照條已開通商各口成例罰辦，倘再有違犯，即將原船牌、關旗追繳，以後不准該船由宜昌至重慶往來貿易。

第五款

一、一俟有中國輪船販運貨物往來重慶時，亦准英國輪船一體駛往該口。

《中英馬凱條約》（光緒二十八年八月初四日、一九〇二年九月五日）第十款

茲因光緒二十四年所訂中國内港行輪章程准特在通商口岸註册之華洋各項輪船行駛貿易，又因是年六月八日先後所訂此項章程間有未便，是以彼此訂明：應將此章從新修改，附載此約，惟此章應按照遵行，直至日後彼此允願更改爲止。

又彼此議定：將江門開爲通商口岸，光緒二十三年正月初三日中英兩國畫押緬甸條約之專款所准，英輪前往西江之停泊處所外，茲將廣東省内之白土口、羅定口都城作爲暫行停泊上下客貨之處，按照長江停泊章程辦理，並將容奇、馬寧、九江、古勞、永安、後瀝、禄步、悦城、陸都、封

川等十處作爲上下搭客之處。

《中英馬凱條約附件丙》（光緒二十八年八月初四日、一九〇二年九月五日）《續議内港行輪章程》。

第一款

英國輪船東可向中國人民在河道兩岸租棧房及碼頭，不逾二十五年租期，如彼此兩願續租，亦可從新再議。倘英商不能向華民妥租棧房及碼頭，須由地方官與商務大臣商妥，後照公道時值預備棧房碼頭租給，租滿之後亦可接租。

第二款

靠船碼頭不得有阻水道，亦不礙船隻通行，並須由最近海關先行查明允准，但海關亦不得無故駁阻。

第三款

英國商人所租棧房及小碼頭，須納稅捐如同中國人民左近相類之房産一樣。英國商人只能用中國代理人及辦事等人，在該内河行輪處所租棧房之内居住，貿易。惟英商亦可隨時前往察視其生意情形，不得因此於中國向來管轄華民之權稍有減損或有所妨礙。

第四款

凡在中國内港行駛之輪船，如有損傷隄岸或各項工程，應責成該輪船將該隄岸工程查係損傷以及其他項因傷受虧一切賠償業主。如有淺水河道恐因行輪致傷隄岸，以及相運之田地，中國欲禁小輪行駛者，知會英國官員查明實有妨礙，卽行禁止英輪行駛該河，但華輪亦應一律禁止。至華洋輪船並不得駛過河向有壩閘之處，防有損傷該處壩閘，有礙水利。

第五款

英國政府欲將中國内地水道開通行駛輪船，大意實爲中外貨物運動迅速起見。如現在或日後有行駛内地水道之英輪，而該船業主允願將輪船轉賣與華人公司及掛中國旗號，英國政府應許不加禁阻。

如有華人按照中國律例，註册設立内港行輪公司而有英人附股者，不得因該公司有英股在内，遂以爲該公司輪船卽准掛英國旗號。

第六款

民船向不准裝運違禁貨物，凡行駛内港輪船及該輪拖帶之船，亦均一律不准裝運。如有不遵，卽照約載違禁章程辦理，註銷所給關牌，不准行駛内港。

第七款

内港行輪風氣未開，内地居民宜令其少受驚擾，故凡内港其向未經輪船行駛者，須審察商人之便並輪船東實見生意有利可圖，方可漸次開駛。如有商人有意於商船未經到之内港設輪行駛，須先向最近口岸之稅務司報明，以便轉稟商務大臣會同該省督撫體察情形迅速批准。

第八款

此項輪船准在口岸内行駛，或由通商此口至通商彼口，或有口岸至内地，並由該内地處駛回口岸，並報明海關至沿途此次所經貿易各埠。上下客貨但非奉中國政府允准，不得由此不通商口岸之内地至彼不通商口岸之内地專行往來。

第九款

無論客船或貨船，均准輪船拖帶，凡被拖之船隻其船户、水手人等，均應歸華民充當，並不拘船東爲何人，均須掛號方准由口岸行駛内港。

《中美續議通商行船條約》（光緒二十九年八月十五日、一九〇三年十月八日）第十二款

中國政府既於一千八百九十八年將船艘可以行駛之内港開爲特行註册之一切華洋輪船行駛貿易，以便載運搭客及合例貨物。美國人民行鋪、公司均可經營此項貿易，其所享利益應與給予他國人民者相同。嗣後無論何時或中國或美國如欲將當時内港行輪各章程再行修改，視爲有益之舉，應由中國查看所擬修改之處，果爲貿易所必需且於中國有利，則由中國政府應允和平採酌辦理。

《中日馬關條約》（光緒二十一年三月二十三日）第六款第二節

第二、日本輪船得駛入下開各口，附搭行客，裝運貨物，一、從湖北省宜昌溯長江以至四川省重慶府。

二、從上海駛進吳淞江及運河，以至蘇州府、杭州府，中日兩國未經商定行船章程以前，上開各口行船務，依外國船隻駛入中國内地水路現行章程照行。

《中日通商行船追加條約》（光緒二十九年八月十八日）第二款

中國國家允日本輪船業主自行出資，在長江宜昌至重慶一帶水道施設扯上湍瀨之件，因關係四川、兩湖地方百姓，應聽候海關核准後始行安設。無論民船輪船均可任便聽用，但所設之件不得阻礙水道，或阻礙民船暢行，或阻礙江邊陸路行人。所有一切辦法仍須遵照海關議定專章辦理。

第三款

中國國家允能走內港之日本各項輪船在海關報明，由通商口岸往來。報明之內港地方貿易，應悉照所定正續各章程辦理。

第八款

光緒二十四年五月七日先後所定內港行輪章程間有未便，是以中國允將此章程從新修補附載此約。惟此章程應按照遵行，直至日後彼此允願爲止。

《中日通商行船追加條約附件第一》（光緒二十九年八月十八日）

《續議內港行輪章程》。

一、日本輪船東可向中國人民在河道兩岸租棧房及碼頭，不逾二十五年租期，如彼此兩願續租，亦可從新再議。倘日商不能向華民妥租棧房及碼頭，須由地方官與總督巡撫商務大臣商妥後，照公道時值預備棧房碼頭租給，租滿之後亦可接租。

二、靠船碼頭不得有礙水道，亦不礙船隻通行，並須由最近海關先行查明允准，但海關亦不得無故駁阻。

三、日本商人所租棧房及小碼頭須納稅捐如同中國人民，左近相類之房產一樣。日本商人只能用中國代理人及辦事等人，在該內河行輪處所租棧房之內居住貿易，惟日商亦可隨時前往察視其生意情形。不得因此於中國向來管轄華民之權稍有減損或有所妨礙。

四、凡在中國內港行駛之輪船，如有損傷隄岸或各項工程，應責成該輪船將該隄岸工程查係損傷以及他項因傷受虧一切賠償業主。如有淺水河道恐因行輪至致傷隄岸以及相連之田地，中國欲禁小輪行駛者，知會日本官員查明實有妨礙，卽行禁止日輪行駛該河，但華輪亦應一律禁止。至華洋輪船並不得駛過內河向有壩閘之處，防有損傷該處壩閘，有礙水利。

五、日本國政府欲將中國內地水道開通行駛輪船，大意實爲中外貨物運動迅速起見，如現在或日後有行駛內地水道之日輪，而該船業主允願將輪船轉賣與華人公司及掛中國旗號，日本政府應許不加禁阻。

如有華人按照中國律例註册設立內港行輪公司而有日本人附股者，不得因該公司有日股在內，遂以爲該公司輪船卽准掛日本國旗號。

六、民船內不准裝運違禁貨物，凡行駛內港輪船及該輪拖帶之船，亦均一律不准裝運。如有不遵，卽照約載違禁章程辦理註銷所給關牌，不准行駛內港。

七、內港行輪風氣未開，內地居民宜令其少受驚擾。故凡內港其向未經輪船行駛者，須審察商人之便並輪船東實見生意有利可圖，方可漸次開駛。如有商人有意於商船未經到之內港設輪行駛，須先向最近口岸之稅務司指明，以便轉稟商務大臣會同該省督撫體察情形迅速批准。

八、此項輪船准在口岸內行駛，或由通商此口至通商彼口，或由口岸內地，並由該內地處駛回口岸，並准報明海關在沿途此次所經貿易各埠上下客貨。但非奉中國政府允准，不得由此不通商口岸之內地至彼不通商口岸之內地專行往來。

九、無論客船或貨船，均准輪船拖帶。凡被拖帶之船隻，其船戶水手人等均應歸華民充當，並不拘船東爲何人，均須掛號方准由口岸行駛內港。

十、以上章程係補續光緒二十四年五月七月前後所訂內港行輪之章程，其未經此次所訂更改者，則仍舊照行。此次之章程及光緒二十四年前後所訂之章程，嗣後倘有應行修改之處，卽可彼此酌情商定。

《修改長江通商章程》（光緒二十四年、一八九八年）第一條

前同治元年修改長江統共章程內所有之要義，既經併入現在刪修之新章，所有舊章暨長江各口同類之分章一概作爲廢紙。

第二款

凡有約各國之商船，准在後例之通商各口往來貿易，卽鎮江、南京、蕪湖、九江、漢口、沙市、宜昌、重慶八處。並准按另訂之專章，在後列之不通商口岸起下貨物，卽安徽之大通、安慶，江西之湖口，湖廣之陸溪口、武穴等處，除以上所列各處外，其餘長江沿途各處不准私自起下貨物。如違此例，卽照條約所載沿海私作貿易之條辦理。惟搭客暨隨帶之行李，准於往常搭客之處上下，此處現時卽係兩江之江陰，宜興湖廣之黃子崗、黃

州等處但行李內不得夾帶應稅之物，違者即將行李充公。此條內續添江南通州之蘆涇港泰興縣之天星橋，湖北荊河口又名荊河腦及新堤均係往常停船搭客處所向不起卸貨物。

第三條

凡在長江貿易之商船現分爲三項：一爲由鎮江上江暫作貿易之出海大洋船，一爲由長江此口赴長江彼口或由上海赴長江各口常川貿易之江輪船，一爲劃艇釣船及華式船隻，以上三項船隻，即照條約之例，及各該口之分章辦理。

第四條論大洋船

凡大洋船入江，若不過鎮江貿易者，即在鎮江辦理，照沿海各關之例無異。惟此項大洋船若過鎮江上江貿易者，即作爲第三條所謂之長江貿易第一項船。此項商船無論係輪船、夾板船，均應由船主將船牌呈交上海或吳淞或鎮江之領事官。如無領事官，即呈交稅務司查收。稅務司一接到船牌或領事官行文，即立發江照一紙，載明船名、國旗、噸數及裝何項貨物並携帶何項保護軍械等情，名爲長江專照，該船即可持赴上江行駛。無論抵何口，所有進出報暨起下貨物、完納稅鈔一切事宜，俱照沿海各口辦法一律無異。俟回發江照之口岸時，即鎮江、上海、吳淞等處，須將長江專照繳銷由關查明稅鈔完清，各事均照章辦妥，即發給紅單准該船領回船牌出海。

第五條論江輪船

凡願在長江常川貿易之輪船，可將船牌呈交上海領事官，如無領事官，即呈交江海關稅務司查收。稅務司一接收船牌或領事官行文，即發給江照一紙，載明船名、國旗、噸數及携帶保護軍械等情，名爲江輪專照。其照即以本年爲限，須每年在上海換領一次，如該船不在漢口以下貿易，即在漢口換領，如不在宜昌以下貿易，即在宜昌換領。此項有江輪專照之輪船，所有進口、出口、起下貨物、完納稅鈔等事，均應按照各該口之關章辦理。至於船鈔一項，應在發給江輪專照之口岸，即上海或漢口或宜昌等關完納。此項輪船如有違長江口岸章程，首次即照沿海各口罰辦之例辦理，二次即將江照撤銷，不准過鎮江上江貿易。若無江輪專照之輪船過鎮江上江者，即照第四條所載大洋船之例辦理。

第六條論有江輪專照船隻之貨物

前長江統共章程所指船隻裝運貨物，應將出口正稅復進口半稅同時完納之理，既屬撤廢，嗣後凡有江輪專照之船，俱應按沿海通商各口辦法納稅。即出口稅應於下貨以先在裝貨之口完納，其進口稅或復進口稅應於放貨以先在起貨之口完納。至裝貨撥貨卸等事，均應按照沿海各口章程先爲報關呈驗，請領准單辦理，與沿海通商各口辦法一律無異。凡進口起卸茶葉者，該貨主無須完納復進口稅銀，特准按數另具復進口稅之保結。俟該茶葉呈有十二個月限內復運出口之據，即將保結註銷。如此項復出口茶葉再進他口，設如由漢口復出口復進上海口岸者，應於復進之口令其再具復進口稅之保結，俟限內再復出口時註銷，以此類推。

第七條論劃艇釣船華式船隻等類

一、劃艇等船如係洋商之船持有本國之船牌懸挂本國之旗號，若欲過鎮江上江貿易者，應於領事官或稅務司請領長江專照，所有呈報海關、起下貨物、完納稅鈔等事，俱照有船照之大洋船一律辦理。

一、釣船等如係洋商之船，但無本國之船牌，即無懸挂國旗之理，均應於本口稅務司處請領關牌，所有呈報海關、起下貨物、完納稅鈔等事，俱照劃艇等船辦法辦理。

一、凡由洋商雇用之華式船隻，祇准裝載實係洋商自置之貨，由通商此口赴通商彼口，須於稅務司處請領專牌，由該洋商出具切結，載明該船所裝確係洋商之物，實係運往某口在彼完納稅項等情。倘該船不按照辦理，即該貨非運某口在彼完稅等事，該關稅務司嗣後即可不發此項專牌，交該商執領此項船隻所有呈報海關、起下貨物、完納稅鈔等事，俱照劃艇釣船等辦法辦理。

第八條論總單

凡長江專照之大洋船江輪，專照之江輪船以及劃艇、釣船並洋商雇用之華式船隻等項，均應於出口之關請領總單，俟抵他口應將總單呈交該關，方准卸貨。若進口時所卸之貨不及總單所載之數，應惟該船主是問。

第九條論雜項章程

凡在長江貿易之商船，如遇巡船及他項關船，若索閱船牌江照等項，務須呈驗，若該船並無前項所開應有之牌照等件，即照條約所載沿海各處私作貿易之例辦理江關。並可將其艙門封閉，亦可派關役押送其有長江專照之第一項船，若中途經過之口並不起下貨物，即無須在該口停船候驗牌照。

第十條論長江各關及各口岸分章 長江貿易之船現即有修改頒發之新章訓示遵行，故舊有之章即屬不符，即應由各該關即、上海、鎮江、南京、蕪湖、九江、漢口、沙市、宜昌、重慶等關籌備新章。俾得遵訂分章與新章相輔而行頒示宣布，一則可期便利商情，一則得以照約嚴防偷漏矣。以上章程嗣後如有窒礙之處，可隨時酌量更改以歸妥。

定於光緒二十五年二月二十一日開辦。

《華洋輪船駛赴中國內港章程》（光緒二十四年、一八九八年）領牌掛號

一、中國內港嗣後均准特在口岸註册之華洋各項輪船，任便按照後列之章往來。專作內港貿易，不得出中國之界前往他處。內港二字即與煙臺條約第四端所論內地二字相同。

二、非出海式樣之各項華洋貿易輪船，或在口岸內駛行，或往來內港，除按本國律章應隨有之牌照外，尚須赴税務司處請領關牌，其關牌內應將業主姓名、籍貫註明，並將船名、船式及水手人數等項按行開列。每年换領一次，如改業主及停止貿易等事，即將所領之關牌繳銷。初次領牌應納牌費關平銀拾兩，其後每年换領新牌納費貳兩。

三、此項輪船如衹在口內駛行，無須每次赴關呈報一切。惟若欲前往內港於出口回口時，俱應一體報關。無關牌者一概不准前往內港。

四、此項輪船所有懸挂燈盞防範碰撞，及招僱更换水手與查驗水鍋機器等事，俱須遵照各該口原有之章程辦理。該章程應由海關頒布並刊入關牌內。

税課辦法

五、此項輪船如在各口照此章程裝載應税之貨駛赴內港，應即報明海關由關核定應否照完何項出口税，如由內港裝載應税之貨駛回本口，應即報關，由關一體核辦。凡屬洋商之船應完何税，即按條約税則辦理。

六、此項輪船在內港各處起貨下貨，應照該處定章遵納各項税釐。凡屬洋商之船，應照條約税則比例辦理。

七、此項輪船若拖帶船隻被拖之船，應於何處釐卡候驗，則該輪亦應於該處停輪。該輪所裝之貨並被拖之船所載之貨，俱照各該卡之章程辦理。惟洋商應遵之章，須與條約相符，仍由海關一體頒布。長江輪船若無海關特照，一概不准拖帶貨船。

審案辦法

八、凡在內港犯事者，無論或違背税章、或毆辱人命、或盜竊財產等事，均須由該處地方官按懲辦本處人民之律章審斷，惟若係洋人之船，即犯事者爲洋人，船上所用之華人，應由地方官一面知照就近口岸之税務司，轉告該船之領事官，該領事官即可派員前赴觀審，若犯法者爲華人，應照條約所論護照之條，將其人送交就近口岸之税務司，轉交領事官辦理。

九、凡此項輪船，如經過税關釐卡等處，並不遵允停輪或搭客水手等在內港地方滋鬧、肇釁等事，即照各關卡定章罰辦。一面由海關將該船之船牌撤銷，不准復往內港貿易，倘係洋商之船，若該商以審斷案情及罰款，均請照同治七年會詢船貨入官章程辦理亦可。

以上所擬，足爲現時管理此項輪船之章，嗣後如有應行修改之處，即可隨時酌情改訂。

光緒二十四年五月二十五日咨行各省。

《續補內港行輪章程》（光緒二十四年、一八九八年）一、凡有輪船裝載洋貨入內地或領取子口税單、或沿途逢關納税遇卡抽釐，均聽商便。該貨已到指運之處有本地應征税釐，即與該船無涉，惟該船不得私起貨物。

二、凡在通商口岸將土貨裝載輪船運往內港，應先報明該關照民船裝貨出口完税之例完納出口正税。該輪船往內港所裝之土貨若遇關卡，須按該處章程完納各項税釐等款，與民船辦法絲毫無異。若所報之貨爲復進口之土貨，已在他口完清出口征税，即無庸重徵出口正税。惟該貨沿途仍應按內地章程完納各項釐捐，與他項貨物無異。該貨無論由何處運來，已到指揮之處，所有本地應徵税釐即與該船無涉，但該船不得私起貨物。

三、凡土貨在內港已裝輪船欲運他處，即可認明係已完該處之各項税

釐，嗣後無庸再行呈有該處已完稅釐之據。惟遇沿途關卡仍須按該處之章程完納稅釐，該輪到口時，該貨若係在本地售用，向係在該處徵稅與民船所運之貨徵稅無異。除此項稅餉之外，所有各項稅釐捐款經費等事，即與該輪船無涉。若所裝之土貨係欲運往外洋或照本章程辦理，或照鎮江子口單章程，立具保結領取三聯報單，均聽華洋各商之便。凡運土貨到口欲立即撥過出口船隻者，於徵收出口正稅之外餘不再徵。

四、凡華洋各輪往來內港，每四個月一律在掛號之口按章徵納船鈔一次。民船被輪船拖帶者，必須按章完納船料。

五、凡有民船裝載貨物被輪船拖帶者，其貨物徵稅辦法與輪船之貨無所區別。

六、凡華洋輪船往來內港，必須在民船貿易常用之碼頭起貨下貨，不准在別處任便起下，如違章在別處起下，即照條約所載沿海私作貿易之條辦理。又掛號之行駛內港船隻若駛赴中國境外，初次罰銀在二百兩以內，再犯者不准在內港貿易。

七、行駛內港船隻報明往內港時，本口海關應發給本關總單一紙，內註明該船載有何項貨物、斤兩若干等事，以便至沿途各關卡時呈驗，若徵納稅釐，即按總單徵納。惟疑有迹近影射者，亦可即時盤驗。至該輪到起貨之處，船主須備一艙口單，內註明在該處所應起之貨物各類若干。

八、原章第七款所載各該卡之章程，應以本年爲限，由中國將各卡章程頒布衆知。其未經頒布以前如有船隻過內港各關卡不行停輪候驗，向不得遽行議罰。惟該輪若經本處關卡或巡船喚令停輪竟不遵照停候者，應即議罰。

九、內港各關卡之章程頒布後，通商各口應由該省大憲各派一妥愼之員代收輪船往來內港之稅釐等項。由該員按定期呈報大憲查核，遇有輪船報明欲往內港何處，該員即將該輪所裝何貨若干、沿途應經某關卡、共應完納稅釐若干核明總數先行徵收，隨即發給總單一紙以便前往貿易。該輪過沿途關卡時，即將此單呈驗放行，不得阻滯。至本章程第二、三款所載之稅，亦由該員一併核收。各該員應於新關附近之處設立局所，與本口稅務司和衷會辦，不可自專。遇有疑難事件，應請本口稅務司與監督通融酌議辦理。若案中牽涉洋人，即可任便商酌按照會訊章程辦法辦理。

光緒二十四年七月十八日咨行各省。

論說

《東方雜誌》第一卷第二號《法人要索滬紹航路》 法人要索滬紹航路一案。浙撫對付法總領事之要求，無一不與近日政府之辦理藏事相類。無論法商莫尼踏之經營滬紹輪船公司已非一朝夕之故，浙撫不應一無所聞。即法總領事與浙撫交涉以來，往返電商，已及三月，先事既毫無布置，臨事又不能分別其事之輕重緩急，而徒以電詢該公司之宗旨辦法。及飭海關查覆爲敷衍搪塞之舉，以養成法人騎虎之勢，是無異政府之坐視英人與西藏直接交涉。遷延一年有餘，絕不顧問。及《英藏新約》傳布中外，猶日望有泰之電報而不設一謀也。以堂堂巡撫不能卻一洋商航路之要求，而諉其責於位卑權輕之許道，是無異以堂堂外部不與英使直接談判《藏約》，而諉其責於位卑權輕之唐紹儀也。至法人要索航路而商及上海之稅司，則又百思而不得其故者。許道此事難阻之電，本館早料其必然，豈惟本館即浙撫之致電許道亦未嘗，不知此舉之必無可望，不過以此時多一曲摺，則將來奏報上多一材料而已。此殆吾國外交家之成法也，此殆吾膠州、旅大、威海、東三省之所以去也。嗚呼！噫嘻！吾惜往事，吾悲前途。

《時報・論今日宜急保內河航路權一九〇四年十月初三日》 今日全國鐵路之權幾盡落於外人之手，有志之士輒思籌款自辦以圖抵制。然工程浩大舉辦爲難，往往坐視失權而莫能救。竊謂今日有受害與鐵路等，須急圖抵制而尚易於設法者，則內河之行駛小輪是已。我東南數省，江河之流域甚廣。在在可利行舟，果能多備小輪，不特有利可圖，而且於轉運交通大資便益，無如中國狃於成見。官力既不提倡，商衆又復畏難，外人知我中國無意於斯也，乃急起直追，次第以謀掠奪。數年以來，除長江久已通航者不計外，若漢湘、若九南、若鎮揚、若蘇滬、若杭滬、若常鎮、若蘇杭、若鎮浦、若廣梧，四通八達，莫不爲外人經營。近者法人謀設紹滬小輪，與浙撫屢爭不已，尤足證外人注意者久夫！中國向例，凡外人足迹所至，幾乎即失其主權。今航路大通，交涉之案日多，任舉一端，皆足爲失權之明證。而華人受屈，船夥恃强之事，尤爲指不勝書。徒以華人喜其迅速價廉，故座客依然常滿。是可知通航之利而授權外人之不利矣！夫航路者，一國之血脉也，血管之中，忽然加以身外之附屬物，將血液壅淤榮衛不調，而身體之一部將成廢物。今以中國之航路而以外人横亙其間，與血管中之附屬物何異？寖假而反客爲主，凡轉運交通之事，皆歸外人掌握。堤岸之修築，歸其主持焉；河道之淤濬，聽其命令焉。由此而凡輪船經行之地，旁見側出，皆將爲外人權力所及，交通愈廣則失權愈多。夫通航之事，卽與國權無關，而以外國之人在中國之地，載中國之貨客，已爲坐失利權。況我國既未收回治外法權，則隨在皆可以生事，主權之失，更復隨之。關係如此，豈有坐讓他人掠奪者乎？列國之經營航路，原與其鐵路政策相輔而行，有航路以補鐵路之不周，然後無孔不搜，算無遺策。凡鐵路所不能達者，可由航路轉運之；凡鐵路之尚未通者，可以航路控接之。其設想之密，獲益之宏，實與鐵路不相上下。徒以鐵路造端宏鉅，故我國人皆相重視，而於航路則不免處之淡然，抑知效果最速可以制吾人之死命者轉，先在此而不在彼乎！此刻若欲挽回，竊謂宜用兩策：其一，於華人現有之船，優加保護，查蘇杭、常滬及廣東、江西等處，華人自有之船頗多，其貿易或且與外人相抗，然官吏不能保護，動受外人之欺，其終不致摺入外人不止。現今之策，宜查明華人具有船數，由各屬之保商局等隨時考校，提倡俾得與外人爭衡，如資本不敷，或由官量爲補助。其最要者，則各局宜聯爲一氣，棄傾軋而共提携，然後向外競爭，可圖勝利。其一於中國所有水道某處可以通航、可以獲利，急宜詳察。廣勸商人舉辦，隨力量之大小就地爲之。其資本充足者，分行各處，數十萬百萬亦不爲多；資本少者，卽下至數千金亦可。興辦惟官吏遇此等事必須有提倡而無阻撓，有補助而無朘削，然後始基易立，成效可期。其辦理之法，或由已成之局就近推廣，或招新集之股合力創行，或官本或商本均無不可。似此費輕易舉，似無患不能奮興。如所有航路皆經通行，則外人亦無所用其覬覦，主權卽得以保全，卽利源不虞，其外溢矣。考內河航路，其資本至大者亦不過數十萬金而止，較之鐵路之動需百萬千萬者，何啻天淵。以中國今日之力，各省分辦內河輪船，數百尚復優優有餘。所宜迅速圖維，不致讓人先著，今者粵漢鐵路事經湘粵兩省，抗議大約可望挽回，然來日大難，中國果恃何款以辦此路？不能不懸爲疑問。內河輪船事既易辦又無竭力爭奪之勢，是我國民之亟。應注意者莫如此著，前者日人通航湘鄂，經湘人力爭，不能挽救。此者法人通航紹滬之議，亦既事在必行。願我國民愼思之，毋蹈覆轍以貽後悔也！

《警鐘日報·論法人要索通航權一九〇四年八月十三日》 近日以來，西人勢力加於中國本部於路礦，而外復索內河通航之權，舉其最著者言之：一爲法人索桂、越交界處行船之權。一爲法人索浙紹通航之權。夫法人之所爭執者，豈不以航行川河之權爲公法家所公認哉？然川河通航之約，必兩國互相執行，得彼此相當之權利，然後公平。今中國航業未興，航路未闢，而華民商於外者又無國力之保護，故舍亞東片壤外皆爲中國航綫所弗經。非惟不能擴張航綫，卽內地通航之權亦多操於外人之手。而華民之集資購辦者，又慮官場保護之不力，不得不假洋商之職，以自便横行。此通航之權，所由失也。今法人逞彼狡謀，欲以航行川河之權要求中國。夫廣西與越南交界處，有接溪江、木馬河，水路狹隘，溪岸迂回。而紹興五龍埠、小潭村諸地尤屬不便交通，故桂撫之覆法領事也。亦言本省行輪殊多不便，使一旦通航之權悉爲法人所握，則凡於通航有妨礙者，法人皆得干預之，必將援修濬黄浦之例，以代爲經營。夫內地川河乃本國主權所及之地，與沿海及國際運河不同國際運河者兩國公有之河也今以內國之川河一任外人之整頓，是不啻以河流讓他人也？河流可讓，則河流之流域亦可讓，吾恐不出數年，凡河流附近之區，皆爲外人所持有，而中國無一主權矣。昔埃及假英法之力以疏鑿蘇彝士河，偉功甫成，而主權盡失，非中國前車之鑒哉？不惟此也，外人輪船既可通行內河，則沿河之地外人卽可租設棧房，使人民而不允從，又將假中國官吏之威而加以逼迫。棧房既設，則效其奔走者又必雇用華人，既用華人，則凡與棧房有關係者，皆將歸外人保護，而華民之媚外者，益得假外人之焰以欺壓平民。平民積不能堪，必有集衆仇洋之舉，擊沉輪船，焚燬棧房，而外人之利用此舉者，遂得假鎭壓保護之名而潛增其勢力。吾恐交涉之案日煩，而中國之主權愈失也。況法人之意，更有深意寓其中。溯木馬、接溪二河，卽可繞達西江，啓桂粵水道之交通以輔龍州鐵道所弗及，而廣西商業之權可以悉握於法人之手。若浙、紹之地久爲英意所窺，法人既獲通船之權，卽可與英人均勢，一旦有急，亦可占據定海、舟山以窺伺江浙，此法人之深意也。此事果成，則法人在中國南部之權愈行鞏固，而岔爭之禍將不旋踵而至矣。可勝歎哉！

礦山開採權分部

綜述

《山西商務局與福公司合辦礦務章程（英國）》 （光緒二十四年四月初二日，一八九八年五月二十一日）一、山西商務局稟奉山西巡撫批准，專辦盂縣、平定州、潞安、澤州與平陽府屬煤、鐵以及他處煤油各礦，今將批准各事轉請福公司辦理，限六十年爲期。應先由礦師勘定何鄉、何山，何種礦產，繪圖貼說，稟請山西巡撫，查明果與地方情形無礙，一面咨明總理衙門，一面發給憑單，准其開採礦地，勿稍躭延。如係民產，向業主議明，或租或買，公平給價；如係官產，應照該處田則，加倍納賦。

二、山西商務局稟奉山西巡撫批准，自借洋債不得過一千萬兩之數。如所派勘礦師以此數不敷於用，山西商務局仍專向福公司續借。

三、凡調度礦務與開採工程、用人、理財各事，由福公司總董經理、山西商務局總辦會同辦理。

四、各處礦廠應用華、洋董事各一人，洋董管工程，華董理交涉。一切賬目，皆用洋式；銀錢出入，洋董經理，華董稽核。各礦廠總以多用華人爲是。所有薪水，皆由公司發給。

五、勘驗礦地，或應打鑽掘井探視礦苗，應先與地主商明，踏損田禾，酌量賠償。至開礦以後，或因礦塌陷，損傷民命、房屋，應歸公司撫恤賠償。若定辦一礦，有佔民地，必須會同地方官，或向地主租用、購買，秉公定價，務使兩不受虧，方昭公允。所開礦地，無論或租或買，但遇有墳塋祠墓，必須設法繞越，無得發掘。

六、所辦礦務，每年所有礦產，按照出井之價，值百抽五，作爲落地稅，報效中國國家。每年結賬盈餘，先按用本，付官利六釐，再提公積一分，逐年還本，仍隨本減息，俟用本還清，公積即行停止。此外所餘淨利，提二十五分歸中國國家，餘歸公司自行分給。以後中國他處有用洋款開採煤鐵礦者，應一概仿照此章，將所有礦產值百抽五納稅，以歸劃一。再此係商人籌借開辦礦務，如有虧摺，與中國國家毫無干涉。

七、盂、平、澤、潞，地面甚廣，開辦不止一處，然各礦出入與所有盈餘，各歸各礦清理。如或彼虧此盈，不得以此礦之盈補彼礦之虧，致使國家應得餘利因之減少。

八、凡開礦所需料件、機器等物進口，照開平各礦現行章程完納海關正、半稅項，內地釐捐概不重徵。至開出礦產運出口時，仍照關章納稅。

九、公司所開之礦，以六十年爲限，一經限滿，公司所辦各礦，無論新舊，不論盈虧如何，即以全礦機器及該礦所有料件並房產、基地、河橋、鐵路凡係在該礦成本項下置辦之業，全行報效中國國家，不求給價，屆時商務局稟請山西巡撫，派員驗收。

十、每處礦廠，總以聯絡官、民預息紛爭爲要。應由商務局稟請巡撫酌派照料委員一人，又設照料紳士一員，由公司聘請。該員、紳薪水，均由公司籌備。

十一、礦師、工頭，開辦之始，自應選用洋人。倘日後華人中有精礦學諳習工程者，商務局會同公司派充此項要職。至其餘司事照料等職，無關重大責成者，皆用華人；尤宜多用山西人，以開風氣。

十二、礦丁亦宜多用晉人，其工價應從公酌定。至工丁受傷，應如何撫恤，與使用數十年後，應如何酌給養老之費，又平日作工，每日若干時刻各節，統候開礦後，再由商務局會同福公司採擇歐美各礦妥善章程，商請巡撫定奪。

十三、福公司於各礦開辦之始，即於礦山就近開設礦務、鐵路學堂，由地方官紳選取青年穎悟學生二、三十名，延請洋師教授，以備路、礦因材選用。此項經費由福公司籌備。

十四、山西商務局所借福公司銀一千萬兩，係酌估之數，將來每開一礦，實需資本若干，由福公司撥用後，准福公司按照所用之數，造印借款股分票，刊刻章程，定期發賣。如華商於期內願買此種股票者，則無論多寡，聽其買取。

十五、華商收買此項礦務股票，應由商務局按照時價漲落，照章代爲收買，或自行買賣，均聽其便。如華紳富商，於六十年限内，將礦股票收至四分之三，將該礦先期收回，由商務局查報，飭交華商自行經理。

十六、凡於所准礦地，遇有民人先經開採者，不得侵佔，如原主自願租賣，應由商務局會同公司秉公給價，但不得稍有抑勒。

十七、各礦遇有修路、造橋，開濬河港，或須添造分支鐵道接至幹路或何口以爲轉運該省煤鐵與各種礦產出境者，均准福公司稟明山西巡撫，自備款項修理，不請公款。其支路應訂章程，届時另議。至正定至太原鐵道，已由商務局另行借款修理，該路左、右各一百里内，福公司不得另造鐵道，以杜爭端。凡爲以上所准各事，其須用民地之處，亦照各局已定章程租賣，不得少佔民地，仍求地方官代爲保護。

十八、每至年終，或盈或虧，各分礦造具清册，應各請華、洋公正人一名核算無訛，然後刊刻報單，送至商務局察核各礦盈虧，會造總册，呈報巡撫，以憑分咨總理衙門、户部查核，並將報效國家各項一并呈繳。

十九、該礦爲中國自主之産，將來中國有與别國戰爭之事，該公司應聽中國號令，不得接濟敵國。

二十、茲章程華、洋文繕具兩份，各執爲憑。

《河南礦務合同章程（英國）》（光緒二十四年五月初三日、一八九八年六月二十一日）豫豐公司與福公司議訂河南開礦製鐵以及轉運各色礦産章程，條列於下：

一、豫豐公司稟奉河南巡撫批准專辦懷慶左右、黄河以北諸山各礦，今將批准各事，轉呈福公司辦理，限六十年爲期。應先由礦師勘定何鄉、何山，何種礦産，繪圖貼説，稟請河南巡撫，查明果與地方情形無礙，即咨明總理衙門備案，一面發給憑單，准其開採。如係民産，向業主議明，或租或買，公平給價；如係官産，應照該處田則，加倍徵賦。

二、豫豐公司稟奉河南巡撫批准，再借洋債不得過一千萬兩之數。如所派勘礦師以此數不敷用，豫豐公司仍專向福公司續借。

三、凡調度礦務與開採工程、用人、理財各事，由福公司總董經理、豫豐公司總辦會同辦理。其出入數簿，請由河南巡撫派員稽查。

四、各處礦廠應用華、洋董事各一人，洋董管工程，華董理交涉。一切賬目，皆用洋式；銀錢出入，洋董經理，華董稽核。各礦廠總以多用華人爲是。所有薪水，皆由福公司發給。

五、勘驗礦地，或應打鑽掘井探視礦苗，應先與地主商明，踏損田禾，酌量賠償。至開礦以後，或因礦傷塌陷，損傷人命、房屋，應歸福公司撫恤賠償。若定辦一礦，有佔民地，必須會同地方官，或向地主租用，或備價購買，務使兩不受虧。遇有墳墓，必須繞越，毋得發掘。

六、所辦礦務，每年所有礦産，按照出井之價，值百抽五，作爲落地税，報效中國國家。每年結賬盈餘，先按用本，付官利六釐，再提公積一分，逐年還本，仍隨本減息，俟用本還清，公積即行停止，此外所餘淨利，提二十五分歸中國國家，餘歸福公司自行分給。以後中國他處有用洋款開採煤、鐵礦者，應請一概依照此章，將所有礦産值百抽五納税，以歸劃一。再此係商人籌借開辦礦務，如有虧摺，與國家無涉。

七、公司所開之礦不止一處，然各礦出入與所有盈餘，各歸各礦清理。如或彼虧此盈，不得以此礦之盈補彼礦之虧，致使國家應得餘利因之少減。

八、開礦所需料件、機器等物進口，照開平各礦現行章程完納海關正、半税項，内地釐金概不重徵。至開出礦産運出口時，仍照章納税。

九、福公司所開之礦，以六十年爲限，一經期滿，福公司所辦各礦，無論新舊，不問盈虧如何，即以全礦機器及該礦所有料件並房産、基地、河橋、鐵路凡係在該礦成本項下置辦之業，全行報效中國國家，不求給價，届時由豫豐公司稟請河南巡撫，派員驗收。

十、每處礦廠，總以聯絡官民，預息紛爭爲要。應由豫豐公司稟請巡撫酌派照料委員一人，又設照料紳士一員，由福公司聘請。該員、紳薪水，均由福公司籌備。

十一、礦師、工頭，辦理之始，自應選用洋人，倘日後華人中有精礦學諳習工程者，豫豐公司會同福公司派充此項要職。至其餘員司照料等職，無關重大責任者，皆用華人；尤宜多用河南人，以開風氣。

十二、礦丁亦宜多用豫人，其工價應從公酌定。至礦丁受傷，應如何撫恤，與使用數十年後，應如何酌給養老之費，又平日作工，每日若干時刻各節，統俟開礦後，再由豫豐公司會同福公司採擇歐美各礦妥善章程，商請巡撫定奪。

十三、福公司於各礦開辦之始，卽於礦山就近開設礦務、鐵路學堂，由地方官紳選取青年穎悟學生二、三十名，延請洋師教授，以備路、礦因材選用。此項經費由福公司籌備。

十四、豫豐公司所借福公司銀一千萬兩，係約估之數。將來每開一礦，實需資本若干，由福公司撥用後，准福公司按照所用之數，造印借款股分票，刊刻章程，定期發賣。如有華商於期内願買此種股票者，則無論多寡，聽其購買。

十五、華商收買此項礦務股票，應由豫豐公司按照時價漲落，照章代爲收買，或自行買賣，均聽其便。如華紳富商，六十年限内，將某礦股票收至四分之三，卽將該礦先期收回，由豫豐公司查報，飭交該華商自行辦理。

十六、凡有所准礦地，遇有民人先經開採者，不得侵佔，如原主自願租賣，應由豫豐公司會同福公司秉公給價，但不得稍有抑勒。

十七、各礦遇有修路、造橋，開濬河港，或須添造分支鐵道接至幹路或河口以爲轉運該省煤、鐵與各種礦產出境者，均准福公司稟明河南巡撫，自備款項修理，不請公款。其支路應訂章程，届時另議。凡爲以上所准各事，其須用民地之處，亦照各局已定章程租買，不得少佔民地，仍求地方官代爲保護。

十八、每至年終，或盈或虧，各分礦造具清册，應各請華、洋公正人一名覈算無訛，然後刊刻報單，送至豫豐公司察覈各礦盈虧，會造總册，呈請巡撫，以憑分咨總理衙門、户部查核，並將報效國家各項一并呈繳。

十九、凡該礦爲中國自主之產，將來中國有與別國戰爭之事，福公司應聽中國號令，不得接濟敵國。

二十、兹章程華、洋文繕具兩份，各執爲憑

《南票礦務合同（英國）》（光緒二十四年八月二十五日、一八九八年十月十日）督辦津榆鐵路大臣胡燏棻、滙豐銀行並代怡和洋行經理華英公司訂立合同：

一、督辦大臣向朝陽縣之南票地方購買上、中、下三票煤礦，現與公司商訂合同，合股開辦。嗣後以上所指地方左近，或女兒河至南票及南票至錦州鐵路一帶，如有他礦，經督辦大臣購買或他故取得者，亦應照此次合同，或合股開辦或公司自行開辦，但照此合同所有開辦一切事宜，應俟礦務工程司呈報佳否，開辦與否，聽公司自願。

二、公司應卽從速自派礦務工程司前赴購買地段察勘，與督辦大臣及鐵路總工程司商妥，將應行鑿井開礦之處指定。該工程司並應於上指各處地段一律測繪，冀將合辦之礦推廣，督辦大臣接到該工程司呈報後，應照呈報内指明各地，立卽購買。地主不願，概不强勉。

三、開辦成本估需行平銀一百萬兩，應由督辦大臣及公司各籌其半，或集公款，或招衆股，或他項辦法，各聽其便，自行籌畫。其成本一百萬兩，公司應籌十二萬五千兩，於西曆一千八百九十八年十一月三十日以前合英金交存倫敦滙豐銀行；督辦大臣亦籌此數，交存天津滙豐銀行。其餘七十五萬，亦照此分籌，均不得過西曆一千八百九十九年十一月三十日。至此項存款，均歸銀行，聽候公司撥用，以便購機開辦。如須續籌底本，應卽照此辦法，彼此分任。

四、女兒河至南票煤礦支路，應由督辦大臣按照與公司訂立之山海關、牛莊幹路及接連各路合同辦理。

五、所有開鑿質辦法、工務一切，督辦大臣與公司秉公商辦。

六、各礦應設華、洋董事各一員，洋員管礦工，歸公司派委，華員理交涉事件，歸督辦大臣派委。所有賬目，由洋帳房登記。其進出款項，由洋董事經理，華董事稽核。至各礦務，須多用華人。

七、此項礦產應納各項稅餉列後：

一、繳熱河道每年公費，每票合銀十五兩；

二、按出井煤斤值百抽五，報效國家；

三、繳該地蒙古旗，按照摺銀舊章辦理，每年合銀一千五百兩；

四、每年按照上、中、下三票應完地稅，銀七百九十兩。

八、礦工應用機器、材料及所需各物進口，按照開平章程完納海關正、半稅項，其餘釐金及他項稅款概行援免。至開出礦產由海口運出，所繳出稅項應按關章官礦出産辦理。

九、鐵路局允在各路運送礦產，其脚價由南票至女兒河不得過大錢七百二十文之數，按此係按每月運送三萬噸而言，如溢過此數，其溢運之礦產，脚價每百分中減二十五分，其由各幹路運送脚價，每噸每一英里收大錢十文。以上所列各價，凡由出煤處岔道運出及至營口運入煤廠各費，亦在其內，其裝車、卸車，由礦局自行經理。又上列各價，可隨時由督辦大臣鐵路總工程司與公司互商更定；如彼此意見參差，可請證人評斷，至在煤礦及碼頭、船隙各處交運煤斤事件，並以開平定章爲主。

十、礦局因鐵路局特定運脚之故，允供給鐵路局需用煤斤，照下開各值取價：

一、頂好成塊宜於汽機車用者，每噸大錢四千文；

二、尋常塊煤宜於各廠鍋爐用者，每噸大錢三千文；

三、細煤合火爐及煖水箱用者，每噸大錢二千二百文；

四、頂好焦炭，每噸大錢八千文；

以上煤斤均在礦廠交付免開運脚。

隨時需用他項煤斤，均准此項價值商酌辦理。

十一、凡工人受傷如何憮恤及限定工作時刻各事，公司均須按照各國礦務章程，擇善而從。

十二、倘公司因各項礦工須發行借款章程，以便招集款項，無論何時，督辦大臣應允於此項文牘准予蓋印，庶令公司之權可見信於衆人。

十三、如有應備之道路、橋樑，或陳設關繫礦工及轉運礦產等事者，應於公司通知督辦大臣後，與地方官從速設法。

十四、每半年應將贏虧之數開列一帳，由華、洋員司簽押，呈送督辦大臣。凡各礦工作所費及機器應攤除之值，華、洋員司薪水並報效、進出口稅項，凡一切出項均入帳內，作爲開支之款；其淨餘之款，如屬盈餘，彼此均分，如虧折，亦分認。

十五、此合同簽押之後，督辦大臣即行奏請欽定施行，所奉上諭，應由總理衙門用照會通知英國駐京欽差大臣，按照商務辦理。

十六、此合同華、英文各繕四分，一存督辦大臣處，一存總署，一存英國駐京欽差大臣署，一存公司。如有繙譯辯論之處，以英文爲主。

《大冶鑛石合同（日本）》（光緒二十五年二月二十七日、一八九九年四月七日）第一條　日本國製鐵所以下簡稱爲製鐵所由漢陽鐵廠以下簡稱爲鐵廠購入大冶鑛石，第一年五萬噸，第二年以後，其數彼此商量定奪，但不得少於五萬噸。盛大臣經營之輪船招商局、織布局，經製鐵所之手購入煤斤，其數一年應不少於三、四萬噸。

第二條　前條之礦石由製鐵所自運，如鐵廠在上海交付鑛石，則鑛石價值外另加運至上海水脚，每噸二元。

第三條　鐵廠自用及前述各局所用煤斤及焦炭，其數量價值彼此商量定奪。

第四條　製鐵所所購入鑛石之質量及價值，按照附件說明定奪。

但燐、硫黄含量多寡，應由製鐵所大冶駐員與鐵廠外國技師會同公平鑑定，增減價值。

第五條　鐵廠除自用外，所餘鑛石應儘先供給製鐵所，其數每年不少於五萬噸；鐵廠不得供給在中國有外國人股份之鐵廠，製鐵所亦不得在大冶以外各地購入鑛石。

第六條　製鐵所委派委員二、三名，駐石灰窑、鐵山二處以便監督。

第七條　本合同期限爲十五年。如雙方無異議，得再延期十五年。

《四川礦務華洋合辦章程（英國）》（光緒二十五年三月初五日、一八九九年四月十四日）一、四川礦務局設立華益公司，招商會同公司，扣立合同，華洋合辦，利益均沾，意在分利平權，杜爭弭患。所有合同內事理及總局奏定章程，兩公司均宜遵守。

二、華益公司籌備地價銀一百萬兩，專集華款，不參洋股，主購礦山，管理交涉等事。該地價貴賤及股本用出、存留，與會同公司無涉。但由華益公司購地妥協，得有礦務局准開憑據，乃交與會同公司承辦工程。該會同公司內有洋商，不得自向華人徑行租買礦產，免多交涉不清。

三、會同公司係由華商總辦、洋商會辦，籌備工本銀一千萬兩，先儘華股五成，聽入洋股五成。並准各國附股在洋股五成之內，不准一國專利。現已有英商摩賡入股會辦。其各國續來附股者，均各按股給票，分利歸本。如有別國亦仿華、洋合股，另立公司，照此辦法，各開一礦，不相干涉，或分府、或分縣，隨時察看，逐案呈報，均照合同內章程辦理，以昭公允。其有洋股而無華股者，不准。

四、會同公司遣礦師勘明，指出可開礦產，商由華益公司繪圖註說，呈明礦務局，查係現無官紳、商民開辦及開礦無礙處所，乃購地基，該地基以敷用開井蓋廠爲限。如係民産，應由華益公司向各業户議明，或租或賣，公平給價，抑或附入地價股內，酌量分租。如係寺廟公產，亦由管業人租賣、附股聽便。該會同公司應候購妥交地承辦，不得稍有抑勒强佔。

五、華益公司購妥礦產，交與會同公司承辦。該會同公司應於所開各礦如煤、鐵、煤油之類，聽由華益公司按礦質出井值百抽五收租，不問開礦盈虧，惟視出礦多少。該礦價值貴賤，應查照會同公司賣出實價計銀歸結，不得短估取巧。如金礦金砂，應俟淘成黄金淨質，乃按值百抽五收租，並不先抽礦砂。

六、會同公司所開各礦，如煤、鐵、煤油之類，應按礦質出井值百抽五，作爲落地稅，報效中國國家。仍照章應完出口稅。該出井稅即由川省礦務局督飭華益公司稽查抽繳，按租比較，自無遺漏，不必委員糜費。其出口稅應由稅關抽繳，自完出口一稅後，内地釐稅概不重徵。至各種貴金稅，則應候户部議定，頒行遵照。

七、會同公司遣礦師勘明，指出可開礦產，商由華益公司呈請礦務局，查係内地官山，無礙聽開。如僅升科，未免便宜。所有應完值百抽五地租隨同值百抽五井口稅抽繳，聽由華益公司均報效中國國家；惟地租准提一分，以作礦務局及華益公司辦公經費。其會同公司應完出口稅，仍照完納。

八、川省地方甚大，各種礦產俱全。華人各開已業，只遵章領照納餉，原無禁阻。惟各國洋商承辦各礦，應有限制，或隔道府，或分州縣，不能統佔全省。此次開辦，先内地，後邊境。俟會同公司遣礦師勘明何處何種礦產可開；如在土司夷地，應候查明利多害少，另議辦法。該會同公司不得强令華益公司急於購地交辦，免釀事端。

九、凡勘驗礦地，或應打鑽掘井，採視礦苗，先請華益公司與業户商明，或踏損田禾、山糧，應由會同公司照市賠償。至開礦後，或因山巖、井硐塌陷，損傷民命、房屋，自應歸會同公司撫恤賠償。若開礦處遇有墳塋、祠屋，原主不願得錢遷徙者，必須設法繞越，毋得毁掘。惟井硐内開採能到之處，陰面與陽面無礙，不准地棍藉礙風水阻抗，應請地方官實力保護。但會同公司亦不得以試辦無成，藉口阻礙，索賠貽累。

十、開礦各處，或需濬河、造橋、築路及另蓋廠房、製造本廠開礦器具，需用地基，可由華益公司代購，應由會同公司發價。其有機器借用水力費大工程者，不許別人佔奪。如需開小枝鐵路以通運道，應勘明繪圖註説，呈請礦務局，轉報四川大憲及北京總局請示，核定飭遵，不得專擅。至各礦廠相通應設電綫德律風之處，亦可呈局查核辦理。

十一、華益公司理交涉、收租稅；會同公司辦礦務、管工程，各有專司，互相稽查。每廠應設華、洋董事各一人，薪水均由會同公司籌發。此外各項司事人等，自宜多用華人，及礦丁全用土人。諸事從厚，另訂章程。倘日後華人中有精練諳習礦學工程者，應由礦務局督飭公司派充各項要職，與洋匠一律看待，以開風氣。

十二、會同公司於各礦廠開辦之始，即就近設立鐵路礦務學堂，由礦務局及地方官紳挑取穎悟學生二、三十名，延請洋師教授，以備路礦工程選用。

十三、凡開礦各處，自應由礦務局照會地方官，實力保護。該礦廠亦應恪遵功令，編聯保甲，稽查奸宄。如需練集民團，保衛地方，亦應由會同公司樂捐襄辦，同資捍衛。

十四、礦務局承上發下，辦理華洋交涉、保護事宜。公事繁，則公費亦鉅。該會同公司應於扣立正合同後三月開辦，即從開辦日起，每廠每月繳礦務局公費銀一百兩。此外別無加增勒派。如逾限六個月延不開辦，則此正合同作廢，聽由華益公司另招別商開辦，與會同公司無涉。

十五、凡由會同公司開採各礦，遵照總局奏定章程。除應完出井、出口稅外，每年結帳盈餘，先按用本付官利六釐，再提公積一分，逐年歸本，仍隨本減息，俟用本歸清，即行停止，此外所餘淨利，按一百分提二十五分，報效中國國家，餘歸公司自行分給。

十六、凡由會同公司開辦各礦不止一處，應將各礦出入與所有盈餘，各歸各廠清理。如或彼虧此盈，不得以此廠之盈補彼廠之虧，致中國國家應得餘利因之減色。

十七、會同公司每至年終，或盈或虧，各分礦造具清册，應由華、洋董事會算無訛，然後刊列報章，送至礦務局查核。各礦盈虧，會造簡明總摺，呈報北京總局、户部及川省大憲查核。並將報效中國國家銀兩，一同呈繳。此項册報，係將應行報效銀兩核實，以杜浮銷。如有虧摺，仍不與中國國家及華益公司礦產相涉。

十八、凡會同公司所開各礦，從開辦日起，每廠以五十年爲限，一經限滿，不問盈虧，即以全廠機器、料件及房屋、道路，凡在該廠成本項下置辦產業，全行報效中國國家，不必給價，屆時由川省礦務局呈報北京總局及川省大憲派員驗收。其原由華益公司租出地基，仍歸原主管守。

十九、會同公司股票係華、洋合辦，自應按時價漲落，互相買賣，均聽其便。如華益公司及此外華商紳富，於五十年限內將會同公司股票收至四分之三，即將該廠先期收回，由礦務局查報，飭交該華商自行經理。

二十、凡華益公司購地交與會同公司開礦，如因無利停開，礦租無著，應將該地聽由華益公司另行設法開採，或作別項生理，以免地價落空，與會同公司無涉。

二十一、凡會同公司遣礦師勘明，指出某處有佳礦，實無把握，購地甚難，而必欲得地開礦者，該地價應由會同公司出銀交與華益公司代購交辦，以免地價落空。俟本廠見礦後，准就值百抽五地租內扣回地價，本利清訖，仍繳華益公司值百抽五地租。如本廠無礦，華益公司無租，會同公司無從扣回地價，本利不准在別廠抵扣。兩無異説，屆時另立憑據。

二十二、凡會同公司開礦所需料件、機器等物，進口税照開平各礦現定章程完納海關正、半税項，內地釐税，概不重徵。

二十三、該礦爲中國自主之產，將來中國如與別國有戰爭之事，該公司應聽中國號令，不得接濟敵國。

二十四、凡總局奏定章程此合同所未載及者，華益公司與會同公司均宜遵守。

二十五、現定章程扣立合同，繕具華、洋合璧共八分，華益公司總辦李戴清、會同公司華商總辦劉學詢、洋商會辦摩賡同時畫押，蓋用四川礦務局關防，分呈統轄鐵路礦務總局、總理衙門、户部及四川總督、布政使各衙門各一分備案，餘三分四川省礦務局存一分，華益公司與會同公司各執一分爲憑。如翻譯或有錯誤，應以華文爲准。

《四川礦務章程（法國）》（光緒二十五年四月、一八九九年五月）

第一條　四川鑛務總局招商設立保富公司，向華、法商民集股一千萬兩，組福安公司，合辦開挖煤鐵等鑛，股本華、洋各佔五成。福安公司設華、洋總辦各一員，華商總辦專管地方官民交涉事項，洋商總辦專管鑛務工程。華、洋總辦均得稽查銀兩、鑛產收支各項事宜。各鑛均派華員一名，隨時稽查税收。以上各員薪水均由福安公司按月支給。

第二條　所有將來爲指辦煤鐵之地，除重慶之唐家沱不准開挖外，得在灌縣屬成都府管下、犍爲、威遠均屬嘉定府管下綦江縣、合州均屬重慶府管下、巴縣等處。臨開辦時，聽由保富公司預先擇地標佔。擇地以敷用挖井、蓋廠爲限，不得任意多佔。挖出之煤鐵鑛產，經税關時，照章繳納出口税；出井煤、鐵並應照賣價，值百抽五，徵收井口税。

第三條　保富公司招省內外商民集股二百萬兩，以供本省開辦鑛業及購置地基等費之用。此次福安公司辦鑛，不論地價若干，統由保富公司購地，交與福安公司承租，並定明開挖年限，期滿由保富公司收回。挖出煤、鐵，按前條規定，照賣價值百抽五，徵收井口税，歸保富公司，以作地租。

第四條　福安公司開辦後，每年盈利，除付辦公經費外，先按本付利六釐，再提公積一分，逐年還本，其餘九分提三分報效中國國家，餘歸福安公司自行分給。本已全部還清後，每年所餘淨利，一半報效中國國家，一半歸福安公司。

第五條　福安公司鑛地，如先有土人在界內辦鑛尚未開挖者，得由保富公司與其商議，或收買，或附股，均聽其便；若實有不能相讓之處，福安公司應另擇地，不得勉强抑勒，以順輿情。鑛地既經擇定，地方官禁止界內私自開挖。

第六條　福安公司蓋廠、築路、造橋所需地基，悉由福安公司備價自辦，地方官諭示各地主不得阻撓或抬高地價。福安公司鑛地內築道、造橋，遇有田園、墳墓、廟宇、房屋，得向業主商議遷移，如需租賃，其價亦由公司自理。地方土人如認有礙風水，不願遷移者，應設法繞越，若需毁掘應先上奏請准。雇用工匠等各項人員，倘有死傷，統歸福安公司撫恤賠償。

第七條　福安公司鑛地，地方官應實力保護，如需兵力保衛，中國國家可於地方上募集民兵，其薪水、軍器各項費用，統由福安公司支給。

第八條　福安公司開辦各鑛，各自經營，如或彼虧此盈，不得以此鑛之盈補彼廠之虧，致中國國家應得餘利因之減色。每至年終，各分鑛將其盈虧造具清册，先由華、洋總辦查算簽押，送至總局，再由總督轉呈北京鐵路鑛務總局、户部查核。福安公司如有虧摺，仍不與中國國家及保富公司相涉。

第九條　福安公司辦鑛，以六十年爲限，一經限滿，其鑛地、廠房、機器等，統歸保富公司管理。

第十條　福安公司應遵守北京鐵路鑛務總局所定總章及四川鑛務總局所定華、洋合辦章程，如有異議，雙方得再行商議。本合同繕具華、洋合璧共八份，保富公司總辦徐麟光、福安公司總辦李壽田、洋商總辦俞德樂同時畫押，蓋用四川鑛務總局關防，分呈總理各國事務衙門、鐵路礦務總局、户部及四川總督、四川布政使司各衙門一分備案，餘三分四川鑛務總局一分，保富公司與福安公司各執一分爲憑。如翻譯或有錯誤，應以華文爲准。

第十一條　本合同自訂立日起，有效期間爲六個月，逾期未開辦，合同即行作廢，但遇意外事故時，不在此限。

《新疆省合辦金礦合同（俄國）》（光緒二十五年十一月初八日）第一條　現在彼此商定在新疆省合夥開辦金礦，中國允准以二十五年爲期，以後續辦，再會定年限。此次立約後，中國奏明國家立案。如無利息，不必拘定年限，即行會商停止；倘有虧摺，兩股均賠。

第二條　首年先在塔城廳喀圖山所屬之札工開辦金礦，札工無水，須在新興工設廠，始能就河水淘洗，現止機器一副，如札工利少，或有餘利，再往蘭州灣並庫爾喀喇烏蘇廳所屬之濟爾噶朗金礦按續開辦。

第三條　以上四處皆蒙古荒地，或戈壁，或游牧，均未耕種，所開地段廣狹需到廠查看丈量，再與該蒙部劃清界址，均不得過俄尺十里。每處每年公納地租銀三百兩，津貼蒙民。

第四條　開辦金礦地方公會所需之木料、柴炭、水草、牲畜、牧廠以及一切應用之物，並雇覔本地工人，均照市價，公平覔買，中國官不得阻止，亦不納税。

第五條　公會一切應辦之事，即如邀請礦師、機器匠，委派領辦之人，雇覔工人，酌定薪水，購買應用機器、什物，起造房屋等事，均由墨斯克温與中國總辦會同商辦。

第六條　准中國派人在廠學習礦務，學有成效，准其在廠辦事，酌給薪水。

第七條　初辦時，每年所有花費，兩面會同預先估定，彼此匀攤，所攤之銀，應於開工兩個月前備齊，以資應用。俟事見興旺，由所獲之利內商提銀若干兩，存於公會，作爲資本。購買機器，並一切什物、牲畜，起蓋房屋及所有花費，兩面各出一半。

第八條　開辦金礦于二十五年限內，每五年察看一次，如有不便之事，兩面酌改。

第九條　首年開辦，應需成本銀六萬兩，立約後，兩面各出一半，以備墨斯克温商同中國總辦購買應用機器、一切什物，建造房屋，并廠內一切開銷之用。

第十條　廠内應用工匠人等，除礦師及管理機器並鐵、木等匠，中國不能雇覔者，雇用俄人外，其餘淘沙、挖礦、並一切工人，悉就近雇募中國人，以期節省路費。

第十一條　廠內工匠人等度日之需，均歸公會經理工價，按期給領。

第十二條　廠內一切事宜，均歸墨斯克温與中國所委總辦經理。至監工與稽查每日得金若干等事，中國應派通曉俄文、俄語之員襄辦，以免隔閡。

第十三條　每日得金若干，及廠內一切工作用項，應逐日彼此登寫較對，年終清核，造具總簿，呈送俄國駐烏魯木齊總領事官、中國鎮廸道兼按察使司查閲，互蓋印信。

第十四條　所得之金，按月、按季清算，每滿一年，截算一次。得金若干，照俄國金税章程，如在一千五百兩以內，百分抽一，一千五百至二千五百兩，百分抽三，二千五百兩以外，每百抽五。無論出井、出口，均止認此税一道。其餘平分，半歸中國繳庫，半歸墨斯克温自得。所得之金，不再納税，或在中國銷售，或運赴俄國，聽其自便。

第十五條　開辦一年，若事見興旺，應再加成本，以備購買新機，加蓋房屋，並添置一切什物之需，以期推廣。

第十六條　廠內中、俄工匠人等，皆應遵守規矩，彼此和睦。遇有爭端，中國總辦會同俄國首事人從中調處。如有人命、搶劫重案，按照兩國所定條約辦理。

第十七條　開礦地方，由鎮廸道兼按察使司飭該處地方官曉諭該處居民並游人等，不得攪擾，如有搶竊等事，照中國律例，從嚴懲辦。中國官須設法彈壓，以期安靖。

第十八條　將來停辦之日，所有機器、房屋及一切器具、車輛、牲畜，均公同估價變賣，概不存留，價銀兩面均分。惟公修之橋樑、道路，事後無用，不再作價。

第十九條　此次合約，中國總辦與俄商墨斯克温用中、俄文字寫立八分，較對無訛，互相畫押，中國鎮廸道兼按察使司、俄國駐烏魯木齊總領事各畫押蓋印，再加蓋新疆巡撫部院印信爲憑，各收執一分，并分送中國總理各國事務衙門、路礦總局，俄國駐京公使各一分，以備查核。

《山東華德礦務公司章程》（光緒二十六年二月二十一日、一九〇〇年三月二十一日）第一款　按照曹州教案條約第二端第四款，在鐵路附近三十里內指定各地段，允准德商開挖煤觔等項及須辦工程各事，亦可華商、德商合股開採一節，應設立山東華德煤礦公司，並照公司章程招集中國官、商股份，先由德人暫時經理。所收華人股份，按季呈報本省交涉局。俟招股在十萬兩以外時，再由本省選派委員入公司，訂立章程，稽察華股應得一切利益。

第二款　該公司應設局在何處招股及若干處，俟查看情形，隨時商定。

第三款　該公司應辦勘查、開採以及試辦各事，應由本省派定妥員，會同商辦，或並約紳衿，幫同辦理。該公司倘在一處，先欲試辦，所用地段不欲購買，則應先商明發給租價。至所傷禾稼等項，應照該處情形給價作賠，以免百姓吃虧。再每次試辦開採，應在半個月以前通知該處地方官，以便轉達百姓，俾杜生疑。

第四款　開挖煤礦應用地段，如建築礦井、修蓋機器等廠，以至工人住房與貨棧等項，須會同官紳，彼此商辦，以期無損於百姓。所爲平安順手起見，是以山東巡撫特派幹員，幫同買地及料理一切。惟凡講礦學處與採擇地勢各節，應歸礦師作主；而購租地段，須會同特派之員，妥商辦理，或租、或買，不得强抑勒索。每次查定地段後，應繪一作二萬五千比例之布置形勢圖，送呈山東巡撫，以備稽查。呈圖後始准買地。俟地買妥，方准修蓋所需各處。至地下所作一切，除第七款所云不計外，不與上面人相干。故不得攔阻，亦不得爭討，以昭公允。再買地一事，應秉公迅速妥辦，以免耽延開採礦產。地價應照該處情形，核實付給。所購地段，祇准購得將來修蓋礦井與各項房屋、煤棧、裝車、運煤處所等項，足敷應用爲止。

第五款　凡廟宇、房屋、樹木及衆多齊整之墳塋等項，均應顧惜，謹慎躲避，不使因辦礦務，令其受傷。萬不得已，必須遷移以上所指各物，則請地方官在兩個月以前通知該主人，以便妥商賠償，總使該主人在他處能照原樣另行置辦，並於錢財上不致吃虧。

第六款　辦理礦務，須蓋各房及開挖礦井等項地位，均須合宜，總使於本省城壘、公基及防守各要害無所妨損。

第七款　朝廷所屬各祠廟、行宫、園廠等項之下，概不准辦理礦務。

第八款　該公司因開礦買地，無論何處，應用官弓尺丈量地畝。每弓合五尺，每尺合三百三十八米里密達，每地一畝按三百六十弓計算，合九千方尺。至所購地段應納國課一節，須照他國人在中國他處開礦章程辦理，以昭公允。

第九款　該公司倘請地方官派人前來幫同作事，則應給辛工銀兩，另行開發，不准與地價稍有牽涉，以清眉目。所發地價，應妥交地方官代收，以便轉給各該地主，一面由地方官發給公司買地執照。發照後，始准動工。

第十款　或在勘查礦苗時，或在開採礦產、修蓋礦廠時，在百里環界外，儻須稟請山東巡撫派兵前往保護一切，屆時查度情形，見稟隨即照准，並派敷用之兵數，以應所需。至該公司應給此項衛兵若干津貼，應另行商議，惟不准請用外國兵隊。

第十一款　該公司購買物件，應照本地市價交易，不准强買，亦不准故意貴賣，以昭公允，或請地方官代購亦可。

第十二款　在開礦處附近一帶，倘欲租賃住房或辦公處所，應請地方官代租，並代立租房合同。

第十三款　該公司辦理礦務，應攬用本處工人，使之工作。所需物料，凡本處所有之物，亦應在本處購買，並須公平給價。倘公司所用之工人與本處百姓滋事，應由地方官拿辦。再公司所用各工人，無論如何，不准擅入百姓住家，如敢違禁，定必從嚴究辦。

第十四款　該公司開採礦產時，萬一遇意外不測之事，致傷人命或物件，理應撫恤賠償；除此以外，尚有應定詳細章程，凡因辦理礦務被傷各物，均照詳細章程賠償。至在試辦時，倘因公司之過致傷人命或物件，亦應撫恤賠償。

第十五款　辦理礦物，准保不傷民田、房屋、水井等項，若因公司大意粗心，致傷以上所指各物，定當按照該處情形認賠。至礦內若有泉水，應謹愼引出，總以不傷民田等項爲率，否則議價賠償。

第十六款　凡礦物公司所用各洋人，均須請領中國地方官與礦務公司會印憑單，以便隨時稽查。如不領會印憑單，中國官不認保護之責。此項洋人，若欲他往游歷，均應請領中國官與德國官會印護照，以便飭屬加意保護。倘無此項護照，中國官亦不認保護之責。該公司在勘查礦苗時，應由地方官派差跟隨，藉資保護，該公司應酌給此項差人酬勞津貼。倘遇假冒公司之人，並無憑單作證，則應由地方官拿辦，以杜含混滋事。

第十七款　在鐵路附近三十里外，無論誰何，倘未經山東巡撫允准，不准私自開礦。在三十里內，除華人外，衹准德人開採礦產。凡經華人已開之礦，應准其辦理，惟不得使下面之德人礦務實有危險。倘該公司深恐冒險，則可請地方官查明，向華礦主人公平議價，或將礦賣與公司。倘華人在某處已開大礦，該公司意欲購買，在商定價值後，聽礦主自便，或將購買價摺作股分，領取股票亦可。如華礦主人不願將所開之礦賣出，則應作罷論，不得攪擾其事。

第十八款　倘該公司所辦礦務實係日有起色，所得礦產實係茂盛，則附近居民日用所需煤觔，應准以較廉之價購買，惟不得轉賣，致於公司生意有礙。

第九十款　凡德租界外各處，其地主大權，仍操之於山東巡撫。公司所用華人應歸中國地方 官稽察，倘有違犯華例等事，亦歸地方官究辦。至所用各洋人，倘有不合之處，照條約秉公辦理。

第二十款　此項礦局，將來中國國家可以購回與於何時可以購回，應將來另議。

以上各款，俟畫押蓋印後，應頒行山東各州縣與辦礦各員，以便按照各款所云辦理。此後彼此若有應行增損之處，衹能由山東巡撫，或特派大員，與山東礦務公司彼此商訂。

《出賣開平礦務局合同（英國）》（光緒二十六年七月初五日、一九〇〇年七月三十日）一、德璀琳暨開平礦務局，茲將開平礦務局所有之地畝、房屋、產業、物件及一切所享受之利益、利權暨國家特施之恩，全行移交出賣與胡華暨其後裔，或其受託司理者。至於不在通商口岸之產業及開平煤地等，如不移交開平礦務局，將租與胡華，以九十九年爲期，期滿再展，永無已時，所納租款，係有名無實，承租者有全用該產及煤地之權，不得攔阻。

二、胡華允按一千八百六十二年所定公司條例，以墨林襄助，設一英國有限公司。一俟有限公司設立妥當註册後，胡華有權將已得利益、利權，移交與該有限公司。凡胡華之以爲可者，彼皆可爲之，以使該公司得以設立也。

三、該有限公司註册之資本特定英金一百萬鎊，分爲一百萬股，每股本英金一鎊。其開平礦務局之實在欠款約數，開單附後，歸有限公司承認，與現時督、總辦無涉。

四、有限公司設立至遲不得逾一千九百零一年二月二十八號，或早日設立亦可。胡華應允一俟設立，墨林將集辦事資本英金二十萬鎊或有可靠憑單，以抵此數，分期匯存天津麥加利銀行，入公司之賬，以便妥當辦理公司生意。至分期匯交，由墨林決斷。

五、開平礦務局老股計一萬五千股，每股一百兩，均由胡華換給有限公司股票二十五股，每股計英金一鎊，以補還開平礦務局股友所有利益、利權。有限公司所有股東利益、虧累，自應公同享受。

六、有限公司設立妥當，按此合同布置所有開平礦務局產業、利益、利權及國家特施之恩。德璀琳暨開平礦務局皆允簽押各項合同、契據、文件等，以便胡華交給有限公司，俾得辦事，並將所有一切契據、文件，凡與有限公司有涉者，存放天津麥加利銀行。

七、有限公司須妥當設立註册，並接辦開平礦務局一切事宜，至遲不得逾西一千九百零一年二月二十八號；然看此地兵事如何，但不得逾此期太久。有限公司卽當用應用之權，以使有限公司之股東獲利益也。

八、如墨林不以此合同所立各款爲然，墨林亦可推卸，此合同作爲廢紙，墨林與胡華並不爲此所拘。但合同簽字九十日內，或行或止，墨林必須知照。

九、德璀琳或開平礦務局於墨林尚未決定行止以前，不得將開平礦務局產業、利權及國家特施之恩另行移交他人。

開平礦務局產業列後：

天津河東河西碼頭　塘沽煙臺牛莊上海碼頭出售應德香港碼頭價

出售應德香港碼頭價　廣東省城碼頭

新河地八萬畝　杭州蘇州地畝

秦皇島地四萬畝　唐山林西煤礦

胥各莊煤廠　運煤河長十四英里

承平銀礦　建平永平金礦股本

洋灰公司股本　鐵路天津至唐山股本

天津督礦局公事房及房屋　六平輪船

秦皇島借款餘項

欠款列後：

老股本一百五十萬兩整頓後每百兩作英金二十五鎊

慶善銀號借款十四萬兩　銀錢所支應局共五十萬兩

秦皇島借款一百四十萬兩　張燕謀借款二十萬兩

德華銀行借款十五萬兩

《移交開平礦務局合同及副約》（光緒二十七年正月初一日、一九〇一年二月十九日）西曆一千九百零一年二月十九號，因督辦直隸全省及熱河礦務開平礦務局幫辦關內外鐵路大臣前內閣侍讀學士張京鄉燕謀，於光緒二十六年五月二十八日，札飭津關稅務司德君璀琳，招集股本英金一百萬鎊，中外同出接辦，凡開平礦務局之礦地等各產業，後有細單詳載，均移交聽憑管理，且招集續股，整頓開辦一切。德君璀琳於西一千九百年

七月三十號，因奉此札，特與墨林之代理人胡華訂立合同，設立公司，名爲『開平礦務有限公司』，股本英金一百萬鎊，將開平礦務所有之產業，歸該公司管業辦理。又因該公司緣所訂合同現已設立，卽此合同內所指之開平礦務有限公司。今開平礦務局，其總局設在中國天津，張京鄉燕謀乃該局之督辦，德稅司璀琳乃該局之總辦，與胡華暨開平礦務有限公司訂立合同，將開平礦務局之產業，交與開平礦務有限公司，以下所訂各條，均已允可。

一、開平礦務局暨督辦張京鄉燕謀、總辦德君璀琳，將下所開移交與開平礦務有限公司，胡華允可，而督辦直隸全省及熱河礦務大臣張燕謀，亦答應屬實。

一、所有直隸省開平煤山地畝，各礦礦質、煤槽，凡與唐山西山半壁店、馬家溝、無水莊、趙各莊、林西地脉相接者，皆在其內。凡界內開礦、尋礦均有專利之權，凡利權與此相關者，以及開平礦務局在該處所有一切利益，均行移交。

所有自胥各莊至蘆臺之運煤河道河地及開平礦務局他處之運河，並開平礦務局所有在通商口岸或他處之地畝、院宇等等詳載細單，以及利權與此相關者，並開平礦務局在彼處所有一切利益，均行移交。自此日起，開平礦務有限公司或其接理人，卽永遠執守。

二、按該合同開平礦務局暨張京鄉燕謀、德君璀琳，將以下所開盡歸開平礦務有限公司或其接理人接管，胡華君允可。

一、所有房屋、器具、機器、鐵路、碼頭、貨廠，凡一切不能移動之物，或在移交開平礦務有限公司地畝之上，或與其產業有相關者，均行移交。

二、所有開平礦務局之承平銀礦，建平、永平金礦，唐山左近之洋灰廠，天津唐山鐵路各處股本及各户欠開平礦務之款，以及該局一切所訂合同應有之利益並物產，均行移交。

三、開平礦務局暨張京鄉燕謀、德君璀琳，今允開平礦務有限公司，凡於移交全產與開平礦務有限公司所需文件及須行之事，均須註名簽押，以完全移交之事。

四、開平礦務有限公司允開平礦務局將至此日爲止之可信賬目，代其

承認；該賬目等卽與開平礦務局張京卿燕謀、德君璀琳，不相干涉矣。

訂立此約，開平礦務局暨開平礦務有限公司蓋印於此。張京卿燕謀、德君璀琳及胡華君，亦於西曆一千九百零一年二月十九號簽押蓋印，以昭信守。細單附録於左：

天津　河東地畝、碼頭約十六英畝，河西地畝、碼頭約九英畝，並英新租界傍海大道、賽馬路及密多斯路地基約一十英畝。

唐沽　地畝、碼頭約四十英畝。

煙臺　口岸前升科地畝約一英畝半。

牛莊　地畝、碼頭。

上海　浦東地畝、碼頭約四英畝半，吳淞地畝約五英畝。

廣州　地畝、碼頭約十一英畝。

新河　地畝。

杭州　地畝約一英畝半。

蘇州　地畝約一英畝半。

秦皇島　地畝、碼頭產業約一萬三千五百英畝。

胥各莊　煤廠暨地畝。

副約

竊因去夏之亂，中外失和，開平礦務局甚屬可危：一則因該局係有半官性質，深恐他國佔而有之。竟將全產充公；一則恐他國要索也。故是爲國家暨保全股東之利益起見，意將該局改爲中英公司，按英例註册，以便得其保護也。復因該局以兵端之故，甚形拮據，非添招洋股，不足以濟其難，前已以該局全產作抵，挪借英款矣。該局督辦張大人翼，故特派德君璀琳設法爲之。德君因卽爲開平局與英京墨林之代理人胡華君訂立賣約，以便墨林君在歐招集股本，按英例存案。當卽言明，移交之後，該局仍用原名，將按定章辦理。華、洋股東，利益均霑，盈絀同享。限於西二月杪以前，先招集股本英金一十萬鎊。此中緊要各節，已由胡華君辦妥，稟知督辦張大人矣。本日決定嗣後該局之組織及辦法，均按照以下所開各條實行。

計開：

一、該局股本，英金一百萬鎊整。

二、凡華股東每股值銀壹百兩者，將得新股二十五股，每股英金一鎊者。

三、開平礦務局之實在可信之帳目，及員司應得之花紅、股友之餘利，以及官商欠款，至西二月十九號，卽華二十七年正月一日，新公司均皆承接。凡依照所立之正式合同應還各款，一律查明、承還。

四、於還所借北洋官款，先還二十萬兩，下餘設法早還。

五、無論華洋股東會議之時，議事之權一般無異。

六、該局各事將由兩部辦理之人定奪：一在中國，一在倫敦。

七、張大人翼仍爲該公司住華督辦，管理該公司各事宜，並據督辦資格，有權派中國人充總辦，與在華之各外國人充總辦者，權力一般無異。

八、其該公司在華產業，辦理之事將歸華部。

九、英部辦理之人將由中外股東公舉。

十、『有限』二字，其義蓋謂股東除股分之外，別無他責。

十一、凡該局所應付中國國家之稅則，新公司應仍前付給。

十二、督辦爲中國官場與該局一切交涉之津徑。

十三、該局辦理，務使華、洋平沾利益，互相保護，使民、國俱富也。

十四、凡該局未清之帳目、及地畝問題，均屬公平商酌辦結。

督辦開平局張燕謀

代理開平局總辦德璀琳

墨林代理人胡華

倫敦部總辦吳德斯

見證人丁嘉立

顧勃爾

《新訂吉林開辦金礦條約（俄國）》（光緒二十七年一月二十五日、一九〇一年三月十五日）中俄兩國議定礦務草約十四條如下：

第一條　招募股金只限中俄兩國，不准他國附股。兩國合辦之華俄銀行准得入股。

第二條　金銀各礦，不論多寡，按出產總額，每百兩報效中國國家十五兩。

第三條　自准派人探勘之日起一年內倘未探勘，得准他人探勘。遇有墳墓，不准探勘。

第四條　辦礦人員由中國國家派員管理。

第五條　華股、俄股在十萬兩以上者，得參加辦礦業務。

第六條　各地礦山，倘已有開辦者，其持有股金事宜另行詳議。

第七條　探勘礦苗，須先指明段落，商定界限，才得開採。

第八條　其他事項，查明、記載，以便另行商議。

第九條　礦山需用物件，倘在中國方面購買時，免予徵稅。

第十條　中外人民，不論何人，不得私自探勘金礦，違者嚴辦。

第十一條　本章程繕寫中、西文兩分。中文由吉林將軍咨送北京礦務總局審核，西文由俄國交涉大臣劉巴咨送俄國駐北京公使審核。茲先准派俄國人赴各地調查探看，以免遷延時日。

第十二條　辦礦年限既經明文規定，自允准後，須在一年內報明探勘。倘逾限尚未探勘，得准他人申請承辦。

第十三條　開採礦產，倘申請全由俄人承辦，應先稟請交涉大臣劉巴，轉吉林將軍、總局核辦。

第十四條　以上所定章程由吉林將軍長與俄國交涉大臣劉巴面議，定爲草約，俟明奉諭旨並奉礦務總局允准之文後開辦。

《續訂吉林開辦金礦條約（俄國）》（光緒二十七年四月、一九〇一年五月）第一款　議明必須俄國專辦金礦之人阿斯他碩夫或係替伊代辦之人，方准在夾皮溝、寗古塔、琿春三處所屬地方探看出金處所，此外不准他人探勘。

第二款　俟吉林將軍奏明奉到大清國大皇帝諭旨，允准俄國人在吉林開辦金礦公文之後，方准設立股份會；無論股份若干，總以八成歸阿斯他碩夫，二成歸華人。至需股若干並以若干兩爲一股，俟將來再行商定。

第三款　查夾溝金廠，早年有人私行採挖，現在出金恐不能旺。此次所設華、俄金礦會，應准在松花江並江分山一帶採看苗綫，仍須奉到中國朝廷允准之旨，卽准該會在該處開礦。

第四款　寗古塔、琿春所屬地方，如已先有中國人開採金礦多年，領有憑據照章納稅，卽令該業主照舊開此金廠。不邀俄國人入股。如或自願邀俄國人幫助，爲速着成效起見，則應由華、俄金礦會令俄國人出股份多半，仍須與該金廠業主妥定章程，俟辦時再行商議，先由中國官將出金地名開送清單。

第五款　現在暫住阿斯他碩夫派人往夾皮溝、寗古塔、琿春三處所屬地方探看金苗，每起探苗之人，均須將軍委員會同前往。如看准苗綫，當指明段落、里數以示界限，不得將該三處全境統行包套在內。

第六款　此條款續補吉林將軍與俄國交涉大臣劉巴商定草約之條款，該條款商定，因爲中國大皇帝諭旨允准俄國人在吉林省開辦五金等礦之公文，卽行作速開辦。

《改訂吉林開採煤觔合同（俄國）》（光緒二十七年五月二十九日、一九〇一年七月十四日）第一條　中國東省鐵路公司有權，不有阻攔，採看、開挖吉林省於該路便益之煤礦；興工開挖應用何法，均由鐵路公司酌奪自定。

第二條　採看煤苗、開挖煤觔，鐵路公司有獨擅之權，先於他項公司、他項人等採看、開挖。其獨擅之權，如煤在鐵路兩旁各三十里之內，或華人，或洋人，或華、洋同辦人欲行採開，無鐵路應允，均不得准行。鐵路兩旁各三十里外，如華人請辦煤觔，由將軍主持，不必知照鐵路公司；如洋人，或他項公司，或華、洋人同辦，均須知照鐵路公司，俟公司覆稱不用該處，始可允准。其鐵路兩旁各三十里外，如遇煤礦，鐵路欲行開挖，應先知照吉林將軍，或鐵路公司獨辦，或中、俄合辦。

第三條　凡鐵路公司自開之煤，左近居民可至煤窑價買煤觔，惟各處情形不同，價值自難一律，某處何價，均應由哈爾濱鐵路公司酌定，開單通示，一面知會哈爾濱交涉總局，亦行通示華民。

第四條　如遇尋得煤苗之處相近，或房子三、五所，或小塊墳塋，不過十坟之塋地，而其地必須應用，則鐵路公司可向地主、房主商酌移房、移葬等事，該價值必須兩相情願，而哈爾濱交涉局員均當幫助。

第五條　開挖礦洞，遇有大塊墳塋，須離半里外開採，大村莊計十數家往上者，應於一里外開作，多大商、大户之村鎮，當於二里爲限矣。

第六條　凡損壞種植之地，鐵路公司照買地處章程之價付給地主，如踐壞青苗，鐵路公司應以公司與業主彼此酌定價值之數償給。

第七條　凡已經開挖而詳考不能合用之地，除鐵路公司自置外，均當仍爲填平，或不必填平，則將所毀之地按照鐵路買地處章程之價償給。償錢後，其地仍歸原業主。

第八條　開挖煤礦興工時，如應建造房屋，其應砍木料，或在所指地段之中或界址之外，如係民地，應償價值，均以彼此酌定之數償價，如係官地，則砍下之樹，每株價值應照光緒二十四年五月初七日，俄曆一千八百九十八年六月初十日，吉林將軍與威勃爾定立合同第六條所定之價償給，並砍伐木料其餘一切章程，亦按該合同所定辦理。

第九條　開出之煤每千觔，鐵路公司交納吉林銀八分，每年分四季交納，第一次俄三月底，第二次俄六月底，第三次俄九月底，第四次俄十二月底。又每一作工煤洞，每年交納山課銀十七兩六錢四分，此項山課於俄六月底一次交清。

第十條　凡鐵路公司與各該處華民有轇轕不清、商議不合之事，均歸哈爾濱鐵路交涉總局查核定辦。

第十一條　以上章程係專爲鐵路公司自開之礦而定，其華人自辦之礦，無論新、舊，無論何處，均仍中國舊章辦理，鐵路毫無干預。

第十二條　以上合同，應繕兩分，用華、俄文字，吉林將軍長與全權代辦達聶爾畫押畢，仍送總監工茹格惟志、副監工依格納齊烏斯畫押，然後吉林將軍存查一分，總監工存查一分。

《黑龍江省採勘礦苗草約（俄國）》（光緒二十七年六月初八日、一九〇一年七月二十三日）一、此約一經畫押後，即准俄人在江省地界內採辦金、鐵、煤各礦苗。

二、俄人既可採勘金、鐵、煤各礦苗，即由將軍發給專照。

三、以上所云執照，祇可發給俄國派駐黑龍江省外部官員所舉薦者著名身家殷實力能多出本錢並用上等銅鐵極大機器辦金礦之人。

四、採勘金、錢、煤各礦苗之人，凡遇地方一切危險意外之事，中國地方官現在不能保護，伊等須自行防備抵禦。

五、採勘金礦之人宜定界限，以免彼此相爭；此節須確切註明在第二條所云執照內。

六、禁止採勘礦苗之人騷擾百姓並有意毀壞廟宇、穿人墳穴等情，犯者照例重辦。如旗民因採勘礦苗喫虧者，酌量賠償。如在旗民產業、公地之上採得礦苗并非官地者，須公平給價。

七、採勘礦苗俄人每次查出新礦，應呈報外部官員轉達將軍，其出金所在方向、地名及段落、界限一切情形並如何開挖，均須確切報明。再報到查出礦苗之後，可由將軍給以執照，准其即在所指地方開辦。

八、採勘金礦俄人屆時開辦，每出金百兩，須報效中國國家十五兩。其餘無礦開挖時，應如何報效，日後再定。每廠由將軍派一委員，監察所挖金數並管束華人。

九、採勘礦苗時，非但刻下地方尚未盡平，日後亦恐偶有阻礙及一切意外之變故，所指採勘地方，應予以兩年爲限。再採勘之人，雖在所指地界尋出一處金子，報到後准其仍在界內，再行量力採勘。如二年限內並不報到查出礦苗，即將所指准勘地界另給他人。

十、此約專指俄人採辦新礦而言，議定自齊齊哈爾往上，凡兩岸大、小河流滙入嫩江者，各至源頭及嫩江源爲止；呼蘭河口以下與都魯河口以上，凡大小河源滙入松花江者，各至河源爲止對岸吉林界不在內，均可由將軍發給採苗執照。俟將軍與外部官員將此約畫押後，另擬漠河、觀音山二礦及都魯河、寬河各商辦金礦條程，咨送北京礦務總局，查核定奪。

十一、踹勘金礦人，凡有與將軍往來事件，須由外部官員轉達。

十二、此約應寫兩分，華、俄合璧，由將軍同外部官員畫押。

《清法規大全·外交部》卷二下《直隸臨城礦務局與比公司訂立借款辦礦合同》　津海關道奉北洋大臣袁札，委辦臨城內邱、高邑境內煤脉相接之礦，茲因該局應辦一切事宜轉與建造蘆漢鐵路總工程司，即比京之辦理中華鐵路公司代理人沙多訂立合同如左：

該辦理中華鐵路公司係駐比京代理，將來新設之直隸臨城礦務借款公司，一切事宜此合同內所有。臨城礦局稱爲直隸臨城礦務局，比國代理直隸臨城礦務借款公司稱爲蘆漢公司。

第一款　一、直隸臨城礦務局議定籌借款項以足敷購置新式機器，爲擴充臨城礦務之用，且因該礦附近鐵路所出煤觔，可借蘆漢鐵路轉運以便銷售起見。

第二款　一、直隸臨城礦務局議定籌借法金三百萬佛郎，約合銀九十三萬三千兩，由蘆漢公司承認籌備，全數借與直隸臨城礦務局。

第三款　一、此項借款並借款應納之七釐利息將直隸臨城礦務局所有新舊產業作第一次抵押。以上產業直隸臨城礦務局承認，並無另押與他人情事。

第四款　一、直隸臨城礦務局與蘆漢公司彼此議定：俟需款之時，由蘆漢公司將所借之全數分四期交清，按十成計算，每次交足二成，五撥入彼此互允之銀行，以便應支。

第五款　一、在此合同期内所有該礦一切事宜應由直隸臨城礦務局與蘆漢公司合辦，直隸臨城礦務局應派華總辦一員、華工程司一員及各華員，蘆漢公司應派洋工程總辦一員及各洋員。均須彼此會商妥洽後，方能委派所有該礦公事，並添置機器，購買材料，以及各項賬目，每事須華洋總辦互相商妥方可舉行。遇有應行公事亦須由華洋總辦商定後，用直隸臨城礦務局出名公同簽押。

第六款　一、直隸臨城礦務局本有之利益以及各項產業、房屋、礦井、機器，連勘驗費在内共值實銀五十萬兩。此五十萬兩内，以四十八萬兩作爲直隸臨城礦務局本有之利益，以及現有各項產業、房屋、礦井、機器之價值。其餘之二萬兩作爲中國地方官勘辦經費，此二萬兩應交還中國地方官收回。其蘆漢公司從前細勘該礦之費用各款，現訂定撥十三萬佛郎作爲蘆漢公司名下之款。

二、直隸臨城礦務局所有利益產業共值五十萬兩之數，蘆漢公司承認在借款之内先撥十五萬兩，交還直隸臨城礦務局收回，分三期交清。第一期俟奉政府批准合辦時卽交銀五萬兩，其本款第一段内所載應交還中國地方官之勘辦費銀二萬兩卽在此，第一期所交五萬兩之内無須另交；第二期俟華洋總辦到局開辦時再交銀五萬兩；第三期於第二期付清兩個月之後卽再交銀五萬兩。至所餘之款三十五萬兩不交現銀作爲直隸臨城礦務局股本，按第七款内照股分息。蘆漢公司名下所有之十三萬佛郎當於華洋總辦到局接辦時交還。現銀六萬五千佛郎與蘆漢公司收回，下餘之六萬五千佛郎作爲蘆漢公司之股本，亦按第七款内照股分息。

三、奉政府批准核辦之後，直隸臨城礦務局暨蘆漢公司須卽接收臨城舊局所有產業、房屋、礦井、機器，立卽從善辦理。

第七款　一、合辦後每年所得利息照後開辦章程辦理：甲、先付佛郎借款利息按常年七釐計算，每年一付卽借款每百兩息銀七兩。乙、卽付借款利息之後，須交第六款兩局所出三十五萬兩，暨六萬兩五千佛郎股本之利息，亦按常年七釐計算每年一付卽股本每百兩息銀七兩。丙、既支以上兩項利息之後，所餘之款每百兩撥交直隸臨城礦務局十兩作爲直隸臨城礦務局公積之款，與蘆漢公司無涉。丁、再有餘款歸直隸臨城礦務局暨蘆漢公司公同均分各得一半。

第八款　一、建造新式機器約計至遲不得過二年之期，其建造新式機器未完以前，所有舊機器所得利益如不敷支借款以及股本之利息，凡不足之款，當由借本内撥出，交付至借款利息柢按已交之款。若干於交款日行息，其兩局訂定之服本利息應視已交之。借款若干按照借款全數彼此分成摺算，如借款抵交一成，則兩局所有股本亦按一成行息。至新式機器造成開用以後，兩局所有之股本卽按三十五萬兩暨六萬五千佛郎之數行息。

第九款　一、此項借款由中國政府批准之日起，以三十年爲期，前十五年按借款交到實數照第七款付利。自第十六年起，分年還本，將借款三百萬佛郎每年付還全本十五分之一，卽每年付二十萬佛郎，應付之七釐借息隨本遞減。暨將第七款丁字項下蘆漢公司名下應得之一半餘款，自第十六年至二十年其所餘之款，仍按第七款丁字項下均分。一廑自二十一年至三十年蘆漢公司僅得所有餘款四成也，至第三十年本利全清。並將蘆漢公司名下之股本銀二萬兩，每兩按三佛郎二五計算，於期滿時一并付足後，所有直隸臨城礦務局利益產業卽與蘆漢公司無涉，此項合同卽行作廢。

第十款　一、此借款至十五年之後，直隸臨城礦務局可以將此合同停辦，惟直隸臨城礦務局欲將此合同停辦時，須在一年之前先行知會蘆漢公司，届期由直隸臨城礦務局將借款九十二萬三千兩全數付足。並將第六款蘆漢公司名下之股本六萬五千佛郎一并交還，加以十五倍一年之利益。所謂十五倍一年之利益者，卽按第七款丁字項下最近五年蘆漢公司所得之利，總共之數按五分均分後，將所得之一分加足十五倍計算。至此項應得十五倍一年之利益，按全數借款計算。不得過九成之多，方能照給，如過九成之外亦衹按九成照給。如至十五年之後，蘆漢公司欲將此合同停辦，須在一年之前先行知會直隸臨城礦務局，如是則臨城礦務局衹還全數借款，暨盧漢公司名下股本計六萬五千佛郎即無須另加利益。儻至五十年之後，直隸臨城礦務局與盧漢公司均不欲即行停辦，則按照第九款所載辦理。

第十一款　一、現訂明本合同之借款止以直隸臨城礦務局產業暨股本作第一次抵押，儻該產業及股本將來不足以償此項借款，或此項借款利息其下欠之款，與中國 國家及官府無涉。即與該局股友，除以其應得該礦利益抵完外，亦不再干涉。

第十二款　一、在此合同未經作廢及停辦以前，直隸臨城礦務局未經盧漢公司允准，不得擅與他人另立合同。儻至第十五年之時，直隸臨城礦務局欲借洋債以還盧漢公司全數借款，其時直隸臨城礦務局欲給他人利息，須照擬給他人之章程先讓盧漢公司承辦。如盧漢公司不願承辦方能另讓他人。此係指擬借洋債而言，至或十五年以後，中國官商自行籌款接辦，則照第十款清還欠款後，盧漢公司衹可退出不得有異。言至盧漢公司未經直隸臨城礦務局允准，亦不得將其合辦利權並股分轉讓他人承辦。

第十三款　一、盧漢公司承運直隸臨城礦務局所出之煤，所有運費須按每次各車滿載煤觔，不拘遠近，每噸應交運費，不得過洋，一角五分再按每英里計算，每一英里從廉加給運費，每噸不得過洋，一分以上價則係按每洋合二佛郎以上計算，儻每洋合二佛郎以下其價應另行遞加。至盧漢自用之煤，其煤價可照本處公平市價按七五摺算給。

第十四款　一、該局報效中國國家並本省官款須按煤觔出礦之價，每值銀一兩內，以五分作爲報效即每百兩五兩。所徵稅釐按照開平礦局章程辦理，每噸納釐金淨錢八十四丈，另納稅銀一錢。鐵路官局暨凡他官所用煤觔衹納報效之費。除以上稅釐並應納之地稅外，並無他稅。儻別項煤觔在直隸省有納稅較低者，直隸臨城礦務局所出之煤亦當援照完納以歸一律。

第十五款　一、該局應用一切礦務材料物件衹完海關例稅，至其餘釐金各捐一概豁免。

第十六款　一、凡有該礦一切事宜，全仗北洋大臣維持，保護自應歸北洋大臣節制所有事宜。由其所委之直隸臨城礦務局督辦總辦並盧漢公司所派之洋工程總辦等，遵照北洋大臣指示辦理。儻非有實礙該礦利益者均應遵辦。

第十七款　一、儻兩局遇有爭執，直隸臨城礦務局暨盧漢公司各請一秉公人判斷，如所請之秉公人不能判斷，則由二秉公人另公舉一人以決之。

第十八款　一、以上各款章程繕就六套，每套華英文各一紙，華英文字均已詳對，兩局均認無訛。嗣後遇有爭執，華英文均可作準，此合同六套均由兩局所委之員畫押後呈送北洋大臣核准蓋印，轉請政府批准。其合同六套，以一套存北洋大臣衙門備案，一套存津海關道署備案，以二套存直隸臨城礦務局備案，二套存盧漢公司備查。

論説

《東方雜誌》第一卷第四號《英人承辦礦務》　聞英人約翰至京謁其公使，意欲承辦某省礦務，外務部拒之甚力，該英人即往謁慶邸，按外部新定礦務章程，權限至爲分明。即華洋合股，亦有重輕多少之別，又明言洋人願合股者，即爲承認此項章程。今某英人何得公然要挾，稍有權衡者不難力拒其請，何所猶豫？按外人垂涎我國礦產，必有不肖者甘爲其走狗，引虎入室，喪心賣國而不悔，外人不知我國內情，一經此輩勾結無不樂爲之出面，其實内地民風保守特甚，即中國人自往開采猶百方阻格，必不能行外人設教堂於内地，佐以慈善事業，於民若無害矣！然且教案疊起，每至不可收拾，何況貿然入窮鄉僻壤奪其宗祖產業。其間雖一二奸民希圖私利，自命爲外人之引導。然衆怒難犯，必致釀成大禍，則外人既擲其經營之資本而獲利，終於絲毫不得。又何樂蹈此危險！吾願正告外人，愼勿爲奸民所賣也。

又　第六號《淄川博山兩縣之煤礦》　山東疆域築路權之强要横奪，實爲各國劃分勢力範圍於吾國以爲漸進的潛勢的實行瓜分之一手段、一方法。數年以來，各國之權我此利權而去者，肩背相望。而德國自占膠州爲張本，即著著進行其外交政略，幾使山東全省之利益，不晝入其手而不肯休。今吾查得其所經營一之一業，特爲報告如下：青州府所屬淄川、博山兩縣，以煤礦豐富，聞於天下。德國固視眈眈而欲逐逐者，於是以去年設一華德礦務公司，其名雖爲兩國合股創設，其實則主權全屬德人。及兩縣煤礦採掘之權，既經我政府批准而授之於該公司，則德國復施其得隴望蜀之計，更要我政府許其自山東鐵路幹路之張店釋別築一支路，得經淄川以直達博山。今敷設軌道之工程，已及南亭。南亭者，位於張店驛至淄川驛之中間之一驛也。其自南亭至淄川之工事，因兩岸須築長隄，現正趕緊興築惟一入博山縣界則歷巒疊障，作業頗難爲功，然則計其全綫開通之期，恐必在本年八九月以後矣。至該處煤礦則德人久經開採，所用皆新式機器，若鐵路一通，則運輸便利，煤產得以源源運售，將來必能駕開平礦而上之，而惜其利權之非得我有矣！

又 第七號《外務部與英商訂定安徽開礦合同》 觀夫癸夘年前皖撫聶中丞與英人伊德所訂安利公司之合同，並聶中丞上外務部書，及擬立全皖礦務總公司之章程與外務部批駁之函，又觀甲辰各報所載，凡關安徽礦事，與京內京外皖紳之動作，及英人窺伺之情狀，誠欲使安徽全省士民急起直追以制外勢之侵入也。顧安徽紳士之舉動雍容紆徐，往往失時。彼勇驁之外人遂得抵要乘職以獲莫大權利。四月間，已傳聞英人凱約翰運動於北京而得銅陵縣銅官山之礦權，近日復得外務部與凱約翰所立開礦合同二十三條。此合同中所最要者，卽此礦地，四邊綫各二十華里，則共佔礦地八十方里矣。又許修鐵路至最近水口，而不指明何處，更不可解。蓋商務部開礦新章，請開礦者不許復及鐵路，今外務部覓自毀其法以徇外人，果何爲哉！其他合同所載足以搤安徽人之命者，尤難一二數殆哉！噫嗚！

《中外日報・德人要索山東礦務續章駁議一九〇五年正月初六日》 去歲，德使曾以《山東礦務續章》四款要求外務部，記者卽知德人此次要索大礙中國權利，顧以未見德人所訂山東礦務原約，不敢率爾操觚。茲經將原約覓得，而德使又有函約新任東撫在京外近地相會，要索東省利權之事。雖其所要索者未能縣揣，然礦務必在其中。使其計得行，則爲害於中國者方大，是不可不加以駁辨者也。按其《續章》四款，一曰止准德人用機器開礦，二曰不准華人用機器開礦，三曰德人礦廠十五里內華人已開者須卽停止，未開者不得續開，四曰德人用機器開礦，華官不得干與。此四者，無論度諸公法，揆諸人情，足令人髮指眥裂，憤不能平也！卽就原約言之，在德人索之已爲得步進步，若中國許之，卽爲自蹙生機，自損利權。原約第十七款云：『其附近鐵路每邊三十里內，除現辦華礦外，衹准德公司開挖煤礦及他項礦產』。夫約文既明，有除現辦華礦一語，是華人礦務初非德人所能與聞，而其如何開採之法，亦非德人所能與聞。今乃有華人不許用機器開採之語，此何說也？華人不許用機器開採而德人乃得用機器開採，一厚一薄，判若天淵。德人用意抑何太酷！總之德人命意所在其始，則猶有所顧忌第不欲使外人得沾其利益，今則明目張膽，并不許土人自保其利益，喧賓奪主，莫此爲甚，餂糠及米，豈有限制。又原約第十七款云，其當時正在開辦之華礦仍得照向章辦理，惟不得使德國礦務因之吃虧。按此約専就德國言之，不復顧及華人一面，已爲不得其平，德人不能吃虧，華人乃應吃虧乎？然猶參以活筆曰『應向華礦主人議購，如不願出售公司，不得勉强』云云，是猶爲華人稍留餘地也。今乃明白言之曰『所有在新開之礦，周圍十五里以內，各華礦一律停止，并不得再開華人礦井。』云云。據此以言則是華人費盡心力，費盡資本，幸而開辦有成之礦產皆須拱手以讓德人。而德人覘知某處有華人已開之礦，亦可以用新法開採爲名取而奪爲已有，並可使十五里內之礦產任德人籠爲己有，而華人不得過問。夫外人鐵路所經之地，卽爲權力所到之地，已爲衆所共知，乃當時遷就太過，并許其因路權而攬及礦權，今則進而益上，并欲使附近鐵路之礦產獨爲德人之所有，不得復爲華人之所有，德人奪地之計何其工！擴張勢力之策又何其至也！此端一開，將使山東全省不復屬諸中國，倘各國尤而效之，則中國內地悉爲各國權力之所及，而中國已爲不亡之亡。言念及之，至可哀也！至第四款所言，則竊不解其命意之所在，按原約二十款內，其有賴於華官者極多，如第三款曰：『應由本省派定委員會同商辦』，第四款曰：『須會同官紳彼此商辦，以期無損於百姓。』第十款曰：『儻須稟請山東巡撫，派兵前往，保護一切屆時查度情形，見稟隨卽照准。』第十六款曰：『該公司在勘查礦苗時，應由地方官派差跟隨，藉資保護。』詞重旨複，似事事皆須責成華官，今乃明言之曰，德公司在三十里用機器辦礦，華官無辯駁之權，其意正不知何在，窺其意似直謂有害於德人則華官不能置事外，有利於德人則華官竟不能過問。然使因有利於德人而有害於華人之故，以致猝釀禍端變生不測，吾知必又援約章爲言，歸咎華官而藉端啓釁其爲患，豈有極耶！是則德人此條，淺之則視爲壟斷之計，以爲德人之意不欲使華官出而阻撓可也；深之則視爲挑釁之策，特以不近情理之事，輕爲嘗試，萬一有故，即因利乘便以求遂其所大欲，亦無不可也，嗚呼，斯可懼矣！

雜録

《清法規大全·外交部》卷二下《外務部奏華法和成公司合辦四川巴萬油礦改定合同章程摺》　竊臣部於光緒二十八年二月二十三日准四川總督奎俊咨稱，據德商戴瑪德到礦務局稱，欲與保富公司設立華法和成公司合辦川省煤油礦務所。擬合同經該局司道公同商酌，惟購地公司宜加詳慎因。查光緒二十五年六月間礦務局詳請，仿照華益公司章程設立保富公司，承集中外商人合辦礦務。凡有來川開礦者無論何國商人，皆歸保富公司備本購地轉給承辦。庶事有專責在我，足操保地之權，在彼亦可杜爭端之漸。現在法商議定仍照奏准之保富公司購地，另設華法和成公司開辦煤油礦務，據保富公司總辦劉慶汾、嚴翽昌和成公司華商總辦李祐、洋商總辦戴瑪德訂立合辦草約。經會辦礦務候補、五品京堂陳光弼、駐渝法領事哈士與該公司總辦等同時畫押蓋用。礦務局關防給予保富、和成兩公司分執，並將草合同一分咨送核辦前來。臣等查川省煤油礦產，素稱富厚。光緒二十二年間士人鍾毓靈私串法人雷達利訂立合同，擅行勘辦，經地方官查明禁止。嗣於二十五年間法領事哈士以雷達利情願不辦，讓與法商戴瑪德招集華洋各股，開取富順、巴、萬三處煤油。屢向川局索辦，經四川總督以富順鹽井爲全川命脉所關，該處紳民斷不准其開采煤油，遵與哈領事商允緩辦。至巴、萬兩縣如查無鹽井、田園、廬墓、窒礙情形自可由保富公司向業主購地轉租承辦。當經飭局先繕，草據給與哈領事收執，並電咨總理衙門在案。此次法商戴瑪德請辦煤油原係重申前議，既據川省礦務局與該商訂立合同，咨送到部。經臣等遂條覆核，內有應行增捐之處當即咨行川督飭局與法商，妥爲釐訂。適該商戴瑪德偕同川省派出之道員林怡游先期赴京，向臣部前來面議，當將所改各款細與磋商，並指出第三款所載富順之地有礙鹽務，無論何國均不得前往開采煤油，如將來中國官民皆有願開采之意，應儘法公司照合同議辦等語。詰以富順有礙鹽井早經商允緩辦，何以合同內復行列入。該商以富順爲著名產油之區，祇冀興辦，有期商情，樂於從事，並非現時即求開辦。臣等終以該處既多窒礙，未便列入合同預留地步，議令將此款刪除以免轇轕，再三辯詰該商始允照删。其餘各款字句稍有增減，大致尚無出入，迭經臣部將先後商改各節，電據川督復稱較爲周密，是彼此意見均屬相同。現法國使臣屢催奏請批准以便該商集股開辦，臣等公司商酌此項合同，既經與川督往返商定，未便久懸致滋異議相應，將改訂合同、繕具清單恭呈御覽。如蒙允准，即由臣部咨行四川總督轉飭礦務局員與法領事等會同畫押，以示憑信。謹奏，光緒二十八年八月二十四日奉　硃批：『依議。欽此。』

又《外務部奏英法隆興公司承辦雲南七屬礦務改定合同章程摺》

光緒二十八年五月初五日，准軍機處鈔交雲貴總督魏光燾等會奏法員來滇辦礦，現與議定章程一摺奉硃批，外務部議奏單一件、片二件并發。欽此。當經臣等查照該督等原奏，先將辦礦章程悉心查核仍俟該省勘定，礦廠奏報到日再行一并議覆等。因於本年二月二十六日附片奏明，奉硃批，知道了。欽此。欽遵各在案，臣等伏查滇省原訂章程，經魏光燾等與法員彌樂石磋磨數月，始克定議，如原奏內縷陳商議情形兢兢焉，以防患、保權、均利三事爲滇省所必爭。洵爲扼要之論，以全滇礦產允給英法公司專辦，恐他國有所藉口，勢必相率效尤。臣等詳核章程正擬咨商駁改，適法員彌樂石由滇入京，向臣部催訂合同，當告以礦地未定，未便先議章程，應俟礦師在滇勘明礦廠，由滇省開單奏咨，到日再行核辦。彌樂石則謂全滇礦地非一二年所能勘徧，未經定章以前，該公司豈肯輕擲距資聘請礦師往勘。臣等堅持初議，不准攬辦，全省迭次磋磨，彌樂石始允指澂江、臨安、開化、雲南、楚雄等府，及元江州、永北廳凡七處載入章程。第一款內將原議嗣後別國公司概不准來滇辦礦改爲嗣後別國公司概不准在該公司所指之地勘採，以清界限。彌樂石又恐所指地段未必均有礦產，如無礦可辦，仍請另擇一處互抵。並將來辦有成效應請逐漸推廣。臣等核其所擬辦法，尚屬可行。故於第一款內敘明准其互抵，惟光後統計仍以不得逾七處爲率。除此之外，俟各礦開辦有效稅數報效並無短絀方可推廣辦理，蓋既破其專利之計，自不得不量予擴充。彌樂石又以原議包辦全省礦利較豐，故願歲繳京銅一百五十萬，勅並津貼、員弁、兵勇、護廠銀二萬兩現既改爲七處。應請減去京銅三分之二，並免繳津貼銀兩。臣等以京銅係解部要需保護礦廠亦在，在需費未便，遽議減除。再四磋商，彌樂石仍以體恤商情爲請，始與議定歲繳京銅一百萬，勛護廠費用由公司給發，不拘定二萬兩之數。電商滇督等均無異議，即將原議第六款第二十款照此改定，又於十八款內添敍弁勇費用由公司給發。惟該款原議公司可在附近地方招募土勇遴選中西武官各一員，會同管帶。現改爲公司可稟請地方官在附近地方招募土勇，遴選武官一員管帶，以杜爭競干預之弊。其餘均已逐款推敲，以期妥洽。謹照録章程恭呈御覽，如蒙俞允，即由臣等派員與彌勒石畫押，並咨行雲貴總督等遵照辦理。謹奏。光緒二十八年五月初十日具奏奉硃批，依議。欽此。

《東方雜誌》第二卷第二號《德使照會外務部爭執山東礦務公文》

按照光緒二十四年二月十四日所定，膠澳條約第二端第四款內，開於所開各道鐵路附近之處相距三十里內允准德商開挖煤斤，中國國家亦應將德商一律優待，較諸在中國他處之華洋商務公司辦理，各事所得利益不使向隅等因按此項條約。在光緒二十六年二月間，經山東大吏及山東礦務公司商訂礦務章程，照第七款所定，在鐵路附近三十里內，凡經華人已開之礦。僅准照向來辦法，仍行續辦，毋致礙難，有損山東礦務公司所辦礦務，此項章程既係幫辦山東交涉，副統都蔭昌及總工程師錫樂巴先定德文，即顯係以德文爲主，所有他項各約章亦係以洋文爲主，不以譯出華文爲主，如有因第十七款華德兩文不符而批評者不足爲憑。且照光緒二十八年七月十七日貴親王致葛署大臣照會內稱，已准山東嶧縣中興煤礦公司附近百里內，他人不得再用機器開採，附近十里內民人不得另用土法開採等。因既照以上所提條款，不准將德商較諸他項，華洋公司薄待，則山東礦務公司理應在三十里內索得利益，同中興公司所得者一律情形，如此雖無疑所有在三十里內之華礦僅准按照。到光緒二十六年春間，所用辦法續辦，乃仍不免時有新開及用機器所辦之礦，以致山東礦務公司所辦之礦務時有窒礙，至今屢次在中國官場申訴，均屬無益。譬如山東礦務公司於本年十月十二日奉本大臣文，稱在商定膠澳條約時，博山一帶中國煤礦無一採辦者，及至光緒二十五年夏間，在南堡附近一山脚下煤井上設一機器，以便由井內取水，並免較高處各華礦受水浸之患，而商訂礦務章程時，仍如此用法。至光緒二十八年間，停辦並將機器又挪至南約十里之他礦安設，即此挪用亦係違背章程之舉，且歷不多時在紅山又照此辦法設二機器。因此本公司在礦務委員馮道處稟訴，經該道先云：『不過將已有之礦廠修理並添補一轆轤』。等語，如此措詞及他項與實情不符之語，從可知華官有意決不照膠澳條約所應辦者認辦。如華人所開各礦與本公司礦務無險無礙，雖其所辦之礦在本公司有權辦礦之地，則本公司並無意向華人照向來常用之法使之爲難，或勉强令其停止，惟理應使中國官員認明各該華礦在三十里內無採辦之理。如本公司請停止時，即應停辦，查現時三十里之內，並無華礦在商定礦務章程時開辦至今，接連採辦者等因，據山東礦務公司稟請，本大臣轉請貴國國家議定礦務續章四款開列如下：一、在三十里內，僅准山東礦務公司用機器開礦。二、華人准將在三十里內至今所辦之礦，用土法照向來之大小續辦，不許用機器。三、倘山東礦務公司擬在三十里內用新法開礦，須於未開辦以前稟報山東巡撫設法以便，自稟報日起二年所有在新開之礦周圍十五里內，各華礦一律停止。並德礦採辦時在此周圍十五里內再不得開華人礦井。四、在三十里內，山東礦務公司用機器辦礦之法，中國官場無辯駁之權。以上山東礦務公司所擬各節，均按約照理而行，請貴親王設想該公司係因信心誠服我兩國政府，定議諸端，始湊足資本數百萬兩興辦此舉，如准仍開華礦並准舊礦用機器開採，則欲此鉅資源源生息，不綦難哉！再諸多無業貧民在山東礦務公司礦內做工度日，並居民得用賤價之煤，因此倘不妨礙該公司之舉，誠於華民有益。本大臣已飭令駐紮濟南本國委員與山東巡撫商定妥善辦法，惟望貴國政府轉飭東撫與貝委員商議時盡心竭力，和衷共濟，俾我兩國邦交愈加敦篤，是所厚望。

又 《山東巡撫爲德使爭執山東礦務事移行農工商務局文》 光緒三十年十一月二十二日，承准外務部咨光緒三十年十一月初十日准德國穆使照稱按照光緒二十六年二月間，經山東大吏，及山東礦務公司商定礦務章程。照第十七款所定，在鐵路附近三十里內，凡經華人已開之礦產，准照向來辦法仍行，續辦，毋致礙難。有損山東礦務公司所辦礦務，乃仍不免時有新開及用機器所辦之礦，以致山東礦務公司所辦之礦務時有窒礙。據山東礦務公司稟請續章四款開列如下：一、在三十里內，僅准山東礦務公司用機器開鑛。二、華人准將在三十里内至今所辦之鑛，用土法照向來之大小續辦，不許用機器。三、倘山東鑛務公司擬在三十里内用新法開鑛，須於未開辦以前稟報山東巡撫，設法以便。自稟報日起二年内所有在新開之鑛周圍十五里内，各華鑛一律停止。並德鑛採辦時在此周圍十五里内，再不得開華人鑛井。四、在三十里内，山東鑛務公司用機器辦鑛之法，中國官場無辯駁之權。以上所擬各節均按約照理而行，已飭駐紮濟南委員與山東巡撫商定妥善辦法，惟望轉飭東撫與貝委員商議等。因前來查山東鑛務章程第十七款内載：『三十里内，凡華人已開之鑛，應准其辦理。倘該公司深恐冒險，則可請地方官查明，向華鑛主人公平議價。』或將鑛賣與公司又載：『如華鑛主人不願將所開之鑛賣出，則應作罷，論不得攬擾其事』各等語。茲該公司所擬續章限令華鑛停止，核與原訂條款不符，相應抄録，原照咨行。貴撫按照原章，與貝委員妥爲核議，並聲復本部，以憑轉復該使可也等因到本署部院承准此，除照會德國派駐濟南商辦事件貝委員查照外，合行移知，即便查照。

鐵路修築權分部

綜　述

《東省中俄合辦公司合同章程》（光緒二十二年七月二十五日、一九〇九年五月十一日）欽差駐俄大臣許欽奉光緒二十二年七月二十日諭旨，允准與華俄道勝銀行訂定建造經理東省鐵路合同。中國政府現以庫平銀五百萬兩入股，與華俄道勝銀行合夥開設生意，盈虧均照股攤認，其詳細章程另有合同載明。中國政府現定建造鐵路，與俄之赤塔城及南烏蘇里河之鐵路兩面相接，所有建造經理一切事宜，派委華俄道勝銀行承辦，所有條款列後：

第一款

華俄道勝銀行建造經理此鐵路另立一公司，名曰中國東省鐵路公司，該公司應用之鈐記，由中國政府刊發。該公司章程應照俄國鐵路公司成規一律辦理。所有股票祇准華俄商民購買，該公司總辦由中國政府選派，其公費應由該公司籌給。該總辦可在京都居住，其專責在隨時查察該銀行暨鐵路公司於中國政府所委辦之事是否實力奉行。至該銀行暨該公司所有與中國政府及京外各官交涉事宜，亦歸該總辦經理。該銀行與中政府往來賬目，該總辦亦隨時查核。該銀行應專派經手人在京都居住，以期一切事宜就近商辦。

查此條及諸條所稱政府字樣，洋文係作古威勒芒，即近來爲國家之稱，又所稱總辦字樣，洋文係作伯理璽天德，亦有總辦之義而名目較大。西語無論公署商會其首領人皆稱爲伯理璽天德，譯者以此稱專屬民主甚誤。以所譯與洋文實事無甚出入，故皆仍之其原議。薪俸字樣現改公費，措詞較爲得體。

第二款

凡勘定該鐵路方向之事，應由中國政府所派總辦酌派委員，同該公司之營造司暨鐵路所經之地方官和衷辦理。惟勘定之路所有廬墓、村莊、城市，皆須設法繞越。

第三款

自此合同奉旨批准之日起，以十二個月爲限，該公司應將鐵路開工並自鐵路勘定及所需地段，給與該公司經理之日起，以六年爲限，所有鐵路應全行告竣。至鐵軌之寬窄，應與俄國鐵軌一律，即俄尺五幅地，約合中國四尺二寸半。

第四款

中國政府諭令，該管地方官凡該公司建造鐵路需用料件、雇覓工人及水陸轉運之舟車、夫馬並需用糧草等事，皆須盡力相助，各按市價由該公司自行籌款給發。其轉運各事仍應隨時由中國政府設法使其便捷。

第五款

凡該鐵路及鐵路所用之人，皆由中國政府設法保護。至於經理鐵路等事需用華、洋人役，皆准該公司因便雇覓。所有鐵路地段命盜詞訟等事，由地方官照約辦理。

第六款

凡該公司建造、經理、防護鐵路所必需之地，又於鐵路附近開採沙土、石塊、石灰等項所需之地，若係官地，由中國政府給與，不納地價；

若係民地，按照時價或一次繳清，或按年向地主納租，由該公司自行籌款付給。凡該公司之地段，一概不納地税，由該公司一手經理。准其建造各種房屋工程並設立電綫，自行經理專爲鐵路之用，除開出礦苗處所另議辦法外，凡該公司之進項，如轉運、搭客、貨物所得票價並電報進款等項，俱免納一切税釐。

第七款

凡該公司建造修理鐵路所需料件，應免納各項税釐。

查此條定議時核對法文修理下尚有經理字樣，據税務司柯樂德稱：當時李相謂與本條修理語意重複，因將原譯漢文删去經理二字，然非有故駁改，未令將法文並删，故漢洋文微有詳略等語合并聲明。

第八款

凡俄國水陸各軍及軍械過境，由俄國轉運經此鐵路者，應責成該公司逕行運送出境，除轉運時或必須沿途暫停外，不得藉他故中途逗留。

第九款

凡外國搭客經此鐵路於中途入内地，必須持有中國護照方准前往。若無中國護照，責成該公司一概不准擅入内地。

第十款

凡有貨物行李由俄國經此鐵路仍入俄國地界者，免納一概税釐。惟此項貨物除隨身行李外，該公司應另裝車輛，在入中國邊界之時由該處税關封固，至出境時仍由税關查明所有封記並未拆動，方准放行。如查出中途私行拆開，應將該貨入官。至貨物由俄國經此鐵路運往中國，或由中國經此鐵路運赴俄國者，應照各國通商税則分别交納進口、出口正税，惟此税較之税則所載之數減三分之一交納。若運往内地，仍應交納子口税，即所完正税之半子税完清後，凡遇關卡概不重徵。若不納子税，則逢關納税、遇卡抽釐。中國應在此鐵路交界兩處各設税關。

第十一款

凡搭客票價、貨物運費及裝卸貨物之價，概由該公司自行核定。但中國所有因公文、書信函，該公司例應運送不須給費。至運送中國水陸各軍及一切軍械，該公司衹收半價。

第十二款

自該公司路成開車之日起以八十年爲限，所有鐵路所得利益全歸該公司專得。如有虧摺，該公司亦應自行彌補，中國政府不得作保。八十年限滿之日，所有鐵路及鐵路一切産業全歸中國政府，毋庸給價。又從開車之日起三十六年後，中國政府有權可給價收回，按計所用本銀並因此路所欠債項並利息照數償還。其公司所賺之利，除分給各股人外，如有盈餘，應作爲已歸之本，在收回路價内扣除。中國政府應將價款付存俄國國家銀行，然後收管此路，路成開車之日，由該公司呈繳中國政府庫平銀五百萬兩。

查此條内給價收回一節，因恐將來講解有異，復商該總辦另繕憑函附於合同之後以期相信。

《中俄東省鐵路公議大綱》（宣統元年三月二十一日、一九〇九年五月十日）中俄兩國政府查閲光緒二十二年八月初二日，俄曆一千八百九十六年八月二十六日建造鐵路合同内有彼此講解不同之處，兹商議東省鐵路界内設立公議會訂定大綱如左：

一、鐵路界内首先承認中國主權，不得稍有損失。

二、凡中國主權應行之事，中國皆得在鐵路界内施行。如施行之事無背東省鐵路公司各合同，則公司及公議會均不得藉詞阻止。

三、所有現行東省鐵路公司各合同仍應遵守。

四、凡關乎中國主權合政治者，由中國官員主持自出告示。

五、凡中國地方大吏官員到鐵路界内，公司及公議會務須尊重。

六、鐵路界内各埠以人數多寡分别設立公議會，該各埠人名按照地方情形，或選舉議事人複選舉辦事人，或該埠人民自行辦理地方公共事務，並互選領袖一人爲辦理公共議定之件。

七、鐵路界内中外人民共享平等權利，共擔平等義務，無稍歧視。

八、凡選舉某埠議事人員之居民須有相當不動産業或出納相當房租等項者方爲合格。

九、議事員中自舉議長一員，無論中外人民均可被舉。

十、凡地方一切公益事件，均歸議事人員議定。至教堂、商會、學堂、善舉等事，專屬一面者，應歸各自籌款辦理。

十一、各議事員互舉之辦事員其數不得過三人，中外議事員均可被舉，此外另由交涉局總辦與鐵路總辦各派一員，連同領袖一員，成立一辦事處。

十二、辦事處領袖即由該議事會會長兼充。

十三、交涉局總辦暨鐵路總辦位置在議事會會長及辦事處領袖之上，有監察之權，隨時到會躬行稽察，遇事須經第十一條内所載委員各自稟知至議事會，所議事件均應報告交涉局總辦及鐵路總辦會同核奪施行，由會出告白各色人等一體照行。

十四、議事會議定之件，各交涉局總辦或鐵路總辦有不以爲然之處，交會覆議。覆議時如有到場會員四分之三認可，即爲決定。

十五、凡關於鐵路界内公益款項重要事件，經議事會商議後呈請中國督辦大臣即光緒二十二年造路合同第一條之伯理璽天德是也及總公司和衷核奪施行。

十六、鐵路界内專爲鐵路所用之地各車站、車廠等類，公司得以自行經理。其餘公司未經出租地畝及專爲公司自用房屋，按照商定繪圖不歸公議者，仍暫歸公司自行經理。此項餘地應暫免繳納地丁等項。

十七、按照以上大綱，應商定公議會及巡警詳細章程，并商訂地丁數目。自此次大綱訂定簽押日起，不得過一個月即須會同商訂。

十八、公議會詳細章程未經商定實行以前，暫照現行章程酌量辦理，惟應遵守大綱第十三條辦理，即交涉局總辦及鐵路總辦有監察公議會之權，凡交涉局總辦與鐵路總辦會商倘仍不融洽，再由中外商人各舉代表一人，隨同交涉局總辦與鐵路總辦，公舉不論中外之公正人一員會同決議。至哈爾濱華商會公舉三人入哈埠辦事處參預其事，與別董事享受平等權利。至滿洲里及海拉爾由就地華商會各公舉代表二人入會，其餘他處祇有議事處者准中國人與議辦事，其華商權限與俄商平等無異。將來詳細章程議定後，所有議事及辦事各員，即行按照新章分別選派。以上大綱條款備漢、俄、法三國文字繕寫各四分，彼此畫押蓋印，以昭信守。各存各文二分，遇有辯解之時以法文爲準。

附《外務部通告各國政府文》（宣統元年西一九〇九年）本部接准俄國廓大臣照會内，稱前有敝國政府議駁中俄兩國所定鐵路界内公議會大綱，似有侵礙各國人民所享治外法權各情。茲本國外部向各該國特行宣佈傳單開列，本國政府於各國人民旅居東省鐵路界内所享利益，並由國際公法上享有各權利之意。並將傳單鈔送前來本部查閲傳單所載，實有爲中國政府所不能允認者，茲爲詳細解釋辯論如下：

查俄國通告内稱中國開放商埠與東清鐵路地段性質不同，東清鐵路地段爲合同第六條所牽制，該公司於所佔地段内有完全行政之權，嗣後申以公議會大綱，其從前條約所讓之權力更爲結實擴張。經此兩次訂約之後，中國政府已將鐵路地段内自主經理之權讓與中俄公司，該公司之在該地一切舉動，有如私約租主所有施行之行政權出自有名。又稱日、俄兩國全權大臣議約内有宣布之言，曰滿洲東清鐵路因建築而讓與之地段，不可與開放通商口岸互相比擬，亦不得一律看待。惟於所佔地段界限内，日本人民及他强國人民得與俄國人民享受同等權利。由此推究，可見俄政府所負之義務不過許外人享有公權及干預行政機關各等語，本部詳核該通告所載，其意祇在於東清鐵路界，内俄國得有施行之行政權，並以兩次條約暨日俄全權大臣宣布之言爲據，不知其中附會誤解之處，實不可枚舉。中國政府對於以上條件實有顛撲不破之理解，請一一申明之東清鐵路合同首段，即載明中國政府現與華俄道勝銀行合夥開設生意，曰合夥開設生意明係商務之性質，而與行政上之權限絲毫不得侵越。開端已發明清楚，毫無疑義，迺俄國政府引此項合同第六條爲據，謂有由該公司一手經理字樣，爲完全行政之權，不知其一手經理之下，實載明准其建造各種房屋工程，並設立電機自行經理專爲鐵路之用云云，是該公司有權經理之處，即該合同所指之鐵路工程實在必需之地段，而該公司經理之權限，亦不得越出鐵路應辦之事。其完全經理之權不過止此，絕無可推移到行政之地位。不意俄國政府竟牽涉及之謂該合同第六條有完全行政之權。雖經本部駁辯經年，仍執前說，豈非大誤者？中國政府所不能允認者一也。又宣統元年三月二十一日即俄曆一千九百九年四月二十七號，中俄兩國所訂東省鐵路界内公議會大綱條款第一條以至第五條，均係聲明鐵路界内中國主權不得稍有損失之義意，具見鐵路界内凡關乎政治上施行之事，其權仍在中國迺俄國通告轉謂。得此條款於前項所讓之權力更爲結實擴張，不知果何所指，豈謂中國主權並未稍有損失，而俄國反專有行政之權耶？此中國政府所不能允認者又一也。又光緒三十一年，俄日在美國議定條約第三條載明，俄日兩國政府統行歸還中國全滿洲完全專主治理之權，又俄國政府聲明，俄國在滿洲並無地方上利益或優先及獨得讓與之件，致侵害中國主權或違背機會均等主義曰統行、曰全滿洲、曰完全專主，又曰無地方上利益不侵害主權字句，何等結實，豈能强解商務合同，並以未經中國明認宣布之言爲依據而轉將兩國及鄭重之約廢棄不論耶？此中國政府所不能允認者一也。據以上各節論之足，見俄國政府所引以爲據者，均屬免强附會偏於一面之詞。兹經本部一一解釋明晰，想各國政府愈可洞悉此事之原委矣。又查東清鐵路合同第五條載明，凡該鐵路及鐵路所用之人，皆由中國政府設法保護，又稱所有鐵路地段命盗詞訟等事，由地方官照約辦理等語，是該鐵路地段内保護治安之主權全屬中國，並不留疑似及誤會之餘地。凡屬東三省地段，均爲中國完全無缺之境界。既如此，其鑿鑿有據不可挪移，則哈爾濱一帶地方行政之權，萬不應由東清鐵路公司攘奪明矣。中國政府現在深願保守中國應有之主權，並維持與中國通商各國應得之利益，特具通告奉聞，惟各國政府鑑察焉。

《中法越南條約》（光緒十一年四月二十七日、一八八五年六月九日）第七款

一、中法現立此約，其意係爲鄰邦益敦和睦，推廣互市，現欲善體此意，由法國在北圻一帶開闢道路，鼓勵建設鐵路，彼此言明日後若中國酌擬創造鐵路時，中國自向法國業此之人商辦。其招募人工，法國無不盡力襄助，惟彼此言明不得視此條係爲法國一國獨受之利益。

《中法續議越南商務專條附章》（光緒二十一年五月二十八日、一八九五年六月二十日）第五條

議定中國將來在雲南、廣西、廣東開礦時，可先向法國廠商及礦師人員商辦其開礦事宜，仍遵中國本土礦政章程辦理。至越南之鐵路，或已成者，或日後擬添者，彼此議定可由兩國酌商，妥訂辦法接至中國界内。

《中法龍州至鎮南關鐵路合同》（光緒二十二年四月二十四日、一八九六年六月五日）現由中國節派總理衙門總辦章京、户部郎中舒文，與費務林公司監工葛理義會商訂立合同，各條開列如左：

第一條

中國予令費務林公司承辦廣西龍州至鎮南關鐵路工程，由中國鐵路官局稽察，其辦法各款開列於後。

第二條

費務林公司因此專爲無名貿易公司承受中國官局，令於官局名下築造鐵路，由官局稽察其造路並預先勘路均係包辦。凡築造及傢伙、機器、房屋、物料、車輛等件，應於勘路後，由官局公司會商包估價值。造路須占之地，均由官局自公司呈交鐵路占地各圖式之日起，至多六個月限内交清。公司修造官局卽將費用與工程節次隨成隨還，每月底由公司計開費用呈報官局，自呈報日卽起至多三個月限内，飭令付價。倘有限内未付之款，按每年七釐卽百分之七行息，至付清日止息。至所開賬目均用法銀、法郎計算，俟付還銀兩時均按呈交賬目日期前三個月内兑换，中法銀行市摺中算給。至造路工程除遇有意外事故外，均限自將地交與公司日後計至多三年内造成。

第三條

費務林公司照以上所載專爲無名貿易公司承受中國官局，令於官局名下經理鐵路由官局稽察，如此經理均係包辦。由官局與公司勘估後，會商統計特開酌算款式内以補還。經理實在用費若干，並貼與總用雜項若干，及經理進項實存項下酬償公司花紅若干，包還公司至經理進項内所有搭客運貨，係自龍州至鎮南關並自鎮南關至諒山以次各處，由中國往越南或越南往中國，卽仿照各電報局之例，互相較對分歸清算。

第四條

中國鐵路搭客運貨及越南之法國鐵路搭客運貨，均由公司酌擬價目，中國則請中國官局定準，越南則請法官定准，總宜一律相同。

第五條

龍州越南各路相接爲經理鐵路之用，須設沿路電綫，自應照通例任各鐵路局自用，不納電費。或有轉送電報與經營鐵路無涉者，應照各電報局價目納費如常。

第六條

凡築造經理鐵路之材料、什物、機器、車輛、器具、傢伙等件，無論何項關稅差費，一概免納。至鐵路所用華洋人員中國自設妥法令其相安如命工作無滯。

第七條

龍州至中國邊界鐵路，其經理辦法由中國官局與越南法官會商章程，總期與經理越南之鎮南關至諒山等鐵路不致絶斷。其鐵軌寬窄履勘後酌量情形，由中國官局自定。此次合同以三十六年爲期，期滿亦准會商展久新立。

第八條

中國官局與此章程訂明如何承辦築造經理之公司遇因事故參差，應由官局公司各擇一人，此二人復公擇其一以便三者會議公斷，惟三者必須法國或中國之人。

此次合同繕就法漢文各二分，彼此存收各一分，遇有可疑不符之處，以法文爲准。

《中法廣州灣租借條約》（光緒二十五年十月十四日、一八九九年十一月十六日）第七款

中國國家允准法國自雷州府屬廣州灣地方、赤坎至安鋪之處建造鐵路。旱電綫等事應備所用地段，由法國官員給價，請中國地方官代向中國民人照購，給與公平價值。而修造行車需用各項材料及養修電路各費，均歸法國辦理。且按照新定總則數目華民可用鐵路電綫之益，至鐵路旱電綫若在中國者，中國官員應有防護鐵道、車機、電綫等務之責。其在租界者，由法國自理。又議定在安鋪鐵路電綫所抵之處，水面、岸上均准築造房屋、停放物料，並准法國商輪停泊上落，以便往來而重邦交。

《中法滇越鐵路章程》（光緒二十九年九月初十日、一九〇三年十月二十八日）光緒二十四年三月十九二十等日，卽西曆一千八百九十八年四月初九初十等日。經駐紮北京法國署使臣呂班與總理衙門互相同文照會所載，中國國家允准法國國家或所指法國公司自越南邊界至雲南省城修造鐵路一道。中國國家所應備者，惟有該路所經過之地與路旁應用地段而已。鐵路所經之道，現經查勘嗣後，應由兩國國家酌商指定。并應行定立章程，按照總署文稱，意向原係鞏固兩國邦交來往更形親密，以免永無爭論各事。現法國國家揀選越滇鐵路，法國公司爲修造開辦東京至雲南省城鐵路。該公司係法國最爲殷實銀行合股設立，其鐵路經過各地方，先由法國國家查勘，再由該公司覆勘，以總署王大臣及法國使臣互相同文照會爲據，彼此商酌，以免永無爭論各事。並修造鐵路及管理鐵路各事宜諸臻妥洽，兩相合意爰訂立章程如左：

（一）東京邊界至雲南省城鐵路自河口起，抵蒙自或於蒙自附近以至雲南省城，設若嗣後法國國家查看有略改此路之處，應由駐紮雲南省法國總領事官照會滇省大吏，會同監工詳加查看所擬改之處，果無妨礙，滇省大吏應行卽速備文，照復法國總領事允准始能改修。倘法國總領事官與滇省大吏意見不合，則應由駐京法國使臣與外務部商定一切。

（二）鐵路監工查看鐵路各事完竣後，自應詳細繪畫地圖，將鐵路起止經過何處應設站廠一一載明圖上。其修造車站、廠房、機器、鐵廠、存貨棧房，總之於鐵路所屬各地，均應備有地段聽用。應先指明各地段寬窄及作何用項，此項地段專歸鐵路應用，以足敷其用爲止，不可多使。務當預先設法使用官地，亦應竭力設法不用廟宇、墳墓、民房、菜園等項。經監工逐層查看後，卽當繪圖二分，其二分由法國總領事官送交滇省大吏查閱。後應將所用地段預爲購買，然後將圖樣一分蓋用滇督印信，送交領事，一分存留備案。一面按照第三款限期交地辦法陸續撥交地段，俟地撥交清楚方可開工。

（三）法國總領事逐層將應用地段照會滇省大吏，此地係屬鐵路及鐵路所屬應用各項地段，已由監工查看定准，按照第二款所載若所用地段係屬官地，應卽交給鐵路公司收領；若係民業，應由滇省大吏購買，每次於至多六個月期限內撥交公司。此期限以總領事照會大吏請交給之日起算，所購地段契紙應有二分，其一分由滇省大吏交給公司收存，契內應載明業主租主自行聲明，因修造鐵路所受虧累，均已補償清楚等語，以免鐵路公司與賣地業主有所爭論。其契式樣應由滇省大吏與總領事酌商定立，鐵路公司人員於交給地段之時，應行刨挖溝渠以爲界址。

（四）鐵路軌道之旁可以修造一二三邁當寬之工程運路，以便查看修造工程、工役、人夫行走預備工程及運送機器傢伙各項物料之用。此道暫可安設鐵軌，若與民地相連，必設法以免損毀各事。修造鐵路公司人員自可修造工程運路以抵石鑛開挖，運送石塊物料并抵鐵路及鐵路所屬廠房所有修造。此項運路應用地段，亦由該省有司交給公司，其辦法仍遵照鐵路及鐵路可屬地段一律辦理。惟該運路地段如係租賃民業，其價均由鐵路公司

發給，一俟工程完竣，其地仍退還業主管理。

（五）此條鐵路先由河口開工，惟現在議明經監工查看指明應在何處修造廠房，若造橋開挖山洞，開通山路，塡平地段，設立車站，當在該處監造各項廠棧，亦當同時開工。

（六）鐵軌寬窄在兩軌之間計一邁當寬。

（七）鐵路經過地方概不得損壞城垣、公署及緊要防務礮壘。遇有農民灌地、溝渠、河道，必須籌設善法，或造橋樑，或架筒軌本，仍流通與農民田畝無礙。此項修造均係鐵路公司備款經理。

（八）鐵路工程需用物料必須先儘多用本地出產，地方官理應相助。公司人員亦可請地方官會同酌定，物料隨市價值，亦可自向賣主商購物料。其所購物料價值清單，亦可呈送地方官抄録立案，以免誑騙之弊，亦可免賣主臨時不給物料爭論之事，價值若干，自必由公司如數交給。倘在本地購買物料，或賣主不照市價高擡價值甚昂，或本地實無此項料件，則公司始可向中國他處採買。

（九）開挖石礦、沙礦及砍伐樹林，木料公司預爲達知地方官查看有無妨礙，若沙石各礦係在官地之内，即行交給公司開採。其林木一項雖係官產，亦應向地方官議買，議定始能砍伐。若石砂、礦產、樹木等項在民人地內，或預向地方官商買，或自向業主購買，所定價值均由公司發給。

（十）修造鐵路所用各地段如廠房、貨物、棧房、運送物料之道，抵廠、抵沙、石礦、積土各道挖土地段，修造人員匠役暫時住房，總之於興作工程之内所用各地，俟鐵路逐層告蕆，即將以上無用各項地段交還滇省地方官，於接收地段之時，即行發還業主管理。

（十一）幹路造成之後，如果彼此視爲有利益，與滇省大吏商定辦法之後，再由法國駐京公使與外務部議妥，方可在幹路上接修支路。

（十二）鐵路監工、副監工匠目及各色執事，均須有專門學業者，可招用外國人。其餘各色人夫，均須先儘招募本省人民充當。設若本省工匠人數不足或索費甚昂，亦可招募他省人民充當。所有他省工匠及本省工匠，應由地方官查看，編立姓名册，籍以免匪徒潛來滇省。其各項工貲或按日，或包工，應由公司公道商定。至發給此項工貲或每日、或有一定期限，應由公司人員預向工匠人等商定，倘該工人等或高擡工價、齊行罷市，應請地方官設法盡力相助，與公司人員公平定立工貲，以安民心。如果地方官酌中定價中國工匠人等仍不肯應募，由地方官查明確有此等情形，方允公司另募外國工人。

（十三）所有鐵路中國執事工匠人夫等自必優待，或有病症應由公司濟以醫藥；或有在工程之内傷損、殘廢者，應行給與撫恤之資；若有傷亡者，亦應給予其人親屬撫恤之資。

（十四）所有廠内公司執事人員、工匠、人夫等，均歸總監工管理，或總監工所派之人經理，不准苛待中國工匠人等。或有詞訟爭論人命、偷竊、吵鬧、鬥毆等事，均應由所管地方官查看按律辦理。或有犯事罪人經地方官達知公偷竊、毆戕情事，一經公司知照地方官，即應查拏該犯按律辦理。所用外國執事有違犯禮法或犯章程者，應按條約辦理。凡中外各色匠役執事人等，無論何國人，均不准擅入民房滋事，一經違犯，即行按律重辦。無論購買何物並購糧食，均應按照隨時行市公道交易。

（十五）該公司亦可會商駐蒙大員，自行出資招募本地土民充當巡丁，以保護各廠平安，並可延請中國人或外國人充當巡捕長、管帶擇要駐紮以資彈壓。如遇事故，本地巡丁不能彈壓，一經該公司人員稟請滇省大吏，即當遣派官兵前往彈壓，保護該公司所招募本地巡丁責任。但爲巡查各廠彈壓工匠人夫，一俟路成後，此起巡丁自可用以隨時修補道路，其費亦由公司發給。倘有民情不平之事，保護鐵路工程乃係地方官專責，無論出有何事，該公司總不得請派西國兵丁。

（十六）鐵路公司洋員一抵滇境，即由駐紮河口副領事官達知該處專辦邊界事務中國副統帶，於三日內即發給暫時護照，以便執持前進。一經行抵蒙自，即由海關道於三日內換給正照，將前領副統帶暫時護照繳銷。該洋員既領有此項護照，無論前往何處地方官自當照章妥爲保護。但不論何人如無此項護照，地方官不認保護之責。

（十七）鐵路公司洋員一抵滇省，應由該省領事官將該洋員姓名繙譯漢文開列清單，達知滇省大吏。彼此應行各立册簿，將公司人員譯出姓名各註於册。所有已經註册姓名不能任便更改，如或遷調他處，亦當立即達知中國地方官，俾隨時隨地易於稽查。公司洋員在所領護照內繕寫譯漢姓名，當與所存册簿姓名一律，不可稍有差別。

（十八）公司人員欲在鐵路附近處所租賃房屋居住，應先知會地方官向業主商租所訂租房合同，即鈔送地方官存案。

（十九）鐵路公司人員暨匠役人等辦理工程，均不准擾及民人產業，設若損壞民人房屋或其莊稼，應由公司會同地方官查看，公平議價賠償，以示體恤。

（二十）按照海關章程，凡火藥、炸藥，不准運入中國境內，惟係造路所需，應通融准其入境。惟須隨時將運來火藥、炸藥數目報關驗明後，一面會同地方官尋有妥善地方修造棧房存儲，以免意外之虞。倘就地製造較爲便利，由公司報知滇省大吏查無妨礙，允准設立專廠，派員會同監製，嚴爲稽查此項火藥、炸藥，無論在本地製造或係購運，該公司應用若干以足敷用爲止。並設立專簿詳載存用數目，每月由地方官查驗報明所有存儲之火藥、炸藥，專爲鐵路工程之用，不准售賣。該公司務須加意防範，以免危險。設或誤傷人畜、物產，應行查看情形，斟酌賠償撫恤之款。

（二十一）路成開車後，凡經此鐵路出入之貨物，均照通商稅則交納進出口正稅。若運往内地已經交納子口半稅，凡過關卡，概不重徵。若未完子稅，則逢關納稅、遇卡抽釐，中國將來應酌量添設稅關以便稽查。再日後彼此另訂加稅章程，該路運送貨物稅則亦應一律遵照完納。

（二十二）修造鐵路及開辦鐵路應用機器、物料等件，概免進口。各色稅項，惟此項機器、物料於進口時，應在第一海關報明，因其物係在此地使用，該公司不必將其物運往他處。報明海關清單，將運進各色物料一一詳細載明。

（二十三）客位貨物運送，價值均係公司自行核定。凡有大吏文件，及中國郵政局各種信包及局役一名由定例日行火車運送者，一概不收運費。中國郵政局可向公司包艙運信或自備專車，令公司隨同拖帶，或不拘時刻專開帶信車一輛，惟包艙應照搭客價減半，不得別有摺扣。至專開帶信車一輛，須有滇省大吏憑據方准開駛，運價格外減讓。每一啓羅邁當祇取運資一佛郎半，如用兩車頭，每一啓羅邁當價二佛郎半，言明此外均照中國通行郵政章程辦理。凡有運送中國各色兵丁以及兵丁所用槍械、火藥、糧餉，並中國賑撫各處偏災之糧，均儘先運送，其運費均減半。如果運送兵丁欲用四等車，其價不能減少。

（二十四）此項鐵路專爲治理商務，路成開車後，不准載運咬鹽及運送西國兵丁或西國兵丁所運軍火、糧餉，並不得裝運中國例禁之物。萬一中國與他國失和，遇有戰事，該鐵路不守局外之例，悉聽中國調度。

（二十五）鐵路公司以補償中國查看費用，每年每一啓羅邁當或係開辦及向未造竣之鐵路，給與二十佛郎。

（二十六）鐵路造成後，該公司須設法專用中國人民充當梭巡人夫及修補道路之工匠，惟須在各本地選託公正老成紳董，令其代僱。俾所僱之人均係良善並每人均須由該紳稟由地方官發給憑單，以便稽查。

（二十七）鐵路開車以後，設或有損壞人民產業抑或傷害人民，此乃公司未曾留意，必須酌量補償撫恤其人之款，設若工程尚未完竣，因來往火車經管機器不善致有損害民人之處，亦當照前辦理。

（二十八）公司將來出資，可以設立專門學堂，以便華人學習繙繹及鐵路專門之業。嗣後該公司隨時應用人員，應先由該學堂選拔。

（二十九）以後該公司逐段設立廠房，可在沿途安設應用之電綫或德律風，專爲鐵路之用，不准收發平人電報。

（三十）凡有鐵路應會同滇省大吏商辦之事，均由法國總領事官商辦，惟應聲明所有專門事宜，須由鐵路監工定奪。

（三十一）鐵路開工之始，須由總領事官照會滇省大吏，即派位尊大員與沿途鐵路公司人員，將鐵路工程事務，按照滇省大吏及總領事官所定章程妥商辦理。滇省大吏亦允選派官員數位，其職任係襄助鐵路公司人員辦理事務，遇有公司與地方人民爲難之事，該委員應即會同地方官從中調處，以免彼此誤會、疑忌，並免其爭論之事；倘事關重大未能就地商妥了結，應稟報滇省大吏會同總領事官妥爲辦竣；如事非大吏權力所能及，則報由中國政府與駐京法國使臣會同商辦。

（三十二）造路時每月由鐵路公司兌交滇省大吏銀四千四百五十兩，係補償各員來往照料薪水火食之費。駐紮蒙自大員一員、駐紮蒙自管理地段官一員、駐蒙自提調官兼發審一員、駐省城辦理往來事件提調官一員、幫造路事差遣委員十二員、巡捕武官十員、護衛士勇二百四十名、繙譯一員並各屬員。

（三十三）此項章程經中國國家批准作爲定章，凡修造鐵路、開辦鐵路各事務，均須遵守此一定專章辦理。

（三十四）中國國家於八十年期限將滿，可與法國國家商議收回地段鐵路及鐵路一切產業，其應須償還所造花費並專門各色手工之資，及法國所保代爲發給公司股本利息，凡所有此項鐵路各色經費，俟到期限，均在此路進款内歸清，則鐵路及一切產業自可歸還滇省大吏收管，無庸給價。如欲核算各項製造等費，當以彼時開議法國所結曆年出入帳目爲憑，則預知中國應否給費以收回此項鐵路及一切產業。

《中俄會訂旅大租地條約》（光緒二十四年三月初六日）第八款

中國政府允以光緒二十二年所准，中國東方鐵路公司建造鐵路之理，而今自畫此約日起，推及由該幹路某一站起至大連灣或酌量所需，亦以此理推及。由該幹路至遼東半島，營口、鴨綠江中間沿海較便地方築一枝路，所有光緒二十二年八月初二日中國政府與華俄銀行所立合同内各例，宜於以上所續枝路，確切照行其造路方向及經過處所，應由許大臣與東方鐵路公司議商一切。惟此項讓造枝路之事，永遠不得藉端侵佔中國土地，亦不得有礙大清國大皇帝應有權利。

《中日會議東三省事宜正約》（光緒三十一年十一月二十六日）第二款　日本國政府承允按照中俄兩國所訂借地及造路原約實力遵行，嗣後遇事隨時與中國政府妥商釐定。

《中日會議東三省事宜附約》（光緒三十一年十一月二十六日）第六款

中國政府允將由安東縣至奉天省城所築造之行軍鐵路，仍由日本國政府接續經管，改爲轉運各國工商貨物。自此路改良竣工之日起，除因運兵回國耽延十二個月不計外，限以二年爲改良竣工之期以十五年爲限，即至光緒四十九年止，届期彼此公請一他國公估人，按該路建置各物件估價售與中國。未售以前准由中國政府運送兵丁、餉械可按東省鐵路章程辦理。至該路改良辦法，應由日本承辦人員與中國特派人員妥實商議所有辦理該路事務。中國政府援照東省鐵路合同派員查察經理，至該路轉運中國官商貨物價值應另訂詳章。

第七款

中日兩國政府爲圖來往輸運均臻興旺便捷起見，妥訂南滿洲鐵路與中國各鐵路接聯營業章程，務須從速另訂別約。

第八款

中國政府允南滿洲鐵路所需各項材料應豁免一切税捐釐金。

《新奉吉長鐵路協約》（光緒三十三年三月十一日）第一款

中國政府現因收買日本國所造由新民府至奉天省城鐵路，議定售價日本金圓一百六十六萬元，在天津交付正金銀行兑收。此鐵路由中國政府改爲自造鐵路，允將遼河以東所需款項向南滿洲鐵路公司籌借一半之數。

第二款

現中國政府自辦吉林省城至長春府鐵路，允將所需款項之半數亦向前開公司籌借。

第三款

第一款及第二款所載借款之條件除還清期限外，其餘一切仿照山海關内外鐵路借款合同辦理。其主要事項開列於左，至鐵路一切辦事章程，應按照現在山海關内外鐵路總局之辦法辦理。

甲、借款還清期限關於新奉鐵路遼河以東者定爲十八年吉長鐵路爲二十五年在各期限未滿以前均不得還清全款。

乙、新奉鐵路遼河以東向南滿洲鐵路公司所借之款，即以該段鐵路產業及進款作保。

吉長鐵路局自籌之商股及向南滿洲鐵路公司所借之款，均以該鐵路產業及進款作保。

中國政府於借款未清以前，凡他項借款均不得以以上所指鐵路產業及進款作保。

中國政府於借款期内，應將遼河以東之鐵路及吉長鐵路房屋、工廠、車輛、地段、物產等經理妥善，並隨時增添車輛，務令運載等事敷用無缺。倘嗣後於吉長鐵路添造枝路或再接展共建造之事，應歸中國政府自辦，如有不敷之款項，應向公司籌借。除所指之鐵路外，如中國自行籌款建造他路，與南滿洲鐵路公司無所關涉。

丙、借款本息均由中政府作保，如付息還本到期爽約，公司即知照中國政府應按所需之數代還公司。倘中國政府於公司知照後未能照所短本息籌還，應將所指之路及一切產業交公司暫代管理，俟本息還清，仍交還鐵路局管理。倘所欠本息爲數無多，可通融展期，惟不得逾三個月之久。

丁、在借款期內總工程師應用日本人，至鐵路辦事人員倘華人不敷用，亦可參用日本人。倘有時須更換總工程師，應與公司商明方可派委員並添鐵路日帳房一員，須具幹練之才，於鐵路各帳務均有全責布置，督理其監督收發事宜，應商同鐵路總辦辦理。

戊、所指各路係屬中國政府官路，如遇軍務賑務在各路運送兵丁糧食，均不給價。

己、指明各路所有一切進款，應存日本國銀行。至如何存儲，俟訂立借款合同時彼此商定。

第四款

中國政府收買現有之新奉鐵路後，應從速與南滿洲鐵路公司訂立關於遼河以東之借款合同，又派令中國工程師會同日本工程司履勘吉長鐵路，以憑估計該路需款完畢後，應於六個月內與公司訂立借款合同。

第五款

中國所辦之新奉及吉長鐵路，均應與南滿洲鐵路聯絡，至其一切章程由津榆鐵路局與南滿洲鐵路公司另派委員商訂。

第六款

第一款及第二款所載借款之實收價值應照中國最近與他國借款公平酌定。

第七款

新奉鐵路售價交付後限一個月，應即由中國鐵路局派員接收經管。

《中日新奉吉長鐵路借款續約》（光光緒三十四年十月十九日）中日兩國政府按照光緒三十三年三月初三日，即明治四十年四月十五日所訂新奉及吉長鐵路協約第四款，應由兩國訂立各該鐵路借款合同以前，兩國政府擬除該協約所訂事項外，再訂續約。茲後列兩員各奉委任協定如左：

第一款

中國政府按照新奉及吉長鐵路協約下文即稱協約第一項及第二款，允將京奉鐵路遼河以東路所需款項之半數，即日本貨幣三十二萬元及吉長鐵路所需款項之半數，即日本貨幣二百十五萬元向南滿洲鐵路公司籌借。

第二款

借款利息常年付息五釐。

第三款

借款實收價值按照協約第六款每百按九三扣付。

第四款

中國政府按照協約第三款，在借款期內，京奉鐵路遼河以東路之總工程司應用日本人，則開辦伊始可即以現在京奉鐵路所用之日本工程司充之。其事權仍照現在辦法歸京奉鐵路總辦與總工程司管轄，倘將來有時須更換該工程司，應按協約與南滿洲鐵路公司商明派定，其事權仍照上開辦法一律。

第五款

中國政府因京奉鐵路遼河以東路之賬目難以分開，日本國政府可允諾在該路司賬人不另派日本人。又日本國政府照允中國政府按該段借款總數算出按年應還本息數額，再算出按月應還本息若干，以此按月應還本息數額抵作爲遼河以東路之餘利，於每月初一日由中國政府存放南滿洲鐵路公司指定在中國之日本國銀行，以爲屆期付還本息之用。將來屆期如何付還本息及銀行給回存款息率若干，俟訂立借約細目合同時另行商定。又中國政府允將京奉鐵路全綫之月底賬目大綱，及年底決算賬目之英文徵信册按年送交南滿洲鐵路公司閱看。

第六款

吉長鐵路總工程司及司賬人均按協約第三款應用日本人。其任用法總工程司應由中國政府選擇幹練人材，商明南滿洲鐵路公司後，由中國政府派委司賬人由南滿洲鐵路公司選舉商明中國政府後，由中國政府派委。倘將來有時須更換該總工程司及司賬人，應按協約商明南滿洲鐵路公司亦按上開辦法派委。

第七款

關於借款細目合同，應遵照協約及本續約南滿洲鐵路公司與中國郵傳部委員另行商訂。

本續約應由各本國政府允認施行。

論説

《東方雜誌》第一卷第五號《法人經營雲南鐵路》　客有從貴州貴陽府來者，爲述法國經營雲南鐵路之事。據言由安南東京至雲南省城之鐵路，前本定期五年築成者，今法國政府爲速成計畫，限以二年半務求竣工云。現於雲、貴兩省以外，別募工人二萬名，日夜從事。查此鐵路經萬山□□之間，其果能如法國政府所期，以此短日月而竣工否？固未敢確言，而法人汲汲若是，意欲何爲？去年以來，日本將有事於韓，乃爲京釜鐵道速成計畫。今法人之滇越鐵道，毋乃類是？現民間立有保地會，相約以鐵路經過之處，不肯賣地與之，此亦愛國心之一端。雖然以此等不健全之手段，果足達其愛國之目的乎？保母愛之而遴以緊之乎？蓋亦反其本矣。

又　第六號《路權不可授於外人》　有法人辭歷中國者，言現今中國所造鐵路，他日於軍事甚有利益。日後各省之練軍成就，則一旦有事，均由火車集合。故中國之經營鐵路，實今日至急之務也，此言誠然。然我國自造，則鐵路之權在我，一朝有事，我固得以運輸集合我國之軍隊；若外人代造，則權在外人，一朝有事，外人卽得以運輸集合外人之軍隊，我國人愼勿惑於斯論，而輕以築造鐵路之權授之外人，是吾國前途利害之一大關鍵也。

又　第七號《鐵路宜握主權》　夫吾國之路礦，必先自辦，而開辦方法，則必擇我國已成之人材，授以主權。不足，則以外人爲之輔。一方專派工藝學生，留學東西洋，資以幾年學成路礦之學，并於各省會各要鎭，大開工藝實業學堂，務使三四年內，一省足一省之用。然後盡舉所有路礦而開放之，恣官商以造築，而後主權不言保而無不保，外患不待拒而無不拒。吾國上下，若卽知路礦權之重，宜亟集現有人材，竭其力之所及，以經營路礦。復聯絡上下之勢，各省盛興工藝學堂，多派學生留學工藝實業，必期數年而後，人材足用，工藝如林夫。然而礦路之利益可收，今日所爭之礦路，始爲我久長之主權，而非外人所能移。

雜録

《總理衙門致法國公使照會》（光緒二十三年五月十九日、一八九七年六月十八日）照得本衙門會同貴國駐京使署商議，互定中國國家、法國國家按照和約條款以示和好情意，彼此願將中國與越南鄰界通商來往便宜興盛，更明白詳細。專訂中國與法國前定約章內載數條辦法事以爲此。本衙門與貴使署互議字樣三節開列如左：一、按照光緒二十一年五月二十八日商務專條附章第五款，并二十二年四月二十四日費務林公司與同登至龍州鐵路官局訂立合同及二十二年四月二十一五月十五等日本衙門與貴使署往返文牘，現卽議定一、俟同登至龍州鐵路築竣，如果費務林公司辦理妥當，中國令該公司接造往南寧、百色。

《清法規大全・外交部》卷二中《盛大臣奏訂澤道鐵路條款摺》　竊查光緒二十四年六月英竇使向總理衙門緊索英商承造鐵路五條以證和好，其末條渾言山西河南至長江經王六臣照覆，應俟福公司晉豫開辦礦工，再與妥商。該使覆稱原訂礦務合同本准修築鐵路，由礦山運送礦產至河口，此河口卽在襄陽可以通達長江，是爲澤襄鐵路。初議之緣起二十五年，英竇使又以勘查襄陽至漢口水道不能通暢，商請改道澤州鐵路，欲在河南懷慶府與盧漢銜接渡河後摺入安徽正陽關，以達江蘇江浦縣之浦口，改名懷浦鐵路。時有御史張荀鶴條奏鐵道改道辦法，亦以由懷至浦爲便。總理衙門覆奏謂遠跨豫皖名爲緯路，實已斜亘南北，隱然增一幹路，殊屬窒礙難行，請旨飭臣妥籌辦理。二十八年拳匪事定，英使在外務部重申前議福公司代理人哲美森來滬述其駐使之意，堅請商辦。臣以蘆漢應還本息擔任甚重，設穿裂幹路斜行至浦則長江下游，客貨勢必攬奪淨盡，盧漢無以自養，爭摺數十次，哲美森知不可奪願在懷慶銜接後多走幹路，從許州郾城縣另造一路，向南仍至浦口，告以英使所爭五路中已有信陽至浦口一路爲英商怡和匯豐銀公司承辦，既願至郾相接，不如仍循幹路而東由信陽直至浦亡。福公司與銀公司同是英商，當可合辦。詎英使仍堅執商議，懷浦鐵路或使中國任借洋款數百萬鎊，或由渡自造奪我權利，將來轉運兩省礦產彼可自便。實係專顧英商之利益，不顧華債之艱鉅。外務部與臣往返電商總以有礙盧漢力持不允。逮二十九年五月，英使重向外務部聲請將已定之澤道鐵路由福公司代爲借款，仿照正太鐵路章程辦理，即在衛輝府與盧漢幹路接聯。臣初猶堅執原合同，福公司應自備款項造路，不應請中國借款收路。山西撫臣張曾敭悉心籌計，有不可許者八端，派道員志森赴滬協商，冀同駁阻。河南撫臣陳夔龍乘道口至清化將次告成，派道員韓國鈞與訂行車章程，禁止攬儎礦産以外之貨物，悉未就範。在英使總以澤州至襄陽鐵路先經允准，今既不允，其另闢一路直至長江已屬萬分爲難向部饒舌，并以躭延過久迭次函部電滬催訂合同。臣思山西商務局既誤給礦利於前，鐵路總公司復代擔路債於後，卒之路成，礦成，皆屬英商之利。福公司且以晋礦合同標題載明開礦製鐵以及轉運各色礦産字樣，執定欲在鐵路合同載明，准其運鐵，意在就礦設爐製鐵運售，此意尤惡。夫環球各國類以煤鐵之豐歉，卜國勢之强弱。中國官商協力，現以機爐煉鐵者祇漢陽一廠。然大冶鐵砂不及山西之富厚，一與接通幹路，即照條約禁止内地設廠，而就礦開爐製鐵轉運生鐵以及分運鐵石煤焦運往江海商埠，煅煉爭銷，皆足損礙中國鐵政，較正太之僅許修路者情形不同。且澤道經行之處，俱係瘠區，貨客稀少，工築艱鉅，必致養修之外不敷本息。仍將以上利病與哲美森痛切指駁，彼既因礦而及路，我即就路以制礦，霸軛之法議就原訂之盂平澤路四屬内所有鐵礦，暨煉鐵合同之煤并煉焦爐統由中國合股開辦，仍由國家自設鎔化廠。凡各礦所出鐵砂，均須官廠冶煉成鐵，方准由火車裝運並聲明所指各處煤礦。如亦願意合辦，由山西商務局與福公司再行商議，挽晋省已失之利，防鐵路溢運之權，内外協力、前後爭持，已及三載，實已無可再爭。此澤道鋉路合同未議條目以前，先與修改礦章之曲摺情形也。查福公司道口至清化鎮九十英里有奇爲已成之路，借款收回給價多少應派員核實估工；以爲斷清化至澤州三十八英里爲未造之路，應俟礦務開辦實有把握，另再續訂合同，不應於此時預籌借票，多擔本息。故名謂澤道鐵路合同，實則現議借款祇敷收回道口至清化爲止。半年以來，派華工程司候選知府詹天佑赴豫查帳勘工，一一確實，飭今賫册赴京，由外務部加派左參議臣雷補同邀同哲美森按照滬議節略逐款磋商就緒咨行。臣奏明辦理伏查現議借款合同二十一款，又行車合同十款，議借英金七十萬鎊，五釐行息九扣交付，實得英金六十三萬鎊，約合華銀五百萬兩左右。國家作保鐵路作抵，除福工司已用工費並息銀鎊虧，查照帳册應於售票項下撥還六十一萬四千六百鎊，將道口至清化鋉路收回歸并外餘剩之款，儘數留備行車經費。此項借票簽字後第十年起，分二十年贖還代辦。行車期内餘利提給二成，合同期滿歸總公司自行管理。用人行政督辦大臣有准駁稽核之權，機件材料先儘中國工廠承辦，福公司無論明暗不得讓售別國人民，亦不得假手別國之人辦理。該路事務設有違犯，總公司有權另招他公司接辦，福公司亦不得索償。此外條款悉係參酌正太鐵路合同辦法另訂，擬設山西鎔化廠并合辦礦務合同，與此約同時定議一并簽押，礦路兼顧之中實寓權利。並收之意合將現擬合同分別繕具清單，恭呈御覽。俟奉旨批准，由部咨行到臣再行會同簽押，謹奏。光緒三十一年三月十九日奉旨，依議。欽此。

口岸設廠權分部

綜　述

《中日馬關條約》（光緒二十一年三月二十三日）第六款第三節

第三、日本臣民在中國内地購買經工貨件，若自生之物，或將進口商貨運往内地之時，欲暫行存棧，除勿庸輸納税鈔派徵一切諸費外，得暫租棧房存貨。

第四、日本臣民得在中國通商口岸城邑，任便從事各項工藝製造，又得將各項機器任便裝運進口，只交所訂進口税。

日本臣民在中國製造一切貨物，其於内地運送税、内地税、鈔課、雜派，以及在中國内地沾及寄存棧房之益，即照日本臣民運入中國之貨物一體辦理，至應享優例豁除，亦莫不相同。

嗣後如有因以上加讓之事應增章程、規條，即載本款所稱之《行船通商條約》内。

《中日通商行船條約》（光緒二十二年六月十一日）第四款

日本臣民准帶家屬、員役、僕婢等，在中國已開及日後約開各通商口岸城鎮來往居住，從事商業、工藝製作及別項合例事業，又准其於通商各口岸城鎮，無論現在已定及將來所定外國人居住地界之內，均准賃買房屋，租地起造禮拜堂、醫院、墳塋，其一切優例、豁除利益，均照現在及將來給與最優待之國臣民，一律無異。

掠販華工權分部

綜述

《中英北京條約》（咸豐十年九月十一日、一八六〇年十月二十四日）第五款　一、戊午年定約互換以後，大清大皇帝允於即日降諭各省督撫大吏，以凡有華民情甘出口，或在英國所屬各處，或在外洋別地承工，俱准與英民立約爲憑，無論單身或願携帶家屬一並赴通商各口，下英國船隻，毫無禁阻。該省大吏亦宜時與大英欽差大臣查照各口地方情形，會定章程，爲保全前項華工之意。

《中法北京條約》（咸豐十年九月十二日、一八六〇年十月二十五日）第九款　亦戊午年定約互換以後，大清大皇帝允於即日降諭各省督撫大吏，以凡有華民情甘出口，或在法國所屬各處、或在外洋別地承工，俱准與法民立約爲憑，無論單身，或願携家眷，一並赴通商各口，下法國船隻，毫無禁阻。該省大吏亦宜時與大法欽差大臣查照各口情形，會定章程，爲保全前項華工之意。

《續定招工章程條約（英法）》（同治五年正月十九日、一八六六年三月五日）第一款　一、中國通商口岸，凡有商民欲請准設公所，開辦招工，既擬與該工人何以立約、所內華工何以治理各等節，應將合同底稿並在公所治理工人章程各紙，稟請領事官查閱，又因各國搭船之例不同，必有該商已經按例遵辦實據，領事官始能查明。

第二款　一、該商稟請前來，領事官查其實屬殷實妥當之人，即將所呈合同、章程各紙查核，酌情刪改，方可轉移該管地方官查閱，俱屬妥協，立給印牒，准設招工公所。領事官即將印牒及合同等件，一并在本署鈔録存案。

第三款　一、印牒既出，不能無故註銷，其有故者，必須地方官與領事官會議，如果意見相同，該所方可關閉罷招，該商自不准追請賠償。

第四款　一、合同、章程等件，該商須於招工公所門外、房中書寫懸掛，以便工人均可知其詳細；合同、章程等件及經地方官暨領事官查明准辦，該商嗣欲刪改，均可稟明施行，惟各該官尚未批准，不可專自擅行。至於該商或欲遣人代覓承工，准將合同、章程各件鈔單稟請領事官及地方官，用印發給收執，方准遣人分赴該省、鎮、鄉等處代爲宣佈。

第五款　一、招工各商既立合同與該華工定議，務須按期逐款盡守，凡有負約之處，惟該商是問，俱按伊國之例傳案究審。

第六款　一、招工各商欲遣華民代覓承工，此項承遣者必由地方官先給蓋印准單，方可前往，後或干例，無論故違、誤犯，惟本人是問，俱歸地方官傳案究審。

第七款　一、凡有招工事務，中國專派委員協同監理，華民有欲承工，任便赴所，該商眼同委員註寫姓名於簿。註畢，該工任聽回家，或在公所候搭便船出洋。

第八款　一、華民承工出洋，或係獨身一人，或係携同家眷，所立合同字樣必須逐款開載：

一、指定何國、何處、承工，年限多寡。

一、限滿回國，計其人口約保水脚路費若干。

一、在彼作工預定日期、時刻。

一、在彼承工應受衣物、工食並各等利益。

一、遇有疾病，醫治醫藥不用該人工值。

一、隻身出洋，或有眷口留在中華，意欲按年計月撥給養家之費，應扣若干。

一、所有今定章第八、九、十以及十四、二十二等款盡須開列。以上七節之外，不准更加形似工人容免全行之條，倘有擅加，理應置勿庸議。

第九款　一、合同所定承工年限，不准逾於五年，期滿如欲回國，彼處必將合同所註水脚路費若干，按數備全交付，便船送回中華。如或限滿不欲回國，其法有二：一則聽憑該處官憲准否留住，准時，即將合同原定路費一項全數付給便用；一則聽其復行承工，另立合同，卽將原約所定銀數付給一半，聽其自用，而此次合同仍不過五年爲期，期滿仍照前次合同原數付船送回。設若華工到彼處後，患病不能作工，該處不俟限滿，先行按數給錢送回，否則准其赴官稟請伸訴。

第十款　一、承工工作日期時刻，定准七日之内必得休息一日，一日之内作工不過四時六刻卽外國九點鐘零二刻也。如足所定日時之數，不准强其工作過時。至於休息時日之間，如果正工之外，該工力能別有操作，抑或另承工課，准向本主酌定酬值。惟牧畜以及日用常事仍屬正工，不必因係休息時日格外議酬。

第十一款　一、華民年不及二十歲者，或欲承工出洋，必須取具本身父母准往憑單，蓋用地方官印信，方准承招；如或無從取其父母確據，亦應取具地方官蓋印憑單，如無此單，不准前往。

第十二款　一、所有華工姓名既已註簿，自是日起至少扣至四日，方准在監理委員面前將合同念與該工聽明，問其是否願往，伊實願去，立卽令其畫押。

第十三款　一、合同既已畫押，該工自應總由招工商人准否離所，不能擅自出入。將次下船之日，監理委員親至公所，各該華工當面認明畫押合同是實，領事官卽將合同鈔存備查。該船未出口之前一日，海關監督暨領事官或行親往或派委員赴船，將該華工按數點明，核對清楚，將單繳到監督、領事官各署，分別畫押鈔録存案。點明以後，華工内有變約不肯前往，卽准查明居住公所之日，每日追取飲食之銀一錢；如該工無款歸償，應交該管官按例治罪。

第十四款　一、華工未走之先，該商如有預支銀錢，皆應以爲承招賞需之用，不准追還；惟因支用安家之費，准商預支，每月扣還一元，以清欠款，其數亦不准過六月工值；此項銀兩該領事官必須設法實令安家，不得别用，其餘支借各項一概不准。又以華工或在船上之時或至彼處之後，曾借銀錢等物，約明期滿後作工抵還，一并嚴禁；如至期滿將欲回國之時，或有債主伸訴，藉此情節請爲扣留華工，亦必不准因此攔阻。

第十五款　一、所有招工公所，其中如何辦理，領事官與地方官既經會議定章，華民承工居住，總須遵照奉行。

第十六款　一、華工居住公所，或有滋事各等情弊，立卽鎖禁，俟地方官委員查收，按例審辦，所中商夥人等不准擅行治辦。

第十七款　一、所有該口招工公所，俱准兩國委員隨時任便出入，傳問華工，所中房間均歸該員等查管，以期分撥華工眷屬人口，得以團聚，免其雜混。又以各房必須治理清潔，方足怡養精神。華工押畫合同以及下船之時，該委員亦當在場監視；如見所下之船似不妥協，恐碍於人，准令華工暫免下船，俟覓醫生抑或熟識船隻之人勘明裁奪，船内華工内有現患傳染症人，卽刻令其離船上岸。

第十八款　一、華工下船，委員點名開單，該商按照所招之工，每名出銀三元，交付海關銀號收存，以備監理委員經費。

第十九款　一、犯法華民，或在逃或越獄承工，地方官查出，照會領事官交出，領事官立飭移付地方官，計期該犯居住所中之日，除將每日償銀一錢以補該商虧欠外，所有所中簿上註明付給該犯銀錢、衣物等項，亦應一體償還。

第二十款　一、各國運載客民之船，所有佈置客寓艙房、預備伙食、保其整潔，俱有定例，招工之商欲將華工運往外洋，先須稟明領事官查核實有符於定例，方准運往。惟於領事官既經批准，或有委員以該船尚有不妥情節，稟明地方官，以爲不宜出口，海關暫准不給紅牌，俟能確切詳查，轉報該國欽差大臣會議定奪。

第二十一款　一、華工下船，點名開單，應備兩本，分别存留，帶往船到前指定某國口岸。該船主先將副本邊沿註明華工在途中或已死生、疾病各等情節，呈上伊國領事官並該處地方官等，請爲分別畫押，以備送回。俟該單至中華之時，招工商人必呈領事官，卽合轉移地方官查核。

第二十二款　一、華工出洋到彼，夫婦不能分派兩處作工，幼兒不及十五歲者不准令離父母。至於華民在彼承人招工，不分舖户、莊田，其後舖田轉付他人，該工亦當奉爲招主；如或原主仍在舖田，或因別故欲使另投他主，該工自願方可，否則不准强行更换。

以上各款公同酌定之外，又經言明：除華民不待承招，自行出洋，中國官憲毫不攔阻外，若有意圖招工，不遵章程，另行設法，招致華民承約出洋作工，此爲例所嚴禁，查出另行重辦。更有華民不肯離國，有人膽敢私行騙往，勉强脅從，卽照刑部奏定新章，立予正法。且以招工事務既經明定章程，通商各口均准設所，仍須地方官與領事官會議監理，方爲按例興辦，設若某口内外各官無從會理，該商理應不准開所招工等語。

以上三節核定存案，中外官民應與前項二十二條同一遵守奉行。今於同治五年正月十九日，將章程等件各繕三份，蓋印畫押，以昭信守。

《古巴華工條款（西班牙）》（同治十二年九月初二、一八七三年十月二十二日）華民承工往古巴一事，兩國公同議定章程四條，開列於後：

一、中國可以派委員前往日國古巴地方查明華工情形。到古巴各地方詳細查明，均聽中國委員任便自行查訪。所有應查各事，可以詢問各國駐紮古巴之領事官，亦可請日國官員照料，以昭妥協。

一、兩國預請英、美、法、俄、德五國駐京大臣，嗣後將此事所有一切代爲公平定斷。

一、中國委員查明華工情形，呈報於中國總理衙門，由中國總理衙門抄録所呈報者交與五國駐京大臣以及日國駐京大臣閲看。於公評之時，將原文交付評定之各大臣處暫存。各國領事官如有將古巴華工情形呈報各本國大臣，擬用其作爲憑據者，其文件須交中國總理衙門並日國駐京大臣閲看。如未將其文件交出者，卽不得作爲憑據。

一、中國總理衙門、日國駐京大臣應將理論古巴華工一事之來往文件交與五國駐京評定之各大臣閲看，以便將其内兩國所説各事，統請五國大臣一同公評定斷完結。

中國總理衙門大臣今將以上各條漢、洋文字校對無訛，畫押互換。

《中秘天津條約會議專條》（同治十三年五月十三日、一八七四年六月二十六日）爲議定專條事：現因秘國地方有華民多名，且有稱該華民有受委屈之處，玆本大臣李、本大臣葛意欲兩國通好，會同商訂，先立通商條約，和好往來，庶幾彼此無不同心合意，一面由中國派員前往秘國，將華民情形徹底查辦，並出示曉諭華工，以便周知。一面秘國無不全力相助，以禮接待。俟中國委員到時，秘國無不諭知各處地方官實力襄助，盡職辦理。如查得實有受苦華工，合同年限未滿，不拘人數多寡，均議定由委員開單知照地方官。僱主倘不承認，卽由地方官就近傳案訊斷。若華工仍抱不平，立許上告秘國各大員，再爲覆查。凡僑寓秘國無論何國人民呈稟式樣最優者，華工應一體均沾其益。自秘國核定此項章程之日起，凡華工合同已經期滿，若合同内有僱主應出回國船脚之議，該工人有願回國者，卽當嚴令僱主出資送回。又各華工合同若無送回字樣，合同已經期滿，該工人無力自出船資，有願回國者，秘國應將該工人等附搭往華船上送回，船資一切無須工人自備，秘國自行料理。爲此將所議以上各節，定爲專條。應按漢、洋文字譯出六紙，中國文、日斯巴尼亞文、英國文各二紙，皆係一意。以上專條，由大清國大皇帝批准，大秘國大伯理璽天德選擧國會紳耆大臣議允批准，卽當特派大臣，或在上海，或在天津，會晤互交。現各欽差大臣在天津先爲親筆畫押，蓋用關防，以昭信守。

《會訂古巴華工條款（西班牙）》（光緒三年十月十三日、一八七七年十一月十七日）第一款　所有同治三年九月初十日大清國、大日國在天津定立條約内載立約爲憑招華人承工各節，嗣後既不招人出洋承工，自無庸立約爲憑。惟前約第十款内有不得收留中國逃人之語，仍遵其舊。

第二款　前約承工出洋未能盡善之情，既經今已除去，自應將前者議及賠償一層，兩國互相罷論。

第三款　兩國定准，嗣後彼此庶民出口前往，無論單身或携帶家屬，皆以出於情甘自願爲要；總不准或在中國各口，或在他處，妄用勉强之法及施詭譎之計，誘令華民人等不出情願而往。如有兩國人民、船主人等違背此約者，則兩國必將其人從嚴查辦，均照本國律例從重定擬罪名。大日國又允所有待各大國同類之人最優之處，中國人民或已在古巴者，或嗣後前往者，亦應一體均霑。

第四款　中國所開之通商各口，如有中國男女人等自願備川資往古巴居住者，大清國自此聽其自便，並無禁阻之意，並令通商各口關道及地方等官，如有遵照此次之約願載該民前往者，通商各口關道及地方等官自聽各國之船在該口内自備應用之物，以便載客出口，所有該船之船東、船行及經手各事人等如果能遵守此約，通商各口關道及地方等官亦不攔阻。

第五款　所有華民出口前往，一切情事是否果遵此約各章之處，各該口關道及地方等官自可自行詳細查明，以昭愼重。如有華人自願出洋者，應先赴關道處報名掛號，請領蓋印執照此項執照各關道預先備辦，送交日國領事官畫押蓋印，由關道發給該華人上船出洋，俟船到古巴後，由該處該管官將關道原給蓋印執照，送交中國領事官查驗。其通商各口載客出洋之船，該關道仍可派中國委員、大日國領事官亦派委員，同往該船親爲訪察。如查出華人內有並未領關道所給蓋印執照者，立將此等華人撤回。倘到古巴後，有未領關道所給蓋印執照之華人，即由該處日國官員會同中國領事官商辦。至船欲何時出口，該船主、船東務將開船時刻先期報明，以期委員於應查各節詳細驗明，不致因循遺悞。如該船主不遵此章，輒以開船在卽不及候驗爲辭，則照會日國領事官，先將船牌等件存署不發，並准將該船扣留，照日國律例辦理，俟各章遵辦後，方可放行。

第六款　大清國卽派總領事官前往古巴夏灣拏地方駐紮，此外所有日國准各國領事官等員駐紮之各處地方，中國亦可一律派員前往駐紮。惟所有中國派總領事等官一節，均照互相訂明辦法辦理。日國允待中國官員與待各國駐紮古巴各官一樣。大清國所派之總領事、領事、副領事等員，大日國古巴各官自應盡力照料，令其易於稱職，妥爲保護在彼本國之民。

第七款　所有在古巴中國人等均准隨便出島他往，惟其中倘有罪犯應行候訊者，不在此例。至華民在島隨便來往立業，自應設法以與第三款所言之利益相符，以上或應由日國執政大臣會同中國駐紮日國欽差大臣，抑或由日國夏灣拏地方官會同中國總領事官，妥設良法，俾令中國人等均能獲此約內所言之益與各大國在彼同類之人一例相待。惟所設之法，既應與該處防範滋事之章均宜相符，卽以後在島再立防範滋事之章亦皆包括。又應由日國地方官每人予以隨便往來之准單一紙，至此准單，自應與各國人所執之單式樣相符。

第八款　一、中國人等或自被告赴署分辯者，或爲原告赴署理論者，所有該處日國讞局優待各國兩造之處，該讞局應令中國人等一律均霑。

一、中國人等在讞局有事之時，准其延請律師及傳話之人，無論他國、日國均准請去，且或自覓其人，或請中國總領事、領事等員代覓均可，惟其人必須按照日國律例能在日國讞局承辦此事者，方可延請。

一、至現今在古巴島之華民人等，內有未行互換此次條約之前自言曾受委屈者，均可前往該處日國讞局訴其冤枉，該處讞局卽將各案次序確查，秉公斷結，與優待各國人所能得者一樣。

第九款　大清國所派夏灣拏之總領事官急與該島各該管官妥訂章程，令現今在古巴之華民人等以及嗣後再來之華民，均皆報名掛號，立花名册，其册存於中國總領事等官署內。每人由領事官發給執照一紙，以爲業經報名之據，此等執照應呈各府、城、莊、寮等所查驗。

一、古巴地方官急將該島各處現有華人多寡之數、並其姓名，知會中國總領事等官，並設良法令中國總領事等官易於前往該島莊、寮等處，以便將中國在彼承工之人實在情形，親自詳察。

第十款　各國之船願載華民出洋，除此約各條自應一體遵照外，尚宜遵守其本國載客之章，以免船上或乏應用之物，或缺防客染病之法各等情形。是各國之船，若不遵守此二項規矩，卽不准載客出洋。

第十一款　一、現今在古巴承工之華人內，恐有從前在中國或讀書，或作官，及此項人之親屬，大日斯巴尼亞國敦崇和誼，願將此項人等由日國自出船資載回中國，以昭誠衷，俟此次條約互換後，卽行開辦。惟應由中國總領事、領事等員，先將實在情形查明，知會日國該處地方官，俟該處地方官將各情詳細核明，如果屬實，卽將其人放行載回。

一、現今在古巴之華工內，所有年老力衰以致不能作工之人，並中國孤寡婦女，茲大日國允將此二項內自願出島回國之人，亦由日國出資送回。

第十二款　一、現今在古巴之華工合同期滿，原合同內如有僱主人等應送回國等語，大日國自應督令該僱主人等按照合同而行。

一、現今在古巴之華工人等內亦有工期已滿而原合同未載送回本國之語者，至此項內誠恐有無力自備船資回國之人，應由古巴地方官與中國總領事等官詳商設法，以便送回。

一、所有現今在古巴合同之期已滿之華工，俟此次條約互換之後，卽應一體予以期滿之執照一紙；所有以上第七款所言之利益，其人自應一體均霑；其人或願仍在該島居住，或願出島他往，均聽其便。

第十三款　古巴島各處地方官，倘察某處當時情形，其處若聚人過衆，恐滋事端，以致地方不靖。該地方官一面禁止中國人等，一面知照領事官，不准前往居住，與待各國人一律辦理。若果有此情形，卽不得以第七款有隨便來往之語爲辭。

第十四款　一、現今在古巴工期未滿之華人，仍應按合同之期將工作滿，其餘如執照、准單等一切事宜，新到之華人與期滿之華人所獲利益，亦應一律同霑。

一、現今在古巴所有拘於各處公所之華人，俟此次條約互換之後，一體放出；並將應立之章內所定各項執照，亦皆發給，總將其人與在彼處各項華人一律相待。至於犯罪已未定案之人，仍送官監候結。

第十五款　大清國、大日國在此次所立各條內，日後如有願行删改之意，則應至少於一年之前預行知會，以備日後詳商。大清國如於華民出洋一事內，以後若將此次條約未載之利益施及他國，則日國即應一體均霑。

第十六款　現今所立各條，應由兩國御筆批准，於八個月限內在大清國都中互換，或能先期互換均可。

右載條約，今已將日文、法文、漢文各二分校對無訛，在大清國光緒三年十月十三日，大日國一千八百七十七年十一月十七日，由兩國所派秉權之大臣，在京師親各畫押，鈐用關防，以昭信守。

《限禁來美華工保護寓美華人條約》（光緒二十年二月十一日、一八九四年三月十七日）第一款　茲彼此議定，以此約批准互換之日起，計限十年爲期，除以下約款所載外，禁止華工前往美國。

第二款　寓美華工，或有父母、正妻、兒女，或有產業值銀一千元，或有經手賬目一千元未清，而欲自美回華、由華回美者，不入第一款限禁之列。但華工於未離美境之前，須先在離境口岸詳細縷列名下眷屬、產業、賬目各情，報明該處稅務司，以備回美之據，該稅務司須遵現時之例，或自後所定之例，發給該華工按此約章應得回美執照，但所立之例，不得與此約款相悖；倘查出所報各情屬僞，則該執照所准回寓美國之權利盡失。又例准回美之權，例限以一年爲期，以離美之日起計；倘因疾病，或別有要事，不能在限期內回美則可再展一年之期，但該華工須將緣由稟報離境口岸中國領事官，給與憑批，作爲妥據，以期取信於該華工登岸處之稅務司。該華工如不在稅關呈驗回美執照，無論其由陸路、水路回美，均不准入境。

第三款　此約所定限制章程，專爲華工而設，不與官員、傳教、學習、貿易、遊歷諸華人等現時享受來寓美國利益有所妨礙。此項華人，倘欲自行申明例准來美之利益，可將中國官員或出口處他國官員所給執照並經出口處美國公使或領事官簽名者呈驗，作爲以上所敘例准來美之據。茲又議允，華工來往他國，仍准假道美境，惟須遵守美國政府隨時酌定章程，以杜弊端。

第四款　查光緒六年十月十五日，即西曆一千八百八十年十一月十七號，中美在北京所立華人來美續約第三款本已敍明，茲復會訂，在美華工，或別項華人，無論常居，或暫居，爲保護其身命、財產起見，除不准入美國籍外，其餘應得盡享美國律例所准之利益，與待各國人最優者一體相待無異。茲美國政府仍允按照續約第三款所訂，盡用權力保護在美華人身命、財產。

第五款　美國政府爲加意保護華工起見，一千八百九十二年五月五號美國議院定例，一千八百九十三年十一月三號此例又經修改，凡在定例以前，所有美國境內一切例准在美之華工均須照例註册，中國政府現聽美國辦理，美國政府亦應聽中國政府定立相類條例，凡一切美國粗細工人商人亦如議院定例不計，寓居中國，無論是否在通商口岸，均令註册，概不收費。又美國政府允准，自此約批准互換之日起，於十二個月內，將寓居中國無論是否在通商口岸之一切他項美國人民包括教士在內之姓名、年歲、行業、居址，造册報送中國政府，以後每歲册報一次，惟美國公使人員或一切奉公官員在中國駐紮或遊歷及其隨從傭用人等，不入此款。

第六款　此約彼此互須遵守，以十年爲期，敬候大清國大皇帝、大美國大伯理璽天德批准互換之日起計，至限期届滿，倘於六個月前彼此並不將停止限禁之意行文知照，則限禁再展十年爲期。

論說

譚禹《夜半鐘聲・戒拐販人口出洋論》　蓋聞天地以好生爲德，聖賢以除害爲懷。挺忍殺人，按律猶當嚴辦，機謀陷衆，於理實所難容。今有俗名猪仔頭者，居心奸險，立志凶狠，惟知益己射利歸囊，專以販人出洋爲業。鄉隅豎子，既每受其樊籠；村市貧民，更多遭其蠱惑。惡經習積，罪已貫盈。邇因外國求沽，較諸曩時尤盛，多多益善，逐逐招尋，價值倍增，老幼不擇，致使奸們圖富，私與番客定謀，立券一年，交人數萬。自是吴江楚水以及粤境閩邦，不拘各處童男，紛將拐誘，漸至良家婦女，競欲搜求。鬼蜮猖狂，蝎蛇充溢。名開招工之館，實爲陷命之場。薄海痛心，於茲爲甚，道途側目，莫可如何。

溯其作俑之由，原以澳門爲總，舟航繁集，買賣公行。每租公司館以爲居，且與西洋人而共事。棍徒作弄，裝成巨賈富商，店户堂皇，擺設奇花異草，多方設餌，百計張羅。或稱汲引以傭工，或托經商而請伴，或遇行人失路，認爲素面之交；或逢遠客同舟，投以知心之語；或瞷前途寡侣，遽爾欺凌；或乘僻巷孤踪，猝然擄去。無窮詭局，曷可勝言，倘昧危機，卽墮其術。初則甘言引入，推以食而給以衣；繼則奇貨是居，藴於中而藏以櫝。高墻數仞，恍居囹圄之牢，暗室重扃，如坐酆都之獄。使登天而無路，教入地以無門，斯時若不曲從，則强逼之笞敲立至，此心暫爲俯允，則後來之艱苦難堪。總之誤入迷津，噬臍何及，自嘆終沉孽海，抱恨誰憐！迨夫番舶開行，引赴議亭訊問，當官報號，悉皆以羊易牛，循例呼名，無非指鹿爲馬。衷情莫白，隱念難鳴。押送者眝目張張，起行者低頭竄竄，魚貫蟻隊，概行帶下乎舟中，犬伏蛇行，遂卽拘囚於艙内。呼號對泣，涕泪交横，遍體之衣褐不完，果腹之饔飱莫繼。饑寒屢受，苦病叢生，食無箸而卧無床，直等同槽之牛馬，身羈而足以鎖，真如入笠之豭豚。旦夕巡邏，夏楚之凶殘已甚；晨昏監守，夜叉之慘酷彌深。發類蓬飛，面形菜色，縱使金剛怒目，空憐叫苦之悲，除是菩薩化身，方有再生之望。顛連殆盡，喘息微留，江水魂驚，云山夢斷。涉波濤而累月，覩天日以何期！幸而生存，直同抵步，舟主遣其登岸，番奴挾以同途。初經胡地風塵，傷心慘目，及至彼都廛市，貼耳垂頭。網内枯魚，聽彼隨時販賣，籠中病鳥，憑他任意施爲。體若少强，買以開山鋤墾；質如老弱，沽之作僕爲奴。置身瘴癘之窮途，埋首强胡之絶域。虎豹不避，犬馬何殊，穴土而居，藉茅而卧。胡笳隱隱，驚殘愁旅之心，羌笛聲聲，吹碎離人之夢。春寒刺骨，秋雨斷腸，時當白雪玄冰，朝勤暮苦，如值紅塵赤日，力疲形焦，衣鶉韋以御寒暄，饑酷漿以充饑渴。異言異服，几經哀鴻萬里之愁，半鬼半人，僅存蟻螻一絲之命。生既若此，死復何言！嗟嗟，青鳥之片禮難通，黄鶴之一去不返，父母鞠育，徒勞罔報之恩，宗祖睽違，空望來生之報。言念及此，豈不寒心，傷也如斯，誰能忍泪！

竊思中華富貴之地，本稱文明禮義之鄉，蕩蕩天朝，堂堂大國，蒼生無恙，使爲鳩舌之奴，赤子何知，竟作犬戎之族，此神人之共憤，實今昔所未聞。余等歷涉遐邦，遨游朔漠，心憐此事，目擊其情，敢將一段真言，奉告四方善士。居勤處儉，莫貪邂逅之奇緣；業實操農，勿作希冀之妄想。力能奮用，天必無虧躬耕者，不失乎三時，自可家饒而户足。貿遷者運籌乎百越，何難槖滿而箱盈。倘或負販無資，姑向肩挑而覓食，如謂謀生乏術，盡多手藝以棲遲。奚爲鬻己作奴，忍耻而求兩餐之哺啜，何以將人比畜，甘心而受半世之鞭驅，猥與犢豕同游，不顧泥涂自辱。天涯淪落，漠北流離，抛骨肉於重洋，與死無異，棄妻孥如敝屣，有生何爲！試問一年裝去若干，曾聞十載回來有几？前車已覆，後轍當懲，世路多歧，迷途易蹈。平日交游之侣，猶防笑里藏刀，當前熟識之朋，須慮腹中有劍。披星戴月，宜嚴出入之防，話雨談雲，務切叮嚀之戒。夫奸徒之伎倆，詭異難知，而人生之命途，榮枯莫料。設使吹簫行市，豈不得遇之期，甚至托鉢沿門，尚有嗟來之食。隨緣度日，安份聽天，與其欲行險以遠圖，孰若且居常而暫守。時時醒悟，在在見幾，免因一念之偶迷，致抱百年之長憾。更願仁人樂善，奮清流毒之源，以使行旅放心，均被康衢之譯。謹抒下悃，敬達高明，伏祈俯鑑乎愚誠，用以布聞於遐邇。

順邑獅江譚警迷子作

《東方雜誌》第一卷第五號《又誤訂招募華工之約》　特蘭斯畦招華工事，英國特派員至津，與北洋大臣商議。袁督深不謂然，電告外務部請止張德彝畫押未成，不知此係特别苛例。訂明招華人至彼五年後，全將華工送國，華工至彼，絶無利益，不過經送無罪之人，到彼受牛馬之笞辱耳。蓋政府以爲美州既禁華工，非澳均限制華人，得此爲尾閭之洩，亦調停之術而不知此舉虧損國體，貽累同種爲至可歎悼也。

《嶺東日報・論議廢美洲禁止華工條約之結果一九〇四年四月十二日》

西十二月七號卽去年十一月初一日爲美洲禁止華工换約之期，内外人士，憤其虐待之無理、工商之受辱，紛紛議論。預求所以抵制之策者，經歲累牘，而中人不知自立，不自集力畫一策、展一籌，以與美人爭，惟知乞憐政府攀號公使，冀爲廢止。政府雖亦嘗勉從其請，以一紙公文，令外務部駐美公使，與之理論。然近聞美人決不肯將此約廢止，惟允於此外華人，優爲接待。駐美梁使，已電覆政府，政府亦允照辦。似此情形，今日禁止之約，雖未遽定，則將來新訂之約文，其必如舊約無疑也。其或增重於舊約，未可知也。且美人亦何狡之甚乎！兩國締約通商，商民例當一律優待，而曰自後此外華人，當爲優待。前既背約章於不顧，今尚可信其空言爲足恃與？吾恐自此而後，非特禁止華工之約不得廢，而虐侮我各色人士，且將較前益甚。彼特以此體面語，爲我政府搪塞面子耳。我政府固唯恐并此而不得也。嗚呼！議廢禁止之結果何如？我中國人至此，尚有面目見各國人與？然我於此不得不以三大端，爲我國全體人民告焉。綜言之，三大端實爲一端曰：不可不亟求自立而已！析言之，則曰靈心之勃發也，奴性之急去也，社會之速進文明也。我國民而果能行此，則美洲禁止華工之條約不廢而自廢。苟至此而猶不悟也，非特禁止華工之約，永無廢止之一日。恐外國人之迫我難堪者，猶有什倍、百倍於今茲也。

曷謂靈心之勃發也？我中國人，有依賴心而無特立心，有乞憐心而無自衛心。凡事依賴政府官吏之保護，不能合羣力、出羣智，自相抵抗、自爲救濟，而以生死得喪。一任政府官吏之處置，政府官吏辦之而善，則全體人民賴之；政府官吏辦之而不善，則生死哀號而無可如何。曾亦思政府官吏，本無預國民之痛癢，豈能盡力而爲？如國民自衛之善乎？曾亦思今日之政府官吏，安居無事，尚恐外人之指摘，況敢出强硬力以與外人爭乎？國民而以身家財產委之政府官吏，是直坐而待斃矣！況美人禁止之約，爲彼族工黨所持者甚力，豈一紙空文所能挽回？苟非吾民合全體之力，握至要之端，逼使不得不改，其事決不爲功。新中國報曾論華人宜禁銷美貨，各碼頭不上美貨，以抵制其貨乃敬告我國民靈心速悟，勿謂政府官吏之足恃。我國民而不及早爲自衛計，事事力求自立。一旦日暮途窮，恐真有欲哭不能、欲訴不得之慘境也。

曷謂奴性之宜急去也？今我內外志士，鑑於外人之得步進步，日謀兼吞，不惜苦口之煩勞，文字之忌諱，悉舉亡國之慘、瓜分之禍，奔走往還，相告語我民，而自我民視之，竟寂然不爲一動，斯何故也？豈非我民心中，早已打定主意，以爲奴隸之行？我已安之千百載，白人若來，我不過以向之奴隸於政府者，轉而爲白人奴隸，又豈非以國家雖亡，於我何與？我唯預習一二洋文洋語，任外人之指使工作。外人若來，又未必盡死我而後快乎？嗚呼！以此存心，非特無志之尤，即於自生之術、苟安之計，亦可謂拙之拙者。夫一國民之所以交際往來，能與萬國並者，以其有國存也。即受强於我者之欺侮，彼與我平等、與我較弱者，我固猶得以平等相處。亡國之苦，恐吾民未嘗細諒之也。猶太以文明最先發迹地，至今國亡，一任白人從而牛馬之。俄羅斯時溺百萬人以快心志，此情此景，我民其能堪乎？然吾今日固與吾民言美洲問題也，即以美洲禁約論，我中國今固未亡，今固猶以大帝國號於全球，徒以國力不振，與夫不克自强之故。吐棄外人，乃至國際交涉，一切不與各國並。以締約通商之美國，舉吾工吾商而逐之境外，以工業執役之賤，彼且不願我民之服從，秘府盟約不足爲據，公理公法不足爲責，外人所以處我之情，亦可想矣。彼蓋深執劣種淘汰之理，必不容我之列足臥旁，媚外之無益，我國民亦可以醒矣。

曷謂社會之速進文明也，自美洲禁止華工問題起，吾國人士，羣抱不平，訾訾然不責美人以無公理，則謂美人之不文明。嗚呼！以言不平，誠大不平也。然吾獨有以此爲吾民告者，夫外侮之來，必有其所以來之由。與我所以致此侮之端，美人禁約，何不施之於德法諸國，又何不施之於日本？去載美人因船上檢疫辱及日歸，爲日本全國反對，美遣使謝罪。□於我國肆行無忌，何與？吾願我中國人且平心抑氣，一返諸己，毋亦吾中國人之野蠻，實有可以被人斥逐者在也。吾今略舉其數端，其一，則人無聯集公心，鄰里同居之人，互相爭毆，習以爲常。其一，則汙穢狼籍，無異禽鳥。絕不爲衛生計，文明國以衛生第一要端，街里修飭居室整齊故瘟疫甚稀其一，則嗜鴉片者什人而伍，以死人毒槳，奉爲救命良物，其一則愚蠢無知，行同動物，齊集之所，戲謔穢醜，爲耳目所不忍覩聞。若是種種，皆文明國所深惡痛嫉，芟除數百年而始盡者。倘吾人雜處其間，深恐爲其所染。故斷然驅之而不疑，使吾國易地而處，恐亦不能不下此逐客之令。美人究何不文明？美人究何無公理？實我之自不文明、自無公理耳。吾非暴顯我民之醜，轉爲外人口實也吾實願吾民深知己之不文明至爲文明國所不容不得與文明國並居若此捫心一思，吾中國人尚有自容地乎？美洲禁約之失猶小，吾中國人而仍此野蠻之積習，不能痛自改革，行將全球人皆唾棄而擯逐之矣。

嗟嗟！美約其不廢矣！美約其不廢矣！美約之不廢，究於我何損？我中國壞地之廣，何不可以求生？何必爲外人奴隸？何必爲外人奴隸？吾但願我民之三復斯言，力行而實施之，則美約之不廢猶廢。不然者，吾恐九州大陸，且非吾民生息地，各國行將反賓爲主，不施之於外洋，而施之於吾祖國矣。

鄭觀應《盛世危言·販奴》 粤東澳門香港汕頭等處，向有拐販華人出洋之事，名其館曰招工，稱其人爲猪仔。猪仔一名，載至西洋，身價五六十元，税銀一元。澳門議事審官，收費二元。其黨與洋人勾通，散走四方，投人所好。或誘以貲財，或誘以游博。一吞其餌，即入牢籠。被拘出洋，不能自主。或於濱海通衢歧路，突出不意，指爲負欠，逼迫登舟。官既置若罔聞，民亦何由申訴。初則省城外黄浦等處，皆已蔓延。嗣被大員訪懲，甫能封閉。而澳港外埠之根株獨未絶也。蓋美阿兩洲，及南洋各島，日汲汲然開礦墾荒，土著寥寥，不能集事。故不得不招工。但工貲過微，人誰樂往。於是招之不來，出之以誘。誘之不能，出之以掠。計每年被掠賣者，累萬盈千。其中途病亡自經者，不知凡幾。幸而抵埠，即充極苦之工。倦即加以鞭棰，病亦不許告假。日出而作，牽以鐵練。日入而息，横受拘囚。逃走則有連坐之嚴法，處死則有水火之毒刑。求死不能，逃生無路。其中不乏右族名門，單丁愛子，誤罹陷阱，望斷家鄉，一綫宗祧，於焉中絶。言之酸鼻，聞者傷心。

英人華利言：西曆一千八百九十一年，即光緒十七年，華人被拐經新加坡分往各埠者，多至十六萬餘人。其中有少壯者，有中年者，俱由中國口岸引誘出洋。其至新加坡、庇能等埠者，尚不至過於困苦。若至秘魯、渣華、般鳥昆、士蘭岑忽、他剌租阿或東海各小埠，則備受酷虐，呼吁無門。誰非人子，能不爲之流涕而太息哉！或謂猪仔登舟，皆經番官訊問。不願者遣回。其飄然長往，絶無顧慮者，皆自願出洋者耳。不知拐匪奸謀百出，上下交通。當番官審訊時，皆拐匪冒名，自稱情願，并非本人。即一二號呼哀求釋遣者，亦系有意裝點，欺飾庸愚。鬼蜮心腸，險幻至此，華官番官，縱公正明察，亦安能不墮其術中。

夫販人爲奴，本干例禁。今則名爲招工，實與販奴無異。西律所不容。昔有販阿洲黑人爲奴者，英國上下議院集商禁止，出貲千百萬，贖還遺釋，嚴申條約。諸國至今稱之。美國南北之戰，其始亦以販奴而起，後乃設法禁絶，一視同仁。今中外輯睦有年，無分畛域，而竟任彼勾串奸商，爲此違例害人之舉，出入各口，漫不稽查。其玩視中國也甚矣。美國之舊金山，向屬荒野，招中國工人開墾，遂成富庶之邦。徒以華工傭價廉而效職勤。土人以爲奪其大利，焚劫驅逐，無毒不施。土人倡之，議院和之，苛待之條，聞有發指。其薄視吾民又如此。澳門雖有嚴禁拐販之議，而積久弊生，奸民詭計多端，有防不勝防之慮。勾通洋舶，詭稱某島某埠，有地待闢，有事可圖。及至中途，易船他適。愚氓入其網羅，永墮地獄。西士之明理者，亦聞而嫉之。

今巴西又欲招工，難免不蹈故轍。似宜查照公法，與各國明訂章程。如某地需工若干，必先報知中國公使領事，查核所需人數，轉報總理衙門，行知地方官，照章招致。中國派員駐香港澳門及各要口。華工出洋，先由船主開單具報，請華官登舟查驗蓋印，申報本省大吏，知照出使大臣。俟船到彼國之時，船主呈請華官照單覆驗。然後發與工主具領雇用。毋許虐待欺凌。或其地未駐華官，向有中國殷商爲甲必丹者，或各會館董事主之。覆驗後報明存案。本省大吏，亦給發諭帖，予以經理之權。最要者，宜由政府照會招工之國，事前不許苛虐，事後尤宜善待。華工之久歷辛勤者，倘自願旅於其地，准其入籍，與土著同。不得如美國之無端逐客。庶乎民命可保，而國體亦稍尊矣。

至華商貿易出洋，與華工稍有區别。亦應先期報明，給憑查驗，以免奸民假托，仍成拐販影射之端，免彼族輕藐華民，有失中朝大體。惟主其事者，須知此舉爲保護華民而設，亦非禁阻華人出洋。不得婪索貲財，徒貽訕笑。是又在當局之慎選其人耳。泰西事例，領事之權，本屬有限，降而至於董事，更無論矣。南洋各島，櫛比星羅，勢難處處設官經理。必須知照各國，准由華商董事，綜其事權。庶華人所到之區，皆我保護之所及之處矣。東南數省，生齒日繁。既不能概禁貧民之出洋，又不能坐視華工之受害。如此因勢利導，立法維持。救之於已然，不如保之於未然也。爭之於事後，不如察之於事先也。斯古帝王民胞物與之本懷，亦今日正本清源之要策也。

李東沅《論招工》 《書》曰：民爲邦本，本固邦寧。故先王行仁政以濟貧乏，嚴法令以禁惰游，所以保我黎民，不致流離異域者，意良厚也。頻年粵東、澳門，有拐誘華人，販出外洋爲人奴僕，名其館曰招工，核其實爲圖利。粵人稱之爲買猪仔。夫曰猪，則等人於畜類，仔者微賤之稱。豢其身而貨之，惟利是視，予取予携。復聞猪仔一名，載至西洋，税銀一圓。澳門議事亭番官收費銀二圓，而又恐華官燭發其奸。於是上下賄賂，詭計百出。且粵省拐匪，先與洋人串通，散諸四方，投人所好。或炫以貲財，或誘以嫖賭。一吞其餌，即入牢籠。遂被拘出外洋，不能自主。又或於濱海埔頭，通衢歧路，突出不意，指爲負欠，牽扯落船。官既置若罔聞，紳亦不敢申訴。每年被拐，累萬盈千。其中途病亡及自尋短見者，不知凡幾。即使抵埠，悉充極勞極苦之工。少惰則鞭撻立加，偶病亦告假不許。置諸死地，難望生還。或謂猪仔落船，皆經番官訊問。不願者立遣回籍。其飄然長往，絶無顧慮者，皆屬情甘。似非刑驅勢迫。不知拐匪奸計百出，賄通上下。即使番官審訊，悉屬拐黨替冒。并非本人一一過堂。釋遣回籍之文，適以欺世。心狠手辣，踪秘術工。且其中不乏富貴之家，單傳之子，誤罹陷阱，望斷家鄉，一綫宗祧，於焉中絶。言之酸鼻，聞者傷心。

夫販人出洋，本干例禁，亦爲西律所不容。昔年有販阿洲黑人爲奴者。經英國上下議院集商禁止，出貲數十萬，悉贖之還盡行遣釋。而嚴申禁約，弊絶風清，諸國無不稱頌其德政。美國南北之戰，其始以禁止販奴而起。後卒設法禁絶，一視同仁。今汕頭等處，詭秘難知，而澳門一隅，彰明較著。夫澳門本香山縣屬，即歸洋人管轄。我朝宜申明條約，遣一介往責西人曰：販人出洋爲奴，實干例禁。各國共知，公法具在。查歷年運往外洋之人，皆我赤子。不少富家宦族，墨客寒儒。據生還之華傭，述其苦況，幾同地獄。然細核所由半皆受騙於匪人，非真立有合同，甘心遠適。試爲平心而論，易地以觀。倘以此待貴國之人，其果能樂受否乎？貴國嗣後，當飭地方官留心查察，并禁船主不得私行運往。如敢故違，一經訪察，或被告發船立充公，人即定罪。如此，則理直氣壯，洋人自當摺服矣。

李鐘珏《禁猪仔議》 南方以物之稚者曰仔。猪仔者猶言小猪也。閩廣兩省生齒繁盛。當海禁未開，南洋羣島如蘇門答臘、加拉巴、小呂宋等處，中國人民商販出洋，家於其地者，不可勝數。海外獲利數倍。内地愚民艶之，日趨日衆。然皆因其戚友，安然無害。未嘗有拐騙販賣，驅良民而置之死地者也。

同治初年，泰西英荷諸國，開辟荒島，乏人墾治。以重貲誘往做工。遂有販賣猪仔之事。當時閩之厦門，粵之香港、澳門，公然設館。被拐者驅入舟中，縶其手足，如載羣豕，其苦難言。及至外洋，更遭慘酷，十必死五。而奸民則坐獲重利。後經地方紳士，據情稟報，上達總署，通行沿海各省，嚴密查禁，又照會英國，定以三十餘款，可謂詳備。而英國不允，其法未行。特猪仔之館，不復公然開設。比年以來，較之同治間，風亦少息。然厦門、香港、汕頭，每一輪船開行，凡下艙搭客，往往數百人，多至千餘人。其中自願出洋者固多，而被拐之猪仔，何船無之。中國雖不設館，新加坡仍有客館，專收猪仔。前年中國駐坡領事官，設法議禁。英員不允。後經移請潮惠嘉道出示查禁，以爲清源之策。而示懸旬日，卒爲駐粵英領事斷斷於大府，檄令收回。於是拐販之徒，知中國禁令不行，益復肆行無忌。上年粵東火船，查出被拐良民至六十人之多。則其他之未經破案者，可知矣。

雜録

譚禹《夜半鐘聲·見聞實録》 夫賣猪仔之説，其所由來也漸矣。向之紛拐去者，或因困屈無聊，而思其薦引；或貪口頭小惠，而入其圈套。詭術既行，此風日熾，遂至兄賺弟者有之，叔騙侄者有之，愈出愈奇，難以枚舉。茲就其耳目所真確者略而言之。曩者同治七年五月上浣，有桅船一艘，載就猪仔四百餘名，方欲揚帆，而其監鎖偶懈，忽於星夜逃出五人。中有陳元福者，南海人，向居穗城爲傭。因事回家，遇其舊友梁某，誘至澳門，私將販與番人，及至簽字鎖足，方知該友賣己。又馮亞錫者，番禺人也，爲堂兄某時居澳門，常與棍黨往來。忽日云有友托請伙頭，於是薦錫，而錫以昆仲故，亦不之疑。迨至澳門，突被羈鎖，呼號莫及，始識誤中奸謀，然亦束手無策，頻呼負負而已。又陳村人區元良者，偶隨中表潘某同往澳門，不知竟爲其所賣。又黄三者，新寧人，因友薦其落船作水手，初云每月工銀八元，比至開行之日，遂將其足鐐鎖，愕然不解，將欲與争，而苦於言語不通，莫能置辯，亦無如之何。又張洪者，嘉應州人也，以修髮爲業。一日有人邀其剃頭，入門未幾，忽被羈留，次夜即帶到番船，鎖禁艙内，至是奮然赴海，亦在逃脱之中。蓋五人者，既被拐擄之後，心懷憤悶，且遭番奴凌虐，飲恨難言，故於該船啓行之際，因其守邏不備，乘機撲水，拼命圖存。幸得天假之緣，藉以脱離苦網，謂非入於坎陷，絶處而逢生也哉！不然則恐珠海羊城，今生不可復覩矣。後逢親朋，每述此事，俾知人心叵測，在在須防，故謹録之以爲殷鑑。

又，同治十年一八七一仲秋之月，有二客由金山火船而回，道經横濱，自言前被拐作猪仔以去者，一爲許有良，開平人；一爲陳汝芳，新會人。爲咸豐四年一八五四，鄉間薪桂米珠，隨友到澳門，肩挑食力。詎料奸徒視爲奇貨，多方鼓弄，誘至船上做工。不知其先與番人定賣立券，勒令簽名羈鎖，即時解纜開行，凡五閱月，方能抵埠。初登其岸，舉目荒凉，問諸舟人，知爲卑魯國。是船所載猪仔共三百餘名，内有婦女五人。回憶在舟之時，身如縲絏，凄凉殆盡，艱苦備嘗。其間有不堪慘虐中道而殂者二十餘人。我等賴以存生，鬻於番人咕哂之家，每名價銀五百元。主人種植開荒，竟作牛馬驅使，日獲兩餐之饘粥，夜惟一葉之寒氈，忍凍受饑，登高涉險，冲冰冒雪，每嗟手足之如僵，沐雨櫛風，曾無形軀之稍暇。勤勞已極，寢食難安，加以督令苛嚴，動輒鞭撻從事，如此者八年。限期雖滿，而床頭金盡，歲月虚延，翹首家鄉，不覺泪下。念此身居數萬里外，難免溝壑終填。由是兩人互相勸勉，計不如奮身捱苦，轉向别處求傭，或積盈餘，以圖返國。爰作某家耕僕，每月工銀八元。溷處窮荒，艱難萬狀，連居九載，鬢髮如絲，幸每人蓄得六百餘金，遂浩然而有歸志。束裝潛遁，越嶺緣崖，歷十餘天，始抵金山大埠。回計舟車盤費，已破佩金五百有奇。由金山以至如斯，所剩貧囊無幾。自思丁年以往，皓首而歸，兩手空空，實何顔以見父老。然而生還閭里，猶勝沉没天涯。余既悲其遭遇之窮，復憫其用心之苦，不忘故本，大有可風，於是乎秉筆而志焉。

又，是歲六月望後，有帆船名馬厘亞老士，由澳門而來，因風寄泊横濱。初云裝貨往金山，而人未之察也，不知實爲販賣人口，將以去卑魯國者。船中備載猪仔客二百三十餘人，内有山僧一名，男幼童二十餘名，又小女子一名，足已裹纏，而年未及笄，聞是賣花生者之女，究未識其從何拐至。但其船主，慘酷異常，居心甚於豺狼，待人過於牛馬，饑不與飽食，渴不得多飲，又用横鐵鎖人之足，每貫四人，共爲一排，使坐不能安，寢不能寐，遇有呼號，即剪其辮發。似此狼狽殆極，夏楚頻加，已有不堪其虐而投河自溺者三人。又有過於受傷，而因病尋卒者四人矣。不意猪仔中有莫應者，緣在澳門遇友薦作水手，開行之後既遭禁錮。復受苛殘，自思忍苦而生，不如赴海而死，於是乘其不備，星夜投於江中。適當其時，有英國兵船名埃仁彫者，相踰不遠，見其浮沉逐浪撲水，救而出之，送交日本官憲。而官憲初未深詰，仍將發回原船。惟該船主竟不諒其苦衷，又即割其鬢毛，撻掠横施，倍於疇昔。後數日，又一猪仔姓鄧名安，因日被煎熬，忿不可忍，欲仿三閭之故轍，以葬江魚之腹中。不期兵船聞知，亦登時拯獲。衆欲集資代贖，而事聞於英國之駐扎日本署理欽差，爰呼此人問訊，洞悉被拐情狀。次日親往該船查看，果見羈囚壘壘，不覺肺腑惻然，立委英國領事，報知日本官憲，協同提其船主到案。問舟中之人所得何罪，而遂慘虐至此？該船主初則語多强項，駁論支離，繼見莫應等衆恨填胸，自知理曲情真，莫能强辯。然爲事關重大，殊難了結於片言，日本各憲，念此難民受苦，若不暫解倒懸，則旦夕凶殘，伊於胡底，故飭將船上二百餘名盡行押上差館扣留，日給口糧以候復審。迨七月六日，復集工人，一概訊質。中有亞德供云：前在澳門，被一西洋人勸誘落船傭工，每月工銀四元，先交兩月工銀於我，遂將合同强執吾手簽名，後即用鎖禁錮。日在船中，食不足用，而責有餘，苦覆盆之下，慘不堪言。又有亞培所供略同，亞就所供亦大同小異。惟亞胡則云被叔所拐，亦經領兩月之工銀。船主命我管工，打責雖不若他輩之多，無如船中食用，時形缺乏。或渴甚思飲，與其沽取，則一勺之水，索一元之金。是以人盡難堪，皆不樂往。亞橋供云：爲親屬誘以替作厨工，詎料卽晚船遂啓行。我來落船時，雖曾簽名於合同，然吾儕小民，目不認丁，實不知其中所言何若也。其餘各有供稱，多不及録。但承審官問爾等仍欲回船否，期時衆口一詞，皆曰難民得蒙大憲俯憫，若撥雲霧而覩青天，喜出萬死之中，以求一綫之路，伏懇仁慈判釋，早令生還，則感戴鴻恩，奚啻再造。如必遣返原船，聽其帶往，難民惟有一死，誓不苟活以從。幾番供詞，均無稍異。日本官憲備得真情，忖思愚民無辜，安忍置之死地。由是八月中旬，再命兩造到堂，連鞫數日。我中華會館、同善黨各鄉友，仗義捐金，延請英國訟師名爹庇臣，代爲出堂質審。幸其詞雄理直，剖別是非，使該船主語塞智窮，不復能施其奸暴。至廿四日，日本官憲卽遵萬國公法之條，斷令工人一概放釋，假館授餐，憐寒惜苦，給以醫藥，贈以洋氈。又以先爲照會，請於我華人官長。至是兩江總督通商大臣何公璟，委陳司馬專爲此事而來，今將二百餘人盡由火輪船載往上海，待再詢其里居，然後分發回籍。夫他邦遠適，誤蹈危機，我中國大憲，軫念民艱，明照萬里，其仁懷實惠，已不待言。但日本官憲以異國羈人，遠同風馬，獨能拯於水火之中，措諸衽席之上，足見其任民社者保民若赤，視民如傷，以不忍人之心，行不忍人之政。痛癢在抱，畛域無分，道路哀鳴，猶蒙矜恤。宜其雲霄之高誼，行將傳頌乎遐邦矣。余時偶客於濱，身親目擊，故不揣愚陋，志而録之，將以俟有心者之垂鑑。乃荷同人，共斂蚨資。速命付梓，欲使賢愚共識，遠近咸知，則此樂善之真誠，與其扶危之義舉，自堪并存不朽，以垂無窮。若夫多購而廣送之，是更望於諸君子之美意也。

譚警迷子并識

同治十一年歲在壬申仲秋下浣書於日本横濱之如不及軒。

《清法規大全·外交部》卷一二《外務部奏議定英屬南非洲招工章程請旨派員畫押摺》 竊臣部迭准出使英國大臣張德彝函稱，英於南非洲新屬亟欲招工開礦，以期振興。其招募華工一舉，旣於該處礦利大有關擊，自可乘此機會立一專約，將華工到洋後當如何與各國工人一律看待之處，詳切訂明，以免受其苛虐。查咸豐十年條約，亦謂該省大吏當查照各口地方情形，會定章程，保全華工。是會定章程，係屬照約辦理，現當彼急需華工之際，執約以爭或當有濟。又華工出洋，不外閩廣兩省，應令該省督撫出示扼定，約中會定章程之語，所有工人俟有定章，再行應募前往等語。當經臣部按照咸豐十年中英約章第五款所載招募華工，應由兩國會定事章，照會英國使臣薩道義轉達該國外部，與出使英國大臣張德彝議定章程。俾資循守並行知南北洋大臣查照，暨函覆張德彝妥速商議各在案。茲准張德彝電稱招工事會議多次詳與辯論，共議章程十六條，其第五款所黏係運工瑣章。將來附各款後送部，並將約章全文電達到部，經臣等採來電恭録呈覽在案。臣部復准張德彝電稱英外部久稱約款奉行年限，似須載及第十六款擬改此次所定約款，卽於畫押日奉行，以四年爲期，滿以後兩國如有欲廢棄本約者，無論何時，均可先期十二個月通知，届期卽行作廢等語。查華人應募出洋充當工人，原爲貧民闢一生路無如各國苛例繁興，出洋工人往往受其苛虐。現當英屬南非洲招工之際，自應照約妥訂專章，以資保護。茲出使英國大臣張德彝與英外部所訂工章十五款，臣等逐款查核該章，第六款所載訂約之兩國船隻均可僱以載運華工等語，查專用兩國船隻運載華工，誠恐不無窒礙，當經臣部雷令張德彝將該款刪除。其餘各款於保護工人尚屬周密，相應請旨飭下出使英國大臣張德彝與英外部定期畫押，以昭信守，謹奏。光緒三十年□月□日奉旨，依議，欽此。

《東方雜誌》第一卷第八號《出使英國大臣張復英外部大臣藍斯唐侯招工照會附訂條款之末照會》 英外部大臣藍斯唐侯致出使英國大臣張招工照會附訂條款之末照會。爲照會事按照中英兩國所訂招工條款之第六款載，云：大清國大皇帝可以簡派領事官或副領事官京赴華工所至之英屬或歸英保護之地，照料彼等利益安樂。俾該工等及該處所有別色華民得以格外妥行保護，該領事官或副領事官所享之利權與他國領事官所享者無異等語，將來該項領事等官務擇練員充當。該員又須籍隸中華僅供中國國家差遣。凡該項宮員選定以後，當將該員姓氏行知本國政府，定其可否接待本國政府。以此各節極關緊要，用特具文詢問：貴政府能否允從？如蒙允可見示所有此次往來照會，應卽附於所訂條款之末，以爲此事業經議妥之據。爲此照會貴大臣查核，見覆須至照會者。西曆一千九百零三年五月十三日

出使英國大臣張覆英外部大臣藍斯唐侯招工照會附訂條款之末照會。

爲照覆事按照中英兩國所訂之招工條款第六款所載，應行簡派之領事官或副領事官務擇練員充當，此事本國政府亦以爲極關緊要，與貴政府相

同。將來選派該項官員時，自當按照來文所指各節辦理。中國之於出洋華工，政府亦以爲固應如是也，所有此次往來照會，應卽附於條款之末，以爲證據。爲此照覆貴爵大臣查照須至照覆者。光緒三十年三月二十八日

領事裁判權分部

綜述

《中英天津條約》（咸豐八年五月十六日、一八五八年六月二十六日）第九款

英國人民准聽持照前往内地各處遊歷、通商，執照由領事官發給，由地方官蓋印。經過地方如飭交出執照，應可隨時呈驗，無訛放行；僱船、僱人、裝運行李、貨物，不得攔阻。如其無執照，其中或有訛誤，以及有不法情事，就近送交領事官懲辦。

第十五款

一、英國屬民相涉案件，不論人、產，皆歸英官查辦。

第十六款

一、英國民人有犯事者，皆由英國懲辦。中國人欺凌擾害英民，皆由中國地方官自行懲辦。兩國交涉事件，彼此均須會同公平審斷，以昭允當。

第十七款

一、凡英國人民控告中國民人之事件，應先赴領事官衙門投稟。領事官卽當查明根由，先行勸息，使不成訟。中國人民有赴領事官告英國民人者，領事官亦應一體勸息。間有不能勸息者，卽由中國地方官與領事官會同審辦，公平訊斷。

《中英增訂通商條約》（同治八年九月十九日、一八六九年十月二十三日）第九款按此約未經批准，但稅關處罰須由領事會訊相沿未改，故附録此款以備參考，另有會訊船貨入官章程見關稅門 一、英國允凡應辦罰款者，監督或稅務司可與領事官會訊。中國允凡貨物應罰入官者，領事官可與監督或稅務司會訊，又議由兩國會同商定通商條例。

《中英煙臺條約》（光緒二年七月二十六日、一八七六年九月十三日）第二款第二段

一、咸豐八年所定英國條約第十六款所載：『英國民人有犯事者，皆由英國懲辦。中國人欺凌擾害英民，皆由中國地方官自行懲辦。兩國交涉事件彼此均須會同公平審斷，以昭允當』等語。查原約内英文所載係『英國民人有犯事者，由英國領事官或他項奉派幹員懲辦等字樣，漢文以英國兩字包括。前經英國議有詳細章程，並添派按察司等員在上海設立承審公堂，以便遵照和約條款辦理；目下英國適將前定章程酌量修改，以歸盡善。中國亦在上海設有會審衙門，辦理中外交涉案件惟所派委員審斷案件，或因事權不一，或因怕招嫌怨，往往未能認真審追。茲議由總理衙門照會各國駐京大臣，應將通商口岸應如何會同總署議定承審章程妥爲商辦，以昭公允。』

第二款第三段

一、凡遇内地各省地方或通商口岸有關係英人命盜案件，議由英國大臣派員前往該處觀審。此事應先聲敘明白，庶免日後彼此另有異辭，威大臣卽將前情備文照會，請由總理衙門照覆，以將來照辦緣由聲明備案。至中國各口審斷交涉案件，兩國法律既有不同，只能視被告者爲何國之人，卽赴何國官員處控告；原告爲何國之人，其本國官員只可赴承審官員處觀審。倘觀審之員以爲辦理未妥，可以逐細辨論，庶保各無向隅，各按本國法律審斷。此卽條約第十六款所載會同兩字本意，以上各情兩國官員均當遵守。

《中英續議藏印條款》（光緒十九年十月二十八日、一八九三年十二月五日）第六款

凡英國商民在藏界内與中藏商民有爭辯之事，應由中國邊界官與哲孟雄辦事大員面商酌辦。其面商酌辦者，固爲查明兩造情形彼此秉公辦理，如兩邊官員意見有不合處，須照被告所供按伊本國律例辦理。

《中英馬凱條約》（光緒二十八年八月初四日、一九〇二年九月五日）第四款

中國人民曾已出資鉅數購買他國公司之股票，雖衆人悉知，究竟華民

如此購買股票是否合例之處，尚未明定。故中國現將華民或已購買或將來購買他國公司股票均須認爲合例，凡同一公司願入股購票者，各有本分當守，自宜彼此一律不得稍有歧異。中國又允遇有華民購買公司股分者，應將該人民購買股分之舉，即作爲已允遵守該公司訂定章程，並願按英國公堂解釋該章程辦法之據。倘不遵辦致被公司控告，中國公堂應即飭令買股分之華民遵守該章程當與英國公堂飭令買股分之英民相等無異，不得另有苛求。英國允英民如購中國公司股票，其當守本分與華民之有股分者相同。並訂明以上所開各節凡曾經呈控公堂而已經不予准理之案，與是款無涉。

第十二款

中國深欲整濟本國律例以期與各西國律例改同一律，英國允願盡力協助以成此舉。一俟查悉中國律例情形及其審斷辦法及一切相關事宜，皆臻妥善英國即允棄其治外法權。

《中英修訂藏印通商章程》（光緒三十四年三月二十日、一九〇八年四月二十日）第四款

如英印人民在各商埠與中藏人民有所爭論，應由最近商埠之英國商務委員與該商埠裁判局之中藏官員會同查訊，面議辦法其會同面議之意，係爲查明實情公平辦理，如有意見不合之處，應按照被告之國法律辦理。凡屬此種交涉案件，均由被告之國之官主審，其原告之國之官只可會審，凡英印人與英印人因身家產業之權利而起之事，俱歸英國官管理。

英印人民在各商埠及往各商埠之商道中有犯罪者，應由地方官送交最近犯罪之商埠，英國商務委員按印度法律審訊懲辦。但地方官於此種英印人民除應行拘禁外，不得格外凌虐。中藏人民有對於各商埠內或往各商埠之道中之英印人犯罪者，應由中藏地方官拿獲按律懲辦。兩面審辦之法俱應至公且平。

凡中藏人民到英國商務委員處控訴英印人民，中藏官得有派員往英國商務委員公堂觀審之權利。凡英印人民到商埠內裁判局控告中藏人民之案件，英國商務委員亦得有派員往裁判局觀審之權利。

第五款

西藏大吏遵北京政府訓令，深願改良西藏法律，俾與各西國律例改同

一律。英國允願無論何時英國在中國棄其治外法權，並俟查悉西藏律例情形及其審斷辦法及一切相關事宜，皆臻妥善，英國亦即棄其治外法權。

第九款

凡往各商埠之英國官民以及貨物等，應確循印藏邊界之商路前往，不准擅往商埠外各地，不得由亞東江孜無論由何道路繞入藏屬內地以往噶大克，亦不得由噶大克無論由何道路繞入內地以往江孜亞東。惟印度邊界土人向在藏屬居住貿易者，因習慣既久仍得按照舊例通行，規例來往貿易但此種人如是往來貿易居住時，應仍按向例服從地方管治。

《中法天津條約》（咸豐八年五月十七日、一八五八年六月二十七日）第三十三款

水手登岸，須遵約束規條，所有應行規條，領事官議定照會地方官查照，以防該水手與內地人民滋事爭端。

第三十五款

凡大法國人有懷怨挾嫌中國人者，應先呈明領事官，覆加詳核竭力調停。如有中國人懷怨大法國人者，領事官亦虛心詳核，爲之調停。倘遇有爭訟，領事官不能爲之調停，即移請中國官協力辦理，查核明白秉公完結。

第三十八條

凡有大法國人與中國人爭鬪事件，或遇有爭鬬中或一、二人及多人不等被火器及別器毆傷致斃者，係中國人，由中國官嚴拏審明，照中國例治罪，係大法國人，由領事官設法拘拏，迅速審明，照大法國例治罪。其應如何治罪之處，將來大法國議定例款。如有別樣情形在本款未經分晰者，俱照此辦理，因所定之例，大法國人在各口地方如有犯大小等罪，均照大法國辦理。

第三十九款

大法國人在通商各口地方，如有不協爭執事件，均歸大法國官辦理，遇有大法國人與外國人有爭執情事，中國官不必過問。至大法國船在通商各口地方，亦不爲經理，均歸大法國官及該船主自行料理。

《中法越南邊界通商章程》（光緒十二年三月二十二日、一八八六年四月二十五日）第十六款

一、中國商民僑居越南所有命案、賦稅、詞訟等件，均與法國相待最優之國之商民無異。其在邊關通商處所，華人與法人、越南人詞訟案件，歸中法官員會審。至法國人及法國保護之人在通商處所如有犯大小等罪，應查照咸豐八年條約第三十八三十九等款一律辦理。

《中美望廈條約》（道光二十四年五月十八日、一八四四年七月三日）第二十一款

嗣後中國民人與合衆國民人有爭鬭、詞訟、交涉事件，中國民人由中國地方官捉拏審訊，照中國例治罪，合衆國民人由領事等官捉拏審訊，照本國例治罪，但須兩得其平秉公斷結，不得各存偏護，致啓爭端。

第二十四款

合衆國民人因要事向中國地方官辨訴，先稟明領事等官查明稟內字句明順、事在情理者，即爲轉行地方官查辦。中國商民因有要事向領事等辨訴，先稟明地方官查明稟內字句明順、事在情理者，即爲轉行領事等官查辦倘遇有中國人與合衆國人因事相爭不能以和平調處者，即須兩國官員查明公議察奪。

第二十五款

合衆國民人在中國各港口，自因財產涉訟，由本國領事等官訊明辦理；若合衆國民人在中國與別國貿易之人因事爭論者，應聽兩造查照各本國所立條約辦理，中國官員均不得過問。

第二十六款

合衆國貿易船隻進中國五港口灣泊，仍歸各領事等官督同船主人等經管，中國無從統轄。

《中美天津條約》（咸豐八年五月初八日、一八五八年六月十八日）第十一款

大合衆國民人在中華安分貿易辦事者，當與中國人一體和好友愛，地方官必時加保護，務使身家一切安全，不使受欺辱騷擾等事。倘其屋宇、產業有被內地不法匪徒逞凶恐嚇、焚毁侵害，一經領事官報明，地方官立當派撥兵役彈壓驅逐，並將匪徒查拏，按律重辦。倘華民與大合衆國人有爭鬭、詞訟等案，華民歸中國官接律治罪；大合衆國人無論在岸上、海面，與華民欺侮騷擾、毁壞物件、毆傷損害一切非禮不合情事，應歸領事等官按本國例懲辦。至捉拏犯人以備質訊，或由本地方官，或由大合衆國官，均無不可。

第二十七款

大合衆國民人在大清國通商各港口，自因財產涉訟，由本國領事等官訊明辦理；若大合衆國民人在大清國與別國貿易之人因事爭論者，應聽兩造查照各本國所立條約辦理，中國官員不得過問。

第二十八款

大合衆國民人因有要事向大清國地方官辯訴，先稟明領事等官，查明稟內字句明順、事在情理者，即爲轉行地方官查辦。大清國商民因有要事向領事等官辯訴者，准其一面稟地方官，一面到領事等官稟呈查辦。倘遇有大清國人與大合衆國人因事相爭不能以和平調處者，即須兩國官員查明公議察奪，更不得索取規費，並准請人到堂代傳，以免言語不通致受委曲。

《中美續約附立條約》（光緒六年十月十五日、一八八〇年十一月十七日）第四款

倘遇有中國人與美國人因事相爭，兩國官員應行審定。中國與美國允此等案件被告係何國之人，即歸其本國官員審定。原告之官員於審定時，可以前往觀審，承審官應以觀審之禮相待。該原告之官員如欲添傳證見，或查訊駁訊案中作證之人，可以再行傳訊，倘觀審之員以爲辦理不公，亦可逐細辯論並詳報上憲。所有案件各審定之員，均係各按本國法律辦理。

《中美續議通商行船條約》（光緒二十九年八月十五日、一九〇三年十月八日）第十五款

中國政府深欲整齊本國律例，以期與各西國律例改同一律。美國允願盡力協助以成此舉，一俟查悉中國律例情形及其審斷辦法，並一切相關事宜，皆臻妥善，美國即允棄其治外法權。

《中國瑞典那威通商條約》（道光二十七年二月初四日、一八四七年三月二十日）第二十一款

一、嗣後中國民人與瑞典國、那威國等民人有爭鬭、詞訟、交涉事件，中國民人由中國地方官捉拿審訊，照中國例治罪，瑞典國、那威國等民人由領事等官捉拿審訊，照本國例治罪。但須兩得其平秉公斷結，不得

各存偏護，致啓爭端。

第二十四款

一、瑞典國、那威國等民人因有要事向中國地方官辨訴，先稟明領事等官，查明稟內字句明順，事在情理者，即爲轉行地方官查辦。中國商民因有要事向領事等官辨訴，先稟明地方官查明稟內字句明順，事在情理者，即爲轉行領事等官查辦。倘遇有中國人與瑞典國那威國等人因事相爭不能以和平調處者，即須三國官員察明公議察奪。

第二十五款

一、瑞典國、那威國等民人在中國各港口自因財產涉訟，由本國領事等官訊明辦理。若瑞典國、那威國等民人在中國與別國貿易之人因事爭論者，應聽兩造查照各本國所立條約辦理，中國官員均不得過問。

第二十六款

一、瑞典那威等貿易船隻進中國五港口，灣泊仍歸各領事官督同船主人等經管，中國無從統轄。

《中國瑞典通商行船條約》（光緒三十四年六月初四日、一九〇八年七月二日）第九款

瑞典人民准其持照前往中國內地各處遊歷，執照由瑞典領事發給，由中國地方官蓋印。經過地方如飭交出執照，應隨時呈驗無訛放行。所有僱用車船、人夫、牲口，裝運行李、貨物可聽自便。如查無執照或有不法情事，應送交最近領事官懲辦。沿途只可拘禁，不可凌虐。執照自發給之日起，以十二個月爲限，若無執照進內地者，罰銀不過三百兩之數。惟在通商口岸有出外游玩地不過華百里，期不過五日者，無庸請照。船上水手人等，不在此例。中國人民在瑞典國境內可以任便前往各處游歷，惟必須安分遵守該國法律章程。

第十款

凡瑞典人被瑞典人或被他國人控告，均歸瑞典妥派官吏訊斷，與中國官員無涉。惟中國現正改良律例及審判各事宜，茲特訂明一俟各國均允棄其治外法權，瑞典國亦必照辦兩國人民，遇有因負欠錢債及爭財產物件涉訟之案，皆由被告所屬之官員公平訊斷，均應照最優待國人民控告相同案件之辦法一律辦理。如兩國人民有被控犯罪各案，由被告所屬之官員審訊，審出真罪各照本國法律懲辦，均應照最優待國人民控告相同案件之辦法一律辦理。

《中丹通商條約》（同治二年五月二十八日、一八六三年七月十三日）第九款

一、丹國人民准聽持照前往內地游歷，通商所領執照由領事官發給，由地方官蓋印。【略】如其無照其中或有訛誤以及查出沿途或有不法情事，就近送交領事懲辦，惟於途中止可拘禁，不得凌虐。【略】

第十五款

一、丹國屬民相涉案件，不論人產皆歸丹官查辦，設與別國有事涉訟，應遵某國前與丹國定約辦理，中國不必與聞。以上案內如牽涉有中國人，仍應按第十六七兩款會同中國官辦理。

第十六款

一、凡丹國民人有被華民違例相欺，約准地方官查拿照例審辦。華民有被丹國人違例相欺，丹國官員亦應按例查拿究治，嗣定約之後，丹國即專定約束丹民章程，中國亦須一同約束華民，以昭公允。

第十七款

一、丹國民人遇有控告華民事件，皆應先稟領事官查明根由先行勸息，使不成訟。中國民人有赴領事官告丹民者，領事官亦應一體調處，間有不能使和者，即由地方官與領事官會同審辦公平訊斷。

《中和通商條約》（同治二年八月二十四日、一八六三年十月六日）第二款

一、廣州、潮州、福州、厦門、寧波、上海、天津、牛莊、登州、臺灣、淡水、瓊州等口，和商皆准貿易船貨任便往來。【略】惟有賊匪地方，和國民人不得前往游歷。出入和國商船亦不得私自往來，接濟軍火、糧食。如查有違犯者，將船貨全行入官，其違例之人交就近領事官辦理。

第三款

一、和國民人可往內地遊歷通商，若要前往內地各處遊歷，須由起程處所領事發給護照。【略】倘無執照，或有照訛誤以及有作爲不法等情，該長官拿交就近領事懲辦。

第六款（前段）

一、和國屬民相涉案件，皆歸領事官審判，與中國無涉。和國民人與中國民人有控告案件，必須領事官與地方官各先爲勸息，如不能勸息，再行照會公平訊斷。中國民人有欺凌、擾害和民者，皆歸地方官審判；和國民人有犯事在中國者，皆由領事官審判，各按本國法律嚴辦，以昭平允。

《中葡通商條約》（光緒十三年十月十七日、一八八七年十二月一日）第十七款

一、大西洋國商人運貨赴通商口岸貿易，其單照等件均照各國章程，由各關監督發給其併不携帶貨物之民人，專爲持往內地。執照由領事官發給由地方官蓋印，經過地方如飭交出執照，應可隨時呈驗，無訛放行。僱船僱人裝運行李、貨物，均不得攔阻，如其無執照或其中有訛誤以及有不法情事，可就近交送領事官懲辦，沿途只可拘禁，不可凌虐。如通商各口有出外遊玩者，地在百里、期在五日内，毋庸請照，惟水手船上人等不在此例，應由地方官會同領事官另定章程。

第四十七款

一、在大清國地方所有大西洋國屬民互控案件，不論人產皆歸大西洋國官審辦。

第四十八款

一、大清國人如有欺凌擾害大西洋國人者，由大西洋國官知照大清國地方官按大清國律例自行懲辦。大西洋國人如有欺凌擾害大清國人者，亦由大清國官知照大西洋國領事官，按大西洋國律例懲辦。

第五十一款

一、大西洋國民人如有控告大清國民人事件，應先赴領事官衙門遞稟領事官查核其情節，須力爲勸和息。訟大清國民人如有赴領事官衙門控告大西洋國人者，領事官亦應查核其情節力爲勸息，若有不能勸息者，應由大清國地方官與領事官會同審辦，各按本國之律例公平訊斷。

《中國西班牙通商條約》（同治三年九月初十日、一八六四年十月十日）第七款

一、日斯巴尼亞國商人除運貨赴各處通商貿易單照等件，均照各國章程由各關監督發給，外其併不携帶貨物之民人專爲持往內地遊歷，執照由領事官發給，由地方官蓋印。經過地方如飭交出執照，應可隨時呈驗無訛放行。僱船僱人裝運行李貨物，不得攔阻。如其無照或有訛誤以及有不法情事，就近送交領事官懲辦。

第十二款

一、日斯巴尼亞國屬民相涉案件，不論人產皆歸日斯巴尼亞國官查辦。設與別國有事涉訟，應遵某國前與日斯巴尼亞國定約辦理，中國不必與聞。以上案內如牽涉有中國人，仍應按第十三、十四兩款會同中國官辦理。

第十三款

一、中國人有欺凌、擾害日斯巴尼亞國人者，由日斯巴尼亞國領事官知照中國地方官自行懲辦。日斯巴尼亞國人有欺凌、擾害中國人者，亦由中國官知照日斯巴尼亞國領事官一體查辦。若有殺人、搶奪、重傷、謀殺、故燒房屋等重案查明係日斯巴尼亞國人犯者，將該犯送交領事官轉送小呂宋地方，按律治罪。

第十四款

一、日斯巴尼亞國民人控告中國民人事件，應先赴領事官衙門投稟領事官，卽當查明根由先行勸息，使不成訟中，中國民人有赴領事官署告日斯巴尼亞國民人者領事官亦一體勸息間有不能勸息者亦由中國地方官與領事官會同審辦公平訊斷。

第四十九款

一、所有米糧各樣食物、槍礮、火藥、火器等件及一切貨物，日斯巴尼亞國商人並船不得私行販運赴有賊處所接濟賊匪，違者一經查出，將船貨全行入官。其違例之商人，仍交日斯巴尼亞國照各國例嚴行訊辦。

《中比通商條約》（同治四年九月十四日、一八六五年十一月二日）第十款

比國民人准聽持照前往內地遊歷、通商。【略】如查出沿途或有不法情事，聽憑中國官員就近送交領事官收管懲辦。惟於途中止可拘禁，不得凌虐。【略】

第十六款

一、比國民人遇有控告華民事件，皆應先稟領事官查明根由先行勸息，使不成訟。中國民人有赴領事官告比民者，領事官亦應一體調處，間

有不能使和者，即由地方官與領事官會同審辦，公平訊斷。

第十九款

一、比國民人有被華民違例相欺，約准地方官查拿照例審辦。華民有被比國人違例相欺，比國官亦應按例查拿究治。嗣定約之後，比國即專定約束比民章程。比民如在各口地方官有犯大小等罪，均照比國例辦理。中國亦一律約束華民，以昭平允。如有別樣情形，在本約未經分晰者，俱照此辦理。

第二十款

一、比國人與比國人在通商各口地方如有不協爭執事件，均歸比國官辦理，遇有比國人與各國人有爭執情事，中國官不必過問。

《中義通商條約》（同治五年九月十八日、一八六六年十月二十六日）第九款

意國民人准聽持照前往內地各處遊歷、通商，所領執照由領事官發給，由地方官蓋印，經過地方如飭交出執照，即應隨時呈驗，無訛放行。該民僱船僱人裝運行李貨物，不得攔阻。如其無照其中或有訛誤以及查出沿途或有不法情事，就近送交領事官辦理。

第十五款

一、意國屬民相涉案件不論人產皆歸義官查辦，設與別國有事涉訟，應遵某國前與意國定約辦理，中國不必與聞。以上案內如牽涉中國人仍應案第十六七兩款會同中國官辦理。

第十六款

一、凡意國民人有被華民違例相欺，約准地方官查拿照例審辦。華民有被意國人違例相欺，意國官員亦應按例查拿究治。嗣定約之後，意國即專定約束義民章程，中國亦須一同約束華民，以昭公允。

第十七款

一、意國民人遇有控告華民事件，皆應先稟領事官查明根由，先行勸息，使不成訟。中國民人有赴領事官告義民者，領事官亦應一體調處。間有不能使和者，即由地方官與領事官會同審辦公平訊斷。

《中日通商行船條約》（光緒二十二年六月十一日）第三款

大日本國大皇帝陛下酌視日本國利益相關情形，可設立總領事、領事、副領事及代理領事，駐中國已開及日後約開通商各口岸城鎮。各領事等官，中國官員應以相當禮貌接待，並各員應得分位、職權、裁判管轄權及優例、豁免利益，均照現時或日後相待最優之國相等之官一律享受。

第六款

日本臣民准聽持照前往中國內地各處遊歷、通商。【略】如查無執照或有不法情事，就近送交領事官懲辦。沿途止可拘禁，不可凌虐。

第二十款

日本在中國之人民及其所有財產物件，專歸日本妥派官吏管轄。凡日本人控告日本人或被別國人控告，均歸日本妥派官吏訊斷，與中國官員無涉。

第二十一款

凡中國官員或人民控告在中國之日本臣民負欠錢債等項，或爭在中國財產物件等事，歸日本官員訊斷。凡在中國日本官員或人民控告中國臣民負欠錢債等項，或爭中國人之財產物件等事，歸中國官員訊斷。

第二十二款

凡日本臣民被控在中國犯法，歸日本官員審理，如果審出真罪，依照日本法律懲辦。中國臣民被日本人在中國控告犯法歸，中國官員審理，如果審出真罪，依照中國法律懲辦。

《中日通商行船追加條約》（光緒二十九年八月十八日）第四款

中國人民與日本臣民爲辦正經事業合股經營或合辦公司，應照其合同章程損益公任，並須照其自認合同章程辦理，並願按日本公堂解釋該合同章程之辦法。倘不照辦，致被控告中國公堂，應即飭令中國人民將其分內當爲之事照合同章程辦理。

日本臣民與中國人民合股經營或合辦公司亦應照其合同章程損益公任，倘有不守合同章程分內當爲之事，日本公堂亦須飭令一律辦理。

第十一款

中國深欲整頓本國律例，以期與東西各國律例改同一律。日本國允願盡力協助以成此舉，一俟查悉中國律例情形及其審斷辦法及一切相關事宜皆臻妥善，日本國即允棄其治外法權。

《間島條約》（宣統元年七月二十日）第四款

圖們江北地方雜居區域内之墾地居住之韓民，服從中國法權歸中國地方官管轄裁判。中國官吏當將該韓民與中國民一律相待，所有應納稅項及一切行政上處分，亦與中國民同。至於關係該韓民之民事、刑事一切訴訟案件，應由中國官員按照中國法律秉公審判。日本國領事官或由領事官委派官吏可任便到堂聽審，惟人命重案則須先行知照日本國領事官到堂聽審。如日本國領事官能指出不按法律判斷之處，可請中國另派員復審，以昭信讞。

《中秘通商條約》（同治十三年五月十三日、一八七四年六月二十六日）第五款

一、中國民人在秘國如安本分，但能不違秘國律例章程，無論何處任便遊歷。秘國民人亦准聽持照前往内地各處遊歷、通商，所領執照由領事官蓋印發給，復由地方官蓋印，内係日斯巴尼亞文字並中華文字。所經過地方如飭交出執照，即應隨時呈驗，無訛放行。該民僱人、僱車、僱船裝運行李貨物，不得攔阻其貨物，應照報單章程辦理。如其無照或有訛誤以及查出沿途或有不法情事，送交就近領事查辦。惟於中途止可拘禁，不得凌虐，如在通商各口出外遊玩者，地在百里之中，期在五日之内，可以毋庸請照。至於水手船上人等，不在此例。應由地方官會同領事官另定章程，妥爲彈壓。

第六款

現經兩國嚴行禁止，不准在澳門地方及各口岸勉强、誘騙中國人運載出洋，違者其人各照本國例從嚴懲治，至所載運之船一併按例罰辦。

第十二款

一、秘國民人在中國遇有控告華民事件，皆應先稟領事官查明根由，先行勸息，使不成訟。華民有赴領事官告秘國民在中國者，領事官亦應一體調處。間有不能使和者，即由地方官與領事官會同審辦，公平訊斷。

第十三款

一、秘國民人在中國有被華民違例相欺，准地方官查拿，照例審辦。華民有被秘國人在中國違例相欺，秘國官亦應按例查拿究治。

第十四款

一、秘國屬民在中國有相涉案件，不論人產，皆歸秘國官查辦。設與別國有事涉訟在中國，應遵某國前與秘國定約辦理。以上案内如牽涉中國人，仍應按第十二、十三兩款，會同中國官辦理。

《中巴通商條約》（光緒七年八月十一日、一八八一年十月三日）

第四款

巴國人民亦准前往中國内地遊歷，須由領事官照會關道請領印照。【略】如其照内有誤以及查出沿途有不法情事，即送交就近領事查辦，惟於途中止可拘禁，不得凌虐。如在通商各口出外遊玩者，地在百里之中，期在五日之内，可以無庸請照，至於船上諸色人等不在此例，如有上岸，應由地方官會同領事官另立章程妥爲彈壓。

第九款

巴國人民在中國遇有控告華民事件，皆應先稟領事官查明根由先行勸息，使不成訟。華民有赴領事官控告巴國民在中國者，領事官亦應一體勸息。間有不能聽勸者，無論原告或係華民、或係巴民，皆專由被告所屬之官員公平訊斷。

第十款

巴國民人在中國有被華民違例相欺，准地方官查拿照例審辦。華民有被巴國人在中國違例相欺，巴國官亦按例查拿究治。總之，兩國民人交涉財產犯罪各案俱由被告者所屬之官員專行審斷，各照本國律例定罪。惟逋欠案件，應由欠户所屬之官員勉力設法使其償還；竊盜案件應照被告者之國律例辦理，兩國官員均不能代償。【略】

第十一款

巴國屬民在中國有自相控告案件，不論人產，皆歸巴國官查辦。設與別國有事在中國涉訟，應由巴國領事與該國領事辦理。以上案内如牽涉中國人，仍應按前兩款辦理。若將來中國與各國另行議立中西交涉公律，巴國亦應照辦。

第十二款

凡兩國船隻駛至通商口岸，本船諸色人等如有上岸滋事，各照兩國常例拿辦。至巴國船隻或在中國沿海通商口岸有與本地船隻相碰互控情事，可由被告所屬之官員查照各國碰船現行章程審理。倘未甘服，應聽原告所屬之官員照會審理之員秉公復訊，核斷了結。

《中墨通商條約》（光緒二十五年十一月十二日、一八九九年十二月十四日）第四款

墨國人民亦准前往中國內地游歷，惟須由領事官照會關道請領執照，方可前往。【略】如其照內有誤或查出沿途有不法情事，即送交就近墨國領事或墨國委令兼理之友邦領事查辦，沿途止可拘禁，不得凌虐。【略】

第十三款

墨國人民在中國遇有控告華民事件，須先稟墨國領事查明根由，先行勸息，使不成訟。中國人民有赴墨國領事控告墨國人民在中國者，墨國領事亦應一體勸息。間有不能聽勸者，無論原告或係華民或係墨民，皆專由被告所屬之官員公平訊斷。

第十四款

中國人民有被墨國人民在中國欺凌擾害，墨國官依照墨國法律拿獲懲辦。墨國人民在中國有被中國人民欺凌擾害，地方官亦依照中國法律拿獲懲辦。總之，兩國人民在中國遇有交涉財產犯罪各案，俱由被告所屬之官員專行審斷，各照本國法律定罪。惟逋欠案件，應由欠户所屬之官員勉力設法使其償還；竊盜棍騙案件，應照被告所隸之國法律辦理，兩國官員均不能代償。

第十五款

墨國人民在中國有自相控告案件，不論人產皆歸墨國官審辦。倘與別國人民有事在中國涉訟，應由墨國官員與該國官員辦理。以上案內如牽涉中國人民，仍應按照前兩款辦理。若將來中國與各國另行議立中外交涉公律以治僑居中國之外國人民，墨國亦應照辦。

《修改長江通商章程》（光緒二十四年五月二十五日、一八九八年七月十三日）審案辦法

八、凡在內港犯事者，無論或違背税章、或毆辱人命、或盜竊財產等事，均須由該處地方官按懲辦本處人民之律章審斷。惟若係洋人之船，即犯事者爲洋人船上所用之華人，應由地方官一面知照就近口岸之税務司轉告該船之領事官，該領事官即可派員前赴觀審。若犯法者爲洋人，應照條約所論護照之條，將其人送交就近口岸之税務司轉交該領事官辦理。

論說

《南方報·論美國設裁判所于上海並先考英國在上海設裁判所之原起一九〇六年五月二十三日》 國與國交涉之間，有以甲國駐在乙國之官，而得以審斷甲乙兩國間民事刑事之訴訟者，曰領事裁判權。此十六世紀以來，西歐各國所行於土耳其，及近日各國所行於中韓者也，此國際法之變例一也。

有以主國之權，設特別之裁判官署於國中，任命外國人、本國人各若干名，充裁判員，以審斷本國人與外國人之民事刑事訴訟者，曰混合裁判制度。此一千八百七十五年，英德諸國創行之於埃及，而相沿迄今者也，此國際法之變例又一也。

然此皆原於外國與主國間之情執牴牾，交涉叢雜，不得已而發生此種變例耳。夫既曰領事裁判，曰混合裁判，固明示其與純權裁判有別，則無論如何，外國不得施純全裁判權於主國之內明也。故如混合裁判之實權在外國，而虛名猶尸諸主國者無論。若夫領事裁判之上級裁判如以領事裁判爲不公平，而欲上控於他項裁判所者。亦無不各設於其國中，指外□□從未有設於主國領土之內者。德法諸皆然其以外國而用該國完備之法律，組織純全裁判所於主國領土之內者，惟英國曾行之於他國，此國際法變例之尤甚者也。考英國設在他國之純全裁判所有二：一在土耳其之君士但丁，一在中國之上海。其在上海者，則俗所稱爲英按察司衙門者是已。

英國在上海之裁判所，譯爲英皇高等法院，其裁判長暨各裁判員皆由英政府特命，專審斷領事裁判第二審案件。凡上海及上海以外各通商口岸，以迄韓國各口之領事裁判所，均歸管轄。有不滿足於以上各口之領事裁判者，得就該所上控，即俗所謂上控於英按察司是也。蓋不啻英在中韓司法事務之中心也。夫英國之設此裁判所於上海，與他國之僅有領事裁判權而未設裁判所者較之，則他國在中國之司法權，不過初審之裁判，而英則及其第二審也，他國不過以領事兼法官，而英則於領事兼法官之外，復有專門之法官也。他國僅有變通牽强之司法機關，而英則有純粹獨立之司法機關也。質而言之，則英國在上海之司法制度，與在其殖民地者無異，亦與

在其本國者無異。宜乎西人有言，英人在上海之有高等法院，實英國國家直接行用之特權也。以上略採近人學説。

夫領事裁判之制，以行政之官，而俾之兼任司法，原非衷於法理，適於實際，特各國便宜上之作用，不得已之所爲耳。若如英之設有高等法院裁判，總攬一切，使變通牽强之司法機關，得以受成於純粹獨立之司法機關，其於本國人民之法律保護，較臻周密。以此便利之制，各國孰不稱羨之？亦孰不思倣效之而果也？近日美國遂有特設裁判所於上海之事，聞此項裁判所已於西六月三十號開議，並簡定裁判專員來華，審理民事刑事一切訟案，及財產過五百金圓以上之案。此裁判所，較英國在上海舊有之裁判所，其效力之輕重，雖未可遽知。然既爲離於領事裁判，而爲純然獨立之法院，則其視英國高等法院，性質固毫髮無異。而其侵害中國主權者，亦正相同，此誠未可忽視也。

夫以上海租界而言，不過賃與各國之居留地，不能與新嘉坡斐律賓並論，彰彰明也。此國之主權，一刻猶存，則彼國之主權，一刻不容侵入，固無疑也。而英美兩國，乃先後以其司法活動之主權，移而殖於此土，此而可忍孰不可忍。藉曰英國高等法院，其構成已歷年所，今欲一旦爭令裁撤，固未易期，而美國裁判所之設，方始灌蒳。我苟執正當之理由爲公平之交涉，度美雖强，未有不可以理喻者，顧其爲交涉之道將奈何？夫美國之建設上海裁判所，其必執英國前例以爲口實，可逆料也。雖然就事實而論，英美之設裁判所於上海，其侵害中國之主權固同，然就法律而言，則英國之所爲，固有非美國所能援引者，蓋一則以條約之明文定之，一則無條約之明文之可據故也，請竟其説。

考英之設裁判於上海，初非漫然出之也，而實以條約爲依據，按光緒二年煙臺條約第二章第二項有云：前經英國議定詳細章程，並添派按察司員，在上海設立公堂，是卽英國設裁判所於上海之明證。又本文追解天津和約第十六款所云，英國人民有犯罪者，皆歸英國查辦。據英文實載明，除領事外，有他項奉派幹員，則中國之愼許英國以設立裁判官員官署者，更在先矣。煙臺條約所以云前經議定者，亦卽指天津條約英文所載者而言，以上亦略採近人學説。職是之故，英國之設上海裁判所，在我國當時雖受欺而莫察，而彼固得執條約所應允者，以爲言也。夫以外國之裁判所，而公然設於主國之領土，無論有條約之與否，皆爲歷史上之奇羞，然據國際法學之定斷，則有條約而爲之，形式上究爲兩國之同意。主動之國，尚得援以自解，若夫無條約而爲之，則是直視吾力之所至，而不問人意之云何，其蔑視他國主權，變而加厲，殆不能爲主動之國寬矣！且如上文所言，英國高等法院之設，其制利便，他國孰不願效尤者，而三十年間，卒無一國起而效尤，則未始非以條約之有無爲進退也。今以他國之相視莫敢爲者，而一國乃竟爲之，於法律上之是非若何，殆又可以斷言者矣！

審是則美國設裁判所於上海，有必不能援英國以爲例者兩端，英國得有條約之允許，而美國無之。一也他國皆因未得條約允許之故，不能輒效英國所爲，則美國亦斷無獨效英國所爲之理；二也而反觀對鏡，則中國之必不能任聽美國設裁判所於上海者，亦卽有兩端，美國不待允許，輒設司法官署於我邦，其蔑視主國之權實甚。此而受之，則此後將無不可甘受之事，一也他國相視而莫爲，美獨先登而攘臂，若遂不加拒絕，則踵起必衆，其何以堪；二也知此而後所以杜絕外緣，自保權限者，固當有在矣。若夫美國之爲此，或尚有一籠統之説焉，則利益均沾一語是也。雖然所謂利益均沾者，必就有營業上利益可見之事而云然。如商稅、航權等事。至於裁判所之設，雖於行政上之利便，可得而言，而於營業上之利益，實無可指。吾正不患無辭以相答也，要之茲事有關主權，較他事倍爲重要。上海會審制度，前此坐視不覺，失權僨事，受病已深。今卽不能正其源，要不可不遏其流，若如美國裁判所之設，更於會審制度之上，重立之監，及今不圖，則爲梗他年，且將未艾。凡在國民，皆有指導外交之責，記者用敢託於此義，以詔當路，大夫君子，其將有以保國權於未墜乎！

《北洋官報・論治外法權與領事裁判權性質之區別一九〇六年十月十二日》

吾國往日條約，於治外法權、領事裁判權二者多未分析。今日法律之學，日漸發達，名不正則言不順，言不順則事不成，爰採取最新學説，以別其性質焉。

治外法權者，我國許彼國代表之人，免我法治之權也。領事裁判權者，我國許彼駐我之領事，用彼國裁判權以斷其民之獄訟也，二者若相符合，而實則大有區別。吾國沿誤已非一日，如中英條約第十二條云：『中國深欲整頓本國法律，以期與各西國律例改同一律。一俟組織妥善，英國即先棄其治外法權，此明明載諸條約者也，然約中所云治外法權，亦指領事裁判權而言。若論治外法權之正義，則各國元首與公使諸人，皆得享此優美特別之權利，縱令吾國法制修明，能與英美諸國，方軌並進，而彼與我訂約之英，斷無甘心自棄之理也。』

治外法權之起原，在十七世紀以後，初惟公使得享此權利，厥後逐漸推廣，爲今日各國所公認者。合公使計之，凡八種：一國家、二元首、三公使、四領事、五羅馬教皇、六軍艦、七商船、八軍隊，此八者中，以國家、元首、公使三者，爲有完全治外法權。蓋國與國相平等，故凡國有財產，不問公私，無服從外國主權之理。若元首所以代表國家，君主與總統同爲國之元首，無所異也。使臣則以代表本國，亦均不能服從外國主權。然使公使及使館人員，或有不法行爲，均可至其本國訴訟。以彼雖有不服從外國法律之權，然其於本國法律固有應守之義務，而無所逃於天地之間也，文明國之尊重法律，有如此者。

至若領事與教皇、軍艦、商船、軍隊五者，均爲例外之治外法權，非有完全之性質。他不具論，即以領事言之，惟總領事兼理公使事務，方能援公使之例，有此特權。又或定有限領事條約，如日德、日比所結之約，其約云：『犯輕罪者有治外法權，犯重罪者則與常人一律處斷。』則亦有此特權。然此權之範圍若何，全視條約所定，以爲廣狹之準，不能一認其有此權利，即視之若元首、公使也，且必須任命領事。由本國專派者曰任命領事，若本國未經專派，請第三國代理者曰名譽領事。一旦兼理公使，或訂結條約，迺得享此權利。若名譽領事，即不許濫受斯利益，故國際法定例有云：『凡無與政治軍事者，均不得有治外法權。領事之職，僅在保護商人，調查實業，爲本國財政上一切之代表，而於政治軍事，絲毫不容干預。』故非有變例，不能享治外法權之利益也。

所謂領事裁判權者何也，謂甲國人居乙國，凡民事刑事之訴訟，不遵守乙國法律，而由甲國派駐乙國之領事，自用法律以裁判之也。此與治外法權似同而不同，治外法權之範圍，其包涵頗廣，苟無此權則已，凡有此權者，其人民與物產，俱有不服從所居國法律之特別利益。此指元首公使等有完全治外法權者，而冒然其他數稱之里由要，不外乎此特以類相從而推虞及之耳。若夫領事裁判權，則其範圍極狹，即使領事所駐之國，允給此權，亦僅止裁判一事，不受所居國之審斷與轄治而已。

吾國之誤用此名詞，實肇源於日本，十餘年前之東籍，殆靡不沿襲混合者，黄氏日本國志有云：『西人於所治之地之外，而有行法之權，謂之治外法權。』竊謂此說頗欠明晰，夫治外法權之解釋，乃謂本國之民，有不受他國法治之權利，非謂居留他國，而有能行本國法治之權利也。方針一誤，塗徑遂歧，推最初誤用之原因，蓋由東籍之釋治外法權，解爲立於所駐國法治之外。吾國之作爲領事裁判權者，則又以治外二字之義，其表面之解釋，有合乎西人之領事裁判，故據中國文義，以解日本名詞，欲通兩驛之郵，遂致六州之錯，而不知其定義，固與此徑庭，而斷不能併爲一譚也。

且就學理言之，則似治外法權之範圍極廣，而領事裁判權之範圍較狹。然試就交涉之實際，與吾國所受之影響比較之，則治外法權因國際之禮讓，互相尊重而成。而領事裁判權則由權利之擴張，條約之規定，且治外法權，必特別之人物，方能享受。而領事裁判權，則普及於人民，不獨彼居留我國之民，不受我法庭之裁判，即我民與彼交涉事件，亦遂多窒礙之端，此又影響之所關至鉅，而不可不急起直追，維持挽救者也。

古時論國家司法權者，皆取屬人主義。故甲國人居乙國，以乙國法律爲不完全，不願受其裁判，因自立領事裁判之，又或乙國以甲國爲化外客族，不足受我法律，因聽其自行裁判。此領事裁判權所由昉也，今則取屬地主義，無論何國人民，一入何國境內，即當服此國之法律裁判，即元首公使之治外法權亦以盡行屬地主義不無窒礙故殷此例外也故近世歐洲各國，已革領事裁判權之例，所僅存者，惟在亞非二洲而已。

昔者歐洲各國，亦嘗行領事裁判權於日本矣，至明治二十七年，日本始與英國訂約，議定五年後撤去，嗣與美德法奥立約亦然。其所以必遲至五年後者何也？則以國中之司法署與裁判官，必須定正當之法律，行正當之裁判，而後各國信其實行，方能決然撤去，非一朝一夕之故也。故中國今日，當以日本爲法，必待撤去此權，然後有自强之望。矧中國與日本，本有互行此權之例，觀於同治九年，即彼國明治四年。中日條約第八條云：『兩國指定各口，各設理事官約束己國商民，凡交涉財產詞訟案件，各按己國律例核辦。』是其明證，此例之廢，實在甲午戰役重訂和約之後，此約就表面而言，利益雖若相等，而受害最深之處，惟在以居留日本之中國人民財產。悉歸日本衙署審判一語，此例一定，吾國駐日領事雖仍分轄各區域，而核其實職，殆同虛設矣。十年以來，吾國勢成積弱，桑榆補救，事宜早圖。夫今日五大洲，已無復互行領事裁判權之例。蓋兩强相敵，彼此皆不用此權，若强與弱遇，則惟强者有之，弱者但有忍受而已。況講求國際法者，咸主張屬地主義，此權之不適於用，雖三尺童子，靡不知之，苟欲挽回國權，改良法律，可不取東瀛之往躅，步趨而模範之歟。

凡有領事裁判權之地，國際私法，即成虛設，然欲撤去領事裁判，又非研究國際私法不可。即如我國上海租界，及通商各口岸，不惟不用中國法律，而按之西國法律，亦多不合。蓋全由條約暫行規定，成此非李非奈之現象。倘法律久不改良，權利之失於無形者，益不可勝紀，凡關涉國際私法，如物權債權等項，尤宜速改，方有撤回領事裁判權之望。所冀當軸者，以明治二十七年之事，步趨仿傚。近則五年，遠則十年，必俟此權實行撤去，迺克期達自强之目的，而未撤以前一切交涉問題，尤必精研國際私法，始能解決，近人葉氏開瓊郭氏斌所論國際法，均爲切中事理，可資考鏡之材料也。

在華駐軍權分部

綜　述

《辛丑條約》（光緒二十七年七月二十五日、一九〇一年九月七日）

第七款（末段）

中國應允諸國分應自主，常留兵隊分保使館。

第九款

按照西曆一千九百零一年正月十六日即中曆上年十一月二十六日文內後附之條款，中國國家應允由諸國分應主辦，會同酌定數處留兵駐守，以保京師至海通道無斷絕之虞。今諸國駐守之處，係黄村、郎坊、楊村、天津軍糧城、塘沽、蘆臺、唐山、灤州、昌黎秦王島、山海關。

《中日會議東三省事宜附約》（光緒三十一年十一月二十六日）第二款

因中國政府聲明：極盼日俄兩國將駐紮東三省軍隊暨護路兵隊從速撤退，日本政府願副中國期望，如俄國允將護路兵撤退或中俄兩國另有商訂妥善辦法，日本國政府允即一律照辦。又如滿洲地方平靖外國人命、產業，中國均能保護周密，日本國亦可與俄國將護路兵同時撤退。

《中英修訂藏印通商章程》（光緒三十四年三月二十日）第十二款

第十三段

中國允在各商埠及往各商埠道中籌辦巡警善法，一俟此種辦法辦妥，英國允即將商務委員之衛隊撤退，並允不在西藏駐兵，以免居民疑忌生事。

《東方雜誌》第一卷第一二號《江西派辦政事處詳江西巡撫夏復英美德各國兵艦違約駛入鄱陽湖遊弋演礮請申明約章意義咨陳外務部照會各國公使照約辦理文並批》 洋務所案呈竊照前奉憲臺批本處，呈報督憲批示處詳饒九道，稟英美兵艦違約駛入鄱陽湖，請申明約章意義咨陳外務部照會各國欽使禁阻一案，奉批南洋大臣既以饒九道辯論各節未爲允協，當飭即由處酌量妥協聲敍，另詳核辦等因，奉此伏查鄱陽湖居九江上游，爲入江門户，本屬內地，從前並無兵輪往來游弋。自光緒二十七年六七月間有美國兵輪三艘，一名皮克、一名米有、一名欒舍利雅，及日本兵輪阿達格、英國兵輪抵勒先後至鄱陽湖游弋，經前洋務局會同饒九瑞道詳請升任護撫憲柯咨請南洋商憲批飭，上海道照會駐滬各國領事轉飭禁阻，嗣於光緒二十九年五六月間又有德美等國兵輪駛抵省河及往鄱陽湖游弋。經升護憲柯札飭饒九道照會各國領事，並請外務部商阻。當時德國駐滬博總領事函復饒九道，已允務致本國水師提督分飭知照，惟英國駐清海領事以英約第五十二條無論何口一語謂並無禁阻明文藉詞强辯，又經饒九道按約駁復，迨本年三月間，英國兵艦名國意德欲赴鄱陽湖演礮，經饒九道執約勸阻反復辯論不允。電奉憲臺飭令商准駐潯英領事作函，派令繙譯持約追至姑塘上數十里，彼已設靶試礮。出函婉商，始得阻止。又美國兵艦名威力路博入湖游弋，並至省河停泊，亦先經執約商照不允，當蒙憲臺電准外務部函致兩駐使，嗣後勿再駛入內港並經本處詳定章程，嗣後遇有兵輪駛入鄱陽湖，責成湖口礮臺及龍驤兵輪升旗通同隨時勸阻。乃五月間德國兵輪審衛司卽佛微陽發特難德卽法特蘭德二艘定期知會欲赴洞庭、鄱陽兩湖游弋演礮，經江漢、江海、九江三關先後電移照會禁阻，並據饒九道稟奉憲臺批飭，本處電請上海道按約照會領事轉致該輪管帶切勿駛入，以江漢關稱此事已轉稟本國駐京大臣隨意辦結，由關詳報湖廣督憲咨明外務部查照妥商，江海關道亦函准駐滬德總領事克納貝函復，以既經漢口領事官稟報駐京大臣，則本總領事不能插身事內，請逕咨商南洋商憲，飭詳憲臺彙案核辦各等因轉移到處，正在核辦間迭據各屬稟報德兵，輪法特蘭德已於六月二十八日駛抵省河及赴鄱陽都昌星子等處游弋，並赴屏風山地方演礮。七月初二、初八、十二、十五、十七等日，連次出入鄱陽及南康等處游弋。其先經過九江關道執約再三阻止，該輪停泊之日電請該國統領核示，厥後竟不允從行經湖口礮臺一再升旗通問，亦置不答。又有德輪名火牙子於五月二十四日駛入鄱湖，行經南康等處游弋，似此悖約强行既未便聽其自然致令漸入堂奥，又未便强行攔阻，輕啓釁端。再四思維，惟有援據條約，速請咨達外務部辯明，方足以昭摺服。奉批前因本司職道等復查英約第五十二款所載，一英國水師船別無他意，或因捕盜駛入中國無論何口，一切買取食物、甜水，修理船隻地方官妥爲照料，船內水師各官與本國官員平行相等語，細譯約文無論何口，句下卽貫以買取食物甜水一語。而該約第五十二款及連款敍及中華海面，每有盜賊似明在海捕盜，缺乏食物甜水或有損壞，艱於行駛，亟須修理，不得不駛近各口購辦一切。所謂各口者，固指沿海口岸而言，其購辦食物、甜水等事，亦爲濟急起見，與第二十款遭風准其收口照料意義相同。誠如督憲批示約文所載，意義甚明。今江西鄱陽湖係屬內地，故無盜賊須捕，省城又非通商口岸，卽不能任意駛行。況一再駛赴演礮，內地民居櫛比商船絡繹，且瀕湖各屬民多强悍，兵輪所至居民設有驚疑致滋事端，誰任其咎。本司職道等管見所及擬請憲臺會同南洋商憲，將各國兵輪歷次悖約入湖攔阻不從情形及英約第五十二款意義詳切申明，咨請外務部照會駐京各國欽使，轉飭各兵輪管帶，嗣後勿再駛入內港，以符條約。而敦睦誼並請咨明湖廣督部堂，一體查照是否允協合將酌核緣由具文詳請憲臺俯賜查核示遵。再此案本處請俟上海道將光緒二十八年原詳內，嗣後各國兵輪如無公事，幸勿前往游弋，意義與各領事辯論明晰，並非允准駛入內地湖河，得復到司再行詳辦。及德兵輪兼旬之間出入鄱湖數次且赴屏風山演礮，使稍釀事端，關係非輕。而辯明二十八年原詳與正案無甚出入，是以照請咨陳，以杜後患。是否有當，伏乞憲裁。又德兵輪法特蘭德與火牙子二艘已據各屬具報出湖，合併聲明。

夏中丞批希候據詳會同南洋大臣，將各國兵輪歷次悖約入湖攔阻不從情形及英約第五十二款意義詳切申明，咨請外務部照會駐京各國大臣轉飭各兵輪管帶，勿再駛入內港，以符條約，而敦睦誼。咨明湖廣督部堂一體查照，仍移饒九道知照此復。

又《江海關道袁移復江西辦政處與英美備領事辯論兵艦入湖演礮文》 准貴處移洋務所案呈光緒三十年八月十六日奉署撫夏札，開光緒三十年八月初九日承准，欽差大臣辦理通商事務，兩江督部堂魏咨開據江西派辦政事處呈，稱南新二縣稟報德兵輪發特難德駛抵省河，未據前途各縣稟報，已飭查稟復等情，到本大臣據此查各國兵艦不能駛入內地港河，迭經駁阻在案。此次德兵輪發特難德違約駛抵省河，何以地方官並不隨時稟報，殊屬玩忽，應請貴部院飭令查明稟復，並通飭，嗣後遇有各國兵輪駛入內港，務須隨時電稟以憑核辦。茲據前情相應咨請查照轉飭遵辦施行等因，到本署院承准此查各國兵輪駛入內港地。前據呈報當經批飭行處各該縣先後稟復，均經批俟滬道與各領事辯論明晰照會，至日再行由處詳候核辦在案，承准前因，合就行處卽便查照，轉飭一體遵照辦理。仍移饒九道知照，並一面由處移催滬道迅將各國兵輪違約駛入內港速與各領事力爲辯論，一俟辯論明晰照會，至日卽行詳候核辦，毋稍宕延，切切此札等因奉此。查此案前經飭據，各該縣具稟復並稟奉撫憲批示到處均經移行。嗣因德兵輪迭次駛入鄱陽湖，發特難德更於七月兼旬之間出入鄱陽湖數次，且云屏風山演礮，誠恐稍滋事端，關係非輕。而二十八年原詳與正案無甚出入，業經本處遵照督憲前批，將兵輪歷次游弋鄱陽湖演礮攔阻不從情形，並申明英約第五十二款意義詳請撫憲，會同督憲咨達外務部核辦在案。今奉前因除移行外，移請查照希卽迅與各領事辯論明晰，尅日見復等因，查各國兵輪駛入內地演礮游弋。前於本年四月間英兵艦圖意擬赴鄱陽湖演礮，美兵艦威力路博赴潯游歷，曾奉前南洋大臣電飭商阻，由道照准英領事允俟該國水師提督到滬轉致美總領事函復，已轉致公使酌辦。當經由電稟復，至六月間又有德國兵船發特離德及物微賜擬往洞庭、鄱陽湖游弋演礮，由德總領事先期知照，稟奉兩湖、兩江督憲電飭商阻。經按約駁拒，旋接德總領事函，洞庭、鄱陽湖本國別國兵艦常往游弋，領事不能函阻。今照華官先期照會之辦法，反有不允。以後德輪游弋不便知照等語，又經駁復，去後旋接該領事函復以此事已經漢口領事稟報駐京大臣，本總領事不能插身事內。張宫保魏制臺欲如何辦理，請逕咨商外務部可也函復到道當經申報兩湖、兩江督憲鑑核在案，茲准前因合亟備文移復。

又《外務部駁復駐華英使不准師船入湖函》 接准函稱，據本國駐九江領事電稱，六月二十九日本國師船駛入鄱陽湖之際，當有駐紮湖口礮臺統帶登船以奉飭阻攔。應請不必前往云云，查本國師船此次入湖並非演礮，當時亦經告礮臺統帶，請爲核辦等情，本大臣查本國師船別無他意，例准駛入中國不論何口，約有明文，請咨該省將天津條約第五十二款遵行等因。本部查天津條約第五十二款內載英國師船別無他意，或因捕盜駛入中國無論何口一切買取食物、甜水，修理船隻，地方官妥爲照料等語。該約款明言駛入中國無論何口，自係指由外海初入中國之口而言。師船即由外海進至長江，業經駛入中國口內，於該約款所允已無賸義。鄱陽湖在中國腹地，即非通商口岸，亦非初入中國地方之口，與約載各節情事不同，未便援引。相應函復貴大臣查照，轉飭師船，勿再任便駛入鄱陽爲要。

論說

《東方雜誌》第一卷第四號《法人駐兵海防河内》 聞督辦廣西邊防大臣鄭京卿電奏，法人在河内海防屯兵一萬，政府向法使詰問，法使不認有此事云云。此次法人駐兵，實與俄人駐兵於伊爾庫次克之事相應。蓋俄、法本聯盟之國，西伯利亞鐵路，法人資本居其大半，今日俄一戰，俄之海陸軍屢戰屢敗，旅順、遼陽，失在指顧。俄之旅邊舉錦之鐵路，已不可保。此諸路者，乃西伯利亞鐵路之枝路也。枝路既斷，幹路亦將無用。則法人資本即將蓋付東流矣。故日俄一戰，俄而得勝，法人固爲俄之倀，將四出而逞其爪牙。俄而驟敗，法人必大爲俄所累，又將百計而施其救解，救解之計奈何。夫固不外乎離間英日之交，而貽禍於中國。使日俄之戰局，兩受其弊而不能終結而已。法之代俄離間英日也，即假英法結埃及、摩洛哥兩不干預約之約，而沿及於亞東南方之英法各殖民地者也。觀英占西藏之事，由法人居間，使俄人不再與英爭執，而使英人得以遂其初志。英既得遂其初志，則其干涉日俄戰事之志，可以益懈。而西藏者，固爲中國藩屬。今英竟不顧中立之局，乘日俄之戰而占西藏，則是中國之中立，不破壞而已破壞。英既爲俄所默許，而又爲俄執持其破壞中立之據，後即欲爲日本出面仗義執官，其勢固已有所不能，於是英日之交不離而自離矣。英日之交既離，則俄雖喪敗之餘，而積威所漸，猶足以恫喝中國威脅政府也。【略】

近聞山東駐紮高密之德兵，闖入人家强姦婦女，并刀傷事主。經高密縣移文德國兵官詰問，至今尚未結案。後又在高密附近村落葛家莊滋事，鄉民蠢動，幾釀大禍。記者嘗遊歷青島，覩德兵種種不法之行爲，無不令人切齒。而搶人住宅、鬧戲婦女，尤所習見。遭其害者不知凡幾。痛哉！現德人極力經營青島，鐵路已達至濟南，東省官場，懼之媚之，無敢逆命，蓋德人固隱以山東全省爲其囊中物矣。本地人士，愚陋無識，既畏洋人，又畏官府，惟以僥倖免禍爲得計。而稍黠者，則惟急遣子弟學德文，嗚於人曰學德文他日發財之捷徑，保身家之護符也。嘻蚩蚩之民。語以祖國之榮光不能起其戀愛，當以瓜分之慘禍。不能動其悲哀，然使目擊若妻、若女、若姊、若妹，爲腥羶異類按倒於地。飽施淫毒，宛轉嬌啼，則未有不憤火中燒與之拚命者。誠以至辱極慘，萬無可忍也。今日之德兵已如是，他日之德兵又何如？山東人縱不爲國家計，能不爲妻女姊妹計乎？

又 第七號《洞庭鄱陽湖必不可許德人屯兵》 予今條舉其必不可許之理由，蓋有七：二湖爲内地要隘，古人所稱天險。二湖既失，德人勢居上游，則全江無所用之，其不可許者一。德人據我膠州、山東全省，爲之蹂躪殆逼。二湖既爲屯兵，則將來恃力要索，疆臣更難抵制，必成東三省俯首議俄之覆轍，其不可許者二。二湖既可以演習兵艦，將來陸地何不可以練兵，要約之端，禍自此始，沿江内地，且非我有，其不可許者三。揚子江流域久爲外人勢力範圍，所幸英美諸國，猶以通商爲名，不敢任情騷擾。德人既於南省商務無甚關繫，將來藉口，必多迫我難堪。俄人據東之漸可爲殷鑑，其不可許者四。然此猶僅言德人之爲我內殖也，而禍之發於外競者，更爲急迫。英人久視沿江爲己之勢力圈，所以不卽暴動者，既慮地廣難以猝制。尤以商務坐獲重利，英之忌德，必不異日之忌俄，兩國競爭。我受其禍，黑暗風雲，必繼北方而起，卽小而言之，俄人旅順陷落在卽，英方久占威海衛之無名，勢必於沿江屯駐兵艦。我既以二湖許德，則將來英人之要求，更無詞可以拒絕，其不可許者五。東三省禍端難測，各國方覘我之處置，以作對付我之政策。此時俄、法方極以黃禍之說，激動全歐，冀得瓜分中國，徒爲英、美、日三國所沮止。若德人忽於南省增大勢力，更予俄法以藉口，英美忌德之分利，必變其平時保全和平之政策。而我中國求爲目前之安寧而不可得，其不可許者六。處今日之國勢，而猶不能奮發圖新，瓜分之禍，固日後所必不免。然猶冀苟延數年，得待人士之奮興，教育之普遍，而力守主權，以爲後日計。乃既促之亡，復舉內地要隘而盡以拱手讓之外人，一旦瓜分，坐而待斃，北方不守，猶可內渡。東南淪喪，將於何而立足耶？其不可許者七。

《嶺東日報·論德人兵船入鄱陽湖事一九〇四年七月十五日》 洞庭、鄱陽二湖，居長江上游，而實爲吾南省大陸之中心點，必不容外人根據其間。前者德國先後索二湖，以爲水軍操練地，且傳聞政府有允許之說，聞之不勝驚駭。旋知政府允許之言爲虛，魏、張兩督暨贛撫夏澍帥，方竭力設法阻止，心爲粗安。意謂德人野心勃發，雖有得此甘心之勢，倘我政府我疆吏洞悉此舉之關係大局，始終堅執，摺以公法，則我國土地本由我之自主權，許與不許，操之在我。德人雖狡，特多費交涉之時間耳。乃近聞德人忽逞其强硬手段，有兵船一艘，逕進鄱陽湖內，雖經該處礮臺詰問，並不理會。因此更不覺重爲失驚，前之所慮者，懼我政府之脆弱。一旦受德人恫嚇，猝然舉要地而委棄之耳。今則我政府疆吏，固明明不許其要求，而德人悍然無理，忽至此極，此其事不尤出人意外耶。夫一國有莫大之自主權利者三：曰土地，曰人民，曰財產。守此三者，則名曰國，失此三者，則國非其國矣。故非奴隸絕亡之國，苟猶名爲自立者，莫不有此三者自由之權利。外人不得而盜奪之。雖甲國勢力不敵乙國時；或有種種要求，然苟非經甲國之承認，乙國決無暴然而攬取之之理，此爲國際法所公認，無庸多辨。鄱陽湖爲我內地莫大之要口，初非若邊界屬地也。其確爲我之純全自主權，誰曰不然？誰得强奪？乃德人一再强索，言詞强硬，一若我之土地應爲其練兵區域，而彼國恃其雄勢，有强迫我以允許之權利者，其背理非法，已足令人不平。及事經我國疊次峻拒，無理可言，更復以强硬力出之。德人之意，又一若我之鄱陽湖，取求惟其所欲。雖出此無理之行動，以爲我强國固有之權利者。其蔑視我國爲何如？在我國今日國勢孱弱，雖遭此大辱，不遽用强硬力以還擊。而德人之違背公法約章，當爲文明國所吐棄。德人以無故據我膠州灣之伎倆，爲可重演於我南省耶？抑以俄人之驕横無理，掠奪我東省，至今爲全球人非罵，其前鑑爲不足畏，將重繼其行爲，以破壞我國平和之局耶。語曰：事不可過求非分。德人其亦弗之思矣。雖然，德人既有心爲此暴舉，而我受之者其感情處置當何如？觀德人索鄱陽湖之力，事必有爆發之一日。今既以兵船逕赴湖內，是卽其爆發之起點也。尤望我政府我疆吏不爲心怯，此舉既關南方大局，足以啓英美諸國競爭之點，且勢不可苟爲承許。一時雖事姑息，而德既可以强力索取我之鄱陽湖，各國何事不效尤而起？苟有繼德而入我別省者，我其何以對之？東方戰局未定，一絲動搖，卽莫卜其存亡。今日之勢，雖難以兵力猝爭，而不可不執公法以力爭。可速據理以詰責德人，并以商議各國公使，各國決無以德人應有此操兵之權利。且英美必不喜德人之有揚子江根據地，使我國持之果力，德人既不爲各國所直。我全國之人復羣起而爭之，其事不難挽回。倘一時委蛇其間，則德人之狡詐，必狂發無已。日後東南大局，將不可復問，吾言及此，不禁爲之心戰而股裂也。雖然，我於此尤不得不爲我　朝廷我國民告者，我國地非不大、民非不衆，而特以腐敗不自振作，故受辱至今，有東扶西倒左右爲難之勢。雖以德意志向來之未稱雄大，而數年來之經營我中國者，兼道而進。今日横以强力加我，無端而欲練兵於我中心地，彼固得矣。我之失爲何如？時事至此，我國人而猶不同聲一哭者！決非人心。夫我固非徒願我國人之知哭之也。蓋亦亟思有以自振之也。

《新聞報·論禁阻兵艦入湖一九〇四年十月初一日》 自德國有兵艦駛入鄱陽湖操礮之請，當道照約力駁，始改演礮爲游弋之舉。他國兵艦繼之，英艦聞之，亦欲駛入。一人作俑，例國效尤，蓋長江乃英德目前爭權之地，英人視長江爲其勢力圈內之物，有獨享之慾念，無分惠之均心，其不許他人問鼎也久矣。近德人國力日雄，急起直追，思伸權力於揚子江流域中，與英相抗而英又不讓德，德亦不下英，連雞並棲，莫敢先動。要知兩雄一穴，終不相容，異日決裂之猛烈，難保不蹈日俄於東三省之轍。鄱陽湖又長江中心點內一部之奥區也。地屬贛省。爲由江入贛必經之要津，欲得贛省實權，必先從鄱陽湖入手。此德人陽以演礮聳人，使中國懼而遷就，允其游弋，則已有機可乘，如願以償。譬伏炸彈於地中，觸機待發，終有爆裂之時。他國知贛省實權，尚未爲外人所得，亦緣此大生羨心，羨心不已，乃思染指。見德人之駛入鄱陽湖內，眈眈逐逐，大有垂涎實權之意。亦復不肯稍讓，冀得分潤，紛紛派艦駛入，外循德人游弋之名，陰爲他日要求之地。英人驚心動魄，遂亦迅派師船，前往游弋，藉壯聲威。且以示保護平權均勢之局，當經湖口礮臺統帶登船，告以奉飭攔阻，不必前往。該師船電致駐華欽使，由欽使查照天津條約，五十二款。內載英國師船，別無他意。或因捕盜駛入中國，無論何口買取食物、甜水，修理船隻，地方官妥爲照料等語，照會核辦。外務部又因前任魏午帥咨請，先與辯明此條約文字義，照約攔阻。外務部接英使照會，當即查照條約，聲明字義，駁覆，略謂天津條約五十二款，明言駛入中國，無論何日，自係指由外海初入中國之口而言。師船即由外海進至長江，業經駛入中國口內，於該約款所允，已無賸義。鄱陽湖在中國腹地，即非通商口岸，亦非初入中國地方之口此二口尤爲扼要與約載各節，情事不同，未便援引。相應函復貴大臣，轉飭師船勿再駛入鄱陽湖內爲要。外務部現已將駁覆英使函稿，飛咨長江各口查照辦理，免致臨時毫無依據。未始非近今外交之一助也，記者參觀天津舊約之文，外部駁函之稿，各國師船，實不能駛入鄱陽湖內游弋。各國師船統帶，非不知兵艦駛入湖內爲違約也，而必欲冒不韙之名達其目的者，要挾中國之疆吏也。各國欽使，亦非不知兵艦駛入湖內爲違約也，而徇各師船統帶之請，行文請爲核辦者，要挾中國之政府也。疆吏懼而不能執約與爭，則始而以處聲嘗試者，繼且展其實力矣。政府不能照約力駁，則始而以通融辦理者，繼且視爲成案矣。我退讓力之所至，即彼侵佔力之所到，直至退無可退，讓無可讓，國權喪失，自主不能，即幸而不爲波蘭、印度，而懨懨不振，亦且如土耳其之名存實亡而已。中國自辦理交涉以來，處處失算，事事甘讓，外交諸臣，非具天然媚骨別種柔腸一副厚顔者，必不能保一己之名位，而得列强之歡心。無論不能爭者不敢爭執，即當爭者亦多箝口結舌，噤不一言。遂使國權日墮，無事不爲外人所干預，種種違約之要求，乃不施之他國而獨强加之我者。嗣後恐有日不暇給之勢，此次外務部照約堅駁，咨行各口查照攔阻，吾悲自主之權雖失而未嘗盡失，雖然一端示怯，百感紛來，外部諸公，事無巨細，惟力爭國權，不爲他人所奪，則中國庸或有復振之一日也。

內地傳教權分部

綜述

《中俄天津條約》（咸豐八年五月初三日、一八五八年六月十三日）

第八條　天主教原爲行善，嗣後中國於安分傳教之人，當一體矜恤保護，不可欺侮凌虐，亦不可於安分之人禁其傳習。若俄國人有由通商處所進內地傳教者，領事官與內地沿邊地方官按照定額，查驗執照，果係良民，即行畫押放行，以便稽查。

《中美天津條約》（咸豐八年五月初八日、一八五八年六月十八日）

第二十九款　一、耶穌基督聖教，又名天主教，原爲勸人行善，凡欲人施諸己者亦如是施於人。嗣後所有安分傳教習教之人，當一體矜恤保護，不可欺侮凌虐。凡有遵照教規安分傳習者，他人毋得騷擾。

《中英天津條約》（咸豐八年五月十六日、一八五八年六月二十六日）第八款　一、耶穌聖教暨天主教原係爲善之道，待人如己。自後凡有傳授習學者，一體保護，其安分無過，中國官毫不得刻待禁阻。

《中法天津條約》（咸豐八年五月十七日、一八五八年六月二十七日）第十三款　天主教原以勸人行善爲本，凡奉教之人，皆全獲保佑身家，其會同禮拜誦經等事概聽其便，凡按第八款備有蓋印執照安然入內地傳教之人，地方官務必厚待保護。凡中國人願信崇天主教而循規蹈矩者，毫無查禁，皆免懲治。向來所有或寫、或刻奉禁天主教各明文，無論何處，概行寬免。

《中法北京條約》（咸豐十年九月十二日、一八六〇十月二十五日）第六款　應如道光二十六年正月二十五日上諭，即曉示天下黎民，任各處軍民人等傳習天主教、會合講道、建堂禮拜，且將濫行查拏者，予以應得處分。又將前謀害奉天主教者之時所充之天主堂、學堂、塋墳、田土、房廊等件應賠還，交法國駐紮京師之欽差大臣，轉交該處奉教之人，並任法國傳教士在各省租買田地，建造自便。

《中法續增條約》（咸豐十年九月十二日、一八六〇年十月二十五日）第六款　應如道光二十六年正月二十五日上諭，即曉示天下黎民，任各處軍民人等傳習天主教、會合講道、建堂禮拜，且將濫行查拿者，予以應得處分。又將前謀害奉天主教者之時所充之天主堂、學堂、塋墳、田土、房廊等件，應賠還交法國駐紮京師之欽差大臣轉交該處奉教之人。並任法國傳教士在各省租買田地建造自便。

《光緒朝上諭檔・光緒二十七年十二月初五日》　上諭：朕欽奉慈禧端佑康頤昭豫莊誠壽恭欽獻崇熙皇太后懿旨，國家與列邦講信修睦一秉大公。歷年以來召見内外大小臣工，必以講求時務聯絡邦交爲訓勉。每於州縣等官，必諭以朝廷於教堂教士一視同仁，務須加意保護並勸導百姓，常使民教相安，切勿猜嫌多事。此等告誡不啻三令五申，乃各該衙門人員能仰體朝廷德者，固不乏人；其未能實力奉行者，亦復不少。嗣後務當屏除成見，開誠布公，擇善而從，相接以禮，自能中外輯睦共享昇平。豈非安上全下之大幸？至各省民情不一，究竟良懦者多，往往有宵小奸徒展轉煽惑，造言生事，遂至釀成教案，多被株連後悔無及。是在地方官平日與民相親，隨時開導，遇有民教爭訟，聽斷持平，無偏無激。其有傳習邪教如白蓮、八卦等，名目藉端惑衆，本爲法令所不容久已懸爲厲禁務，即申明曉示，嚴切稽查，有犯必懲，以正人心。而肅國紀著各該將軍督撫一體遵照辦理，將此通諭知之。欽此。

《中美續議通商行船條約》（光緒二十九年八月十八日、一九〇三年十月八日）第十四款

耶穌、天主兩等基督教宗旨原爲勸人行善，凡欲人施諸己者，亦必如是施於人。所有安分習教傳教人等，均不得因奉教致受欺侮、凌虐。凡有遵照教規無論華美人民安分守教、傳教者，毋得因此稍被騷擾。華民自願奉基督教毫無限止，惟入教與未入教之華民均係中國子民，自應一體遵守中國律例，敬重官長和翕相處。凡入教者於未入教以前或入教後，如有犯法不得因身已入教遂免追究。凡華民應納各項例定捐税，入教者亦不得免納，惟抽捐爲酬神賽會等舉起見而與基督教相違背者，不得向入教之民抽取。

教士應不得干預中國官員治理華民之權，中國官員亦不得歧視入教、不入教者，須照律秉公辦理，使兩等人民相安度日。美國教會准在中國各處租賃及永租房屋地基作爲教會公產，以備傳教之用。俟地方官查明地契妥當蓋印後，該教士方能自行建造合宜房屋，以行善事。

《光緒朝上諭檔・光緒三十三年八月二十四日》　上諭：保護傳教載在約章，凡在内地之外國教士身命財產地方官均有保護之責。近年來各省焚燬教堂戕害教士仍復在所不免，朝廷深爲惋惜。推究其故，民教之不和多由官吏處置之未善。從前歷經訂約，載明安分傳教、習教之人不得刻待禁阻。又如係中國律令之事，仍由地方官照例辦理。是其界限本極分明。著各省督撫迅將中國與各國所定約章内傳教各條摘要輯刊成册，分發所屬各官，責令認真講習，遇有外國教士交接之舛，遵照約章切實辦理。至平民教民同爲朝廷赤子，同受國家法律，一切違犯法律及訴訟案件，不分民教悉按定律持平判斷，毋稍歧視，假借俾各輸誠悦服。並隨時剴切曉諭，使民教各安本分，勿相侵凌。官吏能主持公道，民教自化除忿嫉，其有痞、棍、匪、徒造謠播弄、滋生事端者，平時宜嚴加防範，臨時須迅與消弭。該地方官吏不語約章或顢頇偏執或畏葸因循以致釀成重案，定予查究，分別懲處。將此通諭知之，欽此。

《中國瑞典通商行船條約》（光緒三十四年六月初四日、一九〇八年七月二日）第十二款

耶穌、天主兩等基督教，宗旨原爲勸人行善，凡欲人施諸己者亦必如是施於人。所有安分習教、傳教人等，均不得因奉教致受欺侮、凌虐。凡有遵照教規無論中國瑞典人民安分守教、傳教者，毋得因此稍被騷擾。華民自願奉基督教毫無限止，惟入教與未入教之華民均係中國子民，自應一律遵守中國律例，敬重官長、和翕相處。凡入教者於未入教以前或入教後如有犯法，不得因身已入教遂免追究。凡華民應納各項例定捐税，入教者

亦不得免納，惟抽捐爲酬神賽會等舉起見而與基督教相違背者，不得向入教之民抽取。各教士均不得干預中國官員治理華民之權，中國官員亦不得歧視入教、不入教者，須照例秉公辦理，使兩等人民相安度日。瑞典教會准在中國各處租賃及永租房屋地基作爲教會公產，以備傳教之用。俟地方官查明地契妥當蓋印後，即准該教士自行建造合宜房屋以行善事。

論說

清・王韜《弢園文録外編》卷三《傳教》 嗚呼！自泰西諸國議和立約以來，通商傳教，二者并行。而中外交涉之事，變故多端，齟齬迭至，近且一波未平一波又起。如普國晏拿帆船被劫，英國探路人員見戕，此事之出於通商者也。川省之肆虐教民，大通之慘戮教士，此事之由乎傳教者也。顧中國之民往往不仇夫通商而深嫉夫傳教，則以傳教之士深入內地，足以摇動人心，簧鼓世俗，其害至於漸漬而不可治。故近者如閩之建寧不許其建立會堂，皖之大通不許其宣傳福音，蜀之重慶不許其習教傳徒；潛滋暗長，紛然與教爲難，而且羣起而肆其掊擊。其間因教以滋釁者，大抵天主教居多。

夫天主教之囂然不靖，不獨在中國爲然，即在歐洲諸國何莫不然。溯自天主教之興，始於羅馬，即今意大利國是也。此外，如法蘭西、奧地里、西班雅、葡萄牙、比利時皆崇奉天主教者也。若耶穌之教，創猶未久，行猶未遠，三百年前路德崛起乃創行之。如英吉利、普魯士、瑞典、荷蘭、甸麥皆信耶穌教者也。天主、耶穌教各半者，則如瑞士、日耳曼列邦是也。當法國之强，天主教最盛行於泰西，幾於出主入奴，與耶穌教各立門户，互相水火，窘逐焚戮無所不至，而又主持國是，總攬朝綱，國君之廢立更易，得以爲政。逮乎法蹶普興，教王失地，而普相俾思麥又設法整頓，隱爲之制，於是氣焰漸衰，而教士亦漸知斂迹。蓋奉教諸國亦漸悟其教之非，如意大利則以教王之久據羅馬都城也，深爲痛嫉；西班牙則以慫誘亂黨，從中翼助也，而惡之，屢謂政教二者勿相兼攝；法國之現任總統，英國之前任宰臣，無不欲削其權，俾其毋侵國政；此近日歐洲裁抑教士之新章也。

惟耶穌一教，不與天主教同日而語。其守己奉公，繩趨尺步，蓋有與天主教同源而異流，殊途而别轍者。而其入中國傳教，自華民視之，一若無所區别也。足迹所至，異言異服，因之滋事生釁者亦有之。況中國所守孔孟之道，往往爲所詆燬。聽其宣講者，必至强者怒於言，弱者怒於色。前時發逆之變，逆首洪秀全假其教名以倡亂，而耶穌教傳道之士，不但不昌言斥絶，反與之通問言情，時出入其中，視爲同教。薄海士民以其昧於順逆，良深痛憤，此招物議之所由來也。

議者以爲誠如是也，將來易約之時，可否將傳教一款删除，實可消無端之萌蘗，而絶無限之葛藤。如向者日本與泰西立約，教士但可旅居而不能傳教，我中國何不可援此以行。不知此恐不能也，蓋泰西諸國有所不許也。

議者又謂如許教士深入內地，則事變繁興，中西以此斷不能言歸輯睦。且中國何以不將前後情形遍告歐洲，誠以和約之立，有所利益，固宜謹守，而有時多所妨礙，亦可删除。即如蒲晏臣所立華民往美傭工之約，今美廷何以不守而反擬請中國删除也。豈彼可行之於我，而我不可行之於彼乎？此屈臣公法二百六十三款中所有也。然而我恐其不能行也。

議者又謂數年前天津擬換和約之時，我朝廷已力請改除此款，而諸國皆謂，傳教之士如遇有事，可交最近領事辦理。然如四川一省教士殊多，而最近者爲漢口領事，相距甚遠，往返維艱，此中必多掣肘。夫保護天主教者：法國也，法國今昔異形，與之妥商，或者可從。即法人仍蹈從前之積習，歐洲諸國斷不代爲之左袒，以興戎而滋禍。顧以事理揆之法人，亦斷不能從也，蓋通商英爲重，傳教法爲亟，法人自傳教以外，别無所事。

近來中廷一切措置，時爲西人所藉口，謂中國惟欲閉關自守，不喜與諸國通往來，不然何以遣使駐都久未見其行之也。不知此皆臆測之詞。總之，天下事與其求諸人，莫如盡諸己。傳教之士則爲西人，而入教之人則皆爲我民也。嗣後凡遇入教之民，則異籍貫，編門牌，給匾額，稍以示其區别，有事則歸地方官懲辦，教士毋得袒護，而無事地方官民亦無得苛待。教士所至，須問民之願否，毋得以勢力相强。此皆各盡其分所當然而已。而又何齟齬之有？

邇來民教相涉，輒致中外齟齬。推求其故，大抵一由於愚民之無知，一由於教民之有恃。

由泰西至中土傳道者，一曰天主教，一曰耶穌教。雖曰同源而異流，而教中規儀迥判。自西人言之，不獨有新舊之殊，亦且有邪正之别。在泰西本國中，久相水火，惟在中土則分道揚鑣，兩不相涉，所謂各行其是而已。天主教行之最久，亦最遠，内地鄉落，無所不至；耶穌教則不過通商口岸耳。而近時傳道宣教者，輒以華人，雖西人之足迹所不能至，而華人則無不可深入也。所至之處，久之必至互相駁詰，此積憾生釁所由來也。西國奉教之士，其來也由於考授，非世家子弟亦彼國俊髦，於西國書籍既通而又肄習中國之語言文字，其學問之深者，亦卓然可稱爲專門名家，其性情品詣有時亦復藹然可親，純然有異。惟華人之進教者，大抵愚者多而智者少，明者寡而昧者衆。理趣既未能深造，言語亦未能圓融，動輒詆孔孟爲不足師，程朱爲不足道，悍然宣播於衆。夫其言而出諸西人，聽者尚能少忍；至出自華人，則强者弱者必羣起而攻之矣，此事變之所以生也。

至於華人之疾憾西人，蓋亦有故。西人在其國中，無不謙恭和藹誠實謹願，循循然奉公守法，及一至中土，卽翻然改其所爲，竟有前後如出兩人者。其周旋晋接也，無不傲慢侈肆，其頤指氣使之概，殊令人不可向邇；其待僕隸下人，頻加呵斥，小不遂意，輒奮老拳。彼以爲駕馭中國之人，惟勢力可行耳，否則不吾畏也，且欺我者隨其後矣。其游歷内地也亦如此，所以動至取禍。又華民之所講者，尤在順逆之分。曩者發匪之亂，彼則以爲此乃君民相争，無預我西國入事，探賊所近之處，私售以槍礮藥彈，載運接濟，不絶於道，而教士中尤先爲通問，喜其爲同教也，民間由是切齒痛心。何不思立約通和，乃出自朝廷，發匪乃朝廷叛民，豈宜私與之往來，潛爲之翼助，使華人在西國者易地而爲之，西國朝廷其能不問乎？西國民人其能不怨乎？此卽所謂恕道也。西人或者其未嘗反復思之歟？不然，西人至此以貨易貨，自鴉片漏巵之外，其餘未嘗不有無相易，貴賤相征，自可耦俱無猜，同沾夫利益，而何銜憾蓄憤之有？或者謂唯唯否否，不然，此特小焉者也。自通商以來，索口岸，索酬餉，輒以兵力從事，據我名城，俘我大臣，而又連檣北上，謂將入告，以至國步多艱，所不忍言，此非薄海臣民之所共憤者耶！故言乎我國家之待西人至爲深厚矣。恩意纏綿，禮文渥摯，無區畛域，悉予懷柔，卽如經過關卡，出入城垣，獨示優崇，異於常等，豈西人未之知耶？

故今日之爲西人計者，要當尊朝廷，守和約，而中外交涉，一切開誠布公，相見以天。其通商也，以片言括之，曰不欺。其傳教也，以二字賅之，曰毋强。其彼此往來也，曰毋驕毋肆。如是而中外安有不輯睦者哉？昔春秋列國之相約曰，爾毋我詐，我毋爾虞。今亦當益之以四言曰：毋尚勢力，毋恃兵戎，各泯意見，共矢和同。

鄭觀應《盛世危言·傳教》 嗟乎，中西和局之不能長保者，其必階於入内地傳教乎！何則？西人之要求中國者，通商傳教兩端而已。通商雖奪吾民之利，發憤爲雄，如日本重訂税則，振興商務，仿西法，祇准各國在外埠通商，不准入内地奪吾民之利，何慮人心不服？惟傳教之牧師，必入内地，内地入教之民，良莠不齊，往往困此滋事，且動以兵力相脅，民之受屈愈甚，則銜恨愈深，而教堂之案迭起矣。

泰西基督一教，流派分而爲三：一曰耶穌教，日耳曼國之所演也，英吉利、德意志、美利堅、丹麥、荷蘭、瑞典、顛瑙威、瑞士等國從之。一曰天主教，傳自猶太，盛行於羅馬，意大利、奥斯瑪加比非利亞、法蘭西、日斯巴尼亞、葡萄牙、比利時等國從之。一曰希臘教，希臘爲西洋文字之祖，亦緑飾基督教之説，别樹一幟，小亞西亞、歐羅巴之東，俄羅斯、希臘等國從之。其教或分或合，有盛有衰，名目不同，源流則一，略本摩西十誡，耶穌基督自命爲上帝之子，創立新約，以罪福之説，勸人爲善，其初意未必遽非，而千百年來，黨同伐異，仇敵相尋，人民苦鋒鏑，原野厭膏血，别分門户，遂釀干戈，變本加厲，實非教主始念所及。俄土之戰，其尤著者也。

西字日報論教士之擅權，教因之梗化，已成尾大不掉之勢。意大利尊之而國庫匱，西班牙尊之而内亂生，法蘭西尊之而黨禍起，西人之有識者，慮其爲變，思有以裁制之，故意乘法人兵敗，教王尖援，遂據羅馬都城，收教堂産業，而吞併之機動矣。布魯斯繩以新法，廢其教堂，奥斯瑪加定教士不得干預國事，停其公費，而排斥之令嚴矣。荷蘭則更改書院章程，不受教士約束，不讀教書，德意志則致書教王，以監督爲煽惑人心，違背國法。其國儒士魯所及浮特動耳，皆著書數萬言，痛詆教士，特以積習相沿，無術以善其後，將來英之於意，意之於法，法之於德，德之於俄，俄之於奥，必有因此而尖歡者。

嘗閲《瀛海論》云：『同治時，普法之戰，教人實啓共端，拿破侖第三爲教所誤，國破身俘，爲天下笑。奥相安得拉議法人甘爲教奴，西班牙謂法獨居惡名，受其災禍，美國論法國三次大亂，死士數百萬，職此之由，是教又法國之蟊賊也。他如印度拒額力士教，德國逐耶穌會，葡萄牙、西班牙皆藉教黨財產入官，意大利封教堂七十餘間，簿録其産，羅馬王遣教人駐瑞士，國人毆之，法國無如何也。』録之以備參考。

自此教蔓延中國，各國立約，首載盟書，准以周遊，加以保護。我中國聖人之道，廣大精微，既無畛域之分，亦無教門名目，其勸善成化，如回、佛諸家，亦在包容之列，而獨至西教一興，美與法合舉國之權力以祖庇之。美多耶穌教，法多天主教，莠民以入教爲護符，嘗開作奸犯科，訛詐鄉愚，欺淩孤弱，佔人妻，侵人產，負租項，欠錢糧，包攬官事，擊斃平民，種種妄爲，擢髮難數。是故傳教者，若存心公正，自不容其所爲。間有剛愎之徒，私心褊祖，紊我王章，差提則匿之堂中，罪定則縱之海外，地方官慮開大釁，先存畏懼之心，又不知外國律例，無辭以摺服之，則往往遷就定讞。平民受屈，申理無從，衆怒滋深，羣思報復，遂至拆教堂，辱教士，教民鬬毆之案，層見疊出。平心而論，彼教士亦當自愧，豈止非上帝之心，亦大悖交鄰之道矣。然猶不自悔禍，文過飾非，每遇大臣查辦，或以相距太遠，未悉案情，或以律例不同，各執一是。定讞偶致稽延，彼即借端要挾，有司既經革職，復請惋惜之國書，首犯既已伏辜，更索賠償之欠款，朝廷大度優容，小忿必忍，百姓天良尚在，嘗膽知仇。溯自順治年間，始許荷蘭通市，洋舶遂輻輳粵東，垂二百年，初無設領事兵船保護者，亦未聞華洋仇殺之端。推原中西齟齬之由，實出於販煙、傳教，此二事開自英法，英、法恃其火器兵船，挾官吏以制商民，積怨愈深，禁令愈烈，致中國兒童婦女，不及辨其種類，聞聲相惡，職此之由，兩國稍有違言，均慮變生不測，是非徒中國殷憂，抑將礙西國通商之大局矣。

誠欲民教相安，必須妥籌良法。夫入教之民，固中國食毛踐土之民也，勸民爲善，固聖朝寛大之政所允行也。若縱教民爲姦惡，倚教士爲護符，動輒挾制地方官，枉法左袒，以屈抑良民，是非勸人爲善，直助人爲惡，既大失其傳教勸善之本心，抑亦條約所必不能從者也。耶穌教與天主教不同，可以娶妻，可以爲書院掌教，近有久於中國者，不忍坐視其困，多將中外利病，著書救世，如林樂知、李提摩太、傅蘭雅、艾約瑟、花之安等輩是也。是宜與之剴切辨明，改修條約，載明華民入教，開列姓名籍貫，報明地方官查無過犯之人，方准註册，照約保護，遇有事故，仍依華例懲辦。既係中國人民，不得因入教遂分輕重，飭令地方官公平處斷，亦不得因惡其入教，顛倒是非。總之民教一律，務持其平，此本中國自有之權，教士何勞過問。至教士所至之處，亦應歸華官約束，有干預公事，挾詐侵權者，立卽咨請該國公使，飭遣回國，以儆效尤。如此，則民雖入教，於利害無關，國家無所不容，良民何至仇視哉？

夫彼洋人之入中國者，亦見多習華語，讀華書，講倫常，明禮義，其國中書院，且廣儲中國書籍，聘請華儒，教習國中子弟，無異歸吾儒教矣。較之奉彼教者，動輒作威恃勢，欺壓平民，其賢不肖何如也。如改約而彼不肯從，則別習教之民，編爲教籍，子孫世世永爲庶人，不許娶妾，不許應試，不許捐納，不許充兵，此本教堂原有之規例也，以其矛刺其盾，然亦別分涇渭之一法矣。夫貶異端，卽所以崇政體，泯嫌疑，卽所以重邦交，秉國鈞者，其熟思而審處之。

《黔報・關於傳教條約之研究一九〇七年十一月十三日》 立約之國十有八，而關於傳教者十一。語意皆極明了，無甚深微難知。而行政官束書高閣，漫不留省，遇民教相爭事，率抑民伸教，以苟安目前。蓄怨毒不平之氣，積久必發，則教案之出，乃辱國體，損國權，滔天揚塵，而不可收拾矣。《語》曰：『星星之火，可以燎原。』不其然哉！比者時局日益傾危，交涉迭見失敗，我退則彼進，駸駸焉軼乎常軌之外，機牙之肆應，偶一不愼，卽予人以口實。有地方之責者，宜如何悉心討論，以求禦侮而盡職。記者不敏，輒甄録咸豐八年以來，與各國立約關於傳教之條款，都爲一篇，加以研究，公餘之暇，倘一瀏覽乎，或不無小補也。

咸豐八年，《中俄條約》第八款：『天主教原爲行善，嗣後中國於安分傳教之人，當一體矜恤保護，不可欺侮凌虐，亦不可於安分之人，禁其傳習。若俄國人有由通商處所進内地傳教者，領事官與内地沿邊地方官，按照定額，查驗執照，果係良民，即行畫押放行，以便稽查。』

記者案：曰行善，彼教公共之目的也，然善有善之界説，怙勢攬權者非善，偏聽徇私自亦非善。彼要我承認其目的，而其所施行之手段，或與其目的相違反，我可以隨事正告之，無所用其含糊也。曰安分傳教之人，當一體矜恤保護，不可欺侮凌虐。則是傳教之人，亦自有其不安分者可知，則是傳教而不安分之人，我即不能一體矜恤保護可知，且我爲矜恤保護者，彼爲被矜恤保護者，主體客體，釐然分明。至於欺侮凌虐，惟鬧教風潮劇烈時，或一有之，若平日則決無是也。曰亦不可於安分之人，禁其傳習。即謂未犯法律之人，可以得宗教信仰之自由，若其人行爲爲法律所否認，是即不安分之證據，我固可依據法律，而禁止其傳習。曰按照定額，查驗執照，果係良民，即行畫押放行，以便稽查。果係良民與否，漫無一定之標準，然與上文安分傳教之人一語比照，則我當日訂約大臣，固已灼見流弊，防微杜漸之意遠矣。

是年《中英續約》第八款『耶蘇聖教暨天主教，原係爲善之道，待人如己，自後凡有傳授習學者，一體保護，其安分無過，中國官毫不得刻待禁阻。』

記者案：英約大旨如俄約，而詞意較簡括，足見擅外交之能事，待人如己，固教宗揭櫫之職。志然約章之所謂己，實以教士自身爲標准，己果善，率人以爲善，是吾社會所驩迎者也，己如不善，則變本加厲。自難享一體保護之權利，不得刻待，指傳授者而言，不得禁阻，指習學者而言，而必以安分無過一語爲歸宿，則稱物平施之道也。

是年中法條約第十三款『天主教原以勸人行善爲本，凡奉教之人，皆全獲保佑身家，其會同禮拜誦經等事，概聽其便。凡按第八款備有蓋印執照，安然入内地傳教之人，地方官務必厚待保護。凡中國人願信崇天主教，而循規蹈矩者，毫無查禁，皆免懲治，向來所有或寫或刻奉禁天主教各明文，無論何處，概行寬免。』

記者案：法蘭西以舊宗護法自居，而承乾嘉以來厲禁天主教之後，故致其反復丁寧之意。曰凡奉教之人，皆全獲保佑身家，此義何待言，即非奉教之人，凡爲中國國民，中國國家，皆有保佑其身家之義務。曰會同禮拜誦經等事，概聽其便，此亦無待言。中國國民，苟不逋租稅，連獄訟，其動作行爲，皆得享無限之自由，國家並不過問。曰願信崇天主教，而循規蹈矩者，毫無查禁，皆免懲治。循規蹈矩之人，即安分無過之人，亦即未犯法律之人，本無所用其查禁，更何所用其懲治，反之而緬規越矩，則主權在我，固不得以信崇彼教之故，而異其操縱矣。

是年《中美條約》第二十九款『耶穌基督聖教，又名天主教，原爲勸人行善，凡欲人施諸己者，亦如是施於人。嗣後所有安分傳教習教之人，當一體矜恤保護，不可欺侮凌虐，凡有遵照教規，安分傳習者，他人毋得騷擾。』

記者案：己所不欲，勿施於人。吾先聖之微言，從消極的一方面解釋恕字，凡欲人施諸己者，亦如是施於人，彼教宗之大義。從積極的一方面解釋恕字，誠如是，則種界平等，國界平等，大同太平之世。吾黨所最希望也，至本條當注意處，尤在遵照教規一語，平民對於法律而有服從的義務，教民則法律之外，並有服從教規的義務，法律祇裁制其行爲，教規且拘束其意志。教民雖未犯法律，若地方行政官，能確指其不遵照教規之點，可以通告主教而糾正之，亦弭患無形之術也。

咸豐十年，《中法續約》第六款『應如道光二十六年正月二十五日上諭，即頒示天下黎民，任各處軍民人等，傳習天主教，會合講道，建堂禮拜，且將濫行查拿者，予以應得處分。又將前謀害奉天主教者之時，所充之天主堂學堂墳塋田土房廊等件，應賠還，交法國駐紮京師之欽差大臣，轉交該處奉教之人，並任法國傳教士在各省租買田地，建造自便。』

記者案：此條語氣，頗爲嚴急，蓋當圓明園灰燼後，爲城下之盟。故一意懷柔之也。據侯官嚴復氏所言，天主教之准仍舊傳布，及發還地產一款，爲法文原約所無，而獨中文有之，吾國議約者不識西文，姑弗深考，孟浪畫諾。運之又久，彼教中人，得運動於法之政府，遂於修約時轉譯華文，羼入新款，見丙午年外交報第五號。此且不具論。苟其明載於約章，我卽負有履行之義務，然無論如何嚴急，亦不過曰將濫行查拿者，予以應得處分。夫查拿而至於濫，是行政官活動於法律範圍之外，以意爲重輕，固中國國法所不許，予以應得處分，是使之對於國法而負責任，非使之對於教會而負責任也。曰任法國傳教士在各省租買田地，建造自便。租買田地，只限於建造之用，其非建造之用者，仍不得自由租買甚明。

咸豐十一年《中德條約》第十款『凡在中國者，或崇奉或傳習天主教暨耶穌聖教之人，皆全獲保佑身家，其會同禮拜誦經等事，概聽其便。』

記者案：德約同於法，法以傳教之事，中更失敗，故慮之也審。德與我開始交涉，而又有法爲之先，隨事可以援例要請，故其詳略不同。

同治二年《中丹條約》第八款『丹國民人，傳授耶穌聖教，果係安分無過，中國官員不得刻待阻難，均應保護相安。』

記者案：丹約祇言傳教士，不涉教民。從一方面研究，則教民者，中國國民之一分子，本無加入國際條約之理，故本條所規定，持與以上之諸國條約相衡，猶爲比較的得體；從一方面研究，則中國國家，並未嘗以條約漏敍教民，遂於丹馬傳教士之信徒，有歧視薄待之意，至於保護相安，尤當分別觀之。保護是官吏之專責，相安須官吏教士之同意，官吏盡其職務矣，教士或多所挑剔，教士已極和平矣。官吏或從而放棄，其曲其直，乃屬於臨時發生之問題也。

是年《中荷條約》第八款『荷國所奉基督聖教卽耶穌天主教，傳教之士，若安分傳教，在內地中國官，一體保護。如中國習教民人，犯中國律令之事，仍由地方官照例懲辦，如無過犯，不得刻待禁阻。』

記者案：荷約詞意，絕無絲毫含混，蓋緣事實上之經驗，促我外交之進步也。中國習教民人，犯中國律令之事，仍由地方官照例懲辦。凡與各國立約，無不含有此意，亦無不默許而公認者，徒以約章未經顯揭，怯懦無識之地方官，震讋於保教之明文，乃至不能執行律令，懲辦過犯之教民。不平愈甚，反抗愈烈，橫潰旁決，職此之由。今於條約繼續期間，加以說明，雖非改正之必要，抑亦補救之所有事也。

同治三年，《中國日斯巴尼亞條約》第六款『天主教原係爲善之道，待人如己，自後凡有傳授習學者，一體保護，其安分守法，中國官毫不得刻待禁阻。』

記者案：參看《中英續約》第八條。

同治四年，《中比條約》第十五款『天主教原以勸人行善爲本，凡奉教之人，皆全獲保佑身家，其會同禮拜誦經等事，概聽其便。凡按第十款備有蓋印執照，安然入內地傳教之人，地方官務必厚待保護。凡中國人願崇信天主教，而循規蹈矩者，毫無查禁，皆免懲治。向來所有或寫或刻奉禁天主教各明文，無論何處，概行寬免。』

記者案：參看《中法條約》第十三款。

同治五年，《中義條約》第八款『意國民人傳授天主聖教，果係安分無過，中國官員不得刻待阻難，均應保護相安。凡中國人願信崇天主教，而循規蹈矩者，毫無查禁懲治。』

記者案：參看《中丹條約》第八款，《中法條約》第十三款。

同治七年，《中美續約》第四款『原約第二十九款內載耶穌基督聖教暨天主教，有安分傳教習教之人，當一體保護，不可欺侮等語。現在議定是美國人在中國，不得因美國人民異教，稍有欺侮凌虐。嗣後中國人在美國，亦不得因中國人民異教，稍有屈抑苛待，以昭公允。至兩國人之墳墓，均當一體鄭重保護，不得傷毁。』

記者案：從表面上觀之，此爲雙方同意，正式的協約。而事實上不然，美國人在中國，不得因美國人民異教，稍有欺侮凌虐，至於不幸而有欺侮凌虐，則中國國家，卽應負損害賠償之責任，此徵諸歷史上，屢見不一見者也。中國人在美國，亦不得因中國人民異教，稍有屈抑苛待。考之近年之報章，私家之著述，則屈抑苛待情形，令人不忍卒讀。而美國國家，坦然行之而不疑，所謂以昭公允者，毋亦徒有其名耳。

光緒十三年，《中葡條約》第五十二款『天主聖教原以勸人行善爲本，自後凡有傳授習學者，一體全獲保護。其安分無過者，大清國官不得苛待禁阻。』

記者案：參看《中英續約》第八款。

光緒二十八年，《中英續議通商行船條約》第十三款『中國之意，教事必須詳細商酌，以免從前嫌釁滋事，將來復萌。倘中國與各國派員會查此事，盡力妥籌辦法，英國允願派員會同查議，盡力籌策，以期民教永遠相安。』

記者案：此義和團肇禍之翌年，中國國家，長顧卻慮，知保教之嚴。適以啓仇教之漸，故預著活筆，爲異日籌商補救地步。夫人當感情用事時，而務自裁抑，剖晰真理，尊重法律。此等觀念，或俟諸教育普及十年後，固非可責諸今日，一般之人民也。且滋事之由，恆起於民，而嫌釁之由，則多起於教。惟英國國家亦知其然，故承諾倘中國與各國派員會查此事，盡力妥籌辦法。英國允願派員會同查議，盡力籌策，以期民教永遠相安，此世界之公義，人道之極則也。特所謂盡力妥籌辦法者，荏苒數年，迄無成說。誰秉國鈞，亟宜及時圖維矣。

光緒二十九年，《中美續議通商行船條約》第十四款『耶穌天主，兩等基督教宗旨，原爲勸人行善。凡欲人施諸己者，亦必如是施於人，所有安分習教傳教人等，均不得因奉教，致受欺侮凌虐。凡有遵照教規，無論華美人民，安分守教傳教者，毋得因此稍被騷擾。華民自願奉基督教，毫無限止，惟入教與未入教之華民，均係中國子民。自應一體遵守中國律例，敬重官長，和翕相處。凡入教者，於未入教以前，或入教後，如有犯法，不得因身已入教，遂免追究。凡華民應納各項例定捐稅，入教者亦不得免納，惟抽捐爲酬神賽會等舉起見，而與基督教相違背者，不得向入教之民抽取。教士應不得干預中國官員治理華民之權，中國官員，亦不得歧視入教不入教者，須照律秉公辦理，使兩等人民，相安度日。美國教會，准在中國各處租賃及永租房屋地基，作爲教會公產，以備傳教之用。俟地方官查明地契，妥當蓋印後，該教士方能自行建造合宜房屋，以行善事。』

記者案：以本條規定之詳細，而地方有司，猶復遇事顢頇，不知所措，真可謂全無心肝者矣！曰入教與未入教之華民，均係中國子民，應一體遵守中國律例，敬重官長，和翕相處。不過於原有緇流道家之外，多此兩等名目，官吏之待遇之。一如其待遇緇流道家者可矣；曰凡入教者，於未入教以前，或入教後，如有犯法，不得因身已入教，遂免追究。入教之目的有兩類一良民之求庇者，一莠民之利用者。由前之說，則原於我之失政，由後之說，則原於我之失刑。至謂誠心信仰，吾敢武斷其千不得一也。然執因窮果良民以求得庇蔭之故，相安而無所於忤；莠民以擴張利用之故，相搏而無所不忤。浸假入教信徒，遂祇見有莠民，不見有良民。是故明白事理之神甫牧師，於犯法在前者，有堅拒弗受之事，於犯法在後者，有迫令脫籍之事，各省成案中，往往見之。我果欲達强制執行之目的，彼決不干預過問，亦決不容其干預過問也。至於酬神賽會耗財廢時，爲吾國莫大之敝俗，治化進行，當嚴申厲禁，不特教民不准抽取，卽平民亦應不准抽取；曰准在各處租賃及永租房屋地基，作爲教會公產，以備傳教之用。範圍甚明，無待詮釋，倘有私買礦山等事，卽屬於違背條約之行爲；曰俟地方官查明地契，妥當蓋印後，該教士方能自行建造合宜房屋，以行善事。則是教會公產備傳教之用之房屋地基，猶必經地方官之署諾，乃得租賃及永租，若以私人之資格，曖昧交易，在法當否認之。

聞諸法學家曰，國內法者，規定國以內關係之法也，國際公法者，規定國以外關係之法也。傳教屬於國內法之一部分，條約屬於國際公法之一部分，以應規定於國內法之事而羼入國際公法，聚九州鐵鑄成大錯。此卽最初失敗之原因也，條約成立之原則，以文字與文字相結合，實爲權利義務確定之證書，故無論爲同意訂結的條約，爲威逼訂結的條約，皆祇能於有文字處發生效力，決不能更於無文字處發生效力。而外人之要我，往往出乎條約原文之外，一漫應之。後且相援爲成例，倒持太阿而授人以顛，此又第二失敗之原因也。

日往月來，彼長此消，人爲純粹的權利國，我爲純粹的義務國，不對等條約之結果。其勢力已膨脹達於極點，迄於今，卽補苴罅漏，抑亦未易言，然侯官嚴氏不云乎？凡物不必大也，就使其物爲日用之常，耳目之近，苟求處置而得其力，不可不先爲其知物。條約之爲物，有性質、有作用、有種類、有解釋，惟我主外交者不爲其知物，故談判之頃，如隔重幕。有承諾其萬難允許者，有磋商其不必抗議者，惟我膺民社者亦不爲其知物。故事變之乘，如迷失道，有頑固而以爲强項者，有柔媚而以爲睦鄰者，嗚呼！患氣之來，必種種原因之湊合，而豈一朝一夕之故哉？雖然，條約者，國家與國家交際，兩方主權相互之行動也，使我非完全無缺之主權，卽此虧損之條約，且不能與外人締結。今以外人責我之履行條約，證我主權之完全無缺，當爲國際法學者所公認。及此主權完全無缺之時，自上至下，勤求知物，一方不可不存改正之希望，使前約歸於合意之消求；一方不可不負履行之責任，使前約無更伸張其範圍。迨至智識發達，政治修明，民之入教也。將以爲信仰，非以爲權勢，則畛域自化矣。若乃創鉅痛深之餘，猶存得過且過之念，或操之太急，或應之無方。西人宓克嘗云，中國如一種沙石，而西教如水，水注入石，及冬而凍，春來虀粉矣。僅自其本力言，其可畏已如此，況益以鋼甲鐵騎之盾其後乎？袞袞羣公，尚念之哉！

雜録

《法國教堂入内地買地照會》（同治四年正月二十五日、一八六五年二月二十日）總理衙門致法國公使函

本王大臣茲將天主教堂公產一事所作決定知照貴大臣：嗣後法國傳教士如入内地置買田地、房屋，其契據内寫明『立文契人某某此係賣產人姓名賣與本處天主教堂公產』字樣，不必專列傳教士及奉教人之名。本王大臣已咨行江蘇省李照辦。該函抄件附上，即希查照爲荷。

《意國教士護照來往照會》（光緒十四年）意國公使致總理衙門照會

爲照會事：日昨本大臣與貴王大臣面談，議定：意國教士持有意國公署所發護照，前往内地游歷，應爲保護及佔利益之處與法國所發護照，毫無區別。如有意國教士執有他國公署護照，照内言明係意國人者，地方官不得蓋印。請咨行各省大吏限期遵辦，昨已談及，自本日起兩個月後，即本年十二月一日起開辦。茲特備文照會貴王大臣，務望同意見覆可也。須至照會者。

西曆一八八八年九月二十九日

總理衙門覆意國公使照會

爲照會事：八月二十四日接准照會，内稱：『意國教士領有意國欽差公署所發護照，前往内地，應爲保護及佔利益之處，與法國所發護照，毫無區別。如有意國教士執有他國公署護照，照内言明係意國教士者，地方官不得蓋印。至請開辦限期，擬於西曆本年十二月初十日，即中曆十月十七日爲始。』等因。查來照所稱意國教士護照一節，本國國家意見相同，已咨令各省遵辦，並知照貴大臣。貴大臣來照所稱面談議定並請限期開辦，本王大臣均已獲悉，並允今後意國教士若領有意國公署護照，地方官應爲保護及佔利益之處，自應與法國教士無異。如有意國教士執有他國公署護照，照内言明係意國教士者，其照即作廢紙地方官不得蓋印。其照内雖未言明係意國教士，而經意國公使或領事等官聲明該教士爲意國人者，地方官亦可按照視同廢紙不予蓋印之法辦理，以昭劃一。至意國開辦之日應即以中曆十月二十八日西曆十二月一日爲始，並咨行南北洋大臣，轉飭所屬各關道遵照辦理。須至照會者。

光緒二十四年九月初五日西曆一八八八年十月九日

《德國教士護照來往照會》（光緒十四年）德國公使照會

爲照會事：照得發給德國天主教傳教人護照一事，前經往來照會業蒙貴國有允准之語在案。查山東省之兗州府、曹州府、沂州府、濟寗州等處，只有德國天主教傳教之人。茲請貴王大臣如有天主教傳教之人前往以上所言各處，請領護照者，應由德國官知照中國官辦照，蓋印後發給。惟如未屬德國天主教傳教之人前往以上言明之處各傳局者，雖其勢不能常有，果有之，則德國欽差署亦願將由他國欽差署所給該傳教人之護照遵行；但此樣由他國欽差署發給護照者，内應載明領照之傳教人實係何國之人，抑或應載明該傳教人非係德國之人，此係爲盡免爭論起見也。請於以上言明各處，天主教傳教之人將來如有稟稱受害、請賠等事，均由德國欽差公署照會貴王大臣，方可辦理；緣德國民人之事係專歸德國欽差與貴國應辦者。並請咨行以上所論之該省大吏、地方官於省内天主教人傳教之事，只應與德國欽差或德國領事會辦。茲特備文照會貴王大臣，務望同意見復可也。須至照會者。

一千八百八十八年十一月二十六日

覆德國公使照會

爲照會事：光緒十四年十月二十三日接准貴大臣照會，旋於十一月初九日經貴大臣來署面談一切，本衙門於來文之意均已知悉。此經議定，本衙門允准貴大臣所擬辦法，茲將彼此面談之語開列於照會中，以便彼此官

員照辦。貴大臣照會內所言明處只有德天主教傳教之局，天主教士前往以上言明之處請領護照者，應由德國官發給；如有他國教士前往以上言明各處，由其本國欽差署稱明該教士係其本國之人，中國官亦可於其照上蓋印。至該教士之實在籍貫如有錯誤，則應由德國官自行辦理。至以上指明各處德傳教局如有上稟等事，無論係該傳教堂或德傳教人之私事，均由德國官辦理。如有他國教士在該處出有申稟各事，則言明其事應歸該教士之本國官辦理。中國人於傳教士有事，亦應一律辦理。須至照會者。

光緒十四年十一月二十日西曆一八八八年十二月二十二日

德國公使照會

爲照會事：前於十一月二十日准貴王大臣照開：『本衙門於十月二十三日來文之意，均已知悉。此經議定，本衙門允准貴大臣所擬辦法，茲將彼此面談之語開列於照會中，以便彼此官員照辦。貴大臣照會內所言明各處只有德國天主教傳教之局，天主教士前往以上言明之處請領護照者，應由德國官發給；如有他國教士前往以上所言各處，由其本國欽差署稱明該教士係其本國之人，中國官亦可於其照上蓋印。至該教士之實在籍貫如有錯誤，則應由德國官自行辦理。至以上指明各處德傳教局如有上稟等事，無論係該傳教堂或德傳教人之私事，均由德國官辦理。如有他國教士在該處出有申稟各事，則言明其事應歸該教士之本國官辦理。中國人於傳教士有事，亦應一律辦理』等語。查中國國家與本大臣光緒十四年十月二十三日照會意見相同，允准所擬辦法，本大臣均已知悉。除貴署十一月二十日來文所開，將彼此面談之語開列於照會中者，本大臣亦有同心外，茲特備文照會貴王大臣，請咨令各該省大吏、地方官一體遵照可也。須至照會者。

《地方官接待教士事宜條款》（光緒二十五年二月初四日、一八九九年三月十五日）茲因天主教現在中國各省地方建立教堂，久奉國家允准奉行，欲使民、教相安，便於保護起見，議定地方官接待教士事宜數條如下：

一、分別教中品秩，如總主教或主教，其品位既與督撫相同，應准其請見總督、巡撫。倘主教因事回國，或因病出缺，護理主教印務之司鐸，亦准其請見督撫。攝位司鐸、大司鐸，准其請見司道。其餘司鐸，准其請見府、廳、州、縣各官，自督撫、司道、府、廳、州、縣各官，亦要照品秩以禮相答。

一、總主教或主教應將所派端與官長交涉辦事之各司鐸名姓、教堂、住處，開單報明督撫，以便飭屬照章接待。

凡請見地方官及專派辦事之各司鐸，均應泰西人充當，或有時西司鐸未能熟識華語，可暫令華司鐸幫同傳譯。

一、總主教或主教居住外府，無事自不必遠赴省城，請見督撫。遇有新督撫莅任，或總主教、主教更換新任，或賀年節，均准其向督撫修書或寄遞名刺致禮，督撫亦如禮答復。至各司鐸更換新到，應持有主教函據，方可照品請見司道、府、廳、州、縣等官。

一、各省出有重要教案，所在之主教、司鐸等須轉請教皇欽命保護天主教之國之公使或領事官，同總理各國事務衙門或地方官辦理了結，亦可先徑向地方官商辦了結，以免多費周摺。該地方官遇主教、司鐸等員來商，應迅速和衷商辦擬結。

一、地方官應隨時曉諭約束所在平民，務與教民一視同心，不得挾嫌搆釁。主教、司鐸等，亦應勸誡教衆專心嚮善，以保教中聲名，俾令平民悅服。如民、教涉訟，地方官務須持平審辦，教士亦不干預袒護，以期民、教相安。

《清法規大全・外交部》卷一三《外務部咨南洋教堂在內地置產准於契上添寫某國字樣文》（光緒三十三年七月十五日）前准美柔使函，稱淮安府長老會林教士，稱地方官於契據內只書本處某某教堂租用，不准列有或賣或租與美國某某教會字樣。本館又接有他處來稟，謂亦係如此。擬辦請咨各省，轉飭詳照商約第十四條辦理等語。本月初一日，復准該使照稱教會租地，必於契上書明爲何國教會，方能分別清楚。新約十四條係列有此辦法，各地方官似有不明商約所列之言，請通咨各省查照新約辦理，添列美國二字，望照辦，見覆各等因前來查各國教堂賣地契內只載明教堂公產字樣，歷經辦理在案。茲准美使先後函照請於契上添載美國二字。據稱，係爲書明何國教會易於分別清楚起見，檢查二十九年中美商約第十四款內，本有美國教會准在中國各處租賃房屋地基作爲教會公產等語。該使所請核與約章，均尚相符，應准照辦。嗣後卽於契上添寫美國二字，仍照章載明教堂公產字樣，以免含混。除照覆美使並將照稿抄咨外，相應通咨貴大臣查照，轉飭各該地方官一體遵照並聲覆本部可也。

互設使領館部

通紀概說分部

綜　述

《東方雜誌》第六卷第五號《接待各國大使事宜詳誌》　德宗景皇帝梓宮於三月十二日奉移，各國均派專使來京恭送。計日本國派伏見宮貞愛親王，法俄日墨均派專使，美英德奧和義比均派駐京使臣，葡巴西瑞典均派駐日本兼駐中國使臣爲專使。所有接待事宜，均由外部擬定。

《清法規大全·外交部》卷四《外務部咨送各省各口領事表式希飭分別填寫文》（光緒三十二年十二月）查駐紮各口各國領事向由各省按季造册咨報，惟各處造報未能一律，現由本部刻印表式，統行調查以便稽核。茲將各口領事表各一分咨行貴大臣轉飭該管官員，將所有駐紮該省各國領事姓名及到本任署任年月分別按表填寫，並附註洋文姓名。限文到一月迅速聲復，嗣後即照刑表式填寫，按季提前具報，毋庸另造清册。並不得遲延逾期，是爲至要。

又　卷二二《外務部奏議覆出使法國大臣劉奏請變通出使章程摺并清單》　竊臣部前准軍機處鈔交出使法國大臣劉式訓奏請變通出使事宜。一摺奉硃批：外務部議奏，欽此。欽遵鈔交到部，臣等竊維外交爲重要之圖使才尤當務之急非出入中外無以資閱，歷非設立員缺無以勵人才。誠有如該大臣原奏所云，不得不酌量變通者。臣等參考內外妥籌辦法，敬爲皇太后皇上陳之原奏內稱外交以使臣爲耳目，秦西駐使悉係參隨出身，擬請嗣後出使大臣專以外務部侍郎、丞參及各館資深參贊開單請簡，且使臣不必以三年爲期，俾得久任三年之後，給假六月回京述職各節。臣等查遣派使臣必欲其得主國之尊崇，受同僚之敬慕而後可以增光、壇坫、摺衝、樽俎。各國頭等公使代表本國君主，秩同外部尚書；二等公使代表政府，秩同外部侍郎。擬請嗣後簡派各國二等公使定爲二品實官，屆時由臣部將歷充外國參贊隨員多年及通曉外國語言文字之合格人員開單，請簡三年一任，任滿回國後候旨簡用。如辦理交涉得力，不妨接充聯任懇恩晉秩增俸。俾終身於外交一途以盡其才。至給假休息，參隨以下本有定章，嗣後出使大臣辦理交涉得力者，三年任滿亦準給假回國，假滿回任。俾得久於其職駕輕就熟，此出使大臣章程之宜酌量變通者也原奏內稱參贊爲使臣指臂非歷練久、任用專，使外部與出使人員互相遷轉難遽得力各節。臣等查參領各員欲除任意調用之弊，非由部內外調用不可。然部中缺少各館人多，勢難調劑，適合現擬於各使館設立參贊、領事、書記通譯等各員，缺皆由臣部奏補派往各館。惟現在部中人員不敷奏派，且臣部與各館均需熟手經理，亦難盡行更換。臣等商擬變通辦法咨行各出使大臣將各館通曉外國語言文字及政治、法律、商務、理財等科研究有得人員詳開員名、履歷，出具切實考語送部，由臣等覆查無異，再行奏補各缺。其不合格而實在得力者，雖准保送，祇能試署。其餘暫准酌保外官，給資回國以後使館參領等各缺，應由臣部及儲才館中合格人員調充。其所遺部中各缺，即由各館中調部人員補授。各館人員均不得由出使大臣任意調用，三年保獎舊例亦一律停止，此參領以下員缺之宜酌量設立者也。原奏內稱宜廣儲使才，擬請由臣部招考世家子弟録充外交生，列名專册以備使臣調用各節。臣等查臣部前已奏設儲才館，本有選派外國留學生及考驗譯學館，並程度相當之學堂畢業學生，其如何任用之法，館中儲備人才原兼備調充參隨領事繙譯之用，擬請仍照奏定章程辦理。此考驗人才章程之宜酌量變通者也，至其餘爲該大臣原奏所未及者，臣等亦擬詳細奏陳設立定章。一曰俸薪，查各館發給俸薪參差不齊，理宜整齊劃一。嗣後出使大臣至書記官等俸薪，臣等商酌參改，定爲表額，分別給發參領以下各員。如任職三年著有勞績而未及升轉者，准照表額加給。庶俸額高下亦可以鼓勵人才。一曰員缺，查現在設館派使者，東西共計十國；設立分館兼使辦理者，共計五國。內英、法、德、俄、美、日本六國，通商既久，交涉日繁，擬請設立參贊、通譯官、書記官、商務委員共七員，至所屬應設之總領事、交涉、商務委員、領事、副領事等，仍照舊例設立。奧、義、比、和四國，交涉稍簡，擬請設立參贊、通譯官、書記官、商務委員共四員，至日、葡、古、墨、秘五國，現設分館擬請設立參贊、通譯官、書記官各一員，如設有領事、副領事者，由臣部酌派該分館人員兼理，不足再由臣部酌添。以後如遇出使大臣更換時，所有各員必須熟習公事及諳曉所駐國之通用語言、文字。如一時未能足額，准以臣部諳練公事人員前往試署。俟遴有合格之員，再行逐漸抽換。至所派武員業由陸軍部奏定酌派，將來自可無庸由臣部派往。所有俸薪員缺額數，另繕清單恭呈御覽。伏候欽定，再行分別辦理。至經費一項，擬由臣部詳細酌定另行具奏。此外如有未盡事宜，臣等當隨時商酌請旨。遵行謹奏。光緒三十二年十二月十二日。奉旨：依議，欽此。

謹將擬定出使人員員缺俸薪章程清單恭呈御覽：

員缺：頭等出使大臣秩一品、二等出使大臣秩二品、三等出使大臣秩三品、頭等參贊秩三品、總領事秩四品、二等參贊秩四品、頭等通譯官秩五品、領事秩五品、各館商務委員秩五品、三等參贊秩五品、二等通譯官秩五品、副領事秩五品、一等書記官秩五品、二等書記官秩六品、三等書記官秩七品、英、法、德、俄、美、日本，以上六國通商日久且多交涉，擬每館設二等、三等參贊各一員、二等、三等通譯官、一等、二等書記官各一員，商務委員一員，共計七員。至所屬應設總領事、副領事仍照舊例。以後如須添設，再行酌辦。英南斐洲總領事、新加坡總領事、檳榔嶼副領事；俄海參威交涉商務委員；美金山總領事，呂宋領事，紐約領事檀香山領事，嘉里約領事；日本韓國總領事，元山領事，以上總領事仍照舊例，領事館擬設二等通譯官一員、二等書記官一員，每館計二人。事繁者准酌添三等書記官一人，副領事館擬設二等通譯官一員、二等書記官一員，每館計二人。奧、意、比和以上四國交涉稍簡，擬每館設二等參贊一員、二等通譯官一員，一等、二等書記官二員，共計四員。西班牙、葡萄牙、古巴、墨西哥、秘魯，以上五國皆由兼使辦理，設立分館，每分館擬設二等參贊一員，代辦使事；二等通譯官一員、二等書記官一員，如設有領事、副領事者，即由部酌派通譯官、書記官兼理，不足則由部臨時酌添。商務委員各使館專派一員，稽查外國商務及金銀市價，隨時稟報本部農工商部。醫官由本部咨取各醫學堂卒業生酌量派往，或由出使大臣自行選調帶往。供事由出使大臣向本部咨取派往。以上二項三年期滿後准由出使大臣酌保外官，但不得保本部及使館官職。

月薪頭等出使大臣一千四百兩、二等出使大臣一千兩、三等出使大臣八百兩、頭等參贊五百兩、總領事五百兩，海參威商務交涉委員當時即按照總領事章程辦理。現正議改爲總領事名目，品秩應與總領事同。二等參贊四百兩、頭等通譯官四百兩、三等參贊三百兩、二等通譯官三百兩、副領事三百兩、一等書記官三百兩、三等通譯官二百四十兩、二等書記官二百四十兩、三等書記二百兩。

《外務部奏定各使館員數品秩等級月薪簡明單》 英法俄德美國使館

二等駐使二品一千二百兩二等參贊官一四品四百兩三等參贊官一五品三百兩二等通設官一五品三百兩三等通譯官一六品二百四十兩商務委員一五品二百四十兩一等書記官一五品三百兩二等書記官一六品二百四十兩書記生二八品合一百兩

以上五館歲支俸薪各四萬一千零四十兩

日本國使館

二等駐使二品九百六十兩二等參贊官一四品三百二十兩三等參贊官一五品二百四十兩二等通譯官一五品二百四十兩三等通譯官一六品一百九十二兩商務委員一五品一百九十二兩一等書記官一五品二百四十兩二等書記官一六品一百九十二兩書記生二八品各八十兩

以上一館歲支俸薪三萬二千八百三十二兩。

奧義比和國使館

二等駐使二品一千二百品二等參贊官一四品四百兩二等通譯官一五品三百兩一等書記官一五品三百兩二等書記官一六品二百四十兩書記生一八品一百兩

以上四館歲支俸薪各三萬零四百八十兩。

日葡秘古墨國分館

代辦使事二等參贊四品四百兩二等通譯官一五品三百兩二等書記官一六

品二百四十兩

以上五分館歲支俸薪各一萬一千二百八十兩。

新加坡金山小呂宋總領事館

總領事四品五百兩二等通譯官一五品三百兩二等書記官一六品二百四十兩三等書記官一七品二百兩

韓總領事館海參崴商廨

總領事商務委員四品五百兩二等通譯官一五品二百四十兩二等書記官一六品一百九十二兩三等書記官一七品一百六十兩

以上一總領事館一商廨歲支俸薪各一萬三千一百零四兩。

横濱總領事館

總領事四品四百兩二等通譯官五品二百四十兩二等書記官一六品一百九十二兩三等書記官一七品一百六十兩

以上一館歲支俸薪一萬一千九百零四兩。

紐約檀香山領事館

領事五品四百兩二等通譯官一五品三百兩二等書記官一六品二百四十兩

以上兩館歲支俸薪各一萬一千二百八十兩。

神户長崎領事館

領事五品三百二十兩二等通譯官一五品二百四十兩二等書記官一六品一百九十二兩

以上兩館歲支俸薪各九千零二十四兩。

仁川元山釜山甑南浦領事館

領事五品三百二十兩二等書記官一六品一百九十二兩

以上四館歲支俸薪各六千一百四十四兩。

雜録

徐珂《清稗類鈔·外交展拓使館界址》 各國公使館本在京都東交民巷一帶。光緒庚子，拳匪肇釁，八國聯軍入都，兩宫西狩。辛丑，和議成，各國强迫展拓使館界址，劃兵、工兩部衙門於界内，且許其永駐重兵，以爲防守。

又《京師使館界内之防疫》 宣統庚、辛之交，東三省鼠疫發生，蔓延津沽，幾及京師。官廳從事於撲滅防備之術，成績優美，然實出於旅華外人之强迫也。某日，領袖公使奥使以事至外部，談畢，偶及防疫。奥使謂：『設北京果有傳染，使館界内，擬與外間隔斷交通，屆時請就近設立電報分局，以期消息靈便。』奥使所云，僅係擬議將來之詞，並未加以敦促也。外部諾之，卽移知郵部，請迅設分局，並有『限三日竣工，事關交涉，切勿遲誤，致干未便』等語。郵部轉飭電局照辦，局員卽至使館界内，勘擇地點。但交民巷僅方隅之限，苦無餘屋可租。後得數楹，又困隔斷之期，久暫無定，炊具食品，必備必豐，而室小不能容，事迄無成。輾轉間，限期僅一日矣。外部、郵部時有電話督責，局員乃逕袖公文謁奥使，語以故。奥使啞然曰：『吾第與外部偶爾談及，乃虚擬之語，交通隔斷一事，各使尚未議決，實行無期，何急遽乃爾。吾卽致函貴外部，後如實行有期，當逕與貴局接洽也。』

又《唐景星折英使威妥馬》 香山唐景星，名廷樞，有幹才，洞悉歐洲情勢。同治初，奉旨在總理衙門行走。時諸大臣未諳歐洲交涉之術，每歐使盛氣相凌，諸大臣輒噤縮相顧，不敢發一語，於是外人玩侮益甚。一日，駐華英使威妥馬争一事未得，輒拍案厲聲。唐忽奮拳起曰：『威妥馬，汝何得如此！』威怒曰：『汝何故無禮，敢直呼我名！』唐曰：『此何地，而汝敢拍案，吾何得復有禮於汝！』威出不意，聞是言，遂稍戢其威。後有人詢唐以何敢開罪於大使，唐曰：『吾在歐久，熟知彼中事，在公堂拍案，彼已有過，故彼無以罪我也。』然諸大臣終以唐在衙門，恐啓釁端，遂出之。

《東方雜誌》第一卷第五號《中外交涉彙志》 比國近派葛飛業爲駐紮中國公使，授以全權。

《總理各國事務衙門清檔·美使館來去底稿·美使蒲安臣致署理欽差大臣薛煥照會》 （同治元年四月初十日）大亞美理駕合衆國欽命駐紮中華便宜行事全權大臣蒲，爲照會事：照得本大臣現奉上諭，特派本國賢明人姓巴剌佛名亞他來中國厦門港口地方，卽補管理通商事務領事官缺，業已到港，赴任該處商賈事宜，以便文書來往。合行先將緣由照知貴署大臣，轉移知厦門地方官，務宜相與和衷辦理，以敦彼此篤好之誼。爲此照會，須至照會者。

右照會大清欽命頭品頂戴署理欽差大臣辦理江浙粵閩內江各口通商事務薛。壬戌年四月初十日。

又《美使蒲安臣致總署照會》（同治元年六月十二日）大亞美理駕合衆國欽命駐理中華便宜行事全權大臣蒲，爲照會事：照得四月二十九日，會經備文照知，本大臣將進京傳達國書之意，未知公文曾得接閱否。茲本大臣已抵天津，便卽起程入京，是以再備公文先行照知，以得預聞。爲此照會，須至照會者。

右照會大清總理各國事務和碩恭親王。壬戌年六月十二日。

又《總署致美使蒲安臣照會》（同治元年六月十八日）大清欽命總理各國事務和碩恭親王，爲照覆事：前接貴大臣照會，以傳達兩國和好之意，本爵當卽照覆貴大臣去後。茲據貴大臣照會內稱，已抵天津，便卽起程入京等語。貴大臣此次入京，原爲傳達兩國和好之意，俾兩國軍民人等相與和睦而來，從此友誼益敦，中外商民裨益愈多矣。爲此照覆，須至照會者。

右照會大亞美理駕合衆國欽命駐理中華便宜行事全權大臣蒲。同治元年六月十八日。

又《總署致美副使衛廉士照會》（同治四年四月三十日）大清欽命總理各國事務和碩恭親王，爲照會事：本月二十四日，准福建巡撫文稱，據辦理通商事務卽選道周詳稱，准合衆國領事官慶移送合教士夏查理、吳思明等永遠租得華民何少蜍南大街郎官巷口店屋一座租據三紙，同老原契四十三紙到府，當卽轉發侯官縣查明蓋印。嗣據闔城紳士林懋動等暨閩侯兩邑鄉耆紳董楊成等僉呈，南大街郎宮口舖地當大市，如果華洋雜處，事多交涉，易啓爭端。查美國通商條款第十二款內云，通商各港口准租賃民房，或租地自建，如無礙居民，無關方向，照例稅契用印，勿許强租硬佔，務希各出情願等語。茲何姓將屋賣給花旗商人，合郡紳民僉稱，地處衝要，有礙民居，且方向諸多不利，並據該紳耆等先後赴院司府僉呈前情，均經由局照會慶領事按約諭止，並請轉飭夏教士等聽候追價向贖，隨經卑府備文移知，並親詣慶領事公所面交屋價，屬其另行擇地租賃。詎該領事聲稱，夏教士等必須在此地起蓋，不願收回原價，如將來不准租賃，定欲驅令搬遷退，自往居住，反覆開導，堅執不從，相應咨請總理各國事務衙門，照會駐京公使，轉飭該領事遵照和約妥辦各等因前來。

本爵查教士在內地買地建造天主堂，應與地方紳民浹治，方與教士與人爲善之意相合。今該紳董既以郎官口舖有礙民居方向，甘願用價贖回，亦屬情理之至。況美國條約載明，租地如無礙民居，無關方向，方可准行。茲既有礙民居方向，自應照約辦理。爲此照會貴大臣，務希轉飭該領事速令夏教士收回原價，另行租地，以符條約而杜釁端，是爲至要。須至照會者。

右照會大亞美理駕合衆國欽命參贊統理全權事務大臣衛。同治四年四月三十日。

又《美副使衛廉士致總署照會》（同治七年八月十四日）大美國欽命參贊統理全權事務大臣衛，爲照會事：本大臣現知國君選派美國智慧之人姓勞文名羅斯實授本國駐紮中華便宜行事全權大臣，今日到任，本大臣已交卸署事之務。爲此照知貴親王查照可也。須至照會者。

右照會大清欽命總理各國事務和碩恭親王。戊辰年八月十四日。

又《總署致美使勞文羅斯照會》（同治七年八月二十二日）大清欽命總理各國事務和碩恭親王，爲照會事：昨接衛大臣照會稱，現奉本國選派勞文大臣實授本國駐紮中華便宜行事全權大臣，本大臣已交卸署事之務等因前來。本爵查前蒲大臣及署事之衛大臣自駐紮中國以來，同辦各事，均屬公平和洽，現經貴大臣接任全權大臣，所有應辦事宜，自必益臻妥協，與衛蒲大臣在京時無異，本爵及辦事諸位大臣均各忻慰。爲此照覆，須至照會者。

右照會大美國欽命駐紮中華便宜行事全權大臣勞。同治七年八月二十二日。

又《總署給美使勞文照會》（同治七年八月二十三日）同治七年八月二十三日，給美國照會稱：接准衛大臣照會內稱：『旗昌行於同治五年十一月間，租得廣東關廠迤東英馬頭迤西之地，作爲馬頭，現據該行稟請海關，自德興街起，至西濠口卽胡蘭橋水止，作一道石磡，照海關沙面前石磡依樣成做，所有河旁窪地，用泥土填實填平，如此修造完畢，該行情願將旗昌行馬頭讓於海關使用』等因前來。

本爵查該行所請將馬頭讓於海關使用，自係該行美舉，於往來船隻不無便益，惟該處地勢及一切情形，究竟如何，本爵無從深悉，擬行文該省派員詳細查勘，能否照該行所請辦理之處，聲覆到日，再行照會貴大臣酌辦可也。

又 《美使勞文羅斯致總署照會》（同治八年六月十三日）大美欽命駐紮中華便宜行事全權大臣勞，爲照會事：照得本大臣已卸美國全權大臣之職，所有任内事宜，已交本國副使大臣衛署理，嗣後貴親王如有公文往來，商議兩國交涉事件，自應照會衛大臣酌議辦理可也。須至照會者。

右照會大清欽命總理各國事務和碩恭親王。己巳年六月十三日。

又 《總署致美副使衛廉士照會》（同治八年六月二十日）大清欽命總理各國事務和碩恭親王，爲照會事：同治八年六月十三日，准勞大臣照會稱，本大臣已卸美國全權大臣之任，所有任内事宜，已交本國副使大臣衛署理等因。本爵查勞大臣自上年莅任以來，辦事公平妥協，貴大臣駐京有年，歷次署理全權大臣，向能與中國和衷共事，現今復行接任，本爵及各位大臣同深欣慰。爲此照覆，須至照會者。

右照會大美欽命參贊統理全權事務大臣衛。同治八年六月二十日。

又 《美副使衛廉士致總署照會》（同治九年三月二十日）大美國欽命參贊統理全權事務大臣衛，爲照會事：照得本大臣查知國君選派美國幹總之員姓鏤名斐迪，會任嘉理符尼亞全省之總督，現實授駐紮中華便宜行事全權大臣，昨日到任，本大臣已卸署任事務。相應照會貴親王，以後文書往來，自當書寫鏤大臣官銜可也。須至照會者。

右照會大清欽命總理各國事務和碩恭親王。庚午年三月二十日。

又 《總署致美使鏤斐迪照會》（同治九年三月二十六日）大清欽命總理各國事務和碩恭親王，爲照覆事：同治九年三月二十日，准衛大臣照會内稱，本國現派鏤大臣實授本國駐紮中華便宜行事全權大臣，本大臣已卸署任事務等因前來。本爵查前蒲暨勞大臣以及署事之衛大臣，自至中華辦理一切事宜，均屬公平，現在貴大臣接任全權大臣，所有交涉事宜，自必益昭和睦，本爵與本衙門諸大臣均極欣慰。爲此照會貴大臣查照可也。須至照會者。

右照會大美國欽命駐紮中華便宜行事全權大臣鏤。同治九年三月二十六日。

清·薛福成《出使公牘》卷二《咨總理衙門並北洋大臣李巴西國請照約遣使駐京》 爲咨呈事。竊照光緒十八年九月初五日，准巴西國駐法公使畢薩照會，稱本國伯里璽天德願照光緒七年八月十一日兩國所定條約，遣派使臣駐京，請代奏明中國。

大皇帝允准照辦，以固邦交等因，當經兩次電達北洋大臣，貴大臣轉電總理衙門，貴衙門在案旋承准。北洋大臣貴大臣轉到總理衙門貴衙門電復，即遵電示辦文，照會巴西國駐法畢公使，告以既願照約遣使駐京，自應照中國現行禮節，與各友邦使臣一例接待。並詢畢使，如將所派銜名開示，既可轉達總理衙門，奏明辦理等語。除俟畢使開送遣使銜名前來，再行咨呈外，相應鈔録來往照會，並問答節略各一件，咨呈貴衙門大臣謹請查照。須至咨呈者。

計鈔單並問答節略一件

光緒十八年十月初五日

清駐外國使館分部

綜述

駐英德法俄等國使館

《清法規大全·吏政部》卷二二《外務部奏請旨簡派意比奧三國使臣摺》 竊查出使章程，奧國以駐俄使臣兼充，義比兩國以駐英使臣兼充，歷由臣衙門奏請簡派，原因訂約之國日多，勢難遍遣專使，是以酌量繁簡從宜辦理。而該三國均先後遣使來華，交際情形近亦加密，每以中國使臣尚係兼攝，不無觖望。上年和約甫定，意國使臣薩爾瓦葛、比國使臣姚士登即均請派駐使。經臣等商允各派參贊一員駐紮，遇事逕達臣部，當經附片奏明，並電知羅豐禄派員前往該兩國，仍請由臣部發給文憑，不歸駐英使臣兼轄。本年正月間又據奧國使臣齊幹函稱，與介德法之間，立國最古，前簡專使駐京中國未能照辦，去歲回國時政府諄囑到京商懇請旨另簡專員駐紮，奥國實爲幸甚等語。現意國使臣嘎釐納、比國署使臣賈爾牒亦復屢申前請。臣等伏維泰西通例，以遣使往來爲重。奥本歐洲强國，迭與會盟；義爲羅馬舊邦，夙稱文物；比亦以製造精良，講求商務，近來蘆漢鐵路卽歸承辦。該三國使臣皆因國體所關不欲相形見絀，懇請中國遣派專使駐其國都，彼此益敦和好。臣等仰體朝廷德意，擬請旨簡派分駐義、奥、比三國使臣各一員，以篤邦交而重使事。謹將中外臣工保舉使才員名暨臣部左右丞、左右參議照政務處會議章程一并開列分繕清單，恭呈御覽，伏候命下。臣等卽將出使事宜查照奏定成案，欽遵辦理。謹奏。光緒二十八年四月十二日。奉旨：依議，欽此。

又 **《陸軍部附奏駐紮各國使館請准添設武隨員片》** 再查練兵處移交卷内八月初七日准軍機處抄交出使大臣劉式訓奏請由練兵處派員分駐各館片奏。硃批：練兵處議奏，欽此。原奏内稱歐美各大國使館皆設武隨員，由兵部揀派，附列出使人員，得享外交官優異權利，藉以考查軍備，遇大操卽派令隨同閲歷。練兵處創練新軍，釐定全國兵制，在在均資考求。自光緒三十年北洋副將王治國、涂芳蘭派來法閲操後，法政府每年援案請派，擬由練兵處酌籌經費，揀派副將以下通曉西文之員分駐各館，充當武隨員。以一員兼英法、以一員兼俄德，而美日各置一員。平時講求軍政，遇有大操派令赴閲，似於軍政外交有裨等語。查各國使館設有武隨員，係令歷練軍事，聯絡邦交。原奏擬仿照各國辦法，請由練兵處籌費揀派，甚有見地，應請照准。雖現在深通海陸軍事人員頗難其選，惟此事爲中國萬不可緩之舉，擬由臣等廣爲搜羅，慎加選擇，並酌察其宜於何國者分別遴派，以期熟悉情形，有裨考察。擬俟奉旨俞允後由臣等遵卽慎選相當之員，奏明派往。應需經費，先由臣部籌墊，再咨行度支部在出使經費項下酌撥使館武隨員常年經費數目，以資應用。謹奏。光緒三十二年十一月二十六日，奉旨：依議，欽此。

《大公報·敬告中國外交家　一九〇四年七月六日》 或曰今之世界，一兵力戰爭之時代也。奪地攻城，水陸震撼，槍林彈雨，血肉紛飛。若者兵力强而存，若者兵力弱而亡，其事實相望於史册。或又曰：今之世界，一商業爭戰之時代也。勢力雄而國權可振，資本厚而大利可收。若者商業盛而强，若者商業衰而弱，其事實昭著於環球。故今世之人，不震懾於兵戰之險危，卽震懾於商戰之劇烈。吾以爲兵戰商戰，俱不足論。今之世界實一外交家心機戰爭之時代也。何則兵力之戰爭，係爲外交家心機戰爭之後援；商業之戰爭，必賴外交家心機戰爭之調護。今之歐美各强國，其稱雄於大地，無不得力於此。我中國向來最短於外交才，最拙於外交術。故著著皆敗，屢來外界之欺陵。今日既爲外交家心機戰爭之時代，我中國之外交家，亦不可不留意焉。兹有敬爲中國之外交家告者二事，略陳如左：

一、宜明天下之大勢。我中國之辦外交者，目光甚短，但知目前，不能洞悉世界全局。須知今之天下，將有大一統之象，無處不互有關係。精於外交者，凡世界各國之一動一靜，無不隨時注目。以潛窺其用意。而況我中國國氣不振。謀我者甚多。我中國之外交家，尤當鼓動其全副精神，以觀察於無形之地。某國强，其影響於我國者若何？某國弱，其影響於我國者若何？某與某戰，其影響於我國者若何？某與某和，其影響於我國者若何？某與某何爲先仇讎而後盟好，其影響於我國者若何？某與某何爲先盟好而後仇讎，其影響於我國者若何？皆當一一研究、事事揣摩，無事則見微知著，成竹在胸；有事則用剛用柔，措施悉當。外國之名外交家，無不如是者。試問我中國之辦外交者，能如是乎？我中國之辦外交者，當未起交涉時，則安居無慮，惟盼外人之無所要求。一旦交涉起，則亦惟按外人所來之照會，設法對付，但就事以論事。至外人懷有何等深心，則非所計也。噫！處此外交家心機爭勝之時代，中國之外交家，而竟如是，宜其爲外人所玩視也。

一、宜識破各國對中國之方針。爲强國之外交家易，爲弱國之外交家難；爲治國之外交家易，爲亂國之外交家難。中國既弱且亂，其外交之難，勢亦不能不爲辦外交者原焉。然惟其難也，故愈當出其特別之手段，以因應於其間，試問我中國之外交家，其知所以辦外交之手段乎？大率毫無意識，不能審察於其微，外人於表面上與我親近，則以爲真與我親近，舉一切權而隱爲其所奪，且茫然不知。外人於私交上予我以便利也，則個人得沾其利，遂舉國家公共之利權，暗爲其謀去，而茫然不知。出一交涉也，文牘中示人以可乘之隙，而茫然不知。訂一條約也，詞意間予人以無上之權，而茫然不知。噫！中國現在之情勢，卽以極精明强幹之外交家，當此外交之重任，尚恐偶爾疏忽，或爲外人所乘。乃今之辦外交者，竟無特別之手段，反且不免爲外人所玩弄。言念及此，令人浩歎。須知今日外人之對於我中國，皆各有一定之方針，而其所以謀我之法，則各有不同。或利用剛、或利用柔、或利用明、或利用暗，皆各求達其目的而後已。我中國之辦外交者，平日宜熟察各國之性質，預先識破其對我之方針，以爲抵制之策。勿爲猛威所動、勿爲甘言所愚，表面上不能不敦睦誼，而遇事則萬不宜遷就致失國權。今日日俄搆釁於中國，有直接之關係；於其他各國有間接之關係。而各國復因此戰於中國有直接之關係，何則？日俄戰事之結果，中國必不能仍援局外中立之例，而不與其事。而且其結局，我中國與日俄間之交涉，必有一大變動。其他各國，放其如炬之眼光，以窺伺於其旁，將來所以謀中國者，亦必乘機進步。爲問我中國之外交家，此時已知俄之將來如何對中國否乎？已知日之將來如何對中國否乎？已知其他各國將來如何對中國否乎？吾知我中國之外交家，此時必仍以得過且過爲主義，其善後策大約尚未籌定也。

《東方雜誌》第二卷第十一號《中國外交諸人之忠告》 中國自來對外之挫敗，其所以致失者，雖原因複雜，不可以一端盡，而綜觀前後，則由於外交之貽誤者，十恆八九焉。夫彼身任外交者，非必有貽誤之心，而及其臨事，終至重性貤謬者，其故無他，一言蔽之，不學而已。以官制言，則有如農商諸部，不過於農商等類之實業，爲之勸獎而保護之，非有躬親實業之責，而論者尤謂必以諳悉農商專門學者任之。而外交之事，則當局諸人，固直以身當其衝，而踐行其事實，蓋不啻以官爲實業，其責任若是，而執事者之檮昧，乃較他曹署猶不及焉，其不顛躓而僨事者幾何也？方今日俄和成，則地球之大勢既已不同，而外交之競爭，亦必較前時爲劇烈。蓋自維也納一會之後，而外交之界一變，至柏林之會，而外交之界一變，及今日而又將大變！每一變則世局一新，竊恐日俄之盟既成，而後此之外交愈將不可思議，斷非因循敷衍之故策可以卽安。言念及此，不能不爲外交諸公異日危也。雖然慮其危而不謀所以啓導之，以俾之免於危，是亦非所以忠告之道矣。夫中國外交之所以致失，由於諸人之不學，欲救其弊，舍研究外交之方法無由。記者不審，竊欲以研究外交之方法兩端，爲我國外交諸公陳之於右。

一曰考前聞以知近事。夫外交之事，不啻技術之一科，其至要者在於實地練習，以儲其技能，至欲用學理之原則以討論之。似別無其路，雖然，有一比例在焉，則海陸軍之參謀術是也。夫以軍事之變化無方，亦似不能就學理之原則而施其探討。然今者各國之海陸軍大

一曰通國情以占虛實。列國對外之政策，雖朝夕異態，莫可端倪，然無不因其內部之情狀，及其外界之關係而定之。處今日之世，既投其身於外交天演之場，而於列國之間，利害相互之情，及其一國之中禍福相倚之狀，或知之而不詳，或聞之而莫省。而他人外交偵探之術，既造其微，其於我國之內情，乃無不諗之已熟。以是而言，則反觀對鑑，如坐雲霧，固契丹所以譏宋人者也。故善言外交者，非獨默守國際法上之成文而已，平居無事之時，必深思熟慮，沉幾觀變，以靜察今日之大勢。一國之內，其政府各員之黨派若何，人民多數之政見若何列國之間某國與某國之交際若何，某事與某事之牽涉若何，如此等等，蓋無一而非秘要，卽無一而不當考求，審其有無，而察其常變。及事之至而操是以善應之，雖不足以盡其變，抑亦思過半矣。此等事實，於近日耳目所接，往往有顯然可指之事端，而事關列國國際，有不可以宣諸楮墨者，故不能盡舉其例。然亦有不妨質言者，如英之於威海於西藏爲防德防俄，德之於山東，法之近日向我要求三事爲防日，如此種種，綜互而求之，雖或不盡密合，然十得七八，當可斷言。既知其用意之所從來，則所以因應之者亦當較有根據，不至動受刧持矣。而此外則如近日列國之大勢，英俄之漸睦，英法之交親，俄國內勢之棼亂，德國對外之孤立，摩洛哥之事綀，則德法之隙深，瑞典那威既分，則荷蘭或與德國合并，此皆世界之要聞，而其事之影響，無不與東方相涉，要皆外交社會之人，所不厭求詳之事實也。夫外交之事，動與軍略相通，則知己知彼之言，又豈獨用之於戰陳哉？以上所述，言其大概，不外於是，惟是研究之方法如此，而所恃以爲研究之資料者，則亦不可不略舉之。前一說重於故事，宜於著述求之。而法國革命以前之外交，爲封建時代之外交，其情形已無可例今日，故當時之書，皆可以不閱。今日列國國際之利害，既以維也納一會爲之開端，則參考外交之事，亦當斷自維也納之會爲始。而法人赫倬哲兒所著《歐洲近世外交史》，實其最綜貫、最詳善之書也。其次則前數年法人拉威士與侖字合著之《通常歷史》，其書後三卷，於外交近事紀載最爲詳密。日本已有譯本，不難重譯而讀之。

此外欲求完備之書雖難，然使就此一二書爲本，而於列國著名外交家之著述，及其實録等，博蒐而慎輯之，則譯述成書，勒爲外交通史，以備考核稽討之資，固不爲多闕矣。

後一說主於近聞，宜於報紙求之。邇年以來，世變紛乘，錯雜繁複，不可殫紀。報紙者詳記此等事狀，卽他日外交史之所本，而與接爲構者，更不可稍忽者也。然以錯雜繁複之故，而各國報紙，又各分黨派，各具宗旨，則欲爲別擇之而求其確迹，亦復大難。欲矯其失，似宜與歐洲政治訪事，妥訂成約，則其所報告，不徒取信，且其速必倍於尋常。此事雖縻重金，亦不當惜，蓋此本身任外交者所必不可免之費用，且不妨援引各國參謀部費用之例，而以此款出之於公費也。至於參考報章，則亦有法但使善用其辨識之力，以詳究各報之主義，然後譯而讀之，則某報之所長所短，亦自不難窺見。而其事實之誠僞，議論之是非，諒不相掩，此又在讀者之善用其心思，以自得其研究之資料者已。

記者於此，雖喋喋其言，頗涉繁瑣，而於外交之研究方法，持此爲用，亦庶幾有當矣。當局諸人，誠有見於日俄戰後之外交，其難必倍於今日，其必不能不從事於此乎。

清·薛福成《出使奏疏》卷上《察看英法兩國交涉事宜疏》（光緒十六年七月初六日）奏爲微臣分駐英、法數月，察看交涉事宜，謹陳梗概恭摺，仰祈聖鑒事。竊臣在法國、英國、比國呈遞國書，已將各國互敦和好之意，陸續據實奏報在案。惟聞意國羅馬都城一交夏令，瘴氣甚重，該國王及其外部大臣等皆避暑在外，必俟八九月後回都辦事。臣是以暫緩馳赴羅馬，稍以其暇，詳閲接管案卷，聯絡議院官紳，謹將見聞所及爲聖主縷陳之。竊惟數十年來，西洋諸國惟英、法與我中國素多齟齬，一、二强邦迭起乘之，事變愈棘。從前英使如威妥瑪、巴夏禮等，法使如巴德、諾脱等，尤窺知中國情事狃於積習，動輒要挾，句結他國協以謀我，與之以利而不知感，商之以情而不卽應，繩之以約而不盡遵，其所由來非一日矣。臣嘗觀光緒三、四年間舊牘，前使臣郭嵩燾初到之時，枝節不少，目舌滋繁，有明係中國自主之權而妄思侵礙者；有明係彼國訂行之款而不卽照辦者。蓋彼之商人惟利是視，不顧大體，而公使領事向恃中國無駐洋使臣，與彼外部辯論往往逞其一面之辭，要求迫脅，惟所欲爲。今則事勢既異，於前威巴諸使或退或死，狡謀斯戢積案稍清。臣嘗與英、法官紳往來酬酢，察其言論，多有聯絡中國之意，不復如昔日之壹意輕藐，推原其故，厥有數端：一則，越南一役法人欲索賠償竟不可得，至今法人議論，咸咎斐禮之開釁，恨其得不償失，各國始知中國之不受恫喝也；一則，十餘年中，冠蓋聯翩出駐各國，漸能諳其風俗，審其利弊，情意既浹，邦交益固也；一則，中國於海防、海軍諸要政逐漸整頓，風聲所播，收效無形，且近年出洋學生試於書院，常列高等，彼亦知華人之才力不後西人也。凡此數端，皆係聖明措注因時及內外大臣盡力經營之效。臣愚以爲乘此振興之際，遇有交涉事件，可以相機度勢，默轉潛移，稍裨大局。大抵外交之道，與內治息息相通，如商稅受損則財用不足矣。教民橫恣，則吏治不飭矣。海外之華民保護不及，則國勢不張矣。內地之土貨行銷不遠，則民生不厚矣。此在任使事者設法維持，隨宜籌措，雖舊約驟難更改，而情勢或可變通。臣擬於茲數者審度情形，俟有機會大則奏請諭旨遵辦，小則函咨總理衙門裁酌。總期捷聲息而通隔閡，收權利而銷外侮，仰副朝廷委任之意仰。臣又聞外洋各國使臣互相駐紮，皆以得見君主爲榮，君主亦必接見以示優異。皇上親政以來，各使以未覲天顔，疑有薄待之意，不無私議。屢見英法新聞紙中，將來恐不免合力固請，似亦當籌所以應之也。所有察看交涉事宜，理合恭摺密陳，伏乞皇上聖鑒訓示。謹奏。

徐珂《清稗類鈔·外交·德拒我使》 初與歐美諸國通聘，僅設三公使駐其國：一英、法、意、比，一俄、德、奥、和，一美、日、比。額缺之增，自光緒乙亥、丙子間始。時中日和議甫定，俄、德、法有迫還遼東之舉，政府以法國交涉事，乃設專使駐巴黎。由是英法分爲兩使。未幾，德人亦援例以請。會駐英公使龔照瑗、駐美公使楊儒均期滿，當受代，於是諸大臣會保使才，以黄遵憲、羅豐禄、伍廷芳名上。廷議將以黄使英，羅使德，伍使美。議早定，適某大臣檢交涉舊案，知黄前爲新嘉坡領事時，曾被英人某以債務事誣控有案，事雖辨明，恐或以是爲英廷所輕視，遂議黄改使德，羅改使英。命既下，循例鈔録諭旨，照會各國駐華公使。時德人以三國迫還遼東之舉，俄、法皆得厚酬，德獨向隅，意甚不平。其駐使海靖，性極驕暴，方自南非量移至華，公牘往來，往往於一字一句間，索垢尋瘢，稍有疑似，輒駁回改繕，其蓄意伺隙也久矣。新使命下，海靖乃大憤，謂中國尊英而卑德，英之所不欲，始令赴德也。立具文，照會總署，聲明决不接待，並請於三日内收回黄使成命，其言極慢。不得已，乃改命許景澄爲德使。許時方使俄，以楊儒易之，而授黄長寶鹽法道。又二年，戊戌夏，日本使裕庚期滿，日政府預以黄請，始命黄使日。

清·王彦威等《清季外交史料》卷九《郭嵩燾〈抵英呈遞國書摺〉》 出使英國大臣郭嵩燾、副使劉錫鴻奏爲恭報微臣行抵倫敦日期及呈遞國書情形事。

竊臣於光緒二年十月十七日自上海出洋，曾經由驛陳奏，計期五十一日，至十二月初八日抵英都倫敦，凡行四萬里。所歷之國十有八，而英國屬地約居三分之一。迨抵倫敦，其君主出居温則行宫，旋至阿思本行宫，相距二百餘里。外部丞相德爾比告言：十二月二十六日，爲西曆二月初八日，其上、下議政院相聚議事，名曰開會，君主應於是時回倫敦，可以請旨接見。至二十四日酉刻，據外部函稱：二十五日未刻君主由阿思本回宫，是日申刻呈遞國書，臣等即於是時恭奉國書，至其柏金哈恩宫，見其君主，誦致通好之辭，其君主亦有復辭，謹并録呈御覽。謹奏。

光緒三年二月二十八日奉旨：『知道了。』

又《國書並無充當公使文據請改正頒發摺》 出使英國大臣郭嵩燾奏爲微臣奉使英國呈遞國書惋惜滇案，并無充當公使文據，亦未列副使名，應請旨遵辦事。竊查西洋公法，遣派公使駐紮各國，皆以國書爲憑。而臣所奉國書，專爲惋惜滇案，無充當公使之文。經其外部丞相德爾比知照録示奉使敕書，但能含糊應之。其本意欲得公使駐扎，以通知好，尚無相難之意，遂亦不加深考。而以臣愚見揆之，西洋以邦交爲重，蓋有春秋列國之風，相與創爲萬國公法，規條嚴謹，諸大國互相維持，其規模氣象實遠出列國紛爭之上。日本一允通商，即傾誠與之相結，誠有見於保國安民之計，於此有相維係者。中國以遠人爲大忌，以和爲大戒，錮蔽於人心，自南宋以來數百年，而其虚驕之氣，一折無餘，稍一滋生事端，其勢又不能挾以自固。朝廷委曲之意，無能體諒昭示臣民，何能遠及數萬里之外？故於邦交之義，有難以遽言者。臣在總理衙門曾陳：美國及日本各海口，中國流寓數千人至數十萬人，交涉紛繁，遣派公使尚有關系。此外各國，均無應在本國辦理事件，其機要全在各省督撫察理於几先，消患於事始。使臣駐紮，徒滋煩費，無益事局。蓋臣愚見所及如此。可否遵照國書惋惜滇案，無庸駐紮，抑應補頒國書，充當公使駐紮三年之處，伏候聖裁。

至候補京堂劉錫鴻奉命充當副使，而國書并未一列其名。其外部據國書爲言，阻其接見君主，實無辭可以相難。反復籌商，始獲隨臣一遞國書，而刊刻各國公使名單，列入劉錫鴻名而不詳其職任，其言以爲非補遞國書，於例不得認爲公使。如仍令充當副使駐紮，應懇天恩於補頒國書内兼列正副使臣名銜，以昭信據。

臣於奉到國書後未能深加考察，請旨示遵，以致貽誤，咎實難辭，不得援倉猝成行，領到國書未及詳審爲辭，以自解免。應請將臣交部議處，伏乞聖鑑。謹奏。

光緒三年二月二十八日奉旨：『該衙門議奏。』

又 卷一二《郭嵩燾〈奉頒國書照會英外部訂期呈遞摺〉》 出使英國大臣郭嵩燾奏爲接奉補頒駐紮國書，照會英國外部訂期呈遞事。竊臣承准總理衙門咨開：奉旨補頒國書。隨於十月初四日奉到駐紮英國國書一通，并蒙恩頒給敕書一道，仰見聖主綏來動和、懷遠以德之至意。查英國君主每於秋間避暑蘇葛蘭巴莫拉爾行宫，至冬深乃回温色爾行宫。巴莫拉爾距倫敦一千八百里，温色爾相距一百八十里，必俟至開會堂時始一回倫敦。臣即恭録國書，照會其外部德爾比，訂期呈遞。竊計其君主回倫敦當在兩月以後，即赴温色爾行宫呈遞，亦當在二十餘日之後，不敢不先期呈明。臣維西洋最重邦交舊誼，但幸處置得宜，必可令少生枝節。臣愚暗衰疾，無能稍釋毫末，誠懼此身負咎滋深，罪戾滋重。前經具摺陳請銷差，計奉批諭尚需時日。前復領到國書，飭令面陳。事體關係甚巨，臣又不敢諉辭。仰叨飭諭之周詳，實重此心之愧咎。惟有仍懇天恩，俯照臣前摺所請，賞准銷差，曲賜矜全，不勝感恩之至。謹奏。

光緒三年十二月十八日奉旨：『知道了。』

清·劉錫鴻《英軺私記·副使郭嵩燾使英》 皇上御極之元年，總理各國事務衙門奏請照西洋事例，遣使駐紮各國，以通中外之氣。爰派侍郎郭嵩燾、道員許鈐身偕使英，業有成命矣。

先是，英國翻譯官馬嘉理，領總署護照，往緬甸迎印度派來副將柏郎等。既得遇，摺回雲南。正月十七日，行至騰越廳屬蠻允地方，馬嘉理被殺。英人據探，以爲雲貴總督岑毓英實主使之。朝廷特簡湖廣總督李瀚章、前侍郎薛煥會同查訊，奏言係因野匪索過山禮不遂，起意殺害。駐京英公使威妥瑪不服，故郭、許二使尚未啓行。

二年七月三十日，始由欽差便宜行事大臣、大學士、直隸總督李鴻章，在山東煙臺與威妥瑪籌結議平。八月十四日，許鈐身改派駐紮日本。十五日，奉旨以鴻副郭嵩燾使英。九月十五日陛辭。二十八日出都。十月初八日到上海，郭公已駐節於是三日矣。

奏帶同往者，參贊官黎庶昌蒓齋，翻譯官德明在初、鳳儀夔九，洋人馬格理清臣，隨員劉孚翊鶴伯、張斯栒聽帆、姚岳望彥嘉，暨武弁七人，跟役十餘人而已。是時蘇松太道爲馮焌光竹儒，上海縣令爲莫祥芝善徵行九，機器局員李興鋭勉林、鄭藻如玉軒，輪船招商局爲徐潤雨之、陳樹棠弼南、朱其詔雲甫、盛宣懷杏生，書院掌教爲劉熙載少司成容齋，稅務司爲洋人吉羅福。其各國駐滬領事，英則麥華陀也翻譯達文波，法則葛篤也翻譯師克勤，美則美爾師翻譯晏瑪太，奥則卜理挖皆翻譯夏士，德則克勞爾翻譯穆麟德，日本則品川忠道翻譯巨鹿篤義，大和則海騰翻譯蔣堃，瑞典則葛德生也。

縣令莫君，黔人，氣象雄偉，瞻矚非常。與之談，識慮尤越恒俗。微叩其行誼於他人，則性固剛決無脂韋習者，意者其任事之才歟！

又《國書未著名銜》 是日未初，英國前任兵部尚書喀得威拉偕其婦來拜。戊正，威妥瑪來述德爾秘之意，謂國書無鴻名銜，例不得進見其國主。查國書未及臣鴻，曾於都中聞人言之。時正使已奉書先發，不可追挽。余意以滇案關係重大，此行能左右郭公，善爲修好弭釁，私願卽畢，不必定著己名，爲三年駐紮計，故遂置之。又洋例：凡駐紮公使未見國君不得莅任視事，亦不得與其國官紳及他國公使往來。今英人以國書無鴻名，爲奉使無據，不欲以使禮接待，則鴻固無由自效其職，徒耗朝廷俸薪矣，能勿自愧？爰備摺稿，自請撤回。郭公亦以接受國書時未及檢點，備摺自請議處，且以告諸威妥瑪，與德爾秘再商。二十一日，馬格里致威妥瑪意，以事可轉圜，囑余勿遽發摺。至二十三日，仍無確耗。

又《英君主接見》 二十四日申刻，外部來信，訂期明日兩點鐘三刻於柏金哈木巴雷士遞國書，副使可以同見，蓋其國君已回自阿思本矣。柏金哈木者，華言卜靜也；巴雷士者，華言宮殿也。戌初，正使遣德明、馬格理往見威妥瑪，詢問進見禮節，答以不知。廿五日早，又往詢內務大臣席模爾，亦含糊以對，蓋將以試我也。要之《星軺指掌》載有三鞠躬明文，志（剛）、孫（家穀）、崇（厚）三星使，前經行之各國，亦一律，無可頓增者。使其明言無他，豈不更見誠直？

柏金哈木宮，白石爲城門形，亦巍然宮闕也。門外繞以鐵柵，門內大院落寬廣約數百步，樓閣延亘兩旁。過此爲園囿，約里許，爲內宮門。是日兩點鐘一刻，正使與余同往。至內宮門下車，德明、馬格理相隨。守門軍官頂盔被金花紅短衣者前導入。升階三重，至一堂，金綉眩目。其外部總理大臣德爾秘、掌璽大臣堅爾勘士、內務大臣席模爾暨威妥瑪、禧在明、優雅芝咸在焉。鐘三刻，堂之前玻璃槅扇開，德爾秘等三人先入。少頃復出，導使臣入。下階一重，循回欄，至一小室。國主黑衣裙，披蓋頂白綫織通花巾，當户立，其公主曰秘阿他麗姒者侍於後，餘人皆旁侍。使臣入户，鞠躬，國主亦鞠躬。凡三鞠躬至其前，德明授國書於正使，正使兩手敬捧之，宣誦其所撰詞畢。馬格理復以英語誦之，亦畢。正使遞書，國主受之，轉授德爾秘。謂使臣曰：『兩公遠來通好，以後當永和睦。』咸答曰：『是。』又問：『中國大皇帝安好？』答曰：『大皇帝安。』又言：『既受大皇帝書，必有復書交兩公賫回。』答曰：『是。』遂鞠躬退。威妥瑪送出。又至一大堂小坐，觀其所陳玩器，乃歸。

國主卽威廉第四之兄女維多里亞，在位三十九年，今年五十八歲。面肥澤，有嚴毅氣。西人以黑爲素服，今服黑，爲其故夫博雅那持終身服也。博雅那者，日耳曼沙河堡侯之子，死已十餘年。國主築臺於囿，鑄金像之位於臺，與宮相對。臺下鑿石爲諸名臣。環臺四隅，立四石墩，肖四大洲人畜，大皆等身。日前嘗往觀焉。

郭正使所撰誦詞云：

大清國欽差大臣郭嵩燾、副使劉錫鴻謹奉國書，呈遞大英國大君主、五印度大后帝：上年雲南邊界蠻允地方，有戕斃翻譯官馬嘉理一案，當飭雲南巡撫查報。嗣經欽派湖廣總督李瀚章馳往會辦，并將南甸都司李珍國拿訊。又經欽派大學士直隸總督李鴻章馳赴煙臺，與貴國欽差大臣威妥瑪會商辦理。威妥瑪以寬免既往、保全將來爲詞，一切請免議。中國大皇帝之心，極爲惋惜。特命使臣前詣貴國，陳達此意，卽飭作爲公使駐紮，以通兩國之情，而申永遠和好之誼。敬念大君主、大后帝含宏寬恕，仁聲義聞，遠近昭著，必能體中國大皇帝之意，萬年輯睦，永慶升平。使臣奉命，惋惜之辭具於國書，謹恭上御覽，幷申述使臣來意，爲講信修睦之據。

又《拜見各國駐英公使》 先是廿五日，由柏金哈木宫退出，卽往外部丞相德爾秘、首相秘根士非兒、御前大臣赫弗寓所拜會洋式，使者未見國主而拜客，以詢問一切，謂之私拜。既見國主，仍須再往拜之，謂之官拜。旋拜俄、法、德三國公使。惟法使哈爾沽爾與其夫人接晤，餘皆未遇。至廿七日，復命駕遍拜各國公使，亦惟日本使上野景範及波斯國沙兩者會面而已波斯謂王曰沙。上野景範言：遞國書後三日内，須遍拜該國大臣及列國公使，但投刺不會面。俟他日事暇再往，然後拜會，亦洋式也。請小國，則可遣參贊代拜。法公使謂中朝不遣使於其國，殊似相慢。英國之於美、法，締爲至交，其餘則亦遣使，我中朝采其意而用之。

又《上摺請撤回國》 國朝遣使，皆正、副幷行，所以相維制也。外洋于副使則謂之幫辦，聽驅遣于正使。自出都後，體制從外洋，凡行洋人文件皆單銜，事事無從與商榷，徒食俸薪而已。故仍拜摺自請撤回，稿初就，以告正使，懇蓋給印花。初三日晨早，摺遂發。

又《公使應酬大概情形》 初九日，拜會美公使畢爾尼邦，其人蓋未奉使以前久客倫敦者。叩以往來應酬之禮，據云：使者至此，既見國主後，應拜其各衙門總管。若幫辦以下，則俟其來，乃答拜。否則令參贊先施，然非不可缺之禮也。凡公使所拜之官，公使夫人卽當拜其夫人。公使未與夫人偕，則親兼拜之。凡拜客未會，可不必再往，俟有事然後訂期相見。凡大臣國使請飲，越兩日面謝，逾年乃酬其席。六、七月而設席者，謂之至敬，禮不常行。國主請見，辭之則爲不恭等語。

又拜會土國公使默蘇拉士，詢知彼國與俄構兵，經英人調處，酌擬和約，令讓路於俄，俾其舟楫可通地中海，尚未知俄人允否也。土國内政不修，既托英、法以自固，又欲援系中朝。故其使臣一見，卽以通好爲請。

清・黎庶昌《拙尊園叢稿》卷五《奉使倫敦記》 光緒丙子十月，余在江南通州花布釐金局，蒙欽差大臣、禮部侍郎郭公嵩燾檄調出洋，於是有奉使英國倫敦之役。至上海，始知其爲駐紮三年也。十七日，乘英國公司輪船，自上海出吳淞放大洋指南行約二千一百六十里，可四日程而得香港。經過浙江福建、廣東三省境地，福建以東臺灣障之，西人謂其海爲中國海，嘗有大風又多暗礁，船人以爲戒。又自香港指南行，經七洲洋約四千三百一十里，可六日程而得新加坡。從雨中過越南，羣山連延，隱約可辨。新加坡爲亞細亞斗人海中處，最近赤道，以圖經索之，蓋距二百四十里，而遙迤西爲馬納甲，對峙者蘇門答臘，別自一島不相聯屬，舟行有時望見，其地炎熱，卑溼有春夏無秋冬，山中奇花異卉，冬至前後號爲繁盛。往游粤黄埔人胡璇澤園，園皆西式有，池沼而無亭臺，畜養虎豹熊猿袋鼠。鸞鳥之屬甚衆，胡君固富人，英、俄二國皆假以馭民之職，而郭公欲於此建設領事，以之充補者也。又自新加坡摺而西北行約一千一百四十三里，可二日程而得檳榔嶼，英語如碧瀾。凡乘法國船往者，至越南之西貢而不至此嶼。嶼山明水秀，迤南多深林叢木，聞其中有瀑泉直下數十丈，甚奇偉也。自檳榔嶼指西行約三千六百三十九里，可五日程而得錫蘭，錫蘭佛所生也。島周千餘里，其泊船當南岸，盡西處一海汊，名曰高諾，椰樹成林，極望結實，巨如瓜剖之，有甘漿可飲，土人貧薄，或取饅頭果食之，而飲此漿以解渴。近岸有布喀剌瓦得寺，經皆貝葉書文若連圜，卽印度字母也。又自錫蘭易船指西行約六千四百三里，可八日程而得亞丁，是爲印度大洋，八日中無所覩，惟巨浸稽天，時有飛魚而已。亞丁與阿剌伯連距紅海口三百五十里，瀕海一山多石，英人建礮臺設兵二千守之。屯煤於此，備輪船取携。阿剌伯唐世天方，於漢條支也，産駝鳥，高可逾丈，其卵大者徑三四寸，余購得其一，《史記・大宛傳》所謂其巨如甕者也，西洋婦女取其毛羽以爲首飾。又自亞丁摺入紅海西北行約三千九百二十四里，可六日程而得蘇衣士。當紅海中經過麥加城，望見之焉。地産加非，其實大類蠶豆，西洋搗瀹爲茗，與中國茶葉並行，而麥加號爲良品。入麥西境後，中國謂之埃及海，海盡處分兩汊，東出曰阿喀巴，屬阿剌伯；西出曰蘇衣士灣，屬埃及中有大山曰西奈，傳爲摩西以十誡立教地。蘇衣士界亞細亞、阿非利加兩洲之間，地本相連，同治三年法人賴賽樸司建議，以機器開河通商旅，避大浪，山海道之險，糜費至八千萬金磅，鑿之七年，卒斷此峽而兩洲分矣。自蘇衣士入新開河北行二百六十里，可一日程而得波塞。波塞臨地中海，昔班超遣掾甘英往通大秦，至條支臨海欲渡安息西界，船人以海水廣大止之，蓋卽此海也。又自波塞正西行約二千八百十四里，可四日程而得毛兒達島。島形如臼，犬牙曲抱，爲英國修泊戰船處，地中海第一重鎮也。街市整齊壯麗，視波塞迥殊。又自毛兒達西行約二千九百四十三里，可四日程而得支布洛陀，綰轂大西洋之口，觀所謂山礮臺者，環山穿石爲隧道，凡三重設礮門，置礮五百餘尊，高處距海面一千四百尺，仰望若蜂窠然。自此出大西洋摺而北行，沿葡萄亞、法蘭西西境約三千四百五十三里，可五百程而得掃司阿母敦。掃司者英語南方之謂，阿母敦則其碼頭也。蓋自新加坡以西、波塞以東相望，萬餘里間無城郭大都之會，其人民頗有夷狄之風焉。至亞丁而貧陋極矣，紅海之中山皆童赤無草木，至或終年不雨，人事地利無足尚者，盡波塞而止。至毛兒達而異境，特開西洋局面見矣。又自掃司阿母敦登陸，乘火輪車行二百一十五里而抵倫敦。時十二月八日也，總五十一日，凡行三萬一千七百十四里，皆以英之買爾折計，每買爾當中國三里云。使英三等參贊黎庶昌記。

清·曾紀澤《曾惠敏公遺集》卷一《恭報抵英接印日期謝恩疏》

（己卯正月初九日）奏爲恭報微臣接印日期，恭摺叩天恩，仰祈聖鑒事。竊臣於光緒四年十二月十八日呈遞法國國書，業於十二月二十三日在巴黎使館恭摺奏明在案。旋光緒五年正月初三日搭附火輪車，初四日馳抵英國倫敦都城，卽日准郭嵩燾派委文案隨員李荊門將大清欽差出使大臣銅質關防移交前來。臣當卽恭設香案，望闕叩頭祇領訖。伏念臣學愧牛涔，識慚豹管。九重錫命，兼兩國之行人；三百誦詩，使四方而專對。見輿衡之相倚，端資忠信篤敬之忱；歷原隰以遄征，來報朝聘會同之盛。臣惟有竭陳綿薄，益矢冰兢；策駑驅十駕之功，懔鼇戴三山之重。除所賫國書應俟呈遞禮畢，再行恭摺具陳外，所有微臣行抵倫敦接印日期，謹繕摺奏聞，叩謝天恩。伏乞皇太后、皇上聖鑒。謹奏。

又《派員駐英片》（己卯正月初九日）再，臣於光緒四年十二月二十三日附陳派駐法國人員一片，聲明駐英人員應俟抵英後再行具奏。現在臣已馳抵倫敦。查郭嵩燾原帶之參贊黎庶昌、繙譯官聯芳、隨員李荊門業經派駐法國，隨員姚嶽望請假回華，此外之繙譯官馬格里、鳳儀，隨員張斯栒，以及供事，武弁，當差兩年，均無貽誤，應與隨臣出洋之二等參贊陳遠濟，三等參贊劉翰清，繙譯官左秉隆、陳志尹，隨員楊文會、曹金詠、蕭仁杰余世松等派駐英國。除供事、武弁、學生由臣咨明總理衙門查核不另開列外，其參贊以下各員，謹繕具清單，附片陳明，伏乞聖鑒。謹奏。

又《謁見英主呈遞國書日期疏》（己卯三月初五日）奏爲微臣謁見英國君主呈遞國書日期，恭摺具陳，仰祈聖鑒事。竊臣於正月初四日馳抵英倫，曾將接印日期於初九日恭摺陳奏在案。比卽恭録國書，照會外部，訂期呈遞。旋晤其外部丞相侯爵沙力斯伯理，據稱君主每年冬季皆居阿思本行宮，例不視朝，亦不接見各國公使，必俟開會堂時始回温則行宮。臣是以於正月十四日仍往巴黎，十八日與駐法各國公使謁見法國新立之伯理璽天德格勒斐，及將法國卿士大夫，擇要應酬。二月初八日乃返倫敦，君主雖已回駐温則行宮，而其第三子與德國公主聯姻部院議紳均集温則襄辦喜事，故接見各國公使之期，又復展緩。迨至二月二十二日，接准外部函稱：訂於二十八日未刻在巴定敦車棧備駕火車同往温則。臣卽於是日恭賫國書，率同繙譯官馬格里，由巴定敦乘坐輪車，偕同沙力斯伯理前赴温則車棧。君主豫遣對騎坐車到棧迎臣，徑抵宮門入至朝堂小坐宴飲。旋有侍衛宮官導詣偏殿謁見君主。三鞠躬而進，手捧國書，宣讀誦辭。馬格里以英文再爲宣讀。英國君主手受國書，豫諭沙力斯伯理代述答辭，意極誠懇，慰勞甚殷，堪以仰慰宸廑。除將誦辭、答辭咨送總理衙門外，所有微臣謁見英國君主呈遞國書情形，謹繕摺具陳，伏乞皇太后、皇上聖鑒。謹奏。

又　卷六《交卸英國事務疏》（丙戌四月初三日）奏爲恭報微臣遵旨先行交卸出使英國事務，恭摺具陳，仰祈聖鑒事。竊臣於光緒十一年八月十七日承准總理各國事務衙門王大臣咨開：光緒十一年六月十六日奉上諭：江西布政使劉瑞芬著派充出使英國、俄國欽差大臣，曾紀澤著回京供職。欽此。本年三月二十一日復准總理各國事務衙門王大臣電稱，本日奉旨：劉瑞芬已到馬賽，著先赴英接任。曾紀澤將經手事宜詳晰告知，卽行回華。存緬英既未允，所商分界各節，關係綦重，俟會紀澤到京後面加垂詢，再行定議。欽此。臣跪讀之餘，莫名欽感，比卽恭録電旨，轉電馬賽。劉瑞芬旋於三月二十五日行抵英倫，臣謹將曆年駐英經手文卷，及使署書籍什物器具，清理移交，於光緒十二年四月初三日派四等繙譯官知府銜候選直隸州知州王世綬，恭齎駐英出使大臣關防一顆。交劉瑞芬祗領任事。查劉瑞芬應俟呈遞駐英國書之後，乃能定期赴俄，届時臣將出使俄國事務妥爲移交，再行另摺陳奏。所有微臣遵旨先行交卸出使英國事務緣由，理合繕摺叩謝天恩，伏乞皇太后、皇上聖鑑。再，奉頒駐英敕書，俟臣行抵京師，再行恭繳總理各國事務衙門核收，合并陳明。謹奏。游觀英德兩國製造局廠緣由片同日再，臣於本年正月二十八日承准總理各國事務衙門王大臣電稱：德國駐京公使欲臣於交卸回華之時，便道經過德都，閲看彼國海軍槍械等件，囑臣自酌便否等因。二月二十六日，有德國駐英公使伯爵哈子斐爾德遣派參贊官伯爵美塔尼克前來使署，言德國皇帝暨德國首相畢斯馬爾克王，均望臣於回華之前得至該國，與其君相晤談，面德國駐英公使正在温則行宫謁見英國君主，是以未及自來傳述該國君相之意，特遣該參贊前來代達等語。伏查西洋各國水師之强，以英爲最，陸軍之强，以德爲最。游觀兩國之局廠，本屬微臣之志願，雖臣材駑鈍，未必能有心得，然或能稍購圖籍，以備朝廷之採擇，似亦不無微益。去秋即擬游歷英國有名各局廠，因緬甸之事未定，常與英外部有所辯難，不敢遠離倫敦。兹擬於劉瑞芬到英接印之後，臣即出游英廠，游畢乃赴德國謁見其君相，游觀其製造，然後偕同劉瑞芬赴俄交卸使。事臣游觀兩國局廠，并於途間有謁見他國君相之事，不能不於業經銷差之駐英員弁中，選擇明白器械製造及能通語言文字之官弁數人，作爲幫辦海軍大臣之隨帶人員，俟擇定之後，再將銜名咨呈總理各國事務衙門王大臣查照。所有微臣於交卸駐英使事之後，未交駐俄使事之前，游觀英、德兩國製造局廠緣由，理合附片陳明，伏乞聖鑑。謹奏。

清・薛福成《出使英法意比四國日記》卷三　（光緒十六年三月）初五日記接受英館文案卷宗及移交應辦各事。英館舊員，余留用三人爲：二等寶星總領事銜、英文二等參贊官英人馬格里，二等翻譯兼隨員、二品銜候選道張斯栒，供事王文藻。

十七日記　外部前日函訂，英君主於今日三點鐘在温則行宫延見。余率同參贊黃公度、馬清臣，先乘馬車至火車棧，外部侍郎弗爾克生，已在此相候。遂同乘火車，行三十英里，至温則宫外一二里，君主預備對騎馬車來迓入宫，先赴朝堂，宴飲畢，禮官及弗爾克生引入便殿。余見君主鞠躬，黃參贊以國書遞交余手，余宣讀頌辭，呈遞國書。君主手受國書訖，宣讀答辭，慰勞周至，皆由馬參贊譯傳一遍，余遂鞠躬而退。禮宫復導余游宫殿，規模頗極閎麗，有該國歷代君主后妃及名臣名將畫像石像，暨古今彝器。國書云：

大清國大皇帝，問大英國大君主、五印度大后帝好。朕誕膺天命，寅紹丕基，眷念友邦，言歸於好。兹特簡二品頂戴、候補三品京堂薛福成出使，爲駐紮貴國欽差大臣，親賫國書，以表真心和好之據。朕稔知薛福成忠誠素著，明練有爲，辦理交涉事件，必能悉臻妥協。惟願推誠相信，俾克盡厥職，以與貴國益敦友睦，長享升平，朕有厚望焉。

頌辭云：

大清國欽差大臣薛福成，欽承簡命，駐紮貴國。恭維大英國大君主、五印度大后帝德化懋昭，冶功顯著，爲遐邇所欽仰。使臣親奉國書，上呈尊覽，以爲永敦和好之據。惟冀大君主大後帝，體中國大皇帝之意，萬年輯睦，同享隆平，使臣不勝慶幸之至。

答辭云：

本君主敬問貴國大皇帝好。本君主深願貴國派一有名之人來駐本國，聞貴欽差學問極好，著好頗多，我意亦甚欣悦。貴欽差所宣貴國大皇帝之意旨，與本君主之意相同。本君主益喜兩國永敦和好，共享升平。

清・薛福成《出使奏疏》卷上《恭報抵英呈遞國書疏》　（光緒十六年三月十八日）奏爲恭報微臣抵英呈遞國書日期，仰祈聖鑑事。竊臣於閏二月初四日在法國呈遞國書，當即恭摺具陳，并陳明俟抵英國後再行奏報在案。臣駐法國一月有餘，與該國各部大臣及各國使臣往來聯絡，并將法館應辦事宜相機措注。維時適值英國君主游歷歐洲，暫駐法國海口，迨聞英君主將由德回英，臣即於三月初四日渡海，坐火輪車馳抵倫敦，准前使臣劉瑞芬將英署文案卷宗移交前來，英君主亦於三月十二日回國。臣往晤英首相兼外部尚書沙力斯伯里，旋接函訂，英君主於三月十七日未刻接見，届期由其外部侍郎弗爾克生來迓，同乘火車前往温則行宫，君主豫備對騎坐車相迎。臣恭齎國書，率同二等參贊官道員黃遵憲，英文參贊官馬格理徑抵宮門，入至朝堂宴飲，旋有侍衛官導詣内殿。臣入門鞠躬手捧國書宣讀頌辭，馬格理以英文再爲宣讀。英君主手受國書，訖口宣答辭由馬格理譯傳，語意懇摯，慰勞甚殷，堪以仰慰宸廑。除將頌辭答辭咨送總理衙門外，所有微臣抵英呈遞國書情形，理合恭摺具陳，伏乞皇上聖鑒。謹奏。

清・劉錫鴻《英軺私記・日耳曼紀事・德國呈遞國書情形》 戊寅十月二十二日一點鐘三刻，進見其開色於驅歷時理學歇士巴列。驅歷時理學歇士者，華言君主也；巴列者，華言宮也。此宮創建多年，規模殊狹；別有新宮較崇廣者，然皆白石爲壁，與民居市肆相連屬，制度無甚區別。開色性儉樸，不樂於新宮，故與其開色鄰偕歸舊宮以處。開色居左樓房，開色鄰居右樓房，皆木版畫成方磚形，不鋪氈毯。墻壁飾以白花紙，無錦緞之衣，几案亦少陳飾，不若英宮之奢麗也。

是日，余偕翻譯博郎乘馬車至其門而下。門外有兵二人，分左右立，見使者至，則兩手舉鳥槍以爲禮。進其門數武，二等禮官曰温呂德洛温者小爵，呂德洛者其姓也者，下樓相迎，前導而上。每登階一層，皆有兵二人，若守衛者。至二層樓，則内廷頭等官戛芬辟確洛戛者猶中國伯爵，芬者爵之謂也、二等官戛芬比爾奔涉，暨外部大臣芬畢魯在焉。相見握手，寒温數語。有侍衛武官三人，亦遥立而點頭。

須臾，白板門開，開色鞠躬而出。禮官導使者鞠躬而入，博郎捧國書相隨。至中庭，開色立定，使者亦立定，相距不過尺許。博郎授國書，使者兩手敬捧之。口誦所撰頌詞。博郎翻譯其詞畢，使者恭遞國書，開色接受，以授禮官。開色探懷中出洋紙一篇，向使者琅琅自讀之。卽其所撰答詞也。讀畢，使者稱謝。開色問曰：『貴使來自何處？』曰：『來自倫敦。』曰：『到倫敦辦理何事？』曰：『爲上年雲南案，且修好也。』曰：『案已結否？』曰：『已結。』曰：『在倫敦住幾時？』曰：『十月。大皇帝於本年三月卽已有旨，派使臣前來，因待國書，延至今日。敝國相隔太遠，每有寄遞，往返總須數月也。』曰：『貴使是初出洋否？』曰：『然。』曰：『乘中國船來乎？』曰：『由上海搭英國船來。敝國雖有輪船，尚未駛赴西洋。』曰：『此地比倫敦何如？』答曰：『此地晴明，不若倫敦霧雨時多。』開色曰：『此地水土亦不佳，天氣且寒，深願貴使保重，久住於此，居處平安，飲食健進，我心慰矣。有使館否？』曰：『有之。』曰：『誰爲卜居者？』曰：『翻譯官博郎。』開色又問：『房屋寬潔否？』答曰：『尚可住得。』開色曰：『我甚樂與貴使常相見，此次不便多談，他日當再奉請前來敘話。』遂鞠躬倒行而退，使者亦鞠躬倒行而出。開色年八十一，精神炯炯，步履殊健，立談逾一點鐘，殊無倦色，身著黑呢短衣，兩肩皆嵌金版，如武職所服朝服。德人衣飾從儉，自國主以至官兵，皆無金花遍體輝煌炫耀之觀。余出至外廷，復與廷臣款洽數語，禮官乃送余下樓。

清・李鳳苞《使德日記》 光緒四年十月初二日晚偕郭筠帥由英國蘇格蘭回倫敦，承准總理衙門咨開：『七月二十七日奉上諭：「候選道李鳳苞著賞加二品頂戴，充署理德國欽差大臣。欽此。」』並接奉王大臣德字二十三號函。竊念資淺才疏；自前年奉李爵相奉派監督生徒來洋學習，雖與洋監督日意格和衷商榷，將在英、在法生徒照章安插官船官學，而勉供奔走，兩載於兹，未報涓埃，方深兢惕；今蒙晉頭銜試以重任，撫衷循省，深懼勿勝，惟有實力實心宣布邦交之誼，矢勤矢慎勉圖應接之方，以期仰副國恩，勉酬知遇。

十月初四與郭筠帥商定咨調兼辦英法繙譯之羅豐禄、陳季同隨同赴德。筠帥謂羅則靜默，可以討論學問；陳則活潑，可以泛應世務，再能歷練官常，中外貫通，可勝大任矣。

是日接地亞士行密臘信云，委辦天津鎗子料件内油漆紙蠟等項，已由斯飛力尼船運往上海，其銅片等於二十日内俱可運竣。又定造水雷艇之雷贏廠鐵脅已全，請往驗看。

午刻與羅豐禄訂同干南街柏教習之兄伯次到彎斯瓦士車場上車，過甯得禄德，又換車。是處鐵道紛歧，多如蛛絲，爲往來衝道。柏次曾到兩次，尚有迷途之慮。既下車，芳草平蕪，大河前横，卽倫敦達眉江之上游也。渡彎斯瓦士橋沿岸左摺百步到留贏廠，主人迎，廠僅數畝，木柵圍之，前臨江於，板屆四間爲繪畫書算之處。工匠不過三十人，汽機唯八疋馬力者一具，下具四輪，可以曳走，計值英錢二百五十鎊。沿江灌叢中支搭鐵棚，高架小艇五艘，旁置鑽刨等機數事。共江干鑿有長五十尺之小鐵艇，加風扇以助火力，鎗面不全用鐵，未裝水雷機架，蓋可懸諸大船以備巡採，而非專爲水雷設也。棚中五艇，一長九十尺寬十尺半，值五千鎊，亦英海部所定造也。一即天津所定造，脅骨已全，而僅布鐵殼，兩片脅骨相離爲十九英尺半，龍骨脅及外殼全不鍍鋅，詰之，則檢出柏教習原信本未指定鍍鋅。主人云如須加鍍，加費百鎊，展限兩旬而已。原約內但須加漆，且廠中無鍍鋅爐灶，脅骨已合，亦難再卸矣，遂交第二批價。其餘三艘皆暹羅國家定造之遊舫，配合既全，將復拆卸運寄暹國門合，大者長六十三尺寬八尺三寸，小者長三十七尺寬六尺六寸，價不過五百鎊，每點鐘可行十二英國旱里，蓋留嬴習船藝無餘貲，年才二十餘，交游亦未廣，因僦片土集一近支棚以冀招攬日廣局面日宏而已。

十月初五日洋監督日意格及文案陳季同、高氏耶自法國來，商議肄業生徒及支發經費，又商定季同隨同赴德，仍兼辦肄業交案繙譯事件。如洋監督有倉卒須譯之件，可就近令馬建忠代辦，並將洋監督肄業文案雜費每月以四百佛郎津貼建忠。

是日黎參贊庶昌暨使署各員設餞。又偕郭筠帥謁駐英德使閔士達，筠帥告以李某將接劉任。閔使曰：『劉君尚在柏林耶？』筠帥曰：『得毋貴國人不喜？』閔使曰：『非也，但劉君意氣似塾師耳。』筠帥曰：『未知貴國喜李某否？』閔使曰：『李某似武官，子亦武官，武官乃敝國所重。』且云：『此去所過關卡，須帶路照，方免查看，送行時當奉上也。』遂別。傍晚造門投刺，且送路照。

十月十六日接上海劉道臺電報，詢守口水雷之電綫價，當即函詢英德大廠。是夕送劉京堂至漢奴乏車場，令慶常隨往馬賽。

清・許同莘《許文肅公遺集》卷一《恭報出洋日期摺》 奏爲恭報微臣出洋日期，恭摺仰祈聖鑒事。竊臣前奉諭旨同往江寧，業於七月初五日由驛奏報到寧日期在案。初六日，承准曾國荃咨開總理衙門密令，臣即帶隨員出洋駐德，奏奉俞允等因。臣遵即於初九日自寧起程，初十日到滬，定於十七日率同隨員登英公司船，十八日出洋，先赴意大利口岸，再由火車前赴德都。除俟到德恭摺具報外，所有定期出洋緣由，理合恭摺具奏，伏乞皇太后、皇上聖鑒。謹奏。【略】

光緒十年八月二十五日，軍機大臣奉旨：知道了。欽此。

又 《恭報行抵德國接印日期摺》 奏爲恭報微臣行抵德國接印日期，恭摺具陳仰祈聖鑒事。竊臣前奉總理衙門來電，令即帶同隨員出洋，駐紮德國等因。當於七月十八日乘坐英國公司輪船，由滬起程，并將出洋日期具摺奏明在案。查向來赴德行程，均由法國馬賽海口登岸，較爲逕捷。現值法國搆衅，改由埃及國之蘇彝士河登陸，乘火輪車行一日，抵阿來三得地方。再登輪船，前抵意大利國之維泥斯海口，換輪車，兩晝夜始抵德國，取道稍多迂摺。茲臣於九月初五日，帶同各隨員等行抵德國柏林都城，面晤前任出使大臣李鳳苞，詳詢一切情形，將應辦事件妥爲商酌，於九月初九日接印。經李鳳苞派員將欽差出使大臣關防一顆，暨文案、卷宗及用存經費冊帳移交前來。當經臣恭設香案，望闕叩頭，祇領任事。伏念德、意和奥陸地毗連，爲華夏之殊方，實歐洲之中土，離合盛衰可識東西大勢。且德與意、奥商務日擴，交涉漸繁，聯絡羈縻，仔肩彌重。臣以菲材，深虞隕越，惟有悉心講求，隨時商請總理衙門，以資循守，萬不敢稍涉疏忽，有負生成。所有微臣行抵德國接印、任事日期，並感激下忱，理合恭摺奏聞，伏乞皇太后、皇上聖鑒。謹奏。

光緒十年十一月二十五日，軍機大臣奉旨：知道了。欽此。

又 《赴德呈遞國書事竣摺》 奏爲呈遞國書事竣，恭摺仰祈聖鑒事。竊臣行抵柏林，於九月初九日接印任事，當經恭摺具奏在案。茲准德外部來函，德主定於十五日接見。屆期臣偕李鳳苞，繙譯官金楷理同赴德宮。西國通例，前任公使交卸，須詣彼主辭行。李鳳苞循例入見畢，禮官導臣入行三鞠躬禮，口宣頌辭畢，恭捧國書敬謹呈遞。德主親受，後隨致答詞，並稱前李鳳苞傳旨，致贈瓷器數件，深爲欣感，屬臣代奏申謝。臣對以謹當奏聞，立談片刻而出。凡遐邦款洽之文，皆聖主懷柔所致，除將頌詞、答詞謹録恭呈御覽外，所有微臣呈遞國書緣由，理合恭摺具奏，伏乞皇太后、皇上聖鑒。謹奏。

光緒十年十二月初二日，軍機大臣奉旨：知道了。欽此。

又 卷二《出使德國謝恩摺》 奏爲叩謝天恩恭摺仰祈聖鑒事。竊本年十一月二十七日，承准總理各國事務衙門二十六日電開，本日奉上諭：工部左侍郎許景澄著派充出使德國欽差大臣。欽此。當即恭設香案，望闕叩頭謝恩。訖伏念臣兼駐兩邦已周六稔，聯俄以固脣齒，稍遂羈縻，結德而推腹心，時虞竭蹶，循章求代下情。幸達於宸聰，特詔量移遠略，不遺於廟，算雖衰疾恐貽乎？隕越而時艱，敢諉夫馳驅；樽俎咨諏，勉任負山之重，觚棱瞻望，仍殷戀闕之心。臣惟有矢慎矢勤，以仰答高厚鴻慈於萬一。所有微臣感激下忱，理合恭摺叩謝天恩。伏乞皇上聖鑒。謹奏。

光緒二十三年二月十二日，奉硃批：知道了。欽此。

清·洪鈞《使歐奏稿·奏報到德接任摺》（光緒十三年十月二十四日）謹奏爲恭報微臣到洋接任日期，叩謝天恩，幷陳各情，仰祈聖鑒事。

竊臣九月在上海途次具報起程日期，度蒙聖鑒在案。臣於九月十四日駛舟出洋，仰賴國家威福，行程至速，風浪極平。十月十五日行抵意大利境摺努阿海口，改乘火車，十七日午後啓行，十九日到德國柏林都城。前任使臣許景澄現丁母憂，亟欲交卸，隨於二十一日委員將關防、文卷賫送前來，臣當即望闕叩頭，祇領任事。伏惟使臣之責首在邦交。德國陸軍之雄，推爲歐洲巨擘，兵船火礮尤爲中國利器所資，今秋訂延武弁爲天津武備學堂教習，經德君簡擇，畢相戒飭而後行，慎重之心昭然可覩。蓋彼與我素無嫌隙，深願交歡。又德、俄幷峙兩雄，積不相能，各不相下，干戈玉帛，事變何常，中國兵氣一揚，足以爲俄樹敵。戰國時遠交近攻之策，固彼所深體者也。臣於二十一、二兩日叠晤外部大臣，皆言巴使信來，述及醇親王抱恙，君后深以爲念。臣已電達總署，詢問曾否就痊，以備呈遞國書時，德君問及，即便致謝。此德與中國現在加意修好之情形也。臣才識短淺，初涉洋務，深懼隕越爲國家羞。惟有遇事小心，不敢稍涉疏忽，以期仰答高厚鴻慈於萬一。前任使臣許景澄交卸後，即赴法都等候交替。臣俟劉瑞芬接任法事，再與訂期偕赴俄都，合幷陳明。所有臣感激下忱，暨到後情形，謹繕摺具陳，伏乞皇太后、皇上聖鑒。謹奏。十三年十月廿四日自德拜發。

又《奏報呈遞國書並密陳各情摺》（光緒十三年十一月初八日）

謹奏爲恭報呈遞國書，幷遵旨致詢太子喉（證）［症］，恭摺密陳各情仰祈聖鑒事。竊臣十月行抵柏林接任使事，當即拜摺叩謝天恩，由海道發遞在案。外部本定十月杪即可遞書，乃以德君耄年，節勞慎疾，展至本月初四日。臣先期接奉總署電傳懿旨：飭問德太子喉症愈否。臣謹於是日率同翻譯官前赴温宮，照依泰西三鞠躬禮，頌答如儀。酬接情文頗爲殷渥，謹將頌詞、答語及致問各情，另單開録恭呈御覽。伏見德君年已九十一歲，雖神志尚清，而精力實形衰邁。言則勉能達意，首則已漸下垂。聞其衣内緊束，搘柱腰肢，始能站立一兩刻之久。翻譯官慶常上年曾與宫中宴會，據云，此次相見，大不如前。良由春秋過高，冢嗣久病，憂心焦思之所致也。德太子喉生外症，口不能言，西人施治，每恃奏刀一割。再割，元氣必將大耗。其病情底細異常秘密。然博訪衆論，皆謂難痊。太子治軍有年，人心歸向，脱有事故，國本爲之動摇。比聞各國皆致書德使館問疾，德廷諭駐各國使臣代爲致謝。今中國已有懿旨就詢，更昭鄭重，自可無庸再由總署具書。至德之皇孫年近三十，性好武事。覘國是者謂：如皇孫嗣位，歐洲必啓兵端。蓋少年血氣用事，與老成持重迥不相侔。又衆望未孚，將謀建立武功，以奠人心而維國勢。此雖揣測之語，誠未可謂無見也。竊合中西大勢言之，歐洲多事，則中國稍安。現考各國情狀，美則常爲局外之觀，英則頗有持盈之戒，惟俄則幷吞爲志，法則復仇之心，德則惟日孜孜以秣馬厲兵爲事。俄、奥二國現在甚有違言調兵增戍，識者多謂歐洲戰事不出十年。中國及此閑暇之時，修明政事，講求戎備，誠不得謂非厚幸。時不可失，此尤臣所内顧而憬然者也。所有呈遞國書，遵旨致問，暨見聞所及各情形，謹繕摺密陳，伏乞皇太后、皇上聖鑒訓示。謹奏。十一月初八日午刻自德拜發。

附：誦答詞語夾片

頌詞

使臣奉大清國大皇帝簡命，派充駐紮貴國欽差大臣，恭賫國書呈遞大君主，以爲真心和好之據。兩國素無嫌隙，交情本厚。使臣膺此重任，尤必盡心竭力，益固兩國之交。望大君主推誠相待，以敦睦誼，幷祝大君主、后福壽無疆，國民富庶，使兩國和好日堅，同享升平，使臣實所切望。

德君答詞

朕奉大清國大皇帝國書，敬悉貴使臣恭膺簡命，派充駐紮本國欽差大臣，接閲之下，不勝欣悦。又承吉語祝頌，尤爲感謝。兩國交情本極親厚，得貴使臣維持其間，定能益固邦交，永享升平。嗣後，貴使臣遇有應辦事件，我國家深願和衷共濟，使兩國互有裨益，有厚望焉。

德君問答語

德君云：『前聞醇親王抱恙，甚爲懷念。爰命外部大臣詢問貴使。外部所言皆我之語。』答以：『前聞大君主垂詢，即電報本國。嗣接復電，知醇親王病已漸愈，深謝大君主關念。皇太后有懿旨前來，問貴國太子喉患已未痊愈？』德君云：『吾子久病，近稍輕減，尚須割治，方可望痊。承中國皇太后系念，感激殊深，請爲奏明，代達謝忱。又前承大皇帝賜於珍物，尤爲感篆，并請代達。』答以：『均當奏明。』德君又言：『許大臣因丁母憂，急速回華，未得晤面，殊爲歉悵。』答以：『丁憂人員例應回籍守制，是以未能謁見。』又問：『中國最重科第，我西國亦重此。聞貴使爲中國貴人，深爲慕賞，又得常駐本國，尤爲欣悦。』答以：『中國國家特簡使臣前來貴國，正欲籍此表明慎重邦交之意。』又問：『從前到過外洋否？』答以：『初次。』又問：『到我國住得慣否？』答以：『柏林與中國北京氣候相似，極爲安適。』同日發，附摺夾單。

《醇親王使德往來文電・軍機處轉醇親王電旨》（光緒二十七年六月初二日）醇親王：奉旨：命侍郎銜正白旗漢軍副都統蔭昌，充出使德國大臣。欽此。

清・劉錫鴻《英軺私記・日耳曼紀事・見開色鄰》　十一月初二日，見開色鄰於驅歷時理學歇士巴列，有内廷官曰戛分尼塞羅德、曰戛分尼的好者在外迎候。既至，即啓門，開色鄰鞠躬而出，使者鞠躬而入，彼此對立於中庭。開色鄰曰：『向曾出洋否？』答曰：『上年初次出洋，往駐倫敦，今由倫敦來。』曰：『由何路赴倫敦？』答曰：『取道新加坡、檳榔嶼、錫蘭，以至紅海。』曰：『至蘇衣士後，仍由水道進乎？』答曰：『然。』曰：『貴使是廣東人？』曰：『然。』曰：『廣東省極繁富，地方甚大。』答曰：『恐不如貴國宮室之峻整。』曰：『廣東房舍絶好。雖未身至其地，親戚之往游者，皆極口稱之。貴使此來，甚願常相見。數年前有美國人蒲安臣，奉中國大皇帝命，帶同華官至此，亦嘗游憩此宮也。』答曰：『深感盛意。』曰：『前次來游之華官，尚在北京否？』答曰：『俱已授職於外矣。』曰：『貴使初次出洋，離家數萬里，甚非易事，深願貴體平安。』余正啓齒以答，開色鄰遽鞠躬而退；聞余似有所言，復轉回立定，問曰：『貴使適何言？』答曰：『不過欲謂此間水土尚相宜。』開色鄰曰：『今冬天所沉陰，却不見冷，但飲食必不如中國。貴使不通此間言語，閑居當必悶悶。現有華官七人在此學藝，曾見之否？』答曰：『已來見。均言貴國教習極爲用心，不分畛域，使臣不勝感謝。』開色鄰笑曰：『貴國欲學西洋兵法，當多遣數十人前來，收效乃速。』答曰：『應以此意爲國家言之。』遂退。開色鄰年六十三歲，衣黑衣裙。侍立其旁者，惟老婦三人，其一爲閣利芬北爾奔涉伯爵夫人曰閣利芬，皆内廷官之妻也。餘則惟翻譯官博郎立於後。

清・王韜《弢園文録外編》卷四《遣使親俄》　我朝廷近似遣使至俄，誠中、俄結好締和之一大關鍵也，特宜早而不宜緩，宜速而不宜遲。宜遣之於土、俄交攻之際，英、俄相忌之時。此時講信修睦，立疆分界，申其前説而爰定新盟，爲使臣者亦易於措詞。且親俄以御侮，結俄以自固，亦在此一舉，而其效當有可觀者。今者新疆雖已底定，而土、俄兵事亦罷，英、俄立約修盟，歐洲之局大定，在俄之意，方且駸駸乎有志於東方矣。左相近又遣員往俄，索還舊地，申畫昔疆，此雖准乎情，度乎義，事理之出於不得不然，而要未嘗不攖俄人之忌。今者忽有簡遣使臣之命，其爲恒駐耶？其爲暫遣耶？不得而知也。其爲私移界碑一事耶？抑爲新疆交涉事故耶？亦不得而知也。而我深惜其遣之已晚也。

夫我朝自與泰西諸國通商，四十餘年矣。泰西大小諸國無不備仰懷柔，咸遵軌度，其間如英，如俄，尤繫於中外之樞機，顧英與我遠而恒有齟齬，俄與我近而尚形恭順，其故何哉？蓋俄之通商不過在東北一隅，英之貿易足迹幾遍乎中原，心計直規乎罔外，於其國勢之盛衰强弱，實有互相維繫者。又英之所長，尤在以兵力佐其商力，商力裕其兵力，自通商印度以迄東南洋，無不率以此法。至乎今日，其情形固已稍異，英、俄相忌而復相制，幾於鷹瞵鶚視而莫之敢先。論者以爲我在今日親英則俄忌，親俄則英忌，惟是俄自畫疆遣使以來，世修和好，未墮曩盟，固未可外示之隙也。英、俄迭構猜疑，屢已形見，在歐洲則爭土耳其，在亞洲則爭阿富汗。顧俄雖土廣兵强，非印度内亂必不能爲英患，而英則一日不可爲俄患，蓋俄之兵力全在歐洲，倘英、俄啓釁，俄由陸路調兵東來，勢非易事，即在歐洲御之，地關要隘，恐爲法國所牽制，是有兵力亦無所施。英之經營印度，俄之規畫東方，皆有狡焉思啓之心。惟英由加爾各搭築有輪車鐵路，直達賓質，其地距西藏不遠，而俄亞洲之邊防未極講求，黑龍江尚無鐵路運載，俄人雖有意興築，而以年中出入度支觀之，非二三十年不爲功。俄亦自知其然，故與土結盟息兵，但得稍償其割地酬餉之求，而卽從歐洲諸大國之調停，毋事苛索，職此故也。俄既得志於土，而又與英捐嫌修好，則他日者英進而俄亦進，英退而俄亦退，比中國於方罫之間，而競下其一子也。

嗚呼！遣使於土用兵之時，與遣使於土議和之後，其情形迥爾不同，此事早已言之，而惜乎當事者漠然置之也。至今日而中國之安危强弱在善處英、俄之間，而英、俄安危强弱之所繫，亦在乎中國。蓋中國者天下之關鍵也。以地勢觀之，關歐洲之全局則在土耳其，繫地球之全局則在我中國。英人之意，卽欲强中以御俄，俄人之意，獨不能使我中國親俄以制英耶？此猶之戰國之齊，附秦則秦强，附楚則楚奮。故英、俄在今日，亦莫如結好中國以自重，而中國亦宜聯絡於二者以恒享其安。

今者我國皇華之使，絡繹於道，如英，如美，皆已遣使往駐其國都。竊謂此外亦宜次第舉行，而尤當加意者，莫如俄。使才之選要當鄭重。總之，内有以結其歡，而外無所招其忌。且也遣使親俄而慎固邊防。宣揚威德，亦寓乎此焉。凡近俄疆者，防守之要，一切整頓軍營戍壘，必當焕然改觀，而於俄界賣買之處設立領事，以資保護而密加采訪。戍兵騎隊必以熟識俄語之華人。尤宜專設書塾，肆習俄國之語言文字，預以儲他日之用。遣發幼童往學各藝於俄京。然後考其輿圖物産，稔其山川道里，察其國政人心，明其土風俗尚，更進而交其國中賢豪長者，而後親俄之實效可覩已。

嗚呼！泰西諸國無不具有深思遠慮，不可測度，特以英力已雄，俄勢尚緩，審時度勢，莫能知其究竟，顧遣使以睦鄰，則固今日之急務也。昔春秋戰國之際，羣雄紛峙，而能道結强鄰，威加與國者，以此法也。

沈桐生《光緒政要》卷五 （十二月）命曾紀澤爲出使俄國大臣

紀澤，曾國藩之子也。幼承家學，熟諳中外事宜。此次出使俄國，奉上諭：俄人佔我伊犁，其理甚曲，崇厚奉命出使，議收伊犁，竟不熟權利害，任其要求，遽與定約，外出意料之外。曾紀澤到俄國後，察看如何情形，先行具奏。此次前往另議，必須力持定見，慎重辦理。現已頒發國書，由總理各國事務衙門遞寄，并令該衙門將條約章程等件詳細酌覆，分別可行及必不可行之款奏准後，知照該少卿，以便與俄人另行商辦。縱或一時未能就範，不妨從容時日，妥慎籌商，總期不激不隨，以全大局。將此通諭知之。

諭赦前出使俄國大臣崇厚罪。是時，郭嵩燾疏，上朝廷重視邦交，務存寬大。因奉上諭：前因出使俄國違訓越權，所議條約諸多窒礙，經廷臣會議罪名，定以監斬候，實屬罪有應得。乃近聞外間議論，頗以中國將崇厚問罪，有關俄國顔面，此則大非朝廷本意。中國與俄國和好二百餘年，實願始終不渝，無失友邦之誼。崇厚奉命出使，於中國必不可行之事。並不向俄國詳切言明，含糊定議，罪由自取，朝廷按律懲辦，以中國之法治中國之臣，本與俄國不相干涉，第恐遠道傳聞，於中國辦理此案緣由未能深悉，或因誤會而啓嫌疑，未免有妨睦誼。茲特法外施恩，將崇厚暫免監斬罪名，仍行監禁，俟曾紀澤到俄國後辨理情形若何再降諭旨。曾紀澤接到此旨，著卽將崇厚暫免斬罪知照俄國，並告以中國與俄國和好之據，卽此可見其應議條約，仍著遵前旨妥慎辦理。欽此。

清·曾紀澤《曾惠敏公遺集》卷二《派使俄國大臣謝恩疏》 （庚辰三月十五日）奏爲叩謝天恩，仰祈聖鑒事。竊臣於光緒六年三月初九日承准總理各國事務衙門咨開，光緒六年正月初三日奉上諭：一等毅勇侯大理寺少卿曾紀澤，著派充出使俄國欽差大臣。欽此。臣跪聆之下，感悚難名，謹卽恭設查案，望闕叩頭謝恩訖。伏念臣賦才駑下，荷眷優隆，疊拜高天厚地之恩，愧無墜露輕塵之報。茲復欽承簡命，兼使俄都，聞倚界之自天，實恐惶以無地。伏查彼德堡爲通商一十五國著名之域，察罕汗爲入貢二百餘年結好之邦。臣本無四方專對之能，濫充三國行人之職。念鵜濡之不稱，懼鼇戴之難。勝惟有益懍冰兢，竭陳棉薄。秉廟謨之成竹，不競不絿；協廷議於皇華，咨詢咨度。既不敢輕狂自用，師心而涉專擅之愆；亦不敢誣諉偷安，袖手而致類預之誚。勉策雖柔雖愚之質，矢已力於百千；冀收得尺得寸之功，答聖慈於萬一。所有微臣感激下忱，理合繕摺叩謝天恩，伏乞皇太后皇上聖鑒。謹奏。

又《恭報抵俄接印日期謝恩疏》 （庚辰七月初四日）奏爲恭報微臣行抵俄國接印日期，叩謝天恩，仰祈聖鑒事。竊臣於光緒六年六月初三日在倫敦拜發恭報啓程日期一摺，旋於初七日離英。初八日至法，畱駐旬，日料理公事。十九日自巴黎啓行，取道伯靈，與出使德國大臣李鳳苞面商要務，卽於六月二十四日行抵俄國都城。二十八日准署出使大臣邵友濂將大清欽差出使大臣銅質關防齎送前來，臣當卽恭設香案，望闕叩頭謝恩祗領訖。伏念臣猥以駑庸，渥膺寵遇，賦皇華而周原隰，敢言駪征靡及之勞；僅使節而涉冰淵，益切鼇戴難勝之懼。惟有秉九重之籌策，矢千百於愚柔。庶幾强國輸誠，改要盟之舊歃；更冀職方載筆，書侵地之來歸。除照會俄國外部訂期呈遞國書及應諭事宜，容臣隨時陳奏外，所有微臣行抵俄國接印日期，謹恭摺叩謝天恩，伏乞皇太后、皇上聖鑒。謹奏。

又《謁見俄君呈遞國書日期疏》（庚辰七月二十四日） 奏爲微臣謁見俄羅斯國君呈遞國書日期，恭摺馳陳，仰祈聖鑒事。竊臣於六月二十四日行抵俄國都城，曾將接印日期於七月初四日恭摺奏明在案。比卽恭録國書照會俄國外部訂期呈，遞旋晤其外部大臣吉爾斯暨俄國駐華公使布策，辯論多時，最後該外部大臣乃允代奏國君，請示期日。其時，俄君正在城外閱兵，未能接見各國公使。直至七月十四日，乃接外部照會，訂於十七日未刻，俄君在城外薩爾斯克行宫接見。届日，臣於巳刻恭齎國書，率同參贊銜隨員劉麒祥，法文繙譯官慶常，由森比德堡使署啓行。至火輪車棧，俄之署禮部尚書達微多福暨其參贊等官在棧迎候，同坐輪車行五十里至薩爾斯克，車棧遂至行宫朝房坐候。一時許，該署尚書奉俄君之命，設宴相待。是日爲西洋禮拜天神之日，俄君赴天堂行禮，未初回宫。達微多福導臣經過正殿直入殿傍小閣俄君治事之廳，國君當門而立，臣行三鞠躬禮，手捧國書宣讀誦辭。俄君受書答辭，皆由外部之華文繙譯官孟第傳譯。俄君致辭禮畢，送臣出至殿庭，自作英語與臣問答數句，慰勞甚殷。旋至外殿接見劉麒祥、慶常等員，復作法語與慶常問答數句，回身入閣，臣等乃退。竊臣自抵俄都兩旬有餘，細察俄人相待之情，頗有前倨後恭之象，直至呈遞國書之日，始有輸誠修好之言。此皆由皇猷遠播，威惠交孚，帝德誕敷，剛柔互濟，絲綸講信，賢於數十萬衆之甲兵，玉帛尋盟，保此二百餘年之和好。觀初端之禮節，尚屬順成，冀再議之約章，猶能補就理合，飛章入告，仰慰宸廑，除將誦詞及俄君答詞咨送總理衙門備查外，所有微臣謁見俄羅斯國君呈遞國書情形，謹繕摺馳陳，伏乞皇太后、皇上聖鑒。謹奏。

附：録誦詞答詞

大清國欽差大臣、一等毅勇侯曾紀澤奉本國大皇帝命，駐紮貴國都城，所有兩國商議條約未定之事，深願與貴國和平商訂，務期兩國有益，更加和好尤願大皇帝。天錫純嘏，既受永昌，歐亞兩洲同瞻仁德，共享昇平敬以爲頌。貴爵大臣奉大皇帝命，駐紮本國都城，朕深爲欣悅，所稱大皇帝和好之意，正與朕意相合。兩國交涉事件前有未洽，朕意之處茲。聞貴國已將各案辦理完結，實爲真心和好之據。又貴國前治崇厚重罪，朕心殊深不悅。現聞貴國大皇帝將崇開釋，朕極歡喜。以上各事，既爲聞議事件之美徵，實賴貴國總理衙門王大臣與貴爵大臣之力，能將本國之意奏達於大皇帝陛下也。七八日內朕卽携外部大臣格爾斯前赴黑海行宫，所有貴爵大臣應議要件，務於期內會同格爾斯陳明一切，是所願也。

又 卷六《交卸俄國事務疏》（丙戌七月十八日） 奏爲恭報微臣交卸出使俄國事務，恭摺具陳，仰祈聖鑒事。竊臣於光緒十二年四月初三日交卸出使英國事務，曾經奏明在案。臣交卸之後，游觀英、德兩國製造廠局，於七月初六日乃抵俄國森比德堡都城。具文照會俄國外部，十二日謁見俄君辭行。十五日接任使臣劉瑞芬由英來俄，臣卽將歷年駐俄經手文卷及使署什物清理移交，於七月十八日派參贊官廣東候補知縣李荆門恭齎駐俄出使大臣關防一顆，交劉瑞芬祗領任事。臣日內卽當離俄往德補游廠局，然後料理回華。奉頒駐俄敕書俟，臣行抵京師，再行恭繳總理各國事務衙門覈收。伏念臣張膻兩國，持節八年，本非應對之才，更乏圓通之識。幸賴皇威有赫，靖四海以無波；欣看王會所編，如衆星之拱極。臣濫承精簡，久役殊荒蒙聖主施高天厚地之恩，俾微臣遂就日瞻雲之願，鴻慈曲逮，鼇戴難。勝所有微臣交卸出使俄國事務緣由，理合繕摺叩謝天恩。伏乞皇太后、皇上聖鑒。謹奏。

清·許同莘《許文肅公遺集》卷一《恭報抵俄接任摺》 奏爲恭報微臣抵俄接任日期，叩謝天恩，恭摺仰祈聖鑒事。竊臣於上年十二月間，曾將出洋日期奏明在案。卽於初五日，乘坐德公司輪船，由滬出洋，本年正月初四日行抵意大利界摺奴阿海口登岸，換乘火車，初九日行抵德國柏林都城。與前任出使大臣洪鈞晤商，先行赴俄接任。十三日由柏林起程，十五日抵俄都比德堡，十七日准前使臣洪鈞將關防、文卷、委員齎送前來，臣當卽恭設香案，望闕叩頭，祗領任事。伏念臣浙西下士，知識庸愚，使節再持，涓埃未效。查中國與俄互市，最先接壤，最近交涉事件視各國更爲繁重。今年又值修約之期，尤須講求利病，徐與磋磨。臣惟有隨時咨商總理各國事務衙門，冀臻妥協，以仰副我皇上睦鄰綏邊之至意。除俟恭遞國書另行奏報外所，有微臣感激下忱，並抵俄接任日期，理合恭摺具陳。伏乞聖鑒。謹奏。光緒十七年三月二十四日，奉硃批：知道了。欽此。

又《在俄呈遞國書禮成摺》 奏爲微臣在俄恭遞國書禮成，恭摺具陳，仰祈聖鑒事。竊臣於本年正月十五日抵俄，十七日接任，當經奏明在案。於二十日往見該外部，旋准外部照會，俄皇定於二十二日接見。是日，臣親齎國書前往恭遞並照例撰擬頌詞宣揚聖意。俄皇亦以與中國和好二百餘年，深願從此益加敦睦，其言似出真誠。謹將頌詞及俄皇問答繕單呈覽，所有微臣恭遞國書禮成緣由，理合恭摺奏聞。伏乞聖鑒。謹奏。光緒十七年三月二十四日，奉硃批：該衙門知道。欽此。

又 卷二《在俄奉使再届期滿請簡使接辦摺》 奏爲微臣奉使再届期滿，籲懇天恩，簡派新任大臣接辦，恭摺仰祈聖鑒事。竊查出使章程内開，出使各國大臣自到某國之日起，約以三年爲期，期滿之前預請簡派大臣接辦等因。臣自光緒十七年正月到洋，連閏至十九年臘月三年期滿。其時，正與俄外部商辦帕米爾界事，隨接總理各國事務衙門王大臣函，知暫緩奏請。迨二十年夏間，帕事商明緩議，旋值日本開釁，軍務方殷，未敢遽求更代。近年來，臣因駐俄時日較多，彼都寒冷，地又卑溼，積受心脾諸疾，辦理要公常覺精神不周，現計扣至本年十一月，又届第二次期滿，照章應行更代。爲此，仰懇天恩，簡派新任出使俄、德、奥、和等國大臣，來洋接辦。俾臣得以交卸，内渡出自鴻慈，逾格所有。微臣奉使再届期滿緣由，理合恭摺具陳，伏乞皇上聖鑒訓示。謹奏。光緒二十二年九月二十八日，硃批：該衙門知道。欽此。

清·洪鈞《使歐奏稿·奏爲抵俄接任呈遞國書摺》 （光緒十三年十一月二十九日）奏爲恭報微臣抵俄接任，呈遞國書，恭摺叩謝天恩，仰祈聖鑒事。竊臣行抵德都接受使任，歷經奏報在案。本月十六日，出使英、俄大臣劉瑞芬自法赴俄，路經柏林，與臣晤商一切，臣即於十九日自柏林起程，二十一日抵俄國森比德堡都城，即准劉瑞芬委員將關防文卷賫送前來，臣當謹望闕叩頭祗領任事。旋准外部、禮部各大臣來函，訂於二十六日遞書謁見。臣謹於是日馳赴俄都城外五十余里嘎池納行宫，入謁俄君、俄后，賫呈國書，并致頌詞。問答既畢，隨於偏殿備膳，禮官陪食，成禮而返。謹將頌詞暨問答各語抄録恭呈御覽。據他國公使云，自來使臣到國呈遞國書，無有如是之迅速者。足見俄國接待中國之優，此皆仰賴國家威惠，俾臣從事壇坫不啓慢於西人。臣此後益須常川往來，盡禮酬接，庶於朝廷柔遠睦鄰之意不致相違。

再，查德國元旦系本月十八日，僅投刺致賀而已。元旦後二十六日則朝會各國公使、本國大臣，系屬德邦巨典。俄之元旦則系十二月初一日，朝會禮儀重於他國。臣擬俟十二月初旬俄都朝會事畢，馳回柏林，兩國周旋庶不致顧此失彼。所有微臣抵俄接任暨呈遞國書事竣各緣由，謹繕摺并陳，叩謝天恩，伏乞皇太后、皇上聖鑒。謹奏。

附片

再，駐法三等參贊官慶常，法文精熟，兼通英、德語言，在洋多年，疆記多聞，俄事尤爲諳悉。經臣調取派爲駐俄二等參贊官。其向駐俄館之三等翻譯官塔克什納，俄文嫻練，資格已深，改爲二等翻譯官。洋員夏千曾充同文館教習，調赴使館當差已歷八年，勤慎無過，亦應留用，以資熟手辦公。法文三等翻譯官聯興，久役思歸，情詞懇切。臣以德館缺少法文，暫留該員在洋，俟接替有人，再行飭令回華。至前任使德許大臣移交法館，未滿年限二員，經臣分調德、俄兩館當差。其余各員所有差使，容臣將奉使大端辦理就緒，再行分别咨報總理衙門查核。謹附片具陳，伏乞聖鑒。謹奏。十三年十一月廿九日拜發。

清·王彦威等《清季外交史料》卷一三《郭嵩燾〈奏報兼使法國呈遞國書情形摺〉》 出使英國大臣郭嵩燾奏爲陳報兼使法國呈遞國書情形事。竊臣三月二十五日奏報由倫敦馳赴巴黎一摺，其時正值法國開辦大會，於抵巴黎後，經其外部大臣瓦定敦訂先赴會，而後呈遞國書。隨於四月初五日未刻。出其御前奉引大臣莫拉管駕朝車一輛，馬車二輛來迎。臣即帶同翻譯德明、聯芳、馬建忠、陳季同恭奉國書，至其雷立賽宫。甫入内門，其伯理璽天德已免冠立候。臣宣讀頌辭畢，伯理璽天德亦宣讀答辭，相與鞠躬而退。旋據莫拉開交所頒答辭，仰希中朝禮樂，輸誠修好，其意似極勤懇。出入陳列隊伍，奏樂迎送，規模制度，又視英小異。除將頌辭、答辭各一通咨送總理衙門外，所有呈遞國書情形，謹繕摺具陳。

光緒四年六月初三日奉旨：『知道了。』

又 卷一五《郭嵩燾〈交卸出使事務遵旨回京摺〉》 出使英國法國大臣郭嵩燾奏爲恭報交卸出使英法兩國事務，遵旨回京事。竊於十月初二日承准總理衙門咨開：『光緒四年七月二十七日奉上諭：「一等毅勇侯候補四五品京堂曾紀澤着派充出使英法兩國欽差大臣，郭嵩燾着回京供職。」欽此。』隨聞曾紀澤已自上海啓行，臣卽馳赴巴黎等候。曾紀澤行抵法國，將法國一應交涉事務妥爲移交。曾紀澤旋於十二月十八日呈遞國書。以次行抵英國，復將英國一應交涉事務移交，擇於光緒五年正月初四日遣派文案處隨員李荆門恭賫欽差出使大臣關防一顆，交由曾紀澤祗領任事。隨將兩處支用經費造具清册，咨送總理衙門核銷。兩年經手事件，逐款清厘，毫無轇轕。臣卽於拜摺後馳赴巴黎，附搭法國公司輪船啓程回國，并將兩次奉頒敕書咨總理衙門務案。謹奏。

光緒五年三月初四日奉旨：『知道了。』

清・曾紀澤《曾惠敏公遺集》卷一《恭報出洋日期疏》 （戊寅十月二十六日）奏爲恭報微臣出洋日期，恭摺馳陳，仰祈聖鑒事。竊臣於本月初六日恭摺奏報隨帶出洋員弁名數，隨卽飭令該員弁等迅束行裝，齊集上海。現定於十月二十八日搭附法國公司輪船啓椗出洋，駛赴馬賽兒地方登陸，更換火車，計十二月二十日前後必可馳抵巴黎。臣猥以軨材，荷蒙恩遇，謬忝行人之任，愧無專對之長，感激之餘，益深惴慄。惟有懔遵聖訓，殫竭愚忱，於隨從員弁加意督察。如有講求實際，黽勉從公，臣當隨事隨時勸加勸勉，玉之於成，以備異日馳驅之選。如其不甚得力，卽當撤遣回華，斷不敢因保薦在先，稍存回護。至於交涉事件，臣當與總理衙門王大臣暨北、南洋通商大臣等備細函商，務臻妥善，不敢愛己力而身卽便安，不敢恤人言而意圖遷就。自顧愚庸駑質，常切臨深履薄之懷；疊承高厚鴻慈，不勝就日瞻雲之願。所有微臣出洋日期，謹繕摺具陳，伏乞皇太后、皇上聖鑒。謹奏。

又 《恭報抵法呈遞國書日期疏》 （戊寅十二月二十三日）恭報抵法呈遞國書日期疏戊寅十二月二十三日奏爲恭報微臣行抵法國呈遞國書日期，仰祈聖鑒事。竊臣於十月二十六日奏報出洋日期，旋於二十八日自上海啓行，仰託聖主鴻福，海不揚波，於十二月十二日行抵法國巴黎都城。臣郭嵩燾先在巴黎相候，隨於十五日偕臣至外部大臣瓦定敦衙署，訂期呈遞國書。該大臣函訂十八日未時接見，屆期由其御前接引大臣穆納以朝車及副車從騎來迎。臣卽登朝車，率同參贊官黎庶昌，繙譯官聯芳、聯興等齎奉國書，詣其勤立色宮宮門外，陳兵奏樂。臣入門鞠躬，伯理璽天德亦免冠鞠躬。臣手捧國書宣讀誦詞前署駐京公使葛士奇侍立臣旁，以法文再爲宣讀。伯理璽天德手受國書，答詞既畢，慰勞甚殷。其輸誠修好之意，溢於言表，足以仰紓聖廑。除將答詞照譯一通，並臣誦詞咨送總理衙門。外所有微臣行抵法國呈遞國書日期，謹繕摺具陳，伏乞皇太后、皇上聖鑒。謹奏。

又 《派員駐法片》 （戊寅十二月二十三日）再，英法兩國勢力相等，酬應維均，而公事交涉，則英國較多於法。郭嵩燾所帶人數本不爲多，自兼充法使以來，率領參贊以下各員弁往返頻煩，係屬一時權宜辦法。臣此次酌量添調，實欲立爲經久之規。現在國書業經呈遞，自應將駐法人員先行派定。所有原駐英國之參贊官黎庶昌，應卽派充長駐法國二等參贊官，照料一切公事。三等繙譯官聯芳、聯興均擅法文，亦應長駐巴黎。其餘文案支應各隨員及學生、供事、武弁人等，均審度事勢之繁簡，一一妥派。謹繕具清單，恭呈御覽。除英國人員另行具奏外，理合將派駐法國人員附片陳明，伏乞皇太后、皇上聖鑒。謹奏。

清・許同莘《許文肅公遺集》卷一《往法齎遞國書事竣摺》 奏爲恭報微臣往法齎遞 國書事竣，恭摺仰祈聖鑒事。竊臣於六月初四日奉總理衙門電開，法使到京駐館，飭臣往法將前奉國書齎遞等因。旋於六月十二日馳抵該國巴黎都城，先與外部佛來西訥訂晤，十六日法主延見。臣率署參贊官陳季同，二等繙譯官慶常入謁，行鞠躬禮，口宣頌詞畢，恭捧國書敬謹齎遞。法主肅立祗受，口述答詞，禮成而出。伏念法事交涉，本甚紛繁，近以越南一案新定約章，分界通商，在在尤關緊要。臣承乏使職，惟當於聯絡之中存防維之計，隨時隨事函商總理衙門，悉心辦理以崇國體而答宸廑。除將頌詞、答詞謹繕，清單恭呈御覽外，所有微臣前往法國齎遞國書緣由，理合恭摺具陳，伏乞皇太后、皇上聖鑒。再德、法皆係駐紮之國，臣擬約以半年駐法，半年駐德，俾資料理，遇有緊要事件，輪車迅速亦可隨時往來。合并聲明謹奏。

光緒十一年九月初二日，軍機大臣奉旨：知道了。欽此。

清·薛福成《出使英法意比四國日記》卷一（光緒十六年二月）十九日記　卯刻大雨，辰刻晴，巳初二刻抵巴黎火車棧，旋易馬車至使館。前任使臣、新授廣東巡撫劉芝田中丞，在館設香案跪請聖安，然後再行相見禮，談使館事甚悉。酉正，中丞邀余及參、隨等，赴功邸那達爾飯莊吃大餐。

二十二日記　辰正，接受大清欽差出使大臣銅質關防并法館文案卷宗。余亦派參贊陳季同，將木質關防一顆送交劉中丞接收，以便帶回呈繳總理各國事務衙門，循舊章也。

二十三日記　拜發行抵法國接印日期叩謝天恩一摺，及移交木質關防一片。

二十五日記　札留總兵銜、福建補用副將陳季同仍爲駐法二等參贊官，知府銜、候選同知吴宗濂仍爲法文三等翻譯官。

閏二月辛丑朔記　候補翻譯、武巡捕、守務銜候補千總王鳳階，前以出洋學生，從陳荔秋星使赴美國學堂肄業八年，英文英語皆能精熟；又在天津水師學堂當教習八年。去年咨調出洋，派充武巡捕兼候補翻譯。詎意舟到錫蘭時，卽因遇風寒抱病；及抵馬賽，病漸沉篤。既到巴黎，延醫調治無效，遽於是日申刻奄逝。從行於數萬里之外，席未及暖，一病不起，良可憫也。

酉刻，往拜法外部尚書李賓，訂以初四日五點鐘遞國書。

初四日記　法國伯理璽天德噶爾諾於四點半鐘派其接引大臣穆拉，以雙馬朝車及副車率馬隊來迎。余恭賫國書，率參贊官陳季同、隨員聯豫、翻譯官吴宗濂、學生世增，於五點鐘詣其勒立色宫。

宫門外陳兵奏樂。余入門鞠躬，伯理璽天德免冠握手，鞠躬肅立。余宣讀頌辭，呈遞國書。伯理璽天德躬親接授，宣述答辭，慰勞殷勤。禮成而退。

兹將國書及頌辭、答辭照録如左。國書云：

大清國大皇帝，問大法民主國大伯理璽天德好。貴國與中國换約以來，夙敦睦誼。兹特簡二品頂戴、候補三品京堂薛福成，出使爲駐紮貴國欽差大臣，親賫國書，以表真心和好之據。朕稔知該大臣忠誠素著，明練有爲，辦理交涉事件，必能悉臻妥協。朕恭膺天命，寅紹丕基，中外一家，罔有歧視。嗣後，願與大伯理璽天德益篤友睦，長享升平，諒必同深欣悦焉。

頌辭云：

大清國欽差大臣薛福成，欽奉簡命，出使貴國。恭維大法民主國大伯理璽天德，勛高望重，深得民心，使臣久有所聞，實所欽佩。今日親奉國書，上呈尊覽，以爲永敦和好之據。惟冀大伯理璽天德，體中國大皇帝之意，彼此益加輯睦，永享隆平，使臣不勝慶幸之至。

答辭云：

承送國書，欣知大清國大皇帝派貴大臣爲大清欽差出使大臣，駐紮敝國，具見大皇帝意在永敦和好，實深感荷。敝國自當仰體大皇帝之意，益加輯睦，庶兩國往來日加親密，永享承平。敬煩貴大臣轉爲奏聞。至貴大臣駐紮此邦，凡一切交涉公務，敝國心竭誠優待，贊成大功，以副大皇帝厚望焉。

清·薛福成《出使日記續刻》卷一〇（光緒二十年四月）二十三日記　余聞新任龔仰蘧星使將到，卽派慶藹堂參贊迓之馬賽。餘於十五日晨搬至大客店中，十六日晨復赴使館。待至巳刻，仰使率參贊隨員等到館。余恭設香案行禮，謹請聖安畢，起而互相一揖，然後縱談公私事，至四五點鐘之久。連日將英法兩館文卷，暨書籍器具清册，并餘存英法兩館經費英金五千餘鎊，湖北購運煉鐵、織布機器存款二千餘鎊，銅質關防一顆，移交清楚。暇則援『舊政告新尹』之誼，將交涉要務逐件告之，不憚煩瑣。復互相酬酢，余爲仰使及參隨等設筵接風，仰使爲余及參隨等設筵餞行。

清·黎庶昌《西洋雜志·曾侯兩次呈遞法國國書情形》　戊寅十二月十八日，法國御前接引大臣穆納，駕四馬朝車一輛，從騎三匹，來迎曾侯。曾侯率庶昌與翻譯官聯芳、法蘭亭，英國參贊陳遠濟、劉翰清，隨員楊文會等，同至其勒立色宫呈遞國書。曾侯與穆納及外部繙譯大臣、前駐京公使葛士奇同坐朝車，陳遠濟、法蘭亭乘坐穆納之車，庶昌與劉翰清、聯芳、楊文會則乘曾侯之車也。宫門化外陳兵一隊，奏樂迎賓。曾侯至門下車，余捧國書隨後，以次魚貫入其便殿，三鞠躬而前。伯理璽天德馬克蒙向門立待，亦免冠鞠躬。余以國書捧授曾侯。曾侯宣讀誦詞，葛士奇立於其旁以法文譯誦。曾侯呈遞國書，伯理璽天德接受轉交葛士奇。復誦答詞，亦以華文宣讀。其大略云：『中國大皇帝遣派貴使臣前來，本總統不勝欣幸。從此兩國和好愈篤，日益親密。貴使臣品秩甚崇，如有交涉應辦事件，本總統必竭力襄助。且貴使臣之父曾國藩，本總統亦素所欽佩。貴使臣能長在此辦事，實屬彼此有益。』誦畢，鞠躬而退。宮門外兵樂復作。穆納、葛士奇送曾侯回寓，小坐而去。

法國伯理璽天德馬克蒙辭位之後，繼之者爲格乃費。其國駐京公使先有國書，請總理衙門呈奏，告更換新君。朝廷亦以書答之，命曾侯往遞。國書盛以黄綾封套，如請帖樣式，而加增長大，古所謂『尺一牘』。内用黄紙摺疊數開，每開分四行書寫，界以朱絲；年號處未用御寶，蓋便函也。該國亦請便見。已卯九月初一日兩點鐘，曾侯率予與聯芳、法蘭亭同至勒立色宫，適伯里璽天德禮見教皇公使畢，立時請見。曾侯入門鞠躬，格乃費亦鞠躬。曾侯將國書呈遞，并無誦詞，只言中國大皇帝聞伯理璽天德嗣位，特命使臣前來賀喜。格乃費亦問大皇帝安好，卽一一握手延坐，略談數語，曾侯起立，鞠躬而出。

《清法規大全·吏政部》卷二二《外務部奏請駐紮法、日使臣兼使葡國片》 再臣等查葡萄牙國與中國通好有年訂立條約，光緒二十九年該國政府復派新使來華充駐紮北京公使。維時因中葡交涉較簡，是以中國派使一節未經議及。遇有交際，卽由法使署酌派參贊等員就近馳往。惟該國外部屢以請派駐使爲言，本年八月初一日，該國駐京署使臣阿梅達到署面稱葡與中國交誼最久，又有澳門交涉，今中國駐法使臣既兼使日亦可使葡由日至葡道路甚近，如能請旨派令駐法使臣兼使葡國尤徵睦誼等語。臣等查葡國濱臨大西洋，距法日兩國較近，自上年訂立澳門專約通商、築路、交涉漸繁，該署使既以援照日國兼使爲詞，自應准如所請，藉資聯絡。近年如古巴、墨西哥等國先後經臣部奏准，由駐美使臣兼使有案，今葡國事同一律。應請旨飭下出使法、日國大臣兼使葡國，仍照日國之例，酌派參贊常川駐紮，遇事稟商駐法使臣核辦，以重使事而篤邦交。至常年經費應查照駐日分館辦理，謹奏。光緒三十一年八月十六日。奉旨：依議，欽此。

清·洪鈞《使歐奏稿·奏赴奧呈遞國書遵旨致唁德君摺》（光緒十四年二月初三日）謹奏爲恭報赴奧呈遞國書事竣，并遵旨致唁德君，恭摺并陳，仰祈聖鑒事。

竊臣於上年冬杪自俄返德，卽將應辦公牘及各省采辦軍火尾餘之案趕緊清釐。本年正月十七日自德起程，前赴奧都。適奧主尚駐馬加，相距五百餘里。臣未敢久羈，商諸外部，於二十二日馳抵馬加。二十三日謁奧主於行宫，面陳頌詞。奧主接受國書，以禮酬答。卽夕在宫設宴，奧主親臨。所有頌答各詞另録恭呈御覽。二十四日仍回奧都，遍拜各部大臣、各國公使。往來未畢，復接德君薨逝電音。卽夕登車，於二十八日馳回柏林。三十日，承准總署傳電：『奉旨：洪勘電已悉。卽著傳旨弔唁。國書續寄。欽此。』臣比卽恭譯諭旨，行文外部，請其奏聞西國喪禮、成殮、發引。不踰旬日，臣奉使是邦，誼應恭往執紼。此間事畢，卽應前赴和蘭。惟高麗使人西來，踪迹至今未得端倪。西報有謂其徑赴俄國者。高人蓄謀甚狡，斯舉自在意中，然未得確音，亦難遽定。臣已密加探訪，以期趕在彼前，未審時機能否凑手，故此後赴和、赴俄不能預定，并以陳明。所有奧國呈遞國書事竣，暨遵旨致唁德君各緣由，謹繕摺并陳，伏乞皇太后、皇上聖鑒。謹奏。

頌詞

使臣奉大清國大皇帝簡命，派充出使貴國欽差大臣，恭賫國書呈遞大君主，以爲真心和好之據。兩國立約通使以來，素無嫌隙，交誼甚敦。今使臣奉命前來，深爲榮幸。惟願大君主推誠相待，以固邦交。并祝大君主、后福壽無疆，民安國富，使兩國和好日深，同享升平，使臣實所切望。

奧皇答詞

中國大皇帝特簡貴大臣前來通問，深爲感謝。本國與貴國素敦和好，切願自此交誼益固。凡與貴大臣辦理兩國交涉事件，我必推誠相與。并祈貴大臣代問中國大皇帝好。本國屢有文武官員前往貴國，蒙中國國家優禮相待，且有本國官員曾經游歷中國數處海口，亦蒙中國相待甚優，實深感謝。

附片

再，德國新君久患喉症，本年正月初旬全行腐腫，呼吸不通，危在旦夕。西醫於其喉下鑿孔插銀管其中，以通呼吸，庶能苟延。現在口不能言，以筆代舌。情形如是，奚望永年。俄人以布嘎里立王一事，三十萬之兵陳於境上，云將與奧尋仇。緣布嘎里本土耳其屬地，土政素虐，俄人煽惑其民，藉口於伐暴除殘，用兵於土。俄既得志，而迫於各國公議，不能據有布嘎里之地，爰舉俄之王族立爲諸侯，更遣大員理其國政，以期逐漸收回。乃前布王頗得民心，欲謀自主，與俄官不合，遣之使歸。俄人怒其不附己也，賄其左右武弁，乘昏夜時執而逐之出境。布民不服，共議迎回。前王已有戒心，堅辭不就。擾攘數月，擁立今王。今王乃德意志列邦王族，而爲奧之武弁者也。非俄所欲，且沮其謀。復藉口於此次新王非由各國公議，違背約章，必應廢黜，既脅奧國，復責土邦。議論紛紜，迄今未決。奧之力不足以拒俄，而德、奧聯盟誓相援救。輔車唇齒，俄不敢遽逞其强。今者德主雲殂，嗣君篤疾，根本之地亦可寒心，所倚賴者德相畢士馬耳，而年已七旬，又常患夜不能寐。去冬與臣相晤，自言精力頗遜於前。强敵在前，戎機顯伏，竊恐歐洲兵禍不越數年。采訪情形，使臣之職。謹附片具陳，伏乞聖鑒。謹奏。十四年二月初三日在柏林拜發。

清·薛福成《出使奏疏》卷上《恭報馳赴意國呈遞國書疏》（光緒十七年三月初三日）奏爲微臣馳赴意國呈遞國書，恭摺仰祈聖鑒事。竊臣奉命出使英、法、意、比四國，其英、法、比三國國書業已陸續呈遞，先後恭摺陳明在案。臣於二月初一日由法國巴黎起程，初三日馳抵意國羅馬都城。先與其外部尚書兼首相呂提尼會晤，緣意王適逢懿戚之喪，半月内不能見客，旋訂於二十一日未刻接見。届期禮官帶變馬朝車來迎。臣恭齎國書，率同參贊官馬格理，繙譯官吳宗濂前詣正宮，掌儀大臣導入内殿，義王出見，慰勞殷勤，並稱數百年來意國績學之士多爲中國所用，交誼實在各國之先，今又益加親睦，但冀兩國内政外務蒸蒸日上，實所欣盼。臣遵舊例，不用頌辭，行鞠躬禮致遞國書，意王免冠祗受，囑臣轉奏代陳謝悃，語意懇摯，禮成而退，並於次日照章進見王后，二十四日辭行起程。因出使俄、德、奧，和臣洪鈞、臣許景澄尚有須會商之事，臣即繞道德國停駐一日，二十九日回抵巴黎使館，摒擋稍竣即擬馳赴倫敦，措注諸務。所有馳赴意國呈遞國書情形，理合恭摺具陳，伏乞皇上聖鑒。謹奏。

又《恭報馳赴比國呈遞國書疏》（光緒十六年五月初十日）奏爲恭報微臣馳赴比國呈遞國書日期，恭摺具陳仰祈聖鑒事。竊臣奉命出使四國，前於三月十七日在英國呈遞國書，當經繕摺陳奏在案。查比利時國與英倫隔海相望，幅員雖小而户口繁密，介於强大之間，頗能聯絡邦交，立國規模向稱完固。臣駐英兩月料理使事，稍有頭緒，即於四月二十二日由英國都甫海口渡海，馳抵比國伯魯色爾都城。先與其外部尚書喜梅會晤，訂見比君日期，旋接外部函稱於二十六日延見，届期朝官以雙馬車來迓。臣恭賫國書，率同二等參贊官陳季同，繙譯學生王豐鎬前詣王宮，首相員爾那導入内殿，比君出見。臣行鞠躬禮，宣讀頌辭，呈遞國書。比君鞠躬祗受，免冠肅立，口述答辭，有仰慕中國教化，遇事可效勞之語。越日復於宮中設宴，首相及各部大臣咸集。比君入座款接，優隆有加常禮。臣遂於二十九日馳抵巴黎，稍釐法館事務，五月初二日回抵倫敦。使館除將頌辭、答辭咨送總理各國事務衙門外，所有微臣前赴比國呈遞國書情形，理合恭摺具陳，伏乞皇上聖鑒。謹奏。

清·許同莘《許文肅公遺集》卷一《赴比呈遞國書事竣摺》（光緒十一年十一月二十二日，在巴黎使館拜發。）奏爲恭報微臣前往比國齎遞國書事竣，恭摺具陳仰祈聖鑒事。竊臣前奉諭旨，兼使比國，當於謝恩摺内聲明，俟國書遞到，再行前往該國恭遞在案。嗣准總理各國事務衙門將國書寄遞前來，臣當即祗領，於十一月初十日由法國巴黎起程，馳抵比國伯魯色爾都城。先與其外部大臣葛拉孟訂晤，比君即於次日延見。臣率署參贊官慶常入謁，行三鞠躬禮，口宣頌詞畢，恭捧國書敬謹齎遞。比君肅立祗受，口述答詞，禮成而退。伏查比利時係芬蘭分邦，各國約爲局外，不干兵事，其俗勤務工商，故幅員雖小亦足自立，現與中國交涉之事尚簡。臣承乏使職，惟有加意聯絡，以示羈縻。仰答聖主懷柔之意，謹將頌詞、答詞繕具清單，恭呈御覽。所有微臣前往比國齎遞國書緣由，理合恭摺具陳，伏乞皇太后、皇上聖鑒。謹奏。

清·薛福成《出使英法意比四國日記》卷二（光緒十六年三月）二十六日記　先是，比國外部來函，約於今日未初二刻呈遞國書。届時，有朝官以雙馬車二乘來迓。余率陳敬如、王省山同往。至宮門，與其朝官數人皆握手爲禮，其宰相代外部來陪，亦與握手。少頃，朝官引入内殿，國王東向肅立，余入門鞠躬，國王亦免冠鞠躬，與余握手。余宣讀頌辭，呈遞國書。國王躬親祗受，口述答辭，慰勞殷摯，立談移時，復與敬三、省三各寒暄數語。禮成而退，朝官復以馬車送余返店，遂辭去。國書云：

大清國大皇帝，問大比國大君主好。貴國與中國换約以來，夙稱和睦。兹特簡二品頂戴、候補三品京堂薛福成爲欽差出使大臣，前往貴國都城通問，并令親賫國書，以表真心和好之據。朕稔知該大臣老成練達，公正和平，辦理交涉事件，必能悉臻妥協。朕恭膺天命，寅紹丕基，中外一家，罔有歧視。嗣後願與貴國益敦友誼，長享升平，朕有厚望焉。

頌辭云：

大清國欽差大臣薛福成，欽承簡命，出使貴國，恭惟大比國大君主前曾游歷中華。與我中朝最稱親睦，勛猷學識，超越尋常，内政外交，蒸蒸日上。使臣親奉國書，上呈尊覽，以爲永敦和好之據。惟冀大君主體中國大皇帝之意，益篤邦交，互求裨益，使臣不勝欣忭之至。

答辭云：

蒙貴大臣來遞大清國大皇帝國書，不勝欽感。本君主前經游歷中華，見其風俗政治，知爲教化最先之國；而人民繁盛，物産殷富，實甲於地球。今雖事隔二十餘年，本君主追念前游，未嘗不神往也。敝國以局外立邦，丁口稠密，借可勤求制造。如中國有采辦軍械事件，深願效勞，敝國亦可漸習中國之教化，以補其不及。煩貴大臣轉奏大皇帝，表我此心，實於兩國互有裨益。

清·劉錫鴻《英軺私記·日耳曼紀事·見比利時君主》 比利時公使以彼國主抵伯爾靈，寓於宫内，函約十八日三點鐘往見。届期余偕黎參贊、慶翻譯公服同往。各國公使與婦女畢集，男女分行而立。該國主暨其后并出。國主先就公使婦攀談，次第俱遍，然後及公使，與德國開色夫婦見使臣之禮同。該國主至余前言：『得見貴使心良慰，以往年曾至中國地方，未得與華官一談也。』問以所至之地，答曰：『廣東省城。』曰：『我即廣東人。未識貴國主至此，船居乎？陸居乎？』答曰：『居教士家。』曰：『我赴伯爾靈，取道貴國都城，惜匆匆未暇進見。』答曰：『此實可惜。他日貴使經此，必當一面，以敍款曲。我至廣東，亦必造訪貴使，如此方見情誼。』余引黎、慶二員見之，略詢數語而去。其后至余前，問答無多。夫妻年皆約三十歲。

清·洪鈞《使歐奏稿·奏報交遞和國國書事竣摺》（光緒十四年二月二十四日）奏爲恭報前赴和蘭循案交遞國書，恭摺具陳，仰祈聖鑒事。

竊臣正月在奥呈遞國書，并回德都傳旨吊唁，業於二月初三日奏報各情，度蒙聖鑒在案。臣拜摺後，俟德都執紼事畢，即赴和蘭，大雪塞途，兩日始達。和主年衰病久，行立皆難，俟至多日，仍無訂見之期。臣知和國名爲君主，而權歸議院，與民主無殊，未便外羈，致妨他事。爰查照前任大臣許景澄舊案，商諸外部，由其轉呈。旋於二月十三日恭賫國書，交由外部轉遞，臣亦即日馳回柏林。稍事部署，當即赴俄。所有和都循案交遞國書事竣，謹繕摺具陳，伏乞皇太后、皇上聖鑒。謹奏。十四年二月二十四日拜發。

《清法規大全·吏政部》卷二二《外務部奏請旨簡派駐和使臣兼辦保和公會事宜摺》 竊查出使章程和蘭一國，始與意大利亞奥斯馬加國均由駐德使臣兼領，嗣於光緒十三年間奏准改隸出使俄國大臣。光緒二十三年因德國復設專使和蘭地與德近，復奏准改隸德使。原期往來利便照料相宜，近年以來奥、意、比等國緊經分設駐使。和蘭遣使駐華有年，邦交素稱輯睦，與意、奥、比等國情形相同，且該國建都海牙，數年前舉行萬國保和公會，疊經奉旨派令出使俄國大臣入會與議現在該會推廣擴充條目紛煩，時須辨論，非有專駐使臣就近考訂難期盡善。臣等公同商酌擬請旨簡派專駐荷蘭國使臣兼辦保和公會事宜，以重使臣而篤邦交。其間辦及常年經費并駐德經費，應行量減數目即查照奥、義、比等國分使章程，由臣等另行核議。具奏伏候命下，臣等即將出使事宜查照奏案欽遵辦理。謹奏。光緒三十一年十月二十日奉旨：依議。欽此。

駐美等國使館

《清法規大全·吏政部》卷二二《外務部奏請派駐美使臣兼充出使古巴大臣片》 再臣等復據出使大臣伍廷芳咨稱古巴島内華民流寓甚繁，近年較前稍少，猶有數萬人。前因此島隸屬日國而地與美隣故，以駐美使臣兼使日國，原取其便於保護，中國總領事係領日國准照。令古巴既爲自主情形，與昔迥殊，所有立約派使各節似應次第舉行等因，臣等查古巴現經自主，該國外部備文聲明中國原設之總領事卽應停止，因念睦誼，暫允辦事。該處僑民甚衆，交涉事繁，自應請派使臣前往立約通好，方足以資保護。按之各國通例亦正相同。臣等公同商酌，擬請簡派駐美使臣兼充出使古巴國大臣，與該國妥立新約，並照日國、秘國之例，以總領事卽兼參贊常川駐紮，遇事稟商該使臣核辦。俟奉派定兼使，後卽由臣部遵照辦理。謹奏。光緒二十八年七月二十六日。奉硃批：依議。欽此。

又**《外務部奏覆出使美日秘古國大臣梁誠請派員駐墨保護華僑並將駐日分館改歸駐法使臣兼理摺》**竊臣部於光緒二十九年九月初五准出使美、日、秘、古國大臣梁誠咨稱：光緒二十六年中墨訂立條約，奉旨批准互換華人赴墨日益衆多。上年華商創設輪船公司往來中國美、墨各口，墨國土地肥沃，外人向逮寬政，今該國於華人漸肆凌虐，於輪船公司又事阻撓疊據。寓墨商董先後稟訴，若不設官保護，無以慰僑民呼籲之忱。至設官辦法請援照古巴成案，卽以總領事官兼充參贊，平時駐薩理那古盧司海口，遇有與外部商辦事宜，聽其馳赴都城。常年經費需庫平銀二萬二千兩，開辦經費庫平銀四千兩，儘敷足用在經費支出無多。在華僑受益甚大，擬陳辦法咨請察核等因前來。臣等查駐美使臣兼使日斯巴尼亞及秘魯、古巴等國，均派有參贊領事等員分駐各處，墨國甫經訂約，尚未議及設官，近年寓墨商民日衆交涉漸繁，既據該商董等稟懇設官，自應急籌開辦，節遂輿情該大臣擬設總領事官兼充參贊，平時駐紮海口，遇事馳赴都城實於保護華僑有益，應准其添設。惟駐美使臣業經兼使日、秘、古三國，今復增設墨館事務較繁，慮難兼顧。亦應量爲變通，查日圖地處歐洲距法甚近，與美國中隔大西洋，程途絕遠，溯當遣使之初因古巴屬日，是以駐日分館由駐美使臣兼理。現古巴已認爲自主，情形迥非昔比，自當因地制宜，擬請將駐日分館改歸駐法使署就近兼理，所有派員駐墨一切事宜卽由出使美國大臣籌辦。如此量爲轉移，於使務既可有裨，於情形亦爲利。便至所需經費查日館常年銷册，歲銷一萬六千兩，嗣後卽移撥此款抵，充墨館常年之用。其開辦經費四千，准其另款造報，日館事務較簡，應派參贊暨隨帶繙譯一員足敷辦公，毋庸再設洋員以期撙節。其常年經費酌定爲一萬二千兩，卽由使費項下撥交出使法國大臣按年支銷，照章造報，如蒙俞允，卽由臣部分別咨行欽遵辦理。謹奏。光緒二十九年九月二十日。奉硃批：依議。欽此。

清・王彦威等《清季外交史料》卷四《總署奏請派員出使美日秘國保護華工摺附上諭》（光緒元年十一月十四日）總理各國事務恭親王奕訢等奏爲，美利加等國現有交涉議辦事件，擬請先其所急，派員出使，以資得力事。竊前因保舉出使人才，將陳蘭彬等九員呈請簡川，並奏准由各督撫、大臣及飭在廷王大臣等遴選奏保在案。迄今僅據山東撫臣丁寶楨奏保薛福成、黎庶昌兩員，此外均未據奏覆。卽臣等所指各員中，尚有應令隨時練習之處，未敢率請簡派。參度情形，凡有約各國，應行遣使交涉事件著雖多，不能不審其緩急，逐漸酌量舉行。前因雲南邊界戕斃英國繙譯官馬嘉理一案，臣郭嵩燾及許鈐身已奉有出使英國之旨，此外如日斯巴尼亞所屬占巴島虐待華工一案，經臣衙門奏派前刑部主事陳蘭彬前往查明種種被虐情形，累與日國使臣及各國使臣往返辯論，日國使臣雖允將有身家人及疾病傷殘者送回中國，尚未定議微諭，各華工勢難全行送回。卽現在未經送回之先，亦不可無中國官員在彼經管。又日國古巴局而外尚有秘魯一國，前經李鴻章派令同知容閎前往密查，略有梗概。秘國議約時於查辦華工一節，立有專條，聲明換約後，由中國派員查辦。是秘國尤不可無中國官員在彼經管，誠以日國、秘國於華工多方虐待，著不派員駐紮，隨時設法拯救，不獨無以對中國被虐人民，且令各國見之，亦將謂中國莫視民命，未免啓其經視之心。臣等參考各國情形，必須照約，於各國就地設領事等官，方能保護華工。既欲設領事等官，必先簡派大臣出使彼國，方能呼應。占巴境地暨秘魯國之地，均與美國相近，秘魯國凌虐華工情事，曾籍美國使臣據詞代回，臣等申訴，其對於日國招工事件亦持公論。且近年奏選學生出洋肆習西學，所駐哈富卽係美國境地，亦有交涉應辦之件，此時欲遣使日國、秘國，必先遣使美國，方能取程前進，逐層開辦。是美國及日國、秘國遣使一層，均難稍緩。而三國同時遣使不易驟得多人，似以請派使臣一員合辦三國事宜爲較便，其如何次第開辦及以何處爲駐紮地方，應隨時相機酌定辦理。查有四品銜花翎候選郎中、前刑部主事陳蘭彬，忠奮篤實，本係管帶學生出洋肄習之員，嗣經派往古巴，備歷艱險，所取各工人口供呈詞等件，於虐待情事歷歷如繪。該員差旋後，木擬奏請優獎。又查有三品銜同知容閎，於密查秘國華工之役，能殫心竭力，不辭勞瘁，亦應酌予獎勵。並據李鴻章稱，容閎熟於洋語、洋律，辦事奮勉，堪備出使之選。所有三國情形，該員等業經涉歷較爲熟悉，可否以陳蘭彬作爲出使美國、日國、秘國在臣，而以容閎幫辦一切事宜？並陳蘭彬等應如何酌量加恩之處，恭候命下，遵由臣衙門行知該員等，並將應辦事宜逐一詳議妥籌。至李鴻章議覆海防事宜，習片所稱日本國及泰西各國應行遣使之處，時尚未得人，應由臣等於擇定人員後，再行奏明辦理。再，辦理交涉事件人員，除丁寶楨奏保二員外，内外臣工尚未據覆奏，因就臣衙門前次單開各員，擇其熟諳美、日、秘等國情事者，惟陳蘭彬一員。又續經選訪容閎一員，敬擬二員，請旨遵行，謹奏。光緒元年十一月十四日，奉上諭：内閣二品頂戴候補三四品京堂、軍械章京、刑部郎中陳蘭彬，三品銜同知容閎著充出使美國、日國、秘國欽差大臣，容閎並著以道員用，賞給二品頂戴，總理衙門查照出使英國成案，照會各國，嗣後均照此辦理。

清・崔國因《出使美日秘國日記》（光緒十五年九月）初四日，晴。巳刻接印謝恩，行三跪九叩禮，拜印亦行三跪九叩禮。拜發奏報接印日期摺。是日，札委楊慕璿爲駐日斯巴尼亞國參贊，龔心湛爲學生彭光譽署二等參贊，汪洪霆爲三等參贊，李春官、饒鳳起、杜延祜爲隨員拜發接印摺，並咨呈譯署又請撥經費文。閱前任案。光緒二年九月總理衙門咨到，出使經費酌定數目及川資、行裝、歸裝、各員薪俸、關、防滙銀各事，粲然大備。又已領行裝不能出洋者，飭令繳回等因。又咨到本衙門大臣崇奏云，奏爲出使隨員亟宜慎選，以杜冒濫，責成出使大臣隨時考查其不能得力者，破除情面即行撤回，勿得徇隱。奉旨，依議。讀之懍然，應如何勤慎將事，方能稱職。陳任案

初六日，晴小雨。是日，前出使大臣張蔭，午刻見總統辭行。光緒三年正月二十四日，出洋肄業局稟，幼童一百二十名經費銀一百二十萬兩，漸不敷用，請添增銀四十九萬二千兩云云。北洋大臣李批：查容道本係原議章程之員，美國又爲熟遊之地，南北花旗戰爭，亦非在定議出洋之後，當議章之始，凡書院之大小，束脩膏火之多寡，物價之貴賤，該道應已一一通籌，不然何以原議？稟内有通計二十年經費百二十萬，自無缺乏之語，雖現在用費較多，有原議所不及料之處，然所短亦不至太巨。今遽請增至四十九萬二千兩，實覺相去懸甚，爲數過鉅云云。陳任案

初八日，晴小雨。明日遞國書，因率參贊、繙譯等於使館先演禮。光緒三年十一月，總理衙門咨稱，本衙門附奏請飭出使各國大臣，隨時咨送日記等因。查出洋差使，本以聯絡邦交，採訪風俗，隨所見聞參互記之，交涉竅要即在其中，富强之模，亦有補焉。陳任案

初九日，晴。拜發呈遞國書摺。見總統遞國書。巳刻帶參贊一人、隨員二人、繙譯二人，坐馬車至外部門首，有人接入，路寬不過一丈。約行十丈，至一小房坐，房中有機器升至樓上，然後出房至一處，見總辦副外部，即偕行至公使客廳，先有二人在焉。因等亦坐定，副外部以腋夾因，一手偕至外部大臣布連處，布連處，布連立談，作寒暄語，遂同車至總統宫。布連亦以左手夾因，一手引入總統之客廳。布連入内少頃，總統至立堂下之中，布連立總統之右，因與總統對面立，參贊等分兩邊立，因鞠躬者三，立近數步，出懷中紙誦頌詞畢，恭遞國書交總統。總統敬接受交布連，乃出懷中頌辭誦之，誦畢近前握手爲禮，作寒暄語。禮畢，總統退，因與布連亦退。總統、外部大臣均科頭不冠常服，因與隨員皆行裝禮甚簡，由外部衙門回，遂謁各國公使。【略】

（光緒十五年十一月）初八日，雨。十一月，片奏開辦秘魯使事。十年閏五月，奏啓行前赴秘魯。六月二十九日到秘魯都城，查得秘魯田寮虐待華人，督工者鞭撻，晚則鎖腳置於黑監，工期已滿仍復肯留擅造合同强擄入寮工作，日夜不息，私刑拷打，合同已滿又復轉批數年，秘智之戰殺戮尤多。到秘後，與秘外部仗義執言，一一請除，當已次第辦妥矣。鄭任案

清・許同莘《許文肅公遺集》卷六《駐墨西哥公使節略》　再啓者，據駐德墨西哥公使函稱，該處附近沿海一帶，地廣人稀而土質肥美，願與中國立約招人往墾，由公司假給盤費，資本分年抽償，四五年後即爲業主云云。該使曾與文使面商，現有事回國，將由駐美公使與惠使商辦此事。竊查粵東等處，生齒日繁，盡地之力不足以給閒民，故往往輕去其鄉，藉資謀食。近年以來流寓外洋者，至百十萬之衆，受制於人甚或爲土民讎

殺，卽有領事駐紮之埠，權力有限，不過以口舌爲調停，補救迄無甚效。議者鑑於往轍以爲謀闢新地，將來土客不和又搆美邦之衅，不如省此一舉，以免後患。顧彼此之情形不同，卽今昔之利害各異，墨西哥向未立約事，爲創舉，始謀既臧，可以持久一便也；彼有所利而求於我，如何設措權自我操，二便也；在美之華工留則日防禍害，去則無以爲生，徙彼就此，不啻樂土之歸，三便也；招墾之舉與招工不同，其地炎熱，非西人所習，分授田畝卽爲己產，無慮土著爭利，四便也。據四便而豫防其一切之弊，要在議約之初周詳審慎耳。聞該處私往之華民約已數千人，愚民趨利，罔有遠圖，雖使嚴申禁令而勢且不行，不乘此機會明定章程，轉恐秘魯、古巴凌虐之事又將接踵而起，事後之補苴與事前之籌畫，其得失固較然矣。第該使所陳情形是否確實，尚難臆揣，可否轉屬惠使就近訪察之處？統希堂憲裁奪，謹録來函節，略附請鑑察爲荷，録駐德墨西哥公使所擬墾田公司節略查附近墨西哥沿海一帶，廣有肥田，不下數千啓羅邁當之多，惜本國之居民甚屬寥寥。如貴國允許遣送窮民到墨，五年之内可望有一兆之數，並皆可成爲有業之主。彼時該處必可大興貿易，由此貿易可望與中國通商，每歲得墨西哥洋元數兆矣。所有肥田各處，大氣甚是炎熱，與歐洲居民諸多不便，聞中國亦有此炎熱之地，較之墨西哥爲尤甚。是以願得中國慣居炎地之民，挈眷移居於墨西哥地方，如中國以爲可行，本國卽立有公司籌備款項，所有章程開列於左。

一、如有欲往墨西哥爲農者，雇船等費均歸本公司包管。

一、每夫婦二人，給五萬方邁當田地，以便耕種。

一、耕地所需緊要器具，本公司供給。

一、建造房屋所需材料，本公司預備。

一、每人飯食本公司供給，以一年爲限，每日每人給馬克一枚或合墨西哥錢桑達佛郎二十五個，合墨洋元四分之一。

以上所需各款均由各該地户自行歸還該公司，限期五年或分作六年亦可，以便將每百洋元每年應生六元之息，一并付清。如有遷居墨西哥務農者，該公司預先付墨西哥洋元三百五十枚，其三百五十元之用法，開列於左：

一、包雇船隻等費五十元。

一、備辦耕田器具十元。

一、造房所需木料十元。

一、每一千方邁當之田價二元五，萬方邁當之田共須洋元一百枚。

一、供兩人飯食一年，每日每人合一馬克，或合墨西哥錢二十五個桑達佛郎，需元一百八十枚。

以上所需，統計之合洋元三百五十枚。凡在墨西哥成爲有業之主，每年須按所耕之田每五方邁當付還公司洋元七十枚。按工人每日只須作工四五點鐘，六個月收成，一次可得四五百元。水果初上市，却有十分之一落價，數月之後仍得起價，卽以四百元計算，每工人夫婦兩人半年之間所得之數，除伙食九十元繳還公司三十五元外，尚餘二百七十五元。第二次收成之時，卽以一百七十五元繳還公司代墊之款，不作五年匀還，亦尚餘二百二十五元。再所云肥田，係與古巴地方相似，或較古巴地方尤勝，查墨西哥地方所産均係咖啡、嘎高、甘蔗、棉花、香果、竹器等類，黄道土地所出之果皆宜，並可無須添水，卽彼之露水亦足矣。每年惟玉米可收兩次，頭一次種一粒玉米出一百五十粒，二次可望收一半。惟咖啡須待三年之久，而後結果，第四年每棵可望咖啡一斤，如能培養，每棵可活二十年之久，耕種咖啡之工並不費力，女人及八九歲之童頗能爲之。每千邁當方田可容咖啡千棵，尚有餘地以種別樹。種咖啡每年每塊地可望得洋元二百枚有餘，該處水土種各樹皆宜，且無歉收之虞。惟玉米、棉花兩種僅怕缺雨然缺雨之時甚少，偶有缺雨，此二種亦不致不收。如僅招男人到彼耕種，不但附近墨西哥沿海地方卽墨西哥中土熱地亦可前往，但此工人不能領地只算雇工。如欲前往者，可與該公司妥商工資、川費等事，大概每日用八點鐘之工，至少可得洋元半枚。凡欲在彼落户之耕夫，言明終身不充兵卒，其不欲在彼落户者，須於合同言明。期限之内，亦不充當兵卒。六年期内，亦不納本身賦税，房屋、地土亦均不納税。在墨西哥地方，人人皆可廣行其教，中國人可奉中國教，亦准其本國教士前往公司領出川費。如貴國居民欲往，絕不致似在北亞美理加之華民，甚不如意。蓋中國人在彼可成地主，一切事宜亦均聽其自便且。所耕之地均是荒地，中國人往彼開墾，既不奪土人之工，且同鄉中亦不至爭鬧，因有穀果若干均易銷售，兼有定價運出海口，亦是容易故也。查印度人與中國人所秉天性相似，中國人聰慧而印度人有力。此二處人雖稍有區別，日久可成爲一派。中國人在墨西哥地方，實較在北亞美理加爲强，不致滿腹怨恨。墨西哥地方皆喜悅中國人，大約五年之内墨西哥地方總可容中國遣往華民男女五十萬人。

駐日使館

沈桐生《光緒政要》卷二　十二月，派翰林院侍講何如璋爲出使日本大臣。先是，議約之始，曾國藩奏稱，日本物產豐饒，百貨價賤，去中國不過數日程。立約之後，彼國市舶，將絡繹東來，中國賈帆，亦必聯翩東渡，不如泰西諸國，洋商來而華商不往。中國似須派員駐紮日本，約束内地商民，訊辦華洋爭訟案件。李鴻章亦奏稱中外既定和約，宜各派官員往駐其國，庶消息易通，勢力均敵。近年奉詔，迭次派官員往泰西各邦通好，業與從前隔閡情形小異。日本近在肘腋，自變更西法，造兵船，開鐵路，又派人往泰西學習技藝，其志固欲自强以禦侮。究之距中國近而西國遠，聯絡之則爲史弟，拒絕之反爲仇讎。誠宜簡員往駐，隨時偵其動靜，與之推誠，設法牢籠亦可管來商民等語。至是特簡何如璋爲欽使，候選知府張斯桂爲副，黄遵憲爲參贊，往使日本，此謂簡使駐東之始。

又　卷二〇　（四月）我駐日本使臣汪鳳藻照覆日本公文。

略謂奉京電，朝鮮之亂今已平定，本國既無庸暴師於外，至内治作何整頓之處，應任朝鮮王自爲之。卽我中國亦不願干預，且貴國既認朝鮮爲自主之國，豈宜預其内政，此意不辨自明。再，彼此撤退戍兵一節，光緒十一年中東和約早已訂有專條，令可不必再議。准此咨覆云。照會既去日本持執益堅，於是齟齬彌甚，兵端將起矣。【略】

六月，我駐朝使臣道員袁世凱告急電至，略稱倭兵萬人，分守漢城四路各要害，每日由水陸運彈丸雷械甚多，不但無撤兵意，且志甚奢，其蓄謀已久。儻英、俄以力勒令或可聽，如只調處，恐無益徒誤我軍機。倭雖允不開釁，然彼以兵來，詎肯空返？欲尋釁何患無釁？葉軍居牙，勢難接濟，應速迅派兵商船全載往鴨緑，或平壤以待大舉是日。世凱又電稱倭昨又催韓派員議革改，限今午復，韓終難持。今又添倭兵千五百至仁川，決無和意，擬赴津詳稟云。

我駐朝使臣袁世凱乘輪回國方倭兵之初至也，以衛商爲名，未敢昌言與我爲難。及據王京，扼險阻，布置已定，且知我牙山兵力之寡薄，乃決計尋釁。遂於漢江遍下水雷，而以兵塞王京諸門，每中國人出入必搜索，我旅朝商民大駭，爭内渡。駐朝公署員役一空，勢岌岌。是月十七日，袁世凱奉電調回，因赴仁川登輪回國，而以唐紹儀代理朝鮮商務總辦。

清·何如璋《吏東述略》　國家聲教覃敷，東際海，西拓回藏，北綏内外蒙古，南極滇黔，界交趾，復跨海郡縣臺瓊，凡朝鮮、琉球、安南、暹羅、緬甸之屬，悉隸藩服，職貢獻。泰西諸國，慕中土殷富，不憚遠涉重洋，款關求市。番舶之入粤澳者，無歲無之。道光時海禁大開，英法美結約通商。自時厥後，環地球之内，廩至者十有餘國。而日本以同文之邦，毗鄰東海，亦復慕義尋盟。各國因輪舶轉輸，懋遷日衆，遂遣使入都展覲，持節護商。朝廷以禮隆報聘，有來無往，非宜也。且五大部洲風氣殊異，不有人焉以察之，則政治得失、民氣强弱，與夫山川物產之險阻盈虛，末由知其曲摺。爰遣朝臣，問與國。乙亥秋，郭侍郎嵩燾使英。其冬，陳太常蘭彬使美。丙子冬月，如璋猥以疏陋小臣，亦濫假崇銜，充使日本。自惟譾劣，如古之出疆專對、樽俎摺冲者，已無其才；如今之覘國勢、護商旅者，又無其術。夙夜惴惴，唯不克稱職是懼。海程之險遠，歸期之淹遲，非所計也。

丁丑春，副使張公斯桂至都，相約治裝。以日本薩摩兵亂，少緩行期。七月壬戌，由軍機頒到敕書、國書。二十一日甲戌，偕張副使陛辭。八月四日丙戌，出都赴通州，走北運河。北運河者，潞水也，合潮、沙、七渡、通惠諸水，南與衛會，達直沽，以入於海。秋潦方盈，糧艘如織。柳條西北，依依送人。憶戊辰假歸，亦經是道，風景不殊。而是年七月，日本始廢諸侯稱華族，改封建爲郡縣。越明年，遣柳原前光來議修好。至辛未，伊達宗城復來，我朝始與之立條規、定税則。韶光荏苒，忽忽既閲十年矣。

十月十九日庚子，拜摺具報出洋日期，并奏帶隨使人員。癸卯，偕張副使登程。同行有參贊黄令遵憲、正理事范丞錫明、副理事余舍人瓗，及翻譯隨員沈二尹鼎鐘、沈牧文熒、廖教習錫恩等十餘人，共帶跟役二十六名。傍晚，上『海安』兵船。

甲辰，舟出吴淞，傍崇明南岸而行。針指東南，過銅沙，乃放大洋。

崇明者，大江門户也。上接海、通，下倚川、寶，爲外海入江之路，屯兵必扼之區。明初海寇迭犯崇明，始設守御千户，益兵戍之。今日海防不在寇盜，應變無方，立國者何可一日馳其備乎！傍晚，見戢山、花島、馬鞍諸山。舟轉正東兼北一字，風緊帆張，真有破浪如飛之概。

辛未，偕副使入東京。有屬官以馬車候於鐵道，遂赴外務省，晤正卿寺島宗則、大輔鮫島尚信，鈔國書稿示之。寺島以彼届歲闌，禮行在速，一二日定期，即以奉聞。

癸酉，外務省文來，訂於二十四日賫國書見日主。是日侵晨，仍由横濱往東京，至日宫外下車。寺島導入，趨小御所，宫内卿、式部頭俟焉。少刻，宫内卿入復出，三卿者即肅客入，轉曲廊至偏殿。日主西服免冠，拱立殿中。余前趨，副使後隨，參贊賫國書旁立。使臣口宣誦詞畢，參贊捧授國書，使國捧遞日主。日主挾冠，引兩手敬受，即轉授宫内卿。宫内卿自懷中取答詞一紙讀之，音琅琅而不可了。出入皆三鞠躬，王答如禮。退，三卿者復從出，至小御所一茶，登車去。其禮簡略，與泰西同。

清·何如璋《使東雜詠》 相如傳檄開荒去，博望乘槎鑿空回。何似手賫天子詔，排云直指海東來。

丁丑七月，奉到國書，如璋謹賫以行。航海凡十數日，皆無大風，行人安穩，知海若亦奉護天子威靈也。

正是張旜入境時，禮行兵舶敬先施。
聲聲祝礮環空響，早見黄龍上大旗。

泊舟少頃，我舟挂日本旗，放礮廿一聲，云以敬其國君。彼戍上兵亦懸我龍旗，放礮如數，以敬我大皇帝。蓋西人水師通行之儀，所謂祝礮者也。

户户高懸晝日旗，連宵華炬列千枝。
飛觴忘拜東鄰賜，錯認春燈夜宴時。

初四日上岸，東人肩摩轂擊，夾道歡迎。每户皆懸旗，小兒嬉戲亦手執小旗，意以致敬。連夕沿岸張燈千萬計。其國主臨幸，蓋用此禮云。

聘問儀修三鞠躬，免冠揖客甚雍容。
承書却訝雲霞爛，拜貺新霑膏雨醲。

廿四日赴王宫呈遞國書，王免冠拱立敬受。出入三鞠躬，王答如禮。其容甚肅，其禮甚簡。

駐韓使館

《軍機處録副摺·照録奏准致韓國國書》 （光緒二十五年十一月初九日）大清國大皇帝問大韓國大皇帝好。我兩國同在亞洲，脣齒相依，宜敦和好。前派二品銜太僕寺卿徐壽朋出使貴國，商訂通商條約。現條約業經議定，彼此批准互換，自應派員駐紮貴國都城，辦理交涉事宜。朕稔知徐壽朋才識兼優，和平通達，堪以派充駐紮貴國出使大臣。務望大皇帝推誠相待，俾盡厥職，從此兩國永敦親睦，實有厚望焉。

又《恭擬許台身回國致韓國國書》 （光緒三十年十一月十一日）大清國大皇帝問大韓國大皇帝好。我兩國鄰好素敦，近日更臻輯睦。前者，特簡四品卿銜道員用許台身爲駐紮貴國欽差大臣，接任以來極承推誠優待，俾盡厥職。現在召令回國，特諭於臨行時，親遞國書，告辭使任，以昭鄭重邦交之意。並祝大皇帝福履綏和，國運昌盛。

又《恭擬曾廣銓出使韓國敕書》 （光緒三十年十一月十一日）皇帝敕諭欽差出使韓國大臣、候補五品京堂曾廣銓：朕維親仁善鄰，爲國之實；矧切同洲之誼，宜隆遣使之文。今特命爾充出使韓國欽差大臣，其仰體朕懷，悉心經畫。交涉事件，按照條約詳慎辦理，仍隨時請旨遵行，並知照外務部。考覈隨行官員聽爾節制，所有貿易華民宜隨時隨地保護約束，俾安生業。敕中未載事宜，均應持平妥辦，爾其殫竭智慮，慎固邦交，勿員委任。如或措置失當，致滋貽誤國，有常罰爾，其慎之。特諭。

又《恭擬曾廣銓出使韓國國書》 （光緒三十年十一月十一日）大清國大皇帝特問大韓國大皇帝好。我兩國自通使以來，休戚相關，交誼益加親密。茲因前出使大臣許台身召令回國，特派候補五品京堂曾廣銓爲出使駐紮貴國都城欽差大臣，並令親遞國書，以表真心和好之意。朕稔知該大臣秉性篤誠，才猷練達，辦理交涉事宜必能悉臻妥洽。尚冀大皇帝從優接待，俾盡使職，從此我兩國誠信相孚，昇平共享，有厚望焉。

又《任命曾廣銓爲出使韓國大臣諭旨》 （光緒三十年十二月）軍機大臣面奉諭旨：候補五品京堂曾廣銓著充出使韓國大臣。欽此。

清駐外國領事館分部

綜述

清・王彥威等《清季外交史料》卷一一《郭嵩燾〈新嘉坡設立領事片〉》 再，臣奉准總理衙門光緒二年八月十三日具奏出使經費一摺，内開總領事及正副領事名目，誠以各口設立領事官，與出使事例同條共貫。臣隨查明英國屬地新嘉坡等處，中國流寓經商人民共計數十萬人，應分別設立領事，以資彈壓，於是年九月十五日具奏。旋於十月二十八日道出新嘉坡，見廣東人道員胡璇澤，爲其地人民所推服，數年前廣屬人民與各屬互斗，亦經胡璇澤解散，英國官商皆倚信之。臣以新嘉坡領事非胡璇澤無可充承者，經照會英國外部，計逾五月之久，至六月初始得復文。臣卽札知胡璇澤妥議章程。竊查中國設立領事情形，與各國絶異，其本末利病，有須一詳陳者。

西洋各國以通商爲制國之本，廣開口岸，設立領事，保護商民，與國政相爲經緯，官商之意常親。中國通商之利一無經營，其民人經商各國，或逾數世，或歷數年，與中國聲息全隔，派員經理，其勢尤格而不入。竊揆所以設立領事之義，約有二端。一曰保護商民，遠如秘魯、古巴之招工，近如南洋、日國所轄之呂宋，荷蘭所轄之婆羅洲、噶羅巴、蘇門答臘，本無定立章程，其政又近於苛虐，商民間有屈抑，常苦無所控訴。是以各處民商聞有遣派公使之信，延首跂望，深盼得一領事，與爲維持。揆之民情，實所心願。此一端也。一曰彈壓稽查，如日本之横濱、大阪各口，中國流寓民商，本出有戶口年貌等費，改歸中國派員辦理，事理更順。美國之金山、英國之南洋各埠頭，接待中國人民，視同一例。美國則盼中國自行管轄，英國則務使中國人民歸其管轄，用心稍異，而相待一皆從優。領事照約稍聯中國之誼，稽查彈壓，別無繁難，准之事勢，亦所易爲。此一端也。

臣愚以爲此時設立領事，取從民願而已，毫無當於國計。是以領事之名可立，領事之費必不可多。因查各口民商盼望保護，皆願凑集領事經費。英國古巴領事吉樂福乞假回國，言聞中國工民籌辦領事經費，無不樂從。呂宋等處人言略同。其專恃以彈壓者，但擇其地紳商有資望者爲之，於戶口年貌册費内籌務需用款目，由使臣假以事權，俾得盡其調處之益。一切開支，應從減省。近年以來遣使各國，需用浩繁。就臣所處言之，糜費實多，而求可以裨益國家實少。徒使福建船政局、上海機器局需用經費，無從撥給，几至停工。若更聽從各使臣設立領事，開報薪水，以有用之經費，資無名之支銷，於國計無裨絲毫，於經理各國事宜亦萬不能持久。是今日多一豪舉，更歷數年亦必多一貽累。誠懼公私交困，進退兩窮。在臣謀國之愚忱，尤不能不長慮却顧，以爲經久之計者也。應懇敕下總理衙門另行核議。臣之愚慮，實早及此，是以在新嘉坡諭知胡璇澤，但允發給開辦經費，應支薪水聽從籌畫報銷。胡璇澤亦欣然允從。惟交涉東西兩洋事宜，必應明定章程，俾歸畫一，尤不宜有畸輕畸重之分，聽令彼此參差，豐約互形，以資口實，則所損尤大。至所派胡璇澤充當新嘉坡領事，其南洋各埠頭應否分設領事，臣皆未能自悉，應令胡璇澤切實考求，報明辦理，卽飭作爲南洋總領事，一切事宜分別申報各國使臣，仍統歸南北洋大臣及兩廣總督臣就近經理，幷乞恩准施行。所有設立新嘉坡領事情形，因經費艱難，另行核議之處，謹附片陳明。謹奏。

光緒三年八月二十七日奉旨：『該衙門議奏。』

清・曾紀澤《曾惠敏公遺集》卷三《揀員補領事疏》（辛巳二月二十六日）奏爲揀員充補領事官，恭摺馳陳仰祈聖鑒事。竊臣於光緒六年七月二十四日，附片陳明駐紮英國屬地新嘉坡領事官候選道胡璇澤因病出缺，幷派委領事隨員鹽提舉銜布政司經歷蘇溎清暫行代理，仰蒙聖慈垂鑒，查該埠萬國通衢，五方雜處，英人既竭力經營而華民之經商寄寓於該處者，輻輳往來，日臻繁盛。該處領事官實有聯絡邦交，保護商民之責，必得精明强幹之員，方足以膺兹劇任。臣與總理衙門往返函商，查有五品銜都察院學習都事左秉隆，駐防廣州正黄旗漢軍忠山佐領下人，由同文館學生派充英文副教習歷保今職，光緒四年十月隨臣出洋，派充英文三等繙譯官。該員年力正富，學識俱優，通達和平，有爲有守，熟悉英國情形，通曉西洋律例。以之充補新嘉坡領事官，實屬人地相宜，合無仰懇天恩，俯准以五品銜都察院學習都事左秉隆充補新嘉坡領事官，之處出自高厚，鴻慈所有。微臣與總理衙門函商揀員充補領事官緣由，理合恭摺陳明，伏乞皇太后、皇上聖鑒。謹奏。

清・薛福成《出使公牘》卷一《咨總理衙門酌議添設領事聖經賢傳及籌辦事宜》 爲咨呈事。竊照新嘉坡領事改爲總領事官暨香港添設正領事官，業經本大臣具摺奏明，揀員充補，鈔稟咨呈貴衙門在案。本大臣查新嘉坡總領事現轄各島暨流寓華民，較從前加數倍之多，地廣事繁，深慮鞭長莫及。計丁軍門原文所敍，曰檳榔嶼，曰馬六甲，曰芙蓉，曰白蠟，曰石蘭莪，曰柔佛應，添設領事者已有六處，但規模過鉅，殊恐所費不貲，不能不籌變通之法。現擬令總領事選擇各該處殷實公正之華紳，畀以副領事名目，小事由其經理，大事仍待總領事核辦。該紳既各有本業，但須月給薪水百金，足資津貼。如未得其人，任闕毋濫。儻總領事力可兼顧者，亦卽不必徧設，約略計算，添設副領事之地暫以四處爲衡，至總領事銜秩稍崇，雖暫不照總領事之例，支領薪俸，亦應與正領事酌示區別。擬定月支薪俸四百三十兩，惟其所轄華民倍多，事務較繁，原設隨員一人，難敷照料，現擬派英館三等繙譯官那三隨往襄助，該員向係月支薪俸一百六十金，此項日後須在新嘉坡支領，卽應劃撥在新嘉坡經費之內。而英館三等繙譯一員，尚須另調，又擬添供事一人，每月薪俸三十六兩，其原額隨員一人，則仍其舊。尚有出赴各島，巡護華民之費，亦須覈實開報，現擬六處，每歲各往巡二次，綜計歲費不得過六百金，不出則不開支。以上辦法，除新嘉坡領事向支歲費七千餘金，照舊在歲撥英、法兩館經費分給外，尚須加費八千金左右，不敷支放，擬請貴衙門於循照年例撥給經費時，添撥此款，實爲公便。至香港領事，雖未開辦，約計歲費當與往年新嘉坡相上下，以七千金左右爲率，除正領事一員照章月支薪俸外，其隋員一人及領事署租房一所，應給租費，似可均仍舊貫，但其歲費七千兩，擬請貴衙門咨行兩廣總督部堂廣東巡撫部院就近在粵海關劃撥，歸出使經費項下扣除，免如新嘉坡之由使館收撥以銀易鎊，又以鎊易銀洋，輾轉耗摺，更添往返匯費。再香港領事應兼歸兩廣總督部堂廣東巡撫部院與出使大臣統轄，蓋其所辦交涉之事，大半關係地方之事，所以與使臣勢難隔膜，而與粵省尤爲切近，義當兩有所屬，稍殊各口領事情形也。所有一切籌辦事宜，是否如此，擬乞貴衙門迅速核示，以便遵循。相應咨呈貴衙門，謹請察照施行，須至咨呈者。光緒十七年三月二十五日。

又 卷七《劄新嘉坡總領事官黃遵憲給發英君主准敕》 爲札發事，照得本年九月二十一日，承准總理衙門交開發給駐札英國、新嘉坡兼轄海門等處總領事黃遵憲文憑一分，遞寄本大臣查照辦理等。因當經照會英國外部，并將總領事文憑送驗，請給英君主准敕，去後兹據外部聲稱，將總領官之憑照一紙附遞，並將君主交憑給與黃遵憲領事官之權，一并寄上各等因，合行札發，札到該員祗領，仍將收到日期申復，以便查核存案可也。務希該總領事於任內應辦事宜，悉心經理，以副厚望。切切此札。

計發《准敕》一件。附《憑照》一件。

光緒十七年十一月初三日。

又 《新嘉坡領事官左秉隆稟查各島華民情形由》 據稟，各島華民數目，及辦法次第，均係實在情形。惟本大臣查香港一島，爲中外咽喉，且逼近粵省，交涉事務極爲衝煩。亟應選派賢員，咨商外部，核給准照，前往開辦，至新嘉坡等處，或改爲兼充檳榔嶼、馬六甲領事，或改爲總領事，兼轄新嘉坡附近之英屬各地及歸英保護各國之華民。仍須覓有妥員，再行籌辦，其就地擇派殷商酌充副領事等官，相助爲理。事屬可行，但宜隨時隨地察看情形，存寧闕毋濫之意。總期於保護華民有益，而經費略有加增，不致過鉅，乃爲切要，仰候妥商英國外部，並咨呈總理衙門酌度辦理。此繳。光緒十六年十月十六日

又 《新嘉坡總領事酌定名稱片》 （光緒十七年正月二十五日）再美、日、秘三國共設領事五處，日本一國共設理事三處、副理事一處，均由出使大臣刑給關防。此次增設領事，自應指明轄地，酌定名稱。臣查南洋各島英國屬地甚多，除遠處不計外，凡附近新嘉坡者，曰馬六甲，曰檳榔嶼，曰丹定斯羣島，曰威利司雷省，曰科科司羣島，此皆英國屬土。其各小邦歸英保護者，曰白蠟，曰石蘭莪，曰芙蓉，又有柔佛一邦名爲自主，實則爲英附庸。各該處華人共三十餘萬，占居民十分之六。前於光緒十一年間，英國政府聯合各地定其名曰海門，屬部而設一總督於新嘉坡以統轄之。臣請以新嘉坡總督所轄之地卽爲總領事所轄之地，擬刑關防，其文曰：大清駐紮英國新嘉坡兼轄海門等處總領事關防。香港新設領事擬刑

關防，其文曰：大清駐紮香港正領事官關防。如蒙俞允，可否由總理衙門頒給，抑或由臣刑發。恭候命下之日，分別刊刻發交該員等，祇領關防以昭信守。理合附片陳明伏乞聖鑑。謹奏。

又《新嘉坡領事官黃遵憲出巡各島情形由》 據稟，出巡南洋各島，情形極爲詳晰，足見實事求是之意，至爲欣慰。檳榔嶼設副領事，既據稱查有候選知府張振勳，智計過人，羣相推重，足膺斯任，應俟與英外部商定後，卽行札派以專責成。大、小白蠟等地，各國既未設領事，則中國獨設副領事，有無窒礙，亦俟與外部詳細妥商，再行知照可也。此繳。

光緒十八年五月二十八日。

又《劄檳榔嶼紳商候選知府張振勳充當副領事官》 爲札委事。照得英屬新嘉坡改設領事官兼轄海門等處，其附近要埠酌設副領事官，前經奏明在案。本大臣屢飭黃總領事留心訪察，總期人地相宜。前據黃總領事稟稱，選得紳士候選知府張振勳，在海門等處經商三十年，聲望素著，若爲檳榔嶼及其屬地威利司雷省並丹定斯等處之副領事官，堪以勝任等情。當經本大臣照會外部，請英廷允准，並發諭照辦在案。茲接英外部大臣函稱，接到新嘉坡及海門等處總督來函，稱已認張振勳爲中國副領事官等語，合行札委，札到該副領事遵照。仰卽盡心職守，保護中國民商，遇事隨時稟商總領事官，並稟報本大臣查核。務於任內應辦一切事宜，妥爲經理以副厚望，切切此札。

光緒十九年正月二十日。

又《批印度華商黃琨熊昭盛等稟請設立加里吉打領事由》 據稟已悉。查萬國公例，無論何國商民寓居此國地方，卽應遵守其政令，受治於法律。卽如加里吉打俄、法、德、美各國雖設有領事，而地爲英屬，必應遵照英例，不得以本國之風俗有異政教不同自滋疑惑也。該商民等遠出貿易，務宜勉爲良善，恪守章程，保全中國聲名，毋貽外人恥笑，是爲至要。至請設領事一節，我華人流寓海外者不下數百萬人，而刻下止設七八處，該處不過二三千人，設立領事經費浩繁，一時尚難照辦也。此繳。

光緒十七年四月十三日。

清·薛福成《出使英法意比四國日記》卷一 （光緒十六年正月）二十二日記丑正到新加坡停輪候潮。卯正進口，泊碼頭。在赤道北一度二十分，北京西十二度三十八分。自昨日午正至此，行二百海里，距西貢六百三十七海里。領事官、鹽運使銜、分省知府左秉隆子興，率其侄、隨員、卽選知縣左棠樹南來謁，御亮紗袍褂、緯帽、翎扇，據云終歲衣服如此。左君在此爲領事九年，精明幹練，熟諸洋語，與英官皆浹洽，辦事頗稱穩愜，蓋領事中之出色者。巳初，以馬車迎余及參隨各員，登岸行四五里，到領事府宴敍。午正，余率領事及翻譯那華祝，往拜英巡撫施密司。未刻，施君帶一武員來領事府答拜。施君在廣東多年，熟悉中國之事，人亦練達，頗致殷勤，云須於出口時聲礮相送。有頃辭去。

清·黎庶昌《西洋雜志·英君主接認新加坡領事敕書》 英外部送到敕書一道，其書係羊皮紙所寫，寬一尺，長一尺二三寸。首行維克多爾利亞君主名，末行掃利司伯里名，皆親筆所簽。首行之前，別用羊皮紙一方，寬廣二寸，緣以邊，斜黏於上。鈐蓋印信，式橢圓，徑一寸二分，有圈三道棱起，外圈刻文爲『維克多爾利亞奉天命爲布賴敦尼亞君主』。內圈刻文係一古箴規語。圓圈外上方刻君主禮冠，圓圈之內別爲條方。圈間爲四格，中刻小獅形八左上三下一，右上一下三，蓋英國以獅爲記號，猶如中國之用龍。其緣黑邊者，不知是新有公主之喪，抑君主爲其故夫服之禮也。布賴敦尼亞，則英國之總名也。所書敕語，前後均屬定式刻文，惟中間『胡璇澤充領事』數語，係寫入者，譯録如左：

維克多爾利亞此卽第一行所簽之名奉上帝命爲大英及愛樂蘭合國君主維克多爾利亞誠心保護者諭各忠愛百姓：中國大皇帝所派密司德爾胡璇澤爲領事官駐紮新加坡，我允接認胡璇澤爲中國大皇帝之領事官。茲特申諭，從此爾等應卽接認胡璇澤，其任內事務，當優爲協助，并應享權利，一切得以自主。一千八百七十八年十二月二十一日，參齋穆宮在位之四十二年，君主意旨掃利司伯里（押）。

又《咨總理衙門與英外部商辦添設領事》 爲咨呈事。竊照光緒十六年七月初十日，承准貴衙門文開准北洋大臣咨開據北洋海軍提督丁汝昌文，稱南洋各島，華人巨萬，惟新嘉坡已設有領事，交涉懋遷，尚稱安謐；其未設領事各島，曰檳榔嶼，曰馬六甲，曰柔佛，曰芙蓉，曰石蘭莪，曰白蠟，該處商民無不受其欺凌剝削，環訴哀求，實不忍視；新嘉坡領事既無兼管各埠明文，亦無遙制各島權勢，擬請新嘉坡改爲總領事；其餘隨地設立副領事一員，即以該處公正殷商攝之，統轄於新嘉坡之總領事；至應設副領事幾處，每年經費若干，應由總領事查明撙節稟辦；惟總領事每年巡歷各小埠，應增公費，以爲各項川資，俾示體恤，咨請核辦等因。本衙門查外洋各屬境添設領事，均須先與該國外部商定，核給准照，方能次第籌議，應摘叙原文咨行，試與英國外部商議，如能辦到，實於華民有益，並將商辦情形咨復等因。承准此。本大臣查中英條約，未有設立領事明文，是以前任大臣於新嘉坡初設領事，及續派領事時，與英外部文牘往來辯論，殊費周摺。誠如貴衙門文開須先與該國商定，方能籌議。惟本大臣查英屬各島，華民流寓者極多，而香港一島，附近粤東，尤爲中外往來咽喉。凡華洋各商貨物，均先至香港，然後轉運各省。而交涉事務，一曰逃犯，一曰走私，一曰海界，繁難叢雜。每出巨案，粤省遇事，輒派員至港，而聲氣不通，往往緩不及事。所以該處添設領事，實爲刻不容緩之圖。查閲案卷，在前任大臣曾任内，迭次照會英外部，請於該處設一領事，迄未就緒。至澳大利亞一島，現有限禁華工一事，亦關緊要。而英國政府於此二處，頗有不欲輕許之意。本大臣以爲設立一處，始商議一處，枝枝節節，徒費唇舌，未見大效。因遣英文參贊官馬格理，到外部先述大意，援照公法，作籠統之辭，祗言中國欲設領事於英屬各地，不言設於何地。該外部似尚無峻拒之意。旋即將此意辦文照會，如果外部允辦，將來某處應設，某處緩辦，其操縱之權，似仍在我。本大臣又查泰西各國所設領事一官，徧於地球，所以保護人民，疏通商務。蓋枝葉盛則本根固，聲息捷則國勢張，關繫綦重。即英國在中國領事，既有二十餘員之多。而南洋各島，華民流寓者有數百萬，其爲中外門户，固不待言。中國從前未甚措意，而近年中外往來交涉日繁，風氣大開。若謂徧設領事，即已握長駕遠馭之規；或稱就地可籌鉅費，或冀收彼華民，爲我所用。此皆閲歷未。

又《咨總理衙門並北洋大臣李英外部答允添設領事》 爲咨呈事。竊照提督丁汝昌建議，增設南洋各島領事一案，承准貴衙門總理衙門咨，令與外部商議，如能辦到，實於華民有裨等因。當經照會英國外部，並鈔稟咨呈貴衙門總理衙門在案。兹准外部復稱英廷願給中國領事文憑，與外洋各友邦領事一樣辦理。但刻下或有不能照給者，須由英廷察看定奪等語。查中國於外洋設立領事，條約未有明文，以故各國每多阻撓。即如英國，在新嘉坡初設領事時，亦頗費唇舌。兹經本大臣請其按照各國通例辦理，而英廷乃慨然允許，未始非藉表友睦之意。是以本大臣復備文申謝，雖外部照會，仍稱審量地方情形，刻下或有不能照給文憑之處。但中國之意，亦係擇要而行，並非欲一律添設。本大臣現擬於香港設一領事，而新嘉坡改爲總領事，兼轄檳榔嶼、馬六甲，並附近新嘉坡歸英保護各小國，將來或於各該地選擇商董充副領事，統計增添經費，亦似無多。除俟與外部聲明應設地方，再行酌定員數，籌定費用，咨商貴衙門總理衙門開辦外，相應將往來照會各一件，譯漢咨呈貴衙門貴大臣謹請察照辦理。須至咨呈者。

計鈔外部照會一件、照復外部一件。光緒十六年十一月初一日

又《咨總理衙門補録告英外部擬派領事姓名》 爲咨呈事。竊照增設領事一案，初經本大臣照會外部，准外部覆稱中國欲設領事，願照各友邦一律辦理，但間有審量地方情形，刻下或有不能照給文憑之處等語。當經鈔稟，咨呈貴衙門在案。據外部侍郎言及文意，係指澳大利亞及香港二處而言，復經本大臣再三與外部商辦，始允於香港設立領事。本大臣復具一牘，聲明香港擬派左秉隆，新嘉坡改總領事兼轄海門擬派黄遵憲嗣准。外部去冬十一月初七日覆文，有均經領悉之語。本大臣將此憑據，以爲事既定局，乃次第籌辦，具奏請旨。查英國於他國領事，必須各國朝廷繕給文憑，將此文憑交與外部，由外部轉奏君主，請頒准敕，較他國辦法稍覺鄭重。其事既載於星軺指掌中，惟他國通行辦法，均於本國派委之後，然後將姓名達知外部。本大臣以香港此舉，爲創辦之事，誠慮事有變遷，先將派委之名告知外部，請其覆准，原係力求穩妥辦法。詎意近日英使華爾身忽生異議，承貴衙門電飭索取憑據，檢閲前案，始知此件覆文，漏未鈔咨。當時，既得覆文之後，以謂事臻妥洽，不甚介懷。又值啓程往法之際，到法後又以他事雜擾，誤謂既經鈔呈，竟致遺漏，實難辭疏忽之咎。相應將照會外部文一件，外部覆文一件，補鈔咨呈貴衙門，謹請察核施行，須至咨呈者。

鈔呈與英外部尚書侯爵沙照會一件，又英外部覆文一件。

光緒十七年四月二十日。

又《咨總理衙門派設檳榔嶼副領事》 爲咨呈事。竊照新嘉坡英屬各埠，酌設副領事一案，本大臣屢飭總領事黄道遵憲留心訪察，堪以派充

副領事者，總期人地相宜，任闕毋濫，據實稟報以憑核辦。前據該員稟稱，選得紳士候選知府張振勳，卽檳榔嶼之富商，在海門等處經商三十年，聲望素著，若爲檳榔嶼及其屬地威利司雷省並丹定斯等處之副領事官，堪以勝任等情，稟請查核前來。本大臣覆核屬實，會經照會外部，請英廷允准，並發論照辦。旋接外部大臣勞偲伯里復稱，檳榔嶼設中國副領事官，已轉咨英廷辦理此事之衙門矣等因，自應俟查明再辦。現據外部函稱，接到新嘉坡及海門等處總督來函，稱張振勳派爲檳榔嶼之副領事，無所不可，是以已認其爲中國副領事等語。相應鈔録往來照會函件，咨呈貴衙門，謹請查核。須至咨呈者。

計鈔單。

光緒十九年正月二十日。

又 卷四《論仰光及加里吉打埠宜設領事書》 敬啓者：香港設領事一節，英外部答允於前，華使阻難於後，以致九仞之功，虧於一簣。事機不順，良可慨惜！鈞署覆奏，囑告外部以試辦一年之説，中國未能滿意，看其如何答復。竊揣執定原議，與之磋磨，不難變爲常局。惟港喀兩事，雖可不相抵換，而彼族注意在此，我能令其全允港事，若欲保其不再提喀事，似無把握。則屆時仍費鈞署藎籌，似不妨暫置不提，留爲後圖。福成所致慮者，從前西洋各邦，向不以公例待中國。客冬外部答允中國於英屬地通設領事，其來文之意甚爲堅決，非若香港、新金山兩處，尚有須審量之語。無非明示睦誼，意在結歡。是以外洋新報，多有忌中英之新睦者。我能乘此機會，多設幾處領事，卽可證明英廷允照以公例待中國之券，且可據爲照商他國推行張本，亦可爲抽換舊約喫虧之處張本。所關係者，非僅一時一地已也。刻下香港如作罷論，而新嘉坡係原設領事之埠，雖永改爲總領事，究無顯然添設確證，日久恐其狡變，漸翻成議。查英屬仰江一埠，亦號爲南緬甸，華商不下五六萬人，東印度孟加臘之省城加里吉打埠《志略》作加爾各搭，尤多殷實華商，此兩埠華民之多，均在新嘉坡之前。本年春間有德國隨員姚守文棟呈請游歷印緬地方，福成札令順道探查中緬交界，兼察仰江商務情形，曾經咨呈冰案。旋據該道稟稱，華民在緬，不獨受英人凌虐，兼受緬人欺侮，沿途環訴，叩求稟請設官保護。又聞升竹珊星使去年由藏赴印，有閩廣巨商環求籌設領事，竹翁許以相機留意。現據姚守亦稟稱該處殷商不少，貿易頗旺，自應一例添設。且該處係歐人東來孔道，又與西藏邊外相近，萬一印藏有事，該處有一中國官員可通聲息，裨益非淺。福成現擬籌設此兩處領事，以爲英廷答允中國在英屬地照公例通設領事之券，不致異時變易前説。而英人視之，亦非如香港較爲鄭重，更不與他事牽涉。惟必須先與鈞署函商妥協，方敢具摺上陳。至港事雖暫不提，並非無罷，如一、二年内事勢稍變，亦可再議。伏乞回明堂憲，酌奪示復。如謂該二處無須添設領事，仍應將港事辦妥，福成亦卽遵照也。專泐布達，敬請勳安。十月二十一日，英字第二十五號。

清·薛福成《出使奏疏》卷上《通籌南洋各島添設領事保護華民疏》

（光緒十六年十月初十日） 奏爲英國屬埠，擬添設領事官保護華民，並通籌南洋各島派員先後次第，恭摺仰祈聖鑒事。竊臣查光緒十二年，兩廣督臣張之洞派遣委員副將王榮和知府余瓗訪查南洋各島華民商務，奏稱該委員等周歷二十餘埠，約計英、荷、日三國屬島應設總領事者三處、正副領事者各數處，經總理衙門議復在案。臣於光緒十六年七月，准總理衙門咨稱：據海軍提督丁汝昌文，稱此次巡洋，如附近新嘉坡各島，曰檳榔嶼，曰馬六甲，曰柔佛，曰芙蓉，曰石蘭莪，曰白蠟，皆未設領事，華商因受欺陵剝削，無不環訴哀求；擬請各設副領事一員，卽以隨地公正殷商攝之，統轄於新嘉坡領事。應先與該外部商定，核給憑照。如能辦到，實於華民有裨等因。到臣當經辦文照會英國外部，援照公法及各國常例，聲明中國可派領事分駐英國屬境。俟商有端倪，再咨明總理衙門詳籌妥辦。臣竊思領事一官，關係緊要，而南洋各島，華民繁庶，若不統論全局，則一事之利弊無以明；若不兼籌各國，則一隅之情勢無由顯。臣謹綜其始終本末，爲聖主敬陳之。大抵外洋各國，莫不以商務爲富强之本。凡在他國通商之日，必設領事以保護商人，遇有苛例，隨時。駁阻所以旅居樂，業商務日旺；卽游歷之員，工藝之人，亦皆所至如歸。而西洋各國領事之在中國，權力尤大。良由立約之初，中國未諳洋情，允令管轄本國寓華商民，與地方官無異。洋人每有人命債訟等案，均由領事官自理，往往掣我地方官之肘。從前中國各口之枝節横生，亦實由於此。然卽在他國不理政務之領事，僅以保護商務爲名者，各國亦視之甚重，稍有交涉，卽籌建設。蓋枝葉繁則本根固，耳目廣則聲息靈，民氣樂則國勢張，自然之理也。中國領事之駐外洋者，在英則有新嘉坡領事，在美則有舊金山總領事，有紐約領事，在日則有古巴總領事，有馬丹薩領事，在秘魯則有嘉里約領事，在日本則有長崎、横濱、神户三處理事，有箱館副理事。蓋南北美洲與日本各口，迭經總理衙門與出使大臣籌畫經營，建置較密。惟南洋各島星羅棋布，形勢尤爲切近，華民往來居住，或通商，或傭工、或種植、或開礦，不下三百餘萬人，即委員王榮和等所到之處，亦已報有百餘萬人。臣竊據平日所見聞，參以張之洞原奏，計華民萃居之地，荷日兩國所屬，應專設領事者約四處：曰蘇門答臘之日裏埠，曰噶羅巴，曰三寶隴等埠，曰小呂宋。英、法兩國所屬，應專設領事者約五處：曰香港，曰新金山，曰緬甸之仰江，曰越南之北圻與西貢。他如檳榔嶼等處，已可相機設法，或以就近領事兼，攝或選殷商爲紳董，畀以副領事之名，略給經費，而以就近領事轄之。斟酌盈虚，隨宜措注，要亦所費無。多就南洋各島而論，祇須設領事十數員，大勢已覺周妥，加以略有添派，綜計歲費，當不過十萬金。竊查各關洋税項下每歲提撥一成半，作爲出使經費，約銀一百數十萬兩。而近年出使各館所需，暨游歷人員所用，統計當不過六十萬兩。總理衙門原議以其贏數，豫備添派各國使臣之用。臣愚以爲西洋頭等强國，均已派有使臣，即二三等之國，亦由各使就近兼攝，似暫無須多派。惟逐漸添此十數領事者，則商政日興，民財自阜，息息有與内政相通之故。且慰輿情於絶遠，不啓華人觖望之端，收權利於無形，不開外人姍笑之漸。所獲裨益，較之所費，奚啻十倍？臣嘗閲各國貿易總册，以洋貨、土貨出入相准，每歲中國之銀，流入外洋者約一二千萬兩。又考數年前美國舊金山銀行滙票總帳，每歲華民滙入中國之銀，約合八百萬兩内外。雖該處工資較豐，而人數尚非最多，則推之古巴、秘魯可知，推之南洋各島又可知。夫中國貿易，與各國相衡，虧短甚鉅。然尚有可周轉者，以華民出洋所獲之利，足資補苴也。倘此源再塞，則内地之銀，必更形匱乏，民窮已甚，竊恐事變業生。即就新嘉坡一埠而論，設立領事已十三年，支銷經費，未滿十萬金；然各省賑捐、海防捐所獲之款，實已倍之；而商傭十四五萬人，其前後携寄回華者，當亦不下一二千萬。蓋領事一官，在彼外洋，雖無管轄華民之權，實有保護華民之責。縱令妥訂條約章程，必得領事隨所見聞，與彼地方官商辦，則洋官亦得藉以稽查，而土人不敢任意苛虐。即駐洋使臣欲與外部辯論，亦必以領事所報爲憑，方能使洋官有所顧忌。此領事一官所以不能不設之由，而已設領事之處，未嘗無顯著之效也。今華民出洋之利，已稍不如前矣。誠能於南洋各島酌添領事，尚可挽回補救而收固有之利源。然所以議之稍久，迄少就緒者，蓋亦因立約之初，中國未悉洋情，並不知華民出洋之衆，於是但給彼在中國設領事之柄，而無我在外洋設領事之文。又各國開荒島爲巨埠，專賴招致華民，而洋人實屬寥寥。一經我設立領事，彼不免喧賓奪主之嫌，又礙其暴斂横征之舉，所以始必堅拒，繼則宕延。外部以咨商藩部爲辭，藩部以官民不便爲説。雖管秃唇焦，而終無如彼何。此惟在局中者深知其難，而局外之視事太易者，又或稱就地可集鉅資，無需另籌經費；或狃於洋官駐華之例，幾謂一設領事，華民即爲所轄，竟無異管理地方者。此皆閲歷未深，持論實多隔閡。當局者知其斷難辦到，不無矯枉過正之議，幾謂徒多耗費，無甚裨益，斯殆有激而然。臣竊以爲望之過奢，轉滋流弊。領事所收之身格費、船照費，原可略資津貼，正不必斂鉅貲以招物議。今已設領事之處，驗民船，稽民數，原可稍分彼權，正不必攬政柄以啓猜疑。但如臣以上所陳，則不求近效而其效最大。惟須認定主見，中外一意，合力堅持，得寸得尺，相機籌辦，必可循序就範。即如新嘉坡初設領事，英之外部亦儘力阻撓，當時頗費周摺，至今乃無異議。竊查英、法、荷、日四國屬境，其苛待華民，不願我設領事者，以荷、日二國爲最，而法次之，英又次之。荷、日國勢，皆昔盛今衰，其立國命脉，乃在南洋諸島。島中墾田、開礦、招商、徵税各事，又恃華民爲根柢。惟其政令不甚明肅，呼應不甚靈通，洋官往往徵取無藝。僑寓之西人，又侵侮華民，或迫之入籍，或拘之爲奴，或禁其往來，或朘其生計。若有華官在旁理論，究可補救一二。雖商設領事之始，彼必枝梧推宕。然我苟據理執言，因勢利導，始終堅持，諒彼亦無辭以難我。及早圖之，則難者或漸化爲易；失今不圖，則易者亦漸覺其難。想總理衙門必仍知照出使美、日、秘臣崔國因，催商日國外部，先在小呂宋設立領事，俾便次第推廣以符原議。至英國待我華民，較爲公允。臣觀各國在英屬地設一領事，視爲泛常之舉，向無攔阻。又知英國君臣用意，頗欲與中國互敦睦誼，或不於此等事件，稍露歧視中國之形。近與該外部商議，請照各國之例，在英地隨宜派設領事。即彼未肯速允，臣擬堅持初議，至再至三，與之磋磨。先就香港、仰江、新金山等埠，酌設一二員。而檳榔嶼等六處，亦當審其地勢人數，從長籌畫。由此推之法、荷各屬，亦或較易爲力。臣非不知洋人性情堅韌，每商一事，必多波摺，然苟不憚筆舌之繁，不參游移之見，不紊緩急之序，或稍有效可圖。蓋庇蔭周則民生厚，而不獨開商務；財用裕則近憂紓，而非以勤遠略；布置廣則衆志聯，而兼可詗敵情；呼籲少則國體尊，而卽以銷外侮。臣爲海外數百萬生靈起見，不敢稍安緘默。所有英國屬埠擬設領事，並通籌南洋各島派員次第緣由，恭摺具陳，伏乞皇上聖鑒訓示。謹奏。

又 **卷下《豫籌仰光領事揀員充補疏》** 奏爲新訂《滇緬條約》中國須派領事官駐紮仰光，豫擬揀員充補，恭摺仰祈聖鑒事。竊臣遵旨與英國外部議定滇緬界務商務、條約二十款，前經縷陳梗概，並派員齊送總理衙門在案。查此約第十三條，中國派領事官一員駐紮仰光，英國派領事官一員駐紮蠻允，彼此各享權利，與相待最優之國相同等語。臣嘗謂酌設領事，所費無多，而收效甚速。曾經疊次統籌全局，仰蒙聖明鑒納。英屬仰光一埠，上通新街以接滇邊，下聯新嘉坡、檳榔嶼等處，形勢最關緊要，商務亦互相貫輸。此處向有華民四五萬人，而滇省商民之散處緬甸各口者亦復不少。邇年以來，臣屢接滇商公稟，謂中國無員駐緬保護，商民受損非淺，籲請籌設領事以保權利。上年三月，臣接雲貴督臣王文韶電，稱仰光如設領事，滇人之福，儻有機緣，可由臣主稟會銜具奏等語。王文韶身膺疆寄，默察輿情，似於添設領事一端，望之甚殷。向來歐洲各國狃於故常擯中國於公法之外，華民散布南洋各島者數百萬，中國每欲設一領事，彼輒以全力阻撓，致利源有外溢之虞，政柄有旁撓之慮。此次商議條約，英人初冀於永昌、順寧兩府各設領事，又議在雲南省城添設領事，皆爲臣所堅拒；僅許在勝越所屬之蠻允設一領事，而我亦設仰光領事以相抵。按照第十三條約語，中國領事可與彼仰光巡撫平行其權，蓋不僅照料仰光華民，所有阿瓦、莽達拉、新街等處華民亦可兼歸保護臣曾向英外部申論及之。竊思此約蒙皇上批准互換之後，彼必迅派蠻允領事經營商務，萬一仰光領事遴選稍遲，恐致著著落後。將來我設領事，彼雖礙於約章不能阻撓，然或隱爲留難，或微示貶損，皆勢所難免。要不若同時並設，可以互相援照，互相抵制，彼亦自無異意。臣是以不敢不豫爲籌及也。查有二品銜分省儘先補用道左秉隆，精通英語，熟諳交涉，應付各事，剛柔得中，前在新嘉坡領事任內十年，爲英人所信服，如派爲仰光領事，必於創辦規模大有裨益。臣交卸在邇，儻蒙恩旨俞允，則酌擬經費，添派隨員，商取准照，皆新任使臣龔照瑗應辦之事；臣亦必將此事原委詳告龔照瑗也。所有擬派仰光領事緣由，理合恭摺馳陳。再，此摺本應與王文韶會銜，因道途窵遠，文牘知照往返動須數月，是以未及會銜，合并陳明。伏乞皇上聖鑒訓示。謹奏。

清・王韜《弢園文録外編》卷六《呂宋島設立領事議》 呂宋在南洋，距閩之厦門、臺灣尤近，相隔僅一衣帶水耳。與中土通商最久，閩、粤人趨之如鶩，在明代已至數萬餘人，今計我之華人行賈於其地者，閩凡四萬六百人，粤凡一千二百人，其間擁厚貲，負物望者甚少，然其人雖居海外，而仰戴聲靈，冀望德澤，時時求庇覆於中朝。今聞鄭玉軒星使奉命爲駐紮美、日、秘三國大臣，不禁額手相慶，郵書以設立領事請，竊謂領事之任綦重，而亦綦難。得其人，則足以收拾人心，以爲我用，樹我藩衛，張我國威；不得其人，則人心一失，轉驅之以資他國，而反貽海外笑。

或謂今如英之於新加坡、檳榔嶼、澳大利、馬六甲、荷蘭之噶羅巴、蘇門答臘。以至遠如美之嘉厘符尼亞、西班牙之古巴、秘魯之屬地，凡有華人皆聽其所治，苟犯國例，由其定罪禁獄，蓋視之同於其民，雖設領事亦不得主其權，然則領事不几同於贅旒也哉？

顧我則以爲轉移民心，使歸而向我，則斷不可少焉。我昔嘗至英，道經東南洋，見我寬衣博帶，則必羣相謂曰，此從唐山來者。咸來問訊，有歆羨意。我告之曰，朝廷不日將遣使來此，苟他時能請之於朝，特設領事，藉以撫輯汝商旅，保衛汝身家，則又感動泣下。嗚呼！其人雖居處海外二百餘年，購田園，長子孫，而仍守本朝之正朔，服中國之衣冠，足以見我朝威靈之遠如此。自此至錫蘭、蘇彝士，爲華人素所不至之區，其土人輕藐華人實甚，於以知華人之所至，卽我皇朝德澤之所滂沛也。使領事於此，宜揚聖德，鋪張王靈，能爲之保佑而維持之，安有不感且服，而爲我所用也哉。呂宋島華人不下五萬人，其設領事也宜矣。

或曰：其地水土惡劣，風浪湍急，地震風警，歲恒有之，寄旅之民，類多窮乏强悍，因是雖設領事，憚於前往，此則人情之私也。惟閩多而粤少，官斯土者，宜習閩之方言，庶下情得以上達；脱略儀文，習耐勞苦，常俸之優，足供養贍；此外，則一無所私焉，但知保民，而不忏毫擾民，吾民之訟獄，雖不得主，而知有冤抑者，則必爲之請，廉潔以持躬，公直以行事，忠信篤敬以待土人，安見事之不易辦哉？苟各處領事盡能如是，何難入萬國公法之中。即不然，亦可執萬國公法以與之周旋也。

沈桐生《光緒政要》卷三　（七月）出使日本大臣何如璋奏請日本口岸設立領事。

據稱，臣等自去年十一月間到東以來，各口華商紛紛稟求設官保護。查得日本通商口岸。共有八處。除新瀉夷港口尚乏商人，無庸議設理事官外，横濱、築地兩口，擬設正理事官一員。業於今正將隨帶正理事官、候選同知範錫朋派充。神户、大阪兩口擬設正理事官一員，於五月間續調候選同知劉壽鏗派充。長崎一口，擬設正理事官一員，亦於五月間將隨帶副理事官、内閣中書余瓗派充。至箱館一口，華商祇二三十人，未便遽設理事官，又距别口太遠，勢難兼顧。經與該外務省商辦有案，暫由該口地方官代理，隨時移知横濱理事官查照，或遣員前往審辦，或即移解横濱，具交涉詞訟，當與該外部妥籌善法，此何使調員布置之大略，疏入。報可。

清·何如璋《使東述略》　十二月三日癸未，霽。土人云，日本天氣時雨時晴，數日必雨，雨每以夜；非夏令熟梅時節，罕連日陰雨者。我來驟值之，奇哉！

到横濱後，頻遣人赴東京擇館，或東或西，或寛或仄，或道遠，或地卑，均不如式。且索值昂，亦難遽定，故仍館横濱。浹旬中，酬應紛紜，答拜者趾相錯也。東人來者，多自言修舊好之意。西人則以中華遣使爲創舉，各握手問道途，詢風土，意殷殷然。

壬辰，照會外務省，派理事分駐横濱。日本通商各口我民流寓者，横濱爲多，長崎次之，神户、大阪又次之，箱館、築地只數十人，新瀉、夷港以僻險未有至者。理事一官，今始創設；章程、税則，第舉其綱；其他節目，無規可循。一時各口并放，轉慮紛歧；又方言殊異，文義支離，翻譯通事，頗難其人。不得不後别口而先横濱，此亦事勢不得不然者乎。

癸巳，黄參議公度復往東京租館。外務大書記官宫本小一來，論設理事及停换籍牌事，往復數百言。因諭以將命修好，唯謹遵條規，他非使臣所敢知也。宫本唯唯而去。

《清法規大全》卷四《外務部奏請撤回駐韓使臣改派總領事駐紮摺》　竊臣部迭准日本國使臣内田康哉照稱：奉本國訓條，現與韓國訂定協約，將在各國韓國使館、領事館一律裁撤，向屬各該館權限以及事務，應全行移交日本國使館及領事館辦理。又本國政府現在韓國設立統監府及理事廳，所有公使館暨領事館概行停閉各等因。均經臣部照覆去後，又接准出使韓國大臣曾廣銓等先後電稱：英美法等國駐韓使臣均已撤退，改派總領事駐紮，又日本總監將到韓，外部已撤各等語。臣查日本在韓京設立統監，作爲日本政府代表之員代辦韓國與各國外交事宜。各國使臣已次第撤退，所有中國駐紮韓國使臣，亦應同時裁撤。惟中韓接壤，交涉極繁，中國商民在該國各埠居留貿易者，尤不可勝數，亟應設立總領事一員，前往韓國京城駐紮，藉資管攝。查有二品頂戴，分省前先補用道馬廷亮，才識優長，熟悉日韓情形，現充駐日本國參贊，隨辦使事，均屬妥洽。擬請派爲駐韓總領事，所有在韓商民，胥歸統轄，認真保護，遇有中韓交涉事務，即由該總領事向日本統監府妥爲商辦，仍隨稟商。臣部及出使日本大臣冀臻詳慎，如蒙俞允，即由臣部援案，繕具文憑刊刻鈐記，頒給該員收執，前往駐紮，並咨行出使日本國大臣遵照。至出使韓國大臣業已裁撤，該總領事署暨各口領事署常年經費，即由臣部酌定數目，按年撥給應用。謹奏。光緒三十二年正月初十日，奉硃批：依議。欽此。

清·薛福成《出使公牘》卷八《與英外部商設英屬各埠領事》　爲照會事。照得華民寓居英屬各地者極多，中英往來交情，日加友睦，日增緊要，而中國領事官仍僅新嘉坡一處。本大臣擬請貴爵部堂漸除此等立異之見，稍合兩國親睦之道，及中朝惠顧出洋華民之意。本大臣奉總理衙門來文，囑與貴爵部堂相商中國設領事官於英地之事。從前議設中國領事官於新嘉坡時，一千八百七十八年四月十六日貴爵部堂致郭大臣照會内，曾云中國與各國往來，係照特定和約之章，非遵各國通好之道。況中國尚未盡准洋人入内地，洋人商務，亦未各處開辦。故不能援引各國之式，准派領事官分駐英地等因。此事於一千八百七十八年，中國與别國往來，或有此等情形。但於近日觀之，實無此等情形。中國並未不遵萬國公法，而近來十五年之內，更覺按照萬國公法辦事。雖尚未將內地各處，盡准西人通商，然即中國所辦之事論之，亦足有准設領事官駐紮英地之理。各友邦均許派領事官分駐英地，中國深望英廷照此例一律辦理。中國有二十餘處地方，准令外國人民居住經商。其收稅之輕，與有約各國比之，中國實可稱無稅之地耳。計有二十二處英國會派領事官駐紮其地。本大臣請貴爵部堂詳察之，蓋非恐英廷有不允之意，不過於貴爵部堂前一爲講解而已。一千八百七十八年四月十六日貴爵部堂繕寫照會時，煙臺條約尚未核准，此條約內已言中國有派領事官至英地之權。又一千八百六十九年十月二十四日條約中，會明言英國願認中國有派領事官至英國各處之權。此約雖未會照行，本大臣必提及此者，因欲聲明英廷已早有允中國派領事官之意。而其約之未經批准者，係由別事之故耳。今本大臣又向貴爵部堂言明，如此事商妥，中國並非欲一時徧派領事官分駐英國各處地方因有酌量添設之處，並爲以後陸續派領事官時請給文憑之事而已。相應照會貴爵部堂，請煩查照。須至照會者。

光緒十六年八月十五日。

沈桐生《光緒政要》卷八　四月，出使大臣鄭藻如請設美國紐約領事。

疏云，竊查美國地方，西通太平洋，以金山埠爲首站；東通大西洋，以紐約埠爲首站，皆爲往來必經之路。從前華民寓居美國者，以金山爲最多。業經前任出使大臣等，奏設領事，駐紮金山，料理一切。近則紐約一埠，華民往者，亦日見增多，土人不無嫉忌。兼以日斯巴尼亞國所屬之古巴一島，與紐約水程相通，華民由古巴回籍，必須假道紐約，實爲通行要道。現值美國設立整理華工新章，凡華工由紐約出境者，亦須有中國官發給執照，以爲再來美國之據。臣迭次與總理各國事務衙門函商，似非在紐約添設領事官，不足以嚴約束而資保衛。可否，仰懇天恩，俯念該處地居衝要，准設領事官駐紮料理，實於華民大有裨益如蒙俞允，擬俟奉到諭旨，妥酌章程，欽遵開辦。並擬於隨帶各員中，遴派江蘇試用通判歐陽明充當紐約領事官，鄭鵬翀充當繙譯官，五品銜賴鴻逵充當隨員。飭令妥慎經理，冀收實益。疏入。從之。

清·黎庶昌《西洋雜志·古巴設立領事情形》　（光緒八年）日國屬地古巴一島，在海地之西，距美國只兩日水程。自咸豐年間以來，閩粵匪徒拐誘本地良民數萬人，販賣至該島傭當苦工，種種苛虐，殆非人理。海禁開後，情形漸以上聞。同治十三年，陳星使奉命至該島查辦，於是始有設立領事、自行保護之議。至光緒四年，中日兩國特定古巴華人條約十六款。五年秋間星使抵日後，派委户部候選主事劉湘浦亮沅充總領事，駐紮古巴都會夏灣拿，候選同知陳幾亭善言充領事住別口馬丹薩，前往開辦。

冬間，總領事書來言：從前華工所以受虐者，皆因工主有給發期滿執照之權，卽俗所稱爲滿身紙者也。工滿之後，逼令重立合同，再行傭工。傭滿復立，逼勒不已，往往至七八年之久，始肯發給滿身紙者。若無此紙，他人不能雇用；而地方官及各國領事，又不肯給隨便往來之准單，卽俗所稱爲行街紙者。華人一出，該島巡捕立卽拘拿，禁於官工所內，逼令再傭。此工主所以作惡有權也。今應按照條約，無論工期已滿未滿，概令到領事署報名注册，每人發給執照一張，并代領准單，無庸俟有滿身紙以爲區別，方不致授權於工主，迫脅之風，或可暫息。故每日到署領紙者，無不歡騰於色。領事署內設木籌數百，每華人入門，散給一籌，編列號數。依先後次第，傳入訊供，簽名發出，至六點鐘而止，然後填寫漢文、日文檔册。又有來署投訴案件者，亦卽派人查問。開辦之初，幾於日不暇給。其在外埠者，則托人寄辦每月酌予酬金。規模既定，英、美等國領事，將華人名單，開送交中國總領事保護，概停華人出紙惟在英國屬土生長、已入籍有據者，仍歸英國保護。

該島苛虐，凡華人必要有工主承認，方能來往自由，否則拘入官工所，以待他人雇用。若經工主辭出而不給滿身紙，亦拘入工所。工主欲脅治華傭，工期將滿，故薄其值，逼令再立合同。如不從，卽送入工所，傭當苦工，毫無工價。故華傭往往不得已，而仍從故主也。亦有作苦數年，仍由工所發賣者。

是冬，駐華公使伊巴里，親往古巴查看情形，實欲與領事議增招工條款，劉君悉力拒止。且語之曰：『貴國主意一篇之大旨，不過急於雇用工人耳。中國亦無不願華人出洋之意，只因古巴從前看待華人太薄，所以有十六條之設也。今若於十六條外，又復別立條規，吾恐貴國求之愈急，則中國拒之愈堅。莫如趁此開辦之初，將弊政實力剔除，俾中國知十六條之非虛設，華人在此均能自主自由。則中國人民既多，是處工價亦好，利之所在，人必趨之，將見不招自來。否則，古巴苦況，舉國皆知，若非將最關緊要者舉辦一二宗，雖勢迫刑驅，終無人至矣。』

伊巴里大爲首肯，卽好謂劉君：『尊意欲如何辦理？以何者爲最先？無不願實力相助。』劉君舉三事相要：一、華人之不願在古巴者，應照約咨送回國；一、官工所須概行裁撤；一、爲該使應偕同領事巡查外埠糖寮數處。伊巴里均皆允行，并屬古巴總督伯蘭高、副總督嘉衣霞，宜與中國領事遇事和商，以求實濟。古巴總督函致劉君：凡遇大小案件，請徑致書地方官或糖寮主人辦理。由是得此無限之權利，華傭事件日益應手；而該島巨紳大族，亦漸通往來。六年新正，劉君大設茶會，張燈宴客，作『婆羅』之局。酒席大宴而有跳舞者謂之婆羅。副總督嘉衣霞、水師總兵亞利罅之妻，代爲出名，延請女客。糖寮主人聞之，展轉相屬，以求一帖，至有釋放華傭以致謝者，伊巴里實贊成之。伊使又偕劉君往查馬丹薩所屬之山河堅埠大糖寮一所，然後前赴中國。糖寮內所用華人，每月每人工價洋銀九元，合中國銀六兩三錢；已滿身者每月工價至少三十五元，係用銀票，實亦十兩有零。

至本年夏間，該島又開不准華人坐馬車、住客寓、留髮辮及生子女悉入黑奴籍等禁，然官工所尚未全行釋放。劉君先後行文古巴總督，請按照條約辦理。七月間，該總督照復，開列議定章程五條，請譯華文通諭示悉，始一體允行。

其第一款云：

凡華人有工主合約未滿者，如工主責工人守約，止可向律例衙門呈控令其遵守；如合約內有於華人裨益者，華人亦可一體呈控令工主遵守。至華人在公堂上，無論罪案及錢債案，其所得權利以及控訴之法，均與相待最優友睦之國人民一樣。

第二款云：

凡合約未滿之華人，不得藉有上款優待之條，便不遵守合約。如合約內工期未滿，須要將工做滿。或有不守合約者，其所應得之責罰，亦不得與其人自主之處相背。因華人現系自主之人，應與相待最優之各國人一例相待。

第三款云：

凡各處官工所現在拘禁之華人，除系犯罪應候審結者或已定案者未能卽放，其餘或因逃走、或因聽候幫工、或因來歷不明之類，無論因何事故拘留者，限此次出示後之十日內，盡行一律釋放，并給與行街紙，惟行街紙上要注明『官工所放出』字樣。

第四款云：

從前差役拘拿未有行街紙之華人及逃走之華人，所有往日一切辦法卽行刪除，嗣後不許照舊辦理。因無行街紙者，不得與犯罪同論。惟中日條約載明：凡島內華人，無論工期已滿未滿者，均應給與行街紙。今限至九月十五日止，如有華人未領行街紙者，卽按例罰銀，如無銀交，則按例坐監抵罰。

第五款云：

嗣後凡有華人犯罪，須要經明律例衙門審訊，與別國人民無異；其應得衙門各項寬待之處，亦與相待最優友睦之國人民一體均沾。

一千八百八十年八月二十一日。

劉君於出示後，又派員入山搜查，厘剔殆盡，華民共有來蘇之慶矣。行街紙一年一換。初開辦時所發之紙，謂之暫用紙。行街紙例由領事署填寫姓名、籍貫、年貌、住址、手藝，送至古巴督署加印繳還，然後發出。每行街紙一張，無論遠埠近埠，領新換舊，定費收紙銀二元。出港紙每張收白銀四元。督署印費，卽於此取給，每張紙銀五角云。

清・王韜《弢園文録外編》卷三《設領事》 我朝今日擬遣使臣立領事於泰西各國，誠千古一時之創舉也。而論者或以爲輕重失宜，後先倒置，而於睦鄰之道猶未探其原也。豈以中朝之所謂睦鄰者，不過在無事則羈縻之，有事則彌縫之而已耶？因此有不愜於西人之心歟！今在內者，措施未極其宜，辦理未極其當，而卽欲馳域外之觀，則以後中外交涉之事，更臻繁劇，此不宜遽遣者一也。華民之羈旅於外者，悉遵其國之地方官約束，或有平時受土人之虐遇者，無可伸雪，今立領事，則控訴有門，吁呼有路，案牘之繁，勢所必然。玆於莅臨之日，不爲之挽回申救，則不足以張中國之聲靈，伸華民之憤抑，若領事許爲之經理，則不獨日不暇給，亦且力有未逮，此不宜驟遣者又一也。

睦鄰之道無他，首在自強，而自強尤以得人爲先，得人必先以總理衙門始，所謂由內以及外，由近以及遠也。今洋務一切未明，而遽欲長駕遠馭，逞其雄圖，吾未見其必有裨乎國是也。嗚呼！洋務亦易明耳，不外乎以情喻之，以理摺之而已。事有可行則許之，事不可行則明告之，務期於必信必速，毋卑毋亢。苟自問情無可疑，事無不直，則雖因此以得罪，亦無所憾。總之，凡事以一身任之，毋貽朝廷之隱憂而已。苟徒以委曲周旋，逢迎接納，以爲彌縫之至道，羈縻之長策，則吾未見其可也。

夫在今日非無通悉洋務之人，其在上位者亦未嘗懵不知西情，無如身家之念重，利禄之情深，臨事不敢擔持大利害，惟虛與之委蛇而已。

中朝之情，西人了然若指掌，陰爲播煽，陽爲恫喝，以肆誅求而行要挾者，無所不至，而西人究不得逞志於中朝者，非中朝之禮義可以優柔之，中朝之甲兵足以震慴之也，蓋在乎泰西各國之互相牽制也。然將來强弱大小必有所歸，其執牛耳而爲盟主者，乃惟其所欲爲矣，封豕長蛇，恣其薦食，雖在日後卽在目前，然則我中朝自强之術曷可緩哉？惟能自强，則遣使臣，設領事，一切皆有實用，否則亦不過以虛文相縻而已。

夫有國家者，在乎舉賢任能，敬教勸學，通商惠農，所謂本也。練兵選士，制器造舟，開礦理財，所謂末也。睦鄰柔遠，一視同仁，破除畛域，相見以天，此以盡乎內者也。遣使臣，設領事，通文告之詞，浹往來之誼，此以盡乎外者也，本末兼務，內外交修，則庶乎可矣。

外國駐華領事館分部

綜述

《清法規大全·外交部》卷四《外務部諮送各省各口領事表式希飭分別填寫文》 查駐紮各口各國領事，向由各省按季造册咨報，惟各處造報未能一律，現由本部刻印表式，統行調查以便稽核。茲將各口領事表各一分咨行貴大臣轉飭該管官員，將所有駐紮該省各國領事姓名及到本任署任年月分別按表填寫，並附注洋文姓名。限文到一月迅速聲復，嗣後卽照刑表式填寫，按季提前具報，毋庸另造清册。並不得遲延逾期，是爲至要。

又**《外務部諮准德雷使照會奉札開埠領事應辦吉江兩省交涉通行知照文》** 接准德雷使照稱：本國在哈爾濱設立領事署一事，茲奉本國外部札開，哈爾濱本國領事應辦本國交涉事宜。地面係黑龍江全省及吉林省除吉林、長春兩府，交涉事宜仍歸奉天領事辦理外，其餘兩省諸地方交涉地歸該領事辦理。所有奉天領事應辦交涉事宜，地面係奉天全省及吉林省內吉林、長春兩府，至該兩領事署司法權之地面，現在尚未決定，照請轉行悉知。

清·薛福成《出使公牘》卷四《論外國領事宜由中國給予准照書》

敬再啓者：正擬封函，接到鈞署來電，謹悉武穴已誅正凶二人；英領事尚意在株連，多方作難，揣其情不過知償恤一層，非中國所難，視爲勢所必得，是以借端盤旋作勢，或別欲肆其奢望，或仍歸於多索償恤之費，均未可知。福成思蕪湖、武穴兩案，已誅四人，辦理不可謂不嚴，而分使領事尚思無理取鬧者，則由該領事之設，不由中國給予准照，雖肆行無忌，中國不得而撤去之也。領事以無厭之求唆公使，公使以無厭之求瀆鈞署，實則彼國外部絕未聞知。成則公使領事以此居功，不成彼無所損。此數十年來受外人欺侮之積弊，言之可爲太息者也。福成前議中如允喀城設員，必商明英外部；此後亦援西例，須由我給予准照，權其得失，所益較多。鈞署二月十七日堂憲公函亦謂港事就緒，喀員勢難終拒，而亦歸重於給發准照一層。刻下港員之設，未審鈞署已否覆奏，近日華使曾否又來提及喀事。敝處聞華使現將任滿，威妥瑪希圖復出。儻鈞署以喀城駐員無甚大礙，或及華使任內，與之妥商，援照西例，收回中國給發領事准照之權，得從早辦成最妙。儻慮一時未必就範，或逕將此事交敝處與外部熟商，亦無不可。福成爲領事鑾橫，不得不思駕馭之術起見。總之，交涉事件應挽回者甚多，然欲挽回一事，不能憑空如願，必須有所抵換。夫抵換非盡不可行，在權其利害之輕重耳。喀城設員，充其究竟，不過通商，然通商亦於我無大礙。公函謂得英牽制，亦可戢俄戎心，未始無益，實洞見癥結之論，亦持平切實之言。福成既有所見，不敢不再三煩聒，亦並無迴護前說樂於多事之意。港員一節，略而不論可也。伏乞回明堂憲，是否可行裁示爲禱。肅此再叩勳綏。六月十八日。

《總理各國事務衙門清檔·英國領事檔·總署給美使蒲安臣照會》

同治三年正月初六日，給美國照會稱：准福建巡撫徐咨稱：竊照閩省通商口岸，所有各國派來領事官，應請各國駐京大臣開具領事官姓名，咨明總理衙門，轉行知照，俾各口地方官暨辦理通商委員，有所遵循。爲此咨呈總理衙門，謹請查照等情。本爵查南北兩洋暨長江通商口岸，各國設有領事官，時與中國官員有曾辦事件，自應將員數姓名開送前來，俾各口地方官暨［通］商委員有所遵循，以期和衷共濟。查貴國派來中國各口之領事官，除天津、牛莊、九江、福州、漢口、江海、寧波等各口業經咨報外，現在有無更換之處，即希分別覆知，其未經咨報各口，並望貴大臣將現任之領事官員名，開單知照本衙門，以便轉行知照，庶各關有所稽考，以便公同辦理交涉事件，不致有別項之人冒名影射，從中滋弊，實於公事大有裨益。爲此照會貴大臣查照施行。

又《總署收美使蒲安臣照會》 同治三年正月十一日，美國公使蒲安臣照會稱：准貴親王照會內開，以南北兩洋暨長江通商口岸，各國設有領事官，自應將領事姓名開送，俾行知地方官，辦事有所遵循，不致別項之人冒名影射，從中滋弊等因前來。本大臣查於前時各口選委領事官，均照規矩報明在案。但以本國領事官，或因身體不快，或因緊事出外，照本國例，其於辦理之事，每遇告假，委人暫署，於公文往來，必用其所委之人自己真名，斷不敢影射滋弊。爲此將領事各員姓名單，開列照覆。

計開各領事官姓名於後：

上海總領事官姓西華，名勺主。咸豐十一年選。

廣州府領事官姓彼理，名丫利化。咸豐五年選。

福州領事官姓賈總他，名韋廉。咸豐十一年選。

寧波領事官姓孟恩，名威理。咸豐十一年選。

廈門領事官姓巴刺佛，名丫剌化。同治元年選。

天津領事官姓伯默勒，名韋力思。同治元年選。

漢口領事官姓啪嚹唬，名威廉。同治元年選。

九江領事官姓褌治士，名顯利。同治元年選。

汕頭、登州、鎮江、台鴻、淡水。現未領事。

牛莊領事官姓鼐，名番西土。同治元年選。

遣使出訪部

蒲安臣使團分部

綜　述

清·寶鋆等《籌辦夷務始末（同治朝）》卷五一 （同治六年十月）

乙巳，總理各國事務恭親王等奏：竊臣衙門前因通商各國將届修約之期，所有一切事宜，必須籌備，業於本年九月恭摺縷晰具奏。請旨飭令濱海沿江地方將軍、督撫、大臣，各抒所見，並由臣衙門擬具條說，密切函寄，屬令悉心籌畫，以期共理而濟時艱。仰蒙俞允，欽遵行知在案。原奏內遣使一節，本係必應舉行之事，止因一時乏人，堪膺此選，且中外交際，不無爲難之處，是以明知必應舉行，而不敢竟請舉行，尚待各處公商，以期事臻妥協。惟近來中國之虛實，外國無不洞悉，外國之情僞，中國一概茫然。其中隔閡之由，總因彼有使來，我無使往，以致遇有該使倔强任性，不合情理之事，僅能正言摺服，而不能向其本國一加詰責。默爲轉移，此臣等所耿耿於心，而無時稍釋者也。美國使臣蒲安臣於咸豐十一年來京，其人處事和平，能知中外大體，從前英人李泰國所爲，種種不合，蒲安臣曾經協助中國，悉力屏逐。迨後回轉西洋一次，遇有中國不便之事，極肯排難解紛。此時復欲言歸，臣等因其來辭，款留優待。蒲安臣心甚感悅，自言嗣後遇有與各國不平之事，伊必十分出力，即如中國派伊爲使相同。臣等因遣使出洋，正苦無人，今蒲安臣意欲立名，毅然以此自任，其情洵非虛妄。臣等遂以送行爲名，運日往其館中，疊次晤談，語極慷慨。伏思向來西洋各國，互相遣使駐紮，不盡本國之人。但使誠信相孚，原無分乎區域，即如臣衙門所設總稅務司赫德係英國人，辦理各口各國之事，毫無窒礙，亦其明證。臣等公同商酌，用中國人爲使，誠不免於爲難。用外國人爲使，則概不爲難。現值修約屆期，但與堅明要約，派令試辦一年，凡於中國有損之事，令其力爲爭阻；凡於中國有益之事，令其不遽應允，必須知會臣衙門覆准，方能照行。在彼無可擅之權，在我有可收之益。儻若不能見效，即令辭歸，似於駕馭各國之方，不無裨補。臣等於二十三日復向蒲安臣諄切要約，伊已慨然允諾，現在蒲安臣不日啓行，事難從緩，謹將臣等擬辦緣由，恭摺具陳，仰祈乾斷。如蒙俞允，請旨欽派蒲安臣權充辦理中外交涉事務使臣。此外應議出使條規，及籌給薪水盤費，一切未盡事宜，容臣等妥議，另行具奏。

清・志剛《初使泰西記》卷一　大清同治六年丁卯十二月初二日，總理各國事務衙門以軍功花翎記名海關道總辦章京志剛，篤實懇摯，器識宏通保奏，奉旨派充使臣，與本衙門章京候選知府孫家穀，並賞給二品頂戴，偕同美國欽使蒲安臣、英國協理柏卓安、法國協理德善等，恭賫國書，前往西洋有約各國，辦理中外交涉事件。蒲安臣先期起程。

初十日，使者與孫家穀詣乾清門，預備召見。御前大臣帶領進養心殿正門，內監揭東間朱簾，隨進門檻一步，向上跪，摘帽放於面前之左，翎支向前，用清語口奏：奴才志剛叩謝聖主天恩。即叩頭，戴帽起，側身向右前進。帶班者跪隨在軍機墊後，斜向皇上跪。

皇太后在黃紗屏後問：何時起身。奏對於明日由衙門起身。問：由何路行走？奏對由陸路到上海上火輪船，經日本過大東洋到米里堅，由米里堅渡大西洋到英吉利，過海到法蘭西；往北順路到比里時、荷蘭、丹麻爾、瑞典、俄羅斯；往南回路到布路斯；再南仍經法蘭西到西班牙、意大利；由中海經大南洋，順廣東、福建、江浙中國海面，自天津回京。

諭：隨從人務須管束，不可被外國人笑話。奏對：謹當嚴加管束，不准其在外滋事。【略】

十二日往會蒲使於旂昌洋行，柏協理爲儐。先將欽頒國書暨木質關防、總理衙門咨文三件，一并面交祗領。柏協理當將咨文用洋語述與蒲使。據柏協理傳譯蒲使言，謂咨文所言，原當如是辦理。並言從前各國論中國之事，有兩說。有謂與中國辦事，須用力勉强方能成事者。有謂須彼此通長商量，使中國明其道理，實有益處，自然可辦者。使者告以無論辦何國之事，若用力勉强，亦有可成，但恐辦成難以持久。若彼此通長商量，各出情願，則辦妥之後，一成不變矣。【略】

（閏四月）十六日蒲使等公同往謁伯理喜頓譯言總統領也。午刻先至其外部分署，隨同華大臣至其所居之處，俗謂白房，因周砌白石也。先至其中間圓屋以俟，同有大臣數人，仍由華大臣導引伯理喜頓朱文遜至圓屋中間，南向立。蒲使執所擬面陳之洋語述畢，華大臣即執伯理喜頓所擬之洋文向蒲使代述畢，即將國書遞與伯理喜頓親接展視，仍交華大臣捲起。旋由華大臣挨次指，引謁見伯理喜頓，逐一執手問好，並言深願幫助中國，願中國與美國日益和睦等語。禮畢，各散。復往拜其各執政大臣、各國使臣，循各國舊規也。至使臣陳述與回答之語，通係各述願兩國益加和好頌揚之詞，各國大略相同。若特爲辦事而來，則於相見禮畢，與其執政商辦雖代國行權之大使臣，亦止於國君前面陳，而不得取決也。

六月初一日在美國華盛頓都邑。蒲使云，新聞紙爲輿論所關，善會堂乃清議所在。其各執政大臣，及各國使臣，均須加以聯屬。乃擇期在客寓作會，分日開筵，赴約者數百人，杯酒言歡，頗稱盛事。

初九日，議定原約後續增八款，繕妥，同赴其外部，與華大臣當面畫押、蓋印。

查從前於咸豐八年五月初八日定約之後，因事有宜增條款之處，是以議定條款，開列於左：

第一條

大清國大皇帝按約准各國商民在指定通商口岸及水路洋面貿易行走之處，推原約內該款之意，並無將管轄地方水面之權一並議給。嗣後如別國與美國或有失和，或至爭戰，該國官兵不得在中國轄境洋面，及准外國人居住行走之處，與美國人爭戰、奪貨劫人。美國或與別國失和，亦不得在中國境內洋面，及准外國人居住行走之處，有爭奪之事。有別國在中國轄境，先與美國擅起爭端，不得因此條款，禁美國自行保護。再凡中國已經指准美國官民居住貿易之地，及續有指准之地，或別國人民在此地內有居住貿易等事，除有約各國款內指明歸某官管轄外，皆歸中國地方官管轄。

第二款

嗣後如有於兩國貿易興旺之事，中國欲於原定貿易章程之外，與美國商民另開貿易行船利益之路，皆由中國作主自定章程，仍不得與原約之義相背。如此辦，似於貿易所獲利益，較爲安穩。

第三條

大清國大皇帝，可於大美國通商各口岸，任便派領事官前往駐札。美國接待，與英國、俄國所派之領事官，按照公法條約所定之規，一體優待。

第四條

原約第二十九款內載，耶蘇基督聖教暨天主教，有安分傳教習教之人，當一體保護，不可欺侮等語。現在議定，是美國人在中國不得因美國人民異教，稍有欺侮淩虐。嗣後中國人在美國，亦不得因中國人民異教，稍有屈抑苛待，以昭公允。至兩國人之墳基，均當一體鄭重保護，不得傷毀。

第五條

大清國與大美國，切念民人前往各國，或願常住入籍，或隨時來往，總聽其自便，不得禁阻爲是。現在兩國人民互相來往，或游歷、或貿易、或入居，得以自由，方有利益。除兩國人民自願往來居住之外，別有招致之法，均非所准是以國家許定條例，除彼此自願往來外，如有美國及中國人將中國勉强帶往美國或運於別國，若中國及美國人勉强帶往中國或運於別國，均照例治罪。

第六條

美國人民前往中國，或經歷各處，或常行居住，中國總須按照相待最優之國所得經歷、常住之利益，俾美國人一體均沾。中國人至美國，或經歷各處，或常往居住美國亦必按照相待最優之國所得經歷常住之利益，俾中國人一體均沾。惟美國人在中國者，不得因有此條，即特作爲中國人民。中國人在美國者，亦不得因有此條，卽特作爲美國人民。

第七條

嗣後中國人欲入美國大小官學學習各等文藝，須照相待最優國之人民一體優待。美國人欲入中國大小官學學習各等文藝，亦照相待最優國之人民一體優待。美國人可以在中國按約指准外國居住地方設立學堂，中國人亦可以在美國一體照辦。

第八條

凡無故干預代謀別國內治之事，美國向不以爲然。至於中國之內治，美國聲明並無干預之權及催問之意。即如通線、鐵路各等機法，於何時、照何法、因何情欲行製造，總由中國皇帝自主酌度辦理，此意預已言明。將來中國自欲製造各項機法，向美國以及泰西各國借助襄理，美國自願指准精練工師前往，並願勸別國一體相待。中國自必妥爲保護其身家，公平酬勞。

以上續增各條，現在大清、大美各大臣，同在華盛頓京都議定。先爲畫押蓋印，以照憑信。

大清同治七年六月初九日、大美一千八百六十八年七月二十五日，自□國書，招赴宮宴後，蒲使連日往其外部，商酌中國交辦各事，及現在應辦事宜，擬成續約八條。當經譯出漢文，詳加酌核，皆係有益應辦之事。於六月初九日赴其外部畫押、蓋印、封固。復逐條注釋，一并附呈總理各國事務衙門，議覆施行。附注釋

第一條：前段，係因從前布國兵船，在天津海口搶劫丹國貨船，有違公法。今特爲提明，各國如肯照辦，則日後中國可免此等里累。後段係，因上海及別國通商口岸，各國一經租地，卽似據爲已有。地方官在外國租界內，拏犯查贓，往往被其狗庇。而中國奸猾，亦卽以外國租界爲逋逃藪。此約一定，則華民及約國之流氓，皆仍歸地方官管轄，外國人不得狗庇。

第二條：係指販鹽、開礦、內地行輪船、增口岸等事可以緩辦，中國亦有轉身地步。要在兩國貿易興旺，方開利益之路。若於外國貿易興旺，於中國貿易傷凝，則不能另開利益之路也。

第三條：係指金山地方，中國人已有十數萬衆。中國若不設官，一恐其滋事，無人彈壓；一恐其久無統屬，悉變爲外國下等之人。蒲大臣另有設官辦法，自行總理衙門酌核。

第四條：中國人之在金山者，現有被抑勒之事。如華民與本地人爭訟，卽華民被屈，若無本地人作證，官不准理，不准華民作證。其意以爲華民異教，不奉耶蘇，其言不足信也。又華民在金山作工，每人每年出入稅銀兩元。從前各國之人俱納，現已均免，惟不免華民之稅，其意亦因其爲異教之人也。

第五條：係指西班牙國專好販運豬仔，陷害華民無數。聞各國皆斥爲非理，美國並無此事，此約者，爲別人說法也。

第六條：與第四條之意相同。但四條係指屈抑，此又明指利益。

第七條：此係欲將美國所講各家學問，如算學、重學、化學、光學等事，衡美於中國。而中國之人在美國者，亦得與其本國人同長學問也。

第八條：係緩手辦。

又 卷二 （十月）初七日往温斯爾見英君維克多里雅，係女主，年五十一歲，貌嚴整，在位三十三年。使者在寓，旅居五十餘日，至九月中旬，接其外部洋文。協理譯稱：文內敍及游幸外出初歸，料理要事畢，即定接收國書日期等語。因思親遞一節，見與不見，於中國本自無防。論外國接待各國使臣之禮，若使臣不見，則諸事難辦。惟不可急求，聽其自定，庶於中外情形，兩無滯礙。又將逾月，始來照會，定於十月初七日親遞國書。屆期偕蒲使等一同前往，由其外部預備官車。其大臣司丹立帶領，登樓晉見，鞠躬爲禮。蒲使陳詞，親遞國書訖，禮畢而出，仍乘原車回寓。往返一百五十里使者代擬蒲使致總署各憲漢文說帖四節云本大臣等於十月初七日，由英國外部司大臣特備火輪官車偕至温斯爾，係英君現住之行宮。七十五里至火車棧，又有由宮中派出之四輪馬車來接。進宮，由司大臣帶領本大臣與志大臣、孫大臣兩協理一同晉見。本大臣當面陳說，代中國大皇帝問大君主好，及貴國官民一切長享平安之福，中國切願兩國永遠和好，此次特派欽差專爲此事而來。即將國書當面恭遞。

大君主回問中國大皇帝好，又面言此次接見中國初派欽差，心中甚喜。辦理此舉，甚爲合宜。語畢，本大臣等退出。由內傳於別室，預備酒果，司大臣主席同坐。食畢，託司大臣代謝而出，仍乘原車回寓。第一節本大臣屢與司大臣談論交涉事務，將中國情形及在美國續立條約辦法，詳細告知。並云如果各國與中國辦事，必須彼此商明，兩相情願，然後辦理。不但可以永存和好，必且各國貿易日能興旺。若不論中國事體人情，勉强代爲辦理，不但難存和好，必致反耽誤各國貿易。司大臣甚以爲，然並云嗣後凡有欲與中國勉强干預辦理中國事務者，皆隨時申明此理。中國內地政事，原當自主辦理，本不願爲干預，所盼中國急於自求富强之術。第二節本大臣到倫頓時，正值中國各口洋商遞稟，多方要求之時。而地方新聞帋及中國新聞帋所言不近情理之說，亦傳來各處。衆論私揣，無不以中國欽差來此，另有他意。各口通商，應徇洋商之請，使中國勉强依從。並有從前在中國不得意之人，從中蠱惑。衆論紛紛，甚恐難辦。乃於本地有權官紳商民，無時不與接見，詳說中國情形與來此本意，無非使彼此永遠和好，貿易興隆。現在衆論皆息，新聞帋亦改易前說，以前偏見可以化解矣。看此變化光景，於中國事體似爲易辦。本大臣不勝快樂，諒諸大憲亦無不同深喜悅也。【略】

十九日英外部來洋文，譯其大略云：此次中國遣使前來歐羅巴各國，其意有二：一、恐外國設想中國與外國相交，有退縮之意，不但不與加好，且欲於照約通好之中，加以限制，今則來此特解其惑。二、恐外國不守和好，勉强欲中國遽改新章，致礙自主之道，今則來此以弭之。今英國並無勉强中國致干自主之權，切願向中國執政大臣辦事，不止與各省地方官會辦，並已札飭在中國之英國官員，遵照此章辦理，曉諭英民不但遵守中國律例，且應盡力與百姓之輿情相洽等語。因其文內，未將擅調兵船一節申明，旋又與以覆文，略云：貴大臣所云必須認真遵照條約而行等因，本大臣深以爲然。至於用兵一節，預恐人口、財產有補賞傷之事，可以用兵保護。事後如有賠補、治罪等事，務須申請北京總理衙門代爲懲辦。倘有未協，於未用兵之先，理宜將情形達知英國，斟酌商辦。貴大臣於本月十三日及今日會議甚明，今爲述明。此覆。【略】

二十日由英國倫頓起程，乘火輪車，東南行二百六十里，至都夫爾海口登輪船，望法國進發。【略】

（十一月）初四日蒲使行文法國外部報到，並訂遞書日期。

初七日，法國外部來文，約於初八日在署候晤。【略】

十二日，見法君那波侖第三，親遞國書。先期，准法外部洋文，譯稱本國接待使臣，皆按持平規矩。中國皇上有年幼之理，本國執政並未深求中國親接法國之書。雖法國使臣在北京未得按照此例，而我國今上那波侖第三，徑願親接國書，希將此意達於中國等語。嗣由其司禮官照會，定於十二日某時來接，某時親遞。是日，有陪伴官三員，乘官車御軍，至寓接至其宮門下車，至其朝會之所，有司禮官俟，傳知禮節。再進，爲朝見各國使臣之所，屆時傳進。正面設兩位，階三級，旁列衞士，國君立於三級下，司禮官臚傳帶見。使臣依次三進步，每步一鞠躬。協理恭賫國書，立於三使臣後。第一使臣面陳云：敬陳者，蒲安臣並並同事等，謹將國書遞上。查書內載：中國皇上特派蒲安臣等爲欽使，前來法國問貴國皇上好。切願撫綏法國，永慶太平。此次特派欽使前來泰西各國，實爲初舉。因各國欲中國照萬國公法，與各國往來。今中國順天下之輿情，同享利益，欲合中外爲一家。中國深悉西洋辦事皆本禮義，由於各國所派欽使與中國大臣辦理交涉事件，皆本公平正大，以免貪得無厭之心，息爭戰之禍。各欽使中，惟貴國所派前駐北京欽差伯爾得米爲力甚多，在中國日久本大臣等所深感者，現在中國同願公平辦事。能如所願，豈非之遠和好之良謀乎。蒲使述畢，法君那波侖第三面諭云：予今幸見中國欽使，使兩國友誼愈厚。予望從此兩國和好，日加進益。本國求貴國多加保護在中國之法國人民。至於本國，務令該人民遵守中國法律、風俗而行。語畢，協理將國書恭交使者傳於蒲使，親遞於法君那波侖第三親接。禮畢，退三步，每步一鞠躬而出。復由司禮官帶至君后處，進退如前。儀禮畢，由陪伴官乘原車送歸寓館。

又 卷三（同治八年）八月十六日，乘火輪車往北向瑞典土音綏頓國進發，夜過比利時國境。【略】

二十四日，往拜其外部大臣瓦司麥司得。

二十六日，晉見瑞君沙第十五，親遞國書。是日司禮官薩勒薩帶大禮車三輛來接，優禮也。宮外列隊以迎，禮官引進，先行通知，然後出迎。至內所，瑞君出迎。陳詞畢，親遞國書，訖，退出禮官伴送歸寓。【略】

（九月）初六日乘火車南行，向丹麻爾國進發。

初七日，至麻勒牟過渡，是晚乃至丹國勾本哈根都邑印各力客寓。行一千三百七十餘里

初十日，往拜其外部大臣各拉旋勒幾夫里受。

十二日，往赴其外部公宴，有各國公使爲陪。

十四日，其外部以宮車來接，見其君主各雷建第九，親遞國書。並見其君后、太子、公主焉。【略】

二十一日，乘輪船南行，望和蘭進發。丹距和國水陸。【略】

二十七日，其外部文稱，君主在鄉宮，數回回都，即行接待。隨即往拜其大臣歐宴司方蘭卜勒克。

十月初一日，在和蘭海各都邑。

初八日，見其君主吉尤門第三，親遞國書。是日，司禮官帶宮車兩乘來接。親遞國書如前儀，並見其君后、太子。【略】

瑞典、丹麻爾、和蘭三國使事既竣，均有回書。譯録瑞國書，略云國君問中國皇帝好，至高有權之主，今我國歡喜由所派之大臣交到嘉賞美意，同然有福。使彼此國家人民往來聯屬相好，因致意於皇帝，我國最喜常能日加親近，同然歡稱皇帝所派重任大臣之智能。惟望皇帝國運常隆，求上帝保護。

丹國書略云，國君與至高至善至權至大之大清國皇帝問好，甚爲歡悅，並謝所派使臣所遞極有睦誼之國書。亦望皇帝諒丹國君主甚同此意。所極願者，兩國共享升平之福，往來和誼日加，方爲可悅。並陳所派欽使等，足勝代達宸衷之任，得蒙皇帝恩寵。尤願帝祚延長，國家興隆，求上帝保護。

和國書略云，和國君主睦然問中國至高有權之皇帝好。欣由所派使臣，接得國書，足見皇帝願與和國愈篤睦誼。盼望皇帝相信，願竭力行至和誼至篤地步，願陳歡暢之情。至所派使臣等，係出色勝任之人。望與和國往來，和誼日進。和國必然堅固此誼，惟有彼此按最優之國優待人民，即爲莫大光榮。願皇帝榮華無疆，祈天降福。

十五日，乘火車東北行，望布路司國進發。【略】

二十九日，見其君主威廉第一，親遞國書。是日，司禮官帶四輪四馬官車來接。自寓至大宮，問列兵隊。至宮，排班進，旁列衛士，彩衣執戟。先至其外廳，次由禮官分班帶至朝所布君前，鞠躬爲禮。布君立於方台位前。蒲使面陳云：『予及同寅，謹奉國書於君主之前。中國皇上派我等代達上意，切願貴君主身眷福樂安康，并所屬人民興隆茂盛。』布君答云：『我格外歡喜接得國書。中國皇上派爾等來我跟前爲欽使，我一心欣切友誼。甚望與爾皇帝奉天命而治理朝廷，兩國共享平福。我喜爾等到此，趁此機會發出與中國皇帝相好心意。』蒲使恭賫國書，親遞於布君親接，禮畢，鞠躬退出。君后同時立於君位之右門外闌內，旁列侍女以示別。【略】

（十一月）二十七日布君約往宮中送行，贈磁面照像，以爲憶念。臨别與使者執手，囑云：願長無相忘。使者答云：使臣回至本國，儻遇辦理貴國交涉事務，必當認真秉公辦理，以答此行優待之情。布君頗有眷戀之意，蓋其胸襟闊大，常有推心置腹之概。此其所以固結臣民，而稱雄於歐州也。是夕，約往戲館看跳。

布君與后亦往，蓋前日宮中之聚爲官禮，此夕爲同樂也。使者與蒲使面商，布國交涉事務，須仍照英國辦法，扼要立定簡捷易行章程方妥。蒲使即與其外部畢大臣屢次會商，互行公文，定爲久遠遵行章程。去文大略謂，用力强求與公平緩商，分爲兩類，以辨其是非。又將歷辦各國願從公平辦法以示之。後將布國相待最優，中國知感，及中國條約有優與洋人利益數條，以爲中國進，益並無退悔限止洋人之據。旋准其來文，大略謂蒲使所言確實不差，深允所商，願爲存案。又謂北日爾曼百姓，願與中國共篤友誼。盟主國君，均願永順輿情。中國本宜存自主之權，保通商之民。並勸中國當無内憂外患之時，開無涯之利，勤工通商，日益富强。布國必從和好，相信辦事之道，助中國自主之權。【略】

同治九年庚午，正月初一日，在布都伯爾靈，行裝向上行三跪九叩禮，恭賀元旦。是夕，由伯爾靈起程，乘火車東行，向俄羅斯土音嚕司克衣國進發。【略】

初三日晚，至俄國都邑披得爾布爾，行二千餘里，有其國委員迎接，居羅斯客寓。自伯爾靈至此共行三千二百五十餘里

初七日，往拜其外部大臣大公爵闊爾查克夫，及其管亞細亞事務官司特勒木哈夫。

十二日，闊大臣來拜，云定於十七日接見。

十三日，拜其外部幫辦大臣韋司特滿。

十七日，見其安普爾譯言至尊也阿里克桑得爾，親遞國書。是日，司禮官以四馬官車來接至宮，有司禮官二導引，旁列衛士。又有其御前大官迎至客堂，少坐，備酒果。少選内傳候見。即隨司禮官進至内堂，君與后咸在，進前鞠躬爲禮。蒲使面陳云：本大臣與同寅，謹將所奉中國國書，前來敬遞，並代陳中國皇上一切美意，深願貴安普爾君、后及闔族共享太平之福，貴國臣民亦皆安居樂業。並容本大臣陳説，貴安普爾精細所派之駐中國欽使倭良嘎里，材幹優長，和睦公平辦事，致使中國生出欲與各國合爲一家之願。中俄二百年所結友誼，仍願將來永無間斷。

安普爾諭云：今日得見貴大臣，實爲歡悦。因貴大臣前來本國，足證中、俄兩國益篤舊好之據也。願貴大臣在此商辦交涉有益各事，將來兩國通商事宜，更見興旺。且今現有與本國同心合好之與國大臣爲中國欽使，更爲欣悦之至。禮畢，退出外堂，設飲饌焉，復至他室少敍。其内大臣言，内傳命欽使等於次日往宮中觀禮器。

俄君身體雄偉，神暴露而氣深穩，常偕其公主便服步行，游於國中，傍無侍從，與臣民猶家人父子，亦如布君。聞其在法都及在本國，而被賊人手槍所擊，皆不能傷，而游行如。故則信乎福命之説，未可誣也。【略】

二月初一日，在俄都披得爾布爾客寓。

蒲使故後，使者接任使事，行文俄外部及報總署。示覆，遵照。

初八日，往其外部，與司總辦官議事，據稱：俄與中國現有應辦數事，既有欽使前來，若能預爲言明意思所在，則後來彼此相知，易於舉辦。因問所欲辦者何事？司總辦即執洋筆向壁上地圖，挨次指而問之曰：本國欲由黑龍江經日本至中國東海岸，設海底通線。求中國在上海一帶指與無用閒地一段，此事即可辦成，於中國並無礙難，亦可有用水路，與陸路情形不同。使者答曰：此事早有定議，中國可行通線時，由貴國始。今此事未定，若遽允貴國，别國藉口催辦，中國一時未能通辦，豈不大費口舌？

又問：貴總理衙門已准黑龍江商民自願售賣米糧，而該處地方官抑勒商民，不准多賣。實於本國民食有礙，與和好之情不合。使者答曰：總理衙門允貴國在該處買糧，原係篤兩國之好。惟該處地寒民稀，耕種之地十不及一二，所産之糧因而無多。商販圖利，固願售賣。若任聽貴國儘力採買，本地糧價必昂，兵民即有食貴之慮，地方官豈能不爲籌畫。是以酌令商民售賣，既顧兩國和好，亦顧本地民食也。

又問：本國欲在東海濱省設立巡撫。答曰：貴國於該處設官，當先照會三姓副都統。

又問：張家口通商，不但貴國商人受累，即我國恰克圖商情亦日見消減。實英、美商南洋茶貨由西海浸灌，以致我兩國陸商受累。必須使陸路

之貨暢行，方能敵南洋水路之勢。願兩國明定彼此同有利益章程，庶我兩國之商情，不致盡爲水路所奪。中國商來本國並無限制。答曰：貨物流通，商情日益興旺，固我兩國所同願。然中國之稅務條例、關卡情形，未能一時變通。使中外商人兩無滯，礙則外商之路日寬，中商之路日窄，一定難行也。司云：如一直棍欲成圓圈，必緩緩用力，急則摺矣。中國自當設法，使同得其利也。

又問：今春秋派麗凌在科布多、烏里雅蘇台，與該處將軍、大臣議立通商辦法。因新疆變亂，西路通商之事皆廢。欲由此路開辦通商，以益商情。並向來原有零星買賣難，於稽查。是以欲立章程，以便彼此得辦。答曰：此事當與該處將軍、大臣酌度情形，方能議辦。

又問：新疆變亂，本國邊界受其滋擾。貴國或用兵力平定，或容其自立爲國，及早定辦，以免日久徒然受累，本國絕無欲得其地土之意。答曰：西疆之患，本國急於貴國。現在集兵調餉，力圖進取，並非置之不理。無論將來概用兵力平定。或另有辦法，總須用力征服之後，方可定議。若圖一時之安，將就了事，不但貴國難免擾累，即本國西面一帶，亦必永無安靜之時也。司公云：然。

又問：回疆哈什噶爾雅庫伯克自立爲國，常求我國認之，我國仍視爲貴國之亂人。而英國則由北印度與之相通，認爲自立之國，欲將中國茶貨，由此路行於西域，實於我國情形有礙。答曰：本國辦法，當與新疆同。嗣將面談各條，備華、洋合璧文，互換存案。【略】

（三月）十六日大宮約見，意在話別。至宮，見安普爾面陳云：今日奉約至貴國主前恭敬辭行，致謝多蒙優待。及與貴國外部大臣等商論公事，意見甚合。將來回國必然奏聞我皇上。嗣後遇我兩國有益之事，使臣等願爲盡心商辦。並祝長享大福，臣民利益。【略】

十八日，往其外部及各大臣處辭行。

十九日，往各公使處辭行。

二十日起程，乘火車望布國進發。

二十一日，至俄界威勒巴侖，行二千餘里，換布國火車。

二十二，日早，至布都邑伯爾靈。行一千二百五十餘里。仍寓羅馬店。

二十三日，往拜各國公使。

二十四日，正擬束裝啓行，適司禮官來云，布君定於次日，願在宮相見，可否暫留？當答曰：可。

二十五日，往見其君與后，命坐，言蒲使之死可惜。並云樂見使者，願將來再至伯爾。靈臨辭，執手道一路平安。

是晚乘火車起程西行望比利時土音別力西國進發。

二十六日，行一千一百里，至勾侖業換車。又行一百八十九里，至比國界威勒非業。又行二百三十餘里，至比利時國都邑比律西，住伯勒非魚客寓。自伯爾靈至此一千六百十餘里

二十八日，照會比國外部，大略謂：前同使蒲大臣病故，本大臣係同爲重任大臣。是以中外交涉事務，現由本大臣與孫大臣接辦。奉有國書，理應敬遞。如何辦理，希覆照辦。何日得與貴大臣會晤，並希覆知，以便就聆雅教。旋准照會，二十九日在署候晤。

二十九日，拜其外部大臣司提士侖。談次，將奉使通好之意，詳細宣布。據云伊國君主現在鄉官，數日即回。按歐州規，斷無不見中國欽使之禮。若中國何時允見外國欽使，比國亦願一律均霑。又云：伊國海口舊有礮臺，亦有工作處所可觀。願往，即當預爲傳知伺候。蓋欲先示其富强之勢，而後見也見。其副蘭伯勒孟，頗善交際，云：我國君民皆願與中國交好相。助本國雖褊小，從無與別國失和之事，常願調處別國之失和云。

又　卷四　（同治九年四月）初七日往宮中見其君主，親遞國書，其儀與別國同。使者面陳云：敬陳者，本使臣謹將所奉國書敬遞，並代陳我國皇帝一切美意，深願貴君主及合族共享昇平之福，貴國臣民亦得安居樂業。我國願與各國合爲一家，從此我兩國所結之友誼，永無間斷，日益加厚，是所切望。

此君答云：今見貴欽使甚爲喜悅。惟前蒲大臣在俄病故，未得會面，深爲惋惜。今欽差在此可服水土？身體安好？我現在深願與貴國相好，絕無他意，不必疑慮。如貴國有應行西洋一切有益之事，情願實力相幫。我國頗有諳習各樣好法之人，惟地方無多，用之不盡其材。如中國欲用，

情願前往出力。我國製造器物及挖煤各處，貴大臣可以前往細看。已通飭知各地方官，從優款待，以後惟願實心長久和好。禮畢而退。比君身頎而長，貌秀而文辭意深摯。曾聞其未嗣位時，由南洋至粵東，中華風景略見一班。是晚，約往其宮中晚餐，並會比君之弟福郎得勒王及其妃。【略】

二十八日晚，乘火車往南夜行，向意大力國進發。【略】

十一日，見意國君主委克都阿，親遞國書。是日司禮官帶官車來接至其宮中，晉見儀節與別國略同。面陳之詞與此國同。

意君答云：今見兩欽使，甚爲喜悅。承貴國皇帝特派欽使來遞國書，道達美意。即希在貴國皇帝前代爲致謝。兩欽差在我國可服水土？答云：木土與中國相似。問：看我國地方好否？答云：一路天氣和平，景致清秀，人性聰明，待使臣等和美。告云：我國那不爾地方甚好，可以往游。答云：容日前往。告云：惟願往來一路平安。答云：敬謝。禮畢，歸寓。【略】

七月初一日，在法都巴里司客寓。是日晚，乘火車南行，望西班牙土音衣西巴呢雅國進發。【略】

初十日，親遞國書如前儀。使者陳詞與和、比國同。

代君答云：我欣然得接國書。大皇帝派爾前來我國，我祝天爲中國大皇帝祈福，並人民興隆。諒我兩國人民有天生來之彼此愛悅。我國所屬之呂宋，與中國亦甚聯近，望兩國日益親密。本國永存真心，願永遠和好，無有間斷。希將此意轉達於大皇帝。禮畢，隨邀入內室。

代君拉與同坐，敍談一路寒暄。當即道一路多承優待而出。蓋外堂受書，爲代行國禮。內室敍談，爲自循常分。其動止頗爲合宜。後田司禮官帶往見其夫人於別館，並見其三子焉。代君與其夫人陪客，依次列坐，敍賓主之禮，略談而退。【略】

十三日，拜各大臣，辭行。【略】

（九月）二十四日至上海，自香港行二千一百五十里，住浙江海運局公寓。【略】

（十月）二十六日至京，因受海風，病憊甚，未能具摺請安覆命，遂寓於總理各國事務衙門。自天津行二百四十里。

或問周歷瀛寰，各國之意見究竟如何？可知乎？使者云：不必問各國之意見如何，但自問意見如何，則各國之意見，概可知矣。孫子云，敗軍引勝。孟子云，禍福無不自己求之者。法人內訌，布國興師，可爲西國殷鑑。不但橫而觀之天下，即縱而觀之古今，不過如是。孔子云：雖百世，可知也。

溯自同治六年十二月十一日，自總署乘公車起程，至九年十月二十六日回京，通計水陸行程一十二萬六千餘里。其在各處赴約游歷，百數十里內者，不暇計也。

論說

清·志剛《初使泰西記》卷二　憶自英國與蒲使會辦交涉，適值揚州滋事，英官擅調兵船，幾激大事。乃預籌辦法，謂中外交涉，最難解說，無如動輒恃强，以兵船爲辦事之具。若時常動兵，必誤商、政，實兩不相宜之道。蓋西國以通商爲正務，以兵船爲輔助。因兵誤商，非其本意。經蒲使從中多方開道，始得其外部公文，譯出詳繹其意，雖云不欲勉强，究竟仍思進益。乃尋出推重中國總理衙門之權，因以解各省英官之擅。其用心於中國爲緩手，於英國則爲扼要。惟其文後有論在中國之洋人遵守中國律例，與百姓輿情相洽之語，頗爲近理。實西國通行之公法，即可執此以平洋人之心矣。無如辦交涉者，非畏葸以釀之，即操切以激之。執是磊落其外，除回護而肯認真，空洞其中，化意見而能持平者乎？英國欲以重總署之權者，解中國英官之擅，而中國固可就此以達兩國之情。然總署之權既重，則所以責備者愈專。再四思維，使中國執政督責本國之地方官，與任聽外國兵船要挾各省之督撫，兩相較量，其得失可立覩矣。然現在總署辦理交涉事務，本多難處。若不認真，外國更必有辭。若再以洋務督責各大吏，豈不更滋物議。若不及時明定國是，使隔膜者徒滋謗議，而不肯濟其艱，勤懇者或存憂畏，而不敢任其事，則必至於日久因循，以至於決裂而不可收拾矣。若將英國所辦交涉辦法，飭交各省封疆大吏，勒限妥議，再將所議彙交在廷大小臣工會議。如有確實安頓外國不生枝節之術，自當盡情直陳，不准摭拾不切之陳言，徒爲知病無方，有方無藥之見，以誤大局。使天下皆知與各國交際，所以籌國計而保民生者，實實出於事勢之不得不然。而國是可定，人心可定，從此以求自强之人，行自强之道。庶不撓於局外，而可捍灾患於無形矣。

雜録

清·方濬師《退一步齋文集》卷四《覆文博川尚書書》 奉手諭，謹悉出使章程，今晚可脱稿。濬師所以一手經理者，議論多則胸無主宰，或顧慮游移反致疏漏，非敢以此見長也。明日寅正，濬師携章程稿赴朝房，候公閲定，再請恭邸細覈。倘須面奏召對時公等，即可先行奏明。志、孫兩章京已將公連日所示衷曲詳細告之，兩人皆謹飭，一路定能體會。公於出使事宜，蓄志久矣。濬師雖位卑，世受國恩，奚敢避危險。昨公知濬師老母七十，並無兄弟，深用體恤，是則濬師終身銜感者。雖然濬師年甫三十有八，報國之日甚長，重以公之相知，又奚敢不竭盡愚悃。竊惟今日章程之立，不專爲今日計實，爲後日計也。一事偶遺一語偶罅，在彼可以持，以要求在我，則又須大費唇舌。斌椿之行，特遊歷耳。今則諭旨煌煌，臨軒遣發使臣將命，當知朝廷用意所在。唐代李揆，宋代富弼、蘇轍彼何人哉？兩使臣其亦深高山仰止之思也。自古無不弊之法，法以杜弊而弊即生於法中。志章京滿洲舊家，忠勇成性，孫章京籍隸壽州，自逆匪縱横，一門叔姪昆弟斷脰飛首，爲國禦賊者，輒數十人。聞公保薦，奮袂願往，此二人皆隨公左右，公知其爲人，非自作毛遂也。

詔書一下，中外傳觀。既見優以崇銜，復羨予以重禄，正香山詩所謂無論能與否，皆起狥名心。恐不止弊在法中，必又變其名目於章程之外。他日夤緣奔競，終南捷徑，皆從此開，不宜不早審也。公嘗云，儲材宜豫，未有倉卒而能得材者。尤願公加之意焉。蒲安臣一席似乎蛇足，公謂籠絡外洋，正是英雄作用。濬師章程中，恰專重中朝兩使，故於印用關防，須由志孫兩使主持，不使他人干預，亦防其漸也。想公當以爲然，朱章京學勤頃以使臣見各國之主，禮節不可失朝廷大體。渠樞直事多，不時到總署，尚不知公與各國公使業已聲明。濬師所擬章程，亦堂皇嚴正也。關防銜字，濬師已先呈董尚書閲定矣。餘容面陳，謹先肅復。不莊。

崇厚出使法國分部

綜述

《夷務清本·恭親王奕訢等奏請簡派大臣一員親賚國書前往法國相機辦理摺》 （同治九年五月三十日）總理各國事務恭親王等奏：竊查天津滋事一案，臣等連日往晤法國使臣羅淑亞，籌商辦法。該使臣總以案關重大，必待本國之命而行，非伊所敢干預爲詞。查該使臣遇各省細故，皆暴躁異常，此次反若不甚着急，似伊已有定謀，恐成不測。其翻譯官德微理亞聲稱，此案有四件重情。最要者係拉燬本國旗號，其次傷斃職官，三殺傷本國人命多人，四焚燬教堂。所以伊公使不敢作主，看中國如何辦理。臣等因向各國使臣，告以法國倘因此事遽行決裂，於各國通商大有關礙。據各國使臣云，亦知法國因此用兵，於各國商情有礙，惟中國若無妥善辦法，各國即欲相助，亦難代爲居間排解。且羅淑亞性情躁急，其水師提督尤暴躁非常，現在各海口停泊，難保不遽爾失和，各國亦無詞阻止。若趕緊奏請大皇帝特簡大員，親賚國書，馳赴法國，先盡中國友誼道理。設伊提督等遽欲逞强，則各國自可從旁代爲理阻，否雖愛莫能助等語。

臣等查泰西各國，向以旗號爲重。如有拉燬情事，即與傷其國主無異，每每因此動兵。況加以殺斃領事各節，其勢尤爲可虞。各國使臣所云自系泰西各國實情，似非虚聲恫喝。且恐各國平時聯絡密於中國，若不從其所請，則各國受損，將來勢必協以謀我，其患更深。臣等再四商酌，迄無善策，祇好權其利害輕重，借圖挽回補救，相應奏請簡派大臣一員，親賚國書前往法國，相機辦理，或亦亟圖弭釁之一端也。至一切未盡事宜，容臣等隨時酌核具陳。

又　《三口通商大臣崇厚奏爲遵旨先行來京陛見情形摺》 （同治九

年七月十三日）三口通商大臣、兵部左侍郎崇厚奏：竊奴才於六月二十四日，承准軍機大臣密寄，奉上諭：崇厚已派出使法國，自應及早啓行。著曾國藩體察情形，如崇厚此時可以交卸，即著該侍郎先行來京陛見，以便即日起程等因。欽此。仰見聖謨廣運，欽佩難名。奴才伏查其時正值法使羅淑亞甫經到津，逞其虛驕之氣，與督臣疊次照會，固執己見，否則立啓兵端，情形萬緊。奴才以大局所關，大義所在，自應在津幫同曾國藩殫竭血誠商辦。但求於時事少有挽回，不致遽行決裂，當經督臣奏明令奴才暫緩晋京在案。嗣又欽奉上諭：毛昶熙著前赴天津，會同曾國藩查辦事件。欽此。

尚書毛昶熙，於七月初五日到津，次日即約同奴才，前赴威妥瑪、羅淑亞處，竭力攔阻，勸其在津辦事，不必晋京。奈其回京之意已决，堅執不從。現在羅淑亞、威妥瑪，已於本月初九、初十等日，先後起程回京。奴才思英法兩國使臣，既皆回京，是津郡目下情形，與月前稍異。奴才係奉旨出使法國之人，受命以來，已逾一月有餘，綸音涣汗，早經宣布泰西各國，誠如聖諭，自應及早啓行，以敦和好而彰大信。奴才早行一日，即可早安外國一日之心，於籌維大局，極有關係。奴才當與曾國藩、毛昶熙商明，相應欽遵諭旨，先行來京陛見。

至大理寺卿成林，奉旨署理通商大臣一缺，該京卿已銷假多日，自可來津。奴才擬於拜摺後，即行帶印啓程，趨詣闕廷，跪聆聖訓。所有奴才衙門應行交代事件，業已逐件清厘，統俟成林受篆，即將關防文件，一并派員賫交成林接收。現時署中日行事件，查照成案，飭派通商委員鹽運使銜江蘇補用道陳翰芬，代拆代行。并查明奴才歷次出差章程，遇有中外交移事件，暫用天津關監督印信。至衙署關庫重地，行文天津鎮道派撥弁兵小心守護外，所有奴才體察情形，遵旨先行來京緣由，理合恭摺具奏。

又 《三口通商大臣崇厚奏爲出使法國仰懇天恩俯加訓示摺》（同治九年十月初一日）三口通商大臣、兵部左侍郎崇厚奏：

竊本年五月三十日奉旨：三口通商大臣兵部左侍郎崇厚，著充出使大法國欽差大臣。欽此。當即具摺恭謝天恩。旋於七月十八日，交卸來京，跪聆聖訓。彼時因天津教案，尚未辦結，未能即時前往。現在該處教案，業經大學士臣曾國藩查明擬結，奏奉諭旨在案。

奴才自當即早起程，敬謹將事，宣布皇仁。所有應賫國書等件，即當祗領，恭賫前往。惟奴才賦性愚魯，當此重任，隕越堪虞。合無仰懇天恩，俯加訓示。俾得欽遵辦理。

御批：知道了。

又 《清政府致法國國書》（同治九年九月二十日）大清國大皇帝問大法國大皇帝好。朕誕膺天命，寅紹丕基，眷念友邦，永敦和好。同治九年五月間，天津民人因匪徒迷拐幼孩，懷疑滋事，先後派太子太保、雙眼花翎、武英殿大學士、直隸總督、調任兩江總督、一等毅勇侯曾國藩等，前赴天津，秉公查辦。又降旨令各直省督撫，嚴飭所屬地方官，一律隨時保護。嗣經曾國藩等將辦理不善之地方官，交部治罪。於刑部定議罪名時，復從重將已革天津府知府張光藻，已革天津縣知縣劉杰，改發黑龍江效力贖罪，以示懲儆。至滋事人犯，經曾國藩等先後審明情節輕重，當即正法者二十犯，問軍徒者二十五犯。并令各直省地方官，曉諭居民，毋再滋事，務期貴國之人，得以相安。至天津之事，變生民間，朕與貴國和好有年，毫無芥蒂。茲特簡太子少保、頭品頂帶、雙眼花翎、鑲紅旗漢軍副都統、兵部左侍郎、三口通商大臣崇厚，前赴貴國，代達衷曲，以爲真心和好之據。朕知崇厚幹練忠誠，和平通達，辦理中外事務，甚爲熟悉。務望推誠相信，以永臻友睦，共享升平，諒必深爲歡悅也。

《咸豐同治兩朝上諭檔・同治九年五月三十日》 奉旨：三口通商大臣、兵部左侍郎崇厚著充出使大法國欽差大臣。欽此。

李鴻章歷訪歐美諸國分部

綜　述

清・桃谿漁隱等《李傅相游歷各國日記》卷上 合肥李傅相早入講林，壯膺專閫，黑頭端揆，黃髮兼圻，埽南部煙霾，作北門鎖鑰，老成碩望，固環球五大洲所仰望而寤思者也。適光緒二十二年四月十四日，即西曆一千八百九十六年五月二十六號，爲俄皇加冕期，泰西各國均遣親王大臣往俄申賀，皇上特命傅相爲頭等欽差大臣往賀，因而徧歷歐美，觀西人之禮待優隆，知有以餍其仰企之素懷矣。

光緒二十二年正月十八日，節相請訓，皇上念其垂老遠行，賞次公子仲彭部郎經述三品銜，隨侍出洋，而樞垣諸公復以長公子伯行觀察經方歷任參使欽使，熟諳交涉事宜，儻隨行泰西，遇事可資贊助，奏奉恩准一並隨侍，節相乃陛辭出都。【略】

二十七日，乘海宴輪船南下，隨帶禮部于晦若主政式枚，分省道塔穆菴觀察克什納，記名道羅稷臣觀察豐禄，分省知府聯春青太守芳，林太守怡游，分省同知張久齊司馬柳，浙江候補知縣薛鳳嘴明府邦和，補用縣相憲章明府斌，縣丞麥佐之貳尹信堅，洪貳尹冀昌，及武員呂文經等十餘員。【略】

（三月）十八日，西四月三十號。使節至俄新都聖彼得羅堡，車甫停站，駐俄華官已迎候道左。站中懸國旗，樂工兵士立候，導衛下車，兵官迎之。駐俄欽使許竹篔少司馬景澄繼至，節相詢俄皇安畢，即乘俄皇所遣之御車入大客館。使節之至也，俄皇早爲之潔治館舍，有巨商巴勞輔者，以貿茶致富，商業半在華，故力邀節相駐節其家，不費有司供給，節相鑑其誠而許之。巴以軺車來迓，門前高搭牌樓一座，樓額嵌節相像，示專敬也。四壁高懸中國旗，窗門屏幛皆有中華文字，悉吉羊頌禱語。入門，氍毹鋪地，盆花紛如，其婦子出迎，行金盤獻鹽餅禮。俄禮，以鹽及餅乾置金盤，捧而獻，敬君父也，今以施之節相，其敬愛爲已極。旋奏中國樂，續奏俄樂，衣紅黄緞童子二十四人，各捧盤花，節相下車，雁行前導，散花布地，爲節相墊靴，巴之少女獻花球爲壽，其子弟四人，導入精舍，其中器具皆華物，飲食亦中華烹飪，巴之言語起居，儼一中華人。

二十二日，西五月四號。節相至柴絲穀栖卵行宫去俄都一百五十華里，西國君后多郊居請得山川清淑之氣，不止俄也。主客大臣導就旁室小憩，易公服詣小殿見俄皇及后，皇及后降座而迎，節相向上三揖，呈遞國書，並敬呈大皇帝遙餽俄皇頭等第一雙龍金寶星一座，大燭奴一對，白璧一雙，色絲顧繡大紅毯一幅，古銅瓶一對，二千餘年物也，嵌寶之珐藍瓶碟各事，靡不異常華貴。其致辭則代大皇帝申謝俄皇拒日奪遼之美意，敬賀加冕上儀，更願永敦輯睦。俄皇答謝大皇帝，並勞使節，禮成而退。幾有問節相來俄之意者，答以專賀加冕，便歷諸國，以資博考，爲他日回華整頓，裨得良法，與俄實無密約，交誼固厚也。

四月初三日，西五月十九號。英國駐俄欽差歐格訥大臣與節相有舊，是日就使署設筵，恭宴使節。

初七日，西五月十九號。使節移駐俄故都木司寇，俄皇及后先期已入故都也。俄外部大臣魯八諾甫親王，御前大臣達施考甫伯爵，先詣節館拜會，户部大臣衛德亦至。

十四日，西五月二十六號。已届加冕吉期。俄前皇愛烈珊德第三，舉行加冕大典，泰西目爲盛事，今皇聶格爾第二甫服闋，踵行之，先期函電四達，無論何洲何族，但有國名，即邀赴會。至日萬國衣冠，咸集木司冠故都，其屬地有若西伯里亞，小亞細亞，高加索，貴紳名士，僉來賀。英皇二子及太孫，德皇弟皆來賀。俄國駐英之欽差師帶勒奉召反國，襄理鉅典。日本派伏見親王至俄，代日皇行禮，兵部尚書山縣有朋則特選之賀使也。法都巴黎爲之遙祝，懸燈升旗，民皆輟業以嬉，官則停辦公事，兵則休沐，並赦兵之有罪者，其媚俄也至矣。俄以大典慶成，恩免民欠租，後十年内徵賦之半。赦罪，輕則釋，重減等。俄所屏者，猶太人耳，今亦同詣，故有猶太之三大教師在會。是日也，以樂工一種而論，多至五千人，又召集體面人民五十萬名，犒以果點。不圖以擁擠過甚，致多踐斃，俄皇憫之，賜恤甚厚。又查明父母雙亡之孤子，各予俄金二萬羅卜。節相獲觀盛典，顔色忻如，而爭就節相以瞻豐采者尤夥。

十五日，西五月二十七號。節相與駐英歐格訥大臣入見俄皇及后。

二十三日，西六月四號。節相復乘六馬御車詣紅材行宫，再謁俄皇及后，並致將赴德國意。既退，偕俄國禮官同乘車赴愛烈珊德大故宫，上駟院官騎馬前導，馬兵擁衛入宫，而宴皆中華肴饌。宴畢，俄皇及后亦至，譯員重導節相入謁，並許隨員入見，各勞以温語。互語移晷，迺退返館。

二十四日，西六月五號。計日赴德，往謝俄文武各員，並與話別。

五月初三日，西六月十三號。節相自俄境乘火車入德境，甫抵站，許竹質少司馬暨以次隨員，又德御前大臣，九門提督，京營督捕，皆候迎使節。上駟院屬官已御四輪六馬之皇車候道左，即登車，提督督捕率馬兵巡捕夾道衛護，直詣德都，途經丹接鎮，大船廠在焉，入廠，廠主呈極新船圖及地圖多幅爲贄。初，節相之銜命出洋也，德駐華武弁李哀德充嚮導，赫鷺賓摧使以天津稅務司德璀琳素承節相青目，命之侍行。今有德總兵前中國海軍副提督漢納根越境來迎。是日游廠中得三君，足擅舌人選矣。游畢，重登車，入德都，德皇先就該撒好司旅邸，澤曾皇居華貴者。備行館，介漢德二君，具知節相所嗜，起居御用，聲色臭味，悉投夙好，即雪茄煙、畫眉鳥，亦陳之几而苦之籠，其他稱是。入館中，德各官重入起居而後退從者導入寢室，壁懸攝影鏡，左中堂，右俾王俾士麥，王歷相德三皇，大有造於德，德人敬之逾於君父，以節相在華有補天浴日之功，每稱之爲東方俾士麥，攝影並懸，景想者深矣。

初四日，西六月十四號。午正二刻，德皇升耐芝堂，譯言宮中馬兵廠、昔普魯士王行大禮處也。召見節相，遣皇車四輛來迓，公子伯行觀察，羅稷臣觀察，德弁李哀德偕登第一車；節相與奉迓之鴻臚寺卿男爵游司登君及隨使譯員登第二車，餘登第三四車馬兵前導後擁，肅穆無譁，抵外庭，鑾儀衛容兵宿衛，森然植立。游卿導下車，偕各官趨入紅樓門，兩翼御林，立無隙地。既抵大門，遙見德皇南面坐，親王貴戚及百官各序侍，將近階，隨員止步，節相獨捧國書而入，向上三揖，敬呈德皇，致頌詞，並頌及德先皇。大意謂中德邦交逾於諸國，仗義索遼，實銘厚德。語至此，隨員遂將所齎珍物數品，陳之御座。節相又謝曾遣武員教練華兵，並款待使臣至優極渥之厚誼，代皇上敬謝德皇，申致皇上與德皇互相欽愛之意。頌畢，譯員操德語覆述，德皇頷點數四，取案頭預製答詞親誦一過，德璀琳権使操華語述之節相，頌節相以大才能、大名望、老大臣，意謂中德從此益敦親睦，並祝中國金甌永固，長享太平。又謝我皇上致書盛意，並勞節相遠來，大賓辱光，無限欣忭之語，言形於色，意餘於言，節相復向上三揖辭出，乘車回館。

初五日，西六月十五號。節相專拜德外部馬旭兒男爵弼箔賜丹大臣。少頃，外部來答拜，並恭代德皇贈以金鋼鑽石紅鷹大十字頭等寶星，又以同類之頭等寶星贈公子伯行觀察。下午，節相展覲德皇之祖威良第一皇陵，暨皇祖妣陵，循西例製上品黃玫瑰花圈，綴以青桂樹葉，下有花葉，紮一牌文，曰李某敬奉大德國威良第一皇，安置陵巔，禮成而退。

初六日，西六月十六號。未初初刻，德御前大臣傳德皇德后命，請節相茶會於新皇宮，即博芝丹行宮也。皇與后親爲主席，德相何恩禄，外部大臣弼箔賜丹及各大臣命婦皆就列，各國駐德使臣暨節相隨員，許竹質少司馬，亦自柏靈乘車而至，就座食點畢，德皇請節相同至御教場閱御林軍操法，德皇升寶座，鑾儀衛官預仿中國製以大紅緞籤，張之寶座，右下設虎皮椅，請節相坐。總統御林軍大臣傳令開操，凡坐作疾徐，進退離合，有人操華語以告節相。少歇，又演之皇及節相之前，德皇命少進，蓋恐節相年高目力不及遠也。旋又分兩陣，既幻且齊。節相不覺失聲嘆曰：『苟使臣得此十營，尚何麼麼之足慮，況其多乎！』閱畢，辭歸。戌初，與漢納根軍門，德璀琳権使，偕登皇車，赴來復槍廠，廠主婁君迎入，幷備小安車，使人推之，狀如東洋車，特易前挽爲後推耳。俾節相坐游以節勞。廠匠六千名，機器四千副，每處略觀大概，時已歷一點半鐘。美人麥心，精製砲，婁君重聘致之，節相至此，觀之最久。又有造手槍處，名曰寶休，能於臨陣改作馬槍異常靈便，婁口講指畫，節相向婁君拱手稱羨，並云回國當向貴廠購利械。【略】

十四日，西六月二十四號。往基兒海口觀海軍。

十七日，西六月二十七號。節相預與俾士麥王約，訪諸其家，即乘火車造王邸，夾道觀者蜂屯蟻聚。車停，俾王聞節相至，盛服俟於門首，相見而揖，皆身長玉立，風采偉然既近，相與握手立談，譯員旁侍代傳問答語。俾王曰：『噫！大國位尊望重之名臣，何幸霄而辱臨敝地！』節相注視而後言曰：『向聞西拉內的譯言高且爵、如穆然在雲之上、蓋尊之也。之大功德，不解何以造到神妙不測地步，今見西拉內的之目，如見心矣。』俾王曰：『勞黼鐵納絲譯言高貴勝氣象、亦尊之也。已成就奇勳矣。』節相曰：『去西拉內的遠甚。』俾王曰：『大好大好，總之，我等不過自完本分耳。』語次，尚未登堂，見節相有勞色，肅入敘坐，互述老景。節相問王體何如，俾王曰：『夜恒不能熟寐，甚苦之。』節相曰：『僕且常痛。』俾王曰：『僕幸不痛，惟不能終夕睡。』節相以觀傷示王曰：『痛尤劇曾染風疾也。』旋入座，食點，隨員皆在座。節相曰：『僕之來謁，有一事乞清誨也。』俾王曰：『何事？』曰：『欲中國之復興，何道之善？』俾王曰：『惜相去太遠，貴國政事平日未嘗留意，無從懸斷。』節相又問何以圖治？俾王曰：『以練兵立國基，舍此無策。夫兵不貴多，一國兵數不必逾五萬，特年必少技必精，斯所向無敵。』節相曰：『中國非無人之爲患，無教習亦無兵法之爲患，僕蓄意三十年，終無以變弱而爲强，赧愧滋甚。今五洲精兵莫貴國若，異日回國，必仿貴國制練新軍，惟教習須貴國是賴。』俾王曰：『練兵更有進者，一國之軍，不必分駐，駐中權，扼要地，無論何時何地，有需兵力，聞令卽行，然行軍之路，當先籌焉。』又曰：『敝國王相何恩祿，與僕同事三十年，才長幹濟，內治外交皆盡善。』又曰：『中德永睦，僕於一千八百八十四年與曾侯曾惠敏公。會議，同懷此意。』筵撤，有人持儀器入，或鏡或筆，爲二公留影。俾王旋出一册，皆天下名賢翰墨，請節相命筆，節相忻然書之。若曰，僕聞王盛名三十餘年，不過如空谷應聲，今見之，直如劍氣珠光，不敢逼視。譯員譯而述之，俾王謙不敢當，臨別復揖讓久之。是日也，爵相著黄馬褂，德國素無品級服，俾王佩紅鷹大十字寶星，而首冠御賜之玉冕，手執先皇之介圭，腰佩登壇之寶劍，之三者，自德先皇威良第一謝世後，無第二人得其賜，俾王亦非遇大典禮大朝會罕有一日而三事具之者，今以之款節相，其敬節相也至矣。【略】

二十三日，西七月三號。將起節赴和蘭，亦曰荷蘭。到哭龍姆，將出德境，祖帳既撤，譯員代節相宣言，大意謂德所望於余者，購置各事，今恝然竟去，勿須失望，回國後有所購製，必於德乎取之。

二十四日，西七月四號。節相率諸隨員自德意志而至和蘭，卽入海格都城。初和蘭王聞節相將至，先遣前使中華之瑙缽大臣，特往德之哭龍姆，出境爲導，較郊迎之禮爲尤重矣。既與節相同登火車，約定同入和都，偕就和廷預備之行館，薄浣征塵。當和王得節相登車之電報，復遣四顯官鵠立於車站之外，代王郊勞，節相下車小憩，和蘭文武各官第三隊出迎，卽請改登王輦，送入行館，隆禮殊文，絕無僅有，節相入行館後，略一徘徊，重登王輦，往拜其外部大臣，傾談良久而返。是夕，外部張宴以款使節。

二十五日，西七月五號。節相出自行館，游於和京之名藝院。是夕，和廷賜宴於海濱之水物凝恩宮，和太妃及和公主之繼位爲王者，皆遣女官代作東道主人，比來和王謝世，無子，王太妃聽政，而立公主爲王也。宴畢，優伶獻歌舞之技，珠喉玉貌，並世無倫。節相大悦，卽席賦詩，極道海濱風景，並深美彈琴詠歌之善。戲臺上懸一道紅幛，金書華字五曰：『五福壽爲先』，節相尤愜於懷而喜於面云。

二十六日，西七月六號。節相率數隨員入宮，覲見王太妃及幼主，謹呈大皇帝所餽之古瓷古銅諸器，及絲緞名茶等物，王太妃謝而後受。旋以金獅子大十字寶星貽節相，又以和文所稱之納稍賓星貽公子伯行觀察，諸隨員亦各得寶星之賜。禮畢，王太妃親賜宴於便殿，盛饌既撤，王玉妃舉觴遥祝皇上福壽無疆，節相答頌王玉妃暨女幼主太平萬歲。宴畢，辭歸行館。皇上所餽和廷禮物，則古瓷瓶一對，約五百年前物，景泰窑大瓶一對，五彩畫甆茶盃一筒，皆工細絕倫；雪青宫錦織成四季名花大緞金綫緞各一端，亦皆華塵無匹；茶葉四箱，色淡而味濃，此種名茶，聞產自皇陵之禁地旗槍中，無上上品也。節相此次來和，惟行主賓投報禮，不關訂約聯盟。【略】

二十八日，西七月八號。節相率隨員辭出和都，乘火車至和邊之樂約潭改車，向比利時進發。和國外部暨新疆部諸大臣送至車站，殷勤珍重而別。時比利時王聞節相遠來，先遣御前大臣男爵某君偕文武各官至界畔恭迎。御林軍肅立車站之旁，排班行禮。卽日出和境而入比境。既下火車，換登比王御輦，御林軍夾道擁護，直入蒲拉坝都城預備之行館，男爵某君陪坐，爲言『王爲世子時，本爵隨侍至華，既至北京，驚接先王噩耗，倉卒言歸，今王聞中堂戾止，輒憶前塵，以本爵曾詣貴國，飭今奉迓』云云，節相再三致謝焉。

二十九日，西七月九號。未正，男爵某君又以御輦至，迎節相入宮，節相執禮甚恭，比王亦降尊延納。既而各操方言，比王頌大皇帝萬壽，大國永享昇平，節相答頌，並致皇上遣使來聘之意。譯員又啓於王曰：『李某言比利時與中國交誼甚洽。』復告於節相曰：『王言余爲白蘭鵬公之歲，曾至貴國，今中堂復辱臨敝國，彼此深知情勢，此後益加親睦，可預卜也。』節相辭出後，蒲垃圾府尹導游辦公之大局，節相留名焉。是夕比王宴節相於宮中，節使隨員，本國大臣命婦，各國欽使參隨，均集。宴罷，節相偶吸煙卷，非歐西大宴之禮制也，比王不欲顯貴客之失，即命取各種煙卷徧餉座上，書此非以揭賢者之失，正以見西人之敬節相也至矣。是日也，法蘭西部院大臣會議國政，並議及節相到法待以何等之禮，既而詢謀僉同，謂當視爲國家之大賓，遂發國帑先賃定巴黎大客邸爲行臺。【略】

六月初三日，西七月十三號。清晨，節相率隨員登比利時火車，比官恭送如儀。及抵法境，並不停留，直詣法蘭西巴黎，車站早已懸掛彩旗，高升中國龍旗，道旁又有迎護之馬步各兵，一切豫備齊整。車輪甫停，法宮中素日帶領引見之大臣馬拉疊，代外部尚書行導迎禮，法廷簡命御前大臣某武員飭今常隨使節者，亦至車站，中國駐法使署各員，亦紛紛呈遞銜名手版，節相一一接見畢，換登法廷遣迓之御車，車制擬於王者，法民主禮延貴賓始用之也，車行，取道入大行臺，即法廷發帑預賃者也。【略】

初五日，西七月十五號。法外部漢諾多尚書至行臺答拜節相，延入談三刻許始去。既而他部堂官陸續拜會，中有康司丹者，當光緒十二三年間，服官於北京使署與節相素稔者也。又有前在中國海關之某法員亦與有舊，特來晉謁。【略】

十七日，西七月二十七號。節相往觀造槍局，局中以秘法造槍，不容外人入內，祇以節相未諳機器學，許入游觀。總辦局務大員暨外部兵部等官，追陪偕入，身憂頗知府欲步後塵而不許，其慎重可想而知。總辦留食午點畢，節相辭出，登法廷特撥火車，至聲協蒙觀試放來復槍，及配入戰船之鋼砲，均贊不絕口。

十八日，西七月二十八號。使節回巴黎。

十九日，西七月二十九號。節相至外部又與漢尚書議事，並發電回華。

【略】

二十三日，西八月二號。節相辭別法國諸貴官，即就哈浮海岸登法廷特派送客之商輪，浮海至英，泊騷腩哼墩大海口，中國總稅務司赫鷺賓權使德之弟赫政，前在東方之今任海軍提督脫來西，自華告假回英之汕頭領事官師古德，整肅威儀，登舟奉迓。且言敝國政府以某等曾奉清塵，豫遣奉迎旌節，並問中堂勞苦，安否何如？節相方答謝間，中國使館龔、曾二君及英國商務局董，騷腩哼墩各官，先後登舟投刺請見，節相延入客廳，依次敘坐。脫來西軍門當中國創立海軍之始，曾主中軍之桴鼓琅威理軍門其後任也。與節相雅相契合，此際班荊道故，歡若平生，節相追念前勳，因言『老夫甚望軍門重來敝國，倘貴君主需才治賦，則望派充太平洋總帥，藉以近聆清誨，所謂不得已而思其次也。』軍門謙遜數語。師古德領事言：『僕奉朝命，得以日陪左右，中堂如有所需，即請隨時明告，自當代爲處置也。』節相稱謝者再，旋問履歷，知其久官中土，因問『能操華語否？』領事即以華語相答，彼此不覺失笑，謂適間空煩傳譯之勞也。商務局董及地方官寒暄畢，因言：『按照儀注，今日初次奉迎，分應公具一箋，宣讀頌詞，以申敬意。』節相辭焉。時已申初，衆皆舍舟登陸，乘英廷特撥迎客之火輪車，計機車一輛，客車四輛，行李車二輛。酉正，駛至倫敦，機停輪止，中國欽差龔仰蘧星使、率各隨員候迎於車站旁，星使病尚未痊，傴僂扶鳩，偕節相步行入車站。使館參贊麥嘉禮君，旋導英禮官某君恭代禮部尚書行奉迓禮，其先至英京之長公子伯行觀察，暨隨員等則與中國新關總稅務司派駐倫敦辦事之英員某君，另班稟見。君主特派高大而華美之禮輿名藍道者四輛，各配雙馬，御者皆穿大紅號衣，業已預伺道左。龔星使麥參贊先登第一車，如嚮導然，代禮部尚書之禮官從之而登。節相出站，登第二車，譯官羅稷臣觀察從之。各隨員亦次第登車。車站左右英人之聞而來觀者，獲見儀容，咸紛紛脫帽高呼，同聲懽忭，節相頷以答禮。俄而馬馳車驟，直抵行臺，譯員稟稱此係考登侯故邸，今爲議院貴紳瑯司密私第，地處倫敦之中央，出入較便，院宇亦較多，故英君主特命發帑賃之，以安中堂之行李，節相感謝不已。當降車入門之際，門首之圍觀而歡呼者，一如車站，門內旗竿改懸中國旗幟，黃龍飛舞，益壯觀瞻。入室，則器具精良，陳設周備矣。

二十四日，西八月三號。節相憩息於行臺，意態閒適。午後，欲往雲紗宮，或作温則宮。蓋君主行幸别宫，例許人入内觀游也。順道兼可觀紫禁城，衹以舟車勞瘁，未免疲乏，遂止。然仍留入行程單，冀乘便一游也。龔星使將設席使館，爲節相及諸隨員洗塵，先躬詣行臺致意，云座中有英國外部古爾遜侍郎，中堂幸賜寵臨，得以先通款曲也。居停主人瑯司岱貴紳，特備藍道游車及高車各二輛，遣人傳語，可以任意閒游。酉初，節相與龔星使，伯行公子，師古德領事，同登第一藍道車，駕以灰色大馬四匹，先出行臺，諸隨員或登第二藍道，或登其他馬車，同游於九達之衢，縱觀傑閣之巍峨，慨然興今古賢豪名垂不朽之想。英國多留名國或有望像者。既而穿出於深樹叢林，其中古木參天，蒼翠霏微，潛襲衣袂，又令人有泉石想。至於市肆之盛，闤闠之多，亦足一開眼界。比其反也，馳驟於皇宫外之御道，英例亦不之禁也。傍晚赴使館踐龔星使之約，晤古爾遜侍郎，各恨相見之晚。

二十五日西八月四號。晨，節相息偃於書室，聽麥參贊與羅觀察代商見客治事日期，緣初意在英勾留四禮拜，已訂定美洲坎拿大郵船公司輪船回華。不得不於七月十四日由英赴美，是以在英之日少促，當另費斟酌也。申正，居停主人又以游車二輛來，各駕黄馬四匹，節相與伯行公子師領事乘第一車，赫政與仲彭次公子乘第二車，往拜英相兼外部尚書沙士勃雷侯。既入門，節相換乘椅轎，兩人舁以登樓，沙侯迎於梯旁，同入公事房，導者引長次公子謁見沙侯，禮畢，衆皆退。節相及沙侯談一點鐘，節相辭出，仍乘椅轎下樓，舁送登車。御者展軨效駕，遂至下議院，院中惟古侍郎識節相，導引入内，特惜是日議員殊少，無甚可觀。越半點鐘出院，嵌尚書送上馬車。節相復至上議院，有一貴紳迎之門外，相將俱入，院正中設有君主御座，常日蔽以白綢，至是特命啓之，任節相審諦一周，旋共坐略談辭出，門外漢知爲節相也，懽呼不已。

二十六日，西八月五號。巳初，節相整肅衣冠，伯行公子齎捧御書，仲彭次公子暨隨員分賫御贈珍物，出自倫敦之考登爵邸升英廷預備之禮輿而至火車站，蓋將覲君主於行宫也。行道之人，忽見禮輿及御者之紅號衣，又見車中端坐衣染鵝黄之貴叟，旁坐猩紅冠頂之貴公子，無不駐足以立，接耳而語，其知禮者，則更脱帽而呼。赫政、師古德、麥嘉理及天津醫院西醫官遏温等，送至車站而别。英廷特備之火車，按候展輪，未正，行抵樸芝模，英戰艦叢泊之海口也，候迎於樸芝模車站旁者，有英國水師提督沙門軍門，斐利曼特而軍門，即中日之戰在東方觀戰者也。暨海岸總統水師之雷恩軍門。伺迓於海中者，有矮孛打御船，節相自站登舟，入一小艙，陳設之華，罕有倫比。既而從者畢登，御舟解纜。旁泊之維多利亞大戰船，是以君主之氏爲名者也，鳴砲十九聲，待頭等公使固應爾也。矮孛打緩行水面，以是日正舉賽舟之戲，游船林立，不得不迂曲其途以避之。迨近淮忒小島之考意思碼頭，藍衣水卒排隊於岸，矮孛打船甫下碇，節相安步登岸，英官皆盛服出迎，禮儀優渥，或過於德法二國，惟不尚燈綵之浮文耳。英廷飭備朝車，駕以四牡，鵠候道旁，海面奉迎節相之兵輪，則又旌旆飛揚，威嚴肅穆。時則沙侯已先坐遏芬官艦駛至維忒島而入行宫，節相聞報，留傔從於舟中，即挈中兩隨員上岸，自登第一輪朝車，英禮部尚書可禮物，水師提督脱來西，羅稷臣觀察，聯舊偕登，師古德赫政，早由他途來，與伯行仲彭兩公子乘第三車，直向宫門進發。既抵奥歭澎行宫，節相降車入待漏之一斗室小坐，英太子威理時親王，太孫堯刻上公，先奉君主之命，候迎貴客。迨聞使節已至，先後趨出，諸貴臣之在宫祇候者，亦隨太子太孫出行款接禮。太子遣譯員傳語慰勞，傅相爲謙敬答，亦以譯員傳語。少焉太子率太孫暨諸皇族告退，光禄寺卿備點筵於印度齋，貴臣肅客登筵，齋中木衣綈錦，土被綈繡，微露粉牆，皎如霜雪，節相顧而樂之。肴核既至，恐腹有積滯，敬領誠意，不敢徧嘗。沙侯時在筵中，英國諸名流畢集，節相遂一晉接，略覺疲倦，深恐入覲愆儀，意欲小憩，宫中早爲之豫備靜室，節相乃離席而入。沙侯則與諸貴人同食畢，禮部尚書可禮物導節相重入印度齋，與沙侯對坐者，爲統領英倫海面全軍之水師提督客缽兒，前駐東方海面，與節相素稔，因而共倩舌人互談往事。沙侯入内重出，即宣旨，略謂君主業已升殿，請中國大臣覲見，遂躬作嚮導官，節相從之，伯行仲彭兩公子，羅稷臣觀察，暨赫政，師古德，脱來西，依次隨入。既至正殿，節相向上肅立，仰見君主，端坐金漆交椅，身御元衣，首披白紗，左臂繫白羅帶，下懸金盒，已故駙馬都尉德王子小影在焉。君主之左，太子，太孫妃，皇族，爵妃，及宫主，郡主等諸貴女；

其右則太子，太孫，暨皇子賜拜德上公，其後則宮中給事之男子，皆雁行序立，肅靜無譁。沙侯趨前啓奏，大清國李使臣到，君主折腰以迎之，節相行三鞠躬禮，手執頌詞，操華語郎誦訖，復行一鞠躬禮，隨授之伯行公子，操英語宣讀，若曰：『上啓大主君，使臣奉本國大皇帝欽命，航海至大英國，敬向大君主起居萬福，名壽無疆，今日使臣得覲玉容，更蒙禮接，實屬幸事，更願兩國之交，永敦輯睦。』旋就仲彭次公子手中恭捧金龍黃緞大御封，中貯國書，以授沙侯，轉呈君主，君主受之，旋製詞作答。若曰：『卿跋涉長途遠適我國，朕甚喜卿之至，卿言中英敦睦，正合朕意。』譯員傳語訖，君主起立，折腰相送，節相復向上一鞠躬，率各隨員而退。君主仍立原處，目送節相趨出殿門，始入正寢。當節相敬聆譯語之際，太子引赫政、師古德、脫來西以臣禮見君主，太孫堯刻上公，則奉母妃馳返舟中，蓋節相欲謁見太子妃也。節相既返矮孛打御舟，憩息艙中，舟師起碇，開傍太子妃之奥峙澎即以宮名爲名。御舟，擸齊而過，行敬謁禮，太子妃親爲節相照一小影，時正下午進茗之際，太子妃留節相於奥峙澎，命太孫堯刻上公及幼郡主陪食茶點，約徘徊半點鐘辭歸。矮孛打隨卽展輪言返，迨將入樸芝模海口，節相得見一生平未見之事，蓋是時英京年例大閱海軍，合戰艦一百餘艘，各奏爾能，具存安不忘危之至意。節相初定至英之日，正可憑軾而觀，衹以在法勾留延宕，各艦操畢，已陸續散歸防次，而現泊於樸芝模者，尚存四十七艘，分列兩行，如山之立，矮孛打舟師奉英廷之命，駛入艦隧，冀邀嘉賓之青睞，藉伸地主之赤誠，是以改打緩輪，先繞出其首列之行，繼復曲摺盤旋，穿出於第二行之間。統計兩行中，凡大鐵甲船二十七艘，巡海大快船二十艘，滅水雷船及雷艇厥數尤多，適符佐理巨艦之用。節相欣然色喜，所不待言。各艦當矮孛打駛近時，皆先下旂而忽升旂，艦中自都守以次各官，督率弁兵，列站桅隧，艦中更軍樂大作，以敬上賓。矮孛打繞過二周，直向樸芝模進發，復聞各艦砲聲大作，蓋奥峙澎尾隨而至，英太子在焉，故鳴敬主之砲也。艦砲方止，台砲又鳴，則矮孛打業已進口，樸芝模升砲十九響，以敬頭等欽使，似此彬彬有禮，信無愧大國軍容矣。酉正，節相登岸升車，與隨員至樸芝模旅邸暫作寓公，是日君主贈以維多利亞頭等大十字賓星以天主之名爲名。一座，又以維多利亞二等賓星與伯行長公子，英人以爲得未曾有。【略】

七月初七日，西八月十五號。與沙侯晤談，是末次會談增稅事。

初九日，西八月十七號。節相至英前相格爾斯敦私第或作杞辣士端，省文曰杞公。談次，節相言我國各行省必造鐵路，斯於四通八達。又道及澳大利亞洲華謂之新金山。限禁華人之謬，杞公曰：『澳大利亞洲雖屬於英，然出於其人之願附英，實不能遙制以權也。』談話畢，節相乃歸館。【略】

十一日，西八月十九號。節相將去英赴美，爲期已近，前曾增築英將軍戈登空墓，並修偉像，洪逆之亂，戈登將軍曾爲中國出力。又奉西凡有功在人間者，皆築空墓，並立偉像以寄仰慕。欲於像下添築塾座以壯觀瞻，今以行期已促，特屬英員代爲修築其像在曲欄翻爾革，空塚在聖堡爾，節相並於塚上獻以華塵花球，用表景仰。

二十一日，西八月二十九號。清晨，節相由英境乘輪抵美國紐約城。先是美政府與中國駐紮華盛頓公使商推，援照前年接待西班牙油辣苦哇公爵之禮待節相，使節既至，美官遠迓如儀，其隆文繁節，與歐洲埒，更有數萬體面商民，執旗列岸而迎，脫帽歡呼，萬聲如一，此歐洲各國儀節所未及者也。既至客邸，美官重入起居，節相因海輪勞頓，遂小憩一日。

二十三日，西八月三十一號。起節赴華盛頓，美官迎入行臺，時美民主大總統苦裂布蘭度氏避暑他出，節相此來既聯邦交，必須面謁美總統，遂定日暫返都城，與行庭見禮，儀節略如歐洲各國。【略】

二十六日，西九月三號。總理教會大善士數十人，公謁使節，爲言久仰盛名，幸辱賜顧，且謝保護在華之教會，俾傳道之士，歷年免於阻撓之害，節相謂：『孔子之道與基督教之道，大略相同。惟一則己所不欲，勿施於人，一則己所欲者，必施諸人，差有廣狹之別。然孔子不又云仁者己欲立而立人，己欲達而達人乎？』某西士對曰：『中堂特專就人事立論，自爾莫不相同，然人與人相接僅人之一倫耳，基督之教括天人物三大倫，廣遠高深，天下實無其匹，是故分人倫而爲五，於天無涉，於物無與，而尚有人力所不能盡之處，人事遂退處於無權，耶穌教人不但使不治人而已，凡人分之所應爲，神卽與之以能力，使之登峰造極，必有大奏奇效之一候，故其命弟子曰，汝往哉，偏傳福音。上天下地之權，盡賜汝矣。諸弟子衍其薪傳，將二千載，卽遇極惡之人，極難之事，而賴神力以默爲佑助積時成歲閲人成世，必使萬惡盡歸一善；萬難盡歸一易而後已焉。夫孔子之道，猶車輪焉，人知車輪之能轉，而不知其何以轉；耶穌之道，猶御者也，御者轉其車輪，行乎萬里，耶穌傳其教法徧乎五洲，歐美之興，基於此矣。』觀西士言，雖曰道其所道，其亦有道乎哉。

二十七日，西九月四號。赴納戩來福。

八月初一日，西九月七號。赴士郎士，使節少憩，卽赴飯老佛。

初八日，西九月十四號。自飯老佛乘美國太平洋輪船公司船赴巷港，所經東洋横濱各海口，未登岸。

二十六日，由横濱乘廣利輪船到天津，文自制軍王夔帥，武自提督聶軍門，以次皆赴唐沽大沽一帶，恭迓使節，唐沽天津兩車站支搭綵棚，懸掛燈彩，工部局及各西商亦結棚幕，徧懸各國旌旗，中掛龍旗，如衆星之拱北，至晚使節未至。

二十七日晨，德律風傳語，知廣利輪船已入大沽口，砲台兵艦及各隧均鳴砲排槍以致敬，使節既至唐沽，相爲慰勞，十點鐘乘華車赴衛，十一點鐘抵河東車站，與中西各員接見畢，登輿入河北行轅。

九月初二日，王制軍設音尊於海防公所，爲節相洗塵，以次公宴。

十一日，節相赴都覆命，既抵京，仰蒙召見。

蔡爾康等《李傅相歷聘歐美記》卷上《專使記略》 光緒丙申，四月月幾望，西一千八百九十六年五月廿六號。俄羅斯國聶格爾第二新皇加上尊冕，歐美同盟各國俱遣親賢重臣往申賀悃。中國之得返遼東侵地也，俄有力焉。至是，欽命太子太傅、文華殿大學士、一等肅毅伯合肥李儀叟傅相充頭等欽差大臣，西例頭等欽差代君行專至尊貴也。特赴俄國木司寇故都。《聖武記》作莫斯科，今沿用《泰西新史攬要》譯文。降貴紆尊，臚懽敦睦，禮也。

又 《俄軺記略》 三月十八日，倫敦露透電報總新聞局專電上海云：俄廷知李中堂使節將抵窪疊沙海口，飭備款迎儀注。望日，中堂舟至，俄官迎之，致敬以盡禮。

俄都彼得堡書言：西曆四月二十七號華三月十五日，李中堂舟抵窪疊沙海口，二公子及各隨員從焉。俄國陸軍元帥率文武各官，同登御船，恭迎使節。少焉。傅相登岸。

俄兵列隊護送，導以中俄旗幟，佐以亞歐音樂，施邐而至行館，儀文隆異，得未曾有。且使節未到之前，業已預備妥洽，碼頭左右，升旗挂彩，色色鮮明。使節既到，卽由俄國光禄寺官致送饅首及鹽，視爲上客，俄行俄禮也。從碼頭至大客館，沿途肅静無嘩；館門之外，復有俄兵防護。是夕，地方官請中堂至戲園觀劇。中堂精神甚好，神情甚喜。回念入口之前，俄船已遣礮船迎接，遂與是晨在海岸恭迎之兵士人等，一一加以犒賞。【略】

三月廿二日西曆五月四號，俄都彼得堡書官：中國頭等欽差大臣李傅相銜命前來，代賀加冕大禮。本日，俄皇命以御厩之五馬駕金朝車迎入行宮。主客大臣導就旁室，小憩片刻；傅相改穿公服，徐詣小殿，參見俄皇。皇降座親迎，情文優異。傅相恭呈御書，並呈各種禮物，致詞晋頌。俄皇謝而後受，卽製詞以答頌。既而互談各事，歡洽逾恒。良久，傅相始興辭而退。

又云：使節初抵碼賽埠，既有俄國某親王奉其皇命出境遠迎，旋卽同舟共濟。聞諸俄親王言：傅相所奉國書，備道中俄交誼之厚，不及其他。『我俄亦不欲別立盟約，反致多生枝節；惟願實力維持中國，不任他國凌逼，更不許他國割取寸土。蓋期保華者，卽以保俄也。』【略】

六月四號華四月廿三日，傅相率隨員晋謁俄皇俄后。俄廷預備六馬朝車，敬伺於火輪車站；傅相乘之，直抵紅村行宮。俄御前大臣迎入朝房，小憩片刻，始趨入殿。俄皇及后南面坐，傅相向上三揖，呈遞國書，并敬呈大皇帝遥饋俄國大皇帝『頭等第一雙龍金寶星』一座及各種賀禮。内有古銅瓶一對，二千年前物也；配以嵌寶之砝藍瓶碟等，皆甚華貴；又有巧制大燭奴一對，白璧一雙，色絲顧綉大紅毯一幅，鏤金錯彩，不愧天家珍品。

迨至展覲禮成，傅相率隨員同登特開火車馳出紅村。旋偕俄禮官同乘國車，前赴愛烈珊德大故宫。上駟院官騎馬前導，馬兵若干名後護。入宫小坐，盛筵已具，山珍海錯，悉仿東方之制，蓋俄廷本有中國庖人也。傅相等與俄御前大臣及朝貴多人領宴畢，俄皇俄后踵至，譯員重導傅相入謁，情誼尤爲浹洽。俄皇并許各隨員依次入見，各以温語勞之。比傅相等辭出之際，宮外有鑾儀衛容兵排班肅立，蓋優異無出其右矣。

又《**德軺日記**》 五月初三日，中國頭等欽差出使大臣李儀叟宮太傅爵中堂，自俄境登火輪車而入德境。甫抵車站，遥見有上國衣冠如雁行之肅立者，中國駐德大臣許竹篔少司馬暨以次各隨員，出自柏靈恭迎相節也；又見有異邦劍佩如鷺序之隨班者，德國御前大臣、九門提督暨京營督捕，奉德皇之命而郊迎也。中堂下車，華官脚靴手版，鞠躬爲禮；德官脱帽露頂，握手爲禮。德國上駟院屬官已御四輪六馬之朝車，俟於道左；旋即執策授綏，展軨效駕。提督率馬兵全隊，督捕率巡捕一班，夾道護衛，迤邐向德都進發。【略】

初四日午正二刻，德皇升『耐芝堂』譯言宮中馬兵廠，昔者普魯士王行大禮處也，召見中國頭等欽差大臣李鴻章。先遣朝車四輛，至『該撒好司』行奉迓禮。中堂長公子伯行觀察經方、隨員羅稷臣觀察豐禄及德弁李袞德君登第一車，中堂與德國奉迓之鴻臚寺卿、男爵游司登君及隨使譯員某登第二車，諸隨員登第三、四車，同向皇宮進發。德馬兵排齊隊伍，前導後隨。夾道聚觀者，共嘆爲肅穆威嚴，罕有倫比。

既至外庭，鑾儀衛容兵及宿衛兵森然植立。游爵卿導中堂下車，諸官畢下，各整衣冠，趨入紅樓門。御林軍排列兩旁，几無隙地。既抵『耐芝堂』大門，遥見德皇南面正坐，親王貴戚暨大小文武百官，濟濟蹌蹌，咸就厥位。威儀隆重，凡皆以敬大賓也。

將近堂階，隨員止步，中堂獨捧國書而入。向上三揖，敬呈國書，且致詞曰：使臣震仰皇威，已歷年所。今來貴國，親見朝野上下之德行教化。益信鴻名遠播之貴先皇，貽厥孫謀，盡善盡美。寸衷羨慕，莫可言宣。矧蒙適館授餐，款待之優，逾於常格。使臣德薄能淺，何以克當？然即此一端，已見中德之友誼，實較諸此外有約各國，更形洽比矣。西報有曰：中堂甫自俄來。後此復將往法，而獨向德皇作此語，未免失辭。至敝國去年之禍，托賴福庇，俾遼南數地失而復得，五中銘感，至今不忘。堂下隨員聞語及於此，遂貴珍物數品，敬陳御座。中堂又曰：使臣在國久任直隸總督，志欲别練新軍。早知貴國陸軍，雄冠五洲萬國。曾蒙恩遣數武員航海而東，訓練華兵。重以敝國頻年購械鑄船，皆蒙慨助，俾敝國軍中得知戰陳之新法。此情此意，山高海深。伏念使臣欽佩貴皇帝匪伊朝夕，常願中德兩國式好無尤。惟恨職守所羈，不能遠詣貴朝廷一傾誠悃。今年忽奉使歐之命，頓忘老邁，星夜遄征。允可幸者，今日得親遞國書，轉致我大皇帝與貴皇帝互相欽愛之意，并遂使臣面達尊敬之忱。惟冀貴皇帝知我大皇帝命使臣遠來之意，從此中德兩國之交，傳諸子孫，永遠無極。下懷縷縷，不勝眷念之至。

譯員旋操德語復述一周。德皇點首者數四，旋取案頭預製答詞，親誦一遍。德璀琳權使操華語述於中堂，曰：朕今奉迎大清國頭等特使、大才能、大名望、老大臣，中懷欣悦，匪言可喻。又知老大臣之來德意志，率有新美文憑，表明貴皇帝與朕暨德意志全國益敦親愛之意。朕亦願披露真誠，以矢瓊瑶之報。更願自今以後，中德交誼，匪特不減於昔日，抑將更增於他年；而且中德兩國，同有日長炎炎之勢，共享升平之福。朕願借老大臣回國之便，傳謝貴皇帝致書之盛意。遥祝大國金匪鞏固，寶祚綿長。并頌老大臣旅社駢蕃，多福多壽；凡在敝京都敝國境游歷之日，安穩暢適。藉申朕喜卿來，無有敢阻之誠意，不勝慶幸之至。

中堂聆畢，復向上三揖，敬謹辭出。仍登原車，由原路旋返『該撒好司』。翌日，德國京報備録中堂與德皇獻酬原文，以重其事。【略】

倫敦《中國新聞紙》此報多紀華事，故名。云：亞洲中國之大臣，比來奉使而至歐洲者，歲不絶書。然以在華之功業言之，恐無能出李中堂之右；且以在歐之名望言之，亦恐無能與李中堂相侔。是故踪迹所至，觀聽一傾。筆有所書，書中堂也；口有所説，説中堂也。且俄、德、法、英各報，無不争相傳述。甚至衣冠翎頂，聲音笑貌，悉爲之逐細描摹，猶恐不能涌塔毫端，粲花舌底也。或用攝影之鏡，或借傳神之筆，不啻金鑄少伯，絲綉平原。更無論其居心行事之合宜，動容周旋之中禮，務先覩以爲快，恐失晨之貽羞矣。然亦有不免誤會者，非訪事之疏忽，則傳譯之紛歧也。訪事人或用短寫之法泰西訪事人有以點畫勾角之類自作記識，歸而具録成文者。凡議院之記言，公堂之録案，以及酬酢往來諸大事，無不尚之，名曰短寫法。人語甫竟，我筆亦停，蓋便捷莫有加於此矣，或發擇要之電，不憚煩瑣，不惜經費，抑且時不論早晚，事不論詳略，總而言之曰，洪纖畢具，微顯胥賅而已。

若論中堂之在中華，入朝爲宰相，在軍爲元帥，臨民爲總督，交鄰爲通商大臣，西人無不重之。或更緣德國有賢相俾士麥，中堂適與之遥遥相對，遂稱之爲『東方俾士麥』，中堂已早有所聞。俾士麥之在德也，歷相三君，化邦爲國，德之榮名，忽焉蓋世。一切軍國大事，往往俾王爲政，德皇多垂拱仰成。中堂傾慕之忱，亦復匪伊朝夕。今幸垂老遠游，竟至王立功之地。王亦素耳中堂名，兩美既合於一方，兩賢豈厄於一見？故王雖致仕家居，久不與聞國政，及稔中堂駕至，亦復東道情深。

又《和軺小志》 五月二十四日，李中堂率諸隨員，自德意志而至和蘭或作荷蘭，即入海格都城。初，和蘭王聞中堂將至，先遣前使中華之璐鉢大臣取其知中國禮貌，且與中堂相稔也，特往德國哭龍姆，出境爲導。蓋較郊迎之禮，爲尤重矣。

二十六日，中堂率數隨員入至和宫，覲見王太妃及女幼主，謹呈中國大皇帝所饋之古磁、古銅諸器及絲緞、名茶等物。王太妃謝而後受，旋以『金獅子大十字寶星』貽中堂，又以和文所稱之『鈉鈔寶星』貽公子經方，諸隨員亦各得寶星之賜聞中堂電咨總署，請頒發寶星一百五十座，以備犒勞。禮畢，太妃親賜宴於便殿。盛饌既撤，王太妃舉觴遥祝皇上福壽無疆，中堂答頌王太妃暨女幼主太平萬歲。宴畢，辭歸行館。

和都訪事友附志於後曰：謹考中朝聘禮，古瓷瓶一對，約五百年前物，景泰窑大瓶一對蓋磁面而銅里者也，五彩畫瓷茶杯一筒，皆工細絶倫；雪青宫錦織成四季名花大緞、金綫緞各一端，亦皆華麗無匹；茶葉四箱，色淡而味濃，聞産自皇陵之禁地，旗槍中無上上品也。中堂之來和也，惟行主賓投報禮，冀中和之永敦睦誼，不關訂約聯盟。

又《比軺小志》 比利時王聞中堂遠來，先遣御前大臣男爵某君，偕文武各官至界首恭迎。御林軍肅立車站之旁，排班行禮。五月二十八日，中堂出和境，即於是日至比都。既下火車，即登比王御輦，御林軍夾道擁護，直入蒲臘薩都城預備之行館。男爵某君陪坐，爲言：『王爲世子時，本爵隨侍至華；既至北京，驚接先王噩耗，倉卒言歸。今王聞中堂莅止，輒憶前塵。而以本爵曾詣貴國之故，飭令奉迓行旌。』中堂深致謝枕。

二十九日未正，男爵又以御輦至，迎中堂入宫。中堂執禮甚恭，王亦降尊延納，既而各操方言以相問答。譯員啓於王曰：『李某言：比利時與中國交誼甚洽。』復告中堂曰：『王言，余爲白玉鵬公之歲，曾至貴國。今中堂復辱臨敝國，彼此深知情勢。此後益加親密，可預卜也。』

中堂辭出後，蒲臘薩府尹導游辦公之大局，中堂留名焉。是夕，比王宴中堂於宫中。中堂隨員、本國大臣命婦、各國欽使參隨均集，聞中堂於宴罷之際偶吸烟卷，非歐西大宴之規制也。比王不欲顯彰貴客之失，即令取各種烟遍餉諸賓。其敬之者，至矣。

又《法軺日記》 五月二十九日西七月九號巴黎電報云：昨日，法蘭西部院大臣會議國政，遂議及李中堂到法後，宜待以何等之禮節。或謂，當視中堂爲王國之賓。諸大臣詢謀僉同，遂發國帑，先賃定巴黎大客邸以作行臺。

六月哉生明西七月十三號，中堂預定使法届期，即於是日清晨，率隨員及僕從人等登比利時火車，比官恭送如儀。

及抵法境，并不停留，直向巴黎都城進發。遥見巴黎車站外，早已懸挂彩旗，并高揭中國龍旗；道旁又有迎護之馬步各兵，一切預備齊整。車輪甫住，法宫中素日帶領引見之大臣馬拉叠，代外部尚書行導迎禮。法廷簡命御前大臣某武員，即飭令常隨使節者，亦至車站。中國使署各員，則脚靴手版，羣遞銜名。中堂下車，一一接見畢，换登法廷遣迓之御車車之體制擬於王者，法民主禮延貴客則用之，取道入大行臺，蓋即法廷發帑預租者也。試爲賦《緇衣》之詩，適館授粲，儀文隆重，今詎有異於古所云哉？

初四日，法國改立民主節期也上海法租界每年此日懸燈同慶。中堂踐約來游，借觀慶典。清晨，先拜外部漢諸多尚書。巳初，自行臺乘法御車至一粒西古皇宫，馬兵夾道擁護，端嚴肅穆。既至宫外，小憩朝房，民主福兒傳命延入。中堂率隨員歷陛而升，鞠躬有禮。民主中立，法相暨諸大臣雁行旁立，均肅客如禮。中堂旋呈國書，操華語致詞畢，法大臣疊佛禮精於華文，以法語譯告民主。若曰：使臣早聞大民主聰明睿智，深得民心，即位以來，惟以利國利民、輯和與國爲當務之急。伏念法蘭西爲歐羅巴古名國，聲教四馳。遠與敝國締交，亦已多歷年所。比自滇桂界址□若畫一，睦誼益敦。去歲日本奪我遼南，復荷鼎言，光復故物，彌承眷顧。友邦之盛意，感佩莫名。重念使臣綜理外交，於今卅載。貴國官商紳士，噬肯適我，多與聯縞紵之歡。常冀曲達徽忱，以睦鄰封，即以盡臣職。今蒙皇上恩命，授爲額外欽差大臣，恭詣貴國。使臣喜國書之親遞，縱使日暮途遠，皆所不畏。伏願大民主恩留盟府，俯鑑永以爲好之悃忱；從此歐亞兩大邦互慶升平，同躋隆盛。下懷惓惓，不勝鼓舞頌禱之至。

民主聽之，喜溢眉宇，製詞答謝，略曰：『余甚喜貴大臣之遠來，深願竭誠盡敬以相迎。異時旌節遄回，更願代余及敝國轉奏皇上深冀貴國升平隆盛之微意。抑貴大臣勞矣，請即館舍。』中堂乃三肅而退。下午，復命駕至演武廳。蓋法將軍正借演武以申慶，特請中堂憑軾而觀也。

又《英軺載筆》 光緒二十二年六月二十三日西曆八月二號，中國頭等欽差、文華殿大學士、一等肅毅伯李儀叟傅相，辭別法國諸貴官，即就哈夫海岸登法廷特派送客之商輪，浮海至英，泊於騷脯哼墩大海口。

二十六日巳初，傅相整肅衣冠，長公子經方賫捧御書，次公子經述暨各隨員分携御贈珍物，出自倫敦之考登爵邸，升英廷飭備之禮輿而至火車站，蓋將朝君主於行宫也。【略】既抵奥峙澎行宫，傅相降車，入待滿之一斗室小坐。英太子威理士親王、太孫堯客上公先奉君主之命候迎貴客，迨聞使節已至，先後趨出。諸貴臣之在官祗候者，亦隨太子、太孫出行款接禮。太子遣譯員傳語慰勞，傅相執謙敬答，亦以譯員傳語。少焉，太於率太孫暨諸皇族告退。光禄寺卿備點筵於『印度齋』，貴臣肅客登筵。齋中木衣綈錦，土被絺綉，微露粉墻，皎如霜雪，傅相顧而樂之。肴核既至，顧恐腹有積滯，敬領誠意，不敢遍嘗。

沙侯時在筵中，英國諸名流畢集。傅相逐一晋接，略覺疲倦；深恐入覲愆儀，意欲小憩。宫中早爲之預備静室，傅相乃離席而入。沙侯則與諸貴人同食畢。禮部尚書可禮物導傅相重入『印度齋』與沙侯對坐，旁坐者爲統領英倫海面全軍之水師提督客鉢兒，固前駐東方海面，與傅相素稔者也。因而共倩舌人，互談往事。

沙侯入内，重出，即宣旨，略謂君主業已升殿，請中國大臣入見，遂躬作向導官。傅相從之，李經方、羅豐禄、李經述、赫政、師古德、脱來西依次偕入。既至正殿，傅相向上肅立。仰見君主端坐金漆椅，身御玄衣，首披自紗，左臂繫白羅帶，下懸金盒，已故駙馬都尉德親王小影在焉。君主之左，太子太孫妃、皇族爵妃及宫主、郡主、縣君、鄉君等諸貴女；其右，則太子、太孫暨皇子賜拜德上公；其後，則宫中給事之男子，皆雁行序立，肅静無嘩。沙侯趨前啓奏：『大清國使臣宰相李鴻章到。』君主摺腰以迎之。傅相行三鞠躬禮，手執頌詞，操華語朗誦訖，復行一鞠躬禮，隨授長公子李經方操英語宣讀，若曰：『上啓大君主，使臣奉本國大皇帝欽命，航海至大英國，敬問大君主起居萬福，名壽無疆。今日使臣得覲玉容，更蒙禮接，實屬三生有幸。更願兩國之交，永敦輯睦。』旋就次公子李經述手中恭捧金龍黄緞大御封，中貯國書，以授沙侯，轉呈慈覽。君主坐面受之。旋製詞作答，若曰：『卿跋涉長途，遠適我國，朕甚喜卿之至。卿言中英輯睦，正合朕意。』譯員傳語訖，君主起立，摺腰相送。傅相復向上一鞠躬，率領隨員而退。君主仍立原處，目送傅相趨出殿門，始入正寢。【略】廿八日，中堂在倫敦。上午，憩息於君主賜居之考登爵邸，意甚静穆。來拜之客雖多，不過略與周旋，多命長次兩公子暨各隨員司迎送。惟英相兼外部尚書沙士勃雷侯，恭賫君主在『奥峙澎』行宫傳賜『維多利亞頭等大十字寶星』一座而來，中堂整衣迎入，約談半時許始別。下午，中堂出行臺，答拜藩部、海部兩尚書及外部總書記官。

又《美軺載筆》 光緒丙申七月二十日西八月廿八號，李中堂率隨員人等，由海程行抵美國紐約『紐』，譯言新也。【略】二十一日，中堂在紐約行臺。民主克利蘭率其外部大臣馳抵紐約，假前任海部大臣府第爲行宫。按美國當盛夏之時，議員例皆乞假休沐，民主亦蕭閑無事，覓凉爽之地以避暑。今聞中堂至美，將遞國書，不欲使嘉賓有跋涉之勞，即日紆尊遠至。似此情親意摯，實屬得未曾有。然非中堂之賢，其何以得此於民主哉！中堂聞報，恭捧國書，率領隨員，共登朝車，敬謹入覲。問答歷半點鐘之久，語甚浹洽。

辭出後，中堂回行臺，俄國駐美公使來拜。是夕，美國前曾來華之欽差總領事以次各官，暨大小諸商人，醵金特設盛筵，聯名請中堂赴宴。肴饌既畢，賓主舉觴相屬。諸人聞中堂答謝之語，無不暢然意滿。語爲西報所不詳。

二十二日西八月三十號，中堂出自紐約行臺，至前民主格蘭德寢園，有宿草矣，爲愴然者久之。從者以鮮花環進，敬懸墓門，循西禮也。富德立公子迎於松楸之外，陪同行禮既畢，中堂卽造其家，答謝迎於舟次之盛意，兼請見其母格夫人。【略】二十六日，傅相在美國華盛頓都城之矮林墩大客館。辰正，乘馬車而出，京營守將飭派馬兵夾道護送，迤邐至議院。下車入內時，則殘暑未退，議員皆不入宜，故院中闃其無人。使相入其藏書樓，縱覽一周出，復登車至中國使館。中國駐美使者楊子通星憲儒肅迎入座，互談時事，留食午膳，卽返客館。美國大船廠主顧蘭德來謁，傾談甚久。【略】

二十八日，使相出自美都，率同隨員人等登公家特備之火車，將往英屬之坎拿大。至英美交界處，停車小憩，改乘馬車，往觀泥矮加瀨大瀑布。噴珠濺玉，注壑奔巖，懸天半之長虹，洗塵中之倦眼，使相顧而樂之，徘徊不忍去。瀑入溪澗，淫爲大川，上架鐵橋，可通車馬。英官盛飾公車，迎於橋左。於是，巍巍相節，遂辭美界，而又入英界矣。夜宿行館，供張甚盛。

初七日九月十四號，使相乘火車至萬古闞。郵船公司主人聞報，恭迎車次，奉導登舟。舟中預備一切，無不妥洽。萬古闞地方官先迎後送，情文周浹。更有華人無數，從美境及各處而來，拜送節麾，誠敬無比。舟將起椗，海中駐泊之英巡艦鳴礮恭送。使相向坎拿大大吏辭行，其末語有云：『本大臣水陸所經，歷承優待。中心感激，莫可言宣。至於沿途所遇之景色，忽而熱如盛夏，忽而冷似嚴冬，雪海火山，無不備見，其爲欣幸，又豈在尋常意計中哉！』俄而汽笛聲喧，舟出大洋，遥指日本國進發。蓋環繞地球，將周遍矣。

論　說

蔡爾康等《李傅相歷聘歐美記》卷上《法軺雜論》　倫敦《震旦特報》云：法國各報於中堂使法事不甚道及。惟某大日報作長論一首，追憶一千八百八十四五年間，中堂辦理交涉之事。按是時正值越南難作，貽禍中華也。并言今謁見民主，深感代奪遼東大德，未知他日到英將作何語。蓋不免含譏誚之意焉。

某法人致書《特報》云：中堂今至我法，其隨員中幾盡人能操英語，而無一能操法語者，豈不大奇？

《特報》又云：聞奥斯馬加朝廷致書中堂，願言枉顧。中堂辭以精神委頓，時日迫促，不獲來覲貴皇，良深抱歉。意大利朝廷亦專使奉書邀請中堂，仍以前語辭之。

法報有言中堂至法以來，民主待之有加禮，竟糜帑至法金百萬福蘭克，此皆民脂民膏，豈容浪擲？《内閣官報》猶中國《邸抄》也乃刊列實帳云：法廷代中堂預備行臺及舟車一切費用，不逾法金八萬福蘭克，或可云英金三千磅約合華銀二萬兩。行臺賃值，三萬福蘭克耳。

傅相之將歸也，法民主敬致藍色花瓶一對，名曰『賽法兒』，約高英度五尺，囑爲轉呈大皇帝。瓶身雖略小，然出自古窑，歐洲瓷器中無上上品也。

又《英軺豫論》　英報云：李中堂之來吾歐陸地也，大事也。且不特出人意表已也，問諸中堂，亦或夢想所不到。考中堂於此二年中，忽起忽落，甚至去其衣翎，人皆爲中堂危。然中國似此處分，往往而有。且中朝又覺其爲不可少之人，故與日本會商和局，必屬中堂，他人亦不敢膺兹重任。歲在乙未，中堂經歷之難亦殊不少。其在京師時，各貴人皆恚之。至二月間以西曆計，忽爾新翻花樣，派充頭等欽差，竟代親王行禮諸大國賀俄之使，大半皆王公貴胄，是則又使之出人頭地矣。三月間亦西曆也，中堂持節過津。寓津各西人聞之，無不喜出望外。迎而賀者，争先恐後。豈不曰沉則九淵，升則九天，爲西方未有之事乎？然在華則不甚奇也。及至舍亞而赴歐，由彼得堡而至木司寇，深表中俄之輯睦，又以知中國至今日亦已洞悉欽使一官望尊責重，日後各國欽使至華，當不至目爲入貢之陪臣矣。

或曰：中堂之出洋也，不達時務之貴人妒而屏之也。其確否吾不敢知。惟念中國親王，素不出京，猥曰出洋？其不能爲頭等欽差代大皇帝行事者，勢也。中堂久稔外交，各國亦深知其名望；且到歐之後，諸事又可突過他人。然則頭等欽差，舍中堂其奚屬哉？

吾等又知中堂愛西方長世字甿之善教，超出於諸華官之上；歐洲人又以中堂久爲華人之領袖，愛之重之之心，亦倍勝於他華官。中堂胡爲而不來哉？

且中堂蒙皇太后倚畀之隆，值茲國勢阽危，深懼報國心長，致身日短；幸有賀俄機會，得以遍歷各大國，永締和好平安之局。自天聞命，伏地請行；歐洲君相，亦共鑑其忠誠矣。是故旌節所至，車馬歡迎。及謁見各國君王，更願按其宮階、符其名望、合其品諸詣而優待之。

吾等尤望中堂與隨使諸員，既歷歐洲教化之善國，皆中心欽佩曰：歐洲之强，不第在形象之末也，道德與材藝幷進，文學與武備交修。異時回華而仿行焉，庶幾不虛此行矣！

又　卷下《美軺附論》　美國教會報云：中國大臣與我教會中人覿面傾談，道及儒教之聖道與基督教之福音，頗似同條共貫；惟一則『不欲勿施』，一則『所欲必施』，爲各別耳。竊謂若使專就人倫立説，基督教固別無表異也；然而基督之道，上通乎神，下格乎物，中交乎人，非他教之偏而不全者比也。猶未已也，基督所立之道，不但綱舉目張，儼使人有規模之遵守；又使人得默助之力，見義而能勇赴，有豫冀之恩，有志面可竟成。故推究到極至處，儒教與基督教之別，實在於生氣之有無。基督教活潑潑地，遇事皆興高采烈；儒教則冷清清地，見端惟居敬主静。而國家盈虛消長之機，亦卽於是判焉矣。

專使大臣前往德國致歉分部

綜　述

載澧《使德日記》　大清國大皇帝敬致書於大德國大皇帝陛下：

朕維中國與貴國訂約以來，信使往還，輯睦無間。前歲貴國親王來京，朕迭次接見，情誼尤爲款洽。乃上年五月，義和拳匪闌入京師，兵民交哄，貴國使臣克林德竟至被戕殞命。該使臣銜命來華，辦理交涉事件悉臻悉協，朕甚嘉許。不意變生倉卒，遽爾捐軀。朕自維薄德，未能先事預防，保護多疏，疚心曷極，已於該使臣死事地方，敕建銘志之坊，用以旌善癉惡，昭示後來。

茲派醇親王載澧爲欽差頭等專使大臣，親齎國書，前往貴國呈遞。該親王分屬近支，誼同休戚，特令竭誠將命，以表朕惻悔之意。

又，此次貴國勞師遠涉，戡匪安民，和議早成，生民無恙，尤德大皇帝顧全大局；幷令該親王代朕道達謝忱，惟望大皇帝盡棄前嫌，益敦夙好，從此我兩國共享升平之福，永聯玉帛之歡。惟大皇帝鑑察焉。

此爲余辛丑七月廿二日在大德國呈遞云。載澧識

頌辭

我聖主中國大皇帝特派本爵奉使貴國，親齎國書，躬自呈遞。上年中國肇亂，甚至有違公法，殃及貴國使臣，我國大皇帝尤爲軫惜。遣使致歉，我大皇帝早有此意，而適與公約不謀而合。本爵誼屬宗親，茲奉朝命，專使來德，面達我中國大皇帝實心抱歉之忱，可以表白於天下。所以派及本爵者，更見格外鄭重之意。

此次中國遘斯巨禍，變起倉卒，累及貴國，君臣焦勞，商民虧耗，實非我國朝廷意料所及。然我國大皇帝仍援引古語『萬方有罪，在予一人』之義，歸咎聖躬。故遣本爵前來，用伸此意，幷奉我國大皇帝特諭，恭頌貴國大皇帝、大皇后暨嫡親諸人身體安善，天降百祥。且望兩國邦交彌加敦篤，有如雨霽天晴氣更清爽。而兩國人民情通意洽，益相親睦，共享升平之樂，此本爵誠意切祝者也。

德國皇帝答辭

貴醇親王駕臨本國，既非因有喜慶，亦非尋常問好，原爲痛悼慰唁之事而來。前我國駐紮北京使臣克林德，在京都地方被中國官兵戕斃，似此違背公法，實屬罕見，各國聞之，無不引爲大耻。

貴親王適言，此次所有之事，貴國大皇帝實深惋惜，幷及圍攻使館，戕害洋人，均非貴國大皇帝本意，余亦可信。但似此所爲，均在當時主持此事諸臣，罪無可避。現雖遣使致歉，彼等亦難辭咎。惟望諸臣日後辦事

遵守公法，勿違各國文教通行之俗。尤願中國大皇帝日後辦理國政，嚴飭臣下，謹守此法，則上年中國所有之事化爲烏有，不但前嫌盡釋，兩國人民仍歸舊好，且於中外教化亦均有裨。自此以後，同登仁域，共享升平之福，余實有厚望焉。【略】

（五月二十七日）起程。辰初三刻到永定門車站。送行者恭邸及那侍郎桐、胡侍郎燏棻、徐京卿壽朋等暨各部院人員約數十餘人；德公使穆默、荷公使克羅伯、日本公使小村壽太郎暨川島橋口，并總税司赫德等亦有數十人。握手話別，情意殷殷。德國軍隊作樂相送，部伍整齊，日本亦令新練中國巡捕排隊侍送，衣械鮮明亦頗可觀。

周旋禮畢，偕六、七兩弟暨侗侄登車，於辰正三刻開行。由永定門外，過豐臺各站，至楊村車站少停。洋人携小手鏡照像。一路雨澤沾足，禾稼郁茂。

未初一刻，至天津老龍頭車站少停。天津道張蓮芬率屬來迎，天津税務司德璀琳亦來迎，并餽午餐，甚爲潔整。用餐畢，少談。

未正開車，過軍糧城，申正到塘沽，德國軍隊作樂相迎。塘沽車站支搭行臺，懸挂各國旗幟，中外商民觀者，街衢堵塞皆滿。又有洋人照像。

【略】

（七月）十二日

入瑞士界。

瑞士多大山，車出入山洞中，大小四十余處，長者百里，瞬息經過，使人目眩神移。

自今早起，計停車六處，以所過魯生地方風景爲最佳。魯生有大湖，方廣約數十里，山青水碧，秀色可餐，不亞於中華名勝也。

申刻，抵巴在爾。余以連日船車顛簸，頗覺倦憊，即下車，在巴在爾暫寓三王棧休息。棧在巴在爾爲第一，歐洲王族往來常住之。其後面臨來因河，景物絶美，河流終日有聲。

抵棧後，即電飭德館參贊廣音泰，往告外部，以余身體少有不適，不能即赴德京之故。兼發北京慶親王、李傅相一電。

德皇所遣之内務官自柏林來，呈交覲見禮單。德提督李希德於酉初先赴柏林，斡旋其事。

十三日

得廣音泰電，謂德皇以余身體少有不適，已停辦中八月[1]十四日覲見事宜。

十八日

晚，令呂使回柏林。并令蔭侍郎作德文函與德使館參贊廣音泰，令赴外部，婉商覲見一節。

二十日

得呂使來電，謂德皇已許免去參隨跪拜事宜。而午後，駐巴在爾德領事艾士威來。稱得其外部來電，亦云德皇六號出巡，請余速來德，德皇必定接見。參隨跪拜事宜已免去。乃於夜間搭火車前往坡次丹蒙。

車行甚疾，夜間極冷。德提督赫芬尼等隨從。

二十一日

申初，行抵坡次丹蒙。德皇命大禮官在東站迎候，余即由德皇所備朝車前往奥蓮格理行宫。

宫爲德皇款賓之所，去車站約二英里。沿途聚觀者甚形擁擠，然一切整齊。余過時，無分老幼均脱帽爲禮。

抵宫時已戌正。宫前皆大花園，樹木從茂，其雅潔極爲可喜。聞前法皇拿破侖曾居此云。

二十二日

巳正，同張、蔭兩侍郎持花圈一，往德太后墓致敬。

午正，率同蔭侍郎并參隨各員，恭賫國書往謁德皇於新宫，宫去奥宫僅里許。余三鞠躬禮，遞國書，讀頌詞。德皇答詞，成禮。德皇遣馬隊二百名送回奥蓮格理。

未刻，德皇親來答拜。坐談二刻許德皇辭去。

申刻，余復同德提督赫芬尼、李希德、張、蔭兩侍郎等，驅車登巴伯爾士勃爾治山。山去此約十里，山上有行宫，蓋德皇威廉第一之所建也。至時，有守宫者引入。觀所藏古器、油畫、影像極多，皆德意志皇家歷代之所寶藏也。威廉第一之寢室猶在，卧榻鋪陳一切均甚樸素，想見數十年前，德君臣卧薪嘗膽時也。樂房一所，雖小而結構精嚴，極有情致。上有環樓，登樓旋入一室，其陳設各物仍德太后未故時所服御者。手澤不忘，中外有同情焉。德皇威廉第一好獵，所獲之鹿甚多。其最大之鹿角，志以年月懸之於壁，亦躍武示威之意也。

游覽既周，余卽登車至德皇所用小火輪碼頭，登侯漢錯蘭御舟。舟泛哈花湖中，兩岸叢林葱碧無際，約二刻許，抵孔雀島，余卽舍舟而行。島大不及半方邁，樹木叢茂。有一老樹，相傳已一千二百年矣。深處有一高樓，樓上作城垣形，此乃游客休息之所也。再數武，見流車木架，高約三丈余。依梯而登其絶頂，人登車中，旋推車使落，其速率過於最快之火車。余與張、蔭兩侍郎，赫、李二提督俱一試之。少間，卽歸奥宮。

二十三日

卯正，同張、蔭兩侍郎前往坡次丹蒙附近操場閲操，兵計千二百人。余至時，均獻刀示敬。軍裝鮮潔，步伐整齊，雖非大閲，卽此可知德陸軍之大概矣。

（八月）十七日

申正，余同張、蔭兩侍郎親赴外部告辭，外部大臣李希哈芬特設園會以待，在座者有商部大臣、前駐滬總領事等。

戌正，外部大臣李希哈芬親來送行。

亥初，赴車站。

夜，子初開車，赫提督亦來送别。

（十月）初六日

辰刻，登火車開行。

未刻，抵京回府。

隨員等代志并書。

由五月出使以後，凡有電奏、章奏及所奉諭旨、電首，均另行恭録，與尋常備載日記中者不同，此識。

《醇親王使德往來文電·軍機處致奕劻、李鴻章電》（光緒二十七年正月十四日）前據來電，謝德專使意在派醇親王前往，究是何意。上意，醇親王年歲尚輕，交涉事宜向未閲歷，如果定議令往，必須得力之員贊助一切。張翼明練熟悉，若派充參贊，可期勝任。特電聞，希酌復。禄、韶、霖。元。宜轉。

又《全權大臣致行在軍機處電》（光緒二十七年正月十五日）火急。西安行在軍機處：宙。元電悉。先是德使派參贊來詢，專使赴德，擬派何人。答以未定。伊詢醇親王何如？答，尚謹慎，何不往來晤談。醇遂與穆使、瓦帥相見。該使電知國王，均以爲然。旋又照稱：本國皇帝提明，候中國照各國公索各款，全行照允，方願接待專使等語。查醇親王年歲雖輕，志趣尚好。上年拳匪内訌，莫贊一詞，尚守家教。惟交涉向未閲歷，伊已約定張翼偕往贊助。記名副都統蔭昌，前駐德年久，熟悉情形，擬請該員等并充參贊，庶無隕越。第懲辦禍首雖定，該使等多方磨難，續議各款，屢催不就，看來一時斷難合拍。此事應俟公約畫押時，再行降旨。請先代奏。奕劻、李鴻章。咸。

又《劉坤一轉呂海寰電》（光緒二十七年二月初四日）西安。行在軍機處，鄂督張制臺、上海盛大臣：呂使勘電：昨德相畢魯在議院明言曰：『和議最要者兩端：一、啓衅首禍，前言概治以死，今稍從寬，不論官之大小，以罷爲斷。醇王來德一節，我皇甚喜，然須和局定後方可接待。二、賠款，除軍費外，商教亦須索償。惟款須有著，而仍不傷中國財力。已與諳華情者相商，均謂不宜干預華内政，亦不宜稽查一切財項，以海關作抵爲最妥，銀價已落，華已吃虧，稍加關税亦屬所宜。至鹽厘等應否加增，須詳察再定。或謂應廢厘金者，是干華内政，我政府不甚謂然。倘中國辦法未能盡如各國意，則各國應僅籌理財善策。德兵何時可撤，以華人辦事遲速爲斷，賠款有著，兵卽可回。去年德英條約：一、保中國土地；二、保英、德在華商務，與滿洲事無涉。德在滿無多商務，存亡無干。然德不願中國國産任意棄置，國債甚巨，各債主亦不願其浪擲，如有專約牽涉中國財力，我國斷不能坐視。幸各國立論，均謂在華不求專利，有則公之。唯公司數家乘機索利，若不嚴阻，恐華財將盡，我無所取。華使來商滿洲事，答以歸駐京使公商爲妥。有謂俄、德相持不下者，此説無稽。計於俄專注北省，與德無涉。德廷辦事，大意在保全太平，勿損已利益。各國或有争端，德必守局外例，我行我法，不争他人指使。我德總以速結華事爲宜，遇事公平勸商。如各存意見，亦必竭力排解。』謹照轉。坤。寅。

又 **《全權大臣致行在軍機處電》**（光緒二十七年四月十六日）西安。行在軍機處：宙。醇親王赴德一事，正月咸電已詳陳。昨穆使因賠款息銀議定，欲催早去。頃接呂使覃電，德君以專使現可舉行，屆時當優禮接待。應請降旨，特派醇親王爲頭等出使大臣，并令前閣讀學張翼、副都統蔭昌隨往贊助一切。臣等猶慮該員等情形未熟，與瓦帥商酌，添派德員隨行。德君性急，醇去恐難遲緩，可否令其不必遠赴行在請訓，致需時日。國書、禮物即代預備。瓦來辭行，定明早起程，先赴日本。其兵隊約兩禮拜後可陸續撤回。并附聞。請代奏。奕、李。諫。

又 **《盛宣懷轉軍機處致全權大臣等電》**（光緒二十七年四月十九日）全權大臣：醇親王出使德國，已奉旨特派矣。至諭旨内『將命』下，應否用『道歉』二字，請尊處斟酌。并醇親王要免來請訓，國書、禮物由京備辦，均各奉旨允准。樞。嘯。宣轉。一三一。

又 **《軍機處致全權大臣江電》**（光緒二十七年五月初五日）全權大臣：奉旨：奕劻等電悉。醇親王載灃初次出洋，一切言動，諸宜謹慎，飲食起居，隨時調護。并著張翼等悉心照料，妥慎贊襄。禮畢即行回國，仍將外洋風土人情，隨地留心體察，而資閱歷。欽此。江。宣轉。一四二。

又 **《醇親王載灃摺》**（光緒二十七年五月十七日）奴才載灃跪奏爲酌調隨使人員，并加派參議一員以資器使而符向章恭摺仰祈聖鑒事。竊查出使向章，均准奏調隨員，此次奴才銜命使德，事務尤紛繁要，業經欽奉諭旨：『特派張翼、蔭昌隨同前往，參贊一切。欽此。』此外尚須酌調數員，以收指臂之助。茲查有候補道梁誠、候補道劉祖桂、候補道麥信堅、候補知府王瓘、户部員外郎象賢、刑部員外郎曾廣鎔、候補知縣尚希曾。以上七員於交涉事務頗知講求，堪以派充隨員。又，分省補用知府治格通曉德文，候選直隸州知府吴仲賢、候被知縣嚴璩、候選知縣楊書雯通曉英文，分省補用知縣唐家楨通曉口文，堪以派充翻譯官。又，太醫院八品吏目王應瑞頗明醫理，堪以派充醫官。即由奴才分别咨調，飭令隨同出洋。又查，前次大學士李鴻章出使俄國，派有參議一員，以崇體制。奴才此次使德，與李鴻章之充俄國顧問專使事復相同，擬即派張翼爲參議官，以壯觀瞻，而符前制。謹附陳明。所有酌調隨使人員并加派參議緣由，理合恭摺具陳，伏乞皇太后、皇上聖鑒。謹奏。

再，奴才出使德國，奉命之後，接准全權大臣知照。美國使臣來信邀往該國一行，以示和好之意，彼國雖無應遞國書等事，而際茲時勢，未便辭却，致拂其情。奴才起程後，倘他國亦欲仿行，彼時重洋遠隔，不及請旨遵行，奴才只得隨時電聞，就便前往。是否之處，伏候聖裁。謹奏。

又 **《總理衙門致醇親王諮文》**（光緒二十七年五月二十五日）欽命全權大臣便宜行事、管理總理各國事務衙門事務、和碩慶親王，欽差全權大臣便宜行事、太子太傅、文華殿大學士、商務大臣、北洋大臣、直隸總督部堂、一等肅毅伯李，爲咨行事。茲據比姚使照稱：貴親王於德國差竣後，或能前赴本國會晤，等語。前經電奏，奉旨准行，即由該王大臣隨時知照辦理，仍一面電聞。欽此。已於本月二十三日恭録諭旨，咨送貴親王在案。今該使照請前來，除由本衙門電奏行在，并照復比姚使外，相應抄録原照，咨行貴親王查照可也。須至咨者附抄件。右咨欽差專使大臣和碩醇親王。

附：照録比國姚使照會

爲照會事：照得前於本月十六日，本大臣與貴親王晤談，言及本國願請醇親王於公務事畢，前赴本國一游。本大臣嗣即電知本國政府。頃接電復，内開：本國國家欣悉醇親王於德國差竣後，或能前赴本國會晤，定當按照品級，派人相迎，并以優禮相待，必要隆禮，拱候賁臨等語。本大臣接據之餘，立即備文照會貴親王查照可也。須至照會者。

醇親王使德各員銜名單

專使大德國頭等欽差大臣醇親王載灃。

參議、侍郎銜前内閣侍讀學士張翼。頭等參贊、侍郎銜正白旗漢軍副都統蔭昌。頭等參贊、記名直隸候補道梁誠。二等參贊、候補道麥信堅。三等參贊、浙江候補道劉祖桂。三等參贊、道員用直隸候補知府王瓘。二等翻譯官、分省補用知府治格。二等翻譯官、候選知縣楊書雯。三等翻譯官、知府用候選直隸州知州吴仲賢。三等翻譯官、江蘇補用知縣嚴璩。三等翻譯官、候選知縣唐家楨。隨員、户部員外郎象賢。隨員、刑部員外郎曾廣鎔。隨員、候選知縣尚希曾。隨員、候選縣丞繆欽臣。學生、候選州同李樹藩。學生、五品頂戴李士鑑。醫官、太醫院八品吏目王應瑞。供事姜沛霖。頭等護衛三員。二等護衛二員。三等護衛三員。驍騎校一員。八品首領太監一名。太監一名。八品銜親軍一名。八品匠長一名。請發一名。成衣一名。蘇拉一名。馬夫一名。武弁一名。跟役一名。另隨使洋員三名：參贊、大德國總兵官李希德爾。隨員、大德國駐華武官勞訶。隨員、北洋水師總管輪巴士。

又《載灃致全權大臣電》（光緒二十七年六月初二日）北京。全權大臣鑒：密。東電謹悉。本爵奉命先至德國，禮畢尚須至英、比，赴美至早在西十月矣，計已過避暑之期。望據復柔公使，倘届時仍有不能接洽之處，卽當遵電辦理。冬。

又《呂海寰致載灃電》（光緒二十七年七月初六日）王爺鈞鑒：遞書禮節，屢詢無確耗，正在起身往接，於禮官處得悉，廿七，德皇在白廳坐見；王爺行三鞠躬禮；遞書；致頌。其參贊隨同入見者，均照中國臣下覲君禮叩首。據云，此次系賠禮，非尋常聘使可比。不知可與穆使商及否。惟大局攸關，時甚迫促，海現力争，能否挽回，未敢預必。乞王爺幷燕謀、午樓諸兄，速籌良策訓示爲盼。海寰叩。魚。

又《盛宣懷轉使德參贊賡音泰致行在軍機處等電》（光緒二十七年七月十二日）行在軍機處、總署：卦電轉醇邸、呂憲。頃晤外部，知穆電已呈宰相。據稱：此次中國遣親王等，系爲賠禮而來，卽應照中國禮賠罪。告以慶王、李、劉，均不爲然，懇其設法相助，免行此禮。答以德皇以戕使爲欺慢德國太甚，恐難挽回。午樓能否免禮，仍尚未定。除速電醇邸、呂憲外，請轉慶、李、劉、張幷樞、譯。賡音泰等謹稟。真。宣。文。

又《賡音泰致載灃等電》（光緒二十七年七月十三日）王爺鈞安：跪叩一節，屢與外部争辯，迄無更改。據稱：中國與德國系平行，所以見德皇亦須行華禮。蔭昌仍以參贊看待，如免蔭昌，置張翼於何地云。賡音泰稟。文。請轉慶、李、劉、張幷樞、譯。宣轉。元。

又《載灃致全權大臣電》（光緒二十七年七月十三日）北京。慶親王、李中堂鑒：頃接賡音泰侵於電。晤正外部云，十四接見，不能更改。禮節或改請安，尚未知宰相能否照准，明晨聽信云云。灃當已復電，改爲請安，與向例仍屬不符，本爵不能擅專，仍須請旨遵行。恐誤接見之期，事出兩難，本爵只得力疾前來，以表我國家至誠修好之意。務祈婉商外部，格外見原，以顧兩國交誼。灃爲保全大局起見，未敢過於拘泥，今擬五點力疾卽赴德，候信辦理。卽祈代奏請旨。灃。覃辰。

又《全權大臣致行在軍機處電》（光緒二十七年七月十四日）急。西安。軍機處：頃接醇邸自瑞士摺奴窪發來真電：灃於十一日抵摺奴窪，正在籌議令李希德向外部設法挽商，適接卦電，意相符合，倘難挽回，自當遵電，辦理如何，俟到德邊界巴在爾奉告。應否電奏祈酌。又接醇邸自瑞、德交界巴在爾文電：十二未刻到巴在爾，接賡參贊來電云，跪叩一節，迄無更改，蔭昌仍以參贊看待，亦不能免。頃德皇遣内務府來，幷交所定禮節單圖：十四午刻在柏林宫内接見，坐受專使三鞠躬禮，參隨三跪禮，幷跪聽宣讀頌詞。此爲西國向無之禮，大體攸關，萬難遷就。灃因一路輪船顛簸，火車暑熱，眩暈異常，飲食少進，刻下只得在巴在爾暫爲養息。此地系瑞、德交界，離柏林尚有十六點鐘之路，十四接見，已來不及。當命李希德先到德京，代達外部，幷設法力爲轉圜。倘能有濟，自當趕速前進。若竟無可挽回，灃礙難專主。務祈代奏，候旨遵行云。查李希德系巴帥前帶來兵官，曾充北洋學堂教司，經派隨醇邸回德，雖令代達轉圜，未必有濟。呂、賡力争於前，臣等又派徐壽朋、聯芳囑穆使轉致，未允更改。德主已送交所定禮節單圖，使氣恃强，恐難解免。原約第一款代表國家慚悔之意，自與亨利前來華覲見無事不同，但屈辱過甚，令人難堪。現計十四接見之期已過，可否令醇邸俟李希德回報時，如德廷肯改期，仍須前謁，以完約款而昭大信。事畢促令回華，不必再往各國，庶免眥笑，請示遵行，乞代奏。奕劻、李鴻章。寒。

又《軍機處致全權大臣電》（光緒二十七年七月十七日）寒三電所轉醇王電均已進呈。醇王此行雖爲謝過，與亨利前來華覲見無事時固稍有間，然德皇所定禮節，屈辱中國過甚。坐受國書，尤屬輕侮，於兩國修好之意實未允協。現既令李希德等向外部設法挽回，想能轉圜。仰祈轉復醇王，相機因應，期於顧全大局，仍於國體無傷。事畢後，是否再往他國，亦卽酌定，請旨辦理，樞。篠。

又《軍機處致出使英國大臣羅豐祿等電》（光緒二十七年七月十七日）奉旨：『德主接見醇親王禮節，擬坐受三鞠躬，參贊以下皆跪叩，倨傲過甚。各國向無此禮，殊非敦睦之道。前歲德亨利王覲見，曾經出位延接，并於納陛上賜坐，極爲優禮。今醇親王雖因道歉前往，亦不應屈辱中國至此。著該大臣切託外部電達德外部，婉切商改，務期循通禮而修舊好。想英、美、日本篤念邦交，必能代爲轉圜也。欽此。』希卽欽遵辦理。樞。篠。

又《呂海寰致載灃電》（光緒二十七年七月二十日）頃晤外部司員克勒梅，據云，奉德皇諭，格外加恩，免去跪拜禮，惟遞國書時，只能帶蔭昌一人，藉作翻譯。其餘參隨等亦可同來，均住坡坎他姆皇宮。時促，務於今晚約十一鐘成行，明午兩點抵柏林，稍憩，往晤外部面商一切。并云，如逾西歷本月四、五兩號，則不接見矣云云。照會外部之文，時迫，亦可暫緩。除電兩全權外，啓節乞先示。海。號酉。

又《載灃致全權大臣電》（光緒二十七年七月二十三日）北京。全權大臣鑒：宙。前接嘯樞電，相機因應，并示摺中，仰見周密，欣有遵依。自十四日德皇停止禮節後，遣來朝車，提督，禮官均未撤回，察其動靜，似有挽回之機。因與翼、昌、誠、李希德爾等再四籌維，命昌用德文信致賡音泰，婉商外部，以跪禮我國萬難應允。於德既無所取，更與兩國體面尤有相關，作爲出自灃意，懇請德皇寬免。一面又與駐巴在爾艾領事面商，或將此意由灃備函經達外部，托其先爲代通消息。復於十八日晚，面命呂使趕卽回至德京，設法接辦。十九早，呂使去後，接到嘯電，亦卽轉電呂使，命其照示再與外部切商，旋於廿申。據艾領事來稱，頃得外部官電，命詢王爺何時起身，以速爲宜，我皇必定接見，跪禮已免，遞國書只帶蔭昌一人，余在別殿伺候等語。當晚，復接呂使回電云：德皇六號出巡，現據外部大司員云，王爺日內前來，德皇必定接見，事有轉機云云。據以上各情，事已挽回，但爲時甚迫，灃未敢稍涉拘泥，卽於十一鐘令該國來接各官備車前往。廿一日三點半鐘到坡思坦們，德皇又遣朝車并頭等官提督接灃等均至舊皇宮居住，供應優渥。隨商訂次日進見，并送故德后花圈禮節。廿二巳刻，親至故德后墓如禮。十二鐘復遣朝車、提督，迎至新行宮，灃隨帶蔭昌進見，内殿送遞國書、宣讀頌詞。張翼以下六人在外殿侍立。禮成，德皇遣馬隊送歸舊行宮。兩點鐘，德皇親來答拜，意極殷勤，坐談良久，并命備舟車游覽哈芬湖孔雀島等處。又約廿三早看操。午後仍至新行宮進見德后，并留多在柏林居住，閱看各廠院。又面囑前赴丹西會晤亨利親王。看其水師各事，灃未便佛却。現擬見德后後，卽赴柏林另住客寓。所有一切，均賴國家鴻福，俱臻妥協，堪慰宸念。謹祈代奏。馬電已收。灃。漾。

又《張翼等致全權大臣電》（光緒二十七年八月□日）北京。慶親王、李中堂鑒：德皇不願醇邸游歷英、義、比國，其意甚堅。惟罷游必須出自中國之意，勿露因德阻止。望以醇邸現因微疴，兼有冬月歸候回鑾，請旨完姻，遲恐誤期爲説，婉解在京公使爲禱。候示遵行。翼、昌、誠叩稟。

又《載灃致全權大臣電》（光緒二十七年八月三日）北京。全權大臣鑒：灃奉命本爲德國專使，自遞書後，雖德皇款接優渥，但因前節，未免猶有芥懷。屢晤外部，據稱，除美、日與彼無涉，若往歐洲英、意、比，有違專誠之旨，該皇深不謂然。收禮至今尚在游移未定。灃今日前往丹溪閱看大操，五日可回柏林，仍須看視各廠院，約計八月二十日在德卽可竣事，而意皇來信，西十月十五日後，方能接待。又接駐英羅使函稱，英外部瀾候云，曾接駐京公使來電，雖有敦請往游之意，至今尚未奉有英廷敬迓之諭等語。灃此番遠涉風濤，到德復歷觀各廠，精神勞頓，飲食減少，兼有水土不服之症，務懇與駐京英、意、比公使設法托辭婉商，萬勿宣示該外部阻行之意。現擬德事畢後卽行前赴美、日，順途回國。以上各節均已函達羅使矣。伏祈代奏，請旨遵行。灃。江。

又《全權大臣致載灃電》（光緒二十七年八月初七日）頃奉樞轉魚電旨：支電所轉醇王電已代進呈。奉旨：『朕欽奉懿旨，載灃江電覽悉。

此行本爲德國專使，該親王現有水土不服之症，飲食减少，聞之深爲廑念。在德使事既畢，著即起程回華，以慰遠繫。美、日、意、比各國使事暫從緩議，此時均無庸前往。欽此。』慶、李。陽。

又《載灃致全權大臣電》（光緒二十七年八月初十日）北京。全權大臣鑒：陽電謹悉。灃於初三隨帶張、蔭赴丹溪次，與德皇、亨利親王晤面，禮接甚優，頗爲篤念邦交。閲操三日，并邀灃同翼、昌在兵船與宴，贈灃紅鷹寶星。宴畢辭行，於初八日回柏林。禮物已收。接讀懿旨，告之該外部，極爲欽悦。現往克虜伯各廠看視制造畢，遵即於本月十九日仍由撂奴愛乘輪回華，九月内抵滬。并祈代奏。灃。蒸。

又《照譯德提督李希德來函備述》醇王此次出洋情形繕具清摺，呈請鈞鑒：

王爺此次出洋，沿途平安。

邸節及洵、濤公爺在大沽口驗看各工程及船塢等處，德國官員接見極爲尊敬。

德璀琳由津送至大沽口，甚屬殷勤。船經上海、福州、香港、新加坡至檳榔嶼等處，所有中國紳商皆備公讌，齊出恭迎。所經各埠，中外人等，均瞻仰王爺端正風裁［采］，增光壇坫，以尊國體而重邦交，俱各欽佩不置。

王爺將離上海之時，駐滬德國總領事請讌，并約各國領事作陪。歐洲人藉此接見，極爲贊善。但外國口約或具帖請讌，王爺盡行辭之，此舉足證王爺深明大體，令人敬服。各國人稟安稟見，王爺均一一答拜。

本朝王爺出洋，乃係首次，所以華人留居香港、新加坡及檳榔嶼者，均争先恐後恭迎邸駕。

自檳榔嶼至哥林埔稍有風浪，惟王爺尚覺平安。同船有諸多德國官員，均極爲愛敬王爺，并備盛膳優禮款待。當時所談之語，并非諛詞，實系德國官員真誠之意。又蒙王爺答贈以物，各人更感王爺之德。

船抵意大利時，該國因王爺乘座此船，相待格外優厚。

邸節到巴些兒車站時，聞柏林如何預備接見，惟爲時太急，一切俱在巴些兒地方籌酌定奪。查甫經薨逝之德國皇太后，王爺爲制花圈二枚，親安陵寢上，以昭誠意，德皇與其百姓均深感之。德皇祖父母之陵寢，王爺亦親安花圈於其上，至前在北京焚死之某提督墳墓，王爺亦安以花圈。於是，舉國人民更爲感佩不已。前駐北京德欽差之墓。王爺亦贈花圈，派希德前往安放。

王爺贈德親王亨利之禮物，即上海所制之德兵船石碣模様，德親王十分感激，并領王爺摯愛之心。

此次王爺所得紅鷹寶星，皆由王爺性情純厚，各人均樂其受之。德國國家本不欲贈送寶星，惟德國皇帝一見王爺，極爲愛敬，遂以是贈之，并非以其專使辦理國家事務之故。王爺慎重外交，不辱君命，諒必具奏上聞。

此次大操并各制造廠，王爺均已閲看。雖是匆匆一覽，總可知其大概。

王爺所帶各隨員，與德人會晤辦事者，即張翼、蔭昌、梁誠、麥信堅、吴仲賢及巴斯等。希德據外部大司員説及，去年變亂之際，所辦各事，實非輕易。呂欽差辦理有方，可令人欽佩，可謂出使中不可多得之員。張翼所有一切應對，似已游歷外國者。一日，李樹芬向之：此次王爺及各參隨所見，以何爲最？答云：德國皇帝不論何時幸臨何處，帝與民相親愛如此。此答語甚屬可嘉。李君再問：除此尚有可取否？又答云：民樂且豐，可知國政之井井有條。又云：所有看各廠局所時候太短，未能細觀。各人雖極贊美，但只可盡行於外國，而不能驟行於中國。必須隨時考究，深知其故，然後方可一一施行。以上各語，俱梁誠以文詞翻譯，德員亦極敬服。張君隨侍王爺既形謹慎，會晤德國官員應對有方，實爲大員中所不可多見者。德國報章所載，蔭昌於德文極有學向，德人不但嘉其文詞，而且羡其熟悉德國性情并武備事宜。蔭君一舉一動亦屬文雅，德皇見之，想必樂與周旋。遇有交涉事件，自然易於辦理也。梁誠英文甚精，於辦理交涉事宜亦極見長，識見亦甚精卓。麥信堅曾於隨王爺閲看各局廠時，亦曾翻譯問答。惟麥君性情好静，語不輕發，堪稱穩重。隨使各員，各司其事，甚屬妥善。

以後出洋，似可不必携帶多人，僕役人等亦可無庸多帶，以免阻礙試證。以所經各處情形，當可熟知其故也。

此次出洋，天氣平和，各人均呼爲王爺天氣云。

專使大臣前往西班牙致賀加冕分部

吴仲賢　謹譯呈

綜　述

張德彝《出使奏稿·謝恩摺》　奏爲叩謝天恩恭摺仰祈聖鑒事。竊奴才奉使英、意、比國，業於光緒二十八年正月二十六日請訓，仰蒙召見，訓誨周詳，莫名欽佩。茲於二月初一日處務部奉上諭：本年四月爲日斯巴尼亞國君加冕之期，著派記名副都統張德彝充專使大臣，前往致賀，以重邦交。欽此。跪誦之下，感悚尤深。伏念奴才猥以輇材，渥叨寵遇，膺行人之重寄，荷專閫之殊榮，未報涓埃，方殷兢惕，茲復叠承恩命，畀奴才以專使之任。查日國爲古世名邦，加冕爲歐洲令典，際此交鄰之有道，允賴將事之無愆。自顧疏庸，時虞隕越，奴才惟有詳加諮度，慎與周旋，常懷駪征靡及之思，庶免鰲戴難勝之懼，以冀仰答高厚鴻慈於萬一。所有奴才感激下忱，理合恭摺叩謝天恩。再，奴才定於二月初八日由京起程，合并聲明。伏乞皇太后、皇上聖鑒。謹奏。

光緒二十八年二月初三日具奏。

本日奏旨：知道了。欽此。

又《恭報行抵上海並擬帶隨使日國人員摺》　奏爲恭報奴才行抵上海并擬帶使日國人員仰祈聖鑒事。竊奴才奉使英、意、比國將行之際，復承簡命專使日斯巴尼亞國，致賀日君加冕，業經具摺謝恩，仰蒙召見，訓誨周詳，莫名欽感。當向外務部祗領出使英、意、比國接任國書三道，前任使臣羅豐禄解任國書三道，并專使日國國書一道，於本月初八日由京乘火車至塘沽坐招商局輪船，於十一日馳抵上海登岸，所有參隨人等均在滬會齊出洋。惟念此次奴才專使日國，典禮極隆，責任綦重，必須隨帶僚屬，以資贊襄。茲謹就調赴英國各員中斟酌選帶。查有外務部主事陳懋鼎，識略冠羣，熟於交際，擬請派充頭等參贊；花翎四品頂戴户部候補員外郎衡璋、五品銜禮部候補主事瑞光、太常寺筆帖式覺羅耆昌，局度安詳，辦事穩練，均擬派充隨員。以上四員，應由奴才於便道赴日時，挈同前往。除陳懋鼎、瑞光兩員俟專使事畢仍帶赴英國外，其衡璋、耆昌兩員差竣即令由日回華，以歸簡省。至其余未帶赴日各員，令坐原船先行直抵英國，聽候差委。所有奴才行抵上海，并擬帶隨使日國人員緣由，理合恭摺馳陳，伏乞皇太后、皇上聖鑒。謹奏。

光緒二十八年二月十二日在上海拜發。

又《附陳開用關防日期片》　再，奴才准外務部咨稱，茲由本部照制木質關防一顆，文曰：欽差專使大臣關防，咨送應用等因。并將木質關防賫送前來，奴才業已祗領，於二月初四日開用。除俟專使事竣赴英後與出使木質關防一并送呈外務部繳銷外，謹將開用關防日期附片陳明，伏乞聖鑒，謹奏。

光緒二十八年二月十二日在上海拜發。

又《恭報放洋日期摺》　奏爲恭報奴才放洋日期，仰祈聖鑒事。竊奴才於本月十一日行抵上海，業經奏報在案。留滬數日，與英、意、比、日等國駐滬領事稍作周旋。其專使日國應帶國禮，即由奴才在滬敬謹預備，并飭隨使人員剋期齊集。茲定於本月二十日乘坐德國公司輪船，由吴淞口放洋，取道南洋，往紅海，入地中海，至意大利之摺奴阿地方登陸，乘火車到日期巴尼亞馬得里都城，俟專使事竣，再往英國赴任。伏念奴才既忝駐英之重寄，復奉使日之隆儀，自顧菲材，殊深兢惕，惟有凛遵聖訓，殫竭愚誠，冀免隕越之羞，藉報生成之德。除行抵日國都城再行陳奏外，所有奴才放洋日期，理合恭摺馳陳，伏乞皇太后、皇上聖鑒。謹奏。

光緒二十八年二月十九日在上海拜發。

又《報行抵日都呈遞國書禮成日期摺〈附陳專使應行事宜比照各國頭等專使體制片〉》　奏爲陳報奴才行抵日國都城呈遞國書禮成日期恭摺，仰祈聖鑒事。竊奴才奉命出使英、意、比國，并先由便道專使日斯巴尼亞國，業將放洋日期奏報在案。二月二十日率同參隨各員，乘德國公司拜晏輪船，出吳淞口放洋，所過香港、新加坡等埠，皆登岸拜晤英國地方官，藉示周旋。於三月二十四日抵意大利之摺奴阿地方，奴才率同赴日之參隨等員登岸。因途叠接駐日參贊王樹善函電，知日廷所定禮節，各國專使應於四月初六日抵日都，故在摺奴阿及法國之馬賽等處稍作淹留，以便如期抵日。當於初六日乘火車抵日國馬得里都城。日廷預備行館，遣外部員安敦到車站相迎，接待極爲周至。初七日，拜晤日國外部尚書阿磨多華，侍郎戛巴也諾，均甚款洽。往該尚書等達知日王定於初八日接見各國專使，請於是日呈遞國書等因。初八日巳刻，日廷遣車來迎，乘至其王宫門内降輿，日國導引大臣沙而庫前導，日國攝政君后柯里士蒂那與日國王阿魯方素第十三均立殿上，奴才恭捧國書率同參隨進見，行三鞠躬禮，口宣頌詞，翻譯傳述畢，呈遞國書，日君后肅立親受，口宣答詞，翻譯傳述畢，日君后復自操英語，與奴才寒暄，問答數句，禮成而退。其奴才所備國禮，旋往送由日外部轉進。當據復稱，日君后與日王均甚欣謝。現在尚有赴王宫大宴及各項禮節，大約須留駐七八日，方可竣事，然後起程赴英。除大略情形業經電請外務部代奏，并循例照録頌詞、答詞送部查核外，謹將致送國禮物件繕具清單，恭呈御覽。所有奴才行抵日都呈遞國書禮成緣由，理合恭摺具陳，伏乞皇太后、皇上聖鑒。謹奏。

光緒二十八年四月初九日在日都拜發。

謹將致送國禮物件繕具清單，恭呈御鑑

漢器古銅大鼎成件

雍正年制白質青花大瓷瓶成件

翠藍綉花彩緞衣料成件

木架玻璃罩白緞綉花大屏四幅

附陳專使應行事宜比照各國頭等專使體制片

再查此次各國所派來日賀使，英、俄、德、意、奥、丹、葡萄牙、瑞典、希臘、暹羅、芒納哥等國，均派王公；法、美、日本、荷蘭、波斯、土耳其、摩洛哥等國均派頭等專使，其派二等專使者皆系極小之國，蓋推崇友邦典禮，尊重本國體制，泰西各國之通例然也。當奴才在道時，接駐日參贊王樹善電稱，日外部詢問專使等第，意在斟酌接待禮儀，經奴才電商外務部，復以按照通例辦理。入境以來，彼國接待禮儀，悉與各國頭等專使一律。奴才自應比照各國頭等專使應行事宜，以期無失我國體制，并副聖主慎重邦交之至意。除詳細儀節函達外務部查核外，謹附片陳明，伏乞聖鑒。謹奏。

光緒二十八年四月初九日在日都拜發。

又《致外務部丞參函述抵日後情形》（光緒二十八年四月初九日）

夢陶、鼎臣、康民、任庭仁兄大人鈞鑒：初二日在馬賽肅寄日字第二號蕪函，當達臺覽。計住馬賽六日，由駐日王參贊派洋員科登來迎。初三日自馬賽起程，初四晨到日國之巴賽路納地方，仍住客店。初五晚開行，初六日巳刻抵馬得里都城，日廷專派外部員安敦到東棧相迓，并在行館招呼，頗爲周至。安敦蓋於二年前充北京駐使參贊，曾經得過我國二等第三寶星者。所有日廷接待禮儀，悉與各國頭等專使一律。其所備行館，亦系客店，卽名爲安母八司達，譯言頭等公使也。弟此來未帶日文翻譯，一切應用日文之件，均派駐日分館翻譯譚培森譯述。初七日，拜晤日國外部尚書阿磨多華、侍郎戛巴也諾，面送國書譯稿。外部達知日王於初八日接見專使，届日巳刻，日廷遣車來迎，外部員安敦培同前往，至王宫門内降輿，導引大臣沙而庫前導，日國攝政君后柯里士蒂那與國王阿魯方素第十三均立殿上，弟率同陳參贊、譚翻譯進見，行三鞠躬禮，呈遞國書，君后親受，一切如儀。復由安敦導詣别殿，見國王之姊墨賽代，禮畢而退。查日國王阿魯方素第十三，系前王阿魯方素第十二之遺腹子。前王薨後六月始生。方未生時，暫立前王長女墨賽代爲君主，而由前王后柯里士蒂那攝理國政。當時王后對衆誓明，如遺腹爲男，則仍歸王子嗣位，已而阿魯方素第十三生，遂嗣王位。王頗聰穎，能兼操英、法、意等國語言，現年十七年，因及歲親政，故兹舉行加冕典禮也。遞國書後，遍拜主國勛戚大臣及各國王公、專使、駐使。所帶國禮，旋經送交日外部轉進。現在自初九至於十四，逐日俱有應行禮節。十五日使事完竣，即可起程赴英。至此次專使必須按照頭等緣由，前函已詳切陳明。抵日後，查知日本初派二等駐使致賀，日廷頗不滿意，後改爲頭等專使，始無異辭。亦可見各國之重視此次典禮矣。因事關交際，理合附聞。兹於初九日拜發《陳報行抵日都呈遞國書禮成日期》一摺，又附陳專使應行事宜，比照各國頭等公使體制一片，附上印花一封，到日敬乞代備安摺呈遞，謹將進見日王頌詞，并日王答詞照録，呈請察核。所有情形統希回明堂憲，是所至感。專此，敬請勛安。

再，此次來日，因欲節省經費，所帶參隨員數較少，不敷差遣，且未有日文翻譯，一切交際文件，無人譯述。抵日後，查有駐日參贊王樹善熟悉日國情形，辦事周密；又駐日翻譯譚培森精通日國語言文字，以上二員，由弟分别派委兼充專使參贊翻譯，業經咨達轉咨備案，理合附陳，乞并回明堂憲爲幸。再請台安。

照録頌詞

茲值大日斯巴尼亞國大君主加冕之期，我大清國大皇帝特簡使臣前來致賀，賫呈國書，以爲修好之據。伏惟大君主英年嗣位，德望宏敷，使臣親接光儀，殊深榮幸，敬祝大君主福祚日隆，邦基永固，從此我兩國益敦睦誼，共享升平，不勝企禱之至。

照譯日君答詞

茲蒙大清國大皇帝特簡專使遠來敝國，致賀加冕，予心極爲欽感。夙諗貴使臣久游歐洲，情形熟悉，尤所欣佩。所呈國書，業已祇悉，嗣後我兩國交誼，自當益加親厚，并敬祝貴國皇太后、皇上福祉無窮，升平永慶。

又《報使日事竣起程赴英摺》 奏爲恭報奴才使日事竣，起程赴英，恭摺仰祈聖鑒事。竊奴才於光緒二十八年四月初九日在日國都城已將行抵日都呈遞國書禮成日期并專使應行事宜，比照各國頭等公使體制等因繕具摺片，馳陳宸鑑。禮成之後，日君贈奴才頭等加露第三寶星，并分贈參贊陳懋鼎等二三四等寶星，當經電請外務部奏明在案。初九日，日國王宮大宴各國專使；初十日日王赴議院誓衆，并赴教堂酬神，請各專使觀禮；十一日請觀爲其前王石像下基石，并請聽戲；十二日請閱兵，并赴王宮大會；十三日請觀名人畫像大會并花戰；十四日請觀斗牛，并赴王宮閱晚操；以上各項禮節，皆日君后及日王親自周旋。禮畢後，謹卽與各國專使同向日君后及日王辭行，使事一律完竣。奴才因駐英職務繁要，不敢久稽，當於四月十五日由馬得里乘火車啓程赴英。伏念奴才猥以軨材謬膺專使，奉朝廷之德意，接樽俎之隆儀。蕆事之余，猶懷感悚。所有使日事竣、起程赴英緣由，理合恭摺具陳，伏乞皇太后、皇上聖鑑。謹奏。

光緒二十八年四月十五日在日都拜發。

張謇赴日本考察實業教育分部

綜述

張謇《張季子九録・專録》卷四《東游日記》（清光緒二十九年）

四月二十五日，定附日本郵船會社博愛丸東行。日人采用歐矣法皆自定主名，名必用字之本義。華言輪船，日謂之汽船。汽，水氣也。聞當時偏繙康熙字典而定此名。猶華言公司，日謂之會社。他似此者不勝數，蓋融歐法日俗而括以華之雅言。名必從主人，亦作事不苟之一矣。自丙戌會試報罷，卽謂中國須振興實業，其責任須在士大夫，因先事農桑，竭八年辨論抵持爭進之力，僅成一海門蠶業。甲午後，乃有以實業與教育迭相爲用之思。經畫紡廠，又五年而後著效。比時卽擬東游考察，會世多故，讒言高張，懼不勝其描畫而止。今年正月，徐積餘自江寧寄日本領事天野君博覽會請書來，乃決。

二十六日，午後送行裝至博愛丸，與叔兄、蟄先、子培、蘇堪話别，並送至舟。子培是夕亦附江輪至九江。子培久於刑曹，又博識五洲之事，國家近改設外務部，復議修改法律，而子培以江西廣信和府一麾出守。

五月一日，晨三時至神户，關人來驗病如昨。四時登岸，孫實甫、李光泰相迓，遂同至東源、益源小坐。東源，光泰所設店，益源，實甫店也。光泰爲置酒，見甬商吳錦堂作鎮，同席者，前江西鄱陽縣知縣陳子豐祥燕，子豐壬辰前輩，與叔兄稔，亦甬人。閱報知是日振貝子那侍郎回國。與伯斧同訪楠公社水族館，水族數十種，小者内障琉璃，外距數尺，疊石四周，中空蓄水，上下有小琉璃水管，注新泄陳，以換空氣。鱗介游泳，猶在波間，能舉其名者十僅二三，大者若鱷，若瑇瑁，若海驢，皆各甃小沼畜之，覆以鐵網。有一鱷骨長二丈許，旁有賣水族一斑圖者。三時，與實甫、伯斧諸人同附汽車至大阪，住高麗橋清賓館。館爲華商集貲所賃，以待中國官紳商之來赴博覽會者。實甫惡清韓協會之名，特賃是以別之。有房八十餘間，庖湢具備，窗户脩飭。然則猶知愛國者，華商也。商真不負國。膳貲按中格，每頓一席三圓五角。寄叔兄訊。

初二日，早餐後，實甫來，同至博覽會。以請帖易其優待票入場。會場在大阪市天王寺今宫，爲日本第五次内國勸業博覽會，規地凡六十萬餘方尺，館舍凡九萬餘方尺。聚其國内所産製物品，分列農業、園藝、林業、水産、礦冶、化學、工藝、染織、工業製作、工藝機械、教育、學術、衛生、經濟、美術及美術工藝爲十門。一門之中又各分類，以八館處之，別列參考館，置各國之物品。中國止江、鄂、湘、齊、蜀、閩六省有陳列出品。鄂品有漢瓦當、唐經幢，勸業以開來，而此以彰往，若移置中國博物院差不倍耳。日人自明治十年，始以官帑經理民間農工實業爲第一會，此後十四、二十三、二十八年續舉二、三、四會，增長發達。自二十八年始，皆先於各府、縣、郡設小會，以摩厲之，非精能者不以入大會。良工不示人以樸之道也。中國六省彼此不相侔，若六國然，雜然而來，貿然而陳列，地又不足以敷施焉。以余鄉而言，通州、海門墨核雞脚之棉，呂四真梁之鹽，皆足與五洲名産爭衡，皆不與焉。不有朝鮮，不知孰殿。遇李拔可宣龔，同觀美術、工業、礦冶、機械、教育、衛生數館。機械、教育出於學校生徒製者，最可慕羡。美術以繡爲最精，畫平常，不足張也。訪聚卿不直，晚袁伯揆來訪。

初三日，與伯斧同詣大阪府，見其書記官山田新一郎，農會技師富岡治郎，欲藉府知事介紹以觀農工場也。日人居室小而精，所居之樓高一百十寸，深一百六十四寸，廣一百三十六寸，覆瓦方尺，製作極精。居室外有樹，皮似舊銅緑色，深淺綴之，葉老者似夾竹桃而大，新者圓高三丈弱。詢之日人，謂是歐産，名油喀利，音譯材不中用云。靜軒、中子午後四時往東京，爲磐碩寄汪伯唐同年訊。

初四日，與伯斧訪西村天囚時彦於朝日新聞社，不直，至其家見之。庭宇皆種樹木，有樅、有杉、有松、有楓，樅則華人所謂羅漢松。其對門一松，大可兩人合抱，高不逾丈，而左右横枝長各三丈許。絶可喜，亦可觀。因西村識小池信美，小池會在上海五年，能華語，亦朝日社執筆人。社報獨盛行，日出十五萬紙。訪事人則歐美諸大國，若英、法、德，若美，若俄，皆有之。在華者直隸之京師、天津，奉天之旅順大連灣，山東之煙臺，江蘇之上海，湖北之漢口，江西之九江，福建之福州，廣東之香港。印機五部，今用其四，引擎馬力二十八匹，排字房女工爲多。印用紙模，隨時鑄鉛版。紙模則烘之三分時而乾，鉛則鎔之五分時而融，既鑄則裁之、刮之、鉋之又三分時，版皆半圓如瓦，長二尺許，每一機一版，午後六七二小時内各出三萬餘紙。印機自明治二十二年開國會之日始，先一年津田某往法習印字工藝，終歲購機而回，轉授國人。其人今爲玻璃製造場之總長，新聞社長村山津田戚也。社長尚有上野理一，皆以報社致富矣。西村爲言村山善談，上野篤實，觀上野言論風采，西村語固信。仍至博覽會農林館，其赤豆、黄豆、大小麥有大倍於華産者。北海道開墾圖最詳，與通海墾牧公司規畫同者，墓地有定，廛市、道路皆寬平。不同者，田不盡方，河渠因勢爲曲摺。其不同之最有關系而大者，北海道故有大林，而我墾牧公司地止荒灘；北海道無隄，而我之墾牧公司地非隄不可。伊達邦成、黑田清隆之致力於北海道也，最有名。然竭其經營之理想，勞其攘剔之精神而已。國家以全力圖之，何施不可。寧若我墾牧公司之初建也，有排抑之人，有玩弄之人，有疑謗之人，有抵拒撓亂之人，消弭捍圉，艱苦尤甚。是則伊達邦成、黑田清隆之福命，爲不可及矣。

初五日，端午。風雨。西村、小池邀同伯斧，冒雨觀大阪市小學校創立三十年紀念會。會場在大阪城南陸軍練軍場，極寬廣。小學校生徒依東南西北四區環列，由西北而東而西南，正西設台，備皇太子坐，其左右則官紳集會處，設軍樂於左棚。客至外闌下車，至表門，有事務所人驗收請帖與所佩紀念銅章，餽餅一合，花二片，綴花於襟釦而後入，至左棚，西村爲介，識造幣局長長谷川爲治、高等商業學校長福井彦次郎、漢學老儒籐澤南岳。時風雨大作，至十點鐘，學童奏洋喇叭，軍樂繼作。日太子與妃乘雙馬車自東北隅至，周北西南東三面徑去。有栖川親王陪乘，二卒前導，侍從車二，各駕一馬，一卒前導。日太子去，大阪教育會長府書記官等次第正立講案中，外向對衆致祝詞。西村言，學童之集者四萬人。風雨交作，而學生行列不亂，三十年之成效也。若非風雨，日太子降車入坐，奬其會長而於學童加勉焉。寧不益彰鼓舞之用，小池偕同先返，雨不止，衣履盡濕。是日華人至者，獨余與伯斧。藤澤南岳遣其子元造來，願爲偏觀各學校之導。日人於華人之來觀實業、教育者，罔不殷勤指示。若山田，若西村、小池，若藤澤，若三井參事石田清直皆可感。所願華人虛往實歸，無小大各成一績，不負此行也。朝日新聞社畫師山内愚僊來爲畫小象，其畫以鉛筆就小册爲之，頃刻而成，行登諸報端云。寄上海訊。

初六日，與伯斧定參觀之次第：先幼稚園，次尋常高等小學，次中學，次高等，徐及工廠。是日晴，藤澤士亨元造來，同至愛日小學校。校舍若側看工字形，教室光綫合度。校長高橋季三郎，教員十二人，男女各半。每室授四十或六十人，共凡六百人。又有補習科生百餘人。教科爲修身、國語。國語中分讀方、綴方、習字爲三，餘則算術、體操、唱歌，女子别加裁縫一科，每日五小時。參觀時，直男子教室教度量衡算術，英文，女子教室教唱歌，歌以風琴爲節。先歌大阪市歌各一闋，次游戲唱歌，皆女教員。游戲歌卽愛日尋常小學校之歌也。體操男教員爲之，分羣童爲二黨，以赤白布帕首，東西列。當場之中建一木竿，高丈許，上懸横木如衡，兩端各繫一筐，高約一尺五六寸，圓徑同，眼徑寸糊紙亦二色。教員吹歐笛爲號，别二筐貯紙球如鵝卵大，均二色。教員先傾球於地，羣童聞笛，各如其黨之色拾焉，而抑擲於筐，筐重者勝，勝則呼萬歲！次則易筐以竹盤，盤中有孔，貫竿之中，四角繫繩，繩撮竿頂。教員復傾球，羣童拾而仰擲如前，聞笛卽止，落繩下盤，一一出球，各使其黨同聲以報，數數竟，令一執旂之童記於黑板，數多者勝，亦呼萬歲。操畢，各退。高橋以粉畫地曰：『女子宜静肅。男子宜壯勇。』以是知日人不尚男女平權之説也。高橋先令諸女學生集運動場施敬禮，觀其游戲唱歌。次延至容儀室，觀男女生所作真行書，又令女學生行抹茶禮。抹茶卽唐人之點茶，大約器具、名式、位置與唐茶經、宋大觀茶録同。自奉爐而進，卽致禮，禮意甚恭。士族之家女子大都習之，惜言語禮俗皆不相通，不知酬答之禮闕略否也。次觀愛珠幼稚園，園長鹽野吉兵衛，園之教室無多，一室僅容三四十人，四周植紫藤爲棚，庭鋪細石數寸爲外運動場，内運動場與講堂合，頗寬廣。課程則唱歌、游戲、積木、摺紙而已。是日爲幼稚園開設二十三年紀念會，鹽野、高橋尋諸兒童先於日皇御影前行鞠躬禮，既而演説發達保育之義，既肅客置宴，既導觀其游戲運動。一人奏風琴，二保姆導諸童爲種種游戲：有演方陣式者，有演晨起着衣、盥漱、早膳、結伴赴園式者。既復入宴，人各木合二，肴飯蔬果十品，魚二品，俗所謂辨當也。魚冷而腥，色則甚潔。食畢行點茶禮。臨行，保姆同送之門，一保姆年十八，而教法最敏捷。詢其人，爲間中夕日音若太。子午後至造玻璃廠，日本謂玻璃爲硝子。廠長島田孫市，島田初習工科制造，學成干當此廠之事。廠以明治二十年四月創立，初以官本虧摺頗巨，繼歸島田籌資而官補助之。今歸島田一人。資本日幣四十萬元，用工男子四百六十名，女子四十名。引擎馬力三十匹，略用引皮帶耳。制造大片用炭養二氣，不用煤火。島田自言由其所發明。觀制成陳列之器，映光視之，尚有細點未浄，不逮歐制，而價則廉平。日人治工業，其最得要在知以予爲取，而導源於歐，暢流於華，遂足分歐之利，而興其國。然大概工價則過華或倍、或二倍。我政府而有意於通商惠工也。利過於日有五説焉：一原料繁富，二谷足工廉，三仿各國之長使利不泄，四饜民生之好使不願外，五與世界争進文明。其要則以予爲取一語賅之。日本凡工業制造品運往各國，出口時海關率不征税，轉運則以鐵道就工廠，又不給則補助之。國家勸工之勤如是，然地少穀貴，工貲與制作之業幷增均長，而言工業者猶務進不已也。與世界競争文明，不進卽退，更無中立。日人知之矣。次觀泉布，觀干瓢會、豐臣太閤遺物，華人所謂平秀吉，日人所謂豐公也。

初七日，微雨。藤澤士亨導觀東區第一高等小學校。校以明治二十三年，依教育衛生程度建立。凡東區高等小學校五，幷十二年後所建，始則草創耳，此其一也。校舍皆樓，購地建築五萬一千餘圓，過通州矣，而屋宇之多不逮。東區第一高等小學校，員擔區内户一萬五千一百四十九人、五萬七千五百三十三。在學兒童男六百四十五，女五百四十六。教員男十八人，女九人。收授業料卽學費，以區内外分多寡，區内每月金五十錢，區外六十錢以中幣計錢五百六百文。教員月俸男四百四十三圓，女一百二十九圓，共五百七十二圓，約以二十七人命分之，每人月得二十一圓餘。其最多者五十，最少者十二，餘以資望爲差。校長皆以訓導兼之。一校之中能容生徒如許者，無在校住宿之人也。校長岡村增太郎，學務課長米田的道。午後訪藤澤南岳於東區淡路町一丁目泊書院。訪西村、小池商詢幼稚園保姆事。因晤清水常次郎，爲言明治九年，日有官吏妻獨逸人明保育事，是年創設幼稚園於東京，聘爲教習，養成保姆。十一年大阪派女子二人往習，十二年開府立模範幼稚園，即以女子爲教習。今存者止氏原鋹子一人，年五十餘，在幼稚園二十三年，於保姆最有名。其次則片岡春子，年四十餘，堺人。獨逸人之初教保姆也，用繙繹通語，而各自觀繹成幼稚園之書，蓋亦周摺如此。今之愛珠幼稚園即前模範幼稚園所擴充。西村言幼稚園惟大阪用錢多，建築好。清水任爲介紹保姆事。晚實甫來，得叔韞訊說鹽事。復電屬顯民審機速定。

初八日，西村小池偕同伯斧往觀桃山女子師範學校，校容師範生一百二十人，皆食宿於校。自修室即在寢室之内，每室十二人。室以席度，每席長約中國營造尺之六尺，廣半之，縱六横七，凡四十二席，七百五十六平方尺，每人占六十三平尺有奇。寢具皆置複壁。寢自鋪之，起則自收，四疊而置焉。帳亦臨寢張之。一室中除自修几三外，無他物。几幷坐二人，對面亦二人，中几有兩面小書架，高一尺五六寸，以障對坐之人。每寢室一所一廁，斜溝以排糞，浴池約方八尺，四圍木匡，旁二石池，一方約三尺，一約四尺，貯玲暖水，室外横竹四排以懸巾。脱衣之櫝，六層五排，無門，每櫝方約尺餘。食堂與廚隔牆通門，矮几坐，飯器當几之中。一几八人對坐，人各一碟魚及鹽漬菜菔各二片。理髮室與盥漱室連。理髮室中設大鏡三，旁有梳具箱，亦排疊架之。此五事皆與華俗不合，華人起居占地較多也。音樂教室案長七十二寸，廣九寸五分，略仄，内高十六寸，外高十九寸，坐高十五寸五分，廣十三寸五分。理化室几案似前小學校，而每案皆相間二尺許，能容人行。又室之三面各有四窗，窗皆塗黑，其南面窗下層置回光鏡，以教授光學。教員案右置紙造人體型二：一止骨格，一自膜以内筋肉絡管皆具，外衣白布。營造設置過小學校遠矣。附屬之幼稚園，教室少而游戲之場多。室中案長三十八寸，高十九寸，廣十五寸，坐高十寸，廣八寸。案面皆畫方罫，教習黑板亦畫方罫，見教摺紙及積木者。又教小兒搜尋藏物，一尋即得，則羣兒鼓掌賀之，否則羣笑之。凡所爲皆使小兒以腦力相磨，又各寓於游戲之事。故一園之中，兒童八十人，有愉快之容，而無愁苦之色。美哉！次觀女師範生體操，操場在屋内，廣四丈八尺，深六丈，操之行伍分中央四隅爲五方，每方一隊，每隊八人，凡四十人，有時變爲十隊，每隊四人，蟬聯接手踏步爲樂，名羣雀舞，歐美女子之舞容也。次觀裁縫室，鍼黹之具皆同，有縫衣機一具。次觀一室，講授教育學者。庭有井，有衣桁，澣濯皆自爲之，亦習庖事。美哉！校長大村芳樹、清水君亦至，爲商保姆事，許遲日商定見答。氏原鋹子月俸十八圓，又手當五圓耳。午後乘汽車至堺觀水族館，所陳水族校神户略多。次觀其海濱公園，有土阜三數，中一阜疊石方丈餘，一鐵蕉甚大，百年外物也。返觀博覽會側之動物館，羽之族有鶴、有鸛、有鴛鴦、有鷺、有鸚鵡、有秦吉了、有鸜鵒、有鴿、有雞，雞類不一，有火雞、有珠雞，鸚鵡尤多，有白、有紅、有緑、有雜色，有大有小。鴿最大，鶴最美。毛之族有虎、有豹、有象、有獅、有猿猴、有印度牛、有羚羊、有豪豬，皆一牝一牡。懶猴據枯枝而睡，其揭云性懶，晝食飽即睡，夜則醒，睡蒙其頭，醒亦不甚跳躍，似天下之養尊處優而媮懦人。鱗之族文魚獨多，蟒與鱷獨大。介之族，凡近矣。瑇瑁之大，不逮神户。與拔可同至會場側豐樂園晚飯。

初九日，小池導觀中之島高等工業學校。日本文部省直轄之學校二十有七，此其一也。學分八科：曰機械，曰應用化學，曰染色，曰窯業，曰釀造，曰冶金，曰船體，曰機關。其學期則三年。書記中島義光導歷各工場，唯窰業科某生指示獨詳。校長安永義章。次觀醫學校，校長書記皆不見，一不通姓名人導觀各教室，至細菌科室某君隨問隨示，色和而意摯，其顯微鏡新自德國購來，可自五十倍至一千三百十五倍，以視極微茫之肺病瞭然瑩澈矣。至剖解實習室，見三四人共剖一男屍，藥水氣刺鼻不可耐。晚飯後觀高麗橋東夜市，猶中國之趁虛趕集也。

初十日，西村小池導觀造幣局，局隸大藏省，平日雖内國人不聽入，本年以博覽，會弛其禁。凡華人觀察者，指示尤勤。歷其地金鎔解、伸延極印精製諸場。精製場之平量輕重機爲最新式，至精極準。其貨幣分金、銀、銅三種，而以金爲本位。金之幣三，二十圓、十圓、五圓。銀之幣三，五十錢、二十錢、十錢。白銅之幣一，五錢。青銅之幣三，二錢，一錢，五釐。凡十等。金以中國爲最純良，臺灣色黯而質稍劣次之，朝鮮色淡多雜質金又次之。造金幣者，率九金而一銅。造銀幣者，或九銀，或八銀。日人謂九百位，八百位者，是也。華人苦貨幣之困久矣，近行銅圓以濟銀窮，然不造金幣，則金日流於外而日貴，且無本位，則代本位者勢必有窮，非計也。我政治家之性質，習慣有一大病，則將舉一事，先自糾纏於防弊，不知蟲生於木，弊生於法。天下無無蟲之木，亦無無弊之法。見有蟲則去之，是有弊則易之。爲木計，爲法計，雖聖人不過如是。而我之有立法權者，未更未見弊之法，先護已無，法之弊慎已。東西各國辦事人並非別一種血肉特造，止法度大段公平畫一，立法行法司法人同在法度之內，雖事有小弊，不足害法。是說也，嘗與沈子培、鄭蘇堪相發明之。局書記以來賓録請題名。次觀大阪城内水源局。西村約至其家午飯，仿西製，頗有理會其夫人所自治也。日人延客，以婦女治饌爲敬，蓋猶有華風。日人自三國時通吳，爲交鄰之始，士大夫雅慕華風，故服重吳服，國語謂二，謂五，謂人，謂豆腐，直是吳音。器重唐木，漆重唐塗，風俗亦有雜學宋明者。自維新變法三十餘年，教育、實業、政治、法律、軍政一意規仿歐美，朝野上下，孜孜矻矻，心摹力追，今男女學生制服亦漸次更變矣。孟子以晉國爲仕國，余謂日本亦學國也。午後觀大阪府立師範學校。校自明治三十四年六月落成，規模宏敞，生徒定額三百二十名，講習科分甲乙丙三種，每種四十名，凡四百四十名。校長及教諭、訓導、舍監、書記四十三人，醫員及柔術、擊劍教員各一人，隨意科有農、有工，附屬小學校五百七十名。有簡易尋常科，簡易卽單級也。教員不住校，生徒住校，一室八人或九。人寢具人各二絨毯，下墊厚三寸之布褥，中實稻草。食堂小於通州者半，而容人多於通州者三倍，則風俗習慣之不同，抑日人之能刻苦也。講堂容五百人，校長森本清藏附屬小學校主事森川正雄導觀一周。日本初效美國學制，全國建師範學校五所，或云八所。延美國教習二人，餘以會讀西書者當之，生徒二百許人。教科書則文部省編纂頒行，今則每府縣各建一師範學校，又增建女子師範學校，爲廣設幼稚園之本。教科書已屢修屢改，凡事入手有次第，未有不奏成績者，其命脉在政府有知識，能定趣嚮，士大夫能擔任贊成，故上下同心以有今日。不似一室之中，胡越異懷，一日之中，朝暮異趣者，徒誤國民有爲之時日也。

十一日，復與小池至師範學校觀單級小學校授業，見其教員大西奈良松。單級者爲町村學童計，故合四年生於一班授之。此於中國今日最宜。主事人應客處外庭絕曠而無樹木，驕陽逼人。同小池至豐樂園午飯，飯後與伯斧觀博覽會機械館。是夕爲日人金曜日，會場内外電燈盡張，士女闐塞衢路，履聲如萬竹齊裂。水簾亭以七色鏡旋轉，現虹霓之色，於光學頗有發明。村井兄弟市孔雀標紙卷菸，有聲架一樓四層，自上澈下，電燈約千計。日人工商於美飾事極注意，亦其習慣也。

十二日，巳刻小池來，同至天滿橋北織物株式會社，專織絨布處也。機一百六張，汽爐三，用二備一，引擎馬力二百疋，飛輪徑約英尺一百三四十寸，用煤日五十餘噸，五十恐譯者之誤，當是十五。每日早六時開車，晚九時止。女工四百人，男百人工。貲自三角至九角不等，亦有按織成之數包價者。織綫有純羊毛，有混羊毛，混者以棉羊毛雜之，純者自濠洲來，北海道產少，不足供用也。別有手織機一張，織粗厚五色絨布。午刻實甫來，與商金、徐二生學習工業事。復至博覽會觀工業館，織業最良，製筬最精，筬卽華人所謂篾。他如織席、舂米、製麵、榨油、鍊糖、卷菸、吸水、造燐寸之機無不具者。需本皆不多，若得十萬圓，可試辦一工業實習學校，十年後進步不可限量也。次觀通運館，舟車法度咸備，最精者，環球航路之標本，内國山海之模型。臺灣模型極精審，可異者，乃拜我福建諸海口繪人，其誌以黄色，亦與臺灣同。振貝子、那侍郎或未之見耶？

【略】

十四日，小池導觀東成郡鶴橋村農學校。校在一山麓，四周有水。水外皆試驗場，場有學生任者日人謂之學生擔當地有農夫任者。有畜牧場，場有治外來患獸，有剖解室。牧草有本國種，有歐美種，家畜有華種。牛羊豕室不潔，魚鴨池不廣，稞麥因久雨不良，觀學生割麥用石油尋治稻秧害蟲。校有體操而無音樂，學生習農者一百三人，習獸醫者七十人，學成不入高等，聽其散而歸，各治其鄉。若入陸軍或他校，或別治生業亦聽。此我通州所最宜法者。初見其書記兼教諭小野田嘉久二，繼見其校長井原百介。導之周歷各場者，校長也。至午以學生之飯留飯，大小二碟，一以雞子雜牛肉屑炒之，兼薯片二，一鹽漬萊菔片二，茶壺一，蓋餉客如此。若學生常膳，僅生魚片二，或熏小魚二，鹽漬萊菔片二，都爲一碟，日日如此。凡日本教育家之言曰：當使學生知爲學不求飽而敏於所事，不可使飽食而無所用心，可謂知本。中國學校以飲食滋訟者多矣，惜不令一游其校以參觀之也。午後，大阪郵船會社金島文四郎具小輪邀同伯斧、小池同觀築。港本海也，築而後有港，故名築港。當大阪正西南，伸股至首合抱相向，作蟹螯形。左股長約華里七十餘里，右股長約華里五十里，面廣約一丈二尺，底不可測度。詢諸金島，云：先造石船運石，沈標築處海底，而後下塞門忒土。所造之大方石出海面五塊，或四塊。塞門忒土建廠自造。和土、運土皆用機械，惟杵築用人，二人一杵，每石三杵，別一人執版下築，以齊四邊。以英尺計，每塊高四十八寸，廣六十寸，長七十二寸，重半噸。築石之處，上瞿木棚，棚下可築四石棚，有脚架於運土鐵軌；每築四石成，則移其棚，而包石以稻薦。至其竣工處觀之，隄脚之外亦甃。石石長方，外平面方尺餘，內平面減約十之二三，層累而上自成斜度之坦坡。他舊石岸亦如此。日人初師荷蘭，學荷蘭人以建築工名歐洲，意仍蘭法也。內外側平面方數，可以意想坦坡斜度定之。近十二年內，以大阪水道淀河、築港，爲全國三大工程築港之舉，自明治三十年十月始定，三十七年竣工，豫算費二千萬圓。其水道自二十五年始，費三百六十萬圓。淀河工自三十一年始，費九百十萬圓。勤矣哉！孔子曰，禹無間然，卑宫室而盡力乎溝洫，禹之明德，寧非吾中國所當取法者乎？烏乎！回經安治川，觀範多隆太郎所有之鐵工所。工場面積六千七百餘坪，當中國四萬餘方尺，資本一百五十萬圓，能造汽船及浚渫機船。匠目無歐洲人，臺灣基隆有分場。我思上海製造局規模之大，經費之宏，幾幾十倍於此，曾未爲農工實業造一船，製一械，以市於民而收其利，以助農商之業而分人以利。彼此相較何如也？

十五日，與伯斧、小池詣小山、健三。小山初爲醫學校理化教習，旋爲長崎師範學校長，旋爲東京工業商業學校長，一爲文部省實業學務局長，旋爲次官，温雅篤實人也，今爲大阪株式會社三十四銀行頭取。頭取猶華言總辦。從問勸業銀行事例，贈銀行事務要項，拜照像片。日本士大夫爲官商，聽其人之志願，方爲官則一意官之事，及爲商則一意商之事。華士大夫則方官而有商略，方商而有官式。我烏知日人之盡如我云云也，以我所目見者言之而已。午後看博覽會水產館，通州可參酌仿行者，唯十勝川之魚簗。濱名湖之鶩池，若養蠣法采自厦門，不知寧台之產也。宮城之鹽，其第一等與餘東同，不逮呂四也。日本產鹽不足供民食，比藉臺灣鹽運人以贍之。方庚子後，訂各國商約有洋鹽進口之請，其時華人鹽官商大譁。余謂劉忠誠公是無妨，不過私梟中多一洋旂而已，若以設廠造鹽之新法，行就場徵稅之名言，梟且化爲商，何有於洋人？余意許洋鹽入口，宜增華鹽入各國口一條，以抵其利益。忠誠公謝言：無此氣魄。夫世界氣魄人造之，天之氣魄則搏搏大地，高者山而下者澤耳，寧便可倚。適有所觸，牽連記之。觀電氣光學不可思議館火焰舞，既曰電氣光學矣，便有可思議，應曰非不可思議館。

十六日，雨。小池來談，詳詢染織、紙業之事。染織工以西京爲最良。紙業以土佐爲最良，靜岡次之，王子次之，美濃岐阜又次之。午後詣三十四銀行，觀其辦事分收付存爲三處，三者之中又分零整。聚辦事人於一廳，而頭取室卽在大衆辦事之後，隔以屏風而已。紙幣與實銀並藏一庫，幣藏保險箱三，實銀藏小方箱累百。小山一一指示，局鍵甚牢，云防盜也。余問警察甚周，尚患盜乎？小山言，警察愈密，盜亦愈巧。夫弊生於法，無古今中外一也。日人不因盜不消滅而非議警察，知其民智之程度進矣。其銀行自明治十一年始，本爲國立，後屬之商，又拜中立、共同、有魚、三銀行而成，合貲凡五百萬。工商之業，官爲民倡，有利則付之商。不止不奪也，而維護之，以是知其官智之程度高矣。勸業銀行仿自德意志日人譯爲獨逸，用株式會社法集本一百萬，聽人入貲，凡股票五萬張，每人入銀圓二十，多者亦聽，參用抽籤得彩法以鼓舞之。凡營農商實業者，皆得以不動產抵借，產值十借五，歲納息七釐至八釐，不限還期，聽借者之便。近乃推行於臺灣。常聞我華官言：日人治臺，歲費甚鉅，而所得蓋寡，以爲日人之擲黄金於虛牝也。烏乎！官之於民也，務司牧之而顧朘之，又寸寸而度之耶！余於去年勸一二知好立銀行於通州，以勸助農工商之業，尚無成議，不知此事終獲幸成否也。從市上度量衡器販賣所買度量衡各一器。器爲溜谷製，皆鈐官印。明治三十年用篆書正字，三十二年用篆書定字，修覆者用篆書改字，字或以火烙或押，蓋由官定式而聽民仿造，造成呈官檢查，合度者鈐印。度有四，曰制三：一曲尺，一鯨尺亦名念，佛尺，一女子學校尺。曲尺較英尺長五釐，土木工用；鯨尺較英尺長一寸九分四釐弱，裁縫工用；學校尺較英尺短一寸四分四釐，便女子揣挈。曲尺鯨尺皆鈐印，學校尺爲教育而設，不鈐印，仿英制一，以非本國之度，亦不鈐印。曲尺竹木、牙骨、革布製者，一尺以下檢定料五分，三尺以下一錢。鯨尺六尺以下四錢金製者三尺以下二錢五分鯨尺六尺以下五錢量木製者二合五勺以下一錢至六錢止。金製者，二合五勺以下三錢至八錢止，皆四方形有定准。量米穀者，有當鐵爲之，方二，方横平量面而支其兩隅。量油酒者無當，概用圓木亦有印，檢定料均五分，無斛。衡有三，天秤、臺秤、桿秤。天秤一釐以下，台秤五十貫以下，均五十錢。台秤至一百錢止，桿秤二貫以下八錢至二十錢止，製作脩覆販賣者皆納身元保證金，度量製作納三百圓，衡納五百圓，度量衡修覆納二百圓，販買納百圓。本末詳度量衡法規，往持同度量衡之説久矣，以爲是國權之所寄也。今姑准日制，贏縮平均通計之，每度器一稅二十五文，量器一稅四百文，衡器一稅七百五十文，華人四萬萬，以一萬萬人人用度量衡各一器，初年亦可得錢一萬萬圓，以後每歲按三成計，亦得三千萬圓，卽使省之以倍，數亦匪細，不猶愈於他捐之擾擾乎？此其道有三：一則有所附而取，一反是；一則商失其暫時自便漲縮之利，而士農工得永久共便。盡一之利，一反是；一則證萬國之通例，復三代之舊規，合於公理，一反是。利弊得失，寧不較然，願聞吾言者，更乎心而計之也。【略】

二十二日，八時往商業學校，晤校長市村芳樹拜教諭齋籐清之丞。校自明治十七年矢野次郎所創建，今有其石印小象。校舍規模開敞，大門有樓，榜曰：世界我市場。門之外一橢圓形小池，池中以沙土凹凸爲地球海陸，意將啓發諸生昌其國之商業徧於五洲也。無寢室，無食堂，有商品室，理化室，商品列華物甚多。教室二十，球場十，扣所五，可容一千五百人。觀其統計表，現有一千一百餘人。三十三年以前，每歲入學六七十人。三十四年後，入學者殆三四倍之。學生食宿費一百三十八圓，學費十二元。校隣有新築之樓，供學生寄宿。其統計表較他校加詳。市村示其校規，加意於信用服從，齋籐示其倫理書，亦兢兢於私德。日本唯商德最下，二君注意於此，真對證之良藥。市村爲校長已十年，觀其題詞，頗歷艱苦。惟言語不通，不獲詳叩。通譯者又不能達彼此之意，爲可慽耳。十二時行，臨行得小山静岡介紹書，因附汽車，四時至静岡。行經天龍大井二川間，見其農田最有法度，他處所不及。是晚商業學校長岡田禎三來訪，小山門下尹公之友，亦端人也。

二十三日，岡田等觀其商業學校，規模不逮名古屋。復同至安東村野村角太郎造紙工場，旋附汽車同至江尻場吉川作之助造紙工場，皆以舊法

爲本，而參以機械。野村自言，引擎三十二匹馬力。吉川自言，引擎五十匹馬力。野村工場雜用三椏雁皮楮三種，而三椏爲多。所謂鳥之子紙，其口語則雞卵紙。吉川工場全用三椏腐化，原料用苛性曹達，漂白用硫酸、松香、曹達等料，較舊法製精而出多。日人所謂改良紙；維新之始，政府印刷局用之。至二十七年下其法於民間，計全國用此法而最大者凡四所，静岡三，越前一，其他皆手工，或以造薄紙爲主，或機械少貲本不逮者也。各學校專印暗文紙甚多，凡日本工商業稍大者，其用器皆識其姓名，幾成通例。以中日大概風俗論，日人緻而中人纑；日人褊而中人廓，利弊各有相因者也。岡田願爲介紹於札幌北海道拓殖銀行宇佐美敬三郎。午後四時，附急行車至東京，時已九時三刻。静軒、後卿候於停車場，同至京橋區紺屋町清浄軒。【略】

閏五月

一日，至築地活版製造所，看造鉛字。【略】

三日，雨。訪泰興留學生於弘文學院，訪章静軒、洪俊卿於成城學校。凡學校以成城之食宿爲最苦，功課爲最勞，留學生之名譽亦以成城爲最美。能自立者，必先能自苦。吾於章、洪諸生有厚望矣。中國人留學外洋者，多喜就政治、法律。二者之成效近官，而其從事也空言而易爲力。若農工實業皆有實習，皆須致力理化，而收效之榮不逮仕宦，國家又無以鼓舞之，宜其舍此而趣彼矣。近年余與蟄先論中國目前興學之要，普通重於專門，實業亟於名哲，世人漸有響應者。留學生之志於實業亦日多，是可喜已。訪汪伯棠監督，伯棠有性情而明於世變，政府以公使與學生齮齕，置監督以調停之。伯棠月助華人所建清華學塾一百六十圓，賢於人遠矣。而在中國時，聞留學生中猶有求多於監督者。

四日，森村扇四郎復與高野周省來，說鑿井器事。自去年九月，雇日工伊籐澤次郎父子用農井法在通州紗廠鑿井，深三十丈，見砂石層而無水。伊籐引去，余必欲竟其事，又欲一究地層分數，以爲通州地質學之始；適叔蘊寄示日本駐滬領事小田爲森村託售之礦井機器圖，欲更試之，屬叔蘊詢訪。叔蘊以詢錢念劬，往復諮議，念劬書云，定造三百間日人以六尺爲一間則先付本價三分之一，若用其已成之百五十間，則說明價值，

運往試鑿，有效付價，無效作罷。惟往復運費及工師助手之路費膳資，不論有效與否，皆通州任之。叔藴與森村之子名要者議同，書來相告，且訂先觀其伊豆所鑿成績。至上海時見森村要擧止佻蕩，目動而言肆。及再見，即請借墨銀百圓，以質叔藴。叔藴謂渠方圖大，或不覬小，借無妨。余謂日人商業甚無信義，十餘年來中人之受誑者，指不勝屈，君爲作保恐受累。叔藴仍謂無妨，乃予之而索其借券。至長崎察知森村要狹邪之擧，至東京扇四郎來談，多與錢、羅書不合，其神情頗有要劫，其名刺稱工師，而其友高野周省張之曰，是海軍技師長。訪之海軍無此人。訪之横濱無鑛業商會，其住横濱户部町裁三月，一子年十八，在中學校。森村要非其子。高野自稱農學士，又自稱獸醫。訪之警察廳，則高野名下僅署一農字。訪之農科大學，則從前學士中並無其人。種種誣罔，已無意觀其伊豆之工矣。乃索所借百圓以試之，父子果相與推諉，圖誑語，反覆至三四無定，則峻辭以謝之。以借券付松山堂書肆代索。又考知森村與外務部繙繹小林光大郎善，念劬習於小林，而不知小林外間之聲名。其以圖屬駐滬領事代售，或云亦小林爲之，蛛絲馬迹，因原甚多。嗟乎！日人謀教育三十年，春間教科書獄發，牽連校長、教諭等近百人。今察其工商業中私德之腐潰又如此，以是見教育真實普及之難，而人民性質遷貿於開通，有不期然而然之勢。然以不信不義之國人，而冀商業前途之發達，是則大車無輗，小車無軏之行矣。聞半年來中人受誑於日人者，復有數事。其數細者，值僅五圓。【略】

初九日，至官立商業學校、私立尋常小學校察視。商業學校長神山和雄。校有中語、英語、德語、法語、俄語，其陳列所甚簡。四時，荻洲與諸華商置酒五島軒招飲，詢海物運華水脚，歲十五萬，因勸合力創汽船自運，各商逡巡遜謝，言先恐華官不許，即許亦不保護。日本郵船會社開創至今，國家補助未絶也。嗟乎！畏虎者，談虎而色變，孰使吾海外辛苦之民變色至於此？又念余遵朝旨，興揚通内河小輪，猶有阻抑者，彼商人之寒心何怪焉！附薩摩丸十時行，出港後斜月出雲罅，光射波面，風浪平靜，列島遠近風景殊佳。【略】

十二日，晴。南君導詣北海道廳事務長大塚貢，又晤其土木料長武井右貞，旋同至新建之農學校及農園試驗場。新校樓上下六十間，近校之左一區爲理化學教室，其右一區爲動植物學教室。又外左一區爲農科經濟學教室，其右一區爲農學行政教室，皆左右對向。果園、牧場、農具、牧具一切維備，農具、牛種、果品用美洲者多。黄牛有大於華産小種一倍者，乳房尤寬，聞有百頭。雜黄白色者，每頭值一二百圓。黑白色者，每頭值四百圓。南君隨事指説，略無倦色，可敬也。午後，大塚事務長遣人以馬車導觀製蔴株式會社工場。工場長爲谷山一介，凡紡錘六千五百日人謂錘猶，華人謂錠引擎馬力五百，日用煤十七噸。男女工千餘，工貲男子之上者，日一圓五十錢，下二十六錢，女之上者四十錢，下十八錢。日用麻八千鎊，大麻千，亞麻七千。織精、粗帆布三千尺，布價精者尺二圓五十錢，粗者七分。子供榨油，梳餘之系供塗牆，帆布供全國海陸軍及商船用，貲本八十萬圓。次觀重谷木栻工場，其技術長荻原直四郎導觀解截，機械皆歐製。木長短厚薄務中工用有定度，亦改良式也。場傍鐵道，運輸至便，引擎二具，每具馬力一百，汽爐用積屑殘片木之梢皮，或剝或截，皆以供燒，以此省煤，亦一法也。其鐵道枕木專由歐商販運我之山東、直隸，以交鐵道司工之歐人，雖日人不能直接，歐人爲歐如此。松板有紅白二種，白者良，華人喜紅，商販嘗塗丹以市云。

十三日，早往真駒内觀種育場。場自明治十年仿美國法建，凡地五千七百六十八萬五千四百九十二坪。南面三方皆山而不甚高林木森森，引泉爲渠，廣僅五尺，貫瀉其中，柴落井然，望之如畫。牧草種類最繁盛。馬最良，皆美産。牛亦良，按圖知之。豕羊皆小種，無多，雞十二羽耳。豕舍穢惡，最不如法。觀刈牧草刈具，亦美製。有交尾場，其法規凡農民以牝來引種者，計頭納賃金。有製乳場，專取生乳，不作罐詰。其校長近方游美求良種，一牛一馬之佳者值二千，至賤亦五百圓。日人食料不重羊豕。華産羊豕以江浙之山羊、闌豕，味尤雋美，歐人論畜牧者稱之。此亦食性中之公理，而日人不取也。故言變法，不可不先審習慣。自札幌至真駒内道路極崎嶇，回時出種畜場不遠，所乘馬車傾摺，輻盡脱落，乃與伯斧步行至平岸，觀公立單級小學校。校舍止七間，前三間較小，中爲門，左爲特別裁縫教室，右爲校長事務室，與後中一間相當緊接，即雨中體操場也。左右各一間，皆教室，各容四十二人，最多可五十人。左室教一二四學年生右室教三學年生校長兼訓導柴田菊藏月俸十八圓教一二四年生，其教三年生及裁縫者爲准教員女子上原氏月俸六圓，畢高等小學後，曾入北星中學校一年，年十六歲。客至時奉茶入，意爲學生，又疑與尋常小學不類，不知卽教員也。課程有文部頒行之令，教科有地方自編之書地理、歷史皆，就札視言之報告有式，稽查有法，町村有稅，補助有官，其教育之廣被宜矣。六時，與孫蔣合置酒豐平館，答佐籐校長、南教授。夜九時，北海泰晤士新聞社記者辻篝夫來談。方在種畜場事務室時見此人，蓋欲知余調查實業，教育之議論，故尾隨而至，及中途車壞，辻君來，下車同步行四五里許，亦有心人也。問我國士大夫近日滿洲事處置宗旨，余言無處置之權力，不願張處置之空談。二十年，稍留心於實業、教育，近方稍有著手處，是以來遊，求增長其知識。東士大夫有能以維新時實業、教育經驗之艱難委曲見教者，願拜其賜，他不遑及也。辻君首肯。【略】

二十二日，十時赴嘉納約，觀其高等師範學校。校兼有手工教室，專教金工、木工、陶工、漆工。爲發明實業，有與人之規矩，不徒恃口舌之空理也。其直接之系屬則尋常師範學校及中學校，其附屬則尋常高等小學校及單級小學校，爲師範生練習教授管理之地。脉絡貫通，義類周匝，可謂有本末表裹者矣。師範者，興學之本。我國民而有幸福也，戊戌後宜有官立師範學校，否則庚子後必有之，何至使我二十二省之人，上者有七聖迷方之歎，下者有聾盲揣日之譏。略觀其明治五年至十二年文部省審定之教科書五六種，理化學用歐書，修身雜引我六經諸子語，歷史亦用明人所編之十七史略，地理聞有擷用瀛環志略者，未見其書。又聞惕齋言，方其農學初興，購用農政全書甚多。特今日言農學者，喜張歐美耳。國勢弱則前古人與後來人並受其累，亦至言也。

二十三日，觀高等工業學校，時已休假。校長手島精一，明治初治工學，留學法國四年，歸國後時時往歐美考察練習，一二年卽返，充工學校長二十餘年。明年美國博覽會，日廷復遣之往。惜時促不能從容諮訪，不能罄吾心之所欲問也。訂明日觀織工徒弟及實業補習學校。徒弟學校習手工，專爲尋常小學校卒業者而設。聽人自願各占一科，每周講習時與實修時相半，三年畢業。全國凡十五六處，東京有二。其實業補習卽假此校，蓋爲工人之欲明學理者設。午前課徒弟，午後課補習。昔年言工業者，務趨高等，近乃知手工之有益，而專談學理之鮮濟，故改而注意於此。日人素以工業著名，其論工學言如此，則今日之相校殊絕者可寤已。得三兄訊，知呂四鹽垣事成。有日本伊藤博文代桂太郎復入內閣詩，鳥獸亦有羣，朋黨性情事，與盜掩耳。鐘寧各表其幟，日風故任俠，黨多自明治，道同旅進退，明白不會秘，揭來興論呶，紛紜在國計，增稅與募債，並策強鄰，備忽傳伊籐相號外日人謂特別新聞賣者，搖鈴喚號外，播郵置民附國益險，正須洽撫字，鄭僑昔爲政，本心主恭惠，毋使觀樂賓旁慮不堪細。

二十四日，寄三兄及上海訊。詣惕齋商考製鹽事。伯斧獨往觀職工徒弟學校。徒弟學校以木工科、金工科爲二大類，以修身爲總綱，以讀書、算術、幾何、工業理科爲總目。木工以大工指物挽物，金工以板金工、鑄造、鍛冶、仕上爲分別。實修課以製作材料應用圖畫爲公共主要課，學期則豫備一年，實修二年，共三年，授業料月三十錢。午後赴嘉納園游會之約，至小石川區理科大學附屬之植物園。園包小山，兼有曲沿，會客處廣軒七間，面山臨沼，喬木隔水，含風翳景，短卉叢蒲，映拂左右，蓋園之一隅。嘉納以我士大夫之考教育者多，不能人人而詳語之，故爲此會博延其教育家於一堂，任客相通，各爲問答。實則兩國之人言語不通，彼此之懷斷不能盡於俄頃也。伯唐招余與伯斧就樞密顧問官田中不二磨訪問創興教育之事，其所言教育爲開億萬人普通之識，非爲儲三數人非常之才，又言國之強不在兵而在教育，皆言教育者不易之大綱，習聞之標識。惟所言明治初，遣往歐洲學實業者五百人，歸皆任以所會習，今之秉國鈞負時望者，皆當日留學生，此宜爲我政府所平心而聽者也。田中當日爲文部大輔，親至美洲調查教育，中至歐洲，值德法戰後，備聞卑斯麥輩之言，故言之成理。其所以能大著成效者，則明白此事之人，卽舉辦此事之人也。【略】

二十八日，五更大雨。與伯斧、實甫同至博覽會水產館，專考監產。其有模型可見者，一兵庫縣姬路市大野町，一香川縣木田郡瀉元村，一愛媛縣越智郡令治町，一廣島縣松永町津田沼，一岡山縣淺口郡玉島町。獨味埜村有鹽品而無模型。欲盡觀之，以廣參考。然香川、愛媛在四國島，恐行促不能去矣。其化分華鹽與英德諸國同列一表，頗明晰，惟不知於我江、浙、閩、粵、燕、齊何指，抑平均計。也表戰支那鹽化曹達七七。八九三，加里二、五七九，苦土二，二七五，石灰不詳，硫酸石灰一，二五五，苦土四，七三五加里不詳，不溶解分〇、二四三，水分一一、五三一鹽化曹達萬分除水分外夾雜物一四、二三〇。復觀農工器農具中，擬購大犂、中犂、小犂及耙土、播種、割麥、脫粒、雜草、翻草器各一具，工具中擬購織布、繅絲、織綢、織席、綯繩、吸水、精米、造燭器各一具。【略】

（六月）初三日，至鹽業調查所，晤技師林庸介導觀鹽田及美國製鹽法。美法用鎊浦一匹八馬力，一晝夜用石炭一萬斤，内外鍋爐二，容鹵一晝夜二千五百石至三千石，成鹽一百石。鎊浦間、汽爐間晝夜各一人，張鹽挑鹽小工晝夜四班，每班二人，工貲四十錢。其鹵槽容一百石，鹵池容三千石，一石重五千二百兩。凡清水雨水四十八貫，鹹水五十貫至五十二貫，日本鹽法，百分中各分及夾雜物七至十四，鹽田水一石，内有鹽三斗五升或三斗二十度濃汁。其全機及廠屋須四五萬圓。復詢美法鹽價，則日本法鹽一貫目值約四錢，美法鹽一貫目值約二錢云。別有大木盤十，以三盤置泥砂、石砂、石炭細屑，試驗含鹵多寡，石炭屑最良，次泥砂，又次石砂。其七盤則驗鹵水之濃淡。盤有坐，有蓋，有軌道，晴雨可移。第一盤曬一日，移第二盤，以次至七盤，鹹度益濃便可用。香川縣所謂無鹽田者，意即此法。亦有儀器測候風雨燥溼。復至堀田信男製造機械會社觀新發明之重底釜，蓋因美法而簡之，與井上法不同，皆良於舊法，值五百餘圓。然則子母兼權，井上堀田二法皆可試用，美法與我時尚未宜。十二時附汽車至尾道，午後二時易車，十時至馬關，汽船接渡十五分至門市登車。

初四日早八時抵長崎，愓齋同至新地二十番華商三餘號小憩。主人沈明九，鄞人也。爲設早餐，旋登弘濟丸。計初六日抵滬，往還恰七十日。於調查實業、教育間，尚有未暇詳者。日本醫學發達最先，非獨其士大夫所自負，德法各國聞亦許之。余以茲事繁重，非綿力所能辦，故絶未注意，無從贊一辭。就所知者評其次第，則教育第一，工第二，兵第三，農第四，商最下。此皆合政學業程度言之。政者，君相之事。學者，士大夫之事。業者，農工商之事。政虛而業實，政因而業果，學兼虛實爲用，而通因果爲權。士大夫生於民間，而不遠於君相，然則消息其間，非士大夫之責而誰責哉？孔子言，以不教民戰，是謂棄之。夫不教之民，寧止不可用爲兵而已。爲農爲工爲商，殆無一可者。然則圖存救亡，舍教育無由，而非廣興實業，何所取資以爲挹注。是尤士大夫所當兢兢者矣。

藝文

張謇《張季子九録·專録》卷四《東游日記·附紀行詩》（清光緒二十九年）愛國先教稚子歌，畫沙亦解認山河。生憎卅載中朝使，浪贊揮金鐵甲多。疏鑿琵琶自北垣，農工賴澤萬人喧。當時謠詠知何限，石剝泉飛更不言。昨日麥黃今日青，菜花濃處稻齊鍼。農事五月兼三月，天氣南陰接北陰。煙囪隨處見工場，雪覆寒天軌道藏。解識衛文興國意，未容靈雨止零桑。山迎西北雪餘顛，冬不來航夏不田。巖内年來漁業富，家家都有鯨魚船。

五大臣出洋考察政治分部

綜述

沈桐生《光緒政要》卷三一 光緒三十一年六月十四日内閣奉上諭：方今時局艱難，百端待理，朝廷屢下明詔，力圖變法；鋭意振興，數年以來，規模雖具而實效未彰，總由承辦人員向無講求，未能洞達原委，似此因循敷衍，何由起衰弱而救顛危。茲特簡載澤、戴鴻慈、徐世昌、端方等，隨帶人員，分赴東西洋各國考求一切政治，以期擇善而從。嗣後再行選派分班前往，其各隨事諏詢，悉心體察，用備甄采，毋負委任。所有各員經費如何撥給，著外務部、户部議奏。欽此。

《軍機處上諭檔·爲載澤等遇炸著步軍統領衙門等嚴切查拏諭》 光緒三十一年八月二十七日内閣奉上諭：載澤等奏，二十六日乘火車出京，正擬開行，陡聞轟震之聲。查係炸彈猝發，載澤、紹英均受微傷，除車旁傷斃三人外，其餘隨員僕從有被傷者，車內轟斃一人，驗有炸彈毀裂痕迹等語，並據那桐等具奏前來。光天化日之下，竟有匪徒如此横行，實屬目無法紀，著責成步軍統領衙門、順天府尹、工巡局、督辦鐵路大臣等，嚴切查拏，徹底根究，從重懲辦，以徹凶頑。所有外城工巡局委員及南營參將、鐵路車站委員，疏於防範，均著查取職名交部議處，餘著照所議辦理。欽此。

載澤等《奏出洋考察政治請調員隨同差委摺》 光緒三十一年七月二十八日臣載澤、臣戴鴻慈、臣徐世昌、臣端方、臣紹英跪奏爲遵旨考察政治，調員差委，仰祈聖鑒事。竊臣等恭奉本年六月十四日上諭。旋於六月二十五日准軍機處片交面奉諭旨：著派商部右丞紹英隨同出洋考察各國政治。欽此。仰見朝廷鋭意圖强，實事求是之至意。

臣等伏維通變化裁，古有明訓，方今各國政治藝術，日新月異，進步甚速，博采而參觀之，取善從長，良多裨益。顧我中華近十餘年來，非不派學生出洋，遣員遊歷，卒示聞卓著成效者，則由於提倡之不力，研究之不精，是以風氣雖開，而持論者或參成見，規模雖剏，而任事者絕少專門，僅襲皮毛，難言實濟。今朝廷洞鑑於此，特命臣等分赴各國考察一切，以爲先路之導，俾海内人民咸曉然於我皇太后、皇上宵旰焦勞，將實行其因革損益之方，以收富國强兵之效，大局幸甚，天下幸甚。第臣等自顧駑庸，愧無識略，渥膺寵命，隕越深虞，惟有勉竭血誠，恪遵聖諭，於應行考察諸事，博訪詳諮，悉心體察，以期有裨萬一，上副聖廑。

至此次所帶人員，必須擇其心地純正，識見開通者，方足以分任其事。現經迭次公同酌商，各據所知，詳加選擇，謹將所調京外文武各員彙籍名單，恭呈御覽。俟奉旨允准後，即由臣等分別行知在京各衙門及各省督憮，迅飭各該員尅日治裝。查向章隨帶京外各員免扣資俸，候選者免其投供，仍應照章辦理，以便分帶前往。其餘各員應由臣等另行咨調。

所有遵旨酌調隨帶人員緣由，理合恭摺具陳，伏乞皇太后、皇上聖鑒訓示。謹奏。

清・端方《端忠敏公奏稿》卷六《考查政治調員差委摺》 奏爲遵旨考察政治調員差委，仰祈聖鑒事。竊臣等恭奉本年六月十四日上諭：方今時局艱難，百端待理，朝廷屢下明詔，力圖變法，鋭意振興，數年以來，

規模雖具，而實效未彰，總由承辦人員向無講求，未能洞達原委。似此因循敷衍，何由起衰弱而救顛危。茲特簡載澤、戴鴻慈、徐世昌、端方等隨帶人員，分赴東西洋各國，考察一切政治，以期擇善而從。嗣後再行選派，分班前往。其各隨事諮詢，悉心體察，用備甄採，毋負委任，等因。欽此。旋於六月二十五日准軍機處片交，而奉諭言：著派商部左丞紹英，隨同出洋，考察各國政治，欽此。仰見朝廷鋭意圖强，實事求是之至意。

臣等伏維通變化裁，古有明訓。方今各國政治藝術，日新月異，進步甚速，博采而參概之，取善從長，良多裨益。顧我中國近十餘年來，非不派學生出洋，遣員游歷，卒未聞卓著成效者，則由於提倡之不力，研究之不精。是以風氣雖開，而持論者或參成見；規模雖剏，而任事者絕少專門，僅襲皮毛，難言實濟。今朝廷洞鑑於此，特命臣等分赴各國考察一切，以爲先路之導，俾海內人民，咸曉然於我皇太后皇上，宵旰焦勞，將實行其因革損益之方，以收富國强兵之效，大局幸甚，天下幸甚。第臣等日顧駑庸，愧無識略，渥膺寵命，隕越深虞。惟有勉竭血誠，恪遵聖諭，於應行考察諸事，博訪詳諮，悉心體察，以期有裨萬一，上副聖廑。至此次所帶人員，必須擇其心地純正，識見開通者，方足以分任其事。現經迭次公同商酌，各據所知，詳加選擇，謹將所調京外文武各員彙繕名單，恭呈御覽，俟奉旨允准後，即由臣等分別行知在京各衙門，及各省督撫，迅飭各該員，尅日治裝。查向章隨帶京外各員，免扣資俸，候選者免其投供，仍應照章辦理，以便分帶前往。其餘各員，應由臣等另行咨調。所有遵旨酌調隨帶人員緣由，理合恭摺具陳，伏乞皇太后、皇上聖鑒訓示，謹奏。謹將考察政治隨帶京外文武各員，繕具清單，恭呈御覽。

計開隨帶京職人員：內閣中書陸宗輿，翰林院編修鄧邦述，翰林院編修關冕鈞，翰林院檢討唐寶鍔，翰林院庶吉士熊希齡，翰林院庶吉士麥鴻鈞，商部員外郎楊道霖，商部員外郎柏鋭，商部主事田步蟾，商部主事陸長備，商部主事章宗祥，商部主事錢承誌，户部郎中薩蔭圖，户部主事王伊，户部主事龍建章，兵部主事關賡麟，刑部郎中段書雲，候選郎中刑部員外李焜瀛。

隨帶外官暨陸海軍人員：直隸候補道朱寶奎，直隸候補道姚錫光，湖南補用道金還，分省補用道袁克定，候選道王豐鎬，道銜温秉忠，江西南

昌府知府沈會補，湖南長沙府知府劉若會，候選知府施肇基，候選知府伍光建，候選知府關景賢，候選知府丁士源，選用同知陳琪，候選知縣岳昭燏，選用知縣田吳炤，分省試用縣丞劉恩源，湖南常備軍統帶官舒清阿，湖南補用參將姚廣順，留直補用都司程壁光，縣丞銜曹復賡。

載澤等《奏抵日本東京并呈遞國書日期摺》 光緒三十二年正月初四日臣載澤、臣尚其亨、臣李盛鐸跪奏爲恭報臣等到東呈遞國書日期，仰祈聖鑒事。竊臣等由滬放洋，業經恭摺陳報，並先後電達外務部在案。十二月二十日乘法公司船由吳淞口開行，二十二日戌刻抵神户。使臣楊樞由東京專赴神户迎候，日本宫内省遣式部官，外務省遣繙譯官一員相迓。二十三日辰刻登岸，乘坐火車至日本西京，該處地方官吏及市會員紳俱來迎謁，因係彼國舊都地方，制度較爲完備，當赴京都府署查閲一切行政辦法，留住三日。二十六日乘車至名古屋。二十七日由名古屋登車，二十八日巳刻行抵日本東京。日本海軍大將東鄉平八郎、外務省次官、宫内省次官、警視總監、東京知事、東京市長等迎於車站。旋由宫内省官員接至芝離宫居住，款待禮儀，頗爲殷渥，當卽知照日本外部函訂謁見日期。旋由該大臣覆稱：日主訂於三十二年正月初一日相見。是日午刻宫内省遣宫車來迎，臣等恭賫國書，率同參贊等員赴其新宫呈遞，日主免冠接受，敬頌皇太后、皇上聖安，臣等敬謹宣布德音，對答如儀，旋在宫中設宴款待，成禮而退。

除將頌詞、答詞抄送外務部備案，並先行電請代奏外，所有臣等抵東呈遞國書日期，理合恭摺具陳，伏乞皇太后、皇上聖鑒。謹奏。

又《奏在日本考察大概情形暨赴英日期摺》 （光緒三十二年正月二十日）臣載澤、臣尚其亨、臣李盛鐸跪奏爲其陳在東考察大略情形，暨由東起程赴英日期，恭摺仰祈聖鑒事。竊臣等到東呈遞國書，業經專摺陳報在案。查日本維新以來，一切政治取法歐洲，復斟酌於本國人情風俗之異同，以爲措施之本，而章程、法律時有更改，頭緒紛繁，非目觀情形，不易得其要領。連日率同參隨各員赴其上下議院、公私大小學校，及兵營、械廠、警察裁判遞信諸局署，詳爲觀覽，以考行政之機關，與其管理監督之法。又與彼政府各大臣，伊藤博文、大隈重信諸元老，及專門政治學問之博士，從容討論，以求立法之原理，與其沿革損益之宜。大抵日本立國之方，公議共之臣民，政柄操之君上，民無不通之隱，君有獨尊之權。其民俗有聰强勤樸之風，其治體有劃一整齊之象，其富强之效，雖得力於改良律法，精練海陸軍，獎勵農工商各業，而其根本則尤在教育普及。自維新之初，卽行强迫教育之制，國中男女皆人學校，人人知納稅充兵之義務，人人有尚武愛國之精神，法律以學而精，教術以學而備，道德以學而進，軍旅以學而强，貨産以學而富，工業以學而巧，不恥效人，不輕捨己，故能合歐化漢學鎔鑄而成日本之特色。雖其興革諸政，未必全無流弊，然以三島之地，經營二三十年，遂至抗衡列强，實亦未可輕量。至其法令條規，尤經彼國君臣屢修屢改，幾費切磋，而後漸臻完密。臣等於其現行條例，勒爲成書者，自當慎爲選譯，而諸人之論説，則隨時記録，各署辦事規則，亦設法搜求，總期節取所長，以備將來之借鏡。此在東考察之大略情形也。玆定於二十日由横濱乘坐美國公司輪船，取道美洲，前往英國，仍酌留參隨等員專駐日本，詳細調查。

除俟編輯有成，另行咨送考查政治館外，所有臣等在東考察大略情形，及起程赴英日期，理合恭摺具奏，伏乞皇太后、皇上聖鑒。謹奏。

光緒三十二年二月十八日奉硃批：知道了。欽此。

又 《奏在美國考察大概情形并赴歐日期摺》 （光緒三十二年正月二十三日）出使各國考察政治大臣户部右侍郎臣戴鴻慈、閩浙總督臣端方跪奏爲敬陳在美考察大概情形，并赴歐日期，恭摺仰祈聖鑒事。竊臣等於光緒三十一年十二月二十九日行抵美京華盛頓，會將呈遞國書日期奏明在案。臣等於謁見美總統後，卽由美廷派員導觀各處，自公署、學堂、議院，下及商肆、工廠，排日考求。又至美之東境紐約、費城、波士頓等省，閲視一切。所至各處，該國士民無不傾誠相告，又得駐美使臣梁誠會同考覈，盡心討論，諸事更易周悉。計在美境一月有餘，未嘗片刻安暇，其有不及調查者，並派參隨各員分途前往，冀收兼聽之效。又於美國行政各部索取現行章程，酌派參隨學生摘要譯出，以資參考，雖時日較促，智慮不齊，而於美國大要情形，已可略知梗概。大抵美以工商立國，純任民權，與中國政體本屬不能强同，然其規劃之周詳，秩序之不紊，當日設施成迹，具在簡編，要其馴致富强，實非無故，藉資取鏡，所益甚多。至於商業之發達，工作之精良，包舉恢宏，經營闊大，一學堂一工廠建造之費，動逾千百萬金，不惟中國所難能，抑亦歐洲所嘆畏。蓋美爲新造之國，魄力正雄，故其一切措施難以驟相仿效，而太平洋之商業航利，則我與美實共有之。此又中國所急宜注意競爭刻不容緩者也。現就所得情形略加裒輯，容俟歐洲考察事畢，擇其可資取法者，據實彙陳。臣等卽於本年正月二十二日乘輪放洋，取道英、法，前赴德國，並酌留參隨一二人在美考察，以竟未盡之務。

除俟到德後，再將考察各情陸續奏報外，所有在美考察大概情形，及赴歐日期，謹繕摺具陳，伏祈皇太后、皇上聖鑒。謹奏。

光緒三十二年三月初十日奉硃批：知道了。欽此。

又 **《奏報由美抵英日期摺》**（光緒三十二年三月初三日）臣載澤、臣尚其亨、臣李盛鐸跪奏爲陳報抵英日期，恭摺仰祈聖鑒事。竊臣等由東起程赴英，業經專摺具陳，並先後電達外務部在案。正月二十日由日本橫濱乘坐美公司輪船東渡太平洋，二月初六日抵美國西亞得埠。初八日由西亞得埠乘坐火車，十五日抵紐約府，駐美使臣梁誠在彼迎候，因於十六日偕至華盛頓，覽其都城，藉資考證，並拜晤美國總統。十八日復返紐約府，經過各都會，中國商民均來迎謁，臣等接見時宣布朝廷厪念僑民之至意，勉以忠愛，莫不歡忻鼓舞，感激涕零。二十日由紐約乘坐英公司輪船渡大西洋，二十八日抵英國利物浦登陸，駐英使臣汪大燮前來迎候，英外部亦派繙譯官璧利南相迓，當卽乘坐專車於是晚行抵倫敦。時值英主前期赴法尚未回國，臣等卽向英外部商准先行考察，俟英主歸國時再行定期謁見。

除俟呈遞國書另行奏報外，所有臣等抵英日期，理合恭摺具陳，伏乞皇太后、皇上聖鑒。謹奏。

光緒三十二年四月二十三日奉硃批：知道了。欽此。

又 **《奏到德後考察大概情形暨赴丹日期摺》**（光緒三十二年三月十六日）出使各國考察政治大臣禮部尚書臣戴鴻慈、閩浙總督臣端方跪奏爲恭報到德後考察大概情形，暨起程日期，恭摺仰祈聖鑒事。

竊臣等於光緒三十二年正月二十二日自美國紐約放洋，道出英、法，因各登岸遊歷，旋於二月十三日行抵德京柏林，適值德皇有事出游，一時未能入覲。當與該國首相及外部接談，請其先爲派員引導，俾免曠時廢事，卽經該國派令水師提督蓋洛、上海總領事克納具隨事照料。所有應看官署、學堂、工廠，均由該員排日導觀，仍一面督飭參隨購買書籍，擇要分譯，一如在美辦法。嗣德皇歸國，定期覲見，臣等於二月三十日恭齎國書，呈遞如儀。德皇接見之頃，首先敬問皇太后、皇上安好，並經設筵款待，親與皇后入坐獻酬，慰問殷勤，交誼極形輯睦。德皇論及中國變法必以練兵爲先，至於政治措施，正宜自審國勢，求其各當事機，貴有獨具之規模，不在徒摹夫形式，其言至爲懇切，業將當時大略情形撮要電陳聖鑒。臣等卽於覲［見］之後，前赴克虜伯砲廠及德國西境各省閱視兵操，調查工礦，又兼旬始畢。計在德國一月有餘，駐居柏林之日較多，而在外博覽周諮，所到之區，其官商之優待歡迎，均與美洲相等。

查德國以威定霸，不及百年，而陸軍强名，幾震歐海。揆其立國之意，專注重於練兵，故國民皆有尙武之精神，卽無不以服從爲主義。至於用人行政，則多以兵法部勒其間，氣象森嚴，規矩正肅。其人民習俗，亦覺有勤儉質樸之風，與中國最爲相近。蓋其長處，在朝無妨民之政，而國體自尊，人有獨立之心，而進步甚猛。是以日本維新以來，事事取資於德，行之三十載，遂致勃興。中國近多歆羡日本之强，而不知溯始窮原，正當以德爲借鏡。至於德皇所論，適自明其强盛之由，在中國雖不必處處規隨，而其良法美意行之有效者，則固當急於師仿不容刻緩者也。

此次所譯之書，因德文繁重難通，譯材太少，恐不免於罣漏，唯有多購書籍回國以待研求。駐德使臣廕昌，於德國情形最爲熟悉，語言尤極諳練，正值料理交卸，在德京則尙可考究，在外省則無暇覽觀，深惜少一討論之助。現在考察事竣，定於三月二十五日起程，遵旨先赴丹國游歷，仍回柏林，再赴俄、奧各國，以期路途省便。

除俟到丹後再行奏報外，所有抵德考察大概情形，理合恭摺具陳，伏乞皇太后、皇上聖鑒。謹奏。

光緒三十二年閏四月初六日奉硃批：知道了。欽此。

又 **《奏在英考察大概情形赴法日期摺》**（光緒三十二年三月二十四日）臣載澤、臣尚其亨、臣李盛鐸跪奏爲具陳在英考察大概情形，暨由英起程赴法日期，恭摺仰祈聖鑒事。竊臣等抵英日期及緩遞國書緣由，業經專摺具報，並先後電達外務部在案。查英吉利爲歐洲文物最著之國，一切政治規模與東方各國大有異同，考其政治之法，實數百年積漸修改，條理煩賾，倉猝未易洞悉源流。連日率同參隨等員赴其行政各局署、海陸軍營、公私學校、大小工廠，以及議院、警察、裁判、監獄、市會諸所，詳加觀覽，以略考其機關，復延請彼國政法專家博士分門講說，以深求其原理。大抵英國政治，立法操之議會，行政責之大臣，憲典掌之司法，君主裁成於上，以總核之。其興革諸政，大都由上下兩議院議妥，而後經樞密院呈於君主簽押施行。故一事之興，必經衆人之討論，無慮耳目之不周，一事之行，必由君主之決成，無慮事權之不一。事以分而易舉，權以合而易行，所由百官承流於下，而有集思廣益之休，君主垂拱於上，而有暇豫優游之樂。若夫外交、軍政關於立國之要圖，樞府間有特引之權衡，以相機宜之緩急。此行政之規模也。至其一國精神所在，雖在海軍之强盛，商業之經營，而其特色實在地方自治之完密，全國之制，府分爲鄉，鄉分爲區，區有長，鄉有正，府有官司，率由各地方自行舉充，於風土民情，靡不周知熟計。凡地邑民居，溝渠道路，勸工興學，救災恤貧諸事，責其興辦，委曲詳盡，纖悉靡遺。以地方之人，行地方之事，故條規嚴密，而民不嫌苛，以地方之財，供地方之用，故徵斂繁多，而民不生怨。而又層累曲摺以隸於政府，得稽其賢否而獎督之，計其費用而補助之，厚民生而培民俗，深合周禮之遺制，實爲內政之本原。惟其設官分職，頗有複雜拘執之處，自非中國政體所宜，棄短用長，尚須抉擇。此在英考察之大概情形也。臣等在英留駐瞬將一月，擬於本月二十五日起程前赴法國，歐土往來甚便，舟車需日無多，俟英主歸後，再行摺回呈遞國書，以免虛延時日。

除將考察諸務編輯成書，隨後咨送考察政治館外，所有臣等在英考察大概情形，及由英起程赴法日期，理合恭摺具陳，伏乞皇太后、皇上聖鑒。謹奏。

光緒三十二年閏四月二十日奉硃批：知道了。欽此。

又《奏由英抵法呈遞國書日期摺》（光緒三十二年三月二十七日）臣載澤、臣尚其亨、臣李盛鐸跪奏爲恭報臣等由英至法呈遞國書日期，仰祈聖鑒事。竊臣等在英國考察事竣，業將大概情形及起程日期恭摺陳報，並電達外務部在案。三月二十五日巳刻由倫敦乘火車赴多甫海口換坐輪船渡海，駐法使臣劉式訓由巴黎專赴加賴迎候，法外部遣繙譯官微席業偕來相迓，即經登岸乘坐專車，於戌刻行抵巴黎，法兵部遣副將德康佩等至車站來接，情意至爲殷渥。所有應行考察事宜，先經駐法使臣與臣等函商妥協，知會法外部辦理，旋准外部知照法總統，定於本月二十六日相晤。是日未刻，臣等恭賫國書，率周參贊各員赴其官邸呈遞，法總統免冠接受，敬頌皇太后、皇上聖安。臣等敬謹宣布德音，對答如儀，總統旋復延坐，寒暄數語而出。

除將頌詞、答詞鈔送外務部備案外，所有臣等到法呈遞國書日期，理合恭摺具陳，伏乞皇太后、皇上聖鑒。謹奏。

光緒三十二年閏四月二十日奉硃批：知道了。欽此。

又《奏遊歷丹麥瑞典挪威三國情形并起程赴奧日期摺》（光緒三十二年四月初十日）出使各國考察政治大臣禮部尚書臣戴鴻慈、閩浙總督端方跪奏，爲恭報遵旨遊歷丹馬、瑞典、那威三國情形，并赴奧日期，恭摺仰祈聖鑒事。竊臣等在德京及瑞典途次，前後准外條部電開，據丹馬、瑞典、那威三國懇請遊歷，奉旨准其前往作爲遊歷，不備國書等因。欽遵知照前來。時值臣等在德考察漸已就緒，正擬定期赴奧，探知丹馬等國，界連德境，應即先往遊歷，以免路途周摺，會經奏明在案。

臣等旋於光緒三十二年三月二十三日自柏林起程赴丹，二十四日覲見丹皇。二十七日赴瑞，二十八日覲見瑞皇，因瑞皇年老養疴在法，由其攝政皇太子接見。四月初三日赴那，初四日覲見那皇。三國覲見之日，國皇皆首先恭問皇太后、皇上安好，臣等亦敬宣朝廷德意，慰問如儀。內惟丹皇初嗣大位，尚在穿孝，未經款讌，餘皆設筵邀飯，接待極優，並經各贈寶星，情誼至爲懇洽。至於遊歷各處，亦不外學堂、工廠數端。

臣等伏查丹、瑞、那皆以弱小介居德、俄兩大之間，三國之中自以瑞典爲大，而丹馬、那威則地相毗騈，其土壤之狹，人民之少，初不及中國一省。瑞、那分析未久，那威直接俄疆，與我祇一俄之隔，故其形迹與中國較親，而亦有逼處强隣之懼。然揆其立國本末，教育、工業均極講求，大抵學堂林立，男女無不入校讀書者，而商務則各估優勝。丹馬之瓷器、皮酒，瑞典之煉銅廠，德律風公司，那威之紡織、漁業，皆爲出口貨物之大宗，亦爲歐西商家所共許。至其街衢寬潔，屋宇整齊，軌道交通，帆輪絡繹，則又三國之所同，而與歐洲大國無甚差異者也。海陸各軍雖不能經營周備，然各有鐵甲戰艦數隻，十數隻不等，魚雷快艇又十倍其鐵甲之數，蓋其自揣雖必無戰勝攻取之功，而實不敢忘防守自全之兵。況丹、那之製造快槍，瑞典之操習馬隊，亦皆有以自見，非他國所能輕視者。

此次該三國之懇請游歷，半緣其國與中國通商有年，輪船貨物時相往來，欲藉以爲聯絡商情之助，在外人或［以］該國地褊小等諸自鄶，而以臣等心目所見，細加研求，則其所以競存之故，實有可以不拔之基，其措理甚難，其經營亦復甚苦。臣等於親曆各强國之後，復覩此邦，蓋雖不必有所取材，而適足增無窮之閲曆矣。茲於四月初八日遄返柏林，又因德國聯邦中薩克生、巴延兩國來請游覽，德外部定約在前，遂於初十日順道前往，事畢即行赴奥。

除俟到奥後再行奏報外，所有遵旨游歷丹、瑞、那三國情形，理合恭摺具陳，伏祈皇太后、皇上聖鑒。謹奏。

光緒三十二年閏四月三十日奉硃批：知道了。欽此。

又**《奏在法考察大概情形并再赴英呈遞國書摺》**（光緒三十二年四月十五日）臣載澤、臣尚其亨、臣李盛鐸跪奏，爲具陳在法考察大概情形，恭摺仰祈聖鑒事。

竊臣等由英至法及呈遞國書日期，業經專摺具報，並先後電達外務部在案。查法蘭西爲歐洲民主之國，其建國規模非徒與東亞各國宜有異同，即比之英、德諸邦，亦不無差別。臣等至法京後，連日率同參隨等員至其行政各局署詳加參考，復延請彼國政治名家悉心討論，又因法政府之請，遠赴該國南北各境，里昂、都隆、哈富等處察看商務製造，閲視船塢、戰艦，而復知其立國之體，雖有民主之稱，統治權實與帝國相似。條規既整齊完密，精神尤固結流通，遺其粗而擷其精，可以甄采之處，良亦非鮮。

大抵歐洲各國政治，悉根原於羅馬舊制，言政法者必先言羅馬，猶中國學者必首推周秦。羅馬爲古昔强國，其立法之原，最富於統治之力。法國地近羅馬，政法實得其遺傳，而又經拿破侖第一之雄才大略，綜攬洪綱，以沈毅英鷙之資，手定立國治民之法，公私上下權限分明，數十年來雖屢經變革，卒易世及爲選舉，而其理法條目遺意相承，無或稍異。是其所變者，官家之局，其不變者，立法之精，故觀其現行成法，大權仍集於政府，居中馭外，條理秩如。其設官分職，則三權互相維繫，無輕重偏倚之嫌，其地方自治，則都府秉成中樞，有指臂相聯之勢。比之英吉利，一則人民先有自治之力，而後政府握其綱，一則政府實有總制之規，而後人民貢其議，施之廣土衆民之國，自以大權集一爲宜。且法自大敗於德以還，凋喪之餘，不三十年復臻强盛，其作民氣以培國力，實根於政治之原理，良非倖致。至其學術之精實，工業之良巧，蒸蒸日進，與英、德本並駕齊驅。惟汰侈之風，自路易十六以來，相沿未革，一習俗使然，無關政治。此在法考察大概情形也。

頃接駐英使臣汪大燮來電，英主現已回國，臣等考察完畢，定於本月十六日自法赴英，訂期呈遞國書，届時另行奏報。

除俟編輯成書隨後咨送考察政治館外，所有臣等在法考察大概情形各緣由，理合恭摺具陳，伏乞皇太后、皇上聖鑒。謹奏。

光緒三十二年五月初六日奉硃批：知道了。欽此。

又**《奏到奥後大概情形并赴俄日期摺》**（光緒三十二年四月二十四日）出使各國考察政治大臣禮部尚書臣戴鴻慈、閩浙總督臣端方跪奏爲恭報到奥後大概情形，并赴俄日期，恭摺具陳，仰祈聖鑒事。竊臣等於光緒三十二年四月初十日自柏林啓程，途經德聯邦薩克生、巴延兩國，由德外部商定順道前往遊歷，會經奏明在案。旋於十一日抵薩克生，十三日抵巴延，兩國王均各殷殷接見，款洽備至，贈送寶星。該兩國在德聯邦中立國最久，名譽著稱，尤致力於學業之事，聲名文物，衆口交推，國中藏書甚多，兼講求印刷裝訂之法，備極精美，各國藏書樓所有圖籍，大半取給於此，實爲歐洲鉅觀。嗣於十六日行抵奥京維也納，十八日入覲，奥皇答問皇太后、皇上安好，接待殷勤。十九日贈送寶星，置酒款讌，奥皇入座親陪，情誼尤爲懇洽。考察各事先經臣等開單函致前駐奥使臣楊晟預爲調查，采譯各門，均稍有端倪。該使臣雖當料理交卸之時，尚能竭力相助，實爲難得。抵奥之後，又偕現任駐使臣李經邁逐日閲視各學堂、工廠，並往匈牙利一帶考察諸務，不及親往者，仍派參隨分途往看。雖在奥之日較短，而緊要之處，已均稽覽無遺。

查維也納自迭主盟會，蔚爲名區，奥皇遠略克勤，遂躋强盛。其注意軍隊考求武備，專用全國皆兵主義，與德國如出一途。論者謂其兵儉樸耐勞，實爲此邦特色，而工廠中則槍礮、子彈、魚雷、鐵甲估數最多，規制亦甚詳備。臣等所見如史高德礮廠、曼里夏子彈廠、懷鐵特魚雷廠，經營締構，幾幾欲與德之克虜伯廠爭衡。奥國海口極少，其繕造戰艦乃復不遺餘力，現在自造頭等戰艦三艘，皆重一萬餘噸。機器靈便，多出新式，歐洲各國咸稱其所造之礮於海軍最爲相宜，訂購幾無虛日，即各廠所造子彈，亦大半兼應他國之求。臣等遇事咨詢，乃知外人備戒不虞，各有不敢一日忘戰之心，其能力正不可及。

至奥、匈兩處教育，均以强迫爲先，辦法章程亦與德國大致相合。匈牙利幼稚園分尋常、特別及夏期三種，辦法制度尤爲完善。蓋外人之馴致富强，初無他術，仍不外教育之普及，製造之精良，要皆不恥相師，期於盡善而已。

兹於四月二十四日啓程赴俄，除俟到俄後再行奏陳外，所有到奥大概情形，謹恭摺具陳，伏祈皇太后、皇上聖鑒。謹奏。

光緒三十二年五月初九日奉硃批：知道了。欽此。

又《奏到俄考察大概情形摺》（光緒三十二年閏四月初四日）出使各國考察政治大臣禮部尚書臣戴鴻慈、閩浙總督臣端方跪奏爲恭報到俄大概情形，恭摺具陳，仰祈聖鑒事。竊照臣等前在奥國，准駐俄使臣胡惟德函稱：俄國現開議院，民氣正囂。請早日前往考察等語。當將奥國應辦各事趕緊辦完，即於光緒三十二年四月二十四日啓程赴俄，二十六日行抵俄京森彼得堡。二十八日覲見俄皇，恭遞國書，俄皇及皇后均敬問皇太后、皇上安，並即設筵款待，贈送寶星。此行所帶參隨，無論隨觀與否，亦經一律普給二三等寶星，情誼實形周洽。考察各事，臣等在德國時即經遴選參隨、繙譯四員，先日馳往，分門調查，並函請駐俄使臣胡惟德隨時指導，俾期詳盡。該駐使在俄已屆三年，於俄國政界情形，平時本即留心，此次尤屬熱誠幫助。

現在俄國内亂未靖，所有學堂、工廠人數稍衆之區皆已停辦。臣等抵俄後，所見之事亦止陸軍馬步各隊，及未經停工船廠、槍礮廠數處，其餘全賴該駐使所譯各件，以資稽覈。且現值俄國政府組織憲政之時，中國尤應格外注意，已屬該駐使於此項條議不厭詳求。查俄國幅員最廣，素以雄力横視環球各國，猜忌之萌，已非一日，其政體久以專制著稱。從前兵力盛强，民間雖懷有迫求立憲之心，尚不敢存暴動非常之想，戰敗之後，始有種種要求。當時迫於事勢，不能不由政府允許，近則籌借國債，增練新兵，政府威權又稍稍復振，而議院所求各事未能事事允行，是以上下相持，頗滋疑沮。臣等會與該國前首相維持接談，據稱該國預備立憲已逾百年，究之民間知識猶未盡開，一時甚難合度，大抵此次宣布，在政府不能不曲從輿論，而斷不能滿其所欲，深慮亂事難以消泯。此俄國現籌立憲之實在情形也。

至於該國難經敗亂，武備經營尚復不遺餘力，自借鉅帑後，訓練益勤。此次所見陸軍即新募之衆，俄皇親加簡閲，軍容亦頗雄整。俄國本有船廠，現正增造軍艦，有重至一萬七千噸者，其餘他國代造代修之船所在多有，他若槍砲、子彈購造之數尤夥。臣等所至各國，凡有槍彈各廠，俄國多半有定購之品，並派兵官監督製造，是其補苴籌借，正復謀慮周詳，實有未容輕視者矣。臣等現將諸事辦畢，即於閏四月初四日啓程前赴荷蘭游歷。

所有到俄大概情形，理合恭摺具陳，伏乞皇太后、皇上聖鑒。謹奏。

光緒三十二年五月二十八日奉硃批：知道了。欽此。

又《奏在比國考察大概情形摺》（光緒三十二年閏四月十五日軍機處録副摺）臣載澤、臣尚其亨、臣李盛鐸跪奏爲具陳在比考察大概情形，恭摺仰祈聖鑒事。竊臣等由英赴比呈遞國書日期，業經專摺陳報，並先後電達外務部在案。查比利時爲歐洲新造之邦，開國距今僅七十餘載，自法人助以兵力戰勝和蘭，歐洲各强國協議定爲永久中立之國，不與爭戰，故地雖褊小，而休養生息頗具繁盛之觀，其立國治民，亦復井然有法。連日率同參隨等員赴其行政各局署及議院、裁判、學校、軍壘、工藝、礦廠諸所詳悉觀覽，復即其現行成規，廣爲譯説。大抵比國行政之體，取則法國者爲多，其分區自治，既有因地制宜之效，其樞府統一，復有居中馭外之規，經制雖不及法國之完全，民氣實較法人爲純樸。至其立國之要，則在獎勵工商農三業以爲致富之原，其鐵路、礦務、製造諸工，早爲歐洲各國所推許，因之貨産駢闐，商務日盛。而其授田之法，復最均平，非若英、法諸邦，豪强坐擁膏腴，漫無限制，以故人自力耕，蓋藏頗裕，植樹藝之術，尤復有名於時。其與諸國互約，雖永守局外不得自設舟師，亦無武備口岸，而民二十以上徵選入伍，嚴加訓練，觀其兵營及將弁學校，皆嫻熟整齊，孳孳不已，蓋國雖不與戰事，不可一日忘戰備，强民守國之道，莫要於此。惟其人民崇奉宗教，信仰獨深，於行政之設施，不無稍礙。此在比考察大概情形也。

現在考察事竣，臣載澤、臣其亨定於本月十九日由法國馬塞乘坐法公司輪船起程内渡，臣盛鐸即赴出使比國大臣任，定期另行奏報。

除俟編輯成書咨送考查政治館外，所有臣等在比考察大概情形及起程内渡日期，理合恭摺具陳，伏乞皇太后、皇上聖鑒。謹奏。

光緒三十二年六月初一日奉硃批：知道了。欽此。

又《奏會同載澤等規定英國政治事竣摺》（光緒三十二年閏四月二十五日）出使英國大臣二品頂戴外務部右丞臣汪大燮跪奏爲遵旨會同考察政治事竣，臚陳大略，恭摺仰祈聖鑒事。竊臣伏讀上年八月二十日軍機處電傳諭旨：前有旨，特派載澤等分赴各國考察政治，該大臣每至一國，著各該駐使大臣會同博采，悉心考證，以資詳密。欽此。仰見皇太后、皇上宵旰憂勤，孜孜求治之至意，欽佩莫名。臣以樗材謬膺使職，夙夜祇懼，隕越時虞。履任之初，前使臣張德彝業將簡派大臣來英考察政治一事照知外部，故與彼都人士往來接見之際，率以如何考察，有何宗旨爲問。而各處報章持論，每疑我國遇事敷衍，將爲掩飾外人耳目之計，真意不存，最易啓列邦輕視之心，由輕生驕，而國際受其影響，事雖一端，其所關係者大也。臣前以兹事體大，貽書各大臣先事商榷，聘定美國有名政治教習一人，將英國各部院暨其地方自治事務、警察、刑獄、市政、商會一切有關行政治事之法，排定日期，到時依類講解。今日所述，明日往觀，質疑徵信，期於表裏貫徹。並以海陸軍別具專門，非一政治家所能包舉，復商其該管部員，各派一人詳陳精義，更以餘力閲看學堂、機廠等處。布置略定，載澤等於二月二十八日莅英，適值英主出巡，歸期無定，未克呈遞國書。英外部遣員導迎，諄囑弗候英主，並爲知照各處襄助考察，約及一月，大致粗畢。三月二十五日遣員往告外部暫赴法國巴黎，嗣因英主言旋，經臣電法，載澤等復於四月十六日重至倫敦，十七日臣循例偕同載澤等赴北欽咸宫謁見英主，英主慰勞贊美，言辭懇切。英議院紳及英相皆設宴款待，而英渥斯福、謙伯利兩大學皆贈載澤等以博士稱號。讌談之頃，無不翹跂我國指日振興爲言，並謂我國文化最先，民物殷富，倘能提綱挈領，一變至道，實可爲全球各國之冠。盱衡時局，中國安則天下之民舉安。凡可以敦崇友誼裨我郅治者，英國人人皆願引爲己任等語。詞意真摯，迥異恒言，酬酢往還，更閲十有七日。載澤等遂以閏四月初二日告辭，初三日前赴比國。此考察政治大臣兩次莅英大概情形也。

臣竊維英以舊邦發明新政，方今列强政要，大都取法於斯，推爲鼻祖。區區三島，轄屬乃徧五洲，而精益求精，不自滿假之意，尤足發人深省。其立國既早，而習慣相沿之政事，有似複雜，深求其故，則凡所以相維相繫者，靡不同條共貫，各寓精義於其間，洵非可以枝枝節節求之也。

近數十年來，彼以國勢民風日臻上理，致治保邦之外，更無他求，惟期寰宇太平，則人民生意盎然自足。其與我雖非脣齒之依，要有腹背之應，故其祝我自强，言根於心，亹亹然不能自已。我國比年鋭意圖治，外人將信將疑，久已觀聽並集。此次考察政治大臣認真探索，彼得見聞互證，輿論因而一變，而載澤爲皇室懿親，尤能令人起敬。故其朝野之間，同聲相慶，而兩大學爲英執政及議員人材所自出，全國意嚮視此轉移，是其推崇之殷，正其責望之殷。外人殷望若是，則所爲設施以滿其望者，自無待言，而由此邦交日固，民氣日振，國運日隆，必有可以計日而程功者。

微臣待罪是邦，外情注目所在，不敢壅於上聞，至一切政治綱要，亦經博采圖書，用資編纂。除應由考察大臣彙總具奏外，所有遵旨會同考察事竣，臚陳大略緣由，理合恭摺具陳，伏乞皇太后、皇上聖鑒。謹奏。

光緒三十二年七月十六日奉硃批：知道了。欽此。

清・戴鴻慈等《奏在意考察大概情形并啓程回國日期摺》（光緒三十二年閏四月二十八日）出使各國考察政治大臣禮部尚書臣戴鴻慈、閩浙總督臣端方跪奏，爲恭報到義後大概情形，并啓程回國日期，恭摺具陳，仰祈聖鑒事。竊照臣等在俄考察事竣，即經前往荷蘭遊歷，嗣因荷蘭與比國接壤，不及半日之程，適值考察政治大臣載澤等正在比京，遂往晤商一切。回荷後，於光緒三十二年閏四月十六日起程赴義，途經瑞士國都，順道遊覽。又因意國米郎地方正開會場，且其他爲意國北境一大都會，工廠環集，較羅馬爲盛，有關考察，是以先至米郎小住三日，於二十三日行抵義京羅馬。二十六日覲見義皇，呈遞國書，義皇及皇后均敬問皇太后、皇上安好。義皇復與臣等坐談移時，二十八日設筵款待，義皇、皇后入座親陪，並贈送寶星，禮意優渥，與前至各國相等。

考察各事，臣等在德國時預計在義事畢，將附德國公司輪船回國，船期已定，或有他事耽延，必至調查不及，而義文須從法文轉譯，兼恐匆遽難詳，特派法文較優之學生王繼會、陳籙及在義留學之趙詒璹等，會同駐義使臣黄誥所派譯員分任譯述，大致於憲法、財政、學堂、軍政各門期其詳盡。該學生等三月間即已抵義，臣等陸續奉旨敕往丹、瑞、那、荷等國遊歷，爲時既久，船期亦屢次更移，該學生等轉得於此兩月之中，從容迻譯，於以上所指各門，大半已臻詳密。臣等到義後，又偕駐使臣黄誥逐日親覽，並派參隨各員分途考察，以期始終弗懈。

查意國爲歐洲舊邦，從前國人迷信宗教，國勢渙散，爲法、奥諸國蠶食殆盡。自拏破崙事敗，近數十年間，得侯相嘉富爾逐漸規復，肇造新基，教皇退處無權，而政體大變，庶事克修，儼然有强國之望。海軍精神制度，既可與各國抗衡，其財政又復經營不遺餘力，度支之數，歲有溢收，商務亦蒸蒸日上。地處温帶，於農蠶最爲合宜，物產豐饒，製煉亦有進步，即如紡織一項，所織綢緞頗與法國有爭勝之意。此次米郎會埸，大要注意漁業，蓋濱海之國，往往於漁業不憚推求，實於擴張海權有絶大之關繫。

臣等於羅馬事畢，即往拏波里一觀。拏波里輿意國舊爲聯邦，亦一都會也。日前改定德公司之呂爾坡輪船，即於日内抵埠，臣等挈同參隨各員，於閏四月三十日登坐此船回國。統計此行在外八月有餘，除去舟車往來，亦在半年以外，中間德國所居最久，美國次之，其餘俄、奥、義等國，皆先派員前往考察，未敢稍涉草率。至如遵旨遊歷各國，雖屬小邦，亦皆參觀周覽，以期取鏡有資，俾上副朝廷博采旁咨之至意。

除將各國所得譯件，再行督率參隨在途詳加審擇分別彙陳外，所有到義考察情形，並啓程回國日期，理合恭摺具奏，伏祈皇太后、皇上聖鑑。謹奏。

光緒三十二年六月十三日奉硃批：知道了。欽此。

清・戴鴻慈等《奏在荷遊歷大概情形片》（光緒三十二年閏四月二十八日）再，前往奥國准外務部電開，奉旨：敕往荷蘭國遊歷等因。當查荷蘭一國，界在法、比兩國之間，若由奥徑往，路途同一周摺，且與俄使約會在前，是以先赴俄國。嗣於光緒三十二年閏四月初四日將俄事辦畢，即行啓程赴荷，初六日行抵荷京海牙。先經駐荷使臣陸徵祥約定初八覲見荷國女主，女主敬問皇太后、皇上安好。臣等敬宣朝廷德意，答問如儀。旋經贈送寶星，設筵款待，情意均極殷洽。臣等並即會同駐使臣逐日遊覽。查荷蘭濱居大海，國中河渠通達，舟楫往來，與中國蘇、浙各省情形相似。地勢低窪。舉國皆注意河防，於築堤、建壩、造橋、修岸、挖泥、疏水諸工，考求有素，並經設立專門學科，發明新法，爲各各公推。其國之專家會遊中國，有制黄河流漫一書，雖書係荷文，未能知其所論之當否，然亦足見其留心，推究必有可觀。此外商部工藝日有進步，航業既極交通之便，漁業亦復講求。政治則律法、監獄是其著意之處，修明整潔，頗爲他國所不逮。統計全國壤土之狹，殆不及中國一大府，而厠居列强之側，汲汲圖存，其經畫治理之方，正復粲然可覩。此次在荷查閲各處，駐使臣陸徵祥雖係初到是邦，頗能盡心訪導，於應譯要件亦多抉摘之功，較之丹、瑞、那諸國所得自爲優勝。

所有到荷遊歷各情形，謹附片具陳，伏祈聖鑑。謹奏。

光緒三十二年六月十三日奉硃批：知道了。欽此。

清・戴鴻慈《出使九國日記》卷一 光緒三十一年夏六月十四日，户部直日，到頤和園，午初歸寓。是日奉上諭：着派載澤、戴鴻慈、徐世昌、端方，隨帶人員，前赴東西各國考察一切政治，等因。欽此。自惟文學進身，未諳外務，聞命之下，彌切悚惶，惟竭一得之愚，深思五善之益。感懼交集，夜不成寐。【略】

二十六日，赴園恭祝皇上萬壽。軍機處面奉諭旨：紹英着會同出使各國考察政治。欽此。

七月□日，會同四大臣，往拜各國駐京公使。計：德國公使穆默現爲領袖、參議葛爾士、翻譯夏禮輔，英國公使薩道義、翻譯梅爾思、甘伯樂，美國公使柔克義、翻譯衛理，法國公使呂班、翻譯穆文琦，俄國代理公使闊薩克福、翻譯柯理索福，比國公使葛飛業、翻譯林阿德，義國公使巴樂禮、翻譯威達雷，奧國代理公使訥色根、翻譯沙謌文，日本公使内田康哉、翻譯鄭永邦。

十日，各國公使在外務部答拜。澤公與徐、紹兩大臣分往英、法、比、日本等國，余與端午帥分往美、俄、德、義、奧等國。

二十六日，外務部送來『欽差出使各國考察政治大臣』木質關防一顆，敬於本日開用。

二十七日，户部直日。會同四大臣恭遞奏調隨員一摺，計京外文武各職凡三十八員：

内閣中書陸宗輿、翰林院編修鄧邦述、翰林院編修關冕鈞、翰林院檢討唐寶鍔、翰林院庶吉士熊希齡、翰林院庶吉士麥鴻鈞、商部員外郎楊道霖、商部員外郎柏鋭、商部主事田步蟾、商部主事陸長儁、商部主事章宗祥、商部主事錢承鋕、户部郎中薩蔭圖、户部主事王伊、户部主事龍建章、兵部主事關賡麟、刑部郎中段書云、候選郎中刑部員外郎李焜瀛、直隸候補道朱寶奎、直隸候補道姚錫光、湖南補用道金還、分省補用道袁克定、候選道王豐鎬、道銜温秉忠、江西南昌府知府沈曾植、湖南長沙府知府劉若曾、候選知府施肇基、候選知府伍光建、候選知府關景賢、候選知府丁士源、選用同知陳琪、候選知縣岳昭燏、選用知縣田吴炤、分省試用縣丞劉恩源、湖南補用參將姚廣順、湖南常備軍統帶官舒清阿、留直補用都司程壁光、縣丞銜曹復賡。

另片奏：掌江西道監察御史周樹模、掌湖廣道監察御史劉彭年隨同出洋考察，均奉旨允准。其余各員，另行陸續咨調，以資襄助，凡八員：禮部郎中光裕、湖北候補同知潘睦先、候選同知朱綸、湖北候補知州陳毅丁憂、江蘇震澤縣知縣羅良鑑、直隸候補知縣恒晋、湖北候補知縣金焕章、北洋醫官蕭杞柟。【略】

八月十二日，外部送來前赴美、俄、德、奥、義等國國書五道，當即祇領，并復外部。【略】（十月）二十七日，會同四大臣呈遞續調隨員一摺。計原調之員，另有要差或事故不能隨往者九人。續調者十六人：道員左秉隆、吴宗濂、馮祥光、嚴璩、陳恩燾，浙江衢州府知府世善，知府錢恂、馮國勛、段慶熙，編修李經畬，主事戢翼翬、楊壽枏，同知管尚平，直隸州知州夏曾佑，知縣姚鵬圖、劉鍾琳，并具安摺請訓，蒙召見，温慰如前，有加意保重等語。天恩高厚，報稱愈難。承賜路菜點心，面諭免其謝恩。奏對另録。

又 卷二 二十三日，晴。市面已定。賚發放洋奏摺，遣家人祝升回京。十二時，由兵輪乘小火輪登船，随員等已先至序迎矣。計同行者：伍光建昭扆，廣東人；施肇基植之，浙江人；温秉忠藎臣，廣東人；劉若曾仲魯，直隸人；鄧邦述孝先，江蘇人；關冕鈞伯衡，廣西人；熊希齡秉三，湖南人；陸宗輿閏生，浙江人；麥鴻鈞慰農，廣東人；馮祥光玉潛，廣東人；王豐鎬省山，江蘇人；關賡麟穎人，廣東人；龍建章伯揚，廣東人；管尚平成夫，江蘇人；岳昭燏菊如，浙江人；王伊四明，河南人；唐文源麗泉，廣東人；陳琪蘭薰，浙江人；金焕章文山，浙江人；潘睦先季儒，江蘇人；羅良鑑佶子，湖南人；光裕容伯，滿洲人；田吴炤伏侯，湖北人；恒晋康侯，滿洲人；陳毅堯甫，四川人；朱綸伯言，雲南人；唐元湛露園，廣東人；姚廣順鎮山，湖南人；舒清阿質夫，荆州駐防；關葆麟平孫，廣東人；吴勤訓經畬，安徽人；謝學瀛吉士，江蘇人；劉駒賢千里，直隸人：凡三十三人。各省派往随同考察者四人：金鼎峙生、蔡琦子釗湖北委派、周宏業伯勛、張大椿菊生奉天委派。此外，赴美留學随同前往者十一人：陳焕章、歐陽玉、唐南、梁祺先、黄寶森、盧碩，均廣東人；施愚、施國琛，均四川人；施厚元、施聯元，浙江人；王春照，江蘇人。

論說

《外交報》一九〇六年第四期《論考察政治之專使大有關係於外交》

外交平等之事也，而我國以不平等視之；外交互利之事也，而我國以偏利視之惟其不平等也，故其始與外國交涉率夷之如藩屬而賤之爲夷狄，及遇之而敗，則又尊之若君父而畏之如鬼神。無他，非我尊而彼卑，卽彼倨而我恭，無平等之交涉也。惟其爲偏利也，故我力之所能及，則雖虐商人、殺教士，毁使館，如鴉片之役，如拳匪之役，如各省教案，皆不以爲過。及行之而敗，則割地惟命，償款惟命，殺大臣、更置大吏殺無辜之民皆惟命。毁礮臺、占路礦、圈勢力範圍亦惟命何則非我利而彼害，即彼利而我害，無兩利之交涉也？由是以不平等之心，行偏利之道，以猜召猜，以忮召忮。各國之與我交涉者，無不以逆詐億不信之情相將，以蹈瑕緣隙之道相同。而我國與之應付，乃又冀於不平之中求不平，偏利之中求偏利，或與一國有密約焉，或與一國以優利焉，冀以是爲餌，使各國鷸蚌相爭而我得收漁人之利。豈知各國同憂相救，方且立利益均霑之約，以協而謀我，我乃無一而不敗焉。雖曰有强權，無公理，爲今世界外交之通例，然彼各國之互相交涉者，何一不援國際法以爲衡？而獨於我國，乃倡爲文明人對付野蠻人之説，徇大勢，蔑公法，且無論其國之地位如何，政體如何，與我國自昔之交涉如何，而皆若以此爲對付我國最公最當之道。嗚呼！自侮而後人侮，自伐而後人伐，我國又烏可以不自省乎？

雖然，既自省矣遂本平等之義，行兩利之道，以與各國相交涉，各國遂能以對付他國者對付我乎？曰：不能。我國由今之道，無變今之俗，則雖求與各國踐平等之義，而各國且以我爲無與彼平等之資格也。我雖求與各國行互利之實，而各國且以我爲無與彼互利之能力也。兵力不强，不足以禦侮；實業不興，不足以生利；法律不平，警察不備，雖欲廢各國租界之領事裁判權，使外人有雜居内地之便，而外人不敢信焉。且也，一國之中，尊與卑不平，富與貧不平，男與女不平，平等之義，尚不能行於國中，而望其推之於國外乎？一國之中，互相傾軋，互相欺詐，各自謀其私利，而不以不利人爲病，互利之事，尚不能行於國中，而望其施之於國外乎？於此而欲以平等及互利之國際，要求於各國，固不待各國之見拒，而我已自知其無能爲矣。

然則必如何而後可？曰：必改政體爲立憲而後可。何則？立憲則法律之下人人平等，自天子以至於庶人，無不受法律之保護，亦無不受法律之裁制，於是國民之資格，與外國人同。立憲則有議院，歲入歲出之豫算，皆國民所承認。擴張軍備、普及教育振興實業，國民必樂於輸其資本，於是我國之兵力富力與外國人同。且也，立憲則人人自知有參政之權，自知其與國家之關係，於是倀誘外人、盜賣國土及一切無意識之動作，足以掣政府之肘而召外人之侮者，自將絶迹。而我國民之所以與外人交涉者，與外人之所以與我交涉者同，如是而外交當局又不能不受國民之監督自必盡心竭力摺衝樽俎，又何慮外人之不以平等待我，而害我以自利耶？

雖然立憲非一朝一夕之故，其預備之也，至少者亦數年，而外交則不能以一日廢，然則此數年中，遂無可以自振之理耶？曰：不然。苟預備而得其道，則實行之期漸近，而成效必有可覩，彼外人固已回視易聽，爲去泰去甚之計矣。五大臣游歷各國，考察政治，立憲預備之最大者也。非灼然有見於各國之政治爲我國現狀所不能及，則不出此，故有此而往昔自大之見去。且非灼然有見於各國政治非我國所必不能及，則亦不出此，故有此而近今自卑之見又去。是以朝命一下，各國使臣，咸表歡迎之意。而五大臣已至之國，如日如美，亦既備受優禮蓋非常之舉，誠爲各國所希望而贊歎者也。惟是政治者，非徒具形式，而又有精神，使五大臣之所考求，僅在文爲制度之迹，而於其君民相悦之故，民族維繫之本。不之注意，則雖歸而變政，亦決不能有大影響於我國。韓及土耳其之已事，可爲殷鑑彼外人者，固不待使節之還而逆料中國之無望矣。其爭噬驟攫之爲，將由是而益肆昔司城子罕哭宰夫之死而民說，則覘國者以爲不可伐數十年前，我國使臣徒知購置外國槍礮，而日本人則研求政治之精意，畢士麥因以斷中日兩國之興衰。今日各國之外交家，寧或昧此。故五大臣而誠竭意考求，洞中竅要，則微特我國内政之希望無窮，而外交界之效力，有指顧可見者。願五大臣無輕心掉之，而先爲外交界放一線之曙光也。

雜　録

陳灨一《睇嚮齋秘録・戴鴻慈之失言》 戴文誠公鴻慈爲清末考察憲政五大臣之一，抵華盛頓，偕端方等謁見美國總統羅斯福於白宫。羅知文誠係中國法部尚書也，問之曰：『聞貴國有改訂法律之議，已實行起草否？』文誠答曰：『此事爲侍郎沈家本專責，從事編纂久矣，予自始未過問也。』繙繹者，爲吾國駐美使某公，將『未過問』一語不提，蓋恐爲羅斯福所訕笑也。

三大臣第二次出洋考察憲政分部

綜述

沈桐生《光緒政要》卷三三（六月）直隸總督袁世凱奏請簡大臣分赴德、日兩國考察憲法。

疏云：伏查立憲綱目，端緒至繁近數十年來，環球各國無不頒布憲法，顧國既情勢之不同，則法亦有範圍之互異，況憲法一定，永永不易，則所以綢繆未雨，斟酌而別擇之者，非假以歲月不爲功。前者戴澤等奉使出洋，原爲考求一切政治，本非專意憲法，且往返僅八閱月，當無暇洞見源流。臣聞日本之預備立憲也，遣伊藤博文等周遊歐美，視察憲政，綿曆九年，始宣布七十六條之憲法。各國政爏，以德意志、日本爲近似吾國，現奉詔切實預備立憲，柯則具在詢度攸資。擬請特簡明達治體之大臣，分赴德、日兩國，會同出使大臣專就憲法一門，詳細調查，博訪通人，詳徵故事，何者爲入手之始，何者爲收效之時，懸鑑照形，立竿取影，分別後先緩急，隨時呈報政府，核交資政院會議定奪請旨施行。政府居出治之地，資政院當發軔之初，遇有疑難，正可與該大臣函電相商，使其發明真理。至該大臣回國之期不必預定總，以調查完竣、鉅細不遺爲斷，庶可由淺及深，隨時蒐録俾。憲法未定以前，摺衷至當層遞推行模範既良，釐定自易抑臣更有請者，宗文之盛衰動關國本之强弱，國朝舊制每以王公首領樞廷親賢夾輔鞏我，皇基比者，朝廷鋭意圖强，親貴屢膺專使但皆交鄰之聘問，未聞求學之勤劬，若歐洲各國往往遣皇子遊學異邦，或入軍隊，或入學堂，將以哀與國之專長，起國民之觀感而傅，所謂苦其心志，勞其筋骨者，亦於此寓焉。擬請簡擇王公近或聽穎特出者，遣赴英、德兩國，學習政治兵備，不限員數，多多益善。每員慎選精通漢文、洋文之隨員各一人，祇帶僕從二三人，毋取儀從煊赫之華，刀屏貴遊驕惰之習，務與遊學士紳，相去不遠，乃得專精學繫，而不至旁鶩於酬應之繁。此外，貴冑廷，臣亦宜輪流選派遊歷，以袪錮蔽而廓見聞。或謂逆黨方張，嘯聚海外，乘間竊發危險堪虞，不知逆黨陰謀，深恐立憲既成，絕其生路，故乘此人心未定之日，以恫嚇爲阻撓。如果因噎廢食。憚此一行，詎非墮脅制之奸謀，長猖狂之聲勢。且上年戴澤等續派出洋，在都門炸藥轟發之後，而東西徂征，往返固皆無恙。今若遊學英、德，該兩國警察嚴密防範甚周，似亦無庸過慮也。伏乞聖鑑訓示。謹奏。

《東方雜誌》第五卷第八號《考察憲政大臣達壽奏考察日本憲政情形摺》（光緒三十四年七月十一日）奏爲恭報考察日本憲政情形，具陳管見，仰祈聖鑑事。竊奴才於上年十月，恭荷恩命，出使日本考察憲政，迄今半載，覘其經國治民之規模，叩其學士大夫之議論，隨時記録，積有成篇，業經繕寫清本，分訂成册，進呈御覽。惟時日短淺，所得無多，而綜此半年考察之情形，參以奴才管蠡之窺測，有不能不爲我皇太后、皇上縷晰陳之者。

數年以來，朝野上下，鑑於時局之阽危，謂救亡之方祇在立憲。上則奏牘之所敷陳，下則報章之所論列，莫不以此爲請。朝廷亦既宣布詔書，明定立憲期限，此真非常之功，震鑠前古，薄海內外，感戴同深。然則我國家將來之必爲立憲政體，無可疑矣。雖然，立憲之爲利爲害，不可以不明，期限之宜短宜長不可以不審。苟其本源之未澈，必至議論之多歧，挾成見者固可以危辭而惑聖聽，昧大局者又將以目論而敗至計，盈廷聚訟，一是莫衷，此則不可以不辨者也。夫世運未有不由鄙野而進於開明，國家未有不由弱小而臻於强大，而求其致此之故，則端在於政體之改良。故萬車連軌，不能容一乘之退行，列國爭强，不能聽一邦之終弱。苟其外與世運對逞，必召陰謀，內與民意相違，終成暴動。東西歷史，具有明徵，緬前事而堪師，實近今之宜法。奴才竊願我皇太后、皇上今日所宜綜覽時勢亟仰宸斷者，有二事焉，一曰政體之急宜立憲也，一曰憲法之亟當欽定也。政體取於立憲，則國本固而皇室安。憲法由於欽定，則國體存而主權固。此皆有百利而無一害之事。敬爲我皇太后、皇上剴切陳之。

夫所謂政體者何也？政體云者，蓋别乎國體而言。所謂國體者，指國家統治之權，或在君主之手，或在人民之手。統治權在君主之手者，謂之君主國體，統治權在人民之手者，謂之民主國體。而所謂政體者，不過立憲與專制之分耳。國體根於歷史以爲斷，不因政體之變革而相妨。政體視乎時勢以轉移，非如國體之固定而難改。例如日本，君主國體也，一姓相傳，已歷千載，而維新之明治，雖盡變其歷古相承之制度，究之大權總攬，仍在天皇，故政體雖盡其翻變之奇，而國體實未有毫髮之損。我國之爲君主國體，數千年於兹矣。《易》曰：天尊地卑，乾坤定矣。《春秋》曰：天生民而樹之君，使司牧焉。五倫之訓，首曰君臣。此皆我國爲君主國體之明證也。國體既爲君主：則無論其政體爲專制，爲立憲，而大權在上，皆無旁落之憂。蓋國體者，根於歷史而固定者也。政體者，隨乎時勢而流動者也。世或以政體之變更，而憂國體之搖撼，於是視立憲爲君權下移之漸，疑國會爲民權上逼之階，猶豫狐疑，色同談虎，此皆大誤者也。

國體、政體之辨既明，然則奴才所謂政體之必宜立憲者何也？考歐洲憲法之發生，其淵源有二：一由於歷史之沿革，一由於學說之闡明。而其結果，皆爲人民反抗其君，流血漂杵而得者也。歐洲中古，本爲封建制度，各私其土，各子其民，威福日增，漸流横暴。其在英也，則有英王約翰、英王查理斯、英王威廉三次之革命，遂訂權利法章、准權大典、權利請願三次之憲章。其在美也，則因英國賦斂殖民之虐，遂起脱離母國之心，十三洲逼而稱兵，華盛頓舉爲領袖，廣財鉅萬，血戰七年，卒開獨立之廳，遂定成文之法，統領由於公選，政治取於分權。其在法也，則其憲法之完成，實經三次之革命，爲禍最烈，流血獨多，影響逼於歐洲，蔓延及於列國，斯固未有之奇禍也。考法蘭西第一次之革命，實由路易十四世而發生，暴横甚於嬴秦，殘酷浮於桀紂，觀其朕即國家之語，實背民爲邦本之經，於是三級人民大開會議，自人權宣言之發布，實立憲政體之初基。後以路易背約，更逞陰謀，通款外邦，欲引回紇而平安史，大招民憤，乃合孟津而誓諸侯。此第一次之革命也。其第二次之革命，則因查理斯十世解散國會，壓制平民，廢印刷之自由，削議會之權利，於是報館學生及勞動者，集一萬之衆，建三色之旌，古據市街，攻毁牢獄，圍城鼎沸，舉國驛騷，衛人起逐其君，厲王出奔於彘。史家所稱巴黎七月大革命者是也。其第三次之革命，則因人民要求改正選舉法而起。其時適當二月二十二日，學生勞動者集衆數萬，會於廣場，高唱改正萬歲，大收武器，直逼王宫，逼王退位，别立新君，以臨時政府之委員，革民主共和之憲法，統領之任，定爲四年，選舉之方，取於直接，帝政既倒，民權益張。史家所稱巴黎二月大革命者是也。法蘭西既有第三次之革命，而影響所及，逼於普、比、奥、意諸邦，如火燎原，不可遏抑。其在普也，則有柏林三月之變，柏林六月之變，其後普王雖欽定憲法，採用民權，而當國會修政之時，正君民爭權之際，幾經協議，僅乃成功。其在奥也，以梅特涅爲宰相，實專制界之巨魁，鞫獄之酷，過於張湯，法網之嚴，甚於羅織，禁同偶語，剗言論之自由，律等挾書，奪出版之權利。然而丈水決防，自然汎濫，同盟雖聖，終乃無功，避朱泚而幸奉天，罷林甫以謝天下，乃頒欽定之憲法，意欲修好於國民。大亂初平，王又背約，後因一敗於意，再敗於普，王乃鑑外交之逼迫，悟民意之難違，終發布憲法焉。其在意也，則有加富爾、加里波的、瑪志尼等共謀建國，統一諸州，轉戰數年，乃告獨立。黨名燒炭，終揚羅馬之光，人慕自由，共奉沙王爲主，頒布憲法，行之到今。其在比也，則始因人種問題，久思脱荷蘭之軛，繼受以巴黎影響，乃謀興革命之軍，悉逐防師，一清境土。是時荷蘭請援於普，比亦請援於法，然普爲封建之制，其應募者盡屬傭兵，法乃共和之邦，其來援者全爲義旅，卒之兵未交戰，勝敗已分，經五國之調停，許比人以獨立。歐洲憲政，其淵源於歷史之沿革者既已如是，而所謂淵源於學說之闡明者何也？自十八世紀以來，歐洲人士競談新學，所謂權利、自由、獨立、平等諸說，次第而興，當時之君固亦視同妖言，斥爲邪說，其後大勢所趨，終難箝塞矣。英國首採其說，叠次改正憲法，如臣民權利自由之保障也，裁判官之獨立也，國會參與立法議決預算也，徵收租税必依法律也，國務大臣負責任也，君主無責任也，凡此犖犖大端，莫非創始於英國，而實以學者之議論，爲之先河。其後法人孟德斯鳩，考究英國政治，著法意一書，創三權分立之論。而盧梭又著民約論繼之。三權分立者，謂行政、立法、司法三權，宜各由特别之機關，獨立對峙，互相節制之謂也。而民約論之大旨，則主張天賦人權，謂人本生而自由，不受壓制，惟當共結社會契約，以社會之總意，分配權利於人民，人民對於總意，受其拘束，此外悉可自由。此二氏立論之大概也。自孟德斯鳩之書成，而歐洲列國之政體，咸以是爲基礎。自盧梭之論出，而拉丁民族之國體，咸因此而變更。蓋學說之力足以激動人心左右世界者，有如此矣。考之歷史則如彼，徵之學說則如此，本理論而遂生事實，藉爭鬭而乃得自由，觀其數十之條文，實捐萬民之身命，緬懷列國，真可寒心，而於是日本之睦仁天皇乃應運而起矣。

考日本昔爲封建制度，幕府專政，垂數百年，曆代天皇，虚擁神器，其去東遷之周室，末造之炎劉殆無幾也。自美艦東來，更求開港，幕府既與結約，遂失民心，守蛙見而始欲攘夷，咎戎首而轉思覆幕。迨至將軍歸政，王室復興，志士尊王，列藩奉籍，於是朝廷之上忽分二黨，即王政復古黨與王政維新黨是也。其主張復古者，即前之攘夷派也。其主張維新者，亦前之攘夷派，後知夷不可攘，乃思應時會而亟謀變法者也。復古黨以國粹爲重，誤以變更政體爲有礙名分之尊。維新黨以國體自存，今即百度更新，實無損秉乾之治。卒賴天皇果敢，英斷獨抒，先酌古而斟今，決從人而捨己，乃遣其臣木户孝允、人久保利通、伊藤博文等，先後馳赴歐美，考究憲政。當其瓣香告廟，特頒五誓之文戒旦臨朝，未許萬機之暇，求賢等於飢渴，圖治同以勵精，上下同心，君臣一體，其如火如荼之氣象，覘國者早決其必强矣。雖然，民心猶水，就下之勢難防，時運如花，向春之苞難遏，當豫備立憲之日，正民權最盛之時，守舊者方執口實以聳朝廷，維新者欲憑威權而謀鎮壓，鹿兒犯命，藩士伏尸，江户陳書，黨人下獄，斯時日本之國勢，蓋岌岌乎殆哉。然而人民之於君，猶赤子之於父母也，索餅餌而遽施以夏楚，則啼哭愈以不休，請權利而轉壓以威稜，則叫囂決其益甚。於是御前會議，乾斷獨裁，縮短發布憲法之期，亟定開設國會之限，詔書一下，萬姓歡呼。乃於明治二十二年布憲法，二十三年開國會焉。蓋自伊藤博文等考察憲政歸朝以來，相距不及七年耳。於是一戰而勝，再戰而勝，名譽隆於全球，位次躋於頭等，非小國能戰勝於大國，實立憲能戰勝於專制也。

綜觀以上之所陳，則世界立憲之大概，與日本立憲之情形，可以得矣。而奴才顧謂立憲可以固國體者何也？今天下一國際競爭之天下也。國際競爭者，非甲國之君與乙國之君競爭，實甲國之民與乙國之民競爭也。故凡欲立國於現世界之上者，非先厚其國民之競爭力不可。國民之競爭力有三：一曰戰鬭之競爭力，一曰財富之競爭力，一曰文化之競爭力。備此三者而後帝國主義可行。帝國主義者，聚全國人民之眼光使之射於世界之上，高掌遠蹠，不爲人侮而常欲侮人，不爲人侵而常欲侵人，故軍國主義者，即戰鬭之帝國主義也。殖民政策也，勢力範圍也，門户開放也，利益均霑也，關稅同盟也，即財富之帝國主義也。宗教之傳播，國語之擴張，風俗習慣之外展，即文化之帝國主義也。今之列國，或於此三主義中取其二焉，或並取其三焉，而要以戰鬭、財富爲尤重。大抵欲行帝國主義者，咸以財富、文化爲先鋒，而以戰鬭爲後盾，此爲今日世界列國之公例。循是者興，反是者亡，無可逃矣。立憲政體者，所以厚國民之競爭力，使國家能進而行帝國主義者也。何以言之？中國古時鎖國閉關，獨自爲治，其所稱爲外患者，不過沿邊之小部落，而又以越國鄙遠爲戒，故其時常重内患而略外憂。雖得君如秦皇、漢武、唐太宗、元世祖，得臣如張騫、甘英、房、杜、耶律楚材等，而文化祇及於域中，武功終屈於海外，何也？蓋無國家主義之競爭，無國民主義之行動，只須一二之賢君相指揮號令於上，而是時之民不過作君相之機械而已。今也不然，八宇交通，萬國並峙，其競爭也，常取於國家主義，其行動也，常取於國民主義。苟其國家國民依然祇有機械之資格，則欲以一君一相最少數之人，而與五洲萬國無量沙數之人對抗，以云鬭力，不啻莛之撞鐘，以云鬭智，湯武其猶病之，此固可以斷言者矣。然則立憲政體之所以必能厚國民之競爭力者則又何也？夫立憲之國家，其人民皆有納稅、當兵之義務，以此二義務，易一參政之權利，君主得彼之二義務，則權利可以發展，國民得此一權利，則國家思想可以養成。斯時也，君主又爲之定憲法爲臣民權利之保障，而臣民又得於國會協贊君主之立法，及監督國家之財政，上下共謀，朝野一氣，一休一戚，匪不相關，如家人父子者焉。夫如是也，以云戰鬭，則舉國團結一致，爲對外之舉，所謂臣三千惟一心者是也，而戰鬭力足矣。以云財富主義，則平日君主政府常藉國力以獎勵其殖民，保護其貿易，戰時則以國家之信用，募集內國之國債，而人民因欲保其身命財產也，不得不先割其財產之一部，以應國家之要需，所謂百姓足君孰與不足者是也，而財富充矣。以云文化，則教育之事，地方可以各出財力以自謀，政府常爲監督而獎勵之，義務教育既易於普及，則進而上之，爲文學，爲宗教，爲道德，爲風俗，爲言論，發揮其固有，鎔鑄其新知，聖學逐漸以昌明，異端無庸於置喙，寖假行於全國焉，寖假行於各藩屬焉，寖假行於本洲焉，所謂聲教迄於四海者是也，而文化盛矣。夫戰鬭、財富、文化既爲帝國主義之要端，而是三者則斷非不立憲之國所可以夢想而幸獲。何也？不立憲，則其國家之機關不完，其在上也，不能謀國民之發達，而下之國民，亦因被上之拘束，不能自謀其發達。夫國民之不能發達，則其競爭力不厚，競爭力不厚，則不足以立於國際競爭之場，而於此獨謂能行其國家主義者，此地球之上未曾有也。昔奧大利曾謀久以專制立國，結神聖之同盟，卒之一敗於意，再敗於普。俄國爲世界著名之專制大國，一遇彈丸黑子之日本，竟至喪師。今則普、奧二國既先後立憲矣。普自勝奧勝法之後，鐵血宰相之政略，久足以懾寰球，而俾士麥則亟亟於發布德意志帝國之憲法。日本自幕府歸政以來，版籍奉還，廢藩置縣，中央集權，日形鞏固，亦何嘗樂於立憲哉？然外有國際競爭之劇烈，知非立憲而謀國民之發達，則不足以圖存，蓋大勢所趨，終難久抗，祇因其見機之早，故不必如歐洲列國之革命流血，竟告成功，此誠其大幸者也。夫日本之立憲，距今將二十年矣。此二十年來，世界列强政局又屢變不一，而今日之亞東大陸，適爲環球視線所趨，當此之日，縱使憲政卽行，而事既後於日本二十年，機又危於日本數十倍，將來成敗，猶未可知，況乎兵欲渡河，猶作宋人之議論哉？

以上所陳，皆立憲可以固國本之説也。而奴才更謂立憲可以安皇室者又何也？夫專制之國，其皇室每與國家相牽連，故往往國家有變，其影響必及於皇室。日本從前亦復如是。觀其大寶令之所載，可以知矣。自維新以後，大改制度，凡於人民發達有直接關係之事，則移諸國家，而於天皇有直接關係之事，則歸諸皇室。皇室、國家之劃分，純以責任爲標準。有責任者，天皇使國務大臣負之，無責任者，則命宮內大臣任之。蓋政治之事，依於國民之狀態而時有變遷，國務大臣隨其變遷而達政治上之目的。而皇室之事，則關係天皇，永無改變，並無責任之問題，故以宮內大臣掌之。日本宮內省官制，凡涉及國家之事，宮內大臣與國務大臣協議而行，而今國務大臣負其責任。所以然者，蓋恐宮內大臣若對國家而負責任，一有不慎，或貽皇室之憂，以是之故，宮內大臣之職務，全超然於國家政治之外。宮中官吏有時被選爲貴族院議員者，則祇許其擇就一職，所以防國家政治上之風波，影響及於皇室也。凡此區分，名曰間接政治。間接政治者，謂依據憲法以組織施行之機關，由此機關間接以行政治也。蓋君主國體，皇位本爲世襲，其間難保無一二失德之主，若非行間接政治，則施發號令一拂民情，便危皇位，故一夫不獲，時予之辜，萬方有罪，罪在一人，在昔方引爲美談。而其實以君主一人自任天下之重，苟非堯、舜，則未有不危殆者。吾國自湯、武以來，征誅之局成爲慣例者，大率以此。而現今立憲各國，則內閣旦夕有更迭之事，君主萬年無易位之憂，責任所關，可以覘矣。或謂若行間接政治，則君主所管者祇有皇室事務，而國家事務全在大臣之手，如是，則君主不將徒擁虛位，而大臣不將竊弄權柄乎？斯言也奴才竊亦疑之，及詳細考究而知其不然。試引一例以言之。今有一商人，其先第就家室之內經營商業，久之家政與商業相混，於是家之存亡，一係於商之贏絀。後知其法之不善，乃別設公司於外。公司之中，有理事，有株主，商人出居公司，則居於理事長之地位，入居家室，則居於家督之地位，公司有公司之章程，家室有家室之規矩，家政商業，兩不相關。如是，則公司雖有虧摺之虞，而理事、株主人人有責，彼商人之家室固毫無影響也。惟國亦然。皇室者家室也。國家者公司也。君主對於皇室所處之事務，亦猶商人對於家室所處之事務。君主對於國家所處之事務，亦猶商人對於公司所處之事務。商人經營公司，可以居理事長之地位。君主創業垂統，自當握總攬之大權，皇室則愈見安全，權力固未嘗減少。考諸憲法之實際，足以徵信而無疑。

舊時憲法之精神，在於三權之分立。三權分立之説，在昔孟德斯鳩本有誤解，彼之所言，謂國家立法、行政、司法三大權，宜各設特別之機關而行使之，互相獨立，不受牽掣。是説由今觀之，不能無弊。何也？夫所貴乎國家者，以有統治之權力也。統治權係惟一不可分之權，若其可分，則國家亦分裂矣。故擘分國家主權爲三事，而使分任之者，各自爲其權力之主體，此種理論，實爲國權統一之原則。大抵近今立憲國家，固以孟氏之論爲基礎，然捨美國實行分權制度外，餘則未有不曲加改良者。其在日本，則如司法之裁判所，其法律本爲君主所定，裁判官特以君主之名，執行法律，故裁判官直轄於天皇，不受他機關之節制，以此謂之司法獨立。非謂裁判所別有法律，雖天皇不得干預其事也。此司法獨立之未嘗減少君權者一也。至於立法之議會，在日本議會，不過有協贊立法之權耳，其裁決與否，屬天皇之大權。至法律案關係重要者，政府猶得用種種之方法，操縱議員，以求其通過，而最終尚有命其解散或停會之權。其議會提出法案，雖亦憲法所許，然其議決上奏者，天皇可下内閣審議，内閣若以爲有礙政府施政之方針，則不奏請裁可，於是議會提案，遂以未經裁可，不得成爲法律。此立法獨立之未嘗減少君權者二也。若夫行政之内閣，則尤爲完全屬於天皇施政之機關。自表面觀之，内閣大臣事事宜負責任，其權似較天皇爲尤大，而實際則不然。日本憲法，國務大臣之負責任也，非對於議會負責任，實對於天皇負責任，故天皇有任命大臣更迭内閣之權。而關於皇室國家之事務，其應如何區分，一任天皇自由之判别，天皇對於皇室之事，固可自由處置，而對於國家之事，苟其不背憲法之條規，皆得以命令其内閣。内閣大臣對於國家之事務，苟其稍涉重大，則無一不宜奏請而後施行。夫英國，議院内閣也。其内閣大臣權力，宜較大於日本矣，然千八百五十年，宰相巴氏因未經奏聞，擅認拿破崙三世爲帝，女王維多利亞遂罷免其職。英國如此，日本可知。此行政未嘗減少君權者三也。君權未嘗減少，而此間接政治，既可以安皇室，又可以利國家，元首爲其總攬機關，皇室超然於國家之上，法之完全，無過此者。以上所陳者，皆立憲可以安皇室之説，奴才所謂政體急宜立憲者此也。

所謂憲法之必當欽定者何也？考憲法制定之歷史，有東西各國之不同。就形式以爲言，有三種之區别，即欽定憲法、協定憲法、民定憲法是也。欽定憲法出於君主之親裁。協定憲法由於君民之共議。民定憲法則制定之權利在下，而遵行之義務在君。大抵君主國體未經改革，或改革未成之國家，其憲法仍由欽定，如日本與俄是也。已經改革，或經小變亂，而未變其君主國體之國家，其憲法多由協定，如英、普、奧是也。既經改革，而又盡變其君主國體，或脱離羈絆，宣告獨立之國家，其憲法多由民定，如法如美如比是也。憲法制定之形式既有三種，而政治運行之實際，亦遂不同，即學者所稱大權政治、議院政治、分權政治是也。大權政治者，謂以君主爲權力之中心，故其機關雖分爲三，而其大權則統於一。其對於内閣也，得以一己信任之厚薄，自由進退其大臣。其對於議會也，則君主自爲立法之主體，而議會不過有參與之權，議會雖有參與之權，而君主實仍操裁可之柄。其對於裁判所也，其裁判權雖寄於裁判所，而大赦特赦減刑復權之事，仍屬天皇之自由。此大權政治之大概也。議院政治者，以議會爲權力之中心，立法之權既全歸於議院，而行政之權亦間接而把持。君主行政，必須内閣大臣之同意，而内閣大臣之進退，又視政黨意見之從違，蓋立法行政之權，皆混同於議會之内矣。此議院政治之大概也。分權政治者，其大統領則有行政權而無立法權，其議院則只知立法而不問行政，界限分畫，兩不相侵。此分權政治之大概也。雖然，後之三種政治，實與前之三種憲法有因果之關繫焉。何也？蓋憲法由於欽定者，未有不取大權政治者也。憲法由於協定者，未嘗不欲行大權政治，其終未有不流於議院政治者也。憲法由於民定者，則大權政治、議院政治皆所不取，蓋皆行分權政治者也。故日本之憲法，欽定也，而大權政治生焉。普國之憲法，協定也，而不能行大權政治。英國之憲法，亦協定也，而議院政治生焉。法、美之憲法，民定也，而分權政治生焉。

考此三種之政治，不能卒斷其短長，黨持國體以爲衡，實以大權爲最善。而欲行大權之政治，必爲欽定之憲章。夫憲法之中有大端，即君主、臣民、政府、議會、軍隊是也。此五大端者，皆無害於國體，而無損於主權。然憲法苟非由於欽定，則此五者皆不免爲流弊之滋。何則？查歐洲各國君主，雖亦稱爲皇帝，實不過其歷史相沿之敬稱，而未必即爲握有主權之元首，例如德國君主，亦皇帝也，而其實際，乃聯邦最高之機關，皇帝與帝國議會、聯邦議會，實立於同等之地位。比利時憲法，認主權出自人民，故其國王大權每爲憲法所制。其他法蘭西諸國，係君主之地位，大抵與比利時相同。推其原因，皆其憲法咸出於協定，咸出於民定耳。惟日本憲法由於欽定，開章明義，首於天皇，而特權大權，又多列記。匪特列記已也，即其未經列記之事，亦爲天皇固有之權。今試就其列記者言之：一曰裁可法律之大權，二曰召集議會及開閉解散之大權，三曰發行法律敕令之大權，四曰發行政命令之大權，五曰定行政各部官制及任免文武之大權，六曰統帥海陸軍定其編制及常備兵額之大權，七曰宣戰媾和及締結條約之大權，八曰宣告戒嚴之大權，九曰授與榮典之大權，十曰恩赦之大權，十一曰非常處分之大權，十二曰發議改正憲法之大權。凡此大權，皆爲歐洲各國憲法所罕有，而日本學者尚謂有漏未規定時啓疑問之端。中國制定憲法，於君主大權，無妨援列記之法，詳細規定，既免將來疑問之端，亦不致於開設國會時爲法律所制限。此欽定可以存國體而鞏主權者一也。

至於臣民之權利，規定於憲法内者，實自美國始，而法國繼之。自後歐洲、日本制定憲法，皆專設爲一章，如所謂身體自由、居住移轉自由、信書秘密自由、信教請願自由、言論結社自由、住所不可侵、所有權不可侵，不知者方謂其民權之伸張，已達極點，充其所至，實可貽犯上作亂之憂。而豈知日本憲法，其揭載臣民權利自由者，莫不限之以法律。如言論出版結社集會之自由也，則歸於法律範圍内有之，是則出乎法律範圍外者，可以禁止無疑矣。如所有權之不可侵也，則解之曰認爲公益必要之時，當依法律所定，則是必無關於公益必要者，方許以不可侵之權無疑矣。其他如住所如信書秘密，亦必以無反法律之所定，方許其爲不可侵。信教自由，必限以無背義務，無害安寧。請願自由，必從別定之規程，守相當之敬禮，而際戰時及國家事變之頃，猶有不得礙天皇施行大權之明文。據此而言，則臣民權利自由，實不過徒飾憲法上之外觀，聊備體裁，以慰民望已耳。何也？臣民之權利自由，必間接而得法律命令之規定，非可由憲法上直接生其效力也。且立憲國家未有不重行政之命令處分者。當行政權行使之時，臣民未嘗不負服從之義務，故臣民權利，受其限制者極多。英國，民權發達之國也，而治安判事，尚兼行政司法裁判之職權，遇有違反行政規則者，得行其强制之力，所謂强制權者是也。而日本之行政執行法，亦於明治二十三年以法律敕令明定之。此國家對於臣民有强制權之明證也。强制權之外，又有所謂非常權。非常權者，謂人民苟以暴力抵抗命令之時，事小者用警察，稍大用憲兵，再大者用軍隊，尤大者，天皇可以宣告戒嚴焉。當施行戒嚴令之時，則舉其平日歸於司法行政所保護之臣民權利自由，一切置諸軍隊處分之下。以民權最大之法國，猶爲此戒嚴制度之濫觴，是後各國，從而仿之。此國家對於臣民有非常權之明證也。或疑中國人民，本來安靜，一言權利，未免囂張。不知歐洲各國之憲法，或協定，或民定，其人民權利既無制限，而義務亦多自由。日本爲欽定憲法，苟不規定臣民權利，既違憲法之原則，亦何以責其納税當兵之義務乎？且其所謂權利者，如居住，如轉移，如言論，如信教等，皆中國所視爲固有之權利，而日本皆定憲法之中，其操縱之意可知矣。雖中國制定臣民權利不必盡如日本，而操縱之法，則必使出於上之賜與，萬不可待臣民之要求。此欽定可以存國體而鞏主權者二也。

政府者，政治之府也。在立憲國之政府，必置國務大臣，又以國務大臣組織内閣，而國家行政上之機關乃備。自表面而觀，國務大臣之權似爲甚大，而不知立憲政體之妙用即在此焉。蓋君主神聖不可侵，既爲憲法上之原則，倘萬幾自負責任，則苟有違憲之事，必爲指摘所歸，故日本憲法明定國務大臣有輔弼天皇之責任，而一切命令，均副署焉。蓋不明定於憲法，則責任不能專，責任不能專者，政府即不能成立，而在上或不免專斷之失，而在下者更難免委卸之心矣。且國務大臣雖爲輔弼君主之重臣，而君主毫不受其拘束。英國，議院政治也，而凡内閣決議之事，一切均須上奏。美國，分權政治也，而任免大臣之權，仍操於大統領之手。比利時憲法純爲民定，而比王對於憲法上所定大權範圍之内，尚得自由行其方鍼，如國防也，海外貿易也，殖民政策也，皆自選英賢，詢以大計，而内閣向不與聞。夫以議院政治、分權政治之英、美、法、比等國，其君主對於大臣，猶有莫大之權，而所謂大權政治之日本，益可知矣。日本之國務大臣，不對議會而負責任，乃對天皇而負責任。大臣失政，則天皇自由罷免之，大臣奏事，則天皇自由准駁之。其所以異於專制國者，則大臣若以天皇所下命令有背憲法，不敢擔負責任，可以拒其副署，不經大臣之副署，則天皇命令終不得施行。此則所以防專制之弊者也。雖然，不經鳳閣鸞臺，不得爲敕，我國自古封遠詔書及署紙尾之事，已數見而不鮮，史家皆傳爲美談，明主亦樂其獻替，可見中西制度，不謀而同。今日若設內閣，不過復中書省之舊制而已，豈有損君權於萬一哉？此欽定可以存國體而鞏主權三也者。

大凡君主國體而取大權政治者，其國會與民主國體取分權政治或君主國體而取議院政治者，判然不同。英國國會實握有立法、司法、行政之三權，故有萬能議院之目，名爲立憲，實則國會專制之政治也。如美如法如比利時，亦皆以國會種種之權，列諸憲法之上，而有未曾列記者，亦視爲國會固有之權。蓋民主國以主權在民，故以代表人民之議會爲主權之主體。而君主國則主權在君，人民實居於客體，雖以代表人民之國會，亦不得不居於主權之客體焉。且也歐洲各國，其國會恆與君主立同等之地位，共握有立法權者，亦各有其歷史之關繫，餘波流衍，以至於今，故君主與國會，猶平分其立法之權利。英國如是，法美可知。苟其國體向爲君主，則國會之權限，萬不能與君主相伴。昔普魯士因預算案一事，議院欲上奏彈劾政府，普相俾士麥揚言於議場曰：國會苟以此上奏，是要求普魯士王室舉其憲法上之權利，讓於國會也。此亦可以見普國國會之權限矣。日本國會權限，舍憲法上所規定者外，別無他權，其所定於憲法上者，一則協贊立法權，一則議決預算案。其餘如上案，如建議，如受理請願，雖屬國會之職權，而其採納與否，權在天皇，非國會所得以要挾也。法律案之提議，國會雖亦有之，而裁可仍聽之天皇。至於改正憲法之權，解釋憲法之權，亦全操於天皇，非國會所能置喙。蓋天皇統治權之行使，爲國會所參與者，實不過法律與預算而已。若夫開會、閉會、停會、解散、緊急命令、獨立命令，無一不屬於天皇之大權。若非純綷欽定憲法，安得有此。世或有疑國會可以侵君主之權，掣政府之肘者，誠知其一而不知其二矣。此欽定可以存國體而鞏主權者四也。

夫國家之不能無軍隊，此其故亦無待煩言矣。雖然，軍隊之經營，國家之經營也，軍隊之行政，國家之行政也。行政之事屬於政府，行政責任屬於國務大臣，而國務大臣之職守，與軍隊之目的，乃常生扞格之勢，何也？國務大臣之職守，以發達國民爲目的，務在省其經費，以輕國民之負擔，而軍隊所需之經費，則務在求多。此扞格一也。國務大臣之職守，以力圖國內生產爲目的，故凡可爲生產之要素，全國壯丁，募集務求其可，而軍隊目的，則常欲厚其兵額以固國防。此其扞格二也。抑國家事務無論大小，其責任皆國務大臣負擔之，而協贊、預算之權，亦專屬於國會，此二者，立憲之大原則也。今苟以軍隊行政權屬於國務大臣行政權之下，則軍隊之勢力，必有流於薄弱之憂，如美如法，是其例也。若以軍隊統帥權置諸國務大臣管轄之外，苟其常備兵額漫無制限，而預算所繫，又安能以責任委諸國務大臣？故欲定兩者關繫之何如，其問題實爲最困難矣。查美國之制，文武不分，大統領以文職統帥陸海軍，陸海軍之將校，亦皆文職，其平時兵額不過六萬，猶不及日本警察官之總數，且其兵爲義勇，介於傭備之間，非視爲國民當盡之義務，以是之故，美之兵力最爲薄弱，倘遇戰爭，易敗難勝。其所恃無恐者，則因財力雄厚，雖經一二挫敗，猶可以爲持久之謀。法國自定共和政體以來，軍隊之權屬於行政權之下，其大統領雖有統帥權，常令陸海軍大臣當指揮之任，於是統帥事務亦屬之國務大臣，故其軍人反對此等制度，而國會則贊成之。且恐國家多啓戰爭，增長軍隊勢力，以爲苟又有拿破崙之雄主，則難保不改弦易轍，重其統帥之權，以覆共和之政體也。英國軍隊本屬王家，自克林威爾內閣以來，乃以軍隊置諸國務大臣監督之下。自古利米亞戰爭以後，議院又有特設調查軍隊之委員，於是軍隊又間接而受議院之監督矣。以上代國王統率之司令官，猶須隸屬於國務大臣職權之下，故層層掣肘，全失軍隊行動之自由。要而言之，英之憲法由於協定，萬能國會常攬大權，其統帥權之不能獨立者，實受議院之監督也。若美若法，民定憲法，其用意更別有在。日本之憲法，欽定者也。故其憲法第十一條曰：天皇統帥海陸軍。第十二條曰：天皇定陸海軍之編制及常備兵額。第十三條曰：天皇宣戰媾和及締結各種條約。觀此三條，則知日本軍隊統帥之權，全握於天皇一人之手，蓋以國家事務與統率事務互相獨立，而使戴同一之首領，以調和聯絡於兩者之間。其軍隊之行政事務，雖屬於國家事務，而天皇則本爲國家之元首矣。其軍隊之統帥事務，不可以附麗於國務大臣也，而天皇則實爲軍隊大元帥矣。維持二者之權衡，聯絡二者之關繫，立於國家元首之地位，則行其國家行政之大權，立於軍隊大元帥之地位，則行其軍隊統帥之大權。而又恐文武兼裁，力有未及，於是置國務大臣、樞密顧問以輔文治，設軍事參議院、陸軍參謀本部、海軍軍令部以佐戎機。本其萬乘無對之尊，立於補助機關之上，下則分途共治，上則挈領提綱，界限分明，事權統一，此其制度之善，實爲各國所無，日本之所以克强者，全在乎是矣。夫我朝兵制，超越前古，統帥之權，本在皇帝，而軍隊行政，分寄之部臣疆臣，不獨前代藩鎮之弊可以掃除，即日本憲法所謂天皇有統帥海陸軍大權者，我列聖天錫智勇，固已開之先例矣。自咸、同軍興，曾、左、胡、岑諸臣，督師剿匪，而疆臣間掣其肘，遂以兵權委之督撫，其後遂成慣例，循此以往，則統帥權與行政，必致兩相混淆，蹈美、法諸國之弊。今若採鄰邦之新制，復列聖之成規，收此統帥之大權，載諸欽定憲法，則機關敏捷，既足徵武備之修，帷幄運籌，實可卜國防之固。此欽定可以存國體而鞏主權者五也。

抑奴才尤有請者，憲法者，國家之根本法也。是一言國家而皇帝亦包括在内，故歐洲各國凡關於皇室之事，或詳定於憲法之内，或不見於憲法之中，此由國體不同，故制定之法亦異。日本參酌二者之間，憲法第二條，止載皇位繼承以皇男子孫之一語，而繼承之法，以皇室典範另詳之，皇族之事，以皇室令規定之。蓋以皇位爲國家之主體，亦即憲法所由來，不將皇位明定於憲法之中，即不能劃分皇室於國家之外。其分於國家之外者，所以保皇室之安寧，其存於憲法之中者，所以明國家之統緒。故日本臣民對於皇室典範，與日本憲法同視爲國家根本法者此也。中國自禹、湯以來，已開家天下之局，故國家之治亂，即爲皇室之安危。日本國體，舊與中國相同，而其皇室未嘗改移者，實以大權之不在君主。及明治廢藩，大權獨攬，似乎可仍前例矣，乃因内鑑於本國諸侯之興替，外觀於各國皇室之永存，毅然決然，改從新制，此其故可深長思矣。國家制定憲法，則皇室之事自應與憲法同時制定，以爲國家之根本法，或詳載於憲法之内，或如日本，另以皇室典範規定之，非奴才所敢妄議。惟茲事重大，國本攸關，擬請慎擇廷臣，多設顧問。又開皇族會議，原本我朝之家法，參酌列國之新章，損益因時，摺衷至當，恭候我皇太后、皇上欽定，垂爲典要，與憲法同尊，則我國家萬年有道之長，豈此比隆周、漢也。

奴才身受厚恩，躬膺寵命，簡書在畏，本未敢以懷歸，邦國所覘，亦有聞而必録。情既通乎彼己，事每較其短長，確知非實行立憲，無以弭内憂，亦無以消外患，非欽定憲法，無以固國本而安皇室，亦無以存國體而鞏主權。大權政治，不可不仿行，皇室典章，不可不並重。伏願我皇太后、皇上，覽此國家多難之時期，深維祖宗創業之匪易，大施英斷，咸與維新，措天下於治安，與黎民而更始。

所有奴才考察日本憲政情形，恭摺具陳，伏乞皇太后、皇上聖鑒。謹奏。

楊士琦赴南洋考察外埠商務分部

綜　述

沈桐生《光緒政要》卷三四　（四月）農工商部右侍郎、考察商務大臣楊士琦奏考察南洋華僑商業情形。

疏云：竊臣奉命前往南洋考察商務，於上年九月二十日，乘海圻、海容兩兵艦由上海放洋，歷經美屬之飛獵濱、法屬之西貢、暹羅之曼谷都城、和屬爪哇之巴達維亞三寶龍泗水日惹梭羅，及附近蘇門答獵之汶島、英屬之新加坡檳榔嶼，及附近之大小霹靂等埠，所有考察大概情形，業經先後電奏在案。伏查南洋各埠，爲神州之外府，瀛海之隩區。唐宋以來，始通中國，航舶互市，琛賮偕來，昔人所謂海外雜國，東南際天地以萬數，時候風潮入貢者也。自西人航海東來，逐漸佔據，始則通商建埠，久而屯戍設官，豆剖瓜分，夷爲領土。昔之蠻酋島長，僅有存者，而中國海疆多事，亦萌芽於此。然地當赤道，炎瘴最深，西人以水土不宜，居留甚少。土人則性情喬野，呰窳偷生。惟我國閩、粤之人，生長南紀，耐勞昌險，所到之地，類能翦除榛莽，手闢利源，其流寓久者已數百年，擁貲巨者或數千萬，而衣冠禮俗仍守寧華風。黑市規模，猶同内地，敦本思源之念，有足多老。臣舟車所至，廣布皇仁，博諮民隱。舉凡工商消長之原，物產盈虛之故，與夫疆域、户口、政令、風俗之宜，謹就考察所及，爲我皇太后、皇上陳之。飛獵濱羣島大小千餘，以小呂宋爲最巨。其地西連閩、粤，北枕台、澎，距香港、廈門均不過二千餘里。土產以烟、糖、蔴、米爲大宗，轉售行銷，皆操自華人之手，貿易則閩商最盛，粤商次之。商會、學堂、醫院、銀行規模粗備，惟商稅既重，工禁又嚴，來者日形減少。前此華僑不下十餘萬人，現在統計户口不滿四萬，而市面亦因之減色。美官紳漸知非策，始議設法招徠。本年正月間，在該埠特開賽會，凡華人來埠者，一律優免進口稅，名爲賽會，意在招商。臣晤美督時，亦彼此推誠商榷，以期互收利益。業經函知臣部，酌核辦理。西貢爲越南沿海巨埠，上通瀾滄江，内連南圻各省，水陸輻輳，商貨流通。華僑約五六萬人，其散處各省者，共二十餘萬。距海口十二里，有巨市曰隄岸，係華人貿易舊街，尤爲富商所萃。土沃宜稻，播種於田，不煩耘耨。故產米之富甲於海南，運銷出口者，歲約一千二百餘萬石。未經墾闢者尚多，碾米公司九家，而華商居其七，米市利權，幾盡歸掌握。惟人心涣散，因省縣之異，分爲五幫，曰：閩幫、廣幫、潮幫、瓊幫、客幫，各立公所，互分畛域。經臣邀集各幫商人，勸令聯絡一氣，迅設商會、學堂，並助法幣二千，爲之提倡。該商等咸感激樂從，不久可期成立。暹羅爲南洋大國，北接滇徼，東西介越南、緬甸之間。越躪於法，緬翦於英，獨暹羅尚能自立。近歲採用西法，外交、内政，均極講求。惟民貧財殫，於海陸軍備尚未能擴充整頓。其都城曰曼谷，居湄南河下游，民物殷贍，產米豐賤，埒於越南，象牙、犀角、瑇瑁、燕窩尤稱珍品。全國華僑約三百萬人，氣誼團結，過於西貢。暹政府間歲課華民身稅一次，恃爲入款大宗，此外尚無苛待情事。現閩、粤各商，正在籌設商會，復經臣手札勸諭，商情益形鼓舞，俟訂定章程後，即呈報臣部，奏明立案。爪哇全島大於和蘭本國四倍，分爲二十三府，環海而治。西部五府，以巴達維亞爲都會；中部九府，以三寶壟爲都會；東部九府，以泗水爲都會；日惹梭羅，則爲内地著名都會。其地在赤道以南，與澳洲相近。氣候炎燠，土脉膏腴，物產最富。東部以糖業爲大宗，西部以米業爲大宗，瀕海則擅魚鹽，近山則饒林礦。華僑散居全島，約六七萬人。和官選其才者，爲馬腰甲、必丹等官，專理華民事務。各埠現已設立商會七處，學堂四十餘所，頗能講明大義，愛戴君親，民氣最爲純樸。惟和官稅重政苛，事事箝制華人，不以平等相待，殊違公理。汶島屬蘇門答臘，在爪哇之西北，地富錫礦，礦工五萬餘人，均係粤籍。華工入境後，即受和人束縛，食以粗糲，居以茅茨，驅策鞭箠，視同奴隸。臣道經該島，停輪撫慰，並派員往視，附近礦場，華工數百人，環求拯拔，情殊可憫，亟宜設法保護，以衛民生。暹羅之西南海岸，有地如股斗入海中，内多巫來由部落，昔皆羈屬暹羅稱爲地股，今歸英人保護，統名曰海門屬部。地股之極南，有島曰新加坡，幅員甚小，農產亦稀。自英人開埠後，免稅以廣招徠，由此商舶雲集，百貨匯輸，遂爲海南第一巨埠。華僑二十餘萬人，工商而外，擅陂沼園林之利。商會成立最早，勢力甚雄，英官頗假以事權。而海外各商會，亦以此爲樞紐。學堂四所，課程規則，悉遵學部定章，宗旨純正。英人法令，較爲寬簡，商民尚得自由。惟五方雜處，良莠不齊，奸宄之萌，尚難盡絕。地股之西岸，有島曰檳榔嶼，商務亞於新加坡，而農產過之，果品海產，尤爲出口大宗。華僑二十餘萬人，自商會成立以來，公訂規條，自相約束。游惰者資之回籍，貧窶者教以營生。英官頒行新例，有不便商民者，商會得援律駁阻。故華人權限，以此埠爲最寬。中華學校一所，爲前太僕寺卿張振勳等所設，經臣部奏明立案，蒙恩賞給扁額一方，圖書集成一部，宸翰褒題，規模遂爲各校冠。從前商人子弟，肄業英校者，僅以律師、醫士起家，今則講求政學，研究中文，商智漸形發達。由檳榔嶼東渡海峽，登大陸，逾山南行，而至大、小霹靂，亦海門屬部之一。四山皆礦，產錫最饒，華人來此往往以赤手致富。所產之錫，歲值九千餘萬元，由檳榔嶼出口，運銷東西洋。近歲錫價低賤，年甚一年，業此者頗多摺閱。若礦業一停，則華工二十萬人。皆虞失所。而新、檳兩埠商務，亦視此爲盛衰，關係至爲鉅要。以上所歷，皆係通都大埠，華僑會萃之區商務以新加坡檳榔嶼爲最繁物產以小呂宋爪哇西貢暹羅爲最富而經營墾闢，全恃華人。故志南洋者，輒謂西人雖握其政權，而華人實擅其利柄。其中不乏開敏通達，豪傑有志之士。徒以懸隔海外，不覩中國禮樂衣冠之盛者，幾數百年，忠愛之忱，末由自達。此次蒙朝廷特派專使，撫慰商民，以爲奇榮。使車所至，衢市闐溢，家設香案，户懸國徽，結綵張燈，恭迎恩命。臣每抵一埠，即赴商會、學堂、公所等處演說，敬謹宣布皇太后、皇上德意，萬衆團聽，額手嵩呼，歡聲雷動。外人旁觀亦爲改容，觀民心愛戴之深，可知聖化涵濡之遠。所到各學堂，均酌給獎賞，以資鼓勵。總期爲朝廷多布一分膏澤，即爲僑氓多添一分感情。謹奏。

梁慶桂赴北美籌辦僑民興學事宜分部

綜　述

《清德宗實録》卷五六八 （光緒三十二年十二月戊寅）學部奏派內閣侍讀梁慶桂，赴美籌辦華僑興學事宜。【略】從之。

梁慶桂《式洪室詩文遺稿·光緒三十三年上學部手摺》 謹將北美興學情由，開具説帖，恭呈鈞鑑。伏念西國殖民政策，無不以文字語言爲化合力。觀於各埠、各省教會之西學堂，不下百數，若香港之皇仁書院，上海之聖約翰書院，規模尤鉅。蓋一國有一國之風俗，綱常倫教各有不同，若使旅外僑民於祖國之文字語言、道德習尙渺無所知，則習外之見愈深，愛國之情漸淡。查北美僑民以十萬計，彼此所得工值，實較內地爲優，除養事俯蓄外，大半能擔任學費。惟限於教育無人，不得不附入彼國之學校。若能提倡激勸，則中文學堂之成立可計日期。況美國學校之多甲於他國，科學程度亦以美爲最良。我國學生凡普通畢業後，欲習專門者，尙須咨送赴美就學。若以該處僑民就近附學，其經費豈非較省，惟慮其自幼即入美國學校，於國文普通未能諳習，勢將楚材晉用，不無可惜。且恐歸國時授以職業，殊多桿格。擬請奏派專員馳赴北美，提倡華僑學堂，俾僑民博通中學，俟畢業後再入彼完美之學校。或使彼中已習專門科學者，補習國文，則中西融洽，造成全材，足備國家官人之選。因勢利導，莫便於此。是否有當，恭候鈞裁。謹略。

又 《宣統二年上學部呈送美洲華僑學册文稿》 法律館諮議官、內閣侍讀梁慶桂謹呈，爲呈送美洲華僑學册事。竊慶桂於光緒三十二年十二月奉鈞部派，赴美洲籌辦僑民學務，旋因事請假回籍，於三十四年正月下港，二月五日放洋，三月二日抵美。宣統元年二月，事竣回國，順道歸粵，均經先後電報在案。查華僑散處美洲者，近日僅十餘萬人。每埠多則萬人，少或千數百人，其子弟能入初等小學者，或數百人，或數十人，大都生長異邦，習慣自然，幾成土著。且又爲就近謀生起見，故皆入西國學校，而於中國文字反未講求，其間不乏異才，能在該國大學畢業者，要以祇供西人驅策，楚材晉用，良可慨惜。慶桂遍曆各埠，接見紳董，公讌私覿，廣爲演説，宣布朝廷德意。鈞部懿舉本諸孔孟遺訓，諭以忠孝大義，竭誠開導以堅其內向之忱。僑民仰戴皇仁，眷懷祖國，遠近傳播，靡不感動。雖間有頑梗遇事阻撓，而謠諑多端，究不能搖惑人心，而各校卒以成立。此在美籌辦之大略情形也，由港動輪先抵檀香山，旋駐金山埠。金山爲美國疆域之西，僑民流寓最早，人數亦最多，其公正純樸者，固不乏人，然多不任事。此外良歹不齊，是非莫辨，劃分邑界，紛立堂名，意識愚頑，號稱難治。而各會館紳董謝、林、周三人非惟無識，復喜生事，埠中善舉，多爲所敗壞。此次辦學，幸有二三殷富出爲維持，故爾得所藉手，然幾經勸諭，幾經反覆，計濡滯金埠者五閱月矣。次抵沙加免度人心謹願立學最先，惟商務無多，籌款頗形竭蹶。次抵羅省技，迭次約集紳董，妥籌辦法，而人情散涣，徒事延宕。次抵梳了哥連、華盛頓，凡此三埠皆以僑民無多，難足校數，惟以華京爲總匯之地。公使駐節於此，又值唐專使抵美，故彼此互商，欲在華京先立一校，聯絡數埠，究以距離較遠，車費浩繁，衆議紛歧，遂多觀望。次抵紐約，籌商經旬開學，禮成遂赴芝加高。該埠商業繁盛而家族主義未除，其結習與金山之邑界略相彷彿。慶桂於各姓之間幾經往來，始能聯合。故開學獨後次抵砵崙舍路，其人多懷忠愛，於學務尤屬熱心，著手較易。繼渡海入英屬域多利，俗所稱鹹水埠者也。衆情歡迎，從容籌議，購地建堂，蔚然可觀。次抵雲高華，自鐵路開通埠中，商務日益暢旺。舊有學堂爲之改良章程，酌定規則，均能遵守，無生迂心。以上八埠，惟金山建堂一所，可容學生二百四十人。將來經費漸充，多聘教習，分時授課，可容人數當更倍之。域多利所建築與金山大致相同，至紐約、沙加免度、芝加高、砵崙、舍路、雲高華六處，均暫租樓房，一律開校。此各埠分別辦理之大略情形也，興學要務，首在得人。是以每到一埠，輒擇公正紳董與之周旋，幸皆能相助爲理。計金山則有陸步瀛、劉興、陸玉屏、鄧廷棟、黃金若，而入紐約則有領署書記關慶麟、李奕洽，若而入沙加免度則有周鳳文、鄺贊勳、陳苒芝、鄭天恩，若而入芝加高則有梅宗周、湯信、梅麟耀、譚昌，若而人砵崙則有梅伯顯、薛柏、梅躍云，若而人舍路則有阮治、陳文周、胡業棠，若而人域多利則有李卓明、李鑑濤、盧椿年、林禮斌。若而人類皆獨具熱誠，堅持正誼，不避嫌怨，力任其難。此次各校之成，實以茲十數人之功爲最偉，其餘籌辦學務各員，亦均和衷共濟，卓著勤勞，應請優予奬敍，以示優異。至各埠商董，萬里經商，終歲勤劬，獲利無幾，竟能湊集鉅資，廣籌經費，具見愛國之誠，應請援照成案，從優奬敍，庶海外華僑有所觀感，此出力捐資各員應給奬勵之大略情形也。開辦之始，原擬中西並重。經訂定章程，刊刻分布，惟據商董條議，均謂教習人衆，款鉅難任，自應審度事勢，略爲變通。故現定學堂課程，專以中文爲主，每日上六時，任各學童仍入美國學校肄業西文、格致、算法，下六時以四小時間教授中學，約分經學、修身、國文、歷史、地理、習字、體操、唱歌共八門。惟學童程度不同，人數多寡不一，不能不因地制宜，分定教授方法，以爲裁并。教員撙節經費之地，每年各將成績呈報鈞部及公使領事考驗，以昭核實。業經諭令，各堂照行。此酌定功課時間表之大略情形也，然此皆經始之謀仍當籌持久之計，謹擬辦法敬爲鈞部陳之：一、酌給常年經費也。泰西各國，凡事屬創舉，力有不逮，莫不由國家撥給經費，贊助其成況建學爲興國要圖，今幸成立，僑民紛紛以補助爲請。應請鈞部每年補助金山學堂美金五百元，紐約美金三百元，沙加免度美金二百元，砵崙美金二百五十元，舍路美金二百元，芝加高美金二百元，云高華美金二百元，域多利美金三百元。量予恩施，方易行其干涉，爲數無幾，收效實多。一、嚴定校長攷成也。僑民人心散渙，現雖踴躍，日久玩生。擬請由鈞部札飭各埠領事爲校長，凡屬於該領事管轄者皆隸之。酌定攷成，自免推諉。一、歲派委員查學也。堂務之廢弛，教學之勤惰，必須查驗，以期整頓。擬請每年酌派學堂教員或使館隨員，給予川資薪水，遍歷各埠，名爲視學員成績若何。據報鈞部事事核實，學務當日有起色。一、給予教員、學生奬勵也。各堂俱名小學，而亦間有三數人已有高等小學及中學資格者，將來四年畢業。擬請鈞部札派使館隨員、領事或學堂教員會同攷試，如確有合於高等小學及中學程度者，擬請按照內地章程，給予奬勵，其教員亦請比照內地，從優給奬，不限以畢業人數，俾昭激勸。一、飭撥公款助學也。金山有舊中華會館一所，由公使撥款建復，當經明白批示，以後該會館租息永爲辦學之用，泐石示遠，成案可稽。乃會館紳董謝、林、周三人把持盤踞，據款不交，且造謠言，肆行簧惑。擬請鈞部咨行公使，札飭領事，照案提撥毋任抗撓，以重公款。此外各埠亦由領事勸令商董，於公款內酌量佽助，紐約域多利已有成例，當可仿辦。以上五事，皆爲善後之方，是否可行，敬乞鈞定。總而論之，內地興學，所以淪民智而養人格；海外興學，所以收民心而保國權。辦法不同，難易亦別。華民生長外國，於西學不患其不通，於中學輒苦其不習。文字爲立國要素，若國民而不諳本國文字者，久則與之同化，勢將盡成彼國之民。俄於波蘭，英於印度可爲借鑑。今中西學術潮流所趨，雖有相引漸近之勢，而究其歸宿，溯其本旨，相去實遠。僑民子弟，耳濡目染，相沿成習，守此不變，流弊滋多況近年邪說横流，遍翔海外莠言煽惑，民志易搖惟多立學堂，澤以詩書，自可定其趨向，民情國勢，一彼一此，正待轉移，此所以挽回之策，經久之謨，尤不容須臾緩者耳。又，金山埠商民黄金現充美國王家郵政局員，而傾誠內向，喜辦僑埠公益。慶桂歸國時，囑其於已成學堂外，再爲勸辦，該商民已力爲肩任。檀香山商民唐球見義勇爲，慶桂兩經該埠，囑令提倡勸導現接來稟，均有成議。將兩處學册寄到擬請准令照章呈報，援案給奬，庶知勸勉，藉圖擴充，實於我國興學前途關繫甚鉅。茲謹繕金山、沙加免度、紐約、芝加高、砵崙、舍路、域多利、雲高華八埠學堂職務人員册、學生姓名册、籌辦學務紳董姓名册、功課時間表共八本，內沙加免度、紐約、域多利三本，附學務公所職員册、建築表、員役薪工表、購置器物費用統計表、十二紙，另金山學堂圖式六紙，金山、紐約、芝加高、砵崙等埠開學拍照四紙，又勸學啓一紙，擬訂中西並習學堂章程一本，彙呈鈞部，俯予存案。另勸集紳董捐款册約共美金三萬餘元，商撥公款共美金二萬餘元，尚須核伸中國銀數，與籌辦出力人員，一并請奬。至領支款目，亦須列册報銷，容即續行呈報。再，遊歷日記已將經曆所及，考察所得，分類撰箸，尚未脱稿，隨後補呈，合并聲明。謹先將籌辦美洲各埠學務情形，觀縷陳佈，伏乞鈞部察核施行，實爲公便，謹呈。宣統二年六月

清政府主持與出席國際會議部

首屆萬國禁煙會在華召開分部

綜述

《東方雜誌》第六卷第三號《問天〈萬國禁煙會紀事〉》 本年正月，萬國禁煙會開會於上海，與會者計英、美、法、德、意、奧、荷蘭、葡萄牙、俄國、日本、波斯、暹羅共十二國。我國特派兩江總督端制軍爲代表大臣，率同諸專員莅會，亦今年最可紀念之一事也。其開會之原因，已見前期大事記中。執筆人以此事於我國之前途至有關繫，故特原始要終，薈萃其事之始末，別自爲篇，以供留心時事者之稽考焉。

此事蓋發起於美國，其致代表之訓令，約分四端，譯録如左。

一、所有美屬嗜煙惡習應行設法限止。

二、如有美人在遠東賣買鴉片者，須籌妥法禁止。

三、將來上海開會時，美代表必須與各國代表，協力商定妥善辦法，以備各該國政府採用。俾在遠東屬地，各自設法，逐漸禁絶『耕稱鶯栗』『賣買煙土』『嗜食鴉片』等弊，是則不啻相助中國，使達禁絶煙癖之目的。

四、將來集議時，美代表須將美國現行一切章程禁律，詳告各國代表。而會議時，若查得某條有礙遠東禁煙事宜，須關具辦法，以資修改。

美國既以發起禁煙會之議，商諸各國，各國贊成者蓋居多數，其答覆之意，約舉如左。

日本外部大臣謂或設萬國會，或派員考查，兩法均無不可。一俟各國均行決定允准之後，本國政府亦必照准。

法國外部大臣謂此准須由中國先行聲明襄助，并將在中國內地所種之土藥，及運入中國之洋藥，詳爲查考，方能允准派員。若果其他有關係之國，於中國自種土藥，及外洋運入之洋藥，允准先行幫助。則本國政府，逆想派員之法，似比設立萬國會爲便。

英國外部大臣謂考核鴉片一切實行情形，及習俗吸食之國係。本國政府之意，仍係各國派員考查，較立會爲尤當。如設立萬國公會，恐會中祇研究其理，至於辦法，難期繁善。惟他國如均欲設會，本國亦可允從。

荷國外部大臣謂本國政府允爲協同考查東方販運及吸鴉片之事。俟各國擬有辦法，本國或派員赴會，或派員考查。又謂本國政府之意，各國派員辦法，比立萬國會在東方考查鴉片較爲方便。

德國外部大臣謂本國政府甚願按照所請，協同美、英、法、荷、中、日本各國，考查東方鴉片一切情事，如果派員辦理，係爲最善。本國政府亦允選派此等官員，會同考查鴉片一切，并商酌提繼辦法。惟無論派員成立會，本大臣均願派員前往。

葡國亦願按各國禁煙大意隨同除絶鴉片貽害於人之忍。

我國代表大臣端制軍，則更於未開會之前，預行致電各省督撫，詢問近年種煙、吸煙、賣煙之情狀，蓋所以爲會議之預備者，至周且密。大略言各國在滬舉行禁煙大會，詢商法律官担文覆稱中國須預備一切問題，其大端有三，即種、吸、賣、是也。禁煙之令已將兩載，究竟各省地方此二年中減種若干，吸煙之人減少若干，土膏銷數減少若干，必須事事調查明白，以備臨時應付。至各處禁種禁吸命令，是否實力奉行，有無陽奉陰違，官紳士庶。是否服從，有無滋擾，亦須調查明晰等語。查開會時，此三端爲最要關鍵，各國必詳切詢問，必須確實答復。貴省種煙地方此二年中，實已減種若干，土膏減銷若干，吸煙人數及查禁情形若何，均乞詳查確核，電示實數詳情，俾資應付云云。此皆未開會前之事實也。

正月十一日爲開會之第一日，先由美國主席勃倫脱主教報告開會，次由中國代表大臣端制軍表明中國政府禁煙之誠心，暨代中國大皇帝攝政王致謝美國總統發起此會，各國君臣上下贊成此會之盛意，繼復演說對於此會之希望。演說既畢，旋即散會。是日午後，由各國會員議决三事：（一）

推定美國代表勃倫脫主教爲主席。（二）文牘全用英文。（三）決議事件用投票法，每國止用一票。

又是日蘇州、福建、廣東均有電致會所，表歡迎之誠意。

附録端制軍演説文：

敝國於光緒三十二年八月初三日奉旨：禁煙以十年爲限，現在據部中國賁，各省土藥均已減稽有效。江南境內減十之八，山西、雲南、福建、安徽、河南、黑龍江諸省，均先後奏報，限至本年之冬，一律禁種在案。至各省紳商，尤多提倡勸誡之舉，即如福建之去毒社，辦理極有成效。就目前情形及敝國與論觀之，似不必待至十年，已有可以一律禁絶之希望。今日幸逢萬國禁煙盛會，本大臣奉命獲與此會。此會之慈善文明，固爲萬國所公認，而敝國全國人民，對於此會尤爲佩服感激，其歡迎鼓舞之意有不可以言語形容者。今本大臣當敬代本國政府及全國人民，先謝美國國家之發起，次謝各國政府之贊成。

本大臣竊有代表全國之意見，願以敬陳於本會者。竊謂本會惟以道德思想爲主，欲去世界人類之毒害，既爲列國所公認，則一切國際種族之界限，理應一律融化，以獨伸本會慈善文明之宗旨。然禁煙而不專賣，則人數無可稽查，即政令權力無可設施。偉哉英使頭等參贊李智君之言曰：中國禁煙苟不專賣，必難實行，必難達其目的。本大臣深聞其卓見，而又重成其熱心。所慮者販土商人藉口往年條約，以爲有紡權利，出而相阻，使中國之專賣不能行，而禁煙之目的不能達。目下各屬辦理禁煙之法，如臺灣、越南、非律賓、爪哇等處，皆以專賣爲政策。然禁煙日有進步，則國家用費必日形減少。其中難保無因籌款之難，遂致延長其截止之期限，始則收禁煙之虚譽，而終不受財權之損失。是不但與英國政府首先相助之滅不相符合，而又負美國政府提倡此會盛舉，且無以證明各國政府贊助此會之同意。誠爲可惜。本大臣所望於本會亟爲研究者，此其一也。

敝國禁煙初以十年爲期，然近來各省減種，已有一二年內即行禁絶，銷膏之數，亦有驟減過半。將來敝國土藥，必能在十年限內禁絶。敝國之土藥既絶，洋藥自必停止入口，則敝國國民之前途，實爲可賀。而此可賀之前途，實英國政府相助之力與美國政府倡會之力也。再禁煙政策，往往有關於條約，如能於條約中有礙於禁煙政策者，特予變通，以成此莫大之善舉，則尤爲敝國政府之幸，敝國國民之幸。本大臣所望於本會兩爲研究者，又其一也。總之本會既以禁煙爲主義，自以縮短年限，早日禁絶，爲世界之幸福。萬不至含國際種族之界限，以生交涉之困難，而妨礙禁煙之政策。何也？今日到會諸名公，均係各大國妙選有道德有名望之偉人，決不肯自拂本會慈善、文明應盡之義務。故本大臣首先表明敝國政府人民，決計實行，毫無退避之同意。至將來實行辦法，亦不外禁種、禁賣、禁吸數條，惟恐執行禁煙之法令或有與約章牴牾之處，望本會預先詳細調查，以免他日之誤會。以上所論，未知能邀本會各國名公之贊成，本大臣謹當虚心領教，望諸公有以正之，幸甚幸甚。

附録美國代表員勃倫脫君演説文：

鄙人蒙諸君公舉此會之主席，敝國榮幸之至，鄙人亦不勝欣成。今代敝國政府，及敝同事道謝。鄙人於鴉片事情，不甚熟悉，望諸君指教。鄙人雖自愧無能，然必秉公盡力，辦妥此事。凡開會議事，主席與會員必互相協助。鄙人實望諸君匡予之不逮，主席責任極大，倘無諸君勸助實不敢當。現議鴉片一事，原非輕易，望諸君深知其難，以此大事欲辦有成效，必要認真調查清楚，膽職俱兼。所謂膽者，認真辦理，以誠心相與，無畏其難。從來緊要問題，必有兩僧階級，第一層賴發起之有人，第二層當力任其難。此會第一層已閲過，第二層研究此事之真際，今已澈底研究，講求辦法，其功夫已在半途。敝政府發起開□此會，爲日已久，因與各國政府商訂，是以躭擱至今。初議係東方禁煙有關係之國始可入會，厥援推廣界限，於禁煙無甚關係各國者，亦與列此會。今稱爲萬國禁煙會，確是名副其實。現臨時亦有兩國入會，意、奧是也。去夏敝政府決定在本國及各周土，切實研究禁煙事情，並請有關係鴉片各國無辦。今日此會開議，實係研究禁煙辦法，務懸各國如有見到之處，函知本會。鄙人必要講明此會是Commission，即派員入會查議不是Conference，即派員入會商量實行諸君亦知兩名稱之不同。初欲徑設Conference，後因爲鴉片事情不甚熟悉，且人心略有不同，故設Coromission，此會不過暫時設立，不比各會之永遠。Commission之意，係得自海牙平和會第二會章程，據其章程云：各國意見如有不同，可派員到會查驗。今日望各會員悉心研究，以便議妥辦法。據鄙人意見，從前無謂之事，不必提及，否則反致膝混。凡議事求其成效者，須將枝節删去，試查萬國史記中，無不皆然提議往事，縱能勵聽，而於此會宗旨，必阻礙而不能成。此會務望各會員竭力研究，俾早爲議妥，以除毒害而益羣生，此不獨我同事固存是心，亦望諸君本是心以維持也，所有於鴉片事情有關係道德，關係財政，關係商務，關係交涉等件，每一層務要實心實力研究。鄙人所言已畢，此會可以開辦矣。

附録各國代表姓氏：

中國　兩江總督南洋大臣端方　江蘇布政使司瑞澂　蘇松太兵備道蔡乃煌　劉玉麟　唐國安　徐華清　吳葆榮　柯爾樂　湛瑪斯

美國　柏蘭德　丁嘉立　羅愛德

法國　巨籟達　白資宜　高宜榮

德國　羅斯樂　夔尼赤

英國　施美時　謝立山　祁英　布倫業印度代表　黎德羅　金文泰顧問員　包恩士顧問員

日本國　宮岡　田原良鈍　高木友技

荷蘭國　談翅恩　方懷敦

葡萄牙國　博帝榮　宋次生

巴西國　李善甫

俄國　闞雷明

意國　法羅納

奧國　貝瑤爾

暹羅國　撥拉瑪那瑪尼　梁味如高沙　翡霞爍地師尼

會中書記員　甘利　朱熙德

十二日午後會議兩點鐘，無議決事。

十五日午前後會議二次，議定會中議事規則，又舉定會員三人。是日美國專員宣讀美國及非律賓島鴉片問題報告之一大綱，繼由英國專員呈遞英倫、澳大利亞、香港、錫蘭、新加坡、巫來由羣島、威海衛之報告。日本專員呈遞日本、臺灣報告。各員呈遞報告之時，均略有陳述。惟並不討論，聞須由專員數人，將各報告研究之後，再行評議。

十八日午前會議，中國專員報告中國禁煙情形，並聲明以後續得各省之報告，當隨時補呈，繼由德國、荷蘭兩代表，先後呈遞本國報告。

午後續議，由暹羅代表呈遞報告。

二十日午前會議，由英國代表呈遞報告，詳述印度、緬甸兩處辦理鴉片及嗎啡事務之情形。

午後續議，由法國代表巨籟達君呈遞報告，陳明鴉片之來由及其作用，並將擬定上海法租界管理鴉片銷賣之辦法，約略宣述。繼又由白賚宜君宣布越南鴉片報告之節略，後由葡萄牙代表呈遞澳門鴉片情形之報告，並允俟接到葡萄牙及各屬地之要件後，當再續告。

二十二日午前會議，由奧國及波斯兩代表呈遞本國報告。繼由英國代表將前次中國專員所呈之報告，當衆評論，並欲請中國代表將其中可疑之處逐條詳報。如種煙畝數、吸煙人數，並須據實報告。當由主席聲明，中國專員唐國安君，此次因略受感冒，未能到會。旋又由主席宣言，請分舉專員，將各國代表所呈遞之報告，關於種煙、售煙及煙稅等事，撮其大綱，造一萬國禁煙節略。後又由法國總代表商請主席，函請駐滬領袖總領事，將公共租界禁煙辦法通告本會。

二十五日午前會議，由意國代表呈遞本國報告。繼將荷蘭代表前次所呈報告，略加評論。次由日本正代表，因前此集議時，英國代表有所詢問，遂將臺灣煙土、煙膏銷數及煙稅進款數目，逐一答覆。繼又由中國專員答覆前次英國代表之詢問，將吸煙人數報告，並謂其餘所問各事，一俟查實，卽當宣告。繼又由荷蘭代表陳述本國禁煙政策，荷屬印度鴉片銷數，近已逐漸減少。

午後續議，將奧國代表前次所呈報告，略加研究。旋由德國代表請奧國代表，將天津奧租界鴉片銷數，詳爲宣示。末由德國代表聲請公舉專員，研究各國現行之鴉片貿易條約，衆皆贊成。

二十八日午前會議，先由主席將舉定研究萬國鴉片貿易條約各員之銜名，當衆宣布。次由坎拿大專員呈遞報告。繼由各國代表，將中國之報告提出討論，並無指駁之言。繼又由管理入稅部委員陳述所擬調查之辦法，並陳述萬國禁煙會一覽表之凡例。繼又由中國專員提議請舉專員，調查戒煙各方，俾擇定斷煙最效之方法，毋使仍用煙膏或同類之物，此問題尚未議決。末由日本美國代表，將波斯、印度兩處報告先後質問多款，尚未答覆。

二十九日午前會議，各國專員相與討論前次中國專員請公舉專員調查戒煙方法一節，英國代表甚表同情。惟言預會各員，絕少精於科學之士，故舉派專員一事，未易爲力。不如將戒煙之方法，藥料之性質，及其功效等事，悉由各國專員稟請本國政府辦理。德國、日本兩代表則皆贊成中國專員之議，並謂會中設不將醫療煙癮一層列入報告之內，則禁煙會之效果，不能謂之完全云云。惟多數會員，咸主張英國代表之議。後又由法國代表陳述對於中國專員提議戒煙方法之意見，謂按照法美公牘，並無研究戒煙問題之議，今會中所議者，全爲鴉片問題內之貿易及管理等事，故醫療煙癮一層，宜由各國科學及醫學之專門家另行討論。

二月初三日午前會議，荷蘭代表將本國煙土出產及銷售情形，按照政府來電，向會中報告。次由英國代表起答上次會議時美國專員所問事件，卽將所接電音，當衆宣讀，電內詳述英屬煙土輸入美國之確數。繼由日本代表，將關東地方鴉片輸運。及銷售情形，並煙館數目詳爲陳述。繼又將葡萄牙、暹羅及英國印就之報告，分給各國代表。主席宣言，應卽由會中討論，當經各員問答數款。繼又由研究萬國鴉片貿易條約之專員，報告連日辦妥之事。繼又將英、美兩代表所呈研究各報告之決議書，分給各員。

是日並由主席演說，略謂會中著重之要點，均已逐節商定，可無遺憾。依予所測度，全體會員對於禁煙問題，雖有直接、間接之分，然其得良好之結果則一也。所望會員各按其本國政府之正式辦法，時貢其意見，以爲末次裁斷之資料。願予就大局上察之，此會必有極好之結局，然仍須各國會員有真實之決斷，方可收圓滿之效果，此則望吾全體會員留意者也。至於開會以來，凡事皆合於禮節，此實最可欽謝云云。

初四日午前會議，將英美兩代表所呈之決議書相與討論。美代表之決議書共八款，計全行採用者一，稍加增删者一，撤回者一，駁退者一，尚須重議者四。英代表之決議書共五款，計參考美國之決議書，當時訂定者一，認可者二，辯論後當卽撤回者一，尚須斟酌者一。

初五日午後會議，先由日本代表將遼東半島、關東租借地境內關於鴉片事宜之章程陳說，以答英國代表前次之詢問。繼由英美兩國代表，將上次退回重議之決議書加以新意，合成二則，呈交會員研究，均經公同採用。繼復由荷蘭代表呈上決議書兩件，係將會中已經認可之書加以演繹，英國代表及中國專員均不贊成。後由美、日兩國代表提議，將該決議書彙爲一篇，作爲詳細之紀載，全體贊成。

初六日午前會議，由中國專員呈上決議書四件。當時撤回一件，餘由法、美兩國代表。略加修訂，當經全體會員採納。

初七日午後會議，先由校閲專員。將已經採納之各決議書。校正呈閲。當經全體會員核准，幷議由各國代表呈報本國政府，決斷應否刊布。至於每次開會之詳情。及各國代表所呈之報告，議卽彙印一帙，作爲萬國禁煙會之紀録。旋由調查鴉片貿易統計專員。呈遞報告畢，卽由英國代表。起立致辭，申謝主席勃倫脱教長，勃倫脱君亦起立答謝。萬國禁煙會事務，於是告畢。

照録萬國禁煙會公決九款：

一、中國政府。以禁除全國鴉片煙出產行銷之事。視爲重大，實力施行，且輿情協助，得以日見進步，故本會會員承認中國之堅誠。雖各處成效不一，然已獲益不淺矣。

二、因思中國政府實行禁阻吸煙之例，他國亦同有此舉動。故本會敦請各代表，陳請各該政府，於其本境或屬地內，體察各國情形，逐漸推行吸煙之禁令。

三、本會查得鴉片煙之用，除作醫藥外，在會各國。均視爲禁物，而頒行嚴密條例，使之逐漸消滅。因此本會承認各國情形雖有不同，惟應敦促各國政府，借鑑別國辦理之經驗者，訂其取締規則。

四、查各國政府均有嚴厲法律，其宗旨或直接間接，以禁止鴉片煙暨鴉片質提製之品。私運入國。因此本會會員，聲明凡與會各國，均有責任訂立相當之規例，以禁止鴉片煙暨鴉片質提製之品。運往已頒行上開禁例之他國。

五、查嗎啡之製售流布，漫無限制，早釀成巨患嗎啡痼疾，已露蔓延之象。因此本會甚願力請各政府，制定嚴厲規則，於其本境或屬地內，以取締此項藥物之製售流布，及由鴉片中提製雜和之品，研究其質。倘若妄用別與嗎啡毒害相同者，一律限禁。

六、本會會員。於組織上，礙難按科學之理。研究鴉片煙及戒煙藥品之性質功用。然深悉此項研究，極爲重要，故本會甚望各代表，將此項問題。陳諸各該政府，酌定辦法。

七、本會極力敦促，凡在中國有居留地。及租界之各國政府，倘於各該居留地及租界之內，尚未實行關閉鴉片煙館者，須仿照他國政府已經施行之禁令，參酌情形，迅速舉辦。

八、本會會員敦促，凡在中國有居留地或租界之國，各代表須陳請各該國政府，與中國議定條例，禁止製造、販賣內含鴉片煙質。或鴉片提製品之戒煙丸藥。

九、本會會員勸勉各國代表。陳請各該國政府，凡在中國有居留地或租界者，施行藥商專律於領事裁判權限之內，俾該國之民。有所遵守。

記者曰：『鴉片之入中國，據故書所紀載，蓋自明代始，固已數百年於茲矣。而其彌漫於全國，無有貴賤貧富，悉被其毒害，則自乾嘉之間始。彼時承累朝休養之後，公私饒足之餘，耽此狂藥，相與娛樂，恬日嬉月，不自知其禍。而豈意時日寖久，如狂瀾之不可復挽，遂至於此極也。天牖其衷，朝廷既迭下禁煙之詔，士民亦羣設戒煙之會，風聲所布，萬方動容，友邦仗義，羣國贊成，以吾國爲受害最劇之地。復值禁煙正力之時，遂有於上海地方，設立萬國禁煙會之事。執筆人對於此會，誠不敢引爲幸事，以吾國不早自禁絕，而必有待於他國之會議，有待於他國今日之會議，此誠內省諸心，竊爲感歎者也。所猶可舉示吾國官吏人民者，則自有此會議後，足以知各國之意向，吾國正可一意禁絕，不必有所顧忌，而並可鞭辟吾國官民於禁煙之政令及事實。正宜從此節節進行，勿懈弛於半途，以爲此會之玷。此則執筆人重視此會，詳紀其始末之微意也。纂輯既竟，特表其意見如此。』

徐謙赴美出席萬國刑律監獄改良會分部

綜　述

《美駐華署使費勒器爲華盛頓擬開各國刑律監獄改良會請派唄事致外務部函》（宣統元年十二月十五日）逕啓者：茲因各國向有定章，每届五年開會一次，酌商各國刑律及改良監獄等事。上次曾在奧國開會，今年又届會期，本國政府擬定，西十月二號起在本國京師照章開會七日，其各國會員名單，須先於西二月宣布。特囑本署大臣函達貴王大臣轉詢貴政府是否派員與會，即希貴部先行咨商該管部院妥定見復。茲奉上英文册一本，內係會中應商各事，即希查收是荷。

此泐。順候日祉。

費勒器啓　十二月十五日

《萬國刑律監獄改良會通告》　美總統信：美國前曾商請各國刑律監獄改良會，於西曆千九百十年九月會於華盛頓，茲准國務大臣轉呈該會長所擬下次議事單前來，相應行知貴議院查收可也。

總統　羅斯福

國務大臣上總統書：美國邀請各國刑律監獄改良會，於西曆一千九百十年會於華盛頓一案，茲由該會長擬就議事單咨送前來，應請總統發交議院爲幸。

國務大臣　貝康

各國刑律監獄改良會會長上國務大臣書：美國議院曾由總統商請各國刑律監獄改良會，於西曆千九百十年會於華盛頓，各國刻已願意前來，本會長謹擬就議事單及此會歷史、界限、宗旨等項，恭請咨送議院及期宣布爲幸。

會長　柏羅斯

歷史：三十七年前，美國總統古連派令烏永士組織各國刑律監獄改良會，烏遂游説歐洲各國，爲英、法、德、奥、意、比政府人民所歡迎，一千八百七十二年，各國刑律監獄改良會成於英之倫敦，决定每五年開會一次，此五年内，各會員仍任調查研究之責。

宗旨：會所考研者，一爲罪案之緣起及如何阻止之法，二爲各國防範罪犯，三爲教令罪人悔過，四爲保護未及丁罪犯。

章程：會中事宜都爲四端，一刑律，二監獄，三阻止罪犯，四保護童稚。

會員：凡入會之國年納捐款者，各派會員一名，責任本國報告，調查他國事宜。

經費：已開之會凡七次也，每次約爲各政府所商請正用經費，亦視政府之津貼爲挹注，善會，善人之津貼亦復不少。

請簡：本會雖爲美國所提倡，第一次會長亦系美國官員，惟七次開會均在歐洲，美國政府引以爲憾，故上下議院邀請本會於千九百十年九月聚於華盛頓，各國贊成此舉。

擴充：美洲各國與斯會者，墨西哥、古巴而已，此次既在美洲開會，應請南美各國亦來與會，冀文明可以普及，範圍可以擴充。

成績：本會成立四十年以來，與世界刑律進步極有關係，且因本會之立，各處地方研究刑事公會日益加多，此次開會，除力求進步外，擬將四十年成績編書問世。

協助：本會宗旨，半在刑事之改良，半在阻止罪犯於未然，保衛童稚於平日，凡我同志，無論或爲善社或爲刑律及社會學之教員，有願到會及以意見相惠者，本會均極歡迎。

第八次刑律監獄改良會擬辦事件目録：

本會向章，於開會前一年先將擬辦事件宣布，俾各國代表得以調查其國内情形，以便於開會時議决。

各國代表調查後，請即鈔送到會，本會編集成書，譯成法文，於開會前分送各國，以便參考。

函寄美國紐約東十五街百卅五號門牌，美國代表柏羅斯收。

此會提議事件，都爲四端：

一　刑律

一、何種罪犯得以減等治罪，何種罪犯不得減等。

一、罪犯減等，至重者減几等，至輕者減几等。

一、凡經外國公堂判斷有罪之人，本國如何對待，按美國，凡進口工人之經外國審判監禁以上罪名者，得驅逐出境之罪，又各邦中有外人犯監禁以上罪犯過若干次者，得監禁二十五年或終身之罪。

一、各國死罪情形，例如本國有無死罪條例，倘舊有死罪令已豁免，國民犯從前死罪之罪者，其增減如何，大略列問答十五條：

（一）千九百零五年時國内有無死罪條例。

（一）何等罪犯擬死。

（一）千八百五十年時尚有何罪擬死。

（一）此種死罪何時免去。

（一）千八百五十年後有無增加死罪條例。

（一）所免死罪用何罪代替。

（一）千八百五十年以來，每年全國户口若干，被告死罪犯若干人，判實死罪者若干名。

（一）本國刑人於市，抑有行刑場。

（一）何時設此行刑場。

（一）行刑系用刀斬，抑用繩縊，抑用電擊。

（一）何等死罪得以減等。

（一）減等之利弊。

（一）國民對於減等辦法意見如何。

（一）改設行刑場後，國内死罪之增減。

（一）各代表意見。

二　監獄

一、悔過所應有之宗旨，應否有年歲之限制及種類之限制。

一、監禁之犯在監時極守本分，應否減去受禁日期；凡減此日期應歸何官判定，應否罰鍰抵罪。

一、罪犯工藝局辦法，此節應察看本地情形及本國工藝形勢。

三　阻止罪犯

一、歐美各國，凡第一次罪次，可審看情形從寬緩辦，交公正人隨時察看，此種辦法，各國能否仿照辦理，應如何審酌該犯之年歲、平日品行及其家世。

一、應如何設立工藝局、養貧院，收留極貧百姓，免其流入罪犯。

一、犯罪者爲全家所仰給之人，應如何辦理此犯，使其家仍可仰給該犯。

四 保衛童稚

一、童稚犯罪應否與成丁之人同科。

一、童稚生有怪癖凶頑成性者，應否另設地方收養。

一、通都大邑無所歸之童稚，應否另設地方收養。

一、地方應否設法收養保護私生子。

四者之外，本會尚望各代表於大小監獄應如何建築，如何管理，各舉所見相示。

《法部爲京師高等檢察廳檢察長徐謙等堪以派赴刑律監獄改良會事致外務部咨呈》（宣統二年正月十六日）法部爲咨復事。【略】本部查有京師高等檢察廳檢察長徐謙、奉天高等審判廳廳丞許世英，堪以派往赴會。除由本部另行具奏外，相應片呈貴部查照轉復可也。

須至片呈者，右片呈外務部。

《外務部爲擬派徐謙等赴萬國刑律監獄改良會事致美駐華署使費勒器函》（宣統二年正月二十一日）徑復者：上年十二月間准函稱，各國酌商刑律及改良監獄等事，上次曾在奥國開會，今年又届會期，本國政府擬定西十月二號起在本國京師開會七日，特囑本署大臣函詢是否派員與會，希咨商該管部院妥定見復。等情。當經本部咨行法部、大理院酌核去後。

茲准法部咨復，查有京師高等檢察廳檢察長徐謙、奉天高等審判廳廳丞許世英，堪以派往赴會。旋又准大理院咨復，查有候選知府、法律館纂修。本院刑科推事金紹城、法政科進士。法律館纂修。本院候補五品推事李方，均熟悉中外法律及西國語言文字，可以直接與議。各等因前來。相應函復貴署大臣查照，轉達貴國政府可也。

專此。即頌日祉。堂銜

《外務部爲應否派員赴美京刑律監獄改良會事致法部等咨文》 庶務司呈爲咨行事。宣統元年十二月十五日准美費署使函稱，各國定章，每届五年開會一次，酌商各國刑律及改良監獄等事。上次曾在奥國開會，今年又届會期，本國政府擬定，西十月二號起在本國京師照章開會七日，其各國會員名單，須先於西二月宣布，特囑本署大臣函詢貴政府是否派員與會，即希咨商該管部院妥定見復。茲奉上英文册一本，内係會中應商各事，希查收。等因。

應否派員赴會之外，相應將原送英文册飭員譯漢，咨行貴部院查照酌核見復，以憑轉復該使可也。

須至咨者，法部、大理院、法律館。

《清宣統政紀》卷三〇 （宣統二年正月二十六日）辛未，法部奏，美國舉行萬國刑律監獄改良會。其立會宗旨，係對於各種刑事罪犯，力求阻止防範與感化保護之法，務使人格日趨於高尚，世界日進於文明，開會七次，成效可觀。本年在美京舉行，係初次知照我國，匪獨内治攸關，抑且爲外交所繫，現遴派京師高等檢察廳檢察長徐謙等前往赴會，并擬令分赴東西各國，調查司法應行改革各事，務令報告詳確，取則有資。報聞。

《法部爲奏派徐謙等赴萬國刑律監獄改良會一摺現録旨刷奏請遵照事致外務部咨呈》（宣統二年正月二十七日）法部爲欽奉事。本部奏派京師高等檢察廳檢察長徐謙、奉天高等審判廳廳丞許世英前赴美國改良會，并請將許世英暫在本部參議上行走一摺，於宣統二年正月二十六日具奏，奉旨：知道了。欽此。相應刷印原奏，咨呈貴部遵照可也。

須至咨呈者，右咨呈外務部。

計原奏一本

附件 法部爲遴員赴美京萬國刑律監獄改良會事奏摺

法部謹奏，爲美國舉行萬國刑律監獄改良會，遴員前往赴會，以資任使而便調查，恭摺仰祈聖鑒事。宣統二年正月初九日准外務部咨稱。查萬國刑律監獄改良會之設，係於三十七年前倡始於美國，歡迎於歐洲各邦。其立會宗旨，係對於各種刑事罪犯，力求阻止防範與感化保護之法，務使人格日趨於高尚，世界日進於文明。開會七次，成效可觀。本年在美京舉行，係初次知照我國，敦睦邦交，良堪欣幸。檢閲原册提議之件，都爲四端：一曰刑律，二曰監獄，三曰阻止罪犯，四曰保護童稚。用意深厚，條問綦詳。誠以世界愈遠，人類愈增，事實愈紛繁，學理愈精密。舉凡研究本國之規制，參考列邦之情形，比較與國之成績，會通各員之學説，皆於此會大有關係。而在我國尤匪獨内治攸關，抑且爲外交所係，自非遴派品秩稍崇、通曉新舊法律而又夙有經驗之員，不足以資任使。臣等公同商酌，查有京師高等檢察廳檢察長徐謙，留心律例，兼貫中西；奉天高等審判廳廳丞許世英，明敏有爲，實心任事。該廳長、廳丞均係創辦各級審判、檢察廳人員，歷官三載，確有經驗，堪以派往赴會。會期在中曆八月末，起程以前，一切本國調查事宜最爲緊要，應令該廳長、廳丞查照譯送原册，悉心考察，先期編寄報告，以便參考。

該廳丞許世英原係臣部主事，歷充前直隸司主稿總辦秋審處差事，初由巡警部調補外城巡警廳行政處僉事，繼經升任督臣徐世昌奏調赴奉籌辦新設審判事宜，咨由臣部奏簡今職。曾於去冬因病請假兩月來京就醫，臣等因便傳見，查其病將就痊，假亦即滿。現在奉省審判各事宜大有端緒，業經派員署理，并無經手未完事件，擬留該廳丞在京會同該檢察長詳細會商，暫派該廳丞許世英在臣部參議上行走，以便隨時接洽并幫辦一切司法行政事務，俾臣等得收指臂之助。所遺奉天高等審判廳廳丞篆務，應請仍令原署之管鳳龢接署，即由臣部行文該督等轉飭提法使呈報臣部存查。

再，司法獨立爲憲政之大綱，現在各省審判、檢察廳均依限籌設，臣部爲全國監督，所有應行改革各事，至爲繁賾，擬令該廳長、廳丞就道之便，先後分赴東西各國加意調查，切實考證，務令報告詳確，取則有資。應需經費，統容臣等詳細考詢，隨時咨商外務、度支兩部，斟酌情形辦理。

除將該廳長、廳丞銜名咨復外務部轉復美使宣布，并俟起程時再行奏報外，所有遴員往赴萬國刑律監獄改良會緣由，理合恭摺具陳，伏乞皇上聖鑒。謹奏。

《大理院爲派員赴美京刑律監獄改良會抄録諭旨原摺事致外務部咨呈》

（宣統二年二月二十一日）大理院爲咨呈事。宣統二年二月初七日本院具奏，美國舉行萬國刑律監獄改良會，派員赴會并調查一切一摺，本日奉旨：該衙門知道。欽此。相應恭録諭旨，鈔録原奏，咨呈貴部查照可也。須至咨呈者，右咨呈外務部。

計鈔奏

附件　大理院爲派員赴美京刑律監獄改良會事奏摺

謹奏，爲美國舉行萬國刑律監獄改良會，派員赴會并調查一切，恭摺仰祈聖鑒事。本年正月初九日准外務部咨稱。咨行酌核前來。

竊維近數十年來東西各國講求刑律，規畫監獄，日求進步，不遺余力，大都始於專家之學説，成於彼此之競争，優劣因比較而知，同異因交通而泯，故設會協商，視之至重。美國於三十七年前創設萬國刑律監獄改良會，歐洲各國從而和之，每届五年開會一次，已開七次，各國均派員入會，研究罪案緣起，力求阻止防範與感化保護之法，期有以更革之意至善也。本年八月在美京開會，與會各國較前增多。據譯送原册，會中提議之件凡四端：曰刑律，曰監獄，曰阻止罪犯，曰保護童稚。刑律則重在減等，監獄則重在悔過，阻止罪犯則重在矜全，保護童稚則重在收養。條問雖繁，宗旨可見，要以有耻且格寬仁不殺爲主。中國現正更定刑律、改良監獄，爲環球各國所屬目，派員入會，足以發抒己見，考證列邦，既爲司法獨立之取資，亦驗法律完全之進步，關繫至重，未敢視爲緩圖。惟遴派人員頗難其選，非熟諳中外法律兼精西國語文者未能勝任。臣等公同商酌，查有候選知府。本院刑科第三庭推事金紹城，曾在英國英皇大學畢業；法政科進士。本院候補從五品推事李方，曾在英國甘別立大學畢業。該員等現均兼充修訂法律館纂修，於新舊法律貫通有素，且皆系留學西洋畢業，熟精外國語文，均可直接與議，堪以派令前往赴會，當將該員等銜名咨送外務部轉復美使在案。現距會期尚有數月，應令該員等按照册内問題，參酌中外情形，精研博考，以爲專對之資。所需經費，擬俟該員等起程有期，咨商外務部、度支部酌核辦理，并將起程日期一并奏報。

再，臣院列入籌備憲政内，爲建築法庭與練習審判人才二端，擬令該員等就便將各國法庭規制、審判辦法詳細調查，確實報告，以備參考。

所有派員赴會緣由，理合恭摺具陳，伏乞皇上聖鑒。謹奏。

《法部爲徐謙等赴美刑律會起程日期一摺現録旨刷奏請遵照事致外務部咨呈》

（宣統二年五月初十日）法部爲欽奉事。承政廳案呈，本部奏請赴美萬國監獄改良會會員徐謙、許世英等起程日期一摺，於宣統二年五月初九日具奏，奉旨：知道了。欽此。相應刷印原奏，咨呈貴部遵照可也。

須至咨呈者，右咨呈外務部。

計原奏一本

附件　法部爲報徐謙等赴美刑律監獄改良會起程日期事奏摺

法部謹奏，爲恭報會員啓程赴會日期，繕摺具陳，仰祈聖鑒事。竊臣部前以美國今年舉行第八次萬國刑律監獄改良會，因美使知照，特奏請遴派京師高等檢察廳檢察長徐謙、奉天高等審判廳廳丞許世英前往赴會，并就便調查東西各國司法制度，曾於摺内聲明啓程時再行奏報。等因。於本年正月二十六日奉旨允准在案。

茲據該檢察長、廳丞聲稱，自奉派後，將原送英文册提議問題詳細研究，預備意見書，并將本國關於刑法、監獄、審判與慈善事業等項，凡從前之歷史、現在之情形，將來之希望，均逐細編纂報告條件，以便送交會中參考。現在籌議大概及與外務、度支兩部支領經費各節，業經備辦告竣，定於五月十四日啓程，先赴歐洲調查司法制度，開會定期在中曆八月之杪，自當先時到美赴會，即於開會後繼續考查。等語。查該廳長、廳丞等此次奉派與會，不獨采擷列邦之新制，增進我國之文明，而且調查各國司法制度，以期詳盡，亦於憲政創始之時獲益尤巨。臣等屢與該廳長、廳丞面商，凡會場中之所注意、考察時之所心得，總期於我國政教習慣切實可行，毋襲濫常，毋侈高遠，以冀仰副朝廷愼重司法之至意。

所有恭報萬國刑律監獄會會員啓程日期緣由，理合繕摺具陳，伏乞皇上聖鑒。謹奏。

《法部爲派員赴美京第八次萬國監獄改良會現已蕆事具呈報告事奏摺》

（宣統二年十一月二十一日）法部謹奏，爲前派第八次萬國監獄會會員赴會事竣歸國，具呈報告書，謹具情代奏，恭摺繕單，仰祈聖鑒事。

竊據京師高等檢察廳檢察長徐謙、法部參議上行走奉天高等審判廳廳丞許世英呈稱，謙等於宣統二年正月二十六日經法部奏請派往美國赴第八次萬國監獄會，并就便考察各國司法事宜，奉旨允准，并將啓程日期奏報在案。謙、英遵於五月十四日偕續經奏派隨同赴會之外務部員外郎沈其昌、法部主事羅文莊束裝出都，取道西比利亞，首至俄京，次由俄而德而奥而義而法而比而和而英，先事考察。各國官府無不敦睦邦交，特派專員導引參觀，接待既極殷勤，指示亦復懇切，而德意志尤爲優異。調查所得，舉凡法部之組織、審判之階級、監獄之規模，及與司法有密切關係之感化事業，司法、警察兩制度，均已略領其大凡。及八月渡大西洋至美與會，會期係中曆八月二十九日。開始先十日，美政府特備專車，派員在紐約迎候各國會員，導觀各處法院與監獄。觀畢，齊赴華盛頓謁見總統。屆八月二十九日即西曆十月二號會期，假南北美洲會館爲會場，計到會者三十有五國，各國國家所派會員及以個人之資格與婦女之參入者，百有五十一人。會制分總會與部會，部會決議後提出，於總會決定議案。分四部，以刑罰爲第一部，監獄爲第二部，豫防犯罪、幼年保護爲第三、第四部。每日午前部會討論，午後合議於總會。歷時七日，解決問題十有三，得條文款目共六十有九。於九月初六日閉會，而會事竣。伏念此行，關係於改良司法之前途，至重且遠。謙、英等學識淺陋，膺茲重寄，敢不兢兢。矧入會期遲，既無五年之豫備，考察日淺，又無累歲之研求，心得几何，更增慚悚！第達中外之奥，通新舊之郵，使者之責，義無可辭，僅就所知者，分具報告兩種：一曰第八次萬國監獄會報告書，一曰考察司法制度報告書。會事報告計分六節。欲知此會之情狀，當先明監獄會之所由生；欲明監獄會之所由生，當先溯監獄改良之創始。故以萬國監獄改良之緣起冠首，而萬國監獄會之沿革次之，第八次萬國監獄會之概況、會場演説及議案與閉會後之豫備又次之，篇末係以按語。凡謙、英等意見，以爲應行進取之方法、辦理之手續，皆備詳焉。考查報告計分五類：曰法部制度，曰審判制度，曰監獄制度，曰感化院制度，曰司法警察制度。逐類各加按語，比較異同，斟酌取舍。刍蕘之獻，雖無補於高深，然河岳之容，必不棄夫流壤，伏乞聖明垂鑒，并請將兩種報告書飭交資政院、憲政編查館、修訂法律館、民政部、法部酌量采擇，以期實行，仍請將監獄會報告書由法部通行各省督撫、提法司，轉飭各屬，俾一般官吏人民知監獄事業影響於社會甚巨，羣相從事於改良，則獄制日善，斯犯罪日少，人格日高，而幸福日增矣。除考察司法制度報告書容俟擬就再行續陳，并各國所贈及所購圖式書籍送交法部編譯，用費册報另送度支部備查外，理合懇請代奏前來。

臣等查閲報告書所敘監獄改良之緣起、會事之沿革、此次閉會時之現狀，言簡而明，所述之演説與議決之議案詳愼周密，慮遠思深，所擬按語亦皆動中竅要，切實可行。應請飭交臣部及資政院、憲政編查館、修訂法律館、民政部分別參酌采用，總期見諸事實，不至徒托空言。仍分行各省督撫、提法使，俾得輔助進行，以收監獄改良之效。

除考察司法制度報告書容俟該檢察長、廳丞擬呈再行具奏外，理合將等八次萬國監獄會報告書恭繕清單，伏乞皇上聖鑒訓示。謹奏。

宣統二年十一月二十一日具奏，奉旨：依議。欽此。

徐謙等《具呈第八次萬國監獄會報告書》 謹將京師高等檢察廳檢察長徐謙、法部參議上行走。奉天高等審判廳廳丞許世英所具之第八次萬國監獄會報告書，照繕清單，恭呈御覽。

計開：

第一節　萬國監獄改良之緣起

監獄制度，泰西各國在十七世紀以前，或粗陋荒敗而不足論，或殘慘貪酷而不忍言。自十八世紀時，有英國之博愛家約翰華爾德氏出，始倡議改良，氏蓋世界改良監獄之泰斗也。氏生於千七百二十六年，卒於千七百九十年，數十年間，專以改良監獄爲事業，嘗五游歐亞，著書立説，鼓吹當世，并屢散家財以助之，於是朝野耳目爲之震動，英國議院遂提出法案，決定改良監獄，是爲萬國改良監獄之嚆矢。繼其後而實行者，則爲美人。千七百九十六年創設分房監於片蘇巴尼亞州之非拉的爾肥亞，行晝夜分房之監禁法，即世所謂片蘇巴尼亞制是也。千八百二十年，米的苦州創設新監獄於窩不倫，行晝雜居夜分房之監禁法，即世所謂窩不倫制是也。兩制皆以分房爲主要，所異者，前則晝夜分房，限制極嚴，後則晝間授以相當之工作，并許其室外之運動，惟夜間寢卧必使之獨居。組織雖有等差，而其注重教悔，使囚徒改過遷善，出獄後復爲社會良民之目的則同。兩制各有真理，至今猶相持對抗，兩存其説。

美國既實施改良之事迹，名譽乃轉及於歐洲，各國遂羣起相師。英國爲始，德、法及大陸諸國繼之，咸派專使調查新制，各以所見歸報本國。有善片蘇巴尼亞制者，有善窩不倫制者，於是片蘇巴尼亞制行於英，窩不倫制行於歐洲大陸。近百年來，或以理論，或以實驗，研究益深，真理日出，獄則之良否，几視爲國際上競爭之事業。千八百四十六年，德人密梯梅惠爾玉盧斯、比人特披亞、和人司林格爾、法人毛盧苦利托夫、英人華托和司陸悉爾等，開萬國監獄會於蘭苦科爾托，提出議案，互相辯論。其最滋紛議者，則爲分房制之利害，而終以最多數之意見，決定片蘇巴尼亞制爲善。而分房制之學説，遂紛騰於士大夫之口，而見諸實際。荷蘭、比利時尤爲完備。風潮所至，遠及日本。日本自明治二十六年《第二次改正監獄則》發布後，雖未能驟行片蘇巴尼亞制，然已參酌歐美諸國之精義，行階級之制矣。階級制者，以分房、雜居、假出獄爲三段，而執行其刑者也。如一犯人獲三年監禁之刑，初入使居分房監六個月或一年，是爲第一級；期滿再使居雜居監，是爲第二級；在此級内，實能改過遷善，則使之假出獄，是爲終極。此之謂階級制。現今各國尤以改良監獄之事尚屬幼稚時代，日事講求，所至皆有監獄協會，以討論其學理而調查其實況，將來各國監獄之進步，其裨益國家與社會者，殆不可思議也。

第二節　萬國監獄會之沿革

監獄改良，自十八世紀以來，各國既已次第著手，成效大著。有美人瓦音司者，監獄學大家也，發議宜創立萬國監獄會，溝通各國風俗習慣、政治法律，使日趨於大同，於是代表美國政府使於歐洲，游説各國，所至歡迎，萬國監獄會於是成立。千八百七十二年第一次會議，開於倫敦，各國政府及各國監獄協會咸遣委員，到會者三百四十人，而以個人之資格與婦女之參入者，亦實繁有徒，是爲萬國監獄會之起源。以後定期，每五年開會一次，千八百七十八年第二次會議，開於斯托克夫俄爾，到會者二百九十七人。千八百八十五年第三次會議，開於羅馬，到會者二百三十四人。千八百九十一年第四次會議，開於聖彼得堡，到會者七百四十人。千八百九十五年第五次會議，開於巴黎，到會者八百十七人，日本派員入會自此始。千九百年第六次會議，開於布魯悉爾。千九百五年第七次會議，開於匈牙利，到會者日益增多。千九百十年第八次會議，遂開於華盛頓。

溯自萬國監獄會成立迄今已三十八年，其創設宗旨，則在聚集各國法律家、慈善家以及執掌於審判監獄之官吏，使各就經驗所得，討論其利害，斟酌其異同，而刑罰改良與豫防犯罪及幼年保護制度，亦均在範圍之内。計分四部，推闡益精。其初影響甚微，如風起秋蘋之末；其後則蓬蓬勃勃，淹蓋一世。各國政府且咸就會議所得，見諸施行，而國家文明進步亦賴以扶助。於是，萬國監獄會遂爲世界所注重，而我國特派專員入會，則自第八次始。

第三節　第八次萬國監獄會之概況

萬國監獄會雖發自美人，而前七次開會均在歐洲。千九百五年美國議院提出議案，邀請政府通知各國，第八次會議開於華盛頓，各國咸悦。於是美政府預備美金二十萬圓，爲會場用費，定於千九百十年十月二號即中曆八月二十九日在華盛頓開會。

先期十日，美政府派員在紐約迎候各國會員，導觀各處監獄及審判署，後齊赴華盛頓。九月二十九號，各國會員在白宫謁見總統塔夫脱氏，會長憨德生代表全體致達頌詞，總統答畢，一一握手爲禮。美國監獄協會即於是日假紐維拉旅館爲會場，各國會員亦皆加入，由事務所發給徽章，每人代價美金五圓，萬國監獄會徽章亦同。

十月二號，萬國監獄會開始，各國國家所派會員及以個人之資格與婦女之參入者，計百有五十一人，假南北美洲會館爲會場。首由美國總檢察大臣代表總統演説，次由第七次會長、匈牙利人别離代表全體致述答辭，再次則會長憨德生宣布開會。自十月二號起，每日午前分四部研究，第一部刑罰改良問題，第二部監獄改良問題，第三部預防犯罪制度，第四部幼年保護制度，午後四部合議，晚間自由演説，通用法、英、德三國語言。四號、六號，美監獄協會與美政府公宴萬國會員。至八號閉會。共計七日。解决議案，并决定第九次在倫敦開會，公舉英國監獄協會會長拍拉士爲會長。於是散會。所有各國至會人數，按照會場所用英文字母排列之次序，列表於後。

地名	人數	地名	人數
美利堅	五十三	意大利	四
阿真丁	一	日本	四
奥大利亞	二	奈巴利亞	一
比利時	二	盧森堡	二
英吉利	七	墨西哥	二
坎拿大	三	新南威爾士	一
中國	八	挪威	一
哥倫比亞	一	坤斯蘭	一
古巴	三	俄羅斯	九
芬蘭	一	三藩多	一
法蘭西	六	暹邏	一
德意志	三	西班牙	三
希臘	四	瑞典	一
加地馬那	一	瑞士	三
西印度海梯	二	突尼斯	一
荷蘭	九	土耳其	一
罕都那司	一	維尼斯允拉	一
匈牙利	七		

第四節　會場演説

十月二號開會時，先由美國總檢察大臣代表全國行開會禮，并代表總統致述頌詞。

其略曰：今日代表總統歡迎各國會員來至美京，深爲榮幸。此會雖係美國於三十八年前創始，然在美國開會實係第一次。先是一千九百零五年三月三號，由議院函請總統，要請本年在華盛頓開會，故今日得有第八次之會議。當初此會倡議之目的，在欲知各國監獄制度及其成績，并考求各國法律與執行方法，推而至於預防犯罪、幼年保護制度，亦共同研究。綜其大要，不外四端，而利益廣被，實有不可以言語形容者。其故因會場雖非立法機關，而影響所及，能使立法者采取議論，見諸施行。近年來，各國刑罰主義由重改輕，由殘忍變爲仁慈，皆受是會之潮流，有以洗濯而陶鑄之。即偶有用重刑，取懲一戒百之意者，然其要義，非如古時刑罰，徒使觀者一方面之畏懼而已，蓋欲使身受者自畏而不敢再犯也。總之，改良刑罰問題，皆以預防犯罪爲基礎。

請略言改良之歷史。從前刑罰與監獄種種設施，皆係報復與威嚇主義，凡懲治一犯，只欲令平民警畏，不顧囚徒之痛苦，故殘虐貪暴，史不絶書。自十八世紀英國有約翰華爾德及伯喀利亞兩氏出，目擊黑暗情形，著書立説，使上下議院派員調查，逐漸改良，始得文明之效果。今日公會，卽謂爲約翰華爾德氏等之所賜可也。自有公會以來，各國監獄競争改革，犯人在監時勤加教誨，使其改過自新，出獄時又有保護協會與之交接，代爲謀生，使其能自存活，不再爲非，且於幼年犯罪者特設幼年監獄與感化院以教養之，此皆受公會之所賜也。卽以美國論，受公會之所賜者亦復不少。自前年政府派員調查全國監獄後，重新改建者已有八所，本京又購地六千餘畝建築感化院。去年三月，議院又將刑法修改，并擬定假出獄及免囚保護等法實行於可倫比亞。諸會員參觀本國各處監獄甫歸，當知所言之不謬。如是，則此會之進步不已滿足乎？然而尤有一言進者，監獄至於今日，建築已極美備，管理方法已極完全，待遇犯人已極優異，無可訾異，但恐看守人不能如法管理，則種種流弊因之而生，是宜多設協會以濟其窮。夫如是，而監獄之能事乃盡。云云。

次由會長憨德生演説。

其略曰：今日承各國會員厚意，置憨德生於最關緊要、最有名譽之地位，不勝榮幸之至。今日爲第八次監獄會開幕之初，萃各國之大公平家、大慈善家而聚處一堂，其樂何如？諸會員或從東方或從西方來至阿美利加少年之民主國，當極爲歡迎。美國與世界交通，東有大西洋，西有太平洋。今從東方來者，羡其爲文明發達最早之邦；從歐洲來者，羡其爲改良進步之先鋒；從非洲來者，羡其爲競争改革之新造。諸會員之大學問、真經驗，若明燈照物，巨細不遺。在上古、中古時，此明燈早已發現，至今日得諸會員而放大之。其燈愈巨，其光愈明。諸會員來茲聚會，蓋專爲一種目的而來。目的維何？卽社會公敵是也。此社會公敵，既思立嚴密法制使無可逃，一方面仍當許其自新，冀爲良善。人皆云公正與慈愛兩種心不能幷立，其實不然。有罪必罰，是公正心，而慈愛卽寓乎其中。如漫無限制，濫用慈愛，則非徒鼓勵身受者之依賴心，久之且恐助長其爲非，貽害於社會，而慈善心終不能遂，故公正與慈愛幷立，始能達完全目的。方今世界大同，無論何種人類皆係同種，皆當研究此共同問題。近有分種界、國界者，皆係目光錯誤，不能從哲學上觀察之所致也。故今日所重要者，卽聚合萬國學者之心思才識，推出一種真理，可以通行於全世界。真理一出，則雖各國風俗略有等差，辦法小有出入，而精義流通，終可以貫徹無礙。有人云，感化罪犯，非法官之責任，乃慈善家之義務，以爲爲法官者只應依法科斷，執行者亦只應按罪懲罰，殊不知倡此議者，皆係古時報復與威嚇主義，其亦不思之甚也。假使主義不變，犯人在監時受種種不良之待遇，出獄時身體較平時瘦弱、思想較平時惡劣、技藝較平時蠢拙，匪獨此也，而且沾染惡習，嚮犯竊罪者必復爲盗，嚮係初犯者必至再犯，此時責慈善家以義務，恐不勝其煩，且不勝其勞也。

夫刑罰制度至於今日，餓斃刑早已全廢，死刑亦少，身體刑亦已停止，所注重者，自由刑耳。而美國現時所注重者，又在自由刑中之一種，所謂不定期刑是也。不定期刑者何？卽就諸會員公同之意見、公認之學理而尋思之，請言諸會員所公認者：（一）幼年犯罪者，須另寄感化院，釋放年限以能否改悔爲斷。（二）因精神病犯罪者，須另置精神病院，釋放與否亦以已否痊愈爲衡。（三）偶犯輕罪者，須交保人擔保，不付監獄，以全其名譽。（四）囚徒能改悔者，須令之假出獄。（五）職業犯罪者，其期限須交政府所派公正人酌定最長年限，以此等人最有危害於社會也。以上五端，諸會員共同之意見，卽美國所行之不定期刑。名詞之是否確當，未敢審知，然保護社會、改良罪犯之宗旨則一也。

何以言不定期刑之當注重也？蓋被告人之性質，在法院流露往往非其真相。假如其人性質本善，當審問時或偶失檢束，法官因而誤會判之以重罪。又如其人性質本惡，當審問時或貌爲馴謹，法官因而誤會判之以輕罪。及至入獄後，經典獄官、看守人教誨，醫師等平時體驗，良惡真相軒豁呈露。斯時若將良者而釋放歟，苦其期間未滿；將惡者仍監禁歟，苦於法律所無。此中困難情形，當亦諸會員所深悉。以今日世界法官學問深邃、心術公平，本不患有此流弊，惟犯人性質變態百出，法庭少時之觀察不若監獄多時之體驗，深望諸會員秉最大公正心，以爲之解决也。

此外尚有重要事件，則預防犯罪與幼年保護之法。此兩種問題，係正本清源之道。恒人云，本固者枝自榮，源清者流自潔，深望諸會員悉心爲之考究也。

以上種種問題，必當分部討論。惟分部討論後，仍須各部會議，各將心得宣示大衆，交換智識，庶幾不致隔閡。況各部問題，彼此均屬相通，各會員尤須存謙退心，庶可采集衆見，以趣合真理，此卽本會所祝望者也。法律之良否，當以真理爲斷，不必問與各國憲法合與不合，不必問與各國定制合與不合，不必問與各國風俗習慣合與不合，須破除各種成見，獨往獨來，切實研究，真理方出，諸會員萬不可爲種種成見束縛。在此七日中，專精討論，以期副此最大之責任。方今世運變遷，日新月異，種種法制悉當與世運相推移，卽如從前法制人人皆以爲是者，至今日人人皆以爲非者，如斯變態，真不一而足，諸會員當恍然悟也。第八次監獄會今日開始，宜努力猛進，勿怠！勿怠！云云。

附述萬國會員謁見總統時總統演説。

其略曰：今日深喜在斯地接見諸會員，更喜諸會員所經營之事業日益進步。既如刑法改良，自英國維羅伯扶斯及魯密雪兩氏出，各國咸次第減輕；監獄改良，自英國約翰華爾德氏出，各國亦次第變革。至今日，而刑法、監獄兩問題已爲世界所注重，精益求精。卽以美國論，亦嘗著手研究。曩曾游觀全國監獄，覺理想仍超過事實，尚須再加整理，期與理想相合。雖然美國從事於監獄者亦已非一日，間有所得，深愿諸會員參觀而質證之。今日諸會員來茲聚會，討論刑法改良與監獄改良諸問題，實爲各國文明進步之真據。從此日見發達，將使全世界人類皆享文明幸福，將使已犯罪之人滌除舊染復爲良民，實爲諸會員是賴。云云。

第五節　議案

會議大體組織，分總會與部會。部會決議後，提出於總會，更求總會之審定，而問題於是解決。所有議案，分部列後。

第一部，刑罰改良問題。

第一問：不定期刑如與刑學原理不相違背，則何等罪犯及何等案情方可適用？若何設施方無窒礙？適用時，可否於判定刑罰後作爲附加刑？

決議：從前定期刑法應保存不廢，惟幼年犯罪及累犯并有精神病者，方可引用不定期刑。但不定期刑名詞既泛，範圍太廣，適用時恐生弊端，當附添三種條件，方可適用。其條件列後：

甲、幼年犯罪者適用不定期刑時，當刑期中必須予以相當之教育。

乙、累犯者，必係釋放出監後確與社會大有危害，方可適用不定期刑。

丙、當適用不定期刑時，須隨時采用假出獄制度。

此外，定期刑中，亦有四種人當審判定期刑時，仍在定期刑外附判不定期刑，至刑期滿日，臨時酌定適用與否。四種人如左：

甲、定最長期監禁者，例如二十年、三十年之監禁。

乙、習慣犯罪者。

丙、以犯罪爲營業者。

丁、犯罪原因非由外界感觸，乃其人有一種犯罪特性者。

此四種人，皆與社會危害甚大，頗難望其自新，故必須附加不定期刑。其判斷權，以審判官、警察官、監獄官、醫官、行政官五部分之人組織臨時法庭，公同酌定。當開臨時法庭時，須獨立判斷，不得受外界摇動。

第二問：本國人在外國犯罪，經外國審判廳定罪，如逃回本國，是否應照外國所定之罪辦理？

決議：

一、本國人在外國犯罪，經外國審判廳定罪，如逃回本國，應照外國所定之罪名辦理，惟仍由本國審判廳按照本國刑法判令施行。

二、外國人在外國犯罪，經外國審判廳定罪，如逃至第三國，亦可由第三國審判廳按照法律辦理。

三、凡犯人經法庭判定後，如逃出境外，無論至何國，其原定判詞皆有效力。

四、各國須立約訂明，如此國所定罪名，他國必須認可，如此國欲知犯人一切案情求他國詳查者，他國必盡情相告。

五、應設立萬國法律事務所，綜理各國通行法律及審判與偵案事宜。

以上五條，國事犯不在其內。

六、凡犯人經法庭認許假出監獄後，無論至何國，皆當認其有假出獄之自由。

以上第三條、第五條、第六條，應俟下次會議時決定作爲萬國通法。

第三問：凡預防多數人聚合犯罪起見，應否定幫同犯罪人特別罪名？

決議：

一、凡幫同預備犯罪之人，如定特別罪名，似與刑法精神不合。

二、近日聚合同謀犯罪之人日益加多，凡係同謀犯罪者，審判官應有權加重治其罪。

第二部，監獄改良問題。

第一問：近世感化院制度，應根何良法方爲合宜？犯人入院，應否分年歲等級？應否將少年犯罪及不改過之犯特別監視？入院後，是否俟其惡性全化日始行釋放？

決議：

一、凡犯人，無論年齡如何，及再犯、累犯，總宜令其改過遷善，不可存絶無希望之心。

二、凡犯人在監禁時，須從懲戒及感化兩方面著手。

三、凡感化犯人須并用智育、體育、德育三種，使其出院後足以自立。

四、感化院期限以長期爲宜，比之短期釋放後或至再犯爲有益，且可養成完全人格。

五、感化院既定長期，必須兼用假出獄制度，惟出院時必經臨時法廳認定，出院後必須有合宜之人隨時監督。

六、凡幼年犯罪者，應當有特別管理法。其法如左：

甲、幼年犯罪應付感化院者，其期限之長短，由審判官臨時酌定，不必拘定法律，總以幼年人何時可以改變性質爲斷。

乙、長期之犯，如於刑期未滿時確能改悔自新，經臨時法庭許其出院，則原判決之審判官亦當認可，不得異議。

丙、凡幼年犯罪者候審時，應與短期監禁人分別場所，不得合在一處。

第二問：能否將假出獄制度更加改良？何等官吏可以判定假出獄？

決議：

一、假出獄制度當有一定法罪，凡罪人在監，須滿最短期之監禁刑，方能施行假出獄，無論何人，皆有享受假出獄利益之資格。

二、有判定假出獄之權者，即臨時法庭之官吏，惟出獄後仍須隨時監督，如察其不能改悔，仍可隨時拘引入獄。

三、假出獄制度施行後，政府須設一定官吏監督假出獄之人，如一時未設專官，地方慈善會亦可受政府委托管理此事。惟犯人行爲如何，須隨時報告政府。

四、所有永遠監禁及非假出獄罪犯，皆由審判廳獨立辦理，與臨時法庭無關，臨時法庭不得干涉。

第三問：監獄建築之大小，何者爲宜？小監獄之犯人，應否一律工作？

決議：

一、全國監獄分散各處，宜立一專部統轄全國，專管各處監獄事宜，全國監獄皆當聽其號令。

二、監獄中犯人，無論刑期長短，無論大小監獄，皆當令其作工。

三、宜立大監獄，可容多數犯人，庶可經營大工作，比多立小監獄較爲有益。

四、如不能多立大監獄，則小監獄中亦必令犯人從事小工作，不可使之閑居。

五、大監獄中經營大工作，組織必求完備，須以此種監獄與工業學堂一律看待，此種監犯出獄後，可令其爲小監獄中之執事人。

六、監獄官中至少須有一人深通工業，可以指揮一切。

第三部，豫防犯罪制度。

第一問：猶豫執行制度，有几國已經實行？其成績如何？應否再行推廣？

決議：

一、猶豫執行制度，各國刑法多經采用，成績雖佳，必須添附三種條件，方爲有益：

甲、猶豫執行之罪犯，必使其不得擾害社會。

乙、罪犯得享猶豫執行之優遇者，必確信其人不必監禁即能自行改變。

丙、猶豫期間，必須有人隨時監督。

二、猶豫執行制度應行推廣，惟各國均須特設專官，專管監督猶豫執行之犯人。

第二問：防止浮浪無職業者，有何善法？

決議：

防止浮浪無職業者辦法，應照第七次議決案辦理。

附第七次決定案，以多設游民習藝所爲主。

第三問：犯人監禁時，其家族應如何設法安養？

決議：

一、所有監犯在監作工，應照其所作工業高下酌予工資，分作二分，一分交其家族俾得養贍，一分俟出監時令作爲營生資本。

二、監犯酌給工貲，其法雖善，各國尚難實行。卽如美國，監獄雖多，一時亦不能辦到。惟慈善會及監獄協會宜負此義務，不可令犯人家族失所。

三、監犯酌給工貲，既可保護其家族，復能使囚徒出獄後可以自立，其關係至爲重要。第照目前情形，概難辦到。宜請各國政府就此問題各發意見，俟下次開會再議。

第四部，幼年保護制度。

第一問：幼年犯罪，是否用普通刑事法科辦？如不用普通刑事法，應以何法爲善？

決議：

一、幼年犯罪者，當特別辦理，不得以普通刑事法科斷。

二、審判幼年犯罪者，當照下列各條辦理：

甲、審判官當有心理學、社會學之智識，方能通曉幼年人之種種習慣及其性情。

乙、幼年犯罪者，亦適用假出獄制度，出獄後必有特定之人監督，惟此監督人當法庭審問時必須到庭聽審，俾深知其犯罪原因。

丙、當未審判之先，必須令深通心理學、社會學之醫生詳細考察其犯罪原因，密告於審判官，以助其審判。

丁、當發覺後受拘捕時，其腦筋必隱受傷損，是宜以別法令其到庭，不可拘捕。

戊、拘留場所當與成年人分別，審判時間亦當與成年人距離。

第二問：年齡太稚者犯罪，既不宜收入監獄，知識未開，亦不宜送入感化院，應以何法管理？

決議：

應多設幼稚園，多教手工，令其心有所繫，仍須多設運動場，俾其性情活潑。

第三問：在大城鎮之幼童，應用何法約束，以防其游惰犯法？

決議：

一、法律應明定三種辦法：

甲、幼童犯罪者父母當負其責任。

乙、有不顧家庭之人，法律應强迫令其扶持家族。

丙、父母有惡習、家庭教育不良者，應將其童稚移入感化院，令受相當教育。

二、應多設演説場，講演家庭教育，使有子女之父母來聽，并勸令教堂幫同演講。至報館、著作，亦當注重家庭教育，以鼓吹世人。

第四問：私生子應否設立專法辦理？如設立專法，應以何法爲善？

決議：

一、管理私生子應有兩種辦法：

甲、明定法律專條保護私生子。

乙、應令慈善會多著淺近之書，散布社會，使人知私生子之害，令其自悟，并注重德育，令無遠識之男女皆知自重，庶可漸次斷絶。

二、明定法律保護私生子，雖一時社會情狀不能與正當婚姻所産之子一律看待，必當漸次平等。

三、判定私生子歸何人管理，應以私生子將來利益爲斷，或歸其父，或歸其母，或歸其親族、鄰里皆可。

四、私生子判定歸何人管理後，如歸其父管理，其母亦當幫同扶養；如歸其母管理，其父亦當幫同教育。

五、凡女子私通受孕後，往往有墮胎者，有將私生子致死者，有墮落爲娼者，此種流弊，皆當豫爲保護。其保護之法，宜有多人幫助，慈善會辦理，其辦法亦分三種：

甲、女子私通受孕後，應由此種人妥爲照料，不令墮胎，不令將私生子致死，并量爲資助，不令墮落爲娼。

乙、女子私通受孕後，應調查私生之父，令其負調護責任。

丙、女子雖私通生子，一切看待，仍當平等，遇有疑難時，須妥爲指導。

第六節　閉會後豫備

第八次萬國監獄會議案既已決定十月八號閉會，於是宣布常會章程。由各國政府派常會委員，每國一人，五年中聚會一次或二次，會期、會地臨時酌定。專任調查本國刑罰、監獄與慈善事業之報告，并提出下次總會之議案，於開會前一年交齊。擴充本國之學説，增長全國之名譽，皆常會委員之希望。各國大都以常會委員爲赴會會員，其經費由各國擔任。出費多寡，以人口計，每百萬人年出美金五圓。中國以四萬萬人計，歲費美金二千圓。據會長憨德生云，各國人口無多於中國，爲費太巨，届時似可酌量減少。至加入常會與否，亦由各國自定，惟必在閉會後第二年四月以前，由政府通知本届會長或第九次會長，其進行機關即寓於常會，而第八次萬國監獄會於是告竣。

謹按：監獄制度與刑法、審判二者有密切之關係，監獄不良，則行刑之機關未完善，而立法與執法之精神均不能見諸作用。無論法律若何美備，裁判若何公平，而刑罰宣告以後，悉歸於無效。故監獄、立法、審判三者之改良，必互重并行，始能達法治之目的，增人民之幸福。泰西各國自十八世紀改良刑法、審判以來，而於監獄一事，即一日趨重一日。考其組織，或以男女而分之爲男監、女監，或以年齡而分之爲幼年監、成年監，或以性質而分之爲已決監、未決監，或以罪名而分之爲重罪監、輕罪監，或以規模而分之爲大監獄、小監獄，或以區域而分之爲總監獄、分監獄，或以經費而分之爲中央監獄、地方監獄，或以形式而分之爲十字形、扇面形、星光形，或以制度而分之爲分房制、雜居制、階級制。論其要旨，則皆采用懲戒、感化兩主義，使犯人各事工作，各受教誨，冀其改過自新，稽其實效，則囚徒出獄後大都能自改悔，能自生活，復爲社會之良民，而犯罪之人數日益減少，是監獄之職務極爲繁難，監獄之學問極爲精密。監獄之良否，影響於國家人民者至深且遠；監獄之優劣，關係於世界評議者至重且巨。故入其國，觀其獄制之文野，即足以覘其國家進步之遲速、人民知識之高下。中國監獄制度向未完備，周秦以來，刑法既用報復主義，沿至隋唐，厘定刑名五等，無監禁之刑，流傳至今，未能盡革，而監獄遂專以羈留未決之犯，其建築則卑汙草率，其管理則殘慘貪酷，流弊所之，致使在監時有傾家蕩産、瘐斃囹圄之憂，出監後有沾染惡習、犯罪增加之患。邇者朝廷洞見此弊，改徒流等刑爲工作，創設罪犯習藝所以收容之，近又采取新法，創設模範監獄於京師及各省城，而府廳州縣之監獄亦限於五年内一律成立，是行刑學之講求，已爲全國所注重。然而監獄法尚未頒布，則建築管理諸事勢必各異，其制各殊，其形破碎支離，不獲收統一之效。又況從前舊監概未改革，種種需索苛暴情狀，實有令人不忍言者。外觀世變，内察國情，若獄制不善，終不能與各國躋於大同。謹竭一得之愚，獻著手改良之策：

一、此次議決之案宜采用也。查萬國公會雖非立法機關，而每次解決問題，各國多見諸實用。此次議案，應請由資政院、憲政編查館、修訂法律館、法部分别采擇，以便施行。

一、監獄官吏宜養成也。查歐洲各國任用獄官之法雖有不同，而其必由學習而來，則一如德之用軍人、義之用學生，和比之二者并用。要皆於未受職前，使之修養練習，試可乃用，義更使之爲終身官。應請由法部創設監獄學堂於京師，并轉商學部通飭各省法律學堂添設監獄學一科，以期宏造人才。

一、監獄協會宜提倡也。查監獄協會之性質有二，一係研究學理，一係調查實況。東西各國斯會多如林立，亦多以法部大臣爲名譽長，誠以學問日新月異，愈求愈出，且恐看守人不能奉法，得會員調查而報告之，其弊乃揭。法良意美，觀於美總檢察大臣之演説，益可深信。應請由法部擬定協會簡章，通行各省督撫、提法使，勸令設立，以期補助進行。

一、監獄制度宜酌定也。查獄制近分分房、雜居、階級三者，自美國創立片蘇巴尼亞監獄後，學者羣相推重，英、比二國全國施行，惟以建築之費較巨，故他國未能盡改分房，有用晝雜居夜分房之制者，有用先分房次雜居終付之假出獄者。以中國現時情形而論，若全國盡建分房監獄，財力實有未逮。應請由法部通行各省，於建造監獄時内分分房、雜居兩部，以免分歧，一俟新刑律宣布後，即可用假出獄之法而行階級之制。

一、監獄形式宜規定也。查歐美各國監獄之形式，或用十字與一字，或用扇面與星光，荷蘭新建之哈爾倫監獄，則又形如橢圓，似羅馬二千年前之鬭獸場。名目既多，理論亦異。然詢之學者，僉謂看守之便利、費用之節省、光綫之通明、空氣之充足，仍以十字形爲宜。故監禁二百人以下者宜用十字形，二百人以上五百人以下者宜用雙十字形，即世所稱星光形也。應請由法部通行各省照辦，以示整齊。

一、典獄司官宜重視也。查全國監獄監督之權雖操於法部大臣，而奉大臣之命令以贊助指揮者則在司官，司官學識之有無，即監獄良否之所係。歐洲各國有法部者，無不特設專司，遴選有學問有經驗者爲之。中國雖於監獄學尚少專科，而在外學成歸國與已經設立模範監獄之典獄官，似不無練達之才。應由法部速調到部，優加廉俸，責令見功，以期提挈綱領。

一、感化院宜速立也。查感化院之意義，係輔助監獄權力之所不及。歐美各國大都收留幼年犯罪與不受家庭教育，及家庭教育不良幷浮浪乞丐者，良以幼稚之童血氣未定，最易遷移，若寄之於普通監獄，必至耳濡目染，相習爲非。根本不端，枝葉必敗。易曰蒙以養正，即是此意。或者曰，中國古時所設之濟貧院、育嬰堂等，近時所設之教養局等，何莫非感化院之相似？殊不知，我之所設者，偏重在養，又不僅限於幼年人。之所設者，係教養幷重，且純爲幼年之感化。各國從經費上之區别，有國家與地方之分。然觀其設置，凡學科、工藝以及田園花木，無一不備，几如一最新之村落。觀其男女，無一不性天活潑，如小學校之學生。而朝士大夫以及慈善、宗教各家，方且孜孜不倦，日求擴充，斯爲預防犯罪正本清源之道。應請由法部或民政部先行創設感化院於京師，以爲之倡，一面通行各省，令地方官切實講演，多方勸導，俾士紳均得從事斯業，以期培養人格。

一、保護事業宜勸設也。查刑罰之執行固屬於監獄官吏，而所以終其刑之執行，使犯人出獄後有以生存而不至再犯者，則社會之責任，是即保護事業之所由生。詳而論之，蓋由私人公立一會，凡犯人釋放時，保護會即與之交接，或給其衣食，或給其居住，或給其職業，或給其資本，或借貸其器用，或假予其旅費。如斯之類，不堪枚舉。要而言之，凡於免囚之便利，無一不代爲謀也。歐美各國此會甚昌，日本亦有免囚保護法。以我國現時人心而論，其對於出獄者嫌忌之不暇，遑云保護，然而監獄未改以前，實難責以義務。若自兹以往，而觀念不變，竊恐免囚不得謀生，終必爲害於社會，則獄費日增，斯擔負益重。應請由法部或民政部創設一免囚保護通告，通行各省，令地方官家喻户曉，幷令各報館大加鼓吹，俾得輸灌知識於一般人民，以期慈善普及。

以上八策，除第一策係此次議案外，余皆爲改良監獄之要事，亦皆爲各國已行之良法，已著之成績。倘不急起直追，匪但内政不修，抑恐第九次赴會時無以見重於各國也。方今世界文明，尊崇人格，刑法一事，已有主張去死刑之議，荷蘭則已全廢，比利時則置之適用之外，其他各國雖未删除，而引用之案歲不常有。人格愈高，犯罪愈少，刑罰愈輕。各國之日事討論者，全在自由刑之問題，而監獄乃執行自由刑之場所，遂爲刑法之主科。自十八世紀以來，競先改革，日求進步，中國雖遠處東陲，而大勢所趨，日接日厲，斷不能翹然立於風氣之外。又況各國强行領事權於我國，其所藉口亦每在刑法、審判、監獄之不良。又況海牙和平會抑中國爲三等，雖以海陸軍不能振興，亦以法律不能齊一。以蕞爾之暹邏，尚能改正刑法，拒回領事裁判權；積弱之朝鮮，當未歸幷以前，經日本代修法典，普設審判，而領事裁判權以撤。中國有四千餘年之開化，二十餘省之土地，四百兆之人民，乃受此無公理之待遇，不平等之名譽一日不去，即國人忍垢蒙羞痛心疾首之一日。今者新刑律草案猶未議定，民商各法尚待調查，訴訟法亦未完全，監獄法亦甫告竣，將來核議頒行，若不將從前報復、威嚇之主義概行滌蕩，若不將撤去領事裁判權之宗旨公同抱定，竊恐拘牽遷就新舊不成，法令愈多，政治愈增繁擾，外强日進程度日見距離，匪惟不能自立，抑且不足圖存。立法、司法如此，推而至於行政，亦何莫不然？方今世界立國之道，皆本於大同主義，舉凡風俗、習慣、政教、法制已漸趨同一之勢。故創一公會也，一國和之，各國羣起而趨附之；行一新法也，此國因之，他國必從而推廣之。蓋交通便利，國際頻繁，風氣所之，几如水之匯海、山之歸岳而不可遏抑。主動者强，被動者弱，不動者亡。

縱觀歐美各國，得斯道者無不勝，失斯道者無不敗，當可恍然悟也。美前總統盧斯福有言剷除村落思想，德皇威廉第二有言破除家族主義。國之存立，其在斯歟！其在斯歟！

《法部爲赴美監獄改良會之徐謙等呈具報告書一摺現刷印原奏請遵照事致民政部咨文》（宣統二年十二月十二日）法部爲欽奉事。承政廳案呈，本部奏派赴美萬國監獄改良會徐謙等回京報告一摺，於宣統二年十一月二十一日具奏，奉旨：依議。欽此。

相應刷印原奏清單，咨行貴部遵照可也。

須至咨者，右咨民政部。

計原奏清單一本。

《民政部爲赴美監獄改良會之報告書頗可參酌希再送數本以便分發事致法部咨文》（宣統二年十二月二十日）爲咨行事。准咨稱，具奏派員赴美萬國監獄改良會回京報告一摺，恭録諭旨，欽遵到部。

查該報告書頗可分別參酌采用，相應咨行貴部查照，再將報告書咨送數本，以便分發可也。

咨法部。

雜　録

《大理院爲本院刑科推事金紹城等堪以派赴刑律監獄改良會事致外務部咨呈》（宣統二年正月十七日）大理院爲咨呈事。准外務部咨稱【略】。等因前來。

查各國開會酌商刑律及改良監獄等事，既經該使函詢是否派員與會，自應選定通曉中外法律人員派令赴會，以崇國體。本院查有候選知府。法律館纂修。本院刑科推事金紹城、法政科進士。法律館纂修。本院候補五品推事李方，均於中外法律具有心得，且皆精熟西國語言文字，可以直接與議。相應開送銜名并譯成英文，咨呈貴部查照轉復。至該二員出洋費用及應否具奏之處，再行續商辦理可也。

須至咨呈者，右咨呈外務部。

計銜名一紙。

《法部爲赴刑律監獄改良會之徐謙等擬先到歐洲考察應知照本國駐使事致外務部咨呈》（宣統二年三月二十日）法部爲咨呈事。本部奏請遴派京師高等檢察廳檢察長徐謙、奉天高等審判廳廳丞許世英等前往美國，赴萬國刑律監獄改良會，并就便調查東西各國司法事宜一摺，奉旨：知道了。欽此。欽遵咨呈在案。

茲據該檢察長等聲稱，美國開會係由西曆十月二號起，爲期尚遠，擬於五月間先到歐洲各國，詳加調查，以便悉心研究，庶到會時較覺相宜。計由西伯利亞鐵路首程，經過俄國、德國、奥國、意國、比國、荷國、法國、英國，再赴美國、日本等處，應預行知照本國駐使，以資接洽。等語。查該檢察長等擬赴各國，既爲道路所必由，均屬調查所必及，自應由駐使詳細加指導，并通知各該國政府，務期考知司法、改良實際及一切相關事宜，以資借鏡而便取法。相應咨呈貴部查照轉咨可也。

須至咨呈者，右咨呈外務部。

基督教對華文化輸入部

通紀概説分部

綜　述

《萬國公報・李佳白〈尚賢堂章程光緒二十三年五月〉》　美國教士李佳白孝廉，久客京華，與王公大臣往來素稔。東方釁息後，中國講求新學，惟日孜孜，李君贊襄其間，大有功成而名不居之意。然念破除成見，宜以啓發智慧爲先，京師爲首善之區，尤不可遷延時日，遂擬創設尚賢堂，期與志士仁人相觀而善。王公大臣多題之，惟經費所需爲數甚巨，孝廉欲航遠海，普勸同人。適接其先德赴音，行將奔喪回美。丁酉初夏，道出申江，浼英美二國總領事官玉成其事。四月二十六日，邀集泰西人士在英領事署互商。孝廉略謂：僕在京時曾將此事籌商於駐京各欽使，皆甚喜悦，更得中國達官顯宦相與有成，自是衆擎易舉。至於堂中置備各種書籍器物，俾子弟易於學習，且官宦赴堂觀覽，亦可藉知西法之精良，約須十萬金，始不致於竭蹶。厥後每年費用約須二萬金，如赴海外勸捐，誠恐相隔重洋，事難成就。深望寓華西友同心協力，先解囊金，庶幾樹之風聲，海外亦源源飲助。招商局董陳君輝廷聞之，函致李君言：上海美商五大行如肯助款，則局中亦願助千金。聞刻已選定德美二國總領事官，英正領事官，江海關稅務司，美國聖經會牧師及四商人爲董事。平和洋行主人則謂：此事不難集款，蓋以前者經商中國獲貲而返之人，皆深知中國宜急求富强，必能相助爲理也。

本館譯此，竊以爲目今講求新學，實爲切要之圖。所望華人之富有資財者，咸榮輪貲，襄成此舉。既不負孝廉一片苦心，且吾輩食毛踐土，亦義不容辭之事也。並聞孝廉擬定章程，稟呈總署。奉王大臣批：『美國教士李佳白，在本衙門歷次所上稟件條陳事宜及擬辦尚賢堂章程，均已閱悉，所言不爲無見。該教士在華多年，洞悉情形，學有本源，心存利濟，殊堪嘉尚。除將條陳各件留存本衙門備核，俟該教士創辦尚賢堂，如果言行相符，見諸實事，有利無弊，屆時由本衙門察看再爲酌奬外，若總辦章京將原稟發還，先行傳諭嘉奬，繳。光緒二十三年二月日批。』

尚賢堂章程

第一段共四條，明本堂創立之意志，是爲綱領。

一、凡本堂所用之人，所立之法，所辦之事，專求有益中國，有利華民。

二、本堂意在廣設善法，調劑於彼此之間，務令中外民教，庶於和洽。

三、本堂期於恢拓學士之志量，研鍊儒者之才能，俾上行下效，使中人以上之人，智能日增，卽資之以變化庸衆。

四、凡本堂往來交接之人，總以勸善爲本，無論砥礪德行，講求道藝，期乎擴充舊識，啓迪新知。

第二段共七條，明本堂率循之條例，是爲規模。

一、本堂須有中西正辦數人，循照所定規條，妥爲辦理。華士必諳西語，長於新學，西士必在華數年，熟悉民情，方充其選。凡一切應辦之事，俱由正辦之人公同酌定，總期各人克己濟衆，絲毫不准染指。

二、由正辦之中公舉一人爲總辦，倘欲舉一事，或彼此意見不合，則歸總辦一人裁奪。其每年進項支銷若干，亦由總辦主持。每年按兩次結算，以免紊亂而符定規。

三、在京都不論何國，擇出數人爲議董，所有本堂應辦之事，其大致非由議董允准，不能見諸施行。卽本堂每年進項支銷數目，亦俱由議董監察，不准擅動挪用，以免朦混。若總辦所主之議未洽於衆，則由議董公同商酌，妥洽辦理。萬一此堂中止，所存資財須歸議董酌核，分助善舉。

四、或京都、或外省，無論善局教堂之人，如有佩服本堂所辦，而能格外出力幫助行一切善事者，卽可往來函商，結爲同志友人。

五、或有人肯在本堂每年損金錢十圓者，名爲助資友人。倘損資之人有卓識宏議，亦可寄信前來本堂，必爲從公商酌。

六、擬先在京都設立一堂，嗣後若能推廣，則在外省分立支堂，亦可均由同志友人照管，隨時隨地酌辦。

七、或有別項善局與本堂有同志者，本堂必當體認誠意，樂於協助，以期彼此相合，而免歧異。

第三段共十條，明本堂推行之法，以承綱領而副規模。期於上合天理，下順人情。

一、本堂倘蒙上等智慧之人，常相交際，熟察此中有善無惡，自然矢口播揚，庸衆漸化，而中外膈膜之見卽潛消於無形。

二、本堂內擬設一公所，專便中西上等人士往來會面，締交既久，情誼益親，中外一氣，獲益良多。

三、本堂應隨機設法，聯絡各省以及郡縣之官長紳士，俾與西國通達時務、才德兼優之教士互相交契。日久情親，共保民教相安，兩無齟齬。

四、本堂內擬設一藏書樓。廣搜中西古今聖賢所著有關政治學問之書，彙存樓中，以便中西賢士，披覽講習，用資實學。

五、凡時賢所著新策，擬擇其妥善賢要者，並本堂隨時指事敷陳等篇，皆刊刻布散，以冀維持大局，轉移人心。

六、本堂擬設一學館。凡中國俊髦之士，有願來習某種西學者，數月之間可得大概。如欲兼習各種西學，則須數年方可。若中國及早振興西學，則本堂此意亦不必舉行矣。

七、本堂內擬設洋文學館，俾貴家子弟習學洋文。若中國日後廣設洋文學館，本堂學館隨時裁撤。

八、本堂内擬設格致書院，存西學所用各種器具式樣，逐件試驗，查究理數，講求一切强盛之法。

九、本堂内擬設一大廳，薈萃中西各國樂器，擇日歌詩奏樂，即於此廳。招集中西善士，凡道德高深，學問淵博者，相與辯論切磋，並講一切濟世人之法。

十、本堂擬辦一切濟困扶危各等善事。或醫病、或戒煙、或分書、或濟貧，總期救民水火，共登仁壽。

雜　録

《萬國公報・李佳白〈尚賢堂文録京師擬設尚賢堂章程序〉光緒二十三年六月》　余籍隸美國之紐約省。夙仰中國盛名，神遊久矣。光緒癸未，航海東來，宣揚耶蘇聖教於山東。蒙各官府不以隔膜相待，十年之久，民教翕然。間讀儒經，頗欽道範。嘗登闕里之堂，瞻仰聖容，晉謁聖裔，而得錦聯之賜。又以中國河患頻仍，久無善策。嘗由鐵門關親冒風濤逆流而上，探悉受害之由。博採西法，不限方隅之見，著爲《河工策》四條上之當軸。癸巳回國，適逢中美换約。余乃盛稱中朝柔遠之德，俾兩國和好有加。更力勸政府優待寓美華人。甲午中日事起，華師失利。余在本國遠聞焦灼。旋有同志窺余苦衷，措備資斧，重遣來華，務求代籌善策以挽時艱，而顯吾聖教愛人如己之旨。余乃辭教會廉俸，迅速起程。覲光上京，倏逾二載。先後晉謁當道，直陳管見。退則著爲論説，刊布遠近，以冀采我芻蕘，愈兹瘤疾。又恐空言徒託，乃決意創立尚賢堂。實事求是，以期培養人才，裨益全局。準情酌勢，妥定章程，務求有利而無弊。特念事關創舉，關係重大，未經中朝允准而遽行開辦恐不能見信於友人者。或並有疑於中朝，殊非愛戴聖清之本意。乃將所擬章程繕寫一通，稟呈總署。

光緒二十二年八月十四日，蒙王大臣照會美國欽使。内有『查該教士所設堂名及所擬章程，均係爲民教和睦起見。其意甚善』等。因美國欽使覆文，有『該教士欲辦此事之意，不過欲於中國京師及各省均有大益。該教士頗有才能。設立此堂，必能實力辦理。故想其必能有成』等。因又蒙總署照會，有：『俟公務稍鬆，自當約期進見，再爲面談』等。因十二月余聞電訃，猝丁外艱。立意於今年三月奔喪回國，措置一切。因於正月廿九日再稟總署，示期面談。二月初十日，蒙總署延見商酌。十八日遂蒙批示，奬勵逾恒。蓋尚賢堂之舉，已爲中外所共諒矣。今余暫行回國，所有尚賢堂現行事宜託前任同文館總教習丁冠西先生韙良代理。兹將總署批示及本堂章程付諸乎民，以便流布。同志鑑之。

又　《擬創尚賢堂緣起》　客有問於余者曰：吾子尚賢堂何爲而設也？余曰：將以救時也。客曰：子居中國久，亦知中國治術、學術異於泰西諸國，不能强不同以爲同乎？余曰：唯唯，否否。異者自異，同者自同也。客曰：敢問如何？余曰：古今立法，凡以有得於國，有濟於民耳，西國然，豈中國獨不然？余此堂之設，正欲使風氣開於首善。上者行之，下者效之。變化轉移，權與尚落，且欲使輯和中外，綏靖民教。我國家得以休養生息於其間，徐而臻於强盛。自時厥後，志量日以恢拓，才能日以擴充。滌舊更新要於至善，人才蔚起，皆爲實用。則治術、學術一以貫之矣。客曰：子言良是。然中國雖際時艱，上有聖君，下有賢臣，何待子之救之也？余曰：不然。中國君相懲前毖後，立意振興。余乃得殫竭愚忱，據發末論。否則方鑿圓枘，得不爲智者誚乎？客曰：予西國人，不圖一視同仁，用意肫摯，以至於此也。雖然，其如下情恐難上達何？余曰：鄙人所以設堂之意正在於此。同者深思渺慮，既有所見不能，噤而不言，業已累陳當軸，頗邀奬許。特以虚言徒託，誰將信之？冀得求諸實事以徵吾言，則兹堂不過嚆矢。徐俟當軸者之采訪，因而上達於朝廷，他日推行有效，俾共諒鄙人之愚忱末議於中國，不爲無補下情，庶幾少慰而期望迫切之思，遂愈以無窮也已。客感余言，躊躇滿志而去。余乃述之，以杜人之疑竇云。

又　《尚賢堂講學記》　余遊中國久。閒觀中國古昔聖賢載籍極博，志事之賅備，義藴之覃邃，本與西學異流同源，而諄諄垂教。上至政治，下及德業，靡不精詳條貫，著在簡編。余獨惜夫聰明才智之士，徒資誦説，不復求之實用。徒襲故常，不復進而自新。所謂平天下治國齊家修身正心誠意致知格物者，人人知之，人人略之，人人言之，人人忘之。此中學之不幸也。夫中學與西學異流同源。余言之，余信之。中國士大夫之博通淹洽者亦必能徵之。而獨怪夫屏斥西學者，混於老生常談，迂儒淺見，既玩泄中學而不能研究，又鄙夷西學而不肯擴充；震驚西學者，狃於苟安，積習畏難。

初心既矯誣中學而不切講求，又駭詫西學而不敢趨步。遂使中學、西學判若徑庭，隔若秦越，渺若河漢，懸若霄壤。此又中學之不能融會西學，而中學之大不幸也。余惟中西雖別，其諄諄垂教，要於勸善則同。中國古昔聖賢之書。余讀之餘，甚佩服之。中國聰明才智之士，余見之，余亦佩服之，於是不辭固陋，不恤非議，將欲因聰明以發愚蒙，借才智以逮庸，衆俾習中國古昔聖賢之教者，無不可彼此相通。毋歧視，毋背馳，毋回惑，毋墨守。而中西之學同此心源，同此化理。自時厥後，大同之象可得而覩，則尚賢堂之設余亦何能已乎？或曰：堂名『尚賢』，曷取乎爾？《周易》有之：祐者，助也。天之所助者，順也。人之所助者，信也。履信思乎順，又以尚賢也。是以自大祐之吉，無不利也。茲堂之設，既協於天理人情，又本乎履信思順。庶幾諄諄垂教、要於勸善之意。當無悖乎中國古昔聖賢，而亦將共諒於中國聰明才智之士也與！

發行報刊與譯印書籍分部

綜　述

《萬國公報・廣學會同人〈廣學會序光緒十八年正月〉》　今夫學業不期其益，無以立國養民也。學問不求其廣，無以取精用宏也。中國上地日開，民生日衆，古今時局大不相同。昔則地廣民稀，利源未闢，隨在可以自立。今則中外一體，地瘠民稠，財源日竭。若不廣求今學，爭尚新法以謀生養之方，吾恐今日承平尚憂不給。一旦有事，籌措更覺維艱。自中國與泰西通商交涉以來，中國不見興盛，各國日漸富强。局外者咸謂交涉之誤。不知交涉之道有損亦有益，誠能深通中外關係之要，交涉頗能得其益。不明其道，卽事多掣肘，終致吃虧。

查泰西各大國無論矣，卽日本、印度觀之，事事講求新法，國勢日興可爲明證。中國人民較他國爲多，其數約三四百兆。每年生者較死者百人中必添一口。一年應增三四百萬口。十年卽多三四千萬人。若不求有益之事而變通行之，不愈見其困乎？查中國學堂於各國交涉有益之學毫不講求，卽有稍知一、二者亦不甘心學習。以故昔年無議之人妄作訛言，因而誤事。至於失和、償地、賠銀諸多花費。厥後始相安和好。今年毀鬧教堂之事又起，半由無知愚民激成，幾至又失和局。此有心維持大局者所以爲難也。

查中國官民真能洞澈中外關係實在要務者甚少。若果真知灼見，何忍使民如此困苦而無法以拯之。故昔年有西人陳《救世策》於大府，雖蒙嘉許，事終未行。現西國善士看華人於養民之法籌之甚難，行之愈緩，因惻然動念爰立一會，名爲廣學會。其意要使各省文武州縣守備各官而上，又自各書院山長、學宮及名下文人，深悉各國養民善法，然後愚民亦可由此漸開門徑。苟能知廣學會之利益，立新法以養民，通有無以裕國，則每年按照西國專務養民新法，各國近年新算增銀之數推算，中國新法應增之款，每年每省至少必增銀二千萬。如此養民大計，何可視爲緩圖？

茲將各國生養之法擇其有益中華富國利民之事彙爲卷帙，或刊於《公報》，或編輯成書，分散於各省，使明理人閱之，好擇善而從。此會設有四年，倡首者總稅務司赫君德。其捐貲幫刻成書者，有各海國西國官商善士。倘蒙中國各直省督憲大人倡首募捐，以及司道大憲官紳商賈代爲廣勸，俾得集貲添刻各書廣散各處，將見數年後推行日廣，有志之士慨然奮興羣焉向學，其於中國生財養民之道不大有裨益乎！

總局設於上海虹口西華德路洋房念五號李寓　　廣學會同人謹啓

又　《廣學會同人〈分設廣學會章程光緒十八年三月〉》　查中國地廣民稠，生齒日衆。計每年生者較死者必多添三四百萬口。地不加廣，人日見增，爲上者當急籌善法以養之始可也。若不速設新法以養斯民，則民年困一年，勢所必至。被既困無生理，則多投於萑匪、哥老會匪等。內作亂之機，半由此起。再者自華洋通商以來，中國吃虧處甚多。因其未得交涉之理，故不能得交涉之益。因此困上加困，令旁觀者隱憂。實深按中國不得富國利民之法，其故多由未察他國之善政。況華人拘於守成，難於開創。今雖有人出洋觀政，然不過得其皮毛。徵諸實行者尚少。按西國養民、教民、安民、新民四大善政，如人身五官四支不可缺。華人於此四政之益尚未詳察。近來西士分居中國各省者甚多，其中深通此四政者不少。內亦有人願設廣學會，將五洲各國至善之法盡行採擇成書，以教授華人，聽其擇善而從。現在上海已設廣學總會，今又起意欲請中西名人數位，在各省再設廣學分會。凡中國各省官紳及候補人等，每省約以二千人上下爲準。將以下所列各條之益分門別類，令各官紳等講習，俟其得有端倪，再令其轉教所屬之人。一省如是，推之省省如是。十數年後內不懼民多不能養，外亦不畏各大國之强。勢均力敵，內外兩患自消，轉禍爲福之機，另有見於此上者未之有也。茲擬廣學分會章程四條開列於左：

一、將以下各題目，不論何題，由分會中人按月至少必要著一條，預備以後按月登入本報，或另外刊訂。

二、逢科場之時，除中國科場以外，由廣學會人另設西學書院，隨科招集應考各人情願自到書院考試者，將西國治民四大善政別作一考。初考之時，由西人考取。俟中國人明白後，再由華人自考。

三、將已譯成新翻新著各要書，分散各州各縣。在考場時發賣，並先出招帖，告明情願赴考西學諸生下次所考各書。

四、此種有大益於人之書，要由各大憲先爲開導，俾樂善明白人情願捐錢，多刻多散。若能各省照此創行，數十年後新學大興，中國得益無算，由此不惟不懼他國，亦且可以在他國之上。

以上所言各題詳列於後，願同志者鑑之。

親王常游各國之益　使臣出洋之益
鐵路之益　公信局之益
輪船出洋之益　各國賽會之益
博物院之益　機器之益
大機器工程司之益　開礦之益
鐵銅廠之益　格致學之益
天文之益　測候之益
地輿之益　地理之益
測量之益　化學之益
農學之益　黃强水之益
醫學之益　電學之益
創新法新器之益　准創新法人開獨行之益
創格致新學之益　報館之益
公書庫之益　五洲和約之益
商民互相去留各國之益　息兵會之益
官紳分任之益　商賈股份之益
大商局有國家領文憑之益　新銀行之益
官項按年報銷清帳示衆周知之益　萬事清帳之益
生利分利之別之益　各國關稅一律之益
錢糧一律之益　厘捐一律之益
五洲通商之益　各國養民安民新民教民之益比較
養民安民新民教民四法之益比較　一方一國一洲五洲等法之益比較
各國變通之法比較　中西文字之益比較
敬上帝之益　效救主舍己救人之益
聖神感人之益　重生之益
求生之益　良心之益
安息日之益　天人相通之益
各國聖賢相通之益　存心救普世之益
女人救世之益　有知識之益
學校之益　上古學校之益
中國學校之益　今時學校之益
五洲學之益　知五洲書籍之益
知五洲律法之益　知五洲變通之益
知五洲子書之益　知五洲史學之益
知天興衰五洲萬國之益　無知識之害
半知之害　固執之害
躭延之害　無王法之害
謗人之害　計謀之害

以上各條，名目利益皆有實效可徵，如能依此而行，共計每年各省利息，按英國十分之一所算有四千萬之銀。從此日興月盛不愁上治不臻。凡吾人當七體天心，視天下如一家。若家中一人有病，合家憂悶。一人復生，合家喜悅。人能以天心爲心，不從一己之私，不但有益於己，亦能有益於國。不但有益於國，亦能有益於天下。不但中西相安，即萬國五洲亦無不賴之以相安矣。

光緒十八年　月　日　上海廣學會同人公訂

又　《李提摩太〈廣學會第五年紀略光緒十九年正月〉》　比年以來，五洲各國盛行利國利民之新法，而通儒博士又各勒有成書。誠使華人知加意講求，詎不甚善？乃中國雖得有此等書籍往往視爲泛常，束之高閣。此無他，如鎖之無鑰，不開其端則不知其益耳。光緒十八年本廣學會擬題數十道，禮聘博學之士著爲論説，以暢厥指。今將各題略開於後：

鐵路之益。郵政之益。游歷各國之益。公司輪船行於各國之益。鋼廠鐵廠之益。農學。機器學。化學。電學。格物學。報館之益。公家書院之益。博物院之益。寄居他洲之益。兩國違言憑局外公斷弭兵之益。集股貿易之益。五洲自主商局之益。銀行匯通五洲之益。官録終年清摺之益。生利分利之別。萬國關稅均齊之益。列國徵收錢糧之法。列國地方官酌徵公費之法。列國養民之法。列國教民之法。列國新民之法。列國安民之法。列國變通之法。列國行善之法。列國盛衰之故等。

以上各題列出之後，已有二十餘人允爲照題論列。大約明年可以齊卷。今春會試之期，本廣學會已印成《中西四大政》一書分贈舉子，共五千本。又因中國大僚訪問救世教通行歐洲有何裨益於國計民生之處，遂作《論救世教之益》一首，申明各國歷代與教務干涉之關鍵，並將『有益於養』，『有益於學』，『有益於政』，『有益於俗』，『有益於德』，『有益於道』，『有益於今』之大略一一指明，印成專本，分贈各省大員。本會每月出報二册。一曰《萬國公報》，將各國所有要事略爲陳説。一曰《教會新報》，略講各國教化民人之事。此外又重刻《自西徂東説》數篇，新刻《五大洲各國統屬全圖》一張，《各國各教人數圖》一張，《華英讞案定章考》一首，《女學論》一首。以上均有已列於兩報之中者。另又有《八星之一總論》一大篇，意欲使人知窮盡地球之力，實能養若干人數，以備考察。《五洲各大國志要》一大篇，意欲使人知各國歷代化裁通變之處。及至年終又有英國善女人捐資刊刻畫圖善書，猝未畢工。竊念本會之設，專欲以善心行善事。而延友譯書之束脩，以及刻書之資，發書之費，在在需錢辦理。而所入之款實屬有限，所印書籍不得不酌收價值。統計光緒十八年分售出各書，除兩報外共合一萬二千一百六十三本，其分贈與人者則亦有一萬一千六百八十五本。連本廣學會月分牌數千張在內，此本會印書之大略情形也。

本廣學會之各西國教士分居中國十數行省，皆願以廣學之益遍告華人，而非書不能明其學，非錢不能成其書。既成書矣，苟可遍行分贈，實所至願。無奈進款菲薄，是以有志未逮。誠使中國每一府治每年能各籌百金之款以助本會之經費，則可將一應有益之書或賤價出售，或竟行致送。俾讀書明理之士子無一不知新法。他日出身加民裨益於國計民生者良非淺鮮。溯各國得益之始，無不如此。蓋有先路之導，必有步後塵之人。於是綱舉目張，萬事皆可辦理。至於本會中人汲汲爲此，豈樂於坐廢居諸而暗耗財力哉？蓋深念西國因何而獲益，中國因何而受困之處，不過一則知有善法而行之，則不知法之善，遂寢而不行耳。會中人業既洞知其故而仍緘默不言，則是仰愧於天，俯怍於人。乃殷然盡心力而爲之，其餘非所顧矣。

查中國生齒四百兆，以一年而總計之，百人中生者之數約多於死者之數一，是年多三四兆人矣。再閲十年生齒之增，將又不止三四十兆，則又不止二行省之人數矣。人日多而地不加廣，苟無新法以爲養贍，即不遽至於餓死，亦必年窘一年矣。嘻！

本會中友頃晤江蘇地方官某君，據述去冬一季，各路難民之過其境者不下二十餘萬。查去年毗連江蘇各地，未聞有十分荒歉者，而難民之經過一縣業已多至於此。苟遇荒年，其苦何堪設想！故恒聞有民人爲數十錢文之細，故竟至釀成命案。中西各人之知其事者無不深爲憐憫。

山東迤北各省所有往來之陸路，每年夏秋之交，大雨時行泥深没脛，運貨車輛斷難來往，商賈知其然也。每於早春數月之中，預儲各種貨物，無論鋪户銀息，類多耗折。即此備工食力之人數月無所事事，不知何以餬口，尤爲可嘆。

山東傭力之人多藉小車度日。或推或挽，凡牲畜應爲之事無不代之以人。試思以人代畜，成何事體。南方則肩挑背負，絡繹於途，則皆曰不若此則必餓死也。人爲萬物之靈，忍令其別無生路而降心爲此賤役哉？西人之初來而創見者，莫不爲之痛心矣。

且夫中國豈貧窶之國哉？地卽有肥磽，而肥者多磽者少也。地中之寶藏多至不可紀極也。誠使中國爲政近效印度日本各鄰國新行之法，吾知數年之後每年多獲二三千萬金之利，直一反手之力耳。若使遠效泰西各國之新法，其獲利更不止此。於是中國地之所產以供人之所養，定可期有益無絀，尚何貧窶之足憂。然非士子洞諳新法之益，則事必多所扞格，誠能一旦豁然貫通以養此倒懸之百姓，豈不美哉？

明年欣逢皇太后萬壽恩科，本會將廣譯新書，遠分各省應試士子。深願泰西好善之士迅賜慨捐銀兩，俾本會經費充裕，俾各士子得以早讀新書。苟或遲遲，吾行則恐明年無及於事，未免可惜。

本會近承英國嘎斯哥海口好善之姊妹二女士郵贈銀一百兩，聲明專供分書之用，是可敬也。

數年以來，華人於本廣學會並未捐助錢文，必係未知本會之有益於中國耳。他日著有效驗，當能踴躍從事。所願中國好善之智士及早慨捐以助本會。譬之農家之下種，秋收必慶豐登。尤願中西善士同心協力相助爲理，不特中國數百年之積困一旦蠲除，更可遠駕乎五洲萬國之上，不致如今日之事事讓人先著矣。此欲蘇中國之困，募捐刻書之大略情形也。

附開光緒十八年分廣學會收支總數，以供諸君子雅鑑。

計收捐款洋一千二百零八元九角九分。

計付用款洋一千一百八十九元五角。

實存洋十九元四角九分。

又 《李提摩太〈廣學會第六年紀略光緒二十年〉》 廣學會之設於中國也，六載於茲矣。會中命意之所在，務欲推廣西國之學於中國，庶幾中國之興，旦暮遇之也。顧嘗盱衡中國之時勢，可慨者非一端，卽宜廣者非一學，而乃悠悠忽忽，日復一日，年復一年，任敝會中人舌敝唇焦，仍或熟視若無覩，充耳若不聞者，此其故何歟？

中國自與泰西互市以來，利源之溢出於外者歲不知其凡幾，西人初未紾其臂而奪之食也。乃往往同一事也，西人行之，而利倍蓰。華人踵之，非徒無益而又損焉者。此無他，苦於不知五洲萬國之事，而未究其學耳。泰西好善之士，游於華者久，洞然於中西得失之源流，不忍坐視。爰於光緒十三年爲始，創設廣學會於上海，遍采泰西有裨於國計民生之學，著爲論說，勒爲成書。華人之見之者，如以爲先路之導，頂門之鍼也，則不徒敝會之幸也。如以爲紙上之陳言，書生之結習也，則棄如敝屣可也。敝會亦無可如何也。然而中國如振興鐵路之李中堂，精煉鋼鐵、廣行紡織之張香帥，是皆老成謀國者。如其以西法爲無益，豈肯漫焉爲之乎？今當開列光緒十八年至十九年第六次紀略之期，敢將西國之所以興，中國之可興而不遽興者，撮其要旨五端，略陳於左。

一曰交涉之益。西國知之，中國不知也，是以三十五年之內，屢見侵削。北方則如琿春黑龍江一帶，遭俄羅斯之蠶食者不下兩省之地。南方則如越南、緬甸兩國，昔之稱藩於中國者，今則一屬法蘭西，一歸英吉利。東方則琉球一國，折而入於日本。嗚呼！可勝慨哉。

一曰商賈之益。西人知之，視爲要圖。華人不知，鄙爲末務。是以中國之貿易，以較同洲中印度一國，每年恆少華平銀四萬二千萬兩。又如與中國同洲之日本，近年貿易已增於昔者三倍，中國則只增兩倍許耳。今姑就中國匯銀一項而計，欲由此省匯至彼省，其費貴不可言。而華人四百兆之中，逐日以戥銀數錢爲業者，不下一兆人。此種情形，宜乎各西商皆哂爲貿易場中之至愚者也。

一曰運貨之法。英國有一人焉，平生專究開列清單之學，曾語人曰：歐洲遍國中自築鐵路以來，常年水陸運費較之無鐵路時約省英金一千二百兆磅。中國幅員之廣，生齒之數實可敵歐洲之全境。鐵路之築，寥寥無幾，亦遙遙無期，則年中水陸運貨之浮費，不需銀四十八萬兩乎？西商蒙其休，華商仍浮其費。貧富之故，無待蓍龜矣。

一曰格致之學及工師之學。西國有專門名家，日取此種書籍，手披口吟，心領神會，既非藉是以求筮仕，亦非緣此可以經商。而所學既精，每年數百萬萬金繒，如探囊取物耳。中國不乏讀書種子，顧無有一人能涉其藩籬者。當中國需材之際，不能不求之於泰西，此亦漏卮之一端也。

一曰行善之實效。中國緇流羽客，絕人逃世，謂誦經禮懺爲行善之第一義，而於救人苦難之實際則茫乎未之知也。夫分人以財謂之惠，教人以善謂之忠。儒者之功修，具有明訓，循是以行之，則救苦救難在是矣。僧道之徒，空修没世，試問於人何補？爲可惜也。

以上五端，華人皆不之知，故雖間有富室，而平民則年窘一年。次貧者漸爲極貧，極貧者遂爲餓莩。其當奄奄垂斃之際，有不惜三分至九分之重利以救燃眉者。此種苦情，何可勝道！官吏憫之，每交冬令，設粥廠於大州縣治，所以贍貧民。然此特略資輔助而已，究不能終身養之也。貧民以家居無食，遠道事趨。於是來者愈多，房舍不能容，則藉席篷以蔽風雪。衣裳不能給，則恃破絮以禦冰凌。而卒之所得之粥，不克果其腹。壯者漸弱，肥者漸瘠。病纏身而命隨之，實則非病死也，餓而死也。嗚呼噫嘻，夫以中國受病之深至於此極，針炙藥石之俱窮，而謂敝會以區區筆墨之役，遂足以起死而回生也。人固不之信，己亦未敢自信，而不知自有可信者在也。

敝會當未經創設以前，會中人周游華境，歷二十餘年之久。嘗以急則治標之法，討華人而申勸之。其始無人能信，並無人樂聽。及乎設會以來，討論彌精，講求彌切，爰有中國明哲之士，灼知舊法不變，新法不行，中國斷無蒸蒸日上之理。一旦舍舊法而廣行新法，微特中國斷不在萬國之下，且將超乎萬國之上。故在天津則已試開鐵路矣。上海、武昌則已有鐵廠鋼廠矣，有紡紗織布廠矣。鐵路則可省運脚之費，一切新工皆俾貧民有糊口之所。此固中國出類拔萃之大吏，識時務之俊傑，因利而利，成此惠而不費之嘉謨。敝會固無毫末之助也，然而敝會之立意，實有不相謀而適相成者。回溯敝會初立之際，以迄於今，中國官紳士庶恒視敝會所行之事渺如滄海之一粟，而視如海口之貿易則以爲大莫與京。每年海關所納之稅，亦成巨款。殊不知敝會雖小，若能按照辦理，充其量，可使中國年中所入之款多於目下，各海口貿易之所獲，將百倍而不止也。况中華爲亞洲第一有名之大國。倘取各國有益於民之善政，次第舉行，吾知數十年而後，不但馳名於亞洲，直可改而爲五洲第一有名之大國。此蓋敝會中人精心體驗而得以决之者，非漫爲無據之空談也。有能從吾游乎！有能讀吾書乎！小試則小效，大用則大行，然後知敝會非苟焉已也。今中國明智大憲，雖未有捐廉以助敝會印刊新書者，而當發帑以行新法之時，亦曾言敝會之設，與中華實大有裨益云。所有本年舉辦各事，録供衆覽。

一重刻德儒花君之安《自西徂東》一書。此書按仁義禮智信五常之德，分爲五卷，共合七十三章，每章先敍中華故事，然後合以西事，辨其損益，評其得失，使人言下了然。大抵書中於西國有益之事，無不述及，冀中國採而行之。克蘭思者，德之好善士也。今年獨捐洋一千餘元，專刻此書，分貽各省州縣以上各官吏。

一刷印《性海淵源》。此書亦花之安君所著。君善言性理，故先採中國《易》、《書》、《詩》、《禮》諸經，言性之交。繼録孔子、子思子、孟子論性之説。又取告子、荀子、淮南子、董子、揚子、班氏固、王氏充、韓昌黎伯、皮氏日休、無能子諸篇，周子、邵子、李子、張子、程子、朱子諸語録，劉子、陳子、吳子類篇，玉山講義、許子、王子語録，湛子、汪子、程氏瑶田、顧氏炎武諸説。凡有關於性學者，無不備録。復附釋教論性語，而分章論斷。或宗仰之，或駁辨之。末更著總論二十六則，以暢發性體之真。好學者欲觀西儒於性理之學究在何等，則此書實總其成，且亦不無可取也。

一、印行《治國要務》。此書爲英人韋廉臣先生所著，未脱稿而生生已歸道山，其中遂有不了語，爲可惜也。今按其書，一章曰總論，二章曰國之三寶，三章曰致治之本，四章曰煤炭礦利，五章曰林木之益，六章曰修路之益，七章曰機器之益，八章曰人非教不成，九章曰非忠恕不可，分門別類，暢所欲言。中國苟採及芻蕘，當亦大有裨益。

一、譯印《華英讞案定章考》一首。係英國駐滬副臬司哲美森廉訪所著。廣居各海口之華人，與西人來往，勢不能無訟案。而西國訟庭之例章規制微特華民茫然，即華官亦未洞然。其勝者疑爲僥倖，其負者又疑爲枉屈。今得此書，知中西涉訟固有同而異、異而同者。

一、本年適逢恩科鄉試，敝會因採取《開礦富國説》、《國貴通商説》、《辨明技藝工作説》、《傳道會説》，共四首，印成小本書，分託十省會友人，於闈場之外，各貽六千册，共合六萬册。此外又有兩單張，一爲《養民有法説》，一爲《大國次第記》。亦於闈外，遍貽試士。

一、本年除刻印以上諸書外，循例印售兩報。其一爲《萬國公報》，採中西各國要政，擇而記之。其一爲《中西教會報》，採中西各國之教化，略爲詮述。皆每月集成一册。

一、敝會曾擬題六十餘道，皆取其有益於中國者，如親王游歷各國之益、鐵路之益、郵政局之益、博物院之益、輿地會之益、化學之益、天文學之益、電學之益、報館之益、創新法之益、各國關税一律之益、新銀行之益。諸如此類，請西國博學友人分題同作，今已有脱稿而交卷者。只緣敝會經費支絀，暫時未能譯印。

一翻譯《泰西近百年來大事記》一書，以卷帙浩繁，尚未卒業。

附帳略。

本廣學會自創設以來常年需用數千金，皆賴西友捐助，其命意之所在，務期有裨於中國。爰有同志之友數人，日夕思維，凡可以助中國之高深者，無不竭力圖之，其餘一切雜事，皆不暇分身管作，顧未敢自以爲功也。深冀中華傑出之士，總集此會之成，則我輩西人不過小補云爾。至本年蒙德國教士克蘭思，獨捐洋一千二百元，以印《自西徂東》一書，分貽華憲之外；今又有英商某君，慨捐銀六百兩以助明年經費，皆足感也。敝會之意，以爲自今以後，若每年得有萬金以充經費，則譯行書籍日多。俾中國十八省讀書士子早知五洲各國救人之善法，斯萬幸矣。今將本年收支各總帳譯列於後。

一收銀行舊存款，　英洋一千九百四十七元七角五分。
一收廣學會英國善男子，　英洋一千一百六十三元一角三分。
一收廣學會英國善女人，　英洋一千五百八十六元七角二分。
一收友人樂助，　英洋五十八元一角八分。
一收舊廣學會，　英洋九百七十二元八角五分。
一收美國善書會，　英洋一百四十六元七角五分。
一收在華之西國官商，　英洋四百七十八元三角五分。
一收英國善女人，　英洋一百四十一元七角八分。
一收德國教士克蘭思，　英洋一千二百元。
一收售出公會報價及書籍價，　英洋八百十七元九角七分。
一收銀行存款息，　英洋七十九元六角五分。
共收英洋八千五百九十三元一角三分。
一支華友束脩及西報價等，　英洋七百六十二元。
一支公會報印費，　英洋一千八百四十五元三角五分。
一支印書，　英洋一千三百四十一元五角四分。
一支印一年清單，　英洋二十五元。
一支書箱及運書水脚費等，　英洋一百五十一元四角六分。
一支存銀行款留償還舊欠之用，　英洋一千九百八十四元七角三分。
一支除支外另存銀行款，　英洋二千四百八十三元零五分。
共支英洋八千五百九十三元一角三分。

附啓者：本届敝會年終聚議之期，適有西國善士道經上海。深知中國歷受無窮困苦皆緣不明西法之故，聞廣學會之大旨，係取西國各種有益於民之要法傳之中華，心甚佩服。因卽擬題五道，將請順天、江南、浙江、福建、廣東五省應試秋闈之士子，不拘全作分作，各出心裁，著成論説，以收集思廣益之助。今將題目録後：

一、鐵路鑄銀錢各省與新郵政局之益新郵政局須參以日本之新政
二、絲茶工作必須以新機器成之，如其不然恐兩巨宗之貿易必將歸於外洋
三、三十年來新海關之益
四、中國若果欲禁止鴉片煙，必宜著明願禁之實據，又若印度禁煙入華而後中國真能自禁否也
五、中西交涉諸事必操何術而能使之益敦睦誼

以上五題，將於光緒二十年正科鄉試之期，分赴順天、江、浙、閩、粤各省會，布告通儒，廣徵佳作。西國善士已豫存銀五百兩於本會，届時遴擇佳文，貽以潤筆。一切章程明年再定，鄙意若有華人亦允仿照捐銀則可推而遍之於十八省，一律照題同作，則各省得益更速，豈不美哉？豈不美哉？

廣學會董事附志

又　《益智書會彙資刊書啓光緒六年十月二十五日》　竊以天生萬物，非萃一方。苟能有無相通，其益固爲非淺。而人文智術，天賜良材，尚能使彼此互易，則獲益尤多。況乎華夏勝區，不乏英俊，詎可不求精進，甘讓泰西哉？

曩者西士利瑪竇、湯若望諸君來華，著述傳播西方有益之書，啓發中國好學之士，流傳至今，梓行不朽，固華士所盡知而悦服者也。

邇來江南製造局，北京同文館亦將西國新考格致、製造理法，翻譯百有餘種，業已刊行問世。凡西術之深奧者，華友盡得目擊。兼有各西士自著格致書十餘種，亦已行世，俱屬有益於華人者。惟此各書文深旨奧，局中人固可通明，局外人難尋旨趣。且常有華士欲究西學，無暇專致此書，竟至無門可入。苟獲簡而易明者，則必把玩悅讀之，以爲升堂入室之根基。二年前，西人立會，意欲特著近新書，以使初學易知，童蒙樂讀。因請西士六人作爲董事，即北京丁韙良，煙臺韋廉臣，登州狄考文，上海傅蘭雅、林樂知，香港黎力基，又請上海西士慕維廉襄辦銀款。現因丁韙良回國，公舉慕維廉爲總董。是謂之『益智書會』。另在通商各埠鎮，託該處西人代辦售書等事。

各董事已數次聚議，其欲著格致書四十二種，請寓華西士，凡通曉華文者各量才而著之。諸君自措資斧，不憚煩勞，且細心研究期於盡善。實欲嘉惠後學起見，並無希圖財利之心。然統計梓工紙價並印費等，需本銀三千兩。必請人捐助成此善舉，待後日書成寄存各口，售以本價，外不多求。今有數種已成，起手刊板，但所收之銀僅二千兩，尚不敷用。因思巨款所需，衆擎易舉，懇祈中華官紳商富，解囊慨助，襄成此舉，功莫大焉。蓋此格致諸書甚有益於華人，實非等閑可比。惟望玉成，即荷金諾，或交於上海匯豐銀行，或慕維廉與各董事，並各口代售書之西人處均可也。兹將欲刊諸書總目，與捐到銀兩並代辦售書西人等臚列於後。

《教會新報》一八六八年創刊號《林樂知〈教會新報發刊詞〉》

新聞一事，外國通行有年。如士、農、工、商四等之人，皆有新報。即博學之輩，亦於新報講究無窮學問。教會亦有新報，常將各會之事論及，或以聖書中教會爲一身一體言之，耶穌是我等之首，我們是四肢百體、筋絡、血脉、五臟等物比之，如有一處傷殘，自必周身不快，如有一處舒暢，自必周身爲樂，豈有同體者不知快樂哉！又如一樹，樹從根生發出枝杈葉果，耶穌曾云：我是真葡萄樹。即此之喻也。好樹結出果子是好的，壞樹結不出好果來。譬如諸口岸并十八省地，雖則同是一根，但一處亦算另是一樹，故要修好，必結好果。況自興傳中國教會，相信得救者，十八省不知幾希，而在中國之傳教，外國牧師先生，久有十八省之外國字新聞紙，月月流通，年年不斷。多得備益。何獨中國牧師講書先生，未得舉行此事？兹特欲創其事，俾中國十八省教會中人，同氣連枝，共相親愛，每禮拜發給新聞一次，使共見共知，雖隔萬里之遠，如在咫尺之間，亦可傳到外國有中國人之處。而於新聞中所上之事，除教會中事外，亦可論及各學，如論教會之事，教中之教外人，如有知其聖書，不知其深意，亦可寫信在新報中問及；或有教中人皆可以問，亦於新報答之，如爾行爲善，若不傳揚，人何得知爾善，能以效法。或一處衰敗，恐有毛病，必得效其興旺之處，善法而傳，可改衰敗之病。聖書云：光不能存於斗底，光須發亮。若發亮光不從新報中發出，還有何物可以遠近發亮乎？況外教人亦可看此新報，見其真據，必肯相信進教，如大衆同發熱心，行此新報，不獨教會易於興旺，而益處言之不盡也。

其新聞紙所刻，照官板書式大小，每次計四張，印八面，約大小字六七千字，做成一書，在内刻一聖經，中畫圖，俾愚者易於見識。此新聞每禮拜發一次，起頭之日，惟望在中國七月，爲始期尚未定。其司新聞事者係林先生原作，如十八省并内地州縣有信息，有論及教會中事者，有論及各種之事者，皆須備信送交上海花旗國林先生處收下，匯集分印。倘新報有餘地，亦可録出外國教會中事，仍可講論各種學問，即生意買賣，諸色正經事情，皆可上得。每年約五十本，價只取其一元，但此價不過敷其刻印擺字紙張之本，并寄各處脚力，非係欲創新報者靠此營生，惟原教會中體面光明，所以勸諸教會中國牧師、講書先生、男女教友、共相踴躍，成此美舉。新報與教會，一般堅固，垂諸遠久不朽也。

請各教友有上新聞之事，寫信約在一千字上下，於本月内送至我處，越早越好，如敷出一新聞，亦可早爲起始。并望中國各口各省各處教會中人，如有信息，亦望頭一次由外國牧師加外國信封，寄到上海花旗國林先生處。如相識者，亦可自寄，以便按其次序刊印。現在業已寫外國字上於福州所出教會外國字新聞紙上，周知外國在各處傳教牧師知道。如有各處教友，凑齊十人，欲買一年之新報，可先寄洋十元，并開十一人名前來，因十張新報，可送一張以酬凑聚之勞，而可代爲分送分收之煩絮也。所買新報者，不論各處，皆依次於新報中，將人名録出。零買者仍係一元一年。查各處牧師、講書先生，中國人有二百數十多人，外國人有一百二三十人，共有四百人。再加教中同志，并有力欲看新報之各處教友，不只二三百人，故想此事，可以敷其二價，新報得能常久，不至廢也。惟望遠近一心，切切！如有中國信，可寄上海同茂洋行轉交林某可也。

論説

《萬國公報・南溪釣叟〈設廣學會以期中國富强説光緒十八年七、八月**〉》** 居今日而欲爲中國籌振興之策，國富兵强其首務矣。然國不能自富也，必有使之富者而富可期。兵不能自强也，必有使之强者而後强可致。以余默稽世運，仰測天心，未嘗不歎蒼蒼者之啓佑中邦，顯與以可富可强之會，而不能遽至於富强者，則以天之所向在此，而人事之所趨或不盡在此也。今夫中國可富可强之要，孰有大於講求西法者哉？廣學會之設，有宜然者。

考之西國有電綫以通書信，而億萬里外如覿面矣。有鐵路以運兵食，而百千里内如跬步矣。有開礦以搜地利，而油煤鋼鐵金銀銅錫之質取之不盡用之不竭矣。有製造以濟軍械，而電船礮曆槍彈子藥之多，攻無不克戰無不勝矣。又有天文算術法，則可以知天之風雨晦明地之高卑遠近。有公司股分，則裘既成於集腋，鼎亦舉於衆擎。凡此皆西國所由富强之術。近時無詐無虞，中外之交日固。西人初不惜盡其底藴挈以示中國，俱已仿而行之，行之業著成效矣。而於富强終有所未能立效者，則中人之通西法者少也。何以言之？今之通西法者未嘗無人，然或知其法而未知其理，知其粗而不知其精，知其一二而不知其千百。事事不能不假手於西人，一假手則事權屬於西人，即利益歸於西人。且無論中國之人，權不得擅屬，利不均沾也。即使權並擅屬，利均沾，何如一己之獨握其權，獨專其利之可善耶？譬如富家鉅室，田產非不廣也，牲畜非不繁也，任使之人非不衆也，而主人不精會計不能駕馭，則必延他人以經理之。延他人經理之，而日用饍脩不能不降以兼金，而其乾没者虧空者更不知凡幾。欲家之寖昌寖熾，能乎否乎？鄙意今日中國而欲富强當以培植人才爲第一義。

欲培植人才當先仿西國設立各種書院，俾子弟之秀穎者童年入院，舉一切西法。隨其資性之所近而分授之。或五六年，或七八年，於西學俱能深造有得，則凡事之需用西人者皆可以中人代之，而權不至外移，利不至外泄。即不言富强而富强要可立致。雖然，此猶其小焉者也。所最要者各國之政事，以及風土人情，推而至於格致、化學、天算、地理諸書尤當廣求而切究，而後於西學能識其門閭，以達乎堂奥。今此種書籍前經西國通儒艾君約瑟、丁君韙良、偉力君亞力、慕君維廉、傅君蘭雅、林君樂知、韋君廉臣，翻譯成帙，固已綱維畢舉矣。然言乎詳備則未。兹李君提摩太邀訂同人創立廣學會，主其事者李君，才高學博，中外咸欽。兹寓居滬上，朝夕著書，寒暑不輟。復延中國名士，述以官城子而整齊之潤色之。俾學者奉爲圭臬，漸加擴充。將見中國人才蔚起，於西國之富强無或多讓，豈不美哉？余將拭目俟之矣。

又《古吳困學居士〈廣學會大有造於中國光緒二十二年四月**〉》** 上海之設廣學會，八年於兹矣，會中譯著之書籍，百有餘種矣。推其命名之意，學爲人生所必需，廣諸天下而無間。以西國之學，廣中國之學；以西國之新學，廣中國之舊學。不誠大有造於中國哉？

憶自束髮受書，讀《大學傳》之五章，嘗慨然於中國之格致久失其傳。夫格致爲新學之淵源，實爲人生第一要緊功夫。此學既失其傳，則以後之誠意正心脩身齊家治國平天下，更將何從著力？是故以新安朱子之學，竊取河南程子之意以補之，亦不過曰：致吾之知，即物窮理而已矣，究未能詳言其功效，闡發其精微。徒使後世之人，初因理之未窮而坐失其人心之靈明。繼因物之未格，而無以知兩間之品彙。卒至民人之身家未能豐裕，邦國之財物未能充盈。皆實學之不明，有以召之也。

然而泰西諸國，反能得其真傳。彼都人士，素稱格致之實學，爲東來之新法。安知學之西行，不由亞洲而遠達於歐洲乎？方今歐美兩洲文人學士創設廣學會於中國，專以著書爲事。舉凡泰西生財教民諸新法，有關於中國教養之道者，類多譯成華文。使中國之爲政者讀之，可曉然於治國臨民之本，以宏其帝德王道之新模。中國之爲師者讀之，可恍然於輔世育德之源，以擴其守先待後之新學。中國之爲士者讀之，可穆然於盡人合天之詣，以求其黜僞崇真之新道。中國之爲民者讀之，可洞然於經營製造之端，以得其農工商賈之新法。其裨益於吾華之國計民生者，豈淺鮮哉？

至在會諸君，類皆泰西博學之鴻儒，有道之教士。其尤爲著名者，如英國之李君提摩太，艾君約瑟，慕君維廉，美國之李君佳白，林君樂知，德國之花之安等之數君者，其莅華也，久則四五十年，少亦一二十年。不獨通曉中國語言文字，且能洞悉中國政教之本末，風俗之純疵，民間之利弊。其殷殷爲中國求益之心，有求華人之所不能求者。其勤勤爲中國剔弊之意，有剔華人之所不能剔者。今試綜觀諸君子之議論，當知余言之不謬矣。

李君提摩太之論教務曰：天下之大教有三：一曰救世教，一曰回教，一曰儒教。欲分其立教之等次，當視其養民之多寡。救世教歷代相傳之法，期於救盡世人同歸於善。三百年前整頓教務以來，救世之心愈切，救世之效愈宏。近百年中，民之歸其轄治者計有八百餘兆，增於百年之前者，不止一倍。居今日而論時局，救世教既擴大公無我之心，以覺世牖民爲己任，則遍地球一千五百兆人，有不涵濡漸染，寖成風俗乎？日本於三十年中，全學救世教之道，忽以弱小而成强大，尤爲效之顯而易見者矣。回教初亦以救世爲心，故推行甚廣而速。惟其後以權勢逼人，大異於救世教之純以德化感人。奉回教之國，曰印度、突厥、埃及、波斯。或泥古不化，或閉關自守。今則印度入於英，突厥卽土耳其亦爲有名無實之國。埃及、波斯，又皆不能，求助於人。此非教養不脩，民窮財盡之明證乎？儒教治國之法，實爲萬世之宗，然而古今時勢，有不可以一概論者。唐虞之世，民不過數萬人。成周盛時，亦不過數百萬。漢時，户口以千萬計。宋時，仍不過數千萬。以儒教治之裕如也。今中國人民多至四百兆，以儒教脩齊治平之道化民，豈敢議其不足？然由二百兆人而增至四百兆，中更二百五十年之久，較之救世教之不過百年而人民增至一倍者，其間必有辨矣。說見《西鐸》二章。

林君樂知之論教化倫常曰：人生之大倫有三：神也，人也，物也。尊居人上者爲神，賤居人下者爲物，並居人中者爲人。教化苟專重於神倫，則人倫不脩，民何以善？物倫不講，國何以富？教化苟專重於人倫，則神倫不究，敬心徒存，物倫不明，格致無術，皆不足與言教化也。夫惟三倫並重，聯爲一體，其爲教也，知上有真神，其尊無對，則必無妄拜假神之弊。知中有世人，與我同體，則必有汎愛衆人之心。知下有庶物，供吾之用，則必無棄地不惜之時。教化於以全矣。試由教化而推之政事，印度爲最重神道之國，國中所祀之神，數多於人而於人事則輕之，於物理則昧之。徒泰佛爲皈依，而人心更顯其糊塗矣。中國爲全重人道之國，而於敬神則多妄，於格物則多疏。人惟愧然中處，而世界日形其寂寞矣。說見丙申二月《萬國公報・險語對下》。

李君佳白之論理財曰：自古理財之道，不外加賦、增稅兩端。然以加賦望中國，成憲昭垂，無此政體也。以增稅望中國，約章具在，不能更張也。無已其貸款乎？泰西國債，每稱貸於本國之民，防利之外溢也。中國官民，不相親近，息借之舉，其誰信之？竊爲中國計，惟有貸他國之財，以興中國之利，此實轉弱爲强之機。所惜者，歷來借貸洋款，未能明於泰西之情形，不免多受挾制耳。且夫貸款者，必於儲款之所，人盡知之矣。乃獨不知泰西儲款之所不在官而在商，西國儲款之商家，卽中國之銀號也。若向銀號稱貸，官不得持其權。西國之借債於他國，多如此辦法。借本償息，商務而已，於政務無關焉。中國昧於此，每向他國公使請託商酌。是合商務政務而牽連及之，遂隱受百端之挾制。不載中國何以執迷而不悟也。說見丙申二月《萬國公報》。

他如艾君約瑟之《富國養民策》，花君之安之《性海淵源》，李君提摩太之《時事新論》、《救世教益》，林君樂知之《自歷明證》、《辨忠篇》等書，各有專刻之本，亦分載於逐月《萬國公報》，類皆通達性理，暢陳時務，洞悉國勢，闡揚真道。所謂經世壽世，歷世不朽之著作，其在斯會乎！其在斯會乎！讀廣學會叢書既竟，不禁有感於懷，論列及之，以告並世之讀是書者。新刻《中東戰紀本末》尤有益於中國。

雜録

《萬國公報・李提摩太〈擬廣學新題徵著作以裨時局啓〉光緒二十年七月》

中國聲明文物，彪炳寰瀛。際兹光氣大開，人才蔚起，知新既由於温故，博古尤貴乎通今。凡借箸而籌者，輒欲入翰墨之林，卜振興之象。竊見上海新創格致書院，自光緒丙戌以來，滬、津、芝、甬、潤、漢各關道，分季輪課。又於春秋佳日請南北洋大臣，增開特課。所命題目，或關時事，或採西書，諸憲達變通權，良可欽佩。及閱選刊課卷，類皆元元本本，殫見洽聞，益信華士多才，鼓舞而裁成之，有不可限量者也。夫士習隨大吏之提倡爲轉移，農工商賈之流，又視讀書明理者之向背以爲標準。今各省學院，先以算學入程試。格致書院，即以廣學繼之。濟濟多士，得志則坐言起行，抒致君澤民之偉抱。不得志則著書立説，操牖民覺世之微權。吾知三千年來，傑出東方者，將於五萬里外，道行西國矣。敝會舉於滬江，於兹七載，采西邦之新學，廣中土之靈機。惟日孜孜，不教稍懈。顧選良箴以代木鐸，已欣日異月新。而延文字以譯金鍼，難冀家絃户誦。諸君子居四民之首，爲百族之型，國計民生，盱衡有素。敝會竊不自揆，欲如趙武所謂得以觀七子之志者。適泰西公平洋行主人漢壁禮君過滬，深以敝會之意爲不謬，且曰華民未諳新學，未興新法，皆士之責也。會以廣學名，曷不擬廣學數題，請操觚之士略一究心乎？爰擬題目五道，並留潤筆兼金而去。敝會今特請順天、江南、浙江、福建、廣東等五省宏儒碩彦，各出心裁，不吝教益。敝會之幸，而不徒敝會之幸也。所擬各題及規例若干則，謹録於後，即希公鑑。光緒二十年歲次甲午七月穀旦，計開擬題五道，恭求大教。

開築鐵路，鼓鑄銀錢，整頓郵政，爲振興中國之大綱論

注：日本新設郵政局，請參其成法，以資集思廣益之助。

維持絲茶議

注：外洋所需絲茶，多仰給於中國，非天氣地脉之盡不宜也，人工之貴於中國也。中國亟宜先求各國之良法以製新機，然後繅絲而經緯愈匀，焙茶而色香具足。其植桑育蠶絲，肥土採葉茶諸事，亦宜加意講求，悉心參考，庶幾大宗之利不爲異域所攘。諸君望重鄉閭，評精月旦，請抒閎議，以牖愚民。

江海新關考

注：中國廣開江海各關，稽徵來往外洋船貨税鈔，垂三十餘年矣。有益於國計民生者何在？請詳考之。

禁煙檄

注：鴉片煙久爲民害，中國欲禁之意，必有見諸行事，確鑿可憑者。謂宜暢發隱微，宣示遐邇，並聲明印度禁煙入華而後，華民尚復私栽罌粟，作何治罪？庶幾名正言順，外人無可置詞。諸君本此二端，作爲一檄。誅物而不責人，則無害於邦交，而煙窟化爲月府矣。

中西敦睦策

注：中西通好以來，間或小有齟齬。今宜操何術以融芥蒂，而使交涉諸事益敦睦誼？諸君必有良策，願拭目而觀之。

附録規例：一、以上五題請皆全作，其通其字數約在四五千之間。一、卷請自備，不拘格式。大約每頁十二行，每行二十字爲率。一、卷面姓氏，悉聽諸君酌填。惟籍隸燕、吳、閩、浙、粤省分，及何府、州、縣必須標明。一、謄清後，請封固寄至上海虹口崑山路中西書院，交林樂知先生查收，即當填付收券。一、來往信資，皆祈自給。一、收卷之期，以本年臘月初十日爲止。一、各卷彙齊後，當與熟諳新學之名士，公同捧讀，僭評甲乙，即録申、滬、新各報，以爲徵信。一、諸卷甲乙，各歸各省，不相紊亂。一、擬定潤筆，備列於下：冠軍銀十六兩，亞元十二兩，三名、四名各十兩，五名、六名各八兩，七名、八名各六兩，九名、十名、十一名、十二名、十三名、十四名各四兩。以上每省共贈潤筆銀壹佰兩，五省合五百兩。一、各卷留存本會，擇其尤佳者刊入《萬國公報》，以期壽世。一、應奉潤筆，悉以收券爲憑。

又 **《林樂知〈重回華海仍主公報因獻芻言一八九九年八月〉》** 余年弱冠，即來華海，欲求一民間之報館而不可得。間嘗接晤華人，亦鮮有能談天下事者。回思歐美諸國，創立日報、間日報、三日報、禮拜報、半月報、一月報、季報、年報諸館，各就體例，以傳見聞，開拓心胸，啓發智慧，至深且遠，他事莫可比擬。中華爲堂堂大國，乃見相形見絀，不覺代爲浩嘆。因延華友數輩，同撰《萬國公報》，專譯西方各國新聞，七日而出一紙，頗見稱於大雅。繼思人知其事，尤不可不知其意，乃改禮拜報爲月報，冠以論説，附以新聞。忽忽三十年來，未嘗少自暇逸。去歲奉公回國，幸《公報》已改隸廣學會，重賴賢智經營盡瘁。今復航海而東，適值中國變法不居之際，事機叢勝，言語紛龐，且與他國交涉事宜，愈形繁要，《公報》之任，并遂因之而益重深，以不獲稱職是懼。顧念豐年素志，惟期有益華人，今故調重彈，亦惟是博取古今之成績，宏收中外之卓識，森然并列於册，任人斟酌而善用之，不敢膠成見，亦不敢墜成規也。特是《公報》既爲益人而設，是非誠僞不可不明辨，而審其指歸，故孰爲事理所在，孰爲人情所宜，孰爲道體所存，一如格物名家務以其實爲宗，絲毫

不肯假借。若夫待人處事之道，則更恪守乎耶穌之教法，必誠必信。蓋西方無耶穌，是無教法，亦猶中國無儒教，即蠻夷戎狄之流也。至於闡發真道之要旨，在上則事爲神而爲之子，在中則愛人而爲之友，在下則宰物而爲之主。要皆竭盡心力，孜孜矻矻，無怠無荒。合而言之，則敬天父而不拜他人也，奉天道而已。所欲者，必施諸人也。且守天命而立，人爲萬物之主，冀得真理以復治物之權也。誠如是也，去愚而之明，去弱而之强，去貧而之富，中國安有不能自立之患哉？猶然自視而欲然也。世有一切力，一切法，一切才，皆原取以列諸報，蓋道如是，教如是，意即如是也。總之，西方之政原於教，西方之教本於愛，新舊二約，詳哉言之。論政而原本於教，論教而推愛於人，論報而悉衷於道，論西方而專注於東方，殷殷素抱，難自誣也。因重主《公報》而再申明之。世有達者，定不河漢斯言。

開辦教會學校分部

綜　述

《教會新報》一八六八年第一期《一八六六年耶穌義學及學堂表》

地區	義學數	學生數	學堂數	學生數
廣東	3	36	10	268
香港	4	60	4	60
汕頭	1	15	1	22
厦門			7	70
福州	4	46	3	63
寧波	2	40	7	84
上海	2	32	5	42
煙臺			1	6
登州	1	5	1	6
天津	1	6	4	55
北京	1	8	1	20
備注	全給衣食			只給師俸

又　一八六八年第三期《一八六六年天主教書院及學生數》

地區	書院數	人數
直隸	1	50
山東	1	
陝甘	1	
蘇皖	1	56
湖北	1	35
湖南	1	35
四川	1	10
江西	1	
福建	1	20
兩廣	1	25
貴州	1	
雲南	1	

《全地五大洲女俗通考》一九〇五年第一〇集第一七章《耶穌教各會在華所立學校》

校别	校數	學生數	内女産數
大書院、書院	12	1814人	96人
天道院	66	1315人	543人

校別	校數	學生數	内女産數
高中等學堂	166	6393人	3509人
工藝學堂	7	191人	96人
醫學院及服事病人院	30	251人	32人
小孩察物學堂（幼稚園）	6	194人	97人
初等蒙學堂	未詳		

《教會新報·張持三〈天津聖道堂學館條規〉一八七二年八月十七日》

一、生徒每月發給月費，所有衣履、飲食、筆、墨、紙、硯等，全行該生自備。

二、學生在館下榻，每日務要早起，房室内外，皆要整潔。進館先行聚禱誦經，或牧師，或傳道先生主講，必須一體肅静。無講書職分之人，不准在館率領學生禮拜。

三、館中不准人來閑談閑坐，致令曠功，有來者宜塾師面阻。

四、學生功課，須塾師限定課程，總以新舊約聖經爲主。中國經書詩文次之。所讀之書要勤勤講解，使其記誦，越日考查功課，與學生問答，令其回講熟背，以驗所學之勤惰進退。

五、學生皆受洗奉教者，平日居心作爲，固宜恪遵聖經真訓，無犯教規，而外貌禮節，亦宜莊肅。如出必告，反必面，出不易方，入不逾期。視聽必端，言語必謹，容貌必恭，衣冠必正，几案必齊，堂室必干净，相呼必以齒退讓，相接必以禮周旋。在同學者，則必德業相勸，過失相規，慎勿喧嘩不静，粗鄙無規，致令外人見之，藐視教會，燬謗救主。戒之！戒之！

六、學生讀書，當專心講求，一書精熟，然後再讀一書。至於暇時間看書籍，亦不得雜亂無章，更不得觀無益之書，凡一概妖術邪僻之事，切勿談及，書史詩詞中淫穢之句，切勿閑觀，致使心地有失虔敬。

七、教讀先生係多年信教者，常以救人救世爲懷，不得虚演故事，要知天神鑑察，難逃審判，施教訓導，總以信心德行爲先，文藝次之，日所學者，倘不朝夕警惕，躬行實踐，必於贖罪潔心，救靈諸事，一無所得，辜負救主。苦心，枉費牧師培植，試思之。

八、學生在教會常住學道，父兄不能時加約束，作先生者更宜種種盡心，至牧師所派監察學生之人，亦必公正明達之老成教友，須同心協力，督理防閑，爲主作工。蓋學徒之成敗得救與否，有關重大，慎勿藐忽，更不准學生家人，或旁人攙越主意，使學生無所適從，難見成效。

九、生徒學道，原爲造詣傳教之材，以望聖會興隆。或有不遵循教規者，必難任傳道之職，或有不用心習學者，必難獲傳道之才，如見其人，勸之不聽，卽令早爲出館，另謀别事，不致彼此兩皆耽誤，亦免别生效尤。

十、學生難免無過，有可恕之過，有不可原諒之過，因逐日聽教講習，理當無大過犯，如有明知故作者，其心術便可知矣。倘見生徒過失與教會有關者，或與别生有害者，主卽逐出，决不寬貸。

十一、本會召生徒學道，以備他日傳教之選，須擇其年少殷實信主者，要讀書識字之人，又須無家務繫累者，不致半途而廢。進館一年，細審其品行如何，再爲與家人立約據，定準年限，限滿之後，聽憑會中分派，不准遽謀教外生理，要彼此情願，各無免强，以期成始成終，理當鄭重其事。不可徇薦者情面，不知慎擇，濫爲收録，有誤教會正事，不中救主聖意，難得聖神感化，終歸有名無實。

十二、學堂規矩，學生應守本分，隨機應變，預難備述。總之爲學生者，則以聽命爲本，無論事之巨細，不當任意苟簡，如有不率教者，卽行戒飭；再勸而不聽者，斥退可也。

《萬國公報·温羣内地會仁愛義塾條規一八七六年五月六日》　仁愛義塾之設，業有旬載。歷年以來，無論城鄉，多有人寄寓其子女於本塾肄業者。然吾塾必擇其人忠直良馴，而後受之，敦讀經書，俾知人事，訓誦聖經，致識天道，若知人事，則入無不孝，出無不悌，識天道則性可率，道亦可修，皆爲人所必需，而不可須臾離也。夫本塾以仁愛爲名，爾尋諸生，亦當以仁愛爲心，以此心爲已，卽當推此心於人，苟能如是，則俯仰於天地之間，亦無所愧矣。爲此，申明條款，預告爾尋入塾諸生，各宜肅禮貌而敦性情，領訓誨而修天道，庶幾入世可得美譽，出世可冀長生，是余之所厚望也夫。

計開條規：

一　本塾諸生，每日六點鐘上館，六點鐘放學。

二　諸生上館，各宜修正衣服，正納冠履，勿致欹歪，以譏大雅。

三　本塾每日早晨，先當掃除揩試案桌，整頓書籍，諸生均聽秉公輪派，毋得推委。

四　本塾諸生，課程向有定例，上午專讀聖經，下午兼讀詩書。

五　諸生上館，各宜正容端坐，專心敬讀，書聲明朗，毋得交頭接耳，虛度光陰。

六　諸生背書、正書、説書，務須句句明朗。勿許贅累句讀，肴亂口音，亦不許高聲齊讀，像羣鴉晚噪一般。

七　凡爾尋諸生務須謹守，書本攤案時，不許手拈碎破，執業時，不許任情卷捏，各宜敬惜字紙，尊重聖賢。

八　爾等諸生，毋許私自出外，或有公事，必須前來稟告，出告返面，一切順禮而行。

九　爾等諸生，毋許揚聲喧叫。行走時亦須徐徐安步，毋得疾趨，以致足容不重。

十　爾等諸生，各宜契愛，永敦友誼，勿許玩耍，以致爭鬧。

以上諸條，爾等各宜凛遵，毋得循意干犯，倘有違者，撲責難饒，勿謂言之不早也。

又《漢口倫敦會醫學館條規一八八〇年五月十五日》　一、此館以西醫内外等科授中國生徒，得西醫之真傳，於中國行道濟世，亦或藉以養贍身家也。來學者必有保人。

二、來學者限以四年爲滿，若聰慧勤學之人，於三年内學成，亦可以三年爲滿。不滿期者，不得自去，若去，惟保人是問。

三、來學者，於初來三個月爲試驗之日，滿日乃定去留。留者要立約據，滿限繳回。

四、來學者衣履飲食，概行自備，修全分文不取。

五、來學者於滿限學成後，本醫院給一執照，以便自行醫道，免各疑悮。至於所需西藥，本醫院代買，照本抄號，惟略加水脚耳。如此藥真價廉，有利無害。

六、以華語教西醫甚難，必以英語教之，乃來學者，亦必於本院中段勤學英語矣，教英語亦不取修金。

七、來學者約年十六歲以後，三十歲以前，要品端行正，識字能書者方可入館，必有當地保家。

八、來學者必專習醫道，事事遵教者之命而行，不得退縮不前，及兼理他業。

九、來學者於禮拜日必早晚來堂禮拜，另有與牧師讀聖書之期。

十、本醫院設館之意，欲教學相與有成，若有來學者品行不端，犯規不遵教，及無能之輩，聽本院隨時革去。

又《寧波長老會書院條規一八八〇年七月三十一日》　一、本塾爲培植人材起見，如才品兼優，有志攻書，將來可爲教師者，自當刮目相視。

二、本塾以二十四人爲度，俟將來捐有眉目，再行加增。

三、學生擬定十歲至十一歲方准來讀，其父母必詳開姓名、住址，并要確實保存，本塾察核合例者，定期入塾。

四、來塾者，宜先讀書識字，可按次就班。

五、來塾經試驗後，須立關約，不得半途而廢。

六、諸生來塾，鋪蓋、茶飯、桌榻、床帳、筆墨、紙硯，皆館中供給。

七、諸生來館自備資斧。倘無力全歸者，可商館董酌爲補助。

八、一年大考二次，須長老會派人考驗。如所習禮儀、背誦、講解詩文等學，大有進境，酌爲奬勵。倘有懶慢，不循規矩，經業師嚴加教訓，仍不愧奮，便是棄材，卽交保人領回。

九、學生入塾，至十五歲甄別一次，除天資穎異，照舊肄業外；凡稟資魯鈍，無志於學者，出館就業；然有資稟雖愚，能奮志前程者，准其課讀，以示嘉納好意之至意。

十、學生如資質平常，而父兄必欲其由困至成，願出一切費用，亦聽其留塾課讀。

十一、滿館日須長老會派人考試，如與滿館條規無違，方准給伊文憑出學。

十二、本塾延名師二位，必求品學兼優，精神充足，方可延聘。每月定以修脯若干，并將館規送閱，愿則受聘，庶無兩誤。

十三、外會子弟，如喜本館附讀，准其來附。

十四、老會每年預派數人，籌劃經費；并與館師商酌一切事務，不時巡察，須內外交督，相與有成。

十五、入塾讀書，逐年功課，另列詳細條規，俟酌定再爲登報。

十六、此舉乃本老會境內各處捐集，每年某地某人捐若干，某項某件用若干，收付帳目，一一登《萬國公報》，俾得周知。

又《林樂知〈設立中西書院啓〉光緒七年八月初二》 嘗問探原識本研窮盡學術之功，而剖毫析芒考究得精微之學。故不憚積日而累月，有志者事必終成。惟期由淺以入深，好學者，力無旁貸。近今中朝之於西學極爲重視，或命幼童出洋，或設立同文、方言等館。諸生雖聲名卓著，學藝有成亦不乏其人。然欲藉以爲用，終屬不敷。今華人之好學西文者未嘗無人。而中國之教習西文者隨處皆有。惜無善教之法造就人才，以備他日之大用焉。竊思開館求才，古無成格。惟迎攬之，方能廣斯聰明之士爭來。

余寓滬多年，深悉中國聰慧俊秀子弟不少。豈僅小知而可大受，不禁志切栽培，爰設一法，擬於上海英界洋涇浜造一大書院。名曰中西書院。專爲中國造就良材。又於虹口及西門外法界各造一分院，教以淺近之學。肄業二年，然後拔至大書院，漸習天文、地理、格致、理學、化學、重學、數學等，以馴至於精熟而後已。現已商定先於西門外法租界八仙橋三一堂之東隅，經營創造，業已開工矣。計所造房屋，一如泰西學堂之制。長六丈二尺，闊三丈八尺。屋宇高敞，其內可容三百人。兩分院延請中西名師教授。半日教西學，半日讀儒書。按月監院親自查課，別其優絀，爲師者當循序教導，爲生者宜專心習學。所定學中規矩，悉照泰西之法，皆須遵守。惟是信從聖教各隨己見，斷不勉强，毋庸猜疑。余前在廣方言館教習多年，兹在製造局翻譯諸書，想華人早知我之品性也。法界之分院大約中國年終時總可成功，以待來年正月中旬即可開館施教。虹口分院亦當趕緊辦理，約以二三年大書院可成。其間亦有分院。從此中國人之子弟可以通曉西學，以臻大成矣。就塾子弟於分院中則早出晚歸。將來選入大書院，如有遠方子弟來學，自備行李費用。院內有下榻之所，可以終年寓處，以爲攻苦之地。蓋習學西文未必可望諸農家椎魯之子，如欲令士人之子弟擇其智者招使入塾，則讀書人寒苦者多不能自備膏火束脩，惟有望洋興嘆，殊爲可惜。富商之子雖不難出厚脯就名師，然稍知大概即欲別謀經營，則仍與國家育才之至意不甚相合。

余深悉中國目前需才孔殷，故爲此舉，以備分撥各處洋務之用耳。泰西各國，男女皆學，是以於分院內另設女學。命長女美麗教授女徒。按美麗幼年勤學，精通各國文字語言，並曉華文，兼精女紅。半日教西學，半日學西法針黹。想女弟子亦獲益無窮矣。倘蒙中西官紳富商慷慨樂善，按年捐助，充足經費，襄成善舉，嘉惠後學，將見中國人才蔚起，厥功豈淺鮮哉？光緒辛巳歲仲秋。

監院美國林樂知謹啓

又《中西書院課程規條光緒七年十月初五》 啓者：法界八仙橋，美界虹口中西兩分院，今歲落成，來年擇日開館施教。凡諸生肄業，先在分院習學二年，然後選升大院習學四年。迨有進境，情願再學，又准在院二年。前後八年，庶可造就人才，以備它日大用。如欲精其法者，必當加功而力求之也。果能考取，給與憑單。每日八點鐘進館，十二點鐘放飯，一點半鐘再進館。春夏五點鐘，秋冬四點鐘解館。所有按年課程開列於左。

第一年：認字寫字；淺解辭句；講解淺書；習學琴韻。年年如此。

第二年：講解各種淺書；練習文法；翻譯字句；習學西語。年年如此。

第三年：數學啓蒙；各國地圖；翻譯選編；查考文法。

第四年：代數學；請求格致；翻譯書信等。

第五年：考究天文；勾股法則；平三角；弧三角。

第六年：化學；重學；微分；積分；講解性理；翻譯諸書。

第七年：航海測量；萬國公法；全體功用；翻書作文。

第八年：富國策；天文測量；地學；金石類考；翻書作文。

中學課程因諸生年歲大小不同，難以預擬。因材而施，各分班次。

凡肄業諸生，定以十二歲以上者習學西學。如有聰明子弟，十歲以上者亦可。即八九歲者，亦准來館讀書。迨年稍長，再習西學。並有女師教授女生，課程同然，兼教女紅針黹。來院諸生理應衣服清潔，讀書勤敏，確遵師訓，毋得怠惰。至西書、石板、墨水、鉛筆等院主代辦，債還值價。中書、紙、墨、筆、硯諸生自備。每逢禮拜日放學。諸生中如有情願進堂，講聽《聖經》固屬有益，總以各隨自便，毋稍勉强也。

監院林樂知謹定

又 《林樂知〈中西書院課規〉光緒七年十二月十六日》 一、所擬課規，悉照泰西書院。

一、無論上海本籍，或鄰縣，或外省寄籍良家子弟，自十歲以上，十八歲以下，已經讀書數年，讀過兩三經，能作小講，或全篇者，開明年歲，籍貫，住居，報名入册。

一、報名額數已滿，由監院示期挑選。届時諸生齊集書院，聽候監院秉公遴選。後即分撥兩分院派列班次。

一、文理通順者，先生考取招赴。書院察其氣體充實，資性聰慧者。第一分院挑選一百八十名，第二分院挑選一百六十名，給以入院單來院肄業。如有缺出，即行招考補足。

一、諸生修金，一概不取。西書、石板、鉛筆、墨水，院主代辦，償選值價。中書並紙、墨、筆、硯各人自備。

一、八點半鐘進院教習，督課率領諸生齊集堂中，聽候點名，領擣恭讀《聖經》，讚美、祈禱畢後，諸生按班坐定讀書。十二點鐘放飯。一點半再進館。放學則春夏五點鐘，秋冬四點鐘。放時亦按班點名。禮拜六正午放學，每逢禮拜日九點半鐘，監院專爲教訓。學生如願來聽，最爲有益。

一、富厚子弟情願捐助書院，按年經費悉隨力量，亦無成格。

一、學生或口齒不靈，或性情惡劣，舉止輕浮，自行剔退。

一、學生在分院二年，選升大書院四年爲期。如已期滿情願再學，又准在院二年。

一、學生選入書院，以文理全通，讀書甚多者爲第一班。書讀已多，文理未盡通順者，爲第二班。書讀不多，文理未通而穎悟過人者，爲第三、四班。年逾弱冠，或已入泮，或已與考中學爲超等西學，歸入第一班。

一、超等及第一班學生，上半日專究西學，下半日由漢文教習。請解經書、文藝、信札，每逢禮拜二，命題作一文、一詩，或一論、一詩，或四六信札。當日交卷。第二班學生上半日專讀儒書，下半日由西教習教授西學。第三、四班學生全日專讀儒書、習字，副西教習，或幫教西學者略授英語。迨年稍長，升入二班。

一、西學按年立定，依次習學。中學因材而施，按讀書多少，文理深淺分列班次。如願學琴韻，年年如此。

一、第一、第二班學生，漢學除五經已完照常温習外，僅讀兩三經，無論所讀儒書，到院後或讀經書，或課時文，均歸班次。第三、四班學生所課之書亦歸班次。

一、凡遇房虚，昴星，洋文、漢文教習放學。端午、中秋，每節放學三日。歇夏二十日。年節自封印日放學，開印日啓館。西國節期照例放學。如有正事先行告假。

一、諸生所習課程應由監院查明，按月分別登册。其功課之勤惰，由漢文教習會同監院司事詳細考究。惰者分别降黜，勤者隨時拔奬。

一、半年大考，洋文、漢文核其所造之淺深，分别奬賞。

一、學生在院一切規矩由監院擬定，懸掛院壁，務須遵照。如有違者，由教習回明監院，分别責備。

一、學生在分院肄業二年，升入大書院習學四年。或願再學，又准二年。擇其才藝出衆者給發憑單，以期大用。

一、書院西正教習一位，西副教習一位，幫教西語二位。第一、二班漢文教習一位。下午教習第一班學生，上午教習第二班學生。督課一位，亦然。第三、四班教習一位，終日教讀。督課一位。另有超等學生年近弱冠，或已入泮，或曾與考，特請教習一位。下半日講解文藝，批改課作。監院每禮拜一次進院講解天文地理等書。該生細閲譯書，與所講相符。上午與第一班學生同學，西文司事一位專司院内事務。

一、書院章程，舍西法而專重中法不可，舍中法而專重西法亦不可。本書院中西並重，毋稍偏枯。惟冀諸生努力前修，副余厚望。

監院林樂知謹擬

余寓居中華迄今二十餘載。每見濟濟多士，郁郁英才。所惜者學問拘墟，僅工時賦文章，博取功名而已。至天文、地理、格致、性理等學，考究者甚屬寥寥。皆因泥乎古法不能變通乎新法也。余志切憐才，情深教育。況中國近時專重西學，亟而求之。於是建立中西書院，廣取人才，使中華子弟共沾教育。由淺入深，以冀不數年西學肇與。不特有益於諸生，而且大有益於中國也。今兩分院業已落成，諸生報名者已不下四百餘人。擇於十二月十一日考試，諸生齊集院中，聽候監院親自揀選。茲雖截數，尚有報名者，或親自求進，或懇友引薦，以致應接不暇。且遠方西官士紳函致於余曰：今有學生數十人，願離家而來院習學。無奈兩分院不甚寬闊，限於額數不能全取。自遠方來者，書院未備卧室，不得已而却之。然諸生有志讀書，不得進院，生固歉然，余亦歉然。倘蒙同志者樂助巨資，俾得早日建成大書院，從此願學者不致有望洋之嘆，卽遠方子弟亦可負笈而來。是余之所深願也。本分院課程中西並重，毋稍偏枯。余雖有教長之職，亦不强人入教。至書院諸生，不論教中教外，一體相待，當存大公無私之心焉。

《中西教會報・潤州學堂章程一九〇三年六年》　一、本學堂以開人知識、進入文明、育人行德成大器爲宗旨。

二、本學堂每日分班教授中西各等普通學術，計分八門：曰聖經、曰國文、曰歷史、曰天文、曰地志、曰格致、曰算法、曰衛生。每日午後另有特班教授英文由西人教授，以免訛誤。然所定課程自不能一時并授，必須循序前進，庶無躐等之弊。

三、專習各項普通學術者，每年束修六元，專習英文者每年束修十二元，全習者十八元，於春秋入館時分兩次交清，毋得拖欠。倘有路遠欲來就學者，請函致本學堂，膳宿亦可商議。

四、學生年歲，以八歲以上，十六歲以下爲合額，過大過小不收。單習英文者年歲不論。

五、本學堂年假約放四禮拜，伏假約放六禮拜。端午中秋各放一日，逢禮拜日休息。

六、諸生所讀之書，各按班次，均須一律，或給價由本學堂代辦，免致差池不一。另有本學堂自備各種藏書，諸生亦可借觀，但須限時交還，倘有遺失損壞，均須照價賠償，其應用紙筆及桌凳，均歸自備。

七、早晨八點半鐘開學，十二點散學，午後兩點鐘開學，四點半鐘散學。冬至酌改。

八、諸生隨班學習，無故不得告假，以致功課差池。如家有事，必須早日稟明。所有曠廢之課，當於禮拜六下半日自行補讀。

九、如有游惰性成，不受約束，當遣屏出者，或有事他往不能畢讀者，束修概不給還，以爲游惰無恒者戒。

十、每逢伏假年假時，均將諸生半年所讀之書出題考問。如取列高等者，本堂略給獎賞，以示鼓勵，并將該考生得之分數，函示其家。

十一、本學堂暫租鎮江西城外薛家巷民房開辦，待後辦有成效，當設法籌款購地另建，或稟請教會特派西國名儒襄助一切，增訂專門課程。

十二、本學堂所有課程，諸生如能讀畢，一切考驗屬實，則由本學堂給與文憑，俾得出而問世。

《匯報・德華學堂章程一九〇五年二月二十五日》　一、本學堂大要，略仿中國官立中學堂課程，以便造就有成，給予憑證，送入中國大學堂會考。

一、本學堂學生分內班、外班。內班生常川住堂，在食堂食宿、外班生每日按時入堂，畢卽歸家食宿。

一、內班生以三年爲限，外班生學期長短，略可隨便，惟至少亦限一年，不得半途輒止。

一、堂中歷課，德文華文兼習。每日上午習德文，下午習華文。德文教習課德文，兼課算，地輿等學、體操。華文教習課經學、史學、時務、策論，其詳細課程，俟開學後看各生資格，分班教授。

一、學堂備有操場，以習體操，設有澡房，以便沐浴。

一、學生以年十二歲以上至二十五歲以下，曾經讀書識字者爲合格。若太長太幼，概不收録。

一、學生所需筆、墨、紙張、書籍、衣服、鋪蓋，各宜自備。其余如床帳、桌凳、燈燭、臉盆之屬，皆由堂中預備。

一、內班生月納學費洋四元五角，外班生月納學費洋兩元，每年除暑假年假外，作十個月計算。其學費分兩次繳納，開學時先納五個月學費，暑假後回校時再納五個月學費。

一、內班外班學生，均需有名望殷實人擔保注册，倘學生有侵犯學規，或未到年限半途放棄等情，皆惟保人是問。

一、堂中學生，自經開學分定班次以後，即不添入，倘嗣後有願入學者，須系半年，暑假後始准新添。

一、學生遇有緊要事情，必須請假回家者，宜稟明教習，給予假單，限定往返日期，即須回堂，以免荒學，而昭信實。

一、堂中每月小考一次，分等出榜。俾如勉勵；每年大考二次，一在放暑假前，一在放年假前。至奬賞一項，臨時看分數多寡酌定。

一、每逢禮拜日、暨中國皇太后、皇上、德國皇上壽辰，及端午節、中秋節，俱停課一天。學生有自勤功課者聽便。

一、本學堂開學之期，定於中歷正月二十六日，有志向學者，請到青島天主堂報名。

《學務雜誌》第六期《學部諮各省督撫爲外人設學無庸立案文光緒三十二年八月》 爲咨行事。普通司兼辦專門、實業兩司案呈：照得教育爲富强之基，一國有一國之國民，即一國有一國之教育；匪惟民情國俗各有不同，即教育宗旨亦實有不能强同之處。現今振興學務，各省地方籌建學堂，責無旁貸；亟應及時增設，俾國民得有向學之所。至外國人在內地設立學堂，奏定章程并無允許之文；除已設各學堂暫聽設立，無庸立案外，嗣後如有外國人呈請在內地開設學堂者，亦均無庸立案，所有學生，概不給與奬勵。

論說

《東方雜志》第一卷第九號《教會興學》 溫州官辦學校，本有府縣中小學堂二區。府學堂中西並授。縣學堂則祇課中文，程度均甚低，而管理尤不能熱心辦事。英監督會蘇教士，在温已三十餘年，究心中國時事，於華人教育，尤爲注意，特向海外募集鉅資，在溫北門內火神廟前，建造西式大廈，設立藝文大學堂。已於今春開校，內學生一百餘名，爰於暑假時，函託上海廣學會李提廣太，代聘其會內翻譯王君至溫，襄理學務，兼任英文副總教習夫。中國近年以來，外邦人士多在中國興學，而以教會爲尤甚。然觀其所造人才，大抵以教徒爲最衆，即有一二稍有智識者，亦大抵濡染西人風習，日以媚外爲事，不知愛國爲何物，則所造人才，亦僅俱外人使用而已，於我國果何益乎？

《萬國公報・張書紳〈中西書院之益〉光緒八年正月二十二、二十九日》 且夫當今之世，揆今之時，度今之勢，而欲施教化之用、成學問之功，所以有濟於今之世，有合於今之時，有利於今之勢者，專尚中學固不可也，要必賴西學以輔之。專習西學亦不可也，要必賴中學以襄之。二者得兼並行不悖，乃可以施非常之教化，乃可以成非常之學問矣。成非常之學問，乃可以獲非常之裨益矣。雖然，欲施非常之教化，以成非常之學問，而終無非常之人以創舉之，栽培之，則教化奚自而施，學問奚自而成，又奚自而獲非常之益哉？茲有美國進士樂知林教長，道貫天人，學通中外，本彼國之名儒。至我華而傳道，西邦人士固夙仰其鴻聲，中士官紳並咸欽其駿範。此即非常之人也，亦即大學問之人也。乃欲以己之大學問，成人之大學問。而欲成之以大學問，必先施之以大教化。而欲施之以大教化，必先設之以大書院。此中西書院之所由昉也，此中西書院之所由名也。

然而大書院之設，此時則猶未也。蓋先設二分院以教之，則後選之以入大書院也。子閱林教長《啓》中之言曰：『余寓滬多年，深悉中國聽慧子弟不少。豈僅小知而可大受，不禁志切栽培。爰設一法，擬於上海英界洋涇浜，造一大書院，名曰：「中西書院。」專爲中國造就良材。又於虹口及西門外法界各造一分院，教以淺近之學。肄業二年，然後拔至大書院，漸習天文、地理、格致、理學、化學、重學、數學等，以馴至於精熟而後已。』復見古吳居士書其啓後，而有言曰：『立院則規模高峻，宛如鳥革而翼飛。讀書則功課精嚴，定卜月將而日就。聘延師傅，擇品學之兼崇。大小生徒別賢愚而閑拔。』由是觀之，不禁嘆其創製之精詳，識見之高超，局量之恢宏，考校之嚴密。意甚美焉，法甚良焉，譬如行遠必自邇，譬如登高必自卑。庶幾教化之用可以由淺而入深，學問之功可以無微而不至。中學之益於是乎進，西學之益於是乎興。斯二者得以兩全而無害，幾如一貫之可通，則此書院之設也不亦盡善盡美而超出乎滬上之諸書院哉？

今大滬上雖屬彈丸之地，而四方輻湊，人文蔚起，故書院林立由來已久。茲即以中國之書院而論，如課以制藝，酬以花紅而道憲爲之甄别者，則有敬業書院；課以文時，給以膏火；而邑侯爲之甄别者則有蕊珠書院；又如專課論策，定以經史、性理命題，而投考録取並可肄業於其間。爲應敏棄方伯所設者則有龍門書院；按季分課，試以經史、詞章、算學，而舉監生員别其等第以給獎。爲馮卓儒監督所設者則有求志書院。此皆爲國家之計，作養人才而爲書院之首列者也。若次焉者則即以學塾名之，計有崇正官塾四處。在地藏菴者爲東塾，在蕊珠宫者爲南塾，在新學宫者爲西塾，在積寺者爲北塾。此皆官紳後裔延聘本庠宿儒訓詁講論，派員按月查課，擇其謹信好學者選入於龍門書院。其餘則又其次者不可枚舉。要皆爲單寒子弟無力攻書，特捐建之以令其成就者。縱較之各書院功課攸殊，章程迴别，而所以有益於人者同也。蓋各書院以鼓勵英才，爲多士熏陶之所，諸生固得其益矣。而各學塾則造就小子爲羣蒙養正之方，諸童亦得其益矣。所可惜者中西兩學不能兼習。中學雖造乎其極，西學則絶未之聞。是其益未爲廣大也。

茲再以西國之書院而論。自通商立約以來，恩准西來儒士開學設教。有設於南門外，爲西士范約翰所建者則曰清心書院；有設於西門外，爲西七湯藹禮所建者則曰監督會書院；有設於晚航渡，爲西士施約翰所建者則曰聖約翰書院。此皆循泰西之制，男女並教，爲書院之較大者也。若小焉者則即以義學稱之。計在穿心街者有男學一、女學一、虹橋有男學一、女學一、光福寺前有女學一。耶穌堂内有男學一、女學一。外此則未悉其詳而大率類是者不一而足，要皆爲貧家小户所藉以蒙樂育得以讀詩書，即較之諸書院制度雖有參差，訓教原無區别，而所以有益於人者一也。蓋諸書院則兼施衣食，男女子弟襲教養之俱全。夫固深受其益矣，而諸義學則啓牖童蒙，男女生徒只簡編之教授，夫亦共受其益矣。猶有憾者中西兩學似乎皆習，而西學則專誦《聖經》，中學又難期深造。是其益未爲全備也。

然則書院之益而欲求其廣大得其全備者，其京師之同文館乎？其閩中之算學館乎？抑滬南之廣方言館乎？抑滬北之格致書院乎？然在在僅見一斑，未窺全豹學焉，而未積語焉，而未詳故奥窔，未見其深通製造，仍愚夫西匠。曾未聞有自出心裁，别創奇器可與西人並駕而齊驅者，更何有軼出於西人之上者乎？此其故悉出於指授者，只清淺之談，設施者鮮精微之用。坐令心思才力日就頽靡，徒得其所當然之法，不得其所以然之法。則其益亦未爲廣大，未爲全備也。予又閲林教長啓中之言曰：『至華人之好學西文者未嘗無人，而中國之教習西文者隨處皆有。惜無善教之法造就人才，以備他日之大用焉。』觀於此而知，中西書院之設，其必有善教之法。務令中西兩學實事求是，西學必期洞曉探其奥，而精益求精。中學亦使貫通，入其微而熟之尤熟。初以小試其端，俟遴選之以臻於大用。始以小觀其效，嗣舉拔之以底於大成。將窮而在下爲有本之學，達而在上爲有用之才。庶幾有濟於今之世，有合於今之時，有利於今之勢。而所謂施之以大教化，成之以大學問者此也。洵如是也，不惟超出乎滬上之中外諸書院，似又較勝於在京輿閩之各書院。蓋實有益於人民，且有益於國家也。則其爲益不亦廣大乎哉？不亦全備乎哉？

予於是因其益之廣大，先詳論夫中學之益焉。古者家有塾，縣有庠，州有序，國有學，固無人不在所教之中，即無人不在所學之内。專其督率之地，董以師儒之官，使人材因之而成，風俗因之而厚。皆確然於禮義之可守，惕然於廉耻之當存。身由此立，家由此齊，國由此治，其益烏可限量乎？若今之中西書院則不惟如學、序、庠、塾之專尚中學，而尤必教以西學者。非反乎古之道也，號既與西國通商，每與西人交涉，不得不隨時通變，因勢利導爾否則其益仍未廣大也。顧或有疑而問予者曰：名書院者既號『中西』，監書院者復係西儒，其必重視西學爲急務，輕視中學爲緩圖。即習西學而有益，恐習中學而未必有益也。予則曰：否，不然也。

書院既曰中西，則西學務令其精，中學亦令其精。《啓》中所謂『半日習西學，半日讀儒書』，是必欲其兼精而不欲其偏習也可知矣。然中國之儒書甚富，而初學所必讀者當以，四書爲最益焉。有如《大學》則明德新民，自脩齊以至於平治。讀之者可得脩齊平治之益也。《中庸》則不易不偏，本正道而又爲定理，讀之者可得正道定理之益也。《論語》則諸賢記載，悉是懿行而嘉言，讀之者可得一言一行之益也。《孟子》則性善，立言無非居仁而由義。讀之者可得行仁行義之益也。然既得四書之益矣，而六經又不可不讀也。有若讀《詩經》則興觀羣怨，可以理其性情，故凡學《詩》者得性情之理，即得讀《詩》之益也。讀《書經》則虞、夏、商、周可以道其政事。故凡學《書》者得政事之道，即得讀《書》之益也。讀《易經》則卦、爻、彖、象可以喻其精微。故凡學《易》者得精微之喻，即得讀《易》之益也。讀《禮記》則周旋進退，可以謹其節文，故凡學禮者得節文之謹，即得讀《禮》之益也。讀《春秋》則寓褒貶，別善惡，可以明賞罰之嚴。凡學《春秋》者得明賞罰之嚴，即得讀《春秋》之益也。讀《孝經》則百行原，萬善首，可以識罔極之恩，凡學《孝經》者得識罔極之恩，即得讀《孝經》之益也。然既得六經之益矣，而三傳又不可不讀焉。一曰《左氏傳》，一曰《公洋傳》，一曰《穀梁傳》。要皆受聖賢之興旨，作爲文辭，闡經典之微言，引牖後學而使讀此三傳者共得其益也。然既獲三傳之益矣，而三傳之外尤當讀《周禮》，以明治體之謨。讀《儀禮》以知晉接之文。讀《爾雅》以藉見聞之助。於是乎十三經之書盡益矣。而十三經之益盡得矣，乃再博覽子史、涉獵百家。揭其精華，誌其要義，以擴我心思。考夫世系，通夫古今，以增吾知識。夫而後發爲文章，非空虛之説，著爲策論，皆經濟之談。如木之有本，水之有源。而習中學者克揣其本能，探其原從事於斯，其益自無限量矣。然亦思得此無限無量之益究奚自而得之非，即自書院中得之乎，或人於此當不謂中西書院之輕視中學矣，當亦謂中西書院之爲益廣大矣。而又何疑之有哉？然則中學固基益也，而抑知西學之尤有益乎？予於是因其益之全備再詳論夫西學之益焉。

考泰西諸國設立學校，規模不甚懸殊。有設於邪者焉，有設於城者焉，有設於京者焉。捐建或出自紳宦，經費或抽自房租。因材施教，務求藝術之精純，別院分班並令課程之遞進，察其惰勤之判以爲升降之分。使庶民不論貧富，悉無棄材。男女不論智愚，皆堪入院。於是才日以興，民日以富，國日以强。其益豈有窮盡乎？若茲之中西書院，雖不如泰西諸國之僅習西學，而又必訓以中學者，非異乎西之制也，蓋既在中國之地，且教中國之人，不得不合乎其時，就乎其勢爾。否則其益仍未全備也。

顧又有惑而訊予者曰：西士設立書院，大率誦讀《聖經》並必令從聖教。而職是之故，恐或有裹足不前者，以爲經學雖未必無益，而各西學卒未得其益也。予則曰：否，不然也。是院之設，專以造就人才，以備邦家之選。而令中華之子弟通曉中西各學，以底於有成。至云信教，則《啓》中早謂：『信從聖教，各隨己見，斷不勉强。毋庸猜疑。』觀於此言當亦憬然可悟矣。然西學之名類甚繁，而凡來院就學者要必循序以幾不可越級而進焉。試閲課程所云：『第一年認字寫字，淺解辭句，講解淺書。是獲西學之益固淺也。第二年講解各種淺書，練習文法，翻譯字句。是獲西學之益猶淺也。第三年數學、啓蒙、各國地圖、翻譯選編，查考文法，則獲西學之益漸深矣。第四年代數學、講求格致、翻譯書信等，則獲西學之益尤深矣。第五年考究天文、勾股法則、平三角、弧三角，乃於西學之益又進一層矣。第六年化學、重學、微分、積分，講解性理、翻譯諸書，乃於西學之益更上一層矣。第七年航海、測量、萬國公法、全體功用、翻書、作文，至此則大被西學之益而可望大成矣。第八年富國策、天文、測量、地學、金石類考、翻書、作文，至此則大得西學之益，而可期大用矣。至習學琴韻，習學西語，則年年如此，其益亦年年漸進焉。』然吾人之心思，固愈用而愈妙，即吾人之學業亦彌推而彌宏。苟欲極精而深造，當更敏勉以力求，由成法以通其變化，即末藝而溯其淵源，使誘掖獎勸之效，造精微奥妙之區，窺天下萬國之奇，萃中外一家之盛，即上或以名求，下即以實應，而西學既已淹貫，中學復得明通，就試風檐可冀功名之取，如供差委並邀爵命之榮，凡若此者其益自無窮盡矣。然亦思獲此無窮無盡之益，果由何而獲之，非即由書院間獲之耶？或人於此應亦知中西書院之甚重各西學矣，應更知中西書院之爲益全備矣，而又何惑之有哉？

何略識數行西字即揚揚自得曰：吾能是。是亦足矣。稍解幾句西言，即詡詡自矜曰：吾善是。是亦足矣，以是爲學，非徒無益而又害之。蓋若而人者，既不知西學之天文、地理、格物致知爲何事，亦不知中學之孝弟忠信，禮義廉恥爲何物。而徒工西語、惟利是圖，甚至舞弊作奸，轉爲地方之害。而於聖世作人之雅化毫無攸關，則亦何益之有？雖欲習西學之益者，總不離乎西語，而特重西學之益者，究不係乎西語也。

然則所謂西學之益者果重在何學哉？一曰：天文。學之者其於日月星辰，咸知度數，而旋繞出没之道確有可憑。所謂何吉何凶不致懷疑，於天象即彗星之現不必驚惶矣。此學天文之益也。一曰：地理。學之者其於輿圖疆域洞悉情形，而五金煤礦之藏何難開採。所謂或妨或碍，不復致惑，於地輿卽風水之言不容篤信矣。此學地理之益也。一曰：數學。夫數之一道，本在六藝之中。學者固宜諳練，始以加減，繼以乘除，進以丈量勾股，其學亦屬無窮。西人技藝之超羣，實根於此，豈中學之數術所能媲其靈敏乎？則數學之益不可不進取也？一曰：格學。夫格之一端，且乎萬事之内，學者務宜精通。辨其精粗，知其表裏，明其全體大用。此學本爲至巨，西人才能之邁衆實出於斯。矧夫中學之格致久已亡其奥義矣，則格學之益不可不深求也。而又有化學焉。能取其益者，則因應咸宜，卽庶物而無不可化也。而又有理學焉。能求其益者，則心性維明，卽衆物而無不窮理也。至習其重學，則窮原竟委，有益於製造之方也。習其琴學，則淑性陶情，有益於養心之法也。若再推而言之，則凡形學、心學、史學、力學、法學、智學、醫學、農學、畫學、礦學、光學、聲學、八綫學、身理學、是非學、植物學、動物學、航海學、冶金學、吸鐵學、電氣學、靜重學、動重學、微分積分學，種種各學莫可勝言，要亦爲書院所宜備，而爲學者所宜知，以見夫西學之多多益善也。

乃往往有高談氣節，鄙棄西學爲不屑道者。謂是則西國之學而已，我中國自有所學者在，且蔑視夫嫻習西學之人。此實不明時勢，迂腐之言耳。抑知伊古以來，地則有中西之判，國則有中西之分，人則有中西之别，而學問豈有中西之異耶？設西人而通乎中學，卽視中學爲西學焉可也？中人而通乎西學，卽視西學爲中學焉可也？譬之汽機之學出於英，照相之學創於法，電音之學起於美，蠶絲之學始於華，而天下諸國尤而效之，若己有之。擇其善者而從之，獲益豈淺鮮哉？此今之中西書院所以特重西學，不重西語，且令中西之學並教並習，而不容偏廢者，其卽此意也。夫然而書院之設，非專爲栽培子弟計乎？古今來欲厚風俗，先正人心。欲正人心，先端學術。《易》曰：『蒙以養正，聖功。』以之此黨正族師月吉讀法所由必教子弟耳。就中國言之，子弟自十年爲幼學。至十五而入大學。就西國言之，子弟自七八歲而入學，至十五歲爲小成。均以此時血氣未定，知識旋開，提撕訓誡之方莫切於此。中西如出一轍焉。然欲其子弟之能賢要，必由賢父兄爲之先導。玉而不琢，器能成乎？人而不學，道能知乎？故自有此書院，而凡爲賢父兄者，當皆令子弟之來遊也。亦自有此書院，而凡爲賢子弟者，當皆沐涵濡之教澤也。且自有此書院，而子弟之年較大者，固必教以西學，又必教以中學也。卽子弟之年較小者，不妨先習中學，而後復習西學也。抑自有此書院，而子弟之在洋塲中者應必多就而學之者矣。卽子弟之在滬城中者，亦不少從而學之者矣。更推而至於各省，風聞此書院之有益，當亦有負笈而來願安受教者矣。將見近者説，遠者來。少長咸集，定卜日盛而月增。氣稟雖殊，要可因材而施教，務使此教化之益，學問之益，不惟有益於人心，抑且有益於世道。不惟有益於世道，抑且有益於國家。

矧今洋務孔殷，儲才宜豫。一旦朝廷需用，而脱無適用之才，如韓非云：『所養非所用，所用非所養。』其奈之何？昔年兩廣總督英，安徽巡撫裕曾奏云：『或熟習洋情，或諳練機器。如果確係真才，能任艱巨者，准予破格擢以勵羣倫。』福建巡撫王亦奏云：『可否請旨敕下各省督撫臣，特設一儲才館。凡有雄才大略，奇技異能，曉暢天文，熟諳地理者，由各府州縣申送，處之館中，隨時驗試。如果名實相符，據實奏保破格録用。卽有一技可取，膂力過人，或製造器得法，或通外國語言文字，亦可咨送各局廠各海關，練習兵機，税務，庶儲備多而用才不竭矣。』又爵閣督李奏云：『竊謂通商各國宜選有才略而明洋務之人，隨時遣使。遇有交涉之可辨論者，與之辨論。於彼國有用之人才，新造之精器可隨時採訪，以爲招致購買之地。』予閲諸奏摺而節録之，如此仰見諸大臣念切洋情，實事求是，皆欲求精通西學之人，以充各項之選。然非先事而養之有素，則或遇事而用非其長。所以爲百年樹人計者，必當綢繆於未雨時也。林教長其亦見及於此，而特創兹書院以預爲圖，維俾子弟於中西各學一一曉暢，於平時而後生可畏焉。知異日不爲諸人臣所拔擢破格録用，卽爲邦國之棟梁乎？《啓》中所謂『余深悉中國目前需才孔殷，故爲此舉，以備分撥各處洋務之用』者，誠哉是言也。況現任粤督張制軍，新建學館一所。其規制與中西書院略異，其功課與中西書院頗同。要亦以栽培子弟爲懷而儲才以待用。其與林教長同此識見也。夫勗哉！子弟願共幼學壯行，慎勿半途而遽廢。庶幾名存實副，足徵才略之有爲。俾令此益爲中外所均霑，君民所共受。不僅培成子弟而已也。豈不懿哉？

夫然而孺子可教，業已蒙啓迪之功，則女子幼時亦當有箴規之訓。此書院之設所以必兼授女生也。溯中國於古時教女者有傅母、保母，施教之道與男子同。迨將于歸尚教於公宮之內。所以未嫁之時，確守閨貞之禮，而既嫁以後，定修婦道之儀。閱內則一篇見女子事父母之道，暨婦人事舅姑之道，實與男子之所爲初無稍異。子乃恍然於古之爲教，並無男女之區別者。正以廣教化，且以培坤德爾。即今之泰西諸國，女學與男學並重，女教與男教兼行，是猶有中國之古風焉。一自民風日下，世教日衰。僉以爲婦女只令操井臼、事紡織而已。又何必知書達義，博古通今耶？《詩》有之曰：『乃生女子，載寢之地，載衣之裼，載弄之瓦。無非無儀，惟酒食是議。無父母貽罹。』一明乎女子之道處於卑弱，克主中饋，勤儉持家，勿遺父母憂，斯可耳。而不知詩人之爲是言者，不過以女子之生似較男子爲差分高下，初未謂女子之教不必如男子之讀書識字也。況女子之性專靜純，篤信處莫不好學，心解處莫不力行。善誘循循，轉較男子爲易教。故始也在家爲女，則有女道，繼也于歸爲婦，則有婦道：終也生子爲丹，則有母道：是道也，何道也？即童時受教之道也。然則女生能無教之哉？然則將何學以教之哉？若論中學則曲禮，內則諸篇儀文，詳備纖悉。無遺晚近風衰，恐難則徵。餘如曹大家《女誡》，蔡中郎《女訓》，呂新吾《閨範》，呂溪女《小兒語》，宋尚《宮女論語》，王孟箕《家訓御下篇》，温氏《母訓》，唐翼脩《人生必讀書》，史搢臣《願體集》，王朗川《女訓約言》，此皆教女之書，悉屬先儒之大箸。苟能學之，誠獲益靡窮也。至論西學，則照泰西規例，男女一體，初無異同。試觀課程中云：『並有女師教授女生，課程同然。兼教女紅針黹，則亦以西國之語言、文字、天文、地理、格致等學教之。使習庶令其道理明晰，識見高超。他日不致被感於誦經茹素，入廟燒香，求巫信現如愚婦人之所爲者。』是可絕異端之害也。能絕異端之害，即所以得西學之益也。能得西學之益，即所以得書院之益也。且或習西國之琴學，而女童中安知無文姬之聰慧，克辨琴韻之佳乎？或習西國之詩學，而女童中安知無道韞之聰明，能詠詩章之妙乎？矧夫教學之餘，猶授針黹，則授與女童之富者，即刺繡而弱綫頻添，何需乎職針職衽，在授與女童之貧者可縫裳而爲他作嫁，即藉以謀食謀衣。凡若是者其獲益亦非淺少也。於以知中西書院之設不特大有裨於男子弟，抑亦大有裨於女子弟矣。不尤信西國之教法，男女並學之益歟？

然而或習中學，或習西學，要皆以純熟爲期。或係男學，或係女學，亦皆以純熟爲貴。非然者譬猶烹調五味，味未熟而鮮克有知。譬猶樹藝五穀，穀不熟則其何能獲。此爲師者所當誨之不倦，爲生者所當學之不已也。果能朝於斯，夕於斯，一刻不容少解。月有將日有，就於心罔敢或忘。夫如是而猶不馴至於幾熟者，未之有也。特是學者於此務當涵泳優游，不可臘等而銳進專心致志不可勤始而怠終，於是誦讀者若而年發憤者，若而年默識心融者，又若而年如至，六年而豁然貫通，更有欲罷不能之勢，則准在書院再學二年，先後通計八年，其於西學之多材多藝，諒必周矣。倘復毋怠毋荒，至於純亦不已、不思、不勉，至於熟極而流則定能識其主旨，即於中學之五倫五常，亦必明其大義，可謂體無不具用，無不考取給與憑單。誠不愧爲大才。豈等蟲雕之小技直不妨乎！大用豈猶蠡測之小知，自是攸往咸宜，莫不見用於世。技無不到，又必握用於朝。夫豈若稍解西語不通，西學並不適中學者，流爲西人之奴才，作洋商之夥友，仍爲西國所用，而於中國育才之至意卒不能奏其功耶？

然欲奏此膚功，而非設兩書院教之於前，再設大書院教之於後，亦曷克臻此？予因念書院之設，而又念其經費殊繁，捐資宜巨則善矣。予也一介書生窮而在下只緣無力未免有心。伏望中西之官宦、搢紳、巨商、富賈慨輸白鏹，輔立宏勳，樂解青蚨，襄成善舉。即來學之徒，其家寒素者無論矣，若係殷富之家，似應捐助蟻馱一粒，驚載千金。量力而行，原無定格。況捐則以培人之子弟，即以培己之子弟，是雖有益於人，實即有益於己也。而捐資於是乎集矣，經費於是乎充矣，庶令此書院之益垂之永久，嘉惠後人。不止益及於一時，並可益及於一世；不止益及於一世，直可益及於世世。不更見其益之廣大，其益之全備，其益之無限量，其益之無窮盡哉？予踰至此不禁歡忻鼓舞，而作歌以頌之曰：仰雲山兮蒼蒼，俯江水兮泱泱。願受書院之益兮，如山高兮，如水長。

有條不紊，語無泛設。足徵識力俱到之作。監院評。

吾與古瀛譜友張少蕓相識已六年矣。魚書遠惠，重每抵乎萬金。蟲技同雕，愧又避其三舍。所以久經心服，不等面交。前捧讀《書中西書院啓後》，已仰識精見卓。茲復捧讀中西書院大著，言皆有物，語不離宗。信如監院所謂『識力俱到之作』也。以此冠軍，吾尤服閱者之真鑑譜小兄宋書晉僭跋。

《外交報》一九〇七年第一八五期《論外人謀我教育權之可危》 國之大政，教養而已。養之事惟一，而教之事有二：有禁之爲非者，法制是也；有異之於善者，教育是也。二者皆國家成立永久之要素，必以本國之人任之，然後有以培其愛國之心，擴其樂羣之力，以蘄日進於富强。未有以乙國之人，任甲國教育之事，而其國不即於衰弱者也。今之君子，知法制之爲我國權，而不可授之外人矣。乃獨於教育問題，關系一羣之生死存亡，有什伯於行法裁判者，任外力之侵入，而夷然不思所以抵制之，其無乃知二五而不知十乎！

吾國學制，師法日本。日之始興學也，被都人士，無足任教員資格者，不得已而借材異國，與我同也，乃未及數年，通國師範，悉已成立，人材蔚起，遂沛然充全國教育任而有餘，外國教員，一切報罷。今其存者，僅列國語學一科而已，國力之驟强，不亦宜哉。吾國學制之頒，亦有年矣，乃至今求一普通師範之材而不可得，仍事事借資於彼族，重以財力艱絀之故，不得遴高材而聘之，其應募而來者，非下駟之乘則膺；且豈惟教育一端而已彼東西各國，方藉口於慈善事業，以攬我人心，凡所謂施醫之病院，戒烟之公所，救灾之義會，日進月增，無地無之而環顧吾國地方官吏，所朝夕汲汲不遑者，惟是簿書期會，苟求無過而已，至養民本務，所以銷患於未萌者，無暇及之，亦何怪大難之不寧也！

又 一九〇八年第二一〇期《申論外人謀握我教育權之可畏》 丁未本報，曾以外人争謀我教育之權，其積慮處心，較諸他事競争，尤陰鷙而險狠，已著爲論説，以忠告我政府矣。日者，譯日人之外交時報，見其侃侃而談，居然以啓牖華人，引爲一己之天職，而深嫉美利堅之攘其利權，以皋比講授之儀，代利礟堅船之用，野心勃勃，情見乎詞。又參以近日某君所著之歐事近聞，然後知彼族謀國之深心，在挑起我國人種族之惡感，而離析其敵愾同仇之心志，使移其對外之競争，用諸對內，以完全一統之中國，千百分歧，如印度未造之羣侯然，而後能壓以兵力，遂其豆剖瓜分之秘計耳。然則欽其毒者，不在我政府，而在我國民矣，是安可不揭其陰，以警告我全國之志士也。

近年以來，排滿革命之風濤，驟灌輸於禹域，佹僕佹起，舉國若狂。在朝廷一視同仁，并無挑釁國民之意，而何以怒潮倏起，羣爲無病之呻吟，竊疑必有人焉，以爲之搏躍而激行者，今而始信其果然也。黄禍之説，由來舊矣，彼族鄭重分明，以是爲惟一之問題，汲汲然謀所以抵制之者。邇來東瀛士夫，極意獻媚西人，且苦心自别於吾族，亦是故耳。然欲免此黄禍，則向所竭力經營之兵力財力，俱無用武之地，計惟有於心理之間，施其播弄轉移之術，夫而後羣情風靡，得巧運其覆巢燬卵之手段耳。故庚子以後，彼所心營目注，專以教育爲當務之急，建設學校也，推薦教員也，美其名曰扶植中國之文明，切其辭曰實行博愛之主義，吾國民方感其雅意之殷拳，而不察其陰謀之眈逐，合朝野上下，以心醉而歡迎之，而彼此之計行矣。夫天演競争，日新月異彼之極慮殫精而計出於此也，曾何足怪！所最不解者，吾國人當此一髮千鈞之會，猶未能同心御侮，努力合羣，以拒西來之洚洞，而乃以至可寶貴之時光心力，用以操一室之戈，而甘爲漁人之鷸蚌耳。且彼之用心，豈惟挑動滿漢之惡感而已。法人之於雲南也，則構扇於漢苗之間；英、俄之於蒙古回藏也，則教猱於回紇拓跋之族，而入手之方針，則皆假傳教宣講之名，以巧施其作用。今其機已甚矣，度三四年後，神州大陸，必遍受此問題之影響，内哄迭起，骨肉仇仇，彼族乃乘機利用之，而中國乃其亡矣。今吾國所號爲俊杰淵雅、識時變、能文章者，往往不能自化其町畦，日言滿漢之争，猶未已也；且進而分南北矣，且進而分省界矣，充類至義之不盡，不至復涂山萬國之舊觀不止，其實皆墮他人之術中，日受其患而不自覺耳。

然則爲今日計者，其將杜絶外人之干預，而停遣東西留學生徒，禁延聘他國之教員乎？此又懲羹吹虀，畏影匿形之故智，而不適今日之用者耳。夫人必先能自立，而後足以合羣，不受他族之齮齕，自立之策奈何？立憲是已。物必先自腐也，而後蟲生焉，吾國人雖相忍爲國，而中間常含有離携擾亂之種性，他人乃得以蹈我瑕隙，施其交亂之謀，此離携擾亂之種性所以不能融化者，則以相沾之政體，不能通上下之情，泯同異之見而已。惟決瘤去鯁，改弦更張，毅然施行憲政，而不復稍存凝沮之思，則天下之民，咸欣欣於得我直之樂，第覺上之可親，而不復知有可畏，猜嫌不期化而自化，畛域不期消而自消矣。當是時也，雖使負笈之生徒，遍於重瀛，異域之講師，充於黌舍，適足以助我新機之孟晋而已。安能施其覬覦之謀，而行其熒聽之術也哉。亂之初生，潛始既涵，亂之又生，君子信讒，願吾國之君子，一垂聽焉，而勿重爲詩人之所消也。

教案部

通紀概説分部

綜　述

沈桐生《光緒政要》卷二二　四月，總理衙門奏，遵議嚴定教案處分，通飭各省辦理各省教案賠款，責成各官分賠事疏云。光緒二十二年二月十一日，准軍機處鈔交御史陳其璋奏請，嚴定教案處分一片。奉旨，該衙門議奏。欽此。查陳其璋片稱，地方官辦理教案，向無議處專條，故遇每議處時，各國公使動輒懷疑，致多口舌。近來教案甚多，地方官不善處置，自應嚴予處分。然不先足章程，恐議重議輕，既難見信於洋人，亦難保部中之無弊。請飭下總理衙門，會同吏、兵二部，先行議定章程等語。臣等查傳教既載在條約，則地方官均有保護之責。每遇教案，各國使臣援約相持，迹近要挾，幾於無可收拾。總由該管官事前既不能照約保護，臨事又不能拏妃辦凶。每釀巨案，若非嚴定章程，不足以示懲儆。該御史所奏誠爲切要，嗣後如有拆堂殺教之案，各督撫、將軍、大臣等，於審結後，酌量案情輕重，分別附參。其文職處分，吏部查各官應得處分，自以案情之輕重爲準。近數年，各省教案迭出，地方官處分，誠不能不明定專條。第操之過蹙，必至以規避處分之故。縱教虐民，翻致積弊日深，發機愈烈。迨至釁端既搆，又自知一經望議，無望原情，惟有束手聽參，並不思力圖補救，似與立法豫防之本意，轉有所妨。臣等同公酌議，嗣後如更有教堂被毀之案，除實係有心故縱，釀成巨案，貽誤大局者，由臣部酌量案情，隨時奏明請旨辦理外，其事關倉猝，竭力保護，而勢有所弗及者，擬請將該地方官照防範不嚴降一級留任，公罪例議處。其保護未能得力，自屬辦理不善，應查照曆辦成案，以不應重公罪降二級留任，例定議其武職處分。兵部查近年各省教案迭出，地方武職人員，誠不能不明定處分章程。今該御史所奏，係爲先事豫防起見。臣等公同商酌，擬請嗣後遇有摺堂殺教之案，除有心故縱，以致釀成巨案者，應由臣部酌量案情，隨時奏明請旨辦理外，如係事起倉猝，迫不及防，應將地方官照防範不嚴降一級留任公罪例，議以降一級留任。其保護未能得力，自係辦理不善，應照不應重公罪降二級留任例，議以降二級留任，俾示懲儆。再臣，衙門查年來教案迭出，毋議賠償，累萬盈千上。虧國帑，良由地方官不善辦理，以致公家受累無窮。光緒十七年蕪湖教案，南洋大臣劉坤一奏明，應賠款項由該關道及知縣按月分賠在案。臣等竊維劉坤一所定分賠辦法，固係慎重帑藏，亦欲懲前必後，俾知儆惕。惟辦理不善，該管官均難辭咎，僅責道縣分賠，不足以昭公久而重考成。應請嗣後如遇教案賠償之款，議結後由該管督撫、藩臬道及府、廳州、縣分年按成償還歸公，並分咨户部及臣衙門備案。庶幾衆擎易舉，亦可互相告誡，略如簽差不慎，本管上司分賠之意。如蒙俞久，臣衙門即欽遵分行各直省，一律辦理。伏乞聖鑒。謹奏。

清·薛福成《出使公牘》卷三《論辦理教案書》　敬密啓者，五月二十八日，接奉鈞署來電，謹悉壹是敝處於本月初二、初五日發過兩電，知已早經鑑及福成接電之後，當日即赴英外部詳達鈞署之意，外部副尙書克蕾初聞辦法，似已滿意，且云緝犯既嚴，再議賠償，即可了結。越數日，侍郎山特生又稱有一天主教之公爵及威妥瑪相繼到署，謂中國不認真辦理，則法人不服，必糾合英德兩國，多生枝節。且教門力量較大，足以鼓動議院，屆時外部亦無法阻止。察其詞色，似因接在華英官文函，又稍蓄他意者，當即相機與之剖辯。又據駐法參贊官慶常來稟，言往告法外部，據外部之意，祗在嚴防未來，不在苛懲既往，所言極爲近情。越數日，又稱有法兵官自中國發電到巴黎，謂此次滋鬧，係有會匪煽動，中國官員束手無策，勢須彼國自辦云云。此係彼族恫喝長技，若欲藉此啓釁者，然我自審辦法不錯，豈能盡如彼意？彼固無如我何也。福成現又函致該參贊，以目下平靜情形告之矣。竊查西人傳教，雖條約所許，而數十年來民教不和，勢同水火，終非久計，似宜俟全案清結之後，借此事爲由，與之理論，設法挽回。即如中國與美立約，明言待中國人與待最優之國無異，及至華傭在彼種種不妥，即云有礙於其地方平安。初議立法限制，繼竟禁絶不許登岸，若執條約而言，大相逕庭。而彼竟悍然行之，中國不能責其違約者，以民情之所不便，條約可得而變通也。且近日德、法、意、奧等國於教民限制約束，與二十年前大不相同。彼在本國則禁約之，在中國則縱庇之，亦甚不合於公法。福成愚見，此次拆毁教堂之案，幾近十起之多，初疑有會匪暗中鼓煽，繼思民情憤激，亦概可想見，必其平日有恃教欺壓情形。蕪湖並無殺死教士，必須擬抵之事，業已正法二人，辦理非不從重，而彼國公使猶在鈞署曉瀆是直，一味蠻横而已。猶憶同治庚午年，天津案結之後，當時鈞署會議辦法八條，照會各國公使，旋聞各使相約駁回，其議遂罷。實則此等情形，若令彼國外部詳知，未必盡以各使爲然。刻下中國既有使臣駐洋，與彼外部可以和平商辦，非復如前隔膜，竊謂此次案結之後，或仍將庚午年所擬辦法八條，或量爲增損，由鈞署行文來洋，囑使臣照會外部，稍改前約，妥籌辦法。但抱定民教不和，有礙地方太平立論，不過多費筆舌。儻稍能就我範圍，所裨甚大。即使竟難依允，而我先自立腳，萬一再有民教不和之事，轉足問執彼族之口，似亦相時補救之一道也。查西國通例，遇有此等案件，大抵命意重在賠償，不在多誅凶犯。竊謂除人命緝凶擬抵外，其餘各案，若僅愚民逞忿，既許賠償似當堅持定見，不允株連，庶可固結民心，至此中如查出會匪實在蹤迹，固當嚴辦。乃自治之道如此，其迹雖因教案牽涉，其意實不與教案相關也。再，威妥瑪居鄉家食已久，素不出門，而精神甚健。前日匆聞親赴外部，頗以中國教案迭起，有慫恿藉端挾制之言，似有覬覦復出之意，果爾則以後辦事又將棘手。福成尚須設法措辭，以解外部之惑。以上各節，伏乞回明堂憲裁示爲禱，專肅布達。敬請勛安。六月十一日英字第十七號。

又　卷五《論辦理教案善後章程書》　敬啓者，兩處曾因清查教堂育嬰一事，電商鈞署，兹再詳晰言之。查上年教案事結之後，本擬妥籌善後章程。峴帥亦屢有信來，意在及時補救，以保内治之權。冬間又接傳相來函，知有教士在津門遞呈，請由教王派總主教來華，專理教務等情。福成悉心體察，此事應由南北洋妥商建議，請鈞署主持，奏明飭使臣照會外邦，則步驟方不凌亂。今春曾擬善後章程十條，函商南北洋。福成駐巴黎時，飭參贊慶常與教王所派駐法公使，一再晤談，微示此意。該公使深以爲然，允報明教王定奪。又聞土耳其近與教王通使立約之後，教士皆安分守法，一變舊習。因又囑慶常向土國駐法公使詢問章程，譯寄北洋以備採擇。自三月杪回英之後，因理論坎巨提及梅生罪名，滇緬界務諸事未暇籌議及此。近接北洋來電，知改派總主教一層，尚難就緒。而教王於敝處亦無的實回音，自以暫緩爲是。惟乘去年教案之後，總宜略有變更，因於前擬章程十條中，抽出育嬰一項，專以清查此事。藉釋羣疑爲言，囑慶常往商、法、外部，詎外部以各省新出揭帖及陝西教案爲詞，堅不就範。且據送閲領事所收各項揭帖，福成查帖内有庚寅年刊刻等字樣，因令慶常答以教案及周漢等案，疊次議結，此等數見不鮮之件，一概不能再提。外部謂此項揭帖，實係新出，至年月則可隨意捏造，又答以年月捏造者頗少，且安知非領事去年所收，藏至今始呈報乎？至各處教堂啓釁之由，咸以育嬰爲藉口，欲爲經久之計，不得不設法剖白，以靖浮言。再三爭論，外部始允，以後准中國官紳到堂觀看。即日函囑李梅酌辦，兹將擬商育嬰堂條議一件，鈔稟呈覽，伏乞回明。堂憲並將鈞署近日與李梅商論情形示知，以便飭慶常相機因應，於事不無裨益。再據英外部稱，漢口嘉領事報，湖南揭帖愈出愈多，力請電達衙門嚴禁。昨已發電矣，歐格訥於旬内啓行，專肅泐布。敬請勛安。八月初三日英字第三十一號

擬商育嬰堂條議

查西國教會在中國各處所設之育嬰堂，因中國士民素懷疑慮，恐致匪徒造言生事，是以擬定辦法，俾釋羣疑而杜訛言。兹將各條開列於後。

第一條

一、現在西國教會在中國各處所設之育嬰堂，共有若干處，坐落何地，應由各國駐京大臣開單知照總理衙門存案，將來添設之處，亦由該大臣開單知照，均由中國國家飭令各省督撫轉飭地方官認真保護。

第二條

一、各處教會所設之育嬰堂，應准中國官紳及體面之人前往觀看，俾官紳等皆知該堂爲正經善舉，以便開導百姓，而使該堂之功德昭然其見，則人自敬佩，毫無疑惑矣。

第三條

一、各處育嬰堂首領，應按季將本堂嬰孩出入數目開單報明地方官存

案。遇有死亡者，亦報明地方官查驗，飭派土工斂埋，並准令紳民往看，以破疑團而杜仇日，則剜眼、剖心之謠不辯自明矣。

第四條

一、凡育嬰堂收養嬰孩之時，應查其來歷，如有形迹可疑者，即報地方官。儻係竊取之孩，查有實據，仍給還其家。如該堂曾經報官存案之嬰孩，失去亦可報明地方官設法查追。

第五條

一、教堂收育嬰孩，本係爲善之道，斷無中國愚民所疑之事。然愚民所以起疑者，則中國拐匪累之也。中國有等拐匪，慣騙小孩，肆行殘酷，如大清律例所謂採生、摺割之事，無所不有。迨經地方官嚴捕，往往投入教堂，恃爲護符。教士不知而誤收之，俾得仗勢欺人，遂致衆情忿怒，轉以拐匪所爲之事，指目教堂，百喙莫解。況拐匪亦甚狡獪，往往騙得數孩，以一孩送之教堂，俾教堂與之同擔惡名，亦太不值矣。自宜嚴飭教士，切不可濫收莠民，如接地方官符檄，即速交出，如此可保育嬰堂不至誤收被拐之孩，亦可保教堂聲譽日起。

第六條

一、育嬰堂如能限定，但收十歲以上或十二歲以上之孩童，更可免招浮議。

第七條

一、各教堂育嬰堂首領，與中國地方官紳應和衷其濟，彼此以禮相待，但不准干預地方公事，儻遇有事之時，可速報地方官妥爲保護。

第八條

一、以上各條，應飭地方官及各育嬰堂遵照施行。

清·薛福成《出使奏疏》卷上《分別教案治本治標之計疏》（光緒十七年八月初六日）奏爲英法兩國教案牽涉既廣，關繫較鉅，謹就見聞所及分別治本、治標之計，恭摺密陳，仰祈聖鑒事。竊臣承准總理各國事務衙門電，信知五六月間，長江上、下游教案疊出，蕪湖、丹陽、無錫、江陰、南昌等處天主教堂多被焚燬，武穴被殺教士及洋關扦手各一人，皆係英籍。迭經各省查拏匪犯，或立予駢誅，或訊明定罪，而英、法、德三國使臣尚忿爭不已，來相促迫。臣屢以中國辦法詳告英、法外部，外部知我辦理認真，尚無異辭。迨接其駐京使臣函電，則又往往變，計蓋各使久居中國，洞悉情勢。初因訛言四起，風警頻仍迫爲自衞之謀，寖萌要挾之意，句出一氣協以謀我遷延數月，此案不知何時議結。臣竊維匪黨之得肆焚掠者，挾簧鼓愚民之術也。愚民之莫釋疑忿者，信迷拐幼孩之說，也按舊說謂天主教徒迷拐幼孩，挖眼、剖心，用以製藥。此論不知始於何時，前儒顧炎武所著郡國利病書，亦已有烹食小兒之說。彼時中外懸隔，偶得傳聞，並非事實。然是說之流傳也久，則人心之篤信者衆。猶憶同治八年，天津案起，前大學士曾國藩初聞挖眼盈罎之說，亦欲悉心查辦。比入津境，攔輿遞稟者紛訴此事，詢以有無實據。則辭多惝怳，迨嚴加訊究，而其事益虛，所以專疏特辨此說之誣。臣於當日列在幕僚，頗知梗概。出洋以後，留心訪察，大抵天主教徒所崇奉者惟耶穌，耶穌之說亦以仁慈爲宗旨。近者禁黑奴，有會禁鴉片，有會彼於虐人之事，害人之物，尚欲禁之，豈有殘酷至挖眼、剖心？而歐洲各國習不爲怪者，即彼之精於化學、醫學者，亦謂無心眼入藥之理。斯必灼知舊說之訛傳，然後此案乃可下手。否則，在事大小官員先懷疑慮，葛藤不斬轇轕，滋多將何以曉彼愚民，將何以禁彼匪黨，而諸教士自忖不能久居中華，其力足以煽動各國釀成釁端。西洋風氣重視教務，一遇有事，鮮不上下同心，非若爭一事占一地者，其民猶有從有不從。昔年俄羅斯之侵土耳其，法蘭西之割越南，皆以護教爲名，此中機括不可不慎之於微也。臣非謂洋教之無損於中國也，彼天主教雖稱爲善，自歷代教王增竄私說，幷漸失耶穌本意，濫於招納，不擇良莠，教士卽不自爲迷拐，難保無迷拐者託迹其門，恃爲護符。且男女無別，西洋習俗。如此教士偭規錯矩，亦猶中國僧道之不能盡守戒律。而入教之民無惡不作，平民受其欺壓，積憤日深，一發難遏地方日以多事，猶幸周孔程朱之教，彌綸寰宇，深入人心，凡列衣冠之中，鮮慕異端之學，然彼此齟齬不能相安。臣愚以爲，不與妥議章程，終非善策。近來歐洲德、義等國，限制教民立法綦嚴，大權始不旁落，無復從前挾制紛擾之患。中國許洋人傳教，既在約章，勢難驟改，惟妥籌約束之法，本係內治之要。政非各國所得干預，而彼不能不干預者，積漸使然也。當津案初結之時，總理衙門嘗照會各國使臣，修改傳教章程，俱經該使駁回。由今思之，其中各條有暫難遽行者，如限定各堂華民入教之數，撤去女教士、女塾、恤孤局及非教民子弟不得入男塾之類。是也有可以辦到者，如禁教士詆毁儒教，凡有教堂聽華官隨時查看，堂中所收嬰孩悉報明地方官，教民有訟教士不得徇庇之類是也。與其未必能行而悉爲所阻，不如擇其可行而先爲商辦，中外合力，徐與磋磨，彼既就我範圍，卽可循序漸進，將來於彼所難允者，相機伺便與之理論。抑或俟武備日精，邦交日固，竟仿西洋限制之法，要在統籌全局，因勢利導，雖效之遲速不可知，但盡一分心力，必有一分補救。臣所擬治本之計，籌經久之道者，如此自各國立約以來，英重通商，法重傳教，所操之術不同。此次被燬教堂，多屬法國而英國祇有武穴一案。德國則並無受損，惟有兖州舊案未銷。乃三國使臣既互相邀結，法之外部復奮其全力密聯英、德外部，意在廣樹聲援，乘此事機收意外之權利。英、德恐法之得權利而不甘居人後，遂與爲合從之謀。俄、美、義諸國又從而附之，彼之相約以顧全西國大局爲辭，而意則在各便其私圖，以責我保護將來爲說，而意則在覬變於臨事。臣愚以爲，方今要著，宜令各省格外嚴防，勿再滋事，杜彼藉口。而防變之法，宜注力查禁匿名揭帖，則風不起而瀾自平，薪不添而火自熄。至辦理此案，當先有一成不變之規模，如彼責緝凶多誅一匪，徒在我不爲無益可允也。而罪必求其當彼索賠款，多認一償費，在我尚無大損，可允也。而數必求其覈，卽彼欲以不肯保護之咎，株連印官苛察其平日玩視民事，政聲較劣，亦可允也。但須乘彼未甚催促，予以撤調處分，自足摺服遠人之心而泯其吹求之見矣。惟彼倘藉護教爲名，道我以不能行之事，或欲别訂章程，隱取權利。且使彼教日益恣横，自當堅定以拒之，鎮静以應之。昔曾國審辦理律案，雖一時謗議紛起，閲世以後人咸諒其心之公忠，並知其事之妥協者，蓋既保全和局，而原案外並無所讓也。今諸國既受法人籠絡，驟不可離英人於武穴一案，亦欲留爲觀望之資，未肯遽結。彼勢盛則所望愈奢，時久則所謀愈狡。爲今之計，似以設法速結爲妥，欲求速結似以堅持其大者酌讓，其小者爲妥。卽臣所論約束教士之法，恐彼知之而先肆要求也，似不如暫隱勿宣，俟結案後再與議善後章程爲妥。又聞英、法、德、義、俄美等國，多駛兵艦往來中國海面、江面，皆以保護教務爲名。外洋各報謠諑紛紜，或稱所費不貲，或稱相機行事。臣竊謂南北洋兵艦亦宜悉數調派，分布各處隱備非常，既示以勢力之不孤，且以保護彼教爲名，俾知我之所費亦不少也。如是，則彼之氣平，而我之理直，我之氣亦愈壯矣。臣所擬治標之計，弭目前之釁者，如此以上二説不過。就臣見聞所及，妄爲揣度，未知近日情形是否相符，各省教案是否已結，耿耿寸衷，略抒愚悃，倘蒙聖明俯察末議，敕下總理衙門暨南北洋大臣、湖廣督臣用備萬一之采擇，大局幸甚。除前已具函電陸續詳達總理衙門外，所有英法兩國教案，分别治本、治標緣由理合，恭摺密陳，伏乞皇上聖鑒訓示。謹奏。

《萬國公報·惠志道、李提摩太等〈陳管見以息教案疏〉光緒二十二年六月》　奏：爲愚人誣陷教民，擾害教堂，隱憂方大。謹陳管見，冀杜亂萌，而敦睦誼。恭摺仰祈二聖鑑事。竊維五洲萬國政與教相生，而實相成者也。朝廷苟爲教會設立妥善章程，民間斷無齟齬之事。否則猜嫌疑忌，紛然並起，必致别滋事端。誠以道德之與權勢不能水乳交融也。中國唐宋元明諸令土，聞西教來華，專以勸人行善爲宗，非頒賜地畝，卽勅建堂屋，准令任便設教，與他教不分軒輊。聖朝開國之初，聖祖仁皇帝一視同仁，尤加優待。雍正間，删去舊章，禁止傳教，教士亦不復來。道光季年，與泰西各國立約通商，始復許來華傳教。孰意同治九年，天津猝起教案，戕害二十命。光緒十七年，揚子江一帶教堂慘遭焚殺之禍。至本年而四川又見告矣。額兵營勇，棋布星羅。誰膺斧鉞之尊嚴，坐令亂黨鴟張，竟不聞出一令，拘一犯乎？寓川教士百餘輩，累日連旬，性命懸於俄頃。更不圖川案未定，又有福建古田一案。古田教士，久安居處，無端而猝被攻圍，竟至慘死十一人，負傷五人。迄今每一念及，不禁扼腕驚心。恭讀光緒十七年欽奉上諭，暨内外臣工章奏，各省地方官告示，歷言不逞之徒，捏造無稽讕語，藉端滋事等因。然而四年以來，所出各案，未嘗按照造言生事之律嚴行辦理，亦不聞禁止憑空惑衆之謗書。禍根蟠結於人心，而欲冀亂苗之不發也，其可得乎？

臣等覩此情形，萬難緘默。謹仿西例，聯各敬乞皇上聖慈，飭下總理衙門會同教師，速議保護教會章程。不特弭後患於無形，具於内治外交。不無小補。伏念中華爲自古馳名之邦，早知民教相案。爲治國第一要務。故自唐以降，千餘年來，儒、釋、道、回回、基督各教迭興，皆邀一體保護，並立有善法以處之。民間遂相安於不覺。獨今日在華之基督教，雖屢奉上諭，迭准宫示，而恒不得享安輯之樂者，蓋因新刻之《經世文續編》

及《海國圖志》等書，詆謗教會之語，誣陷教民，累牘連篇，聳人觀聽之所致也。而於教中所行之善事概不題及，即或有所稱述亦隱刺西人。心懷叵測，務使見此書者皆視教民如秕莠，避之惟恐不速而後已。況邇來此等書籍，重刊踐售，遍傳各省。以種種汙衊教會之語，雜於國家緊要官書之內，平民固信爲實事。官紳士子亦或不得不以爲然。遂有好事之徒，依樣羅織編造俚詞，民間輾轉流傳，誤懷義忿。每遇教民，輒其痛心疾首，滋鬧延於數省，傷命不止一人。焚燬房屋，又不知其若干所。總之，皆此等書階之厲也。

明哲之大吏，深知其書之妄，而欲考教會之立志，與其定章則有《新約全書》記救主耶穌，與其親炙門徒之遺訓。其大旨略云：上帝君臨萬國，父愛萬民。覆幬之下，誼屬同胞，必以講求忠孝，爲立身之大端。又必思效法救主耶穌，仰體上帝不忍斯民陷於罪惡苦難之心。願萬國萬民，化爭爲讓，化惡爲善，化愚爲智，化貧爲富，不獨享承平於光天化日之下，更沐神貺於永生不滅之中。似此宏願，明知中西各國，尚屬未能實踐，而有道者。深信此事爲天意所定，旦暮間必能有此一日。初不必專恃何國之帝王，爲之成就也。故凡本國與他國有所交涉，恒思設立善法，務使六合之內永不見有兵革之禍。即不幸而事機決裂，猶請他國公舉明正之員，斷其是非曲直，免致生靈塗炭。而又每閱七日，共聚一堂，闡揚天道，使人知仰賴神貺。以克私念。視天下黄白黑等諸種人，皆如兄弟，於是以養則有施醫養老育嬰等事，以教則有書院義塾等類。舉凡有益於人者無不次第相授。期於有利必興，有弊必革。不第有益於一國，亦且有益於各國。更能扶持平弱國。至於教會規條，尤屬嚴明，凡酗酒謊詐賭博淫惡之徒一概不准入會。間有匪人混迹，經久必知。既知必斥，待其悔艾，始許重收。其立法立志如此，皆有實效。並非徒託空言，有二千年史記可考而知也。

且歐洲美洲各國，養民、新民、安民諸大政，固皆賴救世教以日增而月盛也。西國名臣碩彥，又往往皆熱心樂道人也。阿斐利加洲各國民人，本極頑梗，日尋干戈。迨救世教興，而紛爭始息也。太平洋羣島，人自相食，本如禽獸。迨救世教傳及島中，而人亦漸知感化也。亞洲印度國，近百年來，屬於崇奉救世教之英國，成亘古未有之盛也。日本西學，卓然可觀，多賴教士之教授也。此皆他邦之事，歷歷可證者也。更以中國言之，在華教士，已將西國經史並格致機器等書譯成華文，又將中國經史譯成西文。更設書院學塾，教華人以西國有益之學。而四書五經仍不偏廢。通商各埠，及內地所設各醫院，皆以治病至精之法治之。遇有災荒，助賑不遺餘力。前山東、山西、盛京之災，雖有數人。因放賑而捐軀，仍有起而繼之者。又有教士，查水旱各災之緣起，並貧弱之根由，擬有補救豫防之法，足令各省每歲增收數千萬金，倍臻從古未有之盛。且教士既明乎各國治亂盛衰之理，其在華者苦口相勸，多歷年所。誠使中國早採其言，不至如今日受困之甚。然及今亟起而圖之，教士仍有救之之法。此皆在華教士辦事之效也。總而言之，政與教相輔而成。正教行於何國，何國則興。正教不行於何國，何國則衰。各國史册，班班可考。

至於教士之來中國，非奉本國帝王命令，乃以其樂善不倦之故。是以本國之官民上下，皆尊重而愛護之，矧教士於平日禮拜之時，又常恭祝皇上，以及官民。咸有一德，克享天心。聿臻郅治，與爲各國所誠求者，毫無歧異。倘中國志士仁人。與教中人同體上天救世之意，欲拯萬邦諸苦，和衷協力，固所願也。如或不然，亦惟各行其志，斷不有所勉强。是故自古舍己救人之善事，未有如今日遍行於地球之大者。中國若肯携手同行，一轉移間即可仍爲天下首出之大國。若見人行善而必欲阻之，是非愚人即惡人也。豈中國之素志哉？總之，教民果有間隙如《經世文續編》、《海國圖志》等書所記，則宇內各大國斷不能深信教會而加以敬禮也。各國名人學士，亦豈能信道而終守之哉？且何能化一切化外之人，使爲善類哉？可見若輩書中所載，不過造言謗毀，或不知中華以外之事。自詡管見耳。

然無論若輩是何居心，而究其終極，必將有害於國，有害於民。今中國若不以護善懲惡爲當務之急，深恐各國自愛其民，自來保護，將不知作何光景矣。況各教士之存心，遇有人評論教務之輕重得失不特不肯阻止，且更不勝願望。以爲人能詳加考核，必知遵有益而去無益也。夫謗人以毫無實據之言，固中西各國之所同禁者也。乃中國於各種謠言，既云久經禁止，而何以汙衊教民者，依然任其流傳。誠恐鬧教不已，不但有害於民生，亦恐將傷及邦交矣。且各教士無論傳教治病設學，皆係大公無私，木不畏人查考，特恐人不之查考耳。設人於教務，猶有未能了然之事。果肯詳悉訪詢，亦可剖明而毫無疑慮矣。查西例，各國帝王常延老師，面爲講道，此不獨有裨於人心，要亦關係國家之興衰。且匪第西俗已也，即中國自唐宋以來，世世帝王，亦莫不然。惜乎近年教師覲見之禮廢矣。臣等以爲，在京大臣或外省督撫暨通國紳士，如有疑義，不妨循中國舊制及各國常例，准令中國官民人等與教士往來常見，然後乃無扞格之虞，而凡百皆有益無損矣。不然，彼此一有隔閡不通之隱，久必釀成教案。既釀教案，則外國不得不向中國理論。此可見不相往來，凡百有害無益之一證也。應請旨明諭各省督撫以三事。

一、將《海國圖志》、《經世文續編》内謗教之文，及各種誣衊教會之書，盡行按法，實在剗除禁止。聲明各教士既係爲中國辦理有益諸事，中國人民即不得視爲異端邪教。且無論官民，如願人教，悉聽其便。萬不可迫之使背教規。皆當實准奉教，無容歧視也。一、今萬邦協和，各國有各國之所長。教士既爲中國求益而來，應令各處官紳採訪各國教養善法。凡有益於民者，不分中外，務期和衷商辦，相助爲理，實講修睦。

曩者，恭閲《邸鈔》，見皇上迭降諭旨，保護教民。而官長尤能欽遵出示曉諭，屬在教士教民，曷勝感佩。然近聞各省有謂保護教民一節，非出於朝廷本意，乃係西國要求之所致。故迄今教案仍見繼起，不斷葛籐，致令各國教士卒無安枕之時。臣等再四思維，惟有仰懇天恩，俯准以上所求一事，飭下各省官員認真辦理，則通國之人咸知保護教民，乃朝廷之誠心而萬民自無不遵行，教案亦可水息矣。且教士教民，亦各有效忠之心，原不應受此冤屈。今若力爲洗除，則天心必隨之而順，而各國有益民生之善法次第傳於中國，亦可與他國同獲無窮之利益。蓋中國本爲最古最大之邦，又爲天下各國所景仰。而地大物博，人知禮讓，欲復興也何難？萬不可列於小國之内，當列於大國之中。將千禍變爲萬福，誠所願也。

倘蒙皇上俯賜鑑納，採及芻蕘，不僅中國各省之民幸甚，即耶穌教各國亦莫不幸甚。不僅中國禍患永除，即五大洲之人亦罔弗歡欣鼓舞。而教會中人更爲逐日諷經，虔求上天，眷佑中國，永享太平矣。茲據在華傳教之教師，公舉數人，將在華傳教之大略，著爲一書，名曰《耶穌聖教入華説》，謹幷恭呈御覽。所有冀杜亂萌，永息教案緣由，謹繕摺具陳。伏乞皇上聖鑒訓示謹奏。

光緒二十一年九月二十八日呈請總理衙門代奏。

臣慕維廉　臣耶十謨　臣包爾騰　臣戴德生
臣楊格非　臣林樂知　臣金護邇　臣狄考文
臣惠志道　臣李修善　臣赫斐秋　臣文書田
臣裴雅谷　臣劉海瀾　臣謝衛樓　臣李提摩太
臣仕　文　臣婁　士　臣史嘉樂　臣李佳白

論説

《時報・論教案與目今時局之關係一九〇四年六月十六日》 教案固無時可有者也，而於日内之時局，尤不可有。然而近日之教案，又何其多乎？其故大宜研究矣。新昌之教案未平，恩施之教案又起，且其案情特爲重大，此其間百因萬原之故，固咎各有歸。然歸咎外國政府乎？彼固强權應享之利也，無可咎也。歸咎教士乎？彼固以擴充教權爲天職也，無可咎也。歸咎政府與官吏乎？彼之能力盡於此耳，無可咎也。故最任其咎者，莫如吾民矣。

吾見夫日俄開戰後之日人矣，其與於軍事者，將帥畢智慮，士卒捨生命，以求戰勝，其不與於戰事者，男子縮衣食、女子質簪珥，以助籌款，其故何哉？夫亦曰保其國之又安而已。而我之國民如何乎？日俄戰事之起，實由於我國，我國之地位，實與兩戰國無異。朝廷雖以必不得已之苦衷，而守局外，然吾儕國民固非可以局外自處者，縱不能效日人之所爲，而所以爲國家謀者，亦必有其道矣。而乃非惟遇國家之急難，若熟視而無覩，而且從井而下石焉。若土地惟恐其不速分宗社，惟恐其不早墟者然。嗟此頑民，實天地間之至可恨者矣。法人於普法戰後，國力耗屈，其勉圖自存之策，惟一意結俄而已。俄人利用法人自危之心，取法人之多金如探囊，數十年來，俄法同盟，俄人得法人之惠者良多。而法人蒙俄人之助，無有也然。法人則以鉅款已經授俄人之故，即明知俄人之巧黠，而亦無可如何。自日俄開戰，法人無事不與俄人表其同情，吾人默揣法人之用意，以經濟問題之故，萬不能不救俄，而救俄之道，又不可公然敵日。因以攻日爲救俄，則英日同盟之效見，俄以法助而易英敵，大小不相値也，黃禍之說，法人欲以煽動英美聯爲一氣，此法人之苦心。終以時機未至，事無明效，法人不能不以獨力爲助俄之舉。吾人觀之，其道無他途，僅有騷擾中國，以掣動日俄戰局耳。數月以來，此等見端，不一而足。幸而岑雲帥與鄭京卿，均爲通知大局之人，邊境之事，隨題對付，法人無隙可乘，其苦於計無復之之餘。烏知法國政府不授意於教會使之激成教案以爲日下下手之區，而法人保護之天主教，又適爲愚民所最不喜者，以最易滋事之處，而又有求其滋事之人，其滋事不難矣。其他若比若班若德，無不與法有同情，卽英美諸國，似與日睦。然使吾民此時戮其人，燬其堂，則黃禍之說立入，而瓜分之策可行矣。教民之恣睢跋扈，魚肉鄉里，其情狀原極可惡，然必擇一國家應付不暇之時，列强環視垂涎之日，而橫挑其釁，其知之而爲之耶？其不知而爲之耶？知之而爲之，則爲有意傾覆國家，國家傾矣，而己身亦不免。如是者極可惡而又可憐，不知而爲之耶，則直不知天地爲何物，以日俄相戰之大事，而亦爲懵然。且日俄之戰，可以謂之不知，庚子之事，豈亦不知耶？如是者可憐而不可恕。我國何不幸而有若斯之民也。

此非本報之偏袒教民導人媚外也，因天下之事，有緩急之不同，教民之橫，原必無忍於終古之理。惟但當竭力講求自治，以使外人收回治外法權，至治外法權已收，則民教自泯合無迹。今國家於軍械戰備，一無預備，而又當外人躍躍欲試之日，而吾民適爲之，是何異於丁酉冬山東之殺德國教士也？

中國愚民既不可以理喻，本報深望我國地方官吏能明日內之艱危，其著意防範，尤宜勝於平日，天主教堂，固尤其可畏者也，而耶穌教堂，亦無忽焉。

《外交報》一九〇四年第一七號《論永弭教案之政策》 吾謂外國之大愚不靈者，有一類人焉，在中國之法神父是矣。而我國之大愚不靈者，又有一類人焉，中國之辦教案者是矣。奚以明其然也，宗教之旨分世間、出世間兩大端，而耶穌則主張出世。法四福音紀教主言論，無談及國政者，而於懲忿窒慾，則兢兢三致意焉。使基督如在，而傳教於中國，吾知其必不干預詞訟，必不淩駕一切，必不勒索賠款矣。而乃今之法神甫，有教徒之名，而違教主之誡，頗聞有出門而以槍隊護從者，有在堂私設公案者；有以種種刻薄之法，凌辱中國官吏者，有以少報多，濫索償款者。容縱教民，猶其普通之習焉。此種神甫背教若是，名曰救靈，吾恐神甫之靈先有不獲救之理矣。其究也，積憤於民，不可復遏，剚刃其腹以洩厥忿，而神甫之身亦爲之死矣。是神甫者，進不能合教中之要指，退不能保肉體之受用，進退失據，一無所得，而徒爲仇視天主教之人，多一擴張權力之時機耳。其尤可笑者，軍人爲國家之光榮，犧牲其身，塗於原野，國家固因此而獲利益，己身亦因此而享名譽，故戰死之人，亦非徒爲犧牲，一無所得者。惟神甫之死，正足以證其平日所爲之不善，是犧牲肉體之外，又犧牲名譽焉，可謂酷矣。不寧惟是，以此無所不用其犧牲之人，則彼之受其貢獻者，宜如何之哀痛感激視爲己國有一無二之友，而出死力以擁護之。誰曰不宜，而乃今之法政府，其號於中國，則曰吾爲天主教之護法，其號於本國，則曰吾方且禁絶國中之教會學堂，而與羅馬教皇告絶，異哉，神甫非犧牲一切以報知己，乃犧牲一切以快仇敵也，吾竊爲之不解矣，然而神甫不之覺也。施施然挾其非驢非馬之勢，招棍徒欺良懦，蔑官吏，侮國律，殖財産，戀權勢，若惟恐其死之不速者，是真所謂其愚不可及矣。雖然，天下事，既有賣者，若無買者，則其局不成。今日之局，既有法政府之出賣神甫，而適有我政府之收買神甫，而後千支萬條之教案起焉。故我政府者，愚之母也，按教皇雖無土地，而規制如一國。歐美各國，皆派大使於其廷，而教皇亦有使臣分駐各國，中國若有教案，何不可自行直接於教皇，而必與法國交涉？教皇無土地，則無所謂殖民，無軍隊，則無所强迫，與之交涉，純乎論事之是非而已，無外交之政策羼雜其間。較之與法國交涉，其難易不可以道里計。此在平時，早宜設法改良，而皆因循不果，今者法政府忽與教皇大閧，法政府與天主教會有不能兩立之事，此天與我以拔本塞源之機也。竊謂我政府於此時機，當一方面謝絶法人，謂貴國既與教會絶交，則此後關於教會之事，不便瀆陳貴國云云。法人雖橫，將以何詞對我？一方面請於教皇，請其派專使於中國，以代理一切教務教皇當此，未有不樂從者。如此，則在中國之天主教神甫，欲爲神甫，則不能歸法國保護；欲歸法國保護，則當與教會告絶，於教會與法國之間，必不能以一身兼之，則其非分之權力，可一旦消歸於烏有。神甫既無權力，則教民無所憑藉，教民無所憑藉，則民教可以平權，而教案可以永絕矣。此所爲戰勝於廟堂也。夫我國之病教案已達乎極點，自上至下，日皇皇焉思所以弭教案之方，而迄不可得。今何幸而忽有此一隙，爲我國改良教務之機，時乎時乎，不再來矣。而乃今之政府，於此等真正之機械，漠然不察，但日以嚴厲之手腕，恫嚇國民，使之重足而立、側目而視。江西湖北之教案迭出，乃日受與教爲仇之法人之詬責，何其愚之至此哉！吾謂事會之來，今不可再失矣。

《中外日報・論教案之由來一九〇四年八月十三日》 中國近年以來，上自政府，下至州縣，兢兢然日懼其有，而不能必其無有者，教案也。各國近年以來，視眈欲逐，所藉以於中國土宇之內，擴張其勢力，而不慮其不得志者，亦教案也。近者江西新昌，有殺斃教民二人之案，法總領事日以電報公文，詰問江西巡撫，辭氣頗厲，刻下辦理之法，尚未可知。而湖北利川教案又見告矣，聞被殺者監督一人、神甫一人、教民二人，被拘者神甫一人。教堂被焚者三所，雖詳情若何，尚未能懸揣，而其不免於釀成交涉重案，則固可逆知也。按自庚子以來，懲治鬧教之案，不爲不嚴，除拳匪一案外，湖南辰州一案，武弁正法者一名，斬監候者一名，永革者二名，文員永戍者二名，其垂戒可謂極嚴。然而自此以後，教案仍無歲無之。外人以保護責政府，政府以保護責州縣，宜若可相安無事，而其禍卒未嘗少弭。且更有甚焉，則以徒張皇於文告之間，而未得正本清源之道也。蓋教案所以日多之故，其初實由內政不修，吏治日疲，凡詞訟之失中。捐稅之苛累，胥役之騷擾，皆足使小民不能堪命，而惟入教者，可以恃神甫主教之力，以與官相抵制。於是入教者遂多，既而入教者既多，且有所恃而無恐，而流品率不盡純正，即不能與教外之民相安無事，積忿既久，遂釀厲階。倉卒觸發，莫不能禦，於是遂有教案。然其初辦理之法，不過戮犯賠款而已，自膠州一役，至於割讓要地，拳匪一役，幾於宗社爲墟。於是朝廷不得不嚴懲鬧教之人，養癰貽患之官吏，以杜後患而弭外釁，此誠不得已之策也。而自不入教者視之，則以爲此必非朝廷之本意，特由外人逼迫使然。是入教者得保護之益，不入教者若不在覆載之列也。於是由畏懼之心，積而成仇恨之心，又自入教者視之，則又以一經入教，即可得種種利益。如是雖皇帝亦無如我何，大有一人跳踉萬夫辟易之概。於是以依賴之心，積而成狂恣之心，二者相合，如冰與炭之必不相容，薪與火之有觸即發。而教案殆將與中國相終始矣，此所以政府與疆吏，日日懼有教案，而教案卒不免也。其尤謬者，則不究其端，不詢其末，日以保護二字，督責州縣。不知今之州縣，無論何等出身，而條約章程，皆不諳曉，則於平時綢繆之策，舉夫臨事消弭之方，皆不能預爲講求，是無保護之本領也。今之州縣等於古之諸侯，兵刑錢穀，無所不統，精神既有所不及，照料復有所難周，即驟詢以本管之內，共有教堂若干所、教士若干名、教民若干人，恐倉卒亦不能具對，更何暇言保護？而且職任既太繁，權柄復又太輕，即有能者，亦苦於無所憑藉，以展布其政策，是無保護之能力也，不得已而求苟安旦夕之策。於是無論何事，率以袒教抑民爲宗旨，以期一日之安，不知愈袒教民，而教民之勢愈橫，愈抑平民，而平民仇教之心乃益深，是無保護之法術也。且州縣一人而已，而教士、教民則何限？仇教之人更何限？安能一一立於其旁，而爲之護衛，爲之彈壓？此所以日言保護而終於無效也。今新昌利川二教案，或未必盡由於此，而教案之由來，則固不越此數端矣。竊謂今日中國所懼，在於外患，而外患之來，必自內憂始。內憂之來，必由內政不修始。朝廷誠爲整頓內政計，必當先從州縣下手，實宜嚴其選擇，重其權柄，分其職任，必使其人之精神才力，餘於所辦之事，既無竭蹶之虞，復無叢脞之患，而後應興之利無不興，應除之弊無不除，必使四境之內，凡所爲匡道而輔翼之者，無不悉合乎程度。平時之布置既周，斯倉卒之釁端自少，此不僅爲弭教案計也。而鬧教之禍，終可漸少，否則民教之不和，利益之不相等，已成積重難返之勢，而猶以保護二字責諸權力不完全之州縣，是猶揚湯以止沸，抱薪而救火也。

道光二十三年，通商以來，教案問題遂爲中國前途第一大事。六十年間，凡有與西洋交涉之事，割地賠款，莫不因之。夫宗教者，大盛於十世紀之前，後至十九世紀而衰。至二十世紀而能力將盡。乃在西方，則其勢日衰，而在東方，則其勢日盛，非天地可怪之事哉。雖然我中國之教案問題，與他國異，非宗教上之問題，乃政治上之問題也；非內治上之問題，乃外交上之問題也。既爲外交上之問題，而至今日外交日亟時，教案因之愈亟，亦固其所，故猶太教之來在漢時，今河南挑筋教是也，基督教之來在唐時，今景教流行中國碑是也；羅馬教耶穌會之來在明時，今在中國之天主是也。猶太教之來最古，亦最無可考，景教在唐時，其瑣事絕未爲唐人所言及，其無影響可知。因唐人於佛教，最爲精摶，景教無可與爭，遂不絀而絀。羅馬教在明時，則大爲社會所歡迎，因明人於學問最空疏，律曆諸學，幾至廢絕，得天主教人，而見所未見、聞所未聞，遂因其藝而信其道。及至本朝，則神甫且參密勿，國家之大政策，爲衆神甫所獻替者甚多，至雍正朝而微。自此以上之西教，其中國或行或不行，均專屬乎宗教，與政治無涉。而社會亦未嘗有所大不便，自道光以後，傳教載入條約，而宗教始與政治相連，而滔天之禍，從此始矣。尋教案之成，千因萬緣而得之，則必以六端爲質幹一、各國政府，雖不信教，而常樂保護其傳教人，以爲擴充權力之地也。二、各處神甫，非必甚信其教民，而必以招納棍徒，干預詞訟爲招徠也。三、各處教民，亦非真有見於其教，而徒以教堂爲詞訟之保險行也。四、各地平民，亦非有所深仇夙忿於教民，但因教民之有恃無恐，置身於法律之外，而使己吃虧也。五、各地地方官，亦非真有惡於其民也，實以朝廷保教之諭，言之至切，欲求名位之長保，必得神甫之允可，欲得神甫之允可，必需教民之愉快，欲博教民之愉快，必需平民之受虧也。六、朝廷亦非不知民教之不相平也，但以畏兵隊之故，不得不畏駐使，畏駐使之故，不得不畏神甫，畏神甫之故，不得不畏教民；畏教民之故，不得不重壓官吏也。此六因者，還相爲宮，而成爲今日之局。質而言之，則不過中國之兵力，不及外國之兵力耳。何宗教之有？何條約之有？今我政府，不致力於本原之地，徒日下嚴旨於地方官，責以連絡神甫，保護教民，夫庚子以後之地方官，朝廷豈猶慮其仇教耶？朝廷責以連絡神甫，則彼至於請安叩頭大人卑職；朝廷責以保護教民，則彼至於與己之輿臺皂隸分庭抗禮，其分際已無以復加矣。民見官之如此也，知訴之必不見理，於是從而自爲之其初一二之小故，均爲官所鋤滅。及其勃發而不可制，則大禍以起，然而神甫死矣，教民戮矣，鬧事者償命矣，官吏獲譴矣，朝廷出錢矣，而彼掀髯以爲得計者，則在外人之政府也。

《警鐘報・論中國教案之原因一九〇四年九月十八日》 近日以來，中國教案層見疊出，小則失財，大則失地。而教案一端，遂以促瓜分之禍。吾謂此非宗教上之關係，乃政治上之關係也。何則統天下各教之民，固以基督教民爲最衆。然自拿破崙變法後，西國政教，判而爲二，法奪教皇之權，意奪教皇之地，羅馬既滅，教皇徒擁虛號，而德國君相，裁抑教民尤甚。至於近日，法人復分設政教，以絕好於教皇，彼固自知教之不足重，無所瞻徇於其間。若中國則不然，自中西訂傳教之約，泰西各國，動以教案相恫喝。而教案乃益蠭起不可止，其故何哉？蓋中國教案之起，實由政治，而牽涉於宗教。何則異域宗教入中國者，有佛教、回教，亦嘗廣布經文，建立祠宇，而中國人民，絕無仇教之舉。至耶教入中國，則民教不和，釁端屢啓，雖由一二愚民之煽惑，如疑教堂有荒誕殘忍之事是然亂之所起，夫豈無因？中國自庚子以後，國用所出，以賠款爲大宗，賠款以外，又以行新政建學堂之費爲大宗。於是各省以內，莫不抽捐加賦，暴斂橫征，而一二不肖之官吏，復將肆分外之誅求，列無名之賠補，此在富饒之境，尚或難堪，況窮陬僻邑，地小民貧，又旱潦告災，凶荒屢届，小民歲入幾何？而官吏之斂財，不聞少止，愚民不察，以爲此皆斂吾民之財，以供外人之用者也。而仇外之心，油然生矣。仇外之心既生，而外人居留境內者，舍教士而外，其數甚稀，於是萬矢之的，乃集於教士之一身。又奉教之民，横行鄉曲，每假教士之威焰，欺壓平民，而民教搆訟，復袒教抑民，如歐民不斃教民不收集之類，而宜變之斷訟莫不抑平民而直數民平民積不能堪，憤而思逞，偶經煽惑，則從亂心生。此中國教案，所以由於政治之不善，而非由於爭教也。爭戰若十字軍之爭、歐洲三十年戰爭是若西人之對於教案也，亦因宗教而涉及政治，吾觀教案既結，其關係於宗教者，僅建設教堂，優禮教士數款耳。而索賠以外，或要求割地，或爭案實權，蓋西人之窺伺中邦，歷有年所，而教案之生，適足爲西人所借口。夫何惜犧牲一二神甫，以謀權力之鞏固乎？故愚民之鬧教，乃中國之大不利，而實西人之大利也。要而論之，中國之教案，實非因爭教而起者也。傳教之士，非有利瑪竇之學識也；奉教之徒，非有徐光啓之才技也；攻教之人，亦非如楊光先之誠摯也。蓋教士之中，非無熱心傳教之士，然西國無業游民，亦多借傳教以謀衣食，教民之中，亦非無一二博通之士，然內地之入教者，又皆游手無賴之徒，恃入教之名，以達其作奸犯科之欲。至攻教之徒，以一時小忿累及鄉黨，其愚必不足論矣。由是言之，教士者，西國之莠民也，教民者，中國之莠民也；攻教者，亦中國之莠民也。三者相翼，乃成禍亂。而今之涉教案者，大抵多陳兵衛，名曰保護，多張告諭，名曰撫綏，一則懼西人恫喝之威，一則甚惜其身家妻子，而不敢以官爲徇。迨事變猝起，張皇失措，民以冤死，官以罷職，而索賠之款，復分取於士民，致人民仇洋之心，日益加切。鬧教之案，遂無已時，豈不衷哉！即今之稍有智識者，謂中國教務，宜由教皇遣使管理，一有教案，可以免各國藉端要求，然此猶宗教上之關係，而非能清教案之源者也。欲清教案之源，當以不斂財爲本，試觀鉅鹿之亂，舞陽之禍，孰非由賠款而起乎？即觀於近日之教案，若欒平之禍，由於靛捐，龍泉之案，由於商捐；而施南之亂，亦大抵由於赤旱千里。民庶日貧，激而爲鬧教之舉，故斂財者與鬧教有密切之關係者也。有斂財之因，即有鬧教之果，今歲之中斂，財之數最多，而鬧教之案亦最衆。比較而觀，可以知其故矣。此教案之出，所以由與宗教無涉也。

雜録

《東方雜誌》第一卷第七號《直隸總督袁頒發各州縣教案簡明要覽》

查英約第八款，戳耶穌教暨天主教原係爲善之道，待人如己，凡有傳授習學者，一體保護。其安分無過者，不得刻待禁阻。又美約第二十九款，耶穌基督教又名，天主教原爲勸人行善，凡欲人施諸己者，亦如是施於人。嗣後所有安分傳教習教之人，當一體矜恤保護，不可欺侮凌虐。凡有遵照教規安分傳習者，他人毋得騷擾。又法約第十三款，天主教原以勸人行善爲本，凡奉教之人，皆全獲保佑身家，凡中國人願信崇天主教而循規蹈矩者，毫無查禁。又荷蘭約第四款，荷國所奉基督聖教即耶穌天主教傳教之士，若安分傳教，在內地中國官一體保護。如中國習教民人凡中國律令之事，歸地方官審辦。各等語是耶穌天主名目雖殊，其勸人爲善則一。各傳各教，各習各教，悉聽其便，如有倚强凌弱，恃衆暴寡者，即是不安本分不遵教規，既不欲人之刻待己而反刻待人，既不欲人之欺侮己而反欺侮人，是明與行善之旨相悖與，不欲弗施之旨相悖，既不循規蹈矩，違犯中國律令，地方官即應照例懲辦。

以上一條是各國條約載明地方官待教士治教民之義務。

咸豐十一年二月二十三日總理衙門咨行各省，准法國送到傳教諭單，檢查諭單內載教士赴內地，祇以傳教勸善爲務，並無他意，亦絲毫不得干預地方公私事件。倘該教士有干預公私事件者，亦應照諭單駁斥，不准一面飛咨本衙門核辦，以便移送法國駐京公使懲治等語。又同治元年正月初九日總理衙門咨各省，本衙門查諭單內載明傳教士並非官員，不得干預一切別項公私事件，發給諭單，亦可使該教士自知本分，不致仍前無禮。相應通飭地方官，查照等因查教士祇管教務，不得干預政權，此是各國通例。法國諭單聲明不得干預公私事件，則不特在官詞訟不應干預，即民間私事，亦不應過問。如教士干預地方公事，即應遵照前咨駁斥，不准此外各國教士，仍一律辦理。

光緒三年北洋大臣准法國白公使函，稱請出示約列諭單三條，一、中國人願信崇天主教而循規蹈矩者，毫無查禁。一、差徭及一切有益等項，教民一律遵行，惟迎神賽會與伊無涉。一、傳教士並非官員，不能干預一切公私事件，其本意勸人爲善，如用稟呈訴確係理直之事，地方官立與秉公辦理等語，是教士並非官員，不能干預地方公事，屢奉明文，地方官自應遵照辦理。

以上二條是總理衙門咨行禁教士不得干預地方公事辦法。

同治元年八月，總理衙門咨行查各省習教民人，雖奉天主之教，猶是中國之民，准法國欽差大臣布照會稱該教勸人道理，無非尊崇君上，謹守中國法度等語。自應一律體恤，以示一視同仁之意等因。既同是中國之民，則無論或爲傳教、或爲習教、或爲教堂先生、或爲教中會長、或爲記名望教，均應遵守中國法度，如有違犯，仍應照中國人民一律懲治，固不必因其奉教有意從刻，亦不能因其在教格外從寬。

光緒七年五月，總理衙門咨行北洋大臣天主耶蘇兩教在習教之人，雖有不同之處，而國家一視同仁，但期民教永遠相安，並不從而區別等因，是耶穌天主兩教國家並不區別該教民等，不得因異教之故，互相淩競，致啓爭端。如因習教不同兩不相安，地方官應不論所奉何教，仍按所犯情節，照中國人民一體辦理。

光緒二十二年六月，總理衙門奏查教士不得干預公私各事，載在條約，及咸豐十一年，奏准傳教諭單各該地方官於交涉教務者，務須查明根由，持平辦理。又同治五年，議准教士除教務外，不得干預一切公私事件。又光緒十二年，議准凡奉教人遇有訟事，悉聽地方官審斷，教士不得干預。各等因。歷經奏明在案，本年廣東潮州古溪一案，法美兩教互控而皆爲華民，該兩國使臣咸允照向章由地方官辦理，要以教士領事，均不干預。該使臣均無異辭。案經辦結，至教民犯案與教堂無干者，總由地方官自行核辦，凡遇此等案件，地方官平情酌理，不背約以生事，不違例以枉人。所裨不小等因，是兩教互控之案，領事教士均不應干預，教民犯案，應由地方官自行核辦，應差傳者立時傳喚，如傳喚不到，即應拘拿照例懲辦。如兩造之案被告已經到案，原告延不投到，逾期兩月，即應照原告兩月不到案應註銷之例，將控案註銷以免延累。

以上三條是總理衙門咨行教民犯案辦法。

同治四年二月，總理衙門咨行教士如買地爲建堂之用，其賣契內只可載明賣作本處天主教堂公產字樣，若係洋人在內地置買私產，與條約不合，仍應禁止。此後如有教士在內地買地建作教堂公產，即照咨內事理妥細查明辦理，勿任混淆等因。是教士買地，只可作爲本處教堂之用，如置買私產，即與條約不符，應立即禁止。

以上一條是教士買地建堂辦法。

光緒十七年六月，總理衙門咨行各省督撫，分飭該地方官，將境內共有大教堂幾處，小教堂幾處；堂屬某國某教；各堂是否洋式，抑是華式；教士係何姓名，係屬何國之人；是否均屬洋人堂內，有無育嬰施醫各事，分別確查，按季册報本衙門，以憑稽核。務須嚴飭地方官，不事虛橋，隨時履勘，更不得假手胥吏，致多騷擾。且不妨預告該教士，以清查教堂處所，原備保護起見，切勿另生疑慮。此係中國自理之事，各國教士設堂於此自以得中國保護爲樂，地方有司自行查理，所查僅堂外住地，並非堂內教規，無害公法等因，是各州縣於境內教堂，奉文詳查册報以後，自應一律遵照辦理。

以上一條是清查教堂辦法。

光緒二十七年七月，前北洋大臣李核定兩司會銜曉諭民教告示，一、去年民教相仇之案，現已議賠議撫，應各消釋前嫌，一概完結，無論平民教民，不准尋仇報復，違者照例論罪。如再以身命財產等事控告到官，立案不問至著名拳首及大二師兄，凶惡最著之犯，本應拏辦，倘悔罪投首到官，有公正紳董作保，保其以後安分守己，並效力緝匪，准免其死罪，取結報查。倘再有犯，立即就地正法。二、投誠免死之匪，既已繳槍取保資遣歸農，應照良民一律看待，無論何人，不准欺侮，違者照例論罪。三、無論平民教民，不准身帶刀槍，如違拏究。倘或拒捕，格殺勿論。如家內藏有後膛快槍，應即繳官領價，好槍每枝給銀十兩，由各州縣先行墊給，後領歸還。若藏槍不繳，查出照私藏軍火例，加重論罪。其曾當土匪者論死，至教堂及辦保甲紳董人家留槍爲守夜防盜之用者，不在禁例，但須由官查明，限定數目，不准多藏。四、平民教民先因案未議結，彼此佔奪房屋田地，現在案已議結，俱應一律各還原主。五、教民除迎神賽會無益之費，聽其不出資外，其餘如積穀、書院、保甲、巡夜及地方有益身家之事，大家出費，教民應一律照出。該地方紳董地保人等，務須將教民一體約束保護，不得歧視等因。查當時因拳匪亂後，民教相仇，故特出示曉諭，寬其既往，嚴杜將來近數年來聞天主教民因得有賠款之故，氣焰頓張，復搜求從前曾經習拳之人肆意凌侮，多方索詐，其人多投入耶蘇教會以相抗，一經入教，益復尋仇，互相糾纏，兩不相下。近來兩教涉訟之案，半由於此，要知該民雖曾誤業經赦宥，許以自新，他人自不得妄引前事，意圖株累本人。亦不必求庇教會，恃爲護符，如有似此案件，地方官自當就事論事，秉公分別懲辦，庶安良戢暴兩教無事。

以上一條是教民借事索詐爭訟辦法。

光緒二十八年四月，北洋大臣衙門准法國駐京公使鮑照會，前因羅教士在威縣被害，特派領事往查如何被害根由，以免嗣後再生此等情事。茲據該領事查復，凶首係武舉人景廷賓等，但懲辦匪犯不能抵補，尚應另設妥法以杜後患而安民心。此項辦法其，一則係團練所有軍械全行收回，愚昧輕信之人，手內持有軍火，實屬可慮。貴部堂主持收回，團練器械經本大臣通飭各處，教士凡教民存有軍火者，均皆一律收回，加意存儲。俾於團練軍械收回後事，同一體。至此次肇亂根由，乃係莠民謠傳，於民間抽捐賠補，教民而起以致嫌怨難以解釋。若直省賠款，欠項在於藩庫一齊撥給清結辦法，莫善於此，此辦法之二也。至平民將地畝抵押教民以爲賠款，若直省藩庫有力，可籌本大臣願盼貴部堂襄助，原業主贖回抵押之地，本大臣一面轉飭教士隨時勸令教民允從照辦，以爲協助，此辦法之三也。末則本大臣注念因庚子拳亂，民教或人命、或搶掠、或爭競，各等詞訟案件應當一律全行革除，不再提問。俾得安謐民教人心，除轉達主教教士等襄助奉行外，尚望貴部堂深明本大臣但期平靖之後轉，飭各有司妥爲安謐民教等因，查鮑公使所議辦法甚爲公允，當經分行核辦，出示曉諭，在案民間私儲軍火原干例禁教民。前因亂時所存軍火，業經法國鮑公使轉知主教教士，飭令一律收回，與團練繳械一律辦理。如嗣後教民私儲軍械，誠如鮑公使之言，實爲可慮，應由地方官查明確據，迅卽知會教堂查照前次來文，將所存軍火器械一律由教堂收回加意存儲，以杜釁端而安民教。

以上一條是禁教民不得私存軍火辦法。

光緒二十二年四月，前總理衙門奏近年各省教案迭出，地方官處分誠不能不明定專條，第操之過，蹙必至以規避處分之故。縱教虐民翻致積隙日深，發機愈烈，迨至釁端既搆，又自知一經里議無望，原情惟有束手聽參，不思力圖補救，似與立法預防之意轉有所妨，擬請嗣後遇有拆教堂殺教士之案，除有心故縱以致釀成巨案者，應酌量案情隨時請一旨辦理外，如係事起倉猝，迫不及防，應將地方官照防範不嚴，降一級留任。公罪例議以降一級留任，其保護未能得力，自係辦理不善，應照不應重公罪降二級留任例，議以降二級留任。俾示懲警等因，是拆教堂殺教士之案，降級留任，州縣自應隨時加意。

以上一條是地方官教案處分。

查天主耶穌兩教在外洋雖分新舊兩派，而意在勸人爲善，仍是異流同源，不過講解不同條規不同，別户分門，各從師說。至於毋殺人、毋攘竊、毋作妄證、毋貪凡屬於人之物，則遠宗摩西十誡，大教皆同。其愛人如己，待敵如己之宗旨，亦兩教如一。凡入教者，如能毋殺、毋盜、毋誑、毋貪，在教中固爲善士，在鄉間仍屬良民，官長自應一律保護。如或酗酒鬬毆，肆口駡詈甚至逞忿尋仇，貪財索詐以致釀成搶殺重案，如近來寧晉教民滋事等案，一經查辦，正定教堂卽將其人革隊，由官照例嚴訊，監禁有差，悉如律令，誠以干犯國紀罪固應誅而不守教規先宜屏黜。法令具在，斷不能因是教民倖邀寬典也。

查天主教堂刊布教規勸人向善，其有不率教者，一則曰送官嚴懲，再則曰送官治罪，可見官能執法，正可以輔教權之不逮。彼教甚賴官之有權，地方官斷不可失内治之權，而權所以能不失者，則尤在平日莅官行政，廉公有威，必須正本清源，然後令行禁止，仁聲循譽，固不能取辦於臨時也。

以上二條是論兩教源流並堂中教規。

查以上十三條，不過就成牘中撮取大要，以爲各州縣辦理教案之一助，誠恐約章徧覽難得要領，成案過多，憚於彼閱，故條列大略，意在簡明至案關交涉，比引公法，詳核條約，神而明之存乎其人，尤願强聰之官吏，佐治之幕賓慎思明辨之也。

貴陽教案分部

綜述

清·寶鋆等《籌辦夷務始末（同治朝）》卷六 甲辰，總理各國事務恭親王等奏，上年十月間，法國使臣哥士耆赴粤之前，曾函知臣等，雲貴州地方官毁壞天主堂、焚燒學房、虐殺教民四人，請行文貴州巡撫查辦，並希行文兩廣總督會辦，其文卽自行帶粤投遞等。因當經臣等分別行文咨查去後，旋據署貴州巡撫田興恕覆稱，黔省自逆匪滋事以來，將士東征西勦，殺賊不知凡幾。其中有無曾奉天主教之人，無從稽查。卽用兵之區，焚燒房屋亦所時有。其中卽有天主堂學房，勢不能爲之區別等語。臣等當以此案果如貴州巡撫所稱情形，則所殺之人、所毁之房自必無從查辦。正在覈辦間，適哥士耆於本月初旬回京，繕給臣奕訢照會一件，内稱貴州提督田興恕起意陵辱教人，去年屢次帶兵攻擊貴陽等處天主堂，並派團務道趙畏三等，往貴陽青巖晁家關攻壞學堂，將該處習教張如洋、陳昌品、羅老二、王羅氏四人並不審問卽行處斬。曾於上年十月間，請爲設辦理。茲復查得前時署貴撫何冠英、提督田興恕曾經公寫一信與各屬員，内有驅逐天主教人，並藉故處之以法等語。以致本年正月內，困開州夾沙龍地方百姓紙劄龍燈爲戲，傴天主教人祭龍，奉教人不祭，於是團首周國璋稟官。該州知州戴鹿芝帶人將傳教人文乃耳，及中國人吳貞相、陳傳經、張天中並張易氏拏去，盡用極刑處死。仍派團首周國璋四鄉探尋奉教之人，拏獲嚴辦。該處雖有如此種種可駭之事，而後任巡撫韓超接到本大臣由廣州寄去和約告示二十張，仍還該處胡主教，不爲張貼各情。本大臣止候貴親王再四思量，照覆本大臣如照如何辦理，並將貴州胡主教中陳一件、何冠英田興恕公信一件、哥士耆在粵時與勞崇光來往信二件、救封寶訓一本送閱前來。臣等伏查法國條約內載，天主教原以勸人行善爲本，凡按第八款備有蓋印執照入內地傳教之人，地方官務必厚待保護。凡中國人願信崇天主教而循規蹈矩者，毫無查禁，皆免懲治等語。臣等於前年換約後，曾將和約告示鈐蓋關防，通行各省，各該督撫自應徧爲張貼，俾軍民人等咸得知悉，免致再於法國傳教及中國奉教之人稍有謀害，至各督撫尤應遵照。疊次欽奉上諭，於凡交涉習教事件，持平辦理，不得意爲輕重。如果各督撫遵旨妥辦，何至各府、州、縣致有擅殺法國傳教士及中國教民情事。

臣等前於咨行各省文內，以天主教現在業已弛禁，應按條約辦理。諄諄告誡，不啻三令五申，非不知中國固以儒教爲重。但中外既經換約，則天主教人自行其教，並未傴勒不習教者勉强聽從，在中國自當一視同仁，不得稍加陵虐。查田興恕督兵黔省，所向有功，頻年東征西勦，誠如該署撫覆文所云，殺賊不知凡幾。但軍人民等如果甘心從逆，固不能因其奉天主教面獨免刑誅。其有賊地方，向有天主堂學房，一經大兵進勦，固亦不能因其爲教堂產業而可免延燒。至如該教人等安分守己，並無從逆實迹，而所建之教堂房屋又不在有賊地方，地方官止因其傳天主教奉天主教，並未問曾否犯法，乃驟然焚燒殺戮。人命至重，其人雖係奉教，仍屬朝廷赤子。地方官職在愛民，何得草菅人命？乃貴州貴陽地方團務道趙畏三，於上年六月殺無罪教民四人。開州知州戴鹿芝，於本年正月殺無罪傳教士一人、教民四人。究其故，則貴陽之殺不問所犯何案，開州之殺止因奉教人不肯聽從共祭龍燈，遂經團首稟官處斬。現在貴州胡主教遣司鐸任國柱進京，向法國欽差投遞申陳，內有貴陽府知府多文聲稱，和約文件乃恭親王愚弄外洋之舉。署開州知州戴鹿芝聲稱，恭親王乃久蓄異志、私通外洋之人，其人何足道，其印花又何足道之語。其餘所稱各節，與照會大略相同，黏入照會附送前來。臣等查覈照會內縷述各情，與田興恕所稱情節大相懸絕。其申陳內所述多文、戴鹿芝等詞，尤屬駭人聽聞。臣等公同商酌，此案若仍交田興恕及韓超查辦，則照會內係田興恕起意陵辱，且有與前撫臣何冠英公寫信稟，內有藉故將教民處之以法之語。韓超雖係現任巡撫，亦恐於前任之事不免瞻徇，亦無以摺服洋人之心。再四思維，廣東、四川兩省均與貴州相鄰，成都將軍崇實、兩廣總督勞崇光、四川總督駱秉章均係能顧大局之人，應請旨密飭崇實、勞崇光、駱秉章，迅卽各委謹慎滿漢大員馳赴貴州，將照會及申陳內所稱各節，逐層嚴密訪查稟覆，由崇實、勞崇光、駱秉章據實具奏，毋得含混了事，亦不得稍事遷延。

又　卷一一　諭議政王軍機大臣等，據崇貴、駱秉章奏，遵查教民案件情形一摺，所籌尚屬周妥。黔省教民一案，前經降旨令崇實等會同潘鐸查辦，現在潘鐸業已行抵滇省，接印任事，勢不能再行摺回。張亮基尚在啓州，距黔較近，本日已明降諭旨，令張亮基署理貴州巡撫，並提督篆務，著卽行摺回赴黔，將本日寄去之明發諭旨宣示，仍卽迅速覆奏，以便發鈔。貴州教民案件結釁過深，崇實、駱秉章均知原委，卽著詳悉密函告知張亮基，於接印後迅速查辦，會商崇實奏結，不得再事遷延。勞崇光行抵阿處，久無奏報，殊深盼望。著仍遵前旨兼程前進，毋再延緩。崇實另摺奏，教民案件難辦各情，請仍與駱秉章密商辦理一摺，駱秉章久任封圻，洞悉事機，所見自在崇實之上，仍著該將軍遇事密商，以期周妥。崇實亦不得稍存推諉，法國住京公使哥士耆因教民一節久未辦結，諸多饒舌，所有一切詳細情形，已諭總理各國事務衙門，另行密咨崇實等查照矣。【略】

丁丑，總理各國事務恭親王等奏，本月十一日，法國哥士耆來署，呈遞所擬條款，內開十二條，天指因貴州殺害教民一案，擬請將田興恕抵罪，並索賠償教民銀兩，當面求臣奕訢畫押照准。臣奕訢當卽據理斥駁，該使卽負氣而去。臣等仍欲婉爲開導，冀其感悟，於十四日臣文祥、臣崇綸、臣董恂、臣恒祺前往法館，再三辯論，詎該使堅執前議，牢不可破，於十八日遞臣等照會，將十二款黏鈔前來，其情詞背謬，比前較甚，且有所定條款稍減斷難依從，請於十日內將各款辦法決定，或不能照准，另自備辦等語。臣等查天主教一事，自道光二十四年業已開禁，嗣後酌定條約，亦未能删去。臣等接辦撫務以來，明知此事爲風俗人心之所關，且與內地良民不相洽，第當四方多事之秋，和約已定，只得持平辦理，以期相安無事。故每於法國傳教案件，或請旨飭辦，或函致各省大吏委婉妥商，原爲念切時艱，故不能不略爲遷就。無如該使得寸進尺，肆意要求，窺其用心，直以爲打破此次關頭，此後卽爲所欲爲，更無忌憚。若不示以限制，勢將逐漸加增，滄海橫流，伊於胡底。臣等照覆該使，按照條約，決於兩言，祗許賠償，不能抵罪，並有寧可以身當禍，斷不能爲萬世之口實等語。誠以哥使此次照會，語多挾制，若復將順其意，勢必長其驕矜，愈形棘手。惟臣奕訢與之照會，雖稍近嚴峻，然事關中外，亦不敢逞一時意氣，以貽大局之憂。俟該使照覆前來，再行相機商辦，隨時具奏。【略】

諭議政王、軍機大臣等，總理各國事務衙門奏，接據法國照會，謹將辦理情形，並鈔録照會照覆，哥士耆所遞條款呈覽，法國於貴州殺害教民一事，嘵嘵不已。現復呈遞照會條款，萬難府允。經恭親王等給予照覆，雖屬詞義嚴正，惟今已數日，該公使毫無動靜，已令由該衙門隨時相機開導貴州殺害教民之案，辦理粗暴，田興恕、韓超均不能辭咎，是以先復將該二員撤任查辦。然無論其罪如何，亦斷無遽憑該公使一言，卽令其抵償之理。田興恕已奉旨令赴四川，數月之久，託病不行。風聞該提督跋扈日甚，於巡撫衙門所奉密旨及密奏事件，均須先行拆閱。且於沿途設卡，借稽查爲名，拆閱各項公文。韓超爲所鉗制，一味將順其惡，昨已有旨撤任，令張亮基赴黔署理撫篆。著卽趕緊取道赴任，將田興恕撤任查辦。田興恕曾隸張亮基麾下，諒必有法鉗制。前雖有旨令駱秉章毋庸辦理教民案件，惟貴州一案及嗣後四川關涉教民之事，仍著駱秉章暗中幫同辦理，著卽遵奉歷次諭旨，要速籌商。總應先去田興恕兵柄，或調離黔省，然後該處教民始可相安。該國住京公使，亦不致再三饒舌。此復辦法，若能如恭親王等所奏，祗許賠償，不爲抵罪，則國體人心，兩無所失，亦可相安無事。勞崇光爲外國人所敬服，前已有旨令赴貴州查辦事件，何以日久尚無奏報？該前督現在已否起程？著卽兼程赴黔，與張亮基會商，並與崇實、駱秉章函商妥辦。總期上顧國體，下奠民生，不激不隨，方爲盡善。總理各國事務衙門摺，並照會條款，均著鈔給閱看。

法國哥公使面遞條款

大清欽命總理各國事務和碩恭親王會同大法欽差公使大臣哥憑，依兩國和好援照和約定例，將貴州官員矯殺誣良一案，議准處置各款如左。

一、貴州巡撫韓超應卽革職，永不敍用。

二、田興恕、趙畏三、戴鹿芝三犯員，應卽拏問到京，押赴市曹處斬，以彰顯戮。

三、田興恕等臨刑之前一日，由總理衙門先行照會全權大臣公署，卽當派委文武員弁各一及兵丁十名，屆時前赴田興恕等刑所看視。除武弁一人未便撤去身邊佩刀，其餘兵丁概不得携帶軍器。

四、田興恕等處決之時，應諳頒發

論旨宣示，此案因田興恕等及韓超違背法國和約第八、第十、第十三、第三十八等款，分別斬決、革職，罪有應得。

五、貴州查辦事件勞大人宜著禮服親拜貴州胡主教，並面述大清國大皇帝聞知該省此案，甚爲惜念等語。

六、田興恕於去年在貴州省城六硐橋地方自建和宅一所，規制甚是閎大，現在應請查封，由勞大人覈明該處各項房屋，盡行送給胡主教收管，爲天主教公業，並卽改建天主堂一座。其臨街大門上應竪匾額，書明大清國大皇帝欽賜該處教中之業。

七、蓋州城內，應著趙畏三、戴鹿芝兩犯員家屬覓置地基十畝上下，建造天主堂一所，送爲該處教中公業。

八、從前被害八人，計四在蓋州、四在青巖。現在應於兩處各爲修築墳墓，務須富麗，並於墳前各建牌坊一座。

九、從前被害諸人，各有家屬，現應給予每家銀六百兩。

十、前此田興恕屬員兵弁，屢至天主堂焚掠書籍，並服用各物甚夥。今應詳查送還，最要者凡有書籍必須全交，不准稍有藏匿。此外措銀五千兩，送給主教賠補各物，所有連上各款費用均應勒令趙畏三、趙國澍及萬姓、陶姓四員公同籌辦。

十一、現今貴州梅衞二傳教士在京，應即給予護照，並飭沿途優待，俾得妥還貴陽。

十二、以上各款，均期於明年二月以内辦結，彼此毫無異説。如屆時未盡照辦，即由法國公使大臣另自籌辦，則所行條款，必有大不利於中國之處。

又　卷二八　同治三年甲子八月己巳，成都將軍崇實、四川總督駱秉章奏，臣等於同治三年七月初三日，承准議政王、軍機大臣密寄同治三年六月初五日奉上諭，總理各國事務衙門奏，貴州教民一案，日久未結，請旨飭催等因。欽此。並録寄總理各國衙門原摺一件。伏查臣等於去冬欽奉寄諭，即遵派涪州知州姚寶銘前赴鎮筸，提解田興恕來川，並宣示一切，免其疑懼。田興恕已定期起程，適值湖南奏留辦防，田興恕希冀俞允，遽復遲留。嗣疊奉諭旨，臣等仍派姚寶銘徑赴長沙，會同湖南委員提解。乃遽姚寶銘行抵長沙後，湖南撫臣惲世臨先已派員前往鎮筸，姚寶銘因恐田興恕已隨湖南委員來川，途中不免相左，是以自長沙摺回秀山邊界，以便提解來川。臣等於六月十六日，復委候補直隸州知州文以禮迎赴涪州一帶催提。竊查此案有關國體，臣等每奉密旨，悉皆欽遵辦理，不但不敢稍存推諉，並未敢稍有遷延。乃本年正月間，田興恕已將就道，事機忽變，爾時若不待湖南奏旨，仍令委員姚寶銘徑行提解，不但田興恕有所觀望，不肯即行，且慮操之過急，其新募之勇，儻另生枝節，更難措手。其勢不能不候湖南委員會提，前准湖南撫臣惲世臨咨稱，委員湖南候補知縣呂鳳藻已抵鎮筸，即飭令護解等情。臣等因尚未據姚寶銘稟報田興恕到川日期，或因秀山現有黔匪，道路梗阻，尚須繞路行走，臣等故未敢遽行奏報。一俟委員提解田興恕到川，臣等即行具奏，並飛咨雲貴督臣勞崇光、貴州撫臣張亮基迅速結案。

御批，昨據惲世臨奏，派員押解田興恕至秀山，交姚寶銘管解赴川。已諭令崇實、駱秉章將該革員提省羈禁，一面知照勞崇光、張亮基定擬罪名，一面迅速具奏，該將軍等即遵諭行。【略】

辛巳，諭議政王、軍機大臣等，田興恕現在秀山，因病逗遛，雖經諭令崇實等密飭姚寶銘剴切開導，即行押解起程，尚恐未能剋期就道。若必俟其到省後，始將此案擬結，恐日久復生枝節，著勞崇光、張亮基懍遵疊次諭旨，妥爲辦理，迅速持平擬結，將田興恕應得罪名，即行定議具奏，不必俟該革員到省，再行結案。致稽時日，儻因辦理遲延，致有可轉圜之事，復又波摺横生，於大局殊有窒礙，恐勞崇光、張亮基不能當此重咎也。【略】

壬戌，雲貴總督勞崇光、署貴州巡撫張亮基奏，臣等先後與田興恕接見，將被參各款及殺害教民緣由，逐加詰問。田興恕皆自承不諱，並據稱一介武夫，年少不學，被人欺蒙愚弄，陷於大戾，實屬糊塗昏聵，辜負天恩，今如夢初覺，悔恨無及，止求奏明從重治罪等語。臣等督飭司道提訊張茂萱、謝葆齡種種劣迹，亦無可飾辯。現據崇實、駱秉章來咨，七月初一日，田興恕行抵四川房山縣，因病重不能前進，已將該革員在秀山縣監禁等情，咨會前來，應即擬結。查例載流兵將帥，玩視軍務，苟圖安逸，故意遷延，不將實在情形具奏，貽誤國事者，均屬有心貽誤，應擬斬立決。人律載守邊將帥被賊侵入境内，擄掠民人者，杖一百，發邊遠充軍。又官司故出入人罪，全出全入者，以全罪論。又鬭毆殺人者，不問手足他物金刃，並絞監候。又威力主使人毆打人致死者，以主使之人爲首，下手之人爲從論，減一等。又二罪以上俱發，以重者論。又斷罪無正條，引律比附，加減定擬，又例載幕友倚官滋事，慫令妄爲，累及本官者，按本官降革處分上加一等。加至徒三年而止。總徒准徒軍流以上，均與同罪各等語。此案已革貴州提督田興恕起自寒微，十年之間由步卒擢至提督，宜如何激發天良，捐糜頂踵，力圖報效。乃誤任匪人，多行秕政，又不自振作。當通省賊匪縱横，並不力疾出省，親督勦辦，致軍務久無起色。加以鹵莽任性，戕殺教民多命，迨奉旨前赴四川，又日久耽延，並不迅速起程前往。種種謬妄，罪無可辭，自應按律問擬。田興恕除誤用匪人及前赴川省遲延各輕罪不議外，其安坐省城，並不出省督勦，致軍務久無起色，應照玩視軍務、苟圖安逸、故意遷延例科罪。惟例内有不將實在情形具奏之語，而貴州軍務情形田興恕均已隨時據實奏報，且例意以有心貽誤爲重。田興恕因病不能出省，亦尚非有心貽誤。徧查律例，並無恰合專條，應比律加減問擬，於玩視軍務、苟圖安逸，故意遷延擬斬例上，量減一等。比依守邊將帥守備不設，被賊侵入境內，擄掠人民者，杖一百，發邊遠充軍律，擬發邊遠充軍。惟殺害教民一案，情節更重，自應歸於彼案，從重定擬。查天主教業已弛禁，傳教習教者卽均係無罪之人，該教民等並無別項過犯，輒行殺害多命，實屬故入。該教民等係趙國澍、戴鹿芝先後殺害，而趙國澍、戴鹿芝之敢於殺害教民，實因奉有田興恕與何冠英聯銜公函，遵照辦理，應照威力主使律科斷，以田興恕當其重罪。田興恕合依官司故入人罪全入者，以全罪論。威力主使人毆打人致死者，以主使之人爲首鬬殺者絞律，擬絞監候，秋後處決。惟咸豐十一年、同治元年連次恭奉恩赦，斬絞以下人犯，分別援免減等發落。該革員田興恕從戎十年，轉戰數省，聿著勤勞，本在議功之列，又所犯事在赦前，可否仰懇聖主逾格

鴻慈免其一死，發往新疆，充當苦差，伏候欽定。張茂萱卽張心培、謝葆齡以幕友濫膺保舉，攬權怙勢，愚弄田興恕，使之身犯不韙，亦應照例問擬。張茂萱卽張心培、謝葆齡合依幕友倚官滋事，慫令妄爲，累及本官，軍流以上，均與同罪，例與田興恕如一體發往新疆，充當苦差，以示懲儆。何冠英與田興恕聯名寫刻公函，通致各屬，致啓殺機，與田興恕厥罪維均，應與田興恕一律擬罪，業經病故，應毋庸議。趙國澍卽趙畏三、戴鹿芝各戕殺教民多命，應依威力主使人下手之人，減一等律，於田興恕應得罪名上，減一等問擬。惟趙國澍已於上年四月在貴筑水田壩地方打仗陣亡，戴鹿芝已於上年九月在開州殉難，亦毋庸議。已革候選道繆煥章、已革貴東道前署貴陽府多文，均屬糊涂荒謬，業經另案奏參革職，仍請旨永不敍用。兵勇夏發等滋擾教堂，枷杖完結。前署貴州撫臣韓超於田興恕奉旨赴川，屢次瀆奏請留，實屬不曉事體，應請旨交部議處。至田興恕所居六硐橋公廨，本係入官房屋，年久虧爛，田興恕僅量加修理，並非平空起造，亦非占買民房。哥士耆及胡縛理屢次請將此項房屋給與作爲經堂，並無妨礙，尚可俯如所請，以示懷柔。已經臣等派員點驗，交給胡縛理收管。其被殺各教民應給恤銀，並應給各項銀兩。青巖一案，照哥士耆前在廣東與臣勞崇光原議，開州一案，照柏爾德密在總理各國事務衙門與王大臣原議，共應給銀一萬二千兩，亦經臣等籌款撥給胡縛理收清，取有收文備案。其餘關涉教民案件，經臣等隨時督飭地方官妥爲持平辦理。胡縛理深爲悅服，現在各紳民人等，均與教民彼此相安，堪以仰慰宸廑。

御批：總理各國事務衙門妥議具奏。

鳳山教案分部

綜述

清・英桂《致總理衙門函》 同治七年五月二十八日，閩浙總督英桂等文稱，據閩省通商總局司道詳稱，同治七年閏四月十三日，准護理臺灣梁道元桂函稟，本年三月二十一日，據署鳳山縣凌令樹荃稟報，本月中旬，聞有傳教奸民，用藥迷毒婦女情事，正在飭查間。據縣民程賽等稟稱，伊妻程林氏卽林便涼，於本月十八日路過北門外，遇有奉教之打鳥陳邀伊妻入室，勸伊入教。伊妻不允，打鳥陳卽喚教師高掌在林便涼背上畫符念咒，茶中放入迷藥，勸令飲下。林便涼飲後回家，忍發狂病，聲言定要入教禮拜，便覺快活。十九日，高掌登門邀林便涼前去禮拜，街鄰聞知公憤不平，將高掌拏送。並據民婦王曾氏稟稱，伊媳王吳氏前往城外拾柴，有教堂內不知姓名人送與檳榔喫下，伊媳回家後忽然毒發，狂叫亂嚷，自將髮髻剪下，延今不能飲食。稟請拏究各等情，甫提高掌訊供，卽據延役稟稱，業門外耶蘇教堂經居民人等因其用藥迷人，聚衆拆毀等語，立卽會營馳往諭止。該處教堂後進，業已全行拆卸。前進門窗亦已毀損，居民各已分散。回署提訊高掌，據供原籍來州，來臺多年，同治五年入耶蘇教內學習傳教，每月得受年食七元。因曾做過逆理之事，所以甘心入教。民婦林便涼等作何狂病，伊不知道。反覆究詰，藉持教民狡辯不承。提訊程林氏卽林便涼、王吳氏均各神色昏迷，語言顛倒，礙難取供，分別釋押。查洋人設堂傳教，原係勸人行善，乃教士馬雅各平時每與人口角滋鬧，已非安分。現復任令高掌入教，混用委藥拌入茶水檳榔，以致程林氏等服後均成狂疾，激成衆怒，寔係自取其禍。除查明爲首糾拆之人，拘案究辦。稟請照會領事官，轉飭馬教士毋再醫藥害民等由到道。卑護道當卽照會，並檄飭妥辦去後。二十三日，又據該署令凌樹荃具稟，二十日，有

法國人良揚乘轎至署外，民衆圍擁宣嚷，聲言洋人毒害良民，必欲毆斃除害。該洋人自知衆怒難犯，避入卑署。卑職即出彈壓，衆勢洶洶，均退伏城廂，伺毆洩忿。當留洋人在署，訊據面回。居住萬巾莊，設有天主教堂，被鄉民李雹等燒毀，求即勘辦等語。當將該洋人護送出城，至冷子察教堂，除再詣勘拏究外，合肅馳稟等由。卑護道查通商條約，敍明耶蘇教暨天主教，原係爲善之道，待人如己，自後凡有傳授習學者，一體保護。今鳳邑北門外耶蘇教堂教士馬雅各，竟以毒藥迷惑婦女，已顯違爲善之言。且傳教而用藥，致婦女迷惑顛狂，設反而施之該洋人，恐亦難以忍受。至地方官應保護者，安分無過之洋人。該教士收用奸民，挾術妄爲，更與待人如己、安分無遏之言相悖。致涙辰而拆毀教堂兩處，寔由衆怒難過，與地方官可保護而不保護者不同。該教士馬雅各前在臺灣縣行醫，與臺民不能相安，始往旂復，嗣賈領事代請印護游歷，聲明馬雅各體面忠厚，可保其不至激成事端。前道行據臺灣府業署守以該教士不遵開導，臺民向來浮動，設或事機湊合，猝起不虞，賈領事有言在先，毋謂地方官不能邦護，分别照會詳明，並蒙憲局咨查具覆各在案。茲馬教士釀禍情形，賈領事即不在台，哲領事查卷必悉卑護道兩次據稟照會。一次同府照會，哲領事極無一言，或者自知情虛，第中外交涉事件，往往當衆怒而曲促，迨驟散而發露，飾詞請辯每費周章。該教師高掌雖未承認，確有程林氏、王吳氏狂病可証，現已飛檄鳳山營縣訪拏滋事首犯，提同確訊稟辦，相機擬結，以安民心。稟請察鑑等由，同日並據臺灣府業守宗元具稟。本年三月二十一、二十三兩日，疊據鳳山縣凌令稟同前由，卑署府查洋人設堂傳教，原爲勸善起見，故和約内准其傳習。乃馬教士任令教士高掌用藥毒人，是療人適以害人，非但有違和約，抑且有害地方。惟洋人毒害民婦程林氏等，既據程賽等控官准理，該鄉民等何得用懷公憤，拆毀教堂，究屬施法，亟應澈查訊究，以昭公允。伏查法國規約十四條第一條所開，其教總以正道爲重，别無異端邪術，畫符念咒違例等事，倘有藉天主教之名而爲不法之事，查出嚴辦。又第二條内開，各處傳教，均擇端方廉潔之士，並無鄙賤流民可充。倘有作奸犯科、任惟妄爲事件，查確按例究治，不准復充。又第五條内開，几教民如有不法情事，立即逐出教外，聽憑地方官照例究辦各等語。是洋人傳教以正爲重，其教士亦須擇端方廉潔之人，如有不法妄爲，查知照會，按例究治，持論公平周至如果華洋恪守，斷無相犯之虞。現在馬教士在鳳邑北門外耶蘇教堂傳教行醫，本與居民口角有嫌，彼此不洽。復收奸民高掌作爲教師，混用符咒毒藥，昏迷婦人入教，寔屬傳教非人，藉名貽害。現經援據通行條約照會哲領事，查無一字見覆，似已明知教師用葯迷人，激成事變，地方官彈壓保護，極費苦心。第恐事後另生枝節，除批飭鳳山縣查拘爲首滋事各犯，趕緊到案，提司已護教師高掌質訊確情，按照條約，分别照會領事官秉公議擬詳辦。暨函移南路營查照外，稟請察核示遵等由各到局，准據此。查本年閏四月初八日，奉前撫札據呂宋領事已勞禮中陳，教士郭巴禮在臺灣府城建造教堂，被紳耆禁阻迫勒遷移，申請究辦等情，業經由局移飭臺灣道府查覆，尚未復到。茲復據臺灣道府具稟前情，伏查洋人設立教堂宣道傳教，原爲勸人行善起見，是以條約内准其傳習，並於規約内聲明，倘有異端邪術、違例不法等事，查出嚴行究辦，俾期中外相安。今馬教士在臺行醫，本與居民不洽，復收奸民高掌作爲教師，説用符咒毒葯，昏迷婦人入教，以致該處華民憤怒不平，拆毀教堂，並欲毆斃洋人良揚。臺地民情素稱浮動，設非地方官諭止保護，勢必激成巨案，有乖和誼。在該華民等不候官辦，任意拆毀教堂，亟應嚴拏懲處，以儆將來。在該教士既與臺民不洽，即仍令在臺行醫設教，亦未必有人信從，且不免再滋事故。相應詳請咨明照會英法二國公使，飭令駐臺哲領事，即將馬教士等調回，另飭端正教士赴臺傳習，庶免别起釁端。除移行臺灣道府迅拏拆毀教堂之李雹，啓釁之打鳥陳，及爲首滋事各犯，提同教師高掌，分别嚴辦外，詳候察核俯賜分咨辦理。至呂宋團尚未立約，教士郭已禮在臺灣府城建堂設教，如果民皆信服，何至禁阻勸遷。現經由局幷景移行妥辦，容俟該道府具覆到局，再行詳咨等情，到本兼署部堂部院。據此，除詳批示外，相應咨呈，爲此咨呈貴衙門。謹請察照照會英法二國公使，飭令駐台哲領事即將馬教士等調回，另飭端正教士赴台傳習施行。

《英國公使阿禮國照會總理衙門》 同治七年八月十七日，英國阿禮國照會稱，迈准臺灣府打鼓地方署領事官詳報，並附馬傳教士稟稿一件，並據詳報内稱，該處現有壯勇並本地匪民，滋擾地方，兼擾害傳教之處更多，該處地方官不但不將滋擾勇匪責懲，即將來遇有此等事故，亦恐不爲管理等情。又據傳教士稟稱，三年前伊等在臺灣府通商口岸傳教，該教士等不能在城內置買住屋，皆係地方官暗中阻撓。後來明有實據，因此在城外租賃民房居住，與百姓施藥治病。傳教未久，該教士到街行走，該處匪民卽抛石，且告知該房主人，如容傳教人居住，卽將房主毆打。該匪民不但特常毀辱，且於各處粘貼字帖，聲稱傳教人專好殺人，刨挖墳墓，房中且藏死尸等語。該教士當卽稟請領事官勳稚行知地方官出示曉諭，戒飭匪民不可似此造言擾害。雖經地方官允准，並未出示，該匪民等仍前滋擾，地方官毫無禁戒。未幾，匪民等竟將禮拜堂蹧踏，該處知縣反限傳教士三日内搬離此地，不然不能保護等語。該教士無奈，衹得搬移。然條約内臺灣府乃係應住之地，雖經領事官屢次詳細照會地方官，仍不准搬回居住。傳教士因在打鼓住至半年以後，在鳳山縣碑頭地方買房建蓋禮拜堂，後未過十餘日，忽有壯勇帶同衙役等用木石將後門撞開，將堂内新做板凳等物搶去。且該壯匪等姓名人人皆知，乃伊等公然白晝搶奪，毫無避諱。經打鼓署領事官雅將該匪等姓名照知地方官，請緝責懲，並未將該壯匪等懲辦，亦未將搶去板櫈等物追還。此事絲毫未曾辦理，至本年三月間，更有蹧踏已甚之事，具稟時此事尚未完結。因三月十九日有傳教華人高長赴禮拜堂，行至碑頭街市，見有一瘋婦，並多人皆聲言此婦係傳教人與伊檳榔茶喫，以致如此。有一壯勇問高長是天主教人否，高長答出不是天主教，是耶穌教人。壯勇一聞此言，遂將高長羣毆甚重，高長逃入鄰近房屋，復將高長拉出毆打，搶去衣服，又逃入附近官衙。若非逃入官衙，該壯勇等必將高長毆死。該衙門官員詢問此案，據該壯勇等供稱，瘋婦係傳教高長與伊食物，令其如此，方易從耶穌之教。而高長與瘋婦並不認識，該瘋婦亦從無到禮拜堂去過，且瘋婦云並無可告高長之事，雖然如此，而該官反將高長收禁。該壯勇等旋持刀械闖入禮拜堂，將住房内什物、書本、舖蓋、衣箱、藥料、醫病器具等件，全行搶去。次日，將房屋拆毁，磚瓦木料搶劫一案。又將未耶穌教之華人陳齊家中物件搶去，並將伊妻暨伊兒婦剥去外衣，在街凌辱，又有幫同傳教二人逃跑，該壯勇等追至十里之遠，捉獲一人，毆傷甚重。在碑頭城外居住奉教之人，見有許多官人並匪民等，俱極驚恐，因赴打鼓竟求保護。又於四月十五日，有華人壯清風路過埤頭西北十五里左營地方，遇有多人，皆云伊係耶穌教人，常以藥毒人，該莊清風驚避入一舉入家内。該舉人情願保護莊清風，衆人不從，竟行闖入，將莊清風拉出，用刀石擊刺致死。雖將該壯勇匪民等姓名報知埤頭城並臺灣府，地方官均未攔阻究辦治罪，所有欺辱耶穌教人皆係壯勇，官人率同匪民擾害，因官不責辦，該勇等遇有奉教人仍前凌辱。至殺害莊清風一節，因官並不緝拿勇匪等人，以致奉教人等在該處居住者不敢出門，逃跑者不敢回家，所住房屋均被匪民拆毁，受教等人無處棲止。傳教士一概皆須費資養贍，至高長毫無犯法，亦無人控告，乃監禁至五十日之久，疊經領事官重言照請釋放在案，再所拆禮拜堂共計工料洋銀三百元，堂内傢具等件共計洋銀四百六十二元，曾經開單將價資若干告知領事官，今復稟請本大臣詳查辦理，並請保護，不然恐該處地方官以後永不公平辦理。至該處百姓從無擾害之處，所擾害者皆係壯勇匪民等所爲，地方官既不究辦，顯係縱容凌辱，因此稟請本大臣遠爲酌辦等語。又據署領事官稟稱，雖將擾害之壯勇等姓名二十餘名開寫照會地方官，迄今並無拿獲一名。在京王大臣若不嚴飭臺灣地方官，認真究辦懲治該勇匪等，並此後遇有干涉傳教，無論何事，亦不秉公辦理，不特傳教人不得安生，且與該處居住洋人性命，亦大有關係等因。未大臣查三年以來，臺灣地方官辦理傳敢受教各事，與條約迥不相符，不但不爲保護，且縱容勇匪等任意滋擾，毫不戒飭懲責。且擾害之人實非該處本地居民，該勇匪等皆係與衙門公人表裡爲害，若地方官實意嚴行禁止，遇此等匪徒，焉有不重懲之理。似此情形，顯係地方官縱容擾害。雖經領事官屢次咨請認真按約辦理，而地方官毫無舉動，貴親王暨列位大臣若不嚴飭，該處地方官必不秉公辦理，亦不賠補拆毁房屋搶去傢具銀兩，至殺死人命，尤屬可惡。況莊清風向係奉公守法之人，毫不爲匪，爲此照請貴親王嚴飭地方地方官，務將兇犯拿獲，從嚴懲治，並將拆搶禮拜堂房屋傢具，按價賠補洋銀七百六十二元，仍須將拆屋等匪懲責，幸勿遲延。且尤須嚴飭地方官，此後不可從前疲玩，爲此卽希貴親王查照可也。

《總理衙門復英桂函》　十一月二十三日，閩浙總督英桂等文稱，同治七年九月十九日，准兵部火票遞到貴衙門咨問。同治七年八月十七日，據英國照會，以近准臺灣府打鼓地方署領事詳報，該處現有壯勇並本地匪民擾害傳教之處，地方官不爲管理。又據傳教士稟稱，三年前在臺灣府通商口岸傳教，不能在城内買房居住，皆係地方官暗中阻撓。該教士到街行走，該處匪民見即抛石，且於各處粘貼字帖，造言擾害，地方官不爲示禁，未幾匪民等竟將禮拜堂蹧踏。傳教士在鳳山縣埤頭城建蓋禮拜堂，未過十餘日，忽有壯勇等撞開後門，搶去板凳等物。經領事指名知照地方官，並未懲辦，亦未將搶去等物追還。至本年三月間，更有蹧踏已甚之事。因三月十九日，有傳教華人高長行至埤頭街市，見有瘋婦多人，以爲傳教人與伊檳榔茶吃所致，遂有壯勇等將高長羣毆甚重，逃入附近官衙，該官反將高長收禁。該壯勇等又將禮拜堂拆毁，搶去雜物、書本、衣箱等件，又將奉教華人陳齊家中物件搶去，並凌辱其妻室兒婦。又將幫同傳教在場逃跑之二人追獲一人，毆傷甚重。又四月十一日，有洋人莊清風路過埤頭西北十五里左營地方，遇有多人，皆云伊係耶穌教人，常以藥毒人，該莊清風避入一舉人家内。該舉人情願保護，衆人不從，竟將莊清風拉出用刀石擊刺致死，地方官並不緝拏勇匪，房屋均被匪民拆毁，受教等人無處棲止。傳教士一概皆須費資養贍，至高長毫無犯法，乃監禁五十日之久，所拆禮拜堂共計工料洋銀三百元，傢具等件共計洋銀四百六十二元。又據署領事官稟稱，雖將擾害之壯勇等姓名二十餘名，開寫照會地方官，迄無一名拏獲，顯係地方官縱容擾害。爲此照請貴親王嚴飭臺灣地方官，務將凶犯拏獲從嚴懲治，並將拆毁禮拜堂房屋傢具，按價賠補洋銀七百六十二元。仍須將拆屋等匪懲責，幸勿遲延。且尤須嚴飭地方官，此後不可仍前疲玩。二十三日，又據阿公使來署面述前情各等因。查英國條約第八款内載，凡有傳授習教者一體保護等語。今英使聲稱，臺灣壯勇匪徒屢害受教華人，拆搶禮拜堂，刺死莊清風等情，未接貴督撫咨報有案。現據英使詳述前事，如果屬寔，若不嚴行拏辦，濱海地面任聽壯勇匪徒釀成事端，必致辦理掣肘。爲此抄録英使照會咨行貴督撫查照，迅速遴派大員，嚴督該地方官查完確情，認真妥辦，務使華洋不擾，中外相安，是爲至要。仍將辦理緣由，咨復本衙門查核可也等因。計粘单到本部堂院，承准此。查英國教士馬雅各在臺灣鳳山縣北門外地方建堂傳教，因教師高掌用藥迷毒民婦，致激衆怒，於本年三月十九日，將教堂拆毁一案，先據臺灣道府稟由通商總局司道具詳，咨奉貴衙門行令料理查覆，當與拆毁天主教堂同該處紳耆禁阻 日國設教在案。會委興泉永道曾憲德渡台，按約妥辦，并飭臺灣道查明馳復。暨咨貴衙門查照，續據護理臺灣道梁元桂查明稟復，又經會飭曾道于渡台後再行確查馳復，並據曾道具稟，請俟母病稍痊，再行帶印東渡。復批飭該道，一俟母病稍痊，立即東渡。嗣承准前因，經查英國公使照會内稱，臺灣壯勇匪徒，屢將教士及入教之人欺凌擾害，結衆毁搶，並刺死莊清風各情，均未據該管地方文武具報有案。即檄催曾道尅日赴台，確查妥辦，並照行臺灣鎮道府，查明究係何衙門壯勇，何處匪徒，疊次擾害毁搶地方官因何置之不理？教民莊清風作何致斃，何以未據詳報？據寔明斷馳復。一面嚴飭地方官，將教士與安分教民按約保護，毋許壯勇匪徒再行擾害，嗣後凡遇領事照請查辦之件，立即查明，按約秉公妥辦，不得膜視在案。兹據曾道具報，於本年九月二十日帶印渡台，除俟曾道抵台後稟復再行咨呈外，相應將委員馳往查辦緣由，先行咨復，爲此咨呈貴衙門，煩請查照施行。

天津教案分部

綜述

清・張光藻《北戍草・同治庚午年津案始末》 天津自通商以後，百貨皆用外國輪船裝載。本地富户海船失業，窮民游手者多矣。輪船進口碰傷民船，莫敢究詰。民船偶碰輪船，則立擒船户，置黑艙中勒賠修價，必饜其所欲而止。閩廣人及本處奸民爲彼服役，往往倚洋人之勢謀奸，平民婦女不從，則誣指其男人爲盗，百計陷害，必遂其欲而後已。本處商民或欠洋人債項，被控到官，勒限三日必還。洋商鋪夥有欠本處帳目者，控之則抗不到案，官莫能追。法國於望海樓設立教堂，又於東關設立仁慈堂，堂内養中國婦女、幼孩百數十人，其女洋人專以治病爲名，本地男婦多有因治病而入其教者。城東北一帶教民尤多，倚勢欺人，事亦不免。以此民心積不能平，久矣。藻於同治九年三月赴天津府任，時有洋人乘馬疾馳，踐踏人命之案，尸親控縣莫能指名，洋人亦置不理。適英國領事官來拜，藻謂領事曰，外國人服色皆同華人莫辨，然乘馬者爲何國人，執事必知之，若不查明辦理並嚴禁大街馳馬，恐人心不服，將來華人設有傷害外國人之事，官亦不能究理矣。領事唯唯，後乃查得其人，然仍秘不以告，但議給尸親洋銀二十元，通商衙門許其了案，藻亦無如何也。是年春間，風聞各處有迷失幼孩之事，天津亦有之，但未控案耳。四月杪，有人於黑早見仁慈堂洋人抬小棺，埋葬東關義塚地內，殆非一次偶爲。羣犬刨出見，有一棺數尸者，於是津民譁然，謂此必洋人殺害小兒取其心眼，爲端午節合藥之用，否則奚爲一棺而有數尸也？維時藻已赴滄州審案，未及聞知。迨五月十三日歸抵靜海，縣鄭令來告曰，津郡將有大變，公知之乎？藻驚問故，鄭令爲述前事，幷云昨初八日，有拐匪三人從靜海拐得李姓子携往天津，被西關人盤獲二名，其一人則逃矣。李姓子經縣訊供，給親領回，拐匪供情亦經訊實。津民以爲此必天主教所爲，故通商衙門袒庇，縣官莫敢查究，羣情洶洶，將燒天主堂以洩忿。藻聞是言，疾馳回郡，訪之果然。當晚飭縣提犯覆訊，據供挖取心眼合藥屬實，但未供出教民。問官亦不深究，遂卽查照三年通飭，於十四日先行正法，一面具稟，一面出示懸賞嚴拿拐匪，民情乃始帖然。二十日晚，有某村李二之兄在園澆灌，被匪迷拐。李二邀衆人追及之，救醒其兄，而縛置拐匪於廟中，羣相詰問。該匪自供武蘭珍，迷藥係天主堂王三所給等語。次早，鄉民將武蘭珍送案，當堂質訊，供悉如前。津民共見共聞，遂益信迷藥出自法國矣，街談巷議，幾有刻不能忍之勢。天津縣劉令以供單稟商於藻，遂偕往通商署中稟知崇公。崇公囑且不必通稟，乃命天津道周觀察往見法國領事豐大業，請其查問堂中有無王三。豐大業素性狂躁，回稱明日再說。次日無信，崇公復遣劉令前往查問，豐大業不理，反與劉令盛氣爭辨。劉令回稟崇公，崇公於二十二日往拜，不見，乃與其堂中教主商酌。約於二十三日早，道、府、縣官押犯前往徧認堂內有無王三其人，其意蓋欲借此以釋衆疑，藉以含糊了事也。藻謂周觀察曰，民心忿恨已極，幸予先期遣紳士傳諭，姑緩一月，必當查辦得實，此時切勿妄動，百姓因此意懷觀望。然府、縣出入隨行者輒數百人，其氣終恐不靖，若明早查堂，則聚而觀者必有數萬人。設有變故，咎將誰歸？周觀察不以爲然，次早會同府、縣，竟帶犯赴教堂查驗。至則教堂以外人如潮湧，藻先爲撫循囑勿喧譁滋擾，然後入堂令該犯徧認，教堂中人並不見有王三。蓋事後始知，王三卽剃頭王二，乃教民中會首，並不久住堂中也。查堂事畢，往見崇公。蒙諭卽行出示，曉諭王三並無其人，但將武蘭珍照例辦理，卽可了案矣。藻回署後，午飯甫畢，忽聞街上鳴鑼。問之，則云豐大業在通商署內放槍，百姓因而聚衆也。藻急乘轎出署諭令鑼聲速止，法人卽欲滋事，官府自能辦理，安用爾等聚衆耶？比到城外，則塡街塞巷，刀槍如林矣。行至浮橋，則聞豐大業已爲衆人殺斃。東北火光大起，天主、仁慈各堂已被焚燒矣。追詢其故，蓋緣查堂後復有閑人前往教堂門外觀看，豐大業遣人請崇公前往驅逐，崇公命巡捕官前往，豐大業怒其不如己意，遂與其僕各携刀槍赴通商衙門，破其二門而入，又進書房打毁什物器皿。崇公出見，則始而放槍恐嚇，既而叫號怒駡。署中人畏，不敢近聞，有擊銅盆以號召其黨者，百姓聞之，遂各鳴鑼相應，火會數十處，倉卒聚集，然猶不遽滋事也。迨豐大業出署，過西轅門，瞥見劉令又向放槍，誤中其僕高姓，受傷倒地。百姓忿極，遂羣毆而殺之，卽時分赴天主、仁慈各堂，殺人放火，傷斃各命，變起須臾，所謂疾雷不及掩耳也。是晚，津民將剃頭王二送案，謂此卽是王三，當傳武蘭珍對質，則云授我藥者卽是此人，而王二則仍以並非王三狡辨。又是日早間，未鬧事以前，有西關木作鋪人令其徒回家取飯，其徒行抵浮橋，忽有一人自後拍其肩，伊遂昏迷，跟隨其人行至西南三十里之某村，爲村民所救，當將拐匪送案。訊之，則名安三，與剃頭王二熟識，亦天主教中人也。惟問其迷藥，則供詞閃爍，不能一定。此案正欲切實訊究，而崇公不許深求，遂爾中止。竊謂迷藥卽非出自法國，而拐匪究係教堂中人，王二猶可强辨，安三斷不能逃。後聞崇公竟將王二、安三送還被教，堅意求和，不復問其事之是非矣。此案自始至終作主辦理者，崇公也。豐大業怒其不親往驅逐閑人，而持刀往找者，崇公也。明知百姓聚集門外，將有不測之變，而仍聽豐大業出署，不能阻止者，亦崇公也。乃案定之後，崇公持節西去，而藻等被罪東行，是非典直，藻不能辨，天下後世必有代爲之辨者，姑記其始末如此。

又《奏摺》 奏爲叩懇天恩矜全良吏，以固正氣而培國脉事。竊我朝仁厚聞基，力矯前朝薄待臣民之失。數百年來，雖百姓犯罪，必再三審愼，惟恐情罪失當，寃一無辜。至於臣下有罪，尤必力守祖宗成憲，一秉至公。曾無有曲法以議加重者，若遇良臣循吏偶然過失，則更事事矜全，此我朝正氣之所以長存，國脉之所以永久也。竊聞天津府知府張光藻，曆任多年，循聲卓著，曾國藩曾經明保在案。近因民教滋事，先被崇厚參奏，與知縣劉傑俱以辦理不善，奉旨交部議處。既已降紙留任矣，後因法國誣其指使曾國藩誤聽崇厚之言，奏參革職，交部治罪，意在稍事委蛇，曲全和好，中外公論，羣起而非之。曾國藩深自悔恨，致書總理衙門，有内疚神明，外慚清議，聚九州鐵不能鑄此錯之語，力持正論，請其代求曲全。旋經奉旨，著交直隸臬司收解天津質訊，取具清供送部。核議命下之日，不特曾國藩感戴恩施，凡中外臣民，無不頌聖主之神明，矜全小臣，正所以保全國體。繼而曾國藩會同毛昶熙、丁日昌等質訊結案，取具清供，奏交部議。忽奉上諭，合解刑部。中外人心皇皇，深恐入於冤獄。明知我列祖列宗開國以來，未嘗有枉法之事，況天津一案，公論昭彰，守令之辦理不善，勢處於無可如何，並非指使已。曾疊次奏明以及張守賢聲所至，皆久在皇太后、皇上洞鑑之中。往者，林則徐、姚瑩、達洪阿之獄，案情重大，十倍於此。我宣宗成皇帝雖爲息事安民，稍施薄譴，旋以民望所歸，復職大用。我文宗顯皇帝登極，硃諭猶稱諸臣盡忠盡力，深責當時宰相不能扶持。故至今天下猶莫不仰歎列聖之明如日月，恩同覆載。今我皇太后、皇上雖亦欲息事安民，斷無不思祖制，罔顧國是之理。況曾國藩爲我朝重臣，始參守令係誤聽崇厚之言，致蒙舉世清議中，心自疚不可爲人，屢次函商總署，深自引咎，毫不推過於人，惟云乞恩解免。我皇上待大臣有禮，豈肯因一時之誤聽人言，而忍成其終身之大恥，使天下稱冤，令曾國藩不可爲人，我國家亦將恥，不可爲國也。且自古朝有忠臣，仇敵所忌善。謀國者，斷不肯喪國家忠臣之氣，遂仇敵忮害之心。漢殺晁錯以悅吳楚，究不能止吳楚之叛，而徒貽景帝以刻薄之名。宋殺岳飛以悅金，究不能禁金人之欺，而徒貽高宗以忘仇之罪。我皇上自必上法祖宗，豈肯踵漢、宋之誤。況今日重罪守令以謝夷人，將來此端一開，何以立國？惟有仰乞天恩，交部核議，在守令自當爲國受過，在臣工自當執法不移，而在皇上自當施格外之仁，以存正氣而培國脉。於一時權宜之中，仍爲百世不拔之計。愚昧之見，是否有當，伏乞皇太后、皇上聖鑑。謹奏。

《軍機處照會檔・俄日等七國使爲請懲辦天津教案人犯事致奕訢聯銜照會》（同治九年五月二十四日、一八七〇年六月二十二日）大俄國署理全權大臣布、大日國欽差駐紮中華便宜行事大臣巴、大美國欽命駐紮中華便宜行事全權大臣鏤、大布欽差大臣代管北德意志公會事務李、大比國欽差駐紮中華便宜行事大臣金、大法署理欽差全權大臣駐紮中國京都總理本國事務羅、大英署理欽差駐紮中華便宜行事大臣威，照會事。

照得天津府城係京師門户，所有法國領事各官并傳教教士、守真女子以及商民人等，均在天津寓住，忽被發狂民衆縱凶殺害，并將衙署教堂焚燒拆燬，其余在彼居住各國官民是否能以保全，至今情形雖無全足確據，尚恐凶多吉少。本大臣等聞之，未免憐恨交加，想似此凶殘，貴國必亦同情公憤，豈不知此事責有攸歸國家有應盡之分？若不妥籌善法，預保將來，倘再滋生事端，貴國將何以對各國耶？試思各國之人，皆係各國付與中華，賴以保全，而各直省保護之法均無足恃，由天津一處已可概見。是宜迅定善法，務使各省確知秉政者定見，必將各國客民身家保守。此議與外邦既屬有益，亦更爲中國免損之舉，其要尤在迅速。蓋政令之源，樞要統在京師，津郡距京路程不過三百餘里，尚有此患，外省較遠地方，法令更無成效。案内各犯不能迅爲懲辦，誠恐他省效尤，亦所不免。要在使各國聞知此案，亦卽得知經將各犯懲治，可期子民寄與貴國，定能保其無虞，以解深慮而抒中懷也。

爲此會銜照會。須至照會者。

右照會大清欽命總理各國事務和碩恭親王。

《夷務清本・三口通商大臣崇厚奏報天津教案經過請飭直隸總督曾國藩來津查辦摺》（同治九年五月二十五日、一八七〇年六月二十三日）

三口通商大臣、兵部左侍郎崇厚奏：竊天津一帶自入夏以來亢旱異常，人心不定，民間謠言甚多，有謂用藥迷拐幼孩者，有謂義塚内有幼孩尸骨暴露者，有謂暴露之尸均係教堂所棄者，遂有謂天主教挖眼剖心者，紛紛謡傳，并無確據。旋經天津府縣拿獲迷拐幼孩之匪徒張拴、郭拐二名，訊明正法。民間迷拐之事愈傳愈多，街巷爲之不靖。旋經民間拿送教堂教讀之沈希竇，毆打送官，經天津縣劉杰訊明，實係帶領學生回家，并非拐帶，遂卽釋放。本月二十日又有桃花口居民拿送迷拐李所之武蘭珍一名，天津縣訊出有牽涉教堂之王三等情。於是民情汹汹，閭閻蠢動，經天津道周家勛往晤法國領事官豐大業，查問王三之事。該領事亦允爲查辦。奴才以民心浮動，恐滋事端，當見豐大業，約其眼同地方官，訊問犯供，以明虛實。并告以民情蠢動，必須確切查明，方免生事。該領事與其傳教士謝福音，約定二十三日巳刻，天津道府縣押帶該犯前赴該堂查看對質。及期，該道周家勛、知府張光藻、知縣劉杰帶匪犯武蘭珍前往，面見教士謝福音，亦甚恭順，指令該犯識認所歷之地方房屋。該犯原供有席棚柵欄，而該堂并無所見，該犯亦未能指實，遍傳堂中之人，該犯并不認識，無從指證。該道府等遂帶犯回署。旋據教士謝福音來奴才署中，面商日後辦法，以期民教相安。奴才與該教士議明，嗣後堂中如有病故人口應報明地方官驗明，眼同掩埋。其堂中讀書及收養之人，亦應報官，任憑查驗，以釋衆疑。該教士均允照辦。

該教士去後，奴才正擬出示以安民心。未刻，忽聞有教堂之人與觀看之衆閑人口角相争，抛磚毆打。當派武弁前往彈壓，適豐大業來署，當即接見。看其神氣凶悍，腰間帶有洋槍二杆，後跟一外國人，手執利刃，飛奔前來。未及進室，一見即口出不遜。告以有話細談，該領事署若罔聞，隨取洋槍當面施放，幸未打中。經人拉住，奴才未便與之相持，暫時退避。該領事進屋，將什物信手打破，咆哮不止。奴才復又出見，好言告以民情汹涌，街市聚集水火會已有數千人，勸令不可出去，恐有不虞。該領事奮不顧身，云我不畏中國百姓，遂盛氣而去。努力恐致滋事，當派弁隨同護送。詎意該領事路遇天津縣劉杰自該堂彈壓而回，該領事又嚮其放槍，未中，誤將劉杰之家人打傷。衆百姓瞥見，忿怒已極，遂將豐大業毆斃命。傳鑼聚集各處民人，將該教堂焚燬，并將東門外之仁慈堂焚燒，別處講書堂亦有拆燬之處，傳教、習教中外之人均有傷斃。奴才趕即督同地方文武，并派隊彈壓。奈百姓人多勢衆，頃刻之間，殺傷焚燬，已經成事。堂中教民亦紛紛逃散，奴才等分投勸解彈壓，一面督飭將火撲救，以免延燒民房。其焚燒拆燬教堂共几處，傷斃中外教民若干名，札飭天津府縣，趕緊查明，詳細具報。

此事初因掩埋幼孩謡傳有挖眼剖心之事，繼又因拿獲迷拐匪徒供出教堂之人，以致百姓懷疑積忿，有激而成。現在妥爲開導，衆民漸已解散。事關重大，應請飭下直隸總督曾國藩來津確實查辦，以靖地方。

《軍機處上諭檔・著直隸總督曾國藩迅赴天津與崇厚持平辦理該處教案事上諭》 （同治九年五月二十五日、一八七〇年六月二十三日）軍機大臣密寄大學士、直隸總督、一等毅勇侯曾、三口通商大臣、兵部左侍郎崇，同治九年五月二十五日奉上諭：崇厚奏，津郡民人與天主教起釁，現在設法彈壓，請派大員來津查辦一摺。據稱天津地方有匪徒迷拐人口，牽涉法國教堂情事，經崇厚與法領事豐大業等約定，於五月二十三日令天津道府縣帶同匪犯武蘭珍，親往天主堂，面見教士謝福音，并帶該犯指勘所歷地方房屋，與該犯原供不符，亦即帶犯而回。旋據教士謝福音至崇厚處，商量以後查辦之法，商妥去後。是日未刻，忽聞有教堂之人與觀看之人口角争毆。正在派委武弁前往彈壓，法領事豐大業忽來署中，神氣凶悍，帶有洋槍二杆，後跟一外國人，手執利刃，出言不遜，將洋槍向崇厚施放，幸未被中。該領事將桌上物件信手砍損，咆哮不止。崇厚以其時民情汹汹，恐激成事變，勸令該領事不可出去，豐大業竟飛奔出署。天津縣知縣在彼彈壓，當面勸阻，該領事即對其放槍，將該縣知縣家人打傷。百姓激於衆忿，將該領事羣毆致死，并焚燬教堂等處房屋，現在民情稍戢等語。

仍著崇厚督同地方文武，將該民人等設法開導，妥爲彈壓，毋令聚衆再滋事端。曾國藩病尚未痊，本日已再行賞假一月，惟此案關系緊要，曾國藩精神如可支持，著前赴天津，與崇厚悉心會商，妥籌辦理。匪徒迷拐人口，挖眼剖心，實屬罪無可逭，既據供稱牽連教堂之人，如查有實據，自應與洋人指證明確，將匪犯按律懲辦，以除地方之害。至百姓聚衆，將該領事毆死，并焚燬教堂、拆燬仁慈堂等處，此風亦不可長。著將爲首滋事之人查拿懲辦，俾照公允。地方官如有辦理未協之處，亦應一并查明，毋稍回護。曾國藩等務當體察情形，迅速持平辦理，以順輿情而維大局。原摺著抄給曾國藩閲看。將此由五百里各密諭知之。欽此。遵旨寄信前來。

又《直隸總督曾國藩等奏爲查明天津教案滋事情形摺》 （同治九年六月二十三日、一八七〇年七月二十一日）大學士、直隸總督、一等侯臣曾國藩、兵部左侍郎、三口通商大臣臣崇厚跪奏爲查明天津滋事大概情形，恭摺仰祈聖鑒事。竊臣國藩於六月初九日静海途次，承准軍機大臣字寄，六月初八日奉上諭：曾國藩奏起程赴津籌辦情形一摺。【略】欽此。臣等伏查此案起釁之由，因奸民迷拐人口，牽涉教堂，并有挖眼剖心作爲藥材等語，遂致積疑生憤，激成大變。必須確查虛實，乃能分别是非曲直，昭示公道。臣國藩抵津以後，逐細研訊教民迷拐人口一節。王三雖經供認授藥與武蘭珍，然尚時供時翻，又其籍在天津，與武蘭珍原供在寧津者不符，亦無教堂主使之確據。至仁慈堂查出男女一百五十餘名口，逐一訊供，均稱習教已久，其家送至堂中豢養，并無被拐情事。至挖眼剖心，則全係謡傳，毫無實據。臣國藩初入津郡，百姓攔輿遞禀數百餘人。親加推問，挖眼剖心，有何實據，無一能指實者。詢之天津城内外，亦無一遺失幼孩之家控告有案者。惟此等謡傳，不特天津有之，即昔年之湖南、江西，近年之揚州、天門及本省之大名、廣平，皆有檄文揭帖。或稱教堂拐騙丁口，或稱教堂挖眼剖心，或稱教堂誘汙婦女。厥後各處案雖議結，總未將檄文揭帖之虛實剖辨明白。此次詳查挖眼剖心一條，竟無確據，外間紛紛言有眼盈壇，亦無其事。蓋殺孩壞尸采生配藥，野番凶惡之族尚不肯爲，英法各國乃著名大邦，豈肯爲此殘忍之行？以理決之，必無是事。

天主教本係勸人爲善，聖祖仁皇帝時久經允行，倘戕害民生若是之慘，豈能容於康熙之世？即仁慈堂之設，其初意亦與育嬰堂、養濟院略同，專以收恤窮民爲主。每年所費銀兩甚巨，彼以仁慈爲名，而反受殘酷之謗，宜洋人之忿忿不平也。至津民之所以積疑生憤者，則亦有故。蓋見外國之堂終年扃閉，過於秘密，莫能窺測底裹，教堂、仁慈堂皆有地窖，係從他處募工修造者。臣等親履被燒堂址，細加查勘，其爲地窖不過隔去潮濕，庋置煤炭，非有他用。而津民未盡目覩，但聞地窖深邃，各幼孩幽閉其中，又不經本地匠人之手，其致疑一也。中國人民有至仁慈堂治病者，往往被留，不令復出。即如前任江西進賢縣知縣魏席珍之女賀魏氏帶女入堂治病，久而不還，其父至堂婉勸回家，堅不肯歸，因謂其有藥迷喪本心。其致疑二也。仁慈堂收留無依子女，雖乞丐窮民及疾病將死者亦皆收入彼教，又有施洗之説。施洗者其人已死，而教主以水沃其額而封其目，謂可升天堂也。百姓見其收及將死之人，聞其親洗新尸之眼，已堪詫異，又由他處車船致送來津者，動輒數十百人，皆但見其入而不見其出，不明何故。其致疑三也。堂中院落既多，或念經，或讀書，或傭工，或醫病，分類而處，有子在前院而母在後院，母在仁慈堂而子在河樓，教堂往往經年不一相見。其致疑四也。加以本年四五月間有拐匪用藥迷人之事，適於是時堂中死人過多，其掩埋又多以夜，或有兩尸、三尸共一棺者。五月初六日河東叢冢有爲狗所發者一棺二尸，天津鎮中營游擊左寶貴等曾經目覩死人皆由内先腐，此獨由外先腐、胸腹皆爛，腸肚外露，由是浮言大起。其致疑五也。平日熟聞各處檄文揭帖之言信爲確據，而又積此五疑於中，各懷恚恨。迨至拐匪牽涉教堂，叢冢洞見胸腹，而衆怒已不可遏。迨至府縣赴堂查訊王三，豐領事對官放槍，而衆怒尤不可遏。是以萬口嘩噪，同時并舉，猝成巨變。其浮囂固屬可惡，而其積疑則非一朝一夕之故矣。

今既查明根原，惟有仰懇皇上，明降諭旨，通飭各省，俾知從前檄文揭帖所稱教民挖眼剖心戕害生民之説，多屬虛誣。布告天下，咸使聞知，一以雪洋人之冤，一以解士民之惑，并請將津人致疑之端宣示一二。天津風氣剛勁，人多好義，其僅止隨聲附和者尚不失爲義憤所激，自當一切置之不問。其行凶首要各犯及乘機槍奪之徒，自當捕拿嚴懲，以儆將來。在中國戕官斃命，尚當按名擬抵。況傷害外國多命，几開邊釁，刁風尤不可長。惟當時非有倡首之人，預爲糾集，正凶本無主名。津郡人心至今未靖，向來有曰混星子者結黨成羣，好亂樂禍，必須佐以兵力，乃足以資彈壓。頃將保定銘軍三千人調扎静海，此軍係記名臬司丁壽昌統帶。該員現署天津道缺，一俟民氣稍定，即以緝凶事件委之該署道督同府縣辦理，當可勝任。至武蘭珍犯供既已牽涉教堂，經臣崇厚飭令地方官赴堂查驗，實爲解釋衆疑起見。近日江南亦有教堂迷拐之謡，亦即如此辦理。其後豐大業等之死，教堂公館之焚，變起倉猝，非復人力所能禁止。惟地方釀成如此巨案，究係官府不能導化於平時，不能預防於先事，現已將道府縣三員均行撤任，聽候查辦，由臣國藩揀員署理。同日另片具奏其殺斃人口，現經確查姓名實數，惟仁慈堂尚有女尸五具，未經尋獲，其余均妥爲棺殮，交英國領事官李蔚海收存。俄國三人，已由該國領事官孔氣驗明掩埋。謹開列清單，恭呈御覽。法國公使羅淑亞業經到津，議及賠修教堂事宜，臣等擬即派員經理。余俟議有端緒，續行陳奏。其誤斃俄國之人命、誤燬英美兩國之講堂，亦俟議結，另行具奏。

所有查明大概情形，謹具摺先行會奏，伏乞皇太后、皇上聖鑒訓示。謹奏。

《咸豐同治兩朝上諭檔·著將天津知府知縣革職交刑部治罪事上諭摺》（同治九年六月二十五日）內閣奉上諭，曾國藩奏直隸天津府知府張光藻、天津縣知縣劉傑於辦理民教啓釁一案，事前疏於防範，事後又不能迅速獲犯，請將該二員革職治罪等語。張光藻、劉傑著即行革職，交刑部治罪。該部知道。欽此。

《軍機處原摺·調補兩江總督曾國藩等奏報分別審擬天津教案各犯摺》（同治九年八月二十三日、一八七〇年九月十八日）大學士、直隸總督、調補兩江總督、一等侯臣曾國藩、江蘇巡撫臣丁日昌、署理三口通商大臣、大理寺卿臣成林跪奏爲審明天津案內各犯分別定擬，恭摺仰祈聖鑒事。竊臣等迭奉諭旨，飭將津郡五月二十三日案內滋事凶犯，迅速辦結。近又接奉八月二十日寄諭，飭將未獲各犯勒限嚴拿，現獲之犯認真研鞫，不得稍涉寬縱，致令凶徒漏網，轉滋洋人口實等因。欽此。

臣等自承辦此案，久經督飭文武，設法購拿，悉心研鞫。自七月下旬設局發審，嚴立限期，晝夜追求，直至中秋節前僅得應正法者七、八人，應治罪者二十餘人。臣以辦理日久，人犯無多，深負委任，更恐洋人不肯輸服，轉致枝節橫生，日來激勵各員不得稍存寬縱，務令多緝正凶，以示持平而全大局。惟此案事起倉猝，本無預先糾集之正凶，而洋人多已傷亡，又無當堂質對之苦主。各尸初入水火，旋就掩埋，并未驗傷填格，絶無形迹可爲物色凶手之資。用是漏網之犯難於掩捕，已獲之犯不肯認供。天津無賴之徒有稱爲混星子者，向以能熬刑自詡，此次輒以爲出於義憤，雖酷刑而不畏。而鄰右亦不敢出而質證，恐爲輿論所譏彈，又慮仇家之報復。欲求罪當情真定案，萬難迅速；欲以無辜充數，則問心既有所不忍，而亦不足以服洋人之心。棘手甚多，愈辦愈窘。反復籌思，若拘守常例，實屬窒礙難行，有不能不變通辦理者。

常例羣毆斃命，以最後下手，傷重者當其重罪。此案則當時衆忿齊發，聚如雲屯，去如鳥散，事後追究，斷不能辦其孰先孰後，孰致命，孰不致命，但求確係下手正凶，不復究其毆傷何處。此變通辦理之一端也。常例斷獄决囚，必以本犯畫供爲定，其或本犯供詞狡展則有衆證確鑿，即同獄成之例。此案則各犯恃無尸親，堅不吐實，旁人又不肯輕易指質，衆證亦殊難得。臣等議定本犯無供，但得旁證二人、三人指實，取具切結，亦即據以定案。此又變通辦理之一端也。計訊定供證確實者十一人，無供而有確證者四人，共計可以正法者十五名，擬辦軍流者四人，擬辦徒罪者十七人，共計可科輕罪者二十一名。除即日將各犯供摺咨送總理衙門暨刑部外，謹先繕具清單，恭呈御覽。其情節較重訊有端倪、供證均未確實者尚有十六名，擬歸於第二批辦理；情節較重在逃未獲者尚有十一名，一并開單先呈御覽，以釋宸廑。將來第二批奏結，或再辦首從犯各數名，或與洋人訂定抵償實數，中國如數辦到，請旨敕下總理衙門核定，行知臣等以便遵循。此次定擬各犯，若遂速行處决，將來拿辦愈難，應與洋人商定，統俟續奏二批後并案辦理。

所有臣等審明第一批人犯分別定擬緣由，謹繕摺具陳，伏乞皇太后、皇上聖鑒訓示。

再，臣國藩於六月初十日到津，今已逾七十日，始將要犯具奏，辦理遲延，應請旨將臣曾國藩交部嚴加議處，合并陳明。謹奏。

軍機大臣奉旨：另有旨。欽此。

《咸豐同治兩朝上諭檔·著兩江總督曾國藩等將津案應訊人犯迅辦妥結事上諭》（同治九年九月十一日）軍機大臣密寄大學士、兩江總督、一等毅勇侯曾，協辦大學士、直隸總督、一等肅毅伯李，署三口通商大臣、大理寺卿成。同治九年九月十一日，奉上諭：前據曾國藩等奏，天津案內應行正法各犯，當諭令俟刑部議奏張先藻等罪名時，再降諭旨。本日刑部奏遵議張先藻等罪名一摺，已明降諭旨，將該革員等從重改發黑龍江。其應行正法之犯，照曾國藩等所擬，即行正法。軍流各犯，並照所擬辦理。此案大致現已就緒，所有應訊人犯，著曾國藩等迅速訊明，持平辦理，妥爲了結。一面遴派幹員，於天津地方彈壓撫循，毋令莠民乘機煽惑，聚衆滋事，別釀釁端。將此由六百里各密諭知之。欽此。遵旨寄信前來。抄交總理衙門。

雜　録

《夷務清本・内閣學士宋晉奏爲天津教案似坐罪偏重百姓應飭曾國藩從實研訊摺》（同治九年六月十四日、一八七〇年七月十二日）内閣學士宋晉奏：竊臣於六月初一日，恭讀邸鈔，内閣奉上諭：前因天津地方，有匪徒迷拐幼孩。【略】欽此。仰見聖明於憫恤夷人之中，仍寓確實查辦之意。惟詳繹詞句，自天津而推之各省，似坐罪偏重百姓一邊，恐輿情未能允服。臣伏查自通商以來，各國所住之處，民間久與相安，從未有懷疑散謡之事，惟傳教之法國，則到處不能安静，歷有明徵。果其真能行善，人當欣喜聽從，何以所在皆傳有損摺幼童挖眼挖心等事？是其教中之良莠難齊，該國亦難自保。此次天津滋事，聞因三四月間拍花案多，曾經訪獲一人訊明正法。嗣又拿獲兩人，正在研訊，即爲法國公使挾請釋放，民間遂已滋議。嗣又訊出教堂中有奸民王三，主使迷拐，并給人紅藥等事。隨向法國公使查訊，回稱并無其人，嗣經天津府縣前往搜查，百姓亦聚衆相隨。該公使不服，徑至通商衙門尋釁，開放洋槍，崇厚幸未被傷。嗣路遇天津縣，又放一槍，愈致百姓激怒，登時將公使歐斃。隨至天主堂於地窖内放出小孩，殺其毛女，燒其洋樓。又至該國所設之仁慈堂，搜出幼孩，并搜出壇裝幼孩眼睛。因而又將該堂教夷殺斃，并將天津所有教堂，全行拆燬。此天津官商來往都中，所言大抵相同。

近又聞天津自前月二十三後，大致業已鎮定，自奉第二次諭旨後，人心未免惶惶，復有教民向天津府轎中擲磚之事。似此百姓懷疑，教民長惡，更恐别滋事端。臣竊惟和局必當保全，民心尤宜維係。矧天津縣於咸豐年間，曾經民團倡義，擊退賊匪，先帝深爲嘉獎。此次激成衆怒，憤殺教夷，自因拐失幼孩太多，痛心疾首，而該公使復叠次放槍，向通商大臣及天津縣尋釁，激變亦非無因。且迷拐之事，民間絶不猜疑他國，而動輒指名法國，即各省地方滋事，亦大率以此爲辭。如謂毫無影響，何至處處憑空捏造。豈天下百姓，於他國皆可耦居無猜，而獨於法國有不解之冤耶？設使法國意不傳教，民間又何從謡言生事耶？

總之欲懲擅殺之罪，必究起釁之根。一國之疵瑕，固關全局；天下之得失，尤係民心。現在即奉諭旨，交大學士、直隸總督曾國藩查辦，聞王三現已拿獲，起出之幼孩，聞亦經紳士收養，無難立時查究。應請飭下曾國藩，速將此案孰有孰無，孰曲孰直，研訊的實，一切毋庸回護。想曾國藩公忠正直，素爲中外所推，必能明白昭章，使各國與天下百姓，均得曉然於起釁之由。則綸言所沛，即可示天下之平，疑竇釋而民心允服，各國更可相安於無事矣。

徐珂《清稗類鈔・外交・天津焚法國教堂案》　曾文正一生憾事爲天津教案，輒以『外慚清議，内疚神明』八字以自責。有知其事者，爲言此案發見，文正以一身當其衝。時同治壬申，粤捻餘孽未平，開釁外人，絶非得計，固惟和平了結之一法耳。然外人於此，欲望甚奢，不重懲亂民，無以塞其口。而亂事初起，又實皆千人一手，首從無所分，盡誅之，則其勢不能姑寬焉，則又苦無術。其進退維谷，殆百倍於祁門督兵時矣。有張某者，回教人。時爲天津四門千總，小有才，富於貲，既知己責之難逃，且審文正艱苦狀，思迎其意而解焉。乃賄買貧民十六，使伏罪。十六人者，人得津錢五百千，初許其不殺者也。及案定，而十六人竟駢首死。罔民之罪雖在張，而文正實操縱之，其所以慚疚者在此。

重慶教案分部

綜　述

《軍機處洋務檔・著四川總督劉秉璋兼程赴任督飭妥辦重慶民教糾紛案事上諭摺》（光緒十二年六月十五日、一八八六年七月十六日）軍機大臣字寄浙江巡撫升任四川總督劉秉璋，傳諭暫護四川總督、按察使游智開，光緒十二年六月十五日奉上諭：據李鴻章電稱，重慶教堂與民口角，槍傷考生，遂至聚衆燬堂，洋房無一存者，并傷多人，罷考罷市等語。四川民情浮動，最易滋事。重慶民教仇怨本深，此次究竟因何起釁，著游智開迅即遴派干員，前往彈壓，持平辦理。并查明搆釁緣由，民教被傷人數及現辦情形，先行據實馳奏。

前有旨令劉秉璋速赴新任，此時計早交卸。該督接奉此旨，著即兼程赴川，督飭妥辦。此事關系緊要，該督等務當確切查明，迅速了結，不得稍涉偏袒，致生枝節。將此由六百里諭知劉秉璋并傳諭游智開知之。欽此。遵旨寄信前來。

又《護理四川總督游智開奏報派員續辦重慶教案情形摺》（光緒十二年七月初二日、一八八六年八月一日）暫行護理四川總督、二品銜按察使臣游智開跪奏爲渝城武童打燬洋房教堂一案，現據川東道等續稟籌辦情形，恭摺具陳，仰祈聖鑒事。竊查渝城武童打燬洋房教堂一案，前經臣附片奏明。六月十六日續據巴縣稟稱，渝城歲試武童因英美兩國構居險要，致激衆怒，打燬洋房及各國教堂。查英人欲由印度入藏，并圖居雲南大理、四川重慶。前奉上諭，紳商共悉。本年英美在鵝項頸等處修房，皆據險要，且用巨石高築，形同礮臺，渝民驚疑。入夏後民謡頻起，四月重屬開考文童，已覺羣情洶洶，經該縣許以商允洋人贖還。奈贖還之議大非西人所願，屢向婉商不聽，迨試武童，遂釀此案。幸將各國洋人保衛無恙。現該洋人分住道縣，兩署之中。惟教民羅元義尤爲衆怨所歸，六月初一日竟有械斗凶傷情形，事旋經彈壓而止。查此案釁由彼肇，不推究釁由，無以塞洋人之口；不贖還要隘，無以順百姓之心；不預定款目，無以爲議結之具等情。

二十二日復據署川東道夏時稟稱，現在洋人願將鵝項頸、亮風埡、叢樹牌三處要隘退還，蓋亦知衆怒難犯，并書立洋押爲據。至所失各件，英國開單約值銀二萬三千餘兩，美國開單約值銀二萬八千兩，法國開單約值銀十二萬兩，并將細數臚列，盡具洋押，交該道收執。該道以所失之數，核計尚非格外要求，惟所燬城内外教民房屋，尚未議及等情。

臣伏查此案，鵝項頸等三處險要，該洋人均許退還，尚有攖懼衆怒之心。惟單開所失銀數太鉅，雖該道核計尚非格外要求，惟臣前派委員勘估尚未稟覆，斷難依數照賠。況洋人違背條約，構居險要，有礙方向，其曲在彼。當經臣批飭，務須大加核減，并令委員遂處勘明，另行妥議，再覆核辦在案。

除將該道該縣先後稟情及渝民公稟四件匯咨總理各國事務衙門查核，咨覆來川，以憑遵辦外，所有渝城武童打燬洋房教堂，據川東道等續稟籌辦情形，謹會同護理成都將軍臣托克湍恭摺由驛五百里馳奏，伏乞皇太后、皇上聖鑒訓示。謹奏。

光緒十二年七月十六日軍機大臣奉旨：該衙門核議具奏。片并發。欽此。

又《慶郡王奕劻等奏覆請飭新任川督迅將重慶教案持平斷結并懲滋事人犯摺》（光緒十二年七月二十九日、一八八六年八月二十八日）臣奕劻等跪奏爲遵旨議奏事。光緒十二年七月十六日軍機處抄交暫行護理四川總督按察使游智開奏，渝城武童打燬洋房教堂一案續辦情形各摺片，奉旨：該衙門核議具奏。片并發。欽此欽遵。抄交到臣衙門。

臣等查此案，據護理四川總督游智開先後奏咨，内稱美國教士在巴縣鵝項頸、亮風埡，英國教士在叢樹牌等處，各買地建房，以作醫館及避暑之所。渝民以地居險要，嘖有煩言。五月初五日城鄉人民經過鵝項頸前往聚觀，因與洋婦口角爭鬧，經人勸散。該縣以時值武童考試，令洋人暫時停工了息。迨二十五日開考武童，三十日早突有武童及渝民多人至鵝項頸將洋房打燬。是日下午該武童等復入城滋事，將各國教堂醫館拆燬，并焚燬法國教堂。經該鎮道等往來禁護，自申至子，始行解散。六月二十二日據署川東道夏時稟稱，現在洋人願將鵝項頸等三處要隘退還，書立洋押爲據。所失各件，估價賠還各等情。

臣等詳核案情，洋人租地自行建樓并設立醫館、禮拜堂，如無礙民居，不關風水，照例税契用印外，地方官不得阻止，載在條約。鵝項頸等處之地既經該處民人情願賣與洋人，自必立有契據，即難禁其建造房屋。乃事前既聽其購買地基，事後忽將其房屋拆燬，實屬無理肇釁。且應試武童，不遵地方官約束，竟至恃衆滋事，波及各國教堂，尤屬肆意妄爲，毫無顧忌。必謂釁由彼肇，亦無以服洋人之心。現在洋人既願將地退還，自應妥速辦理，免生枝節。新任督臣劉秉璋此時計可抵任，相應請旨飭下該督臣，迅將此案詳查核辦，持平斷結，并將滋事之人嚴拿懲辦，以昭公允而儆將來。所有臣等遵旨議覆緣由，謹恭摺具奏，伏乞皇太后、皇上聖鑒。謹奏。

光緒十二年七月二十九日軍機大臣奉旨：另有旨。欽此。

又《護理四川總督游智開奏報重慶教案民教被傷人數及現在擬辦情形摺》（光緒十二年八月初十日、一八八六年九月七日）暫行護理四川總督二品銜按察使臣游智開跪奏爲重慶教案遵查民教被傷人數及現在擬辦情形，恭摺具奏，仰祈聖鑒事。竊查重慶府民童打燬洋房教堂一案，前將起釁及籌辦情形，先後奏報在案。旋據委員唐、羅兩守稟稱，勘得該處城外之鵝項頸、叢術（樹）牌、亮風埡洋房共三處，城内教堂、醫館亦三處均已拆燬净盡，所有各國洋人均經該道等保護，并未傷及一人。惟查此次渝民雖因洋人構居險要起釁，亦因教首職員羅元義，久爲衆怒所歸，一時發難。六月初一日渝民往尋羅元義，羅元義已預糾痞百餘人，持械在家藏伏，突出大門，亂將百姓毆砍，致渝民被傷二十二人，傷斃十一人，該職家亦傷八人。由是渝民更挾傷斃多命之嫌，益激公忿，遂日在鄉集團打燬教民房屋及各處教堂。近遠聞風，相率效尤，致銅梁、大足兩縣亦有打教情事。員弁前往，不服彈壓，民團集不肯散，請將羅元義拿辦。至此次打燬洋房教堂之滋事首犯，查系王明堂、石開陽兩人，俟拿獲補報等情。

伏查教首羅元義平日遇有民教交涉事件，往往偏庇教民，欺凌百姓，爲衆怨所由歸。此次民童往尋羅元義，輒先糾痞多人，持械藏伏。斯時渝民均未執持器械，多被殺傷，渝民益忿，遂致四鄉教民房屋被燬。羅元義身雖奉教，仍是中國人民，應遵中國法律，此時若不拿辦，無以解散民團，即無以保衛各處教堂。當經密檄川東道府縣拿解羅元義審辦，昨據委員及川東道府縣稟報，業將羅元義拿獲起解，民情稱快，民團已散。并取具各場首人保護教民歸農切結，教民亦陸續回家收割稻穀，四鄉已臻安静等語。臣當將羅元義發交成都府審訊。

查羅元義系捐花翎同知銜加三品封職，應請旨先將該職斥革，以憑審明擬辦。仍一面飭查教民被燬房屋數目，并嚴拿滋事首犯王明堂等歸案并辦。至於民童打燬洋房教堂，前經洋人開單索賠，臣曾飭令大加核減。嗣因羅元義糾殺多命，渝民糾燬教民房屋，是以核減數目尚未議定。現據委員等稟以英國之款近已會議，該領事班德瑞不但不肯減少，且謂尚有漏開之處。是核減之議，決非旦夕所能辦結，應俟該委員等再與各國會議停妥，稟覆後據實具奏。除咨明總理各國事務衙門及將斥革羅元義咨明吏部外，所有民教被傷人數及現在擬辦情形，理合會同護理成都將軍副都統臣托克湍，恭摺由驛五百里馳奏，伏乞皇太后、皇上聖鑑訓示。謹奏。

光緒十二年八月二十三日軍機處大臣奉旨：覽奏均悉，即著劉秉璋飭查教民被燬房屋數目，并嚴拿首犯王明堂等按律懲治。務將此案秉公辦結，毋稍偏袒。余依議，該衙門知道。摺内所稱唐羅兩守不合體裁，游智開著飭行。欽此。

又《護理四川總督游智開奏報拿獲重慶教案首犯王明堂及議辦情形摺》（光緒十二年九月二十七日、一八八六年十月二十四日）暫行護理四川總督、二品銜按察使臣游智開跪奏爲重慶教案内滋事之犯王明堂現已拿獲，并現在議辦情形，恭摺具奏，仰祈聖鑑事。光緒十二年九月初五日軍機大臣奉上諭：昨據游智開奏遵查民教被傷人數及現辦情形一摺。【略】欽此欽遵到臣。伏查此案滋事首犯王明堂等在逃，早經批飭勒限嚴拿。近據巴縣知縣國璋稟稱，該犯王明堂逃至綦江縣地方，經該縣差役協同綦江縣差役將王明堂拿獲，不日即可押解到縣等情。當飭該縣於解到後，速將王明堂提解來省，以憑發委一并審辦，并飭嚴拿石開陽務獲究辦。至於羅元義業已解省，尚未定供。續據巴縣國璋具稟，以羅元義所雇下手傷人之犯何包魚、吴炳南等，現又續獲，亦即批飭一并解省，與羅元義對質定供擬辦各在案。

巴縣知縣國璋前經臣將該縣先行摘去頂帶，本應即時參辦。惟時值學臣考試，渝郡生童雲集，正資彈壓，未便遽易生手，仍責令該縣妥爲彈壓。今考試已畢，生童人等極爲安静，所有此案先事失於防範，臨時未能彈壓之地方官，系巴縣知縣國璋，相應將職名開送。現據委員候補知府唐翼祖、羅亨奎函稟，據稱日來疊與洋人會議，法國賠款十二萬兩，該主教稱系從實開單，決不能減。英國賠款二萬三千兩，該領事異常狡黠，經委員等責以釁由彼肇，多方辨論，始據允減十分之二。美國教士嘉腓力因病早赴宜昌，前議之數係英領事隨同畫押，該領事現在藉詞推諉，該委員等責以既可畫押，即可主持。一俟各國議定，即行稟報。其羅元義傷人後，渝民打燬柏果樹等處教堂及燬教民房屋百餘家，尚須另議款目，不在原議之内等情。臣察核所稟，均係實情，逐層議妥後，不至另生枝節，已催令該委員迅速定議，俾早辦結。一俟稟覆，即當據實具奏。

再，洋人請於辦結後，復建教堂，仍應飭地方官保護等語。查此案起釁由於洋人構居險要，有礙方向，所有鵝項頸、亮風埡、叢樹牌三處，均不准再行修造。其餘各處教堂，不能不聽其復修，惟有先期由地方官邀集紳耆，傳諭民衆，以後聽其復修，不准滋生事端，以期日後民教相安，是否有當。

所有拿獲滋事首犯王明堂，飭即解省審辦及現在議辦情形，除咨明總理各國事務衙門查照外，謹會同護理成都將軍臣托克湍恭摺由驛六百里具奏，伏乞皇太后、皇上聖鑒訓示。謹奏。

光緒十二年十月十一日軍機大臣奉旨：覽奏均悉。國璋著交部議處，仍著督飭嚴拿石開陽務獲歸案審訊，持明辦理。嗣後各該處修建教堂，務須妥籌措置，按約保護，總期教民相安，毋再滋生事端。該衙門知道。欽此。

又《四川總督劉秉璋奏報核實重慶教案賠款會立合同摺》（光緒十二年十二月初三日、一八八六年十二月二十七日）頭品頂戴四川總督臣劉秉璋跪奏爲重慶教案現經委員等將各國賠款核實議定，會立合同，恭摺具陳，仰祈聖鑒事。竊光緒十二年五月三十日前護臣任內，重慶府民童以英美兩國在於鵝項頸等處修造洋房，有礙方向，糾衆拆燬各處洋房，幷入城將法國教堂、醫館一幷拆燬。當經護督臣委候補知府唐翼祖、羅亨奎前往查勘，會同各國主教、領事籌議。茲據該委員唐翼祖稟稱，此次渝城民教滋事，始因英美兩國占居險要，人心驚疑，繼因教首羅元義雇人逞凶，愈結忿怨。五月三十、六月初一等日，正值武童應試，相率將各國洋房、教堂、醫館悉行拆燬。維時人性洶洶，加以羅元義械斗殺傷多人，遂至羣起尋仇，於六月十四等日將城外之水鴨氹學堂、白果樹書院幷各鄉教民房屋器具以及銅梁、大足等處，紛紛打燬。經道府等多方安撫，幷將教首羅元義及打教滋事之石匪、王明堂等拿省訊辦，然後民教漸相安。

伏查此次各國被燬房屋器具，以真元堂爲最。屋宇既麗且崇，器具亦極繁重，所費甚巨，加以白果樹系該教老書院，其中書籍板片所藏甚富，以及各處教民房屋總計二百五十五家，悉成瓦礫，實與先年酉陽州等處教案輕重懸殊。雖六月初以前所燬法國教堂、醫館前經議有十二萬兩之數，而以後法國之白果樹、水鴨氹等處各鄉教民房屋及銅梁、大足等處自當與之速議，俾免日後糾纏。乃該主教動謂白果樹書院創立數年，所儲輜重不少，滋議價亦須八萬兩。此次教民房屋半皆富户值價者，若云撫恤則在十萬兩內外。當即責以所欲過奢，日與反復開導，會議多次，乃將續燬之款減至七萬兩，教民撫恤減至六萬兩，共十三萬兩，再減即不肯議。該委員等多方與辯，舌敝唇焦，旬日以來，始克定議銅梁賠銀三千兩，大足賠銀一萬五千兩，共十三萬之數，又減爲八萬二千兩。合初次議賠之十一萬兩，共計二十二萬兩。英國議定一萬八千兩。至美國前因該教士赴宜昌，已托英國領事班德瑞代爲籌議，初議二萬八千兩，現復再三辯論，始定二萬三千兩。定議後由班德瑞稟知駐京公使，俟回覆至日再立議單，現有班德瑞信函爲據。伏查川東前賠酉陽一案幾二十萬兩，彼乃一州一邑，非該教會萃之區。此次渝城鄉教堂、醫館，各處教民房屋以及銅梁、大足等縣所燬，實非酉陽州賠情形可比。現在總計法國賠款撫恤共銀二十二萬兩，美國二萬三千兩，英國一萬八千五百七十兩，較之先年各處教案似尚核實。該主教議立數條，會立合同，畫有洋押，不致翻異。其賠恤兩項，亦皆議明分年付給，此後民教務各相安，不准再滋事端等情。

臣查此次渝民打燬洋房、教堂、醫館、教民房屋，自渝城內外以及銅梁、大足既多且遠，爲費實鉅。該員等會同道府在渝五閱月之久，而後議定，既已舌敝唇焦，實屬無可再減。惟有據情陳奏，候旨遵行。如蒙俞允，則分年籌給之欵即在川東鹽厘、省城鹽厘及捐輸項下酌量撥給，以昭大信。

所有重慶教案，現經委員等將各國賠款數目核實議定幷會立合同緣由，除將合同抄單咨明總理各國事務衙門查核，幷將命另行奏結外，謹會同成都將軍臣岐元恭摺具陳，伏乞皇太后、皇上聖鑒訓示。謹奏。

光緒十二年十二月十六日軍機大臣奉旨：該衙門知道。欽此。

又《四川總督劉秉璋奏爲陳明重慶教案根由片》（光緒十二年十二月初三日、一八八六年十二月二十七日）再，此案關繫實與尋常人命不同，羅元義平日恃教欺民，仇怨益深，渝民初次打燬洋房教堂，雖因鵝項頸等處有礙方向，實由羅元義積怨所釀而成。斯時羅元義若不雇衆械斗，殺傷多命，渝民亦不至益加忿恨，集團四出打教。是洋房教堂之被燬，百姓之被殺，教民房屋之被拆，皆羅元義恃符逞横所致。擬以械斗爲首之例，尚覺情浮於法。至石匯因羅元義恃符逞横，隨同民團在鄉滋事，乃以營勇彈壓之故，輒敢傷斃楊什長一名，縱火燒房，不服彈壓，實屬匪徒，罪應從重。茲兩犯均從比例，各擬斬梟，所以示持平也。既足以戢教民之勢，亦足以懾平民之心。臣等爲維持民教起見，伏乞敕下刑部查明此案民教不和根由，速即議奏咨覆辦理，以免稽誅而杜後釁，實於地方有裨。

除王明堂一犯未經供認，飭緝朱姓、石工陽等獲審另辦外，謹會同成都將軍臣岐元附片具奏，伏乞聖鑒。謹奏。

光緒十二年十二月十六日軍機大臣奉旨：覽。欽此。

《宫中硃批奏摺・四川總督劉秉璋奏報重慶教案賠款銀兩現已付完摺》

（光緒十六年十一月十一日、一八九〇年十二月二十二日）頭品頂戴四川總督臣劉秉璋跪奏爲歷年籌撥重慶教案賠款銀兩，現已付給完竣，恭摺仰祈聖鑒事。案據布政使崧蕃、盐茶道延煜、署川東道張華奎、滇黔鹽務局候補道夏峕會詳。竊查光緒十二年五月三十日，重慶府民童以英美兩國在於鵝項頸等處修造洋房，有礙方向，拆燬各處洋房，并入城將法國教堂醫館一并拆燬。前經委員查勘會議，總計議給法國賠款撫恤共銀二十二萬兩，美國銀二萬三千兩，英國銀一萬八千五百七十兩，當經奏請在於川東鹽厘、省城鹽厘及捐輸項下酌量撥給，以昭大信在案。遵查前項賠款，英國、美國議給銀兩，均於十三年由川東道鹽貨厘金項下給付清款。所有議給法國賠款撫恤銀兩，曾於十二年十一月按照原議，由司庫於十三年捐輸項下籌給銀三萬兩，鹽茶道庫鹽厘項下籌給銀三萬兩，共銀六萬兩，餘欠銀一十六萬兩，議自丁亥年起，分作四年，每年付銀四萬兩。議定每年五、十兩月各交銀二萬兩，計自丁亥年五月由司庫於十三年捐輸項下給銀二萬兩，十月由鹽庫鹽厘項下給銀一萬兩，官運局税羡截厘款内給銀一萬兩，共銀四萬兩。戊子年五月由司庫於十四年捐輸項下給銀一萬兩，鹽庫鹽厘款内給銀一萬兩，十月由川東道鹽貨厘金項下給銀一萬兩，鹽庫鹽厘款内給銀一萬兩，共銀四萬兩。己丑年五月由鹽庫鹽厘項下給銀一萬兩，官運局税羡截厘項下給銀一萬兩，十月由川東道鹽貨厘金項下給銀一萬兩，鹽庫鹽厘項下給銀一萬兩，共銀四萬兩。庚寅年五月由鹽庫鹽厘項下給銀一萬兩，官運局税羡截厘款内給銀一萬兩，十月由司庫於鹽厘項下凑撥銀六千兩，十五年捐輸項下凑撥銀四千兩，鹽庫鹽厘項下凑撥銀一萬兩，共銀四萬兩。統計先後由司鹽局道各庫共籌撥付法國賠款銀二十二萬兩，均照原議，一律以渝城九七市平付給清款。

除將動用各款分年造報外，所有籌撥重慶教案賠款銀兩全數付給完竣緣由，詳請奏咨前來。臣覆查無異，除分咨總理衙門暨户部查照外，理合會同成都將軍臣宗室岐元恭摺具奏，伏乞皇上聖鑒。謹奏。

硃批：該衙門知道。

雜録

《軍機處録副奏摺・慶郡王奕劻等奏爲宜昌總兵所稟重慶教案與督臣互異請旨飭查片》（光緒十二年七月二十九日、一八八六年八月二十八日）再，正封摺間，適接北洋大臣李鴻章文稱，七月二十日據湖北宜昌鎮總兵羅縉紳七月初三日稟稱，七月初二日申刻據探差回宜稟稱，渝城華教滋事，其端肇自美國人在鵝項頸修房屋。此處爲府城東路要隘，美國人占造，有傷地脉，合縣士民聯名具稟。巴縣當未了結，衆怒於五月底先打亮風埡、叢樹牌兩處，然此爲英人占據，亦系要地。城内教堂，法人修建，士民皂白難分，亦皆焚燬。并從教之殷實家亦皆拆其房屋，惟有羅寶芝素號教主，伊家招有兵勇，房屋未燬。是日渠殺傷死華民二十二人，現在護督游委唐羅兩知府查辦，尚無頭緒，附城場市有教堂者俱行拆燬。六月二十四日隔府城一百二十里之白果樹，有一教堂，法人行教，巢穴險峻，南川、綦江兩縣團勇大開一仗，聞各傷人數百，華民、從教者甚夥，無從分別。江北廳六月初被教民放火燒燬鋪屋四百余家，川東各屬處處起閧（團），聲稱打教，其勢汹汹等語。所報差弁探系地方紳民所稱等情，據稟咨行到臣衙門。臣等查總兵所探各情，雖系得自紳民，傳述之詞，未必盡爲確實，惟與暫護四川總督臣游智開前奏各節，輕重懸殊，應請飭下新任督臣劉秉璋確切查明，據實覆奏，持平辦理。

所有總兵羅縉紳探查渝城教案，與護臣游智開奏報互異情形，請旨飭查緣由，理合附片具陳。謹奏。

周漢反教案分部

綜述

《宫中硃批奏摺・湖廣總督張之洞等奏報派員查辦湖南刊播反教揭帖案等情形摺》（光緒十八年三月二十五日、一八九二年四月二十一日）

頭品頂戴湖廣總督臣張之洞、頭品頂戴湖南巡撫臣張煦跪奏爲遵旨派員查辦湖南刊播揭帖僞造公文一案，并查明在籍道員患有心疾，迹類瘋狂，據實奏明，請旨懲處，仰祈聖鑒事。竊臣等前經承准總理各國事務衙門咨開：匿名揭帖本干例禁，立法甚嚴。自髮捻掃平後地方乂安，而散勇惰民，思欲藉端爲亂，輒假西人傳教爲言，刊爲書説，編作歌謡，繪爲圖畫，率皆鄙俚不經，不堪寓目。而愚民無識，往往爲所煽惑，甚或釀成巨案。叠准德國使臣屢次送到刊版書籍説詞歌曲畫圖種種，并有捏造總理衙門公文及督撫文函各件，居心甚爲詭誕。此等謡言，微特有礙邦交，即中國内治亦宜嚴懲。咨行通飭各屬查禁，究查捏造之人，從重懲辦，以消隱患。并叠次承准電開：長沙府有周漢開設寶善堂鄧懋華書鋪，刊刻詆燬洋教書籍，布散甚多。查各處教案之起，皆由造言生事者摇惑人心，各書皆由湖南而來，有三家書鋪，鄧懋華、曾鬱文、陳聚德皆代周漢刻書各等因。均經通飭嚴禁，并行湖南臬司嚴切查究。本年二月承准總理衙門電催辦理，當經臣之洞電請總理衙門代奏，派委湖北督糧道惲祖翼馳往湘省，會同湖南臬司確查稟覆，奏明懲辦，奉旨允准在案。

兹據該道惲祖翼自湘回鄂，會同署湖南按察使吕世田稟稱。查此案先經該臬司飭據長沙府知府趙環慶稟稱，查得周漢系寧鄉縣人，由軍功洊保道員，留陝西補用，向以寶善堂之名在湖南省城刊刻善書，踪迹無常，現在遠出未歸。鄧懋華、曾鬱文、陳聚德三人，均以刻字爲業，曾鬱文已於上年身故。當訊據鄧懋華供，向在長沙省城小西門内路邊井獨自開店，刷賣帳簿，并未與周漢合伙刊刻書籍，惟與之熟識往來。上年周漢曾至店中寄居數日，隨卽出省，有時言語荒誕，狀似瘋迷，其所輯各種善書，聞系

陳聚德、曾鬱文代爲刊刻。據陳聚德供，開設刻字店多年，曾代周漢刊刻得一録、《官紳寳訓》、《育嬰良法》、《拯溺寳筏》、《格言聯璧》、《傳家寳訓》、《擴充惻隱》各種善書，所有版片隨時取去，自行刷印。店伙人數衆多，不諳文義，向來刻書照字算錢，不問來歷，所有辣手文章等書并一切畫圖是否間有店伙代刻，實在記憶不清。據曾鬱文店伙吴東海供，店主曾鬱文曾代周漢刊刻善書，已於上年身故。至於燬駡洋教書本，曾否刊刻，實不知情，自奉將店門封閉，各伙俱已散去各等供。該道到湘，當卽會同該司派委湖南候補通判蔣聯庚馳赴寧鄉，查傳周漢解省訊究。

旋據該員會同寧鄉縣知縣鄭之梁稟稱，周漢自光緒十年由新疆請假回籍，隨卽携眷出外，至今并未復回原籍。當將周漢胞侄周德之户族周昆玉、團總唐篠楠、鄰右黄樹秋一并傳解來省。經該府訊據周德之供，周漢係其胞叔，自光緒十年回籍後，卽挈眷出外，隨意遨游，六七年來并未回至寧鄉。近患痰疾，時發時愈，病劇時言語不清，有似癲狂。又羡慕神仙，自稱鐵道人，最信扶箕，平日雖不信洋教，并未編刊書歌圖畫，各處布散。或係不逞之徒，因伊叔周漢保至監司大員，托名刊刻，并捏造總署湘撫公文及致鄂撫書信，希圖聳聽，亦未可知。質之户族周昆玉、團鄰黄樹秋、唐篠楠等各供相同。惟所有書歌圖畫究係何人秉筆，未能得其主名，自應先將版片搜獲銷燬净盡，以副朝廷輯睦中外之至意。

當經該府督同長沙善化兩縣懸賞購覓，并恐民間心懷疑懼，知而不舉，特於賞格内聲明隨繳隨賞，并不追究來歷。復派差分路搜尋，始據長沙縣民萬富安等陸續繳到鬼叫該死、辣手文章、擎天柱滅鬼歌、稟天主邪教并圖畫各種版片計三十一面，共二十五塊，内多殘缺不全，自系畏罪燬棄。所有版片及人證供結，均由該府稟解該司道等親提覆訊，所供均與該府原訊相同。誠恐尚有不實不盡，究竟周漢是否在家避匿，并該書鋪等有無諱飾情事，復向周德之究詰。據供伊叔周漢實系由新疆請假回籍，後携眷外出，行踪靡定。平日不喜洋教，僅止信口詆訾，委無刊刻書畫各處散布情事。且身系職官，斷不敢僞造公文。其致湖北巡撫信函，伊叔并未到鄂省，從不好與官場往來，顯系他人假託。總因伊叔是四品大員，平日好發議論，是以匪徒盗竊姓名，希圖易於煽惑。提訊户鄰周昆玉等，供詞俱同。復訊據陳聚德供，曾經代周漢刻過善書數種，實未刻過燬教書畫。該

鋪在省開設多年，代人刊刻善書，主顧甚多，向來照字算錢，書板隨刻隨取，其帳簿或僅記一姓，或僅記一堂名，或系展轉交來，實不能概行登記姓名。且店伙甚多，來去無常，這辣手文章等書，其中是否有店伙刊刻者，委實無從查悉。如有代周漢刻過燬教諸書，亦只係工匠受雇，該鋪并不知情，盡可據實供明，何必代爲捏飾，自受拖累。又提鄧懋華再三質對，堅不承認代刻書畫。惟據供與周漢熟識，遇其肆口妄論之時，不免羣相稱贊，事所時有。反覆研鞫，供仍如前，加以刑嚇，矢口不移。該司道等因案關重大，不厭精詳，復飭長善兩縣，確查周漢實係早經外出，久未在省。又經派員明查暗訪，咸謂周漢患有心疾，語言怪誕，近來痰迷更甚，見人動輒謾罵。至刊刻燬教等書圖等事，并無聞見。異口同聲，供證既屬確鑿，應即據供擬結。

查周漢遠出未歸，痰疾既劇，言語支離，即使傳喚到案，亦難訊取供詞。業已傳到該家屬及户族團鄰人等，研訊明確，僉供周漢并無刊播揭帖及捏造公文等件情事。衆供如一，稱系匪徒托名僞造，希圖煽惑，尚屬可信。即如致鄂撫信函一節，湖北撫署號房并未接收此信，其爲假托捏造更屬無疑。惟周漢以在籍道員，專好扶箕，諂信鬼神，語言怪誕，迹類瘋狂。病發之時，乖謬尤甚，逢人輒駡，此等形狀，仕途罕見。自應稟請奏明，予以懲處，以儆謬妄而免生事。書賈鄧懋華既知周漢形類瘋狂，性好生事，仍復與之往來，遇事稱贊，殊屬無知附和。陳聚德平日代人刊刻書籍，并不查詢來歷，又不看明書畫内文義有無流弊，任令店伙誤行刊刻，以致滋生事端，均有不合。鄧懋華、陳聚德均請照不應重律各擬杖八十，酌加枷號三個月，滿日折責發落。吳東海訊系曾鬱文幫伙，不知店務，應與病故之曾鬱文均毋庸議。仍將各該鋪永行封閉，不准復開。無干人證省釋免累。至匪徒竊名造言刊播揭帖希圖煽惑已屬可惡，并膽敢僞造總署、督撫公文，四處傳播，尤爲大干法紀。除由司通飭湖南各屬一體訪查，務得主名，嚴拿究辦外，合將查起書圖各種版片，匯同供摺、户族團鄰甘結，并地方官印結呈繳，稟請會核具奏等情前來。

臣等查西人傳教，乃條約所准行，久已中外相安。民人入教與否，聽其自便，西人亦不强人必從其教。教堂如實有不近情理，不合條約之事，盡可稟官照會查辦，何得捏造不根之言惑衆生事？況現值沿江各省嚴辦會匪之際，豈容推波助瀾，擾動大局。此案周漢雖查無刊播揭帖及僞造公文情事，惟該員以在籍四品職官，理應謹言慎行，矜式鄉里。乃平日專以扶箕爲事，惑於鬼神，言語荒誕，迹類瘋狂。近來痰迷更甚，見人動輒謾駡，以致匪徒假托其名，僞造公文，造言煽惑，自未便漫無懲戒，致令滋生事端。相應請旨將在籍花翎陝西補用道周漢暫行革職，查傳到籍，交地方官嚴加管束，不准潛至省城，妄爲生事。仍隨時察看，將來痰疾如能痊愈，果能謹飭改過，再行申請核辦。倘瘋狂益甚，滋生事端，即據實稟請奏明嚴懲。其書鋪曾鬱文業經身故，鄧懋華、陳聚德自應各予懲儆，應照該司道等所擬辦理。至竊名刊播揭帖僞造公文信件之匪徒，臣等自當督飭該臬司嚴飭各屬，實力查緝，務獲究辦，以儆效尤。其起到書圖各種版片，由臣之洞派委江漢關道孔慶輔眼同漢口領事銷燬。

所有派員赴湘查辦刊播揭帖僞造公文各情，分别擬辦緣由，謹合詞恭摺具陳，伏祈皇上聖鑒訓示。謹奏。

硃批：該衙門議奏。

《軍機處録副奏摺·慶郡王奕劻等奏爲遵議湖南刊播反教揭帖及請將周漢革職摺》（光緒十八年四月二十五日、一八九二年五月二十一日）

臣奕劻等跪奏爲遵旨議奏事。竊臣衙門於光緒十八年四月十五日由軍機處抄交湖廣總督張之洞奏派員查辦湖南刊播揭帖僞造公文一案，查明在籍道員周漢患有心疾，迹類瘋狂，請旨懲處一摺。奉硃批：該衙門議奏。欽此欽遵前來。

查原奏内稱，派委湖北督糧道惲祖翼會同湖南按察使吕世田等，查明周漢現未在籍，傳到周漢胞侄。訊據供稱，周漢系寧鄉縣人，由軍功洊保道員，留陝西補用。自光緒十年由新疆請假回籍，隨即携眷出外，六七年來并未回至寧鄉縣。近患痰疾，病劇時言語有似癲狂。平日總不信西教，僅止信口詆訾，并未刊刻書影畫圖各處散布。或係不逞之徒托名刊刻，并捏造總署湘撫公文及鄂撫書信，希圖聳聽。并據傳到周漢户族團鄰等各供相同。復派差分路搜尋書畫版片，據長沙縣民萬富安等陸續繳到書畫各版片計三十一面共二十五塊，殘缺不全，自係畏罪燬棄。經長沙府趙環慶京解，該司道等親提覆訊。據書賈陳聚德供，曾代周漢刻過善書數種，并未刻燬教書畫。其辣手文章等書，是否有店伙刊刻，無從查悉。又提鄧懋華再三質對，堅不承認代刻書畫。唯據供與周漢熟識，遇其肆口妄論時不免稱贊。反覆研鞫，供仍如前，加以刑嚇，矢口不移。復飭長善兩縣詳查，供證確鑿，應即據供擬結。查周漢遠出未歸，痰病既劇，言語支離，即使傳喚到案，亦難訊取供詞，業已傳該家屬及族鄰人等研訊明確，僉供周漢并無刊播揭帖及捏造公文情事。衆供如一，稱係匪徒僞造，希圖煽惑，尚屬可信。即如致鄂撫信函一節，湖北撫署號房并未接收此信，即爲假托捏造無疑。唯周漢以在籍道員，專好扶箕，諂信鬼神，語言怪誕，迹類瘋狂，病發之時乖謬尤甚。此等形狀，仕途罕見，自應予以懲處，以儆謬妄而免生事。書賈鄧懋華既知周漢瘋狂，仍與往來，遇事稱贊，殊屬無知附和。陳聚德平日代人刻書，不詢來歷，又不看明書内文義有無流弊，任令店伙誤刻，致生事端，均有不合。鄧懋華、陳聚德均請照不應重律各擬杖八十，酌枷號三個月，滿日折責發落。吳東海訊系曾鬱文幫伙，不知店務，應與病故之曾鬱文均無庸議。仍將各該鋪永行封閉，無干人證省釋免累。至匪徒竊名造言，刊（撥）［播］揭帖，希圖煽惑。并膽敢僞造總署督撫公文，四處傳播，大干法紀。除由司道飭屬一律訪查嚴拿究辦外，相應請旨將在籍花翎陝西補用道周漢暫行革職，查傳到籍，交地方官嚴加管束，不准潛至省城，妄爲生事。仍隨時查看，將來痰疾如能痊愈，果能謹飭改過，再行申請核辦。倘瘋迷益甚，滋生事端，即據實奏明嚴懲。其起到書畫各種板片，派委江漢關道孔慶輔眼同漢口領事官銷燬等因。

臣等查上年十月間，據德國使臣巴蘭德函稱，湖南長沙府有周漢開設書鋪，刊刻訾議洋教書籍，布散甚多，請設法嚴禁。又於十二月間據英國使臣華爾身面稱，據英領事官將漢口譏刺西教各書抄寄英國外部，切請查究各等語。臣衙門叠經電致湖廣總督張之洞，飭屬［從］嚴查辦。本年二月間，先據張之洞電稱，擬委湖北督糧道惲祖翼馳赴湘省，會同湖南臬司確查稟覆，奏明懲辦。茲據張之洞等奏稱，查明各情，分別定擬，欽奉諭旨交臣衙門議奏。

臣等查西人傳教已歷多年，信從與否原係聽人自便。乃好事之徒往往散布謡言，啓人疑忿，事端由此而生，所關非細。此案周漢雖查無刊播揭帖及僞造公文情事，惟身爲職官，平日言語荒誕，迹類瘋狂，以致匪徒假托其名造言煽惑，實屬咎無可辭。應如該督糧道惲祖翼馳赴湘省，會同湖南臬司確查稟覆，奏明懲辦。茲據張之洞等奏稱，查明各情，分別定擬，欽奉諭旨交臣衙門議奏。

臣等查西人傳教已歷多年，信從與否原係聽人自便。乃好事之徒往往散布謡言，啓人疑忿，事端由此而生，所關非細。此案周漢雖查無刊播揭帖及僞造公文情事，惟身爲職官，平日言語荒誕，迹類瘋狂，以致匪徒假托其名造言煽惑，實屬咎無可辭。應如該督撫所奏，請旨將陝西候補道周漢暫行革職，查傳到籍，交地方官嚴加管束，勿令出外生事。仍隨時查看，如果痰疾痊愈，改過自新，再由該督撫酌核辦理。倘瘋迷益甚，滋生事端，即據實奏明嚴懲。其書賈陳聚德、鄧懋華兩名，或無知附和，或任令誤刊，均有應得之咎，應照擬各杖八十，枷號三個月。無干人證省釋免累。其竊名造言之匪徒，仍由該督撫嚴飭各屬，一體查拿究辦，以儆將來。

所有臣等遵旨議奏緣由，謹恭摺具陳，伏乞皇上聖鑒訓示。謹奏。

光緒十八年四月二十五日奉硃批：另有旨。欽此。

《軍機處上諭檔・著將陝西候補道周漢即行革職查傳到籍交管事上諭》（光緒十八年四月二十五日、一八九二年五月二十一日）光緒十八年四月二十五日内閣奉上諭：前據張之洞等奏，查辦湖南刊播揭帖僞造公文一案，當令總理各國事務衙門議奏。茲據覆奏，請照張之洞等所擬辦理等語。此案道員周漢雖無刊播揭帖及僞造公文情事，惟身爲職官，言語荒誕，迹類瘋狂，以致匪徒假托其名，造言煽惑，實屬咎無可辭。陝西候補道周漢著即行革職，查傳到籍，交地方官嚴加管束，勿令出外滋生事端。余依議。該部知道。欽此。

大足教案分部

綜　述

《宮中硃批奏摺・四川總督劉秉璋奏報川省大足縣教案現已議結情形摺》（光緒十七年十二月二十九日、一八九二年一月二十八日）頭品頂戴四川總督臣劉秉璋跪奏爲川省大足縣教案現已議結，恭摺具陳，仰祈聖鑑事。竊惟川省自光緒十二年冬重慶教案辦結後各屬民教尚屬相安，惟平日教民恃教欺壓平民，在所不免，及至控官，教士又從而護庇之，此民怨所由漸結也。大足縣設有教堂，十六年六月十九日該處向有靈官會期，年年屆期迎神賽會。是日有幼孩等戲以石塊擲入教堂，教民王懷之、朱矮孜等多人持刀出砍，致傷幼孩十餘人，於是平民忿恨，羣起與教堂爲難。適有匪徒余蠻子等即藉打教爲名，希冀搶劫，糾衆將龍水鎮、馬跑場等處教堂先後打燬，并燬教民房屋百餘家，及毆傷教民蔣汶高身死，報經臣迭檄該管道府縣，嚴拿兩造滋事之人懲辦。余蠻子等慮被拿辦，脅衆踞聚不散。臣復檄飭記名提督吳奇忠會同署川東道張華奎，酌派營勇前赴大足拿辦。惟時獲匪余二木匠等四名，或當時格殺，或訊後瘐斃，餘衆奔散，首匪余蠻子等亦已逃颺。節經該道張華奎與白主教會議，該主教希冀厚償，是以遲延至今。以上各情，均經隨時咨商，電達總理衙門各在案。

旋經北洋大臣與該國公使約議四端，咨川照辦。該道與主教逐款議明：一則兩造首匪王懷之、余蠻子等照案嚴拿。一則逃外教民除已復業外，其有未歸者，隨時招復。一則龍水鎮教堂緩修，仍留地基，一年後查照江北廳舊章辦理。一則被燬各教堂及教民房屋議給償恤銀五萬兩，分作三年付清，并續籌善後各款，列單各存備案。據該署道張華奎具稟前來。

臣伏查償恤一層，該教堂初索銀至十八萬兩之多，臣力持不允，密飭該道張華奎徐與磋磨，議至五萬，勢難再減，始經定議。惟川庫支絀，無可籌挪，臣與在省司道酌議，擬在藩司、鹽茶道、官運局三處各於閑雜項下分年籌湊，付清了案，并不動用正款，以重庫儲。

所有大足縣教案現已議結緣由，除分檄遵照，并咨明總理衙門立案外，是否有當，理合恭摺具奏，伏乞皇上聖鑑訓示。謹奏。

硃批：該衙門知道。

《軍機處電寄檔・著護理川督文光飭員上緊辦理大足教案事電旨》

（光緒二十四年七月三十日、一八九八年九月十五日）奉旨：文光電悉。大足教案日久遷延迄未蕆事，殊屬疲玩。著文光督催在事印委各員上緊辦理，總以交還華鐸爲最要關鍵。事非延宕可了，亟宜認定緩急，次第妥籌結束。倘再遲延，別生枝節，定惟該護督是問。欽此。

宜昌教案分部

綜述

《宮中硃批奏摺・湖廣總督張之洞奏報宜昌教案辦理完結情形摺》

（光緒十八年十二月二十七日、一八九三年二月十三日）頭品頂戴湖廣總督臣張之洞跪奏爲湖北宜昌地方焚燬教堂一案辦理完結，恭摺具陳，仰祈聖鑑事。竊照光緒十七年七月二十九日據署宜昌府知府逢潤古、署東湖縣知縣許之琎電稟，本日早間宜昌府城外地方有因尋幼孩，焚燬天主教堂之事，當經臣電飭該府縣等確查啓釁詳細情形，迅將爲首滋事之人拿獲稟辦，并派委荆宜施道方恭釗、候補知府裕庚馳往宜昌，會督府縣切實查辦去後。

嗣據該道府縣印委各員會稟稱，查明教堂洋房被焚情形，叠經會督營汛分途查拿，先後拿獲滋事各犯朱發金、趙宗雅、汪望、王德娃子、李宗義、楊長生、何燮臣、余五豹子、高正洪、黄順榮、易白、熊宏發等十二名，督同逐一研訊。此案實因法國聖母堂誤收民人游姓被拐幼孩啓釁，懷疑蓄憤，烏合打鬧，失火延燒。其時游姓問知失孩係在教堂，赴堂詢問，當經教士令其識認領回，并經該府縣向堂中查出收養幼孩及婦媪六十五名。內瞽目者三名，眼珠仍在瞽一目者一名，皆係原來因病成瞽，均係其父母自願送養，實無一挖去目睛傷殘形體之事。

據朱發金供認，光緒十七年七月二十九日路過聖母堂，見衆人吵嚷，問係游姓失去幼孩在聖母堂尋出。因平日誤信訛傳洋人有殘害幼孩之説，又因見有瞽目小孩數人，懷疑逞憤，不服彈壓。同衆打鬧聖公會新造房屋。并先至聖母堂同衆上樓亂打，一時人多擁擠，不知因何起火，想系翻倒洋油引然［燃］所致。又至天主堂堂屋厨房打鬧，致竈內火起，延燒聖母天主各堂。趙宗雅供打燬聖公會聖母堂器物并搶取銀兩。汪望供打燬聖公會聖母堂、郭洋人花園窗户器物。王德娃子供打壞聖母堂器物，洋醫生屋內藥瓶。李宗義、楊長生供打壞天主堂及洋花園物件。何燮臣供打壞聖母堂器物并向知縣出言頂撞。余五豹子、高正洪、黄順榮各供打壞聖母堂及洋房器具樹木。易白、熊宏發各供碰壞聖母堂門窗。并據各犯供平素均不相識，實系一時烏合，各自打鬧，并無爲首之人豫謀糾約情事。教堂被焚實因打鬧失火延燒，并非有心放火各等供。反覆研鞫，堅執不移，案無遁飾，應即擬結。

查例載，凶惡棍徒屢次生事行凶無故擾害良人者，發極邊足四千里安置。凡系一時一事實在情凶勢惡者，亦照例擬發。又律載，白晝搶奪人財物者杖一百、徒三年。若因失火而乘時搶奪人財物者，罪亦如之。又故意燬人器物者，計所燬之物即爲贓，准竊盜論，免刺罪止杖一百、流三千里。又竊盜贓一百兩，杖一百、流二千里；一百二十兩，杖一百、流三千里。又名例載斷罪無正條，援引他律比附。又違制者杖一百。又不應爲而爲，事理重者杖八十各等語。此案朱發金因游姓失孩尋覓，誤信訛傳，懷疑逞憤，不服彈壓，同衆打鬧聖公會、聖母堂，以致人多擁擠，翻倒洋油，引燃起火，并打鬧天主堂，以致竈内火起，延燒聖母天主各堂。究明并無豫謀圖財情事，亦非挾仇有心放火。惟該犯逞凶肆鬧，經地方官彈壓猶敢不服，實屬生事擾害，未便稍涉輕縱。應照凶惡棍徒生事行凶無故擾害良人發極邊足四千里安置例，擬發極邊充軍。趙宗雅打燬教堂器物，并搶取銀四十六兩有奇。除搶奪計贓擬從輕罪不議外，計燬壞器物估贓已在一百二十兩以上，應照故意燬人器物，計所燬之物即爲贓，准竊盜論，竊盜贓一百二十兩，杖一百、流三千里律，擬杖一百、流三千里，免刺。汪望打燬教堂洋房三處，器物計贓已及百兩，亦應照燬人器物准竊盜論，竊盜贓一百兩，杖一百、流二千里律，擬杖一百、流二千里，免刺。各解配摺責安置。王德娃子、李宗義、楊長生、何燮臣、余五豹子、高正洪、黄順榮七犯各隨衆打鬧，不服約束，致壞洋房什物，計贓無几，應照違制律均擬杖一百。王德娃子、李宗義、楊長生各系打鬧二處，何燮臣不服彈壓，情節較重，應從重各加枷號一個月。易白、熊宏發二犯僅碰壞窗户玻璃，情節較輕，應照不應重律，均擬杖八十，分別摺責，滿日發落。無干省釋等情。由湖北按察使陳寶箴覆核，議擬具詳前來。

臣覆加查核，所擬均屬允協，應即照詳分別辦理。至法英美各國教堂洋房被焚，所失器具什物，或係領事，或紳商，或醫士，均屬無辜受累，

自應量予撫恤，以昭朝廷厚待遠人之意。惟各國領事原開數目較多，當經飭委員與之詳加辯論，切實核減，并經總理衙門與英美公使辯論核定。查三國中惟法國教堂房屋最大，器具燬失甚多，議給洋例銀十萬兩。英國損失家數較多，議給洋例銀六萬六千八百六十一兩，又洋九百十元。美國只教堂一處，議給洋例銀八千兩，以示體恤，共摺合庫平銀十六萬四千九百九十六兩三錢九分二厘。内由司庫撥銀三萬八千零四十四兩零四厘，由宜昌關税撥銀十二萬六千九百五十二兩三錢八分八厘。飭據江漢宜昌兩關道暨委員候補知府裕庚，與各該國領事往返妥商定議，均無異言。當令將撫恤銀兩先後送交各領事轉給完案。

除將撫恤細數給領日期咨呈總理各國事務衙門暨咨明户部查核，并將審擬各犯供招咨送刑部外，所有湖北宜昌地方教堂被焚一案辦結緣由，理合會同湖北巡撫臣譚繼洵恭摺具奏，伏祈皇上聖鑒。謹奏。

硃批：該衙門知道。

古田教案分部

綜　述

《宮中電報檔·福州將軍慶裕爲營縣續報古田菜會反洋教事致總署電》（光緒二十一年六月十四日、一八九五年八月四日）各處教堂前經通飭保護。續據古田營縣報有菜匪挾嫌斃命事，當派勇營，并委員前往會辦。兹據營縣等電報，六月十一日古田距城四十里華山地方菜匪傷斃洋教人命，電詞參差簡略。查古田有英國教堂寓所共四十四處，美國教堂寓所共二十四處，究竟畢山地方係屬何國教堂，有無洋人在内？所傷計有若干？教堂有無損壞？現委福州府秦炳直馳往查辦。并添隊赴扼要處駐紮策應，并飭鄰界各營縣防範嚴拿。俟查明確情再電聞。

《軍機處電寄檔·著慶裕等查奏古田菜會反洋教原因並派兵拿犯事電旨》（光緒二十一年六月十五日、一八九五年八月五日）奉旨：慶裕、邊寶泉電悉。古田菜匪因何起釁？傷斃何國洋人，共若干名？教堂有無

燬壞？均著速卽詳查覆奏。此案情節較重，該將軍等務當派兵將凶犯嚴拿務獲，按律懲辦。其余各處教堂寓所，并著嚴飭地方營縣各官妥爲保護，毋再生事爲要。欽此。

《宮中電報檔・福州將軍慶裕爲營縣稟查古田教案傷斃教士情形事致總署電》（光緒二十一年六月十六日、一八九五年八月六日）十四日電謹悉。昨欽奉電旨查辦。頃據營縣稟，英人被殺七，焚斃四。內除史教士外，余俱婦女。受傷六，一女、三女孩、二男孩。又美國一女微傷，教堂被燬一處。該縣將尸棺殮，并各洋人派勇送省，中途又斃一人，由省派輪船接回。查菜匪不茹葷酒，聚則匪，散則民，踪迹詭秘，隱與教民爲仇。此次當係因教及洋，有無起釁別故，容催福州府確查速覆。此時惟有厚集兵力，嚴拿匪犯，已飭總兵徐萬福、參將余宏亮各率一營，與前派往副將唐有德共三營，會同印委，勒限四面圍捕。并飛札鄰縣兜拿務獲懲辦。昨與英領事晤商，飭該處文武查看情形。如古田道路平靜，再委員議送前往。其余各教堂已嚴飭地方保護，請代奏。

又《著慶裕等嚴飭勒限迅拿古田教案首要各犯事電旨》（光緒二十一年六月十七日、一八九五年八月七日）奉旨：

慶裕、邊寶泉電奏已悉。此次古田教匪傷殺洋人至十余名口之多，實從來未有之事。現在四川燒燬教堂多處，并未傷人，而辦理已萬分棘手。此案若不將首要各犯拿獲，嚴行懲治，將來斷難了結。著慶裕等嚴飭派出將領，會同印委，勒限將首要各犯迅速拿獲，毋任一名漏網。并嚴飭地方文武員弁，認真保護各處教堂，勿得再有疏忽，致干重咎。

再，來電將洋人派勇送省中途又斃一人，此係何國之人，因何致斃，務卽詳查電覆爲要。欽此。

《宮中硃批奏摺・福州將軍慶裕等奏報現辦古田菜會傷斃洋人案情形摺》（光緒二十一年七月十一日、一八九五年八月三十日）福州將軍臣慶裕、閩浙總督臣邊寶泉跪奏，爲古田菜匪焚燬教寓，傷斃洋人，謹將現辦情形恭摺具陳，仰祈聖鑒事。竊照古田縣菜匪在華山地方焚殺洋人一案疊經臣等將查辦情形電奏，奉旨嚴拿等因。欽遵在案。

查古田菜匪又名齋匪，不茹葷酒。先因江西人劉詳愼流寓縣境，與已革縣差張赤以持齋戒烟爲名，煽惑鄉愚，展轉勾結，黨與甚多。往往恃衆滋事，與教民積有夙嫌。本年五月間，訪聞該縣卓洋村有菜匪致斃人命之案，當派副將唐有德帶勇彈壓，拿辦到縣。未久突於六月十一日匪黨在距城四十里華山地方焚燬英人住房，傷斃多命。署縣王汝霖聞信往查，匪已逃散。據英教士鹿姓云，是日黎明菜匪約六、七十人搖旗指揮，殺人放火，渠避入深林得免。查明殺斃五人，燒斃四人，內除史教士外，餘俱婦女，又受傷六人，美國一女受微傷。當會同洋人驗明棺殮送省。中途因傷又斃一人，到省後又斃一人，前後共斃十一人。臣等聞報卽派代理福州府秦炳直馳往查辦，又派總兵徐萬福、參將余宏亮帶勇往緝。一面飛飭附近營縣認真兜拿，并將疏防之知縣王汝霖、失機之副將唐有德電參革職留緝。隨卽懸立重賞，購覓眼綫，陸續獲到將近百人。首犯劉詳愼、張赤，僞軍師鄭九九均經拿獲。

查此案菜匪聚衆焚掠傷斃多人，實屬情凶勢惡，愍不畏法。若不嚴行懲辦，何以伸冤慘而靖地方。惟匪徒藉端逞忿，伺隙尋仇，迹雖類於萑苻，情究殊乎叛逆。但嚴治以謀故之罪，宜量寬其脅從之誅。現經秦炳直督同承審各員逐一研訊，供認在場滋事者約在二十名內外。其愚民被誘，僅止持齋并未爲匪者，已飭取保開釋，以免株累。

除俟訊有詳細供招，再行分別輕重，電奏請旨懲辦外，所有現辦情形謹合詞恭摺具陳，伏乞皇上聖鑒訓示。謹奏。

硃批：該衙門知道。片并發。

又《閩浙總督邊寶泉奏報古田菜會殺斃洋人各犯分別辦結摺》（光緒二十一年九月二十二日、一八九五年十一月八日）頭品頂戴閩浙總督臣邊寶泉跪奏爲古田菜匪殺斃洋人案內各犯分別辦結，恭摺具陳，仰祈聖鑒事。竊照古田菜匪在華山焚殺洋人一案，經臣於光緒二十一年七月十一日專摺馳陳，嗣後獲犯訊辦情形，均經陸續電奏，疊奉諭旨欽遵在案。查菜匪以持齋邀福爲名，煽惑鄉愚，黨與頗衆，久已爲害地方。而辦理此次焚殺洋人一案，則以孰爲主謀，孰爲在場動手爲斷，法無可貸者固不可稍存姑息，情尚可原者，亦何敢過事苛求。當事之始，臣卽以拿犯爲第一要義，嚴飭派往文武員弁設法踹緝。兩月以來首要各犯陸續緝獲，無一漏網，均經候補道許星翼、代理福州府秦炳直督審明確。除柳久速等七名先經正法外，尚有劉祥愼等十八名或爲首主謀，或放火殺人，或搶掠情兇，與未到華山之匪首張濤卽張赤一名均屬罪無可逭，業飭一并就地正法。又陳棕澤等十七名或攫取贓物，或在場附和，情節較輕，擬於死罪上酌減發極邊足四千里充軍。因案關中外交涉，定案後擬卽按表咨解。又周良田等三名均係在外接贓，擬勾發閩省各縣永遠監禁。又葉阿囊一名系臨時畏懼躲避，擬監禁十年。尚有聽糾未往各犯，亦經分別輕重懲辦。英美領事均無異辭，現已回省。所有派往各營弁內酌留總兵徐萬福一營駐紮該縣，以資鎮懾，余皆一律撤回。其持齋而未爲匪之人，先經出示曉諭，勸令開葷從善，并飭地方官隨時稽察，毋得再有菜會名目。現在民教安堵如常，足以仰慰宸廑。

除將犯供分咨總理衙門、刑部察核外，合將各犯分別辦結緣由，恭摺具陳，伏乞皇上聖鑒。再，福州將軍系臣兼署，毋庸會銜，合并陳明。謹奏。

硃批：該衙門知道。

鉅野教案分部

綜　述

清・王彦威等《清季外交史料》卷一二七《德使海靖致總署稱德教士在山東被劫請嚴懲照會》（一八九七年十一月七日）爲照會事，查在山東南境德國傳教人遭一最凶横之事，二月初七日，曹州府有德國傳教者二人，一人被殺，一人無下落。又壽張縣德國傳教人房屋皆被劫掠，本大臣請貫大臣急速設法保護往山東德國人性命財產。此事全責之於中國國家，暫且先望設法嚴懲滋事之人，爲德人伸冤，須至照會者。十月十三日。

又《使德許景澄致總署聞山東殺斃教士應否預告外部稍佔先著電》（一八九七年十一月八日）報稱，山東殺斃教士二人。此信若確，海使必藉詞要索。應否預告外部，已趕緊查辦，順致措詞，稍佔先着。十月十四日。

又《使德許景澄致總署遵旨與備外部理論膠案電》　遵旨切實理論外部，云膠澳爲東省地，故飭水師提督帶船前往防護，以弭後釁。前日接海使電，已到煙臺，卽日可到京。彼有訓條與總署商辦，告以中國業已查辦獲犯，而德水師上岸勒撤守兵，用力在未商辦前，有失公理。彼之國主另給海使及提督全權，自行酌辦，本部亦無可言。又請其奏德主，顧全睦誼特飭持平相商。彼謂德國曾因睦誼助中國，不意在華屢出不順之事等語。謹聞德報述，現有四船赴膠，尚有一穹甲船由香港續赴膠。五船約一千八百人，敵黨播論勸德廷，力辦安教士，現在柏林。十月二十三日，奉電旨鉅野教案已獲四名，海靖到京儘可商辦。遽以兵船入澳，砍斷電綫，勒撤守兵，殊違公法，速赴外部與之理論。

又《總署奏山東教案拿獲要犯分别擬定罪名摺》　總理各國事務恭親王奕訢等奏爲山東教案拿獲要犯分別擬定罪名事。本年十月十六日奉旨，曹州殺斃洋人一案，着李秉衡速派可道大員馳往該處，根究起釁情形，務將凶盗拿獲懲辦等因。欽此。當由臣衙門電咨前山東撫臣李秉衡欽遵辦理，旋據該前撫電稱，委派臬司毓賢、兗沂、曹濟道、錫良馳往鉅野縣澈底根究。嗣由該臬司等督飭該縣，會同防營，先後拿獲惠二啞吧等九名，并起獲贓物等情，迭經照録，恭呈御覽。兹據李秉衡咨稱，緣惠二啞吧卽惠潮，現雷協身卽雷繼參，張高妮卽張沁椿，王大脚卽王莽又名王衍潰，賈東洋、高大青、蕭盛業、姜三緣、張允分隸鉅野、嘉祥等縣，平素游蕩度日，均先未爲匪犯案，雷協身探知鉅野縣張家莊教堂存有錢物，起意行竊，說允高大青及惠二啞吧、張高妮、王大脚、賈東業、蕭盛業、姜三緣、張允并不識姓名二人，於本年十月初七日傍晚時分，在鉅野縣楊家樓村外空地會齊，卽於是夜二更時分，惠二啞吧、張高妮、王大脚、賈東洋各携帶尖刀，高大青持棍鞭，雷協身蕭盛業，姜三緣、張允及不識姓名二人，分携刀棍。行至中途，蕭盛業、姜三緣、張允三人畏懼同逃，惠二啞吧等偕抵張家莊教堂門外，惠二啞吧、雷協身爬牆進院，開啓大門，放張高妮等進院，惠二啞吧用刀撬撥屋門，未開，教士能方濟韓理驚覺，由窗孔開放洋鎗，轟傷不識姓名二人，隨各逃逸。惠二啞吧囚夥被傷，氣忿莫遏，起意行强，雷協身允從。惠二啞吧，卽與雷協身砸開窗户，進屋開門，放進張高妮等。惠二啞吧用刀扎傷教士肚腹，雷協身亦用木棍抵格，隨卽搜劫贓物，分携逃逸，亦有將贓物刀棍抛棄路上者。詎教士能方濟韓理傷重，旋各殞命。經教士薛田資報驗棺殮，獲犯詳訊，審供不諱，詰無另犯别案，將惠二啞吧、雷協身均依例擬辦各等。因臣等查惠二啞吧等夥竊德國教堂，因教士能方濟等驚覺，開鎗轟傷夥犯，輒敢起意行强，與雷協身首先拒傷教士，實屬罪無可逭，應如該撫所擬，惠二啞吧即惠潮現，雷協身即雷繼參，均依强盜殺人奏請審决梟示，例擬斬立决。張高妮、王大脚、賈東洋、高大青四犯供詞尚有出入，應監候待質。其蕭盛業、姜三緣、張允三犯，應從重監禁五年。其在逃之馬東武、朱得法兩犯，應懸賞勒緝，務獲歸案懲辦。臣等查此案，惠二啞吧、雷協身兩犯首先發難，因偷竊教堂慘殺教士二命，以致釀成鉅案，實堪痛恨。若由該撫照案奏交刑部核議，再會同臣衙門具奏，輾轉需時，致令該犯幸稽顯戮，殊非止辟明刑之道。應由臣衙門請旨，即行正法，以昭炯戒。至該撫咨稱不能禁約爲匪之犯父兄等，照例提責，并已獲之贓，經主認領屍棺，亦經教堂領葬。起獲之凶刀存庫，均應如該撫所咨辦理。被鎗轟傷之不識姓名二名尚未弋獲，應與在逃之馬東武、朱得法兩犯，責令現任撫臣張汝梅一并緝拿，無稍寬縱。謹奏。光緒二十三年十一月初八日。

又　卷一二八《總署奏議結曹州教案并商界膠澳租界事宜摺》（光緒二十三年十二月二十三日、一八九八年一月十五日）總理各國事務恭親王奕訢等奏爲曹州教案辦結，膠澳畫界議租，謹陳與德國使臣商定情形事。本年十月間，山東曹州地方殺斃德國教士二名，德國兵船遽襲膠澳。該使臣海靖致臣衙門照會，要求六款，勢將决裂。業經具摺奏聞，并將續來照會及臣等照覆并問答節略，隨時呈覽在案。臣等仰稟宸謨，與該使往復商論，分别准駁該使照會，以李秉衡屢違朝旨，不受中國政府之命，釀成鉅案，請革職，永不敍用。臣等堅持不允，議令删去永不敍用四字，但將不可再任大官之意，奏請准行。德主教安治泰本在濟寧倡建教堂，適有曹州之案，該使欲隆保護之名，請賜匾額請給工料銀兩。臣等議令酌照成案，用敕建天主堂五字，酌給工料銀六萬六千兩。至懲辦盜犯，償恤教士，原係教案應辦之事。該使以被殺教士無家屬領賞，祇可建造教堂作爲償恤，議定曹州城内及鉅野縣張家莊各建堂一所，由官撥地，不過十畝。照濟寧辦法，每處各給銀六萬六千兩，匾額仍用敕建天主堂五字，統於教堂門首立碑，爲保護之據。被盜失去之款，另給三千兩了案。該使復以現在教士租房甚難，擬請於鉅野、菏澤、鄆城、單縣、武城、曹縣、魚臺七處爲教士各建住房一所，共給銀二萬四千兩，均作爲償恤之用。現獲盜犯照例懲辦，失察之地方官從重參處。而已，該使又索中國應保以後永無此等事件。臣等駁以保護教堂案約所准，惟盜賊猝發，豈能永保其必無？該使語塞，因與該使議定，請明發諭旨，飭地方官照約盡力保護。特該國教堂共有幾處，臣衙門無案可查，并令將各府、州、縣凡有教堂處所，開送臣衙門查核，該使亦經答允，庶於保護之中，稍寓稽察之意。此案失事之地方官或調往他省，或從重懲辦，均由中國自行酌辦。該使又借教案并索商務，擬請嗣後山東如開辦鐵路及鐵路附近礦務，先令德國人估辦。旋又請設德華公司，造通山東省城并通省及鐵路附近之礦，意在仿照俄華公司利益。臣等力與磋磨，允由膠澳至濟南造鐵路一段，俟此段造成後再商造後段，與中國自辦幹路相接，均由德商華商集股領辦。聲明不佔山東地土，并另立合同無庸比照他國章程以爲中國自商之證。該使又以德國辦理此案所費之銀，請中國賠償索款數百萬，尤爲無理取鬧。臣等告以此案無賠償之理，惟願念數十年邦交及前此相助之誼，另籌辦法，與教案絕不相涉，須截分兩事，期杜他國藉口，斷不能認賠一錢。該使以俟其國命爲辭，延宕經旬漸次就緒，已允歛兵下船退出所佔之地，賠償作罷。初訂明在臣署互換照會作結，適曹州地方又有驅逐教民、殺害洋人之說，該使頓翻前議，又照會臣衙門，仍請將李秉衡革職，永不敍用。經臣等力與駁詰，并欽奉諭旨，將萬本華撤任訊問，該使始無可狡賴，於本月十二日來署會晤臣等，即將繕定教案六條照覆一件，當面交訖，以符先結教案之議。臣等竊維中德兩國向無嫌隙，祇以助還遼地索報未酬，該國注意所在，則英俄法均佔有東方海口，該國獨無不足與各國均勢，疊准許景澄函電相聞膠澳又爲該國垂涎。本年正月，臣等有請在膠州創修船塢之議，即已籌慮及此。十月間，教案初起，奉旨令李秉衡查拿凶盜，有德方圖借海口之諭，敵謀之狡，早在聖明洞鑒。此次借教案遽派兵船襲據膠澳，分兵略地，直窺即墨。又派其王弟來華，用心實爲叵測。該使所開六條，堅請照辦，并無一語退膠。臣等僅恃筆舌，與爭苦無卻敵之方，再三辯論，該使始允就該提督所佔之地分别退還，膠城亦在所退之内，餘作租用，略如各口租界辦法，周徧以百里爲限，按年納租，該地自主之權仍歸中國。送來租地照會五條，大致以保全睦誼爲辭。臣等逐欵覆核，租以九十九年爲限，將來兩國派員立界時，認定周徧百里之限。膠澳海面中國兵商各船任便出入，膠澳外各島險灘准德國設立浮椿，惟中國各船往來出入概免納費。至德國嗣後自願將膠澳退還中國，所有費項應許賠還，另擇相宜之處讓與德國一款，此指租期未滿而言，亦可照允。惟須訂明租期未滿，德國不得將此地轉租他國。至界内華民遷徙與否，悉聽民自便，德國不得驅迫。中國原有税卡照舊設立，租地之内德兵應卽全撤，租項若干，再與該使商酌。以上各節，臣等與該使面商，均無異詞。翌日，又備文聲敍作爲完案，其一切應辦事宜恭候命下，再行柬撫妥辦。此案德國發難，各國多來干預，中外新聞紙所言殊駭觀聽。臣等握定中德自商，不願他國調停，固知他國無實力相助，貌爲居間潛與要結，受害愈重。萬一各國互爭，竟以中國爲戰地，尤難收束。只可速結此案，徐圖自强計，非騰出的餉，訓練精兵，不足以禦外侮，容臣等隨時奏辦，謹奏。光緒二十三年十二月二十三日。

《清德宗實録》卷四一一　（光緒二十三年十月十六日、一八九七年十一月十日）諭軍機大臣等電寄李秉衡曹州殺斃洋人一案，前據德使及許景澄先後電報，今始據李秉衡電覆，已屬遲延。且盗匪在逃，豈懸賞通緝所能了事？著速派司道大員馳往該處，根究起釁情形，務將凶盗拏獲懲辦。陽穀教堂事，一併查明勒緝。李秉衡身任地方總，須辦理此案完結方准交卸。現在德方圖借海口，此等事適足爲藉口之資，恐生他釁。福建古田案辦理得法，著總理衙門擇要鈔寄，電寄甘肅、新疆巡撫饒應祺。

又　卷四一三　（光緒二十三年十二月二十三日、一八九八年一月十五日）呼圖克圖等燕幷賞賚有差，諭内閣，前因山東鉅野縣地方，有盗匪拒捕，傷斃教士之案，業將凶犯分别懲辦矣。開缺四川總督前巡撫李秉衡身任地方，不能先事豫防，以致釀成巨案，著交部議處。兖沂曹濟道錫良、曹州鎮總兵萬本華、曹州府知府邵承照，一併交部議處。鉅野縣知縣許廷瑞緝捕廢弛，稟報遲延，著卽革職。壽張縣有教堂被劫之案，該縣知縣莊洪烈著卽查參。其餘濟寧、荷澤、單縣、城武等州縣亦有民教相爭者，該州縣官均著分别撤調。山東爲禮樂名邦，士大夫服習儒術，夙知自重。至草野愚民間有不明事理，甚或毆辱教士，毀壞教堂，此風斷不可長。著該地方官嚴行禁戢，實力保護，并著通諭各省將軍、督撫等。嗣後如有藉鬧教爲名，聚衆生事者，卽遵光緒十七年六月諭旨辦理。儻再因循怠玩，定行嚴加懲處，決不寬貸。又諭，魏光燾奏特參庸劣不職各員等語。

雜録

《宫中朱批奏摺・留任山東巡撫李秉衡奏參疏防巨野壽張等縣教案各員摺》　（光緒二十三年十月二十一日、一八九七年十一月十五日）升任四川總督降二級留任又降二級留任山東巡撫臣李秉衡跪奏爲查參疏防教堂被劫各員，遵旨摘頂勒緝，恭摺仰祈聖鑒事。竊臣於十月十二日據署巨野縣知縣許廷瑞稟報，光緒二十三年十月初八日據地保姚云章稟，據教士薛田資投稱，德國教士能方濟自汶上至曹縣傳教。在伊教堂與韓理一處住宿，於初七日夜三更時分被賊抗門進院行竊，經教士韓理等驚覺喊捕，賊卽臨時行强，砸燬窗户，入室用標槍紮傷韓理、能方濟（到）[倒]地，劫得錢票衣物逃逸。韓理、能方濟均各移時因傷身死，并據兖沂道錫良稟同前由。又據壽張縣知縣莊洪烈稟報，十月初五日據地保馮玉章稟，十月初三日夜二更時分鄭家垓教堂被賊進院入室，臨時强劫銀錢衣服各等情，當經行司飭屬截拿，并勒限半個月，嚴飭各該縣緝拿凶盗，務獲究辦在案。欽奉十六、十八兩日電旨，遵卽遴委臬司毓賢、兖沂道錫良會同馳往鉅野縣，嚴究有無起釁别情，并督拿凶盗，毋許延宕。查現署巨野縣知縣許廷瑞未能防範保護，咎無可辭，已遵旨將該署縣摘去頂戴。如勒限届滿無獲，再行嚴參。壽張縣教堂被劫，尚無傷斃人口情事，惟匪既無獲，亦應遵旨將該縣知縣莊洪烈一并摘去頂戴。俟勒限届滿，分别辦理。

所有查參疏防教堂被劫各員摘頂勒緝緣由，理合恭摺具奏，伏乞皇上聖鑒訓示。再，前奉電旨陽谷縣應改作壽張縣，已承准總理各國事務衙門來電更正，合并陳明。謹奏。

硃批：知道了。緝捕乃地方官要事，該縣疏防盗案，殺斃洋人，以致釀成巨釁，實屬可惡，亦不僅以摘頂塞責也！

柏塘教案分部

綜　述

《外務部檔·法使畢盛爲請速了柏塘教案事致總署照會》（光緒二十五年三月十八日、一八九九年四月二十七日）大法欽差全權大臣駐紮中國京都總理本國事務畢爲照會事。頃接法國駐紮廣州領事官報稱，因博羅縣柏塘教案辦結，兩廣總督惟給補償之費銀二萬八千兩等因。查此情形，仍係譚大臣與法國心存汹汹之意明顯足知。且柏塘紳士久已允結此案，給銀八萬元，本大臣再添索銀一萬元，以補恤伸教士家口。況此事件，甚屬和衷，更難絲毫酌改。然粵督不善之意，阻撓此案辦結。本大臣相應照請貴王大臣，飭令照以上各節，將此案速爲了斷，不然本大臣轉飭本國領事官，即行停議，而與貴衙門晤商此案。倘在京都開商，作爲政事，則本大臣應索格外情形爲要。須至照會者。

右照會大清欽命總理各國事務王大臣。

又《兩廣總督譚鍾麟爲請將博羅教案辦理情況照會法使等事致總署咨文》（光緒二十五年八月二十六日、一八九九年九月三十日）太子少保頭品頂戴兵部尚書兼都察院右都御史總督兩廣等處地方軍務兼理糧餉譚鍾麟爲咨呈事。光緒二十五年八月初八承准貴衙門咨開：光緒二十五年七月初三日准法國畢使照稱，接廣州口來函内開，博羅縣知縣現被兩廣總督調任，足見兩廣總督不欲辦理柏塘教案之新據。惟該縣現雖已調，而合同所有補報之事，不能變通等因。并開列六條，照送前來。相應抄録原照會咨行查照核辦，并將現辦情形聲復本衙門可也。附抄件等因到本部堂。承准此，查此案迭據署博羅縣葛令肇蘭來省面稟，督飭紳耆，屢與領事主教妥商了結。惟所索賠款爲數過鉅，地方瘠苦，力不能勝等情。并經本部堂諭令，仍設法商辦，以期早日蕆事。未聞該令與領事主教訂有合同之説，該縣亦無調任之事。准咨前因，已先於八月十一日具電覆陳，一面札行葛令，將曾否議訂合同及現在如何辦理情形，刻日明白稟覆。

茲據覆稱：遵查此案節經卑職督飭紳耆，與領事主教設法商辦，祇以索款過巨，未有成議。嗣復奉諭，飭令卑職赴省，親往會商，屢以地方瘠苦，力不能勝，與領事、主教開誠布公，剴切直陳。往還數次，始據減至六萬元，仍以萬難如數以償，尚須切實核減爲辭致覆，并將會商情形面稟憲鑒在案。今法公使竟照稱卑職與領事、主教有商訂合同及奉調任之説，聞之不勝詫異。本案現尚托人與之婉商辦理，主教雖有願了之意，卒未核實議減，是以未能辦結。是卑職尚在與商，何得謂之已奉調任耶？惟查籌款一節，自卑職由省回署後復又再三諭催該處紳耆，速爲籌繳。固屬地瘠民貧所致，抑又梗頑成性，雖經舌敝唇焦，多方開導，卒難多籌速繳。且前次已據認繳一萬元左右之數，均皆觀望遲疑，僉稱須俟本案了結，再行變産呈繳等語。緣本案當時原係張提憲督帶弁勇親臨查辦，示以兵威，各滋事匪鄉稍知震懾，均願籌款賠償了事。

自馬前提憲將留紮柏塘弁勇撤調赴營，迄今未調回駐紮，該處紳耆犯族益形觀望，以爲此案即可顢預了結，毋庸賠款。雖經節次嚴催，悉皆諉以案結遵繳等語，藉爲宕延之計。自非仍示兵威，幫同催辦，不惟不克多籌，即已認之款，恐成畫餅。可否仰懇憲恩咨商張提憲，務將原派駐紮柏塘弁勇，仍舊調回分扎該處，以便幫同籌辦，或冀已認者迅速措繳，未認者一律照捐。俾得速結，免操憲懷，地方不致拖累無窮。卑職亦感幸曷既矣。除仍諭催原辦紳士并托人與領事主教設法商辦，俟有成議，即行另稟請示遵行外。緣奉前因，理合據實稟覆察核等情前來。

當經批飭，仍即督同紳耆設法籌維，與領事主教妥商速結。并由本部堂咨商張提督察看情形，酌派弁勇前往柏塘駐紮。此案釁端由民教互訟，教士迫縣拿人而起。前任知縣張從禹既革且死，辦犯三十餘人，復經官紳籌款撫恤，逸犯亦仍在訪拿，辦理可謂盡力矣。若再恣意婪索，不但地方萬難籌措，且使民怨愈積愈深，後患更爲可慮。

相應咨覆貴衙門，謹請察核，并祈照會法國畢使，轉飭領事主教，務須從長計議，以期案可速結。是爲至要。須至咨呈者。

右咨呈欽命總理各國事務衙門。

平羅教案分部

綜　述

《軍機處上諭檔・著崧蕃先將平羅教案疏防營縣據實嚴參并拿犯懲辦事上諭》（光緒二十七年十一月七日、一九〇一年十二月二十七日）光緒二十七年十一月十七日內閣奉上諭：奕劻、王文韶電奏，據崧蕃電稱，平羅縣屬下營子地方突有匪徒多人焚擄鄉民，搶掠教堂，傷及梅教士并教民數人，已飭派隊保護，并電山西巡撫分途兜拏等語。各省教堂、教士，朝廷一視同仁，迭經嚴降諭旨，飭令實力保護，不准稍有疏虞。乃該地方官奉行不力，致有殺傷教士教民情事，實堪痛恨。著崧蕃先將疏防營縣據實嚴參，并會同岑春煊迅飭派出隊伍，勒限懸賞，將凶犯悉數擒拏，務獲懲辦，毋任漏網，以肅法紀而篤邦交。欽此。

又　**《著甘肅平羅教案在疏防各官先行革職等事上諭》**（光緒二十七年十一月十八日、一九〇一年十二月二十八日）光緒二十七年十一月十八日，內閣奉上諭：甘肅平羅縣屬下營子地方匪徒焚掠鄉民，并傷及教堂教士一案，昨已有旨嚴飭崧蕃會同岑春煊迅速拏辦，并令先將該管營縣嚴參。茲據崧蕃奏，查明疏防各官請旨懲處各節，卸署平羅縣知縣王樹槐、現任平羅縣知縣李含菁，平羅營參將易慶安著一并先行革職，帶罪勒限，將此案匪徒悉數擒獲，盡法懲辦。如逾限不獲，即將該員等永不敘用。該督務當督飭文武各官，認真搜捕，早日了結，并將各屬教堂、教士教民加意保護，毋再疏虞，致於重咎。欽此。

又　**《著崧蕃妥爲撫恤平羅殺傷教民并拿犯正法事上諭》**（光緒二十七年十一月二十日、一九〇一年十二月三十日）光緒二十七年十一月二十日，內閣奉上諭：甘肅平羅縣屬殺傷教士教民一案，業經降旨將該管地方官革職，帶罪勒限，嚴拏匪徒，務獲懲辦。茲據崧蕃電奏，探報梅教士及教民等四人已因傷身死，現在添派道員張廷楫前往，會查督緝凶犯，并妥爲保護等情。地方文武官弁皆有保護教堂教士之責，似此防範不力，致該教士等因傷斃命，朝廷深爲矜憫。著崧蕃立即妥爲撫恤，并將此案凶犯趕緊拏獲，即行正法。該管之員王樹槐、李含菁、易慶安業經降旨革職。如再不獲犯，著即照約永不敘用。欽此。

《宮中硃批奏摺・山西巡撫岑春煊奏爲請飭綏遠寧夏陝西將軍督撫等兜拿平羅教案人犯片》（光緒二十七年十一月二十二日、一九〇二年一月一日）再，前經欽奉光緒二十七年十二月十七日電旨：奕劻、王文韶電奏平羅縣匪徒搶掠教堂，傷及梅教士等語。著崧蕃會同岑春煊迅飭派出隊伍，勒限懸賞，將凶犯悉數擒拿，毋任漏網等因。欽此。

查本月十八日准陝甘總督崧蕃電稱，以平羅縣突有匪徒傷害教士、教民，令撥兵會剿。當經飛飭歸綏道督率現有之馬步兩營旗相機兜拿，一面飛咨大同鎮，酌撥得力弁兵馳往會剿，并以甘晉兩省中隔蒙境，電達軍機大臣代奏請旨，嚴飭綏遠寧夏將軍及各蒙旗認真防護民教，督兵兜拿各在案。惟查此次匪徒滋事，係在甘肅寧夏府平羅縣境內，由平羅而東，北則必經蒙古阿拉善旗、鄂爾多斯杭錦旗、達拉特旗、烏拉特旗始能至晉省薩拉齊各廳境。由平羅而東南則必經鄂爾多斯、鄂圖克、扎薩克、准噶爾各旗，陝西延安、榆林二府邊界，始能至晉省清水河各廳境。向來晉軍防戍邊界，遠者不越達拉特、烏拉特兩旗，無至寧夏之事。誠以越境千里而駐軍多有不便也。現在各蒙旗自去歲拳變以後，仇隙未解，其愚頑無知之徒難保不句結匪黨，藉圖一逞。急則互相容匿，緩則乘間滋擾，均不可不防。且蒙旗向隸綏遠將軍管轄，晉省文牘例皆咨由該將軍翻譯蒙文方能轉達。臣就口外情形熟計統籌，非合三省兵力暨蒙旗會剿，未易收肅清之效。除由臣嚴飭前派營旗迅赴蒙境會剿外，擬請飭下綏遠、寧夏將軍、陝西巡撫督同旗漢蒙古官兵四面兜拿，毋令竄逸。仍將蒙境教堂教民加意防護，免致再生事端，倍難收拾，以副朝廷慎重邦交、清弭邊患之至意。謹附片具陳，伏乞聖鑒訓示。謹奏。

硃批：前已有旨，飭令綏遠、寧夏將軍會同兜拿，加意防護矣。

《外務部檔・法使鮑渥爲請速飭辦竣平羅教案事致奕劻照會》（光緒二十七年十一月二十四日、一九〇二年一月三日）大法欽差全權大臣駐紮中國京都總理本國事務鮑爲照會事。於光緒二十七年十一月十九、二十二等日，按准照稱，據陝甘總督電，平羅縣屬下營子地方，有匪徒多人，哄入教堂搶掠，殺傷梅教士及教民數人等因前來。

接閲之下，本大臣查平羅地方，乃係該省官員及營隊駐紮之處，現在該處出有如此重案，足見巡查不力已極。在本大臣甚爲悼憤之至。緣該處一帶情形系屬可慮，務宜嚴加設法，以防意外。本大臣業於七月十三、八月十三、十月三十等日，屢向貴爵提憶，而貴爵早經行飭該省，妥爲奉行。本大臣并不存疑。故此次未任其保護居住該處西人之責，其咎則全歸甘省各該有司矣。在本大臣現惜無奈，不得不將此次命案信息，奉達我國國家。惟我政府於去歲變亂之餘，懷有不致再生滋擾及所應保護教士之望。而目下我兩國甫經言歸於好，復出此案，必亦悼憤。且所有飭下嚴行搜拿凶犯之令，在本大臣亦應隨時奉達我國家矣。以此而論，設能將各省久懸未結教案作速辦竣，則易於本大臣與貴爵協力解釋嫌怨，裨益實多。此等教案之中，本大臣特爲提指歸化城賠恤各節，係屬利應早日了結者。況商辦此等教案，在本大臣早經轉飭教士司鐸等秉持和平之心，而在教士等亦必深願援照公允，速爲蕆事。無如地方官延擱，與商教民困苦日盛，雖經教士等竭力設法撫濟，深恐被患無依者，内有以自産爲切，情急干犯，是以迅飭速將此等教案，乃系當務之急，諒在貴爵洞悉之中。如此辦理去歲變亂，既係本大臣與貴爵一心怨痛。此等痕迹，如可湮没，則彼此愉悦矣。須至照會者。右照會大清欽命總理外務部事務和碩慶親王。

又**《陝甘總督崧蕃爲將平羅教案先後電奏及信函鈔録事諮呈外務部文》**（光緒二十七年十一月二十四日、一九〇二年一月三日）欽命頭品頂戴兵部尚書兼都察院右都御史總督陝甘等處地方軍務糧餉兼理茶馬巡撫事崧爲咨呈事。案照本督部堂，於光緒二十七年十一月十五日致行在軍機處電。冬月十三日，據寧夏鎮府暨平羅縣營文武飛報，本月初三日夜間，縣屬下營子地方有匪徒多人，焚掠鄉民，并入教堂殺傷梅教士及教民數人等情。當經限行嚴飭派隊保護，即會同前派駐紮三道河各隊分途兜拿。并電外務部查照，暨山西撫臣會捕在案。查各屬教堂屢經遵旨嚴飭該管地方文武，加意防護，并派隊扼要協防，宜如何設法保全，以睦鄰誼。乃值此功令森嚴之際，仍出此劫殺重案，實屬保護不力。除將御署縣王樹槐、現任縣李含菁、平羅營參將易慶安先行摘頂，勒限懸賞，選派得力兵差，會同各防營分路搜捕，務將此起匪徒悉數拿獲，盡法懲辦。惟寧夏距省千餘里，向不通電，又值各路裁營散勇，難保無閑亡乘隙滋擾。應俟查明確切情形，再行奏辦外，謹先電請參辦，伏乞代奏。諫印。并十九日准行在軍機處電開，十一月十七日内閣奉上諭：奕劻、王文韶電奏，據崧蕃電稱，平羅縣屬下營子地方欽此。印。等因。奉此。

又於十九日電致行在軍機處中堂大人鈞鑒。筱電謹悉。平羅縣屬下營子匪徒殺傷教士教民一案，已據寧夏鎮府縣探報情形，電達外務部，先將平羅縣營文武摘頂，由諫電奏參，并派隊勒限懸賞購捕，暨咨晋撫會緝在案。適寧夏道志崇因三道河教案到省，面稱在寧教士索款太鉅，又不作主，必俟閔教士等到寧，始能擬結等語。當飭該道星夜回署，督率緝凶嚴辦去後。旋據派差探報下營子梅教士及教民等四人，已因傷身死等情。查寧夏距省千餘里，府縣親往勘驗，確情尚未報到。現又添派候補道張廷楫，率領隨員親兵，兼程馳往會查起釁根由，并督緝凶犯妥爲保護。應請將卸署平羅縣王樹槐、現任李含菁、平羅營參將易慶安先行革職留任，督捕匪犯，務期悉獲究係如何劫殺實情，俟嚴催確查續稟，再行具報。謹電請代奏。效印。於二十日内閣奉上諭：甘肅平羅縣屬殺傷教士教民一案欽此。欽遵轉行在案。茲據寧夏府崇守平羅縣李稟報，勘驗鄉民及教堂被搶財物傷斃教梅士及教民等共四人，暨彭教士、教民小傳等五人受傷分別醫治，并接彭教士洋紙稟緘一件，均經摘要電達。

所有先後電奏及彭教士原信，相應抄録粘單咨呈。爲此合咨呈貴部，謹請鑒照施行。須至咨呈者計抄呈彭教士原信壹紙。右咨呈外務部。

附件　法國傳教士彭壽年給陝甘總督函

大清欽命大法國傳教士彭壽年稟制臺上憲大人轅下德化日隆：敬稟者，爲殺人放火得財傷主事情。因十一月初三日日落上燈之時，忽闖進逃兵數餘十名，手拿鋼刀，將梅教士砍死，殺死男女教民三人，又傷教民男女五名，輕重不一。火燒教民胡禮房屋柴草。敝教士身帶重傷數處，難以自寫洋文，叫教民代寫華文爲憑。逃兵速掠銀兩財物騾馬火器，逃走北口外。差人到平羅縣王縣主堂上喊冤，王縣主不准，定要紙筆，不准喊冤。教民没法，復回堂内。可憐逃兵已將銀錢掠净，無有一文。二次進城，剥下衣袄當錢，寫下呈紙。

初四日上燈時到王縣主。王縣主初五日才差來差人數名到堂，查看以畢，走去不理。男女教民看此光景，恐其黑文來到官衙，便叫遠離他方，無法可也。初六日差人去稟府大人。大人已經聽見，請得馬步兵百十餘名，正要起身。一見教民所稟，立傳教民，再再安慰。飛帶馬步兵立時日夜趕到教堂看明，立時差馬兵五十名速拿凶犯。步兵五十名安在教堂保護，將好藥醫治敝教士。教士、教民見府大人作主，辦得快極，教民各回其所，安平民心，各行辦事。府大人爲教堂出力盡心，以後萬不可難爲他。教士、教民因感府大人恩，此時不得不稟明制台上憲大人作主。敝教士將來有靠，感恩不淺。

《軍機處録副奏摺·陝甘總督崧蕃奏爲懲辦致病力教案滋事首要等情摺》（光緒二十八年正月十九日、一九〇二年二月二十六日）頭品頂戴陝甘總督奴才崧蕃跪奏爲甘肅平羅縣屬下營子突被匪徒焚掠鄉民，并入教堂傷斃教士教民，捕獲首要，就地懲辦情形，恭摺仰祈聖鑒事。竊查光緒二十七年十一月十三日，據寧夏府知府崇俊、平羅縣知縣李含菁會營稟報，下營子一帶於十一月初三夜，突有匪徒十餘人，搶劫華人吴家馬匹衣物，拒傷事主吴萬全身死，并入教堂殺傷教士、梅姓、彭姓及教民小傅王姓、穆氏等，携贜逃逸，教士等先後因傷殞命等情。當經批飭勘驗懸賞，購綫緝匪。由省派委候補道張廷楫隨帶委員親兵，携銀馳往撫恤被害教士、華民人等，會同署寧夏鎮總兵湯咏山，選派得力弁勇，督率府縣營兵差役，分途捕匪，并電商山西撫臣岑春煊，飛飭歸綏沿邊文武，合力兜捕。一面摘敍案由，將保護不力之營縣電奏請參。欽奉諭旨：將卸署平羅縣王樹槐、現任平羅縣李含菁、平羅營參將易慶安一并先行革職，帶罪勒限將此案匪徒悉數擒獲，盡法懲辦。如逾限不獲，即將該員等永不敍用。等因。欽此欽遵，轉行在案。

旋據寧夏文武各員及鄰境固原州隴西縣等陸續拿獲首要黄著娃、姚伏魁、冒義、王阿旦子、馬木薩子、張奉翼、王蘭亭、馬存娃、陳興魁、何桂林、寇明朱、莫光海等十餘犯，批飭印委各員，督同熬審去後。兹據委員張廷楫，會同寧夏道志崇、知府崇俊率夏朔兩縣及新舊平羅縣王樹槐等，提犯隔別審訊。緣姚伏魁等分隸湖北谷城、甘肅平羅等縣，均係素不安分之徒，起意搶劫得財俵分，亦有挾勒索婦女之嫌，伙同搶劫，藉圖報復者。其業經審實之姚伏魁、冒義、黄著娃、王阿旦子、馬木薩子、張奉翼等六犯，贜證確鑿，已欽遵諭旨，即行正法，傳首犯事地方懸杆示衆。其王蘭亭等各犯，或當須傳查待質，或供詞游移未定，應俟覆審明確，即行分别辦理匯案擬結。逸犯高來伏、戴成林等，仍飭勒緝，務令悉獲嚴懲。因傷殞命之教士、華人，均經棺殮撫恤，衆情悦服。惟教案處分綦嚴，疏於防範，各員自應照章參處。其緝匪辦案不辭勞苦，異常得力，爲教士、教民敬服各員，應懇天恩俯准俟結案後擇尤獎敍，俾昭公允而示勸懲。如此賞罰分明，凡有教堂各屬，庶几互相儆勉，不致推諉貽誤，而民教亦自相安無事矣。奴才爲綏緝民教策勵文武起見，是否有當，伏候聖裁。

除俟全案訊結，另行奏報分咨部科外，所有委員查辦平羅下營子教案正法匪徒、撫恤教士、華人緣由，理合先行恭摺具陳，伏乞皇太后、皇上聖鑒訓示。謹奏。

光緒二十八年二月十三日奉朱批：著照所請。外務部知道。欽此。

南昌教案分部

綜述

《東方雜誌》第三卷第七號《兩湖總督張密電奏陳查辦南昌教案情形稿》 查江令因傷致命情節，據道府縣親見該令手書數紙，均謂王安之逼令自刎一刀，復有兩人執手用刀剪連戳咽喉兩下等情，現又向江令家屬索出江令手書一紙文云，意是逼我自刎，我怕痛不致死，他有三人，兩拉手腕，一在頸上割有兩下，皆大字。又小字云，痛二次，方知加割兩次，欲我死無對證等語，前後語意均同。據中國仵作醫生查驗皆供，據洗冤録確係被人殺死，并非自刎。據美醫證書云，整齊之横傷在咽喉靠喉結之處，又一傷傷口參差不齊，將喉結前面從中一直分開。又云，整齊之横傷是用利器所割，其餘之傷非用利器。又云，第一傷用力輕，第二傷用力重等語，此係用刀自刎以後又被人用剪戳傷之確據。何則？剪利於刺不利於割故。傷口參差不齊，自刎故力輕，人戳故力重也。一法官醫福庚具畫押憑單云，傷口係在頸之中間嗓核之上，開作扁形，約横寬三寸，係用利器所割無疑。又云，有第二傷口，係直式與第一傷口作縱横，亦係用利器所割，此口亦可容指等語。此係刀傷之後又受剪傷之確據也。又云，至於兩傷是否同時，雖非同時，亦相距不多時耳。此爲直傷，亦係在教堂所受之確據也。兩洋醫皆謂係兩傷，一横傷，一直傷，惟美醫則謂直傷較重。既係横直兩傷，後傷又重，是江令實死於加功，不由於自刎，確有可憑矣。即前有自刎一傷，亦由王安之威逼所致，惟當時江令僕從茶房均被教堂攔阻不准入内，究竟如何加功、如何威逼，外人皆不得知。此時欲尋證人，非將教堂司事劉宗堯、幫工艾老三、僕人胡恩賜三人提案研訊不可。且江令受傷在劉宗堯房内，其手書内既云他有三人兩拉手腕，又屢提劉先生，是劉宗堯尤爲案内要證。昨囑贛撫電達潯道商之郎主教速送三人到南昌訊問，并力認保護，斷不刑訊。郎主教意不敢交，殊屬不解。竊思傷憑醫官、案憑見證，洋醫既斷爲兩傷，後傷較重，然則，後傷是何人所爲？前傷因何事起釁？不憑證人，何從定案？查法官醫驗傷憑單，係法參贊臨行時始行交出，故當日劉艾胡三人到省未能細問。今既據有法官醫憑單，自應傳案質證，大約江西教民則皆曰自刎，平民則皆曰被殺。然詢訪在江西之英美各教士，多有歸咎於王安之者，足見公道在人。法人欲保教堂名譽，故以全力爭，此一節事關交涉，因難澈究。然而國體所關，民心所係，彼縱不認加功，我亦決不能斷爲自刎。即至萬不得已之時，存疑較勝武斷，至於威逼情節，更斷斷不能抹殺。或謂江令傷本可不死，因焚燬教堂後有某人逼之自死，尤屬莠民誣罔之言。查江令才具素優，官聲最好，其新昌教案保全一縣性命，弭禍定亂，其功不小。此次被害，亦由於爲民力爭，雖重傷慘痛之際，各手書皆諄諄以救民保民爲念。故江令死後，江西士民同聲悲痛，憤不可遏，新昌上高兩縣百姓來省痛哭弔祭者，何止數萬人！在法人恃强偏執辦理，自不免棘手，惟無論如何議結，總不能歸咎江令。雖不能責抵償於外人，尚可存公論於中國。俾日後可爲江令奏請優給恤典，以勵愛民捐軀之良吏，庶足以存國體而服民心，且免教焰日張，日後更難保護。區區愚慮不敢不言，伏祈聖明鑒察，密電上陳請代奏。

又《**中法新定南昌教案善後合同**》 爲立合同事，近因南昌滋事殺斃法人焚燬教堂學堂一案，大法國、大清國政府均願將此案公平議結，以期兩國交誼益敦和好，已經商定各派委員會同查明辦理。大法國欽差特派三等參贊官世襲子爵花翎頭品頂戴端貴、大清國外務部奏派直隸津海關道花翎二品頂戴梁敦彦前往南昌詳細查明。南昌縣知縣江召棠身故緣由，本年正月二十九日南昌縣知縣江召棠到天主堂與法教士王安之商議舊案，彼此意見不合以致江令憤急自刎。乃因該令自刎之舉傳有毁謗法教士之訛，以致出有二月初三日暴動之事，中國國家已自將有罪之人懲辦，兹將外務部與駐京法國欽差議定各條開列於左，免致嗣後彼此或生異詞。第一條、應給被害教習五人家屬撫恤銀四萬兩，另給一萬兩作爲後來新教習等川資經費之用。其款應以庫平庫色兑交駐滬法國總領事收領。第二條、新昌等舊案及南昌新案所有被燬教堂、學堂、養濟院等處及教内之人房屋并一切物件，總共賠償銀二十萬兩整，交由教堂提款償補。各教案内之人之損失作爲一律了結。第三條、第二條所載庫平庫色銀二十萬兩，分爲十次交付，每三個月爲一期二萬兩，交由法國主教在九江收領。第四條、所有被燬教堂各紅契，應由地方官從速補給管業執照，并在南昌縣城内借予教堂房屋一所，以待教士蓋有房屋即行還移。第五條、江西巡撫應行從速出示曉諭其告示，底稿已經外務部與法國駐京欽差會訂。以上五條分繕華文、法文各四分，其一存外務部，一存駐京法使公署，一存江西巡撫衙門，一存九江天主堂。

大法欽差駐紮中國全權大臣佩帶榮光四等寶星巴押

外務部左侍郎聯 押

大清欽命 大學士外務部會辦大臣那 押

協辦大學士外務部尚書大臣瞿 押

外務部右侍郎唐 押

西曆一千九百零六年六月二十號

大清光緒三十二年閏四月二十九日 印

一面係法文　法國欽使押　火漆印

論　說

《嚴復集·論南昌教案》　比者二月初三日，南昌人民暴動。計遇害者：天主教神甫六人，耶穌教男女三人。天主教會房宇物産，焚燬殆盡。幸官吏軍兵，事起保護甚力，於天主、耶穌兩教會人，所救免者頗多。此與去歲連州一案，皆於黑暗中漸露光明之意。蓋此二案，教中人皆有激變自取之道，而紛亂之頃，雖羣懷殺心，尚有吾國之人冒險而爲救人之事。使爲上之人，勸賞懲治得術，有以誘其善機，有以平其怒氣。自今以往，教案漸稀可也；即不幸有之，或不至置中國國家於無可解免之地。如甲午、乙未以前，李海城輩之所爲，此則有關於中國前途甚大，不可不加之意也。

考基督教之來中國，最早莫如景教。遠在唐朝，聞其傳者乃亞洲西域人，顧至今除景教一碑而外，其流裔不可考矣。降至明季，而天主教士，忽集於斯，然其爲教，并非羅馬本宗，乃於路得誓反之後，一西班牙人所別倡之新派。路得者，德國撒孫尼人，於一千五百十七年十月三十一日以教皇售賣讖罪文憑，斂錢於維典堡，顯揭其違背教義者凡九十五條，張布都市寺門，此爲修教新宗之始。西班牙人名羅曜拉，本爲軍人，以傷出伍，至一千五百二十八年，學於巴黎大校，目擊舊教中衰，結合同志，於一千五百三十四年創立新派，號『耶穌軍』，以勸轉信心，抵制新宗爲要旨。教皇保羅第三嘉獎所爲，於一千五百四十一年，降敕以羅爲『耶穌軍』上將，厘定章規，部勒機關，有修道者，有治學者，有司教育者，有理財政者，不諱譎術，而以集權畜力，廣大教派爲先，成一至完團體。於一千五百五十六年，死於羅馬。明季來中國者，大抵皆此會人。值吾國道德學術衰敝之時，而數萬里東來，其中類多俊偉深沉、行修多聞之士。明之時雋，翕然宗之。說者有謂：『使明勿亡，羅馬一宗，且爲國教。』非無因也。迨本朝入關，有二祖之好學，該會教士，侍從□南齋，賞賚稠疊，星歷律呂，以至圖畫草木諸學，其仰益睿慮尤深。而其時士夫如李安溪、梅宣城、戴東原、高郵王氏父子，於修古經世諸學術，亦有借新知而特辟

洞壑者。故□本朝經學，其根據推籀之事，足以辟易古賢，則所得於西者，爲之利器耳。乾、嘉搢紳先生，羣懷尊己之思，耻言西法。於是逐客之令屢下，教寺舊産，什九見奪。而當日歐洲世變，又值革故之時。蓋『耶穌軍』入華三百年，此爲極衰時代。道、威之際，海禁未開，疆吏不達外情，交涉動至決裂，城下之盟，有金陵、天津諸條約。不佞聞諸西友，據云：天主教之准仍舊傳布，及發還地産一款，爲法文原約所無，而獨中文有之。吾國議約者不識西文，姑弗深考，孟良畫諾。遲之又久，彼教中人，得運動之於法之政府，遂於修約時，轉譯華文，羼入新款。其始事之不正如此，亦可異矣。然從此法人，乃以天主護法自居，一教案起，賠償而外，動成交涉。因其時拿破侖第三，爲法皇帝，嘗遣兵遠戍羅馬，而真以護法自任者也。往者天津之亂，幸值普法交綏之秋，於東方事勢難兼顧，問罪之師不來。不然，不可問也。此天主教宗，自明季以來，至於咸、同之歷史也。

海通以來，吾國之於外交，本無策也。有事之時，爲決裂、爲和平，實無所往而非失敗。然甲午以前，尚儼然大國也。歐洲謀國之士，猶有瘠牛僨豚之思。論者嘗謂亞洲三大權，英、華、俄成鼎足之勢。光緒初載，李合肥主北門鎖鑰，英、俄二國，均欲結華，而日本則海面黑子，不足論矣。至甲午之役，我之情見勢屈極矣，而庚辛之後，自力愈無可言。言其情狀，正如巨人病癱，臥聽臠割。此其情外人知之，於是有保護境土主權，責令大開門户之約。內則吾之小民婦孺，亦莫不知，故怯弱之家，向思托芘强宗，求免爲他人魚肉者，今得至便之術焉，則皈依西教是已。且西教必取天主。何則？以其教宗風，以爭政權、握利柄爲二大事，要結官吏，爭執産業，祖護徒黨，以必勝爲期，其長技矣。鄉僻小民，畏勢估權，甚於外口，於是向也以畏人欺，而求入教；今也以其入教，轉以欺人。夫一鄉之人，見向所踐踏不忌報復無由者，乃今與之平等，已足恨矣。況變本加厲，轉而吾陵，則懷憤極之情，冀得間而一泄之者，固其所耳。且强宗所恃以役使小户者，有官焉與通氣也。乃今官畏教士，且畏教民，故强宗大户，其於獄訟，向也可以陵人，今也且不得直。然則，其憤愈至。而一方風潮之起，官雖出而彈壓，勢必不行。何則？彼小民固以官爲黨教，而決裂之餘，忿不慮難故也。

比者南昌之案 其所由起 固與前之教案迥殊 前之教案 所冲突者民、教也，抑兩教也，緣此而波及其地之教士，或且波及其地之長官。而南昌之案所由起者，則長官與教士自冲突也。又其冲突，實由好合而來。江令之死，或曰被刺，或曰自刎，或曰先自刎，而後有加功者。是三者之說，以常理常情言，幾於無一可信。然江令與王神甫則已死矣，殃及同教者五人，不同教者三人矣。夫江令死而羣情洶洶，必殺王神甫與其同謀之人而後快，猶可言也；竟遷怒而殺法文學堂教習五人，不可言者也。乃至紛亂之頃，而并殺不與同教之美國人，而殘虐且施於婦孺，此誠尤不可言，而大犯萬國所不韙。此吾國之愚民，所由必不可信，而蚩蚩者流，一搖足、一舉手，皆足禍延國家。吾願今日聚衆昌言愛國之演說家，與夫治國保民之守宰，詰奸督宄之警察軍人，皆以此案爲前車，而於出話施令之時，憐吾國小民之失教而頑愚，且置文明排外之談。而亟圖教育之所以普及，則吾國庶有豸乎。

嗚呼！西人傳教一事，若不早爲之所，將終爲吾國之大災。但欲爲之所，有所宜先事而圖者：一、宜知其教之真面目、真性質；二、宜知其教居今在外國所處爲何等地位；三、欲吾國免此大災，宜如何爲之措。注此則記者所欲竭其千慮之愚，爲閱報諸君於後期稍爲發論者也。

雜録

《東方雜誌》第三卷第四號《翰林院侍讀學士惲奏陳南昌教案辦法摺》

竊見江西南昌縣教堂誘戕知縣江召棠一案，該神甫恣横不法，駭人聽聞，以致激成民間暴動，焚教堂，殺教士，臣聞法公使要求懲辦官吏，查拿首要，其兵輪駛入鄱陽湖，竟在恫懾。夫地方官固有不能弭亂之責，然首縣猝被戕斃，事出情理之外，民間舉由義憤，勢難以兵迫威陵，防範之疏、彈壓之不力，俱不任咎也。平民聚衆鬧教，祇不辨是非，波及英國，固難逃倡亂之誅。然百姓坐視父母官爲教士凶殺而漠然無動於中，安得爲國民？猶之子弟目擊其父兄爲盗所戕而袖手不爲報仇，安得爲孝子悌弟？且江召棠素得民心，該神甫膽敢誘殺縣官，其平日魚肉華民，不言可見。此次暴動實有激而成，是故辦亂民以謝英人，則可；更誅我民以媚行凶之法人，則大不可。况該神甫凶悖無理，不特爲我國自有教案以來所未見，亦爲各國自有交涉以來所未聞，若再辦官吏殺良民以謝罪雪耻，所當行反爲息事求和之遷就辱國體失民心臣不知國將何以爲國也。嗣後各國效尤，皆將施其野蠻手段，民間義憤所積，勢將一決難收，教案之多，必有倍於今日者。臣愚以敵釁固忌輕開國勢，亦不可過弱邦交，固當兼顧民心，尤不可重違處置之方，切宜審酌此案英國一面，須認誤傷之過，申飭地方官不善保護，查拿倡亂匪徒，以謝英人，而分英、法合從之勢，撫恤賠償，酌量辦理。法國則責其誘殺縣官，令將該神甫王安之交出，按律懲辦。其英國損傷事由法國而起，撫恤賠償之款似應索諸法國，乃得其平。夫同一懲辦賠償，爲英人言之則不失敦睦友邦之體，爲法人言之則啓寵納侮，不特無以示各國，亦無以平江民之心。蓋未經焚殺之先直全在我，既經焚殺之後，而又波及英國，則不能不苦心分別曲折，以劑其平。臣既憤法人之横，又恨愚民無知，往往逞一時之忿，上累朝廷，此亦事之可痛者。謹奏奉旨外務部知道。欽此。

維西教案分部

綜述

《宫中硃批奏摺·雲貴總督丁振鐸奏報維西廳茂民僧俗焚堂戕教并剿辦情形摺》（光緒三十一年八月十三日、一九〇五年九月十一日）云貴總督兼管巡撫事臣丁振鐸跪奏爲雲南維西廳屬僧蠻因巴匪勾煽聚衆叛亂，焚燬教堂，戕害教士，現派大員統兵剿辦，恭摺仰祈聖鑑事。竊查中甸維西喇嘛番族生齒殷繁，性情獷悍，夙與教堂水火，地方官維持調護，本極爲難。前因川屬巴塘匪亂勾煽滇邊僧夷，聚衆仇教，圍攻阿墩子各處教堂。經營汛擊退，并電飭麗江府知府李盛卿率營馳往堵禦保護，曾經附片陳明在案。嗣據電禀，該匪糾黨數千人分擾江東西地方，圍攻教堂，兵團竭力抵御，衆寡不敵，茨姑教堂被燬，教士蒲德元等被戕。臣當商派署提督臣張松林由大理馳赴，督率各營相機剿辦。業將一切情形先行電奏，奉旨著臣嚴飭各軍趕緊合力剿辦，迅掃賊氛，仍將各教堂教士切實保護。麗江府知府李盛卿革職，留營立功，以觀後效。教士蒲德元等無辜被害，深堪憫惻，并著臣妥爲撫恤。等因。欽遵轉行遵辦。

伏查此案先後據李盛卿電稟，巴唐匪首羅進寶、郭宗札保先以印緘約維西土弁和文耀勾結僧蠻，一同起事，當經維西廳李祖祐查獲，將和文耀誘拿正法。李盛卿復拿獲夷匪老和等四名懲辦，冀以摺其亂萌。無如川滇僧匪過多，勾結一氣，屢經設法開喻，總未帖服。嗣聞川軍進剿巴匪，黨德炳等分路入維，而廳屬羊八景等寺各黄教喇嘛亦即糾集地方僧夷起而相應，分擾江東西各處。六月十八日早據探卒馳報，并接茨姑教堂警信，當派靖禦土兵左右兩營開花礮隊翼字營拔隊往援，各該僧夷等已截住兄功山巴滴羊渣各要地，無路可進。羊八景寺僧匪亟率衆數千圍攻茨姑，原駐該處之兵團竭力抵御，衆寡不敵，哨弁李谷安登時陣亡，教堂及教民房屋被燬，教士余伯南、蒲德元均被戕害。二十二日李盛卿親督各軍馳抵葉枝，克復換夫坪、燕子巖，進攻黄龍關。踞關之賊抵死拒抗，巖險路窄，滚木擂石勢如雨下，我軍傷亡頗多，匪勢甚熾。惟分派營員土弁將教士彭茂德、英人傅禮士竭力保護出險，送至大理府城安置，我軍仍退紮葉枝。二十六、七兩日，軍行小燕子巖之南，探知匪踞東洛，圖襲我後，分兵迎剿，斃賊甚衆，奪獲槍刀等件，餘賊潰退，我軍共受傷九人，而墩道梗塞，通判李祖祐亦被圍困在墩，現正設法尋覓教士余伯南等遺骸，及招撫被難各平民、教民。傳聞駐中甸橋頭之達字營勇一哨因匪衆麕至，全哨無着，已遣探由間偵查，尚未回報。

查維西共有教士七人，又游歷英人傅禮士一人，除余、蒲兩教士而外，餘均查明無恙，各派兵四路迎護，一并送赴大理等情。臣先據電稟，當由省揀派總兵謝有功，率帶綏靖新軍星馳援應，嗣復商派署提督臣張松林添募信字一營，并就近調撥揚發旺一營，克期親往督剿。昨接張松林電報，業抵維西，并據李盛卿電稟，七月二十五、六日阿墩被困之李祖祐及鎮建達三營、靖御兩營冒死突圍，沿途血戰，已達葉枝。稍與休息，即會同新到之軍再行進剿，并將兄功賊卡奪回等語。

臣維此次川滇僧匪聯成一氣，勾結叛亂，戕官仇教，擾害地方，實屬罪不容誅。現在川軍進克巴塘，逆巢傾覆，因而狼奔豕突，竄擾滇邊，自非痛加剿辦，迅掃賊氛，不足以謝外人而安邊圉。麗江府知府李盛卿親督各營，疏於防護，奉旨革職留營，仍應嚴飭奮勉立功，借圖自贖，并責成文武各員務將各教堂教士切實保護。

除俟署提督臣張松林剿辦情形如何隨時奏報外，謹恭摺具陳，伏乞皇太后、皇上聖鑑訓示。再，前次電奏，據稱英人傅禮士一同被戕，現經查明實只余伯南、蒲德元兩人，傅禮士無恙，合并陳明。謹奏。

硃批：著仍遵電旨，分别剿撫，嚴禁騷擾。

又《雲貴總督丁振鐸奏報攻克維西廳屬反教各寺及境肅清摺》

（光緒三十一年十二月二十六日、一九〇六年一月二十日）雲貴總督兼管巡撫事臣丁振鐸跪奏爲官軍攻克維西廳屬各匪寺，撫輯僧夷，廳境一律肅清，恭摺仰祈聖鑑事。竊查雲南維西廳屬僧夷勾結叛亂，焚教堂，戕教士，圍困官軍，臣奏派署提督臣張松林督軍剿辦，迭經先後具奏，并電陳在案。

伏查該廳僧夷自阿墩被困，官軍失利，勢極鴟張，以羊八景、東竹林兩寺爲巢穴，主持者爲各僧管事，附和者皆土目土民，并遣丑類分扼要隘，地勢既極險峻，人復獷悍異常，而官軍糧運之難，雨雪之阻，倍極艱苦。署提督臣張松林於七月二十八日行抵魯甸，細審地勢敵情，定三路剿辦之策。該署提督親率信軍礮隊并姜德興所部爲西路；派謝有功率領新軍，益以楊發旺一營，并靖武等營爲東路；土司木汝誠同建威左營扼守中路。八月二十二日西路一軍行抵小燕巖，江邊僧夷隔江死力抗拒，槍礮猛烈，我軍伏地蛇行，逼近江岸，排礮環施，助以開花礮力，斃匪極多，紛墜巖澗，餘賊奔潰拖拉，土目王福反正投誠，退出大燕巖、紅坡各要隘，我軍乘勢進搗。羊八景寺僧夷恃其險僻，不虞官軍猝至，寺僧二百餘、夷匪千餘相與震懾，各携輜重，分頭潰竄。一竄瀾滄江外，一附東竹林寺。

該署提督即於二十九日進駐羊八景，寺中髑髏遍地，稱爲供器，殘忍慘毒，不忍寓目。其時連日雨雪，朔風砭肌，將士苦寒，相對瑟縮。該署提督勉以忠義，并諭以深入糧盡，非涉險出奇，無以自存。將士感奮，遂分隊裹五日糧，銜枚冒雪，由紅坡山間道斬棘縋幽，潛拊東竹之背，另派兵團越瀾滄綴江外竄賊。該署提督親率餘兵由白蟒山夾擊。九月初六日午刻出賊不意進抵東竹。該寺樓閣連雲，外築土墻，碉樓雉堞并極堅固，因是悉力抗拒。自午至戌，我軍排槍數十發，偪進土城，賊退入寺，我軍跟踪猛進，短兵相接，斬賊七人，生擒管事喇嘛老梭直實等九名。夜黑山深，餘賊悉由寺後潰逃附近之阿董、阿墩、麂子石等二十餘寨，悉由土目率領，陸續投誠。該署提督逐一拊循，俾各安輯。寺懸人皮一張，查係陣亡哨弁楊桂珍軀殼。髑髏累累，與羊八景寺等。江外竄賊或擒斬、或投誠，亦均赦平。該署提督復派隊接應謝有功，此西路一軍進剿獲勝，疊克僧寺之情形也。

木汝誠一軍扼紮兄功，被賊迭向攻撲，勢頗難支。謝有功聞報馳援，奮力擊退，復率各營節節進取。八月二十六日軍抵洛沙，賊營於縣巖以槍俯擊，我軍冒險猛登，賊遂敗走，亟摺橋以斷我軍之路。我軍奮勇，據橋肉薄相當，決蕩數次，斃賊甚多，生擒五名，溺死者尤不可勝。計奪獲火槍抬搶多件，復乘勝連克孔多匡多各賊壘。適該署提督派援之軍亦至，合攻補牙坪賊巢，槍斃多匪，獲械多件，賊悉潰竄，亦進抵東竹駐紮。此東路一軍連戰克捷會合西路之情形也。

該署提督派撥各營，分路搜剿，并諭以宥脅懲渠之意，脅從各夷懾威悔禍，踵接投誠，負固之匪并被擒斬。復令謝有功前赴川邊巡歷，以會川軍，廳境一律肅清。至怒江、菖蒲桶、白漢洛一帶仇教僧夷，由已革知府李盛卿派土目王國相等次第剿撫收械，亦各安堵，先後具報前來。

臣查維西僧夷響應巴匪，勾結滋事，恃其險悍，勢極披猖。署提臣張松林督軍進剿不避險阻，出奇制勝，未及兩月，全境蕩定，其勞勛誠不可泯。惟該署提督係記名提督，實任總兵，應如何加恩之處，恭候聖裁。署維西協副將記名總兵謝有功請免補總兵，以提督記名簡放。准補臨元鎮右營都司王剛請以游擊盡先補用，并加副將銜。游擊銜盡先都司駱家信請免補游擊，以參將盡先補用。二品蔭生張德成請俟引見時加恩録用。其余在事出力各員弁，可否仰懇天恩，容臣擇尤匯奨，俾昭激勸，出自逾格鴻慈。至已革麗江府知府李盛卿，現飭與法教士任安收等議辦教案，并會同署麗江府知府彭繼志將善後及教案分別妥辦議結，再行請旨加恩外。謹恭摺具陳，伏乞皇太后、皇上聖鑑訓示。謹奏。

硃批：張松林著交軍機處存記。餘著兵部議奏。

又《雲貴總督丁振鐸奏報議結維西教案訂立合同畫押互換摺》

（光緒三十二年六月十六日、一九〇六年八月五日）雲貴總督兼管雲南巡撫事臣丁振鐸跪奏爲議結雲南維西教案，訂立合同，畫押互換，恭摺仰祈聖鑑事。竊查上年夏間四川巴塘叛匪追殺鹽井教士蒲德元等，入維西廳屬阿墩地方，經防軍擊退，該匪遂勾結德欽、羊八、東竹三寺喇嘛，嗾脅猓猔，乘機變亂，戕斃法教士余伯南、蒲德元，焚燬教堂，經堂，殺擄教民，凶焰猖獗，駸駸內犯。當派大兵前往剿辦，奪獲逆寺，維境蕩平，均先後奏明在案。

旋准法國駐滇領事羅圖閣將教會損失分別應恤應賠開單索償前來，臣已先飭已革麗江府知府李盛卿細查阿墩、白漢洛等處教堂，被燬教民被害情形核實呈報，能得其詳。遂由李盛卿與西藏教會派出司鐸任安收，先將教民身命房屋什物各項議賠恤銀九千兩。此款由倡亂各寺攤繳，以示罰贖。又經該地方官籌給教民籽種糧食五百擔。惟教士命價、教堂賠款，非就地所能辦給，臣復電調李盛卿偕同任安收來省，飭留辦教案。新授貴州臬司興禄會同領事羅圖閣等開議，磋磨累日，彼堅請照原單賠銀二十二萬五千兩，指爲駐京法使訓條不能再商，幾至停議。教會始出而轉圜，自願大加核減，議定恤余、蒲兩教士命價庫市平銀六萬五千兩，作爲修墓建碑，設立養濟院醫院學堂之用；賠被燬教堂、經堂十所公私財物一切在內，共庫市平銀八萬五千兩。二共十五萬兩，現交四萬兩，餘分自光緒三十三年六月起至三十六年六月止交清，聲明并無息銀，并將維西舊案及關涉此次教會教民之事概行完結。爰訂立合同條款，繕就中法文各六份，彼此校對無訛，即於本年六月初三日在洋務局畫押簽字蓋印互換，各執中文、法文三份爲據。惟查開議之初，該教會以釁非彼啓，無端受虧，要求補償，意存奢望。預該之員幸能熟籌因應，摺其機牙，汨其盛氣，始得和平了結，尚屬辦理合宜。

除將中法文合同各一份咨送外務部查核備案外，所有議結維西教案緣由，理合恭摺具陳，伏乞皇太后、皇上聖鑑，敕部查核施行。謹奏。

硃批：外務部知道。

《宮中電報檔·雲貴總督丁振鐸爲維西教案賠款議結請代奏事致外務部電》（光緒三十二年六月初四日、一九〇六年七月二十七日）十九電敬悉。維西教案賠款，法領事羅圖閣，司鐸任安收初索余伯南、蒲德元兩教士命價，照川案恤銀七萬五千兩。滇燬教堂、經堂十所，其房産、財物各項，原值銀十五萬兩，今讓至十二萬餘兩，復飭臬司興禄迭次磋商，切實核減。現定議由滇給余、蒲恤銀六萬五千兩，賠教會一切損失銀八萬五千兩，將維西新舊關涉民教各案全行完結。鐸本日與訂合同畫押定案。除奏報外，懇先代奏，仰慰宸廑。再，臬司興禄留辦教案，業已議結，應飭赴貴州臬司新任。合并陳明。

贛州教案分部

綜　述

《東方雜誌》第五卷第二號《江西贛州教案議結全約》　爲立公約事，本年丁未八月間莠民滋事燬搶贛州城鄉内外天主堂共三處，城内貞女院育嬰堂一所，暨教士衣物、器皿、祭儀等項，另粘單件開列。又毁搶贛縣境内坪路上村羅峰村及石街下、盤龍墟、蝦蟆石、江口墟等共六處，教民房屋什物等件共一百三十六起。現經兩江總督奏派俞道會同地方官暨駐京法公使所命柏副主教轉派教士徐前來，會同地方官切實議定賠償贛縣屬被燬各教堂修費，及衆教士等所失物件，共贛平銀六萬六千兩外，又教民損失核實估計，共價七三大銀洋三萬元正。此係開誠布公，和平了結，并不添減，均各舒服，合立議約，分存爲據。

一、議定賠補教堂款贛平銀六萬六千兩正，除本年内先交二萬兩外，另立期票四紙，分春夏秋冬四季繳償。贛州天主堂司鐸收領至賠償教民修復屋宇及損失償洋一款共三萬元正，立約後年内交清給領。一、此次贛縣境内滋事人犯，由地方官拿究盡法懲辦，以絶根株。一、教堂教民損失房産，已核實酌議照價估值賠償，嗣後如查出教堂所失行祭儀器真正西洋物件及書籍等類，當由地方官追繳給還，至中國物件概不取問，教民亦不得再向滋事各家及該家族追論，并不干涉民間。一、袁教士墳墓在坪路上教堂門首，此乃第三次又遭莠民毁壞，議照庚子年案款内由官憲再撰墓誌修復原碑。一、贛縣城内燬搶教堂教民賠款一案，現經教士與委辦道府并地方官開誠布公，和平商議，將案了結，嗣後凡有藉事尋仇口角爭執，均由地方官紳耆族長秉公排解，務令化除，民教意見卽控告到宮，亦必就論案，不分民教，持平訊斷，均照中國律例一體辦理，以省猜嫌而杜後釁。

署理贛州知府關

署理吉南贛寧兵備道王

大清國署理江西按察使司統領巡防隊後軍江

南洋奏派軍機處存記江蘇卽補道俞

奏派江西補用知府曹

贛縣知縣張

大法國駐贛天主堂司鐸徐

又《江西南康縣教案議結全約》　爲公立議約事，本年丁未八月間拳匪滋事燬搶南康縣城内及大窩裹山、孜山共天主堂公所三處，貞女院并育嬰堂二所，暨教士衣物、器皿、祭儀等件，又燬南康縣全境内教民房屋什物等件，并殺傷教民等情，現經兩江總督奏派俞道臺，會同地方官暨駐京法公使所命柏副主教轉派教士徐前來，會同地方官切實議定賠償南康全屬境内被燬各教堂，及貞女院、育嬰堂，暨衆教士所失物件，共贛平銀七萬兩正。又全屬境内教民被燬被搶房屋什物，核實估計共償七三大洋九萬二千元。并撫恤當日斃命及被傷教民款項一并在内，此係開誠布公，和平議結，并不添減，均各允服，合立議約，分存爲據。

一、議定賠補教堂等款洋銀七萬兩正分五期限繳，本年内先交一萬四千兩外，另立分期印票四紙，限明年春、夏、秋、冬繳償。南康天主堂司鐸收領至賠償教民修復屋宇損失什物并撫恤等款洋銀共九萬二千元正，除本年内繳兑五萬二千元正，餘立期票，限明年春季清償給領。一、此次南康鬧事匪犯，現已由地方官拿獲多名，未獲者再懸賞緝拿，并由地方官按律辦理，不枉不縱。一、江教士被戕一節尚未提議，嗣後倘法公使命准教會人就地商辦，再行從優議留表記清案。一、教民損失房産已核實酌議，照估價值賠償，嗣後如查出教民所失物件，當由地方官追繳充公，教民不得再向滋事各家及該家族追論，以昭公允。一、除賠償教堂教民損失外，於滋事之際，倘有失去田產契據者，果係來歷清楚豪無糾葛之業，准再行開清出業人及毗連產業界址人姓名，稟呈宮憲飭地方族紳據實確查，不得偏護，查與根串花名符合者，補給印照，照舊完糧，管業補印，不取印資，亦不得混佔他人產業。一、南康縣境內燬搶教堂教民賠款一案，經教士與委員幷地方官開誠布公，和平了結，嗣後凡有藉事尋仇口角爭執，均由地方紳耆族長秉公排解，務令化除，民教意見卽控告到官，亦必就案論案，不分民教，持平訊斷，均照中國律例一體辦理，以釋猜嫌而杜後釁。

南洋奏派軍機處存記江蘇卽補道俞

大清國署理吉南贛寧兵備道王

南康縣知縣毛

大法國駐贛天主堂司鐸徐

收回利權運動部

通紀概說分部

綜述

《東方雜誌》第一卷第六號《石頭礦收回官辦》 廣州合浦縣石頭埠煤礦，苗旺質佳，久爲西人所艷羨。前經善後局發官本七萬金，派員督辦，嗣因官力不繼，批准商人鄭資源承辦，幷將官款附入改爲官商合辦。已曆數年，未見成效。現在當道振興礦務，聞擬收回官辦矣。夫東西各國，莫不以閱礦爲生利惟一之政策，煤鐵尤所注重。乃中國礦產，徧地皆是，開辦礦務，亦時有所聞。顧嘗嗣查中國礦表，除開平、萍鄉、漠河、大冶等稍獲溢利外，其餘旋起旋滅，絕少成功。揆厥原因，一則資本不繼，二則礦師不得人，三則辦理不如法，遂至懷質報窮，徒留作列强礦確之界綫。今該礦既收回官辦，惟願一雪斯言也。

又　第十號《不賣礦之真國民》 福建長樂縣鰲峰山舊有礦產，礦質甚佳，所產爲錫亞鉛硃砂，且下有金銀。日人某及德領寧及福臺法商魏池，前年曾往踏勘，屢次要求。礦主高君耿，志士也，嚴詞阻之。高君近至福州，擬托紳商招股採辦，以杜其謀。武備學堂教習吳君懋昭知之，曾邀請高君面議一切，聞可就緒。嗚呼！若高君之保全礦產，爲國家爭無窮利源，誠可爲中國之義民矣！

又　《英商承辦江西路礦》 英商孟綱憑與河南革令林楹蕃私立合同，創辦江西南昌至九江鐵路。現聞英商已集股銀一千萬金，兼辦南九煤礦。林又曠使縣丞劉德發爲該公司代表，已則暗中向商部運動，劉現定七月下旬卽入京遞稟。夫近月以來，資礦賣路之事，迭見不已。吾黨日日言愛國保國，麗乃視內地奸人售賣礦路不稍禁止，斯豈所謂志士耶？然空言爭礦，究亦無補，今日之計，自以養實力爲亟務，儻能招集商股，自請開辦，則成約可廢，外人亦無所藉口。否則，遺珠在塗，焉能禁人之不拾，吾願江西志士其速圖之。

論說

《外交報·論中國路礦盡歸外人一九〇二年二月十四日》 鐵路礦山，國之內政乎？曰然。全球各國，此事無掌於外部者，故知爲內政也。官有者無論矣。民間私辦，力有不逮，貸債招股，不必盡爲本國人也，然無不受制於本國之法律。蓋制度明備，基礎鞏固，上下又相聯，能自保其權利，故外人雖委輸巨資，而無自施其攘奪之拔也。雖然，以視我國則何如？

我鐵路若津橋，若蘆漢，若粵漢，若龍州，若太原柳林，英、比、美、法、俄之款之所築也。礦山若山西之孟平澤潞，若河南之懷慶左右、黃河以北諸山，若直隸之開平，若貴州之青溪，英、法、義之款之所營也。此亦貸債招股也，何足異？異乎其與外交相紊耳。而況乎俄索東三省、日本索營口山東、英索浦口、義索浙江、法索梧州冕寧，若路若礦之又紛紛見告也！

聖人在上，智周萬物，知大利所在，我不自取人必爭之，爭之者衆則外愈重而內愈輕，久將反客爲主。正月十六，詔以張翼總辦路礦事宜，命之曰『認真經理』，戒之曰『毋得敷衍因循空言塞責』。睿慮周至，無非爲吾民興利。自今以往，苟吾中國人通力合作，胥二者而自爲之，失之東隅，庸不可收之桑榆乎？雖然，有敵我者。

設有巨商鳩資請辦，且能徑達於總局，而大臣不能遽決也，必商之督撫，督撫不能自答也，必下之州縣。風氣壅塞，法制未詳，一旦興巨工，地方交涉事繁，必至無所措手，州縣善自謀，不能不多方以尼之，大臣督撫，無如何也。至外人要索，則挾其國力而來，朝廷欲顧全邦交，而大臣督撫亦知當鄭重，州縣白顧力薄烏敢飾詞抵拒。卽令爲之，而公使領事，且出圖說以相辨，豈能如吾民之易與，而以空言駁斥也。且成例可援，雖欲不許而不得矣。吾故曰：路礦之利，將盡歸外人也。

御之之策奈何？曰：設官屬，定律例，與華商以易由之路而已。官屬備而大臣之命令行，律例定而州縣之遵守易。且路礦有專員，州縣不兼任其責，自無所用其禁阻。於是招商集股之事可行矣。華商進，洋商退，豈獨能保我利權，抑亦可稍芟外交之荆棘歟！

《新聞報・論挽回利權一九〇四年六月二十一日》　有形之破裂可見，無形之破裂不可見。宰割非洲、分據印度，皆所謂有形之破裂者也。若夫外無宰割之名，而內得分據之實，則莫如握我鐵路敷設之權、各鑛采掘之利。路鑛者，全國民命之所係者也。路爲人身之筋絡，鑛爲人身之臟腑。我有筋絡，我自能貫通之；我有臟腑，我自能榮養之，則自主之權不失。若一旦筋絡爲人所製，臟腑爲人所據，雖尸居餘氣，體質尚存，而精液血脉悉爲他人吸取已盡，其必終成一麻木不仁之症，有痿瘵待斃而已，尚可挽救耶？記者録垂涎支路一事，竊有不能已於言者。本月初十，得京函云：自京保鐵路至易州支路，七十餘里，係供謁陵蹕路之用。平時雖搭載客貨，而地僻道迂，生意寥寥，每年由北洋支廳局領銀二萬兩，爲養路津貼。現有某國人垂涎此路，願繳造路成本，并加年息，購領此路爲將來轉運鑛產之用。袁宮保以事關重大，未敢擅允，婉詞覆絕，而該西人尚未絕念。夫外人之垂涎我路鑛者，挾其慾而來，無不償其願而止。此事之成否，尚不可必。然垂涎之欲未絕，勢必暗中運動。嗚呼！今日富强之源，全在路鑛，故各國於本國路鑛，汲汲營謀，且出資本兼營謀他人之路鑛。

試觀我中國軌道縱横，山窿開掘，某省延長若干里，某省采取若干處，自其表面觀之，開闢利源，未嘗非中國之福；而自其內容以觀之，敷設采掘之柄，皆非中國人所操，且資本亦半非中國人所出，將來一有意外，難保不實行其保護之政策。雖有定約，雖有新章，强權世界，其誰遵之？危機潛伏，觸發無端，路鑛實權之所至，卽爲保護實力之所到。謂非無形之破裂乎？故外人近來不用猛裂之政策，而專用和平之手段。甲國謀得某省路權，卽視爲異日勢力圈；乙國謀得某省鑛權，卽作爲異日根據地。不必明分顯剖，而已坐收土地之利。較之宰割非洲，分據印度，其用力尤省，其設謀尤工，幾泯其宰割分據之實迹，而使我不及覺、不能防中國前途，將來殊屬可懼！雖然，亦中國自取之咎也。有路不能自造，有鑛不能自開，外人出資代我開、代我築，爲我謀利，未能卽指爲破裂特患。官吏辦理交涉不慎，釀成事端，致遺大患，則是咎由自取，又將誰怨乎？查京保支路開築之始，非爲生意起見，故每年尤須津貼經費兩萬金，而該處地方官又不能整頓，至今搭載者寥寥。夫以無利可圖之路，猶垂涎不置，則有利可圖之路，更可想也。然而荒涼之區，一經外人整頓，便成富庶，外人亦何嘗無益於我？無如身爲地主，自造之支路復不能設法使之興盛，反啓外人之覬覦，以願繳造路成本并加年息之利以相誘，誤入彀中，便鑄大錯。未知政府諸公，能絕其要求否也。遷、川、湖、閩、皖諸省，民智漸通，爭欲自築自開，默挽利權。爲保全土地人種之至計，我望各行省諸紳民，於築路、開鑛二事，急起直追，合力創辦，自保主權，無形破裂之禍，其庶幾可免乎？

《神州日報・論保守土地主權及路礦利權爲國民惟一之天職一九〇七年十月十六日》　國於天地，必有與立。土地、人民、主權三者，爲立國之要素，人民既托足於其一國土地之內、主權之下，莫不認其土地主權爲自國之所有。既認其土地主權爲自國之所有，則保守其自國之土地、主權，非國民惟一之天職耶？

夫所謂土地者，莫大於領域。今者日人之於間島，英人之於西江，已攫奪我領土權矣。領土以內之利權，莫大於路礦。今者蘇杭甬鐵路、浦信鐵路，亦將爲英人所有，而津鎮九龍、滇越之路之入於英、德、法，甘肅、蒙古之礦之入於俄、比，又不待論矣。今試就以上所列諸問題，於國民大聯上所當研究者，試分論之：

一、間島問題。間島問題，論者屢矣。日人對付間島之方法，大率有二：一、認間島爲獨立國，一、以兵力占有之。今日人已實行此伎倆，一方使間島脱離中國之關係，一方使間島入於日本之範圍。換言之，即一方拒絶中國之請求撤兵，爲外交之遷延；一方實行日本野心侵略，爲領土之區畫。中國之對付此問題，僅恃政府及東省大吏三數人之力，決不足以解決，其解決當以我國民全國之力爭之。日本之對於舊金山兒童入校事件，倡日美戰爭之説，全國一致，美卒除其禁令。今我國兵力，雖不足與日本抗衡，然日本當兵荒饑饉之後，亦決不能輕開兵釁。惟其處心積慮，今方經營我内國，一以日僧傳教，爲彼國權力澎漲之先驅，一以違約設肆，沿我國内地雜居之舊習，此二者蓋有大欲存焉。倘我國民對於間島問題，不視爲交涉尋常之進退，而視爲國家命脉之存亡，則人人知日本之野心將不利於我，中日惡感情因之以起，吾恐日本前此在中國所有之優勢，亦將立於危險之地位。此於日本亦有其不利，記者所以忠告日本也。若我國民之於間島，當爲聯合之爭持，不當爲隔岸之觀火。所以爲聯合爭持之具者，在設國土保存會，他國欲攖我土地者，我竭死力以爭之，萬衆一心，前僕後繼。昔墨子之救宋也，速其徒而死之宋，墨子之祖國也。國家自執政以及齊民，使人人如墨子之敢死，則其國卽可以不死矣。菲律賓之對於美，杜蘭斯哇爾之對於英，國民敢死，義聲震天地，蓋救拯危亡之國，非此無二道也。間島亦我國國家之一小影，記者因此以哀告我國民。

二、西江問題。國家領域權二，一曰領土，一曰領水。領水權，中國素漠視之，而在國際公法上爲極大之問題。國際先例，惟公海水域内，不論何國，得以捕獲罪犯。私海則不然，以爲一國統轄權之所獨也，雖有時於他國軍艦入口，予以治外法權之例外，然統轄權則仍屬於領有私海之國家。中國遼東灣、直隸灣、膠州灣、廣州灣等，皆中國之私海也。乃自旅順被奪於俄、日，而遼東灣之領海權失。威海被奪於英，大沽、煙臺、礮臺盡撤，則直隸灣之領海權失德。於膠州灣，英、葡於廣州灣，握我領海之主權，而中國反退居於客位。餘若德之垂涎海州，意之垂涎三都，澳法之垂涎磠州島，（廣州灣内）而江、浙、閩、粵之邊海，亦岌岌可危矣。雖然，此就海權而言，淺識者猶曰海澨邊裔，不足語於重輕之數也。請言其近者，鄱陽湖也，洞庭湖也，非我中國内地之心腹耶？而外國軍艦之游駛測量，已數見不一見矣。中國本部凡三大流域，除黄河泥沙淤積不利行輪外，揚子江流域爲全國膏腴所萃集，若鄱陽、洞庭相繼而去，其餘險要，俱不可守矣。揚子江而外，西江則南部領域内之一大水也，上達黔桂，而下流旁灌於粵東，粵之利源在西江，猶之中部七省利源之在長江。七省以長江爲命脉，粵亦以西江爲命脉也。河川領域問題，各國除規定中立河川自由航行外，餘皆各有其國權之界限。普荷之於來因河，普奥之於丹牛波河，兩國關於河川之交通，不得設阻礙之物，惟屬其國境領水内，其水上警察權卽分屬於二國而各有其界限。以是見國際之愼重領水權也。水者土地之脉絡，脉絡去，則四支解體，疆土不足以自存。今英人藉口西江多盜，攘我水上警察權，則緝捕盜賊、没收財産、擊沈違法之船隻、裁判被捕之罪犯，固皆入於彼國之掌握。而相因而及之領土管領權，亦隨之而去。西江流域既失，浸假而揚子江，而内河，試問吾國家之土地、人民、主權三者，猶足以保全其固有耶？吾國民對於西江問題，當思所以救亡之道。救亡之道奈何？吾於間島問題所言之國土保存會，亦對付此問題之所有事也。夫國土保存會，其機括耳。而實行此機括者，曰設義勇艦隊。義勇艦隊之所由起，西國商業團體，於其國家戰爭時，糾合資力，設艦隊爲國家效命於海上也。粵商財力雄中國，當亟亟建立，一以助國家海軍之興復，一以固西江領水之主權，而隨時往來於粵海南洋，以及歐美之間，爲粵商經營之後盾。不數年間，粵人商業得雄飛於海上。中世紀以降，西班牙、葡萄牙、荷蘭、英吉利之相繼掌握海權者，卽以商人之力。夫義勇艦隊之爲用，平時經商海上，可以獲莫大之利權，戰時保護商域，可以免意外之危險。吾華僑在海外幾百萬，而粵人最盛，檀香山街市之被焚，美洲華工之被逐，皆以國家無海軍以爲之保護，而商民無義勇艦隊以爲之後援也。粵人倘内迫於西江領域之危亡，外鑑於海上華僑之困苦，亟起而直追之，保全西江，非卽所以盡其保全土地主權之天職耶？

三、蘇杭甬問題。蘇杭甬問題之爭議，囂然盈中國矣。舉已廢之約，而猶待於爭，是可痛也。竭全國之力爭之，而猶無效，是可恥也。朝馳一函，暮發一電，不可謂不盡力矣。然政府不之應，豈此外卽無相當對待之手段耶？今之對於内部也，曰集股；對於外部也，曰派代表。集股矣，派代表矣，其將來之結果，果如何耶？此不可不研究之問題也。茲就兩問題分途而略論之。

（甲）集股。江浙集股，近已達數千萬，外款而可拒也。此所集之股，能如數繳出否？外款而不可拒也，此所集之股，尚應作他用否？今宜研究其切實辦法，不可僅憑一時之意氣者也。夫江浙人之所以集股而不先繳者，蓋恐拒款之不能達其目的耳。吾謂國民祇患拒款團體之不堅，不患拒款目的之不達。然則，今日所集之股，仍當按期速繳，合江浙結合一大銀行，作爲江浙儲蓄路股之處。一以備鐵路鉅工之急需，一以獎國民儲蓄之觀念。江浙之路，不僅蘇杭甬，其餘幹綫支綫，仍當分途程功，拒英人於千里之外，卽成大工於最近之年。譬之一大富室，其外部之藩籬四壁，忽被風雨毀壞而傾圮之，竊盜日夕窺伺，將劫之矣。然則，爲富室者，將抱守其珠玉，涕泣不釋手耶？抑速散資財，役工人以從事興築，結死士以捍衛門閭耶？凡稍有知識者，其必爲後此之計無疑。此記者之所希望於江浙，一面不承認政府之借款，一面收集股本速竣大工也。夫國民發大願，力傾家資以購路股，既認定矣，斷未有不繳出者。而記者之斷斷於是，蓋鑑於拒約之前途，恐英人取極端之干涉，間接以解散我團體。其所謂熱心保路之四民，燬家紓難之君子，事過境易，淡然相忘，則其素所挾持以爲抵抗政府之具，民氣與集股二者皆不可恃矣。至此則一聽外人之魚肉，而亡國滅種之慘禍，將不旋踵矣。江浙之民，倘鑑及此，乘拒款之熱潮，爲鉅資之歸宿，以之造路而路成，以之爲他項之用抵抗政府，亦有其實力，而不虞渙散。至前所謂設立江浙銀行，記者仍欲進一解。仿美國託辣斯辦法，創中國鐵路總銀行，路不限於蘇杭甬，而款亦不限於江浙兩省之人民，路以江浙爲主幹，而推及各省，統合全局之路綫計利息之盈虛，其辦本省之路者，仍使本省人之自爲政，而由鐵路總銀行所貸出之款，總銀行得派人監督其財政，而鐵軌車頭以及應用之物，總銀行得以資本設廠製造，而分售於各省。其興森林以儲枕木，設學堂以造人才，亦總銀行之所有事也。總銀行若不設立，而各省劃然分其界限，擴而充之，則江浙借款，各省可以不協爭矣。抑或江浙能達拒款之目的，而政府以之移借於浦信，移借於川漢，移借於皖、閩、湘、贛等省，江浙人可以不協爭矣。苟非喪心病狂，決不昌言分此界限。今各省亦既助江浙協爭矣。由此觀之，國民之對於拒款與集股二者，均當爲聯合之運動。拒款不限於江浙，各省力助之，而浦信以及各省自辦之路，可以免外人之攘奪。集股不限於江浙，各省贊成之，而創設中國鐵路總銀行，卽以謀全國之大利。國民聯合運動，非卽對於保全路權應盡之天職也耶？

（乙）代表。今之對於代表問題，大率持有二說。贊成之者曰，外部之借款爲一事，蘇浙之拒款爲一事，拒款自拒款，而借款自借款。如蘇路駐京辦事處之所云，路事相持，終非辦法。是不可不求其轉圜之道矣。上下意見相水火，卽內外事機相衝突，溝而通之，辭而闢之，是在代表，代表而不入京，則真蘇浙之自誤矣。反對之者曰，蘇杭甬已廢之草合同，此絕對的不能受外人之干涉者也。於蘇杭甬已廢之草合同，而借以百五十萬鎊之鉅債，此又絕對的不能受外部之干涉者也。蘇浙路主體，曰蘇浙兩省之人民，蘇浙路代表，曰蘇浙兩公司之總協理。蘇浙兩省人民不欲借，雖兩公司總協理中有以商借商還爲轉圜者，而蘇浙人民不承認，無效力也。今之派代表亦若是。英人以重利餌外部，外部以甘言餂蘇浙，若云借款辦路爲兩事，不派代表，爲蘇浙自誤云云。派代表卽所以緩蘇浙人拒款之氣，而關其口，此反對蘇浙派代表之說也。此兩說利害不相容，若枘鑿之不相入。記者亦居於懷疑，急欲研究之以推驗其結果之所在。於是分遠因、近因、結果三者而言之。（天）因代表以追論借款之遠因，外部者，國家行政權機關之一，其對於外人也，可謂之表現國家一部分之活動，不可謂代表國家，亦不可謂代表人民，蓋在專制國之君主，可謂之代表國家，而民主國則否。蓋民主國家組織之實權，爲各有其獨立故也。代表人民者，議會而已矣。專制君主之代表國家，其權力爲絕對無上，然亦有其事勢上之種種制限，而外部之不能代表國家，不能代表人民，更無論矣。以借款一事言之，銀公司之貸款於蘇杭甬，此屬於私法上之行爲，外部不能干涉。卽主張鐵道國有，然鐵道亦國民之國家所公有，而非外部之國家所私有也。英公使代銀公司交涉於外部，此亦國際私法之行爲，而非國際公法之交涉。彼用國際私法之行爲，我亦可用國際私法之行爲，外部咨其事於農、工、商部郵傳部，農工商部郵傳部咨其事於蘇浙兩公司總協理，蘇浙兩公司總協理咨其事於蘇浙兩省之人民，而後借款之許否始能有所歸宿。今外部以代表國家、代表人民之手段許與外人，使蘇浙路公司與英國銀公司生債權債務之關係，吾國民所斷不能承者也。（地）因代表以研究拒款之近因，外部因蘇浙拒款而轉圜也。曰派代表入京。蘇浙遵外部意旨而轉圜也，亦曰派代表入京。內而外農各部之電召，外而江浙大吏之敦促，視綫咸集於代表，一似代表之舉定，則江浙拒款之風潮，可以消弭，代表之入京，則英人借款之問題可以解决也者。此拒款與代表之近因也。以近因而論，此中又生三問題。（甲）公司代表，（乙）人民代表，（丙）總協理自行。公司代表，外部之意也。人民代表，蘇浙一部分之意也。總協理自行，農工商部之意也。代表之資格雖有不同，而代表之目的則無二致。要之代表之權限爲股東所授與，股東不欲借絲毫之外債，則代表卽不能主張越權之行爲。而外部之所以斷斷於代表者，一以息江浙之民氣，一以分外交之謗讟。今蘇浙所舉之代表，首推王相。王相不自行，以摺入告，則以他之代表性質而論，在江蘇則爲公司代表及協理之自行，在浙江則亦爲公司代表而略有人民之性質，以理論言，則人民代表之效力大，以事勢言，則公司代表之推舉易。而農工商部之插入總協理自行，則可包括於公司代表中代表之近因，此其大概也。（丁）因代表以研究拒款之結果，今以推驗的言之，代表入京之後，則與外農郵三部之接洽，蘇杭甬交涉檔案之調查，外部告以交涉之爲難，而代表則告以民氣之難犯；外部以總理衙門成案爲依歸，代表則以諭旨部案爲憑藉，相持不下，由是而得數結果焉。（一）外部另行請旨，不借英款，此節充國民之全力，可以達此目的，但非代表之所能爲力耳。（二）由政府自借自還，而不牽涉蘇杭甬，此節國家全體重其負擔，而各省攤派償還之事，將不能免，此在各省人民不能承認，而猶爲江浙代表所希冀者也。（三）以賠款取消借款。聞英人運動此借款曾用去數十萬，政府或挖肉補瘡，出於賠償之性質，而使英人取消其借款，此節辦到，猶江浙代表之所希冀。然中東庚子兩役以後，國民又豈能擔任此無名之賠款耶？此節與上節之區別，彼主信此賸不借耳。（四）以他省路礦易蘇杭甬，英人不允以上之退讓，而或稍稍讓步，政府以他省之路礦與蘇杭甬交換之，吾不知國民對於各省自辦之路礦，其危急待亡之景況將如何也。（五）移鐵路之借款爲實業之借款，借款不以之爲江浙鐵路用，而以之爲他項實業之用，江浙代表爲蘇杭甬不借款之代表，并及他項，則非其權限中事矣。然英使及外部所謂退讓者，未必得其許可也。（六）借額之減省以百五十萬鎊之借款，英使或退讓允借其半額，而不顧以已得最優之路權而放棄之，江浙代表亦將若何以對付之耶？

以上之所推測者，雖將來之變態不止於此，要之大綱具於此焉。此非代表入京後之絕大問題耶？要之此問題之結果而挽回也，江浙將生死人而肉骨之，其結果而失敗也，江浙將胥民命而糜爛之。記者氣息聲嘶，蓋不忍卒道矣。

夫江浙何以對於路權而力爭之？各省何以對於江浙而協爭之？則皆以土地主權與路礦利權之所在也。記者故又因蘇杭甬問題，而推論國民之天職。

（四）浦信問題。蘇杭甬問題尚未解决，同時又有浦信問題出，此不可不研究者也。浦信原於光緒二十四年英公使竇樂納函請總理衙門，許銀公司承修五路，而浦信居其一。今九龍、津鎭，俱入英人之手，蘇杭甬自辦之路，英人又攘臂而奪之。英索浦信之說，在淺識者以其事實尚未發表，或謂人言不足信。而外部猶未敢遽許英人也。不知大錯已成，羣起而爭之，已無及矣。以蘇杭甬之成例言之，當强迫借款未發表之時，使江浙人值知之，竭力爭持，則外部不敢遽行入奏，既入奏矣，蘇浙人爲極端之反抗，則朝廷不能遽行降旨。夫至外部出奏，朝廷降旨，英公使持之有故，江浙人爭之無效，此豈非先事疏虞之咎耶？今以蘇杭甬外款移借浦信之說，質之外部，外部決不承認，何也？蘇杭甬借款已定議之先，外部未嘗以是告之江浙。移借浦信之議，外部或因皖汴之反對而自取消，然光緒二十四年總理衙門所謂銀公司承造五路之一之浦信，其案件猶在也。今姑讓一步，外部卽無移借之事，而浦信一日不爲正式之取消，卽其關係未爲斷絕。試以事勢言之，浦信利害雖蘇汴與共，而皖省受禍實深。蘇杭甬原有條件作廢之路，蘇浙能反抗借款，浦信始終未訂合同之路，皖省獨不能主張皖北獨有之利權，而爲廢約自辦之舉動耶？且浦信將來之結果，皖與蘇汴不能自辦，必爲津鎭、九龍之續匪，惟蘇杭甬借款已也。蓋蘇杭甬已奏准自辦，尅期可以程功，而浦信幷未聲明自辦，雖皖省有全省鐵路自辦之奏案，而皖北路綫未施尺寸之工，英人之要求，外部之允諾，直意中事耳。而西報論借款情形云，目下二省人民，雖均力抗借款，然不久可以商定。又云，此事議結後，銀公司卽將與華官商議浦信道清兩路綫云云。觀此，則英人不稍爲蘇杭甬之讓步，而得隴望蜀，又欲舉浦信道清而有之，然則，力爭浦信之路，對於蘇杭甬，則爲其後援，對於道清，則爲其堤障。此浦信徵之於事勢上所必當力爭者也。若以地理上言之，則浦信自江寧之對岸起點，約五十里卽達安徽之滁州境。由滁州經過鳳陽、穎州一帶，再由穎州之霍邱入河南境，自光州以達信陽，約六百餘里。浦信與江寧隔一衣帶水，浦信路成，則與寧滬鐵路相銜接，而終點信陽，又與京漢鐵路成輔車之勢。寧滬入於英，京漢入於比、法，今寧滬又與津鎮南北同軌，英、德、比、法四國在表面上占均勢之地位，而在内容上則已將魯、豫、蘇、皖四省瓜分而割據之。淮河流域自古爲軍事必爭之地，安危繫乎全國，壽春淝水號稱重鎮，穎上濠泗代産雄才，使一旦入英人範圍，鞭撻控馭，淮上之民桀驁不逞，必起而再演彌天之亂。否則英人威喝勢迫，多用種種柔軟之術，使淮河流域勇敢之民氣摧摺盡淨，甘爲外人輿隸而已。夫淮上軍力，有左右全國之勢，民氣弱，則軍聲不可得振，天下事從此去矣。由是觀之，浦信利害得失，當爲全局牽動，皖人關係最密切，當聯合蘇汴，竭力爭持。一面聲明會同作廢，一面集股自辦，實爲今日刻不容緩之圖。故存浦信卽以存皖蘇汴三省；存皖蘇汴三省，卽所以盡其保守土地主權與路礦利權之天職之一部分也。月暈而風，礎潤而雨，幾徵之兆，端見於此。而況光緒二十四年之原案，固有其禍胎之已成耶。吾皖蘇汴三省人民，倘以英索浦信爲嚮言，而不急籌實力抵抗之方，吾恐三省心腹被奪於人，而亡國滅種之禍將不旋踵矣？

《外交報·陳彦彬〈論收回利權之宜有根本解決〉一九〇九年十二月》

吾國今日收回利權之聲，囂然遍國中矣。其見諸事實者，既十得八九矣。夫以國際法之義例律之，其於擁護國家之獨立權，尊重國家之自衛權，是亦不可以已也。然若徒知收回利權，而不能殖其國力，厚其民生，以爲後盾，則外人必將乘我之敝，别易一術，而協以謀我。以我之國力未殖也，民生未厚也，卽羣焉挾持投資手段，陽假以收回利權之名，而陰收其扶植利權之實，此其利害所及，胥經濟界、政治界而受其影響者無論矣，而於外交上爲尤甚。何則？收回利權，爲今日外交上一絶大問題。我既不能殖其國力，厚其民生，以爲外交之後盾，而外交大權一任外人之操縱，故雖名爲收回一利權，而其實非償金若干萬、卽借外債若干萬耳。償鉅金、借外債之無益而有害，稍有識者莫不怒焉憂之。吾人於此，以爲收回利權必有根本之解決。其道維何？曰：殖其國力，厚其民生，以爲外交之後盾，則根本固矣，根本固而枝葉自蔚然，有欣欣向榮之勢矣。雖然，今日收回利權之問題，苟欲爲根本之解決，則有不可不述之研究先例二焉：一曰喪失利權之歷史；一曰收回利權之現象。稽之歷史，徵之現象，而進以根本之解決，是則本論之旨也。

第一、喪失利權之歷史　夫收回利權之在今日，誠有不可以已者也。蓋其初，外人之通商於我國也，其目的不僅在通商之利，往往包藏殖民政略之禍心，一遇其機，卽多方要挾，冀達其目的而後已。而我國又狃於閉關自大之餘習，拘守排外主義，且又不諳國交通誼，動輒開釁外人，而與以可乘之機，俾得借爲口實。此我國喪失利權之原因，而外交上之所以著著失敗也。嘗考外人之扶植利權於我國，實以鴉片戰爭爲權輿。然鴉片戰爭，其曲在犯禁輸入之英，固已，特以我之不諳外交，捕英商，燬鴉片，使之得宣戰之口實，而以兵力肆其恫喝，卒至割香港，開五港，而通商之局以成。未幾，又與英、法有違言，而圓明園一役尤足痛心，後雖和局復成，而終開七港通商之局。自是而外人之利權，其扶植於我國者，遂日增月盛矣。然其時，猶眩於我國之地大民衆，致有睡獅之日，尚未有敢狡焉思逞者。及甲午之役，臺灣燔，遼東陷，而我國實力顯然暴露。外人乃深悔其前之不著先鞭，竟起而攫取我利權。嗣雖以俄之調停，索還遼東，然卒以是與俄生惡緣，租旅順，借大連，而并與以東清鐵道之敷設權，及鐵道附近之采礦權。且英人亦於是時挾利益均沾之約，以取得我揚子流域之鐵道敷設權。於是德、法諸國相率效尤。而土地之租借，鐵道之布設，礦山之采掘，種種利權，攫取無算。而列强猶以爲未饜，更私劃我土地，稱之爲勢力範圍，以爲實行其殖民政略之地。噫！利權日削，外交之失敗相迫而來，我國人其亦可以自省矣。然又以拳匪肇亂，而庚子一役，國命之不絕如縷，雖卽轉危爲安，而利權之喪失尤甚。鐵道、礦山，固無論矣，而航路、保險、銀行、制造，凡百事業，概歸外人之手，大有經濟上爲列國共有之憂。此我國喪失利權之沿革大略也。雖然，我國喪失利權之事，至庚子一役而已極，而收回利權之機，亦卽發軔於庚子。蓋自庚子而後，政府鑑於外交上之失敗，幡然以變法自强，杜絕列邦覬覦之野心，國民亦一變其泛於國事之舊習，而汲汲然輸入文明，借立恢復國權之基礎。此又收回利權之熱度，所以至今而達於極點者也。

第二、收回利權之現象　我國今日收回利權之運動，大抵不外二種：其一爲索還條約上外人之既得權；其二爲規劃企業，而於外人之事業加以無形之打擊。由前之道，謂之直接運動；由後之道，謂之間接運動。今試就斯二者而分述其現象於左：

一、直接收回利權運動　凡外人之攫我重大利權，概以締結條約爲例。然我國人向以薄於法律觀念，而紛争惟決於情誼，故一遇外人之恫喝，而多有不能主張其非理者。且其與外人之締結條約，以不能如歐美列國間之精密，故又往往有不克遵守條約之正文者。屬者，國勢稍稍振興，而民智又復漸辟，已非復前此之闇於外情，則其得依據約文而加以嚴正之解釋，或徑主張其約文之不備而廢棄條約以收回利權，固亦事勢所必然。即或不然，其約文無或間然，而偶以中外扞格，動輒有擾亂閭閻之事，而致激士民之變者，是亦得持之以爲廢約地，而收回利權者也。況在外人，其事業之前途希望既不可必，而又以種種窒礙，不能驟達目的，與其徒招士民之怨，而無補於事業之經營，孰若姑擲之以市其歡心，而借博相當之利益。此則今日利權之得以直接收回者，所以日益加多也。例如粤漢鐵道，美人既不能依條約而竣工，又顯背條約明文，以其路股之半讓之比利時，故首受我國人劇烈之攻擊，而爲我收回利權之濫觴。又如銅官山鐵坑，英公司既未能於批准日後十二個月内從事開采，而股東又漫無制限，貿然加入日本三井物産會社，則其違背約文，自不待言。且在公司，有云當設中、英理事各一人，尤足爲默示爲中、英合同事業之證。故今日收回之談判，不可謂非據理之正。又如山西鐵礦福公司，則以激怒士民，不克從事作業，而亦被收回。至若俄人以比利時之名義及自國之名義，而取得京漢、汴洛、正太諸鐵道，東與東清鐵道聯絡，西與中央亞細亞鐵道聯合，大有囊括中國之勢，則以戰敗於日，雄圖驟成畫餅，故我國得以奮然起而收回之。而英之廣九、蘇杭二鐵道，英、德合同之津浦鐵道，又皆先察其機而自行交還之，惟對於其事業而貸與資本耳。凡此皆直接收回利權運動之現象也。

二、間接收回利權運動　凡外人之扶植利權於我國也，自鐵道、礦山而外，無論其爲農爲工爲商，幾幾有一網打盡之勢。故我國不欲振興實業則已，苟欲振興實業，其必自收回利權始。然收回利權之事，直接運動而外，尤必以規劃企業爲間接運動之策。蓋我國種種實業，果能實力振興，則外人所企圖之事業及其既設之事業必受無形之打擊，不能冀發達於將來，故我國遂得乘之而獲收回利權之益。是謂之間接收回利權之運動。溯自光緒二十九年，創設商部，使管理全國實業，并發布公司律及鐵道，礦山、銀行、商標諸章程，以示規劃企業之准則。凡民間有創一實業而顯著成效者，或以之爲顧問，或授之以位階，以爲振興實業者勸。而民間有志之士，亦遂以規劃企業，爲收回利權之間接手段。而國運之消長，且於是繫焉。故人苟具有愛國心者，靡不奮然而應公司股分之招募，而以爲多應一分之股分即爲收回一分之利權。此又我國因收回利權之間接運動，而企業爲之勃興。自光緒二十九年至三十四年，五年間，依商部規定，而以我國人資本所設立之股分公司百五十四，合資有限公司五十二，合資無限公司二十，個人之經營者三十九。資本總額，已達一百兆三千八百三十三萬七千六百六十元也。

夫歷史者，得失之林也；現象者，得失之鏡也。稽之歷史，徵之現象，而後爲根本之解決，不亦可乎？

第三、根本之解決　今何時乎？非外交偪迫之秋，國力民生兩敝之日乎？若徒知收回利權，而不一爲根本之解決，深恐其去亡不遠矣。然則根本之解決果何在乎？就主義而言，朝廷宣本先朝立憲之詔旨，重頒明詔，確定國是，而復師日本明治維新之已事，臚舉所定國是，誓於神明，以堅中外臣民之信。又宜擇其内政之根本上最不容緩而又足以聳天下之觀聽、新天下之耳目者，勵行一二，如改官制、定文明法律、建責任内閣等事，皆爲今日必不可緩，而又最能動世界之聽聞者也。彼外人既見朝廷果有實心立憲、修明内政、奮發有爲之志，則平和可以永保，而覬覦之念自消，固不僅外交之事易於着於已也。若就政策言之，則先以治標爲功。而其所致力，在於一變從來外交之方針，昭大信，明大義，一以謙退抑讓與列國相周旋，使之無隙可乘，以絶其借端啓釁之余地，然後進之以治本政策焉。治本政策之謂何？一曰殖其國力。如整頓民政以飭内治，經營軍事以壯國威，廣設裁判以尊國法，普及教育以培國本，皆增殖國力之事也。一曰厚其民生。如清理財務行政以涵養財源，拒絕外債輸入以撙節財流，改良農工商業以發達產業，裁汰煩苛租稅以休息民力，皆厚其民生之事也。二事并舉而內政修矣，內政修而外交上之勢力自得與列國相抗衡矣。至是而凡利權之既已收回者，則進而輸入外資，以潤澤其枯竭之財界，招聘外人，以經營其不可收拾之事業，自不至如埃及之以借入外債、任用外人而墟其國矣。至其未收回者，則厚其禮節，正其名義，以開收回之談判。而利權苟有收回之約，列國自無拒絕之由，且亦不至有太阿倒持而受强索償金，迫借外債之要挾矣。語曰：『猛虎在山而藜藿不采，蛟龍在淵而魚鱉不驚。』蓋伏乎其中而威乎其外，悚然有不可狎者。是卽吾之所謂由於收回利權問題而進以根本之解決者也。今之熱心於收回利權者，其亦不河漢斯言而一爲省察之乎？

湘鄂粵紳商收回粵漢鐵路修築權分部

綜　述

《東方雜誌》第一卷第五號《湘人力爭粵漢鐵路》　湘人因美公司將粵漢洛權轉舊此人一事，大動公債，紛電政府礦吏，立持廢約之議，自行籌辦。夫粵漢鐵路，爲我國中央命脉所關。在當時訂約之初，本不知幾許失策，今乘其間，據理與之力爭，誓必收回路權。美人爲此背約之舉，自亦無言以對矣。然各省礦路之權，其授之於外人者，何可勝計！我自不能享其有，而外人索之；外人索之，而卽與之，猶未爲舊也；更有外人尚未討及，而欲媚之，以期從中略取小利之故。以百方爲之營謀者，蓋亦多矣。曷不觀湘人之力爭粵漢鐵路權也！

又　第八號《湖南紳士公請張宮保據約註銷美國合興公司承辦粵漢鐵路北段合同呈》　竊查粵漢鐵路，前於光緒二十四年三月，經出使美日秘大臣伍在華盛頓與美國合興公司籌借英金四百萬鎊建造，立有合同。光緒二十六年六月，復由督辦大臣盛以前項借款不能敷用，與英國公司續議，借用美金四千萬元，估工興辦。所訂續約於借款利益無微不至，而主權一屬之美公司，後患已不可勝言。然果能照原約於五年內畢工，且不將合同轉與別人，則此時鐵路已將告竣，紳等亦何敢別有異詞？乃定約已及四年，興工尚無時日，屢次展限，與續約第四條所載『續約核准後十二個月不興工築造，則續約作爲廢紙』數語相背。近且聞美公使將粵漢北段私售比人，實係法股，去歲已兩次勘道傳聞法人來湘開工。查公司向以股分多者爲主，股去而權卽隨之，是名美而實比，名比而實法。將來鐵路所至之處，卽法國權力所到之處，派兵保路，永無撤期，近路礦山，任其開採，必至爲遼東鐵路之續，貽患何堪設想？況湖南偪近粵西，爲法人趨注長江必經之地，又其由滇入黔，亦須取徑湘路，深謀詭計，防不勝防。紳等食毛踐土，目擊桑梓阽危，不得不合團力以圖自保。溯查光緒二十四年正月初五日，奉上諭，粵漢一路，若由湘鄂三省紳民自行承辦，仍歸總公司總其綱領，實於大局有裨。著妥議招股各節，并選舉各省紳商設立分局，購地鳩工，認真辦理。此路貫湖南腹地，銜接武昌，不特取徑直捷，練兵、開鑛諸凡有益。并准暫用中國工師，將湘省應造鐵路之地測量、勘繪等因，欽此。仰見聖恩，注念粵漢鐵路緊要。諭由三省紳商自行承辦，而於湖南腹地尤煩睿慮。凡我湘人宜如何感激奮發，力保利權以答高厚。今幸天牖其衷，美公司逾限既久，又復私售比國，顯違續約第十七條，趁此嚴詞駁詰，責以背約，勒令將合同作廢，美公司當無可置喙。紳等現已實籌合股自辦，并非以空言抵制。且湘省產鐵、產木，取攜甚易，以本地之人辦本地之事，鳩工庀材，事事便利。上遵諭旨，下順人心，外患以祛，經費亦節，無有善於此者。第事關重大，湘省命脉、萬姓安危繫此一舉，宮保大公祖爲萬家生佛，十餘年飲和食德久戴生成，此舉尤爲利害關鍵。幸彼有背約之咎，機不可失，事不宜遲，用敢合詞籲懇恩予主持迅電盛大，臣據約力爭，必使廢約而後已。至湘省集款承辦，所有設立公司及條款章程，再當簽同妥議，呈請核定，奏咨立案，呼籲環求，不勝迫切待命之至。

又　第三卷第七號《兩湖總督張奏陳收回粵漢鐵路自辦摺》　竊臣於上年甲辰二月間，訪聞承辦粵漢鐵路之美國合興公司并未知會中國，私將公司底股三分之二售與比國公司，董事亦大半易置比人。查比與法通，法又與俄合，京漢鐵路已由比、法兩國合辦，若粵漢鐵路再入其手，則中國南北幹路地權全歸比、法等國掌握之中。與俄人所造東三省鐵路鈎連一氣，既扼我之吭背，復貫我之心腹，而借款本息太鉅，年期過久限滿後，斷無贖回之望，其爲中國大患。殆有不忍言者，臣探詢既確，焦灼萬分，立卽電致湘省官紳，并電致督辦鐵路總公司大臣盛宣懷，痛言利害，竭力爭持，以合興無端違背合同，亟應據理責言，廢棄前約。自臣創此議後，湘、鄂、粵三省紳民漸次傳播，始知有粵漢路約不善之說，議論推敲羣思補救。無如合興公司既異常狡執，美國富商復遣合興之黨柏士來華運動，自稱係華豐公司願借給中國鉅資，助我與合興廢約而另訂合同，將此路歸其承辦，其實華豐無異合興，然而術詭言甘，於是被其煽惑者，忽倡以美接美之說，衆議紛紜，大爲所動。臣以合興公司違約失信覆轍在前，若仍聽以美接美，是直以移花接木之計愚弄中國，一切權利仍落他人之手，中國絲毫不能收回，與所以籌議廢約之故自相矛盾，遂電滬力阻其議。柏士因親至京師介其公使向外務部要求，外務部函令來鄂就臣商辦，其駐漢美領事復多方爲之游說，臣面告以此約必廢，無可商議。柏士到滬後復三次來函攬辦路款，均經臣嚴詞駁拒，堅不允行。由是袒美者咸嗒然失望，而怨謗紛來，阻撓百出，籌議廢約之事益形棘手矣。迨上年十一月初三日，臣承准軍機大臣字寄。光緒三十年十月二十一日奉上諭，御史黄昌年請挽回路政一摺，粵漢鐵路關繫緊要，現在合興公司正議廢約，應卽另籌接辦，著張之洞悉心核議，妥籌辦理，以挽利權。原摺著鈔給閱看，將此諭令知之，欽此。臣自奉　明旨責有專歸，乃益抱定宗旨，不敢爲異說所搖，然爲難之處，不一其端。臣初意以爲盛宣懷爲與合興公司訂約原議之人，繫鈴解鈴責資一手，故開誠布公往復電商，深冀其相助爲理。不意籌商累月，盛宣懷屢因宿疾纏綿困臥不能辦事，正當喫緊之際，臣去電兼旬杳不得復，偶有病間答復，而精神未能貫注，終不得此事要領。此時盛宣懷病勢甚劇，屢瀕危殆，無怪其然。而湘中官紳之派赴上海者，一則主張訂借美款，幾爲柏士所愚，一則徑自聘用律師，直令赴美與合興涉訟，均經臣飛電力阻追回，其事乃已。羣議紛歧，輕舉妄動，幾誤大局，此其爲難者一也。臣以事機危迫，稍縱卽逝，不得已始徑電出使美國大臣梁誠，密商辦法，該大臣復稱中國廢約之說喧騰報紙，美公司已豫爲之地，由彼富商摩根將比國股票重價收回一千二百分，以爲事權仍在美國之手，卽與合同不背，不能再言廢約。美政府極力袒護，屢飭其駐京使臣柔克義向外務部干涉，聲言美政府斷不允廢此約。合興總辦惠愓爾因出使大臣梁誠持正力爭辯詰甚緊，遂擬撇開梁誠，自行來滬，設法把持此事，經臣聞知，切電上海總公司轉告惠愓爾，彼卽來華，無論改何辦法，臣斷不承認，囑其飛電阻回。此其爲難者二也。臣往復與美使臣梁誠電商，直言廢約或致有礙國家交涉，改爲贖約，則僅商務往來，事出和平，彼政府自無從干涉。該大臣因就此意與合興公司反覆磋商，彼延前美國兵部大臣路提、前美國按察司英格瀾爲主謀，梁誠乃延聘前美國外部大臣福士達、鐵路專門律師良信等，與之抗議，路提以美國國體、東方商務種種關礙爲詞，語意堅決，福士達等再三辯詰，始認原定合同之疏漏、合興辦事之含混，允聽中國政府修改合同，收回權柄，由美國政府擔保永不轉替，而贖約則堅不允許。經出使大臣梁誠痛切開導，力陳三省之輿情、中朝之意旨、微臣之定見、大局之利害，路提等甫允開議售讓辦法。而合興索價浮冒，初開七百萬金圓，繼又索公司酬勞二十五萬金圓，借票餘利四十餘萬金圓，利息在外經與駁減，彼卽以股東未曾議定，經月遷延不允，遽決比主。復遣其親信至紐約極力阻止，事幾中變。此其爲難者三也。迨復議定贖路全價六百七十五萬金圓，另給利息，甫將草約彼此簽字。而比政府竟電美外部强行干涉，比主復面晤摩根唆使悔議，并介美總統之友，美國上議紳比洛遲轉告美總統力翻此案，美總統適接其駐華使臣柔克義電誤會我政府無意廢約，且疑臣與出使美國大臣梁誠均非政府授權經理之人，遂欲挑剔『廢約』兩字，借端以廢草約，危機頓迫，幾幾功敗垂成。臣於七月十三日電奏內已詳晰陳明，此其爲難者四也。幸荷聖明昭鑑俯准施行，外務部亦悉力主持，一再照會美使聲明臣與梁誠實有辦理此事之權，美總統尚知慎重邦交，轉圜允許，其事乃定。而湘、鄂、粵三省紳民驟欲籌此六七百萬金圓，約合華銀千餘萬兩，斷斷無此力量，假使款不應手，非但立誤事機，抑且貽羞中外，此其爲難者五也。臣自奉旨籌議粵漢路事，卽屢次分電湘粵官紳公議，切實籌款之法，嗣准兩廣督臣岑春萓十二月十一日來電云，此事必須備有贖路的款，方能爭論，而粵紳渙散，倡議者無錢，有錢者不管，紳力斷不足恃，官力則艱窘已極，更無擔任如此大宗之力，且果使廢約，立須鉅款應付，卽有別項籌款之策，亦緩不濟急。愚以爲宜由鄂、湘，粵合借洋款若干萬，分年勻攤認還此款，借成約廢，即以贖路不廢立時付還，虛糜利息亦尚有限等語。而湘紳商電亦無立籌鉅款之策，臣體察湘、鄂、粵三省情形，既屬相同，不得已，始定借款之議。一面電商湖南撫臣，轉詢湘省各紳，湖南撫臣復電云，與諸紳熟商，均應遵辦，徧加詢訪。惟英領事所開利息較輕，借款交付實鎊，不須摺扣，惟於粵省別有要索利益之事，臣婉辭推謝，致借款之議久懸不定。迨本年乙巳八月初二日，猝然接到出使美國大臣梁誠電，合興股東已將草約批准，第一期款美金二百九萬八百零六圓應於西九月七號即八月初九日在紐約交兑。計期已近，務請合三省全力迅即籌足，於西九月七號以前電匯到美，免致變局等語。臣電致梁誠，懇其展期十日以便趕籌。覆電云，第一期款商緩十日，福士達謂前遵尊電將贖款備齊，悔約索償各節，警告摩根正約，六號簽押與否，視此期交款爲從違，若再生變，萬無挽回，務祈如期電匯等語。蓋合興之意，料知中國貧窘，斷不能於旬日間猝籌數百萬鉅款，故其總股東於草約定後，已將三個月多方推宕，延不批准，此事成否未定，以致籌不能籌，借不敢借，直至屆期前七日始電告中國批准，立索交款，若款不能集，則此約全翻轉，將譏我無款自誤。此謀至狡至毒，蔑以加矣。其時英領事先期赴廬山避暑，臣逆料急而相求，要求必甚，且議訂合同亦須兼旬以外，而應付合興之款若愆期一日，全局俱翻。當此之時，既不能乞援於外洋，復不能求助於他省，以關繫中國南疆全局之大舉，特旨飭辦之要政，議論兩年，全球皆知。若徒以無款之故竟致不能收回，自棄草約，不惟利權永棄，而且將令各國譏笑中國辦事者皆空言無實之人，以後一切邦交種種窒礙。此七日之中，臣憂煎萬狀，繞室徬徨，此事結局如何，竟不敢預料，此其爲難者六也。幸湖北官錢局信義素著，尚爲各國銀行所信，臣召集司道剴切籌商，均以大局利害所關，同心擔任，立即一面飭官錢局設法擔保，先向匯豐銀行息借銀三百萬兩，官錢局湊集銀二十三萬兩，竟如期電匯，已到美國，實非臣意料所及。當即將贖路正合同電由軍機大臣代奏，請旨畫押，欽奉俞允，一面電招英領事回漢商訂借約。英領事見臣處第一期付款已能暫行自借應付，而贖路事關繫大局，亦願助成盛舉，於是前所要求者不再提及。合同條款悉照光緒二十六年八月湖北因保護長汀籌備餉需向匯豐銀行息借五十萬兩成案辦理。業經將合同咨明外務部在案。此項借款於鐵路權利固，絲毫未嘗有所假借也。借款既定，應付合興第二期款遂於中曆九月十二日全數交清，合興即於是日分電滬、粵兩處公司洋人，將在滬存儲之圖表册籍，在粵已修之鐵路及機車房棧一切備用材料，悉數點交中國委員接收。經臣派員分別接收清楚。查此次合興所訂售路合同載明，中國政府可將合興公司在中國所有產業已成鐵路、材料、測量圖表、開礦特權以及在中國所有權利，無論明指暗包，一概全行收管等語。玩開礦特權及明指暗包之言可知，從前所失權利之大，實無窮盡。今幸得全數贖回，從此永斷葛藤，消弭巨患，此皆仰賴朝廷威德，及樞部諸臣同心匡助，三省紳民協力圖維，出使大臣梁誠才識兼優，忠實爲國，規畫辯論妙協機宜，故此事克底於成。現已議定修路之款由三省官紳合力籌集，決不再借洋款，惟款由本省紳民集股，止能各籌各款，各修各路，大綱必歸畫一，而辦法不能盡同，與他處鐵路之借款興辦者，迥不相侔。紳民辦事全賴地方官相助爲理，似須責成本省督撫、督飭司道及地方官暨紳士商民因地制宜，設法籌辦庶情形，不致隔膜工程，亦免延擱。謹奏。

又　第九號《商部奏粵漢鐵路湘省路綫歸商籌辦并公舉决協理摺》

竊據湖南總商會衆董陳文瑋、周聲洋、陳家珍等聯名二十六人呈稱，粵漢鐵路自美約廢棄收回路權歸湘、粵、鄂三省分辦，粵省紳商合力，鄂由官局湊資，聞皆次第訂議，刻期興辦，惟湘僅恃米捐鹽釐，入款有限，以致開辦無期。商董等爲湘商代表，不容遲疑觀望，然路長費鉅，自以籌款爲先爰，於四月間提議歸商承辦，擬集股款二千萬圓，設立商辦湖南全省鐵路有限公司，由發起諸人公同認股二百萬圓，以爲辦路基礎。當時與議者千餘人衆口贊成，歡聲雷動。良以正名商辦，則障礙全消，人無疑慮，此湘境鐵路經商董等提議，湘商踴躍之實在情形也。惟造端宏大，非有全省紳商所信服者，不足以膺茲鉅任。查有順天府府尹袁樹勳廉明公正，衆望素孚，擬公舉爲鐵路總理，統籌全局，必能措理裕如。又前江西按察使余肇康才識兼優，熱心時政，在籍候選道張祖彭才長心細，洞悉商情，於鐵路亦曾研究，擬公懇酌定派爲協理，俾得共襄厥事。查安徽、江蘇、浙江等省均邀奏明商辦，并派大員主持，先後奉旨允准在案，湘省事同一律，擬援案請歸商辦以維路政而順商情，其勘路定線、購地興工、用人理財各事，宜恭候奏定總協理公同妥訂，詳細章程再行呈部核奪等語。臣等伏查粵漢路綫爲湘、粵、鄂三省命脉所關，湖廣督臣張之洞老成勝算，體國公忠，俯順三省之輿情，堅持廢約卒能收回自辦，現在粵境既商籌商辦，集股頗稱踴躍，業經兩廣督臣岑春煊奏奉俞允在案，湘路自應迅速興辦，以期銜接。既據該商董等請歸商辦，公舉總協理懇乞代奏前來，臣等未敢壅於上聞。謹奏。

又《兩湖總督張署兩廣總督岑署湖南巡撫龐會奏粵漢鐵路辦法摺》

竊照粵漢鐵路向美國合興公司收回自辦，業經臣等將該公司售路合同幷接收各項契券、圖表、册籍、財產、物料開具簡明清單，會摺奏陳在案。查粵漢鐵路延長二千四百餘里，工鉅費繁，加以贖路之款爲數已鉅，亟應妥速籌議開辦路工，以期早興大利。惟工歸本省自辦，即款須歸本省自籌，近年各省公私匱乏，撥助官款既不能多，全賴本省紳商，勉擔義務，認募鉅資。三省情形不同，自以各籌各款，各修各境，爲一定辦法，而其中應互相聯絡貫通，互相稽查催趕之處，仍須兼顧統籌，免生推諉。庶十年之內全路可冀觀成，當由湘粵兩省紳商公舉代表紳員來鄂會議商定公共條款十四條。一、分認贖款。二、公聘勘路工師。三、分聘修路工師。四、分辦路工限修枝路。五、三省路成，分攤車利。六、粵修湘路限年贖回。七、比較路工，期免遲緩。八、省佛枝路車利，專充贖款。九、粵境幹路存料，估價歸三省分領。十、粵境已購地基，核價歸三省分領。十一、三省派員互相稽查。十二、鋼軌鐵料，專用漢廠所造。十三、三省籌款招股不相侵佔。省籌款招股不相侵佔。十四、比照外洋章程酌提報效，删除浮費。以上各條於各專責成之中仍寓通力合作之意。又豫議路成後條款四條。一、國家軍用轉輸。二、有戰事時稽察防範。三、公司應行減價人員。四、公司應納營業稅。此四條均擬查照外國商辦鐵路章程，參酌辦理。以上所擬各條經臣等會同考核，均尚簡要平允。此外籌款購地、開工行車、護路養路各項詳細章程，均應由本省官紳會商妥協，另行陳奏。謹奏。

謹將粵漢鐵路鄂、湘、粵三省官紳會議三省修路公共條款十四條，豫議路成後條款四條繕具清單，恭呈御覽。計開：一、贖路款英金一百十萬鎊，照七分攤派，未贖之金元小票，亦照七分攤派。湘粵各認三分，鄂認一分，所有應付本息均按鎊價金元價依期撥交。湖南款由湘省委員徑交漢口英領事，廣東款由粵省自行交付香港匯豐。若交款期忽有漲落，仍按原分攤派。二、三省擬公聘勘路工程師一人，將全路覆勘一次，以定確實路綫。其用費，勘至何省境地即歸何省應付。三、三省除公聘勘路工程師一人外，其修路工師以及各項工人均由各省自行選雇，如有公用工師一人之外願自聘工師覆勘者，亦聽其便。四、三省鐵路各籌各款，各從本境修起，務期全路早日接通。故議定路工三省同時幷舉儘款先修幹路，幹路未成以前，三省皆不得另修枝路，致誤大工。五、三省所修幹路無論修成若干里，但能行車見利，其所得淨利應彼此統行核計，各按成本多寡攤派利益，均以開車之日起算。六、湘省路綫較長，今爲全路迅速竣工起見，湘粵兩省公同議定，粵省修至邊境後，湘省願將宜章以下至郴州屬境永興縣止之路工讓歸廣東代修，一切利權均歸廣東收管。以路成後二十五年爲限，湘省可按照廣東修路原用工本，備價贖還。如果粵省籌款或有不足，自當另議。惟須於一年之內先行知照湘省，以便湘省預籌款項，接續自修。七、三省分境修路應互相催趕，如此省修勤工速，成路日多，彼省修緩工遲，成路日少，應令少修省分攤認多修省分所用工本之利息，以免遲延。每届一年，彼此比較結算一次。八、廣東已成省佛支路所得車利，應專充贖路款，仍按鄂一湘三粵三攤派。九、合興公司已築粵境幹路工程及未用材料，應請派員確估價值若干，由粵認出，按鄂一湘三粵三分領。十、合興公司已購粵境幹路地基，應核查契載款目，由粵認出，歸鄂一湘三粵三分領。十一、三省既按本分利，應彼此互派人員稽查，其詳細章程俟復勘後開工前另訂。十二、三省議定全路需用之鋼軌、一切鋼鐵料，統向漢陽鐵廠訂購，鐵廠所出貨色所定價值無論運至鄂省湘省粵省，均應按照洋廠，一律不得格外擡高。各省即不向外洋購買，以保中國自有利權。十三、鄂、湘、粵三省籌款招股辦法，各就本省情形，另訂章程稟請核定，總以彼此不相侵佔妨損爲主，幷不得暗招洋股，違者將所招股本充公。十四、全路告成以後，所得行車之利，除開支公司薪水、工食、局用及修路經費，撥還贖路借款本息，核給股本息銀，酌提公積款項外，所餘淨利，酌量仿照外國鐵路各公司辦法，以若干報效國家。惟懇請將一切浮費概予删除，以恤商辦，庶於招徠股商之道，大有裨益。其餘全歸股東自行議章分派。續議章程四條：一、此項鐵路如遇公家有運兵轉餉以及水旱偏災運賑之類，所有轉運辦法應查照外國商辦鐵路公司章程參酌辦理。二、遇有戰事，本國用路轉運尤須防敵國暗中利用，此路應如何稽察防範之處，應查照外國商辦鐵路公司章程參酌辦理。三、各學堂游歷學生以及海陸軍人，如有公家發給之特別文據，均應照章減價，但此項文據須查照外國辦法明定限制。四、建築此路所納之營業稅，應查照外國商辦鐵路公司章程參酌辦理。

又《**署兩廣總督岑奏粵漢鐵路請准歸商接收辦理摺**》 竊查粵漢鐵路關係粵、湘、鄂三省利權，自上年乙巳議贖合同後，臣即以粵省此路軌道綿亙，工程浩大，非資商力不辦，故於去年乙巳六月間，粵紳呈遞公稟，即詳切批示，一以遵守商律，注重商權爲宗旨，并迭與湖廣督臣張之洞往復電商，始終皆無二義。乃已革在籍内閣候補侍讀梁慶桂、已革在籍道員黎國廉剏爲二圓公益票之議，其性質略與賭商所設之彩票無異，先提三成作爲特彩，而以七成現銀抵作鐵路十成股本，與他人之以十成現銀入股者同一分利，臣以其事太不均平，恐於集股有礙，祇准其作爲債票，不能作爲股票。梁慶桂等旋爲粵紳推舉代表赴鄂會議，仍堅持此辦法，臣以該革紳等所議籌款既無把握，商民集股其時尚乏端倪，而此路既經爭回，勢難久停不辦，焦思無策，不得已定爲撥官款、籌公款、集股三端，并擬就地酌量籌捐，所收之款，仍准給回股票作爲鐵路股本，正在奏明飭屬勸辦，而梁慶桂、黎國廉等遂鼓盪風潮藉端破壞，經臣將該革紳等奏懲後，粵省商民於是知路事重要，始趨注於集股之一途，由九善堂七十二行商聯赴省城總商會商議，倡導外省外埠粵商聞風響應，爭先認股。兩月以來，已得鉅款。臣先據廣東總商會稟報即經批示，路款既經有著准即奏明將此路歸商辦理。飭令一面議舉總理路事之人，以後地方官專任保護維持，一切財政及舉人之權概不干涉，如有阻撓破壞者，准其稟官從嚴究治。所有前因鐵路議加之臺礮經費三成，糧捐、桑基、魚塘等捐一律免辦，於是商情益形鼓舞。現據九善堂七十二行商稟稱，自創議集股，陸續已收二成小股二百五十萬餘圓，計實得本銀一千二百五十萬餘圓，四月初一初四等日齊集七十二行代表員，在愛育善堂商辦鐵路議事所，投筒公舉，已舉定最占多數之鄭官應爲總辦，黃景棠爲副辦，許應鴻、周麟述、左宗蕃爲坐辦，懇請奏咨立案。并聲明該商等原訂招股章程內載，認股二萬份爲總理，一萬份爲協理，係以股份多少例推，但按商律股份公司祇有選舉總辦之條，未有總協理及督辦名目，今此路既屬商辦，謹遵商律，將舉定總協理易名爲總副辦等情前來。臣查此次粵省商民籌集路股，衆情踴躍，爲時僅逾兩月，照業經交收之二成小股核計，已得實在股本一千二百五十萬餘圓，而外省外埠已認未交之股爲數尚多，合計二三千萬，可以集成。似此力圖公益，中外一心，不特保廣東莫大之利權，且開內地合羣營業之風，奪外人薄視華商之氣，裨益大局，實非淺鮮。現既據將總副辦等員公同舉定，查核所舉之員商情亦均素孚，應請即將粵省此路及已築之省佛三水支路，一并飭交該商等定期接收妥辦，倘有阻撓破壞之人，臣惟有不避怨謗，從嚴懲辦，以保商權，而維大局。謹奏。

又 第四卷第五號《**湖南粵漢鐵路總公司暫定簡單章程**》 第一條、粵漢鐵路仰賴湖廣督部堂張聯合三省收回自辦，深謀遠慮，薄海咸欽。其湘境路工經商部奏奉諭旨，定爲官督商辦，復蒙督部堂奏舉順天府府尹袁樹勳、前國子監祭酒王先謙、法部左參議余肇康爲總理候選，道張祖同安徽補用道席匯湘爲協理，并分舉諸議紳各在案，惟有秉承兩院和衷共濟，認真經理，仿照各省章程，俟優先股積有成數，即開股東會同籌公益。第二條、本總公司專集華股自辦，無論零股整股均惟華人自購，不附洋股，設有股票或轉售或抵押入他國人之手，本總公司概不承認，該股票即作爲廢紙，并將該股款罰作地方辦公。如股東改隸洋籍者，亦將其股票作廢。惟寄居外洋華商由中國出使大臣暨中國領事文送入股者，亦一體認爲股東。第三條、本總公司定爲招股三千萬元，不計閏周年，六釐行息，紅利均分，以五元爲一零股，百元爲一整股，合二十零股仍爲一整股，應在於三千萬元內先招股六百萬元，無論零股整股以一次全交者爲優先股，除官息外，所得紅利先提二十成之二，作爲特別報酬。自光緒三十三年三月初一日起至十月底止，爲優先股期限，如限期未滿已收齊六百萬元之數，即隨時登報截止。其截止後所收另刊收條即一律作爲普通股，分三期交付。自光緒三十三年十月初一日起至三十四年四月底止爲第一期，零股交銀一元，整股交銀二十元；自三十四年五月初一日起至十月底止爲第二期，零股交銀二元，整股交銀四十元，自三十四年十一月初一日起至三十五年四月底止爲第三期，零股交銀二元，整股交銀四十元。凡優先股先給收條起息，於本年內從九月起掣換股票，普通股前二期亦均先給收條起息，俟三期收滿掣換股票。第四條、本總公司入股專用銀元，凡銀錢入股者照時價摺算。第五條、無論遠近均按月一解，必交到本總公司方能起息，每月初一日後交到者應歸本月十五日起息，十五日後交到者應歸下月初一日起息。凡外埠收銀起息日期均須酌量程途之遠近塡註月日，至發息日期每年均定三月以昭劃一。第六條、路綫所經田地以及車埠碼頭，均准按照時價估計入股，塡給股票息摺，卽工資薪水有願扣作股銀者，亦聽其便。俾得利益均沾，其不願者聽。第七條、股銀由股東徑交本總公司暨湖南官錢局及余太華鹽號、義豐祥錢號、裕源長錢號、朱乾益鹽號、吉順祥鹽號五家核收，均立給收條。其本省各府廳州縣及各省繁盛埠頭，均另派有妥處代收，容另列名登報。第八條、凡納資入股給發收條時，并無分毫規費，如有藉詞需索情事，准入股人赴本總公司稟候查明究辦。第九條、凡從前湖南鐵路籌款購地公司及湖南商會所招股銀，均作爲優先股，其所給之收據均應繳銷，各赴原交處換給本總公司新刊收條，以憑信守，此項息銀仍照原收之日起算。其各處承領未用之籌款購地公司招股收條及商會招股收條，均趕速分別各赴原領處繳銷，并赴本總公司另領新刊收條，仍前代爲招集股份。第十條、本總公司現訂上項暫行簡明章程，係專指招股而言，其贖路、保息、勘路、購地、估工、開工、開車及股東權利、董事規則、盈餘、紅成、報效公積，暨一應用人、理財各事宜，均查照廣東湖北并採取各省辦法斟酌損益，另有詳細章程隨後續布。第十一條、本總公司未開工以前及省內外分任招股之處均不開支薪水，其本總公司一切開辦經費亦在另籌，他款撙節支銷概不動用股本。至凡一人經手招滿五千元者以一百元酬勞，一萬元者以二百元酬勞，倘招集愈多者以次遞加，領現銀、領股票均聽其便，其本省各府廳州縣能勸集股款至十萬元以上而絕無擾累者，由本公司呈請優給外獎。第十二條、本總公司現擬俟優先股集有成數，卽首先趕辦從長沙至岳州一段以與鄂綫相接，并同時分辦從長沙至株洲一段以與萍醴相接，均期於三年內完工。仍一面籌辦由湘潭至郴州以接粵綫幹路，總期速竟全功至常德支路，并當急圖建築以擴利源。

沈桐生《光緒政要》卷三〇《御史黄昌年奏陳挽回粵漢路政事宜》

（十月）疏云：竊惟時勢積弱，歐美列强，窺及路礦。始則由於主謀之輕忽，近則誤於當事之驚惶。錦繡山河，岌岌難保。臣嘗檢尋編訂商約諸書，輒爲外人舞弄文字，預留擴張地步。而復有乘時利便之奸人，醉心於海外之大公司家，深相倚結，以操縱天下財政。臣請以粵漢鐵路情形，敬爲我皇太后、皇上擇要言之。查美人已時與盛宣懷、伍廷芳兩次訂議，始曰合同，繼曰續約。始曰華美合興公司，繼直單舉美國其訂定年月兩次估價，及合同續約之諸條款不符，現有刊本可憑，無庸縷述。至於暗受虧本，不得不詳論之，以爲後來訂立商約者之前鑑。卽如抵押之金圓小票，九摺實兑，五釐行息，已非尋常借債之法。又預算餘利，按鐵路價值五分之一，先給憑票，是續估四千萬美金，又添八百萬矣。地價股票，本初約所無，雖云不得過二百萬美金，是又在四千八百萬外矣。以中國規銀申算，已逾七千萬兩，且云中國總公司所置，及買大宗地畝概不在內，又展造支路，又添置養路，一切之利益，有可由美公司籌墊一節，是鐵路未成，而中國小票之抵押無已，時何巧拙知愚，相懸若是。尤奇者以中國小票爲美國楮鈔，虛估九扣五釐之利，而以小票售之於人，人貪餘利，行銷必遠。以粵漢鐵路五十年餘利五分之一，當數十倍，其本雖准隨時贖還，憑票尚須清償應分未分之利，是美公司竟可不出一錢，坐享大利。何也？蓋卽以中國小票及餘利憑票，爲鐵路股票之實據也。是不獨算計中國，并算計外國購票之人。且票息五釐，地股六釐，如美公司酬勞之百五，卽以借本按期分付，不論路工之緩急，又或迫以贖取餘利，憑票以九扣借本，按期分付計之，所剩幾何？勢又必另籌巨疑，究其贖約之所歸，則曰中國如不能清償中利，則照美國鐵路通例辦理。言外之意，可以想見，而猶曰聲明此路實係中國產業，將誰欺乎？然此皆已經訂議，未足據以挽回者也。查續約之訂，已定五年築造，遲逾數載，迥非情理。其故實因原辦美商已死，他圖欲攫之，因以比人爲傀儡，暗買股份，已占三分之二。所以然者，美政府原不干預公司，比人買票之時，又以美人倍次爲虎倀。伍廷芳在美時，深知底細，曾電告盛宣懷，顧不卽行阻止。遲至一年始行覆電，殊不可解。查合同第十四款有云，不得允准外人行侵壞之事。比來粵東築造，實係比董，兼有槍斃人命、姦淫婦女種種侵壞之憑證。又查續約訂議五年路成，已加入展造之路，應以明年六月期滿，祇剩七月耳。雖有變故，展限一層。庚子以來，南方如常安靜，且展限亦當聲明，若干時日，就以一年計之，而十九個月之内，何能竣工。又續約第四條，載明核准後十二個月不興工築造，則全約作廢。而美公司實於十七個月後，始行築造。又合同第十款，以十萬美金作爲信據，如六個月所用不及此數，即作爲罰項，由中國使臣收取。乃續約復行索還，無詞解説，即已違背合同。其餘似此者，不止一端。故湘粵官紳在上海與盛宣懷極力爭辯，咸云盛宣懷心中不利廢約，口中每言廢約，故電達朝官，亦以廢約爲辭，且謂不敢畏難。乃近日倍次來京，大有運動，是何爲者？臣聞福開森爲盛宣懷最信任之人，即爲倍次幷非股實，美律師亦謂倍次所持以美接美之説，美人殊不謂然。美國報章多以比股不易收回，每議所廢，美領事馬墩之告張之洞，古納之告鄧華熙、王之春，意亦相同。是廢約一層，似可著手。臣謂宜由皇太后、皇上密諭樞臣商部，責成盛宣懷、伍廷芳力辦廢此合同之事。廢合同與廢約異，幷與外交無涉。彼既逾期背約，辦理不善，而比人錫度將總理鐵路處章程更改，尤爲他國人干預之明證，廢之何患無辭？但使盛宣懷公而忘私，斷無不能辦到之理。且中美素敦睦誼，此約雖廢，於美無毫末損，而於中國有一髮千鈞之力。惟以定見，乃能有成，如慮美人缺望，或慮他國乘隙爭辦，則不妨仍借美款，更換合同，由湘、粵、鄂三省公舉辦事之人，聘用外國高等工程師，而管理之權，必操之在我，如此庶無流弊。臣聞日本鐵路平均計算每一中里，合中國庫平銀一萬兩有奇，以粵漢實在里數計之，至多亦只三千萬兩，將來一半息借於美，一半由湘、粵、鄂自行籌措，而購地則全歸士紳。保路政而關利源，此微臣苦心所禱祀求之者。近日議論譁然，至謂盛宣懷、伍廷芳以貪利護約，因有倍次以美接美之浮詞。該大臣身受厚實之洪恩，諒不至是。時際危迫，外患紛來，東南一綫生機，轉移端在於是。再，臣此摺意主責成樞臣商部，諭旨未便，明發恐傷大體，故用密函。臣愚區區是否有當，伏乞　聖鑑。疏入，奉旨：御史黄昌年奏請挽回路政一摺，粵漢鐵路關繫緊要，現在合興公司正議廢約，應即另籌接辦。着張之洞悉心核議，妥籌辦理，以挽利權。原摺着鈔給閲看。欽此。

論　説

《中外日報·論粵漢鐵路一九〇四年三月十四日》　據三月初八日字林西報言，粵漢鐵路已非美國之所有，而歸於比人云云。竊謂此事於中國之前途，關繫甚巨。中國從前本與美商訂約，則此路惟美國商人方有承造之權。此後若仍由美商承造則已，如竟歸諸比人之手，則照已定之約而論，中國已有可以廢約之理。更就日後之禍端而論，則尤有不可不廢約之勢，請得而詳言之。

光緒二十六年六月十七日，中美兩國所訂粵漢鐵路，借款續約之第十七條云，此續約與及原約一體訂立者，准美國公司之接辦人或代辦人一律享受，但美國人不能將此合同轉與他國及他國之人云云。據此則中國所承認者，美商之承造耳，若他國欲出而爭執事權，或且欲據爲己有，則明與約章不符，且已紊亂其所訂定之辦法。在中國實有可不認之權，以杜後日之糾葛。如開平局之已事，此無待再計而決者也。且約章之詞，明白顯易如此，若竟於無聲無臭之中，轉而入於比人之手，則又何用此約章爲？此尤可一言而斷者也。至於此項造路之利權，其由美商手中，忽歸於比人之故，其事甚秘，非外人所能知，姑勿具論。記前者得湘友來函，言粵漢鐵路之北段，經工程司察勘改至三次，業經勘定，已分段插標。去冬忽由上海總公司發電，將各工程師盡行撤回，蓋因該鐵路股票多售入比國人之手，以致比人欲分若干段路權之事，故暫行停辦云云。據此，則知比人意中，實有外視中國，不待商酌，即將此路利權據爲己有之意。此而可忍，孰不可忍。當局者宜亟思之矣。

夫以中國權利言之，則粵漢鐵路之地，固皆中國之地也。使以中國之人，用中國之財，造中國之路，誠上策也。否則兩利相權，則取其重；兩害相權，則取其輕。我既以財政拙乏、人材不足之故，不能不借助於外人，則專擇其可與共事之國，與之訂約合辦。以待異日期滿後之收回，則雖已難語於保全權利之説，猶不失爲次策也；若使其人本不能得此權利，而設巧法以得之，迨既得此權利後，又不能保其不再轉與他國，而其國又專以佔踞土地爲事，不以振興商務爲意，則築路於先者，必將占地於後，斯實下策矣。此所以粵漢鐵路建造之權，如入於比人之手，則中國已有不得不毀約之勢也。

諸君子亦知蘆漢鐵路之已事乎？當時與中國訂約，承造此項鐵路者比人也。而建造之費，實取資於俄國。故俄人實隱握此路之大權，中外人士論及中國大局者，輒謂蘆漢鐵路所經之地，即爲俄人勢力所及之地，以是爲中國隱憂。今可使粵漢鐵路復蹈其覆轍乎？其不可者一也。俄日之戰，至今未已。非特中國大局，岌岌可危，抑且牽動全球，隱憂方大。而推原禍始，實由俄人占據東三省而起；俄人占據東三省之故，實由屯兵以保路而起。是則以此類推，萬一比人於粵漢鐵路得有築造權利後，能保其不摺而入於俄人之手乎？如摺而入於俄人之手後，能保其不以保護鐵路爲詞，派重兵以據要地乎？萬一俄人派重兵以據要地，則湘粵二省，尙能爲中國有乎？前車既覆，殷鑑不遠。其不可者二也。其尤可慮者，則蘆漢鐵路既據中國之半矣，若粵漢鐵路又入於俄人之手，則南方之一半又將爲俄人所有。將來南北兩幹路，同時工竣後，即不啻舉中國之全境，納諸俄人之囊橐中，而任其如取如攜。中國雖大，豈尙有餘地以自處，天下可危之事，孰過於此。其不可者三也。有此三不可之故，竊願主持其事者，謹守約章，嚴杜後患，毋爲一時之計，貽中國以莫大之悔也。

又 《再論粵漢鐵路一九〇四年五月二十二日》 粵漢鐵路之事，關繫於中國前途者實巨。本報於三月中，業已論之。竊謂粵漢鐵路，實爲中國南方之幹路，其重要與蘆漢鐵路相等。當時若能以中國之資本，造中國之鐵路，固上策也。否則由美國照約承造，究爲商務起見，或無後患之足慮，則猶不失爲次策。然今觀三月二十六日美國外部大臣照會我駐使之公文，頗有足耐人尋繹者，茲將其要義三端，詳解於下，意者關心時局之士夫，與夫忠君愛國之疆臣，必能體會及此，而知所以對付之策乎。一、該公文有云，美政府現視該公司爲美國之公司云云。按中美所訂路約有云，此續約與原約一體訂立者，准美國公司之接辦人或代辦人一律享受。但美國人不能將此合同轉與他國及他國之人等因。今美國外部，既聲明視粵漢鐵路公司爲美國之公司，則合同所有一切利益，固可依舊享受。然所謂視爲美國之公司者，特謂其依照美國之法律，創辦此事云爾。至於管理該公司之人，與夫該公司之股東及總理司事諸人員，與夫在中國內地之諸工程師，是否必須爲美國人民，則未之言及。

二、公文又云，美政府以爲該公司目下係美人創辦管理，故凡有關涉該公司權利之交涉，須由美政府獨擔其責任云云。按此語甚關緊要，蓋必創辦管理者實爲美國人民。而後美國政府，自有干預之責，然美國究以振興商務爲重，則當此工程肇造之際，要猶不致節外生枝，以釀無形之患。所慮者即恐其非美國人耳。今據紐約商報有言，日後此路幷非爲美人所有，而歸代表比王之人所管理云云。夫既爲代表比王之人所管理，則公司中所需用之人員，亦將聽其更易。假使在中國之比國工程師，與夫司事諸人，與內地華民邂逅啓釁爲人所攻擊，不知美政府亦出而干預以保護之否？紐約商報又云，該公司之股分，美人止得三分之一，其餘皆爲比人所有。夫資本之多寡既殊，則權力之强弱即異。是則該公司之權柄，已不在美人手中，假使事機搆會，該公司之鐵路或有毁壞之事，不知美政府亦派兵至中國，以責令華人賠償否？若置之不問，則是美政府之責任，有所未盡也；若竟事事過問，則是明知除美國以外之人，若在中國開築鐵路，必不能安然無事，而竟聽其冒竊美國之權利，以與中國生釁也。諒美國政府不當出此矣。又公文中，該公司目下係美人創辦管理一語，亦頗爲扼要。蓋所謂美人創辦管理者，特指目下而言耳，然則日後如何未可知也。假令爲日既久，而情見勢露，管理其事者確爲不可恃之人，而又大權在手，將迫令中國別立約章以保護其權利，拒之則其勢已成，無可挽回，允之則其國人之對待中國，萬非美人可比，而後患將不可勝言。又將如之何此？誠不能不慮及者也。

三、該公文又云，若粵漢鐵路公司其內容或有改變，則美政府可不爲之助力云云。按此數語，最爲吃重。蓋就美國言之，若該公司之內容一時改變，則美政府即將保護之責立時撤銷，誠屬易易。而就該公司言之，假使管理之人實非美國人民，而因欲得美政府保護之故，暫時敷衍一切，悉仍舊貫，及時機已至，即將其內容更改，如是則美政府既卸其擔保之責任，而中國轉處於予拒兩難之地位，不知更何以應付。此又不能不長慮却顧者也。

記者撰論既竟，復書其後曰，當光緒二十四年，張香帥奉命與美公司訂約時，卽奏言不可使中國南方之鐵路復爲歐洲人所管理，蓋卽鑑於蘆漢鐵路之已事。名爲比人承辦，而實則與法人聯合，卽與俄人聯合無異。故深恐粤漢鐵路復爲比人所覬覦也。又光緒二十五年，總理衙門曾行文於英國云，倘南方之鐵路美國人不自建立，則比人亦不能過問云云。蓋亦逆料及此矣。今者故牘猶存，前言在耳。若使南北兩方之幹路，全爲一國所管理，則中國將來之危險，殆於不可思議。中國本無治外法權，在内地之外人，卽非中國所能約束，而外人在中國築造鐵路，亦例有自行保護之權。彼英美兩國在中國築造鐵路，究以興商爲言，其利害猶居於得半之數，自餘諸國，則大約此路爲何國所造，卽其國與中國因之有絶大之關繫。俄人在東三省之已事，是其殷鑑。奚可蹈其覆轍哉？竊謂美政府若能切實聲明，所有粤漢鐵路之工事，當合同未滿以前，仍在美人之掌握中，固爲正辦。否則既不爲美人所有，卽不當爲美國以外之人所有，除遵守約言註銷合同而外，殆無他法矣。失今不圖，後將滋悔。竊願政府諸公，與夫南方之疆吏，一思之也。

又《論湘人欲以賑糶捐購回路票事一九〇四年八月十六日》 粤漢鐵路之利權，自由美人之手而移入比利時掌中，於是湘人起而爭之。且謀所以挽回者，其事之聞於天下久矣。前聞湘人欲以湖南一省公款之賑糶捐，移作購回股票之用。而該省官吏以此款業經用盡爲辭，拒不見允云云。作者以其事尚懸而無薄，故不欲語諸人。然聞之而竊有所觸者，則以湘人此舉有合於提中飽之原理也。按近日朝廷之政策，日以搜剔中飽爲言，且詡詡然自命爲『上不病國，下不病民，而惟取之於官吏。』一若以此爲無涉於民之事者，然雖然中飽之説，正自有辨，譬有一例收之税於此，國家有定額之征民，間既如其定額以納之。而官吏乃巧取於其間，而不以足額上報，是官吏之欺朝廷，而朝廷或可責之於官吏者也。若其税本爲國家之所無，或其額本非國家之所定，而官吏設爲他法，巧立名目以取之。是官吏之侵漁於民間者，固不勝誅。而朝廷乃不以官吏之取於民間者，責其還之於民，而遽奪其所不應有之資，以歸諸府庫之内。是何異縱人之行劫，而復攫其所劫之財？不獨無以服羣臣，抑且無以對百姓。提中飽之不合，既如是矣。然則中飽必不當取乎？夫論官吏之妄取於民，則不當坐聽其歸於官吏。然如徑自没入於朝廷，則又無解於間接爲虐之嫌。於此而有一策焉，其措置爲極宜，其理論爲極當。卽所謂以地方之財，供地方之用而已矣。此策有數善焉，中飽之資，理宜還之於民，而勢不能按户以給之。故不如卽用此中飽之資，以圖地方之公益，其便一也。今日各省興辦諸事，皆苦於無款濟之，與其竭澤而漁，何若取彼不應歸官，而又不能歸還原主之款，其便二也。官吏中飽之源委，既有確據可憑，則紳民持此確據，以質之於官吏，而官吏無辭以遁，不獨以有用之款，歸於實濟，而地方自治之政體，亦可以此爲基，其便三也。此三者，約略言之，而其爲益已如此矣，此實提中飽之真義也。今湘人之所爲，未知其有見於此義與否，然就作者之所知而度之，則湖南之賑糶捐，每歲得數十萬，其輸此款於當日，既爲定例之所無，而官吏之用此款於平時又無實數之可表，此非所謂中飽者而何？湘人乃稽得其浮耗之迹，而明白陳之於天下，以移爲購回鐵路股票之用，此可謂知其所急，而有合於提中飽之原理者也。近者各報持論，卽以提取中飽，有傷政體之説告諸世人。顧中飽之資，已歸官吏，而欲其不奪之於官吏，勢不可得，計惟使天下之人，皆知中飽之提，不當由朝廷提取，而供其浮銷，但當由百姓提取以作爲公用。而合各省之紳民，皆以此和平之宗旨，適宜之辦法，以非義之財，易而爲名正言順之用，或有濟乎？嗚呼！湖南紳權素重，其事有得有失，而深冀此舉之能爲天下先也。

《時報・論粤漢鐵路權之轉移一九〇四年七月二十二日》 十年以來，列强以鐵路政策亡中國，路權所及之地，卽政權所及之地。稍有識者，能知之能言之矣。以此之故，鐵路問題非惟各國對於中國第一大問題，且爲各國互相交涉爭權競勢之第一大問題。

有間接從經濟上圖我者英美等國是也。有直接從政治上圖我者，俄法等國是也。兩者目的不同，而皆以鐵路政策爲手段，兩者結果皆不利於中國。而俄法所挾持者，尤咄咄逼人。俄法之外交政略，蓋不可思議。彼懼夫直接交涉，往往招他國之忌也。故別有其間接者，傀儡者，誰歟？則比利時也。

拉丁民族之所建國，其在今日猶帶活潑氣者，惟法蘭西與比利時。比與法之感情，人種的也。而俄與法之感情，又政略的也。緣此故，俄法比三國相狼狽，有三位一體之觀。知此，然後列强在中國鐵路政策之大勢，可得而論也。聞者疑吾言乎？試觀比利時公司，承辦蘆漢鐵路，而其集資權、管理權，全在巴黎華俄銀行支店。何以必由華俄銀行？其策源自俄國來也。何以必在巴黎支店？其財源自法國來也。故凡遇比國與中國之交涉，皆以俄法之交涉視之蓋不爲過。

俄國以西伯利亞鐵路滿洲鐵路謀中國，盡人知之。雖然俄國之志，斷不止此。彼當蘆漢鐵路契約之既定也，中國方以自力辦榆營鐵路，款不繼，而俄人遂出而攬之。此光緒二十四年五六月間事也。彼得此路後，則其縱貫鐵路，由聖彼得至營口，由營口至北京，由北京至漢口，皆其勢力範圍。血脉貫注之效力，不可思議也。英國憚其然也，故出死力以爭之。戊戌夏秋間，英俄爲此幾斷國交。此當爲我國民所猶記憶也。榆營鐵路之卒用英國資本也，實俄人痛心疾首刻不能忘者也。

俄雖失之於榆營，旋欲再行之於蒙古西伯利之路，歧一綫至張家口，以接我内地，此其近數年來所布畫也。而彼路又必以蘆漢爲接續綫，其臂指之運用乃靈，又俄人所慮之至熟者也。於是乎遂有買收山西鐵路之事。

法人以安南龍州鐵路圖中國，又盡人知之。雖然法人之志亦斷不止此，彼欲與其所投資本之蘆漢鐵路相接，以保俄法勢力之權衡，是其素志也。於是乎遂有買收粵漢鐵路之事。此兩事者，俄法所常目在之者也。然俄法自爲之，動天下之耳目也。故一以委諸其所傀儡之比利時，買收粵漢鐵路，起於光緒二十六七年間。而其成功而發表之也，實在去冬。蓋比國人復利用得一美國人名何域提者，爲第二之傀儡。買收粵漢股分之過半，今之爲粵漢鐵路公司新總辦者，何域提也。現在與吾政府及湘粵之民，爲種種困難之交涉者，比利時之主動也。而立乎其後者，又俄法也。此事始末詳見新民業報第三年第三號異哉！痛哉！

兹事之警未已，曾幾何時，而七月十一日北京電報，復有福公司將山西鐵路權以一千三百萬兩，轉售於比利時之事。異哉！痛哉！

彼之買收此兩鐵路權，其目的何在乎？俄人既不得志於滿洲，則馬首一轉，以全力注於蒙古。此稍明時局者所能知也。山西粵漢兩鐵路之權，既入於彼手，則蒙古鐵路北接西伯利綫，而南抵山西邊境，然後由山西綫接至正定，由正定接至漢口，由漢口接至廣州，由廣州接至欽州，由欽州接至龍州，由龍州接至安南東京，然後直貫歐亞之一最大鐵路，今爲俄法比同盟國之資本所左右。有常山陣蛇首尾相應之妙用，吾觀於此，而不禁歎俄法用心之深密，手段之巧黠，舉動之敏鷙，至於如此其極也。

山西鐵路之轉售，以疾雷不及掩耳之勢，忽爾發現。其前此之密勿交涉如何，非局外所能深詳。但其事之真確，殆可無疑也。顧吾所最不解者，則前此山西商務局與福公司所定合同，原以華人主權借款辦路鑛，六十年内，償款收還。雖其内容實權全在福公司，而外面名義上，猶曰吾華官商所借也。今不及數年，而遂由福公司專賣與比利時，然則此權者。比人得之於福公司之手乎？抑得之於商務局之手乎？將來商務局直與比利時公司交涉乎？抑仍間接由福公司與彼交涉乎？使商務局如於期限以前，能有力還福公司之借款也，則比利時果肯依福公司原定契約，還我中國乎？凡此諸轇轕之問題，皆相緣而起，恐不徒如今日粵漢鐵路交涉之狼狽而已。嗚呼！誰爲厲階，而至於此。

山西路鑛權之原動力某氏，嘗特引商力以禦兵力之説，謂借洋債以辦路鑛，爲救中國一奇策，其説甚辨。今者覩山西路權轉移之異狀，將謂之何？將謂之何？抑吾因此二事，而更生一異感焉。粵漢鐵路公司之發起者，美國人也。山西福公司之發起者，英國人也。彼其非有欲爭權利於中國之心，則自始不必爲此汲汲明也。既已發起矣，既已獲得矣，而何以比利時以小小伎倆，遂能取而代之？毋亦由英美之經營此者，以私人資格，而俄法比之經營此者，以政府資格耶。彼則事權分而易流動，此則事權集而有定趨，處心積慮以謀之，靡不濟矣。由此觀之，他日繼起者，又豈惟此兩路而已。帝國主義之盛行，不得不還而趨重於中央集權，卽此亦可以觀世變矣吁。

《東方雜誌》第一卷第一二號《粵漢鐵路以美繼美之非策》 粵漢鐵路，關繫至重。粵省公舉張弼士京卿代表以爭廢約，固莫不懽欣鼓舞，樂觀厥成。今忽主張以美繼美之説，敢不爲張京卿一效其忠告乎？當張承辦鐵路之日，内地之人，知鐵路之益者，百不及一，此招股於内地之所以難也。京卿以商務起家，當入京承辦時，其在仕途僅攝檳榔嶼與星架坡兩處領事，南洋各商，咸懷疑懼，以爲督辦者盛大臣，節制者舉之督撫。巨股既集，而大權莫屬，張雖總辦，大吏不難以一紙之書斥退之。張既退，則海外華商，必當與官場交涉，恒爲其所不願，此招股於海外之所以難也。今皆不慮此。無論設義會，開彩票，集股份，籌款之法，既層出不窮，以視曩者數千萬之股，而集於一人之身，難易何啻霄壤。煌煌朝旨，督辦路礦，名實相副，人必樂從。以視前此遇事詳稟，仰人鼻息，難易又何啻霄壤。初不料有愛國心有愛鄉心如張京卿者，且忽變其宗旨也，夫張藉可爲之時，處可爲之地，猶復如此，其他何望？若謂美政府必出而爭，將令我政府爲難，則尤可無慮。蓋合興公司之約，出自商人，非美政府所定也。彼公司既背約於先，我即可以廢約於後，政府雖有保護商人之責，亦斷無袒護商人之理。而謂文明如美政府，豈因此區區而遂與我爲難哉？質之京卿，以爲何如？

雜録

《東方雜誌》第一卷第七號《粵漢鐵路已成爲外交案》 當光緒二十四年，今鄂督張制軍奉命與美公司訂約時，即奏言不可使中國南方辦鐵路，復爲歐人所管理。蓋即鑑於蘆漢鐵路之已事，名爲比人承辦，而實則與法人聯合，即與俄人聯合無異。故深恐粵漢鐵路復爲比人所覬覦也。又光緒二十五年，總理衙門曾行文於英使云，倘南方之鐵路，美國人不自建立，則比人亦不能過問云云。蓋亦逆料及此矣。今者故牘猶存，前言在耳。若使南北兩方之幹路，全爲一國所管理，則中國將來之危險，殆於不可思議。中國本無治外法權，在内地之外人，即非中國所能約束，而外人在中國築造鐵路，亦例有自行保護之權。彼英美兩國，在中國築造鐵路，究以興商爲言，其利害猶居於得半之數。自餘諸國，則大約此路爲何國所造，即其國與中國，因之有絶大之關繫。俄人在東山省之已事，是其殷鑑，奚可蹈其覆轍哉？ 竊謂美政府若能切實聲明，所有粵漢鐵路之工事，當合同未滿以前，仍在美人之掌握中，固爲正辦。否則既不爲美 人所有，即不當爲美國以外之人所有，除遵守約言註銷合同而外，殆無他法矣。

又 第一二號《粵漢鐵路交涉》 粵漢鐵路一案，關係重大。其由美人而轉歸比人之故，兹不贅述。近則廢約之事，已將實見施行，小之將與合興公司搆訟，必有如近者開平鑛局之糾葛；其事爭執至二年有餘已□□□□□而至今尚來□□大之則恐變爲交涉之巨案。今就見聞所及爲略述之。先是中國政府以湘紳之力爭也，議欲毁廢粵漢鐵路合同，自行籌辦。於是督辦鐵路盛大臣乃遣洋員福開森赴美，然以赴美賽會爲詞，未云爲粵漢鐵路事也。惟聞美外部海約翰答我出使美國大臣梁星使諸則云，一、美政府以華美公司確爲美人所設。二、按照該公司現在章程辦法，凡關涉公司利權之交涉，惟美政府得有權辦理。三、美國與粵漢鐵路相關地位及美政府擬隨時指導各該主辦以裨此路之意行，當宣告於衆貴大臣深知。該公司將來若或更改章程辦法有所不同，美政府亦有不認該公司并不可維持之權云云。洎本年七月福開森自美回華，而比人之爲粵漢公司總理者接踵而至。向在公司之美人亦相繼辭退。且梁星使前電外務部則謂已辭退比董二人。盛大臣致外務部電則謂，合興股票美股三千二百，外國股二千八百内八百股已售歸美人。乃紐約商報則云，該公司之股分六千其中四千已爲比人持其利益。大阪朝日新聞亦言，比公司所購股份過半云云。固與梁盛電函所言適相反也。自政府與湘紳主持粵漢鐵路廢約，責令督辦鐵路盛大臣辦理，盛乃電外務部以辦法六條其要如下，一、合興公司已提出小票五百五十四萬金圓既認定廢約，須由湘省或户部預籌贖回。提出抵借小票之款，一愼訪美國或他國著名律師研究案情，以備興訟、一廢約即須停工資遣美匠回國，如不得直預備賠償各款，旋擬請湘省舉員來滬會辦，而湘人之指盛爲意存挾制者，則謂公司既不合條約，自可毁約，不必先議賠償。即曰開工已久，用款已多，忽令停歇，不能不有所償。然亦無不待查考遽憑開報、即時賠償之理。且小票已在公司掌握，中國即不能即時賠償，而公司固可稍遲時日，持小票索款。不能曰歸其承辦時小票可以作數，一旦廢約小票即不能爲據也。今年七月公司實情既已彰著，駐美華使梁星使及盛所言已辭比董、撤去比籍董事之說，皆不售於是持廢約議者。益力政府乃電告盛曰，此事有謂款項，本太受虧，應廢約自辦者；有謂湘人宜自購地作爲股票并集股購其小票，且告以中美人購買股票，他國不得購已售者。責令美人收回，如不從卽與廢約者務望持平公議云云。及七月末忽有建以美繼美之策冒湘紳名電外務部者，外務部韙之商諸盛，盛亦力主其議電。外務部大旨則於比人行破壞主義，停止小票任令停工，預備興訟廢約於美人。則行挽回主義，將與原訂合同經手人倍次重議接辦，謂之以美繼美此其大略也。至九月，粤紳亦會議言，公司轉入比人實背續約，工匠滋事屢釀命案，議既定電外務部與粤鄂二督，曁粤人之官，於京者復電請寓滬鄧小赤中丞與盛商辦其辦法，則以鄂督張制軍前電湘省委員張小圃觀察四端，爲本一廢約之說。須湘紳逕電政府，并具呈兩院會電外務部合力相持。一、廢約後，合興墊款，應息借洋款歸還，鄂必助湘籌款。以後路款中國自辦，萬勿再交外國。一、倍次能出力排去合興公司，中國卽聘爲工程師，借款亦歸經手惟用人行車。權歸中國自主。一、分年分段估計路款，造一段工籌一段款，鄂湘粤分籌，不足則借外款，萬勿全用洋債云云。又聞湘紳亦請寓滬王爵棠中丞爲主其事。

江浙紳商收回蘇杭甬鐵路修築權分部

綜述

《東方雜誌》第三卷第七號《前工部左侍郎商約大臣盛奏復蘇杭甬鐵路草約自可作廢摺》 竊臣承准軍機大臣字寄，光緒三十一年八月二十五日欽奉上諭：御史朱錫恩等奏浙省自辦鐵路，請將舊訂蘇杭甬草合同速與撤廢一摺，浙江全省鐵路業經商部奏准，由紳民自辦。所有前與英商訂立蘇杭甬草合同，著責盛盛宣懷趕緊磋商，務收回自辦，毋得藉詞延宕。并著聶緝槼會同妥速籌辦，以重路政而保利權，原摺著鈔給閱看，將此諭令知之，欽此。跪誦之下，仰見聖主愼重路政斟酌，因時之至，意曷勝悚感。臣查蘇杭甬鐵路，係於光緒二十四年七月接准總理衙門來咨，以英竇使請准英商承修中國鐵路，開列五條之一咨令酌照南北鐵路章程，與英商妥訂專章咨報，本衙門奏明請旨遵行等。因其時臣遵與英商議訂草合同三條，電商總理衙門，核定并聲明所議。俟臣會商撫臣，如於地方窒礙，尚須更正，隨後再行會奏等語。此特參以活筆預留，後來操縱地步，分咨在案，逮光緒二十九年，寧滬合同簽押，時臣以此路逾時已久，責其應作廢棄面詰再三，英公司不允，復致函堅申此說，彼雖强辯，然商廢之說，實已從此埋根。自奉諭旨，飭令磋商遵先函致英公司，約其會議。該公司復稱須請示駐京薩使臣，當卽電請外務部知會薩使，催令英商從速來議，迄無復音去冬復切實函，告英公司大致謂蘇杭甬鐵路草合同雖係奉總理衙門咨令商訂，然聲明俟會商巡撫，如有地方窒礙，卽行更正，仍俟定正約後會同入奏現。在商部已先奏准，由紳民自辦，必與地方大有窒礙，可無疑義。又第三款聲明，英公司當從速派工程司測勘，現已七年，并未來議勘辦。光緒二十九年四月，曾函致英公司聲明杭州鐵路現有他商請辦，勢難久待，自此函訂之日起，如六個月之内再不勘路估價，則杭甬一路及浦信一路均作罷論。所有以前草合同一概作廢，此函去後，又逾兩年，則草合同本應作廢，現在總公司不日裁撤，特將遵旨自辦，緣由再行專函聲明等語去後，卽據英公司覆稱現奉駐京竇大臣來函，接准外務部來函所論，蘇杭鐵路現歸浙撫一手經理，不由貴大臣過問，辭意極爲明晰等語，除將迭次往來函件抄咨外務部，商部浙江巡撫備查外，臣查蘇杭甬鐵路草約，原議本應俟撫臣查無窒礙，再行會商，入奏該洋商雖經派人約，略勘估而勘估情形，并無估單圖樣呈報總公司，亦未議辦法。二十九年因有華商李厚祐等稟辦杭州拱宸橋至江干短路，臣曾函致英公司限以六個月内爲期，衡情酌理，自可因其逾期置之不理。實非滬寧鐵路經總公司與督撫臣會議，正合同具奏，并經外務部核議覆奏奉旨依議發給。借票照約開工者，所可同日而語，惟此案總理衙門原給照會内，稱中英輯睦多年，自應同歸於好，行令臣與英商妥訂章程，彼時與英竇使如何發論，現在與英薩使又如何因應皆非臣所得而知。并聞英竇使因臣前與爭議福公司山西煉鐵，及礦務各端幾至決裂，經外務部調停而後定不能無憾於臣，故於此案不欲臣再過問，總之，臣雖愚昧無能，數十年來，凡遇有艱危困苦之事，向不敢畏難苟安，諒可仰邀聖明，洞鑑將來。此案如果英使到底狡執一經，外務部知會到臣，決不置身事外，仍必會同浙江撫臣切實辨難，以期結果而保利權，謹奏。

又　第九號《商部奏江蘇紳士籌築本省鐵路摺》 竊臣部於光緒三十

二年四月間，接據江蘇通省京官暨在籍紳士日講起，居注官翰林院侍讀學士惲毓鼎等二百五十六人公同呈，稱竊維近年風氣漸開，鐵路關繫之重盡人皆知，若皖、贛、川、粤、閩、浙等省類，皆由全省紳商合力籌辦，均邀奏奉諭旨允准在案江蘇處江海要衝爲東南綰轂之區，現在滬寧業已借款開造。此外幹枝各綫，大概自江以南，由上海經松江以達於浙；自江以北，由海州經徐州以達於豫。貫輸銜接，亟應首先籌築，以握利權。其餘各綫，亦宜陸續測勘，次第開築。現經在籍紳商屢次集議，擬先集股款一千萬元設立蘇省鐵路有限公司，由創辦諸人先行認定百餘萬元，以爲勘路興工之用。路未告成以前之股息，擬就地方情形酌量另行籌補。惟造端宏大風聲所樹，首在得人，非資深望重爲全省紳商所信任者不足以膺茲鉅任。查有商部右丞王清穆，學識宏通、思慮周密，擬公舉爲鐵路總理商部頭等顧問官。翰林院修撰張謇，才具恢宏、辦事練達，擬公舉爲協理以之主持公司一應事宜，必能措置裕如，爲蘇省力謀公益。毓鼎等或服官京師，或散處鄉里往復電商意見相同，除將勘路、集款、招股、興工各詳細事宜公同妥訂章程，再行呈請核奪外，謹將設立蘇省鐵路公司，公舉總協理繕具大概辦法，公懇據情奏明立案請旨遵行。又准工部尚書陸潤庠、都察院左都御史兼署禮部尚書陸寶忠，内閣學士兼禮部侍郎銜吳郁生、宗人府府丞陳名侃、外務部左丞鄒嘉來、署外務部右丞雷補同等，函同前因，并稱江蘇鐵路亟宜籌築，潤庠等事關桑梓，允宜力贊其成。王清穆張謇熟諳時政，鄉望夙孚，令其規畫路務，必有可觀。公懇准如所請各等語，臣等伏查蘇省物産富饒，地勢形便，外環大海，中亙長江，與山東、河南、安徽、浙江各界毗連，商賈往來極形繁盛，實爲東南衝要之區。現在路政日見發達，所有安徽、浙江兩省鐵路業由該省紳士先後自籌建築，呈由臣部奏奉諭旨允准在案。今江蘇紳士惲毓鼎等呈請援案辦理，將來與安徽、浙江等省接軌合轍，以冀商運便捷，力保利權洵爲扼要之圖，其公舉臣部右丞王清穆、翰林院修撰張謇辦理鐵路事宜。查右丞王清穆才大心細、規模宏遠，夙在臣部辦事動中窾要。上年奉命考察商務暨會查路礦款項，周曆沿江、沿海各埠，於鐵路各項辦法均曾研究。茲雖在京供職而函電商確，遙爲控制，於路務自有裨益。既經該省紳商等合詞公舉前來，可否？仰懇天恩，俯念路政重要，准將臣部右丞王清穆派令總理江蘇鐵路，以順輿情修撰。張謇才具開展，辦事結實，向能整理實業、究心商務，於鐵路事宜亦所熟悉，既爲鄉里所推，應請派爲協理，所有招股、勘路、購地、興工各要端，均應由該紳等妥慎籌畫，隨時稟呈臣部，詳核奏明。切實興辦，以一事權而聯衆志。至該省路綫，除滬寧業已借款建築，欽派大臣辦理外，該紳等所稱自江以南，由上海經松江以達於浙；自江以北，由海州經徐州以達於豫。首先籌築以收貫輸銜接之利，意在使内地土貨灌輸商埠，爲利便運途，收回利權起見，籌畫至爲允當。應准先予立案，俟股本集有成數，即由臣部飭令趕速興工，一切遵照臣部奏定章程辦理。謹奏。閏四月初三日奉旨依議，欽此。

又　第四卷第十號《外務部奏陳蘇杭甬鐵路歷年商論情形及現與英公司磋議借款辦法摺》　竊光緒二十四年，英使竇納樂函請總理衙門准英商承修中國鐵路五條：一、由天津至鎮江，二、由河南山西兩省至長江，三、由九龍至廣州，四、由浦口至信陽，五由蘇州至杭州或展至寧波經總理衙門分别行知督辦鐵路大臣盛宣懷與英商怡和洋行議辦。旋於是年九月間議訂蘇杭甬鐵路草合同四條：一、訂立草約章程與滬寧鐵路章程一樣；二、將來訂正約，仍與嗣後商定核准之滬寧正約一樣；三、從速測勘，四、如有地方窒礙之處，即行更正，俟訂正約，即會同人奏鈔録咨覆在案。三十一年七月，商部具奏浙江紳士籌辦全省鐵路，并請派員總理先行立案奉旨允准，又是年八月御史朱錫恩奏，請將蘇杭甬草合同速與撤廢。奉上諭，著責成盛宣懷趕緊磋商，務請收回自辦，并著聶緝槼會同妥速籌辦等因，欽此。適英使薩道義亦即照會臣部，請派員與怡和洋行代理人商訂正約，旋准盛宣懷電稱，遵旨。與英商磋商收回蘇杭甬鐵路自辦。據銀公司函覆，此路草約前經允許簽押鈔呈使署，如今會議須候公使回示，請迅催英使電飭銀公司速來議廢。復經臣部照會英使轉飭銀公司會議，該使照覆以該路應照草合同第二款派員議商。前奉廷寄磋商，收回蘇杭甬鐵路自辦。朝廷必不知議訂各節，若派盛宣懷與議，迴非所願。是年九月，奉旨蘇杭甬鐵路收回自辦業經諭令聶緝槼會同盛宣懷妥速籌辦。著即移交張曾敭遵照辦理，欽此。三十二年正月，准張曾敭電稱銀公司擬派工程師續勘蘇杭甬路，且偕英領事來杭爭辯拒不與議。是年二月，盛宣懷以英公司不允作廢據實覆奏。奉硃批外務部知道，欽此。嗣後英使迭次照會臣部或謂浙撫縱令紳商抵制故，作難題。或謂浙省紳民無理之舉動頗有險礙，或謂中政府如仍袖手坐視，深恐兩國糾葛，華英利益均受巨虧。雖經臣部照覆，由浙撫接議而彼總謂浙撫無照辦之意，不如在京議商。逮八月間，英使朱邇典接任後，復屢來臣部面詢辦法并開示節略，謂商部原奏該草合同直行相悖，難向商部解釋，且疑中國有爽信之意，日久不結，實令彼此猜嫌等語，再三商榷，始允俟九廣路約訂定，再爲核議。此臣部歷年與英使商辦之大概情形也。臣等查辦蘇杭甬之鐵路爲英使奉其政府之命，請准英商承修五路之一，既經總理衙門照會允准，該國政府堅守前約，勢難概行作廢，至此段路綫浙省居多，蘇省僅由蘇州至嘉興府界一段，前經浙、蘇兩省京官先後呈由商部奏准自辦，係爲自保利權之計，年餘以來，集款頗稱踴躍，勘辦已有規模，在事各紳商艱苦經營不遺餘力，民情已大可見。臣部因應外交參酌輿論，自應竭力維持勉籌兩全之策。迭經與英使往復辨難，該使執定前案屢催商訂正約，并請轉飭紳商停辦。臣等復以諭旨自當懍遵輿情不可不順，以本省之人造本省之路，政府未便禁阻。英使則謂本省辦路原屬合例，惟蘇杭甬一路成據具在，斷難失信，堅請切實照辦。臣等迄未允許，迨九廣路約議成，催商更爲迫切，如仍不與商，誠恐相持日久，口實愈滋，於事益難就範。雖經該省紳商等來電，仍主廢約謂集股已有成數，無庸再借外款。究之此事，係屬國際交涉，臣等熟權利害，勢不能不兼籌并顧，以副朝廷慎重邦交之意。惟有仍本自辦主義，與英公司開議，力爭主權。本年七月間，臣部侍郎汪大燮與銀公司商議，稍有端倪。英使亦願飭該公司讓步，不再執定與滬寧章程辦法一律。現臣大燮將奉命赴英，復由署侍郎臣敦彥與該公司接議。擬分辦路借款爲兩事，路由中國自造，除華商原有股本，儘數備用，不使稍有虧損外，約仍需款英金一百五十萬鎊，向英公司籌借。另指的款爲抵押，使公司不能藉口干預路務。其餘有關利權、事權之處，仍當切實磋磨。一俟商議就緒，即與訂立合同，奏明遵籌。至一切造路事宜，或官督商辦、或官商合辦，再由臣等會同郵傳部妥商辦理。謹奏，光緒三十三年九月十四日，軍機大臣奉上諭，據外務部奏陳蘇杭甬鐵路歷年商論情形，現與英公司磋議借款辦法一摺，外交首重大信，訂約權在朝廷。蘇杭甬一路，前經總理衙門允許英人承修，嗣復立有草約在案，三十一年間，商部據浙省紳士呈請自辦，曾飭盛宣懷等妥籌收回。原爲曲體輿情起見，乃磋商數年，迄無成議。而江浙所集股款亦不敷尚鉅，勢難尅期竣工。英人迭次執言，自未可一味拒絕，盡棄前議，致貽口實、另生枝節。現經外務部侍郎汪大燮等與英人議明，將借款暨造路分爲兩事，權自我操較原議已多補救。著外務部即派員按此妥爲議定詳細章程，務期利我商民，慎防流弊兼商。令英公司仍許江浙紳商分購股票，用示體恤。其原有辦路人員由郵傳部查明，分別奏派差務，以資熟手。并著兩江總督浙江、江蘇巡撫督率籌辦提撥借款，迅速告成一面剴切開導該省紳士，務須仰體時艱，共維大局，勿得始終固執，强行爭執，以昭大信而全邦交，欽此。

又 **第五卷第六號《外務部郵傳部會奏滬杭甬鐵路公司承領部撥存款路歸商辦片》** 再查光緒三十一年間，商部先後奏請江蘇浙江籌辦鐵路等摺，均奉旨：依議，欽此。當商部具奏之時，諒已知總理衙門議覆徐琪杭寧議開鐵路摺，陳明杭甬一路定議在先，勢難中止等語。奉旨：依議，在前而必代爲陳請者，蓋欲借商民自辦之名，爲磋商收回之計。亦仰體朝廷俯順輿情之美意也然，當日英使之要求修路，皆緣東清膠濟之種。因彼此相持十年，迄難決議，臣部注重路權，其初議照滬寧合同，至廣九津浦滬杭甬先後磋商迭有進步，卒使借款辦路分爲兩事。以今日財政支絀，暫假外人資本振興生利之實業。市面多此鉅款，周轉益覺流通，商業因之增盛，固甚便也。津浦合同未宣布以前，民情疑懼，經電商江浙督撫臣轉飭兩省鐵路公司公舉人來京閱看檔卷，先以不認借款爲言，嗣經再四開導南中士夫，亦知商部從前委曲，將事之意與朝廷近日不得已之苦衷，不復再言。拒款乃定一間接辦法，由郵傳部承借外債，轉撥兩省公司，爲築造鐵路之用。嗣經江浙督撫臣，代爲電請堅拒工師，須彼認可，及銷除查帳名目兩層，後經公舉人懇求，將路綫改蘇爲滬，删除英文記帳兩層。先後與英人竭力磋商，一一均已辦到，并不以江浙釐稅作抵。以上各節，較津浦更爲加密，在商民關心時局，懼利權之外，移而臣等體察羣情，應斡旋所未備，其合同底稿，均邀同江浙大員暨股東公舉人來署商議。至於兩省公司接款還款，并按照合同辦事，容電商江浙督撫臣妥議辦法，并逕由郵傳部議定章程俾資遵守。奉硃批：覽，欽此。

論說

《外交報》一九〇七年第二十四號《論蘇杭甬鐵路借債之不可許》

自各國協約成立以後，識時之士，皆知將來國際前途，必將有不可思議之危險，於是震撼危疑之現象，常懸懸於吾人心目間。特未決其發見於何時何地耳，而果也。日有占領間島之事，英又有仿照津鎮鐵路辦法貸款蘇杭甬鐵路之事，二事之性質不同，其手段之剛柔亦異。而其蒙協約成立之影響，爲侵略政策之進步，則一而已。

間島問題，我政府疆臣，亦皆知爲日人無理之要求，而內外同心，以謀拒絕之策。雖將來之效果成敗利鈍，未敢預決，而目前因應之方，不過如此。所冀者，百摺不撓，貞之以毅力耳。獨蘇杭甬鐵路貸款一事，彼族之嘗試，不以剛而以柔，甘言餂我，期吾之墜其術中而不覺。倘稍存退讓之思，曲徇其請，則外而開關延敵，以太阿予人；內而大拂輿情，激成土崩瓦解之變。其禍敗之鉅且烈，以視間島，殆未稍遜，竊願我當軸諸公一審慎之也。

庚子以前，吾國官吏人民，瞢然於保護主權之大義。路礦要政，任人攫索，予取予求，不汝瑕疵。淪喪於外人之手中者，蓋不知凡幾矣。幸也，天誘其衷，人惎之謀，朝野上下，對於路政皆殷殷以收回自辦爲先務。然或議收回而不成，或成矣而以集款之艱，得人之難，未得尅期籌辦。其能踴躍輪將，推舉得人，恢復於喪敗之餘，而湧現璀璨莊嚴之壯觀者，獨江蘇，浙江兩路耳。外人知吾民智識之驟進也，於是對待之方，變而愈巧。然大抵持之有故，言之成理，從未有舉十年未成已毀之草約。重蘇於灰燼之餘，强辭奪理，悍然無忌，以敗我已成之局者也。

彼其催訂正約，願照津鎮鐵路辦法，而以巧言欺我，使人易墮其玄中者，不過二語焉：曰不干預路政也，曰借款與修路分爲兩事也。夫既假入之財，以集吾事，則在人已有完全無缺之債權，而我已自處於債務者之地位矣。依西人法理所言，凡債主所使用物之權利，必由貸主之交付而始生。然則既貸款之後，彼卽恪遵契約，於路政一切，毫不預聞，而吾得保其不缺之金甌。然此所保之全權，卽已爲彼之所授，而非獨立無對之全權矣。彼既能授之，卽能奪之，而謂契約可常恃耶？且彼當與路政毫無關係之日，尚怙其强權，强吾借債，而謂於既有關係之後，轉能逡巡退讓，甘居事外。其孰信之泰西民法，凡貸款於人，斷未有不以物權爲抵而能成契約者。今也貸款築路，而此後每歲償還之金額，已指定於是路焉取之，則將來修築之能否合宜，管理之能否得法，皆與此債務有相結不解之緣。吾既明明其許之矣，而謂可分歧爲兩事，其又孰信之？設吾執分爲兩事之說，舉所假之一百五十萬鎊，不以築路，而以辦他事，彼其能默爾而息，而不加以沮撓也乎？其橫恣而狡狠也如此，使吾貿然許之，不惟此後路礦諸政，永無自辦之日也，卽從前彼所要求，吾已駁斥，而久成往事者，皆可假茲事爲辭，以爲死灰復然之機。而吾國尚有絲毫之主權也哉？

要之，路既興築何慮無款？款本自足，何事乎借？彼疇昔之所許於我者，既屢次愆期而不應，失信之尤，彼自蹈之。於我奚咎，抱此兩義，以爲對付之准。彼雖萬變，而我終不撓，彼族雖横，決不敢怙過遂非而始終爲無理之鬧。倘竟慴於威勢，信彼甘言，以爲一隅之事，無關大局，而姑允之，則後此外交之困難，恐將愈出愈甚，而國民所號呼奔走朘膏絞髓，甫慶成功之舉，又豈肯拱手以授之外人？恐以是携其倚賴朝廷之志，而益堅其仇洋排外之謀。內訌之起，其又尚堪設想也哉！竊望我鈞軸諸公，熟審於利害之前途，而勿復掉之以輕心也。

雜録

《中外日報·蘇杭甬鐵路草議之解決一九〇六年三月十八日》 第一、緒言。外人之奪我權利也，其手段有種種，而要以陰持其政治上之實力，外冠以法律上之空文，以行其蠶食鯨吞之志者爲最多。持有政治上之實力，則使我有所畏；冠以法律上之空文，則使我無可逃。理無可逃，而勢有可畏，而我之志薄行弱，智短識淺之國民，遂怗怗然，敢怒而不敢言。一任其剝奪侵蝕而去，歷年以來，國際間之約文，無論公私，國家與個人間，其內容若何，效力若何，乘我之懦弱無骨、愚闇無智，皆能作之力而助其攻。不知外人若以政治上之實力來，則我亦須以政治上之實力相抵制，實力不足，我固無可如何，若以法律上之文字來，則其性質本有拘束兩面之力，外人以之束縛我，我亦可以此束縛外人，雖歷來所結約束，多負單面的義務，無時不處於不利益之地位，然其拘束雙方之力，則固未嘗因此而消滅也。不特此也，其約束既具法律上之性質，則我對於此種種法律上之行爲，皆可生法律上之效力，以拘束外人。外人既欲以此爲之盾而助其攻則斷不能認之爲無關係之舉動，而概置之不理也。今者，蘇杭甬草議問題又起矣，英商怡和洋行，欲以此迫我外務部及浙撫，改訂正約，得此自蘇至甬之鐵路敷設權，夫草議之早已無效。凡稍有法律智識者，皆能判斷，而英商逞其眈眈之慾，欲燃已死之灰，貪莫大之利，此種契約外之舉動，凡我浙人，斷難容許。謹就此草議之性質及效力，縷析而條分之，俾我浙人得詳覽焉。

第二、蘇杭甬草議之性質及效力。此種契約，學說紛紛，迄無定論。或以爲契約，或以爲特許，其究實含有二者之性質在其間，其形式則契約，而其實質則特許也，今第就契約之一方面視之。

夫既爲契約，則固有契約當循之原則，佛國法家排那特曰：契約者，由兩人間相承認而成者也。契約既成，則不可不實行其契約，又曰：雙務契約，若一方破約，則一方亦得廢棄其約。是曰義務之解除，日本契約法中規定之曰：當事者之一方，不履行其債務契約時相手方一邊之意得定相當之期間，催告其履行，若至期仍不履行，則得爲契約之解除。法學士松波氏解釋之曰：因當事者一方之不履行，而得解除契約之權利，實一般之通則也。夫當事者之締結契約，實欲得因此而生債務之履行，以達其一定之目的，若不履行時，則其目的不能達，若尚存續其效力，以羈束相手方，則相手方被莫大之損害，不待辯而自明矣。

就解除而論，諸國立法，分二主義：一則不履行時卽時解除；一則不履行時，再定一期限以催告其履行，至期仍不履行時，解除。蓋所以爲不履行者之地，至周且備，而不使稍感不便。日本卽屬於此主義者也，綜以上所論，則可得數原則。

一、契約必當履行。

二、不履行時當事者之一方得除解其契約。

（甲）卽時除解，

（乙）定期催告至期仍不履行時解除。

而草議與正約，其效力又有不同，正約之效力，卽時取得其內容所列載之權利，草議則不然，不過享有向相手方催訂正約之權利而已。而於內容所列之權利，則固尚未能享有之，改訂正約，實取得內容所列之權利之前提，前提不決，則於內容之權利，毫無關係，此實草議之性質使然也。

據以上所論，以對光緒二十四年九月一日，盛大臣與怡和所訂蘇杭甬鐵路草約，及光緒二十九年四月二十八日，盛大臣與怡和之照會，其果將作若何之解釋乎，則可不待深辯，而直決之曰：其效力早已消滅，變成一紙之空文。

此草議也，既爲草議，則怡和所得，非鐵路敷設權，不過享有向中政府催訂敷設鐵路之正約之權利而已。若其義務，則第三款所列，者是，至第四款中所列，是蓋法律上所記條件，我固保有更正之權利者也。

表面上怡和所負之義務，不過從速測勘之一事而已。然而欲使怡和從速測勘者何事，實欲使怡和從速築路焉。欲使怡和從速築路，又非使怡和從速向中政府催訂正約不可，其表面雖第欲使怡和從速測勘，而其裏面實欲使怡和從速向中政府催訂正約。怡和負從速測勘之一義務，實不啻負從速向中政府催訂正約之一義務矣。所享之權利，卽爲所負之義務之一真相，若不實行其權利，則卽從速測勘，而於義務終有所未盡，此實從速測勘之一語，所必有之推論也。今姑舍是，第就表面以觀，怡和其固能履行此從速測勘之義務否？

自光緒二十四年九月有此草議後，至光緒二十九年四月，閱時四年有八月，而怡和竟不能履行草議上之義務。當此時也，若就第二項所列之甲原則而論，我政府可於此時解除契約；而盛大臣不出此，爲催告之一方法。與以一函聲明自光緒二十九年四月二十八日起，限六個月之內，若再不勘路估價，則杭甬一路，及兩公司合辦之浦信一路，均作罷論。所有以前合同，及往來信函，一概作廢云云。此舉實合第二項所列之乙原則。倘怡和不放棄其權利，吾意彼得此書信，必出此二策：一、提出從前已測勘以上各路之實據，以抵抗此期限之到來，否則行函中所列勘路估價。二、義務，以中斷此期限之進行，否則無論若何，不能實妨礙此期限之到來，契約之解除也。而怡和皆不出此，一任其期限之經過，於是蘇杭甬草議遂於六個月期滿，光緒二十九年十月念八之一日解除，雙方之權利義務，遂同時消滅。回復於光緒二十四年九月一日未有草議以前之現狀，彼怡和行尚能向我政府提起改訂正約之議，是直欺我之不知，而姑爲是嘗試而已。

或謂照去年十二月，怡和與盛大臣函，聲明拉耳治節於一千八百九十八年卽光緒二十四年十年間起，至翌年三月止，已測勘完畢，如是則不能責怡和以不盡義務，解除契約，則答之曰：凡事實欲生法律上之效力，則不可不經通知之一手續，怡和果已測勘，則何不於勘畢後光緒二十九年四月二十八日之函未到以前，通告中政府，以作履行之行爲。何不於函已到後六個月之期限未過以前，提出於中政府，以抵抗期限之到來。而怡和皆不出此，有可以抵制契約解除之方法，而廢置不用，是爲放棄其權利，默認其契約之解除。迄至既解除既消滅後，則死者不能復生，去者不能復返，而尚欲提出對抗之條件，以爲法外之要求，無論法理上所不許，卽人情上亦所不容。譬之甲與乙約，他日賣丙地於乙，唯須乙先履勘其地，後結契約，乙諾之，至久不履勘，或履勘而不通知於甲，甲無可如何，復與乙約，限爾若干日，若再不履勘其地，前與爾約之言作廢，丙地將賣與他人，乙得此信後，仍不履勘其地，或履勘之而不將其情形告之甲，則其不欲買丙地，已彰彰矣。至期限過後，甲將丙地賣與丁，乙聞之大不謂然，以爲吾前曾履勘丙地，爾何能將此地賣與他人？與甲大開交涉，試問甲於此時，固當負必須賣丙地與乙之義務在其肩乎？吾知苟稍有智識之人，必皆責乙之不合理法；而祖甲之理直，不必就法理言，卽就常識言之，其無效已彰彰矣。

以上第就從速測勘之表面言之，夫草議上怡和所有催訂正約之一權利，實爲從速測勘之裏面之一義務，若不盡此義務，則無論若何，不能謂其義務之已盡。乃遲遲不催訂正約，實爲不盡義務，放棄權利，顯而易見之一確據。待至契約解除，權利消滅後，而尚欲重翻舊案，以實力逼中政府改訂正約，其敷設權不爲我浙人所得，尚可言也，知其爲我浙人所得，而尚欲奪之以飽其慾壑，其蔑視我政府，蹂躪我浙人之權利，將何極焉！我浙人而尚有生氣乎，是可忍孰不可忍！

第三、對待之方法。然則我政府之對之將何若？則曰：對於舊草議則宜聲明，夫其效力早歸烏有，則雙方之權利義務，同時幷絕，無所用其收回，只聲明而已足。聲明者，將期限完了義務不果契約除解之種種情形，以記述體布告之而已，不必待怡和之承認不承認也。

對於新要求則宜拒絕，夫草議效力，早已消滅，則我須認清今日彼之要求改訂正約，乃爲一新起之要求，非由草議而來，許否皆我自由，彼不能强我以必許，我不妨任意以拒絕之也。且我政府有不能不拒絕之理在，夫蘇杭甬鐵路之敷設權，只有一個，自去年由商部奏准，浙江鐵路，由浙人自辦以來，其敷設權已爲我浙人所得，若再以許怡和，就政治上而言，則政府出爾反爾，失大信於天下；就法理上而言，則政府違反契約，剝奪人民之權利，我浙人固有理使政府不能轉以之與怡和也。

我浙人之對之也，又將何？若夫適法所之權利，皆附屬對抗第三者之權，卽不能使他人再得此權利之謂也，我浙人之得此敷設權也，在怡和草議消滅以後，則我爲適法得有此權利，其附屬之一權利，可排除他人使不再有此。一面宜提出抗議於政府，聲明我浙人之得此敷設權，在怡和草議消滅以後，怡和已無向我催訂正約之權利，今彼之催訂正約，實爲契約外之要求，我政府宜力拒，若不然，是奪我人民已得之權利，以與外人也，我浙人決不承認。一面宜提出抗議於怡和，聲明蘇杭甬鐵路敷設權，已爲我浙人所得，其期在光緒二十九年十月念八日蘇杭甬草議作廢之後，不能再以與人。若怡和向政府强施要求改訂正約，是侵犯我浙人已得之權利也，我浙人決不坐視，凡此皆我浙人須執之手段也。

第四結言：臨終尚有一言，不可不爲我故鄉父老告者，則從速興築此鐵路是也。今者國勢艱危，外力侵入，我而欲有以抵制之，以口頭、以文字雖足以塞外人之口而奪其氣，然我若徘徊觀望，久不興築，能保外人之不乘隙再來，以肆其窺視之心乎？頃者我故鄉父老，亦嘗知路權之可貴，羣策羣力，以謀抵制之方矣。雖然我欲得者在實權，而不在虛名，得其名而亡其實，其固已達我抵制之目的乎！況乎權利之性質，全在實行，不實行終非我有，此某所爲睊睊而悲，不能不痛陳於諸鄉先達之側者也。側聞自客歲以來，因蘇杭甬草議，尚多糾葛，募股動生觀望，天草議何能生糾葛，觀以上所陳，當曉然於其故。我浙人而能合羣協力，踴躍輸將，俾此路能刻期興築，指日成功，則不待力拒，而種種糾纏，皆消歸於無有已。我故鄉父老而固愛鄉土，愛國權，肯爲子孫謀一立足之地乎？其府聽某之一言，西望故鄉余懷何極。

《東方雜誌》第五卷第二號《蘇杭甬路案對外之解決》 自外務部令江浙鐵路公司承借英債之事起，民心憤激，舉國震駭，自集鉅款，死不認借。外部當此之時，舍收回成議，辭絕英債之外，別無他術。而顧遲疑不決者，無非謂辦路之草議在前，借款之成議在後，英使藉口要求勢難一味拒絕。不知此案也，苟能以法律解之，則草議久廢，條約未成，在外部有爲所欲爲之權利，而英使不能掣我肘也。爰條解之如左：

甲、解決盛大臣與銀公司所訂之草議，（一）、盛大臣與銀公司不能開國際交涉，條約與契約，判然不同，不得混雜。訂約之兩造，必均爲國家State，始成爲條約，若甲國之個人或法人，與乙國之個人或法人，或與乙國之政府或政府所派之官員，所訂之約，皆是契約而非條約，絕無國際交涉之性質。盛大臣與銀公司之案，無論朝廷曾否以議訂條約之權與盛大臣，但銀公司既非英國國家之代表，則凡銀公司與他造所訂之約，皆是契約而非條約。蓋銀公司爲英國之注册公司，Corporation or chartered Company 即法人Legal being 也，法人訂立契約，其義務與權利，與自然人Natural Person 無異，英國之自然人，非經英政府命其議訂條約，萬無與他國開國際交涉之理，法人亦然。所以銀公司與盛大臣所訂之草議，絕無國際交涉之性質。（二）、草議逾期作廢，係兩造所訂定，實無可置辯。按英美法律，凡契約中載明何時照行，而不言明逾期作廢者，則甲造背約逾期之後，乙造可否將全約作廢，須視期限之於契約，是否重要以爲斷，如甲造雖逾期限，而於所約之事，并無妨害，則乙造不得廢去全約；若甲造一逾期限，而於所約之事，關係不淺，則乙造非徒可將全約廢去，且可向甲造索取賠償。凡契約有期限，而不言明逾期作廢者如此，若載明逾期作廢，則逾期之後，全約作廢，乃是天然之鐵案。盛大臣與銀公司合訂之草議，係言明逾期作廢，所以自銀公司逾期不開工之後，此議決無效力，雖銀公司延盡地球上之律師，遍訴諸歐美法廷，終不能使草議，死灰復然。所以就草議而論，非特英公使不得藉口於是，向外部有所要求，即銀公司亦無從執之爲據，控盛氏於法廷而得直。

乙、解決政府取消借款之成議，并不違犯國際法，欲解決外部之成議，不能遽有效力，議借之上諭，可以任意收回，當先[illegible]結條約之次第，及議約之兩造，於未經核准換約Ratlflcation：之前，各有將成議作廢之權利。凡條約之成，必經以下四步：辦法：第一步爲磋商Negotiation：兩造之議約大臣，或甲之公使與乙之外部大臣，奉國家之命，開正式國際商榷是也。第二步爲允協Agreement：允協或口說或成文皆可，然近時習慣，類皆成文，載在議約記録，Protoool 由兩造之議約者簽字，以明磋商之事，互相允許，倘以後訂立正式條約，擬即照此允協。第三步爲畫押Signatlure：將允協之條款，寫成正式案件，由兩造之議約大臣，各自畫押。第四步爲核准交換Ratification：成文之約章，由兩造之國家State or sovereign簽押蓋印，彼此交換，以表明前已畫押之條約，各自合意，互相遵照。此末一步最爲重要，缺此一步，條約即無效力，當未經第三步畫押之前，議約大臣於所議之事，取舍從違，各得自由，蓋磋商之際兩造各有允從或拒絕之全權，不待言也。即已成允協之後，兩造仍各有自由全權，可將允協一概作廢，而不復訂立條約。因未經畫押，彼此均不爲待訂之條約所束縛也，謂余不信，請證諸公法家言，晦頓曰Wheaton 凡一切條約，皆自畫押之日起，始具效力，而兩造爲條約所束縛賀耳陝Woolsey曰，凡一切條約，非兩造約定特別時日，則皆自畫押之日起，始有束縛兩造之效力，誦二氏之言，則雖已成允協，未經畫押之成議，并不束縛兩造，苟甲造，欲將此成議作廢，乙造無權利，以禁止之，彰彰明矣。然所謂一切條約，皆自畫押之日起，始有束縛兩造之效力者，謂所議訂之條約，苟做到核准交換之末一步，則此條約之具有效力，當追至畫押之日爲始，Retroactive 非謂條約一經畫押，即不能作廢也。蓋未經核准交換，條約實未成就，議約之兩造，雖已畫押，仍各有將條約全行廢去之權利，而絕不違犯國際法，請述公法家言及成案以明之。勃倫希利Blnntschli 曰： 辭絕換約之舉，從未有指爲違背國際法者，即議約大臣奉命議約，并未越其權限，國家亦可辭絕換約。見台臘國際公法第三百八十八頁台臘Taylor 曰： 操換約之權者，有拒絕全約之成議，或增入新議，改變前議之權利。蒿爾Hall 曰：辭絕換約之權利，非徒予兩造以再三思慮之機會實所以保護國家，使不至陷入於非宜之條約，欲實行此權利，須有切實之理由，如畫押之際，事機忽然變易，致議約者之權力，不能舉行所議定之事件，則辭絕換約，決無不可。韋旋萊克Westlnke曰：兩造均可辭絕換約，雖有時無重大理由，而無故辭絕，似有損於邦交，然終不能限制立此權利，令國家不得使用，在外交史中，凡外部大臣親自議決之條約，而終不核准交換者，蓋不少焉。勞倫司Lawrellce曰：換約者，於畫押之後，舉行正式禮儀也，訂約之兩造，實至此時，始將條約確行核准，倘兩造無不必換約之特別允協，則非行換約正禮，條約終無束縛兩造之效力，議約大臣即有全權，而其成議須聽政府取舍。見勞倫司國際法第二百八十四頁又曰：議約大臣已畫押之條約，國家State應否定須核准交換，公法中之大問題也，然略理論而講實事，則解決之甚易，設國之憲法，以訂約之權畀行政部，核准交換之權畀立法部，則行政部已經畫押之條約，立法部絕無定須核准交換之義務。譬如美國，訂約之權，在行政部之首領，即合衆國之大總統，核准交換之權，在立法部之上議院。上議院拒絕行政部已經畫押之條約而終不核准交換曾數見不鮮也中略如訂約之權，與核准交換之權，同在一部，則欲取消已畫押之條約，必須有拒絕之理由。中略倘議約大臣，越其權限，或被欺詐，或畫押之後，事情全然變易，則國家有無上之權利，拒絕訂約之末一步，即被准交換使前議悉行廢去，不但此也，公法大家謂畫押以後，核准交換以前，其間相懸之時，日本所以任兩造於此時日內，再三籌思，設甲造於此時間，因有事故而變其意見，則可辭絕乙造，將已經畫押之條約作廢，此理論早已實行於國際交涉。一千八百四十一年，荷蘭王親自議定之商約，後聲言自王畫押之後，查知此條約實有害於荷蘭百姓之商務，故不核准交換，而將成作廢。一千八百八十三年，英與葡萄牙爲剛果江口議定條約，英於後一年，將此約作廢，其理由則謂此約中之條款，大不滿意於關係此約之英商民等。下略見勞倫司國際法第二百八十四頁昔法國政府於一千八百四十一年，議定禁止販奴之條約，後悔之，不欲核准交換，夷若Guizot發議，以回護其政府，曰核准交換爲牢不可破之權利苟不核准交換，即無完全條約，倘於已經議決未及核准之時，有重要之新事機出，改變兩國之交際，暨議決之事件，則核准交換之末一步，任何一造有全權以拒絕之。

諸公法家之法言，與荷英法之成案，既歷舉如右，然後蘇杭甬一案，我政府有收回成議，不借債，不訂約之權利。英使不能違背公法，與外務部故意爲難，自顯然矣。茲就本案解決之如下：

一、總理衙門之允許，絕無效力，伏讀丁未九月十四之上諭：有云蘇杭甬一路，前經總理衙門允許英人承修，所謂允許者，即英語所謂Consent耳。無論口說或成文，要皆無條約之效力，蓋照國際法，非經畫押與核准交換，即無條約可言，所允許之事，甲造欲取消之。乙造實無可如何也，讀上文所引諸家之言自明。

二、我政府有取消借款成議之權利，外務部與英公使所有借款之成議，即上文所謂允協Agreement是也。查中曆丁未十月之字林西報，登有借款成議八則，蓋即是議約記録，Protocol議約記録，大概經兩造之議約大臣簽字，但所以簽字者，是表明允協之意，與畫押於正式條約之上截然不同。照國際法言之，簽字之議約記録，不過爲一成文允協Written agreement成文允協，與口說允協無異。任何一造，有將此允協作廢之自由權。因未經畫押之前所議之約，絕無束縛兩造之效力也，英使妄言借款之約，業已簽押，蓋即係議約記録之押，指鹿爲馬，妄言恐嚇，當暴其侮弄我外部之過於天下。使公法家指摘之，即或外務部確已畫押，做到訂約之第三步，我政府仍有將條約作廢之權利，蓋自伐脫耳Vattel以來，公法大家，無不主張已經畫押之條約，苟訂約者有切實之理由，可勿核准交換，而將成議作廢。歐美諸國，早已實行之。彼訂約之權，與核准交換之權，操諸兩部，如美國者，與之訂約之國，早承認條約雖經畫押，立法部仍有廢之之權利，是固然矣。即二權操諸一部之國，於畫押之後，亦無不可宣言理由，將成議悉行廢去。英荷二案，其先導焉，我中國訂約之權，與核准交換之權，皆操之於行政部，照公法家之學說，當已經畫押未及核准交換之時，苟欲廢去條約，須有可據之理由，今借款議起，全國國民起而反抗，民間籌集之路款，幾二倍於議借之英債，是即蒿爾所謂事機忽變，致所議定之事不能舉行也。是即勞倫司所謂畫押之後，事情變易，則國家有無上之權利拒絕訂約之末一步也。我政府現今所有廢約之理由，較之英荷去所有廢約之理由，重大萬倍，緊要萬倍，當行政官之責任，在執行國民之願欲耳，因國民反抗而取消條約，最爲名正言順，而爲國際法之所右也。

三、丁未九月十四日之上諭，英公使不得藉爲口實，按蒿爾曰訂約之兩造，間或有以朝旨Edict曉諭其人民，而允許卽以是表明，條約亦因之決定者。一千七百八十五年，奥與俄訂立商約，同時下朝旨以爲准，詳見Re Martens Rec IV 72 & 84不知彼所謂朝旨者，乃於條約盡行核定之後，特下朝旨以令百姓互相遵照也。與丁未九月十四日之上諭，截然不同伏讀上諭有云，著外務部卽派員按此妥爲議定詳細章程則下此諭旨之時，明明未妥，明明未議定，明明未有詳細章程，是我皇上於外務部奏陳之後，承認侍郎汪大變等與英使正在磋商之事，而著外部繼續磋商，幷非外務部已與英使訂成條約。而皇上批准之，下諭旨以令百姓遵照也。且上諭有云，務望利我商民，愼防流弊；則議訂之條約，倘害商民，而有流弊，皇上決不願訂，而有飭令外務部將成議作廢之全權也。今條約之害商民而多流弊，顯然見矣。借款草議第三款，總工程師議延英人，須由銀公司承認，是江浙鐵路公司，失用人之權也，有流弊而不利商民者一。第六款，江浙兩省人民，均准入股，與外人同其利權，是反主爲客也，有流弊而不利商民者二。第七款，凡由江浙兩省所已造鐵路之費用，須入一百五十萬鎊之内，是英人明明欲藉此借款，非徒攬有未築之路，且收取已築之路也，有流弊而不利商民者三。今路已次第鋪軌行車，國民集股倍於借款，借款實無用處，必欲逼公司借債，不啻逼其無故而付年息也，有流弊而不利商民者四。此約之流弊，防不勝防，此約之不利，言不勝言，昔荷王親自畫押之條約，籍口於有害百姓而廢之。英國已經議定之條約，藉口於不滿意於商民而廢之。今議訂之條約，不利如此，流弊如此，而謂皇上不能據此理由，收回前此諭令外部議約之成命，無是理也。上諭有云江浙所集股款，不敷尚鉅，此商議借款之主腦也，按英美法律，凡契約中之主腦，Subject—matter一失，則全約均可作廢。上諭所以著外部與英使商議借款者，因江浙路股不敷尚鉅之故。今路股已集至四千萬有餘，幾多過議借之款二倍，則議借之原因，全行失去約中之主腦，盡歸烏有，既無主腦，有何條約可訂，此成命可以收回之又一證也。

總而言之，蘇杭甬借款之議，我政府實可按照公法，一味拒絕，萬不容英人藉有此議，在中國干涉尺寸路權，或索取分文賠款，請爲我政府擬拒絕之辦法三則如左：

一、皇上速下諭旨，著外務部援引國際法之原理，暨各國之成案，將借款之成議一概作廢，外部卽如諭照會英使。

二、政府速將交涉之始末，及國民之反抗借債，自集拒款之實情，編輯成書，幷按照公法，加以斷語，譯成英、德、法、荷、意等文遍，送世界上諸國之政府與大學校令外交家與公法家評之。

三、預備派遣精通國際、法之人爲專使，至荷蘭弭兵會，請將此案付之公斷。

以上辦法三則，實可同時幷舉，蓋祗行第一策，英使未必服從，若第二第三策幷行，則英使必有所顧忌，因國際法爲天下所共有，各國所當守，外人在中國違背公法，慮聲桐嚇之舉動，每欲秘而不宣，以掩其横逆之醜態。今英使見我政府將以借款之案，公之於天下，或自顧其文明之假名，先行退讓，卽彼始終固執，而我以此案請弭兵會公斷，亦必得直。蓋我既爲國際法所右，自立於不敗之地矣。

山西山東收回煤礦金礦開採權分部

綜　述

《東方雜誌》第五卷第四號《山西贖回英商福公司開礦合同》　山西商務局與福公司於光緒二十四年，議定山西開礦製鐵以及轉運各色礦產章程二十條，嗣於光緒三十一年經鐵路大臣盛與福公司商訂續合同四條。今既有此轇轕以致不得遵守前後所定之合同，山西按察司丁現奉諭旨來京會商調停此件以了結所有關於章程合同之事。兹將彼此議定之款均開列於下：

一、現在山西商務局與福公司商議，商務局願晉省備款，將所有與福公司所定開礦製鐵轉運正續各章程合同，議定贖回作廢，既經會議之後，福公司因體諒晉省甚願自辦本省礦務之至意，按其詳細情形，應允晉省將前後所議定開礦製鐵轉運正續各章程合同，由晉省贖回自辦，以敦友誼而維和平。一、贖款計行平化寳銀二百七十五萬兩，由山西商務局擔任按期交清。一、此項贖款數目係晉省所擔任，交與福公司收納認爲賠償，福公司原訂合同内應索之款，并各項所損失之利益，至福公司在他省另有經營，與晉省毫無干涉。一、此項贖款準於光緒三十四年正月二十日先交一半，爲第一批，其餘之款歸於光緒三十五三十六三十七年三期攤還，每期準於華四月初一日兌交。一、贖款按行平化寳銀核算，不摺不扣，其由晉至京匯費等項，并先行借墊款項利息，均歸晉省承認，由畝捐項下攤還。一、此案原由商務局稟奉山西巡撫批準，復經前總理衙門奏准，現既由晉省備款贖回此項合同作廢，應請外務部咨照山西巡撫，督飭商務局，按期交款，不准稍有拖欠，務須遵照合同辦理。一、晉省礦務，既係收回自辦，福公司將所有開礦製鐵轉運正、續各章程合同之權一概退回晉省，絕無借洋款之意。惟此次福公司，既將所有利益退回，將來晉省礦務、製鐵轉運等事，萬一有籌借外款之事，由晉省通告福公司，果其處處較廉，再行籌議，否則另借各無異言。一、從此合同簽字之日起，三月之內，福公司應將平定州所有廠房一切交出，與所有機器等物，一并交與山西商務局。其開列於原定合同所訂之五處，福公司將其已購之產，一概退還，不得再執爲業。一、福公司所聘用之人，無論工程師或他項員役，因此而失其事業，以致不得營生，向福公司要求賠款者，福公司自行擔任。一、此項贖款由商務局先行籌借，由晉省畝捐的款項下，每年盡數撥用。緣礦產係晉省公共產業，畝捐亦係晉省公共辦理，全省公益之款，是以應使此款贖回本省之礦產。惟在未將此項贖款還清以前，不得將此畝捐稍爲更改，或減免其數，如畝捐不敷此用，則晉省大吏須隨時提用他款，以補不足。一、原合同議定之章程二十條，既爲前總理衙門批准今了結，此事之合同亦爲外務部所批准，并爲大英國使臣應允以俾彼此保其本國之人遵守一切。一、現將此合同以華英文繕具兩分，各執一分爲憑。

山西商務局　押　福公司梁　押

大清光緒三十三年十二月十八日

又　第六卷第八號《山東京官對於路礦之籌畫》　山東京官范太史之杰等，擬聯合同鄉京官王寶田、柯鳳孫等，研究該省路礦保存辦法，計分三項：

（一）山東之諸城安邱蒙陰沂水濰縣五處礦產，係光緒三十三年七月二十五日，楊蓮帥與德人續立合同。展限二年，德人如二年之内，不能開辦，此約卽可聲明作廢。至今年七月二十五日，則及二年限滿之期，現宜預爲聲明，山東五處礦產，到期卽須作廢，不然恐東省大吏，再私與德人展限，則山東全省命脉，從此絕矣。卽德人有意外之要求，我必以正當之防禦，而預爲準備。

又　第九至十三號《記山東士紳對於路礦之計議》　光緒二十三年礦政調查局與德人所訂之五處礦務合同，於今年七月十四日期滿，當時德人允將毛山礦產聽華人收贖，因值新舊撫交替，故此項交涉，至今尚未議結。該礦贖價，德人共索八十萬金，刻聞德人堅持此價，不肯少讓，辦理甚爲困難。升撫袁海帥前招集各紳，籌議收贖一切辦法，各紳對於此項交涉，甚爲淡漠，該礦經礦師調查，所開礦井，積水甚深，廠屋地基，所值不過三千金有奇。卽并開礦經費計之，亦不值八十萬金之鉅，各紳以礦政調查局前與德人所訂之合同，係爲探礦而設，并非已許其開採，乃德人於未領開礦執照以前，卽行開採，實屬違背合同。現以營業失敗，始讓由中國收贖，若并開礦經費，亦由中國擔認，獨出鉅資賠償其損失，實於理未允，故批項交涉，紳界不願預聞。但此事一任官府主持，將來無論贖價多少，仍須紳民擔認耳。【略】

山東京官，因德國商人，要求東撫贖回茅山金礦一案，查得德人所開金礦，原訂礦地計三十華方里，現已開採數年，賠累不下四五十萬。久思運動華官，由東省收回，以恢復其賠累之款。東撫酌定贖價，爲二百五十萬馬克，因在山左會館集議，均以爲茅山金礦，德人既開採賠累，足徵出金不旺，不能抵償工資。西人擅長礦學，猶有此失敗，若自行開採，其賠累更在意中，又何必贖此廢礦，爲他人擔任賠累？況山東財政困難，遽籌此二百五十萬馬克之巨款，頗屬不易，而擲之無用之地，未免失算，故寧棄此三十方里之礦地，斷不可徒慕收回之虛名，特電覆東撫，毋庸贖回，略言遵照合同，逾限不辦，卽全失效力。外人不得無理索償，亦不必與彼磋商，應將續訂合同，聲明作廢，決不承認備價收回。聞又并已知照山東商務總會紳董，將京官議決事宜，轉知各商會，公認將該合同決定作廢云。十三日山東京官，復又在前門齊魯學堂內，大開會議，與會者，一百八十餘人，諸人演說大旨，一、五處礦產，已逾限兩次，據理作廢，自七月十四日起，合同即作無效。【略】

一、贖回茅山礦產事，東撫孫中丞近決計用款買回茅山礦產，并以籌款維艱，增出加賦問題，聞其致魯省京官函中，有加賦可得大宗款項，既可入津浦路股，又可買回茅山一礦，且贖礦費僅四十萬兩，儘可由我擔保，按年交付，并不用士紳籌款等語。各京官亦不謂然，某日，又與商學各界會議公決，不認此舉，并擬將關乎本案始末，及與孫撫來往函電，和盤托出質諸公論云。

某日，山東同鄉政商學界遍發抵制魯撫傳單，略云：山東五礦問題，本非國際交涉，該合同七月十三日早已限滿，迭經同鄉京官及諮議局與留學界函電公懇聲明作廢，并不承認買回茅山廢礦，乃孫撫一味遷延柔媚，種種失敗，必當極力抵拒云。

孫中丞又致函東省某大京官，略言五礦係外人情讓，亟宜買回，而東人不察，反謂我不當如此辦法，公理何在？是非何在？現在約三四十萬兩，即可了結，而東省在京官紳及諮議局財政局，均不謂然，腹背受敵，督撫真不可爲，懇向同鄉爲之解釋云云。某某二大京官并未將此函宣布，即行作覆默許，同鄉京員深以爲非。

孫中丞又批答諮議局議員楊毓泗等公呈，力陳贖回礦產之利益云，查茅山礦爲華德採礦公司五處之一，諭其未領開辦執照，遽行議售，實有不合，惟東省上年創議保礦，彼時雖無甚結果，而德人售茅山礦之議，即由此而生。是以袁升院迭飭官紳會議，籌款收贖，而又恐所議不成，故有議者自議，勘者自勘，合同自合同之照會。迨本署院奉署任之命，在京即由德使面述德政府令該公司將五礦售還中國，合同作廢，此乃該政府格外和好之意，請本署院到任後贊成等語。本署院到任後，查得官紳所議籌款辦法，均無頭緒，德公司已呈請領開辦執照，若再延宕，彼必催領礦照，勢難中止。本部院以爲東省士紳上年既有保礦會，德人議售，起於去冬，自春徂夏，京外官紳并無異議，揆之與情，自無不以收回礦權爲然。而德公司勘礦八九年之久，且不止茅山一處，糜費自多，必不肯無端而罷。當日所訂合同，原屬官府所訂，此日籌款議贖，豈能令紳商擔任？該公司原請索價二百二十五萬馬克，係照該礦之價值估計，前經袁升院派員前往茅山查勘，估計該公司歷年探礦一切費用，約需華銀四十二萬兩。本署院因該公司尚未實有礦權，不能議售，故以取消合同酌償勘費爲宗旨，飭勸業道洋務局迭與磋商，至今尚無成議。本署院亦明知收回礦山，如獲石田，當此財政困難，何樂爲此，但保礦發於東省士紳，議售出於德國政府，開議起於袁升院，不能不三面顧到，來牘所稱賠償能得何種利益。則可斷之曰，賠償可立廢五處之合同，德人不得再干預礦產，以示各國我東省有此保礦之實力，保礦權即所以保主權，又稱不賠償又將得何種損害？則又可斷之曰：不賠償彼必索開辦執照，實有礦權，將來礦旺，則彼獨享其利，礦衰彼亦不肯輕棄，必借題滋擾地方，使居民不得寧處。屆時向贖，更索重價，如銅官山之案。且此事彼之公使領事，均聲稱出於政府之命，我若不與議收回，以後兩國交涉之感情爲何如？諸紳多明於世界之大勢，幸再就事情上切實體察，勿徒以學說理論相責難。本署院久歷外交，實不敢謂經驗最富，然平日總以和洽邦交，修明內政，不尚意氣爲宗旨，今者忝撫是邦，雖自愧無才，而無日不以尊主庇民爲念。確欲爲東人謀久天之利益，固不僅爭此區區五礦，以賠償了事，惟諸紳其共諒之。再日前本署院莅局，陳述意見，提及德公司原索二百二十五萬馬克，實未曾言及賠償勘礦費數僅三十萬馬克，想係諸紳等誤聽，特爲聲明，此復。【略】

一贖回茅山礦產事，東撫孫中丞因贖回茅山廢礦事，與德人業有成議，無法辭退。復思一籌款之法，於膠濟鐵路沿途增設稅局，徵收子稅，即將每年稅銀陸續歸還贖礦之款，并聲明自己作保，決不令東省紳民爲難。如認可，即向德人交涉等情，昨已函商京官，當由京官會議，以按膠州稅關子口，均照章納稅。若附近鐵路再增設稅局，似已稅之貨，重徵一次，現值舉行印花稅，正當減裁雜稅，以蘇商困。若無故加增，實無此辦法，全體決不承認，聞此案同時交諮議局提議，亦經議駁云。

又孫中丞前委山東勸業道蕭觀察應椿，會同委員余觀察則達，籍紳汪觀察懋琨，與駐濟德領事貝斯，暨五處礦務總辦石謚德，開議贖回茅山等五處礦產。屢經談判，相持數月之久，始由八十萬兩磋商至三十四萬兩之數，并議款項分期四年交付，經貝領事與石謚德允商德國政府，并柏林總公司，聽候回電辦理。昨接石謚德函稱，所定之價，總公司業已照允，應如何分條辦理之處，尚祈早爲預備，以便面議等語。是此事業已定局，惟現因山東紳士反對者多，由蕭觀察具稟魯撫，謂放棄五處礦權，主張於從前之總理衙門，收贖五處礦權，發端於去年之保礦會。職道等仰秉蓋籌勉殫棉力，不敢云初念所不及，竊惟恐再誤之貽議，事雜言厖，今非昔比。況職道心有餘而才不足，患未至而憂先來，茲事大端雖經粗定，然此後條分辦法，會可議單，一有疏虞，必多失敗。目下余道既出省權篆，汪道亦以身列議員，聲請迴避，職道一身深憂叢失，爲此瀝陳下悃，可否另派大員，與貝領事石謐德接續開議？俾職道稍免罪戾之處，出自逾格成全云云。

據上海文匯報十一月二十三日青島電，言山東省已出庫平銀三十四萬兩，將五縣之礦向德國實業公司贖回云云。按上條言孫中丞籌備贖礦之款，京官及諮議局均不贊成，又言款項分四年交還，尚須會議辦法，則似無將三十四萬兩之贖款立時全付之理，文滙報所言，似未足爲據也。

安徽收回銅官山礦權分部

綜述

《東方雜誌》第一卷第九號《外務部奏英商凱約翰請辦安徽礦務改定合同摺》 竊臣部於光緒二十九年十二月十四日，准英國駐京大臣薩道義將英商凱約翰，與安徽巡撫所立驗礦合同，函請核復。前來當經臣部電咨安徽巡撫詳細查復，旋准該撫先後電咨稱，皖省前有英商凱約翰遵章承辦礦務，經前任巡撫聶飭商務局，於光緒二十八年四月與訂歙縣銅陵大通寧國廣德潛山等處勘礦合同二十三條，以八個月爲限，先後連展四限，每限三個月，扣至二十九年十一月止。去冬凱約翰於未滿限之先，來皖願將原定歙縣、大通、寧國、廣德、潛山等五處刪除，改爲開辦銅陵縣之銅官山一處，惟查原議合同開礦限期至百年之久，地下礦路至三十八萬四千畝之多，未敢率行定局，相持多日。凱約翰膠執原約，未能就範，合將地圖說略暨原訂合同約據咨請核明辦理等因前來，臣等查該商原定合同內第十三

條所訂期限，年數多至一百年，向章實無此辦法。第十九條所指地段見方三十里，居該縣全境三分之一，且東西南三面均侵入鄰縣界內，名爲銅陵縣一處，實并其所除之大通礦地暗包在內，未免占地太寬，窒礙難行。經臣等迭次面加駁阻該商，總以原議六處今只承辦一處，業已減無可減爲辭。至期限年數太多，尚肯略爲減少。復經臣等堅持面議多次，磋磨逾月，該商始允將地段縱横各減十里計見方二十華里，其地面除蓋廠挖硐外，均准民間照常耕種。及各項正用年限，則按照雲南成案，以六十年爲期。并於合同内聲明，如届期彼此均願展限，則展限，惟展限之期不得逾二十五年之久，其餘各條核與臣部奏定章程均屬相符。間有字句未協之處，亦經細加酌改以期周妥。茲將改定合同二十三條謹繕清單恭呈御覽，如蒙俞允，即由臣部與該商訂期畫押，作爲開辦之據。謹奏。

又《安徽巡撫誠會同兩江總督魏安徽先設全省礦務局以保利權片》 再時局艱難，開闢利源爲當務之急。皖省重山磅礴，礦產甚繁，特以民間惑於風水大率置諸不顧。到任後，即飭商務局剴切諭導，并邀集廉正紳商妥籌辦法，旋據該紳江蘇候補道蒯光典等稟，稱現已公同商酌，擬請先設全省礦務總局，以保自有之權利，以立開辦之基礎。惟民志未一，必得公正紳士隨時考察調護，應公舉鄉望素孚之正紳，專司其事，仍請另派廉明委員監督經理，以期聯絡。而事當創始，需用浩繁，擬由紳先籌銀十萬兩，更請酌撥官款以助之。一面仿照湖南辦法廣招股本，以厚商力，凡以前已辦各礦及業經議定之處，仍照原案辦理。其有遵照新章請辦或已議採驗未領執照，與夫未辦者，均歸總局核議。但勘礦不精，開採即難收效，擬延著名礦師，派員偕往各州縣，會同官紳確查礦產，分別官地、私地，何等礦質，有無妨礙，詳註於册，爲次弟開辦張本等情，稟請奏咨。并據商務局司道具詳前來正在核辦間適准商部咨欽奉諭旨，福建興泉永道袁大化，著發往安徽辦理全省礦務。欽此。仰見朝廷，興利惠民之至意，伏思礦產乃天地自然之利，若開採如法，經理得人，則因民之所利，而利之裕國，便商兩有裨益。該紳等請先設礦務總局，爲自保利權起見，所擬辦法亦均屬目前切要之圖，且原議本擬公舉正紳與大學士孫家鼐等，所奏若合符節，自應俯如所請，仍官督商辦。俾有責成將來袁大化到皖，即飭總理其事，并將一切章程責令分别妥議詳請奏咨立案，届時再由選派監督官一

員，專司稽查征稅各務，以期互相維持。謹奏。

又　第五卷第七號《銅官山礦務篇》　光緒二十八年四月，安徽巡撫聶緝槼任內，由商務局與英商凱約翰以倫華公司之名，訂歙縣銅陵大通寧國廣德潛山等六處勘礦合同二十三條，以八個月爲限，先後連展四限。每三個月一限，扣至二十九年十一月止，是冬將届限滿。凱約翰來皖，願將原訂他五處删除，改爲開辦，銅陵縣之銅官山一處，皖撫誠勳，以其年期太久，占地太多，相持未敢定議。久之乃將全案咨請外務部辦理，旋於三十年四月十一日，由外務部奏改定銅陵縣礦務合同一摺，奉硃批依議，欽此。嗣於二十二日畫押，由是二十八年之原合同及二十九年之展限合同皆廢，而凱約翰所代表之專勘銅官山礦者，易名爲安裕公司，以承接倫華公司之業。是爲今日逾限自廢之合同所自始，合同見本雜誌第一年第九期此合同訂後，至三十一年四月，皖人以期滿未辦，請外部向英人聲明作廢，英人謂限期未滿以前，已派工師前往開工，均照合同辦理，不能作廢等語見覆。嗣是往返辦駁，迄無成言。英工師名麥奎者來皖勘辦該礦，皖撫函領事禁之，領事以安裕公司不允合同作廢相抗，其實凱商無力任此。至三十三年，凱函請李紳經方爲華總董，自願撥與華商合辦，當以合同已廢拒之。經方時方使英，外部令就近商凱撤廢合同辦法，皖人亦公要之，迄未就範，而凱有欲得四十萬鎊，聽皖人贖回自辦之意。今年四月，忽稱倫華已與日本三井商締結合同，合辦該礦，於是日英兩使迭照會外部，外部各以正當理解覆之，其文如下：四月二十日，日本阿部代使照會外部云：爲照會事，兹奉本國外務大臣文開，據日商三井洋行現與中國政府前次批准，開採安徽省銅官山礦之英商倫華公司，訂立合同，分擔安裕公司營業資本，并經理一切業務。查安裕公司，係爲經營銅官山礦曾經設立者，訓令將以上實情，轉達中國政府知照等因前來，相應照會，即請貴親王查照，速將前因通知該地方官憲，并希轉飭隨時照料，是所盼切，須至照會者。

四月二十一日外部致日本阿部代使照會云：爲照復事等因，查英商凱約翰，爲安裕公司總董，承辦安徽銅官山礦務，所訂合同，於光緒三十年四月十一日，奏准畫押。該合同第五條載明，其開辦限期，自奏准簽字之日起，限十二個月，如逾限不開，即將合同作廢。報效銀兩，亦不得索還等語。迨三十一年，四月二十三日五月初八等日，本部據安徽巡撫來電，以銅官山礦定限十二個月，至今未來開辦，現已逾限，應遵章將合同作廢，報效銀兩，照章充公。執照一并繳回等情，照會英國薩前大臣在案，嗣皖省京外紳商，紛紛函呈本部，均力主逾限廢約之説，又曆經本部先後照會英國駐京大臣有案，距今三年之久，雖該商多方託詞，不認廢約，而本部主持此説，始終無異。重以英國大臣迭次爲該商爭論，特令駐英李大臣就近與該商和平商結，迄今所商雖未就緒。惟銅官山礦産，照章未便再由該商凱約翰承辦，已確然不移。本月初三日，接准英朱大臣來照，謂倫華公司與日本三井洋行訂立合同，經理銅官山礦務，本部業經聲敍全案，照復該大臣，以爲節外生枝，與原約相背，本部斷難允認。兹准前因，相應照復貴署大臣查照，即將此案詳細情形暨本部不能允認緣由，轉達貴國外務大臣飭遵可也，須至照復者。

五月初三日，英朱使照會外部云，爲照復事，倫華公司與日本三井洋行訂立合同合辦銅官山礦産一事，四月二十九日接准復文，以本部斷難允認各等因在案，本大臣查凱約翰所立開礦合同，皖省視爲作廢，英政府始終未經允認，且仍堅以原立合同爲憑，來照謂安裕公司上年願撥股分，售與華商，該省不認合辦云云。查皖省既未肯合辦，是以該公司現與日本商人訂立商務場中之辦法，來文謂與原約相背，而原約并無限定僅英商入股之條，何得謂之相背？至李大臣與凱約翰商議各節，本大臣不過得知李大臣近願將原合同贖回，而該公司未肯照辦，故本大臣只能再請貴政府，令皖省不得再行阻止，并請從速嚴行該省大吏，竭力襄助，是爲切盼，須至照會者。

五月十五日，外部致英朱使照會云，爲照復事等因，查銅官山礦務逾限未辦，按照原定合同，理應作廢，雖英政府未經允認，而本部迭次聲明作廢之説，并安裕公司情願撥與華商合辦之辦法，亦不許可，確係正當理解。至李大臣與凱約翰商議一節，不過係中國格外通融，以期和平了事之意，乃該公司不待商定，輒復與日本三井洋行另訂合同，置本部迭次作廢之説於不顧，本部何能允認？緣兩國辦事，既有合同可憑，自應執定合同辦理，不能一意抗行也。來照謂係商務場中之辦法，既稱爲商務，自於兩國交涉無干，貴大臣即不必照請本部允認，又謂原約并未限定，不知逾限作廢，即原約亦無效力，又何論約内有無限定。且必謂原約無所限定，而卽可任意牽引他國商人，并需中國襄助，則是凡原定合同所不載者，皆可以無限擴之，該合同更無可依據矣。貴國政府又何爲堅以原立合同爲憑耶？總之此事無論如何商結，本部斷無再認三井洋行之理，相應照復貴大臣查照可也，須至照復者。

五月初六日，日本阿部代使照會外部云，爲照會事等因，查貴部謂安徽省與倫華公司所訂銅官山礦務合同，該省大吏因該公司逾限未開，早已聲明作廢。現仍由駐英李大臣與英公司商議結束辦法等語惟聞該公司及英國政府，未曾承認安徽省大吏聲明以開礦權利作廢。且該公司深信其有效，英國政府亦決計竭力贊成，李大臣現向英公司提議買回，該公司不允，貴部又謂因原訂合同，無日本商行在內，三井洋行合辦之事，礙難承認。查原訂合同內開安裕公司集資一事，并無限制明文，倫華公司可以任便招別商行合資開設公司，所以本國政府，以三井洋行與倫華公司訂立合同，分擔安裕公司營業資本，爲正當有效也。況如此項事業，不止日英出資者，中國人民，亦可同享其利。本署大臣甚望早日實行，中外取益，爲此請貴國政府虛衷坦懷，審思此事關係，速飭該地方官毋再阻礙該公司事業，且予照料一切，是所切盼，須至照會者。

五月十五日，外部致日本阿部代使照會云，爲照復事等因，查安裕公司所訂銅官山開礦合同，逾限應廢。雖未經英政府允諾，而本部執守此意，確無他說。凡兩國辦事，總期彼此允協，豈有中國視爲已廢之合同，而猶能允認該公司與他國訂立合同，以爲正當有效也？緣原定合同，業經照章應廢，更何論合同內有無限制明文，況上年二月准英國朱大臣來照，謂安裕公司情願撥出股分，分與華商，以爲合辦，皖省紳商以合同已廢，并合辦亦不承認，是中國人民尚不能分擔資本，更何論他國商民？此事無論原訂合同無日本商行在內，本部不能允認。卽倫華公司亦不能以中國視爲已廢之合同，尚有權招集他商資本，并希冀中國允認，該三井洋行與倫華公司如何訂立合同，實非本部所知也。爲此照復貴代辦大臣查照，須至照復者。

觀以上往復之文，倫華三井，私相授受，顯背礦章，外部摺之，不患無詞矣。惟合同作廢之故，部員尚不無異議，先是外部考工司員某作銅官山說帖一通，略云。

銅官山礦務，自三十一年四月本部據皖省去函，在限期未滿以前且以派工師前往開工，均照合同辦理，不能作廢等語。照復，往返辯駁，相持至今，麥奎既未離山，凱約翰亦未讓贖，英政府與中國之交涉，惟以此事爲最注意。且添出日本以爲之助，而皖省中外紳商，第以廢約爲言，并合辦亦不許可，始終無一辦法。本部空言搪塞，究亦無裨。據李大臣最近來函云，凱謂該礦所出之鐵，可獲利八十萬鎊，中國欲行贖回，須有四十萬鎊，渠已用去四萬鎊。又鈔録海格森勘礦報告云，礦井業已鑿成，地面亦已轟開，礦砂可有一千萬噸，每噸合售四鎊十二先令三本士等語。皖撫來電，亦謂該處每日有五六十人作工，【略】我但虛言廢約，彼則實行開礦，不特肆無顧忌，利權盡爲所攘，萬一累及地方，另生枝節，將來愈難收拾，似宜通盤計算，密籌一對待之辦法，以期有所結束，其辦法大約四端：一廢約、一贖回、一合辦、一讓辦。廢約極是正辦，贖回則需款過鉅，合辦證辦，則皖紳皆不認，【略】擬請由本部堂憲約集皖省鉅紳，定一辦法宗旨，再由皖撫剴切示諭在籍紳耆，俟摺衷審定後，卽逕由本部與英使商結云云。

海格森報告云者，倫華公司曾托海格森公司於一千九百三年十二月，勘驗銅官山礦，其報告中有說帖所載數語，凱商據爲早已動工之證。而該司員信之以入說帖者也，文繁不具録惟一千九百三年十二月，爲光緒二十九年十月，此正六縣礦約四限將滿之時，如果成效已著，何以逾半年始定今合同，且合同中又訂明一年不辦作廢之語，亦斷非已有成效語氣，據凱商言，亦止云一千九百零五年以來，我等在銅官山礦地及礦之附近，作工不懈，見徒則海格森報告之不足憑。已可概見，其實在施工與否，皖人身處其地，烏能無所聞見，觀其致函在京鄉老，專就此說帖爲之分疏，略云。

此次說帖，似根據外人之言擬出，并非該礦實在情形。查該礦合同之確當逾限，早經皖中官紳迭次解決，至詳且盡。部中當有檔案可稽，何以云在限期未滿以前，派工程司前往開工，均照合同辦理，不能作廢。邇日英使照會外部，以該商將運炸藥到山轟礦，請飭地方保護，夫炸藥尚未到山，又何以云礦井業已斲成，地面亦已轟開，更何以知礦砂有一千萬噸之數？且知該礦所出之託，可獲利八十萬鎊，況該山刻下并無尺地爲凱所得，而凱亦幷未按照合同，交價與地方官，購買礦地，試問何幷之可轟，何地之可轟？幷礦砂之於何見出成數，可知外人此等狡詐之詞。皆屬憑空結撰，幷非該礦實在情形，即皖撫每日五六十人作工之電，亦係指在該山修路之工而言，幷非開挖礦井，今考工司所擬說帖，似僅據外人一面之詞，恐非確論。至辦法四端，廢約而外，曰贖回、曰合辦、曰讓辦、竊以爲合同如不應廢，自應按照合同辦理，何三者之足云？合同既應廢，亦應按照合同辦理，又何三者之可議？且該山尺地既未曾售賣，何以云贖？即謂礦砂價值甚鉅，亦吾中國土地之產，與彼何與？譬猶據人之物爲己有，經人索還，而猶按照所據物之價值，要人贖取，有是理乎？讓或外部所不忍言，合亦不讓之讓，自來中外合辦一事，中國鮮有不受虧者，矧該礦經麥奎騷擾以來，地方受其淩辱，口不忍言，百姓之憤怒積之愈深者，後來必發之愈烈。倘此時稍事遷就，不與力爭，一經開辦，恐禍患之生，將莫能測，大局之危，非僅皖人之危，與其貽悔於事後，固不如堅持於幾先也云云。

則逾限廢約，幷無疑義，函中所言麥奎騷擾等情，別有事實。今皖人已舉員駐山監視之矣，其由駐英李使，承外部之命，與皖同鄉之囑，將與凱約翰在倫敦議結一節，李使以凱久未來見，不便輕往就商，致啓意外要求之漸，嗣至五月初三日，凱始來謁，李使當將外部疊次來電，剴切告知，令其廢約。凱謂該礦探實所出之鐵，可獲利八十萬金鎊，中國設自行購回，非有四十萬鎊不可。李使以其要挾無理，祇得將此約逾期，應行作廢，反復辯論。幷告以未曾奉諭贖回，毋庸議及，實欲堅執作廢一層，待其轉圜求贖，方易下手。彼此辯論多時，毫無頭緒，快快而去。十一日，凱又來言，前次所談一切，已會商倫華公司及日本三井物產會社代表人，彼等不允廢約，理應由英日兩公使在北京會商辦理。李使駁詰再四，彼面陳英外部歷次致彼之函稿四件而去。四函皆右凱之詞，文繁不録，去後，復來一函，詞意相同。凱在英蓋小有權力，銅官山一案，外部知照朱使，令凱到使館，與李使議結。凱得信後，即密告外部謂李使既爲公使，又係皖人，公誼私情，於此案必不肯稍示通融，不願來議。故英外部久不來文知照，迨李使到處宣布，謂凱約翰銅官山一案，過期應行作廢，奉中國外部諭示令與開議。凱自知理屈，不敢來見，猶復任令礦師麥奎强至該處築路興工多方騷擾，紳民忿怒，不久恐釀生事端。英政府似宜早爲禁止，此言日久傳播，凱知不來非計，始由外部司官致函與洋參贊柏卓安，請其轉達李使，可否准其來見。李使當令次日來館，及晉謁時，貌頗恭順，但言及廢約一層，則多方狡執，購回一層，係其自行提及，凱屢稱銅官山礦地，數年之久，已費四萬鎊，今始得此好礦，其欲以四萬鎊博一鉅款購回，情形頗露。其與日人作僞，正復爲此，後復致李使函，略云。照本年西二月二十二號，倫華與三井物產會社所訂之合同，倫華公司將安裕公司之股分撥售與三井物產會社，爲數甚多，查安裕公司，共有資本五十萬鎊。按原訂合同第五條僅一萬二千鎊一千九百零五年，曾經中國政府核准註册在案，貴公使與僕兩次所談，已轉達與倫華總辦及三井物產會社代表人。今奉告貴公使，所有廢約一事，彼等固不能遵允，即購回一節，亦不願從。自一千九百零五年五月以來，我等在銅官山礦地及礦之附近，作工不懈，此時計雇用華人，約一百七八十名，築造一路，由礦地前達江邊，倫華與三井物產會社，仍在該礦照常作工。該處所出之鐵砂，可裝數船，現正堆積待運，故現願依英外部來函，將此事由駐華英日公使在北京議結云云。

政府與使臣，交涉所得者如此，至皖人士函電徧海内，其最有理致者，莫如近日覆京官一函，函云：

本月初七日，祇奉琅函，幷承開示各檔案，雒誦之餘，敬服無斁。竊謂銅官山一案，爭議數年，迄未解決，外部與皖撫文牘交馳，京官與籍紳奔走相告，以内外官紳之力，不能敵一英商。禍患之來，鐫於肌理，此非特皖人之恥，實通國所大辱也。諸公垂念桑梓，於此案關係，盡力爭持，不稍假借，銅官命脉，賴以苟延殘喘，實諸公之力也。近承外部屬諸公擬妥善辦法，諸公不自專決，辱垂詢問，以諸公明達。此案利害得失，計籌之素稔，何容某等之喋喋者。惟如來示所云，事關全皖大局，而某等亦同嬰此剝膚之痛，故遵命於初八日開路礦公會職員會，異口同聲，僉以銅官山事件，既不能受英日兩國合辦之實禍，更不能允四十萬鎊賠款之要求，今日爲挽救計，除堅持廢約自辦外，無他長策。查光緒三十年凱約翰以英國商人名義，與外部訂銅官山礦務合同二十三條，照第五條，『自奏准簽字之日起，限十二個月，如逾限不開，即將合同作廢，報效銀兩，亦不得索還。』凱約翰所持以要索之理由，全然失其根據，則原訂合同，皆無可以研究之價值。惟英公使及凱約翰藉詞飾說，故不能不詳舉之，以摺其非。合同第三條，謂『公司應設華總辦一員，英總辦一員。』是該公司原爲華英合辦之性質，去年凱約翰函請李伯行京卿爲華總董，皖人及伯行京卿均拒絕之，是合辦一層，自難置議。原訂合同第五條，謂『目下已糾集資本英金一萬二千鎊。』是否集有此數，不得而知，姑就此數計，以一萬二千鎊之資本，乃要索人賠償至四十萬鎊，藉端射利，其居心險詐，蓋不可問矣。原訂合同第十七條，載『此合同係遵照光緒二十八年二月初八日，外部奏奉旨批准礦務新章酌定，倘有未盡事宜，合同内未及備載者，亦均遵此項奏定礦務章程辦理。』查光緒二十八年二月及光緒三十年二月，先後經外務部農工商部奏准通行礦務章程，對於華洋開辦中國内地礦產，俱被限制。光緒三十年礦務章程第十四條，載『原稟領照人，無論開辦以前或已辦之後，如欲將執照轉移他商，應具稟本部聽候准駁，倘私相授受，一經本部覺察，將原稟領照人從嚴懲罰，礦照徹銷，礦工入官。』據此，則無論凱約翰無權可以開辦銅官山礦，即姑作爲有權開辦，則按此條辦理，外部原訂合同，亦祇認安裕公司，今安裕公司與倫華公司及日本三井洋行相勾結謂『倫華與三井合籌辦礦資本，并代安裕經理一切。』［四月十三日及四月二十日英日兩使照會所云］此即中國礦章所謂私相授受者也，英日之私相授受，即有效礦務合同，亦在註銷之數，而況其爲已經作廢之合同耶？英朱使五月初三日照會，謂『來文謂與原約相背，而原約并無限制僅英商入股之條』，五月初六日，日本阿使照會，且强詞謂『倫華公司可以任便招别商行合資開設公司，爲正當有效。』夫外部與凱約翰原訂合同，載明遵照礦章辦理，礦章載不得私相授受，即明明示以限制，何得謂原約并無限制僅英商入股之條耶？觀此，則廢約一層，及英日要求合辦或贖款兩層，外部既無照准之明文，皖人更當盡力爭之責任，惟堅持廢約自辦，非空言可以程效，必得一極有效力之裁決，使兩方面冰釋凛解，事乃有濟。查光緒三十年奏定礦務章程第二十八條，載『凡因事爭執，若全係華商，就近地方官，當秉公判斷，如兩造不能平允，准具呈本部核辦，不使兩有虧損，至華洋商遇有糾葛，應由兩造各舉一人持平判斷，倘判斷人意見彼此未洽，應再合舉一公正人，不論局内局外，皆可從中調處，兩國國家均無須干預。』本公會據此條礦章，決議第一層辦法，由京内外皖紳合舉通英文諳法律者一二人，逕赴倫敦，會同李伯行京卿，迫令凱約翰爲正式之談判，如凱約翰用狡猾手段，避不與議，則惟有將此案先後情節及凱約翰麥奎種種不法行爲，直接向英國裁判所控告。此事純屬兩國商人訴訟之事，礦章所謂兩國國家均無須干預，則中英兩國外務部，均無所用其國際交涉矣。五月初三日，英朱使照會，言『查凱約翰所立開礦合同，皖省視爲作廢。英政府始終未經允認，且仍堅以原立合同爲憑。』云云，查此案原訂合同，外部爲當事者之一方，凱約翰爲當事者之一方，此合同效力，祇能及於當事者之兩方面，英政府決無權可以干涉。中國外部既聲明照原訂合同第五條作廢，英國政府即不能强迫吾國外部必履行此合同。況原訂合同，凱約翰先自不能履行，合同遂自然失其效力，然則合同之作廢，是合同自廢之，不待外部及皖紳之斷斷爭辯也。又五月初三日，英使照會，言『查皖省既未肯合辦，是以該公司現與日本商人訂立商務場中之辦法。』云云。五月十五日，外部照會駁之。謂『來照謂係商務場中之辦法，既稱爲商務辦法，自於兩國交涉無干。』云云。外部駁之是已，此案徵之礦章，既兩國政府無須干預，徵之英使照會，爲商務場中之辦法，則由京内外皖紳合舉代表，赴倫敦控告凱約翰不法行爲，實最正當最切實之辦法。凱約翰雖不服從中國法律裁判，彼爲英人，自不能不服從英國裁判。昔年張燕謀侍郎於開平礦務一案，即在英國裁判所收回，此確證也。銅官山訴訟辦法，言之成理，行之無礙，應請諸公贊成此舉，毅然行之，無涉游移，無怵外勢，倘得挽回利權，守而弗失，則諸公造福於梓鄉者大矣。除先行電達外，并公舉方皋入京，會商一切，此次訴訟經費，擬由京内外同鄉合籌，并請皖省礦務總局先行擔任，礦務總局以保礦爲目的，責任所在，義不容辭。惟目下礦務總理尚無替人，應請諸公電知皖撫暨在省紳士，先撥若干，俾從速舉辦此事，總期堅持到底，無俾貽患將來，諸公熱心桑梓，當無不表同情也。銅山西崩，憂心孔亟，金臺北望，引領爲勞，伏希諸公爲家國珍重，不盡所言。

此函去後，代表方皋亦抵京，法理如此，事實如彼，結果若何，此當與海内拭目俟之者也。

《東方雜誌》第一卷第十號《安徽銅山礦務》　凱約翰謀辦安徽礦務，約分三期，其一期爲王中丞之春撫皖時，是時有皖紳某某，左右於王，此二十七年八月二十九日之合同所以立也。王旋去任，所有與此事關涉案據一概無存。聶中丞緝槼初尚支吾，迨霍領事引前合同爲據。復有舊人潛爲部署，是爲第二期。無何聶中丞亦入其彀中，此二十八年四月初五日之合同，所以立也。當時合同訂明未奉外務部批准，路礦局給照，不得開辦。去年冬經言官糾彈，安徽京官聯名函電皖撫，以冀挽回萬一。皖中大吏不欲負謗，乃使凱自投於外務部，外務部欲准，則有所未忍，欲勿准，則合同早已訂定。報效銀爾亦曾收過，不得已，借伍侍郎之力，商改數條。其至要之點有二：一、期限一百年，改六十年。二、礦地幾百方里改四百方里。專指地面以下而言於四月某日奏准。是爲第三期。而三十年四月二十二日之合同，於是立定。聞商部初不欲給照，徒以事經奏准，無可如何，乃於四月某日，塡一特別之照以給之，并向某部聲明，後勿如此云。然則銅官山礦務，既爲凱約翰承辦，案經奏定，似難挽回。但照合同第三款，有資本不出七百萬兩，所糾股分，登報招集，華洋兼收等語。頗聞安徽不乏殷富之家，若能多購股分，亦足以稱挽利權。未知安徽人以爲何如？未知通國人以爲何如？

又　第七卷第六號《銅官山交涉案末記》　銅官山案爭執年餘，直至今年四月，始行了結。茲將蕪湖關道稟報江督皖撫全文，照録於下，以志此事之終局：本年三月初八日，奉憲臺札開，承准外務部電，准駐英李大臣初三日電稱，銅官山款，今日交付，房地機件礦沙等件，言明一律交出，請電皖撫派員照料等語。希查照等因，承准此，查自候補知縣張令興留，情形尚熟，堪以委派接收等因，到道奉此，并據張令興留來蕪面商一切，當經諭飭馳往，會縣妥辦。并經先後加委熟悉情形之試用直州判崔克順，諳習英文之候選縣丞劉楚樑，同往襄辦，嗣以該礦師麥奎以其住屋係伊出資修築，并零星木料膠灰均與安裕公司無涉，不允交付。又經職道電飭張令等始終堅持，并與駐蕪英領事一再磋商，轉飭清交，始於四月初二初三初八初十等日，將山礦房屋機件什物，開具清單，一律交出，由縣封存，派差看守。麥奎卽於四月初十日離山來蕪，復於十六日憑同該領互立清單，簽字交執，合將簽字清單及續與英領來往函件，一并録摺稟呈，仰祈鑑核，咨部立案云云。

雲南收回澂江等七府礦權分部

綜述

《外務部收郵傳部信滇省借款贖礦事已飭滇督與英法公司代表面商》

宣統三年閏六月初六日收。郵傳部信稱，滇省贖礦借款，高林士反覆翻異各節，前經迭准滇督電咨到部，正在核辦間，又准大部咨照前來，當以贖礦辦法，業由貴部復以仍應就地議結。其借款一節，應俟該代表回滇，後與貴督直接面議等因，電復滇督在案。茲將電稿抄呈，希查照爲禱。附電稿一件

致滇督電稿：閏六月初五

雲南李制台鑒：密咨函均悉。隆興悔約，以本部已與在京四國銀行商量借款爲辭，實無其事。滇省因議廢礦約，發生借款問題，本部迭次復電，俱請滇省與公司妥商，豈有另與在京回國銀行商議之理，明係另有特別原因，遂致翻異前説。現該公司代表來京，英法公使向外務部提議，亦撇開借款，專論礦約，其中情節似可想見。外務部復以仍應就地議結，應俟該代表回滇後，與尊處直接面商，或專議廢約，或贊仍續前議，籌借路款，應由尊處主裁。郵傳部歌。

《外務部發度支部農工商部片請會畫議結滇礦案奏稿并開列堂銜》

宣統三年七月初十日發片度支部農工商部稱爲片行事，案查滇省隆興公司礦案，現經本部派高藩司與法、英兩使議結，取銷原定合同，應由本部會同貴部暨農工商部度支部暨貴部具奏。茲特擬就奏稿，定於本月十四日呈遞，相

應片送貴部會畫，并開列堂銜，聲明有無註寫，送還本部，以便繕摺可也。須至片者，附會稿一件。

《外務部收英使朱爾典照會允准中國收回滇礦》 宣統三年七月初十日，收英朱使照會稱，爲照復事，接准本月初八日來文内開，光緒二十年，與隆興公司所立辦理雲南府等七處礦務合同，今擬收回一事，業由雲南省憲與該公司代表議商有日。近經本部會同法國代理大臣與貴大臣商定，由中國以一百五十萬兩付與公司，取銷原定合同。其款分作六期歸還，每期付庫平銀二十五萬兩，頭一期一月内歸款，其餘五期，每六個月交一次，由英法國駐京大臣先期一個月，知照本部，以便預備，所有該公司并臨安分公司一切産業物件，均交還中國，永與隆興公司無涉。此事既經彼此商定，自應就此議結，互換照會，以資遵守，相應照會貴大臣查照存案，并見復等因，本大臣均已閲悉。查該公司既願按照所擬之法辦理，本大臣自應允照來文所敍各節，備文照復貴親王查照存案可也。須至照會者。

《外務部會奏取銷隆興公司原訂合同附擬發雲貴總督電》 宣統三年七月十四日，會度支部農工商部具奏稱，爲議結滇省隆興公司礦案，取銷原訂合同，恭摺會陳，仰祈聖鑒事。竊光緒二十八年五月初十日，臣部具奏遵議滇省礦務章程一摺，奉硃批：依議。欽此。遵由臣部派員，與法員彌樂石將議定雲南府等七處礦務章程二十四款，於是年五月十六日在臣部畫押，并照會法英兩國使臣在案。該章程内載法、英兩國設立隆興公司，糾集資本，開採雲南、澂江、臨安、開化、楚雄元、江、永北七處礦産，雲南大吏允奏請國家，給該公司承辦，以六十年爲期限，開礦之股本不過關平銀五千萬兩，公司事業虧累，自行擔任，與中國國家、雲南大吏毫不干涉。倘照辦時，或有爭執，應由雲南大吏、法國公使、英國公使各派一員，會議剖斷各等語。嗣該公司履勘礦産，時啓爭端，滇省紳民數次集會，建議呈請廢約。經雲貴總督李經義與該公司商議，承辦大宗借款，興修滇路，卽將前項礦約作廢，意在籌邊弭患，兩益交資。惟雖經該省商辦多次迄無成説，該公司代表高林士忽置借款修路於不議，專就贖約一層要求酬款四百萬兩，滇省僅允給一百萬兩，遂致所議中輟。高林士旋卽來京，經法英兩國使臣出而爭論，堅請速定礦案辦法，卽行議結。臣等公商酌，借款關繫重大，斷非可輕易成事。此時若仍將路款并提，彼必不肯續議。不如就礦約一節，先與解決，藉省轇轕。經臣部電商雲貴總督，亦以路礦分辦爲然，當由新任雲南布政使高而謙秉承臣部度支部籌擬應付方法，與該使臣等晤商多次，竭力磋磨，議定由中國以庫平銀一百五十萬兩給與隆興公司，取銷原訂合同，其款分作六期歸付，每期付銀二十五萬兩，第一期一月内歸款，餘五期每六個月交一次，所有該公司暨分公司一切産業物件，均交還中國，永與該公司無涉。款項由度支部墊給，滇省分十年陸續歸還。業經臣部照會法英兩使國使臣，聲明作據，該使臣等均先後照復，允認備案。伏維滇省幅員寥濶，礦産之饒，久所著聞。近日該省屢議集款開採，祇以隆興成約在先，一有設施，動多牽掣。而該省紳民，亦時以原定合同範圍太廣，引爲隱憂。現經該布政使相機因應，得將原約議廢，庶可消除宿案，永斷葛籐。嗣後仍應由雲貴總督隨時鼓勵該省紳商，將一切礦産實力籌辦，務期成效昭著，款不虛糜，以闢利源而興實業。除電該督就近確查，該公司如有物産，卽派員妥爲收回外，所有臣等議結滇省礦案緣由，理合恭摺會陳，伏乞皇上聖鑒。再此摺係外務部主稿，會同度支部、農工商部辦理，合并聲明謹奏。宣統三年七月十四日。奉硃批：依議欽此。

擬發雲貴總電

取銷隆興礦務合同事，經高藩司與法使磋商，訂定由中國付庫平銀壹百五十萬兩，分六期歸還，第一期在一月内，餘五期每六個月交一次，并無利息。此款由度支部墊給，滇省應分十年陸續歸還。已由本部與法、英兩使互換照會作據，應由尊處酌派妥員，將該總分公司所有一切産業物件，均行收回。希查照。

《外務部發度支部農工商部滇督内閣諮抄送會奏取銷隆興公司合同摺稿暨硃批》 宣統三年七月十五日，發咨度支部滇督農工商部内閣稱，爲咨行事，宣統三年七月十四日，本部會同貴部暨農工商部度支部貴部度支部農工商部具奏，議結滇省隆興公司礦案一摺，本日奉硃批：依議。欽此。相應恭録諭旨，抄録原奏，咨行貴部督閣欽遵查照辦理可也。須至咨者。附抄件。

雜録

《東方雜誌》第七卷第九號《記雲南官紳力保礦權事》 當光緒二十六年時，有假洋商之名義，運軍火入滇者，今滇督李仲帥方爲雲南巡撫，飭首府縣在城外盤查，商人不服，首府縣無如之何，民間大憤，遂有焚燬教堂之事。外人索賠甚鉅，時適鄉試，李入闈監臨，魏午帥時爲滇督，遽允賠二十五萬李堅不肯允，其時法人彌樂石，正由蜀入滇，知督撫因賠款事相持不下，法領事絲毫不肯讓步，乃從中斡旋，而隆興公司之問題遂發生，法人既得七府礦山之大利，乃將二十五萬之賠款，減讓至十萬，此隆興公司之所由來也。

隆興公司定約，至今已十年，因滇越鐵路未成，機器轉運不便，迄未開辦。今春公司總辦始到滇，適有迤西留東歸國之學生胡源李德沛二人，倡設保礦會，力請督院廢約，於六月初四日，在建水會館開會，到者不下二千人，有陸軍小學堂學生，刺臂作血書致會友，語甚悽壯。至十四日，又有陸軍小學堂學生二百人，穿禮服至諮議局，要求正副議長具公稟至院，議長不肯。有學生趙永昌，拔刀斷指，幸爲傍人所持，僅而未斷。其後李制軍以爲隆興公司之約，既經雙方訂妥，斷難無故議廢，別生枝節，只有主張由自己厚集資本，速造辦礦人才，提倡開辦，以爲抵制。於是保礦會乃易爲礦務調查會，於各府設分會，皆紳學界所主持，其激烈者則另爲一會，名礦務研究會。又有馬提督柱，提倡設立雲南三迤礦務總公司，擬招集三千萬股每股五十元，以爲自行開採，實力抵制之計。

在滇之法人，自聞滇人有議廢礦約之信，即時電告法國駐京公使，與外部相爭執，外部即時電詢滇督李制軍，略言據駐京法使稱，得雲南電，知滇省人民，遍發傳單，要求廢隆興公司七府礦約，風潮頗大，聞有斷指割臂，瀝寫血書等事，恐致暴動，望電達從速禁止等因，究竟滇省是否平靖，有無匪徒乘間暴動，希即據情電告云云。李制軍當覆以要求廢約，事固有之，已切實開導，尚不致暴動云云。附録礦務調查會議定事件（一）礦務調查總會事務所，即日設立於滇蜀鐵路公司之內。（二）舉定總理協理，總理丁彥，協理李光瀚、吳琨，其餘庶務書記各四員，會計二員，評議員二十五員。（三）開辦會務經費，先由各人墊出，計共三千九百三十五元，［人數太多不及備載］即以此款作爲開辦費。（四）籌議組織辦礦公司底款，先由鐵路公司借出十萬兩，陸續勸集股款，實行開辦，一俟辦理稍有成效，再議籌借鉅款，以厚資本而資推廣。（五）刊刻本會圖記一顆，并請頒給關防。（六）甫經開辦，待議事務頗多，定星期三星期日午後一點鐘，會議一次，凡屬職員，均應到會，并議俟本會成立後，其應辦事務，略分四項：（甲）派員出省，調查各廳州縣礦產，并組織礦務調查分會，勸辦各項礦務公司。（乙）與現辦之中國人股分礦務公司，分別接洽，并得請地方主管衙門，爲之保護維持。（丙）責成各廳州縣礦務調查分會，查明該處已未開採各礦產，隨時列表報告總會，如遇有買賣礦山，或租借情事，無論買主租户，先期報由分會或總會，查明確無窒礙，方許租賣，倘有未報知，直接或間接私行租賣者，一經查出，除公同議罰外，所有租約賣約，均作爲無效，礦產所有者，若因不得已急須租賣時，本會得以相當之價值租買之。（丁）興辦礦業應辦之各種要素，如研究分析各所，均另延技師，分別辦理。

抵制洋貨運動部

廣州抵制英貨運動分部

綜述

《一八四九年廣州布商抵制英貨的傳單》 嘗聞近悦遠來，經營方得順遂，河清海晏，貨殖自可通流。如我疋頭一行，買自外夷，行於各省，一向相安無異。□道光二十一年，英夷擾後，各家生理，日見短少。試問數年來，我行中能獲蠅頭者有幾人乎！茲復聞英夷有入城之議，不勝駭異！向來外夷數百年來，未聞進城，各國皆守分樂業，華夷并安，今英夷忽有此舉，以至人心惶恐，客心疑惑，在粤之商，早決歸計，遠方之客，風聞不來，則貨物何處銷售！更恐意外騷擾，又於何處寄頓！是以爰集同人，定議章程，暫停與夷人交易，所有入口疋頭，不准私買，即夷館開投零星貨物，亦不准往投。務祈合志同心，足見義慎。況紅羅紫綺，皆可爲衣，吳綿蜀錦，亦可謀利，豈必呢羽等物乎！如夷人罷議入城，我行中再行照常交易，□時各安生理，共獲無窮之利矣。謹讓條款，開列於後：

一議本行各店不得買受夷人貨物。

一議本行各店不得與洋行孖氈店及買辦買受貨物。

一議本行不得到夷館投受貨物。

一議本行各店不得與外行并客商買受夷人疋頭貨物。

一議本行各店不得假手別行客店轉售夷人貨物。

一議本行各店不得與孖氈店私相授受。

以上六款，例在必行，各宜凜遵！如有瞻狥違例者，衆護罰銀四百兩。知情報信者，公所謝花紅銀二百兩。如該店夥伴知情不報，本行永不敍用。

一議本行經紀并外行經紀不得將夷人貨物轉售各客商，如有查出，永不交易。

一議洋行并孖氈店如有賣貨與外行及客商者，本行永不交易。

一議城廂內外并外行各客如有到夷館投貨者，本行永停交易。

一議每月初一日，各店用黃告一紙到公所清心。

道光二十九年二月初六日

錦聯堂公啓

抵制美貨運動分部

綜述

《新民叢報》一九〇三年十月第三十八、三十九期合本《擬抵制禁例策》

一千八百九十四年，禁約續行，其禁約之提綱則曰，限禁來美華工，保護寓美華人。其未來者則限禁之，既來者則慘毒之，保護二字，欺人語耳。立言巧妙，故墮其術中而不悟也。又禁約第二款有現時之例、嗣後所定之例兩語，禁約第三款有遵守美政府隨時酌定章程一語，皆所以推翻兩國公權，而實行自立私例。以故手段毒之又毒，心思密之又密。而沙展之六十一款禁例出，巴太連量人之機器，查册紙拘人之虎差，愈出愈妙，愈妙愈多。所謂兩國之約者，如是如是！所謂保護二字者，如是如是！來日方長，能無痛哭。嗚呼！讀沙展禁例六十一章而不動心不變色者，决非人也，謂之曰禽獸可也。西人之恒言曰：『不自由以生毋寧死』。董仲舒之言曰：『受大辱以生毋寧死』。不自由孰有重於限禁者？受大辱孰有大於量人者？吾見至小之國如高麗，其人之來往自由也，不辱也；已亡之國如印度，其人之來往自由也，不辱也；獨至我華人，於萬國平等之中，別有所謂限制之例。哀哀父母，生我勞瘁，遠涉重洋，四方糊口，賣田售産，以爲游費，乃至而不得登岸者有之，居而下令逐客者有之。豈上帝造人，獨於黃帝子孫，應受此慘毒者乎？

彼之禁我者工黨也，曰奪彼之工也，曰華人傭工賤也，曰華人不潔也。奪彼之工者豈獨我華人？工價之賤者豈獨我華人？身體不潔者豈獨我華人？我華人之忠信勤儉，彼皆不言，而故挑剔一二細故，以爲口實。吾見數事之中，惟工價廉賤，於彼爲奪利。然而日人工價又何如？高麗人之工價又何如？彼皆不禁之，而惟專心致志，以與我族挑戰，此無他，不過我華人不知合羣，不知抵制，直受之而不報耳！

今禁約將滿，言駁例者，又紛然而起，嘩然而叫矣。吾以爲吾國弱，不能調水師戰艦，以臨金山，以攻檀香山，以集於彼國各口岸，僅持公理以爲形勝之地，恃口舌以爲礮艦之資，則前任公使伍廷芳氏固絕妙口才，熟習外交，爭之甚力，與金山府尹某氏，幾至用武，而卒亦無效。前事不忘，後事之師也。且以重大之事，而僅責備於公使一人，我國既弱，不能爲助。而我國民亦袖手旁觀，不發一策，不建一謀。其稍知義務者則曰：吾將以彼之苛待我者告之我公使，公使自能爲我救護。殊不知能識公理者，已非限禁華工之花旗人；能恃口舌者，亦非祖國衰弱之清公使。公理無勢，口舌無力，競爭世界，徒講道理，斷不可以動人也。吾見小孩子淘氣，爲人毆擊，歸而器告於父母，婉轉嬌啼；使毆之擊之者亦爲小孩，則父母亦可爲其解紛，亦可爲其禦敵，使所遇者而爲强漢，爲癲人，則亦何能爲力！吾以爲華人而不思駁除禁約則已，倘亦有是心也，則必合大羣，建奇策，出其不意，攻其無備，以助我公使。舍其舊而新是謀，然後可以濟大事。

今之所謂駁例者，吾知之矣。彼其意以爲禁約受虧，故苛例百出，今縱未能盡除，宜去其太甚者，而存其稍輕者。慰情聊勝於無，即鄙人之初意，亦若是已矣。然條約中所謂以最優之國相待，固久矣視爲隨例之文章，而别見於他款者，則又子矛子盾，大相徑庭。然則此等條約，無勢力以護持之，則有約與無約等耳。即幸而駁除，淘汰略盡，而以自爲刀俎之美人，而視我魚肉之中國，不旋踵而别出一途以相難，其事愈酷，其毒亦愈甚，我華人又將何以處此？矧無理可言。今日之花旗人，有理不能言，今日之中國人，其必不能得志者乎？駁例者固極天下之有心人也，而皆知吾國之弱，不能遽然廢約，還就其詞，而曰駁之云爾。庸詎知惟國弱之故，則愈不能駁，且無所用其駁。還就其詞者，盍反而思之。然則今日聽此約之續行乎？曰烏乎可？我有國民，而我自禁其出境，如今日之日本政府，所謂權自我操也；我不自禁，而人禁我，且組織慘毒之例法以禁我，主權何在，國體何在，有心人所爲痛哭而流涕也。藉曰華人不知主權，不争國體。惟試問禁例已行以來，華僑之財産喪失者幾何？華人之生命傷害者幾何？工黨鼓其無滋他族滅此朝食之蠻氣，無端而寸地可之警告來，無端而望淺拿之惡耗至，無端而查册，無端而毒打，紛紛擾擾，倉倉皇皇，昨日今朝，眼内心頭，亦既飽嘗之而飫聞之矣。禁約何物，此而續行，又何事不可行？

吾今正言以告我華僑同胞曰：禁例不能廢而必廢之。廢之之道將奈何？曰抵制之。夫美國强國也，中國弱國也，船不堅，礮不利，何從而抵制？曰美人之禁華人也，亦以其敢爲而已矣。太平洋之海軍未調，鋼快礮之準頭未施，以一紙空文，而百數十萬之華旅將死，而二十行省之政府被縛，外交受其害，生計蒙其災，則亦曰敢爲之而已矣。然則我行我法，則此抵制之術爲今日獨一無二之法門。

抵制之術奈何？曰辦貨者不辦美人之貨，用物者不用美人之物，爲辦此抵制之術之絶妙宗旨；而傭力於碼頭者惟美貨則不起，買賣於市上者於美貨則有禁，爲辦此抵制之術之絶妙政策。

何爲不辦美貨？曰中國者固地大人衆，萬國之銷貨場也。各國皆有製造品，大率自出之而自用之，而幷以銷流於人國。然甲固自出之而自用之，乙亦自出之而自用之，則兩相抵制，兩相平均，而甲乙互通之貨物寡。惟中國則不然。中國衹有天然産物指未經製造者，而無人工造物指已經製造者，内力不足，外力斯侵，故遂爲萬國之商戰所必争，而挾其地大人衆之好原因，更爲外人銷貨之好市面。往者歐人固嘗幷力以争非洲矣，既已得之，如獲石田，於是移其争點以争中國。以素守門羅主義之美人，亦一變至道，奪檀山，攘古巴，掠小吕宋，其所以然者，以人皆憂貧，彼獨患富，内力既漲，侵奪及人也。檀香山者太平洋之孔道也，奪之以爲水師第二根據地，而保護商業之政策行；小吕宋者中國東南之門户也，掠之以爲窺伺鄰室之好局面，而推廣商務之布置巧。今者請開滿洲爲貿易場矣，又請開北京爲通商地矣，汲汲遑遑，不可終日，美人之心，萬國之所共見者也。夫以彼之急於銷貨於我，而復慘以限禁於我，因利乘便，禁辦美貨，吾知不數月而美之商業病。商業所售者商品也，因是而商品不銷，則商品病。商品何自出，出於製造各大工廠也，於是而工廠病。仰給於工廠之千數百萬人，皆工黨也，又於是而工黨亦病。美例凡傭工于制造者爲工黨，即傭工于會計貿易者亦爲工黨。商業不暢，商品滯銷，則工廠倒閉，而凡百工黨，于何謀生乎？是以間接而用其權力者也。且惟中國無製造品，故由此地而之他地者，往往代人轉運，售甲之貨物于乙，凡外埠之華商皆是也。若此等事，是人取其八九，而我分其一二，終歲代勞，爲他人作嫁衣裳者，何其盛歟！今惟抵制之術行，則幷此而亦禁絶，吾知影響于美人生計界，其事非小，而因商業而牽動于工人，其結果乃亦同其一病。彼工黨以爲我無如彼何，而恣其慘毒手段者，必始願不及此也。夫美人講求商務，此十年中，孜孜不已，近又推廣航業，新造之高麗、西伯利亞、蒙古、滿洲諸商船，而皆以東亞之地名名之，船重加大，冠于環球，其欲以商業而亡我國，更不待言。使非行此抵制之術，則我國民且鼾睡不醒也。今將中美十年來之商業比較，列表如下：

	中貨至美值銀	美貨至中值銀
一千八百九十三年	二〇、六三六、五三五	三、九〇〇、四五七

一千八百九十四年	一七、一三五、〇二八五、	八六二、四二六
一千八百九十五年	二〇、五四五、八二九三、	六〇三、八四〇
一千八百九十六年	二二、〇二三、〇〇四六、	九二一、九三三
一千八百九十七年	二〇、四〇三、八六二一一、	九二四、四二三
一千八百九十八年	二〇、三二六、四三六九、	九九二、八九四
一千八百九十九年	一八、六一九、二六八一四、	四九三、四四〇
一千九百年	二六、八九六、九二六一五、	二五九、一六七
一千九百零一年	一八、一〇三、七〇六一〇、	四〇五、八三四
一千九百零二年	二一、〇五五、八三〇二四、	七二二、九〇六

由此觀之，則十年之中國，其無進步竟若此。而十年之美國，乃由三兆元之數，而達至二十四兆元以上，凡十年間，商業之推廣於中國者，共計八倍有奇。而其餘由他國他埠，間接而至中國者，尚不在此數內。且美貨之至中國，則銷於中國人，中貨至於美國，幷非銷與美國人，實寓美之華人自用其國之貨而已，是中國不得爲商務。本無所有，而美人則剝我膚而吸我髓，我將死矣。此術一行，而繼之以自創製造，則抵制之事，必能行之愈久而愈效，而美人之生計界，必爲我擾，行將自困而至於死。我華商凡有國民之責任者，何樂而不爲此！何爲不用美物！曰生計界之競爭也，以辦貨者爲輪艦，而以所銷之貨者爲兵械，有辦貨者，無銷貨者，則其貨必不通流，而辦貨者亦少。今日中國商人，買人之貨而賣於人，此所謂辦貨家者，舉國之商皆是也。外國以其新奇淫巧之貨，易我資財，剝我膚而吸我髓，我國民之生計受其害。其所以然者，固由我國工鈍物劣，不足以供民用，以爲抵制之具；而外貨之來，判厥罪狀，則辦貨者罪之四，而用貨者罪之六。何也？無用之使之去，斷無辦之使之來，其理甚易見也。今擬抵制之術，如前之説，則既曰不辦美貨矣。然華人不辦之來，而美人或辦之至，至則美貨大銷，華人樂用，則失利在華商，而得利在美人。美貨之銷流如故，貨廠之製造如故，工人之衣食亦如故，將所謂抵制之法，不亦有名無實，重爲各國所僇笑哉。且如英、法、德、日諸國之商，轉運以謀利，其辦美貨而至中國者亦不少也，不于用物嚴其禁，正如前門拒虎，後門進狼，終未有達其目的之一日。然則不用美物，正以補前説之不足，而益收抵制之全功。若夫翻然悔改，求其本原，工藝由此而發達焉，出産由此而漲進焉，則如天之福，舉國之所屬望，吾人之所企禱者也！

不辦其貨，不用其物，其宗旨既爲公衆所同認，則抵制之法，恩過半矣。然而所以行此宗旨者，則有政策。政策既定，則以最多人最廣土之中國，舉而措之，亦自易易。夫貨之來也，最初一步，則莫如碼頭。不爲起貨，則貨何自來？貨之去也，最顯之地，則莫如市上。嚴禁賣貨，則貨何自去？對外對內，以行此抵制之目的，條理而舉之，熱誠以行之，則我之計成，而我之事立。

今試執一人而語之曰，美貨不能至中國，聞者必笑之，以爲商約已定，談何容易。然貨無脚不能行，重洋萬里，輕舟一葉，既已抵岸，行將脱手，殊不知此雷池一步，遠于重洋，而險于輕舟。何也？貨之得上岸與否，其權力操之在我也。夫商約許其通商，定其税則，如斯而已矣；至于售貨之多寡，起貨之負擔，彼政府固無過問之權，我政府無干涉之理。吾聞香港之起貨者，其名曰咕厘，有行者也，行有行所、有行長，會議于行所，總制于行長，一唱而百和，一令而百從，其事易辦。即不爾，而限期若干，略與彌補，省力得財，人所樂就。況乎美貨不至，而中國爲萬國之銷貨場，若德、若英、若法、若日本，抵隙尋釁，其誰不樂以其國之貨來，而替代美人銷貨者。當斯時也，中國之銷貨有定額，斯他國之來貨無缺數，其足以爲咕厘計，傭力生財則一也。若曰：美人以重值雇工，代其起貨，華人無公共心，必樂爲之用，則我抵制之術敗。然重值雇工，則利已歸我矣，而貨之銷流與否不可知。我之不用美物，其風潮已極行于國內，加以工值愈重，則成本愈大，而貨價愈昂，美貨更不易銷，而華人誰復樂用？若曰：美人爲銷貨計，勉强賤售，不計虧摺。然雇傭既糜重價，售物又復摺本，其受我抵制之術所苦可知矣。行于香港者如此，行于各通商口岸者皆如此，則美貨何自來？

若夫物自外來，人多樂用，此又爲中國人最卑下之特質也，失利失權，未必不由于此。今實行抵制之術，則美貨宜禁用。然用與不用，存乎其人，而華人性質，大率東家失火，西家坐視，火不燒身，不肯往救者。使美貨禁用之例既行，其中保無有姦商蠹儈，私售居奇，不顧公義之所在，而從中漁利者。買者不察，價廉貨美，即樂于用，是美貨之銷流如故也。吾以爲用物必購于市，而售某類貨，必有某類之行頭，今唯有速聯行頭，嚴立行約，各自爲治。倘猶慮其作姦犯科也，則每行派若干人以監督之，所派之人先由各行頭公認，監督以每五日彙報一次，其彙報之式，則按年月日，分刊一册，若某街某號，有無私賣美貨，照格填寫，違者則以背行約論，請于其行頭而處置之。若猶慮内地之人，不知若者爲美貨，若者非美貨，則當照列其貨之字號商標，以中西文合璧，刊印成書，頒發内地，講求演説，雷厲風行，則人人明白，人人禁用，抵制之術不脛而走。夫美之工黨，于既禁華工之來，又復日日倡言不用東亞之物，以爲酬答資本家之政策，凡此等事，日有所聞，月見所見，然則我華人反其道而行之，亦不爲過也。

或者曰：美人既吃大虧，其事必不干休。駁之曰：爭權奪利之事，何國蔑有？活動之人，尚禁之不使入美境，聽人左之右之不能自行之貨物，安知不能使之不入中國境，且并非使之不入中國境也，我不辦不用之耳。天下未有强制人必辦其貨必用其貨者，彼美人雖屬强權，我并非違背條約，彼又如我何哉！且美日之所以不禁日人，不禁高麗人，而必禁我中國人者，以中國人之可欺耳；今明示以不可欺之莫大勢力，因病發藥，美人亦當爽然自失也。

或又曰：彼挾我政府，以干預我民間，則我抵制之事亦不行。駁之曰：我輩行此事，正所以助我政府之大力，而更換平和之約也。以其人之道，還治其人之身，我政府之復答美人者，不患無詞。且欲推廣商務于十八行省之歐洲强國，正當利用吾民抵制美人之術，以行其漁人得利之心，仗義執言，必不乏人，而美人又何説之辭！

或又曰：此事有礙于我外交官，行之無利而有害。駁之曰：官者代表一國之平和者也，此事爲我民自行，官自官而民自民，美人不能以野蠻手段，施于我外交界上。且禁限華人，愈出愈酷，華人來者少而去者多，美境已無華人之足迹，則公使之代表，可有可無，而派駐之領事，則更可以不用也。

吾今又正告于我華僑同胞曰：畏首畏尾，身其餘幾，今日换約之期急矣，我輩當冒萬險抱一意以貫徹始終，决意興辦此事。而其要則先行籌款，次刊説帖，于美國立一總辦所，而以諸地爲分局。總辦所代表各分局辦事，派人歸國，歸國後擇一要區，人烟輻輳之地，又立一總辦所，而分派幹員，分赴國内諸商埠。美國總辦所與各分局通信，報告消息，籌備款項；中國之總辦所與各商埠通信，報告消息，興辦各事。于是乎無事不辦。我華人不以禁例爲苦而甘之如飴乎，則又何言。時乎時乎不再來，盍早爲之所矣！

《外交報・論抵制美約一九〇五年八月五日》 美國既定沮止華人之苛例，我國乃議不用美貨以鉗制之，必美人改其苛例而後可。其聚會演説，明定章程，已非一次，想我國通國之人，舉知之矣。夫聚各社會之人，齊心耦意，以文明之舉動，行補救之微權，此實爲我國通商以來之第一次。此可爲民智漸高之証，非徒在挽回區區之美約而已。雖然，此事既爲我國之創舉，則四方將以此覘我國之種智焉，即吾人亦將以此卜我國之命運焉。此舉而得當耶，外人將謂中國之未可終侮，而憂世之士，亦奮起于神州之尚有可爲；此舉而不得當耶，外人將謂中國民人之技倆，止于如是，何所施而不可，而本國之有志者日以灰敗，徇私者日以無忌，而自即于亡，則皆于此舉卜之也。此舉之關係如此，故不開端則已，既已開端，則可成不可敗，可進不可退，一定之理也。然而爲之甚難，竊觀此事之要義，有其五焉。

一、在于鶩實而不鶩名。何爲實？即設法使美人在華之商務，實受損害，不能不變通前約是也。何爲名？即或震于愛國之美名，或迫于同業之公議，初非出于本心，而姑爲此以爲隨聲附和之舉也。由前之説，是爲鶩實。鶩實者終可以達抵拒美人之目的，受其賜者，不獨赴美之華人，而中國一切外交，將無不遍受其益。此即吾人所盼望贊成者。由後之説，是爲鶩名。鶩名之念既生，則行事終不能達其實，或陽爲拒絶，陰與交通，或先期預定，倍其往歲，或本無美貨，謬附同聲。凡此皆有禁貨之名，而無禁貨之實，于美人固無分毫之害，胡能望其改約者，其目的之終不達可知，而吾國人心之涣散，則已表彰于萬國之前。自此外人將不惟蔑視我政府，并我之民羣而亦蔑視之，其種種無禮之加，自此始矣。此所望于今之禁美貨者一也。

二、在于堅持本義不生支節。何爲本義？即前所謂使美國商務有損，不能不改苛例之説也。何爲支節？支節之説有三。演説聚會之不已，其中或有躁妄之夫，爲踰分之舉，而即可爲彼族之口實，得持此以成國際之交涉，此可爲支節者一。事不必與禁美貨相連，但使不自謹慎，忽有他事，可以爲美國所借口，彼有一隙之可乘，未有不飈然而起，以謀撓亂吾議，此可爲支節者二。此事源委，上海、天津諸通途，自能知之，其内地閑居之衆，出洋旅食之人，必不能深知其情節，保無有鄙夫小人，乘此以爲斂錢漁利之計，則將爲此事之大玷，信用既失，事亦不成，此可爲支節者三。此三者，皆可使美人有可乘之機會，以緘吾口而奪之氣，而吾且受侮而吾之如何。此所望于今之禁美貨者二也。

三、在得政府之助力。樂用何國之品，樂定何國之貨，此權操之商民，外人不能强，卽政府亦不必助也。惟此次之事，自其形迹觀之，不再用美國之貨，原爲個人之自由，不能成爲國際交涉；自其宗旨觀之，則實爲迫美人改約而起，于國際不能無影響，則非得政府之相助不可矣。夫望政府相助者，非謂政府能人會演説也，但使政府能聽民自爲，不加摧挫，卽爲得其相助之賜矣。此所望于今之禁美貨者三也。

四、在得各國之贊成。美人之爲此苛例，主之者工黨耳，其國之明達者，皆不謂然也，至于各文明之國，幾皆不以美人此舉爲然。惟華人行事，向來不合規則者過多，故各國雖不附和美人，而亦不贊成我國。若吾人此次舉事，始終無涣散之情狀，無暴動之支節，無始勤終怠之積習，則各國之贊成我者必多，是非獨美人將迫于衆論而自悔，而吾人且可借此一雪共侮辱矣。此所望于今之禁美貨者四也。

此四者，皆爲此次爭約之事言耳，更有第五事，爲吾人所必宜盡力，無論爭約之或勝或敗，皆不能不盡力爲之。此事爲何？卽留居美國之華人，必速行設法改良是也。查吾民在外，社會太雜，腐敗之習，時所不免。故美人之定爲苛例，由于美人之無理半，由于吾民之自取者亦半。由于美人之無理者，吾今既以不定美貨之法報之矣；惟吾民腐敗之習，實足以見侮于人。卽美人怵于吾人之禁貨而曲從，而留此下劣之習，亦終無以箝美人他日之口也，惟其施行之道，則不易言耳。

總之，此次抵制美人之事，實爲吾人之義務。惟其事旁有萬方之觀聽，復關吾國之前途，當其事者，慎毋視爲一哄之市也。

《廣東日報·敬告會議對付美約之諸君光緒三十一年四月三十日至五月初五日、一九〇五年六月二日至七日》 今有一最重要之問題，關於吾華人之生命者，曰惟禁約；今有一最重要之問題，關於吾粤人之生命者，曰惟禁約。【略】美廷禁例日新，竟有不可思議者，其初本明言禁工也，【略】由禁工而禁商，由禁商而禁游學，他日何難并所派之公使而亦禁之，卽不禁公使，何難於公使隨從人員而亦爲一苛例以節制之。充類以推，不及十年，可使吾華人絕迹於美境也。【略】

推美人之用心，其所以悍然不顧，敢於爲此者，不過欺吾國之弱耳。【略】故今日對付此禁約之問題，在有一最要之解決。解決何在？則曰：勿倚賴清政府，而專恃民氣是也。何謂不倚賴清政府也，此約既移議於北京，能廢舊約，另立新約，此清政府事也，然吾決其不能辦到也。能改其所立之約，而增入華人在美享受種種之權利，此亦清政府事也，然吾亦決其不能辦到也。此外則惟有兩事，一曰與美相持，遷延而不肯畫押；一曰爲美所恫嚇，隱忍而竟畫押；如是而此矣。【略】無論清政府畫押與否，皆可置之第二層，【略】彼雖畫押，而吾民可組成大團體，公佈於萬國而聲言不認也。【略】此事不認，可立見諸實事，【略】卽所謂專恃民氣之前説也。何謂專恃民氣也，【略】如紮硬寨，打死仗。挾逼之而不懼，震憾之而不摇，恃此真氣以相競於大舞臺，無説不破，無堅不摧，可預决也。

此次對於美人之禁約，可以用吾民之真氣者何在乎；卽諸君不辦美貨，不受美傭之政見也。【略】此次禁約，就全局言之，則損害國家之尊榮，玷辱國民之人格。就我粤言之，則妨礙旅人之生計，侵害商民之利權。故吾粤人對於此約較全國人感情尤倍。今聞閩人力謀抵制，已有端倪矣。閩人與粤人受病相同，其自救固應爾爾。敬告諸君，爲全國計，爲全省計，皆屬最迫切之事，鄙人將搦管以觀諸君之成也。

抵制日貨運動分部

綜述

《外交報·論粤民謀抵制日貨事一九〇八年三月二十七日》 二辰丸私載軍火一案，事發于粤東，案結于京師。朝廷懼兩國之失歡，不忍吾民之重罹兵禍也，乃不惜納汙含垢，曲徇友邦之請，冀相安于無事。廟堂之重恤吾民也至矣。乃者，粵人激于義憤，函電交馳，汲汲焉調查日商出入貿易之額與其貨品之名色，將謀以昔者抵制美約之舉施之于日。嗚呼！吾民之愛國也，不可謂不摯，而其如事勢之不可行何！綜其要綮，厥有四難，試爲我同胞借箸陳之，其有萬一之當也乎？

抵制日貨，與美貨異。美貨之所輸者，廣被全球，不必以吾國爲尾閭也，故雖吾有抵制之説，彼仍陽爲無事焉者，虚與委蛇，以徐俟吾之轉圜，不必遽起而忿争也。至若日人則有大不然者。彼其百貨之銷場，大率仰給于吾國，絶其輸入之途，惟立槁耳。其患之也深，則必争之也亟。豈有坐以待亡，聽吾之制其死命者耶？天下大難之端，不難于發而難于收。苟一發而不能收，則後此之失敗，將有倍蓰于今日者。使吾國上下一心，而復有堅船利礮以盾其後，夫亦何施而不如意。顧吾乃一切無之，而僅恃一往虚驕之氣，輕犯强鄰之怒。彼朝達一書，而政府旰食矣；夕泊一艦，而海疆震動矣；有司頒尺一之禁約，而吾之全體解散矣。往事既不可追，而國體則重辱焉。事之始也。則上貽君父之憂；事之終也，則又結君民之釁。此其不可者一也。

斯議也，發之者粵人，而日貨之行銷，不僅粵東一隅而已。其抵制僅施之粵省耶，則各關之出入，依然無恙，雖曰抵制，曾何殊于不抵制？若并南北各口而禁之耶，函電往來，曠日持久，無論我之團體未成，而敵之責言已至也，萬一有一埠焉，不從抵制之策，而反唇相稽，則于敵尚無所損，而我先釀成門内之争。豈不重授人以笑柄，使知吾國同心御侮之無人耶？此其不可者二也。

疇昔之抵制美約也，始事之初，其義聲固震動寰區矣，浸假而私儲美貨，僥幸居奇者出矣，浸假而混稱英商，冒運美貨者出矣。訖于今，華工之禁約依然，而抵制之團體竟何在哉？天下非常之事，惟國民之宏識毅力居多數者，始能勝之。吾民之以散沙騰笑也久矣，所恃者一時奮迅之客氣耳。時過境遷，則茶然一無所有。善用民氣者，常有以養其真力，而化其客氣，然後可漸成偉大之國民。苟數數而用之，則芒刃將日頓，而畏葸將日深，馴至于冥然罔覺，汩然化去已耳。今日之事，方起點耳。然吾決其應求之寡，解散之速，必尚不如昔日抵禦美約之推行廣而能持久也。此其不可者三也。

且夫倡此議者，豈非商界之豪，時時以挽回利權爲志者哉？平居無事之時，必當取環球商戰之局，念茲在茲。其于貿易出入之額，列國各有幾何，輸入之物品，何物屬之何國，必已了了于胸中矣。寧待已有違言，而後汲汲焉從事調查者哉？以斯人而當商戰之冲，無有不僨軍而左次者。故即此調查一語，已決其必爲强鄰所竊笑，而此後交綏之勝負，又無待蓍蔡而可知。此其不可者四也。

嗟夫！居今日而言外交，苟無雄大之海軍，精新之利器，而徒恃口舌以決勝敗，負意氣以當干城，惟有終古爲人雌耳！吾同胞之在今日，内之則講求實學，以期進物質之文明；外之則勉圖立憲，以冀有成城之衆志。三年不飛，一飛冲天；三年不鳴，一鳴驚人。沈几觀變，慮患操心，庶幾有雪耻復仇之一日。慎無逞其一時之憤，而謂意氣之足震鄰封也！

僑務部

綜述

清·薛福成《庸盦海外文編·請豁除舊禁招徠華民疏》　奏爲時勢互殊，例意已變，擬請申明新章，豁除舊禁，以護商民而廣招徠，恭摺抑祈聖鑒事。竊臣溯查國朝順治、康熙年間，始嚴海禁。當時，因鄭成功父子竊據臺灣，窺犯江、浙、閩、粵，招誘平民，脅爲死黨，寇勢滋蔓，沿海騷動，不能不創立禁例，以大爲之防。凡閩人在番，托故不歸，復偷渡私回者，一經拿獲，即行正法。厥後臺灣既平，務在與民休息，不欲生事海外。康熙五十六年，禁止南洋貿易一案，經九卿議定：凡出洋久留者，行文外國，解回正法。蒙聖祖仁皇帝特恩，令五十六年以前出洋之人，俱準回原籍。雍正六年，奉諭：出洋之人，陸續返棹，而彼地存留不歸者，皆甘心異域；違禁偷往之人，不准回籍。欽此。乾隆十四年，復奉高宗純皇帝特諭，將私往噶羅巴充當甲必丹之陳怡老，嚴加懲治，貨物入官。大抵昔日海盜未殲、鄰交未訂，彼出洋之民，禁之則可以孤寇黨，弭釁端；不禁則慮其泄事機，傷國體。且承平之世，地廣而人不稠，人散則土益曠，深維至計，首懸厲禁，非苛待此出洋之民也，時勢爲之也。自道光二十二年以來，陸續與東西洋諸國立約通商。英國江寧和約第一條，華英人民各住他國者，必受保佑身家安全。美國續約第五條，中國與美國人民前往各國，或願常住入籍，或隨時來往，總聽其自便。而秘魯條約及古巴華工條款，亦于出洋華民，鄭重再三，庇之惟恐不周，籌之惟恐不至；每于海外要地，設領事官以保護之。誠以今者火輪舟車，無阻不通；瀛環諸國，固已近若户庭，邇于几席，勢不能閉關獨治。且我聖朝煦濡涵育，逾二百年，中國漸有人滿之患。遂不得不導傭工以擴生計，開商路以阜財用，順民志以聯聲氣，張國勢以尊體統。蓋海禁早弛，風氣大開，一視同仁，無間遐邇，前例已不廢而自廢，不删而自删，非偏厚此出洋之民也，時勢爲之也。臣于光緒十七年，奏派道員黄遵憲爲新嘉坡總領事官，屬令到任後詳察流寓華民情形，核實稟報。兹據稱南洋各島華民不下百餘萬人，約計沿海貿易，落地産業，所有利權，歐洲、阿剌伯、巫來由人各居十之一，而華人乃占十之七。華人中如廣、瓊、惠、嘉各籍，約居七之二；粤之潮州，閩之漳、泉，乃占七之五。粤人多來往自如，潮人則去留各半；閩人最稱殷富，惟土著多而流寓少，皆置田園，長子孫。雖居外洋已百餘年，正朔服色，仍守華風；婚喪賓祭，亦沿舊俗。近年各省籌賑籌防，多捐巨款，競邀封銜翎頂以志榮幸。觀其拳拳本國之心，知聖澤之浹洽者深矣。惟籌及歸計，則皆蹙額相告，以爲官長之查究，胥吏之侵擾，宗黨鄰里之訛索，種種貽累，不可勝言。凡挾資回國之人，有指爲逋盗者，有斥爲通番者，有謂爲偷運軍火，接濟海盗者，有謂其販賣猪仔、要結洋匪者，有强取其箱篋、肆行瓜分者，有拆毁其屋宇、不許建造者，有僞造積年契券、藉索逋欠者。海外羈氓，孤行孑立，一遭誣陷，控訴無門，因是不欲回國；間有以商賈至者，不稱英人，則稱荷人，反倚勢挾威，干犯法紀，地方有司，莫敢誰何。今欲掃除積弊，必當大張曉諭，申明舊例既停，新章早定，俾民間耳目一新，庶有裨益。蓋黄遵憲體察既深，見聞較熟，故言之詳切如此。臣竊惟保富之法，肇于《周官》；懷遠之謨，陳于《管子》。民性何常，惟能安彼身家者，是趨是附。中國出洋之民數百萬，粤人以傭工爲較多，其俗雖賤視之，尚能聽其自便，衣食之外，頗積餘財，至今濱海郡縣，稍稱殷阜，未始不藉乎此。閩人多富商巨賈，其俗則待之甚苛，拒之過峻，往往擁貲百萬，羈栖海外，十無一還。且華民非無依戀故土之思也，國家亦本非行驅禁之政也。特以約章初立之時，未及廣布明文，家喻户曉，遂使累朝深仁厚意，澤不下究，化不遠被。奸胥劣紳，且得窺其罅以滋擾累，爲淵驅魚，爲叢驅爵，甚非計也。夫英、荷諸國招致華民，開荒島爲巨埠，是彼能借資于我也；華民擅干才，操利柄，不思聯爲指臂，又從而擯絶之，是我不能借資于彼也。及今而早爲之圖，尚可收桑榆之效；及今而不爲之計，必至憂杼柚之空。查前督臣沈葆楨奏請將不准偷渡臺灣舊例，一概豁除，曾奉特旨俞允。省具文，裨實政，莫善于此。迄今海内交口稱便。出洋華民，事同一律。可否吁懇天恩，俯念民生凋敝，敕下總理各國事務衙門，核議保護出洋華民良法，并聲明舊例已改，以杜吏民詐擾之端；由沿海各省督撫及出使大臣，分途切實曉諭，奉宣德意，俾衆周知；并准各口領事官，訪其平日聲名素稱良善，核給護照。如是，則不事紛更，不滋煩擾，可以收將涣之人心，可以振積玩之大局，可以融中外之畛域，可以通官民之隔閡。懷舊國者，源源而至，細民無輕去其鄉之心；適樂土者，熙熙而來，朝廷獲藏富于民之益。一旦有事，緩急足倚，枝榮本固，厥效非淺。所有擬請申明新章，豁除舊禁，以護商民而廣招徠緣由，理合恭摺瀝陳，伏乞皇上聖鑑訓示。謹奏。

是疏于光緒十九年五月十六日由英倫使館發遞，七月初十日奉硃批：該衙門議奏。欽此。總理衙門于八月初四日覆奏，應如所請。敕下刑部將私出外境之例，酌擬删改，并由沿海督撫出示曉諭：凡良善商民無論在洋久暫，婚娶生息，一概准由出使大臣或領事官給與護照，任其回國治生置業，與内地人民一律看待，毋得仍前藉端訛索，違者按律懲治。奉硃批：依議。欽此。

清·薛福成《出使公牘》卷一《咨總理衙門請英員保護智利厄瓜多流寓華民》　爲咨呈事：竊查本大臣前准出使大臣崔文稱，秘魯所屬必沙灣、意基忌、登拏、亞里架等處，向有華商貿易。自光緒七八年間，秘魯與智利搆兵，將各地割歸智利管轄。上年智利内亂，不免滋擾。中國與智利未訂約章，無從保護。有華商永安昌賓芳等，稟請駐秘參贊轉求英國駐秘公使，一面電達英廷，一面函託英國駐智公使保護。旋准英廷電如所請，論令駐智公使一體保護，極爲得力。又南美利加洲厄瓜多國，亦有華人貿易。該國別立新例，苛禁華人，亦承英國駐紮惠愛磯之領事張百喜，駁除苛例，俾得安業。將來各該處華工有所請託，自益靈通，咨請代謝英廷等因。本大臣當卽照會英外部，致謝英國睦鄰護商之意。茲接英外部大臣照覆，内稱英廷聞得本國駐智利及厄瓜多之官員能幫助中國人民，英廷深爲欣喜，請煩查照等因。相應鈔録往來照會各一件，除咨行出使大臣崔查照外，爲此咨呈貴衙門，謹請查核施行。須至咨呈者。

計鈔往來照會各一件。

光緒十七年四月二十一日。

又《諮總理衙門并北南洋大臣李劉與英外部議駁新金山葛龍巴限制華民》 爲咨呈咨明事：竊照限制華工之例，自美國創行，英屬各地亦從而效尤。英國新金山定例，每船三百噸，准載華人一名進口，仍須納進口身税銀十鎊，方許登岸。此例行之有年。去歲阿泰一案，上控于英國大審院，卒不獲勝。英屬加那大之葛龍巴，亦定例每華人一名進口，納税銀五十圓，此例行之六年。現據葛龍巴華商英昌隆號等稟稱，本年正月葛龍巴議院，議加進口税每人一百圓，無論商人、工人，無論新客、舊客，一律征收。該處生意淡泊，自魚罐、金礦以外無可托業，實不堪此種重税，求爲設法等語。查此項限制華工之例，屢經各前大臣行文外部，竟難駁除。一則以中英條約，并無援照最優相待之語，頗難據以立論。二則英國管轄之權，頗有限制，屬地議院所定之例，英廷只能勸令酌改，不能飭令廢除。是以屢次駁論，仍歸無益。惟是該地設例，專指華人，明示限制，實不合于萬國公法。若遂置之不問，仍恐苛例日出，無所底止，大有礙于華民生計，亦恐損中國之威望。茲本大臣特備一牘，將新金山、葛龍巴二事，相提并論，除俟接外部覆文，有何切實辦法，再行咨呈咨明外，相應將往來照會，譯漢鈔稿，咨呈咨明貴衙門大臣請煩查核。須至咨呈咨明者。

計粘鈔。

光緒十七年七月初九日。

又《咨總理衙門英員允許保護智利厄瓜多流寓華民》 爲咨呈明事：竊照智利厄瓜多華民，經英國代爲保護。前准出使大臣崔來文，當經致謝英國外部，并鈔稟咨呈在案。茲准總理衙門貴衙門函開該處華民，得英官代爲保護，未嘗無益，希請英外部諭令駐智利及厄瓜多兩國使臣領事，如前保護，俾華工得以安業，益見友誼之篤等因。承准此本大臣當備一牘，照會外部，茲准外部覆稱允爲照辦。除咨呈總理衙門并咨會出使大臣崔轉飭駐秘參贊領事查照外，相應將外部來往公牘，咨呈明貴衙門貴大臣請煩察照辦理。須至咨呈者。

計鈔給外部文外部覆文共三件。

光緒十七年八月十三日。

又《與法外部議裁越南等處華民身税》 爲照會事：本大臣前准本國總理衙門來函，以中國請裁越南等處身税一事，業經前任出使大臣許于光緒十二年間，知照貴國前任總理外部事務大臣佛來希尼查辦在案。先是貴部佛前大臣遣員面稱此事，應俟將來查看情形，再爲酌辦等語。又于光緒十二年七月初五日照會許前大臣，内開本部前將遣員轉達之意，今再聲明只要中國襄助，便能有成等因。彼時本國總理衙門因越南等處尚未平定，經費支絀，是以未肯催辦，以示體量。現在該處地方，漸臻安静，諸事大有起色，歷見公牘，信而有徵。竊喜貴國當年未能照辦之事，至此必可施行。況中國于越南等處邊界通商，不憚煩難，妥爲籌辦。原冀往來交涉等事，日增月盛，相與有成。諒貴國國家當有同心，自不待言。今身税一事，既與中越等處工商藝業，實有妨礙。想貴國必肯毅然革除，以表善政。且此税雖名亞細亞客民身税，其實大半出于華民，華民困累較重，人所共知。是以本大臣將裁革之請，復爲申明。務請貴大臣體察情形，允許照辦，以爲敦篤睦誼之據。而此事發端，已閲五載，緩至今日，尤徵中國委曲求全，辦事和平之意。故望貴國通飭越南三圻等處，卽所謂華印屬部之地，將所徵之華民身税，一律革除，以蘇民困。俾中國工商雜藝人等，貿遷有無，通力合作，推廣利源，共沾實惠。爲越南等處富庶之資，于貴國大有利益。而貴國行此德政，中國自必欽佩，可使兩國交涉、通商、邊界等事，益加和睦，裨益良多。此正互相維持，彼此交孚之道，想貴大臣定能洞見無遺，不待本大臣之贅述也。相應照會貴大臣，請煩查照施行。須至照會者。

光緒十八年二月二十四日。

又　卷二《咨總理衙門并北洋大臣李與英外部請删除加那大苛待華民新例》　爲照會事：照得自光緒二年在倫敦設立中國使館以來，本大臣之前任各大臣，曾辯駁英國屬地數處，看待寓居華民及往來該處華民之無理。除前任劉大臣辦理葛龍巴一案，得以辦妥，廢其舊例；其餘各大臣之竭力辦理者，皆不獲成效。因澳大利亞仍設分別之例，以禁華人入境。加那大總政府之議院，復設前葛龍巴議院所定違法之例，不過稍改式樣而已。加那大新設之例，名爲一千八百八十六年禁止華人入境之例，其首段云係英君主所定，加那大上下議院所允，備載所有中國屢次駁詰之條，如英屬地澳大利亞所立禁止華人入境之例一式。中國國家所不悦于此例者，非在限制之嚴，丁税之重，而在專爲禁止華人入境之例。且明言非禁止他國人入境，乃專爲禁止華人而設，未免輕視中朝，不以友邦相待。本年二月二十四日及二十五日，葛龍巴議院擬設加嚴之例，禁止華民赴加那大。辯論之際，擬將此例用以禁止日本人入境，與華民同。後仍將原議擱起，不言日本。此舉非由議院之喜日人，實恐載日人于例内，致犯日本國家之怒耳。本大臣實不解此理。議院計及日本國家，何以與中國國家不同？看待各屬地華民，何以與待各屬地别國之民不同？各屬地與中國，均有極大商務；英屬地所索利益，自昔至今，皆如願以償，載入條約。今苛待華民如此，則以後英國屬地之民，亦不能得此利益，只能照萬國公法而行。總之，無論如何，概不得以相待如仇之例，施于友邦之民，而此苛待華民惡例，爲澳大利亞及加那大所立，中國國家聞之，深滋不悦，屢由前任各大臣照會貴爵部堂，按照萬國公法，與兩國條約，細心合議。本大臣茲亦不必贅説，是以僅將以上數事，爲貴爵部堂言之。并達總理衙門之意，望英廷速將此事革除。中朝以此事非僅輕視中國，實是阻止兩國人民日漸親睦之情。此等用意，斷不可施，應由兩國設法更改也。相應照會貴爵部堂，請煩查照。須至照會者。

光緒十七年六月二十五日。

沈桐生《光緒政要》卷一九　八月，總理衙門奏請豁除華人流寓外洋不准回籍舊案。

迹云，竊軍機處抄交出使英法義比大臣薛福成奏請申明新章豁除海禁舊例一摺。光緒十九年七月初十日奉硃批，該衙門議奏。欽此。查原奏内稱，國初因臺灣寇黨滋蔓，創立海禁。厥後台患既平，務在與民休息。康熙五十六年，蒙聖祖仁皇帝特恩，以前出洋之人，俱准回籍。雍正六年，奉諭：出洋之人陸續返棹而彼地存留不歸者皆甘心異域違禁偷往之人不准回籍。欽此。乾隆十四年，復奉高宗純皇帝特諭，將私往葛羅巴充當甲必丹之陳怡老嚴加懲治，貨物入官，欽遵在案。大抵昔日鄰交未訂，厲禁宜嚴。自道光二十二年以來，與東西洋諸國立約通商。英國江寧約第一條，英華人民各住他國，必受保佑身家安全。美國續約第五條，中國與美國人民前往各國，或願常住入籍，或隨時來往，總聽其自便。又秘魯條約及古巴華工條約，亦於出洋華民，鄭重庇之，復於海外要區設領事官以保護之。誠以今者火輪舟車，無遠弗届，瀛環諸國，近若户庭；兼之中國生齒日繁，不得不導傭工以擴生計，開商路以阜財用。海禁早弛，風氣大開，一視同仁，無間遐邇。茲經據派駐新加坡總領事官道員黄遵憲查得南洋各島商民，華人十居其七，數逾百萬；閩人又數倍於粤，最稱殷富。百餘年來，正朔服色，仍守華風。遇中國籌賑，多捐鉅款，以封銜翎頂爲榮。惟籌及歸計，則皆蹙額相告，以爲官長之查究，胥吏之侵擾，宗黨鄰里之訛索，或指爲逋盗通番，或斥爲運械齊寇，或謂其販賣猪仔、要結外匪，甚至搶分其箱篋，拆毁其屋宇，僞造舊券，追索其逋欠。一遭誣陷，控訴無門，因是憚於回國；間有以商賈歸者，反冒洋籍，倚勢挾威，莫能窮詰。今欲掃除積弊，必當大張曉諭，申明舊例既停，新章早定，俾民間耳目一新，庶有裨益。查同治十三年辦理臺灣開墾事宜，兩江督臣沈葆楨奏請將不准偷渡臺灣舊例，一概豁除，曾奉特旨俞允，迄今海内稱便。出洋華民，事同一律。懇恩敕下總理各國事務衙門覈議保護良法，并聲明舊例已改，以杜吏民詐擾；由沿海督撫及出使大臣曉諭，并准各口領事官覈給護照等語。臣等查中外通商以來，華民傭工，既已任其出洋，豈轉禁其回國！同治年間，既有美秘各約，載明華洋人民前往各國，或常住入籍，或隨時來往，均聽自便之語，是國初舊禁，早已不弛之弛，持當時未及廣布明文，家喻户曉，吏胥族鄰，因得窺鏬滋擾訛索誣陷，致累朝深仁厚澤，尚未遍被海隅。如薛福成所奏種種積弊。自係實在情形。華人流寓各國，人數滋多。若概禁其遄返故鄉，不無觖望。應請如該大臣所奏，敕下刑部，將私出外境之例，酌擬删改，并由沿海各直省督撫出示曉諭州縣鄉村，申明新章既定，舊禁已除。除僞冒洋商，包攬貨物，及別有不法重情者，仍應查究外，其餘良善商民，無論在洋久暫，婚娶生息，一概准由出使大臣或領事官給與護照，任其回國治生置業，與內地人民一律看待，并聽其隨時經商出洋，毋得仍前籍端訛索，違者按律懲治。如此變通辦理，庶幾上以廣聖朝丕冒之仁，下以慰羈旅懷歸之念，誠爲因時制宜維持邦本之急務。所有臣等遵議申明新章豁除海禁各緣由，是否有當，理合恭摺具陳。伏乞聖鑒。謹奏。疏入，從之。

又　卷二九　二月，命保護出洋回國華商。

欽奉上諭：南洋各埠多有華商出洋貿易，熟悉中外情形，尤深明於君國身家互相維繫之義。雖僑居海外，心恒不忘故土，其忠愛悃忱，朝廷深爲嘉尚。迭經諭令沿海各省，於流寓華商回籍時設法保護。現在振興庶政，講求商務，一切應辦事宜，全在得人，尤宜體恤商情，加意護惜各埠華商人等因事。回華者，其家產均著該督撫嚴飭地方官切實保護，即行妥定章程，奏明辦理。倘有關津丁役、地方胥吏及鄉里莠民藉端訛索，即予按律嚴懲，決不寬貸。著即由沿海督撫及商務大臣、出使大臣剴切曉諭，宣布朝廷德意，俾衆咸知。欽此。

《東方雜誌》第七卷第五號《僑商稟請組織商艦協會》　浙江諮議局參議員留日華僑吳作鎮，爲創設商艦事上浙撫稟云：『竊維作鎮經商海外，垂三十年，稔知僑寓各埠同胞，不下千數百萬，每年進出口貨物殆占世界貿易額十五分之一。我國既無軍艦保護，又鮮商輪轉輸，寄人籬下，動輒掣肘，困苦情形，莫可言喻。查列强義勇艦隊辦法，係由人民醵貲購備船隻，平時裝載貨客，酌收運費，以供添置及修葺等用。倘值國家有事，則編入海軍艦隊，聽候指揮。不費造艦養艦之資，而得衛國衛商之益，法良意美，似可仿行。作鎮仰荷憲臺體朝廷德意，招令回國晉接之下，禮貌優加，曷勝感激。今願首規銀二萬兩，以爲組織商艦協會之倡。當此預備立憲時代，國民程度日見其高，急公好義，具有同心。凡有輪資，悉儲大清銀行，不得移作他用，待有成數，即繪圖訂製新式商艦。至於會中一切辦事經費，由作鎮一人擔任，不動存款，以昭大信。茲逢南洋勸業會將次開幕，海內外商民接踵而至，乘此時機廣爲勸導，庶使衆擎幷舉，積少成多。將來協會發達，小足以擴張遠洋之航業，大足以補助國家之海軍，一舉兩得，舍此莫屬，誠爲目前至急之務。應請憲臺先行電奏，俟奉旨准行，再將詳細章程商定妥洽。呈候奏咨立案。』

論　説

清・薛福成《出使公牘》卷五《論豁除海禁招徠華民書》　敬啓者：近日接到新嘉坡總領事黃道來稟，大略謂坡埠富商，多屬閩人，雖正朔服色，仍守華風，然大抵土著多而流寓少，其視中國官吏，有同陌路；偶有回華再來者，無不切齒痛恨，極言宗族戚里之訛索，官長胥吏之欺侮，多自居化外，不願歸國；間有以商賈往者，不曰英人，則曰荷人，反倚勢挾威，干犯國紀；推原其故，蓋緣中國舊例，有不准出番華民回籍各條。當順治、康熙之時，因海寇盛行，嚴設海禁，例意森嚴。今則鄰交已訂，海禁久弛，與往昔情形，截然不同；而舊例幷無廢棄明文，奸胥劣紳，恃有此條，得以藉端訛索，致回籍華民，萬萬不能出頭。必須大張曉諭，將舊例革除，庶華民耳目一新，往來自便，力請福成奏開舊禁。本日業已具牘，據原稟咨呈冰案。竊思此等舊例，在今日原同隔歲之舊歷，積年之廢券，存之毫無所用；而一經剷除，可以禁遏訛索，招徠羈旅，收拾既散之人心，挽回積壞之大局，所裨實非淺鮮。惟事關各國交涉，與數十萬華民之向背，似不當由福成一人具奏，必須鈞署以全力主持，方能與沿海疆吏，呼應靈通。擬請回明堂憲，酌奪具摺上聞。恭俟命下之日，通飭沿海各省，暨出使各國大臣，一體遵行。愚見如此，此信到後，無論堂憲能否允辦，尚祈先行電示，以便轉告黃總領事，似于公務有裨。專肅布達，敬請勛安。九月二十二日英字第三十四號。

又《論巴西招工事宜書》　敬再啓者：巴西遣使駐京一事，前函已陳梗概。頃復詳加探訪，知該國政府用意實係專注招工。竊查從前美洲各國在華招工之弊，如古巴、秘魯等處，皆有洋人集貲，在中國招雇華工，與立合同，給發船費，運送該處，轉鬻於種植田園，實需雇工之人，視爲奇貨。迨合同限滿，又被一再轉鬻，終身淪於異域，役使無異牛馬，所以有豬仔之稱。自日、秘兩國訂立條約，稍革此弊。然當時因欲顧全先到之華工，不免受彼牽制，所立約章，尚難盡如人意。惟赴美國之華工，人人有自主之權，獲利較豐稱爲樂土。邇來該國又有驅逐之政，而華民之生計稍絀。今欲爲吾民廣濬利源，莫如准赴異域傭工，而保其自主之權，杜其驅逐之漸，則必待彼再三籲懇，與之議立專章，添設領事，方可操縱由我。儻彼稍未就範，不妨始終堅拒，蓋彼因注意招工而遣使，或因不許招工而撤使，似亦不妨聽之，然後招工可無流弊。竊謂此事樞紐在許華工自往，而不宜允其來招。華民適彼國者，苟獲贍身家，蒙樂利，往返自如，出入無禁，則聞風者且源源而往，本無所用其來招。務使人人有自主之權，去留久暫，悉從其便，則田主非但不能虐待，而挾制扣留轉鬻諸弊，亦不禁自絕矣。至訂約之始，尤宜以重領事之權杜驅禁之萌爲歸宿，然後稽查有法，而規模可久。若夫洋人或挾重貲，或駛巨艦，動輒來招數千百人，運往該國輾轉販鬻，必當嚴立章程，懸爲厲禁，自無疑義。因遣使一節，福成既爲轉達，故再將招工利弊切實言之，便中回明堂憲，察核爲禱。再頌，合安。十一月初四日。

清·薛福成《庸盦海文外編·許巴西墨西哥立約招工説》 今天下諸國人民之衆，中國第一，英國第二，俄國第三。中國人數在四萬萬以外，大約四倍于英，五倍于俄。余因考二千年來，以漢平帝、元世祖、明神宗爲户口最盛之世，然户多不逾一千二三百萬，口多不過六千萬以内而已。國朝康熙四十九年，民數二千三百三十一萬有奇；乾隆五十七年，民數三萬七百四十六萬有奇，較之康熙年間，已增十三倍之多；道光二十八年，會計天下民數，除臺灣未報外，共得四萬二千六百七十三萬餘人，則閲時未六十年，又增一萬一千九百餘萬人矣。自粵、捻、苗、回各寇迭起，弄兵潢池，人數几耗一萬萬有奇。迄今蕩定之後，又已休養二十餘年，户口頗復道光季年之盛。余嘗聞父老談及乾隆中葉特産之豐，謀生之易，較之今日，如在天上。再追溯康熙初年物産之豐，謀生之易，則由乾隆年間視之。又如在天上焉。無他，以昔供一人之衣食，而今供二十人焉；以昔居一人之廬舍，而今居二十人焉。即較之漢、元、明户口極盛之時，又不啻析一人所用，以供七八人之用。蓋我聖清德威所暨，罔間内外，煦濡涵育，澤及羣萌，民生不見兵革，户中蕃衍，實中國數千年來所未有。然生計之艱，物力之竭，亦由于此。利病相倚，豐耗相循，有理所必至者矣。今欲籌補苴之策，謂中國地有遺利與？則凡山之坡，水之滸，暨海中沙田，江中洲沚，均已墾闢無餘。抑謂人有遺力與？則中國人數衆多，人工之廉，減于泰西諸國十倍，竭一人終歲勤動之力，往往不能仰事俯畜。彼知力終不能自贍，則益好逸惡勞，或流爲游手，爲傭匄，爲會匪者，所在多有。倉廩不實，不知禮節，衣食不足，不知榮辱，自然之勢也。竊嘗横覽方輿，盱衡全局，而得補偏救弊之術焉。方今美洲初闢，地廣人稀，招徠遠氓，不遺餘力。即如巴西、墨西哥兩國，疆圉之廣，不亞中國十八行省，其民數不能當中國二十分之一，其地多神臯沃壤，氣候和平，不異中國，而曠土未墾，勤于招致，且無苛待遠人之例。誠乘此時與彼兩國詳議約章，許其招納華民，或傭工，或貿易，或藝植，或開礦，設立領事官，以保護而約束之。并與訂立專條，彼既招我華民，力墾荒土，功成之後，當始終優待，毋許如美國設謀驅逐。夫有官保護，則遇事理論，駁其苛例，不至爲遠人所欺。有官約束，則隨時教督，阻其不法，不至爲遠人所憎。華民在此，皆可買田宅、長子孫，或有數世不忘故土，輦運餘財，輸之中國者，如此則合于古之王者，有分土無分民之意，且不啻于中國之外，又闢一二中國之地，以居吾民，以養吾民也。于以張國勢，厚民生，紓内憂，阜財用，廣聲氣，一舉而五善備焉。救時之要，莫切于此。若夫歐洲人滿之患，漸似中國；阿非利加一洲，鴻荒未盡闢，瘴氣未盡除，華民願往者尚寡；美國有驅逐華民之政；秘魯一國，及荷蘭、西班牙所屬諸島，或迫之入籍，或拘之爲奴；而澳大利亞一洲，亦有薄待華民之意；自當就其舊有之華民而保護之，不必導之前往也。

《東方雜誌》第一卷第六號《巴拿馬新設苛例》 巴國自獨立後，亦定行苛例。以禁入境華人。由甲辰二月二十五日起，凡我華人，不准入埠，如輪船載一華客來，罰船主金銀二百元，限八日内載回出境，否則加罰五百元。凡已寓埠之華人一律須服西式，行西例，有生産業者，准其居留，如閒游無業者，即須離埠。吁！巴國區區一小國耳，尚設苛例以禁我，逐我，地球之大，將來尚有吾民容足之地乎？我國民其亦嘗知所以自立矣。

又 第十號《美報論禁止華工進口之非》 美國禁華工進口一事，本屬無理取鬧。而究其結果，無非激動我華人之愛國心耳。如近日美國拿呼美報，有論禁止華工進口之非一篇，彼爲美人謀誠得矣。而我華人其何以我華數千年之舊教育有以致之。惟言華人不結團體，不求有選舉權，不知閱報，此缺點也，中國致弱之由實在於此。而彼竟欲利用我缺點，以便其驅使，其居心已不可問。況以華人之嗜鴉片，爲個人之事，華人無國家思想，而不知臨其上者爲何如人，種種汙點，皆引爲華工可用之證據。其蔑視華人也實甚。殆有不以人類視華人之微旨乎？我華人幸毋以其左視華工故，而爲所蒙也。

《中外日報·書南非英屬禁止華工入境新例後一九〇四年九月初一日》

近時中國人之論中外情事者，實有一弊。惡甲國則盛譽乙國，以爲乙國實助我也。受丙國之欺侮，則欲親附丁國，以爲丁國之待我當較丙國爲勝也。不悟有國者，不求自立之方，而徒以依賴他人爲得計，則無論何國，皆將擇利而爲之。利之所在，遑恤其他？是故此國之助我而擯斥彼國也，特以其利害與彼有關也。若與彼無絲毫之關繫，而或於彼有利，則此國之所爲，亦與彼國等矣。彼國之所爲，此國誦言攻之，不少寬恕，實爲一世之公論。然特因辦是事者，非本國之人耳，苟出於本國，則亦可見諸施行，而莫或指摘之矣。若是者，前則見諸英藏之新約，後則見諸南非洲英屬之禁止華工入境新例。按英藏新約，與中俄密約等耳，俄人於東三省之所爲，英人之所深惡也。今若此，其謂之何？南非英屬之限制華工，與美國之苛待華工何異？乃中國事前既不知防備，竟與立招工之約，臨事又聽其所爲，不加以爭執，豈竟忘美國之已事耶？中國不足言，英人於美國虐待華工之事，固不以爲然者也。今若此又謂之何？本館今姑置英藏新約於不論，竊願就其所定限制華工新例一論之。按英人之意，至爲精密，蓋一面欲得用華工之利益，一面亦卽杜截華工，不使華工自有其利益，故方與中國立招工之約。亦卽於南非屬地波釐士碧埠，立限制華工之例，既以限制爲主，於是束縛之騷擾之，務求在彼處之華人，無可側足而後止。其最重要者，有兩端：一、第四款云，此等執照，可任大員之意，隨時再行發給。第五款云，此等執照，總督可任意隨時注銷之。第十二款云，警察官及警察，或辦事大員選派之人，可任便在其所管之地方，或城市，向華人查問其有無執照，若無之則可帶交縣令查審；若意有不合，則可將其拘留，并依例審判。按此數款內『隨時任意』，及『意有不合』等

華人之苦累亦無限，直欲使華人離去該埠而後快。甚至第十九款云，凡華人故意違犯，或意欲違犯本條例者，卽已犯應科之罪一條。又第二十一款云，凡華人用直接或間接之法，助他華人，致犯本條例之罪者，則已有應科之罪一條云云。此等條例，實爲鍛鍊周內，與中國古者腹誹之律，殆無以異。總之無論何人，或不忍華工之受苦，而爲之設法逃免，固可指爲有罪矣。卽使并無其事，而苟不慊於英官之意，亦可以莫須有之罪，加諸其人之身。以彼上無保護，旁無援助之華僑，安有不俯首認罪之理？蚩蚩者氓，尚安有容手足偷食息之地耶？此則懸厲禁以爲拒，而使華人不得容身之策也。又一端則第十八款云，凡得有執照之華人，不得領取牌記，出售酒與雜貨、經營礦業、發賣進口貨物、充當小販，以及他種之商業云云。按此款質而言之，卽謂在南非英屬之華人，但可爲工，不得爲商而已。夫在彼處之華人，或因無工可作之故，改而爲商，抑或先時爲工，繼因積有餘資之故，改營商業，亦人情也。今必禁之使不得爲商，其意又何居？夫中英强弱，雖不相敵，要未嘗不與中國立約，互相通商，視爲平等。今英人之設肆於中國者，星羅棋布，到處皆是，而獨不許華人，營商業於南非英屬，於通商之義何居？假使中國以此法，施諸英人，竊恐條教未布，責言已至，兵艦之來，間不容髮。野蠻之號，無可解免。而英人則可以此施諸華商，不以爲非，於平等之義何居？其尤甚者，則第十五款，有可向其所疑之屋，查明有無此等華人。匿迹其中之語，按地球上，無論何國，亦無論何官，斷無毫無實據，妄生疑議，而輕入民家搜索之理。苟其如是，則寓彼之華人，時時有可疑之端，卽時時有被搜之患，而永無安居之一日。較之中國之待英商，固去之甚遠，卽英國之待他國商人，恐亦斷不如是。而獨以此施諸華商，擇其可欺者而欺之，於文明之譽，無乃有損？此又多設苛例以爲拒，而欲使南非英屬，永無華商足迹之一策也。夫非洲招工一案，非特美國之前車可鑑，卽英報亦自言之。而政府不之顧，貿然與英立約，驅數萬無知之小民，投身於異地而不之恤，而反因以爲利。今則初往之華工，情狀如何，尚未可知，而久居彼地之華人，則直無旦夕相安之勢，不政府之咎而誰咎耶？坐以棄民之罪，其又奚辭？

雜録

清・薛福成《出使英法意比四國日記》卷三（光緒十六年六月）二十二日記　查舊卷，光緒十二年六月准兩廣總督張蘌帥咨開：南洋各埠華民商務情形，現經奏派記名總兵王榮和，内客侍讀、候選知府余瓗，前往小呂宋、蘇禄、衣琅、禄奈、新嘉坡、馬六甲、檳榔嶼、仰江、卑力，新金山、雪梨、噶羅巴、泗里末、三寶隴、般鳥、西貢等處，訪查體察，詳細稟陳，等因。兹將王余二委員先後所稟聞見實情，摘録如左：

新嘉坡鋪户房産田園，足稱饒富。除英官衙廨公産之外，華人實業八成，洋人不過二成。閩省漳泉幫貿易甚大，粤省潮幫次之，廣幫又次之。通埠華衆有十五萬人。近年英設華民政務司，專理出入華工事宜，定章尚稱公允。而華人招工客館，作奸欺騙之事尚難杜絶。由此西北至馬六甲，輪船十二點鐘海程，又至檳榔嶼，輪船三十六點鐘海程。三埠相連，華人商業房産居多。檳榔嶼繁盛足與新嘉坡相埒。馬六甲生意不多，不過商人住宅田園而已。十一年前，附英之巫來由種，如石郎阿國之吉壠埠，卑力國之罅律埠，華工采錫礦者十餘萬。因其國王貪詐，屢啓戰争，被華衆削平土地。英官入而代之，拔山通道，保護華人，征收錫烟酒税，華工均利賴之。今吉壠、罅律等埠，商務亦與三埠相表裏。至嶼埠巨賈甚多，兼通仰江米貨生意。就近各小埠物産，亦皆匯集於此，即坡埠市面亦聽嶼埠號商信息也。罅律埠錫礦甚旺，開礦華人約有三萬，而屬粤人鄭貴者，三分之一。

二十三日記　仰光即仰江，亦謂之南緬甸。出口貨物甚富，米爲大宗，去年出口九萬餘噸，值價洋銀四五百萬圓；每包納税銀一錢八分，約十一包方足一噸，每噸税銀二兩零。此外玉石、棉花、柚木、牛皮類甚多，收税更重。田税亦重於新嘉坡等處。每年入項，除本埠支用外，聞尚溢出金錢三十萬磅解送倫敦。此地一望平陽，可英里二百餘至三百邁，現墾熟田未及三分之一，足稱沃壤。英乘其無備而取之，經營三十五年，竟滅緬甸。今駐英兵，由華城至新街，密邇騰越，大爲近憂。仰光緬人尚守舊歷朔望，頗宗唐風，衣服與中國無異。華人在此者三萬有奇。英、德兩商最大，華商次之。

爪亞，即爪華即古爪哇國。島内之噶羅巴、三寶隴、泗里末等埠，皆屬於荷蘭。此島甚大，《瀛環志略》統謂之噶羅巴，而洋人則謂之爪亞島云。荷蘭有總督駐噶羅巴，該處有華民七萬有奇，衙署在茂物山頂，總督兼轄三寶隴，及疏羅，及麥里芬，及泗里末，及□架等處，皆荷蘭屬地，華民共二十餘萬。

華商華工在仰光者三萬餘人，閩商居三分之一，生意較大，粤人雖多而生意次之。此埠距騰越廳最近，由仰光坐淺水輪船溯流而上，六七日可到華城，又陸行三四日可到新街，又逾野人山不過三四日，可抵騰越。現英人襲據華城，收餉設戍，直駐新街矣。仰光粤商以新寧人爲最多，建有寧陽會館。此外建立合省公司名目，舉董收費，以備延請狀師及保護同鄉等事。至此埠英官，向設頭等委員爲最大，屬於加剌吉打總督。

二十四日記　北般鳥一埠，英國設總督駐之。此處僅有房屋四百餘間，華人千餘。土産金沙、燕窩、冰片及沙藤等項，而鹽爲最貴，以其每擔納入口税洋銀兩圓也。拉畔灣一埠，近北般鳥，亦屬英，全系華人鋪户。華人在此開埠貿易，逾五十年。至道光三十年，英官得此地於文萊島主，遂將埠内外三十英里全割歸英轄，英設『禮時典』一員管理地方。今埠内有華人五六百名，生意未甚興旺，出口貨物穀米、沙藤、冰片、樹膠、煤炭最多。其省城曰山打根埠，内華人不過數百，散處内地作工者千餘人。土産有堅木、冰片、沙藤、樹膠、燕窩、海參等項，近年又在詩家媽河覓出金礦。但開埠僅六年，地廣人稀，全未開辟，水土尚有毒氣，伐木華工多染脚氣等症，是以未甚暢旺。政治之壞，莫如設立賭税。又山打根本系英公司租地，所租在般鳥全島不過四分之一，地勢偏北，號北般鳥，周圍有十萬方里。而山打根本港，内地河道甚多，宜於種植；港門外一河，長四百五十里，左右兩岸皆金沙也。

二十五日記　新金山之雪梨地方官，有請中國速派總領事之議。美利濱之英總督，有勸中國賽會，幷派兵船巡行之説。亞都律及衮司倫兩省華民，見中國委員如覩漢官威儀，均甚歡悦。蓋英屬新金山共有五省，均設總督、巡撫、布政司及水陸提督。其各埠各島已經查看者：曰紐所威路，曰雪梨，曰紐加士，均屬紐所威路省；曰域多利亞，曰美利濱，曰叭拉辣，曰仙大市即大金山，曰咇治活，曰旺加拉打，均屬域多利亞省；曰衮司倫，曰庇厘市檳，曰洛坑頓，曰勃大啤，曰麥溪，曰堅氏，曰皮悳[illegible]

市，曰湯市喊路，曰谷當，均屬衮司倫省；曰亞都律即南澳士地利亞省城，曰砵打穩，均屬南澳士地利亞省，南澳士地利亞省亦曰亞都律省；又有西澳士地利亞省。

砵打穩埠華商華工約有千餘，在坑内掘金者亦千餘，合共不過三千餘人。埠開不久，商務未旺。所收華人米税甚重，每噸英金九磅，每擔約税洋銀三圓有餘。其身税每人十磅，因華人裹足不前，已除之矣。

紐所威路税餉以烟土爲重。鴉片土每箱收英金四十八磅，合洋銀二百八十餘圓；呂宋烟每十二兩收仙令六枚，台洋銀一圓半。米税每噸收英金三磅。華人新到者，每人收身税十磅。

雪梨粤商二十九家，華人商工共四千，其在内地開店及種植者亦六千餘。其苛政尤無理者，華商由雪梨往美利濱，又須重收身税十磅；往衮司倫省，重收三十磅。域多利亞總督，駐紮美利濱。按雪梨距中國約二萬里，輪船二十餘日海程。南極之區，晴雨不齊，寒風聿至，巨浪拍天，船甚顛簸。距赤道四十三度，夏時天氣，如中國仲冬時候，至冷之日，可御重裘。土人云，若到六月，寒氣更甚也。由砵打穩至雪梨，海程二千七百英里。由雪梨至美利濱，火車路五百四十英里。由美利濱至亞都律，火車路五百五十英里。澳士地利全洲五省，即《瀛環志略》之澳大利亞，西人又謂之新金山，縱二千英里，横三千英里。

雪梨、美利濱，英商最大，美商次之。近年金礦漸稀，惟牛馬羊生意甚盛。出口以羊毛爲大宗，每埠歲得金錢五百磅。入口以鐵爲大宗，紐約運來木板亦不少。粤人在此兩埠，共二萬餘口。亞都律、衮司倫及近島紐詩倫、美市打聶等處，尚有二萬餘人。商業少而傭工多，來貨旺而出口少。雪梨華商，運售茶葉、豆油居多，視美利濱較大。埠内華人種植烟葉者，近年稍有起色。又叭拉辣埠，爲美利濱英督所轄，地多金礦，礦深者六百尺至千尺不等。華商工人約七百餘名，散處挖金、種植者亦數百人。亞都律埠中不過二百餘，華人新到者，須各納身税十磅。大金山亦多金礦，華商十餘家，挖金、種植者千餘人。必治活埠，屬域多利亞省，華商僅數家，種植及挖金者七八百人。此處與大金山及叭拉辣三埠，向時金礦最盛，華人約逾三萬；今金礦已稀，又加身税，華人艱苦甚矣。惟犯案者，英官以其不知英例，多從輕辦理。

二十六日記　紐加士埠屬紐所威路省，華人二百餘名。市丹塔埠，屬衮司倫省，華人開錫礦及開店者七八百人。庇厘市檳，即衮司倫之省城，埠内華人二三百名。合計該省共有華人萬餘，散處洛坑頓及湯市喊路、穀當等埠。自二三年前增收身税，每人三十磅，續到者七十二人耳。進口貨亦漸少，税務日減色矣。湯市威路埠，有華人三四百，附近采錫、種植者又五六百。波得㕭利士埠，有金錫鐵等礦，華人六七百，種植居多。谷當埠，屬衮司倫省，華商華工約千餘，身税與該省無異。

南洋諸島各埠林立，商務工務均賴華人爲骨幹，合英、荷、日斯馬尼亞各屬埠、暹羅屬埠所在華民，或經商，或傭工，或種植園圃，或開采錫礦，統計約有三百餘萬，而尤以新嘉坡、檳榔嶼爲要冲。其荷屬蘇門答臘之日里埠，每歲所到華工以八九千計，皆從英屬埠華人豬仔館分雇前往。豬仔館之人，半由拐賣。荷之園主虐待華工，往往終身爲奴，非英屬地華人雇用華工可比。園主弊端有四：一違例虐毆；一令工頭縱賭誘工人輸銀；三縱賭爲害，年年借欠永無脱工之日；四官定條例亦尚平允，園主不肯張挂。華工出口，每歲十餘萬人，由汕頭來者十居七八，由厦門來者十居二三，而總會之區實在香港。然關系南洋地方利源不淺，所以英人在新嘉坡，特設護衛司衙門，以衛護華工。

二十七日記　北般鳥系英國商人丁地等聯集公司，於光緒七年與般鳥島主議定，將北般鳥三省之地割歸英公司管業，任從開埠及種植，每歲納般鳥王地租洋銀一萬五千餘圓。又與蘇禄王議定，將東般鳥一省之地，割歸公司管理，開埠種植，每歲納蘇禄王地租洋銀五千圓。四省地形相連，周圍方里共有三萬二千英里，比之英倫蘇格蘭尚盈餘二千英里。自英公司稟准英廷在山打根開埠，并請英廷派官監理港務，不過六年。華人數百，板壁鋪户二百餘家，生意未見繁盛。察看北般鳥英公司四省之地，此時全未開墾。即西般鳥沙拉窪，系英人拉乍布禄之地，華人雖逾二萬，僅種甘蜜，胡椒，所開不及十分之一。此二處地土肥饒，開墾之利必賴華工，英官皆能知之。

澳士地利四省，華人約有三萬六七千。附近英屬島紐詩倫等埠，約有華人六七千。綜核澳大利亞全洲，民人共三百六十七萬二千有奇，華民旅居各地者共四萬九千七百餘人。

二十八日記　謹率參贊隨員等恭設香案，望闕叩頭，遥賀萬壽。晚間，使館圍欄皆懸五色小燈；又使自來火公司，以鐵管爲範而引火焉，爲四大字曰『天子萬年』，光燭數里，洋人聚觀，嘖嘖稱頌。

三十日記　噶羅巴城爲爪亞全島之都會，亦即荷屬南洋各島之都會。流寓華人七萬有餘，多衣洋衣，隸荷籍。荷擇其賢能者爲馬腰、甲必丹等官，專理華人事務，而審斷之權仍操自荷人。華人往巴貿易，須有荷領事執照，方許留住一年；既留一年，即勒令入籍。

南洋諸島，棋布星羅。除澳大利亞一洲外，其最大之島有四，曰婆羅洲，曰蘇門答臘，曰爪亞，曰西里百。四者之中各有大埠。若昆甸，若馬神，此婆羅洲之大埠也；若日里，若亞齊，若茫古魯，若叭哨，若巴鄰旁，此蘇門答臘之大埠也；若噶羅巴，若三寶隴，若泗里末，此爪亞之大埠也；若望加錫，則西里百之大埠也。以上皆屬荷國，皆爲華人流寓之區，似應在噶羅巴設一總領事，而各埠選派商人充當領事。

《東方雜誌》第六卷第十一號《各地華僑近狀》　美國美政府爲慎重華人入美起見，故訂華人來美護照新例，開列左方。一、凡有權來美及有權居美之華人，即商人、教習、學生、游歷人員，土生及有憑照之華人，初次來美或復來美國者，可至關署請領新式護照，每華人祇准取領一張。若不幸遺失，可再領副照一張。二、護照之格式，此係本部西曆一千九百零九年三月十號所定之新例而頒之新式護照也。此護照係注明持此護照之人，實係有權來美之華人，并非禁例中所言不准來美之華人也。此護照不得轉移他人，而持此護照之華人，於其留美之形式無所改變時，可以永遠留存，以爲有權居美之證。其本人之年歲等詳情，另行寫明於後，本人之相片亦附於護照之後。其像片上有本人之姓名，并有關員蓋印爲憑。三、本部所頒佈於稅關之護照，每五十張爲一本，有副張附合，以便謄寫。四、關員繕立護照時，其副張須與正張絲毫無異，而其空格處，須用筆墨劃一橫綫，以免添註。當蓋印護照時，須正副兩張同時蓋印，以免遺漏。五、凡華人到關署欲領此項新式護照，須具本人軟片半身照相二張。其照相時不可戴帽，須正面而立，能見兩耳爲度，自頂至下頷，要有一寸零四分之一，將此照相黏合於護照上。其本人身材尺寸，尤須羣細填寫。若本人身上有特別之標識疤痣等，亦宜填明。六、此護照若合例居美之華人，并不改變其合例居美之性質。本人可將護照永遠存留，惟不能轉移與不合例來美及居美之華人。若有以上諸弊，一經關員查出，或護照不符，或從謊騙而得此護照者，此護照須交關署銷毀。七、若正張護照交與本人持執後，其副張護照應立即交關署存案，以便稽考。八、若護照不幸遺失，須由本人親到關署呈報。俟關員查明無誤，方可補給一張，以交本人收執。九、凡管理海口之關員，應每季將所頒於華人護照，其姓名、面色等詳情報告他處關員，以免重給。十、凡華人持合例居美之護照者，應得美國之保護。惟該華人或變其合例居美之性質，如業作工等情，則不能享受美國之保護矣。至華商復來美國者，應同新來者相待一體，須由關員盤詰口供。不得因持此項護照之故，即可免關員之盤詰。若土生華人持此護照者，其人即係美國之民。惟關員須查察此人。確係合例居美，或確係土生之華人否，或該人并非謊騙關員而領得此護照否。西一千九百九年三月十九號。管理外人入美專員企非示。商工部副卿委鏄核准。

秘魯伍秩庸欽使廷芳抵秘後，約有二月之久，與秘政府磋商華人入口事宜，現將議妥，其詳情録下：秘魯國五月之亂，因內政未盡修明，各黨互相攻煽，遂藉口華人多到，奪其生計即煽動工徒搶掠華人鋪店，蓋欲借外交推翻內政也。總統禮依，素持不黨主義，此次頒發五月十四號之禁例，冀安亂黨之心，不料不但無效，反長其凶暴，於是更有五月二十九日之暴舉。自伍欽使廷芳到秘後，彼輩始稍知斂抑，連日由彼國户部大臣派委幹員，調查損失實數，以便議償。伍公使見總統後，即逕往外部論駁苛例。惟彼國之敢於頒發此苛例，雖意在平亂黨之心，然亦藉口於我國條約。業經期滿作廢，以彌縫其不顧公理，不守公法之失。因我國條約英日文字均有十年届滿作廢之語也。伍公使因秘國外部藉辭延宕，於日前逕謁總統，據公理公法，與之辨論約一點餘鐘。聞總統業已摺服，似認該約仍屬有效照行，惟尚不便明認。至禁例現尚未弛，故伍使仍據約力爭，要求彼國即日廢除苛例，刻悉彼國稍有允意，不日伍使即須赴美辦理交代。

中國自行限制華工往秘一事，經與秘外部商定辦法會押後，咨行轉督，札司道飭府出示曉諭，并移行各屬及通商口岸地方官，一體遵照辦理。茲將商定辦法九款，略列如下：一、中國政府願行停止出口工人來秘。二、華人往秘，先到本省總商會報明，請發護照。三、商會查明出口人是否到秘謀以苦工力自給者，若確非此項人，且有殷實人具結，即代勸業道發給護照。四、來秘之人領得護照，先到駐中國或香港秘領事驗押，繳費一鎊，約合銀十元。五、由秘回華，如欲再回秘，祇須先到中國領事署報明，領取護照，由該領送秘外部驗押，然後發給。六、凡領有護照，自中國到秘時，由船政官驗明注銷。七、此證明書所指工人，係專指無業之人，欲到秘營謀苦工力之工者而言，餘概不限制。八、婦女孩童及官員隨從，不必請領護照。九、華人在別國，除工人外均可來秘，可卽向該國領事處或代理華人事宜處，請給執照。若無此項官員，則秘領事亦可發照，衹准收費五元。又兼聲明五月十四號所訂呈驗五百鎊苛例，并無效力。又劄行駐香港及駐中國領事及船政官等，遵照以上各節辦理，及一切涉於反對此證明書所開各節之舉動，概行廢除云云。

安南越南東京海防華商會館近有公函致上海商務總會，陳述法人虐待華僑情事，爲録如下：

公啓者，弟等旅居越南東京多年，法官背約，設立身税苛例，不以人類看待，動輒嚴拿監禁，驅逐淩辱，種種苛待，不可言喻，二十餘年忍氣呑聲，有寃莫訴。弟等以我國與法政府將換越南商約，去年經稟外部及駐法劉使，求與交涉免税。經劉使示覆，准於換商約時竭力磋商，務除苛例等因。昨聞外部電委劉使，授以全權，就在法京更換。弟等當卽回粤，於四月間，再行電墨雨稟外部，請其堅持。不料西六月時，東京河内上議院開大會議，僅將婦孺老人之五毫身税及過埠紙除去，餘悉照舊，復新增苛例八十八條，交弟等查覆，於本年西九月十號再會議，來年舉行。弟等以舊例未除，新例又增，正如火上加油，礙難照辦當卽聯集各埠幫長同人籌議辦法拼死要求。業已聯名呈覆法國駐越全權大臣，伸明公理，要求除免。現時新例雖允作廢，而身税一日不除，羞辱一日難免除。瀝情呈請外部及粤閩兩督據約爭免外，爲此函致貴會諸君子，設法挽救，務達除免身税之目的。一面合全國内外國民之力，與之抵抗。附呈公稟稿，希爲查收，更望代籌良法，指示遵行。河内粤東會館蘇智齊，海防華商會館陳務新。附東京各埠華商幫長致法國駐越全權大臣公函。具呈，爲辯明華人身税事，昨河内海防華商會館接到東京貴議院新議華人身税事例七十四條，業經兩會館與各埠幫長及全體華人會議，據同人意見，均謂新議條例諸多未便，礙難照行。緣各埠幫長俱是商家，自理商務已屬不暇，至兼任幫長，加以責重事繁，料理倘未完全，或一時錯誤，則由幫長塾債，或受罰款，或受監禁，以阻礙自己商務，損害自己名譽。是幫長責任如此其大，罪名如此其嚴，人人自危，誰敢受將來坐監之苦？況幫長代貴國辦事，係當義務，與中國領事有升官希望者不同。幫長任中，僅得惠免身税一紙，況兩年中難保無因公貽累，以致身受危險者，甚矣充當幫長之難，此係實在情形，貴議院之所深知也。竊思新例多至七十四條，其原因皆爲抽收華人身税而設，而身税一事，又爲各埠籌款而來。今東京十餘省華僑不足一萬，所收身税不過十萬餘元，卽不抽收身税，衹向別項加抽。以爲抵償，未始不可。況考之香港、星加坡等數十大埠，費用多於東京數十倍，不設身税，支銷外尚有盈餘。貴國理財學家，想不乏人，豈無善法抽收別項，何必沾沾於身税一事耶？敝國與貴國向來輯睦，近年益見親密，貴國人到我中國，我國皆以優禮相待，而且各省繁盛之區，盡開商埠，使貴國及各國人利益均沾，自由出入，此爲兩國永遠和好之證。前者貴國與敝國立中越商約，許以待最優之國待我華人，是貴政府以歐人待我華人，貴政府最爲美意。今貴議院議收身税，與貴政府之美意不同，致令敝國人聞之，莫不憂從中來，引爲恥辱。況我國報館時時發出之言論，稱法國爲平等自由之母，今以不得自由之身税施於我國人，同是人類，不平孰甚。貴國領事之在我國者，無不盡知。貴政府與貴議院素號文明，自必能俯順商情，盡免華人身税，加抽別項，未必因區區身税一事，致使我國人常留腦中，傷我國人民全體之感情，此最爲兩國萬年和好之策也。查貴議院議會館新例第一條，内載亞洲之人如係弱國之民，到東京應受法國管轄。又亞洲之民，如本國不能保護，應照以下之例等因。夫敝國現雖貧弱，然以亞洲之高麗較諸中國尤甚，而高麗尚蒙准免身税，是待敝國人不如高麗人也。況夫身税之設，關係於人身，與貨税不同，凡納身税之人，因此成爲卑賤人格，年中被拘拿監禁者，大不乏人。不過爲數元之身税，貴衙門固屬事繁敝國商民亦往往因被查騷擾，損害人類之自由，故敝國大資本家顧全體面，皆裹足不來，以致商務日形冷淡。若免身税，則出入自由，行見礦務工場滿地遍設，將來東京之税務利權，其發達必有大過於今日者。今蒙發出新例，飭卽議覆前因，理合將華僑全體會議請免身税，願以別項抵補各情具覆，呈請貴全權大臣察核，俯賜勸諭貴議院，議令廢去身税，以別項抵償，則東京華僑感甚，中國全國人感甚。東京屬、海防、河内、南定、北寧、諒江、諒山、康海、處東、駈騾、建安、宜安、廣安、寧江、清化、與安、太平各埠華商幫長等謹叩。

又　第七卷第五號《美國華僑近情》　在美國之華僑，近日最關切之事爲美國舉行十年一次之調查户口，及運動美政府減輕税價，要求改良華人入口辦法三事。現華人抵金山者，須先到一小島上之丁注埃崙。即候審所守候查問，合例之人，尚無甚爲難。但華商仍以爲不便，大埠商會前舉代表陸君潤卿往華盛頓紐約辦理此事，今將其情形録左。

陸代表筆録之報告：弟奉商會諸君命，與哈巴君同往美京，磋商税務。到美京後，本擬與伍盤照君同謁總統，妥商候審所事，奈總統離京數日方返，不如先與哈巴君先到紐約，開議税務，故託伍君在京守候。俟總統回京，定有謁見日期，即電知弟等，同往謁見，似更妥洽。二月十二，弟到紐約，見總估價大臣主席地姑鰲及專理中國日本貨總估價員，均蒙允諾，力求户部派員到香港調查，如有商會及公所正式妥當者，即請户部准該商會出立貨價憑照云云。翌日見總税務司笠君。伊乃前總統勞士委書記員，相商一切。笠君曰：『華商殷實可靠，比諸別國人爲優，總要彼此商量善法，免礙商務。』云云。十五日，總理外人入境委員企付寫有介紹書，交弟與哈巴君，同到紐約之外人入境候審所參利斯埃崙參觀一切。此島離岸約十分鐘輪船可達，其地方之整潔及佈置之規式，略與丁注埃崙相同。內中設有工商部巡查員五百四名，另火船火車人員四百名此乃照料搭客出入者。聞今年匀計，每日約放人四千名，年中安息日及何樣紀念日均照常放人。四年以來，華人入口之被扣留此島者，只得兩名。蓋華人由歐洲以入紐約者，除官場及留學外，甚少人到。如有來者，均在船上放行也。如由紐約返華及由別口岸入紐約，所有證人不用過島問話。另有華人審證枝局，在紐約士跌街，門牌十三號。中設總巡查員一名，巡查二名，抄寫二名，通譯二名，邏守人四名，專理華人入境事務，此參利斯埃崙之大略情形也。二月十七早，接伍君由美京來電云：『已見總統。』二十日，弟與哈巴君返美京，即偕伍君三人同見户部律師煥干奴，蒙伊由電話請專理税則員孟今馬鰲君，到商一切。訂允次日同見副户部大臣茄地時，求其允准香港華安公所爲吾華駐港公正人，自後華貨燕歪報價如何，由華安簽字作實。茄地時君問：『大埠商會入份者，有若干店？』弟答以約二百家。茄地時君復云：『現有税關估價員名嚴士帝郎，今在日本，可否令其往中國查明回復？』弟答以似此恐不能得真實之憑證，因吾華內地商場，有久暫交易之分，如貴委到中國購買貨物，與華人之在內地購買，於價目不無差別。況大宗發行與零星售賣，價值又不相同。此美國各埠商場，比比皆然者也。若貴大臣欲派員到中國調查，望先到大埠商會一敍，俾由商會寫一介紹書到港，由港派人同往內地各發行家、製造家，取出真實成本，妥訂一切，俾貴委滿意，并查華安公所，以後可以蓋鈐作實，更覺妥善。茄地時君云：『當與户部商量便是。』弟隨與哈巴君謁見户部大臣麥威君，表明意見，蒙允代設法辦理，將來或有相當之效果也。二十四日，由議員幹君介紹，與哈巴到白宮見總統。弟隨陳明係代表華商及中華會館到來，求將候審所遷回大埠。前數日經有代表伍盤照面謁貴總統，已將目下爲難情形稟上，蒙貴總統允許。如不滿意，再來稟商云云，弟等十分感謝總統云：『設此丁注埃崙實予一人之政見。因從前以木屋待華人，予甚不滿意，故費如許鉅款，經營此地，亦爲優待華人起見，予望此法可以無礙。』議員幹君及哈巴君同云：『因證人往該島，委實未便。』總統云：『姑試爲之，如真未便，再行商量。』弟等辭退。以上均磋商各節之情形也。

又 第十號《華僑近事彙録》 爪哇駐荷欽使陸徵祥以荷蘭對於爪哇華僑頒發苛例事，特請假歸國陳述一切，茲探悉其詳細情節如下。荷蘭之待爪哇華僑也，一律與土人相等，而於白人及日本人，則特別看待。故華僑及土人之裁判所，與白人及日本人之裁判所，分爲兩種，其中組織及審判方法有霄壤之別，即警察亦然。警察之待華僑及土人也，得隨意以一違警名目，判罰百元以下，禁錮百日以上，不得反控。故華人不敢絲毫得罪警察，此爲最不平等之處。而彼向以華人人數最多，勢力最大，幾占全體之大半，日本人則數甚少，其先本與我僑同受虐待，自改正條約後，乃得與白人一律。陸欽使屢以此爲荷外務大臣言，外務大臣謂此不平等之法律，荷蘭亦極願更改。但以華人人數太多，驟令與白人受裁判上及巡警上一切之待遇，則裁判及一切人員，必須曉悉華人性情歷史者，一時實辦不到。且華人向與土人一律平觀，今若改而與土人有異，必令土人不服。故此事只好暫緩設法，以爲推託之詞。故吾華僑歷受不平等之苛待，而上下莫如之何，此歷年以來之實情也。茲者荷蘭又新頒國籍條例，對於荷屬一律採用屬地主義。國籍法分二種主義：一屬人主義，謂不問其人生於何國，其國籍仍視所生也。二屬地主義，謂生於何國即依其國法，爲其所生之國之人也。歐洲國籍法對於本土人民多採屬人主義，對於屬土則多採屬地主義，又如人品稀少之國，亦間有於本國而採用屬地主義者，如南美諸國是也。此例一行，所有生長於荷蘭之華僑，皆一律變爲荷產。且據此新律，既已照律認爲荷人之後，無論其人移往何處，皆一律以荷人看待，即令回至中國，此人亦必須作爲荷蘭之人。是此例一定，中國須驟失十數萬以上之國民，并須損失十數萬以上國民所有之億萬財產，其爲影響之大，無待贅言。且據聞荷蘭政府之意，雖按照新例，認生長於荷屬之華人爲荷人，而其一切待遇，仍照向章，與土人相等，并不改變，尤爲不公。故陸公使竭力與爭，其如何爭法，事關外交秘密，無從偵悉，惟據聞分爲二種辦法：（一）爲訂立領事條約，趕速派領事於爪哇，以保護僑民。但此約即行訂定，只能保護荷例所不認爲荷人之華僑，而不能保護其所認以爲荷人者。聞荷政府已允訂立此約，且允此約得與日荷領事條約相同，以日本亦方新訂此項約文也。惟須加註一條曰：華領事不得干預已經領有荷蘭國籍人民之事宜。此荷政府之眼目所在也。故此約即訂，獲益實稀，且令被認爲荷人之華僑生觖望之心，而據聞外務部殊以此爲唯一之辦法也。（二）爲新立一約，訂明生長於荷屬之華僑，雖被認爲荷人，而一經回國，中國仍以華人看待。聞此爲陸使主意，能否辦到，尚未可知。然以記者之意觀之，國籍衝突之事，現今各國法例主義之不同，無可逃免，然在彼所認以爲彼國人者，在吾國法仍可認爲吾國人，行吾國法。華僑既經歸國，尤爲吾國領土的絕對的權力所得施行之處，何須更立條約？事關外交奧秘，或別有理由，未可知耳，要之此事關於國權人道者至大，吾外部固須竭力維持，不得徒守秘密。吾內外國民，亦當竭力以爲之所也。

附録荷蘭駐上海總領事碩佩嶙君致各報館函，藉備閱者參考。

敬啓者：近來報界誤傳和蘭特立新律，逼迫住南洋各島之華僑概入和國之籍。今又有多報，謠傳和國政府飭令各華僑限三個月內均入和籍等因。甚至更有造謠妄稱，若不遵該章辦理，和國即將該華僑之物產抄没入官。此等謠啄，不知因何理由而起，惟知其確係無根之談。如欲明見實情，即請目覩該律例之文，便可了然也。該律例内載三條。

第三條内載此律和蘭國内，并凡和屬境内，均行一律照辦。

第一條内載居住南洋各島人民等所生之子，概係和國屬民等語。此項章程并非新法，不過和國律例久經遵守之主義，其各國大多亦係如此辦法。

第二條内載因何至於除籍。此條確是新章，内稱和國屬民至外國居住，如至該國境内，逾三個月之限，尚未報告該處和國領事，即當爲之除籍也。如有和國屬民前往外國僑居已久，亦必於每年前三個月内，報告和國領事，如不遵照，即應一律除籍。總而言之，所稱入籍一節，不過責告各人，免致誤干和蘭除籍之例耳，至於所傳逼迫强入和籍一節，實無其事。

美洲華僑之在美洲者，全爲粵人，然其人多稟辭性，府界、縣界、姓界種種拘蔽之心理，至今未破，生心害事，乃至相率結立堂號，以自表異。意見既深，流爲自相殘殺，其愚蠢野蠻，不異於生蕃之無人道。此爲美工黨籍口最大之端，謂華工害其治安，亦爲吾國最大之汙點也。蓋當華工入美之始，本多洪楊餘孽，在本國無地自容者，彼既獲此樂郊，遂復發其殺人之宿性，沿至於今，惡風未改，致令美人因此一種之華僑，而禁及吾全國之工商，此乃至可痛心之事。吾人有先覺之責者，萬不能袖手坐視而不自加禁革，設法洗滌，致爲美工黨長藉口也。近月殘殺之案，尤層出不窮，罄紙難書，實令吾人傷心慘目，而其互相殘殺，多爲合勝、萃勝兩堂中人。西曆九月十一日，舊金山駐在總領事及中華會館董事不能再行恝置，始出爲兩堂和解，而發通啓如下。略云：『特啓者，茲因合勝、萃勝兩堂互鬬，經已多事，各界均被影響總領事爲維持公安起見，特飭本會館與各堂代表親往調停，幸兩堂梓里通情，咸願修好，劉已訂明兩日内，事情無論若變幻，定於本月十二日午後兩點鐘起，以後即屬停止軍火，靜候議和之期。至於期限之時候若干，十二日方能確定，然無論久暫，限期内無得舉動，致食前言。惟十二日兩點鐘以前，兩堂均要小心，以防意外，倘有疏失，本會館與各堂代表不負責任。特此通告知之。中華會館公啓。』云云。試觀此啓，儼若兩國相爭，而由居間爲之講和。鳴呼！吾國民勇於私鬬，而怯於公戰，不以此種勇概用諸衛國之疆場上，而乃以不明道義出之，不但自相殺戮，貽萬國笑，而且擾亂所在國之治安，其恥辱胡自滌乎？

社團政黨總部

政黨部

綜述

中國同盟會

《謝英伯致李是男函》　是男先生足下：

未睹豐儀，常通心電。讀《美洲少年報》之大著，具見足下拳拳於祖國之盛意。及與李海雲、陳元英二君游，復知足下為我黨之健者，尤令人欽佩無已。足下渡美以來，同學少年必衆。此輩皆他日棟梁之材，如能收入黨中，共商大業，則為益於祖國者真不可量也。用是敢請足下在美洲設立一中國同盟分會。想足下久抱熱心，不避艱巨，亦不以弟為冒昧也。惟設立分會之法，須先遵照總部章程，其分會章程則由分會會員自行酌定。今將總會章程，抄呈青覽。其尚有要者，則舉手禮式是也。茲將舉手禮式開列於左：

舉手禮式

舉手禮式者，即進黨時之禮式也。因其它盟宣誓時舉手以示誠敬，故名為舉手禮。

行舉手禮時（即收人入會之時）：

（一）主盟人（主盟人可以會長為之。或未立會長，則由別處委任一人為之。今美洲未有分會，未立會長，則此主盟人請足下任之。）

（二）介紹人（即帶領他人入會之人。各會員均可作介紹人，為所介紹之人主盟人。有權可先查察其是否妥當；如有不妥，可以不收入。入會後，該人如有不妥，則主盟人與介紹人均負責任。）

（三）聯盟人（即入會之人。）

凡收人入會之時，主盟人可先問其因何入會，是否心悦誠服；并言此為秘密會，入會者無名譽利益之可圖，乃大衆合團體共作光復祖國之工夫而已。待彼一一答允，乃與之講本會之歷史，本會之辦法，本會之法律。一一解明白，然後令彼寫盟書。寫畢，令彼起立，舉一手，向天宣讀。主盟人與介紹人在旁静聽。讀畢，主盟人及介紹人同署名於盟書上。主盟人即將手號、口號通知新入會之人，并囑其嚴守秘密，不能泄之外人。

分會之設立

（一）基址（可租樓一所或屋一間為會所。此會所，只准會友到，別人不得到。若在外洋及法律自由之地，可變通辦理。租銀由會衆分擔。）

（二）幹事員（由衆公舉，或一年一任，或兩年一任，由衆公定。凡五缺：[一] 會長，[二] 副會長，[三] 書記，[四] 司庫，[五] 庶務，或因地制宜加添招待調查等缺。選舉後，可通知各分會及總部與支部。）

（三）評議員（如會衆多時，可由衆選舉評議員若干名，代表衆人決議各事。如會衆少，不設評議員亦可。）

（四）會議（或每月尋常會議一次，一年大會議一次，特别會議無定時。）

（五）布告（分會初成立時，可將成立情形布告於該隸屬之支部。其後則將每年成績布告一次。如收入會員多少，經過何等事實之類。）

（六）聯絡（宜與各地分會時通消息；或會員由此埠到彼埠，則會長為之寫介紹書，以便到步招待，或遇大事則彼此幫助。）

（七）機關報（如人才及財力充足，可設立一機關報，專發揮本會之宗旨；及隨時印刷淺白之小書派送，以為運動。）

以上設立分會之辦法，大略如此，然可以參酌變通而行。如有不明白之處，請即函問。弟當盡舉所知以答也。嗟乎！來日大難，吾輩及今不奮力前途，則對於後人之罪大矣。匆匆草此，不盡欲言。手此，即候俠安。

弟謝英伯上言

陰曆己酉九月廿八日。

總章志願書及盟書格式附後

志願書式（入會者先行投遞此書，以待調查。）

胡虜亂華，神人共憤。僕驅除志切，百死不移。耿耿此心，天日可

表。茲聞貴會提倡大義，與僕平日宗旨相合。故願入貴會，同心協力，復我華夏；一切章程，情願遵守。伏維介紹

中國同盟會會員○○○君鑒。

天運○○年○月○日

○○○押

盟書格式

聯盟人○○省○○府○○縣○○○當天發誓：同心協力，驅除韃虜，恢復中華，創立民國，平均地權。矢信矢忠，有始有卒，如或渝此，任衆處罰。

天運○○○○年月日

地方
名　中國同盟會會員○○○押

主盟人○○○押

介紹人○○○押

此盟書寫畢，由會長秘密收藏，或寄其隸屬之支部收藏亦可。

中國同盟會總章

中曆四月十三日改訂

第一條　本會定名為中國同盟會。設本部於東京，設支部於各地。

第二條　本會以驅除韃虜，恢復中華，創立民國，平均地權為宗旨。

第三條　凡願入本會者，須遵本會定章，立盟書，繳入會捐一元，發給會員憑據。

第四條　凡各地會員盟書，均須交至本部收存。

第五條　凡國人所立各會黨，其宗旨與本會相同，願聯為一體者，概認為同盟會會員。但各繳入會捐一元，一律發給會員憑據。

第六條　凡會員皆有實行本會宗旨，擴充勢力，介紹同志之責任。

第七條　凡會員皆得選舉、被選舉為總理及議員，及各地分會長，被指任為執行部職員及各支部部長。

第八條　本會設總理一人，由全體會員投票公舉，四年更選一次，但連舉連任。

第九條　總理對於會外，有代表本會之權；對於會內，有執行事務之權，節制執行部各員，得提議於議會，并批駁議案。

第十條　執行部設庶務、內務、外務、書記、會計、調查六科。庶務、內務、外務、會記每科職員各一人。書記科職員無定數。調查科設科長一人，科員無定數。各科職員，均由總理指任，并分配其權限。但調查科員，由總理與科長指任。

第十一條　議事部議員，由全體會員投票公舉，以三十人為限，每年公舉一次。

第十二條　議事部有議本會規則之權。

第十三條　凡選舉總理及議員，以本部當地為選舉區。

第十四條　凡在本部當地之會員，有擔任本部經費之責。

第十五條　本部當地之會員，得按省設立分會，公舉公長，但須受本部之統轄。

第十六條　本會支部，於國內分五部，國外分四部，皆直接受本部之統轄。其區畫如左：

國内之部
- [西部：重慶]　貴州　四川　新疆　甘肅　西藏
- 東部：上海　浙江　江蘇　安徽
- 中部：漢口　河南　湖南　湖北　江西
- 南部：香港　云南　廣西　廣東　福建
- 北部：烟台　蒙古　直隸　山東　山西　陝西　東三省

國外之部

南洋……新加坡／英荷屬地及緬甸安南暹羅

歐洲……比利時京城／歐洲

美洲……金山大埠／南北美洲

檀島……檀山大埠／檀香山群島

第十七條　各支部皆須遵守本部總章。其自定規則，須經本部議事部決議，總理批准，方得施行。

第十八條　各支部皆設部長一人，由總理指任。

第十九條　各支部當地會員，有擔任該支部經費之責。

第二十條　各支部每月須報告一次於本部。

第二十一條　各支部及其所屬分會會員盟書及入會捐一元，皆由支部長繳交本部，換給會員憑據，轉交本人收執。

論說

麥仲華《清經世文新編》卷一七《佚名〈政黨論〉》　君主專制，黔首無力，國家以愚其民為能，不復使知政治為何物。當是之時，安有政黨起興哉！及文明大進，世運方轉，教化浹洽，國民智慧漸起，類能通曉治體，而國家亦令國民參與大政，相與論議。於是乎，政黨始興，蓋必然之理也。何則政黨之與立憲政治猶鳥有雙翼？非有立憲之政，則政黨不能興，若立憲之政無政黨與起，亦如鳥之無翼耳。雖然，天下何物稱無得失？夫人且無全德之君子，豈獨於政治冀有盡善盡美之制度哉！意書治國平天下之要，在計較其利害而當就利之較多者耳。政黨固有利而亦未必無弊也，然苟行立憲之政則政黨必隨以興焉。為經世家者，須究其弊所在而收其善利，以濟憲政之美，是為可貴耳。試觀彼上戴萬乘之君，下有二大政黨，或進則羣居政府，或退則伏在草野，一去一就，相與接受政權，轉軸秉鈞，其滑如油，不見有少阻礙，國威日揚，豈非英國立憲之政乎？其國跨三百五十萬方里之地域，擁六千萬之蒼生，分為合衆、共和二大政黨，四年一次選立總統，上自全國之大權，下至一村之行政，所爭之宗旨、主義秩然不亂，而國運駸駸有策馴馬驅周道之觀。是非北美合衆國之實情乎？自帝政已廢二十有五年於茲，雖總統交代無有終極，而其二大政黨嚴立不變，相與聯成內閣，整頓內政以嚴軍備，勇猛之風欲壓鄰邦，睥睨一代，蓋為法國共和之政也。英為一帝之國，美、法為二共和之國，皆地球之雄邦而文明之中樞也。然觀其所以能轉大政理國務者，未嘗不因二大政黨之力也。由是觀之，政黨與國運相關，以增其進益而豈不偉哉！又觀德國政情，其議會有小黨分派，聚訟紛紜，無能統合。政府與議會每不相協，舉國蕩然不解。立憲政治之運用如何，政府行政不過繞稓鐵血謂以鐵器殺人流血遍野。政策之餘威，德前皇與前相俾公魚水相得，而崛起稱雄於一時，蓋謂當時之政也。而彌補一時也。夫不問時之古今，不論洋之東西，國家大權必在一人或數人之手，以表明國家之意志，又藉以行得已之意志。苟分此大權賦與人民，則必有政黨從此興起也。蓋政黨者，本欲藉手於國家之政治以宣發其志願，故同其意見者，相與協力以出於一途。約而言之，政黨者，欲把握國家權力而遂行其志意，故聯合同人為一黨也。政黨之本志，欲把持國家之機軸，一旦入座廟堂，身秉國鈞，即其志滿之秋。然天下人心不同，安能盡同其志，天下之人又非欲悉向政局追逐也，況有才學教育等之異同，故天下政論之所歧，政黨之分立，蓋為此也。抑政黨之立志雖在把握樞軸，而其欲取而代焉之方，公明正大如日月之光昭。故其爭政權也，必先廣示政綱於天下，使國民知宗旨所在而後與天下同人相爭於宙合也。顧君主專制之世，雖有朋黨蟠結於朝，未見有一政黨於天下。朋黨者本小人之事，每以陰險為手段，在在牽制君上之時，以營利於其間。偶有民人結作一黨而反抗君主之權，以强逼君上，是革命黨耳，非我所謂政黨也。革命黨本以顛覆政府為志，其意蓋為自非出於此途，必不能握得政權，如俄國虛無黨是也。今夫有二國均採立憲之政，而其一則頗妙於運用政權之授受，一視乎政黨之消長而未嘗踰其則；其一則小黨分裂，一離一合，無有定勢，政府動輒與議會不相協，此其故何也？曰，蓋政府離合之法未得其宜也。試驗諸歐美政黨史，凡國家大權藏在政府之機關，謂立法、行政二部。皆由政黨之人聯合政府以燮理大政，天下政黨必分為二。蓋政黨者，必具有大宗旨又懷抱大經綸之策，故一旦得志，則入政府將施其經綸於天下也。迨行其經綸之際，凡與其所以為宗旨者無異焉，則相率贊成之；苟有與己異者，則相與携手而遯於荒野矣。此二大政黨，本以其宗旨之大同，氣意相投，至其細目則固不論也。是以政壇唯有赤白二旂耳，苟欲驅馳政壇者，必須擇居其一也。如英國有自由、保守二黨，美國有共和、合衆二黨，又法國有政府黨、在野黨法國又有王黨，然非政黨而為革命黨也。是也。雖然國家未行政黨內閣之制，以政黨一進一退聯成內閣也。獨君主把持立法之大權，則議會止有協贊權而已，蓋亦非有真正黨也。苟如此，則其政黨不過烏合，而其所為亦未免類於兒戲。然是非政黨之罪，乃政體之未盡善也。德國下院嘗有九黨或曰保守，或曰帝正，或曰國民，或曰進步，或名某某，皆以政府為中樞，或離或合，而政府巧於操縱。此等緒黨，以貪苟安於一時，蓋會議小黨愈衆，則政府愈利焉。然議會有一大黨與政府相抗，則政府固危矣。如法國拿破侖三世之時，立法大權在君上之手，而政壇小黨林立，曰右黨，曰右堅黨，曰中堅黨，曰左黨，曰左堅黨，除此等外尚有小黨派甚多是等皆烏合為團，故蛙鳴噪蟬，唯增紛囂，而未能敵政府之力。及帝政廢而共和之政興，制法之權在立法部，指議會往日之小黨合為二黨，於是乎，有政府、在野二黨並興而憲政舉矣。抑政黨之要，本欲當國政之衝而行經綸於天下，故不取空論，空論洵足誤國家之進運。苟空論徒多，不惟長其弊，亦不能收其利也。由是觀之，如日本現情須不問其在朝與在野，宜合成二大政黨人，以臻政黨內閣，是為可尚耳。否則，憲政之美恐不能冀也。

《新民叢報》一九〇七年五月第九十二期《與之〈論中國現在之黨派及將來之政黨〉》　今者中國之存亡，一繫於政黨之發生與否，是政黨問題者，實今日最重要之問題也。而現在各黨之地位，及將來政黨發生時之態度，尤此問題中最主要之部分。今略分為三段論之，竊願與同志者，一研究其前途也。

一　革命黨與立憲之地位

數年以來，革命論盛行於國中，今則得法理論、政治論以為之快羽翼，其旗幟益鮮明，其壁壘益森嚴，其勢力益旁薄而鬱積，不至販夫走卒，莫不口談革命，而身行破壞。此固由於數千年來專制之淫威，有以激之使然。而滿漢兩族并栖於一國之下，其互相猜忌者二百餘年如一日，一旦有人焉刺激其腦蒂，其排滿性之伏於其中者，遂不期而自發，此革命黨之勢力，所以如決江河，沛然而莫之能御也。至於立憲政體者，在今日文明諸國中，必流無量之血，擲無數之頭顱，乃始得此君民沖突之結果，而在於吾國，似為一極穢惡之名詞。數年以前，民間無敢倡言之者，近則政府宣布預備立憲，民間公然鼓吹立憲。然革命黨指政府為集權，詈立憲為賣國，而人士之懷疑不決者，不敢黨與立憲。遂致革命黨者，公然為事實上之進行，立憲黨者，不過為名義上之鼓吹。氣為所懾，而口為所箝，即明知今日中國之時勢，宜於立憲，而不宜於革命，亦姑模棱於兩可之間，而不欲以鋒鋩自見。此亦極意慮之不自由，輕天下而羞當世之士矣！夫立憲之果為何物，立憲之後而果有何影響，使不立憲而果受何弊害，恐中國雖大，其能理解之者，寥寥無幾。即彼革命黨者，亦第謂滿人假立憲之名，以行排漢之實；凡政策之出自滿入者，無論其為利為害，而皆以為排漢；凡漢人之贊助滿人政策者，無論其為公為私，而皆以為黨滿。自陽假立憲、陰行排漢之説出，一夫唱之，百夫和之。即今政府而果真正立憲，滿、漢有可以調和之道，國家有可以救亡之途，亦絕對的不承認之。且希冀政府之不真正立憲，日流於腐敗，以促新政府之出現焉。嗚呼，感情所蔽，真理為蒙。當舉國人喪失辨理心之日，而忽以如火如荼之學説，以煽起其蓄積已久之惡感，其勢力之偉大也亦宜！蓋革命主動性而立憲主靜性，革命主感情而立憲主辨理。凡人性情之弱點，莫不富於動性而缺於靜性，流於感情而疏於辨理。是革命黨之在今日者，雖非必要之黨派，而實必發生之黨派。宜其泱泱哉，為國中唯一之黨派也！

凡一國黨派之成立也，必有激烈、温和二派。激烈派對於社會一切之事務，主去敝生新，用猛烈之手段，以達其急進之目的；温和派對於社會一切之事物，主因勢利導，用穩當之手段，以達其漸進之目的。此二派者，貌似相反，而實相成。使一國之中，無激烈派而僅有温和派，則事物之進步必流於緩慢；又使一國之中，無温和派而僅有激烈派，則事物之秩序必即於紊亂，故曰相成也。即以日本明治十五、六年間言之，其自由、改進兩黨，即一主急進而一主漸進者。自由黨沉醉於天賦人權之學説，其一部分之人士，往往抱革命之思想，而有過激之舉動。改進黨則知以腕力抵抗政府之無益，主張平和之改革，而不贊成危激之革命。然其後兩黨卒能互相提携，屢與藩閥政府相血戰，民黨之壁壘森然而不可侵犯，政府亦隱然認識政黨之勢力者，由於兩黨者，不破壞日本國家之根本的組織，而同以建設完全之立憲政體為主義，不過其氣象感情，互有不同之點而已。

設使當日者，自由黨主張改造共和之國家，改進黨主張擁護天皇之大權，兩黨之根本主義，絕對的不能相容，而兩黨之行動勢必互相妨害，彼此既無共同之利害，即不能生息於一國家之下，非至於一黨僕而一黨興不止。內潰者外必踣，然則日本之國家，即不亡於幕府柄政之日，亦必亡於外力侵入之時矣。今吾中國之革命、立憲兩黨，可以當日本之自由、改進兩黨乎？曰，不能。蓋國家之黨派，無論激烈、溫和，必活動於國家範圍以內，而非活動於國家範圍以外者。今革命黨不認有中國政府，即不認有中國國家，而自稱曰亡國之民，其革命之目的，非以改造現國家之政府，而以發生將來之新政府。是其活動之本旨，不在現在國家範圍之內，而在未來之理想國家矣。且一黨派必有一黨派之主義政見，及其監督政府、指導國民之天職。革命黨之黨綱，日顛復現政府，日建設共和國，是破壞中國國家之根本組織，而不承認君主立憲。故其對於現政府也，猶秦越人之視肥瘠，且唯恐現政府之不腐敗，以阻己黨勢力之擴張；其對於國民也，不教以秩序之進行，而唯鼓其一瞥之感情，以國家為孤注之一擲。究其結果，不外於吾所謂絕對的不能相容，而非國家範圍內相對的之黨派也。昧者不察，援各國激烈、溫和二派之例，及日本自由、改進兩黨之情形，謂中國新舊過渡之時代，立憲、革命激戰之時期，兩黨之競爭，勢所不免，亦勢所必要。夫革命黨之必發生者，吾既已言之矣，若謂為必要，則吾所絕對的不承認者也。

夫使革命黨而果活動於中國國家範圍之內，抱其急進之主義，以為積極之進行，凡有害於國家之公益者，不問其為滿人，為漢人，吾得而誅鋤之，凡有合於救國之前提者，不問其為革命、為立憲，吾得而承認之，以其磊磊落落之志，出之以公明正大之行為，則其與立憲黨之地位，為相對的，而非絕對的。聯軍以肉薄政府之堅壘而有致死之決心，相携以立於政治之舞台而為共同之行動，以之改造政府，何專制之不摧？以之指導國民，何民愚之足慮？內力不消，而對外自競。彼日本自由、改進兩黨，所以能盡其監督政府、指導國民之天職者，無他，即共同生活於一範圍之內，而無利害相反互相妨害之事，其對於國家前途之目的同，其所不同者唯其進行之方法而已。雖然，論者必謂日本之國體與中國異，日本擁戴萬世一系之天皇，故即不革命，亦能得平和之改革；若吾中國者，以客族而入主中土，兩族嫉忌之勢已成，不革命無以得完全之改革，故必由民族問題以解決政治問題。此亦論者所常言也。夫歐洲自中古以後至於十九世紀之半，其以民族主義强國者，所在而有。德意志之被蹂躪於拿破侖也，知其不統一之害，於是俾士麥首唱民族主義，使各聯邦集合於德意志帝國之下，而德以强。意大利之被壓制於澳大利也，知其不統一之害，於是加富爾諸人，首唱民族主義，使四分五裂之羅馬帝國復歸於一，而意以興。此皆民族主義之明效大驗也。顧其與中國之民族主義有差異之點者，則各國皆自民族主義，以成統一之事業；中國則以言民族主義，而得分裂之結果也。夫使由國家主義，而仍不足以解決民族之問題，則亦已矣；由國家主義，而滿、漢各民族，皆統一於國家主義之下，則民族主義可以不唱，唱之亦徒以禍國家而已矣。今世立憲各國，無不包孕各種之民族，以結合於一國家之下，而不聞發生種族問題。夫以種族之利害為本位，以解決政治上之問題者，此在古時之國家為然。今日則以國家之利害為本位，而不以種族之利害為本位。故國際間有發生種族問題者，如白種人對於黃種人之觀念，其對於中國人及日本人，但以為東亞人，而不聞有中國、日本之別，其對於滿、漢、蒙、回、藏各種民族，皆以為中國人，而不聞有滿漢蒙回藏之別。其所以不區別之者，即其認識日本與中國同種，滿、漢、蒙、回、藏皆同一處，而自居於非黃種人之列。如美人之排斥華工，及近日桑港之學童案件，皆自國際之種族觀念所發生，而國內之種族觀念，漸以薄弱矣。況近世各國，所謂帝國主義者勃興，民族主義已為前世紀之遺物。今持分裂的民族主義，謂論者所唱之民族主義以與各國之帝國主義相競，幾何而不為其帝國主義所蠶食也！使果由論者所持之民族主義行之，則政治問題終無解決之一日。故謂論者僅知有民族主義，而不知有政治問題者，非誣之也。頗聞論者所持之民族主義，不惜以生死性命護惜之，有國可亡而民族主義不可詆毀之概。嗚呼，使論者而果如此言也，明知民族主義與救國不相容，而偏殉於其主義，是徒負氣耳，非真救國也！吾黨亦唯殉於吾黨所信之國家主義，以與民族主義戰。使民族主義而勝也，則國家主義消滅；使國家主義而勝也，則民族主義消滅。二者之孰勝孰敗，中國之存亡繫焉耳矣。

二、政府對於政黨之態度

凡一國由專制之時期以入於立憲之時期也，政府與民間必有激烈之爭鬭，政府必竭其死力以抵抗國民之要求，而最後之勝利卒歸於國民。此固各國歷史所明示，而我中國亦不能免此者也。夫專制之流毒達於極點，則人民之反動力亦達於極點。方民權自由之學説，灌輸於國中也，人民之思想日以發達，政府之壓制民權也愈甚，而人民之欲得民權也亦愈甚。政府之壓制力，終不敵國民之抵抗力，故倒專制而代以立憲者，不外於自由與專制激戰之一結果地而已。中國夙以專制國聞於天下，近數年來，自由民權之學説，膨脹於國民之腦中，莫不憤慨於國權之衰弱，而切齒於政府之腐敗者。蓋方在政府與國民激戰之初期，使我國民奮其再接再厲之精神以與政府鬭，則政府之壓制漲一度者，吾民之抵抗亦漲一度；吾民之抵抗漲一度者，政府之壓制不得不縮一度；持之既久，終必出於讓步之一途。至政府以交讓的精神，而許吾民有參政上之權利，則中國者非政府諸公之所私有，而為吾民所共有之中國，欲其不强得乎？夫今世民權自由之大義，如日中天，使其國而不與各國相交通，則其學説無由輸入，其民亦自安於專制。若其學説既傳布於國中，其民復久困於專制，奮而思起，則其學説深入於人之腦中，回顧昔日專制之慘狀，有俛焉不可以終日者。於斯時也，無論如何頑强之政府，奮其極猛烈之手段以壓制國民，而國民無以為有一顧之價值者。何則？蓋國民對於權利之請願，自由之許容，如饑之思食，不得食則餓死，渴之思飲，不得飲則涸死，使不得權利與自由，則亦死於專制而已矣，故國民無論經如何之困鬭，必達其目的而後已。知其不可抗，而與以政治上之自由，以遂其天然之發達者，英國是也；始思抵抗民權，繼而知其不可抗，而發布憲法，以確定臣民之權利者，日本是也；擁護官僚的政治以抵抗代議的政治，其國中之紛擾騷動，迄無寧歲，至今日尚沈淪於黑暗之中者，俄國是也。稽之理論既如彼，證之事實又如此，然則當民黨初生之日，其所以待之之道，孰得孰失，一任中國政府之自擇焉！

雖然，今政府之所以待革命黨者，則步俄國之後塵，淫刑重戮，無所不至，不足則請求外人，以引渡國事犯，營營以撲滅革命黨為事。而革命黨卒不可得而撲滅，匪獨不得而撲滅，且有增殖之勢焉。夫革命黨之發生也，由於政治之腐敗；然則欲禁遏革命黨使不發生者，無外於改良政治。今不悟改良政治之足以禁遏革命黨，而徒以誅鋤殺戮為事。夫誅鋤殺戮者，適以使革命之人益堅其革命之志，不革命之人亦憤而投身其間，充其所至，將遍國中之人無一而非革命黨，政府安得盡人而誅鋤殺戮之與？即使革命黨而果畏誅鋤殺戮，而即不革命，然政治之腐敗，日甚一日，今日之不革命者，不保異日之不革命，然則無時而不可以革命，無人而不可以革命。革命之心理，今已普及於一般，特怯懦者有所畏而不敢為，吾人知其不可為而不為。乃政府必欲以誅鋤殺戮為撲滅革命黨唯一之手段，是唯恐革命黨之不蕃殖，而以誅鋤殺戮者，推其波而助其瀾也。夫吾人之所以不革命者，豈其有所愛於現政府，亦豈其有所顧惜於己身，毋亦重視國家之事實，而不欲以孤注者輕於一擲。今人徒恨現政府之腐敗，而不知現政府之腐敗者，現政府任其咎，現政府之腐敗，而無人改造現政府者，則現政府不任其咎。故夫吾人之目的，將以改造現政府，而不欲動摇國家之根本，因現政府危及國家之生存，故改造現政府。革命黨則因現政府之腐敗，并欲變更國家之根本組織。其主義既不同，其着手之方法復不同，然其對於現政府之決心，則無不同。使現政府而翻然大悟也，實行改革，以與天下更新，則革命黨不期弭自弭。若徒以誅鋤殺戮威嚇天下，則豈惟革命黨致死於現政府，即革命黨以外之人，無不致死於現政府，現政府又豈得高枕而卧耶？

夫政府之誅鋤殺戮革命黨者，無俄國政府之能力，而欲效俄國政府之舉動者也。俄國奮其世界唯一之專制，以與虚無黨激戰，虚無黨固為世界最可驚之黨派，而俄政府亦為世界最頑强之政府，二者之抗力，略相平均。自前歲開國會以來，民氣為之一舒，然保守家怙其專制之餘習，以與新進之黨派相抵抗，不旋踵而議會被解散。去年之總選舉，民間黨又占優勢，今則立於議會之地位，發揮其歷年所蓄不平之氣，以對於政府宣戰，解散之風説頻傳，國内之騷亂屢起。説者對於俄國之前途，分為兩派：一主樂觀的，謂俄國自戰後之覺悟，立憲之利益已為一般所認識，國民之思潮勃不可遏，終必底於完全立憲之域；一主悲觀的，謂俄國前途之慘澹，其禍變正不可測，國内之争鬭終無已時，俄國之國力或且從事萎縮，而無雄飛於世界之日。此二派之觀察，未知孰為正確。要之其不出是二者之外，則無疑也。夫其君主斷行獨裁之政體，其大臣佐以官僚之政治，其以專制立國者，與我無異。然其行政之敏活齊整，豈我政治之腐敗者所能及，其政治家能力之偉厚，手腕之敏捷，又豈我政府所能望其肩背。然猶且全國為之糜爛，生民為之塗炭，殺人盈野，流血成渠者，則以其抵抗近世之思潮，妄思壓制各黨，其民之仇視政府者深，其思顛復政黨者亦甚，國力潛消於內，而不能外競也。今中國國民，目睹政治之腐敗，欲起而改良政治，見現政府之不足與有為，於是乃起而革命，以顛復現政府為目的。政府之待之者，又專以誅鋤殺戮為事，而不悟其受病之源，則腐敗者無窮期，革命者亦無窮期，兩者之力交相疲，則亦交相斃而已矣。夫至於兩者之皆斃，欲求如俄國之現狀，不可得也。何則？俄之國內，雖極其紛擾，而其對於國外也，則足以自支持。故日俄戰後，猶不失為六七强國之一，不過其野心的經營，生一頓挫耳。若今日之中國者，處於列强對峙之中，一舉手一投足，而無不牽動世界之全局。以此脆弱之政府立於上，而又以無訓練無秩序之革命團體鼎沸於下，則二者交哄之日，即中國亡國之時。政府哉，政府哉，其忍蹈俄國之復轍，以為亡國之罪魁哉！若其忍之，我國民亦安能坐視之！

當政黨發生之日，政府之所以待之者，有唯一之方法焉，曰承認政黨是已。日本自發布立憲詔敕以來，自由黨、改進黨及帝國憲政黨，鼎立於國中。其政府對於政黨之政策初亦主嚴重之干涉，凡關於言論集會，使警察為嚴密之取締；有涉於攻擊政府之演説者，即命停止或解散之；報紙之文字稍過於激烈者，即停止其發行；至於政黨員之集會，必有警官臨監，其與警官冲突者，往往而有；且偵探黨人之行動，妨害私立學校之發達，凡有可以阻礙政黨之進步者，無所不至。其時伊藤博文以調查憲法自德國歸，去開設國會之期不遠，於是齊其鐵血主義者，以施於警察行政，而羅織黨人，倣其所謂超然内閣者，以政府置於政黨以外，而不相干涉，於斯時也，政黨向於蹇運，而政府之勢力日張。自由黨中之壯士，由憤激而絶望，由絶望而開始革命的運動，雖不久即行誅夷，然政府亦漸知其不可過於壓迫，徐圖改換其方針。及其國會既開，民黨以歷年之停辛佇苦，今始得依據立法之機關，公然與政府相對抗，乃聯合以與政府苦戰。政府亦屢受其創痍，雖屢次解散議會，然由是漸知政黨之勢力為不可侮，而政府與政黨，亦有密切之關係，不可純然置政府於政黨以外。其後第三次伊藤内閣，見迫於民黨以潰，於是伊藤深感組織政黨之必要，自為政友會之組織，而率之以組織第四次之伊藤内閣。夫伊藤者，其始極不喜政黨，且極主張官僚政治，而排斥政黨政治者也，然時移勢轉，由屢次内閣之經驗，而卒不得不承認政黨，且至身為其總裁焉。由是知日本民黨之價值，而日本政治家之所以能運用其憲政，而强大其國家者，亦不外於承認政黨之勢力而已矣。夫各國之政府，其始未有欲承認政黨者也。何則？自專自恣之既久，一旦忽有人焉以監督之，其不便於專恣也孰甚，故必欲置政府於政黨以外，使政黨之勢力不得及於政府，凡初立憲之國家，未有不如是者也。雖然，憲政之運用，所以能完全者，恃有議會，而議會之職務，所以能進行者，恃有政黨，故憲政與議會之關係，猶之議會與政黨之關係也。中國之政府，而不欲真正立憲則已，苟欲真正立憲，其必自承認政黨始矣。

三、政黨自身之態度

有在朝之政治家，有在野之政治家。以日本言之，伊藤、山縣、西園寺輩，在朝之政治家也；大隈、坂垣輩，在野之政治家也。大限及坂垣，昔嘗為政黨之首領，而在野之時多，在朝之時少，皆利用其在野之地位，以為積極之活動，凡屬於政治之方面者，無不為輿論之先鋒，以監督在位當局者，故其勢力之偉大，有時反過於在朝之政治家者。大隈之因官有物拂下事件而下野也，不久即産出一改進黨，其黨員步趨之齊整，紀律之謹嚴，為日本政黨中所未有，用能與政府相激戰，而不以成敗利鈍渝其節。去歲其黨中内訌，有所謂改革派者，陽標戰後積極經營之名，而隱謀接近政權之實，因是見棄於大隈。然大隈者決非能一日離於政治生活者也，退職以來，不入元老之群，而開始民間的運動，今則見推為早稻田大學總長，養成政黨之人材，演説於各地方，唤起國中之輿論，其以政治為生涯者，數十年如一日，老而彌篤，洵不愧為日本第一流政治家焉。至於坂垣者，當明治初年，西鄉江藤拂衣下野憤然倡亂之日，獨不效其所為，而着手於國民的運動，指揮國民，以與藩閥之政府戰，日本人之知有民權自由者，實自彼始，其後卒執自由黨之牛耳，盡力於黨中者十餘年。蓋彼者實富於理想的之人物也，其所懷抱之理想，往往行於數年、數十年之後。如近者彼之請奉還族籍即請廢華族之名稱，亦其理想所表見之一端也。要之二人之人格經歷，皆宜於為在野之政治家，而不宜於為在朝之政治家，雖屢次入閣，卒不安其位以去。即二人者，亦善用其性行之長點，知其在民間運動之勢力，較優勝於立朝之時，故寧窮老於民間而不悔也。中國人士夙懍恩不出位之誡，以故數千年來，無發生在野之政治家者。歷代以來之黨派，雖有近於各國政黨之性質，然大抵不出兩派：一則借黨勢為聲援，以為擠排異己之地者；一則召黨徒以講學，而間言及朝政之得失者。然黨錮之禍，相沿不絕，後世至以黨派懸為厲禁。是由於不解在野政治家之趣旨。前派以為舍在朝無可以行其道者，故結黨為後援，而決不出於下野之舉。後派則深慨朝政之腐敗，然禁網既密，不得不假講學之名，而隱以攻擊朝政，從未有以改良政治為目的，結一有秩序之團體，樹立旗幟，申明約束，堂堂正正，以與政府宣戰者，故政府有所恃而敢於自恣。此數千年以來之政治社會，所以有退化而無進化也。今者立憲之風潮，已澎湃於國中，而政黨之組織，國民亦深感其必要。蓋有二方面之必要焉。其一對於政府。夫今日政府之從事改革，非不汲引一二有新智識之人，然上者不過以備顧問，下者緝縻之以利祿而已，未聞有稍能展布者。然則立於受動之地位，而非立於主動之地位，雖政府求賢若渴，人才之趨之者日衆，未見其於中國之前途稍有裨益也。使不立於朝而立於野，公然有政黨之組織，以為政府之監督，吾信其勢力必偉大，而其影響必較之在朝時為著。其一對於國民。自宣布預備立憲以來，人民之應之者卒鮮。此固由於政府之不以誠求，然人民不知立憲為何物，即與以民權自由，又豈知所以行使民權自由之道乎！夫一國之政治思想，其始非即普及於全國，必恃有先覺者以為之提倡，而後自覺的國民，乃始興起。其培養此政治思想，網羅此先覺之士者，莫政黨若。故政黨者，實社會初開明之曙星，而立憲政治之先河也。本是二者，安得不希望在野之政治家發生，而依據政黨以為活動之基礎耶！

雖然，組織政黨者，必非容易之業也。各國學者，論政黨之得失利害，言人人殊。要之，概括各政黨，言之者多，而對於特定之政黨，下論斷者少。中國組織伊始，關係至大，今對勘吾國人之性質，而舉其有可注意之點，凡分為四：

（一）道德　道德一語，最為廣漠，有個人之道德，有社會之道德，有政治之道德。茲所論者，政治道德也。雖然，自其觀察之點不同，故所見為道德者亦異；要之，支配各種方面之道德，皆出於同一之源。而中國政治道德之所以腐敗者，毋亦由於一般道德之腐敗而來乎。故欲匡救政治道德之腐敗者，先不可不匡救一般道德之腐敗也。中國政治舊家，固不識有所謂政治道德者，今日之欲新登政治舞臺者，吾恐因一般道德之腐敗，遂致政治道德，亦因之而腐敗，其為中國政界前途之蟊賊者，正未有限，故吾先以政治道德箴砭之也。夫有政治道德之人，其發於責任心而擔當政治者，即其為公益之心，足以克制為己之心。無政治道德之人，其發於好名心而擔當政治者，即其為己之心，壓制其為公益之心。夫至於為己之心壓倒為公益之心，則其源已誤，弊害亦百出而不窮。明明有公益於此，而因其足犧牲自己之名譽，寧棄而不為；明知其於公益有損，而因其足以造成自己之名譽，則汲汲為之。在一黨則爭黨魁之地位而奴隸他人；在各黨中則妨害他黨之行動而不擇手段。其為好名心所驅迫，而以他人之無限的精力，供其野心的犧牲者，實政治道德中之最腐敗者也。嗚呼，吾黨而有此也。庶幾改之；吾黨而無此者，其益勉之！

（二）智識　智識之範圍，亦極無一定矣。自其廣義言之，則凡宇宙之事物，為吾人腦力之所得知者，皆智識也；然狹義之智識，則由教育而來之智識。教育之種類不一，故其所得之智識亦不同。今欲活動於政治方面，則法政教育者，其不可忽者也。夫政治上之智識者，亦至難言矣。各種之教育麗於實，循其順序而求之，終必有智識完滿之一日；法政之教育麗於虛，非善用其腦以受之，則智識不獨不進化，反益形其閼塞。故法政教育者活的學問也，政治智識者亦活的智識也。政治之變化，瞬息萬狀而不可端倪，使執一定之政策以待之，而不知變通盡利之道者，則其失敗也無疑矣。中國今日，當輸入法政教育之時代，各國之學說及其政策，果可一一適用於中國乎？夫各國之學說及政策，皆應其社會之狀態以發生者也，中國之社會狀態，既不同於各國，則不能不分別採用之矣。雖然，吾觀今之修法政學者，其解剖力之不强，其辨別心之不有，徒墨守一先生之言，而不知所以活用之者，比比皆是。以此種人而組織政黨，不過多一盲從之分子而已。故吾以為智識者，不可不求其活潑，而政治能力之厚薄，即由之以為差等者也。

（二）感情　天下之能成事者，恃有感情而已。雖然，天下之最可畏者，亦莫如感情。方寸之地，戈矛生焉。立於黨派之中者，感情尤易走於極端，對於異黨之人，必極力攻擊，而不為之稍留餘地。問其何以如此，則曰我為增進黨力計。不得不如此也。姑無論其主義之正當否，政見之確定否，而即此黨派心之增長感情上之冲突，已足以禍國家而有餘矣。今日之革命與立憲黨，其立於絶對的之地位者，已如吾前所言。雖然，彼此既同認為救國，則各抱其主義政見，以進行於國中，任彼此之自由競争，而不互相妨害，斯亦足以張一軍之旗幟，而訴於國民最後之同情矣。乃革命黨者，必不認立憲黨為救國，且不許其同時生存，凡有可以傾陷誣蔑之者，不惜用種種卑劣之手段，以撲滅立憲黨，為唯一之方針。嗚呼，抑何酷也！革命黨無論矣，今後以中國之大，凡立憲黨之發生者，不知凡幾，主義政見，既有不能悉同之點，則於立憲主義之範圍内，或主張急進，或主張漸進，各任其自由之競争，而為分機之發達，勿為感情之奴隸，以戕賊國家於無形也！

（四）手段　夫所謂手段者，即以權濟經之意也。故手段者，可用之於既正之目的，而不可用之於不正之目的，可用之於一時的，而不可用之於永久的。政治之事情，亦化莫測，有時不得不以手段濟其窮者，固無害於正當之目的也。雖然，政黨之競争，最易流於不正之手段。如各國黨派之間，或以賄買，或以威脅，其種種卑劣之狀態，實足使有高尚之品性者，日遠於政治。今返觀中國之有政治思想者，若以手段為組織黨派唯一之要素，無時而不用手段，無人而不用手段，遂至纖細之事，亦呈風雲變幻之觀，親密之交，亦有同室操戈之嘆，卒之其手段無不破露，而其事亦歸於失敗。夫以善用手段而論，宜莫如日本之星亨者，其破壞大隈、坂垣聯有之内閣，及離間自由、改進兩黨之親交，可謂收手段之效矣，然其於憲法上之功罪，果何如耶？吾願今之組織政黨者，其毋輕於用手段也！

結論

夫吾人今日之組織政黨者，所以為國家計也。為國家計，則凡於國家之前途有利益者，不獨可以犧牲個人之身體及名譽，即一黨之主義政見，無不可以犧牲之。何則？以國家為主體，而個人及黨派，皆國家之客體也。吾讀日本政黨史，吾有最感心之事一焉。即中日、日俄兩大戰開始之時，正政府與政黨相持最急之日，而開戰之詔敕一下，但聞舉國一致之聲，黨争忽至於絶迹。竭全國之力以對外，凡平日之甲黨與乙黨相攻擊者，黨派與政府相激戰者，至是而烟消雲散，渺不知其何往。蓋一黨之主義政見，不敵其國家之危急存亡也。於是而嘆日本之能張大其國威者在此。而我中國歷代亡國之歷史，强鄰壓境而朝局水火者，往往有之，此國力之所以不充，對外之所以不竞也。今者政府腐敗於上，人民沉酣於下，其所以有一綫之生機者，唯有組織政黨之一法。顧吾之所重以為慮者，當此道德滅絶人欲横流之日，其出而任天下事也，不發於責任心而發於好名心，其在一國之中則以本黨為主體，其在一黨之中則以自己為主體，充其所至，仍不外於個人主義，個人主義發達之至極，而國家亦隨以亡。然則亡國之咎，實政黨尸之，又豈吾人之初衷所忍出邪！組織政黨者，可以深長思矣！

嚴復《嚴幾道詩文鈔》卷二《論中國分黨》　《論語》稱，君子不黨，已以黨義為非。屈原賦始用黨人為指斥之辭。至東漢之季，乃有黨禍。自是以後，唐之牛李，宋之蜀洛，明之東林，幾代代有之，而與國家之存亡相終。始近數十年，與歐美相通，乃知西人亦有類乎黨者，如英之保黨、守黨，法之民黨、王黨，日之憲政黨、自由黨之類，不可悉數。此等之黨，與中國昔時之所謂黨者不同，不過譯人偶以黨稱之耳。中國之所謂黨者，其始由於意氣之私，其繼成為報復之勢，其終則君子敗而小人勝，而國亦隨亡。其黨也，均以事勢成之，不必與學識成之也，故終有一敗，而不能並存。西人之黨，則各有所學，即各有所見。既各有所見，則無事之時足以相安。及有所藉手，則不能不各行其意，而有所爭於其間。其所執者兩是，則足以並立而不能相滅，此中西各黨之不同也。由前之説，則有今昔之殊，由後之説，則有中外之別，均不足以例今日。最後則知高麗有守舊、維新兩黨，此為支那言守舊、維新之始。然其時支那之人，舊者太多，新者太少，無從分黨。自甲午以後，國勢大異，言變法者稍稍多見，先發端於各報館，繼乃昌言於朝，而王大臣又每以為不然，於是彼此之見，積不相能，而士大夫乃漸有分黨之勢矣。西人見此，遂遽以為支那人本有之黨。守舊黨主聯俄，意在保現存之局面；中立黨主聯日，意在保國而變法；維新黨主聯英，意以作亂為自振之機。此言也，出於西人之口，驟聞之頗似別白極真者。然深思之，甚為不然。意此不過西人以其國家之情形，臆度支那之情形耳。而支那之實情，實不若是也，試條辨之。西人所謂維新黨者，蓋即指孫文等而言。西人之許可孫文，別無深意，因謀判之罪，彼律甚輕。孫文之為其教中人，嘗言欲行其教於中國，以此之故，西人許之，非實見其人之足信也。故英人前在倫敦報館之辨論，不過自保其國權，與孫文無涉焉。如此則彼所謂之維新黨，不能成其黨也。西人所謂中立黨者，即支那現所稱之維新黨，大約即指主變法諸人而言。支那此黨之人，與守舊黨者，不過千與一之比，其數極小，且此黨之中，實能見西法所以然之故，而無所為而為者，不過數人，其餘則分數類。其一以談新法為一極時勢之粧，與扁眼鏡、紙烟捲、窄褲之衣、鋼絲之車等，以此隨聲附和，不出於心，此為一類；其一見西人之船堅砲利，縱橫恣睢，莫可奈何，以為此其所以强也，不若從而效之，此為一類；其一則極守舊之人，夙負盛名，為天下所歸往，及見西法，不本有一事為彼所不知不能也，乃與聲光化電之粗迹，兵工商藝之末流，毛與糠粃，附會經訓，張脣植髭，不自愧汗，天下之人，翕然宗之，鄭聲亂雅，鄉愿亂德，維新之種，將為所絕，此又為一類；之斯三者，有維新之貌，而無維新之心者也。如此則彼之所謂中立黨，不能成黨也，若夫至不稱其名者，莫如守舊黨。既稱守舊，則必有舊之可守，所謂舊者，支那立國數千年，今雖不及歐美之盛，然亦非生番黑人也，蓋亦必有道矣，真能守之，當有可觀。乃今日守舊之人，問以七略，九流之家法，不能知也；課以三千年之朝章國政，不能舉也；責以子臣、弟友綱常名教之職，不能踐也。且舊學之至大至要者，莫如五倫，此舊黨所援以攻新黨者，今觀舊黨有父母之喪，則苫塊所嚬蹙，朋友所慰藉，其所言者，不曰某科不能考，即曰某缺不能補而已。無他言焉，此無足怪，蓋其所患者，惟此三年中不能應試不能做官為實禍耳。至其飲酒、食肉、御内，以至一切徵歌選色，與夫名姝駿馬之遊，與無喪者等。人人如是，恬不為怪，此父子之倫何在？通藉以後，枉上營私，惟恐不及。補某缺，則校量其肥瘠，無言及地方之利弊者也。除一官，則較量其遲速，無言及責任之易勝否也。總其生平，則國家所求者賢能，士夫所求者富貴。彼於入塾之時，父兄所期，師友所教，即已如此。故國家之事，與士夫之心，終古不相遇。甚者，無不與律令相反焉。如此，則君臣之倫何在？至於夫婦，僅可謂之曰男女，而不能謂之曰夫婦。其始也，拈鬮探籌以得之，無學問性情之素也。其既也，愛則飾之以花鳥，怨則踐之以牛馬，法則防之以盜賊，禮則責之以聖賢。夫花鳥、牛馬、盜賊、聖賢而能以一身兼之者，蓋無有矣。如此，則潰敗決裂，不可窮詰之事，往往如是。觀大清律例中，死刑由於男女者，幾及十之六七焉。如此，則夫婦之倫何在？其他兄弟鬩牆，朋友相賣，此更常事，不足深責。夫倫紀者，舊學之根原，而守舊黨乃弁髦若此。然則此真生番黑人也所守何舊哉？彼之所守者，不過流俗之習氣，為己之私心焉耳。彼見上之人，作此論者多，故從而附和之，內可便其不學之私，外可忝居正人之目，何所憚而不為？若此之人，但能謂之趨時，而不能謂之守舊，謗以守舊不亦冤乎？如此，則彼所謂之守舊黨，不能成黨也。嗟乎！木老而枯，人老而病，支那之教化蓋已老矣。千年以來，日見凌夷，代不及代，觀其風氣，隨波逐流，不復能有樹立之意，將欲如漢之黨錮，唐之牛李，宋之蜀洛，明之東林，而亦不可得焉，豈能與東西諸國之各黨比哉！

維新派政治團體部

强學會

綜　述

康有為《康南海文集》卷五《强學會序》　（一八九五年九月）俄北瞰，英西睒，法南瞵，日東眈，處四强鄰之中而為之中國，岌岌哉！況磨牙涎舌，思分其餘者，尚十餘國。遼臺茫茫，回變擾擾，人心皇皇，事勢僨僨，不可終日。昔印度，亞洲之名國也，而守舊不變，乾隆時英人以十二萬金之公司，通商而墟五印矣。昔土耳其，回部之大國也，畺土跨亞歐非三洲，而守舊不變，為六國執其政，剖其地，廢其君矣。其餘若安南，若緬甸，若高麗，若琉球，若暹羅，若波斯，若阿富汗。若俾路芝，及國於太平洋羣島、非洲者，凡千數百計，今或削或亡，舉地球守舊之國，蓋已無一瓦全者矣。我中國孱卧於羣雄之間，鼾寢於火薪之上，政務防弊而不務興利，吏知奉法而不知審時，士主考古而不主通今，民能守近而不能行遠。孟子曰：國必自伐，而後人伐之。蒙盟、奉吉、青海、新疆、衛藏土司圉徼之守，咸為異墟；燕、齊、閩、浙、江、淮、楚、粤、川、黔、滇、桂膏腴之地，悉成盜糧。吾為突厥黑人不遠矣。西人最嚴種族，仇視非類。法之得越南也，絶越人科舉富貴之路，昔之達宦，今作貿絲也，英之得印度百年矣，光緒十五年而始舉一印人以充議員，自餘土著，畜若牛馬。若吾不早圖，倏忽分裂，則桀黠之輩，王、謝淪為左衽；忠憤之徒，原郤夷為皂隸。伊川之髮，騈闐於萬方；鍾儀之冠，蕭條於千里。三州父子，分為異域之奴；杜陵弟妹，各銜鄉關之慼。哭秦庭而無路，餐周粟而匪甘。矢成梁之家丁，則螳臂易成沙蟲；覓泉明之桃源，則寸埃更無淨土。肝腦原野，衣冠塗炭。嗟吾神明之種族，豈可言哉！豈可言哉！ 夫中國之在大地也，神聖繩繩，國最有名，義理制度文物，駕於四溟，其地之廣於萬國等在三，其人之衆等在一，其緯度處温帶，其民聰而秀，其地腴而厚，蓋大地萬國未有能比者也。徒以風氣未開，人才乏絶，坐受淩侮。昔曾文正與倭文端諸賢，講學於京師，與江忠烈、羅忠節諸公，講練於湖湘，卒定撥亂之功。曾魯士有强國之會，遂報法仇。日本有尊攘之徒，用成維新蓋學業以講求而成，人才以摩厲而出，合衆人之才力則圖書易庀，合衆人之心思則聞見易通。《易》曰：君子以朋友講習。《論語》曰：百工居肆以成其事，君子學以致其道。海水沸騰，耳中夢中，礮聲隆隆，凡百君子，豈能無淪胥非類之悲乎！圖避謗乎？閉户之士哉！有能來言尊攘乎？豈惟聖清，二帝、三王、孔子之教，四萬萬之人將有託耶。

麥仲華《清經世文新編》卷一七《曾習經〈强學小會集衆啓〉》 先師垂典，文厲學者。曰：性相近，習相遠。又曰：學之不講，是吾憂也。蓋思夫遷染異涂，而鬲聞之為害也。故漢之汝南、唐之東都、宋之洛陽，碩夫通儒所在霧會，咸有耆名高義以鼓動流。俗降及近代，頗為衰寡，而精力所建編牒千百，所謂其時達人綴學之徒，得從奉手焉，用是芬華，相扇窈窕無絶，講學之風，重於時矣。四維不張，小雅盡失，突悌脂韋，汲汲顧影。君子消則小人長，治日少則亂日多。譊譊之學，各習其師，其能尋先聖之元意，務經世之達畧者，百不得一焉，而迂滯若是矣。故當其盛也，士有不譚道者，則樵夫牧監已竊笑之。及其衰也，俗儒啚生至動色而相戒，是可慨矣。時維仲秋，禾黍彌野，新亭斯在，風景不殊。其有感時之士，匡俗之哲，朝隱之彦，擊檝之英，洎夫江湖，散佚山林，耆舊萍浮，南北來逷，京師即以茲晨並逮斯會，發憤時艱，綢繆世用，有勸勉忠愛之言，無互相題拂之事。霜霰未下，風露可懷，特叚禪栖，廣布茵席。松柏逈凋於歲寒，鷄鳴不已於風雨。重以令節之美，游從之樂，月出皎兮！舒窈窕兮！苟士夫不言來者，何述潘生云池？魚籠鳥皆有山林藪澤之思，詎不能一忘圖願而暫同於雅好哉！其諸君子知有樂乎此也。

《不忍雜誌》第九、十期《康有為代張南皮作〈上海强學會序〉》 （一八九五年十一月）天下之變岌岌可哉！夫挽世變，在人才；成人才，在學術；講學術，在合羣。累合什一百之羣，不如累合千萬之羣，其成就尤速，轉移尤鉅也。方今海內多故，天子惄焉閔憂，特下明詔搜求才識閎達及九能之人、一藝之士，而應詔者寡，固搜訪之未逮歟？得無專門之學風氣未啓，有以致之耶？故患貧而理財，而專精農工商礦之學者無人；患弱而練兵，而專精水陸軍及製造船砲之學者無人；乃至外國政俗亦寡有深通其故者，此所關非細故也。頃士大夫創立强學會于京師，以講中國自强之學，風雨雜沓，朝士鱗萃，尚慮未能布衍于海內。于是江海散佚，山林耆舊，盍簪聚講求，如漢之汝南、唐之東都、宋之洛陽，為士大夫所走集者。今為上海，乃羣天下之圖書器物，羣天下之通人學士，相與講焉。嘗考泰西所以富强之由，皆由學會講求之力。傳偁，以文會友，以友輔仁。記稱，敬業樂羣。其以開風氣而成人才，以應天子側席之意，而濟中國之變，殆由此耶？其樂從諸君子游乎？吾願觀其成焉。

又《上海强學會後序》 （一八九五年十一月）號物之大者曰駝象騾馬牛，皆彭亨龐巨，倍於人體。然而檻之縶之服之乘之，甚且刲之炰之，象駝牛馬俛首宛轉，悲啼痛苦，受縶縛駕乘刲炰，而呼號終莫救，仇怨終莫雪者何哉？為其弱也。牛馬無罪無辜，服勤供役，勞亦甚矣，而不免宰割者何哉？為其愚也。《書》曰：兼弱攻昧，既弱既昧，自召兼攻，奈之何哉？嘗攷三千年青史氏之册，五大洲萬國之志，若劉石之破洛陽，耶律氏之取石晋，金斡離不之破汴，駈虜擄掠，有若犬羊，斷殊骨肉，宛轉道路，託命異類，寄身鼎俎。當此之時，其與象駝牛馬之受縶維，駕乘封割，豈有異哉！豈有異哉！彼馬基頓之破波斯，回教突厥破羅馬，及近者泰西之分非洲，虜掠凌暴，異種殊族，皆以愚弱被吞食者。然則天道無知，惟佑强者。《易》首繫乾，以自强不息。洪範六極，弱居極下。蓋强弱勢也，雖聖人亦有不能不奉天者歟？然則惟有自强而已。夫强者有二，有力强，有智强。虎豹之猛，而扼於人。虎豹不能學問攷論則愚，人能學問攷論則智，是智勝也。至於天人鬼物，昆蟲草木，莫不攷論則益智。故貴學。美人學會繁盛，立國百年而著書立説多於希臘、羅馬三千年，故兵僅二萬，而萬國莫敢誰何，此以智强也。夫物單則弱，兼則强，至累重什百千萬億兆京陔之，則益强。荀子言物不能羣，惟人能羣，象馬牛駝不能羣，故人得制焉。如使能羣，則至微之蝗，羣飛蔽天，天下畏焉，況莫大之象，馬而能羣乎？故一人獨學，不如羣人共學，羣人共學，不如合什百億兆人共學則强，累億萬兆皆智，人則强莫與京。吾中國地合歐洲民衆倍之，可謂龐大魁巨矣。而吞割於日本，蓋散而不羣，愚而不學之過也。今者思自保，在學之羣之。昔在京師，既與諸君子開會，以講中國自强之學，朝士集者百數，然猶未足合天下之。才海內耆賢通學，捧手推襟，欲推廣京師之會，擇合羣之地而益宏厥規則。滬上總南北之滙，為士大夫所走集，乃羣中外之圖書器藝，羣南北之通人志士，講習其間，而因推行於直省焉。凡吾神明之胄，衣冠之族，思保其教，思保其類，以免為象駝牛馬之受檻縶封割，豈無同心乎？抑其甘淪異類耶？其諸有樂于會友輔仁歟？仁者何仁？吾神明之胄，先聖孔子之教非歟？

《强學報》第一號《上海强學會章程》（一八九五年十一月）一、本會專為中國自强而立，以中國之弱，由於學之不講，教之未修，故政法不舉。今者鑑萬國强盛弱亡之故，以求中國自强之學。總會立於上海，以接京師，次及於各直省。

一、今日學校頹廢，士無術學，衹課利祿之業，問考文史，不周世用。又士皆散處，聲氣不通，講習無自，既違敬業樂羣之義，又失會友輔仁之志。西國每講一種學術，必有專會，會中無書不備，無器不儲，即僻居散處，亦得瞞書閲報以廣觀摩，故士有專業而才日以成，國資其用而勢日以盛。今設此會，聚天下之圖書器物，集天下之心思耳目，略仿古者學校之規及各家專門之法，以廣見聞而開風氣，上以廣先聖孔子之教，下以成國家有用之才，最要者四事，條例於下，其局章附焉：

一、譯印圖書。道莫患於塞，莫善於通。互市者通商以濟有無，互譯者通士以廣問學。嘗攷講求西學之法，以譯書為第一義，蓋以中國人而講西文，不過通酬酢語言，只能譯書札尺牘，其能讀朝章國律者已少。至各學專門之書，各具深微之理，即其字義，各有專門，不盡相通，彼方士人不入此門者，亦不識其字，此固非游歷洋差人能解，亦非同文方言譯生所能知，即有一二專門之士，無以發天下學者，其為益甚尠。欲令天下士人皆通西學，莫若譯成中文之書，俾中國百萬學人，人人能解，成才自衆，然後可給國家之用。今西學堂知課語言文字而寡及譯書，惟聖祖仁皇帝《御纂性理精藴》，潤色西算，嘉惠士林。高宗純皇帝《欽定四庫提要》，凡自明以來所譯西書，並許箸録。曾文正公開製造局以譯書為根，得其本矣。今此會先辦譯書，首譯各國各報，以為日報取資，次譯章程、條教、律例、條約、公法、目録、招牌等書，然後及地圖暨各種學術之書，隨譯隨刊，並登日報，或分地或分事，或分類或編表，分之為散報，合之為宏編，以資講求而廣聞見，並設譯學堂，專任此事。

一、刊布報紙。陳文恭公勸士閲邸報以知時務，林文忠公常譯《澳門月報》，閲報以覘敵情。近來津滬各報，取便雅俗，語涉繁蕪，官譯新聞紙，外間未易購求。今之刊報專録中國時務，兼譯外洋新聞，凡於學術治術有關切要者，巨細舉登，會中時務附焉。其邸鈔全分，各處各種中文報紙，各處新事，各人議論，並存鈔以廣學識，各局互相鈔寄。

一、開大書藏。乾隆時敕建文滙閣於揚州，建文宗閣於鎮江，例准士子就讀，經亂散失，遺書無多，此會擬宏闢區宇，廣集圖書。近年西政西學日新不已，實則中國聖經，孔子先發其端，即歷代史書百家著述，多有與之閣合者，但研求者寡，其流漸湮。今之聚書，務使海內學者，知中國自古有窮理之學，而講求實用之意，亦未遽邏，正不必鷩望而無極，更不宜書界以自封。泰西通都大邑，必有大藏書樓，即中國圖籍，亦藏弆至多，今合中國四庫圖書，購鈔一分，而先搜其經世有用者。西人政教及各種學術圖書，皆旁搜購採，以廣考税而備研求，其各省書局之書，皆存局代售。

一、開博物院。文字明其義，有不能明者，非闕譜不顯，圖譜明其體，有不能明者，非器物不顯。《詩》稱關關雎鳩，熟陸機之疏，通沖遠之説，學者窮日詳考其形色，而不知雎鳩也，置雎鳩於前，則立識矣。人之一體，讀素問，考明堂及全體新論，不知也。外國有人身全體，一見則立明矣。康熙年間欽定時憲書，採用西法，置南懷仁所造儀器於觀象臺，其立算與中適異，今步天測量，非登臺觀器不能明。又輪船之大而且速，槍炮之堅而比利，製造機器之出貨捷而且多，苟一寓目，便知守舊蹈常，斷不能與之角力而爭利。西國博物院凡地球上天生之物、人造之器，備列其中。苟一物利用，必思考而成之，不令棄地。苟一器適用，必思則傚，旋且運化生新，而利便又遠過之。合衆人之心思，以求實用，合萬國之器物以啓心思，焉得不富，焉得不强？今創設此院，凡古今中外兵農工商各種新器，如新式鐵艦，輪車、水雷、火器，及各種電學，化學、光學、重學、天學、地學、物學、醫學諸圖器，各種礦質及動植類，皆為備購，博攬兼收，以為益智集思之助。

右四條皆本會開辦，各有詳細章程別行刊布。

一、會中於義所應為之事，莫不竭力。視集款多寡，次第舉行者，又有數事：立學堂以教人才，創講堂以傅孔教，派游歷以查地、輿、礦務、風俗，設養貧院以收乞丐，教工藝，視何處籌款多者，即在其地舉行，惟望海內志士合力為之。

一、入會者，將姓名爵里函知局中，既送以章程，收捐款後即編號，會中遇事知照，展轉援引，愈推愈廣，庶幾自保其類，不致令外國謂以散沙。

一、入會者不論名位學業，但有志講求，概予延納，德業相勸，過失相規，患難相恤，務推藍田鄉約之義，庶自保其教。

一、中國非無專門積學之士，苦於不相聞問，無由觀摩。即已有學問，無人能知，且平素無相交之雅，相遇生妒忮之心，今此會使海內學士，聲氣相通，以期增長，是入會之大益，既無隔礙，且合海內之才士結聯講求，庶自强有基。

一、入會諸君，原為講求學問，聖門分科，聽性所近。今為分別門類，皆以孔子經學為本。自中國史學歷代制度，各種考據，各種詞章，各省政俗利弊，萬國史學，萬國公法，萬國律例，萬國政教理法，古今萬國語言文字，天文地輿，化重光聲，物理性理，生理地質，醫藥金石動植氣力，治術師範，測量書畫，文字減筆，農務牧畜，商務機器，製造營建，輪船鐵路，電線電器製造，礦學水陸軍學，以及一按一藝，皆聽人自認。與衆講習，如有新得之學術，新得之理，告知本會，以便登報。將來設立學堂，亦分門教士，人才自盛。

一、入會諸君，原為學問起見，其有疑義，可函詢會中講求，當詢通人詳答。其有經世文字，新論新法，可寄稿本局，經通人評定，或鈔存備覽，或刊刻流通，倘發中西未得之新理，加酬獎賞，標其姓名，以收切磋之益。

一、外國學會，咸樂布施，有捐至萬百者，故學者甚盛。各省善堂捐款，亦多累百盈千。况此舉功德，比善堂尤大，今議凡來入會者，皆須捐助，最少以十兩為限。

一、善堂捐助義舉，皆立即捐資，凡入此會，概同斯例。若逾月不交，即將其會名扣除，其五十兩以上，准分兩次交清，百兩以上，准分四次交清，每次以兩月為限。

一、凡捐助百兩以上者，每譯印成書，各送一部。五十兩以上者，譯印之書但收成本。三十兩以上者，取譯印之書，減價一成。自十兩以上，報紙皆減二成，並刊名報上。其有捐助千金者，永准其送一人入學堂肄業，由會中支給。

一、捐助之款，寫明姓名爵里，交强學總局給收條，仍到本局換票處換聯票收執，作為入會之據。其各處捐助之款，寫明姓名爵里，就近交電報局代收，製給三聯票收條。電報局將第三聯票編號存案，將第二聯票寄本局，由本局換給入會聯票，交電報局付給收執為據。本局將姓名爵里學業寄寓，按照聯票號數彙編存案，聯票皆有董事圖章。

一、開辦此會，合海內之耆碩名士任之，所有局事，由開辦諸人內公舉四人為提調，二人坐辦，二人會辦，公舉諳練公正者八人為董事，亦四人坐辦，四人會辦。創辦定後，分年舉人輪管，倘董友不洽，暨因事辭退提調董事集衆公舉，擇衆而從，既經舉定，不准以私見議改。被議之人，非有實在而為難，亦不准規避委卸。其管事、管書、管器皆用會內通達之人，由提調董事公酌保用，董事擬多邀辦賑諸君，其協理人數，隨時增議。

一、入會之友，必求品行心術端正明白者，方可延入局中，應辦之事，會友隨時獻替，留備採擇，到局之後，倘別存意見，或誕妄挾私及逞奇立異者，恐於局務有礙，即由提調董事諸友公議辭退。如有不以局中為然者，到局申明，捐銀照例充公，去留均聽其便。

一、局中訪求博雅通才，主譯書撰報之事，其人數隨時增廣，皆由提調董事公同妥訪邀請。

一、局內司賬，須習知貿易書籍情形、及刷印文字者，充其選，必須董友考查確實，一秉至公。又須有結實舖保，方許招致，倘涉營私舞弊，一經查出，原得之人，照例責賠，經手之董事會友，凡預有保薦之力者，亦須一律議罰。

一、局中用項，概由值董核發，如有巨款，在千數百金以上者，須各董友齋集公議，方准開支。收有成數，擇殷實商號存儲，立摺支取，如存數慚多，亦可議生利息，發票之期，按幾日為限，由值董眼同經理。

一、開局提調董事，均仗義創辦，不議薪資，將來局款大盛，須專請人辦理，始議薪水。惟譯書撰報，管書管器，司事教習，游歷司賬，酌量給予薪水。

一、譯書刊報，會友應分送，及減成售賣者，俱持票到總局分局驗票付給。

一、書局開辦之始，務求儉約，以期持久。擇地賃屋，茶點坐落，須清雅潔淨。董友集議之日，不拘分際，儀文從簡。凡博弈游戲，徵逐喧囂，概宜屏禁，俾無壞局規。嗣後辦有成效，人多款足，再議擴充，自行建造，添設園舍。

一、局內用款，分出入存三柱簡明登記，每月一小結。刊刻報章，月朔由各董事齊集查閱，務期核實無弊，閱竟各於名下署押為記，每年一大結，彙刻徵信録分送提調董事，及捐款百兩以上者，以昭信實。

一、先訂簡明章程，以期迅速集辦，每事各有詳細章程，舉辦以後，隨時集議，如有利弊，應興應革，均由提調董友公議删增，或每季一集，每年一大議，並核用款，稽勤惰，詳稽論定，再行刊刻布告。

雜録

梁啓超《戊戌政變記》卷七《强學會封禁後之學會學堂報館》 强學會雖封禁，然自此以往風氣漸開，已有不可抑壓之勢。至丙申二月，御史胡孚宸奏請解禁，於是將北京之强學會，改為官書局，派大臣管理其事，惟已盡失開會之本旨，僅存其外觀而已。會員黃遵憲、梁啓超、汪康年等，謀將上海强學會，改為《時務報》，《時務報》既出後，聞風興起者益多，各省志士爭醵資，合羣以講新學，大率不出强學會宗旨之五大端。今將兩年內，各省私立之學會學堂報館等，略列於下。

味經學會　陝西

遜業小學堂　廣東

聖學會　廣西

羣學會　廣東

通藝學堂　北京

南學會　湖南

算藝學堂　湖南瀏陽

南學分會　湖南岳州

大同譯書局　上海

不纏足會　上海　廣東　湖南　福建　新加坡

校經學堂　湖南

湘學報　湖南

公理學會　湖南廣東

大同學堂　澳門

實力學堂　新加坡

地學公會　湖南

蘇學會　蘇州

廣仁學堂　廣西梧州

農學會　上海

知恥會　北京

明達學堂　湖南常德

算學報　上海

八旗奉直小學堂　北京

譯書公會　上海

致用學堂　湖南

湘報　湖南

中西學堂　浙江紹興

原生學舍　澳門

格致新報　上海

顯學會　廣東

質學會　湖北

粵學會　廣東

蒙學會　上海

時務學堂　湖南

任學會　湖南衡州　　羣萌學會　湖南瀏陽
時敏學堂　廣東　　測量會　南京
女學堂　上海　　知新報　澳門
天南新報　新加坡　　東交學社　上海　廣東
大同學校　橫濱

新學之風既倡，民智漸開，故兩年以來，支那人士之識見言論，頗有異於昔日，從前自尊自大，自居於中國，而鄙人為夷狄之心，多有悟其非者。先覺之士，慨世之徒，攘臂抗論，大聲疾呼，所在多有，而湖南、廣東兩省，實可為改革之原動力焉。膠變之後，康有為開經濟學會於京師，與京師各省士夫鼓厲大開學會，先自十二月開粵學會，與林旭開閩學會，與楊鋭開蜀學會，與楊深秀、宋伯魯同開陝學會，皆正二月並舉焉。經保國會後，又有保滇會、保浙會繼之，自餘各省從風，州縣並起，不可指數，雖有政變，而民智已開，不復可遏抑矣。

知恥學會

綜　述

《時務報》第四〇册《梁啓超〈知恥學會序光緒二十三年九月初一日〉》

《春秋》曰：蒙大辱以生者，無寧死。《春秋繁露·竹林篇》痛乎哉！以吾中國四萬萬戴天履地，含生負氣之衆，軒轅之胤，仲尼之徒，堯舜文王之民，乃伈伈俔俔，忍尤攘垢，蠢然為臣為妾，為奴為隸，為牛為馬於他族，以偷餘命。

孟子曰：無恥之恥，無恥矣。吾中國四萬萬人者，惟不知無恥之為可恥以有今日，亦既恥之，子胥恥父，乃鞭楚墓，范蠡恥君，乃沼吳室，張良恥國，乃墟秦社，大彼得恥愚以興俄，華盛頓恥弱以造美，惠靈吞恥挫以拒法，嘉富洱恥散以合意，威良卑士麥恥受轄而德稱雄，爹亞士恥制地而法再造，日本君臣民恥劫盟，而幡然維新，更張百度，遂有今日。若是者雖恥何害？而惜乎吾中國知之者尚少，方且掩匿彌縫其可恥者，以冀他人之不我知，而未聞有出天下之公恥，以與天下其恥之者也。宗室壽君，以天潢之親，明德之後，奮然恥之，特標此義，立會以號召天下，而走告於啓超曰：嗟乎，吾儕四萬萬蒙恥之夫，苟猶有人心，猶是含生負氣戴天履地者，其庶誦《春秋》之義，抉老學之毒，以從壽君之後，意者，天其未絕中國歟？雖然，吾猶將有言，願吾儕自恥其恥，無責人之恥，賢者恥大，不賢恥小，人人恥其恥而天下平，自諱其恥，時曰無恥，自誦其恥，時曰知恥，啓超請誦恥以倡於天下。嗚呼，聖教不明，民賊不息，太平之治不進，大同之象不成，斯則真可恥也。

又《壽富〈知恥學會後序〉》 語曰，四郊多壘，大夫之恥也。又曰，一物不知，儒者之恥。悲夫，吾中國早知以是為恥，安有今日之禍哉？溯自嘉道以來，官不恥欺蒙，吏不恥貪墨，士不恥無用，民不恥叛上，釀成戎禍，殺運斯開，英人以我官吏之貪婪，窺我士夫之庸懦，狡焉思逞，搆釁粵東，始於澳門，極於閩浙，凄劉我士庶，搖蕩我邊疆，我中國輸鉅款，割香港，訂五口通商之約，滅歷朝納稅之規，蓋自我朝開國以來，未有示弱如此者。

當是時，我中國不恥不能自彊以事君，而恥不能慮聲以禦侮；於是乎英人法人狎我之無能，利我之富厚，陷我粵東，執我使和，犯天津，踞上海，搆兵連年，長驅直入，驚我乘輿，焚我郊甸，我中國輸納金帛，伏首請和，為城下之盟，忍不敢較，不以為恥。於是法人以教案窘我於天津矣，不以為恥，於是俄人據伊犂要我於西徼矣，未幾，而日人取我之琉球，未幾而法人取我之越南，未幾而英人取我之緬甸，之數役者，戰則喪師，我之恥也；和則失地，我之恥也。

至於甲午之役，失高麗，割臺灣，償兵費至兩萬萬，中國之恥，至斯亟矣。嗚呼！此誰之恥哉？吾以為此非獨吾君和之恥，此我中國四萬萬人之公恥也。吾聞之虎以爪牙自衛，則獵者不敢輕犯其怒；龍以鱗角自衛，則漁師不敢輕犯其怒；國君以民自衛，則鄰國不敢輕犯其怒。今我中國人則四萬萬也，地則四兆方里也，開國之久，物產之富，甲於五大洲，乃列國環伺而迭侮之，不少顧忌，此豈僅侮我之君相哉？蓋謂我中國頑鄙無恥，庸懦如婦人，鳥聚獸散，狼貪兔狡，而不能出智慮，捐生命以衛其君也。故觀其宰相之謀成後戰，則我之執政可恥；觀士卒之步伍嚴肅，則我之將帥可恥；觀其儒者之鉤深索隱，則我之士可恥；觀其田夫之蕃育稼畜，則我之農可恥；觀其勞工之神明規繩，則我之工可恥；觀其公司之操奇計贏，則我之商可恥。

更觀地球百年以來，拿破崙席卷西歐，逞其權力，英人恥之；合全國之力與之周旋海上，卒乘其敝。英人至今執歐州牛耳。普魯士見弱於拿破崙，法人視之如隸，普人恥之；合全國之力，講武興學，卒摧強鄰，虜路易，圍巴黎，一戰而霸。法人至今不能報，法人恥之；收合餘燼，休兵息民，演敗亡之狀，以作士氣，開博物大會，以振商務，使法蘭西之名墜而復振，仍列於強大。美人逼迫日本開埠通商，東海三島，危於累卵，日人恥之；尊君權，倡新學、商戰，接於泰西，兵威申於中國。嗟呼！人孰無君，人孰無國，彼皆能強其國，顯其君，我則甘受侮辱，日受侵凌，此而不恥，我中國豈無人心哉？孟子曰：不恥不若人，何若人有。今我不若人矣，可奈何？如恥之，莫如為學。學則智，智則強，強則大國親我，小國畏我。不學則愚，愚則弱，弱則大國鄙我，小國犯我。我中國神明之裔也，堯舜之遺也，不思與英德法日並駕於五洲，而坐視黑人紅人之為奴，思執鞭而從其後，吾不可復見五大洲豪傑之士矣。

哀我君父，先民而恥，弛報館之禁，下求才之詔，許天下書院參講時務，變科場之式，以興新學也。九重苦心，豈得已哉？於時上海士大夫聞而恥之，創立時務報館，以諷天下，哀哀長鳴，血淚盈簡；粵東士大夫聞而恥之，創《知新報》以開民智；兩湖粵西士大夫聞而恥之，厥有湘學報、質學會、聖學會；江浙陝西士大夫聞而恥之，厥有學計館、蘇學會、陝西學會。我八旗則虎賁之世僕也，我大宛則狗裘之都士也，四方君子之從宦京師者，則靄靄吉人，脩修後彥也。乃不能購集圖書，私相講習，以弁冕四方，提倡三輔，此非我京師諸君子一大恥哉？

乃者張君菊生既創西文學堂於海王村上，今君彥復又思集學會於宣武城南，意者我中國民智漸開，國勢其將復振乎？今之儒者，不恥貪弱而恥富強，不恥無用而恥多能，不恥購洋貨而恥讀西書，不恥敗於外而恥不勝於內。君父之安危，人種之淪胥，聖教之陵夷，舉不足當其恥者，惟恐儒術以有用聞於天下，是豈吾孔孟立教之本意哉？嗟我兄弟邦人諸友，講西學正以存國，存國正以存教，思俄權及於東海，則我可恥；思英法開埠滇粵，則我可恥；思粵使凌抗於禁庭，則我可恥，思德人拒我之使棹，則我可恥；思西人鄙我為生番，謂我為無教，則我可恥；瓜分之論，昌言無忌，病夫之喻，醜詆難堪，則我可恥。思管商尚能強其國，儒者不能衛其君，我則恥對管商；思墨翟尚能兼愛以為人，儒者不能保其種，我則恥對墨翟；思西人尚能傳其教，儒者不能存其教，我則恥對泰西之教士；近者西人李佳白聚資泰西，開學畿輔，我無斯會，我則恥對李佳白；土人敗希，弱而能奮，我不自勵，我更恥對土耳其也。

《知新報》第八十五冊《保國會序一八九九年四月三十日》 舉四萬萬圓顱方趾聰明強力之人，二萬萬方里膏腴巖阻之地，而投之不測之淵，擲之怒濤之海，懸諸絕岸之下，施以凌遲之刑，羈以牛馬之絡，封之縛之割之鬻之，而是四萬萬之人者，寢於覆屋之下，鎖於漏舟之中，躍於炎炎薪火之上，以舞以歌，以食以哺，未聞大聲疾呼，揭鼓長號者，則是真死矣，亡矣不可救矣。

我中國大地，號稱最古之名國也，神聖繩繩，民皆神明之華冑也。孔子營營，文明之教也，而自經割臺巨創之後，我士我大夫，醉樂酣嬉，不識不知，三年於茲，去歲遂有割膠之事，於是旅順、大連、威海、廣州灣繼割矣。自今歲元旦來，春分以前，失地失權，乃至兩日而一事，其一開大連灣通商而俄不許，其二欲開南寧通商而法不許，其三英借我萬萬而俄不許，其四德既得濟南鐵路而索沂州鐵路，其五既得沂州鐵路而索全省鐵路工程，其六既得鐵路而索全省之礦，其七既得礦而索商務矣，其八我津鎮鐵路道經山東，三電德廷而不許矣，其九并繞道河南而不許，賴英、美使臣責言乃許矣，其十調一兗沂漕濟道而限二十四點鐘斥去矣，其十一俄勒逐德教習矣，其十二聶提督士成之俄教習，不聽聶提督節制而要抗行矣，其十三并不聽中國去留，而聽俄定去留矣，其十四畿輔、直隸、山東、山西、東三省練兵，須請俄教習矣，其十五安南法人被虜而勒償款十萬矣，其十六不借英款而仍許內河行輪船矣；其十七再借英萬萬，而要以全歸日本，不得留作他用矣，其十八長江江浙厘金皆諭英人征收矣，其十九云南之西聽英築鐵路矣，其二十云南蒙白之間，聽法築鐵路，且聽辦鄭政矣。

夫弱而割地，則我堂堂萬里封疆，猶可為大國也，築路用人之權皆失，則是國土夷於屬地，君上等於僕隸，豈得為有國者哉！《春秋》書梁亡者，《公羊》謂魚爛而亡，夫吾今魚爛也哉，但未紀侯大去矣。兩月之失地失權如此。嗚呼！無冬無夏，何以卒歲，我海疆，我民甿，人不自保；我婦女，我嬰兒，人不聊生，皆不自審為何國之民哉！撫印度、埃及之狂瀾；念安南、緬甸之覆轍，遠懷波蘭分裂之巨禍，近睹高麗戕賊之慘刑。嗚呼！我士我大夫，何蹈於斯哉？何辜於天，我罪伊何，終為戎虜，為謀將多，落阱抵坑，奔谷投崖，閉門鎖國，枕籍相借，耳無槍炮之聲，目無旌旗之形，鐘簴不移，朝市無驚，壑有藏舟。大昏也，博夜也，醉夢不醒，移之甚輕，國無耻心，人無憤情，燈火張夕，金絲萬聲，紅塵揚道，冠蓋奔營，而孰知為崇禎甲申之燕市、北宋政和之汴京哉！

我士我庶我大夫，乃欲超阱越坑，登岸出門，棄彼漏舟，舍茲覆屋，獨力孤掌，又安能哉？將效士燮之祈死耶，則徒死無益；將為褚淵之偷生耶，則視息不忍；將為管寧之避地耶，則乾坤更無干净之土；將為魯連之蹈海耶，則東海已非父母之邦；將托身於白足黃冠，則象教將微；將發奮為貳臣，無耻為印度，滅時甘為第六等人者，亦不見用矣。志士仁人，能佯狂，能餓死，而我四萬萬同氣同種之胄，忍回視其奴隸牛馬哉！天地為愁，我將何容，昧昧我思之，惟有合羣以救之，惟有激耻以振之，惟有厲憤氣以張之，我四萬萬人知身之不保，移其營私之心，以營一大公。知家之不存，移其保家之心，以保一大國，無富貴之可圖，無格式之可循，同舟遭溺，同室遭焚，被髮纓冠，奔走呼救，宜亦仁人志士所不棄不耶？宜亦仁人志士所不棄也耶？

《清議報》卷二一《康有為〈保國會演説辭〉》 我中國四萬萬人，無貴無賤，當今日在覆屋之下，漏舟之中，薪火之上，如籠中之鳥，釜底之魚，牢中之囚，為奴隸，為牛馬，為犬羊，聽人驅使，聽人割宰，此四千年中二十朝未有之奇變。加以聖教式微，種族淪亡，奇慘大痛，真有不能言者也。吾中國自古為大一統國，環列皆小國，若緬甸、朝鮮、安南、琉球之類，吾皆鞭箠使之，其自大也久矣，故在國初時，視英法各國皆若南洋小島，雖以紀文達校訂四庫，趙甌北劄記二十二史，阮文達為文學大宗，皆博極羣書，而紀文達謂艾儒略《職方外紀》、南懷仁《坤輿圖説》如中土瑤台閬苑，大抵寄托之辭；趙甌北謂俄羅斯北有準葛爾大國以銅為城，二百方里；阮文達《疇人傳》，不信對足抵行。今人環游地球，座中諸公有踏遍者，吾粤販商估客，視為尋常，而乾嘉時博學如諸公，尚未之知。至道光十二年，英人輪舟初成，橫行四海，以輪船二艘犯廣州，兩廣總督盧敏肅以三千師船二萬兵禦之而敗，盧公曾平猺匪趙金隴者，宣宗成皇帝詔謂盧坤昔平趙金隴，曾著微勞，不料今日無用至此，盧敏肅雖言洋船極大，而既無影鏡燈片，宣宗無從見之，無能自白也，暨道光二十年，林文忠始譯洋報，為講求外國情形之始，敗於定海舟山，裕謙、牛鑑、劉韻珂繼敗，艦入長江，而砲震天津，乃開五口，宣宗乃知洋人之强，在船堅砲利，命仿製之。西人如何，實未知也。道光二十九年，咸豐六年、八年、十年，屢戰屢敗，輸數千萬，開十一口，乃至破京師，文宗狩熱河，洋使入住京師，亦可謂非常之變矣；然而士大夫以犬羊視之，深閉固拒。同治五年，斌椿遍遊各國，等於游戲，無稍講求之者。曾文正與洋人共事，乃始少知其故，開製造局譯書，置同文館、方言館、招商局。文文忠乃遣美人蒲安臣與志剛、孫嘉穀出使各國，首用洋人，如古之安史那、金日磾，實為當時絕異之事。欲遣京官五品以下正途翰林六曹出身入同文館讀書，最為通達，而倭文端阻之。自是雖輶車歲出，而士大夫深惡外人，蔽拒如故。甲申之役，張南關之功，日益驕滿，鄙人當時考求時局，以為俄窺東三省，日本講求新治，驟强示威，必取朝鮮，曾上書請及時變法自强，而當時天下皆以為狂。壬辰年，傅蘭雅《譯書事略》言上海製造局譯出西書，售去者僅一萬三百餘部，中國四萬萬人而購書者乃只有此數，則天下士講求中外之學者能有幾人，可想見矣，非經甲午之役，割臺償款，創巨痛深，未有肯翻然而改者，至此天下志士，乃知漸漸講求，自强學會首倡之，遂有官書局《時務報》之繼起，於是海內繽紛，爭言斷新學，自此舉始也。然甲午之後，仍不變法，間有一二，徒為具文，即如海軍、電線、鐵路、船局、船廠，間效一二，然變其甲不變其乙。變其一不變其二，牽連相累，必至無成，其他且勿論，即如被創之後，而兵未嘗增練，鐵艦不再購一艘，吾綠營兵六十餘萬，八旗兵三十餘萬，實皆老弱，且各有業，託名伍籍中，泰西以民為兵，吾則以兵為民，何以敵之？若夫泰西立國之有本末，重學校講保民養民教民之道，議院以通下情，君不甚貴，民不甚賤，制器利用以前民，皆與吾經義相合，故其致强也有由。吾兵農學校皆不修，民生無保養教之道，上下不通，貴賤隔絕，此皆與吾經義相反，故宜其弱也。故遂復有膠州之事。四十日之間，要挾逼迫者二十事：一，德之强租膠州，人所共知也；其二，則英欲借我款三釐起息，而俄不許矣；其三，欲開大連灣通商，俄不許矣；其四，欲開南寧通商，俄不許矣；其五，借英款不成，而内河全許駛行輪船矣；其六，西貢燒教堂，法索我償款十萬矣，其七，姚協贊調補山東道，德人限二十四點鐘撤去矣；其八，津鎮鐵路過山東，三電德廷，德不許矣；其九，改道過河南，德亦不許，後請英美使言之乃許矣；其十，聶軍請俄教習，而訂明不歸統領節制矣；其十一，俄教習去留，須候俄皇旨矣；其十二，俄人勒逐教習四人矣；其十三，直隸山西東三省練兵，必須請俄教習矣；其十四，長江左右釐金盡歸稅務司矣；其十五，德人既得膠州百里，復索增廣矣；其十六，既得增廣，又索鐵路矣；其十七，既得鐵路，又索全省矣；其十八，既得鐵路，又索全省商務矣；其十九，俄人要割旅順大連灣金州矣；其二十，法人索廣州灣又訂兩廣雲貴不得讓與他國矣：此皆今年二月以前之事，其此後英之索威海，日本之訂福建不得讓與別國矣等事，尚未及計也。夫路待商之德廷，道員聽其留逐，是皇上之權已失，賈誼所謂何忍以帝皇尊號，為戎人諸候。二月以來失地失權之事已二十見，來日方長，何以卒歲？緬甸、安南、印度、波蘭，吾將為其續矣。觀分波蘭事，脅其國主，辱其貴臣，荼毒縉紳，真可為吾之前車哉，必然之事，安能僥倖而免也。印度之被滅，無作第六等以上人者。自乾隆三十六年，至光緒二年百餘年，始有議員二人。香港隸英人，至今尚無科第，人以買辦為至榮，英人之窶貧者，皆可為大班，吾華人百萬之富，道府之銜，紅藍之頂，乃多為其一洋行之買辦，立侍其側，仰視顔色。嗚呼哀哉！及今不自强，恐我四萬萬人他日之至榮者，不過如此也。元人始來中國，嘗廢科舉矣，其視安南之進士抱布貿絲，有以異乎？故我士大夫設想他日，真有不可言者。即有無恥之輩，發憤作貳臣，前朝所極不齒者，而西人必不用中人，以西人之官必有專門，非專學不能承乏也。若使吳梅村在他日，將並一教官不能得，安敢望祭酒哉？即欲如熊開元作僧，而西教專毁像教佛教，佛殿將無可存，僧於何依？即欲蹈東海而死，吾中國無海軍，即無海境，此亦非我乾淨土矣。做貳臣不得，做僧不得，死而蹈海不得，吾四萬萬之人，吾萬千之士大夫，將何依何歸，何去何從乎？故今日當如大敗之餘，人自為戰，救亡之法無他，只有發憤而已。窮途單路，更無歧趨，韓信背水之軍，項羽沈舟之戰，人人懷此心，只此或有救法耳。然割地失權之事，既忌諱秘密，國家又無法人師丹之油畫院，繪敗圖以激人心，薄海臣民，多有不知者，或依然太平歌舞，晏然無事，尚紛紛求富貴，求保舉，或乃日暮途遠，倒行而逆施之，孟子曰，國必自伐，然後人伐之。故割地失權之事，非洋人之來割脅也，亦不敢責在上者之為也，實吾輩甘為之賣地，甘為之輸權，若使吾四萬萬人皆發憤，洋人豈敢正視乎。而乃安然耽樂，從容談笑，不自奮厲，非吾輩自賣地而何？故鄙人不責在上，而責在下，而責吾輩士大夫，責我輩士大夫義憤不振之心，故今日實人人有亡天下之責，人人有救天下之權者。考日本昔為英美所凌，其弱與我同，今何以能取我臺灣，滅琉球而制朝鮮，得我償款二萬萬？此日本之兵强為之耶？非也。其相伊藤，其將大山為之耶？非也。嘗推考如此大事，乃一布衣高山正芝之所為，高山正芝哀國之衰，不能變法，憤大將軍之擅政，終日在東京痛哭於通衢，見人輒哭，終以哭死，於是西鄉、吉田、藤田、蒲生秀實之流出而言尊攘，大久保利通、巖倉具視、木户孝允板桓退助三條實美、大隈重信出而談變法，日本乃盛强。至明治以後，日人賞維新之功，乃贈高山正芝四品卿，賜男爵。凡物作始也簡，將畢也鉅，嗚呼！誰知日本之治，盛强之效，乃由一書生無權無勇無智無術而成之耶？蓋萬物之生皆由熱國力，有熱點故生諸天，有熱點故生太陽，太陽熱之至者，去我不知幾百萬億里，而一尺之地，熱可九十四馬力，故能生地，能生萬物，被其光熱者，莫不發生。地有熱力，滿腹皆熱汁火汁，故能運轉不息，醫者視人壽之長短，察其命門火之衰旺，火衰則將死，至哉言乎。故凡物熱則生，熱則榮，熱則漲，熱則運動，故不熱則冷，冷則縮，則枯，則乾，則夭死，自然之理也。今吾中國以無動為大，無一事能舉，民窮財盡，兵弱士愚，好言安靖而惡興作，日日割地削權，命門火衰矣，冷矣，枯矣，縮矣，乾矣，將危矣，救之之道，惟增心之熱力而已。凡能辨大事復大仇成大業者，皆有熱力為之，其心力弱者，熱力減故也。胡文忠謂今日最難得者，是忠肝熱血人；范蔚宗謂桓靈百餘年傾而未顛，危而未墜者，皆由仁人君子心力之為。凡古稱烈士、志士、義士、仁人，皆熱血人也，視其熱多少以為成就之大小，若熱如螢火如燈，則微矣，並此而無之，則死矣；若如一大火團，至百二十度之沸度，則無不灼矣；若如日之熱，則無所不照，無所不燒，熱力愈大，漲力愈大，吸力愈多，生物愈榮，長物愈大。故今日之會，欲救亡無他法，但激厲其心力，增長其心力，念茲在茲，則爝火之微，自足以爭光日月，其於濫觴，流為江河，果能合四萬萬人人人熱憤，則無不可為者，奚患於不能救。

梁啓超《戊戌政變記》卷三《記保國會事》 論政變之起，保國會實為最大之一原因焉，今詳記其事於下。

自膠州旅順既割，京師人人震恐，懼分割之即至，然惟作楚囚相對，束手待囚耳。於是康有為即上書求變法於上，復思開會振士氣於下，於是與□□□等開粵學會，與楊銳等開蜀學會，與林旭等開閩學會，與楊深秀□□□等開陝學會，京師士夫，頗相應和。於時會試期近，公車雲集，御史李盛鐸乃就康謀，欲集各省公車開一大會，康然之，是為保國會議之初起。康復欲集京官之有志者，李不謂然，後卒從康議，於三月廿七日在粵東會館第一集，到會者二百餘人，時會中公推康及李及□□□□□□等演說，而李以事後至，是日公擬保國章程三十條，今録於下。

一、本會以國地日割，國權日削，國民日困，思維持振救之，故開斯會以冀保全，名為保國會。二、本會遵奉光緒二十一年閏五月二十七日上諭，臥薪嘗膽，懲前毖後，以圖保全國地國民國教。三、為保國家之政權土地。四、為保人民種類之自立。五、為保聖教之不失。六、為講內治變法之宜。七、為講外交之故。八、為仰禮朝旨，講求經濟之學，以助有司之治。九、本會同志，講求保國保種保教之事，以為論議宗旨。十、凡來會者，激厲憤發，刻念國恥，無失本會宗旨。十一、自京師上海設保國總會，各省各府各縣皆設分會，以地名冠之。十二、會中公選總理若干人，值理若干人，常議員若干人，備議員若干人，董事若干人，以同會中人多推薦者為之。十三、常議員公議會中事。十四、總理以議員多寡決定事件推行。十五、董事管會中雜事，凡入會之事，及文書會計一切諸事。十六、各分會每年於春秋二八月將各地方入會名籍寄總會。十七、各地方會議員，隨其地情形，置分理議員約七人。十八、董事每月將會中所收捐款登報。十九、各局將入會之姓名籍貫住址職業隨時登記，各分局同。二十、欲入會者，須會中人介之，告總理值理，察其合者，予以入會憑票。二十一、入會者若心術品行不端有汙會事者，會衆除名。二十二、如有意見不同，准其出會，惟不許假冒本會名滋事。二十三、入會者人捐銀二兩，以備會中辦事諸費。二十四、會期有大會常會臨時會之分。二十五、來會者不論名位學業，但有志講求，概予延納，德業相勸，過失相規，患難相恤，務推藍田鄉約之義，庶自保其教。二十六、捐助之款，寫明姓名爵里，交本會給發收條為據，本會將姓名爵里學業寄寓，按照聯票號數彙編存記，聯票皆有總值及董事圖章。二十七、來會之人，必求品行心術端正明白者，方可延入，本會中應辦之事，大衆隨進獻替，留備采擇，倘別存意見，或誕妄挾私，及逞奇立異者，恐其有礙，即由總理值理董事諸友公議辭退，如有不以為然者，到本會申明，捐銀照例充公，去留均聽其便。二十八、商董兼司帳，須習知貿易書籍情形及刷印文字者充其選，必須考查確實，一秉至公，倘涉營私舞弊，照例責賠，經手董事會友，凡預有保薦之力者，亦須一律議罰。二十九、本會用項，概由值董核發，如有巨款在千數百金以上者，齊集公議，方准開支，收有成數，擇殷實商號存儲，立摺支取，如存數漸多，亦可議生利息，發票之期，按幾日為限，由值董眼同經理。三十、總理董事均仗義創辦，不議薪資，將來局款大盛，須專請人辦理，始議薪水，惟撰報管書管器司事教習游歷司帳酌量給予薪水。

蓋自明世，徐華亭集士大夫數千人，講學于靈濟宮，至今三百年，未有聚大衆于輦轂為大會者，此會實繼之。守舊之士，頗駭其非常，再會於崧雲草堂，三會于貴州館，來會者尚過百人，謗議漸風起，多有因强學前轍，以禍患來告者，康有為不慴也。先是江西人主事洪嘉與者，桀頡守舊，有氣，久于京師，能立黨與，經膠變後，聞康名來，三謁不遇，閽人忘其居，未答拜。是時公車雲集，各省士夫來見，客日數十，應接不暇，多不能答拜者。洪大恨，乃餂浙人孫灝曰，某公惡康，若能大攻之，富為薦經濟特科。孫故無賴，乃大喜。洪乃為著一書駁保國會，徧印送京師貴人，守舊大臣皆喜信其說，滿人無遠識，不知外事，展轉傳聞，一唱百和，于是謗議大興。時保滇會保浙會並起，洪嘉與又聳御史黃桂鋆劾之，並及保國會。李盛鐸恐被禍，乃上疏劾會，以求自免。皇上置不問，御史潘慶瀾繼劾之，軍機大臣剛毅將查究會中人。皇上曰，會能保國，豈不大善，何可查究耶，事遂止。五月禮部尚書許應騤劾之，御史文悌復上長摺糾劾康有為，其説尤誣而厲，謂保國會之宗旨，在保中國，不保大清，此摺實後來興大獄之張本也。至八月政變後，僞上諭中遂引此語為康之罪名，而楊深秀、楊鋭、林旭、劉光第皆以保國會員獲罪被戮，蓋文悌之語，深入滿人之心也。

今復將康有為演説録下：吾中國四萬萬人，無貴無賤，當今日在覆屋之下，漏舟之中，薪火之上，如籠中之鳥，釜底之魚，牢中之囚，為奴隸，為牛馬，為犬羊，聽人驅使，聽人割宰，此四千年中二十朝未有之奇變。加以聖教式微，種族淪亡，奇慘大痛，真有不能言者也。吾中國自古為大一統國，環列皆小國，若緬甸、朝鮮、安南、琉球之類，吾皆鞭箠使之，其自大也久矣。故在國初時，視英法各國，皆若南洋小島，雖以紀文達校訂四庫，趙甌北劄記二十二史，阮文達為文學大宗，皆博極羣書，而紀文達謂艾儒畧《職方外紀》、南懷仁《坤輿圖説》，如中土瑤臺閬苑，大抵寄託之辭，趙甌北謂俄羅斯北有準噶爾大國，以銅為城，二百方里，阮文達《疇人傳》不信對足抵行，今人環遊地球，座中諸公有踏遍者，吾粵販商估客，亦視為尋常，而乾嘉時博學如諸公，尚未之知。至道光十二年，英人輪舟初成，横行四海，以輪船二艘犯廣州，兩廣總督盧敏肅，以三千師船二萬兵禦之而敗，盧公曾平猺匪趙金隴者，宣宗成皇帝詔謂盧坤昔平趙金隴曾著微勞，不料今日無用至此，盧敏肅雖言洋船極大，而既無影鏡燈片，宣宗無從見之，無能自白也。暨道光二十年，林文忠始譯洋報，為講求外國情形之始。敗於定海舟山，裕謙、牛鑑、劉韻珂繼敗，艦入長江，而砲震天津，乃開五口。宣宗乃知洋人之强在船堅砲利，命仿製之，西人如何，實未知也。道光二十九年，咸豐六年、八年、十年屢戰屢敗，輪數千萬，開十一口，乃至破京師，文宗狩熱河，洋使入住京師，亦可謂非常之變矣。然而士大夫以犬羊視之，深閉固拒。同治三年斌椿遍游各國，等於遊戲，無稍講求之者。曾文正與洋人共事，乃始少知其故，開製造局譯書，置同文館、方言館、招商局。文忠乃遣美人蒲安臣與志剛、孫嘉穀出使各國，首用洋人，如古之安史那、金日磾，實為絕異之事。當時欲遣京官五品以下正途翰林六曹出身入同文館讀書，最為通達，而倭文端限之。自是雖軺車歲出，而士大夫深惡外人，蔽拒如故。甲申之役，張南關之功，日益驕滿。鄙人當時考求時局，以為俄窺東三省，日本講求新治，驟强示威，必取朝鮮，曾上書請及時變法自强，而當時天下皆以為狂。壬辰年傅蘭雅譯書事畧，言上海製造局譯出西書，售去者僅一萬三百餘部，中國四萬萬人，而購書者乃只有此數，則天下士講求中外之學者，能有幾人，可想見矣。非經甲午之役，割台償款，創巨痛深，未有肯翻然而改者。至此天下志士，乃知漸漸講求，自强學會首倡之，遂有官書局《時務報》之繼起，於是海内繽紛，爭言新法，自此舉始也。然甲午之後，仍不變法，間有一二，徒為具文，即如海軍、電線、鐵路、船局、船廠，間有一二，然變其甲不變其乙，變其一不變其二，牽連相累，必到無成，其他且勿論，即如被創之後，而兵未嘗增練，鐵艦不用購一艘，吾緑營兵六十餘萬，八旗兵三十餘萬，實皆老弱，且各有業，託名伍籍中，泰西以民為兵，吾則以兵為民，何以敵之。若夫泰西立國之有本末，重學校，講保民養民教民之道，議院以通下情，君不甚貴，民不甚賤，制器利用以前民，皆與吾經義相合，故其致强也有由。吾兵農學校皆不修，民生無保養教之道，上下不通，貴賤隔絕者，皆與吾經義相反，故宜其弱也。故遂復有膠州之事，四十日之間，要挾逼迫者二十事，一德之强租膠州，人所共知也，其二則英欲借我款三釐息，而俄不許矣，其三欲開大連灣通商，俄不許矣，其四欲開南寧通商，俄不許矣，其五借英款不成，而内河全許駛行輪船矣，其六西貢燒教堂，法索我償款十萬矣，其七姚協贊調補山東道，德人限二十四點鐘撤去矣，其八津鎮鐵路過山東，三電德廷，德不許矣，其九改道過河南，德亦不許，後請英美使言之，乃許矣，其十聶軍請俄教習，而訂明不歸統領節制矣，其十一俄教習去留，須候俄廷旨矣，其十二俄人勒逐德教習四人矣，其十三直隸山西東三省練兵，必須請俄教習矣，其十四長江左右釐金，盡歸稅務司矣，其十五德人既得膠州百里，復索增廣矣，其十六既得增廣，又索鐵路矣，其十七既得鐵路，又索全省矣，其十八既得鐵路又索全省商務矣，其十九俄人要割旅順大連灣金州矣，其二十法人索廣州灣，以訂兩廣雲貴不得讓與他國矣，此皆今年二月以前之事。其此後英之索威海，日本之訂福建不得讓與別國等事，尚未及計也。夫築路待商之德廷，道員聽其留逐，是皇上之權已失，賈誼所謂何忍以帝王尊號為戎人諸侯，二月以來，失地失權之事，已二十見，來日方長，何以卒歲，緬甸、安南、印度、波蘭吾將為其續矣。觀分波蘭事，脅其國主，辱其貴臣，荼毒縉紳，真可為吾之前車哉，必然之事，安能僥倖而免乎。印度之被滅，無作第六等以上人者，自乾隆三十六年，至光緒二年，百餘年始有議員二人，香港隸英人，人以買辦為至榮，英人之窶貧者皆可為大班，吾華人百萬之富，道府之銜，紅藍之頂，乃多為其一洋行之買辦，立侍其側，仰視顏色，嗚呼，哀哉。及今不自強，恐吾四萬萬人，他日之至榮者，不過如此也。即有無恥之輩，發憤作貳臣，前朝所極不齒者，而西人必不用中人，以西人之官必有專門，非專學不能承乏也。若使吳梅村在，他日將並一教官不能得，安敢望祭酒哉。即欲如熊開元作僧，而西教專毀像教，佛像佛殿，將無可存，僧於何依。即欲蹈東海而死，吾中國無海軍，即無海境，此亦非我乾淨土矣。做貳臣不得，做僧不得，死而蹈海不得，吾四萬萬之人，吾萬千之士大夫，將何依何歸何去何從乎。故今日當如大敗之餘，人自為戰，救亡之法無他，只有發憤而已，窮途單路，更無歧趨，韓信背水之軍，項羽沈舟之戰，人人懷此心，只此或有救法耳，然割地失權之事，既忌諱秘密，國家又無法人師丹之油畫院，繪敗圖以激人心，薄海臣民，多有不知者，或依然太平歌舞，晏然無事，尚紛紛求寶貴，求保舉。孟子曰，國必自伐，然後人伐之，故割地失權之事，非洋人之來割脅也，亦不敢責在上者之為也，實吾輩甘為之賣地，甘為之輸權，若使吾四萬萬人皆發憤，洋人豈敢正視乎，而乃安然耽樂，從容談笑，不自奮厲，非吾輩自賣地而何。故鄙人不責在上而責在下，而責我輩士大夫，責我輩士大夫義憤不振之心，故今日人人有亡天下之責，人人有救天下之權者。考日本昔為英美所凌，其弱與我同，今何以能取我臺灣，滅琉球而制朝鮮，得我償款二萬萬，此日本之兵强為之耶，非也，其相伊藤，其將大山為之耶，非也，嘗推考如此大事，乃一布衣高山正之所為，高山正之哀國之衰不能變法，憤大將軍之擅政，終日在東京痛哭於通衢，見人輒哭，終以哭死。於是西鄉、吉田、藤田、蒲生秀實之流，出而言尊攘，大久保利通、巖倉具視、木户孝允、板桓退助、三條實美、大隈重信出而談變法，日本乃盛强。至明治以後，日人賞維新之功，乃贈高山正之四品卿，賜男爵，凡物作始也簡，將畢也鉅，嗚呼，誰知日本之治，盛强之效，乃由一諸生無權無勇無智無術而成之耶。蓋萬物之生，皆由熱力，有熱點故生諸天，有熱點故生太陽，太陽熱之至者，去我不知幾百萬億里，而一尺之地，熱可九十匹馬力，故能生地，能生萬物，被其光熱者，莫不發生，地有熱力，滿腹皆熱汁火汁，故能運轉不息，醫者視人壽之長短，察其命門火之衰旺，火衰則將死，至哉言乎。故凡物熱則生，熱則榮，熱則漲，熱則運動，故不熱則冷，冷則縮，則枯，則乾，則夭死，自然之理也。今吾中國以無動為大，無一事能舉，民窮財盡，兵弱士愚，好言安靖而惡興作，日日割地削權，命門火衰矣，冷矣，枯矣，縮矣，乾矣，將危矣，救之之道，惟增心之熱力而已。凡能辦大事復大仇成大業者，皆有熱力為之，其心力弱者，熱力減故也，胡文忠謂今日最難得者是忠肝執血人，范蔚宗謂桓靈百餘年傾而未顛，危而未墜者，皆由仁人君子心力之為。凡古稱烈士志士義士仁人，皆熱血人也，視其熱多少以為成就之大小，若熱如營火，如燈，則微矣，並此而無之，則死矣，若如一大火團，至百二十度之沸度，則無不灼矣，若如日之熱，則無所不照，無所不燒，熱力愈大，漲力愈大，吸力愈多，生物愈榮，長物愈大。故今日之會，欲救亡無他法，但激厲其心力，增長其心力，念茲在茲，則爝火之微，自足以爭光日月，基於濫觴，流為江河，果能合四萬萬人，人人熱憤，是無不可為者，奚患於不能救。

此演説之語，乃當時會中人傍聽筆記，空録於天津《國聞報》中者，後各報亦展國轉登之，可知開此會之意，欲令天下人咸發憤國恥，因公車諸士而摩厲之，俾還而激厲其鄉人，以效日本維新志士之所為，則一舉而十八行省之人心皆興起矣。當時集者朝官自二品以下，以至言路詞館部曹，及公車數百人，樓上下座皆滿。康有為演説時，聲氣激昂，座中人有為之下淚者。雖旋經解散，而各省志士紛紛繼起，有保浙保滇會等，自是風氣益大開，士心亦加振厲，不可抑遏矣。

《國聞報·京城保國會題名記光緒二十四年閏三月二十四日**》** 梁啓超廣

東新會　楊葆齡雲南昆明　張僧延陝西鄠縣　徐珂浙江錢塘　金祖澤江蘇吳江

雷廷壽陝西渭南　鍾鏞生浙江錢塘　文景清江西萍鄉　趙允龍安徽涇縣　李銘忠貴州貴築　梁朝杰廣東新寧　劉永年廣西臨桂　戴章勳直隸攀河　張鶴第江蘇甘泉　蘭文昭湖南善化　許文勳浙江平湖　楊昌翰四川新繁　麥孟華廣東順德　蘇桂芬雲南昆陽　邢廷莢陝西醴泉　侯樹屏陝西富平　何蘭芬河南汲縣

施紹常浙江蹕安　左家駒江西永新　文廷舉江西萍鄉　查文淵安徽温縣　李葆忠貴州貴築　左公海廣東順德　程式穀廣西桂平　陳啓煇廣東新會　洪　鐘江蘇儀徵　于文華江蘇奉興　江錫爵浙江平湖　何恆德陝西長安　陳濤陝西三原

寧繩武山西永濟　張鴻道陝西高陵　秦樹聲河南固始　林纘統廣東繼州　張元節浙江烏程　楊壽昌廣東歸善　文廷楷江西萍鄉　傅良弼安徽廣德　李啓鳌貴州貴築　孫文達雲南昆明　廖　杭貴州修文　李翰芬廣東香山　王景沂江蘇江都　楊德懋貴州貴陽　林正棨浙江平湖　周廷華浙江歸安　林　旭福建　毛昌傑陝西咸寧　范克立陝西三原　張一麐江蘇元利　侶樹森陝西朝邑　蔡　蒙浙江歸安　賀贊元江西永新　徐鳳銜浙江烏程　魏鴻儀甘肅伏羌　譚　鏞廣東新會　張學智雲南昆明　汪鍾霖江蘇吳縣　靳錫蘭陝西藍田　吳用威浙江仁和

金開祥貴州貴陽　奚銘書浙江平湖　姚陛聞浙江歸安　陳榮衮廣東新會　樊清心陝西富平　楊　蕙陝西涇陽　王瑞芝廣西臨桂　章獻猷浙江瑞安　姚洪淦浙江歸安　鄒凌沅江西高安　劉　鶚江蘇丹徒　顏大維浙江安吉　鍾榮光廣東香山　宋嘉彥雲南晉寧　楊國霖貴州鎮遠　陳眉翰福建侯官　方爾咸江蘇江都　牛鑑三山西聞喜　李　濤甘肅伏羌　譚駿謀廣東香山　龍煥綸廣東臨桂　張鵬一陝西富平　趙先甲陝西高陵　秦光玉雲南呈貢　陳　虬浙江樂清　何壽朋廣東大埔　劉彭齡江西永新　王　昶安徽涇縣　俞宗濂浙江歸安　羅桓熊廣東南海

梁慶桂廣東番禺　于鳳紀直隸寶坻　徐文佐湖北蘄水　歐陽述江西彭澤　王尊五山西聞喜　李　渾甘肅伏羌　況仕任廣西庭桂　袁嘉穀雲南石屏　楊樹滋陝西咸寧　劉肇夏陝西三原　張　濤陝西臨潼　李岳瑞陝西咸陽　林世蔚廣東鎮平　愈繼曾江蘇丹徒　宋伯魯陝西醴泉　李端棨貴州貴築　錢用中雲南昆明

茅　謙江蘇丹徒　李　琳貴州黃平　褚德儀浙江餘杭　冒廣生江蘇如皋　寧繩武山西永濟　安啓楨甘肅伏羌　龍應中廣西臨杜　鴻繩緒廣西陽朔　賓宗椿廣西博白　梁居實廣東嘉應　饒宗義廣東大埔　劉景熙江西贛縣　胡尚誠甘肅迪化　曾驥觀陝西醴泉　齊福丕直隸南宮　宋夢槐山西平遙　張標雲廣東大壖

何履祥福建甌寧　文　煥鑲白旗　黃遵楷廣東嘉應　趙從蕃江西南豐　張履春江西南豐　吳本鈞甘肅固原　鄒仰會福建邵寧　康有為廣東南海　王晉涵四川樂山　饒步元廣東大埔　汪鸞翔廣西臨桂　王　延陝西咸陽　劉秉珪陝西咸陽　李　植四川仁壽　楊拔田山西聞喜　靈　峯宗室　練韞輝福建甌寧　喬樹構四川華陽　謝緒綱四川三臺　陳步鑾廣東海陽　梁積樟陝西鄠縣　張如椿陝西咸寧　郭寶珩江蘇江都　周兆祥四川仁壽　黃嵩裴廣東新會　李樹滋廣西桂平　劉兆萊江蘇儀徵　楊　銳四川綿竹　謝緒璠四川三臺　魏日誠陝西涇陽　張維寅陝西蒲城　劉　暉陝西長安　馮　書四川雍亭　李寶箴江蘇武進　徐仁録順天宛平　張如翰陝西咸寧　劉光第四川富順　張　銑陝西蒲城　傅增湘四川江安　王貽穀陝西保安　徐廷錫陝西長安　王　擢四川西充　劉　毅江蘇陽湖　沈兆社江西南昌　乃　廣鑲藍旗　趙宗增廣東新寧　張克誠廣東大埔　曾傳謨江西南豐　王鳳文陝西咸寧　薛　位陝西韓城　莫　圻廣東定安　徐　潤山西平遥　徐仁鏡順天宛平

右為入會列名之人

又《書保國會題名記後光緒二十四年閏三月二十九日**》**　戊戌之春，南海康水部倡保國會於京師，先期戒僚友詣粵東館，宣講立會之旨，集謀保國之策。至之日，上自京寮，以及公車應試之徒，來會者凡數百人，本朝二百五十餘年士大夫，不奉朝旨毅然引國事為己任，不顧成敗利鈍，斬斬而決之吾之一心，而其徒徒之者又如是其盛，蓋未之前聞也。於是御史潘慶瀾劾之，朝廷知其無他，而又垂諒其事之出於公也，不果罪。

嗚呼！苟無民有何國，苟無國何有君，國者君與民之公稱，而非一家一姓之私業也。自秦政以愚黔首，私天下，視國為君之私業，一國之治皆出之君，自君以下僉為受治之人。於是君遂孤立於上，而數萬里之幅員，數百兆之身家性命，存亡治亂，悉懸於一人之手。流極至於今日，而其民乃如犬馬鹿豕，東家豢之則主東，西家豢之則主西，不復自知其一人之身，與一國之安危得失相關，而視其君也，亦遂如傳舍朝暮，不惟不知愛也。并至於飢寒顛沛，瀕死亡而亦不知怨，蓋積二千餘年之惡習，民之死其心也，固已久矣。由是言之，南海康先生以一介新進之小臣，發大號於民義晦盲之秋，彼夫罔聞之士，相顧狂惑，皇皇惴惴，若重慮其議論、舉動，鄰於作奸犯上之科，而轉自託於忠君愛國之誼，思聲其罪而討之，又安足怪哉，安足怪哉！

雖然，國民之義則固未之聞矣，顧亦嘗聞一家之政乎？夫一國之君，上比於一家之父兄，一國之臣民，比於一家之子弟，此固夫人而知之矣。今使一家之中，其子弟不能自食其力，而必待父兄之養育，不能自衛其身，而必待父兄之調護，則其子弟之賢不肖何如耶！且不論其賢不肖也，彼為之父兄者，日夜勞筋骨、耗神明，以養此不克自立之子弟，幸而其父兄皆上智大聖，而天時人事之相遭，又皆順而無逆，則其家亦僅僅足以不墜而已。不幸而為之父兄者，猶是中人也。又或有水旱疾疫，遭時不偶，則其受養之子弟，束手待死，亦固其所，而其父兄又奚恃以免於危亡哉！

嗟乎，一國之中，君民相與之故，則亦猶是矣。乃今有賢智子弟，方將治田宅、勤操作，以思自保家業，上分父兄之勞，而其家之人乃戚戚然以為慮，慮其將不孝子弟於其父兄也。嗚呼，苟無心疾，則安得有此不祥之言哉！ 余嘉康先生之志，願其昌明宏旨，有其舉之，莫或廢之，而又重賴其徒之相與有成也，則吾中國其庶有瘳乎。

蘇學會

綜述

《時務報·蘇學會公啓光緒二十三年六月二十一日》 烏虖，時事之棘，於今烈矣！自中東一役，吾華人士，稍稍知苟安之不可狃，而自強之不可遲也。讀新會梁君之變法通議，則勃然以興；讀長白富君之告八旗子弟書，則又悱然以思；而猶深閉固拒，以相詆諆，是猶處焚如之室，而與燕雀同棲，執鈆刀之頓，而與莫邪爭銛也。往者曾、左諸公，既平大難，贊成中興，汲汲焉講求西法；維時吾鄉馮宮詹有校邠廬抗議四十篇，其言灼見未來，洞中徵結，海內通人，所推許者也。更進而求之，則有崑山顧先生，足迹遍天下，於郡國利病，邊徼阨塞，皆有成書，使先生於今日，其必涉獵西書，而不沾沾於一隅之見也決矣。彼深閉固拒，以相詆諆者，其學識顧在曾、左、顧馮之上乎哉？

比者國家廣設學堂，力開風氣，兩湖兩粵，皆興學會，雖僻小郡邑，亦知自新，而吾吳省會之地，獨闕如焉，詎非吾黨之恥哉？惟事難於創始，而效期於有恆；長洲章鈺、元和張一麐、吳縣孔昭晉，今擬各集同志，量為醵貲，多購書籍，以增智慧，定期講習，以證見聞，不開標榜之門，力屏門户之見，遠師亭林有恥博文之宗旨，近法校邠采西益中之通論，精衛片石，容有益於宏流，漆室悲吟，或無傷於越俎，四方君子，幸而教之。

《國聞報·蘇學會簡明章程光緒二十三年七月二十九、三十日》 一、本會敬遵乙未閏五月上諭，以因時制宜為主。取其互相講習，振起人才，為將來建立學堂張本。蓋學堂之設，集款匪易，收考有限，取入者固可獲益，被擯者勢必向隅。本會聯合同志勉成斯舉，在會中人務必父詔其子，兄勉其弟，使通省皆知實學，雖以蘇學為名，而流寓寄籍同志之人儘可入會，視同一律。

一、為學之道千條萬緒，不能出聖教範圍，善乎京都官書局籌議設立學堂之言也。曰：以中學為主，西學為輔，中學為體，西學為用，中學有未備者，以西學補之；中學有失傳者，以西學還之；以中學包羅西學，不能以西學凌駕中學，此是立會宗旨，日後分科設教及推廣各省，均應抱定此意等語。本會既本此意，入會者宜各深體，勿誤趨向。

一、本會專以學問相砥礪，凡非分所應為，不得干預，但當實心實力，講求有用之舉，儲為經濟以報國家。勿議朝政，勿談官常，庶可持久。至標榜傾軋諸習，尤為學者易犯，更當痛戒。

右立會大意三條。

一、會中講堂及藏書庋器之所，必不可無，惟今當創始之時，尚無此項經費，暫借寬敞房屋作為學會公所。

一、學會公所廳事設立至聖先師聖牌，每月朔望拈香行禮。

一、學以敬業樂羣為主，理宜定期講習，以證見聞。惟開會之始，時常聚集，轉易曠功。且會中人各有自課人等事，屢集轉非所宜。擬每月朔望謁聖後，即於是日作為會集之期，辰集午散，會中但備茶水。

一、會中應公舉經理一人，協理三人，分理四人，凡會中撰述及銀錢出入等事，皆由協理管理。凡會中書籍及一切雜務，皆由分理管理，經理則專司其成。凡會中應辦之事，須由經理會合協理、分理公同商議，然後宣告大衆舉辦，如有不合衆情之處，儘可據理辨駁，但不得參以私見。經理、協理、分理均不支薪水，惟日後事務若繁，擬各派司事專管，當酌給薪水，屆時另議妥章。

一、會中刊刻蘇學會印記一方，會中書籍、會款收條，由經理蓋印，凡由協理分理經手之事，各用本人私印，不得皆用此章，以昭鄭重。

一、本會初創，集款不多，僅敷購買切實有用之書。若譯書出報等事，均屬未遑，俟辦理經年，衆論允協，再當設法擴充。其目下一切浮費，力圖蠲除，以節經費。

一、本會中人概以平等相禮，無論學術之深淺，名位之尊卑，其相見皆行平等禮。果有識見超卓，學問後長者，本會皆當虛心請益。

一、凡會中銀錢至年終當核計出入總數，刊板徵信，以昭大公。

右辦事八條。

一、凡遇局外人詢及會中之事，不論其人信服與否，均須以直告之，不可存逆億及菲薄之心，須體聖教羣而不黨之義。

一、凡願入會者，均須先行報名，報名處各立草册，本人自書姓名、年籍、居址，俟開會時由報名處將草册送呈經理閲過，然後併列入正册。

一、凡入會者須出會費銀五圓，作為購置書籍等一切經費，入會者於報名時先將會費交出，隨由報名處發給收條及取書憑摺一扣，其會費由報名處陸續繳送協理登簿。

一、凡近城鄉鎮，有願入會者，照出會費五圓，惟書籍覓寄既難，又不能剋日繳到，須本人自覓妥友代寄，郵費自理，但須照看書章程辦理。

一、本會開辦之期，定於某月某日，公所設立何地，到期由經理定奪通知。

一、會友均讀書明理之人，應守身知恥，如有踰越規矩，不安本分，為經理察知，或會中人公同糾舉，初次勸誡，二次出會，會費充公，至士子吸食洋烟，原于例禁，亦宜戒絕，以端志趣。

一、凡官長紳富，如有願助成斯舉者，或捐書籍公同估見，或捐銀錢在十元以上者，准借閲本會書籍，惟須照會中看書章程辦理，十元以下者只發給收條，其有慨助鉅資以昌斯舉者，尤彰盛德。

右入會七條。

一、購買書籍由經理會同協理等量會費之多寡，核要開單，公同議定。

一、本會所購之書分為六門：曰史學，曰掌故學，曰輿地學，曰算學，曰農商學，曰格致學，其餘訓詁詞章概不備。

一、書籍當依類編目，易於檢尋，所購之書，寫書目三分：一存經理處，一存會中，一存管書處，俟藏書既多，再刊印書目單，分送同人。

一、書籍每月由協理輪查一次，如有損壞遺失等情，須由管書人追根賠補。

一、每逢五逢十，為發書之期，以五日為一限期，能多閲者每期發書兩本，少者一本，上期取去，下期繳換。

一、會友欲看何書，須先向管書處挂號，以先後為序，不得爭執。本會發有取書印摺一扣，各人每逢發書之期，持摺取書。第一期發書幾本，每二期收回前期之書，再發第幾本，均註明摺，鈐以管書人私印以後准此，三期不繳，以後不發，惟在近鄉城鎮不在本城者，展限五天，以十日為期，一期不繳，以後不發。

一、看書借書如有塗抹缺失等事，在會中本人罰繳書值，本數少者倍之，不繳者將名除去，不入會而有捐款者以後不借。

右看書七條

此係試辦章程，或有疏漏之處，請同志糾正，或將來更議擴充，隨時修改，以期盡善。

南學會

綜述

《湘報》第五號《黃遵憲〈南學會第一次講義一八九八年三月十一日〉》

諸君諸君，何以謂之人？人飛不如禽，走不如獸，而世界以人為貴，則以禽獸不能羣，而人能合人之力以為力，以制伏禽獸也。故人必能羣而後能為人。何以謂之國？分之為一省一郡，又分之為一邑一鄉，而世界之國，衹以數十計，則以郡邑不足以集事，必合衆郡邑以為國，故國以合，而後能為國。

自周以前，國不一國，要之可名為封建之世。世爵世祿世官，即至愚不道，如所謂生於深宮之中，長於婦人之手，驕淫昏昧。至於不辨菽麥，亦靦然肆於民上，而舉國受治焉，此宜其傾覆矣。而或傳祀六百，傳年八百，其大夫士之與國同休戚者無論矣。而農以耕稼世其官，工執藝事以諫其上，一商人耳，亦與國盟約强鄰出師，犒以乘韋而伐其謀，大國之卿，求一玉環而吝弗與，其上下親愛，相維相繫乃如此。此其故何也？蓋國有大政，必謀及卿士，謀及庶人。而國人曰賢，國人曰殺，一刑一賞，亦與衆共之也。故封建之世，其傳國極私，而政體乃極公也。

自秦以後，國不一國，要之可名為郡縣之世。郡縣之世，設官以治民，慮其不學也，先之以學校；慮其不才也，繼之科以科舉；慮其不能也，於是有選法；慮其不法與不肖也，於是有處分之法，有大計之法，求官以治民，亦可謂至周至密至纖至悉矣。然而彼入坐堂皇，出則呵道者，吾民之疾病禍難困苦顛連，問其所以，瞠目不能答也。即官之昏明賢否勤惰清濁，詢之於民，民亦不能知也。溝而分之，界而判之，曰此官事，以民事，積日既久，官與民無一相信，寖假而相怨相謗相疑相誹，遂使離心離德。壅蔽否塞，泛泛然若不繫之舟，聽民之自生自殺自教自養，官若不相與者。而不賢者復舞文以弄法，秉權以肆虐，以民為魚肉，以己為刀砧。至於晚明有破家縣令之稱，民反以官為擾，而樂於無官。此其故何也？官之權獨攬，官之勞獨尊也。凡上下相交之政，如所謂亭長三老嗇夫里老糧長近於鄉官者，皆無有也。舉一府一縣數十萬人之命，委之於二三官長之手，曰是則是，曰非則非。而此二三官長者，又委之幕友書吏家丁差役之手而臥治焉，而晝諸坐嘯焉，國焉得而治？故郡縣之世，其設官甚公，而政體則甚私也。

諸君諸君，諸君多有讀二十四史者，名相良將能吏功臣，可謂繁夥矣。惟讀至循吏傳，則不過半卷耳，數十篇耳，二三十人耳！無地無官，無時無官，漢唐宋明，每朝數百年，所謂循吏者祇有此數，豈人性殊哉？抑人材不古若歟？嘗考其故，一則不相習也，本地之人，不得為本地之官。自漢既有三互之法，如今之迴避。至明而有南北互選之法，赴任之官，動數千里，士風不諳，山川不習，一切俗禁，茫然昧然。余嘗見一廣東糧道，詢其慣否，彼謂余飲衣服均不相同，嗜欲不通，言語不達，出都以後，天地異色，妻奴僮僕，日夕怨嘆，惟願北歸。以如此之人，而求其治民，能乎不能，此不相習之弊，一則不久任之弊也。今制以三年為一任，道府以下，不離本省，是朝廷固知不久任之弊矣。然而州縣各官，員多缺少，朝令附郭，夕治邊地，或陞或遷，或調或降，或調劑，或署理，或代理，或兼攝，甫知其弊，尚有所作為，而舍此而他去矣。而賢長官量其時之無幾，力之所不能，亦遂斂手退縮而不敢動。又況築臺者一簣而九仞，移出者由子而逮孫。凡大政事大興革，非一朝夕之所能為，慮其半途而廢也，中道而止也，前功之盡棄也，則亦惟置之度外，棄之不顧耳。明之循吏，昔推況鍾，其治蘇州凡十九年，聞轅門鼓樂嫁女，乃曰吾來此時，此女甫乳哺耳。惟久於其任，乃以循吏稱，今安得有十九年之知府耶？諸君試思之，不相習與宴會時之生客何異？不久任與逆旅中之過客何異？然而皆尊之為官矣。

嗟夫嗟夫！余粵人也，粵為邊地，諺有之曰，天高帝遠，皆不知朝廷，只知有官長耳。亦不知官為誰何名字，但見入坐堂皇，出則呵道者，則駭而避之，舉吾等之身家性命田園廬墓，盡交給於其手而受治焉。譬之家有家長，子孫數十人，家長能食我、衣我、妻室我、田宅我，為子弟者將一切惰廢，萬事不治，盡仰給於家長耶？抑將進德修業，以自有成立耶？諸君請君，此不煩言而決，不如子弟之自期成立明矣。委之於家長猶且不可，乃舉吾之身家性命田園廬墓，委之於宴會之生客，逆旅之過客，而名之為官者，則烏乎其可哉？然則如之何而後可？所求於諸君者，自治其身，自治其鄉而已矣。某利當興，某弊當革，學校當變，水利當籌，商務當興，農事當修，工業當勸，捕盜當講求。以鬧教滋禍者為家難，以會匪結盟者為己憂，先事而經畫，臨事而綢繆，此皆諸君之事。孟子有言，匹夫匹婦，不被其澤，若己推而納之溝中。況吾同鄉共井之人，而不思援手耶？范文正做秀才時，便以天下為己任，況一鄉一邑之事，而可諉其責耶？顧亭林言風教之事，匹夫與有責焉。曾文正公論才亦以風俗為士夫之責，願與諸君子共勉之而已。

諸君諸君，能任此事，則官民上下，同心同德，以聯合之力，收羣謀之益，生於其鄉，無不相習，不久任之忠。得封建世家之利，而去郡縣專政之弊，由一府一縣推之一省，由一省推之天下，可以追共相之郅治，臻大同之盛軌，余之言略盡於此。而尚有極切要之語為諸君告者，余今日講義，譬之者曰開民智，毀之者曰侵官權，欲斷其得失，一言以蔽之曰，公與私而已。諸君能以公理求公益，則余此言不為無功，若以私心求私利，彼擅權恃勢之官，必且以余為口實，責余為罪魁，乞諸君共鑑之，願諸君共勉之而已，諸君諸君，聽者聽者。

《湘報》第七十二號《皮錫瑞〈南學會第十一講義〉一八九八年五月二十八日》 删定五經，始於孔子，其通天人持元會之旨，尤在《易》與《春秋》二經。《春秋》變周之文，從殷之質，故有素王改制之義，待後世有王者作，舉而行之，此聖人之微言。至於《易》，則其義更微，而考其辭未嘗不顯。《易》本以變易為義，爻辭九六為變，七八不變，占其變者，不占其不變者。《繫辭》曰『動則觀其變而玩其占』，又曰『爻者言乎變者也』，皆言變易之義。又曰：『神農氏設，黃帝堯舜氏作，通其變，使民不倦，神而化之，使民宜之。』《易》窮則變，變則通，通則久，是以自天祐之吉無不利。黃帝堯舜垂衣裳而天下治，蓋取諸乾坤此章所言。窮變通久，乃大易全經之精理，亦古今不易之名言，舉黃帝堯舜之通變以證，意尤明顯。

上古之世，榛榛狉狉，飲血茹毛，食肉衣皮，穴居野外，與今臺灣瓊州之生番，雲南徼外之野人無异。及巢燧羲農，始漸改變，有火化谷食布帛宮室，至黃帝而制度大備，文則文字書契，武則弧矢甲兵，以及封建井田之規模皆於是乎創始。《繫辭》所云，後世聖人易之以宮室，易之以書契，易之以棺槨，皆謂黃帝垂衣裳而天下治，特舉其一端已耳。《繫辭》所以特舉垂衣裳者，亦自有故。《易正義》曰：『垂衣裳者，以前衣皮，其制短小，今衣絲麻布帛，其制長大，故云垂衣裳也。』今考漢武梁祠畫象，伏戲祝涌氏神家氏衣皆短小，黃帝以下乃有長衣，是垂衣裳實始黃帝。中國自黃帝堯舜乃由草昧而變文明，至周乃為文明之極。若必守舊不變，以為古法必不可易，則古之飲血茹毛者不必變為火化谷食矣，古之食肉衣皮者不必變為布帛矣，古之穴居野處者不必變為宮室矣。試問既有火化谷食布帛宮室，而欲反於飲血茹毛食肉衣皮穴居野處能乎？不能。人情習於所見而蔽於所不見，狃於故常而不肯易故常，此乃流俗恒情，實由不知通變。今試置身三代以上而語人曰：後世將變封建為郡縣，中國幅員萬里只奉天子一人，則人必嘩然不信，曰：諸侯分土而治，從古已然，雖有興王，能盡天下諸侯而誅之乎？又語人曰：後世將變世卿為選舉，能做幾篇文字即由布衣可至公卿，人又必嘩然不信，曰：大家貴族世襲爵禄，相沿已久，雖有賢士，豈有能起田間而為大官者乎？又語人曰：後世將變井田為各人産業，變鄉兵為臨時召募，人又必嘩然不信，曰：井田是公家之物，豈可聽人兼幷？鄉兵必同鄉共井，豈可招集五方雜處之人乎？乃昔之嘩然不信者，今已居然改變。由此觀之，時未至而言變，人必不信，時至而變，人亦相安於無事，相習而不察矣。今欲復郡縣為封建，勢必致亂；欲復選舉為世卿，人必不服；欲復行井田一人百畝，復用鄉後按户抽丁，恐雖聖人復生亦不能使其法必行而民皆樂從也。人情莫不日趨於便利，未睹其便利則亦安之若素，既睹其便利必不能使復安於不便利，甚至有大不便利者而相安已久，亦不能復古。如火化谷食布帛宮室，較飲血茹毛食肉衣皮穴居野處為便利也；郡縣選舉召募，較封建世卿鄉兵為便利也；至於豪强兼并，貧富不均，較之井田人有恒産，此大不便利者，然今欲復井田之法，雖愚者皆知其迂謬而不可行也。且火化谷食布帛宮室，此開物成務之聖人所改變也，若郡縣選舉召募及田為各人産業，此皆後人因時改變，并非開物或務之聖人所為，卒之一變不可復者，此其中有天道焉。天道或數十年而變，或數百年而變，推步家七政之古法，八星之新法，其度數盈縮皆不可猝見。今即以地氣之轉移證之。

古時地氣盛於北方，黃帝合符釜山在今塞外，其時北方必不若今荒涼。古時又以泰山為中，封禪升中之禮皆行於泰山。泰山下古稱為齊州，齊，中也，如人之腹臍也。春秋戰國時所號中原，不過河南山東數省，孔孟周流列國，只此千里之地，東南各省當時楚與吳越皆號蠻夷。漢時山東出相，山西出將，南方所出人物寥寥。晉時五胡亂華，衣冠南渡，於是南方漸盛，北方漸衰。宋又南遷，遼金元迭興於北方，於是南方益盛，北方益衰，古之所謂中原文獻，而今則荒寒愚陋矣。古人所謂南蠻鴃舌，而今則富庶文明矣。即以湖南論，春秋時楚地不過湖南，悼王用吴起并百越，湖南屬楚，始通上國。兩漢三國，湖南人名見史傳，如胡廣蔣琬者，可屈指數。唐時長沙至劉蜕乃舉進士，明謂之破天荒。及元歐陽原功，明劉三吾、夏原吉、劉大夏、李東陽、楊嗣昌，駸駸始盛。國朝名臣名儒輩出，船山默深諸公以文學開風氣，曾左胡江羅李以武功致中興，於是四方推重。湖南為人才極盛之地，固由地氣轉移所致，亦由鄉先生之善變也，如不變，則終如古南蠻而已矣。

歐人强盛冠於五洲，而其强盛亦非自古已然也。泰西自希臘羅馬漸進於文明，羅馬分裂，散為戰國，其勢中衰，一厄於回人，再厄於蒙古，至明時乃復興，而今時勢益熾。計歐洲之强盛不過三四百年，其創立機器不過百年，百年以前其所用火器舟車無大异於中國。然則其創機器以横行五洲也，亦天地之氣運大變，將肇開大一統之象而不遏抑也。

《繫辭》曰：『刳木為舟，剡森為楫，舟楫之利，以濟不通，蓋取諸涣。服牛乘馬，引重致遠，以利天下，蓋取諸隋。』《考工記》曰：『作車以行陸，作舟以行水，此皆聖人之所作也。』古時未有舟車，而聖人創造舟車以利物，則舟車不可廢而不用，然則古時未有輪舟輪車，而西人創造輪舟輪車以利物，則輪舟輪車亦安可廢而不用乎？或謂輪舟輪車行則舟車將廢，恐奪小民之利，是又不然。當未有舟車時，人之運物負戴而已。智者創為肩挑之法，則一人兼二人之用矣。智者創為車載之法，則一車又兼數人之用矣。智者創為舟運之法，則一舟又兼數車之用矣。如謂奪民利，則有舟不必更有車，有車不必更有肩挑負戴，何以今日舟車并用，而肩挑者猶有人，負戴者猶有人。蓋物有輕重多寡，路有水陸險易，各從其便，不可偏廢，舟車未嘗奪肩挑負戴之利，輪舟輪車又何至奪舟車之利乎？泰西諸國輪舟通行，仍有帆船，輪車通行，仍有馬車，蓋輪舟輪車只能行走於大川廣路，其不能行之處仍須帆舟馬車。且碼頭既開，貿易更盛，需用人力及舟車必尤多於往日，此一定之理，非虚言也。老莊之書高談皇古，以老死不相往來為美談，推其旨則不但輪舟輪車不宜通行，即聖人作舟作車亦未免多事。試問文明日啓，民智日開，欲其老死不相往來，安於草昧之俗得乎？若終安於草昧，則亦終為生番野人而已矣。

今五大洲通而為一，乃古來未有之奇變。天地之氣運一變至此，人何能與天地相抗？能迎其機而自變者，其國必昌；不能迎其機而變者，其國必亡；至於國亡之後必别有人代為之變。俄之彼得，日本之睦仁，能迎其機而自變者也。若五印度南洋諸島非洲諸國，不能迎其機而變，國亡之後而人代之為變者也。既有其機，則必不能遏而不行；既有其法，而人以為便，既有其物，而人見為利，則必不能廢而不用，必欲遏之、廢之，不肯自變，將來亦必終歸於變，此天地之氣運如是，聖人之作《易》與《春秋》已明告後世矣。時局愈變愈奇，中國之勢愈迫，自馬關和倭後局面較前一變，自膠島租德後局面又較前一變，不但與湘軍打長毛時局面不同，并與鎮南敗法人時局面大异。今言時務，當講求馬關和倭膠島租德後之時務，如去年之曆今年即不可用。守舊者動曰毋教猱升木，毋開門揖盗，此數十年前之議論，未嘗不是深謀遠慮，其時中國尚能自固，外國尚不深知中國情形，不招之來彼不能來，不引之入彼不敢入，輪船鐵路遲辦一日，可保一日，少辦一處，可保一處。今中國不能自固情形彼已深知，猱自能升木，并不必有人教之矣；盗且將劈門，并不須開門揖之矣。自己不變而待人來變，豈非猶拘於數十年前之論哉！

《時務報·梁啓超〈南學會敍光緒二十四年正月二十一日〉》 歲十月，啓超以湘中大夫君子之督責，辭不獲命，乃講學長沙，既至而湘之大夫君子適有南學會之設，不以啓超為不文也，而使為之序。序曰：嗚呼，今之策時變者，則曰八股不廢，學校不興，商政不修，農工不飭，民愚矣，未有能國者也。蒙則謂八股即廢，學校即興，商政即修，農工即飭，而上下之弗矩絜，學派之弗溝通，人心之無熱力，雖智其民，而不能國其國也。

敢問國？曰：有君焉者，有官焉者，有士焉者，有農焉者，有工焉者，有商焉者，有兵焉者，萬其目，一其視；萬其耳，一其聽；萬其手，萬其足，一其心，一其力萬其力；一其事，其位望之差别也萬，其執業之差别也萬，而其知此事也一，而其志此事也一，而其治此事也一；心相搆，力相摩，點相切，綫相交，是之謂萬其塗，一其歸，是之謂國。

有國於此，君與官不相接，官與官不相接，官與士不相接，士與士不相接，士與農與工與商與兵不相接，農與農，工與工，商與商，兵與兵，不相接，如是乃至士與君不相接，農工商兵與官不相接，之國者何國矣？

曰：使其國千人也，則為國者千，使其國萬人也，則為國者萬。嗚呼，不得謂有國焉矣。今夫驅萬也，心萬也，力萬也，位望萬也，執業萬也，雖欲一之，孰從而一之，吾乃遠稽之三代，乃博觀於泰西，彼其有國也，必有會，君於是焉會，官於是焉會，士於是焉會，民於是焉會，旦旦而講之，昔昔而摩厲之，雖天下之大，萬物之多，而惟强吾國之知，夫能齊萬而為一者，舍學會其曷徙與於斯。

昔普之覆於法也，普不國也，時乃有良民會，卒報大難也。法之覆於普也，法不國也，時乃有記念會，不數年而法之强若疇昔也。意大利之軛於教皇也，希臘之軛突厥也，意與希不國也，時乃有保國會，保種會，卒克自立光復舊物也。日本之劫盟於三國也，日本不國也，時乃有陵摩長門諸藩侯，激厲其藩士，畜養其豪桀，汗且喘走國中，以倡大義，一歃百吟，一呻百問疾，時乃有尊攘革政，改進自由諸會黨，繼軌並作，遂有明治之政也。

今夫以地之小如日本，民之寡如日本，幕府秉政以來士之偷，民之靡，國之貧，兵之弱，如日本。君相爭權，內外交訌，時勢之危蹙如日本，當彼之時，其去亡也不容髮，而卒有今日，則豈非會之為功，有以蘇已死之國。而完瓦裂之區者乎？嗟夫！吾中國四萬萬人，為四萬萬國之日，蓋已久矣。

甲午乙未之間，敵氛壓境，沿海江十數省，風聲鶴唳，草木兵甲，舉國自上達下，抱顱護項，呼妻喚子，蒼黃涕泣，戢戢待斃刲，猶可言也。曾不數月，和議既定，償幣猶未納，戍卒猶未撤，則已以歌以舞，以遨以嬉，如享太牢，如登春臺；其官焉者，依然惟差缺之肥瘠是問；其士焉者，依然惟八股八韻，大卷白摺之工窳是講。即有一二號稱知學之英，憂時之彥，而漢宋有爭，儒墨有爭，彝夏有爭，新舊學有爭，君民權有爭。乃至興一利源，則官與商爭，紳與民又爭。舉一新政，則政府與行省爭，此省與彼省又爭。議一創舉，則意見歧而爭，意見不歧而亦爭。究之陰血周作，張曠僨興，旋動旋止，祇視為痛養無關之事，而其心之熱力，久冰消霉釋於亡何有之鄉，而於國之恥，君父之難，身家之危，其忘之也抑已久矣。曾不知支那股分之票，已騈閲於西肆，瓜分中國之圖，已高張於議院。[illegible]矣。今山東膠灣之據，閩海船島之割，予取予攜，拱手以獻，不待言矣，而其欲猶未饜，其禍猶未息。試問德人今日必索山東全省，福建全省，改隸德版，我何以拒之？試問俄人今日以一旅兵收東三省直隸山陝，我何以拒之？試問法人今日以一介使索雲貴、兩廣，我何以拒之？試問英人今日以一紙書取楚蜀吳越，我何以拒之？然則所恃一綫之息，偷一日之活者，恃敵之來而已。

敵無日不可以來，國無日不可以亡，數年以後，鄉井不知誰氏之藩，眷屬不知誰氏之奴，血肉不知誰氏之俎，魂魄不知誰氏之鬼，及今猶不思洗常革故，同心竭慮，摩盪熱力，震撼精神，致心皈命，破釜沉船，以圖自保於萬一，而猶禽視鳥息，行尸走肉，毛舉細故，瞻前顧後，相妒相軋，相距相離，譬猶蒸水將沸於釜，而□魚猶作蓮葉之戲，燎薪已及於棟，而燕雀猶爭稻梁之謀，不亦哀乎？

今夫西人不欲分裂中國，斯亦已矣，苟其欲之，如以千鈞之弩潰癰，何求不得，何願不成。然又必遲回審顧，累歲而不發者，則豈不以彼之所重者在商務，一旦事起，淪胥糜爛，而於彼固非有所大利，故苟可以則無寧已也。而無如中國終不自振，終不自保，則其所謂淪胥糜爛者，終不能免，而彼之商務無論遲速，而必有受牽之一日，故熟思審處，萬無得已，而勢始必出於瓜分云爾。然則吾苟確然示之以可以自振，可以自保之機，則共謀可立俄，而其禍可立弭，昭昭然矣。此所以中東之役以後，而泰西諸國，猶徘徊莫肯先動，以待我中國之有此一日，及至三年，一無所聞，而德人之事，乃復見也。夫所謂可以自振可以自保之機者，何也？即吾向者所謂齊萬而為一，而心相搆面力相摩，而點相切而綫相交，蓋非是而一利不能興，一弊不能革，一事不能辦；雖曰呼號痛哭，奔走駭汗，而其無救於危亡一也。

吾聞日本幕府之末葉，諸侯擁土者數十，而惟薩長土肥四藩者，其士氣橫溢，熱血奮發，風氣已成，浸假偏於四島。今以中國之大，積弊之久，欲一旦聯而合之，吾知其難矣，其能如日本之已事，先自數省起，此數省者，其風氣成，其規模立，然後浸淫披靡以及於他省。苟萬夫一心，萬死一生，以圖之，以力戴王室，保全聖教，噫，或者其猶可為也。湘南天下之中，而人才之淵藪也，其學者有畏齋船山之遺風，其任俠尚氣，與日本薩摩長門藩士相仿佛，其鄉先輩若魏默深、郭筠仙、曾劼剛諸先生，為中土言西舉者所自出焉。兩歲以來，官與紳一氣，士與民一心，百廢其舉，異於他日，其可以强天下而保中國者，莫湘人若也。今諸君子既發大願，先合南部諸省而講之，庶幾官與官接，官與士接，士與民接，省與省接，為中國熱力之起點，而上下從茲其矩絜，學派從茲其溝通，而數千年之古國，或尚可以自立於天地也，則啓超日日執鞭以從諸君子之後所忻慕焉。

《國聞報·湘學開會記光緒二十四年四月十四日》 湘省創設南學會，假孝廉堂為會所，每月以房虚星昴四日宣講。二月朔日為開會第一期，是日自陳右銘中丞，徐研甫學使，黄公度廉訪以下官紳士庶，會者三百餘人。首先學長皮鹿門孝廉錫瑞開講，次則黄公度謙訪遵憲，次則譚復生觀察嗣同，陳大中丞則為之殿；士大夫周旋問答，言笑晏晏，誠盛事也。刻下諸會規模已定訂有大概章程十二條，總會章程二十條。

《湘學報》第三十四號《南學會大概章程光緒二十四年三月二十四日》

一，本學會以開浚知識，恢張能力，拓充公益為主義，凡舊日所有拘墟之習，騎墻之見，入此會者，務宜屏除。

二，本學會會友，不拘何鄉之人，皆可充當，其别有三：一曰議事會友，皆以品學兼善、名望孚洽者充之，凡會中事務章程，均由議事會友議定，交會中坐辦人承辦。一曰講論會友，定期集講，隨時問難。一曰通信會友，遠道寄函，隨時酬答。

三，議事會友，現以創辦諸人為之，俟規模大定，再由會友中隨時公舉。

四，講論會友，擬公舉學問深邃、長於辨説者，請其講論，講期每月四次，遇房、虚、昴、星之日，即為講論之期。其余諸友可於開會之日，齊集會講，其有疑義新理，可以紙筆互相問難。

五，本公會無論官紳士庶，既登會籍，俱作為會友，一切平等，略貴賤之分，即以通上下之氣，去壅閼之習，凡入會者，務知此意。

六，入本學會者，可任意捐貲若干，為會中廣購圖籍、擴充經費之用，或願捐新舊書籍亦可。

七，本學會學術不立專門，如有融貫中西，浚明心力，善為論説，或創造圖器，有益民生者，其論説則由本學會選刊行世，其圖器則仿西國文憑之例，給予考憑，俾相授受。

八，通信會友，凡居址遠者，來否會講，聽其自便，至外府外省，尤可彼此函商，或自將所學演講成帙，郵寄會中，互相考驗，亦擇其佳者選刊行世。

九，會中現設坐辦人二員，每月酌給薪水。

十，會外人遇開講之日，亦可前來聽講，便須定期躬至坐辦處挂號，領取憑單，方准放座聽講。（憑單分為二種：一為長年聽講之憑單；一為一次聽講憑單。）

十一，本學會設藏書樓一區，廣庋圖書，會友平時欲觀圖籍，可携筆硯，親赴書樓抄定。其所關圖籍，不得携去，以防遺失。

十二，中國舉事，索患議論多而成功少，故會中章程以極少為主，寧俟不足而增補之，毋使徒滋議論，其餘講學閲書章程，另有專條。

麥仲華《清經世文新編》卷一七《蔡希邠〈聖學會序〉》 曾子曰：君子以文會友，以友輔仁，豈不然哉。夫孔子言道二，仁與不仁而已。中庸仁者人也，鄭康成以為與人相偶，偶者，會也。天有會，地有會，魚鳥有會，珠玉有會，草木有會，鬼神有會，體有會，氣有會，日月有會，聲色有會。天之會，五星集於房；地之會，江河朝宗於海；鬼神之會，黄帝會萬靈於明庭，歲終會聚萬物而蠟饗之；魚會於淵，鳥會於林，玉會於山，珠會於淵，草會於澤，木會於數；質點相會而成體，元氣相會而成化，日月相會而成望，顔色相會而成文，聲音相會而成樂，人類相會而成國，學者相會而成教；舉天天之中，物物之內，不能有一而無二也，則不能無會也。有所會而後有所成，不會則散，散則毁矣。其會大者其成大，其會寡者毁而不成，是故會無量無算數無思議之空氣而成為天，會無量無算數無思議之土而成為地。《易》曰，大哉乾元乃統天，乾元者，會其有極也。

禹會諸侯於塗山，執玉帛者萬國，名其地曰會稽，此古今莫大莫古會諸侯，為大會之魁也。武王大會於孟津，諸侯八百，而著王會之圖；周公始建都於洛，四方民大和會，宣王大會諸侯於東都，會同有繹賦車攻之詩，大會之次也。齊桓兵車之會六，衣裳之會九，會陽穀、會寧毋、會貫澤、葵邱，孔子稱其仁。武王、周公、宣王、齊桓皆大會魁也。春秋於會無譏，而鄭伯逃會則惡之為彝狄，是春秋之義會為中國，逃而不會者為彝狄。記稱桓皆大會魁也。春秋於會無譏，而鄭伯逃會則惡之為彝狄，是春秋之義會為中國，逃而不會者為彝狄。記稱樂羣而惡離羣，孔子曰：吾非斯人之徒與而誰與？若不會，則孤寡獨夫為不祥之實，乃謙遜之詞，詈駕之詞，人情所憎惡，故孔子作春秋，以為彝狄也。

孔子弟子三千，為士人大會之魁祖，墨子徒屬從死者百八十人，澹臺渡江弟子三百，孟子從者數百，《呂氏春秋》記墨孔墨之弟子徒屬彌滿天下，充塞天下，古今會至之大者。後漢張興、蔡宗、鄭玄弟子皆萬人，曹會樓望九千人，其餘數千人者不可數，大學生多至四萬。貞觀太學生亦至萬人，程朱陸子講學皆五六千人，蓋自古大會為聖學極盛之軌，若博士倚席不講，生徒散匿於山谷，黌舍鞠為園蔬，閔馬父不悅學，則為聖學最衰之候，而國亦隨之。若夫香山九老會，司馬温公耆英會，皆為元夫碩人盛事。王陽明開惜陰會，其弟子傅之。涇縣有水西會，寧國有同善會，江陰有君山會，貴池有光岳會，太平有九龍會，廣德有復初會，江北有南譙精舍會，先正羅文恭石蓮洞會，新安有程氏世廟會。湛甘泉傅白沙之學問九十九會，與陽明相埒，其後徐畢亭開靈濟宫會者九千人，為最大矣。若高忠憲公同善會，劉蕺山證人會，湯文正公志學會，皆一時名賢，蓋嚮講學，發揚大道，激厲後士聖學之先，古今稱盛焉，皆會之功也。今小雅廢矣，聖道欲墜，學者自咿唔求爵祿外，無嘉會講學之事，斯仁人君子之所憂也。

泰西一切學術庶業，皆由會出。意人以三千金之教會，而偏圜球之大地也，英人以十二萬金之商會，而滅萬里之印度。世俗有文昌會，關帝會，觀音會，乃獨無孔子會，推理奸宄之徒，攘竊禹武周公孔子之會名，而士夫乃反遜讓而避之。夫今制大合天下舉人而試之曰會試，京邑謂之都會，省城謂之省會，凡都會省會郡邑之地，皆有士夫湯沐，商賈輻輳各大會，其鄉人經營室館而名為某省之會，某郡之會，某邑之會，故會館彌滿於天下。其歲時宴集，則會同年，會同門，會同鄉，皆雜沓數百，靈萃鱗集，自京師連直省皆是也。

且夫小人有會而君子無會，開宴有會而講學無會，外國有會而中國無會，雜鬼神有會而孔子無會，此於國勞政教盛衰所關，非細故也。昔京師士夫開强學會書局，人才萃焉。事既上聞，聖上嘉悅，升為官局，領以大臣，歲撥臣帑，可謂盛舉矣。今桂之士夫，追同善證人志學之墜緒，發先正涑水陽明念菴之餘風，大陳圖書，廣開學會，庶幾傅孔門大教，而不墜春秋彝狄之貶，其將傅之天下，於樂從之遊而觀其成焉。學者其為不悅學之閔馬父，逃會之彝狄，孤寡獨夫，離羣索居，□啓之小人耶？抑其從禹、武、周公、孔子、朱子、陸子、陽明、高忠憲、劉蕺山、湯潛庵諸先生後耶！

又 《岑春煊〈聖學會後序〉》 人有三本，天地者，生之本也；祖宗者，類之本也；君師者，治之本也。三本孰為大？曰，師為大。人惡知天，聖師以告我天而尊天；人惡知祖父，聖師告我祖父而親祖父；人惡知君聖，師告我而事君王。與類皆由造物治，則在人道。君之所治人道，曰禮義、名分、綱紀、政令、教化、條理、文章、正朔、衣服、器械、宫室、飲食、日用起居，一切事為無一不出於師，無一不在師治之內。然且從之則治，不從則亂，從之則永，不從則促，促之則安，不促則危，從之則存，不從則亡。神明聖主師乎？師乎？孔子乎？孔子之道，有元統，有大一統，有三統，有三世，有百世，有萬世。元統則自諸天諸星涵不統也，造起天地萬物之始，大哉乾元乃統天。先天而天不違，天雖大亦在孔子乾元所統之。內計中國之地，居大地八十分之一，大地居行星二百四十九之一，日居無量數細思議，星團、星氣、星雲之一。一君之在孔子乾元之中，豈止太虛之有微塵，滄海之有涓滴子。大一統則自天地、公侯、庶人、山川、昆蟲、草木莫不統一，君亦聖王中之一公侯耳。三統則一文、一忠、一質、一賢賢、一親親、一貴貴、一尚白、一尚赤、一尚黑、一子正、一丑正、一寅正，有再而復、有三而復、有四而復、有五而復、有九而復。一代不過聖師中之一統之一義耳，一代何啻百數十君王。世有叛亂，世有昇平，世有太平。世亂，世內其國而外諸夏昇平。世內，諸夏而外夷狄。太平世，無有土地達近大小，若一周魯之君，秦漢以後之君，普地球之君，無不以三世統之，特與時推而愈廣耳，其君向可量數百世，則自三王、五帝、九皇、六十四民，為七十二君，後則庸人，一小人、二君子、三聖人，四推而無窮繼周，可知萬世則吾則吾不知之矣。以此寫孔子乎，猶其一班一斑乎？玉麟銜書，蒼水降精，改制受命，建元統天，鬼神萬靈，獻符效明天下，歸往，文王肇興，物無兩大，大哉莫名。孔子乎，配天地、育萬物、醇神明、本數末、度六通，四闢存於經上律，天時下襲水土，宜以紀元貫古今，千年墜典今宜補之哉？重為言曰，春秋書國事，而公羊穀梁傳經大書，孔子生春秋元年春王正月。公羊王者孰謂？謂文王也。《論語》文王既没，文不在茲乎？王沁期曰，文王即孔子也。春秋説，不言。謚者，法其生不法其死。與後王共之，以示千萬年。孔子長生，為後生師也。孔子西行不到秦，於宋、衛、陳、蔡、鄭，皆無與。而《史記》於秦本紀、列國、世家皆書孔子卒，《老子列傳》又書孔子卒後一百二十九年，豈不以孔子而始終之哉？今自淫昏之鬼、誣誕之神猶有誕日，偏祝人間。父母人主下至長官親友，專日猶稱祝。至於大聖誕降，安我千萬年、萬萬之生，此為天地大慶，而被儒冠衣誦讀其書者乃敝罔不知，嗚呼微哉！今以《史記》例當孔子生二千四百四十八年，侁侁士夫開聖學會，舉庚子拜經之義，以尊至聖。陟降在天宣昭孔子之生，以曉地球萬國為太平，遠近大小若一大同之治，俾入入一統於孔子。念念咸思孔子，時時如見孔子，其有不從者，是為悖聖。凡有血氣者知尊親哉！

聖學會

綜述

《知新報・康有為〈聖學會緣起（附會章）〉光緒二十三年四月十六日》（一八九七年）天下所宗師者孔子也，孔子何以為聖，為其仁也，仁者愛人，孔子棲棲皇皇，憂四海之困窮，思溝中之推納，故孟子傅孔子之學曰，道二、仁與不仁而已矣。近善堂林立，廣為施濟，蓋真行孔子之仁道者，惟未正定一尊，專崇孔子，又未專明孔子之學，遂若善堂僅為庶人工商而設，而深山愚氓，幾徒知關帝文昌，而忘其有孔子，士大夫亦寡有過問者。外國自傳其教，偏滿地球，近且深入中土。頃梧州通商，教士蝟集，皆獨尊耶穌之故，而吾乃不知獨尊孔子，以廣聖教，令布護流衍於四裔，此士大夫之過也。

本堂創行善舉，特奉孔子，如勸賑贈醫施衣棺諸善事，開辦有年，今欲推廣專以發明聖道，仁吾同類，合官紳士芳庶而講求之，以文會友，用廣大孔子之教為主。夫欲廣傅聖道，則必有學，今學校頹廢，士無學術，祇課利祿之業，問考文史，不周世用；又士皆散處，聲氣不通，講習無自，既違敬業樂羣之義，又失會友輔仁之旨。宋明儒者，每講一學，皆合大會，今泰西亦然，會中無書不備，無器不儲，即僻居散處，亦得購書閱報，以廣觀摩，故士有才業，而教日以昌，國籍聖教，而勢日以盛。今本堂創設此會，略仿古者學校之規，及各家專門之法，以擴見聞而開風氣，上以廣先聖孔子之教，中以成國家有用之才，下以開愚氓蚩陋之習，庶幾不失廣仁之義云爾。其要五事，條列於下，其會章附焉。

一、庚子拜經　本善堂於壬辰年，立有庚子拜經之會，奉馬中丞趙學使批准，人士濟濟，惜久而漸湮。夫中國義理學術大道，皆出於孔子，凡有血氣，莫不尊親，外國自尊其教，考其教規，每七日一行禮拜，自王者至奴隸，各攜經卷，誦讀膜拜，吾教自有司朔望行香，而士庶偏禮百神，乃無拜孔子者，條理疏矣。今宜大復厥規，每逢庚子日大會，會中士大夫衿帶陳經行禮，誦經一章，以昭尊敬；其每旬庚日，皆為小會，聽人士舉行，庶以維持聖教，正人心而絕未萌。

一、廣購書器　辛卯之歲，馬中丞奏開桂垣書局，繙印經書，偏購經史子集四集，書籍略備，刊發章程，准士子就讀，甚盛意也。惟其地太偏僻，士人就讀為難，且官局森嚴，鄉閭士庶，每逡巡而不敢進，惟善堂地處要衝，易於走集，廣購圖書，便於會講。近年西政西學，日新不已，實則中國聖經之義，議院實及庶人，機器則開物利用，歷代子史百書，著述亦多有之，但研求者寡，其流漸湮，正宜恢復舊學，豈可讓人獨步。今之聚書，務使人士知中國聖人窮理人之學，講求實用，無所不備，泰西通都大邑，必有大藏書樓，即中國圖籍亦藏庋至多。今擬合中國圖籍圖書陸續購鈔，而先搜其經世有用者，西人政學，及各種藝術圖書皆旁搜購採，以廣考鏡而備研求。若世家大族，名士碩儒，出其藏本，嘉惠本堂，敬當什襲珍藏，公之同志，與捐貲者一例登報，以揚美德。其各省書局所印，及西學時務有用書，皆可存堂代售；然而文字明其義有難明者，非圖譜不顯；圖譜明其體，有不能明者，非器不顯。《詩》稱關關雎鳩，熟陸機之疏，通沖遠之説，學者日詳考其形色，而不知雎鳩也；置雎鳩於前則識矣。人之一體，讀素問，考明堂，及全體新論，不知也；外國有人身全體，一見則明矣。今並購天球、地球，視遠、顯微鏡，測量藝學各新器，皆博攬兼收，以乃益智集思之助。

一、刊布報紙　鄉先賢陳文恭公，勸士閲邸報以知時務，林文忠公常譯澳門日報，以覘敵情。近日報館林立，類皆取便雅俗，語涉繁蕪，無關輕重，惟上海《時務報》、澳門《知新報》，專録時務，兼譯外國新聞，凡於治術學術有關切要者，臣細畢登，誠臻美善。桂林僻遠，尚無報館，何以開耳目而增識見！今之刊報，專以講明孔道，表彰實學，次及各省新聞，各國政學，而善堂美舉，會中事務附焉。

一、設大義塾　前廣西巡撫文簡陳公，在城坊設義學十一所，在東南西鄉，設義學二十所，前所未有也。善政流風，於今漸替，存者僅愛日、培風、蒙泉、兑澤四塾耳。善堂創辦之始，曾立義塾，惟課讀童蒙，聶識之無，鮮有成就。桂林城鄉，寒裔滋多，冠髦之歲，多有英才，以無力從師，因而廢學，不可勝道。茲設大義塾，特聘通人掌教，以育冠髦之士，課以經學為本，講求義理經濟，旁及詞章，與泰西各學，日有課程，月有考校，歲有甄别，一切頑劣浮薄之輩，不得濫竽，其有高才特出之士，亦可酌資膏火，特加優恤，俾無憂內顧，庶幾講求激厲，以底有成。或者興起人才，聖教中多一完人，即國家增一有用之士。若夫世家子弟俊秀人材，特慕本塾藏書之富，教法之善，人塾讀書，尤為有志之士。其願備贄來學者聽。

一、開三業學　《中庸・九經》，貴勸百工，考工之記，乃附于《周禮》，列為六官。書重懋遷，左轉韓起購玉環，子產以為鄭與賈人有約。太公之治齊也，勸女工，開鹽鐵。至于農事，三代尤重，天子親耕以率于上，勸農分使以講于下，生民七月之詩，后稷為農學之祖，三代之富美，由開農工商之學為之，後世日談經義，而以其業聽之小民，長官士夫，皆置不講，農工商之業，日以弊陋，至四海閑窮，徇慮談而不求實學之故也。泰西之富，不在治砲械軍兵，而在務士農工商，農工商之業，皆有專書[illegible]種，[illegible]讀之，[illegible]皆[illegible]，[illegible]分科[illegible]之，又皆有會，以講格致新學新器，俾業農工商者考求，故其操農工商業者，皆知植物之理，通製造之法，解萬國萬貨之源，用能富甲大地，橫絶四海，今繙譯其書，立學請求，以開民智。

右五條，先在桂林開辦。本善堂於廣州、梧州，皆有分局，當陸續辦理，視集款多寡，次第推行于各府州縣。

凡義所當為之事，莫不竭力，如創講堂以傳孔教，立學堂以育人才，派游歷以查地輿風俗礦務，設養貧院，以收乞丐，教工藝，視何處籌款多者，即在其地舉行，惟望仁人志士，合力為之。

《知新報・桂林聖學會續聞光緒二十三年八月十一日**》**　邇來時局日艱，識時務者，罔不爭相淬厲，每深國恥，以合羣之力，挽將倒之瀾，然詳于政事，略于教宗，倡彼新學，忘我舊德，保教保種之道，猶有未盡者焉。潤識政教分合之故，表明素王制作之功，禦外侮，翼聖道，惟桂林之聖學會得之。頃聞桂中官紳，或捐書，或捐器，或捐款，布政游公智開，捐廉一千元，唐中丞景崧、岑京卿春煊各損款為時務課加獎，而飲助圖書，尤以唐中丞為最。發揮光大，惟恐後時，有月課以試士，有日報以言學，且報費甚廉，月取洋一錢，將來風氣日開，見聞日廣，桂地雖僻，有此會而士人籍以通知時務，講求經濟，他日人十之成，孔教之不墜者，官紳提倡之力也。

關西學會

綜述

《知新報・京師關西學會緣起光緒二十四年二月十一日**》**　嗚呼，國家盛衰之故，雖曰天命，豈非人事哉！日本維新之始，與我等耳。一二十大夫，激於國恥，奮身不顧，倡大義以號召天下，轟轟一鼓，萬鈞轉移，上下從風，以有今日。我則二百年來官守成法，士耽俗學，習熟見聞，以為當然，塞聰蔽明，冥冥長夜，胥十八行省四百兆人而成為不仁之疾，若之何而不為人[illegible]也。[illegible]

後非復甲申以後之情形也。即今日而求如甲午之秋，安可得哉！安可得哉！

關中奧區神皋，天府四塞，庚申役後，萬目注視，擬為陪都。然士僅知恥，而鮮聲氣之求，民知奉法而乏勇敢之氣，士荒農惰，工窳商蹙，可恃之道，百無一二，失今不圖，倏忽分裂，關門不閉，誰為封泥之塞，秦帝已尊，孰亮蹈海之志，鐘鼎金張之胄，流徙海隅，欒郤胥原之族，降在皂隸，波蘭突厥，曾何殊焉！

嗟我兄弟，邦人諸友，興言及此，能無痛心。夫保種之道，曰仁與智，智以開物，仁以樂羣，兩物相切而熱力生，兩心相攝而吸力固，爰呼將伯，共事講求，惟會友以輔仁，先尚通而去塞，通其耳目，通其心知，通其血氣，通其財力，遠師希文憂樂之懷，近宏横渠胞與之旨，深怵亭林匹夫之責，相勗南雷待訪之業，以綿我孔子二千餘載墜地之教宗，酬我聖清二百餘年涵濡之厚澤，起點京師，鳩聯桑梓，置郵傳命，必有應者，王室蠢蠢，彌深嫠婦之憂，大形峨峨，庶酬愚叟之願，敬告同志，共盟歲寒。

學會略規

一、治經義。以經術言變法，為本原中之本原，當發明聖制，控討微言，勿尚瑣碎支離之漢學，勿鶩空談無根之宋學。

一、治國聞。西歐民政，東瀛會社，皆彼中立國之本，賢者識大，尤當全力赴之，文字語言，格致測算，精力兼人者宜各占一科。

一、廣應求。它省魁儒傑士，願入會者，不分畛域，一律延攬。

一、定會期。凡入會之友，各出會貲二十金，以為購書購報，及一切酒食之需，每一星期聚會一次，會友多習西文者，故必用星期，即禮拜日也。各以讀書所得，質疑辨難，如有撰述，互相質證，聚會必盡四小時為率，菜無過四簋，酒無過三行。

孔子降生二千四百四十八年，大清光緒龍飛丁酉十二月。

學會題名

二品頂戴山西候補道朝邑閻迺竹。山東道監察御史宋伯魯。內閣中書渭南雷延壽。户部主事鄘王步瀛。户部主事咸寧王鳳文。工部員外郎咸陽

保皇會

綜述

《亞軍日報·保救大清皇帝會例　一九〇〇年四月二十八日**》**　一，此會欽奉光緒二十四年七月二十九日，皇上交軍機楊鋭帶出康工部密詔：『朕惟非變法不能求中國，而太后不以為然。今朕位不保，可與同志妥速密籌，設法相救。』今同志專以救皇上，以變法救中國救黃種為主。

一，遵奉聖詔，凡我四萬萬同胞，有忠君愛國救種之心者，皆為會中同志。

一，此會為保救大清皇帝公司，即保種會、保國會，亦為保工商會之事，皆同一貫，以保國種非變法不可，變法非仁聖如皇上不可，此會最名正言順。

一，各地各埠，皆公舉值理，持簿勸講，以任此事，值理以數以為多貴。蓋亡國亡種，人人有份，無可推辭也。凡值理皆得為本埠會中議員。

一，每埠於值理中公舉忠義殷實數人為董事，專任一埠會事。凡收支捐款，通信各埠國辦事皆主之，有事與各值理公議，即為議長，并幫同總理辦事，即為總埠議員協理。

一，每一大地合衆埠，公舉一尤忠義豪俠著名者為總理，如美國、加拿大、南洋、澳洲、日本等處。又如美國中之大埠、古巴、檀香山，或紐約，皆可立總理，南洋亦然。近地各埠會事皆統任之。有事與各埠董事，及本埠中公舉有才望之人為議員者商議，則為議長，隨時商告會長。

一，立通信人。中國之患在於不通，內地則省府州縣不通，外埠亦各地不通，故有才能而不知，有忠義而不達。外人誚我為一盤散沙，故雖有四萬萬人，實散為一二人而已矣，安得不弱乎？今各埠立一書記，專主通信，各埠每月互相寄信，總理、董事、值理互相寄信，公函私札，合影

單片，交互往來，人人相識，埠埠相通，共談國耻而激忠憤，并講工商，進益變法保護之事，則血脉相通，體質自盛。

一，立總會所，擇近内地通海外者為之，澳門《知新報》、橫濱《清議報》，皆港、澳日本忠義殷商合股所辦，主持正論，激昂忠愛，薄海共信。今公推為總會所，兩報即為本會之報。凡同志皆同［閱］此二報，各埠捐款，皆彙匯《知新報》、《清義報》妥收。有報館印章及總會所印章、總理印章為收單為據。而《知新報》遷香港，港澳實握外洋之樞，尤為辦事之主。港澳皆公舉忠義殷實巨商為大總理，總管收支各款及會中各事，更立協理、干事、書記數人，皆公選通才志士任之，以通各埠，任各事。兩報地名，今將西字附印。

澳門《知新報》「The China Reformor」Macao China.

橫濱《清議報》「The China Discussion」Yokohama Japan.

一，立公會長，主會中各事，皆聽指揮。宜公舉維新忠臣，才望最著、薄海信者任之。其維新志士有才望者，將陸續公舉為會長。總會會議員應公商者，與各議員、總理、董事會議。

一，凡我同志齊心協力，其有害吾同志者，會中志士必報此仇。皇天後土，共鑑此言。

一，同志份金捐美洲銀一圓，即中國銀二圓，以為本公司支用，其捐千萬份者皆可。

一，會中捐款以招養忠義之士，奔走講勸通信才能勞力之人，及開報印紙，傳於各地，發明大義，鼓舞大衆，大款咸集，則為銀行輪船，以保君國，外護工商。其遵詔設法之事，要皆籌救君國之用，不暇瑣求。

一，求救為皇上密詔，賞功為有國大典，况功之高者，莫如救駕，酬勞之厚，尤出非常，此千古罕有之遇也。苟救得皇上復位，會中帝黨諸臣，必將出力捐款之人，奏請［照］軍功例，破格優獎，皇上必垂俞允。凡救駕有功者，布衣可至將相，願共發憤，古來常見，立致貴顯，不拘出身，無失機會。

今將獎功之格開列：

一，會中捐款無論多少，將來作為鐵路五金煤礦股份，即以會中憑票換給股票，均分利息。其十份以上者，分別差等，加賞功牌。

一，捐款自百圓上者，以中國之銀計。及總理、董事、值理出力者，除捐款作開礦股份外，分別差等，奏請賞給官階。

一，捐款萬圓以上，及總理、董事、值理各議員异常出力，及勞歿王事者，應特奏請破格給予世爵，分別差等，子孫襲封。其捐五千圓以上者，有欲辦開礦築路工商等事，皆優予權利，至破格封爵，及捐二三千圓，并得工商礦利，當聽聖恩。

一，出力之人，由各埠總理、董事存記於會長，分別差等，皆賞義士銀牌，或職銜功牌。

一，出力捐款之人，或未便出姓名者，由總理、董事密記於會長，到時分別差等，一律獎叙。其有無名氏之款，雖不能賞給官階，亦准持憑換路礦股票。

一，皇上嘉許，或施破格之恩，更從優厚。凡我同志上念舍身之聖主，下思自保其身家，各勵忠義，垂名千秋。出洋者烟酒燒夜，動費世金。况茲自顧身家國種，預購鐵路礦務乎？我同胞同志，富者輸財，能者出力，各盡其心。

一，各埠皆立三連票簿據，騎縫皆寫千字文號數，蓋印本會及總理或董事印章，以一為收銀之憑票，一為總會之存票，票中備記姓名、爵里、事業，以便將來換取礦務股票，及授功牌職銜，其不願者聽。其各三連票簿，皆由總埠分給，與各埠董事管理，以便收銀給據，惟簿册體式，應同一律。

一，捐款姓名數目，願登報者登之，不願者不登。若自願刻報者，告知書記，函告登報，以表彰忠義。其公私函名願否登報者同。

一，各埠董事按月將所收捐款，彙匯總會一次，如不滿百金者，或小埠交總埠彙匯一次，并按月或按季，將本埠會中情形，寄一函於總會，有事則總理、董事宜函告會長，幸勿逾限。

一，各埠皆以忠義報效，惟通信及勸説人支辛金盤費，截留餘款支之，惟公事開支，各埠截留之款，按季匯報總會。

一，總會之總理，管收支者，皆殷實巨商，其款皆分放銀行，其有支銷千萬之數，皆會長公函，總理簽名，始准支發。

一，各埠同志，皆宜酌設會所，旦夕之暇，來復之日，七日來復。共到會所，互談國事，共勵忠義，及保工商期進步之事，隨時量力捐資，不支正款。會中共議擴充本會之事，宜多閱報。橫濱《清議報》、澳門《知新報》、星架坡《天南報》，皆為本會之報，必宜購閱，以知本會之事，書記主持會所，每來復日聚衆。

一，會中各事各地議員，各埠總理、董事、值理，皆可隨時函商會長，及互相函商會事，隨時議例損益，亟宜寫名。

一，海外志士仁人，同志救國者，望隨時貽書本會見教，或寄書贈相於會長者，請寄總會所，或交各埠會所代寄亦可。凡我同志必以多通信，多寄信，多聚談，然後血脉通而氣體盛。

一，各埠情形不同，其辦事人數收支存放銀款各情，勸購各法，由各埠議員自議。除此例之外，不必由總會限定，惟當函總會，凡某埠會成，即當先報總會，并迅速匯會，不可遲。

一，誦救聖主歌。各國人民皆有頌其君主歌詩，宴會公聚，皆大衆高歌。今為歌辭，凡我會中同志會聚，皆宜歌之。歌詞五章：

我皇上之仁聖兮，舍身變法以救民。維百日之新政兮，冠千古而聳萬國人。

痛奸賊之簒廢聖主兮，盡撤新政而之官守舊。日賣地而賣民兮，嗟吾四萬萬人其將為奴絶種而罔後。

哀瀛台之幽囚兮，渺海波之浩隔。痛衣帶詔之求救兮，伊中外而求索。望黄種忠愛之壯士兮，思舍身救民之恩澤。共灑血以救聖主兮，乃可以新吾國。

皇上之不變法兮。可以不廢。皇上之救民兮，遂喪寶位。皇上之舍身為我民兮，胡不隕涕。

皇上之不復位兮，中國必亡。皇上之復位兮，大地莫强，同志灑血而憤起兮，誓光復夫我皇。

一，各地報館，原作為本會報者，即通行公司中同志閲看，廣其銷流。由本埠董事，值理酌理資助。

一，誓救主，總督劉坤一曾抗奏保救皇上，以勢薄保救未成，天下稱忠。本會先上書太后，請歸政皇上，各埠上，次則電奏分上，再次則合埠簽名千百萬公請歸政，陳説利害，人心擁護，西后已悔，當肯相從，否則亦畏人心，不敢害皇上，同志再行設法簽名，以多為貴。此事但請歸政，并無得罪，宜争忠義，萬世流芳。

一，中國賣地鬻權日急，皇上幽囚經年，會中同志宜亟發忠憤，日夜念之，奉詔速籌，一切急辦，如救火追亡，以救君國。凡各埠見此《序例》者，望大呼同志，立即舉行，勿延遲以誤大局。

光緒二十五年□月，海外保救大清皇帝會同啓。

康有為《致各埠保皇會公函一九〇〇年七月十六日》 各埠保皇會列位同志義兄公鑒：前致函臚列近情，并托三事：一曰有款即用電匯而勿匯寄，一曰已捐者加捐，一曰廣聯同志，三者皆今日最急切而不可一刻緩待之要務，想經大覽。誠以大舉在即，萬事交迫，餉械二事，尤為浩繁，無餉不可用人，無械不足以應敵。百函百電，日來催促，既已嘆大局之危亡，又深鞏機緣之先喪，徘徊終夕，首疾為加。惟諸君慷慨憂國，義憤填膺，痛此時艱，種族不續，必能相應以成大舉。明知諸君高義彌地塞天，屢電屢函，自形煩數，而以中國黄種之故，用敢流涕為四萬萬同胞乞餉也。邱君菽園再捐十萬，共二十萬，毁家抒難，高誼可風。今請伸明前義，務祈加捐，所捐有得，務祈即時電匯。軍務倥傯之時，彌東補西之苦，諸君諒之而勉助焉。所有近情，列於下幅：

一，僞政府始以庇拳匪為得計，内謀簒弑，外戕西人，聲勢汹涌，一朝而横行津沽。及至今日，拳匪勢日張，黨日衆，盤距日固，僞府諸賊雖欲剿辦，已養虎自為患矣。日來所出之僞諭，文句鄙俚，膽氣震慴，不稱團匪，而稱團民，不成國體，此自取覆亡之道，所謂天奪其魄也。

一，各省督撫不奉僞諭，截糧備餉，自固疆圉，僞政府無如之何，而粤督李鴻章、江督劉坤一抗拒尤甚，僞政府之傾，不待言矣。

一，僞府既倒，新黨已於上海設立國會，預開新政府，為南方立國基礎，將來迎上南遷，先布告各國，保護西人洋行教堂等事，義軍一赴，即與各國訂約通商，復我維新之治。

一，此次諸賊之結拳匪，此殆天亡之，以興我新黨者。何以言之？僞府諸賊盤踞北京，根深蒂固，擁兵甚衆，天下無事，金甌未缺，我一旦起而與之相抗，雖有名義之正，聞者風從。彼僞賊獲罪於天，必不久全。然耗力竭智，亦需時日，乃足破之。今則天奪其魄，鬼焚其穴，結匪自踣，激外自殺。始以彼以逸待我之勞，彼以整待我之亂。今也我以逸待彼之勞，我以整待彼之亂，即論兵法，已無可勝。外結萬國之深仇，內生各督之抗拒，不成為政府，不足為朝廷，今幸外國之兵未能大集，苟延殘喘，再延一月，西兵既至，亡可翹足而待耳，我新黨乘斯時以起義軍，遠在南方，固成割據，而彼無如何，即進搗賊穴，亦以疲弊而難自救，故曰天與之會，不可失也。

一，我南方勤王義勇已分布數路，不日將起，既成方面，可與外國訂約，約西津西法，一面分兵北上勤王，助外人攻團匪以救上。英既相助，則我可立不敗之地。彼僞匪已倒，諸賊倉皇，斂手待斃，既無可征之餉，又無可調之兵，不亡何待哉！聖主確聞無恙，所有電報謠言屢傳凶問，不足信據。軍事倥偬，日夕籌畫，所有各情，未能詳書，皆據電傳，想皆知悉，故不贅焉。匆匆，敬請義安。有為再上，六月廿日。

康有為《未刊遺札》 中國欲自立自强，非大開鐵艦、鐵廠及一切工藝，無以為自强之道。不學工藝，而望中國之强，日望他人之不欺凌削辱，猶無胎而欲生子也，必無望矣。然若欲學工藝。而不通算學及至淺通學之普，則無以為學工藝之路。今吾國籌臣款以派學生來美，乃至有世家職官亦屈身遠來學藝。又，昔俄羅斯大彼得帝親學船工，是以能强，况吾同志乎！

即當中國至弱求强之時，如饑之求食，渴之求飽［飲］也。又身在美國工藝第一之地，不待遠走，不待籌款，欲學即得之。學成之後，歸國即為大匠師矣。昔德之破奥也，得賚賜學成一後膛槍而破之。德之破法也，克虜伯炮一出而成功焉。昔德之創機器於英也，英國至今以五月一日為復生日。工藝之有關於國如此大且重也。

吾同志在美中，若徒事衣飲雜業，而不求學藝，國既弱矣，異日再至，惟欲為天下有可得也。若欲學一藝，則可入工廠，卜之終身效富，孰有利於是焉。惟同志多貧者，或無力以入學堂學算學。今有牧師乜悟願每夕教吾同志之時，以算法及一切普通學與各學，此難得之機會也。望吾同志每夕暇時皆來就學，學之有成，他日以為國為身，皆大有用。吾國有萬人成藝，吾國可强，吾會有千人成藝，吾會可握中國全國工藝之權矣。

既與各總理、值理商助學費，各總理、值理當以提倡後生獎勵工學為，一大事，日夕鼓勵之，人人知所趨向矣。貪近利而計遠國，將來人才衆多，以荷國計，吾有厚望焉。惟我同志共勉之。

光緒三十二年六月十二日。更生。將此遍告各埠。

《譚張孝檔案·康有為致譚張孝一九〇〇年六月二十七日發自日本横濱》

張孝弟：得四月三日書悉，知汝倡成會，可喜。美中各情可每水詳報我。堪馬李來助甚好，惜已泄耳。惟苦餉薄難供養，然到時或餉多，則有以濟之。今西人來請從者甚多。星坡巡捕官亦願從征也。頃邱君再捐十萬，共廿萬矣。今仍患苦乏槍，而應接江粤諸路太多。今已刻期起，計書到久已動兵矣。計檀山及南中路各埠可得廿餘萬，惟皆未交（今一切全藉邱力，可以此動大衆）。美埠甚多，何所得之區區乎？此次北亂，中英開仗，吾得隨意購械，真天賚也。惟津法租界全毁，英軍八百全没，俄國三萬入京。北京必傾，中國大分，然或者復辟之事及中國自立之舉，即在此乎？聞譚樹彬將我書漏出賞報，羅省技埠亦然，後一切書札宜謹密。去年開會之事，實籍樹彬一人不畏强御之力，其時各人皆無書來，但譚一人，故我不能不藉其力而復之。何將此情告唐、羅、崔三人？自十二月子肩有書來後，即歸總會，譚樹彬但□之復之。今唐瓊昌、羅伯棠、崔子肩頻書攻譚樹彬，云其受何佑主使泄陰事無所不至。究果然否？據譚樹彬前後來書，乃一極粗人耳。若如此，則是奸人兩造相攻，吾無從遥斷，汝可密查復我。至馬衮堂到大埠將一年，徒費公款，加拿大於彼極有□言，弟可達我意令還埠，否則恐各人不理。此等小人，當時以無人渡美從權發遣，不知其無耻如此也。此復。

六月朔　更生

《梁慶騮致譚張孝一九〇一年十二月十六日發自加拿大》 張孝我兄足下：昨來手書，適弟外出，家兄翁手接，旋失所在，弟不得讀，悵悵而已。

後遇温重庵，詳述足下來函始末，想亦從同。足下備嘗艱苦乃能抵埠。外人之凌辱我黄種，亦可知已。此不發憤，將來犬馬奴隸不知何極。英人之於馬來人，禁不得植穀；印度人不得為大官、議員；俄分波蘭，言語文字不得仍其舊俗，違者戮之，可為前（監）［鑒］矣。今者中國危亡，黄種將絶，瓜分豆剖即在目前。足下深明時局，於何不知！而上有聖明乃被幽廢。凡我踐土泣血痛心，長者重洋遠涉，痛哭秦庭。而外人視我如肉在俎，願分杯羹，袖手旁觀，亦固其所。凡事權在人者不可恃，權在我者有可憑。長者不得已，乃在加拿大特創保皇會。此間同胞兄弟各懷義憤，共成善舉，所有北美英屬各埠，無不應之如響近。及舊金山大埠，以函激發，亦復聞風興起。初為領事所阻，而義憤所激，區區壓力亦不能制。現接大埠義士來函，謂此間各埠均已起會，即足下所居羅生歧利埠，亦相與有成矣。加拿大創始保皇會以雲咕華埠葉恩為總理，舊金山大埠以譚樹彬為首總理，兩人皆忠義性成，故能激勵同志，共興義舉。又舊金山大埠列名值理者七十餘，聞此處義士演説，環聽者常數千人，而加拿大更不待言矣。舍路埠華昌胡枝南最忠義，為美北三省總理，美北各屬皆胡所發動者，可述我意稱美之。氣連拿埠黎騰芳、猫色地埠關國斌皆忠義憤發，大埠羅伯棠尤通達而忠義，大埠《文興報》唐瓊昌亦宜撫之。大埠黄種十四萬，歸長者者已十二萬有奇。其各埠尚未計。足下夙懷忠憤，時時以救天下為心，丁此機會所當興起乎？外地平等書生氣習在所必除。足以處此，當時出大埠接見商人，如譚樹彬等，當極力撫摩，極力鼓舞，時時發明大義，使我同種人人有忠君愛國之心。埠内商人時函請長者。凡人來埠，今承長命請足下肩提倡力，保皇會成，則皇上之復政在此，中國之不亡在此，黄種之絶亦賴此矣。内地是非日明，各省城市咸知維新之好，而北京消息，所有滿漢人員歸維新者八九，而一二賊臣常欲廢立，六月中已有意舉行。是時加拿大各義士電托各國公使轉□總理衙門，電請聖安并請歸政，多至一日間發十四電，統南洋、日本、美洲各埠電請聖安并請歸政者，已四十餘電，而廢立遂止，斯真回天之力也。足下為吾黨熱血人，作事當不在人後。至令昆季等在埠日久，素得人望，倘能再加鼓舞，聯合同志，發明大義，振臂一呼，無不景從。而救皇救國，人才最重，此間忠義卓著之士，固當密與結交，其有精通西文、西語、公法、機器、格致諸學者，亦當羅以待用，政治學、理財學、海、陸軍四者最要，如無人，宜勸令入學堂學之。至有聰敏子弟亟當勸入學堂，有英鋭魄强者則當令學水陸軍。美例准練民兵，保皇會集有餘款，則練民兵。不須款，各人以禮拜日習之，美人可許也。至此間火器時出新式，是何名目，如何妙用，如何運法，當隨時考究，賜函示知。别有汽球妙用，尤當極力考察。天下多故，内地岌岌不能無事，凡此皆無需之物，萬望時時留心。并多方托人。此間會黨，弟夙已有聞，足下能否招撫？人才當列表告我。今此勢急時危，求才若渴當如水湝，不得復做雅歌贈投故事矣。大埠三邑公司先生區慈波為家君道友，其來埠時與馮蕭伯慈波親戚最相信者，此人在此埠教讀同來，此人乃弟素相信友，且又世交，别有函請面交他。尤望極力發揮他，激勵忠憤使動熱血。令慈波雖未必樂意相助，或不至妄生阻力也。中國危阽！各憤忠義，勿懈勿忘，不盡所懷，諸惟心照。專此并候大安。

弟梁應騮上言　十一月初六

立憲派政治團體部

政聞社

綜述

《政論》一九〇七年十月第一期《政聞社宣言書》　今日之中國，殆哉岌岌乎，政府棼瞀于上，列强束脅於外，國民怨讟於下，如半空之木，復被霜雪，如久病之夫，益中以沴癘，舉國相視咸儳然若不可終日。志行薄弱者，袖手待盡，腦識單簡者，鋌而走險，自餘一二熱誠沈毅之士，亦彷歧路，莫審所適。問中國當由何道而可以必免於亡，遍國中幾罔知所以為對也。夫此問題亦何難解决之於有。今日之惡果，皆政府藝之，改造政府，則惡根拔而惡果遂取次以消除矣。雖然，於此而第二之問題生焉，則政府當由何道而能改造是也。曰：斯則在國民也已矣。夫既曰改造政府，則現政府之不能自改造也甚明。何也？方將以現政府為被改造之客體，則不能同時認之為能改造之主體，使彼而可以為能改造之主體，則亦無復改造之必要焉矣。然則孰能改造之？曰：惟立於現政府之外者能改造之。立於現政府之外者為誰？其一曰君主，其他曰國民。而其著手於改造事業，此兩方面孰為有力，此不可不深察也。今之譚政治者，類無不知改造政府之為急，然叩其改造下手之次第，則率皆欲假途於君主，而不知任責於國民。於是乎有一派之心理焉：希望君主幡然改圖，與民更始，以大英斷取現政府而改造之者；或希一二有力之大吏，啓沃君主，取現政府而改造之者。此二說者，雖有直接間接之異，而其究竟責望於君主則同。吾以為持此心理者，其於改造政府之精神，抑先已大剌繆也。何也？改造政府者，亦曰改無責任之政府，為有責任之政府云爾。所謂有責任之政府者，非以其對君主負責任言之，乃以其對國民負責任言之。苟以對君主負責任而即為有責任，則我中國自有史以來以迄今日，其政府固無時不對君主而負責任，而安用復改造為。夫謂為君主者，必願得惡政府，而不願得良政府，天下決無是人情。然則今之君主，其熱望得良政府之心，應亦與吾儕不甚相遠。然而不能得者，則以無論何國之政府，非日有人焉監督於其旁者，則不能以進於良。而對君主負責任之政府，其監督之者惟有一君主，君主之監督，萬不能周，則政府惟有日逃責任以自固，非惟逃而已。又且卸責任於君主，使君主代己受過，而因以自謝於國民。政府腐敗之總根原，實起於是。故立憲政治，必以君主無責任為原則，君主純超然於政府之外，然後政府乃無復可逃責任之餘地。今方將改造政府，而還以此事責諸君主，是先與此原則相冲突，而結果必無可望。然則此種心理之不能實現也明甚。同時復有一派反對之心理焉，謂現在政府之腐敗，實由現在之君主卵翼之，欲改造政府，必以顛復君統為之前驅。而此派中復分兩小派：其一則絕對的不承認有君主，謂必為共和國體，然後良政府可以發生；其他則以種族問題攙入其間，謂在現君主統治之下，決無術以得良政府。此說與希望君主之改造政府者，雖若為正反對，要之認政府之能改造與否，樞機全系於君主，則其謬見亦正與彼同。夫絕對不認君主，謂必為共和國體然後良政府可以發生者，以英、德、日本之現狀反詰之，則其説且立破，故不必復深辯。至攙人種族問題，而謂在現君主統治之下，必無術以得良政府者，則不可無一言以解之。夫為君主者，必無欲得惡政府而不願得良政府之理，此為人之恒情，吾國言之矣，此恒情不以同族異族之故而生差別也。今之君主，謂其欲保持皇位於永久，吾固信之，謂其必坐視人民之塗炭以為快，雖重有憾者，固不能以此相誣也。夫正以欲保持皇位之故，而得良政府，即為保持皇位之不二法門，吾是以益信其急欲得良政府之心，不讓於吾輩也。而惜也，彼方苦於不識所以得良政府之途。夫政府之能良者，必其為國民的政府者也。質言之，則於政治上減殺君權之一部分而以公諸民也。於政治上減殺君權之一部分而以公諸民，為君主計，實有百利而無一害，此徵諸歐、美、日本歷史，確然可為保證者矣。然人情狃於所習，而駭於所未經，故久慣專制之君主，驟聞此議，輒皇然謂將大不利於己，沈吟焉而忍不能與，必待人民汹汹要挾，不應之則皇位且不能保，夫然後乃肯降心相就。降心相就以後，見夫緣是所得之幸福，乃反逾於其前，還想前此之出全力以相抵抗，度未有不啞然失笑。蓋先見之難徹，而當局之易迷，大抵如是也。故遍徵各國歷史，未聞無國民的運動，而國民的政府能成立者，亦未聞有國民的運動，而國民的政府終不能成立者，斯其樞機全不在君主而在國民。其始也必有迷見，其究也，此迷見終不能久持。此蓋凡過渡時代之君主所同然，亦不以同族異族之故而生差別也。而彼持此派心理者，徒著眼於種族問題，而置治問題而後圖，種瓜得瓜，種豆得豆，毋惑夫汹汹數載，而政治現象迄無寸進也。由後之說，則君主苟非當國民運動極盛之際，斷未有肯毅然改造政府者，夫故不必以此業責望於君主。由前之說，則雖君主毅然改造政府，然必有待於國民，然後改造之實乃可期，夫故不能以此業責望於君主。夫既已知舍改造政府外，別無救國之途矣，又知政府之萬不能自改造矣，又知改造之業，非可以責望於君主矣，然則負荷此艱巨者，非國民而誰。吾黨同人，既為國民一分子，責任所在，不敢不勉，而更願凡為國民之一分子者，咸任此責任而共勉焉。此政聞社之所由發生也。

西哲有言：國民恒立於其所欲立之地位。斯言諒哉！凡腐敗不進步之政治，所以能久存於國中者，必其國民甘於腐敗不進步之政治，而以自即安者也。入莫不知立憲人國，其政府皆從民意以為政，吾以為雖專制之國，其政府亦從民意以為政也。聞者其將疑吾言焉，曰天下寧有樂專制之國民。夫以常理論，則天下決無樂專制之國民，此固吾之所能信也。雖然，既已不樂之，則當以種種方式，表示其不樂之意思，苟無意思之表示，則在法謂之默認矣。凡專制政治之所以得行，必其借國民默認之力以為後援者也。苟其國民，對於專制政治，有一部分焉為反對之意思表示者，則專制之基必動搖，有大多數焉為反對之意思表示者，則專制之迹必永絕。此徵諸歐、美、日本歷史，歷歷而不爽者也。前此我中國國民，於專制政體之外，曾不知復有他種政體，則其反對之意思，無自而生，不足為異也。比年以來，立憲之論，洋洋盈耳矣，預備立憲之一名詞，且見諸詔書矣，稍有世界知識者，宜無不知專制政體不適於今日國家之生存。顧在君主方面，猶且有欲立憲的之意思表示，雖其誠僞未敢言，然固已現於正式公文矣。還觀夫國民方面，其反對專制的之意思表示，則闃乎未之或聞，是何異默認專制政體為猶適用於今日之中國也。國民即默認之，則政府借此默認之後援以維持之，亦何足怪。以吾平心論之，謂國民絕無反對專制之意思者，誣國民也；謂其雖有此意思，而絕不欲表示絕不敢表示者，亦誣國民也。一部分之國民，蓋誠有此意矣，且欲表示之矣，而苦於無可以正式表示之途。或私尤竊嘆，對於二三同志，互吐其胸臆，或於報紙上，以個人以之資格，發為言論，謂其非一種之意思表示焉，不得也。然表示之也以個人，不能代與論而認其價值，表示之也以空論，未嘗示決心以期其實行，此種方式之表示，雖謂其未嘗表示焉可也。然則正式之表示當若何？曰：必當有團體焉，以為表示之機關。夫團體之為物，恒以其團體員合成之意思為意思，此通義也。故其團體員苟占國民之一小部分者，則其團體所表示之意思，即為此一小部分國民所表示之意思；其團體員苟占國民之大數者，則其團體所表示之意思，即為大多數國民所表示之意思。夫如是則所謂國民意思者，乃有具體的之可尋而現於實矣。國民意思既現於實，則必非漫然表示之而已，必且求其貫徹焉。國民誠能表示其反對制之意思，而且必欲貫徹之，則專制政府前此所恃默認之後援，即已失據，於此而猶欲寶其弊帚以抗此新潮，其道無由。所謂國民恒立於其所欲立之地位者，此之謂也。吾黨同人，誠有反對專制政體之意思，而必欲為正式的表示，而又信我國民中，其同有此意思同欲為正式的表示者，大不乏人，彼此皆徒以無表示之機關，而形迹幾等於默認。夫本反對而成為默認，本欲為立憲政治之忠僕，而反變為專制政治之後援，是自汙也。夫自污則安可忍也！此又政聞社之所由發生也。

夫所謂改造政府，所謂反對專制，申言之，則不外求立憲政治之成立而已。立憲政治非他，即國民政治之謂也。欲國民政治之現於實，且常保持之而勿失墜，善運用之而日向榮，則其原動力不可不還求諸國民之自身。其第一著，當使國民勿漠視政治，而常引為己任，其第二著，當使國民對於政治之適否，而有判斷之常識；其第三著，當使國民具足政治上之能力，常能自起而當其沖。夫國民必備此三種資格，然後立憲政治乃能化成，又必建設立憲政治，然後國民此三種資格乃能進步。謂國民程度不足，坐待其足然後立憲者妄也；但高談立憲，而於國民程度不一厝意者，亦妄也。故各國無論在預備立憲後，莫不汲汲焉務所以進其國民程度而助長之者。然此事業誰任之，則惟政治團體，用力常最勤，而收效常最捷也。政治團體，非得國民多數之贊同，則不能有力。而國民苟漠視政治，如秦越人之相視肥瘠，一委諸政府而莫或過問，則加入政治團體者自寡，團體勢力永不發達，而其對於國家之天職，將無術以克踐。故為政治團體者，必常舉人民對國家之權利義務，政治與人民之關係，不憚曉音瘏口，為國民告，務喚起一般國民政治上之熱心，而增長其政治上之興味。夫如是，則吾前所舉第一著之目的，於茲達矣。復次，政治團體之起，必有其所信之主義，謂此主義確有裨於國利民福而欲實行之也，而凡反對此主義之政治，則排斥之也。故凡為政治團體者，既有政友，同時亦必有政敵。友也敵也，皆非徇個人之戚情，而惟以主義相競勝。其競勝也，又非以武力，而惟求同情。雖有良主義於此，必多數國民能知其良，則表同情者乃多；苟多數國民不能知其良，則表同情者必寡。故為政治團體者，常務設種種方法，增進一般國民政治之智識，而賦與以正當判斷力。夫如是，則吾前所舉第二著之目的，於茲達矣。復次，政治團體所抱持之主義，必非徒空言而已，必將求其實行。其實行也，或直接而自起以當政局，或間接而與當局者提攜。顧無論如何，而行之必也賴人才，苟國民無多數之政才以供此需要，則其事業或將蹶於半塗，而反使人致疑於其主義。故為政治團體者，常從種種方面，以訓練國民，務養成其政治上之能力，毋使貽反對者以口實。夫如是，則吾所舉第三著之目的，於茲達矣。准此以談，則政治團體，誠增進國民程度惟一之導師哉！我中國國民，久栖息於專制政治之下，倚賴政府，幾成為第二之天性，故視政治之良否，以為非我所宜過問。其政治上之學識，以孤陋寡聞，而鮮能理解，其政治上之天才，以久置不用而失其本能。故政府方言預備立憲，而多數之國民，或反不知立憲為何物。政府玩愒濡滯，既已萬不能應世界之變保國家之榮，而國民之玩愒濡滯，視政府猶若有加焉。於此之時，苟非相與鞭策焉提挈焉，急起直追，月將日就，則內之何以能對於政府而申民義，外之何以能對於世界而張國權也，則政治團體之責也。此又政聞社之所由發生也。

政聞社既以上述種種理，應於今日時勢之要求，而不得不發生。若夫政聞社所持之主義，欲以求同情於天下者，則有四綱焉：

一曰實行國會制度建設責任政府。

吾固言之矣，凡政府之能良者，必其為國民的政府者也。曷為謂之國民的政府？即對於國民而負責任之政府是也。國民則夥矣，政府安能一一對之而負責任？曰：對於國民所選舉之國會而負責任，是即對國民而負責任也。故無國會之國，則責任政府終古不成立，責任政府不成立，則政體終古不脱於專制。今者朝廷鑒宇內之勢，知立憲之萬不容已，亦即渙汗大號，表示其意思以告吾民。然横覽天下，從未聞有無國會之立憲國，故吾黨所主張，惟在速開國會，以證明立憲之詔，非為具文。吾黨主張立憲政體，同時主張君主國體。然察現今中央政治機關之組織，與世界一般立憲君主國所采用之原則，正相反背。彼則君主無責任，而政府大臣代負其責任，此則政府大臣無責任，而君主代負其責任。君主代政府負責任之結果：一方面使政府有所諉卸，而政治未從改良；一方面使君主叢怨於人民，而國本將生搖動。故必崇君主於政府以外，然後明定政府之責任，使對於國會，而功過皆自受之，此根本主義也。

二曰厘訂法律鞏固司法權之獨立。

國家之目的，一方面謀國家自身之發達，一方面謀國中人民之安寧幸福，而人民之安寧幸福，又為國家發達之原泉。故首最當注意焉。人民公權私權，有一見摧抑，則民日以瘁，而國亦隨之。然欲保人民權利，罔俾要犯，則其一，須有完備之法律，規定焉以為保障。其二，須有獨立之裁判官廳，得守法而無所瞻徇。今中國法律，大率沿千年之舊，與現在社會情態，强半不相應，又規定簡略，惟持判例以為補助，伙如牛毛，棼如亂絲，吏民莫知所適從。重以行政司法兩權，以一機關行之，從事折獄者，往往為他力所左右，為安固其地位起見，而執法力乃不克强。坐是之故，人民生命財産，常厝於不安之地，舉國儳然若不可終日，社會上種種現象，緣此而沮其發榮滋長之機。其影響所及，更使外人不措信於我國家，設領事裁判權於我領土，而內治之困難，益加甚焉。故吾黨以厘訂法律鞏固司法權之獨立，為次於國會制度最要之政綱也。

三曰確立地方自治正中央地方之權限。

地方團體自治者，國家一種之政治機關也。就一方面觀之，少中央政府之干涉及其負擔，使就近而身為謀，其謀也必視中央代謀者為易周，此其利益之及於地方團體自身者也。就他方面觀之，使人民在小團體中，為政治之練習，能喚起其對於政治之興味，而養成其行於政治上之良習慣，此其利益之及於國家者，蓋益深且大。世界諸立憲國，恒以地方自治為基礎，即前此久經專制之俄羅斯，其自治制亦蚤已頒布，誠有由也。我國幅員遼廓，在世界諸立憲國中，未見其比，而國家之基礎，又非以聯邦而成，在低級之地方團體，其施政之範圍，雖與他國之地方團體不相遠，在高級之地方團體，其施政之範圍，殆埒他國之國家。故我國今日，須完備適當之地方自治制度，且正中央與地方之權限，實為最困難而最切要之問題。今地方自治之一語，舉國中幾於耳熟能詳，而政府泄泄沓沓，無何種之設施，國民亦袖手坐待，而罔或自起而謀之。此吾黨所以不能不自有所主張，而期貫徹也。

四曰慎重外交保持對等權利。

外交者，一部之行政也，其樞機全綰於中央政府，但使責任政府成立，則外交之進步，自有可期。准此一談，似與前三綱有主從輕重之別，不必相提并論。顧吾黨所以特鄭重而揭櫫之者，則以今日之中國，為外界勢力所壓迫，幾不能以圖存，苟外交上復重以失敗，恐更無復容我行前此三綱之餘地。故吾黨所主張者，國會既開之後，政府關於外交政策，必諮民意然後行，即在國會未開以前，凡關於鉄路礦務債，與夫與他國結秘密條約普通條約等事件，國民常當不怠於監督，常以政治團體之資格，表示其不肯放任政府之意思，庶政府有所羈束，毋俾國權盡墜，無可回復。此亦吾黨所欲與國民共荷之天職也。

以上所舉，雖寥寥四綱，竊謂中國前途之安危存亡，蓋繫於是矣。若夫對於軍事上，對於財政上，對於教育上，對於國民經濟上，吾黨蓋亦皆薄有所主張焉。然此皆國會開設後責任政府成立後之問題，現政府之下，一切無所著手，言之猶空言也，故急其所急，外此暫勿及也。

問者曰：政聞社其即今世立憲國之所謂政黨乎？曰：是固所願望，而今則未敢云也。凡一政黨之立，必舉國中賢才之同主義者，盡網羅而結合之，夫然後能行政黨之實，而可以不辱政黨之名。今政聞社以區區少數之人，經始以相結集，國中先達之彦，後起之秀，其懷抱政治的熱心，而富於政治上之知識與能力者，尚多未與聞，何足以稱政黨。特以政治團體之為物，既為應於今日中國時勢之必要，而不得不發生，早發生一日，則國家早受一日之利。若必俟國中賢才悉集於一堂，然後共謀之，恐更閲數年，而發生未有其期。況以中國之大，賢才之衆，彼此懷抱同一之主義而未或相知者，比比皆是，莫為之先，恐終無集於一堂之日也，本社同人，誠自審無似，顧以國民一分子之資格，對於國家應盡之天職，不敢有所放棄。且既平昔共懷反對專制政治之意思，苟非舉此意思而表示之，將自儕於默認之列，而反為專制游魂之後援。抑以預備立憲之一名詞，既出於主權者之口，而國民程度説，尚為無責任之政府所借口，思假此以沮其進行，則與國民相提挈以一雪此言，其事更刻不容緩。以此諸理由，故雖以區區少數，奮起而相結集，不敢辭也。日本改進黨之將興也，於其先有東洋議政會焉，有嚶鳴社焉，以為之前驅。世之愛國君子，其有認政聞社所持之主義，為不謬於國利民福，認政聞社所執之方法，為足以使其主義見諸實行，惠然不棄，加入政聞社而指揮訓練之，使其於最近之將來，而有可以進而伍於政黨之資格，則政聞社之光榮，何以加之。又或與政聞社先後發生之政治之團體，苟認政聞社所持之主義，與其主義無甚刺謬，認政聞社所執之方法，與其方法無甚異同，惠然不棄，與政聞社相提携，以向於共同之敵，能於最近之將來，共糅合以混成政黨之資格，則政聞社之光榮，又何以加之。夫使政聞社在將來中國政黨史上，得與日本之東洋議政會、嚶鳴社有同一之位置，同一之價值，則豈特政聞社之榮，抑亦中國之福也。此則本社同人所為瀝心血而欲乞賚此榮於我同胞者也。

問者曰：政聞社雖未足稱黨，而固儼然為一政治團體，則亦政黨椎輪也。中國舊史之謬見，以結黨為大戒，時主且懸為厲禁焉，以政聞社置諸國中，其安從生存，政府摧萌拉蘗，一舉手之勞耳。且國中賢才，雖與政聞社有同一之政見者，其毋亦有所憚而不敢公然表同情也。應之曰：不然，政聞社所指之方法，常以秩序的行動，為正當之要求，其對於皇帝，絶無干犯尊嚴之心，其對於國家，絶無擾紊治安之舉，此今世立憲國國民所常履之迹，匪有異也。今立憲之明詔既屢降，而集會結社之自由，則各國所咸認為國民公權，而規定之於憲法中者也，豈其倏忽反汗，對於政治團體而能仇之。若政府官吏不奉詔，悍然敢為此種反背立憲之行為，則非惟對於國民而不負責任，抑先已對於君主而不負責任。若茲之政府，更豈能一日容其存在以殃國家。是則政聞社之發生，愈不容已，而吾黨雖洞胸絶短，而不敢息肩者也。取鑒豈在遠，彼日本自由、進步兩黨，與藩閥政府相持之歷史，蓋示我以周行矣，彼其最後之勝利，畢竟誰屬也。若夫世之所謂賢才者，而猶有怵於此乎，則毋亦以消極的表示其默認專制政體之意思，而甘為之後援耳。信如是也，則政府永不能改造，專制永不能廢止，立憲永不能實行，而中國真從兹已乎。嗚呼！國民恒立於其所欲立之地位。我國民可無深念耶！可無深念耶！

《國風報》第一年第九期《國會請願同志會意見書一九一〇年五月九日》

吾國今日怵於内憂外患之紛乘，魂夢徬徨，泪血涔漬。上則伏闕陳書，下則締群置社。僉謂救亡之第一策略者，非速開國會乎？

夫速開國會之可以救亡，稍明政治學者類能言之。但明哲能相喻以心，庸衆或未能相説以解，則吾儕不能不將此事之利害，綴為緒論，宣示海内，齊大衆之聰明才力，君趨重於此一途。凡人之欲締造一事業也，必其利害之識解既明，必力乃能堅定。籌畫之精神既淬，規模始克久持。後海先河，始簡畢鉅。此各省要求速開國會者，有同志會之設，而意見書所由刊布也。

雖然，同志會者為政治結社，而與政黨相近似者也。此等結社，在東西各國，其灝氣英光，激越於朝野上下，人人視之，覺其與國家之關系，有如人生與菽、粟、水、火之不可一日離。若右吾國，則知之者尚鮮。茲者，同人無似，乃欲吸納歐風，普被吾國。任重道遠，力薄勢孤，非共矢血枕，廣徵聲氣，斯道無由光熙。嗚呼！國步艱難，靡所底止，卬須我友，黽勉同心。倘國人果能一旦挽回天厄，感動君心，國會即開，人心大定，前途榮幸，何以加茲？是在同志之乘時奮勉而已。爰揭三大大論綱而敘述於後：

一曰：吾國若能速開國會，可革一切貧弱之根源。

夫吾國貧弱之原因雖多，然其大要可約為三。一在君民情感不通，一在官僚不負責任，一在財政困窘。而萬事叢脞，悉由此起。倘能速開國會，則以上數弊皆可免除。或者謂各立憲國不能聚國人議政於一堂，何以開國會而君民即不隔閡？國會非行政部院，何以開會而官僚即能恪恭將事？國會非生利事業，何以開國會而財政即能豐裕？以上疑問，人多茫然。謹以次辨明如下：

首論吾國若能速開國會，即無君民隔閡之弊也。吾國近來上下隔閡之弊，雖較前稍輕，然與各國相衡，則迥有文野通塞之异。秉政者，因循鄙陋，事事足以隳敗朝廷勵精圖治之盛心，激動人民赴火蹈湯之狂熱。以致怨毒積於人心，忠愛鬱為孤憤。故抱道自重之儒，多不欲為朝廷用，破格拔擢，亦歸無靈。而恢奇磊落之彦，更回翔排蕩，欲別樹勢力於一途。流風所播，故各省士紳争路、争礦、争立憲、争外交權利，幾乎日有所聞。奔走呼號，群情惶駭，若皆有傀焉不可不終日之概。且各省或兵變或匪亂或饑民煽動，亦時露鋌而走險之機。此種情形，各國謂之惶恐時期，為頒布緊急命令、預備戒嚴之時期，最足以擾成變亂者也。而吾國則日日有危象，當道反熟視若無睹焉。吾儕偶一思及，毛骨悚然。夫吾國之所以釀成此亂象者，豈君有暴政耶？抑官民之無良耶？實由於有司擅虐，君恩壅於下宣，民情阻於上達，有以使之然也。竊謂吾國若欲消弭君民之隔閡與官吏之壓制，而收拾已去之人心，除速立憲外無他法焉。蓋專制政治皆主獨裁，其執行政務者惟官吏，人民則全退處於俯承命令之地。是君主與官吏有關係，與人民無關係，其官吏能擅威福宜也。若立憲國則有三種分立之機關。其最要機關即為國會，其下院議員即選自民間者，與行政部同立於君主統治之下，各有憲法之護持。例如君主發布命令，則交議院公認，議院編纂法律，則呈君主裁可，是君民常相接洽。且議院對於君主有上奏建議之權，對於人民有受理請願之責，尤為上下交泰之符。夫議員者，人民之代表也。議員與君主即如此之聯屬，即全國人民與君主息息相通。此立憲國根本結合之堅，與專制國大异者也。吾國速開國會，士民既有議政之權，忠愛油然而生，自當受國法之檢束，斷不至東奔西突，逸出範圍，以倡横議；而全國人民亦覺即有代表參與政治，彼亦各安職守，不至於出位代謀。是國會一開，四海歸心，國是大定，人人沐憲政之福矣。故吾國召集國會早一日，即早收一日之人心；遲一日，即增一日之荆棘，且即為保存君權一事起見，亦不速應人民之要求。考各國憲政演進之前史，即可知之。日本於民氣未甚决裂之時，而能早布憲政，故君權獨尊於各國，藩閥政治保存至今。英國人民要求國會，前後亘三百年，王權民權互相搏擊，國王屢革弑，議會屢解散，而始確定憲法，至君權大被削奪，其政治流為議院政治，內閣流為議院內閣。法人要求立憲亦數百年，而為君主、貴族所鉗制，激成屢次大革命，其後國民議民竟廢去王位而行民主政治。綜觀以上三國，其應人民國會之要求，惟日本最早，故君權最尊；英國較遲，故君權甚微；法國更遲，故人民一躍而掌握國權而竟廢去君主。追維往史，得失瞭然。

夫吾國民性本極純良，而朝廷之深仁厚澤，又足以復育之，似不至如歐、美人民有暴起之事。但國會早開一日，則民氣更早平静一日，君權更早確定一日。寥寥數十條憲法即可納民於軌物中，又何必遷延不决，必欲民情破裂之後，而始圖挽救乎？若既經破裂，則須布憲法時或即大起紛争。需為事賊，時不我留。此吾儕所以為當道深慮之。

决論吾國若速開國會，即無官僚不負責任之弊也。夫立憲國之所謂責任內閣者，指內閣對國會負責任而言。若徒云對於君主負責任，則官吏賞罰黜陟之權固皆操自君主，不患其對於君主不負責任。如此又何必創此責任內閣之一新名詞耶？既云對國會負責任，然則無國會之國家，即為內閣不負責任之國家。會國政務無所統一，質言之，即無人負責任之國家。此非官僚盡非賢明，不欲負責任也；實因各部政務之權限不分明，又無一人綰連帶責任之紐，故不知各部責任如何負起，全內閣責任如何負起也。若立憲國，則國會為監督內閣負責任之法定機關，其官僚若不得國會之擁護，即無組織內閣之資格。雖云組織內閣，其名義出於君主之任命，然必其人為一黨派之領袖，然後各部大臣能極一時之選；必其人能樹勢力於議院，然後行政不至受人之掣肘。君主雖欲私其愛憎，不可得也。蓋完美之立憲國，其總理大臣組織內閣時，即須提出政綱、政見，宣示議院，求表同情；中間又須接受議院質問、詰責；若果有失敗，又不能不受議院之彈劾；甚或因不能得議院多數人之信用，一議案之不能通過，一責任之不能解除，其內閣即動搖，或竟須辭職讓賢。有此强大之監督機關，糾之於其旁，故內閣非純粹負全國之責任不可，其大臣非確有才識資望不能當國。此立憲政體晶瑩堅粹之特質也。

或者謂議會權力如此之大，不免妨礙君權之神聖。曰：不然。立憲國之義院與內閣，同為受君主之支配，掌握其國權之一部，有何厚薄軒輊於其中？倘議院與內閣有紛爭，君主或欲解散議院，或欲解散內閣，皆可審度時勢，衡量是非，以行其志。議院既不能直接進退內閣，尤不能要挾君主命總理大臣辭職。然則議院之權力縱大，仍是起伏於君權用作之中，何能妨害君主之神聖耶？且大臣如能通權達變，不難投身黨中，收為己用。例如：英、美內閣大臣與議院之聯為一黨，何嘗易起釁端？故吾國若速開國會，既有節制儀院權力之法，復可督促官僚之負責任。全國政務靈活敏捷，如身使臂、臂使指，恢恢乎有整齊利導之餘地。舍此則別無官僚負責任之道。歐、美各國研究政治亘數百千年，學者殫精竭慮，人民殺身流血，始得此國會監督內閣負責任之一法制。周行示我，入聖出狂，願國人毋徘徊却慮焉。

次論吾國如速開國會即無財政困窘之弊也。夫天下無論經營何事，必恃有財源以資接濟。私人之生存如此，國家尤甚。倘國家財政紊亂，則萬事悉隳阻於冥冥中，內憂外患相逼而來，國其不國。周以冢宰制國用，唐以宰相兼度支。吾國前代之重視財政，典册具在。今世各國，其萃全國之聰明才力以謀整理者，即此財政。或以軍備握世界之霸權，或以實業左右世界之大勢者，皆此國內財政磅礴鬱積使之然也。吾國承歷代之弊，財政紊亂，不可究詰，此國家貧弱之大原因也。近來朝廷知財政之關系國家榮枯極為密切，乃正度支部之名稱，釐正內各科之職守，近來又曾奏派監理財政官，分往各省清理財政，以次又將清理鹽務，此皆前此未有之創舉。

夫欲整理財政，若不先察本國財政積弊，則無論采用何國之完美財政制度皆無所適，故吾國清理各省財政，為最得先後緩急之別者也。雖然，清理云者，不過為整理財政之創始，若日後實行整理，則節目浩繁，萬非今日智識有限之監理官所能盡職。例如：劃分中央財政與地方財政，制定國家公法收入與私法收入，收回稅權，釐正稅則，定幣制，募分債。犖犖數大端，皆非由國會議決，酌別取舍，編為法規，不能浹於民情。垂諸久遠。況欲整頓財政，則必增收租稅，如此則互相關係之問題極多，皆須同時解決，尤非官僚一派人所能運用其機軸。是非速開國會，聚全國代表而共討論之不可。蓋租稅者，人民之膏血也。欲多立名目，吸取人民膏血，非得人民之同意，決無其他苛斂之方。倘苛斂則大亂即蜂起，危及國本矣。歐、美各國於前代徵收租稅時，曾屢激成變亂，故特召集國會，畀以監督財政權。按監督財政權，其必規定憲法不可缺少者有三種：一為預算案之決議，二為決算案之承認，三為額外支出之追認是也。如能實行此三種監督之法，則國費必用之於國利民福之一途，無甚枉濫。人民信用既深，故踴躍輸將，無所於吝。且既得國法之保護與獎勵，則人民生財之途大辟，國內國外皆其競爭經濟之市場，生利事業欣欣向榮，故國家雖以大負擔加於其身，亦足以挹彼注茲，此立憲國授國會以監督財政權之妙用也。且吾國清理財政章程，原期以三年蕆事。今期限已去其半，再歷年餘，清理告終，即須將全國財政困窘實情公布天下。若無國會，將憑何種機關以完公布之手續乎？倘徒云由朝廷降旨宣布，似難激發人民以急公赴義之血忱也。夫費數年清理之力，而不能使人民洞悉其中利弊，以整理國家財政，然則其清理之宗旨安在，殊所不解。考埃及、印度之亡，由於財政窮蹙，法國革命之起，由於財政紊亂，而深為吾國前途股栗焉。竊恐遲日召集國會時，議員對於財政一事即將軒然波起，不復可平。況各國監督財政之耗，或竟成為不祥之孽乎？

二曰：吾國事實上有決可速開國會之理由。

夫吾國官僚反對速開國會，其昌言於朝足以淆人聽聞者，有三種言論：一謂資政院與國會相似，一謂人民程度不及，一謂預備各事尚未完全。而速開國會之機為之摧挫，似是而非，不可不辯白焉。

首論吾國資證院與各國國會，其性質絕不相同。或有謂此事無須剖辯者，此自名為資政院，彼自名為國會。一為專制政體之議政機關，一為立憲政體之監督機關。今日人民之所以請願速開國會者，正欲易專制政體為立憲政體，而要求其早日實行，饜天下臣民之望。豈不知資政院與國會截然二物者，奚辯為？然吾國近來主持憲政之大臣所挾為反對速開國會之論據者，不有曰『資政院可代國會』乎？不為剖辨明析，轉鞏足以隳要求速開國會者之心志，而淆亂吾國民之耳目。此所謂就問題作答案也。且非徒論列兩物之异同而已，并剖辨兩物與國家相關之利害，或可使當道瞿瞿驚悟，而亦借以為鞭策吾國民之一助焉。閱者深察下文剖辯之內容可也。

按立憲國國會之所以能監督行政而不被蹂躪者，首在君主不負責任，純以國會與內閣相對待也。故君王對於國會，只有不裁可所議之事之權，絕無强迫以遵命議事之權。蓋國會所以能實行監督政府者，雖恃有積極之權力，而尤恃有消極之效力焉。例如：法律案之否决，預算案之削减，超過預算之决算案之否認，凡國會所不協贊者，政府即不得而施行之。故當國會與政府有極端沖突萬難調和之時，君主或命其停會，使之反省，或因而解散之；不然，則聽大臣辭職，從未有指定辦法，强國會以必從者。雖日本憲法所規定，有『天皇裁可』之條，然亦謂裁可其已通過之案，非能强否决之案而亦裁可之使施行也。今吾國資政院則不然。按其章程第十五條有『請旨交議』之文，是議案之提出，全以君主之命令行之。而其第十八條所規定，至有大臣不以資政院所議之事為然，則分別具奏，恭候聖裁。夫曰『候聖裁』，則是行政官已逸出責任外，而以君主當其沖矣。吾恐各部大臣雖如何溺職，議員雖如何攻擊，而行政官仍可逕行其志，而資政院將等於具文。萬一聖裁之後，議員陳述异議，則章程第五十三條之效力生，謂資政院為有輕蔑朝廷情形而諭令解散矣。資政院易於解散，而大臣地位益加鞏固如磐石，然則資政院惟有仰伺大臣之顰笑而已，奚用是擾擾為？且夫立憲國君主之所以神聖不可侵犯者，非以其不親政務，有大臣代負責任，代分勞怨乎？今以資政院章程觀之，直以君主代大臣負責任，代大臣分勞怨耳，則何其顛倒錯謬與立憲國家適成矛盾乎？夫臣民之最當愛戴者，厥為君父。今稍遇危難，而即退處於原被動地位，而以君主為之裁判。幸而裁判悉當。固頌天王聖明；不幸百密之際偶有一疏，或一徇政府之請而抑資政院，則國民必移其不信任政府之心而叢怨於君主。怨毒之積於人心者日益深，上下睽離，而國本動摇矣，其危及於國家之前途者何如也！此資政院性質與國會正義相反者，一也。

又各立憲大國，其國會皆采二院制。惟德意志帝國無兩院之形式，然有聯邦議會以調和之，足以隱收兩院制妙用。况聯邦組織與尋常國家原异，吾國萬難援以為例。此外惟德意志之各小聯邦有采用一院制者，因其國小而行之無弊也。又如近來學者及英國政治家雖有主持一院制之說，然其意欲汰去貴族院之一階級，非謂混合兩院為一院，此不可不細繹也。吾國將來之國會，如有主張一院制而不承認上院者，吾儕誰不歡忭？若如今日混合上下兩院為一院，則又遠不如采各立憲大國二院制之為得也。

夫各國何以皆采二院制耶？其第一理由即欲兩院各表現其本來之精神，不相牽雜。若吾國資政院則性質極晦。以全部議員論，則為官民混合；以民選一部議員論，則為地方代表。意志不浹，識解各殊。因官民混合之故，則將來院中預備議案將兩不相謀。開議時，不知贊成者為何派人，反對者為何派人；議决時，必難得正確之解决。因地方代表之故，則彼此所研究之利害，多重地方而輕中央，非謂議員本有代表地方之性質也。因彼初自田間來，不能詳悉各省之情勢，而又無統一之黨派使之投身研究，故其流弊必至有代表地方之現象也。夫各國議員之所以有統系的智識，知以全國利害為的者，因有政黨之訓練故，因多有以政黨為本位而後被選為議員故。今資政院中民選一派議員，既以各省諮議局為本位，則無證黨發生之餘地，其議員不知注重全國利害，明矣。雖然，研究至此，政府或反幸資政院之可以打破民黨，而自喜其用計之工。然抑思政黨者，議會之産物也。主張資政院辦法者，縱能制中央政黨之發生，然各省既有諮議局，其能挫地方黨派之鋒乎？地方黨派之貽害於國，當於本書後節論之，不知當道亦有所會悟否？且即代官吏派議員籌之，亦極有害。蓋資政院混合官民於一團，意見既難一致，則接觸益多，感情益裂，朝野兩派將從此各樹敵幟，政府中將無人可以維系民黨者。立憲國之大患在此。故當道即為保護官吏計，亦當速開國會以遏朝野兩黨决裂之機。倘必糅而合之，紛爭其有豸乎？此資政院與國會正義大相反者，又一也。

又立憲國國會之議長，系就議院選出之數人中而敕任之，是議長本煦育於議員之中，體制毫無軒輊，且多有即為一黨派中之領袖者，故議長與議員情感相通，政見相同。今資政院之議長、副議長，即係原有之總裁、副總裁，論其地位則純由特旨簡放，論其品級則為王公大臣及三品以上之大員，與議員階級懸殊，不相接洽，若行政部院之有堂屬者然。倘議員與行政官有辯駁時，彼以純係官僚之故，必與行政官氣求聲應，而使議員之權力不伸。考各國議院，如上奏君主時，原以議長為總代全體，議員無從叩謁堂陛。今資政院之議長如此，是下情不能上達，雖云天王明聖，斷難盡悉隱微。議員其有幸乎？此資政院與國會正義大相反者，又一也。

合觀以上所辯各節，則資政院之設，非徒人民所不滿意，且不利於國家全局，不利於君上，不利於官僚，必演成他日種種破裂，恐為主辦資政院與編訂資政院章程者意料之所不及，非吾儕之好為危言也。其餘章程中之誤謬處極多，茲不及詳辯。

次論吾國人民無程度不足之慮。按吾國政府反對速開國會者，多持人民程度不足之說。此中亦分公私兩派心理。其存私心者，不必究論。若其存公心者，因聳於各立憲國之名義，以為吾民程度猝難運用此種政治，與其欲速而不達，無寧循序以圖功。此派心理固非徒限於官僚，即在野士紳亦多有之。夫此派人為今日朝野所倚重之人，或即為他日黨派所擁戴之人，凝重光明，最足啓人敬愛，特其識解稍囿，吾儕當有以匡告之，度亦賢明者之所樂聞乎，蓋人民程度之足與不足，非可虛揣臆測，必當有一物以為准繩。權然後知輕重，度然後知長短，理固然也。今謂人民程度不足者，不知以何物以權，何物為度。若持歐、美人民之程度，以衡吾民之程度耶？則吾國之國會，非以之監督歐、美政府者，所謂不成比例。且返叩吾國官僚之程度，與歐、美政治家之程度又如何乎？若持吾國官僚程度，以律吾民之程度耶？則吾儕縱不有意抑官而伸民，然既同為一國之臣民，同受一國歷史、地理、政教、風俗之感化，未有朝皆俊杰、野無賢才也。且吾國素非貴族政治，公卿皆出於韋布，袞袞諸公當其未釋褐以前，及既解組以後，固純係等諸齊民。前後猶是人也，豈即入聖出狂、入主出奴耶？此固極平心靜氣之理論也。若稍持人民程度與政府挈論長短，則萬言難罄矣。

茲擇其概括者言之，則吾國之風氣，原皆啓發於地方，而養成於士夫。十年前主張變法維新，啓沃君心，濬發民智，開今日憲政之幕者，伊何人？十年來主持全國風氣、矯正輿論，發揚國光，以維持國家權利者，伊何人？吸納世界知識，研求專門學問，吐憲政之菁華，握改革之樞紐者，伊何人？此固事實之炳若日星，不待辯説而自明者。若謂其所謂人民者，指一般不識不知之人民言。然國會中之議員，固由人民所選舉之代表，遵守國家法令，限有一定之程度者，非人民皆可為議員。且選舉議員之人，亦有法令上之限制，非人民皆可選舉議員。兩重限制皆極嚴明。夢夢者流，縱不知各國有所謂限制選舉之制度，然豈未聞現今各省諮議局及城、鎮、鄉地方自治之有選舉章程乎？又豈未目擊今日資政院議員之選舉亦有定章乎？夫即於千萬人民中擇其少數之有程度者，畀以選舉權，又於千萬人民中擇其少數之有程度者，畀以被選權，然則又何有人民程度不足之慮耶？按士為四民之秀，為吾國之恒言。今議員即四民之秀者，何獨至今日即等諸不足齒數之列？此真淆亂國是之妄言也。且即就與國會性質相類之事證之：如各省諮議局議員，自籌辦諮議局，以訖諮議局開會閉會，其所辦理之各事，皆吾國日前未有之創舉。然而各省議員，處之裕如，各有條不紊，亦足以表示人民程度之足。夫一省議員既能運用一省之議會，而謂一國議員不能運用一國之議會，吾不知其界限何也。雖然，此種辯駁，吾儕曾屢著論，宣之國中，不須備述。今固只擇其犖犖大端言之耳。惟冀當道袪其反對憲政之錮疾，反省其己身之才學知識，則必有豁然貫通之一日，而不復敢輕論國家大政也。

次論籌備憲政各事無所謂不完全之慮。按籌備未完全之説，亦反對速開國會者之一種口實。吾儕誠不知其所指者為何事。然就九年籌備案內所列各事觀之，其與召集國會有密切關系、非籌備完全不能開國會者，不過數事。且此數事，并無必須長時之籌備者。例如憲法者，為國會權力之淵源，應頒布於開國會之前，固也；然吾國將來無論其欲采欽定憲法抑欲采協定憲法，編訂皆易從事。蓋憲法者，根本法也，固定法也，與一切單獨法、特別法、手續法大有繁簡之不同。犖犖數十條成文，即可確定君主之體制與權力，即可規劃臣民之權利、義務與各種機關之權限、職務。其餘細目，皆可列之於他種法律中。公法學者謂憲法最貴渾簡，最貴有伸縮力，此深明憲法與各種法規之區別者也。況今日一般輿論多有主持采用協定憲法者，推其用意，以為憲法若純由欽定，則將來人民必常倡改正之議，反以牽動國本，故不如采協定憲法之可垂諸久遠。協定者，由政府起草，交議院協贊之謂也。倘政府果能采納此説，則吾國一面召集國會，一面編訂憲法，更易着手。余故曰：無論采照欽定憲法與協定憲法，編訂皆易從事。

次如議院法者，為規定議院一切組織與省議員之職務、權限之一種法規也。誠哉，當頒布於開國會之前。然議院法者，實質法也。性質明瞭，作用簡單，無學理之可研究，按照議院之各事實，隨手即可編成。若搜集各國議院法而參互考證，則可更增完備矣。

次如選舉法者，為規定選舉區、選舉權、被選權及一切選舉事務與秩序之法規也。其當頒布於開國會之前，與議院法同。若其劃分選舉區域，調查選舉資格，舉行選舉手續，性質極雜，辦理極難。且每次施行，須有多數官吏管理，擾動全國耳目，造端宏大，若一事未臻妥洽，則編訂選舉法者無所憑借。誠哉不易從事，非議院法之比，此吾儕不能不承認者。然面吾國於此問題，亦有絶大之機會。因各省諮議局已於去年開辦，如調查選舉資格、規劃選舉區域、舉行選舉手續等事，全國已大具規模。且人民已有選舉上之知識與經驗。縱云其中各節未能悉臻周治。然凡事創始極難，改良極易，既有各省諮議局為之先河，則國會選舉事半功倍。倘吾國未曾先開各省諮議局，而一旦欲開國會，誠非二三年不能預備就緒。今何幸各省熱心志士，篳路藍縷以啓山林，而中央按撤循途，坐收後效。倘當道諸公猶謂國會難於速開，奪海内殷殷望治之魄，非惟理之所不順，抑亦情之所難安也。

次如預算案者，為政府對於國會所首先提出之重要議案，誠哉應預備於開國會之前。夫以吾國財政如此紊亂，而各省清理財政又未告竣，此預算案似極難於編制。然而亦無難也。蓋清理財政與編造預算案，其精神上雖有密切之關系，其性質與事務實劃分而不相淆。因吾國清理財政者以稽核現款、截清舊案為要旨，編造預算案者以推算次年全國歲出入總數為主義，一為改革財政根本之計劃，一為審籌國用短時之出入，原屬兩物，不能因財政清理未終，遂謂預算案無從編成也。况清理財政照部章所定，距今不過年餘即可藏事，度支部即可據各省報告分册匯成全國財政總編，决非難事。且查度支部奏遵擬清理財政章程折中有云：『分之為各省者，合之即為全國之歲出入，條理井然，而全國之預算案乃成。』繹此奏章。則清理財政告終之日，即全國預算案告成之日，度支部固已承認矣。然則國會何以不能召集於一二年之内乎？若謂清理財政未臻周洽，則度支部於奏請截清舊案中有云：『塵牘山集，紛如亂麻』，如此則雖延至宣統八年，恐清理亦無周洽之日。夫國會議員亦只求今後之歲出入不紊亂而已，決不至吹求舊案，責難當局，以負部臣開誠布公之初心也。

按以上係為開導政府之疑難立論，因恐其心有誤會而堅拒國公之速開。若自法律言之，則無論國會速開與否，政府於今日，始終當編造預算案也。蓋資政院章程第三條，曾訂明資政院有議决國家歲出入、預算、决算之權。豈度支部能不遵此定章耶？又豈將此事具奏上陳恭候聖裁，不提出預算案，使君上之政令自相矛盾耶？由前説言之，則預算案無難提出。由後説言之，則縱不速開國會，預算案亦當實行。此國人所當注意研究者也。

以上四節，所謂憲法、議院法、選舉法、預算案者，皆可從速籌辦於開國會之前者，文中已詳言之矣。若夫此外各事，皆可舉辦於開國會之後，且非開國會則各事無可舉辦，稍明治理者皆能詳悉焉。倘果能舉辦得宜耶，則國家大政由政府諸公主持足矣，何必再開國會耶？世界各國又何必創此立憲政治耶？願國人深長思之！

三曰：吾國人若欲速開國會，當有政黨之預備。

今世各國無不趨重立憲，立憲國家無不倚重政黨，人多知之。夫政黨之發育也，大率有兩時期，或在國家將立憲之時，或在國家既立憲之後。因將立憲之國家，必漸洗除專制之毒政府，顯認人民以參與政治之權；人民亦勃生集會結社之志，而政黨乃得應運而興。此謂為將立憲時之政黨。若夫其國家既立憲之後，則政黨之發育更大，功用尤宏。國會為政黨所操縱之物，固不待言。其甚焉者，則國中政治蔚成政黨，政治内閣蔚為政黨内閣，人才悉輻輳於其中，互起伏以當政局。如英如美，其最顯著者；如奧如意，其次焉者。此謂為既立憲後之政黨。按前之政黨，亦可謂為養成憲政之政黨；後之政黨，亦可謂為被憲政養成之政黨。

綜觀以上兩種黨派，雖後之政黨聲勢磅礴，可以顯握國權，建樹偉大，然使無前之政黨，艱難卓絶，開其先導，則將并憲政而亦不能成立，何有於以後政黨發育之餘地？水源木本，功不可誣。況政黨者，最貴歷史久長，根蒂深厚，以訓練黨人之智識與經驗及吸收國人之信用者也。使一黨既成立之後，內不破裂，外無大敵，則綿延無已，可與國運相終始，以繼續掌握其政權，較之崛起新建之黨派，其聲光之大，迥不相侔，固非謂立憲前之黨與立憲後之黨必劃分為兩物而不可續承其緒業也。例如：英國之統一、自由兩大黨，發源於三百年以前；美國民主、共和兩大黨，成立於各州宣布獨立之初；日本政友、進步兩大黨，一由於自由黨所改造，一由於改進黨所改造，亦創始於明治初年。觀各國大政黨，能以黨幟組織內閣與占議院之多數者，皆有歷史上之根據，非偶然結合者所能比擬。故各國先覺之士，於國家將立憲之時，無不爭先標立黨派，以一面督促憲政之成就，一面養成黨內之丕基，真卓識遠見也。

夫吾國今日固為將立憲之國家，吾儕處此時期，理當仿效各國之先達名賢，謀立政黨。雖然，政黨之地位與其精神固非一蹴所能幾者，理當組織其類似之機關。故吾儕在各省既陸續組織國會請願同志會，而今日更在都中組織國會請願同志會總會也。夫既標明為國會請願同志會矣，則俟吾國召集國會之時，吾儕即當改變此會而作他圖，故今日不敢謂此會為純粹之政黨。揆之黨派之定義，此可名之為政團，然與政黨之性質亦相去不遠矣。故深願國中同志，共集於此會中而宏濟大業。雖然，政黨一事，在東西各國視為庸言、庸行，凡抱政治思想者，無智愚貴賤，莫不投身從事。若吾國人之對於此事，則雖賢達之彥亦皆疑信相參，縈心於利害之兩説，而不能决然盡力。此由於吾國人未目擊憲政之實用，故并此與憲政相倚伏之政黨而亦不能深知，理固然也。茲者，同人學識謭陋，雖難道其精奧，然就於吾國今日之實情，發明政黨關係之重大，以與國人共討論之可也。其他理論，則有各國之國法學、政治學、國會史、政黨史在，非此書所能侈陳焉。

夫吾國人欲速開國會，何以必須有政黨之預備耶？蓋以憲政治號稱多數政治，則督促此憲政之實行也，亦當以多數人為依歸。然徒云多數，勢甚涣漫，則必需有一結合之機關。政黨者，即結合多數人督促憲政之機關也。故政黨成立後，憲政乃能從速實行。且憲政者，大抵為官僚所不慊，若無政黨表示其熱心毅力，以盾其後，則雖云政府已承認立憲，仍將出以遷就、敷衍，久之而專制餘威將翕辟開張，反污立憲之成命，如俄、土即其例也。然此係就政府一面言之耳；若夫人民之一面，其必需有政黨之處尤多。試就吾國人民情形約言之於後。

一、吾國今日若有政黨，可以集合多省人士以擴充請願之聲勢也。考日本人民要求國會之時，國中九十餘團體聯合而為總要求，常駐東京之代表類數十百人，各地請願書達於元老院者凡七十餘通。全國靡然從風，政黨滿布國內，而日本之憲政乃始成立。今吾國之土廣民衆，十倍於彼，乃請願書之達於都察院者不過數通，加入請願之團體不過二三，以此視彼，判若霄壤。此雖由於吾國交通梗塞，人民政治思想薄弱，然使吾儕能激發血忱，組織政黨於中央以為號召，復有多數同志專往各省極力開導，使之共曉然於國會與國家存亡之關係，則積誠所感，全國人亦將風起水涌以為後援。請願書亦可增至數十百通，總要求之團體亦可以數十百計，非至難之事也。例如日本，當時主持請願之領袖亦不過十餘人為最有力，其主持請願之機關亦不過一二大致團為最有力，此外皆係被動者。今返觀吾國，則何省皆有諮議局與教育會、商公之成立。近來吾儕在各省又漸設有同志會，而國中之小政團亦必逐漸林立，合而計之，即數十百機關也，皆可各舉代表上書請願。又安見吾國人要求國會之聲援，不能與他國媲美耶？是惟在吾同志會中人之奮勉何如耳。況日本當時，其君主、貴族原不欲立憲，故人民之要求也，非有極大之聲勢不可。若今日吾國，則朝廷久已頒布立憲之詔旨矣。吾儕所續求者，惟在時期之縮短，收效甚易，原不必膠執日本之陳迹，謂必鼓動全國，然後能得朝廷之俞允也。倘可以和平從事，則以不傷朝野為感情為最幸。此同志會成立之理由一也。

一、吾國今日若有政黨，可以養成他日大黨之精神與其基業。夫政黨最貴有根蒂深厚之歷史，文中已略言之矣。然所謂根蒂深厚者，非必以一黨名與主義貫注始終，即中途而有改變黨名，改變黨綱之時，亦無所妨礙其歷史。例如英國之所謂保守、自由兩大黨者，其前日之分合變遷亦極復碎。在十八世紀中，或此黨分裂而成他黨，或他黨中之一派別而加入彼黨，數見不鮮，然皆始終能成兩大黨之精神與其基業。又如日本明治初年，有所謂愛國公黨、愛國社，國會期成同盟者，後曲折蜿蜒改為自由黨，今又改為政友會。又有所謂嚶鳴社、東洋議政社、鷗渡會者，後曲折蜿蜒改為改進黨，今又改為進步黨。雖其中屢興屢僕，參伍錯綜，而始終亦能成兩大黨之精神與其基業。就此觀之，則同志會變遷之前途縱不能逆料，然使能吸納多數人物於其中，互相漸摩砥礪，更以培養後起之人才，則日後主持國中各黨者，必多為吾儕感情愜洽之人，則吾國中黨争，始終不至過於激烈。且愜洽既深，政見一致，多數人即可長為一黨之行動。而同志會或即可養成一大黨之歷史，後日可與他之大黨互相提携，如英、美之有兩大政黨者然，而吾國乃無小黨分裂，阻礙憲政進行之患。此同志會成立之理由二也。

一、吾國今日若有政黨，可以消弭地方黨派之弊害。按吾國因幅員寥闊、交通阻隔之故，各省人視本省之利害較為密切，多置全國利害於後圖。況現今各省諮議局成立之後，而地方黨派更有潛滋暗長之勢。良以國會未開，無結合全國黨派之事實，故各省人只好退處地方謀立黨派，以圖省治之整理，此固有必至之符者。今吾儕既於一面要求速開國會，一面又組織此會，則樹厥風聲，各省人士必破其狹小之制度，而共襄此遠大之規模，以消弭前途無窮之禍。蓋地方黨派，其為害之最大者，可使國勢分崩離析，盤旋淪落於外人之權力中，主權一去不復回，外人均勢之問題起，全國或即因而瓦解；其害之小者，亦必各地方各分握國家主權之一部，尾大不掉，中央政府將退處於無權。今吾國情形實有此趨勢。倘國人欲鞏固國權之統一，則必先圖政黨之統一。此同志會成立之理由三也。

一、吾國今日若有政黨，可以矯正國中一切不正當之輿論。按吾國近來之輿論淆亂極矣，非馳於偏激，鼓動風波，即瞀於遠圖，吹求細故，積非勝是，伐异黨同，而恬不為怪。雖其中亦有特達之士，欲以真解決紛難，然以一二人力量孤危之故。不敢顯樹敵幟，犯群疑衆謗之冲，趑趄囁嚅，久之而即安於默退。蓋縱欲不顧浮言，力持正論，然既明知不能挽此狂瀾，又何必批一時之逆鱗，致失一生對於社會之信用？此所以正人君子一轉念間而皆不願主持清議也。此種情形，且豈僅非國家之福，抑亦私人言論不自由之隱痛，故國中往往一極小之事，因不能即時解决，而浸成大憂，雖有賢才，無以善後。此固屢見而不一見者也。今若有一政黨之發生，則可以漸矯正一切輿論不正當之弊。蓋集合多數人，平日研究既密，臨事又以一黨派之勢力騰布公議於國中，力量大，壁壘堅，一切浮言自不足以淆亂社會之觀聽。且黨中尤可設立言論機關，逐次祛除國人之蒙蔽，久之則輿論自可共趨於正軌，國家大事皆迎刃而解。此同志會成立之理由四也。

按以上所舉四大理由，皆係就吾國今日之應預備政黨而言。若夫政黨關於國家之一切利益，與夫吾國立憲後政黨之一切作用，今皆不暇置詞，恐陳論膚泛，反使吾儕設立同志會意志不能發明故耳。或者謂：吾國衰弱情形之應速開國會，與事實之能速開，及吾民督促速開之法，誠如此意見書中三大綱之所云矣，但今日政府雖不顯持反對國會之論，然未有以國家大事介懷者，樞府中未有力負責任、能表率群僚者。監國縱云賢明，而環顧盈廷，將恃何人以决大計乎？恐國會雖開，終成畫餅耳！曰：此不足慮也。蓋專制政治之末運，大抵如此，非獨吾國為然。倘此種國家之官僚，果能長此有人力負責任，則人民要求立憲之心必不堅定矣。例如：英國歷代王權最盛，及至意惹米斯時代，則君權式微，政界凌亂不堪，而人民所要求之憲政乃成立於是時。法國前代專制亦極盛，及至路易十六，暗懦無能，大權不振，而法人理想之民主政治亦成立於是時。夫國家之權力，不在朝則在野。倘在朝者，果常有非常之人物，則在野者必屈伏而不伸。世界學者皆謂立憲政治為專制君主所激成。余則謂專制時代不過激成人民以希望憲政心理，至如憲政之確定，則必在專制日久而一旦不能保守專制之時期。然則吾國今日正此時期也。吾儕更當乘此時鼓舞以要求立憲，何尚反引為病呼？況吾國官僚亦未必絶無賢明者，以京内外大僚觀之，其能忠貞體國正色立朝者亦有人，其能略知治理與世界大勢者亦有人，惟今日混處於政務紛亂之時，則無由表見耳。倘吾民果能要求從速立憲，法律既嚴明，機關既完備，職務既分劃，則官僚若猶不負責任，即不能安於其位，不肖者日被淘汰，賢明者日以超遷，又何能逆料當道諸公即無一二可為异日民黨所信任者耶？倘人民既一面欲參與政權，而一面又欲官僚之能鞏固政權，非惟思想之矛盾，亦非吾儕能力所能辦到者。嗚呼吾民！惟有確守一定之界綫，冒艱難困苦以努力前進而已。蓋吾國從速立憲之機，日益發動，若任此機之逸去，則轉瞬風雲勃起，外侮紛争，舉目河山，將不勝今昔之感矣！嗚呼吾民！尚何回翔審顧，欲蹈違天不祥之轍乎？此同志會之所以披肝瀝膽，欲與邦人諸友共念此亂也！

革命派政治團體部

興中會

綜述

孫文《檀香山興中會成立宣言》 中國積弱，非一日矣！上則因循苟且，粉飾虛張；下則蒙昧無知，鮮能遠慮。近之辱國喪師，翦藩壓境，堂堂華夏，不齒於鄰邦；文物冠裳，被輕於異族。有志之士，能無撫膺！夫以四百兆蒼生之衆，數萬里土地之饒，固可發奮為雄，無敵於天下。乃以庸奴誤國，荼毒蒼生，一蹶不興，如斯之極。方今强鄰環列，虎視鷹驎，久垂涎於中華五金之富，物產之饒，蠶食鯨吞，已效尤於接踵；瓜分豆剖，實堪慮於目前，有心人不禁大聲疾呼，亟拯斯民於水火，切扶大廈於將傾。用特集會衆以興中，協賢豪以共濟，抒以時艱，奠我中夏。仰諸同志，盍自勉旃，謹訂規條，臚列如左：

一、是會之設，專為振興中華，維持國體起見。蓋我中華受外國欺凌，已非一日，皆由內外隔絕，上下之情罔通；國體抑損而不知，子民受制而無告。苦厄日深，為害何極！茲特聯絡中外華人，創興是會以申民志，而扶國宗。

一、凡入會之人，每名捐會底銀五元。另有義捐，以助經費；隨人惟力是視，務宜踴躍赴義。

一、本會公舉正副主席各一位，正副文案各一位，管庫一位，值理八位，差委二位，以專司理會中事務。

一、每逢禮拜四晚，本會集議一次，正副主席必要一位赴會，方能開議。

一、凡會中捐助各銀，皆為幫助國家之用，必要由管庫存貯妥當，或貯銀行，以備有事講用。惟管庫須有殷商二名擔保，以昭鄭重。

一、凡會中捐助各銀，皆為幫助國家之用，除此不得動支，以省浮費。如或會中偶遇別事，要用小費者，可由會友集議妥充，然後支給。

一、凡新入會者，須要會友一位引薦擔保，方得准他入會。

一、凡會內所議各事，當照捨少從多之例而行，以昭公允。

一、凡以上所訂規條，會友須要恪守。倘有善法，亦可隨時當衆議訂加增，以臻完美。

孫中山先生早歲志存匡復，一八九四年秋，嘗北遊津沽，窺察清廷虛實。繼至武漢，經覽長江形勢。知清廷腐敗，難期振作，非推翻專創，徹底改革，無以拯救祖國於危亡。因赴檀香山，與其兄德新暨華僑志士李昌、劉祥、劉壽、劉卓、黃亮、黃華餃、鄧蔭兩、何寬、宋居仁等始議興中會，進行革命。此為興中會成立時所發表之宣言，亦即中國革命史上第一篇重要文獻也。

孫文《香港興中會宣言》 中國積弱，至今極矣！上則因循苟且，粉飾虛張；下則蒙昧無知，鮮能遠慮。堂堂華國，不齒於列邦；濟濟衣冠，被輕於異族。有志之士，能不痛心！央以四百兆人民之衆，數萬里土地之饒，本可發奮為雄無敵於天下。乃以政治不修，綱紀敗裂，朝廷則鬻爵賣官，公行賄賂，官府則剝民刮地，暴過虎狼，盜賊橫行，饑饉交集，哀鴻遍野，民不聊生，嗚呼慘矣！方今强鄰環列，虎視鷹驎，久垂涎我中華五金之富，物產之多，蠶食鯨吞，已見效於踵接；瓜分豆剖，實堪慮於目前。嗚呼危哉！有心人不禁大聲疾呼，亟拯斯民於水火，切扶廈之將傾，庶我子子孫孫，或免奴隸於他族。用特集志士以興中，協賢豪而共濟，仰諸同志，盍自勉旃。謹訂章程，臚列如左：

一、會名宜正也　本會名曰興中會，總會設在中國，分會散設各地。

二、宗旨宜明也　本會之設，專為聯絡中外有志華人，講求富强之學，以振興中華維持國體起見。蓋中國今日政治日非，綱維日壞，强鄰輕侮百姓，其原因皆由衆心不一，祗圖目前之私，不顧長久大局。不思中國一旦為人分裂，則子子孫孫世為奴隸，身家性命，且不保乎！急莫急於此，私莫私於此，而舉國憒憒，無人悟之，無人挽之，此禍豈能倖免。倘不及早維持，時時發奮，則數千年聲名文物之邦，累世代冠裳禮義之族，從此淪亡，由茲泯滅，是誰各咎？識時賢者，能無責乎？故特聯絡四方賢才志士，切實講求富今富國强兵之學，化民成俗之經，力為推廣，曉諭憑蒙，務使舉國之人，皆能通曉。聯智愚為一心，合遐邇為一德，羣策羣力，投大遺艱，則中國雖危，庶可挽救。所謂民為邦本，本固邦寧也。

三、志向宜定也　本會擬辦之事，務須利國益民者方能行之，如設報館以開風氣，立學校以育人材，興大利以厚民生，除積弊以培國脈等事，皆當惟力是視，逐漸舉行，以期上匡國家以臻隆治，下維黎庶以紹苛殘。必使吾中國四百兆生民，各得其所，方為滿志。倘有藉端舞弊，結黨營私，或畛域互分，彼此歧視，皆非要會志向，宜痛絕之，以昭大公，而杜流弊。

四、人員宜得也　本會按年公舉辦理員一次，務擇品學兼優，才能通達者。推一人為總辦，一人為協辦，一人為管庫，一人為華文文案，十人為董事，以司會中事務。凡舉辦一事，必齊集會員五人，董事十人，公議妥善，然後施行。

五、交友宜擇也　本會收接會友，務要由舊會員二人薦引，經董事察其心地光明，□具忠義，有心愛戴中國，肯為其父母邦竭力，維持中國以臻强盛之地，然後由董事帶之入會。必要當衆自承其甘願入會，一心一德，矢信矢忠，共挽中國危局，親填名册，並即繳會底銀五元，由總會發給憑照持執，以昭信守，是為會友。若各處支會，則由該處會員暫發收條，俟將會底銀繳報總會，取到憑照，然後換文。

六、支會宜廣也　四方有志之士，皆可倣照章程，隨處自行立會。無論會友多至幾何，皆須合而為一。又凡每處新立一會，至少須有會友十五人，方算成會。其成會之初，所有繳底領照各事，必須託附近支會，代為轉達總會，待總會給照認妥，然後該支會方能與總合互通消息。

七、人才宜集也　本會需才孔亟，會友散處國方，自當隨時隨地，物色賢材。無論中外各國人士，倘有益世，肯為中國盡力，皆得收入會中，待將來用人，各會可修書薦至總會，以資臂助。故今日廣為搜集，乃為各會之職司也。

八、款項宜籌也　本會所辦各事，事體重大，需款浩緊，故特設銀會以集鉅資，用濟公家之急，兼為股友生財捷徑，一舉兩得，誠善事也。各會友好義急公，自能惟力是視，集腋成裘，以助一臂。茲將辦法節署於後，每股科銀十元，認一股至萬股皆隨各便。所收股銀，由各處總辦管庫代收，發給收條為據。將銀暫存銀行，待總會收股時，即彙寄到總會收入，發給銀會股票，由各處總辦換交各友收存。開會之日，每股可收回本利百元。此於公私皆有裨益，各友咸具愛國之誠，當踴躍從事，比之捐頂子買翎枝，有去無還，洵隔天壤。且十可報百，萬可圖億，利莫大焉，機不可失也。

九、公所宜設也　各處支會，當設一公所，為會員辦公之處，及便各友時到敍談，講求興中良法，討論當今時事，攷究各國政治，各抒己見，互勉進益。不得在此博弈遊戲，暨行一切無益之事。其經費由會友按數捐支。

十、變通宜善也　以上各款，為本會開辦之大綱，各處支會自當倣照辦理。至於詳細節目，各有所宜，各處支會，可隨地變通，別立規條，務臻妥善。

張難先《科學補習所始末》　科學補習所者，乃湖北陸軍第八鎮工程營士兵所發起組織之革命機關也。先是曹亞伯、呂大森、胡瑛、張難先等，俱認革命非運動軍隊不可；運動軍隊，非親身加入行伍不可。於是張難先、胡瑛遂投工兵營，充兵士。兩人日説士兵，散發《猛回頭》、《孫逸仙》、《黄帝魂》、《革命軍》等書。常於飯後集操場，講有關係之故事以激厲之。瑛年少英挺，善詞説，聞者莫不感動。乃於甲辰四月，與同營之朱元成、陳從新、雷天壯、陳教懋、毛復旦、李勝美等，及學界表同情之呂大森、歐陽瑞驊、曹亞伯、時功璧、康建唐等，發起組織機關，在武昌斗級營同慶酒樓，開籌備會，共推呂大森起草章程。呂大森者，武高等學堂（為武備學堂初改者）之高材生也。性豪放，有膽識。曾於中、俄締結密約時，鼓動數百學生，會曾公祠演講，直斥政府昏聵，激昂慷慨，轟動江漢間。訂章程，名為科學補習所，設多寶寺街。宗旨標明研究科學，實則意在愚官府耳目。草具，由胡瑛、朱元威、康建唐、張難先審查，提出大會通過。給會員，則以心記之宗旨『革命排滿』四字為主。所於五月成立，舉呂大森為所長，胡瑛為總翰事，曹亞伯任宣傳，時功璧任財政，宋教仁任文書，康建唐任庶務。六月，黄克强自滬過鄂，本所開會歡迎。克强告以『湘省計劃，預定十月十日，乘清西太后七十生辰起義』，本所黨員，均一致表示贊同。當約定由湘省發難，湖北響應。所務進展甚速，多寶寺所址屋小，不敷用，復於七月由幹事歐陽瑞驊賃魏家巷一號房屋遷居。時本所黨員曹亞伯已在長沙『求中』『寧鄉』『長沙』三中學任教事，推彼為湘鄂聯絡員。凡餉械，俱在共同籌畫之列；并於本所印就軍用票三十萬張，以備起義時兩省之用。值學校著假，曹亞伯回所，開大會，計論進行方略。決定：派呂槐庭、康建唐赴施南，何季達赴荆宜，聯絡會黨；宋教仁赴長沙，與東文講習所華興會會長黃克强接洽；武高等學堂，由劉熙卿負責推動；文普通學堂，出歐陽瑞驊負責；馬隊，由劉靜菴負責；工程營由張難先負責。其餘各校各營，均有負責幹事。其分配之彈械，由胡瑛、王漢赴湖口起運來鄂。計劃既定，正按照指派職務積極進行。不料湘省有會黨何少卿、郭鶴卿二人，在湘潭謀洩被捕；同時長沙亦有會員朱某及湘紳王先謙黨劉作楫洩其事於先謙，即向巡撫陸元鼎告密，圍其機關，逮捕黨人；復搜得文件，乃知湖北科學補習所與東講習所，有共同計畫，當電總督張之洞按治。本所先已得克强電，由胡瑛王漢等移藏槍械於漢陽鸚鵡州；劉靜庵銷燬所中文件冊據；張難先通知各同志遠禍。當夜軍警圍所搜索，一無所獲，逮其房主以去，時九月二十日也。房主訊鞫時，供稱：『賃房者為文普通學堂學生歐陽瑞驊，至彼輩所作何事，吾儕小人絲毫不知。』時主持學務者，係粵人梁鼎芬，張督最信任之。鼎芬見此案牽連學校，又無其他主名，設案情擴大，不利於己，乃緩頰張督前，只開除歐陽瑞驊及宋教仁二人學籍□事。黨人星散，王漢、胡瑛遷鸚鵡州；劉靜菴遷美教堂聖公會。見本案已有結束，復出而暗中活動。會清廷假僞立憲名義，派户部侍郎鐵良搜括東南財賦，以七月至蘇，十一月二十二日抵鄂。劉靜菴、王漢、胡瑛聚而謀曰：『此國賊也，弗除，民力竭矣，宜狙擊之。』漢瑛願任其事，於是攜所藏於鸚鵡州之手槍以去。先擬斃之於漢口大智門東站，比至，鐵車已開，知鐵尚有事河南彰德，跟踪追及。漢轟擊，不中，雜人叢中逸。搜索急，漢以膏虜廷刃為羞，投井死。此科學補習所為吾鄂黨團之首基，皆其犖犖可記者也。所員姓名略歷及傳狀碑誌可訪得者具後。他篇亦如之。

所員名録

編者按：科學補習所所員名録，按湖北革命軍之録原文排印，其中言傳見後，傳見某篇，皆指知之録原書而言，這些傳記，本編除附載王漢傳外，均未收入。

呂大森　傳見後。

胡　瑛　傳見後。

朱元成　傳見後。

雷天壯　黃陂籍，字月軒，運動軍隊。

毛復旦　一名汝際，字善如，浙江黃巖人。

歐陽瑞驊　字季香，沔陽人，文普通學堂幹事。

康建唐　恩施人，任幹事，運動會黨。

何季達　傳見後。

劉度成　字熙卿，沔陽人，運動武高等學堂學生。

宋教仁　傳見後。

易本義　在所辦事努力。

劉　復　字菊坡，鄂城人，民國任安徽民政縣長。

龔國煌　字村榕，崇陽人，武昌淪陷後，病故本邑。

辜天保　運動會黨。

張朗村　名榮楣，恩施人。

張　漢　字佩紳，荆門人，後被選為國會議員，卒舊京。

方伯年　安徽人。

邱啓發　黃陂人。

許崇灝　字公武，廣東番禺人，辛亥首義，佐林述慶在鎮江反正，後為國民政府委員。

徐炳龍　蘄水人。

盧啓賢　襄陽人，民國任縣長及内務部秘書。

汪　翔　黃岡人，後正河南縣知事。

唐　碧　湖南永州人。

許遠香　沔陽人，早故。

曹亞伯　傳見後。

張難先　字義癡，沔陽人，任翰事，運動工程營士兵。

陳從新　安徽籍，運動軍隊。

李勝美　字遜五，襄陽籍，後任團長。

陳教懋　字桂仙，黃陂人，幫運彈械。以上十名俱發起人。

時功璧　字伯弼，枝江人，任幹事，籌款。

王　漢　傳見後。

馮特民　傳見後。

劉靜奄　傳見後。

朱子洵　在所辦事努力。

孫　武　傳見共進會篇中。

歐陽振聲　字篤初，號後民，湖南人，後被選為國會議員。

趙光華　字幹廷，沔陽人，擔任軍運甚努力，民元病故。

余　誠　傳見同盟會湖北分會篇中。

田　桐　傳見同盟會湖北分會篇中。

徐竹坪　荆門人。

季雨霖　傳見日知會篇中。

張品珊　沔陽人，丙午因軍警捕黨人急受驚病故。

劉　彥　字式南，湖南人，後被選為國會議員。

傅人傑　字楚材，沔陽人。

李慶芳　黃陂人。

陳　琨　漢川人。

曾　唯　湖南人，後任金陵大學教授。

歐陽瑞驊《武昌科學補習所革命運動始末記》　清光緒甲辰夏，沔陽張難先，與桃源胡瑛等，組織科學補習所於武昌，名為研究學術，實一革命機關也。先是難先覩甲午庚子兩次之變，憤清廷葺闒無為，外禍日亟，知救國大計，惟在革命。至省，與朋輩歐陽瑞驊，時功璧、許遠香、張品珊、傅楚材晨夕談此事，僉謂宜從帶運動軍隊入手，遂投八鎮工程營充兵士。工程營在湖北新軍中最有名，士人從軍者：有荆州朱元成，黃陂雷天北，陳嘉謨、桃源胡瑛，浙江毛復旦，安徽陳從新、先在。瑛肄業長沙明德學堂，為黃克强弟子，因避事，持黃手書來，匿吳祿真所。旋入營，難先與語大悅，兩人同說士兵，散發《猛回頭》、《孫逸仙》、《黃帝魂》等書。常於飯後坐沙上，講有關係之故事，以激厲之。瑛少年英挺，美豐儀，善詞説，聞者莫不感動。瑛後告難先以黃克强在湘計測云：將於十月十日，乘西太后七十生辰起義。難先曰：吾等須速立機關，准備響應，瑛韙之。於是分途運絡軍學兩界同志，設科學補習所等，是為武昌有革命運動機關之始。初在多寶寺附近，章程推呂槐廷起草，槐廷者，武高等學堂高材生也，由難先與胡瑛、朱元成、康建唐審查通過。五月，開成立大會，舉槐廷為所長，胡瑛、朱元成任交際，軍營及各學堂，均置幹事，負責運動。武高等學堂，以劉照卿為幹事，文普通學堂，以歐陽瑞驊為幹事。其他未悉。文普通有所員四十餘人，最激進者，瑞驊及宋教仁、劉菊坡、盧啓賢、歐陽振聲。瑞驊于堂中散播《死法》（革命書籍）數百本，並為所訂大同書社章程，擬專集新書，作革命之宣傳。其他著名所員有朱元成、劉靜庵、毛復旦、雷天北、康建唐、何季達、王怒濤、李勝美、陳從新、陳嘉謨、趙光華、時功璧、馮特民諸人。所內經費，俱由所員捐助。時湘省亦有東文講習所，即黃克强、吳祿貞、張繼、劉揆一等所組華興會之秘密機闞也。華興會主張在湘以武備各校學生連絡新舊各軍，以洪會健兒充隊伍，軍學界人為指揮，推克强為生師，並分派同志連絡各省黨人，取同一步驟。鄂所聞訊，決議與湘省一致行動，即派宋教仁同湘接洽，而呂槐廷、朱元成、劉靜庵、及張難先担任運動新軍。後派呂槐廷、何季達、康建唐往鄂西連絡會黨。七月，所址移魏家巷。不料十月華興會會員朱某，洩其事于湘紳王先謙；王先謙即告密于巡撫陸元鼎，圍其機關，逮捕黨人，并搜得文件。乃知湖北科學補習所，與湘東文講習所，實為一氣，隨電知鄂督張之洞。于是鄂垣風聲浩大，其勢不可掩失。先是克强密電本所云：『湘事已壞，鄂機關須急戒備。』于是胡瑛等將運來之槍枝，移埋於漢陽鸚鵡州，張難先與劉靜庵悉燬所中文件，分途告同志走匿。當夜即有軍警圍所搜索，一無所得。逮其房主嚴鞫，則指為歐陽瑞驊所租。粵人梁鼎芬主鄂學務，悉其情，雅不欲興大獄，以重己過，向張督緩頰，只除瑞驊教仁學籍，其餘亦無名册可查，事遂已。

馮自由《長沙華興會》　甲辰年春，湘人黃軫（後改名興）、劉揆一、陳天華、楊守仁等，在日本發起華興會，企圖回湘大舉革命。留日湖南學生入會者頗不乏人。遂於是年夏秋間，自日返長沙，由劉揆一介紹哥老會龍頭馬福益合作，更由同志陳天華、章行嚴、譚人鳳、劉道一、蕭堃、柳繼貞、鄒永成、宋教仁、胡瑛、柳聘儂諸人，各分途進行，楊守仁則駐上海策應一切。會員先後加盟者四五百人，多屬學界分子。因聯絡秘密會黨，頗不便利，黃劉等乃於華興會外，另設同仇會，專為聯絡會黨機關。仿日本將佐尉軍制，編列各項組織。黃自任大將，兼會長職權；劉揆一任中將，掌理陸軍事務，馬福益任少將，掌理會黨事務。瀏陽普集市於每月某某等日，例開牛馬大會，屆期各鄉村羣以牛馬犬豕各種獸類赴賽，莅會者凡數萬人，為湖南全省有名之墟集。與會羣衆，泰半隸哥老會藉，故哥老會亦規定是日為拜盟宣誓之佳節。同仇會即於同日舉行馬福益之少將授與式，由劉揆一代表會長黃軫，親給馬以長槍二十挺，手槍四十挺，馬四十匹，並監督宣誓，儀式莊嚴，觀者如雲。自是哥老會員相繼入會者，不下十萬人，聲勢在庚子唐才常一役之上。黃劉馬等之大計劃，預定於甲辰九月清太后萬壽節日，在長沙、岳州、衡州、寶慶、常德等處，分五路起事。先期在省城萬壽宮之皇殿下，預藏大炸彈一具，候全省文武官吏屆時到場行禮，即行燃放，以期一網盡之，然後各路同時發動。一切布置，略已就緒，詎於萬壽節前十餘日，有會黨何少卿、郭鶴卿二人，以機事不密，在湘潭縣城被縣吏逮捕，其大體計劃亦被探悉，湘潭縣令即飛報湘撫俞廉三告變。駐湘潭之哥老會行堂有號『飛毛腿』者，知事已洩，乃走報馬福益。馬時駐湘潭屬之茶園鋪礦場，距縣城五十里，得訊後，即令『飛毛腿』馳赴省城，告黃劉使速戒備。黃寓明德學堂對門，劉寓保甲局巷彭希民宅，得警後，以各處準備未竣，不得已匿迹他所，以避清吏搜索。未幾，湘撫派兵查緝各黨人寓所，全城騷擾，黃乃避居吉祥巷耶教聖公會，由牧師黃吉廷、同志曹亞伯保議出險，劉亦繞道赴漢口，得免於難。馬福益由湘潭逃桂，次年返湘，欲圖再舉，為湘撫端方擒殺。

光復會

綜　述

馮自由《光復會》　光復會之起源

光復會成於甲辰（民前八年）清光緒二十九年之冬，而源流則出自癸卯（民前九年）清光緒二十八年留日學生所設軍國民教育會。先是章炳麟、秦力山、馮自由等所發起之支那亡國紀念會，既遭日本政府解散，留日學生董鴻禕、葉瀾、周宏業、秦毓鎏、王嘉榘、謝曉、石胡景、伊薩端、馮自由、蘇子穀諸人乃創設青年會，以為之繼。留學團體之揭□民族主義為宗旨者，青年會實為濫觴。及癸卯春，俄人迫清廷締結滿洲條約，留學界大憤，有志者遂倡議組織義勇軍，自行赴滿拒敵，學生多簽名贊成之。青年會為謀擴張其黨勢，咸入義勇隊為幹事。後以日政府不許別國人在其國有軍事行動，乃改義勇隊名目為軍國民教育會。旋聞清廷欲逮捕學生，請願代表各會員以滿虜甘心資國，非從事根本改革，決難自保，於是紛紛歸國，企圖軍事進行。其中一部組織暗殺團，欲先狙擊二三重要滿大臣，以為軍事進行之聲援。所訂規章，極為嚴密。浙江留學生之為團員者數人，龔寶銓其一也。寶銓返國，遂在滬招集同志組織機關部。時中國教育會會長蔡元培方從青島歸上海，覘知其事，乃求其入會，願與合作，團員非常歡迎。於是更將規章詳加修訂，定名曰光復會，又曰復古會。並推舉元培為會長，壁壘為之一新。適陶成章自內地再渡日本，道經上海。寶銓與成章為莫逆交，且頻年運動會黨，咸與共事。元培亦知聯絡會黨非成章莫屬，因同約成章入會，成章從之。由是紹興商學界及各屬會黨頭目相與訂盟者，大不乏人。元培以敖嘉熊素負生望，親至嘉興邀之訂盟。嘉熊許其有事相助，而不入其會。成章嘗介紹魏蘭入會，因事不果。徐錫麟於是年冬十二月至上海見元培於愛國女學校，遂亦入會。秋瑾則於丙午（民前六年）冬為反對日政府取締留學生規則事歸國，始由錫麟介紹入會，此光復會成立初期之大概情形也。

光復會與同盟會

當光復會成立之時，正為萬福華鎗擊王之春之時。黃興劉揆一等因謀在長沙起事失敗，時亦遁上海，謀另組新黨，為捲土重來之計。會王之春案起，牽涉新閘路餘慶里機關部，黃劉等遂俱匿迹日本，以避其鋒。光復會既成立，與會者獨浙院兩省志士，而他省不與焉。會長蔡元培聞望素隆，而短於策略；又好學，不耐人事煩擾，故經營數月，會務無大進展。加以敖嘉熊所創設淵台處會館成立未久，浙東各府志士咸薈萃於是，隱然奉嘉熊為領袖。嘉熊既不允入光復會，則温台處會館一日存在，光復會即不能大有施為，勢使然也。乙巳（民前七年）四月後嘉熊迭遭家難，所營商業亦復虧折，其創設温台處會館之原定計劃，悉成泡影，而維持經費亦無以為繼，因之此會館逐成無形的解散。陶成章、龔寶銓乃入紹興，佐徐錫麟辦大通學校。呂熊祥、趙卓等亦隨之行。錫麟素有大志，且勇敢沈毅為同志所欽仰。其組織大通學校也，即欲利用為起事機關。及既成立，而浙江革命之大本營遂由温台處會館而移於大通學校，即光復會本部之事權，亦已由上海而移於紹興焉。是時留日十七省革命志士在東京發起中國同盟會已歷數月，浙江人入會者有蔣尊簋、秋瑾數人。咸章於丙午東渡，旋即加入，且見推為民報之發行人。元培於同盟會成立之初，已由本部指定為上海分部創辦員，因是光復會員泰半入同盟會籍。獨錫麟志大心雄，不欲依人成事，且因捐官辦學二事與成章意見不洽，故卒未入會。秋瑾於乙巳七月由馮自由介紹入同盟會，且被推為浙省主盟員，為浙人入同盟會之第二人。是年冬由日返國，復由錫麟介紹入光復會，因與錫麟訂約合作，故一切進行規畫，咸以光復會名義行之。然於丙午冬萍瀏醴一役前後，同盟會本部派遣歸國運動湘鄂蘇各省起事之劉道一、楊卓林、孫毓筠、胡瑛諸人，瑾皆與之約期同舉，亦概用同盟會章制，則可知是時革命黨員對於光復同盟之名義，固無畛域之見也。及萍瀏革軍失敗，徐秋二人遂協議決用光復軍名義在浙皖二省企圖大舉，不及半載而有安慶紹興之二役。

南洋之光復會

皖浙兩案起於中國同盟會成立後第三年。時章炳麟已出獄東渡，陶成章亦在日本，二人均任同盟會及《民報》重要職務，故《民報》載徐錫麟、秋瑾起義事獨詳。而光復會員亦多隸於同盟會籍。丁未以後，陶成章、王文慶、沈鈞業、魏蘭諸人以黨禍先後避南洋，成章迭任新加坡中興報、仰光光華報記者，文慶、鈞業、蘭等亦任荷屬學校教員，成章因與同盟會幹部意見不洽，乃重組光復會於南洋英荷兩屬，擁戴章炳麟為會長，並發售江浙皖贛閩五省革命債券，各省同盟會員之失意者紛然和之。於是各埠分部陸續成立，新加坡有許雪秋、陳芸生，泗水有沈鈞業、王文慶及蔣和報禮昆仲，文島檳港有李柱中、曾建慶、李天鄰，尤以潮嘉兩府人物為特多。蓋潮州人許雪秋等以潮州起義失敗後，對於總理已頗多非議，會其時陶成章組織光復會，以反對同盟會幹部為號召，雪秋、芸生等深表同情，由是光復會勢力為之一振。戊申（民前四年）河口之役，總理嘗派汪精衛、鄧子瑜二人至荷屬文籌款接濟，大受當地光復會員排擊，收效甚微。精衛所以憤然入京，躬行暗殺，即受是役刺激所致云。

李柱中與光復會

李柱中號變和，湖南同盟會員之健者也。甲辰長沙之役，及丙午萍瀏之役，均參與其事，清史嘗懸賞緝之。丁未春間，自日本至香港訪黃克強，有所計畫。旋應荷屬文島檳港中華學校之聘，充教員數載，深得華僑信仰，陶成章在南洋發起光復會，大得其力。庚戌（民前二年）秋間黃克強南遊，力勸柱中及文島諸同志消除意見，為國合作。柱中等素敬仰克強，從之。故辛亥三月二十九之役，荷屬華僑亦慨助巨款，柱中與有力焉。柱中旋偕陳方度諸人至廣州謀炸巡警道王秉思，以響應義師，因舉事延期而止。後由同鄉張通典援助出險。

上海之光復軍

辛亥九月十三日上海反正之役，陳其美與李柱中同為主動。柱中運動湘籍防軍，亦甚得力。其美先率民軍敢死隊張承操等冒險攻江南製造局，為清軍所擒，柱中聞警，乃使預約之防軍陳漢欽部即反正，出陳於險。事定後，其美被推為滬軍都督。駐吳淞粵軍濟字營與柱中早有聯絡，亦同日反正，推柱中為吳淞軍政分府，稱光復軍，即以光復會統系得名。

光復會之結局

辛亥革命軍起，光復會員在各省統領軍隊者，浙江有浙軍總司令朱瑞，江蘇有吳淞光復軍司令李柱中，廣東有汕頭民軍司令許雪秋、陳芸生。自陶成章在上海醫院被刺，遂喪失其主腦，勢漸瓦解。朱瑞旋任浙江都督，以疾去世。李柱中解職閒居，後為洪憲請願帝制六君子之一。許雪秋、陳芸生在汕頭，與同盟會員之領軍者不合，勢成水火。時孫大總統嘗一度致電粵督陳炯明為之排解，其後雪秋、芸生卒不免為清總兵吳祥達所殺。茲附録民元南京政府為排解同盟光復兩會爭端事，致粵督及同盟會電如下：

廣東陳競存都督及中國同盟會公鑒：近聞在嶺東之同盟會光復會不能調和，日生齟齬。查同盟、光復二會，在昔同為革命黨之團體，光復會初設實在上海，無過四五十人。其後同盟會興於東京，光復會亦漸渙散，二黨宗旨初無大異，特民生義之説稍殊耳。最後同盟會行及嶺外暨南洋，光復會亦繼續前途，以南部為根基，推東京為主幹。當其初興，入會者本無爭競，不意推行嶺表，漸有差池。蓋不圖其實際，惟以名號為爭端，則二會之公咎也。同盟會實行革命之歷史，粵人知之較詳，不待論述。光復會有徐錫麟之殺恩銘，熊成基之襲安慶，近者攻上海，復浙江，下金陵，則光復會新舊部人皆與有力，其功表見於天下。兩會欣戴宗國，同仇建虜，非祇良友，有如弟昆，縱前茲一二首領政見稍殊，初無關於大體。今茲民國新立，建虜未平，正宜協力同心，以達共同之目的，豈有猜貳而生鬩牆。為此弛電傳知，應隨時由貴都督解釋調處。同盟、光復二會員尤宜共知此義，雖或有少數人之衝突，亦不可憤其微漸，以免黨見横生，而負一般社會之欺許。切切。總統孫文。正月三十日。

日知會

綜　述

張難先《日知會始末》　日知會者，乃科舉補習所黨人劉靜菴獨力締造之革命機關也。靜菴治學猛，於儒術外，兼究佛耶；故其時桑門大師、教會長老，多樂與之遊。補習所失敗時，任黎協統元洪書記官。因索黨人急，靜菴請假，避高家巷美教堂聖公會。獄緩，回幕；而官署之檢查信件，仍嚴。不久，黎獲張守正致靜菴書（守正即黄克强化名），中多隱語。黎疑之，諷靜菴託病釋職出營。前所員曹亞伯在湘，同黄克强、張繼脱險後，亦來鄂主聖公會。靜菴既失職，走告其會長胡蘭亭，蘭亭留與亞伯居。旋靜菴不自安求去，亞伯商之蘭亭，謂：『靜菴狷介人，恥素餐。』即聘為日知會司理。靜菴緘默寡言，雖隸黨籍，尚不為人所指目，故樂就焉。時當乙巳暮春。日知會者，聖公會附設之閲報室也。會為辛丑前會長黄吉亭（即蔽黄克强脱險者）所創辦，原設武昌府街，定購各種新聞雜誌及新書，任人入覽，以瀹進知識。後遷候補街高家巷聖公會内，靜菴即服務於此。其理會務也，整理書報，詳訂章則，對閲書報者，招待極周，迎機啓示。數月，會務大進，黨人稍稍來歸。於是靜菴商諸蘭亭曰：『國勢誠岌岌矣！公中國人，當不忍其淪胥。下走愚妄，竊願借此謀革命以救國，公能許我乎？』蘭亭曰：『君意誠苦！若外人何？』靜菴曰：『貴會諸外籍人，均領教屢矣！類皆道德高尚，願力弘大，當能本基督救世之旨，同情吾輩。』蘭亭慨然曰：『國危至此！尚何所顧慮？願與君共為其難，即如君言，第好為籌畫也』。靜菴感泣，便從事草規約，不欲以空文而累實事，仍用日知會名義，惟質變耳！吸收黨員，不尚嚴格形式，惟在灌輸宗旨，使其真正認識革命而歸依之。每星期日，公開演講，闡述世界大勢，本國危機，及現今救亡之道。演詞主逕直而求通俗。又數月，無論是否黨人，凡來聽講者，多醉心革命，執守不惑矣。至丙午正月，始開成立會，至者百餘人。出靜庵報告籌備經過，張漢傑記録，馮特民宣讀會章，何季達、朱元成、馮特民、孫武等俱有極激烈之演説；特民並痛哭流涕。其後每星期日，必有此類演講，以表現大無畏精神。未幾，東京同盟會派余誠為湖北分會會長，倚日知會進行。會務得同盟會之指導，聲勢更大，其名稱依舊，以内地不同海外也。復辦東游預備科，廣儲革命人材。余誠、何季達、李長齡、李亞東等俱任教職。梁贏洲亦主辦羣治社，及明新公學。均為日知社訓練黨員機關，實具蓬蓬勃勃氣象。五月四日，接烟台法國武官歐吉羅電云：『五月八日到鄂。』先是總理由南洋返日本，船泊吳淞。有法國武官加卑者，奉其陸軍大臣之命來見，傳達彼政府欲贊助中國革命之好意，叩總理以各省軍隊之聯絡如何？總理以未有把握對。彼乃派駐扎天津參謀部之武官七人，歸總理調遣。派赴南昌聯絡調查者，為歐吉羅，由喬義生及吳崑招待。八日果至，日知會開會歡迎，到黨員軍人甚衆。歐吉羅甚滿意，演講興會淋漓，倡言革命；會員繼續演講者亦然。而新軍統制張彪巡警道馮啓鈞之偵探，已混迹其間，事遂全洩，（湖廣總督張之洞派洋關員某國人，尾法武官行踪。途上與之訂交，亦僞為表同情於中國革命者。歐吉羅以彼亦西人，不之疑也。內容多為彼探悉，之洞奏其事，清廷乃向法使交涉。法使本不知情，請命政府處分布加卑等；政府飭無問，清廷亦無可如何。未幾，法政府變更；而新内閣不贊成是舉，撤布加卑等回國。）暗潮極大。秋湖南黨人劉道一蔡紹南等，自日本歸，在醴陵瀏陽一帶，鼓吹革命。其會黨首領李經其龔春台等聞而壯之。適長江旱災。人心浮動，乃乘機聯絡，於十月十九日，舉義於瀏陽蕩萍鄉等處，有衆數萬，以白旗為號，號革命軍。長江數省震動；東京黨人，莫不激昂慷慨，亟思飛渡內地，身臨前敵。此役本黨人之自動，故東京總部，事前無所聞；然事已至此，亦不能不派人指導。總理派胡瑛、朱子龍、梁鍾漢三人來湖北，負責進行。抵鄂，而總督張之洞已懸賞通緝朱子龍等矣。其札文曰：

鄂督張札臬司文：為札飭懸賞，嚴拿會匪事：照得近來長江一帶亂黨滋多，前承准軍機處電傳，欽奉諭旨，嚴拿會匪黨羽，當經通飭領遵在案。上月江西萍鄉，湖南流陽醴陵，各處會匪起事，其頭目即是該匪一黨。現已派撥大兵，馳往勦辦。疊接北洋大臣袁、湖南撫院岑，先後兩電，訪問會匪黨羽，潛布長江一帶，意圖勾結逆黨起事，近有大頭目王勝、陳金等匪，由湘潛來鄂境，請嚴防密捕等因。准此。該匪等糾黨倡亂。實屬罪不容誅，亟應嚴拿重辦，以正國法，而遏亂萌。合亟札行出示曉諭，懸賞嚴拿，并詳列該匪姓名踪迹，分另賞格。如有將後開真正匪首擒獲送轅者，立即照格賞發。其知風報信，因而拿獲者，照原開賞格減半發給。本部堂備款以待，決不食言。為此札行該司，即便飭屬遵照，切切此札。

計開賞格

王勝（係湖南大號目，年三十六七歲，長沙人，身中，面圓，無鬚假辮），陳金（與王勝同行，年三十二三歲，湘潭人，身矮，面胖，無鬚假辮），姜守旦，即萬飛鵬（年約五十餘歲，係瀏陽東鄉人，瘦，有鬚），陳紹莊（年約五十餘歲，卒係瀏陽一帶人，身高大，無鬚，像極凶惡）。拿獲以上各匪者，各賞銀一千兩。

宗黄，又名夏靈（年四十歲，係長沙富商，為黑幫頭目），劉家運（係湖北全省會首），曹玉英（年二十九歲，係沙市油皮富商，為沙市會首），黄慶武，柳際貞，劉林生（以上三名，係湖南匪目），鄭先聲，李燮和，朱子龍，蕭克昌，盧金標（以上五名係長江一帶之匪目）。拿獲以上各匪者，各賞銀五百兩。

查賞格中只有朱子龍一人。萍醴事起倉卒，湖北黨人，事先均未與聞，瑛鍾漢亦總理臨時指派，清廷尚未探悉，故賞格中無劉靜菴、余誠、胡瑛、梁鍾漢等名，而瑛等仍積極進行也。十一月十一日，劉靜菴乃召集日知會同志與瑛子龍鍾漢等會議於漢陽之伯牙臺，皆以財政困難為憂。有無賴郭堯階者，具言彼有辦法，云六合銻鑛公司經理劉小霖願納十萬元佐吾輩革命，同志信之。堯階告密於巡警道馮啓鈞，於二十三日晚，誘捕朱子龍於漢陽。二十四由劉小霖宴胡瑛於漢口名利棧捕之。隨導捕劉靜庵、梁鍾漢、季雨霖、李亞東、吴貫三、殷子衡、張難先諸人。語載各人事略中。茲將當時繫獄九人及名捕未獲與他省因本案下武昌獄者，詳列於後。

繫獄九人名録

劉靜菴　胡　瑛　朱子龍　梁鍾漢　季雨霖

李亞東　吴貢三　殷子衡　張難先

事略依次具後：

劉靜菴　傳載湖北革命知之録科學補習所篇

胡　瑛　傳載湖北革命知之録科學補習所篇

朱子龍　傳載湖北革命知之録科學補習所篇

梁鍾漢，字瑞堂，湖北漢川人也。其先世以經商起家，雄貲財，與弟耀漢（又名棟字瀛洲）、恢漢，俱留學日本，入同盟會，努力革命。耀漢先回國，加入日知會，佐劉靜菴辦黨辦學，不遺餘力，常以私財濟黨務之急。丙午秋，萍醴舉義師，孫總理指派鍾漢與朱子龍胡瑛回鄂謀響應。至則為奸人告密，與朱胡同時被逮，兼捕其弟耀漢。耀漢逃至家，軍隊跟踪至繫馬口搜索，耀漢乘間逸，逮其夫人周氏，士紳以罪人不孥説之，得釋。梁氏在繫馬口，商店櫛比，抄洗一空；並焚燬其房屋以去。鍾漢至次年五月，則處以有期徒刑，解回漢川原籍監禁。迨辛亥武昌首義之翌日，文學社黨員王守魚與其弟恢漢，率領部屬，迎鍾漢出獄，推為總司令，守襄河各要隘。部署定，晉省報告經過，軍政府以漢川為武漢藩籬，宜本黨忠實同志鎮攝，當發餉械。黄總司令興委為遊擊總司令，以當敵軍右翼。敵人窺陽夏，以先取漢川為上策，終憚鍾漢威名，不敢越雷池一步。巡防營統領劉韞玉，帶隊山襄下，欲與漢口之清軍會，以逼武昌。鍾漢迎擊仙桃鎮，數戰而鑯劉軍，因不為武漢害。會陽夏先後失守，漢川勢成孤軍，乃率所部，歸安襄鄖荆招討使季雨霖編配北伐，已則專理本部財政。略地至襄，招討以鍾漢知襄陽府事。和議成回省，被聘為副總統府高等顧問，旋選為省議會議員。湖口討袁之役，任總參議。事敗，走日本，復奉總理命充湖北第三路國民軍司令，返國。抵滬濱，即被捕而入西獄。迨袁死，始由唐少川黄克强交涉出獄。六年護法軍興，任大元帥府參議。奉令回鄂，會同王天縱威脅右星川荆襄獨立，後委為討逆軍前敵總指揮。十年，任中國國民黨辦事處幹事，兼軍事委員。十一年，任非常大總統府路諮議，奉派入湘，聯絡陳嘉佑參加北伐。五月，陳炯明叛變，赴廣州運動洪兆麟等反正，被逆軍楊坤如逮捕入獄，賴兆麟以私交釋之。十五年，黨軍會師武漢之際，任武昌攻城別動隊指揮，潛入省城，運動宋大霈反正。武昌克復後，與共産黨意見不合，於是努力於社會事業，而脫離軍政界矣。湖北黨人，以漢川梁家，京山劉家之犧牲為最大。兩家俱富貲財，因革命蕩盡；梁家瀛洲，恢漢昆仲，劉家明述碧如弟兄，俱以革命成仁，此政府急宜表彰，以勵後進者也。

季雨霖（傳載湖北革命知之録）

李亞東（傳載湖北革命知之録）

吳貢三（傳載湖北革命知之録）

殷子衡，一字子恒，為吳貢三甥，黄岡人。少從貢已讀，常供散佈刊物之勞，習聞緒論，故其革命性若天成。武昌有革命機關，曰日知會，子衡常奉貢三命與機要，因得為會中重要會員。凡貢三刊刻各宣傳品，皆由子衡離校輸送。極勤學，於經、史、子、集、天算、輿地，罔不研習。尤致力於方與，購置圖籍數十種，簡練揣摩者三年，著有六洲輿圖，即預測巴拿馬定有開鑿之一日。對於新書報章，極喜涉獵。熱情激發，常於渡口茶肆，常説革命大義。一日，散發革命宣傳品於鄂城、大冶，陸地演講專制之毒。一素識者咋舌曰：『汝要頭乎？』不顧，而畢其詞。丙午五月，代表日新學社歡迎法國民黨歐幾羅，極為官廳側目。至冬，萍醴義師起，中山先生派朱子龍、胡瑛、梁鍾漢來鄂抵日知會，謀響應，官廳得諜報，名捕黨人，竟與吳貢三同時在籍被逮，繫潿海兵輪上駛。子衡以膏虜廷刃為羞，投江自殺，為舟子救起。對簿刑訊，折雙足，跪鐵練，架綳左右手，籐鞭鞭其背，血肉横飛，不少屈。後因外交民政兩部，同電鄂督張之洞和平處理本案，乃判以十年徒刑，下湖北模範監獄。劉靜菴已先繫此，鐵窗無事，日與靜菴講學論道，最終崇拜耶教，遂師帶菴，錫名動道，而投業焉。己酉五月，子衡移夏口監。辛亥八月二十三日，一友人往謁謂：『武昌已光復，各監俱開放。』子衡偵知禁卒果散漫，因集諸難友曉以大義，囑以後從新作人，即厲聲曰：『吾輩出。』當率百數十人分途去。繫漢陽縣監之李亞東先一日出，公推權漢陽府篆，子衡聞之，馳往協助，旋赴黄州助貢三參謀軍政，訂黄州府臨時行政章程。後月餘，借友至南京蘇州等處，觀察大勢，總覺距彼理想政治太遠，且自研究宗教以來，陳義過高，視政治生活如惡臭，從此一心向道，絕不過問。今七十矣！睟面盎背，誠與不識，一見而知為有道之士。子愛生，孫樂義，樂信，女長昭素，次靜慧。二七年避倭寇徙施，館靜慧家，其婿歐陽誼以城市囂隘，在西郊築蕫園先生讀書處以居。蕫園，子恒別號也。

張難先，字義癡，湖北沔陽人。紀元前八年與呂大森朱子龍等組織科學補習所謀革命。同胡瑛投陸軍第八鎮工程營充兵士，以運動軍隊。語載呂大森胡瑛傳中。丙午冬，難先在仙桃鎮辯集城學校，閲報知萍醴起義師，來省約同志謀響應，至則日知會已被圍；總理派來之胡瑛、朱子龍、梁鍾漢、均成擒矣。友人具資促走日，憤慨欲死，不願亡，狼狽返仙，吐血不止。數日，鄂督張之洞派軍隊至仙圍校捕難先解省（校距省三百里）。初審之日，微窺虜廷有必殺劉靜菴、胡經武之心，誣指賞格中之劉家運為靜菴，以為殺劉根據；而經武則賞格中既無彼名，復未搜得絲毫證據，維一方法，則在鉤取難先，供以為殺彼之張木耳！因經武與難先共事科學補習所時，極其密切，早為奸人報告。難先復得其情，即自承革命，以一死絕吏廷之欲，不涉誰何。逼之，笑曰：『吾死且不惜，何愛於人？』吏衛終無所施，後復得他方之援救，此案遂化險為夷。經武報以詩曰：『吾道消沉久，多君獨苦行！窮交肝膽在，高義死生輕！憂思逢知已，艱難見世情，十年家國淚，今日共心傾！』蓋紀實也。在獄四閲月，忽患病，瀕死者再矣！鄉耆碩黄福、王劭恂等見而憐之，緩頰於按察使梁鼎芬、巡警馮啓鈞之前，請保就醫。先是總督張之洞愛惜難先，故尋有司疵，俾無成讞。梁馮因迎合張督意准保，於是出獄。此本案未判決時也，至下年定讞，其餘七人，則無活動餘地。劉朱兩公，瘐斃獄中，悲夫。

名捕未獲諸人名録

吳　崑　余　誠　梁瀛洲　何季達　李長齡　馮特民　孫　武　徐竹坪　廖極川　黃景亞　李楚翹　何子植　事略依次具後。

吳　崑　傳載湖北革命知之録同盟會湖北分會篇中。

余　誠　傳載湖北革命知之録同盟會湖北分會篇中。

梁瀛洲　即梁棟，傳載日知會篇中。

何季達　傳載湖北革命知之録科學補習所篇中。

李長齡　傳載日知會篇中。

馮特民　傳載湖北革命知之録科學補習所篇中。

孫　武　傳載湖北革命知之録共進會篇中。

徐祝平，字竹坪，湖北荆門人。日本留學生。紀元前七年，入日知會。丙午，與季雨霖、吳崑、梁瀛洲等刺指血為盟書，誓共生死，以謀逐除韃虜。襄河上下游會黨，悉能聽其指揮。事洩，亡命走東瀛。後在哈爾濱主《長春日報》筆政，因熊成基案下獄。辛亥武昌首義，助藍滅蔚在關外獨立。事敗回鄂，號召襄河舊部，佐招討使季雨霖收復荆襄。和議成後，努力報界。後以病歿於漢口，經紀其喪葬者，為黃吉亭先生。

廖匯川，字宗伯，湖北荆門人。紀元前六年，入日知會，與季雨霖、梁瀛洲等歃血聯盟，誓共生死，以謀光復漢族。事洩，亡命日本。辛亥武昌首義，佐招討使季雨霖收復荆襄。民二被選為國會議員。

黃景亞，號楚玉，湖北漢川人。入日知會後，與梁瀛流洲辦理羣學社，明新公學，以為日知會宣傳育材之所。夏秋間，日知會圖大舉，與瀛洲歃血聯盟，誓共死生。事洩，案之急，流離轉徙以免。辛亥首義，佐梁鍾漢據漢川以抗清軍右翼，後復隸季招討部下，效力荆襄。討袁議法，無役不與。

李楚翹，湖北荆門人，日知會會員。丙午機關破，以楚翹為季雨霖歃血盟友，捕之，亡命得免。

何子植，湖北黃岡人，日知會會員。丙午機關破，以子植為吳崑歃血盟友，索之，亡命獲免。

他係因本案在鄂監禁諸人名録。

劉家運　歐陽澤垠　曹玉英　謝　九　孫鴻鈞（事略依次具後）

劉家運，會黨也。丙午北洋大臣袁世凱據日本諜報，稱家運為長江上下游巨匪。萍醴軍興，鄂督張之洞立格通緝中，列劉家運一名，註係湖北全省會首。萍醴事起倉卒，日知會先未與聞，故總督張之洞之賞格中，無日知會會員名。奈奸人利賞金者，誣日知會之首領劉靜菴為家運以捕之。後家運獲於湘，解鄂，官縣大窘，搜他案致死以滅其迹。事詳劉靜菴碑陰。

歐陽澤垠，會黨也。萍醴起兵時，任參謀，事敗，被逮於鄂，與朱子龍、殷子衡，同錮江夏縣獄。子衡述其事甚詳。

曹玉英，總督張之洞賞格中列其名，謂：『玉英，年二十九歲，係沙市牛皮富商，為沙市會首。』但吾輩不知為何許人；亦未聞監禁武漢何處，第見鄒魯《中國國民黨史稿》第八章，丙午萍鄉瀏陽醴陵之役節云：『在鄂監禁者，為朱子龍、劉家運、胡瑛、梁鍾漢、曹玉英、謝九、吳之銓、殷子衡、劉貞一。』此君當係會黨中人物，因本案捕禁於鄂者。

謝九，不知為何許人；亦未聞監禁何所。第見鄒書如上云云。

孫鴻鈞，不知何許人，維見於劉揆一所著之《黃興傳記》及馮自由所著之《革命遺史》第一集，『辛亥武昌起義之革命團體』日知會一段中。

以上三人，鄂人均未有知者，想作者必自有確據也。

本會遭此破壞，風湖不息者累年。黨員風流雲散，在省者亦匿迹銷聲，日知會從此瓦解矣。查吾鄂自倡導革命以來，有三大黨獄。一，庚子傅慈祥唐才常之役。二，丙午劉靜庵胡瑛朱子龍之獄。三，辛亥彭楚藩劉堯徵楊宏勝之獄。庚子之獄，其勢逼長江數省，黨人遇害者以數百計，以此大流血，轟動一時，其種因誠巨矣。甲辰科學補習所亦遭破壞。（清鑑以庚子甲辰丙午為三大獄，甲辰湘省受禍重，湖北受禍輕，故不列為於省大獄。）然事發鄰省，應變有方，終於和平了事。丙午日知會則大張旗鼓，軍學界附者以萬計，又涉萍案，蔓延數省，當時偵騎四出，風聲鶴唳，吾鄂黨務受摧殘者數年。至戊申始復由本會會員李亞東、任重遠、郭撫宸、李長齡、孫武、黃申薌、劉堯澂、彭楚藩、查光佛、王憲章、熊子貞、蔡濟民等，賡續辦理湖北軍隊同志會等機關，至辛亥八月十八日又遭慘敗，致有彭劉楊三烈士之獄。然清廷即由此例矣。世之飲水思源者多歸功於日知會，吁，何其偉也。

會員名録

劉靜菴　傳見科學補習所始末篇中。

何季達　傳見科學補習所始末篇中。

梁瀛洲　傳見後。

李長齡　傳見後。

孫　武　傳見共進會篇。

黃吉亭　名瑞祥，武昌人，創辦本會後，為湖南長沙聖公會會長。甲辰視與會事書，以全力保護黃克强脱險。丙午本會事覆，以全力營救劉靜菴諸人；光復後功成不居，國人敬仰。

胡蘭亭　傳見湖北革命知之録。

劉藩侯　名應宗，咸寧人，代胡蘭亭為聖公會會長，其掩護黨人如黃胡，亦功成不居。

陸費逵　字伯鴻，江蘇人，任評議員，後經理中華書局。

馮特民　任評議員，傳見湖北革命知之録科學實習所始末篇中。

李勝美　傳見湖北革命知之録科學補習所始末篇中。

張難先　略歷見本篇黨獄中。

賀公俠　字劍川，天門人。

殷子衡　略歷見本篇黨獄中。

張漢傑　任宣傳責任，因鼓吹革命下武昌府獄。

曹亞伯　傳見湖北革命知之録科學補習所始末篇中。

朱元成　即子龍，傳見湖北革命知之録科學補習所始末篇中。

季雨霖　傳見湖北革命知之録。

吳　崑　傳見湖北革命知之録同盟會湖北分會之概況。

李亞東　任評議員，傳見湖北革命知之録。

濮以正　安徽人，任評議員，極精幹，離鄂後不知所終。

趙光華　略歷見湖北革命知之録科學補習所始末篇中。

梁鍾漢　略歷見本篇黨獄中。

廖匯川　略歷見本篇黨獄中。

吳貢三　傳見湖北革命知之録。

余　誠　傳見湖北革命知之録同盟會湖北分會之概況。

徐竹坪　略歷見本篇黨獄中。

李楚翹　略歷見本篇黨獄中。

宋開先　傳見湖北革命知之録同盟會湖北分會篇。

任重遠　潛江人，本會風潮息後復同李亞東組織湖北軍隊同盟會。

張純一　字仲如，漢陽人，作詩歌以宣傳革命，後努力哲學任各大學教授。

劉　通　字子通，黃岡人，負運動學界之責，後厄於頑固黨，於民國十年後病歿。

張　漢　字佩紳，荆門人，運動會黨，光復後任國會議員歿於舊京。

范騰霄　字銀槎，利川人，本會發起人，運動軍學界最努力。

胡維世　武昌人，宣傳努力。

郝可權　字大衡，蘄春人，辛亥光復新疆最努力，當任新疆軍務部部長。

朱義胄　字心佛，潛江人，投軍欲起兵，名捕逸去，後努力國學，任教各大學。

熊麗堂　黃梅人，袁氏稱帝被逮，身受酷刑，瘐斃武昌獄中。

劉堯澂　傳載湖北革命知之録武昌首義篇中，在會時期不久他去，少有知者，現尚有在會照片存真史中。

吳祿貞　傳載湖北革命之録庚子之役篇。

丁立中　字笏堂，江西南昌人，負宣傳責任，首義後任軍務部秘書，及興業銀行總辦。

熊子香　名劍飛，黃岡人，運動軍隊。

趙鵬飛　字雄羣，鍾祥人，首義後任都督府顧問，民二十五，慘死於京。

黃景亞　略歷見本篇黨獄中。

何子植　略歷見本篇黨獄中。

黃紹香　起義後改名申薌，任標統，大冶人。

熊子貞　後名十力，黃岡人，在會謀起兵，統制張彪下令捕之，逸去，首義復充都督府參議，後努力哲學專心著作。

查光佛　字競生，蘄春人，運動軍學界，辛亥光復後任教育部部長。

時功璧　略歷見湖北革命知之録科學補習所始末。

范尚立　名鴻勛，武昌人，宣傳最努力。

郭撫宸　運動軍隊最努力。

馮大樹　崇陽人，辛亥光復新疆最努力，當任新疆平政院院長。

劉度成　見上篇，首義後任軍務部參議。

彭楚藩　傳載湖北革命知之録武昌首義篇中。

鍾劍林　江西人，運動軍隊。

藍天蔚　字秀豪，黄陂人，充奉天協統，辛亥在關外獨立，稱關外都督，民八在鄂西遇害。

成邦杰　字興亞，湖南人，聯絡會黨，性極豪邁。

熊持中　字海春，黄岡人，運動軍隊，辛亥光復黄州。

黄金門　漢川人，負訓練之責。

蔡達生　運動學界，著有《死法》，蕃動一時，首義後充黄總司令軍法官。

王憲章　傳見湖北革命知之録文學社篇。

劉襄廷　建始人，聯絡警界，事洩下獄，抗戰前病歿武昌。

朱作梅　負通譯宣傳之責。

張海濤　黄岡人，運動軍學界。

邱介甫　名可珍，黄岡人，運動軍隊。

陳雨蒼　字少案，荆門人，運動軍學界，首義後任都督府參議。

張星漢　字芙青，天門人。

方柏年　安徽人，運動軍隊。

余德沅　字明卿，房縣人，運動學界。

石志泉　字友儒，孝感人，運動學界。

吳兆麟　字畏三，鄂城人，工程營隊官，首義後任都督府參謀長。

錢葆青　字選青，黄安人，長隊八標三營隊官，首義後管帶水師。

熊炳昆　後改秉坤，字載乾，江夏人，首義後任協統。

殷　盤　字雲齊，黄岡人，日本鐵道工程學生。

易介三

徐　皓

畢振英　圻水。

李濟川　河南。

黄可徵　以資財接濟黨費，運動革命最早。

張　統　字闓三，黄岡人，首義時為稽察部軍務司長，民二討袁，黄陂捕殺於江岸。

潘善伯　名公復，襄陽人，製造炸彈，光復武漢最努力，淡泊不言功。

蔡國楨　即濟民，行述見共進會篇中。

辜天保　運動會黨。

李興漢　漢川人。

馮羣先　黄岡人，運動軍學界。

方劍侯　一曰簡侯，武昌人，討袁在浙江遇害。

鄭雄飛　字心田，鍾祥人，辛亥在漢口陣亡。

鄒特夫　武昌人。

周定原　字瑞廷，沔陽人，辛亥任都督府參議。

金封三　名華祝，黄陂人，曾受黄興聘任教明德學堂。

張筆陔　應城人，同梁瀛洲辦理明新公學。

羅子清　鄂城人，工程營隊官。

姚金鏞　字小圃，辛亥起義任參謀，團長，參謀次長等職。

夏占奎　字玉泉，黄岡人，日本士官生，辛亥參加陽夏之戰。

王愚忱　武昌人。

張其亞

章　澎

李實栗　孝成。

劉玉堂　咸豐。

錢友松　武昌人，為靜菴所信任，首義時充各部總稽查。

祝夢羆　後改名制六，荆門人，辛亥任四十二標代表，起義不久，為黄陂所殺。

何亞新　蕲水人，首義後黄總司令部會計。

盧保三

宋錫全　字質夫，湖南人，辛亥首義任協統。

黃家麟　事略見湖北革命知之録文學社篇。

徐繼庶　潛江人。

熊飛宇

宋　衡　京山人。

鄭子喻　湖南人，在南京遇害。

雷　超　江陵人。

董　傑

潘善美

喻　録

能興亞

徐叔淵　鄂城人。

鍾大聲　黃岡人。

覃炳堃

鍾遐齡　湖南人。

共進會

綜　述

《共進會宣言書》　我們這個會，為甚麼叫做共進呢？這是很有個意思的，等我把這字面説明了，然後再説其中的道理。這共字是共同的意思。單就我們立會這個團體説，就是在會内的人，個個都要同心合意，共做事業，不可一人别懷他樣的異心。就本會以外説，凡與我們這個會同樣的，不論他叫甚麼會名，我們總要聯合起來，結成一個大團體共同去做事業。所以這個共字，就是合我們全國中各種的會，一同去做事的意思。至於這個進字，就是要長進我們各會員的知識，把從前那些做偏了、做小了的事丢開，尋一個正正大大的題目去做。我們的知識就是要認真這個題目，把題目認真了，就趕緊去做，只有進無退，不許有絲毫怠懈的心。這題目好比射箭的躲子，我們的眼睛，把躲子認真了，把我們的身子，就當作一根箭，如飛的一般，務要釘在那躲子上，若是稍有一點兒躲閃，就半路落了下來。所以我們取這個進字，前一層是進我們心中的知識，後一層是進我們的身子去做那知識上認定了的事，這是我們取共進二字字面的意思了。如今字面説了，就要説其中的道理，這道理説來很長，請你們安安的静坐，聽我説來。大家想一想，我們這些會黨，雖説名字不同，各有各堂的名目，但是從普通一般合攏來説，不是都叫做漢流嗎？這流字就與黨字相同，倒没有深意。究竟為什麼要取這個漢字呢？説起這個漢字，我就先要流下眼淚來。是甚麼緣故呢？原來這世界上的人，種族是不同的，分成黃、白、紅、黑各樣顔色的種，我們就是黃種。但這黃種中間又分了幾樣，就是漢種、滿種、日本種、朝鮮種等類了。我們中國自從盤古以來，就是漢種人居住，漢種人做皇帝。到了明朝崇禎的時候，那東邊狄夷滿洲的滿種，忽然强起來，趁中國有難，就乘虚殺進來，把我們漢種人，殺得屍骨堆山、血流成海，姦淫擄掠，無所不至，就做了中國的皇帝，把殺不完的漢族，當做他的奴隸，隨便他虐待。那個時候，我們的祖宗，傷心慘目，要想報仇，把滿人除掉，怎奈没有力量，才苦苦的想個法子，暗中立一個團體，叫做漢流，是叫我們做後人的，想到這個漢字，就想起我們是個漢種，就想到那滿人做皇帝的不是漢種。中國既是我們漢種的國，怎麼該讓滿來享受，我們受他的管束呢？所以因這一個漢字，纔能够發動那報仇的心。又如我們内中有個能干人，就叫做好漢，也就是説這個人是個好漢種，必定能做報仇的事。所以曉得漢流，就曉得我們不是滿流；要當好漢，就不要扶助那滿人，變成一個好滿去了，這就是我們祖宗立這個會的宗旨，要望子孫入會的就實心去做。誰知到了後來，倒忘了本，把正大宗旨時（原文如此）開一邊，倒去做此小事，把會也説成匪黨去了。到了如今，我們好哥弟，多半去賭博，或是去搶劫，那些滿奴才狗官，説是匪徒，捉去不裝站籠，就破腦袋，把一條性命送了，還丢不脱匪徒二字。若是守我們本會的正大宗旨，去驅逐滿人，世界上就稱我們為革命的英雄。事成了，固然要立銅像，揚名千載，萬國皆稱贊；事不成死了，也落得一個英雄名稱，比被那些狗官捉去整死了，成一個匪徒的名詞，不更樺得來麼？我們不拿正大的宗旨去做英雄，倒去作那搶劫的生活，成一個匪徒，真正是錯到底了。所以我前頭説做偏了、做小了，要增進知識，這知識不是要到别處去找的，就是要明白我們會中本來的宗旨罷了。有些人説這滿人雖是韃子，但他已經在中國做了二百多年皇帝，只要相安無事，何必定要排他呢？這個話是大錯了。怎麽説呢？他來的時候殺我們的祖宗，姦淫我們祖姑、祖母，佔了我們漢族的江山，把他那些賤種，當作貴族，世代封王，又派些賤種，分住各省要地，叫做駐防，防着我們漢族，好像防賊一般，這就已經可惡了；他還要吃着穿着我們的哩！有時享受得不安分，他還要生許多事情，欺虐我們。又放些貪官污吏，替他來收釐徵税，我們辛苦賺點兒錢，白白送給了他還不够，或者加一個罪名，還要斷送我們的性命。這樣看起來，滿人倒相安，可是漢人一日也不得安啊！况且他到如今，朝綱紊亂，只有奉承洋人，作洋人的奴隸，拏我們給洋人做三層奴隸，又把我們的地土，今天割一塊來送這個，明天割一塊來送那個。若百姓和洋人鬧起事來，他不但不替百姓講一句公道話，（到）［倒］要替洋人殺些百姓出氣，動不動又講要賠款多少，鐵路也送給洋人，礦山也送給洋人，税關也送給洋人。你看近來各項東西，都越過越貴，過活又一天難似一天，不是一些財産都被洋人搬窮了嗎？這滿人他只顧請洋人來保住他做皇帝，那管得漢人的死活，只可憐我們漢人，白白替别人做世界做不了！我們若不早點把這滿人打開，再過幾年，就會把我們的中國，和盤送給洋人；到了落在洋人手里，那洋人的手段又狠又辣，我們還當得住麽？還能够把中國拏得回來麽？請看現在洋人對中國人，就是這樣利害，將來若讓滿人把中國送給他，難道不把漢人斬盡殺絶嗎？這個中國，本不是滿人的，滿人拏去給把洋人，日後好留一條生路，也是人情落得做的。只是我們的國家，給他做了一個禮物，他使用了不足，還要引得那些豺狼似的洋人來蹧蹋我們，實在是樺不着。所以我們革命，一來是要安替祖宗報仇，二來是要早點豫備，免得子孫絶種，這豈不是光明正大的道理嗎？我們會中人，既然把這題目認定了，就該去做。但是這滿人既佔着皇帝位了，又有這些漢奸扶助他，他的勢子管多少大哩！我們不把全國的會漢合攏來，怎能够成功呢？所以我們要勸告我們的同黨，不同分門别户，説你是那一碼頭的，他是那一個山堂的，某個是上牌，鞭個又是中牌下牌，自已先分了界限，把團體離開，那就是自取敗亡了。須要曉得：我們同是漢人，同是軒轅皇帝的子孫，合中國四百兆人都是同胞，好像一個大家。而且我們的會，都叫做漢流，都是要殺滿韃子的，怎麽不團結起來，同心合意去取回我們的中國，倒來鬧這些小小兒的界限，這見識豈不太小了嗎？所以我們纔取這共進二字，增進我們哥弟的知識，共拼死力，有進無退的去殺滿韃子，取回中國，仍舊漢人作主人，免得偷偷縮縮，好像出洞的老鼠一般，纔算得是會黨中的好漢，纔算得是英雄！哥弟們仔細想一想看，該也不錯嗎？還有一句要緊話：我們革命，切記不可打教堂殺外國人。本來這外國人到了中國没有好心，但是我們只要把滿人殺了，把中國整頓好了，那他也就不敢欺凌我了。若是起革命軍的時，就先打教堂殺洋人，他就會滿盤領起兵來，幫着滿人殺我們。若我們不惹他，他就也没有話説。是甚麽緣故呢？因為如今外國人商議了一個通行的規矩，叫做國際公法，這公法有一條載着道：無論那國起了革命軍，别國人不准插進來多事；但是革命軍若傷害了别國，别國也就要多事的。所以我們切記不可損害他們，免得惹起大禍來，弄成寡不敵衆。革命本是英雄的事業，應該要合着大家定的公法，纔算得英雄的本領哩。但有一樁事，哥弟們切莫會錯了意：凡外國人到了某國的地方住下，他遇着這一國有革命軍，他就要派兵來保住他的百姓，哥弟們切莫認做這兵是來打我們的。比方上年湖南、江西兩處起革命軍，外國人也派過兵船，但是我們没有損害他的百姓，他也不來壞我們的事；若是你要損害他，他也就要來打你，這也是公法上載着有的。所以我們看起了革命軍，只要拼命去殺那滿韃子，不要惹起許多洋人來，討個没趣，那麽事就容易辦了，等到這事辦成了功，再來打算辦那洋人的事，也就不消費多大的力。以上説這些話，都是大略，若詳細説來，恐怕要説幾十篇，但是説了這些話，哥弟們也大概明白了；既然明白了，就要大家趕快去做，再等些時候就來不及了。

社會主義講習會

綜　述

《天義報》一九〇六年九月一日第六期《公權〈社會主義講習會第一次開會記事〉》　本年六月，劉君光漢、張君繼因中國人民僅知民族主義，不計民生之疾苦，不求根本之革命，乃創設社會主義講習會以討論此旨。於日曆八月三十一日開第一次大會於牛込赤城元町清風亭，會員到者九十餘人，遂於午後一時開會。

先由劉君光漢布告開會之宗旨，略謂今日為社會主義講習會開會第一次，但吾輩之宗旨，不僅以實行社會主義為止，乃以無政府為目的者也。無政府主義，於學理最為圓滿。如徵之歷史，則原人平等，無政治之組織。繼因人民信神，雄黠者托神以愚民，民因信神之故而尊之，是為君長之始。有君長然後一切階級制度因之而生。又上古之初，人民之於百物，均自為自用，無督制供給二統系。繼因兩族相爭，勝者處於督制統系，敗者處於供給統系，是為人類異業之始。由是言之，名位不平等，由於智詐愚，職業不平等，由於强凌弱。今觀於原人之平等，則知政府非不可無。其證一也。更徵之心理，無論何人，其心理之發現者，一為嫉忌心，一為惻隱心。嫉忌心者，惡人之出己上，或欲己之上與彼齊，或欲人之退與己平；惻隱心者，閔人之不若己，欲援之使與己平。是證人類之中，有平等之理性。本此心而擴充之，足以促人類平等，此人類不甘有政府之徵。其證二也。更徵之科學。觀視天然界，昔人以太陽為世界中心，今則科學愈進，有倡空間無中心之説。空間既無中心，則人類妄指政府為中央機關者，出於謬想。又空氣蔓延空間，無復畛域，則今之區畫一隅土地，而稱為國家者，亦為謬想。又觀之動物植物界，雖蟲蟻之微，均有互相扶助之威情，故昔之倡進化論者，揭物類因互相扶助而進化。物類互相扶助，出於天性，不因强迫而生，則人類互相扶助，奚待法律之强迫哉！況植物甲拆之初，若瓦石障其上，則其根必避瓦石之障礙，轉向他方以遂其茁[illegible]人類避障礙之心而充之，則政府必應消滅。其證三也。有此三證，則人類必當無政府明矣。況今日之世界，政府之於人民，固有莫大之壓力，即資本家之於雇工，强種之於弱種，亦以橫暴相凌。推其原因，則一由政府保護資本家，一由政府欲逞野心。政府之罪，上通於天，誠萬惡之原也。故歐美各國，漸倡無政府之論。然歐美各國無政府，其事較難，而中國無政府則其事較易。何則？中國數千年之政治出於儒道二家之學説，儒道二家之學説主於放任，故中國之政治主放任而不主干涉。明曰專制，實則上不親民，民不信官，法律不過具文，官吏僅同虛設，無一真有權之人，亦無一真奉法之人。上之於下，視若草木鳥獸，任其自生自滅；下之於上，視若獰鬼惡神，可近而不可親。名曰有政府，實與無政府無異。其所以不去帝王政府官吏者，則以人人意中，迷信尊卑上下，以為自然之天則。使人人去其階級之觀念，由服從易為抵抗，則由放任之政府，一變而為無政府，夫復何難之有哉！故世界無政府，以中國為最易，亦當以中國為最先。若排滿主義雖與無政府不同，然今之政府既為滿人所組織，而滿漢之間又極不平等，則吾人之排滿，即係排帝王，即係顛復政府，即係排特權，正與無政府主義之行事相合。惟無政府優於排滿者，亦有三端：僅言民族主義，則必貴己族而賤他族，易流為民族帝國主義。若言無政府，則今日之排滿，在於排滿人之特權，而不在於伸漢族之特權，其善一也。僅言民族革命，則革命之後，仍有欲得特權之希望，則革命亦出於私。若言無政府，則革命以後，無絲毫權利之可圖，於此而猶思革命，則革命出於真誠，其善二也。今之言排滿革命者，僅系學生及會黨，儻成功由於少數之民，則享幸福者，亦為少數之民；若言無政府，必以勞動組合為權輿，使全國之農工，悉具抗力，則革命出於多數人民，而革命以後，亦必多數人民均享幸福，其善三也。大約僅言無政府，則種族革命該於其中，僅言種族革命，決不足以該革命之全。此吾輩所由以無政府為目的也。惟無政府以後，必行共產，共產以後，必行均力，而未行革命以前，則聯合農工，組合勞動社會，實為今日之要務。然欲達此目的，勢必於全國民生之疾苦，悉行調查，此實與社會主義無異者也。惟吾輩不欲以社會主義為止境耳。此今日開會之宗旨也。願與諸君共勉之。

次由張君繼報告此次開會在於詮明無政府主義。次由日本□□□□君演説。□□君演説既終，劉君光漢復起而言曰：據□□君所言，於政府之弊、無政府之利，言之最詳。幸中國近日，尚為放任之政府。以今日之人心，無一非崇拜强權，無論滿洲立憲，無論排滿以後另立新政府，勢必舉歐美日本之僞文明推行於中國，使放任之政府變為干涉之政府。則□□君所謂法律、租税、官吏、警察、資本家之弊，無一不足以病民，而中國人民愈無自由，愈無幸福，較之今日，尤為苦困。故吾輩之意，惟欲於滿洲政府顛覆後，即行無政府，決不欲於排滿以後，另立新政府也。

次由何女士震演説，謂吾於一切學術，均甚懷疑，惟迷信無政府主義，故創辦天義報，一面言男女平等，一面言無政府。蓋無政府之目的，在於人類平等及人無特權。若男女平等，亦係人類平等之一端，女子争平等，亦係抵抗特權之一端，并非二主義相背也。特無政府主義，不僅恃空言也，尤重實行。現世界無政府黨，以俄國為最盛。俄國無政府黨，其進步分三時期：一為言論時代，二為運動時代，三為暗殺時代。今中國欲實行無政府，於以上三事，均宜同時并做。即使同志無多，亦可依個人意志而行，以實行暗殺。蓋今日欲行無政府革命，必以暗殺為首務也。

次劉君光漢提議：今日開會後，擬每星期中，舉行講習會一次。其講習之科目，一為無政府主義及社會主義學術，一為無政府黨歷史，一為中國民生問題，一為社會學。由中外各國績學家講演，并可隨時質問。如有各國民黨至東京者，亦開會請其演説，衆皆贊成。

時天色已薄暮，遂由張君繼宣布散會。

新式商人社團部

綜　述

《東方雜誌》第一卷第七號《廣東商務局聯合商羣》　商務局通行各商家共一百餘行，諭令公舉行內董事數人為代表，擬俟舉定後，着聯合各行，建立一公同會館，以便聯絡商情，研究商業云。夫中國商情散渙，無論各行之中，不相交通即。一行之中，亦隱若敵國，互相傾軋，互相猜忌。以有此現象也，處商戰劇烈之時代！不能合大羣以與外界相競爭，而復分崩離析以自耗其內界之能力。嗚呼！此中國商務之所以不振也。

《時務報・務農會公啓光緒二十二年十一月一日》　一、本會籌集款項在江浙兩省地方購田試辦，惟需款浩繁，尚冀四方同志解囊慨助，以成此舉，所購之田，即作為會中公產。

一、同志捐助之款，統由時務報館代收，按句登報，以徵信實。

一、擬聘請化學師一人，辨別土宜，並酌購外洋機器農具，為中國所不可少者，以佐人力之不逮。（泰西人工極貴，故事事須用機器，中國工價甚廉，可不藉機器之力，然人力不勝之處，亦非機器不可。）

一、農之為義，兼耕牧言，本會除樹藝五穀外，博採中外各種植物，一一試種，兼及飼養牲魚等事，以廣利源。

一、每年收款除開支薪水等項外，陸續添置田畝，繙釋農書，並刱刻農學報章，專譯各國農務諸報，及本會開辦後一切情形。將來試辦有效，即開設製造糖酒等廠，稟請設立農務學堂。

一、每年出入款項，匯録登入本報，以杜浮銷，報章未行以前，則登時務報。

一、此舉雖用西法，然耕植飼養，仍用本處農人，並不奪其固有之利。

一、海內同志願入會者，請將台銜住址開寄時務報館，以便遇事公同商酌。

一、試辦之時，如有聰穎子弟情願從學者，可至本會學習，不收束脩，自備飯食，將來學成，即可派充各處分教席等職。（西國農部各員，無不由農學學堂出身者。）

一、此係初擬簡要章程，俟開辦有期再訂細章。

上處繼振玉　會稽徐樹闌　如皋朱祖榮　吳縣蔣黻　公啓

論說

《警鐘報·論商會倚賴政府一九〇四年四月十九日》 中國商人素無合羣思想，故數千年來，未有佔歷史之榮光者。其所以無合羣思想者，一由於箇人利己之心太重，一由於政府待商之法太苛。因是富商大賈，生於中國之競爭界，幾不為社會所容。觀於民分四等，商居其末，又漢制商人不得衣絲乘車，可以知其流品污下，無與此數者矣。近以歐化磅礴，我商人亦稍稍用其抵制之術，於是創設公司，利用機器講求生產製造之術者，大有其人。且不僅為一己之私起見，行將合大羣以為之商會。商會之立，其為中國商業史之第一紀元乎？雖然，吾不謂中國不宜立商會，而惜中國商會不能如歐美之完備。何則？中國人之性質，除依賴政府外，別無固結團體成獨立自治之規模者，又焉能集多數視綫短淺之青盲，使之縱觀域外大勢乎？今姑勿論其結果何如，若其發起之原因已有不堪告人者矣。吾始以為二、三志士恨於外患日亟，起而為同盟自衛之計，果有漢沙市府之精神，今則草幄灰綫，已呈變幻離奇不可思議之現象。嗚呼！中國之所謂商會者，亦若是已矣。吾將決其有百害而無一利也。

然則商會果不可立乎？曰，是何言？美人之拒母國也以商會，英人之墟印度也以商會，商會亦何負於人國哉？要之有，獨立自治之力則可，無獨立自治之力而徒欲依賴政府，以博頭等顧問官之榮名，則吾猶見其害而不見利也，可不早辨哉！

張謇《張季子九録》卷一《商會議》 天下之大，本在農。今日之先務，在商。不商則農無輸產之功，不會則商無校能之地。各行省宜有總會，各府宜有分會，分會有長。長考府轄之縣最王之產，最良之產，與風尚之華樸，民俗之勤惰，工作之精粗，市情之消長，各列為表，度其所宜興、宜革、宜變之故，斟酌其如何革、如何興、如何變之辦法，聞於總會。總會有督，督考長之所考，而決其行止，聞於總督、巡撫。總督、巡撫為之主持保護。主持二事，一為之籌督成效，一為之考察盈虛；保護二事，一寬初辦之稅捐，一禁官吏之侵擾。而其要有二：宜朝廷主之一，立簡易法，一備補助費簡易法。曰，凡事聽民自便，官為持護。聽民自便，官為持護，則無論開□也，興墾也，機器製造也，凡與商務為表裏，無一而不興也。補助費曰，仿德國、日本章程，由各省總會會同督、撫量集公司，或數十萬或百萬，補商力初辦之不足，助商力已辦之不給。目前商民，既挾素不信官之心，又無倉卒舉辦之力，可令各省酌留昭信股票款十分之一二於外，定為專款，覈以課程，責成承領之人，限以應領之數，示以生息繳還之法，如是而民知國家廓然大公，果有通商惠工之意，則無利不興矣。

農會興而後工會可得而言，工會每省得一二處足矣。其為農工之去路，則在商會，事宜先籌，猶治水之從下流始也。農務商務者，民生得喪之林，即吏治修墜之鏡，日言變法，而不於吏治民生是務，未見其有益矣，願在位之熟計之也。

科技社團部

綜述

《知新報·務農會章光緒二十三年三月二十一日》 農學為富國之本中土農學，不講已久，近上海同志諸君，創設農學會，擬復古意，采用西法，與天地自然之利，植國家富强之原，甚盛舉也。茲蒙寄到開辦章程，謹登諸報，以供衆覽。

一、農居四民之一，雖與工商並稱，然必地面生材饒裕，方能講求工作，推廣貿易，則農實為工商之本。中國壤土之沃甲地球，乃漢唐以後，民趨末富，不究根源，致士夫不辨菽麥，農民賤於輿儓，土壤不闢，水利不脩，耕畜之技日拙，收權之效逾微。使再閱數十年，將並從前之農法農理盡失靡遺，可懼孰甚！中國患貧久矣，謀富者頗不乏人，要不出開礦製造經商等事，此固當務之為急，然循流溯源，則農尤先務。同人不揣固陋，立會海上，講求此事，將以廣樹藝，興畜牧，究新法，濬利源，上以酬朝廷飢渴之意，下以盡草野芹暴之忱，海內賢達，尚同此懷。

二、農學門逕廣博，約舉其要，厥有六端：曰農、曰圃、曰林、曰澤、水產物及取水薄為肥務之類曰畜牧、業養六畜及養魚育龜養蜂之類曰釀造，造酒製糖榨酒焙茶紡綿剝麻製果刻舔製絲熬樟腦作染料之類凡此諸端，皆所講肄。

三、古人農事最重，《周官》所載，任土辨物，理教粲然，後世以農為賤業，於是有農事無農學，一切辨土宜、興水利、製肥料、防螟蝗等事，雖叩之躬親南畝者，亦茫然不能措對，不知其法，遑論其理。今本會繙譯歐美日本各種農書、農報，刱立報章，俾中國士夫咸知以化學攷地質，改土壤，求光熱，以機器資灌溉，精製造之法之理，所有辦法，別具細章。

四、《易》占麗澤，《詩》詠他山，凡興大利，貴合衆知。同人以蟲負之身，任鼇載之重，惟願所冀同志日集，共襄盛舉，倘在遐方，亦可時惠尺書，遙商庶事。凡願與會者，乞賜示銜名住址，俾按先後列入報章。

五、本會應辦之事，門類繁多，貲用甚巨，勢難豫籌，兹先捐集款項，刱立報章，其他各事，俟刱辦時酌訂章程，先期登報，以期集事。

六、中國曠土所在彌望，滿蒙西藏等處無論矣。各行省內地，若山、陝、川、粵未闢之利，隨在皆是，即腹內各省，江、皖、湘、鄂人烟稠密之所，亦多棄地。蓋因粵匪亂後，水利就湮，荒萊失治。又沿海、沿江、沿湖，漲地日出不窮，若皆理而治之，其利不可勝計。本會擬籌款開闢各地，先自就近之地始，將來所闢之田，即為本會公產，以備興辦學堂等一切正用。

七、種植畜牧之法，土法之迂緩粗淺，泰西之靈捷精善，有識者共知之。然無徵不信，共喻為難，本會竢得地後，相厥土宜，如沙地宜棉，墝地宜桑，下澤宜稻，高寒之土宜麥與高粱，草萊灌聚之地宜牧之類，悉用新法試辦，一二年後，成效可觀，旁觀益知效法。又古法之區田、代田，本朝亦有試行者，得穀多寡，言人人殊，如能試辦，亦資閱歷。如會外之人，曾經以新法試辦者，乞函示情形受益無量。

八、中國農器，仍二千年之舊製，而日益苦窳。泰西所用機器，則皆精巧靈捷，有火力、馬力、人力之別，火力所費不貲，且中國人工甚賤，視四圍工值，迥不相侔，火機暫可不用。而馬力、人力各器具，則不可少，如中國犂耕僅及數寸，而西國之犂，則深至五尺。每具價不過十餘元。凡是之類，不勝枚舉。本會購買各種器具，試驗果靈捷合宜，即如式仿造，以利民用。

九、農田得穀之多寡，紡織得絲之美惡，牛羊牧養之贏碩固關人力，亦須先求善種。泰西凡農田所在之處，皆有售嘉種所，畜蠶之家，必先以顯微鏡視蠶身心無病，方許傳種，畜產亦先求善種之配合。本會一本西人成法，設售穀所，驗蠶種處，及購求西國大馬與各畜。

十、俟樹藝畜牧漸著成效，即設廠製造，如前項所述，造糖釀酒各事，推廣利源。

十一、事無巨細，非學不成，況農學事理繁賾，尤必開學肄習講求。光熱圖算，水化動植物等學，而化學動植物學尤要，必須聘化學師一人，化驗土質，動植物學師一人，研究各物體性，先立一堂，日漸推廣，必使農田所在，皆有學堂，負耒之民，咸知新理新法，所有細章，尚容續擬。

十二、泰西一藝一物之微，必有賽會，各操所業以相比賽，褒勤警惰，厥意甚善。本會亦擬分種植畜牧製造各類，設賽會所以驗良苦，以求新理。

《時務報·梁啓超〈醫學善會序光緒二十三年八月十一日〉》 南皮先生序不纏足會，窮極流弊，乃曰：數十百年以後，吾華之民，幾何不馴致人人為病夫，家家有侏儒，盡受殊方異族之蹂踐魚肉，而不能與校也。啓超受而三復，貽然以驚，明然以悲，曰：嗟乎，古之欲强其國者，十年而後生聚之，蓋殖民若斯之難哉！中國孳育之繁甲大地，雖紀紀有刀兵，歲歲有旱溢，月月有癘疫，昔昔有水火，而此四萬萬人者，旋滅旋生，不增不減，歷數十年，恆以民數等於萬國之上；故為民上者，視其民為不足愛惜之物，聽其自休自養，自生自死，於高天厚地之內，而不一過問，而烏知乎其種之將瘠將弱，將稀將虜，將殄將絕，冥冥之間，隱受其毒，而不能救也。吾聞師之言曰：凡世界野蠻之極軌，惟有兵事，無有他事；凡世界文明之極軌，惟有醫學，無有它學。兵者、純乎君事者也，醫者、純乎民事者也。故言保民，必自醫學始。

英人之初變政也，首講求攝生之道，治病之法，而講全體，而講化學，而講植物學，而講道路，而講居宅，而講飲食多寡之率，而講衣服寒熱之准，而講工作久暫之刻，而講産孕，而講育嬰，而講養老，而講免疫，而講割紮。自一千八百四十二年以來，舉國若驚。普之將磬法也，日之將圖我也，為其國之大小，民之衆寡不敵也，於是倡為强種之説，學堂通課，皆兼衛生，舉國婦人，悉行體操；故其民也，筋幹强健，志氣遒烈，赴國事若私難，蹈鋒鏑若甘餌，國之勃然，蓋有由也。

今中國之户口誠衆矣，然西人推算，凡地球生人之率，大都每五十年而增一倍。乃吾國自乾嘉以來，人數即號稱四萬萬，迄今垂七十餘年，未有增益，以丁酉列國歲計政要所記載，有不過三萬八千六百萬。見《知新報》此何故歟？一歲之中，其坐藥誤而死者，不知幾何人？疾本可治，而不解治之之道，束手聽其坐斃者，不知幾何人？坐道路不潔，居宅不精，飲食不浄，感召疫癘，坐病致死者，不知幾何人？坐父母有病，受質尫弱，未及年而死者，不知幾何人？胎産不講，坐孕育而母死，或胎落者，不知幾何人？故蘖生雖繁，而以每百人中較其死亡多寡之率，則亦遠甲於大地。嗚呼，彼死於無醫，與死於醫者，其數之多，巧曆不能算也。泰西新史攬要云，當道光廿二年，英廷派員專查通國受病之由及醫學，據報云，當英國戰事最酷之時，其傷亡之兵士，尚不及沾染積毒藥物不救而死者之多，苟公家能設美法以衛民生講明醫學，以防藥誤，則每年之獲救者不下三四萬人。故以民數計，中國數十年來，恆冠萬國，以每方里所有民數計，則中國每二十年必有所減，今且等居第六矣。此亦西國户口漸增，而中國户口漸少之萌兆也。蘖生雖繁，又可恃耶？而況今之所謂四萬萬者，又復稟賦日薄，軀幹不偉，志氣頹靡，壽命多夭，亦南皮先生序語中。然則國究何取乎有此民哉？而不見夫蠶乎？中國以蠶務冠絕天下，近歲以來，蠶之患椒末瘟黄軟病者，所在皆是，西方之講蠶學者，謂不及今整頓，則中國蠶種絕矣，即不爾，而作繭無力，一眠即死，雖有蠶如無蠶矣。

嗟乎，物固有之，人亦宜然。故不求保種之道，則無以存中國，保種之道有二：一曰學以保其心靈，二曰醫以保其軀殼。今舉四萬萬人之心靈，而委諸學究之手；舉四萬萬人之軀殼，而委諸庸醫之手；是牽其國為盲瞽之行，為尸居之氣，若之何其不愚且弱也。今即靡論及此，抑古人有言，死生亦大矣，人當晏居康樂，從容仁壽，則相與習焉忘焉云爾，一旦有霜露之侵，寒暑之失，飲食之道，陰陽之患，方其展轉床褥，疾痛慘怛，呼號呻吟，或乃素所親愛，若老父慈母，手足昆弟，嬌妻愛子，若平生一二肝膽相共，骨肉相親之師友親戚，倏忽感沴戾生病，乃至涕唾泗洟，生死呼吸之頃，苟有神醫一舉而起之，雖南面王之樂，不以易此；此天下無智無愚，無賢無不肖之所同心也。

今中國所在，京國都會，以至十室之邑，三家之村，固靡不有以醫鳴者；詢其為學也，則全體部位之勿知，風土燥溼之勿辨，植物性用之勿識，病證名目之勿諳，胸中有坊本歌括數則，筆下有通行藥名數十，遂嚻然以醫自命。偶值天幸，療治一二顯者獲愈，而國手之名，遂噪於時，今之所謂醫者，皆此類也。若乃一二賢士大夫，其措心於中國醫學，及古醫書，講求鑽研，探悟新理，或受庸醫之誤，而發憤肆力此業，以救天下者，雖未始無其人，顧未克讀海外之書，廣集思之益。加以道路闔隔，財貲微薄，即有所心得，而刊布無力，濟世未能，坐使其賢其仁無由公之於同類，彼疾者昕生夕作環而待命，又不可以須臾緩也；利害切身，急何能擇，於是向所謂都會村邑之以醫鳴者，遂得以持其短長。若而人也，則皆粗識字略解文理，學為八股八韻而不能就者，乃始棄而從事於此途。今夫醫也者，天下至貴之業，最精極微之學，億萬人生死之所由繫也。而八股八韻者，天下至賤之業，至鄙至俚之學，愚陋庸下，人所有事者也。今其人之聰明才力，並此至鄙至俚之學，愚陋庸下人之所優為者，猶且學焉而不能就，乃忽焉而期以窮精極微，忽焉而舉其身，若其所親愛老父慈母手足昆弟嬌妻愛子，若肝膽骨肉之師友親戚，而懸性命決生死於此輩之手，此何異居腹飲鴆以自戕，舉其所親受者而手刃之也。

嗚呼，此四萬萬人中，其死於是者歲不知幾萬億人，吾靡得而稽焉。乃若其所知者，若亡友曹著偉氏，名澄，廣東南海人，甲午十月卒，年二十四。吳鐵樵氏，名樵，四川達縣人，丁酉四月卒，年三十二。其智慧志氣才力學行，皆一世所無也。咸以尋常微細，無足重輕之病，受庸醫進毒劑，數日之間，痛楚以死。以前古神聖之呵護，天下豪傑之想望，挽留之而不得，一庸醫斷送之而有餘，天下事之痛心疾首，張目切齒，孰過是也。嗟乎，醫學既已不講，生其間者，幸而終身無病，則苟免焉，卒有不幸，陰陽寒暑之冒犯，則已舍其身為釜中魚，為俎上肉，聽醫者之烹治臠割，而不能以自有。其不治也，視為固然；其痊也，則孤注之偶一得者也，可不懼哉？可不痛哉？雖然，此罪醫者，醫者不任受也。古之醫者，方伎之略，列於藝文，惠濟之方，頒自天子，其重之也如是。西國醫學，列為專科，中學學成，乃得從事。今中士既不以醫齒於士類，士之稍自重稍有智慧者，皆莫肯就此業。醫師之官不設，無十全為上之獎，無十失四五之罰，坐聽天下之無賴，持此為倚市糊口之術，殺人如麻，又何怪歟？

鐵樵之弟曰仲弢，憫茲學之廢墜，悼厥兄之慘酷，發大心願，欲采中西之理法，選聰慧之童孺，開一學堂以昌斯道，而屬余述其所由，質諸天下，議方倡未就也。余在廣坐中，慷慨哀激，論保種之道，次述仲弢之所志，臨桂龍君積之，忽從座起，涕泗長跪而言曰：此舉若昌，某願粉身碎骨相贊助，某家計雖淡泊，願悉所有以其半養母，而散其半以就此事，以報先君於地下。余驚起長跪問故？則君子尊甫於客歲忠痢為醫者所誤，庸志以沒，積之方澈歲自怨艾，以未嘗學醫，為莫大罪，其痛心疾首，張目切齒，蓋息息與仲弢有同心也。

梁啓超曰：天下之為人子弟，而與仲弢、積之共此憯怛者，奚啻千萬？吾度其苟有人心者，其必志兩君之所志，哀悼憤恨，思有以一埽庸醫之毒，以謝其父兄，而惜乎獨力之不克舉，又無人焉振臂號呼以集其事也。抑庸醫之病天下，天下稍有識者，皆能道之，顧以為其害未必即在我，是用漠焉淡焉，置之而已。抑豈不聞緩急者人之所時有也，萬一事起倉卒，命在瞬息，大索其良者不可得，乃不得不委而棄之於庸醫之手，彼時噬臍，雖悔何及？《詩》不云乎，迨天之未陰雨，徹彼桑土，綢繆牖户，亦烏知夫誰氏當罹其害，而誰氏當蒙其利乎？今將誓合天下孝子悌弟之與仲弢。積之同其痛者，與夫仁人志士之自愛其身，與其所親者，與夫一時賢士大夫之讀中西醫書有所心得，而亟欲廣仁心仁術於天下者，壹心羣策，昌此善舉。能效其力，富效其財，大以救種族之式微，小以開藝術之新派，遠以拯來者之急難，近以殺兩君之私痛，開醫會以通海內海外之見聞，刊醫報以甄中法西法之美善，立醫學堂選高才之士，以究其精微，設醫院循博施之義以濟貧乏，凡厥條理，別具專篇，海內好善之君子，其諸有樂於是歟？

《萬國公報·青年會之宗旨利益説》一九〇七年五月 按青年會有二大宗旨，三大利益。二大宗旨者：曰順天，曰愛人，順天者敬天，愛人者成人。太甲曰：顧諟天之明命。又曰：順天者存。學而曰：泛愛衆而親仁。又曰：節用而愛人。青年會之宗旨，大抵不外此數語。三大利益者：曰德育，曰體育，曰智育。德育則自治植品而已，體育以健身軀，智育如演説、閱書報、及研究科學之類。今各有均有是會，然實濫觴於英國倫敦，支分派衍，幾遍全球，覘世風者知進步焉。先是有倫敦鄉野某少年者，貨殖於城市中，以闤闠之間，風俗頹靡，隨波逐流，比比皆是，少年微不過夥友，智不出野人，乃慮澆風之易染，而慨獨處之無儔，欲藉衆志，砥立中流，於是糾合二三人，互相規戒，互相切磋，組織一會，期克自治，并以勸人，名曰青年，蓋志實也。會中規則謹嚴，燦然大備，事既成立，同業咸受感動，不為外誘所奪，勢力膨脹，來者日多，始僅倫敦城中，翹然特出，繼則各處咸設分會，推波助瀾，雲集響應。至於他國亦皆有之。凡有是會之處，不獨人受其益，即國亦蒙受其庥。顧人之所以受益者，豈曰位高多金，足為宗族交游光寵也哉，亦在能保護人不令受害而已。譬有一鄉人，本無外好，一旦入五都之市，不覺目眩神迷，而是會之人，則事理皆明，既無慮此，而其他亦必能了然於胸。譬如印度人至華，或華人至歐美，奔走數閲月，跋涉數萬里，俱不免有舉目無親之感，而一入是會，則起居有處，招待有人，即其他之風土人情，亦必有為之引導，异國直如一家。方十一、二、三、四世紀時，猶太人旅居各國，悉致巨富，其故何歟？蓋猶人星羅棋布，無不有無相通，其在英者可助在法之猶人，在法者可助在俄之猶人，非特庚癸無虞，且書信銀錢，又極靈通周轉。青年會之設立，亦大抵如是。彼國有是會，此國亦有是會，四海一堂，權力極大，人才由是出，國勢由是興，世之有是青年會者，豈僅曰四海之内皆為兄弟而已，亦將如猶太人之於各國相助之益，使人人有相親相愛之忱，其國庶有易乎。嗚呼！列强紛争，兵機殘害，酷烈慘殺，暗無天日，至今日而已極。所謂順天愛人二者安在乎？而復可論乎他。夫國家有不可自失之時機，即人生有不可自廢之材力，今中國維新立憲，明詔叠頒，正百億青年大有為之日，而華胄四百兆，留學萬餘人，上下一心，孜孜圖治，亦復宵旰惕厲，抑若不敢稍失此青年，觀於端午帥遣使代表之意可知矣。時哉不可失，老大徒傷悲，使中國人人能以午帥之心為心，則青年奮起，旦暮可期，吾將於是會青年人卜之矣。

秘密會黨部

綜　述

《陝西同州府諮文》　特授陝西同州府正堂加五級，紀録十次文，為咨會事。

光緒十三年正月初十日，奉潼商道文，札開：本年正月初四日准臬司咨，光緒十二年十二月二十一日奉陝西巡撫部院葉札，案准兩廣總督部堂張咨開，案據廣東肇陽羅道潘俊猷，署肇慶協副將黄金福，肇慶府紹榮，署高安縣王崧會稟稱：竊哥老會首李世潰，潛來肇慶府城，糾黨入會，希圖滋事。先據練兵副哨營長李勝亮探報，并經職道等訪問密商拿辦。八月十一日夜，卑職金福，卑職崧偵訪明確，即於是夜亥刻帶同練兵副哨營長李勝亮，謝兆熊，勇目梁杰，督率兵勇步行，馳詣縣城東門外學前街環秀書屋芹香試館，嚴密圍捕，當場拿獲會首李世潰即明海，伙匪華春祥即章春華，朱雲升即鳳彬，劉德升即廖得升、陳楷忠，同住客店之朱瑶芳即朱友方共六名，并獲洋布八卦圖一百餘張，及諜令旗、寶劍、符咒、圖板、僞職名册、奇門遁甲等件。業經卑職崧會同卑職金福，先將獲犯訊供情形，專摺通稟，并由職道俊猷、卑府紹榮、卑職金福電稟，請撥輪船提案訊辦。

十五日接奉憲台電諭：即獲在會匪首李世潰甚密速可嘉，訊供，即在肇慶郡正法，不必解省，以免疏虞。伙匪同辦。張令函已閲，八卦圖片驗過，督署等因。奉此。職道等遵於十六日會同提犯復訊。據李世潰即明海供認，充當哥老會五山首領，會黨計百餘人，入會者給八卦圖一張，量能授職處之。華春祥即章春華供認，聽糾入會，授職新副頭目不諱。均屬形同叛匪，未免稽誅，即於是日，遵照憲臺電諭，飭卑職崧會同卑職金福先將李世潰、華春祥二犯押赴市曹正法，梟首示衆。

十七日復提劉德升即廖得升、朱云升、陳楷忠三犯研訊，堅稱并無入會情事，但該三犯形迹可疑，是否畏罪狡展，容再督同卑職崧詳細研鞫，以免枉縱。其朱瑶芳即朱友方一犯，八月初十日甫到肇城，僅與同姓不宗之朱雲升在客店住宿一夜，該犯與李世潰等并非同黨，亦無聽糾入會，隔別研訊，供詞相同。職道等復詳加密訪，所供尚屬可信。已將朱瑶芳交保領釋，以省拖累。華春祥供開分往三水縣西南地方，及廣西梧州糾人入會之胡茂清、吕玉成、廖雲龍三犯，職道等已飭卑職崧移會各縣一休嚴拿究辦。一面出示曉諭，責成紳耆，約束子弟，勿任聽人煽惑，滋生事端，民情極為鎮定，堪以上慰塵懷。

緣奉前因，合將訊明正法之李世潰、華春祥兩犯備録供摺，并照抄僞職名册，稟繳憲台察核，俯賜咨行各省，并通飭各屬按照册内有名各犯嚴密偵緝，以絶根株，其餘會黨甚衆，類皆誘脅，應請概免深究，以安反側，實為德便。

再，華春祥臨刑向李世潰稱説：該犯等『前在江南，山西鬧了多少大事，尚且逃走。不料死在肇慶，真正不值』等語。又僞職名册内年貌籍貫，提訊李世潰、華春祥二犯，抵死不招。合并附陳。計呈李世潰、華春祥供摺一扣，照抄僞職名册一本等由到本部堂。據此，查哥老會匪首李世潰等，既經該協縣不動聲色，即行擒獲，由道訊明，就地懲辦，洵足以遏亂萌。惟伙黨尚多，亟應通行嚴緝，以絶根株。除稟批回，及札柬臬司遵照，將李世潰、華春祥二犯供詞核明辦理，并通飭各屬按照册内有名及供開各犯，嚴密偵緝，務獲究辦，以絶根株，毋稍疏懈，致貽後患。暨分咨各省，飭屬一體嚴緝究辦外，相應咨會，為此合咨，請煩查照，希即一體嚴緝究辦，以絕根株，施行等因到院行司。奉此，合就移緝，為此合移，煩照來移及粘單內事理，希即通飭所屬一體嚴拿，務獲具報施行等因到道。准此。合行札緝等因轉行到府。奉此。合行飭緝。札到該縣，查照來粘札事，粘單內事理，刻即一體嚴拿，務獲具報。勿違！此札。

計粘單一紙　右札仰朝邑縣准此

光緒十三年三月初一日（押同州府朱文漢滿合文印）

按此原札共兩張，白棉紙摺叠式，真書，騎縫皆有同州府印。

謹將會同訊明，先行正法，會匪李世潰、華春祥供摺開列呈電。

供詞

計開

李世潰供：年四十三歲，湖南長沙府湘鄉縣人，父親已故，母親朱氏年七十六歲，兄弟二人，小的居長，弟郎李仁發外出身故，小的來廣東找尋，未知下落。妻子亦故。小的從前在南京督標右營當勇，勇名是明海，由江南來廣東已有三年之久，在省寓居仙湖街華寧里魁巷各客寓。去年曾到瓊州販賣條絲烟，本年三月回省，仍住華寧里各客寓。今於八月初一日到肇慶，在學前客寓住有十餘天。小的作哥老會首領已有五六年，入會約有百餘人，各處人皆有入會，惟省城最多，進會以八卦圖一張為憑，量材授職。凡入此會者，須察其人是否真心，三五月後，再到關帝廟歃血盟誓，方給憑據，另編字號，給與同會兄弟為記，分路招結。小的係來龍、四方、金龍、青龍、寶華、天寶等山首領，即是開山頭人。小的食長齋十餘年，曾拜揚州廣參和尚為師，學佛法，欲行善事，因洋人作亂，經彭宮保懸立重賞，小的故行此會，欲與皇家出力，剿滅洋人，冀得大功，并非謀反。凡有兄弟搶劫，小的時常勸諭不可。小的因見人心不古，欲行此會以遏奸巧，但入會者諒其身家，聽其資助。會內有大、小之分。第一首領稱大哥，次之總坐、香長、護印、坐堂、護劍、陪堂、明堂、禮堂、管堂、執堂、行堂、新副、軍師，皇候、紅旗、巡風、大八、大九、大滿、小滿等名號。小的因肇慶無多事，欲於十三日往梧州，今不幸被拿到案，命該如此。小的一人作事一身當，甘願治罪，與現同被獲人是無干涉，不宜連累他們，今蒙審訊，據實供明。見蒙獲敝案之文具盔內八卦圖、名印各東西均是小的之物。乞求開恩，將他們餘人超釋。小的願領罪就是。

華春祥供：年三十七歲，江蘇揚州府甘泉縣人。父親華景祺年六十一歲，母親徐氏年六十三歲，娶妻常氏，未有子，小的祖籍安徽。小的於去年夏間來粵東行醫，賣膏藥度日。今年四月來肇慶一次，未住幾天回省。七月十四日又來肇慶，因四月間曾醫朱鳳彬病，與朱鳳彬相識，此次來肇慶與他同住。八月初一日，天寶等山首領李世潰到肇，住在小的間壁，到小的這邊食飯。小的於前年入天寶山哥老會，派職新副，係第三等頭目。尚有天寶山洋字號頭目胡茂清於前五六日，同雙龍山首領吕玉成往西南招結兄弟。又有廖雲龍係雙龍山、天寶山仁字號頭目，亦於前幾日往梧州招結兄弟。這胡茂清係湖南省人，年四十一歲，身材高大，面無麻疤。吕玉成係湖南省人，年三十八歲，身材高，清瘦面無麻疤。廖雲龍係湖南省人，年四十一歲，身材肥大，右面有刀傷。這李世潰聞說在天津犯過事，逃來廣東。去年冬間，伊着小的往惠州稔山招結匪人，因年近歲暮，各人未應承，答以今年春再商議，小的後來也未去那處。說話人名，小的是忘記。我外江人，話彼此皆不大懂，係何人名，小的實記不清楚。哥老會各省皆有，以廣東而論，雙龍山人數最多，天寶山亦有一萬幾千人。雙龍山之人欲謀江山，天寶山欲滅番鬼，同國家出力。此次到肇慶入會不過幾十人。此會要看明入會之人是否真心，至少百日後到武廟歃血盟誓，方給八卦圖。憑據在身，江湖無人欺負，到處有飯吃的好處。入會之時，香資聽人，給與不給，亦不計較。內口號係『英雄蓋世』，外口號係『四海揚名』，山名天寶，堂名地靈，香名五岳，水名四海。小的這里只有僞職冊，并無兄弟人名細冊，細冊在世潰處，不知藏於何所。這李世潰有人稱說他已保提督，有人稱說他并無功名。朱瑶芳初十晚始來肇，陳楷忠、劉德升來肇不過幾日。朱鳳彬、劉德升雖想入會，未到百日不知其心，是以未給憑據與他。今被拿獲，據實供明，求開恩就是。

謹將哥老會首領李世潰等僞職名冊抄録呈電。

哥老會職名冊并序

蓋聞人生天地之間，人倫居首，忠孝為本，禮義為先，上伏為貴，指實為憑，交妾為高，海誓為重，先有朋友知交，而然後有手足之情。聖人云，惟孝友於兄弟。今與四海英雄，風雲逐會，協力同心，結為异姓知己兄弟，生死相顧，患難相扶，而尤效桃園之義氣，逞瓦崗之威風，體梁山之根本，體聖人之德意。二月二日龍抬頭，咱們兄弟挂金牌，三月三日桃花開，衆星齊赴蟠桃會，三二進香初六出，五湖四海任雲游，九洲豪杰同遂義，萬姓相扶慶千秋。是以序也。

都統來龍、四方、青龍、金龍、寶華、天寶等山首領李世潰正氣代天行化

總坐羅鵬翥總理天寶大元帥

曾必得代理天寶大元帥、總理天寶都元帥

譚新城（銜挖掉）

劉雲輝（銜挖掉）

香長李建朝、王玉林均長理天寶大元帥

護印羅永鑫志字號大元帥

李錫鈞協理大元帥

坐堂龍金榜調理天寶大元帥

坐堂朱三元英字號大元帥

坐堂譚金魁雄字號大元帥

坐堂吴春林龍字號大元帥

護劍葛連琴、彭成龍均護理天寶大元帥

陪堂唐友山萊字號大元帥兼天寶大元帥

陪堂肖子山湖字號大元帥

陪堂易晚華上字號大元帥兼理天寶大元帥

明堂施契秋、陳進寶均威鎮天寶大元帥

明堂許有源威鎮天寶大元帥

明堂林耀彩威鎮天寶大元帥

禮堂許有源心字號天寶大元帥

禮堂唐有山海字號天寶大元帥

禮堂胡海清恩字號天寶大元帥證理天寶大元帥

禮堂楊鳳山山字號天寶大元帥

禮堂曾蘭亭證理天寶大元帥

管堂周海門、李友弟均管理天寶大元帥

執堂郭桂林、曾玉山均執掌天寶大元帥

執堂顔楚漢真字號大元帥

行堂熊春廷點字號大元帥

行堂肖鳳翥國字號大元帥

行堂楊起發行理天寶大元帥

行堂胡宏光堃字號大元帥

行堂彭秀廷封字號大元帥

行堂黄事軒遥字號大元帥

行堂郭典山樂字號大元帥

行堂李國棟體字號大元帥

新副劉鎮東親字號大元帥

新副李仕魁仙字號大元帥

新副唐松岳蓬字號大元帥

新副陶漢臣志字號大元帥

新副張桂和迴字號大元帥

新副黄文斌、龍玉海均遥字號副元帥

新副　羅昆山、黎宏彪、朱貴斌，周連瑞、王有山，軍師陳玉清、羅昆山、鄧恒南、曾省山、劉福雲、方文彪、張復勝、王春臺、張文斌、孫榮華、俞連興、聶周吾、胡國安、萬鶴樓、雷鳴春、李玉宏。

皇候　楊炳卿、華春祥、何文斌、常書林、黎宏彪、朱松林、王惠臣、李云芳、王玉堂、曾復勝、龍書卿、傅高庭、李玉堂、田松林、李玉宏、袁遠程、陳玉堂、劉永清、漆福生、黄金榜、謝玉閣、劉月卿、楊金堂、李玉華、姚唐林、王鎮龍、袁聖仁。

《秦隴復漢軍調遣步馬礮交工輜各標營隊總都督張雲山諭民白話檄》

兄弟是洪字號多年，又入了革命黨的。并不是我反教，因為同是滅旗興漢，本來不必分，所以重立了一個三合會。這三合會，是三家合在一起，同辦一事。滅了仇敵，奪回漢家江山，與先人争一口氣。如今我陝西的旗

人算是殺盡了，不知外省都是怎麽樣，還不敢説太平無事的話。可恨我們弟兄不明大義，竟然混鬧起來，這豈是我會興漢滅旗的意思嗎？中國漢人原是一個先人，所以同是弟兄相待。弟兄受旗韃子害，眼看見不救，叫不得人。把旗韃子害除了，弟兄們自己殘害自己，那真是禽獸不如，還叫得人嗎？在這些傻東西心里説，如今没世事了，誰利害誰占便宜，搶些東西過幾天好日子。我問你既然没世事，就搶下東西，你還得安然過嗎？頭到有了世事，你們做過去的事，恐怕不穩當。俗語説没有三年不漏的草房，那時節王法不得過去。縱然没人覺察，你知道天理能容不能容？你莫説會里的人有人護救。要知道你犯了會里的法條，壞了會里的名聲，會里就不認你為弟兄。怎麽呢？我們這會，本為救漢人的，在旗韃子，把我們叫賊；在我先人，就看我是賢子孫；在我國民，就看我是最得力的好弟兄。正大光明，為明復仇，豈是做賊作亂來的。若旗韃子不害漢人，我也不忍這樣殺他；他殘害漢人，雖然名為皇上，其實合賊一樣，我就不能不殺。你想我殺旗人為怎的，你們害自己人，簡直就是賊了，我還把你能當兄弟看待嗎？我很想把世事治成太平景象。你若是好弟兄，應該替大哥幫忙安民，教生意人莊稼人都照常好好兒做，安安然然，大家同享太平，也顯得我們仁義。人常説魚安水安，一個不安，大家都不得安。把現在的情形看看就知道了：搶人的耽心受怕，不保甚麽時候爛了，把銀子也不敢往出使，教人搶了的，想這些賊，比滿洲韃子還可惡，將來要想報仇；就是没教人搶的，有生意也不敢做，有糧食也不敢糶，鬧得路斷人稀。莫説百姓人拿帖子換不下錢，拿錢買不下東西，就是大哥也要困死到城里，這都是你們干的好事。照這樣我怕咱們革人家的命，將來人又要革咱們的命。你們没見識，不知道利害，把百姓看的不要緊。世上頂不敢得罪的是百姓。失了百姓的心，皇上家都保不住江山，况且你們那些草命，還值甚麽？我話説完了，你們做好人，便是我的兄弟；你們做歹人，便是賊。王法天理，都不得過去。你休怪我無情，定把你們合旗人是一樣處法。今與你早早兒告訴明白，莫到日後發悔。此諭。

黄帝紀元四千六百零九年九月廿八日

胡裕春《湖南鄒縣會匪記附鄭菊舫〈平寇俚言〉四首》 光緒十九年十二月二十四日，會匪鄧世恩等，在湖南酃縣十都、十一都圖謀起事，有挑米人龍宗漢路過，被世恩攔獲，擬於二十六日將龍宗漢祭旗。宗漢口滑，許以情願入會，并許村中軍器甚多，村衆皆願入伙。二十五日鄧世恩飭伊子鄧桂蘭及匪黨凌德芳、林富榮、黄仁三等至宗漢村内，宗漢呼村衆當將鄧桂蘭捉獲送酃縣。鄧世恩聞風逃至龍泉縣大井、小井等處，復招湘省安仁會匪趙飛龍、龍泉縣石圍子會匪李亞四、永寧縣會匪黄三祥，各率黨羽齊集大小井，意圖先攻永寧，次攻酃縣救出鄧世恩兒子。大小井者，乃龍泉極邊之處，去龍城百八十里，離永寧七十里，離酃縣城百里，有大井、小井、上井、中井、下井五處，皆山谷幽僻，素為各處奸民藏匿之所。

匪等於本年正月初八日竪旗起事，初十日夜分由小井率衆起行，十一日午刻到永寧邊界之橋連村，十二日三更時分擁至永寧縣東門。當賊之未至也，鄭菊舫明府於臘月底正月初分諭四鄉舉辦團練，一面派親兵差役偵探。有得力兵役八人，於初八日探至小井，被匪用飛沙先撲其眼，八人皆遇害。初九日，如匪已起事，明府招募親兵四百名，挑選團勇三百五十名，添請蓮花營兵五十名，將守城事宜布置已定。明府晝夜巡視城垣，訓練鄉勇，鼓其膽氣，足無停履，口無停詞，城垣多備礮石，以為擊賊之用。

十二日三更時分，賊來圍城，其精鋭悉聚於東門，焚燒民房一間，火光燭天，賊揚旗擊鼓，角聲烏烏，開放槍炮猛攻。鄉勇亦放槍對擊，惟素未打靶，槍無准頭。明府馳至東門城垣，手札抬槍對准開放，擊斃頭旗賊一名。我衆歡呼，益增膽氣。自此明府訓各勇，槍必對准始發。終夜，擊傷賊七名，賊槍傷鄉勇一名。

十三日黎明，天恰大霧，賊正備早餐，攻稍懈。明府見賊有可乘，請營汛守城，自率鄉勇開南門迎剿，城上衆聲吶喊，勇氣百倍，城外團勇聞聲接應，賊出不意，不敢戀戰。當時陣斬數十名，生擒六十四名，奪獲大旗二面，大炮二尊，抬槍兩管，小槍及刀矛無數。余賊紛紛逃竄，又被各鄉團勇擊斃無算，全股剿滅殆盡。

生擒之匪首鄧世恩據供：僞封兩都總管大天王，開的是九龍山忠義堂、太和水一品香。陣斬之匪者李鐘輝、李亞四，據鄧世恩供一僞封得王，一僞封大元帥，逃至永新被擒之匪首趙飛龍，據供是封天堂内之軍師，由鄠縣安仁等處帶來匪黨共二百二十餘人，到小井新得裹脅之衆，共六七百人。與官軍對敵時，裹脅之衆半已星散云云等供。

現時小井等處，均經官軍查搜，已無伏莽，四境肅清。此會匪起滅之大概情形也。

平寇俚言四首　鄭菊舫

陸起妖氛勢太横，萬山幽僻井蛙鳴。賊起於龍泉小井。壯夫竟死沙蟲劫，予先遣哨探兵差八人，皆死於賊。父老群驚草木兵。城鄉先數日搬徙一空。敢謂韜鈐能却敵，只憑忠義作干城。連宵親訓熊羆士，聽到樓頭鼓五更。

更鼓深宵數未終，狐嗥豕突到城東。武夫擁被猶高卧，賊至城下守營不知。賊黨揮戈已猛攻。旗影摇空孤月白，炮聲震地火光紅。官稱守土微軀賤，慷慨登陴氣自雄。

終夜思將大敵摧，轟然一擊斃渠魁。手發抬槍斃頭旗賊。呼來子弟皆强卒，所用皆鄉兵。用到輿台亦將材。家兵悉派督兵。決策幸能開壁壘，前驅怒欲走風雷。開城出戰，士卒甚勇。凱歌唱後烽烟净，此是生靈托命才。

兵事難言夙所知，私心别有昔賢師。猝逢事勢艱虞日，正是男兒奮發時。漫説微官忘報稱，幸逢良友共安危。幕友何、聞兩君同予督戰。寇平旋動看花興，我是疏狂杜牧之。

論說

《新世紀》第四十二期《去矣，與會黨為伍一九〇八年四月十一日》發難自平民，而竊獲其利樂者，則為一時之權貴，往古之革命然也。發難自平民，而均享幸福者，則為舉世之黎氓，今後革命之所期也。二者不問何居，革命主動，首推平民。此東西所共見，證諸理論，亦莫能易斯轍也。在今日論中國革命，更不問其或發願於政治之改革，或注目於社會之更新，事之前驅，舍平民揭竿斬木之外，更無他道。若世之奔走權貴，欲借大權以行『雨我公田，惠及我私』之政策者，多屬小人無耻之徒，不可與有言也。更進一步，言及無政府，則尤當規諸歸納學理。凡事由下積而上者率多真實，由上演而下者類為幻想。則無政府革命，直以平民之力，梃擊王庭，鋤刈豪右兼并之家。既革之後，仍以平民之力，組織各盡其能各取其需之社會，不使有以人治人之法，以人役人之政。其義旨合於公理。既合公理，則其理亦在於人心，知之本非艱也。然中國之民，久失教養，明斯道者，士君子林千無一二，况平民也乎。如斯則雖一旦政府崩喪，强者敗北，亦恐不能操久勝之權。更况平民之多數不明斯旨，政府之安然總如故也。

考究中國平民之能力，足以與有為者，則在乎其富於團結力。以其有團結力故，而秘密會黨之盛，甲於全球各國。故曰會黨者，中國平民之代表也。回觀往迹，會黨之能力發現於革命而奏偉業者，約有二端。一曰驅逐胡元。夫以胡元蹂躪歐亞之餘威，臨制文弱之中國，本易易也。然不逾百年，而使胡酋人去燕京，逃歸沙漠者，固非吮筆嚼字學士之力，亦不得僅云徐達、常遇春武士之功，實秘密會黨積威有以致之。當日之白蓮教，乃秘密會黨之著者，韓林兒、朱元璋輩亦不過彼黨之一分子耳。一曰反抗滿清。自滿清盜中國以來，其能反抗最力者，首推太平天國，人所熟知。然太平天國致盛之由，不得不推洪門結社之功。洪（有人云秀全并非洪姓，因加盟洪門，遂以洪為姓）、楊之徒，僅其一毫毛耳。據此二端，則中國會黨之力，實足為中國近史上之偉觀。往事已矣，即若今日，會黨之勢力仍足以左右中國之社會。在理教即昔日之白蓮，哥老會、三合會即昔日之洪門。試推會黨之原始，白蓮之稱，無從推究（或云起於東晋）。洪門之號，據彼中人謂，悉少陵五祖及陳近南之所開創云。五祖不知其何指，近南更不知其籍貫。以意察之，當悉明末遺民，哀中邦之陵夷，痛异族之淫暴，棄士冠而走入草澤，散資財以結納平民者。積年既久，反清復明之觀念遂浸潤平民之間，致成今日之盛。試披今日之報章，無一日無會黨之記事，良有以也。在理、三合、哥老無論矣，即若鹽梟、大刀會、小刀會、道友會以及東三省之馬胡子，名目繁多，屈指難數。總計其人，當亦不下百萬。滿清兵備，防會黨如防敵國，亦誠未有之奇。惜乎近世之文明尚未傳布於其間，故不能謂會黨於中國文明上有多少之價值。然政府時抱民心怨叛之慮，財政匱乏至如此極，尚不敢横征暴斂者，未始非會黨之賜也。且中國會黨較諸中上社會，其道義有可高貴。趨生避死，人之恒情，而中國之中上社會尤為甚焉。非謂會黨中人，皆可頂禮羅拜，然其視死如歸，大有古武士風。故雖政府日加以淫威，施以酷刑，而其盤據於通邑大都，出没於山澤江湖，未之或息。較諸吾黨數年以來，尚不能樹一威勢於内地者為何如耶！

歐美近年主張社會革命者，率以總罷工、非軍備二事為根本之作用。是誠可為吾輩師法。近年以來，中國工業漸有發達之兆。加以外資輸入，猶如倒河，開鑿礦山，敷設鐵路，不數年後，儼然一工業國也。然則從事於勞力之民，未嘗非今日之會黨，即未嘗不可時與有為。若前年萍鄉之役，豈非中國罷工之一大紀念乎。以烹刀門扉直捍軍隊之槍炮，較諸昔日法民之以椅几格官軍，未能分高下也。苟使罷工之説傳布於其人，非可限量者矣。至若軍備，中國之兵本未受忠君愛國之迷信，如歐美日本者。長江一帶，凡充當兵丁之人，亦大半來自會黨。故兵與會黨相冲突之事甚少，是以往之情形也。今也無識之徒，主張徵兵之説，將食歐美之餘毒，以病吾民，固當以非軍備之説以排斥之。排斥之法，從會黨下手，亦較最宜。因彼黨已占軍隊之多數，以一傳百，不恐其餘者不隨波而起。

當十九世紀之七十年代，俄國革命以『去矣，與人民為伍！』為標的，游説全國，革命風潮方能致今日之盛。近年歐西各國，盛主張工會主義，以團結勞力之民，推為社會革命之急務。百十志士，身入工場礦山，以傳布主義，誠偉觀也。繼今以往，中國欲革命成功，亦非設工會不可。但與其從新建設，何如就其所已有之會黨而改良之。倘得千百同志，投身會黨之中，持簡單之無政府共産，易其簡單之反清復明，以自由聯合之義，變其所謂正龍頭副龍頭階級之制，彼輩亦必樂從。因當今之會黨，多有忘其民族排外之觀念，而純為一種生存互助之團體者。證諸近年長江一帶之哥老會，凡在通商大埠之勞力者，莫不入黨，特因不入黨則在斯埠無立足之地，而入黨之後，尚得若干利益，即不懷一錢，可走遍長江。據此一端，亦可觀會黨互相協助之力，雖無歐美工黨之名，而誠有工黨之實。由其時懷造反之思想觀之，則又非德國派之社會黨所可比也。

嗚呼！哀吾華民，日受荼毒於專制政府之下，繼今以往，又必受新資本階級之奴役。不過數年，世之强者，争來陵辱，箠楚之聲，當遍山區水限。平民之疾苦，非可與歐美同日道者。苟不早日操戈以練敵對之方，則中國之會黨恐亦長此終古矣。故吾效昔日俄人之口吻，而亦大呼於衆曰：去矣，與會黨為伍！

政治思想總部

社會改革思潮部

學以經世致用說分部

論說

清・龔自珍《定盦全集・文集》卷上《乙丙之際箸議第六》 自周而上，一代之治，卽一代之學也；一代之學，皆一代王者開之也。有天下，更正朔，與天下相見，謂之王。佐王者，謂之宰。天下不可以口耳喻也，載之文字，謂之法，卽謂之書，謂之禮，其事謂之史。職以其法載之文字而宣之士民者，謂之太史，謂之卿大夫。天下聽從其言語，稱為本朝、奉租稅焉者，謂之民。民之識立法之意者，謂之士。士能推闡本朝之法意以相誡語者，謂之師儒。王之子孫大宗繼為王者，謂之後王。後王之世之聽言語奉租稅者，謂之後王之民。王、若宰、若大夫、若民相與以有成者，謂之治，謂之道。若士、若師儒法則先王、先冢宰之書以相講究者，謂之學。師儒所謂學有載之文者，亦謂之書。是道也，是學也，是治也，則一而已矣。乃若師儒有能兼通前代之法意，亦相誡語焉，則兼綜之能也，博聞之資也。上不必陳於其王，中不必采於其冢宰、其太史大夫，下不必信於其民。陳於王，采於宰，信於民，則必以誦本朝之法，讀本朝之書為率。師儒之替也，源一而流百焉，其書又百其流焉，其言又百其書焉。各守所聞，各欲措之當世之君民，則政教之末失也。雖然，亦皆出於其本朝之先王。是故司徒之官之後為儒，史官之後為道家老子氏，清廟之官之後為墨翟氏，行人之官之後為縱横鬼谷子氏，禮官之後為名家鄧析子氏、公孫龍氏，理官之後為法家申氏、韓氏。世之盛也，登於其朝，而習其揖讓，聞其鐘鼓，行於其野，經於其庠序，而肄其豆籩，契其文字。處則為佔畢弦誦，而出則為條教號令，在野則熟其祖宗之遺事，在朝則效忠於其子孫。夫是以齊民不敢與師儒齒，而國家甚賴有士。及其衰也，在朝者自昧其祖宗之遺法，而在庠序者猶得據所肄習以為言，抱殘守闕，纂一家之言，猶足以保一邦、善一國。孔子曰：『郁郁乎文哉，吾從周。』又曰：『吾不復夢見周公。』至於夏禮商禮，取識遺忘而已。以孔子之為儒而不高語前哲王，恐蔑本朝以干戾也。至於周及前漢，皆取前代之德功藝術，立一官以世之，或為立師，自《易》、《書》大訓雜家言，下及造車、為陶、醫、卜、星、祝、倉、庾之屬，使各食其姓之業，業修其舊。此雖盛天子之用心，然一代之大訓不在此也。後之為師儒不然。重於其君，君所以使民者則不知也；重於其民，民所以事君者則不知也。生不荷耰鋤，長不習吏事，故書雅記，十窺三四，昭代功德，瞠目未睹，上不與君處，下不與民處。由是士則別有士之淵藪者，儒則別有儒之林囿者，昧王霸之殊統，文質之異尚。其惑也，則且援古以刺今，囂然有聲氣矣。是故道德不一，風教不同，王治不下究，民隱不上達，國有養士之貲，士無報國之日，殆夫，殆夫！終必有受其患者，而非士之謂夫？

又《續集》卷一《尊史》 史之尊，非其職語言、司謗譽之謂，尊其心也。心何如而尊？善入。何者善入？天下山川形勢，人心風氣，土所宜，姓所貴，皆知之；國之祖宗之令，下逮吏胥之所守，皆知之。其於言禮、言兵、言政、言獄、言掌故、言文體、言人賢否，如其言家事，可為入矣。又如何而尊？善出。何者善出？天下山川形勢，人心風氣，土所宜，姓所貴，國之祖宗之令，下逮吏胥之所守，皆有聯事焉，皆非所專官。其於言禮、言兵、言政、言獄、言掌故、言文體、言人賢否，如優人在堂下，號咷舞歌，哀樂萬千，堂上觀者，肅然踞坐，眄睞而指點焉，可謂出矣。不善入者，非實録，垣外之耳，烏能治堂中之優也耶？則史之言，必有餘寱。不善出者，必無高情至論，優人哀樂萬千，手口沸羹，彼豈復能自言其哀樂也耶？則史之言，必有餘喘。是故欲為史，若為史之別子也者，毋寱毋喘，自尊其心。心尊，則其官尊矣，心尊，則其言尊矣。官尊言尊，則其人亦尊矣。尊之之所歸宿如何？曰：乃又有所大出入焉。何者大出入？曰：出乎史，入乎道，欲知大道，必先為史。此非我所聞，乃劉向、班固之所聞。向、固有徵乎？我徵之曰：古有柱下史老聃，卒為道家大宗。我無徵也歟哉？

又　卷二《古史鉤沈論二》　龔自珍曰：周之世官大者史。史之外無有語言焉；史之外無有文字焉；史之外無人倫品目焉。史存而周存，史亡而周亡。殷紂時，其史尹摯抱籍以歸於周；周之初，始為是官者，佚是也。周公、召公、太公，既勞周室，改質家躋於文家，置太史。史於百官，莫不有聯事，三宅之事，佚貳之，謂之四聖。蓋微夫上聖叡美，其孰任治是官也？是故儒者言六經，經之名，周之東有之。夫六經者，周史之宗子也。《易》也者，卜筮之史也；《書》也者，記言之史也；《春秋》也，記動之史也；《風》也者，史所采於民，而編之竹帛，付之司樂者也。《雅》、《頌》也者，史所采於士大夫也；《禮》也者，一代之律令，史職藏之故府，而時以詔王者也。小學也者，外史達之四方，瞽史諭之賓客之所為也。今夫宗伯雖掌禮，禮不可以口舌存，儒者得之史，非得之宗伯；樂雖司樂掌之，樂不可以口耳存，儒者得之史，非得之司樂。故曰：五經者，周史之大宗也。孔子歿，七十子不見用，衰世著書之徒，蠭出泉流，漢氏校録，撮為諸子，諸子也者，周史之小宗也。故夫道家者流，言稱辛甲、老聃；墨家者流，言稱尹佚；辛甲、尹佚官皆史，聃實為柱下史。若道家，若農家，若雜家，若陰陽家，若兵，若術數，若方技，其言皆稱神農、黄帝。神農、黄帝之書，又周史所職藏，所謂三皇、五帝之書者是也。老於禍福，熟於成敗，絜萬事之盈虚，窺至人之無競，名曰任照之史，宜為道家祖。綜於天時，明於大政，考夏時之等，以定民天，名曰任天之史，宜為農家祖。左執繩墨，右執規矩，篤信謙守，以待彈射，不使王枋弛，不使諸侯驕上，名曰任約劑之史，宜為法家祖。博觀羣言，既迹其所終始，又迹其所出入，不蒙一物之譏，不受諸侯蹈骫，使王政不清，庶物姦生，名曰任名之史，宜為名家祖。臚引羣術，愛古聚道，謙讓不敢刪定，整齊以待能者，名曰任文之史，宜為雜家祖。窺於道之大原，識於吉凶之端，明王事之貴因，一呼一吸，因事納諫，比物假事，不辭矯誣之刑，史之任諱惡者，於材最為下也，宜為陰陽家祖。近文章，妙語言，割榮以任簡，養怒以積辨，名曰任喻之史，宜為縱横家祖。抱大禹之訓，矯周文之偏，守而不戰，儉而不奪人，名曰任本之史，宜為墨家祖。五廟以觀怪，地天以觀通，六合之際，無所不儲，謂之任教之史，宜為小説家祖。劉向云道家及術數家出於史，不云餘家出於史。此知五緯、二十八宿異度，而不知其皆繫於天也；知江河異味，而不知皆麗於地也。故曰：諸子也者，周史之支孽小宗也。夏之亡也，孔子曰：『文獻杞不足徵。』傷夏史之亡也。殷之亡，曰：『文獻宋不足徵。』傷殷史之亡也。周之東也，孔子曰：『天子失官。』傷周之史亡也。滅人之國，必先去其史；隳人之枋，敗之綱紀，必先去其史；絶人之材，湮塞人之教，必先去其史；夷人之祖宗，必先去其史。周之東，其史官大罪四，小罪四，其大功三，小功三。帝魁以前，書莫備焉，鄭之君知之，楚之左史知之，周史不能存之，故傳者不雅馴，而雅馴者不傳，謂之大罪一。正考父得商之名頌十二於周，百年之間亡其七，太師亡其聲絃焉，太史又亡其節編焉，謂之大罪二。周之《雅頌》，義逸而荒，人逸而名亡，瞽所獻，燕享所歌，大抵斷章，作者之初指不在，瞀儒序《詩》，以斷章為初指，以諷諫為本義，以歌者為作者，史不能宣而明，謂之大罪三。有黄帝曆，有顓頊曆，有夏曆，有商曆，有周曆，有魯曆，有列國曆，七者，周天子不能同，列國赴告，各步其功，告朔怠終，乃亂而弗從；周享國久，八百餘祀，曆敝不改，是以失禮，是失官之大者，謂之大罪四。古之王者存三統，國有大疑，匪一祖是師，于夏于商，是參是謀；今《連山》、《歸藏》亡矣，三《易》弗具，孔子卒得坤乾於宋，亦弗得於周，史之小罪一。列國小學不明，聲音混茫，各操其方，微孔子之雅言，古韵其亡乎！史之小罪二。夫史籀作大篆，非廢倉頡也；周史不肯存古文，文少而字乃多矣，象形指事，十存三四，形聲相孳，千萬並起，古今困之；孔壁既彰，蝌斗煌煌，匪籀而倉，蓋憲章者文、武，而匪憲章宣王，史之小罪三。列國展禽、觀射父之徒，能言先王命祀，而周史儋乃附萇弘為神怪之言，不能修明，巫覡祝宗，不能共鬼神，燕昭、秦皇，淫祀漸興，儋、弘階之，妖孽是徵，史之小罪四。帝魁以降，百篇權輿，孔子削之，十倍是儲，雖頗闕不具，資糧有餘，史之大功一。孔子與左邱明乘以如周，獲百二十國之書，夫而後《春秋》作也，史之大功二。冠昏之殺，喪祭之等，大夫士之曲儀，咸以為數；夫舍數而言義，吾未之信也，故十七篇之完，亦危而完者也，史之大功三。周之時有推步之方，有占讖之學，其步疏，其占密，天官有書，先臣是傳，唐都、甘公，爰及談遷，是迹是宜，史之小功一。史秩下大夫，商高大夫，官必史也；自高以來，疇人守之，九章九數，幸而完，史之小功二。吾韙彼奠世繫者，能奠能守，有《曆譜牒》，有《世本》，竹帛咸舊，是故仲尼之徒，亦著《帝繫姓》，後千餘歲，江介之都，夸族之甚，史之小功三。夫功罪之際，存亡之會也，絕續之交也。天生孔子不後周，不先周也，存亡續絕，俾樞紐也。史有其官而亡其人，有其籍而亡其統，史統替夷，孔統修也，史無孔，雖美何待？孔無史，雖聖曷庸？由斯以譚，罪大亦可掩，功大亦可蒙也。孔雖歿，七十子雖不見用，王者之迹雖息，周曆不為不多，數不為不躋，府藏不為不富，沈敏辨異之士，不為不生，緒言緒行之迹，不為不竢，莊周隱於楚，墨翟傲於宋，孟軻端於齊、梁，公孫龍譁於齊、趙之間，苟況廢於道路，屈原淫于波濤，可謂有人矣！然而聖智不同材，典型不同國，擇言不同師，擇行不同志，擇名不同急，擇悲不同感；天吝材，材吝志，志吝器，器吝情，情吝名，名吝祖。夫周，自我史佚、辛甲、史籀、史聃、史伯而後，無聞人焉，魯自史克、史邱明而後，無聞人焉，此失其材也。七十子之徒，不之周而之列國，此失其志也。不以孔子之所憑藉者憑藉，此失其器也。三尺童子，眢儒小生。稱為儒者流則喜，稱為羣流則慍，此失其情也。號為治經則道尊，號為學史則道詘，此失其名也。知孔氏之聖，而不知周公、吏佚之聖，此失其祖也。夢夢我思之，如有一介故老，攘臂河洛，憫周之將亡也，與典籍之將失守也，搜三十王之右史，拾不傳之名氏，補詩書之隙罅，逸於後之剔鐘彝以求之者。以超辰之法，禨不顯之年月，定歲名之所在，逸於後之布七曆以求之者。為禮家之儒，為小節之師，為考訂之大宗，逸於後之彌縫同異以求之者。明象形，説指事，不比形聲，不譚孳生，雅本音，明本義，逸於後之據引申假借以求之者。本立政，作周官，述周法，正封建之里數，逸於後之雜眞偽以求之者。誦《詩》三百，篇綱於義，義綱於人，人綱於紀年，明著竹帛，逸於後之據斷章升諫以求之者。嗚呼！周道不可得而見矣，踏孔子之道求周道，得其憲章文、武者何事、夢周公者何心、吾從周者何學，逸於後之譚性命以求之者。辭七逸而不居，負六失而不衈，自珍於大道不敢承，抑萬幸而生其世，則願為其人歟！願為其人歟！

清·丁晏《石亭紀事·書包倦翁〈安吳四種〉後》 倦翁與余交契三十年。既成《安吳四種》，亟寄一部以示余，余讀其文，激宕遒美，其敷陳剴切，皆經世之言，有關國計民生，不為空疏無用之學。近儒之魁士名人也。余獨惜其好言利，以貽無窮之害。【略】嗚呼！讀書不過聖賢經傳，便成名儒。謂能得海外奇書者，妄也。治世不過古今，成法便為善俗。謂能建當時奇策者，尤妄也。《孟子》首戒言利，率由舊章。今之人好言利而輕改舊章，專與《孟子》相反，何其戾也！憶丙子秋，余在白下，吳門王亮生，示余《鈔幣芻言》，余不以為然。謂輕錢行鈔，必無利而有害。丙申春，余在都中，宜黃樹齋鴻臚示余《禁洋烟疏》稿，請塞漏卮以培國本。座客皆交口贊之。余獨嘿無一言，樹齋固問之。余曰：『不禁則民日以弱，中國必疲。禁則利在所爭，外夷必畔。且禁烟當以民命為重，不當計利。立法當以中國為先，不當擾夷。』座客亦不以余言為然。迄乎鈔法行而錢法大壞，洋烟禁而邊釁大開，孰非變法者作之俑乎？

清·魏源《古微堂集·外集》卷三《〈皇朝經世文編〉敍代賀方伯》

事必本夫心。璽一也，文見於朱者千萬如一。有璽籀篆而朱鳥迹者乎？有朱籀篆而璽鳥迹者乎？然無星之秤不可以程物，故輕重生權衡，非權衡生輕重。善言心者，必有驗於事矣。

法必本於人。轉五寸之轂，引重致千里；莫御之，跬步不前。然恃目巧，師意匠，般、爾不能閉造而出合。善言人者，必有資於法矣。今必本夫古。軒、撓上之甲子，千歲可坐致焉；然昨歲之曆，今歲而不可用，高、曾器物，不如祖、父之適宜。時愈近，勢愈切，聖人乘之，神明生焉，經緯起焉。善言古者，必有驗於今矣。物必本夫我。然兩物相摩而精者出焉，兩心相質而疑難形焉，兩疑相難而易簡出焉。《詩》曰：『秩秩大猷，聖人莫之，他人有心，予忖度之。』又曰：『周爰咨度』，『周爰咨謀』。古人不敢自恃其心也如是，古之善人夫人人之心，又善出其人人之心以自恢其心也如是。切焉劘焉，委焉輸焉，善言我者，必有乘於物矣。

蟠焉際焉之謂神，效焉法焉之謂事，創之因之謂之后、王、君、公；承之宣之謂之大夫、師、牧；役智、效能、分事，亹亹達之天下謂之府吏胥徒、農、工、商、賈、卒、伍。人積人之謂治；治相嬗成今古，有洿隆，有敝更之謂器與道。君、公、卿、士、庶人推本今世前世道器之洿隆所由然以自治外治，知從違、知參伍變化之謂學。學為師長，學為臣，學為士庶者也，格其心、身、家、國、天下之物，知奚以正，奚以脩，奚以齊且治平者也。

絶鉞，其好惡；教養，其喜樂；兵刑，其怒哀。亹亹乎經曲，淼淼乎精微，則遵、襲、循、守與創製同，諏、詢、謀、議與施措同，膠葛紛紜、至纖至悉與性命流行品物同。殺諸事則右史所述，賾諸言則左史所記。事者一成而不可易；言則得失粲矣，違從係矣，參伍具矣。先王以之備矇誦，知民務，集羣慮，研幾微，究中極；精極蜎蠖不為奧，博周倫物不為末，玄黄相反不為異，規矩重疊不為同。

故鳩聚本朝以來碩公、龐儒、俊士、畸民之言，都若干篇，為卷百有二十，為綱八，為目六十有三：言學之屬六，言治之屬五，言吏之屬八，言戶之屬十有二，言禮之屬九，言兵之屬十有二，言刑之屬三，言工之屬九；則龥理于邵陽魏君默深，告成於道光六年柔兆閹茂之仲冬也。

又 《内集》卷二《默觚下・治篇七》 不知人之短，不知人之長，不知人長中之短，不知人短中之長，則不可以用人，不可以教人。用人者，取人之長，辟人之短；教人者，成人之長，去人之短也。惟盡知己之所短，而後能去人之短，惟不恃己之所長而後能收人之長；不然，但取己所明而已，但取己所近而已。語有之，夜行者前其手，然而橋足也。開明於東而萬有皆燭，其不在窮理乎？《詩》曰：『他人有心，予忖度之。』知己知人之謂耶！

度内之事，中人可能；度外之功，非豪傑不能；世俗所謂度外，君子所謂性分内也。天下大事，或利于千萬世者，不必利于一時；或利于千萬人者，不必利于一夫；或利于千萬事者，不必利于一二端；故非任事之難，而排庸俗衆議之難。《詩》大小二《雅》，言『大猷』者二，言『遠猷』者二，言『壯猷』者一。何謂『大猷』？批窾導窾，迎刃而解，棋局一著勝人千百者是也。何謂『遠猷』？事機出耳目之表，利害及百十年之後者是也。何謂『壯猷』？非常之策，陳湯不奏於公卿；破格之功，班超不謀於從事；出奇冒險，不拘文法，不顧利害者是也。器不宏者不能勝大猷，識不裕者不能燭遠猷，識遠器大而無雄氣膽決者不能具壯猷。壯猷天授，不可學，器識可學而擴焉。彼安常習故之流，所安者目前，所知者陳例，所辟者嫌疑，得不震而疑，同聲而撓格者乎？《詩》曰『匪先民是程，匪大猶是經』，歎大猶之難成也；『出話不然，為猶不遠』，歎遠猶之多阻也。

古豪傑之用世，有行事可及而望不可及者，何哉？同恩而獨使人感，同威而獨使人畏，同功而其名獨震，同位而其勢獨崇，此必有出於事業名位之外者矣。有德望，有才望，有清望。晏平仲、柳下惠、汲黯、霍光、羊祜、謝安、高允，其德望歟！子臧、季札、魯仲連、楊震、李固、楊綰、元德秀，其清望歟！管仲、子產、信陵君、樂毅、賈誼、陳湯、祖逖、姚崇、李德裕，其才望歟！不寧惟是，鄧禹、孔融、劉備、劉琨，百戰百敗。而當時奸雄畏之，豪傑慕之，所至從者如歸市，此豈他人可强致者乎？國于天地，有與立焉。以天下之大，祖宗數百年之培養，而無一二魁壘耆碩之望，足係海内之人心，備國家之緩急，為四夷所讋服者，隱然鎮壓中外，如喬嶽干城之可恃，故國喬木之謂何？《詩》曰『行歸于周，萬民所望』，國有人之謂也；『洵有情兮，而無望兮』，國無人之謂也。

臨大事然後見才之難。何以見其難？曰：難其敏，難其周，難其暇也。事變之來，機不容發，事後追悟，與不悟同。人躊躇旬日始決者，此一見而立決之；人反復數百言不剖者，此片言立剖之；非天下至敏，其孰能與于斯？是非大較，可望而知也；利害曲折，非一望可知也。人僅悉其形，此并悉其情；人僅區處目前，此并旁燭未然，若數計而蓍卜；非天下至周，其孰能與于斯？震驚百里，匕鬯皆失，竭力應之，事應而力已殫，疇則行所無事，沛若有餘者乎？非天下至暇，其孰能與于斯？天下無事，庸人不庸人；天下非多難，豪傑不豪傑。九死之病，可以試醫；萬變之乘，可以試智。昭烈與曹操，張説與姚崇，料事同而遲速不同，一敏一不敏也；司馬懿服諸葛之營壘，亞夫備吳、楚于西北，一周一不周也。王坦之倒笏而謝安睹棋，一暇一不暇也。三者亦出于天，亦成于學；成于學者能晞其敏周，終難晞其暇豫。周公流言東征，《詩》不頌其多才多藝之敏、三吐三握之周，而惟曰：『公孫碩膚，赤舄几几。』几几，安也，安即暇之謂也。

有才臣，有能臣，世人動以能為才，非也。小事不糊塗之謂能，大事不糊塗之謂才。才臣疏節闊目，往往不可小知；能臣又近燭有餘，遠猷不足，可以佐承平，不可以勝大變。夫惟用才臣于廟堂，而能臣供其臂指，斯兩得之乎！臨大事，決大計，識足以應變，量足以鎮猝，氣足以攝衆，若張良、霍光、龐士元、謝安、陸贄、寇準、韓琦、李綱，其才臣歟！理繁剸劇，萬夫之稟，一目十行，五官並用，無留牘、無遁情，若趙廣漢、張敞、陶侃、劉晏，其能臣歟！至若兼才能而有之，若管仲、子產、蕭何、諸葛亮，尤古今不數人也；姚崇、張詠，抑其次也。欲求救時之相，非才臣不可。《詩》曰：『訏謨定命，遠猶辰告。』

又《治篇十》 人各有能有不能。孔融名節重一世，而敵遇袁、呂，每戰輒衄；張昭謇諤于東吳，而曹兵南下，惟勸迎降；石星直節震明代，及任本兵，日本之役惟調停賄款；故知承平直諒之士，難盡責以臨危應變之才也。有守不必有為，有為不皆有守。使責陳湯、桑維翰、趙普、劉鋋以廉介，責李勣、韋孝寬以忠義，其可覬乎？太師皇父，中興名將，蕩平淮夷，媲美方、召。而幽王之世，『擇三有事』，『以居徂向』，『不憖遺一老，俾守我王』，是猶上官桀力戰敢深入而不可托孤寄命也。是以明王任忠亮於台輔，付赳武於干城，易地則皆敗。《詩》曰：『人知其一，莫知其他。』

專以才取人，必致取利口；專以德取人，必致取鄉願。雖然，利口有二，鄉願亦有二：有不可大受而可小知之利口，君子在上，可驅策用之；若夫辯足以飾非炫聽，智足以舞文樹黨，警敏彊記，口若河懸，如張湯、荀勗、朱异、呂惠卿者，不可一日近，而究誰能不近之？有不可臨大節而可佐承平之鄉願，孔光、馮道、范質，平時不失為賢相；若夫深中厚貌，以小忠小信結主知，以曲謹小廉拒物議，欺世盜譽，靜言庸違，明主亦傾任而不疑，如龐萌、林甫、杞、檜者，不可一日容，而究誰能不容之？烏乎！世有君子，能遠無才之小人，未必能遠有才之小人也；能識毗陽之小人，未必能識毗陰之小人也。天生尤物，足以移人，堯、舜畏之，仲尼惡之，而欲燭神姦於後世之中主，不其難哉！《詩》曰：『荏苒柔木，君子樹之。往來行言，心焉數之。』《書》曰：『何畏乎？巧言令色孔壬。』

馬融之附梁冀，彈李固，絳帷女樂為之與？潘岳之附賈謐，陷愍、懷，園林絲竹為之與？蘇子所謂廉儉者士人之小節，而道誼大坊必以之為本，烏有宮室妻妾窮乏之不忘而能勿易其本心者乎？雖然，尚有不貪財色而獨貪權勢如公孫弘、王衍、王敦、盧杞、王安石、蔡卞其人者，尚有不貪權勢而獨惜身命如孔光、譙周、馮道、范質其人者，廉潔尚不足恃，矧不廉潔者乎？是以但輕財色為有廉，並輕權勢為有恥；辭受取予不苟為有廉，進退出處不苟為有恥。孔、孟之學，言恥不言廉，有以夫！《詩》曰：『尚不愧於屋漏。』

『既明且哲，以保其身』，何以異于孔光、公孫弘、胡廣之保身，而夫子獨許《烝民》之詩為知道耶？曰『邦國若否，仲山甫明之』，則模棱非所以保身矣；『衮職有闕，維仲山甫補之』，則逢長緘默非所以保身矣；柔不茹，剛不吐，彊禦矜寡不畏侮，則優柔養奸非所以保身矣。彼孔光、胡廣、公孫弘，何嘗不柔嘉而令色儀乎？何嘗不小心而式古訓力威儀乎？是非、利害、進退、出處之間，金錫、珉瑜立判焉。故知明哲保身，必大德不踰閑以為本。

費仲、飛廉不日蠱其君，則夏、商不亡而身亦不戮；囊瓦、宰嚭、李斯不賣國娼賢，則吳、楚、秦不亡而身亦免族；豎刁、易牙、王甫、曹節、李輔國、仇士良不日導人主於邪，則漢唐不亂而宦官亦不誅；林甫、杞、檜即不為奸臣，亦必位宰相，而臣主俱榮，身名俱泰，無冰山萬年之臭；小人亦何利而為此哉，君子亦何負而不為哉？烏乎！帝王利民，即所以利國也；大臣利國，即所以利家也；士庶人利人，即所以利己也。自王公大人下至馬庸沽保，未有終日濟人利物其心而不要天之祐者；自王公大人下至馬庸沽保，未有終日自私自利其心而不為天人之所惡者。《詩》曰：『南有樛木，甘瓠纍之』，『蔦與女蘿，施於松上』，烏有木僨而瓠不竄，松僵而蘿不悴者乎？『雨我公田，遂及我私』，烏有公田如雲，私田如焚者乎？

公孫弘以薦仲舒者傾仲舒，石顯以薦京房者擠京房，盧杞以薦顔眞卿者陷眞卿，以薦李揆者危李揆，皇甫以薦韓愈者坑韓愈，世主墮其術中而不悟。不寧惟是，鄧騭以朝歌賊橫，遂出虞詡長朝歌；梁冀以廣陵盜熾，遂出張綱守廣陵；其假手以快毒，今古固一轍也。而仲舒卒格驕主，李揆卒款吐蕃，韓愈卒服叛鎮，綱、詡卒平盜賊，皆適以成其功名；即京房、眞卿亦適以成其忠義，爭光日月。小人所為，亦何往不福君子哉！《詩》曰：『嘉我未老，鮮我方將，力方剛，經營四方。』

衰世險象論分部

論説

《龔自珍全集·平均篇》 龔子曰：有天下者，莫高於平之之尚也，其邃初乎！降是，安天下而已；又降是，與天下安而已；又降是，食天下而已。最上之世，君民聚醵然。三代之極其猶水，君取盂焉，臣取勺焉，民取卮焉。降是，則勺者下侵矣，卮者上侵矣。又降，則君取一石，民亦欲得一石，故或涸而踣。石而浮，則不平甚；涸而踣，則又不平甚。有天下者曰：吾欲為邃初，則取其浮者而挹之乎，不足者而注之乎！則爨然喙之矣。大略計之，浮不足之數相去愈遠，則亡愈速；去稍近，治亦稍速。千萬載治亂興亡之數，直以是券矣。

人心者，世俗之本也；世俗者，王運之本也。人心亡，則世俗壞；世俗壞，則王運中易。王者欲自為計，盍為人心世俗計矣。有如貧相軋，富相耀；貧者阽，富者安；貧者日愈傾，富者日愈壅。或以羨慕，或以憤怨，或以驕汰，或以嗇吝，澆漓詭異之俗，百出不可止，至極不祥之氣，鬱於天地之間，鬱之久乃必發為兵燧，為疫癘，生民噍類，靡有孑遺，人畜悲痛，鬼神思變置。其始，不過貧富不相齊之為之爾。小不相齊，漸至大不相齊；大不相齊，卽至喪天下。嗚呼！此貴乎操其本源，與隨其時而劑調之。

上有五氣，下有五行，民有五醜，物有五才，消焉息焉，渟焉決焉，王心而已矣。是故古者天子之禮：歲終，太師執律而告聲；月終，太史候望而告氣。東無陼水，西無陼財，南無陼粟，北無陼土，南無陼民，北無陼風，王心則平，聽平樂，百僚受福。其《詩》有之曰：『秉心塞淵，騋牝三千。』王心誠深平，畜產且騰躍衆多，而況於人乎！又有之曰：『皇之池，其馬歕沙，皇人威儀。』其次章曰：『皇之澤，其馬歕玉，皇人受榖。』言物產蕃庶，故人得肆威儀，茹內衆善，有善名也。太史告曰：東有陼水，西有陼財，南有陼粟，北有陼土，南有陼民，北有陼風，王心則不平，聽傾樂，乘欹車，握偏衡，百僚受戒，相天下之積重輕者而變易之。其《詩》有之曰：『相其陰陽，觀其流泉。』又曰：『度其夕陽。』言營度也。故積財粟之氣滯，滯多霧，民聲苦，苦傷惠；積民之氣淫，淫多雨，民聲囂，囂傷禮義；積土之氣耗，耗多日，民聲濁，濁傷智；積水積風，皆以其國瘥昏，官所掌也。且夫繼喪亡者，福祿之主；繼福祿者，危迫之主。語百姓曰：爾懼兵燹乎？則將起其高曾於九京而問之。懼荒饑乎？則有農夫在。上之繼福祿之盛者難矣哉！龔子曰：可以慮矣！可以慮，可以更，不可以驟。

且夫唐、虞之君，分一官，事一事，如是其諄也。民固未知貿遷，未能相有無，然君已懼矣。曰：後世有道吾民於富者，道吾民於貧者，莫如我自富貧之，猶可以收也。其《詩》曰：『不識不知，順帝之則。』夫堯固甚慮民之識知，莫如使民不識知，則順我也。水土平矣，男女生矣，三千年以還，何底之有？彼富貴至不急之物，賤貧者猶且筋力以成之，歲月以靡之，舍是則賤貧且無所託命。然而五家之堡必有肆，十家之邨必有賈，三十家之城必有商，若服妖之肆，若食妖之肆，若玩好妖之肆，男子咿唔求爵祿之肆，若盜聖賢市仁誼之肆，若女子鬻容之肆，肆有魁，賈有梟，商有賢桀，其心皆欲併十家、五家之財而有之，其智力雖不逮，其號既然矣。然而有天下者更之，則非號令也。有四挹四注：挹之天，挹之地，注之民；挹之民，注之天，注之地；挹之天，注之地；挹之地，注之天。其《詩》曰：『挹彼注茲，可以餴饎』；『豈弟君子，民之父母。』有三畏：畏旬、畏月、畏歲。有四不畏：大言不畏，細言不畏，浮言不畏，挾言不畏。而乃試之以至難之法，齊之以至信之刑，統之以至澹之心。龔子曰：有天下者，不十年幾於平矣。

越七年，乃作《農宗篇》，與此篇大指不同，並存之，不追改，使備一，聊自考也。乙未冬自記。

又《乙丙之際箸議第九》 吾聞深於《春秋》者，其論史也，曰：書契以降，世有三等，三等之世，皆觀其才；才之差，治世為一等，亂世為一等，衰世別為一等。衰世者，文類治世，名類治世，聲音笑貌類治世。黑白雜而五色可廢也，似治世之太素；宮羽淆而五聲可鑠也，似治世之希聲；道路荒而畔岸隳也，似治世之蕩蕩便便；人心混混而無口過也，似治世之不議。左無才相，右無才史，閫無才將，庠序無才士，隴無才民，廛無才工，衢無才商，抑巷無才偷，市無才駔，藪澤無才盜，則非但尟君子也，抑小人甚尟。當彼其世也，而才士與才民出，則百不才督之縛之，以至於戮之。戮之非刀、非鋸、非水火；文亦戮之，名亦戮之，聲音笑貌亦戮之。戮之權不告於君，不告於大夫，不宣於司市，君大夫亦不任受。其法亦不及要領，徒戮其心，戮其能憂心、能憤心、能思慮心、能作為心、能有廉恥心、能無渣滓心。又非一日而戮之，乃以漸，或三歲而戮之，十年而戮之，百年而戮之。才者自度將見戮，則蚤夜號以求治，求治而不得，悖悍者則蚤夜號以求亂。夫悖且悍，且睊然眮然以思世之一便已，才不可問矣，曏之倫聽有辭矣。然而起視其世，亂亦竟不遠矣。是故智者受三千年史氏之書，則能以良史之憂憂天下，憂不才而庸，如其憂才而悖；憂不才而衆憐，如其憂才而衆畏。履霜之屩，寒於堅冰；未雨之鳥，戚於飄搖；痺痨之疾，殆於癰疽；將萎之華，慘於槁木。三代神聖，不忍薄譎士勇夫，而厚豢駑羸，探世變也，聖之至也。

又《乙丙之際塾議第十七》 三代之立言也，各有世。世其言，守其法。察天文，刻章蔀，儲曆，編年月，書日，史氏之世言也；規天矩地，匡貌言，防狂僭，通蒙蔽，順陰陽，布時令，陳肅聖哲謀，教人主法天，公卿、師保、大臣之世言也；言凶，言祥，言天道，或譏，或否，羣史之世言也。羣史之法，頗隸太史氏，不見述於孔氏。孔氏上承《堯典》，下因魯史，修《春秋》，大書日食三十又六事，儲萬世之曆，不言凶灾。日食為凶灾，孰言之？《小雅》之詩人言之，七十子後學者言之，漢之羣臣博士言之。詩人之指，有瞽獻曲之義，本羣史之支流。又詩者，諷刺詼怪，連犿雜揉，旁寄高吟，未可為典正。七十子以後學者，言君后象日月，適見於天，日月為食，漢臣之所昉也。漢臣采雅記古儀官書，造《周禮》，又頗增益《左氏傳》，皆有伐鼓救天之文。衆儒咎時君，時君或自責，詔求直言，免三公，三公自免。大都君臣借天象傳古義，以交相儆也。厥意雖美，不得闌入孔氏家法。曰：古之公卿、師保、大臣、太史氏，不欲借天象儆人君歟？曰：立言各有緒，立教各有統，立官各有方，毋相借矣。大臣者，探本眞以奉君，過言有誅，矧旁飾奩言？故慎毋借言矣。夫恒暘而旱，恒雨而潦，恒燠恒寒而疵癘，妨田功，妖人民，古無步之之術，雖有占譣塗傳之言，取虛象，無準的，無程期，箕子推本狂僭，孔子直書水旱，目為凶灾宜矣。人主不學無藝能，雖借言以愚其君無所用；人主好學多藝能，必有能自察天文，步曆造儀者矣。將詰其臣曰：誠可步也，非凶灾；誠凶灾也，不可以步。借言者何以對？將大坐誣與謗。於是又有恒暘而旱，恒雨而潦，恒燠恒寒而疵癘，當儆人君，人君反不忌，雖箕子所寒心，孔子所危言，反坐誣與謗。言可以不中法乎哉！言可以不中法乎哉！其慎毋借言。後之擇言者何守？載筆治曆，守《春秋》；言咎徵，守箕子。

清·張際亮《張亨甫全集》卷三《答黃樹齋鴻臚書》 樹齋先生閣下：

前揭曉後，匆匆略報數言，未盡所懷。惠書內言，曾於上官蓉湖手寄兩書，至今竟未接讀也。閣下詩境日進，又聞洊升大鴻臚，此俱可喜。但以閣下存仁心、懷長才，正宜外任方面，使閭閻受無疆之福，而久任京秩，則非弟意中所顧望也。皇上勵精圖治過於文、景，而海內虛耗、官吏玩愒，良可憂懼。

今之外吏豈惟諱盜而已哉，其貪以浚民之脂膏，酷以干天之憤怒，舞文玩法以欺朝廷之耳目，雖痛哭流涕言之，不能盡其情狀。閩省一隅如是，天下亦大略可知也。為大府者，見黃金則喜；為縣令者，嚴刑非法以搜括邑之錢米，易金賄大府，以博其一喜。至於大飢人幾相食之後，猶借口徵糧，借名采買，驅迫婦女逃竄山谷，數日夜不敢歸里門，歸而雞豚牛犬一空矣。歸未數日，胥差又至矣，門丁又至矣，必罄盡其家產而後已。而尤甚者，紳衿之不安分者，則用爪牙，引為黨類，隨同至村落，別租一寓與今之公館相比近，而為富人被拘者進賄關說，瓜分其利。其安分者，則使之償一族之逋糧，管一里之采買；稍不如意則立加鎖押掌責，非惟不與買穀之官價而已，又須每穀一石另送令銀若干，胥吏門丁銀若干，始肯罷手。於是縣令將至某里，其一里之安分讀書者，亦遠避盡絕矣。然而又怒其不來迎送也，則搜及其室家，拘及其父母，皂快發牀攫篋，無所不至。至於少女投池，寡婦自縊，此等凶慘之狀，不知天日何在，雷霆何在，鬼神又何在！吾意天日之夢夢也，雷霆之喑啞也，鬼神之冥漠也。不然，未有不霆怒而奪其魄者。嗚呼！至矣，極矣，貪酷之毒無以加矣。以吾建寧一縣如是，則閩省他縣又可知矣。以敝邑僻在山陬，無官京朝者，無能上聞。父老欲控諸大府，然鑑於歷年欽［命］皆化實為虛，化大為小。況縣令又錢可通神，大府又受金箝心耶！其悲怨忿恨之情如弟者，略具血性，見見聞聞，刺骨傷心，惟有遠避凶人之鋒，獨灑賈生之淚而已。

清・梅曾亮《柏梘山房文集》卷三《送韓珠船序》 國家暢威德，西北控數萬里，而東南極海所界，蕃國朝貢及市易，罔有不恭，動靜作息，視我頤指。惟英吉利以醜夷顓顓，居西海陬芒，不知中國廣大，耆利昧生死，越國萬里，踔一船環叩海疆，作言求市，驚恐民吏，邊疆吏將以闌入邊關罪，罪之當也。天子獨察其胡賈，行無遠識，含養以禽獸土芥，不以生喜怒，褻我兵械，一使其言塞事阻，遷延卻退，常以無事。夫夷情之強弱馴暴，惟家南海久與為市者習之深，苟其有利害也，必先受。惟能言者不能知，能知者不能言，信於士大夫之耳，則懸隔漫度，妄生形聲，亦其宜也。

吾友韓珠船侍御，胸臆高遠，當官有聲。一旦乞假歸，定省於南海。交遊之士，皆祝君之壽其親而來朝疾也。昔合河孫文定公嘗徒步遊東南山水數千里，風俗人事政教之所宜，履行周咨，故後所建議，深植治體。今君之歸，其道途皆文定故所遊處，而習復舊貫，視昔賢較深，吾尤願其登之朝而為天子獻也。夫風俗、人事、政教之善弊然否，是朝廷所待言於諫官者也。區區一醜夷之情狀，誠不足以設心，然知之而能言之者，莫君若矣。吾將詢於其來以解羣惑，書以志之。

《魏源集・聖武記・敘》 荊楚以南，有積感之民焉。距生於乾隆征楚苗之前一歲，中更嘉慶征教匪、征海寇之歲，迄十八載畿輔靖賊之歲始貢京師。又迄道光征回疆之歲，始筮仕京師。京師，掌故海也，得借觀史館秘閣官書及士大夫私家著述、故老傳說，於是我生以後數大事及我生以前上訖國初數十大事，磊落乎耳目，旁薄乎胸臆，因以溯洄於民力物力之盛衰，人材、風俗進退消息之本末。晚僑江淮，海警飆忽，軍問沓至，憤然觸其中之所積，乃盡發其櫝藏，排比經緯，馳騁往復。先取其涉兵事及所論議若干篇，為十有四卷，統四十餘萬言，告成於海夷就款江寧之月。

乃敬敘其端曰：天地以五行戰陰陽，聖人飭五官，則戰勝於廟堂。戰勝廟堂者如之何？曰：聖清尚矣。請言聖清以前之事：今夫財用不足，國非貧，人材不競之謂貧；令不行於海外，國非羸，令不行於境內之謂羸。故先王不患財用而惟亟人材，不憂不逞志於四夷，而憂不逞志於四境。官無不材，則國楨富；境無廢令，則國柄強。楨富柄強，則以之詰奸，奸不處；以之治財，財不蠹；以之搜器，器不窳；以之練士，士無虛伍。如是，何患於四夷，何憂于禦侮！斯之謂折衝於尊俎。

嘗觀周、漢、唐、宋、金、元、明之中葉矣，瞻其闕，夫豈無懸令？詢其廷，夫豈無充位？人見其令雷行於九服，而不知其令未出階闥也；人見其材雲布乎九列十二牧。而不知其槁伏於灌莽也。無一政能伸軍法，則佚民玩；無一材堪充軍吏，則敖民狂；無一事非耗軍實，則四民皆荒。佚民玩，則畫箠不能令一羊；敖民狂，則蟄雷不能破一牆；四民皆荒。然且今日揖於堂，明日鬨於隍，後日胠於藏，以節制輕桓、文，以富強歸管、商，以火烈金肅議成湯，奚必更問其勝負於疆場矣！

更法改制論分部

論説

《龔自珍全集・乙丙之際箸議第七》 夏之既夷，豫假夫商所以興，夏不假六百年矣乎？商之既夷，豫假夫周所以興，商不假八百年矣乎？無八百年不夷之天下，天下有萬億年不夷之道。然而十年而夷，五十年而夷，則以拘一祖之法，憚千夫之議，聽其自陊，以俟踵興者之改圖爾。

一祖之法無不敝，千夫之議無不靡，與其贈來者以勁改革，孰若自改革？抑思我祖所以興，豈非革前代之敗耶？前代所以興，又非革前代之敗耶？何莽然其不一姓也？天何必不樂一姓耶？鬼何必不享一姓耶？奮之，奮之！將敗則豫師來姓，又將敗則豫師來姓。《易》曰：『窮則變，變則通，通則久。』非為黄帝以來六七姓括言之也，為一姓勸豫也。

又《明良論四》 庖丁之解牛，伯牙之操琴，羿之發羽，僚之弄丸，古之所謂神技也。戒庖丁之刀曰：多一割亦笞汝，少一割亦笞汝；韌伯牙之絃曰：汝今日必志於山，而勿水之思也；矯羿之弓，捉僚之丸曰：東顧勿西逐，西顧勿東逐，則四子者皆病。

人有疥癬之疾，則終日抑搔之，其瘡痏，則日夜撫摩之，猶懼未艾，手欲勿動不可得，而乃臥之以獨木，縛之以長繩，俾四肢不可以屈伸，則雖甚癢且甚痛，而亦冥心息慮以置之耳。何也？無所措術故也。

律令者，吏胥之所守也；政道者，天子與百官之所圖也。守律令而不敢變，吏胥之所以侍立而體卑也；行政道而惟吾意所欲為，天子百官之所以南面而權尊也。為天子者，訓迪其百官，使之共治吾天下，但責之以治天下之效，不必問其若之何而以為治，故唐、虞三代之天下無不治。治天下之書，莫尚於六經。六經所言，皆舉其理、明其意，而一切瑣屑牽制之術，無一字之存，可數端瞭也。

約束之，羈縻之，朝廷一二品之大臣，朝見而免冠，夕見而免冠，議處、察議之諭不絕於邸鈔。部臣工於綜核，吏部之議羣臣，都察院之議吏部也，靡月不有。府州縣官，左顧則罰俸至，右顧則降級至，左右顧則革職至，大抵逆億於所未然，而又絕不斠畫其所已然。其不罰不議者，例之所得行者，雖亦自有體要，然行之無大損大益。盛世所以期諸臣之意，果盡於是乎？恐後之有識者，謂率天下之大臣羣臣，而責之以吏胥之行也。一越乎是，則議處之，察議之，官司之命，且倒懸於吏胥之手。彼上下其手，以處夫羣臣之不合乎吏胥者，以為例如是，則雖天子之尊，不能與易，而羣臣果相戒以勿為官司之所為矣。夫聚大臣羣臣而為吏，又使吏得以操切大臣羣臣，雖聖如仲尼，才如管夷吾，直如史魚，忠如諸葛亮，猶不能以一日善其所為，而況以本無性情、本無學術之儕輩耶？

伏見今督、撫、司、道，雖無大賢之才，然奉公守法畏罪，亦云至矣，蔑以加矣！使奉公守法畏罪而遽可為治，何以今之天下尚有幾微之未及於古也？天下無巨細，一束之於不可破之例，則雖以總督之尊，而實不能以行一謀、專一事。夫乾綱貴裁斷，不貴端拱無為，亦論之似者也。然聖天子亦總其大端而已矣。至於內外大臣之權，殆亦不可以不重。權不重則氣不振，氣不振則偷，偷則敝。權不重則民不畏，不畏則狎，狎則變。待其敝且變，而急思所以救之，恐異日之破壞條例，將有甚焉者矣。

古之時，守令皆得以專戮，不告大官，大官得以自除辟吏。此其流弊，雖不可勝言，然而聖智在上，今日雖略仿古法而行之，未至擅威福也。仿古法以行之，正以救今日束縛之病。矯之而不過，且無病，奈之何不思更法，瑣瑣焉，屑屑焉，惟此之是行而不虞其陊也？聖天子赫然有意千載一時之治，刪棄文法，捐除科條，裁損吏議，親總其大綱大紀，以進退一世，而又命大臣以所當為，端羣臣以所當從。內外臣工有大罪，則以乾斷誅之，其小故則宥之，而勿苛細以繩其身。將見堂廉之地，所圖者大，所議者遠，所望者深，使天下後世，謂此盛世君臣之所有為，乃莫非盛德大業，而必非吏胥之私智所得而仰窺。則萬萬世屹立不敗之謀，實定於此。

清・吳嘉賓《求自得之室文鈔》卷四《錢法議》 道光己巳年科臣劉良駒疏言：銀貴錢賤，請銀錢並用事，下軍機大臣同戶部會議，章京汪本銓屬嘉賓襄檢成案定議，將上當事，以事體重大，請令各省督撫再議，遂不果行。嘉賓按：斯時國家無事而度支已形空竭，市中銀價日昂。言者以為由紋銀出洋，中國銀少所致，此猶飲水者憂天旱水涸，不知特釜中涸耳。國家歲入銀幾何未嘗少，奈用之無藝，與權之不得其當何？漢銀錫以飾器，不為幣，今乃專用銀，豈非以其易於積藏乎？朝廷以府庫積藏，天下之人，小者積以箱篋，大者積以甕窖。人情之所私，安得不貴？然而飢不可食，寒不可衣。假令天下以餘粟餘布相易，則彼何由而貴乎？今愈貴，而人愈欲得之，則貴將安底？若以錢權之，可以易粟，可以易布，書所謂『不貴異物，賤用物，民乃足也。』世疑用錢之不便，以其難於取攜也。然國家鼓鑄，以供天下之用，烏有不便之理？欲銀不貴，吾不貴銀而可矣。欲錢不賤，吾不賤錢而可矣，是在上者一轉移間。銀者天之所出，錢者上之所制，不用則廢，專用則絀，此一定之理也。謹録所議如左以俟擇。【略】

臣竊考國家之制，放錢則高於市價，收錢則低於市價，其損上益下如此。今以銀貴錢賤，欲為銀錢並用之法，必下以此輸，上以此放，方為兩得其平，而姦弊不生。查鄉来定價成案不一，市價則隨時隨地皆有不同。

康熙二十九年，議準制錢定例，每銀一兩，不得不足一千之數。此錢價貴，抑使不得過貴也。雍正七年論：『錢價過賤，民間貿易物價必致虧損，姦弊從此而起。每銀一兩祇許換大制錢一千。』此又錢價賤，禁之使不得過賤也。康熙六十一年，大、宛兩縣，設立官牙，議平錢價。雍正十二年，又令牙戶十日親身赴部報價一次，倘有聚集一處，私立罰規，暗中串通高擡價值者，送部治罪。至乾隆三年，錢行經紀，概行革除。凡錢銀交易，聽民自相買賣，倘有藉經紀名色從中阻撓者，所在地方官嚴拿究治。蓋國家之法，世輕世重。然雍正以來，迄今幾百年，錢價總不過一千一百文內外易銀一兩，未始非一時整頓之力。現在半年之間，銀價自一千五百文，驟長至二千文有零，謂非市儈串擡不可。牙行亦安可少哉？至於牙戶撓民撓公，常隨事創懲。市中錢多錢少，國家於收放之間，相度消息，錢法乃可行也。【略】

總之，官便用銀，不便用錢；民便用錢，不便用銀。銀價日貴，官上領皆銀，下發皆錢，尤以為便。凡規費給銀有定數者，較之往年嘗得一倍。故銀錢並行之説，阻撓者必多。不思民間嚮來用錢有定數者，今日受錢照舊，即虧折一半矣。然則立法者當便官乎？便民乎？又錢之難行者，以民間私鑄小錢攙雜使用，市儈因以為姦，不如銀色之有憑準。竊謂用錢當以觔兩權之，鑄錢輕重亦當以銅價準之，錢賤於銅，則有私燬之患；錢貴於銅，則有私鑄之患。小民圖利，非嚴法所能杜。惟使之無利，則自息。今市價銅一觔值錢三百有零，是錢二觔易銅一觔，而無私燬者，以錢攙砂鉛，不堪銅用故也。國家所以無慮折耗者，以滇銅有常額，工本有定數，運脚有定價不能減解多發也。然廠欠日深，津貼日重，皆由銅貴，所欠者皆國帑，所津貼者皆民膏，特上無由知耳。今滇銅運解稍遲，即誤卯額。若採買，則銅過貴，舊銅錢銷燬殆盡，砂錢易破碎，誠恐多用錢，而錢不敷用，且奈何？竊謂宜加鑄大錢。假如鑄當五當十錢，當五者宜重二錢四分，當十者宜重四錢八分，當五者銅三觔，為钱二百，值今錢一千；當十者銅三觔為錢一百，值今錢一千。今市價錢一千，買銅三觔，與今大錢適相當，私燬則不能多得銅，私鑄則不能多得錢。凡用錢者，祇以觔兩為準，不問官鑄私鑄，蓋直以銅交易耳。譬如色銀任市傾瀉，豈復有私鑄乎？然當五當十，較今錢輕，便至半，鼓鑄工本則較今

錢節省過半，此可以救錢少病也。欲籌錢法，先議銅政，國初滇銅未旺，所以搜銅者至矣。顧為今日計，滇省開採日久，地方已竭，舊礦漸盡，新礦難得，其難一也。各省開有銅礦，嚮來未實行開採，若欲發端，動多阻撓，其難二也。收買廢銅，折耗殊甚，禁用銅器，事更滋擾，其難三也。竊謂官員納銅，准免處分；百姓納銅，准贖徒罪，此可以收廢銅。各省開採，利歸業主，地方官但為禁止擾害，酌取十之二，此可以廣開採。滇省之銅，聽廠戶交納，照工本收買，蠲除積欠，與之更始，此可以蘇官累。各省收銅，各省自行開鑄，每鑄一錢，只用值一錢之銅，額外只加工本，用錢皆以秤稱，與用紋銀無異。舊銅重者一錢，當數錢之用，但去鉛錫鐵錢，又加大錢，亦用此法，私燬私鑄皆當不禁自息，如此則制錢乃可足矣。

八政一曰食，二曰貨。所謂貨，即泉也。古者百物皆以粟易，然粟不可以經久行遠，聖人制泉貨以為用，民始便矣。粟之多寡，民自制之；泉之輕重，上制之。末世用銀，而天下之制利權者在商賈市井，遂使上下交困，利於遷徙，不利於居者。奪上下之所自有，以事其所無，是教民使逐末，且長姦而誨盜，甚無謂也。今言者，但謂銀錢並用而已。竊謂當使民不用銀，而用錢；又不用錢，而用粟，乃可以復古也。顧其要，自善錢法始。謹議。

清·包世臣《安吳四種》卷二七《再答王亮生書》 鈔幣一事，足下研究數十年，乃為書刊布，近又以為尚有不盡者，更加探討，務求盡善。況復不自滿假，以稿本郵質，鄙人薄植淺識，豈宜當此？然真讀書人有心世事，固應如是精益求精。但當世學者，未見異人耳，欽佩之忱，無可言喻。然君子立言，必期可推行而無窒礙，以千里未接一面之人，再辱不恥之問，苟有異同，亦不敢不自竭其狂瞽以助高深也。鈔法上利國而下便民，事理至明白易曉。所可慮者，一則細民不信從，一則匪人為姦利。欲細民之信從，世臣前致淵甫書所云，未議行先議收，而收之莫如正供、常例二事盡之矣。然前書謂奇零乃雜用銀錢，未免重鈔輕幣。當以相半乃為善耳。杜匪人之姦利，世臣前答足下書所云，取高麗及貢宣兩紙之匠與料，領於中官，和合兩法為紙，即使中官習其法，而兩匠則終身不出，其紙既可垂久遠，而外間不得其法，無可作為，固已得其大端。然鈔

有大小，則紙亦隨之，雖至小之鈔，皆令四面毛邊，更考宋紙寬簾之法，使簾紋寬一寸以上，又用高麗髮牋之法，先製數大字於夾層之中，正反皆見，此為尤要也。足下徵引五六百年已事，並及成説，以明行鈔非衰世苟且之法，非小人務財用之舉，甚盛心也。大旨已明，不必更條分縷析，多列款目。條列一多，不能不少有得失。一有得失，則詘詘者爭持之以為阻撓之柄矣。

前明倪文貞十便之説，惟以銅盡鑄軍器一便，或當時機宜，未能懸揣。至銀實弊一便，其中具有妙用：一則足資歆動，一則實濟緩急。蓋緩急之時，鈔或不行，而銀則未有不行者也。輕重相權不相廢，為古今之至言。行鈔則以虛實相權者也，銀錢實而鈔虛。古人三幣之制，上幣想非民間所常行，黃金為中幣。而《漢書》曰：黃金一斤值錢萬，是仍以錢起數，則幣之流通者，惟刀布耳。唐以前銀止為器，其時銀產尚少也。近世以錢為國寶，而銀以便總統之用，至奪黃金之權，是地不愛寶，非人力所能輕重之也。惟一切以銀起數，而錢反聽命於銀，未免太阿倒持耳。足下欲於行鈔之後，即下廢銀之令，仍恐懷銀者失業，斟酌許其為器，取今值之一半。足下假藏鏹大萬，不數年即折閲其半，諒亦未甘從令也。且行鈔而廢銀，是為造虛而廢實，其可行乎哉？十數年内銀貴，而公私交病者，以僅以銀為幣，不惟珠玉黃金不為幣，而錢亦不為幣故也。今法，假銀罪止遣，私鑄則至殊死，是固重錢而輕銀已。民間稱富室曰『有錢』，下至博徒，無論大小攤場，皆曰『賭錢』，從未聞以銀為説者，是錢之當為幣也明甚。

然國家地丁課程，俸餉捐贖，無不以銀起數，民間買賣書券，十八九亦以銀起數，錢則視銀為高下，故銀之用廣，富貴家爭藏銀，銀日少。鹽米必需之物，商賈買之以銀，賣之以錢，故物價騰涌。欲救此弊，惟有專以錢為幣，一切公事，皆以錢起數，而以鈔為總統之用，輔錢之不及。然銀價久昂，制錢一千當銀一兩，例有明文，一旦改銀為錢，難免觖望，兵餉尤難調和。似宜將兵餉月給銀一兩者，改為給制錢千三百文，其他俸廉應支之項，皆酌改為舊準銀一兩者，制錢千二百文。統計現在春秋二撥，每年各直省報撥之項，約一千七百餘萬兩，當加出制錢四百萬千，每年正供雜款課程常例，歲入四千萬兩，以脚價為説，舊輸銀一兩者，改為制錢千二百文，羡耗同之，是每歲可加入錢八百萬千，出入相乘，有盈無絀。各省現征錢糧，至少之處，每兩收制錢一千八百文。經征官解司，一正一耗，加火工解費，每正銀一兩，須銀一兩一錢七八分方敷，而一千八百文不能得市價銀一兩一錢七八分，小民共知銀一兩錢一千之例，以千八百文輸官，怨讟已起，而官每兩尚須賠錢二三十文不等，若改為輸錢，是一正一耗，止須錢千三百二十文，此外則官可資為辦公之需，雖有貪吏，不能不減於舊數，民之從令，不待其辭之畢也。如是，乃可決行鈔矣。

造鈔既成，由部發各布政司，轉發州縣，州縣必立鈔局，與民平買賣，其水陸大鎮店去處，由司設局，大要賣鈔收銀，必照市價，傾鎔批解之費，不可以累州縣，宜據旬報為準，州縣以九四折解司，司以九七折解部，富民見行鈔之便，知銀價必日減，藏鏹必出，鏹出益多，而用銀處益少，銀價必驟減，然須消息盈虛，使至庫紋一兩準制錢一千而止。是其大綱，鈔宜始於一貫，一錠之數也，終於五十貫，一寶之數也。如尊説至千貫以便藏者，原行鈔之意，以代錢利轉移耳，非以教藏富也。尊議云：『造百萬即百萬，造千萬即千萬，是操不涸之源』云云。從來鈔法難行而易敗，正坐此耳。初屆造鈔，以足當一歲錢糧之半為度，陸續增造，至倍於歲入錢糧之數，循環出入，足利民用即止。行鈔之初，銀價尚昂，利之歸國者不過五成，銀價漸減，利可七成，大行之後，利可九成，凡官民相交之事，必有耗折，如近日收漕明加之比，豈可如尊議於鈔載明文，別加虛數，名為利民，更生枝節？凡善謀國者，奪奸民之利權，以其七歸之良民，而以其三歸之公上，事乃易行而可久，行鈔則主於攬兼并豪强及錢莊虛票之權，以歸之上，而其利則官與民各得其半，與他術稍殊耳。至於鈔紙上寫格言，選書手之説，以為富而寓教，則尤為隔膜，教亦多術矣。古書具在，何必此？若謂珍藏佳書，試問藏鈔者為藏錢耶？為藏書耶？唐之『開通』，宋之『大觀』，皆精書，世固有一二人寶玩之者，豈可通之齊民乎？

尊議又兼鑄當十當百大錢，以濟現錢之乏，而嚴銅禁以飭錢法云云。鈔法一行，則現錢足用，而私鑄自息。銅禁之嚴，莫如憲廟，其時政事，無不令行禁止者。而銅禁竟不能行，況可必於今日乎？當十當百，法雖自古，然唐以河北之故舉行之，深不便民，不數年皆準常錢當一乃已。而數年中，官費不償，民之受其害者已夥。又尊議盜賊得之而用於市，則立敗，及海洋載鴉片土來者，得吾鈔則不能行於彼國，勢將自止，以此為斷盜源、煙土之二大利，益非事實。今盜賊得會票錢票，用於市而不敗者多矣，何嘗無號數可稽，印記可辨乎？中土既禁用銀，只許為器得半價，是正可用以買土，豈不驅銀盡入外夷乎？足下行鈔之議，載於前刻者，讀之而信以為必可行者尚不數人，若必欲禁銀，且並禁銅、鑄大錢言之，恐斯世罕有能讀之終卷者矣。盛業以此被阻，世臣所深惜，故敢直其私意。要之鈔法，非盛時不能行，尊議固已明言之矣，然亦止救弊之良策。世臣見三十年來，求利之術至亟，而迄無效，故力持此論。若即以為理財之大經，則世臣亦未敢附和也。小兒極蒙嗟賞，漸感無似，秋賦在邇，當得識荆於白石青溪之側，暢聆高論，盼開茅塞，以慰願望。謹先繳手稿，並附拙刻三種，以求來教。諸惟為道為民，自玉千萬。道光丁酉六月之望，世臣頓首。

各省情形不一，省中郡縣又或懸殊，舉此盛業，在當路潤澤於內，而撫藩伸縮於外，非一人之心思所能周，語言所能盡也。大要總在損上以益下，初行之年，上之所損，當以千餘萬為率，以半益民，以半益官吏，官吏既得此益，則雖嚴妄取之法而可行，其行之也以斷，則民不受妄取之害，其所益又當倍蓰於上之所損。損上愈多，則下行愈速，下行既速，次年上即可不損，以後則上之益也，遂至不可究詰。然益上之指，總在利民，乃可久而無弊。若一存自利之見，則有良法而無美意，民若受損亦未見其必能益上也。甲辰八月録稿附記。

清·魏源《聖武記》卷一四《附録·武事餘記·軍儲篇》 何謂塞患之利？鴉片耗中國之精華，歲千億計，此漏不塞，雖萬物為金，陰陽為炭，不能供尾閭之壑。今不能禁外夷，何難禁內地？不能行重典，何不先行最輕之典？天下有重典而不為酷者，懲一儆百，辟以止辟是也。有最輕之典而人莫敢犯者，有恥且格是也。竊謂禁烟欲申大辟之法，宜先行刺面之法。刺面之法，載在《大清律》，以防竊盜之再犯，所謂恥辱之刑，又所以待怙終之刑也。今下令曰：限期三月戒烟，不戒者黥之。則紈絝温飽之烟民，知令在必行，聞風革面矣。有不悛而被黥者，再予三月之限，不戒者誅，則黥者必悛，其不悛而怙終者，殺之無怨矣。十七省各

出巡烟御史一人，不責以有犯必誅之事，專責以有犯必黥之事。既黥，則人可按籍而稽，癮可按期而驗。倘有紈絝温飽之家，耻黥哀免者，許以金贖，視其職銜小大，為罰贖之輕重。僅免刺面，而仍刺手。刺手逾限而不悛者誅，不得再贖。惟販烟之犯則立誅，不在黥贖之例。其販烟吸烟，必許告發，告不實者反坐。夫水師整飭，而外洋無庇販之人，繡衣四出，黥面令行，而內地無嘗試之犯，如是而烟不絕者，無是理也。『守位曰人，聚人曰財，理財正辭禁民為非曰義。』是則禁民為非，實帝王理財之大柄，令不行，禁不止，所可蠹財者，寧惟鴉片？

何謂開源之利，食源莫如屯墾，貨源莫如采金與更幣，語金生粟死之訓，重本抑末之誼，則食先於貨，語今日緩本急標之法，則貨又先於食。請先言其急者，人知中國之銀，出漏於外洋，而不知自昔中國之銀，大半來於外洋，外洋之用銀幣，亦先於中國。何者？宋、明以前，銀不為幣，幣惟黄金及銅。而《漢書·西域傳》：罽賓、安息、條支瀕海諸國，皆以金銀為錢，文為騎馬，幕為面，或文為王面，幕為夫人面，幕者，錢背。唐《西域記》：龜茲國、覩貨羅國、迦畢試國，其貨皆用金銀錢及小銅錢，印度兼用金銀貝珠，是西域上古即用銀幣，先於中國數千年，其證一。《通典》謂：梁初，惟京師及三吳、荆、湖、江、湘、梁、益用錢，其餘州郡雜以穀帛交易，交廣以金銀為貨幣，韓愈及元稹奏狀皆言自嶺以南用金銀，自巴以外交易用鹽布。宋仁宗景祐二年，詔諸路歲輸緡錢，福建、二廣易以銀，江東以布。是閩、粵舊通番舶，故用銀獨早，其證二。《文獻通考》：『國家二路舶司，歲入固不少，然金、銀、銅、鐵，海舶飛送，所失甚多，而銅錢之泄尤甚，法禁雖嚴，姦巧愈密，商人貪利，暮夜貿遷，黠吏受賕，縱釋不問，民用日以彫弊。』又曰：『國家置市舶於浙於閩於廣，海商往來，錢寳所由泄，是以自臨安出關有禁，下江入海有禁，凡舶方發，官必點視，監送放洋。然商人先期以小舟載錢離岸，官驗止為虛文，乃許黨類首告，以其錢貨之半充賞。沿海州軍以銅錢人海舶者有罰，其番商往來夾帶銅錢五百文離岸五里者，依出界法。』是宋代之禁銅錢下海，與今日之禁紋銀出洋無異。蓋昔時番舶載銀，以易中國之銅錢，錢之出海者既衆，則銀之入中國者亦必衆。故昔時不聞禁出洋之銀，猶今不聞禁出洋之銅錢，事所本無，患正相反，其證三。

《職方外紀》言：南墨利加州各國多産金銀，而孛露國、金加西臘國所産尤甲天下。其場有四坑，深皆二百丈，役夫常三萬人。國王什稅其一，每七日納得課銀三萬兩，百物俱貴，惟銀至賤。貿易銀錢五等，金錢四等，歐羅巴歲歲交易所獲金銀甚多。而中國銀礦開採，則唐以前史書從無其事。唐憲宗二年，且詔言有銀之山必有銅，銅有資於鼓鑄，銀無益於生人，其自五嶺以來，見采銀坑，並宜禁斷，欲以閉銀而廣銅。洪武、永樂中行鈔，禁民間不得以金銀為貨交易，違者治罪，有告發者就以其物給之，欲以輕銀而重鈔。《通典》載唐度支歲入之數，粟、布、錢、帛而外，未嘗有銀，惟兩廣諸州土貢，每州貢銀三十兩，或二十兩，以為貢，不為幣。蘇轍《元祐會計録》及《元史·成宗紀》，歲入之數，銀但五六萬兩。《洪武實録》：歲入之數，銀但二萬四千餘兩，是則自明以前，重銅輕銀如此，其采銀貢銀之少如此。而近數百年間，錢糧改銀以後，白金充布天下，謂非閩、粵番舶之來，何自得之？是則中國自古開場，采銅多而采銀少，今則雲、貴之銅礦多竭，而銀礦正旺。銀之出於開採者十之三四，而來自番舶者十之六七。中國銀礦已經開採者十之三四，其未開採者十之六七。

天地之氣，一息一消，一汐一潮。銀來番舶數千年，今復為番舶收之而去，則中國寶氣之秘，在山川者數千年，亦必今日而當開。中國爭用西洋之銀錢，昂於內地之銀值，則中國銀幣行之數百年，亦必因時而當變。故曰，開源之利。

清·金應麟《豸華堂文鈔》卷一一《水師操演廢弛請飭查究摺》

奏為水師操演廢弛請旨嚴飭查究事：

竊維東南一帶，全賴水師，較之陸路，尤關緊要。蓋陸路遇有緩急，專恃八旗勁旅及團練鄉勇，尚可克奏膚功。水師非其土著鄉人，非其素所熟習，不足以應之。臣生長南方，曾見從前水師，於奔飈駭浪之中，一躍登舟，或水中伏行，能鑿船底，多方擊刺，有技必精。彼時無日不精演，無日不在洋，法至善也。

近聞浙省乍浦地方，督臣閱兵，竟以船隻不備為辭。而寧波、温州等處，報有盜舟，該將弁憚於近洋，遲久方出。每歲操習，多係虛文。江南鎮江府屬戰船，在江演試，每歲只有一次，設遇大風即止。其演試之法，從前人在水中奔馳甚速，近則各挾一豬脬為禦水之具，入水不沈，不能久待，故未至一刻，有不得不止之勢。該處戰船，排立江口，只以油飾采畫為工，不堪駕駛。彼處鄉人，設有救生船隻，尚不畏風。而兵船安坐瓜州，需索規例，大為行旅之害。

並聞松江、上海各處，每遇修船，武弁索取分肥，半歸私橐。福建、廈門等處，文員修理船隻，該弁索取陋規，有加無已。規重者敝船可以報固，規少者好船亦不肯收。以致文員領帑興修，憚於賠累，多方推諉，時日稽遲。閩省如是，粵省可知；一省如是，他省可知。設有需用之時，不惟急切難恃，即有忠勇大臣，亦至束手無策。加以將備狡猾，遇事生風，以搜查為訛詐之資，以包庇為肥身之計，尅扣兵餉，作踐農民，甚至吸食鴉片，怠臥家中。水師之敝壞，未有似今日之甚者也。

夫以水鄉之人，習水戰之事，遷地弗能為良，則更調有所不可。知巧不如熟習，則倉猝勿能奏功。其管弁非其尊長，即其姻親，誥誡之既置若罔聞，屏黜之乃多方盤踞。欲改移而更張之，非大加整頓，軍法嚴懲，不能挽回也。

相應請旨飭下將軍督撫及該管大臣等，破除積習，遇便即操，嚴密訪查，有犯必戮，以靖海疆而昭果毅。伏乞皇上聖鑒。謹奏。

清·魏源《海國圖志》卷一《籌海篇一·議守上》　自夷變以來，帷幄所擘畫，疆埸所經營，非戰即款，非款即戰，未有專主守者，未有善言守者。不能守，何以戰？不能守，何以款？以守為戰，而後外夷服我調度，是謂以夷攻夷；以守為款，而後外夷範我馳驅，是謂以夷款夷。自守之策二：一曰守外洋不如守海口，守海口不如守內河；一曰調客兵不如練土兵，調水師不如練水勇。攻夷之策二：曰調夷之仇國以攻夷；師夷之長技以制夷。款夷之策二：曰聽互市各國以款夷；持鴉片初約以通市。今請先言守。

今議防堵者，莫不曰禦諸內河不若禦諸海口，禦諸海口不若禦諸外洋，不知此適得其反也。制敵者必使敵失其所長。夷艘所長者外洋乎？內河乎？吾之所禦賊者不過二端：一曰礮擊，一曰火攻。夷之兵船大者長十丈、闊數丈，聯以堅木，澆以厚鉛，旁列大礮二層。我礮若僅中其舷旁，則船在大洋，乘水力活，不過退卻搖盪，不破不沉；必中其桅與頭鼻，方不能行駛，卽有火輪舟牽往別港，連夜修治；惟中其火藥艙，始轟發翻沉，絕無泅底鑿沉之説，其難一。若以火舟出洋焚之，則底質堅厚，焚不能然，必以火箭噴筒，焚其帆索，油薪火藥，轟其柁尾鼻頭。而夷船桅斗上常有夷兵遠鏡瞭望，我火舟未至，早已棄椗駛避，其難二。夷船起椗，必須一時之久，故遇急則斬纜棄椗而遁。夷舶三五為幫，分泊深洋，四面棋布，並非連檣排列。我火船攻其一船，則各船之礮皆可環擊，並分遣杉船小舟救援。縱使晦夜乘潮，能突傷其一二艘，終不能使之大創。而我海岸綿長，處處防其闖突，賊逸我勞，賊合我分，其難三。海戰在乘上風，如使風潮皆順，則卽雇閩廣之大梭船、大米艇，外裹糖包，亦可得勝。鄭成功之破荷蘭，明汪鋐之破佛朗機，皆偶乘風潮，出其不意；若久與交戰，則海洋極寥闊，夷船善駕駛，往往轉下風為上風，我舟卽不能敵。卽水勇水雷，亦止能泅攻內河淡水，不能泅伏鹹洋，其難四。

觀於安南兩次創夷，片帆不返，皆誘其深入內河，而後大創之。則知欲奏奇功，斷無舍內河而禦大洋之理。賊入內河，則止能魚貫，不能棋錯四布。我止禦上游一面，先擇淺狹要隘，沉舟絙筏以遏其前，沙垣大礮以守其側，再備下游樁筏以斷其後。而後乘風潮、選水勇，或駕火舟，首尾而攻之；沉舟塞港之處，必留洪路，以出火舟。或仿粵中所造西洋水雷，黑夜泅送船底，出其不意，一舉而轟裂之。夷船尚能如大洋之隨意駛避，互相救應乎？倘夷分兵登陸，繞我後路，則預掘暗溝以截其前，層伏地雷以奪其魄，夷船尚能縱橫進退自如乎？兩岸兵礮，水陸夾攻，夷礮不能透垣，我礮可以及船，風濤四起，草木皆兵。夷船自救不暇，尚能回礮攻我乎？卽使向下遊沉筏之地豕突沖竄，而稽留片時之間，我火箭噴筒已燼其帆，火罐火斗已傷其人，水勇已登其艙，岸上步兵又扛礮以攻其後。乘上風，縱毒煙，播沙灰，以眯其目，有不聚而殲旃者乎？是口門以內，守急而戰緩，守正而戰奇；口門以外，則戰守俱難為力。一要既操，四難俱釋矣。【略】

方夷寇初興，人皆謂其僅長舟戰，一登岸則無用。及浙、粵屢北，則又謂夷兵陸戰亦不可敵。陸兵敗矣，而所以致敗之由，終未明於天下。夫沙角礮臺之戰，副將陳連升以兵六百當夷數千，殲夷數百，以無援救而敗；大寶山之戰，副將朱桂以兵六百當夷二千，殲夷數百，以無策應而敗；三元里之戰，以區區義兵圍夷酋，斬夷帥，殲夷兵，以款後開網縱之而逸。孰謂我兵陸戰之不如夷者！至定海之守甚嚴，戰甚力，何亦敗陷？其所以敗陷之由，則亦至今未明於天下。【略】

今師出無律，是不知有正也；臨出無謀，是不知有奇也。以無律無謀之兵，卽盡得夷礮夷艘，遂可大洋角逐乎？不知自反，而惟歸咎於船礮之不若，是疾誤庸醫，不咎方而咎藥材之無力也。噫！

反侵略思想分部

論説

清·包世臣《安吳四種》卷三五《答蕭枚生書》 足下洞見夷估至隱，謂十年之後，患必中於江、浙，恐前明倭禍，復見今日。非足下固莫能遠慮及此也。

足下前次回江，曾會言英夷占奪新埔，招閩、粵逃人，事深可慮；欲著《粵権志儲》一書，以發其機括。僕入都，就潮、惠、漳、泉計偕解事者問之，多言新埔夷人，近改名新嘉坡，廣刊漢文書籍，茲詢墨農，尤詳備。且言前歲英夷兵船淹滯省河，洋行醵洋錢十八萬謝之，乃去。或言係洋行招海盜為之。又有夷使下國主書，要制軍親受，不得已使中衡廣府上船受書。夷使出艙，岸人譁曰：『若乃洋商夥某爛崽也。』遂狂竄入艙，而中衡等卽下船，其船旋遁。則知歷屆恫喝，皆洋行所以固壟斷鴉片之局者。果爾，雖必有事，不足患矣。所慮者，或有失職無行之士厠其中，如汪直、徐海者耳。英夷乾隆中已有招寶山之請，是其垂涎江、浙也久。足下有眞見聞，幸以相示。

聞制府甚推重，則其署冊檔可得見。參以粵關冊檔，及時著述，不朽之業斯在。珍重千萬，道光丙戌正月，世臣頓首。

又《致廣東按察姚中丞書》 粵海通商夷國十數，以英吉利為最強。聞乾隆四十年間，粵東外洋有封禁地名新埔，距省亘千里而遙，粵之惠、潮，閩之漳、泉，無業貧民私逃開墾。英夷回帆過彼，欲占其地，為閩、粤客民所敗。數年後，英夷以兵船至，客民降服，英夷遂踞其地。每來粤市舶返，輒留人三分之一，在彼建置城郭房室，迄今幾五十年。並招嘉應州之貧士，至彼教其子弟，又召粤中書匠，刊刻漢文書籍。又聞鴉片毒煙亦以其時始入粤東，並不行銷。十數年後，省垣及惠、潮、漳、泉居人，漸染其毒。嘉慶紀年，吴、越人亦吸食。比及其末，煙毒遂徧天下。此物向在例禁，各小國所產不敢顯售，必附英夷與匪徒為市。是以粤海夷商，亦以英夷為最饒，洋商但與英夷交好者，無不立致不貲。而沿海大戶，皆以囤煙土為生，至以囤煙土之多寡計家產厚薄。夷以土入，華以銀出，以致銀價踊貴，公私交病。於是議嚴紋銀出洋之禁，而禁後銀價益長，是禁之不行可知也。

夷舶通市止粤海一關，而厦門、蘭台、寧波、乍浦、上海各關，皆有閩、廣烏船抵關轉輸洋貨，新埔客民雖降服英夷，並未改從服色，是到各關之烏船，未必無新埔客民在其中，以分散煙土於各省，而交結其匪民。是英夷雖未至江、浙，其黨羽實已鈎盤牢固。再閱數年，銀長無已，公私更行困憊，不得不籌塞漏卮。漏卮之塞，必在厲禁煙土。煙禁眞行，則閩、粤之富人失業，而洋商尤不便此，勢必慫慂英夷出頭恫喝。

又聞粤中水師皆食土規，一旦有事，情必外向。然英夷去國五六萬里，與中華爭，勢難相及。而新埔則近在肘腋，易為進退。況內地既有謀主，沿海復多脅從，英夷亦難保其不生歹心。乾隆、嘉慶之末，英夷兩次鶩至天津入貢，驕倨殊甚，是固有主之者。而乾隆中，飭由直隸、山東、江蘇、浙江、福建內地至厦門放洋回國；嘉慶中，飭由安徽、江西、廣東內地至虎門放洋回國，使之目驗內地形勢。又江、浙各省市易，皆以洋錢起算，至壓寶銀如水。凡物之精好貴重者，皆加洋稱。江、淮之間，見禍事將起，輒云要鬧西洋。凡此兆眹，大為可慮。新埔地向封禁，客民私逃，本應重科，似宜選膽識俱優之員，密至新埔，查看得實，或宥各客民之前愆，悉徙之內地，仍前封禁。【略】

說者必謂英夷占踞日久，聚衆已多，與之理論，勢必不從；怵以兵威，或至搆怨，目前無事，正可苟安。一官如傳舍，安能遠慮百年，輕犯禍始？是則非世臣所敢知也。舉此誠非易事，然事之難者，必有人舉之，君子為其難者，是不得不望之於閣下也。十數年後，雖求如目前之苟安而不能，必至以憂患貽君父，夫豈君子之所忍出哉！

世臣遊歷未至粤東，所陳五事，皆訪之粤人，其説一口，故屬虹舫附遞上瀆。以虹舫行速，燈下草創，語無詮次，字雜行草，伏唯涵察。道光八年四月一日，故民包世臣謹再拜狀上。

清・陳壽祺《左海文集》卷五《上宮保尚書儀眞公書》　聞夷人互市，駕馭頗難。西洋此輩，桀驁狡黠，常有輕易中國之心。內地商賈，又往往棄諶義於彼，故益長其驕。撫之不可失懷柔，然亦不可失威重也。壽祺嘗深思，天下事重有憂者。如鴉片一物，夷人販運，既以戕中國之人，又以耗中國之財，用心叵測，流毒無窮。計二十年間，天下之甘其酖而傾其貲者，奚啻累千億萬。編氓陷之十二三焉，庠序陷之十四五焉，紈綺陷之十八九焉，冠弁陷之十一二焉。其勢方日熾，而未有止，不識再復二三十年，其為戕耗又將何？若蕩而不反，得無如狂國之驅不狂者而飲於狂泉耶？

嶺南辦此事嚴矣，然卒莫能禁絕者，其源在海關藉是以充榷税，吏役藉是以肥囊橐，洋商藉是以牟奇贏。不絕其源，害莫由熄。然卽使朝廷停罷互市，歲捐海上數十萬金之税，而夷人失利，上下騷動，遊手怨咨，何所安置。內外阻窒，思之實無良策。顧未知蒼蒼者之悔禍何日也？

今天子明聖，岳牧賢能，莫不孜孜然求治。然以壽祺耳目所及，則以為令長不盡擇循良，雖欲求治而不可得。大吏不盡除供億，雖欲求令長之賢而亦不可得。夫民事皆自令長始，令長廉明以勤而民服，昏墨以惰而民不服，惏酷以急而民愈不服，固也。乃其中拙者索府庫以應廚傳，巧者浚脂膏以奉芻秣，如此安得不上蝕而下漁。上蝕而下漁，則吏安得善，國安得治。凡人之情，處房幃則不聞門廡，間戶牖則不見牆垣。州部廣大，物衆蘖牙，耳目所寄，蒙蔽者多。卽有離婁之明，惡從而周察之。故令長之賢否，諮之道府，而道府或以愛憎為毀譽；訪之倅掾，而倅掾或以厚薄為抑揚；詢之營弁，而營弁或惡直而喜邪；諏之紳衿，而紳衿道聽而塗説，此亦聽言之難也。惟吾夫子毗代作楨，仁義匡濟，德澤施於四方，聲聞溢於海宇。而閩中比者民風之敗，士習之偷且卑，將日趨而日下焉，得天使吾夫子一拯救其衰乎？是輿情之所喁望，非一人阿好之私也。

清·黃爵滋《黃少司寇奏疏·敬陳六事疏》 奏為敬陳管見，仰祈

聖鑒事：

臣幸生久安長治之世，仰荷皇上特達之知，前由諫垣擢任卿寺，猶蒙特旨訓示，仍得建言自盡。此固臣讀書筮仕以來，願竭愚誠之素志也。敢不益切悚惶，勉圖報稱？臣竊思衮衣雖無闕失之待補，而桑土卻有綢繆之宜先。愚者千慮，或有一得。謹就管見所及，列為六事，敬為我皇上陳之：

一、謹天戒以迓洪庥也。【略】臣伏念皇上自御位以來，勵精圖治，澄敘官方，勤恤民隱，恭儉寬仁，雖堯、舜之聖，曷以加此？然比年之間，水旱昆蟲，在所多有，歲功不登，民生屢困。頃復有星起自斗口，漸移過天市垣，見者咸以為異。雖陰陽之在天地，亦偶有乖舛之時，而修廢之在人事，或不無感召之理。皇上愈廑顧諟之心，彌盡對越之實，內則杜漸防微，日慎一日，則聖躬之已修者益修矣；外則循名責實，安益求安，則聖政之已修者又益修矣。於以仰格天心，下慰民望，休徵且為立應，更何災祲之難弭哉？臣請皇上飭諭欽天監，嗣後將天象簿與晴雨録，一同進呈；又飭諭各省地方官，凡其地面所有災異，無論大小，務宜據實奏報，毋得隱諱。皇上以時考察，取天文正義，按條覈證，求諸內外之故，以斟酌而弛張之，則天庥滋至，而臣民共慶已。

一、廣賢路以襄郅治也。【略】伏求皇上推廣用人之法，以收得人之效，諭令中外大臣，各舉所知，以備試用，但當絕其奔競，去其夤緣，方為公忠體國，不負委任。至其求之之法，或特開一科，如從前詔舉博學鴻詞故事，第不試以詩賦，而試以策論，取其通經史而適於時務者，量才用之，或兼設數科，如漢之經任博士、文任御史、才任劇縣等目，分別試之。總之，古法與今不同，臣愚以為用賢者，皇上圖治之大原，求賢者，宰相佐治之急務。伏請飭下大學士、軍機大臣等，共籌良法，以廣賢路，斟酌議奏，仰候聖裁，聿成聖典。如此則賢才衆多，政教修舉，列聖鴻規，至今益振，豈獨閑行之士足為美談哉？

一、整戎政以收實用也。兵可百年不用，不可一日不備，然備之正所以為用也。苟備之而不練，則臨事而不可用，與不備同。練之而不精，則臨用而不可恃，與不練同。而練之精與不精，則存乎其將之得人與不得人。苟其將之不明於韜略，不嫻於技術，則雖日召兵而練之，而其兵且茫然不知所向，又況其偷惰苟安者之不足以作兵氣也！又況其剋吞糧餉者之不足以服兵心也！故欲求可用之兵，當先求可用之將。【略】合請皇上飭諭中外大臣，無論文職武職、文科武科，倘有洞明韜略、嫻習技藝者，即令據實保奏，俾得一體召見，皇上擇其可用者，大以任大，小以任少，而於曠職戀棧之員，即汰令出缺，毋塞來者充補之路。【略】

一、立控制以靖匪民也。臣維國家承平既久，生齒日繁，而土不加闢，於是民多產少，天下不能無失業之民。夫此失業之民皆有身家，不能以無食，而其心智才力又不能廢之於無所用也。民有正業，則心智才力，皆管於正業之中，而有所托以得食。無正業，則無所托以得食，遂去而為梟棍，為賊盜，為邪教。一倡而十和，十倡而百和，日積月多，並有業者亦且為所誘脅而從之；黨與既衆，事端易生。故天下多一失業之民，即天下多一生事之民，天下多一生事之民，即天下多一不治不安之民也。【略】臣以為不在窮治，而在善為控制。今有牛馬脫其轡勒，任其散放以自食於四野，勢必且蹊人田畝，啖人禾稼，其害滋甚。吾取而絡其頭，穿其鼻，飼以芻秣，而使之引轅負犁，則必聽人指使，帖然就駕，不惟不為人害，夫且大為人用。此臣所謂控制之術也。【略】

一、飭堆撥以清輦轂也。京城首善之區，京營為天下之表率，理宜嚴衛密防，加倍整肅。臣查向例，城垣之上則設有堆撥，驍騎營派兵為防守；城下則有馬道柵欄，謹其鎖鑰，禁人出入，步軍校領兵為防守。其內外城之街市小胡同，均按里設堆，堆有巡兵，據口立柵，柵有守卒，晝察夜警，集梆傳籌。內城則領以翼尉，外城則領以參遊。可謂緝暴詰奸，至周至密。無如日久偷懈，百弊叢生，城班曠玩，並不照例輪值，而馬道柵欄，亦檔木無存，鎖鑰盡弛。【略】臣曾任巡城御史，深知盜賊案多而緝獲殊少，推原其故，並由兵役通同作奸，名為捕賊，潛且豢賊，而番子為尤甚。合並請旨飭下步軍統領及五城御史，一並嚴查。如該營弁坊徇隱故縱，立即嚴加參處。如此則輦轂之下一體肅清，奸宄無從混迹，官民皆得相安矣。

一、嚴剿禦以肅夷禁也。【略】臣竊謂夷人性情，本難恩感，當以威治。我示之弱則彼强，我示之强則彼弱；我畏其生事則彼益好事，我不

畏其生事則彼且帖然無事。且如英吉利夷，遠隔重洋四萬餘里，多寡之勢，主客之形，彼何恃而不恐？我何為而不奮？然所以威制之道，不在臨時之張惶，要在平日之振作。臣聞沿海水師，率皆老弱無用，軍器率多殘缺，並不修整；又戰船率用薄板舊釘，遇擊即破，並不計及夷器之凶利堅固，作何抵禦。似此廢弛，何以肅邊威遠？應請飭諭沿海督撫提鎮大臣，認眞操練水師，修理軍器，戰船費用，一歸實落，方為有備無患。【略】一面檄知該夷國王，嗣後夷船不准裝載此物，如違即照漢奸治罪。若不如此嚴禁，臣恐此患竟無底止矣。

以上六條，似皆當務之急。臣愚昧之見，是否有當，伏乞聖鑑別擇施行。謹奏。

又《嚴塞漏卮以培國本疏》 奏為請嚴塞漏卮以培國本事：

臣惟皇上宵衣旰食，所以為天下萬世計者，至勤至切；而國用未充，民生罕裕，情勢漸積，一歲非一歲之比，其故何哉？考諸純廟之世，籌邊之需幾何？巡幸之費幾何？修造之用又幾何？而上下充盈，號稱極富。至嘉慶以來，猶徵豐裕，士夫之家以及巨商大賈奢靡成習，較之目前不啻霄壤。豈愈奢則愈豐，愈儉則愈嗇耶？臣竊見近年銀價遞增，每銀一兩易制錢一千六百有零，非耗銀於內地，實漏銀於外洋。

蓋自鴉片流入中國，我仁宗睿皇帝知其必有害也，故誥誡諄諄，例有明禁。然當時臣工亦不料其流毒至於此極。使早知其若此，必有嚴刑重法，遏於將萌。查例載：凡夷船到廣，必先取具洋商保結，保其必無夾帶鴉片，然後准其入口。爾時雖有保結，視為具文，夾帶斷不能免。故道光三年以前，每歲漏銀數百萬兩。其初不過紈絝子弟，習為浮靡，尚知斂戢。嗣後上自官府縉紳，下至工商優隸，以及婦女、僧尼、道士，隨在吸食，置買煙具，為市日中。盛京等處，為我朝根本重地，近亦漸染成風。外洋來煙漸多，另有躉船載煙，不進虎門海口，停泊零丁洋中之老萬山、大嶼山等處。粵省奸商勾通巡海兵弁，用扒龍、快蟹等船，運銀出洋，運煙入口。故自道光三年至十一年，歲漏銀一千七八百萬兩，自十一年至十四年，歲漏銀二千餘萬兩，自十四年至今，漸漏至三千萬兩之多。此外，福建、江、浙、山東、天津各海口合之，亦數千萬兩。以中國有用之財，填海外無窮之壑，易此害人之物，漸成病國之憂，日復一日，年復一年，臣不知伊於胡底。

各省州縣地丁漕糧，徵錢為多，及辦奏銷，皆以錢易銀，折耗太苦，故前此多有盈餘，今則無不賠墊。各省鹽商賣鹽，俱係錢文，交課盡歸銀兩，昔則爭為利藪，今則視為畏途。若再三數年間銀價愈貴，奏銷如何能辦？稅課如何能清？設有不測之用，又如何能支？臣每念及此，輾轉不寐。

今天下皆知漏卮在鴉片，所以塞之之法，亦紛紛講求。或謂嚴查海口，杜其出入之路，固也。無如稽查員弁，未必悉皆公正，每歲既有數千餘萬之交易，分潤毫釐，亦不下數百萬兩。利之所在，誰肯認眞查辦？偶有所獲，已屬寥寥。況沿海萬餘里，隨在皆可出入。此不能塞漏卮者一也。【略】

然則鴉片之害其終不能禁乎？臣謂非不能禁，實未知其所以禁也。夫耗銀之多，由於販煙之盛；販煙之盛，由於食煙之衆。無吸食，自無興販；無興販，則外夷之煙自不來矣。今欲加重罪名，必先重治吸食。臣請皇上嚴降諭旨，自今年某月日起，至明年某月日止，准給一年期限戒煙，雖至大之癮，未有不能斷絕。若一年以後仍然吸食，是不奉法之亂民，置之重刑，無不平允。查舊例，吸食鴉片者罪僅枷杖，其不指出興販者，置杖一百，徒三年，然皆係活罪。斷癮之苦，甚於枷杖與徒，故甘犯明刑，不肯斷絕。若罪以死論，是臨刑之慘急更苦於斷癮之苟延，臣知其情願斷癮而死於家，必不願受刑而死於市。惟皇上明慎用刑之至意，誠恐立法稍嚴，互相告訐，必至波及無辜。然吸食鴉片者，是否有癮無癮，到官熬審，立刻可辨。如非吸食之人，雖大怨深仇，不能誣枉良善；果係吸食，究亦無從掩飾，故雖用重刑，並無流弊。【略】

伏請飭諭各省督撫，嚴切曉諭，廣傳戒煙藥方，毋得逾限吸食。並一面嚴飭各府州縣，清查保甲，預先曉諭居民，定於一年後，取具五家鄰右互結，仍有犯者，准令舉發，給與優獎；倘有容隱，一經查出，本犯照新例處死外，互結之人，照例治罪。至如通都大邑，五方雜處，往來客商，去留無定，鄰右難於查察，責成鋪店，如有容留食煙之人，照窩藏匪類治罪。現在文武大小各官，如有逾限吸食者，是以奉法之人甘為犯法之事，應照常人加等，除本犯官治罪外，其子孫不准考試。地方官於定例一年後，如有實心任事，拿獲多起者，照獲盜例，請恩議敘，以示鼓勵。其地方官署內，官親、幕友、家丁仍有吸食被獲者，除本犯治罪外，該本管官嚴加議處。各省滿漢營兵，每伍取結，照地方保甲辦理；其管轄失察之人，照地方官衙門辦理。庶幾軍民一體，上下肅清。無論窮鄉僻壤，務必布告詳明，使天下曉然於皇上愛惜民財，保全民命之至意。向之吸食鴉片者，自當畏刑感德，革面洗心。如是則漏卮可塞，銀價不致再昂，然後講求理財之方，誠天下萬世臣民之福也。

臣愚昧之見，是否有當，伏乞聖鑒。謹奏。

清·林則徐《林文忠公政書·湖廣奏稿》卷五《錢票無甚關礙宜重禁吃煙以杜弊源片》　臣查錢票之流弊，在於行空票而無現錢。蓋兌銀之人，本恐錢重難攜，每以用票為便，而奸商即因以為利。遇有不取錢而開票者，彼即啗以高價，希圖以紙易銀。愚民小利是貪，遂甘受其欺而不悟。迨其所開之票積至盈千累百，並無實錢可支，則於暮夜關歇潛逃，兌銀者持票控追，終成無著。此奸商以票騙銀之積弊也。臣愚以為弊固有之，治亦不難。但須飭具五家錢鋪連環保結，如有一家逋負，責令五家分賠，其小鋪五家互結，復由年久之大鋪及殷實之銀號加結送官，無結者不准開鋪，如違嚴究，並拘拿脫逃之鋪戶，照誆騙財物例計贓，從重科罪，自可以遏其流。但此弊只係欺詐病民，而於國家度支大計，殊無關礙。

【略】

夫銀之流通於天下，猶水之流行於地中，操舟者必較水之淺深，而陸行者未必過問；貿易者必探銀之消息，而當官者未必盡知。譬如閘河之水，一遇天旱，重重套板，以防滲漏，猶恐不足濟舟。若閉閘不嚴，任其外洩，而但責各船水手以空淺，即使此段磨淺而過，尚能保前段之無阻乎？銀之短絀，何以異是！臣歷任所經，如蘇州之南濠、湖北之漢口，皆闤闠聚集之地，疊向行商鋪戶暗訪密查，僉謂近來各種貨物銷路皆疲，凡二三十年以前某貨約有萬金交易者，今只賸得半之數。問其一半售於何貨？則一言以蔽之，曰鴉片煙而已矣。此亦如行舟者驗閘河之水誌，而知閘外洩水之多，不得以現在行船尚未擱淺，而姑苟安於旦夕也。

臣竊思人生日用飲食所需，在富侈者固不能定其準數，若以食貧之人，當中熟之歲，大約一人有銀四五分即可過一日，若一日有銀一錢，則諸凡寬裕矣。吸鴉片者，每日除衣食外，至少亦需另費銀一錢，是每人每年即另費銀三十六兩。以戶部歷年所奏各直省民數計之，總不止於四萬萬人，若一百分之中僅有一分之人吸食鴉片，則一年之漏卮即不止於萬萬兩，此可覈數而見者。況目下吸食之人，又何止百分中之一分乎！鴻臚寺卿黃爵滋原奏所云，歲漏銀數千萬兩，尚係舉其極少之數而言。內地膏脂年年如此剝喪，豈堪設想！而吸食者方且呼朋引類，以誘人上癮為能，陷溺愈深，愈無忌憚。儆玩心而迴頹俗，是不得不嚴其法於吸食之人也。

【略】

夫財者，億兆養命之原，自當為億兆惜之。果皆散在內地，何妨損上益下，藏富於民。無如漏向外洋，豈宜藉寇資盜，不亟為計？臣才識淺陋，惟自念受恩深重，備職封圻，覩此利害切要關頭，竊恐築室道謀，一縱即不可復挽，不揣冒昧，謹再瀝忱附片密陳。伏乞聖鑒。

謹奏。

《林則徐集·奏稿十·覆議曾望顏條陳封關禁海事宜摺道光二十年三月二十六日》　查原奏以制夷要策首在封關，無論何國夷船，概不准其互市，而禁絕茶葉、大黃，有以制伏其命；封關之後，海禁宜嚴，應飭舟師將海盜勦捕盡絕，又禁大小民船概不准其出海，復募善泅之人，使駕火船乘風縱放，而以舟師繼之，能擒夷船，即將貨物全數給賞，該夷未有不畏懼求我者。察其果能誠心悔罪，再行奏懇天恩，准其互市，仍將大黃、茶葉毋許逾額多運，以為箝制之法。所論甚切，所籌亦甚周。臣等查粵東二百年來，准令諸夷互市，原係推恩外服，普示懷柔，並非內地賴其食用之資，更非關榷利其抽分之稅。況自上冬斷絕暎夷貿易以來，疊奉諭旨：『區區稅銀，何足計論！』大哉謨訓，中外同欽。臣等有所秉承，更可遵循辦理，絕無所用其瞻顧，即將各外國在粵貿易一律停止，亦並不難，惟是細察情形，有尚須從長計議者。

竊以封關禁海之策，一以絕諸夷之生計，一以杜鴉片之來源，雖若確有把握，然專斷一國貿易，與概斷各國貿易，揆理度勢，迥不相同。蓋鴉片出產之地皆在暎咭唎國所轄地方，從前例禁寬時，原不止暎夷販煙來粵，即別國夷船亦多以此為利。而自上年繳清躉船煙土以後，業經奏奉恩旨，概免治罪，即未更追究前非。此後別國貨船，[illegible]

度，是以將其驅逐，不准通商。今若忽立新章，將現未犯法之各國夷船與暎咭唎一同拒絕，是抗違者擯之，恭順者亦擯之，未免不分良莠，事出無名，設諸夷稟問何辜，臣等即礙難批示。且查暎咭唎在外國最稱強悍，諸夷中惟咪唎噻及佛蘭西尚足與之抗衡，然亦忌且憚之；其他若荷蘭、大小呂宋、嗹國、瑞國、單鷹、雙鷹、嗹啵啞等國到粵貿易者，多仰暎夷鼻息。自暎夷貿易斷後，他國頗皆欣欣向榮，蓋逐利者喜彼絀而此贏，懷忿者謂此榮而彼辱，此中控馭之法，似可以夷治夷，使其相間相睽，以彼此之離心，各輸忱而內向。若概與之絕，則觖望之後，轉易聯成一氣，勾結圖私。《左傳》有云：『彼則懼而協以謀我，故難間也。』我天朝之馭諸夷，固非其比，要亦罰不及衆，仍宜示以大公。

且封關云者，為斷鴉片也。若鴉片果因封關而斷，亦何憚而不為？惟是大海茫茫，四通八達，鴉片斷與不斷，轉不在乎關之封與不封。即如上冬以來，已不准暎夷貿易，而臣等今春查訪外洋信息，知其將貨物載回夷埠，轉將煙土換至粵洋。並聞奸夷口出狂言，謂關以內法度雖嚴，關以外汪洋無際，通商則受管束而不能違禁，不通商則不受管束而正好賣煙。此種貪狡之心，實堪令人髮指。是以臣等近日更不得不於各海口倍加嚴拏，有一日而船煙並獲數起者。可見暎夷貨去煙來之言，轉非虛捏，不然以外洋風浪之惡，而暎夷仍不肯盡行開去，果何所圖？【略】

至於備火船，練鄉勇，募善泅之人等事，則臣等自上年至今，皆經籌商辦理，惟待相機而動。即各山淡水，上年本已派弁守之，始則夷船以布帆兜接雨水，幾於不能救渴，繼而覓諸山麓，隨處汲取不窮，則已守不勝守，似毋庸議。

總之，馭夷宜剛柔互用，不必視之太重，亦未便視之太輕，與其涇渭不分，轉致無所忌憚，曷若薰蕕有別，俾皆就我範圍。而且用諸國以併拒暎夷，則有如踣鹿，若因暎夷而並絕諸國，則不啻驅魚。此際機宜，不敢不慎。況所杜絕者惟在鴉片，即原奏亦云『凡有夾帶鴉片夷船，無論何國，不准通商』，則不帶鴉片者，仍皆准予通商，亦已明甚。彼各國夷人，原難保其始終不帶，若果查出夾帶，應即治以新例，不但絕其經商；如其無之，自不在峻拒之列也。【略】

至所請責令澳夷代呈暎夷保結一節，現既不准暎夷貿易，自可毋庸置議。

臣等彼此商酌，意見相同。謹合詞恭摺復奏，伏乞皇上聖鑒訓示。

再，此摺係臣林則徐主稿，內有密陳夷情之處，謹請毋庸發鈔。合併聲明。謹奏。

清·張杓《磨甋齋文存·上祁宮保書》 我宮保開誠心、布公道，不以苛姈應物，不以逆臆待人，彼以慕義而來，方且以為手足，以為心腹。謂予有禦侮可以扞城吾民，豈知海藻江萍全無根蒂，苞稂桀莠徒害嘉禾，若不將此類盡數芟除，恐正氣不伸，羣邪用事，受其蒙蔽，坐擁虛名，敵愾無人，何以制勝，竊為宮保憂也。是故欲行團練，必須專責鄉望；而欲用鄉望，必須妥議章程。非鄉望則團練不精，無章程則鄉望之言不信。【略】

抑杓更有請者，邊釁之開，造端吾粵，繼乃株連於浙，今復波及閩。深九重宵旰之憂，貽百姓流連之苦，心切痛焉。縱謂兵革不能往救，亦當設法以解其圍。今請宮保俯照前書所言，即日備辦船隻，頒發口糧、銃砲、火藥、器械，傳諭諸鄉，限三日內各成壁壘，部署整嚴，一面號召虎門內外各鄉集敢死士萬餘，坐駕石船堵截於沙角外，鄉民於沙角內修築砲臺。逆夷聞之，當回帆指粵，我兵激於忠義，一鼓作氣，必奏膚功。且彼勢既分，即可紓廈門之急，地方官得從容克復，不致嫁禍於鄰封。

杓淺人也，心有所見，口輒宣之，宮保以為賈山之至言耶？杜牧之罪言耶？臨書悚惶，不勝戰慄。

清·吳嘉賓《求自得之室文鈔》卷四《海疆善後疏》 為敬陳海疆事宜事：【略】

竊聞患自外來，敵國是也；患自內起，寇盜是也。敵國必因於強逼，寇盜常聚於飢寒。未有以寄居之夷賈，敢肆鴟張，以趨利之奸徒，遽成烏合，如今日海疆之事者。禁令驟嚴，其始但求撓法；威柄偶絀，其繼遂至興戎。論者以為外敵內寇，兼而有之。臣謂此外不足謂之敵，內不足謂之寇。蓋外特恃內奸為之窺伺，內特藉外夷為之主張。故夷人不得漢奸不敢動，漢奸不得夷人亦不敢動，制其一而兩服矣。朝廷命將出師，以攘外為重，獻策者競言兵事。臣謂外患易驅，內患難弭。頃沿海奸民，以亂為利者甚衆，皆有樂禍輕法之意，其為異日之患，有不可勝防者。海疆貿易，斷難杜絕。外夷忽喜忽怒，內奸非盜非民，一切防範稽查，須為持久之計。夫兵久聚則餉竭，數調則民困。惟以靖內為主，則外患自息。

清·包世臣《安吳四種》卷三五《殲夷議》 太上曰：『福兮禍所依，禍兮福所伏。』斯言深也。英夷犯順，至抵江寧城下以逼和，其所誅求，前無比並。今以蕞爾之英夷，去國數萬里，孤軍懸天塹，以恫喝全盛之中華，而所欲無不遂，所請無不得。英夷之福，中華之禍，蓋俱極於此矣。英夷自粵而閩、而浙、而吳，皆恃習海，近竟鼓浪入江，越狼山，窺圌山，而大吏修書遺弁款之數百里外，江寧巨紳，又大具牛酒隨犒其師。洎抵城下，小吏末衿，又各為私饋並獻歌頌，或希酬答之利，或乞齒牙之餘，豈真兵勢孱弱，人情攜貳，至於斯極耶！

其遠款也，殆欲誘之深入也；其近款也，殆欲誘之弛備也。而小民又擔負米薪食用物，日數百輩上其舶與為市。英夷復出所掠箱籠及帶來煙土，減價招匪人，其藐中華而不備不虞也如是。始有和議，夷酋即飲大吏於其船，耀示兵威；招岸上士民上船，縱觀其樓櫓砲械，然猶遣其黨，纍日掠城外，備極慘毒。登埤者多忿怒欲發，而奉令不得以一矢相加。是以日昨四大酋攜僕從三十餘人入城赴宴，馬上四顧，全無惕息之意，驕橫至無可加。是殆天欲滅其醜類，故使之就死地而不自覺耳。是宜因其藐中華而益驕之，以盡隳其防。

明諭常川夷船之員弁，偵各小酋主名，與船隻大小之確數，間日輒分別饋遺賞犒之。密求能者，精製火藥，雜用飛炸鑽粘各機器，錯置養火桶內，每桶以重三十餘斤為度。本城官紳兵民率善漏言，是斷不可與謀。而調集城內之河南、徐州各弁兵，多健鷙，尚氣矜，不與本城兵民習，其將領諒不乏忠憤解事之人，可與激發衆志者。夷船至堅，能禦我砲，而火藥得入其艙則無不立焚。宜諭可與機密之客將，使各物色所轄，以重賞募死士，得二百人足以集事。先使之雜擔負小民，上船入艙，以悉曲折。乃訂日復宴其大酋於城中，而使道府副參分宴其小酋於江濱之靜海寺。寺去儀鳳門才數十步，去夷船不二里，夷人所常至。既便此之入城，又絕彼之疑慮。各伏健者以伺便，約定時刻，死士藏藥桶於薪菜擔內，上船即發火，[illegible]可措手。臨江埤上，各乘高開砲以助勢。出勁卒於太平、神策二門，以兜剿蟠龍山、賣糕橋、白土山各陸寨之賊。先期飛咨揚威將軍，率兵由無錫出孟河，參贊率兵由丹陽出操瓢港，會於圌山。檄運司在仙女廟木棚紮小筏數十，載生蘆復以沙，截圌山隘口，斷其走路。咨安徽巡撫率兵由蕪湖下壓，杜其竄擾。必使萬逆同殲，片帆不返矣。乃撈積屍以築京觀，俘累酋以獻成功，此真轉禍為福，振威雪恥，不可必得之大機會也。夷船悉焚，所掠銀數千萬沈江中者，召水勇摸之，尚可得十七八，以償三年軍費，較之撥帑集捐，功效相百。軍國安危，爭此呼吸，唯望有心國是者斷而行之而已。道光廿二年七月二十四日，江東布衣謹議。

清·陳金城《怡怡堂文集》卷三《平夷論》 竊惟禦寇之策，未至則防守為先，將至則瞭望為要，既至則策應為重。我國家地廣治醇，海不揚波，島嶼之民久未覿兵。忽有逆夷於六月初七日從定海上岸滋事，望風奔潰，莫之誰何，皆由防守之不備，瞭望之不先，策應之無方也。

昨聞夷船於六月初五日駛近廈港，直撲砲臺。夷船之入廈門，必由金門澳入大擔、小擔港，然後可抵廈門。各處皆設有會哨兵船，若能豫先瞭望，傳報官兵，合艅截擊於港外，何至深入腹里，貽害地方，致官兵交傷，居民逃竄，無所依歸。幸某等能刺斃夷人，逆夷隨即竄逸，漸次安息。然定海之事在初七日，廈門之事在初五日。此時逆夷以違禁鴉片無處銷售，意在沿海騷擾，令官軍顧此失彼。若非於沿海等處豫為防守，謹為瞭望，善為策應，恐肆意猖獗竟有不忍言者。【略】

若夫策應之急，則洋面之禦以防守為策應，守兵之行以居民為策應，壤地之接以鄰援為策應。會哨報至，非其守地而兵先至者，定有異賞；坐視勝負致夷船長驅深入者，定有嚴罰。且所謂策應者，非必盡撤居守之兵以救之也，須擇其精者以救之。合少成多，繞擊不意，使夷船腹背受攻，自驚潰而莫支矣。

愚又聞往年夷船停泊福建永寧各港，凡提鎮之巡邏驅逐者，不過令其逸去，即可告無罪。今則攻陷定海，騷擾廈併，皆出其不意，攻其無備。似此元惡大憝，殘害生靈，若非聚而殲旃，盡殺乃止，固不足以蔽其辜而褫其魄。昔戚繼光之論水戰，以犁船為上策，鄭芝龍之御夾板，以燒船為[illegible]，入水不弱，有勇能謀，方可以操必勝。此時調兵會剿，如夷船多只泊在一處，即併力合攻。即有一二只泊在他港，亦即分兵夾擊，先發制人，令彼亦顧此失彼。總使我軍有必吞逆夷之心，毋使逆夷有輕視我軍之意。翦滅鯨鯢，掃淨欃槍，則又在行軍者之隨時運籌決勝者耳。

清·黄秩模《遜敏堂叢書·剿逆説》 道光二十二年五月初八日，英逆犯江蘇，提督陳公化成殉難，吴淞陷。警報至上海，是夜調防守城參將某率兵遁，且言賊將至。於是守土各官，蒼黄棄城走，僅教諭姚公員瀾、典史楊公恩慶，嬰城不去。城大亂，百姓憤甚，毁道縣各署。十一日，賊始鼓吹入。楊公投黄浦死，姚公守學宫獲免。十二日，賊兩犯松江府，權郡守王公紹復，知黄浦無備，賊必來，稟大府乞調兵。十二日，壽春鎮尤公渤，將所帶甘肅等省官兵至，迎擊於東汊口。王公激勵將士，安撫百姓，擒乘間為亂土匪數人，立杖斃兩人，登陴調遣，守甚嚴，賊度不可撼，先後退，以火輪船測水泖湖，欲犯蘇州省城。輪為水草所膠不得入，復退去，屯吴淞，揚言將犯金陵、天津。屢刼沙船，使為導測由海入江水深淺。逡巡不敢入。尋知無備，始聯檣自江陰直趨長江，攻陷鎮江府，進逼江寧省城。【略】

伏讀歷奉上諭，無不洞燭機宜，廟謨指示，何等精詳，聖恩屬付，何等諄切。苟有一綫天良，尚當於無可為之中，竭盡思慮以求其可為，何況實有可恃之地利、可扼之險要、可用之人材、可備之物料，只須欽遵成命，勉力實心認眞辦理。如其先事而備，其未入江也何由而入；即使後事而籌，其既入江也何由而出？剿而滅之，直摧枯拉朽毫不費力，彼焉能逃一人返一船耶？奈何罔知攸措，不展一籌，竟創為棄江守城之説，早預存以賄乞和之見。是以鵝鼻嘴不放一槍，縱令揚帆直入；紫金山全不設守，坐任架砲來攻，不曰潮長八尺，即謂勢危萬分。上則敢欺天聽，下則忍竭民膏。【略】

剿滅之策，自當遵奉諭旨，火攻為亟。昨者督師發銀數千，委購船隻，迎之於江而縱火焉。該逆猝見，驚退二十餘里，俄而數船俱燼，彼知萬火之無繼也，始復大進。其畏火攻也明甚。此時姑無論調兵轉餉，糜帑無算，即以賄和論之，彼揣我肥瘠，某處應幾百萬，某處應幾百萬，不敢或違。庫藏既竭，捐派因之。與其括民有限脂膏，填彼無厭欲壑，藉寇兵而資盜糧，自貽不可測之禍患，曷忽速撥銀三十萬兩，密委明幹大員一人，訪求豪傑之士二三人，令各賫銀數萬兩，分赴沿江沿海，以及洪澤等湖，募善操舟、善泅水數萬人，買多桨快船三千只，蘆葦三百萬斤，直長杉木二萬根，桐油二百萬斤，硝磺、火藥、松香之屬各數萬斤，即就各船所在，先以桐油漬蘆葦令透，務令火力猛而久，然後分裝船上，量船之大小，酌裝之多寡；不可多，多則重而不利於行，大率每船以千斤為度。杉木制為筒，另以他物令善制噴筒者仿噴筒法制為筒，裝以火藥、硫黄、松香所合彈丸，將筒納於木筒而實之，木筒深插蘆內，中釘横檔紮縛令固，勿致火發掣動，每船十數筒，或二十餘筒，亦視船之大小以為多寡。筒頭略敧向外，上通藥綫，藥綫宜長，緣筒而下，護以堅厚之紙，刷以柿漆，勿令雨浥受溼。另用一中空之筒，豎植適中蘆內，下通蘆底，將衆藥綫並貯入筒，綫頭出於筒下而駢之，旁置火繩，使操舟者駛近逆船，即舉繩燃綫，衆筒之火俱迸，彈丸射及逆船篷索，延及檣桅。製備既全，量其遠近，剋以日時，乘夜迅駛，同時並集，四面環繞，萬火齊發，我操舟者則泅水而歸，或以小船接渡。以三千火船截焚數十逆船於百數十里江面之間，而不盡殲者，無是理也。以人船物料之值計之，每船費百金足矣。通計所費只三十萬金耳，何為轉惜之而不為也。【略】

該逆所恃，船堅砲利而已，我環而火之，彼首尾聯絡，互有接應，正可聚而殲旃。若分泊而為犄角之勢，我以數十船圍火一船，無往不可，彼何所措其手足。即開放大砲，斷不能俯擊小船，如以雕砲飛擊，或放洋槍火箭，適為我船發火。我船既無一兵，可無逃患，一鼓而前，彼船堅炮利皆無所用，此正避長攻短之法也。至我操舟者，必先於船之兩舷紮竹木為間架，使居其中，頭以上蘆葦層疊積厚數尺，洋槍火箭只及蘆葦不能及人，蘆葦火矣，操舟者仍可從容打桨而前，待火將下爇，而後翻身入水，無畏乎洋槍火箭也。何為乎先為種種畏難之言以自餒耶？

總之，此事不可參用一兵，委員而外，亦不可令一人知。非畏逆夷聞而遁去也，畏統師者聞之而掣吾肘也。惟此法也只可用之於江，不能用之於海。今逆船在江，是天與我也。天與不剿，是違天也。失此機會，一旦和議既成，該逆志驕氣盈，洋洋得意，歌舞鼓吹，去而之他，是縱鯨鯢使歸大海也，以後不可復制矣，大局尚忍言哉！此時事急勢迫，少縱即逝，安得有實心為國大賢者出，決仁者之勇，挽既倒之瀾，庶幾轉危為安，雪耻伸憤，在此一舉。其如當事堅持成見，方乞哀之不暇，無可與語。可與語者，非事權不屬，則力有不逮。杞國之憂，徒切長沙之哭。空悲亦未如之何也已矣。

清・佚名《廣東夷務事宜・全粵義士義民公檄》　欽維天朝大一統，豈容裂土以與人，而草野效忠，但知殺賊而報國。我大清撫有區夏，二百年來，列祖列宗，以聖繼聖，舉凡食毛踐土，久浹帝德而洽皇仁，即在化外窮荒，亦戴天高而履地厚。四海澄鏡，萬國梯航，距中國數萬里外，西南諸夷，亦莫不候風占月，輸忱效順。乃獨暎咭唎者，其主忽女忽男，其人若禽若獸，凶殘之性，甚於虎狼，貪黷之心，不殊蛇虺。惟蠶食夫南夷，輒夜郎以自大。乾隆、嘉慶年間，英夷叩關納款，瀆請舟山，兩聖人洞燭其奸，嚴行斥絕。然自此勾串粵省奸商，私住粵洋島上，販賣鴉片，毒我生靈，傷民命奚止數百萬衆？耗民財奚啻數千萬金？並敢屢殺唐人，匿不交凶抵命，萬衆痛心疾首，蓋數十年於茲，而暎夷之窺伺天朝，其所由來者漸矣！【略】

夫逆夷性等犬羊，貪得無厭，和之真僞，不問可知。試觀上年暎逆寇粵，自據四方砲臺，遂爾肆行奸掠，若非北路各鄉社義士，殺其兵頭，殲其鬼卒，勢必毫無忌憚，破城焚劫，以大快其凶貪，何肯以區區六百萬金，即時解圍退去乎？所可惜者，困魚入釜，抽薪來五馬之官；放虎還山，曳甲奪萬民之氣。一日縱敵，數省禍延，興言及此，真可為傷心痛哭者也！且上年和約之時，原議還出龍穴，退我虎門，香港亦是暫留，兵端從此永息。詎知曾未踰時，而前盟頓背，二虎炮臺，木龍橫踞，五羊門戶，鐵牡誰關？於今三年，莫能收復。其譎詐於嶺表，更遑問乎江南？惟我大皇帝手握金鏡，心秉玉衡，循以大事小之義，而曲順乎天防，非族逼處之嫌，而密為之備。恭繹絲綸，照如日月。當事者如謂逆燄方收，甘作處堂之燕雀，設復禍機猝發，徒為入肆之豚魚，律以負國誅，一死奚能塞責？流芳百世，遺臭萬年，青史留傳，所爭只在幾希之頃，當事若念及此，諒必亦知奮發天良也。

士民等生當景運，世受生成。讀書者圖報國恩，擊壤者敢忘帝力？且矢忠以勵節，願敵愾以同仇！茲聞逆夷將入珠海，創立馬頭，不惟華夷未可雜居，人禽不堪並處；直是開關揖盜，啓戶迎狼。況其向在海外，尚多內奸，今乃逼近榻前，益增心患。竊恐非常事變，誠有一言難盡者，若他國羣起效尤，將何以策以應之？是則暎夷不平，誠為百姓之大害，國家之大憂。惟不共戴此天，方無愧於血氣，如甘同履斯土，是真全無心肝。前者，恭讀上諭：『士民中果有謀勇出衆之材，激於義憤，團練自衛，或助官軍以復城邑，或扼要隘以遏賊鋒；或焚擊夷船，擒斬大憝，或申明大義，開啓愚頑，能建不世之殊勳，定有非常之懋賞。欽此。』士民等欽奉王言，共引團練，仿軌里連鄉之制，指顧得百萬之師；按嘗田捐餉之方，到處有三時之樂，無事則各歸農業，有事則協心從戎。踴躍同袍，子弟悉成勁旅，婉孌如玉，婦女亦能談兵。嗟乎！昔日從容坐鎮，誰令寇在門庭；只今慷慨指揮，誓看波恬滄海。庶幾金湯鞏固，紓聖主南顧之憂；鯨鯢殲除，雪薄海敷天之憤！嗚呼！結同仇以明大節，鑑此丹忱，伸天討而快人心，賴茲義舉！天神共鑑，莫負初心！天朝大清道光二十二年十月吉日，全粵義士義民公檄。

開眼看世界觀念分部

論說

清・林則徐《林文忠公政書・擬諭暎咭唎國王檄》　謹擬頒發檄諭暎咭唎國王底稿，恭候欽定。

為照會事：洪惟我大皇帝，撫綏中外，一視同仁。利則與天下公之，害則為天下去之，蓋以天地之心為心也。貴國王累世相傳，皆稱恭順，觀歷次進貢表文云『凡本國人到中國貿易，均蒙大皇帝一體公平恩待』等語，竊喜貴國王深明大義，感激天恩。是以天朝柔遠綏懷，倍加優禮，貿易之利，垂二百年。該國所由以富庶稱者，賴有此也。唯是通商已久，衆夷良莠不齊，遂有夾帶鴉片，誘惑華民，以致毒流各省者。似此但知利己，不顧害人，乃天理所不容，人情所共憤。大皇帝聞而震怒，特遣本大臣來至廣東，與本會同查辦。凡內地民人，販鴉片、食鴉片者，皆應處死。若追究夷人歷年販賣之罪，則其貽害深而攫利重，本為法所當誅，惟念衆夷尚知悔罪乞誠，將躉船鴉片二萬二百八十三箱，由領事官義律稟請繳收，全行燬化，疊經本大臣等據實具奏，幸蒙大皇帝格外施恩，以自首者情尚可原，姑寬免罪；再犯者法難屢貸，立定新章。諒貴國王嚮化傾心，定能諭令衆夷兢兢奉法，但必曉以利害，乃知天朝法度斷不可以不懔遵也。

查該國距內地六七萬里，而夷船爭來貿易者，為獲利之厚故耳。以中國之利利外夷，是夷人所獲之厚利，皆從華民分去，豈有反以毒物害華民之理？卽夷人未必有心為害，而貪利之極，不顧害人，試問天良安在？聞該國禁食鴉片甚嚴，是固明知鴉片之為害也。既不使為害於該國，則他國尚不可移害，況中國乎？中國所行於外國者，無一非利人之物，利於食，利於用，並利轉賣，皆利也。中國曾有一物為害外國否？況如茶葉、大黃，外國所不可一日無也，中國若靳其利，而不恤其害，則夷人何以為生？又外國之呢羽、嗶嘰，非得中國絲斤，不能成織，若中國亦靳其利，夷人何利可圖？其餘食物，自糖料、薑、桂而外，用物自綢緞、磁器而外，外國所必需者，曷可勝數。而外來之物，皆不過以供玩好，可有可無。既非中國要需，何難閉關絕市。乃天朝於茶絲諸貨，悉任其販運流通，絕不靳惜，無他，利與天下公之也。該國帶去內地貨物，不特自資食用，且得以分售各國，獲利三倍。卽不賣鴉片，而其三倍之利自在，何忍更以害人之物，恣無厭之求乎？設使別國有人販鴉片至英國，誘人買食，當亦貴國王所深惡而痛絕之也。

向聞貴國王存心仁厚，自不肯以己所不欲者，施之於人。並聞來粵之船，皆經頒給條約，有不許攜帶禁物之語，是貴國王之政令本屬嚴明，只因商船衆多，前此或未加察，今行文照會，明知天朝禁令之嚴，定必使之不敢再犯。且聞貴國王所都之蘭嚬，及嘶噶蘭、嗳喻等處，本皆不產鴉片。惟所轄印度地方，如孟啊啦、嘜噠啦薩、嗌嘪、叭噠嚀嘫、嚀嘛吥哇數處，連山栽種，開池製造，累月經年，以厚其毒，臭穢上達，天怒神恫。貴國王誠能於此等處，拔盡根株，盡鋤其地，改種五穀，有再圖種造鴉片者，重治其罪，此眞興利除害之大仁政，天所佑而神所福，延年壽，長子孫，必在此舉矣。

至夷商來至內地，飲食居處，無非天朝之恩膏，積聚豐盈，無非天朝之樂利。其在該國之日猶少，而在粵東之日轉多，弼教明刑，古今通義，譬如別國人到英國貿易，尚須遵英國法度，況天朝乎？今定華民之例，賣鴉片者死，食者亦死。試思夷人若無鴉片帶來，則華民何由轉賣？何由吸食？是奸夷實陷華民於死，豈能獨予以生？彼害人一命者，尚須以命抵之，況鴉片之害人，豈止一命已乎？故新例於帶鴉片來內地之夷人，定以斬絞之罪，所謂為天下去害者此也。

復查本年二月間，據該國領事義律，以鴉片禁令森嚴，稟求寬限。凡印度港脚屬地，請限五月；暎國本地，請限十月，然後卽以新例遵行等語。今本大臣等，奏蒙大皇帝格外天恩，倍加體恤。凡在一年六個月內，誤帶鴉片，但能自首全繳者，免其治罪。若過此限期，仍有帶來，則是明知故犯，卽行正法，斷不寬宥。可謂仁之至義之盡矣。

我天朝君臨萬國，儘有不測神威，然不忍不教而誅，故特明宣定例。該國夷商，欲圖長久貿易，必當懍遵憲典，將鴉片永斷來源，切勿以身試法。王其詰奸除慝，以保義爾有邦，益昭恭順之忱，共享太平之福。幸甚，幸甚！接到此文之後，卽將杜絕鴉片緣由，速行移覆，切勿諉延。須至照會者。

清·魏源《海國圖志》卷七九《籌海總論三覆奏各國夷情請逆將軍奕山等》 竊臣等承准軍機大臣字寄，道光二十一年正月十九日奉上諭。怡良奏接辦粵海關務稅課短絀一摺。據稱粵海稅務，以夷稅為大宗。本年所到夷船不及十分之二，因各國之船為英夷攔阻，不能進口，是以六月後，正當徵輸暢旺之時，轉致短絀等語。廣東例准各國通商，其恭順各國，自仍照常貿易。英夷强悍桀驁，阻撓各國生計，各國豈肯甘心失利？着奕山、隆文、祁𡎴於先後抵粵時，查明各該國情形，果否怨恨英夷，阻撓生計；抑稍有觖望於天朝，未能招徠撫綏，以致向隅失業，據實具奏。將此各諭令知之，欽此。臣等抵粵後，密加查明。緣粵海關務舊章，例准通商各國，除居住澳門西洋夷人貨船向在澳門卸貨外，其餘米利堅、佛蘭西、荷蘭國、大小呂宋國、嗹吱啞國、𠹌國、瑞國、單鷹國、雙鷹國、英吉利國並港脚各國，貨船向例應進黃埔查驗開艙。各該國距粵程途遠近不同，每年來船數目約在一百餘隻二百隻不等。自二十年三月二十六日起，截至六月初二日止，祇到有米利堅國、呂宋國貨船十九隻。自是之後，並無貨船進口。蓋因英夷犯順，駛有兵船來泊澳洋，所有各國貿易商船，均被英夷阻撓，不得進口。英夷强悍桀驁，各該國力不能制，阻遏外洋，無不同深怨恨。迨至本年二月初六日，英夷闖入虎門，攻破烏涌卡座，夷船直達黄埔，是以向准通商之米利堅國、佛蘭西國及港脚貨船共四十二隻，始得隨後進口。英夷懇求通商，經臣楊芳會同撫臣怡良體察情形，奏明仍准恭順各國，照舊通商。各夷無不欣感，共戴皇仁，並不敢望觖於天朝。傳訊各通事所稟，亦俱相符。現在雖經開艙，而殷實客商，均經紛紛遷避，商民交易者，甚屬寥寥。臣等現已出示曉諭，令其急速回來，各安生業，與恭順各國照常貿易，無須驚疑。日來漸次歸業，民情少覺安貼。謹案：廷寄之意，原欲以夷攻夷，惜復奏未能仰體廟算，詳察夷情也。

清·王韜《弢園文録外編》卷九《瀛環志略跋》　近來談海外掌故者，當以徐松龕中丞之《瀛環志略》、魏默深司馬之《海國圖志》為嚆矢，後有作者弗可及已。以視明季所出之《坤輿圖説》、《職方外紀》，其詳略為何如哉！此誠當今有用之書，而吾人所宜盱衡而矚遠者也。

此二書者，各有所長，中丞以簡勝，司馬以博勝。顧綱舉目張條分縷析，綜古今之沿革，詳形勢之變遷，凡列國之强弱盛衰，治亂理忽，俾於尺幅之中，無不朗然如燭照而眉晰，則中丞之書，尤為言簡而意賅也。

嗚呼！中丞之作是書，殆有深思遠慮也乎？其時罷兵議款，互市通商，海寓宴安，相習無事，而内外諸大臣，皆深以言西事為諱，徒事粉飾，彌縫苟且於目前，有告之者，則斥為妄。而沿海疆圉晏然無所設備，所謂諏遠情，師長技者，茫無所知也，況詢以海外輿圖乎？中丞涖官閩嶠，膺方面之寄，蒿目時艱，無所措手，即欲有所展布，以上答主知而下扶時局，而拘文牽義者動以成法為不可踰，舊章為不可改，稍有更張，輒多掣肘。中丞内感於時變，外切於邊防，隱憤抑鬱，而有是書，故言之不覺其深切著明也。嗚呼！古人著述，大抵皆為憂患而作，顧使中丞不得行之於事，而徒見於言，為足惜已。

方今光氣大開，西學日盛，南北瀕海各直省，開局設廠，製造舟艦槍砲，一以泰西為法，而域外之山川道里，皆能一一詳其遠近夷險，未始非中丞為先路之導也夫。

清·李慈銘《越縵堂讀書記·評〈使西紀程〉》　閲郭嵩燾侍郎《使西紀程》，自丙子十月十七日於上海拜疏出洋，至十二月八日抵英吉利倫敦止。倫敦者，英夷都城也。記道里所見，極意誇飾，謂其法度嚴明，仁愛兼至，富强未艾，寰海歸心。其尤悖者，一云以夷狄為大患，以和為大辱，實自南宋始。西洋立國二千年，政教修明，具有本末，與遼金崛起一時，倏盛倏衰者情形絶異。其至中國，惟務通商而已，而竄穴已深，逼處憑陵，智力兼勝，所以應付之方，並不得以和論。無故懸一和字，以為劫持朝廷之資，哆口張目，以自快其議論。至有謂寧可覆國亡家不可言和者，京師已屢聞此言，誠不意宋明諸儒議論流傳為害之烈，一至斯也。一云西洋以智力相勝垂二千年，麥西即摩西羅馬麥加迭為盛衰，而建國如故。近年英、法、俄、美、德諸大國，角奇稱雄，創為萬國公法，以信義相先，尤重邦交之誼，致情盡禮，質有其文，視春秋列國，殆遠勝之。而俄羅斯盡北漠之地，由興安嶺出黑龍江，悉括其東北地以達松花江，與日本相接。英吉利起極西，通地中海，以收印度諸部，盡有南洋之利，而建藩部香港，設重兵駐之。比地度力，足稱二霸，而環中國逼處以相窺伺，高掌遠蹠，鷹揚虎視，以日廓其富强之基，而絶不一逞兵縱暴，以掠奪為心。其構兵中國，猶展轉據理爭辯，持重而後發，此豈中國高談闊論虚驕以自張大時哉！輕重緩急，無足深論，而西洋立國自有本末。誠得其道，則相輔以致富强，由此而保國，千年可也；不得其道，其禍亦反是云云。嵩燾自前年在福建被召時，即上疏痛劾滇撫岑毓英，以此大為清議所賤。入都以後，衆詬益叢，下流所歸，幾不忍聞。去年夷人至長沙，將建天主堂，其鄉人以嵩燾主之也，羣欲焚其家，值湖南鄉試，幾至罷考。迨此書出而通商衙門為之刊行，凡有血氣者，無不切齒。於是湖北人何金壽以編修為日講官，出疏嚴劾之，有詔燬板，而流布已廣矣。嵩燾之為此言，誠不知是何肺肝，而為之刻者又何心也？嵩燾力詆議論虚驕之害，然士夫之肯為此議論者有幾人哉？嗚呼！余特録存其言，所以深著其罪，而時勢之岌岌，亦可因之以見，其尚緩步低聲，背公營私，以冀苟安於旦夕也，哀哉！

師夷長技説分部

論　説

清·姚瑩《東溟文後集》卷六《覆鄧制府言夷務書》　方今中外汲汲，莫不以鴉片夷務為事矣。夷人數十年詭計，一旦為天朝燭破，嚴定吸食販賣科條，自王公以及士庶，輕者徒流，重則論死，蓋非此不能力去沈痾，振啓聾聵也。繼因夷情狡譎，絶其貿易，有事用兵，此亦事勢之必然者。夫英夷以貿易為生計，恃其狡悍，脅制西南各島久矣，今奸謀既破，不但生計無資，且為各島夷所輕。奸謀破則必媿，生計絀則必迫，各島輕之則必怒，澳門馬頭既失，復恐各島素為伊所據者亦將動搖則必懼。兼是四者，安得不并力致命於我，非有以大創之，誠如憲慮，未肯帖然就我規矩也。則簡練舟師，選擇將帥，修葺戰艦攻具，以禦其外；嚴禁奸民，杜絶勾通；謹守口隘，以清其內。此誠目前要務矣。

夷船堅大而便捷，師船小者，不足以安巨礮。其大者，水師又以滯重為嫌。來諭詢及王提軍昔造建威船制，容往咨訪，再以報聞。

嚮嘗問諸老商云，夷船靈捷，惟在布篷，若師船易篾為布，節節為之，則轉駛亦靈，似可與善海洋者商之也。竊意造大艦必先儲費，工價非倍於常例不可。而造船之人，又必習知洋面攻戰者親督之，乃能有用。誠能制巨艦十隻或八隻，每船費以萬金，期以半年，當可竣工，交提鎮大將領之。每艦更助以集成字號大小及大中號同安梭大白底艍數十隻，以為羽翼，庶可制敵取勝。

至於師船用礮，不同平地。大至千斤足矣。通省各營，如此者亦尚有之，可以簡料而用。憲臺自粵中攜至夷礮十數門，若更集匠鑄五、六千斤大礮，以備陸地守口之用，似亦非難。惟理事廳不諳製造，匠人攙和鉎砂過多，或非一火鑄成，或礮內車磨不淨，則用時必然炸裂，宜得誠實曉事者監製，乃可用耳。

水師懦怯者多，風雲沙綫尚有未諳，何況攻戰。然苟將帥得人，勤求善者而駕馭之，未嘗不可得力。竊見前水師提督陳化成，操守廉潔，節制有方，熟悉海面情形。上年曾與夷船接仗，雖未能勝，亦未敗衄。礮火轟擊之下，士卒偶有傷殘，此乃軍中常事，聞夷人亦多傷斃落海者，似未可以咎之。遽與江南對調，實為可惜。計現在水師諸將，實未見有更勝之者。

清·魏源《古微堂集·外集》卷三《海國圖志敍》　何以異於昔人海圖之書？曰：彼皆以中土人譚西洋，此則以西洋人譚西洋也。

是書何以作？曰：為以夷攻夷而作，以夷款夷而作，為師夷長技以制夷而作。《易》曰：『愛惡相攻而吉凶生，遠近相取而悔吝生，情偽相感而利害生。』故同一禦敵，而知其形與不知其形，利害相百焉；同一款敵，而知其情與不知其情，利害相百焉。古之馭外夷者，諏以敵形，而形同几席；諏以敵情，情同寢饋。

然則執此書即可馭外夷乎？曰：唯唯，否否。此兵機也，非兵本也；有形之兵也，非無形之兵也。明臣有言：『欲平海上之倭患，先平人心之積患。』人心之積患如之何？非水非火，非刃非金，非沿海之奸民，非吸煙販煙之莠民。故君子讀《雲漢》、《車攻》，先於《常武》、《江漢》，而知二《雅》詩人之所發憤；玩卦爻內外消息，而知大《易》作者之所憂患。憤與憂，天道所以傾否而之泰也，人心所以違寐而知覺也，人才所以革虛而之實也。昔準噶爾跳踉於康熙、雍正之兩朝，而電埽於乾隆之中葉。夷煙流毒，罪萬準夷。吾皇仁勤，上符列祖，天時人事，倚伏相乘，何患攘剔之無期？何患奮武之無會？此凡有血氣者所宜憤悱，凡有耳目心知者所宜講畫也。去偽，去飾，去畏難，去養癰，去營窟，則人心之寐患祛，其一。以實事程實功，以實功程實事，艾三年而蓄之，網臨淵而結之，毋馮河，毋畫餅，則人材之虛患祛，其二。寐患祛而天日昌，虛患祛而風雷行。傳曰：『孰荒於門，孰治於田，四海既均，越裳是臣。』敍《海國圖志》。

清·黃恩彤《知止堂集·撫夷論》　英夷不靖已三年矣。無論昔之言戰、言防，均成畫餅，即今之言造船、言鑄砲、言練水勇、言築臺堡者，亦復毫無把握。大約言戰守者，均未與該夷接仗，不能悉其伎倆，而但參考成書，如《練兵實紀》、《紀效新書》、《金湯十二籌》、《洴澼百金方》所云云者，以為可以施之今日，甚或誤信稗史，以周郎江上之火、鄂王湖中之草，乃水戰之秘訣。而不知該夷之船堅砲烈，斷難力敵，亦無術破。以肉身禦大銃，雖銅筋鐵肋，立成齏粉，往往備之累歲，敗之崇朝。夷船在海中，浪湧如山，束薪灌脂之小舟，豈能攏近？即近矣，而彼隨帶三板多隻，不難即時撲滅，至以草綱輪之法，或可施之小小輪船，若近日內地所造之水輪船耳。夷人以十餘丈之火輪船，大船水激輪飛，奮迅飄忽，木篺大鍊且不能遏，而欲以盈尺徑寸莖柔幹弱之腐草，投諸茫茫巨浸之中，將以縛其輪而膠之，此眞夢囈之語，不足值一噱者也。言善後者，明知無制彼之術，而不能不敷衍完局，除造船鑄砲數著之外，更有何法？其實以船而論，同安梭船，僅足入海捕盜，不足禦夷。即潘觀察所造之船，堅厚長大，裝砲亦多，窮中國工力物力，不能復加於此，而以當夷船，恐亦難言制勝。至大砲來自西洋，名曰紅衣，實紅夷也，彼乃造砲之祖也。我未能得其制鑄之秘，而火藥不及，彈子不及，砲手更萬萬不及，遽欲與之爭能，勿亦不揣本而齊末乎？【略】

而中國之所以控制而羈縻之者，惟在通商。夷居西北極邊，地冷人稀，向無田賦，其國中一切經費全資商稅，雖添設碼頭，如檳榔嶼、噶喇吧、新嘉坡等，多至二十餘處，而尤以廣州為第一。其所以呈繳鴉片者，非畏法也，慮絕其通商也。其所以兵犯順者，非謀逆也，圖復其通商也。其所以滋擾他省而不肯蹂躪廣州者，非畏靖逆也，自護其碼頭也。上年粵東百姓燒燬洋樓，搶奪夷貨，而樸酋置不報復者，非畏粵民也，恐結怨愈深，則通商撤兵之後，將有猝不及防者也。其廈門、上海等處均過而不留，寧波雖久據而以假仁假義要結民心，亦係為將來設立碼頭，不肯殘敗其地、戕賊其民也。不求讓稅而甘心納稅者，無稅則我得禁止華商不與交易，故遵例輸將，以饜我之心而平我之氣也。然則馭夷之法，概可知已。捐釋前嫌，示之寬大，裁減陋規，明定稅則，無事則撫以恩，有事則折以信，彼既灼然知用兵之害、通商之利，自當伏首帖耳，歌詠皇仁，不復有盜弄潢池之事矣。

清·梁廷枏《夷氛聞記》卷五　今天下非無講求勝夷之法也，不曰以夷攻夷，即曰師夷長技。姑無論西夷同一氣類，雖日為蠻觸爭，而萬不肯為中國用也。就令樂為我用，而一舟之費，內地可調兵數千，敗必索債，勝更求無底止，終難以善其後。天朝全盛之日，既資其力，又師其能，延其人而受其學，失體孰甚。彼之火礮，始自明初。大率因中國地雷、飛砲之舊而推廣之。夾板舟，亦鄭和所圖而予之者。即其算學所稱東來之借根法，亦得諸中國。但能實事求是，先為不可勝，夷將如我何。不然而反求勝夷之道於夷也，古今無是理也。雖然，服之而已矣，何必勝。

清·馬建忠《適可齋記言》卷二《巴黎復友人書》　余嘗讀《鬼谷子》書，其馳說諸侯之國，必視其人之材性賢愚、剛柔緩急，而因其好惡喜懼哀樂而捭闔之，陽開陰塞，變化無窮。顧天下諸侯無不入其彀中者，豈有異術哉？兵法曰『知彼知己』，交涉之道，盡於是矣。夫彼不易知也，故閱彼新報，以揣其要旨，入彼議院，以察其變遷，上結紳衿，默觀動靜，下連商賈，隱相機宜。是以近今百年泰西之長於交涉者，首推意之加孚爾、普之璧斯瑪、法之大意郎、俄之加且高弗、英之巴末司東、奧之墨代直客之數公者，先皆久遊列國，或充公使之選，或為遊覽之娛，一旦身入機府，他國之民情俗尚瞭若指掌，復得出使之臣，時傳消息，雖千里如一室矣。

己亦不易知也，知我之所長，尤宜知我之所短，知我之所長，故掩之以待時而發；知我之所短，故彰之可因奮而更。既已知我知彼矣，尤宜先定所向，所向既定，而後心無旁營，力無旁貸，所謀則濟，所舉則成。如加孚爾以統一為心，璧斯瑪以雄長為志，加且高弗以廓闢為懷，終皆克償其願者，所向先定故也。若法王那波倫第三世，始欲求逞於民，則附英而攻俄，繼欲示好於俄，則息戰而疏英，攻奧大利以沽恩於意人，伐墨西哥以修睦於奧國。方普人之攻丹也，陰圖其利，及普人之入奧也，轉懾其威，一旦普人修怨，法王孑然無他國一師之助者，所向不定故也。所向既定，而後可與言交涉之道矣。

蓋天下事衆擎則易舉，孤掌則難鳴，理之常也。夫同宅寰中，此疆彼界，而建為國，則必小事大，大字小，憂危與共，戰守相援，而勢乃不孤，故英得法助，奏績於黑海之濱，意與法連，逞志於綠氈之上。註：西人講公事以綠氈鋪台為禮，范斯法尼之綠氈猶在也，嘗親見之。比利斯交懽於英法，自成局外之邦，合衆國求助於法王，得行自主之攻，比皆邦交之實

有所採也【略】

嗟夫！當回人之滅東羅馬也，闢疆展土，歐西為之重足而立，所來使臣動加鞭笞，而莫敢誰何。今則時窮勢迫，國內之政教財賦反為外人牽掣，民貧國蹙，僻守一隅，幾於國不其國者，何也？處遞變之時，不因時而與之俱變，內無定向，而知變之士窮，外無友邦，而應變之方少，徒守此千百年前瑪奥買所著《高朗》一書，欲以應夫千百年後世道之變，無惑乎日就削亡，徒為天下後世多一泥古不通今之龜鑑，可不惜哉？【略】

夫處今之世，輪舟鐵道梭織寰中，而欲自囿一隅，禁絕外人往來，勢必不能，不若因其利而利之，以廣我之利源，推行盡善，國富民殷，立約修和而內平外睦，四境無雞犬之警，萬國消鋒鏑之憂，誰謂交涉之學小補也哉！

禦侮自强思潮部

古今變局論分部

論　説

清·文慶等［同治］《籌辦夷務始末》卷九九《李鴻章〈奏陳方今天下大勢〉》 然則今日所急，惟在力破成見，以求實際而已。何以言之？歷代備邊，多在西北，其强弱之勢，客主之形，皆適相埒，且猶有中外界限。今則東南海疆萬餘里，各國通商傳教，來往自如，麕集京師及各省腹地，陽托和好之名，陰懷吞噬之計，一國生事，諸國構煽，實為數千年來未有之變局。輪船電報之速，瞬息千里，軍器機事之精，工力百倍，炮彈所到，無堅不摧，水陸關隘，不足限制，又為數千年來未有之强敵。外患之乘，變幻如此，而我猶欲以成法制之，譬如醫者療疾，不問何症，概投之以古方，誠未見其效也。

庚申以後，夷勢駸駸內向，薄海冠帶之倫，莫不發憤慷慨，爭言驅逐。局外之訾議，既不悉局中之艱難，及詢以自强何術，禦侮何能，則茫然靡所依據。自古用兵，未有不知己知彼而能決勝者。若彼之所長，己之所短，尚未探討明白，但欲逞意氣於孤注之擲，豈非視國家如兒戲耶？臣雖愚暗，從事軍中十餘年，向不敢畏縮自甘，貽憂君父。惟洋務涉歷頗久，聞見稍廣，於彼己長短情形之處，知之較深。而環顧當世，餉力人才，實有未逮，又多拘於成法，牽於衆議，雖欲振奮而末由。《易》曰：窮則變，變則通。蓋不變通則戰守皆不足恃，而和亦不可久也。

清·薛福成《庸盦文編·外編》卷三《上曾侯相書·籌海防》 方今中外之勢，古今之變局也。推其所以啓之者，有天事，有人事。古者九州之內，各殊土而異宜，有隔數百里不相通者。然而天地之風氣，日久漸開，山川之徑塗，習行則便。自秦一天下，至漢而收滇、粵，置河西，至唐而通回紇、定天竺，至元而服俄羅斯、取西域，恢拓可謂極廣。寖尋迄於今日，西洋諸國，航海通商，凡歐羅巴、亞墨利加數十國之人，頡頏並至乎中國，而以英吉利、俄羅斯、佛蘭西、米利堅四國為最强，於是地球幾無不通之國。是其所以然者，天也，非人之所能為也。西人之始至也，非敢睥睨中國也。曩者禁煙之役，既以發之驟而啓釁；釁作矣，彼猶懼天威之不測，未敢狡焉以逞也。忽而罷兵弛禁，且償其貨以驕之；繼而倏戰倏和，茫無成議，以致戰則喪師，和則辱國。於是中國之情實，歷歷在西人之目，索地索幣之師，紛然狎至，而粵寇乘之以起。洎乎庚申之歲，遂敢合從內向，直犯京師。既不獲，已而講解以罷，而中外之大防裂矣。是其所以然者，人也，不可盡委之天也。居今之世，事之在天者，宜有術以處之，然後不為氣數所窮；事之在人者，必有術以挽之，然後不為鄰敵所侮。竊嘗默審乎天時人事之交，其道歷久不敝者，要在知和之不可常恃，一日勿弛其防而已。

又《强鄰環伺謹陳愚計疏》 自泰西諸國航海東來，始不過藉互市之名，逐什一之利；相狎既久，寖有違言，釁端之起，僅在五十餘年以前。謀臣議論不一，忽和忽戰，累次失利，紛紜者逾二十年，而元氣已大損矣。厥後更定約章，稍持和局，外釁之迭起環生者，幾於無歲無之。

中外籌議，不能不以防海為兢兢。地之險者扼之，土之荒者闢之，軍之闕者設之，才之乏者練之，械之精者購之，藝之良者習之，蓋既經盡臣碩輔內外合謀苦心經營者亦逾二十年，中國聲威稍稍異於疇昔。然瀕海之區迴環萬數千里，布置既已難周，猶且艱於物力，缺於人材，限於時勢，格於議論，措施不過十之二三，而狡寇窺逼之大勢，又不僅在海而在陸矣。

臣竊按英、俄、法三國，歐羅巴著名強國也，其國都皆距中國三四萬里，彼知西洋大小諸邦競能自立，難逞雄圖，未肆西封，遂勤東略。英人初藉公司之力蠶食五印度，未幾而沃壤數萬里盡為所併，遂與我之西藏為比鄰，近且脅服阿富汗、克什彌爾、巴達克山、什克南諸部為英屬國，其大勢駸駸北嚮，既越葱嶺而與我之回疆相接，南併緬甸，而雲南之迆南、迆西悉與毘連矣。俄國自興安嶺以外，東傅於海，包我黑龍江全境暨外盟蒙古、烏梁海諸部，西軼新疆諸城，地勢尤為廣遠。自咸豐年間來索舊地，而黑龍江以南、烏蘇里河以東勘界一誤，蹙地數千里，至今西人動輒藉口，謂為中國不重邊地之明證。侵奪之謀，無時或息。俄人又於同治年間，乘我內寇不靖，稍以兵力吞滅浩罕、布魯特、哈薩克、布哈爾諸回部，自是俄境亦接回疆。其地匝我三陲，迴環殆不下二萬餘里。法人自爭得越南，旋脅取眞臘一國歸其保護；近又侵割暹羅湄江東岸之地，疆圉愈固，氣勢自雄，而兩廣、雲南邊外，益以多事。由斯以觀，中國東南兩面大海繞之，其自東北以訖西南，則三強國之境繞之，防於海者，動虞諸國窺伺；防於邊者，日與三國周旋。至於南洋諸島，星羅棊布，昔人所謂海外雜國，東南際天，地以萬數，時候風潮朝貢者，今已為英與荷蘭、西班牙三國之外府，竟無一島能自存者，此殆宇宙之奇變，古今之創局也。

清·王韜《弢園文録外編》卷一《變法上》 泰西之士嘗閱中國史籍，以為五千年來未之或變也。夫中國亦何嘗不變哉？巢、燧、羲、軒，開闢草昧，則為創制之天下；唐、虞繼統，號曰中天，則為文明之天下；三代以來，至秦而一變；漢、唐以來，至今日而又一變。西人動譏儒者墨守孔子之道而不變，不知孔子而處於今日，亦不得不一變。蓋孔子固聖之時者也，觀其答顏子之問為邦曰：行夏之時，乘殷之輅，服周之冕。於三代之典章制度，斟酌得中，惟求不悖於古以宜乎今而已。於答子夏之問則曰：殷因於夏禮，所損益可知也；周因於殷禮，所損益可知也；其或繼周者，雖百世可知也。此孔子蓋言其常也，而非言其變也。言其常，則一王繼治，有革有需，勢不能盡廢前代之制而不用；言其變，則未及數百年而祖龍崛起，封建廢而為郡縣，焚詩書，坑儒士，樂壞禮崩，法律蕩然，亦孔子之所未及料者也。漢承秦弊，不能盡改，自是以後，去三代漸遠，三代之法，不能行於今日。如其泥古以為治，此孔子所謂生今之世而反古之道者也。由此觀之，中國何嘗不變哉！即歐洲諸國之為治，亦由漸而變，初何嘗一蹴而幾，自矜速化歟？

銅龍沙漏，璇璣玉衡，中國已有之於唐、虞之世；鐘錶之法，亦由中國往；算法借根方得自印度；火器之製，宋時已有，如金人之守汴，元人之攻襄陽，何嘗不恃砲火，其由中國傳入可知也。其他如火輪舟車，其興不過數十年間而已，而卽欲因是笑我中國之不能善變，毋乃未嘗自行揆度也歟！吾知中國不及百年，必且盡用泰西之法而駕乎其上。蓋同一舟也，帆船與輪舶遲速異焉矣；同一車也，駕馬與鼓輪遠近殊焉矣；同一軍械也，弓矢刀矛之與火器勝敗分焉矣；同一火器也，舊法與新製收效各別焉矣；同一工作也，人工與機器難易各判焉矣。無其法，則不思變通；有其器，則必能仿效。西人卽不從而指導之，華人亦自必竭其心思材力以專注乎此。

雖然，此皆器也，而非道也，不得謂治國平天下之本也。夫孔之道，人道也；人類不盡，其道不變。三綱五倫，生人之初已具，能盡乎人之分所當為，乃可無憾。聖賢之學，需自此基。舍是而言死後，誰得而知之？亦誰得而見之？況西國所謂死後獲福者，其修亦必裕於生前。然則仍是儒者作善降祥，作不善降殃之説耳。故吾向者曾謂：數百年之後，道必大同。蓋天既合地球之南朔東西而歸於一天，亦必化天下諸教之異同而歸於一源。我中國既盡用泰西之所長，以至取士授官，亦必不泥成法，蓋至此時不得不變古以通今者，勢也；而今則猶未也。今如有人必欲盡廢古來之製作以遂其一時之紛更，言之於大廷廣衆之中，當必以其人非喪心病狂，決不至是。

嗚呼！世人皆明於既往而昧於將來，惟深思遠慮之士，乃能默揣而得之。天心變於上，則人事變於下。天開泰西諸國之人心，而畀之以聰明智慧，器藝技巧，百出不窮。航海東來，聚之於一中國之中，此固古今之創事，天地之變局。諸國既恃其長，自遠而至，挾其所有以傲我之所無，日從而張其炫耀，肆其欺凌，相軋以相傾，則我又烏能不思變計哉！是則導我以不容不變者，天心也；迫我以不得不變者，人事也。如石之轉圜於崇岡，未及墜地，猶謂其難，而不知其一落千仞也。況今者我國已自設局廠，製造鎗礮，建置舟舶，一切悉以西法從事。招商局既建，輪船遍及各處，而洋務人員輒加優擢，臺灣、福州已小試電氣通標之法，北方擬開煤鐵諸礦。所未行者，輪車鐵路耳，則或尚有所待也。此皆一變之機也。

惟所惜者，僅襲皮毛，而卽囂然自以為足，又且因循苟且，粉飾雍容，終不能一旦驟臻於自强。不知天時有寒暑而不能驟更，火炭有冷暖而不能立異，則變亦非一時之所能也。要之，在人而已矣。盡人事以體天心，則請決之以百年。

又《變法中》 《易》曰：『窮則變，變則通。』知天下事未有久而不變者也。上古之天下一變而為中古，中古之天下一變而為三代。自祖龍崛起，兼併宇內，廢封建而為郡縣，焚書坑儒，三代之禮樂典章制度，蕩焉泯焉，無一存焉，三代之天下至此而又一變。自漢以來，各代遞嬗，征誅禪讓，各有其局，雖疆域漸廣，而登王會列屏藩者，不過東南洋諸島國而已，此外無聞焉；自明季利瑪竇入中國，始知有東西兩半球，而海外諸國有若棋布星羅；至今日，而泰西大小各國無不通和立約，叩關而求互市，舉海外數十國悉聚於一中國之中，見所未見，聞所未聞，幾於六合為一國，四海為一家；秦、漢以來之天下，至此而又一變。

嗚呼！至今日而欲辦天下事，必自歐洲始。以歐洲諸大國為富强之綱領，製作之樞紐。舍此，無以師其長而成一變之道。中西同有舟，而彼則以輪船；中西同有車，而彼則以火車；中西同有驛遞，而彼則以電音；中西同有火器，而彼之鎗礮獨精；中西同有備禦，而彼之礮臺水雷獨擅其勝；中西同有陸兵水師，而彼之兵法獨長。其他則彼之所考察，為我之所未知；彼之所講求，為我之所不及。如是者，直不可以僂指數。設我中國至此時而不一變，安能埒於歐洲諸大國，而與之比權量力也哉！然而，一變之道難矣！以今日西國之所有，彼悍然不顧者，皆視以為不屑者也。其言曰：我用我法以治天下，自有聖人之道在。不知道貴乎因時制宜而已，卽使孔子而生乎今日，其斷不拘泥古昔而不為變通，有可知也。今觀中國之所長者無他，曰因循也，苟且也，蒙蔽也，粉飾也，貪罔也，虛憍也；喜貢諛而惡直言，好貨財而彼此交征利。其有深思遠慮矯然出衆者，則必擯不見用。苟以一變之説進，其不譁然逐之者幾希！蓋進言者必美其詞曰：中國人才之衆也，土地之廣也，甲兵之强也，財力之富也，法度之美也，非西國之所能望其項背也。嗚呼！是皆然矣。特彼知人才之衆，而不知所以養其人才以為我用；知土地之廣，而不知所以治其土地以為我益；知甲兵之强，而不知練其甲兵以為我威；知財力之富，而不知所以裕其財力，開源節流，以出諸無窮而用之不匱；知法度之美，而不知奉公守法，行之維力，不至視作具文。凡此皆其蔽也，故至今日而言治，非一變不為功。

變之之道奈何？其一曰取士之法宜變也。帖括一道，至今日而所趨益下，庸腐惡劣不可嚮邇，乃猶以之取士，曰制科，歲取數千百貿然無知之人，而號之曰士，將來委之以治民，民其治乎？故我曰：取士之法不變，則人才終不出。

其一曰練兵之法宜變也。今之陸營水師，其著於籍者，有名而無實。當事者以兵不足恃，又從而募勇，能聚而不能散。今天津駐防之兵至十萬，雖足以拱衛神京，翼保畿輔，以壯聲威而遏覬覦；而他處海防均須整頓。綠旗滿營，水師戰艦，皆當易器械，更船舶，使之壁壘一新，而不得仍以戈矛弓矢從事。苟仍其舊而不早為之計，是謂以不教民戰，無殊驅之就死地也。故我曰：兵法不變，則兵不能强。

其一曰學校之虛文宜變也。今所設教諭訓導，小邑一人，大邑兩人，虛糜廩粟，並無所事。且其人，類皆闒冗無能，龍鍾寡耻，不足為士之表率。書院山長祗取聲譽，以所薦之榮辱為去留，而每月所課，不過奉行故事而已。是朝廷有養士之名，而無養士之實也。是反不若漢時所立國子監，天下士子猶得讀書於其中也。

其一曰律例之繁文宜變也。昔高祖入關，其與民約，不過曰法三章耳。近世之吏，上下其手，律例愈密而愈紊，不過供其舞文弄法已耳。拘牽文義，厥弊日滋，動曰成例難違，舊法當守，而一切之事都為其所束縛馳驟矣。是朝廷有行法之名，而無奉法之實也。是不如減條教，省號令，開誠布公，而與民相見以天也。

凡是四者，皆宜亟變者也。四者既變，然後以西法參用乎其間。而其最要者，移風易俗之權操之自上，而與民漸漬於無形，轉移於不覺。蓋其變也，由本以及末，由內以及外，由大以及小，而非徒恃乎西法也。

又《變法下》　治天下者，當立其本而不徒整頓乎末，當根乎內而不徒恢張於外，當規於大而不徒馳騖乎小。蓋天下氣運之開，以時而變，而天下情事之繁，亦以時而異。

試以西法一端言之，今與昔異，而中外之情，亦已閲時而不同。昔者惟在崇尚西法，立富强之本，以為收效即在目前；即泰西人士，亦並以為西學振興正在今日。以中國之大而師西國之長，集思廣益，其後當未可限量；泰西各國，固誰得而頡頏之！今沿海各直省皆設有專局，製鎗礮，造舟艦，遴選幼童出洋肄業，自其外觀之，非不龐洪彪炳，然惜其尚襲皮毛，有其名而鮮其實也。福州前時所製輪舶，悉西國古法耳，不值識者之一噱；他處所造機捩，轉動之妙，不能不賴乎西人之指授。而窺其意，則已囂然自足，輒以為心思智慧足與西人匹，或且過之而有餘矣。夫鎗礮則在施放之巧，舟艦則在駕駛之能，行陣之器固不可不利，而所以用利器者則在人也。今公使簡矣，領事設矣，皇華之選絡繹於道。或恐有儀，秦其人，逞游説以恣簧鼓，而徒以口舌得官者；更恐有夤緣攀附，奔競鑽營，而得附於其間者。所謂才者未必才，所謂能者未必能，徒碌碌因人成事而已。故今日我國之急務，其先在治民，其次在治兵；而總其綱領，則在儲材。誠以有形之倣效，固不如無形之鼓舞也；局廠之鑪錘，固不如人心之機器也。

朝廷設官西土，要宜鄭重其始，一切當以正途人員；苟流品太雜，恐褻國體。其有掣肘之處，則先以西人副之，為之披榛闢莽。至若通商口岸所有中外交涉案牘，往來文移，宜彙輯成書，頒示遐邇，其後更譯以西文，一旦有事，當局者可援別案以為折辯之地，而此中亦有所主持，此亦講求洋務之一道也。總之，凡事必當實事求是，開誠布公，可者立行，不可行者始終毅然不搖。夫天下事，從未有尚虛文而收實效者。翻然一變，宜在今日。

若夫治民，必由牧令始；治兵，必由團練始。牧令之賢否，則先在慎簡督撫，甄別才能，考察勤惰。才者不次遷擢，不才者立予罷黜，此固督撫之事也。至於治兵，則難言之矣。宜先改營規，易軍制，汰兵額，異器械，必如李光弼之臨陣，壁壘一新而後可。然論者必議其更張，蒙則謂今日練兵若不以西法從事，則火艦火器亦徒虛設耳。不獨水師當變，即陸軍亦當變也；不獨綠營當變，即旗丁滿兵亦當變也。且也長江水師與洋海水師不同，我國須於長江水師之外，專設海軍，然後內可以防姦，外可以禦侮。

儲材之道，宜於制科之外，別設專科，以通達政體者為先，曉暢機務者為次。即以制科言之，二場之經題宜以實學，三場之策題宜以時務，與首場並重，庶幾明體達用，本末兼賅，此寓變通於轉移之中，實以漸挽其風氣而裁成鼓勵之。四五科之後，乃並時文而廢之，則論者不議其驟革矣。肄習水師武備，國家宜另設學校，教之以司礮駕舟，布陣製器，俾其各有專長，習之於平日，用之於臨時。其遺發至泰西者，尤不可專在一國，以示兼收而並效。

以上宜力求整頓，勿作具文。民心既固，兵力既强，而後所有西法，乃可次第舉行。今日簡公使、設領事，歲縻朝廷數十萬金，議者或論其太驟，或惜其徒費，不知中外隔閡，非此不能消息相通，未始無裨於大局。特不在其事，而在其人也，此則由乎上善為之用耳。焜耀敦槃，折衝樽俎，必有郭隗、毛遂其人者出焉；銜命中朝，宣威異域，必有班定遠、傅介子其人者出焉。

或者以為西法不足恃，何以西人用之，足以雄長歐洲、爭衡天下？不知泰西諸邦，國小而民聚，其民心齊而志固，同仇敵愾，素蓄於中。在其國內，各事其事，各業其業，雍雍然其氣靜謐而專壹，故國易以治。夫豈徒恃乎器藝技巧，繁術小慧，遂足以收效也哉？

又《睦鄰》　嗚呼！時至今日，泰西通商中土之局，將與地球相終始矣。至此時而猶作深閉固拒之計，是直妄人也而已，誤天下蒼生者必若輩也。嘗見俞君廉石與張少渠書，其言曰：今日中外大勢，惟有因勢利導之方，萬無杜絕驅除之理。得之者安，失之者危，固中國可盛可衰可强可弱可分可合之一大機會也。及今而不圖，一旦高辛先我，悔之晚矣。

每嘆明季縉紳謬以宋人金元之事比遼東，遂致不可救藥；不謂今日議論又將以議遼東者議西海，前車覆轍，殷鑑無聞，是亦可哀也已！又讀郭瀛仙侍郎《使西紀程》，其言曰：西洋立國二千年，政教修明，具有本末，與遼、金崛起一時，倏盛倏衰，情形絕異。其至中國，惟務通商而已。而窟穴已深，逼處憑淩，智力兼勝。其所以應付處理之方，豈能不一講求！並不得以和論。無故懸一和字，以為劫持朝廷之資，侈口張目以自快其議論。至有寧謂可覆國亡家，不可言和者，京師已屢聞此言。召公之戒成王曰：祈天永命。祈天者，兢兢業業，克抑貶損，以安民保國為心。誠不意宋、明諸儒，議論流傳，為害之烈，一至斯也！夫尊主庇民，大臣之責。胥天下而務氣矜何為者！凡為氣矜者，妄人也。觀此，乃恍然於鄰之不可不睦矣。嗚呼！二公蓋深知洋務者也。

昔在丙辰之冬，粤東肇釁，因循不問，貽誤良多，而庚申遂至於決裂。顧其時，草野小民未嘗不逆料其出於和也。淞濱老圃謂余曰：處今日之事勢，若舍和之一字，無可下手。天實為之，謂之何哉！及事大定，金粟峰頭詞人猝然問余曰：諸葛武侯何如人也？余應之曰：三代下一人而已。顧子之意，將以為猇亭之辱不報，而議和之使遽遣，忘怨崇讎，隱忍，保國，平日自命為管、樂之才，而乃一籌莫展至此歟？

顧天下事固有不得不出於此者，苟反其道而行之，未有不敗者也。子輿氏曰：以大事小者，樂天者也；以小事大者，畏天者也。樂天者保天下，畏天者保民者也。湯猶事葛，文王猶事昆夷，何足為病。漢高困于平城之役，而終至遣使和親。太宗開國英主，而屈尊於突厥，終唐之世，周旋於回紇、吐蕃。宋真宗澶淵之捷，而猶許酬以歲幣，聘使往來，悉以至誠相待。歷代以來，所以結好遠人者，其規模廣博，猶可想見。蓋王者保國安民，其道應如是也。山藪藏疾，瑾瑜匿瑕，國君含垢，天之道也。設使不忍小忿而遽開邊釁，置數十萬生靈於塗炭，而國是益以杌隉，豈計之得哉？

況乎今日泰西諸國之來中土，非同有宋之於遼、金、元也。無皮幣之奉，無金繒之酬，無聘問慶弔之煩，無慰勞送迎之費；不過出我市廛以陳琛貨，利便商賈，轉輪南北而已。惟我待之亦惟克循條約，一秉定章，外示以優容，內行其裁制而已。即各國使臣駐我神京，咸奉禮儀，以與周旋，未嘗不遵我制度，就我範圍也，即有所請，可者許之，不可者拒之已耳。絕無所謂甲兵以示之威，干戈以示之勇也。即曰舊隙尚存，夙嫌未釋，亦惟以大度包容之而已。豈若南宋之於女真，其仇不可一日忘哉！

故在今日，惟有開誠布公，講信修睦，遇有中外交涉重大之事，不妨召見其使臣，俾得從容以畢其辭，而總理衙門王大臣時與之往來，以得聯其情誼，集思廣益，未嘗不由乎是。勿外示以羈縻，勿內行其阻抑，勿加以束縛馳驟，勿苛以繁文縟節。試觀我國使臣至其國中，彼所以待之者何如，則我獨不可行之於彼乎？自恃甚高，而視人太卑，此虛憍者所為也，非聖朝含宏之盛量也。夫中外之情所以不通者，以隔閡太甚也；而隔閡之故，由於情疏而不親，勢尊而不近。我國王大臣又何妨紆尊降貴，相與通款曲，伸情愫，而瞭然洞燭中外之事故歟？

《康有爲奏議·上清帝第一》　竊國事蹙迫，尤在危急存亡之間，未有若今日之可憂也。方今中外晏然，上下熙熙，生獨以為非狂則愚也。夫人有大癰惡疾，不足為患，惟視若無病，而百脈俱敗，病中骨髓，此扁鵲秦緩所望而大懼也。自古為國患者，內則權臣女謁，外則强藩大盜而已，今皇太后、皇上，端拱在上，政體清明，內無權臣女謁之弄柄，外無强藩大盜之發難，宮府一體，中外安肅，宋明時承平所無也。生獨汲汲私憂者何哉？誠以自古立國，未有四鄰皆强敵，不自强政治，而能晏然保全者也。

近者洋人智學之興，器藝之奇，地利之闢，日新月異。今海外略地已竟，合而伺我，真非常之變局也。日本雖小，然其君臣自改紀後，日夜謀我，內治兵餉，外購鐵艦，大小已三十艘，將翦朝鮮而窺我邊。俄築鐵路，前歲十月已到浩罕，今三路分築，二三年內可至琿春，從其彼德羅堡都城運兵砲來，九日可至，則我盛京國本，禍不旋踵。英之得緬甸，一日而舉之，與我滇為界矣，滇五金之礦，垂涎久矣，其窺藏衛也，在道光十九年，已陰圖其地，至今乃作釁焉。

法既得越南，開鐵路以通商，設機謀以誘衆，漸得越南之人心，又多使貨賄，煽誘我民，今偏滇越間，其地百里，無一蒙學，識字者寡，決事以巫，有司既不教民，法人因而誘之。又滇越暹羅間，有老撾萬象諸小國，及猓苗諸種，法人日煽之，法與英仇，畏英屬地之多也，近亦徧覓外府，攻馬達加斯加而不得，取埃及而不能，乃專力越南以窺中國，數年之後，經營稍定，以諸夷數十萬與我從逆之民，內外並起，分兩路以寇滇閩，別以舟師擾我海疆，入我長江，川楚奸民從焉，不知何以禦之？

夫敵國並立，無日不訓討軍，而虞敵之至也。近者德法之爭，十三日失和，十七日德以兵二十四萬，渡禮吳河而壓法境矣。兵勢之速如此，而我兵不素練，器不素設，急乃徐購募以應之，雖使廉頗、韓信為將，庸有濟乎？又美人逐我華工，英屬奧大利亞隨之，將來南洋諸島，紛紛效尤，我民出洋者五百萬，計中國漏卮於洋貨久矣，稍藉此尾閭，若不保護，還無所業，必為盜賊，金田之役，將復起矣。

昔甲申之事，法僅以一二舟師，驚我海疆，我沿海設防，內外震動，皇太后、皇上宵旰憂勞，召問諸臣，一無所措，乃旁皇募兵購砲，所費數千萬計，而安南坐失矣。且是時猶左宗棠、彭玉麟、楊岳斌、鮑超、馮子材、曾國荃、岑毓英、劉錦堂、王德榜等，皆知兵宿將，布列邊外，其餘偏裨亦多百戰之餘，然已兵威不振，人心畏怯如是，今則二三宿將重臣，漸皆凋謝，其餘諸將，盡皆耄老，數年後率已盡，卽偏裨之曾列戎行者亦寡，而强鄰四逼於外，奸民蓄亂於內，一旦有變，其何以支，我既弱極，則德、奧、意、丹、葡，日諸國亦狡焉思啓，累卵之危，豈有過此，所為日夜憂懼也。

竊觀內外人情，皆酣嬉偷惰，苟安旦夕，上下拱手，游宴從容，事無大小，無一能舉，有心者嘆息，而無所為計，無恥者嗜利，而藉以營私，大厦將傾，而處堂為安，積火將然，而寢薪為樂，所謂安其危而利其灾者，譬彼病痿，臥不能起，手足麻木，舉動不屬。非徒痿也，又感風疾；百竅迷塞，內潰外侵，朝不保夕，此生所謂百脈敗潰，病中骨髓，扁鵲秦緩，所望而大憂者也。今兵則水陸不利，財則公私潰竭，官不擇才，而上且鬻官學不教士，而下患無學，此數者，人皆憂之痛恨焉，而生則未以為大憂也。

夫先王之治，於理財至精也。周禮三農生九穀，園圃毓草木，虞衡作山澤之材，藪牧養蓄鳥獸，又有草人稻人化土宜焉。善乎《禮記》言之曰：無曠土，無游民，食節事時，樂事勸功，尊君親上。管子曰：慎民在舉賢，慎富在務地。夫有土此有財，而以政事緯之，地利既開，於是通商惠工，敬教勸學，授才任能，豈有以地方萬里之大，人民四萬萬之衆，物產二十六萬種之多，而患貧弱哉？故生皆不以為大憂也，生所大憂者，患我皇太后、皇上無欲治之心而已。

伏惟皇太后、皇上，敬天勤民，法祖宗，用耆舊，聖德之踰，美越古今，生敢以為無欲治之心何也？竊見與强夷和後，苟幸無事，朝廷晏安，言路閉塞，紀綱日隳。頃奇灾異變，大告警厲，天心之愛至矣，不聞有怵惕修省之事，上答天心。又古者灾異策免三公，樞臣實秉國鈞，亦無戰兢之意，未聞上疏引罪，請自免謝，泄泄如是，而徒見萬壽山、昆明湖，土木不息，淩寒戒旦，馳驅樂游，電燈火車奇技淫巧，輸入大內而已，天下將以為皇太后、皇上拂天變而不畏，蓄大怒而不知，忘祖宗艱大之託，國家神器之重矣。天命無常，而人窮難改，棟折榱壞，誰則能免，生所為夙夜憂懼，不敢畏而自隱也。

伏惟皇太后、皇上，恭儉憂勤，臨政之日，不為淺矣，所以內修政事，外攘夷狄，雪列聖之仇耻，固萬年之丕基，宜有在矣。乃事無寸效，而又境土日蹙，危亂將至者何哉？以為所任非其人歟？則以皇太后、皇上之明，豈敢謂盡非其人，以為所由非其道歟？則以皇太后、皇上之聖，豈敢謂盡非其道，而遂以致此者，得毋皇太后、皇上志向未堅，無欲治之心故耶？夫諸苑及三山，暨圓明園行宮，皆列聖所經營也，自為英夷燒毁，礎折瓦飛，化為礫石，不審乘輿臨幸，目覩殘破，聖心感動，有惄然奮思報大仇者乎？若有此也，生欲鑾馭日臨之也，然亦未聞有興發之政，聳動天下，則以為皇太后、皇上無欲治之心也。以皇太后聰明神武，臨政二十年，用人如不及，從善如流水，當同治初年，勵精圖治，起翁心存、李棠階相機務於內，用曾國藩、左宗棠治戎事於外，李鴻章、沈葆楨、郭松燾、韓超並由道員擢授巡撫，劉蓉且以諸生超授撫藩，開誠心，布大度，孜孜求治，用能芟夷大盗而致中興。生每伏讀穆宗毅皇帝聖訓，未嘗不感激起舞，而至於流涕也。

又光緒八九年，用人行政，赫然有興作之意，生竊謂皇太后、皇上，有光明聖德，可與為堯舜之治也；所以倦勤者得無以勵精已久，而致治無期耶？生維同治初年，大亂甫定，天下肅雍，中外望治，譬大病新愈，補之自强，此中國圖治第一機會也。然聖意勤勤，而未足振弱者，不變法故也。

光緒八九年，宮廷赫然求治，士風大變，譬久病稍起，非更加醫藥，不能驟瘳，此中興第二機會也。不幸法夷入寇，於是復蹶，得無有讒慝之口，間於左右，以為臣下能言者，不周於用乎？夫人各有能有不能，通治者未必知兵。夫天下多才，不能以一人僨事，而盡疑天下之才，豈聖意以為嘗圖治矣，而輔相無人，因而漸怠耶？生謂中遭事變，所以不竟厥施者，不慎選左右故也。如使皇太后、皇上憂勤惕厲，震動人心，赫然願治，但如同治、光緒初年之時，本已立則末自理，綱已舉則目自張，風行草偃，臣下動色，治理之效，必隨聖心之厚薄久暫而應之，生所欲言者三，曰變成法，通下情，慎左右而已。

夫法者，皆祖宗之舊，敢輕言變者，非愚則妄。然今天下法弊極矣。六宮萬務所集也，卿貳多而無所責成，司員繁而不分任委，每日到堂，拱立畫諾，文書數尺，高可隱身，有薪炭數斤之微，銀錢分釐之所，而徧行數步者，卿貳既非專官，又多兼差，未能視其事由，勞苦已甚，況欲整頓哉？故雖賢智亦皆束手，以為周公為今冢宰，孔子為今司寇，亦無能為法，弊至此，求治得乎？

州縣下民所待治也，兵刑賦稅教養合責於一人，一盜佚，一獄誤，一錢用而被議矣，責之如是其重，而又選之極輕，以萬餘金而賣實缺焉。祿之極薄，以數百金而責養廉矣，其下既無周人虞衡牧稻之官，又無漢人三老嗇夫之化，而求其教養吾民，何可得哉？以故外省奉行文書，皆欺飾以免罪，京朝委成胥吏，率借例以行奸。他若吏部以選賢才也，仍用銓敍，武舉以為將帥也，仍用弓石，翰林以儲公卿也，猶講詩字，其他紊於法意，而迂於治道，舛亂淆決，難徧以疏舉。是以皇太后、皇上雖有求治之心，而無致治之效也。

今論治者，皆知其弊，然以為祖宗之法，莫敢言變，豈不誠恭順恭哉？然未深思國家治敗之故也。今之法例，雖云承祖宗之舊，實皆六朝唐宋元明之弊政也。我先帝撫有天下，不用滿洲之法典，而採前明之遺制，不過因其俗而已，然則世祖章皇帝，既定燕京，仍用八貝勒舊法，分頒天下，則我朝豈能一統久安至今日乎？故當今世而主守舊法者，不獨不通古今之治法，亦失列聖治世之意也。今之時局，前朝所有也，則宜仍之，若知為前朝所無也，則宜易新法以治之。夫治平世，與治敵國並立之世固異矣。昔漢臣魏相專主奉行故事，宋臣李沆謂凡人士上利害，一切不行，此宜於治平之世也，若孫叔敖改紀，管仲制國，蘇綽立法，此宜於敵國並立之世也。今但變六朝唐宋元明之弊政，而採周漢之法意，卽深得列聖之治術者也。皇太后、皇上知舊法之害，卽知變法之利，於是酌古今之宜，求事理之實，變通盡利，裁制厥中，如欲採聞之，則農夫耕而君子食焉，生愚願盡言於後也。尤望妙選仁賢，及深通治術之士，與論治道，講求變法之宜，而次第行之，精神一變，歲月之間，紀綱一變，十年之內，富强可致，至二十年，久道化成，以恢屬地而雪仇耻不難矣。

日本崎嶇小島，近者君臣變法興治，十餘年間，百廢具舉，南滅琉球，北闢蝦夷，歐洲大國，睨而不敢伺，況以中國之方之大，物產之盛，人民之衆，二帝三王所傳，禮治之美，列聖所締搆，人心之固，加以皇太后、皇上仁明之德，何弱不振哉？生謂變法，則治可立待也。今天下非不稍變舊法也，洋差商局學堂之設，開礦公司之事，電線機器輪船鐵艦之用，不睹其變，反以蔽奸。夫泰西行之而富强，中國行之而奸蠹何哉？上體太尊而下情不達故也。君上之尊宜矣，然自督撫司道守令以下至民，如門堂十重，重重絕隔，浮圖百級，級級難通。夫太尊則易蔽，易蔽則奸生，故辦事不核實，以粉飾為工，疾苦不上聞，以摧抑為理。至於奸蠹叢生，則雖良法美意，反成巨害，不如不變之為愈矣。

今上下否塞極矣，譬患咽喉，飲食不下，導血氣不上達，則身命可危，知其害而反之，在通之而已矣。古者君臣有坐論之禮，《大學》之美文王曰，『與國人交』，《詩》曰：『呦呦鹿鳴，食野之苹，我有嘉賓，鼓瑟吹笙。』言懇誠發乎中，禮羣臣若嘉賓，故羣臣盡心，下情既親，無不上達，則奸消弊縮，雖欲不治，何可得哉？通之之道，在霽威嚴之尊，去堂陛之階，使下臣人人得盡其言於前，天下人人得獻其才於上。周有土訓、誦訓之官，掌道地圖、地慝、方志、大慝，漢有光祿大夫、太中大夫、議郎，專主言議，今若增設訓議之官，召置天下耆賢，以抒下情，則皇太后、皇上高坐法宮之中，遠洞萬里之外，何奸不照，何法不立哉？以皇太后、皇上明目達聰，宜通下情久矣。然今猶壅噎底滯者，得毋左右皆宦官宮妾，壅塞聰明，而無學士大夫與論治耶？卽有其人，亦皆讒諂面諛之人，而非骨鯁直亮之士耶？不然，以聖德之茂，何未能日緝熙於光明也。

古者師傅以傳德義，史官以記言動，侍御僕從罔非正人，繩愆糾謬，格其非心，所以養之深而培之密者如此，故君德易成。曁於漢制，君臣猶親，袁盎、汲黯入內燕見，而唾壺、虎子、執戟皆妙選良工，如東方朔、孔光、揚雄為之，猶有古義也。明年皇上大婚禮成，親裁庶政，春秋鼎盛，宜慎聲色之防，聖德日新，宜慎近習之選，所謂慎者辨忠佞而已。伊尹曰：『有言逆於心，必求諸道，有言遜於志，必求諸非道。』故事君以承顏順意者，佞臣也，格君以側身修行者，忠臣也，欺上以承平無事者，佞臣也，告上以敵强國危者，忠臣也；《書》稱『毋以側媚，其惟吉士』。孔子稱『去讒賤貨，所以修身』。伏願皇太后、皇上熟辨之，去讒慝而近忠良，妙選魁壘端方通知古今之士，日侍左右，兼預燕內以資啓沃，則德不期修而自修矣。皇上正一身以正百官，正百官以正萬民，士節自奮，風俗自美，餘事何足為哉？

清·湯震《危言·變法》 自有天地洎今茲，歷代有歷代之法，一代有一代之法，外夷卽襲中國之法以為法，歷代之法遞變，一代之法亦遞變，外夷則亦隨中國遞變而獨善變。大都古代之法疏，後來之法密，外夷之法疏，中國之法密，開國之法疏，季世之法密。往往防一弊增一法，增一法滋一弊，馴致繁於牛毛，聚若凝脂，吏反得骫法以嬉，而君且作法自縛，民則無所厝手足，內憂成，外侮至矣。

夫弊者病也，法者方也、藥也。天下病狀萬變，而牢牢欲執不變之方藥以治之，雖樵僮笱婦，能不笑其病之日緜惙哉。天將以全地球屬聖清，而特變一開闢以後不知幾千萬年未有之奇局，俾我朝承其衝，變華夷遼隔之天下，浸淫而為中外互市之天下，離奇俶詭，千矢一的，恃和約耶，可成卽可敗也；恃公法耶，可據再可偝也。嗚呼！病變矣，而變其方，而變其藥，亟起直追，廩廩如不逮，顧尚儒緩其論議，踹跚其步履。狃因循，則疑更絃之擾，獵捷效，則厭蓄艾之迂，及宜變之時而不變，時將有不及變者矣。儲能變之力而不變，力將有不能變者矣。

書生無狀，鑑覆車而驌懼，慮燬室而悲鳴，慺慺之誠，不能自閟，妄舉法所當變者，撮敍其略，主於變密為疏，而條目尚有所未盡，謹進而畢其愚慮，自行取之典廢，而循吏無臺曹之望，外官成汙濁之途矣。自互選之界分，而債累多則貪黷愈滋，風土隔則教養多闕矣。繁簡以量材也，朝夕更調，闕分之肥瘠，適以供其營私。處分以懲姦也，條例煩苛，良吏之精神，轉以疲於避就。且設官有空名者，有重疊者，建儲禁，而詹事府可併於翰林院也。正供定，而內務府可歸入工部也。關稅任之督撫，則司榷之將軍、監督可以裁；采辦下之藩司，則江寧、江蘇、浙江三織造可以徹；領隊辦事大臣必專任滿員，邊陲果足恃乎？總署海軍堂司率進由八股，措置能悉协乎？此吏部之法有當變者也。

至鈔幣所以輔銀錢也，何以無信不行，不如殷商之號票，宜若可假商號以行吾鈔幣矣。鼓鑄所以利國用也，何以工費過鉅，不如私鑄之通行，宜若可任民鑄而稅其贏餘矣。本富莫如農，胡勿撥勇而廣為墾闢；末富莫如商，胡勿設官以力為主持；收回中國之利權而創招商局，誠恐官辦難久，海警易停，則分商包辦可也。大開中國之風氣，則有紡織局，不妨捐訾給帖，有力任為，必由官壟斷何也，此戶部之法有當變者也。

若夫三年通喪，無分满漢，满員丁艱，穿孝百日，卽令逮事不亦遽歟。師尊在三，漢人持服，三鄁族人，均許貤封，師獨未及，不亦恝歟。婚禮弛，而以豐匳厚贈為美觀，忍者乃溺女矣。喪禮壞，而以鼓樂僧道為定制，儒者亦淹匱矣。刪無謂之拜跪以歸簡易，撤無名之輿從以與民親，座师之禁令太寬，何以限之，輿皁之僭踰亡等，何以別之，此禮部之法有當變者也。

其兵部之法有當變者，遣勇卽會匪，毋輕言召募，內地本無盜，毋輕駐勇營。大鎮巨集，向未有盜，近必例駐營哨，徒使訏害商民，可慎可嘆。出洋之童弁，學堂之學生，洋務所亟也，恐漢奸卽生於其中。海關之稅司，兵輪之教習，借材所先也，恐間諜卽廁於其內。漁團已練而旋罷，接濟未易絕矣。保甲雖編而具文，內奸未易清矣。旅順、福州之船塢太小，而地皆偏，盍擇中以為之耶。各營鎗礮與藥弹，或異而用不合，盍畫一以製之耶。

其刑部之法當變者，盜課愈嚴，則諱匿愈甚，鴉片愈禁，則洋藥愈銷。洋藥土藥，近皆收稅，所懸厲禁，似可刪除。發審局設，而州縣偏斷，無一平反矣。局款皆州縣公攤，委員亦州縣也。左袒可想，不知撫臬道府所職何事，必設此局。自新所設，而監獄以外，增一囹圄矣。各省近設遷善所、改過所，將來流弊必同。華民出洋而來歸，里人所魚肉，須善保護以徠之，棍惡免戍而放還，作惡每加厲，應慎赦宥以錮之。

其工部之法有當變者，估勘承辦，堂司皆有額費，雖欽工而草率可知。領款報銷，胥吏無不扣成，雖照准而把持任臆。西北土性，即異東南，有不宜水田之處，斷無不宜雜糧之地，問勸相者誰？西北游惰，不任地力，然能習車馬之勞，宜無不任樹藝之利，問興起者誰？汾渭通流，而舟行甚少，亟用小輪以創行之。長江壇浅而湖水被擠，試仿輪機以疏濬之，佔田，新洲均予鏟去。山禁漸開，江為沙壅，船各帶沙一囊，則移從以漸矣。海塘歲修，民較官切，每段以紳協理，則偷減少免矣。

雖然，此亦法所不可不變者耳。謂當變之法即盡於是焉，則未也，非不知法者朝廷之法，以書生而議變，是與於越俎之謀之甚者也。顧朝廷竟墨守而不欲一變也則已，誠憣然而思所變計也。方將誘議者使竟變之委，方且勸議者以盡變之利，曾是盛世而有防口之禁者。嗟呼！需者事之賊也。陸贄曰，法弊則全革其法，時乎時乎，危乎危乎，唯善變法，斯眞善用法者耳，謂余不信，請觀其變。

《**鄭觀應集·易言·論出使**》　昔漢武帝詔舉天下茂才異等，可為將相及使絕域者。可見出使之選，與將相並重。誠恐一不得當，遂貽遠方口實。故孔子有『使於四方不辱君命』之訓也。

今中國既與歐洲各邦立約通商，必須互通情款，然無使臣以修其和好，聯其聲氣，則彼此扞格，遇有交涉事件，動多窒礙。是雖立有和約，而和約不足恃也。雖知有公法，而公法且顯違也。是則使臣之責任不綦重哉。

為使臣者，非才德素著，膽識兼優，持大體而敦氣節，達時務而諳西律者，斷難勝任而愉快。何也？凡人之才既有所長，每有所短。或則胸無主宰，膽怯志疏，稍與為難，便思遷就。洋人知其底蘊，故為恫喝，大肆要求。或則自負通材，心粗氣傲，洋人善於窺伺，投其所好，將順欺蒙，彼遂予智自雄，信口允從，罔顧國事。及于吏議，另派大員，而西人藉口有詞，諸多棘手，隨則削弱，激則變生，而俾其國得行其狡詐，得肆其誅求，實使臣階之厲也。惟有折之以理，馭之以術，服之以公平，持之以明決，勿墮其機謀而因小失大，勿輕於去取而避重就輕。就令桀驁難馴，智勇俱困，始折衝於樽俎之間，繼爭辨於壇坫之上。終至乎不行，則亦惟有謝仔肩之重任，防覆餗以辭官，毋輕失信於遠人，肇釁端而誤國。使臣之道，庶幾乎盡矣。

查泰西之例，凡各國通商所在，必有公使以總其大綱，有領事以治其繁劇。又慮其威權之不振，勢力之少衰，而商賈保護或有未周也，於是簡其水師，盛其兵舶，往來遊歷，以資鎮撫，而備緩急。遇有事端則悉心辦理，或有未協，轉請各國官商妥為裁奪，此其大致也。邇來中國商民出洋貿易傭工者不可勝計，洋人每以為主客不敵，肆其欺淩，無由伸理。似宜照泰西之例，凡有華民寄居之地，亦設公使、領事，遇有欺淩等事，照會其地有司，悉遵公法以審是非，援和約以判曲直。倘華人有滋事不法者，亦循法懲辦。庶貿易者既安其生理，傭工者復免其摧殘。顯以盡保衛商民之道，而默以寓守在四夷之規，即各邦亦得以坦懷相與矣。

然而不特此也。春秋時，賢士大夫必周知列邦政教之隆替，民情之向背，俗尚之好惡，國勢之盛衰。必也全勢在胸，然後能體國交鄰，事大字小。今泰西數十邦叩關互市，與我中國立約通商，入居內地。此乃中國一大變局，三千餘年來未之有也。而詞臣每鄙洋務為不屑談。竊謂：嗣後各國使臣宜兼二、三品京卿，其膽識兼優者方膺簡命，駐劄外洋，庶幾於各國政教之殊得而察之，洋人製造之巧得而知之。即其風土之詭異，人情之醇詐，與夫物產之蕃滋，皆得詳訪而備記之。外洋情形了如指掌，是一舉而數善備焉。

顧或謂：『內患初平，元氣未復，設官海外，經費奚籌？』不知華人到外洋營生者，每人歲中當納稅銀一、二員，交地方官以助經費。倘中朝自行設官保護，其銀應歸我國收用，華人亦必樂輸。則以華人輸資之多寡，供中朝設官之度支，固不須動籌國帑也。再星加波、檳榔嶼、新舊金山等處，華人多則數十萬，少亦不下數萬，皆造有會館，立有董事，尤應分設領事以撫循之。結納董事，物色人材，令其團練壯丁，協同操演。擇其尤者咨請總理衙門，給以頂戴，獎以銀牌。鼓勵優則思奮發矣。若外洋各華商欲請中國兵船巡遊各埠，以為聯絡而助聲威者，其兵船經費即由華商公派。庶華商得兵船之衛護，兵船賴華商之捐資。由此行之，則中外兩有裨益矣。愚昧之見，未審當軸者以為然否？

惟是愚所慮者：住居外洋之華人，先有輕視中國之心，而反求庇於洋人。會館董事，每自結黨羽，爭夸雄長，不願受華官之約束，以致侵奪其權。故華官之前往者，輒多掣肘。此蓋逆料我國家戰艦不能遠行，兵威不能遠布，故有此欺藐也。誠能一旦振作有為，又何虞哉。

《湘報》第七二號《皮錫瑞〈南學會第十一次講義〉》 今五大洲通而為一，乃古來未有之奇變。天地之氣運一變至此，人何能與天地相抗？能迎其機而自變者，其國必昌；不能迎其機而變者，其國必亡，至於國亡之後必別有人代為之變。俄之彼得，日本之睦仁，能迎其機而自變者也；若五印度南洋諸島非洲諸國，不能迎其機而變，國亡之後而人代為之變者也。既有其機，則必不能遏而不行；既有其法，而人以為便，既有其物，而人見為利，則必不能廢而不用。必欲遏之、廢之、不肯自變，將來亦必終歸於變，此天地之氣運如是，聖人之作《易》與《春秋》已明告後世矣。時局愈變愈奇，中國之勢愈迫，自馬關和倭後局面較前一變，自膠島租德後局面又較前一變，不但與湘軍打長毛時局面不同，並與鎮南敗法人時局面大異。今言時務，當講求馬關和倭、膠島租德後之時務，如去年之曆今年即不可用。守舊者動曰毋教猱升木，毋開門揖盜，此數十年前之議論，未嘗不是深謀遠慮，其時中國尚能自固，外國尚不深知中國情形，不招之來，彼不能來，不引之入，彼不敢入，輪船鐵路遲辦一日，可保一日，少辦一處，可保一處。今中國不能自固情形彼已深知，猱自能升木，並不必有人教之矣；盜且將劈門，並不須開門揖之矣。自己不變而待人來變，豈非猶拘與數十年前之論哉！

借法自强論分部

論說

清·馮桂芬《校邠廬抗議》卷下《善馭夷議》 今國家以夷務為第一要政，而剿賊次之，何也？賊可滅，夷不可滅也；一夷滅，百夷不俱滅也；一夷滅，代以一夷，仍不滅也；一夷為一夷所滅，而一夷彌強，不如不滅也。盛衰倚伏之説，可就一夷言，不可就百夷言。此夷衰，彼夷盛，夷務仍自若。然則馭夷之道，可不講乎？馭夷之道不講，宜戰反和，宜和反戰，而夷務壞；忽和忽戰，而夷務壞。戰不一於戰，和不一於和，而夷務更壞。今既議和，宜一於和，坦然以至誠待之，猜嫌疑忌之迹，一切無所用。耳屬於垣，鐘聞於外，無益事機，適啓瑕釁。子貢曰：「無報人之志，而令人疑之，拙也。有報人之意而使人知之，殆也。事未發而先聞，危也。三者舉事之大患。」註：見《史記·孔子弟子傳》、《戰國策·燕策》蘇代語略同，蓋本子貢。以今日行之，直所謂無報人之志，而令人疑之者也。然則將一切曲從乎？曰：非也。愚正以為曲從其外，猜嫌疑忌其中之非計也。

夷人動輒稱理，吾即以其人之法還治其人之身，理可從從之，理不可從據理以折之。諸夷不知三綱，而尚知一信；非真能信也，一不信而百國羣起而攻之、箝制之，使不得不信也。吉勇烈之事即能為理屈之明證，然則和可久恃乎？曰：難言也。蓋嘗博采旁咨，而知諸夷不能無異志，而目前數年中則未也。中華為地球第一大國，原隰衍沃，民物蕃阜，固宜百國所垂涎，年來徧繪地圖，輒迹及乎滇、黔、川、陝，其意何居？然而目前必無事者，則以俄、英、法、米四國地醜德齊，外睦內猜，互相箝制，而莫敢先發也。

俄與英、法講和未久，註：咸豐三年。俄伐土耳其，欲滅之，英、法及墺利地薩丁卯救之。至六年三月，始議和，凡連兵四年，大小數十戰，陣亡及黑海遭颶風，冬凍夏疫死者，俄數十萬人，英法十萬人，為近今泰西一大事。米嘗大困於英，註：米本英屬部，乾隆中，英與法搆兵久，練餉苛急，米人不能堪，衆推華盛頓為帥拒英，英不逮乃議和。嘉慶十七年，英人又入米都。英、法亦世搆兵，註：嘉慶二十年，法主拿破侖死之，後始和。其於他國亦無歲無戰爭；要其終講和多而兼并少，故諸夷多千年數百年舊國，註：諸夷惟米新造外，俄祿利哥開國當唐懿宗時，英威廉開國當宋英宗時，法路易開國當宋理宗時，諸小國亦多久長。至日本自周惠王時至今不易姓，與西夷無涉。不特兼并難，即臣屬亦不易。何則？諸夷意中，各有一彼國獨強即我國將弱之心，故一國有急難，無論遠近輒助之，蓋不僅輔車脣齒之説，註：英嘗助俄伐土耳其，埃及，後悔之。英志云，坐令土弱俄彊，至今為梗，其意可見。其識見遠出乎秦時六國之上，如土耳其欲并希臘，俄、英、法救之；俄欲并土耳其，西班牙欲并摩洛哥，皆英、法救之，汔歸於和。彼於小國猶爾，況敢覬覦一大國哉？

津門戊午之事，發端於英，輒牽率三國而來者，無他，不敢專其利也，懼三國之議其後也。庚申之事，得當卽已者，亦懼俄、米之議其後也。可取而忽捨，可進而忽退，夫安有興師動衆、間關跋涉八萬里之遠，無端而去，無端而復來哉？不待智者而知其不然矣。故曰：目前必無事也，可以坦然無疑也。將來四國之交既固，協以謀我，或四國自相鬬，一國勝而三國為所制，而後及於我，然四國之相讐，勝於讐我，交必不能固，而自鬬則為日必不遠，可慮也。

又西藏之南及新疆天山南路，皆與英屬部孟加拉本若等境接壤，可慮也。俄境東自興安嶺西至科布多，毘連者數千里，近聞俄夷踪迹已及綏芬河一帶，距長白吉林不甚遠，更可慮也。然則前議自强之道，誠不可須臾緩矣。不自强而有事，危道也；不自强而無事，幸也，而不能久幸也。矧可猜嫌疑忌，以速之使有事也。自强而有事，則我有以待之，矧一自强而卽可弭之使無事也。自强而無事，則我不為禍始，卽中外生靈之福，又何所用其猜嫌疑忌為哉。

又《製洋器議》　夫世變代嬗，質趍文，拙趍巧，其勢然也。時憲之曆，鐘錶槍礮之器，皆西法也。居今日而據六曆以頒朔，修刻漏以稽時，挾弩矢以臨戎，曰：吾不用夷禮也，可乎？且用其器非用其禮也，用之乃所以攘之也。以經費言之，軍械之價常十倍，然利鈍所分，勝敗係之，固當別論，輪船亦然，然彼船一年而一運，此船一年而一二十運，移往時鹽船糧船費用改造輪船，卽百船已不止千船之用，無事可以運鹽轉粟，有事可以調兵赴援，呼應奔走無不捷，豈特十倍之利哉？

或曰：購船雇人何如？曰：不可，能造能修能用，則我之利器也。不能造不能修不能用，則仍人之利器也。利器在人手，以之轉漕，而一日可令我飢餓，以之運鹽，一日可令我食淡，以之涉江海，一日可令我覆溺，倉卒有隙，幡然倒戈，舟中敵國，遂為實事，而購值不資，歲修不資，賞犒不資，使令之不便，駕馭之不易，其小焉者也，是尚不如借兵雇船之為愈也，借兵雇船皆暫也，非常也。目前固無隙，故可暫也，日後豈能必無隙，故不可常也，終以自造自修自用之為無弊也。夫而後內可以盪平區宇，夫而後外可以雄長瀛寰，夫而後可以復本有之强，夫而後可以雪從前之耻，夫而後完然為廣運萬里，地球中第一大國，而正本清源之治、久安長治之規，可從容議也。

夫窮兵黷武，非聖人之道，原不必尢而效之，但使我有隱然之威，戰可必克也，不戰亦可屈人也，而我中華始可自立於天下。不然者，有可自强之道，暴棄之而不知惜，有可雪耻之道，隱忍之而不知所為計，亦不獨俄、英、法、米之為患也，我中華且將為天下萬國所魚肉，何以堪之？此賈生之所為痛哭流涕者也。

清·文慶等［同治］《籌辦夷務始末》卷四八《奕訢等〈奏摺〉》

臣等反復思維，洋人敢入中國，肆行無忌者，緣其處心積慮，在數十年以前，凡中國語言文字，形勢虛實，一言一動，無不周知。而彼族之舉動，我則一無所知，徒以道義空談，紛爭不已。現在瞬屆十年換約之期，卽日夜圖維，業已不及，若安於不知，深慮江河日下；及設法求知，又復衆論交攻。一誤何堪再誤？左宗棠創造輪船各廠，以為創議者一人，任事者一人，旁觀者一人，事敗垂成，公私均害。李鴻章置辦機器各局，以為無事則嗤外國之利器為奇技淫巧，以為不必學；有事則驚外國之利器爲變怪神奇，以為不能學。並引宋臣蘇軾之言，以為言之於無事之時，足以有為，而恒苦於不信；言之於有事之時，可以見信，而已苦於不及。該督撫等所論，語多激切，豈故好為辯爭？良由躬親閱歷，艱苦備嘗，是以切實不浮，言皆有物。在臣等竭慮殫思，但期可以收效，雖冒天下之不韙，亦所不辭。該大學士卽倭仁既以此舉指同文館增習天文算學事為窒礙，自必別有良圖。如果實有妙策，可以制外國而不為外國所制，臣等自當追隨該大學士之後，竭其梼昧，悉心商辦，用示和衷共濟，上慰宸廑。如別無良策，僅以忠信為甲冑，禮義為幹櫓等詞，謂可折衝樽俎，足以制敵之命，臣等實未敢信。

清·左宗棠《左文襄公全集·奏稿》卷一八《擬購機器雇洋匠試造輪船先陳大概情形摺》　從前中外臣工屢議雇買代造，而未敢輕議設局製造者：一則船廠擇地之難也；一則輪船機器購覓之難也；一則外國師匠要約之難也；一則籌集巨款之難也；一則中國之人不習管駕、船成仍須雇用洋人之難也；一則輪船既成，煤炭薪工需費不貲月需支給，又時須修造之難也；一則非常之舉，謗議易興，創議者一人，任事者一人，旁觀者一人，事敗垂成，公私均害之難也。有此數難，毋怪執咎無人，不敢一抒籌策以徇公家之急。

臣愚以為欲防海之害而收其利，非整理水師不可；欲整理水師，非設局監造輪船不可。泰西巧而中國不必安於拙也，泰西有而中國不能傲以無也。雖善作者不必其善成，而善因者究易於善創。如慮船廠擇地之難，則福建海口羅星塔一帶，開槽濬渠，水清土實，為粵、浙、江蘇所無。臣在浙時，即聞洋人之論如此。昨回福州，參以衆論，亦復相同，是船廠固其有地也。

如慮機器購覓之難，則先購機器一具，巨細畢備，覓雇西洋師匠與之俱來。以機器製造機器，積微成鉅，化一為百。機器既備，成一船之輪機即成一船，成一船即練一船之兵。比及五年，成船稍多，可以布置沿海各省，遙衛津沽。由此更添機器，觸類旁通，凡製造槍礟、炸彈、鑄錢、治水，有適民生日用者，均可次第為之。惟事屬創始，中國無能赴各國購覓之人；且機器良楛亦難驟辨，仍須託洋人購覓，寬給其值，但求其良，則亦非不可必得也。

如慮外國師匠要約之難，則先立條約，定其薪水。到廠後由局挑選內地各項匠作之少壯明白者，隨同學習。其性慧夙有巧思者，無論官紳士庶，一體入局講習；拙者惰者，隨時更補。西洋師匠盡心教藝者，總辦洋員薪水全給；如靳不傳授者，罰扣薪水，似亦易有把握。

如慮籌集巨款之難，就閩而論，海關結款既完，則此款應可劃項支應，不足則提取釐稅益之。又臣曾函商浙江撫臣馬新貽、新授廣東撫臣蔣益澧，均以此為必不容緩，願湊集巨款，以觀其成。計造船廠、購機器、募師匠，須費三十餘萬兩；開工集料、支給中外匠作薪水，每月約需五六萬兩，以一年計之，需費六十餘萬兩。創始兩年，成船少而費極多；迨三四五年，則工以熟而速，成船多而費亦漸減。通計五年所費不過三百餘萬兩。五年之中，國家捐此數百萬之入，合雖見多，分亦見少，似尚未為難也。

如慮船成以後，中國無人堪作船主，看盤、管車諸事，均須雇倩洋人，則定議之初，即先與訂明教習造船即兼教習駕駛；船成即令隨同出洋，周歷各海口。無論兵弁各色人等，有講習精通能為船主者，即給予武職千、把、都、守，由虛銜洊補實職，俾領水師，則材技之士爭起赴之，將來講習益精，水師人材固不可勝用矣。且臣訪聞浙江寧波一帶，現亦有粗知管駕輪船之人，如選調入局，船成即令其管駕，似得力更速也。

如慮煤炭，薪工按月支給，所費不貲，及修造之費為難，則以新造輪船運漕，而以雇沙船之價給之；漕務畢則聽受商雇，薄取其值，以為修造之費。海疆有警，專聽調遣，隨賊所在，絡繹奔赴，分攻合剿，剋期可至。大凡水師宜常川住船操練，俾其服習風濤，長其筋力，深其閱歷，然後可恃為常勝之軍。近觀海口各國所駐兵船，每月操演數次，儼臨大敵；遇有盜艇，即踴躍攫擊，以試其能，所以防其惡勞好逸者如此。且船械機器，廢擱不用則朽鈍堪虞，時加淬厲則晶瑩益出。故船成之後，不妨裝載商貨，藉以捕盜而護商，兼可習勞而集費，似歲修經費無俟別籌也。

至非常之舉，謗議易興，始則憂其無成，繼則議其多費，或更譏其失體，皆意中必有之事。然臣愚竊有說焉：防海必用海船，海船不敵輪船之靈捷。西洋各國與俄羅斯、咪利堅，數十年來講求輪船之制，互相師法，製作日精。東洋日本始購輪船，拆視仿造未成，近乃遣人赴英吉利學其文字，究其象數，為仿製輪船張本，不數年後，東洋輪船亦必有成。獨中國因頻年軍務繁興，未暇議及，雖前此有代造之舉，近復奉諭購雇輪船，然皆未為了局。彼此同以大海為利，彼有所挾，我獨無之，譬猶渡河，人操舟而我結筏，譬猶使馬，人跨駿而我騎驢，可乎？

均是人也，聰明睿知，相近者性，而所習不能無殊。中國之睿知運於虛，外國之聰明寄於實；中國以義理為本，藝事為末，外國以藝事為重，義理為輕。彼此各是其是，兩不相喻，姑置弗論可耳。謂執藝事者捨其精，講義理者必遺其粗，不可也。謂我之長不如外國，藉外國導其先，可也；謂我之長不如外國，讓外國擅其能，不可也。此事理之較著者也。

如擬創造輪船，即預慮難成而自阻，然則治河者慮合龍之無期即罷畚築、治軍者慮蕆役之無日即罷徵調乎？如慮糜費之多，則自道光十九年以來，所糜之費已難數計。昔因無輪船，致所費不可得而節矣；今仿造輪船，正所以預節異時之費，而尚容靳乎？天下事始有所損者，終必有所益。輪船成，則漕政興，軍政舉，商民之困紓，海關之稅旺，一時之費，數世之利也。縱令所製不及各國之工，究之慰情勝無，倉卒較有所恃。且由鈍而巧，由粗而精，尚可期諸異日，孰如羨魚而無網也！計閩、浙、粵東三省通力合作，五年之久，費數百萬，尚非力所難能。疆臣誼在體國奉公，何敢惜小費而忘至計？

至以中國仿製輪船，或疑失體，則尤不然。無論禮失而求諸野，自古已然。即以槍礮言之，中國古無範金為礮施放藥彈之製，所謂礮者，以車發石而已。至明中葉始有佛郎機之名，國初始有紅衣大將軍之名。當時得其國之器即被以其國之名，謂佛郎機者，即法蘭西音之轉，謂紅衣者即紅夷音之轉，蓋指紅毛也。近時洋槍、開花礮等器之製，中國仿洋式製造，亦皆能之。礮可仿製，船獨不可仿製乎？安在其為失體也？

清·曾國藩《曾文正公全集·奏稿》卷三〇《調陳蘭彬江西差遣摺》　至外國技術之精，為中國所未逮，如輿圖算法、步天測海、製造機器等事，無一不與造船練兵相為表裏。其制則廣立書院，分科肄業。凡民無不有學；其學皆專門名家，每治一藝，每製一器，皆係父子相傳，世繼其業，然後通微合漠，愈久愈精。其國家於軍政船政，皆視為身心性命之學。如俄羅斯初無輪船，國主易服微行，親入鄰國船廠，學得其法；乾隆間，其世子又至英國書院肄業數年；今則俄人巨礮大船，不亞於英法各國，此其明效。江蘇撫臣丁日昌，屢與臣言，宜博選聰穎子弟，赴泰西各國書院，及軍政船政等院，分門學習，優給資斧，寬假歲時，為三年蓄艾之計。行之既久，或有異材出乎其間，精通其法，仿傚其意，使西人擅長之事，中國皆能究知，然後可以徐圖自强。

《曾國藩全集·日記二·論媚夷仇夷》　欲制夷人，不宜在關稅之多寡、禮節之恭倨上着眼。即內地民人處處媚夷、艷夷而鄙華，借夷而壓華，雖極可恨可惡，而遠識者尚不宜在此等着眼。吾輩着眼之地，前乎此者，洋人十年八月入京，不傷毀我宗廟社稷，目下在上海、寧波等處助我攻剿髮匪，二者皆有德於我。我中國不宜忘其大者而怨其小者。欲求自强之道，總以修政事、求賢才為急務，以學作炸炮、學造輪舟等具為下手工夫。但使彼之所長，我皆有之，順則報德有其具，逆則報怨亦有其具。若在我者，挾持無具，則曲固罪也，直亦罪也，怨之罪也，德之亦罪也。內地之民，人人媚夷，吾固無能制之；人人仇夷，吾亦不能用之也。

清·王延熙《道咸同光奏議》卷一四《時務類船政·李鴻章〈奏陳籌議製造輪船未可裁撤〉》　臣竊維歐洲諸國，百十年來，由印度而南洋，由南洋而東北，闖入中國邊界腹地，凡前史之所未載，亘古之所未通，無不款關而求互市。我皇上如天之度，概與立約通商以牢籠之。合地球東西南朔九萬里之遙，胥聚於中國，此三千餘年一大變局也。西人專恃其槍礮輪船之精利，故能横行於中土。中國向用之弓矛小槍土礮，不敵彼後門進子來福槍礮；向用之帆篷舟楫艇船炮劃，不敵彼輪機兵船，是以受制於西人。居今日而曰攘夷，曰驅逐出境，固虛妄之論；即欲保和局，守疆土，亦非無具而能保守之也。彼方日出其技，與我爭雄競勝，挈長較短，以相角而相陵，則我豈可一日無之哉？自强之道，在乎師其所能，奪其所恃耳。況彼之有是槍炮輪船也，亦不過創制於百數十年間，而侵被於中國，已如是之速。若我果深通其法，愈學愈精，愈推愈廣，安見百數十年後，不能攘夷而自立耶？日本小國耳，近與西洋通商，添設鐵廠，多造輪船，變用西洋軍器，彼豈有圖西國之志，蓋為自保計也。日本方欲自保，而逼視我中國，中國可不自為計乎？士大夫囿於章句之學，而昧於數千年來一大變局，狃於目前苟安，而遂忘前二三十年之何以創巨而痛深，後千百年之何以安內而制外。此停止輪船之議所由起也。臣愚以謂國家諸費皆可省，惟養兵設防，練習槍礮，製造輪船之費，萬不可省。求省費，則必屏除一切，國無與立，終不得强矣。左宗棠創造閩省輪船，曾國藩飭造滬局輪船，皆為國家籌久遠之計，豈不知費巨而效遲哉？惟以有開必先，不敢惜目前之費，以貽日後之悔。該局至今，已成不可棄置之勢，苟或停止，則前功盡棄，後效難圖，而所費之項，轉成虛糜，不獨貽笑外人，亦且漫長寇志。由是言之，其不應裁撤也，明矣。

《郭嵩燾詩文集·復姚彥嘉論辦理洋務之道》　鄙人常論辦理洋務之節要三：上焉者力求富强之術，殫思竭慮，與之馳騁，行之一日而可收效數年數十年之後，當事者不樂為也，其勢亦必不能。何也？凡為富强，必有其本。人心風俗政教之積，其本也。以今日之人心風俗而求富强，果有當焉否耶？賢如幼帥，於此亦未能深察也。其次則用今之法，行今之政，苟取循分，自盡而已，則亦必求知所以循分自盡者為何事，而行之何先。如今日吏治之瞀亂，欲無整飭，得乎？民生之凋弊，欲無存恤，得乎？吏事固必求理矣，民氣固必求通矣，朝廷持是以課之疆吏，疆吏持是以課之所司，欽欽焉求所以治國而理民，悉洋務一切廢罷不講，而洋務自理。何也？吾之所為，誠有以服其心也。洋人之與吾民，亦類也，未有能自理其民而不能理洋務者也。苟求富强，其用有大於是者矣，而亦必以是為之程，此則盡吾人之才智而皆可希冀者也。其下則並此不能為。吏治之偷敝如故也，民氣之壅塞如故也，而彼眈眈環視之洋人，亦必求所以應之。應之維何？曰理而已矣。審吾所據之理，必有道以通之。審彼所據之理，必有辭以折之。常使理足於己，而後感之以誠，守之以信，明之以公，竭一人之力，控制指麾而無不如意，則亦可以求數十百年之安。能是三者，淺深各有所得，而其效立見。不能是三者，則萬無以自立。鄙人知之明，守之定，而憫士大夫之狂惑昏迷，日趨於危亂而莫之恤也，正辭而明諭之，意曰：苟令在位者知之，則所以安民弭亂之術，舉而措之裕如也。吾心所據之理有餘，安坐以應人之變，而必無有困辱折撓，若以前之為者，此可以理決也。盡如今人所持茫昧之『公義』，一變而五口，再變而十三口，再變而浸淫二十餘口，深入長江三千餘里，置官四川、雲南，環中國而踞其要害。閣下試思之，能堪此『公義』之三辱四辱乎？閣下相從海外，日見吾所辨爭，而幸有當者，何嘗稍有假借，以不得申其志？而從未敢懷輕視之心，以吾心實見其不可輕視。而考覽其學校、風俗，益憮然內自懷愧。身為大臣，讀書觀理且六十年，事任所屬，智慮所及，於國家安危利害，所關尤劇。南宋以來，無知此義者。由北宋以前，上推至唐、至漢，議論奚若？事功奚若？與今日所以為異同又奚若？在位者不知考求，無論士民。鄙心常引以為大咎。閣下乃欲使我囁嚅心俔，苟順士大夫之意，以訾詬洋人為容悅，疑誤天下。非惟不屑為也，實亦不忍。疾病歸家，閉門卻掃不見一人，即來書所示抑揚反復，規合時論，以免疑謗，亦並無所用之！

商戰富國論分部

論說

《洋務運動·論摺·李璠〈光緒四年四月十九日湖廣道監察御史李璠奏摺〉》 竊維洋務之興，數十年矣，兵釁迭開，上下交困，然要其大指，通商二字盡之。初次用兵，請五口通商；二次用兵，請長江、北洋通商；雲南之案，先求探路通商，後亦不過多開口岸通商而止；其他要求百變皆通商事也。泰西各國，謂商務之盛衰關乎國運，故君民同心，利之所在，全力赴之。始而海濱，繼而腹地，既蝕人之資財，並據人之形勝，盤踞已久，遂惟所欲為。古之侵人國也，必費財而後闢土；彼之侵人國也，既闢土而又生財，故大學士曾國藩謂『商鞅以耕戰，泰西以商戰』，誠為確論。此洋人通商弱人之實情也。

西人知其害之大也，嚴為防範以禦之，凡別國販来之货有礙本國商民者，必重其稅以困之。今中外稅則已定，不能驟更，條約又有『各國均沾』之語，於是日用之需及奇技淫巧之物，紛至沓来，下則工賈喫其虧，上則稅釐受其害，今日求開口岸，明日求免釐金，一國既去，一國又來，循環無窮，總理各國事務衙門將有不勝其擾者矣。此中國通商受害之實情也。

當此之時，若閉關絕市，則勢有不能；若問罪興師，則義亦不必。即使一戰而勝，其盤踞如故，攘利如故，終不能驅之出境，杜絕根株，縱能外託恭順，中國之財力已竭矣，況萬不能乎？惟有以商敵商，鼓勵沿海義民仿照外國湊集公司，前往貿易，收回利權。彼無所利，不驅自去，此銷患無形，釜底抽薪之法也。昔英人往波斯通商獲利甚厚，後波斯販貨自往英國，英人既無再至者。招商局歸併旗昌後，洋人歸去者九十餘名，此皆明效也。

清·李鴻章《李文忠公全集·創設公司赴英貿易摺》 奏為招集華

商創設公司專赴西洋貿易，以立富強之基，恭摺仰祈聖鑒事。竊查光緒六年十月，祭酒王先謙奏請令商船出洋片内，聲明船政大臣黎兆棠前議創立宏遠公司運貨出洋，請咨商舉行湊集商股作速開辦。欽奉寄諭：目下情形能否及此，將來如何漸次開拓興辦，著妥籌具奏等因。旋經臣等先後復陳，擬暫就招商局現有輪船酌量試辦，逐漸推廣，並緘屬黎兆棠請其勸諭粵商設法倡導。茲準黎兆棠咨據廣東職員梁雲漢、劉紹宗、梁紹剛等稟稱，泰西以商立國，商務之盛衰卽國勢强弱所由判，凡有益商務者必竭全力以圖之。年來日本步趨泰西，亦四出通商以爲利國利民之本，中國地大物博，商務爲四洲之冠，洋人視爲利藪，紛至沓來，有可以從中圖利者鮮不多方要挾，實由彼來而我不往也。卽有到金山、古巴、秘魯等處者，亦僅貧民傭工，並無殷商前往，似未足以立富强盛業，現已招集殷商湊成巨款，名曰肇興公司，擬往英國倫敦貿易，以爲中國開拓商務之倡，該員梁雲漢在粵東總理，劉紹宗、梁紹剛往倫敦管事，不領公帑，不准洋商附股，一切進出口貨完税章程請照洋商一律辦理，以昭平允。惟事屬創始，必須官爲維持，請由通商大臣給諭前往，並轉咨中國駐英大臣隨時主張，俾得與各國在英商人一體優待等情請奏前來。竊維西洋富强之策，商務與船政互相表裏，以兵船之力衛商船，必先以商船之税養兵船，則整頓通商尤爲急務，邇者各國商船爭赴中國，計每歲進出口貨價約銀二萬萬兩以外，洋商所逐什一之利已不下數千萬兩，以十年計之，則數萬萬兩，此皆中國之利有往而無來者也。故當商務未興之前，各國原可閉關自治，逮風氣大開，既不能拒之使不來，惟有自擴利源，勸令華商出洋貿易，庶土貨可暢銷，洋商可少至，而中國利權亦可逐漸收回。前此招商局輪船曾駛往新嘉坡、小吕宋、越南等埠攬載，近年和衆、美富等船分駛夏威仁國之檀香山、美國之舊金山載運客貨，究止小試其端，尚未厚集其力。英國倫敦爲地球内通商第一都會，並無華商前往。黎兆棠志在匡時，久有創立公司之議，盡心提唱，力爲其難，現既粗定規模，自當因勢利導，期於必成。惟草創之初，能否獲利尚無把握，只有官商上下合力維持，以期漸推漸廣。所有該公司出進口貨物在中國通商各口者，應准照洋商一律辦理，其出洋後沿途及抵倫敦一切貿易章程，應得與各國在彼商貨一律辦理，臣等擬卽咨商駐英大臣曾紀澤隨時設法主持保護，俾該商等遇事有所稟承，並給諭與該公司仿照泰西通例，五年之内只准各處華商附股，不准另行開設字號，免致互相傾跌，貽誤大局。除俟開辦後各口分支設棧及未盡事宜隨時酌核咨行查照外，所有招集華商創設公司前往英國倫敦貿易緣由，謹會同南洋通商大臣劉坤一、船政大臣黎兆棠合詞恭摺具陳，伏乞皇太后、皇上聖鑒，訓示。謹奏。

清・王韜《弢園文録外編》卷二《興利》 利之最先者曰開礦，而其大者有三：

一曰掘鐵之利。中國產鐵之處不可勝計，蓋礦中有煤則必有鐵。今中國業經設立船廠砲局機器所，無不需鐵以資鎔鑄。必取之於英，是以利畀外人也。今我自開鐵礦，則一可省各處廠局無窮使費，二可鑄造槍砲，建製鐵甲戰艦火輪兵舶，三可創造各種機器，四可興築輪車鐵路，而亦可售之於西人，以奪其利。

一曰掘煤之利。中國煤礦遍處皆是。西人向者曾遣格致之士細行考察，知中國一省之所產，足以抵歐羅巴一洲而有餘。開礦出煤，於中西皆有裨益。何則？西國輪舶往來中土，其所用之煤皆自遠運至，其費不貲。一旦設有不給，輪船卽不可行，貽誤非輕。若中國有煤，則彼取資甚便。西人每請中國開煤礦而不請中國開鐵礦，其深謀秘慮，已可窺見其隱。英人本國雖僅屹然三島，而以煤鐵之利雄於歐洲，其煤鐵多販運於各國。中國既有煤鐵，則彼貿易亦必稍減。且我有煤鐵，而出口之價稍昂，彼亦無如我何，而我得以獨收其利矣。

一曰開五金之利。雲南產銅，山東、山西產金，而煙臺一帶尤旺，粵東產水銀，四川產銀，此法人近日周歷其地而知之，曾已繪圖貼説，郵寄其國。中國誠能亟為開掘以足國課，而廣鑄金銀銅三品之錢以便民用，俾易於流通，又何必全恃西國之銀圓歟？

其次曰織紝之利。織紝必以機器為先，事半而功倍，功捷異常，而其利無窮。宜度各省所有之物產而設立機房，如織絨則設於天津、直隸，以取口外之羊毛，織布則設於上海、蘇州，以就其地之木棉；織綢則設於湖郡、杭州，以購其地之蠶絲。西人貿易於中土者，不過以疋頭為大宗。若我自織，則物賤而工省，且無需乎輪船之轉運，其價必貶，西人又何能獨專其利歟？

此外則一曰造輪船之利。今民間自立公司，購置輪船，用以往來內河，轉輪貨物，裝載人客，既無虞乎盜賊，亦不費乎時日，此皆輪船之小者也。其大者，亦可上溯乎長江而遠至於外洋，載運各貨以貿易於歐洲各國。久而行之，其利自溥。

一曰興築輪車鐵路之利。今南北道阻，貨物賤之徵貴，貴之徵賤，每苦其販運之煩，勞道途之遼遠。自有輪車，而遠近相通，可以互為聯絡，不獨利商，並且利國。凡文移之往來，機事之傳遞，不捷而速，化馳若神。遏亂民，禦外侮，無不恃此焉。

清·薛福成《籌洋芻議·商政》 昔商君之論富强也，以耕戰為務，而西人之謀富强也，以工商為先。耕戰植其基，工商擴其用也。然論西人致富之術，非工不足以開商之源，則工又為其基，而商為其用。邇者英人經營國事，上下一心，殫精竭慮，工商之務，蒸蒸日上，其富强甲於地球諸國，諸國從而效之，迭起爭雄，泰西强盛之勢，遂為亘古所未有。夫商務未興之時，各國閉關而治，享其地利而有餘；及天下既以此為務，設或此衰彼旺，則此國之利，源源而往，彼國之利，不能源源而來，無久而不貧之理。所以地球各國，居今日而競事通商，亦勢有不得已也。今以各國商船論，其中國於每歲進出口貨價銀在二萬萬兩上下，約計洋商所贏之利當不下三千萬，以十年計之，則三萬萬，此皆中國之利，有往而無來者也，無怪近日，民窮財盡，有岌岌不終日之勢矣。

然則為中國計者，既不能禁各國之通商，惟有自理其商務而已，商務之興，厥要有三：一曰販運之利。自各口通商而洋人以輪船運華貨，不特擅中西交易之利，抑且奪內地懋遷之利。自中國設輪船招商局，而洋商與我爭衡，始則減價以求勝，繼因折閱而改圖，彼之占我利權者，雖尚有十之四，我之收回利權者，已不啻五之三，通計七八年間，所得運費，將二千萬，雖局中商息，未見贏餘，而利之少入於外洋者，已二千萬矣。所慮者，一局之政，主持不過數人，控制二十七埠之遙，精力已難徧及，又自歸併旗昌以後，官本較多，萬一稍有蹉跌，其勢難圖再舉。夫事之艱於謀始者，理也，而人之篤於私計者，情也。今夫市廛之內，商旅非無折閱，而挾貲而往者踵相接，何也？以人人之欲濟其私也。惟人人欲濟其私，則無損公家之帑項，而終為公家之大利。為今之計，雖難用衆建少力之法，驟分數局，他日如必有變通之勢，或即用局中任事之商，兼招殷實明練者，量其才力貲本，俾各分任若干埠，無論盈虧得失，公家不過而問焉。此外商人有能租置輪船一二號，或十餘號，或數十號者，均聽其報名於官，自成一局。又恐商情之相軋也，則督以大員，而齊其政令。恐商利之未饒也，則酌撥漕糧而彌其闕乏，但使商船漸多，然後由中國口岸，推之東南洋各島，又推之西洋諸國，經商之術日益精，始步西人後塵，終必與西人抗衡矣，其利豈不溥哉？

一曰藝植之利。今華貨出洋者，以絲茶兩款為大宗，而日本、印度、意大里等國，起而爭利，徧植桑茶，印度茶品，幾勝於中國，意大里售絲之數，亦幾埒於中國。數年以來，華貨滯而不流，統計外洋所用絲茶，出於各國者，幾及三分之二，若并此利源而盡為所奪，中國將奚以自立，是不可不亟為整理者也。整理之道，宜令郡縣有司勸民栽植桑茶。蓋種桑必在高亢之地，而種茶恆在山谷之中，非若罌粟之有妨稼穡，是在相其土宜，善為倡導而已。其繅絲之法，製茶之法，有能刻意講求者，宜激勸而獎進之。至於絲茶出口，十數年前，以加稅為中國之利，今則各國起而相軋，一加稅則價必昂，價昂則運貨者必去中國而適他國，而稅額必為之大減。夫西洋諸國往往重稅外來之貨，而減免本國貨稅，以暢其銷路。今中國絲茶兩宗，雖不必減稅，亦不宜加稅，但使地無閒曠，則產之者日益豐，而其價日益廉，即出口之貨日益多，不特於稅務有裨，亦為民興利之一大端也。

一曰製造之利。英人用機器織造洋布，一夫可抵百夫之力，故工省價廉，雖棉花必購之他國而獲利固已不貲，每歲貨價之出中國者數千萬兩。中國海隅多種棉花，若購備機器紡花織布，既省往返運費，其獲利宜勝於洋人。然中國雖有此議而尚無成效者，何也？創造一事，人情每多疑沮，其才足以辦此者，苦於資本難集，而一二殷商，又以非所素習而不為，此大利所以盡歸洋人也。竊謂經始之際，有能招商股自成公司者，宜察其才而假以事權，課其效而加之優獎，創辦三年之內，酌減稅額以示招徠，商民知有利可獲，則相率而競趨之，迨其事漸熟，利漸興，再為釐定稅章，則於國課必有所裨，推之織氈織絨織呢羽，莫不皆然。夫用機器以代工作，嫌於奪小民之利，若洋布以及氈絨呢羽，本非出自中國，中國多出一分之貨，則外洋少獲一分之利，而吾民得自食一分之力，奪外利以潤吾民，無踰於此者矣。是故中國之於商政也，彼此可共獲之利，則從而分之，中國所自有之利，則從而擴之，外洋所獨擅之利，則從而奪之。三要既得，而中國之富可期，中國富而後諸務可次第修舉，如是而猶受制於鄰敵者，未之有也。

清·薛福成《庸盦海外文編》卷三《西洋諸國導民生財説》 西洋富而中國貧，以中國患人滿也。然余攷歐洲諸國，通計合算，每十方里每英方里合中國十方里居九十四人，中國每十方里居四十八人，是歐洲人滿，實倍於中國矣。而其地之膏腴，又多不逮中國。以遜於中國之地，養倍於中國之人，非但不至如中國之民窮財盡，而英法諸國，多有饒富景象者，何也？為能濬其生財之源也。蓋西人於藝植之法、畜牧之方、農田水利之益，講求至精，厥產已頗勝於膏腴之地，其人多研礦學，審礦苗，興礦利，金銀銅鐵錫鉛煤之屬，日出不窮，是不但孳之地上，又鏟之地下矣；工藝之興，新奇日著，又能切於民生日用，質良價廉，為遐邇所必需，是不但不遺地力，又善用人力矣；商務為上下所注意，風氣既開，經營盡善，五洲萬國，無貨不流，各挾巨貲以逐什一之利，是不但鳩之境內，又輦自境外矣。凡諸要端，國家皆設官以經理之，又立法以鼓舞之。夫然則以歐洲之人，用歐洲之地，而其導民生財之道，殆不啻有三四歐洲也。且其人又善尋新地，天涯海角，無阻不通，無荒不墾，其民遠適異域，視為樂土者，無歲無之。噫！彼以此法治民，雖人滿何嘗不富也，而況其能使不滿也；若中國之礦務、商務、工務，無一振興，坐視民之困窮而不為之所，雖人不滿，奚能不貧也，而況乎日形其滿也。

又《南洋諸島致富强説》 南洋諸大島，星列棊置，固有千餘年前入貢中國，自齒外藩，迄今轉式微者；亦有亘古荒穢，廣莫無垠，人迹不到者。自西人相繼南來，占踞諸島，僅閱一二百年，而疆理恢闢，民物蕃昌，無不有蒸蒸日上之勢。將謂恃西人之經理乎？則離其本國數萬里，究竟來者不甚多也。謂藉土人之奮興乎？則狉獉之俗，囿於方隅，風氣未大開，智慧未盡牖也。然則其所以漸樹富强之基者，不外招致華民以為之質幹而已矣。大抵古今謀國之經，强由於富，富生於庶。所以昔人有生聚教訓之説。然謀庶富而欲自生之，自教之，已覺其迂矣。今彼乘中國之患人滿，而鳩我閑民，闢彼曠土，數十萬人，無難驟集也，不待生也。中國之人，秀者、良者、精敏者、勤苦耐勞者，無不有之，稍以西法部勒之，而成效自著矣。非若土人之顓蒙難教也。西人所留意經營者，惟聚之之法而已矣。泰西諸國用此術者，獨英人為最精。自香港、新加坡以及北般鳥、澳大利亞，皆能驟變荒島為巨埠。荷蘭、西班牙亦知華民之可用，始則勉招之，繼則虐待之，甚有羈禁之使為奴，誘脅之使入籍者，而其功效乃終遜於英遠甚。然所以能自立於南洋者，莫非藉華民力也。余嘗攷越南、暹羅、柬埔寨等國，雖往往多受西人約束，而貿易開礦諸利權，華人操之者六七，西人操之者二三，土人則闃然無與焉。至若呂宋、噶羅巴、婆羅洲、蘇門答臘、澳大利亞等處，商礦種植之利，華人約占其大半。惜乎受人統轄，中國又無領事官以保護之，以至失勢被侮。若使中國仿西人之法，早為設官保護，則南洋諸島之利權，未嘗不隱分之。惜乎失機者數十年，一旦覺悟，已多牽制。惟英之屬島，已允我設領事官，而當事者猶以費絀為辭，不願多設。是中國有可富可彊之機，而不知用也。亦終於貧弱而已矣，謂之何哉！

清·馬建忠《適可齋記言》卷一《富民説》 欲中國之富，莫若使出口貨多，進口貨少；出口貨多，則已散之財可復聚；進口貨少，則未散之財不復散。其或散而未易聚也，莫若採取礦山自有之財；採取礦山自有之財，則工役之散，不出中國，寶藏之聚，無待外求。而以權百貨進出之盈虛，自無不足矣。爰分陳焉。

一曰使出口貨多，則在精求中國固有之貨令其暢銷也。中國固有之貨以絲茶為大宗。通商之始，絲茶出口足與洋藥、洋布進口相抵。乃近年英屬印度盛產絲茶以奪我利。查印度十餘年前絲出口僅值百萬，茶出口僅值五百萬。去歲出口之絲已值二百七十餘萬，出口之茶值一千六百餘萬。日本絲茶近亦暢旺，每歲出口近千萬。中國之絲每歲出口值三千二百餘萬，茶亦稱是。核計十餘年間中國絲茶所增不過數百萬，迴不若印度、日本絲茶歲增之多。若不及時整頓，則彼日增而暢銷無已，而我止此歲入六千餘萬之數，不盡為所奪不止。【略】

再曰使進口貨少，則在仿造外洋之貨，敵其銷路也。進口之貨，洋藥而外，以洋布、洋紗為大宗。查英國織機約十五萬張，美國織機約十三萬張，印度亦有二三萬張。每張一晝夜織布兩疋，是三十一萬張日成布六十二萬疋。一歲姑以三百六十日科，計可成布二萬二千三百二十萬疋。通計近十年來，中國進口洋布每年約一千五百萬疋，值銀三千萬兩，是英、美各廠所織之布，行銷中國僅百之七耳。至洋紗，前十餘年進口歲僅值十餘萬；曾未數載，因其精細潔白，北直諸省競相購買，去歲進口之紗至值銀一千三百五十萬。中國產棉所在皆有。即如江蘇之松江、大倉，歲產之棉亦不下五六百萬擔。今捨吾自有之棉，坐令我華民為洋棉所衣被，殊非謀國是者所以力求致富之道。

光緒五年，曾經北洋大臣李奏設織布局，乃事隔十年仍未奏效。詢其所由，則以貲本不充，辦理者或未盡善。今則重為整頓，十年之內不許他人再設織局，而所設織機不過二三百張，每日開織祇五六百疋，歲得十八萬疋，僅當進口洋布八十分之一耳，則十年之間所奪洋人之利，奚啻九牛之一毛哉！又況織布機器費用浩大，少織則費重而本有所虧，多織則費減而利可穩獲。擬請將原設織局擴充貲本或再立新局，務使每年所織之布足敵進口十分之一，方足為收回利權之善策。誠得其人善為創辦，不出十年，必有成效可覩；而後推之織絨、織呢、織羽、織毡，皆可次第施行。要使中國多出一分之貨，外洋卽少獲一分之利，而中國工商轉多得一分之生計。凡此皆所謂仿造外洋之貨，以聚我未散之財者也。

鄭觀應《盛世危言》卷五《戶政·商務三》 欲求利國，先祛二弊；欲祛二弊，先自上始。必於六部之外，特設一商部，兼轄南、北洋通商事宜。【略】南、北洋分設商務局於各省水、陸通衢，由地方官公舉素有聲望之紳商為局董，凡有所求，力為保護。先講種植、製造，次講販運、銷售。如種茶樹棉、養蠶繅絲、織布紡紗、製造毡毯諸事，倡立鴉片、煤、鐵、磁器、火油諸公司。必使中國所需於外洋者，皆能自製；外國所需於中國者，皆可運售。而又重訂稅則，釐正捐章，務將進口之稅大增，出口之稅大減，則漏卮可以漸塞，膏血可以收回，此其權之在上，而必大為變通者也。

至於下則必於商務局中兼設商學，分門別類，以教殷商子弟：破其愚，開其智；罰其偽，賞其信；勸其創，戒其因；務其大，箴其小，使豁然於操奇逐贏之故。而後分者可合，散者可聚，小者可大，拙者可巧，詐者可信，貧者可富，廢者可興。再由各府、州、縣札飭各工商設立商務公所。須如王君紫詮所云：毋恃官勢，毋雜紳權。商民工匠見諸官紳，皆緘口不言，恐犯當道之怒，禍生不測云。當聽工商仿西法投筒自舉商董。所舉商董或一月一會，或一月兩會，會日洞啓重門，同業咸集，藉以探本業之隆替、市面之贏絀，與目前盛衰之故，日後消長之機。勿作浮談，勿挾私意，何者宜補救，何者宜擴充，以類相從，各抒己見。司董擇其切當可采者，匯而記之于冊；一存會所，一存商務局。每年每季仿外國商務工藝報刊印成編，分遺同業戶各一本，俾考市廛之大局，知趨避之所宜。夫而後百貨通，百廢舉矣。商務局凡有所見，咨稟於南、北洋通商大臣。倘遏抑不通，卽徑達商部，一年一次匯稟情形，商部統計盈虛，上達天聽。如是，則興廢當，謀畫周，上下之情通，官商之勢合，利無不興，害無不革，數十年後，中國商務之利有不與歐西並駕者，吾不信也。

清·陳熾《庸書·考工》 工者，商之本也，生人利用之源也。中國自冬官既逸，考工之政，闕然不修，荏苒二千餘年，器用苦窳，規模簡陋，百工居肆，夷諸賤隸，無一聰明才智之人。彼泰西諸邦，轉得以奇技巧思，出而炫我。故外洋入口之貨，皆工作所成，中國出口之貨，皆土地所產；工拙相越，貴賤相懸，而中國之金銀，山崩川竭矣。今之學者，輒謂巧不若拙，智不如愚，欲塞師曠之聰，而蔽離婁之目。則是燧人之火食，不如上世之飲血茹毛也；黄帝之垂裳，不如太古之草衣卉服也；中國之上棟下宇，不如土番之穴處巖居也。此老莊之餘瀋，憤激之讕言，信如是也，天亦何必好為多事，篤生聖人，以開萬古文明之化哉？

今日者，五洲萬國，光氣大通，中國之人多，而他洲之土滿，尾閭之洩，消息盈虛，必使操一葉之舟，以浮滄海，竭一夫之力，以撼泰山，得毋僨與。適莽蒼者，三飡而反，腹猶果然；適百里者，宿舂糧；適千里者，三月聚糧。無舟楫何以濟川，無車馬何以行遠，天欲合九萬里為一統，不假以精堅巧捷之器，何以宜民利用，使聲教大同。故知氣機工作之興，斷關天意，百年而後，新者皆舊，而變者皆常矣。中國五行百產，無假外求，當閉關絕市以前，我行我法焉可也。通商而後，洋貨充斥，既不能禁民之不用，又不能禁彼之不來；而工作不興，商情日匱，坐待他日民貧國蹙，仰息他人，如秦人視越人之肥瘠然者，可謂忠乎？可謂智乎？

謂宜通飭疆臣設立商政局，凡華民喜用之洋貨，一律糾股集貲，購機仿造，以收利權；其中國所產行銷外洋者，亦加意講求，務極精美。仍仿泰西規制，有能自出新意製成一物，有益民生者，准上之工商二部，賞給護照賚星，許其專利，以開風氣，以復古初。出洋諸生，學成歸國，就其所習，分飭主持。夫歐洲之英吉利、東瀛之日本，皆海中島國，物產無多，徒以工藝繁興，後先崛起。中國之壤地廣矣，物類蕃矣，取之不禁，用之不竭，上有所好，下必甚焉，行之二十年，而國勢不强，民生不富者，未之有也。否則如五印度者，亦海南之大國，君臣上下，蹈常襲故，弊不去而利不興，英人越五萬里之遙，蹊田奪牛，代為經理，幅員萬里，拱手讓人，身辱國亡，哆然為天下戮笑，悲夫！

清·宜今室主人《皇朝經濟文新編·商務·汪康年〈商戰論〉》 顧中國前則以官剝商，而商困，今則以官侵商，而商愈困。《莊子》曰：『牧馬者，去其害馬而已矣！』《孟子》曰：『所欲與之聚之，所惡弗施爾也。』夫商之擇利，不待教於官也，今之經商，宜以新法求利，商人亦稔知也，道在正商法，保商權，捷商途而已矣。今之言治者，動曰宜通官商之氣，宜合官商之情，於是有曰官督商辦者，有曰官商合股者，有竟奪商人之事，而畀之官者。夫以官之積威，商人安能與之較論？於是豪滑之徒，以中國之官權，行西國之商法，官本則昂物價以抵除，而莫或過問也。商本則暫以微利羈縻，而莫敢與聞也。遂以傾詐陰險之才，行籠絡捭闔之術，盡取天下之利權，而歸之一己，而商人愈困矣。

縛勇士之手足，而使與人鬬，得乎？桎梏勇將，縶維健卒，而使與人戰，可乎？今置商人於牽掣拘攣之地、抑鬱之鄉，欲其能與各國之商爭勝，是猶南行而北轅也。夫以中國之商，受中國之法，以理論之，固當盡行折閲，無可牟利矣。顧環觀華商，亦頗有積日月之力，以獲資者。蓋華商性能儉約刻苦，無多求利，不敢效西人之奢闊。故拾遺掇剩，稍能步西人之後塵，且又有意外之幸焉。蓋法不準情，於是所司有行法外意，而潛減貨值者；又有因比較嚴切，兩卡爭釐，因減釐以招致商賈者；又有船戶與司役通同，或減名數，或常年包賄若干，以漏釐者；又有託官船、試船夾帶，以邀免者；又有掛洋旗，託洋人報關，以免苛政者。嗚呼！使商人失利於彼，而得策於此，此豈謀國者所忍聞乎？然則今日欲振商務，必自設商部始，必自裁釐併徵始。

清·唐才常《砭舊危言·擬自造各種機器遏洋貨利權議》 西人以機器興利，華人但痛恨機器，而用則洋錢，服則洋布，一切鐘錶玩好之具，無一非洋，而不問其自出為何物，是曰頑種。無怪外洋一二不費工力之機器，掇取中國之元氣殆盡，而中國方濃睡未醒也。其好為大言者曰：是但閉關謝使，令其勿來已耳。嗚呼！以子陽井中之見，咫尺不睹，迅雷不聞；而惟力遏開利源、操利權之機器，勿使中國有富强之會，誰之咎歟？誰之咎歟？則至今日而欲通其血輸，宏其漲力攝力，誠非自造各種機器不可。

而議者曰：機器以水火之力代人力，如用機器，則人力將無所施，而此千萬食力之民，必盡為游手以亂天下。不思機器局一開，則人亦不患無職業。方今湖北設有織造局，而傭力其中者二三千人，假以二三千人分作他工，正不知凍餒幾何矣。夫德國克虜伯廠，每歲工匠約五六萬人，餘廠亦不下二三萬人。如各省及州縣皆設此局，則人豈有凍餒者？況礦務、農務、商務，次第畢舉，在在需人，夫何至捨業以嬉耶？

議者曰：中國自造機器，終不如西人之巧，恐事事落其後塵，徒見嗤耳。是則不然。昔者西國政學，多源埃、希，而埃、希反瞠乎其後。百年來英、法、德、意，輒相師法，而機巧日競而日新。近日日人又步武西人，二十餘年，稱雄亞東。青出於藍而勝於藍，冰生於水而寒於水，安見中國之心思才力，遠出西人下耶？

議者曰：中國自造機器，洵可奪外洋之利，如外洋又賤價爭售，將奈何？是又不然。外洋人工甚貴，必不能過賤其值。中國物力並賤，如推行既廣，自可日賤其值，以爭洋貨之權矣。

議者曰：中國官商不相信，此時必難集商民之股而踴躍以成。然中國如果鐵政、民廠、郵政，一一施行，安在斯民不知其利，而不思所以挽回之！況今日本已有遍地設機器之條款，而西人動以利益均沾為詞，則將來遍中國皆外洋機器，不十年間，無可措手矣。是以自造機器之急於燎原也。一言以蔽之曰：機器廣，斯愛力綿；愛力綿，斯國力固；國力固，斯漲力攝力足以離吸各國而毋為所蝕。

新型人才論分部

論　說

清・馮桂芬《校邠廬抗議・改會試議》 國家將收養士之報，宜求恤士之方。四民中士最貴亦最貧，商賈無論已，農工勤力，類能自給，獨安分讀書之士，修羊所入，輒不足以贍八口，平日之苦，已逾平民；及應試則舟車、廬舍、糗糧，以及代館事、備試卷，隨在需費，其苦又甚焉。省試途較遠，時較久，又其苦倍甚焉；至會試，則必棄置平日傭書之地，聚糧治裝，間關跋涉數千里，經時逾年，勞費十倍，其苦益甚焉。計集闕下數千人，素封便家十不一二，中人之產，往往為之中落，況寒素乎？諺謂舉人為破家之子、亡命之徒。又云舉人老，盤川少，不虛也。借貸不足，繼以典質，典質不足，繼以干求，弱者暮夜乞憐，丐富貴之潤；强者鄉曲武斷，分官吏之肥，寡廉鮮耻，壞法亂紀，習為固然。得志則移以涖官，安望其為國為民乎？不得志，則益縱恣無所不為，其間循分自愛者，裹足不前而已。遠省舉人一試不中，或畢生不能望國門，雖有皋、夔、伊、旦之才，不且終身屏棄者哉？此事有害於士，無利於國，其究也大害仍歸於國，在上者所宜動心也。

竊意生監驟得舉人，論其進階，在舉人得貢之上，功令可畀鄉試考官以舉人之權，何不可以貢士之權并畀之，應請鄉試榜發後一月，即於省闈借地會試，定為若干人取一人，一切如鄉試法。中式者始令進京殿試，是亦恤士之一道也。

又《廣取士議》 明初取人之法，三途並用，科目也，吏員也，薦舉也，可謂廣矣。獨惜其所以行此三者之未善也，專重時文，用科舉之未善也。流品不別，用吏員之未善也。至於薦舉之權，宜用衆不宜用獨，宜用下不宜用上，歷代用人，大都宰相舉百僚，長官舉屬吏。夫知人則哲，惟帝其難之。宰相以一人之耳目，收天下之賢才，遺固十八九，濫亦

十二三；至屬吏則其途至狹隘，其事至尋常，例保之而例用之耳。二者皆不足以得人。

魏立九品官人之法，郡縣各置大中正，似乎用衆矣、用下矣。然以一人而定千百人之品，依然獨也。非中正不得糾舉，依然上也。宜乎其不公不明也。今欲於科目之外，推廣取士之法，幕職已具前議，又宜令各州縣在籍、在京、在外、各紳及諸生、各鄉正副董，各舉才德出衆者一人，皆取數奇不遇公論稱屈者，及才德上上、文學中下者，間及於巖處隱淪從不應試者，奇材異能別有絕技者，州縣覈其得舉最多者一二人申大吏，會同學政山長，博采輿論，簡其尤，列入薦牘。諸生賞舉人，舉人賞貢士，一體會試、殿試。三年一行，是則薦舉之權用衆不用獨，用下不用上，宜亦可十得八九矣。

清・葛士濬《皇朝經世文編續編》卷一〇一《沈葆楨〈覆奏洋務事宜疏〉》 近日人才之弊有二：一則誤於空談，謂公憤可以卻敵。言及外事，則斥為漢奸，及身居局中，又茫然不知所措。一則狃於習見，謂我曾以此法破髮捻。戰以氣勝，宜勿懾於彼族欺人之言。迨臨事而悟其弗如，則已晚矣。近懲二者之弊，又取柔和輭熟一路。但通洋語，略識洋文，能調停交涉事件者，便為出類拔萃之才。抑知片長末技，以備顧問，以供驅策，未嘗不可，實學非所知也。行陣部伍，中國以為角力之士也，而西洋無不知書之武臣。規矩準繩，中國以為食力之民也，而西洋無不知書之匠首。我以為粗，彼以為精，則彼得其精，我得其粗，固其所也。臣前者特請設算學一科。誠以外國權輿萬事之方，胥根乎算學。而中國鼓勵人才之用，莫捷於制藝科。【略】自强之方，聞善能徙。所謂窮則變，變則通，通則久也。然以練兵簡器，造船為自强之目，籌餉為自强之綱，而貫乎綱目之中者，則持久之精神，與持久之作用。士大夫知格致為入聖之門徑，即報國之經綸，讀有用之書，試諸有用之地，以成其為有用之才。局中者受局外之攻錯，集思廣益，不視之為浮言。局外者諒局中之苦心，露膽披肝，各資其所獨見。人人咸有以自盡，惟不苟同者，然後能為和同。因循之弊，庶乎免矣。

清・薛福成《庸盦文編・外編》卷三《上曾侯相書・養人才》 古之取士者，或以德進，或以事舉，或以言揚，三者兼用而不偏廢。隋唐以

降，始專尚考試，然其閑自巖穴顯者，猶或有之，又特設制科以待非常之士。明初至今，制藝日重，得人之塗，一歸之甲乙科。其初文風渾樸，期於明理而止，故凡名賢碩德，與偉才異能之思自表見於時者，亦往往由之以進。然自是不就考試之人，以事舉者，固屬寥寥；以德進者，更闃然無聞矣。近十數年來，潢池不靖，朝廷博求賢才，大臣舉薦，率不次擢用。於是智略輻湊，虎臣輩出，四方瓌俊，雷動雲合，以贊中興之運。是豈無術以致之哉？蓋由朝廷能破千載之成格，而節下以忠孝文武為之倡，又復虛懷宏奬，振古罕有。故一代人才，聞而興起，用以截亂夷囏，而惟節下之左右之也。今巨孽已平，海內漸以無事，英儁無由自效，士之奮迅求試者，復相率而入於科舉。科舉行之既久，其法不能無敝。蓋學士大夫以制藝相切劘，餘五百年，至於今陳文委積，剿說相仍，而眞意漸汩。取士者束以程式，工拙不甚相遠。夫以工拙不甚相遠之文，取決於有司一時之愛憎，加以貪常嗜瑣，意見各異，而黜陟益以難憑。遂使世之慕速化者，置經史實學於不問，競務為澆⿰夌力浮⿸厂廷之習以弋科第。魁碩之儒，皓首而不遇者，比比是也。然則欲救科舉之敝而收遺逸、養人才，莫如徵辟與科舉並用。大凡以今日天下人才計之：其見收於科第者十之二，其見收於軍營及一切保舉者十之三，其沈抑迍邅而不獲一用者，猶十之五。節下誠博訪而慎擇之，若德行純懿，若經術精深，若吏治明嫻，若邱園高蹈，若練習名法，若諳曉韜鈐，若幹略過人，若文章希古，其他茂才異等，有一長一藝，堪施實用者，不拘一格，取其見聞所及，或素有時望者薦之朝，復奏之天子，飭內外大臣各舉所知，仿國初舉博學鴻詞例，召試大廷，量才録用。然後著為成法，不時舉行。如是則賢才無遺逸之患，可以輔科舉所不及。而前此空疏之弊，亦且漸以轉移。夫科舉雖敝，其法固難變革也。若但云振文風，新士習，又非一人所能主其權，一日所能蕆其功也。節下負知人之雅鑑，昨者凶豎干紀，既以之收召英豪，奏不世之奇功矣，今復為國家扶植元氣，以振聳天下人之耳目，當必有度越千古者。蓋斯事體大，非節下之德之力，不能成此舉，亦無復有能勝此舉者矣。伏惟及時加意焉。平居所作《選舉論》二篇，謹附上。

清·王韜《弢園文録外編》卷一《原才》 世有眞才，亦有偽才。偽才之與眞才，猶碔砆之於寶玉，魚目之於珍珠，久之而後知，而不能猝辨也；試之而後見，而不能空說也。為上者若不能兢兢致權乎此，但震於其外之應對捷給，言論縱橫，自以為能仔肩天下之重，而負一時之望，則未有不誤及蒼生、禍流赤緊者，如王安石之於宋是也。

是以治世而人才盛，都俞吁咈於堂陛之間，拜手颺言於朝廷之上，上盡用之而弗遺也。亂世而人才亦盛，或躬耕於隴畝之中，或誦讀於草野之內，上雖弗之用，而衡門泌水固有以自樂其天也。若人才而處亡國之際，不憚捐軀絕脰，毀家滅身，以求挽既去之天心，而扶已衰之大局，決不肯策名新室，拜爵興朝，有寧蹈東海以死而已。由此觀之，人才何負於國家哉！

其有一不見用，即生懟上之心，怨咨謗訕，致形諸言語而見之篇章，此其才則秉天地之戾氣而生者也，不得謂之眞才。夫所謂眞才者，與國家同休戚共患難者也。國家培養人才數百年，至此乃食其報，用與不用一也。

《清德宗實録》卷四一八《宣示諸臣實力講求西學》 諭內閣：數年以來，中外臣工講求時務，多主變法自强。邇者詔書數下，如開特科、裁冗兵、改武科制度、立大小學堂，皆經再三審定，籌之至熟，甫議施行。惟是風氣尚未大開，論說莫衷一是。或托於老成憂國，以為舊章必應墨守，新法必當擯除。衆喙嘵嘵，空言無補。試問時局如此，國勢如此，若仍以不練之兵、有限之餉，士無實學，工無良師，强弱相形，貧富懸絕，豈眞能制梃以撻堅甲利兵乎？朕惟國是不定，則號令不行，極其流弊，必至門戶紛爭，互相水火，徒蹈宋明積習，於時政毫無裨益。即以中國大經大法而論，五帝三王不相沿襲，譬之冬裘夏葛，勢不兩存。用特明白宣示，嗣後中外大小諸臣，自王公以及士庶，各宜努力向上，發憤為雄，以聖賢義理之學，植其根本；又須博採西學之切於時務者，實力講求，以救空疏迂謬之弊。專心致志，精益求精。毋徒襲其皮毛，毋競騰其口說。總期化無用為有用，以成通經濟變之才。京師大學堂為各行省之倡，尤應首先舉辦。著軍機大臣、總理各國事務王大臣，會同妥速議奏。所有翰林院編檢、各部院司員、大門侍衛、候補候選道府州縣以下官、大員子弟、八旗世職、各省武職後裔，其願入學堂者，均准入學肄業，以期人材輩出，共濟時艱。不得敷衍因循，徇私援引，致負朝廷諄諄告誡之至意。將此通諭知之。

清・吴汝綸《桐城吴先生全書・尺牘》卷二《上李傅相》 都下近多新政，初疑吾師與謀，及見所擬章程，則皆少年無閲歷者所為。如議改書院為學堂，兼習中西之學。外省府縣書院束脩不過三百金，以之分請中西兩師，決無一人應聘。若用一人兼席，則耳目中尚少兼通二學之賢。通商都會之地，間有其人，若腹地則風氣未開，安得千七八百兼通中西之師以興新學？若不聘名師，但恃譯書，則自師門在滬開方言館，先後所譯西書不少，海内何人讀而通其説者？西學專門名家，精深微妙，非得師指授，安能入門。日本近來教授初學，專用譯出之書，以省講習西文之勞。此等新生不通西文，將來成就決不如前輩之盛。顧其國近已多通西學之師，但憑譯本即能教授。若吾國則無人導引，雖有譯書，誰能心解？且亦未有不通其學而能譯其學中之書者也。為此説者不識西文，乃為之辭曰：僅通中國語言文字不得謂有中學，則僅通西國語言文字亦不得謂有西學。其言似亦甚辨，但使不通中國語言文字，能通中學乎？然則不通西國語言文字，能通西學乎？且西人能通中文不得謂無中學，華人能通西文，豈得不謂之有西學乎？此等邊隅之見，使之議章而頒行天下，那能推行無滯？又況欲薈萃經子史之精要，取菁華去糟粕，勒爲一書，請旨頒行，此亦談何容易！竊謂此等大政，不籌有著之款，不延名家之師，即京師大學堂尚難猝成，何況各行省州縣，此必不行之局也。

《湘報》第三五至三七號《譚嗣同〈壯飛樓治事第六・仕學〉》 唐末仕途猥濫，常謂需次之官，為世輕賤。至有欲以告身易一醉而不得者。沿及五季，且以善歌善走而為節度使矣。今之所謂官，亦甚夥而不可紀，原夫授官之始，皆由倖進，科舉雖名為正途，其實特采於一日之長，非如古者之必出於學也。加以保舉濫、捐例開，士農工商，並出於仕之一途，屠沽無賴，錯雜其間，候補於省會，屋租為之一貴，終年營營，不得升斗禄，上官亦苦於無可位置，至為停分發之請，是兩困也。停分發必以人員擁擠為名，吾不知所謂擁擠者何也？苟其皆才也，但患才少耳，何患擁擠？如其不才，聽其自去自來可也，不必代慮其擁擠也，毋亦上官困於請託之繁，無以應之，故聊為緩兵之計耳。然停分發，恐有礙於捐例，不久復開，與不停等，所謂擁擠者愈益擁擠，欲盡用之不可，欲盡去之又不可也。言治者莫不以處此之為至難，然熟思之亦復何難之有，人才不患多也，見為多者不出於學而非人才耳。法當盡取而教之，使皆出於學，而成為人才，則總學會尤為造就候補官之地矣。督撫既身入會，其餘自不令而從，況候補官尤視督撫為風氣者乎？總學會設仕學一科，使候補官就學，其不就學與學而惰者，停其差委，就學者使誦習古今中外政教源流措施大體，與現今所行之吏事，嚴為之格，歲時會衆紳士而面課之，而公評之，其及格而才行為衆紳士所稱者擢用之，否則置之，使衆紳士預聞選官之典，以符國會之本義，且使官紳相習，如家人父子，不至隔膜相視，計無有便於此者也。要之人才不出於學，將百施而無一可，總學會之設也，正以使官中之人才皆出於學，不獨於候補官為然也。官中之人才皆出於學，於是無變科舉之名而有變科舉之實。

清・盛宣懷《皇朝蓄艾文編》卷九《通論九・陶模〈覆奏培養人才疏〉》

一、國子監宜先整飭也。京師為首善之地，太學為育才之所，教法未修，何由得士？臣以為宜敕督撫學政，選擇舉人貢生之敦行力學者，及大臣子弟蒙恩廕者，入監肄業，略仿周官師氏保氏之法、宋儒程朱學校之制、胡瑗經義治事之規，治經務通大義，治事必達時務。祭酒司業，當擇學行兼優，衆所推服者，久於其任，教以致君澤民之道，修己治人之方，擇學業有成者，上其名於朝。凡部院需人，督撫請揀，皆於是選取之，成效既著，復取堪為人師者，令分教於天下，庶學宮不為虚設，士子皆有實行，治化之基，實在於此。至納粟入監，係明景泰間秕政，時至今日，流弊實多，所有捐納貢監生舊例，擬請一律停止。

一、汰考生，減中額，以慎科名也。學術不明，士鮮實行，徇俗濫取，安望得人？邇來應考人多，作弊愈巧，條例雖密，仍屬具文。天下事惟簡可以御繁，學臣歲科試，輪流校藝，抉擇易精。乃鄉試之前，又録遺才，復將歲科試不取者，概行送考，試卷過多，考官校閲難徧，或濳使子弟幕友，隨入襄理，餘如彌封謄録，弊端愈多，擬請敕禮部定議，各省學政於歲科兩試，悉心衡校，考列三等，及新生未經歲試者，均勿録送鄉試，如此則考官得從容評閲，文理平常之士，不至徒勞跋涉，吏役可減，經費可省，宿弊可除，眞材可得，一舉而數善備焉。從來為治之道，貴乎覈實，臣竊思所貴乎讀書者，欲人人為忠臣孝子也。若徒事虚文，雖人盡登科，有何裨益？今日士習益陋，宜援照乾隆年間裁減中額舊案，將鄉會試中額各減數成，俾知科名非可倖邀，學問必益加奮。至考試之法，亦宜變通，時文必不能廢，而浮華之詩賦宜裁，策問貴乎通今，而禁言時事之條例宜改，庶幾明體達用，人才自蒸蒸日上矣。

一、定小試年限以端蒙養也。夫進德修業，本與詞章科第無涉。宋儒程灝謂子弟輕俊，只教以經學念書，勿令作文字，程頤以少年登科為不幸，朱子謂俗儒記誦詞章之習，其功倍於小學而無用。蓋童子血氣未定，養其良知良能，導以孝弟忠信，尚慮不及，若令作文干祿，縱獲科名，懵未見道，處則無益鄉里，仕則貽誤民生，擬請敕部明定限制，凡年未及冠者，概不准應府縣試，庶培養深厚，遠大可期。

一、停捐例以清仕途也。天下大弊在官多，官有限而候補之官無限，於是有筮仕一二十年而不得一事者，及其有事，則久困之餘，難言志節。文官則剝民蝕帑，武官則侵餉缺額，幾乎相習成風矣。且入官既易，則謀為官者日多，士不安於學校，農不安於畎畝，工商不安於廛肆，或謀捐納，或求保舉，或倖獲科名，紛紛擾擾，皆有不可終日之勢。其託足宦途者，莫不仰給於有事之官，官之應酬愈繁，其操守愈難信，民俗之敝，士習之偷，官箴之敗，軍實之隳，皆由於此。科目勞績捐納三途，弊實相等，而捐班其較著也。人以為報捐者皆殷實，而不知貧人反居大半，在四民中，一無所能，謀生無計，稱貸入官，本已行同商賈，乃竟有為商賈所不忍為者。雖捐班不盡無才，然源既未澄，流何由清，安得以一二人有才概諸人人耶？督撫雖有甄別之權，猶之縱狼入羊羣，責牧人以調馴狼性，勢必不能，既懸其格以招之，安得盡人而劾之，此弊不除，小民因以藐視官長，强鄰因此非笑中華，一旦禍發，再擲千萬金亦難平定，飲酖止渴，利害昭然。明知理財為第一難事，遽議停捐，鮮不謂妄，然近年捐例所入，歲不過一百數十萬兩，此後恐日見其少，留此區區，無補於貧，徒貽後患，非計之得也。擬請皇上斷自宸衷，將捐例概敕停止，一面將內外冗員及宦官等，大加裁汰，凡用度之無關國計民生，及內務府織造衙門各項費用，可裁則裁，可減則減，所省當不止一百數十萬，而官常以飭，民志以定，鄰國亦當欽服，不戰制勝之策，莫先於此。至勞績保舉之濫，弊尤百出，新定部章較嚴，臣不再贅陳。

一、各部院堂司官宜練習政事也。自部務權歸書吏，而司官絕少眞才，臣所聞惟刑部司官，尚有明白例案者，此外但能潤色文稿，便稱有才。堂官隨時更調，成案山積，雖有過人之資，勢難徧覽。書吏名為年滿更易，實則無異世業，故部務莫昧於官，莫熟於吏，舞文弄法，賄賂公行。一事也欲准欲駁，皆有案可引，堂司官即再三斟酌，仍不免墮其彀中。夫棄為后稷，契為司徒，終身不遷，用能庶績咸熙。後世人才遜古，政事愈煩，責任不專，成效奚彰。臣愚以為尚書侍郎，升遷宜不出本部，一部堂官六員，本近於冗，苟有懸缺，不妨兼攝，司員應令嫻習例案，分類經管各員，有履歷可稽，非若奸胥之詭託姓名，莫可究詰。各部本有則例，足資援引，一切舊案，概可弗用，儻遇疑難，堂官不能決者，奏明請旨，不必定憑故紙，仍入胥吏把握。臣見户部陝西司每奏一案，必以活字板印行，積久成帙，名曰陝曹奏牘，始自光緒九年，各部儻皆仿行，則准駁之故，人人可以檢查，不但舞弊者有所顧忌，堂司官練達事理，所益尤多。

一、旗兵宜破除積習以固根本也。各省駐防旗兵，向稱忠勇，承平日久，習於驕惰，無異閑民，值海氛不靖，朝廷選擇將才，廣招新勇，內地旗兵，罕聞徵調，廢弛情形，已在聖明洞鑑。夫運用槍礮各法，必學習二三年，方能心手相應，以精械付粗人，旬日間便成廢物，新勇皆市井無賴，而宿將願招募者，為其能耐苦耳。驅不教之卒，禦精嫻技藝之敵，徒恃耐苦二字，作萬一獲勝之想，臣實不知其可，而慨然於旗兵之急宜精練也。練技藝，練攻守，須自練筋骨始。旗兵不執他役，原屬格外優待，然同治以来，湘楚諸軍，土木各工，皆責成勇丁，無礙戰事。蓋精力愈勞愈出，築壘挖壕，係行軍本分，請敕各將軍都統，除實力訓練外，遇有臺壘城壕渠隄等事，應借資兵力者，令旗兵一體幫作。又各省防軍練勇，分紮要隘，均有護送餉差緝捕盜賊之責，較旗兵苦樂懸殊。兵法首重地理，斷無株守城垣，可稱有用之師者。宜將各省駐防旗兵，酌抽數成，出屯要道，歸督撫兼轄，繩以漢人軍法，於護餉緝捕等事，分任辦理，以資練習。旗兵無忽招忽散。入會傳教諸弊，果能悉成勁旅，則綠營可減，餉項亦可稍節。值此時勢日棘，愈蹉跎愈難致力，滿蒙官員為國家世僕，為漢人表率，使人人知晏安酖毒之非，克自振作，一二十年後，滿蒙人才，不亞於乾隆以前，天下幸甚。

一、文武大員宜勤以率屬也。屬員之賢否，視上官之好尚為轉移，彼溺於聲色貨利者無論矣，即或怡情金石，寄興詩詞，多一嗜好，必多一懈弛，而屬員之勤政者怠矣。又如將軍提鎮，舍馬坐轎，水師將領，離船住屋，身耽安逸，何以督率弁兵？並有武員學為詩畫，自鳴高雅，其於戎務，廢弛必多，應請旨通行禁止，仍令於應事之餘，縱觀經史，激發忠誠，涉獵近今地理政書，講究新譯水陸兵法，期於實用有裨。夫人才不擇地而生，各省大員，果能破除情面，屏斥浮文，於吏治營務，切實講求，需以歲月，當有可觀，此亦造就人才之一端也。

一、禁食洋煙宜自士大夫始也。天下人才，半壞於煙，士為四民之首，不先立戒，何以責民；官為民之表率，儻有嗜好，何以服衆，請敕各督撫學政，徧諭教官廩生，嗣後童生吸煙者，不准保送府縣試，諸生吸煙者不准鄉試，並不准補廩報優，舉人吸煙者不准會試，如有朦混，從嚴懲辦。並請飭在京各部院堂官，在外將軍督撫，查察有癮官弁，悉令回籍戒煙。查各國洋人均不吸煙，中華士大夫高談學問，侈言攘夷，於戒煙小事，尚不及島族，恥孰甚焉。

一、分設算學藝學科目以裨時務也。《周官》有九數之教，《曲禮》判六工之名，力必專精，詣乃深造。近年定算學取士之例，先由總理衙門考試算學後，送入順天鄉闈，同試詩文，華實兼收，非唐代明算科所得比。然習算之士，罕來應試，其故有二，緣《九章》難於八股，算學中足資問難而非切用者，反覆窮究，皓首難盡，究之製器者，衹須略知幾何、重學，而算家一切考據辯難，可弗偏習。今定例以算學及格物測量、機器製造、水陸軍法、船礮水雷、公法條約、各國吏事一律考試，安有如此奇才，一人而兼衆長乎？徒令知難者逡巡不前，輕於嘗試者，仍蹈空言無補之病，未盡善者一也。合衆人而衡文，或百無一取，或十取四五，今考算學者鄉試卷面另編字號，每二十人取中一名，定額不得過三名，儻諸生文理均優，反因考算而限於定額，未盡善者二也。擬請分算學、藝學為二門，試算學者兼天文及地理測繪，試藝學者以礦學及製造船礮之學為主，總理衙門於秋闈之前，嚴密三試之，擇優録送順天鄉試，分編算學藝

兼精，定章令習算者，並考詩文，不過借此以塞文士之口，徒徇俗情，乃歸敷衍。近時保舉捐納，庸人皆可得官，何獨於稍有實用者，必多方以靳之？可否專設算藝二科，欽派大臣特試，仿照繙譯舉人進士之例，不必兼試詩文，庶專門名家，各得自見。

一、水軍陸軍急需文武兼通之才，宜破格鼓勵也。天津、閩、粵設立水陸師學堂，本係因時制宜，而臣工猶或泥海國圖志舊説，謂守外洋不如守海口，守海口不如守內河，以學習船礮為多事。如果船礮不必習，敵人果何恃而橫行海上乎？夫沿海萬里，防不勝防，必有海軍數大枝，海口方能聯絡，各岸防軍亦可酌減。惟駕駛兵輪，法至精密，海道沙綫，固應熟習，尤須知算學汽學乃可司機，能測七政恆星乃可司舵，非獨武夫不足任，即才智之士，亦罕臻此詣。擬請敕各督撫督令水師學堂學生，勤習天文、海道御風布陣、修造汽機、演放水雷諸法，期於能言能行。每若干年，奏派海軍提鎮率領學生駕駛練船，游歷外洋，途中親試各生所學專門之技，是否純熟，分記等第，到外洋時，由駐洋大臣按名試以水軍兵法各論，果能清通，奏明作為海軍秀才，送辦理海軍南北洋大臣再加考試，擇其優者為海軍舉人，並請敕各督撫，督令武備學堂學生，勤習西國整散陣法，測算遙擊，挖溝交轟、馬步起伏及明暗臺塹、測繪地圖、管理軍械各事。每若干年，奏派司道分內外場校閲技藝，條對兵策，果能精熟，作為陸軍秀才，送南北洋大臣再加考試，擇其優者，為陸軍舉人，仍欽派王大臣覆校海軍陸軍各舉人，擇最優者作為進士，如文理較長，明白治體，量授文職，與文進士一體優待，上下毋欺，眞才自出。臣又查武備水師學堂章程，本尚周密，近聞有將少年不能讀書者濫行送入，何能確收實效？應由該管大臣嚴行遴選，無論旗漢文武官員及士民子弟，須明白謹慎，文理清通，方准留學。凡文字算學等，擇關係武備者設課，其餘概勿教學，免致分心。沿海沿邊各省，擇要增設水師武備學堂，一律辦理，以時宣講淺近切要各書，啓發忠愛之忱。至舊有武科，得人本少，若輩恃有頂戴，往往武斷鄉曲，轉難約束，儻謂弓矢無益，而改習火器，則家家可置槍礮，流弊尤甚，似應將舊例武科一律停止。

一、各省操法宜變通也。水師武備學堂，非三四年所能見效，宜令各

治軍之善者，以經費不盡合例，未能一意講求。且大閲時，仍須合操，舊法武弁既憚其勤劳，文士尤多所呰議，譬如鄉村富人，延師課子，其子既畏讀書之難，旁觀亦謂不必效寒士攻苦，且謂其子聰明，足傲文士，一旦入文場，始悔學之未至，今之講求洋務者，何以異是？擬請敕明白中外情形大臣，參考德、英諸國兵法，捨短取長，酌定簡明章程，認眞教練。近來礮火猛烈，城垣難禦，外洋各國，將舊有城郭撤毁，專事溝壍暗壘及升降不定之礮，蓋攻法變，則守法不能不變也。各處緊要地方，不可專恃高城大臺，亦宜令知兵大臣，籌畫設險之法，預為演習。

一、工藝為富强之基，宜加意考求也。古之教者，合道與藝為一。唐虞之世，殳斨與皋夔同列朝班，誠以有裨國家之事，雖至微細，必授以專官，俾求精造。惟樞機之運，鍊冶之純，悉本於算學、重學、化學、汽學歷世傳授，方能以器製器，斷非一知半解，所能窺見奧竅。各省機器、軍械、船政、電報各局委員，多未學習，間或鹵莽涉獵，究難洞達精微。今各國往往遣王子赴他國學習工藝兵法，用意深遠，可以想見。國家創辦幼童出洋之舉，行之已二十餘年，而成效尚未大著者，一則官場視為鄙事辦理，仍等具文；一則專門之學，本非一蹴可幾，況所派子弟多未讀書，文義不明，難資重用。擬請敕總理衙門查覈歷次奏定章程，切實推廣，選擇滿漢勳舊子弟，已讀《孝經》、四書略知大義者，送同文館，教以淺近九數，視其性之所近，咨明駐洋大臣，分送各國書院機廠礦局，於製器、駕船、兵法、商務、礦務、農政、水法，殫精肄習。其水陸學堂船政機器各局優等學生，亦酌遣出洋，再加歷練，務期各擅一藝，回華後派充諸局所委員，庶幾駕輕就熟，成效益彰。今日致富之要，當與地爭利，勿與民爭利，當栽培工商以敵洋貨而杜漏卮，勿搜括稅釐以病民而自病，此礦務、商務、工藝所當竭力研求，以冀漸收利權者也。至添購兵艦，似可暫緩，以此財用培植工藝，俟學業有成後，或購或造，較有把握。

一、大小臣工宜力戒自欺也。世變之奇，有先聖所不及料者，而士大夫猶以不談洋務為高。夫不談洋務可也，不知彼并不知己不可也。今我政事因循，上下粉飾，吏治營務，久為鄰國所竊笑，明明不如人，而論事者動發大言，自謂出於義憤，不知適以長庸臣之怠傲，蔽志士之聰明。一二有識者，畏受呰謷，或曲為附和，或甘於緘默，絕無古名臣交相警戒之風，平日視危爲安，視弱為强，文武驕惰，莫由覺悟。一旦有事，不肯平心體察，謬託正論，務虚名而賈實禍，誠可為痛哭流涙者也。事前既莫知不如人，事後衆論仍莫肯直認不如人，甘心自晝，又安望有自强之一日？擬請敕總理衙門，選擇同治以來辦理洋務奏摺文牘，繙譯各國政務諸書，呈備御鑑，並刊發各衙門各處書院，俾天下士大夫洞悉中外情形，曉然於朝廷為天下萬姓，多方斡旋不得已之苦衷，庶人人知耻知難，愈恐懼愈發憤，人才以策勵而愈出，易危為安，轉弱為强，機實在此。

以上十三條，略知時務者，類能言之，特未嘗為皇上切實敷陳耳。當此危疑震撼之時，輿論孔多，泥古者謹守舊章，憂時者兢談新法，然積習實不能不改，而變法亦未敢輕言，臣祇就事所可行者，為救弊補偏之計。非激揚士類，則虚文相市，可與共安樂而不可與濟艱危；非精究洋務，則成法雖高，可以制土寇而不可以備强敵。環海各國，以中華為魚肉，皆由我之痼疾，久中於腹心，而肢體之痿癖隨之。彼日本於三十年前，為英美所敗，納幣行成，因懼而奮，遂成强國。我誠能發憤自强，合羣黎羣力，急起直追，何事不可勉為。若仍縛於成例，淆於浮議，不以全力赴，雖勉行十之八九，亦無濟於事。

清·張之洞《張文襄公全集》卷二〇二《勸學篇序》 竊惟古來世運之明晦，人才之盛衰，其表在政，其裏在學。不佞承乏兩湖，與有教士化民之責，夙夜兢兢，思有所以裨助之者，乃規時勢，綜本末，著論二十四篇，以告兩湖之士。海內君子與我同志，亦所不隱。內篇務本以正人心，外篇務通以開風氣。內篇九：曰同心。明保國、保教、保種為一義。手足利則頭目康，血氣盛則心志剛。賢才衆多，國勢自昌也。曰教忠。陳述本朝德澤深厚，使薄海臣民咸懷忠良，以保國也。曰明綱。三綱為中國神聖相傳之至教，禮政之原本，人禽之大防，以保教也。曰知類。閔神明之胄裔，無淪胥以亡，以保種也。曰宗經。周秦諸子瑜不掩瑕，取節則可，破道勿聽，必折衷於聖也。曰正權。辨上下，定民志，斥民權之亂政也。曰循序。先入者為主，講西學必先通中學，乃不忘其祖也。曰守約。喜新者甘，好古者苦，欲存中學，宜治要而約取也。曰去毒。洋藥滌染，我民斯活，絕之使無萌枿也。外篇十五：曰益智。昧者來攻，迷者有凶也。曰遊學。明時勢，長志氣，擴見聞，增才智，非遊歷外國不為功也。

曰設學。廣立學堂，儲為時用，為習帖括者擊蒙也。曰學制。西國之强，强以學校，師有定程，弟有適從，授方任能，皆出其中，我宜擇善而從也。曰廣譯。從西師之益有限，譯西書之益無方也。曰閱報。眉睫難見，苦藥難嘗；知内弊而速去，知外患而豫防也。曰變法。專己襲常，不能自存也。曰變科舉。所習所用，事必相因也。曰農工商學。保民在養，養民在教，教農工商，利乃可興也。曰兵學。教士卒不如教將領，教兵易練，教將難成也。曰礦學。興地利也。曰鐵路。通血氣也。曰會通。知西學之精意通於中學，以曉固蔽也。曰非弭兵。惡教逸欲而自斃也。曰非攻教。惡逞小忿而敗大計也。

葉德輝《覺迷要録》卷一《徐致靖〈保薦人才摺〉》 奏為國是既定，用人宜先，謹保維新救時之才，請特旨破格委任，以行新政而圖自强，恭摺仰祈聖鑒事。竊臣伏讀本月二十三日上諭，以國是不定，則號令不行，外察時局，内審國勢，斥守舊迂謬之見，求通經濟變之才；此誠窮變通久之大經，轉弱為强之左券。明詔一下，海内忠義之士，翹首拭目以觀新政，海外各國，亦知我皇上發奮振厲，中國之强，指日可待，此孔子所謂一言興邦者也。

然臣愚以為皇上維新之宗旨既定矣，而所以推行新法，乃皆委諸守舊之人，夫非變法則不能自强，而非得其人亦不能變法。昔日本維新之始，特拔下僚及草茅之士，如木戶孝允、伊藤博文、大久保利通等二十人，入直憲法局以備顧問，不次擢用，各盡其才。新法皆數人所定，用能新政具興，臻於强盛。今日言變法而不能收變法之效者，則以維新之才，尚未見用故也。

臣聞泰西各國富强之由，其根原甚遠，其條甚繁，非經講求不能通貫。今吾大臣，内自尚侍，外自督撫，率皆循資按格，垂髦以得今官。其中亦非無公忠體國通達世變之人，特以論議不一，趨向各殊，非相與同術同方，講求而切究者；故於一切致富致强之由，或畏阻而不願更張，或驚震而未得要領，於是言守舊者，固泥古而誤今，言開新者，亦逐末而忘本。

今夫國家之有大臣，猶行旅之有鄉導也，鄉導苟不識途，行旅必受其害。今欲舉行新政，而委諸不講新學以及模棱兩可之人，是所謂求前而卻行也。故臣以為不欲變法則已，苟欲變法，必廣求湛深實學，博通時務之人而用之，而後舊習可得而革，新模可得而成也。

西學中源説分部

論説

張經甫《救時芻言·康有為〈與洪給事右臣論中西異學書〉》 夫中國之教，所謂親親而尚仁，故如魯之秉禮而日弱。泰西之教，所謂尊賢而尚功，故如齊之功利而能强。所以至此者，蓋由所積之勢。然各有本末，中國泰西，易地皆然，不可一二言斷是非也。

公謂中飽粉飾之説，誠是也，然所以然之故，公未詳之也。夫所以然之故，卽在勢與俗也。中國以一君而統萬里，慮難統之也，於是繁其文法以制之，極其卑抑以習之，故一衙門而有數人，一人而兼數差，故僕嘗謂使周公為吏部，孔子為刑部，亦必不能為，欲不粉飾得乎？途雜而選之極輕，官多而俸之極薄，上尊而查之極難，雖欲不中飽得乎？昔唐太宗分口分、世業之田，府衛之兵，法至美矣。然甫至高宗先天顯慶而法已大壞，何哉？三代分國，上則有閭里州黨，以知夫人民六畜之數，極其纖悉，行之久而無弊者，有封建分之故也。唐用兵制，鄉成於縣，縣成於州，州成於戶部，以一縣令稽百里之鄉民，勢已不能，況以戶部稽萬里之戶口乎？不久卽弊，其弊在制地太大，小官太疏也。泰西則不然，政事皆出於議院，選民之秀者與議，以為不可則變之，一切與民共之，任官無二人，不稱職則去，故粉飾者少，無宗族之累，無妾姬之靡，無儀節之文，精考而厚祿之，故中飽者少。泰西非無貪偽之士，而勢有所不行；中國非無聖君賢臣精核之政，然而一非其人，叢弊百出，蓋所由異也。幸先聖之學，深入於人心，故時清議能維持之。不然，由今之法，不能一朝居矣。然以泰西之政比於三代，猶不及也。三代有授田以養民，天下無貧民，泰西無之；三代有禮樂之教，其士日在揖讓中以養生送死，泰西則日思機智，以强己而軋人，故其教養皆遠遜於我先王也。然今之中國既大變先聖之法，而反令外夷近之，譬如故家子蒙祖父之蔭，而悖祖父之學行，則不如自食，鄰人反得以其學行挺起，雖其先世出身卑賤，反為之屈矣。故僕所欲復者，三代兩漢之美政，以力追祖考之彝訓，而鄰人之有專門之學，高異之行，合乎吾祖考者，吾亦不能不折取之也。

公謂西國之人專而巧，中國之人渙而鈍，此則大不然也。我中人聰敏，為地球之冠，泰西人亦亟推之。自墨子已知光學重學之法，張衡之為渾儀，祖暅之之為機船，何敬容之為行城，順帝之為自鳴鐘，凡西人所號奇技者，我中人千數百年皆已有之。泰西各藝，皆起於百餘年來，其不及我中人明矣。然而泰西特以器藝震天下者，其所以鼓舞之異也。其君、大夫相與鼓勵之，其士相與聚謀之，器備資足，安得而不精。我聰明之士，則為詩文無用之學，以其愚者為之，而有精巧者，又未嘗鼓勵也，則安能致巧，是蓋政教之異，不得歸咎於中人之渙且鈍也。

鄭觀應《盛世危言》卷一《通論・道器》 《易・繫辭》曰：『形而上者謂之道，形而下者謂之器。』蓋道自虛無，始生一氣，凝成太極。太極判而陰陽分，天包地外，地處天中。陰中有陽，陽中有陰，所謂一陰一陽之謂道者是也。由是二生三，三生萬物，宇宙間名物理氣，無不羅括而包舉。是故一者奇數也，二者偶數也，奇偶相乘，參伍錯綜，陰陽全而萬物備矣。

故物由氣生，即器由道出。《老子》云：『無名，天地之始；有名，萬物之母。』無名者，喜怒哀樂之未發，謂之中也。有名者，發而皆中節，謂之和也。孔子云：『物有本末，事有終始，知所先後，則近道矣。』既曰，物有本末，豈不以道之為本，器之為末乎？又曰：『事有終始，豈不以道開其始，而器成其終乎？』孔子曰：『君子謀道不謀食，憂道而不憂貧。』又曰：『君子不器。』良以握原者可以制化，大受者不可小知。昔軒轅訪道於廣成，孔子問禮於老氏，虞廷十六字之心傳，聖門一貫之秘旨，自天子以至於庶人，壹是皆以修身為本。蓋人受天地之中以生，天地有中，人亦同具。秦漢以降，三教分途，均不識中為何説。《大學》云：『止至善。』止此中也。《中庸》云：『得一善則拳拳服膺。』服此中也。《易・繫辭》云：『成性存存，道義之門。』存此中也。致中和，天地位焉，萬物育焉，此中國自伏羲、神農、黄帝、堯、舜、禹、湯、文、武以來，列聖相傳之大道，而孔子述之以教天下萬世者也。

西人不知大道，囿於一偏。原耶穌傳教之初心，亦何嘗非因俗利導，勸人為善。惜其精義不傳，二三生徒，妄以私心附會，著書立説，託名耶穌，剿襲佛老之膚言，旁參番回之雜教，敷陳天堂地獄之詭辭，俚鄙固無足論，而又創設無鬼神之説。夫既無鬼神，則天堂地獄又復為誰而設？矧別派分歧，自相矛盾，支離穿鑿，聚訟至今，迄莫能折衷一是。究其流弊，皆好事者為之，有識者斷弗為所炫惑也。夫道彌綸宇宙，涵蓋古今成人成物，生天生地，豈後天形器之學所可等量而觀。然《易》獨以形上形下發明之者，非舉小不足以見大，非踐迹不足以窮神。自《大學》亡《格致》一篇，《周禮》闕《冬官》一册，古人名物象數之學，流徙而入於泰西，其工藝之精，遂遠非中國所及。蓋我務其本，彼逐其末；我晰其精，彼得其粗；我窮事物之理，彼研萬物之質。秦漢以還，中原板蕩，文物無存，學人莫窺製作之原，循空文而高談性理。於是我墮於虛，彼徵諸實，不知虛中有實，實者道也；實中有虛，虛者器也。合之則本末兼賅，分之則放卷無具矣。

昔我夫子不嘗曰由博返約乎？夫博者何？西人之所騖格致諸門，如一切汽學、光學、化學、數學、重學、天學、地學、電學，而皆不能無所依據，器者是也。約者何？一語已足以包性命之原，通天人之故，道者是也。今西人由外而歸中，正所謂由博返約，五方俱入中土，斯即同軌、同文、同倫之見端也。由是本末具，虛實備，理與數合，物與理融，屈計數百年後，其分歧之教，必寖衰，而折入於孔孟之正；趨象數之學，必研精而潛通乎性命之樞紐，直可操券而卜之矣。《新序》曰：『强必以霸服，霸必以王服。』今西人所用，皆霸術之緒餘耳。恭維我皇上天亶聰明，宅中馭外，守堯舜文武之法，紹危微精一之傳，憲章王道，撫輯列邦，總攬政教之權衡，博采泰西之技藝。誠使設大、小學館以育英才，開上、下議院以集衆益，精理商務，藉植富國之本；簡練水陸，用伐强敵之謀。建皇極於黄農虞夏，責臣工以稷契皋夔，由强企霸，由霸圖王，四海歸仁，萬物得所，於以拓車書大一統之宏規而無難矣。猗歟休哉！拭目而俟之已。

清・唐才常《砭舊危言・公法通義自敘》 余覽公法所治冠帶之倫，北極北冰洋，東南窮澳大利亞，西南折好望角，西偃西半球而矩之。舉輪舟、鐵路、電線之所通，阿屯姆力之所積，靡勿挾性法、例法二者，為結盟締好之機牙，何其侈也？

春秋之始，未嘗不詳內略外，內諸夏，外四裔，未嘗不殊會夷狄。及其季也，中國亦新夷狄，夷狄進中國則中國之。子思子發其微曰：『凡有血氣者，莫不尊親。』董江都曰：『正朝夕者視北辰，正嫌疑者視聖人。夫黜周王魯，非王春秋也，王萬世也。王萬世何也？王以經權之學也。』孟子曰：『經正則庶民興，庶民興，斯無邪慝。』民氣堙鬱烏乎興？民智繆窒烏乎正？性法者，開民智之大經也。孔子精權學，於蔡仲易君見之；孟子精權學，於子莫執中衡之。例法者，通民氣之微權也。秦以網羅錮經學，宋、元、明以蔽聰塞明錮經權二學，於是，管穴之士，尊於昌平；荒落之儒，藝於朽壤。即無性法、例法之學乘之，蓋昆侖絕紐，羲轡不馳久矣。而況彼之儒者，日抱其溝通君民機宜和戰之公義，決黑白，評異同，坌湧瀾翻，全球就勒。而我萃千萬衿纓，箋釋蟲魚，批抹風月，中朝之律例弗聞也，遑言羅馬；目前之交涉不知也，遑問虎哥。聒而與之言公法，則詫曰異端。洎其得志，坐視國家迫脅欺朦之辱，若秦越人之肥瘠，漠不關心。嗚呼！同文館之立，三十年於茲矣，能精治律例之學者，蓋難其人，謂非士大夫之責哉！

今議者曰：公法之言，娓然陳矣，其實僅憑虛理。弱者不能仰而企，强者惘然違之，睊睊眮眮，莫敢誰何！甚且予强者以桎梏弱者之權，而齎盜糧，而藉寇兵。況公法家所論，有正法，有便法，本亦遊移兩可，出奴入主，高下在心，何適之從？其尤可疑者，一千八百五十八年，英、法諸國，許土耳其為自主國，且屢言之曰：土人自今入公法。是年英、法、俄、義四國立約，嗣後不得視中國在公法外，又申明之曰：得共享公法之利益。然其於土耳其偶有交涉，終以異教詆排。於中國，則商務、界務、教務、稅務，無一得附平權之義。然則公法直無裨人國，而益之牢阱也。

洴澼子曰：不然。公法者，萬國之《春秋》也。《春秋》折獄，僅一二行之西漢之世，其後無聞焉。無他，漢以來治經為祿利之途，士氣萎矣。故欲抑民，先抑士；欲抑士，先抑士之抵掌伸眉權衡天下之具。後世並祿利經義之途奪之，別有所謂詞章、帖括者，幸其汶暗於政學而末吾繩焉。以視西國之布衣下士，憑空理以爭天下事，浸登之日報，浸用之政府，浸推之壇坫，其宅心公私，何不侔哉！是故《春秋》亡，律學晦，種禍亟。以聾遇聰，以盲遇明，以吃遇辯，以局促甕牖精疲力薾之餘生，遇上下平權抗論五洲之人士，若之何不窮且蹶也！

今夫西國政事，公法家所不許者多。其遇疑難棘手之處，或相持不得盡其公理；容有遷就强弱大小間，劃畛域以模棱政府之心者。其實虎哥宗旨，本不爾爾。故公法學之行於西國，不過十之五六，大抵文致太平之時未至耳。夫以西國政府，尚不盡如公法家之用心以劑於平；而謂中西交涉，復無公法家與之相持。彼顧能揭其不樂於本國者輸之中國，此理所必無者也。目論之士，不咎彼國不守公法之徒，不咎我國不研公法之失，乃欲並公法而疵之，而廢之，不亦傎乎！

丁韙良居中國久，洞悉彼中公法之旨，與吾教同源，其性法乃《春秋》守經之學，其例法乃《春秋》達權之學，遂作《中國古世公法考》，引經傳數條證之。其誼例雖未詳備，而中國以《春秋》通公法之機芽萌矣。今夫《春秋》，上本天道，為性法出於上帝之源；中用王法，為例法出於條約之源；下理人情，為民權伸於國會之源。故內聖外王之學，不過治國平天下。平之一義，為億兆年有國不易之經。即西人之深於公法者，罔弗以平一國權力、平萬國權力，為公法登峰造極之境。

嗚呼！《春秋》自《孟子》、《公羊》嫡派無傳後，晦蒙剝蝕，孽障叢生，至胡安國極矣。非恃平之一義，撥昏霧而見蒼穹，則不可以平一國，烏能以平五洲？恐將來不平之禍之不止於約章律法也。洴澼子於公法一無窺見，但略知公法根源，所以維此地球者，有日昌之勢。因就近譯諸書，先舉其微言大義，一稟諸《春秋》之律。其例法繁賾，容再分門考訂，為吾黨資。或言交涉學者不棄而教之歟？

中體西用說分部

論說

清・馮桂芬《校邠廬抗議》卷下《采西學議》 夫學問者，經濟所從出也。太史公論治曰：『法後王，為其近己而俗變相類，議卑而易行也。』愚以為在今日又宜曰：『鑑諸國。』諸國同時並域，獨能自致富强，豈非相類而易行之尤大彰明較著者？如以中國之倫常名教為原本，輔以諸國富强之術，不更善之善者哉？

清・薛福成《籌洋芻議・變法》 降及今日，泰西諸國，以其器數之學，勃興海外，履垓埏若戶庭，御風霆如指臂，環大地九萬里，罔不通使互市。雖以堯舜當之，終不能閉關獨治。而今之去秦漢也，亦二千年，於是華夷隔絕之天下，一變為中外聯屬之天下。【略】

今天下之變亟矣，竊謂不變之道，宜變今以復古；迭變之法，宜變古以就今。嗚呼！不審於古今之勢，斟酌之宜，何以救其弊？且我國家集百王之成法，其行之而無弊者，雖萬世不變可也。至如官俸之儉也，部例之繁也，綠營之窳也，取士之未盡得實學也，此皆積數百年末流之弊，而久失立法之初意。稍變則弊去而法存，不變則弊存而法亡。是數者雖無敵國之環伺，猶宜汲汲焉早為之所。苟不知變，則粉飾多而實政少，拘攣甚而百務弛矣。若夫西洋諸國，恃智力以相競，我中國與之並峙，商政礦務宜籌也，不變則彼富而我貧；考工製器宜精也，不變則彼巧而我拙；火輪、舟車、電報宜興也，不變則彼捷而我遲；約章之利病，使才之優絀，兵制陣法之變化宜講也，不變則彼協而我孤，彼堅而我脆。【略】

或曰：『以堂堂中國，而效法西人，不且用夷變夏乎？』是不然。夫衣冠、語言、風俗，中外所異也。假造化之靈，利生民之用，中外所同也。彼西人偶得風氣之先耳，安得以天地將洩之秘，而謂西人獨擅之乎？又安知百數十年後，中國不更駕其上乎？【略】今誠取西人器數之學，以衛吾堯舜、禹湯、文武、周孔之道，俾西人不敢蔑視中華，吾知堯舜、禹湯、文武、周孔復生，未始不有事乎此，而其道亦必漸被乎八荒，是乃所謂用夏變夷者也。

或又曰：『變法務其相勝，不務其相追。今西法勝，而吾學之敝敝焉，以隨人後，如制勝無術何？』是又不然，夫欲勝人，必盡知其法而後能變，變而後能勝，非兀然端坐而可以勝人者也。

清・王韜《弢園文録外編》卷一〇《上當路論時務書》 當今天下紛然競尚洋務矣，豈不以洋務即時務哉。言兵事者，則曰鎗礮之精也，船艦之堅也，軍法之嚴肅也，營制之整齊也，邊備之周也，海防之固也，無一非推西人為巨擘，一若自西人外，無可與談兵者矣。言藝術者，則曰輿圖之精覈也，象緯之深明也，造器制物之奇巧也，機器之妙，可以水火二氣之力以代人工也，一切織紝冶造，無不胥賴乎是，一若事半功倍，舍此無能駕乎其上，而此外更不足與言制器者矣。

其談富國之效者，則曰開礦也，鑄幣也，因土之宜，盡地之利，一若裕民而足國，非此不可。至於學問一端，亦以西人為尚，化學、光學、重學、醫學、植物之學，皆有專門名家，辨析毫芒，幾若非此不足以言學，而凡一切文學詞章無不悉廢。夫自東西通商以來，留心時務者，固宜師其所長，而攻其所短，明其情偽，攬其形勢，悉其民風俗尚，知其山川物產，而於其古今來之盛衰强弱，沿革升降，探其源而泝其流，然後我可以蹈瑕伺隙以制之，此之謂長於時務者。駕馭之道不外是，而脩睦之要，亦在於斯，顧未有舍己以從人者也。

今日時務之急，旨在乎收拾人心。蓋民可順而不可逆，民可足而不可匱，民可靜而不可動，其外龐然囂然，而實則無所有者，能為民禍而不能為民福，能為民害而不能為民利，治民之本，當知盡其在我者而已。西學西法非不可用，但當與我相輔而行之可已。《書》有之曰：『民惟邦本，本固邦寧。』故治民本也，仿效西法，其末也。西國之所以講强兵富國者，率以尚器為先。惟是用器者人也，有器而無人，器亦虛設耳。孟子言以仁政治民之效曰，可使制挺，此非迂談也。蓋民忠義激發之氣，實有百折而不回者。人心之機器，速於影響，一國之鑪錘捷於桴鼓，是在為上者善用之耳。

治民之要，在乎因民之利而導之，順民之志而通之，即如泰西諸國，亦非徒馳域外之觀者也。其善於治民者莫如英，入其國中，無不優遊暇豫，自樂其天，而不尚操切之政，束縛馳驟以為能者，夫如是然後能行之久遠。抑又聞之，治國之道，先在養其元氣。如西國之法，斲削之尤甚者也，必也擇其善而去其不善，不必强我以就人，而在以彼之所學，就我之範圍。神明變化焉，而民不知，略陳時務所在，幸少垂察而采擇焉。

清·邵作舟《邵氏危言·綱紀》 夫泰西者獨器數工藝耳，奈何驁其末而遽自忘其本乎？且我祖宗又何貧弱之有，奮十三甲之衆，創業垂統，百戰而有天下者，我祖宗也；闢外蒙、烏梁海、黑龍江、北荒窮髮之地，以俄羅斯之强，拱手遠避，遣使乞盟，勒石定界，盡於外興安嶺者，我祖宗也；滅準噶爾、收西藏、拓新疆二萬餘里，哈薩克、布魯特、卜哈爾愛烏罕、浩罕巴克達山之屬，奔走頓顙，求為外臣，聲教之被，東至於東海，西至於西海，南至於南海者，我祖宗也；卻英人之求，納屬國之貢，奉朝覲，頒正朔，賜詔約束，威震百蠻，號稱一尊者，我祖宗也；萬里征伐，累歲大舉，竭天下之賦，賑天下之饑，至於不可勝數，而庫鏹充溢，常至萬萬者，我祖宗也；泰西舉全州之地，不能當一中國，而分裂割析，大國十餘，小國數十，鼠鬬蟻爭，殊俗異政，莫能相一。蓋富厚一統之業，號令威武之盛，環地古今，舉無若中國者，非夫綱紀法度之美，有以浹洽齊一天下，夫又安能有此天下之事，固始於質而終於文因乎？

其事便於其俗而立之法，法之質也，展轉修飾，而變俗易途紛於萬政，而令繁於牛毛，法之文也，文可變，質不可變。彼泰西去草昧，創制度，有質而無文，然乃崛起暴盛，以横於東西海耳，陛下深觀祖宗立法之意，與吾之所以為國者，必力持而毋變，去繁就簡，本末粲然，然後擇泰西之善修而用之。盡地利盛工賈，足以為我之富飭戒備，精器械，足以為吾之强，以中國之道，用泰西之器，臣知綱紀法度之美，為泰西之所懷畏，而師資者必中國也。

清·麥仲華《皇朝經世文新編》卷五上《孫家鼐〈議覆開辦京師大學堂摺〉》 中國五千年來，聖神相繼，政教昌明，决不能如日本之舍己芸人，盡棄其學而學西法。今中國京師創立大學堂，自應以中學為主，西學為輔，中學為體，西學為用。中學有未備者，以西學補之；中學有失傳者，以西學還之。以中學包羅西學，不能以西學淩駕中學。此是立學宗旨。日後分科設教，及推廣各省，一切均應抱定此意，千變萬化，語不離宗。至辦理章程，有必應變通盡利者，亦不得拘泥迹象，局守成規，致失因時制宜之妙。

清·黃遵憲《日本國志》卷一三《職官志序》 宋歐陽公者號知治體，其論周禮，謂六官之屬見於經者五萬餘人，而里閭縣鄙之長、軍師卒伍之徒仍不與焉。王畿千里之地，為田幾井，容民幾家，王官王族之國邑幾數，民之貢賦幾何，而又容五萬人者於其間，其人不耕，而賦將何以給之？則疑其設官之繁如此。或者伸其說，又謂周禮舉市廛門關、山林川澤，所有鳥獸、魚鱉、草木、玉石，一切貨賄之屬，莫不設之厲禁而盡徵之。入市有稅，入門有稅，入關有稅；避而不入，即没入之。地所從產，又官守而以時入之。是則天之所生，地之所長，人之所養，俱入朝廷，不留一絲毫之利以與民。雖王莽之虐，恐其力亦不能悉如書中所載，以盡行其厲民之事，則又疑其賦斂之重如彼。然以余觀泰西各國，其設官之繁，賦斂之重，莫不如是，而其國號稱平治者，蓋舉一國之財治一國之事，仍散之一國之民，故上無壅財，國無廢政，而民亦無遊手。然則一切貨賄之稅，即以養此五萬餘人。以是知周禮固不容疑也。泰西自羅馬一統以來二千餘歲，具有本末。其設官立政，未必悉本於周禮，而其官無清濁之分，無內外之別，無文武之異，其分職施治有條不紊，極之至纖至悉，無所不到，競一一同於《周禮》。乃至礦人之司金錫，林衡之司材木，匡人撢人之達法則、誦王志，為秦漢以下所無之官，而亦與周禮符合，何其奇也！朱子謂周官如一桶水，點滴不漏，蓋綜其全體，考其條目，而聖人制作之精意乃出。苟執其圖便己私之說，以貽誤責周禮，周禮不任受過也。嗟夫！聖人制作之精，後世襲其一二語以滋貽誤，或遂詆為瀆亂不經之書，斥為六國陰謀之說。古人有言禮失而求諸野，則曷不舉泰西之政體，而一證其得失也。

清·张之洞《張文襄公全集》卷二〇三《勸學篇·會通》 《易傳》言通者數十，好學深思，心知其意，是謂通；難為淺見，寡聞道，是謂不通。今日新學舊學互相訾警，若不通其意，則舊學惡新學，姑以為不得已而用之；新學輕舊學，姑以為猝不能盡廢而存之。終古枘鑿，所謂疑行無名，疑事無功，而已矣。《中庸》天下至誠，盡物之性，贊天地之化育，是西學格致之義也。《大學》格致與西人『格致』絕不相涉，譯西書者借其字耳。《周禮》土化之法，化治絲枲，飭化八材，是化學之義也。《周禮》一易再易三易，草人稻人所掌，是農學之義也。《禮運》貨惡棄地，《中庸》言山之廣大，終以寶藏興焉，是開礦之義也。《周禮》有山虞林衡之官，是西國專設樹林部之義也。《中庸》來百工則財用足，夫不以商足財，而以工足財，是講工藝暢土貨之義也。《論語》工利其器，《書》：『器，非求舊，維新』，是工作必取新式機器之義也。《論語》：『百工居肆。』夫工何以不居其鄉而必居肆，意與《管子》『處工就官府』同，是勸工場之義也。《周禮》訓方氏，訓四方，觀新物，是博物院、賽珍會之義也。《大學》生之者衆，食之者寡，卽西人富國策生利之人宜多，分利之人宜少之説也。《大學》生財大道，為之者疾，《論語》敏則有功，然則工商之業、百官之政、軍旅之事，必貴神速，不貴遲鈍，可知是工宜機器、行宜鐵路之義也。《周禮·司市》：『亡者使有，利者使阜，害者使亡，靡者使微』，是商學之義，亦卽出口貨無稅、進口貨有稅，及進口稅隨時輕重之義也。《論語》教民七年，可以卽戎，不教民戰，是謂棄之，是武備學堂之義也。《司馬法》：『雖遇壯者，不校勿敵；敵若傷之，醫藥歸之』，與西人交戰時有醫家紅十字會同。《漢書·藝文志》謂九流百家之學皆出於古之官守，是命官、用人皆取之專門學堂之義也。《左傳》仲尼見郯子而學焉，是赴外國遊學之義也。《內則》十三年舞勺，成童舞象，學射御；聘義勇，敢强有力，所以行禮，是體操之義也。《學記》不歆其藝，從鄭注，不能悦學，是西人學堂兼有玩物適情諸器具之義也。《呂刑》：『簡孚有衆，維貌有稽』，貌，《説文》作緢，細也。《王制》：『疑獄，氾與衆共之』，是訟獄憑中證之義也。《周禮》外朝詢衆庶，《書》謀及卿士，謀及庶人，從逆各有吉凶，是上、下議院互相維持之義也。《論語》衆好必察，衆惡必察，是國君可散議院之義也。《王制》史陳詩，觀民風；市納價，觀民好；《左傳》士傳言，庶人謗，商旅市，工獻藝，是報館之義也。凡此皆聖經之奧義，而可以通西法之要指。其以名物文字之偶合、瑣瑣傅會者，皆置不論。若謂神氣風霆為電學，含萬物而化光為光學之類。然謂聖經皆已發其理，創其制，則是；謂聖經皆已習西人之技，具西人之器，同西人之法，則非。

昔孔子有言曰：『吾聞之，「天子失官，學在四夷」，猶信。』是此二語乃春秋以前相傳之古説。列子述化人，以穆王遠遊，西域漸通也；鄒衍談赤縣，以居臨東海，商舶所傳也。故埃及之古刻類乎大篆，南美洲之碑，勒自華人。然則中土之學術、政教，東漸西被，蓋在三代之時，不待疇人分散、老子西行而已然矣。以後西漢甘英之通西海，東漢蔡愔、秦景之使天竺，摩騰輩之東來，法顯輩之西去，大秦有邛竹杖，師子國有晉白團扇，中西僧徒、水陸商賈，來往愈數，聲教愈通，先化佛國，次被歐洲，次第顯然，不可誣也。然而學術治理，或推而愈精，或變而失正，均所不免。且智慧既開以後，心理同而後起勝，自亦必有冥合古法之處，且必有軼過前人之處。卽以中土才藝論之，算數、曆法諸事，陶冶、雕織諸工，何一不今勝於古。日食有定，自晉人已推得之。謂聖人所創可也，謂中土今日之工藝不勝於唐虞三代不可也。萬世之巧，聖人不能盡洩；萬世之變，聖人不能豫知。

然則西政、西學果其有益於中國，無損於聖教者，雖於古無徵，為之固亦不嫌，況揆之經典，灼然可據者哉？今惡西法者，見六經古史之無明文，不察其是非損益而概屏之。如詆洋操為非，而不能用古法練必勝之兵；詆鐵艦為費，而不能用民船為海防之策，是自塞也。自塞者令人固蔽傲慢，自陷危亡。略知西法者，又概取經典所言而傅會之，以為此皆中學所已有。如但詡借根方為東來法，而不習算學；但矜火器為元太祖征西域所遺，而不講製造槍礟，是自欺也。自欺者令人空言爭勝，不求實事。溺於西法者甚或取中西之學而糅雜之，以為中西無別，如謂《春秋》卽是公法，孔教合於耶穌，是自擾也。自擾者令人眩惑狂易，喪其所守。綜此三蔽，皆由不觀其通。不通之害，口説紛呶，務言而不務行，論未定而兵渡江矣。然則如之何？曰中學為內學，西學為外學，中學治身心，西學應世事，不必盡索之於經文，而必無悖於經義。如其心聖人之心，行聖人之行，以孝弟忠信為德，以尊主庇民為政，雖朝運汽機，夕馳鐵路，無害為聖人之徒也。如其昏惰無志，空言無用，孤陋不通，傲很不改，坐使國家顛隮，聖教滅絕，則雖第佗其冠，神禫其辭，手注疏而口性理，天下萬世皆將怨之詈之曰：此堯舜孔孟之罪人而已矣。

攘外修內説分部

論説

《曾國藩全集・書信十・復倭仁中堂論民惑於洋教在官吏奉職無狀》 夷人傳教，當時實不得已而允行，目下欲遏其流，誠乏善策。尊議謂既許其傳，卽不能禁人之習，此事理之昭著者。至宣講聖諭，本地方官應行之舊章，然使官吏奉職無狀，民困益深，雖日事宣講，百姓方惡其政，誰復肯聽其言？又誰知巫道之當遵，邪説之當革？鄙意洋人教術本不足以惑人，愚民所以趨之若鶩者，並非眞欲崇奉彼法，以人教則官吏不敢肆虐。一若習教雖有後患，而未若苛政之害民者。若使地方官各得賢吏，賦役有經，紀綱不紊，蠲除苛斂，清釐滯獄，民教一體，各使適俗安民，又何所利而甘心從教乎？

《道咸同光四朝奏議・羅應旒奏摺》 各國之人在吾中國者，如附骨之疽，不能剔去，出入我所，若履戶庭，既不等前朝邊患，有彼疆爾界之可守，則亦天地自然之運會，至於今而一變其局，使各國相通，有如周列國之世，而成此大列國矣。當仿周列國之治，內修政事，外聯和好以治之；亦如外洋交通之各國，遵守萬國公法以治之；抑或聯我屬國朝鮮、琉球、緬甸、暹羅、越南、廓爾喀為一體，各期自强，身手一氣，如日爾曼五十國公會之法以治之。但使內外臣工，上下一心，臥薪嚐膽，殫精竭慮，事事求實，處處認眞，十餘年後，安知不若普之於法，埽敵國之穴，犁仇寇之庭乎？正不必震慴强鄰，自餒其氣，尤不可遷延苟且，徒議論而無成功。今者防江防海，築炮臺，置兵輪船，募官學生，講求西法，遣使各國以通其情，設總理衙門以綜其事，開船政、機器、招商各局以肇其端，斯已粗得其道矣。然而賢者往往耻之，謂宗小道之緒餘，耗中國之元氣，失大朝之體制，直欲膺之懲之，一角勝負。徒有忠義之氣，而所操無具，不啻空拳以搏虎，舍舟而渡河也。臣愚以為措施之要領，惟在富强；富强之道，在乎振天下之吏治以固結民心，興天下之學校以培人才、厚風俗，練兵民之武技以自强，精機汽之器械以利用，參西國之法例以謀遠，握朝野之利權以儲費，此數大端而已。而此數大端，要皆得人則治，失人則廢。而得人之要，又在乎皇太后、皇上持以堅定之一心，政嚴令肅，事求實際，小善必賞，小惡必懲，乾綱獨斷，萬變而不離其宗，夫而後中外無不可為之事，天下無不可成之功矣。

清・薛福成《庸盦文編・續編》卷上《代李伯相籌議先練水師再圖東征疏》 奏為自强要圖，宜先練水師，再圖東征，遵旨妥籌覆陳，仰祈聖鑒事。竊臣承准軍機大臣密寄八月十六日奉上諭：翰林院侍讀張佩綸奏請密定東征之策以靖藩服一摺，據稱日本貧寡傾危，琉球之地，久踞不歸，朝鮮禍起蕭牆，殃及賓館，彼狃於琉球故智，劫盟索費，貪惏無厭，今日之事，宜因二國為名，令南北洋大臣簡練水師，廣造戰船，臺灣、山東兩處，宜治兵蓄艦，與南北洋犄角，沿海各督撫迅練水陸各軍，以備進規日本等語。所奏頗為切要，著李鴻章先行通盤籌畫，迅速覆奏等因。欽此。仰見聖主研求至計，不厭精詳，曷勝欽佩。臣昨於覆奏鄧承修請派知兵大臣駐紮煙臺摺內，曾聲明跨海遠征之舉，以整練水師，添備戰艦為要；戰艦足用，統馭得人，則日本自服，球案亦易結等語。今張佩綸請密定東征之策，亦謂不必遽伐日本，南北洋當簡練水師、廣造戰船以厚其勢，臺灣、山東治兵蓄艦以備犄角。與臣愚計，大致不謀而合。惟中國力籌整頓，既欲待時而動，則朝鮮與日本所立之約，究因毀使館、殺日人而起，目前可勿駁正。緣朝日昔年立約，中國並未與議；彼雖未明認朝鮮為我屬國，而天下萬國固皆知我屬矣。似不如專論球案，以為歸曲之地，轉覺理直而勢順也。至日本國債之繁，帑藏之匱，薩、長二黨之爭權，水陸軍勢之不盛，原係實情。但彼自變法以來，壹意媚事西人，無非欲竊其餘緒，以為自雄之術。今年遣參議伊藤博文赴歐洲攷究民政，復遣有棲川親王赴俄，又分遣使聘意大里，駐奧斯馬加，冠蓋聯翩，相望於道，其注意在樹交植黨。西人亦樂其傾心親附，每遇中東交涉事件，往往意存袒護。該國洋債既多，設有危急，西人為自保財利起見，或且隱助而護持之。然天下事但論理勢，今論理則我直彼曲，論勢則我大彼小。中國若果精修武備，力圖自强，彼西洋各國，方有所憚而不敢發，而況在日本。所慮者彼若豫知我有東征之計，君臣上下，戮力齊心，聯絡西人，講求軍政，廣借洋債，多購船礮，與我爭一旦之命，究非上策。夫未有謀人之具，而先露謀人之形者，兵家所忌。此臣前奏所以有修其實而隱其聲之說也。自昔多事之秋，凡膺大任、籌大計者，只能殫其心力，盡人事所當為，而成敗利鈍，尚難逆睹。以諸葛亮之才略，而兵頓於關中；以韓琦、范仲淹之經綸，而勢絀於西夏。迨我高宗，武功赫濯，震懾八荒，然忠勤如傅恒、岳鍾琪，而不能必滅金川，智勇如阿桂、阿里衮，而不能驟服緬甸。彼當天下全盛之時，聖明主持於上，萃各省之物力，挾千萬之鉅餉，薦一人無不用，陳一事無不行，猶且遷延歲月，相機了局者，時與地有所限也。日本步趨西法，雖僅得形似，而所有船礮，略足與我相敵。若必跨海數千里，與角勝負，制其死命，臣未敢謂確有把握。第東征之事不必有，東征之志不可無。中國添練水師，實不容一日稍緩。諭旨殷殷以通盤籌畫責臣，竊謂此事規模較鉅，必合樞臣、部臣、疆臣，同心合謀，經營數年，方有成效。從前剿辦粵捻各匪，有封疆之責者，以一省之力，剿一省之賊，朝廷責成既專，一切兵權、餉權與用人之權，舉以畀之，故能事半功倍。今則時勢漸平，文法漸密，議論漸繁，用人必循資格，需餉必請籌撥，事事須樞臣、部臣隱為維持。況風氣初開，必聚天下之賢才，則不可無鼓舞之具，局勢過渙，必聯各省之心志，則不可無畫一之規。儻蒙聖明毅然裁決，則中外諸臣，乃有所受成，似非微臣一人所敢定議也。張佩綸謂中國措置洋務，患在謀不定而任不專，洵係確論。治軍造船之說，既已詢謀僉同，惟是購器專視乎財力，練兵莫急乎餉源。昔年戶部指撥南北洋海防經費，每歲共四百萬兩，設令各省關措解無缺，七八年來，水師早已練成，鐵艦尚可多購。無如指撥之時，非盡有著之款，各省釐金入不敷解，均形竭蹶，閩、粵等省，復將釐金截留。雖經臣迭次奏請嚴催，統計各省關所解南北洋防費，約僅及原撥四分之一。歲款不敷，豈能購備大宗船械？今欲將此事切實籌辦，可否請旨敕下戶部、總理衙門，將南北洋每年所收防費，核明實數，並閩省截留臺防經費，由南洋劃抵外，再撥的實之歲款，務足原撥四百萬兩之數。如此則五年之後，南北洋水師兩枝，當可有成。至臺灣為日本要衝，山東為遼海門戶，兩省疆吏，誠不可無熟悉兵事者，妥為區畫，與相犄角，此又在朝廷之發縱指示矣。臣前奏懾服鄰邦緩急機宜一疏，業已詳陳梗概。所有自强要圖，宜先練水師再圖東征緣由，遵旨迅速妥籌，恭摺由驛密陳。是否有當，伏乞皇太后、皇上聖鑒訓示。謹奏。

章琴生云：『看似與張侍讀之論，無甚異同，疏中亦聲明大致不謀而合，實則隱駁侍讀東征之策，卻又絕不費手。觀其識議明豁，辭旨雋永，是漢唐以來奏疏中有數文字。中間自昔多事之秋一段，與侍讀原疏針鋒相對，所謂持矛刺盾也。讀者不觀侍讀之疏，不知此文用筆之妙。』

清·王韜《弢園文録外編》卷一《治中》 我國今日之急務，在治中馭外而已。治中不外乎變法自强，馭外不外乎簡公使，設領事，洞達洋務，宣揚國威而已。曩所謂變法者，在創設局廠，鑄槍礮，造舟艦，遣發幼童出洋，肄習西國語言文字器藝學術而已。不知此數者，非不可行，而行之當無徒襲其皮毛。既有槍礮則當求施放之巧，既有舟艦則當求駕駛之能。而槍礮之命中及遠，舟艦之鞏堅神速，新法迭出，精益求精，此則尚未能也，所知者不過向日成規而已；且皆有西匠為之指揮，一旦離之自造，則且所謂皮毛者尚覺其艱。遣發幼童出洋，當不專於一國；且與其多遣俊秀，不如並遣工匠，工匠時少而效速。

此外要當變者：一曰水師宜立專局訓習技能；二曰陸營宜改營制；汰軍額，簡丁壯，厚餉糈；三曰戰船宜易帆舶為風輪火瑱；四曰器械宜易弓矢刀矛以火器。而總不外乎以西法練兵。

沿海各省督撫，宜簡選熟稔洋務人員，駐紮通商各處。遇有中外交涉之事，所有往來文牘，歲中彙輯成書，頒示遐邇，俾辦理者熟覽深思，得以窺其涯際，而臨事亦有所把持。中外所立和約，亦當鋟板頒行，俾官衙上下人役俱持一冊，於洋務自無所遁情。夫洋務卽時務，當今日而興言時事，固孰有大於洋務者！一切皆不必諱言，誠能實意講求，則眞才自出，其間又何難睦鄰禦侮，折衝於數萬里以外哉！

今日崇尚西學，仿傚西法，漸知以商力濬利源，與西商並駕齊驅而潛奪其權，如輪船招商局之設是也。顧局中經費之裕，全在乎海運，惟海運但可行之於無事之日，而不能行之於有事之秋。至此時而仍由漕運，恐亦不易。

夫治河運漕兩大政，辦理極難，歷朝但圖一時之安而不為後日之計，則以不能萬全而無害也。竊謂北方亦富庶之地，京師為首善之區，民以食為天，豈容盡資乎外省？此開墾之法不可不講。況乎曠地日多，游民日衆，安插游民，墾闢曠地，此有司之責也。官地宜仿古者屯田遺意，以所汰老弱之兵，改而為農。開阡陌，深溝洫，興水利，資灌溉，或濟之以西國機器水火二氣之力，務使之三年耕，必有一年之蓄。誠有成效，則京師粒食毋俟外求。李伯相行之於天津一郡，其效當有可觀也。其他北省荒廢之地，亦可飭各督撫仿其法而行之。如近日遇水旱荒灾，飢黎載道，朝廷賑恤維艱，勢不能終給，莫若徙流民以實空地，使之自食其力。經費之籌，發自帑項而後計歲分償，或令商辦而使分其利。

闢地之外，則事開礦。闢地，地面之利；開礦，地內之利，二者不可偏廢。天不愛道，地不愛寶，而亦當盡人力以求之。且礦務一開，趨者雲集，亦所以養濟窮民。閩如臺郡之煤，粵如惠州之鐵，善其章程以為掘取，閩、粵之民何至就食出洋，流離異域。

至於栽植罌粟，亦屬權宜之用。然當種之於新疆、蒙古土曠人稀之處，而不宜種之於關內也。

治河，中外無善法。蓋河沙日積，河底日高，河堤不得不高築以防沖潰。歷代相傳，不思變通，瀕河之民如居河底，霪霖橫決，魚鱉堪虞。今莫若參用西國爬沙之法，疏刷宣通，去其壅積，然後多分支流以殺其勢。孟子述禹之治河，亦惟曰疏，曰瀹，曰排，曰決而已。行於內河，當用火輪小舶，亦可藉以運漕。一旦緩急有需，亦可恃以無恐。

此外，最要者則曰治民，當責其成於牧令，而先於慎簡督撫，俾其黜陟賢否，甄別才能，行久任之法，立不貲之賞。當使視民事如己事，務實心以行實政，而天下自無不治矣。

凡此治中之道，皆所以盡其在我而已。

又　卷二《除弊》　曩余曾論中國所宜變者有四：曰取士也，曰練兵也，曰弼教也，曰明刑也。然則此四者之外，遂無所事乎？而不知所當因革者尚多也。一曰清仕途。今日服官筮仕者，科目、捐納、保舉三途並進，雜矣，濫矣。必當痛加沙汰，嚴為甄別，不必論聲華，尚文字，惟以材幹品詣為衡量而已。試之以事理則能呈，投之以艱鉅則才見，委之以判決則識明。上日接見屬員，勿間時日，必使之從容談論，得以盡其詞。而所以遴選守令者，尤必倍加嚴慎。

一曰裁冗員。其有閑員末秩，備位枝官，無益於民事，徒足以耗國家度支者，無論文武，悉從而汰之。且一省之中，既有巡撫而復有總督，有時意見齟齬，而事權不能歸一，往往至於誤國僨事。在明代，總督之設，原屬朝廷特旨，專以統制師旅，地方無事，即行裁撤；而我朝遂據以為定制。是則各省總督一缺皆可裁也，惟直隸、四川、甘肅不在此例。

一曰安置旗民。旗民散處於各直省會垣。別設滿城，給以糈糧，以為駐防；而以將軍統之，并副之以左右都統，以重職守。其立法未嘗不善。而二百餘年來生聚滋多，供給日薄，而猶任其不耕而食，不織而衣，無所事事，專事嬉遊，無異圈牢之養物。今內自京師，外自直省，凡有旗民滿籍願往開墾者，聽其自便。西北一帶如西藏、新疆尤多曠土，誠裂其地以封諸王子，如蒙古四十八旗之制，益之以滿洲强族為輔，俾與蒙古、滿洲互為聯絡，聲氣相通，亦所以壯屏藩而厚勢力也。

一曰廢河工。治河從古無善法，而其實不外子輿氏所云，曰疏，曰瀹，曰決，曰排而已。蓋水順其性則流，逆其性則潰。今築堤防，設閘閉，專事壅遏，河身日高，河岸日下，一有潰決，瀕河數十萬生靈悉為魚鼈。然則何不因其勢而利導之，使之北行，開通溝洫，西北得興水利，可種稻田。如是，庶不至旱則赤地千里，水則汪洋澤國。西北之供億全賴轉輸於東南也，況乎海運既行，漕運可廢，又何必築閘以蓄水，與水爭道哉？夫每歲竭數千萬於河工，毫無成效，無異乎輦金填海，病國瘠民，莫此為甚。議者謂海運但可行之於無事之時，若漕運之權則操之在我。老成謀國，以為殷憂，此則非我所知而未嘗不笑其計之左也。

一曰捐妄費。從來奢侈起於逸樂，節儉生於憂患。而欲崇節儉，必自君躬始。每歲織造中有可減者減之，有可罷者罷之，不必輒循常例。宮中所需，宜有定數；內務府宜歲支若干，而不必求之外省。各省貢品，視其所宜。其他修造之有可省者，工程之不必興者，一例勿行，自然費不至於浩繁。

一曰撤釐金。釐務之設，原以軍需孔亟，不得已為權宜之計。今事平之後，久而不撤，且若視之以為利藪。數十里之地，關卡林立，釐廠稅廠征榷煩苛，商民交病，行旅怨咨，亦非所以為政體也，此蘇子瞻山所謂不終月之計也。今之理財者，徒見釐金一廢則一省度支將無從出。不知紬於彼者贏於此，鴉片之稅可以加重，而洋酒呂宋煙皆可榷稅，以入維正之供。古者本有丁稅，現悉攤入田畝，然而善理財者，丁稅之制尚可循古法以復之，惟毋使之擾民而已，安知非補苴之一道也哉。

諸弊既除，百利乃興。闢車路以通平陸，設電線以速郵傳，開礦務以采煤鐵五金，鑄錢圜以便商民，足國用，行西北屯田之法以實營伍，贍額兵，製機器以興織造，許民間用輪舶以達內河，立公司以貿易於外洋。然後朝廷之上，破格用人，草野之間，徵舉隱逸；簡賢能豪傑之士，不次擢用，或備將帥之選，或堪出使之才，睦鄰柔遠，禦侮保疆；而於東南洋諸島、新舊各金山俱設領事，以樹國威，以强國體，收拾中土之人心，翼保遠方之黎庶，俾聲威遠暨，迄乎徼外；通商各國，皆簡遣使臣前往駐紮。無事則禮樂雍容，有事則甲兵奮武，鷹揚八荒，虎視六合，方且軼漢超唐，馳乎域外。嗚呼！謂不足見大一統之盛哉。

變法維新思潮部

孔子創教改制説分部

論説

清・宋恕《六字課齋津談・尊孔類第二》 《論語》以習誦不鮮，實古今第一奇書。今人稍涉西事，便多輕此，不知歐洲好處全在此書之中，特周後能讀者希，大義為法家所亂，微言非俗儒所解，先師有靈，豈勝悲痛！

或問：『古來奇士之最？』曰：『孔子。』或駭然。余曰：『孔子志趣、識議、舉動之奇，具見子所習誦之《論語》、《五經》、《史記・世家》中，自習焉不覺耳！』

或問：『孔子行至何始？』曰：『封建之禍烈矣，必自廢封建始。』曰：『更有始乎？』余不答。

世以屈文為哀怨之宗，不知孔文之哀怨實過於屈。余每誦《獲麟歌》，淚即盈睫也！

或問：『孔子生前知己之最？』曰：『晏平仲、令尹子西。』或駭然。余曰：『平仲、子西深知孔子必不肯奴僕於齊、楚，且亦不肯奴僕於周者也。夫楚為周敵，孔子乃南見楚昭，是不肯奴僕於周之明驗也。不肯奴僕於周，其肯奴僕於齊、楚乎！平仲、子西，孔子之知己，而齊、楚之純臣也，故力阻其君之假以土地、兵權。若二子者，雖不忠於天下，而固可謂忠於齊、楚者也。』

余謂學者案頭不可一日無《論》、《孟》、《五經》，然不可一日有洛、閩經説；不可一日無《圓覺》、《楞嚴》，然不可一日有和尚語録。

世多引《莊子》漢陰丈人之説以斥講機器者，不知丈人之説當時卽為孔子所譏：彼假修渾沌氏之術者也，識其一不知其二。譏之深矣！故余謂：孔子生今，必力主仿行機器之議！

或問余：『為人、為學、為文之宗旨有一言可以括乎？』曰：『有之，卽吾師所訓之「恕」字也。』或曰：『為人可以「恕」字為宗旨，為學、為文亦可以「恕」字為宗旨乎？』曰：『如心為恕，讀古今書必切按原文，思古今事必設身處地，絕不稍蹈周後明前陋習，此為學之恕也。著書專代世界苦人立言，窮至民情，無幽不顯，數千年來偏私相承之論誓不附和，傷風敗俗、導淫助虐之詞誓不偶作，此為文之恕也。』

或譏余恩怨分明，未能師佛之平等。余曰：『以直報怨，以德報德，孔子之教也，亦卽佛氏之教也。蓋佛氏平等之説，聊以遣悲，非以立教，眞正佛教乃非平等、非不平等者也。子未涉佛經耳。』

周後明前儒家之學漸行於歐羅巴洲，法家之學盛行於亞細亞洲，非但中國也，印度、波斯及諸小國皆受法家之禍。嘗疑孔子生前已有『乘桴浮海』、棄絕此土之意，或身後神識渡海生西，不味來因，仍創儒教，彼土衆生罪業輕淺，遂得漸行其學歟！

梁啓超《飲冰室合集・新學偽經考敍》 南海先生演孔之書四，而《偽經考》先出世焉。問者曰：以先生之大道，而猶然與近世考據家爭一日之短長，非所敢聞也。梁啓超曰：不然，孔子之道埋昧久矣。孔子神聖與天地參，制作爲百王法，大小精粗，其運無乎不在。自荀卿受仲弓南面之學，舍大同而言小康，舍微言而言大義。傳之李斯，行教於秦。於是孔子之教一變，秦以後之學者，視孔子如君王矣。劉歆媚莽，贋爲古文。摭濆亂之野文，讎口説之精義，指《春秋》爲記事之史，目《大易》爲卜筮之書。於是孔子之教又一變。東漢以後之學者，視孔子如史官矣。唐宋以降，鑑茲破碎束閣六經，專宗《論語》，言理則剿販佛老以爲説，言學則束身自好以爲能，經世之志忽焉，大道之失益遠，於是孔子之教又一變。宋以後之學者，視孔子如迂儒矣。故小有智慧之士，以爲孔子之義甚淺，其道甚隘，坐此異教來侵，輒見篡奪。魏唐佞佛，可爲前車。今景教流行，挾以國力，其事益悍，其幾益危。先生以爲孔教之不立，由於孔學之不明，鋤去非種，嘉穀必茂，蕩滌雰霧，天目乃見。故首爲是書以清蕪穢。至於荀學之偏，宋學之淺，但明於大道，則支流餘裔，皆入範圍。非吾黨之寇仇，固無取於好辯。啓超聞《春秋》三世之義：據亂世，内其國而外諸夏；升平世，内諸夏而外夷狄；太平世，天下遠近大小若一。嘗試論之，秦以前據亂世也，孔教行於齊魯；秦後迄今升平世也，孔教行於神州。自此以往，其將爲太平世乎？《中庸》述聖祖之德，其言曰：洋溢中國，施及蠻貊，凡有血，莫不尊親。孔教之偏於大地，聖人其知之矣。由斯以談，則先生之爲此書，其非與考據家爭短長，寧待辯耶？演孔四書，啓超所見者，曰《大義述》，曰《微言考》，並此而三。又聞之孔子作《易》、《春秋》，皆首著以元統天之義。所謂智周萬物，天且弗違。嗚呼！則非啓超之愚所能及矣。孔子卒後二千三百七十五年，六月朔，弟子新會梁啓超。

《不忍雜誌》第七冊《藝文類·康有為〈請尊孔聖為國教立教部教會以孔子紀年而廢淫祀摺〉》 奏為進呈《孔子改制考》、《新學偽經考》、《董子春秋學》，敬備宸覽，乞設立教部教會，並以孔聖紀年，聽民間廟祀先聖，而罷廢淫祀，以重國教，恭摺仰祈聖鑑事。竊臣昔面對，蒙荷聖慈，令進所著羣書，又承天恩，特令軍機大臣廖壽恒迭次傳問，催將所著書速寫進呈，以臣愚陋，粗事撰述，奚足以仰承天鑑。乃蒙眷問稠疊，自非大聖人虚懷下問，垂采蒭蕘，安得有此。經晝夜寫黄，將臣所編《日本明治變法考》、《俄大彼得變政致强考》、《突厥守舊削弱記》、《波蘭分滅記》、《法國革命記》，進呈御覽，聊備法戒，然凡此只言治術，未及教旨，未足以上酬聖意也。今並將臣所著《孔子改制考》、《新學偽經考》、《董子春秋學》進呈，以卷帙繁重，日月遷速，未及寫黄，謹以刻本上呈，惶恐萬罪。

竊惟孔子之聖，光並日月，孔子之經，流亘江河，豈待臣愚，有所贊發。惟中國尚為多神之俗，未知專奉教主，以發德心，祈子則奉張仙，求財則供財神，工匠則奉魯般，甚至士人通學，乃拜跳舞之鬼，號為魁星，所在學宮巍樓，高高坐鎮，胄子士夫，齊祈膜拜，不知羞耻，幾忘其所學為何學也。卽稱為城隍，列為正祀，而號為陰官，多列鬼判，雖獰惡足警，亦非經典所昭垂，其里祀土地，亦猶是矯誣也。其他龍王牛王猴王之祀，以人祀獸，尤為反異，若夫木居士之一株，石敢當之一片，亦有無窮求福之人。

夫神道設教，聖人所許，鄉曲必廟，禱賽是資，而牛神蛇鬼，日竊香火，山精木魅，謬設廟祠，于人心無所激厲，于俗尚無所風導，徒令妖巫欺惑，神怪驚人，虚糜牲醴之資，日竭香燭之費。而歐美遊者，視為野蠻，拍像傳觀，以為笑柄，等中國于爪哇、印度、非洲之蠻俗而已。于國為大耻，於民無少益。夫教民正俗，修禮重教，此豈細故哉？中國數千年來，敬教正學，凡歷代儒先所論，我朝聖訓所垂，罔不迪于正典，力闢怪邪，而坐聽妖巫神怪不經之事，大供奉于民間，積久尊崇，或光列夫祀典，豈不異哉？歷朝間有剛正之大臣，時請為淫祀之嚴禁，明主在上，亦或採行，乃不旋踵而淫祀復興，偏于民間，推原其故，蓋朝廷雖言敬教正學，只等具文，而未令天下人民專祀先聖故也。

今自學宮尊祀孔子，許教官諸生歲時祀謁外，其餘諸色人等，及婦女皆不許祀謁，民心無所歸，則必有施敬之所。地方必有廟，則必有所奉之神，以茲大事，功令又不為正定，奉祀何神，朝廷既聽民立廟，不加禁止，一任人民，自由舉措。夫小民智者少而愚者多，勢必巫覡為政，妄立淫祠，崇拜神怪，乃自然之數矣，積勢既久，方將敬奉之不暇，孰敢與爭。于是淫祠偏地，餘波普蕩，妖廟繁立于海外，重為歐美所怪笑，以為無教之國民，豈不耻哉？然旋觀歐美之民，祈禱必於天神，廟祀只於教主，七日齋潔，膜拜誦其教經，稱於神名，起立恭默，雅琴合歌，一唱三歎，警其天良，起其齊肅，此眞得神教之意，而又不失尊教之心。回視吾國民，惟童幼入學，讀經拜聖，自稍長出學，至於老死，何嘗一日有尊祀教主之事，有誦讀遺經之文，而欲警其天良，起其齊肅，何可得哉？

其所耳濡目染，膜拜尊奉，皆妖巫神怪者，風俗何由而善？正學何由而興？大教何由而一？臣每有覩聞，不能不為我數千年之儒先怪也。卽祀文昌，或謂一星，或謂張亞子，何功何德，而妄祀之？卽觀音慈悲可奉，乃一印度之僧尼，關帝忠義可尊，不過奉春秋之遺教，而今家家祭祀，地地崇奉，則吾國自有教主，春秋作自先聖，何不直祀孔子，同奉教主，不更足以感動人之仁慈忠信哉？

聞昔在明世，民間尚有祠祀孔子者，至康熙時御史吳培乃始奏禁婦女入孔廟燒香，自是禁民間廟祀孔子，以為尊崇先聖，豈知聖教，從此不及于民矣。聖教日微，而淫祀日盛，吳培不知大理，其罪可勝誅哉？

臣竊謂中國祀法，有過尊之弊，而大害生焉。《穀梁傳》述孔子之大義，曰人非天不生，非父不生，非母不生，故謂天子也可，謂之母之子也可，尊者取尊稱焉，卑者取卑稱焉，故王者稱為天子，不過取尊稱云爾，實則凡人皆天之子也。《易》曰：天地絪緼，萬物化醇。董仲舒述孔子大義亦曰：天者，人之祖父也，人既不忘所生，祀其祖父，又豈可忘所自出，而不祀天哉？王者至尊，為天之子，宜祀天，人民雖卑，亦天之子也，亦宜祀天也，不過古者尊卑過分，故殊其祀典，以為禮秩，豈所論于今升平之世哉？《論語》子路請禱于天，孟子曰：雖有惡人，齋戒沐浴，可以祀上帝，然則孔孟大義，許人人禱祀天帝矣。且今功令卽不定人民祀天，而民間歲時向空，無不祀天者，既久聽之而不禁，何不因而正定其禮乎？卽今欲禁之，則基督之教人，皆日膜拜上帝矣，信教自由，為憲法大義，萬無禁理，若實與而文不與，于民教既大損，于國秩又何益哉？

孔子為聖之時，禮以時為大，《易》曰：觀其會通，以行其典禮，今尤通變之時矣。臣竊考孔子實為中國之教主，而非謂學行高深之聖者也。昔周末大亂，諸子並興，皆創新教，孔子應天受命，以主人倫，集成三代之文，選定六經之義，其《詩》《書》《禮》《樂》，因藉先王之舊而正定之，其《易》以通陰陽，《春秋》以張三世，繼周改制，號為素王，蒼帝降精，實為教主。莊子以為本天地，育萬物，小大精粗本末，四通六闢，無乎不在，推為神明聖王。子貢、有子，以為生民未有，其弟子三千，徒侶六萬，分傳其教，徧於中國，皆信行之。當其時諸子爭為教主者十數，而老、墨尤大。老為虛無為我刑法之祖，其流為神仙符籙。墨為尊天、尚同、兼愛之宗，其短在非樂儉轂。二大教亦徧行中國，而不若孔子之宏大周徧，又不若孔子之近人中庸，故至漢武時儒學一統，二教敗亡，孔子為中國教主，乃定一尊。

夫大地教主未有不託神道以令人尊信者，時地為之，若不假神道而能為教主者，惟有孔子，眞文明世之教主，大地所無也。及劉歆起，偽作古文經，託于周公，于是以六經為非孔子之所作，但為述者，唐世遂尊周公為先聖，抑孔子為先師，于是僅以孔子為純德懿行之聖人，而不知為教主矣。近人遂妄稱孔子為哲學政治教育家，妄言誕稱，皆緣是起，遂令中國誕育大教主而失之，豈不痛哉？臣今所編撰，特發明孔子為改制教主，六經皆孔子所作，俾國人知教主，共尊信之。皇上乙夜覽觀，知大聖之改制，審通變之宜民，所以訓諭國人，尊崇教主，必有在矣。

夫孔子之道，博大普徧，兼該人神，包羅治教，固為至矣。然因立君臣夫婦之義，則婚宦無殊，通飲食衣服之常則齊民無異。因此之故，治教合一，奉其教者，不為僧道，只為人民，在昔一統閉關之世也，立義甚高，厲行甚嚴，固至美也。若在今世，列國縱横，古今異宜，亦少有不必盡行者。其條頗多，舉其大者，蓋孔子立天下義，立宗族義，而今則純為國民義，此則禮律不能無少異，所謂時也。孔子自有平世之義，臣所輯《春秋筆削大義微言考》，略發明之，但今未明，若盡以據亂舊道繩人，則時義事勢不能行。若不以孔子大教為尊，則人心世道不可問，故今莫若令治教分途，則實政無礙而人心有補焉。

夫舉中國人皆孔教也，將欲令治教分途，莫若專職業以保守之，令官立教部，而地方立教會焉。首宜定制，令舉國罷棄淫祀，自京師城野省府縣鄉，皆獨立孔子廟，以孔子配天，聽人民男女，皆祀謁之，釋菜奉花，必默誦聖經。所在鄉市，皆立孔教會，公舉士人通六經四書者為講生，以七日休息，宣講聖經，男女皆聽。講生兼為奉祀生，掌聖廟之祭祀灑掃。

鄉千百人必一廟，每廟一生，多者聽之，一司數十鄉，公舉講師若干，自講生選焉。一縣公舉大講師若干，由講師選焉，以經明行修者充之，並掌其縣司之祀，以教人士。或領學校，教經學之席，一府一省，遞公舉而益高尊，府位曰宗師，省曰大宗師，其教學校之經學亦同。此則於明經之外，為通才博學者矣。合各省大宗師公舉祭酒老師，耆碩明德，為全國教會之長，朝命即以為教部尚書，或曰大長可也。

各國學校，皆隸于教，學生日必頂禮，況我孔子，向專為學校所奉哉？應密其儀節矣，至凡為傳教，奉職講業之人，學業言行，悉以後漢宋明之儒先為法，矩矱禮法，不得少踰，執持大義，匡弼時風，雖或極迂，非政客士流所堪，難從難受，而廉耻節義，有所扶賴，政教各立，雙輪並馳，既並行而不悖，亦相反而相成。國勢可張，聖教日盛，其於敬教勸學，匡謬正俗，豈少補哉？

抑臣更有請者，大地各國，皆以教主紀年，一以省人記憶之力，便于考據，一以起人信仰之心，易于尊行。日本無教主，亦以開國二千五百年紀元，與其時王明治年號並行。一以貴當王，一以便考古，若吾國歷朝數十，閱帝數百，年號幾千，記述既艱，考據不便，苟非通博專門，令人不知何世，既為前代，無關尊王，不若以教主紀年更于敬教有補。伏惟皇上聖明，傳心先聖，敬教審時，洞達中外，乞明詔設立教部，令行省設立教會講生，令民間有廟，皆專祀孔子以配天，並行孔子祀年以崇國教，其祀典舊多誣濫，或人神雜揉，妖怪邪奇，或無功德，應令禮官，考據經典，嚴議裁汰，除各教流行久遠，聽民奉教自由。及祀典昭垂者外，所有淫祠，乞命所在有司，立行罷廢，皆以改充孔廟，或作學校，以省妄費，而正教俗，所關至大，伏乞皇上聖鑑，謹奏。按淫祀與教有異，然奉上諭後，有司奉行不善，寺觀多毀，此胥吏訛索所致，非上諭意也，此摺可證，麥仲華注。

葉德輝《翼教叢編》卷六《與俞恪士觀察書》 曩聞葵園先生言，近日新政若早行於中日講和之後，至今必粗具成效，外人不敢輕視，膠州旅大之患可以隱消。今又以康梁之故，使天下諱然，不敢言新，恐終難收自强之效。蓋憂時之君子未有不知法之宜變者，惟是朝廷不言而草茅言之，未免近於亂政。南皮制軍《勸學篇》且遜順其詞，即康梁亦必托於孔子改制，而後大暢其說，此亦中國君權至尊之效也。人之攻康梁者，大都攻其民權、平等、改制耳。鄙人以為康梁之謬，尤在於合種通教諸說。梁所著孟子界說，有進種改良之語；《春秋界說》九論世界之遷變，隱援耶穌《創世紀》之詞，反復推衍。此等異端邪說實有害於風俗人心，苟非博觀彼教新舊之書，幾不知康梁用心之所在。近日三五少年逞其狂談，悍然蔑視名教而不顧，推原禍始即在《界說》諸條。第《界說》亦有所因，乃至變本加厲。西人言全體，學者喜格致腦氣筋之理。彼言腦氣筋之靈之細，惟黃、白二種相同，其餘棕、黑、紅種皆所不及。其論性之善惡，又有本於父母之性之說。彼言種之善者、靈者，不可與惡者、蠢者合，譯者衍為進種改良，已失其本旨，康梁乃倡為合種、保種之說，幾若數千百萬中國之赤子，無一可以留種者，豈非瘈犬狂吠乎？通教亦西士之常談。花之安嘗云：中士深閉固拒，於異氏之書，一概加以誣謗。故其所著性理論說，多引儒書，而尤喜引朱子，彼以為能通我教也。然自彼通之，謂之用夏變夷；自我通之，謂之開門揖盜，此中界限，持之不可不堅。彼談時務者，乃敢昌言於衆曰：通教以保教，抑何喪心乃爾也！

進化論分部

論說

《嚴復集·原强》 今之扼腕奮肸，講西學、談洋務者，亦知近五十年來，西人所孜孜勤求，近之可以保身治生，遠之可以經國利民之一大事乎？

達爾文者，英之講動植之學者也。承其家學，少之時，周歷寰瀛。凡殊品詭質之草木禽魚，裒集甚富。窮精眇慮，垂數十年，而著一書曰《物種探原》。自其書出，歐美二洲幾於家有其書，而泰西之學術政教，一時斐變。論者謂達氏之學，其一新耳目，更革心思，甚於奈端氏之格致天算，殆非虛言。其書謂：物類繁殊，始惟一本，其降而日異者，大抵以牽天繫地之不同，與夫生理之常趨於微異，洎源遠流分，遂闊絕相懸，不可復一。然而此皆後天之事，因夫自然，馴致如是，而非太始生理之本然也。其書之二篇為尤著，西洋綴聞之士皆能言之，談理之家摭為口實，其一篇曰《物競》，又其一曰《天擇》。物競者，物爭自存也；天擇者，存其宜種也。意謂民物於世，樊然並生，同食天地自然之利矣，然與接為搆，民民物物，各爭有以自存。其始也，種與種爭，及其稍進則羣與羣爭，弱者常為強肉，愚者常為智役。及其有以自存而遺種也，則必強忍魁桀，趫捷巧慧，而與其一時之天時地利人事最其相宜者也。此其為爭也，不必爪牙用而殺伐行也。習於安者，使之為勞；狃於山者，使之居澤，以是以與其習於勞、狃於澤者爭，將不數傳而其種盡矣。物競之事，如是而已。是故每有太古最繁之種，風氣漸革，越數百年數千年，消磨歇絕，至於靡有孑遺，如礦學家所見之古獸古禽是已。動植如此，民人亦然。民人者，固動物之類也。達氏總有生之物，標其宗旨，論其大凡如此。至其證闡明確，犁然有當於人心，則非親見其書者莫能信也。此所謂以天演之學，言生物之道者也。

斯賓塞爾者，亦英產也，與達氏同時。其書於達氏之《物種探源》為早出，則宗天演之術，以大闡人倫治化之事。號其學曰『羣學』，猶荀卿言人之貴於禽獸者，以其能羣也，故曰『羣學』。凡民相生相養，易事通功，推以至於刑政禮樂之大，皆自能羣之性以生。又用近今格致之理術，以發揮修齊治平之事，精深微眇，繁富奧殫。其論一事，持一說，必根據理極，引其端於至眞之原，究其極於不遁之效。於五洲殊種，由狉榛蠻夷，以至著號開明之國，揮斥旁推，什九罄盡；而於一國盛衰強弱之故，民德醇漓合散之由，則尤三致意焉。殫畢生之精力，五十年而著述之事始蕆。其宗旨盡於第一書，名曰《第一義諦》，通天地人禽獸昆蟲草木以為言，以求其會通之理，始於一氣，演成萬物，繼乃論生學、心學之理，而要其歸於羣學焉。夫亦可謂美備也已。

斯賓塞爾全書而外，雜著無慮數十篇，而《明民論》、《勸學篇》二者為最著。《明民論》者，言教人之術也。《勸學篇》者，勉人治羣學之書也。其教人也，以濬智慧、練體力、厲德行三者為之綱。其勉人治羣學者，意則謂天下沿流討源、執因責果之事，惟羣事為最難，非不素講者之所得與。故有國家者，其施一政、著一令，本以救弊坊民也，而其究也，所期者每或不成，而所不期者常以忽至。至夫歷時久而轉相因，其利害遷流，則有不可究詰者。格致之事不先，偏頗之私未盡，生心害政，未有不貽誤家國者也。是故欲為羣學，必先有事於諸學焉。不為數學、名學，則吾心不足以察不遁之理、必然之數也；不為力學、質學，則不足以審因果之相生、功效之互待也。名數力質四者之學已治矣，然吾心之用，猶僅察於寡而或熒於紛，僅察於近而或迷於遠也，故必廣之以天地二學焉。蓋於名數知萬物之成法，於力質得化機之殊能，尤必藉天地二學，各合而觀之，而後有以見物化之成迹。名數虛，於天地徵其實；力質分，於天地會其全，夫而後有以知成物之悠久、雜物之博大，與夫化物之蕃變也。雖然，於羣學猶未也。蓋羣者，人之積也；而人者，官品之魁也。欲明生生之機，則必治生學；欲知感應之妙，則必治心學，夫而後乃可以及羣學也。且一羣之成，其體用功能，無異生物之一體。小大雖異，官治相准。知吾身之所生，則知羣之所以立矣；知壽命之所以彌永，則知國脈之所以靈長矣。一身之內，形神相資；一羣之中，力德相備。身貴自由，國貴自主。生之與羣，相似如此。此其故無他，二者皆有官之品而已矣。故學問之事以羣學為要歸。唯羣學明，而後知治亂盛衰之故，而能有修齊治平之功。嗚呼，此眞大人之學矣！

不觀於圬者之為牆乎？與之一成之磚，堅而廉，平而正，火候得而大小若一，則無待泥水灰黏之用，不旋踵而數仞之牆成矣。由是以捍風雨，衛室家，雖資之數百年可也。使其為磚也，嶔嵚竬缺，小大不均，則雖遇至巧之工，亦僅能版以築之，成一糞土之牆而已矣；廉隅堅潔，持久不敗，必不能也。此凡積垛之事莫不如此：唯其單也為有法之形，則其總也成有制之聚。然此猶人之所為也。唯天生物亦莫不然。化學原質，自然結晶，其形制之窮巧極工，殆難思議，其形雖大小不同，而其為一晶之所積而成形，則雖析之至微，至於莫破。其晶之積面隅冪，無不似也。然此猶是金石之類而已。至如動植之倫，近代學者皆知太初質房為生之始，其含生蕃變之能，皆於此而已具。但其事甚賾，難與未嘗學者談。而其本單之形法性情，以為其總之形法性情，欲論其合，先考其分，則昭昭若揭日月而行，亘天壤不刊之大例也。【略】

聞前言者造而問余曰：甚矣先生之言，無異杞人之憂天墜也。今夫異族之為中國患，不自今日始也。自三代以迄漢朝，南北狺狺，互有利鈍，雖時見侵，無損大較，固無論已。魏晉不綱，有五胡之亂華，大河以北，淪於旃裘羶酪者蓋數百年。當是之時，哀哀黔首，衽革枕戈，不得喙息，蓋幾靡有孑遺，耗矣！息肩於唐，載庶載富。而李氏末造，趙宋始終，其被禍乃尤烈。金源女眞，更盛迭帝。青吉斯汗崛起鄂諾，威憺歐洲。忽必烈汗薦食小朝，混一華夏，南奄身毒，北暨俄羅，幅員之大，古未有也。然而塊肉淪喪，不及百年，長城以南，復歸漢種。至國朝龍興遼瀋，聖哲篤生，母我羣黎，革明弊政，湛恩汪濊，蓋三百祀於茲矣。此皆著自古昔者也。其間遞嬗，要不過一姓之廢興，而人民則猶此人民，聲教則猶古聲教，是則卽今無諱，損益可知。林林之衆，詎無噍類？而吾子聳於達爾文氏之邪說，一則謂其無以自存，再則憂其無以遺種，此何異衆人熙熙，方登春臺，而吾子被髮狂叫，白晝見魅也哉！不然，何所論之怪誕不經，獨不慮旁觀者之閔笑也！況夫昭代厚澤深仁，隆基方永，景命未改，謳歌所歸，事又萬萬不至此。殷憂正所以啓聖明耳，何直為此叫叫也！且而不見回部之土耳其乎？介乎俄與英之間，壤地日蹙，其偪也可謂至矣，然不聞其遂至於亡國滅種、四分五裂也，則又何居？吾子念之。物强者死之徒，事窮者勢必反，大道剝復之事，如反覆手耳，安知今之所謂强鄰者，不先笑後號咷。而吾子漆歎嫠憂，所貶君自損者，不俯弔而仰賀乎？

應之曰：唯唯，客所以袪吾惑者，不亦至乎！雖然，願請間得為客深明之。若客者，信所謂明於古而晻於今，得其一而失其二者也。姑微論客之所指為異族之非異族也。蓋天下之大種四：黄、白、赭、黑是也。北並乎西伯利亞，南襟乎中國海，東距之太平洋，西苞乎昆侖虛，黄種之所居也。其為人也，高顴而淺鼻，長目而强髮。烏拉、鹽澤以西，大秦舊壤，白種之所聚也。其為人也，碧眼而鬈髮，隆額而深眶。越裳、交趾以南，東縈呂宋，西拂痕都，其間多島國焉，則赭種之民也。而黑種最下，亞非利加及繞赤道諸部，所謂黑奴是已。今之滿、蒙、漢人，皆黄種也。檀君舊國，箕子所封；冒頓之先，降由夏后，客何疑乎？故中國邃古以還，乃一種之所君，實未嘗或淪於非類。第就令如客所談，客尚不知種之相為强弱，其故有二：有鷙悍長大之强，有德慧術智之强；有以質勝者，有以文勝者。以質勝者，遊牧射獵之民是已。其國之君民上下，截然如一家之人，憂則相恤，難則相赴。生聚教訓之事簡而不繁，騎射馳騁，雲屯飆散，旃毳肉酪，養生之具益力而能寒。故其民樂戰輕死，有魁傑者為之要約而驅使之，其勢可以强天下。雖然，强矣而未進夫化也。若夫中國之民，則進夫化矣而文勝之國也。耕鑿蠶織，城郭邑居，於是有禮樂刑政之治，有庠序學校之教。通功易事，四民肇分。其法令文章之事，歷變而愈繁，積久而益富，養生送死之資無不具也，君臣上下之分無不明也，冠昏喪祭之禮無不舉也。故其民偷生而畏法，治之得其道則易以相安；治之失其道亦易以日窳。是以及其末流，每轉為質勝者之所制。

然而此中之安富尊榮、聲明文物，固游牧射獵者所深慕而遠不逮者也。故其既入中國也，雖名為之君，然數傳以後，其子若孫雖有祖宗之遺令切誡，往往不能不厭勞苦而事逸樂，棄惇德而染澆風，遁天倍情，忘其所受，其不漸摩而與漢物化者寡矣。蘇子瞻曰：『中國以法勝，而匈奴以無法勝。』然而其無法也，始以自治則有餘，迨既入中國而為之君矣，必不能棄中國之法，而以無法之治治之也，遂亦入於法而同受其敝焉。此中國所以經累勝而常自若，其化轉以日廣，其種轉以日滋。何則？物固有無形之相勝，而親為所勝者，雖身歷其境，而尚未之或知也。然則取客之言而深論之，則謂異族常受制於中國也可，不得謂異族制中國也。

至於今之西洋，則與是不可同日而語矣。何則？彼西洋者，無法與法並用，而皆有以勝我者也。自其自由平等以觀之，則其捐忌諱，去煩苛，決壅蔽，人人得其意、申其言，上下之勢不相懸隔，君不甚尊，民不甚賤，而聯若一體者，是無法之勝也。自其官工兵商法制之明備而觀之，則人知其職，不督而辦，事至纖悉，莫不備舉，進退作息，皆有常節，無間遠邇，朝令夕改，而人不以為煩，則是以有法勝也。其鷙悍長大既勝我矣，而德慧術知又為吾民所遠不及。故凡其耕鑿陶冶，織紝牧畜，上而至於官府刑政、戰守、轉輸、郵置、交通之事，與凡所以和衆保民者，精密廣大，較吾中國之所有倍蓰有加焉。其為事也，一一皆本諸學術；其為學術也，一一皆本於卽物實測，層累階級，以造於至精至大之塗，故蔑一事焉可坐論而不足起行者也。苟求其故，則彼以自由為體，以民主為用，一洲之民，散為七八，爭馳並進，以相磨礱，始於相忌，終於相成，各殫智慮，此既日異，彼亦月新，故能用法而不至受法之敝，此其所以為可畏也。往者中國之法與無法遇，故雖經累勝而常自存；今也彼亦以其法以與吾法遌，而吾法乃頹墮朽蠹如此其敝也，則彼法日勝而吾法日消矣。何則？法猶器也，猶道塗也，經時久而無修治精進之功則扞格蕪梗者，勢也。以扞格蕪梗而與修治精進者並行，則民固將棄此而取彼者，亦勢也。此天演家言所謂物競天擇之道，固如是也。此吾前者所以言四千年文物，俛然有不終日之勢者，固以此也。嗟乎！此豈徒客之甚恨哉！然而事既如此矣，則吾豈能塞耳塗目，而不為吾同胞者垂涕泣而一指其實也哉！

且吾所謂無以自存、無以遺種者，豈必『死者國量乎澤若蕉』而後為爾耶？第使彼常為君而我常為臣，彼常為雄而我常為雌，我耕而彼食其實，我勞而彼享其休，以戰則我常居先，出令則我常居後，彼且以我為天之僇民，謂是種也，固不足以自由而自治也，於是加束縛馳驟，奴使而虜用之，俾吾之民智無由以增，民力無由以奮，是蚩蚩者，亦長此困苦無聊之衆而已矣。夫如是，則去不自存而無遺種也，其間幾何？不然，夫豈不知其不至無噍類也，彼黑與赭，且常存於兩間矣，矧茲四百兆之黄也哉！民固有其生也不如死，其存也不如亡，亦榮辱貴賤、自由不自由之間異耳。

客謂物彊者死徒，事窮者勢反，固也。然不悟物之極也，固有其所由極，故勢之反也，亦有其所由反。善保其强，則强者正所以長存；不善用其柔，則柔者乃所以速死。彼《周易》否泰之數，老氏雄雌之言，固聖智之妙用微權，而非不事事聽其自至之謂也。不事事而聽其自至，此《太甲》所謂『自作孽，不可逭』者耳。天固何嘗為不織者減寒，為不耕者減飢耶？至土耳其之所以常存，則彼自讓罕驀德設教以來，固以武健嚴酷死同仇異之道狃其民者也，故文不足而質有餘，學術法度雖無可言，而勁悍勝兵則尚足以有立，此所以雖介兩雄而滅亡猶未也；然而日削月侵，其為存亦僅矣。此誠非暖暖姝姝偷懦憚事如中國之民者所援之以自廣也。悲夫！

嚴復《天演論》卷上《導言一　察變》　復案：物競、天擇二義，發於英人達爾文。達著《物種由來》一書，以考論世間動植種類所以繁殊之故。先是言生理者皆主異物分造之説，近今百年格物諸家稍疑古説之不可通，如法人蘭麻克、爵弗來，德人方拔、萬俾爾，英人威里士、格蘭特、斯賓塞爾、倭恩、赫胥黎，皆生學名家，先後間出，目治手營，窮探審論，知有生之物始於同，終於異。造物立其一本，以大力運之，而萬類之所以底於如是者，咸其自己而已，無所謂創造者也。然其説未大行也，至咸豐九年達氏書出，衆論翕然。自茲厥後，歐美二洲治生學者大抵宗達氏。而卝事日辟，掘地開山，多得古禽獸遺蜕，其種已滅，為今所無。於是蟲、魚、禽、互、獸、人之間，銜接迤演之物，日以漸密，而達氏之言乃愈有徵。故赫胥黎謂古者以大地為静居天中，而日月星辰，拱繞周流，以地為主；自歌白尼出，乃知地本行星，系日而運。古者以人類為首出庶物，肖天而生，與萬物絶異；自達爾文出，知人為天演中一境，且演且進，來者方將，而教宗摶土之説，必不可信。蓋自有歌白尼而後天學明，亦自有達爾文而後生理確也。斯賓塞爾者，與達同時，亦本天演著《天人會通論》，舉天、地、人、形氣、心性、動植之事而一貫之，其説尤為精闢宏富。其第一書開宗明義，集格致之大成，以發明天演之旨；第二書以天演言生學；第三書以天演言性靈；第四書以天演言羣理；最後第五書，乃考道德之本源，明政教之條貫，而以保種進化之公例要術終焉。嗚乎！歐洲自有生民以來，無此作也。不佞近翻《羣誼》一書，即其第五書中之編也。斯賓氏迄今尚存，年七十有六矣。其全書於客歲始蕆事，所謂體大思精，殫畢生之力者也。達爾文生嘉慶十四年，卒於光緒八年壬午；赫胥黎於乙未夏化去，年七十也。

又　卷下《論十七　進化》　嗟乎，今者欲治道之有功，非與天爭勝焉，固不可也。法天行者非也，而避天行者亦非。夫曰與天爭勝云者，非謂逆天拂性，而為不祥不順者也。道在盡物之性，而知所以轉害而為利。夫自不知者言之，則以藐爾之人乃欲與造物爭勝，欲取兩間之所有，馴擾駕御之以為吾利，其不自量力而可閔歎，孰逾此者！然溯太古以迄今茲，人治進程，皆以此所勝之多寡為殿最。百年來歐洲所以富强稱最者，其故非他，其所勝天行，而控制萬物前民用者，方之五洲與夫前古各國最多故耳。以已事測將來，吾勝天為治之説，殆無以易也。是故善觀化者，見大塊之內，人力皆有可通之方；通之愈宏，吾治愈進，而人類乃愈亨。彼佛以國土為危脆，以身世為浮漚，此誠不自欺之説也。然法士巴斯噶爾不云乎：『吾誠弱草，妙能通靈，通靈非他，能思而已。』以蕞爾之一莖，蘊無窮之神力。其為物也，與無聲無臭、明通公溥之精為類，故能取天所行，而彌綸燮理之。猶佛所謂居一芥子，轉大法輪也。凡一部落、一國邑之為聚也，將必皆有法制禮俗，係夫其中，以約束其任性而行之暴慢；必有罔罟、牧畜、耕稼、陶、漁之事，取天地之所有被以人巧焉，以為養生送死之資。其治彌深，其術之所加彌廣。直至今日，所牢籠彈壓，馴伏驅除，若執古人而訊之，彼將謂是鬼神所為，非人力也。此無他，亦格致思索之功勝耳。此二百年中之討索，可謂辟四千年未有之奇；然自其大而言之，尚不外日之初生，泉之始達，來者方多，有願力者任自為之，吾又烏測其所至耶！是故居今而言學，則名、數、質、力為最精，綱舉目張，可以操順溯逆推之左券。而身心、性命、道德、治平之業，尚不過略窺大意，而未足以撥雲霧、睹青天也。然而格致程途，始模略而後精深，疑似參差，皆學中應歷之境。以前之多所抵牾，遂謂無貫通融會之一日者，則又不然之論也。迨此數學者明，則人事庶有大中至正之準矣。然此必非篤古賤今之士之所能也。天演之學，將為言治者不祧之宗，達爾文眞偉人哉！然須知萬化周流，有其隆升，則亦有其汙降。宇宙一大年也，自京、垓、億、載以還，世運方趨上行之軌，日中則昃，終當造其極而下迤。然則言化者謂世運必日亨，人道必止至善，亦有不必盡然者矣。自其切近者言之，則當前世局，夫豈偶然？經數百萬年火烈水深之物競，洪鈞範物，陶煉礱磨，成其如是，彼以理氣互推，此乃善惡參半，其來也既深且遠如此。乃今者欲以數百年區區之人治，將有以大易乎其初；立達綏動之功雖神，而氣質終不能如是之速化，此其為難償虛願，不待智者而後明也。然而人道必以是自沮焉又不可也。不見夫叩氣而吠之狗乎？其始狼也。雖臥氍毹之上，必數四迴旋轉踏而後卽安者，沿其鼻祖山中跆藉之習而猶有存也。然而積其馴伏，乃可使牧羊，可使救溺，可使守藏，矯然為義獸之尤。民之從教而善變也，易於狗。誠使繼今以往，用其智力，奮其志願，由於眞實之途，行以和同之力，不數千年，雖臻郅治可也。況彼後人其所以自謀者，將出於今人萬萬也哉！居今之日，藉眞學實理之日優而思有以施於濟世之業者，亦惟去畏難苟安之心而勿以宴安偷樂為的者，乃能得耳。歐洲世變，約而論之，可分三際為言：其始如俠少年，跳蕩粗豪，於生人安危苦樂之殊，不甚了了；繼則欲制天行之虐而不能，侘傺灰心，轉而求出世之法，此無異塡然鼓之之後，而棄甲曳兵者也。吾輩生當今日，固不當如鄂謨所歌俠少之輕剽，亦不學如瞿曇黃面，哀生悼世，脫屣人寰，徒用示弱而無益來葉也。固將沉毅用壯，見大丈夫之鋒穎，彊立不反，可爭可取而不可降。所遇善，固將寶而維之；所遇不善，亦無懂焉。早夜孜孜，合同志之力，謀所以轉禍為福、因害為利而已矣。丁尼孫之詩曰：『掛帆滄海，風波茫茫。或淪無底，或達仙鄉。二者何擇，將然未然。時乎時乎，吾奮吾力。不竦不戁，丈夫之必！』吾願與普天下有心人，共矢斯志也。

梁啓超《飲冰室合集·進化論革命者頡德之學説》　二十世紀之天地開其幕者今已一年有奇。此年餘之中，名人著述鴻篇巨製貢獻於學界者固自不少，而求其獨闢蹊徑卓然成一家言，影響於世界人羣之全體，為將來放一大光明者，必推英國頡德先生今年四月出版之《泰西文明原理》一書。

頡德者何人也？『進化論』之傳鉢巨子，而亦『進化論』之革命健兒也。自達爾文種源説出世以來，全球思想界忽開一新天地，不徒有形科學為之一變而已，乃至史學、政治學、生計學、人羣學、宗教學、倫理道德學，一切無不受其影響。斯賓塞起，更合萬有於一爐而冶之，取至殽至賾之現象，用一貫之理而組織為一有系統之大學科。偉哉！近四十年來之天下，一進化論之天下也。唯物主義昌，而唯心主義屏息於一隅，科學此指狹義之科學，卽中國所謂格致。盛而宗教幾不保其殘喘，進化論實取數千年舊學之根柢而摧棄之翻新之者也。【略】

頡德以為人也者與他種動物同，非競爭則不能進步。或個人與個人競爭，或人種與人種競爭，競爭之結果，劣而敗者滅亡，優而適者繁殖，此不易之公例也。而此進化的運動，不可不犧牲個人以利社會卽人羣，不可不犧牲現在以利將來，故挾持現在之利己心而謬托於進化論者，實進化論之罪人也。何以故？現在之利己心與進化之大法無相關故，非惟不相關，實不相容。故此現在之利己心，名之為『天然性』。頡德以為此天然性者，人性中之最『個人的』，『非社會的』，『非進化的』，其於人類全體之永存之進步無益而有害者也。

頡德以為人類之進步，必以節性為第一義。節性者何有宗教以為天然性之制裁是也。苟欲羣也，欲進化也，必不可不受此制裁。宗教者，天然性之反對者也，補助者也，常有宗教以與人類天然之惡質相抗，然後能促人羣之結合，以使之進步。故宗教家言，未有不犧牲個人現在之利益以謀社會全體未來之利益者，宗教之可貴，在是而已。

頡德以為論人羣之進化，不可不以生物進化之公例為其基礎，因首引達爾文之學說以為前提。【略】自然淘汰者，謂生物雖恃其繁殖力可以生存，然以其所產太多之故，不得不競爭；競爭之結果，於是大部分歸於滅亡，而生存者不過一小部分。當其競爭之際，各生物皆有自變化之能力；其變化雖小，而一以適於境遇為主；於是優而適者獨存，遺其種於後。一切生物依此公例，經無量世無量劫以至今日，其間所經過之境遇至複至雜，故其身體之組織、心智之機能亦隨之以日趨複雜。一言蔽之，則一切生物皆常受外界之牽動，而屢變其現在之形態而已。此實達爾文學說之大概，舉數千年之舊思想翻根柢而廓清之，為科學界、哲學界起大革命者也。雖然，達氏之所謂優所謂適者，不過專指現在個人之利益或其種族多數之利益而已。達氏之言曰：『無論何等生物，必當常變其狀態，使有益於己，然後可以生存。』頡德氏以為達氏『進化論』之中心點在此，其所以不完滿者亦在此。

頡氏以為自然淘汰之目的，在使同族中之最大多數得最適之生存。而所謂最大多數者，不在現在而在將來，故各分體之利益及現在全體之利益，皆不可不犧牲之以為將來達此目的之用。於是首明現在必滅之理與現在滅然後羣治進之義。乃進言曰：以尋常人之識見，所最貪者生也，壽也，所最惡者死也，夭也。然死之與夭，有大關係於進化功用者存。何則？彼高等生物下等生物之別，非以其住世之久暫為差，而以其傳種之長短、布種之廣狹為差。若以住世之久暫第其高下，則動物之壽視人類為長者多多矣。故高等生物其壽命不特不加長而已，住住愈進於高等而其壽愈短。種族之所以能發達，有時固賴長壽有時亦賴短命，使當外界境遇變化甚劇之際，則惟短命者乃可與之順應。何以故？惟短命則交代之事屢起，於是乎其習慣、其狀態、其性質等變化甚速，得以適於時代而自存。苟不爾者，以長壽而保持舊態，變化甚緩，不能與外界之變遷相追逐，則其競爭必敗北，而日歸澌滅。夫物之所以有生，其目的必非在自身也，不過為達彼大目的卽未來之全體之過渡而已。其所以有死，亦卽為達此大目的之一要具也，故死也者，進化之大原也。

頡氏以為凡物之不進化者則無有死。彼下等簡單之生物以單細胞結集而成者是也，故其一個之生物體俄然可剖分以為二個焉，更可剖分以為四個焉，分裂又分裂，繁殖以至巨萬而終不死。若是者謂之無限之生命。高等進化之生物則不然。其種族皆有平均一定之壽限，及限而不得不死，若是者謂之有限之生命。今使既列於高等生物，與他高等者相競爭，而生命仍復無限，則他族之屢屢交代者，其子孫皆多變化，而有順應境遇之資格，我乃持舊態以與之競爭，其種族之敗亡可翹足而待也。故死也者，進化之母而人生之一大事也。人人以死而利種族，現在之種族以死而利未來之種族，死之為用不亦偉乎。夫既為未來而始有死，則亦為未來而始有生，斷斷然矣。【略】

頡氏又言凡物之有男性女性之別也，亦非為現在也，非為生物各個之利益也，凡以為未來計，使適應於時勢，而速其變化之率也。有兩生物於此，則必各經過其特別之境遇，各自發達，各有其過去所受之特色，因使之結合焉、調和焉，俾共傳其特色於其子，則比之僅傳單一之特色者，其必有所優矣。欲結合兩物之特色，不可不結合其含此特色之細胞，此男女之事所以為貴也。凡生物之由生而至死也；其間體內細胞又屢屢變化。故當其受生也，既受祖宗傳來各種復雜之特色，及其成長也，又自有所受外界熏染之特色，復加於舊特色之內，而一併貢獻於其子孫，此乃種族之所以日進也。然則人生數十寒暑，所以常轉旋其體內細胞而變化之者，凡亦為未來計而已。

自然淘汰既以未來為目的故，生物既全為未來而存立故，故凡為未來而多所貢獻者，高等生物也，反是者，下等也，代未來而多負責任者，高等生物也，反是者，下等也。故勤勞於為未來者，則為優為勝，怠逸於為未來者，則為劣為敗。不見夫動物乎，最下等者產卵則放任之不復顧，故其卵及其幼兒之大多數皆常滅亡；稍進至鳥類，則孵化其卵而復養育之；更進至哺乳動物，則養育其兒之勞愈多，而在生物界愈占高等之位置。物既有之，人亦宜然。

頡德既定此義為『進化論』之標準，因持之以進退當世之學説。其言曰：『進化之義在造出未來，其過去及現在，不過一過渡之方便法門耳。今世政治學家、羣學家之所論，雖言人人殊，要之皆重視現在，於未來少所措意焉，是可為浩歎也。如所謂社會論、國家論、人民論、民權論、政黨論、階級論等，雖其立論之形式不同，結論各異，而其立脚點常在於是。即如近世平民主義之新思想，所謂最大多數之最大幸福者，亦不過以現在人類之大多數為標準而已；其未來之大利益若與現在之多數利益不能相容，則棄彼取此，非所顧也。試條論之，自百年以前法國大革命所自出之思想，以迄近世德國社會民主黨所稱述之學説，其最精要之論，不過以國家為謀公衆利益之一機關而已。胎孕法國革命者，若康輒，若希比沙士，若志的羅，若達廉比爾諸家，皆以社會為個人之集合體，故不可不以個人之利益為目的，社會之義務即為現時組織社會之人汲汲盡瘁是也，其意義未嘗有所謂未來者存也。盧梭祖述此説而益倡之，混國家與社會為一，其所重者亦在國家多數人民之利益，亦未嘗有所謂未來者存也。英國平民主義首倡之者為斯密亞丹，其所著《原富》，發揮民業之精神，建設恆產之制度，破壞過去之習慣，以謀現在之利益，而於未來一問題蓋闕如也。斯密所發起之新思想，經邊沁、阿士丁、按日人常譯為奧斯陳，法理學大家也。占士彌勒、按約翰彌勒之父也。世人稱為大彌勒瑪兒梭士、理嘉圖、按二人皆生計學家，斯密派之巨子也約翰彌勒諸賢之講求，益臻完備，皆以現在幸福為本位，以鼓吹平民主義者也。邊沁以為羣學之理想在於增進一羣之利益，而一羣之利益即合其羣内各人之利益而總計之者也。一切道德皆以此為根原，能自進己之利益者謂之善行，反是謂之惡行，為利益而犧牲義務可也，為義務而犧牲利益不可也。若此者，世稱之為樂利説。此等實現在主義之極端也。按頡氏所論邊氏不無太過，觀邊氏學説一篇自明。此等思想自經約翰彌勒引申發明之後，以未曾有之勢力深入於英國人之腦中，斯實可謂近世自由主義之導師也。然其流弊所存，固有不能為諱者。約翰彌勒學貫百家，識絕千古，其高深博大之理想固吾所大敬服，雖然，其所論亦以現在之利益為基礎，僅能言國家之所以成立，而於人羣之進化仍無關也。夫國家非人羣之一機關乎？以彌勒之達識，生當進化公例大明之日，而於現在者非為現在而存，實為未來而存之理，竟不克見及，不可謂非賢者千慮之一失也。斯賓塞以進化哲學倡導學界，其大功固不可及，至其羣學之思想亦不免與彌勒同病。斯賓塞屢言犧牲過去以造現在，而不言犧牲現在以造未來，無他，重視現在太過，見有所蔽，而於現在必滅之理未嘗厝意也。雖然，斯賓塞非全忘未來者。彼嘗言曰：人羣之進化，實由現在之利益與過去之制度相爭，而後勝於前之結果也。又曰：國界必當盡破，世界必為大同。此皆其理想之涉於未來者也。雖然，彼其所根據者仍在現在，彼蓋欲以現在國家思想擴之於人類統一之全社會，未足眞稱為未來主義也。其在德國，有所謂唯物論者，有所謂國家主義者，有所謂保守黨者，有所謂社會黨者，要之悉皆以現代主義為基礎而已。今之德國有最占勢力之二大思想，一曰麥喀士之社會主義，二曰尼志埃之個人主義。尼志埃為極端之强權論者，前年以狂疾死。其勢力披靡全歐，世稱為十九世紀末之新宗教。麥喀士謂今日社會之弊在多數之弱者為少數之强者所壓伏；尼志埃謂今日社會之弊在少數之優者為多數之劣者所鉗制。二者雖皆持之有故，言之成理，要之其目的皆在現在，而未嘗有所謂未來者存也。』頡德氏既臚列諸家之説，一一駁難之，因斷言曰：『十九世紀者，平民主義之時代也，現在主義之時代也。雖然，生物進化論既日發達，則思想界不得不一變，此等幼稚之理想，其謬誤固已不可掩。質而論之，則現在者實未來之犧牲也。若僅曰現在而已，則無有一毫之意味，無有一毫之價值；惟以之供未來之用，然後現在始有意味，有價值。凡一切社會思想、國家思想、道德思想，皆不可不歸結於是。』此實頡德著書之微意也。

《大陸》第一期《佚名〈淘汰篇〉》 嗚呼，天下其一淘汰之天下哉！礦學者之治礦也，取單純礦物於復合礦物之中，忽而別之曰『原始礦物』，忽而別之曰『沈淀礦物』，忽而別之曰『金屬礦物』，忽而別之曰『有官礦物』。是何也？曰惟淘汰之故。生學者之品物也，今世之生物與太古之生物異，家養之生物與自然之生物異；此國之生物與彼國之生物異，是何也？曰惟淘汰之故。由前之説，為無官物之淘汰；由後之説，為有官物之淘汰。然無官物之淘汰為人所共知，而有官物之淘汰則其勢尤劇、其理尤精、其影響之所及者尤大。蓋嘗求之而得其三焉：曰天然淘

汰，曰人為淘汰，曰陰陽淘汰。【略】

以上三者，乃造化之妙用，生學之公理，無所逃於天地者也。故大地之上，上自脊椎動物下至原生動物，上自被子植物下至原生植物，皆不外乎淘汰之理，而莫能出其範圍。雖然生學家以此驗生物進化之理，卽羣學家以此驗人羣進化之理。生學家仰觀俯察、博采旁搜，乃恍然而有悟曰：動物如是，植物如是。羣學家觀古今之變，窮天人之理，乃恍然而有悟曰：豈獨動物如是，豈獨植物如是。

變法救亡論分部

論說

清·陳虬《治平通議·經世博議序》 變法

孔子曰：『周監於二代，郁郁乎文哉！』蓋言其盛也。乃與顏淵論為邦，則曰：『行夏之時，乘殷之輅。』顯乖乎不背不違之旨者，抑何也？蓋風氣無十年而不轉，法制無百年而不變，因勢利導，則民自化，儒術當矣！乃漢初以黃老治，蜀漢以申韓興，若易其時則亂矣！民主，官天下也，公矣！乃美利堅以民主而治，俄羅斯以擇賢而亂，俄貝德第一改廢舊章，國不傳子而擇賢，實開華盛頓之先。未百年，保羅乃復傳子。舊制立長而女子不得嗣統。若狃其說則悖矣。然則法由水也，注之方盂而方，注之圓匜而圓，隨器而轉移，而吾惟務得其平而已。裘皮以禦寒，絺綌以禦暑，若冬而病温，非襢裼裳衣不能效。溝渠以瀦水，隄閘以備潦，若大潦時，至非決掘隄防不為功。欲圖自强，首在變法。

清·葛士濬《皇朝經世文新增時務續編》卷二〇《胡燏棻〈條陳變法自强疏〉》 竊觀泰西各國，無論軍餉工程千萬之需，咄嗟立辦，何者？藏富於民，多取之而不為虐，而民亦樂輸以奉其公。彼其器械日製而日精，商務日開而日盛，水陸之兵日練而日强，蓋董勸之始，國家設各項學校以培植之；藝術既成，分各項官守以任使之。故民有人人自奮之思，治有蒸蒸日上之勢。今中國土地之廣，人民之衆，物產之饒，為泰西各國所未有。辦理洋務以來，於今五十年矣，如同文、方言館、船政製造局、水師武備學堂，凡富强之基，何嘗不一一仿行？而遷地弗良，每有淮橘為枳之歎。固由僅襲緒餘，未窺精奥，亦因朝廷所以號召人才者在於科目，天下豪傑所注重者仍不外乎制藝、試帖、楷法之屬，而於西學不過視作別途。雖其所造已深，學有成就，亦第等諸保舉議敍之流，不得廁於正途出身之列，操術疏，斯收效寡也。

日本一彈丸島國耳，自明治維新以來，力行西法亦僅三十餘年，而其工作之巧，出產之多，礦政、郵政、商政之興旺，國家歲入租賦共約八千餘萬圓，此以西法致富之明效也。其徵兵、憲兵、預備、後備之軍，盡計不過十數萬人，快船、雷艇總計不過二十餘號，而水陸各軍皆能同心齊力，曉暢戎機，此又以西法致强之明效也。反鏡以觀，得失利鈍之故亦可知矣。今士大夫莫不以割地、賠費種種要脅為可恥，然今時勢所逼，無可如何，則惟有急謀雪恥之方，以坐致自强之效耳。昔普法之戰，法之名城殘破幾盡，電線、鐵路處處毀裂，賠償兵費計五千兆佛蘭克，其數且十倍今日之二萬萬兩。然法人自定約後，上下一心，孜孜求治，從前弊政，一體蠲除，乃不及十年又致富强，仍為歐洲雄大之國，論者謂較盛於拿破侖之時。今中國以二十二行省之地，四百餘兆之民，所失陷者不過六七州縣，而謂不能復仇洗耻，建我聲威，必無是理。但求皇上一心振作，破除成例，改結更張，咸與維新。事苟有益，雖朝野之所驚疑，臣工之所執難，亦毅然而行之。事苟無益，雖成法之所在，耳目之所習，亦決然而更之。實心實力，行之十年，將見雄長海上，方駕歐洲，舊邦新命之基自此而益鞏，豈徒一雪割地賠費之耻而已？

臣之愚昧，何敢挾其芻蕘之見，輕言變法。但縱觀世運，撫念時艱，痛定思痛，誠恐朝野上下，高談理學者狃於清議，鄙功利為不足言；習於便安者，又以為和局已定，泄沓相仍，設或敵國外患猝然再舉，更慮抵禦無方。然則臥薪嘗膽，求艾療疴，其尚可稍緩須臾耶？微臣早夜焦思，今日卽孔孟復生，舍富强外亦無立國之道，而舍仿行西法一途，更無致富强之術。用敢不揣冒昧，就管見所及，舉籌餉、練兵、重工商、興學校數大事，敬為我皇上縷析陳之。

《康有為全集・變則通通則久論》 天不能有陽而無陰，地不能有剛而無柔，人不能有常而無變。昔孔子之作六經，終以《易》、《春秋》，《春秋》發明改制，《易》取其變易，天人之道備矣。若知守常而不知變，是天有陽而可無陰，地有剛而可無柔也。孔子改制，損益三代之法，立三正之義，明三統之道，以待後王，猶慮三不足以窮萬變，恐後王之泥之也。乃作為《易》而專明變易之義，故參伍錯綜，進退消息，觀其會通，以行其典禮。聖人蓋深觀天道以著為人事，垂法後王，思患而豫防之，孔子之道至此而極矣。

夫天不變者也，然朝夕之晷，無刻不變矣，況晝夜之顯有明晦，冬夏之顯有寒暑乎？如使天有晝而無夜，有夏而無冬，萬物何從而生？故天惟能變通而後萬物成焉。且如極星，所謂不動者也，然唐、虞時在二十四度，今則二十三度二十九分耳，日至所謂定時也，然高沖卑沖，終無實測焉。若夫風雲虹蜺珥朓蝕流，日月星辰無刻不變，故至變者莫如天。

夫天久而不弊者，為能變也。地不變者也，然滄海可以成田，平陸可以為湖，火山忽流，川水忽涸，故至變者莫如地。夫地久而不弊者，為能變也。夫以天地不變且不能久，而況於人乎？且人欲不變，安可得哉！自少至老，顏貌萬變，自不學而學，心智萬變，積微成智，悶若無端，而流變之微，無須臾之停也。伊尹曰：用其新去其陳，病乃不存，此道家養生之術，治身如此，治國何獨不然。故千年一大變，百年一中變，十年一小變，三代之文明不得不變太古，秦漢之郡縣不得不變三代，此千年之大變者也。蓋春秋之世，陸渾萊戎潞狄，尚雜沓中夏，不數百年而至漢武，則已開通西域矣。唐時羈縻州僅北漠，元世則西平印度，破波斯，直至欽察，俱蘭馬八之境，當今之意大利亞矣。其地變則其治亦變矣。魏文口分世業，府兵之制，至唐之中葉，不能不變為兩稅彍騎，兩稅之後不能不變為一條鞭，彍騎之後不能不變為禁軍。漢試士諸生，家法文吏箋奏，隋、唐不能不變為詩賦，宋不能不變為經義。肉刑之制，漢文不能不變為杖笞，隋文不能不變為徒流，此百年之變也。若夫時有不宜，地有不合，則累朝律例典禮，未有數十年不修改者，此十年之變也。若泥守不變，非獨久而生弊，亦且滯而難行。董仲舒曰：為政不能善治更張，乃可為理，譬病症既變而仍用舊方，陸行既盡而不舍車徒，盛暑而仍用重裘，祁寒而仍用絺綌，非惟不適，必為大害。故能變則秦用商鞅而亦强，不能變則建文用方孝孺而亦敗。當變不變，鮮不為害。法《易》之變通，觀《春秋》之改制，百王之變法，日日為新，治道其在是矣。

又**《上皇帝第三書》** 具呈進士康有為安危大計，乞及時變法，富國養民，教士治兵，求人材而慎左右，通下情而圖自强，以雪國耻，而保疆宇，呈請代奏事：

竊近者朝鮮之釁，日人內犯，致割地賠餉，此聖清二百餘年未有之大辱，天下臣民所發憤痛心者也。然辱國之事小，外國皆啓覬覦，則瓜分之患大；割地之事小，邊民皆不自保，則瓦解之患大。社稷之危未有若今日者。然殷憂所以啓聖，外患乃以興邦，為安為危，仍視皇上之措置而已。皇上受祖宗付託之重，孝治天下，所以俯從和議者，豈不慾隱忍一時之耻辱，更圖異日之自强哉？天下臣民，皆知皇上之苦衷，亦知皇上之必變計也。

竊謂經此創深痛巨之禍，必當為臥薪嘗膽之謀，朝野上下，震動憤發。齊桓不忘在莒，勾踐不忘會稽，庶勵人心以祈天命。今議成將彌月矣，進士從禮官來，竊見上下熙熙，苟幸無事，具文粉飾，復慶太平。又聞貴近之論，以為和議成後，可十數年無患，持祿保位，從容如故。竊意諸臣必未有以憂危大議，自强大計，日啓聖心者。不然，何彌月以來，未聞有非常之詔震動天下？此進士所聞而憂懼，夙昔罔措者也。

曩者開諸口，破都畿，失琉球，爭越南，累經敗創矣。諸臣苟安目前，不預籌變計，遂至有今日之事。然向者之敗，不過償金幣，失屬國而已，雖復苟安，可延旦夕，今則割及內地，漸翦腹心，其勢疾蹙。且夫治天下者勢也，可靜而不可動，如箭之在栝，馬之在埒，當其無事，相視莫敢發難；當其更變，朽株盡可為患。昔者壬午以前，吾屬國無恙也，自日本滅琉球，吾不敢問，於是法取越南，英滅緬甸，朝鮮通商，而暹羅半翦，不過三四年間，而吾屬國盡矣。甲午以前，吾內地無恙也，今臺灣一割，三垂皆界强鄰，狡焉思啓，豈能以禮讓為國哉？況數十國之逐逐於後乎？譬大病後，元氣既弱，外邪易侵，變症百作，豈與同治時，吾國勢猶盛，外夷窺伺情形未洽比哉？且民心既解，散勇無歸，外患內訌，禍在旦夕，而欲苟藉和款求安目前，亡無日矣，今乃始基耳。

近諸臣紛紛多有告歸者。進士登第之始，亦復何心？然恭應殿試，則有『與海內賢能力矢自强』之制策，恭應朝考，則有『變則通、通則久』之御題，伏讀感激，發憤流涕。竊以為皇上有自强之盛心，變法之精意，而懇懇求言，眞堯舜之君，可與為中興之治者也。幸躬逢之，豈可上負聖明？而限於篇幅，未盡所懷。用敢不避斧鉞之誅，竭盡其愚，以副我皇上求言之意。農夫耕而君子食，惟我皇上寬其罪而垂察焉。

夫以中國二萬里之地，四萬萬之民，比於日本，過之十倍，而為小夷慢侮，侵削若割羊縛豕，坐受剝削，恥既甚矣，理亦難解。皇上試召大小臣工，深詰其故，反復辨難，必有得其所以然者。若知吾病之所在，所以治病之方，必有得矣。昔武王之於太公，桓公之於管仲，先主之於諸葛亮，太宗之於李靖，講求治亂得失之故，問答詰難皆數萬言，皇上與諸臣講求自强之法，有是事否？諸臣有通古今，達中外，能應明問，若太公、管仲、諸葛亮之倫否？若有之也，其未行也，何以見辱於小夷哉？若無之萬里又具廢弛，安臥於薪火之上，何以立於四夷交侵之世乎？

夫中國二千年以法治天下，而今國勢貧弱，至於危迫者，蓋法弊致然也。夫祖宗法度治天下數百年矣，亦豈敢謂法之不可行哉？以國朝法度，皆因沿明制故也。物久則廢，器久則壞，法久則弊。官制則冗散萬數，教之無本，選之無擇，故營私交賄，欺飾成風，而少忠信之吏。學校則教詞章詩字，用非所學，學非所用，故空疏愚陋，謬種相傳，而少才智之人。兵則綠營老弱，而募勇皆烏合之徒。農則地利未闢，而工商無製造之業。京官則自樞垣臺諫而外，皆為閒散；各部則自掌印主稿以外，徒糜廪祿；堂官則每署數四，而兼差反多，乃無一官之能辦。文書則每日數尺，而例案煩瑣，遂無一事之能行。督責則藩、臬、道府皆為贅旒，親民則典、史、巡檢皆為雜職。至於鬻及監司，而官方不可問矣。其他凡百積弊，難以徧舉。但有文書，何關事實。外國奇技淫巧，蹈隙流行，民日窮匱，乞丐徧地，羣盜滿山，卽無外釁，精華已竭，法弊至此，將有他變。夫當數十國之覬覦，值四千年之變局，盛暑已至，而不釋重裘，病症已變，而猶用舊方，未有不竭死而重危者也。

竊以為今日為治，當以開創之勢治大下，不當以守成之勢治天下；當以列國並立之勢治天下，不當以一統垂裳之勢治天下。蓋開創則更新百度，守成則率由舊章。列國並立，則爭雄角智；一統垂裳，則拱手無為。言率由而外變相迫，必至不守不成；言無為而諸夷交爭，必至四分五裂。《易》曰：『窮則變，變則通。』董仲舒曰：『為政不調，甚者更張，乃可謂理。』若謂祖宗之法不可變，則我世祖章皇帝何嘗不變太宗文皇帝之法哉？若使仍以八貝勒舊法為治，則我聖清豈能久安長治乎？不變法而割祖宗之疆土，馴至於危，與變法而光宗廟之威靈，可以大强，孰重孰輕，孰得孰失，必能辨之者。

不揣狂愚，竊為皇上籌自强之策，計萬世之安，非變通舊法，無以為治。變之之法，富國為先。戶部歲入七千萬，常歲亦已患貧，司農仰屋，羅掘無術，鬻官稅賭，亦忍恥為之，而所得無幾。然且旱澇河灾，船砲巨帑，皆不能舉，加日本索償二萬萬，是使我臣民上下，三歲不食，乃能給之，若借洋債，合以利息，扣折百年，亦無償理。若非大講變法，是坐待自斃也。【略】

然富而不教，非為善經；愚而不學，無以廣才。是在教民。學校之設，選舉之科，先王之法盛矣。然漢、魏以經法舉孝廉，唐、宋以詞賦重進士，明以八股取士，我朝因之，誦法朱子，講明義理，可謂法良意美矣。然功令禁用後世書，則空疏可以成俗。選舉皆限之名額，則高才多老名場。況得之則詞館而躐公卿，偕於旦夕；失之則耆碩不聞徵聘，終老茅菅。題難故少困於搭截，知作法而忘義理；額隘故老逐於科第，求富貴而廢學業。標之甚高，束之甚隘。甚至鑑於明末，因噎廢食，上以講學為禁，下以道學為笑，故任道之儒既少，才智之士無多，乃至嗜利無恥，蕩成風俗，而國家緩急無以為用。法弊至此，亦不得不少變矣。若夫小民識字已寡，或有一省而無禮律之書，一縣而無童蒙之館，其為不教，甚矣。

夫天下民多而士少，小民不學，則農工商賈無才。產物成器，利用厚生，既不能精；化民成俗，遷善改過，亦難為治，非覆幬羣生之意也。故教有及於士，有逮於民，有明其理，有廣其智。能教民，則士愈美；能廣智，則理愈明。今地球既闢，輪路四通，外侮交侵，閉關未得，則萬國所學，皆宜講求。宋臣姚夔謂：『我之所為，彼皆知之；彼之所為，我獨不聞；安得不為所侮乎？』嘗考泰西之所以富强，不在砲械軍兵，而在窮理勸學。彼自七八歲人皆入學，有不學者責其父母，故鄉塾甚多。其各國讀書識字者，百人中率有七十人。其學塾經費，美國乃至八千萬。其太學生徒，英國乃至一萬餘。其每歲著書，美國乃至萬餘種。其屬郡縣，各有書藏，英國乃至百餘萬冊。所以啓民之智者亦廣矣。而我中國文物之邦，讀書識字者僅百之二十，學塾經費少於兵餉數十倍，士人能通古今、達中外者，郡縣乃或無人焉。

夫才智之民多則國强，才智之民少則國弱。土耳其天下陸軍第一而見削，印度崇道無為而見亡，此其明效也。故今日之教，宜先開其智。武科弓、刀、步、石無用甚矣。《王制》謂：「贏股肱，決射禦，出鄉不與士齒。」此武后之謬制，豈可仍用哉？同治元年，前督臣沈葆禎請廢武科，近年詞臣潘衍桐請開藝學。今宜改武科為藝科，令各直省、州、縣遍開藝學書院。凡天文、地、礦、醫、律、光、重、化、電、機器、武備、駕駛，分立學堂，而測量、圖繪、語言、文字皆學之。選學童十五歲以上入堂學習，仍專一經，以為根本；延師教習，各有專門。學政有司，會同院師，試之以經題一論及專門之業，通半中選，不限名額，得薦於省學，謂之秀才，比之諸生。五年不成者出學。省學書器益多，見聞益廣，學政督撫會同其院師，每歲試其專門之業，增以經一、論史一、考掌故一策，通半中選，不限名額，貢於京師，謂之舉人。五年不成者出學。京師廣延各學教習，圖器尤盛，每歲總裁、禮部會同大教習試之，其法與省學同，不限名額，及半中選，謂之進士。三年不成者出學。其進士得還為州、縣藝學總教習，其舉人得為分教習，並聽人聘用。其諸生得還教其鄉學塾並充各作廠。其鄉會試，縱其才力，不限格法，聽其引用，但在講明義理，宗尚孔孟。三場宜增問四裔掌故及天文、地理，及格者中，不限名額。殿試策問，不論楷法，但取直言極諫，條對懇切者入翰林，其文科、藝科願互應者聽。其有創著一書，發明新義，切實有用者，量授以官。如是則天下之士才智大開，奔走鼓舞，以待皇上之用。其餘州、縣、鄉、鎮，皆設書藏，以廣見聞，若能厚籌經費，廣加勸募，令鄉落咸設學塾，小民童子，人人皆得入學，通訓詁名物，習繪圖演算法，識中外地理、古今史事，則人才不可勝用矣。

《周官》「誦方」、「訓方」，皆考四方之慝，《詩》之《國風》、《小雅》，欲知民俗之情。近開報館，名曰新聞，政俗備存，文學兼述，小之可觀物價，瑣之可見土風。清議時存，等於鄉校；見聞日闢，可通時務。外國農業、商學、天文、地質、教會、政律、格致、武備，各有專門，以為新報，尤足以開拓心思，發越聰明，與鐵路開通，實相表裏，宜縱民開設，並加獎勵，庶裨政教。

然近日人心之壞，更宜求講挽回之方。蓋風俗弊壞，由於無教。士人不勵廉耻，而欺詐巧滑之風成；大臣托於畏謹，而苟且廢弛之弊作。而六經為有用之書，孔孟為經世之學，寡有負荷宣揚者，於是外夷邪教，得起而煽誘吾民。直省之間，拜堂棋布，而吾每縣僅有孔子一廟，豈不可痛哉！

今宜亟立道學一科，其有講學大儒，發明孔子之道者，不論資格，並加徵禮，量授國子之官，或備學政之選。其舉人願入道學科者，得為州、縣教官。其諸生願入道學科者，為講學生，皆分到鄉落，講明孔子之道，厚籌經費，且令各善堂助之。並令鄉落淫祠，悉改為孔子廟，其各善堂、會館，俱令獨祀孔子，庶以化導愚民，扶聖教而塞異端。其道學科有高才碩學，欲傳孔子之道於外國者，明詔獎勵，量給國子監、翰林院官銜，助以經費，令所在使臣領事保護，給以憑照，令資遊歷。若在外國建有學堂，聚徒千人，確有明效，給以世爵。餘皆投牒學政，以通語言、文字、測繪、演算法為及格，悉給前例。若南洋一帶，吾民數百萬，久隔聖化，徒為異教誘惑，將淪左衽，皆宜每島設教官，立孔子廟，多領講學生，分為教化。將來聖教施於蠻貊，用夏變夷，在此一舉。且借傳道為遊歷，可詗夷情，可揚國聲，莫不尊親，尤為大義矣。

內弊既除，則外交宜講。春秋子羽能知四國之為，漢武下詔，求通絕域之使，蘇武不辱，富弼能爭。列國交爭，其任重矣。而今使才未養，不諳外務，重辱國體，為夷姍笑。今宜立使才館，選舉貢、生、監之明敏辨才者入館學習，其翰林部曹願入者聽。各國語言、文字、政教、律法、風俗、約章，皆令學習。學成或為遊歷，或充隨員，出為領事，擢為公使，庶幾通曉外務，可以折衝。考俄、日之强也，由遺宗室大臣遊歷各國，又遺英俊子弟詣彼讀書。俄主彼得，乃至易作工人，躬習其業，歸而變政，故能驟强。我親藩世爵大臣，與國休戚，啓沃聖聽者也，而不出都城，寡能學問，非特不通外國之故，抑且未知直省之為。一旦執政，豈能有補？大臣固守舊法，習為因循。宜選令遊歷三年，講求諸學，歸能著書，始授政事。其餘分遣品官，激厲士庶，出洋學習，或資遊歷，並給憑照，能著新書，皆予優獎，歸授教習，庶開新學，則上之可以贊聖聰，下之可以開風氣矣。

治體既舉，則兵備宜修，然近之言事者，莫不皆知器械軍兵矣。然兵無一能練，器無一能用，則以有末而無本故也。昔戰國之世，魏有蒼頭，齊有武騎，秦有百金死士，楚能投袂伐宋。近者德、法之爭，十三日失和，十七日即移兵二十四萬，度禮吳河而壓法境矣。蓋列國並爭，每日常討軍實，戒懼不怠，國乃可立。

今諸夷交伺，遼、臺有變，治兵之法，益與古異。自德人作內政，寄軍令而勝法，民盡為兵，各國畏之，莫不更變。俄兵三百餘萬，德兵一百餘萬。選兵先以醫生視其强弱，乃入學堂，學習布陣騎擊，測量繪畫，其陣法營壘、船械槍砲、海島口港、波濤沙線，日夕講求，確有程度。操練如眞戰，平居如臨敵，所由爭雄海上，職此之由。日本步武泰西，敢來侮我，我仍以大一統之舊視之，不訓兵備，八旗三十餘萬，綠營六十餘萬，皆老弱無可用。同治中興之際，乃以募勇成功。今募勇三十餘萬，非克扣虛名，則乞丐充數。孔子所謂以不教民戰，是謂棄之。郤缺論將在説禮樂而敦詩書。今外國將才，皆從學堂，天文、地圖、陣法、方略考授，雖以王子，先伍偏裨，考選有功，然後拔用，而我諸將多有不識字者。其於中外之故，天文地理，益復茫然，即能勇敢，已不能當此世變矣。《管子》謂：『器械不精，以卒與敵。』外夷講求槍砲，製作日新。槍則德有得來斯槍、毛瑟槍，法有格拉槍、克洛拔尺槍、沙士鉢槍，英有亨利馬梯尼槍，美有哈乞開司槍、林明敦槍、秘薄馬地尼槍，俄有俾爾達奴槍，奧有韋恩得槍，義有韋脱里槍，近者英之黎姆斯槍為尤精。砲自克虜伯、嘉立嘎爾、提約爾、哪登飛爾、孟尼砲外，近則有毒煙開花砲、空氣黃藥大砲、暗砲臺，其餘水底自行船、機器飛車、禦敵戎衣、測量砲子表，巧製日新。日本亦能自製新器，曰苗也理槍。而我中國不能自製，皆須購自遠夷。兵釁一開，皆守局外，例不出售。即以重價誘估，而彈子既盡，槍亦廢棄，何以為國哉？即承平購辦，委員不解製造，於堅輕遠準速無所諳曉，或以舊槍改充毛瑟，貪其價廉，乃不可用，其中飽者益無論矣。查同治十三年，德之攻法，每分時槍十餘響。光緒三年，俄之攻土，槍三十二餘響。至日本來犯，槍乃六十餘響。二十年間，後來居上，精進以倍。然則我師潰敗，雖將士不力，以器械不精，故膽氣不壯，有以致之。若夫海軍不增，盡為敵虜，益無可言。以智利、馬達加斯加，東南小夷，鐵艦猶三十餘艘，而我乃遜之，安得不為人擒哉？【略】

中國地大物博，若水陸並練，則飲馬南洋，秣兵歐土而有餘，何日本之有哉？然凡此富國、養民、教士、練兵之策，所以審端致力者，則在乎求人才而擢不次，慎左右而廣其選，通下情而合其力，三者而已。

夫循常守舊，苟且偷安，奉行文書，按循資格，誠無事於人才。若欲舉非常之功，則必有不次之擢。昔漢武修廢舉墜，東征西討，文吏若朱買臣、嚴助、主父偃，將帥若衛青、霍去病、金日磾，拔自布衣，或起從奴僕，惟才是用，故能感激圖功。明太祖行不測之刑威，用不次之賞擢，一言合而授卿貳，一事敗而加誅夷，故能奮赴功名，佐成開國。不敢言遠者，請以近事征之。當同治初年，沈葆禎、李鴻章、韓超皆以道員擢為巡撫，閻敬銘則由署臬擢撫山東，左宗棠則以舉人賞三品卿，督辦軍務，劉蓉且以諸生擢四川藩司，逾月授陝西巡撫，用能各展才力，克佐中興。伏讀世宗憲皇帝聖訓，累下詔書，令薦舉山林隱逸之士，下及舉、貢、生、監、縣丞、巡檢，皆不次擢用。故治效冠絕前古，此大聖人用人之良法也。蓋循資格者，可以得庸謹，不可以得異才；用者老者，可以守常，不可以應變。漢高之於樊噲，克城乃增爵級；其於韓信，一見即授大將。同治中興諸臣，多出草澤，其明效也。蓋用人者，用其氣而已。凡任事之臣，必其懷抱熱血，故能圖立功名。若高談安靜，貌託謹厚者，熱血必少，才具必庸，縱能束身寡過，亦已暗隳紀綱，況當此時勢艱難，何取此具臣為哉？

昔李沆謂不用少年喜事之人，此乃平世之言，施於今日，病藥相反。蘇軾謂能用智名勇功之人，則治在人主驅策駕馭之，無冷其熱，如牧者之於羊，視鞭所指，惟意所注，稍加輕重，皆將奔走趨赴，馳驅效死。大賈操奇滯居，猶能奔走一市，況人主挾賞罰之大權，鼓舞天下之士，何求不得？何事不行？豈有緩急之際，無才可用者哉？夫古亦天下，今亦天下，神州靈淑，士庶萬數，多懷忠義，未致乏才，皆皇上撫而有之者也。今東事之起，發憤忘身，以為國者無幾，固臣下之不忠，得無皇上鼓舞拔擢之道有未盡耶？

夫下僚庶士，懷才效忠者甚衆，皇上所深知簡任者有幾人？所不次拔擢者有幾人？所議論諮詢者有幾人？所日夜鈎訪者有幾人？前代有夢而得之者，有獵而得之者，有問而得之者，有書屏而次第用之者。皇上深居法宮，用人求才，固非疏逖所能知，然未聞有進賢退不肖之大舉，仍是循資格，録科舉，否則，大臣進其私人而已。竊意皇上尚未講求及之也。夫平流而進者，富貴為所自有，感激之意必少；特拔而上者，知遇出於格外，圖報之誠必深。亞夫鞅鞅，非少主之臣；霍光驂乘，有跋扈之意。孟子謂齊王無親臣，謂之親臣者，上有特達之知，故下有非常之報，則親臣之義，固孟子所特立以告後王者也。昔田橫有死士，李克用有義兒，李成梁、戚繼光有家丁，將帥馭卒，猶能以之赴湯蹈火，成其功名，皇上有天下士庶而不善用之，以毗聖治而揚天威，乃致大辱於小夷，故謂皇上鼓舞拔擢之道有未盡也。

《詩》云：『周王壽考，遐不作人。』人主不僅恃人天資之忠義，恃有道作而致之，豫讓在范氏為貳臣，在智氏為忠臣，韓信在項羽為庸臣，在漢高為才臣，封德彝在隋為佞臣，在唐為良臣，故在作之而已。方今若發憤自强，興舉百廢，非才不任，若仍以資格治天下，猶以參苓治奇病，必不可得矣。伏惟皇上垂意旁求，日夜鈎訪，某某有才，某某未用，孔子謂盡知天下之名士，盡知其數，盡知其所在，悉令引見，詢以時事，破除常格，不次擢用，或令翰林諸曹輪班顧問，或見下僚末秩，温顔諮詢，或令九卿、翰詹、科道、督撫、司道薦舉，專求草澤，禁薦顯僚，天下之士必踴躍奮發，冀酬知遇，必有豪俊出濟艱難者，所謂求人才而擢不次者，此也。

夫天下雖大，人才雖多，人主所日見者，左右之臣而已。《書》曰：『侍御僕從，罔非正人，用旦夕承弼厥辟。』又曰：『其惟吉士，勿用憸人，用勱相我國家。』蓋資啓沃，廣見聞，雖復亶聰之主，未有不因左右之助。若有憸人間厠其問，則煬竈蔽賢，壅塞言路，營私樹黨，弄權作威，禍有不堪言。其正人吉士，匡君憂國，引進賢士，開廣言路，其裨益亦豈可言哉！

今之左右諸臣，皇上所日見者，其為正人、憸人，皇上自辨之而已。伊尹曰：『有言逆於心，必求諸道。』孟子曰：『責難於君，謂之忠。』劉向曰：『魁壘骨鯁，憂國如家，議論通古今，喟然動人心。』而《大學》獨稱《秦誓》之一介臣。人之彦聖，其心好之，以能保子孫黎民；人之有技，媢嫉惡之，不能保子孫黎民。孰好彦聖，孰媢有技，皇上亦自辨之而已。《周禮》有『土訓』、『誦訓』、『匡人』、『撢人』之官，皆誦四方之故以廣耳目。漢世郎官，若東方朔、揚雄，階下執戟，袁盎入內移席，孔光執唾壺、虎子，皆妙選名儒為之。程子言日親學士大夫則治。今翰林百數，郎曹千數，皆人才所聚，淹滯冗散，若用周、漢之制，或增廣南書房員數，或調入侍衛，其於輔聖德而廣聖聰，必有裨益。所謂慎左右而廣其選者，此也。

人才得，左右賢，而下情不達，百弊未已。夫中國大病，首在壅塞，氣鬱生疾，咽塞致死，欲進補劑，宜除噎疾，使血通脉暢，體氣乃强。今天下事皆文具而無實，吏皆奸詐而營私。上有德意而不宣，下有呼號而莫達。同此興作，並為良法，外夷行之而致效，中國行之而益弊者，皆上下隔塞、民情不通所致也。夫一省千里之地，而惟督撫一二人僅通章奏，以百僚庶士之衆，而惟樞軸三五人日見天顔。然且堂廉迥隔，大臣畏謹而不敢盡言；州、縣專城，小民冤抑而未由呼籲。故君與臣隔絶，官與民隔絶，大臣、小臣又相隔絶，如浮屠百級，級級難通，廣厦千間，重重並隔。夫天下萬物之繁，封圻千里之廣，使督撫、樞軸皆是大賢，然是數人者，心思耳目所及，必有未周，才力精神之運，必有未逮，以之運驟四海，措置百度，已狹隘不廣矣。況知人之哲，自古為難，唐帝失之於共兜，諸葛亮失之於馬謖，任用偶誤，一切乖方，而欲倚以之扶危定傾，經營八表，豈不難乎？天下人民四萬萬，庶士億萬，情僞百端，才智甚廣，皇上僅寄耳目於數人，而數人者，或畏謹不敢竭盡，或且煬灶蔽賢，壅塞聖聽，皇上雖欲通中外之故，達小民之隱，其道無由。名雖尊矣，實則獨立於上，遂致有割地棄民之舉。皇上亦何樂此獨尊為哉？

夫先王之治天下，無不與民共之，《洪範》之大疑大事，謀及庶人為大同。《孟子》稱進賢殺人，待於國人之皆可。盤庚則命衆至庭，文王則與國人交。《尚書》之四目四聰，皆由辟門，《周禮》之詢謀詢遷，皆合大衆。嘗推先王之意，非徒集思廣益，通達民情，實以同憂共患，結合民志。昔漢有徵辟有道之制，宋有給事封駁之條。伏乞特詔頒行海內，令士民公舉博古今、通中外、明政體、方正直言之士，略分府、縣，約十萬戶而舉一人，不論已仕未仕，皆得充選，因用漢制，名曰議郎。皇上開武英殿，廣懸圖書，俾輪班入值，以備顧問。並准其隨時請對，上駁詔書，下達民詞。凡內外興革大政，籌餉事宜，皆令會議，三占從二，下部施行。所有人員，歲一更換，若民心推服，留者領班，著為定例，宣示天下。上廣皇上之聖聽，可坐一室而照四海；下合天下之心志，可同憂樂而忘公私。皇上舉此經義，行此曠典，天下奔走鼓舞，能者竭力，富者紓財，共贊富强，君民同體，情誼交孚，中國一家，休戚與共。以之籌餉，何餉不籌？以之練兵，何兵不練？合四萬萬人之心以為心，天下莫强焉！所謂通下情而合其力者，此也。

舉是數者，於以恢復琉球，掃蕩日本，大雪國耻，耀我威棱。昔德相畢士馬克破法之後，謂地球諸國莫有如中國之勢者，恐為歐洲患，思合諸國分之，既知吾孱弱不振，遂罷置不理。夫中國以二萬里之地，四萬萬之民，二十六萬種之物產，二帝三王四千年之忠義，列聖之所培養，此地球各國之所無也。若修政自强，雖以之西撻歐洲，南收海島而有餘，豈非泰西大國之所畏，而何有割地、賠款於小夷之事哉？及今為之，猶可補牢，若徘徊遲疑，苟且度日，因循守舊，坐失事機，則外患內訌，間不容髮，遲之期月，事變已來，後欲悔而改作，大勢既壞，不可收拾，雖有聖者，無以善其後矣。故社稷安危，決在今日。

凡上所陳，其行之者，仍在皇上自强之一心，畏敬之一念而已。蓋天下大器也，難成而易毁；兆民大衆也，難靜而易動。故先王懍朽索之馭馬，慮天命之無常，日慎一日，若履淵冰，振刮摩厲，僅能自立。近者土耳其為回教大國，陸兵冠天下，不變舊法，遂為六大國割地、廢君，而柄其政。屬地布加利牙、羅馬尼亞、塞爾維亞，並裂土自王。俄、日能變法，遂取威東方。是皆前車，可為近鑑。

自古非常之事，必待大有為之君。自强為天行之健，志剛乃大君之德。《洪範》以弱為六極，大《易》以順為陰德。《詩》曰：『天之方濟，無為誇。』説者以詩為體柔之人，足以為戒。皇上若歷鑑覆轍，深畏天命思祖宗之付託，慮社稷之陵夷，夙夜震動，念兹在兹，早朝晏罷，講求自强，某弊未舉，某弊未除，某才未用，某法未善，邦交未固，國本未堅，刻日程功，義在必辦，必能赫然發憤，不能自已者。伏乞皇上遠覽《詩》、《易》之所戒，近鑑俄、土之興衰，獨攬乾綱，破除舊習，勿搖於左右之言，勿惑於流俗之説。立事必有利弊，權其輕重；聽言必有是非，察其迂切，斷自聖衷，更新大政，宗廟幸甚！天下幸甚！

夫無事之時，雖勳舊之言不能入，有事之世，雖芻蕘之言或可採。進士草茅疏逖，何敢妄陳大計，變亂舊章？但上感聖主之旁求，下懼一家之胥溺，譬猶父有重病，庶孽知醫，雖不得湯藥親嘗，亦欲將驗方鈔進。《公羊》之義，臣子一例。故敢忘其僭越，竭其愚昧，惟皇上採擇焉。不勝冒昧隕越之至，伏惟代奏皇上聖鑑，謹呈。

梁啓超《飲冰室文集·變法通議自序》 法何以必變？凡在天地之間者，莫不變。晝夜變而成日；寒暑變而成歲；大地肇起，流質炎炎，熱熔冰遷，累變而成地球；海草螺蛤，大木大鳥，飛魚飛鼉，袋獸脊獸，彼生此滅，更代迭變而成世界；紫血紅血，流注體內，呼炭吸養，刻刻相續，一日千變，而成生人。藉曰不變，則天地人類並時而息矣。故夫變者，古今之公理也。貢助之法變為租庸調，租庸調變為兩稅，兩稅變為一條鞭；井乘之法變為府兵，府兵變為彍騎，彍騎變為禁軍；學校升造之法變為薦辟，薦辟變為九品中正，九品變為科目。上下千歲，無時不變，無事不變，公理有固然，非夫人之為也。為不變之説者，動曰『守古守古』，庸詎知自太古、上古、中古、近古以至今日，固已不知萬百千變。今日所目為古法而守之者，其於古人之意，相去豈可以道里計哉！

今夫自然之變，天之道也；或變則善，或變則敝。有人道焉，則智者之所審也。《語》曰：『學者上達，不學下達。』惟治亦然：委心任運，聽其流變，則日趨於敝；振刷整頓，斟酌通變，則日趨於善。吾揆之於古，一姓受命，創法立制，數世以後，其子孫之所奉行，必有以異於其祖父矣。而彼君民上下，猶瞷焉以為吾今日之法，吾祖前者以之治天下而治，薾然守之，因循不察，漸移漸變，百事廢馳，卒至疲敝，不可收拾。代興者審其敝而變之，斯為新王矣。苟其子孫達於此義，自審其敝而自變之，斯號中興矣。漢唐中興，斯固然矣。

《詩》曰：『周雖舊邦，其命維新。』言治舊國必用新法也。其事甚順，其義至明，有可為之機，有可取之法，有不得不行之勢，有不容少緩之故。為不變之説者，猶曰『守古守古』，坐視其因循廢弛，而漠然無所動於中。嗚呼，可不謂大惑不解者乎！《易》曰：『窮則變，變則通，通則久。』伊尹曰：『用其新，去其陳，病乃不存。』夜不秉燭則昧，冬不御裘則寒，渡河而乘陸車者危，易症而嘗舊方者死。今專標斯義，大聲疾呼，上循土訓、誦訓之遺，下依矇諷鼓諫之義，言之無罪，聞者足興，為六十篇，分類十二，知我罪我，其無辭焉。

又《論不變法之害》 今有巨厦，更歷千歲，瓦墁毀壞，榱棟崩折，非不枵然大也；風雨猝集，則傾圮必矣。而室中之人，猶然酣嬉鼾臥，漠然無所聞見；或則睹其危險，惟知痛哭，束手待斃，不思拯救；又其上者，補苴罅漏，彌縫蟻穴，苟安時日，以覬有功。此三人者，用心不同，漂搖一至，同歸死亡。善居室者，去其廢壞，廓清而更張之，鳩工庀材，以新厥構。圖始雖艱，及其成也，輪焉奐焉，高枕無憂也。惟國亦然，由前之説罔不亡，由後之説罔不强。

印度，大地最古之國也，守舊不變，夷為英藩矣；突厥地跨三洲，立國歷千年，而守舊不變，為六大國執其權、分其地矣；非洲廣袤，三倍歐土，內地除沙漠一帶外，皆植物饒衍，畜牧繁盛，土人不能開化，拱手以讓强敵矣；波蘭為歐西名國，政事不修，內訌日起，俄、普、奧相約，擇其肉而食矣；中亞洲回部，素號驍悍善戰鬥，而守舊不變，俄人鯨吞蠶食，殆將盡之矣；越南、緬甸、高麗，服屬中土，漸染習氣，因仍弊政，薾靡不變，漢官威儀，今無存矣。今夫俄，宅苦寒之地，受蒙古鈐轄，前皇殘暴，民氣凋喪，岌岌不可終日；自大彼得遊歷諸國，學習工藝，歸而變政，後王受其方略，國勢日盛，辟地數萬里也。今夫德，列國分治，無所統紀，為法所役，有若奴隸，普人發憤興學練兵，遂蹶强法，霸中原也。今夫日本，幕府專政，諸藩力征，受俄、德、美大創，國幾不國；自明治維新，改弦更張，不三十年，而奪我琉球，割我臺灣也。又如西班牙、荷蘭，三百年前屬地徧天下，而內治稍弛，遂即陵弱，國度夷為四等。暹羅處緬、越之間，同一綿薄，而稍自振厲，則巋然尚存。《記》曰：『不知來，視諸往。』又曰：『前車覆，後車戒。』大地萬國，上下百年間，强盛弱亡之故，不爽累黍，蓋其幾之可畏如此也！

中國立國之古等印度，土地之沃邁突厥，而因沿積敝，不能振變，亦伯仲於二國之間。以故地利不辟，人滿為患，河北諸省歲雖中收，猶道殣相望。京師一冬，死者千計。一有水旱，道路不通，運賑無術，任其填委，十室九空。濱海小民，無所得食，逃至南洋、美洲諸地，鬻身為奴，猶被驅迫，喪斧以歸。馴者轉於溝壑，黠者流為盜賊，教匪、會匪蔓延九州，伺隙而動。工藝不興，商務不講，土貨日見減色，而他人投我所好，製造百物，暢銷內地，漏卮日甚，脂膏將枯。學校不立，學子於帖括外，一物不知，其上者考據詞章，破碎相尚，語以瀛海，瞠目不信；又得官甚難，治生無術，習於無耻，懵不知怪。兵學不講，綠營防勇，老弱癖煙，凶悍騷擾，無所可用；一旦軍興，臨時募集，半屬流丐，器械窳苦，餉糈微薄。偏裨以上，流品猥雜，一字不識，無論讀圖；營例不諳，無論兵法，以此與他人學問之將、紀律之師相遇，百戰百敗，無待交綏。官制不善，習非所用，用非所習，委權胥吏，百弊蝟起；一官數人，一人數官，牽制推諉，一事不舉；保獎矇混，鬻爵充塞，朝為市儈，夕登顯秩；宦途壅滯，候補窘悴，非鑽營奔競，不能療饑；俸廉微薄，供億繁浩，非貪汙惡鄙，無以自給。限年繩格，雖有奇才，不能特達，必俟其筋力既衰，暮氣將深，始任以事，故肉食盈廷，而乏才為患。法敝如此，雖敵國外患，晏然無聞，君子猶或憂之，況於以一羊處羣虎之間，抱火厝之積薪之下而寢其上者乎！

孟子曰：『國必自伐，然後人伐之。』又曰：『未聞以千里畏人者也。』又曰：『能治其國家，誰敢侮之！』中國戶口之衆，冠於大地；幅員式廓，亦俄、英之亞也；礦產充溢，積數千年未經開採；土地沃衍，百植並宜；國處温帶，其民材智；君權統一，欲有興作，不患阻撓；此皆歐洲各國之所無也。夫以舊法之不可恃也如彼，新政之易為功也又如此，何舍何從，不待智者可以決矣。

難者曰：『今日之法，匪今伊昔，五帝三王之所遞嬗，三祖八宗之所詒謀，累代率由，歷有年所，必謂易道乃可為治，非所敢聞。』釋之曰：不能創法，非聖人也；不能隨時，非聖人也。上觀百世，下觀百世，經世大法，惟本朝為善變。入關之初，即下薙髮之令，頂戴翎枝，端罩馬褂，古無有也，則變服色矣；用達海創國書，借蒙古字以附滿洲音，則變文字矣；用湯若望、羅雅谷作憲書，參用歐羅巴法，以改大統曆，則變曆法矣；聖祖皇帝永免滋生人口之賦，併入地賦，自商鞅以來計人之法，漢武以來課丁之法，無有也，則變賦法矣；舉一切城工河防，以及内廷營造，行在治蹕，皆雇民給直，三王於農隙使民，用民三日，且無有也，則變役法矣；平民死刑，別為二等，曰情實，曰緩決，猶有情實而不予勾者，仕者罪雖至死，而子孫考試入仕如故，如前代所沿夷三族之刑，發樂籍之刑，言官受廷杖、下鎮撫司獄之刑，更無有也，則變刑法矣。至於國本之説，歷代所重，自理密親王之廢，世宗創為密緘之法，高宗至於九降綸音，編為《儲貳金鑑》為世法戒，而懵儒始知大計矣；巡幸之典，諫臣所爭，而聖祖、高宗皆數幸江南，木蘭秋狝，歲歲舉行，昧者或疑之，至仁宗貶謫松筠，宣示講武習勞之意，而庸臣始識苦心矣。漢、魏、宋、明由旁支入繼大統者，輒議大禮，齗齗爭訟，高宗援據《禮經》，定本生父母之稱，取『葬以士，祭以大夫』之義。聖人制禮，萬世不易，觀於醇賢親王之禮，而天下翕然稱頌矣。凡此皆本朝變前代之法，善之又善者也。至於二百餘年，重熙累洽，因時變制，未易縷數，數其犖犖大者：崇德以前，以八貝勒分治所部，太宗與諸兄弟，朝會則共坐，餉用則均出，俘虜則均分，世祖入關，始嚴天澤之分，裁抑諸王驕蹇之習，遂壹寰宇，詒謀至今矣。累朝用兵，拓地數萬里，膺閫外之寄，多用滿、蒙，逮文宗而兼用漢人，輔臣文慶力贊成之，而曾、左諸公遂稱名將矣。八旗勁旅，天下無敵，既削平前三藩、後三藩，乾隆中屢次西征，猶復簡調前往，朝馳羽檄，夕報捷書，逮宣宗時，而知索倫兵不可用，三十年來殲蕩流寇，半賴召募之勇以成功，而同治遂號中興矣。内而治寇，始用堅壁清野之法，一變而為長江水師，再變而為防河圈禁矣。外而交鄰，始用閉關絶市之法，一變而通商者十數國，再變而命使者十數國矣。此又以本朝變本朝之法者也。吾聞聖者慮時而動，使聖祖、世宗生於今日，吾知其變法之鋭，必不在大彼得、威廉第一、睦仁之下也。《記》曰：『法先王者法其意。』今泥祖宗之法而戾祖宗之意，是烏得為善法祖矣乎？

又《楊深秀傳・請定國是明賞罰摺》　夫守舊之人，實非不知今之宜變法也，或年老不能讀書，或氣衰不能任事，不能讀書，則難考新政；不能任事，則畏聞興作。慮新法之行，於舊官必多更革，於舊人必多褫斥，於其富貴之圖，大有不便，則惟有出全力以阻撓之，造謠言以搖惑之。開新者通達中外，其人本寡，其勢甚孤；守舊者承襲舊習，其人極多，其勢甚大。以極多之黨，人咸自為私計，合成大衆，造作語言，阻撓百端，飛誣百出，務攻開新之人，務撓維新之政。皇上日開之於上，而守舊者日塞之於下，雖有詔書，而新政不行，職是故也。故開新者，皇上所大利，而守舊者所大不利也。守舊者，於皇上有大害，而守舊者之大利也。乃上託法祖之名，下據攘夷之論，陽塞開新之口，陰便身家之圖。皇上外觀時變，内察人情，豈可以天下大器，四海民命，而徇守舊者富貴之圖哉！夫使時局不危，則此輩營營，原可置之勿論。而無如膠事之後，禍變日急，推求其本，皆由議論不一，國是未定，賞罰未著，故令守舊者昌，而新政不行。

麥仲華《皇朝經世文新編》卷一中《歐榘甲〈變法由上自下議〉》

故今日言變法，人人皆有其責，人人當任其事。然變之之道有二：一曰變之自上，一曰變之自下。變之自上者何？俄日是也。【略】夫鄰我者莫如俄日，迫我者莫如俄日，宜取法者亦莫如俄日。不取法於俄日，必見殲於俄日。不寧惟是，棄果於途，遺金於市，雖騃童乞人皆得取而有之，不必强有力矣。中國圖治久矣，臥薪嘗膽，布於綸音，創巨痛深，暐哉天語。而左右貴近，煬蔽汶闇，無能周知外事，翊贊聖聰；畿内外吏，又復忘君父之大仇，無能憤揚國耻，力任新政。是以高拱深宮，獨立無助，是皆有官守者之過也。曹劌不忘汶陽，范蠡不忘會稽，卒能沼吳返地，克濟大計。伊藤、井上之徒，首倡革政，日人諱然，卒用大治。誠使吾之在位者，勿為身家之謀，共懷晉宋之辱，其年屆懸車，則自行告退，毋妨賢路；其識仍蹈故轍，則急自拔擢，無誤朝廷。大闢公府，以延天下之士；廣集衆議，以上天子之聽。流涕痛哭，不計利害。聖聰既達，四門斯闢，降至尊以交人國，振長策而御宇内，本先聖經世之義，采泰西植民之規，陰闔陽開，乾端坤倪，良法美意，耳目煥然。遣使臣與列邦公會，立二十年太平之約；選學士與列邦教會，明《春秋》太平之制。《易》曰：首出庶物，萬國咸寧。《詩》曰：周雖舊邦，其命維新。其是之謂乎！此變之自上之策也。

變之自下者何？泰西諸國是也。【略】且夫泰西之强也，民羣强之也；中國之弱也，民不羣弱之也。是故學校盛則民智慧，善堂盛則民仁善，農織盛則民富饒，工商盛則民闐溢之數者，民之有也，民之事也。民而甘為愚獷凋瘵，則可不事其事也。如其不然，未有舍己而從人者也。【略】今之中國人衆矣，土廣矣。然而無士也，無農也，無工也，無商也。非無士也，士而不羣，故無學會以通聲氣，無圖籍以擴見聞，無教會以禦外侮，無遊歷以廣尊親。外士熒熒，吾士塵塵，與無士同也。非無農也，農而不羣，故無農會以相比較，無農報以稽土物，無新機以利刈播，無化學以速滋生。外農勤勤，吾農畊畊，與無農同也。非無工也，工而不羣，故無工局以講製造，無工器以闢心思，便日用則無妙製，禦漏卮則無巧式。外工裳裳，吾工芒芒，與無工同也。非無商也，商而不羣，故無商會以厚財力，無商學以規巨利，資小而取微，勢分而志軋。外商夥夥，吾商焦囚，與無商同也。夫以中國之大，成為無人之境，等於滅亡之野，豈不痛哉！夫坐以待斃歟？抑思有以振之而未得其道歟？思有以振之，則宜合羣；思合羣，則宜開會。學會者，士之羣也；農會者，農之羣也；工會者，工之羣也；商會者，商之羣也。然而世變日迫，曾無幾時，卒未聞踔堪奮發，雲興霧湧，宣布新化者，豈不意望於上人哉？夫人各有能，有不能，且商務之局、鐵路之興，既已疊奉明詔，天語煌煌，自當謹率，不必因人成事也。即斯人而果如所望也，不過攸助我耳，誘勸我耳，其章程條理，闡發奧蘊，化質纖微，考察猥瑣，試汽驗力，蹈隙操贏，經緯委曲，條畫密致，不能代我而任之也。不能我代復何望哉？盍亦自謀之為愈矣。【略】此變之自下之策也。

何啓、胡禮垣《新政眞詮・勸學篇書後・變法篇辯》　中國宜變之法，何法哉？曰：君民隔絕，其法宜變；官府蒙蔽，其法宜變；誣罔人才，其法宜變；商務無權，其法宜變；衙門刑訊，其法宜變；理財失實，其法宜變；俸祿不稱，其法宜變；變隔絕則應設議員，變蒙蔽則應行選舉，變誣罔則應行實學，變商務則應去官督，變刑訊則應設陪員，變理財則應覈進支，變俸祿則應行厚給，此所謂變法也。變法者，非徒設各項機器廠之謂也。機廠者，皮毛耳；以上各事，則命脈也；命脈不變，而變皮毛，宜其無濟也。《變法篇》謂中國近年仿行西法者，不可因其無效而棄之，因又縷陳其故，謂人顧其私，故止為身謀而無進境，此人之病非法之病也；愛惜經費，故左支右絀而不能精，此時之病非法之病也；朝無定論，故旋作旋輟而無成效，此浮言之病非法之病也；有器無人，未學工師而購機，未學艦將而購艦，此先後失序之病非法之病也；云云。不知惟其皮毛是務，故有此種種不諧。若命脈一變，則百病皆除，清明在躬，志氣如神，嗜欲所至，有開必先，此之謂也，毋以設機局即謂之變法也。夫命脈之事，在作《變法篇》者未必不知，而乃僅為此皮毛之語，公耶？私耶？於此可見。

《嚴復集・論世變之亟・上今上皇帝萬言書》　臣知陛下之所以謙讓逡巡，終不忍言變法者，重以子孫輕改祖、父之道故也。此誠陛下孝治之隆，不可及之盛德也。然而臣愚竊以為過矣。臣請得就陛下一己之意明之：設今者陛下憤因循之致弱，不得已審勢度時，制為一切之法以補救之，凡此亦陛下一時之計也。而千秋萬歲之後，陛下之聖子神孫，其所遭之世，雖其所以待救者不存，然猶兢守陛下之法，至於不可復行；甚且坐法之故，使人才消乏，財賦困窮，內憂外患，坌至而不可復支，如是而猶不變，寧使宗社傾危，種姓降為卑隸，則陛下以為孝乎？且將惘其易轍改弦，以與天下更始乎？臣愚有以知陛下之必不然矣。然則皇天之意，莫急於利安元元；祖宗之貽謀，莫重於保世垂統。而既敝之法度，猶芻狗之不可重陳，惟天惟祖宗所日夜屬望陛下早為改革者也。此在常智猶能知之，而謂陛下至聖至明，庸有不知此理！

今者陛下君九萬里之中國，子四百兆之人民，其為榮業可謂至矣。然而審而言之，則所承之重，實百倍於古之帝王；所遭之時，亦古無如是危急者。國之富强，民之智勇，臣愚不知忌諱，不敢徒以悅耳之言欺陛下，竊以為無一事及外洋者。而其所以獲全至今者，往者以外人不知吾虛實故耳。甲午以來，情見勢屈矣，然而未即動者，以各國之互相牽制故耳。故中國今日之大患，在使外人決知我之不能有為，而陰相約縱，以不戰而分吾國。使其約既定，雖有聖者，不能為陛下謀也。為陛下謀，務及此約未成之際，此臣所謂時至危急者也。況客歲德人之佔膠州，則外人意之所欲為，愈明白而不待更察矣。東方我、日匈匈，論者策其必出於戰。

戰則無論孰為勝負，而我將有池魚之憂。伏惟皇天、祖宗以丕基鴻業付陛下，皇太后援立有德，原以冀宗社萬世之安。且使中國一朝而分，則此四百兆黃炎之種族，無論滿、蒙、漢人，皆將永為賤民，而為歐人之所輕蔑踐踏。陛下即敝屣萬乘，不為身謀，奈九廟在天之靈與皇太后千秋之養何？奈中國率土臣庶所以愛戴陛下之意何？此臣所謂陛下奉承之重，百倍於古之帝王者也。夫陛下所承之重如此，所遭之時，其危急又如此，然則陛下雖欲趣過目前，忍與終古，不可得矣。然而居今之日，而欲講變革，圖富强，雖臣至愚，亦深諒陛下之難為也。

蓋古今謀國救時之道，其所輕重緩急者，綜而論之，不外標、本兩言而已。標者，在乎理財、經武、擇交、善鄰之間；本者，存乎立政、養才、風俗、人心之際。勢亟，則不能不先事其標；勢緩，則可以深維其本。蓋使勢亟而不先事標，將立見覆亡，本於何有？顧標必不能徒立也。使其本大壞，則標非所附，雖力治標，亦終無功。是故標、本為治，不可偏廢，非至明達於二者之間，權衡至審而節次圖之，固不可耳。夫欲審權衡，則必審察時勢，內政外交，皆了然見其癥結之所在，而無影響之疑，此固事之大難者也。且臣云，吾國之富强與民之智勇，無一事及外洋者，亦非敢為無徵之辭，抑己揚人，欺陛下也。其所以然之故，所從來也遠。臣請得為陛下深明之。臣聞建國立羣之道，一統無外之世，則以久安長治為要圖；分民分土、地醜德齊之時，則以富國强兵為切計，此不易之理也。顧富强之盛，必待民之智勇而後可幾；而民之智勇，又必待有所爭競磨礱而後日進，此又不易之理也。

歐洲國土，當我殷周之間，希臘最盛。文物政治，皆彬彬矣。希臘中衰，乃有羅馬。羅馬者，漢之所稱大秦者也。庶幾一統矣，繼而政理放紛，民俗抵冒，上下征利，背公營私。當此之時，俄特、日耳曼諸種起而乘之，蓋自是歐洲散為十餘國焉，各立君長，種族相矜，互相砥礪，以勝為榮，以負為辱。蓋其所爭，不僅軍旅疆埸之間而止，自農工商賈至於文詞學問，一名一藝之微，莫不如此。此所以始於相忌，終於相成，日就月將，至於近今百年，其富强之效，遂有非餘洲所可及者。雖曰人事，抑亦其地勢之支離破碎使之然也。至我中國，則北起龍庭天山，西緣葱嶺輪臺之限，而東南界海，中間方數萬里之地，帶河礪山，渾整綿亘，其地勢利為合而不利為分。故當先秦、魏、晉、六朝、五代之秋，雖暫為據亂，而其治終歸於一統。統既一矣，於此之時，有王者起，為之內修綱維而齊以法制，外收藩屬而優以羈縻，則所以禦四夷、綏百姓，而求所謂長治久安者，事已具矣。

夫聖人之治理不同，而其求措天下於至安而不復危者，心一而已。聖人之意，以謂天下已治已安矣，吾為之彌綸至纖悉焉，俾後世子孫謹守吾法，而百姓有以相生養、保持，永永樂利，不可復亂，則治道至於如是，是亦足矣。吾安所用富强為哉！是故其垂謨著誡，則尚率由而重改作，貴述古而薄謀新。其言理財也，則崇本而抑末，務節流而不急開源，戒進取，敦止足，要在使民無凍餒，而有以劑豐歉，供租稅而已。其言武備也，則取詰奸宄，備非常，示安不忘危之義。外之無與為絜長度大之勍敵，則無事於日講攻守之方，使之益精益密也。內之與民休息，去養兵轉餉之煩苛，則無畜大支之勁旅也。且聖人非不知智勇之民之可貴也，然以為無益於治安，而或害吾治，由是凡其作民厲學之政，大抵皆去異尚同，而旌其純良謹愨者，所謂豪俠健果，重然諾、立節概之風，則皆懲其末流而黜之矣。夫如是，數傳之後，天下靡靡馴伏，易安而難危，亂萌無由起。而聖人求所以措置天下之方，於是乎大得。此其意亦非必欲愚黔首、利天下、私子孫也。以為安民長久之道，莫若此耳。蓋使天下常為一統而無外，則由其道而上下相維，君子親賢，小人樂利，長久無極，不復亂危，此其為甚休可願之事，固遠過於富强也。不幸為治之事，弊常伏於久安之中；而謀國之難，患多起於所防之外，此自前世而已然矣。而今日乃有西國者，天假以舟車之利，闖然而破中國數千年一統之局，且挾其千有餘歲所爭競磨礱而得之智勇富强，以與吾角，於是乎吾所謂長治久安者，有儳然不終日之勢矣。嗟夫！此其為事，豈僅祖宗之所不及知也哉！蓋雖周孔之聖，程朱之賢，其論治道、處後世也，可謂詳且審矣，然而今日之變，則亦所未嘗豫計者也。

今夫陛下之所以為治，與諸臣之所以輔治，不過近考祖宗之成憲，遠稽古聖賢人之所著垂，詳擇其中以措之於政而已。而今日外交之事，既為前人之所不及知，而未嘗豫計，則陛下之為治，與諸臣之輔治者，將皆無所循效據依，以為一切因應之具。往者嘗欲不察外情而純任我法矣，顧外人不但不範我馳驅，乃常至於決裂，而吾國愈病。於是更以柔道行之，曲意從彼，以苟求一頃之安。然而彼之欲常無厭，而曲意之為，將有時而必不可忍。於是陛下乃起而求折衝禦侮之臣，與夫綢繆未雨之佐。而平居國既不以此養才，士亦未嘗以此為學，則人才消乏之弊見矣。陛下思所以整武備，繕封疆，與一切可以建國威，銷敵萌者，而今日船械之費，動輒數百鉅萬，吾國度支，以之處平世則有餘，以之圖非常必不足，則財賦匱乏之弊又見矣。

夫人才之與財賦二者，興事者之所必資也，而皆乏如此，則陛下縱欲為之，而安所藉手乎？且臣聞天下非財之難也，而理財為難；又非求才之難也，而知才實難。夫今日中國所處之時勢，既大異於古初矣，則今日之才，方之於已往者，雖忠孝廉貞之德，不能不同。而其所具之才，所以幹濟時艱，策外交而輔內理者，必其詳考古今之不同，而周知四國之故者也。夫如是，故其所治之學與其所建白者，亦將有異於古初。而異於古初者，非陛下與內二三大臣、外之十數疆吏之所嘗學而深悉也。如是，則無以知此才而為之區其賢否矣。無以知此才而區其賢否，則所求之才，伏而不出，而游談亂眞者日以多，故陛下雖屢下明詔，督諸臣以薦舉之事，而彼外之不能不緣虛聲以為采，內之不能不本己意以相求，薦而陛下用之矣，然而事實之際不可誣也。則不幸往往有敗，敗而陛下又不悟其才之非眞也，轉曰今之所謂人才，吾既取而用之矣，而於吾事乃如此。然則天下固無才，抑雖才亦無益於吾事也。如此，則陛下求才之意衰，而中國之人才愈不出。夫人才者，國之楨幹也。無人才，則所謂標、本之治皆不行。於此之時，陛下欲自為其本，則其事無旦暮之效，為之雖切，恒恐不逮於救亡。救亡而急理其標，則陛下在在無人才之助。臣故曰：居今之日，而欲講變革、圖富强，雖臣至愚，亦深知陛下之難為也。

今使中國之民一如西國之民，則見國勢傾危若此，方且相率自為，不必驚擾倉皇，而次第設施自將有以救正。陛下惟恭己無為，順民所欲，而數稔之間，吾國固已强已富矣。彼英國之維多利亞，不過一慈祥女主耳，非所謂聰明神武者也。至若前主之若耳治，則尤庸闇非才，然而英吉利富强之效，百年以來，橫絕四海，遠邁古初者，則其民所自為也。顧中國之民有所不能者，數千年道國明民之事，其處勢操術，與西人絕異故也。夫民既不克自為，則其事非陛下倡之於上固不可矣。

臣居平嘗論中國今日之法，雖已大敝，然所以成其如是者，率皆經數千載自然之勢流衍而來，對待相生，牢不可破。故今者審勢相時，而思有所改革，則一行變甲，當先變乙；及思變乙，又宜變丙。由是以往，膠葛紛綸，設但支節為之，則不特徒勞無功，且所變不能久立。又況興作多端，動糜財力，使其為而寡效，則積久必至不支，此亦事之至為可慮者也。邇歲以來，朝野之間，其言變法以圖自强者，亦不少矣。或云固圉為急矣，則請練陸營而更立海軍；或云理財最要矣，則請造鐵路、開各礦、設官銀號；又以事事雇用洋人之不便也，則議廣開學館以培植人才。大抵皆務增其新，而未嘗一言變舊。夫國家歲入之度支有限，而新政之日增無窮，新舊並存，理自竭蹶。

臣聞為政之道，除舊布新，相因為用者也。譬如病痞之夫，欲求强健，良醫臨症用藥，必將補瀉兼施，夫而後積邪去而元氣蘇，徐收滋補之效。使其執不可攻瀉，恐傷病人之說。而專補不瀉，日進參蓍，則雖所費多金，以求良藥，恐痞疾終不可瘉，積邪日以益堅，而大命之傾將無日矣。陛下試觀今日諸臣所為，何以異此？臣竊謂前者諸事，以治標而論，則事勢太逼，恐無救於危亡；以治本而言，則積習未祛，亦無益於貧弱。其事誠皆各國所以富强之具，今日所不可不圖，第為之而不得其序，則遠之有資敵之憂，近之有糜財之患，而於自强之實，去之尚遙。何者？將以為標，則救亡圖存，事尚有亟乎此者。以之為本，則原始要終，事尚有先乎此者也。臣竊自忘其愚賤，曠觀時變，蚤夜以思，既深識大局之至為難圖，又大願陛下之不可不勉。得未變法之前，陛下之所亟宜行者三；既變法之時，陛下之所先宜行者四。狂夫言焉，聖人擇焉。屈原不云乎：『所非忠而言之兮，指蒼天以為正。』惟陛下俯垂聖聽而已。【略】

今夫同律度量衡而謹圜法者，王者之大政也，著於禮經，載之會典。且度量不同，圜法不謹者，其國必貧，又計學之公例也。而中國之數者之放紛雜亂，為全球之所無。日者嘗有人焉，欲為陛下立圜法矣，以一兩五錢為制，色均權等，此法立則民無以滋其巧偽，而吏無以售其姦，而泉貨大通於中國，有無窮之利，此亦富國之本謀也。顧何以事經部臣議復，以為多所窒礙而萬不可行乎？釐金者，天下之弊政也。吾與外洋議及加稅，則英人常以為言，以謂吾不病中國之抽釐，所抽重輕，抑亦其次，但商人出本行貨，必示以一定稅則，然後操籌計贏，不至虧折。而中國十里一卡，百里一牙，疏密重輕，毫無定制。夫取於民有制者，又百王之通義也。且賦民無法，則上之所益有限，而下之所損至多。合天下而計之，則國財之耗於無形者不少。今陛下試取其法而整頓之，而觀各省之督撫官吏以為何如？由此而推之，則陛下欲變科舉考試之法，則必有收科舉考試之利者以為不便矣。欲廢弓箭，用槍砲，毀沙艇，易輪船，罷漕運，收折色，講河工，用西法，諸如此者，皆必有收前利者，以後之變法為大不便。總之，如臣前言，其法愈敝，則把持愈多，而變之愈不易，不必問其為中法為西法也。孔子曰：『鄙夫可與事君也與哉？苟患失之，無所不至。』而近人之論李斯，亦云：小人寧坐視其國之危亡，不以易其身一朝之富貴。痛矣乎，其言之也！然而臣以為彼把持者之計亦短矣。譬之樹之有蟲，人一身之有蠱，聚而嘬之，以為得計，而不念及其已甚，則樹殭人亡，而己亦與偕盡。此莊周所謂濡需豕虱者也。使其幡然變計，先國而後身，先羣而後己，則一身雖不必利，猶可以及其子孫。況夫處富强之國，其身之未必不利也哉，特一轉移之間耳！

是以臣之愚計，以謂陛下治今日之中國，不變法則亦已矣，必變法則慎勿為私利者之所把持。夫法度立，則人無獨蒙其利者，故雖至不得已而圖改革，其於小人必有所齟齬而不安。歷代叔季之君，夫亦自知顛危而思振刷矣，使其匪所齟齬而變之不難，則古今安得有亡國哉！臣聞帝王之用心，與衆庶異。衆庶急其一身一家而已，然而仁賢之士，尚有忘己以救物者；至陛下之用心，則利社稷、安元元否耳。《淮南子》有云：『櫛者墮髮』。然而櫛不止者，所損者少而所利者多也。尚安能以數人之私戚，而廢天下之公休也哉！故不破把持之局，則變法為虛言。陛下果有意於講變革、圖富强，亦在斷之而已。

以上三端，皆未變法之先所宜亟行者也。蓋不聯各國之歡，則侮奪之事紛至沓來，陛下雖變法而不暇；不結百姓之心，則民情離渙，士氣衰靡，無以為禦侮之資，雖聯各國之歡，亦不可恃；而不破把持之局，則搖手不得，雖欲變法而不能也。一其事在各國，二其事在萬民，而三則在陛下之一心。陛下果采臣議而次第行之，則為曠古之盛節，機關闔開，而數千年之治運轉矣，然後因勢利導。所謂既變法所宜先者，臣請竭其愚陋，繼今而言之。

維新政綱論分部

論說

《康有為全集·實理公法全書·凡例》 凡天下之大，不外義理、制度兩端。義理者何？曰實理，曰公理，曰私理是也。制度者何？曰公法，曰比例之公法、私法是也。實理明則公法定，間有不能定者，則以有益於人道者為斷。然二者均合衆人之見定之。

康有為《南海先生上書記》卷二《上清帝第四書光緒二十一年閏五月初八日》 具呈，工部主事康有為為變通善後，講求體要，乞速行乾斷，以圖自强，呈請代奏事：

竊惟為治之道，在審理勢，勢本無强弱，大小對較而後分；理難定美惡，是非隨時而易義。昔孔子既作《春秋》以明三統，又作《易》以言變通，黑白子丑相反而皆可行，進退消息變通而後可久，所以法後上而為聖師也。不窮經義而酌古今，考勢變而通中外，是刻舟求劍之愚，非闔闢乾坤之治也。今通商既開，外國環逼，既已彼我對立，則如兩軍相當，不能諜其軍法兵謀，無以為用兵應敵。小敵而不知情，則震而張惶；大敵而不知情，則輕而致敗，必然之理也。【略】

中國自古一統，環列皆小蠻夷，故於外無爭雄競長之心，但於下有防亂弭患之意。至於明世，治法尤密。以八股取士，以年勞累官，務困智名勇功之士，不能盡其學；一職而有數人，一人而兼數職，務為分權掣肘之法，不能盡其才。道路極塞，而散則易治；上下極隔，而尊則易威。國朝因用明制，故數百年來大臣重鎮，不聞他變。天下雖大，戢戢奉法，而文網頗疏，取民極薄，小民不知不識，樂善嬉生，此其治效中古所無也。若使地球未闢，泰西不來，雖後此千年率由不變可也。無如大地忽通，强敵環逼，士知詩文而不通中外，故錮聰塞明而才不足用，官求安謹而畏言興作，故苟且粉飾而事不能興。民多而利源不開，則窮而為盜；官多而事權不屬，則冗而無耻。至於上下隔絶，故百弊叢生；一統相安，故敵情不識。但内而防患，未嘗外而爭强。以此閉關之俗，忽當競長之時，絺綌宜於夏日，雨雪忽至，不能不易重裘；車馬宜於陸行，大河前横，不能不覓舟楫。外之感觸既異，内之備禦因之，故大《易》貴乎時義，《管子》貴乎觀鄰。《管子》曰：『國之存也，鄰國有焉；國之亡也，鄰國有焉。【略】舉而不當，此鄰敵所以得志也。【略】天下皆理，已獨亂，國非其國也；諸侯皆令，已獨孤，國非其國也。【略】大而不為者復小，一衆而不理者復寡。』蓋列國並爭，如孤軍轉戰於長圍，苟精神、方略、兵械、士馬少有不逮，敗績立見。大朝一統，如一人堰臥於斗室，但謹戶牖，去蚊虻，雖稍高枕，可以無事。今略如春秋、戰國之並爭，非復漢、唐、宋、明之專統，所謂數千年未有之變也。若引舊法以治近世，是執舊方以醫變症，藥既不對，病必加危。五十年來講求國是者，既審證之未真，故言戰言和，亦施藥之未當，否則篤守不藥，坐待弱亡，用致割地償款，病日危重，至此傷寒存裏，病入厥陰。昔患水腫痿痹，猶尚龐然，今且枯乾瘦羸，漸無精氣。如不講明病證，盡易舊方，垂危之人，豈堪再誤！但審病之輕重常變不同，則用方之君臣佐使亦異，故今審端致力之始，尤以講明國是為先。

伏聞聖意所注垂，下及羣臣所論説，咸欲變法自强，可謂通知情勢矣。曩言今當以開創治天下，不當以守成治天下；當以列國並爭治天下，不當以一統無為治天下。誠以積習既深，時勢大異，非盡棄舊習，再立堂構，無以滌除舊弊，維新氣象。若僅補苴罅漏，彌縫缺失，則千瘡百孔，顧此失彼，連類並敗，必至無功。【略】

職竊料今者廷議變法，積習難忘，仍是補漏縫缺之謀，非再立堂構之規，風雨既至，終必傾墜。國事有幾，豈可頻誤哉？職伏願皇上召問羣臣，講明國是，反復辨難，顯露事勢，確知舊習之宜盡棄，補漏之無成功。大體既立，而後措施不失；議論著定，而後耳目不驚。先後緩急，乃可徐圖，摧毁廓清，乃可用力。若果能滌除積習，別立堂基，竊為皇上計之，三年則規模已成，十年則治化大定。然後恢復舊壤，大雪仇耻，南收海島以迫波斯、印度，北收西伯利以臨回部、强俄，於以鞭笞四夷，為政地球而有餘矣。【略】

皇上果講明不惑，斷然施行，則致力之先後，成功之期效，皆可為皇上次第言之。先引咎罪己，以收天下之心；次賞功罰罪，以伸天下之氣；然後舉逸起廢，求言廣聽，廣顧問以盡人才，置議郎以通下情。數詔一下，天下雷動，想望太平，外國變色，斂手受約矣。三月之内，懷才抱藝之士雲集都中，强國救時之策並伏闕下，皇上與二三大臣聚精會神，延引講問。撮羣言之要，次第推施；擇羣士之英，隨器拔用。賞擢不次，以鼓士氣；沙汰庸冗，以澄官方。於是簡傔從，厚俸禄，增幕府，革官制，政皆疏通；立道學，開藝科，創譯書，遣遊學，教亦具舉。徵議郎則易於籌餉，而藉民行鈔皆可圖；榮智學則各竭心思，而巧製精工可日出。然後鐵路與郵政並舉，開礦與鑄錢兼行，農學與商學俱開，使才與將才並蓄，皆於期歲之内，可以大起宏規。中土海禁久開，頗有藝學之士分為教習，各赴榮途。至於三年，鐵路之大段有成，礦產之察苗有緒，書藏遍設，報館遍開，遊學多歸，新製紛出，諸學明備，人才並起，道路大闢，知識俱開，荒地漸墾，工院漸衆，遊民漸少，乞丐漸稀。童塾皆識字知算之人，農工有新製巧思之法。織布製造，漸可收内地之利；商務輪舶，漸可馳域外之觀。然後練兵選將，測海製械，次第可講矣。遲以十年，諸學如林，成才如麻，鐵路羅織，礦產洋溢，百度舉而風俗成，製造極精，創作極衆，農業精新，商貨四達，地無餘利，人有餘饒，槍砲船械之俱巧，訓練駕駛之俱精，富教既舉，武備亦修。

夫以歐洲十六國，合其人數，僅二萬萬，我乃倍之。以二千萬之練兵，加數百艘之鐵艦，揚威海外，誰能禦之？凡此成功，可以克期而計效者也。然今左右貴近率以資格致大位，多以安靜為良圖。或年已耆耄，精神漸短，畏言興革，多事阻撓，必謂天澤當嚴，官制難改，求言求才，徒增干進之士，開院集議，有損君上之權。夫君貴下施，天宜交泰，冗官宜革，掣權非時，既已言之，若夫大考以詩賦超擢，館選以楷法例授，同為干進，抑何取焉？況進言薦舉之士，必多倜儻之才。遺大投艱之時，貴有非常之舉。我聖祖仁皇帝開鴻博之科，正當滇亂之口。乃知聖人之宏謨，固非常人所識度也，豈可以一二濫竽而阻非常之盛舉哉？

又《上清帝第六書光緒二十四年正月初八日》 具奏

奏為應詔陳言，乞統籌全局以救危立國，恭摺仰祈聖鑒事：【略】

臣聞方今大地守舊之國，未有不分割危亡者也。有次第脅割其土地人民而亡之者，波蘭是也。有盡取其利權一舉而亡之者，緬甸是也。有盡亡其土地人民而存其虛號者，安南是也。有收其利權而後亡之者，印度是也。有握其利權而徐分割而亡之者，土耳其、埃及是也。我今無士、無兵、無餉、無船、無械，雖名為國，而土地、鐵路、輪船、商務、銀行，惟敵之命，聽客取求，雖無亡之形，而有亡之實矣。後此之變，臣不忍言。觀大地諸國，皆以變法而强，守舊而亡，然則守舊開新之效，已斷可睹矣。以皇上之明，觀萬國之勢，能變則全，不變則亡，全變則强，小變仍亡。皇上與諸臣誠審知其病之根源，則救病之方，即在是矣。

夫方今之病，在篤守舊法而不知變，處列國競爭之世而行一統垂裳之法。此如已夏而衣重裘，涉水而乘高車，未有不病暍而淪胥者也。《大學》言：『日新，又新。』《孟子》稱：『新子之國。』《論語》：『孝子毋改父道，不過三年』。然則三年之後，必改可知。夫物新則壯，舊則老；新則鮮，舊則腐；新則活，舊則板；新則通，舊則滯：物之理也。法既積久，弊必叢生，故無百年不變之法。況今茲之法，皆漢、唐、元、明之敝政，何嘗為祖宗之法度哉？又皆為胥吏舞文作弊之巢穴，何嘗有絲毫祖宗之初意哉？今托於祖宗之法，固已誣祖宗矣。且法者所以守地者也，今祖宗之地既不守，何有於祖宗之法乎？夫使能守祖宗之法，而不能守祖宗之地，與稍變祖宗之法，而能守祖宗之地，孰得孰失，孰重孰輕，殆不待辨矣。雖然，欲變法矣，而國是未定，衆論不一，何從而能舍舊圖新哉？

夫國之有是，猶船之有舵，方之有針，所以決一國之趨向，而定天下之從違者也。若針之子午未定，舵之東西遊移，則徘徊莫適，悵悵何之，行者不知所從，居者不知所往，放乎中流而莫知所休，指乎南北而莫知所極，以此而駕横海之大航，破滔天之巨浪，而適遭風沙大霧之交加，安有不沉溺者哉？今朝廷非不稍變法矣。然皇上行之，而大臣撓之，才士言之，而舊僚攻之，不以為用夷變夏，則以為變亂祖制，謠謗並起，水火相攻，以此而求變法之有效，猶卻行而求及前也，必不可得矣。皇上既審時勢之不能不變，知舊法之不能不除，臣請皇上斷自聖心，先定國是而已。國是既定矣，然下手之方，其本末輕重，剛柔緩急不同，措置之宜，其規模條理，綱領節目大異，稍有乖誤，亦無成功。【略】

皇上若決定變法，請先舉三者。大集羣臣於天壇、太廟，或御乾清門，詔定國是，躬申誓戒，除舊布新，與民更始。令羣臣具名上表，咸革舊習，黽勉維新，否則自陳免官，以激厲衆志。一定輿論，設上書處於午門，日輪派御史二人監收，許天下士民，皆得上書。其羣僚言事，咸許自達，不得由堂官代遞，以致阻撓。其有稱旨者，召見察問，量才擢用，則下情咸通，羣才輻輳矣。設制度局於內廷，選天下通才十數人，入直其中，王公卿士，儀皆平等，略如聖祖設南書房、世宗設軍機處例。皇上每日親臨商榷，何者宜增，何者宜改，何者當存，何者當刪，損益庶政，重定章程，然後敷布施行，乃不謬紊。

汪康年《汪穰卿遺著》卷一《中國自强策下》 請實言辦理之法。

今使上赫然下明詔，告天下以力圖自振之故，而使士民之明秀者互相舉為議員，使至京入議院，而使中外大員，自三品以上俱入上議院。議院既立，則立相以總內外之務，立戶部以掌財用之出入，立刑部以掌天下之獄訟及巡捕之事，立商部以興商賈並掌稅則及考察工作物產之事，立農部以教種植，立外部以理交涉之事，立兵部以掌兵事，立工部以掌營造之事，立郵政部以理道路、河渠、輪車、輪船、郵遞之事，立民部以掌各處地方之事，立海部以掌海軍之事，立教部以掌學校之事。俟議員舉定相臣，則由相臣自擇用諸部大臣及各省之長，大臣及長又各舉其屬，而皆決於議院，十年之後，則議員及各官，皆取於學校。如西國之法，設吏治局於京師，徵天下賢能之吏，使學習治法，而分派之於各省，以教諸地方官，十年以後，亦皆取之學校。各省提鎮，選於兵部，而提鎮又遞選其屬，十年之後，始取之水陸武備學堂。外部及出使大臣，必取精西文通西事者，十年之後，始取之師範學堂。

宰相與各大臣既舉定，則遣使與各國立力保亞洲太平之約，而大改上下內外之體制，務從簡易，悉去趨蹌拜跪之節。復立憲報館，凡新政改革之意，及中外交涉之故悉載之。各種振興之政，乘時並舉，且捐納停，冗員裁，調濟安插之途廢，資格班次之說止，既無無事之官，復無無官之事。局中之人，可因官以展其才，局外之才，可因事以責其效，則職無不舉矣。一事一官，既無旁貸之方，一官一事，又無叢脞之慮，則人勤於職矣。在事之人有治事之權，事外之人有監察之權，而又有議員以鉗制之，有日報以舉發之，則官邪息矣。厚俸祿而革陋規，入官之日予以裝錢，辭官之日予以恩俸，或給終身，或逮子孫，辦公有費，登程有資，則人興於廉矣。改衙署之制，速諮稟之法，汰應酬之煩，删迎送之禮，則官敏於事，勤於察矣。省府州縣各設議員，以與官相抵，官不能專其事，則民困蘇矣。

因其事以設之官，因其官以為之學，因其學以定所取。入官之後，非罪不斥，心不枉耗，才不虛糜，人無失所，官不易方，則人知專所學矣。取士多途，學堂遍設，由都會以及州縣，由州縣以逮鄉閭，人無廢才，才無滯用，則人勤於學矣。釐定文字，使歸淺近，多撰教化之書，使人易曉，而遍設義塾教堂以教齊民，則尋常之人皆可讀書明理矣。凡刊刻書籍，由官准駁，其便用者，準其專利，則要用之書，不日可得矣。嚴戶口之冊，定鄉里之制，產業、生死、婚姻必注，零戶必禁，城鎮無雜處之虞，鄉里無散居之慮。而又遍設巡捕，並設包探，則逋逃清，邪民無所匿矣。律法從平，無有偏頗，重則絞殺，輕則禁罰，則罪易辨，而情易得矣。刑官治獄，不兼他事，復有會審，以察其虛誣，有律師以伸其説辨，無刑求之苦，無拖累之患，則枉濫息矣。吏皆有祿，役皆受緡，既無藉口之資，卽無婪賄之弊，如此則獄訟易矣。有不率教者，輒禁錮終身，動其羞耻，嚴其禁防，則人耻於為非矣。

平道路，浚江河，開鐵軌，通電報，招商以成之，借債以足之，且路燈、自來水在在設立，使往來便捷，消息靈通，則用兵、賑灾、經商、行旅便矣。礦務開，銀行設，然後鑄金銀銅三等之幣，齊其輕重，又製鈔票，而禁兑換銀錢之店，以便通行，使稅餉出入，一律行用，三年之後，度新幣已足，則悉禁舊錢，則錢法行而人便於用矣。製鈔幣，立銀行，正稅則，嚴中飽，則國用可足矣。立商部，定商制，嚴賠償之法，定詐騙之條，除釐稅之苛，捷水陸之途，考求各國之物產，察勘各地之工作，內江外海，准行輪舶，能糾合公司者獎之，商之成本重者，許以補助，則商勸矣。能效法泰西製造各物者賞之，並許專利，能以新法製器者，給以力牌，則工勸矣。稅以資算，富重而貧輕，稅以息計，商多而農少，蓄泄有資，種植有法，則民勸於田畝矣。停無用之武試，開水陸學堂，令凡能武事者，不與齊民齒，則人競於武矣。精選而厚其餉，嚴教而重其防，老休則廪以終身，戰死則恤其子孫，則兵皆能戰，而平時不敢滋事矣。防兵周於水陸，兵將悉由考試。定平時遣調之法，定臨事招募之方，礮械必精，雷艦必備，醫藥必贍，兵法既嫻，軍律尤峻，則武備嚴矣。釐定祀典，公私無名之祀，悉行停止。一切虛誣術數之説，皆不得行，則邪説息而正務舉矣。設報館以達民隱，凡中外交涉、選舉、獄訟、報銷，悉由官登之報。新理、新法及一切民間之事，及其冤抑，無不可登報，則上下之情通矣。定齊民之等級，以有能者為上，有業者次之，遊惰為下，則民勤於所事矣。而又設輿圖局以測全國之形勢，設翻譯館以收各國之書籍，設製造軍火局以給軍用，如此行之十年，國以富，兵以强，始可收回已失之權利，除租界之法，改進口之稅，定管轄異邦人之制，而與泰西各國相抗衡。若夫施治之宜，敍次之方，新舊交替之法，則當俟辦理之時議之，非一時所能決也。

清·盛宣懷《皇朝蓄艾文編》卷五《洪汝沖呈請代奏變法自强當求本原大計條陳三策疏光緒二十四年六月》 竊職恭讀邸鈔，見本月十五日上諭，飭令各部院司員條陳事件，卽至士民亦准上書言事，毋得拘牽忌諱，稍有阻格。仰見我皇上宵旰勤勞，孜孜求治，邇言必察，在遠不遺，率土臣民，無不感激涕零，願效愚忠，冀補萬一。職雖在末秩，然值聖主達聰明目，兼容並包之時，何敢拘泥故常，自安含默。

竊朝廷數月以來，凡諸變法新政，若科舉，若學校，若農桑，若商務，若礦產，若鐵路，皇上獨伸明斷，亦既次第舉行，若者補偏，若者救弊，若者損過，若者酌中，中外臣工，亦既後先條議，海內喁喁，拭目以觀厥成有日矣。而職猶有言者，以改絃之際，棼若治絲，阻力之多，堅同攻石。提裘者必挈其領，削株者必掘其根，愚者怵旦暮之害，而不知舉國大害之所存；黠者徇身家之利，而不知天下大利之所在。於是則新者雖布，而舊者難除，舊者不除，則新者亦敝，私黨相軋，將釀內憂，公理不明，益招外侮。蓋中國變法之難，有甚於歐西萬倍者，則人心風俗之殊也。如醫治疾，必攻其邪，而後乃可徐施補劑，若單令攻，而謂補正卽人

去邪，則補劑適足爲邪之助。而疾以不瘳，反使一二庸醫，得咎補劑之無益，豈不冤哉？【略】

若謂描摹西法，損益成規，略示斡旋，稍加通變；是則武靈胡服，尚難襲貌遺神，安石周官，行將變本加厲。希臘、埃及，孰非西法而日以敗亡，西班牙孰非西法，而亦大脞於美；況我海軍未能恢復，豈敢遽言强兵，而泉貨外流，脂膏日竭，如人病瘵，又患癱疽，勢且不支，苟延何補。職竊意皇上如欲變法自强，則統籌全局當務之急，舍此末由。冒死上言，恭應明詔，未忍襲雷同之説，何敢辭斧鉞之誅，伏願皇上計慮萬全，折衷一是，早從曲突徙薪之策，俾盡揮戈迴日之誠。《詩》曰『畏天之威，于時保之』，又曰『心之憂矣，疢如疾首』，螻蟻微忱，惟垂睿察。職不勝惶迫屏營之至，伏乞代奏皇上聖鑑。謹呈。

仁學界説分部

論　説

《譚嗣同全集・仁學》 君統盛而唐、虞後無可觀之政矣，孔教亡而三代下無可讀之書矣！乃若區玉檢於塵編，拾火齊於瓦礫，以冀萬一有當於孔教者，則黄梨洲《明夷待訪録》其庶幾乎！其次為王船山之遺書，皆於君民之際有隱恫焉。黄出於陸、王，陸、王將纘莊之仿佛。王出於周、張，周、張亦綴孟之墜遺。輙有一二聞於孔之徒，非偶然也。若夫與黄、王齊稱，而名實相反、得失背馳者，則為顧炎武。顧出於程、朱，程、朱則荀學之雲礽也；君統而已，豈足罵哉！

夫君統有何幽邃之義而可深耽熟玩，至變易降衷之恒性，變易隆古之學術，至殺其身家，殺其種類，以宛轉攀戀於數千年之久而不思脱其軛耶？嗚呼，盍亦反其本矣！生民之初，本無所謂君臣，則皆民也。民不能相治，亦不暇治，於是共舉一民為君。夫曰共舉之，則非君擇民而民擇君也；夫曰共舉之，則其分際又非甚遠於民而不下儕於民也；夫曰共舉之，則因有民而後有君。君末也，民本也。天下無有因末而累及本者，亦豈可因君而累及民哉！夫曰共舉之，則且必可共廢之。君也者，為民辦事者也；臣也者，助辦民事者也。賦税之取於民，所以為辦民事之資也。如此而事猶不辦，事不辦而易其人，亦天下之通義也。觀夫鄉社賽會，必擇舉一長使治會事，用人理財之權咸隸焉。長不足以長則易之，雖愚夫愿農，猶知其然矣，何獨於君而不然？豈謂舉之戴之，乃以竭天下之身命膏血，供其盤樂怠傲，驕奢而淫殺乎？供一身之不足，又濫縱其百官，又欲傳之世世萬代子孫。一切酷毒不可思議之法，由此其繁興矣。民之俯首帖耳，恬然坐受其鼎鑊刀鋸，不以為怪，固已大可怪矣，而君之亡猶願為之死節！故夫死節之説，未有如是之大悖者矣。君亦一民也，且較之尋常之民更為末也。民之於民，無相為死之理；本之與末，更無相為死之理。然則古之死節者，乃皆不然乎？請為一大言斷之曰：『止有死事的道理，決無死君的道理！』死君者，宦官宫妾之為愛，匹夫匹婦之為諒也。人之甘為宦官宫妾，而不免於匹夫匹婦，又何誅焉？夫曰共舉之，猶得曰吾死吾所共舉，非死君也；獨何以解於後世之君，皆以兵强馬大力征經營而奪取之，本非自然共戴者乎！況又有滿、漢種類之見，奴役天下者乎！夫彼奴役天下者，固其樂民之為其死節矣。

一姓之興亡，渺渺乎小哉，民何與焉？乃為死節者，或數萬而未已也。本末倒置，寧有加於此者？伯夷、叔齊之死，非死紂也，固自言『以暴易暴』矣，則亦不忍復睹君主之禍，遂一瞑而萬世不視耳。且夫彼之為前主死也，固後主之所深惡也，而事甫定，則又禱之祠之，俎豆之，屍祝之，豈不亦欲後之人之為我死，猶古之娶妻者，取其為我詈人也。若夫山林幽貞之士，固猶在室之處女也，而必脅之出仕，不出仕則誅，是挾兵刃摟處女而亂之也。既亂之，又詬其不貞，暴其失節，至為《貳臣傳》以辱之；是豈惟辱其人哉，又陰以嚇天下後世，使不敢背去。夫以不貞而失節於人也，淫凶無賴子之於娼妓，則有然矣。始則强姦之，繼又防其奸於人也，而幽錮之，終知奸之不勝防，則標著其不當從己之罪，以威其餘。夫在弱女子，亦誠無如之何，而不能不任其所為耳；奈何四萬萬智勇材力之人，彼乃娼妓畜之，不第不敢微不平於心，益且詡詡然曰『忠臣忠臣』，古之所謂忠乃爾愚乎？古之所謂忠，以實之謂忠也。下之事上當以實，上之待下乃不當以實乎？則忠者共辭也，交盡之道也，豈又專責之臣下乎？孔子曰：『君君臣臣。』又曰：『父父子子，兄兄弟弟，夫夫婦婦。』教主未有不平等者。古之所謂忠，中心之謂忠也。撫我則后，虐我則讎，應物平施，心無偏袒，可謂中矣，亦可謂忠矣。君為獨夫民賊，而猶以忠事之，是輔桀也，是助紂也，其心中乎，不中乎？嗚呼，三代以下之忠臣，其不為輔桀助紂者幾希！況又為之掊克聚斂，竭澤而漁，自命為理財，為報國，如今之言節流者，至分為國為民為二事乎？國與民已分為二，吾不知除民之外，國果何有？無惑乎君主視天下為其囊橐中之私產，而犬馬土芥乎天下之民也。民既擯斥於國外，又安得少有愛國之忱？何也？於我無與也。繼自今，即微吾說，吾知其必無死節者矣。【略】

遠者吾弗具論，湘軍之平定東南，此宛宛猶在耳目者矣。洪、楊之徒，苦於君官，鋌而走險，其情良足憫焉。在西國刑律，無非死刑，獨於謀反，雖其已成，亦僅輕繫數月而已。非故縱之也，彼其律意若曰：謀反公罪也，非一人數人所能為也。事不出於一人數人，故名公罪。公罪則必有不得已之故，不得任國君以其私而重刑之也。且民而謀反，其政法之不善可知，為之君者，尤當自反。藉曰重刑之，則請自君始。此其為罪，直公之上下耳。奈何湘軍乃戮民為義耶？雖洪、楊所至頗縱殺，然於既據之城邑，亦未嘗盡戮之也。乃一經湘軍之所謂克復，藉搜輯捕匪為名，無良莠皆膏之於鋒刃，乘勢淫擄焚掠，無所不至。卷東南數省之精髓，悉數入於湘軍，或至逾三四十年無能恢復其元氣，若金陵其尤凋慘者也。中興諸公，正孟子所謂『服上刑者』，乃不以為罪，反以為功，湘人既挾以自驕，各省遂爭慕之，以為可長恃以無敗。苟非牛莊一潰，中國之昏夢，將終天地無少蘇。夫西人之入中國，前此三百年矣，三百年不駭詫以為奇，獨湘軍既興，天下始從而痛絕之；故湘人守舊不化，中外讎視，交涉愈益棘手，動召奇禍。又法令久不變，至今為梗，亦湘軍之由也。善夫《東方商埠述要》之言曰：『英人助中國蕩平洪、楊，而有識之士，僉謂當日不若縱其大亂，或有人出而整頓政紀，中國猶可煥然一新，不至如今日之因循不振。蓋我西國維新之政，無不從民變而起』云云。是則湘軍助紂為虐之罪，英人且分任之矣。奈何今之政治家，猶囂然侈言兵事，豈其膚革堅厚，乃逾三尺之鋼甲，雖日本以全力創之，曾不少覺辛痛耶？【略】蓋追奔逐北，能斃敵十之五六，為至衆矣，而其未死者，必鑑於奔敗之不免於死，再遇戰事，將憤而苦鬥鬬以求生；是敗卒皆化為精兵，不啻代敵操練矣。惟敗之而不殺，使知走與擒，皆求生之道；由是戰者知不戰不死，戰必不勇，守者知不守不死，守必不堅，民知非與己為敵，必無固志，且日希彼之惠澤。【略】嗟乎！仁義之師，所以無敵於天下者，夫何恃？恃我之不殺而已矣。《易》曰：『神武不殺。』不殺即其所以神武也。佳兵不祥，盍圖之哉！【略】

君臣之禍亟，而父子、夫婦之倫遂各以名勢相制為當然矣。此皆三綱之名之為害也。【略】

五倫中於人生最無弊而有益，無絲毫之苦，有淡水之樂，其惟朋友乎？顧擇交何如耳，所以者何？一曰『平等』，二曰『自由』，三曰『節宣惟意』。總括其意，曰不失自主之權而已矣。兄弟於朋友之道差近，可為其次。餘皆為三綱所蒙蔀，如地獄矣。上觀天文，下察地理，遠觀諸物，近取之身，能自主者興，不能者敗。公理昭然，罔不率此。倫有五，而全具自主權者一，夫安得不矜重之乎！且夫朋友者，固統住世出世所不得廢也。自孔、耶以來，先儒牧師所以為學，莫不倡學會，聯大羣，動輒合數千萬人以為朋友。蓋匪是即不有教、不有學，亦即不有國、不有人。凡吾所謂仁，要不能不恃乎此。為孔者知之，故背其井里，捐棄其君臣、父子、夫婦、兄弟之倫，而從孔遊。其或干祿為宰，離羣索居，孔必斥之，甚至罪為『賊夫人之子』，而稱『吾與點也』以誘之；及至終不留，睽迸四出，猶咨歎曰：『從我於陳、蔡者，皆不及門也！』其惋惜也如此。為耶者知之，故背其井里，捐棄其君臣、父子、夫婦、兄弟之倫，而從耶遊。甚至稅吏漁師，皆舍其素業，而同嬉於天國。雖親死歸葬，耶猶不許，曰：『聽其死人葬死人。』其固結也又如此。然此猶住世法也。若夫釋迦文佛，誠超出矣，君臣、父子、夫婦、兄弟之倫，皆空諸所有，棄之如無，而獨於朋友，則出定入定，無須臾離。說法必與幾萬千人俱，必有十方諸佛諸菩薩來會，而已亦不離獅子座，現身一切處，遍往無量無邊恒河沙數世界與諸佛諸菩薩會，往來問答，曾無休息。甚至如《華嚴經》所說：『雖暫住胎中，而往來聚會說法如故。』此其於朋友何如矣？世俗泥於體魄，妄生分別，為親疏遠近之名，而末視朋友。夫朋友豈眞貴於余四倫而已，將為四倫之圭臬，而四倫咸以朋友之道貫之，是四倫可廢也。此非讕言也。其在孔教，『臣哉鄰哉』，『與國人交』，君臣朋友也；『不獨父其父，不獨子其子』，父子朋友也；夫婦者，嗣為兄弟，可合可離，故孔氏不諱出妻，夫婦朋友也；至兄弟之為友于，更無論矣。其在耶教，明標其旨曰：『視敵如友。』故民主者，天國之義也，君臣朋友也；父子異宮異財，父子朋友也；夫婦擇偶判妻，皆由兩情相願，而成婚於教堂，夫婦朋友也；至於兄弟，更無論矣。其在佛教，則盡率其君若臣與夫父母、妻子、兄弟眷屬天親，一一出家受戒，會於法會，是又普化彼四倫者，同為朋友矣。無所謂國，若一國；無所謂家，若一家；無所謂身，若一身。夫惟朋友之倫獨尊，然後彼四倫不廢自廢。亦惟明四倫之當廢，然後朋友之權力始大。今中外皆侈談變法，而五倫不變，則舉凡至理要道，悉無從起點，又況於三綱哉！

又　卷一《以太説》　接吾目，吾知其為光，光之至吾目歟？抑目之卽於光也？接吾耳，吾知其為聲，聲之至吾耳歟？抑耳之卽於聲也？通百丈之筒，此呼而彼吸，吾知其為氣，而孰則推移是？引萬里之線，此擊而彼應，吾知其為電，而孰則綱維是？在格致家，必曰：光浪也，聲浪也，氣浪也，電浪也。為之傳一也，一固然矣。然浪也者，言其動蕩之數也。動蕩者何物？誰司其動，誰使其蕩，誰為其傳？何以能成可紀之數？光、聲、氣、電之同時併發，其浪何以各不相礙？光、聲、氣、電之寂然未發，其浪又消歸於何處？則非浪之一辭所能盡矣。

一地球，何以能攝月球與動植物？一日球，何以能攝行星彗星流星？一昴星，何以能攝天河圈内所有諸恒星？一虚空，何以能攝星林、星團、星雲、星氣皆如昴星之天河圈而遙與之攝？在動重家，必曰：離心力也，向心力也。為之吸一也，一固然矣。然力也者，言其牽引之勢也。牽引者何物？誰主其牽，誰令其引，誰任其吸？何以能成可睹之勢？日月星地之各吸所吸，其力何能制其不相切附？日月星地之互吸所吸，其力何能保其不相陵撞？則非力之一辭所能盡矣。【略】

是何也？是蓋遍法界、虚空界、衆生界，有至大至精微，無所不膠黏、不貫洽、不管絡而充滿之一物焉。目不得而色，耳不得而聲，口鼻不得而臭味，無以名之，名之曰『以太』。其顯於用也，為浪、為力、為質點、為腦氣。法界由是生，虚空由是立，衆生由是出。無形焉，而為萬形之所麗；無心焉，而為萬心之所感，精而言之，夫亦曰『仁』而已矣。

民本君末論分部

論説

清·王韜《弢園文録外編》卷一《重民上》　天下之治，以民為先，所謂民惟邦本，本固邦寧也。今中國之民，生齒日繁，幾不下三千餘兆，誠使善為維持而聯絡之，實可無敵於天下。説者謂：民數之衆至今日而極盛，向來所未有也。至自古迄今，歷代戶口盛衰之數，固可得而言焉。【略】

善用其民者，首有以作民之氣，次有以結民之心。其氣可靜而不可動，敵愾同仇，忠義奮發，勇於公戰而怯於私鬥；其心可存而不可亡，在城守城，在野守野，雖至援絶矢窮，終不敢貳。顧就中國之民而論之，其剛柔强弱亦復不同。北方風氣多剛勁，南方民情多脆弱。蓋大川廣谷異性，民生其間者異俗，惟有以教訓而漸摩之，自無不可用也。總之，上有以信夫民，民有以愛夫上，上下之交既無隔閡，則君民之情自相浹洽。今夫富國强兵之本，繫於民而已矣。驅天下之遊民、廢民、惰民、莠民而盡歸於農，則天下自無曠土，而安有不富者哉！此外，商出於遠，工勤於市，各操其業，各盡其分，開礦築路，行輪車，設機器，均與民共其利而代為之經營，是則上既有餘，而下無不足。使天下各邑各鎮各鄉，均為民兵而行團練，守望相助。春秋無事，教之以坐作進退，步伐止齊，猝有變故，入而保衛，子弟之衛父兄，猶手足之捍頭目。又使平日間與兵相習，則兵自衛民而不敢欺。如是兵民皆有實效，而安有不强！此所謂維持而聯絡之也。

又　《重民中》　天下何以治？得民心而已。天下何以亂？失民心而已。民心之得失，在為上者使之耳。民心既得，雖危而亦安；民心既失，雖盛而亦蹶。欲得民心，是在有以維持而聯絡之。我朝聖聖相承，務崇寬厚，列祖列宗，深仁厚澤，浹於寰區。故民間義憤時起於崇朝，愛戴聿深乎萬代。然而赭寇所至，列城奔潰，無殊猛虎之驅羣羊；天津戕殺教民之變，釁於勇而啻於禍，徒貽君父之憂。而從未有挺身以赴義者，此何故歟？則所以維持而聯絡之道未得也。【略】

治民之大者，在上下之交不至於隔閡。此外，首有以厚其生，次有以恒其業。汰浮士，裁冗兵，去遊民，使盡驅而歸之於農，以闢曠土，墾荒地，給以牛種犁鋤，居以蓬寮，時課其勤惰，而遞歲分收其所入。若開掘煤鐵五金諸礦，皆許民間自立公司，視其所出繁旺與否，計分徵抽，而不使官吏得掣其肘。又如製造機器，興築鐵路，建置大小輪船，其利皆公之於民，要令富民出其貲，貧民殫其力，利益溥沾，賢愚同奮。朝廷有大興作，大政治，亦必先期告民，是則古者與民共治天下之意也。嗚呼！勿以民為弱，民蓋至弱而不可犯也；勿以民為賤，民蓋至賤而不可虐也；勿以民為愚，民蓋至愚而不可欺也。夫能與民同其利者，民必與上同其害；與民共其樂者，民必與上共其憂。

又《重民下》 泰西之立國有三：一曰君主之國，一曰民主之國，一曰君民共主之國。【略】

三代以上，君與民近而世治；三代以下，君與民日遠而治道遂不古若。至於尊君卑臣，則自秦制始。於是堂廉高深，輿情隔閡，民之視君如仰天然，九閽之遠，誰得而叩之！雖疾痛慘怛，不得而知也；雖哀號呼籲，不得而聞也。灾歉頻仍，賑施詔下或蠲免租稅，或撥帑撫恤，官府徒視為具文，吏胥又從而侵蝕，其得以實惠均沾者，十不逮一。天高聽遠，果孰得而告之？即使一二臺諫，風聞言事，而各省督撫或徇情袒庇，回護模棱，卒至含糊了事而已。君既端拱於朝，尊無二上。而趨承之百執事出而在蒞民，亦無不尊，輒自以為朝廷之命官，爾曹當奉令承教，一或不遵，即可置之死地，爾其奈我何？惟知耗民財，殫民力，敲膏吸髓，無所不至，囊橐既飽，飛而颺去；其能實心為民者無有也。夫設官本以治民，今則徒以殃民；不知立官以衛民，徒知剝民以奉官。其能心乎為民，而使之各得其所，各順其情者，千百中或一二而已。嗚呼！彼不知民雖至卑而不可犯也，民雖至愚，而不可誑也！

善為治者，貴在求民之隱。達民之情，民以為不便者不必行，民以不可者不必强，察其疴癢而煦其疾痛，民之與官有如子弟之於父兄，則境無不治矣。古者里有塾，黨有庠，鄉有校，讀法懸書，月必一舉。苟有不洽於民情者，民皆得而言之。上無私政，則下無私議。以是親民之官，其為政不敢大拂乎民心，誠恐一為衆人所不許，即不能保其身家，是雖三代以下而猶有古風焉。

《書》有之曰：民惟邦本，本固邦寧。苟得君主於上，而民主於下，則上下之交固，君民之分親矣，內可以無亂，外可以無侮，而國本有若苞桑磐石焉。由此而擴充之，富强之效亦無不基於此矣。泰西諸國，以英為巨擘，而英國政治之美，實為泰西諸國所聞風向慕，則以君民上下互相聯絡之效也。夫堯、舜為君，尚賴有禹、皋陶、益、稷、契為助，而天下乃治。今合一國之人心以共為治，則是非曲直之公，昭然無所蒙蔽，其措施安有不善者哉！竊以為治國之道，此則猶近於古也。

《鄭觀應集·原君》 《淮南子》曰：『古之立帝王者，非以奉養其欲，非以逸樂其身。』【略】為主者既各私其公，為臣者亦各私其私，君若臣皆得各擅其私利。而熙熙攘攘之民，遂交受其害，而不得復沾其利。然蘊利生孽，不利於民者終亦不利於君。

昔泰西君主之國亦恐民之有權，而不能壓制，於是議院不准立，國會中人，即下議院之人，法民創立行新政，除積弊，勃然振興，各國聞風而起。新法不准行，乃愈壓而民愈亂，因變君民平權之政，而國始敉安。中國權操於上，冠履之辨最嚴。降及嬴秦，焚書坑儒以愚黔首，直欲錮天下之耳目，縛天下之手足，惟所欲為。嗚呼酷矣！然再傳而覆，所私之利，拱手讓人，子孫且無噍類。徵諸西史，羅馬之提挈羣豪，拿破侖之鞭笞宇宙，固已囊括歐洲，幾成大一統之雄圖。惟以兵力壓人，不行仁政，或數傳覆裂，或及身俘虜。使起數雄於九原而問之，應自悔其用心之大謬也。

善夫！太公之言曰：『天下非一人之天下，乃天下之天下。同天下之利者則得天下，擅天下之利者則失天下。』孔子曰：『舜、禹之有天下也而不與焉。』又曰：『為君難，為臣不易。』又曰：『先之勞之。』夫子值東周之衰，世變未極，故為此渾容之語。洎乎孟子，世變將極，上下之情愈離，故其言曰：『民為貴，社稷次之，君為輕。』又曰：『君視臣如手足，則臣視君如腹心；君視臣如土芥，則臣視君如寇仇。』其悲天憫人，冀世主之一悟，不啻大聲疾呼。卒之舉世聾聵，竟無用者，終成暴秦之禍。傷已！漢、唐以降，雖代有令辟，而要皆創業之始，挾其假仁小惠籠絡天下，以求遂其大欲。守成之主並此而去之，百計防維，全其權，固其私，為子孫謀。去古人利天下之心愈遠而愈失。此所以治亂相尋無百年而不變。宋儒誤引《春秋》之義，謂君雖至不仁，臣民必順受無貳。嗚呼！信如斯也，則是天之立君，專為魚肉斯民，而天下兆民胥供一人之用。有是理乎？為君者樂其言便於一己之私，亦從而嘉許之，以布告四海。執持愈堅，縛束愈甚，於是天下之民氣愈遏抑而不能伸，天下之民心愈困窮而無所告，鬱久猝發，若決江河，不橫潰四出，盡潰堤防而不止。嗟乎，孰使之然哉！【略】

難者曰：『如子言，苛刻既不可為，清靜又不可尚，且為奈何？』則曰：無難也。有道以禦之，則病不生；有德以濡之，則習可變，是非君民交泰不可。欲期交泰，非上下一心不可；欲求一心，非君民公利不可。語云：『風行則草偃，霜落而鐘鳴。』感應之機，捷於影響。此其故毋遽責之民也，責之君而已。使為君者，毋曰竭天下萬民之利以養一人也，而曰溥天下之利以養萬民，予一人分而給之，總而理之斯可矣。勤勤懇懇焉，日不及餐，夜不及寐，視天下萬民之事皆己之事，視天下萬民之身如己之身；盡地利，薄賦稅以養之；設學校，擇師傅以教之；天下有病民者吾斥之，天下有虐民者吾誅之；天下有愛民者吾親之，天下有利民者吾顯之。必使天下無一飢民，無一寒民，無一愚民，無一莠民。否則，勤勤懇懇，日忘餐，夜廢寢者如故。自能上合天心，下合民心，天下之人惟恐其不克為千秋萬世之共主。故知君人者，欲然視己為天下之人役，適所以永為天下之人主；侈然自為天下之人主，終且求為天下之人役焉而不可得矣。噫！

《直報・嚴復〈辟韓一八九五年三月十三日〉》　且韓子故不云民者出粟米麻絲，作器皿，通貨財以相為生養者也，其有相欺相奪而不能自治也，故出什一之賦而置之君，使之作為刑政、甲兵，以鋤其强梗，備其患害；然而君不能獨治也，於是為之臣，使之行其令，事其事。是故民不出什一之賦則莫能為之君；君不能為民鋤其强梗、防其患害則廢；臣不能行其鋤强梗、防患害之令則誅乎？

孟子曰：『民為貴，社稷次之，君為輕。』此古今之通義也。而韓子不云爾者，知有一人，而不知有億兆也。老之言曰：『竊鈎者誅，竊國者侯。』夫自秦以來，為中國之君者，皆其尤强梗者也，最能欺奪者也。竊嘗聞道之大原出於天矣。今韓子務尊其尤强梗、最能欺奪之一人，使安坐而出其唯所欲為之令，而使天下無數之民，各出其苦筋力、勞神慮者以供其欲，少不如是焉則誅。天之意固如是乎？道之原又如是乎？『嗚呼！其亦幸而出於三代之後，不見黜於禹、湯、文、武、周公、孔子也；其亦不幸而不出三代之前，不見正於禹湯、文、武、周公、孔子也。』【略】

是故使今日而中國有聖人興，彼將曰：吾之以藐藐之身托於億兆人之上者，不得已也，民弗能自治故也。民之弗能自治者，才未逮、力未長、德未和也。乃今將早夜以孳孳求所以進吾民之才、德、力者，去其所以困吾民之才、德、力者，使其無相欺相奪而相患害也，吾將悉聽其自由。民之自由，天之所畀也，吾又烏得而靳之？如是，幸而民至於能自治也，吾將悉復而與之矣。非唯一國之日進富强，余一人與吾子孫尚亦有利焉，吾曷貴私天下哉？誠如是，三十年而民不大和，治不大進。六十年而中國有不克與歐洲各國方富而比强者，正吾莠言亂政之罪可也。彼英、法、德、美諸邦之進於今治者，要不外數百年、數十年間耳。況夫彼為其難、吾為其易也。

清・唐才常《砭舊危言・各國政教公理總論・民主表》　夫天下烏乎公？公於民，民烏乎公？公於黨。戰國之世，民黨盛行，五君羅其魁於門下，秦人屏息，不敢攖其鋒；及五君敗喪，秦收其遺傑以事吞并，而六國遂亡。後世不察，每以六國之亡而咎秦，不知亡六國者，卽六國之民，於秦無與也。何以知其然耶？六國夷滅，民哀哀無主，尤憤憤以圖恢復。故嬴氏一蹶，而山東豪傑蜂起。若是，民無負於國，而權不能側重於上也，不亦審乎！昔羅馬之興，全恃元老院以為治，主司之權，等於王者，其後亞古士都自稱該撒，國勢愈强，號稱泰平之世，乃狃於世守，篡弒相仍，君虐其民，民勢棼然無所措，國局始弱。希臘、意大利皆君主之國，旋因民黨重鏟其舊，丕變蒸蒸。瑞士據歐洲中原一彈丸之壤，因民

主而國賴以存，又嘗為各國公會之地，其禁別國教士鈐轄其民，以視中國傳教之約，又何如也。【略】

今表民主，分為四等：一、民主而締聯邦交，其國治者；二、民主兼轄君主者；三、民主權足者；四、壤地褊小，僅同酋長，而仍不受大國之制者。

何啓、胡禮垣《新政真詮・曾論書後》 今夫國之所以自立者，非君之能自立也，民立之也。國之所以能興者，非君之能自興也，民興之也。然則為君者其職在於保民，使民為之立國也；其事在於利民，使民為之興國也。其職其事，在朝廷無不自以為既盡其心，既殫其力者，然其所盡之心，所殫之力，有益無益，有功無功，惟小民知之最真而最當，以其身受之，而躬見之之故也。是以為君有寢饋廑憂，宵衣旰食者矣，而民不見其功也。若是者，其臣下之不忠乎？然為臣亦有夙夜在公，不忘恭敬者矣，而民不見其效也。若是者，其民庶之難治乎？而民不若是其頑也。民雖寡學，而斷不可欺，民縱愚蒙，而善能知感。然則其中必有故矣。為國者將欲深明此故，則有至要之學問焉，則有至切之本領焉。其故不在於戢服羣邦也。楛矢來廷，苞茅入貢，為君上聲靈之事，於民無真益者也。其故又不在於拘制外人也。內外通商，華洋互市，為彼此相宜之事，於民絕無害者也。然則其故果安在哉？蓋信是也。

吾所謂信者，非徒指效驗而言，乃兼指功用而言，一理也，必有確當不移之迹，然後能取信於民。一事也，必有着實可憑之據，然後能徵信於衆。是其信不須責之於人，但須責之於己也。且吾所謂信者，又非指制民之事而言，乃指導民之事而言。一法也，不得不從，不敢不從，則其信由畏懼而生，雖信不足用。一令也，從者聽之，不從者亦聽之，則信者由心悅誠服，其信大可恃。是其信非由君之迫脅，乃由民之樂貢也。信則民心向，信則民生力。一人之心有盡也，合億兆萬民之心則無盡矣。一人之力有窮也，合億兆萬民之力則無窮矣。【略】

讀侯之論，蓋深知中國之宜修者矣。獨惜其以後為先，以本為末，功與效來分其際，則願與事必致相乘耳。壯士之所以稱强者，非但能擐甲執兵也。以擐甲執兵者，人盡可為故也。一國之所以稱盛者，非徒多戰艦礮臺也。以戰艦礮臺，國皆能置故也。侯欲治外，請自治內始；侯欲治內，請自得民始；侯欲得民，請自得民之心始。民心不可見，見之於信耳。此一定不易之程途也。而行之者則曰公與平。國有公平，然後得民信；先得民信，然後得民心；先得民心，然後得民力；先得民力，然後可以養民和；先以養民和，然後可以平外患。外患非可遽平也，仍以民和卜之耳。此循序漸進之功效也。而驗之者則曰行借款。

今之議者，治內有説，治外有説，治內而兼以治外，治外亦即以治內，而且或側重於治內，或側重於治外，或治內治外兩持其平均，未嘗無説。然慕富强者僅得富强之似，而昧於其所以然。説道德者虛存道德之名，而莫知其何所用。要皆似是而非，似真而偽，苟非偏僻，即是自高而已。夫國未有內不治而外能治者，亦未有內既治而外不能治者。何則？人之根本在元氣，國之根本在民情。元氣若全，雖尪羸而無害，及其已耗，則盛狀而愈危，是以善養生者，培其元氣而已。民情若厚，雖積弱而能興，及其既漓，則剛强而反敗，是以善治國者，厚其民情而已。吾見夫君泰然，而百體從令者矣；未聞精神枯索，而百病不侵者也。吾見家庭雍肅，而鄰里咸欽者矣。未聞兄弟鬩牆，而路人起敬者也。由心以及於身，由家而推之於國，如衡秤物，不爽分毫；若網在綱，有條不紊。

綱常名教製造慘禍烈毒論分部

論説

《國民日日報彙編・佚名〈道統辨〉》 嗚呼！中國腐儒之説，孰有謬于道統者哉？隋、唐之前，無道統之説也。唐、宋諸儒，以為天不變道亦不變也，於是有傳道之人，又以吾儒之道異於異端也，於是有道統之説。是説也，一人倡之，百人和之，揚波汩流，至今未絕。試言其流弊：一曰不合論理，二曰重誣聖賢，三曰縮聖道之範圍，四曰遏人民之思想。試一一詳辨之。【略】

夫道也者，人倫日用之所行皆是也。道字之義，由道路之道，假藉而為道德之道，是則道也者，所以懸一當然之則，而使人民共由之也。今道而有統，則是道為聖賢所獨由，而非凡民之所共由矣。何其視道太高耶！且今之創道統之説者，不過以國有正統，家有統系，則道亦當有宗傳耳。且吾不論正統、統系之是非，而以道統之説與之較。則正統者，則民無二王之説，所以明一國之不能有兩君也。而言道統之説者，則當北宋之時，同時者有張、程，當南宋之時，同時者有朱、陸，其道不盡同，其説不盡合，以國有正統之例擬之，固宜一為正，而一為非正矣。今言道統者並列之，是猶作史者，並以南北朝為正統也。其不合一。且家有統系，固父子相傳，而莫能或絕者也。彼道統者，歷孟子之後，固數千年不傳矣，歷朱、陸之後，又數百年不傳矣。何以周子能續孟子之傳，而王子復能接陸子之傳乎？其不合二。況正統之説，足以長君主專制之焰；統系之説，足以啓家族壓制之端。以平等之理觀之，果孰為統而孰為非統耶？且正統、統系之説，猶有形者也；若道統之説，則無形者矣。試循名而責實，則所傳者果何物耶？所謂不合倫理者此也。【略】

且當今各國之憲法，莫不載思想、言論、信教之自由矣。吾以此觀吾中國之學術，其最盛之時代，莫若戰國。其所以致此盛者，則由於思想自由，而不束縛於一説之下耳。彼西人當希臘之時，學術之興，與中國戰國時代勒；自教皇操政之柄，自謂得耶教之正傳，凡一切之學術悉以宗教為依歸，有稍違其説者，悉目為異説，故羅馬解紐以還，為歐洲黑暗之時代。今孔教與耶教不同，中國之君主與教皇不同，其所以信道統之説者，名為信道實則阻思想之自由耳，名為尊孔實則借孔教為奥援耳。豈知周、程、陸、王創理學之時，固一掃考據、詞章之學，而一以心得為宗者乎？後之托偽學以自固者，無所發明，無所辨別，惟執古人之陳言舊説，托以自高，而為古人之奴隸。所以異端正學之辨日嚴，而道統之腐敗日甚也。且當今之世，西人之倫理，不盡同於中國也；西人之政治，不盡同於中國也；西人之哲學，不盡同於中國也；西人之宗教，亦不盡同於中國也。使執道統之説，則必中學為正，而西學為邪矣，中學為得而西學為失矣。吾中國國民，固富於保守之特質，使更煽以道統之説，則西學之所長，將一無所采，而士大夫之攻西教者，又將有所憑借矣。於思想、言論、信教自由之公理，不亦大相背耶？所謂遏人民之思想者此也。

吾得一語而斷之曰：中國自上古以來，有學派，無道統。學派貴分，道統貴合；學派尚競爭，道統尚統一；學派主日新，道統主保守；學派則求勝前人，道統則尊尚古人；宗教家有道統，學術家無道統也。吾非為宋儒之無足取，吾非謂理學之不足言，不過發明宋儒之學為學派，而不欲尊宋儒之學為道統耳。

《克復學報》第二、三期《憤民〈論道德一九一一年八、九月〉》

有天然之道德，有人為之道德。天然之道德，根于心理，自由平等博愛是也；人為之道德，原於習慣，綱常名教是也。天然之道德，眞道德也；人為之道德，偽道德也。余悲夫當今之世，士習競爭，人誇樂利，等道德於芻狗，借權術為護符，横流所屆，將惻隱廉耻之心蕩然俱盡，人類之禍日以酷烈。而抱殘守缺之徒，又迂拘拙陋，不知昌明自由平等博愛之眞道德，反欲吹綱常名教已死之灰。此無論其説之不能行也，就使能行，而偽道德愈尊，眞道德愈晦，將世界進化之機益以窒絕，芸芸衆生遂無有出苦海而登覺岸之一日矣。此其間誠不可不深長思也。

中國數千年相傳之道德，皆人為之道德，非天然之道德也；皆原於習慣，綱常名教矯揉造作之道德，非根于心理、自由平等博愛眞實無妄之道德也；皆偽道德，非眞道德也。中國古代理想，皆以道德為獨一無二之絕對的，由董仲舒曰天不變道亦不變，其明驗也。自歐化東來，始有創道德革命之説者，遂生舊道德新道德之别。余謂新道德不若稱為眞道德，舊道德不若稱為偽道德。蓋新舊不過判一時之好尚，而眞偽足以定百世之是非也。【略】

中國數千年相傳之道德，殆無有能逾越是範圍者。而其惑世誣民，則直甚於洪水猛獸。昔人稱空理酷於申韓，非過論也。抑又聞之，道德與法律二者不能相混，道德自道德，法律自法律，故郅治之世，法律可廢，而道德終不可無。良以道德者，自由平等博愛之理，良知良能本具於人之天性，非由外鑠，初不必刑驅而勢逼也。乃中國獨不然，以道德與法律混而一之，故曰出於禮卽入於刑，又曰禮教與刑法相為表裏。以向壁虛造之道德，附會而成司空城旦之書，其事苟為偽道德所非，卽有峻法嚴刑以持其後，殆以為不如此則道德無推行社會之權力，且將為人所唾棄。近法部定新刑律，議之者卽斥其妨害禮教。夫法律本為桎梏愚民之具，況新律出於官吏之手，其良楛正不足深論。特既有以妨害禮教斥新律者，則新律或稍愈於舊律，亦未可知。蓋舊律最乖謬之處，正為拘守不通之禮教，如吾向者所言，最足為民害耳。居今日而猶欲保存此禮教，則其人之冥頑不靈，不待言矣。余別有《非禮教》篇，闡發斯旨。夫道德而至於恃法律為保障，則此道德之為道德，其價值亦可想而見矣。此余之所以斷然斥為偽道德也。嗟嗟，自今以往，不昌明自由平等博愛之真道德，則强者紾臂而攘食，弱者搖尾而乞憐，世界亦不復成為世界。但欲昌明真道德，又不可不排斥偽道德。蓋偽道德與真道德實有不能兩立之理。語曰：明其為賊，敵乃可服。則余述此篇之微意矣。余豈好辨哉，余不得已也。

西學優勝說分部

論說

清·薛福成《庸盦海外文編·西法為公共之理說》 歐、美兩洲諸國勃焉興起之機，在學問日新，工商奮績，而其絕大關鍵，皆在近百年中。至其所以橫絕寰宇而莫與抗者，不過恃火輪舟車及電綫諸務，實皆創行於六七十年之內，其他概可知矣。今之議者，或驚駭他人之强盛而推之過當，或以堂堂中國何至效法西人，意在擯絕，而貶之過嚴。殆皆所見之不廣也。夫西人之商政兵法，造船製器，及農漁牧礦諸務，實無不精，而皆導其源於汽學、光學、化學、電學，以得御水、御火、御電之法。斯殆造化之靈機，無久而不洩之理，特假西人之專門名家以闡之，乃天地間公共之理，非西人所得而私也。中國輟學之士，聰明才力，豈遜西人？特無如少年精力，多縻於時文試帖小楷之中，非若西洋億兆人之奮其智慧，專攻有用之學，遂能直造精微。斯固無庸自諱，亦何必自畫也。上古之世，制作萃於中華，自神聖迭興，造卦畫，造市易，造耒耜，造舟車，造弧矢，造網罟，造衣裳，造書契。當鴻荒草昧而忽有此文明，豈不較今日西人制作尤為神奇？特人皆習慣而不察耳。即如《堯典》之定四時，《周髀》之傳算術，西人星算之學，未始不權輿於此。其他有益國事民事者，安知其非取法於中華也！昔者宇宙尚無制作，中國聖人仰觀俯察，而西人漸效之；今者西人踵中國聖人之制作而研精不輟，中國又何嘗不可因之。若我先怵他人，而不欲自形其短，是諱疾忌醫也；若謂追隨不易，而慮始終不能勝人，是因噎廢食也。夫青出於藍而勝於藍，冰凝於水而寒於水。巫臣教吳而弱楚，武靈變服以滅胡，蓋相師者未必無相勝之機。吾又安知千百年後，華人不因西人之學，再闢造化之靈機，俾西人色然以驚，睪然而企也。

嚴復《侯官嚴氏叢刻》卷四《救亡決論》 客謂處存亡危急之秋，務亟圖自救之術，此意是也。固知處今而談，不獨破壞人才之八股宜除，與凡宋學漢學、詞章小道，皆宜且束高閣也。即富强二言，且在所後，法當先求何道可以救亡。惟是申陸王二氏之説，謂格致無益事功，抑事功不俟格致，則大不可。夫陸王之學，質而言之，則直師心自用而已。自以為不出戶可以知天下事，與其所謂知者，果相合否？不逕庭否？不復問也。自以為閉門造車，出而合轍，而門外之轍與其所造之車，果相合否？不齟齬否？又不察也。鄉壁虛造，順非而澤，持之似有故，言之若成理。其甚也，如驪山博士説瓜，不問瓜之有無，議論先行蜂起，秦皇坑之，未為過也。蓋陸氏於孟子，獨取良知不學、萬物皆備之言，而忘言性求故，既竭目力之事，唯其自視太高，所以强物就我。後世學者，樂其徑易，便於惰窳敖慢之情，遂羣然趨之，莫之自反。其為禍也，始於學術，終於國家。故其於己也，則認地大民衆為富强，而果富强否，未嘗驗也；其於人也，則神州而外皆夷狄，其果夷狄否，未嘗考也。抵死虛憍，未或稍屈。然而天下事所不可逃者，實而已矣，非虛詞飾説所得自欺，又非盛氣高言所可持劫也。迨及之而知，履之而艱，而天下之禍，固無救矣。勝代之所以亡，與今之所以弱者，不皆坐此也耶！前車已覆，後軫方遒，真可歎也！

若夫詞章一道，本與經濟殊科，詞章不妨放達，故雖極蜃樓海市，惝怳迷離，皆足移情遣意。一及事功，則淫遁詖邪，生於其心，害於其政矣；苟且粉飾，出於其政者，害於其事矣。而中土不幸，其學最尚詞章，致學者習與性成，日增慆慢。又況以利祿聲華為準的，苟務悅人，何須理實，於是慆慢之餘，又加之以險躁，此與武侯學以成才之説，奚啻背道而馳。僕前謂科舉破壞人才，此又其一者矣。

然而西學格致，則其道與是適相反。一理之明，一法之立，必驗之物物事事而皆然，而後定之為不易。其所驗也貴多，故博大；其收效也必恒，故悠久；其究極也，必道通為一，左右逢原，故高明。方其治之也，成見必不可居，飾詞必不可用，不敢絲毫主張，不得稍行武斷，必勤必耐，必公必虛，而後有以造其至精之域，踐其至實之途。迨夫施之民生日用之間，則據理行術，操必然之券，責未然之效，先天不違，如土委地而已矣。

且西士有言：凡學之事，不僅求知未知，求能不能已也。學測算者，不終身以窺天行也；學化學者，不隨在而驗物質也；講植物者，不必耕桑；講動物者，不必牧畜。其絕大妙用，在於有以練智慮而操心思，使習於沉者不至為浮，習於誠者不能為妄。是故一理來前，當機立剖，昭昭白黑，莫使聽熒。凡夫洞疑虛猲，荒渺浮夸，舉無所施其伎焉者，得此道也，此又《大學》所謂『知至而後意誠』矣。

且格致之事，以道眼觀一切物，物物平等，本無大小、久暫、貴賤、善惡之殊。莊生知之，故曰道在屎溺，每下愈況。王氏窗前格竹，七日病生之事，若與西洋植物家言之，當不知幾許軒渠，幾人齒冷。且何必西士，即如其言，則《豳詩》之所歌，《禹貢》之所載，何一不足令此子病生。而聖人創物成能之意，明民前用之機，皆將由此熄矣。率天下而禍實學者，豈非王氏之言歟？且客過矣。西學格致，非迂塗也，一言救亡，則將舍是而不可。

今設有人於此，自其有生以來，未嘗出戶，但能讀《三墳》、《五典》、《八索》、《九邱》，而於門以外之人情物理，一無所知。凡舟車之運轉流行，道里之險易澀滑，巖牆之必壓，坎陷之至凶，擿埴索塗，都忘趨避，甚且不知虎狼之可以食人，鴆毒之可以致死。一旦為事勢之逼，置此子於肩摩轂擊之場，山巔水涯之際，所不殘毀僵仆者，其與幾何？知此，則知中國由今之道，無變今之俗，欲求不亡之必無幸矣。蓋欲救中國之亡，則雖堯、舜、周、孔生今，捨班孟堅所謂通知外國事者，其道莫由。而欲通知外國事，則捨西學洋文不可，捨格致亦不可。蓋非西學洋文，則無以為耳目，而捨格致之事，將僅得其皮毛，眢井瞽人，其無救於亡也審矣。且天下唯能者可以傲人之不能，唯知者可以傲人之不知；而中土士大夫，怙私恃氣，乃轉以不能不知傲人之能與知。彼乘騏驥，我獨騎驢；彼駕飛舟，我偏結筏，意若謂彼以富強，吾有仁義。而回顧一國之內，則人懷穿窬之行，而不自知羞；民轉溝壑之中，而不自知救。指其行事，誠皆不仁不義之尤。以此傲人，羞惡安在！至一旦外患相乘，又茫然無以應付，狂悖違反，召敗蘄亡。孟子曰：『不仁而可與言，則何亡國敗家之有？』夫非今日之謂耶！

且客謂西學為迂塗，則所謂速化之術者，又安在耶？得無非練軍實之謂耶？裕財賦之謂耶？製船礮開礦產之謂耶？講通商務樹畜之謂耶？開民智正人心之謂耶？而之數事者，一涉其流，則又非西學格致皆不可。今以層累階級之不可紊也，其深且遠者，吾不得與客詳之矣。

今姑即其最易明之練兵一端言之可乎？今夫中國，非無兵也，患在無將帥。中國將帥，皆奴才也，患在不學而無術。若夫愛士之仁，報國之勇，雖非自棄流品之外者之所能，然尚可望由於生質之美而得之。至於陽開陰閉，變動鬼神，所謂為將之略者，則非有事於學焉必不可。即如行軍必先知地，知地必資圖繪，圖繪必審測量，如是，則所謂三角、幾何、推步諸學，不從事焉不可矣。火器致人，十里而外；為時一分，一機礮可發數百彈，此斷非徒裎奮呼、迎頭痛擊者所能決死而幸勝也。於是則必講臺壘壕塹之事，其中相地設險，遮扼鉤聯，又必非不知地不知商功者所得與也。且為將不知天時之大律，則暑寒風雨，將皆足以破軍；未聞遵生之要言，則疾疫傷亡，將皆足以損衆。二者皆紮營踞地息息相關者也。乃至不知曲線力學之理，則無以盡礮準來復之用；不知化學漲率之理，則無由審火棉火藥之宜；不講載力、重學，又烏識橋梁營造？不講光電氣水，又何能為伏樁旱雷，與通語探敵諸事也哉？抑更有進者，西洋凡為將帥之人，必通敵國之語言文字，苟非如此，任必不勝。此若與吾黨言之，愈將發狂不信者矣。若夫中國統領伎倆，吾亦知之：不知道里而迷惑，則傳問驛站之馬夫；欲探敵人之去來，則暫雇本地之無賴。尤可笑者，前某軍至大同，無船可渡，爭傳州縣辦差；近某軍紮新河，海嘯忽來，淹死兵丁數百，是於行軍相地，全所不知。夫用如是之將領，使之率兵向敵，吾國不亡，亦云幸矣！尚何必以和為辱也哉？且夫兵之强弱，顧實事何如耳，又何必如某總兵所稱，銅頭鐵額如蚩尤，驅使虎豹如巨無霸！中國史傳之不足信久矣，演義流布，尤為惑世誣民。中國武夫識字，所恃為韜略者，不逾此種。無怪今日營中，多延奇門遁甲之家，冀實事不能，或迎此道制勝。中國人民智慧，蒙蔽弇陋，至於此極，雖聖人生今，殆亦無能為力也。哀哉！【略】

晚近更有一種自居名流，於西洋格致諸學，僅得諸耳剽之餘，於其實際，從未討論。意欲揚己抑人，誇張博雅，則於古書中獵取近似陳言，謂西學皆中土所已有，羌無新奇。如星氣始於臾區，勾股始於隸首；渾天昉於璣衡，機器創於班墨；方諸陽燧，格物所宗；爍金腐水，化學所自；重學則以均發均懸為濫觴，光學則以臨鏡成影為嚆矢；蜺水蜺氣，氣學出於亢倉；擊石生光，電學原於關尹。哆哆碩言，殆難縷述。此其所指之有合有不合，姑勿深論。第即使其說誠然，而舉劃木以傲龍驤，指椎輪以訾大輅，亦何足以助人張目，所謂詬彌甚耳！夫西學亦人事耳，非鬼神之事也。既為人事，則無論智愚之民，其日用常行，皆有以暗合道妙；其仰觀俯察，亦皆宜略見端倪。第不知即物窮理，則由之而不知其道；不求至乎其極，則知矣而不得其通。語焉不詳，擇焉不精，散見錯出，皆非成體之學而已矣。今夫學之為言，探賾索隱，合異離同，道通為一之事也。是故西人舉一端而號之曰『學』者，至不苟之事也。必其部居羣分，層累枝葉；確乎可證，渙然大同，無一語遊移，無一事違反；藏之於心則成理，施之於事則為術；首尾賅備，因應釐然，夫而後得謂之為『學』。【略】

雖然，中土創物之聖，固亦有足令西人傾服者。遠之蠶桑司南，近之若書槧火藥，利民前用，不可究言。然祖父之愚，固無害子孫之智，即古人之聖，亦何補吾黨之狂。爭此區區，皆非務實益而求自立者也。尤可笑者，近有人略識洋務，著論西學，其言曰：『欲制勝於人，必先知其成法，而後能變通克敵。彼萃數十國人才，窮數百年智力，擲億萬資財，而後得之，勒為成書，公諸人而不私諸己，廣其學而不秘其傳者，何也？彼實竊我中國古聖之緒餘，精益求精，以還中國，雖欲私焉，而天有所不許也。』有此種令人嘔噦議論，足見中國民智之卑。今固不暇與明學為天下公理公器，亦不暇與講物理之無窮，更不得與言胞與之實行，教學之相資。但告以西洋人所與共其學而未嘗秘者，固不徒高顴斜目、淺鼻厚唇之華種，即亞非利加之黑人、阿斯吉摩之赤狄，苟欲求知，未嘗陋也。豈二種聖人亦有何物為其所竊？不然，何傾吐若斯也！更有近者，前幾尼亞人，往往被掠為奴，英人惻然憫之，為費五千萬鎊之資，遣船調兵，禁絕此事，黑人且未即見德，故固深以為仇。此種舉動，豈英之前人曾受黑番何項德澤，不然，何被髮纓冠如此耶？此更難向吾黨中索解人矣！

嚴復《嚴幾道詩文鈔·西學通門徑功用說》　諸公在此考求問學，須知學問之事，其用皆二：一、專門之用；二、公家之用。何謂專門之用？算學則以覈數，三角則以測量，化學則以制造，電學則以為電工，植物學則以栽種之類，此其用大矣。然而雖大而未大也，公家之用最大。公家之用者，舉以鍊心制事是也。故為學之道，第一步則須為玄學。玄者懸也，謂其不落遙際，理該衆事者也。玄學一名、二數，自九章至微積，方維皆麗焉。人不事玄學，則無由審必然之理，而擬於無所可擬。然其事過於潔淨精微，故專事此學，則心德偏而智不完，於是，則繼之以玄著學，有所附矣，而不囿於方隅。玄著學，一力，力即氣也。水、火、音、光、電磁諸學，皆力之變也。二質，質學即化學也。力質學明，然後知因果之相待。無無因之果，無無果之因，一也；因同則果同，果巨則因巨，二也。而一切謬悠如風水、星命、機之說，舉不足以惑之矣。然玄著學明因果矣，而多近果近因，如汽動則機行，瀛輕則風至是也，而無悠久繁變之事，而心德之能，猶未備也，故必受之以著學。著學者用前數者之公理大例而用之，以考專門之物者也。如天學，如地學，如人學，如動植之學。非天學無以真知宇之大，非地學無以真知宙之長。二學者精，其人心猶病卑狹鄙陋者，蓋亦罕矣！至於人學，其蕃變猶明，而於人事至近。夫如是，其於學庶幾備矣。然而尚未盡也，必事生理之學，其統名曰拜歐勞介，而分之則體用學、官骸學是也。又必事心理之學，生、心二理明，而後終之以羣學。羣學之目，如政治，如刑名，如理財，如史學，皆治事者所當有事也。凡此云云，皆鍊心之事。至如農學、兵學、御舟、機器、醫藥、辨務，則專門之至溢者，隨有遭遇而為之可耳。夫惟人心最貴，故有志之士，所以治之者不可不詳。而人道始於一身，次於一家，終於一國。故最要莫急於奉生，教育子孫次之。而人生有羣，又必知所以保國善羣之事，學而至此，殆庶幾矣。諸君子力富而志卓，有心力者任自為之，僕略識涂徑，聊為老馬之導，非曰能之也。

《時務報》第五一冊《曾廣銓〈中國講求西學論光緒二十四年正月二十一日〉》　中日兵釁以來，日本因揣求西法，故得轉敗為勝；中國因拘守舊章，故反似强實弱，雖然，我竊為中國幸焉，中國積習之深，非口舌所能挽救，自有此役，創巨痛深，方克幡然改志，一念維新，各省創立學堂，培植人材，此後能否堅忍不變持之以恒，要難預必。然草野之風氣既開，國家之提倡當先，似宜即日設一文教部，酌請西人品學俱優者一二人，參贊其事，其學堂則專門考察電學及機器農礦等科，一面更推廣鐵路，令十八省均各通商，行有餘力，再踵求醫學，各門專學、律法、理學、經濟，並西國史學文章，務使無一偏廢，於此而謂中國仍不富强，未之有也。

中國之字，頗難識認，如能用北京官語，參以西字，編成字母新書，再以新書繙譯西書，頒發各處學堂熟習，則裨益實無窮盡。至開女學，當永禁纏足，考功課，當上海添開總學堂，所有考試之法，須合英、俄、德、日、美五國學堂功課單，去短録長，酌立一單，以為定式，其考中者，即行舉用，如是數年，必出奇才。惟此等學堂，國家必為設法保護，庶得鼓舞勸勵之意。當開辦之先，中廷當派員赴日本，察看大小學校規模，兼考驗製造商務等學堂章程，以為先導。中日同為亞洲大國，本有脣齒輔車之誼，日本目下亦深悔前非，願言結好，此舉如成，則以文會友，聯絡自深，日廷必能從優款待，樂於成事也。

中國皇上，倘因此再能勸令宗人府，及各旗兵丁，一律講求西學，如前從事，則大清國之風氣，亦必蒸蒸日上，外侮無虞矣。以上英國亞細亞洲四季報西一千八百九十八年一月。

八股弊害論分部

論　説

《康有為政論集·請廢八股試帖楷法試士改用策論摺》　奏為恭謝天恩，特許專摺奏事，請罷棄八股試帖楷法取士，復用策論，冀養人才，以為國用，恭摺仰祈聖鑒事。竊臣以疏賤，荷蒙召對，詢臣以中外之事，救國之謨，對逾二時，皆承嘉納，天顏有喜，並問取所著各書，咸令寫進，又令承時上陳，特許專摺奏事。殊恩異數，非臣之賤所當被蒙，粉骨碎身，非臣之愚所能上報。臣竊惟今變法之道萬千，而莫急于得人才，得才之道多端，而莫先于改科舉，今學校未成，科舉之法，未能驟廢，則莫先于廢棄八股矣。夫八股之無用，臣即業八股以竊科第者也，從其業之既久，知其害之尤深，面對未詳，敢為我皇上先陳之。

夫自春秋譏世卿而選郊野，漢世舉孝、秀而考經行，六朝至唐、宋，詞章與帖括並用，元、明及國朝，經義與試帖俱行。自周與宋，曾取士于學校；經漢迄今，多試士以策論，雖立法各殊科，要較之萬國，比之歐土，皆用貴族，尤為非才，則選秀于郊，吾為美矣，任官先試，我莫先焉。美國行之，實師于我。夫若漢之光祿四行，宋臣司馬光之十科試士，朱子之學校貢舉法，皆為良法，惜不見行。且凡法雖美，經久必弊，及其弊已著，時會大非，而不與時消息，改絃更張，則陷溺人才，不周時用，更非立法求才之初意矣。

推宋王安石之以經義試士也，蓋鑑于詩賦之浮華寡實，帖括之迂腐無用，故欲藉先聖深博之經文，令學者發精微之大義，以為諸經包括人天，兼該治教，經世宰物，利用前民。苟能發明其大義微言，自可深信其通經致用，立法之始，意美法良。迨至明與國初，人士漸陋，然抉經心而明義理，扶人倫而闡心性，當閉關之世，雖未盡足以育才興學，猶幸以正世道人心焉。

惟垂為科舉，立法過嚴，以為代聖立言，體裁宜正，不能旁稱諸子而雜其說，不能述引後世而謬其時，故非三代之書不得讀，非諸經之說不得覽，于是漢後羣書，禁不得用，乃至先秦諸子，戒不得觀。其博學方聞之士，文章爾雅，援引今故，間徵子緯，旁及異域，則以為犯功令而黜落之。若章句瞀儒，學問止于《論語》，經義未聞《漢書》，讀《禮記》則嚴刪國恤，學《春秋》則束閣《三傳》。若夫《周禮》以經國家，《儀禮》以範人倫，以試題不及，無人讀誦。乃至《詩》、《書》、《易》、《禮》之本經，亦復束漢注唐疏而不觀。甚乃《學》、《庸》、《論》、《孟》之微言，亦只守兔園坊本之陋說，蓋以功令所垂，解義只尊朱子，而有司苟簡，三場只重首場，故令諸生荒棄羣經，惟讀《四書》，謝絕學問，惟事八股，於是二千年之文學，掃地無用，束閣不讀矣。漸乃忘為經義，惟以聲調為高歌，豈知聖言，幾類俳優之曲本，東塗西抹，自童年而咿唔摹仿，妃青儷白，迄白首而按節吟哦。既因陋而就簡，咸閉聰而黜明，試官妄取謬種，展轉以相傳，學子循聲，没字空疏而登第。雖有經文五義，皆以短篇虛衍。雖有問策五道，皆依題字空對。但八股清通，楷法圓美，卽可為巍科進士、翰苑清才，而竟有不知司馬遷、范仲淹為何代人，漢祖、唐宗為何朝帝者。若問以亞非之輿地、歐美之政學，張口瞪目，不知何語矣。既流為笑語，復秉文衡，則其展轉引收，為若何才俊乎？【略】

夫人士之才否，國命之所寄託也。舉貢諸生，為數無幾，若童生者，士之初基，吾國凡為縣千五百，大縣童生數千，小縣亦復數百，但每縣通以七百計之，幾近百萬人矣。夫各國試皆無額，惟通是求，而吾國學額寡少，率百數十額，乃録一人，故録取者百之一，而新試者不止百之一，故多有總角應試，耄耋猶未青其衿者，或十年就試，已乃易業，假三十年之通，則為三百萬人矣，故有人士終身，未及作一大題，以發聖經大義者。夫以總角，至壯至老，實為最有用之年華，最可用之精力，假以從事科學，講求政藝，則三百萬之人才，足以當荷蘭、瑞典、丹麥、瑞士之民數矣。以為國用，何求不得？何欲不成？乃以三百萬可用之精力、人才、月日，鈎心鬬角，敝精費神，舉而投之枯困搭截文法之中，以言聖經之大義，皆不與之以發明也，徒令其不識不知，無才無用，盲聾老死。是比白起之坑長平趙卒四十萬，尚十倍之。其立法之謬異，流弊之奇駭，誠古今所未聞，而外人所尤怪詫者矣。

卽以臣論，丱角學文，於小題搭截，尤畏苦之。其文法嚴苛，過于鉗網，觸處皆犯，束書不讀，稍能習熟，若復涉羣書，置而不事，卽復犯文法，故六應童試，見擯以此。知其于學問，最相阻相反也。且童生者，全國人之蒙師也。師之愚陋盲瞽既極，則全國人之閉塞愚盲益甚，是投全國人于盲瞽也。何以為國？昔在一統閉關之世，前朝以之愚民則可矣。若夫今者萬國交通，以文學政藝相競，少不若人，敗亡隨之，當此綢繆未雨之時，為興學育才之事，若追亡救火之急，猶恐其不能以立國也。而乃以八股試多士，以小題枯困截搭縛人才，投舉國才智于盲瞽，惟恐其稍為有用之學，以為救時之才也，不亦反乎？然則中國之割地敗兵也，非他為之，而八股致之也。【略】

皇上睿慮，內斷于心，請勿下部議，特發明詔，立廢八股。其今鄉會童試，請改試策論，以其體裁，能通古證今，會文切理，本經原史，明中通外，猶可救空疏之宿弊，專有用之問學。然後宏開校舍，教以科學，俟學校盡開，徐廢科舉。其試帖風雲月露之詞，亦皆無用，其楷法方光烏之尚，尤為費時。昔在閉關之世，或以粉飾夫承平，今當多難之秋，不必敝精于無用，應請定例，並罷試帖，嚴戒考官，勿尚楷法。庶幾人士專研有用之學，其于立國育才，所關至大。

《康有為正編續集·徐致靖〈請廢八股摺〉》 臣竊思維中國人民四萬萬，倍於歐洲十六國，此地球未有之國勢也；而愚暗無才，雖使區區小國，亦得憑陵而割削之。中國神皋，地當溫帶，人民智慧；而愚暗無才至此者，推原其故，皆八股累之。

泰西民自童幼及冠，精力至充之時，皆教之圖算、古今萬國歷史、天文、地理，及化、光、電、聲、格致、法律、政治之學。其農工商賈，亦皆有專門之學，卽其兵亦皆由學出，繪圖測量，略通天文地理，始能充當。

而我國人自童至壯年，困之以八股，禁其用後世書，不讀史書、掌故及當今之務；錮之以搭截枯窘縮脚之題，鈎渡挽入口氣破承開講八比之格，使之侮聖而不言義理，填詞而等於倡優。束之極隘，驅天下出於一途；標之甚高，使清班必由此出；上之為師傅，則宗室親藩之智識錮

焉；下之為蒙師，則農工商兵之學識錮焉。【略】

伏乞皇上特旨明諭天下，廢棄八股，各項考試，改用策論，發明聖道，講求時務，務為有用之學，風氣大開，羣才自奮。臣愚以為新政之最要而成效最速者，莫過於此。

《時務報·徐勤〈中國除害議光緒二十三年九月廿一日〉》　夫以八股愚天下之人，若使惟通才是求，不限名額，通則一榜盡賜及第，尚可以餘日讀書不通則停其選舉，尚可止其倖進，泰西掄才，皆無額也，而科舉則不問通否，惟額是副。吾粵南海、順德、新會，童試至五六千人，而學額僅四十；諸生試者萬二千餘人，而諸生不得録科者，尚十之五六；監生不得録科者以千數。會試則吾粵舉子五百餘，而進士僅十六人，總裁四人，各分其額，人得四卷。其他江、楚、四川，亦或類是，及額而後，雖有孟、荀、莊、屈之文，歐、虞、顏、柳之書，亦皆擯而不録矣。其他就吾耳目所及，雖以江浙文風之美，而童試無幾，如廣西、雲南、貴州，則士風僻陋，且自童試鄉試，亦復寥寥，而亦以額强取之，若欲以安慰鎮撫之者。

夫國非賢不立，事非才不舉，卷耳之求賢審官，菁莪之造士育才，此千古之通義，有國之常法也。而科舉之制，國有慶典，則開恩科，行省士民，有報效捐款義舉，則廣以恩額，是國家本不以科舉為求才之法，而以為恩施之具，不問其人才之有否，則多取其本額之數，是不以士人為才，而等於恩倖之流，既以為恩矣，則不得濫賞而靳其額，或加惠而增其額，亦義之宜也。然而愚不肖者進，而賢智見遺，小民知其不必以才進也。故五經未畢，皆懷僥倖之心，一丁不識，並有進取之志；故自髫齔至老耄，焚書而舞之，吾粵學舍千數，舍皆百數十人，皆聰俊才也，而朝吚夕呿，摇頭頓足，高吟低詠，惟腐爛文數篇，老師耆儒，登皋比宣講者，亦惟陳文數篇，吾過其門，欲為痛哭，以絶世之人才，咸葬薶於是，計直省省風，當亦同埋矣，然使額雖隘矣，而分場多日，閲卷多人，猶少失也。

然科舉之制，以一使者再歲巡試行省千餘里之地，時日迫促，場期接比。如吾廣州，每場士皆五六千，隔日一場，一人閲之，是以一日閲數千卷矣，雖有仲尼之聖，離婁之明，力能穿紙，豈能辨是。不過聽幕友之顛倒，取既及額，餘可束閣，各聽其命運之所遇，若賭呂宋之票，榜花之猜而已。若鄉會試，稍寬其期，增其人矣，然泰西每試，人不過百，考者數人，安有以萬數千卷，十數日所能了之哉？惟有顢頇抹塗而已。【略】

合數百進士而試之，又選數十人以入翰林，尤天下之俊選矣。既入翰林之後，可以讀書窮理，紓發志事矣。則歷資以限之，薄俸以困之，亦不問賢否，不問才否也。其有不由資歷而可以超遷，可給衣食，而足資供職，則有大考試差在。以歲俸數十之窮，二十年開坊之難，而驟超學士講讀之班，任全省學政之富，開合太大，操縱太奇，自非天民出世之姿，安有不俛首帖耳，而惟馬首是瞻也。【略】

故數百萬之童生，以枯窘割截愚之於始，十餘萬之諸生舉人，以不用後世書後世事愚之於中，數百之翰林，以楷法詩賦愚之於終，三法立而天下之公卿士人，無復有不愚者矣，無得漏網而能智者矣。其有脱穎而出者，孑孑獨立，無與講求，其智亦有限矣。然且衆謗羣攻，以為怪物，流言飛文，務令不容，否則盡棄其學，變易其面目，與之偕愚而後苟容焉。故通經學古之士，一郡一邑，無一人焉。《大清通禮》，當王之貴也，或一省無其書。若夫博學雄文，一省或無其人焉，絶學專門，經緯世宙之才，或一代無其人焉，愚之效大著矣。

然科舉所限者士人耳，若上之王公，下之農工商賈，中之將帥士卒，醫卜星術，不受八股楷法詩賦所縛者，可以智矣。無如才識之開，皆由文學，士人既專文學之業，九流咸奉為宗師，分其論議，故二萬萬婦女，皆士農工商，稍識字者之弟子也；二萬萬農工商賈，及將帥士卒，皆日作搭截，僅誦四書、三經之童生之弟子也；醫卜星術，皆日作搭截，僅誦四書、三經、《易知録》之童生，不進學而變身者也。【略】

夫閔馬父之不悦學，此周之所以亡也，上無禮，下無學，賊民興，喪無日，此孟子所以歎也，故謂覆中國，亡中國，必自科舉愚民不學始也。不除科舉搭截枯窘之題，不開後世書後世事之禁，不去大卷白摺之楷，八股之體，試帖之詩，定額之限，場期之促，試官之少，累試之繁，而求變法自强，猶卻行而求及前也。

《國文報·梁啓超等〈公車上書請變通科舉摺光緒二十四年五月十三、四日〉》　具呈舉人梁啓超等，為國事危急，由於科舉乏才請特下明詔，將下科鄉會試，及此後歲科試，停止八股試帖，推行經濟六科，以育人才而禦外侮，伏乞代奏事。竊頃者强敵交侵，割地削權，危亡岌岌，人不自保。皇上臨軒發歎，天下扼腕殷憂，皆以人才乏絕，無以禦侮之故，然嘗推求本原，皆由科第不變致之也。

夫近代官人，皆由科舉，公卿百執，皆自此出；是神器所由寄，百姓所由託，其政至重也。邑聚千數百童生，擢十數人為生員；省聚萬數千生員，而拔百數十人為舉人；天下聚數千舉人，而拔百數人為進士；復於百數進士，而拔數十人入翰林，此其選之精也。然內政外交，治兵理財，無一能舉者，則以科舉之試以詩文楷法取士，學非所用，用非所學故也。

凡登第皆當壯艾之年，況當官卽為政事所累，婚宦交逼，應接實繁，故待從政而後讀書，必無之理，此所以相率為無用之才也。非徒無用而已，又更愚之。二十行省童生數百萬，乃皆民之秀也，而試之以割裂搭截枯窘纖小不通之題；學額極隘，百十不得一，則有窮老盡氣，終身從事於裂割搭截枯窘纖小侮聖之文，而不暇它及者，是使數百萬之秀民皆為棄才也。若為生員，宜可為學矣。則制藝功令，禁用後世書、後世事，於是天下父兄師長，慮子弟之文以駁雜見黜，禁其讀書，非徒子史不觀，甚且正經不讀，既可惰學，又使速化，誰不從之。

至朝殿試臨軒重典，亦僅試楷法，或挑破體，故雖為額甚隘，得之甚艱，老宿奇才，亦多黜落，而乳臭之子，没字之碑，粗解庸爛墨調，能為楷法，亦多僥倖登第者。其循資至公卿，可為總裁閱卷。其資淺下者，亦放用考試差，謬種流傳，天下同風，故自考官及多士，多有不識漢唐為何朝，貞觀為何號者？至於中國之輿地不知，外國之名形不識，更不足責也。其能稍通古今者，郡邑或不得一人，其能通達中外博達政教之故，及有專門之學者益更寡矣。以彼人才，至愚極陋如此，而當官任政如彼，而以當泰西十六之强國，萬億之新學新藝，其為所淩弱宰割，拱手受縛，乃其固然也。【略】

夫明孔孟之義理，為論體已可；何為試割裂題，以侮聖言，限以八股代言之制，而等於倡優哉。名臣多出其間，可以治國無害者，乃先抑天下於至愚，而用其稍智者治之，此施於一統閉關之世則可；若以較之泰西列國人才，則昔所謂名臣者，亦非有專門之學，通中外之故，不過才局可用，其為愚如故也。且科舉之法，非徒愚士大夫無用已也，又並其農工商兵婦女而皆愚而棄之。夫欲富國，必自智其農工商始，欲强其兵，必自智其兵始。泰西民六七歲，必皆入學，識字學算，粗解天文輿地，故其農工商兵婦女，皆知學，皆能閱報。吾之生童，固農工商兵婦女之師也。吾生童無專門之學，故農不知植物，工不知製造，商不知萬國物產，兵不知測繪算數，婦女無以助其夫，是皇上撫以四萬萬有用之民，而棄之無用之地，至兵不能禦敵，而農工商不能裕國，豈不大可痛哉！

今科舉之法，豈惟愚其民，又將上愚王公，自非皇上天亶聖明，不能不假於師學，近支王公，皆學於上書房之師傅，師傅皆出自楷法八股之學，不通古今中外之故政治專門之業，近支王公，又何從而開其學識，以為議政之地乎，故科舉為法之害莫有重大於兹者。

夫當諸國競智之時，吾獨愚其士人，愚其民，愚其王公，以與智敵，是自掩閉其耳目，斷刖其手足，以與烏獲離婁搏，豈非自求敗亡哉！昔我聖祖仁皇帝已赫然變之矣，然此後復行之而無害者，竊謂當閉關臥治，士民樂業之時，無强敵之比較，無姦宄之生心，雖率由千年，羣愚熙熙，固無害也。無如大地忽通，强鄰四逼，水漲堤高，專視比較，有一不及，敗績立見，人皆智而我獨愚，人皆練而我獨闇，豈能立國乎？故言守八股楷法不變者，皆不學之人，便其苟竊科第之私耳。我皇上則以育才造士，任官禦侮為主，何愛於割裂枯困空疏之文，方光烏端楷之字，而循庸謬之人，委以神器之重，以自棄其數百萬之秀民，而割千萬里之地，以亡我三百年祖宗艱難締搆之天下乎？

頃者伏讀上諭，舉行經制之科，天下咸仰見旁求之盛意矣。而以舊科未去，經制常科，額又甚隘，舉人等從田間來，見生童晝夜咿唔，尚誦讀割裂搭截庸惡陋劣之文如故，舉人等亦未免習寫楷法，以備過承策問之用，當時局危急如此，而天下人士為無用之學如彼，豈不可大為憂哉？此非徒多士之無恥，亦有司議例之過，以誤我皇上以亡我中國也。

夫《易》尚窮變，《禮》觀會通，今臣工頻請開中西學堂，皇上頻詔有司開京師大學堂矣。然竊觀直省生童之為八股以應科舉，一邑百名，皆非郡邑教官教之者。蓋上以是求，下以是應。昔齊桓服紫，一國皆服紫；楚靈細腰，宮人餓死。皇上撫有四萬萬之民，倍于歐羅巴全洲十六國之數，有雷霆萬鈞之力，轉移天下之權，舉天下之人，而陶冶成才以禦侮，興治在一反掌間耳，奚憚而不為哉？

查經制常科，已由總理各國事務衙門王大臣會同禮部議准頒行。伏乞皇上憂恤國家，哀憐多士，奉聖祖仁皇帝之初制，盡行經制科之條例，斷自聖衷，不必令禮官再議。特下明詔宣布天下，令自丁酉戊戌鄉會試之後，下科鄉會試，停止八股試帖，皆歸併經制六科舉行。其生童歲科試，以經古場為經制，正場四書文為二場，並廢八股試帖體格，天下嚮風，改視易聽，必盡廢其咿唔割裂腐爛之文，而從事於經制之學；得此一年講求，下科人才，必有可觀，風化轉移，人才不可勝用。皇上挾以復仇雪恥，何所往而不可哉！變法之要，莫過於此，舉人等素習舉業，並講楷法，於兵農工商內政外交之學，向未講求，致外國新法及一切情形，尤所未覩，將來幸被貢舉，皇上授官任政不出舉人等，既內自慚悚，實恐誤國，頃上疼誤國，下恤身家，不敢復戀舊習，以徇私便，同聲知誤，更無異辭，謹合辭上瀆，伏乞代奏皇上聖鑑。謹呈。

清・唐才常《砭舊危言・時文流毒中國論》 海內深識之士，怵心浩劫，倡大義於林林之衆曰：今策中國，宜開民智，伸民權，一民心，誠哉言矣！雖然，樹木者不培其土性，竺其本根，而掘而徙之；治河者不濬其源流，汰其泥沙，而堤而束之，而欲朽壤自腴，奔湍若性，必無幸焉矣。【略】

余往者讀《校邠廬抗議》，見其摹繪明祖愚民狡計，以謂言之過當。既而歷驗吾身受病之源，周見切著，諱之無可諱，飾之無可飾。語曰：『三折肱，知為良醫。』余之挾五寸禿管，批抹至庸猥至無理之時文，亦既堆垛等身，彌歷年歲，不可謂非三折肱之良醫。而由今觀之，則斲精亡靈，奄然死氣，欲掬前此之心肝而盡滌之而不能，則益以太息，痛憾於明祖愚民之術，而使吾四萬萬人宛轉圈牢，徐供刀俎，靡可解脫。蓋誠滔天之罪，擢髮難數者矣！

今夫時文之毒，不可一二談，吾亦不忍究言之。惟其極可痛息而無人理之尤，則約有數端：其柔者，戢戢抱兔園冊子，私相授受，夜半無人，一燈如豆，引吭長鳴，悲聲四壁，井蛙寒蛩，啾啾應和。或語以漢祖、唐宗，不知何代人；叩以四史十三經，不知何等物。貿然以生，則亦貿然以死。而是悠悠者，盈天下也。民欲智，得乎？其悍者，則篡取聖經一二門面語，以文其野僿蕪陋之胸，有若十六字薪傳，五百年道統，及綱常名教，忠孝節廉，尊中國，攘夷狄，與夫堯、舜、禹、湯、文、武、周、孔之道脈，填胸溢臆，搖筆即來。且囂囂然曰：聖人之道不外乎是。昔呂留良廣刊制科文以致富厚，又多為高頭講章，惑世誣民，鄉曲之士，靡然向風，則益狂悖謬戾，以孔、孟自居。而曾靜、張熙等，於坊間得其講義，傾倒追摹，至以本朝為夷狄，上書蜀督岳鍾琪，大張其叛逆之焰，則皆時文僭誕之説有以啓之。而世俗悠謬之言，猥曰端趨向，正人心，微論優孟尼山之大不敬也，即其言出自王孫賈、陽貨之流，必益窮形盡相，曲摹宵人腑臟，以售其奸，而後目之曰佳文，則所為端趨向、正人心者安在？

況乃枯窘截搭，割裂經文，及夫連章半句，偏全斡補，掉弄虛機，鉤鉅險詐，非聖侮經，亂常蔑理，尤為伐性之斧，腐腸之藥者乎！陝人路德，以一字不識、一理不通、蠻野陰很之夫，造為繩墨，立為謬條亂旨，汩人性靈，聾瞶人耳目，偃然自躋於宗匠之列。甚乃取有明諸家制藝，支解膊磔，怙其竊據壇坫之私謀，而經史子家、莊雅典重之字，俱以險僻苛之，使天下芒芴壅塞，高閣詩書，晦蒙日月者垂數十年。悲夫！悲夫！

報刊論分部

論説

鄭觀應《盛世危言・日報》 古之時，謗有木，諫有鼓，善有旌，太史采風，行人問俗，所以求通民隱，達民情者，如是其亟亟也。自秦焚書坑儒，以愚黔首，欲籠天下於智取術馭刑驅勢迫之中，酷烈熏爍，天下並起而亡之。漢魏而還，人主喜秦法之便於一人也，明低其非，暗襲其利，陵夷而肇中原陸沉之禍。唐宋代有賢君，乃始設給諫、侍御諸言官，以防壅蔽，而清議始彰。然以云民隱悉通，民情悉達，則猶未也。欲通之達之，則莫如廣設日報矣。【略】

中國通商各口，如上海、天津、漢口、香港等處，開設報館，主之者皆西人，每遇中外交涉，間有詆毀當軸，蠱惑民心者。近通商日久，華人主筆，議論持平。廣州復有《廣報》、《中西日報》之屬，大抵皆西人為主，而華人之主筆者，亦幾幾乎擯諸四夷矣。日本無郡不有日報館，我各省當道，亦宜妥訂章程，設法保護，札飭有體面之紳士倡辦，以開風氣。如英國《泰晤士日報》館，主筆者皆歸田宰相名臣，自然無勒索人財，亦名馳中外矣。

【略】

夫報館之設，其益甚多，約而舉之，厥有數事；各省水旱災區遠隔，不免置之膜視，無動於中，自報紙風傳，而灾民流離困苦情形，宛然心目，於是施衣捐賑，源源挹注，得保孑遺。此有功於救荒也。作姦犯科者明正典刑，報紙中歷歷詳述，見之者膽落氣沮，不敢恣意橫行，而反側漸平，閭閻安枕，此有功於除暴也。士君子讀書立品，尤貴通達時務，卓為有用之才，自有日報，足不逾戶庭而周知天下之事，一旦假我斧柯，不致毫無把握，此有功於學業也。其餘有益於國計民情、邊防商務者，更僕數之未易終也。而奈何掩聰塞明，箝口結舌，坐視敵國懷覬覦之志，外人操筆削之權，泰然自安，龐然自大，施施然甘受他人之陵侮也？

清·陳熾《庸書·報館》 天生民而立之君，君者羣也，所以為民也，然而分隔勢暌，堂高廉遠，古人於是有諫鼓謗木之制，有采風問俗之官；惟恐下情不得上聞，上澤不能下究，所以防壅蔽而恤痌瘝者，如此其汲汲也。秦以武功，吞併六國，變封建而為郡縣，舞文法以馭臣民，燔棄詩書，愚我黔首，偶語者棄市，腹誹者有誅，暴戾恣睢，及二世而土崩瓦解。後世人主，沿襲餘波，雖苛政漸除，而輿情終抑。唐宋以下，給諫侍御言路亦有專官，然而風影傳聞，結援樹黨，閭閻之疾苦，安得遽登臺省之章疏也。況乎忌諱猥多，刑戮不免，所謂言者無罪，聞者足戒，昔有其語，今無其事，蓋暴秦之為禍烈矣。本朝聖神相繼，愛民納諫，不罪言官，顧廊廟雖高不諱之風，草野尚有難通之隱，積重之勢，未易遽回也。

泰西報館之設，其國初亦禁之，後見其公是公非，實足達君民之隔閡，遂聽其開設，以廣見聞。迄今數十年，風氣日開，功效日著，製一精器，登報以速流傳，而工作興矣；立一公司，入報以招貿易，而商途闢矣。興國之政令，朝夕可通，而敵情得矣；刑司之讞辭，纖毫必具，而公道彰矣。耳目所經，聰明益濬。至於探一新地，行一新政，見一新理，得一新聞，皆可與天下之人，同參共證。所謂不出戶庭，而周知天下之事者，非報館無由也。

比年各省水旱偏灾，重賴日報風行，有以感發善心，集捐巨款，明效大驗，已如斯矣。惟各國報館雖多，均其國人自設，法國並派員查閱，以示限制。中國於己民則禁之，於他國則聽之，偶肇兵端，難免不曲直混淆，熒惑視聽，甚非所以尊國體而絕亂原也。似宜曉諭民間，准其自設資本，不足官助其成，偶值開釁之時，必派專員稽察。主筆者公明諒直，三年無過，地方官吏遽實保薦，予以出身，其或顛倒是非，不知自愛，亦宜檄令易人。一切均仿泰西報館章程辦理。

《求是報》第九冊《陳衍〈論中國宜設洋文報館光緒廿三年十一月五日〉》 今若開設洋文報館，延訪中國通人，貫通中外時務者數人，為中文主筆，舉所謂務材、訓農、通商、興工、敬教、勸學、使賢、任能各要務，備籌所以整頓之法，皆實在可言可行者，廣為論說。又舉西人向來之欺我中國者，某事出於要挾，於理既不順；某事出於恫喝，於勢不足畏；某事為倒持太阿，中國可收回權利；某事為隱設機械，中國勿悞墜術中，皆繙譯洋文，刊之報紙。更向西國大報館，聘西國名人，為洋文主筆，所有持論，專為中國自强起見，以中國人之精洋文者副之，其議論之不持平者，指出商改。此等報紙，散布五大洲，令西人見之，知中國實有自强之策，我以何著往，彼可以何著應，必將咋舌色變，不敢謂秦無人朝無人矣。日本國家從前年以若干費貼橫濱西報館主筆為日本發論，稿成送呈日政府，西國遂不敢藐視日本，此其明效大驗也。

及是時而發憤為雄，實力整頓，所謂雖大國必畏之也。且彼此事勢情形，既大白於天下，四百兆之衆，人人自奮然自强之謀，西人亦何敢以奚厥黑人相待？論者徒援印度、波蘭之滅亡，以為中國將蹈覆轍，言無罪，聞足戒，用意至深厚矣。然波蘭與俄，同壤而世讎，伊凡之世，波蘭佔俄犁縛尼亞地，伊凡至遣使詣波，跪求歸地，使臣再遭斥辱，俄深疾波蘭久矣，波地本小，又逼近俄，為俄所不能不取。印度自來民智不開，惟波羅門一流，方許識字，今之為英捕者，皆長身木立，厚禀土氣，未能遠勝於黑人。中國固非其比，往者嘗遇中國下中人才，略習西國語言文字者，聞西人之陵中國，若欣欣然有喜色曰，西人入中國，中國士人，可立而待其死矣。余應之曰，西人惟未入中國，中國人不急於習西學，故君等碌碌，差足為白頭之豕，表異於羣豕中，乃有瞰飯地耳，若西人入中國，則以中國人聰明才力，不旋踵家喻戶曉，盡西人矣，羣豕皆白，君等尚有瞰飯地乎？嗒然喪氣以去。

蓋天下有亡人國之事，古今無能滅人種之事，浩劫之來，雖微西人，亦肝腦塗原野，脂膏潤草木，然置罘籍網，不絕於天壤，而魚鱉鳥獸，亦終不絕於天壤。西人而善遇中國人，猶可相安無事，西人而仇視中國人，西人入中國後，中國人盡化為西人，不久而西人寡不敵衆矣。故以今日而論，中國自强之道，而既謀臣如雨，猛將如雲，戰艦雄長太平洋，商務弟畜英吉利，則所謂猛虎在山，藜藿不採，所謂寡君有革車四千乘，以無道行之猶足畏，固無事以筆舌爭衡矣。否則甘為臣僕，坐視荆棘吾亦無庸以自强之説進矣。若其陸軍水軍猶勤整頓也，商務礦務猶議振興也，鐵路猶思興造也，製造猶思擴充也，稅則猶思變通也，學堂猶思添建也，交涉事件猶是執公法以力爭也，公使往來，猶是據條約以會議也，則中國固在可强可弱之間，亦何憚而不為先聲奪人之舉乎？

葉德輝《覺迷要録》卷一《宋伯魯〈奏改時務報為官報摺〉》 為請將上海《時務報》改為官報，進呈御覽，並頒發各省官署學堂，以廣耳目而開風氣，恭摺仰祈聖鑒事：竊臣聞為政之道，貴通不貴塞，貴新不貴陳，而欲求通欲求新，則報館為急務矣。昔日本維新之始，遣伊藤博文等遊歷歐、美，討論變法次第，及歸則首請設官報局於東京，報章一依西例，而伊藤自著筆記，乃至舉西人一切富强之原，皆歸功於報館。【略】

臣竊考之，報館之益，蓋有四端：首列論説，指陳時事，常足以匡政府所不逮，備朝廷之採擇，其善一也；臚陳各省利弊，民隱得以上達，其善二也；繙譯萬國近事，藉鑑敵情，其善三也；或每日一出，或間日一出，或旬日一出，所載皆新政之事，其善四也。故德相俾士麥之言：『與其閱奏疏，不如閱報，奏疏多避忌而報皆徵實也；與其閱書，不如閱報，書乃陳迹而報皆新事也。』此報館與民智國運相關之大原也。

竊見一月以來，屢奉明詔，力舉新政，雷厲風行，天下懸望。臣惟唐虞有明目達聰之典，三代有謗木諫鼓之條。自古創業定難之君，必賴廣聽兼納之益，況今萬國交通，時局大異。變法之始，條理至繁，雖皇上聖明天亶，然欲坐一室而知四海，舍閱報無由。中外諸臣，半屬守舊，不諳外務，無以奉行新政，欲變法而誘導之，亦舍閱報無由。至於各省學堂生徒，造就之為他日之用者，尤必以周知四國為當務之急，又不待言矣。惟中國前此一統，閉關不講外事，故只有邸鈔，奉揚綸音，記載奏牘，而其他未之及。乙未以後，始有《官書局彙報》，然未能悉用西國體例，多所忌諱，無有論説。所譯西報，率多删節，平淡無奇，似不足以啓沃聖聽，發揚耳目。且視各國官報，規模相去遠甚，非所以崇國體、廣民智也。

臣竊見廣東舉人梁啓超，嘗在上海設一《時務報》，一依西報體例，議論明達，繙譯詳明。其中論説皆按切時勢，參酌中外，切實可行。所譯西報，詳言兵制、學校、農礦、工商各政，條理粲然。迭經兩江總督劉坤一、湖廣總督張之洞、山西巡撫胡聘之、湖南巡撫陳寶箴、浙江巡撫廖壽豐、安徽巡撫鄧華熙、江蘇學政龍湛霖、貴州學政嚴修、江西布政使翁曾桂等，通札各屬及書院諸生，悉行閱看，或令自行購買，或由善後局撥款購送。兩年以來，民間風氣大開，通達時務之才漸漸間出，惟《時務報》之功為最多，此天下之公言也。【略】

至上海《時務報》創辦之始，本由諸官紳捐資而成。既因辦理失人，漸慮不支，今若改為官局，似應量撥官款，以資經費。查上海道洋務局開銷，人浮於事，其坐領薪水無事可辦之員甚多。此項糜費，每歲不下數萬，而大率為位置冗員、應酬情面之用。與其浪費以養閒曹，不如量移以辦新政。擬請飭下兩江督臣，札令該道裁減洋務閒員，撙節糜費，每月提撥五百兩為京師時務官報局之用。可否之處，出自聖裁。如蒙採擇，乞立下明詔，風行海內，俾知皇上之聖，猶且好察邇言，周知四海，拳拳以閱報為重，則天下官吏士民，莫不濯磨於新學，勸厲於實用矣。臣為開廣風氣起見，是否有當，伏乞皇上聖覽。謹奏。

《清議報》第一册第一百期《梁啓超〈本館第一百册祝詞並論報館之責任及本館之經歷〉》 第二 報館之勢力及其責任

《清議報》之事業雖小，而報館之事業則非小。英國前大臣波爾克，嘗在下議院指報館記事之席，各國議院議事時，皆別設一席以備各報館之傍聽記載。而歎曰：『此殆於貴族教會平民三大種族之外，而更為一絕大勢力之第四種族也』。英國議院以貴族、教徒、平民三階級組織而成，蓋英國全國民實不外此三大種族而已。日本松本君平氏著《新聞學》一書，其頌報館之功德也。曰『彼如豫言者，謳國民之運命；彼如裁判官，斷國民之疑獄；彼如大立法家，制定律令；彼如大哲學家，教育國民；彼如大聖賢，彈劾國民之罪惡；彼如救世主，察國民之無告苦痛而與以救濟之途』，諒哉言乎，近世泰西各國之文明，日進月邁，觀已往數千年，殆如別闢一新天地，究其所以致此者何自乎？或曰是法國大革命之產兒也。而產此大革命者誰乎？或曰中世神權專制政體之反動力也，而喚起此反動力者誰乎？或曰新學新藝勃興之結果也。而勃興此新學新藝者誰乎？無他，思想自由，言論自由，出版自由，此三大自由者，實惟一切文明之母。而近世世界種種現象，皆其子孫也。而報館者，實薈萃全國人之思想言論，或大或小，或精或麤，或莊或諧，或激或隨，而一一介紹之於國民。故報館者，能納一切，能吐一切，能生一切，能滅一切。西諺云，報館者，國家之耳目也，喉舌也，人羣之鏡也，文壇之王也，將來之燈也，現在之糧也。偉哉報館之勢力，重哉報館之責任。

歐美各國之大報館，其一言一論，動為全世界人之所注觀所聳聽，何以故？彼政府采其議以為政策焉，彼國民奉其言以為精神焉，故往往有今日為大宰相大統領，而明日為主筆者。亦往往有今日為主筆，而明日為大宰相大統領者。美國禁黑奴之盛業何自成乎？林肯主筆之報館為之也。英國愛爾蘭自治案何以通過乎？格蘭斯頓主筆之報館為之也。近日俄皇何以開弭兵會乎？吐爾斯吐主筆之報館為之也。報館者政本之本，而教師之師也，惟其然也。故其人民嗜之，如飲食男女不可須臾離。聞之，英國人無論男婦老幼貧富貴賤，有不讀書者，無不讀報者，其他文明諸國國民，大率例是，以此之故，其從事於報館事業者，亦益復奮勉刻厲，日求進步。故報章愈多，體例愈善，議論愈精，記載愈富，能使人專讀報紙數種，而可以盡知古今天下之政治學問風俗事迹，吸納全世界之新空氣於其腦中，故欲覘國家之强弱，無他道焉，則於其報章之多寡良否而已矣。

【略】

第三　中國報館之沿革及其價值

西諺曰：羅馬者非一日之羅馬，凡天下大業，必非一蹴可幾，必漸次發達，以進於圓滿之域，此事物之公例，無可逃避者也。雖然，其發達之遲緩而無力，獨未有如中國之報館者。中國《邸報》，視萬國之報紙，皆為先輩，姑置勿論。即自通商以後，西國之報章形式，始入中國，於是香港有《循環日報》，上海有《申報》於今殆三十餘年矣。其間繼起者雖不少，而卒無一完整良好，可以及西人百分之一者。以京都首善之區，而自聯軍割據以前，曾無一報館，此眞天下萬國之所無也。十八行省每省之幅員戶口，皆可敵歐洲一國，而除廣東福建外，省會之有報館者無一焉，此亦世界之一怪現象矣。近年以來，陳陳相接，惟上海、香港、廣州三處，號稱最盛，而其體例，無一足取，每一展讀，大抵『滬濱冠蓋』。『瀛眷南來』，『祝融肆虐』，『圖竊不成』，『驚散鴛鴦』，『甘為情死』等字樣，闐塞紙面，千篇一律。甚乃如臺灣之役，記劉永福之娘子軍，團匪之變，演李秉衡之黃河陣，明目張膽，自欺欺人，觀其論說，非『西學原出中國考』，則『中國宜亟圖富强論』也，展轉抄襲，讀之惟恐臥，以故報館之興數十年，而於全國社會，無絲毫之影響。大抵以資本不足，閱一年數月而閉歇者，十之七八，其餘一二，亦若是則已耳。惟前者天津之《國聞報》，近日上海之《中外日報》、《同文滬報》、《蘇報》，體段稍完，然以比諸日本一僻縣之報，猶不能望其肩背，無論東京之大者，更無論泰西也，若夫叢報，則更不足道，前者惟《格致彙編》，稍稱完整，然出於西人之手，且據上海製造局官書之力，又不過每季一冊，又僅明一義，不及其他，然猶僅出二十八冊，遽亦中斷。其次則《萬國公報》，亦出西人之手，憑教會之力，其宗旨多倚於教，於政治學問界，非有大關係焉。甲午挫後，時務報起，一時風靡海內，數月之間，銷行至萬餘分，為中國有報以來所未有，舉國趨之，如飲狂泉，作者當時，承乏斯役。雖然，今日檢閱其舊論，輒欲作嘔，覆勘其體例，未嘗不汗流浹背也。夫以作者今日之學識思想經歷，其固陋淺薄，不足以當東西通人之一指趾，甚明也。則數年前之庸濫愚謬，更何待論，而舉國士夫，乃嘖嘖然目之曰：此新說也，此名著也。嗚呼傷哉！吾中國人之文明程度，何低下之至於此極也。《時務報》後，澳門《知新報》繼之，爾後一年間，沿海各都會，繼軌而作者，風起雲湧，驟十餘家，大率面目體裁，悉仿《時務》若惟恐不肖者然。其間惟天津《國聞彙編》，成於碩學之手，精深完粹，敻乎尚矣，然僅出五冊，便已戛然。此外餘子等諸自鄶，及戊戌政變，時務云亡，而所謂此十餘家者，亦如西山殘陽，倏忽匿影，風吹落葉，餘片無存。由此觀之，其當初設報之心，果何在乎？不待鞫訊矣。《知新報》僻在貧島，靈光巋然者凡四年有餘，出報至一百三十餘冊，旬報之持久者以此為最。然其文字體例，尚不及《時務報》於社會之關係，蓋甚淺薄。己庚之間，上海有所謂《亞東時報》、《五洲時事報》、《中外大事報》者出，皆頗闡新理，視《時務》有過之無不及，然當中國晦盲否塞達於極點之際，不為學界所歡迎，旋興旋廢，殆無足論。客冬今春以來，日本留學生有《譯書彙編》、《國民報》、《開智録》等之作。有《譯書彙編》至今尚存，能輸人文明思想，為吾國放一大光明，良可珍誦，然實不過叢書之體，不可謂《報國民報》、《開智録》，亦錚錚者也，而以經費不支，皆不滿十號，而今已矣。此實中國數十年來報界之情狀也。由此觀之，其發達之遲緩無力。一何太甚，吾向者謂欲覘國家之强弱，則於其報章之多寡良否而已，使此言而無稽也則可，此言如稍有可信者，則是豈可不為寒心哉？推原其所以致此之由，蓋有數端，一由於創設報館者，不預籌相當之經費，故無力擴充，或小試輒蹶。二由於主筆訪事等員之位置，不為世所重，高才之輩，莫肯俯就。三由於風氣不開，閱報人少，道路未通，傳布為難。四由於從事斯業之人，思想淺陋，學識迂愚，才力薄弱，無思易天下之心，無自張其軍之力，而四者之中，尤以第四項為病根之根焉。嗚呼，案既往，考現在不知吾中國所謂此第四種族者，何時始見其成立也。擲筆三思，感慨係之矣。【略】

第六　結論

有一人之報，有一黨之報，有一國之報，有世界之報。以一人或一公司之利益為目的者，一人之報也；以一黨之利益為目的者，一黨之報也；以國民之利益為目的者，一國之報也；以全世界人類之利益為目的者，世界之報也。中國昔雖有一人報，而無一黨報，一國報，世界報。日本今有一人報，一黨報，一國報，而無世界報。若前之《時務報》、《知新報》者，殆脱一人報之範圍而進入於一黨報之範圍也。敢問《清議報》於此四者中，位置何等乎？曰：在黨報與國報之間，今以何祝之？曰：祝其全脱離一黨報之範圍，而進入於一國報之範圍，且更努力漸進以達於世界報之範圍。乃為祝曰：報兮報兮，君之生涯，亘兩周兮。君之聲塵，遍五洲兮。君之責任，重且遒兮。君其自愛，罔俾羞兮。祝君永年，與國民同休兮。重為祝曰：《清議報》萬歲！中國各報館萬歲！中國萬歲！

大同世界説分部

論説

《太平天國印書·洪秀全〈原道醒世訓〉》 從來福大則量大，量大則為大人；福小則量小，量小則為小人。是以泰山不辭土壤，故能成其高；河海不擇細流，故能就其深；王者不卻衆庶，故能成其德。凡此皆量為之也。

無如時至今日，亦難言矣。世道乖漓，人心澆薄，所愛所憎，一出於私。故以此國而憎彼國，以彼國而憎此國者有之；甚至同國以此省此府此縣而憎彼省彼府彼縣，以彼省彼府彼縣而憎此省此府此縣者有之；更甚至同省府縣，以此鄉此里此姓而憎彼鄉彼里彼姓，以彼鄉彼里彼姓而憎此鄉此里此姓者有之。世道人心至此，安得不相陵相奪相鬥相殺而淪胥以亡乎！無他，其見小，故其量小也。其以此國而憎彼國、以彼國而憎此國者，其見在國，國以外則不知，故同國則愛之，異國則憎之。其以此省此府此縣而憎彼省彼府彼縣、以彼省彼府彼縣而憎此省此府此縣者，其見在省府縣，省府縣以外則不知，故同省同府同縣則愛之，異省異府異縣則憎之。其以此鄉此里此姓則憎彼鄉彼里彼姓、以彼鄉彼里彼姓而憎此鄉此里此姓者，其見在鄉里姓，鄉里姓以外則不知，故同鄉同里同姓則愛之，異鄉異里異姓則憎之。天下愛憎如此，何其見未大而量之不廣也。【略】

而今尚可望哉！然而亂極則治，暗極則光，天之道也。於今夜退而日升矣。惟願天下凡間我們兄弟姊妹，跳出邪魔之鬼門，循行上帝之眞道，時凜天威，力遵天誡，相與淑身淑世，相與正己正人，相與作中流之砥柱，相與挽已倒之狂瀾。行見天下一家，共用太平。幾何乖離澆薄之世，其不一旦變而為公平正直之世也！幾何陵奪鬥殺之世，其不一旦變而為强不犯弱，衆不暴寡，智不詐愚，勇不苦怯之世也！在《易》，同人於野則亨，量大之謂也；同人於宗則吝，量小之謂也。況量大則福大，而人亦與之俱大；量小則福小，而人亦與之俱小。凡有血氣者，安可傷天地之和，而貽井底蛙之誚哉！詩云：

上帝原來是老親，水源木本急尋眞；
量寬異國皆同國，心好天人亦世人。
獸畜相殘還不義，鄉鄰互殺斷非仁；
天生天養和為貴，各自相安享太平。

康有為《禮運注》 孔子曰：大道之行也，與三代之英，丘未之逮也，而有志焉。大道之行也，天下為公，選賢與能，講信修睦。故人不獨親其親，不獨子其子，使老有所終，壯有所用，幼有所長，矜寡孤獨廢疾者皆有所養。男有分，女有歸。貨惡其棄於地也，不必藏於己；力惡其不出於身也，不必為己。是故謀閉而不興，盜竊亂賊而不作，故外戶而不閉，是謂大同。

大道者何？人理至公，太平世大同之道也。三代之英，升平世小康之道也。孔子生據亂世，而志則常在太平世。必進化至大同乃孚素志，至不得已亦為小康，亦皆不逮，此所由顧生民而興哀也。

天下為公，選賢與能者，官天下也。夫天下國家者，為天下國家之人公共同有之器，非一人一家所得私有，當合大家公選賢能以任其職，不得世傳其子孫兄弟也。此君臣之公理也。

講信修睦者，國之與國際，人之與人交，皆平等自立，不相侵犯，但互立和約而信守之。于時立義，和親康睦，只有無詐、無虞、戒爭、戒殺而已，不必立萬法矣。此朋友有信之公理也。

父母固人所至親，子者固人所至愛，然但自親其親，自愛其子，而不愛人之親，不愛人之子，則天下人之貧賤愚不肖者，老幼矜寡孤獨廢疾者，皆困苦顛連失所教養矣。夫人類不平則教化不均，風俗不美則人種不良，此為莫大之害，即中於大衆而共受之。且人人何能自保不為老幼矜寡孤獨殘疾乎？專待之於私親而無可恃也，不如待之於公而必可恃也。故公世人人分其仰事俯畜之物產財力以為公產，以養老、慈幼、恤貧、醫疾，惟用壯者，則人人無復有老病孤貧之憂，俗美種良，進化益上。此父子之公理也。

分者限也，男子雖强，而各有權限，不得逾越；歸者巍也，女子雖弱，而巍然自立，不得陵抑；各立和約而共守之。此夫婦之公理也。

更有二禁：世有公產，則巧者仰人之養而不謀農工之業，惰者樂人之用而不出手足之力，以公成其私而以私壞公，則大道隳矣。故不作業、不出力之人，公衆所惡，然將已刑措，但惡之以示不齒，而人聳勸矣。然化俗久美，傳種改良，人人自能去私而為公，不專己而愛人，故多能分貨以歸之公，出力以助於人。然人之恒言曰：天下、國家、身，此古昔之小道也。夫有國、有家、有己，則各有其界而自私之，其害公理而阻進化甚矣。惟天為生人之本，人人皆天所生而直隸焉，凡隸天之下者皆公之。故不獨不得立國界，以至强弱相爭；並不得有家界，以至親愛不廣；且不得有身界，以至貨、力自為。故只有天下公，一切皆本公理而已。

公者，人人如一之謂，無貴賤之分，無貧富之等，無人種之殊，無男女之異。分、等、殊、異，此狹隘之小道也。平等公同，此廣大道也。無所謂君，無所謂國，人人皆教養於公產而不恃私產；人人即多私產，亦當分之於公產焉，則人無所用其私，何必為權術詐謀以害信義，更何肯為盜竊亂賊以損身名？非徒無此人，亦復無此思。內外為一，無所防虞，故外戶不閉，不知兵革。此大同之道，太平之世行之。惟人人皆公，人人皆平，故能與人大同也。

梁啓超《飲冰室合集・讀孟子界説》 界説一 孔子之學，至戰國時有二大派。一曰孟子，二曰荀卿。

《史記》特立《孟子荀卿列傳》。《儒林傳》又云：『孟子荀卿之徒，以學顯於當世。』蓋自昌黎以前，皆孟子、荀卿並稱，至宋賢始獨尊孟子與孔子等，後世遂以孔孟並舉，無以孟、荀並舉者矣。要之，孔子乃立教之人，孟子乃行教之人，必知孟子為孔教中一派，始可以讀《孟子》。

界説二 荀子之學在傳經，孟子之學在經世，荀子為孔門文學之科，孟子為孔門政事之科。

漢興諸經皆傳自荀卿，其目略見汪容甫述學。其功最高不可誣，然所傳微言大義不及孟子。孟子專提孔門欲立立人，欲達達人，天下有道，某不與易之宗旨，日日以救天下為心，實孔學之正派也。

界説三　孟子於六經之中，其所得力在《春秋》。

《詩》、《書》、《禮》、《樂》，孔子蚤年所定，著為雅言，荀氏一派傳之，荀子謂凡學始於誦《詩》，終於讀《禮》，故《荀子》一書，言禮者過半，《春秋》為獲麟以後所作，昌言製作，為後王法，孟氏一派傳之。故孟子每敍道統，於禹抑洪水、周公兼夷狄之後，述及孔子，即舍五經而言《春秋》。於舜明於庶物，禹惡旨酒，湯執中。文王視民如傷，武王不泄邇，周公思兼三王之後，述及孔子，即舍五經而言《春秋》。莊子曰：『《春秋》經世先王之志。』蓋凡言經世者，未有不學《春秋》者也，故必知孟子所言一切仁政皆本於《春秋》，然後孟子學孔子之實乃見。

界説四　孟子於《春秋》之中，其所傳為大同之義。

孔子立小康之義，以治二千年以來之天下，在《春秋》亦謂之升平，亦謂之臨一國之言，荀子所述皆此類也。立大同之義，以治今日以後之天下，在《春秋》亦謂之太平，亦謂之臨天下之言，孟子所述皆此類也。大同之義，有為今日西人所已行者，有為今日西人所未及行，而可決其他日之必行者。讀《孟子》者當於此焉求之。

界説五　『仁義』二字，為孟子一切學問總宗旨。

董子曰：『仁者人也，義者我也。知有人不知有我，則為墨氏之學。知有我不知有人，則為老氏之學。故墨氏徒仁，老氏徒義，仁至義盡，時曰中庸。』孔子所以異於諸教者以此，孟子所以獨尊孔子者以此。一切義理制度，皆從此出。學者勿以陳腐字面視之，則可有悟矣。

界説六　保民為孟子經世宗旨

孟子言民為貴，民事不可緩。故全書所言仁政，所言王政，所言不忍人之政，皆以為民也。泰西諸國今日之政，殆庶近之。惜吾中國孟子之學之絕也。明此義以讀孟子，則皆迎刃而解，否則司馬温公之疑孟，余隱之之尊孟。徒事嘵嘵，楚固失矣。齊亦未為得也。

界説七　《孟子》言無義戰，為大同之起點。

此義本於《春秋》，為孔子特立大義。後之儒家，惟孟子能發明之，外教則墨翟、宋牼皆深明此意。泰西諸國，惟美洲庶近之，然未能至也，近則公法家大立會以昌其説，此為孔教漸行於地球之徵。自宋以來，讀《孟子》者皆闇於此。

界説八　孟子言井田，為大同之綱領。

『井田』為孔子特立之制，所以均貧富。《論語》所謂不患寡而患不均，井田者均之至也，平等之極則也。西國近頗倡貧富均財之説，惜未得其道耳。井田不可行於後世無待言，迂儒斤斤思復之者妄也。法先王者法其意，井田之意，眞治天下第一義矣，故孟子一切經濟，皆從此出。深知其意，可語於道。【略】

界説十五　孟子之學，至今未嘗一行於天下。

漢興，羣經皆傳自荀子，十四博士大半屬荀子之學。東漢以後，又遭竄亂，六朝及唐，日益破碎，無論是非得失，皆從荀學中之一派討生活矣。二千年以來，無有知尊孟子者。自昌黎倡之，宋賢和之，孟學似光大矣。然於孟子經世大義，無一能言者。其所持論，無一不與孟子相反，實則摭荀學吐棄之餘而已。惟不動心之學，間有講之者，然非其至也。故自宋以來，有尊孟子之名，無行孟學之實。以孔門嫡派，而二千年昏霾煙没，不顯於世，斯亦聖教之大不幸也。今二三子既有志于大道，因孟學實入德之門、學聖之基也。持此界説以讀《孟子》，必有以異於疇昔之所見者，勿以為習見之書而忽之也。

又　《論君政民政相嬗之理》　博矣哉，《春秋》張三世之義也。治天下者有三世，一曰多君為政之世，二曰一君為政之世，三曰民為政之世。多君世之別又有二：一曰酋長之世，二曰封建及世卿之世。一君世之別又有二：一曰君主之世，二曰君民共主之世。民政世之別亦有二：一曰有總統之世，二曰無總統之世。多君者，據亂世之政也；一君者，升平世之政也；民者，太平世之政也。此三世六別者，與地球始有人類以來之年限，有相關之理。未及其世，不能躐之；既及其世，不能閼之。

酋長之世，起於何也？人類初戰物而勝之，然而未有輿騎舟楫之利，一山一川一林一澤之隔，則不能相通也。於是乎劃然命為一國，其黠者或强有力者，即從而君之。故老子曰：古者鄰國相望，雞犬之聲相聞，其民老死不相往來。禹會諸侯於塗山，執玉帛者萬國，彼禹域之大，未及今日之半也，而為國者萬，斯蓋酋長之世也。

今之蒙古也，回疆也，苗也，黎也，生番也，土司也，非洲也，南洋也，墨洲、澳洲之土人也，皆吾夏后氏以前之世界也。凡酋長之世，戰鬭最多，何也？其地隔，故其民不相習，而其情不相加，以凡有血氣皆有爭心，故相戕無已時也。封建世既有一天子以統衆諸侯矣，而猶命為多君何也？封建者，天子與諸侯俱據土而治，有不純臣之義，見《公羊傳》注。觀於周禮祇治畿內，春秋戰國諸侯各自為政，可以見封建世之俗矣。其時諸侯與天子同有無限之權，故謂之多君。封建亦一大酋長耳，其相戕亦慘，其戰鬭亦多。

世卿亦謂之多君何也？禮喪服傳，公士大夫之衆臣為其君傳曰，君謂有地者也。蓋古者凡有采地皆稱君，而仕於其邑，居隸其地者，皆為之民，其待之也，亦得有無限之權，故亦謂之多君。世卿之國，亦多戰鬭。如魯之季孫氏、郈氏，晉之韓、魏、范、中行氏，皆是也。故世卿亦可謂之小封建。

凡多君之世，其民皆極苦。爭城爭地，糜爛以戰，無論矣。彼其為君者，又必窮奢極暴，賦斂之苛，徭役之苦，刑罰之刻，皆不可思議。觀於漢之諸侯王，及今之土司，猶可得其概矣。孔子作《春秋》，將以救民也。故立為大一統譏世卿二義，此二者所以變多君而為一君也。變多君而為一君，謂之小康。昔者秦、楚、吳、越相讎相殺，流血者，不知幾千萬人也。問今有陝人與湘人爭强，蘇人與浙人搆怨者乎？無有也。昔之相讎相殺者，皆兩君為之也。無有君無有國復歸於一，則與民休息，此大一統之效也。世卿之世，苟非貴冑不得位卿孤，既譏世卿，乃立選舉，但使經明行修，雖蓬蓽之士，可以與聞天下事，如是則賢才衆多，而天下事有所賴，此譏世卿之效也。

雖然，當其變也，蓋亦難矣。秦漢以後，奉《春秋》為經世之學，亦既大一統矣。然漢初之吳楚七國亂之，漢末以州牧亂之，晉之八王亂之，唐之藩鎮亂之，乃至明之燕王、宸濠，此害猶未獲息。越二千年，直至我朝，定宗室自親王以下至奉恩將軍凡九等；功臣自一等公以下至恩騎尉凡二十六等。悉用漢關內侯之制，無分土，無分民，而封建之多君始廢。漢氏雖定選舉之制，而魏晉九品中正寒門貴族，界限畫然，此猶微有世卿之意焉。

雖然，吾中國二千年免於多君之害者，抑已多矣，皆食素王之賜也。

凡變多君而為一君者，其國必驟强。昔美之三十七邦也，德之二十五邦也，意之二十四邦也，日本之九十二諸侯也，當其未合也，彼數國者曾不克自列於地球也。其既合也，乃各雄長於三洲，何也？彼昔者方罷敝其民，以相爭之不暇，自斵其元氣，耗其財力，以各供其君之私欲。合而一之，乃免此難。此一君世之所以為小康也。而惜乎諸國用《春秋》之義太晚，百年前之糜爛，良可哀也。世卿之多君，地球各國，自中土以外，罕有能變者，日本受毒最久。藤原以後，政柄下移，大將軍諸侯王之權，過於天皇。直至明治維新，凡千餘年，乃始克革。今俄之皇族，世在要津。英之世爵，主持上議院，乃至法人既變民政，而前朝爵冑，猶潛滋暗窺，漸移國權。蓋甚矣變之之難也。

封建世卿之與奴隸，其事相因也。舉天下之地，而畀諸諸侯，則凡居其地者，莫敢不為臣；舉天下之田，而聚諸貴族，則凡耕其田者，莫敢不為隸。故多君之世，其民必分為數等，而奴隸徧於天下。孔子之制，則自天子以外，士農工商，天子之元子猶士也，編為四民，各授百畝，咸得自主。六經不言有奴隸。《周禮》有之者，非孔子所定之制。漢世累詔放奴婢，行孔子之制也。後世此議不講，至今日而滿蒙尚有包衣，望族達官尚有世僕，蓋猶多君世之舊習焉。西方則俄國之田，尚悉歸貴族掌轄，法國之田，悉為教士及世爵公產，凡齊民之欲耕者，不得不佃其田，而佃其田者，不得不為之役。其餘諸國，亦多類是。日本分人為數等之風尤盛，乃至有穢多、非人等名號，凡列此者，不齒人類，而南北美至以販奴一事，構兵垂十年，此皆多君世之弊政也。今殆將悉革矣。此亦《春秋》施及蠻貊之一端也。余別有《孔制禁用奴婢考》。

歐洲自希臘列國時已有議政院，論者以為即今之民政，然而吾竊竊焉疑之。彼其議政院皆王族世爵主持其事，如魯之三桓、鄭之七穆、晉之六卿、楚之屈景，父子兄弟，世居要津，相繼相及耳。至於匹夫編戶，豈直不能與聞國是，乃至視之若奴隸，舉族不得通籍，此其為政也，謂之君無權則可，謂之民有權則不可，此實世卿多君之世界也。度其為制也，殆如英國今日之上議院，而非英國今日之下議院。周厲無道，見流於彘，而共和執政。滕文公行三年之喪，而父兄百官皆不悅，此實上議院之制也，不得謂之民政。若謂此為民政也，則我朝天聰、崇德間，八貝勒並坐議政，亦寧可謂之為民政也。俄史稱俄本有議事會，由貴爵主之，頗有權勢，諸事皆可酌定。一千六百九十九年，大彼得廢之，更立新會，損益其規，俾權操於己。俄之舊會，殆猶夫希臘、羅馬諸國之議院也，猶多君之政也，俄之變多君而為一君，則自大彼得始也。

大地之事事物物，皆由簡而進於繁，由質而進於文，由惡而進於善。有一定之等，有一定之時，如地質學各層之石，其位次不能淩亂也。今謂當中土多君之世，而國已有民政；既有民政，而旋復退而為君政，此於公理不順，明於幾何之學者，必能辨之。

嚴復曰：歐洲政制，向分三種。曰滿那棄者，一君治民之制也；曰巫理斯托格拉時者，世族貴人共和之制也；曰德謨格拉時者，國民為政之制也。德謨格拉時又名公產，又名合衆。希羅兩史，班班可稽，與前二制相為起滅，雖其時法制未若今者之美備，然實為後來民治濫觴。且天演之事，始於胚胎，終於成體。泰西有今日之民主，則當夏商時合有種子以為起點。而專行君政之國，雖演之億萬年，不能由君而入民，子之言未為當也。

啓超曰：吾既未克讀西籍，事事仰給於舌人，則於西史所闕知其淺也。乃若其所疑者，則據虛理比例以測之，以謂其國既能行民政者，必其民之智甚開，其民之力甚厚，既舉一國之民，而智焉而力焉，則必無復退而為君權主治之理，此猶花剛石之下，不得復有煤層，煤層之下，不得復有人迹層也。至於希羅二史，所稱者其或猶火山地震噴出之石汁，而加於地層之上，則非所敢知，然終疑其為偶然之事，且非全體也，故代蘭得常得取而篡之，其與今之民政殆相懸也。至疑西方有胚胎，而東方無起點，斯殆不然也。日本為二千年一王主治之國，其君權之重，過於我邦，而今日民義之伸不讓英、德。然則民政不必待數千年前之起點明矣。蓋地球之運，將入太平，固非泰西之所得專，亦非震旦之所得避。吾知不及百年，將舉五洲而悉惟民之從，而吾中國，亦未必能獨立而不變此亦事理之無如何者也。

世之賢知太過者，或疑孔子何必言小康，此大謬也。凡由多君之政，而入民政者，其間必經一君之政，乃始克達。所異者西人則多君之運長，一君之運短，中國則多君之運短，一君之運長。此專就三千年內言之。至其自今以往，同歸民政，所謂及其成功一也。此猶佛法之有頓有漸，而同一法門。若夫吾中土奉一君之制，而使二千年來殺機寡於西國者，則小康之功德無算也。此孔子立三世之微意也。

問今日之美國、法國，可為太平矣乎？曰惡，惡可！今日之天下自美法等國言之，則可謂為民政之世；自中、俄、英、日等國言之，則可謂為一君之世；然合全局以言之，則仍為多君之世而已。各私其國，各私其種，各私其土，各私其物，各私其工，各私其商，各私其財，度支之額，半充養兵，舉國之民，悉隸行伍，眈眈相視，齮齕相讎，龍蛇起陸，殺機方長，螳雀互尋，冤親誰問。嗚呼！五洲萬國，直一大酋長之世界焉耳。《春秋》曰：『末不亦樂乎，堯舜之知君子也。』《易》曰：『見羣龍無首吉』。其殆為千百年以後之天下言之哉？

三世進化説分部

論説

康有為《大同書》甲部《入世界觀衆苦・緒言・人有不忍之心》

夫浩浩元氣，造起天地。天者，一物之魂源也，人者，亦一物之魂質也，雖形有大小，而其分浩氣於太元，挹涓滴於大海，無以異也。孔子曰：『地載神氣，神氣風霆，風霆流形，庶物露生。』神者，有知之電也。光電能無所不傳，神氣能無所不感。『神鬼神帝，生天生地』，全神分神，惟元惟人。微乎妙哉，其神之有觸哉！無物無電，無物無神。夫神者，知氣也，魂知也，精爽也，靈明也，明德也，數者異名而同實。有覺知則有吸攝，磁石猶然，何況於人！不忍者，吸攝之力也。故仁智同藏而智為先，仁智同用而仁為貴矣。【略】

康子於是起而上覽古昔，下考當今，近觀中國，遠攬全地，尊極帝王，賤及隸庶，壽至籛彭，夭若殤子，逸若僧道，繁若毛羽，蓋普天之下，全地之上，人人之中，物物之庶，無非憂患苦惱者矣。雖有淺深大小，而憂患苦惱之交迫而並至，濃深而厚重，繁賾而惡劇，未有能少免之者矣。諸先羣哲，愍然焦然，思有以拯救之，普渡之，各竭其心思，出其方術，施濟之。而橫覽胥溺之滔滔，終無能起沈痼也。略能小瘳，無有全愈者，或扶東而倒西，扶頭而病足。豈醫理之未精歟，抑醫術之未至耶？蒙有憾焉。或者時有未至耶？

夫生物之有知者，腦筋含靈，其與物非物之觸遇也，即有宜有不宜，有適有不適。其於腦筋適且宜者，則神魂為之樂。其與腦筋不適不宜者，則神魂為之苦。況於人乎，腦筋尤靈，神魂尤清，明其物非物之感入於身者，尤繁夥、精微、急捷，而適不適尤著明焉。適宜者受之，不適宜者拒之。故夫人道只有宜不宜，不宜者苦也，宜之又宜者樂也。故夫人道者，依人以為道。依人之道，苦樂而已。為人謀者，去苦以求樂而已，無他道矣。【略】

結黨而爭勝，從强而自保者，人情之所不能免也。故有部落、國種之分，有君臣、政治之法，所以保全人家室財產之樂也。其部落已亡，國土無託，無君臣，無政治，蕩然如野鹿，則為人所捕虜隸奴，不能保全其家室財產，則陷苦無量而求樂無所。聖人者因人情所不能免，順人事時勢之自然，而為之立國土、部落、君臣、政治之法，其術不過為人免其苦而已。

人者智多而思深，慮遠而計久，既受樂於生前，更求永樂於死後，既受樂於體魄，更求永樂於神魂。聖人者因人情之所樂而樂之，則為創出世之法，煉神養魂之道，長生不死之術，以求生天證聖之果，輪回不受，世界無邊，其樂浩大深長，有迴過於人生之數十年者。於是人遂願行苦行焉，棄親愛之室家，絕人間之榮華，入山面壁，裸跣乞食，或一日一食，或三旬九食，編草，嘗糞，臥雪，視日，喂虎，飼鷹。彼非履至苦也，蓋權其苦樂之長短大小，故甘行其小苦短苦以求其長樂大樂也；彼以生老病死為苦，故將求其不苦而至樂者焉，是尤求樂求免苦之至者也。【略】

故普天之下，有生之徒，皆以求樂免苦而已，無他道矣。其有迂其塗，假其道，曲折以赴，行苦而不厭者，亦以求樂而已。雖人之性有不同乎，而可斷斷言之，曰人道無求苦去樂者也。立法創教，令人有樂而無苦，善之善者也，能令人樂多苦少，善而未盡善者也，令人苦多樂少，不善者也。昔者有墨子者，大教主也。其為教也，尚同、兼愛，善矣；而

其為術，非樂，節用，『生不歌，死無服』，裘葛以為衣。《莊子》曰：『其道大觳』，『反天下之心，天下不堪』，『離於天下，其去王也遠矣』！印度九十七道出家苦行，一日一食，過午不食，或一旬一食，或不食，或食糞草，衣壞色之衣，跣足而行，或不衣不履，視赤日，臥大雪，嘗糞，其苦行大地無比之者矣。彼以煉魂故棄身，然施於全羣人道則不可行。猶太、羅馬及穆護教之抑女，亦猶然也。基督樂在天國，故亦土木其身。其清教徒苦行不食，棲山閉處，亦猶佛教焉，今在西班牙之可度猶見之也。基督不娶，絕其後嗣，神父皆不能娶，道觳不行。於是路德新教出焉，頃刻而易天下，則以其道近於人而易行故也。

夫印度自摩奴立法，嚴階級，別男女。人生而為寒門下戶之首陀也，則為農，為賈，為百工，為獵夫，為婦婢，百世不得列於吏士焉。若生而為女，以布掩面，終身無睹，既嫁從夫，夫亡燒死，或閉高樓，永不履地。其為禮法也如此，故男為奴，而女為囚焉。苟非借出世之法，從何脫其煩惱耶？婆羅門諸哲九十七道，思為人脫煩惱，其不得已而鳴出家、禁殺生者耶？蓋原世法之立，創於强者，無有不自便而陵弱者也。國法也，因軍法而移焉，以其遵將令而威士卒之法，行之於國，則有尊君卑臣，而奴民者矣。家法也，因新制而生焉，以其尊族長而統卑幼之法，行之於家，則有尊男卑女，而隸子弟者焉。雖有聖人，立法不能不因其時勢風俗之舊而定之。大勢既成，壓制既久，遂為道義焉。於是始為相扶植保護之善法者，終為至抑壓至不平之苦趣。於是乎則與求樂免苦之本意相反矣。印度如是，中國亦不能免焉。歐美略近升平，而婦女為人私屬，其去公理遠矣，其於求樂之道亦未至焉。神明聖王孔子早慮之，憂之，故立三統三世之法，據亂之後，易以升平、太平；小康之後，進以大同；曰『窮則變』，曰『觀其會通以行其典禮』。蓋深慮守道者不知變，而永從苦道也。

梁啓超《飲冰室合集・春秋中國夷狄辨序》 自宋以後，儒者持攘彝之論日益盛，而彝患亦日益烈，情見勢絀，極於今日。而彼囂然自大者，且日嘵嘵而未有止也。叩其所自出，則曰：是實《春秋》之義，烏乎！吾三復《春秋》，而未嘗見有此言也。吾徧讀先秦、兩漢先師之口說，而未嘗見有此言也，孔子之作《春秋》，治天下也，非治一國也，治

萬世也，非治一時也。故首張三世之義，所傳聞世，治尚麤觕，則內其國而外諸夏，所聞世，治進升平，則內諸夏而外彝狄，所見世，治致太平，則天下遠近大小若一。彝狄進至於爵，故曰有教無類。又曰：『洋溢乎中國，施及蠻貊。凡有血氣，莫不尊親，其治之也，有先後之殊，其視之也，無愛憎之異。故聞有用夏以變彝者矣，未聞其攘絕而棄之也。』今論者持升平世之義，而謂《春秋》為攘彝狄也，則亦何不持據亂世之義，而謂《春秋》為攘諸夏也。且《春秋》之號彝狄也，與後世特異。後世之號彝狄，謂其地與其種族，《春秋》之號彝狄，謂其政俗與其行事，不明此義，則江漢之南，文王舊治之地，汧雍之間，西京宅都之所，以云中國，孰中於是，而楚秦之為彝狄，何以稱焉？不寧惟是，昭十二年，晉伐鮮虞，晉也彝狄之；《春秋繁露·楚莊王篇》晉伐鮮虞何惡乎，晉而同彝狄也。何注：伐同姓欲以立威行霸，故狄之。成三年，鄭伐許，鄭也而狄之；《繁露·竹林篇》鄭伐許何惡乎？鄭而彝狄之也，伐喪無義，叛盟無信，故大惡之。桓十五年，邾婁人、牟人、葛人來朝，邾婁等也，而狄之；何注：桓公行惡，而三人朝事之，故彝狄之。隱七年，戎伐凡伯於楚丘以歸，衛也而狄之；《穀梁傳》戎者，衛也伐太子之使貶而戎之也。哀六年，城邾婁葭，魯也而狄之。何注：城者取之也：邾婁未嘗加非於魯，魯數圍取邾婁邑下知，足有彝狄之行。夫晉、鄭、邾、衛中原之名國也。魯者尤《春秋》所託焉，以明王法者也，而其為彝狄，又何以稱焉？董子云：《春秋》之常辭也，不予彝狄而與中國為禮。至邲之戰，偏然反之。何也？曰：《春秋》無通辭，從變而移。今晉變而為彝狄，楚變而為君子。故移其辭以從其事。《竹林篇》大哉言乎，然則春秋之中國彝狄，本無定名，其有彝狄之行者，雖中國也，靦然而彝狄矣。其無彝狄之行者，雖彝狄也，彬然而君子矣。然則藉曰攘彝焉云爾，其必攘其有彝狄之行者，而不得以其號為中國而恕之、號為彝狄而棄之，昭昭然矣。何謂彝狄之行；春秋之治天下也。天下為公，選賢與能，講信修睦，禁攻寢兵，勤政愛民，勸商惠工，土地闢，田野治，學校昌，人倫明，道路修，遊民少，廢疾養，盜賊息，由乎此者，謂之中國。反乎此者，謂之彝狄。痛乎哉，傳之言也。曰然則曷為不使中國主之，中國亦新彝狄也。昭二十三年然則吾方日兢兢焉，求免於《春秋》。所謂彝狄者之不暇，而安能彝人，而安能攘人哉？是故以治天下治萬世之義言之，則其不必攘也如彼，以治一國治一時之義言之，則其不能攘也如此，吾卒不知攘彝之言，果何取也，徐君君勉既學於南海，治《春秋》經世之義，乃著《中國彝狄辨》三卷，一曰中國而彝狄之，二曰彝狄而中國之，三曰中國彝狄。進退微旨，於以犁千年之謬論，抉大同之微言，後之讀者，深知其意，則曉曉自大之空言，或可以少息也，中國之彝患，或可以少衰也。天下遠近大小若一之治，或可以旦暮遇之也。雖然，以孔子之聖，猶曰：『知我罪我，其惟《春秋》乎。』然則世之以是書罪徐君，而因以罪余者，又不知凡幾矣。

新民說分部

論　說

梁啓超《飲冰室合集·少年中國說》　夫古昔之中國者，雖有國之名，而未成國之形也，或為家族之國，或為酋長之國，或為諸侯封建之國，或為一王專制之國。雖種類不一，要之其於國家之體質也，有其一部而缺其一部，正如嬰兒自胚胎以迄成童，其身體之一二官支，先行長成，此外則全體雖粗具，然未能得其用也。故唐虞以前為胚胎時代，殷周之際為乳哺時代，由孔子而來至於今為童子時代，逐漸發達，而今乃始將入成童以上少年之界焉。其長成所以若是之遲者，則歷代之民賊有窒其生機者也。譬猶童年多病，轉類老態，或且疑其死期之將至焉，而不知皆由未完全、未成立也，非過去之謂，而未來之謂也。【略】

梁啓超曰：造成今日之老大中國者，則中國老朽之冤業也；製出將來之少年中國者，則中國少年之責任也。彼老朽者何足道，彼與此世界作別之日不遠矣，而我少年乃新來而與世界為緣。如僦屋者然，彼明日將遷居他方，而我今日始入此室處，將遷居者，不愛護其窗櫳，不潔治其庭廡，俗人恒情，亦何足怪。若我少年者前程浩浩，後顧茫茫，中國而為牛、為馬、為奴、為隸，則烹臠鞭箠之慘酷，惟我少年當之。中國如稱霸宇內、主盟地球，則指揮顧盼之尊榮，惟我少年享之。於彼氣息奄奄、與鬼為鄰者何與焉？彼而漠然置之，猶可言也；我而漠然置之，不可言也。使舉國之少年而果為少年也，則吾中國為未來之國，其進步未可量也，使舉國之少年而亦為老大也，則吾中國為過去之國，其澌亡可翹足而待也。故今日之責任，不在他人，而全在我少年。少年智則國智，少年富則國富，少年强則國强，少年獨立則國獨立，少年自由則國自由，少年進步則國進步，少年勝於歐洲，則國勝於歐洲，少年雄於地球，則國雄於地球。紅日初升，其道大光；河出伏流，一瀉汪洋；潛龍騰淵，鱗爪飛揚；乳虎嘯谷，百獸震惶；鷹隼試翼，風塵吸張；奇花初胎，矞矞皇皇；干將發硎，有作其芒；天戴其蒼，地履其黃；縱有千古，橫有八荒；前途似海，來日方長。美哉我少年中國，與天不老！壯哉我中國少年，與國無疆！

又《新民議》 余為《新民説》，欲以探求我國民腐敗墮落之根原，而以他國所以發達進步者比較之，使國民知受病所在，以自鷩厲、自策進，實理論之理論中最粗淺、最空衍者也。抑以我國民今日未足以語於實事界也。雖然，為理論者，終不可不求其果於實事；而無實事之理論，則實事終不可得見，今徒痛恨於我國之腐敗墮落，而所以救而治之者，其道何由？徒豔羨他國之發達進步，而所以躡而齊之者，其道何由？此正吾國民今日最切要之問題也。以鄙人之末學寡識，於中外各大哲高尚閎博之理論，未窺萬一，加以中國地大物博，國民性質之複雜，歷史遺傳之繁遠，外界感受之日日變異，而國中復無統計，無比例，今乃欲取一羣中種種問題而研究之、論定之，談何容易，談何容易？雖然，國民之責任，不可以不自勉，報館之天職，不可以不自認，不揣檮昧，欲更為實事之理論，以與愛羣愛國之志士相商榷、相策厲，此《新民議》所由作也。

吾思之，吾重思之。今日中國羣治之現象，殆無一不當從根柢處摧陷廓清，除舊而布新者也。天演物競之理，民族之不適應於時勢者，則不能自存。我國數千年來，以鎖國主義立於大地，其相與競爭，惟在本羣，優劣之數，大略相等。雖其中甲勝乙敗，乙勝甲敗，而受其敝者，不過本羣中一部分，而其他之部分，亦常有所偏進而足以相償。故合一羣而統計之，覺其仍循進化之公例，日征月邁，而有以稍善於疇昔，國人因相以安焉，謂此種羣治之組織，不足為病也。一旦與他民族之優者相遇，形見勢絀，著著失敗，在在困衡。國人乃眙駭相視，知其然而不知其所以然，其稍有識者，謂是皆由政府之腐敗、官吏之桎梏使然也。夫政府官吏之無狀，為一國退化之重要根原，亦何待言？而謂舍此一端以外，餘者皆盡美盡善，可以無事改革，而能存立於五大洲競爭之場，吾見其太早計矣！我國以開化最古聞於天下，當三千年前歐西狉狉獉獉之頃，而我之聲明文物，已足與彼中之中世史相埒，由於自滿自惰，墨守舊習，至今閱三千餘年。而所謂家族之組織，國家之組織，村落之組織，社會之組織，乃至風俗、禮節、學術、思想、道德、法律、宗教一切現象，仍歸然與三千年前無以異，夫此等舊組織、舊現象，在前此進化初級時代，何嘗不為羣治之大效？而烏知夫順應於昔日者，不能順應於今時，順應於本羣者，不能順應於世界，馴至今日千瘡百孔，為天行大圈所淘汰。無所往而不敗矣。其所以致衰落者，原因複雜而非一途，故所以為救治者，亦方藥繁重而非一術。嗚呼，此豈可以專責諸一二人，專求諸一二事云爾哉！吾故今就種種方面，普事觀察，將其病根所在，爬羅剔抉。而參取今日文明國通行之事實，按諸我國歷史之遺傳。與現今之情狀，求其可行。蘄其漸進，作《新民議》。

又《釋新民之義》 新民云者，非欲吾民盡棄其舊以從人也。新民之義有二：一曰淬厲其所本有而新之，二曰採補其所本無而新之。二者缺一，時乃無功。先哲之立教也，不外因材而篤與變化氣質之兩途。斯即吾淬厲所固有、採補所本無之説。一人如是，衆民亦然。

凡一國之能立於世界，必有其國民獨具之特質，上自道德法律，下至風俗習慣、文學美術，皆有一種獨立之精神。祖父傳之，子孫繼之，然後羣乃結，國乃成；斯實民族主義之根柢源泉也。我同胞能數千年立國于亞洲大陸，必其所具特質，有宏大高尚完美釐然異於羣族者，吾人所當保存之而勿失墜也。雖然，保之云者，非任其自生自長，而漫曰我保之我保之云爾。譬諸木然，非歲歲有新芽之茁，則其枯可立待；譬諸井然，非息息有新泉之湧，則其涸不移時。夫新芽、新泉豈自外來者耶，舊也而不得不謂之新。惟其日新，正所以全其舊也。濯之拭之，發其光晶，鍛之鍊之，成其體段，培之濬之，厚其本原，繼長增高，日征月邁。國民之精神，於是乎保存，於是乎發達。世或以『守舊』二字為一極可厭之名詞，

其然豈其然哉！吾所患不在守舊，而患無眞能守舊者。眞能守舊者何？卽吾所謂淬厲其固有而已。【略】

世界上萬事之現象，不外兩大主義：一曰保守，二曰進取。人之運用此兩主義者，或偏取甲，或偏取乙，或兩者並起而相衝突，或兩者並存而相調和。偏取其一，未有能立者也。有衝突則必有調和，衝突者調和之先驅也。善調和者，斯為偉大國民，盎格魯撒遜人種是也。譬之蹞步，以一足立，以一足行。譬之拾物，以一手握，以一手取。故吾所謂新民者，必非如心醉西風者流，蔑棄吾數千年之道德、學術、風俗，以求伍於他人；亦非如墨守故紙者流，謂僅抱此數千年之道德、學術、風俗，遂足以立於大地也。

自由平等論分部

論說

《嚴復集·論世變之亟》 夫與華人言西治，常苦於難言其眞。存彼我之見者，弗察事實，輒言中國為禮義之區，而東西朔南，凡吾王靈所弗屆者，舉為犬羊夷狄，此一蔽也。明識之士，欲一國曉然於彼此之情實，其議論自不得不存是非善否之公。而淺人怙私，常詈其譽仇而背本，此又一蔽也。而不知徒塞一己之聰明以自欺，而常受他族之侵侮，而莫與誰何，忠愛之道，固如是乎？周孔之教，又如是乎？公等念之，今之夷狄，非猶古之夷狄也。今之稱西人者，曰：彼善會計而已，又曰：彼擅機巧而已。不知吾今茲之所見所聞，如汽機兵械之倫，皆其形下之粗迹，卽所謂天算格致之最精，亦其能事之見端，而非命脈之所在。其命脈云何？苟扼要而談，不外於學術則黜偽而崇眞，於刑政則屈私以為公而已。斯二者，與中國理道初無異也。顧彼行之而常通，吾行之而常病者，則自由不自由異耳。

夫自由一言，眞中國歷古聖賢之所深畏，而從未嘗立以為教者也。彼西人之言曰：唯天生民，各具賦畀，得自由者，乃為全受。故人人各得自由，國國各得自由，第務令毋相侵損而已。侵人自由者，斯為逆天理，賊人道。其殺人傷人及盜蝕人財物，皆侵人自由之極致也。故侵人自由，雖國君不能，而其刑禁章條，要皆為此設耳。

中國理道與西法自由最相似者，曰恕，曰絜矩，然謂之相似則可，謂之眞同則大不可也。何則？中國恕與絜矩，專以待人及物而言，而西人自由，則於及物之中，而實寓所以存我者也。自由既異，於是羣異叢然以生。粗舉一二言之：則如中國最重三綱，而西人首明平等；中國親親，而西人尚賢；中國以孝治天下，而西人以公治天下；中國尊主，而西人隆民；中國貴一道而同風，而西人喜黨居而州處；中國多忌諱，而西人衆譏評。其於財用也，中國重節流，而西人重開源；中國追淳樸，而西人求歡虞。其接物也，中國美謙屈，而西人務發舒；中國尚節文，而西人樂簡易。其於為學也，中國誇多識，而西人尊新知。其於禍災也，中國委天數，而西人恃人力。若斯之倫，舉有與中國之理相抗，以並存於兩間，而吾實未敢遽分其優絀也。

梁啓超《飲冰室合集·自由書》 敘言：

自東徂以來，與彼都人士相接。誦其詩，讀其書，時有所感觸，與一二賢師友傾吐之，過而輒忘，無涯生曰，盍最而記之。自惟東鱗西爪，竹頭木屑，記之無補於天下。雖然，可以自驗其學識之進退，氣力之消長也，因日記數條以自課焉，每有所觸，應時援筆，無體例，無次序，或發論、或講學、或記事、或鈔書、或用文言、或用俚語、惟意所之。莊生曰，我朝受命而夕飲冰，我其內熱歟，以名吾室，西儒約翰彌勒曰，人羣之進化，莫要於思想自由、言論自由、出版自由，三大自由，皆備於我焉。以名吾書，己亥七月一日，著者識。【略】

放棄自由之罪

西儒之言曰，天下第一大罪惡，莫甚於侵人自由，而放棄己之自由者，罪亦如之，余謂兩者比較，則放棄其自由者爲罪首，而侵人自由者乃其次也。何以言之，蓋苟天下無放棄自由之人，則必無侵人自由之人，此之所侵者，卽彼之所放棄者，非有二物也。夫物競天擇優勝劣敗。此二語羣學之通語，嚴侯官譯為物競天擇，適者生存，日本譯為生存競爭，優勝劣敗，今合兩者並用之，卽欲定以為名詞焉。此天演學之公例也，人人各務求自存則務求勝，務求勝則務爲優者，務爲優者則擴充己之自由權而不知厭足，不知厭則侵人自由必矣，言自由者必曰，人人自由而以他人之自由爲界，夫自由何以有界，譬之有兩人於此，各務求勝，各務爲優者，各擴充己之自由權而不知厭足，其力線各向外而伸張，伸張不已，而兩線相遇。而兩力各不相下，於是界出焉，故自由之有界也。自人人自由始也，苟兩人之力有一弱者，則其强者所伸張之線，必侵入於弱者之界，此必至之勢，不必諱之事也，如以爲罪乎，則宇宙間有生之物，孰不爭自存者，充己力之所能及以爭自存，可謂罪乎，夫孰使汝自安於劣，自甘於敗，不伸張力線以擴汝之界，而留此餘地以待他人之來侵也。故曰，苟無放棄自由者，則必無侵人自由者，其罪之大原，自放棄者發之，而侵者因勢利導不得不强受之，以春秋例言之，則謂之罪首可也。

國權與民權

今天下第一等議論，豈不曰國民乎哉，言民事者，莫不瞋目切齒怒髮曰，彼歷代之民賊，束縛馳驟，磨牙吮血，以侵我民自由之權，是可忍孰不可忍，言國事者，莫不瞋目切齒怒髮曰，彼歐美之虎狼國，眈眈逐逐，鯨吞蠶食，以侵我國自由之權，是可忍孰不可忍！飲冰子曰：其無爾，苟我民不放棄其自由權，民賊孰得而侵之？苟我國不放棄其自由權，則虎狼國孰得而侵之？以人之能侵我，而知我國民自放自棄之罪不可逭矣。曾不自罪而猶罪人耶？昔法蘭西之民，自放棄其自由，於是國王侵之，貴族侵之，教徒侵之，當十八世紀之末，黯慘不復覩天日，法人一旦自悟其罪，自悔其罪，大革命起，而法民之自由權完全無缺以至今日，誰復能侵之者？昔日本之國，自放棄其自由權，於是白種人於交涉侵之，於利權侵之，於聲音笑貌一一侵之，當慶應明治之間，跼天蹐地於世界中。日人一旦自悟其罪，自悔其罪，維新革命起，而日本國之自由權完全無缺以至今日，誰復能侵之者？然則民之無權，國之無權，其罪皆在國民之放棄耳，於民賊乎何尤？於虎狼乎何尤？今之怨民賊而怒虎狼者，盍亦一旦自悟自悔而自擴張其固有之權，不授人以可侵之隙乎，不然，日日瞋目切齒怒髮胡爲者？【略】

論强權【略】

二論强權與自由權之關係

曰强權，曰權力，聞者莫不憎而厭之，謂此乃上位施於下位，無道之舉動也，人羣之蟊賊也，曰自由權，曰人權，聞者莫不愛而貴之，謂此乃人民防拒在上之壓制，當然之職分也，人羣之祥雲也，雖然，就前章界説之定義言之，而知强權與自由權，其本體必非二物也，其名雖相異，要之，其所主者在排除他力之妨礙，以得己之所欲，此則無毫釐之異者也，不過因其所遇之他力而異其狀，因以異其名云爾，彼野蠻與半開之國，統治者之知識，遠優於被治者，其駕馭被治者也甚易，故其權力勢不得不猛大，至文明國則被治者之智識，不劣於統治者，於是伸張其權力以應統治者，兩力相遇，殆將平均，於是各皆不得不出於温良，若是者謂之自由。【略】

諸君熟思此義，則知自由云者、平等云者，非如理想家所謂天生人而人人畀以自由平等之權利云也，我輩人類與動植物同，必非天特與人以自由平等也，康南海昔爲强學會序有云，天道無親，常佑强者，至哉言乎，世界之中，只有强權，别無他力，强者常制弱者，實天演之第一大公例也，然則欲得自由權者，無他道焉，惟當先自求爲强者而已，欲自由其一身，不可不先强其身，欲自由其一國，不可不先强其國，强權乎，强權乎，人人腦質中不可不印此二字也。【略】

自由研究　原話十三

人羣一切之事物，與天然界一切之事物，同皆緣物競天擇優勝劣敗之作用，逐漸進化，雖學問宗教，亦循此天則，而不可逃避者也，故無論言學言教，皆宜一聽研究者之自由，毫無他界以爲之束縛，然後教學乃可以發達，釋迦脱婆羅門之束縛而興佛教，耶穌脱猶太教之束縛而興景教，歐洲近世諸碩學，脱景教之束縛而興新學問，皆其明效大驗矣，惟其研究之自由也，故能排其舊者以興其新者。一興一廢之間，皆天演學所謂自然淘汰之作用也，苟無此作用，則學問宗教，終不得作用進步。

乃或既用自由研究之力，排他人以自立矣，及其既立之後，又怙自己之勢力，轉以妨害他人之自由。是所不可解也，若耶穌教徒是也，耶氏之所以能立新政，豈不賴此自由力乎哉。迨勢既成，又用世俗的權力，以侵來者之自由，何其不思也。雖然，耶教之迂腐虛妄，固終不可抵抗新學問，至於今日勢力漸蹙，固已不得不[illegible]

教之徒，固執法誡，惟其教祖之忠僕，猶可言也，若乃教門以外之人，猶或設種種口實，以壓制思想自由。識見之陋劣，實可驚矣。如倫理道德一科，蓋最受其毒者也。俗論者流，動謂古昔相傳之倫理道德，必非容後人之擬議其得失，雌黄其是非者也，苟其有此，則害名教也，壞風俗也，設此等種種虛漠之口實，而曾不能依學理以相辯難。嗚呼，持論不依於學理，欲學問之進步亦難矣。

又《十種德性相反相成義·自由與制裁》 自由者，權利之表證也。凡人所以為人者有二大要件，一曰生命，二曰權利。二者缺一，時乃非人。故自由者亦精神界之生命也。文明國民每不惜擲多少形質界之生命，以易此精神界之生命，為其重也。我中國謂其無自由乎。則交通之自由，官吏不禁也，住居行動之自由，官吏不禁也；置管產業之自由，官吏不禁也；信教之自由，官吏不禁也；書信祕密之自由，官吏不禁也；集會言論之自由，官吏不禁也。近雖禁其一部分，然比之前世紀法普奥等國相去遠甚。凡各國憲法，所定形式上之自由，幾皆有之。雖然，吾不敢謂之為自由者何也？有自由之俗，而無自由之德也。自由之德者，非他人所能予奪，乃我自得之而自享之者也。故文明國之得享用自由也，其權非操諸官吏，而常採諸國民。中國則不然，今所以幸得此習俗之自由者，恃官吏之不禁耳，一旦有禁之者，則其自由可以忽消滅而無復蹤影。而官吏之所以不禁者，亦非專重人權而不敢禁也，不過其政術拙劣，其事務廢馳，無暇及此云耳。官吏無日不可以禁，自由無日不可以亡，若是者謂之奴隸之自由。若夫思想自由，為凡百自由之母者，則政府不禁之，而社會自禁之。以故吾中國四萬萬人，無一可稱完人者，以其僅有形質界之生命，而無精神界之生命也。故今日欲救精神界之中國，舍自由美德外，其道無由。

制裁云者，自由之對待也。有制裁之主體，則必有服從之客體。既曰服從，尚得為有自由乎。顧吾嘗觀萬國之成例，凡最尊自由權之民族，恒卽為最富于制裁力之民族。其故何哉，自由之公例曰，人人自由，而以不侵人之自由為界。制裁者，制此界也。服從者，服此界也。故眞自由之國民，其常要服從之點有三，一曰服從公理，二曰服從本羣所自定之法律，三曰服從多數之決議。是故文明人最自由，野蠻人亦最自由，自由等也，而文野之別，全在其有制裁力與否。無制裁之自由，羣之賊也；有制裁之自由，羣之寶也。童子未及年，不許享有自由權者，為其不能自治也，無制裁也。國民亦然，苟欲享有完全之自由權，不可不先組織鞏固之自治制。而文明程度愈高者，其法律常愈繁密，而其服從法律之義務亦常愈嚴整，幾於見有制裁，不見有自由。而不知其一羣之中，無一能侵他人自由之人，卽無一被人侵我自由之人，是乃所謂眞自由也。不然者，妄竊一二口頭禪語，暴戾恣睢，不服公律，不顧公益，而漫然號於衆曰『吾自由也』，則自由之禍，將烈於洪水猛獸矣。昔美國一度建設共和政體，其基礎遂確乎不拔，日益發達，繼長增高，以迄今日。法國則自一七八九年大革命以後，君民兩黨，互起互僕，垂半世紀餘，而至今民權之盛，猶不及英美者，則法蘭西民族之制裁力，遠出英吉利民族之下故也。然則自治之德不備，而徒漫言自由，是將欲急之，反以緩之，將欲利之，反以害之也。故自由與制裁二者，不惟不相悖而已，又乃相待而成，不可須臾離。言自由主義者，不可不於此三致意也。

民權論分部

論說

清·張之洞《張文襄公全集》卷二〇二《勸學篇·正權》 考外洋民權之説所由來，其意不過曰國有議院，民間可以發公論、達衆情而已，但欲民申其情，非欲民攬其權。譯者變其文曰『民權』，誤矣。美國人來華者，自言其國議院公舉之弊，下挾私，上偏徇，深以爲患。華人之稱羨者，皆不加深考之談耳。近日摭拾西説者，甚至謂人人有自主之權，益爲怪妄。此語出於彼教之書，其意言上帝予人以性靈，人人各有智慮聰明，皆可有爲耳，譯者竟釋爲人人有自主之權，尤大誤矣。

泰西諸國，無論君主、民主、君民共主，國必有政，政必有法，官有官律，兵有兵律，工有工律，商有商律，律師習之，法官掌之，君民皆不得違其法；政府所令，議員得而駁之；議院所定，朝廷得而散之。謂之人人無自主之權則可，安得曰人人自主哉？夫一闠之市必有平，羣盜之中必有長，若人皆自主，家私其家，鄉私其鄉，士願坐食，農願蠲租，商願專利，工願高價，無業貧民願劫奪，子不從父，弟不尊師，婦不從夫，賤不服貴，弱肉强食，不盡滅人類不止，環球萬國必無此政，生番蠻獠亦必無此俗。至外國今有自由黨，西語實曰『里勃而特』，猶言事事公道，於衆有益，譯爲『公論黨』可也，譯爲『自由』非也。**【略】**

或曰：民權固有弊矣，議院獨不可設乎？曰：民權不可僭，公議不可無。凡遇有大政事，詔旨交廷臣會議，外吏令紳局公議，中國舊章所有也。即或諮詢所不及，一省有大事，紳民得以公呈達於院、司、道、府，甚至聯名公呈於都察院；國家有大事，京朝官可陳奏，可呈請代奏。方今朝政清明，果有忠愛之心、治安之策，何患其不能上達？如其事可見施行，固朝廷所樂聞者。但建議在下，裁擇在上，庶乎收羣策之益而無沸羹之弊，何必襲議院之名哉？此時縱欲開議院，其如無議員何？此必俟學堂大興，人才日盛，然後議之，今非其時也。

《時務報·麥孟華〈總論·民義第一〉》 今天下魁傑之士，能深知自强之道者，皆必睊睊於民權之宜重，是誠可謂知本矣。然彼之眵眵動色者，莫不曰欲重民權，先立議院。中國君權素尊，令行禁止，事議於下，權將移奪。議院善矣，上能讓權以利民乎？中國文學未昌，風氣未闢，民智未開，民事未習，千百鄉愚將成鬨市。議院啓矣，民能建議以善事乎？不知其不能而强行之，則今尚非時，止足取亂。知其不能而强聒之，則徒陳高義，於事無裨。夫爲其難而倡此無成之事，孰與爲其易而復其本有之權哉？故今欲振中國，在復民權；欲復民權，在舉其分所當爲，力所能及之事。事者，民之事也，民不任則權之君，民能任則歸之民。以家人而復親家事，則米鹽部署，不遺瑣屑；手足經營，不慮隔絕；實心講求，不憂膜視。不及十年，必著大效。夫人私其家，計及箕帚，豈自有之大利而顧棄之哉？擴其私家之心，精其私家之術，此歐美之國自百年以來所由富强莫敵者也。故以國為國者罔不弱，以家為國者罔不强。

語曰：衆庶之人，可與樂成，難與慮始。百年以來，海內之大，四萬萬人之衆，豈遂無一二豪傑任其事而爲之倡者乎？曰有之。有之而民事卒未或舉何也？曰：千門之宮，一倕不足以程巧；萬鈞之鼎，一獲必至於絕脰。中國民氣散而不聚，民心獨而不羣，此其所以百事而不一效者也。西國民間學會遍地，教務有會，政學有會，商務有會，工藝有會，一切地輿、天算、動植、醫化、聲光、電熱之學，莫不糾合大衆，互相摩擦。大者數十萬金，數百萬人。比較有資，考驗有藉，講究有人，推行有力。故絕域之國，教會可派人以傳教矣；五洲之遠，地會可派人以測驗矣。又其甚者，挾商會之力，而遂亡印度。中國每慮一事，不思合羣。以言格致，則物質之新理、化合之新法，獨智不足以窮悟也。以言製造，則運化之巧機、測量之儀器，獨力不足以購辦也。以言貿易，則貲本不厚，諸商競軋，獨謀不足以牟利，而它人且得抵隙以抑勒之也。凡百庶事，靡不類是。强者僕於前，弱者戒於後，此一二豪傑，所以皓首而不能成業，蹭蹬而不能致用也。故西人之欲私其國，欲私其家與我同，而所以私其國家者與我異。欲私其國，必公其事於民；欲私其家，必公其事於衆。天下固未有不合公而可以遂私者也。孔子曰：『百姓足，君孰與不足？』《易》曰：『二人同心，其利斷金。』地球諸國，其能强而國，富而家者，罔不由是道矣。

又 《汪康年〈論中國參用民權之利益一八九六年九月二十一日〉》 中國之言治者，曰以君治民而已，至泰西而有民主之國，又有君民共主之國，中國之儒者，莫不駭且怪之。雖然，何足怪哉？古之言治者，莫不下及於民，是以《尚書·洪範》曰：『謀及庶人。』《呂刑》曰：『皇帝清問下民。』《周禮·小司寇》：『掌外朝之政，以致萬民而詢焉。』朝士、左九棘，孤、卿、大夫位焉，羣吏在其後；右九棘，公、侯、伯、子、男位焉，州長、衆庶在其後。《孟子》曰：『國人皆曰賢，然後用之。國人皆曰不可，然後去之。國人皆曰可殺，然後殺之。』其他見於經典者，可不僂指數。是古之爲國，未嘗不欲與民共治也。

顧或患權之下移，不知君民共主之國，凡國有大事，下諸議院，議院議之斷之，君而行之，官君有不同，可使復議，議不能定，可更置議員，是大權仍操之君。或曰：用民權則桀黠得志，豪强横行，亂且未已，不知民但能舉俊秀以入議院，而不能肆行己志。議員但能議其事，而不能必其行，何肆横之有？或曰：權在上則聚，在下則散，散不可以爲國。不知議員人雖多，必精其選，議雖雜，必擇其多。選精則少謬誤之論，擇多必願行者衆。是三者，皆非足置慮者也。

且夫居今日而參用民權，有三大善焉。蓋從前泰西君權過重民，民權伸而君權稍替。中國君權漸失，必民權復，而君權始能行。何則？中國雖法制禁令號出於君，顧前代爲君者，深恐後世子孫不知事體，或有恣肆暴横之事，故再三申之，凡事必以先代爲法，毋得專擅改易，故舉措一斷之例，大臣皆奉行文書，百官有司，咸依故事爲斷，而熟諳則例之吏，乃得陰持其短長，故國之大柄，上不在君，中不在官，下不在民，而獨操之吏。吏志在得財傳子孫，初無大志。故執利營私，叢弊如毛，良法美意，泯焉澌滅。且不特此也，君獨立於百官兆民之上，則聰察不能下逮，而力亦有所不及，是以會計隱没，上勿知也；刑獄過知，上勿察也；工作窳敝，上勿聞也。屢戒徇私，而下之用情如故；屢飭潔己，而下之貪賄如故；屢飭守法，而下之作弊如故。詔書嚴切，官吏貌若悚惶，而卒之無纖毫之悛改，猶得謂之君有權乎？惟參用民權，則千耳萬目，無可蒙蔽，千夫所指，無可趨避，令行禁止，惟上之從。雖曰參用民權，則君權之行，莫此若矣。

且夫民無權，則不知國爲民所共有，而與上相睽；民有權，則民知以國爲國，而與上相親。蓋人所以相親者，事相謀，情相接，志相通也。若夫君隆然若天人，民藐然如草芥，民以爲天下四海皆君之物，我輩但爲君之奴僕而已。平日政事舉措，漠不相聞，一旦變故起，相率委而去之。但知咎君之不能保護己，而不知纖毫盡心力於君。惟與民共治之國，民之與君，聲氣相接，親愛之心，油然自生。故西國之民，見君則免冠爲禮，每飲酒，必爲君祝福。國有大事，則羣起而謀其故。蓋必使民共樂，民然後樂其樂，使民共憂，民然後憂其憂，必然之理也。

若夫處今日之國勢，則民權之行，尤有宜亟者。蓋以君權與外人相敵，力單則易爲所挾；以民權與外人相持，力厚則易於措辭。西人與中國互市，動輒挾我國君之權力，以制我之民，中國欲拒之，則我之權不足，欲以民爲辭，則中國久無民權之説，無可措語。是以增訂條約，不謀之民而輒許之，索租界，索賠償，亦不謀之民，而輒與之。其他一切有損於國者，損於民之事，皆惟西人所欲，應之如響。有司奉令承教，爲之惟恐不速，於是乎仇視西人之餘，轉而仇視有司。夫天下之權勢，出於一則弱，出於億兆人則强，此理之斷斷然者。且夫羣各行省之人，而使謀事，則氣聚，否則散。使士商氓庶，皆得慮國之危難，則民智，否則愚。然則反散爲聚，反愚爲智，非用民權不可，夫豈有妨害哉！吾見古制復，則主權尊，國勢固也。

梁啓超《飲冰室合集·上陳寶箴書論湖南應辦之事》 今之策中國者，必曰興民權。興民權斯固然矣，然民權非可以旦夕而成也。權者生於智者也，有一分之智，卽有一分之權；有六七分之智，卽有六七分之權；有十分之智，卽有十分之權。是故國卽亡矣，苟國人之智，與滅我之國之人相等，則彼雖滅吾國，而不能滅吾權，阿爾蘭之見併于英人是也。今英倫人應享利益，阿爾蘭人無不均霑也。卽吾民之智，不能與滅我之國之人相等，但使其智日進者，則其權亦日進，印度是也。印度初屬於英，印人只能爲第六七等事業，其第五等以上事業，皆英人爲之；凡官事、私事莫不皆然，如一衙署則五品以上官皆英人，一公司則總辦、幫辦及高等司事皆英人也。近則第二等以下事業，皆印人所爲矣。其智全塞者，則其權全亡，非洲之黑人、美洲之紅人、南洋之棕人是也。此數種者，只見其爲奴爲隸，爲牛爲馬，日澌月削，數十年後，種類滅絶於天壤耳，更無可以自立之時矣。夫使印度當未亡之時，而其民智慧卽能如今日，則其蚤爲第二等人也久矣；使其有加於今日，則其爲第一等人也亦已久矣。是故權之與智，相倚者也，昔之欲抑民權，必以塞民智爲第一義；今日欲伸民權，必以廣民智爲第一義。

湖南官紳，有見於民智之爲重也，於是有時務學堂之設，意至美矣，然於廣之之道，則猶未盡也。學堂學生，只有百二十人，卽使一人有一人之用，其爲成也亦僅矣。而況此輩中西兼習，其教之也當厚植其根柢，養蓄其大器，非五年以後，不欲其出而與聞天下事也。然則此五年中，雖竭盡心力以教之，而其風氣仍不能出乎一學堂之外，昭昭然矣。故學生當分爲二等：其一以成就遠大，各有專長，各有根柢爲主，此百二十人是也；其一則成就不必其遠大，但使於政學之本原，略有所聞，中外之情形，無所暗蔽，可以廣風氣，消阻力，如斯而已。由前之説，則欲其精；由後之説，則欲其廣。【略】

既養之，則教之。彼官之不能治事，無怪其然也，彼胸中曾未有地球之形狀，曾未有歐洲列國之國名，不知學堂工藝商政爲何事，不知修道養兵爲何政，而國家又不以此考成，大吏又不以此課最，然則彼亦何必知之？何必學之？舉一省之事，而委之此輩未嘗學問、無所知識之人之手，而欲其事之有成，是猶然薪以止沸，卻行而求前也。而無如不辦事則已，苟辦事，則其勢不能不委之此輩之手，又不可以其不能辦而不辦也。然則將如之何？曰：教之而已矣。【略】

以上三端，一曰開民智，二曰開紳智，三曰開官智。竊以爲此三者，乃一切之根本，三者畢舉，則於全省之事，若握裘挈領焉矣。至於新政之條理，則多有湖南所已辦者，如礦務、輪船、學堂、練兵之類；或克日開辦者，如學會、巡捕、報館之類；或將辦而尚有阻力者，如鐵路之類；或已辦而尚須變通擴充者，如鈔票製造公司之類；今不必述。

而竊以爲尚有極要者二事：一曰開馬路，通全省之血脈，則全省之風氣可以通，全省之商貨可以出；二曰設勸工博覽場，取各府、州、縣天產人工之貨，聚而比較之，工藝精者優加獎勵。長沙古稱貧國，而五代馬氏，即恃工商以立邦。今欲易貧而富，則非廣勵工商末由也。今全省無論已辦、將辦、未辦各事，除紳士協辦外，苟經官手，則幾無事不責成於一二人。其事至繁，其勢至散，一人之精神，有萬不能給之勢，然舍此則又無可倚畀。鄙意以爲宜設一新政局，各省有洋務局之稱，其名最不雅馴，不可用。一切新政，皆總於其中，而使一司道大員爲總辦，令其自舉幫辦以下之人，事歸一綫，有條不紊，或稍易爲力也。新政局即設於課吏堂，尤爲兩益。

又《答某君問法國禁止民權自由之説》 天下有差毫釐謬千里以瞀亂耳目之言，此類是也。民權自由之義，放諸四海而準，俟諸百世而不惑。今日歐美各國，除將爆將裂之俄羅斯、奄奄就死之土耳其，未有敢以此義爲非者也。然今之言此者，與十八世紀之言頗異。蓋十八世紀時代，人民運動之範圍，各在本國。今則運動之範圍，普及於天下。今世之識者，以爲欲保護一國中人人之自由，不可不先保護一國之自由。苟國家之自由失，則國民之自由亦無所附。當此帝國主義盛行之日，非厚集其力於中央，則國家終不可得安固。故近世如伯倫知理之徒，大唱國家主義，以爲人民當各自犧牲其利益以爲國家，皆此之由也。今世之國家，使全國如一軍隊然，軍隊中之不自由亦甚矣。而究其實，則亦爲全隊之利益而已。近日言平等言自由者，誠不如十八世紀末十九世紀初之盛。盧梭『民約論』等學説，誠爲西人所芻狗。然其精神則固一貫也，一貫者何？曰：皆以謀最大多數之最大幸福而已。此就今日之泰西言之也，至於中國則未可語於此。蓋必先經民族主義時代，乃能入民族帝國主義時代。今泰西諸國，競集權於中央者，集之以與外競也。然必集多數有權之人，然後國權乃始强。若一國人民皆無權，則難集之，庸有力乎？數學最淺之理，言0加0則仍爲0，雖加至四萬萬0，猶不能變而爲一，集之何補？故醫今日之中國，必先使人人知有權，人人知有自由，然後可。『民約論』正今日中國獨一無二之良藥也。寒暑異宜，則裘葛殊用。寧得曰澳洲文明之人，今方衣葛，我亦脱重裘以步趨之耶。若夫帝國主義之一階級，吾中國終必有達之之一日。西人經百年而始達，我國今承風潮之極點，或十年或廿年而遽達焉，蓋未可定。要之欲躐此一級而升焉，吾有以知必不能也，何也？無其本也。至謂曾設禁令，阻此邪説，禁人閲看等言，是囈語耳。學者之所論駁，當道之所采擇，不於此而於彼，則誠然也。禁令之説，吾不知何所聞也。吾惟見法國之巴黎、瑞士之日内瓦，有巍巍然盧梭之銅像耳。吾惟見《政治學》諸書，每首卷十葉以内，必徵引盧氏之説耳，未聞其禁也。苟有此野蠻之禁令，則朝下教而夕革命矣。聽者何憒憒乎！

何啓、胡禮垣《新政眞詮·勸學篇書後·正權篇辨》 中國民權之説，堯舜三代無不率循，雖其事不及今日泰西之昌明，然其義則見於《尚書》古史。自秦而後，其理頓晦，二千年於茲，未能復矣。苟其能復，則中國國祚斷不至移於五洲天限之人。【略】

夫議院之設，所以宣上德，通下情，使平日一政一令，必歸於和，非特爲大舉籌餉而設也。外政而有大舉籌餉，其事多爲戰爭；内政而有大舉籌餉，其事多爲興作。戰爭者，以理勝固也，即不幸而疆埸之事，勢非得已，亦必策其萬全乃可以戰。夫策至萬全，民未有不欲捐貲者也。不然勝負未卜，則毋寧民之不願出貲，以省其累。至若興作之事，如鐵路，如輪船，則是庶民謀生之要，固無慮其不竭貲以赴者矣。中東未戰以前，中國政府於軍裝海防鐵路礦務等事，嘗慫從民藉貸，而終莫能爲者，由官民不相信之故。使議院之法彼時行之，則豈有藉自外洋之慮？曩者《先睡後醒論》書後一篇，力言中國須以公平爲政，使民勿疑，正爲此也。是故議員者，非必定屬富商，亦非必定懷遠志也。凡生於其處，而與其地方有休戚相關之心者，皆足以爲之。今如所云，則是國家之設議員，專爲斂財之故，而斂財之故，又如漢武帝之馳心域外，黷武窮兵也者，誠如所謂不如勿設。人苟存一驕傲自賢之心，則他人雖有至善之政，足以大致富强，漸臻隆盛者，若於己稍有不便，亦必妄訾其短，讀《正權篇》，此卽可見矣。【略】

創立書院義學善堂者，國家不惟不禁，且予旌奬。以此謂無須設立議院議員是也。然議院議員雖設，其於學校善堂等事亦究有何害？且一二人之捐資，其爲數必不能及千人萬人之巨；一二人之出力，其爲繼必不能及千人萬人之長；旌奬等事，止及於一二人，何如使人徧及於一鄉一邑一縣一府之爲愈也。一二人者私也，千人萬人鄉邑縣府公也。善與人同可闢，何爲必欲攬之以私？英之本國爲地未及中國三省之廣，每年學校之費約三萬萬元，而其中由議員籌款者十居八九，以此知爲善者須集衆力，而其善始能久大也。中國人心散失，善舉難成，正坐無議員之故。不謂時至今日，此理猶未能明其一二。

民權一復，則官權必明；民權愈增，則官權愈衆；其情如此，其理如此，卽其勢亦如此。而稽之天下各大國之所爲，其效驗莫不如此。今曰民何必有權，又曰若盡廢官權云云，是直未知民權官權之別，故此篇竟無一節能通。

國家用人，豈能拘於一格？亦豈必問其從何處學堂出身？中國最重之缺，如洋關等職，最要之任，如練兵等官，非皆以洋人爲之耶？又何嘗計及其人，非由中國國家所設之學堂讀書者耶？外國之人不計，中國之人則必須計之，豈理也哉！信斯言也，是用人者非以其才也，以其由某學堂而來可也。私意之存，必無通論。【略】

君民本一體也，上下本同心也，自民權之理不明，於是君民解體，上下離心。此由居於君民之中而名之爲官者，未嘗於君民之際一探其源耳。今讀其言曰：議員者無機廠以製利械，無船澳以造戰艦，卽欲購諸外洋，非官物亦不能進口，無國法以抽軍需，無官權以擔保洋債，徒手烏合，豈能一戰云云。然後知作《正權篇》者恰如混沌未開，乾坤未奠，此非不讀書之咎也，乃讀書而不能明理之咎也。不明理而居高位，其害非輕，吾爲此懼，是以辯之愈不容緩也。練兵禦外國，其事爲君事耶？爲民事耶？抑亦君民相爲之事也。君民相爲者，君爲民，民亦爲君，是君民相爲，而終以爲國也。外國凡鑄造槍砲各大工廠，製造鐵艦諸大船澳，其主人不特能圖大富，而且坐致大名，襲爵封君，利賴勿替，以其所作之物，能護衛國家也。惟其民權之理明故也。中國則不然，雖武生不能家置一槍，雖將軍不能多備利器，使有機警，富豪之民出而設機廠、製利械、創船澳、造戰艦，或以鉅資購辦外洋之槍砲火藥鐵甲戰艦，凡以所爲，不特破家，且干憲典，除以此爲報效之外，其人必不免於刑戮矣。此無他，民權之理不明故也。惟民權之理不明，故欲其明之而設議院議員，以上爲君，下爲民，而終以爲國也。乃爲君爲民爲國，而猶曰無機廠、無船澳、非官物、無國法、無官權，則是以未設議院以前之言，而言諸既設議院之後也。曾謂君民相維之理，稍有心得者，猶作此言哉！【略】

民權之理，不知所謂，則亦已矣。乃復謂民權爲亂階，是直欲以一人之偏私齷齪，而忘卻天下之大道爲公也。夫中國之所以不能雄强，華民之所以無業可安，朝廷之所以不能維繫，愚民所以喜，亂民所以作，紀綱所以不行，大亂所以四起，市鎮所以刼掠，教堂所以焚燬，如篇内所舉此數者，皆惟中國之民失其權之故。而外國將藉保護爲名，兵船陸軍深入踞占，而有全局拱手屬他人之慮也。若民權之理明，議院之法立，則中華雄强，百姓興盛，朝野一德，上下同心，愚民不敢喜，亂民不敢作，紀綱無不行，大亂無由起，市鎮無刼掠，教堂無焚燬，外人無不保護，敵兵無能闖進，而中國土宇，固若金湯。【略】

民權之國與民主之國略異，民權者，其國之君仍世襲其位；民主者，其國之君由民選立，以幾年爲期。吾言民權者，謂欲使中國之君世代相承，踐天位於勿替，非民主之國之謂也。二百年前，英國始大行民權之說，既而若法、若普、若奧、若瑞士、若瑞典、若挪威、若荷蘭、若西班牙、若葡萄牙、若比利時、若意大利、若俄羅斯，雖其政令寬猛不同，實無一而非民權之國。歐洲諸國民權之理未能大明者，惟土耳其與希臘耳。土耳其本秦時匈奴，希臘則拘守古學，一則性狠，一則俗拘，以故維新之事獨居各國之後。然而土耳其日卽於削，希臘全倚外人，近亦於民權之理頗明其端矣。總之，天下各國政教禁令，不論如何，而要不離乎民權愈盛，則其國愈强；民權稍衰，則其國亦削，此則近世之實在情形也。然其君之位，則繼繼承承未之或改。日本維新之政，必藉民權而始行。是故由今日而論，民權自不得以法國一時之事，而混民權爲自立其君之説也。民之於國，苟其無君則已，如有君，而其君又非大無道，則必以常得一君爲榮。法國之爲民主者，誠如所謂因暴君虐政，舉國怨憤，上下相攻而然。夫虐政而至於憤攻者，乃因其屢奪民權之故。惟其屢奪民權，是以法國之民不得已而改爲民主。此縱無殺戮之事，亦非其民之所願爲也。我朝歷代之君，行誼非過，德澤有加，惜格於官司，而君民之情不能通達。以故利不興，害不革，而實惠不流於百姓，怨讟每積於編氓。苟復民權，而設議院，則興利除弊，雷厲風行，遠至邇安，君民愜洽，誠中國之福也。

旁觀者凡六派論分部

論説

梁啓超《飲冰室全集·呵旁觀者文》 天下最可厭、可憎、可鄙之人，莫過於旁觀者。旁觀者，如立於東岸，觀西岸之火灾，而望其紅光以爲樂；如立於此船，觀彼船之沈溺，而睹其凫浴以爲歡。若是者，謂之陰險也不可，謂之狠毒也不可，此種人無以名之，名之曰無血性。嗟乎，血性者，人類之所以生，世界之所以立也；無血性，則是無人類、無世界也。故旁觀者，人類之蟊賊，世界之仇敵也。

人生於天地之間，各有責任。知責任者，大丈夫之始也；行責任者，大丈夫之終也；自放棄其責任，則是自放棄其所以爲人之具也。是故人也者，對於一家而有一家之責任，對於一國而有一國之責任，對於世界而有世界之責任。一家之人各各自放棄其責任，則家必落；一國之人各各自放棄其責任，則國必亡；全世界人人各各自放棄其責任，則世界必毁。旁觀云者，放棄責任之謂也。【略】

旁觀者，立於客位之意義也。天下事不能有客而無主，譬之一家，大而教訓其子弟，綜核其財產；小而啓閉其門戶，洒掃其庭除，皆主人之事也。主人爲誰？卽一家之人是也。一家之人，各盡其主人之職而家以成。若一家之人各自立於客位，父諉之於子，子諉之於父；兄諉之於弟，弟諉之于兄；夫諉之於婦，婦諉之於夫；是之謂無主之家。無主之家，其敗亡可立而待也。惟國亦然。一國之主人爲誰？卽一國之人是也。西國之所以强者無他焉，一國之人各盡其主人之職而已。

中國則不然，入其國，問其主人爲誰，莫之承也。將謂百姓爲主人歟？百姓曰：此官吏之事也，我何與焉。將謂官吏爲主人歟？官吏曰：我之尸此位也，爲吾威勢耳，爲吾利源耳，其他我何知焉。若是乎一國雖大，竟無一主人也。無主人之國，則奴僕從而弄之，盜賊從而奪之，固宜。《詩》曰：『子有庭內，弗洒弗掃。子有鐘鼓，弗鼓弗考。宛其死矣，他人是保。』此天理所必不至也，於人乎何尤？夫對於他人之家、他人之國而旁觀焉，猶可言也。何也？我固客也。俠者之義，雖對於他國、他家亦不當旁觀，今姑置勿論。對於吾家、吾國而旁觀焉，不可言也。何也？我固主人也。我尚旁觀，而更望誰之代吾責也？大抵家國之盛衰興亡，恒以其家中、國中旁觀者之有無多少爲差。國人無一旁觀者，國雖小而必興；國人盡爲旁觀者，國雖大而必亡。今吾觀中國四萬萬人，皆旁觀者也。謂余不信，請徵其流派：一曰渾沌派。此派者，可謂之無腦筋之動物也。彼等不知有所謂世界，不知有所謂國，不知何者爲可憂，不知何者爲可懼，質而論之，卽不知人世間有應做之事也。飢而食，飽而游，困而睡，覺而起，戶以內旣其小天地，爭一錢可以隕身命，彼等卽不知有事，何所謂辦與不辦？旣不知有國，何所謂亡與不亡？譬之游魚居將沸之鼎，猶誤爲水暖之春江；巢燕處半火之堂，猶疑爲照屋之出日。彼等之生也，如以機器製成者，能運動而不能知覺；其死也，如以電氣殛斃者，有墮落而不有苦痛，蠕蠕然度數十寒暑而已。彼等雖爲旁觀者，然曾不自知其爲旁觀者，吾命之爲旁觀派中之天民。四萬萬人中屬於此派者，殆不止三萬五千萬人。然此又非徒不識字、不治生之人而已。天下固有不識字、不治生之人而不渾沌者，亦有號稱能識字、能治生之人而實大渾沌者。大抵京外大小數十萬之官吏，應鄉、會、歲、科試數百萬之士子，滿天下之商人，皆於其中十有九屬於此派者。

二曰爲我派。此派者，俗語所謂遇雷打尚按住荷包者也。事之當辦，彼非不知；國之將亡，彼非不知。雖然，辦此事而無益於我，則我惟旁觀而已；亡此國而無損於我，則我惟旁觀而已。若馮道當五季鼎沸之際，朝梁夕晉，猶以五朝元老自誇；張之洞自言瓜分之後，尚不失爲小朝廷大臣，皆此類也。彼等在世界中，似是常立於主位而非立於客位者。雖然，不過以公衆之事業，而計其一己之利害；若夫公衆之利害，則彼始終旁觀者也。吾昔見日本報紙中有一段，最能摹寫此輩情形者，其言曰：吾嘗游遼東半島，見其沿道人民，察其情態，彼等於國家存亡危機，如不自知者；彼等之待日本軍隊，不見爲敵人，而見爲商店之主顧客；彼等心目中，不知有遼東半島割歸日本與否之問題，惟知有日本銀色與紋銀兑換補水幾何之問題。

此實寫出魑魅罔兩之情狀，如禹鼎鑄奸矣。推爲我之敝，割數千里之地，賠數百兆之款，以易其衙門咫尺之地，而曾無所顧惜，何也？吾今者既已六七十矣，但求目前數年無事，至一瞑之後，雖天翻地覆非所問也。明知官場積習之當改而必不肯改，吾衣領飯碗之所在也。明知學校科舉之當變而不肯變，吾子孫出身之所由也。此派者，以老聃爲先聖，以楊朱爲先師，一國中無論爲官、爲紳、爲士、爲商，其據要津、握重權者皆此輩也，故此派有左右世界之力量。一國聰明才智之士，皆走集於其旗下，而方在萌芽卵孵之少年子弟，轉率倣效之，如痲瘋、肺病者傳其種於子孫，故遺毒遍於天下，此爲旁觀派中之最有魔力者。

三曰嗚呼派。何謂嗚呼派？彼輩以咨嗟太息、痛哭流涕爲獨一無二之事業者也。其面常有憂國之容，其口不少哀時之語，告以事之當辦，彼則曰誠當辦也，奈無從辦起何；告以國之已危，彼則曰誠極危也，奈已無可救何；再窮詰之，彼則曰國運而已，天心而已。『無可奈何』四字是其口訣，『束手待斃』一語是其真傳。如見火之起，不務撲滅，而太息於火勢之熾炎；如見人之溺，不思拯援，而痛恨於波濤之澎湃。

此派者，彼固自謂非旁觀者也，然他人之旁觀也以目，彼輩之旁觀也以口。彼輩非不關心國事，然以國事爲詩料；非不好言時務，然以時務爲談資者也。吾人讀波蘭滅亡之記，埃及慘狀之史，何嘗不爲之感歎，然無益於波蘭、埃及者，以吾固旁觀也。吾人見非律賓與美血戰，何嘗不爲之起敬，然無助於非律賓者，以吾固旁觀也。所謂嗚呼派者，何以異是！此派似無補於世界，亦無害於世界者，雖然，灰國民之志氣，阻將來之進步，其罪實不薄也。此派者，一國中號稱名士者皆歸之。

四曰笑罵派。此派者，謂之旁觀，寧謂之後觀。以其常立於人之背後，而以冷言熱語批評人者也。彼輩不惟自爲旁觀者，又欲逼人使不得不爲旁觀者；既罵守舊，亦罵維新；既罵小人，亦罵君子；對老輩則罵其暮氣已深，對青年則罵其躁進喜事；事之成也，則曰豎子成名；事之敗也，則曰吾早料及。彼輩常自立於無可指摘之地，何也？不辦事故無可指摘，旁觀故無可指摘。己不辦事，而立於辦事者之後，引繩批根以嘲諷掊擊，此最巧黠之術，而使勇者所以短氣，怯者所以灰心也。豈直使人灰心短氣而已，而將成之事，彼輩必以笑罵沮之；已成之事，彼輩能以笑罵敗之。故彼輩者，世界之陰人也。夫排斥人未嘗不可，己有主義欲伸之，而排斥他人之主義，此西國政黨所不諱也。然彼笑罵派果有何主義乎？譬之孤舟遇風於大洋，彼輩罵風、罵波、罵大洋、罵孤舟，乃至遍罵同舟之人，若問此船當以何術可達彼岸乎，彼等瞠然無對也。何也？彼輩藉旁觀以行笑罵，失旁觀之地位，則無笑罵也。

五曰暴棄派。嗚呼派者，以天下爲無可爲之事；暴棄派者，以我爲無可爲之人也。笑罵派者，常責人而不責己；暴棄派者，常望人而不望己也。彼輩之意，以爲一國四百兆人，其三百九十九兆九億九萬九千九百九十九人中，才智不知幾許，英傑不知幾許，我之一人豈足輕重。推此派之極弊，必至四百兆人，人人皆除出自己，而以國事望諸其餘之三百九十九兆九億九萬九千九百九十九人。統計而互消之，則是四百兆人，卒至實無一人也。夫國事者，國民人人各自有其責任者也，愈賢智則其責任愈大，即愚不肖亦不過責任稍小而已，不能謂之無也。他人雖有絶大智慧、絶大能力，只能盡其本身分內之責任，豈能有分毫之代我？譬之欲不食而使善飯者爲我代食，欲不寢而使善睡者爲我代寢，能乎否乎？夫我雖愚不肖，然既爲人矣，即爲人類之一分子也，既生此國矣，即爲國民之一阿屯也，我暴棄己之一身，猶可言也，污衊人類之資格，滅損國民之體面，不可言也。故暴棄者實人道之罪人也。

六曰待時派。此派者，有旁觀之實而不自居其名者也。夫待之云者，得不得未可必之詞也。吾待至可以辦事之時然後辦之，若終無其時，則是終不辦也。尋常之旁觀則旁觀人事，彼輩之旁觀則旁觀天時也。且必如何然後爲可以辦事之時，豈有定形哉？辦事者，無時而非可辦之時；不辦事者，無時而非不可辦之時。故有志之士，惟造時勢而已，未聞有待時勢者也。待時云者，欲覘風潮之所向，而從旁拾其餘利，向於東則隨之而東，向於西則隨之而西，是鄉愿之本色，而旁觀派之最巧者也。

以上六派，吾中國人之性質盡於是矣。其爲派不同，而其爲旁觀者則同。若是乎，吾中國四萬萬人，果無一非旁觀者也；吾中國雖有四萬萬人，果無一主人也。以無一主人之國，而立於世界生存競爭最劇最烈、萬鬼環瞰、百虎眈視之大舞臺，吾不知其如何而可也。六派之中，第一派爲不知責任之人，以下五派爲不行責任之人，知而不行，與不知等耳。且彼不知者猶有冀焉，冀其他日之知而即行也。若知而不行，則是自絕於天地也。故吾責第一派之人猶淺，責以下五派之人最深。雖然，以陽明學知行各一之説論之，彼知而不行者，終是未知而已。苟知之極明，則行之必極勇。猛虎在於後，雖跛者或能躍數丈之澗；燎火及於鄰，雖弱者或能運千鈞之力。何也？彼確知猛虎、大火之一至，而吾之性命必無幸也。夫國亡種滅之慘酷，又豈止猛虎、大火而已。吾以爲舉國之旁觀者直未知之耳，或知其一二而未知其究竟耳。若眞知之，若究竟知之，吾意雖箝其手、緘其口，猶不能使之默然而息，塊然而坐也。安有悠悠日月，歌舞太平，如此江山，坐付他族，袖手而作壁上之觀，面縛以待死期之至，如今日者耶？嗟乎！

今之擁高位，秩厚祿，與夫號稱先達名士有聞於時者，皆一國中過去之人也。如已退院之僧，如已閉房之婦，彼自顧此身之寄居此世界，不知尚有幾年，故其於國也有過客之觀，其苟且以媮逸樂，袖手以終餘年，固無足怪焉。若我輩青年，正一國將來之主人也，與此國爲緣之日正長。前途茫茫，未知所屆。國之興也，我輩實躬享其榮；國之亡也，我輩實親嘗其慘。欲避無可避，欲逃無可逃，其榮也非他人之所得攘，其慘也非他人之所得代。言念及此，夫寧可旁觀耶？夫寧可旁觀耶？吾豈好爲深文刻薄之言以駡盡天下哉？毋亦發於不忍旁觀區區之苦心，不得不大聲疾呼，以爲我同胞四萬萬人告也。旁觀之反對曰『任』。孔子曰：『天下有道，丘不與易也。』孟子曰：『如欲平治天下，當今之世，舍我其誰也。』『任』之謂也。

世風論分部

論說

《譚嗣同集・致歐陽中鵠書》　夫子大人函丈：頃奉賜書，具承福躬嘉暢，訓誨週勤，以慰以感！致家嚴書呈上，河南書亦即驛寄，其中大義微言，既領悉矣。數月來不曾上一牋，因盼尊駕之來，兼心灰意懶也。【略】

惟去年風信緊時，頗存以一個字塞責之意。復妄意天下之人，無不當如此者。及覩和議條款，竟忍以四百兆人民之身家性命，一舉而棄之。滿、漢之見，至今未化，故視爲儻來之物，圖自全而已，他非所恤，豈二百五十年之竭力供上，遂無一點好處耶！宜乎臺灣之民。聞見棄之信，腐心切齒，以爲恩斷義絶，開關以來，無忍心如此者。大爲爽然自失，在已仕者自不當公言怨懟，若乃蚩蚩之氓，方求河西、吳越而不得，即朝秦暮楚，南越北胡，中國之民，從前占籍西洋各國者，幾及千萬之數，此後當日增矣。近日大官富商之家屬多流寓上海租界，求保護。甚至流離顛沛，反面事讎，亦將何詞以責之？魚趨淵，雀躍叢，是豈魚與雀之罪也哉！

君以民爲天，民心之渙萃，天心之去留也。然則尊論二十年之期，猶仁恕之至矣。披髮左衽，更無待論。夫彼全無心肝者，固來諭所云胥天下無可責備之人，亦可不責之矣。獨怪博學工文、平日自命不凡之士，猶復不知此時為何時，所當為者為何事，溺於考據詞章而怙以虛驕，初不辨為某洲某國，概目之曰洋人。動輒夜郎自大，而欲恃其一時之意氣，盡驅彼於海外，而閉關絶市，竟若經數十年賢士大夫無術以處之者，彼一出而旦夕可定。

及見有識者講求實學，力挽時局，又惡其形己虛而乘己短也，從而唱之疾之，詆之為異端，訾之為用夷變夏，然則便當高坐拱手以待誅戮耶？此尊論所謂不知其何以戰，一詰難而語已塞者也。

且彼抑知天下之大患有不在戰者乎？西人雖以商戰為國，然所以為戰者卽所以為商。商之一道足以滅人之國於無形，其計至巧而至毒，人心風俗皆取壞於此。今欲閉關絶市，既終天地無此一日，則不能不奮興商務，卽以其人之道還治其人之身，豈一戰能了者乎？向令戰勝日本，於中國全局初無裨益，轉恐因以驕貪，而人心之疵癘永終於深痼，故敗者未必非幸，和者尤爲當務之急，但不當敗至如此地步，和至如此地步，雖有善者無如何耳。

士生今日，亦只有隱之一法；然仕有所以仕，隱尤當有所以隱。為天地立心，為生民立命，以續衡陽王子之續脈，使孔、孟、程、朱之傳不墜於地，惟夫子與劉夫子、涂夫子自當任之。而門弟子亦宜或如仲子之治賦；如冉子之考究農務；或如公西子之足備使才；或如宰我子之習語言；或如卜子之治文學；或如顓孫子之訂儀注；或如言子之詳節文。陶淑既久，必將有治學合而為一，高據德行之科，兼為邦、南面之才與器，如顏子、仲躬其人者；師弟一堂，雍雍三代，有王者必來取法，可不疑矣。

然今之世變，與衡陽王子所處不無少異，則學必徵諸實事，以期可起行而無窒礙。若徒著書立説，搬弄昌平闕里之大門面，而不可施行於今日，謂可垂空言以教後世，則前人之所垂亦既夥矣。且此後不知尚有世界否？又誰能驕語有河清之壽以俟其效耶？

《大陸》第八期《佚名〈中國之改造·中國洵有民無士之國哉〉》 有有衆生無菩薩之國，有有民無士之國，中國何竟符此言哉。中國民無不善於自營者，以殖生產，以牢利祿，出其心計，攘之攫之，日暮不少輟，若詢以國家之大局如斯，前途若何，則搖首曰，是有主者，何與我輩事。於是農則自肥其田，多收十斛麥，烹羊宰牛，且以爲樂，而庠序鞠爲茂草，衣冠辱在泥塗不顧也。商則操奇計贏，日謀壟斷，而無術與外商相抵制，識者慨商業前途之不可問矣。若夫登仕版者，則惟事蠹國朘民，求充裕其宦橐，妻妾之奉，湖山之娛，快然肆志，曾何繫慮於國家也。凡上諸類，意存苟安，各便私圖，不知結團體以禦外敵，瘼視同胞之苦難，恰似秦人觀越人之肥瘠焉。噫，吾不料中國人心乃遂至此！中國人愛財懼死，成於性根，其有流多數鮮血購最大幸福，與民賊爭，使全國脱專制羈勒者固未之前聞；卽率其子弟之兵，抗强寇侵入，田園廬墓免爲他人蹂躪，亦莫敢倡此義舉者。一朝有警，外敵來襲，則窖藏金，挈妻子，倉皇遠遁，不及則束手待斃，如曩昔某州十日之屠殺，去歲聯軍之入北京，是其一斑矣。夫平素偷安旦夕心醉平和，家室稍康沾沾自喜，不復知人間有憂患事，闒茸萎靡，睢睢盱盱，第爲個人計，同儔或蒙憂患，坐視不救。其處世也，無圭角無棱骨，習於怯懦，莫能拒大敵；其風度則從容不迫，圓滿和樂也；其天性則平凡而單純，無變化無波瀾也。熙熙者皆爲利來，攘攘者皆爲利往，是則中國人民之狀態也。嗚呼，中人皆如此，是全無士也！然中國果全無士之國乎？

《國民日日報彙編》第一集《逐公〈上海之黑暗社會〉自序》 脂粉迷天，笙歌遍地，靡盡無量數之財產，養成累巨萬之遊民，惟茲上海，實賣淫國。今調查賣淫婦之等級，不下數十百種，而其最著者有三：曰長三，曰麼二，曰野鷄。此世人所盡知也。此外尚有廣東娼、娘姨、大姐、住家野鷄及其所謂打姘頭者，凡有種種，不可殫舉。要之，不外乎苟合野合。嘻！娼妓營業之盛，至達於極點，其破壞社會之安寧，擾亂社會之秩序，馴至釀成極天下傷心慘目之事，其大半皆不能不與彼有所關係。此等重大之問題，政府置之不聞，自無足怪；乃至政論家，亦並無一言及之，則余之所大惑者也。【略】

智識何以能平等？曰：教育普及，則智識自然平等。教育何以能普及？曰：經濟充裕，教育自然能普及。經濟何以能充裕？曰：此事雖歐美已難望之，惟吾國尚有此資格。鄙人另有《與×××討論公地筆記》一篇，異日當就正於天下，茲毋贅焉。

貧富何以能平等？曰：此事亦詳於《與×××討論公地筆記》。可爲略述於左，以免閲者諸君，謂我將以虛言紿世也。

西儒社會學家，論公地者甚衆，惜東洋無釋本。×××君通西文，嘗言之，然尚無成算。鄙人於庚子過金陵時，見城北一帶，頹垣破瓦，鞠爲茂草，聞其地主，則不公不私，成爲一種無用之地。及查其何以至此，則洪楊破金陵，其地主已或逃或死，至大定後，遂任其荒落，洎今不知其主之爲誰何。鄙意以爲吾國他日若有動機，則舉全國之地，皆可以作江南城北觀，以今日之不耕而食之佃主，化爲烏有。不問男女，年過有公民權以上者，皆可得一有製限之地，以爲耕牧或營製造業，國家雖取十之三、四不爲過多，農民卽得十之六、七亦可加富。此外可開之壄，可伐之森林，以及其他種種可開之利源，尚不知幾何，今日歲入八千萬，他日則雖無量恒河沙數之八千萬，不過反手耳。苟辨乎此，則智與貧富二者，何愁而不平等。蓋東西各國之資本家，其所以保護其財產之法，今日已達極點，無術可以破壞之，獨吾國爲能耳。【略】

今日當唱道『自由廢業』之論，或著之爲書，或沿道演說，使娼妓得自由而廢其業。然吾國之爲慈善事業者，或造其幽閉寡婦之天牢，或營其多教神之廟宇，或養其不耕不織之尼僧，而絕不聞有思及此事者，其習慣風俗使然而莫之察也耶？

今以一粒米置於地而以足踐踏之，見之者必曰罪過；又以字紙一枚投之廁屋，見之者亦必曰罪過；又曰以烹牛羊屠殺生物爲事，見之者亦或曰罪過。夫不罪過者而曰罪過，乃至眞罪過者，而一若與起居衣服飲食視爲固常焉者，抑亦風俗習慣使然而莫之察耶？

鄉人貧乏，衣食典盡，無所爲計，則以其女鬻於人。嘗有年未及八歲而教之學二簧西皮昆曲小調者，天未明卽促之起，令其高聲大叫，非其喉破裂不止，不問其能與不能，未有不加鞭樸者；學之二三月，令其應局，呼爲『小先生』，以年無十稔之幼女，卽使其學種種醜媚不堪之態，以求悅於人。天良喪盡，輕薄浮蕩之衆人，一有不合，則於夜深無人見時，或以針刺其陰暗不易見之肉骨，且以物塞其口而免哭之成聲。凡天地間酷吏所萬不能發明之毒刑，無不施出於鴇母之手，若以公民主義之眼光觀之，寧不大戚耶！

又　第三集《佚名〈近四十年世風之變態〉》　有一而後有氣，有氣而後有意，有意而後有圖，有圖而後有名，有名而後有形，有形而後有事，有事而後有約，此鶡冠子之言也。吾人執此説以仰觀俯察，宇宙間萬事萬物之代謝，皆莫敢外乎是理。故生物家之言曰：人類之初生也，由昆蟲而鱗介、而野豕、而猿猴，歷無數階級，其最終之一的焉，則曰人。是則人者，禽獸之主人乎？吾爲之説曰：禽獸者人之母也。政治之進化也，由專制以進於立憲，由立憲以進於共和。則是共和者，專制之對敵乎？吾爲之説曰：專制者共和之母也。凡一事一物之進境，此階級以達彼階級過渡時代之中，必有無量之思想以胚胎之，必有無量之言論以醞釀之；而此思想、言論也，卽爲其事其物之母。其言論，其思想，不可不察，舉其最大之要點，爲一時輿論之所趨向者，卽爲一時之世風。今舉吾民四十年來之世風，條其大要，爲吾民述之。其亦言進化者，所得而立敵共許者歟？

一、《格致彙編》之世風。曾、左、李之徒，師陳名夏、錢謙益之故智，左提湘軍，右挈淮軍，反噬祖族，掣東南半壁，奉之滿洲，一時人才濟濟，建殊功，博高爵，冠貂蟬，襲青紫，方冀世襲罔替，長此以終古；而孰知有至緊之要點，惹起時人之注目，曾、左、李之徒，欲不爲則招尸位素餐之誚，欲不言則遺寡識淺見之譏。其事維何？則圓明園役城下之盟爲之遠照，常勝軍戈登之助爲之近敵，兩兩相温，而產成一光怪陸離之名詞，以唁唁於衆口，曰『機器』，曰『製造』。曾、左、李、奕訢主之於內，而丁日昌、丁寶楨、沈葆楨之徒附之於外，郭嵩燾、薛福成之徒又爲之上下其遊説。於是上海有江南機器製造總局之建築，福州有船政局之建築，後之建築者爲山東機器局、四川機器局。而爲之造人才者，北京同文館、上海廣方言館、福州船政學堂。一時嘩於朝者，皆趾高氣揚，簽曰：『西人有槍砲可以勝吾，吾則有局可以自造；西人有軍艦可以勝吾，吾則有局可以自造。內地之輟耕隴畔倚嘯東門者，亦將聞風而自歛。同治中興而後，新器械之輸入，可以卜奴囚之宗祧，億萬年有道之長基於此矣。』

一、《經世文續編》之世風。形而上者謂之道，形而下者謂之器。斯言也，幾誤盡天下蒼生也。非斯言之誤人也，爲之説者，有以誤之也。其言曰：綱常倫紀者，中國所獨有，是謂之形而上；機器軍械者，西人所獨有，是謂之形而下。形上、形下之説未畢，而又有一事引出無限之感情。則北京同文館教習丁韙良所譯《公法會通》出版，以改換一時之耳目；曾紀澤『中國先睡後醒論』，以鞏固東胡之觀聽；而內地教案，又時起伏，總理衙門之部下，已發出無數新生之萌芽也。是故謂製造也，則曰必精算學；言交涉也，則曰必通語言；辦教案也，則曰必諳外交；

言通商也，則曰必達商情。合交涉、製造、教案、通商諸務，而一概之以一名詞焉，曰『洋務』。向之所以鄙爲夷務而謂之曰形下者，今變言曰：西人尚知本《春秋》大義以立公法。朝野交哄，皆以通達洋務爲能事。吾人試一檢上海萬子源之所編輯者，可以想象其態度也。

一、《盛世危言》之世風。盲人騎瞎馬，夜半臨深池，誤以傳誤，疑以傳疑，羣盲騷亂之秋，有執燭炬以炫耀者，是非鄭官應之《盛世危言》乎？按：《盛世危言》一書爲皖人吴漢濤所撰。吴昔與孫逸仙交，其書半皆成於孫。後吴應鄭之請，故執其説，以售之獲多金。朝野士夫，羣有怖於西洋之物質，而大動吾人之注意，則以開礦、鐵路，電綫爲之主，於是喟然曰：『自海禁大開，闢千古未有之奇局，自通商以來，益中國無窮之漏遺。』寒思衣，飢思食，苟得《盛世危言》主義而實行之，亦庶乎温飽自足也。惜乎徒供江湖派談洋務之資助，八股家作策論之材料，合《使俄草》、《采風記》、《環遊地球録》之收場，而博得一滋味深濃之一名詞焉，曰『時務』。

一、《時務報》之世風。甲申之役，中興之名將鮑超，禦數十萬戰勝之陸軍，不能擅其長。甲午之役，中興之名臣李鴻章，以三年訓練之海軍，不能制其勝。大清國之紙老虎，已爲外人所覷破。乃有聖人崛起，爲愛新覺羅氏祈天永命子孫帝王之計者，吾人不得不推尊萬木草堂子弟所傾心所崇拜之南海先生康有爲。康有爲者，固其弟子某某輩所許爲經師、策士、宗教家、教育家、文學家、政治家、全知全能之一大聖人也。然吾皆謂不然，謹上以相當之説法，曰『江湖運動家』。康以七次之上書，十年之奔走，又使其徒梁啓超交結貴公子，譚嗣同、陳三立、吴保初、丁惠康之類。設立《時務報》，而爲之援。一般洋務時務之志士，靡然從風，舉世若狂，變法變法之聲，已遍滿於國中，於是廢八股，去九卿，建立百日維新之善政。而孰知不以爲德，反以爲仇，遂有八月政變之舉。以不可一世之康有爲，僅率其黨，捶胸頓足，大呼變法變法以去。嗚呼！草堂萬木今何在，丹荔黄蕉滿地愁。康有爲無限之心血，六烈士大好之頭顱，梁啓超變法之通議，僅譜爲《戊戌政變記》而下場。

一、《清議報》之世風。戊戌政變以來，海内外維新家之生涯，已不堪回首矣。而康有爲竟得一異想天開之一法，作衣帶詔以示南洋富商，立保皇會，而自稱欽差大臣。康自稱欽差大臣，游歷南洋各埠，均演説我之皇帝如何英明，創立保皇會，斂資數十萬，與梁啓超同爲會長。印相片以散給各會員，其相景，康居左，光緒皇帝居中，梁居右。我《清議報》館以標其宗旨，康門弟子乃收束其張三世通三統之門面語而重張旗幟，三年之中，百號之内，有日日不可缺之數説焉：一揭宮中之淫事，以垂簾故；二攻榮禄之奸惡，以軍機大臣故；三詆剛毅之横暴，以南下故；四罵張之洞之無知，以殺唐才常故；五嗤端莊之冥頑，以立大阿哥故。於時内地之聞其説而興起，固不乏人，然最迷信其説，則常熟沈鵬、上虞經元善居其首。嗚呼！庚子義和團之大搏擊，前有己亥，後有辛丑，可以主宰一時之世風者，保皇派固奏凱以去矣。吾恐保皇會將來之解散，而大清國二百六十年之江山，亦隨之以盡。

一、《新民叢報》之世風。繼保皇復辟而後，產成一種新學説，以聳動一時人士之動聽。吾人試檢所謂大清光緒二十八年歲次壬寅二十四册之《新民叢報》，定名有二義：一取《大學》『康誥』曰『作新民』，康誥者，康有爲所誥也；一梁啓超爲新會人，故曰新民。二意雙關。幾莫名其妙矣。某君有黄花謡，今擷其末章，改異數字而進之曰：『臨文夫何如，最好是騎牆。調停孫、康融華洋，不然極口罵袁、張，便作空言也不妨。若納吾言，准作維新黨；不納吾言，空逐保皇忙。此是叢報眞秘訣，不辭瘏口爲君綴。謂予不信，看《新民説》。』嗚呼！彼自稱中國新民者，日在風潮漩渦之中，豈特爲是聒聒者耶？然吾人鑑其苦心孤詣，其見識眞加人一等者，有數故焉：一聯合舊交；戊戌間所共事者。二聯合立憲；如東京學生金邦平、吴止欺、章仲和之類。三恐失保皇；四恐懼孫黨；五服康先生。若夫散布南海先生最近政見者，則又彼秘密出版之妙策也。『獻身甘作萬矢的，著論求爲百世師。十年以後當思我，海天寥廓立多時。』其然，豈其然乎！

總括之，《格致彙編》也，命之曰製造；《經世文續編》也，命之曰洋務；《盛世危言》也，命之曰時務；《時務報》也，命之曰變法；《清議報》也，命之曰保皇；《新民叢報》也，命之曰立憲。此語似强。吾人細思，由製造以至洋務，吾民之脂膏，被人吸去者幾何？吾民之土地，被人轉贈朋友者幾何？又由洋務而時務、而變法、而保皇、而立憲，吾民之膏脂被人吸去者幾何？吾民之土地被人轉贈朋友者幾何？嗚呼！盤古民族，其終亡矣乎，何以有此進步之世風？其終不亡乎，何以甘爲三等奴隸而不耻？雖然，言論者事實之母也。吾民族無有此進步之世風則已也，吾民族既有此進步之世風，吾請吾族獨立不羈之國民，斷不容以『立憲』二字，誤乃公事也。以言現今之趨勢，則另有説。

《東方雜誌》第三卷第二號《佚名〈論近日人心宜重古道一九〇六年三月十九日〉》　夫治世之道，法令其具文也，要當以人心爲本。一國人心之現象，要當察其社會之組織、宗教之陶冶、政治之範圍，而後可以見之。雖然，蒙嘗讀中外之記載矣，其治亂興衰之成迹亦略窺見其一二。竊謂各國變革之故，可以數言蔽之。蓋變革也者，變其末俗，而非變其本始；革其弊俗，而非革其道要。夫是以其言之也成理，其説之也感人，一二巨子倡宏論於千百載之上，有識之士咸樂從其道，爭願爲其後嗣。雖一時明夷艱貞，未遂其願，卒以窮死而不悔；然而一旦事機遭會，其道大光，則以往者之心迹，皎如日月，銅像巍峨，留於人目，拜瞻者爲之流涕，讀書者懍若見聞。假令彼非堅持其根極之見、建設之力，其又奚能至此乎？然此猶祇言夫經世之學也，今且爲之論宗教。【略】

近十年來，士夫之知識雖稍有進步，而德行之衰落則日益加甚。夫後生小子，既未漸乎德義之純，又未歷乎人事之艱，其無知妄作，吾亦無責焉耳。獨其中一二狡黠之徒，假公衆義務之名，而爲私利侵蝕之計，託合羣汎愛之事，而行其霸持撓敗之策。一集會之地，一社會之中，必有此等人厠乎其中，憑爲城社，而肆其鬼蜮，以致已立之成局，爲其破壞，有志上進之青年，爲其搖惑。此其行事，在彼貧賤之日，既已若此，設令其身處要津，則其貽害人心、敗壞國事，又安知其所極哉！此其人之行事，雖祇害及於一羣，然以國土之廣、薄俗之盛，如此等輩，又安知非隨在而有其人哉？嗚呼！吾以是知中國人心之腐敗未能驟去，而改革之圖，欲變其本，則必益加之厲，固不若以古聖賢道德之教，率先天下，其計爲猶愈也。吾又以是知中國改革之計，當如築室然，正其基而厚其墉，則宏規可度而起；若但壞其門，易其牖，則無以爲建立之計也。又當如樹木然，厚其本而勤其灌溉，則暢茂可計日而待；若但劃其根，掘其株，則無以救枯朽之弊也。爰論中外古今治亂之要，道德之本，使人知立身治世之方，當以正心爲先，而以善事爲歸。改革之道，自有其大本大原所在，而非可以巧説僞託勝也。世之君子，或亦不謬其所言也乎？

外交策略論分部

論説

清·薛福成《籌洋芻議·約章》　兩國議和，不能無約。約章行之既久，恐有畸重畸輕之事，以致兩國之有偏損也，不得不訂期修改以劑其平，此中外通行之例也。然修約之舉，期於兩國有益無損。損一國以益一國，不行也。一國允而一國不允，不行也。伊古以來，未聞有修約不遂，而遽至決裂之舉。惟其如是，則存自利之見者，不得恣睢以從事，有自護之權者，不妨從容以徐商。曩者滇邊案起，英國威使以馬加里之死，多方挾制。中國務持大體，不得不量予變通以弭外釁，於是始立煙臺之約。今前案早結，而英國於約内之事，尚未盡行，其理絀則其氣衰，所以威使支吾延宕，但嗾德國巴使借修約之事，多所要求。要求不得，旋肆恫喝，恫喝不應，而彼之技乃窮。即令佯示決裂之形，中國惟當靜以待之。其萬不能允者，始終堅執一辭，而彼固無如我何也。如其可允，而有大損於中國者，宜取大益以抵之；有小損於中國者，宜取小益以抵之。損益適足相當，彼商民猶未愜望，或將如英國新約之訂而不行，否則相持不決，而修約中止，要之不失爲中道，固非中國所慮也。

雖然，中國立約之初，有視若尋常而貽患於無窮者，大要有二：一則曰一國獲利，各國均霑也。西人始來不過一二國，中國不知其牽率而至者如是其衆也。既因有此約，一國所得，諸國安坐而享之；一國所求，諸國羣起而助之，是不啻驅西洋諸國，使之協以謀我也，失計莫甚於此。從前諸國以英國爲主謀，英國允而各國無不照行，是尚有統宗之處。今則德國雄長歐洲，每事與英競勝，且煙臺條款，德人藉英之力霑利多矣。今復以修約而誅求無已，而英人亦乘間而導之，合力以謀之，此皆『利益均霑』一語階之厲也。往者不可救，來者猶可追。今欲頓棄前約，彼必不肯從也。是莫如存其名而去其實，使彼相忘於不覺。往見戊辰與英國所訂新約第一條及照會之文，用意甚善，惜乎其未行也。又聞總稅務司赫德之議，擬訂各國通行約本，另設一漢文條約底式，凡有外國訂約者，即按通行之約以授之，此誠省事之良法也。『利益均霑』之文不必去，而其弊自去矣。

今歲德國修約，尚未定議，英、法亦屬修約之期，如竟能罷論固善，不然，則三國同時議約。宜告之曰：約文有『一體均霑』之語，若稍有參差，則一事兩歧，而開辦無期，莫若乘立約之始，而會歸於一。英、法、德三國既允，其餘諸國可無慮矣。他日屆期修約，彼即不能迭出以相嘗，萬一意見不合，不過互相牽制，不行新約而止耳。各國無端之喧聒，其少紓乎？

一則曰：洋人居中國，不歸中國官管理也。夫商民居何國何地，即受治於此地之有司，亦地球各國通行之法。獨中國初定約時，洋人以中西律法迥殊，始議華人治以華法，歸華官管理；洋人治以洋法，歸洋官管理。然居此地而不受治於有司，則諸事爲之掣肘。且中國之法重，西洋之法輕，有時華人洋人同犯一罪，而華人受重法，洋人受輕法，已覺不均。今即以人命論，華人犯法，必議抵償、議撫卹，無有能倖免者；洋人犯法，從無抵償之事，洋官又必多方庇護，縱之回國，是不特輕法所未施，而直無法以治之矣。此無他，有司無權之故也。爲今之計，既不能强西人而就中法，且莫如用洋法以治洋人。按煙臺條款，有照會各國議定審案章程之約。赫德亦謂華洋訟件，宜定一通行之訊法、通行之罪名，乃能經久無弊。近聞美國與日本議立新約，許歸復其內治之權，外人皆歸地方官管轄。中國亦宜於此時商之各國，議定條約：凡通商口岸，設立理案衙門，由各省大吏遴選干員，及聘外國律師各一人主其事；凡有華洋訟件，均歸此衙門審辦。其通行之法，宜參用中西律例，詳細酌覈；如猶不能行，即專用洋法亦可。何也？治華、洋交涉之事，本與中國自治之法不同。以洋法治華人，所以使華人避重就輕也；以洋法治洋人，所以使洋人難逃法外也。補偏救弊，舍是無他術矣，夫條約之要義，固不止此二端，而以此二端爲最巨。驟與之商，未必肯聽，則於無形之中，潛寓轉移可也。即不然，用以抵其所索之款可也。若夫法國之約，莫如約束教民；俄國之約，莫如清理邊界，似皆宜於通行之約之外，別立專條。其間幾微之得失，實爲中國安危之機，是又當以全力注之者矣。

又《鄰交》 古之豪傑論交鄰之道，不外兩端：諸葛亮之以蜀抗魏也，知吳之可結爲援也，故曰釋怨以聯和；伍員之爲吳謀越也，以其同壤而世爲仇讎也，故曰去疾莫如盡。今與中國同處一洲之內，而國勢稍足自立者，莫如日本。論外侮之交侵，不能不樹援以自固也，宜有吳蜀相親之勢。然日本人性桀黠，蔑視中國，彼將以遠交近攻之術，施之鄰邦也，實有吳越相圖之心。其機甚迫，而其情甚可見也。蓋日本在唐宋以前，未嘗不朝貢中國，其後平氏、源氏、北條氏、足利氏、織田氏、豐臣氏、德川氏，迭執兵柄，倔强東海之中，國主虛擁神器者，逾七百年。元代誤用駑將，突遇颶風，棄師海外，是天意欲存日本，非其戰勝之功也。明之中葉，邊備日弛，海濱姦民，誘倭人爲寇掠，而彼常有輕中國之心。十數年前，彼國中多故，諸侯羣起而力爭，德川氏狼狽失據，因以黜大將軍，而列藩亦廢，盡改郡縣，駸駸乎有强幹弱枝之勢；又大開互市，崇尚西法，甚至改正朔，易服色，建置鐵路、電線、機器之屬，不遺餘力，國債至二萬萬以外。近又購鐵甲船於英國，西人嘖嘖稱許，而彼之氣燄益張。夫彼之所以不惜重費，經營如此其勤者，必曰有所取償也，彼之所以敬事西人，交際如此其密者，必曰可以求助也。然彼有所益，則必有損者在矣；彼既日强，則必有弱者在矣。竊嘗爲日本躊躇市度，知其志必不僅在朝鮮、琉球也。何也？朝鮮，琉球壤地之博，民物之豐，不逮中國之百一也。且日本之在海濱，亦多事矣。數年之中，一入臺灣，再議朝鮮，三廢琉球。今其兵船且遊歷至福建，隱有耀武之意。彼蓋自謂富强之術，遠勝中國，故欲迫中國以所難堪，使我怒而啓釁，而彼乃得一試其技。幸而獲勝，彼固可任其取求，萬一不勝，彼恃西人爲排解，決無虧損於其國，其爲謀亦狡矣。故此時琉球之廢，非謂其地足貪、民足用也，彼特以此嘗中國也。中國而力與之校，固藉爲開釁之端；中國而不與之校，亦愈知中國之弱。漸且南犯臺灣，北攻朝鮮，浸尋達於內地，殆必至之勢矣。今試就日本近事，與中國絜長校短而論之：日本仿行西法，頗能力排衆議，凡火輪、舟車、電報及一切製造貿易之法，稍有規模，又得西人之助，此其自謂勝於中國者也。然日本土地人民，不及中國十分之一，國債纍纍，歲入之款，半輸息銀，則其餉不足恃也。國庫空虛，百用仰給紙幣，紙幣不能用之國外也。一旦有事，船砲軍火，皆無可購，則其械不足恃也。日本近更軍制，寓兵於農，通國陸軍常額，不過三萬二千人，則其衆不足恃也。惟彼海軍有戰艦十五號，大砲數十尊，不盡新制，毀之者曰朽敗難用，譽之者曰操練頗精。兵之精不精，必經戰陣而始顯。日本以西法練兵僅逾十年，未經戰陣，覈其實當與中國相等。彼西人之稱之者，要不過阿好之言，亦挾爲恐喝中國之具耳。況日本自變法以後，悍將驕兵之失職，廢藩舊族之懷怨，常思乘間蜂起，以齮執政諸大臣。彼又北畏俄人，西防中國，苟勢有不支，西人且易袒護而爲窺伺。彼之政府籌之審矣，所以未敢徑與中國爲難，而必以琉球試其端者，職此之由。然則日本雖詭譎，仍視中國之舉動以爲進止也明矣。夫今之時勢，與元明迥異。自强之權在中國，卽所以懾伏日本之權，亦在中國。彼可購而得者，我亦可購而求，彼可學而能者，我亦可學而至，而況中國之才力物力，十倍於日本者哉。琉球蕞爾國，存亡絶續，原不足爲中國輕重，然日本相侵之志，危矣迫矣，傀焉不可終日矣。中國於自强之術，不宜僅託空言，不可阻於浮議。誠能一日奮然有爲，而決之以果，課之以實，固旋至而立有效者也。是故爲今日計，禦俄人之道利用柔，非柔也，化其爭競之氣也；禦日本之道利用剛，非剛也，示以振作之機也。軍志有之曰：『上兵伐謀，其次伐交。』夫誠措注得宜，則敵之狡謀可戢，行且介西人以求成於我也，而西人之交，又何必不合於我也？

鄭觀應《盛世危言·交涉》 中外通商日久，交涉之案層見迭出，卒未有辦理公平，能折彼族之心，而伸吾民之氣者，何也？以不得辦理之法，未用度外之才也。夫洋務交涉之事甚繁，約其大綱，君民兩大端而已。如殺傷、鬬毆、焚燬、搶劫、佔產、拐販、債務、辛工以及碰船、碰車諸案，皆事之小者，關華民生計者也；侵越疆界，偷漏稅款，違例便己，闢埠通商，以及傳教建堂，遊歷殺傷諸案，皆事之大者，關乎君國安危者也。

西人舟車所至，每以語言互異，律法不同，利己損人，任情蔑理。入國不問禁例，入鄉不知土俗，在租界外創辦之事，亦不稟准當道而後行。慣以恫喝之詞，勢迫力成，否則勒賠鉅款。是以猜嫌易起，動至輒成巨案。我中國顧全大局，忌開邊釁，官長多從遷就，士民誰敢抗衡？如吳淞鐵路電線，四川彝倫輪船等案，雖然無理，尚賠巨款，洋船撞毀華船，反咎以不諳趨避，或誣其桅燈不明，改重就輕，含糊了結！馬車碰傷華人，反謂不知讓道，禍由自取；扭赴公堂，亦僅薄罰。又如華人受僱洋行及充洋船水手，往往借端扣減工資，甚或毆辱斃命；西人之狡黠者，更串通地棍拐販鄉愚，慘毒尤無天日。他如華商欠負洋商，一經控告，追封產業，累及親朋；西人負欠華債，雖饒私蓄，循例報窮，便自逍遥事外。外國稅華貨進口，務從其重，中國稅洋貨進口，務取其輕。華人商於西國，按名納稅，歲有常規；洋人商於中國者，北突西奔，絶無所費。我招商局『和衆』輪船，昔年開抵美國金山，關官執意重徵船鈔，冀不復來。美之商船至華，所徵稅額較諸英、法商船，無畸輕畸重，亦係一律徵收；美國何得歧視。凡寓居新、舊金山之華工、華商，有回國後不准復到之例。查從前美國甚惡黑人，時時羣議驅逐。自南北花旗之戰，美廷立例：凖黑人入籍，與操保舉總統、議紳、地方官之權，遂無議驅逐者：然則華人之不容於美者，乃以不入美籍之故歟？英國、丹國均與美有准客民人籍之約。我國如與各國重訂和約之時，亦宜仿行，以顧國體，保護商民。我之待西人如此其厚，彼之待華人如此其薄，天理何存？人心何在？

夫輪船飛馳於港汊，馬車衝突於通衢，無事則帶持軍械，用人而刻扣工資，空盤列賬，袒庇教民，包攬關捐掠販人口，凡此種種妄爲，亦西律所必禁，公法所不容，衹以中國刑法不同，彼類反能趨避。遇有殺傷交涉之事，華官以華法治華民，抵命之外，更斷償銀；西官以西法治西人，罰錢之數且從輕減。如華官稍持公論，執公法條約以爭，西官卽迴護故縱，並薄罰而不加。上海及各處租界之地，華人不能買；如要買，須出外國人之名。華人所住房屋，工部局估值，租銀每百兩歲捐十兩，洋人所住房屋，每百兩歲捐銀八兩。且准其在內地買地造屋，契雖寫『永遠出租』字樣，仍與賣無異。所以有福州烏石山、九江廬山盜賣官地之案。日本國例不然，非土人或入籍者，不准買其本國之地。中國宜傚行之。此尤事之大不平者也。【略】

然則洋務交涉之事，竟無善法以處之耶？曰：何爲其然也！是宜先儲善辦交涉之才，次定專辦交涉之法。取才之法，必察其人品方正，大節無虧，俾入教籍及沾染嗜好者，萬不可取。熟書史，諳政體，洞悉中外律例，而又經出洋，周知彼國文字、政教，風俗，著論確有見地，立心正大，無抑中揚西之習，並無我中彼西之見者，則根柢既眞，措施自當。南、北洋特闢一洋務館以收儲之。然後集羣策羣力，兼延西國著名狀師，徧考中西律例及條約公法諸書，據理持平，定爲《中西交涉則例》一書。蓋中西律例迥然不同：中國有斬罪，有杖罪，西國無此例；西國有繯首罪、罰作苦工罪，中國亦無此例。西例聽訟有公堂費，不論原告、被告，案定後責由曲者出費，直者不需索分文，中國亦無此例也。中國辦理命案，誤傷命輕，故殺從重；乃西人於故殺，亦有從輕者。如往歲英牢頭哈金擊傷中國細崽，狀師照輕打人例，罰鍰釋放；夫擊人至死，尚謂輕罪，試問以何者爲重？而訟師受賄卽爲開釋，揆諸情理，豈得爲平？此皆辦理者不知西律，未能與爭耳；是以西律諸書亟宜考訂，擇其通行者照會各國，商同外部，彼此蓋印頒行，勒爲通商交涉則例。凡有交涉案件，須委深通西律之員審辦，合於律例者，立卽辦結，不必羈延，上下推諉，致滋口實，轉啓罰賠開埠之端；其不合乎律例者，彼公使、領事，縱百計恃强要挾，官可罷，頭可斷，鐵案終不可磨。彼雖狡悍，其奈我何？且以西例治西人，則彼無可窺避；以西例治華人，則我亦免偏枯。每届年終，將交涉各案如何起釁，如何定讞，刪繁就簡，勒爲全編，分送各國使臣及彼外部公覽；兼發各省刑司，互相考證，庶枉直是非無能遁飾，洋人無故縱，中國亦少冤民矣！雖然，知之匪艱，行之不易。近各省偶有要案，疆吏據理而爭，彼輒嗾其公使與總署爲難，甚或百端恫喝，故必當軸者洞知外事，上下一心，操縱剛柔，曲中要竅，始克收政道刑齊之實效耳。

《知新報·康廣仁〈聯英策光緒二十四年二月十一日〉》 今日計將安先？圖存先生曰：吾不早圖內治而謀外交也難矣。無已，其聯英乎？夫英地徧四洲，屬土四十二，其加拿大、印度、澳洲，皆日思自主，英人鞭長莫及，故持盈保泰，不必急闢地之心，故其覬覦中國也，最在諸國之後。吾託庇於俄，以俄有功於我故，然三國聯盟，亦僅能存東三省，而不能保臺灣，則俄力之不能及南方可見矣。俄、德密盟，吾既託庇强俄，而不能卻德人之不據膠，則俄並不能保吾北土矣。然則專倚强俄，而南方立割，北土難保，若夫外江既毀，內亂斯起，瓦解豆剖，其患立見，然則專結强俄之不爲功也昭昭矣。

夫泰西諸國兵艦之東來也，必經蘇彝士河，丹、德、荷、瑞之入地中海也，必過直布羅陀海峽，直布羅陀海峽爲英地，蘇彝士河十分之八屬英，其河總辦爲英太子，故英有蘇彝士河之全權焉。庚寅之役，俄、英失和，英將入波羅的海而攻俄，俄將出波羅的海而攻英，海峽號智他俄尼，嗹人守焉，號於二大國曰：俄不得出海峽，英不得入海峽，其有違者，吾將砲焉，二國逡巡而退。若與英結盟，英守局外之例，用丹麥守智他俄尼之法，則泰西十六國兵艦，無一能飛渡蘇彝士河者。若繞非洲七萬里而來，則自好望角、三寶壟，或從江海來，則埃及、亞丁、孟加拉、錫蘭、聲架坡、香港皆英地也。兵船從何而資煤與水焉？故結英則以直布羅陀、蘇彝士、亞丁、錫蘭爲長城，則東西雄國皆不能來矣。【略】

憂分子曰：子言結英則誠是矣，英大國也，近又持盈平之局，其肯許我深結乎？圖存先生曰：英之我結也，英之自爲也，豈惟必許，固將求之。蓋英屬土四十，無與爲難者，惟俄實眈眈逐之，故英之拒俄忌俄畏俄最深，不然，土耳其爲回教冥頑之國，英何暇兩出死力，斃萬死之士，糜無量之財而助之，蓋非助土也，自衛云爾。故自道、咸來，俄欲出黑海而英人制之，近年俄欲出波羅的海、波斯海、印度、阿富汗，英皆禁之不得出，俄人乃專意出黃海，近與德法結盟，三大國比矣，則英危矣。

故英之忌俄制俄，甚至移歐西之局而來遠東，又將移土耳其而爲中國，其能出死力以保土耳其也，卽能出死力以保中國也，以拒俄而自衛已耳。日人爲戎首以攻吾，而今特創親睦中國局，深思相結，非相結也，亦以自衛而已，吾投其自衛之心，而結其懽厚之盟，彼豈拒我哉！憂分子曰：大國之人，驕而難與也，保商之國，憚於用兵也。昔者暹羅昵於英、敗於法，而求救焉，英勸其割湄東而不救也。日本親英，吾東三省之役，請於英焉，則以三大國故，囑其還我，英人巧甚，豈肯爲我結泰西怨而鬬與國乎？曰：非所例也，英故不可專倚也，但知其畏俄忌俄之心，有不可並立者，則其必助我無疑也。

若夫日人割臺之意既得，暹人敵法而非敵俄，豈可援與俄例哉！若舍英不結，則英畏俄之結德法以大割吾北土也，以均勢之例，必不肯讓。英人與日本急於自衛，必將先爲下手，以取吾長江矣。故結英非徒拒諸國，拒强俄，亦所以弭日本，且亦弭英國也。故宜遣重使，贈鐵路礦務，深結英，然後急圖變法，庶乎可以圖存也。憂分子於是憮罔而退。

《外交報》第四九期《佚名〈論外交治本之法一九〇三年七月九日〉》　外交之敗失，使盡由於外交官之不善，則更易外交官可矣，其病甚淺。若外交之敗失，不盡由於外交官之不善，則可知國家所恃以外交之根本已壞，其病深矣。欲求治其病之方，當分治本與治標二者。以理論之，固須治本。然開民智、培民德、殖實業，非數十年不可，倘藥未奏功，而其人已死，可奈何？譬之大厦將傾，固當再造，然當未能再造之時，居屋之人，亦不能不亟亟於糊窗補壁添瓦培牆之舉，以免其屋再爲風雨所漂搖。若謂爲無關大體，置而不顧，則大者未成，小者已壞，棟折榱崩，已將復壓，遂無以爲再造之地也。【略】

綜而論之，其最要害最致命之病源非他，曰他國得行其治外法權也；即最扼要最效驗之方藥非他，曰收回治外法權也。雖然，夫豈易言！蓋必先有自治之教育，再具治人之勢力，又遇得收回治外法权之時機，而後可達此希望。以言今日，正如頭上火燃，而議掘井，誰能駁之？亦誰能待之？爲今之計，則有因陋就簡之道焉。

一、凡有官吏，必使之稍通外事。國家宜先編一書：一、略敘中外和戰幾次，得失若何；二、略敘目前時勢；三、略述天主教、耶穌教之分別，並兩教所包之各會；四、略述築路、開礦、製造、通商諸原理之大概；五、酌定接待外人之禮儀。凡此者謂之『官書』。又隨時敘述中外交涉之事，翻譯列國有名之報，凡此者謂之『官報』。報之根柢在書，書之實用在報，二者相輔而行。以此頒之各地方官，設法强之閱看，若能稍通其故，則於操縱之間爲益多矣。

二、凡習慣中之至不堪能爲外人所藉口者，宜略加改革，以免效尤。一、聽訟之法宜改。舊法無論有罪無罪，匍匐公庭，監押也、敲撲也、勒索也，均可任意爲之。此教士所藉口爲教民訟冤者也，改其法則教士之口實可免矣。二、辦差之法宜改。中國大僚所至之處，一切均須地方官代辦，窮奢極欲，而不出值，且攜之而去，名曰『辦差』。此外人所藉口使地方供應者也，改其法則外人之勒索可拒矣。三、保甲之法宜改。一、凡民之生耗必稽其數；二、凡客民之入境必稽其數；三、凡土民之他出必稽其數；四、凡工商之執業必稽其數；五、凡實業之多寡必稽其數；六、凡實業之交換必稽其數。如此則根柢清而交涉之事易得頭緒矣。此事必裁地保而復鄉官。

綜其大綱，一則教育官吏，二則清理地方。即無外交，猶當行之，況與外交有密切之關係乎？且其事單簡，既不牽及外人，慮其沮格，亦不與別事相連，有變甲不變乙之累，是無不可行也。

雖然，法猶種子，人猶土地，土地若非，則種亦必變。若督撫之精神不屬，則第一條之事，必至成具文；而第二條則尤爲上下官吏所不樂聞，其盡力沮撓，更無論矣。嗟乎，今日來者，止教士耳，教士號稱『信天愛人、棄遺世事』，而不相安之情形，猶且若此！況將來再來無數之商人，明言牟利，明言强權，其不相安更何如乎？而爲官吏者不知外情，卑亢緩急均失其道，而又有種種不堪之習慣以爲其口實，將見事端蠭起，防不勝防，而浚民智、養民德、殖實業，種種深遠之圖，不及待矣。

又　第五四期《佚名〈論外交之進化一九〇三年八月二十七日〉》　外交者，國與國之交也。國者，人類之羣之進化者也。而人者，又物質之羣之進化。凡羣之進化，恒與其所以爲羣者之進化爲比例。大要其質由無機而進於有機，其力由無意識而進於有意識。吾今請先即物質之羣，略述其進化之厲史以爲例。

物質之第一級，爲水、土、金、石之類，有積聚無生長，雖集無量數之質點以爲一團，而彼此有傳染之事，無痛癢之關。其對於外界也，常立於受動之地位，搏擊之、斧鑿之、消化之，一惟外力之所爲。不必無抵抗力也，要不過體積中天然之攝力，體積以外別有一種之阻力，與其所加之外力相消；及其外力驟增而勝之，漸變而避之，則抵抗力全滅矣。此以無機體而涵無意識之力者也。及其進化而爲有機也，其始爲植物，始有生長之狀，而所羣質點互相倚賴，又且有呼吸運化榰柱之分職。其對於外界也，有吸收，有占領，浸浸乎現主動之端矣。而其所謂主動者，亦被驅於天然生長之力而不覺，故其吸收占領之爲，亦動爲外界之所阻遏，而不能有以抵抗之。此以有機體而涵無意識之力者也。及其爲動物，爲初民，則其筋脈之交通日以利，而官骸之分職日以周，常立於主動之地位，而擇取外界之宜於其體者以自養。其受外力之侵襲也，擊首則尾應，支左而右詘，竭全體之力以與之抵抗，蓋意識之作用，幾於是畢呈矣。然其所謂主動者，尚不過被驅於一部之體慾，而所以應付外界者，亦僅僅以目前自營之目的爲界。是不過意識之一小分而未充其量者也。及其又進化而爲文明之民，則意識之力大彰，始有見於人類之大目的，而不局促於目前。且知萬物並育，不必相害，詐愚劫弱之風漸衰，而同聲相應，同病相憐，純以親和之力，適用於對外。卽偶有强權武斷之爲，亦不過於必不得已之時，藉以曲達其目的，而決非常例。其進化之極，至於人間彼此之交涉，復歸於無意識，如物體中之質點然，而一切以其羣之意識爲意識，則倫理之極軌，而文明之羣之所由立也。

雖然，自物體之文明，而始有物體之羣。其羣又非一蹴而文明也，其進化之厲史，與物體同。國者，羣而有文明之形式者也，然其實際，固有類於初級之物體者。其人地之關係，官職之分治，非本於天然，卽由乎習慣。其中質點，各各自以爲一體，而對於同國中無量數之質點，日演其外交之術而不違，又安有動力以及於國外乎？然而其形式既國矣，其他之國，不能不以動力及之。而受動之國之質點，爲動力所及者，若土之在型，若金之在冶，無塑而不可，若毫無分別利害之見者；其動力之所不及，則盱盱睢睢，不知有此事，此豈非無機體之象，而一切皆無意識之運動乎？其所以地不盡割，人不盡奴者，外力之未足，而又各國互相牽制以消之。如開礦然，機械未具，而又有互爭利權之訟案，是以延期，非其礦質之抵抗力使然也。由是而進，則爲專制之國，其一部分之質點，獨行其意識，而挾其他之質點以爲器械，若動物、初民之驅於體欲然。其對外界也，惟吞噬之務，其貪如狼，其詐如狐，絶無可以比例於人間之道義者。然而其意識既現於一部分之質點，則其他之質點，亦不能强閉其意識而不發，遂時與之衝突，不底於平等不止。而外交界亦時爲其所掣肘。是其國體尚在有機無機之間，而其全部之意識，則有或隱或見之別。又由是而進，則純乎爲有機體之國，而其動力無不本於其全部之意識，其意識或有異同，則亦循優勝劣敗之例，而決之於其大多數，及其既決，則盡全體之力以赴之，而不復有所差池。是其羣之意識，一以其質點之意識爲基礎。使其質點既達於文明之高度，而外界諸羣，均與其羣在同等之地位，則侵略虞詐之風可以漸絶，而國際道德之學，將與人間之倫理學齊其程度矣。【略】

雖然，人羣進化，其不必與物質之羣，銖較而寸量者，有二例焉。物質之存恃天然力，天然力者振古如斯者也，或宜於動植物而不宜於人類，或宜於無機物而不宜於有機物，故可以各適其宜焉。且物質者，以循環爲公例，無機物變化而爲有機，有機物破壞而又返於無機。物質不滅，豈能相避，遂樊然並列於世界。人羣則不然，其消長生滅，皆人爲之迹，而其公例，又有進步而無循環，有變動而無停滯，是以其所爲，苟不與外力相應，則其形式必不能永存而不滅，要以數之多寡、勢之强弱決之。是故交通之國，皆在第二級者，間有初級之國，不進必亡。今者，世界各國皆已由二級而進，而吾中國，乃欲以初級之國與之並存，不可得也。其二，物質之進化，既受制於天然力，不能不循一定之程度；而人羣則運動於無形之中，其質點既異於初民之時，而其形式亦早脱無機之界，則躐級而躋，亦非妄想。況在中國，井田之説，傳之二千餘年，民義之務，亦易得疇範於外界。苟其教育普及，文化大行，雖由初級而躍於三級之地位，以執其牛耳，庸不可乎？

嗚呼，由前之説，吾中國可以懼；由後之説，吾中國可以奮。能懼而奮，庶有豸乎？

又　第一一七期《佚名〈論抵制美約〉》　美國既定沮止華人之苛例，我國乃議不用美貨以鉗制之，必美人改其苛例而後可。其聚會演説，明定章程，已非一次，想我國通國之人，舉知之矣。夫聚各社會之人，齊心合意，以文明之舉動，行補救之微權，此實爲我國通商以來之第一次。此可爲民智漸高之證，非徒在挽回區區之美約而已。雖然，此事既爲我國之創舉，則四方將以此卜我國之種智焉，卽吾人亦將以此卜我國之命運焉。此舉而得當耶，外人將謂中國之未可終侮，而憂世之士，亦奮起於神州之尚有可爲；此舉而不可得耶，外人將謂中國民人之技倆，止於如是，何所施而不可，而本國之有志者日以灰敗，徇私者日以無忌，而自卽於亡，則皆於此舉卜之也。此舉之關係如此，故不開端則已，既已開端，則可成不可敗，可進不可退，一定之理也。

總之，此次抵制美人之事，實爲吾人之義務。惟其事旁有萬方之觀聽，復關吾國之前途，當其事者，慎毋視爲一哄之市也。

又　第二六五、二六六期《汪廷襄〈新關稅與外交上之關係〉》　交通發達，經濟膨脹，國際懋遷，於焉稱盛。而輸出入之進退，稅關實握其樞紐。其獎勵外國貿易也，則免輸出之稅；其保護內國產業也，則重輸入之稅。故其影響，往往生於內政而及於外交。陳事昭然，圖驥可索。乃吾國自設新關以來，垂今凡六十年，朝野士夫咸視爲國帑之源泉，未審有國際之關係，是直窺一斑以概全豹，伸一指以蔽太行也。惟此觀念之差，遂產不良之果。彼既以獎勵外國貿易爲宗旨，除一二特產品外，輸出稅之徵納莫不蠲免；而我乃與輸入稅同其程。彼既以保護內國產業爲目的，除一二自由貿易國外，輸入稅之賦課莫不增加；而我猶與輸出稅同其率。嗚呼，失之毫釐，差以千里，此之謂乎！

嘗考歐洲關稅之起源，實肇於中古。其初原不過爲貨物交通保護之報酬，於道路、橋梁、港津修繕費各名稱下，徵其定率之用費而已。行之既久，諸侯之權威復日熾，始一變而爲國用收入之機關。無何，重商主義昌，以爲一國之富盛在乎金錢之充積，而金錢之充積，則舍獎勵輸出、禁遏輸入也，其道末由。斯說既張，遂喚起保護內國產業之精神，開示獎勵外國貿易之政策。凡外國品之足與內國品相競爭者，則厚斂以絕其覬覦。於是保護稅之名詞，乃喧騰爲經濟學者之口實，而爲政治大家之方針。苛賦重徵，造其極也，輸入者有損無益，有虧無贏，子母之權，非可屬望，乃相戒裹足而不前，其結果遂同於禁止。於是保護稅也，進而爲禁止稅矣。禁止稅既行，相對之國輸出無望，經濟社會乃大恐慌，挾其憤激不平之氣，非有以逞其復仇抱怨之志而無以自甘，爰亦高其稅率，困彼商人，既以自豪，亦以相懲。於是禁止稅也，更反應而爲報復稅矣。此報復稅之爲內政問題耶？抑爲外交問題耶？事理分明，片言可折，要不待智者而後決耳。【略】

關稅戰爭者，非眞血肉相搏、干戈相接之謂也。蓋以二國或二國以上之國家，互高其輸入稅之稅率，相閱相厄而不相讓，其狀態殆無異於戰鬥，故錫以嘉名，而謂爲關稅戰爭耳。溯此戰爭之由來，其始不過或國家采保護主義，高其輸入之稅率，而苛斂招怨，他國亦以高率反抗之。此酷彼殘，相持不下，卒至輸出入之互減，共悲產業之沈衰。損害既蒙，翻然改悔，迨和協之議成，而兵盡糧罄，已不勝其疲矣。彼一千八百七十九年，德相畢士麥手定之關稅法，所以斂列强之怨，而開法、俄、奧三國之戰爭者，是先例也。

關稅同盟者，凡政治上之利害，經濟上之關係彼此相同之邦國，集爲一團，互輕其稅率，自由其交通之謂。誠以各懷嫉視，咸蒙厥害，不若相約和衷，同保其利也。彼一千八百三十三年德意志聯邦之關稅同盟，前數年英國殖民地之關稅同盟，其範圍僅限於內國，猶無當於外交。然自一千八百六十年英法兩國締穀孛敦條約，而法、俄、班諸國亦於一千八百九十二年組成關稅之一團，以與德、奧、義、瑞同盟相對峙。此數者蓋於外交上至可注目者也。

由是觀之，則關稅戰爭固爲禁止、報復之結果，而關稅同盟實開協定稅率之先驅。協定稅率者，或國與他國協議，依條約而所定之稅率也。夫設關課稅，國家原自有其權，孰重孰輕，固不妨一秉國定稅率以爲斷。第恐失諸苛酷，勢必因報復而陷於戰爭，彼此同被其損害，斯出其相推相讓之手段，於國定稅率之外，更以協定爲之輔耳。故協定稅率之性質，實已脫內政之範圍，而入於外交之區域。惟其主義，要以利益交換爲宗。其有對於不敢復讎之弱國，彼所輸入於我者，我重課之；我所輸入於彼者，務使輕課以爲我利。此所謂有利條件之約章，曾無當於利益交換之主義。蓋利益交換云者，彼此以同等之利益交易也。其條約之利益，須屬於雙方，不得僅屬於單方。屬於單方者，法理所弗許也。雖然，國勢懸殊，非無悍然不顧而以强脅弱者。則外交上之影響，其與關稅之關係又何如耶？

況如我國者，自設新關以迄今日，其間之變遷沿革，幾可作一篇外交史乘觀乎。溯自江寧締約，五口通商，列國相繼設領事，當時輸出入之貨物，都經外國商人之手，故其課稅悉由領事徵收，納諸政府，而領事各私其私，政府乃開協議而直接課之。是爲我設立新關之始。嗣以官吏昧於事情，頗滋弊害，列國乃要求採用外人。於是稅務司之職，遂充以英、法、美各一人。是爲我稅關録用外人之始。繼又以外國通商，英國實居過半，稅關之事務大都關於英人，而英人之爲稅務司者又聲望隆然，邁於儕背，由是總稅務司之席遂爲英人所占。不特此也，彼一千八百九十七年不更有中、英之條約乎，曰總稅務司之職，苟英國貿易額超出於他國之上者，總當以英人充之。嗚呼！經濟之盛衰，消息於貿易，而貿易之消息，操縱於稅關，乃操縱之機關，竟坦然委諸外人之掌握。姑無論關稅戰爭失其權，關稅同盟無其利，卽此協定之稅率，亦幾何有利益交換主義存乎其間耶？有往無來，有施無報，而我猶不自審其侮予也，斯可悲已！吾國士大夫其三復而三思之，庶可以籌外交之方策，而爲稅關整頓之預備乎？拭目俟之，馨香祝之。

梁啓超《飲冰室合集·中國外交方針私議》 近二三年，以英法俄日四國協約之結果，我國位置，日益岌岌。於是國中聯美聯德之説驟興。上自政府，下逮輿論，並爲一談。此其利害，蓋非可一言而決。必也內察我國之實力，外審列强之態度，然後我之所以自處者，乃可得而論也。吾故就各方面普遍觀察，作爲私議以質愛國君子。【略】

二　列强對於中國之壓迫

列强之相壓，非一日也。然疇昔皆人自爲戰，若其最近協以謀我咄咄可畏者，尤莫如英法日俄之四國。蓋以協商結果而使弱國位置一變之徵也，其濫觴蓋起於光緒二十四年之英俄協商，次則光緒二十五年之英日協商，次則光緒二十八年、三十一年兩次之英日協約，次則光緒三十三年之日法協約、日俄協約及同年之英俄協約，最近則宣統二年之日俄新協約。就中除光緒三十三年之英俄協約兼及他問題外，其餘則皆以處分中國爲目的者也。語其內容，則不外互相尊重其在中國所已得之權利，毋或相侵。而未得之權利，則持機會均等主義，毋或壟斷。質而言之，則此四國權力所已及之地，期於無復撓其權者；而權力所未及之地，則共逐失鹿，憑高材捷足之先得也。天下可畏之局，蓋未有甚於此者矣。【略】

三　美國德國之態度

若夫德國美國之位置，則與彼等異。德建國僅四十年，當其羽翼未就，而他國早橫絕四海矣。美建國雖較先於德，然向守『門羅主義』，與人無爭。故此兩國在中國既得之權利，較彼四國者瞠乎其後。德犯天下之不韙，僅攘得區區之膠州，以爲經營東方之發軔，而北限於日俄，西南限於英，不能展其驥足。美雖有菲律濱，然不與大陸毗連，且有英之香港橫障其間，欲進不遂。又列强莫不挾强大之債權以臨我，而美『富力號』稱甲天下，乃於我各項公債，未獲嘗鼎一臠，其居常怏怏可知也。是故彼六强國對於中國之態度，試以鄙夫求富貴之心事喻之。英法俄日，譬則已致身通顯，而猶思進取者也，其患失之心過於患得，德美，譬則甫受一命，而方始熱中者也，其患得之心過於患失。是故德人於光緒二十五年，雖嘗與俄日兩國共結協商，旋託詞而悔遁。美人於光緒三十四年，雖嘗與日本結日美協約，然約文惟認機會均等，不認特殊利益。其意蓋可見矣。【略】

要而論之，各國對於我國之態度，有最通行之兩語焉。其自現在的方面消極的方面言之，則曰維持現狀。其自將來的方面積極的方面言之，則曰機會均等。雖然，同是此兩語也，而各國所以解釋之者，亦自有異。英法俄日所謂維持現狀者，妨己國既得之權有所損也。德美所謂維持現狀者，妨他國未得之權有所進也。英法俄日所謂機會均等者，指己國特殊利益地域以外爲適用之範圍也。德美所謂機會均等者，無論何國之特殊利益，皆不承認，而以中國全境爲適用之範圍也。是故英法俄日之政策，畸於守者也。德美之政策，畸於攻者也。英法俄日不汲汲於攻我，則似英法俄日之愛我。德美爲我攻英法俄日，則似德美之愛我。英法俄日果愛我乎哉？德美果愛我乎哉？是則惟我所自審矣。【略】

四　中美同盟論及中德同盟論

吾之於英法俄日也，畏逼既日甚一日，而此逼我者復各有其敵。我誠能籠致其敵以爲吾友，則逼我者庶幾有所憚而不敢逞。此中美同盟論、中德同盟論之所由興也。

此同盟論果倡之自我耶？抑倡之自美自德耶？吾不敢斷言。默察全國人之心理，上而政府，有若失乳之兒，彷皇索母，溺水之夫，呼號望援，其急切之情，殆不可揜；下而國民，則全國報館，皆鼓吹同盟論，萬口同聲，自日俄新協約成立後，益甚囂塵上，而士大夫之奏議談説，尤稱道之不容口。則謂此論全倡自我可也。雖然，我果爲主動者乎？抑仍爲被動者乎？吾猶不能無疑。我國外交家之伎倆，外人知之稔矣。蓋威逼與利誘，皆能奏效，而施之貴得其宜。昔俄使喀希尼、巴布羅福之疊奏凱旋，喀希尼，定第一次中俄密約者也。巴布羅福，定東清鐵路合同者也。各國豔羨之已久。德國前此藉口二教士之見害，突占我膠州。復以團匪之變，强我最高貴之賢王爲謝罪使。其傷我感情者非一度，今殆悔其失計。數年以來，所以啗我政府者，殆惟力是視。美國則向守門羅主義，於新大陸以外之政治問題，絕少過問，以致著著落人後。其在泰東之發言權，甚形薄弱，今殆亦悔之。亟思買我歡心爲補牢之計。若庚子償款之退還，若滿洲鐵路中立之提議，若錦愛鐵路之借款。其最顯著者也。然則我國人之倡此論，其或亦彼有術以致之。雖然，孰倡孰和，可勿深論。要之，此問題已印於吾國多數人之腦識中，或非久而便成事實，此則稍關心時局者所能知也。吾此私議，卽以此問題爲鵠，而慾平心諦觀以論其利害得失者也。

【略】

五　列國同盟之先例及其效果

列國並立而有競爭，為競爭之預備。或以自强，或以弱敵。有時覺獨力之不足也，而同盟起焉。中外古今歷史中其同盟故實之可考見者以百數，而性質亦各各不同。今請條舉其種類，而取其適切於今之時勢者，論其得失。

（第一）以平和為目的之同盟　尋常聘問通好，不名同盟。既曰同盟，必其締盟國之交加厚，而有以示別於非締盟國也。既厚薄示別，則其視一般之非締盟國或非締盟國中之一二國，必有隱含敵意者。故欲求絶對的以平和為目的之同盟，殆不可得。茲所謂平和者，謂其締此同盟之本意，非專為戰爭預備云爾。【略】

前此中俄密約，其中一部分亦可稱為生計上之同盟。蓋俄之東清鐵路、華俄銀行，所以得有種種特權，實自此密約來也。

今茲我國人所渴望之中美同盟，其必含有生計上同盟之性質，殆無疑義。蓋同盟之目的，强半在借債。而美之欲得於我者，必在生計上之特權也。

（第二）以戰爭為目的之同盟　凡同盟之約束堅明而强有力者，必其攻守同盟也。故考同盟之先例，以平和為目的者蓋寡，以戰爭為目的者常多。【略】

六　中國因同盟所得之利益如何

今之同盟論，其尤昌者則中美同盟論也。吾請先就中美同盟論以觀其利益。

（甲）消極的利益。

今英法俄日方協以謀我，既有成言，其在我境內種種施設，旁若無人，我獨力不能抗之，聯美則能抗之，利一。四國協商，既已咄咄逼人，道路傳聞，更有密約，瓜分之慘，恐在眉睫，引美自衛，庶可戢其狡焉之心，利二。

（乙）積極的利益。

交通機關，國之血脈，吾民力殫，不能自致，美以富聞，可資挹注，利三。

財政竭蹶，百政隨廢，得一同盟，遂同金穴，如彼貧俄，獲法蘭西，以為外府，利四。

所謂同盟利益者，當不出此，而必拳拳於美者，則又何也？

（一）美國不加入四國協商之列，無謀我之心。

（二）美國素仗義，喜為人排難解紛。

（三）美國豪於資，外債取求可以不竭。

（四）美國為共和政體，尊重人權，我雖稍為之下，當不我阨。

主張中美同盟論者，其理由大略如是。其兼主張中德同盟論者，則慮一美之力不足當協商之四國而並引德以為重也。吾請驗往事，察趨勢，以證論者之說果有當焉否也。

七　中國無同盟國其所損失如何

今國中一般輿論，一若以結同盟為國家生存不可缺之要素，此吾所大惑不解也。彼美國自建國以來，始終曷嘗與他國結一同盟者，此猶得曰僻處一隅也。彼英國當歐洲縱橫捭闔之衝，而數十年以名譽之孤立豪於天下，又何以稱焉？即彼日本普魯士撒的尼亞，固大收結盟之效，然其結盟之動機，則在進取耳。彼方磨劍欲試，盤空欲擊。疇昔本為世所輕，乃一舉而期自致於青雲，斯不得不稍有所藉。當其養晦淬厲時，則豈聞有所待於外哉？夫國家賴有同盟始能奮飛，斯誠有之。若非有同盟不能自存，則其所以圖存者亦僅矣。故我國人非首剗除此種謬見，則其他更無可言者。

國家既非恃同盟以圖存，則同盟政策利害比較之程度，固可得而論矣。然則論者所舉同盟之利益果何如？吾以為此種利益，有雖無同盟國而亦可以得之者，有雖有同盟國亦恐不能得之者。若其必緣同盟而得緣無同盟而失者，則以吾之愚，苦不能逆睹也。

外債得所供給，此論者所謂同盟利益之一也。外債之得失，吾將別論之。今先為簡單一言，則吾固主張外債者之一人，特今日漫無計畫之借法，則非所敢附和耳。第此勿深論，惟吾有一言欲質論者。論者之意，得毋謂同盟條約成立後，我遂能以我政府所指定之公債條件，向紐約或柏林市場發行募集，而應者如響乎？昔俄與法結同盟，而因仰給公債於巴黎，前事之師也。信能如是，則吾於同盟論，不惜距躍三百以贊成者也。雖然，吾有以知其決不能也。彼若有餂我之心，則一二千萬，或所不吝。此猶是設辭耳，實則並此而必不得。然藉此區區，吾以為不如勿藉。今日不借債則已，藉則必當以萬萬計。試問以我現政府財政上之信用，欲藉萬萬圓以上之公債，其能無特別條件而與現今歐美諸國所謂國際流通證券同一位置乎？夫以日本積屢勝之威，其債尚有內外之別，外債尚須以海關擔保。而以普通公債之名義，猶不能得一鎊金於其同盟之英國。而謂我以一紙載書，能收此奇效，五尺之童，知其誕矣。此所謂雖有同盟國而不能得之者也。然則今後如欲借債，必仍須以各項稅源如海關鹽稅等或營造物如鐵路等作抵。苟有優越之條件，確實之保證，則英法俄日之資本家，豈患不趨之若鶩，寧惟美德！此所謂雖無同盟而亦能得之者也。且論者亦曾記各國宣言，莫不有機會均等一語乎？我不借債則已，欲借債則能容我獨向一二國乎！昔丁酉戊戌間，借債以應日本償款，而英俄為爭此權，幾動干戈，此稍留心時事者所當尚能記憶也。一年以來，緣川漢、粵漢鐵路借債，英法德美四國代表，交鬨於北京，至今未已，又人之所共聞見也。然則我雖以慾借債故與一二國結同盟，及乎議訂質劑之時，同盟以外諸國，仍必起而爭為債主。質而言之，則必英、俄、德、法、美、日六國機會均等而已。有同盟與無同盟一也，而同盟利益果何在焉？

促我同盟論之動機者，莫如日俄新協約。而最令我劌心怵目者，莫如日俄在滿洲蒙古之行動。凡列籍於中國之人，苟有血氣，誠宜不能忍與此終古也。雖然，欲洒此耻，保此權，當求諸同盟政策乎？抑當求諸同盟政策以外乎？此最不可不審也。今且勿論蒙古，專論滿洲。彼日俄兩國犧牲數百兆金錢，數十萬民命所得之權利，我且歷歷以條約承認之者，而謂以第三國之抗議，能使其放棄乎？若其能也，則今春滿洲鐵路中立提議，早為成案矣。此所謂雖有同盟國而不能得之者也。然則我國今後保滿政策，毋亦惟有急開鐵路，與之爭地；廣行移民，與之爭人；改良行政機關，與之爭權。雖管葛復生，捨此無他長計也。而欲使此政策有效，則其所最急者，一曰人才，二曰資力。人才匪可求諸同盟，不待論矣。資力則吾前所論外債與同盟之關係盡之矣。此又所謂雖無同盟而亦能得之者也。若謂所憂不僅在一隅，懼協商之結果將使瓜分實現，而思結同盟以禦之耶，我國人能知懼若此，國家之福矣。然不求諸我而求諸同盟，君子謂其不智矣。苟四國協商瓜分已決，斯必非一二國所能抗，刀俎既具，惟思分我一杯羹耳。我誠能不與亂同道，則傾而未顛，決而未潰，扶而坊之，豈曰無術。趨存趨亡，事誠在我，人無與焉。有同盟與無同盟一也，而同盟利益果何在焉？

八　中美德同盟之影響如何

上所論者，同盟之無益也。苟無益而亦無害，則得一膩友，亦足自娛。雖然，吾見其害之不勝窮也。凡結同盟者必互有所賴，而權利義務，恒期於相償。英日之同盟也，日賴英以制俄，英賴日以衛印度，略足相償也。俄法之同盟也，法賴俄之兵力，俄賴法之財力，略足相償也。若與我同盟者，則何賴於我乎？檀香山、菲律濱告警，我能遣一樓船以為美援乎？柏林受圍，我能命一旅以赴德難乎？抑紐約柏林金融竭蹶，我能輦銅山金穴之藏以週之乎？將又其尊俎之間有艱巨，我一諾則重於九鼎一怒則諸侯懼乎？既已無一，而欲仰首搖尾，以與人同盟，見擯受辱，則辱而已矣，尚無後灾。若其降心相就，則意果何在者？虎羊結異姓昆弟，鷹雀訂刎頸之交，羊與雀方以得承顧盼為榮，而虎與鷹早有所以自處矣。故德美而不與我同盟則已，苟其與我同盟，則其所責望於我者豈有他，亦政治上生計上種種之特權而已。藉曰予以特權而別有所責望於彼，足以相償也，其奈有機會均等主義立乎其後，我雖欲以特權私諸所愛而不可得也。漢詔不云乎？死者不可復生，斷者不可復續。特權一去，不可復歸。我今日所為呼號以求同盟之庇我者，豈非以前此輕予人以特權，今見壓而不能自拔乎！欲自拔而仍以特權為市，且疇昔一者而今五六之，此其愚悖，豈直抱薪救火之類而已！

若夫我所實望於同盟國者毋亦將賴以保我未失之權利，更進則賴以恢我已失之權利也。靡論同盟國未必有愛於我，就令有所保有所恢，其結局終以自肥也。藉曰惠而好我，而其力願遂能逮乎？他國既得權之非易剝奪，前既言之矣。而彼同盟國又不能不自取特權，自取之則安能禁人之繼取。欲奪人所已取，或自取而禁人繼取，其勢非出於戰不休，則同盟國果能為我戰乎？此一疑問也。戰而能勝乎？又一疑問也。勝而為我福乎？又一疑問也。英之與德，日之與美，皆如將鬭之雞，或竦身矜豪，或側睨伺殆，稍明時局者，固已憂其終不免於一戰。顧所以盤馬彎弓故故不發者，誠以今日戰禍之慘酷，遠非前古之比，交綏數月，則十年之休養生息，不足以為償，故無論何國皆憚之。且英日德三國，皆各各有其攻守同盟之國，與一國戰，卽無異與兩國戰。此造既有兩國，則彼造亦自必有兩國，而新加入之第三國第四國，又各各有其同盟焉，其勢非驅全世界之强國而戰之不止也。今試懸想英德政局而觀其趨勢。英既與德戰，則日本為英日同盟條約所束縛，不得不起而援英。故德不惟與一國戰也，實兼與兩國戰。德僅與一國戰，除與俄戰外，則奧意固可中立，既與兩國戰，則奧意為三國同盟條約所束縛，不得不起而援德矣。於斯時也，美國本可中立也。雖然，德既敵英日，而英日所長在海。英國海軍，本常守二國標準，非德之所易敵矣，又益之以日本，則未交綏而勝負可決也。故德人不戰英日則已，欲戰英日非先與美有成言不可。美不為之援，戰端不可得而啓也。如是則黨於德者，必不惟奧意也，而更有美。其時俄法本可中立也，雖然，德法積仇也，而英法方睦，德既奔命，法必突起而議其後，不待問矣。法既起，則俄為俄法同盟條約所束縛，又安得不起。故其結局必成為德奧意美與英法俄日之戰，至易覩也。此言夫英德肇釁也，若日美肇釁，亦若是則已爾。於斯時也，北海、地中海、大西洋、印度洋、太平洋之鮫鱷，無一處得安睡；亞細亞、歐羅巴、亞美利加之雞犬，無寸刻得寧帖。彌天際皆煙也，盈大地皆血也。言念及茲，雖有賁獲，亦將股慄。而謂彼德美者，能如馴豢之犬，聽我指嗾，入林為我逐狐兔，以自陷於危，此談何容易耶？夫我之求同盟，不過欲保持我所未失者，而恢復我所已失者而已。而無論為保持為恢復，決非能以一紙抗議奏效，而決之必以戰。同盟國之不易為我一戰，既洞若觀火，然則同盟之結果，除敬贈同盟國以種種特權，且附贈同盟以外諸國以種種特權外，更何所得也！

復次，我所以欲與美德同盟者，豈不以美德之强，足以庇我乎哉？且如論者所期，美德肯為我而戰也。而美德之强，又足恃乎？竊嘗論之，使以一德戰一英，以一美戰一日，勝負之數，蓋未可知也。英海軍雖常足以敵二國，而屬地棋布，備廣力分，若『德之將來在於海上』，德皇則既昌言之，且寤寐求之，德人應用科學之能，度越他國，其海軍日進不已，今方集中於北海，意欲何為？萬一德能僕英於海，則其視英之陸軍，若拉朽索耳。此德有可勝之道也。日本二十年間，三戰三勝，其銳固不可當。然今世戰爭，以金為彈，以銀為藥。美之富力，十倍日本，但能持久，則可以毋戰而使日成枯臘。此美有可勝之道也。吾故曰：以一敵一，勝敗之數，未可知也。然今日事勢，必無以一敵一之局，而兩造各有三四國，在勢既萬不可避，則以德美之海軍，其足以敵英日之海軍乎？英海軍常標準二國，合以日則力敵三國矣。以二敵三，烏見其可，況英夙為海軍國之祖，而日又積累次之經驗，其戰術度越尋常乎？美海軍若鏖滅，則不惟檀香山、菲律濱聽日人取攜。而短小精悍之日本陸軍，一旦在舊金山登陸，以與美國執冰嬉戲之民兵相遇，其猶猛虎之入羊羣也，況英之加拿大，更議其後乎？德在歐洲，助之者惟奧意。奧意孱國也，所助幾何？德陸軍雖雄視全歐，然其地則四戰之衝，無險可守。俄法起肘腋，亦師子身中之蟲也已。若是乎德美與英日之戰，英日勝算十之六七，而德美勝算，不過十之三四也。我欲借德美之强以為我庇，德美不為我戰耶，則庇我不過虛語；其為我戰耶，且恐一戰而遂失其所以為强。然則我所獲於同盟者果安在，吾之愚實無以測之。【略】

吾固言今日我國所以幸延殘喘者，恃各國之憚於戰爭，而和衷協商又非易易。雖然，我國若一旦與他國結同盟，則此局將立破，何也？我國與他國結同盟，進焉可以挑撥各國之戰爭，退焉可以促各國協商之大成也。夫使其同盟而非攻守同盟耶，則效力甚薄弱，殊不能為我助，結之何為？持同盟論者，或多主張非攻守同盟之說。果爾，則直是兒戲，更無可駁之價值矣。使其為攻守同盟耶，則以我現在之兵力，既不能助人攻，復不能助人守，同盟國則何所得於我？其所得於我者，則必其戰爭前或戰爭中，予彼以種種地勢之形便及軍食之供給而已。夫德美之思一逞於東方，匪伊朝夕。其不敢發者，徒以地利之不如人也。一旦得此，則蹶然以起，亦意中事。而全球振古未聞之大會戰，交綏遂始，而我亦隨而陷於旋濘。我獨何求，乃無端而與英法俄日四豪結不解之讎乎？所謂以結同盟之故挑撥各國之戰爭者此也。雖然，戰端之開，或未必如此其易易也。我以結同盟之故，予同盟國以軍事上生計上或政治上種種之特權，非同盟國必妒之，妒必爭，爭則戰機迫矣。而當戰機將開未開之一刹那頃，若韓魏之肘跗相接以謀智伯，幡然一念，謂吾儕何苦緣此區區投地之骨，以致六七國數萬萬人肝腦塗地。不如宰割而烹之矣，則協商自茲始矣。夫今日德美所以不加入四國協商之列者，徒以四國協商，各尊其既得權，而德美之既得權，未足以饜耳。既已同盟，則新得者將不劣於彼四國。而協商之結果，可以無偏枯，而各得所欲以去矣。所謂以結同盟之故促各國協商之大成者此也。

夫列强戰爭也，列强協商大成也，皆即我國滅亡之日也。而結同盟兩足以致之。吾故得下一斷語曰：中美同盟論、中德同盟論，皆亡國之言也。

九　中國今日之外交方針

我國大一統久矣，環列皆小蠻夷，文化心計，遠出我下，我視之蔑如也。故以夷攻夷一語，實為我國千年來外交術之金科玉條。近數十年，與羣雄並立，情勢稍異，乃出春秋戰國時之舊思想，欲為優孟衣冠以扮演之，則遠交近攻一語，又其枕中秘也。近世以外交界英物為天下所指目者，無過李文忠。文忠一生得力，捨此二語無有也，然其效則既可覩矣。前乎文忠者，則英法聯軍之役，俄人虚言相助，而坐得烏蘇里江東北數千里地，痛毒至今矣。緬甸之役，勸緬人引法自衛，而緬為墟矣，文忠之當國也。朝鮮琉球之役，日思嗾英美以制日，而卒無效。甲午之役，不忍於一敗之辱，重賂俄以圖一洩。蓋人當困心衡慮之既極，往往不惜倒行逆施，以珠彈雀，殺子救飢。文忠之賢，顧不免乎。而金甌一缺，不可復完，以有今日，文忠一誤矣。今日寧堪再誤耶！夫投骨於地，羣犬爭焉。以縱横捭闔之術，操縱其敵，此亦外交家之通義，至今未或能外者也。雖然，投骨嗾犬可也，割臂飼鷹不可也，何也？所投者物之骨，而所割者吾之臂也。昔俾士麥與文忠齊名者也。其雄才大略，好謀善斷，兩公蓋相類。然俾公之憚法而思聯奥也。其於柏林會議，舉坡士維亞赫斯戈維納以畀奥人。坡士維亞赫斯戈維納者何？突厥之地，俄人慫恿其作亂，經俄突戰爭之後，將攘為己有者也。而俾士麥以之市恩於奥，此投骨之説也。文忠之憎日而思聯俄也，乃舉祖宗發祥之地以畀之，此割臂之説也。今之持同盟論者，其技果能有進於割臂乎？吾竊惑之。

抑李文忠之聯俄也，猶曰吾用吾縱横之術也。今之持同盟論者，則何足以語此。質言之，則倚賴心而已。不自愛而冀人之吾憐也，不自立而望人之吾庇也，自古及今，以此亡其國者，不知幾何姓矣。其在近世，則波蘭也，緬甸也，波斯也，朝鮮也，當其始託庇於一國，曷嘗不自以為安國家定社稷之遠猷，及其既入笠，從而招之，則永世不能以自拔。嗚呼！其毋使後人而復哀後人哉！

嗚呼！外交之難也久矣，而在今日為尤難。蓋國際無道德一語，幾成為世界之公理。機械變詐，排擠傾軋，狠心辣手，恬不為怪。所謂大外交家者，蓋日日以賣人為事。而被賣者猶且德之，及自覺其被賣，則已無及者，比比然也。此豈必徵諸遠，即如現存之德奥意同盟，義大利蓋純為俾士麥所賣。意人以此同盟之結果，所得者惟財政之窘迫，商業之凋敝，而同盟保障之利益，絲毫無可見。意人悔之，不能追也。又如最近奥大利之併吞坡士維亞赫斯戈維納，其宰相埃連達，公然賣俄之外相伊斯倭奇，不以為耻也。其他事實類此者，尚不可枚舉。蓋外交家之視人國也，不以為一人格，而以為供己手段之一目的物。質言之，則外交家者，以互相賣為專業者也。所謂並世外交界四俊物，雖謂之為人類中之四大毒虺可也。互相賣而孰則為能賣人者，孰則為被賣於人者，則視其眼光之遠近伎倆之高下、趨機之敏鈍以為斷。羣毒交處一室，一噴氣皆足以殺人。而毒與毒或相遇而相消，而其博禍乃全中於馴善之輩。昔人有言，人心險於山川，難於知天。天猶有春秋冬夏旦暮之期，人者厚貌深情。又曰：世路險巇，一至於此，太行孟門，豈云嶮絕。今世外交現象當之矣。試問我國今日當外交之衝者，為何等人物？其與當世各國外交家相較，能否比其萬分一。而乃云欲操縱他人，利用之而收漁人之利於我，寧非夢囈。此如恒思叢神與悍少年博，其不至枯悴以死焉不止也。《戰國策》泰侯謂昭王曰：亦聞恒思有神叢與恒思有悍少年，請與叢博。曰：吾勝叢，叢借我神三日。不勝叢，叢困我。乃左手為叢投，右手自為投，勝叢。叢藉其神三日。叢往求之，遂弗歸，五日而叢枯，七日而叢亡。而尤下愚者，乃至欲布腹心而託焉以自庇。此如獨坐窮山引虎自衛，其不至終為所搏噬焉不止也。【略】

然則今日我國之外交方針當何如？我國今日雖積弱矣，然使有非常之才以當外交之衝，則離間羣雄以自益，豈曰無術！彼維也納會議初開時，法國正當大敗之後，而其使臣達里蘭，乃能操縱英俄普奧四雄，若弄之於股掌之上，此前事之師也。雖然，此其人固可遇而不可求，抑其術又非可先事相告語。不得已而思其次，則亦惟效英國前此所謂名譽之孤立而已。蓋我國今日所處之地位。第一當保列國連雞不並棲之勢，毋使得協以謀我。第二當持五雀六燕之均衡，毋使爭我之兩造有一焉獨能得志。是故吾之外交方針，以云進取，則宜離間；以云退嬰，則宜中立。若倚於一造，而以身為彼造之的，則計之拙無過是者。吾之力排同盟論，吾豈好辨哉，吾不得已也。

抑古之從政者，貴周知四國之為。國於今日之天下，苟為國民者，對於世界大勢，無相當之常識，猶將不足以自在，而況於秉鈞當軸者乎？今我國自外務部以迄駐扎列國之使館領事館，奉公於其間者，當不下數百輩。試問能有國際公法上之知識者幾何人？能有現行條約上之知識者幾何人？能有近今外交史上之知識者幾何人？夫雖有常識，而舉而措之以致於用，猶賴相當之才能。若並常識而無之，則安往而可？我國人今日誠知外患之可以亡國，而思為補牢之計乎？則盍於改革外交機關淘擇外交人才之法，一厝意焉。而不然者，靡論其所獻之策非策也，即有良策，一施行則僨張而已矣。

凡欲為國家建一政策，必當衡審事理，而毋或驅役於感情。當為百年久遠之謀，而勿作得過且過之計。言必慮其所敝，行必極其所終，凡百皆然，而外交亦其一也。是故施政之有方針者，如縣誠陳，則不可欺以曲直。如量誠立，則不可謍以長短。吾自審吾國現在之位置若何，將來之祈嚮若何，先定一慾至之地，而慎擇乎所以致之之途。苟誠求焉，將必有當。大策既建，則果志毅力以期其成。有障礙則曲折以赴之可也，有搖撼則鎮靜以持之可也。若無方針者則異是，自始未嘗為有意識之行動也。持一議而不審究其始卒，舉一事而不逆計其流變，樹一策而不研析其條跗。為外境界風所激刺，忽焉有所舉措。激刺者轉其方嚮，又旁皇無所為計矣，為險艱困衡所逼迫，貿然有所蠕動。逼迫者弛其程度，又疲爾不能自振矣。今日中國之政治現象，何一非此類耶？即以外交論，二十年來國人心理之變遷，蓋不知幾何度矣。就中團匪禍作，前後數年間，若飲狂泉，可忽深論。甲午乙未間，聯俄聯英之論大昌，為防日也。壬寅癸卯間，聯英聯日之論大昌，為防俄法德也。今則聯美聯德之論大昌，為防英法俄日也。實則所以為防者，曷嘗一奏效，而所以為聯者，則一失而不可復耳。嗚呼！是亦不可以已乎？

十　外交與內治

吾所以主張名譽孤立之外交政策者，凡欲以保現勢，而利用之以圖整頓內治而已。蓋以列强戰爭之不易，而協商又難期於大成，故吾猶得及此閒暇，臥薪嘗膽，以求一脫競爭客體之地位，進而至競爭主體之地位。非謂人之暫時不能逞志於我，而我遂即安也。夫英德之不兩大，既洞若觀火，其戰機之伏於五洲各地者殆徧。吾即無所以挑撥之，而終懼必有爆發之一日，一發則我為池魚之殃必矣。況今日全世界之生計，舉以我為尾閭，而我之內治，含有無量數擾亂之種子，能致全世界於臲卼不安之域。及夫土崩瓦解之象，既已暴著，則列强勢將不得不各捐小嫌，共握手言誓以謀我。此其事豈在遠，五稔之內，將見之矣。我國民而不急起直追以改良內治之組織也，則外交雖有良策，亦為多言也已耳。

理性排外論分部

論　說

《湘報》第五六號《樊錐〈勸湘工一八九八年五月十日〉》　湖南，天下之工國也。五代馬氏以工商立國。夫工者勸商之本也，無工是無商也。五都之市，賽博之場，地利不興，五材不飭，爛繒敗絮，牛溲馬渤，充塞闤闠，積壓囊橐，豈足稱販蕢之雄，騁鈎距之術哉！土產萬貨，出之於農，沐櫛風雨，胼胝手足，釀彼菁華，供其採擷，終歲勤動，藉資畜事，食之於汗血，衣之於肩背，則農家者，抑工之流亞也。輪鐵卯算，聲光化電，千靈萬幻，何莫匪工？全國之政，胎胚於此。故未有工贏而商絀者也，未有商贏而國絀者也。地球數十國，爭利趨異，競奇鬥新，日異月盛，出鬼入神，有加靡已。世界之文明愈進，工業之權力愈放，駸至萬國一工國也，獨一湖南哉！

歐、墨列邦，原本基始，發祥致大，舍工之力莫或至是。米利堅之富也，行商、李之令，盡壟斷之利，拓糞畜之法，致機器之用，八十餘年，產業積多四十餘倍，國無遺寶，雍雍太平，工爲之也。英吉利之盛也，窮輪、鼇之巧，推華約之智，罄審面之能，鑿匠冶之竅，八十餘年，產業積多六、七倍，樹霸五洲，徧執牛耳，工爲之也。日本之興也，殫慧術之性，步製造之精，究纂刻之殊，逐藝學之絕，二十餘年，產業積多數倍，戰勝亞西，改約列邦，並驅歐、墨，爭雄海上，工爲之也。若是乎，工之益於人國也！

聞之子長氏矣：『農而食之，虞而出之，工而成之，商而通之。』夫農、虞之所食、出，商之所通，前後皆待成於工也。聞之子夏氏矣：『百工居肆以成其事。』夫百工不精不新，不可謂居肆；不居肆則萬事無成；萬事無成，則三民之原竭也。聞之夷吾氏矣：工者與功不與分，智者知之，愚者不知，不可教民；巧者能之，拙者不能，不可教民；非夫人能爲之也，不可以爲大功。夫統智愚巧拙，夫人而知能之，此泰西所以冠五洲也。聞之考工氏矣，粵無鎛，燕無函，秦無廬，胡無弓車。非無之也，夫人能爲之也。知者創物，巧者述之、守之，世謂之工。百工之事，皆聖人作也。鑠金爲刃，凝土爲器，作車行陸，作舟行水，皆聖人作也。夫以工爲聖人，至率夫人而工之，此歐、墨所以橫地球也。史公、子夏之言，何其相似！夷吾、《考工》之言，又何相似！夫惟通國人皆聖工，則天下事不足成，西人不足畏已！考之於古則如此，證之於西則如彼，若是乎，工之益於人國也。

湖南阻萬山之中，跨洞庭之要。鐵路創興，輪船展駛，通商口闢，舟車利宏。上屬兩粵，穿黔、滇，貫暹羅、緬甸，控大洋而接萬舶；下振荆、襄，挈江、淮，越黃河、幽、燕，縱西北而橫東南。珍瓌駢闐，文貨垛塞，瞬息千里，潮水消漲，則此洲第一形勢，扼奇撮要之大工廠也。貨棄於地，人滿於土，物食浮賤，貲價廉簡。而上下之智未開，故民間之生計日絀；人己之見太重，故師法之取資蔑自，醉夢沉醉，日月封蔀。煤鐵充斥，而開採無術；花棉垛積，而紡織不靈；竹木環遝，而成斲無日；土石橫豎，而利用絕聞。土法既頹敗而磽确，新機益暗弱而屯蒙；大工既綿薄而無力，小工亦痿痺而絕能。坐銷立乏，日見其萎；生魚腥肉，豈可充餓！岳州之埠一辟，通商之物鱗萃，主九客一之利，豈語於愚民？人精我窳之象，立決於眉睫。則任其漏卮尾閭，斵伐毛骨，如海關故事歟？抑俟瓜豆剖破，新人撫導，苟且偷旦夕之安歟？則所以拓工廠之局，尤不容一刻之稽緩也。

工政立，工業興，百萬窮民胥經消納，土匪盜賊一律收拾，無業有業，無歸有歸，賑恤出其中，遷善出其中，國之財源，民之命藪，相輔監需，同條共貫，貿本塞流，計無善此。今有至腐極弊之物，與最新殊利者相角逐，鬥械不已，以死鼠捍生獅，以敗草敵精兵，欲不滅亡，寧有幸乎？然則苟欲轉滅爲興，易亡爲存，固抑易易。卽莫如大興藝學，衆建學堂，宏創工廠，富購機器，廣選西法，多聘西師，舉從前揮拳摩刃毆孤殺羈之心，一變而爲講信修睦舍短取長之誼。人巧我拙，人精我劣，既不能令，又不受命，孟之所謂絕物，豈湘工所宜學哉！新工既盛，舊工滅業，故步未改，前途互競，或落價低值，冀希取勝，工資愈微，生計瘠蹙，積忿不已，號蹴廠家，此在西工故亦偶有，卒之舊不敵新，從前工人未必不折而入廠。藝卽漸精，資亦遞增，不數年後，手工盡化機器，物貨噴於瀛海矣。

夫泰西新法近百年事耳。向抑拘守榛莽，略如吾之今日或且不及，故終古大秦，至今始席全盛、吼亞東。彼其不變則如彼，既變則如此。故吾國之工，弗可弗察也。國人鄙洋貨，憾洋貨，究無一人絕不用洋貨。倘吾湘之工藝能盛，則貨可不洋矣。

《清議報·麥孟華〈排外平議〉》 我中國以排外聞於天下也久矣。殺洋人，毀教堂，攻使館，戕公使，天下之人莫不詆爲人道之賊害。世界之公敵，爲萬國公法所不容。乃至覆其都，喪其民，殲其兵，割地賠款，主權盡失，而國幾不國。蓋排外之力至大，而排外之禍亦至酷矣。麥孟華曰：中國人烏知排外者哉。排外之道有二。野蠻人之排外也，排以腕力；文明人之排外也，排以心力。排以腕力者，憤外人之偪，我視之如讎，防之如賊。外人之來我國也，必將深閉固拒，則外人之文化知識必不能資其益而取其長，而一人之腕力又非百十腕力之敵也。其力必將有所絀，力之既絀，則外人之來而偪我，將又百十於昔日，而更無術以拒之，且冒犯不韙，背公理而觸萬國之怒也，外人則賤爲野蠻，憤爲公敵，合諸國之力以爲報復。且藉公義以縱其私謀，悍然無復顧忌，極其踐踏縛壓，皆視爲待野蠻之公法所當然。而排外者力窮理屈，排無可排，遂不能不低首吞聲以受其壓制。以心力排外者，其待外人者，禮貌有加。其善外交也，儀節不失。雖世讎夙怨之國，受其偪辱，舉國所欲得而甘心者，其往來酬應，殷勤無異於婚婣。且惟積怨懷仇之故，則彌師其政學，輸其文明。外奉其敵以爲師，內善其國之政治。至於自主之內政，國家之主權，下及國民享有之權利。則雖至小至弱之國，必不容他人有一毫之干涉，有一事之侵犯，而外人之耽逐窺伺其旁者，亦憚其心力，爲所抵抗，不敢施其干涉侵犯之謀。此二者排外之心雖同，而排外之術迥異。此國之盛衰興亡之所以殊其效也。中國通商以來，與外人之交涉數十年矣。要其對外之道，大約不出二端其始則持仇視之義。持仇視之主義者，狃於一統自立之例習，於氐羌胡羯之事，自大也則曰天朝，鄙人也則曰夷狄。問其政策不曰鎖港，則曰閉關。其視外人也，如毒蛇、如猛獸、如大火、如怨賊。雖其文明之政化，精妙之學問，無不視之爲酖毒。必求使外人之足絕迹於吾國之中，一排再排，而勢不敵，悚然於排外之可以召禍也。則一變而爲服從之義，劫於外人之威，怵於外人之勢。知我之必非彼敵，黠者乃急假其威勢以自固。資之爲保護，倚之爲生活。下者思安其生產，上者謀保其富貴。甚乃挾其餘燄，驕睨儕輩。鋤虐同種以爲快愿者，見其威勢之果足以保護我也。則動色相告，趨之若鶩，百計營謀以爲屬。庇其餘蔭，雖盡舉主權以奉於其手，而猶惴惴焉恐不得當。其視外人也，如鬼神、如大帝、如奴僕之服其主、如妾婦之媚其夫。嚮之方怒爲仇敵者，今乃甘爲奴隸。遂幾自忘其國爲何國，自忘其身爲何國之人。嗚呼！前倨者後必恭，野蠻人之排外，終未有不爲其仇敵之奴隸者也，不寧惟是。中國人之切齒外人也，要不過習攘夷之舊説。隨聲吠影，故聞名而牛怒耳，否則憤教民勢力之偪，怨外人相待之刻耳。否則怨外人官吏之倨慢，逼人之太甚耳。初非知痛國勢之屈辱，憤主權之見奪，爭國民之人權。發憤而起求獨立也，天下之用力過猛，行度之過速者。雖遇至弱至柔之物，亦不能無反動力。數年以來，外人之瓜分之心太急，侵畧之謀太驟，操之過促，激而變生今西國人士紛然詆其政府侵畧之無謀矣。脱外人易一政策，舍急激之手段，而行之以和緩輟有形之瓜分，而施之於無形，籠之以私恩，啗之以小利，假之以虛名，我中人素不講國家之學，絕不諳外交之術。則必倚爲心腹，恃爲奧援。入其牢籠而反德之感之，必不至有抵抗之事。譬之犬然，驅迫蹴踏，必反噬而狂吠。若撫而循之，飼而豢之。則無論何人，亦皆搖首乞憐，依以爲主。嗚呼！我中人素見詆於外人，而謂爲有奴隸性質者也。奴隸者烏有觝人之事，則今日之舉動，要不過擊物者之用力過猛，而少有反動力者也。中國人烏知排外者哉，中國人烏能排外者哉。嗚呼！天下之區未有排外而不覆敗者也，天下之國未有不排外而能獨立者也。排外烏乎起起於界限，而爲原人天賦之公同性質者也。界己之身而名人曰外人，界己之家而名人曰外家，界己之國而名人曰外國，界己之種而名人曰外種。既劃此身家國種之界，則用情行事，自不能無厚薄於其間。故吾弟則愛之，秦人之弟則不愛。同室有鬬則纓冠，鄉鄰有鬬則閉戶。雖聖人亦昌言而不能諱也。故夫野蠻之世，則排外之心最熱。而排外之例最嚴，家族部落之時代，無不仇待外人。外人非得內人之保證，則不能居其境內。而禮貌與刑律，輕重必極其不平。羅馬開化最早，固嘗定公共之律，以保護外人。而外人之受其保護者，猶不及羅馬之半。今世歐洲日以文明號於天下，其民法刑法同一定律，而不以內外人之界限爲輕重矣。而關於國法者，則例仍極峻。其公民之權，惟內國臣民所應享，而外人必不能與其分毫。且其民之移居他國及出嫁於外人者，則必除其國民之籍，奪其國民之權，屏之於外人之列。嗚呼！排外者天賦之公性，人道之必不能已。既有國界，則雖耶穌爲君，墨翟爲相，亦豈能泯其界而引而內之哉？今夫所謂令主誼辟，號稱愛民，諮嗟於在原，勤勞於在廟。問其經營之實，則曰保我子孫，保我黎民而已。歐洲各國立一約則必求抵制，行一事則必求報復。歲糜十萬之餉，常備數十萬之兵。問其經營之實，則亦曰防外人之侵犯我權利而已。何以不保他人之子孫而保我之子孫，何以不保他人之黎民而保我黎民。何以不公其權利於天下萬國，而必防外人之侵犯？豈不曰國界既立，雖聖人亦不能泯其界而引而內之哉？且泰西之偉儒碩學，昌言大號以喚起國民之精神也。不曰愛國則曰自主，不曰競爭權利則曰獨立不羈。日兢兢於優勝劣敗之理，務求國權日伸，民力日漲，出而求勝於外人。故斯賓塞之言曰：託事於與我同利害者最安全，託事於與我異利害者至危險。公言無忌，以扇其國民排外之心。而美人之排英獨立，意人之排奧建國，則且實行排外之事，而天下之王持公論者，且頌其民氣之盛，民力之强，而未嘗一言以斥其違反公理。蓋文明之程度漸高，則排外之漲力愈大。而排外之手段愈巧，乃匿其排外之義，而易以美名曰愛國，曰自主，曰競爭權利，曰獨立不羈，夫愛國也，獨立也。與排外固異名同實，外人視之而斥爲排外者，即內國視之而號爲愛國者也。然而西人排外而國權伸，我國排外而國權反屈者，何也？曰西儒之言自由也，以他人之自由爲界。排外固亦有界者也，排之以政治者，雖嚴峻而仍在界之中，則伸國權而獲美譽。排之於交際者，一舉手而即溢於界之外，則被實禍而蒙惡名。我國民不審排外之界，昧於政治排外之術，不忍小忿，冒昧而爲此野蠻之舉動。一擊不中則神喪氣沮，務柔順以求外人之不我排。然外人方區國民，方嚴種族，其排外之劇烈猶甚於我也。則雖屈膝俯首，而卒不能免人之排。嗚呼！其排人也，逞私忿而非爲國計。其求免人之排也，則亦營私圖而非爲國計。其不知愛國亦甚矣。烏有不愛國而能排外者哉，曰外人之逐我華工也。其以腕力排外，寧有異於我乎。曰西儒言之矣。文明之世，以道理爲勢力，野蠻之世，以勢力爲道理。美國蓄其國民之力，膨脹不已，橫決四出，乃至觸抵公理。雖犯天下之不韙，然勢力盛而莫敢誰何。我國民以綿薄之材，嬰公衆之怒，不勝匹雛，而抗烏獲之鼎。宜其鼎未舉而臏已先絕也。嗚呼！萬國角立之際，非競爭不足以生存。然黄河之瀉必先渟，藩鷙鳥之擊，必先戢翼。僥幸一擊，寧豈有幸惟鼓其愛國之心，張其獨立之氣，厚其競爭之力。棄野蠻之覆轍，循文明之正軌，則今日腕力之屈者，寧知他日心力之不伸。若其勇於野蠻之橫暴，而怯於文明之競爭，來日方長，則四萬萬之同胞，其將何所託命乎。嗚呼！願我國民一念美意之成效，而勿忘斯賓塞之至言也。

又 第一二四期《佚名〈論排外宜有別擇〉》 人與人之交際，有一微妙之理焉。人以如何待我者，積久，我即將以人所待我者自待；我以如何待人者，積久，人亦將以我所待人者自待。其不期然而然之致，小而至一二人之相處，大而至君臣上下之對待，莫不可驗也。假如我之待人事懸一不肖之格以爲符，凡與吾相涉者，吾無不以不肖之心待之，如此久之，則吾所懸擬爲不肖者，眞挾不肖之心應我矣。又如人之待我，若不諒吾之誠款，而惟以猜防束縛之道隨其後，如此久之，則吾之心迹，亦必漸移，終致與其人所懸之格相合，而其人亦益自信其計劃爲不誤，而持之乃益堅，於是人人皆困矣。夫以不肖相待者，如此；而以君子相待者，當亦復然。人亦有不可以此例通者，即少數之上智下愚而已。此吾人稍有經驗者，所皆能見及者也。吾將持此例以論外交。

難者曰：自通商至此六十年，外國之所以待中國者，其情事亦極不堪矣。如子所言，則外國之以不堪加諸我者，必我奉事之未至故爾。使吾一旦所以待外國者，敬之如父母，愛之如子弟，則外國亦將棄其所已割之地，出其所已得之償，而還我乎？此非情理所應有也。故如上所言，可以通之於個人，而不能通之於國家，無可疑矣。

應之曰，唯唯，否否。不然，今日中國之所以料外國者，輿論已如此矣，而外國之所以待中國者，其實事又如彼。此所謂兩以不肖之心相應也。如中國人時時防外國人之無理要索，而外國人亦時時防中國人之義和團。即是不肖之心相應。而此不肖之心，因果迭乘，逆而推其至朔，不知自誰開之。其事當考鴉片之戰之事實，非空言所能爭也。若夫吾所謂以君子之心相待者，乃通其情僞，不設成心之謂，非委屈將順，先意承旨之謂也。如謂委屈將順，先意承旨，即可以感通殊俗，則今之辦外交者，出其細弱，與彼之輿皂相殷勤，賤隸走卒，皆引而與之抗禮，亦大有人，而外人且愈養而愈驕，其蹴踏淩侮，乃無所不至。此仍所謂以不肖相待耳。豈以君子相交，而能有是哉？

大抵社會之狀，一屈一伸，往復必相等。其初迎之之力，至於若干者，則其後拒之之力，亦必至於若干。吾人前十年之待外人，亦可謂信之至矣。朝論則曰：德人最愛我，俄人最愛我。士論則曰：英之某教能助我，日之某會能助我。後乃悟其不然，而輿論一變。不曰某國將圖我之某地，即曰某國將圖我之某權，甚至見其個人之一舉一動，亦無不若有一國以隨其後。一若今各國於天下之事，一切無所經營，而惟獨注意於中國者然。此誠可爲中國之進步，較之前數年之過信外人，其靈蠢之相去，不可以道里計。然其爲前途之障礙，則甚不殊也。蓋外國非始而與中國通也，彼其未與中國通之前，已有數千年之歷史。凡歷史愈繁者，則其感情亦愈繁。故外國對中國之感情，亦至不能一致，而利害之見，卽彼此互殊。就各國而言，則各國不同，甲國欲中國之速亡，而乙國未始不欲中國之速興。就一國而言，則各黨不同，甲黨欲中國之速亡，而乙黨未始不欲中國之速興。政見既各不同，平日時相衝突，不能不各就中國之前途，以判其説之勝負。然而數年以來，微聞排中國者常勝，而右中國者常負，則以中國之倒行逆施，既足以徵右中國黨之不行。而中國之習氣，欲崇拜則無不崇拜，欲排斥則無不排斥，從不擇人擇事擇時而施，一然則一切皆然，尤足以堅排中國黨之口，謂中國人之質性，害之也如是，利之也亦如是，是不可以友道處者也。夫人使盡其能力，而使反對我者其勢益張，願助我者其勢益減，則世必謂之妄人矣。今之欲一概排外者，何以異是？

然則吾人之對待外國，將何如而後可？則亦惟詳考外人之黨派，而精察其各報所發揮，既知其情僞之所在，而後以時宜之道處之。一概排外者，此懲於媚外者之憤兵，非救亡存弱之通津也。

又　第一三一期《佚名〈論排外當有預備〉》　凡過渡時代之事，民智之程度，必步步不同，而每歷一境，必有一新流弊以隨其後。此又事之無可如何者也，道在善覺之而善防之而已。以觀我國，自去年以來，民智之程度，不能不謂之大有所進，而其流弊，亦若別開一境，爲前此所無者。此其故可微論也。按我國自通商後數十年，凡外交界上爲人所威嚇愚弄而喪其權利於外人者，其事不可以更僕數，而舉國之人不知也，卽知之，亦不問也。但使其事不直接而切於身家，卽視本國之事與外國之事無異。以故國家之屈辱失敗，紛至沓來，而舉國昏然，方且以研究外交者爲荒傖而狂怪。則丁此時者，必首以發聾振聵爲要。必時時以國家與個人如何相關，保全公利之如何卽保全私利之説，强聒於衆，大聲疾呼，垂涕而道，必使人人知有公利公益而後已。此前數年報章之責任也。今則時勢又一變矣。積此十年報章之忠告，留學生之奔走呼號，加以外界之逼迫，日甚一日，皆有使鼾寐者不能不醒之勢，而醯雞之復，終以忽發。試綜甲辰、乙巳兩年之事觀之。其最初者，爲爭粤漢鐵路之事，其次爲浙江衢嚴温處礦山之事，再次爲爭皖省礦山之事，其後各省之爭礦路者，相緣而起，雲合響應。若一省無之，則其人引以爲辱，遂至並已成之滬寧鐵路而亦爭之。而路礦之外，其間又有俄兵阿祈夫、地盍二人砍斃周勝友之事，議抵制美約之事。千因萬緣，積而至於最近爭會審公堂之權之事，抵制日本文部取締之事。國民當自保利權之説。至此遂徧於通國，延及於下流社會矣。夫以今日之局，較諸三年以前國家有大得失士夫皆熟視無睹時，豈不謂之大有進步？然進步固然，而大弊亦隨之。前之冥然罔覺，固足以坐失利權，而尚不至有不測之險。今之一往直前，固勝於前之昏默，而一或不慎，則自蹈於危機，將不止於不能達其目的而止。國家前途之危險，仍未有艾也。然則丁此時而有言論之責者，將何道以處此？吾以爲當前之不知爭公利之時，既必告之以主權之關係；今之舉國皆羣言爭公利之時，當再告之以排外之預備。蓋『預備』二字，爲今古辦事之不二法門，而尤今日之急務也。試觀吾人今日之所持以與外人爭衡者，初不越乎集會演説、罷市停工二途。集會演説，外人皆置之不顧。罷市停工，則莠民必乘機爲亂，不可復止，而外人乃得援以爲口實，而因以大擴其利權。是二者，皆有大利於外人，而有大害於中國者也。挾此術以與外人爭，外人固禱祀以求，而願中國之出此。事若數舉，足以亡國而有餘矣。若欲於此等舉動之外，別有所爲，則實力有所未逮，無他，蓋所謂預備者，固絶未一致力也。夫人與人之相爭，而能望人之我從者，必有最後之實力。使其人不從，我自有强逼而行之力，而後與吾爭者，能預知其難，而降心相從。若無此最後之實力，吾之所至，已爲天下之所窺，則雖據理至直，相持至力，而人固可不顧而去之。不相畏，則無可商矣。故吾人如欲以此一哄之市，爲求個人名譽之地，則亦已耳，其問題本不緣事之成不成。若眞欲求其事之成，則不可輕於發難。如以中國現今程度計之，大約須預備四、五十年，使學力、財力兩皆充裕，其力必能至歐美各國合縱而來，我可獨力當之之時，而後可隨舉一事與外人爲難，爭之之極，乃以兵隨之。夫而後乃可實遂其保全權利之目的。不然，言是非之世界，必無見聽之日，其甚者，所得之果，或較不爭爲更甚，皆自取之道也。雖然，客將有難者曰：必預備四、五十年而後爭，則國家已盡於四、五十年之前，國已不存，『預備』亦將焉托？此言也，乃今日中國至困難之問題，誠非吾人之智所能料也。

《東方雜誌》第三卷第一二號《勇立〈論排外不宜有形迹一九〇七年一月九日〉》　謂排外非耶？美利堅以排英而立國，意大利以排奥而建邦。謂排外是耶？斯巴達以排雅典而亡，土耳其以排俄羅斯而弱。立國於天地，其果何所適從乎？

記者曰：排外者人類之公性情也。上古之時，人物雜處，其間擊搏挽裂，人與禽獸爭命者，不知更幾何年，使非具排外之能力，何以能驅除禽獸而有人世界哉？是以排外二字，乃無始來斯人種子，直至文明之世而根株仍在者也。今世歐洲各國，固所謂文明有道之邦也，然競爭之論，騰於朝野，守禦之費，駭人聽聞，一鐵艦之價值十餘兆，一要隘守臺費萬萬金，其所以不遺餘力如此者，夫亦曰防外人之侵犯權利而已。其間碩學鴻儒，非不創弭兵之説，然俄皇立平和會，而遠東之兵力反增。近日裁減軍隊問題，識者已決其不能實行。蓋誠以排外者，斯人之公性，人道之必不能已。所謂無我相無人相無衆生相者，佛或如是，而常人則斷斷乎不能也。

雖然，排外之道，當以精神不當以形迹。排以精神者，内則自修其政治，自整其武備，自固其民志，時時存獨立不羈之意。而對於外，則禮貌有加，儀節不失，雖深仇夙怨之國，亦往來酬應，無以異於婚婭。排以形迹者不然，其對外也，深閉固拒，視若仇讎，苟爲力之所能及，雖寢皮食肉，亦若不以爲過。而按其實，則政治不修，武備不整，民志不固。所謂排外，不過無理取鬧，虚張聲勢而已。於虖！由前之説，則其國之興，可操券而必也；由後之説，則其國之亡，可翹足而待也。

聞者疑吾言乎？則盍觀日本：日本維新之始，俄以庫頁與千島交換，而日本忍之；與我通使之初，我國横濱領事所爲，往往使日人不能堪，而日本忍之。然卒能雪當年之耻辱，振帝國之主權者，無他，君臣上下勵精圖治，修明内政，整飭軍備，雖無排外之形迹，而實有排外之精神也。又盍觀韓國：韓自中日戰後，義皇等會，揭竿而起，漢城東南，義士蜂聚，然卒爲日本之保護國，内政外交，一切皆聽命於人者，無他，政體未改，進步絶鮮，廷臣酣嬉，武備廢弛，雖有排外之形迹，而實無排外之精神也。而回視我國則何如？

我國以排外聞於天下也久矣。虐商人，殺教士，毁使館，如鴉片之役，如拳匪之役，如各省教案，其排外不可謂不力矣。然卒至割地賠款，主權盡失者，何也？有形迹上之排外，無精神上之排外也。近者美約之抵制，公堂之擾亂，南昌之暴動，層見叠出，紛紛不已。各國報章，謂中國排外之舉，如藥綫爆烈，不可遏止，然按之實際，豈果有排外之預備乎？夫無報人之志而使人疑之，拙也；有報人之志而使人知之，殆也。語曰，猛獸將擊，必弭毛帖伏，鷙鳥將搏，必卑飛戢翼。勾踐之困於會稽而歸，臣妾於吳者，三年而不倦；冒頓欲伐漢，漢使至，輒匿其壯士健馬。以是而言，我國人即有排外之預備，猶不宜露其形迹，而況並無預備之可言乎。天下可危之事，豈有過於此者。

夫國民排外舉動實出於愛國思想，吾豈不崇拜而禱祀之。然黄禍之説，遍於全球，英俄同盟，咄咄逼人，我苟有隙可乘，則戰船蟻集，砲彈紛飛，禍機一發，不可收拾，損害賠償，猶餘事耳。於虖！苟有血性，念及此景，能不塞心，彼愛國志士，豈未嘗預料及此乎？

爲今之計，保全權利之心，萬不可無，而輕躁寡謀，徑情直行之事，尤當痛戒。一言以蔽之，則曰不可有排外之形迹，但當有排外之精神而已。今日國勢雖已岌岌，然苟振刷精神，改革内政，轉弱爲强，猶有可望。不此之計，而徒鼓吹民氣，昌言排外，瓜分之禍，終不能免。嗚呼！愛國之士勿再以文明排外之談，動天下之耳目也。

君主立憲思潮部

憲政與憲法要義説分部

論説

梁啓超《飲冰室合集·各國憲法異同論》 憲法者英語稱為Constitution，其義蓋謂可為國家一切法律根本之大典也。故苟凡屬國家之大典，無論其為專制政體，舊譯為君主之國。為立憲政體，舊譯為君民共主之國。、為共和政體，舊譯為民主之國。似皆可稱為憲法。雖然，近日政治家之通稱，惟有議院之國所定之國典乃稱為憲法。故今之所論述，亦從其狹義，惟就立憲政體之各國，取其憲法之異同，而比較之云爾。

第一章　政體

政體之種類，昔人雖分為多種，然按之今日之各國，實不外君主國與共和國之二大類而已。其中於君主國之內，又分為專制君主、立憲君主之二小類，但就其名而言之，則共和國不與立憲國同類。就其實而言之，則今日之共和國，皆有議院之國也，故通稱之為立憲政體，無不可也。故此篇所述，專就立憲君主國與共和國論之，而專制君主國不與焉。

全世界上之立憲君主國共和國等，其名稱雖同，至其國內之實情，則皆各國不同，其君主政府之權力若何，國會之權力若何，人民之權利若何，互有大小强弱之異，不可不察也。

憲政立憲君主國政體之省稱。之始祖者，英國是也。英人於七百年前，已由專制之政體，漸變為立憲之政體。雖其後屢生變故，殆將轉為專制，又殆將轉而為共和。然波瀾起伏，幾歷年載，卒能無恙，以至今日，非徒能不失舊物而已。又能使立憲政體，益加進步，成完全無缺之憲政焉。

其餘歐洲大陸之各國，亦於近古以來，次第將變專制而為立憲，不幸為君主及貴族所壓制，其收效不能比英國。於是由壓力而生激力，壓之愈甚，則激之愈烈，至西曆十七世紀之末，即距今百年前也，法國民變大起，摧毀王室而行共和之政，其後更為拿破侖之帝政，又為王國，屢次轉變，糜爛不堪。其餘各國，亦相繼騷亂，政體頻變，蓋各國憲政之成就，不過數十年耳。【略】

憲政之國，在歐洲則除俄羅斯、土耳其之外，其餘各國皆是也。在亞洲則日本是也。土耳其當十餘年前騷亂之際，曾一佈憲法，設議院，後卒中止。故至今仍為專制國云。

第二章　行政立法司法之三權

行政、立法、司法三權鼎立，不相侵軼，以防政府之專恣，以保人民之自由。此説也，自法國碩學孟德斯鳩始倡之。孟氏外察英國政治之情形，内參以學治之公理，故其説遂為後人所莫易。今日凡立憲之國，必分立三大權，行政權則政府大臣輔佐君主而掌之，立法權則君主與國會即議院也同掌之，司法權則法院承君主之命而掌之。而三權皆統一於君主焉。雖然，其實際則不能盡如此。如英國之巴力門即英之國會也，有黜陟政府大臣之權凡憲法政府大臣之進退其權皆歸君主。蓋行政、立法二權，全歸國會之手。故英國之諺有之曰：國會之權，無事不可為。除非使男變女、女化男，乃做不到耳。觀此可知其權力之大矣。惟司法之權，則仍歸於法院也。

其餘各國，凡有政黨習氣之國，其國會之權力亦甚大，不特能壓倒行政官而已，亦時時能黜陟之。若奥大利、德意志及日耳曼之各邦，為無政黨習氣之國，則反是，又如美國雖屬共和政體，然其行政之大權，實歸大統領之掌握，其政府大臣，大統領得任意黜陟之，蓋行政官之權力比於政黨習氣之君主反有加云。【略】

第三章　國會之權力及選舉議員之權利

古代國會體裁未完備，有分為數院即議院者，亦有惟置一院者。今日則除日耳曼之數小邦，及瑞士之數小邦惟置一院外，其餘各國，無不有上下二院。蓋兩院並置，其益甚多。既可以防議事之疏漏，而加鄭重綿密，又能使進步保守兩黨之宗旨，保其平均。蓋上院之員每多保守黨，下院之員每多進步黨也。【略】

各國上院之制，大略如右。要而論之。凡君主國之上院，其選員約分三種類。一專取貴族者，一專取多納税者，一兼合數種者。惟德意志帝國因聯邦而立，故其上院由各邦政府派全權委員以充之。

至於共和政治國舊稱民主國上院之制度，法國則於各縣由選舉委員所選舉之議員充之。美國及瑞士，皆以聯邦而立。上院議員，則各國之代表也。其選舉之法，美國則由各邦之邦會公舉，瑞士之選舉又分為二種。其中有數邦由人民選舉，有數邦由邦會選舉。

上院之制，隨各國之國體而異。既已詳之。至下院之制則不然。無論君主國共和國，雖國體大異，其制皆如出一轍。皆由人民之公舉，為人民之代表。至如英國有云某大學之代表者，則因其大學有許多土地故耳。

下院議員選舉之法，大率分國内為數區，名之曰選舉區。其每區得舉若干人，皆有定額。至如何然後可以被舉，如何然後可以舉人。其權利則各國小有異同。要而論之，可分為有限制無限制之二種。無限制者，凡男子及歲，悉與以選舉權，除瘋癲及刑人不在内。法國德國瑞士是也。其餘各國多為有限制者。其限制或以年齡，或以財產，或以納税，種種不等。其寬嚴亦各國不同。而英國之制限最寬焉。又選舉之例，有直選間選二類。

直選者，直由人民公舉議員也。間選者，先由人民公舉選舉員，然後再由選舉員公舉議員也。英國、法國、德意志帝國、比利時、意大利、瑞士、美國，皆用直選法。普魯士、西班牙及日耳曼列國中之數小邦，皆用間選法。

以上所言，皆可以舉人之權也。至可以被舉之權，則亦有以年齡財産納税為限制者，亦有許及年即得被舉者。惟現任官吏許被舉為議員否，則各國不同。又有指名某官許被舉，某官不許被舉者。其滿任之年數，亦各國相異。最長者為英法兩國，英七年，法六年，其他則皆以三年或四年為度。滿任之時，或同時全院易人，或易其半，留其半，或易其三分之一，亦各不等。

此憲政國上下兩院選任議員之大概也。要之，上院多以王族貴族教士功臣及富人等充之，下院則為一切人民之代表。故吾前者，謂上院多保守黨，下院多進步黨。此實自然必至之勢也。雖不敢謂上院必無進步黨，下院必無保守黨。然其畸重之勢，十居八九矣。夫有保守而無進步，不足以立國。斯固然矣。然有進步而無保守，有時恃氣急進，或亦誤國家之大事。昔法國革命大亂之時，深受此弊。故現時各國，因經許多之試驗，皆以兼置兩院為最善也。

國會之權利，凡自政府提出之改正憲法案件、法律案件、預算案件，預算如王制所謂冢宰於歲杪制國用也。皆歸其議定。惟美國、瑞士，遇有憲法當改正者，不由國會議定。【略】

國會又有監督政府之權利。【略】英國則訐告之於下院，而審判之於上院。美國亦然。法國比利時荷蘭審判之權，皆歸國事法院。

第四章　君主及大統領之制與其權力

君主者，立憲政體之國，世襲繼統者也。而其繼襲之法，或專許男子繼統者。如普魯士、瑞典、比利時是也。或兼許女子繼統者，如荷蘭、日耳曼各邦及英國、西班牙、葡萄牙是也。荷蘭、日耳曼、必本系支系俱無男子，然後以女子入繼。英西葡等，則本系苟無男子。雖支系有男子，亦不許立，而惟立本系之女子。

共和國之大統領，必由公舉，定期更任。而其選舉之法，法國、瑞士則由國會，美國則特開選舉統領會以舉之。凡奉天主教之各國，其憲法必言國王之身神聖也，不可侵犯云云。奧大利、巴威里、西班牙各國皆然。奉耶穌教之各國，則删去神聖之語，但云國王之身，不可侵犯。普魯士、荷蘭等皆然。【略】

凡各國君主皆稱大元帥，有統率陸海軍並總管軍令之大權。然共和國則總管軍令之權，歸於國會。故美國大統領，惟有指揮預備兵之權耳。其他權利，必經國會委任之然後能有。瑞士亦然。法國之大統領，有司軍令之權。雖然，不得稱大元帥統率陸海軍。凡君主皆有宣戰媾和及與他國訂立條約之權。共和國之大統領則無此權。美國宣戰之權，國會掌之。媾和及訂約之權，由大統領請上院之批准而施行之。瑞士則一切權利皆掌握於國會。

凡君主有改正憲法及准駁法律之權利。德國憲法則惟關於陸海軍及關税等之法律，皇帝得准駁之。至共和國則大異。美國之大統領，雖非無准駁改正憲法法律之權。惟須經國會再議，三占從二。苟議員有三分之二以為可，則大統領不能駁之。瑞士則大統領全無駁案之權利，又以上所言君主駁案之權利。雖著有明文，然用之者甚少。蓋英國二百年以來，未曾有議院議准而君主駁案者云。

凡君主有召集國會及開院閉院停會延會並解散下議院等之權利。但當命令解散之時，必先定期，使新舉之議員，於何時再開院。蓋此解散之權利，不免有拂逆與論之虞。故定期再集，不可缺也。至共和國之大統領，則無此等之權利。

凡君主有發布法律敕令施行一切政務之權。又法院必奉君主之名，執行司法權，又特赦減刑之權利，亦有所限制。

屬於君主及大統領之權利猶多。今惟舉其重要者，其餘姑略之。

第五章　法律命令及預算

法律云者，雖為總括國家一切法制規則之稱。然於立憲國則惟以經國會議定者稱為法律。至於君主及政府大臣所發布之法制規則，則別稱之為命令。而就中又分敕令、省令等名稱。

以此之故，立憲國之法律，無不經國會議定者，又於法律之外預算歲出歲入之一事，亦政府提出之，國會議定之。惟國會議定預算案之權利，各國亦有異同。或得委曲詳細以議之或否。

又所定法律之界，各國亦有異同。雖難一定，今得舉其重要者。曰民法、曰民事訴訟法、曰刑法、曰刑事訴訟法、曰政法、曰收稅法、曰會計法、曰徵兵法，及定一切官民相接之分宜等之規則是也。英國法律之種類最多，法國最少，德國在其中云。

第六章　臣民之權利及義務

釐定臣民之權利及職分，皆各國憲法中之要端也。如言論著作之自由、集會結社之自由、行為之自由、居住之自由、所有權利、如某物為我之所有他人不能占奪者謂之為所有權利。請願權利請願者如欲做某事，先請之於行政官或與此事有交涉之人是也，其詳別著之。及其他重大之各權利，並納稅義務、兵役義務及其他重大之各義務，皆須確定之，但各國所定寬嚴亦異。

第七章　政府大臣之責任

如前所述立憲各國，其政府大臣，得由君主任意黜陟，惟有政黨習氣之國，則其黨人占國會議員之多數者，輒舉其黨之首領為首相，而各部大臣皆由首相所任命。若奧國、法國皆無政黨習氣之國，則其黜陟之權，仍歸君主。而美國黜陟政府權亦歸大統領云。政府之大臣，合而共執一切之政務，又分而各執各種之政務者也，故有行政法上刑法上之責任，若有違法之事，必不可不受其罪，故法律敕令必要政府大臣簽名云。

又《立憲法議》　有土地人民立於大地者謂之國，世界之國有二種：一曰君主之國，二曰民主之國。設制度施號令以治其土地人民謂之政，世界之政有二種：一曰有憲法之政亦名立憲之政；二曰無憲法之政亦名專制之政。採一定之政治以治國民謂之政體，世界之政體有三種，一曰君主專制政體，二曰君主立憲政體，三曰民主立憲政體。今日全地球號稱强國者十數，除俄羅斯為君主專制政體，美利堅、法蘭西為民主立憲政體外，其餘各國則皆君主立憲政體也。君主立憲者，政體之最良者也。民主立憲政體，其施政之方略，變易太數，選舉總統時，競爭太烈，於國家幸福，未嘗不間有阻力。君主專制政體，朝廷之視民如草芥，而其防之如盜賊，民之畏朝廷如獄吏，而其嫉之如仇讎。故其民極苦，而其君與大臣亦極危。如彼俄羅斯者，雖有虎狼之威於一時，而其國中實杌陧而不可終日也。是故君主立憲者，政體之最良者也。地球各國既行之而有效，而按之中國歷古之風俗，與今日之時勢，又採之而無弊者也。三種政體舊譯為君主、民主、君民共主名義不合故更定今名。【略】

立憲政體，亦名為有限權之政體。專制政體，亦名為無限權之政體。【略】我中國學者，驟聞君權有限之義，多有色然而驚者，其意若曰：君也者，一國之尊無二上者也，臣民皆其隸屬者也。只聞君能限臣民，豈聞臣民能限君？臣民而限君，不幾於叛逆乎？不知君權有限云者，非臣民限之，而憲法限之也。【略】各國憲法，既明君與官之權限，而又必明民之權限者何也？民權者，所以擁護憲法而不使敗壞者也。【略】故苟無民權，則雖有至良極美之憲法，亦不過一紙空文，毫無補濟，其事至易明也，不特此也。即使代代之君主，聖皆如湯禹，明皆如高光，然一國之大，非能一人獨治之也，必假手於官吏，官吏又非區區少數之人已也，乃至千萬焉億兆焉，天下上聖少而中材多，是故勉善難而從惡易，其所以不敢為非者，有法以限之而已。其所以不敢不守法者，有人以監之而已，乃中國未嘗無法以限官吏，亦未嘗不設人以監官吏之守法，而卒無效者何也？則所以監之者非其道也，懼州縣之不守法也，而設道府以監之，道府不守法，又將若何？懼道府之不守法也，而設督撫以監之，督撫不守法，又將若何？所謂法者既不盡可行，而監之之人，又未必賢於其所監者，掣肘則有萬能，救弊則無一效。監者愈多，而治體愈亂，有法如無法，法乃窮。是故監督官吏之事，其勢不得不責成於人民，蓋由利害關切於己身，必不肯有所徇庇。耳目皆屬於衆論，更無所容其舞文也。是故欲君權之有限也，不可不用民權，欲官權之有限也，更不可不用民權。憲法與民權，二者不可相離，此實不易之理，而萬國所經驗而得之也。【略】

故立憲政體者，永絕亂萌之政體也，館閣頌揚通語，動曰國家億萬年有道之長若立憲政體眞可謂國家億萬年有道之長矣，即如今日英、美、德、日諸國，吾敢保其自今以往，直至天荒地老，而國中必無內亂之憂也。然則謀國者亦何憚而不採此政體乎？吾儕之昌言民權，十年於兹矣，當道者憂之嫉之畏之，如洪水猛獸然，此無怪其然也。蓋由不知民權與民主之別，而謂言民權者必與彼所戴之君主為仇，則其憂之嫉之畏之也固宜，不知有君主之立憲，有民主之立憲，兩者同為民權，而所以馴致之途，亦有由焉。凡國之變民主也，必有迫之使不得已者也，使英人非虐待美屬，則今日之美國，猶澳洲、加拿大也。使法王非壓制其民，則今日之法國，猶波旁氏之朝廷也。故欲翊戴君主者，莫如興民權。不觀英國乎，英國者世界中民權最盛之國也，而民之愛其皇若父母焉，使英廷以疇昔之待美屬者待其民，則英之為美續久矣。不觀日本乎，日本者亞洲民權濫觴之國也，而民之敬其皇若帝天焉。使日皇如法國路易第十四之待其民，則日本之為法續久矣，一得一失，一榮一瘁，為君者宜何擇焉？愛其君者宜何擇焉？

《東方雜誌》第一卷第五號《佚名〈論中國立憲之要義一九〇四年七月八日〉》 今日中國政府，又將現出一新問題，其機已動，其端已見，其潮流已隱隱然而欲湧出者，厥為何哉？蓋立憲之問題是也。夫文明之國，無不制定憲法，以維持於君民上下之間，一以順輿情之正，一以圖社稷之安。無論君主民主，皆以憲法為立國之要素。故其國君民合德，上下一心，國烏得而不富强？我中國則向來無此觀念。【略】雖然，制定憲法，豈可以鹵莽為哉？姑不論其果否制定，吾特指陳立憲之要義，以為中國政府之言立憲者告焉。

一、取法宜審慎也。民主國之憲法，無庸論矣。中國不立憲則已，如立憲，必宜取立憲君主國之憲法，參觀而仿效之。然而亦有難者。夫立憲君主國，英德日本是也，試問其三國之憲法皆相同否？蓋各有一種特別之性質存乎其中。日本憲法，亦非中國所可呆然取法者。中國苟終不欲立憲，則無庸議矣。倘果欲立憲，則必先研究中國國體之性質及國民之習慣，以為規定憲法之基，然後再參考各君主國之憲法，以資藉鏡。政府之談立憲者，不可不留意於斯焉。

一、議院宜先立也。欲立憲，必有所以維持憲法而成為輔車之勢者，則議院為要焉。蓋議院者，實立法權之機關也。憲法之立，以國民公認為準，故必有代表國民者而會議決定之，乃可以頒行國中，無滯礙難行之弊。憲法議院二者，不能相離，各立憲國無不皆然。【略】雖然，近世政治家對於議院有一難決之問題，則主張兩院及主張一院兩派是也。主張兩院之説者，其所執之理約有三端：一議院之所以須兩院者，在矯輕忽急遽決事之弊；二為一議院時，議事有流於偏頗之弊；三議院分為兩院，能防政黨之詭計，制有力者之專橫。主張一院之説者，其所執之理約有六端：一聯立兩院，當舉政務，甚費時日，有失政機之虞；二為二院時弊亦及於財政上；三雖分兩院，實際與一院無異；四分為兩院，有少數制多數之弊；五分為兩院，則複雜政治之機關，有混亂政務之弊；六設兩院者，背反思想之原理。兩派之論，各皆持之有故，言之成理。然中國如果立憲，吾寧主張兩院之説，宜兼設上下議院。蓋中國政府狃於專制之積習，民間則缺乏對於政府之信心，有兩院以調和之，則法立而令行，下不至有疑慮觀望之虞，上亦不至有倒行逆施之弊。此亦為中國政府之言立憲者，所當研究之一問題也。

《民聲》第一期《蓀樓〈憲法大綱芻議〉》 數年以來，朝野上下，震懾於東西文物之美備，乃闡究其極旨，以為列强盛衰隆替之由，胥緣發布憲章之一端有以肇之。秀桀之倫，聯翩而起，簧鼓其説，競以縱談憲政為高；盲識之徒，亦罔能精核中實之所在，吠影吠形，異口同聲。風響所及，幾合二十餘行省為一致。而肉食官吏，亦且俯拾餘瀝，挾其似通非通之知識，用其將開未開之政見，藉名預備，以助其流而揚其波。而我國現勢，遂成一口頭憲政之世界矣。【略】憲法者，一國法治之準則也。其規定之綱要，壹以折衷全國上下之意向為歸，非為擁護君上計，非為助長官吏計，亦非為朘削人民計也。今我國人士，茫乎莫測其端倪，惟聞憲法之足以利國，而不知其所以利國之道，棲棲皇皇，奔走號呼，究其功能，不過求一憲法之空名，或更播無限苦惱以隨其後。有疑吾言者乎，盍觀憲法大綱？【略】

抑吾聞之，凡法制條文之定案，不可不先標明大綱者，若主義、若本位、若範圍、若順序排列，皆其尤焉者也。蓋綱領者，乃法制之精神骨髓，而全體之結構形式也，據之以明，緣之而定。故創制綱要，為最鄭重切要之辦法，吾人亦確信之不疑矣。今觀憲法大綱，則殊有令人難於索解者。

國會制度與責任内閣論分部

論説

《中國新報》第五期《熊範輿〈國會與地方自治〉》　今日中國救亡之道，首在改革政體。斯説也，固已成為今日輿論之勢力，而為吾一般國民所引為己責者矣。顧欲謀政體之改革也，不可不從根本上著手。根本解決，則枝節問題，即迎刃而解。不然，國家行政，百度萬機，徒惟是補苴罅漏，不將治絲而棼之也乎？夫所謂根本上之著手者，何也？亦曰使政府之負責任焉耳。而責任政府之所以能産生者，實由有民選議院之故。故吾人所宜奔走號呼，與吾國民相將致力者，惟在開設國會而已。是固本報近來所為反復詳盡，以敬告吾國民而不憚其煩者也。乃者，吾國民輿論之傾向，蓋駸駸乎以謀開國會為亟矣。乘此動機，進而為國民之活動，憤吾民氣，積極與政府相接觸，前仆後繼，賭生命以易之，民選議院之發生，為期其或將不遠乎？【略】夫吾亦非謂謀地方自治者之非也，以吾中國之大，一旦政體改革後，苟非亟圖地方自治，則中央行政必無由統一全國而控馭之。吾別有論文一首，題曰中央集權與地方自治之關係，略謂地方自治不發達，則中央集權為不可能之事，他日當登諸本報，與留心時政者商之。雖然，今之時何時耶？人人謀地方自治，而所謂責任政府者，其能因此發生否乎？夫政府之所以負責任者，非必其自欲負之也，不有以使之不能不負責任者在，而彼乃不得已而負之耳！欲使政府之不能不負責任，非有以國民組織之監督機關不為效。地方自治者，受政府所監督之機關，而非得監督政府者也。既不得監督政府，吾國民乃亟亟圖之，微論政府之不吾許也，即其許之矣，而政府之不負責任如故，政體之不能改革如故，徒足代此專制之政府，分擔一部行政之義務，以受其指揮命令而從事焉已矣。至於國家全局之行政，凡所為賴以鞏固吾國權，發達吾民生者，則地方自治團體，莫由得而參預之，仍不得不一任政府之所為。彼其於國權也，不惟不能使之鞏固，而又喪失之焉。彼其於民生也，不惟不能使之發達，而又摧殘之焉。當此之時，地方自治，雖已遍行，固終無如政府何。所以然者，則皆由於無國會之所致也。難者曰：所謂欲開國會，不可不先謀地方自治者，非欲專借地方自治，以為起政府責任之具也。所賴以起政府之責任者，仍為國會，不過借地方自治，以為謀開國會之基礎耳。雖然，地方自治，其所以足為謀開國會之基礎者，果何在耶？【略】顧吾人今日所為亟亟欲開國會者，蓋有一重要之前提焉。則以吾今日之中國，非有責任政府即無以圖生存，國會開而責任政府斯起矣。准難者所持之理論，必俟全國遍行地方自治後，始開國會，自必俟全國遍行地方自治後，始有責任政府之可言。然則地方自治，須待至何日而始能遍行於全國也耶？以吾中國今日國勢之不振，列强交逼，咸合謀而經營之，苟數年以後，政體之專制，仍如今日，責任政府，無得而發生焉，則吾中國，必不足以圖存於此競争劇烈之世界，可決然者。然則此數年以内，全國之中，其果能遍行地方自治焉否乎？吾有以決其不能也。不能則數年之後，仍無國會，無國會，則仍無責任政府，無責任政府，則仍為專制政體，至於彼時而專制猶保留焉，國家不堪設想矣。且徵之東亞各國之歷史，凡為既有國會之國家，即莫不行地方自治，固也，然其國會之開設也，不必皆以地方自治為基礎。而地方自治發達於國會未開以前者，則惟有一英吉利。英國當紀元四百年後，北方蠻族侵入英倫三島，本其固有之自治制度，移入其地而用之，相推相衍，其自由權之區域，延及重大之國事，而國會遂從此萌芽。是英國之地方自治，固發達於國會未開以前者，勿容疑也。然除英國以外，其他各國，皆不能與英國同。所以然者，前此者，國家間之競争尚未劇烈，英國人因得以天然之演進，由地方自治發達而演成國會。且當其時，世界尚不知有所謂國會者，而自治制度，又為北方蠻族所固有，然則英國之所以致此者，實為自然之勢耳。【略】而吾中國今日國勢之可危，不能待地方自治之自然發達也如此，各國之開國會，除英吉利以外，其未嘗以地方自治為之基礎也又如彼，然則謂謀開國會，不能不以地方自治為基礎者，直為僅適於理論之説，而不適於實際之事情者矣。極其弊，地方自治之發達，渺不可期，而國家將隨此專制之末運以俱盡。至於彼時，又安所得而圖地方自治也乎？此以知難吾者之説之不足以為訓矣。今更由其説以推之。彼之意，固甚望地方自治遽能遍行全國者也，且又甚憂今日國民之能力不足以盡國會議員之能事者也。然吾為難吾者再進一解焉，中國之地方自治，非先開國會無由普及，國民之議員能力，非既開國會莫由充分。難吾者其將有疑吾言也乎？

又　第九期《李慶芳〈中國國會議〉》　夫各國均挾其立憲膨脹力而來，我國僅恃此專制抵抗力以往，未有不敗者也。何也？專制國之實質猶雞卵，立憲國之實質猶壘石。專制國君主若卵殼，其人民若卵液，平時則人民受羈於君主之範圍，臨事勢不得不擁君主為防衛之具。君主欲恃人民為後勁，如卵殼之恃卵液為後勁，殼破而液亦外溢矣。故專制之君主常危，而人民亦以隨之俱危，為慣例也。乃常有責望君主之心，撫我則后，虐我則仇，賢斯謳歌隨之，愚則取而易置之矣。立憲國則不然。國之上下，各有權限，其程度相去不甚遠，譬之壘石，去其一石，而他石如故，此石雖去，以他石易地而置之，其實質如故。立憲國君主之賢愚，其影響常不及於人民，以其不能為法外之善，亦不能為法外之惡也。【略】以俄羅斯海陸軍之强，而敗於日本；土耳其國之大過於德意志，而受制於歐洲列國下。無他，政體之不善致之也。故中法之役，可謂之專制國與民主立憲國戰；中英、中日之役，可謂之專制國與君主立憲國戰。稍有政治知識者，不待交兵刃而已決其勝負之誰屬也。何也？專制國之戰也，以君主一人與人戰；立憲國之戰也，以國民多數與人戰。無論君主一人聖明如何，英武如何，而多寡懸殊。【略】故專制國之害，害在一人政治；立憲國之利，利在多數政治。余謂中國不講禦外則已，若講禦外，必從政治上為根本之解決，則多數政治為宜急矣。質言之，所謂立憲是已。【略】

況現政府之預備立憲，有令人不可思議者，則一方面言立憲，一方面又放棄主權。【略】倘中國國民的立憲政體不成立，任取世界何國之責任內閣而移之中國，未有不腐敗者也。

說者又曰：『子之言國民的立憲甚辯，然子之所主張者，其政體為君主立憲乎？抑為民主立憲乎？』

余將答之曰：余所主張之國民的立憲，乃就國體立言，非就政體立言。中國國家欲存在於現世界，必變為民權國體乃能立國，決非君權國體之所能濟。若就政體而論，則中國今日以對外問題，有不必行民主立憲之趨勢，以蒙、回、藏畔立問題，有不可行民主立憲之理由，則中國政體，宜為君主立憲也無疑。蓋余固謀中國政治之改良也，君主之賢愚非所過問。故屬望於國民者，欲其羣起而爭參政權也，非欲其羣起而爭君主；欲其羣起而謀國家之幸福，因以增長個人之幸福也，非欲其羣起而謀個人之富貴，以危及國家。【略】一國之政治機關，若舉其小者，則更僕不易數，舉其大者，則司法獨立而外，君主為一機關，政府為一機關，國會為一機關。試率舉國之人而爭君主，則無論何等國體，斷無人人可以為君主之情理，故人人斷無起而爭君主之情理。【略】至於政府，雖為國家權力行使之根源，然為國民之客觀，而非國民之主觀。何也？國民為母，政府為子；國民為主，政府為僕。國民雖痛心疾首於現政府之不負責任，慮其持放任主義，足以致中國之亡，然人人起而組織政府，勢有所不能，而理有所不必。蓋政府者，不過國民辦事之一會館耳。政府之執政諸公，如會館中之執事，其事甚煩而瑣，而辦事又甚苦而勞。惟以其有所舉動，其利害常與各團體員有密切關係，故不可不設法以監督之耳。夫以利己為正，而以利人為副者，屬於人之普通性。國民以身家性命之保護權，擁而歸之政府，政府為假定之名，實則其權操之於國務大臣，及各地方之行政長官。而此等人之有身家性命，亦與各個之國民無異。萬一政府犧牲國民之身家性命，以增長其身家性命之幸福，則國民或不能知之，更何由而禁之？【略】具以上之種種理由，故監督政府之機關不可不立。此機關為何？曰國會。且國會者，與全體國民有直接之關係者也。何謂國會？即國民參政權匯萃之中心點也。國會之意思，即為國民意思；國會之行為，即為國民行為。今國民欲解決政治上之問題，則當從國會着手，庶不致蹈枝枝節節而為之弊矣。今試以合資公司之組織比於國家，而以公司之股東會議比於國會，以公司之理事、監事比於總理大臣及裁判官，即可知國會之重要。夫股東以營利為共同目的，故集股而立公司，公司之賠賺皆與各股東有密切關係，【略】故股東會議為必要。蓋股東雖人人有資本在其內，勢必不能人人為理事、監事，惟定為若干年開股東會議一次，理事、監事之不良者，股東直接干涉之使不得濫竽充選，庶於公司執事有所勸，法之不適則改之，資本不足則增之，而後此公司乃可維持於不敝。以股東組織公司而必爭有國會，以國民組織國家而不爭有國會，所謂明於小而昧於大也，竊為國民不取也。

又《佚名〈請開國會之理由書〉》 上下疑貳，是非顛倒，可以為國乎？羣奸蔽明，輿論未伸，可以為國乎？雖至愚者知其不可。但欲去疑貳，公是非，祛壅蔽，伸輿論，必有道以處此；不然，去疑而疑日滋，祛蔽而蔽愈甚。政府以成見為是非，而輿論與朝廷為仇敵。國民怨於內，列强乘於外，而國乃不國。立憲國家，所以明上下之權限，立是非之標準，祛壅蔽於未然，而利用輿論以伸張國權者，豈有他哉，有法定機關以為之保障耳。

所謂法定機關者維何？卽國會是已。合上下議院而成立國會，以民選議員而代表國民。內之集合國民之心理以整頓內政，外之發展國民之勢力以捍禦外侮。振綱紀，固國本，莫重乎此。爾來吾國士夫，靡不忿慨於國權之削奪，由於民權之不伸。顧朝野上下，張皇失措，紛然淆惑，仍無以脫離腐敗放任之舊習，且加以分崩潰裂之隱憂。於是持漸進主義者，謂無地方議會以養成人民之政治能力，則國會之基礎不固，而國民之權利自由終無所據以為其保障。不知人民之權利自由當以國會為集中之點，無國會則人民之權力消滅於無形，而憲法之精神已遊蕩而無著。各省之地方議會，縱一時遍立，終以無根本法律之故，而事事不能實行，此理之必然者也。況自法理言之，地方自治以行政為根據，而國會之機關則為憲法之所根據，性質相殊，作用亦殊。故世界各國，未有憲法不確立而行政法能完備者，卽未有國會不開而地方自治能發達者。又自政治上言之，則地方自治僅能整頓內政之一部，而國會之機關則能統括國政之全體。【略】

要之，國會為國權發動之機關，而民選議員為國會原動之組織。概括言之：有關於改正憲法及附屬法令者，有關於監督會計者，有關於制定法律者，有關於宣布命令者，有質問者，有建議者，有上奏於君主而下受人民之請願者，其權限之廣狹雖殊，而其確定憲法之根據則一。且夫以開設國會為目的者，政治上之目的也；抱同一之政治目的，而運動於一國之內者，政黨之作用也。政黨之發生，或先國會而結合，或後國會而成立。英吉利之保守、自由兩黨，成立於有國會之後。而歐洲各國之專制、立憲、自由、急進諸黨，實成立於有國會之先。千八百十四年間，神聖同盟之君主，結合為一，以維持其專制政體；而列邦人民，則方摧折專制之同盟，以與政府對抗。

《國風報》第一年第一期《孫洪伊等〈國會代表請願書〉》 呈為時局阽危，非速開國會不足救急，合詞懇請代奏事。

竊查上年夏秋之際，各直省人民始有伏闕請開國會之舉，雖未獲明奉諭旨訓示施行，然天高聽卑，六月二十四日、八月初一日，孝欽顯皇后之懿旨，德宗景皇帝之上諭，固已明定國是，頒布憲法大綱，開設資政院及各省諮議局，以造議院基礎。標準既定，天下知朝廷早以國會為圖治之本，所兢兢致慎者，不過遲早數年之別耳。夫使冰霜未兆，時尚寬閑，憲政按照期限與年俱進，詎非循序圖功之道？【略】國會之當立，朝野上下本無異詞，洪伊等之所欲言者，在於速開國會而已。【略】

抑洪伊等今日更有迫切不能已於言者：東西各國，凡君主立憲國，其皇位之繼承以及親王之攝政，皆有國家根本之法定之於前，人民愛戴之誠衛之於後，而其君主又處最高不負責任之地，臨以神聖不可侵犯之尊，故宮府安而國家盛也。

梁啓超《飲冰室合集·國會期限問題》 各省諮議局議員，鑑於政府之籌備立憲，有名無實，於是全國一致，共舉代表，敬謹伏闕，籲請縮短國會期限，提前召集。此誠深明治本之論，亦可見率土臣民對於先帝遺詔忠誠奉戴，兢兢惟恐不及。【略】雖然，各省代表所以汲汲請願之故，尚有不能不為政府諸公一忠告者。夫以先朝之煌煌大誥，暨宣統紀元以來，明詔三令五申，我國政體之必歸於立憲，昭然既若揭日月，而舉國臣民顧將信將疑，戚戚然若以為甚不可恃者，何也？非敢疑我皇上，疑政府諸臣之終無以奉答聖意而已。夫南轅旆而告人以將適幽燕，蘇糞壤而告人以欲求芳澤，雖五尺之童，猶能知其誕也。而不幸我政府所以奉行預備立憲之詔旨者，乃有類於是。夫以政府前此所上之九年籌備案，則既已鹵莽滅裂，不成片段，雖一一實行，而立憲國所當有事者，固已未備什一矣。而況乎凡百政務，其因果之關係甚複雜，欲治甲必當先乙，當其治乙又當先丙，以此鹵莽滅裂之籌備案，欲求其實行，決不可得也。此猶就形式上言之也。夫使政府及中外羣吏，果有至誠惻怛，憂天下之心，有皎然不敢欺君父之志，則雖預定之方案有所未備，而隨時損益固甚易易。卽使其政策或有大誤謬，而既已至誠奉公，必能不遠復而無祇悔。又使其才力或有所不逮，則亦必能周諮博訪，舉賢自佐。信如是也，則其精白之心，既已與天下共見，無論舉措若何闕失，固不必求諒於天下，而天下自能諒之。信如是也，則必樂聞天下人之勸攻吾短，得瞿然藉鑑以為補救之資，而必不肯箝塞輿論，為煬竈姓纉之愚計以自陷於戾。而今之從政者何如？【略】既已奉大誥，行立憲之政，政治上之責任，義不可復以勞君上。則夫監察彼輩使稍動其天良而思其所職者，夫烏可以無獨立之一機關。吾儕小民所以求國會若飢渴者，徒以此耳。不然，諮議局者，固全國人民所選舉而成也。管子不云乎，民也者，分而聽之則愚，合而聽之則智。諮議局雖曰幼稚，豈其不知憲政之當先事籌備而非可以一蹴幾者。正惟以事事亟須籌備，而今政府籌備三年，成效既已可覩，循此以往，微論九年也，雖九十年，而政治現象一如今日，且每下愈況耳，若是則我國其長已矣！是故速開國會云者，非謂憲政以有國會而卽為告成，正謂憲政必賴國會而始能預備耳。使政府自光緒三十四年以來，果能著著舉預備之實，其心與迹皆為天下所共信，則吾民亦何必汲汲爭此虛名。雖遲至宣統十八年、二十八年始開焉，固無懟耳。今奉温詔，明白宣示，吾儕小民，益以知聖意所在，誠歡誠忭。顧所最願望者，願政府諸公及中外羣吏，稍出其天良千萬分之一，以敬謹紬繹聖意所在而已。詔書所兢兢垂念者，在籌備之完全，而完全之期，責諸宣統八年以前。若何而始為完全，政府及羣吏其念之！【略】宣統八年以前，果以何道而使臻於完全。政府及羣吏其念之！意者吾民之求，猶有未誠耶？如其誠也，吾將更以移孝作忠之說進。

又 **《責任內閣與政治家》** 今日建設責任內閣之議，漸成為朝野之輿論，國民譟之於下，督撫爭之於外，而資政院主之於中。【略】資政院以不得要領之故，不得不窮極其敝矣。督撫前本與各尚侍立於同等之地位，除循例奉行之細故外，罕能掣其肘。今則中央集權之説昌，各部動下訓令，督撫非復前此之能孤行其志。而各部令如雨下，無所統一，朝頒夕改，此矛彼盾，實無以為奉行之準。於是始思所以職其咎者矣。由此言之，責任內閣者，實應於今日時勢最急之要求，人人心目中所希望，若飢渴之於飲食。事勢既已至此，則朝廷雖有雷霆萬鈞之力，固無道以遏之。故責任內閣之名稱之出現於中國，殆旦夕間事，此吾所敢決言也。雖然，是遂足以為中國之福乎？吾不能無疑。責任內閣者何？舉全國之政治而負其責任也。惟政治家為能負政治之責，故必有政治家然後責任內閣得立。而今也舉國中有足稱為政治家者與否，吾實不能無疑。今請遵嚴格以論列政治家之定義，而勘以國中人物，果有足以當此焉者否也。【略】

夫秉國鈞者而不具此八德，則必無從建統一之政策而務實行之。【略】卽日本維新之初，三條實美、岩倉具視輩，柄政十餘年，其人實碌碌無所短長，然延攬羣英以資夾輔，卒成其功名。若是者，雖無政治家之才能，然固有政治家之德量。記曰：甘受和，白受采，此之謂也。使他日責任內閣成立之時，得有此等人以尸其位，則吾國民猶或可以食責任內閣之賜。然此願可得望耶？吾不能無疑。夫以絕無政治上學識經驗之人，而加以置國家利害於不顧，以此而組織責任內閣，則其現象當如何？吾求諸當世諸國而得一先例焉，曰朝鮮。朝鮮自光緒二十一年以後，其主告天誓廟頒大誥十四條，其第三條卽為建設責任內閣。自茲以往，朝鮮有責任內閣者，殆二十一年矣。而朝鮮之有今日，卽其責任內閣之賜也。吾國將來之責任內閣，果有以異於彼所云乎？吾實疑之。【略】

吾知非久必將舉現在所謂軍機處、會議政務處、憲政編查館及彼十一部與夫各未裁撤之大小衙門糅而合之，命之曰責任內閣。舉現在據此要津之人人拘而集之，命之曰責任內閣之閣員。如斯焉已耳。信如是也，則吾國民之望有此責任內閣，果何為也哉？【略】

今者中國時局之亟，中智以下，靡不汲汲憂亡。雖然，此何足道者？夫國家艱鉅之境遇，無論何國，無論何時，莫不有之。然或為境遇所壓而遂卽衰亡，或能戰勝境遇而反趨强盛，則視其國人所以負荷之者何如？【略】今日中國時局，雖危如累卵，然以比於彼數國之當時，則險艱之程度，尚未或如彼其甚也。然彼諸國者，不惟不緣是以得亡，且緣是以致强。【略】夫彼數國之所以興，其食在朝政治家之賜者僅十之一二，而食在野政治家之賜者，乃什而八九。吾國民視此，其亦可以無餒矣。

要而論之，一國之政治，一國國民所公同造出也。一國政治上之責任，一國國民所公同負荷也。有在野之政治家，不患無在朝之政治家。有負責任之國民，不患無負責任之政府。吾願談責任內閣者，於此中三致意也。

又《論政府阻撓國會之非》二國民籲請速開國會之理由

軍機大臣署名之上諭有云：願我臣民勿騖虛名而隳實效。嗚呼！以國民萬斛血淚，而輕輕以虛名二字抹殺之，政府熒惑聖聽之技，可謂巧矣。夫宣統八年之必召集國會，既明見於先朝大誥，我皇上且申之以信誓。國民卽好虛名，亦何爭此區區數年之歲月？而國民所以哀號迫切再三籲訴者，徒以現今之政治組織，循而不改，不及三年，國必大亂以至於亡，而宣統八年召集國會，為將來歷史上所必無之事也。吾之此論，非惟政府羣公聞而掩耳，卽邦人諸友，亦將疑為泰甚。雖然，吾亦豈忍為此不祥之言。因果相嬗，自有定律，固非諱言之而遂能逃避也。今中國亡徵萬千，不可殫述。【略】而政府當道，猶日日假新政之美名，致歲出增加無藝。【略】今我皇上雖恭儉自持，而政府當道抱無窮之欲者乃千萬輩。【略】今吾民迫於全世界生計競爭之大勢，既已盡失其恒業矣。而政府復從而蹙之於死地，加惡稅、募惡債、鑄惡幣、發惡鈔。以致百物騰踴，四海困窮。【略】以今日中國在世界之位置言之，東西列强，必不容我鼎沸糜爛。政府之力既僅能召亂而不能戡亂，斯則必有代起而戡之者，則其禍豈惟中於三百年之皇室，勢必且中於五千年之國家。嗚呼！政府諸公乎，公等日日夢囈，尚以為有此優閒之歲月。待公等飽而颺去之後，至宣統八年開國會，乃舉艱大以遺諸他人乎。夫必有國然後有國會，吾敢斷言曰：中國而欲有國會者，惟開設於宣統四、五年以前為能有之。【略】我國民所以淚盡眼枯以求國會者，徒以一失不可復得，故願及未填溝壑而覩其成。使諸公而有一銖一黍之良心，有一銖一黍之能力，能保我國家之祚命及國民之生命至於宣統八年者，則此區區期限之久暫，敬當忍以待之，何辱命焉？而不然者，則《詩》不云乎：鴟鴞鴟鴞，既取我子，無毁我室。我四萬萬人前世對於公等，無論結有何種不可解之冤業，公等奪其幸福者數十年，報之已足，幸毋並其所以託命者而奪之也。

三　國會之職權及其功用

軍機大臣署名之上諭又云：『論議院之地位，在憲法中衹為參預立法之一機關耳。其與議院相輔相成之事，何一不關重要，非盡議院所能參預。而謂議院一開，卽足競全功而臻郅治，古今中外，亦無此理。』嗚呼！讀此而政府諸臣煬蔽聖明之罪，昭然若揭矣。夫謂議院議院卽國會也，此從諭旨之文。為參預立法之機關是也。下『衹』字一『耳』字一，若議院舍此別無他職權，則大非也。欲明議院之性質，必合法理上及政治上兩方面以觀察之，而始得其全。以云法理耶？則我憲法今尚未頒定，無成文之法理以資解釋，所能論據者，惟比較各國成法，以求其公共之原則而已。考各國議院，其職權之大小廣狹，千差萬別，莫或相同。【略】第此勿深論，專就各國議院共通之職權論之，則（一）參預改正憲法之權；（二）提出法律議決法律之權；（三）議決預算審查決算之權。（四）事後承諾之權；（五）質問政府之權；（六）上奏彈劾之權；（七）受理請願之權；此七者，無論何國之議院，咸所具有。故就比較法理言之，卽謂此為萬國議院共通之職權可也，卽謂此種職權，苟缺其一，卽不成為國會可也。今乃云議院衹為參預立法之一機關，將其他職權盡為削去，此則無論徵諸何國憲法之法理而皆牴牾者也。以云政治耶？則議院最重之職務，在於代表民意，監督政府，卽參預立法之權，其根本精神，亦在於是，並非謂人民所選舉之議員，其立法上之智識，必能視政府為優也。今世立憲國之法案，由政府提出者什而八九，由議員提出者不過一二，顧不聞緣是而謂議院參預立法之權可以輕視者。蓋非是則無以防政府立法上之專横，而所立之法，必不能順民所欲也。夫當順民所欲而防政府之專横者，豈惟在立法而已，大而政治之方針，小而行政之成績，苟非立監置史以堅明責任，未有不積久而生弊者。故就政治上以論議院之地位，則議院之所以能安社稷利國家者，不徒在其有參預立法之權，而尤在其有主持財政監督行政之權。其主持財政之權，則以協贊預算之形式行之，蓋庶政非財不行，故政治上一舉手一投足，無不與財政相麗。預算案者，卽政治方針之具體的表現也，議院既有協贊預算之權，則政府凡百施政，自不得不取途於預算以受國民之公斷。其所施之政，為有方針耶？為無方針耶？其方針為適宜耶？為不適宜耶？皆觀預算而可以得之。而既經議院協贊之預算，卽以證明政府之施政能順民意者也。其預算不能通過於議院，卽以證明政府之施政不順民意者也。故議院有協贊預算權，其於監督政治之大體，則已若網在綱矣。【略】故為政府者，進則收集思之益，自能兼聽以生明；退則懍具瞻之嚴，自能敬慎以毋肆。立憲政體所以優於專制政體者，其根本精神皆在是。而我德宗景皇帝所以宏比遠謨以保子孫黎民者凡以此也。今而曰議院除參預立法之外一無所事也，則議院不過憲政編查館之輿臺已耳。以憲政編查館之輿臺為議院，則其謂議院無關於國家安危大計，亦固其所，而惜乎其與各國議院之性質，大相刺謬也。【略】

八　結論

要而論之，我德宗景皇帝下九年開國會之詔，全由當時時勢，與今不同，各省代表所上書，謂先帝猶是堯步舜趨之時，我皇上已處禹馳湯驟之世，誠哉然也。【略】我國民惟以哀慕先帝愛戴皇上之故，乃乞早開國會以紓宵旰之勞苦，而防威福之下移，忠愛之誠，已為皇上所深悉。而政府徒以不便己之故，設種種詖辭以行沮撓，且不自任責，而託詔旨為護符，蓋我皇上為彼受過，方且語人曰：非吾儕不欲速開國會，其奈聖意不可回也。嗚呼！皇上之委政於公等，天下孰不聞？公等雖欲人民府怨於皇上，人民安肯受欺？李固與胡廣、趙戒書云：後之良史，豈有所私？吾願為公等誦之。

又《責任內閣釋義》　比奉明詔，以宣統五年召集國會，而先之以責任內閣，自今以往，立憲政治之重要機關，殆將略具，今所求者，則如何而使名實克相副而已。國會之事，吾既別為制度私議，有所論列，若乃責任內閣者，其直接關係於國利民福，尤巨且切，而國中多數人士，或習聞其名，未稽其實，萬一虎皮蒙馬，以驚易雞，將益非所以奉承聖指而慰天下之望，吾故撰為茲篇以釋其義，至其與責任內閣相麗之諸事將更以次論焉。

第一章釋內閣名義

內閣之名，采自日本也，而日本實又采自我。日本所謂內閣，本以譯英文之Cabinet。英國喀賓尼特之性質，非惟與吾國現在之內閣有別，即與明代及順治、康熙之間之內閣亦大有別。夫現在之內閣，不過循例題奏，毫無職權，不必論矣，即明代及國初之內閣，亦不過出納王命。王之喉舌，與今之軍機處相等，而與英之喀賓尼特絕相異。【略】

英國內閣，本君主所建之以為私人機關，其累代蛻變之迹，與吾國歷朝政治機關之嬗代，殆同循一軌。此無他故，當立憲政治思想未確立以前，政無大小，君主應全負其責任，非特置其所親昵之人於左右，不能圖施政之敏速，舊機關之人物，常不免為資望文網所拘，時主不能率其意以易置，故經若干年，恒有一新機關與之代興。實非得已也。曾、胡諸公於額設官，缺外喜置各種局，所以潛奪其權，即是此意。而英國內閣，本純為君主私人機關，及今乃忽變為國家公人機關，君主絕對的不能以此職私其所親愛，其名稱雖與昔同，而精神乃適相反者。此則民權發育之結果。大勢所趨，非人力所能强致，亦非人力所能强遏也。

治國聞者，觀政於英，則疊壹乎其最有味矣。夫今世諸國中，內閣權力之重，則未有逮英者也，抑諸國之內閣，制度，又未有不以英為師者也。雖然，今世諸立憲國之內閣莫不認為憲法上一最要之機關，獨英國則絕無明文，就形式上言之，則英國今日施政之府，仍樞密院也，非內閣也。法律現象不能左右政治現象，而政治現象常能左右法律現象，此其顯證矣。【略】

政治上所謂內閣，不能求之於具體的，而祇能求之於抽象的。蓋內閣閣員，以一身而兼有為國務大臣與為各部行政長官之兩種資格，當其以國務大臣之資格，相集而為一無形之團體，即內閣也。故內閣之為物，指各大臣之個人以當之，固不可也；指內閣及各部之官廳以當之，亦不可也；官廳之意義本已為抽象的內閣，則又於抽象中更抽象也。即謂各大臣或各官廳相加而成，仍未可也。彼蓋為統一而分化之一體，存乎各大臣與各官廳之中，而又立乎各大臣與各官廳之上。明乎此義，而取次章所論地位職權等證之，則庶幾可得其概矣。【略】

第二章論內閣之組織

近世各國內閣之組織，其內部節目，固不能從同，然有兩原則為萬國所共遵者焉。

（其一）以內閣為行政之府故，恒必以各部行政長官組織之，各國內閣，皆取法英國，而英國內閣，為樞密院之化身。【略】

（其二）以內閣為政治之府故，故恒采合議制度，置總理大臣一人以為之長，而閣僚悉由總理大臣延攬汲引。

《蜀報》第六期《白堅〈國會期迫敬勖國民〉》　國內外志士，羣其力，敝其舌，禿其筆，枯其淚，灑其血，以請求速開國會，誠之所至，天聽回焉。恭奉十月初三日明詔，以宣統五年開國會，將以宣統四年召集。

【略】雖然，憂苦者成之徵，而歡樂每為敗之券。況夫開會之期，轉瞬卽至，外人方鼓其日辟百里之雄心，而我猶未綢繆於將雨。用是不敢自謝不敏，謹陳固陋數端，以勖我將舉立憲政治之國民。

一、敬勖政治家　立憲政治，國民政治也。【略】

二、敬勖有選舉權者　立憲政治而參於政權者，非獨被選舉者已也。凡有選舉權者，而行選舉時，卽其參與政權焉。【略】

三、敬勖膺軍政者　今日世界各列强，非徒完其立法機關，而遂神其用也；於立法機關並重者非一，而要莫重於軍政焉。【略】

四、敬勖教育家　國會者，民智、民德、民力之縮影也。【略】

五、敬勖當納租稅者　英諺有之曰：不出代議士，不納租稅。此國民要求參政權之至理也。

政黨論分部

論說

《清議報》第七八期《秦猛〈政黨説〉》　天下事有似公而實私者，有似私而實公者。專制之國，嚴禁朋黨，舉一國之言論思想、道德宗教、風俗習尚而歸於一致，是天下之至公者也。然一國之言論思想、道德宗教、風俗習尚，莫不隨一人之步趨以為步趨。【略】君主有失，則黨與黨共攻之；大臣有失，則黨與黨又攻之，則自有黨，而君主與大臣均無所容其私。且也君主與大臣有失，某黨阿諛之，則某黨又攻之；某黨有失，君主與大臣或縱容之，則某黨又攻之，則互相監察，互相箴規，卽率君臣上下全國之人而無所容其私。是非天下之至公者乎？故文明之國，無積私以成公；而野蠻之國，則假公以濟私。【略】一國有一國之政治法律，而他國則異。一國民有一國民之公權、私權，而他國人則異。各國其國，卽各黨其黨也。時曰不黨，則必廢國防、毁國約、以天下為一家，名地球曰一國，如哲學家所倡大同之説而後可。故曰天下者，黨派之天下也；國家者，黨派之國家也。歐西各國政治，皆操之於政黨。政黨者，聚全國愛國之士，以參預一國之政；聚全國舌辯之士，以議論一國之政者也。凡設立內閣，則內閣之大臣，皆政黨之魁首；召集議會，則議會之議員，皆政黨之名士。用以抵抗暴政，則暴政絶迹而不行；用以代表民情，則民情無微而弗達。故文明之國，但聞有無國之黨，不聞有無黨之國。蓋其國亡，其黨不亡，則形質雖死，而精神不死。故菲律賓、杜蘭斯哇不能獨立於今日，安知不獨立於他年！此所謂雖死而實生也。其國存而其黨不存，則形質雖生，而精神已死。故支那、土耳其，卽倖免瓜分於今日，而精神已死，形質無久存之理，此所謂雖生而實死也。故吾國國民而坐視吾國之亡則已，苟不忍吾國之亡，則必大聲疾呼，號召國之志士，聯為大羣。不論為士、為農、為工、為商，苟痛心疾首以四萬萬之水深火熱為己憂者，皆聽其入會，立一中國三千年來所未有之大黨，夫而後中國之元氣，乃聚而不散，一而不紛，風霜不能蝕，刀火不能侵，暴君、民賊不能制，異國異種不能滅，非中國歷史上一大盛事乎！雖然，以今日之中國而言黨。一、宜知立黨之意，為一國非為一人。二、宜知一黨之成，為長久非為一時。三、宜知入黨之人貴抉擇不貴濫取。故中國之言黨，輒以其黨魁首之名名其黨，如李德裕之黨則曰李黨，牛僧孺之黨則曰牛黨。此謂之私黨則可，不得謂之政黨也。中國之立黨，或因一事成黨，而事後則散；或守一先生之宗旨而成黨，然其宗旨不能長久，充極其量，則百年或數十年；甚或因一事［而成黨］，而其黨有不得不散之勢，是謂之集議一事則可，不得謂之政黨也。既曰黨，必有一黨之政治法律。故黨也者，地球至文明之事。故但供驅策之用者，可與共事而不可與共黨；徒讀死書而內有所不足者，可與共學而不可與共黨。若兼收並蓄，美玉與瓦礫同陳，是謂之烏合之衆則可，不得謂之政黨也。要之，不立黨則已，既立黨，則必以中國第一黨自居，且必以地球上之第一黨自居。誠如是，則雖野蠻之國，而有文明之黨。中國誠一旦而翻然變計也，則為英國之改進黨，為法國之共和急進黨，為德國之國民自由黨，進則逍遥於內閣之中，退則攘臂於議會之內，是則中國之大幸，抑亦立黨者之大幸也。若中國而誠冥頑不靈，永無悛悟之日，則為國民者，誠不忍坐視其同胞之流離顛沛，為牛為馬於外人之手，不得已而效德國之沙赧爾黨、法國之嫛考平黨、意國之加曰那黨，斯亦立黨者應有之權利，且卽立黨者應盡之義務矣。頃者，聞中國志士有創設政黨之議，恐非常之原，黎民所懼，故作是說以為國人告。並略抒所見，以備當年者之採擇焉。

又　第七九期《秦猛〈論非立大政黨不足以救將亡之中國〉》　吾嘗考政黨之義，英人名之曰Faction，而尋常私密結社，則又有Party之名以區別之，示不與尋常社會相等。於虖！何其重也。及觀吾中國賢士大夫，耳政黨之名，則掩耳不聞；行政黨之事，則望而卻走。遂大惑不解。於是為同胞正告曰：毋睨眡黨。自古以來，未有無黨之國而能不亡者，即或倖逃於牛馬奴隸之域而不即亡，亦未有能與有黨之國平等者。蓋一國有黨，則政府雖亡而國不亡；一國有黨，則政府雖弱而國不弱；一國有黨，則政府雖易恒河沙姓，則其國仍巍然可以自存；一國有黨，則雖以支那之前途，而猶可以興起。吾支那自開闢以來無政黨，其不知夫政黨，固不足怪。而其無政黨之故，則恒以數萬萬人咆哮於草昧中，所爭者一姓，所死者一人，昏焉憒焉渺不知國家為何物，舉所謂亡國之慘，為奴之悲，未之前聞也。【略】我進步於文明，吞聲飲泣至數百年，而曾不聞以公理起而相詰者，何哉？曰無黨之故。

且夫吾之所謂黨者，非欲我同胞蜂屯蟻聚，蠻觸相爭，徒然開一世傾軋之風也。世無公理，不過襲道德、性命、詞章、考據之空言，作汙渠之一閧，則不得謂其黨之首領偶得政權，遂可目之為政黨者。【略】夫政黨之謂何？不過保守一國之主權，而非然者，亦不過欲擴張國家之權利而已。家可滅而國不可欺，身可殺而心終不可死。懼我以刀鋸斧鉞之誅，而我之黨如故也；迫我以啼饑號寒之境，而我之黨如故也。使政府欲妄殺一人，而黨人皆曰不可殺，則政府無權以殺之也；使政府欲妄廢一官，而黨人皆曰不可廢，則政府無權以廢之也；政府欲經略一地，而黨人曰是與我國家之名譽有關，則政府無權以經略之也。政府可以司法，而立法之權無有，我黨人容或得而操之。政府無權力以壓制黨人，而黨人有權力以要求政府。要求不得，或改造之，改造不得，則雖流千人萬人之血，以購我一國之文明，非達我一黨之目的不止。法、美、日本其前事矣。故吾謂政府為黨人之代表，黨人為國民之精神。譬之有人焉，有肉而無骨，有骨肉而無精神，而欲長食人間煙火，必不可得。國無政黨，亦若是則已矣。我國民亦知此中之消息乎？無黨則國亡隨之，無國則人亡隨之。國亡、人亡，較之一時黨禁之利害，孰輕孰重？吾且為之進一言曰：黨也者，團體之別名也，非有所不利於政府也，非必欲標一黨之名稱，與政府以疑難也。且也，國之不立，政府何存？寧禁黨以亡國乎？抑與黨以存國乎？吾知政府亦必有所擇，則吾又何庸以避黨之名耶？又何庸以避黨之名耶？吾同胞必有黨。吾之所說，起而圖一國之大計者。黨人乎？黨人乎？呼之欲出矣。今試條陳政黨之關係數大端，識時君子，幸而察之於左。

《新民叢報》第九二期《與之〈論中國現在之黨派及將來之政黨〉》　今者中國之存亡，一係於政黨之發生與否，是政黨問題者，實今日最重要之問題也。而現在各黨之地位，及將來政黨發生時之態度，尤此問題中最主要之部分。今略分為三段論之，竊願與同志者，一研究其前途也。

一　革命黨與立憲之地位

數年以來，革命論盛行於國中，今則得法理論、政治論以為之羽翼，其旗幟益鮮明，其壁壘益森嚴，其勢力益旁薄而鬱積，下至販夫走卒，莫不口談革命，而身行破壞。此固由於數千年來專制之淫威，有以激之使然。而滿漢兩族並棲於一國之下，其互相猜忌者二百餘年如一日，一旦有人焉刺激其腦蒂，其排滿性之伏於其中者，遂不期而自發，此革命黨之勢力，所以如決江河，沛然而莫之能禦也。至於立憲政體者，在今日文明諸國中，必流無量之血，擲無數之頭顱，乃始得此君民衝突之結果，而在於吾國，似為一極穢惡之名詞。【略】當舉國人喪失辨理心之日，而忽以如火如荼之學說，以煽起其蓄積已久之惡感，其勢力之偉大也亦宜！蓋革命主動性而立憲主靜性，革命主感情而立憲主辨理。凡人性情之弱點，莫不富於動性而缺於靜性，流於感情而疏於辨理，是革命黨之在今日者，雖非必要之黨派，而實必發生之黨派。宜其泱泱哉，為國中唯一之黨派也！

凡一國黨派之成立也，必有激烈、溫和二派。激烈派對於社會一切之事務，主去敝生新，用猛烈之手段，以達其急進之目的；溫和派對於社會一切之事物，主因勢利導，用穩當之手段，以達其漸進之目的。此二派者，貌似相反，而實相成。使一國之中，無激烈派而僅有溫和派，則事物之進步必流於緩慢；又使一國之中，無溫和派而僅有激烈派，則事物之秩序必卽於紊亂，故曰相成也。【略】吾所謂絕對的不能相容，而非國家範圍內相對的之黨派也。昧者不察，援各國激烈、温和二派之例，及日本自由、改進兩黨之情形，謂中國新舊過渡之時代，立憲、革命激戰之時期，兩黨之競爭，勢所不免，亦勢所必要。夫革命黨之必發生者，吾既已言之矣，若謂為必要，則吾所絕對的不承認者也。

夫使革命黨而果活動於中國國家範圍之內，抱其急進之主義，以為積極之進行，凡有害於國家之公益者，不問其為滿人、為漢人，吾得而誅鋤之，凡有合於救國之前提者，不問其為革命、為立憲，吾得而承認之，以其磊磊落落之志，出之以公明正大之行為，則其與立憲黨之地位，為相對的，而非絕對的。【略】明知民族主義與救國不相容，而偏殉於其主義，是徒負氣耳，非眞救國也！吾黨亦唯殉於吾黨所信之國家主義，以與民族主義戰。使民族主義而勝也，則國家主義消滅；使國家主義而勝也，則民族主義消滅。二者之孰勝孰敗，中國之存亡繫焉耳矣。

二　政府對於政黨之態度

凡一國由專制之時期以入於立憲之時期也，政府與民間必有激烈之爭鬥，政府必竭其死力以抵抗國民之要求，而最後之勝利卒歸於國民。此固各國歷史所明示，而我中國亦不能免此者也。夫專制之流毒達於極點，則人民之反動力亦達於極點。方民權自由之學說，灌輸於國中也，人民之思想日以發達，政府之壓制民權也愈甚，而人民之欲得民權也亦愈甚。政府之壓制力，終不敵國民之抵抗力，故倒專制而代以立憲者，不外於自由與專制激戰之一結果地而已。中國夙以專制國聞於天下，近數年來，自由民權之學說，膨脹於國民之腦中，莫不憤慨於國權之衰弱，而切齒於政府之腐敗者。蓋方在政府與國民激戰之初期，使我國民奮其再接再厲之精神以與政府鬥，則政府之壓制漲一度者，吾民之抵抗亦漲一度；吾民之抵抗漲一度者，政府之壓制不得不縮一度；持之既久，終必出於讓步之一途。至政府以交讓的精神，而許吾民有參政上之權利，則中國者非政府諸公之所私有，而為吾民所共有之中國，欲其不强得乎？夫今世民權自由之大義，如日中天，使其國而不與各國相交通，則其學說無由輸入，其民亦自安於專制。若其學說既傳布於國中，其民復久困於專制，奮而思起，則其學說深入於人之腦中，回顧昔日專制之慘狀，有傀焉不可以終日者。於斯時也，無論如何頑强之政府，奮其極猛烈之手段以壓制國民，而國民無以為有一顧之價值者。何則？蓋國民對於權利之請願，自由之許容，如飢之思食，不得食則餓死，渴之思飲，不得飲則涸死，使不得權利與自由，則亦死於專制而已矣，故國民無論經如何之困鬥，必達其目的而後已。知其不可抗，而與以政治上之自由，以遂其天然之發達者，英國是也；始思抵抗民權，繼而知其不可抗，而發布憲法，以確定臣民之權利者，日本是也；擁護官僚的政治以抵抗代議的政治，其國中之紛擾騷動，迄無寧歲，至今日尚沈淪於黑暗之中者，俄國是也。稽之理論既如彼，證之事實又如此，然則當民黨初生之日，其所以待之之道，孰得孰失，一任中國政府之自擇焉！【略】

三　政黨自身之態度

有在朝之政治家，有在野之政治家。以日本言之，伊藤、山縣、西園寺輩，在朝之政治家也；大隈、坂垣輩，在野之政治家也。大隈及坂垣，昔嘗為政黨之首領，而在野之時多，在朝之時少，皆利用其在野之地位，以為積極之活動，凡屬於政治之方面者，無不為輿論之先鋒，以監督在位當局者，故其勢力之偉大，有時反過於在朝之政治家者。大隈之因官有物拂下事件而下野也，不久卽產出一改進黨，其黨員步趨之齊整，紀律之謹嚴，為日本政黨中所未有，用能與政府相激戰，而不以成敗利鈍渝其節。【略】日本人之知有民權自由者，實自彼始，其後卒執自由黨之牛耳，盡力於黨中者十餘年。蓋彼者實富於理想的之人物也，其所懷抱之理想，往往行於數年、數十年之後。如近者彼之請奉還族籍，卽請廢華族之名稱。亦其理想所表見之一端也。要之二人之人格經歷，皆宜於為在野之政治家，而不宜於為在朝之政治家，雖屢次入閣，卒不安其位以去。卽二人者，亦善用其性行之長點，知其在民間運動之勢力，較優勝於立朝之時，故寧窮老於民間而不悔也。中國人士夙懷思不出位之誡，以故數千年來，無發生在野之政治家者。【略】今者立憲之風潮，已澎湃於國中，而政黨之組織，國民亦深感其必要。蓋有二方面之必要焉。其一對於政府。夫今日政府之從事改革，非不汲引一二有新智識之人，然上者不過以備顧問，下者羈縻之以利祿而已，未聞有稍能展布者。然則立於受動之地位，而非立於主動之地位，雖政府求賢若渴，人才之趨之者日衆，未見其於中國之前途稍有裨益也。使不立於朝而立於野，公然有政黨之組織，以為政府之監督，吾信其勢力必偉大，而其影響必較之在朝時為著。其一對於國民。自宣布預備立憲以來，人民之應之者卒鮮。此固由於政府之不以誠求，然人民不知立憲為何物，卽與以民權自由，又豈知所以行使民權自由之道乎！夫一國之政治思想，其始非卽普及於全國，必恃有先覺者以為之提倡，而後自覺的國民，乃始興起。其培養此政治思想，網羅此先覺之士者，莫政黨若。故政黨者，實社會初開明之曙星，而立憲政治之先河也。本是二者，安得不希望在野之政治家發生，面依據政黨以為活動之基礎耶！【略】

結論

夫吾人今日之組織政黨者，所以為國家計也。為國家計，則凡於國家之前途有利益者，不獨可以犧牲個人之身體及名譽，卽一黨之主義政見，無不可以犧牲之。何則？以國家為主體，而個人及黨派，皆國家之客體也。吾讀日本政黨史，吾有最感心之事一焉。卽中日、日俄兩大戰開始之時，正政府與政黨相持最急之日，而開戰之詔敕一下，但聞舉國一致之聲，黨爭忽至於絕迹。竭全國之力以對外，凡平日之甲黨與乙黨相攻擊者，黨派與政府相激戰者，至是而煙消雲散，渺不知其何往。蓋一黨之主義政見，不敵其國家之危急存亡也。於是而歎日本之能張大其國威者在此。而我中國歷代亡國之歷史，强鄰壓境而朝局水火者，往往有之，此國力之所以不充，對外之所以不競也。今者政府腐敗於上，人民沉酣於下，其所以有一綫之生機者，唯有組織政黨之一法。顧吾之所重以為慮者，當此道德滅絕人欲橫流之日，其出而任天下事也，不發於責任心而發於好名心，其在一國之中則以本黨為主體，其在一黨之中則以自己為主體，充其所至，仍不外於個人主義，個人主義發達之至極，而國家亦隨以亡。然則亡國之咎，實政黨屍之，又豈吾人之初衷所忍出邪！組織政黨者，可以深長思矣！

《國風報》第一卷第九期《佚名〈國會請願同志會意見書·三曰〉》 三曰：吾國人若欲速開國會，當有政黨之預備。

今世各國無不趨重立憲，立憲國家無不倚重政黨，人多知之。夫政黨之發育也，大率有兩時期：或在國家將立憲之時，或在國家既立憲之後。因將立憲之國家，必漸洗除專制之毒政府，顯認人民以參與政治之權；人民亦勃生集會結社之志，而政黨乃得應運而興。此謂為將立憲時之政黨。若夫其國家既立憲之後，則政黨之發育更大，功用尤宏。國會為政黨所操縱之物，固不待言。其甚焉者，則國中政治蔚成政黨，政治內閣蔚為政黨內閣，人才悉輻輳於其中，互起伏以當政局。如英如美，其最顯著者；如奧如意，其次焉者。此謂為既立憲後之政黨。按前之政黨，亦可謂為養成憲政之政黨；後之政黨，亦可謂為被憲政養成之政黨。

綜觀以上兩種黨派，雖後之政黨聲勢磅礴，可以顯握國權，建樹偉大，然使無前之政黨，艱難卓絕，開其先導，則將並憲政而亦不能成立，何有於以後政黨發育之餘地？水源木本，功不可誣。況政黨者，最貴歷史久長，根蒂深厚，以訓練黨人之智識與經驗及吸收國人之信用者也。使一黨既成立之後，內不破裂，外無大敵，則綿延無已，可與國運相終始，以繼續掌握其政權，較之崛起新建之黨派，其聲光之大，迥不相侔，固非謂立憲前之黨與立憲後之黨必劃分為兩物而不可纘承其緒業也。例如：英國之統一、自由兩大黨，發源於三百年以前；美國民主、共和兩大黨，成立於各州宣布獨立之初；日本政友、進步兩大黨，一由於自由黨所改造，一由於改進黨所改造，亦創始於明治初年。觀各國大政黨，能以黨幟組織內閣與占議院之多數者，皆有歷史上之根據，非偶然結合者所能比擬。故各國先覺之士，於國家將立憲之時，無不爭先標立黨派，以一面督促憲政之成就，一面養成黨內之丕基，眞卓識遠見也。【略】

夫吾國人欲速開國會，何以必須有政黨之預備耶？蓋立憲政治號稱多數政治，則督促此憲政之實行也，亦當以多數人為依歸。然徒云多數，勢甚渙漫，則必需有一結合之機關。政黨者，卽結合多數人督促憲政之機關也。故政黨成立後，憲政乃能從速實行。且憲政者，大抵為官僚所不慊，若無政黨表示其熱心毅力，以盾其後，則雖云政府已承認立憲，仍將出以遷就、敷衍，久之而專制餘威將翕辟開張，反汙立憲之成命，如俄、土卽其例也。然此係就政府一面言之耳；若夫人民之一面，其必需有政黨之處尤多。

立憲救國論分部

論説

《東方雜誌》第一卷第七號《孫寶琦〈出使法國大臣孫上政務書一九〇四年九月四日〉》　竊自東方戰局既開，各國陰謀昌言不諱，寶琦痛心禍切會合電上陳籲懇，頒行新政以救危局。溯自庚子以後，維新諭旨不為不多，督勵臣工不為不切，而百事之玩泄依然，天下之精神不振者，則以未立綱中之綱，而壅蔽之弊未除，無由上下一心共扶危局也。維新，朝野之所共知也。考明治維新之初，祭告天地神祇，宣誓五條：一曰廣開議會，萬機決於公論；二曰上下一心，廣行經綸；三曰官民一途，下至庶民，各遂其志，勿令怠倦；四曰破舊來之陋習，基天地之公道；五曰求智識於世界，大振皇基，此日本變法之宗旨。至明治六年，確定為立憲政體，隨命元老通儒合集討議。至二十二年，始發布憲法於通國。於是君民上下一心，遂成鞏固不搖之勢。歐洲各國除俄與土耳其外，若英、若德、若意、若奧、若西班牙，皆為立憲之國，而尤以英德之憲法為最美備。雖以法之民主而其民猶多羨英德之政體者。英為立憲最古之國，其法成頒布在南宋嘉定八年，距今幾七百年矣。乾隆中葉美法大倡共和，英幾為之搖動，乃遂一意修改憲法以防亂而固本。考之英德既如，彼徵之日本又如此，日本之立憲非同歐美各國之迫於他國兵力，或迫於民亂。其勢由大以及小，其事由上而命下，故順而不逆，安而不危。其立憲政體第二條特為剖明曰：『日本帝國萬世一系之天皇統治。』之所以定一尊而防流弊，蓋立憲政體者，實所以尊民權而固民志。與我大清一統撫馭全國之宏謨適相吻合。近年中國民志大開，凡有血氣者，無不痛國勢之衰微，憤外侮之憑陵，昌言改革，莫之能遏！寶琦竊維倡論自下恐為釀禍之階，決議於上乃為致治之本。伏願王爺中堂大人思窮變通久之義，為提綱挈領之謀。籲懇聖明仿英德日本之制，定為立憲政體之國。先行宣布於中外，以固結民心，保全邦本，飭儒臣探訪各國憲法，折衷編定，飭修律大臣按照立憲政體參酌改訂，以期實力奉行憲法。關係全國之精神，必須從容考定頒布。自必需時，急應博開議會以鼓舞羣材，庶一切應行改革之事皆賴衆論決議，施行無復盈廷。唯諸築室道謀之患。各國議院咸分為二：曰上議院，大抵以元老及貴族充之，取其與國同休戚之意；曰下議院，大抵以鄉紳通儒充之，則專取其才望，以繫萬民之觀聽，以聚天下之英俊。下院詳議，上院覆議，國君決議，故下院之責任尤重。議紳由民公舉，別有選舉之例。中國似可先行變通舉行。中國言官、講官頗多才智之士，祇以於國家政事，無從考查，確實不能與政府當面辯論，無由互證其得失，即無由擴充其才識。此中國頗關係人才之消長，或謂中國目前人才尚不合議員之選。倘所舉不得其人，徒成具文，不知人才由討論而出現。在各省聰穎有志留心政事之人日多，一日未能廣行擢用正當位置於議員，以歷練其才識，俾院長得以密查其品行心地，可為儲養人材之地。或又謂議紳結黨各國恆有不可不防，不知目前中國之官吏營私何所不至。議紳宜顧清議，何能如官吏之貪妄？如果有骫法營私之員，院長固可向衆申明，立即斥退。如有聚衆違抗與政府反對之事，朝廷自有解散議員之權。何虞尾大不掉？寶琦前者承乏政務處檢閲中外章奏，惟李盛鐸摺內有請定政體，以立大綱之語，而未詳陳其得失。

《新民叢報》第二四期《黃遵憲〈駁革命書〉》　二十世紀之中國，必改而為立憲政體，今日有識之士，敢斷然決之無疑義也。雖然，或以漸進，或以急進，或授之自上，或爭之自民，何塗之從而達此目的，則吾不敢知也。吾輩今日報國之義務，或尊王權或唱民權，或唱民權以爭宮權，一致而百慮，殊途而同歸，迹若相非，而事未嘗不相成。

嗟夫，吾讀公以乙為鵠指甲趨乙之函，吾讀公不習則駭、變駭成習之説，有以窺公之心矣。以公往往過信吾言，懷此半年，未與公往復者，慮或阻公之鋭氣，損公之高論也；而今日又進一言者，以無智不學之民，願公教導之誘掖之勸勉之以底於成，不願公以非常可駭之義，破腐儒之膽汁，授民賊以口實也。公之目的，固與我同，可無待多言，願公縱筆放論時，少加之意而已。天祚中國，或六、五年，或四、三年，民智漸開，民氣漸昌，民力漸壯，以吾君之明，得賢相良佐為之輔弼，因勢而利導之，分民以權，授民以事，以養成地方自治之精神。微論英、法，即日本二十年來政黨相爭之情況，吾亦烏有焉，眞天下萬國絕無僅有之事也。倘若不幸，彼政府諸公，頑固如故，守此不變，靳固不予，而民智既開，民力既壯，或爭之而後得，或奪之而後得，民氣日張，民權亦必日伸，以物競天擇優勝劣敗之理推之，其變態吾不知，其結果吾敢斷言也。公以播此理想，圖報效於國民，冀以其説為消弭禍患之良藥，僕以為由此理想而得事實，禍患因而不作，此民之幸，即公之助也。又慮其説為製造禍患之毒藥，僕以為民已有智，民既有力，而政府固靳之權，禍患未由而弭，此政府之責，非公之咎也。吾輩唯自盡國民一分子之義務而已。【略】

今之二三當道，嚚嚚然以識時務自命者，絕不知為國民由國民之為何義，天賦人權之為何物，民約之為何語，謬以為唱民權必廢君主，唱民權必改民主。積其科名官職富貴門第腐敗不堪之想，一意恢張官權，裁抑民權，舉一切政事溝而畫之，別而白之曰：此官之權，於民無與也。果若人言，勢必所謂官者，絕不取之於民族，如上古封建之世卿，歐洲中葉之貴族，印度四種之刹帝利而後可；果若人言，又必今日為民，聽其愚昧，明日入官，即化為神聖而後可；果若人言，又必以二、三千神聖之官，率此四百兆愚昧之民，驅之出生入死安内排外無所不能而後可。果使普天之下胥變為牛馬世界、犬鷄世界、蟲蟻世界也，彼其説可行也；若猶是人民世界也，吾知此蚩蚩無知之民，始居於無民之國，繼變為無國之民，是不啻為淵敺魚為叢敺爵乎！是直為天下列强之虎之倀之魔也，是中華之罪人，亦大清國之亂臣賊子也。雖然，今之新進後生愛國之士，知彼輩之必誤天下，惡彼輩之説，矯彼輩之論，鋌而走險，急何能擇，乃倡為革命、類族、分治諸説，其志可哀，其事可悲。然以今日之民，操此術也以往，吾恐唱革命者變為石敬瑭之賂外，吳三桂之請兵也；唱類族者不顧漢族、鮮卑族、蒙古族之雜居共治，轉不免受治於條頓民族、斯拉夫民族、拉丁民族之下也；唱分治者忽變為猶太之滅、波蘭之分、印度越南之受轄於人也。吾非不知時危事迫無可遷延，持緩進之説者，將恐議論未定而兵既渡河，揖讓救火而火既燎原。雖然，此壞劫此厄運，由四、五千年積壓而來，由六、七大國驅迫而成，實無可如何也。

公以為由君權而民政，一度之破壞終不可免，與其遲發而禍大，不如速發而禍小。僕以為由蠻野而文明，世界之進步，必積漸而至，實不能躐等而進、一蹴而幾也。吾不徵往事，徵之近日。神拳之神，義民之義，火教堂，戮教民，攻使館之愚，其肇禍也如此；順民之旗，都統之轍，通事之詐索，士大夫之獻媚，京師破城之歌舞，聯軍撤退之挽留，其遭難也如彼；和議告成，賠款貽累，而直隸之廣宗、湖南之辰州、四川之成都夔州，又相繼而起且蔓延於一省，其怙惡也復如此。以如此之民，能用之行革命、類族、分治乎？每念中國二年來專制政體，素主帝天無可逃、神聖不可犯之説，平生所最希望，專欲尊主權以導民權，以為其勢稜順，其事稍易。

戊戌新政，新機動矣，忽而政變，仍以為此推沮力，尋常所有也。既而團拳禍作，六飛播遷，危急存亡，幸延一發，卒下決意變法母子一心之詔，既而設政務處，改科舉，興學校，聯翩下詔，私謂我輩目的，庶幾可達乎。今迴鑾將一年，所用之人，所治之事，所搜括之款，所娛樂之具，所敷衍之策，比前又甚焉，展轉遷延，卒歸於絕望，然後乃知變法之詔，第為闢禍全生，徒以之媚外人而騙吾民也。設有詰於我者，謂公之所志，尚能望政府死灰之復然乎？抑將坐視國家舟流而不知所屆乎？僕亦無辭可答也。茫茫後路，耿耿寸衷，忍淚吞聲，鬱鬱誰語。而何意公之新民説遂陳於吾前也，罄吾心之所欲言，吾口之所不能言，公盡取而發揮之。公試代僕設身處地，其驚喜為何如矣！已布之説，若公德，若自由，若自尊，若自治，若進步，若權利，若合羣，既有以入吾民之腦，作吾民之氣矣；未布之説，吾尚未知鼓舞奮發之何如也。此半年中，中國四五十家之報，無一非助公之舌戰拾公之牙慧者，乃至新譯之名詞、杜撰之語言、大吏之奏摺、試官之題目，亦剿襲而用之。精神吾不知，形式既大變矣；實事吾不知，議論既大變矣。嗟夫，我公努力努力，本愛國之心，絞愛國之腦，滴愛國之淚，灑愛國之血，掉愛國之舌，舉西東文明大國國權民權之説，輸入於中國，以為新民倡，以為中國光，此列祖列宗之所陰助，四萬萬人之所托命也。以公今日之學説之政論布之於世，有所向前無人能有惟我獨尊之慨，其所以震驚一世鼓動羣倫者，力可謂雄，效可謂速矣。然正以此故，其責任更重，其關係乃更巨，舉一國材智之心思耳目，專注於公，舉足左右，便分輕重。彼之恢張官權裁抑民權者，公駁擊之指斥之可也，聽其自消自滅自腐自朽自潰自爛，亦無不可也。公所唱自由，或故為矯枉過直之言，然使彼等唱自由者拾其唾餘，如羅蘭夫人所謂『天下許多罪惡假汝自由以行』，大不可也。公所唱民權或故示以加倍可駭之説，然使彼等唱民權者，得所藉口，如近世虛無黨以無君無政府為歸宿，大不可也。一言興邦，一言喪邦，芒芒禹域，惟公是賴，求公加之意而已。

《政治官報》第二九二號《達壽〈考定日本憲政情形具陳管見摺〉》 今天下一國際競爭之天下也。國際競爭者，非甲國之君與乙國之君競爭，實甲國之民與乙國之民競爭也。故凡欲立國於現世界之上者，非先厚其國民之競爭力不可。立憲政體者所以厚國民之競爭力，使國家能進而行帝國主義者也。何以言之？中國古時鎖國閉關，獨自為治，其所稱為外患者，不過沿邊之小部落，而又以越國鄙遠為戒，故其時常重內患而略外憂。然則立憲政體之所以必能厚國民之競爭力者則又何也？夫立憲之國家，其人民皆有納税當兵之義務，以此二義務易一參政之權利。君主得彼之二義務，則權利可以發展；國民得此一權利，則國家思想可以養成。斯時也，君主又為之定憲法，為臣民權利之保障；而臣民又得於國會協贊君主之立法，及監督國家之財政，上下共謀，朝野一氣，一休一戚，匪不相關，如家人父子者焉。夫如是也，以云戰鬥，則舉國團結一致為對外之舉，所謂臣三千惟一心者是也，而戰鬥力足矣。以云財富主義，則平日君主政府常借國力以獎勵其殖民，保護其貿易，戰時則以國家之信用募集內國之國債，而人民因欲保其身命財產也，不得不先割其財產之一部以應國家之要需，所謂百姓足君孰與不足者是也，而財富充矣。以云文化，則教育之事，地方可以各出財力以自謀，政府常為監督而獎勵之。義務教育既易於普及，則進而上之為文學、為宗教、為道德、為風俗、為言語，發揮其固有，鎔鑄其新知，聖學逐漸以昌明，異端無庸於置喙，浸假行地全國焉，浸假行於各藩屬焉，浸假行於本洲焉，所謂聲教迄於四海者是也，而文化盛矣。夫戰鬥、財富、文化既為帝國主義之要端，而是三者則斷非不立憲之國所可以夢想而幸獲，何也？不立憲則其國家之機關不完，其在上也不能謀國民之發達，而下之國民亦因被上之拘束不能自謀其發達。夫國民之不能發達，則其競爭力不厚；競爭力不厚，則不足以立於國際競爭之場，而於此獨謂能行其國家主義者？此地球之上未曾有也。

梁啓超《飲冰室合集·政黨與政治上之信條》 何謂政治上之信條？謂國人對於政治上所公共信仰之條件也。人之相集而為羣也，則必有其一羣所公認為不可不循之理法，無以名之，名之曰信條，是故有宗教上之信條，有道德上之信條，有學問文藝上之信條，有社會交際上之信條，其他莫不有之，不能縷舉。而此信條者，隨地而異，隨時而異。甲國之信條，非可以喻諸乙國也，即在同一國中，甲時代之信條，非可以喻諸乙時代也。【略】

然則立憲政治之信條，何自生乎？其一由於憲法，其二由於政治上之習慣。憲法則有形之信條也，政治上習慣，則無形之信條也。是故凡立憲國民之活動於政界也，其第一義，須確認憲法，共信憲法為神聖不可侵犯，雖君主猶不敢為違憲之舉動，國中無論何人，其有違憲者，盡人得而誅之也。其第二義，則或憲法未嘗有明文規定者，或雖有規定，而中含疑義，可容解釋之餘地者，或雖無疑義，而當其行使此權利，有可容伸縮之餘地者，例如君主對於議院議決之議案有不裁可權，然君主不行用此權，不為違憲也。又如人民有選舉權，然人民不行用此權，不為違憲也。此所謂容伸縮之餘地也。凡此則皆由政治上之習慣積累而醞釀之，醞釀既熟，則亦深入人心而莫之敢犯。試舉他例以明之，如朝會必具衣冠，此有形之信條也，稠坐不宜袒裼，此無形之信條也；居喪必當衰服，此有形之信條也，喪中不宜宴樂，此無形之信條也；兩者之效力相等，而無形者之宰制人心，時或視有形者為更甚。以立憲政治之信條論之，則憲法與政治習慣，迭相生而迭相成，兩者和合，自產出種種條件，而畫然以示異於非立憲之政。凡立憲國臣民之活動於政界者，莫不明遵之而默認之，無或敢悍然與此信條抗，其有抗者，則立即為全國政界所嘩，而頓失其活動之力，立憲政治之所以勿壞，皆賴是也。

立憲虛君論分部

論説

梁啓超《飲冰室合集·君主無責任之學説》 君主無責任，為近世立憲政體之一大義，而我國周秦諸子實已發明之。慎子云：君臣之道，臣有事而君無事也。君逸樂而臣任勞，臣盡智力以善其事，君無與焉，仰成而已。事無不治，治之正道然也。人君自任而務先下，則是代下負任蒙勞也，臣反逸矣。故曰：君人者好為善以先下，則下不敢與君爭善以先君矣。皆稱所知以自掩覆，有過則臣反責君，逆亂之道也。君之智未必最賢於衆也，以未最賢而欲善盡被下，則下不贍矣。苟君之智最賢，以一君而盡贍下則勞，勞則有倦，倦則衰，衰則復返於人，不贍之道也。是故人君自任而躬事，則臣不事事也，是君臣易位也，謂之倒逆，倒逆則亂矣。《民雜篇》。尸子曰：夫使衆者，詔作則遲，分地則速，是何也？無所逃其罪也，言亦有地，不可不分也，君臣同地，則臣有所逃其罪矣。《發蒙篇》。管子亦云：心不為五竅，五竅治，君子不為五官，五官治。《九守篇》。又云：以上及下事謂之矯。又云：為人君者，下及官中之事，則有司不任俱《君臣篇》。今日中國之患，全在有司不任而有所逃其罪，非直逃其罪，乃反責過於君，而其所以致此者，則以君臣同地，而君代下負任蒙勞故也。三子之言，於君主所以必須無責任之故，發揮無餘藴矣。

又《立憲國詔旨之種類及其在國法上之地位》　立憲政體，以君主不負政治上之責任為一大原則，其所以示別於專制政體者，惟在此點。然當由何道，乃能舉君主不負責任之實，此非明詔旨之種類及其在國法上之地位焉不可也。我政府絕不知此義，故動則假詔旨為護符，以自卸責任，我國民對於此義，亦不甚明瞭，故一遇政府假詔旨為護符，輒不敢復糾問其責任，苟循此不變，則所謂責任內閣者，永無成立之時，而君主以一身當人民責備之衝，一無以異於專制時代，則立憲政體之精神，遂從根本破壞以盡。是故吾對於此事，不能無言。

今世立憲君主國亦多矣，其憲政精神之完缺，憲政程度之高下，等差至多。其上焉者且勿具舉，若日本者，歐美人所指為半專制的立憲國也。憲政精神之不完，憲政程度之劣下，至日本而極矣，苟更下於此，則殊不能復謂之憲政。今我政府乃至曲學阿世之新進，動輒以效法日本憲政為詞，此其適應於我國國情與否且勿論，然既曰效日本矣，則亦當知日本之制度，固自有其相維於不敝者，若徒取其便於己者而效之，其不便者則隱而不言，是又得為效日本矣乎！【略】

吾固嘗言之矣，立憲政體非他，君權有限而已，此非吾私言，天下學者之公言也。故英人之諺曰：君主不能為惡。夫人之性固可以為惡，君主亦人耳，而胡為獨不能？豈知彼固眞有所不能者存？非英民之虛搆此言以貢諛也。蓋君主一言一話，無關於政治則已，稍有關者，則非經大臣副署不能有效，然則君主雖欲為惡，苟非大臣長之逢之，又安得成乎惡者？則惡之所歸，宜在大臣而不在君主明矣。夫此實保持君主尊嚴之不二法門也。如吾前文所論列，政治上之詔旨，其易惹起責任問題者有三大端：（其一）則違憲責任也；（其二）則違法責任也；（其三）則失政責任也。夫違憲、違法之責任，苟非冥頑不靈，暴戾無狀如我政府者，自不至於屢犯，可勿深論。若夫失政責任，則無論何國，無論何時，皆所常起之問題也。《書》不云乎，夏暑雨，小民惟曰怨諮；冬祁寒，小民亦惟曰怨諮。凡政治之為物，有一利必有一害與之相緣，欲求絕對之美，勢固不可，而稍有闕失，即為衆怨之府，以君主而當此衝，則皇室之危，豈堪設想？夫既為君主國體，則庶政不能不以詔旨行之明矣。苟非使副署詔旨之大臣悉任其責，則當夫詔旨之或違憲或違法或失政也，人民置而不問耶？則國家之本將撥，其起而問之耶？則是與君主為難耳。故詔旨中一字一句，皆由副署大臣負完全責任，而人民亦繩愆糾繆，不肯絲毫放過，皇室之保世滋大，國家之長治久安，皆恃此也。

今之政府，蠢如鹿豕，曾不解憲政之為何物，曾不解副署之有何作用，其平居失政之罪，既罄南山之竹，不足以書之矣。不寧惟是，猶復日日悍然敢於違法而無所顧忌，今尚無憲之可違耳，而今日敢於違法者何也？即他日敢於違憲者也。一遇輿論攻擊，則假詔旨為護符，曰：非我欲之，吾奉令承教耳。而輿論之所以待之者，則亦奉一詔旨，相率以箝口而奪氣矣。夫此本出於尊君親上之誠，寧不可敬！不知此非所以行其尊親，乃適以陷君上於危而已矣。夫政府之諉過於君上，其罪本為大不敬，故雖以俾斯麥之有大勳於德國，其在議院中，偶出一語，借德皇為護符，則全院唾罵，卒服罪然後釋之。所謂見無禮於其君者誅之如鷹鸇之逐鳥雀，不當如是耶？今我國民坐視政府之不負責任諉過君上，而戢戢焉不敢起而詰之，是無異與政府狼狽以行大不敬也，曾是尊君親上者而宜如是耶？率此不變，其不至毆全國憔悴虐政之民盡移其嫉視政府之心以嫉視皇室焉而不止也。

夫政府則何足責？而我國民之見愚弄、見脅制於政府而若失其對待之力者，毋亦於立憲國詔旨之種類性質而不甚明瞭，不知政治上詔旨與普通詔旨之別，遂乃聽政府之狐假虎威以怙其惡，而莫敢誰何也，吾故有不能已於言者。

又《新中國建設問題》 下篇虛君共和政體與民主共和政體之問題

今後新中國之當采用共和政體，殆已成為多數之輿論。顧等是共和政體也，其種類復千差萬別，我國將何所適從，是當臚察其利害，而慎所擇也。

第一種，人民公舉大統領而大統領掌行政實權之共和政體，此共和政體之最顯著者，美國是也。中美、南美諸共和國皆屬此種。

第二種，國會公舉大統領而大統領無責任之共和政體，法國是也。法國大統領，由上下兩議院公舉，與美國之由人民選舉者殊，而其地位亦與美統領絕異，乃略同英之君主，不負政治上之責任，政權悉在內閣，故美國選舉大統領，競爭極劇，法國易一大統領，遠不如內閣更迭之聳人耳目也。

第三種，人民選舉終身大統領之共和政體，羅馬奧古斯丁時代、法國兩拿破侖時代曾行之，此皆僭帝之階梯，非共和之正軌。現世已無其例。然墨西哥當爹亞士時代，連任二十餘年，亦幾於終身矣，凡行此制者，名雖共和，實則最劇之專制也。

第四種，不置首長之共和政體，如瑞士聯邦是。瑞士之元首，乃合議機關，非獨裁機關也，瑞士之最高機關為參議院，議員七人，互選一人為議長，對外則以議長之名行之，然議長與其他六人職權實平等也。

第五種，虛戴君主之共和政體，英國是也。英人恒自稱為大不列顛合衆王國，Great British United Kingdom 或自稱為共和王國，Public Kingdom 其名稱與美無異，淺人驟聞之，或且訝為不詞，不知英之有王，不過以為裝飾品，無絲毫實權，號為神聖，等於偶像。故論政體者，恒以英編入共和之一種，其後比利時本此意編為成文憲法，歐洲各小邦多效之。故今日歐洲各國，什九皆屬虛戴君主之共和政體也，今省名曰虛君共和制。

第六種，虛戴名譽長官之共和政體，英屬之自治殖民地，如加拿大、如澳洲、如南非洲皆是也。此等名雖藩屬，實自為一國，而英廷所置總督，地位正同英王，故國法學者統目為共和政體也。

右六種共和政體中，我國人所最熟知者，則美、法兩國之式，其尤想望者，則美國式也。實則六者各有所長，而後進國擇所仿效，要當以適於己國情形為斷，就中第六種，不行於完全之獨立國，我國除非采聯邦制，以施諸各邦，即今之各省。容有商榷之餘地耳，今勿具論，請得取前五種比較其利病。

第一　人民選舉終身大統領之共和政體，何如？

此共和政體之最可厭惡者也，何以故？以他種皆為共和立憲政體，獨此種為共和專制政體故，謂此種政體可采，度國民必唾吾面。雖然，西哲有恒言，政治無絕對之美。不能謂立憲之必為美，而專制之必為惡也。凡行此種政體之國，其被舉為終身大統領者，必為雄才大略之怪傑，內之則實行開明專制以整齊其民，外之則揚國威於四海，苟中國今日而有其人，則正最適應於時勢之要求者也。雖然，此其人固可遇而不可求，苟其有之，則彼自能取之，無勞我輩之商榷，故可置勿論也。

又此種政體最後之結果，必變為君主專制政體，果復為因，因復生果。必釀第二次革命，墨之爹亞士，其近證之最切著者也，故吾國若有此人，固足以救時，竟無此人，亦國家之福也。【略】

第二　不置首長之共和政體，何如？

此惟極小國若瑞士者，乃能行之而無弊。瑞士一切中央機關，權力皆甚微弱，稍重大之法案，國會輒不敢擅決，以付諸國民投票，不獨執行機關為然也。彼為永世中立國，絕無外患，內之則地狹民寡，而自治之習甚完，無取夫有强大之政府也。我國今日，非得一極强有力之中央政府，何以為國？而以合議機關充一國元首，則於强有力之道，最相反者也，其不足采，蓋無俟辯。

第三　人民公舉大統領，而大統領掌行政實權之共和政體，何如？

此北美合衆國排英獨立後，根據孟德斯鳩三權鼎立説所創之新政體，我國民所最豔羡也，而常人所知之共和政體，大都亦僅在此一種。雖然，此可謂諸種共和政體中之最拙劣者，只可以行諸聯邦國，而萬不能行諸單

一國，惟美國人能運用之，而他國人決不能運用，我國而貿然欲效之，非惟不能致治，而必至於釀亂。【略】

是故北美合衆國所以能久安長治，而中美、南美則頻年戰亂者，北美人民程度優於中美、南美，固其一端也。然亦由國家組織法之根本差異有以致之，差異云何？則聯邦分權與中央集權是也。使中美、南美各國中央權限之狹一如北美，或未始不可以小康；使北美合衆國中央權限之廣，一如中美、南美，亦安見其必無爭亂也。故專以人民程度問題為北、中、南美政治現象差別之根原，所謂知其一未知其二也。而中、南美諸國所以不能行聯邦分權制者，實歷史上之根柢使然，雖强欲效顰北美而不可得也。吾願賢士夫之心儀美制者，且勿問吾民程度視美何如，尤當問吾國國勢視美何如耳。【略】

第四　國會公舉大統領而大統領無責任之共和政體，何如？

此法國之制也，其優於美制者四：

一、選舉大統領，不用全國投票，紛爭之範圍較狹。

二、其大統領與君主立憲國之君主等，緣無責任故無權力，人不樂爭之，故紛擾之程度減。

三、大統領既超然政府之外，政治有不慊於民心者，其極至政府辭職而止，非如美洲法系之將大統領與政府合為一體，施政不平，動釀革命。

四、政府由國會多數黨組織，立法部與行政部常保聯絡，非如美國極端三權分立之拙滯。

此其所長也。蓋法人所以創為此制者，（其一）法之共和政，成立在美後，鑑於中美、南美之流弊，且亦積八十年間屢次内亂之經驗，不得已而出於此也；（其二）地在歐洲，蒙諸君主立憲國之影響，故晦其名而用其實也。若我國而必采用民主共和制，則師法其優於師美矣，然法制之劣於美制者亦有一焉。美之政府，與大統領同體，而大統領任期一定，對於國會不負責任，故常能繼續實行其政見，不致屢屢摇動，以久任而見效，法則大統領雖端拱不遷，而政府更迭頻繁，法之不競，頗由於此。雖然，法制行之而不善，其極則足以致弱耳，美制行之而不善，則足以取亂亡，何也？凡用美國法系之國，苟政府不為多數人民所信任，則非革命不能易之也。此無他故焉，歐洲法系，以國會監督政府，國會與政府之聯絡甚密；美洲法系，政府與國會同受權於選民，離立而不相攝也。【略】

第五　虚戴君主之共和政體，何如？

此雖未敢稱為最良之政體，而就現行諸種政體比較之，則圓妙無出其右者矣，此制濫觴英國，全由習慣積漸而成，其後比利時著之成文憲法，遂為全歐列邦之模範。其為制也，有一世襲君主稱尊號於兆民之上，與專制君主國無異也，而政無大小皆自内閣出，内閣則必得國會多數信任於始成立者也，國會則由人民公舉，代表國民總意者也，其實際與美、法等國之主權在民者絲毫無異，故言國法學者，或以編入共和政體之列。獨其所以異者，則戴一世襲之大爵主為裝飾品，國民待以殊禮，且歲供皇室費若干以豢養之而已，夫歐人果何取乎此裝飾品，而全國人屈己以禮之，且出其血汗金錢以豢之也，以其可以杜内爭而定民志也。夫以法國大革命恐怖時代，全國民死亡將半，爭亂經八十餘年而始定，以中美、南美之每改選大統領一次，輒起革命一次，試問國家所損失為數幾何？以區區之皇室費與照例尊崇之虚文易之，天下代價之廉莫過是也。【略】

且在今日國競極劇之世，苟非得强有力之政府，則其國未有不式微者。而在美洲法系之國，大統領既與政府同體，且同受權於國民，國會不能問其責任，苟非以憲法極力裁減其權，勢必流於專制，故美國政府，不能列席於國會，不能提出法案於國會，不能解散國會，惟奉行國會所立之法而已。夫政治貴有計畫，而計畫之人即為執行之人，然後可以察責任而課功罪也；美制不然，國會計畫之，而政府執行之，兩不相接，而各有所諉。非所以圖治也，在前此墨守門羅主義，與列强罕相角，固可以即安；在今日則大不適於時勢矣，此盧斯福之新國家主義所由倡也，然在美國法系之下，而欲此主義之現於實，吾信其難矣。歐洲之虚君共和制則異是。英人之諺曰：國會之權力，除卻使男女易體外，無一事不能為。國會之權，如彼其重也，而内閣總理大臣，惟國會多數黨首領為能尸之，故國會常為政府之擁護者，國會之權，即政府之權也，然則政府之權力，亦除卻使男女易體外，無一事不能為也，所謂强有力之政府，莫過是矣。然則曷為而不流於專制？則以非得多數於國會者不能執政，而國會實由人民選舉，其得多數者，必其順民心者也。此制也，在專制君主國固不能行之，即在德、日等之大權立憲國仍未能行之，若在美洲之諸民主共和國，尤絕對的不能行之，能行之者，惟虛君共和國而已。此論政體者所以推此為極軌也。

然則中國亦可行此制乎？曰：嗚呼！吾中國大不幸，乃三百年間戴異族為君主，久施虐政，屢失信於民，逮於今日，而今此事殆成絕望，貽我國民以極難解決之一問題也。吾十餘年來，日夜竭其力所能逮以與惡政治奮鬥，而皇室實為惡政治所從出，於是皇室乃大憾我，所以僇辱窘逐之者無所不用其極。雖然，吾之奮鬥，猶專向政府，而不肯以皇室為射鵠，國中一部分人士，或以吾為有所畏、有所媚。訕笑之、辱罵之，而吾不改吾度，蓋吾疇昔確信美、法之民主共和制，決不適於中國，欲躋國於治安，宜效英之存虛君，而事勢之最順者，似莫如就現皇統而虛存之。十年來之所以慎於發言，意卽在是，吾行吾所信，故知我罪我，俱非所計也，雖然，吾蓋誤矣。今之皇室，乃飲酖以祈速死，甘自取亡而更貽我中國以難題，使彼數年以來，稍有分毫交讓精神，稍能布誠以待吾民，使所謂十九條信條者，能於一年數月前發布其一二，則吾民雖長戴此裝飾品，視之如希臘、那威等國之迎立異族耳。吾知吾民當不屑斷斷與較者，而無如始終不寤，直至人心盡去，舉國皆敵，然後迫於要盟，以冀偷活，而既晚矣。夫國家之建設組織，必以民衆意嚮為歸，民之所厭，雖與之天下，豈能一朝居？嗚呼！以萬國經驗最良之虛君共和制，吾國民熟知之，而今日殆無道以適用之，誰之罪也？是眞可為長太息也。

無已，則依比利時、那威等國迎立異邦人為君主，使宣誓入籍，然後卽位之例，但使現皇室能改從漢姓，我國民或許其屍此虛位乎？夫昔代既有行之者矣，北魏孝文帝之改拓拔為元氏是也，更有進者，則憲法中規定冊立皇后，必選漢族名嬡，則數傳之後，血統亦既丕變矣。吾以為苟用此法，則以視糜千萬人之血，以爭此土木偶之虛君較為得計，然人心怨毒所中既若此其甚，其可行與否，吾不敢言也。【略】

吾新中國建設之良法殆窮，夫吾國民終不能以其窮焉而棄不建設也，必當思所以通之者，吾思之思之，既竭吾才矣，而迄未能斷也。吾只能盡舉其所見，臚陳利病於國民之前，求全國民之慎思審擇而已，夫決定一國建設之大問題，惟全國民能有此權，決非一私人所能為役也，若曰一私人應出其意見以供全國民之參考乎？則吾待吾再苦思有得，乃更以獻也。

又《違制論》 是故今世各立憲國，從不肯輕發詔旨，偶有發之，則必其巍巍蕩蕩，全體皆抽象的之語，不着邊際，斷不至緣此而陷君主於政爭之漩渦中者也，如本年三月初五日訓諭軍人之大誥，是其例已。否則湛恩汪濊，使民悅懌者也。如恩詔。若夫其有關於政治，對於臣民而生具體的拘束力者，則常以法律或敕令之體裁行之，法律、敕令，雖亦必冠以詔旨，然其語甚簡單肅括，斷不予民以瑕疵之可指。【略】今我國而欲實行憲政耶？則嚴定公文格式，而絕對的不發政治上之制詔，此其第一義矣。夫我國以制詔出政令之習慣，行之已數千年，驟聞吾此言，計未有不駭怪而卻走者，殊不知現今各立憲國皆然，毫不足奇，而此中實含有無數之精理妙用，不可不深察也。不然，則可駭怪之事，孰有過於改專制以為立憲者？既改專制以為立憲，則固已破數千年習慣矣。專制政體，自有其全部組織以相維繫，立憲政體，又別自有其全部組織以相維繫，治國者無論採用何種皆可也。【略】今中國之大患，在於取立憲政體之一部組，織與專制政體之一部組織相雜用，欲舉其性質不能相容者而兩存之，其究也，則盡棄兩方面之所長，而盡取兩方面之所短耳，是以不勝其敝，反不如前此之純粹專制政體，猶可以自成片段也。夫君主無責任之一大義，實立憲政體之中堅，其全部組織之一切條理，皆從此義引出，而不發政治上之制詔，卽所以舉君主無責任之實，而為條理中之最要者也，其亦有公忠愛國之大吏，講明此義以寤明主者乎？予日望之。

抑吾更有不能已於言者，凡文告之直接以拘束力及於臣民者，其用語不可不力求明確，如教育敕語、軍人敕語之類，其功用在感化力非拘束力也，卽云有拘束力亦間接而非直接。故必當以法規的形式行之。我國詔旨之文，多近於論說文體，而非法規文體。而關於刑事上罪名之規定，尤當謹嚴，否則官吏得以上下其手，輕入人罪，而民將無所措手足矣。卽如此次諭旨云，煽惑抵抗，以違制論，夫違制之罪為大不敬，據國法宜處以極刑者也，而煽惑抵抗四字，果足以成罪名耶？若云成罪名，則必以何種程度之行為始構成此罪耶？更質言之，則若何而始為煽惑耶？若何而始為抵抗耶？此最不可不審也。【略】

夫國有鐵路政策之是非得失，此自為別問題，參觀前號論說門，收回鐵路幹線問題篇。然無論如何，總不宜出以詔旨，陷我皇上於政爭漩渦中，尤不應以此種束縛馳驟之言入於詔旨，致臣民疑朝廷之有意違憲，此則副署大臣不能辭其咎者也。

又《飲政治學學理摭言》 近世歐美各國憲法及其他法律所規定之諸條件，大率應用最新最確之學理。驟視之，其言簡單平淡，若無以大異於古昔；深而味之，皆有其邃且遠者存。其專門治斯學者，自能領會，不待喋喋矣，顧吾國人士，知此者希，不揣冒昧，因涉獵所及，輒引伸之以下解釋。一彼一此，首尾不具，不足以稱著述，故名曰摭言。

君主無責任義

凡立憲君主國之憲法，皆特著一條，曰：君主無責任，君主神聖不可侵犯。此其義何？曰：此過渡時代之絕妙法門也，此防杜革命之第一要著也。

君主者，一國之元首，而當行政機關之衝者也。凡行政者不可不負責任。行政者而不負責任，則雖有立法機關，亦為虛設，所公立之法度，終必有被蹂躪之一日，而治者與被治者之間，終不得協和，是立憲國所大忌也。然則行政首長之君主，反著明其無責任，以使之得自恣，毋乃與立憲精神相矛盾耶？而豈知立憲政體之所以為美妙者，皆在於此。

憲政之母，厥惟英國。英國人有恆言曰：『君主不能為惡。』以皮相論之，此可謂極無理之言也。夫君主亦猶人耳，人性而可使為不善也，豈其履此九五而遂有異也。雖然，考諸英國今日之實情，則此言良信矣。於何證之？夫所謂君主之惡者，則任用不孚民望之大臣以病民一也，民所欲之善政而不舉二也，民所惡之秕政而強行三也。【略】質而言之，則英國君主豈徒不能為惡而已，雖善亦不能為。顧稱此不稱彼者，惡則歸大臣，善則歸其君耳。雖然，彼君主者既肯盡委其權於國民所信用之大臣，而不與之爭，斯即善之大者也，則雖謂英國君主能為善不能為惡，誰曰不宜！

夫人至於不能為善，不能為惡，則其萬事毫無責任，豈待問哉！故英國國民，無貴無賤，無貧無富，無老無幼，無男無女，無不皆有責任，惟君主則眞無責任。英國憲政，各國憲政之母也，故凡立憲國之有君主者，莫不以『無責任』之一語，泐為憲文。雖其行用特權之範圍，不無廣狹之殊，要其精神，則皆自英國來也。所謂君主無責任者，如是而已，如是而已。【略】

君主無責任，故其責皆在大臣。凡君主之制一法，布一令，非有大臣之副署，副於君主以署名也。則不能實行。故其法令之不愜民望者，民得而攻難之，曰：吾君本不能為惡也，今其為惡，皆副署者長之逢之也。故雖指斥其政而不為不敬，廢置其人而不為犯上。而彼副署者，亦不得不兢兢於十目十手之下，以自檢自黽，而一國之政務乃完。善之至也，君主無責任使然也。【略】

君主無責任也，君主神聖不可侵犯也，二者蓋異名同實也。惟其無責任，故可以不侵犯；惟其不可侵犯，故不可以有責任。《易·文言》之釋『亢龍』曰：『貴而無位，高而無民，是以動而有悔也。』蓋立憲君主之象也，無動則無悔，無責任則無侵犯也，而不然者，不病君則病國，不病國則病君。嘻，殆哉岌岌乎！

法學盛衰說分部

論說

梁啓超《飲冰室合集·法理學大家孟德斯鳩之學說》 自一千七百七十八年，美國獨立，建新政體，置大統領及國務大臣，以任行政；置上下兩議院，以任立法；置獨立法院，以任司法。三者各行其權，不相侵壓，於是三權鼎立之制，遂徧於世界。今所號稱文明國者，其國家樞機之組織，或小有異同，然皆不離三權範圍之意。政術進步，而內亂幾乎息矣。造此福者誰乎？【略】則吾欲以孟德斯鳩當之。【略】

當法王路易第十四之際，君主專制政體，正極全盛。及其歿後，弊害百出。羣治腐敗，道德衰頹。宮廷教會，尤為蠹政淵藪。然其時學術方進，英國文明之化，日寖流入。於是國民思想漸起，將撥反動力以排政治之專制，抑教會之橫恣者，紛紛然矣。而當時築其壘，煽其流，隱然為全國動力之主動者，厥有三人：一曰盧梭，二曰福祿特爾，三曰孟德斯鳩。盧氏之說，以銳利勝；福氏之說，以微婉勝；而孟氏之說，以緻密勝。

三君子者，軒輊頗難。而用力之多，結果之良，以孟氏為最。

孟氏之學，以良知為本旨。以為道德及政術，皆以良知所能及之至理為根基，其論法律也，謂事物必有其不得不然之理，所謂法也。而此不得不然之理，又有其所從出之本原，謂之法之精神。而所以能講究此理，窮其本原，正吾人之良知所當有事也。《萬法精理》全書之總綱，蓋在於是。【略】

孟氏學説，最為政治學家所祖尚者，其政體論是也。政體種類之區別，起於亞里士多德，而孟氏剖之更詳。其言以為萬國政體，可以三大別概括之：一曰專制政體，二曰立君政體，三曰共和政體。凡邦國之初立也，人民皆憯伏於君主威制之下，不能少伸其自由權，謂之專制政體。及民智大開，不復統於一人，惟相與議定法律而共遵之，是謂共和政體。此二者，其體裁正相反。而介於其間者，則有立君政體。有君以莅於民上，然其威權受法律之節制，非無限之權是也。

既明其區別，乃論其得失。孟氏以為專制政體，絕無法律之力行於其間，君主專尚武力以懾其民。故此種之政，以使民畏懼為宗旨，雖美其名曰『輯和萬民』，實則斷喪元氣，必至舉其所賴以立國之大本而盡失之。昔有路伊沙奴之野蠻，見樹果纍纍，攀折不獲，則以斧斫其樹而捋取之。專制政治，殆類是也。然民之受治於其下者，輒曰：但使國祚尚有三數十年，吾輩且假日媮樂。及吾死後，則大亂雖作，復何恤焉？然則專制國民之姑息偷靡，不慮其後，亦與彼蠻民之斫樹採果者無異矣。

孟氏又曰：凡專制之君主，動曰『輯和其民』，其實非眞能輯和也。何也？以彼奪民自由權，使民畏懼為本旨故也。夫民者，固有求自保之性者也。而畏懼之心，與求自保之性，又常不相容。然則專制之國，必至官與民各失其所願望而後已。無他，其中之機關，本自有相牴牾者存也。故只能謂之『苟安』，不能謂之『輯和』。輯和者，人人各有所恃，以相處而安其生也。苟安者，一時無戰亂而已。故專制國所謂太平，其中常隱然含擾亂之種子。【略】

孟氏論專制之弊，大略如是，可謂深切著明也矣。至其論專制與立君兩體之比較，則以為專制之國，君主肆意所欲，絕無一定之法律。然行之既久，漸有相沿成習之法以御衆。此為政治沿革之第二期。此種政體，威力與法律並行，蓋專制之稍殺者也。雖然，其法律非因民之所欲而制定，未可稱為眞法律，只能謂之例案而已。而此例案者，果何物乎？則舊制相沿。國王之下，有若干之世臣巨室，皆有其先世所傳之規例，君主或自恣過甚，若輩輒援例以爭，藉以限制君權者，如斯而已。【略】

孟氏又謂民主國所最要者，在凡百聽民自為。其不能躬親者，則選官吏以任之，民各行其權以選吏，其明鑑自有令人不得不歎服者。何也？民非必皆鍊達事務，而於他人之鍊達與否，辨之最明。身經百戰者，必被舉為武員，學問湛深者，恆被舉為文職，餘事皆然。蓋有莫之致而致者焉，欲求國事之無失職者，莫善於此途矣。

孟氏論三種政體之元氣，其說有特精者，卽專制國尚力，立君國尚名，共和國尚德是也。而其所謂德者，非如道學家之所恆言，非如宗教家之所勸化，亦曰愛國家、尚平等之公德而已。孟氏以為專制、立君等國，其國人無須乎廉潔正直。何以故？彼立君之國，以君主之威，助以法律之力，足以統攝羣下而有餘。專制之國，倚刑戮之權，更可以威脅臣庶而無不足。若共和國則不然，人人據自由權，非有公德以自戒飭，而國將無以立也。

孟氏又曰：立君之國，或間有賢明之主，而臣民之有德者則甚希。試徵諸歷史，凡君主之國，其朝夕侍君側，號為近臣者，大率皆庸陋惡劣，見之令人作嘔者也。何也？彼其坐於廟堂，衣租食稅，不營產業。其皇皇焉日夕所求，不過爵位而已，利祿而已。其氣傲，其行鄙。遇上於己者，則又卑屈無耻，遇有直言之士，則忌之特甚。聽其言，則阿諛反覆，詐偽無信。故遇仁聖之君，則惡其明察，遇庸暗之主，則貪其易欺。君主之倖臣，莫不如是，此古今東西之所同也。不寧惟是，苟在上者多行不義，而居下者守正不阿，貴族專尚詐虞，而平民獨崇廉耻，則下民將益為官長所欺詐、所魚肉矣。故君主之國，無論上下貴賤，一皆以變詐傾巧相遇，蓋有迫之使不得不然者也。若是，君主之國，固無所用其德義，昭昭甚也。

孟氏又嘗著《波斯寓言》一書，以諷當時專制政治。蓋其時歐洲惟荷蘭、瑞士行民主政，頗為各國所重。而亞洲各國，莫不畏之，故託諸波斯人語，謂荷瑞不置君主，為歐洲最劣之國，然戶口殷息，莫踰二邦云云。篇末遂自伸己意，謂有眞光榮、眞名譽、眞德義者，惟民主國為然。一國之人可稱為國民者，亦惟民主國為然。其推崇民主制如是。

雖然，孟氏於民主政治之精義，尚有見之未瑩者。蓋其於法律與自由兩者之關係及其界限，未能分明故也。【略】

孟氏既敘述各種政體，乃論各政體所由立之本原。於是舉英國政體，謂此所謂立憲政體，最適於用，而施行亦易，實堪為各國模範。其言曰：苟欲創設自由政治，必政府中之一部，亦不越其職而後可。然居其職者，往往越職，此亦人之常情，而古今之通弊也，故設官分職，各司其事，必使互相牽制，不至互相侵越。於是孟氏遂創為三權分立之説，曰：立法權，曰：行法權，曰：司法權。均宜分立，不能相混，此孟氏之所創也。

孟氏謂立法、行法二權，若同歸於一人，或同歸於一部，則國人必不能保其自由權。何也？兩權相合，則或藉立法之權以設苛法，又藉其行法之權而施此苛法，其弊何可勝言？如政府中一部有行法之權者，而欲奪國人之財產，乃先賴立法之權，豫定法律，命各人財產皆可歸之政府，再藉其行法之權以奪之，則為國人者雖起而與之爭論，而力不能敵，亦無可奈何。故國人當選舉官吏之際，而以立法、行法二權歸於一部，是猶自縛其手足，而舉其身以納之政府也。

又謂司法之權，若與立法權或與行法權同歸於一人，或同歸於一部，則亦有害於國人之自由權。蓋司法權與立法權合，則國人之性命及自由權必至危殆，蓋司法官吏得自定法律故也。司法權與行法權合，則司法官吏將藉其行法之權以恣苛虐故也。若司法、立法、行法三權合而為一，則其害更甚，自不待言。故尚自由之國，必設司法之制，使司法官吏無罷黜之患者，何也？蓋司法官獨立不羈，惟法律是依，固不聽行法各官之指揮者也。

孟氏此言，其所以分離三權，而不使相混者，蓋以國人選舉官吏，固以一己之事，使之代理。因分任其事於各人，而不使踰越。故三權鼎立，使勢均力敵，互相牽制而各得其所。此孟氏創見千古不朽者也。

雖然，三權之所以設立者，蓋出於官民之互相契約。一則託以自由之權，一則受之。此其故，孟氏實未之知，故其所論之旨趣，不能出代議政體之外。蓋在代議政體，則任此三權者，實代民而任之者也。故必設法以防制之者，勢也，若夫民主國，則任此三權者。不過受百姓一時之託，苟有不滿於民者，則罷黜之而已。

孟氏又謂：自由之國，其國人苟有精神之自由者，則國人皆可以自治，而不必仰庇於人。故國人相聚為一，據立法之權以自守之可也。然此事頗難施行，在大國則必不可行，在小國亦不免流弊。故必選舉若干人以代理之，云云。

觀孟氏此言，其意蓋在代議政體，而未知民主之眞精神也。盧梭駁之，曰：所謂代理人者，將乘國人之信己，而藉口於代理國人，以肆行無忌，是猶畫押於紙以授之也。夫官民之交涉，契約而已。故任立法之權者，止可云受託者而已，未可謂代理人也。【略】

至其論法律制度，則孟氏所見，有極偉者，厥後法國改革制度，出於孟氏之功為多，十八世紀攻擊奴隸惡習，不遺餘力者，莫先於孟氏。當時薄休惠及其他教徒等，均以奴隸為不當廢。孟氏獨闢之，又哥魯智斯以戰爭為奴隸所由出，其言曰：戰勝者，固得殺獲其敵人，於是宥其敵而使之為奴，固無所不可。其他學者又謂：主人與奴隸，互相契約，此奴隸所由出也，云云。孟氏於此等邪説，皆一一駁正之，今摘《萬法精理》中數節如左。【略】

孟氏又倡議改革刑法，實為近世文明各國之所宗。先是，蒙吞士當十六世紀，嘗論刑罰過嚴，謂為悖理。然聞者習焉不察。若李翕留所定刑典，則慘酷殘忍，殆無人理。又路易第十四之敕令，更增揭死刑無算。拷訊之制，視為戲樂，犯者一罪，而受者兩刑，一時恬然，莫以為怪者。孟氏乃首唱廢拷訊、設陪審、寬刑律諸大義，昭昭乎若揭日月而行。哲理一明，惡風丕變矣。

孟氏以為，凡民政之國，其人皆有愛國之念與自重之心。苟非至凶極暴之人，斷不至於犯法。故每以惡名之暴露，為譴罰之極點，在此等國，僅恃民法之力，已足窒邪慝而遏惡心，彼暴力固在所不需也，故文明國之制刑，不在懲惡，而在勸善，所以防未然易風俗而已，辟以止辟，刑期無刑，此立理官之原意也。【略】

自孟氏此論出世後，白加掠復祖述其意，著《刑法論》，發揮而光大之。流澤生民，日進月善，孟氏亦人道之明星哉。

孟氏於富國之學，亦能別創意見，彼謂自由之權，與平等之義相應。而財產之厚薄相去過遠，則平等之義終不可保。何則？貧者與富者相並，其勢不能無所屈。故孟氏欲新制法律，務使一國之貨財，散布於衆人，而不使聚於數人。又欲禁造無益之貨物，使不害有益。此孟氏之論平準，所由以節約為主，而又欲舉古昔民主國租賦之法數條，使復行於今日也。

孟氏之論租賦，謂民之所以出租稅者，無他，蓋分其財產之一分，而使其餘之財產，得藉此安固而已。故定租賦之額者，須將政府每年所需幾何，與百姓每人所需幾何，詳為核算。若剝國人有用之財，以充國人無用之費，非自由之道也。

又定租賦之基本，須通國人之財產，分之為三：一曰國人所不可一日無者；二曰國人有之，得藉此以圖利者；三曰即國人有之，亦不必有益於國人者。故第一分則為政府者決不得而稅之，第二分則不妨稅之，第三分則稅之不妨稍重。蓋使租稅之額有輕重，以求合於平等。要之，從百姓財產之厚薄，以為其負擔之輕重差，以上下其租稅也。

孟氏又論政府調濟貧人之法，其語亦有獨到者。彼云：所謂眞富者，有業之民而已；所謂眞貧者，無業之民而已。其意蓋謂人雖絕無所有，未足為貧，唯無業者乃為貧耳。

又謂撫恤鰥寡孤獨廢疾者，若但給以衣食，雖曰仁慈，非政策也。政府當務之急，在使一國之人各得其所，衣必暖，食必飽，而無飢寒疾病之患，此正為政府者之所當有事也。若夫姑息之計，不過好施者之所為，知政者所不取也。故凡無所業者，則與之，其未知所業者，則教之。如是而已。

孟氏一切議論，深切著明，大率類是。雖後之論者，謂其於意欲自由之理，見之未瑩。故其論道德法律也，能知其主義，不能知主義中之主義，能語其本原，不能語本原之本原。故可謂之法律史學，而未可謂之法律理學云。雖然，作始者難為功，繼事者易為力。自孟氏以後，法理學大家陸續輩出，如奧斯陳、伯倫知理之徒，或其博雅明辨，駕孟氏而上之，雖然，皆孟氏之子孫也。承其先業，而匡救其失，此正後學者之所當有事，而曾何足以為前輩玷耶？若孟德斯鳩者，眞造時勢之英雄哉！

孟氏以千七百五十五年卒，得年六十六歲。卒後二十年，而美利堅合衆國獨立，三十四年，而法國大革命起。四十九年，而《拿破侖大法典》成。一百十年，而美國南北戰亂平，頒禁奴令於國中，著為憲法。

又《中國法理學發達史論》 緒論

近世法學者稱世界四法系，而吾國與居一焉。其餘諸法系，或發生蚤於我，而久已中絕；或今方盛行，而導源甚近。然則我之法系，其最足以自豪於世界也。夫深山大澤，龍蛇生焉。我以數萬萬神聖之國民，建數千年綿延之帝國，其能有獨立偉大之法系，宜也。然人有恒言：學說者，事實之母也。既有法系，則必有法理以為之原，故研究我國之法理學，非徒我國學者所當有事，抑亦全世界學者所當有事也。

法律先於法理耶？抑法理先於法律耶？此不易決之問題也。以近世學者之所說，則法律者，發達的而非創造的也。蓋法律之大部分，皆積慣習而來，經國家之承認，而遂有法律之效力，而慣習固非一一焉能悉有理由者也。謂必有理而始有法，則法之能存者寡矣！故近世解釋派專解釋法文者，謂之解釋派。盛行。其極端說，至有謂法文外無法理者，法理實由後人解剖法文而發生云爾。雖然，此說也，施諸成文法大備之國，猶或可以存立，然固已稍沮法律之進步。若夫在諸法樊然殽亂之國，而欲助長立法事業，則非求法理於法文以外，而法學之效用將窮，故居今日之中國而治法學，則抽象的法理其最要也。【略】

法之起因

我國言法制之所由起，大率謂應於社會之需要而不容已，此儒、墨、法三家之所同也。今刺取其學說而比較之。

（一）儒家

《荀子·禮論篇》：人生而有欲，欲而不得，則不能無求。求而無度量分界，則不能不爭。爭則亂，亂則窮。先王惡其亂也，故制禮義以分之。以養人之欲，給人之求，使欲必不窮乎物，物必不屈於欲。兩者相持而長，是禮之起也。故禮者養也。

又《王制篇》：水火有氣而無生，草木有生而無知，禽獸有知而無義，人有氣，有生，有知，亦且有義，故最為天下貴也。力不若牛，走不若馬，而牛馬為用，何也？曰：人能羣，彼不能羣故也。人何以能羣，曰：分。分何以能行？曰：義。故義以分則和，楊注：言分義相須也。和則一，一則多力，多力則强，强則勝物。【略】故人生不能無羣，羣而無分則爭，爭則亂，亂則離，離則弱，弱則不能勝物。君者善羣者也。

又《富國篇》人倫並處，楊注：倫類也。同求而異道，同欲而異知。生也，皆有可也，知愚同。所可異也，知愚分。楊注：可者，遂其意之謂也。勢同而知異，行私而無禍，縱欲而不窮，則民心奮而不可説也。如是，則知者未得治也。知者未得治，則功名未成也。功名未成，則羣衆未縣也。案：縣同懸，謂懸隔也。羣衆未縣，則君臣未立也。無君以制臣，無上以制下，天下害生縱欲，欲惡同物，欲多而物寡，寡則必爭矣。【略】離居不相待則窮，羣而無分則爭。窮者患也，爭者禍也，救患除禍，則莫若明分使羣矣。

（二）墨家

《墨子・尚同篇上》：古者，民始生，未有刑政之時，蓋其語人異義。是以一人則一義，二人則二義，十人則十義，其人茲衆，其所謂義者亦茲衆。案：茲同滋，益也。是以人是其義以非人之義，故交相非也。是以内者父子兄弟作怨惡，離散不能相和合。天下之百姓，皆以水火毒藥相虧害，至有餘力不能以相勞，腐朽餘財，不以相分，隱匿良道，不以相教。天下之亂，若禽獸然。明夫天下之亂，生於無政長，是故選天下之賢可者，立以為天子。【略】天子惟能壹同天下之義，是以天下治也。

荀子之所謂禮，所謂義，墨子之所謂義，其實皆法也。蓋荀子言禮而與度量分界相麗，言義而與分相麗，墨子言義而與刑政相麗。度量分界也，刑政也，皆法之作用也。

（三）法家

《管子・君臣篇下》：古者未有君臣上下之别，未有夫婦妃匹之合，獸處羣居，以力相征。於是智者詐愚，强者凌弱，老幼孤獨，不得其所。故智者假衆力以禁强虐，而暴人止。為民興利除害，正民之德，而民師之。【略】名物處違是非之分，則賞罰行矣。上下設，民生體，而國都立矣。是故國之所以為國者，民體以為國；君之所以為君者，賞罰以為君。

《商君書・君臣篇》：古者未有君臣上下之時，民亂而不治。是以聖人列貴賤，制節爵位，立名號，以别君臣上下之義；地廣民衆萬物多，故分五官而守之；民衆而姦邪生，故立法制為度量以禁之。

又《開塞篇》：天地設而民生之，當此之時也，民知其母而不知其父，其道親親而愛私。親親則别，愛私則險，民生衆，而以别險為務，則有亂。當此之時，民務勝而力徵。負勝則爭，力徵則訟。訟而無正，則莫得其性也。故賢者立中，設無私，而民日仁。當此時也，親親廢，上賢立矣。凡仁者以愛利為道，而賢者以相出為務。民衆而無制，久而相出為道則有亂，故聖人承之，作為土地、貨財、男女之分。定而無制不可，故立禁。禁立而莫之司不可，故立官。官設而莫之一不可，故立君。既立其君，則上賢廢，而貴貴立矣。

《韓非子・五蠹篇》：古者丈夫不耕，草木之實足食也；婦女不織，禽獸之皮足衣也。不事力而養足，人民少而財有餘，故民不爭。是以厚賞不行，重罰不用，而民自治。今人有五子不為多，子又有五子，大父未死而有二十五孫，是以人民衆而貨財寡，事力勞而供養薄，故民爭。雖倍賞累罰，而不免於亂。

以上三家五子之説，皆以人類之有欲為前提，謂生存競爭，為社會自然之現象。而法制，則以人為裁抑自然，從而調和之。而荀、墨、商三家，謂人始為羣，即待法治；韓則謂地廣人稀時，無取於法，法必緣民衆而需要始亟，是其微相異者也。韓子殆只認形成國家後之强制組織，而不認社會的制裁力，是其缺點也。蓋韓子之學，淵源於老子。而老子謂郅治之極，無法而能治也。韓子謂：人民少而財有餘，故民不爭。然人民少之時，財亦決非能有餘，此可以生計學理説明之也。故韓子此前提，實不正確。人類有欲之一前提，亦老子所承認也。然其所以解決此問題之方法，則與諸家異。儒、墨、法諸家，皆以節欲為手段，故禮也、義也、法也，從此生焉。老子則以絶欲為手段，欲苟絶，則一切皆成疣贅矣。故其言曰：『不見可欲，使民心不亂。』又曰：『常使民無知無欲，故無為而無不治。』又曰：『少私寡欲。』又曰：『不欲以静，天下將自定。』皆其義也。雖然，人類之欲，果可得絶乎？不可得絶，則老子之説不售也。以今語説之，則生存競爭者，果為人類社會所得逃之公例乎？不可逃，則法制之起，其決不容已也。【略】

法治主義之發生

當我國法治主義之興，萌芽於春秋之初，而大盛於戰國之末。其時與之對峙者有四：曰放任主義，曰人治主義，曰禮治主義，曰勢治主義。而四者皆不足以救時弊，於是法治主義應運而興焉。今請語其差異之點：

【略】

第五節　法治主義之發生及其衰滅

法治主義起於春秋中葉，逮戰國而大盛。而其所以然者，皆緣社會現象與前古絶異，一大革命之起，迫於眉睫。故當時政治家，不得不應此時勢以講救濟之道。鄭子產鑄刑鼎，晉叔向難之。子產曰：『僑不才，不能及子孫，吾以救世也。』《左傳·昭六年》。救世一語，可謂當時法治家唯一之精神，蓋認為一種之方便法門也。當時論法律學研究之必要者尚多，今更舉之。

《商君書·開塞篇》：今世强國事兼併，弱國務力守，上不及虞夏之時，下不修湯武之法。故萬乘莫不戰，千乘莫不守。此道之塞久矣，而世主莫之能廢也。故三代不四，非明主莫有能聽也。古之民樸以厚，今之民巧以僞，故效於大者，先德而防，治於今者，前刑而法，此俗之所惑也。

《韓非子·五蠹篇》：夫古今異俗，新故異備。如欲以寬緩之政，治急世之民，猶無轡策而御馯馬，此不知之患也。

《淮南子·要略》：齊桓公之時，天子卑弱，諸侯力征，南夷北狄，交伐中國，中國之不絶如綫。齊國之地，東負海而北彰河，地狹田少，而民多智巧。桓公憂中國之患，苦夷狄之亂，欲以存亡繼絶，故管子之書生焉。【略】申子者，韓昭釐之佐，韓，晉別國也。地徼民險，而介於大國之間。晉國之故禮未滅，韓國之新法重出。先君之令未收，後君之令又下。新故相反，前後相繆，百官背亂，不知所用，故刑名之書生焉。秦國之俗，貪狼强力，寡義而趨利。可威以刑，而不可化以善；可勸以賞，不可厲以名。被險而帶河，四塞以為固，地利形便，畜積殷富，孝公欲以虎狼之勢而吞諸侯，故商鞅之法生焉。

當時諸家書言法治主義之萬不容已者尚多，匪暇枚舉。若《淮南子》此論，於其所以然之故，最能道破矣。大抵當時法治主義之動機有二：一曰消極的動機，二曰積極的動機。消極的動機者何？其在國家內部，階級制度之敝，已達極點，貴族之專橫，為施政上一大障礙。非用嚴正之法治，不足以維持一國之秩序。故商君變法，劓公子虔而黥公孫賈。其他如子產、李悝、申不害之流，皆莫不首鋤貴族，蓋非是而國家內部之統一，將不可望也。積極的動機者何？當時交通既開，兼併盛行，小國寡民，萬不足以立於物競界。故大政治家，莫不取殖產主義與軍國民主義，卽所謂『富國强兵』者是也。而欲舉富國强兵之實，惟法治為能致之。蓋非是而國家外部之膨脹，將不可望也。由是觀之，則法治主義者，實應於當時之時代的要求，雖欲不發生焉而不可得者也。

故法治主義對於其他諸主義，最為後起，而最適於國家的治術。今比較而示其位置：【略】

法治主義對於放任主義，則彼乃不治的，而此乃治的也。其對於人治主義，則彼乃無格式的，而此乃有格式的也。其對於禮治主義，則彼乃無强制力的，而此乃有强制力的也。其對於勢治主義，則彼乃無限制的，而此乃有限制的也。此法治主義之位置也。【略】

夫以法治主義之適於國家的治術，既已若此，宜其一度發生之後，則繼長增高，有進無已。乃其占勢力於政界者，不過百數十年，不移時而遂歸澌滅者，何也？吾推求其原因，有三端焉。秦漢以還，驟開布衣，帝王、布衣、卿相之局，所謂貴族階級者，消滅殆無復痕迹。而天下一家，又非復列國並立、弱肉强食之舊，於是所謂時代之要求者。就消極積極兩方面觀之，其需要法治之亟，已不如其前。故戰國時句出萌達之國家觀念，漸成秋扇。而固有之社會觀念，復起而代之。夫法治主義與國家觀念，密切而不可離者也。國家觀念衰，則法治主義隨之，此其衰滅之原因一也。我國人最富於保守性質，而儒家學説，適與之相應。法家學説，適與之相整。儒家既緣舊社會之慣習，而加以損益，有以合於一般之心理，而派中復多好學深思之士，能繼續其學以發揮光大之；法家既以後起，其劇烈之改革，逆乎人心，而其中實行家多，理論家少，秦漢以還，無復有能衍其學説以與舊派對抗者，此其衰滅之原因二也。法律原與道德相互為用，蓋社會之制裁力，與國家之强制力，是一非二。故近今法治國之法律，莫不採人道主義，雖謂法律為道德之補助品焉可也。然則謂有法律而可以無道德焉，其不當也明甚。謂有法律而不許復有道德焉，其滋不當也明甚。而法家一部分之説，動走於極端，認道德之性質與法律之性質為不相容，以排斥道德為一種戰術。夫卽以今世之法治國，使其舉一切教育事業悉蔑棄之，僅以法律為維持社會秩序唯一之器械，則其社會現象，復當何如？太史公曰：『法令者，治之具，而非制治清濁之原。』斯言諒矣！以今世之法治國，有完全之國家根本法者，而徒法猶且不可。況乎戰國時代所謂法治，其機關之整備，其權限之嚴明，遠不如今時。而乃先取道德而擠排之，雖足以救一時，而其道之不可久，有斷然矣。此其衰滅之原因三也。

綜此三因，故法治主義雖極盛於戰國之季，然不移時而遽就滅亡。秦并六國，大一統，主政者實為李斯。李斯本荀卿之徒，而應於時代之要求，不得不採用法家說。以荀卿之人治主義與不完全的法治主義相和合，則成為勢治主義而已。其於法治主義之眞精神，去之遠矣。然則李斯實用術者，而非用法者也。參觀附。故謂法治主義逮李斯而已亡，可也。及漢之興，蕭何用刀筆吏佐新命，入關首收秦律，因沿以制漢律，然簡單已甚。張蒼以明律為丞相，然寡所設施。《史記・張丞相列傳》云：是時，蕭何為相國，而張蒼乃自秦時為柱下史，明習天下圖書計籍，蒼又善用算律曆，故令蒼以列侯居相府。然則蕭何律殆由蒼起草耶？其大師見於史者，惟有一張恢，《史記・鼂錯列傳》云：學申商刑名於軹，張恢生所。索隱云軹縣人張恢先生。與洛陽宋孟及劉禮同師，然則張恢必當時法學大師也。其勢力固已不逮儒家遠甚。孝文雖好之，《史記・儒林傳》云：孝文好刑名之言。然方欲與天下休息，未遑實行，竇太后又好黃老術，亦見《儒林傳》。蓋文景間實放任主義制勝之時代也。孝武卽位，雜用儒法，互相水火，今傳《鹽鐵論》一書，後漢桓寬撰，乃敍述始元六年丞相御史與所舉賢良文學論辨鹽鐵均輸之利害者也。兩黨各持一見，互相詰難，洋洋十數萬言，實儒法興亡之一大公案也。其事雖在昭帝時，實則兩家衝突之局，當武帝時代最甚也。卒乃表章六藝，罷黜百家，儒術立於學官，尊為國教。自茲以往，法治主義殆見擯於學界外矣。其後雖大儒馬鄭二君亦著漢律章句，魏明帝時，曾置律博士，《晉書・刑法志》云：叔孫宣郭令卿馬融、鄭玄諸儒，章句十有餘家，家數十萬言。又云：衛覬請置律博士，轉相教授，事遂施行。然皆屬於解釋派，非復戰國法家之舊。且其學不昌，蓋自漢以來，法治主義陵夷衰微，以迄於今日。

又《論中國成文法編制之沿革得失》 第九章　成文法之淵源

我國歷代相傳及現行之成文法，裒然巨帙，充棟汗牛。求其所自出之淵源，蛛絲馬迹，粲然可見，今條舉之：

一曰慣習。【略】二曰君主之詔敕。【略】三曰先例。【略】四曰學說。【略】五曰外國法。【略】

第十章　成文法之公布

日本人動引孔子『民可使由之，不可使知之』二語，以相詆諆，謂我國法律取神秘主義，不與民以共見，此實瞽說也。在昔羅馬，貴族專政，故神秘其法律，利用平民無法律知識，得以肆其蹂躪，其後見迫，乃制定十二銅表之法。在昔希臘暴主，有名狄阿西尼亞者，每發一令，懸諸數十丈之柱頭，使民不能讀，而因以罔民。此歐西野蠻之舊則有之，而我國自古不如是也。【略】使《周禮》而非偽書，則我國古代於法典之公布，視為一重大之事甚明。夷考其公布之方法有三：

一曰揭示法。所謂懸法象魏者是也。羅馬十二銅表，建諸公園，使民共見，正用此法。

二曰口達法。所謂徇以木鐸者是也。法蘭西第一共和時所頒憲法，使人嗚喇叭走市中而誦其條文，正用此法。

三曰牒達法。布憲職所掌是也。由中央政府頒法於地方所用之方法也，近日各國通行法，以公文或官報到達日生效力，正用此法。

然則當時公布法之完備也，如此。不寧惟是，其各地方鄉官，常屬民讀法，歲有定期，凡此皆懼民之不知法，設種種方術以使之周知者也。

【略】

由此觀之，我國數千年來，皆執法律公布主義，且以使人民有法律智識，為國家之一義務，其事甚明。其間惟金代曾禁收藏制書，謂恐滋告訐之弊，實為二千年來我族所未嘗行之虐政。然以不孚輿論，禁亦旋弛。近今如會典、律例諸大法典，每撰成，隨卽頒布，而其餘各種單行法令，亦以京報發表之。近世各國公布成文法之方法，每登載揭示於官報，法人馬伊耶士，謂此法由我國最初發明，良不誣也。

且歷朝尚有以律學課士之制，秦時命欲學法令者，以吏為師。漢建初八年，詔書辟士四科，其第二科曰：『明曉法律，足以決疑。』魏文帝時，衛覬請置律博士，轉相教授，從之。唐制科目有明法一科。宋初有刑法科，詔法寺主判官、諸路監司，奏舉京朝官，選人兩考者，上等進秩補法官。仁宗天聖四年，復置律學，設教授四員，公試習律令生員義三道，斷案生員一道，刑名五事至七事。私試義二道，案一道，刑名五事至三事。及元明以後，制科純用八股，然明試舉子第二場，猶作判五條，蓋亦獎厲讀律之意也。凡此掌故，本不足為律學輕重，然此可見，我國法律，本期與民共見，而決非日本人所譏為取神秘主義云云也。

第十一章　前此成文法之闕點

以上所列，於我國成文法編纂之歷史，雖不能具，然大略可覩矣。夫吾所以絮絮數萬言，臚陳故實者，非為陳死人校功罪，毋亦鑑往知來，思為今後立法事業，有所補助也。今欲語將來之方針，請先論前此之闕點：

一　法律之種類不備

近今學者言法律之分類，其説雖不一，而最普通者，則大別為公法、私法之兩種。公法者，所以規定國之組織，及國與人民之關係，國與國之關係者也。私法者，所以規定人民相互之關係，及甲國人與乙國人之關係者也。公法、私法之界説，學者言人人殊，今所徵引者，日本梅謙次郎氏《民法原理》之説也。公法之中，有規定國家之根本的組織者，是名憲法；有規定行政機關及其活動之規律者，是為行政法；有為國家自衛起見，科刑罰於犯法之人者，是為刑法；兩獨立國之間，互定其法律關係者，是為國際公法。私法之中，有規定一般私人間之權利義務者，是為民法；或於民法中，別取其關於商人商事者，為特別法以詳定之，是為商法；有規定甲國私人與乙國私人間之權利義務者，是為國際私法。法律分類之大概如是。【略】

二　法律之固定性太過

法律之有固定性、靜止性，其本質然也。雖然，法律以適於社會之需要為貴，而社會之進步變遷，瞬息未嘗停止者也。以固定靜止之無機的法律，而遇瞬息變遷之有機的社會，然則法律之形質，與社會之實況，常日趨於相離，此自然之勢也。故法律不成文則已，既已成文，則無論若何敏捷之立法家，總不能使法律與社會適相應，而無一毫之隔膜。蓋社會變態之速且幻，終非有文句之法律所能追及也。【略】我國以進步遲鈍聞於世界，西人常謂馬可波羅之遊記，意大利人，當元時遊歷中國者。至今日猶與

中國內地現狀相合，然則以今日而適用前古之法律，其鴻溝似仍不甚相遠。雖然，今之法律非他，唐律之舊也；唐律非他，漢律之舊也；漢律非他，李悝之舊也。夫李悝距今則二千餘年矣，唐之距今則亦千餘年矣，即曰社會進步淹滯，亦安有千餘年前之法律，適用於千餘年後，而猶能運用自如者，而試以今律校唐律，其間所損益者，能有幾何也？夫德國現行民法，由拿破侖時代所制定。即《拿破侖法典》。距今不過百年耳，而運用之者，已覺其多不適而大困難，而倡議改正者且囂囂起。日本《法學協會雜誌》第二十三卷第一號穗積陳重博士著《佛蘭西民法將來》。然則今之《大清會典》、《大清律例》，即使其當乾隆嘉慶間，果曾悉心研究，參合彼時代社會之現象以立案，然至今日，而其大部分已須改正，而況乎其所襲者，實二千年前之舊也。【略】

三　法典之體裁不完善

甲　範圍不確立

學者分法律之種類，又區為主法與助法。【略】主法舉大綱，助法明細目；主法貴簡括，助法貴詳密；主法以法律現象之大原則為準據，成一獨立體，助法以主法為準據，不能觸背主法；主法比較的固定不變，助法比較的與時推移，此其性質差異之大概也。法律中何者當屬於主法之部分，何者當屬於助法之部分，此立法者所最宜注意也。【略】質而言之，則律之與例，會典之與則例，果以何者為界線，彼立法者自初未嘗設有一嚴格的區別也。夫宜為主法者而入諸助法，則效力不强，而授官吏以出入上下因緣為奸之隙；宜為助法者而入諸主法，則主法太繁碎猥雜，失彈力性，緣夫時勢之變遷，而主法遂不得不成僵石。夫即以《大清律例》中之律論之，其中固有一大部分，屬於瑣碎節目，萬不能以入於主法的刑法者，而竟充塞盈帙焉。其不能實施適用，而徒化為一種之裝飾品，不亦宜乎！【略】

乙　主義不一貫

穗積陳重曰：『凡編纂法典者，必先確定其主義。如編纂憲法者，將取國家主義乎？抑取君主主義乎？抑取民主主義乎？其民法人事篇，將取家族主義乎？抑取個人主義乎？其財產篇，將取完全所有權主義乎？抑取有限所有權主義乎？其相續篇，將取分配主義乎？抑取總領

主義乎？其在商法，將取保護主義乎？抑取助長主義乎？抑取放任主義乎？其在刑法，將援據罪惡必罰之正理，而取絕對主義乎？抑取對立主義，而於復讎恐嚇、改良防禦諸主義中擇其一乎？抑取折衷主義乎？又如治罪法、訴訟法，將取口訴主義乎？抑取書訴主義乎？將取聽訟主義乎？抑取審糺主義乎？如裁判所搆成法，將取合議裁判主義乎？抑取單獨裁判主義乎？每當編一法典，則其通於法典全體之大主義，及其為一部基礎之小主義等，皆不可不豫定之，否則，全典脈絡不貫通，而彼此矛盾之弊遂不可免。』【略】

丙　綱目無秩序

立法家之腦力，無論若何偉大，斷不能取社會現在將來之現象而悉計及之，自不能取社會現在將來之法律關係而悉規定之。何也？人之心理，自由活動者也，其活動固非有一成不變之規律，即有之，亦非人智之所能及也。而法律者，向於現在將來而有效力者也。苟現在將來所起之法律關係，而法律絕無所規定，則法律之用將窮。故善立法者，於綱目之間，最所注意焉。先求得其共通之大原理，立以為總則。【略】故立法者，苟欲取犯罪之現象，無小無大，無正無變，而悉規定諸條文之中，則其勢必有所不給矣。故綱舉而目自從，綱不舉，則雖臚目如牛毛，猶之無益也。豈惟刑法，凡一切法皆若是矣。【略】此我國法律所以等於頭痛灸頭，脚痛灸脚，支離滅裂，而終不足以周社會之用也。

四　法典之文體不適宜

英國碩學邊沁，嘗以法律之文辭，比諸寶玉，誠重之也。法律之文辭有三要件：一曰明，二曰確，三曰彈力性。明、確，就法文之用語言之；彈力性，就法文所含意義言之。若用艱深之文，非婦孺所能曉解者，時曰不明。此在古代，以法愚民者恆用之，今世不取也。確也者，用語之正確也。倍根曰：『法律之最高品位，在於正確。』是其義也。彈力性者，其法文之內包甚廣，有可以容受解釋之餘地者也。確之一義，與彈力性之一義，似不相容，實乃不然。彈力性以言夫其義，確以言夫其文也。倍根又曰：『最良之法律者，存最小之餘地，以供判官伸縮之用者也。』存最小之餘地，則其為確可見。能供判官伸縮之用，則其有彈力性可見。然則二者之可以相兼明矣。我國法律之文，明則有之，而確與彈力性兩種，皆甚缺乏。《大清律例》卷首，於律中文辭之用法，雖有說明，然其細已甚，且不完備。以我律文與今世諸國之法文相較，其正確之程度，相去遠矣。若夫彈力性，則我律文中殆全無之，率皆死於句下，無所復容解釋之餘地。法之通用所以日挾，而馴即於不為用者，皆此之由。【略】

以上闕點，就吾意念所及，拉雜舉之，尚未能備。然將來若無編纂法典之事業則已，苟有之，則此諸闕點，其最當注意也。

《政治官報》第六八四號《李家駒〈考察日本司法制度摺〉》　伏思刑律本與禮教相維，出乎禮即入乎刑。民商各律，但規定財產關係，其範圍不出權利以外。刑律不然，權利之外尚有維持公安、矯正風俗諸事，是故維持禮教，捨刑律不為功。然禮教固必須維持，而改定刑律亦不可不求其適用。《欽定大清律例》一書，仁恕公平，法良意美，然時至今日不能不議及改訂者，一則將實行立憲，不得不棄舊以謀新；一則將改正條約，不得不捨異而從同也。奴才愚以為編纂刑律之時，固宜以禮教為主，然與憲法作用及國際交通有關係者，仍宜加意斟酌，以收實效。中國禮教為數千年來立國之本，稍有人心，決不敢輕有廢棄。惟刑法與民法異，凡履是邦之土地者，即應服是邦之刑法。中西政俗本難强同，既欲强人以就我，不妨因時以制宜。我國禮教固宜遵守，而列國通行之禮教亦不能不稍事研求，但使無戾乎風俗，無害乎人心，則斟酌採用，未嘗不收兼納並包之效。若折衷不得要領，而專以遷就調停為事，則新律雖頒，適滋紛擾，反不如遵守《欽定大清律例》之為愈也。抑奴才更有進者，刑罰世輕世重，本無一成不易之規，刑章之寬猛，必以人民之程度為衡論者。歐美各國或席富强之餘，或工教養之術，純用輕刑可以為治。我國皐民之政、化民之方尚未大備，遽議輕刑，適以養奸。然人民程度以培養而益進，則刑律輕重宜變通以趨時。奴才愚以為編纂刑律宜分三期，以次遞進，先後施行。第一期所纂刑律但以實行司法行政分權為主義，凡西律之不適用者，無妨暫置不採。第二期刑律以吻合立憲政體為主義。及憲法頒行，民德日進，斯時可採歐洲新制，重頒新律，是為第三期刑律，以改正條約收回治外法權為主義。如是則推行有序，自無鑿枘之嫌；折衷得宜，亦無歧出之患。

立憲政治駁議分部

論説

《復報》第五期《懷萱〈立憲駁議〉》 十九世紀歐洲民政風潮，奮張跳躍，激蕩湧泳，浸播阿利安種族一般的國民。越二十世紀而渡太平洋，鼓大風浪，乘勢疾趨，磅礴亞東諸大陸。天空一震，大地聆聲，當其沖者，為和漢兩民族。洎和族既醒且躍，而漢族頭角崢嶸之志士，與一班普通社會之卓犖者，亦急起直追。張日翕江，奔波疾呼，而警告於衆曰，購自由要立憲之聲，洋洋溢耳。而素號稱為陳仲子之流者，亦且奔走相告，擦臂摩拳，冀附驥尾，以求人生之幸福。嗚呼，斯言論也，斯現象也，吾深怪之，吾更深憐之。【略】

同胞乎！同胞乎！其亦知歐洲國民之得享自由幸福與政治權利者，果奚從乎？人心奮發，均求完全其固有之人權。而所謂同族同系之宗子者，復具天稟之英聰，悁念同胞之瘴瘁，而設此重大之誓典與重大之憲法，若英若日，其同例已。然日本立憲以前，尚有傾覆幕府諸大危難，英則尤甚。而匪然者，則必經無數之衝突之風潮之困厄之荆棘，乃得慶成。若夫客星踞座，新亭之碧血猶鮮，妖劫未蘇，祖國之青山減色，丁此際而欲要求民政，則其艱難困苦之情狀，更千萬倍於前。若匈牙利，若菲律賓，若荷蘭，若希臘，其先鑑矣。而吾同胞猶曰：吾將購自由，吾將要立憲。嗚呼，談何容易哉！談何容易哉！【略】

吾今敢正告我同胞曰：欲自由，必自光復始；欲平等，必自屏虜始。夫吾亦知光復之難，難於立憲也，然天下事不經破壞，必不克底於和平。況漢滿之界，終不能渾一者乎？吾國民不見夫伊太利之拒奧地利亞耶？血噴肉薄，經十餘年之角競，乃克建半島雄圖。且不見夫希臘之離土耳其耶？腦碎顱斫，歷數數次之抗衡，始得享完全自治。地球上民族建國大主義，膨脹鼓蕩，貫注於國民之腦球者，歷數世紀於茲矣。試一披近周之歷史，其建偉特之事業，震天之勳功，足以闢易環球，泣鬼神而昭日月者，曷一非民族主義之靈光？而吾同胞猶復呻吟於專制政體之下，而綿延長夜，而豐蔀萬劫。嗚呼，何其並此區區之愛爾蘭而不若耶？嗟我同胞，其起其速起，起而發揮其國民之特性，振揭其民族之精神，為荷蘭、為希臘、為意大利、為德意志，以與家賊戰、獨夫戰、醜類戰。飲單于之血，直抵黃龍；標太白之旗，廓清黑劫。其不然，則為匈牙利之噶穌士，則為菲律賓之阿圭拿度，則為杜蘭斯哇之古魯家，揚民族之潮流，警同胞於夢夢，銅駝麥秀，墨經黑旗，其猶可為乎。又不然，則吾願為埃及之亞剌飛，為波蘭之哥修士孤，為印度之智度，以快國仇於萬一。若幷此而不得，則吾將旦旦禮天，祝其速降大洪水，速燎大火山，以殲盡此四萬萬無血性無廉耻之軒皇遺孽，使永永絶迹於坤球之上，而不願見為奴為婢為馬為牛，以跼蹐於庫倫賊種之胯下，而日受鞭撻，而日遭驅策，而日日沈淪於無間之黑獄，使彼異族兒得粉飾其治術，標榜其偽詔，曰深仁厚澤，曰淪肌浹髓，而晨夕謊同胞以立憲也。嗚呼同胞！其奈之何勿醒！

願將十萬橫磨，殲除韃醜；矢率三千鐵甲，恢復河山。嗚呼同胞，其三思之！

又 第一期《恨海〈滿政府之立憲問題〉》 人之所以奔走焉，競爭焉，角逐焉，勞動而困苦焉，日往來於球面之上，孜孜焉而不得少倦者，果何故哉？曰謀生活故，謀幸福故，謀自由故，謀權利故。然在野蠻專制之國，人民之生活也，幸福也，權利也，其程度必淺；在文明立憲之國，人民之生活也，幸福也，自由也，權利也，其程度必高。是則人之所以奔走競爭角逐勞動而困苦者，直接則曰謀生活、謀幸福、謀自由、謀權利，間接則曰要求立憲可也。憲法哉，誠利益人民之生佛哉。使中國而果能立憲也，吾當頂以禮之，膜以拜之，馨香以祝禱之，食不敢暇，寢不敢忘，拍掌大呼，仰天長笑，以歡迎之也。【略】

夫所謂憲者何？法也。所謂立憲者何？立法也。立憲國者何？法治國也。法治國者何？以所立之法，為一國最高之主權之機關。一國之事皆歸法以範圍之，一國之人皆歸法以統治之，無所謂貴，無所謂賤，無所謂尊，無所謂卑，無所謂君，無所謂臣，昔棲息於法之下。非法之所定者，不能有命令；非法之所定者，不得有服從。凡處一國主權之管轄者，皆同一階級，而無不平等者。此立憲之定義也。普魯士、奧大利、比利時、意大利諸國皆所謂立憲國也，然其國會之權力恒不足以敵君主之大權，皆所謂半法治國、半君治國，而不完全之立憲國也。自文明人之眼光觀之，殊不滿於人意。使滿政府而果立憲也，保無為半法治國乎？保無為半君治國乎？保無有分貴賤尊卑、君臣之惡名詞乎？保無有君主之下，而更分無數層之階級，而行最不平等者乎？保無如諸君主立憲國者乎？保無有更不如諸君主立憲國之十倍百倍千萬倍者乎？吾不之敢信。【略】

立憲之國民，必負一定之義務。直接納國稅者，其大宗也。是以各國定例，不納國稅之國民，即無出為代議士之資格。【略】

立憲之國民，必享有一定之公權。其公權之最大者，則莫如人人有為國會議員之資格。而選舉國會議員，則必以人數之多寡為標準。【略】

嗚呼！吾人之所以日亟亟焉以要求立憲也，其惟一無二之目的，大都不外欲脫專制之惡毒，免壓力之痛苦。滿洲如已立憲，不但專制之惡毒不能脫，壓力之痛苦不能免，且益使滿人得有生活，而漢人終無生活；滿人享有幸福，而漢人終無幸福；滿人專有自由，而漢人終無自由；滿人獨佔權利，而漢人終無權利。世界不平等之事，孰有至於此極者哉？是強權之憲法也，是滿洲一方面之憲法也，是滿人限制漢人之憲法也，是滿人限制漢人而使之萬劫而不可復之憲法也。嗚呼同胞乎！同胞乎！驅汝最慈之父母、最愛之兄弟、最親之姊妹、最戀之妻子，以入於鐵獄之內，縲絏之中，使常戴千鈞之石，呻吟嗚咽，而不復見天日，此中慘況目不忍覩，耳不忍聞者，皆由戴滿政府以立憲之為也。同胞乎！同胞乎！公等亦痛心否乎哉。

由此觀之，滿洲政府而果立憲也，其大不利益於中國，雖三尺童子，莫不知其然。是則中國而果立憲也，萬不可以倚賴他人而立憲。中國可以合十八省之團體而立憲也，萬不可以戴滿洲政府而立憲。中國可以為民主之立憲也，萬不可以戴滿洲政府而為君主之立憲。中國可以聯合滿、蒙、青、藏而為平等之立憲也，萬不可以戴滿洲政府而為不平等君主政體之立憲。以十八省之機關為主，以滿、蒙、青、藏之聯合為客，使聯邦民主立憲國，輝煌出現於亞洲大陸之上則可耳。吾人以神聖文明之貴胄，正義人道之古邦，自不為野蠻無理之舉動。凡滿、蒙、青、藏之人民，吾人萬不致侵奪其自由，而使之不平等。伊等應有之義務，伊等固當擔負之，伊等應有之權利，伊等亦當享受之。此以見我國之文明，內可以對於國民，外可以對於各國。然天下事可以必之自我者，斷不可以必之於人。乃滿洲政府而猶曰我貴族也，爾賤族也，我應為立憲國之君主，爾應為立憲之臣民，而固持其頑強不肯屈服之手段，有皇宮高拱，命令一切之氣概，此我同胞之所欲已而不得已者，亦將何以處之哉？夫不見乎巴黎之市民，孰干戈，荷梃杖，破鐵獄，出死士，碎皇宮，殲貴族，血流成河，屍堆積山，然後得攫民賊之肉而朝食之。雖慘禍之來，駭人耳目，要皆彼迫脅我而為之者。我同胞又安敢辭哉？語曰：流血者，自由之母也；立憲者，革命之產兒也。信哉！

《漢幟》第二號《媧石女氏〈弔國民慶祝滿政府之立憲〉》 今政府預備立憲之詔頒矣，四民莫不慶祝，舉國若狂。噫！其眞世界之創聞哉！吾亦嘗讀世界之歷史矣，其自專制而立憲也，必國民購之以鐵血。若英、法、日諸國，其明證也。今我國民不費吹噓之力，汗血之勞，立憲幸福，拱手以得，謂非創聞而何？然而天下事，可以少數人之意見而興者，亦可以少數人之意見而廢之。今我國立憲，其為一二人之政見乎？抑為國民之公情乎？奚待智者而後知。且不問虜詔所云：『立憲實行，視乎人民程度進化之遲速。』我國民試自問其程度若何？況國民程度，果以何為標準？固莫之知。殆將與今政府之高低等，而後可以立憲耶？則今日政府程度，孰與國民高？苟其出吾國民下也，則吾國民復何堪？吾國民盍深思之，庶幾可以自明矣。設吾國民程度，已巋然可與歐美頡頏，而政府仍以為未可，我國民又將奈何哉？然彼盲從且狂者齊民耳，未教而欲其知，斯固難矣。但彼自命為上智、為先覺，而醉心於君主立憲者，或以筆墨，或以手段，運動當道，鼓吹羣氓，不遺餘力。苟有叩之者曰：『今日立憲果何福於吾民哉？』必曰：『欲劃清國權於內，而擴張國威於外也。』然則所謂國權者，非立法、行政、司法三大權乎？既欲立憲以劃清國權，則必設議院、立內閣、創裁判所，各任其責，各行其是，夫然後國權可謂之劃清矣。而今之立法者誰歟？吾可斷言曰政府，所謂貴族憲法是也。行政及司法者，舍今日之親公貝子王侯大臣者，其又誰屬？蓋舉固有之政體，易其名而已矣。非特此也。國家既立憲矣，今而後吾民一舉手一投足，固可悍然詔之曰：犯憲法，觸條律，刑辟隨之，別削奪吾民之自由、幸福更何如耶？嗚呼！昔也踐實之專制，今則空名之立憲。昔者苟政府行令不法也，吾民尚可據理以爭，挾氣以抗，蓋兩無法律之可言，唯權力是尊耳。今則不然，在上者益進其祕密專制之政策，在下者徒被虛浮憲法之牢籠，敢怒而不敢言，日呻吟於機械之下，束手待斃耳，尚何權利之足言乎！且内容既窳敗如是，而欲張威於外，將奈各國之政治外交家，非盡能若我漢族之愚昧何？由是以觀，則振國權、耀國威，二者非成泡影耶？吾民何夢夢耶？然此猶就我國形式而論耳。至若國家組織之精神，在乎種族之異同。同種者，其國祚必昌而彌永，異種必衰而敗亡。觀西洋上古加爾特亞之滅於羅馬，而種族不同之國亡，可以覘矣。又不見日俄之役乎？俄，歐洲大國也，哥薩克兵，又以强勇名世界，乃莫能敵一區區三島之日本。何者？俄人與哥薩克種族不同而心異也。公例如此，豈偶然哉？嗚呼！驅策異族之難尚爾，況驅策於異族者，其禍亂又當若何？我國民之號上智先覺者，其亦思之否耶？【略】嗚呼！吾漢族雖欲棄亡國大仇於無何有之鄉，竭忠盡瘁，以臣妾於異族政府，為其劃策運謀，冀邀世襲之封，翎頂之賞，其奈滿人之分畛域何哉！抑又悲已。設吾漢人甘居於第二印度與哥薩克之民族也，則吾亦結舌緘口，不復論列。苟猶有生氣焉，則將抗聲振腕，為同種告曰：『匈奴未滅，何以家為』！今國亡種仇，遑論立憲，計惟有養其力，固其羣，以攘夷狄而廓清宇内為志。他日振國權，張國威，享眞自由共和之幸福，其庶幾哉！

又　第一九號《闕名〈預備立憲之滿洲〉》　逆胡無賴，假借立憲之空名，以塗飾天下之耳目，其恣睢狼戾之私，亦既彰著而不可掩覆。厥有為之推波助瀾者，亦復前邪後許，日以立憲之空名號召天下。若是者，吾無責焉。何也？彼固貪冒無耻，早夜孳孳，以冀倖獲虜酋之大官重禄，雖湛我神聖之族，以快其私，亦在所弗恤，乃諄諄焉與之誥誡提命，適足為之增重耳，故曰吾無責焉已矣。唯是義聲所布，既閲歲時，而我父老兄弟猶有徘徊觀望，濡滯而弗克振起者，豈其胥昧於大義，視非種眞若可翼戴，曾不思鋤而去之耶？抑以實力之未足，而卑飛戢翼，姑徐徐以圖其後耳！嗚呼！【略】

綜是數者觀之，滿洲之所謂立憲，從可知矣。美其名曰預備立憲，而實則遵循弘曆、玄燁之遺策而厲行之耳。弘曆、玄燁行其策而效，故漢族呻吟困頓於虜廷之軛下且三百年。今其策之效否？固弗可知，要亦視我族之自待若何而已。《詩》有之：『無信人之言，人實誑汝。』虜之誑我民至矣，如梟示淩遲之淫刑，豈非明示廢止者耶？而徐烈士之獄，剖其心，磔其支體，猶以為不足，暴屍兼旬，人莫敢歛，雖至蠻野之國，有淫刑以逞至於此極者耶！立憲，立憲云者，皆此類也。哀我人斯，其勿復歆美名以蘄實禍矣。虜之反覆，猶有進於是者。我日望彼以權利，彼即日責我以義務。執是説以往，則盡室以充兵役，舉衣食之所入以供賦税，皆義務也，吾人豈有倖耶？噫！事寖急矣，將奈何！

《民報》第二四號《太炎〈代議然否論〉》　代議政體者，封建之變相，其上置貴族院，非承封建者弗為也。民主之國，雖代以元老，蜕化而形猶在。其在下院，《周禮》有外朝詢庶民，慮非家至而人見之也，亦當選其得民者，以叩帝閽。春秋衛靈公以伐晉故，遍訪工商。訖漢世，去封建猶近，故昭帝罷鹽鐵榷酤，則郡國賢良、文學主之，皆略似國會。魏、晉以降，其風始息。

至今又千五六百歲，而議者欲逆反古初，合以泰西立憲之制。庸下者且沾沾規日本，不悟彼之去封建近，而我之去封建遠。去封建遠者，民皆平等；去封建近者，民有貴族、黎庶之分。與效立憲而使民有貴族、黎庶之分，不如王者一人秉權於上，規模廓落，則苛察不遍行，民猶得以紓其死。【略】

官吏賊民，宦家武斷，與嶺南人分宗族大小，是為純白中著一黑魘。假令彼政府欲除三害，當專以法律為治，而分行政、司法為兩塗，諸司法官由明習法令者，自相推擇為之，諮於政府，不以政府尸其黜陟。夫長吏不奸裁判之權，則無由肆其毒；司法官不由朝命，亦不自豪民選舉，則無所阿附以骫其文，如是而民免於陧杌矣。猝然外交有失，至於辱國禍民，民得臨時誅其主者，依羅馬法無所問，如是而主相不得自擅矣。惰民、漁户之儔，肇自有明，所以貶抑胡裔。嶺南之葆愛族制，其始亦以分北俚繇，久則泛濫及同種。然皆自法令禁錮成之。若一切許其登録，鋭意獎進，則去此如發蒙振落。如是而王道蕩平，大圜停水之中，無少有坎窞矣。斯固標舉粗觕，未盡委細，然大體不逾是。必欲閫置國會，規設議院，未足佐民，而先喪其平夷之美。若是者於震旦為封豕，投畀有北，未足以盡其誅。

乃者楊度鴟張，誇夫伸眉延頸，喁喁請開國會，滿政府如其請，果刻九年為憲政實行之日。吾且庋閣民族主義，而言代議之不可。【略】

難者曰：知代議必不可行，而公等昔嘗主持共和政體，何其自相斫也？應之曰：昔者吾黨以為革命既成，必不容大君世胙，惟建置大總統為無害，而又慕説美利堅人哀思窈窕，為我好仇，故聯想及於共和政體。不悟置大總統則公，舉代議士則戾；且未嘗推校丁口，與他國相稽也。美之丁口七千有餘萬，視震旦五不當一，其地三千萬方里，視清所據疆土四分而三，視震旦本部以倍。然猶衆建聯州，各為憲法，其議員亦無等差高下，然後分布得均耳。震旦不分為聯州，多選議員，則召喧呶，少選議員，則與豪右。若分為聯州耶，此土情勢，即又與美軏戾。今之務在乎輯和民族，齊一語言，調度風俗，究宣情志，合之猶懼其隔閡，況剖分之？

若就民生主義計之，凡法自上定者，偏於擁護政府。凡法自下定者，偏於擁護富民。今使議院尸其法律，求壟斷者惟恐不周，況肯以土田平均相配？故當時言共和政體者，徒見肤表，不悟其與民族、民生二主義相抵梧也。

余固非執守共和政體者，故以為選舉總統則是，陳列議院則非。總統之選，非能自庸妄陵獵得之，必其嘗任方面與為國務官者，功伐既明，才略既著，然後得有被選資格。故雖以全國人民臚言推舉，不至恂瞀而失其倫也。至夫議員則不然，其被選不以成績，有權力者能以勢藉結人，大佞取給於口舌，嘩衆嘯羣，其言卓犖出疇輩，至行事乃絶異。家有閻妻，又往往以色蠱人，助夫眩惑，既與舉者交歡，騁辯未終，令聽者魂精顛沛，蛾而使其良人上遂矣。美國之法，代議士在鄉里有私罪不得舉告，其尊與帝國之君相似。猥鄙則如此，昌披則如彼！震旦尚不欲有一政皇，況欲有數十百議皇耶？他國未有議員時，實驗未著，從人心所縣揣，謂其必優於昔；今則弊害已章，不能如向日所縣擬者。漢土承其末流，琴瑟不調，即改弦而更張之爾，何取刻畫以求肖為！吾黨之念是者，其趣在恢廓民權，民權不藉代議以伸，而反因之掃地。他且弗論，君主之國，有代議則貴賤不相齒。民主之國，有代議則貧富不相齒，橫於無階級中增之階級，使中國清風素氣因以摧傷，雖得宰制全球，猶弗為也。

夫欲恢廓民權，限制元首，亦多術矣。如餘所隱度者，略有數端。代議不可行，而國是必素定，陳之版法，使後昆無得革更，其事云何？總統惟主行政、國防，於外交則為代表，他無得與，所以明分局也。司法不為元首陪屬，其長官與總統敵體，官府之處分，吏民之獄訟，皆主之，雖總統有罪，得逮治罷黜，所以防比周也。學校者，使人知識精明，道行堅厲，不當隸政府，惟小學校與海陸軍學校屬之。其他學校皆獨立，長官與總統敵體，所以使民智發越，毋枉執事也。【略】

如上所述，此政體者，謂之共和，斯諦實之共和矣；謂之專制，亦奇觚之專制矣！共和之名不足多，專制之名不足諱，任他人與之稱號耳。大抵建國設官，惟衛民之故，期於使民平夷安隱，不期於代議。若舍代議政體，無可使其民平夷安隱者，吾亦將撫取之。今代議則反失是，不代議則猶有術以得是，斯掉頭長往矣。名者，實之賓也，吾漢族諸昆弟將為賓乎？

《江西》第二、三期合刊《勵奮〈國會論〉》 去專制而立憲，因立憲而先策國會。國會之設，徒以美觀聽乎？抑以求實效也？今日之國會，則吾決其無實效，雖有九年之預備，徒虛文耳。茲就中國之大局，及吾人所處之地位，分為數項，而銓釋國會之性質，與中國所以不相容之故。

一、宦途之雜沓也　國會之開，選舉為首要。選舉淆亂，議事必無紀則。【略】吾人以今日之政府不能開國會，即以今日之國會為宦途之濫觴。

一、租稅之煩重也　司農仰屋，《碩鼠》興嗟。自古民病於賦，至以為哀矣。

《民心》第一期《鐸人〈對於憲政之民心與立憲之不可得和平〉》

異哉！吾國自預備立憲以來，始而調查戶口，召集諮議員，進而開資政院，定全國預算案，且紛紛然舉辦地方自治也，請愿國會也，修改預備之清單也，司法獨立也，詔敕文告之頒行，已舉國曉曉矣。然還問吾民，至有並立憲二字而不能解釋其義者。吾初以為不如是之甚，乃按諸事實，揆其理由，不禁啞然笑曰：是誠無怪乎不解者。

今試縷述吾國今日對於憲政之民心与立憲之不可得和平。何也？立憲雖有君主、民主之區別，而即君主立憲而言，固亦謂國家立定憲法，使君民共守之，此所以異於專制者也。若吾國所以立憲，則由於執政者有不可告人之隱，以故種種籌備之進行，並無以異平日之專制。故吾民即有意中之所謂立憲宜如彼如彼，而目中所見徒如此如此，固已不能無所迷昧矣。況吾國四千年之歷史實無此新穎之名詞，徒以日前所見之舉動，而望吾民有以知『立憲』二字為國家制定法律君臣共守之意義，不誠難乎？

夫所謂種種籌備之進行，並無以異於專制之作用，聞者疑吾言之謬乎？今試舉其證。可不必論其他，即如立憲國民有三大自由，一曰請願自由，一曰言論出版自由，一曰集會結社自由，為問吾民今日有一於此乎？夫以暴秦之無道，尚能容茅焦之狂言，乃去年東省之國會代表，卑詞屈膝，涕泣乞憐，自以求免於死亡，政府竟悍然不顧，迫之於死，則所謂請願自由者安在？東西各國之重視輿論也，除關於刑律、報律之規定外，惟有必須嚴守秘密者，乃使報館避而不言。今日我國則凡有不便於政府者，則政府得任意禁載之。如温世霖之充軍，政府若明知為强暴無道，而先箝制民口，不其顯乎？各國智術愈進步者，其出版物亦愈多，不特關於實物學之學理，日益精微，若政治學、社會學，更無不日新月異。至我國政府，既有不可告人之隱，故多所顧忌，不惜斬殺新機以愚黔首，則所謂言論出版自由者安在？若立社結會，尤民氣之所凝結、民魂之所依附者，故政府對之雖得干涉，要其光明正大者，仍應扶植而保護之也。乃當預備立憲時代，並國會同志會亦不許設，極之最無價值之統一帝國會亦被解散矣。又近日片馬問題，滇民憤迫，刊發傳單以集議，外部乃飛電阻止之。是吾民無論對內對外，但欲回復權利而集會結社者，均不可得，所謂集社結會自由者又安在？【略】

嗚呼！因政府不肯眞立憲，致使吾民不知立憲之意義，固已足傷。而尤可哀者，則以吾民不知立憲之如何，而政府正以為倖也。何也？政府果有意立憲，則惟恐吾民不知立憲之利益，或為籌備種種之阻礙。惟政府無意于立憲，故大幸吾民之不知立憲，而易於欺弄也。及熟知吾民不辨立憲之謂何，於是現其猙獰之面目，强制之手段，以恫喝之。觀其拒絕請願國會也，一則曰人民程度不及，再則曰人民程度不及，不知此為政府延宕國會之口頭語，則若深惜人民之程度不及，其隱衷乃眞倖人民之程度不及，而便於以假混眞也。【略】

吾國今日對於憲政之民心也如此。若夫眞立憲，則必不能和平得之。何也？環顧地球憲成法立之國，無不强固，問其何自得之，則曰有自破壞得之者，有自和平得之者。破壞者且勿言。其自和平得之者，曰英，曰日。夫英之不能學，人所知矣，則宜莫如日。說者見日人憲成法立之歷史，與夫成立以後之國勢，則從而豔羨之，而欲移之於今日之中國。獨不思憲法未成以前之日本，亦猶是今日之中國乎！當夫慶應之末，明治之初，一二志士前僕後繼，相與建改革之功者，此其人為何如乎？豈如近日之數道上諭遂可冒之以大政維新乎？先輩未見有西鄉隆盛，而今日之志士乃欲為伊藤博文乎？改革之緒，有先後，有次序，勿可越也，故必先造新政府，然後可以行新制度，斷未有求舊政府而可以立新制度者。【略】彼政府者，又烏知有所謂和平，有所謂激烈，第知有一物足以倒其飯碗頭者，必出死力以拒之。拒之有其辭，指之為匪黨而已。匪黨者何？倒飯碗者是也，豈有定名哉！假使謂政府中人曰，『有官與爾，有錢與爾』，則無論何人，彼輩皆認之為世祖章皇帝矣，不見其待黨人乎，其名曰保皇，而殺之。夫改革之名至曰保皇，恭順極矣，豈不得謂之和平也哉，而拒之也尚如此。則今之所謂立憲較□□為和平，宜若政府可為之矣，其亦知政府眼光中又烏有所謂立憲、□□者乎？要之，此四萬萬之性命財產不絕，不足以保其飯碗也。由此推之，則欲救中國而言立憲，則政府亦視之為叛逆矣。嗚呼，政府尚以眞立憲為叛逆，而謂和平以望立憲，其可得乎！其可得乎！

立憲與外交關係論分部

論説

《外交報》第一六七期《論立憲與外交之關係》 綜觀吾國今年一年

外交界上之事，其間如改訂藏約、商議俄約、開議中義商約，及與英使商禁鴉片進口，與日使提議交還營口等事，皆其犖犖大者。其他如阻止各國兵艦駛入鄱陽湖，與日使商撤東三省軍政署，各國撤退京津駐兵，德撤高密防軍，法人增兵粵桂邊境，則事之關於軍政者也。廢銅官山礦約，廢四川華英煤鐵公司合同，索還漠河金礦，拒日使要求東三省漁業權，商廢法商楚澂永等七屬礦約，則事之關於實業者也。其關於交通者，則有禁止外人干涉電綫電話事業，廢英商蘇杭甬鐵路合同，拒英使要索滇緬路權，阻法人謀奪潯州航權，及中英會訂廣九路約諸事。其關於教務者，則有江西南昌教案，河南周家口教案，安徽建德教案，霍山教案，浙江新城教案，福建漳浦教案、鎮海教案諸事。凡此各端，雖皆與吾國有密切之關係，然非必前年去年，日俄宣戰、媾和，重大之關係也。而其間至大之一事，則為定立憲、改官制，此為吾國數千年來未有之局。溯之往古，自洪荒草昧，至黄帝而一變；自黄帝至秦而一變；自秦至今日而一變。今歲之事，其中國立國古今之分界乎？顧其事屬於内政，不屬於外交。談外交者頗忽之。雖然，吾人私見，則以為立憲之舉，雖不屬於外交，然吾國之立憲，實發源於外交，而其究竟，亦必影響於外交，有非可專以内政論者。其今年所見外交上一切交涉，則皆立憲不立憲問題上之支流餘裔，其前途未有不可以立憲卜之者。然則論今年一年之外交大事，仍當以立憲為主腦矣。請略陳之。

中國古無憲法，故其初聞外國之政體也，漠然不以其國會為意。其後則粗知國會之為善政，而於國會之成立，及其作用，皆不及深知。當二十年前，日人閧然要求立憲之時，我人士尚不知其作何事也。其為瞶瞶，孰大於是！自後屢與外人交閧，百舉而百不勝，始微有悟於外人之籌餉則輸將恐後，陷陣則生死無貳，其所以致勝於我者，殆不盡由船堅炮利之故。於是進而求其故，稍知其效，為非專制所能有者。而其時外邦直諒之友，本國憂時之士，其所以强聒我政府者，亦無不此一大事因緣，不惜唇焦舌敝，效其忠告。而當軸亦自知將危，智盡能索，舍此之外，無可試進之方藥，而立憲之意遂萌矣。迨日俄一戰，其勝負之原，千因萬果，殆非常智所能窺，而以致單簡之言斷之，則惟可謂之專制不敵立憲已耳。自有此説，而言者益堅，聽者益悚。今年之秋，遂有此詔。縱時論中詭，以為其間別有異因，殆不由於求治，然非本報所欲討論也。自本社觀之，則有屢次外交失敗之惡因，乃有内政改良之善果。是謂中國立憲，其實發源於外交。

至論立憲之影響，何以將及於外交，此可分兩事論之：一、憲政成立之影響；一、憲政不成立之影響。此二事者各有其因，各有其果。何者來至，今日尚未能決定也。

外國將合縱以瓜分中國之説，騰布五洲，中國人聞而悚息，亦有年矣。然自今日微窺之，覺瓜分中國之説，外人雖確有此意，然未必即見諸實施。數年之内，彼族殆秣馬礪兵，以聽吾人之自取，其進退初無成見也。吾國而自强耶，彼將為我友邦，必不生吞活剝，以蹈不測之險。其間恐不能无阻我自强之舉，然必不致无故而用兵耳。吾國而不自强耶，彼豈天予不取，反受其咎者？蓋即欲不動而不能矣。而吾國自强、不自强之機，則斷然取決於立憲。此其相關之故，閎深茫杳，發揮其故，則屬專家，非本報所能盡。質而言之，則當今日競爭劇烈之世，乃舉國與舉國相競，非皇家與皇家相競。非以國家為億兆之國，則講學興工籌款練兵，百姓皆將視為朝廷之事，與己無涉。一旦有事，以我之一家，敵彼之一國，相遇即靡，理之常耳，平時商戰，更無論焉。我之不勝，皆坐此也。故吾國而能立憲，則根本既堅。今日教案路約礦約之事，一經收回治外法權，即可永不復見。倘其不然，則此等之事，行將日甚一日，必至舉國無一人一事，非掛洋牌不可。至此之時，國雖不亡，實已慘於亡矣。是謂中國立憲，其影響必及於外交。

至於憲政之能立不能立，則不係乎政府，而係乎國民。且並不係乎今日之國民，實係乎先民之政教。先民政教中，其猶有善因耶，則憲政必立，而吾國必强；其竟無善因耶，則憲政必不立，而吾國必亡。强之與亡，非今人之功罪也。言至此，別已抉外交内政之源，而其事精微，亦非聖哲不足以與知矣。

又　第二一六期《論國會為治外交之本》　自立憲問題之發生，歲星三舍，而議論猶未解決，朝野上下之間，囂然其不靖矣。在朝廷以茲事體大，每不勝其難其慎之思；在國民創巨痛深，更不勝一日千里之想。下之求之也愈亟，上之應之也愈緩，若迎若拒之間，恐將為他日君民相疑之巨變矣。

夫以一切內政，稍稍沿襲舊制以為之，猶或可也；獨至外人交涉，則非有國會以盾其後，必不能伸國體而戢戎心。今試一審寰瀛之大勢，而證以吾國外交失敗之歷史，自有以信其説之非譸言耳。

十九期以來之外交，非君與相少數人之關係，而通國國民之所關係也。彼方挾其萬衆一心之勢力，以行其帝國民族之主義，而我僅以少數人之智力與之相角於逐鹿之場，縱復竭精敝神，庸有濟乎？近日外交，益形困難，如滬杭甬鐵路借款之事，如西江緝捕行船之事，如二辰丸償款謝罪之事，如法人滇邊索賠之事，吾外務部亦嘗竭心思，絞腦力，以與之爭持矣。然或則全局敗衄；或則幸獲轉圜，而不能無所損傷；或則極力磋磨，未能就緒。國民徒知歸咎於上，而不諒其勢之不足以相敵。政府怵於國民之嘖有煩言也，而不諒其志之無他，徒欲以權力强制紳民之干預。以故每有外交事起，政府國民之間，恒預存猜嫌忌沮之心，相為對待。國民則疑政府之袒庇外人，政府則慮國民之謀搆外釁。其始起於相疑，其繼遂成相忌。其因植於外交，而其果遂及於內政。震撼危疑之象，孰有過於此時者哉！而實皆誤用其心思，以致積嫌而莫解耳。日人之論二辰丸事也，嘗微諷其政府，以為濫用恫喝之强權而不顧兩國國民感情之關係，恐此後日民在中國之交際，更增一段之棘手，云云。觀此，則知茲事之失敗，實由政府獨任其責之故。向使國會早開，外交事件，人民得參預其間，集衆聽以為聰，則良謀自出，據羣心以為固，則禦侮無難。日人雖狡，亦將憚我衆志成城之民，而不敢輕於一試矣。跋前疐後，來軫方遒，奈之何猶不易對內之競爭移以對外也！

是故政府之對於國民也，當公聽並觀，以收同心敵愾之效，而不可過事夫猜防；國民之對於政府也，當至誠惻怛，以銷其防閑畛域之私，而不可激烈以召變。所以停上下之爭，而通其郵者，惟國會耳。嗚呼！半載以來，協商之舉，喧於薄海內外，東西列强，方且化其種族之見，同心致志，協以謀我。而吾國之君若民，日處此四面楚歌之中，猶且相防以術智，相爭以意氣，小慚之弗忍，而犧牲其無疆惟休之幸福以殉之，是亦不可以已乎！

政府無曰國民程度之弗及也。夫不習其事者，終不能精其業。政治之學，雖極精深，然猶是人羣共同生活之一事耳，非使為實地之研究，雖俟諸百年以往，而其一無進步，依然今日之現象耳。百司庶績，猶可曰漢家自有制度，不須捨己從人；若夫外交事件，則安危禍福，受之者只在國民，而君若相曾無所關係焉。彼以全國之力來，而我以全國之力應之，則衆寡相當，而勝負之數，雖有智者，無從預決，縱其始不免小挫，而終能振翼桑榆。享戰勝之利者，國民；獲戰勝之榮名者，則君、相也。若夫彼以全國之力來，而我僅以少數人當之，則不待交綏，而已決其一敗塗地矣。願吾國之政府、國民，一審思焉，渙然釋前嫌而圖後效也。

《民聲》第一、二期《鐵厓〈中國立憲之觀察與歐洲國會之根據〉》 今天下之士，雷動雲合，魚鱗雜襲，以羣相叫囂而不靖者何？曰請立憲。邊鄙之民，延頸舉踵，喁喁然望都門而籲請者何？曰請開國會。夫豈以立憲開國會之名為中國數千年所未有，而好為是標新領異之舉哉，亦以為國家多難，四夷交侵，非恃此以為救困扶危之計，則不能起孱弱疲癃之沈痼耳。顧吾思之，憲法與國會果為何物，果具何等魔力，而有此旋乾轉坤之妙術耶？夫外人之淩逼我者，其心至險，其術至工，其鋒至鋭，其勢至危，知其淩逼之不免於亡而起而拒之，其必有直接之道以塞其心、弭其術、遏其鋒、殺其勢，而後可以救其急於燃眉。今試問謀國之士，所謂憲法者、國會者，其用心安在？試觀前歲擬定憲法大綱之折，有最簡括之語曰：『夫憲法者，鞏固君主之大權，而兼以保護臣民者也。』然則何嘗以為對付外人之策耶！若謂謀外宜先固內，則必以專制之時為不固，一立憲、一開國會而君民皆安如磐石、固若金湯矣。而吾就所定憲法大綱察之，則與專制時無或稍異，且於國危無絲毫之相關，不過變其名稱耳。

【略】

在起草者，固以為非攬盡諸大權，不足以鞏固君主。然專制時君主無此大權乎？必待規定而後鞏固，則豈專制時反不鞏固乎？則為之解曰：憲法既定為成規，君民之權利義務，必當規定為不易之常經，雖其權仍與專制無異，終必著為煌煌令典，以使臣民共知，罔敢僭越，而後君權乃可牢固於不替。其所以與專制異者，君權雖未損一分，而有議院以使國民參議耳。夫國民之參議，果有何等權與之，姑於後論，今且問吾國內憂外患之岌岌不可終日者，果係乎君權之規定否乎？喪師旅，租港口，失利權，凡自甲午以後，聯軍之入京，滿洲之被奪，與夫伏莽之蠭起各處者，固皆專制時君位鞏固、君主握大權之時代而發生此種種之現象。豈今日以本所固有之權而著之為典，卽有特別神力，以潛消國內之烽煙，嚇退外來之羣魔乎？同一握大權也，於此時可用之以挽回，卽於彼時可以保守，非托諸憲法空文以惶惑天下人之耳目而卽可以挽既倒之狂瀾也。狙公賦茅，朝三暮四而羣狙怒，朝四暮三而羣狙喜，吾恐今之齒巉巉焉而思嚼者不羣狙若也。然而謀國之士則曰：吾望立憲以救國者，非必在君權規定之一方面，尚有國會，使國民議政之作用在。吾乃更觀於所定之議院法，以審其議事之權。『一、議院只有建議之權，無行政之責，所有決議事件，應恭候欽定後政府方得奉行。』此今之政客奔走號呼心醉夢想之國會之權利作用也。吾以為有何等神奇不測之妙用，立以起中國之沈淪，而放光明於世界，而其能力乃如斯而已乎！夫建議者，議院之本義；而恭候欽定乃得施行，又君主立憲之成規。然試問未有議院時，廟堂之上，鴛行鷺序，濟濟公卿，非皆建議者乎？公卿之建議與議院之建議有何區別？詎以議院皆國民代表，所言皆國計民生，公卿為一身利祿，所言皆纖細委瑣乎？則吾未見議員之人格果否甲於公卿。然姑無論議員與公卿所建之議何如，而必待欽定乃得施行，則去取之權概由於君主，議員卽與公卿同處於一例，而立憲政體之議員，與專制政體國公卿無以異矣。安在公卿卽足以亡國，而議員卽足以圖强乎？若謂議員必勝於公卿，則必議院議決之事必見諸施行，而無須君主之裁可，或雖裁可而仍在不違議院之所決，而後足以展議院之驥足。若猶有君主制限於上，則仍是君主之專制，而議院亦不過空言叫囂之鄉紳會而已。夫議院本有一定之限制，固不能凌越而伸張其權於範圍之外，以此言之，議院之有無，固無關於吾國今日之時局矣。夫吾國之艱危，雖如千瘡百孔，然其大而顯者，固莫如列强之割我土地、侵我鐵道礦山諸利權。試思吾國與列强所訂之諸條約，可以謂今日已開國會卽能廢止之而不履行乎？若謂條約之履行與否，在外交手腕之何如，非與國會有直接之關係，然則有國會與無國會何異？外交果至失敗，雖有國會，亦不能抗拒其已成之條約而無端廢止；外交果占優勝，雖無國會，亦可以保持其固有之權利而尊我國權。試觀日俄和議，日本雖云讓步，然國民固不滿。日本固立憲國，固有國會，何以不能取小村所訂之條約而毁棄之，而再訂新約從其要求乎？是則國會無補於失敗之條約明矣。又如吾國廢棄晉礦條約，固無國會者，何以能恢復已失之利權，則亦外交手腕而已。且外交之事，非特國會無補，而且不能過問。不觀宣戰、媾和、訂立條約，均規定於君主大權中乎。則無論喪失幾許利權，割棄幾許疆土，無非君主一捺印耳，何物議員敢預乃公事耶！夫此關於國家存亡之大端，國會卽渺不相涉，而建議之天職，又徒事空言而不能必見諸實行，則亦惟有自相聒噪而已。有何緊要，而請願上書，奔走相告，有若瘋狂耶！或謂國會雖與外交風馬牛不相及，然議院可以彈劾大臣，如以為外交失敗，固可彈劾而去之，議院法不有明文規定乎？是固然矣。然試觀其文云：『行政大臣如有違法情事，議院只可指實彈劾，其用舍之權，仍操之君上，不得干預朝廷黜陟之權。』是議院只可空言彈劾而已。姑無論不必卽以議院彈劾之是非為是非，卽使確以議院之言為實，而亦未必曲如議院之心而黜陟之。何也？蓋已明定用舍之權仍操之君上，若因議院所言而行其黜陟，是無異議院自行其黜陟，而用捨之權轉移於議院矣。且推其不肯假權於議院之心，必有反議院之是非而自為是非者矣。由斯以言，議院之彈劾，尚不如言官。蓋言官，為個人單獨之行為，非預挾一防之之意，卽使用其言以為黜涉而與君上大權無慮；議院則明為國民代表，先挾一民權伸則君權絀之念以防之，必不肯稍因其言以為黜陟，以使議院得隱操用捨之權，而議院之彈劾為空言無效，不昭然若揭哉。夫第就表面言之，建議彈劾，卽議會間接以補救國家對外之失敗者；一就內容事實察之，則其不足有為如此。下此者所關渺矣，然猶曰可以擁護民權。其第四條云：『國家歲出歲入每年預算應由議院協贊。』此預算者，以其不足將取之於民，故使其代表者自算，以明當需者之必不可減少，而後納稅者乃能踴躍而奉公，如以為不必增者，則民可以反對而不納，非若專制時之得任意苛斂也。以表面言之，民權固較專制時伸矣。然吾觀於日本近事，而知民權之終不足恃。日本四十一年度預算時，政府欲擴張海陸軍，需費逾於常額。而議院反對者過半，以為日俄和議既成，東亞無復用兵之事，固無須擴張軍政以增稅而剝民。然而議院之勢力，終不能如政府，反抗者雖如何激烈，而增稅案終至通過，議院於原預算上不能減少分毫。以彼民智之開倍蓰我國，且不能反抗政府峻拒不納，矧吾國民久羈軛於專制之下，服從成性，而謂敢反對政府之意乎？則預算時惟有唯唯諾諾順承意旨而已。且條文但云協贊，協贊意義，只有順承，並無反抗。則捨相率承諾外更有何權？即使如專制時之橫徵暴斂，議院亦安得而禁阻之。不觀君主大權，可以封閉議院耶？則所謂保護民權者，非一紙空文而何！況第二條云：『凡君上大權所定及法律上一切必需之歲出，非與政府協議，議會不得廢除減削。』夫君上既總握大權，何項不可定？議院與政府協議，固不能抗政府而違之明甚，議院果有何權以置可否？凡此數則，均國會之權力作用也，而已無效若此。嗚呼，此空名軀殼之國會何濟於時事，而煩謀國諸公馨香禱祝耶！且夫議院者，操立法之權者也。以各國憲法言之，則議院為三權分立之一，雖或君主、或大統領握統治之權以臨於上，而立法之權實名實不相違，而後足以就其權限範圍内以共謀國家之發展。今即確有立憲國三權分立之實，吾猶以為於阽危之國家不能補救於萬一，況虚有其名乎。吾考其事實，察其原因，其佯狂奔走籲請號咷者，倡率之徒則借此為筮仕登朝之路，而附和者又懵然不知相與盲從，但得一憲法空名已躊躇滿志，夫何計於國家安危確有補益否乎！不然，如彼起草者，固嘗粗知各國憲法，豈於此而即以為名實相符？且君權之重如此，又豈違心而毫不加察？吾於此乃懾其揣摩迎合術眞絕倫矣。蓋政府知立憲之不可已，而遲疑審顧者，慮分政權於國民而君權朘削，故明知惡潮衝激，不容專制政體之長存，終必固握其柄而毅然不顧。而彼乃探其隱微，而售其奸術，以為政府之所慮者君權，而顧君權戀專制又無以籠絡天下之人心而潛消隱患於無形，吾能變其專制之名，而不損君權之實，則為政府效謀為至忠，即政府感戴於我必至厚，夫何患高爵厚祿之不逼我而來。但求吾計之可售，我身之獲寵，彼議院即有名無實，果何損於我。此所以有僞立憲而眞專制之憲法也。然而猶慮彼黨不能分杯羹者之相疵，於是矯誣其説以文其奸，其言曰：『各國僅以憲法為民權之保障，中國則兼以憲法為君權之保障，而除欽定憲法以外，別無可以保障君主大權。』見憲政公會布告黨人書。此即因彼迎合之迹太著，不能不曲為之説，以見中國民權不必過事，而君權不可不重也。然而憲法果足為君權保障乎？吾誠蒙昧而不能昭晰也。吾觀中國數千年歷史，皇家帝世，興亡疊嬗，其能握乾符闡坤珍以使萬姓推戴者，無非兵威足以讋伏羣黎；其致遷九鼎喪神器以致天下叛離者，無非兵力不足以鎮壓人心。雖稽其事迹，或有不侔，要其大端，不外乎是。故可以簡括之語詔彼曰：兵力者，乃君權之保障也。兵力足以威伏國民，即無憲法，而君權亦如泰岱之不可動搖；兵力不足以威伏國民，則無論憲法如何規定，而内憂外患仍環生迭起，君權仍危如累卵。爾欲輸忠效順，惟有稽顙泣血，以請廣練雄師殺盡國民而已。然而爾非不知也，知之而不以練兵為保障，第以憲法為保障者，則以所習者僅速成法政，不諳軍旅，為政府計雖善，為一身計其如匏落堪傷何！【略】

雖然，吾之繁陳而不厭者，不過以中國憲法之無實，欲國民比例以觀，以察乎他人立憲之根據，而自悟其所居之地位耳。實則即如歐美之立憲，國民果可以得實權乎？果可以免於專制乎？證以學者之所調查，吾又不敢謂彼邦憲法之果足以師矣。蓋立憲之特長，首在國會制度。而孰知國會之弊，有不可勝言者。如美利堅政體，固共和立憲之巨擘，然威爾孫所著之Congressional Government曰：美國下議院之勢力全移於委員會，而委員會又在委員長勢力之下。凡重要之事件，皆決定於委員會，議院惟形式的投票而已。而委員長又由下議院議長專權主選。故名曰立憲，而實六人專制。六人者何？大統領、國務卿、大藏卿、下議院議長、二委員長是也。英國之政治，則西鼎宜老所著之The Governance of England曰：英國之國會，至於近時已大有變遷。下議院最高之勢力，唯形式的之意義耳。從其實際政體言之，最早已非議院政治而内閣政治也。蓋其實際之權力，全由議會遷於内閣。故人謂英國戴二種之統治者，名為兩頭政治，一指統治者之君主，一指内閣也。至歐洲大陸，其初以激烈之競爭，犧牲無限之人民，始贏得國會，而今時對之反大不信任。如法國或改議院内閣之制，或内閣員從院外選任，而内閣交迭頻繁，議院又缺適當之立法技能，蓋亦不復有議院之實矣。意大利之政治，受攻擊者極多。心理學大家西額勒由理論上解剖國會制度，蓋已無一毫之價值，而且以國會論入於犯罪論之書中，可見其國會内容矣。比利時固呼為憲政之模範國，然今則内容弊端甚多，論比利時議院之頽廢者，蓋已衆矣。至荷蘭則亦與比利時伯仲而已。德意志之議會勢力最薄弱，非其國會之權限範圍狹也，國會分為十數黨，其發表意思全不適當也。若夫制限選舉之國，國會又全無勢力，殆與政府之專制政治無異。觀奥大利、匈牙利之歷史可以見矣。凡此諸國之國會，弊端雖不一，而可以一言蔽之曰：國民對於議會毫不信任而已。夫國會為國民代表，國民既不信任，則國會何益於民生？何補於國是？原國會之起弊，先由於代表之思想。代表者法學上之顯象，而非政治學上之顯象也。依於法規之力，以少數之意思，作為全國民之意思，而於政治上之實際，則國會之議決，不過會員中多數者之意思而已。盧騷有言曰：凡人非可得代他人者也。其不可代，猶他人之食飲，有不能代之實際也。夫使議員全由國民之心理選舉，而猶有不可代之學理存焉，況乎今之選舉純由政黨之競爭。夫政黨豈足為國民之全部乎？故議會者政黨之議會也。以國民視政黨，則無非立於政黨專制之下而已。然使政黨之組織果善，猶足以自解於國民，而烏知有不然者。英國者，國會制度之母也，然謂為國會政治寧謂為政黨政治。蓋政黨黨派各殊，互相傾軋，以爭政權，且棄國家公益而計本黨之私圖，於其黨中有利益者則力爭，於其黨中有妨害者則反抗。而政府又欲得政黨之歡心以安其地位，於是而國家之利害，一變而為黨中之利害。而國民之利益，反置之於不論不議之列矣。且推其顧本黨不顧國民之弊，非但不與國民以利益，且與國民以妨害。何也？國會既為立法，則其立法之本意，必以政黨之利害為轉移，而利於政黨之少數，即害於國民之多數矣。即如財政，固國會之任務，以保護國民為主旨者，而國民反因有國會而負擔愈重。考諸英、法等邦，其民間久已嘖有煩言矣。然則即使吾國有正當之立憲，以比隆於歐、美，而今轉恬然以政黨自命而不恥者，已狂躁號召，躍躍欲試。一旦得遂其營謀，吾恐其弊較歐洲之政黨為尤甚。蓋歐洲民智開自上古，視民權為生命，而政黨且可為揚竃之術以欺其民。吾國民既顓蒙闇蔽，未盡開豁，而所謂政黨者，又皆卑汙苟賤，惟知獻媚迎寵，以愚民之手段，邀政府之歡心。苟可以取悅於政府，又何憚而不為？且當樹党之初，即互相攻伐。余曾遇憲政公會某黨員，語及政聞社則痛詈之。而政聞社黨員，又與該黨魁相排擠云。設當國會已成、政黨已固，則各私其黨以爭妍奪寵於政府，其必曲盡其術，虐取於蚩蚩之民以買政府之歡，可斷言矣。以歐洲之民尚不能抗拒政黨而廓清之，吾民當此，除長嘆奈何恐無術矣。故以吾國上下之人心，推諸歐、美國會之弊害，使即眞立憲如歐、美，亦無非政府直接專制國會，國會直接專制人民而已。是則未立憲僅一政府專制，既立憲又加入國會專制。合兩層專制而國有不堪問者矣。且夫國家當內憂外患危急存亡不容一瞬之時，合全國為一心以圖振奮，猶懼不克支持，況以政黨交訌於中，上以逢政府之惡，下以剝萬民之利，國有不分崩離潰者乎？吾恐小民胥怨，奸宄潛興，內亂頻生，外侮迭乘，土崩瓦解之勢於是焉成矣。今之人徒慕立憲之名美，而不研究其弊端，因政黨之囂訟，而即羣煦其沫。庸詎知立憲不足以圖存，而政黨反足以亡國乎？然則有所謂政黨者立於國中，在今時則以偽立憲熒惑上下，在眞立憲時又黨同伐異，殘下媚上，以虐民而亂國。而一有立憲之名，即有標榜政黨者，如附骨之疽，非至死亡不去。則立憲後，死亡無日矣。況外禦強寇、內整國威乎？由此觀之，無論其立憲之眞偽與否，而於中國今日之局勢非特毫無補益而且轉增危險矣。或問如所云云，則中國將坐以待斃乎？是又不然。吾之所嗤薄立憲者，以醫不對症也；以國民不知自奮，性癡望立憲也。故先醒其迷，而以治疾之藥進。世有韙吾言者乎，吾將繼此而呈之。

《外交報》第二三二期《邵羲〈論借外債築路之利害〉》 自滬寧借款築路之契約宣布，主權之喪失，國民之負擔，無時可以挽回。國民痛心疾首，視借外債築路為畏途，遂有蘇杭甬借款之風潮。當時之政府亦未始不知滬寧借款契約之失而內疚也。及津浦借款築路之契約成，政府遂自以為得計，足補滬寧之失，而以後之築路無不可借外債以成之也。故粵漢、川漢兩路亦遂有借外債之命。

夫借外資以謀殖產興業，使本國之實業發達，增拓富源，固為文明國家之所許。然須本國法律完備，能使外人遵守，方可利用外資輸入之法，准外人放資在本國設工廠、開礦產、營實業，以發達國內之富源，濟財政之不足也。昔俄計相威特氏曾利用此策以紓財政，況僅借外資以自營實業，而誰謂不可乎？雖然，威特氏所行利用外資輸入之策，亦惟威特能行之。繼威特者，即不敢沿用此策，不惟己之能力不足以操縱之，而亦自知法律之未完備，官吏之無教育，未免害多而利少。日本明治三十八年，其大藏大臣亦擬用外資輸入之法，以紓國家財政，卒為議會所阻而未行。是輸入外資必視國家之能力，及法律之完備，方能行之耳。

外資輸入之法，固不可驟於仿行，而募集公債，含國內公債、國外公債二種。使久遠難成之事業，期年數月之間即可建設，固為立憲國所慣行之政策。其收效於軍事、鐵路二者為尤著。鐵路為國家交通之利器，各種實業之興起皆必賴鐵路以利轉輸。國無鐵路，則其國寶藏雖富，物產雖盛，而無運輸之機關，富源仍無由發達。故歐美各國欲振興商業，增長國力，莫不銳意經營鐵路。惟鐵路建築，需款甚巨。國家收入，歲有常經，即使設新稅、增稅率，而可豫期收入，然動淹歲月，一時難得巨款，勢不能不募集公債以應之。國內不足，濟以國外，豫定償還方法，而以國家之信用為擔保，募集外國低利之資本，投入國內交通事業，使每歲所得，超過其資本金之利息而有餘，則募外債以經營鐵路，於計甚利。故各國因增設鐵路及買收民有二事，而鐵路公債之額，雖疊次增加，猶不足以為病也。

雖然，吾國之借外債，非可以與歐美各國並論也。立憲國之借外債也，必通過議會，公布償還年限及按期付利方法，議會有監督使用之責任，由國家銀行發行債券，使外人應募。至其募集之款，如何應用，外人不得干涉之。故募集國外公債，以興實業而紓財政，誠為各國所通行之政策。而吾國之借外債也則不然。其成立全由於契約上之關係，與私人借貸之性質無異。債權者對於債務者，得要求種種優勝權利。如向某國公司借債以築路也，必先指定某路某款利益以作抵押，或為付利之擔保。該路之工程司、管理人、司帳人，又必限定專用債權國之人充之。甚至進出款項，必存於債權國之銀行。出入帳目，必以債權國或第三國之文字為征信。吾國於名義上雖有總辦，而實權則操於公司。是以財政虛糜，吾國亦無權監督之。則豈非因一債務契約之關係，而轉使國家之主權、國民之負擔加重耶？苟使吾國財政困難，如期不能償還，彼即可為永久管理之根據。況近時歐洲各國之侵人國者，全持鐵路之侵略主義。鐵路投資所在之地，即為其國權力所及之地。環顧吾國所築之鐵路，外國資本十之七八，國民能毋引為隱憂乎！

處今日列國經濟競爭之際，而謂吾國鐵路可以不築，非也。因國內財政之困難，又懼外債之隱患，使國家交通事業遲滯不進，又非也。若仍守契約之性質而為借款，雖注重挽回主權、改良條款，則前次借款契約之根本不能取消，終不能出其範圍，不過以五十步笑百步耳。惟有速行立憲，縮短預備年限，使國會早成，實行募集公債之法，以興實業。外人之應募者，僅取得利息及償還元本而止，無干預行政之權。而國家之要政亦不致廢弛。以視政府今日所持之政策，為何如耶？

又 第二六三、二六四期《陳彥彬〈論收回利權之宜有根本解決〉》

吾國今日收回利權之聲，囂然遍國中矣。其見諸事實者，既十得八九矣。夫以國際法之義例律之，其於擁護國家之獨立權，尊重國家之自衛權，是亦不可以已也。然若徒知收回利權，而不能殖其國力，厚其民生，以為後盾，則外人必將乘我之敝，別易一術，而協以謀我。以我之國力未殖也，民生未厚也，即羣焉挾持投資手段，陽假以收回利權之名，而陰收其扶植利權之實，此其利害所及，胥經濟界、政治界而受其影響者無論矣，而於外交上為尤甚。何則？收回利權，為今日外交上一絕大問題。我既不能殖其國力，厚其民生，以為外交之後盾，而外交大權一任外人之操縱，故雖名為收回一利權，而其實非償金若干萬，即借外債若干萬耳。償鉅金、借外債之無益而有害，稍有識者莫不惄焉憂之。吾人於此，以為收回利權必有根本之解決。其道維何？曰：殖其國力，厚其民生，以為外交之後盾，則根本固矣，根本固而枝葉自蔚然有欣欣向榮之勢矣。雖然，今日收回利權之問題，苟欲為根本之解決，則有不可不述之研究先例二焉：一曰喪失利權之歷史；一曰收回利權之現象。稽之歷史，征之現象，而進以根本之解決，是則本論之旨也。【略】

第二 收回利權之現象

我國今日收回利權之運動，大抵不外二種：其一為索還條約上外人之既得權；其二為規劃企業，而於外人之事業加以無形之打擊。由前之道，謂之直接運動；由後之道，謂之間接運動。今試就斯二者而分述其現象於左：

一、直接收回利權運動　凡外人之攫我重大利權，概以締結條約為例。然我國人向以薄於法律觀念，而紛爭惟決於情誼，故一遇外人之恫喝，而多有不能主張其非理者。且其與外人之締結條約，以不能如歐美列國間之精密，故又往往有不克遵守條約之正文者。屬者，國勢稍稍振興，而民智又復漸辟，已非復前此之闇於外情，則其得依據約文而加以嚴正之解釋，或徑主張其約文之不備而廢棄條約以收回利權，固亦事勢所必然。即或不然，其約文無或間然，而偶以中外扞格，動輒有擾亂閭閻之事，而致激士民之變者，是亦得持之以為廢約地，而收回利權者也。況在外人，其事業之前途希望既不可必，而又以種種窒礙，不能驟達目的，與其徒招士民之怨，而無補於事業之經營，孰若姑擲之以市其歡心，而借博相當之利益。此則今日利權之得以直接收回者，所以日益加多也。例如粵漢鐵道，美人既不能依條約而竣工，又顯背條約明文，以其路股之半讓之比利時，故首受我國人劇烈之攻擊，而為我收回利權之濫觴。又如銅官山鐵坑，英公司既未能於批准日後十二個月內從事開採，而股東又漫無制限，貿然加入日本三井物產會社，則其違背約文，自不待言。且在公司，有云當設中、英理事各一人，尤足為默示為中、英合同事業之證。故今日收回之談判，不可謂非據理之正。又如山西鐵礦福公司，則以激怒士民，不克從事作業，而亦被收回。至若俄人以比利時之名義及自國之名義，而取得京漢、汴洛、正太諸鐵道，東與東清鐵道聯絡，西與中央亞細亞鐵道聯合，大有囊括中國之勢，則以戰敗於日，雄圖驟成畫餅，故我國得以奮然起而收回之。而英之廣九、蘇杭二鐵道，英、德合同之津浦鐵道，又皆先察其機而自行交還之，惟對於其事業而貸與資本耳。凡此皆直接收回利權運動之現象也。

二、間接收回利權運動　凡外人之扶植利權於我國也，自鐵道、礦山而外，無論其為農為工為商，幾幾有一網打盡之勢。故我國不欲振興實業則已，苟欲振興實業，其必自收回利權始。然收回利權之事，直接運動而外，尤必以規劃企業為間接運動之策。蓋我國種種實業，果能實力振興，則外人所企圖之事業及其既設之事業必受無形之打擊，不能冀發達於將來，故我國遂得乘之而獲收回利權之益。是謂之間接收回利權之運動。溯自光緒二十九年，創設商部，使管理全國實業，並發布公司律及鐵道、礦山、銀行、商標諸章程，以示規劃企業之準則。凡民間有創一實業而顯著成效者，或以之為顧問，或授之以位階，以為振興實業者勸。而民間有志之士，亦遂以規劃企業，為收回利權之間接手段。而國運之消長，且於是係焉。故人苟具有愛國心者，靡不奮然而應公司股分之招募，而以為多應一分之股分卽為收回一分之利權。此又我國因收回利權之間接運動，而企業為之勃興。自光緒二十九年至三十四年，五年間，依商部規定，而以我國人資本所設立之股分公司百五十四，合資有限公司五十二，合資無限公司二十，個人之經營者三十九。資本總額，已達一百兆三千八百三十三萬七千六百六十元也。

夫歷史者，得失之林也；現象者，得失之鏡也。稽之歷史，征之現象，而後為根本之解決，不亦可乎？

第三　根本之解決

今何時乎？非外交逼迫之秋，國力民生兩敝之日乎？若徒知收回利權，而不一為根本之解決，深恐其去亡不遠矣。然則根本之解決果何在乎？就主義而言，朝廷宜本先朝立憲之詔旨，重頒明詔，確定國是，而復師日本明治維新之已事，臚舉所定國是，誓於神明，以堅中外臣民之信。又宜擇其內政之根本上最不容緩而又足以聳天下之觀聽、新天下之耳目者，勵行一二，如改官制、定文明法律、建責任內閣等事，皆為今日必不可緩，而又最能動世界之聽聞者也。彼外人既見朝廷果有實心立憲、修明內政、奮發有為之志，則平和可以永保，而覬覦之念自消，固不僅外交之事易於著手已也。若就政策言之，則先以治標為功。而其所致力，在於一變從來外交之方針，昭大信，明大義，一以謙退抑讓與列國相周旋，使之無隙可乘，以絕其借端啓釁之餘地，然後進之以治本政策焉。治本政策之謂何？一曰殖其國力。如整頓民政以飭內治，經營軍事以壯國威，廣設裁判以尊國法，普及教育以培國本，皆增殖國力之事也。一曰厚其民生。如清理財務行政以涵養財源，拒絕外債輸入以撙節財流，改良農工商業以發達產業，裁汰煩苛租稅以休息民力，皆厚其民生之事也。二事並舉而內政修矣，內政修而外交上之勢力自得與列國相抗衡矣。至是而凡利權之既已收回者，則進而輸入外資，以潤澤其枯竭之財界，招聘外人，以經營其不可收拾之事業，自不至如埃及之以借入外債、任用外人而墟其國矣。至其未收回者，則厚其禮節，正其名義，以開收回之談判。而利權苟有收回之約，列國自無拒絕之由，且亦不至有太阿倒持而受強索償金、迫借外債之要挾矣。語曰：『猛虎在山而藜藿不采，蛟龍在淵而魚鱉不驚。』蓋伏乎其中而威乎其外，悚然有不可狎者。是卽吾之所謂由於收回利權問題而進以根本之解決者也。今之熱心於收回利權者，其亦不河漢斯言而一為省察之乎？

立憲與教育關係論分部

論說

《東方雜誌》第二卷第一二號《覺民〈論立憲與教育之關係〉一九〇六年一月十九日》　自日本以區區島國，崛起東海，驅世界無敵之俄軍，使之復返其故都而後，世之論者，咸以專制與立憲分兩國之勝負。於是我政府有鑑於此，如夢初覺，知二十世紀之中，無復專制政體容足之餘地，乃簡親貴，出洋遊歷，考察政治，將取列邦富强之精髓，以藥我國垂危之痼疾。盛哉斯舉，其我國自立之權與，吾人莫大之幸福歟！雖然，憲政之行也，必全國人民皆具有政治知識及自治能力而後能措置裕如，秩序不紊，非可鹵莽滅裂而强以行之也。彼英吉利者，非所謂憲政之母國乎？然其人民之推翻專制，要求立憲也，不知經幾許時日，抛幾許頭顱，而後有以寒暴君之膽，褫汙吏之魄，亦足見數十條之憲章，非可倖得矣。蓋專制者，君主之護符，而憲政則人民之甲冑也。專制之君襲萬乘之尊，挾雷霆之威，以侵人民之自由而奪人民之權利，於是彼人民者乃不得不出而抵抗，用圖自立，此固自有歷史以來，凡國之由專制而進於立憲者，所必經之現象也。雖然，此現象之所以發生，其在民智大開，民力膨脹之時乎？若全國人民，智識未開，能力薄弱，則其不視君主為神明而自甘於奴隸者蓋寡，安望其出生入死，攘袂奮臂，冀還固有之權，以歸之於己也哉。是故憲政也者，必由人民之要求而後得，非君主之所肯施捨者也。而人民之要求立憲，亦必在民智大啓、民力大進以後，而非淺化之民所能夢見者也。

今者我國之人民，果處何等之位置乎？泯泯昏昏，蠢如鹿豕，知書識字者，千不得一；明理達時者，萬不得一。家庭之中無禮教，鄉里之中無團體，郡縣之間，視同秦越，省界一分，爾詐我虞，以如是之國民，而與之以莫大之權，使之與聞國事，是何異使蚊負山、虻距海也。雖有二三大臣，提倡於上，頒布憲法，與民更始，其如民智之幼稚，民力之綿薄何？吾恐憲政既立，而國民茫然無措，必有一舉手一動足，而無往非荆天棘地之概者。盲人瞎馬，夜半深池，其不貽笑於環球者幾希矣。

夫此非予之酷論也。我國民之實情，確有然者。夫憲政必由於民之要求而後得，非君主之所肯施捨，人民之要求立憲，亦必在民智大啓、民力大進以後，而非淺化之民所能夢見，此其理吾前不已言乎？嚮使我國民知識已開，能力已强，則立憲之舉，成立久矣。即未成立，而要求之事，亦當時有所聞。如俄民之聯絡全國，上書國主，紛紛罷市，要索立憲者，則憲政之行，指顧問耳，又何必待在上者之恩施，而靦顔以受之哉？不此之計，我國民之程度，殆可知矣。今者俄皇尼古拉士第二已准其人民之要求，設立國會，選舉議員，從茲向受專制之俄民，皆獲享立憲之權利矣。而我國民乃箝口結舌，默坐以俟政府之立憲，亦知憲政之立自上者可暫而不可久，必其要求於下者，方可長久乎？甚矣，其愚也。

雖然，吾觀政府之意，似已決於立憲矣。使節雖阻，啓程特需時耳。而海內人士，喁喁望治，惟恐憲政之不立，而引領以歡迎之。是則憲政之於今日之中國，直如墜石危崖，走丸峻坂，雖有賁育之勇，亦莫能阻其前進。況環顧各邦，鷹瞵鶚視，神州大局，岌岌可危，若必待吾國民具有立憲之資格，而後始舉行憲政，恐彼其時中國之名詞，已不復存於世間，而為歷史上之古迹矣。故憲政之行，誠為今日要圖，不能須臾緩也。若政府果能捨其特權，分之於民，屏絕虛憍，誠心立憲，則和平之改革，日本已啓其先路，我何妨步其後塵乎？至於國民知識之幼稚，能力之薄弱，則宜有術以培養而助長之，數年以後，度不難及立憲國民之程度。其術維何？則教育是已。教育既徧，國民胥智，政治上之知識，皆磅礴於人人之腦中，而後自治之能力，隨在可以發揮，以之充議員之選，聞國家之事，其恢恢乎游刃有餘矣。然當教育未溥之時，決不能遽行立憲，若逆其道而行之，適足以增異日之障，甚無取也。謂宜仿日本成法，先頒令於國中，以六年為期，實行立憲，庶全國人民，皆得有所預備，而不致手足無措，此萬全之策也。顧論者多主急進主義而不取漸進，且謂教育普及，宜期諸立憲以後，此其説雖持之有故，言之成理，而切實按之，則不免有倒果為因之弊，吾故期期以為不可。

昔日本維新之初，福澤諭吉譯盧梭《民約論》，播諸民間，於是自由平等之説，喧囂衆口。伯爵大隈重信輩競請立憲，處士浪夫，亦附和其説。獨加藤宏之以民智未開、程度太淺，遽行立憲，不見其利，特為漸進之説，而斥衆説之非。厥後卒於十七年間頒布憲法，二十三年始設立議院，迄今日本憲法森然，蔚為强國，皆此六七年間大興教育，廣開民智，有以立之基也。記者不敏，竊願採彼成法而為我國籌興學之方，其諸大雅君子所樂聞者乎？

夫專制流毒之浸淫於中國者，二千有餘載矣。其人民素受壓制，喪失自由，馴至放棄義務，弁髦權利，不識國家為何物，不知自治為何事，此亦根於天演而無可如何者也。今若一旦改革舊制，取我國民所未曾夢見之憲法而移植之，有羣相咋口撟舌，拘手縶足而已。雖然，通商之埠，都會之區，人文薈萃，英傑輩起，其中非無熟諳憲法，研究政治之人。竊謂宜於各省會及各商埠，分設憲法研究會，由學望兼優者，招集同志，組織團體。凡各國立憲之歷史及現行之法規，靡不精研而別擇之，何者行之於中國為有利，何者行之於中國為有弊，秩然釐然，無使紊亂。又於本邦律例，逐條討論，斟酌夫地理之宜否，民俗之强弱，決其孰者宜仍，孰者應替，集其大成，編為議案。然後公舉代表，提出而要求於政府，請其承認，著諸憲章，然後憲政之根柢固，而萬世之長基立矣。蓋政府諸公，大半豐其席履，自幼作吏，其於民情固未能洞悉。即間有來自田間者，亦以離民間日久，民之情僞無由周知，若畀以議立憲法之責，難免不處處隔膜，而有倒行逆施之弊，故不如其立自於民之較為親切也。此憲法研究會之所以亟宜設立者也。

雖然，憲法立矣，而無行政司法之材以維持而調護之，則又徒成具文，不如無之之為愈也。故開通官智，培養吏才，實為今日急務。前者修律大臣請設仕學速成科一摺，已由學務處議復奏准，通行各省，遵照辦理，其所訂辦法，頗中肯綮，誠能循是行之，數年以後，當不難卓著成效，茲不贅述。

按各國小學，皆有國民教育一門，所以講明國民之關係及人民生存之要素，以鼓舞兒童之愛情，提倡社會之公德，故及其長成，莫不具有國家思想。又設政法一科，采節法制，編為教科，故其國人民，法律思想最强，自治能力亦最長。今我國民之冥頑不靈者，實居最大多數，微論法律之學非所諳習，即國與民之關係，亦多茫然不知。今欲矯其弊，似宜仿各國學制，於小學課程中，增入國民教育及政法二者，方為正辦。惟自小學以迄成材，必在十五年以後，而立憲之期，至遲不過六年，若必待今日小學之學生悉行成材以後，始舉行憲政，未免有河清難俟之感。竊謂宜於普及小學以外，另設無數絶大補習學校，凡年長失學及農工商賈中之識字明理者皆入之，授以普通科學，以養成其普通之知識，並特設政法一門，以啓導其法律之思想，三四年畢業，於立憲之事固已粗知崖畧，雖不及各國民之資格，而僨事之弊，吾知免矣。至於肩挑貿易之徒，與夫作苦自給之輩，則非教育之力所能及，宜以演説與改良戲劇二者並行之。吾聞日本人民之開化，實得力於演説者多，其時國内盛開演説會，聽者或數百人至數千人，遇有勳貴及知名士登壇，則聽者或數千人至萬餘人不等。今東西各國大政令大興舉，無不倚重演説，為行政之關鍵，誠以演説者無智愚賢否，皆能感動，且普及較易也。今宜仿而行之，多派士人分赴各地，到處演説，使衆知今日中國危弱已極，非立憲無以自存，立憲之事，非自治無以成立之故，而後有不人人思危亡之痛，人人知振作之方者，吾弗信也。至於戲劇，則其感化之力尤大，庚子拳匪之亂，識者至歸其咎於戲本之不善，非無故也。今宜擇各國立憲史中之事實，編為戲曲，演諸劇場，庶幾兒童婦女耳濡目染，亦知立憲之為何事，而恍然大悟矣！

以上所陳，僅就立憲與教育之關係，約略言之。然苟能循是而行，數年之後，當不致無效可覩，愼弗以為老生常談而河漢視之也。歲月不居，如駒過隙，今世何世，今時何時，我國民其速猛省乎！至其他於未立憲以前所應行興革之要政，如改官制、定圜法、易服色、同律度量衡諸問題，則海内達者，論之已詳，固無俟鄙人喋喋者矣。

又　臨時增刊《憲政初綱・薶照〈人民程度之解釋〉》　何者？吾國有立憲之謀，乃剝膚於敵國外患，被動所生，而非主動，此無可諱飾者也。故七月十三日之上諭，亦明宣其因由，布告於衆，『我國政令，歷久相仍，日處阽危，受患迫切』，『現載澤等回國奏陳，皆以國勢不振，實由於上下相蒙，内外隔閡，官不知所以保民，民不知所以衛國，而各國之所以富强者，實由於行憲法，取決公論，軍民一體，呼吸相通』。由此觀之，則朝廷所以主張立憲者，意在救亡，實灼然於制治之舊，不足以肆應於世界大勢之新，且深知今日之受禍者，由於不立憲，以致不振，而諸國之富强，乃由於能立憲也。夫此詔書所揭示者，既炳若日星，且切中於事勢，雖以諸國之大政治家眼藏觀之，亦未見有不然之評論。是則吾國不振為果，仍舊為因，諸國立憲為因，富强為果，固昭昭其不可掩矣。夫如是，則教育普及，必立憲後，上下心志，交孚無窒，財用整濯，周流充足，乃能演出教育普及之一境，立憲以前，斷無可以自至之勢，固甚明也。試觀日本立憲近二十年矣，而國人之識字者，平均百人其數為八十九人，英國憲政，行於數百年前，而百人中識字者，占九十二人，德國為厲行强迫教育之元始，百人中識字者占九十六人。以上據一千九百零三年統計。由斯以談，則日本百分尚缺十一，英缺八，德缺四，就其表而言，固可以云普及，實則尚有數分未普未及也。今吾外患如此其急，朝廷洞見其原，為此非常之改革者如此其勇，而因有程度不及之疑慮，教育家遂起承之，認為唯一問題，其用心固盡美而又盡善，但不悟普及之難，必立憲後，始可祈至。使吾上下之人，盡倒認其因果，則立憲實行，當在何年何月乎！

今尤不能無言者，正以人類演進，其勢無涯，期望稍奢，允無慊足之日。誠如莊生所謂有極而無乎與處，有長而無乎本剽，凡在他事，莫不然也。聞者疑吾言乎？請試遊心於甲午戊戌庚子以前，舉其見象，以與今日絜較，則必憬然於吾言之不謬。對觀於此見象，以云進步，固隨在有進可言者矣。如問何以進？則上智之儔，亦有避席而莫猝答。今請為下一簡切總括之語，以明所以然之，故曰：凡人事臻進，必理論與事實傅合，而又能監於失敗，企於祈至之的，乃有進之可言也。由此觀之，欲求一事進步，必理論與事實比合。蓋吾甲午以前所以頓而不能進者，正以學非所用，用非所學之痼病，貫徹於通國。而自此至今，稍有進之可言者，正以能悟前非而改國是，理論事實，能有一綫之交切也。是則質而言之，人之材能，欲相宜於其事者，必藉事實以磨礱也。

夫斯言也，從教育廣義觀之，固為教育所包函，誠以人生在世，無一日不為學也。若自學校教育之狹義觀之，則今日所行者，實不足以包舉上文所陳之語。矧立憲者，絕非能讀傍行之書冊，解異國之條文，識政家之學說，即能引用於吾而順適無違，所施皆當也。雖其事必芘賴於教育，而今日現行之教育，固不能引為唯一之問題，恃為唯一之解決。蓋今日政治之學，尚未可確名之曰科學，以其所立公論界說，常有多是之對勝，非如物理學之一是之外無餘是，所治之物，其性情功效，不能逃乎既成之律令也。矧預備立憲之詔，尤有非但教育可以解決者。蓋民德之隆，學術之昌，固為立憲推行之力，然既有程度之期望，則當有所程所度者，或標一的，以建其極，或指教育普及，以為之衡，於事勢雖有不能，尚為示信於民，不可缺之要道也。然吾之意，固非謂預備之期，不須重教育，亦非謂教育非預備之要道，所以詪詪而為詞費者，蓋以程度不及之言，善用之，固足以鞭闢孟晉，不善用之，實足以阻塞萬事，而為偷息便己者潛身之淵，故不憚於斯言之異同，而為繁蕪之言以解釋之也。【略】

今請更為簡括之語，以結束此問題，欲吾國上下之人，潛心以研究之。即如鐵路問題，當三五年前，吾國人未有不以財力不及自諉者也，而今日則公司之立，遍於各省，成績彰然，未見其有不及。又更徵諸昔賢學說，則重歷史、重事實上徵驗。如孟德斯鳩之鴻哲，亦謂一國之民，固多庸衆，然使界以選舉之權，其智尚足以任，蓋其所擇者，皆己所諳悉，而耳目聞見不可熒也。然則慮人民程度不及，而欲延遲立憲者，可以悟矣。況夫國民資格，乃由法律認許以生，若憲法不立，而以向日怙勢借權之道陵之，國民何有，資格何有，民方惶惑於恐怖之中，必無程度可言矣。

《外交報》第二一〇期《申論外人謀握我教育權之可畏》　丁未，本報曾以外人爭謀我教育之權，其積慮處心，較諸他事競爭尤陰鷙而險狠，已著為論說，以忠告我政府矣。日者譯日人《外交時報》，見其侃侃而談，居然以啓牖華人引為一己之天職，而深嫉美利堅之攘其利權，以皋比講授之儀代利炮堅船之用，野心勃勃，情見乎詞。又參以近日某君所著之《歐事近聞》，然後知彼族謀國之深心，在挑起我國人種族之惡感，而離析其敵愾同仇之心志，使移其對外之競爭，用諸對內，以完全一統之中國，千百分歧如印度末造之羣侯然，而後能壓以兵力，遂其豆剖瓜分之秘計耳。然則飲其毒者，不在我政府而在我國民矣。是安可不揭其陰謀以警告我全國之志士也？

近年以來，排滿革命之風濤，驟灌輸於禹域，偃僕偃起，舉國若狂。在朝廷一視同仁，並無挑釁國民之意，而何以怒潮倏起，羣為無病之呻吟？竊疑必有人焉，以為之搏躍而激行者，今而始信其果然也。黄禍之説，由來舊矣。彼族鄭重分明，以是為惟一之問題，汲汲然謀所以抵制之者。邇來東瀛士夫，極意獻媚西人，且苦心自別於吾族，亦是故耳。然欲免此黄禍，則向所竭力經營之兵力財力，俱無用武之地，計惟有於心理之間，施其播弄轉移之術，夫而後羣情風靡，得巧運其覆巢毁卵之手段耳。故庚子以後，彼所心營目注，專以教育為當務之急。建設學校也，推薦教員也，美其名曰扶植中國之文明，切其辭曰實行博愛之主義。吾國民方感其雅意之殷拳，而不察其陰謀之眈逐。合朝野上下，以心醉而歡迎之，而彼之計行矣。夫天演競爭，日新月異，彼之極慮殫精而計出於此也，曾何足怪？所最不解者，吾國人當此一髮千鈞之會，猶未能同心禦侮，努力合羣，以拒西來之洚洞，而乃以至可寶貴之時光心力，用以操一室之戈，而甘為漁人之鷸蚌耳。

且彼之用心，豈惟挑動滿漢之惡感而已？法人之於雲南也，則構扇於漢、苗之間；英、俄之於蒙古、衛藏也，則教猱於回紇、拓跋之族。而入手之方針，則皆假傳教宣講之名，以巧施其作用。今其機已朕矣。度三數年後，神州大陸必徧受此問題之影響，內訌迭起，骨肉仇讎，彼族乃乘機利用之，而中國乃眞亡矣。今吾國所號為俊傑淵雅，識時變、能文章者，往往不能自化其町畦，日言滿漢之爭。猶未已也，且進而分南北矣，且進而分省界矣。充類至義之盡，不至復塗山萬國之舊觀不止。其實皆墮他人之術中，日受其愚而不自覺耳。

然則為今日計者，其將杜絶外人之干預，而停遣東西留學生徒，禁延聘他國之教員乎？此又懲羹吹虀、畏影匿形之故智，而不適今日之用者耳。夫人必先能自立，而後足以合羣，不受他族之齮齕。自立之策奈何？立憲是矣。物必先自腐也，而後蟲生焉。吾國人雖相忍為國，而中間常含有離攜擾亂之種性，他人乃得以蹈我瑕隙，施其交亂之謀。此離攜擾亂之種性所以不能融化者，則以相沿之政體，不能通上下之情、泯同異之見而已。惟決瘤去鯁，改弦更張，毅然施行憲政，而不復稍存疑沮之思，則天下之民，咸欣欣於爰得我直之樂，第覺上之可親，而不復知有可畏，猜嫌不期化而自化，畛域不期消而自消矣。當是時也，雖使負笈之生徒遍於重瀛，異域之講師充於黌舍，適足以助我新機之孟晉而已，安能施其覬覦之謀，而行其熒聽之術也哉？亂之初生，譖始既涵；亂之又生，君子信讒。願吾國之君子，一垂聽焉，而勿重為詩人之所誚也！

民主革命思潮部

革命勢在必行刻不容緩論分部

論説

孫中山《總理全集·興中會宣言》 中國積弱，非一日矣！上則因循苟且，粉飾虛張，下則蒙昧無知，鮮能遠慮。近之辱國喪師，翦藩压境，堂堂華夏，不齒於鄰邦，文物冠裳，被輕於異族。有志之士，能無撫膺！夫以四百兆蒼生之衆，數萬里土地之饒，固可發奮為雄，無敵於天下。乃以庸奴誤國，荼毒蒼生，一蹶不興，如斯之極。方今强鄰環列，虎視鷹瞵，久垂涎我中華五金之富，物產之饒，蠶食鯨吞，已效尤於接踵，瓜分豆剖，實堪慮於目前。有心者不禁大聲疾呼，亟拯斯民於水火，切扶大厦之將傾。用特集會衆以興中，協賢豪而共濟，抒此時艱，奠我中夏。仰諸同志，盍自勉旃！

清·鄒容《革命軍·緒論》 掃除數千年種種之專制政體，脱去數千年種種之奴隸性質，誅絶五百萬有奇披毛戴角之滿洲種，洗盡二百六十年殘慘虐酷之大耻辱，使中國大陸成乾淨土，黄帝子孫皆華盛頓，則有起死回生，還魂返魄，出十八層地獄，昇三十三天堂，鬱鬱勃勃，莽莽蒼蒼，至尊極高，獨一無二，偉大絶倫之一目的，曰革命。巍巍哉！革命也。皇皇哉！革命也。

吾於是沿萬里長城，登崑崙，遊揚子江上下，溯黄河，豎獨立之旗，撞自由之鐘，呼天籲地，破顙裂喉，以鳴於我同胞前曰：嗚呼！我中國今日不可不革命，我中國今日欲脱滿洲人之羈縛，不可不革命，我中國欲獨立，不可不革命，我中國欲與世界列强並雄，不可不革命，我中國欲為地球上强國，地球上之主人翁，不可不革命，革命哉！革命哉！我同胞中，老年、中年、壯年、少年、幼年、無量男女，其有言革命而實行革命者乎？我同胞其欲相存、相養、相生活於革命也。吾今大聲疾呼，以宣布革命之旨於天下。

革命者，天演之公例也。革命者，世界之公理也。革命者，爭存爭亡過渡時代之要義也。革命者，順乎天，而應乎人者也。革命者，去腐敗而存良善者也。革命者，由野蠻而進文明者也。革命者，除奴隸而為主人者也。是故一人一思想也，十人十思想也，百千萬人百千萬思想也，億兆京垓人億兆京垓思想也，人人雖各有思想也，即人人無不同此思想也。居處也，飲食也，衣服也，器具也，若善也，若不善也，若美也，若不美也，皆莫不深潛默運，盤旋於胸中，角觸於腦中，而辨別其孰善也。孰不善也，孰美也。孰不美也，善而存之，不善而去之，美而存之，不美而去之，而此去存之一微識，即革命之旨所出也。夫猶指此事物而言之也。試放眼縱觀，上下古今，宗教道德，政治學術，一視一褅之微物，皆莫不數經革命之掏摝，過昨日，歷今日，以致有現象於此也。夫如是也，革命固如是平常者也。雖然，亦有非常者在焉。聞之一千六百八十八年英國之革命，一千七百七十五年美國之革命，一千八百七十年法國之革命，為世界應乎天而順乎人之革命，去腐敗而存良善之革命，由野蠻而進文明之革命，除奴隸而為主人之革命。犧牲個人以利天下，犧牲貴族以利平民，使人人享其平等自由之幸福。甚至風潮所播及，亦相與附流合匯，以同歸於大洋。大怪物哉！革命也。大寶物哉！革命也。吾今日聞之，猶口流涎而心癢癢。吾是以於我祖國中，搜索五千餘年之歷史，指點二百餘萬方里之地圖，問人省己，欲求一革命之事，以比例乎英法美者，嗚呼！何不一遇也。吾亦嘗執此不一遇之故而熟思之，重思之，吾因之而有感矣，吾因之而有慨於歷代民賊獨夫之流毒也。

自秦始統一宇宙，悍然尊大，鞭笞宇內，私其國，奴其民，為專制政體，多援符瑞不經之說，愚弄黔首，矯誣天命，攙國人所有而獨有之，以保其子孫帝王萬世之業。不知明示天下以可欲可羨可歆之極，則天下之思篡取而奪之者愈衆。此自秦以來，所以狐鳴篝中，王在掌上，卯金伏誅，魏氏當塗，黠盜姦雄。覬覦神器者，史不絕書。於是石勒、成吉思汗等，類以遊牧腥羶之胡兒，亦得乘機竊命，君臨我禹域，臣妾我神種。嗚呼革命！殺人放火者，出於是也。嗚呼革命！自由平等者，亦出於是也！

吾悲夫吾同胞之經此無量野蠻之革命，而不一伸頭於天下也。吾悲夫吾同胞之成事齊事楚，任人掬拋之天性也。吾幸夫吾同胞之得與今世界列强遇也；吾幸夫吾同胞之得聞文明之政體、文明之革命也；吾幸夫吾同胞之得盧梭《民約論》、孟德斯鳩《萬法精理》、彌勒約翰《自由之理》、《法國革命史》、美國《獨立檄文》等書譯而讀之也。是非吾同胞之大幸也夫！是非吾同胞之大幸也夫！

夫盧梭諸大哲之微言大義，為起死回生之靈藥，返魄還魂之寶方。金丹換骨，刀圭奏效，法、美文明之胚胎，皆基於是。我祖國今日病矣，死矣，豈不欲食靈藥、投寶方而生乎？苟其欲之，則吾請執盧梭諸大哲之寶旛，以招展於我神州土。不寧惟是，而況又有大兒華盛頓於前，小兒拿破侖於後，為吾同胞革命獨立之標木。嗟呼！嗟乎！革命！革命！得之則生，不得則死，毋退步，毋中立，毋徘徊，此其時也，此其時也。此吾之所以倡言革命，以相與同胞共勉共勖，而實行此革命主義也。苟不欲之，則請待數十年百年後，必有倡平權釋黑奴之耶女起，以再倡平權釋數重奴隸之支那奴。

《江蘇》第四期《季子〈革命其可免乎〉》 吁嗟吾黃胤兮，革命其可緩乎！維吾胤之在昔兮，乃最尊貴而有令譽；今何為而自菲薄兮，長怵惕以為奴。惟吾祖之雄偉兮，揮神斧而蕩四隅；南登熊耳使三苗竄迹兮，北征涿鹿而排强胡；爰建中而立極兮，宅幽冀以作都。夫固將永永萬世以自保兮，寧肯為胡人之所僭居。既朘削而猶未已兮，乃饋貽而棄諸。痛臺澎之不復兮，哀膠澳之淪胥；西羌涼其岌岌也兮，東旅大之長徂；撫大陸而四顧兮，恐瓜分豆剖而無餘。嗟來日之大難兮，得毋波蘭、印度、猶太之不如。嗚呼噫嘻，吾黃胤兮，革命其可緩乎！

吁嗟吾黃胤兮，何今吾非故吾；古固擅强權於世界兮，今獨何削弱而為奴。夫夏商之不德兮，有湯武之征誅；彼暴秦之專制兮，劉項起而芟鋤。此於家庭猶革命兮，況異族之盤踞？昔蒙古之盤踞兮，得朱明而盡驅；緬風蓋未遠兮，乃何獨無攘臂而四呼？嗚呼噫嘻，如有其人，吾願為之徒！

吁嗟吾黃胤兮，何卑屈以自汙；辱初祖之威靈兮，招環球以欺誣。夫歐美之激昂兮，多動人以驌瞿；意收功於三傑兮，法終斥其獨夫；美離英而自由兮，猶決戰於販奴，此固彰彰印心腦兮。況如南斐呂宋蕞麾猶立之竈弧，緊螳臂且尚然兮，寧吾擁有七億方里之輿圖，聚有四億兆民之頭顱，乃獨不能脫羈紲於羯胡？嗚呼噫嘻，迨今不革命兮，後雖噬臍顧何及乎！

吁嗟吾黃胤兮，自今伊始，吾願吾急起以自圖。毋仰人之鼻息兮，毋伺人之咈俞；毋隨人之呼叱兮，毋供人之樂娛。必獨立以自治，勿依賴而躊躇；惟黃胤其永保，要匪種之必鋤。時乎時乎，吾同胞乎，各揮長劍彎强弧，斥逐異族歸東隅，掃蕩腥毒還清虛，我當橫刀趨亦趨。勉矣哉，努力乎，滿珠王氣今已無，君不革命非丈夫！

《蘇報案紀事·漢種〈駁革命駁議〉》 抑今日之主張革命者，雖詞嚴義正，不必如某報所謂彼亦一是非，此亦一是非，而陽和之韻，不入里耳，逞臆爲談，猶多歧路。无已，請比較革命立憲之難易，還以商榷之義，與海內外人士質之可乎？革命之舉，雖事體重大，然誠得數千百錚錚之民黨，遍置中外，而有一聰明睿知之大人，率而用之，攘臂一呼，四海響應，推倒政府，驅除異族；及大功告成，天下已定，而後實行其共和主義之政策，恢復我完全無缺之金甌，則所革者，政治之命耳；而社會之命，未始不隨之而革也。若夫維新，則必以立憲爲始基。立憲則必人人能守自治之法律，人人能有擔任憲政之資格，然後得以公布憲法，爲舉國所同認。今以數千年遺下懦弱疲玩之社會性質，俯首屏息於專制政體之下，一旦欲其勃焉而興，胥人人而革之，以進於光明偉大立憲國之國民，吾恐遲之十年數十年後，仍不能睹效於萬一，而中國之亡，已極不能待。況滿清政府之初無立憲思想乎！夫對此扞格不謀之敵體，出此迂遠無補之希望，如醉如癡，如夢如寐。外人乃朝換一約，暮索一款，伺我內情之懈弛，徐行其擴張權利之計，使我膏涸血竭，財窮智拙，逼國人無能爲抵禦之策，而彼乃印度我，波蘭我，支那大陸永永陸沈，吾不知行立憲主義者，尚足以救波蘭、印度之亡耶？無奮雷之猛迅，則萬蟄不蘇；無蒲牢之怒吼，則晨夢不醒。無掀天掀地之革命軍，則民族主義不伸；民族主義不伸，而欲吾四萬萬同胞，一其耳目，齊其手足，羣其心力，以與眈眈列强，競爭於二十世紀之大舞臺，吾未聞舉國以從也。

彼又謂中國一隅之地，往往彼焉怨咨，此焉謳歌，至證以科舉之醜態，釐金畝捐之弊政。是眞大惑不解者矣。科舉者愚民之術，有志之士，不入其彀中，即以常人言之，獲者不過少數，而不獲者仍是多數，是固謳歌少而怨咨多也。釐金畝捐，鑿損元氣，舉國皆蒙其害，況於生物成物運物之農、工、商，隨在又密切之關係。吾未聞工商受釐金之酷虐，而農者謳歌於野；農者受畝捐之勒派，而工商謳歌於市。雖有謳歌，亦如哭泣痛苦之中，暫而飲酒以慰無聊而已；及其既醒，則怨咨如故也。此何足爲獨倡寡和，不能革命之證哉？

總之國民與政府，立於對待之地者也。革命之權，國民操之，欲革命則競革命；維新之權，非國民操之，不操其權，而强聒於政府，亦終難躐此革命之一大階段也。悲夫，放棄國民之天職，而率四萬萬神明之同胞，以仰一異種胡兒之鼻息，是又昌言維新者所挾以自豪乎？無量頭顱無量血，即造成我新中國前途之資料，畏聞革命者，請先飲汝一卮血酒，以壯君之膽，毋再饒舌，徒亂乃公意。

佚名《黃帝魂·孫逸仙與白浪庵滔天之革命談》 吾國人心之死也久矣，逆胡之盜竊我土地既二百六十年，奉天承運之偽敕以掩吾之目，馬蹄鳥尾之胡裝以梏吾之體，舉世奄奄之陳死人，方賣歡獻醜無暇晷，豈曾有一人敢溢出其死圈，而一萌非常之想者！呂留良、戴名世、曾靜（齋）［齊］、周華之徒，於網羅密布之朝，曾一發其狂噱，至今談革命者猶想望其風采，闡揚其緒論。此風豈不可尚，然尋其意例之所出，多以去明未遠，不能忘情於朱氏而已。是則以革命之精神，而傾注於既死不可復生之一私姓，初不問篡竊屬於誰氏。夫一言復明，則即令其繼世者為吾之本種，而或有優於明，亦在所當革之列。噫！無怪胡虜之掀髯也。洪楊起義，其建邦策命之宣告，曷嘗不以恢復漢種為職志，然掃除清虜未盡其域之半，而卒以頹敗恣肆未竟其業，讀中興之史，豈勝遺恨。曾左起於湘中，大奮其奴隸之力，剪滅我同胞之革命軍，而舉世傳為口碑，諡為命世，曷曾有以民權革命之眼孔，眇及洪楊者？嗟呼！吾不料羶虜之惡德，沁人肝脾之至於是也。邇年以來，累經外界之激刺，民間之動力亦驟增幾度。清日之役，舉國若狂，號稱維新之領袖者，初猶矜矜於保中國不保大清之説，一睹其改革之僞詔，遂乃一歸於保皇。此可以告無罪矣，而其黨人亦至遭滿奴之僇辱。夫天王明聖，臣罪當誅，僇辱亦何足懼，食其迷而無所發，遂乃一變其派為勤王。而勤王亦卒莫逃后黨之搜獲，戊戌之菜市歟？庚子之漢土歟？是蚩蚩者，豈不獲已哉。我以赤心向人，其如人之以為馬肝何！雖然，勿謂秦無人也，當康有為偽説之風靡天下，天下之人無不惑之，而有立於反動之點，與之鏖戰，收集一部之人士，與之抗對者，而愛新覺羅之王氣至此一洩，中國一線之血脈正賴以延。伊何人？伊何人？得毋今之所稱孫中山其人者乎！孫君者，其出現之日不久，方之呂曾，為能實行其主義，且洞見非我族類之不可汙我一寸土，必不可有絲毫興滅繼絶之假借；方之洪楊，則成功乃遜之，然方如行星之初出地平，當行之軌道，正不可測，且其宗旨，其方略，多洪楊之所不能望者。夫由孫而溯之，與呂曾之相去已二百年，洪楊之相去亦四十年，世界之進步，運會當與之為變遷。人才者由運會而生者也，則今日之有孫，與康乾之有呂曾，咸同之有洪楊，其難易之比較，第一之孫起，當有無量之孫以應之。噫！何以二萬萬方里遼闊之幅員，竟如闃其無人也！是故二十世紀新中國之人物，吾其懸孫以為之招，誠以其倡革命於舉世不言之中，爭此不絶如髮之眞氣，深足為吾國民之先導。今諦聽其革命之談判，言何時，與之言何人，吾其為吾民族羞死矣！

《民報》第一號《孫中山〈在東京留學生歡迎會上的演説〉》 中國土地、人口，為各國所不及，吾儕生在中國，實為幸福。各國賢豪，欲得如中國之舞臺者利用之而不可得。吾儕既據此大舞臺，而反謂無所藉手，蹉跎歲月，寸功不展，使此絶好山河仍為異族所據，至今無有能光復之，而建一大共和國以表白於世界者，豈非可羞之極者乎？

西人知我不能利用此土地也，乃始狡焉思逞。中國見情事日迫，不勝危懼。然苟我發奮自雄，西人將見好於我不暇，遑敢圖我。不思自立，惟以懼人為事，豈計之得者耶？

所以鄙人無他，惟願諸君將振興中國之責任，置之於自身之肩上。昔日本維新之初，亦不過數志士為之原動力耳，僅三十餘年，而躋于六大强國之一。以吾儕今日為之，獨不能事半功倍乎？

有謂中國今日，無一不在幼稚時代，殊難望其速效。此甚不然。各國發明機器者，皆積數十百年始能成一物，仿而造之者，歲月之功已足。中國之情況，亦猶是耳。又有謂各國皆由野蠻而專制，由專制而君主立憲，由君主立憲而始共和，次序井然，斷難躐等；中國今日亦只可為君主立憲，不能躐等而為共和。此説亦謬，于修築鐵路可以知之矣。鐵路之汽車，始極粗惡，繼漸改良，中國而修鐵路也，將用其最初粗惡之汽車乎，抑用其最近改良之汽車乎？於此取譬，是非較然矣。

且夫菲律賓之人，土番也，而能拒西班牙、美利堅二大國以謀獨立而建共和。北美之黑人，前此皆蠢如鹿豕，今皆得為自由民。言中國不可共和，是誣中國人曾菲律賓人、北美黑奴之不若也，烏乎可！

所以吾儕不可謂中國不能共和，如謂不能，是反夫進化之公理也，是不知文明之眞價也。且世界立憲，亦必以流血得之，方能稱為眞立憲。同一流血，何不為直截了當之共和，而為此不完不備之立憲乎？語曰：『取法於上，僅得其中。』擇其中而取法之，是豈智者所為耶？鄙人願諸君於是等謬想淘汰潔盡，從最上之改革著手，則同胞幸甚。中國幸甚！

又 第二號《曹亞伯〈陳天華投海〉》 此吾友陳君星台《絶命書》。强齋每一思君，輒一環誦之，蓋未嘗不心悁悁然悲而淚涔涔然下也。曰：嗚呼！若君者，殆所謂愛國根於天性之人非耶？當去歲秋，湖南事敗，君與强等先後走日本，憂憤亦大過量，時時相與過從，談天下事，未嘗不哽咽對坐涕泣而道也。今歲春，東報興瓜分謠，君愈憤，欲北上，冀以死要滿廷救亡，殆固知無裨益，而思以一身嘗試，絶世人扶滿之望也。既而友人沮之，不遂行。然其常言曰：『吾實不願久偷生於此人間世也。』蓋其抱求死之目的以俟久矣。居無何，留學界以日本人定學則，議羣起力爭。始强浼君曰：『君能文，盍有所作以表意見乎？』君曰：『否。徒以空言驅人發難，吾豈為耶！』越數日，學界則大憤，均休校議事，君猶無動。迄月之十一日，其同居者，則見君握管作文字，至夜分不輟。其十二日晨起食畢，自友某君貸金二圓，出門去。同居者意其以所作付剞劂也，聽焉。入夜未歸，始懷疑。良久，有留學生會館閽者踵門語曰：『使署來電話，稱大森警吏發電至署，告有一支那男子死于海，陳其姓，名天華，居神田東新社者』云。嗚呼！於是知君乃死矣。痛哉！天未明，强借友人某氏某氏赴大森視之。大森町長乃語曰：『昨日六時，當地海岸東濱距離六十間處，發現一屍，即撈獲之。九時乃檢查身畔，得銅貨數枚，與書留，寄信保險證。餘無他物。今既已殮矣。』則率引我輩觀之，一槥淒然，倭式也，君則在焉。復審視書留，為以君氏名自芝區御門前郵達中國留學生總會館幹事長者。當是時，君邑人已有往橫濱備棺衾，擬厝于華人墓地，乃倩二人送君屍于橫濱，強與某等乃返。抵會館，索其郵物，獲之，則萬言之長函，即此《絕命書》也。一人宣讀之，聽者數百人，皆泣下不能仰。夫以君之所志，使其所懷抱得畢展於世，無少殘留，則吾民受其福胙，其所造於中國前途者，豈有涯耶！而乃竟如是已焉，吾人得毋有為之悼惜不置者乎！雖然，吾觀君之言曰：『以救國為前提。』又曰：『欲我同胞時時刻刻勿忘此語，放縱卑劣。力除此四字，而做此四字之反面，恐同胞不見聽，或忘之，故以身投東海，為諸君之紀念。』又曰：『中國去亡之期，極少須有十年，與其死於十年之後，曷若死於今日，使諸君有所警動。』蓋君之意，自以為留此身以有所俟，孰與死之影響強；吾寧取夫死以覺吾同胞，使共登於救國之一途，則其所成就，較以吾一身之所為孰多耶？噫！此則君之所以死歟？君之心則苦矣。吾人讀君之書，想見君之為人，不徒悼惜夫君之死，惟勉有以副乎君死時之所言焉，斯君為不死也已。乙巳十一月晦，強齋謹泣跋。

又《汪東〈論支那立憲必先以革命〉》 天下事無中立也，不進則退。退者非必卻步之謂。競走於一場，捷足者為勝，彼不勝者即謂之退步已。而況乎逗遛中路，觀望徘徊，以自召劣敗之譏者耶？求其進步，惟動力而已。動力速者，其進也隨之而速；動力弛者，其進也亦隨之而少弛。理使然也。然而因循也者，為物質之公性，如機器然，壓之則動，否即永靜以終世。人類之壓動力何？革命是已。雖然革命者，靜與動相遞嬗之時代也，假之以為過渡者也。既動之後，即不欲其復靜，是在司其機者，首得其人矣。法國之革命，迫動力也，至於今未嘗稍靜，故不聞有再度之革命。美國之獨立，迫動力也，至於今未嘗稍靜，故不聞有第二之獨立。英國之騷亂，日本之維新，迫動力也，至於今未嘗稍靜，故不聞有續起之騷亂與重唱之維新。蓋一物之動，必需壓力，則必其靜之已久者矣。一度以壓力，動之而復靜，而復以壓力動之，故器勞而易敝。返觀中國之革命，何其煩也，上溯湯武，下迄洪楊，或已成，或未成，如水泡之前滅後興，續續無已，幾以革命為日夕餐飯事，民氣不已凋乎？而至於今，猶必有革命之倡言。何以故？則以所謂司其機者，不得其人故。今也革命之役，末役也，必求其已動而不復靜，一度壓力之後而毋需有第二次之壓力也。猗歟休哉！進步復進步，吾安知其極！

又 第一七號**《汪東〈革命今勢論〉》** 第一　種族傾軋不可以不革命【略】

夫一國之中，數種雜處，不相為謀，而惟利是競，其非福也明矣。於是欲求解決之方，不出二途。其一即為同化。然此惟以平和來者，乃可云是，否則二族之文化相等，亦能翕合無間。滿洲之於二例，與前者相反，於後者不具，其不能同化，如上所言，蓋勢也。其一則為分離。人情之於恩怨，所施者及所受者之分量不均，則膠着胸中，無時可以暫置。漢夷於滿，為怨實深，非有所復，則惡感不去。滿洲文物樸野，與之分離，決不為損。且滿人率多闒冗，設一官則虛縻一官之祿，理一事而事未有能治者，自與歐人交涉，失敗尤甚，使吾國情危殆，此累彈丸於層顛，此又誠不得不為之咎。是分離以後，非惟無損而又得益也。若滿人自慮，離漢獨立，將有勢孤力薄之虞。且遊牧之風，既絕迹於今日，而水草之地，或不適於生存，則自解脫政柄以往，輸誠竭慮，舉凡農夫女紅之業，無不與漢人通力合作者。復當其時，恩怨既均，彼能捐其樸陋，漸於漢人之文化，浸淫摩染，而後求相同化，則其勢順，吾漢人亦樂受之也。然此非既經革命，則亦萬不可行。故革命者，所以解滿漢之傾軋。或與割然分離，或遂相同化，皆有利而無弊。輓近政客，拒革命之說而不敢進，徒嘵焉會極稱同化，此實不悟恩怨之理者。以若所為，求若所欲，是猶搴夫容于木末之類已。【略】

第二　政府恣肆不可以不革命【略】

按：右章專注全力謀取堤岸新地，眼明手快自為獨周。不知堤岸為粵省獨一無二之膏腴，粵人無量富源皆將取給於此地。若旗丁唾手得此，又益之以原有馬廠司地官署兵房各產業，仍然團聚省城，其權利之不平，將更較之負當兵義務時有加無已。漢人縱莫奈何，亦安能泯畛域之見哉？且粵旗地段原為前明最繁盛之區，今若並此璨爛華漫之堤岸拱手奉讓，吾不知所謂同作國民同享權利義務者果何解也。觀於此而旗民之用心可見矣。其言廣州駐防多數性質宜習工商，向於農家耕種，概未之習，不知彼以何術，潛察其素性而能得此。亦曰謀利之道，農不如商，又不如工；勢力之度，農劇於工，倍劇于商已。農夫耕一畝，獲利止于一畝，雖一粟之微，無所假借。顧當夏日，犁田播種，行伏赤日中，泥汗過膝，而或新雨之後，水為日曝，酷熱如湯，水蟲含毒，時來齧膚，手足坼裂，疑灼龜背。偶值凶年，至于析骸易子，官租追比，三日一訊，反視工商，其佚樂則迥殊。工亦有邪許呼負之勞，苟為冶匠，雖暑弗輟，熾炭於爐，揚錐持鑿，以治赤鐵者，然固有屋，為蔽風雨，若乃編蒲織履之倫，勤勞不為甚過，所得亦既足以自贍，不犯刑章，吏胥不至其門。商者持籌握算，其利乃又可以曲致，巧于居奇，周知市價之貴賤，則赤手可底於千萬。卽云販夫賤賈，逐什一之微，析蠅頭之末，而際歲時伏臘，猶有隻雞斗酒，以奉祭祀。況于富者，有酒如淮，有肉如林，出入守令之堂，勢傾巨室，甚或一言以為科條，雖側目者衆，皆無如何。視彼荷働隴畝者，猶臧獲雞犬之不若耳。此僅以大校為言。如彼旗丁，本為虜朝所優待，又創業于繁蓋華爛之域，按口授地，撥給資本，使與小民爭奪利權，吾見溝壑之餓莩，其將與漢人為鄰矣。稟中有云，適將旗丁分散，零星耕種，主客之形勢不相下，此豈能蕩泯畛域之見者。農有主客，工商豈遂能勿分主客。逆計未來必有旗商漢商之別，各結團體，相排相競，雖强顏而一國之民，其實仍敵國而已。而旗商有為之後（質）［盾］者則必勝。工商本相聯屬，又未有商基能立而工不競者。此其所以焦心苦慮，必求舍農而入于工商之途也。不然工商非其素習，與耕種等，夫誰不知？而性質獨近之一言，果遂足以欺人乎哉！已厭其業，乃曰何以安插羣黎。己欲膏腴之地，乃曰此皆官物與民無涉。抑何其工於狡飾也！某報案語，誠能摘奸發伏，所謂權利之不平，將更較之負當兵義務時有加無已。對於近日滿人當兵義務獨重之奇論，而故揶揄之，尤足令倭者緘口耳。是故廢八旗特制，陽為善政，而適以濟其恣如此也。又不特此。如練新軍矣，軍宜執干戈以衛民，去敵之恣者也，今也守私署，導前旌，不能與外人戰，而惟吾民之格，是兵且自恣復助在上之為恣也。如設巡警矣，巡警所以縶宵小，安行旅，去盜賊之恣者也，今也毆學生，擾良家，闒徵兵，以偵察黨人為能事，是巡警復助在上者之為恣也。兵與巡警何敢恣，政府實有以導之也。惟政府之恣，則善政且為惡政，況乎其尚不憚明目張膽以行惡政邪。夫民不忍長任政府之恣肆，而此之政府，又為異族之政府，故既曰種族之間非由革命無以解決者，勢也，則以政府恣肆而革命乃不可以已者，亦勢也。

第三　外人覬覦不可以不革命【略】

今試問論者不主張革命，能并勿主張立憲耶？如曰主張立憲，則問立憲非以企革新之業者耶？外人不利革新，其必懼中國革新之後，百事振起，彼將無能竊盜其土地權藉而已。若由何道以底革新，彼不必問也。立憲既仍以企革新者，外人視之固與革命無二，曷為主彼不主此乎。如曰立憲兩字，祇用以為粉飾太平之具，或并勿主張立憲，則問不主張此者，徒以革新將召瓜分，速亡中國耳，然不革新矣，豈又遂能救亡邪？外人所以樂存此舊政府，以其為桃梗土偶，便於竊盜。謂竊盜不足以亡中國，愚又甚於孩提之童也。且以竊盜亡中國者，外人則不費一矢，不煩一卒，周旋揖讓，而已取之於囊中。若其明建瓜分之策，斯不得不以兵力相向。國人雖弱，邊圉雖虛，猶非是伸一脚而能踏破之者。待其殲除四百兆人，縱能以一鹹十，計其僵屍，已當千萬。俄人嘗以書答成吉思汗曰：信君之必能取俄也，惟終當以劍來。古魯家統領謂英首相，亦曰：英之欲得脫蘭斯哇，吾固祝其早晚能成此功，然終不可無代價。嗚呼，何其傲也！等是亡國，吾猶將舍彼而取此。今有人曰，革命軍起，於外人之生命產業，設有所害，彼迺得以藉口。是特懸想，非能證實。但使司軍者行伍秩然，雞犬各安其宅，則危機不兆。去年萍醴之師，今歲欽廉之役，無西無東，皆濡丹染墨，以為紀載，讚嘆其軍律紀之整肅，比于清兵則為遠過。日本諸報，多有宣言，以人道為革命，吾人決無加干涉之理者。亦見忠恕之道，存乎人心，取鑑往事，無足慮者。若曰，不需藉口，彈丸則發。微論公法相維，有所遮遏，卽謂法由人造，本無定例，可以推尋，而均勢之局，莫敢先破，自非至愚，未有冒萬國之疑，而能悍然不顧者也。況誠不幸，適如論者所憂懼，有一國焉，度其兵力之厚，靡堅弗摧，將欲以無道行乎中國，則所謂不需藉口者，逆推今日以上分秒微忽，既無時不可以發難，而其於立憲革命更奚所擇，謂其必待革命軍起者又何為邪。復問最近一月間，英、法、德、日密有瓜分之議。夫論者豈不以為及今立憲，庶不召此，則數年來中國方事預備，朝野汲汲，固知以此為急務，而斯議何以適起？聞日本伊藤博文、大隈重信陰於日廷力恃異議，然其懷抱政策，不過懷脣亡齒寒之懼，未嘗以立憲故，始得保全也。此邦達識之士，每以中國自强相期望，則亦有代策革新之業者。而主革命者半，主立憲者亦半，某氏演説，且謂革命與立憲皆足為利，祇望早成，是更以一人兼主兩説。彼原弗能熟察滿漢交閧之內象，故猶以立憲為有利耳，不必深文以為旁觀者責。然如論者言，外人之于中國，必深惡革命，而贊立憲者，吾又不論其發言之券，果何在也。

《漢幟》第一期《鐵郎〈論各省宜速響應湘贛革命軍〉》 滿清覺羅之入關也，屠洗我人民，淫掠我婦女，食踐我毛土，斷送我江山，變易我服色，駐防我行動，監督我文字，括削我財產，干涉我言權，慘殺我志士，謬定我憲法，二百六十年如一日。我國民雖欲包容彼族，其如日日防我家賊何？我國民雖欲不謀動作，其如伊之賣送我于朋友何？我四萬萬之民族日益削，彼五百萬之羶種日益横。年復一年，人生有幾？再過載戴，吾鬼餒。而此正嘉富洱驅逐奧國，而明太祖奮起淮右之秋也。國民革命軍之興，寧得已哉。用是我湘贛軍首伸大義，赫然震憤，誓師討滿，力復祖仇。起兵以來，未及三週，州縣下者十數處，國民從者四十萬。義兵所過，商民安堵，秋毫無犯，並另派有保護外國人一隊，所有各國教堂租界，尤加意護衛，不准稍有侵犯。雖湯武仁義之師，耶穌救世之軍，亦不是過。今者全湘瓦解，直搗省城，岳州動搖，旦夕武昌必破；贛省萍鄉之師，亦直抵袁州，漸及臨江，以窺省會，圖出九江，指日長江可順流而下。凡我漢族中父老子弟，孰不以手加額曰：『漢祚之將興，胡運之將終，斯其時哉！』惟是一處之精力有限，全部之羣策易舉。獨立者，對于外族之謂，非對於各省之謂也。第三國之嚴守中正者，乃外國國際上之公法，非本國省界上之私見也。故夫美之無君黨，則以全國同盟罷工，為示威之運動；英革命黨之發難倫敦也，三島皆為響動；俄虛無黨之引起墨斯科也，全國皆表同情。此唱彼和，一呼可應，此西人之特性，而各國革命軍之所以有光點歟！即觀我國古者之革命時期。秦末則陳涉叫於隴畝，天下豪俊，併起而亡秦；西漢末則翟義、劉盆子一起兵，赤眉白水村之師，接踵而戮莽。其間惟徐敬業伐周之兵無響應，故興唐不成；曹操汎水之兵無響應，故伐卓而敗也。徵之各國之革命團體既如彼，返之我國之革命歷史又如此，然則今日之撲滿洲也，欲孤恃一方面之師心，與二百年虎踞之悍酋相搏，而各省皆作壁上觀，不速思所以全體響應之道，吾知其萬萬不可矣。

反對專制君主論分部

論説

《揚子江》第四期《逐園〈專制之結果〉》 專制政體為害于國既若此矣，而其種種退化惡硯象，千古一轍不謀而合者，則有三大結果。一親藩倡亂也。藩封覬覦，嫡庶爭奪，家國虔劉，骨肉喋血，如秦之嫪毐伏誅，漢之七國分統，吳之四王攙害，晉之八王剸夷，隋之兄勇尋仇，唐之元武召叛，宋之太宗爭嗣，元之鐵木迭兒叛亂，明之燕王、漢王、安化王爭統，孰非由於私天下於一人而不公天下於天下者階之厲耶！一外戚擅權也。外家用事，一爵高人，后黨預政，三綱倒置，漢之呂、霍，晉之楊、賈，唐之武、韋，闕下黃牛之嫗蔭望誇人，南山藍田之傅炙手可熱。又其甚者，田蚡以椒房得侯，比至帖勢見疏，麾之不去，馬防以一門國封，連勢四時，憑托天地，途人為之斂容。孰非有天下者獨伸權力，故事寬大，維持廻護若輩於不及覺，有以釀其驕縱睢恣之風哉！一權奸弑篡也。羣小塞途，太阿倒授，三綱絕維，土瓦崩解，炎劉運衰，內變蜂起，卓、操為之嚆矢，而司馬懿鋤曹，諸葛恪廢孫，王敦、蘇峻叛司馬以揚其波，勢將不可遏已。劉裕篡晉，蕭道成篡宋，蕭衍篡齊，宇文篡西魏，紹世篡陳，楊堅篡周，南北朝之國統離析甚矣。朱温篡唐，徐温篡吳，石敬篡後唐，郭威篡漢，李唐五代紛更亦如之。至若宋、元、明之蔡京、章惇、秦檜、燕帖木兒、鐵木迭兒、王振、劉瑾、嚴嵩、魏忠賢輩，跋扈檮張，早挾異志，特未見實事耳，而逆賊肉腥，豈足食哉。伊古贅閹遺醜，獷狡鋒鏑，孤人子，寡人妻，粗人家國，類皆借驅除不仁之專制君主以為口實，有如是夫！有如是夫！

專制哉，其始以為私產豢養，人不得而犯之者；其結果竟膿血泡幻，一似召人之奪我所有，以宰割我刈蝕我屠毒我哉！專制哉，其繼以為私產花息，惟一人所獨據者；其結果竟魚肉糜爛，一似任人之鏟我固有，以墟我地、奴我民、夷我國哉！專制君主及專制君主之私人，當如何化其外界民潮，以完全全國民之自由權，不得死守東方若洪水若猛獸之野蠻專制歷史，再製造出無限鐵血主義，顯為一二人之仇敵也幸已。然則欲革專制之痼習，殆非伸民權抑君權不為功。君權何由抑？曰立憲。民權何由伸？曰立憲。中央積權之政府無此肺腸無論也；幼稚時代之國民無此資格可慮也。專制固不免為中國危，立憲更不能為中國望，可若何！可若何！

遯園曰：否否，不然。國者大團也，民者小團也，君者積無數小團而合為一體、以成一大團為衆小團之代表也。國也、民也、君也，苟同物而一氣，不相攙擾，不相侵壓，不相隔塞，不相悖謬，民之最大多數最大幸福，卽國與君之最大多數最大幸福也，民之最高程度最高價值，卽國與君之最高程度最高價值也。立平等之律，異自由之權，行廣濟兼愛之仁，勵獨立自尊之志，享和平安全之福，去數千年故有之舊階級制度，似組織全國國民一新社會。俾國民自有新社會思想，以締造全國國民一新國家。俾國民自有新國家思想，而後二十世紀之中國國民，將為菲立賓之阿圭拏度，將為杜蘭斯哇之古魯家，將為匈牙利之噶蘇士，而後二十世紀之中國國君，不為被弑之亞厲山大第一，不為憂死之亞厲山大第三，不為發展於殆哉之法王路易第十六。匕鬯不驚，山何無恙，圓顱方趾，洽洽洋洋，我祖國之提倡民族主義者，順其風潮，乘其勢利，不難植身新大陸一方面，于千重萬重直接間接之異種專制政體之下而脫其軛。曰：華華衆生，如登春台，求所謂專制之一切魔障，將大索十日而不得矣。

《復報》第一期《吴魂〈中國尊君之謬想〉》　一手掩盡天下目，一人獨壓萬人上。舉全國中似人非人、似獸非獸、潛伏蠕動、混沌神经尚未鑿開之一種多數馴奴，皆瞠目咋舌，驚為天神下降，而蒲伏屈膝于其馬前，凜凜然求博主人之歡心，惟遭主人呵斥鞭撲是恐。由一種恐怖思想，遂視威權炎赫之專制魔王，一若神聖不可侵犯，而吮他痛，舐他痔，圖博頂帶之心生焉。君主之斂民膏血以肥一姓之私囊也聽之；俄而開釁他族，賠款數百萬數百兆，皆取之民間，以應敵人無厭之要求亦聽之；俄而以他人之土地，雙手奉獻於碧眼紅鬚之人，以為買媚列强之外交計亦聽之。大好神明子孫四百兆同胞性命，一任專制君主蠻族酋長，吮其精血，攘其權利，買其土地，盡數將我國民綁入法場，而我國民眞如所謂袖手以作壁上之觀，面縛以待死期之至，而毫無抵抗力也。此千年之睡獅乎？大夢方酣，幾瀕於死，而彼獵人，强羅網，換藥彈，漫山遍野而來，各逞其飛而食肉之野心，東割一膓肺，西斷一咽喉，四分五裂，鮮血淋漓。此睡獅非特不知剝膚之痛，並感謝新主人之厚恩，深刻於腦中而不能忘，謂他人父，謂他人君，向之忠甲國者，不難忠於乙國，自今以往，必至丙國丁國，無不可認為異姓父母矣，痛矣哀哉！我國民有國之名，無國之實，蓋已為第二印度、第二波蘭久矣，如之何不令人痛絕耶！傷心傷心！我祖宗所斬荆棘冒風霜苦心創造之古國，自由鐘其終絕響銷聲，永遠沈淪，萬劫不復，無復昂首伸眉上指天下畫地之一日乎？抑雄飛有志，驤足終伸，撞同仇之警鐘，强獨立之義旗，師十三州抗英之盛舉，鋤專制虎，建少年國乎？此今日最重要最切近之問題，而為好男兒所當研究者也。由前之説，則我中國為不治之絕症，茫茫禹域，無處可容漢人種立足之區，必將被優種人驅之深山窮谷之中，與彼生苗熟苗紅種黑種同為灰燼。我不忍見此等傷心狀況也。由後之説，則我漢人種可以揚威異域，縱横地球，撻歐美六强國而莫敢誰何。我不覺欣幸于心，登高而大呼中國萬歲、自由國民萬歲不止也。

《民心》第六期《論憲法上之君主神聖不可侵犯之謬説》　君主與國民，同為平等之人類，特因職務關係，而生治者與被治者之區別，非君主當然而貴，國民當然而賤。若因民所予職務上之勢力，卽以欺壓國民，妄為神聖，妄求不可侵犯，自私甚矣，違背人道甚矣。自私與違背人道，皆不可立於民上也。此規定無價值之可言三。

夫憲法者，一國之根本法，又人民權利之保障也，立言宜如何明確，用意宜如何公正，而如此規定，既背國家組織之原理，又為憲法莫大之汙點。然一般法學界之奴隸，且阿附之，墨守之，視為不可侵犯之原則。悲夫，人類又何賴此法學者歟！

無聖論分部

論說

《新世紀》第五二期《四無〈無君無父無法無天〉》 『君』者無理由之『法』，『法』者有理由之『君』。以無理由之專有之强權制人者曰君，以有理由之集合之强權欺人者曰法。『天』者無憑據之『父』，『父』者有憑據之『天』。以無憑據之莫大之强權駭人者曰天，以有憑據之應得之强權責人者曰父。君：野蠻之不免濫用强權以制人，及野蠻之服從强權為至謹，此必為世人所公認。當此之時，則君之質素最純，而君之區畫最嚴。嗣是而依傍于天曰天子，又依傍于父曰君父，又依傍於法曰君者出令者。直至受範於法，而君之運命遂告終。此『君』之自有至無之一段歷史也。

天：野蠻之崇拜風雷日月，不必為其天也，卽彼認為天之創造能力之所寄，苟稍神奇者，已懾伏而莫敢或狎，此亦必為世人所公認。當此之時，則天之威力最尊。嗣是天有民德之可以相勝，天有魔鬼之足以相擾。求天之故愈多，而褻天之情亦見。及至遷就于哲理，天已付諸不可思議。又復整理於科學，天遂等諸頑然物質。而天之運命亦告終。此『天』之自有至無之一段歷史也。就世人所公認謂野蠻時代所有而最完者有二：曰君與天；其不甚留意者亦二：曰父與法。

父：野蠻人往往以其形色膚髮，辨其異同，同則相助，異則相攻。于同族之中，皆嚴事其老者如父。此卽重所生之實證。惟其時婚姻之制未生，故無父之名，僅有父之實耳。然則彼意為必其所親屬，而後始用其愛情，有斷然不疑者。其愛情之狹隘，而血屬之鄭重，為後世父道既立時所不及。想見彼時止重血統之名目，而已能致其孝謹，不似後世明明知其為父，尚有愛情不屬，無故為弑逆者。此在晚近，猶留遺迹。凡愈鄙野之人，欲與人連結愛情，必認為父子。稍文明者，卽知愛情兼可施于朋友，止當為朋友而已足。卽此便可並得兩證：一卽證明野蠻時之鄭重血統，實過於彝倫之既敍；一卽證明愛情既可由父子而廣諸于朋友，卽可由朋友而廣之於世界。如此，人類者，當改良而為完全有愛情之一物，其時不但父子可廢，卽朋友之名，亦在消除之數。是父之運命，不久必將告終。此『父』之自有至無之一段歷史也。

法：任人以道理為自由之行動者，曰公德。托於公德，發為理由，制之為『法』，借集合之勢力，以强制人者，曰强權。故法者，乃强權假託於公德之一物。所托者較粗，含有强權之成分者較多；所托者較精，含有强權之成分者較少。今日最文明之法，依託於公德為至精，故公德之與法律，幾有認為相同之物；法律之與强權，幾有認為相制之具，而不知此為教育興盛，由公德直接改良法律，更間接減縮强權。强權之不盡消滅，卽由於法律尚未能為公德消滅也。能知含有强權甚多成分之法為最近於法之起原，則野蠻殺人，簡單以有罪二字誣之，卽可下刀。有罪者，卽謂其侵犯公德。是卽假託公德之最粗者，亦卽可云法意之最完者。故法意最完於野蠻時代。嗣是五刑修而『法』較備，公德之成分遂增。迄于人權之説大昌，而公德之成分愈增。增而不已，人人乃悟人類之相互，卽可歸極於公德，更無所用其契約，於是法之運命亦終。此『法』之自有至無之一段歷史也。

又《絶聖〈排孔征言〉》 孔丘之革命奈何？往者有取其片言只行而加戲謔斥駁者矣，顧杯水耳。以孔毒之入人深，非用刮骨破疽之術不能慶更生。鄙意盡集其一生之言行，分門著論。言則取類似者，仿《左氏博議》之例排比為題，痛加駁斥。行則或就身世，或以所言反詰，要勿稍留餘地。顧予之能事至淺，不克奏此偉績。有仁人志士切心救世者乎，予雖不敏，願竭棉薄，從諸君子之後焉。

《河南》第三期《凡人〈無聖篇〉》 此篇所論，有疏于學理處。且訾毁孔子，不無過當。然以吾國士夫素崇孔子，莫敢懷疑，故數千年來思想滯閡不進，學術陵遲，至不可救。此篇雖不免矯枉過正，然録之亦可覘思想進化之一斑云爾。本社識。秦漢以降，歷世相傳，有不可思議之一怪物焉，曰聖人。其為怪也，富貴者淫之，威武者屈之。君主不可得而臣，而利用之以箝制其下；尚古者不可得而友，而利用之以懾服其徒。强權之患，由是始恣。漢之世，法律未備，雖斷獄不成，猶以《春秋》解之，其勢力之宏，概可知矣。而世之好事者流，遂視為奇貨可居，從而和之，以益增其魔力。宋代理學，窮于聖人泥而難通也，則引入名家，以為聖門之徒。明季佛學方盛，學者懼聖人無以自存也，則陰釋陽儒，以為混同之計。沿至今日，斯風加長，視聖人之靈爽，照耀無窮，行將立億萬萬年立憲君民師表之業。是以腐儒俗子不憚煩苦，引經徵典，廣為牽合；以仁民愛物為無上平等，以誠意正心為眞正自由，甚至以《周禮》制度爲適合憲章，《大學》格致為聖門科學，《論語》二十篇足與泰西各家相比較，適成其為至聖。近出《新論語》一書專攻斯業。烏乎！是誠大古之大惑也！余嘗縱議今古，横覽西東，迨未見聖人產於人世間。向使秀靈之氣獨鍾我國，足以世食其賜，則我國之盛，我民之福，是當超軼乎各國之上，為世界第一等國矣；奈之何徵之往史，既如彼其黑暗，按之近勢，且奄奄垂亡，不可終日，甘讓第一等國之位次，而二而三，循將遞降焉而未識伊于胡底？探本而論，得非聖人為之厲階歟？於是聖人之果有與無，遂磅礴于余腦筋中，鬱積而不能釋。思之思之，烏容於言？爰艸是篇，命曰《無聖》。豈曰闢聖？乃研聖之之所謂；豈敢沮學聖者？誠悲至聖者之少。聖其有乎？余實望之。聖果不可得而至焉，余將與天下痛辯之，一洗舊汙，用迸彼怪物於國門之外。

考世界相稱之為聖也，固不止中國，希臘有蘇格拉底，印度有釋迦佛尊。然蘇氏之後，步其塵者無人，各樹一幟，演為分析學派。佛則專研哲理，斷絶妄想，述之雖千萬其說，其不言現世之假像也則一。總無若中國所謂定於一尊者：政法，聖之政法也；理論，聖之理論也；倫理，聖之倫理也；下至灑掃應對進退之節，禮樂射御書數之文，無不根原於聖，而惟聖是准。三者相提而衡之，將謂希臘、印度之聖不及中國之聖歟？世界無或有此說也。將謂中國之聖非得與彼希臘、印度並峙歟？則事實毋可掩也。抑將謂彼二聖不過賢能之稱，我國之聖則為民立極，足為萬世法歟？則彼二聖何嘗非以是為聖，俾後人遵守？而其結果也，或反乎前說，發明古人之所不及知，或永為專家，逸出乎凡人之為不及察。惟我中國，異其旨趣，千萬年如朝夕，未嘗稍越其範圍，而變本加厲，累世益增，寖寖焉將非與中國相終古也不止。余懸是疑而深研之，乃恍然世之美大之稱，多誇張其辭而未必的實。『聖』之一字，蓋尤荒誕無稽，幾於不可究極也。

鑄造國民新靈魂論分部

論說

《江蘇》第三期《雲霄〈教育通論〉》 舊教育死，新教育生，舊國民之無教育者死，新國民之有教育者生，其期請自今日始。雖然，專制政體不容於今世界，而教育則歐美列强悉用强迫主義者，何以故？非此不能使全體國民人人盡受教育，而均一其進化之程度也。吾祖國民智未開，其用强迫主義也當尤重。任政府之腐敗、宦途之庸惡，我國民必人人自警，而悉以教育為依歸。女子而不受教育，責在男子；農工商而不受教育，責在士林；士林而不備普通教育，責在鄉先生；鄉先生殷殷于教育，而不得教育之目的及方針，責在留學界。人人各盡其職，各司其事以為所當為，則强迫主義大行於域內，我國民乃盡受教育之陶成而無愧於人格矣。

又 第七、八期《佚名〈民族精神論〉》 夫欲使一民族成一方新之象，則必有無數之願作犧牲於其同族者焉。因諸根其擴張希臘教于阿碁爾諸州，西比利亞乃同化於露西亞矣；李温谷探險于南亞，羅得拓境于巴爾，而英人勢力乃猖獗於非洲矣。若爾人者，皆近世史中不可多得之人物也，今之受崇拜馨香者亦有人矣，未有若以上諸人受崇拜馨香者之切也。諸人者其面目不必同，其方法不必同，至其肯爲民族犧牲之志，則無不殊途而一致。堅忍不拔之操，勤苦奮勵之氣，精神所到，無不欲使同族之人發光輝於世界，心目中至以此為無上之快樂，及至收效成而同胞受其福，當日種種之苦心，乃發見於一旦。丈夫如此，其亦可以告皇天后土而無愧矣。我故鄉之青年，下聞里黨與懷劍出遊者，類不乏氣蓬蓬而志勃勃者之士。然試瞑目一思，我一身之位置於今為何如？我輩所宜發奮者為何如？必如何而後可稱盡吾之天職？必如何而後可對我之同胞？必如何而後可以處此生存競爭之世界？綜而察之，默而識之，恍然於吾鄉今日危急之所在，而猛勇奮發，必使吾鄉改革之事大成而後快。振其氣，堅其志，固其操，不以富貴攖其心，不以死生撓其志，不以目前之小小成敗挫折其目的，夫如是其亦可以稱民族之犧牲者乎！夫青年者，後來之師表也，同胞之幹城也。吾是以於民族精神論之終，而不禁殷殷然囑望於故鄉之青年也！

《覺民》第七期《靈石〈讀黑奴籲天録〉》 《黑奴籲天録》者，美國女士斯土活所著，而閩縣林琴南紓、仁和魏充叔易兩先生所譯者也。前後四卷，分四十二章，計華文十四萬言。兩人且泣且譯，且譯且泣，蓋非僅悲黑人之苦況，實悲我四百兆黃人將為黑人續耳。且黃人之禍，不必待諸將來，而美國之禁止華工，各國之虐待華人，已見諸實事者，無異黑人，且較諸黑人而尤劇。則他日之苦況，其可設想耶！

靈石欲買此書而未遂，至高時若處借得焉。挾歸於燈下讀之，涕淚汎瀾，不可仰視。孱弱之軀，不覺精神為之一振，且讀且泣，且泣且讀，窮三鼓不能成寐。噫，此書不過據斯土活一人之見聞，掇拾數事，貫串成書，其敍黑人之苦況，不過若神龍之一爪耳。

全球人之受制于白人，若波蘭、若印度、若緬甸、若越南、若澳大利亞洲、若南洋羣島、若太平洋大西洋羣島，無一而非黑人類乎！則此書不獨為黑人全種之代表，並可為全地球國之受制於異種人之代表也。我黃人讀之，豈僅為沉醉夢中之一警鐘已耶！

白人之狂者，堂皇演説，欲地球盡歸白人為主，別種人於家畜上別製貴重之名以名之，而屏諸人類之外；或他種人皆稱人，位於畜之上，白人則別立貴重名目，以高據於人類之上。嗟乎！白人假文明之名，行野蠻之實，眞乃慘無人理矣。雖然，國必自伐，而後人伐之。己不自立，于人乎何尤？

嗟乎，黑人豈其賤種，根性惡劣，無有靈魂者乎！若哲而治海雷之堅忍果決智勇雙全，意里思之明婉淑順臨危不亂，湯姆之忠愨誠懇專心守道，凱雪之機警善謀，及姆之孝，小海雷之慧，即求之白人，亦可稱為翹楚者矣。嗟乎，黑人國亡家破，販賣異洲，沉幽于黑暗地獄之底，猶能不甘澌滅，出萬死不顧一生之計，以還我自由之權，率我獨立之性，而且欲締造黑人鞏固之國家，為文明之魁傑，分大同之元首。嗚呼，黑人之志氣，不其偉歟！黑人之思想，不其大歟！

嗟乎，我黃種國權衰落，亦云至矣。四百餘州之土，盡在列强之勢力範圍，四萬萬之同胞，已隸白人之奴隸冊籍。我黃人不必遠徵法、美之革命與獨立，與日本之維新，即下而等諸黑人，能師其渴想自由之操，則乘時藉勢，一轉移間，而為全球之望國矣。

雖然，我聞之出洋華人，因無國而愛國之念愈切。若內地則同胞心目中，依然大一統之舊觀，國家思想，甚為淡薄。説者謂愛力出於壓力，無壓力則愛力不生。嗟乎，我中國所受之壓力，亦云至矣，而尚嫌其太小耶！此實我中國一緊急重大之問題也。

我讀《籲天録》，以我同胞之未至黑人之地位，我為同胞喜。我讀《籲天録》，以我同胞國家思想淡薄，故恐終不免黑人之地位，我愈為同胞危。我讀《籲天録》，證之以檀香山燒埠記，證之以美洲、澳洲禁止華人之新例，證之以東三省，證之以聯軍入京，證之以旅順、大連、威海、膠州、廣灣、九龍之舊狀，我愈信同胞蒙昧渙散、不能團結之終為黑人續，我不覺為同胞心碎！

我讀《籲天録》，以哭黑人之淚哭我黃人以黑人已往之境，哭我黃人之現在。我欲黃人家家置一《籲天録》。我願讀《籲天録》者，人人發兒女之悲啼，灑英雄之熱淚。我願書場、茶肆、演小説以謀生者，亦奉此《籲天録》，竭其平生之長，以摹繪其酸楚之情狀，殘酷之手段，以喚醒我國民。我欲求海上名畫師，將四十二章各繪一圖，我願以粗拙之筆，圖係一詩，以與《聊齋志異》爭聲價，庶婦孺貪觀，易投俗好。我願善男子善女人，分送善書勸人為善者，廣購此書，以代《果報録》、《太上感應篇》、《敬灶全書》、《科場志異》之用，則度人度己，功德無量矣。

《雲南雜誌》第七期《張耀曾〈雲南之民氣〉》 安南之民，其氣頹靡。緬甸之民，其氣怯懦。猶太之民，其氣馴柔。嗚呼，亡國民無生氣，固如是乎？痺痨之疾，甚於癰疽，將萎之華，慘於槁木。虎狼入室，强敵壓境，而尸居餘氣以待之，鮮有不亡者。雖然，殷鑑不遠，我滇人其念之，我滇人其念之。夫歐洲民氣之伸張，民力之發達，不過百餘年間事耳，然用之以縱橫世界，震蕩全球，亦游刃而有餘。雖然，彼之勢力所能及者，必其國之民氣已衰，民力已弱者也。而不然若日本者，若菲律賓，若德郎士哇兒，激國恥而倡大義，機捩一動，萬弩齊鳴，何嘗不挫列强之鋒，而折列强之氣。滇人乎，滇人乎，其猶有爭自存之心乎？則請磨勵其勇氣，以造國魂，庶生機或有望也。夫國所以有自主之權者，由於國民有自主之權。國民所以有自主之權者，由於民氣之常伸，民力之常厚也。求所以能伸其氣，厚其力者，必有歷萬難不足以阻之，遭萬劫不足以挫之一種精神，以貫乎其間也。而求其所以有此獨立不拔之精神，又在乎善於養，善於鍊，堅忍以成。而回顧之我滇人，置理亂于不聞，惟喜事之名是避，而日銷月鑠發揚蹈厲之氣蕩然矣。一人如是，人人如是，處此弱肉强食之世界，足以自戕種類，自亡家國而有餘，其可為太息痛哭者。滇人無堅忍性，遂致民氣之不振者，此其一。僻處邊隅，界乎兩大，惟聯絡愛情，同聲同氣，始足以固團體而抗强鄰，乃我滇人薄於愛情，渙散如散沙，平居即無聯絡之義，有事直鳥獸散矣。欲求其一鼓作氣，衆志成城，勢必不能。此我滇人無聯絡愛情，遂致民氣之不振者，此其二。仇洋鬧教，無識者以為義憤同伸，殊不知衅端一啓，或賠款、或割地、或召外兵，轉瞬間仇洋人者，變而為畏洋人、媚洋人者矣。不為正當之抗外，而為野蠻之排外，最後之惡結果，適足以摧殘民氣而有餘。此我滇人無諳練識，遂致民氣之不振者，此其三。更有甚者，或營營於功名，或孳孳於私利，伈伈俔俔於豆剖瓜分之日，不過自私自利之目的，横梗胸臆，而於公益所在之地，則又避之而不前，窺其舉動，其行為，直行屍遊魂而已。此我滇人無公德心，遂致民氣之不振者，此其四。國積民而成，民氣伸而國基鞏固，民氣餒則國本消亡。國本消亡未有能生存者也。乃外患日迫而安居者如故，大敵將臨而沉迷者如故，殘喘空延，苟且偷生於旦夕，不幸而洋兵壓境，禍自天降，則宰割屠戮悉聽命焉。此我滇人無勇敢心，以致民氣之不振者，此其五。風俗之頹敝，士夫之隘陋，人民之愚蠢，知識不開，物產不興，耳目充閉，若坐窖井，以英、法之力加之，猶千鈞之弩潰癰耳，乃滇民仍酣睡不醒，或醒焉而不起，起而不奮興鼓舞者比比，以若此之志行，是必待刀鋸在前，鼎鑊在後乃始悟也。此我滇人無奮發心，以致民氣之不振者，此其六。進取冒險之精神，所賴以推持國脈者也。國無中立之勢，不進則退，不强則弱，而有此精神則進而强，否則退而弱。乃滇人時處危急，無進取之志，無冒險之心，知有今日，不知有明日，知有現在，不知有將來，飢則求食，飽則求安，其性根之薄弱，曷足以當英、法之衝。此我滇人無冒險心以致民氣之不振者，此其七。束身寡過之士，日以謹小慎微爲宗旨，桑梓之危迫，國家之憂患，漠然無所動于中，聞憂國之言則詆為横議，斥為好事，朽腐之習於腦中者堅不可拔，由此士氣日下，流毒人民，遂養成今日不痛不癢之現象。此我滇人無明達才，以致民氣之不振者，此其八。燎火及於鄰，弱女能運千鈞之筩；强敵在其後，疲馬尚有突圍之思。今之時何時乎，乃可危者不知危，可怒者不知怒，搏之不躍，激之不行，唾之不耻，割之不痛，奄奄一息，精神萎地已盡矣。此我滇人無愧耻心，以致民氣之不振者，此其九。嗟乎！民氣不振如此，滇之亡無日矣。乃官長之壓制，務使我人民箝口結舌，不得盡國民之責任，惟墮於愚弄之術而謂為安分也。故鐵路讓與外人，滇民不聞；礦產授與外人，滇民不知。迨其後雖知之聞之，而亦若不知不聞者，莫不曰吾儕安分。牛馬奴隸之慘酷，期將不遠，而安分者依然。甚至聞師長之教訓，恒不足以啓發智識，衹足以束縛思想。聞何教？教之以純謹，教之以退讓，教之以博取功名，教之以巧用權術。於是習為鄉願，鑽營利禄，寧復知宇宙間有分内事乎。偶聞洋務，若談虎而變色。形體雖具，精神已消，委靡者恒十之七八，奮勵者十之一二，迨習染漸深，前之奮勵者亦歸於萎靡。泰山崩於前，若無所睹；猛虎躡其後，毫不為驚，心中無片刻之隱憂，肩上無半銖之負荷，叩其故則曰某何能語於此。如是則民氣蹂躪剝喪，歸於無何有矣。滇今者法窺其南，英瞰其西，虎視眈眈，危如纍卵，民氣存則滇存，民氣亡則滇亡，以如此之民氣，其何所恃而不亡。關於戰陣之事，非民氣奮發之已久，不能決勝於疆場。日本國民之祝出征軍人曰祈戰死。蓋不獨軍人勇於戰也，必一般社會之人民有勇敢進行之氣，然後一部分之軍人始有殺敵致果之功。夫中國抵制美貨之舉，各國報紙皆贊我民氣之伸張。是民氣者所賴以折服外人而為立國之元素也。今我滇已入英、法人之勢力範圍，不問土地之能保與不能保，只問滇人之抵抗力之强與不强，抵抗力之强不强又視乎民氣之伸不伸。今日起焉，明日僕焉，非伸也；前者進，後者退，亦非伸也。滇人若多乎此，將何以保滇而存滇。夫生死關頭非賴此民氣不足以為維持。民氣盛者，彌綸磅礴充塞宇宙，足以幹萬事而有餘。民氣衰者，懼恇惟怯畏勢如病夫，使之應一事而無成。民氣之發揚卽國權之伸張。故英人有言曰：無論何地，凡我英人有一人足迹踏於其土者，則其土必為吾英之勢力圈。法人有言曰：法蘭西者，歐洲文明之中心點也，全世界進步之原動力也。蓋其自尊之言如是，而意氣昂昂：有非印度人贊英國政治之高美，朝鮮人望日本政府之扶持，自貶自卑以取滅亡者所可同日語也。乃觀我滇人，聞英、法人窺我，則皇然以憂，嗷然以啼，敵兵未至而氣先餒，同仇敵愾之思想已消滅於無有。他日者巨禍當前，將何以禦之。嗟乎！前途茫茫，慽灾殃之未艾，人心夢夢，冀醒悟以何時。滇乎！滇乎！自兹以往，遂永淪胥以亡乎？雖然，愚證之往古，有田一成，有衆一旅，少康賴以興。驗之近今，三島區區，日本賴以强。果何賴乎？賴民氣之盛也。夫民氣者視之不可見，聽之不可聞。其為氣也，至大至剛，足以充滿天地，掃蕩敵氛於不知不覺之中。戰國運之盛衰，文明之進退，人種之存滅，皆藉乎此民氣。抑吾聞之，凡物之具永靜性者，不加以力而不能動也。蓋外界之刺激不深，人民之奮心不起，理有固然。華盛頓何以造美？惠靈吞何以拒法？受刺激為深也。火不忿則熱必不烈，人不憤則身必不死。人至於冒萬死拚生命之日，必其受刺激已深之日也。然則滇今日刺激尚未深耶？路權礦權已入外人之手，土地財產尚得謂為己所有乎？在感覺力敏活者已生無窮之悲觀，感非常之苦痛，乃我滇人習聞之而不介意。嗚呼，念及於此，不能不祝外患之速來，以逼迫之，震動之，使之不一鼓作氣，則有死而無生，有亡而無存，有地獄之慘而無人世之樂。其或者羣心羣力，羣其目，一其視，羣其耳，一其聽，羣其手足，一其敵，民氣大伸，安見不與英、法兩雄並立於二十世紀之地球哉！夫置之死地而後生，置之危地而後存，滇民將死之日，乃滇再造之日也。殷憂所以啓聖，多難所以興邦，且為吾滇祝之。

《越報》第一期《雷照性〈名說〉》　名者實之賓，有其名必有其實。於無實之名之大可非外，而求其有實際之可憑者，則其例正不可勝舉，而要以切要于人羣之競爭者為至不可忽。試卽世界觀之，其爭競劇烈而未嘗一朝已者，莫如種族。蓋同一人類也，而黃、白、紅、棕之名判，遂各從其名，起自衛其種之觀念。其對於他種也，始則嫉妒之，繼則排斥之，終且欲滅絕之以擴張其種於全世界。觀白人陰鷙酷厲之野心，何在不具是凶焰，以對付他種；是豈過於褊狹乎，亦激於種之一名而發于天然不自覺耳。吾人亦一種也，詎可使黄色之名歸於淘汰，以快他種之心乎！故觀於種名，而使吾人頓生憤發之感矣。然猶過於膚廓也，同一種中，更有國名為畛域。於是各圖國家之發展，各謀勢力之恢張，又於同種中相傾相軋以爭鬥擾攘於不休。勢相均力相抗也，則如怒目金剛，峙然角立；若其不敵者，固不憚鋤滅之以廣其幅員。吾國自有歷史，鴻名丕著，而今則遠蒙異種之侵，近受同種之侮，岌岌乎有不能常保此名之勢。嗚呼！開國之初，篳路藍縷，披荆斬棘，經幾許艱難，歷幾多戰爭，而始保有此疆土，確定此提封，以使子孫棲息食游於不替，獨奈何任人攫取，讓人酣臥也！詎甘忍聽其沈淪而不思拯救乎？夫猶太、波蘭、印度、朝鮮之名，固有存在於人口，而其實果何如？吾願吾人思吾國得名之實，保其實以長保其名，毋令後之人於歷史上讀吾國之名詞而有唏噓憑弔之感也。抑吾竊怪乎今之人動則訾曰好名。夫惟名之可愛而後好之，好其名斯能實其實。如一國之民不好其國之名，則他人卽摧滅之而易其名，亦毫無所動于中，甘為他人奴隸而不恥。蓋愛國之心，卽生於好國之名，而亡國之民反是，孰謂國民好名之為非耶？而或曰：所謂好名之可訾者，指個人自好其名，非國家之謂。而吾謂個人不好其名則尤不可，而特恐其好之不甚。曠觀數千年歷史，横覽五大洲人物，其有享鴻名而喧傳于奕祀者，必能宣揚其國威，發展其民族，恢廓其版圖，擴張其權力以淩駕乎鄰邦，震撼乎宇內，而後聲靈赫濯，姓名彪炳。世果有好斯名者，其必思宏彼功烈，與之爭輝媲美，而非徒虛自表揚，漫為訏誇，遂足與偉人爭勝也。吾國今日而有如是好名者，吾將百拜稽首以歡迎之，而肯譏議之以阻其雄心隳其盛氣也乎。倘隨流俗之口，則是欲人潛光養晦于山林泉石，不求聞達，甘老煙霞。而試問隨麋鹿以嬉遊，依木石以終古者，衰草斜陽之間，累累荒塚，何可勝道，果何益於國家而以此隱姓埋名之荒傖為貴歟？幸此孤僻之徒鮮耳！使人人皆思高蹈，不染塵埃，則舉國皆巢由，果誰為之耕？誰為之織？誰為之理家？誰為之治國？是無須人亡之，而彼已自亡矣。雖第其品詣，遠邁卑汙齷齪之鄙夫，而其率斯民以向歸無用，罪尤不可逭焉。嗟乎，沮溺耦耕，接輿慢世，安知非借隱遁以邀名，舍曰欲之，而必為之辭，吾正將以《春秋》之筆直誅其心，而詎肯梢以為賢，曲為之諱乎！然吾之所論，不過就國家而定其是非，若於滔滔濁世中，潔身自好，亦個人孤行其志之苦衷，正不必過於深求矣。夫就以上所論，吾國固專重乎好名。然或有鄙陋之夫以一材一藝自詡，腐朽之士以一文一詩自矜，洋洋自得，沾沾自喜，意若博得微名，卽足以留傳不朽，斯則毫不足取，好亦可嗤。若夫希榮慕寵者流，以博青紫、膺軒冕、耀鄉里、驕妻孥為至榮之名者，則卑賤之尤，而不足辱吾之筆矣。然則同一好名，而因大小之殊，卽有優劣之異。求名之士，果當何去何從？雖然，吾陋矣，吾陋矣，世蓋有超乎吾言之例，而有無名之英雄者焉。其居心在國家，其處事在隱秘，其行為則如神龍之變化莫可端倪，不求人知而人亦莫得而知，而實能建偉大之事業。吾蓋心儀其人而不能確指其實，是詎可於普通人民求之，而以名不名律之耶！抑又有下焉者，蓋凡有一出類拔萃之英雄，建驚天動地之事業，雖彼一人獨享成功之名，而實有億萬無名之英雄，共宣毅力以相助，是蓋不必求名而能克盡人羣之義務，亦尚論者之所嘉焉。嗚呼！時至於今，危若朝露，而急公者渺，愛國者稀，惟名之一字，尚足以驅策其心，鼓勵其氣，否則沈睡不醒，死亡無日矣。語曰：三代以下，惟恐其不好名。善哉斯言，先得我心矣！然亦當自量其材力，自審其經綸，大名固有可歆，天智亦有所限，膺大名之英雄未嘗不可作無名之英雄，要在以國事為急，而不必一格相繩。愛國君子，曷深長思乎！

由是觀之，宇宙間之大不可量、小不可察、紊不可理、隱不可知者，一定以名而遂各得其歸宿，各安其部位，各受其限制，各被其驅遣。大哉名乎！六合之中，八荒之外，有生無生之倫，孰能解脫而不就其約束乎！然而不可解脫之內，偏寓變幻之機，若合若離，亦玄亦妙，誰實為之，而以窮名之術乎？夫有形之名亦至不可易矣，然星球可名為稊米，微塵可名為世界，蝸角可名為戰場，蟻垤可名為泰岱，須彌可名為芥子，滄海可名為桑田，此非形之可指，而名之不定者乎！不寧惟是，橘化而枳，荃化而茅，鷹化為鳩，雀化為鶉，鼠化為鴽，老楓化為羽人，貞女化為頑石，有定之物化為無定之名，而有形之名窮。若夫無形之名，以空疏之規模，制人與無可遁匿，一似可以歷變化而不逾。然有雍姬而父夫難於處，有左儒而君友不能全，有稽紹而忠孝無所立。是故同一事也，在此為地義天經，在彼為大逆不道；同一人也，在彼為豪傑英雄，在此為亂臣賊子。不能懸一詣以為定評，卽不能執一説以衡天下，而無形之名亦窮。然則將何以定之？佛氏有言：一切世界，皆非世界，凡有所相，皆是虛妄。則吾將以無相例之，而鏟滅有形之名乎？除去過去、現在、未來，而使吾心空諸所有。則吾將以虛無遇之，而破除無形之名乎？然而為是思想，是必離世界而立於獨，否則吾雖去之，人自執之，終亦何濟。吾乃正告乎吾人曰：名雖有遷移，而固有之名則亘古而不易，如吾種、吾國、吾身之名，皆確定而不可變。吾惟執此固有者，極言身之精神以實存之，而凡定而不定之可以遊移、可以變更者，正不妨濬吾靈明之神智，以操縱轉移之，而又何憚其紛紜，被其束縛也乎！

剪辮易服説分部

論説

康有為《戊戌奏稿・請斷髮易服改元摺》 奏爲請斷髮易服改元，以與國民更始，恭摺祈聖鑒事。竊維非常之原，黎民所懼，易舊之事，人情所難。自古大有爲之君，必善審略勢之宜，非通變不足以宜民，非更新不足以救國，且非改視易聽，不足以一國民之趨向，振國民之精神。故孔子於《禮》通三統之義，於《春秋》立三世之法，富新朝必改正朔，易服色，殊徽號，異器械。而漢武帝當守文之中世，定禮樂而改曆服，魏文帝承祖宗之强威，遷都邑而易服色，皆以更新善治，爲法後世。若夫當列國爭强之世，尤重尚武，欲舉中國儒緩之俗，一變致强，其道尤難。故趙武靈王將有事於滅胡，則變服而騎；齊桓公將欲有事於中原，則易短衣而霸；而魏文帝、趙主父變其國俗，易其祖舊，父兄羣臣，守舊之彥，譁言力爭，而二主終獨斷行之，遂致治强，英風霸烈，焜燿無盡，豈非善得通變之宜哉？然是四主者，所遇之世，尚非迫於必變之時也。

今則萬國交通，一切趨於尚同。而吾以一國，衣服獨異，則情意不親，邦交不結矣。且今物質修明，尤尚機器。辮髮長垂，行勤搖舞，誤纏機器，可以立死。今爲機器之世，多機器則强，少機器則弱。辮髮與機器，不相容者也。且兵爭之世，執戈跨馬，辮尤不便，其勢不能不去之。歐美百數十年前，人皆辮髮也，至近數十年，機器日新，兵事日精，乃盡剪之。今既舉國皆兵，斷髮之俗，萬國同風矣。且垂辮既易汙衣，而蓄髮尤增多垢。衣汙則觀瞻不美，沐難則衛生非宜，梳刮則費時甚多。若在外國，爲外人指笑，兒童牽弄，既緣國弱，尤遭戲侮，斥爲豚尾，出入不便，去之無損，留之反勞。斷髮雖始於熱地之印度，創於尚武之羅馬，而泰伯至德，端委治吳，何嘗不先行斷髮哉？

夫五帝不沿禮，三王不襲樂，但在通時變以宜民耳。故俄彼得遊歷而歸，日明治變法伊始，皆先行斷髮易服之制。豈不畏矯舊易俗之難哉？蓋欲以改民視聽，導民尚武，與歐美同俗，而習忘之，以爲親好，故不憚專制强力以易之也。且夫立國之得失，在乎治法，在乎人心，誠不在乎服制也。然以數千年一統儒緩之中國，襃衣博帶，長裾雅步，而施之萬國競爭之世，亦猶佩玉鳴琚，以走趨救火也，誠非所宜矣。竊聞德之冑子，以拔刀爲戲，以面瘢爲榮。雖好勇鬬狠，不足爲訓。然其尚武至於如是也，夫是以强。然吾兵服，亦復寬衣博袖，懸於各國博物院，與金甲相比較，豈不重可怪笑哉？

夫西服未文，然衣制嚴肅，領袖白潔，衣長後衽，乃孔子三統之一，大冠似箕，爲漢世士夫之遺，革舄爲楚靈王之製，短衣爲齊桓之服，故發尚武之風，趨尚同之俗，上法泰伯主父齊桓魏文之英風，外取俄彼得日明治之變法，皇上身先斷髮易服，詔天下，同時斷髮，與民更始，令百官易服而朝，其小民一聽其便，則舉國尚武之風，躍躍欲振，更新之氣，光徹大新。雖守舊固蔽之夫，覽鏡顧影，亦不得不俛徇維新之令，而無復敢爲公孫成等之阻撓矣。其於推行維新之政，猶順風而披偃草也。

抑臣更有請者，將行實政，尤在先播聲靈。元曆何關實事，而人心尤多繫之。昔日本明治元年大誓維新，定布五條，今皇上決行維新，亦宜大誓改元，以昭國是，定民志。伏乞大集羣臣誓於天壇太廟，上告天祖，下告臣民，亦若日本布告五事，即以今年改元爲維新元年，與天下更始，俾舉國臣民迴首面內，改視易聽，同奉聖意，咸與維新。其於振動舉國之精神，必有大效，伏惟聖意裁察，維新幸甚，中國幸甚！伏乞皇上聖鑑。謹奏。

《萬國公報》卷九〇《姜叔子〈改正朔易服色說〉》　俄羅斯、日本東方之故國也，考其服制，褎衣博帶略如漢唐之舊也；問其曆法，則世世相承，更千百年而不變也，其他政教風俗，又與歐洲絕不相類也。當我朝康熙年間，俄皇曰彼得者，慕歐洲之政教風俗，思一一從而效之，乃改正朔，乃易服色，以從歐洲之制，未幾，百廢具舉俄國漸以强盛。

越百餘年，日皇摩祖希都，有自强之志，即學俄皇所以學歐洲者，先從事於正朔服色，日本亦治。嗚呼，二君之果於變法，可謂知本矣。或曰：歐洲之政教風俗，可法者甚多，至正朔服色，文具而已，果擇其善而盡行之，雖不改朔易服，無害其理也，不然徒襲其貌而亡其實，亦何補哉？況正朔服色之制，祖宗定之，子孫世守之，舉國之臣民便安之，一旦盡變其舊不亦傾駭億兆之耳目，泯滅纍朝之常典乎？二君必此之先，無乃過乎？曰：此正二君之深意，雖三代聖王之用心，不是過也。

昔者，夏殷之王也，皆數百歲，一旦而湯武入其都，踐其位，則未知天下之果吾從焉否也；四海之大，萬民之衆，不可家至而日告也；於是下一令曰：以某月爲歲首，色尚某則可以驗天下之向背，而民情定矣，此先王轉移人心之妙用，不謂於二君見之。

今夫俄之建國千有餘歲矣，日本則二三千歲矣。其政教風俗，所由來者遠民也習而安之，告之以舍舊圖新，未必吾聽也，申之以文誥，既疑而不遽信，敺之以刑罰，或激以至於亂，故不得不借正朔服色，以一新民之耳目，而與之更始，正朔服色舉國之所奉行，不可須臾離從而改之，可以反積重之習，於國既不甚費於民又無所損，朝令夕行，變法之速而能遍，當無逾此矣。

或曰：正朔服色，既爲民所重，則必有忠義好禮之士，則已，如其有之，則必知忠君愛國之義，當王爲貴之禮，且將奔走恐後，以趨上之令矣。夫禮也者，時王所定者也，上不改禮，而下改之，是亂民也，上改禮而下不改，亦亂民也，假如當今之時，冠章甫之冠，衣縫掖之衣，以號於衆曰，此孔氏之服也，雖有好禮信古之士，亦將訕笑從之，而有司且加以異服之誅矣。或曰改朔易服，以新民之耳目，是則然矣，不如更定正朔服色，以立一代之常典，何必俯仰隨人哉？曰：凡人之情黨同伐異，正朔服色，既爲列國所同，而一國必欲立異，則交際往來，不免存歧異之心，語言文字又成多註解之繁，然則改朔易服，不徒可以定民志，並可以聯邦交矣。

或曰：朝鮮近有改服改曆之令，則朝鮮之與將與俄日並駕乎？曰：是未可知也。朝鮮之變法，受制於人，非如二君之斷自寸衷，而奮發有爲也，且其壤地褊小，更非二國之比也。或曰：中國苟欲變法，亦必自正朔服色始乎？曰：方今聖天子在上，百執事在下，制度禮儀之事，非草野所得與聞若夫俄、日往事，則固可得而論也。

《湖北學生界》第三期《佚名〈剪辮易服説〉》 夫不剪不易，種種窒礙若彼，剪之易之，利益之巨若此。然則為丙所稱茲事膚淺，於治忽無關者，洵可謂辯言亂政者已。且夫事貴因時，勿庸執古，武科之停，時文之廢，更張成憲，輿論翕然，則舊制可弗泥也。若云變夏從彝，恐釀成媚外習氣，蹈日本之流弊，則吾未見日本之果足為弊，而不變者之果無弊也。不見夫今之峨其冠侈其服者，其諂事外人之心日益工巧，不可思議，且遠倍於日本人乎？此不之耻，而以平民效西裝為耻乎，則師夷不足羞也。矧天下大勢所趨，雖强有力者莫能挽，及今弗剪弗易，終必有剪且易之一日，所謂變亦變不變亦變也。與其變自人而徒受異族之侵凌，奚若變自己而先振自强之氣象。達識之君子，知必不以為讆言。

佚名《黃帝魂·論髮辮之原由》 昔明太祖之討元也，布檄文于國中曰：『予本淮右布衣，因天下大亂，為衆所推，率兵渡江，據金陵形勢之地。自痛中原民庶，久陷北虜之中，方欲舉兵北伐，起斯民於塗炭，復漢官之威儀。』讀此可見中國之陷於異族，則衣服必稍變易矣。然元之竊據，不過數十年之久，卽為我漢人所撲滅，未有若滿清之盤踞二百五十餘年，而以半邊和尚貽羞我漢人，如今日之甚者也。諸君諸君，髮辮之害如此，雖欲不變通之其可已乎！戊戌推翻新政，一蹶不振，論者多咎變法之初不先變髮。髮短不可以驟長，不可以驟長，則面目形狀既變，衣服裝束不得不隨之而變，衣服裝束變，而行為政治皆不得不變矣。惜乎未能先事於斯，遂令一往無餘也。蓋欲除滿清之藩籬，必去滿洲之形狀，舉此纍贅惡濁煩惱之物，一朝而除去之，而後彼之政治乃可得而盡革也。雖然，髮辮既去，其去滿洲之衣服裝束必矣，則將教僧道之衣服裝束乎？抑仍取劇中所演之古衣服、古裝束而效法之乎？率四萬萬人而僧道之，不祥；而所謂古衣服、古裝束者，則又寬綽腐敗而不適於用。合古今中外而變通之，其唯改易西裝，以漸進於大同矣。既有西裝之形式，斯不能不有所感觸，進而講求西裝之精神。西裝之精神，在於發奮踔厲，雄武剛健，有獨立之氣象，無奴隸之性根。且既講求其精神，斯不能不取法西人所謂政學、法律、工藝、商農之美法，一一而舉行之矣。不寧唯是，衣服裝束與西人同，則酬酢易相和洽，無形格勢禁之疑；衣服裝束與西人同，則往來查察事務，於政學工商取資不少，無猜忌淩辱之患。萬國咸尚西裝，一國獨為異服，則於公理上有礙，不獨見惡於觀瞻已也。西裝嚴肅而發皇，滿裝松緩而衰懦，則於人種上有關，不獨取便於身體已也。西裝之利如此，滿裝之害若彼，雖無取辱之弊，猶將變之，況見逐取禁，國内取滅，海外被擊，有種種傷心慘目之事哉！雖然，髮辮之所由來，由於滿洲之入中原；意者髮辮之消除，亦與滿洲而俱盡乎？語曰：『出乎爾者反乎爾。』髮辮之行運如此其久，而中國退化之局乃如此其極，意者以髮辮之低垂，而人之聰明智識亦由之而低下乎？吾滋感焉。以吾觀之，中外之大，古今之久，先代之結髮，滿清之辮髮，西人之短髮，髮凡三變，而世界之風潮，日新月異而歲不同，進化文明之程度，亦不知相去幾千矣。欲脫滿清之羈軛，而比肩世界之文明，以復我漢人之國土者，其知所擇矣！至於髮之為用，或長或短，或少留或全剃，瀏陽譚氏《仁學》言之羣矣，而西人論者尤多。有好頭顱者，攬鏡當自知之，不具論。

中國古世衣冠，誠如著者所云，寬綽腐敗，不適於用矣。然如近日所演之水滸傳、七俠五義等劇，頭頂高髻，内束緊身，外被圓領雙結寬綽長袍，既美觀瞻，又復靈便，不失尚武精神。視西人之遍身結束，舉止生硬者，反覺文明。使他日全地球胥同乎此，人不亦懿乎？

《東方雜誌》第七卷第三號《湯壽潛〈奏陳存亡大計標本治本摺一九一〇年五月四日〉》 銳意斷髮，以易短便之服。論者謂辮髮國俗也，冠服定制也，忽下斯令，徒駭聽聞。臣獨以為不然。地球之趨勢，與人心之習慣，日就便易，如丸走阪，雖聖哲未易逆之使轉矣。況乎强弱相形，中外相逼，各國大致從同，斷無一國可以岸然獨異。如曰辮髮為國粹所關，我朝立國，自有落落大者，斷不藉一髮以繫千鈞之重。至冠服本以因時制宜為尚，本朝之服制，已非前代之服制。孔子聖之時者，短右袂，朱注短右袂所以便作事。斟酌所不便者，而改之以求其便，正以樹尚武之風聲，一天下之耳目。夫使因仍不改，有益無所害也，臣何敢輕冒不韙，貢此瞽談。試為外交計，先渾形迹，始泯猜疑。今有約各國，無不斷髮短服者，其間雖略有參差，多數總歸一律。獨中國使臣，翹然特出，朝賀之期，跳舞之會，各國爭指目之。歲糜巨帑，以贍駐使，原欲隨時詗察各國離合之情勢、秘密之政策，報告本國，以籌對付。有時不能向所駐之國偵知者，則向他國所駐其國之使臣偵之。彼見我垂辮華服，望氣而驚，卽有秘密，欲吐仍茹，以形迹而啓猜防。此外交所應改者。試為吏治計，冠服品級，隨官制而定。釐訂官制，列在預備憲政表中，官制議改，服制亦應一新。非直此也，現制禮服略具四季，動費巨金，寒畯初任，不備則禮文有闕，略備則財力不支。因挪移而虧累，因虧累而貪汙。輿服既費，他端稱是。將責其廉，先示以儉。此吏治所應改者。試為工業計，天下已成機械世界，中國勞動雖衆，不習機械，則工業之發達必遲。機器旋轉牽引，力速且大，操作稍一不慎，辮髮衣袖略被牽動，卽傷生命。此工業所應改者。試為教育計，鍛煉身體，整齊步法，現在學堂咸附體操，常服以外，另制操衣，徒益耗費。軍人警察，不便舊服，業已更新，所有學生亦何妨以操衣為制服。製操衣不制便服省費，服操衣不換便服省時。至辮髮數日不梳櫛則藏垢，每日一梳櫛則曠功。時間可寶，衛生尤要。此教育所應改者。試為交通計，交通愈靈便，文化愈進步，中國現行服制，年季各異，卽一季亦各異，行裝繁重，運費浩繁，旅行者少。東西國人略因寒暑，隨身衣服，遊歷既便，聞見以廣。故冠服繁縟，既為交通之礙，自與文化有妨。此交通所應改者。試為精神計，凡事有從精神振起形式者，亦有從形式振起精神者，辮髮長服，形式而關繫於精神。墨絰易增悲感，戎服以表威容，自古然矣。日本維新，首議易服，誠以換新形式，並可淬勵精神。預備表中所經營者新事業，所頒布者新法令，獨辮髮長服，習焉不察，鄰國笑之。且監國攝政王既攝大元帥之名，猶是辮髮長服，恐不足示威嚴而資表率。特是臣所請改者，冠服之制度，非冠服之質料也。東西國人服物，必用其本國所自有。綢布為中國產物，若舍綢布而用呢絨，則適為彼暢其銷路，而自喪其蠶桑色染機織之大利，此不可不防之於預者。應請飭下廷臣，損益古今，參仿中外，詳議等級色別，垂為定制。由監國攝政王以身率先，筮期告廟，勸為功令。凡屬任官，期在必行。其閑退舊僚、農工商人，改否暫聽自便，以免騷擾。臣不勝延頸企望之至。

家庭革命論分部

論說

《清議報》第七六冊《鳳城蓉君女史〈婚姻自由論〉一九〇一年四月十九日》

平男女之權，夫婦之怨，婚姻自由始也。【略】上古人類，【略】人猿爲一宗，男女爲二類。無父無子，無兄無弟，無夫無婦，無衣無裳。率其性之好而成一人身獸行之社會，不倫不類之團體。【略】誠以夫婦者，天地之闢基，萬化之權輿，羣學之所由發達，進化之所由起點。《易》曰：『有天地，而後有夫婦，有夫婦，而後有父子君臣、上下、長幼。』不其然乎？然後世扶陽抑陰之義立。重男輕女之俗成，始則壓製順從，事其翁姑；繼則教之阿媚，承其丈夫，秉氣逢迎，搖尾求食，或供玩好，或作服役。嗟我女流！繫於羈絆，嵬瑣萎靡，莫能興起。風之扇之，積而久之，於是畢生終始之大事，莫敢自主，莫敢過問，一再以思，痛曷既耶？雖曰放棄自由，亦未始非壓抑力之重也。卽有破除舊俗，獨立自由。如孟光之欲得伯鸞，徐女之潛視王濬者，則非之笑之，揶之揄之。男子固然，女子亦然。是誠何心，至此極哉？沿其弊也，三害並作：姊妹結盟，三五成羣，矢志不字，誓以死守，或攜手而入井，或禿髮而事佛，此一害也。符籙闡教，秘咒傅術，入門伊始，迷害其夫，人命牽連，冤氣鬱抑，此二害也。貧富異配，智愚殊偶，嫫姆而妻潘岳，西施而嫁焦僥，遺憾父母，貽害終身，以至蒸梨搆釁，下堂求去，此三害也。推斯三者，或通姦於外，或謀殺其夫，或興訟累年，或貽禍父母，風俗敗壞，人心邪僻，彼以自擇爲羞者，此之羞更何如哉？抑又聞之，不告而娶，告則不得，大舜之爲也。求之不得，輾轉反側，文王之事也。使婢通意，致財聘己，妻昭君之於高歡則然也。馬舖卒吏，貴不可言，柴氏之於周太祖然也。尋繹文卷，許以狀頭，李女之於盧儲然也。不爲兒人妻，不爲庸人婦，買儀二女元妃季妃之言也。或曰信如子言，向所謂据亂之大同，野蠻之自由，不又見於今日，於禽獸又何擇焉？答之曰：唯唯否否。不然，余聞之哲學家曰：据亂之大同無差別，太平之大同有差別。野蠻之自由無界限，文明之自由有界限。据亂之大同，野蠻之自由，天演也。太平之大同，文明之自由，羣治也。近觀之歐美諸國，男女自擇，陰陽和諧，内無怨女，外無怨夫，羣治之隆，蒸蒸日上。如教堂成婚，牧師爲證，一夫一婦，禁立侍妾，無出妻之義，無淫奔之詩，上不怨及天地，内無憾於父母，公權有限，平等有界，文明至此，太平至此，何禽獸哉？嗟我女流，積習可哀，精神不振，智慧不開，德者無學，賢者無才。放棄自由，畏人嘲詠，起而革之，疇爲之魁？草上之風，陽春之梅，廿世紀女權發達，我同類盍歸乎來？

《江蘇》第七期《家庭革命説》 革命，革命，中國今日不可以不革命！中國今日家庭不可以不革命！

家庭革命者何也？脱家族之羈軛而為政治上之活動是也，割家族之戀愛而求政治上快樂是也，抉家族之封蔀而開政治上之智識是也，破家族之圈限而為政治上之犧牲是也，去家族之奴隸而立政治上之法人是也，鏟家族之惡果而收政治上之榮譽是也。革命者何也？以政治上之不自由而影出國民種種之不自由，是故自由死而致國權死，國權死而致國民死，而欲不死我國民，則惟有采惡感毒血以為之藥石，此毒血實產美妙之花、文明之果也。然此花與果乃經第一重之家族主義摧挫殀閼而不發達，則中國其何由發達，是故家族不可以不革命。

國家者，個人之堆垛積也；而家族者，其立體也。人羣之立，其猶算數乎，愈演而愈進則國權榮矣，一演而不進則國權悴矣。國權榮則國中之一切政治機關隨而伸，是故其國興也；國權悴則國中之一切政治機關隨而縮，是故其國滅也。夫家族與國家，中間進化程度相去不過一階級，而成效若是其僻馳也。中峰雷雨，上界方晴，後堂笙歌，前門乞食；則家族主義之停頓隔絶，乃使我國民無國家思想之一大原因也。

歐西人之視家族，猶夫中國人之視家族。歐西人之於家族也，未嘗無愛情，未嘗不有團結，未嘗存一破壞之思想；然而入其室而其氣和，籀其宮而其容盎，窺其經濟法律之權限而井然劃然也，學年而入學，稍長而遊歷，雖婦孺童僕皆有政治之常識也。若我中國二千年來，家庭之制度太發達，條理太繁密，父子、兄弟、夫婦之間愛情太篤摯，家法族制、喪禮祀典、明鬼教孝之説太發明，以故使民家之外無事業，家之外無思慮，家之外無交際，家之外無社會，家之外無日月，家之外無天地。而讀書、而入學、而登科、而陞官發財、而經商、而求田問舍、而健訟私門賭博竊盜，則皆由家族主義之脚根點而來也。夫古昔聖賢帝王之設教以提倡家族，原以為是國家之雛形，而豈料其為國家之堅敵也。國亡而家何在，家有令子而國無公民，吾為此懼。

十八世紀法國大革命，虐殺貴族僧正二十五萬，其終也至八十餘萬，血雨灑地，腥風撲人，而後法蘭西民主國出也。十七世紀英國大革命，登英王查理士於斷頭之臺，轉戰四年，終始二十餘年，國會閉而復開，民黨僕而復起，血雨灑地，腥風撲人，而後英吉利立憲國出也。今吾提倡家庭革命，豈欲挈吾同胞相率而為商臣、為冒頓乎；又豈望吾同胞相率而為周公、石碏，為李世民乎。既挽射天之弓，復演紾兄之劇；箕帚誶誶，森森者戈矛；床第恩私，離離者荆棘；孔丘所以見盗跖而拜，朱均不免簒堯舜之統。身多梟獍，亦非空桑，吾其為五洲萬國之大罪人哉！然而吾所謂移政治之革命於家庭者，蓋别有説。

政治之革命，由國民之不自由而起；家庭之革命，由個人之不自由而發；其事同其目的同。政治之革命，由政治上一切機關與夫國權民權之削弱不能挽救，而後以革命為進行；家庭之革命，亦由政治上一切機關與夫國權民權之削弱不能顧問，而後以革命為初步；其目的同其感情初異而實同。今吾中國普通社會之家督，其權力實如第二之君主。第君主之統系在人為，而家督之統系在天造；君主之統系在後起，而家督之統系在先天。故忠孝不能以並提；而吾之所謂不忠不孝，乃亦有平和激烈之判。家庭革命者，猶經濟革命、女權革命之謂也，平和之至也。

世界之國家主義，何日而破民族帝國之範圍；國民之競爭，何日而化民族帝國主義之畛域。世界猶部落也，國際猶家族也。嗟爾歐洲之民，揚大旗、擂大鼓、吶大喊，順風揚帆，滿載民族帝國主又，乘潮流以入中國，張目皇皇大搜大索，而與夫中國無帝國之民族遇，是尚得有國哉！是尚得有家哉！無家無國，是尚得謂之國民哉！是故欲革政治命，先革家族命。

《女子世界》第四期《丁初我〈女子家庭革命說〉》 綜觀女權削弱之原因，半由親族愛情之羈勒，半由家庭禮法社會風俗之侵淫，而何莫非由於君主立法之三千年如一日。同胞乎！女子乎！欲革國命，先革家命；欲革家命，還請先革一身之命。有個人之自治，而後有團體之建設；有不依賴之能力，而後有眞破壞之實行。否則日呼革命，而歐雲盡卷，美雨其零，不出數年，將犧牲汝家族，肉袒而迎於道矣。讀『國破家何在』之句，願同胞一深長思也。

然則三千年來陵滅之女權，一旦奪之萬重黑暗之幕下，顧反手得奏凱旋之曲乎？進行不得遂其志，顧全軍如墨，遍樹降旛下玉階乎？『不流汗不得，不競爭不克。』願同胞濺熱淚，運妙腕，奮一往無前之精神，持百折不回之願力，相機而行事，因勢而利導，種種天賦完全之權利，得一鼓而光復之。有學問而後有知識，有交際而後有社會，有營業而後有生利，有出入自由而後去種種之束縛、得種種之運動。終之以婚姻自由，為吾國最大問題，而必為將來發達女權之所自始。『自由花發春何處，革命風潮卷地來。』吾所最尊敬最親愛之同胞，其無恐怖，無罣礙，無徬徨而御曲，靜聽今日英倫第一聲『參政』之凱歌，以興乎來！

《中國女報》第一期《黃公〈大魂篇〉》 觀四千年來，沈沈黑獄女界之現象，曰三從四德也，培養奴隸之教育也；曰纏足也，摧殘奴隸之酷刑也；曰女子無才便是德也，防範奴隸之苛律也。試問，何以于奴隸之教育則化之，于奴隸之酷刑則受之，于奴隸之苛律則守之？此無他，無權故也。然則女子無權則於教育不足恃，而惟酷刑苛律之是享。是亦可以警女權之珍重矣。若猶漫然曰，興女學，興女學，而不謀所以鞏固自立之基礎，吾恐其教育之效果，不過養成多數高等之奴隸耳！于吾振興夫何有？吾亦嘗聞諸侈談女學之言矣，彼固曰，中國女學不興，故家庭腐敗，嗟兒女之情長，使多少英雄氣短，吾今將提倡女學使能自立，無為我大好男兒累。咄咄，女界之振興，果盡於是耶？苟若此，則賢內助之資格，於彼男子誠利矣，與吾女界何！與吾祖國何！吾之所祝于同胞姊妹者，為我女子闢大世界，為我祖國放大光明，為我女界編大歷史，爭已失之女權於四千年，造已死之國魂于萬萬世。爭之若何？亦自為之而已矣。幸福固非他人所能賜予者。不見夫社會之壓力乎？彼資本家鯨吞虹吸，無有已時，社會黨起而反抗，務聯團體，以圖抵制，今且著著進步，將披靡一世矣。夫資本家固非肯以利益予人者，而勢之所逼，不得不讓步以自完。然則我女界之阻力，較社會之壓力為如何？男子之專制，較資本家之把持為如何？我同胞之姊妹，何所慮而不爭之耶？抑我主權昔之所以見奪者，以男子受教育握社會之機關也。今則世進文明，略識之無，不足言學，百步五十，已立於同等之地位，彼欲保持固有之權利，自顧不暇，遑恤其他，即欲反侵，亦可為事。況恢復人類應得之權利，是則取我主權，已遊刃有餘，還以助男子，共爭主權於異族，不亦我女子之天職乎？盡我天職以效祖國，凡我女子志願所及，即我女子權力所及。當仁不讓，夫何吝於先着鞭。噫嘻！興矣！近以挽狂瀾於既倒，遠以造國魂於將來。偉哉女權！偉哉大魂！魂兮歸來，吾將見之，吾願買絲似綉之，鑄金以鑄之。

又《秋瑾〈敬告姊妹們〉》 我的最親愛的諸位姊姊妹妹呀！我雖是個沒有大學問的人，卻是個最熱心、最愛國愛同胞的人。如今中國不是說道有四萬萬同胞嗎？但是那二萬萬男子已漸漸進了文明新世界了，智識也長了，見聞也廣了，學問也高了，身名是一日一日進了，這都虧了從前書報的功效哩，今日到了這地步，你說可羨不可羨呢？所以人說書報是最容易開通人的智識的呢。唉！二萬萬的男子是入了文明新世界，我的二萬萬女同胞，還依然黑暗沉淪在十八層地獄，一層也不想爬上來。足兒纏得小小的，頭兒梳得光光的，花兒朵兒紮的鑲的戴着，綢兒緞兒滾的盤的穿着，粉兒白白脂兒紅紅的搽抹着，一生只曉得依傍男子，穿的吃的全靠着男子，身兒是柔柔順順的媚着，氣虐兒是悶悶的受着，淚珠兒是常常的滴着，生活兒是巴巴結結的做着，一世的囚徒，半生的牛馬。試問諸位姊妹，為人一世，可曾受着些自由自在的幸福未曾呢？還有那安富尊榮、家資廣有的女同胞，一呼百諾，奴僕成羣，一出門眞個是前呼後擁，榮耀得了不得，在家時頤指氣使，威闊得了不得，自己以為我的命好，前生修到，竟靠着好丈夫，有此尊享的日子。外人也就嘖嘖稱羨，某太太好命，某太太好福氣，好榮耀好尊貴的讚美，卻不曉得她在家裏何嘗不是受氣受苦的。這些花兒朵兒好比玉的鎖金的枷，那些綢緞好比錦的繩繡的帶，將你束縛得緊緊的，那些奴僕直是牢頭禁子看守着，那丈夫不必説就是問官獄吏了，凡百命令皆要聽他一人喜怒了。試問這些富貴的太太奶奶們，雖然安享，也没有一毫自主的權柄咧。總是男的占了主人的位子，女的處了奴隸的地位。為著要倚靠别人，自己没有一毫獨立的性質，這個幽禁閨中的囚犯，也就自己都不覺得苦了。啊呀！諸位姊妹，天下這奴隸的名兒，是全球萬國没有一個肯受的，為什麼我姊妹卻受得恬不為辱呢？諸姊妹必説，我們女子不能自己掙錢，又没有本事，一生榮辱皆要靠之夫子，任受諸般苦惱，也就無可奈何，安之曰『命也』，這句没志氣的話了。唉！但凡一個人，只怕自己没有志氣，如有志氣，何嘗不可求一個自立的基礎，自活的藝業呢？如今女學堂也多了，女工藝也興了，但學得科學工藝，做教習，開工廠，何嘗不可自己養活自己嗎？也不致坐食累及父兄夫子了。一來呢可使家業興隆，二來呢可使男子敬重，洗了無用的名，收了自由的福，歸來得家族的歡迎，在外有朋友的教益，夫妻攜手同游，姊妹聯袂而語，反目口角的事，都没有的。如再志趣高的，思想好的，或受高等的名譽，或為偉大的功業，中外稱揚，通國敬慕，這樣美麗文明的世界，你説好不好？難道我諸姊妹，眞個安於牛馬奴隸的生涯不思自拔麽？無非僻處深閨不能知道外事，又没有書報足以開化知識思想的。是有個《女學報》，只出了三四期就因事停止了；如今雖然有個《女子世界》，然而文法又太深了，我姊妹不懂文字又十居八九，若是粗淺的報，尚可同白話的念念，若太深了，簡直不能明白呢。所以我辦這個《中國女報》，就是有鑑於此，內中文字都是文俗並用的，以便姊妹的瀏覽，卻也就算為同胞的一片苦心了。惟是辦一個報如經費多的，自然是好辦了，如没有錢，未免就有種種為難。所以前頭想集個萬金股本，二十元做一股，租座房子，置個機器，印報編書，請撰述、編輯、執事各員，像像樣樣，長長久久的辦一辦，也不枉是《中國女報》為二萬萬女同胞生一生色，也算我們不落人後，自己也能立個基礎，後來諸事要便利得多呢。就將章程登了中外日報，並將另印的章程，分送各女學堂，想諸位姊妹必已有看過的了。然而日子是過得不少了，入股的除四五人以外，連問都没人問起，我們女界的情形，也就可想而知了，想起來實在痛心的呢。我説到這裏淚也來了，心也痛了，筆也寫不下去了。但這《中國女報》就是這樣不辦嗎？卻又不忍使我最親愛的姊妹長埋在這樣地獄中，只得勉强湊點經費和血和淚的做點報出來，供諸姊妹的賞閲。今日雖然出了首冊。下期再勉力的做去，但是經費很為難呢。天下凡百事獨力難成，衆擎易舉，如有熱心的姊妹肯來協助，則《中國女報》幸甚，中國女界幸甚。

《女報》第二期《陳以益〈男尊女卑與賢妻良母〉》　男尊女卑之謬説，盡人而知之矣。今天下女學林立，早將此等謬説掃除淨盡。而復前門拒虎，後門進狼，賢母良妻之主義自日本傳染而來。嗚呼！賢母良妻之主義，非與男尊女卑之謬説二而一、一而二者乎！今之女校，一以造成賢母良妻為事。夫賢母良妻也者，具普通之智慧，有普通之能力，而能襄夫教子之謂也。若是則女子之性質，豈僅能襄教而不能獨立者乎？彼男子之教育，授種種之專門學問，今於女子則僅授以普通之學識而止，非重男輕女耶？非與男尊女卑之謬説相等耶？所謂平等者何在？所謂平權者何在？

吾非謂賢母良妻不足取也，吾非謂賢母良妻無所用也。惟男女既同為人類，同宜教育，即宜受同等之教育。嘗考日本學制，男子有小學、中學、高等、大學，女子有小學而無中學。所謂高等女學校者，程度與男子中學等。所謂女子大學者，程度與男子高等等。其男女教育之不同等如是。然今日本固儼然世界一等國也，讀者能勿河漢餘言乎？雖然，日本之所以為一等國，以勝露故耳。西人謂日本軍人，家為賢母良妻料理家事，故得安心以戰云云。實則日本軍人，因日本處於不可不勝之地位，人人自危，遂致死以戰耳。信如西人言，則女子僅能間接以有功于國；日本之教育，僅能利用女子以助男子之事業，女子不能自為事業。然則吾國之木蘭、梁紅玉等事，當為歷史之虛誕矣。今日日本女學，成績不無可觀者，然比較的而非絕對的也。語云：取法乎上，僅得乎中。吾國今日即提倡賢母良妻之主義，亦不能效法日本。況日本今日女學流弊，稍知日本情形者所共知，尚可蹈其覆轍耶！自宜施同等之教育，女子亦設中學、高等、大學。其學科之非女性所近者，亦宜教之，猶之美術固非男性所近，而男校亦教之也，至於由教育以造人物，則因由於各人之志向。無大志者，固聽其伈伈俔俔，為賢母良妻而終，亦猶男子之無志者，庸庸碌碌，為賢父良夫而終也。

且夫賢母云者，良妻云者，均對於男子而言。為他人母，為他人妻，美其名曰賢母，曰良妻，實則男子之高等奴隸耳。日本女子教育，因亦有高等下女教育之評，見諸《女學世界》雜誌。吾國之男尊女卑，以女子為奴隸，其奴隸乃下等之奴隸，不適於用。今之賢母良妻，先與女子以少許之教育，而仍奴之，此所謂高等下女教育也。譬之傭二婢女，一識字，一不識字。識字者可使之取書來，亦可使之取物來。不識字者，不知書名，僅能使之取物來。在主人因以識字者為最便利，而在婢女則二人固同為婢女也。今之賢母良妻，猶識字之婢女，而其子其夫猶主人。賢母良妻之教育，猶教婢女以識字耳，雖有若干之學問，盡為男子所用。嗚呼，女子教育豈為男子而設耶！

總之，賢母良妻，固不無可取者。日本之家庭，因較吾國為文明，蓋高等之奴隸自較下等為佳。此即比較的也。然試為女子思之，不能自用，而用於人，其無志者，固所當然。但男界非盡人而神聖，女子非無人能神聖。今男子設有大學，未必人人入大學，女子亦然耳。苟以賢母良妻為已足，則男子教育，曷不云賢父良夫之教育乎！

嗟嗟！為聖賢，為庸人，均教育所致耳。種瓜得瓜，種豆得豆。以賢母良妻之目的教育女子，則女子自成賢母良妻。此余之痛惜者也。教育者當望被教育者為聖賢，不當望被教育者為庸人。故男子教育，不以賢父良夫為目的，其僅能為賢父良夫者雖居多數，然決非教育之本旨也。謹告女學界，其勿以賢母良妻為主義，當以女英雄女豪傑為目的。教育之本旨，不可不從；日本之流毒，不可不去。吾欲就賢母良妻問題作千言萬語以斥之，惜乎雜誌文字限於篇幅，今先取其名與男尊女卑兩兩比較之如右。我同胞其信男尊女卑之謬說也則已，苟欲去男尊女卑之謬說，則請取賢母良妻之主義並去之。與女子以男子同等之教育，即與女子以男子同等之權利，則平等平權庶非虛語，而女學與女權發達當有日矣。

又《女論·佚名〈論三從〉》 天之生人，既賦之以智識，即予之以權利。既予之以權利，即欲其自立而無所依附。我女子之智識不殊於男子，則其權利亦當無異於男子，而其能自立而不必有所依附亦無異於男子。不謂我國陋習，則有大不然者。矯揉其官骸，錮蔽其智識，剝削其權利，奴之、物之、殘之、賊之，不以人類相待。女誡女訓，千條萬理，無非為破壞其自立計。他姑勿論，今試即三從之説而一辨之。

三從者何？從父、從夫、從子是也。父者，我所尊親，義方之訓，理宜相從。至於夫婦，相敬相愛，如友如賓，有敵體之義，無尊卑之分，諉曰從之，已屬不通。若夫母子，則義屬倫常，負教導之責，任撫育之方，保抱提攜，以至於成人，在子有從母之義，豈在母反有從子之道乎！且所謂從之云者，有卑己尊人之道存焉。父尊於我，夫等於我，子卑於我，秩序不同，名分有別，今概曰從之，是三人者，均為我所當尊矣。均為我所當尊，則父也、夫也、子也，在男子論之，則有秩序名分，在女子一方面視之，固無所謂秩序名分矣。以束縛女子之故，並倫常而亦蔑視之，其説果可通乎！

且夫家庭教育，往往操諸女子。孟母之擇鄰，柳母之和丸，歐母之畫荻，古昔賢俊士成偉業享大名者，莫不惟母是賴。今三從之説，只言從父，而不言從母，是何故歟？借曰凡言母教者，只關男子而不關女子，則母既能教子以成人，豈獨不能教女以成人乎？有從子之義而無從母之文，是子教可受而母教可不必受也。我之母不能與我之子相比例，天下寧有是理乎！推言之，夫死從子，子死又必從孫、從曾孫矣。苟無孫曾，又將從他男子矣。左氏論齊人之殺哀姜曰：女子，從人者也。考其時，哀姜所從者為慶父。是凡屬男子，即為女子所當從矣。彼其意蓋謂女子惟有從人之理，而無人從之之理，故其所從者盡在男界而不及女界，甚至以母之尊親，而亦不可從。夫使女子而有人從之，是女子即能自立。女子能自立，則男界之奴之、物之、殘之、賊之，將無所施其技。故束縛之法，施之無可施，用之無可用，而出此離奇詭誕之謀，俾我女子永永失其權利也。吁，酷矣！

孔子有言：己所不欲，勿施於人。今試易地以觀，而為男界立一三從之規則曰：從母，從妻，從女。有違之者，在子則為不孝，在夫則為不賢，在父則為不慈。男界諸君其甘之乎？男界既不甘之，而獨施之於女界，揆諸公理，豈可謂平！且天下之理，以相鏡而愈明。妻者，齊也，耦也。有從夫之文，而無從妻之説，是不齊不耦矣。卑當從尊，而尊不當從卑，是母既從子，子即不當從母矣。秕言謬説，自相矛盾。乃我國人士，奉之如金科玉律，父詔其女，夫責其妻，子強其母，無敢逾越焉，不亦惑乎！嗚呼，一言以為智，一言以為不智。三從之説，其果出諸聖人歟，抑非出諸聖人歟，吾且不必深辨，獨怪宋明諸儒，闡明倫理學者，從未一為駁正，貽禍流毒，以至今日。是則吾不能不為諸儒咎也。

百姓事業論分部

論説

《中國白話報》第三期《林獬〈做百姓的事業〉》 事業就是具體基業。做百姓的事業，就是百姓應做的事體基業。哈哈！百姓應做的事業，應立的基業，大得很哩！多得很哩！你道那討老婆、吃紹興酒、吃大煙、吃飯、睡覺、買田產、開當鋪、生兒子，算得事體嗎？算得基業嗎？我今且把那頂大的事體、頂大的基業，説給列位聽聽：

第一項爭國土的事業。我們做百姓的，既然有了身份，又有了責任，難道又著手没有事做麼？做事頂大的是保守我們自己的國土，國土保不得，就要拚命共人家相爭。天下别的事情都可以爽爽快快讓把人的，惟有老婆不能夠讓把人的；這國土比老婆更要緊得一萬五千倍，所以也不能夠讓把人的了。老婆若把人家硬佔了，還要拚命去爭；國土把人家硬佔了，難道不應該拚命去爭嗎？唉！你們一頂綠帽子不肯戴，無非是怕丟臉。為什麼國土聽人侵佔，自己做了第三重的奴才，比戴綠帽子還丟臉一萬五千倍的事體，你到情願做呢？大凡爭國土有兩種爭法：一種是自己已經有了國土，因為地方不大好，錢財不夠花銷，要想佔别人家的國土；把他佔了以後，他的房屋好給我們居住，他的錢財好給我們使用，他的百姓好給我們當奴才。為著這種利益去爭國土，自古到今也可以多得很，當今滿洲天下，就是這個意思。所以把大大的中國一直佔了二百餘年，如今還没有交還哩！一種是自己的國土，被那異種佔了去。報仇呀！報仇呀！這就是做百姓的事業了。你看中國那大明太祖朱元璋皇帝陛下，他起初本是個百姓，眼見著蒙古種奪了中國江山，做了百年天子，因而發怒，聚了弟兄幾萬，備了人馬數千，一下子把蒙古人趕出山海關，逐出萬里長城外面，把中國的天下，依舊還了中國人。大家安安耽耽，過了二百餘年太平日子。你道這爭國土的事業大不大呢！

第二項爭政治的事業。這『政治』兩字，就是一個國度裏頭所行的政法。但這政事也有個好歹。從前我們中國做皇帝頂好的是堯舜，他所行的政事，無非有益於民，所以大家都稱他兩個是聖天子。到後來，王八羔子桀紂做了皇帝，那就混賬糊塗得不堪了，起個鹿臺，雖然比不上現在的頤和園，卻也花了一百零八萬的銀子。又有什麼酒池肉林，天天在裏頭唱戲吃酒，二簧梆子好不熱鬧。又出了兩個淫婦，一個名叫妹喜，一個名叫妲己，這兩個淫婦，淫得了不得，滿朝臣子都稱他做聖母，那曉得聖母還在裏頭共太監軋姘頭哩。那時候讀書的没有半點出息，種田的天天加重錢糧，做工藝的混飯艱難，做生意的七虧八折正在苦惱。可巧出了兩個英雄，一個是成湯，一個是武王，起了幾萬義兵，把桀紂一刀兩段，這時候共太監姘頭的聖母，也結果了身命。自此以後，天下太平，幾百年安閒無事。這就是政治上戰爭的事業，也叫做革命的事業。你們列位倘使不相信，你且把五經裏頭，頭一部名做《易經》的翻起來看看，那《易經》裏頭説道：『湯武革命，順天應人。』這兩句話可不是憑據嗎！

第三項爭種族的事業。孔夫子説道，臣事君以忠。譬如我們中國漢種人做了皇帝，我們百姓自然應該忠他；若是英吉利、法蘭西的皇帝，我就不必去忠他了。為什麼呢？他並不是我同種的，他與我們並没有什麼關係。就是他硬要佔住中國，做了中國皇帝也不過是個强盗的行徑，我們盡可以用待强盗的禮數來待他罷了。女人家愛的是自己的丈夫，若去愛别人的丈夫，就是不乾淨的淫婦了。我們愛的是自己漢種的皇帝，倘然自己没有皇帝，把别種人來做强盗的當做皇帝看待，天天説什麼我皇上深仁厚澤，這個賊種，比那不乾淨的淫婦，還要賤到十三倍哩！你看宋代岳飛、文天祥，明朝鄭成功、史可法，都是為著要趕殺一羣强盗，弄得爭戰連年，殺人滿野，身死以後，那英魂浩魄，還要長留天上，想法叫那强盗倒運呢！

以上三項事業，都是我們百姓要做的。如今地球各國的百姓，没有一個不曉得這個道理，没有一回打仗不是因為著這樁事業。就是我們中國自黄帝到現在，也不曉得鬧了多少回數。不過近來大家都得了偏風病，半身不遂，手脚轉動為難，所以這些事業，没有人去幹，弄得國土也没有了，政治也象個不治的症，那『種族』兩字更是烏糟烏糟，紹興酒攙豬油，豆腐拌醋，不曉得成甚麽味道哩！我白話道人，到也懂些醫理，你們列位倘患了風濕病，要想醫治，我總歸替你醫得好，包管你吃了藥，馬上能夠做朱太祖，能夠做湯武王，能夠做岳飛、文天祥、鄭成功、史可法。這個藥方一時也開不盡，大約都在《白話報》裏面附送，這個筆資也不要多，你要醫治一個月，只要你三角大洋，若要醫治全年的，只要你大洋三塊二角，你道便宜不便宜！

又　第五期《佚名〈時事問答〉》

讀書人共本社的問答

問：今年是皇太后七旬萬壽，一定有恩科的。但這幾天又聽説什麽日本國共什麽俄羅斯國，因為爭什麽東三省，要打起仗來。上海各報，往往捏造謠言，煽惑人心，這個資訊，不曉得是不是捏造的謠言？如果是謠言也罷，如果不是謠言，這事到底共中國有關係沒有？如果沒有關係，也聽他罷；如果有關係，那恩科只怕又靠不住了，這怎麽好呢？

答：哈哈！老兄因為這事，累你操心得很，就我也覺得難過。這恩科一事，只怕有些危險了。甲午那一年，皇太后剛剛高興做六旬萬壽，碰著日本來搗鬼，敗得流水落花，陪兵費二百兆，把臺灣也割去了，因此萬壽做不成功。今年又是七旬萬壽，今年又是甲辰年，這甲字只怕有些不吉利了，這是一層。如今俄、日兩國，因為東三省要開仗，這事倒不是謠言，已經去年鬧一年了，只因你老兄，策論的功夫用得太過逾，所以不甘心去打聽這樁事體。而且這事體，的確共中國有關係的。為什麽呢？東三省是中國的地方，他們俄國要佔，日本也要佔，因為彼此都要佔東三省，所以打起仗來，無論那邊輸贏，中國總沒有便宜了。這幾天還聽説他們兩國打仗，要想在中國北邊一帶做個戰場。你想一旦打起來，那炮子共豬仔差不多，在中國地面飛來飛去，這時候，你老兄們就是有什麽懷柔之策，只怕也抵擋硬硬的炮子不過！還有那各國，也要趁著這時候，商量瓜分的事情了。唉！恩科，恩科，只怕徒勞夢想，變成了思科哩。依兄弟的愚見，科名發達也是靠著命運，如今且把他擱起來。你老兄們既然這樣聰聰明明，也該先把那國家大事，大家去考究考究。如果能夠明白了國事，我只怕你老兄哭也哭不了，那有什麽心緒，管他什麽恩科不恩科？萬壽不萬壽？中國能夠保得住，這就是中國萬壽了，中國不能夠保得住，這就是中國沒有萬壽做了。中國沒有萬壽做，你們不去查查，光是查皇太后萬壽，到底有何益處？

種田的農人共本社的問答

問：今年是甲辰年了，我們農家巴望換一個新年，把年情換得好些。因為這幾年實在吃虧得很，年情又不好，官府裏頭又加錢糧，我們田地出息本來微薄，那裏當得起這樣加糧加稅！聽説今年皇太后要做萬壽，應該有恩典我們，把糧稅減輕些，那就過得去了。你們先生，應該曉得這個信息，到底怎麽樣呢？

答：唉！我聽見你這一番話，也實在傷心得很。他們讀書人巴望萬壽恩科，你們巴望萬壽免完糧，如今都成妄想了。你做農田的辛苦，我兄弟是曉得頂詳細的；你被那縣差勒索，吃虧不少，我兄弟也是曉得頂眞的。不過你們也有個大毛病，被人家欺負不想法子去抵制，只想巴望人家開恩，他若不開恩，你就沒有法子，這豈不是奴才麽？如今的世界，總是强者為王，沒有什麽道理好講。你看那外洋各國，他那一般種田的人，都結成一個大黨，皇帝待他好，他也客客氣氣的，把糧完給他。因為這完糧兩字，是做百姓的本分，百姓愛國家，不能夠不完糧給國家做事。但是糧是完了，倘使那官府們把糧吞在荷包裏，並沒有做出什麽好事利益百姓，那就是他對我們百姓不住了，我們就大家公約，不把糧完給他。這是一層。還有一層呢，百姓有完糧的本分，就有應得的利益，譬如出錢買東西，我們既出了錢，他那東西就應該給我們了。他拿東西給我們不是他的恩典，是我們用錢買來的；他不拿東西給我們，就是他的良心不好，我們就可以共他拼命爭了。你今把糧完給他，卻自己一點利益都沒有，這豈不笑話？所以外洋各國的農黨，那勢力頂大，皇帝是頂怕他的，因為他這一般的人，若不完糧，就可以制皇帝共官府的死命了，你如今不去學外洋的農黨，到要天天情願受苦，情願吃虧，還要巴望皇太后做萬壽布恩典，把你糧稅減輕！你可曉得現在日本共俄國要打仗，外國也要來瓜分中國，皇太后還打算去陝西避難，你們還不趕緊趁這機會自立自强，將來吃虧，只怕還要利害哩。

做工藝的共本社的問答

問：今年恭喜了！我們這一般人，一年忙到晚，一年苦到晚，沒有一天安閑的，没有一天不苦惱的。如今又過一個新年，只巴望今年工藝銷路好些，進賬多些，就是我們多做一點工，多忙幾天，也是情願的。但是這還没有什麼把握，你們先生可替我卜一卜，看到底如何？

答：嗳呀！論起這事，我們實在没有把握啊！論理你們列位這樣做苦工，應該那天公會庇蔭你們，把你們一個個都發點小財，得過太平日子。但如今天意很靠不住的，運氣也很靠不住的，只靠著大家有志氣，能夠想法子，那天意、運氣，自然也可以挽迴的了。你看外國的工人，他無論那一項的工，都有結成一個工黨。這工黨的勢力，説起來也很可怕的。他做了工，那工價都是大家議定的，若是那工價太薄，不夠花銷，就要把工停起來，大家再議一定價目，總歸自己做主。那些有錢的財主、開鋪子的老闆，都不能夠硬壓制他的。就是那皇帝官府們，若有一點得罪他，他便罷工，大家合起來共那皇帝官府作對，總要贏過他們，才從新把工藝來做。你想那工藝一天不做，國裏頭豈不是就缺了東西，他們那些斯斯文文的只會説大話，裝面孔嚇人，那裏自己會動手做工呢；所以没法，也只好垂頭下氣，聽憑那工黨主意，不敢不依的了。唉！外國的工黨，這樣有權有勢，能夠制皇帝官府的死命，中國的工黨，到要這樣可憐，這眞是笑話了。如今不要説换了一個新年，你們就妄想過好日子，現在日本共俄國，因為要爭我們東三省，兩邊都已經打起仗來，這事共我們中國，頂有關係的。各國趁著這時候，都要來瓜分了；中國各地方會黨，也都要乘著機會鬧起來了。你想今年的中國，可有太平日子過嗎？你這做工藝的，還有工藝給你做麼？照這樣看起來，只怕你們今年比去年還要吃虧了。依我愚見，不如趁這時候，你們大家也學著外國工人，結成一個大黨。中國若果没事，你們有了黨，以後也有了勢力，可以挾制别人；中國一旦有事，你們就可以先出來替國家保護土地，或是拼命去打退俄國，將來才有太平日子過哩。

做生意的商人共本社的問答

問：光陰似箭，日月如梭，不知不覺又是一年了。今年生意或且可以起色些，大家也好混一碗飯吃吃。若是憑著前兩年那個樣子，生意只管冷淡，捐只管加，税只管加，我們這生意場中，吃虧的情形，没有一個曉得。如今釐金既撤，北京又立個商務部，聽説那商務部，很肯體恤商情，力行保商的新政，不曉得到底確不確？若是確的，我們做生意的從此就有望了；若是仍舊敷衍欺騙我們，那就不得了哩！你們先生高見，我所以要想來請教請教。

答：你這話説得很對。可憐我因為你，也費了許多心，替你們到處查考得明明白白，如今正好一一的告訴你們。前幾十年，中國的商務到也過得去，自從洋貨進口，我們生意上就大大吃虧了。為什麼呢？他們外國有個規矩：凡自己國裏頭的貨物，若是運到别國去賣，那出口的税，是頂輕的；若是别國的貨物，運到本國來，那進口的税就格外加重了。為什麼呢？出口貨的税重，那貨物的成本也重，那貨的價錢也就貴了，價錢既貴，自然不大有人去買他的貨，那别國人來做生意的，也就站不住了。這原是為保護自己的商務，阻壓他國的商力起見。我們中國官，把自己國裏的商務，一概不去保護，外國的商務，到要替他保護；把自己國裏的貨物，拼命加税加捐，把外國進口的貨物，只輕輕的加一個二五税。唉！國裏工藝既然不好，貨物的成本又重，那裏敵得過洋貨呢？照這樣看起來，你這生意吃虧，也多半因為那官府不能夠保護你們了。他們賠兵費，起花園，賞戲子，那一項的錢不是出在你們商家身上？你如今多瘦一分，他們就多肥一分。如今那商部尚書，天天在天津侯家後吃花酒，天天在北京窯子家裏抱抱偎偎。無論什麼混賬東西，都要去鑽營那商務部的差事，都道這商務部是個頂好出息，你想他若果實實在在有心保護商務，他還有别的什麼出息呢？

又　第九期《滬南商學會會員演述〈經商要言〉》　唉！我們經商的人，生在這西曆一千九百餘年，叫什麼二十世紀實業競爭的時代，也眞正尊貴的很了。凡人生頂要緊的是食、用兩件，食的靠著農，用的靠著工。各地方的物産不同，各地方的工藝也是各異；但人類所需的，又須件件齊全，譬如西北出産棉花，東南出産絲綢，東南人不能不用，西北人也不能不用。如今試問那棉花生在西北，何以能到東南？絲綢出在東南，何以能到西北？難道這種貨物，都能插翅飛走麼？唉，無非是借重著我們商家罷。由這樣看起來，農、工二項是個蠢笨的東西，没有人去搬運他，就於世界没什麼大益了。天下最有活潑的精神，最有發達的能力，能夠做人類的總機關，除了商，别的再也没有這種價值了。

中國古人常説的士、農、工、商，這商字是放在第四字，我以前很覺得不舒服，暗暗的想道：我們商人這樣尊貴，若共那士、農、工三項比較起來，身分比他還强幾十倍，為什麼排行倒反居第四呢？如今想來，卻是不錯。為什麼呢？只因我商業是個頂尊貴的，他們士、農、工三項，都要倚賴著我們，才能生活在世界上，所以古人按著層次説話。譬如先説一字『士』，這士生在世界，是頂不完全的了，因此必須有農，所以農的排行在第二；但是光有農，也不過有了吃的東西，還没有用的東西，因此必須有工，所以工的排行在第三；既然有了工，若一切貨物不能交通轉運，那人類也必定滅絕了，因此必定有商，商的排行第四，並不是在他們之後，正是總其大成。就象説水的，必定先説江河湖澤，然後才説到海，這海就是萬派的總匯了。《四書》裏頭道：孔子是集羣聖的大成，我道這商業也可算集人類的大成了。

但是我們諸位商人聽我説這話且不要高興，商業固然是頂尊貴，如今也算頂危險的了。自五口通商以後，那進口的洋貨一天多一天，我們商業被他打壞的不知多少！我們商業中人，不曉得聯合團體，共圖抵制，只曉得各謀私利，因此行情不能劃一，往往有互相傾軋的毛病。這是第一不好的地方。內地製造不曉得改良，貨色多不精工，商家又不肯合個大公司，動個大資本，講究各種的製造，只曉得顧目前的小利益，凡事保守，没有進取冒險的精神，因此他們外洋大資本家一到內地開行，我們好象遇到了大兵，不能不敗的了。這是第二不好的地方。商人不肯留心時事，連報也不看，所以智識多不開通，各國的情形多不熟悉，就是他那商業發達的緣故也不明白，所以無從仿效。古人道，『知己知彼百戰百勝』，現當二十世紀商戰時代，我們不懂外國的商情，那裏好共他爭戰呢？可不是犯了兵家的大忌麽？這是第三不好的地方。

外國商人是能夠獨力不受政府的管束，政府要辦事籌款，都要柔聲下氣的共商家商量，平時没事時候，還要盡力保護，無論商人到何國，政府都要派保商的兵船泊在海口，好象兒子伺候老子一般。唉！獨有我們的華商，在外洋被他外國人當做牛馬，常常欺侮。前幾年美國燒檀香山的商埠，我們華商的財産燒去幾十百萬，至今啞口無言，没地方去訴冤。就是內地的商人，也聽著教民欺侮，鬧起事來，吃虧更大；不鬧起事，那種暗虧也實在吃不起了。然而甲午一敗，二百四十兆的賠款向我們商人括，庚子一敗，四百五十兆的賠款向我們商人搜，委員私肥是一份，差役勒索又是一份。稍稍不如意，就説我們抗捐，小則縛赴公庭，大則撥兵剿洗。哈哈！這也算是大清皇帝陛下的深仁厚澤了！

我們商人試捫捫心頭，這種世界，你還不想合羣獨立，脱去許多壓制，跳出十八重地獄？還是一心一意，依賴政府，自己看得自己頂賤，反看得他們有如神明一般。不敢侵犯？唉！千辛萬苦換下來的錢，倒情願供虎狼一噬，這種忠順良民，若果合於正理，那蒼天也應該大大的庇佑我們了，何至於弄到如今落花流水！可見這不合公理的忠順，徒自吃苦無人知。我勸我們各位商人，從此要做另一番打算罷。

十項須知和十條奉勸分部

論説

《陳天華集·警世鐘》第一節

長夢千年何日醒，睡鄉誰遣警鐘鳴？腥風血雨難為我，好個江山忍送人！萬丈風潮大逼人，腥膻滿地血如糜；一腔無限同舟痛，獻與同胞側耳聽。噯呀！噯呀！來了！來了！甚麽來了？洋人來了！洋人來了！不好了！不好了！大家都不好了！老的、少的、男的、女的、貴的、賤的、富的、貧的、做官的、讀書的、做買賣的、做手藝的各項人等，從今以後，都是那洋人畜圈裏的牛羊，鍋子裏的魚肉，由他要殺就殺，要煮就煮，不能走動半分。唉！這是我們大家的死日到了！

苦呀！苦呀！苦呀！我們同胞辛苦所積的銀錢産業，一齊要被洋人奪去；我們同胞恩愛的妻兒老小，活活要被洋人拆散；男男女女們，父子兄弟們，夫妻兒女們，都要受那洋人的斬殺姦淫。我們同胞的生路，將從此停止；我們同胞的後代，將永遠斷絕。槍林炮雨，是我們同胞的送終場；黑牢暗獄，是我們同胞的安身所。大好江山，變做了犬羊的世界；神明貴種，淪落為最下的奴才。唉！好不傷心呀！

恨呀！恨呀！恨呀！恨的是滿洲政府不早變法。你看洋人這麽樣强，這麼樣富，難道生來就是這麼樣嗎？他們都是從近二百年來做出來的。莫講歐美各國，於今單説那日本國，三十年前，没一事不和中國一樣。自從明治初年變法以來，那國勢就蒸蒸日上起來了；到了於今，不但没有瓜分之禍，並且還要來瓜分我中國哩！論他的土地人口，不及中國十分之一，它因為能夠變法，尚能如此强雄。倘若中國也和日本一樣變起法來，莫説是小小日本不足道，就是那英、俄、美、德各大國恐怕也要推中國做盟主了。可恨滿洲政府抱定一個『漢人强，滿人亡』的宗旨，死死不肯變法，到了戊戌年，才有新機，又把新政推翻，把那些維新的志士殺的殺，逐的逐，只要保全他滿人的勢力，全不管漢人的死活。及到庚子年鬧出了彌天的大禍，才曉得一味守舊萬萬不可，稍稍行了些皮毛新政。其實何曾行過，不過借此掩飾掩飾國民的耳目，討討洋人的喜歡罷了；不但没有放了一線光明的，那黑暗反倒加了幾倍。到了今日，中國的病，遂成了不治之症。我漢人本有做世界主人的勢力，活活被滿洲殘害，弄到這步田地，亡國滅種，就在眼前，你道可恨不可恨呢？恨的是曾國藩，只曉得替滿人殺同胞，不曉得替中國爭權利。當初曾國藩做翰林的時候，曾上過摺子，説把詩賦小楷取士不合道理，到了後來出將入相的時候，倒一句都不敢説了。若説他不知道這些事體，緣何卻把他的兒子曾紀澤學習外國語言文字，卻不敢把朝廷的弊政更改些兒呢？無非怕招滿政府的忌諱，所以閉口不説，保全自己的禄位，卻把那天下後世長治久安的政策，丢了不提，你道可恨不可恨呢？恨的是前次公使隨員、出洋學生，不把外洋學説輸進祖國。內地的人為從前的學説所誤，八股以外没有事業，《五經》以外没有文章，這一種可鄙可厭的情態，極頑極固的説話，也不用怪。我怪那公使隨員、出洋學生，親那外洋，見那外洋富强的原由，盧騷的《民約論》、美國的《獨立史》，也曾看過，也曾讀過，回國後，應當大聲疾呼，喊醒祖國同胞的迷夢。那知這些人空染了一股洋派，發了一些洋財，外洋的文明一點全没帶進來。縱有幾個人著了幾部書，都是些不關痛癢的話，那外洋立國的根本，富强的原因，没有説及一句。這是甚麼緣故哩？恐怕言語不慎，招了不測之禍，所以情願瞞著良心，做一個混沌漢。同時日本國的出洋人員回了國後，就把國政大變的變起來，西洋大儒的學説大倡的倡起來，朝廷若不依他們，他們就倡起革命來，所以能把日本國弄到這個地步。若是中國出洋的人，回國後也和日本一樣，逼朝廷變法，不變法就大家革起命來，那時各國的勢力範圍尚没有如今的廣大，中國早已組織了一個完完全全的政府了，何至有今日萬事都措手不及哩？唉！這些出洋的人，只怕自己招罪，遂不怕同胞永墮苦海，你道可恨不可恨呢？恨的是頑固黨遇事阻撓，以私害公，我不曉得頑固黨是何居心？明明足以利國利民的政事，他偏偏要出來阻撓。我以為他不講洋務一定是很恨洋人的，那裏曉得他見了洋人，猶如鼠見了貓一般，骨都軟了，洋人説一句，他就依一句。平日口口聲聲説製造不要設，輪船鐵路不要修，洋人所造的洋貨，他倒喜歡用；洋人所修的輪船火車，他倒偏要坐。到了於今，他寧可把理財權、練兵權、教育權拱手讓把洋人，開辦學堂、派遣留學生，他倒斷斷不可。這個道理，那一個能猜得透哩！呵呵！我知道了。他以為變了舊政，他們的衣食飯碗就不穩了，高官厚爵也做不成了；所以無論什麼與國家有益的事，只要與他不便，總要出來做反對，保他目前的利權。滅國滅種的話全然不知，就有幾個知道，也如大風過耳，置之不理。現在已到了滅亡時候，他還要想出多少法兒，束縛學生的言論思想行為自由，好像恐怕中國有翻身一日，你道可恨不可恨呢？這四種人到今日恨也枉然了。但是使我們四萬萬人做牛做馬，永世不得翻身，以後還有滅種的日子，都是被這四種人害了。唉！我們死也不能和他甘休的！

眞呀！眞呀！眞呀！中國要瓜分了！瓜分的話，不從今日才有的。康熙年間，俄羅斯已侵入黑龍江的邊界；道光十八年，英吉利領兵三千六百人侵犯沿海七省，破了許多城池，到了道光二十二年才講和，准他在沿海五口通商，割去香港島屬廣東省，又前後賠他銀子二千一百萬兩。從此那傳教的禁條也解了，鴉片煙也任他賣了。照萬國公法，外國人在此國，必依此國的法律。那時中國和英國所訂的條約，英國人在中國犯了罪，中國官員不能懲辦他；就是中國人在租界，也不歸中國管束，名為租界，其實是英國的地方了。又各國於外國進口的貨物，抽税極重，極少值百抽二十，極多值百抽二百，抽多抽少，只由本國做主，外國不能阻他。獨有英國在中國通商，值百抽五，訂明在條約上面，如要加改，不由英國允許了不可。並且條約重還有利益各國均占的話，所以原原而來的共有十六國，都照英國的辦法。從此中國交涉的事，日難一日，一切利權都任洋人奪去。亡國滅種的禍根，早已埋伏在這個條約裏了，可憐中國人好像死人一般，分毫不知。到了咸豐六年，英、法兩國破了廣東省城，把兩廣總督葉名琛活活捉去，後來死在印度。咸豐十年，英、美、俄、法四國聯兵，把北京打破，咸豐帝逃往熱河，叫恭親王和四國講和，賠銀八百萬兩，五口之外，又加上了長江三口。以後到了光緒十年，法國占了越南國，後一年英國又佔了緬甸國，那中國的勢力，越發弱下去了。光緒二十年，日本國想佔高麗國，中國發兵往救，連打敗仗，牛莊、威海衛接連失守；遂命李鴻章做全權大臣，在日本馬關和日本宰相伊藤博文訂立和約，賠日本銀二萬萬兩，另割遼東即盛京省七城、臺灣一省。後來俄國出來説日本不應得遼東，叫中國再加銀三千萬兩贖還七城，日本勉强聽從。俄國因此向中國索討謝敬，滿洲遂把盛京的旅順、大連灣奉送俄國。各國執了利益各國均沾那句話，所以英國就乘勢佔了威海衛，德國在先佔了膠州灣，法國照樣佔了廣州灣。旅順在盛京省，威海、膠州俱屬山東省；以上三處，俱是北洋第一重門戶。廣州灣屬廣東省。那時已大倡瓜分之説；把一個瓜分圖送到總理衙門就是於今的外務部，當時也有信的，也有不信的，但不信的人多得很。到了庚子年義和團起事，八國聯兵打破北京，這時大家以為各國必要實行瓜分中國了。不料各國按兵不動，仍許中國講和，但要中國出賠款四百五十兆每兆一百萬兩，把沿海沿江的炮臺拆毁，京師駐紮洋兵，各國得了以上各項利益，遂把兵退了。於是人人都説瓜分是一句假話，乃是維新黨捏造出來的，大家不要信他的胡説。不知各國不是不瓜分中國，因為國數多了，一時難得均分，並且中國地方寬得很，各國勢力也有不及的地方，不如留住這滿洲政府代他管領，他再管領滿洲政府，豈不比瓜分便宜得多麼？瓜分慢一年，各國的勢子越穩一年，等到要實行瓜分的時候，只要把滿洲政府去了，全不要費絲毫之力。中國有些人，瓜分的利害全然不知，一絲兒不怕；有些人知道瓜分的利益，天天怕各國瓜分中國。我只怕各國不實行瓜分，倘若實行瓜分了，中國或者倒能有望。這暗行瓜分的利害，眞眞了不得。果然俄國到今年四月東三省第二期撤兵的時候，也不肯照約撤兵，庚子年俄國用兵把東三省盡行佔了，各國定約叫俄國把東三省退回中國，分做三期撤兵。吉林、黑龍江、盛京叫做東三省，又叫做滿洲，是清朝的老家。提出新要求七款，老老實實，把東三省就算做自己的了。那時中國的學生志士，奔走叫號，以為瓜分的時候又到了。後來英、美、日本三國的公使，不准中國答應俄國七款的要求，俄國藉口中國不答應他的要求，就不肯退兵，彼此拖了許多日子。那中國的人見俄國按兵不動，又歌舞太平起來，越發説瓜分的話是假的了。那知俄國暗地裏增兵，並且還放一個極東大總督駐紮在東三省，他的權柄，幾乎同俄皇一樣大小。俄皇又親到德國，與德皇聯盟，法國也和俄國聯盟，彼此相約瓜分中國。英、美兩國看見德、法都從了俄國，也就不和日本聯盟，都想學俄國的樣兒。日本勢孤無助，不得不與俄國協商，滿洲歸俄國，高麗歸日本，各行各事，兩不相管。俄國到此没有别國掣他的肘了，就大搖大擺起來。到了八月二十八第一期撤兵的期，又違約不退。兵丁從俄國調來的，前後共有十餘萬，在九月中旬，派兵一千名把盛京省城奉天府佔了，把盛京將軍增祺囚了，各項衙門及電報局盡派俄兵駐守，東三省大小官員限一月內出境，每人只給洋銀一百元，逐家挨戶都要挂俄國的旗，各處的團練都要把軍器繳出，大車裝運的俄國兵每日有數千。於是俄國第一個倡瓜分中國，各國都畫了押，只有美國没畫押。近來美國也畫了押，只有各國的皇帝大統領尚没蓋印，極遲不過數月的事了。這個消息，日本報章也不肯載，是從日本外務省的官吏，政黨的大員，學堂的教習，私自探聽得的，極眞極確，並不是誑話。留學生也有不信的，私向日本某輿地學家問他瓜分的事眞不眞。他答道：『你但問俄國佔東三省的事眞不眞，不要問瓜分的事眞不眞。俄國佔東三省的事倘若不虛，這瓜分的事也一定是實的了。你看德國佔了膠州海口，俄國、英國、法國也就照德國的樣兒，各佔了一個海口。於今俄國佔了東三省，請問中國有幾塊與東三省一樣寬的地方？將來分的時候，恐怕還不夠分哩！於今還來問眞問假，眞眞不知時務了！』列位，他所説的不是正當不移的道理嗎？近來各報章載道，俄國把全國的海軍四分之三調到東方，英國照會兩江總督魏光燾説，伊國也要照俄國派一個極東大總督駐紮江寧，長江七省重要的地方，都要修築炮臺，駐紮重兵，限四日內回信。又稱英國已派兵到西藏，由西藏取四川，做首尾並舉之計。德國在膠州的工廠，晝夜加工，預備開戰。日本把兵盡調到臺灣，法國把在越南的兵盡調到廣西邊界。於今好比火線相連，只要一處放火，就四處回應，遍中國二十二行省，都如天崩地坼一般，沒有一塊乾淨土了。好險呀！好怕呀！火燒到眉毛邊了，還不知痛，眞眞是無知覺的蠢東西，連禽獸還不如哩！

痛呀！痛呀！痛呀！你看中國地方這麼樣大，人口這麼樣多，可算是世界有一無二的國度了，那裏曉得自古至今，只有外國人殺中國人的，斷沒有中國人殺外國人的，這是甚麼緣故呢？因為中國人不曉得有本國的分別，外國人來了，只有稍為比我强些，遂拱手投降，倒幫着外國人殺本國人，全不要外國人費力。當初金韃子、元韃子在中國橫行直走，沒有一個敢擋住他。若問他國實在的人數，總計不及中國一縣的人，百個捉他一個，也就捉完他了。卽如清朝在滿洲的時候，那八旗兵總共止有六萬，若沒有那吳三桂、孔有德、洪承疇一班狗奴才，帶領數百萬漢軍，替他平定中國，那六萬人中國把他當飯吃，恐怕連一餐都少哩！到後來太平天國有天下三分之二，將要成功，又有湘軍三十萬人，替滿洲死死把太平天國打滅，雙手仍把江山送還滿洲，眞個好蠢的東西呀！可恨外洋各國，也學那滿洲以中國人殺中國人的奸計，屢次犯中國，都有中國人當他的兵，替他死戰。庚子年八國聯兵，我以為這次洋兵沒有百萬，也應該有幾十萬，誰知統共只有二萬，其餘的都是中國人。打起仗來，把中國人排在前頭，各國洋兵姦淫擄掠，中國人替他引導。和局定了，各國在中國佔領的地方，所練的兵丁，大半是中國人，只有將領是洋人。東三省的馬賊很多，俄國盡數招撫，已有一萬二三千人。這些馬賊，殺人比俄兵還要凶悍些。俄國又在東三省、北京一帶，招那中國讀書人做他的顧問官，不要通洋文，只要漢文做得好，已有許多無耻的人去了，巴望做洪承疇一流的人物。將來英國在長江，德國在山東，日本在福建，法國在兩廣，一定要照俄國的樣兒來辦。各省的會黨兵勇盡是各國的兵丁，各省的假志士、假國民盡是各國的顧問官；其餘的狗奴才，如庚子北直的人，一齊插順民旗，更不消說了。各國不要調一兵，折一矢，中國人可以自己殺盡。天呀！地呀！同胞呀！世間萬國，都沒有這樣的賤種！有了這樣的賤種，這種怎麼會不滅呢！不知我中國人的心肝五臟是什麼做成的，為何這樣殘忍？唉！眞好痛心呀！

耻！耻！耻！你看堂堂中國，豈不是自古到今，四夷小國所稱為天朝大國嗎？為什麼到於今，由頭等國降為第四等國呀？外洋人不罵為東方病夫，就罵為野蠻賤種，中國人到了外洋，連牛馬也比不上。美國多年禁止華工上岸，今年有一個譚隨員，無故被美國差役打死，無處伸冤。又梁欽差的兄弟，也被美國的巡捕淩辱一番，不敢作聲。中國學生到美國，客店不肯收留。有一個姓孫的留學生，和美國一個學生相好，一日美國學生對孫某説道：『我和你雖然相好，但是到了外面，你不可招呼我。』孫某驚問道：『這話怎講？』美國學生道：『你們漢人是滿洲的奴隸，滿洲又是我們的奴隸，倘是我國的人知道我和做兩層奴隸的人結交，我國的人一定不以人齒我了。』孫某聽了這話，遂活活氣死了。美國是外洋極講公理的國，尚且如此，其餘的國更可想了。歐美各國，與我不同洲的國，也不怪他。那日本不是我們同洲的國嗎？甲午年以前，他待中國人和待西洋人一樣。甲午年以後，就隔得遠了，中國人在日本的，受他的欺侮，一言難盡哩！單講今年日本秋季大操，各國派來看操的，就是極小的官員，也有坐位，日本將官十分恭敬。中國派來看操的，就是極大的官員，也沒有坐位，日本將官全不理會。有某總兵受氣不過，還轉客棧，放聲大哭。唉！列位！你看日本還把中國當個國嗎？外國人待中國人，雖是如此無禮，中國的官府仍舊絲毫不恨他，撞着外國人，倒反恭恭敬敬，猶如屬員見了上司一般，唯唯聽命，這不是奇事麼？租界雖是租了，仍是中國的地方，那知一入租界，猶如入了地獄一般，沒有一點兒自由。站街的印度巡捕，好比閻羅殿前的夜叉，洋行的通事西仔，好比判官手下的小鬼，叫人通身不冷，也要毛髮直豎。上海有一個外國公園，門首貼一張字道：『狗和華人不准入內。』中國人比狗還要次一等哩！中國如今尚有一個國號，他們待中國已是這樣；等到他瓜分中國之後，還可想得嗎？各國的人也是一個人，中國的人也是一個人，為何中國人要受各國人這樣欺侮呢？若説各國的人聰明些，中國的人愚蠢些，現在中國的留學生在各國留學的，他們本國人要學十餘年學得成的，中國學生三四年就夠了，各國的學者莫不拜服中國留學生的能幹。若説各國的人多些，中國的人少些，各國的人極多的不過中國三分之一，少的沒有中國十分之一。若説各國的地方大些，中國的地方小些，除了俄羅斯以外，大的不過如中國的二三省，小的不過如中國一省。若説各國富些，中國窮些，各國地面地內的物件，差不多就要用盡了，中國的五金各礦，不計其數，大半没開，並且地方很肥，出產很多。這樣講來，就應該中國居上，各國居下，只有各國怕中國的，斷没有中國怕各國的。那知把中國比各國，倒相差百餘級，做了他們的奴隸還不算，還要做他們的牛馬；做了他們的牛馬還不算，還要滅種，連牛馬都做不着。世間可耻可羞的事，哪有比這個還重些的呢？我們於這等事還不知耻，也就無可耻的事了。唉！傷心呀！

殺呀！殺呀！殺呀！於今的人，都説中國此時貧弱極了，槍炮也少得很，怎麽能和外國開戰呢？這話我也曉得，但是各國不來瓜分我們中國，斷不能無故自己挑釁，學那義和團的舉動。於今各國不由我分説，硬要瓜分我了，横也是瓜分，豎也是瓜分，與其不知不覺被他瓜分了，不如殺他幾個，就是瓜分了也值得些兒。俗語説的，『趕狗逼到牆，總要回轉頭來咬他幾口。』難道四萬萬人，連狗都不如嗎？洋兵不來便罷，洋兵若來，奉勸各人把膽子放大，全不要怕他。讀書的放了筆，耕田的放了犁耙，做生意的放了職事，做手藝的放了器具，齊把刀子磨快，子藥上足，同飲一杯血酒，呼的呼，喊的喊，萬衆直前，殺那洋鬼子，殺投降那洋鬼子的二毛子。滿人若是幫助洋人殺我們，便先把滿人殺盡，那些賊官若是幫助洋人殺我們，便先把賊官殺盡。『手執鋼刀九十九，殺盡仇人方罷手！』我所最親愛的同胞，我所最親愛的同胞，向前去，殺！向前去，殺！向前去，殺！殺！殺！殺我纍世的國仇，殺我新來的大敵，殺我媚外的漢奸。殺！殺！殺！

奮呀！奮呀！奮呀！於今的中國人怕洋人怕到了極步，其實洋人也是一個人，我也是一個人，我怎麽要怕他？有人説洋人在中國的勢力大得很，無處不有洋兵，我一起事，他便制住我了。不知我是主，他是客，他雖然來得多，總難得及我。在他以為深入我的腹地，我説他深入死地亦可以的。只要我全國皆兵，他就四面受敵，卽有槍炮，也是寡不敵衆。古昔夏朝有一個少康皇帝，他的天下都失了，只剩得五百人，終把天下恢復轉來。又戰國的時候，燕國把齊國破了，齊國的七十餘城都已降了燕國，只有田單守住卽墨一城，到後來終把燕國打退，七十餘城又被齊國奪回。何況於今十八省完完全全，怎麽就説不能敵洋人呢？就是只剩得幾府幾縣，也是能夠獨立的。阿非利加洲有一個杜蘭斯哇國，他的國度只有中國一府的大，他的人口只有中國一縣的多，和世界第一個大國英吉利連戰三年，英國調了大兵三十萬，死了一半，終不能把杜國做個怎麽樣。這是眼前的事，人人曉得的，難道我連杜國都不能做得嗎？杜國的人，敢把這麽樣小的國和這麽樣大的國打仗，這是何故呢？因為杜國的人，人人都存個百折不回的氣概，人人都願戰死疆場，不願做别人的奴隸，所以能打三年的死仗。中國的人没有堅忍的志氣，一處敗了，各處就如鳥獸散了。須知各國在中國已經數十年了，中國從前一點預備都没有，槍炮又不完全，這起頭幾陣，一定是要敗的。但敗得多，閱歷也多，對付各國的手段也就精了。漢高祖和楚霸王連戰七十二陣，陣陣皆敗，最後一勝就得天下。湘軍打長毛，當初也是連打敗仗，後來才轉敗為勝。大家都要曉得這個道理，都把精神提起，勇氣鼓足，任他前頭打了千百個敗仗，總要再接再厲。那美國獨立，也是苦戰了八年才能夠獨立的。我如今就是要苦戰八十年，也應該要支持下去。怎麽要膽小！怎麽要害怕！這個道理，我實在想他不透。俗語説的，『一人捨得死，萬夫不敢擋。』一十八省，四萬萬人，都捨得死，各國縱有精兵百萬，也不足畏了。各國的兵很貴重的，倘若死了幾十萬，他就要怕中國，不敢來了。就是他再要來，漢人多得很，死去幾百萬幾千萬也是無妨的。若是把國救住了，不上幾十年，這人口又圓滿了。只要我人心不死，這中國萬無可亡的理。諸君！諸君！聽者！聽者！舍死向前去，莫愁敵不住，千斤擔子肩上擔，打救同胞出水火，這方算大英雄、大豪傑，怎麽同胞不想做呢？

快呀！快呀！快呀！我這人人笑駡個個欺淩將要亡的中國，一朝把國勢弄得蒸蒸日上起來，使他一班勢利鬼，不敢輕視，倒要恭維起來。見了中國的國旗，莫不肅然起敬，中國講一句話，各國就奉為金科玉律。無論什麽國，都要讚歎我中國，畏服我中國，豈非可快到極處嗎？我這全無知識全無氣力要死不死的人，一朝把體操操得好好兒的，身子活活潑潑，路也跑得，馬也騎得，槍也打得，同着無數萬相親相愛的同胞，到了兩軍陣前，一字兒排開，炮聲隆隆，角聲嗚嗚，旌旗飄揚，鼓聲雷動，一聲喊起，如山崩潮湧一般，沖入敵陣，把敵人亂殺亂砍，割了頭顱，回轉營來，沽酒痛飲，豈非可快到極處嗎？就是不幸受傷身死，衆口交傳，全國哀痛，還要鑄幾個銅像，立幾個石碑，萬古流芳，永垂不朽，豈非可快到極處嗎？世間萬事，惟有從軍最好，我勸有血性的男兒，不可錯過這個時代。照以上所説的，列位一定疑我是瘋了，又一定疑我是義和團一流人物了。不是！不是！我生平是最恨義和團的。洋人也見過好多，洋國也走過幾國，平日極要人學習洋務，洋人的學問，我常常稱道的。但是我見那洋人心腸狠毒，中國若是被洋人瓜分了，我漢人一定不得了，所以敢説這些激烈的話，提醒大家，救我中國。但是要達到這個目的，又有十個須知。

第二節

第一須知這瓜分之禍，不但是亡國罷了，一定還要滅種。中國從前的亡國，算不得亡國，只算得換朝，夏、商、周、秦、唐、宋、明都是朝號，不是國號，因為是中國的人。自己爭鬥。只有元朝由蒙古就是古時的匈奴國，清朝由滿洲就是宋朝時候的金國打進中國，這中國就算亡過二次。但是蒙古、滿洲的人數少得很，只有武力，勝過漢人，其餘一概當不得漢人，過了幾代，連武力都没有了，没有一事不將就漢人，名為他做國主，其實已被漢人所化了。所以中國國雖亡了，中國人種的澎漲力，仍舊大得很。近來洋人因為人數太多，無地安插，四處找尋地方，得了一國，不把敵國的人殺盡死盡，他總不肯停手。前日本人某，考察東三省的事情，回來向我説道：『那處的漢人，受俄人的殘虐，慘不可言！一日在火車上，看見車站旁邊，立着個中國人，一個俄國人用鞭抽他，他又不敢哭，只用兩手擦淚。再一鞭，就倒在鐵路上了。卻巧有一火車過來，把這個截為兩段，火車上的人，毫不在意。我問道：「這是甚麽緣故呢？」一個中國人在旁答道：「没有什麽緣故，因為俄國人醉了。」到後來也没人根究這事，這中國人就算白死了。一路上中國的人被俄人打的半死半生的，不計其數。雖是疼痛，也不敢哭，倘若哭了，不但俄國人要打他，傍邊立的中國人，也都替俄國人代打。倘若打死了，死者家裏也不敢哭，倘若哭了，地方官員就要當最重的罪辦他，討俄人的好。路上不許中國人兩人相連而行，若有兩個人連行，俄國的警察兵，必先行打死一個，恐怕一個俄國人，撞着兩個中國人，要遭中國人的報復，所以預先提防。俄兵到一處，就把那處的房屋燒了，姦淫擄掠，更不消講。界外頭的漢人，不准進界，界裏的漢人，不准出界。不出三年，東三省的漢人，東三省的人口共有一千六百萬，

有漢人十分之七。一定是没有了。將來中國瓜分之後，你們中國人眞不堪設想了。』照他所説，這等境遇，不是可怕到極處嗎？試看英、法、德、美、日本各國，那一國不像俄羅斯，各國瓜分中國之後，又不能相安無事，彼此又要相爭，都要中國人做他的兵了。各國的競爭没有了時，中國的死期，也没有了時。或者各國用那温和手段，假仁假義，不學俄國的殘暴，那就更毒了！這是何故呢？因為各國若和俄國一樣，殺人如麻，人人恐怕，互相團結，拚命死戰起來，也就不怕了。只有外面和平，內裏暗殺，使人不知不覺，甘心做他的順民，這滅種就一定不免了。他不要殺你，只要把各人的生路絶了，使人不能婚娶，不能讀書，由半文半野的種族，變為極野蠻的種族，再由野蠻種族，變為最下的動物。《日本週報》所説的中國十年滅國，百年滅種的話，不要十年，國已滅了，不要百年，這種一定要滅。列位若還不信，睜眼看看從通商以來，只有五十年，已弄得一個民窮財盡；若是各國瓜分了中國，一切礦山、鐵路、輪船、電線以及種種製造，都是洋人的，中國人的家財，中國人的職業，一齊失了，還可想得嗎？最上的做個買辦通事，極下的連那粗重的工程都當不得，一年辛苦所得的工資，納各國的税還不夠，那裏還養身家？中國的人日少一日，各國的人日多一日，中國人口全滅了，中國的地方他全得了。不在這時拚命舍死保住幾塊地方，世界雖然廣大，只怕没有中國人住的地方了。不但中國人没有地方可以住，恐怕到後來世界上，連中國人種的影子都没有了！

第二、須知各國就是瓜分了中國之後，必定仍舊留着滿洲政府，壓制漢人。列位，你道今日中國還是滿洲政府的嗎？早已是各國的了！那些財政權、鐵道權、用人權，一概拱手送與洋人。洋人全不要費力，要怎麽樣，只要下一個號令，滿洲政府就立刻奉行。中國雖説未曾瓜分，其實已經瓜分數十年了。從前不過是暗中瓜分，於今卻是實行瓜分。不過在滿洲政府的上建設各國的政府，在各省督撫的上建設各國的督撫。到那時，我們要想一舉一動，各國政府就要下一個令把滿洲政府，滿洲政府下一道電諭把各省督撫，各省督撫下一道公文把各府州縣，立刻就代各國剿除得乾乾淨淨了。『爾等食毛踐土，具有天良，當此時勢艱難，輕舉妄動，上貽君父之憂，殊堪痛恨』的話，又要説了。我們漢人死到盡頭，那滿洲政府

對於漢人的勢力，依然還在；漢人死完了，滿洲政府也就没有了。故我們要想拒洋人，只有講革命獨立，不能講勤王。因他不要你勤王，你從何處勤哩？有人説道：『中國於今不可自生内亂，使洋人得間。』這話我亦深以為然。倘若滿洲政府從此勵精求治，維新變法，破除滿漢的意見，一切奸臣，盡行革去，一切忠賢，盡行登用，決意和各國舍死一戰，我也很願把從前的意見丢了，身家性命都不要了，同政府抵抗那各國。怎奈他拿定『寧以天下送之朋友，不以天下送之奴隸』的主見，任你口説出血來，他總是不理。自從俄國復佔了東三省之後，瓜分的話，日甚一日，外國的人，都替中國害怕，人人都説中國滅種的日子到了；那裏曉得自皇太后以至大小官員，日日在頤和園看戲作樂，全不動心。今年謁西陵，用銀三百萬，皇太后的生日，各官的貢獻，比上年還要多十倍。明年皇太后七旬萬壽，預備一千五百萬銀子做慶典。北京不破，斷不肯停的。馬玉崑在某洋行買洋槍三千桿，要銀數萬兩，户部不肯出；皇太后修某宫殿，八十萬銀子又有了。你看這等情形，還可扶助嗎？中國自古以來，被那君臣大義的邪説所誤，任憑什麼昏君，把百姓害到盡頭，做百姓的，總不能出來説句話。不知孟夫子説道：『民為貴，社稷次之，君為輕。』君若是不好，百姓盡可另立一個。何況滿洲原是外國的韃子，盜佔中國，殺去中國的人民無數，是我祖宗的大仇。於今他又將我四萬萬漢人盡數送入枉死城中，永做無頭之鬼，尚不想個法子，脱了他的羅網，還要依他的言語，做他的死奴隸，豈是情願絶子絶孫絶後代麼？印度亡了，印度王的王位還在；越南亡了，越南王的王位還在；只可憐印度、越南的百姓，於今好似牛馬一般。那滿洲政府，明知天下不是他自己的，把四萬萬個人，做四萬萬隻羊，每日送幾千，也做得數十年的人情。人情是滿洲得了，只可憐宰殺烹割的苦楚，都是漢人受了。那些迂腐小儒，至今還説，忠君忠君，遵旨遵旨，不知和他有什麼冤孽，總要把漢人害得没有種子方休！天！天！天！那項得罪了他，為何忍下這般毒手呀？

第三、須知事到今日，斷不能再講預備救中國了。只有死死苦戰，才能救得中國。中國的毛病，平時没有説預備，到了臨危，方説預備，及事過了，又忘記了。自道光以來，每次講和，都因從前毫没預備，措手不及，不如暫時受些委屈，等到後來預備好了，再和各國打仗。那知到了後來，另是一樣的話。所以受的委屈，一次重過一次。等到今日各國要實行瓜分了，那預備仍是一點兒没有。於今還説後來再預備，不但是説説謊話罷了；就是想要預備，也無從預備了。試看俄人在東三省，把中國兵勇的槍炮，盡行追繳，不許民間設立團練，兩人並行，都要治罪，還有預備可説嗎？要瓜分中國，豈容你預備？你預備一分，他的勢子增進一丈，我的國勢墮落十丈。比如一爐火，千個人添柴添炭，一個人慢慢運水，那火能打滅嗎？兵臨境上，你方才講學問，講教育，講開通風氣，猶如得了急症，打發人往千萬里之外，買滋補的藥，直等到病人的屍首都爛了，買藥的人，還没有回來，怎麼能救急呢？為今之計，唯有不顧成敗，節節打去，得寸是寸，得尺是尺，等到有了基礎，再講立國的道理。此時不把中國救住，以後莫想恢復了。滿洲以五百萬的野蠻種族，尚能佔中國二百六十年，各國以七八百萬的文明種族分佔中國，怎麼能恢復呢？我聽多少人説，國已亡了，惟有預備瓜分以後的事。我不知他説預備何事，大約是預備做奴隸吧！此時中國雖説危急，洋兵還没深入，還没實行瓜分，等到四處有了洋兵，和俄國在東三省一般，一言一語。都不能自由，縱你有天大的本領，怎麼用得出呢？那就不到滅種不休了。所以要保皇的，這時候可以保了，過這時没有皇了。要革命的，這時可以革了，過了這時没有命了。一刻千金，時乎時乎不再來，我親愛的同胞，快醒！快醒！不要再睡了！

第四、須知這時多死幾人，以後方能多救幾人。於今的人，多説國勢已不可救了，徒然多害生靈，也犯不着，不如大家就降了各國為兵。唉！照這樣辦法，各國一定把中國人看得極輕，以為這等賤種，任憑我如何殘暴，他總不敢出來做聲，一切無情無理的毒手段，都要做了出來，中國人種那就亡得成了。此時大家都死得轟轟烈烈，各國人都知道中國人不可輕視，也就不敢十分野蠻待中國人了。凡事易得到手的，決不愛惜，難得到手的，方能愛惜，這是的確的道理。你看金國把宋朝徽宗欽宗兩個皇帝捉去，宋朝的百姓，不戰自降。後來元世祖滅了宋朝，看見中國人容易做別人的奴隸，從没報過金國的仇，遂想把中國的人殺盡，把中國做為牧牛馬的草場。耶律楚材説道：『不如留了他們，以納糧餉。』後來才免。雖因此中國人僥倖得生，但是待漢人殘酷的了不得。明末的時候，各處起義兵拒滿洲的，不計其數，那《殉節録》所載拒滿的忠臣，共有三千六百個，所以清朝待漢人，比元朝好得多了。到了乾隆年間，修纂國史，把投降他的官員，如洪承疇等，盡列在《貳臣傳》中，不放在人數上算賬；明朝死難的人，都加謚號，建立祠堂，録用他的後裔。譬如强盗强姦人的婦女，一個是寧死不從，被他殺了，一個是甘心從他，到了後日，那强盗一定稱奬那不從他的是貞節，罵那從他的是淫婦。那淫婦雖忍辱想從强盗終身，這强盗一定不答應，所受的磨折，比那貞節女當日被强盗一刀兩段的，其苦更加萬倍。那貪生怕死的人，他的下場一定和這淫婦一樣。故我勸列位撞着可死的機會，這死一定不要拍，我雖死了，我的子孫，還有些利益，比那受盡無窮的耻辱，到頭終不能免一死，死了更無後望的，不好得多嗎？泰西的大儒，有兩句格言：『犧牲個人指把一個人的利益不要，以為社會指為公衆謀利益；犧牲現在指把現在的眷戀丢了，以為將來指替後人造福。』這兩句話，我願大家常常諷誦。

第三節

第五須知種族二字，最要認得明白，分得清楚。世界有五個大洲：一個名叫亞細亞洲，又稱亞洲，中國、日本、高麗、印度都在這洲。一個名叫歐羅巴洲，又稱歐洲，俄、英、德、法等國都在這洲。一個名叫阿非利加洲，又稱非洲，從前有數十國，現在都被歐洲各國滅了。一個名叫澳非利加洲，又稱澳洲，被英國佔領。以上四洲，共在東半球。地形如球，在東的稱東半球，在西的稱西半球。一個名阿美利加洲，又稱美洲，美利堅、墨西哥都在這洲。獨在西半球。住在五洲的人，也有五種：一黄色種又稱黄種，亞洲的國，除了五印度的人，印度人也是歐洲的白色種，但年數好久了，所以面上變為黑色。皆是黄種人；二白色種，又稱白種，歐洲各國的人，及現在美洲各國人，都是這種。三紅色種美洲的土人；四黑色種非洲的人；五棕色種南洋羣島的人。單就黄種而論，又分一漢種，始祖黄帝於四千三百餘年前，自中國的西北來，戰勝了蚩尤，把從前在中國的老族苗族趕走，在黄河兩岸建立國家。現在中國内部十八省的四萬萬人，皆是黄帝公公的子孫，號稱漢種。二苗種，從前遍中國皆是這種人，於今只有雲貴兩廣稍為有些。三東胡種，就是從前的金，現在的滿洲，人口有五百萬。四蒙古種，就是從前的元朝，現在内外蒙古，人口有二百萬。其餘的種族，不必細講。合黄種、白種、黑種、紅種、棕色種的人口算起來，有一十六萬萬，黄種五萬萬餘，百年前有八萬萬，現在減了三萬萬。白種八萬萬，百年前只五萬萬，現在多三萬萬。黑種不足二萬萬，百年前多一倍。紅種數百萬，百年前多十倍。棕色種二千餘萬。百年前多兩倍。五種人中，只有白種年年加多，其餘四種，都年年減少。這是何故呢？因為世界萬國，都被白種人滅了。亞洲百餘國，美洲數十國，非洲數十國，澳洲南洋羣島各國，都是那白色種的俄羅斯、英吉利、德意志、法蘭西、奥大利、義大利、西班牙、葡萄牙、荷蘭、美利堅、墨西哥、巴西、秘魯各國的屬國。只有中國和日本等數國没滅，中國若亡了，日本等國也不可保了。這四種人不曉得把自己祖傳的地方守住，甘心讓與外種人，那種怎能不少呢！這種族的感情，是從胎裏帶來的，對於自己種族的人，一定是相親相愛；對於以外種族的人，一定是相殘相殺。自己没有父，認別人做父，一定没有像親父的恩愛。自己没有兄弟，認別人做兄弟，一定没有像親兄弟的和睦。譬如一份家產，自己不要，送把別人，倒向別人求衣食，這可靠得住嗎？這四種人，不曉得這個道理，以為別人佔了我國，也是無妨的，誰知後來就要滅種哩！所以文明各國，如有外種人要佔他的國度，他寧可全種戰死，決不做外種的奴隸。西洋各國，没有一國不是這樣，所以極小的國，不及中國一縣，各大國都不敢滅他。日本的國民，現在力逼政府和俄國開戰，那國民説道，就是戰了不勝，日本人都死了，也留得一個大日本的國魂在世；不然，這時候不戰，中國亡了，日本也要亡的。早遲總是一死，不如在今日死了。日本是一個很强的國，他的人民顧及後來，還如此激昂，怎麼我中國人身當滅亡地步的，倒一毫不動哩？唉，可歎！只有中國人從來不知有種族的分別，蒙古滿洲來了，照例當兵納糧，西洋人來了，也照樣當兵納糧，不要外種人動手，自己可以殺盡。禽獸也知各顧自己的同種，中國人眞是連禽獸都不如了。俗話説得好，人不親外姓，兩姓相爭，一定是幫同姓，斷没有幫外姓的。但是平常的姓，都是從一姓分出來的，漢種是一個大姓，黄帝是一個大始祖，凡不同漢種，不是黄帝的子孫的，統統都是外姓，斷不可幫他的，若幫了他，是不要祖宗了。你不要祖宗的人，就是畜生。

第六須知國家是人人有份的，萬不可絲毫不管，隨他怎樣的。中國的人，最可耻的，是不曉得國家與身家有密切的關係，以為國是國，我是我，國家有難，與我何干？只要我的身家可保，管什麼國家好不好。不知身家都在國家之内，國家不保，身家怎麼能保呢？國家譬如一隻船，皇帝是個舵工，官府是船上的水手，百姓是出資本的東家，船若不好了，不但是舵工水手要着急，東家越加要着急。倘若舵工水手不能辦事，東家一定要把這些舵工水手換了，另用一班人，才是道理。既我是這個國的國民，怎麼可以不管國家的好歹，任那皇帝官府胡亂行為呢？皇帝官府盡心為國，我一定要幫他的忙，皇帝官府敗壞國家，我一定不答應他，這方算做東家的職分。古來的陋儒，不説忠國，只説忠君，那做皇帝的，也就把國度據為他一人的私產，逼那人民忠他一人。倘若國家當眞是他一家的，我自可不必管他，但是只因為這國家，斷斷是公共的產業，斷斷不是他做皇帝的一家的產業。有人侵佔我的國家，即是侵佔我的產業，有人盜賣我的國家，即是盜賣我的產業。人來侵佔我的國家，盜賣我的產業，都不出來拚命，這也不算是一個人了。

第四節

第七須知要拒外人，須要先學外人的長處。於今的人，都説西洋各國，富强得很，卻不知道他怎麼樣富强的，所以雖是恨他，他的長處，倒不可以不去學他。譬如與我有仇的人家，他辦的事體很好，卻因為有仇，不肯學他，這仇怎麼能報呢？他若是好，我要比他更好，然後才可以報得仇呢。日本國從前很恨西洋人，見了西洋人，就要殺他，有藏一部洋書的，就把他全家殺盡。到了明治初年，曉得空恨洋人不行，就變了從前的主意，一切都學西洋，連那衣服頭髮，都學了洋人的裝束，日本從前用中國古時的裝束。從外面看起來，好像是變了洋人了，卻不知他恨洋人的心，比從前還要增長幾倍。所有用洋人的地方，一概改用日本人，洋人從前所得日本人的權利，一概爭回來，洋人到了日本國，一點不能無禮亂為，不比在中國，可以任意胡行。這是何故呢？因為洋人的長處，日本都學到了手，國勢也和洋人一樣，所以不怕洋人，洋人也奈何他不得。中國和日本，正是反比例，洋人的長處一點不肯學，有説洋人學問好的，便罵他想做洋鬼子。洋人的洋烟，日本一切洋人的東西都有，只有洋烟没有。及一切没有用的東西，倒是没有不喜歡的。更有一稀奇的事，各國都只用本國的銀圓鈔票，不用外國的銀圓鈔票，日本一元的銀圓，本國不用，通行中國。自己的銀圓鈔票，倒難通行，這也可算保守國粹嗎？平日所吃所穿所用的東西，無一不是從洋人來的，只不肯學他的製造，這等思想，眞眞不可思議了。有人口口説打洋人，卻不講洋人怎麼打法，只想拿空拳打他，一經事到臨危，空拳也要打他幾下，平時卻不可預存這個心。即如他的槍能打三四里，一分時能發十餘響，鳥槍只能打十餘丈，數分時只能發一響，不學他的槍炮，能打得他倒嗎？其餘洋人的長處，數不勝數。他們最大的長處，大約是人人有學問，把没有學問的不當人。有公德，待同種卻有公德，待外種卻全無公德。知愛國，愛自己的國，決不愛他人的國。一切陸軍、海軍、各國的將官，都在學堂讀書二三十年，天文、地理、兵法、武藝無一不精，軍人亦很有學問。政治、工藝，無不美益求美，精益求精。這些事體，中國那一項不應該學呢？俗語道：『天下無難事，只怕有心人。』若有心肯學，也很容易的。越恨他，越要學他；越學他，越能報他，不學斷不能報。就是這時不能學得完備，粗淺也要學他幾分，形式或者可以慢些，精神一定要學。精神指愛國，有公德，不做外種的奴隸。要想學他，一定要開學堂，派送留學生。於今的人，多有仇恨留學生的，以為留學生多半染了洋派，喜歡説排滿革命，一定是要扶助洋人的。不知外面的洋派，不甚要緊，且看他心內如何。於日本可知。他説排滿革命，也有不得已之苦衷，前已説過，不是故意要説這些奇話。想得利益。留學生若是貪圖利益，明明翰林進士的出身不要，倒要做斷頭的事，没有這樣蠢了。至於忍耻含羞，就學仇人的國，原想習點本領，返救祖國，豈有為洋人用的理？即有此等人，也只有待他敗露，任憑同胞將他捉來，千刀萬剮，比常人加十倍治罪，此時卻難一筆抹殺。同胞！同胞！現在固然不是為學的時候，但這等頑固心思，到了這個時候，尚不化去，也就不好説了。

第八、須知要想自强，當先去掉自己的短處。中國的人，常常自誇為文明種族，禮義之邦。從前我祖宗的時候，原是不錯。但到了今日，奸盜詐偽，無所不為，一點古風也没有了。做官的只曉得貪財愛寶，帶兵的只曉得貪生怕死。讀書的只曉得想科名，其餘一切的事都不管。上中下三等的人，天良喪盡，廉耻全無，一點知識没開，一點學問没有，迂腐固陋，信鬼信怪，男吸洋烟，女纏雙足，遊民成羣，盜賊遍野，居處好似畜圈，行為猶如蠻人，言語無信，愛錢如命。所到的國，都罵為野蠻賤種，不准上岸，不許停留。國家被外國欺淩到極處，還是不知不覺，不知耻辱，只知自私自利。瓜分到了目前，依然歡喜歌舞。做農做工做商的，只死守着那古法，不知自出新奇，與外國競爭。無耻的人，倒要借外國人的勢力，欺壓本國，隨便什麼國來，都可做他的奴隸。一國的人，都把武藝看得極輕，俗話好鐵不打釘，好漢不當兵。全不以兵事為意，外兵來了，只有束手待斃。其餘各項的醜處，一言難盡，醜不可言。大家若不從此另換心腸，痛加改悔，恐怕不要洋人來滅，也要自己滅種了。

第五節

第九須知必定用文明排外，不可用野蠻排外。文明排外的辦法，平日待各國的人，外面極其平和，所有教堂教士商人，盡要保護，內裏卻刻刻提防他。如他要佔我的權利，一絲兒不能。如他要在我的地方修鐵路、買礦山，及駐紮洋兵，設立洋官等事，要侵我的權利的，都不許可。與他開起戰來，他用千萬黄金請我，我決不去。他要買我糧餉食物，我決不賣。俄國在東三省出重價向日本商民買煤，日本商民硬不賣與他。他要我探消息，我決不肯。在兩軍陣前，有進無退，巴不得把他殺盡。洋兵以外的洋人，一概不傷他。洋兵若是降了擒了，也不殺害。萬國公法都是這樣，所以使敵人離心，不至死戰。若一概殺了，他必定死戰起來，没有人降了。這是文明排外的辦法。現在排外，只能自己保住本國足了，不能滅洋人的國，日後仍舊要和，故必定要用文明排外。野蠻排外的辦法，全没有規矩宗旨，忽然聚集數千百人，焚毁幾座教堂，殺幾個教士教民，以及遊歷的洋員，通商的洋商，就算能事盡了。洋兵一到，一哄走了，割地賠款，一概不管。這是野蠻排外的辦法。這兩種辦法，那樁好，那樁歹，不用講了。列位若是單逞著意氣，野蠻排外，也可使得。若是有愛國的心腸，這野蠻排外，斷斷不可行的。

第十、須知這排外事業，無有了時。各國若想瓜分我國，二十歲以上的人不死盡，斷不任他瓜分。萬一被他瓜分了，以後的人，滿了二十歲，即當起來驅逐各國。一代不能，接及十代，十代不能，接及百代，百代不能，接接千代。漢人若不建設國家，把中國全國恢復轉來，這排外的事，永没有了期。有甘心做各國的奴隸，不替祖宗報仇的，生不准進祖祠，死不准進祖山，族中有權力的，可以隨便將他處死。海石可枯，此心不枯，天地有盡，此恨不盡。我後輩千萬不可忘了這二句話。十個須知講完了，又有十條奉勸。

第六節

第一、奉勸做官的人，要盡忠報國。我這報國二字，不是要諸君替滿洲殺害同胞，乃是要諸君替漢人保守疆土。因為國家是漢人的國家，滿洲不過偶然替漢人代理。諸君所吃的俸禄，都是漢人的，自應當替漢人辦事。有利於漢人的，必要盡心去辦。漢人强了，滿洲也無憂了。滿洲寧以天下送之外國，只恐怕漢人得勢，實在糊塗極了。因為各國與滿洲有甚麼恩愛，各國斷不肯保全滿洲。漢人不存，滿洲一定要先滅。為漢人就是為滿洲，專為滿洲，就害了滿洲。張之洞所以是滿洲的罪人。至於愛財利己，害國傷民的事，一概做不得，更不消説。我看近日做官的，又把趨奉滿洲的心腸，趨奉洋人，應承洋人的旨意，比聖旨還要重些。洋人没來，已先預備做洋人的順官，不以為耻，反以為榮。我以為諸君的計太左了。諸君的主意，不過想做官罷了，不知各國那裏有官來你們做，他得了中國，一定先從諸君殺起。諸君不信，你看奉天將軍增祺，從前誠心歸服俄人，俄人講一句，他就依一句，那知俄人今年再佔奉天，遂把他囚了，如今生死還不能定。東三省的官員，平日趨奉俄人，無所不至，都被俄人趕逐出境，利益一點没得，徒遭千人的唾駡，有什麼益處呢？我勸諸君切不可學，官大的倡獨立，官小的與城共存亡，寧為種族死，不做無義生，這方算諸君的天職。

第二、奉勸當兵的人，要捨生取義。列位！這當兵二字，是人生第一要盡的義務。國家既是人人有份，自應該人人保守國家的權利；要想保守國家的權利，自應該人人皆兵。所以各國都把當兵看得極重，王子也要當兵三年，其餘的人更可想了。平日紀律極嚴，操練極勤，和外國開起戰來，有進無退；就是戰死了，那家也不悲傷，以為享了國家的利益，就應當擔任國家的義務。至於賣國投降的人，實在少得很。不比中國把兵看得極輕，一操練没有，替滿洲殺同胞，倒能殺得幾個，替同胞殺洋兵，就没有用了。聽説洋人口糧多些，那心中躍躍欲動，就想吃洋人的糧，甘心為國捐軀的，很少很少。於今中國的兵都是這樣，怎麼不亡呢？漢種的存亡，都在諸君身上，諸君死一個，漢人就得救千個，諸君怎麼惜一人的命，置千個同胞不救呢？人生終有一死，只要死得磊落光明，救同胞而死，何等磊落！何等光明！千古莫不敬重大宋的岳爺，無非因他能替同胞殺韃子。諸君若能替同胞殺鬼子，就是死了，後人也是一樣敬重，怎的不好呢？

第七節

第三、奉勸世家貴族，毀家紓難。世家貴族，受國家的利益，較常人多些，國家亡了，所受的慘，也要較常人重些。明朝李闖王將到北京的時候，崇禎皇帝叫那世家貴族，各拿家財出來助餉，各人都吝嗇不肯。及李闖王破了北京，世家貴族，都受了炮烙之刑，活活拷死，家財抄没。當時若肯把少半家財拿出來助餉，北京又怎麼能破？北京没有破之前，武昌有一個楚王，家資百萬，張獻忠、李闖王兵馬將到，大學士賀逢聖告老在家，親見楚王道：『人馬盡有，只要大王拿出家財充餉。』楚王一金不出。張獻忠到了，先把楚王一家，放在一個大竹籃內，投到江心，張兩面長圍，盡把武漢的人驅入大江。打入楚王府中，金銀堆積如山，獻忠歎道：『有如此的財，不把來招兵，朱鬍子眞庸人了！』又有一個福王，富堪敵國，也不肯把家財助餉，被賊捉去，殺一隻鹿和福王的肉福王極肥胖一同吃了，名叫福祿酒。後來滿洲到了南京，各世爵都投降了，只想爵位依然尚在，那知滿洲把各人的家財，一概查抄充公。有一個徐青山，係魏國公徐達的後代，後來流落討飯，當了一個打板的板子手，辱没祖宗到了極處了。明末最難的是餉，倘若各世家貴族，都肯把家財拿出來，莫説一個流寇，十個流寇也不足平哩！先前以為國家壞了，家財仍舊可以保得住，誰知家財與國一齊去了，性命都是難保。雖要懊悔，也懊悔不及，眞眞好蠢呀！波蘭國被俄、奧、德三國瓜分，俄國把波蘭的貴族，盡數送至常年有雪的西伯利亞，老少共三萬餘口，在路死了一半。既到那處，滿目荒涼，比死去的更慘萬倍。庚子年聯軍進京，王爺、尚書被洋人捉去當奴隸拉車子，受苦不過的，往往自盡。瓜分之後，那慘酷更要再加百倍了！我看現在的世家貴族實在快活得很，不知別人或者還有生路，只這世家貴族，一定是有死無生。外國人即或不殺，本國的兵民斷難饒恕你，況且外國人也是不放手的。近看庚子年，遠看波蘭，就可曉得了。只要把架子放下來，每年要用一萬的，止用一千，所餘的九千，來辦公事。降心下氣，和那平民黨、維新黨，同心合德，不分畛域，共圖抵制外國，一切大禍可免，還有保國的功勞，人人還要愛戴，没有比這計更上的了。如若不然，我也不能替諸君設想了。

第四、奉勸讀書士子，明是會説，必要會行。我看近來的言論，發達到了極處，民權革命，平等自由，幾成了口頭禪。又有甚麼民族主義、保皇主義、立憲主義，無不各抒偉議，都有理信可執，但總没有人實行過。自瓜分的信確了之後，連那議論都没有人發了，所謂愛國黨、留學生，影子都不見了。從偏僻之處，尋出一二個，問他何不奔赴内地，實行平日所抱的主義？答道：『我現在没有學問，没有資格，回去不能辦一點事。』問他這學問資格何時有呢？答道：『最遲十年，早則五六年。』問這瓜分之期何日到？答道：『遠則一年，近則一月。』呵呵！當他高談闊論的時候，怎麼不計及没有學問，没有資格？到了要實行的時節，就説没有學問，没有資格。等到你有了學問資格的時候，中國早已亡了。難道要你回去開追悼會不成？這學問資格，非是生來就有的，歷練得多，也可長進。試看日本當年傾幕的志士，有什麼學問資格，只憑熱心去做，若没有這等熱心，中國從前也曾有有學問有資格的人，可曾辦出什麼事來？所謂瓜分之後，也要講學問，是為瓜分以後的人説話，不是為現在的人説話。若現在的人不多流些血，力救中國不瓜分，只空口説説白話，要使後來的人在數百年之後，講民族，講恢復，那個肯信。只有現在舍死做幾次，實在無可如何了，那後輩或者體諒前輩的心事，接踵繼起，斷没有自己不肯死，能使人死的。那諸葛武侯《出師表》上，所謂『漢賊不兩立，王業不偏安。』漢不伐賊，王業亦亡；與其坐以待亡，不如伐之。又謂：『鞠躬盡瘁，死而後已。至於成敗利鈍，非所逆睹』的話，我們應該常常諷誦。有人謂大家都死了，這國一亡之後，遂没有人布文明種子了。這話我也以為然。但總要有一半開通人先死，倘若大家都想布文明種子，一個不肯死，這便不是文明種子，乃是奴隸種子了！布文明種子的人，自有人做，人所不為的，我便當先做，這方算是眞讀書人。

第八節

第五、勸富的捨錢。世間之上，最能做事業，最能得名譽的，莫過於家富的人。蓋没有資本的人，隨便做什麼事，都是力不從心。譬如現在要拒洋人，槍炮少得很，如能獨捐巨款，買槍炮千枝萬枝；或因軍餉不足，助軍餉捐，那功勞比什麼人都大幾倍。其餘開辦學堂，印送新書，以及演説會、體育會、禁纏足會、戒洋烟會、警察團練等事，都是没錢不辦，有能出錢辦的，其功德大得很。更有不要助捐，於自己有重息，於國家有大利的一樁事，如集貲設立公司，修設輪船、鐵路、電線，及各種機器局、製造局，采煉各礦，這些事體，多有大利可得，為何不辦呢？把銀錢坐收在家，真是可惜。把這些錢會用了，就能取名得譽；不會用了，就能招灾惹禍。你看自古換朝的時候，受盡苦楚的，不是那富戶嗎？《揚州十日記》上所載，滿兵將到揚州，那些富戶一文錢不肯出，及城破了，爭出錢買命。一隊去了，一隊又來，有出過萬金，終不免於死的。我鄉父老，相傳明末的富戶，被滿兵捉去，把竹絲所做的大籃槃，中穿一心，戴在頸上，周圍點火，要他説出金銀埋在何處。盡行説出，仍舊以為不至有此數，就活活燒死。又某小説書所載：『有一富翁，積金百萬，不肯亂用一文，恐怕人偷去金銀，四布鐵菱角，因此人喊他叫做鐵菱角。滿兵一到，把騾馬裝運金銀，不上半天，就乾乾淨淨。那人見一世辛苦所積，一朝去了，遂立時氣死。』滿洲入關的時候有什麼餉？偏偏有人替他積着，早若是拿出來打滿洲，滿洲那裏還有今日呢？猶太人會積財，只因没有國，所有的都被別人得去。英國佔印度，所有富戶的田租，一概充公。於今印度每年有賦税二萬八千萬兩中國只有賦積八千萬兩，三分之一是從前富戶的田租。日本佔臺灣，有一個姓林的紳士，有數千萬的家資，用他一家，也可敵住日本。私地向日本投降，獻銀數百萬，日本一入臺灣，他在臺灣的產業，日本一概查抄。現在臺灣的富户，盡變了窮民，新出的財主，皆是日本人了。諸君當知國保了，家財自在，國若不保，家財斷不能保住的。列位此刻尚見不透，没有日子了。

第六、勸窮的捨命。中國的窮民，最佔多數，於是他們常常想天下亂，以為天下亂了，這些富戶，與他一樣的受苦。更有不肖之輩，存一個乘濁水捉魚的心事，不知天下亂了，富戶固然吃虧，窮民也没有便宜可佔。平時尚能用人力掙幾個錢，刀兵四起，那一個請你來做工？況且洋人佔了天下，愈加了不得，他最重的是富戶，最賤的是窮民。他本國的窮民，不把在人內算數，何況於所征服的敵國，一定見富者窮，窮者變牛馬。我聽見多少人説，洋人也要人抬轎擔擔，那怕没有工做，要擔什麼心？不爭主權，只要有奴隸做。我也没有話和他説了。但是洋人一切都用機器，人工一定不要，一般窮民怎麼得了。他因為本國人多，無地安插，所以遠遠搶佔別人的土地。中國的人，住得無處安針，最多的又是窮民，不把你們害盡，叫他到那裏去住？我曉得洋人初到，一定用巧言哄誘，還要施一點小恩惠，但是到了後來，方曉得他狠。試問他費了許多的金銀，用了許多的心力，不是謀害你們，他為別的什麼呢？他有恩惠，怎麼不施在本國，來施你們？把餌釣魚，不是把餌給魚吃，乃是要魚上鈎；你吃了他的餌，他一定要吃你的肉。今日没有別法，洋兵若來，只有大家拼命死打。洋人打退了，再迫官府把各人的生計，想一個好法子，必定要人人足衣足食，這方是列位的道理。

第九節

第七、勸新舊兩黨，各除意見。於今的時候，有什麼新舊？新的也要愛國，舊的也要愛國，同是愛國，就没有不同之處。至於應用的方法，總以合時宜為主，萬不能執拗。即有不合，彼此都要和平相商，不可挾持私見。《詩經》上説得好：『兄弟鬩於牆，外禦其侮。』現在甚麼時候，還可做那鬩牆之事麼？我有新舊之分，在洋人看起來，就没有新舊，只要是漢人，一樣的下毒手。故我剖心泣血，勸列位總要把從前的意見捐除，才是好哩。

第八、勸江湖朋友，改變方針。那些走江湖的，種類很多。就中哥老會、三合會、各省遊勇，最佔多數。想做大事，也有不少。没有志氣，只想尋幾個錢度日的，也有好多。這等人就是起事，也没有什麼思想，不過圖姦淫擄掠四字。或者借個名目，説是復明滅清，或者説是扶清滅洋。一點團體没有，上的上山，下的下水，一切事做不出來。窮而無計的時候，喪滅天良的，也就降了洋人，替洋人殺起同胞來，和東三省的馬賊一樣。我不怕洋人，就怕這等不知祖國只圖一己的人，我實在要吃他的肉。但江湖的豪傑，一定是愛國的男兒，平生憤恨外族侵凌中國，所以結集黨羽，無非是想為漢種出力，打救同胞；決不是為一人的富貴，做洋人的內應。須知做事以得人心為主，若是紀律不嚴，人人怨恨，這怎麼能行得去呢？我起初恨各處鄉團，不應該違拒太平王，後來曉得也難怪他。太平王的部下，不免騷擾民間，人心都不順他，因此生出反對來。若太平王當日，秋毫不犯，這鄉團也就不阻抗他了。所以我勸列位起事，這人民一定不可得罪的。又現在各種會黨，彼此都不通。不知蚊子雖小，因為多了，那聲音如雷一般。獅子最大，單獨一個，也顯不出威風來。各做各的，怎麼行呢？一定要互相聯絡，此發彼應才行。我更有句話奉勸，我們內裏的事情沒有辦好，輕舉妄動，或燒教堂，或鬧租界，好像請洋人來干涉，這也是犯不着。暗地組織，等到洋人實在想侵奪中國了，大家一齊俱起，照着文明排外的辦法，使他無理可講，我有理可説，不使他佔半點便宜。生為漢種人，死為漢種鬼，弄到水盡山窮，終不拜那洋人的下風，這方算是大豪傑、大國民。我所望於列位的，如此如此。不知列位都以為是否？

第十節

第九、勸教民當以愛國為主。教與國不同，教可以自由奉教，毫不禁制。無論何教的人，都愛自己生長的國。譬如天主教皇在羅馬，倘若羅馬人要侵奪各國，這各國的天主教人，一定要替本國抵拒羅馬人。就是教皇親來，也是不答應的。日本國從前信奉儒教，有一個道學先生，門徒很多，一日有個門徒問先生道：『我們最尊敬孔子，倘若孔子現在没死，中國把他做為大將，征討我國，我們怎麼做法呢？』先生答道：『孔子是主張愛國的，我們若降了孔子，便是孔子的罪人了。只有齊心死拒，把孔子擒來，這方算得行了孔子的道。』各國的人，不阻止外國的教，所以別人的好處，能夠取得到手，没有自尊自大的弊習。但是只容他行教，卻不容他佔本國的土地，所以國國都强盛得很。中國人有些拼命要與洋教為仇，有些一入了教，就好像變了外國人，忘記自己是中國人，反要仗着教的勢力，欺侮我們中國人。不知這中國是自從祖宗以來，生長在此的，丢了祖宗，怎麼可以算人呢！一入了教，還有些人平素相愛的朋友親戚，都不要了，只認得洋人。洋人要他的國，他也允許，洋人要殺他的朋友親戚，他也允許。唉！世間之上，那有這樣的教呢？各教的書，我也讀過看過，無一不説國當愛的。倘若信耶穌的道，人不要愛本國的。這眞是耶穌的罪人了。我也曉得各位有因為被官府欺侮不過，所以如此的。但是中國人極多，少數人得罪了你，未必中國全數人都得罪了你，祖宗也没有虧負你，怎麼受了小氣，遂連祖宗都不要了。好人家請先生，不論何國都可請得的，這先生一定要敬重他。但是我這父母兄弟也是不可丢的，先生若是謀害我的家起來，我也可答應他嗎？教士好比是一個先生，中國好比是我的家，教士滅我的國，怎麼可應允他呢？況並不是教士，不過教士國的人呢？各國教士不管國政。我勸列位信教是可以信的，這國是一定要愛的。

第十、勸婦女必定也要想救國。中國人四萬萬，婦女居了一半，亡國的慘禍，女子和男子一樣，一齊都要受的。那救國的責任，也應和男子一樣，一定要擔任的。中國素來重男卑女，婦女都纏了雙足，死處閨中，一點學問没有，那裏曉得救國？但是現在是擴張女權的時候，女學堂也開了，不纏足會也立了，凡我的女同胞，急急應該把脚放了，入了女學堂，講些學問，把救國的擔子也擔在身上，替數千年的婦女吐氣。你看法蘭西革命，不有那位羅蘭夫人嗎？俄羅斯虚無黨的女傑，不是那位蘇菲尼亞嗎？就是中國從前，也有那木蘭從軍，秦良玉殺賊，都是女人所幹的事業，為何今日女子就不能這樣呢？我看婦女們的勢力，比男子還要大些；男子一舉一動，大半都受女子的牽制，女子若是想救國，只要日夜聳動男子去做，男子没有不從命的。況且演壇演説，軍中看病，更要女子方好。婦女救國的責任，這樣兒大，我女同胞們，怎麼都拋棄了責任不問呢？我的講話到這裏也講完了，我願我同胞呀！

醒來！醒來！快快醒來！快快醒來！不要睡的像死人一般。同胞！同胞！我知道我所最親最愛的同胞，不過從前深處黑暗，没有聞過這等道理。一經聞過，這愛國的心，一定要發達了，這救國的事，一定就要勇任了。前死後繼，百折不回，我漢種一定能夠建立個極完全的國家，橫絶五大洲，我敢為同胞祝曰：漢種萬歲！中國萬歲！

政體進化論分部

論説

《江蘇》第一、三期《競盦〈政體進化論〉》 天擇物競，最宜者存，萬物莫不然，而於政體為尤著。政體者，因時而異趣，視民而為之高下。梅因氏所謂『世運之進無窮期，政體之變無已時，即今日所謂至美大善之民主政體，亦未必為變遷之終極，後必有不可思議者在』。誠揆之事勢有必至，按之理法而無疑，雖有勇者不能與天抗也。而方變之際，若者為鼓之舞之之學子，若者為任勞任怨之民黨，若者為發縱指示之英雄，一若盡出於斯人之好事也者。嗚呼，斯人豈果好事哉！蓋特為天演力所驅使，迫於不得不然之勢已耳。

雖然，政體之變也，其道不一，或變於民，或變於敵。故化有不進而政無不變。何也？使其國得天然之地勢，無强敵之爭雄，因民族之競存，而久安與統一，則民氣孱弱民俗媮惰，好勝之心不生，勇敢之氣不作，以侈靡為尚，以卑順為德，雖數百千年文化不能進，政體固可隨之而不變。然世界大勢遷流靡定，我得境遇之靜而守成不革，人或得境遇之動而日進無疆，我在酣睡之鄉人已登大舞之臺。生存競爭天演公理，我雖夢長夜，其如人之虎視眈眈其欲逐逐何！我雖負隅恃險，其如人之跨山超海相逼而來何！科學日新，製造日巧，山城海池有所不足畏；爭機益啓，優勝劣敗，地大物博有時不能保。殆哉岌岌乎！以强凌弱，以文攻野，易如反掌，我不自變，人將代我而變也。其變異，其所以變則同，歸天演而已矣。亞洲羣國，文化不進者良多，而守其祖制綿綿翼翼傳之無窮者，果安在乎？嗚呼！忍言哉，變於民正式之變也，變於敵變式之變也。變於民，政變而國猶是也；變於敵，政變而國隨亡也。吾一不解，夫不欲變政而心甘國亡者多也。

是以政學之家又有公言曰：政體之變，固貴因時，然先時則弊少，後時則弊多。此非有所偏徇也，良以先時則政善於民，民可因法而日化於善，不若彼窮而不變，政惡於民者，不令民馳騁於法之外，卽與法俱老朽耳。國於今日之世界，而猶襲千百年來之舊治，其民之愚可相見矣。民未進而政欲其進，吾固知其早也，然就一國而言則尚早，通世界而言則已遲。二十世紀之天地，蓋斷不容專制餘威稍留其迹。若俄羅斯、若土耳其雖殘喘尚存乎，不及五十年，俄必變於民，土或變於敵，雖欲吾言之不驗，終不能如天演何也。引領西望，欷歔以悲，茫茫禹甸，孰為厥主，俄兮土兮，吾將安從。吾握管以論列，誠不知涕淚之零落也。

第一節　論政體進化之標準

政體之不能一成而無變既如前述，雖然，將以何者為標準乎？曰：政治者，社會最大之組織，求有以達吾人棲息於此社會之目的者也；吾人之目的在幸福，而社會之究竟為極樂，此進化家所唱道，抑亦凡為人類者所公認矣，然則政體之變也亦准是則已耳。以此政體與彼政體較，彼之於民所增幸福為多，則民雖立於此政體之下而心常在彼，早夜以求之，不變焉不止。既變矣，而他日又有人焉，發明更善之政體，所增幸福較前益多，則又舍其故而謀其新。愛幸福之念無厭，求進步之勢力亦無窮。試讀歐史，在昔野蠻時代，幸福所在亦甚隘耳，幾經競爭乃自最少數而進於次少數，自次少數而進於次多數，自次多數而進於大多數，今且自大多數而進於最大多數矣；然學士大夫猶不以為足，新法新論且日出而未有艾，則他日幸福之範圍，必更擴而充之無疑也。梅因氏之説豈不然哉。

新舊交迭之際，欲依舊政體而享幸福者，必挾必死之心以守舊；欲依新政體而獲幸福著，必鼓無前之氣以求新。紛紛擾擾，各竭其能，血流盈野，糜時無算，比其終也，或新勝而舊敗，或兩敗而俱傷，若新敗舊勝，則自古迄今未之聞也。何也？天生人卽與之以應有之幸福，一國之幸福固非數人所可私也，必有人自棄其幸福而後吾能濫得幸取。向人者智未進膽力薄弱，始仰英雄如天帝，繼視貴人為英雄，甘心自薄，不知已亦國中之一人與有享幸福之權，故我能取諸人而自肥耳。使世運日進，主人既覺，從前之悔恨與後此之希望，並為一談，集矢於我，則雖欲挾已往之成勢，保持舊治，求與之終古，豈可得乎！專制之國，恒欲愚民，彼蓋講知夫智識之必與幸福偕來也；然人生既以幸福爲目的，人之愛之誰不如我，攝緘縢固扃鐍以禁人之窺伺，適以速其垂涎耳，寧有濟哉。

第二節　論政體之得失

國立所以為民，化既進，政體亦不得不進，其理既言之矣。然政與民互為因亦互為果，政因民而日修，民亦因政而日化。政體之善者，必適合國民之程度，而又能謀將來之發達，使民日進於文明。故穆勒氏之論政體也，一則曰能使人民發達其智識道德及活動力者為善，否則為惡；再則曰設適宜之機關利用其智識道德及活動力者為善，否則為惡。嗚呼，盡之矣！

政體之種類，可大別之為二：曰少數政體，曰多數政體。前者之政權，或在一君，或在貴族，或君與民共之，幸福所披至為隘狹者也；後者之政權，或在民，或君與民共之，幸福之範圍亦廣被多數人者也。孰優孰劣，雖因時而異，世運既進之後，則自以後者為優。何也？後者能發達多數人之智識道德及活動力而利用之也。大凡人之幸福必自謀之，必不容他人代謀之，微論人各自私必不為我謀也，就令能為我謀亦不如我自謀之為愈，就令人為我謀一如我之自謀，亦不如我自謀之為快。無他，人貴自立，受欺於人可耻，受保護於人而已無所事事亦可耻耳。垂髫童子喜烹自釣之魚，白髮老翁愛食手植之蔬，俗情如是，理可悟矣，《詩》曰：『自求多福。』記曰：『待文王而後興者凡民也。』古語且然，今更無論矣。多數政體者，不論為民主、為君民共主，民皆有參政之權者也，即不能人有其權，亦得各舉所信以自代者也。以民之意為民之事，無論其利也，即有害亦無所憾。自非喪心病狂，孰得議其非乎！

要之，為政所以求治，求治必先使人愛國。然天下有自愛之人，而無所謂愛國之人，愛國者亦自愛耳，愛其與己有關係耳。故愛國心與參政權，相為廣狹。參政權及於少數者，愛國之人亦少數，參政權及於多數者，愛國之人亦多數。此一定不易之理，無可隱諱者也。使萬國與民為二，民絕無參政之權，則一二有志之士，固不至因人奪其國而並被奪其愛，輟耕太息自有愛之之道；然習焉不察，自甘放棄謂己與國賊絕無關係者，蓋亦有焉矣。如納稅，如從軍，在多數政體之國，民皆視為職分所當然，人生之大樂，而在少數政體之國，則無不以為至苦之事。非此民之庸頑陋劣，有生來即特異於彼也；財為己用則毁家無悔，財為人用則錙銖必較，身為己役則雖死無憾，身為人役則一毫可寶，亦猶夫人之情耳。多數政體之國，即國即民，即民即國，民縱不愛國，亦必自愛，自愛即所以愛國也；少數政體之國，國為國，民為民，國為少數人所私有，彼多數人亦何苦為少數人鞠躬盡瘁保其私產乎。多數政體與少數政體之得失，不亦大可見耶。【略】

第五節　結論

嗚呼！吾書至此而以喜以悲。吾悲夫吾國人志短氣促，坐視人獨立自由，而已永無見天日之望也；吾又喜夫政體進化為天下之公理，願獲幸福為人類之恒性，而冀吾國人之莫能外也。吾愛吾國，吾多奢望，吾姑忍淚强顔，而述吾希望之詞。

吾望吾國之政體，不十年一跃而列於吾上所罗列之諸類，吾又望其一躍而至諸類中之最勝者。諸類雖同為多數政體，君權、民權猶有强弱大小之不齊也，君權與民權互為消長，此有所伸，彼必有所詘。而君權之强弱，恒視君主見機之早晚；民權之大小，恒視人民競爭之烈否，蓋惟爭為能致勝。而世運愈進，則助紂為虐者日以少，為民致死者日以多，故為君者必見機甚早，善避競爭之禍，始得賴天祖之重，乞憐兆衆，稍留其權；而為民者，則衆志成城，自由自在，愈競愈勝，不厭其酷也。吾望吾國之政體，一躍而至最勝者，吾望吾國人合力一心，任重致遠，為最酷烈之競爭而已。

競爭將以求幸福也，而競爭之際不能無所苦，故徒知幸福之可愛者，不必即能有事於競爭。天下人之愛幸福，蓋未有如吾國人之甚者也，愛之而不獲，良由其愛之不得其道耳。有精神之幸福，有軀體之幸福，有目前之幸福，有將來之幸福。知精神愛將來者，不徒以安樂為幸福，勞苦亦幸福也；不徒以勳名富貴為幸福，死亡流離亦幸福也；不徒知幸福之不能無價，勉價以競爭之勞，且直不知競爭之可苦也。而吾國急不暇擇，限於目前，局於將來，安逸之外，不復知人間有可樂事；欲速見小，習慣自然，寧棄其無窮之幸福，而必不願棄其旦夕之安。為語平等、自由、民權等理，且惟恐其擾己，而仇之攻之尤甚於民賊獨夫。嗚呼！民權者民之利也，而民自攻之，天下尚有可救之民乎！哀哀在釜之豆，一朽木已足使汝糜爛，吾誠不忍見更益之以萁也。

然而必謂吾國人甘自殘賊，亦誣言也；彼其心未嘗不在幸福，特不知求之之道而誤入歧途耳。使一旦曉然於如此不徒不能獲幸福，且適以促生機，而能以愛目前之幸福者愛將來之幸福，愛軀體之幸福者愛精神之幸福，則物極而反，前途亦未可限量也。吾之希望，終不因此而絕也。

幸哉吾國！吾國實有由專制而變為民主之大希望者也。如吾前所舉民主政體成立之四因，吾國實有其三焉：（一）十八省得天然之地勢，遠勝美之十三州，以地理論可獨立而為民主也；（二）專制之毒受之獨久，反動力當獨强，以物理論可獨立而為民主也；（三）同胞四億萬，同文同風同利害，羣策羣力何事不成，以民族論尤可獨立而為民主也。要之，具此三因，舊染之汙必去之淨盡，而新國既立人皆平等，更無人敢出而獨攬大權，二十世紀中，必現出一完全無缺之民族的共和國耳。

欲達此莫大之目的，必先合莫大之大羣；而欲合大羣，必有可以統一大羣之主義，使臨事無渙散之憂，事成有可久之勢。吾向者欲覓一主義而不得，今則得一最宜於吾國人性質之主義焉，無他，即所謂民族主義是也。吾國人最敬先人，最重血統，編戶之民，家無長物，無嗣而求子於外者，其族必羣起而攻之；況以千餘萬方里地，三百八十餘兆人之一大族，而其中主位，為他族所篡取乎！養子者求之而來，同族者猶且誓死逐之；況彼以强力淩我族人，而人篡大統者乎！是以種族之念，吾民獨富，雖有時力蹙勢窮受人羈絆，而中心飲恨無日或忘，彼利慾薰心，忍坐視父母之邦淪於夷狄者，特二三肉食之徒耳。故政界、學界，雖往往諱莫如深，除一二獨行之士外，莫敢倡言大義，而野老、村夫、婦人、孺子，則未嘗有一人認賊作子也。嗚呼！吾生髮未燥，即飽聞種族之義，蠻夷猾夏引為大戚，私通外國，鄉黨羞稱，國賊之名，以名食物，異類之狀，以狀玩具，事雖瑣屑，要皆吾祖若宗痛心疾首，為吾曹留亡國之紀念者也。愛種若此，而往往纍百十年，不克光復舊物，亦有由矣；知己知彼，百戰百勝，天下之公理也，而吾族有自愛之誠無知人之明，失之驕誇，而自衛之力不足以付之。自古惟以黃農血裔為萬物之靈，而異族悉置之不齒；及其既至而不能即勝，則委為天命坐喚奈何，愚夫愚婦或且馨香而崇奉之。然其痛之疾之之念，初未嘗絕迹於胸中也，而頑儒懦夫，往往以一異族在吾國勢力範圍已定，而有投鼠忌器之想，蛤蚌漁翁之慮；嗚呼，是何異見盜入女室，而戒女以同室操戈乎！汙於一盜，誰保他盜不蜂擁繼至，即不然而安居無事，終身歸命於一盜，亦何面目復上父母之丘墓乎！貞女死耳，不可為不義屈；民族殲耳，亦安可為異種奴。轟轟哉，烈烈哉，四億萬黃帝血系之大國民，其將朝秦暮楚，長此依人乎？抑將臥薪嘗膽以俟時也？

以我民族建我新國，全權在我，克日可成，殺人流血，固皆無所用之；然此僅理想，事勢全異。異族盤踞既久，早成反客為主之勢，而同族之人，亦難保無一二廉恥道喪，以妾婦自待，且以妾婦待人，乘人有所作為，媚彼偽主，以為固寵地者。故吾欲實行吾民族主義，對內對外，均不可不妥為之備。對內當廣施教育，發揚其固有之性，斬除其澆漓之習，繼不能使人人皆熱心於國於種，必令凡我同族略其同情，有參差而不至背馳；縱不使能人人皆為美之華盛頓、意之三傑，必令凡我同族人人皆願為同族之公僕，而不願為異族之元勳，使吾中國獨立史留汙點於無窮；縱不使能人人有完滿之政才，一躍而與歐美並駕齊驅，必令新國告成之後，凡我同族各知何者為國民之義務，何者為國民之權利，齊齊整整，不為向所束縛吾之惡政府笑。言之匪艱，行之維艱，即此數事，已非竭吾民族中先覺之腦之血不能成。以先覺自命者，其責任固重且大如此也。至若對外則艱難險阻，尤非淺薄者所能勝。嘗考各國獨立之已事，大抵可劃為三時期：首言論，次暗殺，終乃大舉。言論時期同志無多，一二先黨，不勝憤憤，欲有以寒奸賊之心，醒國民之夢，勢不能不有事於筆墨。然我有筆墨，敵有刀斧，志士之血終不足飽民賊之刀也，而欲圖大舉又苦羽翼未豐，於是不得已而先之以暗殺。蓋敵之仇我而出於至誠者不過一二人，其餘爪牙僅為榮利，彼心乎利，我力阻之，不特阻之且加書焉，則彼亦何苦忠於一、二人而以身殉之乎；俄之民黨，能使君相左右貳於己者，即此理耳。故堂堂正正之國民軍出現以前，未有不以如鬼如蜮之俠客壯士為先鋒者。吾國人言論思想，今已漸達高點，苟能循序而進焉，吾知其必有功也。勿餒勿躁，幸各勉旃。

嗚呼！建民族之國家，立共和之憲章，凡我同胞，其矢斯志。事機易失，歲不我與，瓜分豆剖，不出數年。夫以四億萬人棲息於一異族之下，猶不敢動，況分屬於六七强國之後乎！時哉時哉，鼓勇前行，成則建民族的新國，敗則為民族的雄鬼，國也鬼也，其為民族的則一也。吾知使吾國吾身為民族的而已矣，吾焉知其他。

新社會論分部

論說

《浙江潮》第八期《大我〈新社會之理論〉》 篇一概念

猛虎鬬我前，羣魑瞰我後；上有危石之顛墜，下有溶岩之噴湧。我心所觸，如攢萬鏃，而何暇裕調文墨為！雖然，吾敢揭一言以質之我社會曰：國家榮瘁之最初基礎何在耶？人生觀之最終目的何在耶？

試置吾人於沖積層時代，搏猛獸，跨龍鏖，衣革啜腥，歌嗚嗚為樂。其時但重母系，不知父系，既無家，安有國，然而社會之雛形已具矣。其勇猛雄鷙之精神，固貴衛同類矣。嗣是臨崖而巢，臨水而杙，轉徙逐水草營畜牧，為家族之制、酋長之制，政治上之竈律，即社會上之權輿也。嗣是而農業組織，則有農業社會；工業組織，則有工業社會；商業組織，則有商業社會。其農業社會、工業社會、商業社會，皆社會之析形，而大團體中之小團體也。嗣是而契約立，而國以名，共位於社會之上流者，曰君、曰孤、曰卿尹，共位於社會之下流者，曰士庶，等級遞差，名義糾錯。然居是名者，類皆誕育於是社會中，取儲於是社會中，非降自天，非湧之地，非挹注自他族；故其目的物，舍社會安寧進步以外無他冀也。若道德、若宗教、若文藝、若軍隊，皆達此目的之附屬物也。準乎是，則知社會者，本有共和政之性質，而決不含帝政、王政、貴族政之元素；準乎是，則知政治者，本可以社會機關之力溶解之，而置政治於社會問題之內。是故健全之國家，必無萎敗之社會；而萎敗之社會，決不能造健全之國家。此其大則也。人生觀概要二：曰軀體之快樂，曰精神之快樂。曰軀體，物質也；曰精神，靈魂也。合而觀之，是曰人間。然世界之大義俠、大軍人、大探險家，共能建矗天地垂日月之偉烈者，必要區肉體為一界，靈魂為一界。例如醫之刳腹斷股，以藥餌滯其神經，而受者毫不覺苦痛也，例如人之體量同而智量異也。假而曰，精神之愉快，必由軀體生也，徒以歙、以食、以敖、以遊，而人類早退處於劣等脊椎動物之列。假而曰，合軀體而言靈魂是我也，舍軀體而言靈魂非我也，執是以沖決靈魂不滅之説，然精神之結果，即視此百年易逝之身為歸宿。我既未解逃之深山大澤絕迹人類，又不能舍此一星球而遁於他星球，以避物競之劇烈，則必於我社會期安寧、期進步是職，而以遂人類遺傳性之好勝心、好譽心、好革新心。吾所為祖精神之快樂者此也。

不見十九世紀中之新社會乎，革命之荒神，為爛爛之炯眼，戛戛之足音。自佛蘭西而橫行豁步於全歐大陸者，豈僅福祿特爾、盧騷肇之精靈為之倀乎？夫社會之演新改良，必非一原因得而導之爆裂也，要必有遠因、近因、正因、負因，雜沓奔赴其中，促之使旦夕不得安其故態。佛之革新也，其遠因則闡明天職、蕩滌奴性之學説，疾言悚論、縱橫馳辯之舌戰也；其近因則宮庭之逸侈無度，權族苞苴固寵，虐歛盈私，而下民窮蹙，靡所控訴也；其負因則殺黨人，誅偶言，緹騎遮道，檻車纍，播其腥穢殘酷，不可思議之淫威也；其正因則實驗家之吸收新理，教育家之陶鑄國民也。推之而日耳曼聯邦、而英吉利、而西、而葡、而澳、而意，其結果微有差異者，亦以其各各原因之方向為定。今者，行其國，華夏公園，都且麗矣；銅像巍巍，植馳道矣；屠沽下走，游行於汽車電車態揚揚矣。琴自奏也，耜自耕，杼自織；工自成器也，電氣、蒸氣代人力，銅具、鐵具易職工。極之天地中至小之一微塵，莫不潤而為雨，鑠而為光，以呈新社會莊嚴耀燦之觀，固令人愕眙驚顧，企仰無已矣！然當其發軔時，萬端之阻礙蔽其前，百事之恐慌乘其後，與今日我社會中之頹茶僨亂，窮愁苦痛，殆無二軌。其時思索力之鋭者、體力之健者、時間之富者與夫工詩想者、嫻音樂者、精美術者，各各恪其天職，犧牲其身，以供新社會之組織。故魯意樸論確定新社會之原則曰：視各人能力之多寡，從而區別負擔之輕重。易言之，人若有二倍於人之體力，必有二倍於人勞動之義務；人若有十倍於人之智力，必有十倍於人謀劃之義務。故才智愈大義務亦愈大，而弱者貧者不可不借貸於强者智者。何則？才智賦於天，天之所與不可諉也，其所謂盡天職者。豈貽狡童以牟利祿、圖報酬、逞私智之口實哉！彼其主唯心論者，即其所以拔人格於奴坑也；其主唯物論者，即其所以遏教徒之狂焰也。其大資本家、大企業家，即循其發達階級，膨亨國力，非素志於吮吸社會之脂膏也。雖然，彼政治上之革命甫已，而經濟之革命又起。由是增傭銀，減時間，而工場條例、保險事業、貯蓄銀行，相踵以起，凡社會之所利靡勿興也。由是而非洲覆、澳洲白，始僅首於社會中數人之謀，終乃併吞之為公利，務使無一夫失所之歎，凡他社會之所害靡有恤也，今且寖寖及於亞矣。然則我社會之前途果何如？果何如？革命之荒神，其亦繇歐襲亞而作世界大同盟哉？

篇二新社會之過程

今試觀我社會十年中之現象，舊社會退步之速，與新社會進步之速，不可持掇計。退者必列於淘汰之數，進者必居於適存之數，生理學之公例然也。以内界言，則同一民族，而新、舊非有二部分，為搏噬不相下之勢，其曰新、舊，亦猶適存不適存之名。以外界言，聚數植物於由土，而地質之榮養力僅是，則一榮一萃，澤不兩全，其榮者必具衝突之權力者也。人類以知能之權力，為衝突之權力，故惟具高尚之人格者得保其種。然則社會者，民族主義之領土也，使有淘汰，無適存，而民族亡；使有舊社會，無新社會，而此一社會則於米洲煙顛人之永為山番、非洲尼苦落人之降為奴族已矣。例如萬國勞動同盟，其所宣言，無人種之別，無宗教之別，無國界之別，所公認也；而華工一逐於菲律賓島，再逐於合衆國矣。例如萬國國際平和裁判，軍事上之競爭所公認也；而以對我族，則為他日要挾地矣。乃猶匿居暗室，自詫無災，其不恫與！

夫自舊社會觀之京師，番壤也，守令蛇虺也，固揆之萬喙而一致也。由無意識生貪欲，貪欲生欺詐、生罪惡、生奴隸、生淫、生盜賊；而媚異族、而殺同種。種種敗德，不暇綴縷。介以一言曰：彼非為不知華盛頓、拿破侖，而並不知湯武為何如人；彼非為不知拉丁族、倫通族，而並不知黃顯為何如人。亦有聞之齒冷者乎？

是故世界文明之事業，而使無意識者為之，則敗象立見，又其甚者，可亡國，可滅種。鐵路權者，交通部、兵部之命脈也，而無意識者則以他族之恐喝要挾而貸之。礦產者，世所稱十九世紀之金屬開化也，而無意識者則悍然肥一人之私冒萬衆之怒而鬻之。如遼東礦業，一奸商稟請承辦，而私鬻與俄人，與浙礦鬻於意人等，然我浙人概不承認。學校者，道德高尚之地也，而無意識者則視為戚黨盤踞之地子孫世襲之位。警察者，因憲法而成立者也，而無意識者則視為差委保甲之缺捕索志士之方。報館者，社會言論之機關世界之明鏡也，而無意識者則舍博微利贍妻子而外無他計。習外國語者，所以溝通學問維持國際之樞軸也，而無意識者則舍細崽剛白惰而外無他求。不意其以四千年來文化薈萃之社會，至今日為百鬼夜行之縮圖也！他若飾膚淺之哲學，侈大同之美名，叩其旨趣，殆如泡幻。又或道聽途説，辨論雄橫，翻雲覆雨，不可究詰，至若以侵奪為權利，以猥鄙為經濟學，以敷衍之故策、陰險之社交而謂善用外交手段。種種敗德，不可覼縷。介以一言曰：無意識者而期以文明之事業，猶食葪以充飢，飲鴆以止渴也。然不一瞬而若而人者，亦回漩於舊社會之渦中以去。

夫社會過程之公則二：曰糅雜各文明之質素而同化之，如小亞細亞之文化達於地中海沿岸，迄中世紀逾愛魄士山而北，其例也；曰文化之型式印於人心，沿此系統之枝幹而昌大之，如非、澳土人，其所遺傳無一可稱述之事實，而邃定以劣種之名，其反例也。兼是二者，則新社會之基礎定，而其發展由此矣。然彼當上古希臘、羅馬時，專鞭撻奴隸，役使生產；降至中古，貴族專擅，農僕土隸之風猶存焉；暨市民興而貴族仆，其時組織文化悉柄自市民；至十九世紀末，始達於第四級之平民時代焉。若我社會，殷助周徹，共產制度閱千餘年，乃由平民時代而為貴族時代，復由貴族時代而為奴隸時代。既奴矣，又何言！彼愈演而愈上，此愈演而愈下，何若是比例之不侔也？則請仍以前例解之。曰是為無同化力故。閉關自守，膠守盲從，久之久之，寖成習慣。然試觀今日濱海之區，與夫揚子江流域，蓬勃鬱發，勿可遏抑；而環顧昔日文化所及之地，亦復易塵垢之形骸，炳神明之曙光，而又擇其脆弱不適存者時汰之以即於新，此新社會過程之現象也。

篇三　新社會之主義

醫之有衛生術、治療術，將以保身體之康寧而消弭其苦痛也。社會主義者，將以增人間之福祉而消除其厄難也，普及之衛生術、治療術也。或云是主義之錫名，導源近代，纔六十年。千八百三十五年，英人洛撲賓因慧氏，創一社，曰各國民各種屬之協會。世以氏注意社會改革，非計政治改革，故名之曰社會主義，名其社員曰社會黨。厥後被適用於近似諸主義及諸黨派。然或由社會入手而以政治為目的，或由政治入手而以社會為目的，其組織異，其期望同。且一主義立而能左右萬人之心，屏除習俗一切塵障之觀念，協乎天則，幾於平衡，是其原理必由心理而定；衝決現存一切罪惡網羅，使秩序重整，支配悉當，是其系屬必由倫理而定。雖庸有抗激過甚之行，與夫躐階級，不法自然，貽消末議，然各各社會，異其政，異其俗，故其趨嚮亦異。且奉之者，固寶貴之逾於金玉，而創之者之必求諒於世不為欺詐之行，如皦日之可共信也。今社會主義之披靡歐美，為雷奔電掣山摧海嘯之奇觀者，非共產主義與極端民主主義之二大現象乎？是故白人之輸入品而未可漫不介意者。

（甲）共產主義　是派創於法人罷勃，其後勁則猶太人埋蛤司也，今之萬國勞動黨其見象也。

其原理曰：土地與資本，生產之資也。若地主、若資本主，何需乎？土地、資本，離土地、資本主而依然存在也。若財產基於先佔，必至後起者無立錐地；若財產基於勞力，必至後起者無勞力地。且機械既盛，工金愈貶，彼勞力者，終無為地主、為資本主之日，故必廢私有相續制而歸於國有。

曰：勞動者，為地主、資本主壟斷其生產機關，由是生屈從，生社會之窮困，生精神之卑屈，為政治上服從之原因。

曰：勞動之結果，卽天然之報酬。今日生產力益益盛，當使勞動者之報酬益益加，人益益幸福。今彼坐而攫其利，是盜賊也；今勞動者與市價同低昂，是劣等動物也。

曰：如悟人類神聖之勞動，而使土地資本歸於國有，其生計費以時匀計之，平均一日六時已足，今勞動者至十二時、十三時，尚不足擔其生。是貧者富者，非關係的事實，而絕對的現狀也。

夫必一躍而登於天，廢一切階級，驟言平等，勢固不能。有非地主，非資本主，而剝削社會之脂膏，以供通古斯族二百萬人之衣錦炊玉、恣逸樂於翠帳之中，更或加取之而贈之他族焉，更或未厭其欲而肆淫威焉。而又號於人曰：滿漢一家。其使饑者凍者，終不悟勞動之神聖，絡頭穿鼻，唯牛馬是賢也。

（乙）極端民主主義　是派創於法人帕洛呑，而俄人勃寧、司克納爾共代表也，今俄之虛無黨其見象也。

其原理曰：凡社會中曰私曰己而為人類差別之性質者，番土也。

曰：理想者，人雖以聖視之而漸加敬焉，然其自由之界日狹矣。理想之觀念，僅僅吾人精神作用之創造物耳。孰是以招自由之進步，迷而已，進步何在？在吾之足，在我性，脫離觀念世界之役使而已。何則？我性，造物主也。自由教吾人云，汝之身自由耶，而其何者為汝之身，不言也。我性呼吾人云，汝之身其蘇耶，以吾人之一惡我離，一惡又我卽也。我之自由，先天也，而求此先天之自由為妄想，為迷念，自由烏乎。至自由必以力達之而始至，而存此力者我而已。予之權力，予之財產也；予之權力，與予以財產。予之權力，我自身也，而自權力而始為予之財產。權力者，權利也。現存之權利，皆外至者也。予之權力，神與國家與自然，皆不能與予。予之有權利耶，否耶，唯一之裁判，我而已。

曰：國民者，不論州與村，異其衆寡，皆可自主，可自由，有自治之權利。國家者，以一人之意志，而曰與全體國民相一致，是卽專制也。專制者，侵奪人之權利者。

曰：離社會主義而言自由，特權之壟斷也，不義也；離自由而言社會主義，奴隸制度也，野蠻也。

曰：今多數之人民，富何有？教育何有？權力何有？雖如牛馬力之生富，營營其心，成燦爛之黄金世界，彼等明日求一飯不可得。何則？奴隸也。吾人畏此世紀，永沉於悲酸愁苦之境，吾向於同胞，非饔飧之問題，智能、自由與人道之問題也。

曰：今之敵，非地主，非資本主，政府官吏也。捨志士之身，奔走盡瘁於社會中，行鐵血手段，天職也。

曰：以天罰而加之虐政家，開彼等之血路，天與之權利也。吾人天與之權利，辯舌也，筆也，劍也，銃也，爆裂彈也，陰謀也。青年者，今日豈猶豫之秋耶！

噫，異哉！孰知彼之窮愁憤歎，怨聲若雷，卽我舊社會之撮影哉。夫壓制之政，猶破屋然，纍巨石加其上，所壓愈重，崩愈速矣。以彼處虐政下，渴望自由，非伊朝夕。且觀於千八百七十五年，裁判所之國事犯七百七十人中，女子居總數之二。有老者，有少者，有形容憔悴面黧黑者，有妍麗絕世者，皆能抱潔白堅貞之德，奮雄鷙壯烈之行，辯舌也，筆也，劍也，銃也，爆裂也，陰謀也，皆彼等所有事也，犧牲一身，視天尺咫呻吟於鐵窗間如樂土也。女子梭伊亞氏、帛羅司拉氏曰：男之性劣於女。噫，我社會中青年愧無地矣！

《清議報》第九四、九五期《梁啓超〈國家思想變遷異同論〉》

國家論分部

論説

過

去者已去，如死灰之不能復燃，未來者未來，如説食之不能獲飽，今暫置勿論，但取現在通行有力者而論之。

今日之歐美，則民族主義與民族帝國主義相嬗之時代也。今日之亞洲，則帝國主義與民族主義相嬗之時代也。專就歐洲而論之，則民族主義全盛於十九世紀，而其萌達也在十八世紀之下半；民族帝國主義全盛於二十世紀，而其萌達也在十九世紀之下半。今日之世界，實不外此兩大主義活劇之舞臺也。

於現今學界，有割據稱雄之二大學派，凡百理論皆由茲出焉，而國家思想其一端也。一曰平權派，盧梭之徒為民約論者代表之；一曰强權派，斯賓塞之徒為進化論者代表之。平權派之言曰：人權者出於天授者也，故人人皆有自主之權，人人皆平等；國家者，由人民之合意結契約而成立者也，故人民當有無限之權，而政府不可不順從民意。是即民族主義之原動力也。其為效也，能增個人强立之氣，以助人羣之進步；及其弊也，陷於無政府黨，以壞國家之秩序。强權派之言曰：天下無天授之權利，惟有强者之權利而已，故衆生有天然之不平等，自主之權當以血汗而獲得之；國家者由競爭淘汰不得已而合羣以對外敵者也，故政府當有無限之權，而人民不可不服從其義務。是即新帝國主義之原動力也。其為效也，能確立法治之主格，以保團體之利益；及其弊也，陷於侵略主義，蹂躪世界之和平。

十八、十九兩世紀之交，民族主義飛躍之時代也。法國大革命，開前古以來未有之偉業，其《人權宣言書》曰：『凡以己意欲棲息於同一法律之下之國民，不得由外國人管轄之，又其國之全體乃至一部分，不可被分割於外國，蓋國民者獨立而不可解者也』云云。此一大主義以萬丈之氣焰，磅礴沖激於全世界人人之腦中，順之者興，逆之者亡。以拿破崙曠世之才，氣吞地球八九於其胸而曾不芥蒂，卒乃一蹶再蹶，身為囚虜，十年壯圖，泡滅如夢，亦惟反抗此主義之故。拿破侖之既敗也，此主義亦如皎日之被翳，風雷雖歇，殘雲未盡。於時，比利時合併於荷蘭，荷爾士達因被領於丹麥，義大利之大部被軛於奥國，匈牙利及波希米亞亦皆被略於奥國，波蘭為俄、普、奥所分，巴爾幹半島諸國見掩於土耳其。一時國民獨立之原理，若將終絕焉。曾幾何時，而希臘抗土以獨立矣，比利時自荷蘭而分離矣，荷爾士達因復還於德國矣，數百年憔悴於教政、帝政下之德意志、義大利皆新建國稱雄於地球矣，匈牙利亦得特別自治之憲法矣，羅馬尼亞、塞爾維亞、門的内哥皆仰首伸眉矣，愛爾蘭自治之案通過矣。至千九百年頃，其風潮直馳卷騰溢於歐洲以外之天地。以區區荒島之菲律賓，一度與百年軛縛之西班牙抗，而脱其羈絆；再度與富源莫敵之美國抗，雖暫挫跌，而其氣未衰焉。以崎嶇山谷之杜蘭斯哇爾，其人口曾不及倫敦負郭之一小區，致勞堂堂大英三十餘萬之雄兵，至今猶患苦之。凡百年來種種之壯劇，豈有他哉，亦由民族主義磅礴沖激於人人之腦中，寧粉骨碎身以血染地，而必不肯生息於異種人壓制之下。英雄哉，當如是也！國民哉，當如是也！今日歐洲之世界，一草一石，何莫非食民族主義之賜。讀十九世紀史，而知發明此思想者，功不在禹下也。

民族主義者，世界最光明正大公平之主義也。不使他族侵我之自由，我亦毋侵他族之自由。其在於本國也，人之獨立；其在於世界也，國之獨立。使能率由此主義，各明其界限以及於未來永劫，豈非天地間一大快事！雖然，正理與時勢，亦常有不並容者。自有天演以來，即有競爭，有競爭則有優劣，有優劣則有勝敗。於是强權之義，雖非公理而不得不成為公理。民族主義發達之既極，其所以求增進本族之幸福者，無有厭足，内力既充，而不得不思伸之於外。故曰：兩平等者相遇，無所謂權力，道理即權力也；兩不平等者相遇，無所謂道理，權力即道理也。由前之説，民族主義之所以行也，歐洲諸國之相交則然也；由後之説，帝國主義之所以行也，歐洲諸國與歐外諸國之相交則然也。於是乎厚集國力擴張屬地之政策，不知不覺遂蔓延於十九世紀之下半。雖然，其所以自解也則亦有詞矣！彼之言曰：世界之大部分，被掌握於無智無能之民族，此等民族，不能發達其天然力如礦地山林等以供人類之用，徒令其廢棄，而他處文明民族，人口日稠，供用缺乏，無從挹注，故勢不可不使此劣等民族，受優等民族之指揮監督，務令適宜之政治，普遍於全世界，然後可以隨地投資本，以圖事業之發達，以增天下之公益。此其口實之大端也。不寧惟是，彼等敢明目張膽，謂世界者有力人種世襲之財產也；有力之民族，攘斥微力之民族，而據有其地，實天授之權利也。不寧惟是，彼等謂優等國民以强力而開化劣等國民，為當盡之義務，苟不爾則為放棄責任也。此等主義既盛行，於是種種無道之外交手段，隨之而起。故德國以殺兩教士之故，而掠口岸於支那；英國以旅民權利之故，而興大兵於波亞。其餘互相猜忌互相欺蔽之事，往來於列强外交家之頭腦者，蓋日多一日也。其究也，如美國向守門羅主義超然立於别世界者，亦遂狡焉變其方針，一舉而墟夏威夷，再舉而刈菲律賓。蓋新帝國主義，如疾風，如迅雷，飆然訇然震撼於全球，如此其速也。

新帝國主義之既行，不惟對外之方略一變而已，即對内之思想亦隨之而大變。蓋民族主義者，謂國家恃人民而存立者也，故寧犧牲凡百之利益以為人民；帝國主義者，言人民恃國家而存立者也，故寧犧牲凡百之利益以為國家。强幹而弱枝，重團體而輕個人，於是前者以政府為調人、為贅疣者，一反響間，而政府萬能之語，遂遍於大地。甚者，如俄羅斯之專制政體，反得以機敏活潑，為萬國之所歆羡。而人權、民約之舊論，幾於蕭條門巷無人問矣。迴黄轉緑，迴圈無端，其現狀之奇有如此者。今試演孟子之言，以證明國家思想之變遷如下：

十八世紀以前，君為貴，社稷次之，民為輕。

十八世紀末至十九世紀，民為貴，社稷次之，君為輕。

十九世紀末至二十世紀，社稷為貴，民次之，君為輕。

雖然，十九世紀之帝國主義，與十八世紀前之帝國主義，其外形雖混似，其實質則大殊。何也？昔之政府，以一君主為主體，故其帝國者，獨夫帝國也；今之政府，以全國民為主體，故其帝國者，民族帝國也。凡國而未經過民族主義之階級者，不得謂之為國。譬諸人然，民族主義者，自胚胎以至成童所必不可缺之材料也。由民族主義而變為民族帝國主義，則成人以後謀生建業所當有事也。今歐美列强，皆挾其方剛之膂力以與我競爭，而吾國於所謂民族主義者，猶未胚胎焉。頑錮者流，墨守十八世紀以前之思想，以欲與公理相抗衡，卵石之勢，不足道矣。吾又恐乎他日之所謂政治學者，耳食新説，不審地位，貿然以十九世紀末之思想為措治之極則，謂歐洲各國既行之而效矣，而遂欲以政府萬能之説，移殖於中國，則吾國將永無成國之日矣。知他人以帝國主義來侵之可畏，而速養成我所固有之民族主義以抵制之，斯今日我國民所當汲汲者也！

《國民報》第一期《佚名〈原國〉》 亞西亞之東，有大地焉，為白人所公有。凡其地重大之事，執其權者無一而非白人。故白人之至其地者，縱横跋扈，無所不至。蓋已奴隸其土人，牛馬其土人也久矣。然其土人冥然罔覺，自稱其地曰『中國』。其實瀕海之東，既不可謂『中』；偷生苟活，更無以為『國』。國民曰：是所謂土地也，非國也。

土地之上，忽有霸王焉，用其兵力，竊土地以為霸王有；又忽有盜賊焉，率其徒衆，竊土地以為盜賊有；又忽有權奸焉，欺人孤兒寡婦，竊土地以為權奸有；又忽有胡虜焉，恃其獷悍善戰，竊土地以為胡虜有；此秦、漢、唐、宋、元、明等號所由來也。然所謂秦、漢、唐、宋、元、明者，一家之謂也；其爭奪相殺，迴圈無已，皆一家之私事也。國民曰：是所謂朝代也，非國也。

土地之上，忽而有兵刑，忽而有錢穀，忽而有内政，忽而有外交，苟無人以經理之，則土地不治。故所謂君者出焉，所謂臣者出焉，皆為民理事者也。然歷時既久，彼所謂君者，忘其所以，舉土地為一己之私産，舉人民為一己之私奴，而悍然自稱曰『國』。故彼以為然者，則曰：『若是者，上不病國，下不病民』，是病國與病民有上下之别矣。彼以為不然者，則曰：『若是者，國計民生，兩無裨益』，是國計與民生有區域之分矣。嘻，彼之所謂國者，果吾之所謂國乎？國民曰，是所謂政府也，非國也。

然則所謂國者將何如？曰：自其外就之，則土地雖割而國不亡，朝代雖易而國不亡，政府雖覆而國不亡，惟失其主權者則國亡。故亞臘斯加可以賣，亞爾塞斯、洛倫可以讓，於俄、法無傷也；法有國而無朝，美有國而無朝，於法、美無傷也。元之政府覆於明，元人之政府亡，正漢人之國所由興也。法之政府覆於普，普之專制政府亡，正法人民主之國所由興也。若夫所謂中國者，其主權何在？謂主權在民，則民無權；謂主權在君，則君無權；謂主權在諸侯、王大臣，則諸侯、王大臣僻處於萬山之中而不敢出；謂主權在疆臣，則疆、臣雍容坐鎮於各省之中，而待國之亡；則中國之主權，外人之主權也。大地之上，焉有主權亡而猶得謂之國者？自其内視之，則人民也、君主也、官吏也，皆隸屬於國者也。譬之一公司，人民其股東也，君主其會計也，官吏其司事也，聚股東、會計、司事各人而謂之公司，聚人民、君主、官吏各部而謂之國，其義一也。故一國之中有國法為民者守之，為君、為臣者守之。民犯國法，謂之亂民；君犯國法，謂之暴君；臣犯國法，謂之賊臣。其名不同，其罪同也。然則但舉一民不得為國，但舉君若臣亦不得為國。大地之上，焉有一人數人而自稱為一國者？

然則所謂國者，果誰有之乎？曰：人人有之，卽輿夫走卒亦得而有之；人人不能有之，卽帝王君主亦不得而有之。人人有之者，謂人人對國有應盡之義務，既為一國之人，卽無所逃於一國之中也；人人不能有之者，謂人人於國有應得之權利，苟以一人而用其專制之權，是一國之所不容也。故任一國之陸沉，而理亂不知，黜陟不聞，以為我終其身者，謂之忘國；抑人民之自由，抑人民之平等，而使之流離困苦，不得其所者，謂之賊國。忘國賊國厥罪惟均，皆國之蠹也。

然則吾國之亡，果誰致之乎？曰：外人不能亡吾國，而國人亡之；君、相不能亡吾國，而匹夫亡之。君、相擅剝我土地以裨外國，是盜賣我田產以自利也；君、相擅吸我脂膏以償兵費，是劫掠我財物以媚人也；君、相擅與他人立約，曰某省不讓某人，某島不讓某人，是家僕與外賊通，以破主人之家室也。然吾民若罔聞知，不敢與之爭，若曰吾儕小人焉知大計，是雖烹我剝我，而我亦不敢動，所謂放棄其責任者也。於外人乎何尤？於君、相乎何尤？

然則吾民之自外於國，果誰使之然乎？曰：是由不知無國之苦。試問廣州、九龍、膠州、旅大、京津之民，廬舍被焚，財產被奪，妻女被掠，墳墓被掘，伏屍遍野，血肉狼籍，目不忍睹，耳不忍聞，此其故何也？曰：惟無國之故。試問美洲、澳洲、南洋各島之地，逐我華民，焚我商店，飲我以毒藥，幽我以深坑，吞聲飲泣，莫可告訴，飄泊異鄉，生還無日，此其故何也？曰：惟無國之故。嗚呼！印度人無國，而頻年薦饑者饑欲死；波蘭人無國，而遷於西比利亞者塞欲死；埃及人無國貧欲死，猶太人無國富欲死。無國之民，豈有他哉，終歸於一死而矣！

故吾民苟立國則已，再不立國，則今日之慘，猶不為甚。他日者，四萬萬之民，必將散之於西比利亞，散之於阿非利加，散之於澳大利亞，且所至之地，土人得而窘逐之，白人得而踐踏之。而所謂中國者，永無中國人之足迹，而所謂中國人者，地球上永無容身之地，是雖歷千萬年、億兆年，而終無立國之一日也。試問四萬萬同胞，將何以處此？

《大陸》第四期《佚名〈中國之改造·論國家組織與國民二大要素之關係〉》 何謂國家組織與國民二大要素之關係乎？今先就國家組織之根本論之。夫國家者從國家學上而言，則有一定之領土與住民，而其住民相集合以成團體，則有主權以保護此團體之自由，而維持其秩序也。卽邦土、住民及主權之三要素具備，而始成國家。假令僅有邦土，有住民集合體，而無主權抑制個人之行動，則人人各逞自己意志所生之不平等，不得謂有國家也。主權者固保護自由，不使個人有不平等之事，以維持安寧者也。主權云者，權力之最高發源也，權力者威力也。於團體中之個人背理行為將發之時，及其團體被暴擊於他團體之時，國家主權則出其權利以抵制之，是為主權之本能，而國家組織之目的亦在是。蓋凡地球上人類可以棲息之地無不可以為邦土，人類之集合無不可以成團體，但此等團體可謂之社會，而不可謂之國家。何以故？曰由於無主權。自社會之初發達以迨養成國家之資格，其間種種作用，可質之曰生主權。是以主權之薄弱與强固卽產成正比例之國體，然則主權者，質實人類社會依以組織國家唯一之要素也。

主權云者，為國家之最上權，以能代表國家意志之所在。而國家主權之作用，必由個人或多數人所組織之機關被代表者也。申言之，國家之主權，或在少數人之掌握，如君主國之君主是也；或在多數人之掌握，如共和國之人民是也。要之主權云者，所以組織其國家之國民之一部分代表其全體所施行，或國民全體與之直接而膺其施行之任之最高機關也。雖然，無組成機關能力之民族則必不能組織國家，亦不能成國民之資格。蓋惟具有政府組織之能力者，始可稱為有政治的能力之民族，卽可謂構成主權之能力之民族也。何則？曰政府組織、曰統治之機關，是皆不外於主權之作用也。今取以上所論者更概括言之，國家者，有一定之邦土與有構成主權之能力民族而始成。曩者吾論中國人富經濟的能力之民族，而欠乏政治的能力之民族。然則如中國人者，固無構成主權之能力乎，吾誠不能為之諱矣。莽莽禹域，所以不能組織强固政治團體者，欠乏構成主權之能力故也。雖然中國人欠乏構成主權之能力原因如何，及其主權成立之順序如何，是不可不究察者也。

人類富有圖冀生存之性質，故人人求生活，欲求生活故常重視生產。

當人類未進步時，其腦力未發達，故其思想單純，惟熱心營謀生產，為目前小利所驅役或轉損其他之生產，又僅知注意所自營之內界而不能拒外界之侵奪。當此時，集合體中有智力稍勝者，自旁擠救之，抑其害人者，救其被害者，為生民之先導，俾得安業。生民乃漸知服從先導者之利便而奉守其命令，於是先導者之權利遂增盛於無形。迨因襲既久，治者被治者之關係漸生，隨文明之程度進步，以成兩者關係之繁密，組織亦始為完全，而人人亦共有國家的團結之觀念，如是而國家之主權乃立。由是觀之，則國家主權之發達，卽謂本於人類智力之不平等所出，自然之分業的共同，無不可也。今再言國家之發達者，民族中專雇直接自己生產之部分、卽生產的分子也，與關係於直接人已無干涉之都分、熱心以施其智力、卽政治的分子也，此兩者共同團結之結果也。約言之，則民族中生產的分子及政治的分子之二者合而成國家之組織者也。故自一方觀之，則智力之不平等為其原因；自他方觀之，則生產的分子及政治的分子之分界為其原因。不問世界何國，亦無不因是發達，亦無不經此時代。於此時代，國家之實權握諸少數人之手，指導之，開明之，則其文明之進步漸極於無量數。人智之發達遽高其程度，其國民之智力漸平均，各人之腦力亦漸次複雜，人人皆有自治之智能，卒能舉國家之主權歸國民全體之手。於是向之有秩序之不平等者，皆進步為有秩序之平等矣，而生產的分子及政治的分子之區別漸消，國民皆兼而有之，至是國家之發達可以謂達於極點矣。

由是觀之，國家之發達，其民族中常有生產的分子與政治的分子，無是二者，則不能組織一完全國家。然其組織之第一階級，必生於智力之不平等，而後國民中政治的分子發達，而與其生產的分子相共同，以作唇齒輔車之關係。故國家者，謂為生產的分子及政治的分子之化合物，亦無不可也。考之歷史，證之今日各國之狀況，無不皆然。

國民的二分子愈多，國家益强盛，缺其一則立國必不能久。不觀英國乎，英人非最富生產力而又有政治的手腕之國民乎！不見俄國乎，國民之大部分尚野蠻粗樸，國家思想未大發達，雖知生產而無自治之能力，然尚能强盛為列國所畏者何哉，是國民中有卓越政治的分子，而肩一國指導之任故也。中國人經濟思想極發達，民皆富於生產力，而不能組織一强固國家者，蓋未嘗不因國民中乏政治的分子故也。

人文未開化之先，國民之多數毫不自覺有國家思想。及先覺達識之人出，叱吒督勵，惟生產是事，汲汲焉教以自衛之道，挺身代其疾苦，無規律者加以規律，如是國家始强固。古人曰：為利忘身者民也，為民忘身者士也。斯言雖略，已足為士與民之代表矣。嗚呼，生產之民，先覺之士，二者非組織國民之要素哉！英之所以强冠世界者，以其國人，士卽民、民卽士故也；俄之所以强者，以有民而又有士故也。中國人民，亦富於生產力而不能强者，無指導人民之士故也。嗚呼！中國者，有民無士之國也。

夫蚩蚩者佔世界最多數之人也，其智根小，不暇及一身以外之事，惟求個人之私利，不知將來之大計，嗜欲名利日浸淫於腦中，凡精神上之幸福皆其思想所不到，故古人名之為蒼生。雖文明世界，而至其多數之人民無不皆然。如此之民，若無達識之士出而指導之，則必無進步。釋氏目民為衆生，為設種種之區別，苟有主張我利不知仁愛者，菩薩非代衆生之苦，指示光明，則不可救。菩薩為濟度衆生而生，衆生為有菩薩而生。事生產為一身一家之計者，衆生也；捨身救世者，菩薩之本願也。衆生有小衆生，有大衆生，然非菩薩不能度一切苦厄；國家以有衆生、有菩薩而成，無菩薩之國，雖有千萬之大衆生，終不得不寂滅。中國是有衆生無菩薩之國。嗚呼，四萬萬人皆沉淪苦海之衆生也，誰能為菩薩而以慈航濟之哉！

中國人勵精勤勉，極富於生產力，且能忍勞不倦，是世界之大良民也，而無少數之人出共身以膺指導之任。啼呼，中國洵有民無士之國哉，洵有民無士之國哉！

《民報》第一七號《章炳麟〈國家論〉》 余向者於『社會主義講習會』中，有遮撥國家之論，非徒為期望無政府者說，雖期望有政府者，亦不得不從斯義。然世人多守一隅，以余語為非撥過甚，故次録前論，附以後義，令學者得中道觀云。

一、國家之自性，是假有者，非實有者；二、國家之作用，是勢不得已而設之者，非理所當然而設之者；三、國家之事業，是最鄙賤者，非最神聖者。此義云何？第一義者：凡云自性，惟不可分析絕無變異之物有之，衆相組合，卽各各有其自性，非於此組合上別有自性。如惟心論者，指識體為自性；惟物論者，指物質為自性。心不可說，且以物論，物質極微，是最細色，不可斷截破壞貫穿，不可取捨乘履搏掣，非長非短，非方非圓，非正不正，非高非下，無有細分，不可分析，不可睹見，不可聽聞，不可嗅嘗，不可摩觸，故名極微，亦曰原子。此毗婆沙論一百三十六說，近世原子論者，亦同此義。若以原子為實有，則一切原子所集成者，並屬假有，何以故？分之則各還為原子故。自此而上，凡諸個體，亦皆衆物集成，非是實有。然對於個體所集成者，則個體且得說為實有；其集成者，說為假有。國家既為人民所組合，故各各人民，暫得說為實有，而國家則無實有之可言。非直國家，凡彼一村、一落、一集、一會，亦惟各人為實有自性，而村落集會則非實有自性。要之個體為眞，團體為幻，一切皆然，其例不可以僂指數也。或曰：凡團體者，非止以集合個體為性，乃自以其組織為性，故不得說為假有。夫組織云者，將指何等事耶？一線一縷，此是本眞，經緯相交，此為組織。今若有一幅布及一端帛，特指其經緯相交以成面積而言，當其為布帛時，此一線一縷者，未嘗失其自性，及其解散，則線縷之自性猶在，而布帛則已不可得見。是故線縷有自性，布帛無自性。布帛雖依組織而有，然方其組織時，惟有動態，初無實體。若爾，組織亦無自性，況其因組織而成者，可得說為實有耶？且如人有兩手，兩手者，固各有自性，雖至兩手相叉，亦惟認兩手為有自性，不得以相叉為有自性，此兒童所知者。復次，人之組合而為村落，或為軍旅，或為牧羣，或為國家。又若金之入型，各從其相，而金之自性無改，方為指環，無間又為眼鏡筐；方為眼鏡筐，無間又為時辰表廓。此指環、眼鏡筐、時辰表廓者，惟是形式相差，勢用有異，而展轉相更，復可以此為彼。是故指環、眼鏡筐、時辰表廓，一切虛偽，惟金是其。如是，村落、軍旅、牧羣、國家，亦一切虛偽，惟人是眞，雖有巧辯，不能奪其說也。

然近世國家學者，則云國家為主體，人民為客體。原彼之意，豈不曰常住為主，暫留為客，國家千年而無變易，人民則父子迭禪，種族遞更，故客此而主彼耶？若爾，請以溪流喻之。今此一溪，自有溪槽，溪槽者，或百千年無改，而其所容受之水，則以各各微滴，奔湊集成，自朝逮暮，瀑流下注，明日之水滴，非今日之水滴矣。是則亦可言溪槽為主體，槽中水滴為客體，而彼溪槽，所指何事？左右有岸，下有泥沙，中間則有空處。岸與泥沙，雖溪槽所因以成立，而彼自性是土，不得卽指彼為溪槽。可指為溪槽者，惟有空處。夫以空處為主體，而實有之水滴，反為客體，是則主體卽空，空既非有，則主體亦非有。然此空者，體雖虛幻，而猶可以眼識現量得之。若彼國家，則並非五識現量所得，欲於國家中求現量所得者，人民而外，獨土田山瀆耳。然言國家學者，亦不以土田山瀆為主體，則國家之為主體，徒有名言，初無實際可知已。或曰：國家自有制度法律，人民雖時時代謝，制度法律則不隨之以代謝，卽此是實，故名主體。此亦不然。制度法律，自有變更，非必遵循舊則，縱令無變，亦前人所貽之『無表色』耳。凡言色者，當分為三：青黃赤白，是名顯色；曲直方圓，是名形色；取捨屈伸，是名表色。凡物智屬顯色形色，凡事皆屬表色。表色已過，而其所留遺之功能，勢限未絕，是名無表色。如築橋樑建城郭等，當共作役，卽役人之表色；作役已畢，而橋樑城郭至千百年不壞，卽此不壞之限，為役人之無表色。其功能仍出於人，云何得言離人以外別有主體？然則國家學者，倡此謬亂無倫之說以誑耀人，眞與崇信上帝同其昏悖。世人習於誕妄，為學說所縛而不敢離，斯亦惑之甚矣。問曰：若爾者，人亦細胞集合而成，云何得言實有自性？答曰：以實言之，人亦偽物云爾。然今者以人對人，彼此皆在假有分位，則不得以假有者斥假有者。使吾身之細胞，悍然以人為假有，則共說必非人所能破。若夫對於國家者，其自體非卽國家，乃人之對於國家。人雖偽物，而以是單純之個體，對於組合之團體，則為近眞。故人之以國家為假有者，非獨論理當然，亦其分位得然也。

第二義者：一切物質，皆有外延。此本無當然之理，特以據有方分，互不相容，則不得已而生膚郭。植物有皮，介蟲有甲，乃至人及鳥獸，皆有膚革以護其肌，大者至於地球，亦有土石為之外郛，使地藏金火得以安穩，此皆勢力所迫，不得自由。昔者莊生有云：『夫得者困，可以為得乎？則鳩鴞之在於籠也，亦可以為得矣。且夫趣舍聲色以柴其內，皮弁鷸冠搢笏紳脩以約其外，內支盈於柴柵，外重纆繳，晥晥然在纆繳之中，而自以為得，則是罪人交臂歷指，而虎豹在於囊檻，亦可以為得矣。』由是觀之，令人得脫肉而居，無皮革以纏其外，而不受雪霜風雨之侵，則於我顧不快耶？夫國家猶是也，亦有大山巨瀆，天所以限隔中外者，然以人力設險為多。蒙古之鄂博，中國之長城，皆是類也。又不能為，則置界碑；又不能為，則虛畫界線於輿圖以為分域。凡所以設此外延者，與蛤蚌有甲，虎豹有皮何異？然則國家初設，本以禦外為期。是故古文『國』字作『或』，從戈守一住民，初載願望，不過是耳。軍容國容，漸有分別，則政事因緣而起。若夫法律治民，不如無為之化，上有司契，則其勢亦互相牽連，不可中止。向無外患，亦安用國家為？漢土學者，視政府無足重輕，然猶云尊卑有分，冠履有辯，君叵有等，雖無用而不可不立。不悟天高地下，本由差別妄念所生，一切分位，隨眼轉移，非有定量。如彼工巧畫者，以少采色間少采色，能令無高下中見有高下。乾坤定位，准此可知，名分之執，亦由斯破壞交。或者又謂物有外延，實是天然規則，國界雖無所用，而不可破此模型。欲破此執，且當以峽水喻之，如峽水流，兩岸色形，同處一時，俱現二像，居兩岸者，互見分明。夫即此一峽水中，而互容兩岸色像，是則萬物本無不相容受之理。凡諸有形質礙，問處一時，似不俱起，然試取一堅青玉質，以石磨研，悉成細粉，青所在處，亦即堅所在處；堅所在處，還即青所在處。此青與堅，何以同處一時，相容俱起？又試任取一物，除去顯色形色質礙而外，其中街有『物如種子』否？若云無者，物則本無，不煩推論；若云有者，即彼『物如種子』，何故能與顯色形色質礙等相，相依俱有？若云顯色形色質礙等相，別有『造色種乎』為之因者，是則『物如種子』、『造色種子』二者所現之量，同處一時，互相容受，即知萬物本無外延，明矣。雖無外延，而隨眼所得，則有外延者，亦猶工巧畫師用少采色，能令無坳突中見有坳突，故知萬物外延之用，非理本然，實隨戚覺翳蒙而有。以是推求，則國家之作用可知已。

第三義者：凡諸事業，必由一人造成，乃得稱為出類拔萃。其集合衆力以成者，功雖烜赫，分之當在各各人中，不得以元首居其名譽，亦不得以團體居其名譽。惟諸學術文藝技巧之屬，高之至於杜多苦行，皆由自力造成，非他能預，若是，斯足以副作者天民之號。若學術無心得，惟修博聞；文藝無特長，惟隨他律；技巧無新法，惟率成規。雖盡天下之能事得盡有之，猶是他人所有，非吾所獨有也。若節操足以動人，惟是彈琴詠風，自喻適志，如《周易》所謂甘節者，斯則少欲知足之士皆能仿佛，非天下之至高山。非吾所獨有，與非天下之至高，而獨尸共嘉名，猶不免為攘竊；況於功德在人，本非獨力所能成就。析而視之，則猶人人解炊，使天下無一夫受其飢者，其功利不可謂不博，要之其業至微末已。夫工廠主人，於傭作者，日役其力，而擅美利於一己，世猶以為不均。然凡一熟貨之成者，必有質料，二者必有作具，三者必有人力。此質料與作具者，素皆主人所有，彼傭作者，獨人力耳。是一熟貨成就之因，主人當其二，傭作者僅當其一也。而所獲贏餘，一切為主人所沒，議者且以盜竊名之。若夫國家之事業者，其作料與資具，本非自元首持之而至，亦非自團體持之而至，還即各各人民之所自有，然其功名率歸元首，不然，則獻諸團體之中，此其偏頗不均，不甚於工廠主人之盜利乎？世人愚暗，輒懸指功利以為歸趣，余豈必菲薄功利。然彼功利所在，亦即美名所在。而功利者，必非一人所能為，實集合衆人為之。縱有提倡其前者，猶行禮之贊相，所擅唯有口號；至於槃辟跪拜，則猶賴人自為之也。夫其事既由人自為之，而美名所在，不歸元首，則歸團體，斯則甚於穿窬發匱者矣。豈獨常事為然，凡在軍旅，其勞瘁亦至甚矣，然將帥雖勞，而士卒之瘡痍，與齊民之罷弊，有什伯於將帥者。世人以功成骨枯為佳兵者戒，不悟事雖合義行，迹非不與佳兵者同也。然並世之誇夫，率舉『我不入地獄，誰入地獄』以為恒語，此必不能附會者。大覺有情，期於普度衆生得離苦趣，則身入惡道而不辭，顧未嘗牽帥他人以入惡道。至於國家事業則不然，其為種族革命歟？政治革命歟？社會革命歟？必非以一人赴湯蹈刃而能成就，我倡其始，而隨我以赴湯蹈刃者，尚億萬人。如是，則地獄非我所獨入，當有與我俱入者在。而獨尸是語，以為名高，斯亦何異於盜竊乎？余以為衆力集成之事，直無一可寶貴者，非獨蒞官行政為然，雖改造社會亦然。堯、舜云，亞歷山德云，成吉思汗云，華盛頓云，拿破侖云，俾士麻云，於近世巴枯寧、苦魯泡特金輩，雖公私念殊，義利事異，然其事皆為衆力集成，則與炊薪作飯相若，而代表其名者，視之蔑如。以此釋迦、伊壁鳴魯、陳仲子、管寧諸公，誠不啻蠣甲之於犀角，雖一術一藝之師，猶不足以相擬也。夫灶下執爨之業，其利於蒸民者至多，然而未有視為神聖者；彼國家之事業，亦奚以異是耶？尸之元首則頗，歸之團體則妄，若還致於各各人民間，則無過家人鄙事而已。於此而視為神聖，則不異於事火咒龍也。

上來三事，所謂遮撥國家。然期望有政府者，亦非因是而被障礙，此義云何？

前第一義，既不認許國家自性為實有物，則凡言愛國者，悉是迷妄。雖然，愛國之義，必不因是障礙，以人心所愛者，大半非實有故。喻如各各金粒，至百千數人之愛之，不如其已成指環者；各各白石粉粒，至萬億數人之愛之，不如其已成瓷瓶者；又如古錢有文，舊碑有刻，若擣碎之，則廢銅沙礫，可以棄之溝中，縱復熔鑄為錢，凝和為碑，猶不如向日完具時為可寶玩。夫指環瓷瓶，無過形式，而錢文石刻，則區區雕琢隱顯之間耳。然其可貴，必有百倍於各各分子者。此何因緣？則以人身本非實有，亦集合而成機關者，以身為度，推以及他。故所愛者，亦非微粒之實有，而在集合之假有。夫愛國者之愛此組合，亦由是也。且以各各微粒，擣和成器，器雖是假，而其本質是眞，其愛之猶無足怪爾。亦有別無本質，唯是幻像，而人反樂觀之者，喻如幻師，幻作白兔青雀等像，於中無有微分毛羽血肉可得，乃至石磨水漉亦不可得，而人之愛玩反過其眞。又如畫工畫作林木及諸牛駒，於中本質，惟是紙素丹青，雖以鋸齒析破木之一葉、牛之一角、駒之一足，竟無存其中者。然人心覩畫而愉快，或過於入山適牧見其眞形也。此何因緣？則以人身本非本質，托此氣液固形諸無機物，以轉化為肌骨血汗耳。卽身為衡而以外觀羣物，故所愛者，亦非本質之實有，而在幻像之假有。夫愛國者之愛此影像，亦由是也。今夫幻云畫云，雖無本質，而現有接觸於眼根者，其愛之猶無足怪爾。亦有別無現量，惟屬過去未來，而人反樂念之者。今有上味，聲稱遠聞，或地絕遠，或物難致，如思熊掌及思鱸魚，又若蜀士思啖蟹羹，或在沙漠思得荔支，當共存念，雖太牢之味，無以易也。逮其舌根親證，頤無以愈於彼。復有上妙欲塵，求之難獲，若彼妃匹裘馬宮室道具之好，當其未得也，希望過甚，或捨生以求之；及其已喪也，戀著過甚，有忘形以殉之。此其以為樂也，雖鈞天玄圃，曾莫逮其萬一。然當其現受時，則亦尋常之愉快耳。夫過去者已滅，未來者未生，此卽虛空無有之境。然於現在正有之境而愛之甚微，於過去未來無有之境而愛之彌甚者，此何因緣？則以人心本念念生滅，如長渠水相續流注，能憶念其已謝滅，而渴望其未萌芽者。以心為量，令百事皆入渠鑊之中，故所愛者，亦非現在之正有，而在過去未來之無有。夫愛國者之愛此歷史，亦猶是也。復次，處盛强之地而言愛國者，雖有侵略他人，飾此良譽，為梟為鴟，則反對之，宜也。乃若支那、印度、交趾、朝鮮諸國，特以他人之剪滅蹂躪我，而思還其所故有者，過此以外，未嘗有所加害於人。其言愛國，則何反對之有？愛國之念，强國之民不可有，弱國之民不可無。亦如自尊之念，處顯貴者不可有，居窮約者不可無，要以自保平衡而已。

前第二義，既不忍許國家作用為當設，則凡言建國者，悉是悖亂。雖然，建國之義，必不因是障礙，以人所行事，大半非當然故。饑者求菽麥，渴者求水漿，露處者求廊宇，號寒者求絮綿，此寧有當然之理耶？使人皆如靈龜，則可以不食矣；人皆如雉子，則可以不飲矣；人曾如飛鳧，則可以不屋矣；人皆如遊魚，則可以不衣矣。非特爾也，草昧初民，雖有飲食居服，而猶與今人絕異。今人縱不能為龜雉鳧魚，獨不可為草昧初民乎？習於宴安，而肌骨不如昔日之堅定，去此則不足以自存。值歉歲，處圍城，析木皮以為食，有寧不入喙而死者，由其咽喉所習則然。以此知近世存生之術，皆由勢不得已而為之，非理有當然而為之也。原夫人之在大界也，介然七尺，而攻圍其四幣者多矣。依天以立，而寒燠瘴癘侵之；依人以處，而笞箠刀鋸犯之；依身以存，而饑渴疲勞迫之。盡此百年，無一刹那得以自杜，於是則寧以庶事自縛以求安全。若從吾所好者，安取是擾擾為？然既已自求安全，則必將層纍增上以至建國。而至今之建國，由他國之外鑠我耳，他國一日不解散，則吾國不得不牽帥以自存。說者以為國界雖存，政府則固可以不立，乃舉普法戰事證之，謂拿破侖第三，自將而亡，巴黎城人，自為守而固。寧思人自為守者，獨無當軸處中，以司號令者耶？此固不必遠舉法事為徵，凡以草澤齊民，起而自踣其政府者多矣。要有幕府，是卽政府之具體而微者，故不得以無有政府為說。人亦有言，勇夫重閉，而况國乎？當其存時，則不得不俱存；及其廢也，亦相隨俱廢耳！一廢一存，慢藏賈禍之道在是矣。說者又云：飲食居服，生而不得不然，至於國家則否，有時而可以消滅之，故不得以為同喻，是亦未為諒直之論也。人果入山，日啖松脂藥草諸物，久之芽毛漸生，而居服卽無所用，方書所言，或不盡實，然以成事驗之，人有擊鶴而下者，微傷其足，塗以金瘡之藥，久之自愈，日以稻飯食之，舉翮欲飛，遂不得上。以是知穀食禍人，令體沈重而多疾病，故資於裘絮棟宇以蔽之，不然，則無所事此爾。人於居服，當其可棄則棄之；人於國家，當其可廢則廢之，其喻正同，勢未可脱，則存之亦宜也。

前第三義，既不忍許國家事業為神聖，則凡言救國者，悉成猥賤。雖然，救國之義，必不因是障礙。以人之自衛，不論榮辱，農夫擔糞以長稻粱，礦人沾體以致石炭，此其事至汙辱也，而求食者不以為詬，是何也？人之軀骸，本由腐臭不淨之物以成胚胎，其出入與便利同道，故一念及生，卽不卹自處汙垢。況於匡扶邦族，非專為一己而已。特世人執是以為高名，則不知集衆所成，其能力最為闒茸，而自旌其伐，尊於帝天，遂令志其事者，毫毛未動，先有矜衆自貴之心；事之既成，又羣奉以為大長，斯最可忿嫉者。若本其慘怛之心，以為自衛衛人之計，則如里閭失火，相與抱甕救之，雖焦頭爛額，不以自多，惟曰行吾之素耳，此安論鄙賤與神聖哉？今之賢者，既救火而思牛酒，斯末矣。不肖者，未救火而預設一可得牛酒之心，悲哉！然此非獨救國為然，雖能空國家而致之大同，亦賴羣倫之力，未足以自豪也。其間貴者，獨有密懷匕首、流血五步，與夫身遭戹困、百折而不回者，斯乃個人所為，非他能代，故足重耳。若夫成功以後，銘勒景鐘，斯適足為揶揄之柄。此而可貴，鑿井而飲、耕田而食者，當愈貴於是矣。

然則前舉三事，與後義本不相妨，世之期望有政府者，必知斯義，而後舉無繆妄。若夫拘牽法理，尊仰事功，斯乃牛羊賤趨、冥無識知者爾，是曷足與言勝義哉！

又 第二一號《朱執信〈心理的國家主義〉》 今試取眞正之國家主義心理的國家主義，與彼所謂國家主義者較，其結果則見三種之差異：

（一）眞正之國家主義，將建設一獨立國家；而彼所謂國家主義者，將服從於現支配之國家。此在前文已屢言之，不事復舉。

（二）吾輩主張眞正之國家主義，將以建設新中華國；而彼所謂國家主義者，則以毁滅之。假從彼輩之説，則屈伏於滿洲政府之下，永無伸期，浸假使吾人漸忘其歷史，漸以其民族同化於人。是則滿洲能滅吾國家，而不能使吾人不念之也。今之論者則心理上摧滅吾人之國家主義，為滿洲去其所不能去者，其意果何在乎！然則，滿洲之亡吾國，不過暫時亡之；而彼輩之亡中國，乃永久亡之也。雖菹醢之充庖廚，又安能蔽其罪耶？

（三）吾人之倡國家主義，將順理而進也；而彼之倡國家主義，實以扇人之感情為己名高。論者詈吾輩，輒曰驅於感情。夫吾輩之論固未必無宕而失中者。要之大較於理為准。夫怒滿洲者，非徒怒之，蓋有其由也。乃若彼所説，則凡屬外國者，不問如何，皆先以不肖之心待之，或恐其為滿洲之不利，於是每一問題生，輒危言悚論，哭泣叫號，使舉國若狂，而己得掩有志士之名。此非專以扇動感情為事耶？昔之保皇黨，率天下以詐；今之國家主義論者，率天下以狂。夫惟相率為狂，故於第一之敵之滿洲則國家之，於第二之敵之他國乃仇讎之也。

謂余不信，則請徵之於最近之辰丸事件。夫辰丸者，載軍火至澳門，清吏以為將以供給吾國民之反抗滿政府者而截獲之，又以日本之强硬抗議而見釋放者也。其未釋也，所謂志士者，爭奔走演説以和滿政府。而其既釋也，則又引以為國恥，移怒於日本，而相戒勿用其貨。夫辰丸事件於國際上法理如何，事實如何，非吾人所欲問也。滿洲政府疑其將資己奴之叛也，則捕之；日本人恐其以此損己商業交通之便也，則爭之。亦各自為而已。夫滿洲政府之不欲失其土壤，亦猶吾人之不欲以此土壤長棄滿政府也。吾能自蓄其力以謀光復，則安所怪於滿洲之為敵對於我？至若日本，則其視吾國之代興，更無所輕重，苟有所利，曾何恤焉。其為吾爭也不足喜，不為吾爭也不足悲也。夫是以得釋其船，復其價，則直以彈藥付滿政府，初不顧慮焉，皆無足道者也。

然而吾獨怪一般國民之行動，何緣迷罔至是？使其軍火將以供給吾民黨，則吾之與也。顧認其為供給民黨，轉為滿政府之助，以懲助吾光復者，雖不得於滿政府不止，何也？吾聞其言，動曰國恥。吾不知其所謂國者何在，其恥何存也！某教習固留學生，婉孌工媚，顧亦嘗主張革命矣，一旦得邀顧問之寵盼，則為之指陳法理，謂捕獲為當，日本抗爭非理。或叩其由，則對曰：『此國家之幸，民黨之不幸也。』嗟乎！吾眞不知其所謂國者何國也！

試為抉其心而暴之，則彼所謂國家者，舍滿政府而外，他更無所指。然則所謂國家之幸者，滿洲之幸而已；國耻者，滿洲之耻而已。滿洲視為其敵之軍資而奪之，則幸之；既得而復辱於日本，則耻之；宜也。吾人何為亦見其幸而幸之、見其耻而耻之耶？夫不當耻而耻、不當幸而幸者，見其被奪者、索償者為外國，而不知奪之者、被辱者，乃已敵之滿洲也。洞視千尺，不見眉睫，聽於希微，而不聞雷震，聰明之有所蔽也。彼既以法理上國家主義蔽其聰明，而又激勵之，使民殫索其力以毒外人而更不事光復，其罪固有甚於清臣之賣國。且以此遍惡於各國，令列强皆以為吾之革新無過如是。蓋悉力助滿政府以鎮壓暴動，相結托以收中華之利，盡中土之膏腴，詎足以飽其欲耶？而其咎則法理的國家主義論者當尸之矣。故微論計正義當先討滿洲，即欲免外國之侵淩、完中國之利權，亦決不能主張彼法理的國家主義也。

《東方雜誌》第四卷第八號《論平民主義與國家主義之廢興一九〇七年十月二日》 世之主張民權者，動謂泰西之富强，由於平民之主義，此非確論也。夫平民主義倡始於法儒盧梭，而其主義盛行於一時，故其時重民而輕國。謂苟無民，何有國？所當犧牲其國以為民也。洎十九世紀之間，德儒伯侖知理倡言國家主義，而其主義遂興於列國，故其時重國而輕民。謂苟無國，何有民？所當犧牲其民以為國也。二説雖各持之有故，言之成理，然溯泰西今日之富强，實由於國家主義，而非平民主義之趨勢所能造此和平之幸福也，是則不可以不辨。今之時代，種族之競爭日烈，龍驤虎視者莫不磨牙吮血，奮其帝國侵略主義，而以奪人之地，爭人之城，競互市之利權，拓殖民之政策。其所以得優勝之地位者，無他，愛國愛羣，同心同力故也。處此時代，苟猶用平民主義，致令國内紛亂，勢必鷸蚌相爭，漁翁得利，何能自立圖存？惟有國家主義盛行，則上下一心，遐邇一體，國人皆互相團結，壯其合羣之魄力，發其愛國之精神，然後衆志成城，急公仇而緩私仇，先國事而後家事，其國未有不盛，其種未有不昌者也。故欲致和平之幸福，為偉大之國民，必自尊重國家主義始。

排滿革命論分部

論説

《孫中山全集·敬告同鄉書》 同鄉列公足下：

向者公等以為革命、保皇二事，名異而實同，謂保皇者不過藉名以行革命，此實誤也。

天下事，名不正則言不順，言不順則事不成。夫常人置產立業，其約章契券猶不能假他人之名，況以康梁之智而謀軍國大事、民族前途，豈有故為名實不符而犯先聖之遺訓者乎？其創立保皇會者，所以報知己也。夫康梁，一以進士，一以舉人，而蒙清帝載湉特達之知，非常之寵，千古君臣知遇之隆未有若此者也。百日維新，言聽計從，事雖不成，而康梁從此大名已震動天下。此誰為之？孰令致之？非光緒之恩，曷克臻此！若今二子之逋逃外國而倡保皇會也，其感恩圖報之未遑，豈尚有他哉！若果有如公等之所信，彼名保皇，實則革命，則康梁者尚得齒於人類乎？直禽獸不若也！故保皇無毫釐之假借，可無疑義矣。如其不信，則請讀康有為之《最近政見書》。此書乃康有為勸南北美洲華商不可行革命，不可談革命，不可思革命，只可死心踏地以圖保皇立憲，而延長滿洲人之國命，續長我漢人之身契，公等何不一察實情，而竟以己之心度人之心，以己之欲推人之欲，而誣妄康梁一至於是耶？

或曰：言借名保皇而行革命者，實明明出諸於梁啓超之口，是何謂誣？曰然，然而不然也。梁之言果眞誠無偽耶？而何以梁之門人之有革命思想者，皆視梁為公敵、為漢仇耶？梁為保皇會中之運動領袖，閲歷頗深，世情寖熟，目擊近日人心之趨向，風潮之急激，毅力不足，不覺為革命之氣所動盪，偶而失其初心，背其宗旨。其在《新民叢報》之忽言革命，忽言破壞，忽言愛同種之過於恩人光緒，忽言愛眞理之過於其師康有為者，是猶乎病人之偶發囈語耳，非眞有反清歸漢，去暗投明之實心也。何以知其然哉？夫康梁同一鼻孔出氣者也，康既刻心寫腹以表白其保皇之非僞，而梁未與之決絶，未與之分離，則所言革命焉得有眞乎？夫革命與保皇，理不相容，勢不兩立。今梁以一人而持二説，首鼠兩端，其所言革命屬眞，則保皇之説必僞；而其所言保皇屬眞，則革命之説亦僞。

又如本埠《保皇報》副主筆陳某者，康趨亦趨，康步亦步，既當《保皇報》主筆，而又口談革命，身入洪門，其混亂是非，顛倒黑白如此，無怪公等向以之為耳目者，混革命、保皇而為一也。此不可不辨也。今幸有一據可以證明彼雖口談革命，身入洪門，而實為保皇之中堅，漢族之奸細，彼口談革命者，欲籠絡革命志士也；彼身入洪門者，欲利用洪門之人也。自弟有革命演説之後，彼之詐僞已無地可藏，圖窮而匕首見矣。若彼果眞有革命之心，必聲應氣求，兩心相印，何致有攻擊不留餘地？始於報上肆情誣謗，竭力訾毁，竟敢不顧報律，傷及名譽，若訟之公堂，彼必難逃國法。繼則大露其滿奴之本來面目，演説保皇立憲之旨，大張滿人之毒焰，而痛罵漢人之無資格，不當享有民權。夫滿洲以東北一遊牧之野番賤種，亦可享有皇帝之權，吾漢人以四千年文明之種族，則民權尚不能享，此又何説？其尊外族、抑同種之心，有如此其甚者，可見彼輩所言保皇為眞保皇，所言革命為假革命，已彰明較著矣！

由此觀之，革命，保皇二事決分兩途，如黑白之不能混淆，如東西之不能易位。革命者志在撲滿而興漢，保皇者志在扶滿而臣清，事理相反，背道而馳，互相衝突，互相水火，非一日矣。如弟與任公私交雖密，一談政事，則儼然敵國。然士各有志，不能相强。總之，劃清界限，不使混淆，吾人革命，不説保皇，彼輩保皇，何必偏稱革命？誠能如康有為之率直，明來反對，雖失身於異族，不愧為男子也。

古今來忘本性、昧天良。去同族而事異種、捨忠義而為漢奸者，不可勝計，非獨康梁已也。滿漢之間，忠奸之判，公等天良未昧，取捨從違，必能審定。如果以客帝為可保，甘為萬劫不復之奴隸，則亦已矣。如冰山之難恃，滿漢之不容，二百六十年亡國之可耻，四萬萬漢族之可興，則宜大倡革命，毋惑保皇，庶漢族其有豸乎！

書不盡意，余詳演説筆記中，容出版當另行呈政。此致，即候大安不既。

弟孫逸仙頓據

《國民報》第四期《章炳麟〈正仇滿論〉》 梁子既主立憲政體，又為積弱溯源論，曰眞有愛國心而具特識者，未有仇視滿人者也。嗚呼，梁子迫於忠愛之念，不及擇音，而忘理勢之所趣，其説之偏宕也亦甚矣。夫今之人人切齒於滿洲，而思順天以革命者，非仇視之謂也。屠劊之慘，焚掠之酷，鉗束之工，聚斂之巧，往事已矣，其可以仇視者，亦姑一切置之。而就觀今日之滿人，則固制漢不足亡漢有餘，載其呰窳，無一事不足以喪吾大陸。今夫官吏之溺職者，則取而廢黜之，非有所仇視於官吏也；人民之殺人行劫者，則執而斷斬之，非有所仇於人民也。今滿人之闒茸者，進不知政，退不知農商，睢盱榛狉狀若鹿豕，惟賴宗室米禄以為養；而一二桀黠者，則一切取吾漢人之善政而顛倒更張之，一切取吾漢人之賢俊而芟薙鉏刈之。然則所謂溺職者與所謂殺人行劫者，其今之滿人非耶！雖無入關以來屠劊焚掠、鉗束聚斂之事，而革命固不得不行，奈何徒以仇視之見狹小漢人乎！

觀梁子所論，以路易十四比乾隆，以擁護一姓私産而不為國民全體罪曾、左諸公，其知滿洲全部之當去也明矣，所極不忘者獨聖明之主耳。夫其所謂聖明之主者，果能定國是、厚民生、修內政、禦外侮，如梁子私意所料者耶。彼自乙未以後，長慮卻顧，坐席不煖者，獨太后之廢置我耳。殷憂內結，智計外發，知非變法無以交通外人得其歡心，非交通外人得其歡心無以挾持重勢而排沮太后之權力；故戊戌百日之新政，足以書於盤盂，勒於鐘鼎，其迹則公，而其心則祇以保吾權位也。曩令制度未定，太后天殂，南面聽治，知天下之莫予毒，則所謂新政者，亦任其遷延墮壞而已。何也？滿、漢二族，固莫能兩大也。今以滿洲五百萬人臨制漢族四萬萬人而有餘者，獨以腐敗之成法愚弄之錮塞之耳。使漢人一日開通，則滿人固不能晏處於域內，如奥之撫匈牙利、土之馭東羅馬也。人情誰不愛其種類，而懷其利禄。夫所謂聖明之主者，亦非遠於人情者也，果能敝屣其黄屋，而棄捐所有以利吾漢人耶？藉曰其出於至公，非有滿漢畛域之見，然而新法猶不能行也。何者？滿人雖頑頓無計，而其怵惕於漢人，知不可以重器假之，亦人人有是心矣。頑頓愈甚，團體愈結，五百萬人同德戮力，如生番之有社寮，是故漢人無民權，而滿洲有民權，且有貴族之權者也。雖無太后而掣肘者什伯於太后，雖無榮祿而掣肘者什伯於榮祿。今夫建立一政，登用一人，而肺腑暱近之地，羣相讙嘵，朋疑衆難，雜沓而至，自非雄桀獨斷如俄之大彼得者，固勿能勝是也。共驩四子，於堯皆葭莩姻婭也，靖言庸回，而堯亦不得不任用之。今其所謂聖明之主者，其聰明文思果有以愈於堯耶？其雄桀獨斷果有以儕於俄之大彼得者耶？由是言之，彼其為私，則不欲變法矣，彼其為公，則亦不能變法矣。進退無所處，而猶隱愛於此一人，何也！

梁子又曰，今之民賊，其在漢人者往往而有，非獨滿人然也。夫漢人之有民賊，固也，彼思今之漢人，判渙無羣，人自為私，獨甚於漢、唐、宋、明之季者，誰致之而誰迫之耶？吾以為今人雖不盡以逐滿為職志，或有其志而不敢訟言於疇人，然其輕視韃靼以為異種賤族者，此其種性根於二百年之遺傳，是固至今未去者也。往者陳名夏、錢謙益輩，以北面降虜貴至閣部，而未嘗建自一言，有所補助，如魏徵之於太宗，范質之於宋祖者，彼固曰異種賤族，非吾中夏神明之胄，所為立於其朝者，特曰冠貂蟬襲青紫而已，其存聽之，其亡聽之，若曰為之馳驅效用而有所補助於其一姓之永存者，非吾之志也。理學諸儒，如熊賜履、魏象樞、陸隴其、朱軾輩，時有獻替，而其所因革未有關於至計者。雖曾、胡、左、李之所為，亦曰建殊勳博高爵耳，功成而後，於其政治之盛衰，宗稷之安危，未嘗有所籌畫焉。是井梁子所謂擁護一姓者，而亦非其志也。其他朝士，入則彈劾權貴，出則搏擊豪疆，為難能可貴矣；次即束身自好，優遊卒歲，以自處於朝隱；而下之，貪墨無藝，怯懦忘恥者，所在皆是。三者雖殊科，要其大者不知會計之盈黜，小者不知斷獄之多寡，苟得稟祿以全吾室家妻子，是其普通之術矣。無他，本陳名夏、錢謙益之心以為心，固二百年而不變也。明之末世，五遭革命，一命之士、文學之儒，無不建義旗以抗仇敵者，下至販夫乞子、兒童走卒，抗志不屈而仰藥剚刃以死者，不可勝計也。今者北京之破，民則願為外國之順民，官則願為外國之總辦，食其俸祿資其保護，盡順天一城之中，無不牽羊把茅甘為貳臣者；若其不事異姓，躬自引決，縉紳之士殆無一人焉。無他，亦曰異種，賤族非吾中夏神明之胄，所為立於其朝者，特曰冠貂蟬襲青紫而已，其為滿洲之主則聽之，其為歐美之主則聽之，本陳名夏、錢謙益之心以為心者，亦二百年而不變也。然則滿洲弗逐，而欲士之爭自濯磨，民之敵愾效死，以期至乎獨立不羈之域，此必不可得之數也。浸微浸衰，亦終為歐美之奴隸而已矣。非種不去，良種不滋，敗羣不除，善羣不殖。自非躬執大彗以掃除其故家汙俗，而望禹域之自完也，豈可得乎！

梁子又曰，歐洲列國，常有君統乏嗣，而迎立異國之公族以為君者，故知中國積弱之源，非必由於滿人之君天下也。夫歐洲各國，大抵出於日耳曼種、偷通賽而脫等，百種千名所在殊狀，而其文明程度大略相等，且其迎立新君往往出於婚媾之國，是非滿漢之可與並論者也，乏嗣而迎立新君則其國家已定矣。若夫兩種雜居，獷者處上，束鉗縛制，使其一種欲為牛馬臧獲而不可得，我欲以大度容人，而如人之不以大度容我何，則希臘、義大利之自立，有成事矣。梁子頌言歐洲迎君之美，而諱稱希臘、義大利自立之事，豈不持之有故、言之成理耶，抑何其偏宕而遠於事情也。

嗚呼，梁子所悲痛者革命耳，所悲痛於革命而思以建立憲法易之者，為其聖明之主耳！夫所謂革命者，固非溷淆清濁，而一概誅夷之也。自渝關而外，東三省者，為滿洲之分地；自渝關而內，十九行省者，為漢人之分地。滿洲嘗盜吾漢土以為己有，而吾漢人於滿洲之土未嘗有所侵攘焉。今日逐滿，亦猶田園居宅為他人所割據，而據舊時之契約界碑，以收復吾所故有而已。而彼東三省者，猶得為滿洲自治之地，故曰逐滿而不曰殲殺滿人。其地未割於俄羅斯歟，則彼猶得保其主權，而將率醜類以為蠻夷之大長尚不失其帝位也；其地果割於俄羅斯歟，東胡大地，曠蕩鮮人，水草猶多，牧馬猶殖，使夫五百萬人者，反其故土，林林而立，總總而居，亦猶是滿洲之舊俗也。夫苟奮然切齒於前日屠劊焚掠、鉗束聚斂之怨，則將犂其廷、埽其閭、鞭其墓、豬其宮，積馘成阜，蹀血為渠，如去歲西人之仇殺義和團者，比於揚州十日、嘉定三屠，尚為未滅而未有增也，此則合於九世復仇之義，夫誰得而非之。今一切不計，而徒曰逐滿而已，宅爾宅、畋爾田，各營生計，特不得以腥羶於吾漢土，是其待之也亦可謂至公至仁矣，其尚得曰仇視歟！乃夫此一人者，誠使不失其聖明，而能與俄羅斯相安，則奴兒哈赤之帝號固未替也。若其漸染華風，樂慕上國，如匈奴賢王之歸化者，則封以三恪，處以大第，入朝不趨，贊拜不名，所以酬其百日變政之功者，固自有道，寧有斬以輕呂、懸以大白者乎。嗚呼，為説至此，而革命與梁子所謂保皇會者，抑可以無間也。昔之保國者，曰保中國不保大清；今之革命而不廢保皇者，曰保生命不保權位。雖梁子躬自革命，而於其忠愛之念，猶若可以無憾，夫何姁姁慈愛以悲痛於此乎！

此乎若夫梁子所謂立憲者，吾又不知其何以能立也。凡一國專制之主，而欲立權限勿使自恣者，必有國會議院以遏其雷霆萬鈞之勢者也，而是二者皆起於民權，非一人之所能立。方今霾曀屯否之世，顧所謂民權者安在乎？其必睿聖仁彊之大人，文能附衆、武能卻敵者，糾合衆志，大鞣大搏，以與凶頑爭命，而後可以就事；事之既就，人心所歸必在英桀，則此睿聖仁彊者雖欲不居帝位，而抑無所遁。苟曰使彼反其初服，而惟以舊日假號之帝王為吾共主，是則選立其主之法不於賢否，而惟於成俗沿襲之虚名也。今夫中國非可以日本為此例者也。彼以二千五百年之舊主，神器相傳，無有移易，則臣民之於舊主亦既有其感情，故維新之始，雖以志士號呼搏擊，得奠大功，而卒以尊王為成績。是豈處置異種者所得援以為例者哉！必使民權既成，而猶立憲以保此一人之位，何異漢高破秦而使之尊事懷王，明祖滅元而使之擁戴林兒，微特於義無取，亦事之必不可得者也。吾故曰梁子迫於忠愛而忘理勢之所趣也。

案：梁子又言，日本異國，我猶以同種同文引而親之，何有於滿洲。夫自族民言之，則滿、日皆為黄種，而日為同族滿非同族，載在歷史粲然可知。自國民言之，則日本隔海相對，自然一土，而滿洲之在雞林靺鞨，亦本不與支那其治。且其文字風俗之同異，則日本本先有漢字，而後製作和文，今雖雜用，漢字猶居大半，至滿洲則自有清書，形體絶異。若夫氈裘湩酪之俗，與日本之葛布魚鹽，其去中國，孰遠孰近，是日親滿疏斷可知矣。雖然，以獨立自主言，則雖以日本宰制吾土，而猶不欲降心相從，何有於滿洲！即此義既多知者，故今不辯，辯以理勢如此。

《蘇報案紀事・佚名〈釋仇滿〉》　吾國人皆一漢族而已，烏有所謂滿洲人者哉！凡種族之別，一曰血液，二曰風習。彼所謂滿洲人者，雖往昔有不與漢族通婚姻之制，然吾所聞見，彼族以漢人為妻妾而生子者甚多，彼族婦女及業妓而事漢人者尤多。江浙駐防殲於洪楊之禍，其招補者，多習與彼族遊處之漢人。此皆血液混雜之證據也。彼之語言文字、起居行習，早失其從前樸鷙之氣，而為北方紳士莠民之所同化。此其風習消滅之證據也。由是而言，則又烏有所謂滿洲人者哉？然而滿人之名詞，則赫然揭著於吾國，則亦政略上佔有特權之一記號焉耳。其特權有三：世襲君主，而又以少數人專行政官之半額，一也；駐防各省，二也；不治實業而坐食多數人之所生産，三也。其二、其三，亦在今日既為貧弱困苦、男盗女娼之媒介，而其一亦足為欽癡之符，招怨之的。然自一方面觀之，要不得不謂之政略上之特權。世界因果之應，不爽毫髮，諺所謂『種瓜得瓜，種豆得豆』是也。其因之動力，在政略上者，其果之反動力，亦必在政略上。故近日紛紛仇滿之論，皆政略之爭，而非種族之爭也。

夫吾非謂最多數之漢族，果無種族之見存也。所謂『生降死不降，老降少不降，男降女不降』者，吾自幼均習聞之；而道咸之間，刻文集者，尚多存仇滿洲之微文；粤西三點會，以洴字為記號，示滿清無主之義，持之已二百數十年，一泄於洪楊之事，而至今未已。此皆種族之見之未泯者也。然洪楊之事，應和之者，率出於子女玉帛之嗜好，其所殘害無所謂滿漢之界，而出死力以抵抗之破壞之者，乃實在大多數之漢族。是亦足以證其種族之見之薄弱也。且往者暗於生物進化之理，謂中國人種概由天神感生，而所謂蠻、貉、羌、狄者，乃犬、羊、狼、鹿之遺種，不可同羣，故種族之見熾焉。自歐化輸入，羣知人為動物進化之一境，而初無貴種賤種之別，不過進化程度有差池耳，昔日種族之見，宜若為之消釋。而仇滿之論，反熾於前日者，則以近日政治思想之發達，而為政略上反動之助力也。蓋世界進化，已及多數壓制少數之時期，風潮所趨，決不使少數特權獨留於亞東之社會，此其於政略上所以有仇滿之論也。

雖然，人之神經，甚為複雜，彼染於歐化者，非能盡滌其遺傳性也。是以其動機雖在政略上，而理想所及不免自混於昔日種族之見。且適聞西方民族主義之説，而觸其格致古微孔教大同之故習，則以仇滿之説附麗之，故雖明揭其並非昔日種族之見，而亦不承認也。然吾為細剖解之，而見其重心，乃全在政略上。何則？果其注重於種族上者，則其術不外兩端：一曰暴動，二曰陰謀。暴動者，如義和團之惡洋人也，不問其為數士、為商人，見洋人則殺之。使以此術仇滿也，則今之所謂滿人者，自京師及東三省外，已殄艾無遺矣。陰謀者如周之於殷，越之於吳，聞敵之治焉而憂，聞其亂焉而喜，遣諜者以間之，貽玩好以惑之。循是而論，則彼李蓮英之惑溺，王文韶、瞿鴻禮、張之洞輩之貽悞，而各省官吏勒索賠款公行賄賂以為彼政府斂怨於平民者，皆足以搖動滿洲人之基本，而為多數漢族之功臣，如張百熙之流實心舉行新政者，宜斥為助桀之民賊而誅之。至於光緒帝、肅王、醇王號聖明者，當行間而殺之；而如剛毅、榮祿，財惟恐天去其疚，而圖所以保護之，而漢族之稍有權力者，宜遣辯士，説以帝王之業。此皆陰謀者之所有事也。要之，無滿不仇，無漢不親。事之有利於滿人者雖善亦惡，而事之有害於滿人者雖凶亦吉，此則純乎種族之見者也。而今之唱仇滿者，其所指揮，其所褒貶，一與吾前者云云相反，是非眞仇滿者也。

雖然，今之眞仇滿者，則有之矣，分為二黨。甲黨出於少數號為滿人之中，襲『漢人强滿人亡』之論，而密圖所以壓制漢族者也。乙黨出於多數漢族之中，欲請行立憲政體，奉今之朝廷為萬世一系之天皇，而卽滿洲人以為貴族議院者也。乙黨資章甫以適越，其售否固未可必。甲黨之舉動多類兒戲，其甚者如禁漢族學陸軍於日本，如曰『殺一人是一人』，是皆喚醒多數漢人，使之重入種族之舊夢者也。而兩黨相合之一點，在保守少數人固有之特權，此其仇滿之策之中心點也。世運所趨，非以多數幸福為目的者，無成立之理；凡少數特權，未有不摧敗者。且今日少數滿人中，固亦有一二開化者，然以與多數漢族中之開化者相比例，孰强孰弱，較然易睹。果率兩黨之策，是樹此少數者以為衆射之鵠，不使蹈法國貴族之覆轍不止也。

夫民權之趨勢，若決江河，沛然莫禦。而我國居行政界者，猥欲以螳臂當之，以招他日慘殺之禍，此固至可憫歎者也。而甲、乙兩黨，又欲專其禍以貽少數之滿洲人，是豈非仇滿之尤者乎？吾所謂仇滿，固不在彼而在此！

清·鄒容《革命軍·章炳麟〈革命軍〉序》 蜀鄒容為《革命軍》方二萬言，示余曰：欲以立懦夫，定民志，故辭多態肆，無所回避，然得無惡其不文耶。余曰：凡事之敗，在有共唱者，而莫與為和，其攻擊者，且千百輩，故仇敵之空言，足以墮吾實事。

夫中國吞噬於逆胡，二百六十年矣。宰割之酷，詐暴之工，人人所身受，當無不昌言革命。然自乾隆以往，尚有吕留良、曾靜、齊周華等，持正議以振聾俗，自爾遂寂泊無所聞。吾觀洪氏之舉義師，起而與為敵者，曾、李則柔煦小人，左宗棠喜功名、樂戰事，徒欲為人策使，顧勿問其韙非枉直，斯固無足論者。乃如羅、彭、邵、劉之倫，皆篤行有道士也。其所操持，不洛、閩而金谿、餘姚，衡陽之《黄書》，日在幾閣，孝弟之行，華戎之辨，仇國之痛，作亂犯上之戒，宜一切習聞之。卒其行事，乃相繆戾如彼！材者張其角牙以覆宗國，其次卽以身家殉滿洲，樂文采者，則相與鼓吹之。無他，悖德逆倫，並為一淡，牢不可破。故雖有衡陽之書，而視之若無見也。然則洪氏之敗，不盡由計畫失所，正以空言足與為難耳！

今者風俗臭味，少變更矣。然其痛心疾首，懇懇必以逐滿為職志者，慮不數人；數人者，文墨議論，又往往務為温藉，不欲以跳踉搏躍言之，雖余亦不免是也。

嗟乎！世皆瞢昧而不知話言，主文諷切，勿為動容，不震以雷霆之聲，其能化者幾何。異時義師再舉，其必墮於衆口之不俚，既可知矣。今容為是書，壹以叫咷恣言，發其慚恚，雖瞢昧若羅、彭諸子，誦之猶當流汗祇悔；以是為義師先聲，庶幾民無異志，而材士亦知所返乎！若夫屠沽負販之徒，利其徑直易知，而能恢發智識，則其所化遠矣。藉非不文，何以致是也！抑吾聞之，同族相代，謂之革命；異族攘竊，謂之滅亡；改制同族，謂之革命；驅逐異族，謂之光復。今中國既滅亡於逆胡，所當謀者，光復也，非革命云爾。容之署斯名何哉？了諒以其所規畫，不僅驅除異族而已，雖政教學術、禮俗材性，猶有當革者焉。故大言之曰革命也。

《中國白話報》第七期《白話道人〈國民意見書·説種界一九〇四年三月十七日〉》 列位，你們《左傳》一書想也讀過了，《左傳》裏頭説道：『非我族類，其心必異』。又道：『神不歆非類，民不事異族。』可見那位左丘明也很曉得種族的界限哩。

大凡一個國度，總是由同種族的人民組織成功的。一個國度裏頭，若有兩種混合，這就不能夠稱他為完全的國度了。什麼緣故呢？凡一種的民族，總有一種的風俗，一種的言語，一種的嗜好，不能共他種民族相同的。甲種民族既另外有一種風俗、一種言語、一種嗜好，若叫他共乙種民族合聚起來，自覺得事事不便。但乙種民族所住的地土、氣候、物產，卻很有補益於甲種民族的，因此甲乙二種必起爭競之事。這爭事有個緣故：一因風俗、言語、嗜好不同，不免因此而起衝突；二因甲種住乙種的地土，覺得那土地、氣候、物產，很有許多共自己這一種合宜的地方，因就漸漸的想佔奪乙種固有之利。到這時候，那乙種一定吃虧的，一定爭他不過的。為什麼呢？凡天地間無論動物、植物或人類，倘使他得有居住相宜之地，這種一定會强旺起來，這地固有的老種，一定被他剋滅。這是關於自然的道理，也不用多説了。還有一層，凡人類或動物，都有自私的心思，當極野蠻的時候，這自私心的範圍極小，除只曉得私自己以外，別的都不曉得；等到第一進步，就曉得私自己的家族；第二進步，便曉得私其一羣；第三進步，就曉得私一種族；等到第四進步，那就不分界綫，彼此都没有相爭的事情了。現在世界人類的進步，卻是第三，地球上的人類，斷没有不曉得私其本種本族的。既然曉得私其本種本族，必定日夜替本種盡忠，弄了許多利益來貢獻本種。但利盈往往不是現成的，必待去外頭找尋才有，甲種要找尋利益，乙種也要找尋利益，兩邊不肯相讓，必定起了競爭。凡到競爭時候，本没有什麼道理講，只仗强者為王。而且當這時候，因為自私的心思，不得不各放出殘忍慘毒的手段，因為不放出這種手段，便不能共別種競爭，既不能競爭，那自私的心願，便不能順遂了。這是關於人性的。有以上兩個大關，所以近百年以來，這種族競爭的慘禍，地球上也不曉得有多少了。

我們漢種起先得國，就是用着各種殘忍慘毒的手段，把蚩尤、苗子趕逐乾淨，因就做了中華的主人翁，相傳到今，差不多也有四千多年了。近數百年來，經了胡元賊滿兩入中原，種族因就被他攪亂。這攪亂的原因也有兩種：一是混合，那蒙古、通古斯兩種，都是由東北進入中國，所以北邊人種被他躪蹋得頂厲害，兵事定了之後，又被他們漸漸的同化了。一是淩虐，胡元進中國，把中國人種當做牛馬看待，殘殺得不堪，又定一個階級制度，我漢人是在第四級的賤種，種種淩虐威嚇，一切中華的制度蕩然無存，卽廉耻之道也被他掃蕩淨盡。你看鄭所南的《心史》，説得何等傷心！至於賊滿入關以來，已經二百餘年了，那階級制度，雖然没有蒙古立得過嚴，但那仇視漢人的心思，淩辱漢人的政策，也很夠了。

近來有人説：我們漢種有一種同化力，往往異種進了中國，就被我們同化；我們既有這同化力，那又何必仇視他們？況且這時候要在亞洲立個大大的新國，以便共世界人種競爭，安得縮小眼光，專門共一族作對？這話也説得很有道理，但不免有些掩耳盜鈴。為什麼呢？自從賊滿入關，各省也都派有許多駐防，這些駐防兵，豈不是共漢人雜居一地麽？二百餘年以來，他的風俗依舊，他的支體形狀依舊，他的宗教依舊，那一樣被我們同化呢？至於文字改為漢文，這也無非因為漢種既占多數，而且我漢種的習慣性本來是最崇拜古人的，可巧那有名的古人、有名的書卷，裏頭説話都是叫百姓服從皇帝，尊敬皇帝，不可以共皇帝作對，若有此等的人，都稱他做亂臣賊子，那賊滿知道此層緣故，心中暗暗歡喜，因此利用了中國的文字，又利用了孔夫子及各種酸腐的道學家，仗着什麼聖賢古制，來壓制漢族，那些經傳好像就是他殺漢人的快刀利劍了。其餘那政治制度，他們本没有這種文物，而且看我們中國的政法制度，也大半是便於專制的，因此也利用了許多。近人不曾理會這層道理，還道他們異族進了中華，連自己本族的文字差不多都消滅了，一切禮儀典章，那一樣不是學我們漢家的儀貌。唉！人家用手段，你一概不知，還要誇讚自己有同化力，這也未免太没有臉皮了！若説代表中國者，一定是我們漢種，試問滿洲政府一日不倒，誰來認你漢人作主？誰來共你這些奴隸做聯邦？這豈不是妄想麽？而且我們既没有倒滿、逐滿、排滿的能力，別的事也不用辦了。大凡取捨生殺，都不是有兩義的，能夠捨便能夠取，能夠殺便能夠生。德意志共各州聯邦，倘他没有優勝於各州的力量，安見各州肯共他聯合起來？若道現今排斥異族，我漢種没有這種能力，試問既没有排一族的能力，卻到有統治各族的威權麽？

他們説：如今建國要緊，復仇不要緊。那曉得要想建國，必須由復仇下手。大凡手段試一回便靈一回，這復仇的主義，在今日卻有兩層説法：一是本於是非差惡者這是正面，一是借復仇為過渡者這是反面。由第一説，那九世的深仇，二百年亡國的大耻，凡有是非差惡之心的人類，都是不能不看重尊敬這復仇的了。由第二説，則欲達建國的目的，不能不歷這復仇之一階級，因仇滿之心，人人皆有，我們可以利用人心，顛覆滿族，推翻政府，以直達於建國之途徑。

有人說：如今政府確是不好，你們與政府作對是可以的，若因政府不好，而起排滿的心思，這是不合道理的舉動了。唉！現在的政府代表人到底是誰？這政府到底是那個組織的？雖然裏頭漢人不少，但那主動力畢竟不是我們。而且他那話也說得不完全了。你說共政府可以作對，試問代表政府的是滿人，你若共政府作對，與共滿人作對有何分別？我要推翻政府，若不先把代表此政府的推翻，這推翻政府的目的，就不能達到了。他若眞有實力，自能保全政府，我們要想達這目的，自是艱難的了；他若没有實力，那政府既然被我們推翻了，試問當這推翻的時候，是不是用激烈的手段戰敗他們？或是用平和手段把他眼睛糊了，耳朵塞了，打幾個符劫，因把舊政府踢倒呢？若是用激烈手段，斷没有我們戰勝了他，還是低頭下氣，認賊作父，依舊請他做主人，自己做奴隸。若是用平和手段，我看這欽定的憲法，卻未必能長久哩！所以他們動不動說：如今國民没有實行的能力，做不得這排滿的事情。唉！惟其没有實行的能力，所以這排滿的事情愈不可不做。因為如今世界種族競爭劇烈得很，我們漢種要想與世界人種競爭，這種能力不是一朝一夕可以養成的，全仗閲歷磨練而出，要幹大的，必先在小的地方試一試。若這小小的排除滿族之事都不能幹，那帝國的政略，統治的威權，卻何時可以造成呢？唉！自己一點主權都没有，一點主動力都没有，卻天天盼望那異族變法維新，賜你一個參政頭銜，俾得插足政界，三跪九叩，求他施恩，偶然厚待你一點，就感激得五體投地，至死不忘。這種天生的奴隸，地球上眞是少見的了！列位你想這種奴隸，安得造成國家？你如今千萬不可被他的邪說所惑，那中國獨立萬歲就有望了。

《民報》臨時增刊《天討・章炳麟〈討滿洲檄〉》 天運丁未紀元四千六百零五年〇月〇日，中華國民軍政府檄曰：

昔我皇祖黄帝軒轅氏，與炎皇同出於少典之裔，實建國於兹土。上法乾坤，乃作冠帶，弧矢之利，以威不庭，南翦蚩尤，北逐葷粥，封國萬區，九有九截。少昊高陽繼之，至於唐虞，分北三苗，海隅蒼生，莫不循化。夏商之世，王威不遠，亦能保我子孫黎民，不失舊服。自周公兼夷狄，定九宇，四海之內，提封萬里，旅獒肅慎，無敢不若。衰周板蕩，始有赤狄白狄九州陸渾之戎，交捽諸夏，夷言被髮，瀆亂華俗，部落聚居，勝兵稀疏，亦財比於癬疥。秦始皇帝奄有海內，乃命上將驅而致之河湟之外，始築長城以阻匈奴，中夏清明，秦功為大。皇漢肇興，則有平城之役，孝武赫然，鋭意北伐，終絕大幕，勒石紀功於狼居胥之山。三世載德，威燀旁達，日逐呼韓邪單于，南向奔命，願為臣妾。迄於新都季漢之世，胡祚世衰，邊庭少事。晉道陵夷，授權降虜，劉元海、石勒之徒，憑藉晉威，乘時僭盜，則我中華之疆土，自是幅裂。五胡麇聚，甲覆乙起，江左建國，不由荆揚，然猶西殱姚泓，東誅慕容。徒以燕冀未靖，又資拓跋，崔浩魏收，騰其姦言。明朔方之族出於黄帝，姦人王通，復以元經張虜，乃云黎民懷戎叁才不捨。由是言之，非虜之能盜我中華，顧華人之耽於媚虜也。天誘其衷，唐室受命，西戎突厥，咸服其辜。以中原之地，久陷索虜，任用將帥，胡漢雜糅，卒有安史之變，延及朱梁，沙陀內寇，石晉劉漢，世載其凶。宋承百王之末，疆域削迫，燕雲諸州，淪於契丹，全源繼逆，播遷南服，遂啓蒙古宰割赤縣，則我中華始丘墟為亡國。以民志未攜，能貴其種，韓宋天完，扶義伐罪，卒統一於朱氏，衣冠禮樂，咸復其初。雖疆域之廣，不逮漢家，撻伐所及，遠逾宋氏，辯章種族，嚴於有唐。九邊分衛，斥候相屬，衛虜不能肆其毒，蒙古不能播其氛。邊防之嚴，趣重西北，蕞爾東胡曾不介意，乃使建虜雉兔竄伏於其間，荐食瀋陽，侵及關內，盜竊神器，流毒於中華者二百六十三年。

逆胡愛新覺羅氏者，女眞遺醜，蘖芽東垂，蒙魚為皮，使犬逐鹿，自以朱果之祥，發於神鳥，誘惑諸夷，肆其蠶食。昔在明室萬曆之初，跳梁作賊，父子就誅。凶嗣奴兒哈赤長惡不悛，世濟其逆。我中華念其瞢愚，不忍盡戮，因夷治夷，疆以戎索，則有龍虎將軍之命。奴酋背誕忘德，恣其虐饕，職貢無時，東珠不入，盜我邊部，旁及葉赫尼堪外蘭諸部，將率羣醜，黄衣稱帝，其子皇太極因襲便利，入據全遼。我中華亦有流寇之難，討伐不時，將帥亟易，遂得使虜窮凶極惡，肆其馳突，外劫朝鮮，內圍京邑，稔惡盈貫，亦隕其命。屬以流寇犯闕，思宗上賓。多爾袞、福臨父子，假稱義師，盜有中夏。自弘光初元訖於延平鄭氏之亡四十有一歲，冠帶遺民，悉為虜有，以至於今，傳嗣九葉，凶德相仍。今將數虜之罪，我中華國民其悉心以聽。昔拓跋氏竊號於洛，代北羣胡，猶不敢陵轢漢族。虜以要害之地，建立駐防，編戶齊民，歲供甲米，是有主奴之分，其罪一也。概據燕都，徵固本京餉以實故土，屯積遼東，不入經費，又鎔金巨億，貯之先陵，穿地藏資，行同盜賊，故使財幣不流，漢民日匱，無小無大，轉於溝壑，其罪二也。詭言仁政，永不加賦，乃悉收州縣耗羨以為己有，而令州縣恣取平餘，其餘釐厘金夫馬雜稅之屬，歲有增加，外竊仁聲，內為饕餮，其罪三也。自流寇肆虐，遺黎彫喪，東南一隅，猶自完具。虜下江南，遂悉殘破，南畿有揚州之屠、嘉定之屠、江陰之屠，浙江有嘉興之屠、金華之屠，廣東有廣州之屠。復有大同故將仗義反正，城陷之後，丁壯悉誅，婦女毀郭。漢民無罪，盡為鯨鯢，其罪四也。臺灣鄭氏，舟師入討，懼海濱居民之為鄉導，悉數內遷，特申海禁。其後海外僑民，為荷蘭所戮者三萬餘人，自以開釁中華上書謝罪，大酋弘曆悉置不問，且云：『寇盜之徒，任爾殄滅。』自是白人始快其意，遂令南洋僑民死亡無日，其罪五也。昔胡元入寇，趙氏猶有瀛國之封，宗室完具，不失其所。滿洲戕虐弘光，朱氏舊宗，剿滅殆盡，延恩賜爵，衹以欺世，其罪六也。胡元雖虐，未有文字之獄，自知貉子干紀，罪在不赦，夷夏之念，非可劃絕。滿洲玄曄以後，誅求日深，反脣腹誹皆肆市朝。莊廷鑨、戴名世、呂留良、查嗣庭、陸生楠、汪景祺、齊周華、王錫侯、胡中藻等，皆以議論自恣，或托諷刺國詩歌字書之間，虜遂處以極刑，誅及種嗣，展轉相牽，斷頭千數，其罪七也。前世史書之毀，多由載筆直臣，書其虐政，若在舊朝，一無所問。虜以人心思漢，宜所遏絕，焚毀舊籍八千餘通，自明季諸臣奏議文集而外，上及宋末之書，靡不燒滅，欲令民心忘舊習為降奴，其罪八也。世奴之制，普天所無，虜既以廝役待其臣下，漢人有罪，亦發八旗為奴僕區之法，有逃必戮，諸有隱匿，斷斬無赦，背逆人道，苛暴齊民，其罪九也。法律既成，即當遵守，軍容國容，互不相入，虜既多設條例，務為糾葛，而督撫在外，一切以便宜從事。近世乃有就地正法之制，尋常私罪，多不覆按，府電朝下，囚人夕誅，好惡因於郡縣，生殺成於墨吏，刑部不知，按察不問，遂令刑章枉橈，呼天無所，其罪十也。警察之設，本以禁暴詰奸，虜既利其虛名，因以自扇威虐，狙伺所及，後盜賊而先士人，淫威所播，捨奸宄而取良奧，朝市騷煩，道路側目，其罪十一也。犬羊之性，父子無別，多爾袞以盜嫂為美談，玄燁以淫妹為法制，其他烝報，史不絕書，漢士在朝，習其淫慝，人為雄狐，家有麀鹿，使中夏清嚴之俗掃地無餘，其罪十二也。官常之敗，恒由賄賂，前世贓吏，多於朝堂杖殺，子姓流竄，不齒齊民。虜有封豕之德，賣官鬻爵，著在令典，簡任視事，率由苞苴。在昔大酋弘曆，常喜任用貪墨，因亦籍沒其家以實府藏。盜風既長，互相什保，以官為賈，以法為市，子姓親屬，因緣為奸，幕僚外嬖，交伍於道，官邪之成，為古今所未有，其罪十三也。氈笠絳纓以為帽，端罩箭衣以為服，索頭垂尾以為鬘，鞅靮瓔珞以為飾。往時以蓄髮死者，徧於天下，至今受其維縶，使我衣冠禮樂夷為牛馬，其罪十四也。

夫以黃神遺胄，秉性淑靈，齊州天府，世食舊德，而逆胡一入，奄然蕩覆。又其腥聞虐政，著在耳目，凡有血氣，宜不與戴日月而共四海。故自僭盜以來，朱一貴起於臺灣，林清起於山東，王三槐起於四川，洪秀全起於廣西，張樂行起於河南，其他義師，不可悉數。豈實迫於飢寒，抑自有帝王之志，誠以豺狼之族不可不除，腥氈之氣不可不滌，故肝腦塗地而不悔也。

今者民氣發揚，黎獻參會，虜亦岌岌，不皇自保，乃以立憲改官之令，誘我漢民，陽示仁義，包藏禍心，專任胡人，死相撐拒。我國民伯叔兄弟，亦既燭其奸慝弗為惑亂，以胡寇孔棘之故，惟奮起逐北，摧其巢穴，以為中華種族請命。幕府總攝維綱，輯和宗族，懼草澤洋之駿雄良材鮮學，則自以為王侯，同類相殘，授虜以柄；或有兵威既盛，虜不能制，思尋明祖之迹，與比鄰諸雄互相角奪，不念祖宗同氣之好，日尋干戈使元元塗炭，帝制既成，惟任獨斷，不可以保世滋大。又懼新學諸彥，震於泰西文明之名，勸工興商，汗漫無制，乃使豪强兼併，細民無食，以成他日之社會革命。為是與內外民獻四萬萬人契骨為誓曰：『自盟以後，當掃除韃虜，恢復中華，建立民國，平均地權。有渝此盟，四萬萬人共擊之。』

嗚呼！我中華國民伯叔兄弟諸姑姊妹，誰無父母？誰非同氣？以東胡羣獸，盜我息壤，我先帝先王亦既喪其血食，在帝左右，旁皇無依；我伯叔兄弟諸姑姊妹亦既降為臺隸，與牛駒同受笞箠之毒，有不寢苦枕塊挾弓而鬥者，當何以為黃帝之子？惟革命之不可以已，而不可以有二也，故有共和之政，均土之法，以維持於無極。事雖未形，規模則不可以不閎遠。惟我國民，愷悌多智，以此告勉，庶幾百姓與能。邇來軍中之事，復有約束曰：『毋作妖言，毋仇外人，毋排他教。』昔南方諸會黨，與燕齊義和團之屬，以此三事，自致不競。惟太平洪王之興，則又定一尊於天主，燒夷神社，震驚孔廟，遂令士民怨恚為虜前驅。惟是二者，皆不可以崇效。我國民之智者，則既知引以為戒，其有壯士，寡昧不學，宜以此善道之，使知宗教殊塗，初無邪正，黃白異族，互為商旅，苟無大害於我軍事者，一切當兼包並容，有違節制，悉以軍律治罪。

又我漢族仕宦於滿洲者，既實同種，豈遽忘其祖父？徒以熱中利祿，受彼迫脅。人亦有言：『滿堂飲酒，有一人向隅而泣，則舉坐為之不樂。』幕府張惶六師，神武不殺，雖蚍蜉蟻子猶不妄戮，況我同種而當迫害。念爾搢紳，及爾介胄，既汙偽命，如彼赤子，陷於深谷。爾雖湛溺，爾心肺督脈猶在，爾亦念往者胡人入關陵暴，爾祖爾父，斫頭屠腸於絕轡之野，爾室毀破，爾廟摧夷，爾墓掘穿，爾先妣與爾諸母諸姑，亦有汙辱。我政府肅將天討，為民理冤，以為有人心者，宜於此變。若能舍逆取順，翻然改圖，有束身歸命及以一城一壘迎降者，任官如故。若自忘其本，為虜效忠，以逆我大兵之顏行，一遭俘虜，或得赦宥，至於再三，殺無赦，其為間諜者，亦殺無赦。

又爾滿洲胡人，涵濡卵育於我中華之區宇，且三百年，尺布粒米，何非資於我大國？爾自伏念，食土之毛，不懷報德，反為寇仇，而與我大兵旅距，以爾四體，膏我蕭斧，爾撫爾膺爾誰怨。若自知不直，願歸部落，以為我中華保塞，建州一衛，本爾舊區，其自返於吉林黑龍江之域。若願留中國者，悉歸農牧，一切與齊民等視。惟我政府，簫勺羣慝，淳化蟲蛾，有回面內向者，懷柔以體，革其舊染，選舉租賦，必不使爾有倚輕重。爾若忘我漢德，爾乃盜邊，爾名馬大珠不入，爾惡不悛，爾胡人之歸化於漢土者，乃蹀足謦欬，與外胡響應，幕府則大選將士，深入爾阻，犁爾庭，掃爾閭，遏絕爾種族，幕府則建築爾尸以為京觀。

如律令布告天下，訖於蒙古回部青海西藏之域。

《漢幟》第二號《屈魂〈三合會討滿清檄文一九〇七年一月二十五日〉》 為招賢納士，以驅滿虜而恢中原事。照得種族沉淪，朱明有驅胡之舉；天人順應，湯武興除暴之師。前者僕，後者興，大丈夫當如是也；成則王，敗則虜，小朝廷可求活哉！風景不殊，新亭怕上；人民猶是，地獄堪憐。引救世為不二法門，仗捨身為惟一宗旨。俾斯麥鋏血主義，越勾踐薪膽生涯。既末日之可迴，何狂瀾之莫障！無剝不復，我漢族豈甘屈於人下者乎；有志竟成，彼梟酋終當竄諸塞外焉耳。迺者中原鼎沸，禹域塵埋，帝子不歸，國魂何處？渺建州之遊牧，混上國兮衣冠，舞爪揚牙，披毛戴角，語言既異，血統不良。負其豺狼之能，凶其水草之性，僭竊我神器，侵奪我政權，奴隸我人民，草芥我性命。揚州十日，同歸枉死之城；嘉定萬家，慘作斷頭之鬼。苛政與弱流並永，詩獄偕史禍代興。薙髮之令行，問漢官威儀安在？通婚之禁下，嘆胡兒身價何高！幾千里雞犬不寧，五百萬虎狼坐食。分職如同兒戲，駐防以禦家奴。旗餉較綠營偏優，文臣而軍事不假。人生至此，天道寧論！況夫逞侈心，窮人欲，猙獰面貌，禽獸行為。虐燄燔於蒼穹，穢聲播夫宸極。烝淫之醜，叔嫂偕歡；骨肉之親，豆萁互咏。統男以女，則妖牝鳴晨；移履作冠，則權閹玩國。黔黎兮血淚一滴，幕庭兮土木累年。開經濟特科，續博學宏詞之法網，創昭信股票，實徵捐加稅之別名。官以貪號能，士以愚為貴。商絕陰雨之望，農詠《下泉》之詩。賠款纍纍，苛擔未了；地權處處，斷送堪哀。縱剛毅鐵良，斂貨財而南下，假端方載澤，愚黔首以西遊。政出多門，刑分兩級。內訌展轉，外侮頻仍。秦漢來之所無，胡元時其未覩。縱尋天路，難上愁書；試倒岷崙，莫填苦海。幸天心忌滿，未容反主為奴；值胡運將終，孰肯認賊作父？指三歲童子，屈膝犬羊，猶為之怒，豈七尺鬚眉，同羣鳥獸，曾不是羞乎！

某等漢族遺黎，軒皇貴胄，鬼神可質，血氣猶存。懷百年滅種之憂，抱九世復仇之志。上天瞶瞶，悲從中來；彼黍離離，淚如雨下。姑蘇為麋鹿之藪，洛苑有銅駝之悲。穢漲腥流，神州同痛；水深火熱，窮路奚之。杲卿誓除羯奴，夫差寧忘而父。記曾三合，創芳會以團沙；乃整三軍，起義師而蕩虜。同仇共賦，豈曰無衣，非種必鋤，行無所事。管夷吾得力處盡在攘夷，諸葛亮不世功惟思扶漢。墺皇專制，卒一統以造新邦；俄土虛無，誓九死而亡政府。法蘭西革命三次，王綱破而共和；美利堅苦戰八年，母國認其獨立。惟殷鑑之未遠，實前事之可師。爰於屢敗之餘，再畫中興之策。廣開賢路，普渡衆生。圖勢力之擴張，為旦夕之預備。微長必録，一格不拘。龍獨眼而何妨，敵萬人而並重。駿骨千金可市，豹皮百變猶存。或匕首入秦，死落祖龍之膽；或鐵椎走晉，生遊羼狗之鄉。車後馬前，取頭顱於反掌；花間月下，從肘腋而現身。暗嗚叱吒之雄，慷慨激昂之氣，摧枯拉腐，破釜沉舟。造暗殺恐怖之時期，布多方改革之政策。祝烏頭與馬角，夢想都靈；並風虎兮雲龍，扶搖而上。異日功銘絶域，師會孟津。撞自由鐘，驚醒黄人之夢；登平等閣，推開紫塞之煙。夷滿洲為放牛場，赦載湉作降王長。四百兆頂天立地奇男子，新造强邦；二千年沐雨櫛風舊山河，重歸故土。向江洲而刷馬，翻銀漢而洗兵。畫列强均勢之圈，開世界大同之局。逐虜西逾海，平湖北到天，曷足道哉；雪恥酬百王，除凶報千古，此其時也。檄到如律令。

《鵑聲》第一、二期《瓜分中國之原動力》 唉！中國，中國，爾活了四千餘年，不想爾到了今日，竟自是要死去啊！想當初我們那位老祖宗，起先入主中國那位皇帝，不知無限的經營，無限的心血，才把中國開闢出來，做我們四百兆同胞子孫的基業。後來一輩一輩的祖先人，不知又費了好多的苦功血汗，才把中國做成一個如錦如荼的山河。而今竟自被這些不肖子孫，放棄了主人的責任，隨便那東胡賤種，滿洲奴才，東割一塊來送與人，西割一塊來送與人。我的中國啊，爾死的好慘啊！那膠州、旅順、威海、廣州沿海一帶的地方，譬如中國的咽喉，也被那滿洲人，七零八碎的割來送與外國的人。只要保得住他奪踞我們那個皇帝位子，他管我們祖宗辛辛苦苦四千年來貽留下來的中國江山嗎？我的痛心的中國啊，爾竟自死在賊滿人的手裏啊！唉！我們四百兆同胞兄弟，不從賊滿人手裏，把我們祖宗貽傳的基業奪了回來，反去助桀為虐，倒幫賊滿人，硬要把我們的子孫基業，一齊送與外國的人，爾們才心甘嗎？閱報諸君，爾們看了我這個説法，未免要疑惑起來，這有個大大的緣故，不然我何以不恨外人瓜分中國，何以不恨滿人盜賣中國，我偏恨我們的同胞，是瓜分中國的原動力呢？因為中國今日所處的地位，譬如一個富家翁，那些外國就是一般强盜，那些滿洲政府好比那最惡的奴才。那些强盜，看見了這一家有錢的人家，人口雖然多，只是兄弟們不齊心，有了事來，大家都不過問，聽從那滿洲奴才如何施為。那强盜看見奴才都可以作主，也就見財起意，來威逼那滿洲奴才，説是甚麽山上打獵，見者有份，爾把中國人的江山，盜踞了二百五十餘年，爾的富也該享夠了，如今爾若是不把中國拿出來，利益均沾，不惟爾休想做中國皇帝，就是爾祖宗的根據地，我們都不給爾留下呢。諸君，諸君，爾説滿人聽了這些話，他如何不駭怕呢！自然就做出些順手人情，把我們的海港，也送完了，把我們的鐵路權，也賣完了，把我們的礦山採取權，也送完了。諸君，諸君，爾説滿洲人可恨不可恨呀？該殺不該殺呀？然而我做的報，恨雖是恨滿洲人惡奴欺主，那些外國强盜我也是狠恨他的，只是對付他們的手段，要分一個先後。譬如起先説的，那一家有錢的人家，已經被那些强盜，四面八方都重重圍困了，那惡奴欺主的滿洲人，又借那些强盜的勢力，來壓制這一家人，這一家人不曉得抱定目的，先把這家心腹之憂滿洲惡奴除了，把自己家務整頓起來，那些强盜也就不能想我們的方子了。唉！才不曉得那一夥强盜，因恐怕分贓不平自相殘殺，倒還莫不得一個敢先下手來搶劫這家人的財産。這家的人，愚不愚到盡頭處了？諸君想想，今日我們中國，打教堂，殺洋人，這一班人是不是這個樣子呢？我所以説瓜分中國的原動力，也不是那洋人，也不是那滿人，就是我們中國的人了。

我且把近十年來，打教堂殺洋人的歷史，説來與列位聽聽。光緒二十三年，山東暴民，突有殺害德國教民之事。德國的東洋艦隊立時駛入膠州灣海港，把我們天造地設第一等的軍港佔據，德國在我們東洋，於是始有根據地，於是我們山東一省，就入了德國人的勢力範圍。諸君想想，外國人與滿洲人，原是訂得有利益均沾的條約，如今西洋各國，看見德國，因為死了兩個教士，就得了膠州灣天生的軍港，爾説那些英國、俄國、法國、日本，豈能光眼看不成？於是乎俄國就把我們的旅順口大連灣登時佔領了，於是乎英國就把我們的威海衛九龍灣也割去了，法國也把我們的廣州灣也割去了。德國既據了膠州，就以山東為他的外府；俄國既佔了旅大，又訂了東三省不讓與他人之約，儼然為了三省的主人；法國既佔了廣州，又訂了兩廣雲南不讓與他人之約，英國既佔了威海九龍，又訂了揚子江流域不讓與他人之約；於是日本，也學那幾國之所為，就與滿清政府，訂了福建不讓與他人之約。諸君呀！殺了外國兩個教士，我們就失去了好多地方，爾説那山東殺教士那些人，害得我們中國慘不慘呀？我若把拳匪的歷史説了出來，我們中國人眞是全無心肝的人。那直隸山東的人，眞是服從遊牧賤種服從慣了的，得了滿洲政府的錢，就死心塌地的去做什麼扶清滅洋，全不曉得滿人才是我們漢人的仇人，全不曉得滿人因為什麼西太后與光緒皇帝爭權。他們滿人自己一家人的事，與我們漢人有什麼相干，我們漢人不乘此時把滿洲政府推倒！那些直隸山東的豚尾奴，只曉得去拍滿人的馬屁。儞不曉得滿洲人的心腸是十分厲害，故意叫那些拳匪去激怒洋人，好借西洋人的兵力來滅我們漢種。儞們豈不聽見那賊滿人剛毅説的話嗎？漢人强滿人亡，漢人瘦滿人肥。這兩句話他們滿人是人人都知道的，所以那西太后吩咐他們，拿點錢出來買那山東直隸豚尾奴，叫他們去打教堂殺洋人。及到後來洋兵到了北京，我們漢人被洋兵殺死了五百餘萬，我漢人每年還要出許多錢去賠外洋。唉！説起這些事來，不曉得列位同胞，還是傷心還是不傷心呢？那些不曉得事的愚人，常想仇教，列位同胞，該不該去勸導他們？那些土匪遊民，一心想借教堂想財喜，列位同胞，該不該想法子，把地方的團練辦好？保護教堂，就是保護我們中國的土地，就是保我們各人家室財產。這個問題很大，一期也説不完，待本報第二期出來，我再把日本何以無教案，我們中國何以受這個教禍如是之深，以及諸君各人當盡的天職，慢慢説來，大家研究研究。

頭一期所説中國受教案的禍，割地賠款，幾乎把中國送與外人去了。如今中國雖然未被外國瓜分，然而幾百兆的賠款，幾十年才還得清楚。在這幾十年中還要不鬧出什麼事情出來才好，若是再鬧了教案出來，不惟有好幾百兆的銀錢又要送吊了，恐怕還有好幾省的地方不投數。列位弟兄們啊！須要曉得現在我們中國的政府，只有保護彼教的力量，並無保護我民的眞心呀！所以遇了教案出來，只曉得割地方，只曉得賠銀錢，只曉得殺百姓。當教案未出來之先，何嘗有個思患預防的法子在肚皮頭嗎？何嘗想倒教案是亡中國的一大禍根嗎？因為中國原來不是滿人的，我們中國的銀錢，我們中國的江山，他滿人有什麼愛惜呢？只是我們兄弟們須要曉得庚子那一年，山東、直隸的人，因為打教堂殺洋人，就賠了幾百兆的銀子，死了幾百萬的人民。我們有了許多銀子來做賠款，我們何不拿來做軍餉呢？我們有了幾百萬人來冤枉死了，何不去做革命軍呢？儞看日本人與俄國打仗，所死的人不上十萬，把一個日本國的名色，弄得轟轟烈烈的名震地球，我們死了幾百萬人，反倒成了個辱國最大的紀念。所以我總望我們弟兄們，有了這一番不怕死的膽量，不要拿來打教仇洋。因為我們中國現在的力量，要與外洋開仗還是打不贏，若是只把滿洲政府推倒就是俗話説的换朝，那我們國民的力量還是很有餘的。我何以説必要把滿洲政府換了呢？因為民教不和的原故，皆是現在的政府不好，養一些男盜女娼的官吏，只曉得弄我們百姓們的錢，一樣事都不能替我們做。有了案子出來，一看見了教民二字，他就魂飛天外，一聽見教士説的話，比那鍤崮他娘的老子説的話，他還要加十二分的俸承他。使倒這些奴隸狗官能夠稍有點良心，遇了教案出來秉公執正的去辦，那教士教民也就不能來估倒我們了，可恨那些狗官遇了教案出來，他只曉得保護他的狗卵子，他還肯來保護我們百姓們的身家性命嗎？我所以叫我們弟兄們遇了不好的狗官，就拿一個虛無黨暗殺的手段來對付他，看他還敢不敢亂要錢，看他還敢不敢任意妄為淩辱我們百姓，看他還敢不敢袒護教民餂洋人的屁股。這就是第一樣辦法。第二呢，就是平情理不分畛域的辦法。什麼叫做平情理不分畛域呢？我嘗推求愚民仇教的原故，有因為借公憤而報私仇的，有因為信謠言疑曖昧而動衆怒的。就他們吃教那一面看來，也有種種緣故，有因迫於饑寒借教堂為逋逃藪，吃了教就好橫行鄉里的，也有為貪官汙吏所逼迫，土豪怨家所淩辱，然後才去奉教的。我們今日要想調和民教，息事保國，免得外國人因為出了教案，好來干涉我們內政，瓜分我們土地，自然是要有個頂好的辦法。我們對付仇教愚民的辦法有三個：第一是開一般人的普通知識，使一般下流社會的人，不為吃小兒采紅丸的謠言所惑，以息衆人的怒；第二是仿員警的辦法，認眞整頓保甲使土匪無容身之地；第三是廣設戒煙局多設手工場以位置失業的遊民。我們對付教民那一方面也有幾個法子：第一是上流社會的人，常常與教士往來，以疏通聲氣聯絡情誼；第二是聯絡教民裏頭善良者，曉以愛國大義，説明亡國滅種的利害，無論是教民不是教民，都是一同享受的。據以上所説的辦法想來，我們對付狗官的法子，是除了暗殺莫得第二個辦法的。因為做官的人全莫得一點知識，全然莫得一點良心，他不管儞什麼叫做民族，什麼叫做賣國，什麼叫做殘害同胞，什麼叫做亡國滅種。他只曉得升官發財，他一家人婆孃兒女安安逸逸快快活活的過日子，他管我們冤枉不冤枉，吃苦不吃苦呢？稍為有點勢力的人，還可以告一告上控，找一找御史參他。最可憐的就是我們佔大多數的同胞，受了狗官的苦，氣都不敢歎一口，話都不敢說一句。就是告上控找御史的人，無非是多化些錢，及至到了頭來還是莫得一個公是公非的。所以我說只有暗殺的好，殺了一個不好的，後頭來的他總不敢再不好了。大凡中國做官的人，參官他是不怕的，儞就把他那個狗官跟他整吊了，他仍然是可以把弄我們的冤枉錢去鑽營，不惟可以開復原官還可以望得住升官呢。所以我們到了這步田地，只有用鐵血主義，並無別個法子了。只是弟兄們起初聽了我殺官的話，未免要疑惑起來，疑惑我做報的人是瘋子；未免要駭怕起來，駭怕殺了官要派兵來剿。我說列位不必疑惑也不必駭怕，等我下期把殺官的原理說了出來，儞們就知道了。況且那些狗官，既不敢偏袒教民了，教民的氣焰自然也就少了許多，善良的教民又把些大義來責備他，又把些禍福榮辱關係全體的名譽利害來勸導他，那些不好的教民，也就孤立無助了。我們地方上的紳士們，又肯與教士時常往來，又肯把保甲辦好，保護教堂、教民、教士，那教士跟我們的交情，自然是比從前不同了，就算有了教案的時候，也可通融辦理，不像從前那樣横行挾制了。我們那些無業遊民，既有了一條生活的路，也不至於鬧事了，只要二三十年之中，不再鬧出拳匪的事出來，我們才好一心一意去辦學堂興教育，開富源興實業，改良政體組織新政府。所以我說中國今日的急務，第一要先調和民教，以杜外人的干涉，然後才能夠下手以辦各種的事情。鵑聲第三期上我有一個弭教禍的會的辦法，待出了版時，再與列位請教。

《秋瑾集·光復軍起義檄稿》 芸芸衆生，孰不愛生？愛生之極，進而愛羣。蓋種族之不保，則個人隨亡，此固大義了然，毋庸多贅者也。然試叩我同胞以『今為何時』，則莫不曰『種族存亡之樞紐』也。再進而叩以『何以可以免此存亡之問題』，則又瞠然莫對；否即以『政治改革』為極端之進化矣。嗟夫！歐風美雨，咄咄逼人，推原禍始，是誰之咎？雖滅滿奴之族，亦不足以蔽其辜矣！

夫漢族沉淪二百有餘年，婢膝奴顔，脅肩他人之宇下，有土地而自不知守，有財賦而自不知用，戴醜夷以為主，而自奴之。彼國倘來之物，初何愛於我輩？所何堪者，我父老子弟耳。生於斯，居於斯，聚族而安處。一旦者瓜分實見，彼卽退處藩服之列，固猶勝始起遊牧之族，奈何我父老子弟乃聽之而不聞也。年來防家賊之計算，著著進步，美其詞曰『立憲』，而殺戮之報，不絕於書；大其題曰『集權』，而漢人失勢，滿族梟張。嗚呼！人非石木，孰不愛生而愛羣？逼於不獲已，則只能守一族之利益矣。彼既棄我種族置之不問之列，則返報之道，亦所當為，奈何我父老子弟見之不早也？

某等菲薄，不敢自居先知，然而當仁不讓，固亦嘗以此自勵。今時勢阽危，實確見其有不容已者，為是大舉報復，先以雪我二百餘年漢族奴隸之恥，後以啓我二兆方里天府之新帝國。宗旨務光明而不涉於暧昧，行事務單簡而不蹈於瑣細。幸叨黄帝祖宗之靈，得以光復舊業，與衆更始。所有遺派之兵馬，曉諭如左。是我漢族，自當共表同情也。

秋瑾《秋俠遺集·自擬檄文其一》 嗟夫！我父老子弟，其亦知今日之時勢，為如何之時勢乎？其亦知今日之時勢，有不容不革命者乎？歐風美雨，澎湃逼人，滿賊漢奸，網羅交至，我同胞處於四面楚歌聲裏，猶不自知，此某等為大義之故，不得不愷切勸諭者也。夫魚遊釜底，燕處幕巢，旦夕偷生，不自知其頻於危殆，我同胞其何以異是耶？財政則婪索無厭，雖負盡納稅義務，而不與人以參政之權；民生則道路流離，而彼方昇平歌舞。侈言立憲，而專制乃得實行；名為集權，則漢人盡遭剝削。南北兵權，既純操於滿奴之手，天下財賦，又欲集之一隅。練兵也，加賦也，種種剝奪，括以一言，制我漢族之死命而已。夫閉關之世，猶不容有一族偏枯之弊，況四鄰逼處，彼乃舉其防家奴、媚異族之手段，送我大好河山！嗟夫！我父老子弟，盍亦一念祖宗基業之艱難、子孫立足之無所，而深思於滿奴之政策耶？

某等眷懷祖國之前程，默察天下之大勢，知有不容已於革命，用是張我旗鼓，殲彼醜奴，為天下創。義旗所指，凡我漢族，應表同情也。

驅滿酋必先殺漢奸論分部

論說

《漢幟》第一期《劉道一〈驅滿酋必先殺漢奸論〉》　聞之植物學家之言矣，凡雨花果之結合，必有蟲與風為之媒介。吾於是知胡人之入中國也，亦必有為之媒介者乎。以東北一部夷之來華，地勢不悉，風俗不諳，文字不通，驅使漢人之技不曉，種種隔閡，如登雲天，而敢深入腹地，犯兵家所忌耶？而敢黃河天塹，單騎飛渡耶？長城萬里，老天設險以限華夷，此匈奴之所以不敢南下而牧馬，拓跋、佛狸之所以臨江而不敢渡也。自有一種漢人，為之鷹犬，效其爪牙，以作鄉導。於是地勢不悉者，則為之指示九州十八省之要道，而使之佔領矣；風俗不諳者，則為之授課孔、孟、程、朱之書，而使之漸進文化矣；文字不通者，則為之教以飯食，教以婚姻，教以禮儀，而使之改去禽獸舊俗矣；驅使漢人之技不曉者，則為之導以沿用秦之法律、唐之科舉、宋之理學、明以來之官制賦稅一切，而使之愚弄馭制此家奴有餘矣。教猱升木，為虎添翼，神州陸沉，是誰之咎歟！今日數滿人之罪者，必曰：『爾虜攘奪我河山也，蹂躪我人民也，壟斷我中央權利也。』而不知河山非虜之所能奪取也，我獻之也；人民非虜之所能蹂躪也，我送之也；中央權利，非虜之所能壟斷也，我給與之也。□□所痛怨者『韃子』，日日所研究者『滿惡』，曾不一思『韃子』之所以至，『滿惡』之所以橫者，誰致之？清夜自思，反躬自問，毋亦待人之不恕，而轉使虜之笑我乎？是故亂中自者滿入，亡中國者非滿人也，漢人也。蓋漢奸者，引入滿人之媒介也。【略】

然而往者已矣，今日漢奸界之怪現狀，且百出而未已。魑魅魍魎，吾見亦多。欲寬有此現在的漢奸而不殺，則過去的漢奸已可鑑，未來的漢奸更方長。同胞多一優容漢奸之日，即漢奸多一殘食同胞之時。漢奸多一番得志之機，即滿酋多一次橫暴之力。漢奸與同胞，則極端反對性也。滿酋與漢奸，則天然的化合物也。是故今日之計，救同胞而不殺漢奸，是猶抱薪救火，薪不盡而火不滅也；逐滿酋而不殺漢奸，是猶隔靴搔癢，靴不啓而癢不止也。漢奸乎！漢奸乎！而可任其白日橫行而不殺乎？國人皆曰：『殺，殺，殺。』

殺漢奸必殺康有為、梁啓超。甲午以後，虜廷不絕如綫，而康、梁以痛哭流涕之妾態，倡偽維新之論，保皇之名。種族之歷史不通，國民之原理不曉，惟鰓鰓鼓其『開明專制』、『政治革命』之醜論，以作君王憐妾之宮怨詞，『漢使若回憑寄語，黃金何日贖蛾眉』。身居海外，心在虜廷，周旋清公使五臣之前，惶恐用我孤臣之不速。報章則可進呈御覽，憲法即為身之護符。左道誣民，此孔子之所以誅少正卯也。康、梁者，今日之少正卯。欲息邪說，正人心，不誅此兩妖魁，不可得也。

殺漢奸必殺張之洞。庚子之漢變之屠戮，今歲長江之飭拿，湘中之進剿，之洞之殘漢媚胡，可謂不遺餘力。現且偵騎四出，羅織黨人，務欲盡取漢族思想家，付之胡刀而後快。各督撫不久即更替，之洞獨十數年而不換者，虜廷豈有愛於之洞哉，不過資其善殺漢人，以之坐鎮上游。雖咸、同間之官文駐鄂，尤不若此用家奴以防家賊之便。蓋之洞者，滿族之功臣，而殺同胞之上手也。吾輩不殺此老賊，終無以寒漢奸界之膽耳。若夫呂海寰之嗾成『蘇報』案，龐鴻書之鍛鍊湘獄，岑春煊之橫虐廣東，丁振鐸之斷送雲南，李盛鐸、戴鴻慈之奔走憲政，嚴修、徐世昌之附和維新，皆獲咎祖國最甚，必正以國民之天誅，而之洞不過其首座也。開花之彈，無煙之槍，我國民其試演於數賊之頸哉！

殺漢奸必殺慶祝立憲黨。愛爾蘭英領之一小國也，英前皇維多利亞之誕，舉國皆賀，愛爾蘭人獨服國喪舉弔旗。以異族政府之得意處，即亡國遺民之傷心處也。今漢族之滅國紀念，有盛過愛爾蘭之被征。滿族之立憲救亡，不啻維多利亞之生誕。七月十三日預備立憲之滿詔下，此我漢家子孫舉弔旗服國喪之日也。乃慶祝立憲會，倡之於學界，應之於政界、商界，創辦於京師、上海，遍及於各省各郡各埠，龍旗耀日，演說如雷。美國之賀離英獨立旗耶？日本之歡迎征露凱旋軍耶？醉耶？夢耶？瘵耶？迷耶？舉國若狂，不可思議。蓋非則有肺腑，必不至斯。是必令各處有血男兒，各出其如熱如火、捷如神之手段，誅殺此賤奴而後可。否則我同胞如此醜舉，不獨見恥於同國，當亦見笑於虜中矣。

殺漢奸必殺各官吏之暴者。諺曰：『一世作宦，九世作牛。』可想見官界之罪惡已。況寄宦異族之朝廷，尤非多殺民命，多削民脂，不足博虜廷之歡耶。『甘年身世家何在，又報東胡設偽官。』胡虜不能自戕民之命也，則借官以戕之；胡虜不能自取民之產也，則借官以取之。官者，蓋虜與民接之機關物也。環顧宦界，了知大義，不敢殘民，迫於無可如何，以奴為隱，俟機待發者，亦有其人。至於豺狼成性，相將食人，借國民皮肉，為升官發財之券，日月諂事胡虜，以保我爵位勳階者，比比皆是。樞臣則以囊括海內、專利中央為能；督撫則以鎮壓民氣、摧抑革命軍為能；州縣以拿獲會黨、嚴刑威民為能；武員以扣減軍餉、殺敗國民兵為能。上而中堂、宮保，下而老爺、太爺，頂子之紅色藍色，無非血也；補服之禽形獸形，皆非人也。終日如閻羅夜叉，惟懼民死之不速。『笑罵還他笑罵，好官任我為之。』是不啻為虜置千百猛獸於民上也。項羽起兵，先殺會稽守；洪軍所過，先殺地方官。俄虛無黨革命，慣殺將軍宰相。驅滿者之先殺此偽官也，必矣。

殺漢奸必殺各監督、兵官之妖者。邇來民族主義日益傳播，學生兵士大半有革命思想，而監督與兵官壓之。種界非不知，大勢非不曉，第以利祿主義所在，毋寧禁下而不為。今歲湖南內地學生，皆有獨立資格，而監督則遏之，各省學界可概也。湖北之常備軍赴湘倒戈，而兵官則禁之，各省之軍界可概也。學生而欲革命乎？吾請從革監督之命起也。兵士而欲革命乎？吾請從革兵官之命起也。十九世紀以來之大革命，類皆學生兵士為之。第不先去學校軍伍之漢奸，作直接的革命，而欲一躍顛覆政府，作間接的革命，難矣。學校最忌衝突，而破壞為虜作厲之奴圈，則衝突既既其進步也。軍界最講服從，而上官殺百姓之命命，則不必服從也。學生諦思，兵士乎！諦思。

殺漢奸必殺假新黨。所貴乎新黨者，貴有道德也，貴有團體也，貴有高尚之品格也，貴有堅固不搖之性情也。乃邇來有假新黨焉，今日遇革命黨，則力主驅逐韃胡；明日遇立憲黨，則又主不分滿漢矣。留東則演說場唱民族，歸國則保和殿頌聖神矣。『今朝新貴人，昨日革命黨。』此其人之名託志士，實則死奴，其心已不可問，況又遇利之所在，不惜犧牲同類，以取快於賊中。龍□本唐才常之同黨也，而以事與唐不合，卽導文廷式至武昌發其事。周□本夙由口談排滿，擠劉某彭某之不革命，而釣得學界名位者也，乃忌禹之謨名出己上，以事不相能，則迎合當途，而陷成禹之大獄，是其例也。若而人者，鬼鬼怪怪，妖狀莫名，欲不革命，則又恐新政府之成立；欲不傾殺同人，則又慮滿政府之牽連。嗟乎！新黨可冒，民族實行主義亦可冒乎。人有恆言曰：『與其為偽君子，不若為眞小人。』吾亦曰：『與其為偽新黨，不若為其守舊也。』蓋舊黨之漢奸猶可防，新黨而漢奸，則防無可防矣。害馬者不去，則必敗羣。假新黨而不殺，吾恐外患未至，而禍已伏於蕭牆矣。

嗟嗟！虜塵滾滾，舉止羞人。盼朱鑾之不來，抵黃龍其何日。歸於天之不祚漢耶？則天必曰：『我不能將汝衆生之毛土，畀之異族也。』歸於祖宗之無靈耶？則祖宗必曰：『我非顧汝子孫之冠帶變作胡裝也。』若之何自貽伊戚，自殘同類，替人作嫁，賣主求榮，而使我金戈鐵馬之河山，變為天陰鬼哭之招魂社，三皇五帝之苗裔，變為漂泊無依之亡國奴，作怪作妖，一至此極耶！查清之亂華也，開十七史之奇變，比之周漢晉唐，無此得禍之慘；踞十八省之疆土，比之南北五季，無此佔地之廣；苟延二百六十五年之甲子，此之宋一代，無此猾夏之久。蓋今世漢奸之術，工於歷代，則虜害亦大於歷代；漢奸之運，長於歷代，則虜命亦壽於歷代也。今日者，其胡人學漢之畢業期，今日之中國者，其漢人販國之總賣辦所乎？清康熙之諭旗營曰：『從古漢人叛亂，祇用漢兵征討，豈有滿兵助剿？』噫！虜之為此言也，殆習見歷代亡漢之歷史，皆漢奸之歷史歟。清廷向來衣鉢，皆此驅漢人以殺漢人者，為秘密之方法。入關時無論矣，至平後三藩時，此方法一盛，平粵捻時，此方法又一盛。迨觀最近之湘贛光復軍起，調兵遍全國，而鄰近易召之荊州駐防旗，曾不少動，此方法乃盛而又盛矣。數百年來，不廢八旗一兵，不折索倫一騎，可端坐以觀漢人之自戕，為圓明園下酒物也。古之中國，以夷攻夷。今之夷狄，以漢殺漢。以夷攻夷者，中國滅夷之上策。以漢殺漢者，非夷狄滅漢之奇術乎？狼無狽不立，狽無狼不行。滿酋非漢奸無以至今日，漢奸非滿酋無以終餘生。漢奸既與滿酋有密接之關係，則漢奸已同化於滿。吾國民之殺漢奸，謂之殺漢奸可也，謂之殺滿人亦可也。如果內患掃除，不為胡用，則以彼遼瀋巢穴已失、全國人心已去之虜，有不入吾掌握者，吾不之信也。嗟嗟！朔風怒號，白楊蕭蕭。失國之戚，與子同袍。憾之結兮，望帝魂之來兮，盧騷我鄰。盛無黨贈我以彈兮，我祖黃帝遺我以大刀。我誓懸虜首於太白兮，我先殺此漢奸之不同胞。

三民主義綱領分部

論說

《孫中山全集·東京軍事訓練班誓詞》 驅除韃虜，恢復中華，創立民國，平分地權。

又 《**中國同盟會革命方略**》 軍政府宣言

天運歲次 年 月 日，中華國民軍軍都督奉軍政府命，以軍政府之宗旨及條理，布告國民。

今者國民軍起，立軍政府，滌二百六十年之羶腥，復四千年之祖國，謀四萬萬人之福祉，此不獨軍政府責無旁貸，凡我國民皆當引為己責者也。維我中國開國以來，以中國人治中國，雖間有異族篡據，我祖我宗長能驅除光復，以貽後人。今漢人倡率義師，殄除胡虜，此為上繼先人遺烈，大義所在，凡我漢人當無不曉然。惟前代革命如有明及太平天國，只以驅除光復自任，此外無所轉移。我等今日與前代殊，於驅除韃虜、恢復中華之外，國體民生尚當與民變革，雖緯經萬端，要其一貫之精神則為自由、平等、博愛。故前代為英雄革命，今日為國民革命。所謂國民革命者，一國之人皆有自由、平等、博愛之精神，即皆負革命之責任，軍政府特為其樞機而已。自今以往，國民之責任即軍政府之責任，軍政府之功即國民之功，軍政府與國民同心戮力，以盡責任。用特披露腹心，以今日革命之經綸暨將來治國之大本，布告天下：

一、驅除韃虜。今之滿洲，本塞外東胡，昔在明朝，屢為邊患。後乘中國多事，長驅入關，滅我中國，據我政府，迫我漢人為其奴隸，有不從者，殺戮億萬。我漢人為亡國之民者二百六十年於斯！滿洲政府窮凶極惡，今已貫盈，義師所指，覆彼政府，還我主權。其滿洲漢軍人等，如悔

司來降者，免其罪；敢有抵抗，殺無赦！漢人有為滿奴以作漢奸者，亦如之。

二、恢復中華。中國者，中國人之中國。中國之政治，中國人任之，驅除韃虜之後，光復我民族的國家。敢有為石敬瑭、吳三桂之所為者，天下共擊之。

三、創立民國。今者由平民革命以建國民政府，凡為國民皆平等以有參政權。大總統由國民共舉。議會以國民公舉之議員構成之，制定中華民國憲法，人人共守。敢有帝制自為者，天下共擊之！

四、平均地權。文明之福祉，國民平等以享之。當改良社會經濟組織，核定天下地價。其現有之地價，仍屬原主所有；其革命後社會改良進步之增價，則歸於國家，為國民所共享。敢有壟斷以制國民之生命者，與衆棄之！

右四綱，其措施之次序則分為三期：第一期為軍法之治。義師既起，各地反正，土地人民新脫滿洲之羈絆，其臨敵者宜同仇敵愾，內輯族人外禦寇仇，軍隊與人民同受治於軍法之下。軍對為人民戮力破敵，人民供軍隊之需要及不妨其安寧。既破敵者及未破敵者，地方行政，軍政府總攝之，以次掃除積弊。政治之害，如政府之壓制、官吏之貪婪、差役之勒索、刑罰之殘酷、抽捐之橫暴、辮髮之屈辱，與滿洲勢力同時斬絕。風俗之害，如奴婢之畜養、纏足之殘忍、鴉片之流毒、風水之阻害，亦一切禁止。並施教育，修道路，設警察、衛生之制，興起農工商實業之利源。每一縣以三年為限，其未及三年已有成效者，皆解軍法，布約法。第二期為約法之治。每一縣既解軍法之後，軍政府以地方自治權歸之其地之人民，地方議會議員及地方行政官皆由人民選舉。凡軍政府對於人民之權利義務，及人民對於軍政府之權利義務，悉規定於約法，軍政府與地方議會及人民各循守之，有違法者，負其責任。以天下平定後六年為限，始解約法，布憲法。第三期為憲法之治。全國行約法六年後，制定憲法，軍政府解兵權、行政權，國民公舉大總統及公舉議員以組織國會。一國之政事，依於憲法以行之。此三期，第一期為軍政府督率國民掃除舊汙之時代；第二期為軍政府授地方自治權於人民，而自總攬國事之時代；此三期為軍政府解除權柄，憲法上國家機關分掌國事之時代。俾我國民循序以進，

養成自由平等之資格，中華民國之根本胥於是乎在焉。

以上為綱有四，其序有三。軍政府為國戮力，矢信矢忠，終始不渝。尤深信我國民必能踔厲堅忍，共成大業。漢族神靈，久焜耀於四海，比遭邦家多難，困苦百折，今際光復時代，其人人各發揚其精色。我漢人同為軒轅之子孫，國人相視，皆伯叔兄弟諸姑姊妹，一切平等，無有貴賤之差、貧富之別；休戚與共，患難相救，同心同德，以衛國保種自任。戰士不愛其命，閭閻不惜其力，則革命可成，民政可立。願我四萬萬人共勉之！

《民報》第一號《孫中山〈民報發刊詞一九零五年十月二十日〉》 近時雜誌之作者亦夥矣。姱詞以為美，囂聽而無所終，摘埴索塗，不獲則反覆其詞而自惑。求其斟時弊以立言，如古人所謂對症發藥者，已不可見，而況夫孤懷宏識，遠矚將來者乎？夫繕羣之道，與羣俱進，而擇別取捨，惟其最宜。此羣之歷史既與彼羣殊，則所以掖而進之之階級，不無後先進止之別。由之不貳，此所以為輿論之母也。

余維歐美之進化，凡以三大主義：曰民族，曰民權，曰民生。羅馬之亡，民族主義興，而歐洲各國以獨立。洎自帝其國，威行專制，在下者不堪其苦，則民權主義起。十八世紀之末，十九世紀之初，專制仆而立憲政體殖焉。世界開化，人智益蒸，物質發舒，百年鋭於千載，經濟問題繼政治問題之後，則民生主義躍躍然動，二十世紀不得不為民生主義之擅場時代也。是三大主義皆基本於民，遞嬗變易，而歐美之人種胥冶化焉。其他旋維於小己大羣之間而成為故説者，皆此三者之充滿發揮而旁及者耳。

今者中國以千年專制之毒而不解，異種殘之，外邦逼之，民族主義、民權主義，殆不可以須臾緩。而民生主義，歐美所慮積重難返者，中國獨受病未深，而去之易。是故或於人為既往之陳迹，或於我為方來之大患，要為繕吾羣所有事，則不可不並時而弛張之。嗟夫！所陟卑者其所視不遠，遊五都之市，見美服而求之，忘其身之未稱也，又但以當前者為至美。近時志士舌敝唇枯，惟企强中國以比歐美。然而歐美强矣，其民實困。觀大同盟罷工與無政府黨、社會黨之日熾，社會革命其將不遠。吾國縱能媲迹於歐美，猶不能免於第二次之革命，而況追逐於人已然之末軌者之終無成耶！夫歐美社會之禍，伏之數十年，及今而後發見之，又不能使之遽去。吾國治民生主義者，發達最先，睹其禍害於未萌，誠可舉政治革命、社會革命畢其功於一役。還視歐美，彼且瞠乎後也。

翳我祖國，以最大之民族，聰明强力，超絕等倫，而沉夢不起，萬事墮壞，幸為風潮所激，醒其渴睡，旦夕之間，奮發振强，勵精不已，則半事倍功，良非誇嫚。惟夫一羣之中，有少數最良在心理能策其羣而進之，使最宜之治法適應於吾羣，吾羣之進步適應於世界，此先知先覺之天職，而吾《民報》所為作也。抑非常革新之學説，其理想輸灌於人心，而化為常識，則其去實行也近。吾於《民報》之出世覘之。

又 第一二號《民意〈告非難民生主義者〉》 去新曆十二月二日為本報紀元節慶祝大會，而記者適任筆記之責，既終會，以其詞登諸前第十號，其間所記演説各稿，於孫先生之言民生主義，尤兢兢焉。良以此問題隱患在將來，而此學於吾國亦鮮以能研究者稱也。記者從先生遊，屢問其所稱道之理論，及其方案條理，多不勝述，顧緣擾於他事，不克編輯為文，以實本報，良自引憾。近頃見《新民叢報》第十四號，有梁氏《雜答某報》文『社會革命果為中國今日所必要乎』一節，力反對吾人所持之政策。雖未嘗不惡其恣睢悖謬，然自喜遇此而得貢言於我國民之機會。蓄櫟以加我之詆諆，為我研究之問題，以期第三者之易於瞭解。此記者夙所認也，爰為文辯之，以告梁氏，並告一二惑於梁氏而非難民生主義者。

凡為駁論，貴先有自我之主見，繼審觀他人之言論，覺其所持，為與我見為不合，不反覆而得發見其缺點焉，然後辨之。故其所駁者，即不必盡當，然持之有故，言之成理，兩端相折，而此問題之眞相，倍易於發露。梁氏不然。其初固非有自我之主見，繼亦未嘗審觀他人之文，而但以問諸革命黨之故，則遂貿貿然執筆相攻，條理不一貫，更雜以同時自相挑戰之活劇。故所病於梁氏者，非好為駁論也，病其不能為駁論，而顛倒矛盾，自擾擾人，使閲者亦為之昏亂迷惑，而腦筋不寧者終日。從其後而規正之者，則又必不免於詞費也。即如梁氏此十四號之文，謂絕對贊成社會改良主義，而反對社會革命主義。於社會主義學説中，硬分其若者為屬於改良，若者為屬於革命，且企以此而斡旋其前後議論之矛盾。而不知其終不可掩。何者？梁氏於彼報去年第三號以前，既極力認紹介社會主義之學説於中國，而其第三號以《民報》言社會主義也，則曰：『此主義在歐洲社會常足以煽下流。』此一度挑戰也。及第四號則曰：『如某氏持土地國有主義，在鄙人固承認此主義為將來世界最高尚美妙之主義。』其所承認者，即第三號所斥為煽動下流，各國煽動家利用之而有效者也，此二度挑戰也。既曰承認土地國有主義，為最高尚美妙之主義矣，而今十四號文中又謂吾人言土地國有為『鹵莽滅裂盜取社會主義之一節，冀以欺天下之無識』，又謂以『簡單之土地國有論，而謂可以矯正現在之社會組織，免富者愈富、貧者愈貧之惡果，是則不成問題』。夫彼第四號固已讚美土地國有為最高尚美妙之主義，而特嫌其未能實現於目前耳，而今則並斥之以為體段不圓滿不成問題，此三度挑戰也。然尤為奇者，則此十四號文四十八頁云：『班社會主義學説，其屬於改良主義者，吾固絕對表同情，其關於革命主義者，則吾未始不讚美之，而謂其必不可行，即行亦在千數百年之後。』其第四十九頁亦云：『中國今日若從事於立法事業，其應參用今世學者所倡社會主義之精神與否，此問題則吾所絕對贊成者也。』至其篇中結論則曰：『故吾以為種族革命不必要也，社會革命尤不必要也。』更易其詞曰：『今日欲救中國惟有昌國家主義，其他民族主義、社會主義，皆當詘於國家主義之下。』依梁氏所區分者，則社會改良主義，自屬社會主義之一分類，而今日當詘於國家主義之下，則並其所自稱絕對贊成、絕對表同情者，亦皆當詘也。相距數頁之間，而其文之不自掩也如是，豈梁氏所謂絕對贊成採用者，固止為一種口頭禪耶？抑梁氏至於終局，又但以社會革命主義為社會主義，而社會改良主義非社會主義耶？此四度挑戰也。凡是皆梁氏所持與吾辯爭之主題，即彼軍成立之徽幟也，而猶反覆顛倒，莫名其是，其他抑又可知。梁氏於他人文，為己所不能辯攻者，則輒抹以無辯駁之價值。若此類者，乃眞無辯駁之價值也。

梁氏於其本論之前，謂不可不先示革命之概念。而其概念曰：『凡事物之變遷有二種，一緩一急。其變化之程度緩慢，緣周遭之情狀，而生活方向漸趨於新生面，其變遷時代無太甚之損害及苦痛，如植物然，觀乎其外始終若一，而內部即時時變化，若此者謂之發達，亦謂之進化；反之其變化性極急劇，不與周遭之情狀相應，舊制度秩序忽被破壞，社會之混亂苦痛緣之，若此者，謂之革命。』按伊里氏之言，只以解英國自營業商業時代變遷於工業時代，所以號為革命之故，非謂一切之進化革命，昔嚴有此之區別，而不相容也。故依於生物學者之言，則進化之事，其道至多，有必經革命而後進化者，而歷史上所號為革命者，又不必皆生混亂痛苦於社會也。今即姑如伊里之言，譬之植物，其外觀始終若一，而內部時時變化者曰進化。則譬有植物家於此，其種樹也，斷樹及根，而更續以他本，使其發生，其外觀始終不若一，其變化不隱涵於內部，是則伊里氏所以為革命非進化，而梁氏亦必以為革命而非進化也。則更證以例項，如我國內地廣東等省，所用之肩輿，其始當如今山間僻縣之制，殆至陋劣，其繼進化，則制僡備飾愈美，肩者亦自二人而三人四人，進化至於八人而極其能事矣。顧近者粤漢鐵路興，將來吾粤之民，即捨肩輿而乘汽車，肩輿與汽車不同物，即斷樹而更續以他本之類也。梁氏於此，其得謂之非革命耶？得無謂此自輿而汽車者亦當循軌道，以發達進化，不如北省之馱轎以代肩輿，浸假浸變，而後合於緩慢之程度耶？而梁氏亦自知其不然，而曰：『我國今後不能不採用機器，以從事生產，勢使然也。既採用機器以從事生產，則必結合大資本，而小資本必被侵蝕，經濟社會組織不得不緣此一變，又勢使然也。』是工業之革命，梁氏亦認為不可避者，且並認現在經濟社會組織不得不緣之一變矣。然恐以承認工業革命之故，將並不能反對社會革命之説，乃急變其詞曰：『歐人工業革命所生之惡果，我雖不能盡免，而決不至如彼之甚。今後生產問題雖有進化，而分配問題仍可循此進化之軌而行。兩度之革命殆皆可以不起』又曰：『歐人前此之工業革命，可謂之生產的革命，今後之社會革命，可謂之分配的革命。』意謂歐人惟以生產的革命，故生分配的革命，而我以生產的進化，而無須為分配的革命也。梁氏既先置分配而言生產，則吾亦姑先與之言生產。夫梁氏所謂歐洲生產革命，其最大者，即前此人類從筋力全部以從事製作，利用自然力之器械絕無，及機器發明，普通視人力加十二倍，或加數百倍至千倍，生產之方法，劃然為一新紀元也。而此之景象，則我國今後所必同然。以我數千年文明之舊國，一旦舉其生產方法，改革紀元，舊制度隨之破壞，而日與社會周遭之情狀能相應，不至生其混亂苦痛，其誰信之？故以中國今後之經濟社會言，梁氏即欲不承認有生產的革命而不得不然，則必自背其開宗明義所自下之概念而後可也。

今於駁正梁氏本論之前，特先舉梁氏致誤之根本，而後詳論之。梁氏致誤之總根本，在不識經濟學與社會主義之為何，而其經濟觀念之謬誤，則其大者有八，列示於左，供閱者之研究評判。

其一，梁氏以土地為末，以資本為本。

其二，梁氏以生產為難，以分配為易。

其三，梁氏以犧牲他部人而獎勵資本家為政策。

其四，梁氏以排斥外資為政策。

其五，梁氏不知物價之由來。

其六，梁氏不知物價貴賤之眞相。

其七，梁氏不知地租與地稅之分別。

其八，梁氏不知個人的經濟與社會的經濟之分別。

總此八誤，而梁氏全文，乃幾無一語之不誤。

《復報》第九期《柳亞子〈民權主義！民族主義！〉》　民權主義　講起上古時候，一個部落裏面，沒有什麼皇帝，沒有什麼長官，人人都是百姓。後來因為事體很多，或者內部的爭執，或者外部的掠奪，沒有一個總機關，一定和亂絲一般，無從下手，所以從百姓中間，公舉幾個有德行有才幹的人出來，教他代全體辦事。一面又由百姓公意，立了幾條法律，凡是照法律做事的人，大家保護他；不照法律做事的人，大家懲罰他。有了辦事人，有了法律，就漸漸兒成功了一個國家了。國家既經如此成功，所以叫做『民約』，就是大家立了契約，相互遵守的意思。誰知到了後來，那幾個辦事人弄起權來，百姓又糊塗，大家不管，盡他胡做。一邊只顧讓後，一邊只顧搶前，讓到無可讓的地步，辦事人也不要你們公舉了，靠著拳頭大，臂膊粗，强佔了第一把交椅，就世世代代傳下去。碰到子孫昏庸，又有人來搶劫，搶到手的，就是帝王，搶不到手的就是盜賊。你想這帝王既不是大家公舉的，他還肯來顧戀百姓麼？自然作威作福，無所不為，擺出這豪奴欺主的樣兒來。那時候的百姓，要他東就東，要他西就西，沒有一點自主權。還有一般迂儒，來拍皇帝的馬屁，立出種種荒謬絕倫的邪説，説什麼『普天之下，莫非王土，率土之濱，莫非王臣』；又説什麼『君使臣死，不得不死』。任他把你渾身剁做肉醬，不敢喊一聲冤，叫一聲痛；任他把你妻女來搶奪，還要三跪九叩首的謝恩。咳！弄到這樣世界，還能夠講人道麼！如今的民權主義，是説百姓應該有組織政府和破壞政府的權利，不能讓暴君汙吏，一味去亂鬧的了。

民族主義　人種的起源，各各不同，就有種族的分別。凡是血裔風俗言語同的，是同民族；血裔風俗言語不同的，就不是同民族。一個民族當中，應該建設一個國家，自立自治，不能讓第二個民族佔據一步。倘然第二個民族要來侵犯，便要拼著性命去抵抗，如果抵抗不力，被他們佔了勝利，奪了你的土地，你這一族，就要做人的家奴隸，子子孫孫，不能見天日了。那一族當中，個個人曉得這種道理，才能夠存立在世界上；倘然不曉得這種道理，不但自己不盡自己一族的責任，還要去私通人家，勾引異族進來，幫助他殺自己同族的人，那民族就亡定了。歷史上很有極文明的民族，立國幾千年，算是聲明文物之邦，卻出了一般奸細，把國事弄翻，那旁邊的遊牧賤種蠻夷長大，便靠著野蠻的兵力，亂殺亂打，打了進來。那一般奸細，就簞食壺漿，以迎王師，執了順民旗，跪降馬前。那羊羶狗種的人物，也三搖三擺，爬上了獨夫椅，坐在金鑾殿上，稱起奉天承運皇帝來。那滅亡的一族，自己沒有了主權，只好盡他欺負。他們進來的時候，橫也屠城，豎也洗縣，殺掉八十萬七十萬人，其當兒戲。等到進來以後，過了幾百年，那些人卻又被他假仁假義籠絡牢了，把血海深的仇家，當做祖宗般看待，説甚麼深仁厚澤，淪肌浹髓，苟有天良，自當力圖報效了。倘然有幾個有志氣的人，不情願受異族的壓制，起兵恢復，就有一般喪心病狂的中興功臣出來，自殘同種，死了許多許多英雄豪傑，只落得一個大逆不道的名稱。咳！可憐啊可憐！難道這一族的人，竟是生前註定命裏帶來的奴才性質，一定要服從人家的麼？如今的民族主義，是説一族有一族的界限，不該拱手讓人，那異族胡兒，妄自尊稱的，定要把他一舉掃蕩的了。

諸君！諸君！請看現在的中國，還是民權主義的中國麼？還是民族主義的中國麼？既然不是民權主義，就應該擴張民權；既然不是民族主義，就應該辨清民族。須曉得中國是中國人公共的中國，不是獨夫民賊的中國，更不是蠻夷戎狄的中國。諸君諸君！認定宗旨，整刷精神，除暴君，驅異族，破壞逆胡專制的政府，建設皇漢共和國的國家，那就是諸君的責任了。民權主義萬歲！民族主義萬歲！中國萬歲！

駁黃禍論分部

論說

《孫中山全集・中國問題的眞解決》 有人時常提出這樣一種在表面上似乎有道理的論調，他們說：中國擁有衆多的人口與豐厚的資源，如果它覺醒起來並採用西方方式與思想，就會是對全世界的一個威脅；如果外國幫助中國人民提高和開明起來，則這些國家將由此而自食惡果；對其他各國來説，他們所應遵循的最明智的政策，就是盡其可能地壓抑阻礙中國人。一言以蔽之，這種論調的實質就是所謂『黃禍』論。這種論調似乎很動聽，然而一加考察，就會發現，不論從任何觀點去衡量，它都是站不住脚的。這個問題除了道德的一面，即一國是否應該希望另一國衰亡之外，還有其政治的一面。中國人的本性就是一個勤勞的、和平的、守法的民族，而絕不是好侵略的種族，如果他們確曾進行過戰爭，那只是為了自衛。只有當中國人被某一外國加以適當訓練並被利用來作為滿足該國本身野心的工具時，中國人才會成為對世界和平的威脅。如果中國人能夠自主，他們即會證明是世界上最愛好和平的民族。再就經濟的觀點來看，中國的覺醒以及開明的政府之建立，不但對中國人、而且對全世界都有好處。全國即可開放對外貿易，鐵路即可修建，天然資源即可開發，人民即可日漸富裕，他們的生活水準即可逐步提高，對外國貨物的需求即可加多，而國際商務即可較現在增加百倍。能説這是灾禍嗎？國家與國家的關係，正像個人與個人的關係。從經濟上看，一個人有一個窮苦愚昧的鄰居還能比他有一個富裕聰明的鄰居合算嗎？由此看來，上述的論調立即破産，我們可以確有把握地説：黃禍畢竟還可以變成黃福。

列强各國對中國有兩種互相衝突的政策：一種是主張瓜分中國、開拓殖民地；另一種是擁護中國的完整與獨立。對於固守前一種政策的人，我們無需乎去提醒他們那種政策是潛伏著危險與灾難的，俄國在滿洲殖民的情況已表明了這一點。對於執行後一種政策的人，我們敢大膽預言：

只要現政府存在，他們的目標便不可能實現。滿清王朝可以比作一座即將倒塌的房屋，整個結構已從根本上徹底地腐朽了，難道有人只要用幾根小柱子斜撑住外牆就能夠使那座房屋免於傾倒嗎？我們恐怕這種支撑行為的本身反要加速其顛覆。歷史表明，在中國，朝代的生命，正像個人的生命一樣，有其誕生、長大、成熟、衰老和死亡；當前的滿清統治，自十九世紀初葉即已開始衰微，現在則正迅速地走向死亡。因此，我們認為，即使是維護中國的完整與獨立的善意與義俠行為，如果象我們所瞭解的那樣是指對目前摇摇欲墜的滿清王室的支持，那麼註定是要失敗的。

顯而易見，要想解決這個緊急的問題，消除妨害世界和平的根源，必須以一個新的、開明的、進步的政府來代替舊政府，這樣一來，中國不但會自力更生，而且也就能解除其他國家維護中國的獨立與完整的麻煩。在中國人民中有許多極有教養的能幹人物，他們能夠擔當起組織新政府的任務；把過時的滿清君主政體改變為『中華民國』的計畫，經慎重考慮之後，早就制訂出來了。廣大的人民羣衆也都甘願接受新秩序，渴望著情況改善，把他們從現在悲慘的生活境遇中解救出來。中國現今正處在一次偉大的民族運動的前夕，只要星星之火就能在政治上造成燎原之勢，將滿洲韃子從我們的國土上驅逐出去。我們的任務確實是巨大的，但並不是無法實現。一九〇〇年義和團戰爭時，聯軍只需為數不足兩萬的軍隊，就能擊潰滿清的抵抗，進軍北京並奪取北京城；我們以兩倍或者三倍於這個數目的人力，毫無疑義地也可以做到這一點，而且我們能夠輕而易舉地從我們的愛國分子中徵募百倍千倍的更多的人。從最近的經驗中可清楚地看到，滿清軍隊在任何戰場上都不足與我們匹敵，目前愛國分子在廣西的起義就是一個明顯的例證。他們距海岸非常遥遠，武器彈藥的供應沒有任何來源，他們得到這些物資的惟一方法乃是完全依靠於從敵人方面去俘獲；即使如此，他們業已連續進行了三年的戰鬥，並且一再打敗由全國各地調來的官軍對他們的屢次征討。他們既然有出奇的戰鬥力，那末，如果給以足夠的供應，誰還能説他們無法從中國消滅滿清的勢力呢？一旦我們革新中國的偉大目標得以完成，不但在我們的美麗的國家將會出現新紀元的曙光，整個人類也將得以共享更為光明的前景，普遍和平必將隨中國的新生接踵而至，一個從來也夢想不到的宏偉場所，將要向文明世界的社會經濟活動而敞開。

拯救中國完完全全是我們自己的責任，但由於這個問題近來已涉及全世界的利害關係，因此，為了確保我們的成功、便利我們的運動、避免不必要的犧牲、防止列强各國的誤解與干涉，我們必須普遍地向文明世界的人民、特別是向美國的人民呼吁，要求你們在道義上與物質上給以同情和支援，因為你們是西方文明在日本的開拓者，因為你們是基督教的民族，因為我們要仿照你們的政府而締造我們的新政府，尤其因為你們是自由與民主的戰士。我們希望能在你們中間找到許多的辣斐德。

政治革命當與種族革命並行論分部

論說

《民報》第一、二號《汪兆銘〈民族的國民〉》 一、嗚呼，滿洲入寇中國二百餘年，與我民族界限分明，未少淆也。近者同化問題日益發生，此眞我民族禍福所關，不容默爾。故先述民族同化之公例，凡文字必嚴著述之辨，著者自發其思，成一家言，故有所徵引，必詳所出。述者本諸舊聞，連綴成辭，大概分譯述講述二種，未嘗自居己作，故所徵引，可畧所出，亦以難於毛舉也。於此不辨，而崇剿說，則是以士君子而為盜賊之行，故附識於此。次論滿族之果能與吾同化否，以告我民族。

民族云者，人種學上之用語也，其定義甚繁，今舉所信者，曰：民族者同氣類之繼續的人類團體也。茲析其義於左：

（一）同氣類之人類團體也。茲所云氣類，其條件有六：一同血系，此最要件，然因移住婚姻，略減其例。二同語言文字，三同住所，自然之地域。四同習慣，五同宗教，近世宗教信仰自由，略減其例。六同精神體質。此六者皆民族之要素也。

（二）繼續的人類團體也。民族之結合，必非偶然，其歷史上有相沿之共通關係，因而成不可破之共同團體，故能為永久的結合。偶然之聚散，非民族也。

國民云者，法學上之用語也。自事實論以言，則國民者搆成國家之分子也。蓋國家者團體也，而國民為其團體之單位，故曰國家之搆成分子。自法理論言，則國民者有國法上之人格者也。自其箇人的方面觀之，則獨立自由，無所服從；自其對於國家的方面觀之，則以一部對於全部，而有權利義務，此國民之眞諦也。此惟立憲國之國民惟然。專制國則其國民奴隸而已，以其無國法上之人格也。

準是，則民族者自族類的方面言，國民者自政治的方面言，二者非同物也。而有一共通之問題焉，則同一之民族果必為同一之國民否，同一之國民果必為同一之民族否是也。

解決此問題，有二大例：

（一）以一民族為一國民。凡民族必被同一之感，蒙具同一之知覺，既相親比以謀生活矣，其生活之最大者為政治上之生活，故富於政治能力之民族，莫不守形造民族的國家之主義，此之主義名民族主義。蓋民族的國家其特質有二。一曰平等。自有人類，即有戰爭，戰勝民族對於戰敗民族，牛馬畜之，不齒人類，古之希臘所征服者，悉以為奴隸，是其例也。若一民族則所比肩者皆兄弟也，是為天然之平等。二曰自由。非我族類，其心必異，戰勝民族對於戰敗民族，必束縛壓抑之，不聊其生而死其心，以求必逞。若一民族則艱難締造同瘁心力，故自由之分配必均。以是之故，民族主義為人性所固有，即或民族中更變亂，為强所弱，四分五裂，不能自存，而民族主義淬而愈厲，困苦百折，卒達其目的而後已。舉例以言：羅馬帝國瓦解後，民族主義代世界主義而興，英吉利之亨利八世及大僧正威爾些之事業、法蘭西路易十一之事業、大僧正里些流之事業及亨利四世之事業，皆貫徹此主義者也。十九世紀之初，日耳曼民族分屬聯邦，無統一之觀念，遭法蘭西蹂躪，憬然思變，實行民族主義，卒合二十五聯邦而成德意志帝國。意太利民族自帝國破滅後，邦分離析，受軛制於奧太利，惟能實行民族主義，卒合十一邦而成意太利帝國。此其犖犖大者也。其他諸國受此思潮，理想丕變，此主義遂磅礴全歐，其結果也進步，而為民族帝國主義。

（二）民族不同，同為國民。其類至繁，先大別為二種：

（甲）以不同一之民族不加以變化而為同一之國民者。其中復有二小别：（1）諸民族之語言，習慣各仍其舊，惟求政治上之一統，如瑞、西是。此必諸民族勢力同等然後可行，否則一有跳梁，全體立散矣。（2）征服民族對於被征服民族，既以威力抑勒之，使不得脱國權之範圍，又予以劣等生活，俾不得與己族伍，如古者埃及之於猶太，今者俄之於芬蘭、波蘭是也。然使被征服民族而有能力，必能奮而獨立，以張民族主義，如比利時之離荷蘭，希臘之離土耳其是。

（乙）合不同一之民族使同化為一民族以為一國民者。今欲問此為民族之善現象乎？抑惡現象乎？社會學者嘗言：凡民族必嚴種界，使常清而不雜者，其種將日弱而馴致於不足自存；廣進異種者，其社會將日即於盛强，而種界因之日泯。希臘邑社之制，即以嚴種界而衰微，羅馬肇立，亦以嚴種界而幾淪亡，其顯例也。是故民族之同化也，極遷變翕辟之一致，而其所由之軌，有可尋者，歸納得同化公例凡四。

第一例，以勢力同等之諸民族融化而成一新民族。

第二例，多數征服者吸收少數被征服者而使之同化。

第三例，少數征服者以非常勢力吸收多數被征服者而使之同化。

第四例，少數征服者為多數被征服者所同化。

以上四例，通於今古。至於同化之方法，不外使生共通之關係。社會的生活之共通，政治社會的生活之共通，或由於誘引，或由於强迫，皆足納之於同化之域者也。

上之所述皆政治學者社會學者所標之公例也。以下將涉於鄙論。

吾今為一言以告我民族曰：凡關於民族上之研究，第一宜求諸公例。公例者，演繹歸納，以獲原理，立之標準，以告往知來者也，為變雖繁，必由其軌者也。第二宜知我民族在公例上之位置。

嗚呼，吾言及此而不能不有憾於嚴幾道也。夫幾道明哲之士也，其所譯《社會通詮》有云：『宗法社會，始以羼族為厲禁，若今日之社會，則以廣土衆民為鵠，而種界則視為無足致嚴。』此其言誠當也。然幾道案語言外之意，則有至可詫者。觀其言曰：『中國社會，宗法而兼軍國者也，故其言治也，亦以種不以國。【略】是以今日黨派雖有新舊之殊，至於民族主義則不謀而合，今日言合羣，明日言排外，甚或言排滿。【略】雖然，民族主義將遂足以强吾種乎？愚有以決其必不能矣。』幾道此言，遂若民族主義為不必重，而滿為不必排者。此可云信公例矣，而未可云能審我民族公例上之位置也。以上同化四公例言之，其第一例重勢力同等，是故彼之合同平等之合同也，自由之合同也。盎格魯撒遜民族、峨特民族、條特列民族，羣居美洲，以共同生活之既久，遂成為亞美利加民族，是其例也。蓋其合同也，諸民族實皆居主人之地位以相交互，故能相安而無尤。其他三例，則皆征服者與被征服者之關係也，此其合同非出於雙方之自由，意思甚明。夫兩者相持，勢力優者，權必獨伸，而政治上之勢力，軍事上之勢力，其最者也。是之勢力，必握於征服者之手，由是挾其雷霆萬鈞之力所當必碎，被征服者乃不得不戢戢然歸化之。是其一立於征服者之地位，一立於被征服者之地位，釐然分明也。更端言之，則一立於主人之地位，一立於奴隸之地位也。夫民誰其堪奴隸者？果其能力萎弱，則不聊其生而漸歸於盡，而非然者則將百折不撓，以求遂民族主義之目的。而方其未遂也，叩心飲泣，覥然以為人奴，而彼之征服者，狎之既久，則食其毛，踐其土，熏其文化，樂而忘其故，自形式觀之固同化矣，自精神觀之則不共天日之仇讐，而强相安於衽席之上也。於是而指摘被征服者曰：汝其與之同化，汝胡不安？嗚呼，是眞欲其長處於被征服者之地位而已。嗚呼，是曰知公例而不知公例上之位置。

今欲知吾民族於同化公例上之位置，則請言自黄帝以來，以至有明之末，民族變化之歷史。然欲語其詳，有專史在，今述其概略而已。

黄帝時代與苗族競，九黎之君曰蚩尤，苗族之至强者也，黄帝破而滅之。遷其類之善者於鄒屠之鄉，其不善者以木械之，命之曰『民』，己之族則曰『百姓』。三代以來，百姓與民之别泯矣，是為彼折而同化於我。觀夫春秋有荆越、山戎、諸戎、北狄、長狄、鮮虞諸族，或猾諸夏，以主齊盟。然至於秦則凡此名詞，僅留於歷史上而已，是亦折而同化於我。

漢初患匈奴，逮乎孝武，以兵攘之，命張騫通西域，命唐蒙通西南夷，其卒閩、粵、滇、黔皆折而同化於我。

降乎典午，吾族不武，五胡亂華。前趙則匈奴也，成則巴氐也，後趙則羯也，前燕、後燕、南燕、西秦、南涼皆鮮卑也，前秦、後涼皆氐也，後秦羌也，北涼、大夏亦匈奴也，以次夷滅天下，中分南北，北朝始於拓跋氏，其後高氏、宇文氏復中分。自晉至隋，我民族之陵遲極矣，諸虜得志，多效漢俗，幾如第四例所云，少數征服者為多數被征服者所同化。然劉裕創之於前，隋文帝獲之於後，諸侯中更屠殺，其孑遺者悉折而同化於我。我民族雖暫屈於被征服者之地位，而終復居征服者之地位。

唐初突厥肆虐，太宗滅之，其後回紇、吐蕃，雖屢為梗，無大患也。五季沙陀、契丹相繼猖獗，至於有宋，我民族復寧焉。宋末阨於女真，亡於蒙古。元胡之辱我民族也尤酷，謂契丹為漢人，謂我民族為南人，階級至卑，此大詬也。有明奮興，北虜竄遯，歸其巢穴，未同化於我，而我民族光復故物，復居於征服者之地位。

是則四千年來，我民族實如第二例所云：多數民族，吸收少數民族而使之同化。我民族初本單純，後乃繁雜，然實以吾族處主人之位，殊方異類，悉被卵翼，相安既久，遂同化為一，而成四萬萬之大民族。

嗚呼，今競何如？自明亡以來，我民族已失第二例之位置，而至於今則將降而列第三例之位置。滿洲與我，族類不同，此我民族所咸知者也，即彼滿人，亦不靦然自附。觀《開國方略》云：『長白山在吉林烏拉城東南之東，有布庫哩山，山下有池，曰布勒瑚哩。相傳有天女三，浴於池，有神鵲銜朱果置季女衣，取而吞之，遂有身。生一男，及長，命以愛新覺羅為姓，名曰布庫哩雍順。』云云。是則滿族與我，眞若風馬牛之不相及，無他之問題可以發生。彼其長白山下，寧古塔邊，長林豐草，禽獸所居，孳乳蕃庶，乃奮其牙角，奔踔噬咋，先取金遼部落，繼兼有元裔之蒙古，又繼兼有朝鮮，又繼兼有明之關外。金遼語言相通之國也，蒙古語言居處不同，而衣冠騎射同之國也，朝鮮及明，則語言衣冠皆不同，故用兵次第，亦因之為先後。語本魏源《聖武記》然金之與彼，實同族類，《開國方略》曾詳言之。天女之說，其神話耳。彼其東胡賤族西方謂之通古斯種，方以類聚，故昕合至易，遼及蒙古，視之有間矣。至於朝鮮，則尤疏遠，然彼未嘗涎之，特以近在肘腋，劫以威力，使勿生變耳。『天命』以來所處心積慮以圖之者，厥惟中國。終乃乘明之亡，疾驅入關，遂盜九鼎。自是而後，與我民族相接益密。夫以滿族與我民族相比較，以云土地，彼所據者長白山麓之片壤，而我則神州；以云人口，彼所擁者蕞耳之毳裘，而我則神明之胄；以云文化，彼所享者，鹿豕之生活，而我則四千年之文教，相去天壤，不待言也。彼既薦食，不仰給於我，且無以為生，使其絕對的不同化於我，必不足以營衛明矣；使其絕對的同化於我，則一二世後將如螟蛉失其故形而別有所天，是自殲其族也。彼中梟酋，處此問題，苦心焦慮，匪伊朝夕，卒乃得其所以自保而制人者，為術有二：一曰勿為我民族所同化，二曰欲使我民族與之同化。如是則彼族可以長處主人之位，以宰制萬類，其計彌工，其心彌毒。順、康、雍、乾以來，妙用此術，未嘗少變。今鈎考歷史，剌取其眞證實據，類列於左，以供參考。

（一）欲不為我民族所同化。夫兩民族相遇，其性格相近而優劣之差少者，其同化作用速；其性格相異而優劣之差少者，其同化作用遲，其優劣之差遠者，其同化作用速，此通例也。語本日本小野塚博士《政治學》。滿族與我，文野相殊，不能以道里計，蓋適合乎第三例者。當同化進行時，滔滔然莫之能禦，勢將舉其語言、文字、居處、飲食，而一同於我，此固當日之所不能免者也。彼大酋思障其流，首嚴通婚之禁。多爾袞入關，下令滿漢得通婚姻，其後撤回此令，通婚者罪不赦。見蔣良騏《東華録》。夫滿之與我，不同血族，復絕婚姻，故二百年來精神體質未嘗少淆，彼族所恃以自存者在此。不然以五百萬之民族與四萬萬之民族相伴合，在我民族固蒙其惡質，而不及百年彼族將無一存者，可決言也。彼既自閑其族系，乃復保守其所固有者以自別於我，利用其所擅長者以淩制我，其手段可別為二種：

（甲）保守其習慣。習慣為民族之一要素，習慣存則民族之精神存，其顯然表現者，常有以自異於他民族。滿人而知葆此，其計之巧者也。雖然，若語滿人之習慣，必將有狂笑絕氣者，微特吾人不知所云，即彼族亦赧言之。舉其一二例：生而以石壓首，作圓扁形，彼懸諸太廟之太祖、太宗，圖形於紫光閣之世臣，皆作此狀，即最誇能保守滿洲舊族之弘曆，亦言之若有餘羞者也。此其習慣之一。崇奉堂子，凡有戰役必先祭之；其神何名，無知之者，其祭獻之禮絕詭秘，或曰其大酋自裸以為犧牲，然無信據也。此其習慣之二。自作文字，先以蒙古字合滿語聯綴成句，尋復以十二字頭無圈點，上下字雷同無別，因而加圈點以分析之，其拙劣僿野，不足以載道甚明如譯壬戌為黑狗之類。此其習慣之三。夫其習慣之不足言如此，而彼兢兢然保持之者，非以為美也，以之自別於我民族，而使其族人毋忘固有之觀念也。此其心事彼固明言之，王先謙《東華録》內載，『乾隆十七年三月辛巳諭：閲《太宗實録》內載崇德元年，讀《金世祖本紀》論衆云：熙宗合喇及完顔亮，效漢人之陋習。世宗即位，惟恐子孫仍效漢俗，豫為禁約，衣服語言，悉尊舊制，時時練習騎射，以備武功。先時儒臣巴克什達海庫爾纏，屢勸朕改滿洲衣冠效漢人服飾制度，朕不從，正為萬世子孫計也，云云。以上太宗語，乾隆引之。我滿洲先正遺風，自當永遠遵守，循而弗替，是以朕常躬率八旗臣僕，行圍較獵，時以學習國語，練習騎射，操練技勇，諄切訓誨，此欲率由舊章，以傳奕禩，永綿福祚。』嗚呼，此語情見乎辭矣。其為萬世子孫計，眞不可謂不周矣。彼既累世相傳，堅守此旨，故以滿洲舊俗，雖至微細，必監督之。乾隆八年，歎滿洲舊俗日即廢弛，責宗室子弟食肉不能自割，行走不佩箭袋，有失舊俗。十五年六月癸未諭：『前因宗室等及滿洲部院大臣，俱各偷安坐轎，竟不騎馬，曾降諭禁止，此欲令伊等勤習武藝，不至有失滿洲舊規。今聞有坐車者，與坐轎何異，嗣後祗准王等與滿洲一品大臣坐轎，其餘概令騎馬。』二十年五月諭：『滿洲本性樸實，不務虛名，近日薰染漢習，每思以文墨見長，並有與漢人較論同年行輩者，尤屬惡習。不知其所學者，未造漢人之堂奥，反為漢人所竊笑，此等習氣不可不痛加懲戒。嗣後八旗，總以清語、騎射為務，即翰林等有與漢人互相唱和較論同年行輩者，一經發覺，決不寛貸。』其謹小慎微，思患豫防，至於如此。然其中尚有宜注意之點。彼一則曰：『學習國語』，再則曰：『以清語、騎射為務。』夫以滿洲人操滿洲語，此眞天然之事，何待强迫督率之為者，則以彼虜自入關以來，悉操北京語，久已忘其固有之語言故也。彼知語言、文字為民族之要素，故汲汲欲保守之。且令翰林院必考試滿洲文。然醜劣寡用，微特漢人唾棄之，即滿人亦不以為意，特為威力所怵，聊事率循而已。至於騎射，則關係重要，後將論之。其他習慣，亦多關於强悍之俗，彼之主張保守非無故也。夫北魏孝文帝，自悪虜俗，刻意模範漢人風化，遷都洛陽，粉飾漢制，其結果胡虜悉同化於我民族，迨乎隋唐，珍畦悉泯，無他，忘故我之觀念，而與他族相混於無形也。滿人之保守其習慣也，是欲永保其固有之民族，以翹乎我民族之上，不可忽也。

（乙）發皇其所長。滿俗無所長，其所長惟騎射，彼之得志，皆由狂噬死咋而來，故日謀實有而精進之，觀上所述諸論可證也。而彼惟利用所長，故得鈐制我民族，使無生氣，因之於吾歴史上留萬年之大紀念，曰：滿洲自入寇以來，凡兵權悉萃於彼族，而我民族無與焉。嗚呼，吾不能不歎滿人設計之工也。夫以兵權悉操於彼族之手，則生殺屠醢一惟其命，故以少數之民族制多數民族而有餘。彼於一方，則利我民族之文弱，務求柔其骨而絷其神者，既以科舉愚之矣，又開博學鴻詞科，求天下圖書，儲之四庫，使儒臣從事校勘，使之益近於文柔，至於武事，則不復齒之。乾隆之於漢臣，口吻尤刻，於陳宏謀之轉糧不力也，則曰：彼係漢人，不必責以有勇知方；於陳世倌之言兵事也，則曰：彼漢文臣，乃敢言兵事，其志可嘉。皆見《東華録》。其侮弄如此。於一方則重滿人之兵權，凡國家之軍政組織全部屬之，其用意何在，固至易明。蓋兩民族相遇，一尚文柔，一尚强武，此其格格不相人，而必不能同化，無待言者，而强者摧柔，又其必然之理。故彼族首重此，以為如是，則不獨有以自異於我民族，且足以淩制馴伏我民族而有餘也。故其兵制，則重駐防，重禁旅，而不重緑營。魏源《聖武記》有云：『八旗有禁旅，有駐防。禁旅八旗，滿洲兵六萬，並蒙古漢軍共十萬，其人則皆東海扈倫諸部落，無在黑龍江北寧古塔東者，其漢軍亦無遠在山海關以内者。若夫駐防之兵，則即八旗佐領中之餘丁，佐領外之新附，隨時編籍，人無定額，散處遼河東西諸城，無事射獵耕屯，有事馳驅甲胄。故天命十一年，攻寧遠時兵已十三萬。崇德中，遠蹂燕薊，近摧寧錦，旁撻朝鮮、蒙古，用兵常十餘萬。而入關以後，以之内衛京師，外馭九服四夷。』觀此，其兵制可略見矣。是以入關以來，凡有戰役，皆以禁旅、駐防任之。彼其心不第不望緑營之强也，實且利緑營之弱，即間有一二征伐資緑營之力者，然終不以為正師也。惟康熙三藩之役，有小例外。蓋其時為滿族與我民族交戰，彼滿人者既深忌我，復深畏我，懼其悉趨於三藩而并力以敵己也，故謀有以離間而利用之。為手諭以詔緑營諸將曰：從古漢人叛亂，祇用漢兵剿平，豈有滿兵助戰？於是一時趙良棟、施琅、李之芳、博宏烈諸民賊爭刈同種，以媚異族，而三藩遂戡。此其間出之政策也。至於典兵之臣，則幾滿族所專有，其初皆以親王為統帥，睿、禮、鄭、豫、肅、勤等是也。康熙時尚仍此制，三藩之役，則安、康、簡等也。西北用兵，亦屢以皇子將之，至雍正而後，始不盡然。漢人之司軍柄者惟年羹堯、岳鍾琪二人，然年旋被戮，岳亦謗書盈篋，以其手繫曾靜以興大獄，始幸而苟全。其他如康熙準噶爾之役，則費揚古也；雍正西南夷之役，則鄂爾泰也；乾隆準部之役，則班第、永常、兆惠等也；回疆之役，則兆惠等也；大金川之役，則傅恒也；小金川之役，則阿桂也；緬甸之役，則傅恒也；廓爾喀之役，則福康安也；嘉慶川湖陝之役，則額勒登保、德楞泰也。此犖犖之大役，皆以滿人掌兵，而漢人則不欲其與聞軍事，即為偏裨，亦欲限制之。雍正六年，滿珠等奏京營武弁等員參將以下，不宜用漢人為之，得旨：『朕滿漢一體，從無歧視。【略】滿洲人數本少，今止將中外緊要之缺補用已足，若參將以下之員弁，悉將滿洲補用，則人數不敷，勢必員缺。』見蔣氏《東華録》。夫以『滿漢一體』之下，忽著此語，一何可笑至此，亦可云情見乎辭矣。總之，專制國以政府有非常之兵力為第一要義，使為異族政府，則更所急。察滿洲軍事的組織，乃欲以一民族為一軍隊，營衛京師而駐防各省，長駕遠馭，以為子孫帝王萬世之計。至於其不予我民族以兵權，則戰勝民族對於戰敗民族所應有之手段，英之於印度，法之於安南亦猶是也。彼之不願與我民族同化者在此，彼之遂能不與我民族同化者亦在此。

（二）欲迫我民族為所同化。彼之不欲為我民族所同化，既如上述，然不同民族而同為國民，慮我民族之不安其生，而將有變也，則求所以同化我者。其目的在使我民族鏟除民族思想，而為馴伏之奴隸。彼又慮欲達此目的，非用威逼之手段不可，故不以柔道行之，而惟以蠻力行之。其手段可分二種：

（甲）關於物質上者。其最重要者，莫如剃髮易服一事，而薙髮尤切膚之痛也。夫民族之表見於外者，為特有之徽識，圖騰社會。此從嚴譯《社會通詮》，日本譯為徽章社會。視此最重，至於今世，亦莫能廢。民族之徽識，常與民族之精神相維繫，望之而民族觀念油然而生。彼滿族之與我民族徽識大殊，使各仍其俗歟，則民族觀念永無能合也；使其悉效我民族之所為歟，是使人滅絕滿洲民族之觀念也；使其强我民族，悉效彼之所為歟，是使人滅絕我民族之觀念也。故彼旁皇久之，卒厲行此政策。蔣氏《東華録》，順治五年諭禮部：『向來薙髮之制，姑聽自便者，欲俟天下大定也。此事朕籌之至熟，若不歸一，不幾為異國之人乎？自今布告以後，京城內外，直隸各省，限旬日內盡行薙完。若巧避惜髮，藉詞爭辯，決不寬貸。該地方官，若有為此事瀆上奏章，欲將朕已定地方仍存明制，不遵本朝制度者，殺無赦。』嗚呼，此一紙之薙髮令，彼實揭其野心以示天下者也！悍然曰『若不歸一，不幾為異國之人』，質直自白，無遁辭焉，猶復飾言明制，彼寧不知此非有明一代之制，而我民族相沿之制耶？不過欲我民族變形鹿豕，喪盡種族觀念，戢戢然歸化之而已。然我民族一息尚存，此心不死。自薙髮令宣告後，吳楚江浙，接踵起義，伏屍百億，流血萬里，以殉其節，遺臣逸老，爭祝髮為僧，或著道士服，而王夫之氏且竄身猺峒，終其身不復出。此猶曰忠節之士也。一般國民屈於毒焰，不得自由，然風氣所成，有男降女不降，生降死不降之說，女子之不易服，猶曰非其所嚴禁，至於殯殮死者，以本族之衣冠，使不至於不瞑，而有以見先人於地下，其節彌苦，其情尤慘矣。此猶曰普通之人心也。汙賤如陳同夏，猶知昌言於朝，謂蓄髮正衣冠，然後天下太平；毒戾如吳三桂，猶知以剃髮易服為耻，號召天下，以謀一洗之。此輩狗彘不若，而贊同輿論猶若此，此猶曰為時尚邇也。洪楊崛起，兵力所及，漢官威儀，一復其舊，東南羣省，翕然應之，幾覆滿祚。嗚呼，怨氣所聚鬱而必洩，自今以往，我知彼族終無倖存之理也。彼雖處心積慮，以謀同化我，其安能！其安能！

（乙）關於精神上者。我民族有自尊之性質，自以神明之胄，不當與夷狄齒，故對於他民族，無平等之觀念，至於用夏變夷，尤非所堪。此種思想為滿人所大不利，彼以犬羊賤種，入據九鼎，假使我民族日懷猾夏之痛，死灰必燃，終為彼患。蓋社會心理，常為事實之母，果其民族精神，團結不解，則雖怵於威力，為形式上之服從，一旦暴發，若潰江河，決非彼所能禦也。故彼日謀所以使我民族死心盡氣者，日以刀鋸鼎鑊待天下之士，飾之以淫辭，行之於威力。莊廷鑨之獄，戴南山之獄，查嗣庭之獄，陸生柟之獄，曾靜、呂留良之獄，錢名世之獄，胡中藻之獄，皆以一二私人，痛心種淪，時發微歎，遂被踪迹，而及於難。直接使一二人受其痛苦，而間接使我民族箝口結舌，胥相忘於公義，由是視異類若兄弟，戴仇讎為父母，剝喪廉耻，世為人奴。嗚呼，賤胡操術若是工耶！今舉當時詔書，其心事之最明白顯露者如下。雍正七年九月癸未諭有云：『我朝既仰承天命，為中外生民之主，則所以蒙撫綏愛育者，何得取華夷而有殊視？而中外臣民既共奉我朝以為君，則所以歸誠效順盡臣民之道者，尤不得以華夷而有異心。』又云：『本朝之為滿洲，猶中國之有籍貫。舜為東夷之人，文王為西夷之人，曾何損於聖德乎？《詩》言，戎狄是膺，荆舒是懲者，以其僭王猾夏不知君臣之大義，故聲其罪而懲艾之，非以其為夷狄而外之也。』其所根據者，為以君臣之大義，破種族之思想，以為既成君臣，不當復問種族也。而當時有排滿思想者，亦實不免以政治上之革命與種族上之革命混和同觀，故彼所持之説，轉若鏗然有聲。至今日則知以一王室仆一王室謂之易姓，以一國家踣一國家謂之亡國，以一種族尅一種族謂之滅種。彼滿洲者對於明朝，則為易姓，而對於中國，對於我民族，則實為亡國滅種之寇讎，誓當枕戈泣血，以求一洗，而奚君臣之與有？噫嚱！五洲之族類繁矣，苟其不問種姓，惟强是從，前則生番野猺黑蠻紅夷皆將可為吾君，而奚止汝滿奴者。彼其利用儒術，摭拾一二尊君親上之語，欲以摧陷廓清華夷之大防，以蕲我民族死心歸化，罔敢有越志，故雖一字之微，亦所不忽。觀雍正十一年四月己卯諭：『朕覽本朝刊寫書籍，凡遇夷狄胡虜等字，每作空白，又或改易形聲，如以夷為彝，以虜為鹵之類。揣其意蓋為本朝忌諱而避之，不知此固悖理犯義不敬之甚。此後臨文作字，刊刻書籍，如仍蹈前轍，將此等字空白及更換者，照大不敬律治罪。』見《東華録》雍正八。夫繭然民族，屢遘淫威，防觸忌諱，百方避之。彼以為此之避我，乃遠我也，使不我遠，而反我親，然後相安，馴致相忘，故其監謗之法，細微至此。嗚呼，斧鑕所及，不止形體，而深入於心術，不其酷哉！賊智相傳，其子弘曆乃復跨竈，取我四千年歷史而點竄之，凡夷夏之閑，悉被掃抹。夫歷史為民族精神所寄，我民族於此有深自表現者。司馬光之作《通鑑》也，晉亡之後，繼以宋、齊、梁、陳，未嘗使索虜纂統也。王世貞之作《綱鑑》也，宋帝昺飄零海上，猶不著其失位，明祖義師一起，即以紀元，所以惡元之纂我也。凡此皆民族精義所存。彼纂《御批通鑑輯覽》，概刪改之，且齦齦致辨焉。凡此皆謬托學術，以行其鬼蜮之技，狐蠱之智，欲我民族帖然歸化，自安順民而已。然民族大義，中更磨礲，益發光瑩。今日吾民族思想，更進一步，不復如前者之自尊而卑人，而知以保種競爭為無上義。自今以往，我知彼族終無倖存之理也。彼雖處心積慮以謀同化我，其安能！其安能！

準是以言，彼之不欲同化於我也，若此，而强我民族使歸化於彼而卒無效也，又若彼。是以三百年滿漢之界，昭然分明。他日我民族崛起奮飛，舉彼賤胡，悉莫能逃吾斧鑕。芟薙所餘，僅存遺孽，以公理論，固宜以人類視之；而以政策論，則狼性難馴，野心叵測，宜使受特別之法律，若國籍法之於外人之歸化者可也。如此則彼有能力，自當同化於我，否則與美洲之紅夷同歸於盡而已。如此則我民族自被征服者之地位，一躍而立於征服者之地位，復民族同化公例上第二例之位置。

然則吾前言我民族之在今日將降而列第三例之位置者，何也？則以滿人自咸、同以來，其狀況已大異疇昔故。以云保有習慣，則賤胡忘本已自失其故吾，迄今日關内滿人能為滿洲語言文字者已無多人，他可知矣。以云專擅武事，則八旗窳朽，自嘉慶川湖陝之役，已情見勢絀。道光鴉片煙之役，林則徐守兩廣，邊防屹然，其僨事者，皆滿洲渠帥也；英法聯軍之役，僧格林沁率滿蒙精騎，以為洋槍隊之的，其軍遂殲，而天津條約以成；洪楊之役，賽尚阿輩工於潰敗，官文則直曾胡之傀儡耳。人才既衰，軍制尤腐壞不可方物。胡林翼疏論兵事謂：『凡與賊遇，宜使兵勇臨前敵，而吉林精騎尾其後，如勝可使逐利，即敗亦不至多所損失。』見《胡文忠遺集》。其輕侮之若此。是故湘淮諸軍，勢力彌漫天下，而捻回諸役，皆以漢人專征。逮乎今日，各省練兵以防家賊，不復恃禁旅駐防。雖近者練兵處側重滿人，已有顯象，要之其不能回復已失之勢力可决也。是其昔之所汲汲自保，不欲同化於我者，已無復存。而庚子之役，俄軍藉口以占奉天，彼曹失其首邱，益有孤立之懼，屈意交驩於我，下滿漢通婚之詔，以冀同化。凡此皆與嘉、道以前成一反比例者也。雖然，使若是則是少數征服者同化於多數被征服者，同化公例之第四者耳，何至如第三例所云耶？即應之曰，滿酋之在今日又別有新術在。

大抵民族不同，而同為國民者，其所爭者，莫大於政治上之勢力。政治上之勢力優，則其民族之勢力亦獨優。滿洲自入關以來，一切程度悉劣於我萬倍而能久榮者，以獨佔政治上之勢力故也。今者欲鞏固其民族，仍不外乎鞏固其政治上之勢力，由是而有立憲之説。

夫立憲一般志士所鼓吹者也，一般國民所希望者也。使吾遽狀其醜惡，則必有怫然不欲聞者。吾今先想像一至美盡善之憲法，而語其效果曰，此之憲法，於民族上之運動有二效果：一曰使滿漢平等。曩者雖同為國民，而權利義務，各不平等，今則自由之分配已均。二曰使滿漢相睦。曩者陰實相仇，怨莫能釋，今則同棲息於一國法之下，可以耦俱無猜，如是當亦一般志士、一般國民所喜出望外而心滿意足者也。雖然，吾敢下一斷語曰，從此滿族遂永立於征服者之地位，我民族遂永立於被征服者之地位，而同化之第三例乃為我民族特設之位置也。請不復語深遠，為設淺近之喻以明之。今有大盗入主人家，據其室廬，縶其人口，而盡奪其所有，既乃自居戶主，釋所縶俘，稍予恩賜，使同德壹衷，以奉事己，如是則故主人者，遂欣然願事之乎？抑引為不共天日之仇讎乎？我民族之願奉滿洲政府以立憲也，胡不思此。況乎憲法者，國民之公意也，決非政府所能代定。蓋憲法之本旨，在伸張國民之權利，以監督政府之行為，彼政府烏有立法以自縛者。即在立憲君主國，其憲法或由政府所規定，然實際仍受國民之指揮。今國民已有指揮政府之權力乎？而敢靦然言立憲乎？況今之政府，異族之政府也，非我族類，其心必異，彼懼其族之孤，而虞吾之逼，乃為是以牢籠我，乃遽信之乎！希臘之受制於土耳其也，知求獨立而已，不知求土耳其政府之立憲也；比利時之受制於荷蘭也，知求獨立而已，不知求荷蘭政府之立憲也；匈牙利之受制於奥大利也，知求獨立而已，而奥大利卒與之立憲為雙立君主國，匈雖絀於力，暫屈從之，然至於今日猶謀反動。蓋民族不同，而因征服之關係，同為國民者，征服者則恒居於優勢之地位，而牽制被征服者，俾不得脱其羈絆，而被征服者即甚無恥，亦未有乞丐其沾溉者，非惟勢所不能為，亦義所不當為也。則知滿洲政府之立憲説，乃使我民族誠心歸化之一妙用，而勿墮其術中也。

深觀乎國民之所以歡迎立憲説者，其原因甚繁，而其最大者，則國民主義與民族主義皆幼稚而交相錯也。夫國民主義從政治上之觀念而發生，民族主義從種族上之觀念而發生，二者固相密接，而決非同物。設如今之政府，為同族之政府而行專制政體，則對之祇有唯一之國民主義，蹈厥政體，而目的達矣。然今之政府為異族政府而行專制政體，則驅除異族，民族主義之目的也，顛覆專制，國民主義之目的也，民族主義之目的達，則國民主義之目的亦必達，否則終無能達。乃國民夢不之覺，日言排滿，一聞滿政府欲立憲，則驩然喜，是以政治思想克滅種族思想也。豈知其究竟政治之希望，亦不可得償，而徒以種族供人魚肉耶？嗚呼！種此禍者誰乎？吾不能不痛恨康有為、梁啓超之妖言惑衆也。

康有為之《辯革命書》，一生抱負在滿漢不分、君民同體，以為政權自由，必可不待革命而得之，而種族之別則尤無須乎爾。此其巨謬極戾。餘杭章君炳麟已辭而闢之，公理顯然，無待贅矣。然康之所説，其根據全在雍正闢於曾靜、呂留良之獄所著之《大義覺迷録》，不為揭而出之，恐天下猶有不知其心，而誤信其言者。茲剌取《大義覺迷録》中，康氏原書抄襲之語，比較互列於下。《大義覺迷録》有云：『本朝之為滿洲，猶中國之有籍貫。舜為東夷之人，文王為西夷之人，曾何損於聖德乎？』康氏原書亦云：『舜為東夷之人，文王為西夷之人，入主中國，古今稱之。』又云：『所謂滿漢，不過如土籍客籍，籍貫之異耳。』此其抄襲者一。《大義覺迷録》有云：『韓愈有言，中國而夷狄也，則夷狄之；夷狄而中國也，則中國之。』康氏原書有云：『孔子《春秋》之義，中國而為夷狄則夷之，夷而有禮義則中國之。』其抄襲者二。康氏平日治《春秋》，主公羊，斥《左傳》為僞傳，今為辯護滿洲計，則並引其語矣。《大義覺迷録》有云：『中國一統之世，幅員不能廣遠，其中有不向化者，則斥之為夷狄，如三代以上之有苗荆楚玁狁，即今湖南湖北山西之地也，在今而目為夷狄可乎？至於漢唐宋全盛之時，北狄西戎，世為邊患，從未能臣服而有其地。自我朝入主中土，並蒙古極邊諸部，俱歸版圖，是中國之疆土，開拓廣遠，乃中國臣民之大幸，何得尚有華夷之分論乎？』康氏原著亦云：『中國昔經晉時，氐羌鮮卑入主中夏，及魏文帝改九十六大姓，其子孫遍布中土，多以千億。又大江以南，五溪蠻及駱越閩廣，皆中夏之人與諸蠻相雜，今無可辨。』又云：『國朝之開滿洲、蒙古、回疆、青海、藏衛萬里之地，乃中國擴大之圖，以逾漢唐，而軼宋明。』其抄襲三。嗚呼，彼其心豈不以為此我世宗憲皇帝之聖著，為小臣者所宜稱述弗衰者耶。尤其甚者，彼雍正僅云：『我朝既為中外臣民之主，不當以華夷而有殊視』

而已，未嘗自認與吾同種族也。康氏原書，乃引《史記》，稱匈奴為禹後，遂倡言曰：『滿洲種族出於夏禹。』嗚呼，非有腦病，誰為斯言！夫匈奴卽與我同所自出，然民族要素，非第血系而已，無社會的共同生活，卽不能自附同族。至於滿洲，則更與匈奴不同族類。匈奴為北狄，而彼為東胡，彼之蒙古源流已詳言之，大抵華人蒙古人滿洲人皆無不能知之而能言之者。今康有為竟以無端之牽合，而造出『滿洲種族出於夏禹』一語，非有腦病，誰能為此言！至於稱頌滿政府聖德，謂為『唐虞至明之所無，大地萬國所未有』，此雖在滿洲人猶將愧駭流汗掩耳走避，而彼公然筆之於書以告天下。嗚呼！彼眞人妖。願我民族共袚除之，毋為戾氣所染。

梁啓超更不足道矣。彼其著《中國魂》也，中有句云：『張之洞非漢人耶，吾恨之若仇讎也。今上非滿人耶，吾尊之若帝天也。』其頭腦可想。本此思想以為伯倫知理之學說，於民族主義極力排斥。其第一疑問謂：『漢人果已有新立國之資格否？』夫梁氏之意，豈不以我民族歷史上未嘗有民權之習慣，故必無實行之能力乎，其所譯伯氏波氏最得意之辭卽在此也。然歷史者進步的也，改良的也，國民於一方保歷史之舊習慣，於一方受世界之新思潮，兩相衝突必相調和，故其進也以漸而不以驟。烏有專恃歷史以為國基者，至於所云『愛國志士之所志，果以排滿為究竟之目的耶，抑以立國為究竟目的，毋亦曰目的在彼，直借此為過渡之一手段云耳。』噫，此眞我所謂種族思想與政治思想混而為一者也。則請語之曰：以排滿為達民族主義之目的，以立國為達國民主義之目的，此兩目的誓以死達，無所謂以此為目的，而以彼為手段也。其第二問曰：『排滿者以其為滿人而排之乎？抑以其為惡政府而排之乎？』則請語之曰：以其為滿人而排之，由民族主義故；以其為惡政府而排之，由國民主義故，兩者俱達者也。夫使為國民者，對於政府，但有政治觀念而無種族觀念，而有異種侵入，略施仁政，便可戴以為君，此眞賤種之所為也。滿洲未入關以前，與我國不同，種不同，猶今日之鄰國也。乘亂入寇二百餘年，使我民族忘心事仇，而猶不以為非，則聯軍入京，比戶皆樹順民旗，亦將推為達時勢之君子乎。其第三問曰：『必離滿族，然後可以建國乎？抑融滿洲民族乃至蒙、苗、回、藏諸民族，而亦可以建國乎？』則請語之曰：若云同化，必以我民族居主人之位而吸收之，若明以前之於他族可也。不辨地位，而但云並包相容則必非我民族所當出也。彼之言曰：『中國言民族者，當於小民族主義之外，更提倡大民族主義。小民族主義者何？漢族對國內他族是也。大民族主義者何？合國內本部屬部以對於國外之諸族是也。』此其言有類夢囈。夫國內他族，同化於我久矣，尚何本部屬部之與有，今當執民族主義以對滿洲，滿洲既夷，蒙古隨而傾服，以同化力吸收之，至易易也。若如梁氏所云『謂滿人已化成於漢民俗』，而不悟滿之對我其陰謀詭計為何如，容可謂之知言乎？故吾之言排滿也，非『狹隘的民族復仇主義』也，勸我民族自審民族同化公例上之位置，以求自處也。梁氏而無以難也，則請塞爾口，無取乎取民族主義，而詆毀之也。尤可笑者，不敢言民族主義，乃至不敢言共和，鼠目寸光，一讀波倫哈克之《國家論》，卽顫聲長號曰：『共和，共和，吾與汝長別矣。』噫，鄭人相驚以伯有曰伯有至矣，則皆走不知所往。梁氏其有此景象乎？請語之曰：子毋恐，子欲知國法學宜先知家數。日本有賀長雄氏言：英國憲法學者，探求王權割讓之事實；法國憲法學者，講求國家新造之理論；德國憲法學者，用力於成文憲法之解釋，皆非偶然。誠通論也。故德國學者什九誹斥共和政體，而美國學者巴爾斯且斥曰：歐洲公法學者，無知國家與政府之別者。梁氏見之又當震驚如何。學不知家數，而但震於一二人之私說，以自驚自怪徒自苦耳。

嗚呼！吾願我民族實行民族主義，以一民族為一國民。

嗚呼！吾願我民族自審民族同化公例上之位置，以求自處。

二、

吾前著論《民族的國民》，其所言者，種族之方面為多，於政治之方面，未及詳也。今兹就於政治方面，而欲一言。

考之吾國之歷史，六千年來之政治，可名曰君權專制政治；二百六十年來之政治，可名曰貴族政治。

請先言二百六十年來之貴族政治。

貴族政治，世界各國必歷之階級也。觀乎歐洲，貴族政治綿亘千年，至十七八世紀以來，摧陷震盪，靡有孑遺，其國法上皆以國民平等為原則，其中雖猶有留貴族之位置者，然特歷史上未削除之餘孽耳。反觀吾國，三代以前猶有貴族之性質，至戰國則已破之。炎宋既踣，元胡篡統，而貴族政治遂興，以蒙古人為第一級，以契丹人為第二級，而我民族乃居第三級。嗚呼，此有史以來，未有之奇辱也。三代以上之貴族政治，於同民族中分階級。若元胡時代之貴族政治，則因民族不同，而戰勝民族鄙夷戰敗民族，斥為賤種，不與為伍，此其慘戾，寧有人道。有明奮興，蕩此惡垢，復吾舊觀，而何意僅三百餘年，我民族再降列賤種，與元代若同一轍耶！

夫貴族政治，不平等之政治也。自來學者，有辨護專制政治者，而決無辨護貴族政治者。蓋人類當一切平等，乃於其中橫生階級，貴者不得降躋，賤者不得仰跂，權利義務，相去懸絕，此其逆天理，悖人道，而不容有於人間世，凡有血氣，疇不同認。故國法學者，論次國家，於貴族國體多鄙不欲道，以為是已絕迹於十九世紀之天壤也。乃不謂二十世紀中，四萬萬之民族，二百萬方里之領土，巍然為東亞一大國者，其政治猶為貴族之政治。

嗚呼，吾今將述二百六十年來之貴族政治，若鯁在喉，慘不欲吐。然有脅我窘我，使我不能不言者，則以世之論者，有曰『清之待我，視元為寬。』噫，是狗彘不食之言也！夫欲斷吾國之為貴族政治與否，祇當論其有無，不能辨其程度。二百六十年來之政治，可與元代為比例，而決不能與漢唐宋明為比例。然則吾國民以何理由而敢靦然曰『今非貴族政治』。且即以程度之深淺而論，清之肆虐，遜於元胡者，非其政之果寬，乃其力之未逮也。惟時與勢，固有陰驅潛率，使彼不得不交驩於我者。而其政治，則固純然貴族之政治，而不能誣者也。嗚呼！我國民而安於貴族政治乎，則吾寧蹈東海而死，不敢為一言；如其否也，則將述二百六十年來之政治。

滿洲之入寇也，首嚴旗人漢人之別，而旗人之中，以滿洲人為第一級，以蒙古人為第二級，以漢軍為第三級，於是則我民族乃在第四級，此名義上則然也。至其實際，則蒙古職為外藩，非其所親，漢軍本為降卒，非其所貴，其所嚴者，厥惟滿漢。試覽《大清會典》，其中舉凡禮、樂、兵、刑、典章、文物，滿人漢人之地位，莫不釐然各殊焉。其賤視漢人，列為最下級者，觀乾隆三十一年之詔，可恍然矣。詔云：『向來八旗有流徒罪名，均以枷責發落。嗣因旗人有染漢習，競有不顧顏面，甘為敗類者，曾降旨令將旗人流徒案件，滿洲人則案其情罪輕重，分別問遺折抵，漢軍則均斥為民，照所犯定例發遣。【略】至包衣漢軍則皆係內務府世僕，向無貶斥出旗為民之例，與八旗漢軍，又自有別。【略】』見《皇朝通典》卷四。嘻！我民族尚自詡神明之胄耶？試觀人之待我者何如？其在滿洲人，雖犯重罪，終不與我等夷也；其在漢軍則犯罪之後，貶斥為民，始與吾曹為耦矣。是其視我民族，直與臺皂隸之不若。蓋兩族相戰，其敗北者，悉為俘虜，命曰罪囚，是固當，是固不能責其不恕。第願我民族自思之耳。彼滿人者，適從何來？遽集於此，而我黃帝之苗裔，乃為奴虜供役使耶！嗟夫，嗟夫，吾儕亡國賤種耳！奚嘵嘵為。

滿洲之辨貴賤明等威也既若此，故首清種界。順治二年，嚴漢人雜處旗下之禁；三年，嚴漢人濫投旗下之禁，又嚴民人犯罪投旗之禁，嚴旗人收容漢人投充為奴之禁。皆見《皇朝通典》卷八十。蓋如是則貴者自貴，賤者自賤，等級劃然，永不少淆。其所謂『雜處』、『濫投』者，範圍尤廣，作用尤大。世界各國，凡欲舉行貴族政治，罔不由此道也。今欲述二百六十年來之貴族政治，則將舉滿族漢族其權利義務之不相同者，類次而論之。强分二項：一公權之不平等，二私權之不平等。公權云者，以搆成國家機關之資格而獲之權利也；私權云者，以箇人之資格而獲之權利也。人民於一方為搆成國家之分子，於他方有自由獨立之人格，其權利義務，悉規定於國法，以公理言，宜皆平等，無參歧也。然中遭同種相戕，或異種相競，優勝劣敗之結果，而疆界分，一切生活，異其程度，而於公權，尤側重焉。蓋非是則終於相鬩，而優勝之地位，不可永保。彼滿族者，既薦食上國，其大願在以其本族全握政權，然以蕞爾毳裘，而欲星羅棋布於禹域，固有限之使不能者，於是遂不能不分其權於漢人。而又慮其啓戎心也，故權之不可分者，則全握之，權之不能不分者，則務佔優勢，且於其間行鈐制之術焉，行偵覘之術焉。故二百六十年來之政治，幾無一非貴族政治，其機關之組織與搆成機關之分子，顯有軒輊，使之然也。至於私權，其重要遜於公權遠甚，第以已為貴族，宜享高等生活，而劣等生活則以予戰敗民族而已。今將先述公權之不平等。

（一）公權之不平等。復別為（二）［三］種：（甲）政權之不平等

政權為國家之大元素，在民族的國家，政治之權常分配於國民；若異族羼處，則互相傾軋，必不能無所偏頗，其結果恒戰勝民族常佔優勢。

而程度之深淺，則隨其所演而異。使戰勝民族，其政治組織，廣大完備，足以含孕被征服者而有餘，則對於被征服者，直如主人之家新獲奴婢，使之戢戢服家範而已，無取乎使之與聞家事也。若英之待印度，法之待安南，俄之待芬蘭、猶太，日本之待臺灣是也。蓋其文化遠超乎所征服者，而無取乎效法，其顯愚者，則可決其不能窺我堂奥也，其聰睿者，則恐其實逼處此也，故參政之權，決無可以予之之理。若夫戰勝民族顯豪草昧，其固有之文化，不足以涵濡被征服者，則不能不師資被征服者之文化以自治而治人。蓋不如是，則其政治組織，必無繇完美，豈惟不能長駕遠馭，且已之所蟠踞，亦將不能安也。故遂不能不師其習，因師其習，遂不能不用其人。然則其肯以參政之權，分諸他族者，非其本願，度德量力，不能不若是也。然使遽與平等，則將失戰勝民族特別之位置，而不能銜勒被征服者，使就我範圍，故其結果，政權所在，不能不畸輕重，而貴族政治以成。觀夫晉末，五胡僭竊，其國政一師漢制，其參政者胡漢人雜用，其先例矣。然五胡之臣服於中國也已久，其後乘間竊發，所割據者中國之片土，所役治者中國之臣民，其政治組織，折衷於我，勢使然也。至若金元，則皆各以本族建成國家，而後併吞中國，其固有之政治組織既具，特併吞之後，窮於治術，不能不用漢人治漢土，為治漢土之故，而不能不用漢人，為用漢人之故，而不能不駕馭漢人，於是遂以本族居最上級，握最大權。故金元時代，實為以貴族政治行於中國。蓋為壓制亡國賤種計，不得不如是也。今舉元史以為例。鐵木眞起自朔土，統有其衆，部落野處，諸事草創，設官甚簡，以斷事官為至重之任，位三公上，丞相謂之大必闍赤，掌兵柄則左右萬戶而已。後以西域漸定，始置達魯花赤於各城監治之。達魯花赤，華言掌印官也。及取中原，窩闊台始立十路宣課司，選儒臣用之，金人來歸者，因其故官。忽必烈卽位，命劉秉忠、許衡定內外官制：其總政務者曰中書省，秉兵權者曰樞密院，司黜陟者曰御史臺，體統既立。其次，在內者，則有寺有監有衛有府，在外者，則有行省有行臺有宣慰司有廉訪司，其牧民者，則曰路曰府曰州曰縣。官有常職，位有常員，食有常祿，其長則蒙古人為之，而漢人南人貳焉。所謂漢人，契丹人也，所謂南人，宋人也。以此為蒙古人之貳，則可由草昧以導之於文明；而以蒙古人為之長，則足以鈐制而監督之無憂其反側。此元代之政權不平等也。滿清之崛起也，與五胡殊，而適與金元為正比例。而其為政治組織則有大同小異。此有二原因焉：一曰文化之［程］度視之為劣，二曰駕馭之術視之為精。元之為治，官府之文書，專用蒙古文字，不用漢文，蓋其文字尚足以達意也。若滿洲文，竊效蒙古，而劣陋倍蓰之，不能以登於公牘，非不欲也，勢不可也。卽此一端，其文化已遠劣於蒙古，故倚賴漢人，不能不視蒙古為尤篤。皇太極之獲洪承疇也，待以殊禮，諸虜咸慍。皇太極曰：『吾欲取中原，然如瞽者之不識途，今得承疇，猶水母之有蝦也。』此其實情矣。故其未入關以前，所恃以為政治組織者，范文程也；既入關之初，所恃以為政治組織者，金之俊也。漢人之得政權，非偶然矣。迨諸虜漸習漢事，乃謀駕馭之術。釐定官制，首分滿缺、漢缺、滿漢並用缺。滿缺專以處滿、蒙人者也，漢缺專以處漢人者也。至漢軍，國初定制，皆用漢缺，惟六部司員則自有專缺，雍正中，盡汰其額，併入漢缺中。乾隆時，漢軍有破格用滿缺者，後以為例。見《嘯亭雜録》卷七。其所以為此區分者，何也？以彼為貴族，當享政治上之優先權故也。且彼以少數人而欲臨馭大多數人，尤不能不用此術。況諸缺之中有宜專用滿人者，有宜與漢人分權者，其他無此關係者，則滿漢並用。是故滿洲人數，得漢族八十分之一，而其官缺，則占三分之二。政權之不平等，未有過此者也。今先論其與漢人分權者。京官則大學士、尚書、侍郎、滿漢二缺平列；內閣學士，則滿缺六，漢缺四；侍讀學士，滿缺六，漢缺二，侍讀滿缺十二，漢缺二；中書滿缺九十四，漢缺三十六。部則郎中、員外、主事，滿缺四百名，漢缺一百六十二名。他若都察院、通政司、大理寺、太常寺、太僕寺、光祿寺、鴻臚寺、國子監等，滿漢缺數，皆不相等。詳見《大清會典》。若是者何也？蓋京官執天下之政樞，宰制各省，以其權重，故以滿人處優勢，以其政繁，故不能不用許衡、劉秉忠之流，以資贊助，然魁柄所在，終為滿人，若漢人不過供趨走被役使而已。由崇德以至順治，范文程、金之俊輩雖得志，然皆依託滿王大臣，以為城社。康熙時，握權者鼇拜、明珠、索額圖等，若李光地輩，一弄臣耳。雍正時，握權者鄂爾泰，張廷玉一弄臣耳。乾隆時，握權者阿桂、傅恒、和坤，若陳世倌、汪由敦輩，一弄臣耳。嘉慶以降，權雖漸移，然所移者，主眷而已，官制如故也。二百六十年來，漢人政治上之生活，憔悴困窘，豈偶然耶？次論其專用滿人者，則關於軍事外交之要職是也。軍事後將論之，今專言外交。大抵政府苟欲馴柔其民，莫善於遏絶其外交思想，而異族政府則尤所急。懼其聯與國之歡，而脅以謀我，一也；慮其以交通之故，而相形見絀，二也。是故國初之制，理藩院用蒙古尚書一人，漢院判，滿蒙郎中員外主事，漢知事，至康熙中，而盡裁漢缺，見《嘯亭雜録》。則以漢人與蒙古人漸相親故也。滿之初得志也，忌漢人，兼忌蒙古，既用全力以撲滅之矣，復變其宗教，以柔其志，而尤慮漢人與之相習，同為亡國之民，相與感觸憤慨，非彼之利也。故理藩院之裁漢缺也，即由滿人所建議，肺腑如見矣。【略】康熙時，與俄羅斯盟聘，其使為索額圖，亦滿人也。咸、同以後，與歐美交際，乃滿漢雜用，而總理衙門，猶必以親王領班，以握全權。蓋其時兵權適由滿人之手而移之漢人，同時而外交權亦然，滿奴之狼狽失計，雖欲不如是而不能也。次論其滿漢並用者。督撫其最重者也，順、康之間，皆以滿人為之，漢人寥若晨星，滿漢並用，虛有其名而已。道、咸以降，其比例亦猶兵權之漸移也。至親民之官，其制有至不平等者，滿人可為漢族之親民官，而漢人不能為滿族之親民官。各省駐防旗民，別設理事府以聽民事，不受轄於府縣也。理事廳同知為滿缺，而府縣缺則滿漢並用。嘻！彼設駐防以制家賊，其必不肯使之受制於家賊，誠當也。不知吾民睹此怪現象，其亦有惡感情否？尤甚者，滿酋狼子野心，嘗欲盡裁天下府縣之漢缺，而專任滿人，以死吾民。弘曆嘗與劉統勳謀，謂州縣漢缺，皆宜盡廢，而以筆帖式外放。統勳未敢猝答，次日進言曰：州縣親民之官也，宜以民自為之。事乃寢。見李元度《國朝先正事略》，未詳其所本也。夫弘曆之獨居深念，而忽為此謀也，以親民之官，與民有直接之關係，欲拳其民，宜先從此著手也；而其計之不果也，懼以扞格而激變，非有所愛於民也。非我族類，其心必異，羯胡無賴，一至於此。嗚呼！觀上所述，滿清一代之官制，其駕馭之術，遠過元胡，貴族政治，較之遠且長，曷足怪耶！

（乙）兵權之不平等。滿洲自入關以來，兵權悉萃於彼族，前論已詳之矣。然尚有宜注意者。滿之於我，兵權之不平等，以視政權，蓋為尤甚。何則？政治必淵源於文化，彼不能不與我共之者也，兵權則彼族所自矜擅長，而務獨攬之者。吐棄所餘，有若雞肋，始以之處綠營，故其軍事組織，未嘗有所恃於綠營，且謀所以制其死命焉。其毒謀狡計，舍前論所述外，尚有至不平等者。八旗將弁，可任綠營之缺，而綠營將弁，必不能補八旗之缺。此在國初，尚分涇渭，滿洲人員，不必簡放綠營將佐，見《皇朝通典》卷二十一。其後乃汰斯制。康熙八年，兵部奏各省提鎮，所關甚重，以後提鎮缺出，應將八旗佐領先行補用見同上。雖至不足輕重之綠營，猶蹂躪之若此，我民族尚得謂有兵事的生活耶？咸、同之際，湘軍淮軍，號為恢復兵缺，然此乃我民族所當深自悲自悔，而不當以之自豪者。蓋二百六十年來，犖犖諸大戰役，舍康熙三藩、嘉慶川湖陝之役外，皆與異種相戰，如與蒙古戰，康熙之親征准噶爾，雍正兩征厄魯特，乾隆蕩平准部皆是。與回回戰，乾隆回疆之戰，道光重定回疆之役，皆是。與苗瑤戰，雍正西南夷改土為流之役，乾隆大金川小金川及湖貴征苗諸役，嘉慶湖貴征苗之役，道光湖粵平瑤之役是。與緬甸、安南戰皆在乾隆時，皆以武功震鑠國外，此歷史上之光榮也，而諸役皆滿人專任之。至於洪楊之役，則為同種相戰。其始也，我民族崛起以謀恢復，彼滿族力不能勝，則指麾我民族，使自相戕，爭地以戰，殺人盈野，爭城以戰，殺人盈城，皆我民族自相殺而已，於滿人無與也。悲夫！悲夫！吾嘗謂咸、同之役，視揚州十日、嘉定屠城為尤慘。何則？彼為異族入寇，吾族不武，為其所弱，有憤耻而已。至於湘淮諸軍與太平天國戰，則自相戕殺，尤可哀痛。其結果固滿人之地位，而予四鄰以間隙，神州陸沉，實由於此。乃觀近人有著《中國秘史》者，於湘淮諸軍之得志，沾沾自喜，以為此乃我民族恢復兵缺之機運。噫嘻！何來此鴞聲耶！

（丙）爵賞刑威之不平等。爵賞由政事軍事之建樹而來，政權兵權，既不平等矣，則爵賞亦烏得而平等。《嘯亭雜録》卷六云：『八旗定制：凡從軍有功者，視其功之優次，與之功牌，分三等級；凱旋日，兵部計其敍功，與之世職。綠營則有功加之目，凡臨陣奮勇者，與之功加一次，然核計功加二十四次，始敍一雲騎尉，較之八旗功牌，相去天壤矣。』觀彼滿人之自言，厚自欣幸之餘，對於漢人，猶含愧意，情見乎辭矣。尤甚者，嘉慶川湖陝之役，專恃鄉兵以集事，然功成之後，棄置不復道，稍怨望反側，即草薙禽獮之。無他，方事之殷，則倚以為重，事定，虞其逼處，則去之耳。湘軍解散之後，而哥老會熾，其原因亦猶是也。此爵賞之不平等也。至於刑律之不平等則尤令人髮指。夫清律之不進化，源於漢律、唐律、明律，非其專咎也。然清律中，凡酷刑苛律，皆專為我民族而設，而五刑之中，其不適用於滿人者凡四。無他，以我為賤族，當待以殊刑，而彼族雖身犯不韙，猶不與我同其制裁，以示等威也。試觀《大清律例》名例律上，五刑：一曰笞刑，二曰杖刑，三曰徒刑，徒者，奴也，蓋奴辱之。四曰流刑，五曰死刑。凡旗人犯罪，笞、杖各照數鞭責，軍流徒免發遣，分別枷號。徒一年者，枷號二十日，每等遞加五日，總徒准徒亦遞加五日；流二千里者，枷號五十日，每等亦遞加五日；充軍附近者，枷號七十日，近邊者七十五日，邊遠沿海邊外者，八十日，極邊煙瘴者，九十日。噫嘻！一部《大清律例》，僅死刑為滿漢所同適用，而復多設條例，於滿人特為寬假，其他四刑，則皆於滿人無與者也。同犯一罪，漢人充軍於極邊煙瘴者，滿人枷號九十日而已。然則滿人何所憚而不蹂躪漢人，漢人何所恃而敢對抗滿人，彼不過失旬日之自由，而此則亡身破家以殉之。觀夫各省駐防，仇視我族，備加淩折，而莫敢與校，二百六十年如一日，何怪其然也。尤可恨者，乾隆以前，旗人犯盜劫案者，刑部於題奏時，夾簽聲明，情有可原者，輒減免之。至於乾隆，則故靳而不與，然其所據之理由則曰：『民人犯法，可云愚氓無知。若我滿洲，身居貴顯，素風淳樸，忽睹此等下流敗類，實為愧憤難釋，不可不痛加懲創，以息澆風。』見《東華録》。其賤視我民族若此。悲夫！刑罰之不平等，其原因全生於貴族政治，此眞清律之特色，而我民族自有刑法史以來，未蒙之奇辱也。

（二）私權之不平等。私人之生活，無與國事，此與民族勢力消長之大源無關係者。然彼滿人既行貴族政治矣，則自必為其本族謀特別之位置，於是私權遂有種種之不平等。其最大者，為强佔土地所有權。《皇朝通典》卷二云：『國初，以近京各州縣無主荒田，及百姓帶地投充之田，設立莊屯，自王以下，及官員兵丁，皆授以上田，俾世為恆產。嗣後生齒日繁，凡盛京古北口外新辟之壤咸隸焉。其官莊有三：一宗室莊田，一八旗官兵莊田，一駐防官兵莊田。』夫所謂『無主荒田』，蓋藉口於亂後離散，不可稽考，然稽諸稗史，則强奪力佔之慘象，蓋不忍言。滿奴入關以後，人為刀俎，我為魚肉，雖在民人，尚有被逼脅投充為奴者，況乎莊田？謂曰無主，誠無主矣，人且為奴，田安有主，試稽戶部簿籍，官莊之在近京各州縣者，凡數百萬頃，此皆吸人之血，敲人之骨，寡人之妻，孤人之子，而以之自肥其族者也。至於各省駐防莊田，則尤類肆劫。卷三云：『直隸江蘇浙江陝西山西河南所設駐防官兵，均量給莊地。』『順治四年，給江寧西安駐防旗員園地，江寧人六十畝至百八十畝不等，西安人二百十有五畝至二百四十畝不等。』『六年，外省駐防官員初任未經撥給園地者，撥給。應給地六十畝以下，戶部撥給，六十畝以上者，奏請撥給』。此其為虐，且肆於各行省。譬若大盜，入主人家，飽掠贓物，則分諸儕偶，所謂『富貴毋相忘』者也。然滿奴不肖，拙於營生，曾不數年，典賣殆盡，於是又剝掠漢人所有以肥之。《東華録》乾隆五年詔：『我朝定鼎之初，將近京地畝，圈給旗人，在當日為八旗生計，有不得不然之勢。其時旗人所得地畝，原足以資養贍，嗣因生齒日繁，恆產漸少，又或因事急需，將地畝漸次典與民家為業，閱年久遠，輾轉相授，已成民產。今須將從典出旗地，陸續贖回。』『於是定民典旗地減價取贖之令：凡地不論契載年限，以十年為率，在十年之內者，照原價，十年以外，減價十分之一，每十年以次遞減，至五十年外者，半價取贖』。夫以國帑為旗人贖地，此國帑何自來？仍取諸吾民而已。且典賣之初，出於雙方之契約，今則挾國力以臨之，强其必從，又定為減價取贖，以重苦吾民，瘠漢以肥滿，莫此為甚。凡此皆所以裕八旗之生計也。然飽食暖衣，逸居無教，則近於禽獸，況彼本獸種耶？百年以來，養生無術，日以憔悴，有由然矣。至其禁旗人不得為商業，本出於貴農賤商之意，以為貴族不當親賤業也。且彼之深意，固尚有在。彼欲其族專從事於政事上軍事上之生活，而不以他業分其心理，故科舉亦非所重，不獨商業為然矣。要而論之，彼於旗人之私權，獨優予之，以為所以肥之也，不悟其流極因坐食而致貧乏，至今日尚為一難解決之問題。美疢之喻，其信然乎？

如上所述，滿清之貴族政治，可見一斑矣。今欲破此貴族政治，別無他道，唯恃民族主義而已。夫民族主義，由種族觀念而生者也。設有他族，來盜吾國，而殘吾種，則必達驅除之目的而後已，即使其屈意交驩，博施仁政，亦決不恕，必如是然後不為孑義煦仁所浸淫，而搖惑失志。是故我民族在今日，當困心橫慮，以求民族主義之充達。民族主義充達之日，卽貴族政治顛覆之日。蓋民族主義之目的，不僅在於顛覆貴族政治，然本實既（撥）［拔］，枝葉必盡。我民族而能實行此主義乎，可以決胡運之終窮也。

若夫六千年來之君權專制政治，則我民族之自演，而非由外鑠者，雖二百六十年來，專制政治益以進化，此由演而愈進，非滿人之專咎也。故建民族主義，可以顛覆貴族政治，而決不能顛覆君權專制政治。使我民族而僅知民族主義也，卽目的既達，而君權專制政治，曾不足損其毫末，亦猶明之取元而代之，於種族界生變動，而未於政治界生變動也。蓋二百六十年來之政治，實承六千年君權專制政治之舊，而於其中，更加以貴族政治。譬如因人之平地，而建樓臺於其上，以峻崇其階級。民族主義，平此階級者也，若夫基址，則非民族主義所能動搖。是故欲顛覆二百六十年來之貴族政治，當建民族主義；欲顛覆六千年來之君權專制政治，當建國民主義。國民者何？搆成國家之分子也。以自由平等博愛相結合，本此精神，以為國法。法者，國民之總意也。政府者，國法所委任者也。故曰『法治國』，故曰『立憲政體』。由之而政治根本與專制大異。自國家機關觀之，專制則以一機關用事，而無他之機關與之分權；立憲則其機關為統一的分科，立於分功之地位，而非立於越俎之地位者也，立於關係之地位，而非立於鈐制之地位者也。自箇人權利觀之，專制必不認人民之自由，故國家對於箇人，祇有權利，而無義務，箇人對於國家，祇有義務，而無權利。若立憲，則國家與箇人，皆有其權利，有其義務者也。此其相去，何啻徑庭。而立憲政體，有君權立憲、民權立憲二種。語君權立憲之由來，大抵其政體本為君權專制，迨國民主義日發達，政府人民互相反抗，而求相調和，乃立憲法，是故立憲君權國之憲法，其中根據事實而不合法理之汙點，皆國民所未嘗以血滌而去之者也。我民族而持民族主義與國民主義以向於吾國之前途也，則其結果，必為民權立憲政體，可預決也。

雖然，有至難解之問題焉。民權非能驟然發生者也，其發生也有由來，而其進也以漸。觀乎歐洲，古代為國家專制時代，古代非無主張民權者，然與近世民權學說，不可謂同。日本法學博士筧克彥所著《法學發達史》云：『古代箇人主義之發達，雖有遙勝於近世之初期中期者，然其個人主義，非能如近世之伴自覺之人格之觀念。此其根本之相異。』此最精語。降乎中世，則為寺院專制時代，迨近世，因古文復興、宗教改革之結果，而箇人之自由發達，趨於積極，至十八世紀，而奏革命之功，至十九世紀，而食民權之果，其間遞演遞進，皆有階級途徑之可尋。今吾中國以六千年之慣習，而欲其於旦暮之間，遽翻前轍，而別開一新紀元，毋乃求治太急，而不慮其躐等而蹶乎。雖然，為斯論者，慮則甚遠，而見有未至也。夫國民所恃以為國者有二：一曰歷史，二曰愛情。因歷史而生愛情，復以愛情而造歷史。蓋國民固有歷史的遺傳性，然必其所際遇，與古人同，然後樂於因循。若其遭值者，世局人心，均開前古所未有，而外緣之感觸，有以濬發其愛情，則因比較心而生取捨心，因取捨心而生模仿心，其變至繁，其進必烈。中國與西洋相交際，視日本為先，而其革新，後於日本，坐地廣人衆，未易普及耳。循是以往，危亡則已，否則必變，無可疑也。是惟當濬國民之愛情，以新國民之歷史。求所以濬其愛情者，自心理以言，則為教育，自事實以言，則為革命。顧教育為衆所咸韙，而革命則有遲疑不敢額者。以謂革命之際，國民心理，自由觸發，不成則為恐怖時代，卽成矣，而其結果，奚啻不如所蘄，且有與所蘄相違者，求共和而復歸專制，何樂而為此耶？此其言誠當於理勢，下流者有見於此，則姑求一日之富貴，有志者有見於此，則旁皇憂慮，而無復之，民氣之不振，此說為之也。顧以余所聞諸孫逸仙先生者，則足以破此疑問。請以轉語我民族。先生今去東京，文成不獲往質，有誤會否，不敢知也。先生之言曰：革命以民權為目的，而其結果，不逮所蘄者非必本願，勢使然也。革命之志，在獲民權，而革命之際，必重兵權，二者常相抵觸者也。使其抑兵權歟，則脆弱而不足以集事；使其抑民權歟，則正軍政府所優為者，宰制一切，無所掣肘，於軍事甚便，而民權為所掩抑，不可復伸，天下大定，欲軍政府解兵權以讓民權，不可能之事也。是故華盛頓與拿破侖，易地則皆然。美之獨立，華盛頓被命專征，而民政府輒持短長，不能行其志，其後民政府為英軍所掃蕩，華盛頓乃得發舒，及乎功成，一軍皆思擁戴，華盛頓持不可，蓋民權之國，必不容有帝制，非惟心所不欲，而亦勢所不許也。拿破侖生大革命之後，寧不知民權之大義。然不掌兵權，不能秉政權，不秉政權，不能伸民權。彼既借兵權之力，取政府之權力以為己有矣，則其不能解之於民者，騎虎之勢也。而當其將卽位也，下令國中，民主與帝制惟所擇，主張帝制者十人而九。是故使華盛頓處法蘭西，則不能不為拿破侖；使拿破侖處美利堅，則不能不為華盛頓。君權政權之消長，非一朝一夕之故，亦非一二人所能為也。中國革命成功之英雄，若漢高祖、唐太宗、宋藝[太]祖、明太祖之流，一（邱）[丘]之貉，不尋其所以致此之由，而徒斥一二人之專制。後之革命者，雖有高尚之目的，而其結果將不免仍蹈前轍，此宜早為計者也。察君權民權之轉捩，其樞機所在，為革命之際，先定兵權與民權之關係。蓋其時用兵貴有專權，而民權諸事草創，資格未粹，使不相侵，而務相維，兵權漲一度，則民權亦漲一度。逮乎事定，解兵權以授民權，天下晏如矣。定此關係厥為約法。革命之始，必立軍政府，此軍政府既有兵事專權，復秉政權。譬如既定一縣，則軍政府與人民相約，凡軍政府對於人民之權利義務，人民對於軍政府之權利義務，其犖犖大者悉規定之。軍政府發命令組織地方行政官廳，遣吏治之，而人民組織地方議會，其議會非遽若今共和國之議會也，第監視軍政府之果循約法與否，是其重職。他日既定乙縣，則甲縣與之相聯，而共守約法；復定丙縣，則甲乙縣又與丙縣相聯，而共守約法。推之各省各府亦如是。使國民而背約法，則軍政府可以强制，使軍政府而背約法，則所得之地咸相聯合，不負當履行之義務，而不認軍政府所有之權利。如是則革命之始，根本未定，寇氛至强，雖至愚者不內自戕也。洎乎功成，則十八省之議會，盾乎其後，軍政府卽欲專擅，其道無繇。而發難以來，國民瘁力於地方自治，其繕性操心之日已久，有以陶冶其成共和國民之資格，一旦根本約法，以為憲法，民權立憲政體，有磐石之安，無漂搖之慮矣。先生之言，大略如是。嗟夫！自今以往，無其正之革命軍則已，苟其有之，其必由斯道，以達國民主義之目的。我國民當沉毅用壯以向於將來，毋自餒也。

嗚呼！吾願我民族實行民族主義，以顛覆二百六十年來之貴族政治。嗚呼！吾願我民族實行國民主義，以顛覆六千年來之君權專制政治。

社會革命當與政治革命並行論分部

論說

《朱執信集·論社會革命當與政治革命並行》 社會革命者，於廣義則凡社會上組織為急激生大變動皆可言之。故政治革命亦可謂社會革命之一種。今所言者，社會經濟組織上之革命而已，故可謂之狹義的社會革命。

社會革命與政治革命當並行者，吾人所夙主張者也。方將著為長之論文，備究其相關係各方面之利害，且付於其施行之各政策之得失，加以批評，使我國民咸瞭於此義，則當與政治革命並行之旨亦自明瞭，不俟別為之論。第此其程功不得甚速，而恐未之知者議議蠭起，故先簡短言之，其詳仍俟他日也。

近日《新民叢報》於本誌土地國有之主張，恣為譏彈，本論實亦感之而作。然本論之主旨，在使人曉然於社會革命當與政治革命並行之理由，不專為對彼辯論而作。故篇中皆以主張為答辯，不與馳逐於末點也。《新民叢報》所以評社會主義者，要有四端：社會革命終不可以現於實際，而現矣而非千數百年之內所能致，一也；行土地國有於政治革命時，同於攘奪，二也；利用下等社會必無所成，而徒荼毒一方，三也；並行之後，無資產之下等握權，秩序不得恢復，而外力侵入，國遂永淪，四也。其前二者非本論範圍，故將以他篇闢其謬說，而本論則就後二者之立論。

由是首明社會革命之原因；次舉社會革命與政治革命相關之場合；次中國現在可並行之理由，所以破其利用下等社會必無所成之說；次並行之效果，所以解秩序不復，國遂永淪之說也。

論者於社會主義多詆諆，羌無理論根據。假令一一拾取其凶穢之詞，還加彼身，恐彼亦無緣能自為解，顧此非吾輩之所屑事也。至其誤謬之原，則吾可揭之以告於天下。蓋世每惟不知者乃易言之，又易而攻之。惟不知而多言之，復不自省，乃生自為矛盾之結果。然後有以今日之我，與昔日之我挑戰之一說，以為解嘲。曾不知苟其不知而言如故者，雖百反復，其結果一而已，安事此挑戰，為見一新説以為可以詫於人，則棄其舊説而從之，無所顧惜。實則其不知新説猶是也。而其舊説所以棄之若是其易者，則正以其始絕未知其實際，而遽易言之故也。故往者昌言經濟革命斷不能免，紹介聖西門學説，今論寫作仙士門，意論者猶未知為一人耶。驚歎濠洲新內閣，以為二十世紀大問題。曾不過再朞，而遽以為空想妄論，世之人當亦同評之。第令略知其始之主張，全不知社會革命之眞。今之排斥，亦信口雌黃，則亦當失笑也。愼言君子之德，固非所以勖於論者。惟世之人知其妄言而不為所迷惑，則所庶幾耳。

抑尤有妄誕可憾者，論者目不通歐文，師友無長者，世所共知。而衝口輒曰世界學者之公論。世界學者之公論，將依論者涉獵所及之一二書以為斷乎？抑知學派有異同，學説有變遷沿革乎？夫往者誠有排社會主義者，顧其所排者非今日之社會主義，而純粹共產主義也。若是謂今日不能卽行，吾亦不非之。顧自馬爾克以來，學説皆變，漸趨實行，世稱科學的社會主義，學者大率無致絕對非難，論者獨未之知耳。而吾輩所主張為國家社會主義，尤無難行之理。論者但觀一二舊籍，以為世界學者之公論盡是，雖欲不驚其妄誕又焉可得耶？假此可為世界學者之公論，則十七八世紀中霍布士、馬奇斐利亞輩之説，亦嘗風靡一時，何不執以謂君權不當限制之説為世界學者之公論也。

彼又述孫逸仙先生之言，謂社會革命當與政治革命並行者，政治革命時死者太半，易於行社會革命，意將以怵世人而巧獲同情也。然先生當時語，彼實只云政治革命之際，人多去鄉里，薄於所有觀念，故易行。佐證具在，何嘗如彼所云乎？妄誕不已，繼以虛誣，吾不知其所謂信良知者果如何也。此皆於事實有不可誣者，故附論之，至於其主張之理由，及實行方法，俟諸他篇。

（一）社會革命之原因

窮社會組織經濟之弊，以明社會革命之所由來，非為社會革命則不可者，非一二頁所能盡，亦非本篇之所事也。

然方言社會革命當與政治革命並行，則不得不先言社會革命原因之存在。苟無此不得不行之關係，則社會主義束置高閣可也，復何用詹詹炎炎為？故於此雖不暇分析證明，而斷不可不知者。社會革命之原因在社會經濟組織之不完全也。凡自來之社會上革命，無不見其制度自起身者也。此必然之原因也至其他有所藉而後暴發者，偶見之事，固不能謂社會革命絕不緣是起，而言社會革命無必然之關係，則非所論也，而今日一般社會革命原因中最普通而可以之代表一切者，則放任競爭，絕對承認私有財產權之制度也。今日之社會主義，蓋由是制度而興者也。因其制度之敝而後為之改革之計畫者也。於英、於法、於德、於奧、意等，無不皆然。而俄羅斯則獨小殊，謂之例外可耳。於此二斷案之當證明辯論者不鮮，今俱略之，惟有不可不置一言者，世之知社會主義而言之者，必歸於社會貧富懸隔而起，此其言固無誤也。豈惟無誤，先輩諸大家實主張之。余輩未嘗非之也。顧今不言社會貧富懸隔，而言社會經濟組織不完全者，是有三故焉。

（1）貧富懸隔者，社會經濟組織不完全之結果也。此最易明者也。凡學者言救貧富懸隔之弊者，莫不更求之本原。所謂本原者，放任競爭，絕對承認私有財產制是也。夫絕滅競爭，廢去私有財產制，或不可卽行，而加之制限與為相對的承認，則學理上殆無可非難者也。惟放任競爭一不過問，故其競爭之結果，生無數貧困者，而一方勝於競爭者，積其富，日益以肆矣。假如放任論者所言，競爭之勝負，一準於能力之多寡，則其敗者只緣己力之不競，寧不類於至當。然實際競爭之優劣，以能力而判者至鮮。能力誠足以為競爭之助，而非一視之以為優劣者也。然則決不得以應能力多寡，享富多少之適宜，證放任競爭之必歸於適當也。此原其始以言也。一度有優劣之分以後，勝者鞭策不勝者，使匍匐己下，而悉挹其餘利以自肥。此少數已勝者與多數已不勝者，更為競爭時，既立於不平等之地位，而往者之競爭，其勝負決於種種之偶然事實，今乃一決於資本之有無，必同有資本或同無資本始有眞平等競爭行其間耳。亦或有起家寒素而卒致鉅萬者，為僅少之例外。卽有之，亦非大多數之福利也。此少數富人間亦復相為競爭，必至富歸於三數人之手乃止。故放任競爭，與貧富懸隔，有必然之關係者也。抑不由放任競爭，固不得致貧富懸隔也。貧富懸隔，由資本跋扈，不放任競爭，則資本無由跋扈也。更從他方面以觀，則無私有財產制，不能生貧富固也；有私有財產制，而不絕對容許之，加相當之限制，則資本亦無由跋扈。即於可獨佔之天然生產力，苟不許其私有，則資本之所以支配一切之權失矣。故必二者俱存，而後貧富懸隔之現象得起。獨佔者，排斥他人之競爭者也。而所以得為獨佔者，由從政者以為排斥，亦競爭之一方法，而放任故也。言貧富懸隔，則決不能離此使之懸隔者。故言社會經濟組織不完全，而放任競爭，絕對承認私有財產制，為社會革命之原因，非過也。尚當注意者，放任之競爭，絕非自由之競爭。舊學派主張自由競爭，而貴放任者，以當時干涉使不自由，故為有當。今則緣不干涉乃反不自由，故不得以彼説佐吾説也。

（2）雖未至貧富懸隔，可為社會革命。蓋社會革命者，非奪富民之財產，以散諸貧民之謂也。若是者，即令得為之，曾無幾何之效果，可謂之動亂，不可謂革命也。既為均之，復令為競如昔，則無有蹈覆軌而不顛者也。誠為革命者，取其致不平之制而變之，更對於已不平者，以法馴使復於平，此其眞義也。故假其不平之形未見，而已有可致不平之制存，則革去其制，不能無謂之社會革命也。此固推極以言。然就中國前途論，則此決不可忽也。中國今日固不無貧富之分，而決不可以謂懸隔，以其不平不如歐美之甚，遂謂無為社會革命之必要。斯則天下之巨謬，無過焉者。當其未大不平時行社會革命，使其不平不得起，斯其功易舉也。而常人不易知其必要，逮於不平既甚，則社會革命之要易知矣，行之乃難。於其難知易行之代，得知而得之，則不遠勝於難行易知之代，不得已乃行之乎。故言苟有是制，即當為社會革命，視言貧富懸隔，尤直截耳。

（3）社會革命尚有不因於貧富懸隔者。蓋社會革命之名，於往代之經濟制度變更，亦當用之。然則如自封建時代之經濟制度，變而為放任競爭制度之際，亦可言社會革命也。普通言社會革命固不含此義，然自理論上言，則實當涵之。是固非由貧富懸隔起者，而言社會經濟組織之不完全，則無所不包也。

（二）社會革命與政治革命相關之各場合

既有革命原因之存，則不能不為之矣。於是乃生當與政治革命並行否之問題。此可就社會革命與政治革命相關係之各場合而分論之。

於兩者中僅一之原因存在之場合，則無社會革命原因者，惟為政治革命而已足。此於往者革命最常見者也，其例既至多，不悉舉。

若僅社會革命原因存在之場合，則反之，而不必為政治革命。雖社會革命之結果，生社會上勢力之消長，從之政治上勢亦有變更，顧不得以謂此即制度之變更也。固亦有以勢力之消長，使其制度變至不良者。若是者，社會革命可為政治革命之原因。第此事實極少，僅可得之想像。至於近今，實難遘之。緣政治組織與經濟組織相分離久，即有富族勢力顯於政治上，亦不過其最小之一部分，甚不足道，此就現在以言，過此以往，則不可知也。決不因其勢力消失，而致有根本之變動也。歐洲之列强，今日大抵處此地位。如法，苟為社會革命，其必無改共和立憲制，可必也；如德，苟為社會革命，其必無改聯邦君權立憲，可必也。其根本既無改矣，則其枝葉有變動，亦改良進步而已，非革命也。如以財產額納稅額而令選舉權有多少之制，既為社會革命後，則此階級終至消滅，而為之設之制度亦歸無有，此即其變動之最大者，然亦不能以謂根本之變動也。

要之，凡僅一原因存者，無並行之場合。

至於兩原因既並存矣，則如何始可並行乎？乃方今所當研究者。於此可從其革命運動之主體客體，而分別為數場合。主體者，革命運動之力所從出，客體者，其力之所加也。故探源以論革命之客體為一制度。所以為革命者，固非僅欲祛此階級之人，實由欲去其有此階級之制度也。然則言革命客體為一階級者，近於不論理。但自實際之方面言，革命者，階級戰爭也。自革命之方立言，則為此運動之階級主體也。對於此運動為抵抗壓制或降服退避之運動之階級則客體也。今所言用此義也。

凡政治革命之主體為平民，其客體為政府廣義。社會革命之主體為細民，其客體為豪右。平民、政府之義，今既為衆所共喻，而豪右、細民者，則以譯歐文Bourgeois Proletarians之二字，其用間有與中國文義殊者，不可不知也。日本於豪右譯以資本家或紳士閥。資本家所有資本，其為豪右，固不待言。然如運用資本之企業家之屬，亦當人豪右中。故言資本家不足以包括一切。若言紳士，則更與中國義殊，不可襲用，故暫錫以此名。至於細民，則日本通譯平民或勞動階級。平民之義，多對政府用之。復以譯此，恐致錯亂耳目。若勞動者之觀念，則於中國自古甚狹，於農人等皆不涵之，故亦難言適當。細民者，古義率指力役自養之人，故取以為譯也。

由是可由革命運動客體之位置，別為二場合，曰：（甲）政治革命運動客體，與社會革命運動客體為同位之場合。（乙）政治革命運動客體之［與］社會革命運動客體為異位之場合。

於（甲）之場合，兩革命運動之客體為同位，故其革命必要並行。蓋豪族而居政府，以其經濟上之勢力，助政治上之暴，因施為法，益增其富。而此蚩蚩者，既苦苛暴，復逼貧餓，益不能自聊。此非並行政治革命、社會革命，終無能蘇生之日，決不可以謂既得其一，斯當知足而止，余更俟之他日也。其政治革命與社會革命，兩相依倚，成則俱成，敗則俱敗者也。令政治革命倖得成功，而不行社會革命者，則豪右之族跋扈國中，不轉瞬政權復入於彼手，而復於未革命以前之舊觀矣。又令不為政治革命，而為社會革命者，則彼挾其政治上勢力，可為己謀便安，制為專利彼族之法，社會革命之效果，亦歸於無有也。抑當是時苟力足為政治革命者，亦即能為社會革命，無他阻撓之可虞者也，故曰必當並行。今日之俄羅斯，居此狀態者也。俄國之經濟制度，尚未脱封建時代之狀態，其挾經濟上勢力者，大抵為貴族、僧侶、地主，而是三者固皆有政治上勢力之階級也。故俄國之革命，皆並行政治革命、經濟革命者也。俄人有自詡其經濟組織，不落於自由競爭制度之慘狀中者。然其不競爭，乃禁制一般人民，使不得與地主、僧侶等爭耳。是固非大多數之幸福也。故其改革，必不可已者也。若其改革，得能直為共產制乎？抑僅限制競爭而猶於相對範圍内認私有財產制乎？尚有問題。虛無黨等所主張為絶對的共產主義，余輩亦不能無疑之也。

於（乙）之場合更可分之為二：（1）政治革命運動之主體，為社會革命運動客體之場合；（2）不然之場合是也。於（乙）之（1）之場合，政治革命與社會革命不能並行者也。何則？政治革命運動之力，出諸豪右之手，而不出諸細民之手，則是時社會革命運動雖欲起而無從也，所謂革命運動之力之所出，謂主要之部分。故往有豪右對於政府之反抗，而勞動者參加之者，其力不能不謂自豪右出，又非發起鼓吹之謂。如馬爾克、聖西門皆非窶人子，其所鼓吹者，固大有造於社會革命，然社會革命運動之力，亦不得謂從彼出。蓋其鼓吹者，不過興發其力，而非力之本體也。藉為社會革命，則反以利政府而兩無所成也。故兩者不可不犧牲其一。而歐洲十八世紀之末，以至十九世紀之前半期，凡有革命，皆犧牲社會革命，以成政治革命者也。於時雖有社會革命運動，而皆不得成功，良由此也。而以是之果，致今日歐洲諸國不得不更起第二次之革命，其幸則以平和解決，不幸則希查標柱之慘狀，旦夕間見矣。夫其初之不能不犧牲其一，歐洲之不幸也。而今日之危機，殆亦當時為政治革命者所未嘗夢見者也。苟無彼歐洲之不幸之原因，無政治革命運動主體為社會革命運動客體之事實，而誤援歐洲之歷史以自偶，無故而使社會甘其慘禍者，是亦敢於禍社會也已。

次（2）之場合，兩革命原因並存，而社會革命客體與政治革命無涉，則利並行者也。政治革命運動之客體，雖非社會革命運動客體，而社會革命運動，不為政治革命運動之妨，則以一役而悉畢其功者，其必勝於因循以貽後日之悔者明矣。夫政治革命與社會革命，其運動之客體往往殊，而其運動主體則今無多異也。苟其政治革命之力，自大多數人出者，此大多數人之必什九為社會革命運動主體。於是時，政治革命而奏功者，則同時以其力起社會革命，非甚難事也。抑惟政治革命時，人心動摇，不羨鉅富，於是壟斷私利之念薄，而公共安全幸福之説易人於其心也。逮事既平，則内顧慊然，不自足於飽暖，而進思兼人之奉養，乃苦謀所以得之者，則必求便己營利之制。語以人各百金者，不以為意，語以百人而其中一可得萬金者，則雀躍從之，常私自詭必得，而不慮其不得之困矣。惟在患難，乃於公共之利害明，而為一己冀饒獲之念不切。故行社會革命於平時者，其抗拒者必多，以與政治革命並行，則抗拒者轉寡。此吾人主張並行之第一理由也。豈有死止强半乃利於行之説哉？

（三）中國現在當並行之理由

熟觀上所列舉之各場合，則中國現在是居中之何等乎？得以社會革命與政治革命並行乎？吾人乃可得為之答曰：中國社會革命與政治革命原因並存，而居上舉（乙）之第二之狀態，社會革命宜與政治革命並行者也。謂兩革命原因同時並存者，政治革命之不可以不行，既為一般所知。至謂中國有社會革命原因，則往往有悈而不信者，此誤信社會革命原因惟由貧富已大懸隔之故也。貧富已懸隔，固不可不革命，貧富將懸隔，則亦不可不革命。既有此放任競爭，絶對承認私有財產制之制度，必生貧富懸隔之結果。二者之相視，為自然必至之關係。然則以有此制度故，當為社會革命無疑。余輩前此所以不言社會革命之原因在貧富懸隔，而言在社會經濟組織不完全，以此也。而中國今日固已放任競爭，絶對承認私有財産制者也，故不得不言中國有社會革命之原因也。然而俱有其原因矣，乃其革命客體絕不相關，故不得為上舉甲之狀態，此卽中國革命所以有殊於俄羅斯之點也。今者，老朽之政府，誠亦各蓄貨財，顧其富或緣貴得，而決非與貴有不可離之關係，此自古而已然。至入虜廷，則尤忌以多財聞。自乾隆行最陰險之計略，以吸集金資，乾隆縱督撫貪婪，俟其滿載歸則籍沒之，謂之宰肥鴨。彼無絲粟强取之名，而漢人膏血已盡矣。卽富者亦不敢揚聲於外，而實際有財者皆遠於政府。咸同以後稍稍變，然決不得謂有財者必為官吏也。若彼滿洲之族，則以禁營業故貧困太半。是以政治革命運動之客體，決不與社會革命運動之客體為同物者也。兩者既非同位，則必居（乙）之（1）（2）兩場合中矣。而今日社會革命運動之客體，果為政治革命運動之主體否乎？中國並行政治革命、社會革命之利害問題，視以解決者也，而余輩不憚答之以否。何則？中國歷史上無如是之狀態。卽現時革命運動，亦絕不以豪右為中心點故也。中國往代揭竿之事，多起於經濟之困難，於漢唐明之末季尤著，此最當注意之點也。由此以擴充之，則經濟組織能早完善，不致召今日之社會革命未可知也。惟圖苟且之安，而無百年之計，政府未覆而戴新主，及其功成，相與休息，更不聞有為謀大多數衣食完足之道者，此致足惜者也。然中國革命運動之力不出於豪右之族，證佐亦以昭矣。至於今日革命之運動，則尤易見。自南都淪喪，唐、桂二王，先後不祿，中國悉委於腥羶。而東南會黨，所在團結，蓄力待時，二百六十年如一日。此其組織者為何等人，亦當為世所共知矣。今後革命，固不純恃會黨，顧其力亦必不出於豪右，而出於細民，可預言者也。故就中國今日之狀況而論，決不為（乙）之第一之狀態，而當屬於其第二之狀態。從而由上節所論之理由，以並行政治革命、社會革命為最有利。

然而非社會革命之説者則曰：『以之社會革命與普通之革命論並提，利用此以恃一般下等社會之同情，冀賭徒、光棍、大盜、小偷、乞丐、流氓之悉為我用。懼赤眉、黄巾之不滋蔓而復煽之。其必無成，而徒荼毒一方，固無論也。』此其論絕武斷而不舉其理由，固莫知其何以為蓍龜而卜筮是。顧强從其不條理之論議中為之整調，則論者所以為是言之由，亦致易測。蓋論者認社會革命為强奪富民財産而分之人人者也。故謂甲縣約法之後，乙、丙諸縣，雖如晚明之揚州嘉定，而不能下也。又謂行民生主義，其地方議會議員，必皆為家無擔石，目不識丁者而已。蓋其意為富族畏避而貧民專政，則將以社會革命妨政治革命也。夫社會革命，固將以使富平均而利大多數之人民為目的，而決非如論者所意想之簡單者也。從制度上而為改革者也。既有善良之制，則富之分配，自趨平均，決無損於今日之富者。何則？偃鼠飲河不過滿腹。生養死葬，各得其所。白餘之富，皆贅而已。今日營營於富者，叩其本心，果何所謂乎？恐其什九以懼貧之不可堪，而非以富之可樂也。為避貧而後為富，然則使菽粟如水火，無不足之慮者，又安用此過量之富為？故就終局而論，則社會革命固欲富者有益無損也。至於其進行之手段，則各學者擬議不同。要之必以至秩序至合理之方法，使富之集積休止。集積既休止矣，則其既已集積者不能一聚不散，凡富無不散者，卽在歐美富之集積盛行，而一面仍因相續等事散之也。散則近平均矣。此社會革命之眞誼也。故其進行之時，亦無使富者甚困之理也。今日歐洲豪右所以甚惡社會革命者，彼自恐懼於絕對共産主義之説，乃一切深閉固拒。又一方以值承平，儲蓄之望盛耳。中國現在無此原因，則其畏避之情當減。第既為社會革命矣，則固亦預定豪右之必為抵抗。第有之，亦決不足為政治革命之阻。何則？凡對於社會主義為抵抗者，必甚富者始力，而中産者乃中立無所屬而已。而方政治革命之際，彼素封之家，先已望塵畏避，何俟社會革命之敺之耶？大抵中國富族，對於政治革命什九持兩端，視政府利則從政府，洎革命軍捷，則又從革命軍耳。其所欲者，惟在保其現在已集積之富，而不在希望將來之鉅獲。社會革命富人所失者，為將來可倖致之鉅獲，而非已集積之富，社會革命固亦行以漸分散已集積之富之策，然分散者合理的分散，不可言失。彼既避政治革命，則與社會革命無與。若其來歸，則亦必不以將來可幸獲之失，傷現在已集積者之保護甚明。故謂富民畏避，為政治革命之阻説，非也。次其言貧民當政，則直不通之言也。試問貧無擔石儲者，何以無為議員之資格乎？議員一用貧民羼入，則秩序立亂乎。猶是横目兩足，猶是耳聰目明，獨以缺此區區阿堵，故不得有此權利，吾不知其何理也？使此説而正也，則桓靈賣官之政，乃眞能應富以官人者。唐虞明揚仄陋，直秕政耳。捐納之制，其可永存，而平等之説，直當立覆也。試以叩之天下具五官百骸者，恐除論者外無一人而不應之曰否矣。且今日諸國議院，無不有多數出身貧民之議員。即如此次英國新選舉，勞動黨所選者，强半出身工人。論者又將何説以云？至云目不識丁，則尤可笑。普通選舉之際，於被選舉者，未嘗不可定教育之資格，豈有悉選無教育者之理乎？論者豈不曰，地方議會，使富民佔優勢，固專偏利富民，使貧民佔優勢，亦有偏利貧民之弊。然須知貧民者居大多數，不如富者之居少數也。居少數者欲自利，則可背公而為不正之議決。若為大多數之人代表者，則其議決勢不得私。蓋地方議會可議決之事項有範圍，府、縣會之權力決不能比北美各州，此沿革上使然者也。於此範圍以內，謀大多數之利益，則不能屏富者使獨不可享也。故貧民之專擅，決不必慮，而因貧民專政以妨政治革命進行之事，更無有也。

抑於中國尚有利於速行社會革命之理由二：即中國今日富之集積之事不甚疾，一也。中國社會政策於歷史上所屢見，不自今日始，二也。中國經濟上放任競爭之制雖久行，而貧富今尚不甚懸隔。此由物質進步之遲，大生產事業不興，而資本掠奪之風不盛，從而積重難返之患，社會革命之業輕而易舉。不及早為之圖，則物質的模倣旦晚行，而此利便為全失矣。抑中國古以兼併為罪，蓋沿封建之餘習，而其言為儒者所稱道，因之深入人心。漢代詔敕，尊農賤商，亦本制富集積之旨者也。自是以降，雖不必常奉斯旨，而凡謀抑富助貧之策者，亦率以善政稱。顧是皆流於末而無探其本原以為救濟之策，其可稱眞為根本之計者，獨荆公之青苗之法耳。不幸而奉行不稱厥旨，遂以重禍。然當時所訾於新政者，除蘇軾之無知妄論外，大抵皆攻擊其辦法之不善，而不能言其制法之意之非也。要之，抑豪者而利細民者，中國自來政策者之所尚者也。因而改善之，以為根本之改革，決不能謂為非適合社會心理者也。由此二點以觀，中國今日實最利行社會革命之日也。而此最便行之機，稍縱即逸者也。然決不能無為政治革命而逕行之。何則？行之必藉政治上權力，而非有政治革命，平民不能握此權。然則言社會革命，當與政治革命並行，當然者也。更就土地國有論之。則此觀念亦於中國自古有之。地稅至唐稱租，即顯國家為地主之義，而其稱有土者，不過有永小作權者而已。自兩稅法行而此表現失矣。然雖唐以後，庶民對於地稅之觀念，與他種稅之觀念，終不能謂無別也。更舉近世之例，則於明初屯衛之制，其田皆國有者也。明初所以得行此者，亦正以政治革命之從易為功也。觀於其後欲贖取已賣之田，猶患費無所出。乃其初設時若甚輕易舉者，斯亦可知其故矣。行土地國有於政治革命之際，果何事强奪耶？明尚有皇莊之制，然為君主私產，非國有者也，故不能以為例。

（四）並行之效果

即曰以並行為便矣，則其並行後見如何之效果乎？決不可不一言者。然此當注意者，並行之效果，謂社會革命及於政治革命之影響，政治革命及於社會革命之影響也。若政治革命、社會革命自身之效果，則非今所論也。難並行者之説者曰：『充公等之所望成矣，取中央政府而代之矣。而其結果則正如波倫哈克之説，謂最初握權者為無資產之下等社會，而此後反動復反動，皆當循波氏所述之軌道而行。其最後能出一偉大之專制民主耶，則人民雖不得自由，而秩序猶可以恢復，國猶可以不亡，若無其人耶，則國遂永墜九淵矣。即有其人焉，或出現稍遲，而外力已侵入而蟠其中央，無復容其出現之餘地，國亦億劫而不可復矣。』此彼所以為最後之論點者也。而吾不得不驚條理之錯亂，論據之自相繆反。蓋論者之旨，以為並行則秩序紛亂，而外力侵入也。其所言雖若兩，而實則根據於一。破其秩序紛亂之説，則外力侵入之説，亦無從立也。乃問其言秩序紛亂之由，不出波倫哈克數語。此可謂奇謬矣。夫波倫哈克之説，久為學者所擯固無論。今假波倫哈克之説為正，亦政足以為社會革命當與酸治革命並行之證佐，而不得以為攻之之器械。何則？波氏所論，為未行社會革命之前之國家故也。波氏之所根據者，法國之歷史也。而法國之大革命，絶無社會革命之分子存於其間者也。不惟然且有助長競爭及絶對承認私有財產權之點，此可從人權宣言中見之者也。惟未為社會革命，故有貧富階級代嬗以秉政權之説也。社會革命以階級競爭為手段，及其既成功，則經濟上無有階級。雖受富之分配較多者，亦與受少同等，不成為特別階級，故絶不能言一階級經濟的握有政權，更不能言自此階級移之彼階級。由其無兩，故不得稱階級，亦無彼此可言也。故決不能由波氏之説，以證社會革命有害於政治上秩序。則波氏之言之本不實，乃更無庸辯也。

以余輩觀之，則社會革命與政治革命並行，有相利而無相害，此可分兩方面言之。

（甲）社會革命及於政治革命之影響。此質言之，則政策不受社會經濟上勢力之搖動，而無為一私人經濟上利益犧牲，為大多數幸福計之政策之事，是經濟階級不存之所利也。

（乙）政治革命及於社會革命之影響。此之利社會革命者，於方行時既已有前述之便，而在既行之場合，亦尚有之。卽已有政治革命者，社會革命後之完備組織，無為政治不良而被破壞之慮是也。藉欲行至完善之組織於專制政府之下，則緣被以階級為制度之精神，故必兩不相容。於是兩相激蕩，專制之敗幸也，其勝則此制湮矣。故欲其制之安全永久，亦必政治革命已行而後可得也。

要之，本篇之論重於破邪。而以欲破邪說，故不能不根據於社會革命之原理。故簡單舉之而未暇致其曲。略欲一一發揮之，則非十數萬言不能明其崖略，非此區區數千言所可盡也。故證明推論之事，皆讓之他篇。世有有志社會革命者，尚當徐徐相與研究之也。

駁革命招禍論分部

論說

《民報》第六號《汪兆銘〈駁革命可以召瓜分說〉》 自民族主義國民主義昌明以來，搢紳之士，荷簀之夫，稍知愛國者，咸以革命為不可一日緩，此國民心理之進步，而國家盛强之動機也。然尚有鼓其詖說，詆毁革命者，其立說皆脆弱而不足以自完。其稍足以淆人聽聞者，不外二說。其一，謂今日之政府，已進於文明也。然凡稍知民族與政治之關係者，皆知主權苟尚在彼族之手，則政治決無由進步，故此説決無成立之理由。其二，則謂革命可以召瓜分，以謂各國方眈眈於我，一有內亂，必立干涉，而國隨以亡。為此言者，自托於老成持重，而以逆臆之危辭，恫喝國民，沮其方新之氣。於是別有懷抱者，樂於便托此說，以自文飾，卽眞有愛國之誠者，亦熒於聽聞，而搖惑失志，其流毒所播，不可謂細也。今欲外審各國對於中國之方針，內度國民之實力，瘏口極論，闡明革命與瓜分決無原因結果之關係，且正因革命然後可杜瓜分之禍。願愛國者相與研究此問題，而恍然於解決之方法也。

本論分二大段。前段論瓜分說之沿革，後段論革命與瓜分之無關係。

第一，瓜分說之沿革。

瓜分之原因，由於中國之不能自立也。中國之不能自立，何以為瓜分之原因？以中國不能自立，則世界之和平不可保也。各國爭欲均勢力於中國，勢力相衝突，常足以激成世界之大戰爭。於是有一國謂勢力之不均如此，不如分割之，俾各得其所，於是倡瓜分主義。又有一國謂勢力既不平均，若言瓜分，更滋蔓也，於是倡開放門戶保全領土主義。甲午以後，庚子以前，瓜分說極熾之時代也。庚子以後，至於今日，開放門戶保全領土說確定之時代也。一言以蔽之，中國未至於瓜分者，列國勢力平均主義之結果也。庚子以前，因勢力不均而至於言瓜分；庚子以後，因勢力不均而至於言開放保全。始終均勢問題也，而解決之法，後與前異。以上舉其概要，以下逐項釋明之。

（一）中國不能自立之原因

自立者何能自以內部之力完全獨立之謂也，故自立與孤立有別。持鎖國主義，孤立無鄰，謂之自棄可耳，決不能自立於今日國際團體之內也。而自西力東侵以來，我國陷於旋渦之地位，既無復孤立之餘地，又不能自立，國力頹喪，瓜分在人，保全在人，岌岌然不可終日，國民所已知者也，而其所以致此者，實惟滿洲人秉政之故。蓋我國民之能力薄弱，固亦不能無過，而厲行鎖國主義，鼓舞排外思想，見靡外侮，馴致於危亡，猶復調唆列國之衝突及其嫉妬心，使勢力平均主義亦將不能維持者，實惟滿洲政府獨任其咎。蓋自滿洲篡位以後，禁絕中國人與外國人交通，以通商為厲禁，放逐傳教師於國外，戮人民之私奉外教者，人民有遷徙於他國者，處以死刑。其與外人交接也，覲見之禮，以三跪九叩首為一大問題，初以獻俘之禮待之，後以藩屬之禮待之，此康熙以來之政策也。道光之際有鴉片之役，咸豐之際有聯軍之役，光緒之際有甲午之役，中更喪亂，賤外之心，變而為畏外仇外。於是獎勵義和拳，宗室王大臣為其首領，揭扶清滅洋之幟，以招八國之兵，迨乎北京失守，狼狽西遁，此後又一變而為媚外。然交歡於甲，失歡於乙，朝三暮四，外交之醜劣，至此為極。綜滿洲政府之對外政策，不出二端：前者為倨慢無禮，後者為反覆無耻，以至有今日。然則瓜分之原因，由於不能自立，不能自立之原因，由於滿洲人秉政，可決言者也。聞者疑吾言乎？試取外國人之言論以證明之。古芬氏著《最近之支那》第四章『支那之外交』有云：

一六四四年，滿洲人征服支那，而建清朝，專從事於鼓吹國人之排外思想。今日歐美人恒言，支那人之排外思想，為其固有之性質，不知鼓吹激動此思想者，實滿洲人也。蓋滿洲人欲以少數之民族，制御大國，永使馴伏其下，因而遮斷外國之交通，杜絕外來之勢力，其結果遂致使支那人有强烈之排外感情。勃克曰：滿朝勢力之確立，全由於鎖國政策，然其衰落，亦恐坐是也。可謂名言矣。

以上古芬氏之言也，亦可謂旁觀者清矣。更觀庚子之役，聯軍既破北京，各國會議善後處分，德國首議處罰元凶，美國答之曰：

此役暴徒之首魁，即政府諸宗室元老也。故宜先改造清國政府，後乃議處罰之。

此言誠洞悉當日事變之眞相者。去年日清談判之際，日本進步黨首領大隈重信於東邦協會演説有云：

支那之政府，專以苟且姑息為治，惟企革命之不起，欲割地事人，以保社稷。謂外交上柔能制剛，利用列國之衝突及其嫉妬心，而無信義。故日英同盟，雖實行支那之保全開放列國之機會均等主義，然戰國派之外交，可惹起內部之變動。

此其言於滿洲政府之心事可謂洞若觀火矣。上所引證，皆非出於我國人之口，乃出於外國人之口者也。滿洲政府一日不去，中國一日不能自立，瓜分原因一日不息，外國人尚能知之能言之，乃我國人而反昧乎？

（二）各國對於中國之政策

滿洲政府實足以召瓜分，既如上所述，然各國之由瓜分主義一變而為開放門戶保全領土主義者，非滿洲政府能使之然也。一由於各國間維持勢力平均，二由於知我國民之情實，慮瓜分之難行也。蓋歐亞交通以來，道光時有鴉片之役，咸豐時有聯軍之役，其戰爭之目的，欲擊破鎖國主義，得以自由貿易而已，非有瓜分之觀念，存於其間。迨乎甲午一役以後，情見勢絀，而各國之殖勢力於中國者，至不平均，所得豐者思保持之，所得歉者思攙奪之。於是德國首倡瓜分之議，於一八九七年，以海賊的暴舉佔奪膠州灣。於是俄藉口以租借旅順口大連灣，英租借威海衛，法租借廣州灣。此外又屢有不割讓地之設定，瓜分之論，極熾於是時矣。然終以勢力未平均之故，瓜分適以滋擾。於是美國首提議門戶開放主義，英、日固同此主義者。於是自一八九九年至一九〇〇年，英、德、俄、法、日、伊六國皆表同意，宣言對於中國以保全領土，開放門戶為主旨。此為各國對清政策之根本也。未幾而有庚子之變，自有庚子之役，列國益維持前此之政策，而知瓜分之難行。無識者以為庚子之役，乃瓜分之機會也。然須知北京已破，帝后遠遁，而各國會議，乃汲汲於善後處分，及媾和條約者，何也？此有二原因在：其一，由於各國之政見有相違也，日、英、美志於保全，俄、德、法志於侵略。聯軍統帥華德西欲進兵太原，英軍帥加士里不奉令，謂有政府之命令，不許進兵，華德西無如何也。各國齟齬若此，俄瞰知之，乃揚言曰：俄國出兵之目的，欲掃蕩拳匪救援北京而已，今宜講善後策，維持清政府，緩處罰元凶。蓋於一方博寬厚之名，以市恩於滿洲政府；一方萃兵於滿洲以為佔領之計，遂由是而生日俄戰爭之結果。此由平均勢力之使然也。其二，則各國於此一役，知民氣之不可侮。蓋拳匪之愚妄，雖可笑吒，然所以激而至此者，仇外之感情使然也。今北京雖殘，東南諸省猶無恙，使行瓜分，非億萬之兵力，長久之歲月，不足以集事，故有所憚而不敢發也。且因是之故，外人知暴烈的手段，予吾民以難堪，適以激動其排外之熱。自是以後，由劫奪主義一變而為吸收主義矣。以此二原因，故俄國首倡退兵，各國無梗議，旋歸和好。爾後俄包藏禍心，併兼滿洲，終釀日俄之戰。爾來瓜分之説，已如煙消雲散，不復有稱道之者矣。

然則為今日之中國計，正宜利用此均勢之機會，以奮然自立，勿謂門戶開放、領土保全可以苟全也。受人之保護，不得謂之自立。不能自立者，不能生存。然中國不能自立之原因，由於滿人秉政，故非撲滿不能弭瓜分之禍。何也？各國雖取均勢主義，然今日之滿洲政府，其外交政策，在煽動列强之嫉妬心，而利用其衝突。於是各國中有狡者，以詐欺恫喝之手段投之，無所往而不得志。一國有所獲獨豐者，則均勢之政策不可維持，終必出於分割而後已。蓋滿洲政府既謾藏誨盜，又反覆無常，其究極必破壞均勢政策，而使各國不得不出於瓜分。分而不均，則各國相戰；分而吾國民起與為敵，則各國與吾國相戰，世界無寧日矣。此豈惟吾國之不利，抑亦各國之不利也。故中國今日，宜亟謀其地位之安全，而行正當之外交政策，然後足以自立，抑亦中國之自立，有關於世界之和平也。然則排滿而自立，乃弭瓜分之禍者也。乃有以為召瓜分者，於下辨之。

第二，革命決不致召瓜分之禍。

世之詆毀革命者，動輒曰，革命軍起，外人干涉，瓜分隨之。此言幾於耳熟能詳矣。然問革命何故足以惹起瓜分，大概不出二說：第一說謂但使革命軍起，則外人必干涉也。第二說謂革命軍有取干涉之道也。而此二說之中，所主張之原因，又各不一。吾今搜羅列舉之，一一加以（辨）［辯］駁，使其說無復立錐之餘地，庶幾真理乃顯也。茲分論如下：

（一）謂革命軍起即被干涉者

為此說者，以為不問革命軍之目的行動如何，但使內變一生，即為干涉之媒介也。夫國有內亂，外國可以干涉與否，本為國際法上一大問題，今亦無須於法理上多著議論。惟須知外國所以干涉者，必有其原因，而革命軍所以被干涉者，亦必有其原因。究竟原因之為何，最切要之問題也。而世所舉干涉之原因，綜計之不外七說。

（甲）謂革命軍足以妨害各國之政策。為此說者，必其不知各國對於中國之政策者也。今日各國對於中國之政策，即上所舉開放門戶保全領土主義也。革命軍起，於此主義果有何妨害？此反對者所不能置一辭者也。如謂革命軍苟以排外為目的，則於門戶開放政策有妨，此則非獨立原因，乃附隨原因耳。何也？苟革命軍無排外之目的，則此原因不發生也，故曰附隨原因，於下論之。此專論主原因耳。如謂各國之抱此政策，乃其貌托，而非本心，則須知各國之抱此政策者，非有所愛於中國，乃均勢問題使之然也。英、美、日固認此政策為有利者。其懷抱野心者莫如俄，而方新敗，謀休養。法汲汲於言平和。德之心事，最為陰險，其地位亦最足為人患，然各國睽伺，不敢獨輕於發難也。故開放門戶保全領土政策，乃為各國所同認。然則革命軍之起，倘如義和拳之高揭扶清滅洋之幟，則為自取干涉，使各國雖欲不干涉而不能。若夫革命之目的，單純在於國內問題者，而謂義師一起，即於各國之政策有妨，此則稍知各國之大勢者，皆能斥其妄也。

（乙）謂各國藉口於內亂而行瓜分。此說所謂小兒之見也。今分二段釋明之：第一，各國苟欲瓜分，不必有所藉口。凡欲亡人國者，質直坦白宣言於衆曰，兼弱攻昧，取亂侮亡而已，非有所赧而求有以藉口也。且今日各國之不言瓜分者，非患無以藉口，一由於維持勢力平均，二由於知中國民族之大，未可遽言幷吞也。第二，各國即欲有所藉口，亦不必藉口於內亂。今日滿洲政府之政治，可以藉口者多矣，隨時隨地，何不足以藉口，必坐待有內亂起，然後有以藉口乎？舉實例言之，臺灣之割、朝鮮之割、緬甸之割、安南之割，曾以內亂為藉口乎？膠州灣之失，旅順口、大連灣之失，威海衛之失，廣州灣之失，曾以內亂為藉口乎？至於庚子之役，則尤非藉口。彼拳匪之宗旨，為扶清滅洋，非與滿洲政府為敵，乃與外國為敵也，則外國與之為敵，何怪其然？且各國苟欲瓜分，則聯軍入北京時誠機會矣，於彼時不為，而欲於他日求有以藉口乎？故各國之不瓜分，有所憚而不敢為也，非因無內亂以為藉口也。

（丙）謂使革命軍成功，則各國前此由滿洲政府所得之權利，將盡失之，故各國必維持滿洲政府，而與革命軍不兩立。為此言者，由於不知國際法之過也。於國際法，凡國家間由於條約而生之權利義務，條約之效力未消滅，則權利義務依然繼續，舊政府雖傾覆，新政府固當繼承之。何也？條約國家之名義締結之，非以私人締結之故也。故為此言者，自不知國際法之原則。不然，則欲以欺不知國際法之人也。至於謂滿洲政府外交醜劣，與各國結種種不平等條約，宣籌撤改者，則固新政府之責任。然非因政府新舊嬗代，而失條約之效力。故此兩事不可混為一。

（丁）謂使革命軍成功，則中國將漸至盛强，非如滿洲政府，可以為傀儡，故各國為外交上之陰謀計，寧扶助滿洲政府，而鋤除革命軍。為此說者，必卑鄙狡黠之小人，未嘗知外交之政策者也。大抵外交政策，貴於熟知各國之情實，定各國不可不由之準則，使己國蒙其利，而又非各國所嫉，乃為善於外交者。若夫操縱捭闔之伎倆，期於簸弄顛倒，以博目前之小利，則未有不自戕者。俄羅斯喜用之，卒受巨創。蓋各國林立，必不容一國獨專其利，利之所萃，即害之所萃也。彼滿洲政府，誠甘為人之傀儡者，然傀儡祇一，而欲利用此傀儡者，有七八焉。一國乘間利用之而獨享其利，此六七國者，旁皇嫉妬而不能堪，非求利益均霑，則相與攘奪耳。今日之中國，為各國所注目，而為之政府者，乃供人傀儡，得者驕盈，失者怨望，戰爭之禍，所以不息也。使中國人奮起而撲去此傀儡，卓自樹立，行正當之外交，則不必求他人之保全，尤非供他人之傀儡，東亞問題解決，均勢問題亦解決。故中國之獨立有關於世界之和平。各國息其覬覦，全球得以安燕，較之利用傀儡以生戰禍者，其相去何如，而謂人不知所取捨耶。

（戊）謂革命軍起，雖非以排外為目的，然經年轉戰，商務受其影響，各國為保其商務計，必發兵平亂。為此言者，似甚遠慮，而實蒙稚可笑，其智識殆如小兒觀劇，謂出兵之事，至易易也。不知在古昔專制之國，其君主窮兵黷武，且有因苜蓿天馬之故而苦戰連年者。洎乎世進文明，戰禍愈烈，戰事愈少。且在立憲政體之下，雖有好大喜功者，亦不能妄於興戎。蓋戰事至危，所犧牲者國民之生命也，所耗損者國民之財產也，故非關於國家大計，非兵力不足以維持者，不輕言動衆。試觀英、杜之戰，其原因之伏，非伊朝夕。金鑛主久懷兼并之志，一九〇五年，英將露迷臣率兵駐杜，受金鑛主之意旨也。杜人盡俘之。全英輿論沸騰，猶未出於戰。後以爭占籍問題，始決裂。杜人口止廿餘萬，而英人占籍者已十餘萬，故杜決議拒絕。英遂示威，杜立下哀的美敦書，戰禍乃作。初年英敗績，益憤，前後發兵四十萬，死傷六七萬，耗帑五十萬萬，至今英人以為得不償失，故今歲選舉，主戰黨勢力失墜。由是觀之，戰事豈得已耶？商務固足重，然以此單純之原因，而遽出於戰，毋乃易言之乎？覽最近統計表，英人在中國者五千六百人，美人二千五百人，德人一千六百人，法人一千二百人半為教士，日本人五千二百人，葡人一千九百人，為此等人營業之故，而動各國之兵，彼政府議會何輕舉妄動若此也。是故革命軍起，各國派兵保護彼商民，意中事也。然此基於國際法上之自衛權，例如南昌教案起，法遣兵艦保護是也。國人不知，以為示威運動，由不知國際法上之自衛權故也。不可謂非。至於謂各國因保護商務之故，而聯萬國之衆，以來干涉，而實行瓜分，則眞如小兒觀劇，而歎戰事之易也。

（己）謂革命軍崛起，必倚一國以為援，革命軍之勢盛，則此國之勢亦盛，各國懼破均勢之局，乃不得不出而干涉，遂至於瓜分。為此說者，較前諸說稍堅，而亦有其證據，以謂希臘之獨立，求助於英，義大利之獨立，求助於法；民黨必連與國，然後可以勝利也。然此視敵之何如耳？希臘之敵為土耳其，義大利之敵為奧大利，其政府之威力，十倍於獨立軍，故非有奧援，不足自立。若中國則異是。使民族主義、國民主義而普遍於我民族的國民之心理，則與革命軍為敵者，祇滿洲人及其死黨而已。滅此朝食，無所於疑也。至於各國之同情，固革命軍所希望者，然所希望者，消極的贊成而已。起事之際，欲其承認為交戰團體；成功之際，欲其承認為獨立國。然欲得其承認，雖由於外交，實專恃乎實力。已有為交戰團體之實，然後彼從而承認之；已有為獨立國之實，然後彼從而承認之。所求於彼者不奢，故其後患不生也。要之，此說之前提，謂革命軍必倚一國以為援，使革命軍純任自力，而不求助於人，則此說不能成立也。

（庚）謂革命軍起，政府之力，既不能平，則必求助於外國，外國出兵助平亂，因以受莫大之報酬。為此說者，以謂賤胡無賴，苟求保其殘喘，必出於借兵平亂之政策也。夫虜之為此謀，容或意料所及。然使其借兵於一國耶，則虜先犯各國之忌，各國慮破均勢之局，將紛起而責問，是徒自困也；使其借兵於各國耶，則各國之兵，非虜之奴隸，非虜之雇傭，無故為之致死耶？如謂虜以利啖之，彼將為利所動。不知各國苟欲攫利，其道甚繁，奚必出於助兵平亂耶？有以英遣兵助攻太平天國事為證者，然此事別有原因，於後論之。試以最近事證之，英兵之初入九龍也，鄉民鼓譟逐之，英兵退回香港，電總理衙門，檄兩廣總督，飭何長清剿平，英兵安坐而待也。廣西遊勇，嘗二次竄入安南，一在馬頭山，一在高平牧馬，法兵安坐，檄蘇元春平亂而已。虜借外兵耶？毋亦外人以虜為傀儡耳。謂外國利於報酬，而不憚動天下之兵，亦見之未審而已。

以上七說，皆謂革命軍起必被干涉者，所以為口實者也。其言之者非一人，其流行也非一日。吾今乃聚而殲之。抑吾之所言，非僥倖於外人之不干涉也，以本無被干涉之原因也。其所言非以意假定也，外審各國均勢之大局，內察國民之實情，而後立言也。夫各國之均勢，前屢言之矣。至於國民之意力，今將言之。大抵國內而至於革命，必民族主義、國民主義極熾之時也。人人懷亡國之痛，抱種淪之戚，臥薪嚐膽，沉舟破釜，以求一洗其革命之目的物，至單純也。而對於外國及外國人，守國際法上之規則，此在我國民已毫無被干涉之原因矣。而為外國者，設因欲保商務，欲得報酬之故，上舉原因之二種連萬國之衆，以來干涉此為假定其干涉之言，斯時為我國民者將如何？其必痛心疾首，人人致死，無所於疑也。則試約略計各國之兵數。庚子一役，為戰地者，僅北京一隅耳，而聯軍之數，前後十萬。今若言干涉，言瓜分，即以廣東一隅而論，新安近英，香山近葡，彼非有兵萬人，不能駐守，即減其數，亦當五千；以七十二縣計，當三十餘萬，即減其數，為二十萬，至少十萬，而其他沿江沿海諸省當何如？至於西北諸省則又何如？計非數百萬不能集事。而我國民數四萬萬，其起義也，在國內革命，而無端來外人之干涉，滿奴不已，將為洋奴，自非肝腦塗地，誰能忍此者？我國亡種滅之時，即亦各國民窮財盡之時也。而問各國干涉之原因，則曰因欲得報酬欲保傀儡之故，雖至愚者，亦有所疑而不信矣。且世勿謂我國民甚弱，而各國之兵力至强也。練兵不能征服國民軍，歷史所明示矣。普、佛之戰，佛練兵盡矣，甘必大起國民軍，屢敗普軍，為毛奇所不及料，不敢出訶南一步。古巴之革命也，金密士以數十人渡海，入古巴振臂一呼，壯士雲集，前後以四五萬人，與西班牙兵二十萬人，鏖戰連年，而美、西戰事起，古巴遂獨立。菲律賓之革命也，壯士十人，以杆槍六七支，劫西班牙兵五百人營，奪其槍五百，撲戰累歲，西兵駐防於菲者，凡二萬人，無如何卒賠款二百萬；其後西政府失信，戰事再興，美西之役，美提督載阿圭拿度再入菲律賓，與美合兵，阿圭拿度以兵數千人，俘西班牙兵萬數，卒立政府；其後美復失信，菲人以所獲於西兵之槍萬餘，擇其可用者六七千，以與美精兵七萬戰，數年始定，使憑藉豐裕，則美非菲敵也。英杜之戰，杜與阿連治合兵三四萬人，英兵四十萬，前後三年，乃罷兵。如上所述，以國民軍與練兵角，皆以十當一。況中國人數，非菲、杜比，憑藉宏厚，相去千萬，外侮愈烈，衆心愈堅，男兒死耳，不為不義屈。干涉之論，吾人聞之而壯氣，不因之而喪膽也。外乘各國之均勢，內恃國民之意力，既無被干涉之原因，即使事出意外，亦非無備者也。內儲實力，外審世變，夫然後動，沛然誰能禦之？

如上所述，謂革命軍起即被干涉者，當關其口矣。在革命軍未嘗無被干涉之豫備，然內有國民之實力，外乘各國之均勢，決無被干涉之原因也。然則謂革命可以召瓜分者，其言已摧破而無存立之餘地也。

（二）謂革命有自取干涉之道者

此說與前說不同，前說謂凡革命軍起，必遭干涉；此說則謂革命軍起，本不致遭干涉，惟因革命軍有自取干涉之道，使外人不得不干涉。故其所言，非獨立原因，乃附隨原因也。使革命軍而無自取干涉之道，則必不致於被干涉明矣。而其所指為自取干涉之道者，謂革命家固以排滿為目的，又兼有排外之目的，故革命之際，或蔑人國權，或侮人宗教，或加危險於外國人之生命財產，於是乃召外人之干涉。為此言者，若以施之義和拳，則誠驗矣。義和拳以扶清滅洋為目的，於是殺公使、毁教堂、戕人生命、掠人財產，以致聯軍入京。以排外為原因，以干涉為結果，固其所也。吾人所主張之革命，則反乎是。革命之目的，排滿也，非排外也。建國以後，其對於外國及外國人，於國際法上以國家平等為原則，於國際私法上，以內外人同等為原則，盡文明國之義務，享文明國之權利，此各國之通例也。而革命進行之際，自審交戰團體在國際法上之地位，循戰時法規慣例以行，我不自侮，其孰能侮之？謂革命軍有自取干涉之道者，其太過慮也。抑猶有宜深論者，今日內地之暴動，往往不免含排外的性質，此不能為諱者也。然此等暴動，可謂之自然的暴動，乃歷史上醞釀而成者也。吾國歷史上以暴君專制之結果，揭竿斬木之事，未嘗一日熄。第開明專制之時，政府威力方張，民間隱忍苟活，即有騷動，旋被平靖，故其表面有寧謐之象。洎乎衰朝末季，紀綱廢墮，豪傑之士，乘間抵隙，接踵而起，峰屯蔓延，彌滿天下，此歷代之末同一之現象也。即以清朝而論，內亂未嘗中輟，康熙時則有三藩之役、臺灣之役，其初定臺灣之役，不得謂之內亂。其再定臺灣之役，則屬於內亂。武昌兵變之役；乾隆時則有臺灣之役、臨清之役；嘉慶時則有川湖陝之役、畿輔之役、川陝鄉兵之役；道光時則有海盜之役；咸豐同治時則有太平天國之役、捻之役；光緒時則有義和拳之役。內亂繼作，未嘗少休，凡此皆自然的暴動也。洎乎近日，感外界之激刺，與生計之困難，其勢尤不可一日居，此為歷史上自然醞成，無待乎鼓吹者。此等自然的暴動，無益於國家，固亦吾人所深慮者也。以中國今日決不可不革命也如此，而自然的暴動之不絕也又如彼，故今日之急務，在就自然的暴動而加以改良使之進化。道在普及民族主義、國民主義，以喚醒國民之責任，使之負擔文明之權利義務，為吾人之天職，於是定共同之目的，為秩序之革命，然後救國之目的，乃可以終達。夫既由自然的暴動，而為秩序的革命矣，則滔滔然向於種族革命、政治革命以進行，而毫不參以排外的性質明也。然則吾人之主要目的，固非在避外人之干涉，而自無自取干涉之理也。

綜上所論者而括之，則革命決不致召瓜分之禍，明白無疑矣。然尚有引證一二事實以為（辨）［辯］者，今復疏解之如下：問者曰，法蘭西大革命之際，各國不嘗共同干涉耶？幸而法能戰聯軍而退之，否則法之為法，未可知也。今中國之革命，能獨免於干涉乎？應之曰，法蘭西大革命而各國羣起干涉者，以欲抵抗民主之思潮故也。蓋法之革命，實播民權自由之主義於全歐，各國君主，思壓抑之，故集矢於法，其共同干涉，實抱此目的也。爾後之神聖同盟，亦本斯旨。故比利時之獨立，亦被遏制，卒令建君主立憲政體而後已。由其時各國以撲滅民主思想為目的故也。若今日則情勢與昔大殊，中國革專制而為立憲指民主立憲，與各國無密切之利害關係，不能以法之前事為例也。問者又曰，太平天國之被干涉者何也？應之曰，太平天國有自取干涉之道也。洪秀全之破南京也，英即遣全權大臣波丁揸來，欲締結條約，此為承認其獨立良機會也。惜洪氏不知國際法，猶存自大之餘習，命其覲見行跪叩禮，波氏不肯，遂拒絕不見，衹見楊秀清，失望而歸。其後洪軍至上海，猶立兩不相犯之約，及曾軍破安慶，自長江而下，遂圍南京，左軍破浙，李軍發上海，洪氏大事已去，英始祖清助攻洪氏。故干涉之原因，由洪氏有自取之咎，使洪氏能知國際法，早與結納，不至若此也。且其時英人初欲殖勢力於東方，故謀助兵平亂，冀藉此以增拓勢力。至於今日，則情勢迥異，承認獨立與借兵平亂二者，皆遙難於昔日矣。問者又曰，今者外人相驚以中國人排外，遇有小警，輒調兵艦，如南昌教案，法調兵艦矣，廣東因鐵路事官民交訌，各國亦調兵艦矣，凡此豈非干涉之小現象乎？應之曰，此非干涉，乃防衛也。國際自衛權本分二種，一為干涉，一為對於直接之危害而用防衛之手段。若內地有警，各國派兵艦防護，可謂之防衛之準備行為，與干涉不同也。蓋國家於領域之內，不能自保，而使外國人蒙其損害，則對之可以匡正。匡正之法，國際之通則有二，過去之賠償與將來之保障是也。然使蒙急遽之危害，依此通則，有緩不及事之虞，則可以用防衛之手段，用强力於他國領域內，此國際法所是認者也。然則使內地有變，而危險及於外國人之生命財產，則外國派兵保護，以扞禦灾難，不得謂之非理。然此與干涉固不同也。至於屯泊兵艦，以備不虞，則衹可謂之防衛之準備行為，尤不必以干涉相驚恐。乃內地之人，既鮮知國際法，而詆毀革命者，又藉此以號於衆曰：此瓜分之漸也，干涉之徵也。其心固狡，其計亦拙矣。外國領事既察吾民之隱情，於是遇有小故，輒徵調兵艦以相恫喝。即如近日拒約之會，美領事日以調兵相脅，而實則美國自大總統以至國中名流，多不以苛約為然，方且藉華人拒約之堅，有辭以對議會，且提議當禁歐工，以示平等矣。要之若云干涉，非得各國政府之同意，聯軍並進不可。而革命軍無被干涉之原因，既如上所述，至於防衛，則以保全其人民之生命財產為目的，徵調兵艦，一領事所優為，非出於其政府之意，革命軍但當守國際法而行，尤不必談虎色變若此也。況吾人之革命以排滿為目的，而非以排外為目的，在己固可自信，而外人亦未嘗不漸共喻。最近英國《國民報》於政界最有勢力之報倡論曰：

支那人排滿之感情與排外之感情，大有分別。其政府必盡力導排滿之感情，變為排外之感情，此最宜防者也。

旁觀之言，明白如此。使革命軍起，而循乎國際法，則更予人以確證此事固在我而不在人也。

故吾敢斷然曰，革命者，可以杜瓜分之禍，而決非可以致瓜分者也。

又　第九期《汪兆銘〈駁革命可以生內亂説〉》　本論之主旨，在研究內亂發生之原因，以明革命時固有可以不生內亂之道，其意在於説明，非徒以折駁為事。然凡推論事理，多設為問難，以便瞭解，故雜采《新民叢報》中指革命為內亂之説，一一折之，非欲以唇舌相斫，欲即以人加諸我之詆諆，以為吾研究之問題而已。此非獨本論為然，即如該報自今年第三號以來，對於本報之宗旨，多所非難，雖其所言者，多恣睢謾罵而不成理，然本報則藉此而獲説明數問題焉：一曰政治革命當與種族革命並行，二曰社會革命當與政治革命並行，三曰革命不至於召瓜分，四曰革命不至於生內亂。前後十餘萬言，而未有艾。所以如是不憚詞費者，豈欲以塞反對者之口，乃藉此以為貢言於國民之機會耳。前二問題，為關於宗旨之本體者，縣解論之尤篤，反對者已無辭矣。後二問題，則關於實行宗旨時所緣附而生之現象。對外關係，漢民、夢生已詳論之。至於對內關係，前者雖略有所陳，今將一競其說。

革命之事業，以建設為目的，以破壞為手段者也。以言種族革命，則以光復民族的國家為目的，而破壞異族之勢力，則其手段也。以言政治革命，則以肇造民主立憲政體為目的，而破壞今之惡劣政府，則其手段也。以言社會革命，則以實行國家民生主義為目的，而破壞不完全之社會經濟組織，則其手段也。

革命事業必有所破壞，既如上述，而內亂者，則破壞時所生之惡現象也。破壞現象，有良有惡，其良者謂之撥亂反正，其惡者謂之內亂。

破壞之現象，何以或良或惡？一曰建設之目的良，則破壞之現象亦良；建設之目的惡，則破壞之現象亦惡。二曰建設之目的良，而破壞之手段，適於為其驅除者，則良；建設之目的雖良，而破壞之手段，乃與之相反者則惡。

然則革命時，其破壞現象，為良為惡，革命者所當自擇也。使能擇其良者，而慎避其惡者，則革命必不至於生內亂也。

今逐次說明於下。

第一，由建設之目的以論革命可以不生內亂。

曷言乎破壞現象之良惡，由於建設目的之良惡也。曰：所謂革命者，其事非止於破壞，徒以破壞為事者謂之無意識之破壞，不足以云革命也。革命者轉移之謂，而非破壞之謂，其所以用破壞之手段者，除舊以布新而已。二物不能同時存在於一空間，必去其一，存其一，乃不相衝突。故革命者，非徒抉舊目的物以去，且將載新目的物以來，而所欲破壞之目的物，與所欲建設之目的物，其性質必相反，此適宜於社會，則彼必不適宜於社會。是故使所欲破壞之目的物，而適宜於社會歟，則破壞之非也，隨而所欲建設之目的物亦必非。又使所欲破壞之目的物誠不適宜於社會矣，而所欲建設之目的物，又未必適宜於社會，則破壞之誠是也，而建設之，則不可謂當。然則革命家有不可不辨者焉：一曰我所欲破壞之目的物，誠不適宜於社會者；二曰我所欲建設之目的物，誠適宜於社會者。如是則

破壞之際，舉不適宜於社會者，抉而去之，而又有適宜於社會者，以隨乎其後，其現象固有良而無惡。蓋不惟所建設者，固社會繼此所必需，即其破壞之時，已使社會失其痛苦矣。是以革命之事，有百利無一害也。今之言革命者，其所欲破壞者，異族鈐制之勢力也，專制之淫威也，社會經濟組織之不完全也，凡是皆不適宜於社會者也；而其所欲建設者，民族的國家也，民主立憲政體也，國家民生主義也，凡是皆適宜於社會者也。破壞其所不適宜者，而建設其所適宜者，本乎建設之目的，以行破壞之手段，其現象烏得有惡乎？

而論者乃有不推原乎建設之目的，徒執著破壞之現象，以決中國革命之必無良果者。如《新民叢報·中國歷史上革命之研究》篇中謂：『中國歷史上之革命，有私人革命，而無團體革命。有野心的革命，而無自衛的革命。有上等下等社會革命，而無中等社會革命。革命之地段，較泰西為複雜。革命之時日，較泰西為長久。革命家與革命家自相殘殺，因革命而外族之勢力因之侵入。』以此之故，指革命為徒以生內亂，而無補於國家。嗚呼！是足為知言者乎？中國歷史上之革命，其顛覆政府也用力少而為時暫，其爭帝也用力多而為時久。若是者何也？顛覆政府乃其破壞之手段，而帝制自為則其建設之目的。故革命之生內亂，非其手段使之然，其目的使之然也。今舉歷史以實吾說。

中國歷史上，其可稱為國民革命者，衹四時期：一曰秦末之革命，二曰新莽末之革命，三曰隋末之革命，四曰胡元末之革命。其他則權臣簒奪，藩鎮分裂，外夷侵入而已。而此四時期之革命，其顛覆政府之時與力，恒逮不如爭帝之時與力之甚。略舉於下：

秦二世元年七月，陳勝、吳廣起兵於蘄；九月，劉邦起兵於沛，項梁起兵於吳；二年八月，趙高弒二世，立子嬰；子嬰立四十六日，楚將劉邦入關，子嬰降。自發難至於滅秦，為時一年有餘而已。及滅秦之後，自漢元年此從《史記》繫年，即秦二世二年也。十月，劉邦兵先入關，至五年十月，漢王與諸侯兵共擊楚，圍之垓下，項羽走死，前後凡四年。若是乎滅秦之時日短，而楚漢相爭之時日長也。且秦亡以前，其足稱劇戰者，惟章邯與項梁、項羽之相遇而已。豈若楚漢相爭之世，瘁天下之力，以供二雄角逐之資耶。然則豈惟為時倍蓰，即用力亦倍蓰矣。由斯以言，則秦

末之革命，所以內亂若是之亟者，非破壞之手段使之然，實由項、劉諸人，其建設之目的，不外於帝制自為。項之言曰彼可取而代之，劉之言曰大丈夫當如是。是故爭王爭霸而流毒於無既也。

王莽地皇三年，劉縯、劉秀起兵於宛；明年二月，立更始。更始元年九月，三輔豪傑共誅王莽，傳首至宛，相距一年有餘而已。莽滅以後，劉秀徇河北，破王郎、銅馬、大彤、高湖、重連之屬；建武元年以來，破赤眉、張步、延岑、劉紆、隗囂等；至建武十二年，吳漢拔成都，破公孫述，天下始定。前後凡十二年有餘。羣雄角逐之時，較之天下共起誅莽之時，其久暫相去至是。自光武起兵於宛以前，雖有新市、平林、赤眉之屬，然其勢尚微，不足齒數，及光武起兵而後，其定劉氏與王氏之興亡者，惟昆陽一役而已。以視建武元年以後，十二年以前，龍戰魚駭，蓋不侔矣。嗚呼，使共起誅莽諸豪傑，無爭天下之志，則掃除新莽，不過年餘間事，何事釀成此膿血充塞之戰史哉？

隋自煬帝大業九年，楊玄感起兵以來，天下遂亂。及大業十三年五月，李淵起兵於太原，十一月淵入京師，立代王，改大業十三年為義寧元年；及二年五月，淵篡位，相距一年而已。雖自大業七年，竇建德等已肇亂，然其初起，不過聚衆高雞泊，弄兵潢池，苟求自活而已，久乃漸盛。其手創大業者，實惟李淵父子，而淵之亡隋，前後不逾一年，取之若反掌。及武德元年以後，破薛仁杲、劉武周、竇建德、王世充等，連年征討，靡有寧息；至武德六年，劉黑闥被殺，天下乃定。其亡隋也，為時一年，而其翦除羣雄也，為時五年有餘。其亡隋也，一戰而得之，其翦除羣雄也，耗四海之力，與秦末、新莽末之革命，如出一轍也。

元末之革命，稍稍變例。順帝至正八年，方國珍起兵於臺州；十一年，徐壽輝起兵於蘄水；十二年，郭子興起兵於濠州；十三年，張士誠起兵於泰州，明太祖起兵於滁州；二十八年，明太祖卽帝位，徐達率師入大都。前後二十年，似與前三者殊矣，然細察當時史事，可謂異形而已，未嘗變其實也。蓋楚、漢、後漢、唐之始起也，皆先顛覆政府，而後翦除羣雄，獨明太祖之始起也，則先翦除羣雄，而後顛覆政府。故以時之久暫而言，則似革命之日長；而以用力之多少以言，則其革命所用之力，較之翦除羣雄之力，不及十分之一也。試觀明太祖於至正十三年起自滁州以東，為其勁敵者，張士誠、陳友諒而已，及二十三年，友諒敗死，二十四年，友諒子理降，二十七年，執張士誠，方國珍亦降，天下大定矣。然後以二十七年十月，命徐達率師北伐，二十八年十二月，徐達入大都，為時一年有餘而已。先羣雄而後胡虜，故其革命之時期，似長而實非長也。且元胡於羣雄，亦未嘗多所戰爭，惟知以官爵媚之：以方國珍為左丞相，以張士誠為太尉。狐媚取悅，以求苟延殘喘，是以羣雄皆輕視之，不以為意，先相戕殺，而後語驅除也。使當時羣雄，咸以驅除韃虜恢復中華為任，而無霸王之志，則元胡之殄滅指顧間耳。

綜上所言，中國歷史上之革命，其顛覆政府也，用力少，為時暫；其爭帝也，用力多，為時久，亦易見矣。夫顛覆政府，革命時代所必有事也。至於以爭帝之故，而互相屠殺，則由於建設之目的，不外乎帝制自為，故有此結果。然則內亂之故，非由其破壞之手段換言之，則曰顛覆政府之手段。而生，乃由其建設之目的而生耳。使今後中國之革命，其建設之目的，非在帝制自為，則顛覆政府之後，革命家必不致相爭；爭奪不生，則內亂必不作。如是則其所沿襲者，惟歷史上顛覆政府時之現象而已。而此現象，為時甚暫，用力甚少，故曰革命可以不生內亂也。抑顛覆政府與翦除羣雄，其難易之差若是者，固有其理由。蓋一朝之末，政府罪惡貫盈，又復情見勢絀，而國民蓄怨鬱怒，待之既久，一旦爆發，勢莫能禦，故驅除之事，至為易易，所謂順天應人者也。而羣雄之崛起，則非獨欲撥亂誅暴而已，實各抱帝王思想，故各不相下。其未起也，不可以合謀，其既起也，非惟不可以聯絡，且不免於相仇視。政府雖覆，喪亂滋多，天下紛紛，不定於一，則不可久。故漢光武、唐太宗、明太祖之汲汲翦除羣雄，非徒為一身謀，卽為天下計，亦不得不如是也。然則革命之事業，非破壞之手段足以生內亂也，乃建設之目的足以生內亂。誠使建設之目的可不生內亂，則革命遂可不生內亂也。

而今之言革命者，其建設之目的：（一）民族的國家，（二）民主立憲政體，（三）國家民生主義。斯三者，其共同之精神，曰自由、平等、博愛而已。至其條理，則非斯篇所能盡。要之，苟知其精神為自由、平等、博愛者，則其合於正義人道，而必非足以生內亂，蓋至易明也。使今後之革命，而以此三者為目的，則歷史上羣雄相爭奪相戕殺之迹，可以盡除，而為中國革命史開一新紀元，可決言也。

邇者，《新民叢報》對於此三者，皆致非難，以為足以生內亂。其詆諆國家民生主義，則曰：『殺四萬萬人之半，奪其田而有之。』此本報第五號《論社會革命當與政治革命並行》所詳辨者。其詆諆民族主義，則曰：『民族主義非救國之手段。』此本報第五號《續希望滿洲立憲者盍聽諸》所詳辨者。其詆諆民主立憲政體，則曰：『中國國民無為共和國民之資格。』此本報四號《駁〈新民叢報〉最近之非革命論》及六號、七號《再駁〈新民叢報〉之政治革命論》所詳辨者。邇來彼報於民生主義、民族主義，已無反對之辭，惟於民主立憲政體，猶稍示反唇。録其言於左：

『吾所以認暴動主義為足以亡中國而深怵之者，全以其破壞之後，必不能建設。吾所以斷其必不能建設者，以其所倡者為共和政體，而共和政體，則吾絶對的認為不可行於今日之中國也。共和政體為歷史上之產物，必其人民具若干種之資格，乃能實行，而不然者，强欲效颦，徒增擾亂。此徵諸法國及中美、南美諸共和國，覆轍相尋，皆歷歷可為殷鑑者。而吾中國今日之國民程度，決無以遠優於彼等，加以我幅員之遼廓，各省之利害不相一致，故實行共和，視彼等尤為困難。【略】大統領為一國最高政權所在，苟大統領以四年改選者，則每四年全國當起一次大革命；苟以三年或五年改選者，則每三年或五年當起一次大革命。不寧惟是，以我國幅員之遼廓，我之一省，足當人之一國，故省之總督，其政權亦龐大，而可為爭奪之媒。苟總督而由民選者，則每當改選之時，其省之起革命也，亦如之。』該報第十號《暴動與外國干涉》。

此其所言，愈不足以自完，且前論已足折其所説，本無事於再辨。然微聞近者有少數輿論，亦深察乎民族與政治之關係，謂滿洲政府不可以不除，然怵於民主政體之不可能，則謂革命之後，宜使民族的國家，建君主立憲政體。此其為論，固與該報宗旨大相徑庭。然以吾思之，中國革命之後，萬不可更奉君主。何則？苟奉君主，則爭奪之事起，而歷史上羣雄相斫之惡迹，又將復見。此最可深懼者也。且君主之為物，所以猶存留於近世文明國者，歷史使之然，於正義人道皆無所取也。一旦革命，二百六十年來滿族之勢力墜，從而四千年來君主之制度隨以俱墜，豈非至善之事？而論者乃主張革命後之君主立憲，豈非深慮民主政體不可行於中國，故有此政見耶。使其知民主政體之可適用於中國，則此論不攻自解也。今即就該報之非難民主政體者，一一辯解之，以明其所以然。其謂『共和政體為歷史之產物』。夫歷史者，過去之事實之謂也，語其遠者，遠溯諸洪荒以前可也；語其近者，凡屬過去，皆成歷史。謂我國昔者無民主之制度則可，謂無實行此制度之精神則不可，此本報第四號所已言矣。且誠使今日之士，認民主制度為必要，而努力為之，則今日之事實，即他日之歷史也。況乎人羣心理之變遷，因乎歷史，尤因乎境遇。於同一境遇中，其心理變遷遲，境遇變易，則心理變遷驟。故自交通以來，中國社會之進步，決不可與鎖國時代社會之進步，為同比例。例如中國四千年來，視外人為夷狄，晚近數十年，國際思想沛然生矣。凡此皆境遇使之然者。故專泥歷史以論社會心理者，一偏之見不足以言論世也。又其言曰：『必其人民具若干種之資格，乃能實行。』所謂『若干種』者，未知何指？得毋即該報第三號所謂議院政治之能力者耶？若然則本報第七期已辨之矣。又其言曰：『法國及中美、南美諸共和國可為殷鑑。』夫法國者，歐洲民權之先導，世界之第一等强國也。論者乃引為殷鑑，何耶？彼報第七號謂『今日之法國國民吾猶認為無共和資格』，此言不值一笑。法國自一八七五年一月三十日，宣言共和政府之成立，及其年二月，制定共和憲法以來，其為共和國，亦已久矣。寧待論者之承認耶？乃觀其所證實者曰：『法國當十七八世紀，為全歐第一雄國，及十九世紀，惟拿破侖時代，有曇花一現之光榮，後此遂日即於弱，今殆已失第一等國之位置。數月前摩洛哥問題，談判將破裂。德國報紙嘲之曰：法人欲與我戰乎，請先復帝政，乃議戰爭之準備可耳。』其謂法國日即於弱者，亦無所指。法國自敗於普魯士以後，以一八七三年九月，盡償賠款，世界驚之。自後振軍備、理財政、興教育，數年之間，復以富强聞於天下，此稍治西史所能言者。論者乃以德國報紙之嘲笑，而指為確證，寧非可異之事耶？徒以欲力證革命不能得共和，遂併法國而抹殺之，所謂心勞日拙也。至於南美、中美諸國，則與我國情勢迥然不同比例。且其微弱，亦非必由民主。以南美、中美為因民主而弱，猶為印度因佛教而亡，同一誤其觀察也。且研究民主政體者，須區別其為民主專制政體，抑為民主立憲政體。民主專制政體，以國民全體為唯一之機關以總攬統治權，斯其專斷，與君主同，所異者，一人與多數人之區別耳。如論者所謂『共和之制，最高主權在國民，此外並無他機關，超然於國民自身之上，故調和其利害衝突甚難』。此語若指民主專制政體以言，則猶無誤。而吾輩所主張者，則為民主立憲政體。國權之行使，必分諸獨立之三機關，故無一機關專斷之弊。而論者之所難，為無因而至矣。且於同一民主政體之中，又須區別其有代議組織與否。以國民總會為最高機關者，於極小之國，始得行之，亦有雖用代議組織，而仍存直接民主的組織者，所謂國民總投票之制是已。美國諸州即行此者也。而吾輩所主張者，則為學法國、美國之制，以代議會行使統治權，與該報所指斥者大異。是故徒怵然於民主政體之難行者，以為一語民主，則必全國人民，皆有直接干與政事之權，如是則將立致大亂。曾不知所謂人人有參政之權者，言其資格而已，其法律上之權利，唯選舉行為，至於立法、司法、行政之事，皆有國家機關以司之，而此機關又必分立，許可權井井以相輔相濟，而非相矛盾，何嘗有擾攘騰擲，人人奮臂以奪政權之幻覩耶？苟詳察乎民主政體之種類，而進考其機關組織，且持以與君主立憲政體相較，則共和難行之説，庶可破矣。共和與民主，意義範圍不同，然論者所謂共和，即指民主。故此文亦往往用共和二字，當解為狹義的共和即民主也。論者又言：『大統領為一國最高政權所在，苟大統領以四年改選者，則每四年全國當起一次大革命。省之總督亦然。』是何奇語，令人駭然！大統領者，在民主國中，為行政之長官耳，其權之重，遠不如議會，人所易知者也。以爭大統領之故，而全國當起大革命，然則以爭議員之故，不更當起大革命耶？如論者言，凡民選之制，不必以選舉之法行之，惟以屠殺之法行之。寧有是理耶？斯其立説之謬，不待言也。

要之，謂民族主義足以生內亂者，其言為至易破。蓋民族主義之實行，唯驅除韃虜而已，於漢人固無所損也。至於國家民生主義，則驟聞之者，殺越人於貨之觀念必生。民主立憲主義，驟聞之者，爭政相戕之觀念必生。此無他，徒知其主義之公正，而未知其法則之繁備，於是以簡單之觀念裁判之，以為不能適用於社會，亦猶長者大老，未知自由平等之眞，而惡之若蛇蠍也。使知夫研究民生主義及民權主義，固有一種之科學，而千經萬緯，實足以周於社會，則必可以釋然無疑。此研究之事所以不可一日已也。

第二，由破壞之手段以論革命可以不生內亂。

謂建設之目的為足以生內亂者，其立説為堅，非討論證明則不足以摧破其説。至於謂建設之目的良善，徒以破壞之手段與之相反，因從而攻之者，則其立説緣附支節，而無以獨立。蓋苟改良其手段，則諆謀可以不作也，然《新民叢報》於此，頗斤斤焉。其第三號第十頁以下，大旨舉法蘭西大革命恐怖時代之事實以為證，謂革命之際，秩序破壞，民黨相斫，內亂僨興，莫此為甚，可以為殷鑑也。夫語佛蘭西之革命，徒舉其惡現象，而不舉其良效果不可也；徒舉其惡現象而不舉發生此現象之原因，尤不可也。今將以次論之。論者所舉者，為一七八九年至一七九五年之革命，故此文亦祇就此次以立言。

（一）法蘭西大革命之效果

（甲）黜專制，伸民權。法自路易十四世以來，厲行專制主義，蹂躪民權，賦稅繁重，朘民之脂膏，以供其奢侈，又肆其刑戮，使人民之生命自由，咸不可保。及路易十六世，財政計畫又復失敗，舉國騷然，民不聊生。及乎一七八九年至一七九一年之國民議會，一七九一年至一七九二年之立法議會，一七九二至一七九五年之國民集會，其所摧殘者，專制之淫威也，所發生者，民權之基礎也。舉其犖犖大者：國民議會時代，立民選之官吏，保出版言論集會之自由，制定一七九一年之憲法，實行三權分立主義；立法議會時代，廢滅王政；國民集會時代，宣言共和政治成立，謀內政之改良，制度風俗，煥然丕變。凡此皆革命之賜也。若乎民權自由之焰，騰播一世，喚起全歐之大革命，則受其賜者，正不獨法蘭西一國而已。

（乙）夷階級為平等。法蘭西革命以前，貴族僧侶，別為一級，權利特殊於平民。土地財產之分配，尤不平均。貴族僧侶人口至少，而享有全國土地之半，且多不納稅者，驕侈狂恣，壓抑平民，無所忌憚。平民有土地財產者寡，而租稅至重，生計困窮，且失其自由。及乎一七八九年五月，開設國會，平民主一院制，貴族僧侶主二院制，互不相讓。於是平民議員與貴族僧侶分離，自組織國民議會，貴族僧侶，謀反抗之，遂有七月及十月之變。貴族僧侶，懼禍之及，自願放棄其自封建時代相沿之特權，於是一七九。年，遂立宗教自由之制，沒收寺院之不動產，至一七九二年，而廢除貴族之階級。蓋至是而全國人民，皆有平等之地位矣。由是以言，法蘭西之革命，尊人權，貫自由平等之精神，於政治、社會、經濟社會生一大變革，世界所以有今日之進步者，法蘭西之革命為之也。而論者不以為法，乃以為戒，豈其於法蘭西革命之效果獨未睹耶？

（二）法蘭西大革命之亂象

（甲）各國之干涉。一七九一年以至一七九二年間，法蘭西革命之機方熾，而奥大利、普魯士聯合軍來侵，法蘭西發兵擊卻之。一七九三年，同盟軍來侵，法蘭西以伽爾羅為將，北破英吉利、德意志之（連）［聯］合軍，南破西班牙之師，及督政官時代，且發兵征討奥大利矣，及拿破侖時代，且發兵蹂躪全歐，以傳播民權自由之主義矣。在法蘭西固未嘗受干涉之苦，且益以發揚其武烈。而論者乃引為中國革命前途之殷鑑，何也？且論者亦嘗研究外國干涉之原因乎？彼時諸國，所以引法蘭西為公敵者，為擁護君主政體，抵抗民主思潮故也。在乎今日，黜專制，申民權，為萬國之通則，必不足以成干涉之原因。無此原因，即無此事實。法蘭西之前事，安能復見於今日也？

（乙）民黨之相斫。民黨之相斫，為恐怖時代之主原因。保安委員革命裁判所之暴狀誠無足為諱，然抑知此所以致此者安在乎？外有各國同盟之干涉，內有國王貴族之詭謀，其刺戟國民之感情者至烈，而温和急激兩黨，意見復不相中，故決裂至此。若夫今後中國之革命，其無被干涉之原因，已如別論所述，而滿洲人與其死黨，為一國之最少數，驅除至易，其外界之刺戟，已無復法蘭西當時之劇烈。然則最當注意者，惟民黨內部之調和而已。而黨派固非絶對的不能調和者也。大抵以利害相反之故而各樹黨派者，其調和也難，若帝后黨與人民之爭，貴族與平民之爭，甲民族與乙民族之爭，皆利害相反者，非一勝一負，一興一仆，則其爭不解。若夫利害共同徒以意見相反而分黨者，則其調和也易。蓋其利害既已共同矣，則兩黨之間，即可以此為共同之基礎，由是而生共同之目的，由是而生共同之組織，此因乎自然，而可以利導者也。故近世政治學者，多主張兩大政黨間，宜有共同之基礎，庶關於國家大計，可以為一致之活動，蓋以此也。即如法蘭西，其急激、温和兩黨，利害初非相反，未嘗不可以調和，而終不能調和者，此誠共缺點，而千秋萬世所宜引以為鑑者也。顧彼之缺點，必非不可補苴，誠使今後之中國革命，盡力於民黨之調和而避其軋轢，則恐怖時代，可以不復見也。

如上所述，法蘭西大革命，有可為後人法者，亦有可為後人戒者。舉以為革命必生內亂之證，其渾而無當，益顯然也。

由破壞之手段，以論革命必生內亂者，尚有一説，此説無以名之，名之曰貪生惡死之説而已。如《新民叢報》第三號所謂『我列朝之鼎革，其屠戮之數，今雖無確實之統計，而一役動逾數百千萬，史上之陳迹，尚可略考而推算也。是故殺人流血之禍，不可以不怵，而革命則不能免此。』噫！沮革命者，乃以殺人流血相怵耶？夫中國今後之革命，與前此之革命，不可同日而語也。前此之革命，其目的在於帝制自為，犧牲億萬人之生命，以供一私人之欲，誰其不惜之者？今後之革命則不然，其目的在於救國，為國而死，不愛其生，此國民之天職也。胡乃以流血殺人相怵。夫理之可由自覺而知者，其説明至易。今執一人而語之曰，爾其殺身以救國，度其人苟有愛國性者，必慨然應之曰，諾，無所躊躇也。一人之心理如是，億萬人之心理何獨不然？若夫慷慨以殺身成仁自命，而謂他人莫吾若者，此則自尊而卑而人，非忠恕之道也。更進一步以言，革命不免於殺人流血固矣，然不革命則殺人流血之禍，可以免乎？革命之時，殺人流血，於雙方之爭鬥見之。若夫不革命之殺人流血，則一方鼓刀而屠，一方觳觫而就死耳。為國而死，則吝惜之；為野蠻異族政府所蹂躪而死，則忍受之。何死之不擇也？順治時揚州、嘉定之屠殺，乾隆時之宰肥鴨，宰肥鴨者，乾隆時，虜最貪詐，惡租稅厚斂有黷貨之名，且不能不歸諸府庫，乃時時蠲租以市惠。而陰縱督撫，使括民財，及其滿盈，則以事籍沒之，入內務府，其間接所得，什倍租稅。四海時窮。及其末年，有川楚之亂，自是天下騷然矣。已成陳迹，姑不深論。吾今衹約計現在每年人民横死之數，則有死於刑者，死於兵者，死於棄民不顧者。死於刑者，亦有數種：其一由法律之未備者。凡文明法律，以改良為主義，非以殘酷為主義。以殘酷為主義，則民多濫死。此為死於法律，居最少數。其二由裁判官之肆虐。現今所謂裁判官，其吞噬人，甚於狼虎，寧殺無辜，不欲以之逢上吏之不悦；寧殺無辜，不欲以之傷同僚之感情；寧殺無辜，不欲以之益聽訟之勞。此為死於裁判官，居次少數。其三由於胥吏差役之凶恣。孟子有言，矢人惟恐不傷人。今之胥吏差徭，其操業與矢人等，不殺人不足以自養。此為死於胥吏差徭，居次多數。其四由於監獄之凶穢。今之監獄，慘不可道，大抵凡屬死囚轉得聊生，以其須俟秋決也，若其他囚犯，號為瘐斃，實則非死於獄卒，卽死於飲食耳。此為死於監獄，居最多數。夫訴訟之事，各地咸有，而所蹈者不出此四死法。以一縣為單位而累計之，每年死人之數，當得幾何？不待統計而後知也。說者謂今者法律修纂之事已興，此弊可免。不知法律愈備，殺人愈多。例如清國前此無訴訟法，今者訴訟法既定矣，依條文之規定，凡審訊憑證據不問口供，此豈非文明之法律，然地方官吏，不從事於檢證，惟幸於不取口供可以定罪，殺人之事，益見其易。由此類推，死文徒法，眞官吏殺人之具也。死於刑者陳陳若是矣，死於兵者，則又何如？軍興所在荼毒，寧逢赤眉，不逢太師。此為意外之變不必言。若夫每年死於兵者，其數尤可駭。有所謂清鄉者，捕獲所得，軍法從事，不必咨於刑法，以是濫殺之事，習為故常。凡遇劇盜，久未弋獲者，大吏督責急，則輒以重兵臨之，往往因捕一劇盜，而圍一鄉村，縱開花礮，雞犬無孑遺焉，報曰賊黨悉就誅，受上上賞。若是者，一歲之中，省輒數十起。其有擁衆負隅者，覆巢之下，無一完卵，波及鄰村，又不足論已。至於死於棄民不顧者，有若凶年水旱，所在有之，熟視無睹，聞鄰國有灾，卽不憚發內帑以求媚悅。又若授刃外國，使助焚殺，若檀香山之華人街，為美國所焚；俄羅斯蹙東三省人六千，使盡入鴨綠江，斯亦一死法已。然尤當注意者，以上諸死法，皆以處我漢人，於滿人無與也。刑法之適用，滿漢不同，《民族的國民》篇中所詳言矣。若夫軍興，則滿人為殺人之人，而非殺於人之人；清鄉不及城中駐防，又顯然也。至若棄民之事，則滿人恩寵終其身，其不罹此戚，固無足怪。然曩日俄人肆虐東三省，滿人亦不免，斯則彼虜所無可如何者。嗟夫！以上諸死法，我漢人每年死於此者，雖無確實之統計，然其數必在數百萬以上，不俟言也。然此猶直接之殘殺而已。至於租稅捐輸，脂膏告竭，老弱塡溝壑，丁壯為盜賊以死者，何可勝數！自嘉慶時，我國人口號四萬萬，迄乎今日不見其進，惟見其退，籍曰未退，然止而不進，則圍退矣。試觀宇內各强國人口統計表，歲益增加，我國則江河日下若此，長此安窮，我漢人其無噍類乎！與其為野蠻異族政府蹂躪而死，孰若救國而死？吾儕不幸，生當今日，荆天棘地托足無所，死固當上從祖宗於地下，下有以貽子孫於將來，使吾儕以報國之故，殺身流血，而後人繼起，得籍乎以光復宗國，則含笑以入九原，當亦無怍。嗚呼！興言及此，我皇祖軒轅之靈，昭昭在斯，不佞雖懦，亦將執戎以從汪錡之後矣，況神州多豪傑之士耶？彼以流血殺人怵我者，辱我國民，斯甚願一洗之也。

吾之論於是終。要之，斯篇大旨，非徒斤斤然避內亂之嫌疑已也。自消極的方面觀之，革命無害於國家，則自積極的方面觀之，其有益於國家章章矣。世之有志於革命者，要當沉毅用社，百折不撓，以求達其目的，固無所愜怯於中耳。

獲取列國承認論分部

論說

《民報》第三號《胡漢民〈民報之六大主義〉》 要求世界列國贊成中國革新之事業　由上言之，則我中國將來革新之事可知矣，其對於世界各國之利害，亦可知矣。如大隈之論滿政府之無信義，豈獨日本不能與親，卽世界各國亦鮮能與親者，徒以其簒據中國政府之上，乃不得不虛與之委蛇已耳。有新政府代之以興，以一大民族為一强國，親仁善鄰，以與各國交際，其孰不樂就之？然當革命軍初起，其成功未著，而能使各國贊成其事者，又在革命者之舉動能合於國際法與其勢力之如何。考之歷史，革命團體離其母國獨立，戰爭相持，而友邦率先承認之者，由母國視之，非所好也。而承認之之國，則不以是而卻顧，尊人道表公理明實益也。如美之獨立，英國猶繼續戰爭，而法先承認之，先例之最大者也。亦有未承認為國家，而先認為交戰團體者，認其與兩本國有戰爭之能力，比於國際上之交戰，而承認之之國，宣告中立於兩者間。如一七七九年前，法未認美獨立國，而各國之認為交戰團體；日本維新前，幕府與朝廷抗，外國亦視為交戰團體，宣告中立。我漢族奮起，革滿政府之命，以光復故物，視他團體之脫離母國者，尤合於人道公理，而義旗所指，為有規律之戰爭，而不悖於今日所謂戰時法規慣例者，則始而認為交戰團體，繼而認為獨立國，其理勢有必然自至者。或曰：希臘之獨立，英助之，義大利之獨立，法助之，皆前世紀之事也；中國之形勢利便，非意希之比，列强或挾野心而為我助，其事已可畏，或且藉以為干涉之口實，而召變瓜分，斯時非革命者負其責任乎？應之曰：吾人所謂贊成者，非必求臂助於外人也，不為吾阻力，依於國際法之行動，而宣告中立，則吾人之受賜已多矣。夫不謀自力之發舒，而仰企於他人之捍衛，未有幸者，是不當問彼强者之野心如何也。若夫慮為列國干涉瓜分之漸，則為是説者，其殆已忘庚子之役也，彼强國已大有藉手之時機，而不實行瓜分之策，則首以均勢問題為難解決，而其次亦以中國民族之大，未可猝言兼併也。故各國苟可以瓜分中國者，不必具有所藉口，而況其為藉口者，不必遇革命軍之起也耶？或又曰：凡言要求，必有實力，革命軍之對於各國，疑其托空言也。則應之曰：吾人革命，以維持世界平和為義務，此主義者，列强所不能反對也。革新事業已成，鄰之我附，固在意計之內，即當始事，而於外人物業無擾，則彼列强者，無難使之守局外中立。蓋干涉為均勢之不利既如曩言，則中立為所最利，以如是而後可使革命軍負損害賠償之責也。夫故非贊成中國革命之事業，則無以保世界之平和，狄其間接之利益，由後言之也；而有交戰團體之承認，則直接而先享中立國之權利。凡此皆以事實為後盾，故在我之要求，不得謂徒有空言也。或又曰：中國方今為各國之債務者，其關税鐵路等，多供債務之擔保，一旦革命軍起，則債務者，幾同破産，各國償款，將何從出？故各國務求滿政府得以支持現狀，而未敢遽贊成革新事業也。則應之曰：洵如是言，則各國之過慮也。於國際法：舊政府雖傾覆，而其外交所訂之條約，則當承認於新政府而不失其效力，新政府當繼續其債務及一切之義務。蓋外交上條約，非舊政府之私，以國家之名義為之也，其債務亦國家負之，故新政府不能弛此負擔者也。吾人革命軍起，必恪守國際法而行，其遂逐滿政府，則新立政府必承認其條約，即分割數省，而宣告獨立，於各國之債權，亦斷許其無損失也。要之，吾人所企望者，察於内外之情勢，皆至易達，且至安全者也。

以上六主義，得分之為二：曰顛覆現今之惡劣政府，曰建設共和政體，曰土地國有，所以對内也；曰維持世界之眞正之平和，曰主張中國、日本兩國之國民的連合，曰要求世界列國贊成中國之革新事業，所以對外也。而又得合為一大主義，則革命也。為革命言，為知革命言，故革命所挾持之目的，所預備之實力，及其進行之事業，不可不避之手段，為種種方面之研究，而俱函括於六主義之内。非惟應用於主觀，而施得其當，即客觀者能知其意，其與革命之事亦大有功也。孫逸仙先生之敍《民報》也，曰：非常革新之學説，輸灌於人心，而化為常識，則其去實行也近。然則能誦《民報》，知《民報》之主義，則革命可能。然哉！然哉！

《孫中山全集・中國同盟會革命方略・對外宣言》 中華國民軍奉命驅除異族專制政府，建立民國；同時對於友邦各國益敦睦誼，以期維持世界之平和，增進人類之福祉。所有國民軍對外之行動，宣言如下：

一、所有中國前此與各國締結之條約，皆繼續有效。

二、償款外債照舊擔認，仍由各省洋關如數攤還。

三、所有外人之既得權利，一體保護。

四、保護外國居留軍政府佔領之域内人民財産。

五、所有清政府與各國所立條約、所許各國權利及與各國所借國債，其事件成立於此宣言之後者，軍政府概不承認。

六、外人有加助清政府以妨害國民軍政府者，概以敵視。

七、外人如有接濟清政府以可為戰爭用之物品者，一概搜獲没收。

又《通告各國書》 我輩中華之國民也，憤滿政府之殘戾，用是特起雄師與孽種戰，務祈推翻惡劣之政府，驅除暴戾，而建立共和國；與各友邦共結厚誼，使世界享和平之幸福，而人類躋於太平之境域，此余終日孜孜以求之者。今僅宣告微意如下：

一、滿政府於我軍起事以前與各國所有之條約，皆作為有效，至該政府傾覆之時為止。

二、於我軍未起事以前滿政府所借之外債，一概承認償還，決無改議，將來以海關税款抵賠。

三、滿政府於我軍未起事以前關與各國之租界，一律保全。

四、居留中國之外人及其財産，擔任切實保護。

五、滿政府於我軍起事以後與各國所訂開之條約、租界及借款，一概永不承認。

六、各國如有助滿政府以攻我軍者，卽視同敵人。

七、各國如有以軍械供給滿政府，一經查獲，卽行充公。

保全中國論居心險惡説分部

論説

《國民報》第四期《亡國篇》 亞之大陸，有一種焉，聚其若奴隸若非奴隸，若國民若非國民，雜焉糅焉以成一國。不揣其本而齊其末，囂囂然號於衆曰：『吾保國，吾保國。』國其能保也哉！已亡之人，而以亡懾之，奚怪其扞格也。吾不欲保之，惟欲亡之。其亡也勃焉，其興也勃焉。

吾寧使漢種亡盡死盡殺盡，而必不顧其用升平、舞河山，優遊予韃靼之下；吾寧使志士殺盡死盡亡盡，而必不願其為拿破侖、華盛頓雄立於亞洲之上。由前之説，故悲漢種；由後之説，故箴志士。

悲夫悲夫，吾漢人之有今日也，雖然則亦幸矣。漢人之衰何兆乎？則戰國時兆之也。春秋之所謂白狄、長狄者，則支那之異種也，而盡亡矣；秦政用其盛，而漢種乃獨優矣。獨優則無競爭，於是乎二因出焉：爭不烈則智不進，而囂然自大之習於以深，則民智不開之説也；種競愈烈，國民之力愈張，彼君之心既不必慮外禍之來，於是惟家賊之是慮，則君權日張之説也。秦政以力，項羽以殺，而天下之人稍稍苦，劉乃術之以緩劑，而漢種乃衰亡矣。於是五胡亂之，遼金繼之，雖然則半壁耳。至成吉思汗則蹂躪遍中原矣，雖然則九十餘年耳。天禍中原，一見我土地之美、物產之豐，邃覥然留之，徘徊不忍去，有倀焉從而殺人以媚之。嗚呼，揚州十日，嘉定萬家，固各府縣之代表哉，此僅其始事耳。洪承疇倀之於始，曾國藩倀之於中，漢種之為保彼一姓之位而死者何止億萬，至於今吾又見夫倀之者之於終矣。彼愚者之倀也，吾又何責，獨怪彼自命為智者，亦從而倀之，則何説也！且充其術亦足以保其所謂亡身變法之皇上矣，而獨忍於皇皇種族，乃使之永永沉淪，其非人心也哉！洪承疇、曾國藩，則固漢種中之才焉者也，惟其才也乃足以濟其惡。嗚呼，漢種其死矣！雖然，吾漢種則又何可以輕視之也。戰國之盛也，則衰之源也；今之衰也，其將興之機乎！然而欲興種，則必先亡國。

今日之漢種，無所謂國也。彼白人之視我也，則曰支那。支那之國何在矣？而彼之所謂支那國者，則清國也。夫清國云者，一家之私號，一族之私名也，而以吾漢種冒之乎！吾怪夫今之所謂保國者也，覥然曰：『我中國，我中國。』又曰：『中國將亡，我將保之。』又曰：中國將為印度，為波蘭。』夫中國之為印度、波蘭也，二百年於茲矣。今試問之曰，中國之政府何在矣？曰滿洲。夫既云中國，而政府乃滿洲也，豈吾神明之胄乃與彼韃靼渾乎，不然則漢種乃遊牧水草者也，不然則奴隸也。有內奴有外奴，俄內奴也，印度外奴也，內外兼至是惟眞奴，漢種是已。北省之亂也，為大日本順民者到處皆是，有志者聞之莫不深恨而耻之。夫亦何怪其然也，既可以大金、大元、大清朝也，夫孰不可以大英、大法，而大日本。使奴隸之根性，種之未深，則彼之臣妾億兆者，又何能一日得安其位。既為張氏奴，復强之使不為李氏奴，不可得也，夫亦力之是視耳。則吾見彼之倡言保國者之自盾其説也。

彼韃靼之入我中國也，其始既橫加殺戮，慘毒不忍聞，其繼也遍我中國，名之曰駐防。夫駐防云者，則豈不以防我漢族哉！不使之自謀其生而坐食我膏腴。婚姻有滿漢，官階有滿漢。夫豈惟此，粵亂之起也，以漢攻漢，疊屍山積，而所保者滿洲也；團匪之起也，以漢攻夷，血流津京，所保者滿洲也。且二百兆之償，取我漢民之錢，以保彼宴遊之地；臺灣之割，夷我漢種之人，以保彼根本之地。今日又至矣，勝敗惟漢之是禍，而滿人坐享其利。無論異種稱王，斷無委施其前之理，卽以恩怨論，滅此朝食，亦復何言。彼有恆言曰：吾寧以家產付之鄰友，而斷不與我家僕也。吾故曰，吾寧使漢種亡盡死盡，而斷不使之歌舞安樂於韃靼之下也。

幸祈使支那將亡也，如其軍備足，財用富，電線如絲，鐵路如織，如彼俄也，則漢種乃眞永永沉淪，永永糜壞，而無振興之日矣。夫俄之専制，猶可言也，同類之為也；支那之専制，不可言也，異類之殘也。吾嘗有言，文明之事，文明國得之而愈文明，野蠻國得之而愈野蠻。則若海陸軍、若電線、若鐵路，使中國得之則適以制革命者之死命，而阻其文明而已。是故戊戌之政變，中國之福也。而保國者乃從而痛惜之，曰不變則亡。夫所謂變者，豈僅如彼之所謂學校報章而已哉，豈僅如彼之所謂憲法政體而已哉，韃靼不死盡，無所往而非奴隸也。夫以言乎文野，則彼毳氈之俗其較歐西為何如矣？以言乎智愚，則彼遊牧之習其較歐西為何如矣？同一奴也，與其為野者、愚者之奴，則盍為智者、文者之奴矣。是故本非外奴，而後始可以奴懾之；既奴之二百餘年矣，則必蕩滌其邪穢，斬絕其根性，斬之以刃，蕩之以血，夫而後可與言治也。是故不亡則興、不興則亡之言，斷不能施之於支那；以言支那，則亡之乃興、亂之乃治也。吾知非一大殺戮，則奴隸之根永不能除，而身家之念終不能亡。天下斷未有新舊雜揉而可與言國也，彗所以除舊佈新也，舊之亡也勃焉，新之興也勃焉。支那欲立新國乎，則必自亡舊始。

法之有拿破侖，美之有華盛頓，歐西人所稱為大豪傑者也。吾嚮者處於內，見夫彼憂國者焉，輒撫膺太息曰：『支那無拿破侖、無華盛頓。』吾悲之。乃者遊於外，見夫彼志士者焉，則又隱然自任曰：『吾支那之拿破侖、華盛頓也。』吾尤悲之。昔之悲也，悲其自棄也；今之悲也，悲其不自思也。彼其眞以法國革命為拿破侖一人之力，而美之獨立乃華盛頓一人之功乎？彼國民自為其身家，其始也，不知幾千百華盛頓、拿破侖忘生死、擲頭顱，以爭一日之命，而彼二人者乃坐享其名，吾方竊竊焉怪之，而彼乃儼然自任，此則大惑不解者也。今試無慓悍無前之法民，則拿破侖何如矣！無十三州之自治，則華盛頓又何如矣！彼其若死若亡無量數之華盛頓，往矣泯矣，寂寂焉無聞矣，上帝哀之，乃遣一二人焉，為此無量數之代表。譬之則代數耳，聚千百之數而代之，曰甲曰乙，此甲也乙也，非一數所能成，必合十百千萬而始成也明矣。而乃以拿破侖、華盛頓為一人乎！美之獨立，美之自治為之也；法之革命，法之民氣為之也。吾不敢謂今日之志士之才之力，其不能及華盛頓、拿破侖也；以今日之中國，雖百倍於拿破侖、華盛頓之才之學，吾知必無濟也。今不欲預造無量數之無名華盛頓、拿破侖，而乃汲汲自任為有名之華盛頓、拿破侖，吾甚不願支那之有此人也。彼其心則亦專制而已矣，則亦好名而已矣，以謂吾發難支那未有之業，則我之名將垂支那而不朽焉。此非刻擬懸揣也。吾見志士當困極無聊時，俯仰自悲，其所以自慰者乃在於不朽之名，以為天之報施當不爽也。嗚呼，名者眞動人之一術哉，刀鋸水火生死所不能動者，惟名足以動之。是故破生死界則英雄也，破生死則或不能破名矣，則尋常之英雄也，至名界而破也，則眞英雄之英雄矣。英雄人知之，英雄之英雄人不知之。夫惟有不知之英雄，而英雄之名乃賴以顯，則英雄者，英雄之英雄之奴隸也。是故心有罣礙卽是奴隸，罣礙至於生死而極矣，乃有雖死猶生之一說以罣礙之，則猶非無上乘也。吾願支那有英雄之英雄，而不願支那有英雄。何則？有無名之英雄，而始有有名之英雄；未有無無名之英雄，而有有名之英雄也。

吾敢正告志士曰：諸君子既有志於拯漢也，則其以患難著想，而勿以華盛頓、拿破侖之功成名立著想矣；其以亡國之志士自勵，而勿以興國之志士自揣矣。夫惟有必為之志氣，濟之以難為之思想，夫而後可以成事也；不然則一振而蹶，一蹶而不復振矣。吾觀於爭之故而有說焉：蓋從功成名立著想，儼然以將來之大統領自命，則喜心生而忌心隨之矣；從事敗身死著想，則懼心生而虛心隨之矣。尤有進者，則所謂死生可破，而名心不可破也；吾願志士之勿以流芳百世自期矣。夫苟實見夫事所當為，則為之而已，豈有所希冀于一身哉！天下之是非有定乎，革命之起也，孰不謂之為大逆不道，彼倡之者，豈預知將來之必尸祝之、尸禱之也。且夫為大事而不以小事著手，則事必不成，小事云者則無名而已矣。譬之為山，一抔之土置於平原，誰則知之為山也？積之積之而山成，彼之見之者，則惟上之一抔土耳，然無下此者，則上之一抔又何賴焉？吾觀自古英雄，皆入名牢。雖然，吾只以名求英雄，奚怪其然也。先人有言，小人惟恐其不好名，君子惟恐其好名。吾願世之君子毋為小人之所好焉。

國粹主義思潮部

保存國粹論分部

論說

《國粹學報》第一期《黄節〈國粹學報敍〉》　同人痛國之不立，而學之日亡也，於是瞻天與火，類族辨物，創為《國粹學報》一編，以告海内曰：昔者歐洲十字軍東征，弛貴族之權，削封建之制，載吾東方之文物以歸，於時義大利文學復興，達泰氏以國文著述，而歐洲教育遂進文明。昔者日本維新，歸藩覆幕，舉國風靡，於時歐化主義浩浩滔天，三宅雄次郎、志賀重昂等，撰雜誌，倡國粹保全，而日本主義卒以成立。嗚呼！學界之關係於國界也如是哉！宋之季也，其民不務國學，而好為蒙古文字語言，至名其侈辭以為美，於是而宋亡。普之敗於法也，割雅麗司、來羅因以和，而其遺民，眷眷故國，發為詩歌，不忘普音，於是而普興。國界之興亡於學界也又如是哉！夫國學者，明吾國界以定吾學界者也。痛吾國之不國，痛吾學之不學，凡欲舉東西諸國之學，以為客觀，而吾為主觀，以研究之，期光復乎吾巴克之族，黄帝、堯舜、禹湯、文武、周公、孔子之學而已。然又慕乎科學之用宏，意將以研究為實施之因，而以保存為將來之果。懸界說以定公例，而又悲乎言之無文，行而不遠。意將矯象胥之失，而不苟同伊緩大鹵之名，期光復乎吾巴克之族，黄帝、堯舜、禹湯、文武、周公、孔子之學而已。嗚呼！雄雞鳴而天地白，曉鐘動而魂夢蘇。天下志士，其有哀國學之流亡者乎？庶幾披涕以讀而為之舞。

又　第六期《許之衡〈讀國粹學報感言〉》　夫國學卽國魂所存，保全國學，誠為最重要之事矣。然尤當亟思改良，不為守舊，俾合於今日情勢，而使必不可磨滅。斯眞善言國學者矣。國學當首經史。請先言經。六經在當日，誠為孔子之教科書，而今則全解此教科書者絕鮮。無他，昔之教科書，與今之教科書，體例不同故耳。使易以今日教科書之體例，則六經可讀，而國學永不廢。教科之說本之《國粹學報》。愚謂以《詩經》為國文學教科書較勝於唱歌教科書也，余從《學報》。然今有一最難問題於此，則以訓詁章句釋經，而愈解愈窒，萬無普及義理之效。今者西學潮涌，學者羣趨，仍用鄭孔程朱之舊法，則必唾棄之。固由世變之大，亦由新舊必不相容之的理也。如是則存經學極難。愚謂欲存經學，惟有節經與編經之二法。一變自來箋疏之面目，以精銳之別擇力，排比而演繹之，采其有實用者，去其無用而有弊者，著為成書，勒為教科，除去家法之見，一洗沉悶之舊，如是則經乃可讀。吾所見惟近人孫詒讓氏，能知此義。後有作者，斯軌可循。至於史，則愚謂後有著者，其體當必祖機仲、君卿一派，宜為別紀。若史公當行其意不當行其法，後之二十三史，皆學史公而誤者也。若列傳宜別有著録，皇甫《高士》、劉向《列女》，是其前例。夫機仲之識至薄弱，而體最精美；史公之識最卓越，而體至重墜。世愈降則文字愈不及古，而便於瀏覽則勝於古，此亦文字一定之階級也。愚謂表志列傳、紀事本末，無一不當別為書，溝而合之，則必無良史。而斷代一例，尤為史家之大惑。斷代者，徒為君主易姓之符號，是朝史而非國史也。謂為二十四朝之家譜，又豈過歟？故今後之作史，必不當斷代，而不嫌斷世，如上古、中古、近古之類。借以考民族變遷之迹焉。史公固知其意者，故《史記》不斷代，然襲用其體，則大不便。《史記》自五帝至漢武，卷帙已多，況至今日乎。此所以必不能不用機仲之體，而輔以君卿者也。餘杭章氏擬著之《中國通史》體亦仿史公，改列傳為別録，所搜頗挂一漏萬。書固未成，體例亦殊未精也。鄙意之斷斷於是者，不出一言曰：列傳萬不能合於歷史之内。近人横陽翼天氏之《中國歷史》，深明此義，續而賡之，後必有放大光明於我國史界者，余為之禱祀以求焉。此愚改良經史之管見也。若文學一途，愚謂宜適晚近，不宜返之皇古。雖不必效東瀛之文體，然亦當為智識普及起見，寧失之平易，無失之艱深。蓋我國識字者太少，識古字者尤少，必字字返之古義，無亦與文字進化之公例不符，且窒礙滋多耶。若釋詞之學，用王氏引之，不若用馬氏建中為尤允。馬氏兼通中西，王氏則但通古訓，兩者相較，不若後者居勝也。凡此皆愚對於國學保存之意見也。此外諸國學，較為餘事，可任人專門，不必强人普通，自由研究可矣。

嗚呼！外人之滅我國也，必並滅其宗教，滅其語言，滅其文字。知文字語言之要，而不知宗教之要，非得也。保全國粹諸子，首以國學為倡，其識誠偉大。讀其書，標民族之宏義，發神州之鴻秘。其志可哀，其旨可敬，其文辭尤可感而舞也。然而獨不及宗教，無亦滯於遠藤隆吉、白河次郎二氏之學說乎？近一二年來，有某氏之《論保教》，章氏之《論訂孔》，而後生小子，翕然和之，孔子遂幾失其故步。彼二子者，其學皆與東洋有淵源。東洋之排斥孔子，則由彼愛國者，恐國人逐於漢化，又恐逐於歐化，故於孔子有微辭，於耶穌亦多議論，以成彼一種東洋之國學，即國粹主義所由來也。論者不省，而據為典要，揚其流而逐其波，不亦誤乎！

以愚之不學無術，何敢言國學。雖然，盍言爾志，亦達者之所許也。自愚讀《國粹學報》，即有無限感情，激刺吾腦，而吾感言於以發，不知其言之當與否也。惟若鯁在喉，必盡吐而後快。乃就吾所見，讀《國粹學報》者之感情，則有謂其程度太高者，有謂其崇古之念太過者，有謂其文字太深者。此等評判，於《國粹學報》固無絲毫之增損，然亦可見今日趨向之塗矣。吾甚願吾所見之謬誤，與所言之荒唐。如其然也，則眞為可痛哭者也。達識君子，以為何如？

又　第七期《許守徽〈論國粹無阻於歐化〉》　國粹者，精神之學也；歐化者，形質之學也。歐化亦有精神之學，此就其大端言耳。無形質則精神何以存，無精神則形質何以立。世有被絺繡於芻靈者，似人而不得謂之人也，無精神故也。棄國粹而用歐化者，奚以異是？莊子曰：『古之人，外化而內不化；今之人，內化而外不化。』《知北遊》篇。今之所謂歐化者，毋亦類於莊子所譏者乎？如其言化也，曷以數十年以來，無一創獲之器，無一獨造之能，奈端、培根何不誕中土也。觀於市，而工之繩墨如故；觀於郊，而農之耒耜如故；觀於庠序，而士夫之學問如故；觀於朝廷，而政府之政策如故。及一衡夫社會之情狀，則自達爾文著出，而競爭之說，不以對外而以對內矣；伊耶陵著出，而權利之說，不以為公而以為私矣；彌勒之著出，而自繇之說，不以律人而以律己矣。行歐化之道而乃若是，此正所謂內化而外不化者也。嗚呼！糟粕六經，芻狗羣籍，放棄道德，掊擊仁義，其始不過見快一時，謂功業什伯於言行，不必鰓鰓過計，而其極遂終為天下裂而不可捄。此策時之君子，所宜三致意者也。剷其所毗，仍在國粹而已。國粹者，道德之源泉，功業之歸墟，文章之靈奧也。一言以蔽之，國粹也者，助歐化而愈彰，非敵歐化以自防，實為愛國者須臾不可離也云爾。

是故國粹以精神而存，服左衽之服，無害其國粹也；歐化以物質而昌，行曾史之行，無害其歐化也。如理弓然，弛而不張則蹶，張而不弛則折；如鼓琴然，獨弦不能操縵，一音不能合樂。王仲任曰：『知今而不知古，謂之盲瞽；知古而不知今，謂之陸沈。』見《論衡》。其今日學者之銘箴乎！《語》曰：『温故而知新。』《易》曰：『君子多識，前言往行以畜其德。』誠愛之也，誠重之也。昔鍾儀居楚，猶歌南音；士會在秦，不忘故國。彼非儒者，而猶若是，而況沐黃帝堯舜禹湯文武周公孔子之遺澤以至於今者乎！顧瞻祖國，可以興矣。

又　第二六期《鄧實〈擬設國粹學堂啓〉》　中國自古以來，亡國之禍迭見，均國亡而學存。至於今日，則國未亡而學先亡。故近日國學之亡，較嬴秦、蒙古之禍為尤酷。何則？以嬴秦之焚書，猶有伏生、孔鮒之倫，抱遺經而弗墮；以蒙古之賤儒，猶有東發、深寧數輩，維古學而弗亡；乃維今之人，不尚有舊，自外域之學輸入，舉世風靡，既見彼學足以致富强，遂誚國學而無用，而不知國之不强，在於無學，而不在於有學。學之有用無用，在乎通大義，知今古，而不在乎新與舊之分。今後生小子，入學肄業，輒束書不觀，日惟騖於功令利祿之途，鹵莽滅裂，淺嘗輒止。致士風日趨於淺陋，毋有好古博學、通今知時而務為特立有用之學者。由今而降，更三數十年，其孤陋寡聞，視今更何如哉！嗟乎！戶肄大秦之書，家習劫盧之字，宿儒抱經以行，博士倚席不講，舉凡三倉之雅詁，六藝之精言，九流之墜緒，彼嬴秦、蒙古所不能亡者，竟亡於教育普興之世，不亦大可哀邪！故國學之阨，未有甚於今日者也。

夫國於天地，必有與立。學也者，政教禮俗之所出也。學亡則一國之政教禮俗均亡，政教禮俗均亡，則邦國不能獨峙。試觀波爾尼國文湮滅，而窪肖為墟；婆羅門舊典式微，而恒都他屬。是則學亡之國，其國必亡，欲謀保國，必先保學。昔西歐肇迹，兆於古學復興之年；日本振興，基於國粹保存之論。前轍非遙，彰彰可睹。且非惟强國惟然也。當春秋之時，齊强魯弱，而仲孫謂魯未可取，猶秉周禮。是學存之國，强者可以益興，弱者亦可以自保。今也棄國學若弁髦，非所謂自顛其本乎？況青年之輩，侈言愛國！愛國者，以己國有可愛之實也，故懷舊之念既抒，保士之情斯切。若士不悦學，則是並己國可愛者而自棄之矣，雖託愛國之空名，亦何益哉！夫中土之學，興於三代之前，秦漢以還，大師魁儒，纂述尤盛。代有傳人，人有傳書，篇目並較然可按。今竟湮没不彰，銷蝕湮軼。彼東西重譯之國，其學士大夫，轉以闡明中學為專門。因玄奘《西域記》，以考佛教之起源；因趙氏《諸蕃志》，以證中外之交通。而各國圖書樓，竟貯漢文典籍，即日本新出各書報，於支那古學亦遞有發明。乃華夏之民，則數典忘祖，語及雅記故書，至並絶域之民而不若，夫亦可耻之甚矣！

同人有鑑於此，故創立國學保存會於滬瀆，並刊行學報、叢書，建設藏書樓，以延國學一線之傳。然君子之學，非僅自為而已也。學術之興，有倡導之者，必有左右翼贊之者，乃能師師相續，廣續於無窮，而不為異説僞言所奪。昔顔習齋先生，施化漳南，以禮樂射御書數，分授弟子，旁及水火工虞之學。黄梨洲先生，主講證人書院，首倡蕺山之學，並推論讀經考史之方。承其學者，咸擇其性之所近，以一藝自鳴，風聲所樹，掞芳承軌，矢音不衰，則化民成俗之功，必基於講學。今擬師顔王啓迪後生之法，增益學科，設國粹學堂，以教授國學。夫顔、黄諸儒，生於俗學滋行之日，猶能奮發興起，修述大業，以昌其學術；今距乾嘉道咸之儒，淵源濡染，近不越數十年，況思想日新，民智日瀹，凡國學微言奥義，均可藉哲種之學，參互考驗，以觀其會通，則施教易而收效遠。從學之士，三載業成，各出其校中所肄習者，發揮光大以化於其鄉。學風所被，凡薄海之民均從事於實學，使學術文章寝復乎古，則二十世纪為中國古學復興時代，蓋無難矣，豈不盛乎！

《東方雜誌》第五卷第四號《論保存國粹宜自禮俗言文始一九〇八年五月二十四日》　茫茫宇宙，芸芸衆生，於虚空之中，而有世界，於世界之中，而有國土。諸國並立之中，而此一國能翹然立於大地之上，不為他族所侵淩者，則必賴有一特別之性質，以為之藩，是何也？夫血氣心知之屬，惟人能合，羣羣之大者，在建國家興種族，其條例所繫者，曰言語曰文字曰禮俗。是三者，一國之民精神之所寄焉者也，苟喪其一，其萌枿不能植。不守禮俗，不能推陵谷；不自知其文字，不能愛種類。是以思古之情弛而懷舊恩國之思衰。古者貞繫世、重儀節，誌之於冊府，貽之以歷史，故其民油然有愛國之念，雖累遘外禍而魂魄猶永懷其故老，見一簪佩，睹一故書，有不知其然而惻愴不能已者，此數千年來吾國自立之大原也。自十九世紀以來，亞歐既通，而滅國之法一變，凡亡人之國、夷人之宗、墟人之祏者，必先革其習慣，易其風俗，變更其語言文字，其為害也，以視寡人之妻、孤人之子者其禍為尤烈。俄羅斯滅波蘭而易其語言，突厥滅東羅馬而變其風俗，法蘭西滅越南而學校禁用本國文字，其族為不知誰何之族，其民為無可歸宿之民，其所據以為觀念者既失，雖欲發憤自立而亦有所不能，今吾國亦漸有人以保存國粹相號召矣，然而其力不巨，其道不光，其所守之秩序或不必盡有合也。吾以為今日欲救吾國之亡，當先救吾學之阨，欲救吾學，又不可不以禮俗、言、文三者為始基，而後一切學術乃有所附屬，然此事亦有難言者。吾國自秦漢以降，於臨近各部，交通日繁，由内部以灌輸外部者固多，由外部而影響内部者亦不少，今日通行之禮俗雖多，沿自古初，然如《北史》胡國珍死，魏明帝令自始斃至七七皆設千僧齋，《北齊書》南陽王死，每七日設齋一次，是七七之制，本始於北國，非中國本部所固有也，而今日十八省無不以七七齋奠為普通之喪禮矣，又如通行十二屬之説，沿襲日久，不知其所以然，而考其起原，則亦由北方輸入。試觀《唐書·黠戛斯傳》之虎年，《宋史·吐蕃傳》之兔年、馬年，《輟耕録》之龍年，《元秘史》之兔兒年、虎兒年可以為證。蓋北俗無甲子，不得不以鼠牛之屬分記歲時，浸淫日久，遂相沿而不覺耳。且禮俗既有變遷，言、文亦隨之而異，梵音東渡，元氏北來中國人士之習其語者，遂致日衆一日，有著之於語録者，如眞空妙締常惺惺無上上乘等是也；有用之於詞曲者，如兀剌麼哥等是也；有用之於詔令者，如四箇大斡耳朶是也；有用之於詩文者，如刹那招提等是也，由是以觀，則今日所通行者已多非往日之舊。今歐美風潮捲地東下，萬馬齊驅，有一日千里之勢，而吾之所重者，又在彼而不在此，時趨所尚，久且視為固，然數十年後，必致人人以服從為義務，不知祖國為何物，愛國為何事，其害有不忍言者，夫吾為此言，吾非欲人人不通西禮、不習西文也，吾謂今日者不可不輸入吾所本無，尤不可不保存吾所固有，一有偏重，皆不足以自存。嗚呼！伊川野祭，過客所以傷心；衛侯夷言，史臣因而流涕。波爾尼國文煙滅，而窣效為墟；婆羅門經典式微，而恒都他屬。祀用夷禮，見誚於《春秋》；齊習戎言，貽羞於顏氏，往者已矣，其毋使後人復哀前人也。

國學無用辨分部

論說

林懈《林白水文集·國民意見書·論國民當知舊學》 如今怪不得那守舊的輕視維新，別的不必說，單單這種『革命！革命！革命！吾中國不可不革命，吾家族不可不革命』的文章，那舊黨就看不上眼了。古人道：『持之有故，言之成理。』我今試問這劈頭大喝『革命、革命、革命』，可算是『持之有故』麽？可算是『言之成理』麽？這種没頭没腦的文章，他説會開通人的智識，鼓舞人的精神麽？我到有點不敢相信。況且梁啓超的屁，有什麽好吃？他説文界革命，已經被嚴又陵碰了大釘，你們大家還要敬宗法祖，把他的文字很命模仿。口裏罵人動不動總是奴隸性質，我看這奴隸性質，閣下也有些不免哩！我也不是要叫你們一定要做好學班、馬的古文，但做出文章總要有些積理，不是駕空虛喝可以响遏行雲的。古人道：義理、考據、詞章，三者缺一不可。你們義理既没有，考據又空疏，詞章更是爛套臭調。唉！孔夫子道：『天之將喪斯文。』我道：中國的文章，也弄得凋敝了，何況别的！

《廿世紀大舞臺》第一期《佩忍〈論戲劇之有益〉》 綜而論之，專制國中，其民黨往往有兩大計劃：一曰暴動，一曰秘密。二者相為表裏，而事皆尠成。獨茲戲劇性質，頗含兩大計劃於其中。苟有大俠，獨能慨然舍其身為社會用，不惜垢汙以善為組織名班，或編明季稗史而演漢族滅亡記，或采歐美近事而演維新活歷史，隨俗嗜好徐為轉移，而潛以尚武精神、民族主義，一一振起而發揮之，以表厥目的，夫如是而謂民情不感動，士氣不奮發者，吾不信也！矧夫運掉既靈，將他日功效之神妙，有不祇激厲此區區漢族者而已，則漸離之築、唐莊宗之事，夫何不可再見諸今日哉！嗟嗟！變法胡服，武靈乃計滅中山；殺身成仁，孔子直許為志士。凡我黄胤，果有血氣，將萬死其又奚辭，而況乎是固歐西學校所注意也！其事微，其功多，此吾國青年所由習之於海外乎？非然者，持棋莫下，全局將翻；伶倫弗甘，奴隸重苦。安見今日之衹辱於肅慎者，不且再辱於凡為肅慎之邦；今日之猶留夫遺制者，或並取其遺制絶之！則炎黄之血祀斬，漢唐之聲威滅矣！不其悲歟！

《國粹學報》第三〇期《鄧實〈國學無用辨〉》 學以為國用者也。有一國之學，即以自治其一國，而為一國之用。無學者非國，無用者亦非學也。今之憂世君子，睹神州之不振，悲中夏之淪亡，則疾首痛心於數千年之古學，以為學之無用而致於此也。鄧子曰：悲夫！其亦知吾國之古學，固未嘗用，而歷代所用者，僅君學乎？夫用之而無效，則謂其學為無用固宜。若夫其學猶未用也，而即嚚然以無用名之，而烏知乎其學之果無用也？是故無用者君學也，而非國學。君學者，經歷代帝王之尊崇，本其學説，頒為功令，而奉為治國之大經，經世之良謨者也。其學之行於天下，固已久矣。若夫國學者，不過一二在野君子，閉戶著書，憂時講學，本其愛國之忱，而為是經生之業，抱殘守缺，以俟後世而已。其學為帝王所不喜，而亦為舉世所不知。學者不察，漫與君學同類而非之，曰無用無用。嗚呼！其果眞無用歟？抑其不知用也？自周之季，學失其官，諸子蜂起，各本其術以自鳴。老子之道術、莊子之齊物、墨子之兼愛、申韓之法制、孫吳之兵謀、荀子之名學、管子之經濟，用其一皆可以有裨於當世。夫諸子之多為其術，以救人國之急，可謂勤矣。然而當代之君民能用其説者幾何也？毋亦信仰其學而從之遊者，皆其一派之弟子乎？其於全社會無與也。秦政焚書，驪山一壓，不特儒術六藝，從此缺略，而百家之學，亦蕩然無存。國且無學，何有於用？漢興，諸儒收拾灰燼，抱其遺經，亦惟相與伏處於荒墟蔓草之間，私相授受，講誦不輟耳。其時為之議朝儀、定禮樂者，叔孫通諸生之倫。假儒術以媚人主，所用者君學而非國學也。漢武號尊儒術，然申公以力行對而疾免以歸。轅固生年九十矣，以諸諛儒疾毀而亦罷歸，則其所用者，公孫弘曲學阿世者耳，亦君學而非國學也。漢之末造，朝政昏濁，而黨錮獨行之士，風瀟雨晦，不已雞鳴。及其卒也，小人得以合圍而獵，君子反以前禽而傷，則其時之君學盛行而國學之罷斥不用可知矣。夫國學之與君學不兩立者也，此盛則彼衰，此興則彼仆。羣陰晝閉，而微陽不現；黃金毀棄，而瓦釜雷鳴。自唐代義疏之作，宋世科舉之興，明以八比取士，近世承之，其時君所樂用者，皆為君學之一面。故自宋至今，五六百年，國破家亡，外禍迭起，君臣屢易，坐令中區瓦解魚爛而不可救者，皆君學之無用有以致之，而國學不任咎也。夫既知君學之無用矣，然而歷代帝王，寧使亡國敗家相隨屬，而卒不肯以國學易君學者，其故何哉？夫君學者，以人君之是非為是非者也，其言順而易入；國學者，不以人君之是非為是非者也，其言逆而難從。古今好諛之君多，而從逆之君少，此君學所由盛而國學所由衰歟？鄧子曰：夫使君學之盛行，而國學之不振者，吾民亦與有過焉矣。吾聞泰西學者，創一學説，則全社會為之震動，而其終卒能倡造社會，左右政界。故孟德斯鳩、盧梭之學説出，遂成法國大革命，而全歐響應。斯密亞丹之學説出，而自由放任貿易主義以興。達爾文、斯賓塞之學説出，而天演之公例大明。此其學不必賴時君之表揚也，而固已飆動雲興，足以轉移一世之人心風俗而有餘矣。返而觀我國，則歷代雖有一二巨儒，精研覃思，自成宗派，其學術非無統系之可言，而空山講學，所與倡和者，惟其門徒及二三知己耳，而全社會不知尊仰，後人不聞表彰。故其學派遂日遠而日微，卽其遺書亦湮軼而不可見，不亦悲乎！明之季，國既亡矣，而北有夏峰、習齋，西有二曲，東南有亭林、梨洲、船山，皆思本所學以救故國，著書立説，哭告天下，而天下之人不應，漠然若毋動其中，其言不用，而神州遂至陸沉。夫使數君子之學，得以見施於時，則亭林鄉治之説行，而神州早成地方自治之制。梨州原君、原臣之説昌，則專制之局早破。船山愛類辨族之説著，則民族獨立之國久已建於東方矣。是故數君子之學説而用，則其中國非如今日之中國可知也。推而老、莊、申、韓、荀、墨之學用於戰國，則戰國非昔日之戰國；伏生、申公、轅固生之學用於漢，則漢非昔日之漢又可知也。惜其學不用，乃以成此晚近衰亡之局，而反以無用誣古人，古之人不更悲乎！雖然古人之學，有用之一時者焉，有用之萬世者焉，有用之一人者焉，有用之一國者焉。用之一時一人者其效小，用之萬世一國者其效大。嗚呼！數十百年之後，萬有一收其效者，則予言雪矣。然非有命世獨立不懼之君子，其亦安能與於斯哉！

復興周秦諸子古學論分部

論説

《覺民》第七期《覺佛〈墨翟之學説〉》 墨子雖未曾言男女平等，而平等之旨，已略見一斑。何以故？以墨子固深疾一夫多妻之惡風俗故。泰西文明各國，一夫不得多娶，非尊婦人，尊公理也。墨子之書曰：『當時之君，大者拘女累千，小者累百，必至男女失時，而人口日少。』彼蓋深惡而痛絕之，特開天下不敢開之口，非僅尊婦人，而於强種問題，亦兢兢致意焉。

墨子學力之博大，實屬可驚。周游列國，見百國春秋史，則見聞之廣可知；作木鳶而能高飛，造礮而為守禦之備，則機器之新發明家，當推墨子為第一人也。是墨子之注意者，在物質界，亦在精神界也。

觀其言兼愛，則社會學家也；觀其論政諸篇，則大政治家也；觀其言明鬼天志諸説，則宗教家兼教育家也。其偉大之能力，實不可思擬。

《國粹學報》第九期《鄧實〈古學復興論〉》 昔希臘七賢，創興學派，各自為宗，講學授徒，流風廣被，為中歐一時學術之盛。自東羅馬滅亡之後，其圖書典籍，焚佚散亂，而宗教之束縛，封建之壓制，皆足使古學之萌芽，盡歸零落，而一時希臘文物之光明，黯然無色矣。十字軍東征，入亞剌伯，獲其圖書而還，當歐洲文學墜地之時，亞剌伯人以國語譯亞理士多德之科學、加靈之醫書，及希臘學者之天文學等書，以行於國中。故希臘學術之不致中絕者，實賴亞剌伯一綫之延。於是歐人始知為考古之學。其時義大利都市繁盛，與海外通，自希臘招致學者，教希臘語，講退勒密、黑朴科迭司、幼克曆德之書，又學拉丁語，習希塞洛、瓦其兒之文字，而湯德義大利人用意語，著《神聖喜劇》之大作，究古代詩文。其後迫拉耳喀及博喀蕭出，均義大利人。大修古文，不獨考究古人思想而已，且務搜羅馬希臘遺亡之古書，求之海外，不避艱險，設藏書樓，聚古籍至數十萬冊，一時學風所扇，人皆慕古。凡研究古代文學者，稱曰豪摩尼司脫，當世以為美稱焉。自希臘蠶食於突厥，學士大夫，出亡避亂，咸以義大利為淵藪，如雲而聚。於是意國之高等學校，盡以希臘學者為其教師，而古學之智識思想，如風發雲涌，蘇柏之遺風，昭蘇復活矣。況雕刻繪畫印刷之美術，同時並興，其活潑優美之風，皆足以助文學之光彩。而諸學士亦漸次就他國大學之聘，分授以希臘文學哲學，由是豪摩尼司脫之學風，遍於全歐。至十六世紀，而盡輸於北方。英法德之學校，莫不以希臘、拉丁之學為普通之學科，遂以鼓吹歐洲中世之文明。德則以神學、史學著，法則以詩文、音樂之學著，英則以實驗哲學及戲曲著。又其時國語漸定，學者皆以國文著述。西班牙詩人哲多、法國詩人多路巴、義大利之湯德、英之佐沙，皆國文學之泰斗。而文學之興，日益光大。吁，盛矣哉！此歐洲古學之復興也！鄧子曰：十五世紀，為歐洲古學復興之世，而二十世紀，則為亞洲古學復興之世。夫周秦諸子，則猶之希臘七賢也；土耳其毀滅羅馬圖籍，猶之嬴秦氏之焚書也；舊宗教之束縛，貴族封建之壓制，猶之漢武之罷黜百家也。嗚呼！西學入華，宿儒瞠目，而考其實際，多與諸子相符。於是而周秦學派遂興，吹秦灰之已死，揚祖國之耿光，亞洲古學復興，非其時邪？考吾國當周秦之際，實為學術極盛之時代，百家諸子，爭以其術自鳴。如墨、荀之名學，管、商之法學，老、莊之神學，計然、白圭之計學，扁鵲之醫學，孫、吳之兵學，皆卓然自成一家言，可與西土哲儒並駕齊驅者也。夫周秦諸子之出世，適當希臘學派興盛之時。希臘學者如蘇格拉底、柏拉圖、芝諾、亞理斯多德，皆生周末元考安顯之間。繩繩星球，一東一西，後先相映，如銅山崩而洛鐘應，斯亦奇矣。然吾卽《荀子》之《非十二子篇》觀之，則周末諸子之學，其與希臘諸賢，且若合符節。是故它囂、魏牟之縱情性、安恣睢，卽希臘伊璧鳩魯之樂生學派也。陳仲、史鰌之忍情性、綦谿利跂，卽希臘安得臣之倡什匿克學派也。什匿克派以絕欲遺世克己勵行為歸。墨翟、宋鈃之上功用、大險約而僈差等，卽希臘芝諾之倡斯多噶學派也。斯多噶派學尚任果重犯難而設然諾。惠施、鄧析之好治怪説，玩琦辭，卽希臘古初之有詭辯學派，其後亞理士多德以成其名學也。我周末諸子，本其所得，各自為學，波譎而雲詭，不可謂非吾國學術史一代之光矣。學之衰也，其自漢武之罷黜百家乎。夫漢武用董仲舒之言，尊儒術而表章六經，則亦已矣。諸子之學，其為神州之所舊有者，聽其自存自滅可也，奈何而竟用專制之術，盡絕其道乎？此君子所以不恨於秦火之焚燒，不恨於咸陽之一炬，而獨恨於天人三策之所陳為無道也。自是以後，諸子之學，遂絕於中國。義疏於隋唐，性理於宋元，帖括於明代，學術之途，愈趨愈狹，學説之傳，日遠日微。試一按其當時圖籍，考之傳記，欲求古先哲賢之片影，而亡有一存者，蓋古學之亡久矣。雖然，學以立國，無學則何以一日國於天地。於是本國無學，則勢不能不求諸外國。而外學之來，有其漸矣。考西學之入中國，自明季始。按摩西古教之來華在前漢時，景教之入中國在唐時，為時甚遠，然所傳者為宗教之經文，不足以言學術。利瑪竇諸人，接踵東來，著書譯經，布教之外，旁及曆數象器之學。而愛約瑟卽以其法理醫文四科之學説，傳之中土。而士大夫多習其學。如徐光啓、張爾歧、黄宗羲皆深信西學。至於國初，且用湯若望、南懷仁輩，為之定曆明時，而宣城梅文鼎之算學，大興劉獻廷之字學、地文學，江都孫蘭之地理學，皆於西士之學有淵源。至若江永、戴震之徒，則非但涉獵其曆數之學，且研究其心性，而於彼教中之大義真理，默契冥會，時竊取之，以張漢學之幟，而與宋儒敵，今其所著之書可按也。如《孟子字義疏證》中，時有天主教之言。至海寧李善蘭出，始集西學之大成，然其面目一變。何者？李氏之前，所習皆偏於曆數心性，而李氏則專注重於工藝歷史。觀製造局之譯書，可以見李氏宗主之所在矣。李氏而後，譯學日新，時局大變，於是言西學者，又舍工藝而言政法。而西方之學術，於是大輸於中華。雖然，外學日進，而本國舊有之古學亦漸興。乾嘉以還，學者稍稍治諸子之書，如鎮洋畢氏之校《墨子》、《呂氏春秋》，陽湖孫氏之校《孫子》、《吳子》、《司馬法》、《尸子》，江都汪氏之序《墨子》、序賈誼《新書》、撰荀卿子《通論》、《年表》。雖僅掇拾叢殘，讎正訛僞，然先秦之書，賴此可讀。道咸至今，學者之愛讀諸子，尊崇諸子，不謀而合，學風所轉，各改其舊日歧視之觀。其解釋諸子之書，亦日多一日，或甄明收詁，或論斷得失，或發揮新理，如孫氏之《墨子閒詁》、俞氏之《諸子平議》、劉氏之《周末學術史》其著也。夫以諸子之學，而與西來之學，其相因緣而並興者，是蓋有故焉。一則諸子之書，其所含之義理，於西人心理、倫理、名學、社會、歷史、政法、一切聲光化電之學，無所不包，任舉其一端，而皆有冥合之處，互觀參考，而所得良多。故治西學者，無不兼治諸子之學。一則我國自漢以來，以儒教定一尊，傳之千餘年，一旦而一新種族挾一新宗教以入吾國，其始未嘗不大怪之，及久而察其所奉之教，行之其國，未嘗不治，且其治或大過於吾國，於是而恍然於儒教之外復有他教，六經之外復有諸子，而一尊之説破矣。此孔老墨優劣之比較，孟荀優劣之比較，及其他九流優劣之比較，紛然並起，而近人且有訂孔之篇、排孔之論也。嗚呼！學術至大，豈出一途，古學雖微，實吾國粹。孔子之學，其為吾舊社會所信仰者，固當發揮而光大之；諸子之學，湮歿既千餘年，其有新理實用者，亦當勤求而搜討之。夫自國之人，無不愛其自國之學。孔子之學固國學，而諸子之學亦國學也。同一神州之舊學，乃保其一而遺其一，可乎？吾聞地球文明之祖國有三，而吾國居其一。其二曰印度、曰希臘。近日歐洲學者，謂二十世紀所當求之古學有二：一印度學，而一支那學。以謂此東洋之二古學，其於近世紀，必有大發明，以影響於全球學界者。故法屬之阿爾日至有東方博學會之設，以講求東方古今政教、俗尚、語言、文字。附海外通函述東方博學會近情。法國屬地阿爾日，設東方博學會，為歐洲各國講求東方古今政教、俗尚、語言、文字，而設於千八百七十三年，巴黎第一會為發軔之始，嗣後間三四年擇各國都會大埠陸續再舉，由是而法而德而英而和而意瑞等國，輪流舉辦，已開會十三次。末二次一於千八百九十八年集於法之巴黎，一於千九百〇二年集於德之漢堡。漢堡散會之日，議定於千九百〇五年舉行第十四會，以法之阿爾日為聚集地，從阿爾日總督之請也。日本政府曾請以第十四會歸東京帝國大學校舉辦，各國以道遠辭之。其會無論何國之人均得入會，每人須交入會費二十佛朗，赴會者多半學界中人，由政府派員代表，各攜著作呈會品評。中國政府向不留心此事，從前曾未聞有派人前往之事。惟千九百〇二年，漢堡之會由駐德使署派那晉、李德順、恩詰三人赴會，並未攜有著作，不過逐隊觀光、借資遊覽而已。今年阿爾日之會，則由駐法孫慕韓星使派同文館學生唐在復赴會，聞未必攜有著作。查第十三會日本所派赴之員，係東京帝國大學校教習、亞洲文學會領袖某君，通曉東方各國文字，所攜著作極富，大為歐美各國宿儒所贊賞。蓋此會以考求東方各國古今文字異同為最重之點，而古今政教、俗尚異同之得失變遷次之。中國將來派員赴會，當先知該會著重之點，而遣派通儒名宿，則中國雖弱而往古教化文學之盛，庶不至亦因之而漸滅也。會中文字分七股：一、梵文及阿里亞文，二、猶太文，三、回文大食、突厥、波斯，四、埃及文、非洲土文、馬達加斯文，五、遠東各文。中國、日本、高麗、暹羅，六、希臘及歐東各文，七、非洲金石，回族美術。查各國所派之人多半學部人員，翰林院藏書樓總理，以及東方學校教習，或哲學名家，或著作雄富之宿儒，為本國學界之代表，此會於中國文學極有關係，而政府使臣向不留意，重可慨矣。則外人之所以勤求吾學者，何其至也。夫經歐美之藏書樓，無不廣貯漢文之典冊；入東瀛之書肆，則研究周秦諸子之書，觸目而有。乃他人之寶貴吾學如是，而吾乃等之瓦鼎康匏，任其沈埋於塵埃糞土之中，視若無睹。家有至寶，而遺於路人，豈不惜哉！故吾人今日對於祖國之責任，惟當研求古學，刷垢磨光，鉤玄提要，以發見種種之新事理，而大增吾神州古代文學之聲價。是則吾學者之光也。學者乎夢夢！我思之，泰山之麓，河洛之濱，大江以南，五嶺以北，如有一二書生，好學信古，抱殘守缺，傷小雅之盡廢，哀風雨於雞鳴，以保我祖宗舊有之聲名之物，而復我三千年史氏之光榮者乎，則安見歐洲古學復興於十五世紀，而亞洲古學不復興於二十世紀也。嗚呼，是則所謂古學之復興者矣。

清除儒學流弊論分部

論說

《國粹學報》第五九期《章絳〈原儒〉》 孔子曰：今世命儒亡常，以儒相詬病。謂自師氏之守以外，皆宜去儒名便，非獨經師也。以三科悉稱儒，名實不足以相檢，則儒常相伐，故有理情性、陳王道，而不麗保氏，身不跨馬，射不穿札，即與駁者，則以呰窳詬之，以多藝匡之，是以類名宰私名也。有審方圓、正書名，而不經品庶，不念烝民疾疢，即與駁者，則以他技詬之，以致遠匡之，是以私名宰類名也。有綜九流、齏萬物，而不一孔父，不蹩躠為仁義，卽與駁者，則以左道詬之，以尊師匡之，是以私名宰達名也。今令術士藝人閎眇之學皆棄捐儒名，避師氏賢者路，名喻則爭自息；不然，儒家稱師，藝人稱儒，其餘各名其家，泛言曰學者，旁及詩賦而泛言曰文學。文學名見《韓子》，亦七國時泛稱也。亦可以無相鏖矣。

禮、樂世變易，射、御於今粗糙，無參連白矢、交衢和鸞之技，獨書、數仍世益精博，凡為學者，未有能捨是者也。三科雖殊，要之以書、數為本。

《民報》第一四號《韋裔〈清儒得失論〉》　清代之學，迥與明殊。明儒之學，用以應事；清儒之學，用以保身。明儒直而愚，清儒智而譎。明儒尊而喬，清儒棄而濕。蓋士之樸者惟知誦習帖括，以期弋獲；才智之士，憚於文網，迫於飢寒，全身畏害之不暇，而用世之念汨於無形。加以廉耻道喪，清議蕩然，流俗沉昏，無復崇儒重道。以爵位之尊卑判己身之榮辱。由是儒之名目賤，而所治之學亦異。然亦幸其不求用世，而求是之學漸興。夫求是與致用，其道固異。人生有涯，斯二者固不兩立。俗儒不察，輒以內聖外王之學求備於一人，斯不察古今之變矣。

及計清代學術之變遷，則又學同旨異。創始之人，學以爲己；而繼起之士，學以殉人。當明、清之交，顧、黃、王、顏，各抱治平之略，修身踐行，詞無迂遠；民生利病，瞭若指掌。求道德之統紀，識治亂之條貫，雖各尊所聞，要皆有以自植。唐甄、胡承諾、陳瑚、陸世儀輩，亦能救民以言，明得失之迹，哀刑政之苛，雖行事鮮所表見，然身没而言猶立。若王源、魏禧、劉獻廷，術流雜霸，觀其披圖讀史，杯酒論兵，繫情民物，窮老而志不衰，有足多者。時講學之儒，有沈昀、應撝謙、張履祥，抗節不渝，事違塵枉。孫奇逢、傅山，以俠入儒，耻爲虜屈，苦身厲行，頑廉懦立。李顒、呂留良，亦耻事二姓，然濡染聲氣之習，未能潔清，蓋已蹈明季之風矣。

古代限抑君權論分部

論說

《國民日日報彙編·佚名〈中國古代限抑君權之法〉》　吾觀於中國後世君權之成立，其所持之說有三：一曰君主神聖不可犯；如目弒君者為賊臣之類，此由於《春秋》之書法者。二曰君主有統治一國之權；如『普天之下，莫非王土，率土之濱，莫非王臣』諸謬說。三曰君主不負責任。如李斯論督責書所言是。此三說行，而君主之權無限矣，而專制之禍萌芽矣。溯其原因，皆起於中國人民之思想。吾嘗謂民權亡而天下無正統，清議亡而天下無正學。三代以後之政體，皆君權最重之時代也，皆偽朝也；三代以後之學術，皆文禍最重之時代也，皆偽學也。非偽學則偽朝不能興，非偽朝則偽學不能保。偽學不除，乾坤將無寧日，不亦大可畏哉！

夷夏之防大義論分部

論說

《童子世界》第二四期《為外人之奴隸與為滿洲政府之奴隸無別》

概自宗周以降，玁狁匈奴，迭為北患，雖以秦皇之雄才，不過驅諸河套以外。至是而還，賴漢武通西域而斷匈奴右臂，漢宣得坐受單于之朝，延至東漢曹魏，猶不稍衰。此實吾漢種强盛而奴隸異種時代也。迨晉武詔謀不臧，以致五胡亂華，南北分朝，長城以南，兩淮以北，幾無淨土。雖唐高曾臣逐突厥，然因五季之亂，石敬瑭之徒，以燕雲十六州拱手而貢於契丹。至於宋興，猶歲贈貨幣，以言和親，復蹈漢高文景時代之復轍，徽、欽之朝，兩河之地，没入於金。度宗以後，中原全土，盡入於元。雖明之興，而曾不數百年，又有今日，又有今日之朝廷。此吾漢族衰弱而為異族奴隸時代也。上下數千年，除三代、漢、唐以外，嗟吾同胞，類無不為異族之奴隸者。而彼李陵、王猛、張宏範之徒，且殘殺同族，獻媚異族而為其奴隸，且以為奴隸自豪。噫，是何心，是何心！然猶曰：數千年或數百年前之事，非吾身所親歷，無可如何；今請從此自勵而外拒白種，內復滿洲。然則知奴隸為可耻，而不容有奴隸之思想也明矣。

乃言者曰：印度滅於英，英文明國也，我中國以往安能如印度之為英奴隸者。噫吁！奴亦可羨耶？設有文明異種如英，以奴隸印度者而奴隸我國民遂歡迎再拜而受之耶？是言也，豈可入吾同胞之耳；是思想也，豈可映諸吾同胞之腦。吾故不得不辨。何以言之？天既賦人以權利，天卽賦人以能力。自人不能廓充其能力，乃不能保存其權利。於是奴隸其身而不平等，奴隸其心而不自由，心與身且不自由矣，妻子財產更何待問，鞭笞任人，刈艾任人，何樂之有？且古之滅人國也以形質，今之滅人國也以精神；故精神之亡，慘於形質之亡。試觀英之滅印度也，朝廷如舊，政府如舊，人民如舊，形質亡而未亡也，而不知吸收其財源，同化其政教，奴隸其人民，為精神之亡耶？故吾中國倘亦如印度滅亡於文明之英，奴隸於文明之英，亦得充當其巡捕，則吾同胞奢願既償，帖然皈復，吾恐中國永墮百劫之獄，無時自拔矣。後世文學家之議論，歷史家之記載，謂支那以四萬萬之人民，二萬萬之土地而見滅於異種，乃維新志士使人民求如印度奴隸於英所致，豈不哀哉！

故曰：志士一言之得失，卽全種之興亡也。

《四川》第一期《梧生〈排外與仇教〉》 夫上有官吏以毆之，下有會黨以煽之，外教雖微，且懼不免於難，況擁有爾許之信徒，濟以本國強大之後援，前途岌岌，寧能笑曲突徙薪之為迂謀耶！且吾亦非謂排外之心之可以消滅也。世界未臻大同，則不得不嚴國界。國界之觀念明，則排外之現象起。古代歐陸列強，盛倡排異國的主義；今日美洲人民，盛倡排異種的主義。雖未諧於人道之公誼，而亦國民主義發達自然之結果也。若謂排外者為非，則豈媚外者為是乎？夫羣吾民而相率以媚外，卽惟有蕺然馴伏，以為外人之順民耳！寧非亡國之現象乎？方歐人之初至南洋諸島也，見土人則擊之，土人怫然怒，遽與以金，則欣然而色喜。野蠻人無敵愾之心，故國至於亡而種將不保。使蜀人忘外禍之烈，日與外人狎，而不知所以為計，則南越尉佗，正漢家返影耳。而蜀人猶惡外力之伸張而思拒之，正足以見民氣之不餒、民心之可恃也。獨惜拒之無術，而出於仇教之下策，不能不太息其操術之愚矣。夫內無實力，而徒排斥外人，非惟無毫髮之益，而且負丘山之累。至排外而以仇教為手段，則其愚不可及，其禍尤不可量。由前之説，吾與徵日本之往事；由後之説，吾與鑑中國之前車。日本維新以前，外事不諳，夜郎自大，有謀革新者，則以為變古，有讀西書者，則以為媚外，目歐人為洋夷，詡己國為神邦。安政五年以後，長藩礮擊三國米佛英軍艦，償金三百萬元，外債卽從此始。島津久光之從士，殲四英人於生麥村，刻日而償金三十五萬元。備前藩之藩士，擊英人於神戶，土佐藩之戍兵，戕法人於堺浦，其號為義士者，且膺屠腹之慘刑，而俾外人臨監。至今日本國民追述舊事，猶復引為遺憾，夫非盲目排外者之失策耶！中國海通以還，民教成案，史不絕書，償款失權，慮且以百數計。而其最刺激吾國民之腦筋者，莫若膠州灣之一事。德人兩教士，易我重要海港，已為可悲，而各國藉口均勢，英則踞威海衛，法則租廣州灣。今日議重興海軍，且無根據地焉。嗟嗟！誰生厲階，至今為梗？夫豈抱排外之目的、以仇教為手段者所能逆料耶！夫耶蘇教國，借布教之美名，隱試蠶食四鄰之魔術，史冊昭然，不爽銖黍。而在極東無國教諸邦，則其受禍也尤易，中毒也尤深。宗教上已伏無窮之隱患。矧日法協約、日俄協約既成，保全侵略兩派，協以謀我；勢力範圍一定，彼野心家方延頸企踵，幾幸一朝之有事。今更授以隙焉，宗教上之暗鬭，繼以政略上之實行，錦江春色，異種人將入而消受矣。吾今正告蜀人曰：仇教者非排外也，實揖外人面進之也。吾知外人利用宗教以構隙，則當為實力的競爭，勿為虛氣的暴動。從政治、教育、軍事、實業各方面，着着進行；而不當以至可寶貴之土地，易彼不甚愛惜之教堂，使彼借為口實，以攫取我之鐵路建築、礦山採掘權。不然，考中國權利，危亡殆盡，其稍存在者惟蜀，列強之注目者亦惟蜀。川漢鐵道，英法常覬覦矣！江北礦產，立德樂思攫取矣！外間大有人圖儂，幸勿快心一逞，貽我河山羞也！

梁啓超《飲冰室合集・論變法必自平滿漢之界始》 夫滿漢之界，至今日而極矣。雖然，此界之起，起自漢人乎，起自滿人耳，天下一家三百年矣。支那民氣素靜，相安相習，固已甚久，乃無端忽焉畫鴻溝以限之曰：某事者漢人之私利也，某事者漢人之陰謀也，雖有外患，置之不顧，而惟以防家賊為言。夫國家既以賊視其民，則民之以賊自居，固其所也，昔英法之民變，先後並起，英人達於大勢，急弛其閑平民之權，故英之皇統，至今無恙，安富尊榮，冠萬國焉。法人從而壓制之，箝軛之，刀俎之，而路易之祚，自茲遂絕。當法亂沸騰之頃，法皇及其貴族，乃至求為一平民而不可得。合兩國之前事以觀之，孰為智，孰為愚，不可不審也。彼日本德川氏之持國柄垂三百年。太平之澤，沐浴人心，百國諸侯，皆其指臂，而其末葉之敗亡，若摧枯拉朽者，豈非以自生界限，拂國民之性而逆大局之勢乎？吾一不解今日之滿洲政府，何以勇於求禍若是，雖不為滿漢兩種之民計，獨不為一己之身家計乎！

夫以理論之既如彼矣，以勢論之則如此矣。然則平滿漢之界，誠支那自強之第一階梯也。今請言平之之條理，一曰散籍貫，向例凡漢人皆稱某府某縣人，凡滿人皆稱某旗人。某旗云者，兵籍之表記也，當國初之際，滿洲人盡為兵，且在塞外為遊牧之國，無有定居，故以旗別焉。今則情形大殊，昔之行國，易為居國矣。昔之專為兵者，今則不盡然矣。何必更留此名以獨異於齊民哉？故宜各因其所居之地，注其民籍，與漢人一律。則畛域之見自化矣；二曰通婚姻，當順治元年，攝政睿親王入關之始，即下詔命滿漢通婚姻，此誠合種之遠謀，經國之特識也。使當時能實行之，則至今三百年，久已天下一家，無所渭滿，無所謂漢矣。而國初疑忌尚多，此議卒廢，界限日積日深，遂有今日。今欲決其藩籬，非此不可。且滿漢所以難通婚姻者，則漢人婦女纏足，不無窒礙焉。今各省戒纏足之會，紛紛並起，若朝廷因勢而利導之，乘此機會，定滿漢互婚之例。既掃積弊，又得大益矣。三曰幷官缺，國初定制，每部之官缺，必滿漢各半，故國朝之官多，倍於前朝焉，夫以漢人之數百倍於滿人，而得官之數，僅與相等，論者莫不謂漢人之虧屈甚矣。然苟不如是，恐益如金元故事，十缺之中，漢人不得其一也。故苟滿漢之界未合，則毋寧分其缺之為愈也。然一部之中，主權者數人，互相牽制，互相推諉，其弊終至於一事不能辦。故欲變法，非幷官缺不可也，而欲幷官缺，非先裁滿漢之界不可也；四曰廣生計。國家定例，凡旗人皆列兵籍，給以口糧，不使其營他業焉，其本意欲養勁旅以備非常，且加優恤以示區別也。然承平既久，此輩老弱駑惰，已無復可用，而他業又為功令所禁，於是乎不能為士，不能為農，不能為工，不能為商，並且不能為兵，而國家歲糜鉅帑以贍之。運南漕以給之，故八旗生計，為數百年來談治家之一大問題。夫以數百萬滿人，不自為生，而仰食於國家。則國家受其病，然徒豢養之，而不導以謀生之路，則滿人亦何嘗不受其病乎。譬之父母之愛子者，將養其子終身使之無所事事，然後為愛乎？抑責督其學，導引其業，使之自謀生計，然後為愛乎？然則國家之以養滿人為愛滿人者，實則累滿人耳，滿人之以仰給國家為得計者，實則自累耳。故計莫如弛旗丁營業之禁，免口糧供給之例，使人人各有所業，則國家與滿人，均受其利矣。凡此四端，行之數年，成效必著。雖然，其人存則其政舉，其人亡則其政息，持此義以告於今之當局。其猶勸操、莽使讓位，責虎狼以返哺也，嗚呼！非我聖皇，莫之能任也。

《民報》第一二號《汪精衛〈斥為滿洲辨護者之無耻〉》　第一　滿洲人非中國之人民

此其理由可分八段言之。

一、滿洲人在明代未嘗取得中國之國籍。

二、未嘗取得中國之國籍者，雖稱臣於中國，不得謂為中國之人民。

三、未嘗取得中國之國籍者，雖受中國之官爵，不得謂為中國之人民。

四、已取得中國之國籍者，既喪失其國籍，即非中國之人民。

五、未同化者不得為中國人。蓋同化者自社會風俗以言之，歸化者自法理以言之。

六、滿洲人未嘗自承為中國之人民。

七、滿洲人之於中國與諸曼人之於英國不同。

八、滿洲人入關以前與入關以後位置不同而皆非中國之人民。

就上所論說觀之，滿洲先非中國之臣民，後為中國之敵國，則其長驅入關中國以戰敗之結果而亡國，滿洲以戰勝之結果而盜國，二百六十有餘年，於茲吾人所為驅除韃虜恢復中華者，誠唯一之責任也。

劉師培《劉申叔遺書補遺·講民族》　漢朝的魯恭說道：這種戎狄

的人，都是四方的戾氣生出來的，傲慢不馴，是共鳥獸一樣的。如若把他雜居中國，天氣都被他帶亂了，好人也被他帶壞了。《諫擊匈奴疏》。

案：夷狄是個賤種，中國是個貴種。秦漢以後，中國北邊的地方，都被這夷狄占了去，把北邊從前的文化，都弄得一點兒沒有。這就是共夷狄同化的證據了。所以中國的地方，斷斷不可聽夷狄雜居。

漢朝的何休說道：中國是個有禮義的國，夷狄是個沒有禮義的國。聖人的意思，是斷斷不許沒有禮義的人制治有禮義的人，所以《春秋》不與夷狄。《公羊解詁》。

案：中國的人，既然不能受制於夷狄，可見元魏、胡元、滿清，是斷斷不當做中國皇帝的。若是夷狄到中國做皇帝，這中國也就變成夷狄了。這種進夷狄於華的邪說，我是斷斷不肯相信的。

宋朝的程子說道：中國的禮義，失了第一次，就要做夷狄；失了第二次，就要做禽獸。聖人恐怕人要做畜生，所以《春秋》的道理，凡諸侯有用夷狄禮的，就把他當夷狄看待。《語録》。

案：中國到了現在，沒有一樁不用夷禮的。中國的裝飾，中國的儀節，從前是何等好看，現在都一點兒不存了。就是所用的音樂，也是由夷狄傳進來的。這個緣故，都是因爲共夷狄雜處。這夷狄的風俗，就同邪症的傳染一般，把中國都變成禽獸了。

宋朝的胡安國說道：無論甚麼人，都有攘夷狄的天職。如若聽夷狄人主中國，就是個古今的大患了。《春秋胡氏傳》。

案：中國的大變，已經有了三次。五胡元魏，是夷狄亂華第一次；遼金胡元，是夷狄亂華第二次；滿清入關，是夷狄亂華第三次。現在的人，如若再不曉得攘夷狄，可不必再做中國人罷。

宋朝的朱子說道：現在的中國，都要曉得復仇。豈有個華夷雜處，還能夠叫做世界的麼？《請復仇疏》。

案：華夷雜處，並不是從宋朝起的。你看《元和姓纂》、《通志·氏族略》，這書所列的氏姓，一半是中國人，一半是外國人，可不是華夷雜處的確證麼？

宋朝的陳亮說道：聖人不與夷狄共中國，所以中國也不與夷狄共禮義。若與夷狄共禮義，就不能共夷狄爭中國了。《春秋屬辭》。

案：歷代的夷禍，都是因為中國的皇帝，貪圖夷狄向化的虛名，把夷狄遷進中國，隨後就吞噬中國了。晉朝的五胡、唐朝的沙陀，都是因為遷進中國的，所以我們中國，斷斷不可聽夷狄進來。

宋朝的鄭所南說道：夷狄行中國事，並不是夷狄的福氣，實在是夷狄的大禍。譬如現在的牛馬，忽然會共人說話，把人的衣服穿起來，就是小孩子看見，也要說他是牛馬作怪，斷不說他是人。《心史》。

案：中國到了現在，夷狄的大禍，既然受了多年，不［但］說牛馬是人，還要把牛首當菩薩，天天向他面前叩頭，一點兒不敢違拗。你們列位想想，慚愧不慚愧？可耻不可耻？

明朝的王船山說道：中國的皇帝，都要中國人做，斷不能教異類間進來。凡能夠保衛種族的人，都可以為君長。《黄書》。

案：現在的禽獸，如老鴉、喜鵲，都曉得護著自己的窠巢，不要別種的雀子進來；就是馬蟻做窠，凡別的種類到他窠裏來，也要把他弄死：就是畜生保衛種族的思想了。中國的人，如若不曉得保衛種族，把夷狄放進來，眞眞是不如畜生的了。

《天義報》第三期《志達〈保滿與排滿〉》 近日以來，中國所出之報，不下數種，大抵分為兩派：一主滿、漢、蒙、回、藏平等，實行君主立憲。有出於漢人者，如《中國新報》是；有出於滿人者，如《大同報》是。一主驅除滿族，由漢人組織民國。其所出機關報，在東京、南洋、美洲者，亦不下十種。然自吾觀之，則兩派均非。在滿人而言『滿漢平等』，不過以此說籠絡漢民，以潛消其革命，實則滿人為君主，即係滿漢不平等之一端。至於漢人為此言，則全欲博滿酋之歡心，以遂其升官發財之願，其心均屬可誅。特就二者比較之，則此意出於滿人，仍係利及一族；此意出於漢人，則所希望者，僅一人、一黨之利，推其自利之心，較之滿人，其罪尤甚。若夫彼之排滿者，非盡惡政府也，特惡滿洲耳。其昌言革命者，特希冀代滿人握統治之權耳。故革命尚未實行，已私立總統之名，或利用光復之名，以攫重利。而其所比擬者，不曰華盛頓，則曰拿破崙。夫華盛頓者，大統領也；拿破崙者，帝王也。今之言革命者，動以此語導其民，豈非排滿以後，仍冀握國家統治之權耶。既欲握國家統治之權，則排滿亦出於私，與倡保滿者相同。蓋彼昌保滿，冀獲權利於目前；此倡排滿，欲攫權利於異日。揆以自利之心，兩派一揆。夫滿洲政府，固當顛覆。至於當顛覆之原因，則因上有君主，而滿漢之間，權利、義務又極不平等，故吾人之對滿人，當覆其君統，削其特權，豈必執迂儒華夏之防，盡驅其人于關左？即使其人盡歸關左，而君統猶存，吾人猶當合吾羣力，誅彼獨夫，以使彼族盡歸於平等。如曰中國不當無政府，因滿人為異族，故當以漢人代滿人，則此說尤謬。夫以漢人視滿人，則滿人為異族；以苗民視漢人，則漢人又為異族。使實行民族主義，在彼滿人，固當驅逐。即我漢人，亦當返居帕米爾西境，以返中國於苗民。豈得謂中土統治權，當為漢人所獨握。故知民族主義，乃不合公理之最甚者也。既知民族主義不合於公理，故滿人而欲滿漢平等，實行大同主義，則當先覆愛新覺羅氏之君統；漢人而欲脫除虐政，誅戮滿酋，當並禁漢人自設政府。使人人知革命以後，不設政府，無絲毫權利之可圖，而猶欲實行革命，則革命出於眞誠。否則，人人以利己為心，即使滿人可逐，豈非以暴易暴乎？

黃帝紀元論分部

論說

《國民日日報彙編》第一集《無畏〈黃帝紀年論〉》　民族者，國民特立之性質也。凡一民族，不得不溯其起原。為吾四百兆漢種之鼻祖者誰乎？是為黃帝軒轅氏。是則黃帝者，乃製造文明之第一人，而開四千年之化者也。故欲繼黃帝之業，當自用黃帝降生為紀年始。

吾觀泰西各國，莫不用耶蘇降世紀年；回教各國，亦以穆汗漠德紀年，而吾中國之紀年，則全用君主之年號。近世以降，若康梁輩，漸知中國紀年之非，思以孔子紀年代之，吾謂不然。蓋康梁以保教為宗旨，故用孔子降生為紀年；吾輩以保種為宗旨，故用黃帝降生為紀年。夫用黃帝紀年，其善有三。黃帝以前，歷史事實少，孔子以前，歷史之事實多，故以黃帝紀年，則紀事一歸於簡便，而無由後溯前之難，其善一。日本立國，以神武天皇紀年，所以溯立國之始也。中國帝王，雖屢易姓，與日本萬世不易之君統不同；然由古迄今，凡漢族之主中國者，孰非黃帝之苗裔乎，故中國之有黃帝，猶日本之有神武天皇也。取法日本，擇善而從，其善二。中國政體，達於專制極點，皆由於以天下為君主私有也。今紀年用黃帝，則君主年號，徒屬空文，當王者貴之說，將不擊而自破矣，其善三。

漢字有益於世說分部

論說

《國粹學報》第九期《劉師培〈論中土文字有益於世〉》　今人不察，於中土文字，欲妄造音母，以冀行遠。不知中土文字之貴，惟在字形，至於字音一端，則有音無字者幾占其半。及西籍輸入，每於人名地號，遂寫漢名，則所譯之音，扞格不相合，恒在疑似之間。又數字一音，數見不鮮，恒賴字形為區別。若捨形存音，則數字一音之字，均昧其所指，較之日人創羅馬音者，其識尤謬。知中國字音之不克行遠，則知中國文字之足以行遠者，惟恃字形。而字形足以行遠之由，則以顧形思義，可以窮原始社會之形，足備社會學家所擷摘，非東方所克私。惜隸楷體行，寖失其眞。今欲擴中土文字之用，莫若取《說文》一書譯以Esperanto，即中國人所謂世界語之文。其譯述之例，則首列篆文之形，或並列古文、籀文二體，切以Esperanto之音，擬以Esperanto相當之義，並用彼之文詳加解釋，使世界人民均克援中土篆籀之文，窮其造字之形義，以考社會之起源。此亦世界學術進步之一端也。世有抱闡發國光之志者，尚其從事於茲乎！

又　第四一、四二期《章炳麟〈駁中國用萬國新語說〉》　必欲盡廢漢文，而用萬國新語者，其謬則有二事：

一，若欲統一語言，故盡用其語者。歐洲諸族，因與原語無大差違，習之自為徑易。其在漢土，排列先後之異，紐母繁簡之殊，韻部多寡之分，器物有無之別，兩相徑挺。此其犖犖大者。強力轉變，欲其調達如簧，固不能矣。乃夫丘里之言，偏冒衆有，人情互異，雖欲轉變無由。杜爾斯兌氏言：中國『道』字，他方任用何文皆不能譯。夫不能譯者，非絕無擬議之詞也。要之封域大小，意趣淺深，必不能以密切。猥用彼語以相比況，將何以宣達職志，條鬯性情？此蓋非一『道』字而已。其用於屈伸取捨者，某宣教師亦為余言：漢語有獨秀者，如持者通名也，高而舉之曰抗，俯而引之曰提，束而曳之曰捽，擁之在前曰抱，曳之自後曰拕，兩手合持曰奉，肩手任持曰擔，并力同舉曰臺，獨力引重曰扛，如是別名，則他國所無也。今自廢其分明者而取他之掍合者，言以足志，宜何取焉！及如械器有無，東西殊貫。食有竹箸，睹有圍棋，樂器有簫管笙磬之殊形，衣服有袍褂衫襦之異用，若此類者，殆以百數。夫稱帽為冠，以槃為案，正名者猶云不可，況或本無其器，而皮傅為名乎？夫兩語相注，繁簡多寡之不相當，既如是矣，且一字而引伸為數義者，語必有根，轉用新語，彼此引伸之義，其條貫不皆相準，是則杜絕語根也。尋常稱謂之詞，復有志而晦者：今人尊敬之言，曰『台』，曰『令』。台之語本於三能，三足鼈謂之能，魁下六星，兩兩相比似之，故曰三能。古語能與台同，故或書作三台，以比三公。而尊稱曰台者，自三能來。今若謂人為鼈，未有不色然怒者，稱之以台，則為尊敬。此由古今語變，今時已無有呼鼈為能者爾。令之語本於靈。靈者巫也。上古重神事，故靈引伸為善，假借作令。尊稱曰令者，自靈字來。今若比人以巫，則侮慢語也，而稱令，顧為尊敬。此由古今語異，今時已無有呼巫為靈者爾。若其轉為新語，泛以尊貴之語代台，以良善之語代令，則粗觕而失語柢。若質譯為鼈為巫，則不可以為尊敬之詞。夫尋常譯述，得其大義可也，至於轉變語言，必使源流相當而後可。泛則失實，切則失情，將以何術轉變之也？且萬國新語者，學之難耶，必不能舍其土風而新是用；學之易耶，簡單之語，上不足以明學術，下不足以道情志。苟取交通，若今之通郵異國者，用異國文字可也，寧當自廢漢語哉？豈直漢語爾，印度、歐洲諸語，猶合保存。蓋學之近質者，非緜密幽邃之詞不足宣鬯。今之持無政府主義者，欲廢强權，豈欲廢學術耶？學之近文者，其美乃在節奏句度之間，不專以文辭為準。若其紐母不同，韻部有異，名詞長短，往復皆殊，則在彼為至美者，於此乃反為儜劣。擺倫之詩，西方以為悽愴妍麗矣，譯為漢文，則率直不足觀采。其稍可者，必增損其文身句身，强以從我。此猶治璞玉者，施以刻雕，非其舊式然也。由是知漢土篇章之美者，譯為歐文，轉為萬國新語，其率直鮮味也亦然。本為諧韻，轉之則無韻；本為雙聲，轉之則異聲；本以數音成語，轉之則音節冗長，失其同律。是則杜絕文學，歸於樸僿也。嘗見譜岳鄂王詞者，合以風琴，聲遂沈濁。彼其朱弦疏越，用之廟堂，施之宗教，宜以是為上宮。而漢土詞曲，音取悲涼，惟笛能諧其聲氣，風琴嘽緩，清濁異宜，故聞者幾於思臥。夫以樂器準音，絲竹猶勿能相代，況復言語有差，其不相值也明矣。若徒以交通為務，舊所承用，一切芟夷，學術文辭之章章者，甚則棄捐，輕乃裁減，斯則其道大觳，非宜民之事也。

二，若謂象形不便，故但用其音者。文明野蠻，吾所不論。然言語文字者，所以為別，聲繁則易別而為優，聲簡則難別而為劣。日本嘗欲用羅甸字母，以彼發音簡少，故羅甸足以相資。漢土則不然。縱分音紐，自梵土悉曇而外，紐之繁富，未有過於漢土者也。橫分音韻，梵韻復不若漢韻繁矣。視歐洲音，直轂語耳。昔自漢末三國之間，始有反語。隋之《切韻》，以紐定聲。舍利、神珙諸子，綜合其音，參取梵文字母聲勢之法，分列八音。至今承用者，為字母三十六，而聲勢復在其外，以現有法言《切韻》也。今之韻部，著於脣舌者，慮不能如舊韻之分明，然大較猶得二十。計紐及韻，可得五十餘字。其視萬國新語，以二十八字母含孕諸聲音，繁簡相去，至縣遠也。河淮、江漢之間，侵之與眞，覃之與寒，韻部絕遠，而或轉相掍殽。廣東呼侵、覃部字則合口，呼眞、寒部字則開口，區以別矣。青之與眞，韻部相望若比鄰，中原亦轉相迆入。廣東呼眞部字則收鼻推氣言之，呼青部字則橫口斂氣言之。然若呼雨為以，讀居成箕，則不逮中原之正。凡此分別，歐洲之音不能具也。字母三十六者，本由華嚴四十二字增損以成。漢、梵發音，亦有小別，故不得悉用華嚴。乃如非、敷、奉、娘四紐，梵音所無，錢大昕已明其義。蓋自孫炎、韋昭、徐仙民、李軌、劉昌宗諸家各為反語，揚榷可知。然重脣、輕脣至中唐始有分辨，舌頭、舌上亦遂析為二音，此至今無替者也。漢音所以異者，在舌上知、徹、澄三紐。江左呼之，幾與照、穿、牀等，閩、廣則或迆入喉牙。自此數省而外，分畫至嚴，呼中者不得同宗，言丑者不可作醜，讀寧者不能似樹，蓋婦孺所知矣。若如歐洲之音，齒音照紐，尚不能質直出聲，至舌上知、徹、澄等，則無音可以模寫。余昔視梵文字母，有䫄、姹、荼三音，謂與此土知、徹、澄等。及就問印度人，猶云作多、佗、陀讀入麻部。惟䫄、姹、荼之音，亦得令其切出。歐洲則一切闕之。與白人語，北言直隸，南言鎮南關，直云鎮云，必訛變其音以就彼。是三紐者，蓋漢土卓特之音，日本人亦弗能道是也。若夫正齒有照、穿、牀、審、禪五紐，齒頭則以精、清、從、心、邪相副，得其半音，禹域而外，孰能具此？且正齒、齒頭，當日析為十紐。若從簡易，即分等之術耳。同在一紐，而音有四等之殊。故夫見之與貫，谿之與坤，其鴻纖必有辨也。審紐只隸正齒，而北音或邃入舌上，是舌上復增一紐，舌頭定母所隸同、徒諸字，今呼者不純如定，乃在定、透之間。亦如曉、喻相磋，其間復出匣母。故以此三十六者，按等區分，其音且將逾百；韻以四聲為劑，亦有八十餘音。二幷並兼，則音母幾將二百。然皆堅完獨立，非如日本五十假名，刪之不過二十音也。寧有二十八字之體文，遂足以窮其變乎？夫聲音繁簡，彼是有殊。非直新語合音之法不可單行，縱盡改吾語言以就彼律，抑猶有詰詘者，是何也？常言雖可易，而郡國姓名諸語必不可易，屈而就彼，音既舛變，則是失其本名，何以成語？或言漢音雖繁，然譯述他國固有名辭，亦少音和而多類隔，要在得其大致而已，準是，則以新語譯漢土舊名，小有盈朒，亦無眚焉。應之曰：以漢語譯述者，漢人也。名從主人，號從中國。他方人地，非吾所習狎者，雖音有弇侈，何害？今以漢人自道鄉里，而聲氣差違，則不可以此相例亦明矣。蓋削趾以適屨者，工之愚也；戕杞柳以為桮棬者，事之賊也。頃者日本人創漢字統一會，欲令漢人諷誦漢文，一以日本尨奇之音為主。今之欲用萬國新語者，亦何以異是耶？且漢字所以獨用象形，不用合音者，慮亦有故。原其名言符號，皆以一音成立，故音同義殊者衆。若用合音之字，將芒昧不足以為別。況以地域廣袤，而令方土異音，合音為文，逾千里則弗能相喻。故非獨他方字母不可用於域中，雖自取其紐韻之文，省減點畫，以相絣切，其道猶困而難施。自頡、籀、斯、邈以來，文字皆獨標部首，據形系聯者，其勢固不得已也。

由斯二義，盡用彼語，則吐辭述學，勢有不周；獨用彼音，則繁簡相差，聲有未盡。談者不深惟其利病，而儳焉以除舊布新為號，豈其智有未喻，亦騖名而不求實之過哉！

《新世紀》第一〇一至一〇三期《吳稚暉〈書神州日報·東學西漸篇後〉》　我國日本文人學士，比來頗主廢漢字之假名，而腐心於採用羅馬字。其說之當否，今猶紛聚未定。庸詎知東學西漸已有如斯之盛，宛似半夜荒雞，足使聞者起舞耶！

譯者按：槐南氏為日本漢學家，故其持論如此。近日吾國後進之士，亦頗有主張棄漢文而采歐字者。此其見解，殆與日本極心於歐化者相似，吾今亦無庸折之，惟俟其久而自反耳。蓋漢文初非完竟，故議者往往謂其艱深，或又謂文法不具，而易流於出入左右。又有一種議論，則謂空疏乏實理。此皆欲棄者所持之原因也。夫艱深者，實由未得良善之教法，果用造字之原則教授，引伸觸類，吾未見有此病也。至文法不具，道在作者修之而已。至謂空疏乏實理，其在物質之缺乏，吾固無庸曲諱，然如修己治人之方，則吾見歐洲近日之英德碩師，其所講演，始能默合吾同古學之一枝一節，斯固不可掩之事也。且吾國學術，欲求其眞，尤當分別深觀。誠以當戰國之世，早已儒分為八，墨分為三，後世所崇，殆僅八中之一。道術之裂，遂釀褊窄於人心，非學術之罪，而學者之罪，此可斷言也。且吾學者最深之結習，又在死守藩籬，而深隱其所自。故如宋明以後之儒術，其最有力者，原衍台宗之緒餘，然而世儒顧乃深匿曲諱，轉以排佛之論，致飾於外，此又千年未抉之一痼蔽也。昔劉融齋先生嘗云：自《世說新語》出後，人心受其範圍而一變，以所演者皆老莊；自《華嚴經》出後，人心受其範圍而又一變，以所演者皆禪宗。此言最具見解，而深切著明也。居今之世，若得好學深思之士，博學而通會之，行見漢學將大光於世，廢棄云乎哉！

無政府主義思潮部

政府乃萬惡之源論分部

論說

《天義報》第三期《劉師培〈政府者萬惡之源也〉》　嗚呼！今之所謂政府者，吾知之矣。行詭道以舞弊，逞暴力以殘民，滿清政府，吾固無責焉耳。試近觀之日本，因礦山之罷工，而逮捕者數百人，因發行社會各書報而入獄者，不知凡幾。此非所謂賤民以逞乎？及觀之俄國，虐殺義士之手段，日益進步：造僞電以誘殺黨員，禁報紙以阻遏言論，甚至解散議會，捕縛代議士。其殘民以逞為何如？卽法蘭西政治，素稱共和，然對於葡萄耕者之罷工，亦調集兵警橫肆壓力。然後知政府卽壓制之異名。若夫日、英各國之民，欲參國政，必以巨金運動，而議員受賂之事，書不勝書。然此猶曰『此非共和之國』也，今觀於北美美利堅，為世界第一共和國，而近日某報紙所載，則美國自一千八百六十年至千九百四年，（撰）〔選〕舉大統領十四次，常以運動費之多占勝利。又，最近所定（撰）〔選〕舉法，凡為議員候補者，均納保證金。至於近日，則桑港市長，以索賄免職。此非所謂第一等共和國耶？而政以賄成乃若此。然後知政府乃納汙之瀦藪。蓋政府者，萬惡之源也。不必論其為君主、為民主，不必論其為立憲、為共和，既有政府，卽不啻授以殺人之具，與以貪錢之機。欲其不舞弊、不殘民，安可得耶？夫今日滿洲政府，猶以腐敗政府自居。吾獨怪乎文明政府者，外託僞道德之名，內視公理若芻狗，對於弱者，則為自利之政府；對於强者，則為勢利之政府。橫行强權，賤視弱種。於民生之休戚，置若罔聞。觀某報所載《大國病》一篇，於羅馬、西葡、英吉利諸國之現況，詳加記載，而貧民之增加，政治之腐敗，道德之退步，均一落千丈。則今日所謂文明政府者，其效固可睹矣。吾嘗謂：公理與政府，成一相反之比例。有政府者，其公理必不昌；則行公理者，其政府亦必消滅。使政府而不消滅，則政府不道德之舉動，必為國民所效法，而自利之念日熾，勢利之心日膠。試觀之近事，如美人排斥日人，孰非自利心之所推乎？又如印度人開會東京，而日本大隈伯轉深涵英皇之德，以禁印人之革命，孰非勢利心所推乎？推其原因，則皆由於有政府。使非破壞政府，吾恐世界之人民，將相率而陷於禽獸，又豈僅區區貪殘之惡哉！

《申報・論政府處於兩敗之地位一九〇七年七月十九日》　今日中國之政府，一敗象顯著之政府也。專制勝者敗於外，立憲勝者敗於內。專制而勝，則民氣不張，束握之若牛馬，其結果也，外力日侵，內力日削，政府則退讓至無可退讓，外人則蠶食至無能蠶食。（爪）〔瓜〕分之局成，路礦之權竭，而國至於不國。立憲勝者，人人有負擔國家之責任，人人有保護國家之義務，人人能知愛惜、尊重其國家。其結果也，國力日强，君權與民權相參，而君權不能無限。故政府而願失敗於外人歟？專制可也，虛言立憲可也。政府而願失敗於內（國）〔者〕歟？莫若去其專制政體，而實行立憲。敗於外者，民權弱而國亡；敗於內者，君權弱而國强。專制之政府，處於兩敗之地位。

但以今日禍亂言之，則專制之政府，有不能不變而趨於立憲之勢。（黯）〔暗〕殺之風潮，自五大臣出洋以來，炸彈之發現，已數見不鮮矣。至於上月二十而皖撫被戕，其勢焰且蔓延而益甚。軍火之輸運，自萍鄉一見，至於今而七。關卡、鐵道之搜獲者，日出而不已。是故，由專制之失敗於外人，一變而爲議論立憲之時代，再變而爲揭竿起事之時代，三變而爲羶風雨血、（黯）〔暗〕殺之時代。故不立憲亦立憲。原今日之勢，非立憲，更無第二著足以息（黯）〔暗〕殺之風潮，亦更無足以收回約章上失敗之利益。且欲專制難專制，列强迫脅於前，炸彈竊發於後。二十稘至大陸，決無專制立足之地位，證諸近事，約有四端。

一證於一（班）〔般〕之輿論。近日一（班）〔般〕輿論之趨向，無非鼓吹立憲，排斥專制之輿論而已。自去年七月十三預備立憲之詔令下，而一（班）〔般〕國民相慶，有爲立憲國國民之望，而輿論一變；自內官制之發布，專集中央之權，而輿論一變；至外官制之宣降，則虎頭蛇尾，敷衍塞責，而輿論又一變。政府之對於立憲也，去實之途愈遠，故輿論之對於政府也，立憲既屬無望，而議論遂日形激烈。

一證之於（黯）［暗］殺之風潮。（黯）［暗］殺之風潮，至今日而可謂極矣。以無量數之炸彈、軍火，無非欲破壞專制之蕭牆。排滿之主義，其所持以爲間接之手段者也。無量數之炸彈、軍火，無非欲期望立憲之成立，破壞之主義，其所持以爲建設之前提者也。故立憲苟能實行，則革命之風潮自息。

一證之於外交上之軟弱。今日之外交，一賄賂買成之外交也。《滿洲條約》已成，而滿洲路礦權、森林權及行政權之爽失者幾何矣！日俄之協約成，間接而損失滿洲之利益者又幾何矣！故樽俎間之折衝，全恃軍事上之勢力；約章上所失之利益，全恃海、陸軍爲之收回。顧欲整頓海、陸軍，則經濟之募集，軍制之改革，無一不關於立憲問題。

一證之於軍事上之失敗。中國軍事之脆弱，自其表面上言之，則兵制之不佳，操演之不善，器械之不利而已。自其實質上言之，則無非原因於不立憲。蓋軍人既無負擔國家之責任，又無戀愛國家之熱心，僅爲數兩銀爲餬口計，而投身入伍者，其能有爲國死節之心乎？且其甚者，足蹈軍門，結聯匪黨，比比然矣。夫兵各懷二，人盡顧私，雖全國皆兵，而欲望其收軍事之效用也，曷可得矣。

夫以孤立無助之政府，而外與列强爲敵，內與國民相讐，其烏得而不失敗乎？顧同一失敗也，與其失敗於國外，不若失敗於國內。內政堅持所以不肯退讓一步者，無非横梗一滿漢之見而已。意見一存，雖日日言『滿漢不分』、『滿漢平等』，而政事之不平等，已灼然可見矣。爲民者不從其令而從其意，遂日倡其『不破壞政府，必不足以成立憲』之説，於是相忌而演此惡劇，實政府有以釀成之。故曰：專制之政府，處於兩敗之地位。

《衡報》第一號《論國家之利與人民之利成一相反之比例一九〇八年四月二十八日》　現今世界一般之瞽論，均以國家之能力，足以保衛人民：國家强盛，則人民蒙其利；國家危弱，則人民蒙其害。此實大謬不然之説也。吾今即其説而反之曰：國家愈盛，則人民愈苦。國家之利與人民之利，成一相反之比例。【略】

今一般之人民，均爲國家學所迷，以愛國之名自詡。不知國家本非實有，係假定之名，無所謂有機體也，亦無所謂最高之權也。【略】吾今以一語而斷之，曰：國家者，非能保衛人民者也，乃以蹂躪人民爲善策者也。國家之主權，均握於少數在上之人，則所謂人民爲國家服役者，即爲少數在上者服役已耳。多數人民，豈無自覺之心？奚至爲少數在上者所誘惑，以犧牲其生命財産哉？故以納税服兵爲義務，均人民之大愚。對政府輸財，無異納金錢於盜賊；爲人民赴戰，無異驅羣羊於屠場。【略】故謂國家爲人民之保障，不若謂國家爲人民之公敵也。【略】

吾爲此言，非以亡國爲不足恥也，特以處現今之世，亡國之民固居慘境；即有國之民捨少數在上者而外，亦日居困阨之中。欲爲多數平民謀幸福，必自顛覆國家始。國家者，挾重權以臨民庶者也，行人治以束民身者也，私己境而排他族者也。由前二説，則背於平等自由；由後一説，則背於博愛。今欲顛覆國家，必先證明國家非實有，乃少數在上者所假設。使少數在上之人，不能假國家之空名，挾重權以施人治，而多數人民亦不至爲少數在上者所利用，以罹無窮之苦，即一切特權苛政，其有隨國家而起者，亦將隨國家而泯滅，而平等自由之目的達矣。且國家既非實有，則國境之區，亦爲假象。若人人盡去其國界，不以國土自私，則凡弱族受制强族者，均脱其羈絆，而種界之爭、國際之戰，均將消滅於一朝，以保人類平和之樂，而博愛之目的亦達矣。是則有國家之世，少數在上者享其利，而弱種平民罹其害；無國家之世，僅少數在上者失利權，而弱種平民則享無涯之幸福。吾深望世界人民共明國家之弊，由敬愛國家之心，易爲廢滅國家Political Ruin之心，又由有國家之人民，羣易爲無國家之人民。既爲無國家之人民，則向之爲國家所束縛、所掠奪、所凌虐者，均一旦復其自主之權，豈不善哉？

無政府名實論分部

論說

《新世紀》第三一至三六期《無政府之名實》　天下無無名之事物，而亦無無實之事物。名者，本事物之原因性質，而名以立；實者，察其結果作用，而實以定。故事物之名為體，而其實為用。名實與體用之甚有關係，可斷言也。蓋有其名，必有其實。名而不實，其必出於假借，而名實於是乎有變遷。是故有名實相符、名實不相符、名不符實、實不符名之四種大分別。至再以分數而分析之，則數以千萬而亦不能窮其變相也。今姑論此四者之異點，然後可以知無政府之名實也。發於心，出於口，行於事實。思必慎，言必信，行必果。一事之來也，感於心，而深思其理，合於公道與否，平心研究之，是非昭然，而無所蒙蔽，如何為我之所欲也，如何為我之所為也，則名正言順，毫無欺騙，毫無手段。常衡以公理，故歸於正當，則存誠求是，無假借，無所偏倚。苟非是，則皆為不公正也。今之言民權者衆矣，然彼等能解民權之定義乎？得一紙上之憲法，有制限之選舉權，而謂為民權矣。是生於其心，害於其政，而非名正言順也。不研究民生休戚，而徒托要求立憲，開設國會，叩其目的則曰伸民權也。是發於其政，害於其事，尤非存誠求是也。究其所以要求立憲、開設國會者，無非為一己之功名利祿，伸民權不過一名耳，初非審思慎言於民權也，特為運動政府之初步耳。歐美之假社會黨，與中國之要求立憲黨，皆是。專用手段，以欺騙一般平民，一旦功成名就利得，則向所謂如何如何者，皆拋之於九霄雲外。是之謂名不符實。

人類之所以有特別之進化，而能得最趣味最幸樂之生存者，徒以有知識耳。孔子生於二千年以前，尚以智為先，彼固知仁勇者，微借智，斷不可以啓發之也。故徒仁不足以相互助，徒勇不足以尚生存。根本一謬誤，則何往而不謬誤。今之愛國保種者，徒震人國之强，尚勇而薄仁輕智，以至專尚爭戰，而必欲實踐野蠻之自相殘殺，謂之生存競爭。嗚呼，是亦不思而已矣。夫歐美日本之强，豈徒尚勇而已哉。政府之兵隊尚强，不過各守國界，各保私產耳。他日無政府主義普及，主張之者達於多數，則政府之兵隊，自當消滅，無待言也。人智發達，則學術日進；人仁發達，則公德日昌；人勇發達，則公益日增。故智也者，非徒自矜而驕人，自私而愚人，實以之研究實用學科，發達種種工藝。仁也者，非徒施小恩小惠，保民如赤子，實以之維持人道，平等衆生。勇也者，非徒自勝而敗人，自存而亡人，實以之猛進公益，力求進化。故二十世紀之文明，實知識使之然也。舉歐美日本之人民，與中國之人民相比較，其缺點惟在智耳。夫智發於學問，學問歸於教育。中國人民之無知識，是教育不普及之故也。人民無常識，豈可相與研究精深之學問，發明新靈之器械？國以是而貧弱，人民以是而困苦。然而其貧弱也，不貧弱於無强兵富民，而貧弱於民愚；其困苦也，不困苦於無沃土肥田，而困苦於民蠢。民蠢而愚，一舉一動，則皆無知無識。以今二十世紀科學昌明時代，求知識為人生之大要事，而尚有目不識丁之人民，豈能望其得有趣味有幸樂之生存哉，終溺於貧弱困苦而已。其不即滅亡者，恃天然之生產，而甘於野蠻簡單生活之儉與樸而已。自庚子一大創後，人民亦鑑於求知識之為緊要，於是留學外國者漸有其人，近數年來，遊學者甚衆。外界之激刺，固能觸內界之奮發也。中國人民將來能得文明之生活者，其以此為導線乎？日本留學以數萬計，歐美以千百計，何其勃興如是耶？自表面觀之，固可為人道賀，然究其實在，所學何科，學為何事，眞令人神倦氣索。一般速成者，固無論矣。其學專科者，能否為社會謀公益，而進於文明乎？嗚呼，教之適以害之。人而不學，謂之自暴自棄，猶可言也；學而害人，可得言乎！學而未就，而速為仕；道而不問，而先求名；民情不顧，而惟高官厚祿是問；將來不計，而貪目前之快樂為是。嗚呼，智之而不以德繼之，反殃社會，害人道。人以智興盛，彼以智墮落；人以智而進文明，彼以智而反野蠻；人以智而高尚，彼以智而腐敗。中國之留學生，直狗彘不食，蓋其實在，惟求利祿。是謂實不符名。

為古之政府者，尚可托言為民任政；為今之政府者，不可言也。古時人民思想簡單，知識幼稚，固不可一日無君。待人民漸有自治力，而政府反忌之，時施阻抑，以消滅之，則政府可以永存，然而大勢不許爾爾。

十九世紀民權澎湃，有君而殃民，不如無之之為愈也，民主政體，共和制度，於是乎立。顧君無而政府仍存，則政府之為民患，豈遜於有君，不過稍有制限，不如專制之任帝意也。是故政府者，無論為君主、民主、立憲、共和，皆同軌一轍，為民之蠹、之蝗、之蛇蠍、之虎狼也。以是故，故政府之名為不正，而其實為不當。是謂名實不相符。

無政府者，無政府之謂也。無現今惡劣之政府，而亦非重立一完善將來之政府也。有政府，則終不妥當。蓋政府以少數人組織之，則所謂完善者，究屬空談。苟以多數人，則逸居民上者衆，徒增衣之者食之者之分利，又何為哉！故無政府者，決非現今政府之有形式組織，必立首相與百官等名目，以貧弱社會之全體也。

然而無知者驚無政府之名，以為政府者，社會之組織，人類之機關，萬不能無，即使能無，可去其名，而不能去其實，彼之主張無政府者，焉能去政府之實耶。是則不知無政府之名，而更夢想不到其實之迥異於政府也。

（甲）無政府者，無强權也。政府借軍備，而行强權。無政府尚人道，而反對之。故無政府以無强權之名，反對軍備，而行人道之實。

（乙）無政府者，無制限也。政府借法律，而施制限。無政府尊自由，而反對之。故無政府以無制限之名，反對法律，而行自由之實。

（丙）無政府者，無階級也。政府借名教，而定種種階級，以致有貴賤，而社交不平。無政府貴平等，而反對之。故無政府以無階級之名，反對名教，而行平等之實。

（丁）無政府者，無私產也。政府借資本，而分種種區別，以致有貧富，而苦樂不均。無政府主共產，而反對之。故無政府以無私產之名，反對資本，而行共產之實。

謬於無政府之名，而誤其實者，輒咆哮其為不仁，想象其必為殺人放火，而擾亂無有寧日也。嗚呼，其然，豈其然乎！即使無政府為殺人主義，則殺殺人之人，而非如政府之借兵隊而任意殺人也。即使無政府為放火主義，則放火於民賊之宮室官署，以焚盡惡巢，而非如政府之借賦稅，資本家之借私產，有形或無形、間接或直接以火民田民宅也。

總之，無政府自有其名實，公平而正當，可因名而思義，因義而得實，使得以上四者之名實。是謂名實相符。

觀於此，而知無政府之名實也，吾可已於言。苟不爾，吾將換言以說之，終不肯含糊，以使人誤會。或以吾之說為不足取也，則歐文之著名無政府黨之著作遍書肆，購而閱之，自當了然於無政府之名實也，尚何喋喋於主義之有哉！

無政府要素論分部

論說

《章士釗全集》卷一《蘇報案紀事·虛無黨》 跨歐亞，駕烏岭，眈眈逐逐，顧盼自雄，日惟擴張版圖，席卷大陸是務者，非所謂俄羅斯今日之政策耶？日本當其東，法國扼其西，舉世惴惴然籌抵禦之計，莫敢或怠者，非所謂防俄之策耶？自表面觀之，似乎俄人之睥睨世界，莫可與京矣。其亦知外强中干，不可收拾之內情否耶？【略】

蓋虛無黨之性質，由專制政體產出者也。倘專制不達於極點，無端而有平等之教育，無端而有特權之參政，則其所胚胎之性質，必浸淫變滅，而鼓吹不起。故專制政府者，實制造虛無黨之絕好工場也。今渾圓球上之專制國，首屈俄，故虛無黨應至。決此潮流，必有踰昆侖阿爾泰之山，蓬蓬勃勃，以輸入支那內部之一日。輸入之日何日乎？其吾人逐異種、復主權之日乎？夫俄之有虛無黨也，不過以國家、社會之不完善，謀改造之，以增進國民之幸福而已；其他種族之感情，亡國之觀念無有也。若所謂虛無黨者，或經異種之勒抑，或見列强之瓜分，如我國今日之經驗，其手段其方法又當何如？嗚呼，虛無之主義或主張保護勞動，或主張萬國平和，或主張共產黨，或主張社會黨，種種微言精義，以我國之程度支配之，其相去真不啻霄壤也。嗚呼，吾欲無言，吾但取其一方針，其所以對待政府者，以屬望巴枯寧其人。巴枯寧其人其聽諸。

《江蘇》第四期《轅孫〈露西亞虛無黨〉》 緒言

天下之政體，莫毒於專制；天下之苦，莫慘於專制政府之壓制。何以故？以專制政體惟謀少數人之幸福樂利故。以惟謀少數人之幸福樂利也，故雖犧性全體國民之公益，亦有所不顧，亦有所不惜；國民苟有反抗之者，則出其全力以壓抑之。是以『多數政治』之理既明，則專制政體不能存立於天壤。故當文明之世，專制政體者，國民之公敵；專制政府之壓制者，實人生之大蠹、社會之蟊賊也。【略】

世有咎虛無黨為苛暴，詆之為不仁者。夫專制君主誠苛暴不仁矣，顧不責之，而反以責此除暴成仁之民黨，吾不知其何心也。凡一國國民，當晦盲否塞沉酣不醒之時，不挾猛烈之勢行破壞之手段，以演出一段掀天撼地之活劇，則國民難得而蘇。此變革腐敗之政體，喚醒全國之民氣，所以重破壞主義也。破壞專制政體，建設共和政體，惟其除暴斯為大仁。至哉虛無黨，詎非可敬而可學者哉！抑余重有感焉。露西亞之君主與其國民猶為同一斯拉夫之民族，其國民徒以不忍受不甘受專制之荼毒，乃甘擲十百千萬之頭顱以購求自由，無壯無少無男無女，皆敢懷炸彈袖匕首，劫萬乘之尊於五步之內，以演出一段悲壯之歷史。其功效所及將造成他日共和之新露國，此則又可斷言也。露西亞其亦將達其自由之目的而去矣。【略】吾今敢正告我同胞曰：公等苟以為異族之牛馬奴隸為樂也則已，若欲脱離專制之苦海，而享自由之幸福也，則不可不犧牲我生命財產，以求鏟除此慘毒之政體，驅逐此凶鷙之異族。苟不然也，則雖日望自由，日言自由，猶過屠門而大嚼也。公等苟欲保我國而不甘為二重之奴隸也，則請先毋為一重之奴隸；欲不為一重之奴隸也，則請尤不可不犧牲我生命財產，以鏟除此慘毒之政體，驅逐此凶鷙之異族。不然者，吾國終亡焉，我國民終為人輿儓焉，則視彼虛無黨之所為能無愧恨乎！舜何人也，予何人也，有為者亦若是，觀於露西亞虛無黨我同胞亦可以知所奮矣！嗚呼，述英雄之偉業，借文字為鞭策之資；傷祖國之淪亡，發大聲以醒同胞之夢。邦人君子，有念我者乎，盍亦投袂而興哉！

第一節　虛無黨主義及其成立之原因【略】

虛無主義者，破壞主義也，露西亞特有之一種革命論也。彼其處於水深火熱之時，政府官吏既不可望，而其愁苦慘澹之情又抑鬱而無可訴，乃以為慾去此社會之荼苦，必先建設新國家，欲建設新國家，不得不推翻舊政府，誅滅殘暴之君主，於是不得不出於破壞之一策。夫人孰不好安而惡亂，重平和而厭破壞，然而彼之不得不出於此途者，夫亦知破壞亦破壞，不破壞而亦終於破壞也。任一二腐敗政府官吏行破壞，則建設終不可望而國與之俱亡矣。

虛無主義者，實露西亞政府官吏有以孕育之也。其原因有二焉。一則經濟上之狀況，即土地所有一切之特權，皆為貴族所壟斷，其餘人民皆不得享，而民間經濟之發達，頗為所阻害，使下民終歲勤劬，猶處於極苦惱之境遇。於是一般農民怨苦之聲，盈於四野，憂苦之極，而離畔之心生焉。此其一原因也。其一則一切行政、司法機關之腐敗，足以使一般社會，憤政府之所為，而强其反抗之念。此又一因也。然此不過其總因耳，其餘細因，殆難殫述。總而言之，則政府之虐政，官吏之腐敗，與一般農民之不平，使少壯有爲之青年學生不堪其憤慨。其反抗政府之機既將成熟，而歐西哲學如唯物論、實驗論等，又相賫而來，激烈之社會主義與無政府主義，又深入彼等之腦髓而不可拔，於是革命之思想益發達，革命之志益堅，終至横行於專制極點之大帝國而留恐怖記念於殘暴之君主。

嗚呼，吾今而後知專制國者，製造新國民之工廠也；專制手段者，製造新國民之機器也。手段愈酷烈，如機器愈利捷，則製造新國民更多而易。西哲有言曰：『自由猶樹也，溉之以虐政之血而後生長焉。』至哉言也！彼專制君主，當其行此手段時，其意豈不曰，欲壓制國民，以保我子孫萬世之業也，而不知其保之之術正所以為亡之之術也。使一聞我言，盍亦廢然而返矣。

吾今而後知專制君主之壓制國民不足畏，腐敗官吏之魚肉國民不足畏，所可畏者國民之奴隸根性耳。奴隸之劣性不去，則必以逼勒我賦税以供專制君主之快樂為天職，朘削我膏脂以充腐敗官吏之私囊爲義務。此心不變，則其國永亡。不然者，雖專制手段殘酷如露西亞，雖殘酷百倍於露西亞，其國民終有出泥犂之一日也。

嗚呼！露西亞以若大之江山，其國民又有獨立自尊之念，終不愧為偉大之民族，彼擁四百餘州之土地，四百餘兆之人民，而其國民顧乃獻奴顏婢膝於異族之前，其對於露西亞之人民，感情應何如！返觀祖國，我羞愧無以容身矣！

《民報》第七號《葉夏声〈無政府黨與革命黨之説明〉》　吾聞之人

言曰：有政府勝於無政府。斯言也，實保皇黨借以詆革命黨所主張為無政府主義而欲以惑人也。於是乎怵革命者咸以為口實，乃誤認革命即無政府主義。夫無政府黨與革命黨其主張不能兩立，此有識者所能知。然則其為是言亦惑愚昧者耳，余又何喋喋為？雖然，余不能不辯也。夫一説之存，苟足以惑一人者，即其言可流毒社會，況此説乃似是而非者耶？方今言政治革命與社會革命并行，彼社會主義與無政府主義罕有能知其區別者，故苟聞社會主義之説，必將望而去之，以為社會主義之實行，國家之安寧與社會之秩序，必將盡傾覆而無遺，其與無政府主義之破壞説無以異。誤認此理由，則其信有政府勝無政府之説愈堅，斯其怵革命也愈甚。無他，有無政府主義之觀念，而無政治革命、社會革命之觀念耳。然則無政府革命主義與政治革命、社會革命，誠不可以無別也。

革命有政治革命、社會革命之二種。今請言無政府主義與政治革命之差異。

第一、無政府主義與政治革命之區別　欲知其區別，當先言無政府主義為何物。

甲、無政府主義　此主義可分為二派，一平和的而一急激的也。平和的所主張者，為基督主義、非基督主義、進化主義也。三説不同之點固多，而其以個人心理之發達進步，期無政府主義之實現則一。至於急激的無政府主義，則其所主張者為共產主義、集產主義、破壞主義。三者主張大略亦同，不外以社會經濟改革期無政府主義之實現，故又名社會的無政府主義。【略】

乙、政治革命

丙、區別　兩者之區別：（一）無政府主義在廢絶政治，而政治革命則在革新政治也。（二）無政府主義在破壞政府，而政治革命在改良政府者也。（三）無政府主義因欲廢滅政府而至擯斥國家，政治革命則為鞏固國家，而革新政治。（四）無政府主義不論專制與立憲之政體皆破壞之，而政治革命則僅破專制而企圖立憲。（五）無政府主義蔑視法律，政治革命則尊重法律者也。此五者皆為兩者正反對之點。至論其手段，則無政府主義之革命以爆烈彈為之，而政治革命則人民對於政府為公然之戰爭也。又常聞無政府黨之宣言曰：世無有盜賊也，故盜賊非賊，而回復權制之一方法也。政治革命者則以竊盜為法律之罪人，而社會之蟊賊也。凡此種種之不同點，皆足以證無政府主義之非政治革命，非僅不同，且大相悖謬也。

第二、無政府主義與社會革命　無政府主義之性質，前已詳言，茲姑不論。

社會革命者何？基於社會主義而為革命也。【略】若言其與無政府主義區別，則有三：

第一、無政府主義在廢滅政府，而社會主義則在利用政府也。蓋無政府主義以國家具强制力，則侵略人民之自由；社會主義則以為國家無有不具强制力者，且也國家之强制力正為吾輩所欲借以達其目的者。此其大不同也。因斯不同，推廣之則尚有其二區別。

第二、無政府主義無論於何國家，皆輕蔑政治，破壞法律，對於政府企為陰謀；社會主義則服從法律，維持善良之政府尊重生命，且為政治運動者也。

第三、無政府主義之事業，蔑視法律之絶對的自己主義也。社會主義之事業，則平和而有秩序且博愛者也。

兩者各有不同，斯其利害亦主張各異，此所以不能不分立也。雖然論其究極，則目的當無不同，以二者皆求個人之最完全自由。故無政府主義以得任意的組合者多，而有不欲者任其欲望之如何；社會主義則依民主的國家行組合產業，而其組合產業利便既多，故推定他人之無為個人事業者。然則二説距離本不甚遠，第其達之道為相異耳。雖然若以余之私見而評定之，則余以為社會主義較無政府主義其根據確實。何則？無政府主義以產業共同之力屬之個人，而社會主義以為當屬之國家也。今夫人生於世不能索居野處則必求其羣，羣則勢大，勢大則事無不成。此心理也，是各個人之社交性，根是社交性而社會成。然社會有團結力而無强制力者也。即有强制力，然其力僅社會上習慣之制裁、道德上之制裁，其有勢驅而不得不然，此其力為不一定者。國家則不然。國家者富有强制力者也。國家與社會之區別，以强制力之有無定也。故個人之服從國家者，亦以其有强制力也。蓋苟無强力之國家，則人民權利自由無保障。因是之故，社會黨嘗欲借國家以行共產主義，其理想有根據可實行。無政府主義則不然，彼以個人之力而欲實行共產制者也，故無國家亦可也。然而以財產之平均冀之個人，彼個人苟無道德心者，將爭奪之無已也。然則欲實行其主義，先宜注重於個人之道德，是其實行之期難定，其理想之為夢幻也。此余所以祖社會主義歟。

【略】

又 第一七號《李石曾〈無政府説〉》　（一）政府之始終有無

由以上言之，則政府之始也，終也，有也，無也，皆有其可有之故與可無之因，而始有始之與終之為是也。故政府者，（甲）為世界進化之過渡，而又為公道、眞理之階梯也。騷客之謂公道、眞理以時間而易者，即此之謂也。（乙）為人民之客體，而非為人民之主體也。可始之於可有之時，而可終之於可無之日，其非固有也明矣。【略】以（甲）斷語之，則政府以時間而易，不合於公道、眞理也。以（乙）斷語之，則政府為人民之客體，可無之也，且為萬惡之源，尤不合於今之公道、眞理也。則始之為非，而終之為是。世有以公道、眞理衡是非，以是非定事之始於可有之故，終於可無之因者乎，則政府有可無之因，其可終之矣。

（二）政府之所以可無

所以有政府者，欲其助人民自營力所不及，而又欲其防人民自由權之被侵，前節已言之矣。推其意，豈不以養成人民有自助、自治之能力之教育而責諸政府乎？然則政府之不能助人民之自營，亦不能防人民之自由，非惟不能助，而反窒之，非惟不能防，而又自侵之者，自有政府以來，所演之歷史尚在，彰彰可證者也。有政府而反害人民之自治、自助，使其有不能自營、不能自由之大原因者，則何取乎政府之有哉！政府者，不過集少數人據特權而成立者也。少數人儼然居民上，享盡安樂，而貽一切困苦與大多數人，大多數人供其驅策如牛馬。驅策於公益，猶為不當，驅策於助紂為虐者，尚可言乎！自助者，不依人亦不依於人之謂也，平等也，自治者，不侵人亦不侵於人之謂也，自由也。自由、平等者，公道、眞理之正鵠也。而人民一日立於政府之下者，即終一日不能得自由、平等也。古之人所最崇仰者為仁政。所謂仁政者，不過保民如赤子耳。【略】

苟眞為社會改良、人民治助設想者，自當以公道、眞理，行正當之教育，豈可容政府之所崇尚賞罰毀譽哉。賞罰毀譽不可容，則法律、軍備、宗教無所用，政府其可無矣。政府無，人民始有自治、自助之能力；非人民有自治、自助之能力後，而始可無政府也。蓋政府有不能與不肯養成人民有自治、自助之能力之故也。聞者疑吾言乎，請注意於政府對付人民之所爲，自當了然於心矣。

（三）無政府之所以合於公道、眞理。【略】

嗚呼，今之所以計利害而不計是非善惡者，以政府在也。有政府，則國界種界不得破，彼吾之別不得去。苟無政府，則無國界種界，更無彼吾之別，無利己害人，此眞自由、眞平等、眞博愛能見之日也。此無政府之所以合於公道、眞理也。

（四）無政府與有政府的革命比較【略】

無政府的革命與有政府的革命，於實行時固無所衝突，同抱傾覆政府之方針。所異者：一為於傾覆政府後，不立政府，社會上一切制度階級，含有有政府之性質者，皆革除之，婚姻也、財產也、家庭也、國界也、種界也，俱欲一掃而蕩平之，始可見較為盡善較為正當之社會；一為於傾覆政府後，立新政府，社會一切制度，仍舊或加改良，最重政治之機關，大加振頓，內以治民，外以應敵。前者之觀念，後者所不注意；後者之觀念，前者所不樂為。後者之所注意，惟注意政治之機關；後者之所樂為，惟樂為社會之改良。一為社會自治，無中央集權；一為政府統轄，無地方自治。此有政府的革命與無政府的革命之比較之大概也。【略】如欲為多數人計，則非主張無政府的革命不可。【略】

是故無政府革命者，掃蕩社會一切之階級也。無政府革命後，則社會惟人耳。配合自由，婚姻無矣。享受共同，財產無矣。老吾老，天下皆吾老也，幼吾幼，天下皆吾幼也，無父子、夫婦、昆弟、姊妹之別，家族無矣。土地公有，特權消滅，國界無矣。人類平等，種色莫辨，種界無矣。於是無尊卑之辨，無貴賤之殊，無貧富之分，無强弱之別，無知愚之論，無親疏，無愛憎，無恩仇，無利害，營營而作，熙熙而息，團團以居，款款以遊，是非大同世界乎！吾想念之，而神馳之。欲見人類之眞自由、眞平等、眞博愛，吾不得不提倡無政府主義，鼓吹無政府革命，以速達此境。吾更不得不正言告主張有政府的革命者曰：諸君所主張的革命，不脫身、家、國、種之觀念，不脫功名之迷信，而無政府的革命，無絲毫權利之可圖，出於眞誠也。夫吾輩生於世界，不宜為損人益己之事。損人，無愛也；益己，不仁也。無愛、不仁，不合公道、眞理也。苟諸君欲為合公道、眞理之事，則舍主張無政府的革命末由。無政府，則無身、家、國、種之畛域，無功名之成見，社會便較公平較正當矣。不然，競爭無已，互助不得，恐後此茫茫，更覺慘澹也。【略】

（五）無政府之於教育與革命【略】

何謂積極的人力進化？教育是也。

何謂消極的人力進化？革命是也。【略】

欲教育之正當，不可不以無政府為其目的；欲革命之正當，亦然。無政府云者，排强權、去壓制、絕私利之謂也。己受强權，則排之；人受强權，則代排之。非排强權後而轉施强權於人，非代排强權後而己又重施之。視受壓制，圖私利，亦然。故己不願受强權，而亦不忍强權人也，是謂乎等；己不願受壓制，而亦不忍壓制人也，是謂自由；不欲人之私利，而亦不欲私利一己也，是謂博愛。

教育與革命，既同以無政府為目的也，則所主張者同為平等、自由與博愛，而所排除者同為强權、壓制與私利也。不過教育者積極的辦法，而革命為消極的辦法也。辦法雖不同，而所事常相濟，蓋皆同有正當之目的，心理自通達，行為自眞誠。一事業之興革，關於社會之進化，辨別是非確當，而道德之公正乃見。主張教育者，應居社會若干分；而主張革命者，亦應居社會若干分。教育而不革命，則所教育者，總無新象；革命而無教育，則所革命者，總無良果。吾謂人力之進化之所以必有積極的教育與消極的革命並行者，此也。此無政府之於教育與革命之所以也。

《天義》第六卷《歐洲社會主義與無政府主義異同考一九〇七年九月一日》　社會主義之實行，以勞動集合爲嚆矢。欲行無政府主義，亦以勞動集合爲權輿。蓋欲行無政府革命，而不能使多數平民均明無政府主義，則其制不能實行。故吾人欲行無政府，亦從勞動集合入門。其宗旨雖與社會黨不同，至其行事，則固未嘗迴殊也。

人類均力説與平等為歸説分部

論説

《天義報》第三期《劉師培〈人類均力説一九〇七年七月十日〉》　卓立於地球之上，而名之曰人，圓其顱，方其趾，種類不同，而其為人則一也。

自佛經言，人之身中，各具四大。近世科學家，知人身為原質所合。既為人類，則含原質亦同。是（惟）［唯］物學派可以證人體之相同。又據心理學家所言，則人之有心，雖非與物相接，然身有所感，則心有所知，有知而後有情，有情而後有意。凡屬人類，罔不同然。是唯心學派可以證人心之相同。佛言『一切法無位』，又言：『衆生不異法身，法身不異衆生。』又言：『衆生無有齊限。』中國孟軻亦曰：『故凡同類者，舉相似也，何獨至於人而疑之？聖人與我同類也。』王守仁亦伸厥旨。近世西儒（虛）［盧］梭，又創『天賦人權』之論。是人類平等之旨，久為先哲所昌言。

無如洪荒以降，因民有智愚强弱之分，遂生種種之差別。强者脅弱，衆者暴寡，智者詐愚，勇者苦怯。由是以貴制賤，以富制貧，以本族制他族，有主治、被治之分，有君子、小人之別。大抵在上者必佚，在下者必勞；佚者必樂，勞者必苦。此固受階級政治之影響者也。即反覽其社會之間，有督制統系，有分配統系，有取給統系。語其曹耦，則有士農工商之分；語其等差，則有君臣兵民之別。此非獨專制之國、宗法之制為然也，即今之所謂共和政體、軍國社會者，孰非沿此不［平］之制乎？嗚呼！人類自古及今，蓋未嘗一日得平等之樂也。

夫人類不能平等，由於人人不能獨立，或為倚於他人之人，或為役於他人之人。有倚人之人，斯有見役於人之人，相束相縛，受制而不自知。因不能獨立，遂自失其自由權；因不能自由，遂自失其平等權。蓋人類之受制也，久矣！

此非惟背於平等之旨也。夫役人之人，必倚他人甘為己役也。設使所倚之人，不甘為己役，則己身失其所倚，而己身不能自存。受役於人之人，必倚他人有以役己也。設使役己之人，不必需己為役，則己身失其所業，而己身亦不克自存。是則不能獨立之人，乃人類中至危險之人也。

今之言共產主義者，欲掃蕩權力，不設政府，以田地為公共之物，以資本為社會之公產，使人人作工，人人勞動。夫人人作工，固屬平等，然同一作工，而有難易、苦樂之不同。將謂量其才力，授以相當之工作，則必有督理之人，此與有政府何異？此與干涉又何異？況既有督理之人，則巧者必托故以辭勞，黠者必藉詞以避苦。且因苦樂不均之故，而生嫉忌之心，則爭端豈能驟弭乎？如曰各擇其性之所近，則生民之性，孰不趨樂而避苦、趨易而避難？使人人而皆若此，則孰任其苦？孰任其難？而物之不備者必多，何以給人類之求，適人類之欲？即有勉為其難之人，非出於矯情，即出於愚戇，亦非持久之策也。即使此制足以持久，然同此圓顱方趾之倫，而苦樂不均乃若此，是權利可以平等而義務不能平等也。

今欲義務平等，必使人人均獨立。獨立之道若何？即人人不倚他人之謂也，亦人人不受役於人之謂也。是為人類均力說。

夫均力主義者，即以一人而兼衆藝之謂也。欲行此法，必破壞固有之社會，破除國界，凡人口達於千人以上，則區畫為鄉。每鄉之中，均設老幼棲息所。人民自初生以後，無論男女，均入棲息所；老者年逾五十，亦入棲息所，以養育稚子為職務。幼者年及六齡，則老者授以文字，五年而畢。由十齡至於二十齡，則從事實學。此十年中，半日習普通科學，即知識上之學是也；半日習製造器械，即民生日用必需之物也，均以老者為老師。夫民生日用之物，不外衣、食、居三端。三端而外，厥惟用物。習藝之期，（既）［即］限以十年，故年逾二十，即可出而作工。及若何之年，即服若何之工役，遞次而遷。及年逾五十，則復入棲息所之中。此均力主義之大略也。【略】

依此法而行，則苦樂適均，而用物不虞其缺乏。處於社會，則人人為平等之人；離於社會，則人人為獨立之人。人人為工，人人為農，人人為士，權利相等，義務相均，非所謂『大道為公』之世耶？

況此法之善，別有數端。

一曰適於人性。夫人類之中，有一普通之性質，此即厭故喜新是也。如人由朝至夕，僅治一事，必以為勞，改治他事，則不為勞；僅閱一書，則以為倦，改閱他書則不以爲倦。其故何哉？厥惟厭故喜迷之故。惟厭故喜新，故能變動不居。今行此法，以一人而備萬能，所治之業，與年俱易，正與厭故喜新之性相合，則懈惰之心不生，而所作之工，亦不至於流於苟簡。其善一也。

二曰合於人道。夫天下之生人，衆生平等，同此耳目，同此心思，固孟軻所謂『萬物皆備於我』者也。今於民生日用之物，均成於他人之手，人能知而己不知，人能為而己不能。古人有言：『一物不知，儒者之耻。』試以此言相律，則所受之耻為何如？惟行此法，則萬能畢具於一身，於他人所能之事，亦為己身之所能，此非完全之人道乎？其善二也。

三曰合於世界進化之公理。野蠻之民，所具之能甚簡；及世界進化，則所具之能亦日多。惟所具之能甚簡，故所業亦必簡單；惟所具之能日多，故所業亦歸複雜。如古之商人，不必知書；古之士人，不必習武。今則文明各國，商必知學，士必服兵，而農人亦需入學，非所治之業由簡而繁之證乎？今行此法，使人民於所治職業，由簡而繁，正與社會進化之公例相合。且古代之學，均分科而治。今則無論何國，人民於未冠之前，均習普通科學。夫普通之科學，既盡人而能知，則普通之職業，亦必盡人而能為。既盡人而能為，則智識愈備，能力日增。其善三也。

四曰泯世界之爭端。夫爭端之起，由於人類之中有自利及忌嫉二心。此謀自利，則一人之利獨增，他人對之，必生忌嫉，忌嫉生於不平，而不平由於異業，然推其流弊，則足以召世界之紛爭。蔽以一言，則紛爭之禍，無苦樂不均之所致也。夫苦樂之名，本由後起，以此之苦，形彼之樂；以彼之樂，形此之苦。苦者羨彼之樂，不得不謀自利；憎彼之樂，不能不生忌嫉。而革命戕殺之禍，均由此而生。若人人苦樂平均，無所差別，則必人人不以為苦，而不平之心不生。不平之心不生，則爭端不作，而人類永保其和平。其善四也。

有此四善，此吾所由信均力之說，足以治天下也。

顧世之疑此說者，猶有三端：一曰人各有能、有不能；二曰迫人於苦；三曰有妨於學業。今試一一為之辨。昔法皇拿破崙於文典之中，欲廢『不可能』三字。吾觀中國前哲，有『非有力不食』者。又《周禮》載師有言：『不畜者祭無牲，不耕者祭無盛，不樹者不槨，不蠶者不帛，不績者不衰。』非以一人而備衆藝之證乎？是則『不可能』三字，均自諉之詞。惟其以不可能自諉，故衣、食、居三端，均成於他人之手，而己身坐享其成。抑思己所不能之事，既有他人可為，則此非『不可能』之事。如曰工役之事，乃賤者所為，抑思彼等以為此者，豈果彼等分所應然耶？抑迫於境遇不得不然耶？故人各有能、有不能，隱含貴賤尊卑之意，乃階級時代所用之詞，不可施於今之世也。如曰迫人於苦，則今日勞動之民，每日作工或由八時至十時，終歲勤動，鮮一息之休。若行此法，則力農不過十六年，每歲農期不越（敷）［數］旬，而每日所作之工，又以二小時為限，比較以觀，果孰苦而孰樂耶？況『苦』字之名，與『樂』字為對待，苦為一己之所獨，斯之謂苦，若苦為衆人之所公，苦外無樂，則苦樂之名已泯，夫何身苦之足云？況好動為人民之天性，而工作之勤，轉足以適其好動之性，則迫人於苦之說，非也。至於有妨學業，則古之學者耕且養，三年通一經，而伊尹躬耕，（傳）［傅］說版築，均學為王佐，非工事無妨於學業之證乎？況普通之學，既習於未冠之前；既冠之後，力農之期，每歲不過數旬；作工之期，每日不過二小時。舍是以外，均為治學之時，則有妨學業之說亦非也。況此術一行，可以革相倚、相役之風，可以臻平等自由之樂，舉昔日不平、不公之制，悉掃除廓清，可謂無偏倚之說矣。聖人復起，不易吾言也。

又（衆）［觀］戰國之時，有許行倡并耕之說。其言曰：『賢者與民并耕而食，饔飧而治。』又以滕有倉廩府庫，為厲民自養。其說甚精。蓋并耕者，即人人勞動之謂也。斥滕君厲民自養，即破壞階級之謂也。惟孟軻則痛斥其非。蓋許說致誤之由，由於欲人人力農，而民生日用之器，則以粟交易。觀其徒陳相對孟軻，謂：『百工之事，固不可耕且為也。』則力農以外，兼有作工之人，兼行貿易之法，豈非一國之中，已有農、工二階級乎？於此而欲職務平等，不亦難歟？又孟軻之對陳相也，謂：『一人之身，而百工之所為備。如必自為而自用之，是率天下而路也。』夫許行以粟易物，未嘗倡自為自用之說也。自為自用之說，雖近於均力，然吾等所倡均力說，則與自為自用不同。即孟軻復生，又安能以遁辭相抵耶？若軻言天下之人，因勞力、勞心之分，生治人、治於人之差別，則與人類平等之旨，大相背馳，其說更出許行下矣。蓋許行之說雖未圓滿，然其倡並耕之說，則固中國第一人也。著者識。

案：此論所言甚善。今之倡重男輕女之說者，均以女子所盡職務，不及男子。若行此法，則男女所盡職務，無復差別。男子不以家政倚其女，女子不以衣食仰其男，而相倚相役之風，可以盡革。況所生子女，均入棲息所，則女子無養育稚子之勞，所盡職務，自可與男［子］相等。職務既平，則重男輕女之說，無自而生。此均力主義所由與男女平等之說相表（裹）［裏］也。謂女子不勝工作者，則又不然。今湘南、廣西各省，凡一切苦役為男子不能勝任者，莫不屬之于女子，則女子不勝工作之說非矣。吾深願同胞女子，勿以不勝工作自諉，則不獨社會之幸，亦吾女子之幸也。

又　第四、五、七期《劉師培〈無政府主義之平等觀一九〇七年七月二十五日〉》　現今倡無政府說者，一為個人無政府主義，一為共產無政府主義，一為社會無政府主義。而吾等則以無政府主義當以平等為歸。試述其理論如左。

一、總論。吾人確信人類有三大權：一曰平等權，二曰獨立權，三曰自由權。平等者，權利、義務無復差別之謂也；獨立者，不役他人、不倚他人之謂也；自由者，不受制於人、不受役於人之謂也。此三權者，吾人均認為天賦。獨立、自由二權，以個人為本位；而平等之權，必合人類全體而後見。故為人類全體謀幸福，當以平等之權為尤重。獨立權者，所以維持平等權者也。惟過用其自由之權，則與他人之自由生衝突，與人類平等之旨，或相背馳。故欲維持人類平等權，寧限制個人之自由權。此吾人立說之本旨也。

二、人類平等之確證。人類平等之說，非無徵之說也。試證之歷史，驗之物理，其所得之證，厥有三端。

甲、人類一源說。【略】人類既出於一源，則今日世界之民，雖有智愚、强弱之殊，然在原人之初，則固同出於一族，乃確然處於平等之地位者也。

乙、原人平等說。原人之初，人人肆意爲生，無所謂邦國，無所謂法律；人人均獨立，人人均不為人所制，故人人俱平等。此即原人平等之説也。【略】蓋人類不平等之制，由於後起，非人類之天性然也。

丙、同類相似説。【略】吾援此例以證之科學：凡二物含同量之原質者，其所現作用，亦必相同。【略】無論若何之人類，其所含原質均同。所含之原質既同，則所發之能力，亦宜相同。若今日世界之人類，因進化有遲速之殊，遂有强弱、智愚之分别，其故何哉？則以所居之地，有氣候、地勢及生産物之不同。其有進化較速者，則以外界所感之物，足以促其進化；若進化較遲，則又以外界所感之物，足以阻其進化，不得援此為人類不平等之證也。【略】

即此三證觀之，則人類平等之説，非無稽之詞。故人類平等者，出於天性者也，起於原人之初者也。人類不平等者，出於人爲者也，出於後起者也。則試將人類不（同）［平］等之原因，臚列於左。

三、人類不平等之原因。【略】若人類則不然。雖身為君主，其外觀及能力曷嘗有異於齊民？不得據蜂蟻為證也。況證之歷史，則原人平等之説，歷歷可徵。其由平等易為不平等者，厥有數因。

甲、階級不同之原因。人類之初生，固衆人平等者也，無尊卑、上下之分。且既為人類，必不甘服從於人類之下。然信教為上古人類之一端。上古人民，莫不信教，雖獷頑至愚之俗，亦鮮無教之民。【略】君主之制，出於酋長，而酋長即上古之巫，此又社會進化之公例也。由是言之，則世界之民，所以承認君主者，以其身為教主也；所以承認君權者，以其兼握神權也。【略】至於今日，人民於各國君主，猶默認其為天所立，如中國稱君主曰天子，日本稱君主曰天皇，俄、土二國以君為宗教長。即西歐各國憲法，均有『君主神聖不可侵犯』一條。此其證也。豈非確認君主非人類之證乎？惟其信君主非人類，故守其法律，從其命令，畏其權力，而王族、貴族、官吏、資本家，又依附君主之權力，以居於齊民之上。此自古及今之社會，所由成為階級社會也。今西哲斯賓塞耳諸人既倡無神之論，並神且無，則昔日君主之緣飾神權者，均為誣民之説，而『君主即天神』之説破矣。君主既非天神，則君主亦為人類之一；君主既為人類之一，則君主不可居民上。非惟君主不可居民上也，凡一切王族、貴族、官吏、資本家，其依附君主而起者，均當削奪其特權，而使人類復歸於平等。

乙、職業不同之原因。上古之初，人人自食其力，未嘗仰給於人，亦未嘗受役於人。雖所治之業，至為簡單，然分業而治，則固上古所未有也。至生口日滋，地方養人者日蹙，天然之生物不足以給其所求，不得不出於相爭，而相爭必分勝負。【略】勝者居於督制統系，而敗者居於供給統系，此即以職業役人之始也。然多數之俘囚，屬於一族之下，與牛馬同。人人治共同之業，則不可專精。惟人各一業，則其業易專，而生財之數，亦必倍蓰。由是俘囚之中，亦分業而治，此即人類異業之始也。厥後昔日之俘囚稍得自由，遂各出其技，以為謀食之資。然無論何國，農、工之級，均不與貴族及官吏相齊，豈非貴族及官吏於農工之民，猶確認其為受治之人乎？習俗相沿，則此為治人之人，彼為養人之人；此為樂佚之民，彼為勤苦之民；此為倚於他人之人，彼為役於他人之人。此則人類苦樂不能適均之由也。【略】

丙、男女不平等之原因。上古之初，行共夫共妻之制，未嘗有女下於男之説也，亦未嘗以女子為私有也。厥後兩部相爭，戰勝之民對於戰敗之族，纍纍女子，定為己身之私有。【略】習俗相沿，遂以為自然之天則，如東洋之學術、禮法是也。故女子屬於男，出於劫迫。若亞洲波斯諸國以及歐洲北境諸民，當中古以前，賣買婦女之權，均操於男子。蓋其視女子也，以為鹵獲品之一端，故賣買婦女，均可自由。今耶教諸國，雖行一夫一妻之制，然服官之權、議政之權、近日女子間有獲此權者。【略】故今日之世界，仍為男子之世界；今日之社會，仍為男子之社會。安得謂之男女平等乎？惟明於男女不平等，由於古代以女子為俘囚，則知男女不平等，由於强迫使然，不得謂之合公理矣。

以上三事，均足證人類不平等由於後起，並足證人類不平等，均沿古昔陋惡之風，安能不矯之使平乎？

四、人類有恢復平等之天性。今科學諸家所發明之公例有三：一曰兩性失調和，則衝突以生；二曰氣體之物，偶受壓力，改其體積或形狀，仍具欲復原形之性；近日物理家稱為躍力中之凸力，如取皮球夾之使扁，一釋手即復原形是也。三曰液體之物，壓力偶加，即生激力。足證物不得其平及外受壓力者，雖在無機之物，猶有抵力之發生。又觀物類之中，有轉避障礙之天性。譬如樹木甲坼之初，其根為瓦石所障，不克茁生，則必轉向瓦石之間隙，以遂其茁生之性。人類亦然。如蠻民逐水草遷徙，向北方而行，若遇大川、大山之障蔽，則必改向他方。足證人、物有避障礙之天性。既以避障礙為天性，則凡階級制度足以障遏人民者，均背於民生之天性。若夫人民嫉階級社會，與之分離，則又遂其本性之自然，不得謂之拂於人性也。況卽世人之心理觀之，人類之心，約分三種：一為自利心，二為嫉忌心，三為良善心。嫉忌之心由對待而起：一由欲奮己身，冀與人齊；一由欲抑他人，使與己平。【略】由是言之，則己身不能與人平等，久為人類所共憤；他人不能與己平等，又為人類所共憫；在己，則欲其與人平等；在人，則欲其與己平［等］，豈人民之天性，均以人類平等為心乎？使人人充其嫉忌之心，擴其良善之心，則凡不平之社會，必掃除廓清。及人人苦樂適均，歸於完全之平等，則嫉忌之心不生；嫉忌之心不生，則無由引起其自利之心，而互相扶助之感情愈以發達，其道德之進步，必非今日能蹟。【略】

（丁）、世界人類不平等之現象。人類至於今日，失平等之權者，實佔社會之多數。貴之於賤，富之於貧，强之於弱，無一日而非相淩，無一日而非相役，以致受淩、受役之人，日受無窮之壓抑。試將世界不平等之現象，分列如左。

甲、政府之於人民。野蠻之國，人民之自由權尚克維持；文明之國，人民決無自由權。【略】是知今日之政府，均殘民之政府，亦卽舞弊之政府也。故吾等謂，卽設政府，既不啻授以殺人之具，與以貪財之機，安得謂政府非萬惡之源哉？

乙、資本家之於傭工。世界自古及今，舍階級社會而外，無祇享權利、不盡義務之人，而祇享權利、不盡義務者，厥惟資本家；亦無只盡義務、不享權利者，而祇盡義務不享權利者，厥惟傭工。是則資本家者，兼有昔日貴族、官吏、教士之特權者也；傭工者，兼有昔日平民、奴隸之苦況者也。【略】故富豪不啻世襲之職員，而多數之貧民，雖有選舉之名，實則失選舉自由之柄，豈非天地間之一大隱痛耶？故貧富不平等，至今日而達於極端。蔽以一言，則今日之世界，均富民之世界也。役使貧民，等於異族；殘民以逞，甚於暴君，非惟為社會之大蠹，亦且為貧民之大敵。蓋此乃世界未有之奇變也。中國數十年後，使非實行無政府主義，亦必陷於此境。

丙、强族之於弱族。近世以來，歐美各國侈言帝國主（議）［義］，挾其兵財，雄視世界。推其原因，一由國家權力之擴張，欲逞國威於境外；一由資本家欲擴充商業，吸收他境之財源，盜為（已）［己］有。積此二因，遂成戕殺之世界。故强族對於弱族，立於絕對之不平等。【略】推其原因，則由人人自私其國，於己國人民以外，不復以人類相視，故横行强權，不復視為非理，致近日之世界，易為强淩弱之世界，可不懼哉！

要而論之，以上淩下，政府之弊也；以富制（貪）［貧］，資本私有之弊也；以强淩弱，國家之弊也。惟其有政府，故僅利政府，不遑利及人民；惟其資本私有，故僅利一人，而不遑利及公衆；惟其有國家，故僅利一國，而不遑利及世界。雖然，保護資本家者，政府也；代表國家者，亦政府也，故政府尤為萬惡所歸。人類生於今日，安能不籌及改造世界之策哉！

六、改造世界之理想。今之欲改造世界者，約有二派：一為社會主義，一為無政府主義。【略】無政府主義雖為吾等所確認，然與個人無政府主義不同，於共產、社會二主義，均有所采。惟彼等所言無政府，在於恢復人類完全之自由；而吾之言無政府，則兼重實行人類完全之平等。蓋人人均平等，則人人均自由。固於社會主義之僅重財產平等者不同，亦與縱樂學派之主張個人自由者不同也。

七、實行無政府之方法。吾人觀於今日之世界，凡赤十字社、平和會、社會黨以及電報、郵政之屬，均萬國聯合，確信人類有破除國界之一日。【略】故吾人所持之説，在於實行人類天然的平等，消滅人為的不平等，顛覆一切統治之機關，破除一切階級社會及分業社會，合全世界之民為一大羣，以謀人類完全之幸福。今試將其最要之綱領，臚列於左：

甲、廢滅國家，不設政府。

乙、破除國界、種界。

丙、不論男女，及若何之年，卽服若何之工役，遞次而遷，實行人類均力之説，以齊人類之苦樂。

丁、實行男女上絕對之平等。

以上四端，均吾人之目的也。然欲達此目的，必有實行之方法。試述之如下：

依斯而行，庶平等之目的可達，無政府主義亦可達。所謂人類完全之幸福者，其在斯乎！

八、結論。無政府主義非無稽之説也。蔽以一言，則無中心、無畛域已耳。無中心，故可無政府；無畛域，故可無國家。欲詮明其理，非片言所能罄，故此篇僅主平等立論，以證特權制度之非。至於廢政府、廢國家之學理，另於下冊詳之，茲不贅述。

暗殺行動論分部

論説

《血花集》上編《吴樾〈敬告我同志〉》　某嘗自以主義之不破壞，手段之不激烈為深戒；故每觀虚無黨之行事，而羨其同志者之多能實行此主義，實行此手段也。誠以無破壞則無建設，無激烈則無平和，若一于破壞，一于激烈，匪特建設之不可期，平和之無由致，而破壞為無用，激烈為無益矣。若求其建設，而不先經以破壞，則建設直無從建設；若求其平和，而不先出以激烈，則平和亦無可平和。不觀夫醫者之治熱病乎？先之以苦寒之劑，俾祛其邪，然後補以參苓，以復其元氣。若先以補劑，則熱邪在中而不出，其為患必至于不可藥，此醫者之切戒也。吾黨之行事，亦復如是。蓋以我同志久伏于異族專制之下，其受患較熱病為重且大，若不先之以破壞主義，行之以激烈手段，而驟以建設為宜，平和為主，則鮮有不失其利而得其害者。

夫至今日而言建設言平和，殆亦畏死之美名詞耳。某嘗見夫言建設言平和者，則曰：『破壞為不可恃，激烈為不可恃，而吾以建設為破壞，平和為激烈，則所謂共和之天下，民族之帝國，將不血刃而成立之。』噫！豈知其所言之建設，所言之平和，皆由一念畏死之心，期以建設而免破壞，以平和而免激烈，非眞以破壞為不可恃，激烈為不可恃也；而特為是建設平和諸名詞，以飾其畏死之行焉耳。予敢斷言曰：『誤盡我漢族者，必此輩也。』我同志諸君，既非此輩之居心，則不可不效虚無黨之行事；當亦知欲恢復大漢江山，必先傾覆異族政府，欲傾覆異族政府，尤必先實行鐵血强權。傾覆異族政府，實行鐵血强權，破壞主義也，激烈手段也；我同志諸君，既認定此主義手段而不移，則其畏死之美名詞，萬不至出于我同志諸君之口矣。我同志諸君，有不以主義之非破壞，手段之不激烈爲深戒者乎？請覽此而熟思之！

又《暗殺時代》　自序【略】夫排滿之道有二：一曰暗殺，一曰革命。暗殺為因，革命為果。暗殺雖個人而可為，革命非羣力卽不效。今日之時代，非革命之時代，實暗殺之時代也。

予遍求滿酋中，而得其巨魁二人：一則奴漢族者，一則亡漢族者。奴漢族者在今日，亡漢族者在將來。奴漢族者，非那拉淫婦而何？亡漢族者，非鐵良逆賊而何？殺那拉淫婦難，殺鐵良逆賊易。殺那拉淫婦其利在今日，殺鐵良逆賊其利在將來。殺那拉淫婦去其主動力，殺鐵良逆賊去其助動力。主動力無盡，而助動力有盡，予於是念念在殺鐵良。然此念雖立，其如徒手無具何？勢不得不稍俟時日。逾時有萬福華刺王之春案出，又逾時忽有刺客某刺鐵良逆賊未成而遁，幷有王漢謀刺鐵良逆賊未遂而先自盡之報。之三子者，其志可嘉，其風可慕，然予不能不為之抱憾者。蓋以萬子之刺術固疏，而所指之事，亦不過曰聯俄之主義而已。夫以聯俄之主義為非，則所是者，必在聯日。聯俄主之滿洲，聯日亦主之滿洲。滿洲既不可恃，日人又安可恃乎？試問今日我同胞，其不欲自去奴隸之籍則已，苟欲去之，則必先事排滿，而排外非所計也。若刺客某，則又不免失之於怯，雖其目的較萬子為善，而於生死關頭，又不若萬子之分明矣。若王子則心有餘而智不足，雖其一死足以加勉他人，然於事實上不免失之一籌。使於順德失望時，即起身來京，或者卒成其志，究未可知。卽不遇，亦可將鐵良同類之人一刺之，以為代價，則王子不虚死矣。雖然，王子之死，非勉他人，乃勉我耳。予之存此志已有數月，此志偶於友人某君前言之，計在萬福華事以前數月。王子復先我而行之，雖其不成，亦足見王子之志與我同也。王子有靈，當不使我復蹈萬子之轍。【略】

昔法人盧索有言曰：『弱為强制，亦出於不得已耳。苟一旦脫其鉗制，不得不謂之盛業也明矣。』夫然，我同志諸君，若欲驅除强胡，不得不革命；欲保存種族，不得不革命；欲去奴隸之籍，而為漢土之主人翁，不得不革命。革命！革命！予而聞之，而不禁口流涎沫矣。然徒聆此革命之空言，而不見彼革命之實行，此何為者？何以時而封報館，時而禁新書，時而殺學生，時而拿黨人，初不聞一興問罪之師？而號召革命者，夫亦曰：人類之不齊，人心之不一，一言革命，則畏首畏尾，顧身命而不前，未足與有為也。予於是西驗歐洲，東觀日本，而見其革命之先，未有不由於暗殺以布其種子者。俄之虛無黨，其近事矣。今日大地之上，轟轟烈烈，傾人耳目者，莫若虛無黨之名。夫亦知虛無黨之於今日，為何時代乎？於昔日又為何時代乎？吾敢斷言曰：『十九世紀下半期，為虛無黨之暗殺時代；二十世紀上半期，則為虛無黨之革命時代。』不有昔日之因，焉得今日之果？我漢族何為乎？我同志諸君何為乎？吾有敢斷言曰：『今日為我同志諸君之暗殺時代，他年則為我漢族之革命時代。』欲得他年之果，必種今日之因。我同志諸君勿趨前，勿步後，勿涉獵，勿趦趄。時哉不可失，時乎不再來。手提三尺劍，割盡滿人頭，此日正其時矣。吾願為同志諸君之先鞭，吾更願同志諸君之日繼我後。同志諸君，其從我願乎？

暗殺主義

譚嗣同有言曰：『志士仁人，求為陳涉、楊玄感，以供聖人之驅除，死無憾焉。若其機無可乘，則莫若為任俠，亦足以伸民氣，倡勇敢之風，是亦撥亂之具也。』又曰：『困於君權之世，非此益無以自振拔，民乃益愚弱而窳敗。』至哉言乎！可謂明於時事者矣。夫今日之漢族之民氣，其渙散不伸，至于此極。觀其所以對付異族政府而可知矣。割地也，賠款也，攤捐也，加稅也，借民債也；又有甚者，礦務權、鐵路權、航路權、關稅權、教育權、用人權，率所有保滿洲而制漢人之權，皆送之强鄰而不惜。我同胞雖愚弱，而利害亦明，我同胞雖窳敗，而心灰未死，未有見此而不恨入骨髓者。然徒恨之，而不敢有所反對焉，亦足徵民氣之渙散不伸矣。今欲伸民氣，則莫若行此暗殺主義。夫人孰不欲生而惡死，棄危而就安？若滿酋之於生死安危，自較他人視之為尤重。亦以彼等向居長林豐草之中，毛衣肉食，射獵為生。一旦闖入中原，奪其子女玉帛而有之，於是欲生惡死棄危就安之念，自往來於腹中，以為生則有此樂，而死則無之，安則有此樂，危則無之。人將有以死之，將有以危之者，則彼未嘗不懼也；懼則不敢妄有所為矣。我同胞之為滿奴者，其情當亦不外此。故其封報館以昧我同胞，禁新書以愚我同胞，殺學生以威我同胞，拿黨人以弱我同胞，蓋亦恐我同胞將有革命之思想，排滿之舉動，而於彼有不利焉。遂直行此而無所顧忌者，非深知我同胞之無能死之無能危之乎？既無能死之無能危之，則彼之生如故也，安亦如故也。生如故，安亦如故，則彼又何樂而不為此昧我同胞、愚我同胞、威我同胞、弱我同胞，以斷我同胞之革命思想，絕我同胞之排滿舉動之行哉！同胞乎！其甘為人昧、甘為人愚、甘為人威、甘為人弱乎？抑將有以死之且有以危之也。

觀夫前日景廷賓之舉，及今日廣西之亂，其名皆曰『滅清興漢』，亦可見我同胞中，固非無人焉。欲起而死之，欲起而危之者，特其功卒難成。夫豈無故哉？蓋亦以革命之思想未盡發達，而排滿之舉動勢難遽起耳。雖然，今日之事，固責無旁貸。嗟我同胞，今其已矣，勉之來日，其庶幾乎？此吾所以舉萬鈞之任，而加我同志諸君之身而不顧也。我同志諸君，苟持此暗殺主義以實行之，吾恐滿酋雖衆，而殺那拉、鐵良、載湉、奕劻諸人，亦足以儆其餘，滿奴雖多，而殺張之洞、岑春煊諸人，亦足以懼其後。殺一儆百，殺十儆千，殺百殺千殺萬，其所儆者，自可作比例觀。殺之無已，儆之亦無已，安知夫東胡羣獸，有不見死見危，而思出關走避乎？又安知夫皇皇漢族，無繼起之人，而吾黨之不日增月盛乎？我同志諸君亦可以行矣。

復仇主義【略】

暗殺者，吾黨之戰兵也；復仇者，吾黨之援兵也。有暗殺之戰兵在前，勢不得不有復仇之援兵在後。蓋以暗殺之戰兵，此一時我則殺人，彼一時人將殺我，甚至此一時我不得人而殺之，彼一時人反得我而殺之。此際之賴以報復於人，而轉敗為功者，則非此復仇之援兵而何？有援兵則戰兵為有用，有復仇則暗殺為有濟。以復仇為援兵，則愈殺愈仇，愈仇愈殺，仇殺相尋，勢不至革命不已。欲言革命者，不得不前以暗殺，後以復仇。此暗殺與復仇，亦互相為力，互相為功也。非然者，則子之殺甲，丑之殺乙、寅、卯之殺丙、丁、子、丑、寅、卯，其必為戊、己、庚、辛所殺無疑。使於此任戊、己、庚、辛之殺子、丑、寅、卯而不為之復仇，則戊、己、庚、辛必將盡辰、巳、午、未而殺之以施其威。使申、酉、戌、亥知所畏懼，而不敢再為子、丑、寅、卯之所為矣，于此而子、丑、寅、卯之死為有濟乎？為無濟乎？甲、乙、丙、丁之殺為有用乎？為無用乎？不待智者而後知矣。此復仇主義之所必有而不可無者，固如是也。我同志諸君，苟持此復仇主義以實行，吾知今日虛無黨之名，不十年而出現於我皇皇漢土；昔日歐洲大革命之事業，不二十年而成立於我皇皇漢族矣。我同志諸君其勉旃！【略】

殺鐵良之原因

逆賊鐵良之將為我漢族大患，有心人皆知之。雖然，殺逆賊鐵良一人，而滿洲全部遂無為我患者乎？曰否。滿洲五百萬，雖不人盡鐵良，而究其以强滿排漢為宗旨，如逆賊鐵良者，殆不乏其人。夫然殺一逆賊鐵良易，而殺萬千百十逆賊鐵良難。逆賊鐵良固可殺，而如逆賊鐵良者，亦何不可殺？予之念念在殺一逆賊鐵良，而不於萬千百十逆賊鐵良手求之，豈逆賊鐵良一人之於予有私怨乎？曰否，否。然則予之所以殺逆賊鐵良之故，其終始不渝者，不得不表明之。蓋其原因有二：

一、原於同胞之觀念。夫逆賊之罪狀與予殺念之所以生，前篇言之詳矣。特恐後世有不知予之初心者，則以予之此行，為未必為同胞起見也。今予若棄此而就彼，不更與人以口實乎？故予決意為之，不特以成前日之志，抑亦以白予之初心焉耳。

一、原於同志之感情。蓋以王漢之刺逆賊未成，遂自盡以明志，其心亦良苦矣。乃彼逆賊自受此次之驚後，乃愈加防備，每出必用兵以護其左右，每見漢官，必查明來歷，然後接會。其防備漢人也為甚，則其仇漢人也亦為甚。今予而不成王子之志，則王子前日之行，不特無益，而且有害。誠以己未殺人，而授人以殺人之名。危乎殆哉！我漢族之前途，其有不堪設想矣。

有此二因，予之志遂定而不易，覺逆賊之與予，有不共戴天之仇焉，而生忿恨之心。又恐一己之轉念，而畏死偷生也，則鼓以名譽心。於是一往無前，不達予之目的而不已。乃自進一言曰：『放而死者，吾其不英雄？』

殺鐵良之效果

天下未有無原動力，而有反動力者，亦未有無原動力之原動力，而有原動力者。蓋反動力為果，原動力為因，而原動力之原動力，又其因也。不覩俄政府之於虛無黨乎？彼之專政，達於極點，而此之反抗，亦達於極點。人第知今日之虛無黨，其神妙不可言，夫亦知專制之適所以成之者，乃在數世以來之皇帝與貴族乎？果爾，則虛無黨之反對，為其反動力，而俄政府之專制，乃為其原動力。反動力之所起，原動力生也。若究其原動力之所生，則又有原動力之原動力在。予於是不以我漢族之無反動力為憂，而以滿政府之無原動力為憂矣。亦不以滿政府之無原動力為大憂，而以滿政府之無原動力之原動力為大憂矣。何者？蓋以滿政府之專制，尚不達於極點，故我漢族之反對，亦不達於極點。【略】然以事理考之，誠如重學家所言：『原動力大者，其反動力必大。』而原動力之原動力，自可作比例觀。為今日之漢族計，欲生滿政府之原動力，則莫若行暗殺主義；欲生滿政府之原動力之原動力，則莫若先殺逆賊鐵良一人。吾固知夫逆賊鐵良一殺，而載振、良弼輩，必起而大行壓制之手段，將不盡滅我漢族，而不甘心焉。噫，此其幸事乎？抑其不幸事乎？吾敢斷言曰：幸事，幸事。

《民報》第一六號《汪東〈刺客校軍人論〉》 大抵刺客之才，視軍人為絀，而其膽力則優。兩軍相遇，籌畫戰機，一軍於林，可以伺敵，一軍秣馬，將以突陣，進將何取，戰而不勝則退，退將何所憑扼，支帳兀坐，皆忘寢食，出帳蹀躞，日昃不遑，此將帥之所必然而刺客所無也。刺客者，懷彈丸，淬匕首，蛇行鱗潛，如螳螂之捕蟬，恐其有警而飛翔，及其卒發，翻然若大雕俊鶻，下擊凡鳥，灑血平蕪以為快，若其堅忍卓特，猶非軍人所能。【略】

是故刺客之與軍人，其行事未有求不成者。軍人不成，已猶萬一生；其成者，古有稱長勝軍，為之將率，皆嘗身經百役而髮膚完好。刺客之不成，逮捕稍寬，所居之國，法綱不甚密，或僅久施禁錮，假貸其死，然已不可一例論；居然成功，卽無有不繼之以死者也。夫行事既未有求其不成，則是軍人之所求者生，而刺客之所求者死也。故曰刺客之道，必死之道也。以不穀之身，出必死之道，無軍人榮譽之可法，而有剽悍卓犖之氣，故曰：堅忍卓特，猶軍人所難能也。率意而行，不必有所素習，則懦夫侏儒，亦未嘗禁其不為，生死成敗，既非逆計，則聚米軍前，借箸席上，皆不需有，此吾謂其才之所以不逮也。

雖然，今計革命之業，斷不能以破碎滅裂，徼倖其或成矣。方將鳩集羣力，各致其用，而先為輕重揚抑於其間，其毋乃不可乎？曰：吾何敢？然吾所論者，其性質之有差別，非論其用也。苟言其用，則猶當急軍人而緩刺客。喻同伐桑，刺客撥其葉而敵落其實，軍人并其根株而盡拔之。夫所以惡桑木者，惡其實之含毒，葉之能多生青蟲也。然不拔其根，開歲復萌葉結實如故，歲歲治之，則太勞，誠弗如為久佚永寧計，寧摧堂前之陰，而不令蟲來嚙書、童子偶盜其實也。今之革命，豈不以滿洲惡劣之政府，盤踞上頭？數其積極之害，彼固於漢民，殘賊備至；推其消極之禍，猶能以放縱一切，而使白人窺我寢室。主其事者，則某某耶。顧某某者，誠必當殺，然其何自而至與？則亦必自有其羣。其羣，敗羣也，於敗羣之中，而欲求得一善分子者，青冥可以梯而上與？黃泉可以隧而及歟？烏頭可白，羝羊可乳，舉天下無難事焉。殺其一人，代之者如其人，盡殺滿朝，明日又周布矣。彼之蠹無窮，而吾之俊民有限，曷若淵淵伐鼓，與之既見于鋒鏑矢石之間，終驅之于漠北窮荒之外乎？

或曰：子言過矣，子之短軍人也，中軍人之實，而不足以概革命之義軍，彼其痛心彝禍，思一洒雪先人之恥辱，從軍之苦，既必鏟削無遺，而如今者，非難攻擊之聲，固不獨對於刺客，何嘗以其為軍人，遂視之為有榮譽之可博？又當征戰，近世已無規撫古人綸巾羽扇之逸者，況其誓師而出，必躬犯流矢，為士卒倡，其致死授命，又無庸疑。至云緩急，世亦不聞其國刺客之風不盛，而民氣能昌者，是以俄國（虐）［虛］無黨人，暗殺特立一部，榑桑三島，其民敢死，迄今有所謂武士道者，而以彈丸黑子之地，與列雄並峙。刺客之與軍人，相須為命，何有緩急之分？若世有妄人，以為專恃刺客，可以集事，吾子乃有以矯之，宜也。嗚呼！使其信然，則吾言誠過。而彼軍人也，刺客也，乾坤不毀，三光不滅，實維其賴，何獨不見六王五伯，則敲其頭哉！

社會革命論分部

論說

《梁启超全集·社會革命果為今日中國所必要乎》 吾以為中國今日有不必行社會革命之理由，有不可行社會革命之理由，有不能行社會革命之理由。

於本論之前，不可不先示革命之概念。凡事物之變遷有二種，一緩一急。其變化之程度緩慢，緣周遭之情狀，而生活方向，漸趨於一新生面，其變遷時代，無太甚之損害及苦痛，如植物然，觀乎其外，始終若一，而內部實時時變化，若此者謂之發達，亦謂之進化Development or Evolution。而反之，其變化性極急劇，不與周遭之情狀相應，舊制度秩序，忽被破壞，社會之混亂苦痛緣之，若此者謂之革命Revolution。吾以為歐美今日之經濟社會，殆陷於不能不革命之窮境，而中國之經濟社會，則惟當稍加補苴之力，使循軌道以發達進化，而危險之革命手段，非所適用也。請言其理。

所謂中國不必行社會革命者何也？彼歐人之經濟社會，所以積成今日之狀態者，全由革命來也。而今之社會革命論，則前度革命之反動也。中國可以避前度之革命，是故不必為再度之革命。夫謂歐人今日經濟社會之狀態全由革命來者何也？歐洲當十七八世紀之交，其各國人之有土地所有權者，於法不過四萬人，於英萬九千人，於奧二萬六千人，合今日耳曼諸邦，不過二萬人，他國略稱是。而當時全歐總民數，既在一萬六千萬人以上，於一萬六千萬人中，而為地主者不及二十萬人。蓋歐洲前此之農民，大半在隸農之地位，是其貧富之階級，早隨貴賤之階級而同時懸絕矣。幸而彼之箇人土地私有權，發達甚遲緩，未全脫前此部落土地所有權之時代，故貧民稍得以此為養。農業以外，則手工業亦頗發達。其習慣有所謂工業組合者，約如我國各工業之有聯行。政府之對於農業工業，皆制為種種法律以保護干涉之，故雖不能有突飛之進步，然亦相安而致有秩序。此歐洲舊社會組織之大略也。及斯密亞丹興，大攻擊政府干涉主義，而以自由競爭為楬櫫，謂社會如水然，任其自競，則供求相劑，而自底於平。此論既出，披靡一世。各國政府，亦漸為所動，前此為過度之干涉者，一反而為過度之放任。其驟變之影響，既已劇矣。同時而占士瓦特，發明蒸汽，未幾李察又緣之以發明紡績器，於是斯密與瓦特之二傑，相提攜以蹴踏舊社會，如雙龍攪海，而工業革命之時代以屆。前此人類注其筋力之全部以從事製作，雖或間附以牛馬力等，然利用自然力之器械，殆可謂絕無。及汽機發明，其普通者視人力加十二倍，或乃加數百倍至千倍，則試譎其影響於社會之組織者何如，生產之方法，劃然為一新紀元。以一人而能產前此十二人乃至數百千人之所產，則其所產者之價值必驟廉，前此業手工者，勢不能與之競，而必至於歇業。前此執一藝者，所得之利益，自全歸於其手，偶值其物價騰，則所得隨而益豐，但恃十指之勞，苟勤儉以將之，雖窶人可以致中產，故於工業界絕無所謂階級者存。及機器既興，無數技能之民，驟失其業，不得不自投於有機器之公司以求糊口，而機器所用之勞力，與舊社會所用之勞力又絕異。前此十年學一技者，至是而悉不為用，而婦女及未成年者，其輕便適用，或反過於壯夫，而壯夫愈以失業。前此工人自製一物，售之而自得其值，今則分業之度益進。與其謂之分業，毋寧謂之合力。每一物之成，必經若干人之手，欲指某物為某人所製，渺不可得。而工人之外，復有供給其資本與器具者，又須得若干之報酬。故欲求公平之分配，終不可期，不得已而采最簡單之方法，行賃銀制度。即出資本者，雇用若干之職工，每人每日，給以庸錢若干，而製成一器，所得之贏，悉歸雇主。而雇者與被雇者之間，即資本家與勞動者之間，劃然成為兩階級而不可踰越，此實舊社會之人所未夢見也。夫物質界之新現象既已若是矣，使思想界而非有新學說以為之援，則其激變尚不至如是其甚。前此在工業組合制度之下，其物價或以習慣或以法律羈束之，若有一人忽貶價以圖壟斷，則立將見擯於同行而不能自存，於其物之品質亦然，大率一律，而競爭之餘地甚狹。及機器一興，生產額忽過前此數倍，非低廉其價值，改良其品質，則將無消售之途。適有自由競爭之學說出而為援，前此之習慣法律，一切摧棄，無所復用。製造家惟日孜孜，重機器以機器，加改良以改良，其勢滔滔，繼續無限，以迄今日，一般公衆，緣此而得價廉質良之物，而社會富量，亦日以增殖，其功德固不在禹下。然欲製價廉質良之物以投社會之好，彼無資本者與有資者競，則無資本者必敗；小資本者與大資本者競，則小資本者必敗；次大資本者與更大資本者競，則次大資本者必敗。展轉相競，如鬥鶉然，羣鶉皆斃，一鶉獨存，當其斃也，則感莫大之苦痛，犧牲無量數之資本，犧牲無量數人之勞力，然後乃造成今日所謂富者之一階級。嗚呼！一將功成萬骨枯，今日歐洲之經濟社會當之矣。然軍事上一將功成以後，處乎其下者猶得有休養生息之時，經濟上一將功成以後，處乎其下者乃永沈九淵而不能以自拔。此富族專制之禍，所以烈於洪水猛獸，而社會革命論所以不能不昌也。而推其根源，則實由前此工業組織之變遷，不以進化的而以革命的，如暴風疾雨之驟至，應之者手忙脚亂，不知所措，任其自然，遂至偏毗於一方而不可收拾。而所謂應之失措者，其一在政府方面，其一在人民方面。其一在政府方面者，則放任太過，雖有應干涉之點而不干涉也；其在人民方面者，多數人民，不能察風潮之趨向而別循新方面以求生活也。美國經濟學大家伊里曰：『使當工業革命將至之前，工人有識見高邁者，能合多數工人為一團，置機器，應時勢而一新其製造法，是即地方之組合也，即一種之協立製造會社也。果爾，則工業組織之過渡可以圓滑而推移，而後此之騷擾革命可以免。惜乎見不及此，墨守其故，終至此等利器，僅為少數野心家所利用，馴至今日積重難返之勢，可歎也。』其意蓋謂使今日勞動者階級，當時能知此義，則可以自躋於資本家之列，而奇贏所獲，不至壟斷於少數也，此誠一種之探源論也。雖然，吾以為當時歐洲之多數人民，即見果及此，而於貧富懸隔之潮流，所能挽救者終無幾也。何也？彼貧富懸隔之現象，自工業革命前而既植其基，及工業革命以後，則其基益鞏固，而其程度益顯著云耳。蓋當瓦特與斯密之未出世，而全歐之土地，本已在少數人之手，全歐之資本，自然亦在少數人之手。其餘大多數人，業農者大率帶隸農之性質，所獲差足以自贍耳。其業工商者，賴其技能，以糊其口，雖能獨立，而富量終微。逮夫機器興，競爭盛，欲結合資本以從事，則其所結合資本中之多量，必為舊有資本者所占，其餘多數中產以下者，雖悉數結合，而猶不足以敵彼什之一。故彼工業革命之結果，非自革命後而富者始富貧者始貧，實則革命前之富者愈以富，革命前之貧者終以貧也。我國現時之經濟社會組織，與歐洲工業革命前之組織則既有異，中產之家多，而特別豪富之家少。其所以能致此良現象者，原因蓋有數端。一曰無貴族制度。歐洲各國，皆有貴族，其貴族大率有封地。少數之貴族，即地主也，而多數之齊民，率皆無立錐焉。生產之三要素，其一已歸少數人之獨佔矣。故貴族即兼為富族，勢必然也。中國則自秦以來，貴族即已消滅，此後雖死灰偶燼，而終不能長存。及至本朝，根株愈益淨盡，雖以親王之貴，亦有歲俸而無食邑。白屋公卿，習以為常，蓬蓽寒畯，轉瞬可登八座，堂皇閣老，歸田即伍齊民。坐此之故，舉國無階級之可言。而富力之兼并亦因以不劇也。二曰行平均相續法。歐洲各國舊俗，大率行長子相續。自法蘭西大革命後，雖力矯此弊，而至今迄未盡除。夫長子相續，則其財產永聚而不分，母財厚而所孳生之贏愈巨，其於一國總殖之增加，固甚有效，然偏枯太甚，不免有兄為天子、弟為匹夫之患，一國富力永聚於少數人之手，此其敝也。我國自漢以來，已行平均相續法，祖父所有財產，子孫得而均沾之。其敝也，母財碎散，不以供生產，而徒以供銷費，諺所謂『人無三代富』。職此之由，蓋擁萬金之貲者，有子五人，人得二千，其子復有子五人，苟無所增殖而復均之其子，則人餘四百矣。非長袖則不足以善舞，我國富民之難世其家者，非徒膏粱紈袴之不善保泰，抑亦制度使然矣。雖然，緣此之故，生產方面，雖日蹙促，而分配方面，則甚均勻，而極貧極富之階級，無自而生，此又利害之相倚者也。三曰賦稅極輕。歐洲諸國，前此受貴族教會重重壓制，供億煩苛，朘削無藝，侯伯僧侶，不負納稅之義務，而一切負擔，全委諸齊氓。及屢經宗教革命、政治革命，積弊方除，而產業革命已同時并起，無復貧民蘇生之餘地矣。中國則既無貴族教會梗於其間，取於民者惟一國家，而古昔聖哲，夙以薄賦為教，歷代帝王，稍自愛者，咸凜然於古訓而莫敢犯，蠲租減稅，代有所聞，逮本朝行一條鞭制，而所取益薄。當釐金未興以前，民之無田者，終身可不賦一銖於政府，勞力所入，自享有其全部。夫富量由貯蓄而生，此經濟學之通義也；而所貯蓄者又必為所消費之餘額，又經濟家之通義也。然則必所入能有餘於所出，而後治產之事乃有可言。歐洲十八世紀以前之社會，齊氓一歲所入，而政府、貴族、教會，朘其泰半，所餘者僅贍事畜，蓋云幸矣。中國則勤動所獲，能自有之，以儉輔勤，積數年便可致中產。故貯蓄之美風，在泰西則學者廣為論著以發明，政府多設機關以勸勵，而其效卒不大，觀中國人人能之，若天性然，亦其制度有以致之也。勤儉貯蓄之人愈多，則中產之家亦愈多，此又因果所必至也。凡此皆所以說明我國現在經濟社會之組織，與歐洲工業革命前之經濟社會組織，有絕異之點。而我本來無極貧極富之兩階級存，其理由皆坐是也。雖然，我國今後不得不採用機器以從事生產，勢使然也。既采機器以從事生產，則必須結合大資本，而小資本必被侵蝕，而經濟社會組織不得不緣此而一變，又勢使然也。然則歐人工業革命所生之惡結果，我其可以免乎？曰：雖不能盡免，而決不至如彼其甚也。蓋歐人今日之社會革命論，全由現今經濟社會之組織不完善而來；而歐人現今經濟社會組織之不完善，又由工業革命前之經濟社會組織不完善而來。我國現今經濟社會之組織，雖未可云完善，然以比諸工業革命前之歐洲，則固優於彼。故今後生產問題，雖有進化，而分配問題，仍可循此進化之軌以行，而兩度之革命，殆皆可以不起也。請言其理：夫生產之方法變，非大資本則不能博贏，而大資本必非獨力所能任也，於是乎股份公司起。此歐人經過之陳迹，而我國將來亦不能不斅之者也。然歐人之招股而創此等公司也，其應募而為股東者，則舊日少數之豪族也；中國今日招股而創此等公司也，其應募而為股東者，則現在多數之中產家也。此其發脚點之差異，而將來分配之均不均，其幾即兆於是也。夫歐人豈必其樂以股東之權利盡讓諸豪族，使如伊里所言，合工人以組織一協立製造會社者，豈其無一人能見及此，而無如其前此社會之組織，本已分貧富二途，貧者雖相結合，然猶以千百之僬僥國人與一二之龍伯國人抗，蔑有濟矣。故昔日之富者，因工業革命而愈富，昔日之貧者，因工業革命而愈貧。何也？非大資本不能獲奇贏，而公司則大資本所在也。有股份於公司者則日以富，無股份於公司者則日以貧，公司股份為少數人所占，則多數人遂不得不食貧以終古也。而中國情形則有異於是。試以最近之事實證之。粵漢鐵路招股二千萬，今已滿額，而其最大股東不過占二十五萬乃至三十萬耳，其數又不過一二人，共占十股以下者乃最大多數。蓋公司全股四百萬份，而其為股東者百餘萬人。此我國前此經濟社會分配均善之表徵，亦即我國將來經濟社會分配均善之朕兆也。誠使得賢才以任之，復有完密之法律以維持之，杜絕當事之舞弊，防止野心家之投機，則公司愈發達，獲利愈豐，而股東所受者亦愈多。股東之人數既繁，大股少，而小股多，則分配不期均而自均。將來風氣大開，人人知非資本結合不足以獲利，舉國中產以下之家，悉舉其所貯蓄以投於公司，生產方法，大變而進於前，分配方法仍可以率循而無大軼於舊。則我國經濟界之前途，真可以安轡循軌，為發達的進化的，而非為革命的矣。夫今者歐美人見貧富階級懸絕之莫救也，以是有倡為以公司代工人貯蓄，將其庸錢之一部分代貯焉，積以為公司之股本，他日公司獲利，彼得分沾，則勞動者兼為資本家，而鴻溝或可以漸圖消滅。然在積重難返之歐美，此等補苴，不能為效也。而我國則此事出天然，不勞人力。蓋工業革新以後，而受庸錢之人，半皆兼有資本家之資格，此殆可以今日之現象而測知之者也。此無他故焉，現今之經濟社會組織，其於分配一方面，已比較的完善，而遠非泰西舊社會所及。由現今社會以孕育將來社會，其危險之程度自不大故也。而無識者妄引歐人經過之惡現象以相怵，是乃謂杞人之憂也。然又非徒恃現在經濟社會組織之差完善而遂以自安也。彼歐人所以致今日之惡現象者，其一固由彼舊社會所孕育，其二亦由彼政府誤用學理放任而助長之。今我既具此天然之美質，復鑑彼百餘年來之流弊，熟察其受病之源，博徵其救治之法，采其可用者先事而施焉，則亦可以消患于未然，而復轍之軌，吾知免矣。所謂不必行社會革命者此也。

所謂不可行社會革命者何也？社會革命論，以分配之趨均為期，質言之，則抑資本家之專橫，謀勞動者之利益也。此在歐美，誠醫羣之聖藥，而施諸今日之中國，恐利不足以償其病也。吾以為策中國今日經濟界之前途，當以獎勵資本家為第一義，而以保護勞動者為第二義。請言其理：　夫今日東西列强，所以以支那問題為全世界第一大問題者何也？凡以國際的經濟競爭之所攸決云爾。經濟學公例，租與庸厚則其贏薄，租與庸薄則其贏厚。故擁資本者常以懋遷於租庸兩薄之地為利，不得則亦求其一薄者。歐人自工業革命以來，日以過富為患，母財歲進，而業場不增。其在歐土，土地之租與勞力之庸，皆日漲日甚，資本家不能用之求贏，乃一轉而趨於美洲澳洲諸部新地。此新地者，其土地率未經利用，租可以薄，而人口甚希，庸不能輕，於是招募華工以充之，則租庸兩薄而贏倍蓰矣。乃不數十年，而美澳諸地昔為舊陸尾閭者，今其自身且以資本過剩為患。一方面堵截舊陸之資本，使不得侵入新陸以求贏，而舊陸之資本家病；一方面其自身過剩之資本，不能求贏於本土，而新陸之資本家亦病。日本以後起銳進，十年之間，資本八九倍於其前，國中租庸，日漲月騰，而日本之資本家亦病。於是相與旁皇卻顧，臨睨全球，現今租庸兩薄之地，無如中國，故挾資本以求贏，其最良之市場亦莫如中國。世界各國，咸以支那問題為唯一之大問題者，皆此之由。我國民於斯時也，苟能結合資本，假泰西文明利器，利用我固有之薄租薄庸以求贏，則國富可以驟進，十年以往，天下莫禦矣。而不然者，以現在資本之微微不振，星星不團，不能從事於大事業，而東西各國，為經濟公例所驅迫，挾其過剩之資本以臨我，如洪水之滔天，如猛獸之出柙，其將何以禦之。夫空言之不能敵實事也久矣，兩年以來，利權回收之論，洋溢於國中，爭路爭礦，言多於鲫，曾未見一路之能自築，一礦之能自開。而日人南滿洲鐵道會社，已以百兆之雄資，伏東省而監其腦，而各處枝路，尚往往假資於外人，而各國製造品之滔滔汩汩以輸入，盡奪吾民之舊業者，又庸耳俗目所未嘗察也。夫自生產方法革新以後，惟資本家為能食文明之利，而非資本家反蒙文明之害，此當世侈談民生主義者所能知也。曾亦思自今以往，我中國若無大資本家出現，則將有他國之大資本家入而代之，而彼大資本家既占勢力以後，則凡無資本者或有資本而不大者，只能宛轉瘐死於其脚下，而永無復蘇生之一日。彼歐美今日之勞動者，其欲見天日，猶如此其艱也，但使他國資本勢力充滿於我國中之時，即我四萬萬同胞為馬牛以終古之日。其時，舉國中誰復為貧，誰復為富，惟有於中國經濟界分兩大階級焉：一曰食文明之利者，其人為外國人；一曰蒙文明之害者，其人為中國人而已。於彼時也，則真不可不合全國以倡社會革命矣。雖然，晚矣，無及矣，此非吾故為危言以悚聽也。夫寧不見今日全國經濟界稍帶活氣者，惟有洋場，而洋場之中國人，則皆餕外商之餘也。月暈知風，礎潤知雨，而況乎風雨之已來襲者耶。我中國今日欲解決此至危極險之問題，惟有獎勵資本家，使舉其所貯蓄者，結合焉，而采百餘年來西人所發明之新生產方法以從事於生產，國家則珍惜而保護之，使其事業可以發達以與外抗，使他之資本家聞其風，羨其利，而相率以圖結集，從各方面以抵當外競之潮流，庶或有濟。雖作始數年間，稍犧牲他部分人之利益，然為國家計，所不辭也。今乃無故自驚，睡魘夢囈，倡此與國家全體利害相反之社會革命論，以排斥資本家為務，寖假而國民信從其教，日煽惑勞動者以要求減少時間，要求增加庸率，不則同盟罷工挾之，資本家蒙此損失，不復能與他國之同業競，而因以倒斃，他之資本家，益復懲羹吹齏，裹足不前，坐聽外國資本勢力，駸駸然淹没我全國之市場，欲抵抗已失其時，而無復紮寨之餘地。全國人民，乃不得不帖服於異族鞭箠之下以糊其口，則今之持社會革命論者，其亡國之罪，眞上通於天矣。此非吾故苛其詞，實則居今日而倡此不適於國家生存之社會革命論，其結果必至如是也。要之，吾對於經濟問題之意見，可以簡數語宣示之，曰：今日中國所急當研究者，乃生產問題，非分配問題也。何則？生產問題者，國際競爭問題也；分配問題者，國內競爭問題也。生產問題能解決與否，則國家之存亡係焉。生產問題不解決，則後此將無復分配問題容我解決也。由此言之，則雖目前以解決生產問題故，致使全國富量落於少數人之手，貽分配問題之隱禍於將來，而急則治標，猶將舍彼而趨此，而況乎共可毋慮是也。孔子與門人立，拱而尚右，二三子亦皆尚右；孔子曰：『二三子之嗜學也，我則有姊之喪故也。』夫歐美人之倡社會革命，乃應於時勢不得不然，是姊喪尚右之類也。今吾國情形與彼立於正反對之地位，聞其一二學說，乃吠影吠聲以隨逐之，雖崇拜歐風，亦何必至於此極耶。夫無喪而學人尚右，不過為笑，固非害於實事；若病異症而妄嘗人藥，則自厭其壽耳。今之倡社會革命論者，蓋此類也，所謂不可行社會革命者此也。

所謂中國不能行社會革命者何也？欲為社會革命，非體段圓滿，則不能收其功；而圓滿之社會革命，雖以歐美現在之程度，更歷百年後，猶未必能行之，而現在之中國更無論也。今排滿家之言社會革命者，以土地國有為唯一之楬櫫。不知國有者，社會革命中之一條件，而非其全體也。各國社會主義者流，屢提出土地國有之議案，不過以此為進行之著手，而非謂舍此無餘事也。如今排滿家所倡社會革命者之言，謂歐美所以不能解決社會問題者，因為未能解決土地問題，一若但解決土地問題，則社會問題即全部問題解決者然。是由未識社會主義之為何物也。近世最圓滿之社會革命論，其最大宗旨不外舉生產機關而歸諸國有。土地之所以必須為國有者，以其為重要生產機關之一也。然土地之外，尚有其重要之生產機關焉，即資本是也。而推原歐美現社會分配不均之根由，兩者相衡，則資本又為其主動。蓋自生產方法一變以後，無資本者萬不能與有資本者競，小資本者萬不能與大資本者競，此資本直接之勢力，無待言矣。若語其間接之勢力，則地價地租之所以騰漲者何自乎？亦都會發達之結果而已。都會之所以發達者何自乎？亦資本膨脹之結果而已。彼歐洲當工業革命以前，土地為少數人所佔有者已久，然社會問題不發生於彼時而發生於今日者，土地之利用不廣，雖擁之猶石田也。及資本之所殖益進，則土地之價值隨而益騰，地主所以能占勢力於生產界者，食資本之賜也。又況彼資本家常能以賤價買收未發達之土地，而自以資本之力發達之以兩收其利，是又以資本之力支配土地也。要之欲解決社會問題者，當以解決資本問題為第一義，以解決土地問題為第二義。且土地問題，雖謂為資本問題之附屬焉可也。若工場，若道具，其惟質亦與土地近，皆資本之附屬也。質而言之，則必舉一切之生產機關而悉為國有，然後可稱為圓滿之社會革命；若其一部分為國有，而他之大部分仍為私有，則社會革命之目的終不能達也。然則圓滿之社會革命論，其新社會經濟組織何如？以簡單之語說明之，亦曰：國家自為地主自為資本家，而國民皆為勞動者而已。即一切生產事業，皆由國獨佔，而國民不得以此競也。夫同為勞動者也，何以於現在則苦之，於革命後則甘之？誠以如現在經濟社會之組織，彼勞動所得之結果，地主攫其若干焉，資本家攫其若干焉，而勞動者所得，乃不及什之一。若革命以後，勞動之結果，雖割其一部分以與國家，而所自得之一部分，其分量必有以逾於今日。且國家所割我之一部分，亦還為社會用，實則還為我用而已。如此則分配極均，而世界將底於大同。此社會革命論之眞精神，而吾昔所謂認此主義為將來世界最高尚美妙之主義者，良以此也。而試問今日之中國，能行此焉否也？此在歐美之難此主義者，有自由競爭絕而進化將滯之問題，有因技能而異報酬或平均報酬孰為適當之問題，有報酬平等遏絕勞動動機之問題，有分配職業應由强制抑由自擇之問題，其他此類之問題尚夥，不縷述。凡此諸問題，皆歐美學者所未盡解決，而即此主義難實行之一原因也。今中國且勿語此，惟有一最淺易最簡單之問題，曰：既行社會革命建設社會的國家，則必以國家為一公司，且為獨一無二之公司，此公司之性質，則取全國人之衣食住，乃至所執職業，一切干涉之而負其責任，就令如彼報所言，我國人民程度已十分發達，而此等政府，果適於存在否乎？足以任此之人才有之乎？有之，能保其無濫用職權專制以為民病乎？能之，而可以持久而無弊乎？此問題，絕無待高尚之學理以為證，雖五尺之童能辨之。論者如必謂中國今日能建設此等政府也，則强詞奪理，吾安從復與之言。若知其不能，則社會革命論，直自今取消焉可也。夫論者固明知社會革命之不能實行也，於是鹵莽滅裂，盜取其主義之一節為旗幟，冀以欺天下之無識者。庸詎知凡一學説之立，必有其一貫之精神，盜取一節，未或能於其精神有當也。彼排滿家之社會革命論，自孫文倡也，某報第十號，載有孫文演説，殆可為其論據之中心，今得痛駁之以為中國不能行社會革命之左證。

《新世紀》第三期《與友人書論新世紀》　吾儕之主張社會革命者，多受人疵議，雖有志之青年，亦不無加之以白眼。悉謂諸君之議論誠是也，惜不合於中國目前之時勢，雖歐美如是之文明，尚不能達此目的，何況中國哉！子與人言公理、人道，而人以兵力威壓之。不説社會主義，而吾尚有一隙可保，不然，此言一出口，不轉瞬間，吾四萬萬同胞，殆將盡為他人之奴隸矣！吾為諸君不取也。余聞是言，余欲哭，哭其受壓制已數千年，為奴隸已數千年而不知，尚斤斤焉謂將為人奴隸。余嘗非其説，以社會之眞理解釋之，不料屢次言未終，而目前已滿兩手搖搖之怪象，耳際已充嗤嗤之賤聲，不曰厭世，卽曰保王。雖然，余何敢因此而灰心，唇雖焦而舌仍未爛，吾言終不能已，將社會革命之議論，久聒於諸君之耳中，余敢言諸君若稍留意，研究此偉大之社會主義，恐他日必與吾儕表同情。□君者，昔日亦僅熱心於種族革命黨，常主以上諸君之見解，今見其致友人之書，喜其進步之速於我輩，而吾道不為孤，故急録其書如下。示我留學德國情形，多感！來示又徵我對《新世紀》報所持主義之意見。夫吾不學無文，或不足當子一笑，雖然，子既有命，吾毋敢隱於子也。《新世紀》之大旨：曰衆生一切平等，自由而不放任，無法律以束縛箝制之，而所行所為，皆不悖乎至理，為善純乎自然，而非出於强迫也。唯然，故無所謂武備，更無所謂政府，無所謂種界，更無所謂國界，其卒也，并無所謂人我界，含哺而嬉，鼓腹而遊，無爭無尤，無怨無競，怡怡然四海皆春，熙熙然大同境象也。夫《新世紀》之目的，之志願，乃如此宏大高明，安得不絕呼而拜禱之也，子則何如？【略】

非難者曰：今者祖國危如累卵，岌岌不可終日。比者英、日、法、俄四國之協約，與夫德國歸還山東之舉，其野心眞所謂人人皆見者也。子雖日昌言無種界，無國界，無如諸國政府，持國家主義自利主義者，偏欲以腕力，實行大淩小强兼弱之宗旨，而與子言種界與國界，子將何以禦之，亦束手待斃而已！且清廷之手段尤辣，自衛之心至盛，率寧贈朋友之身手，以臨吾民，壓制之不遺餘力，其直接虐吾民，有百倍於英、日、法、俄、德、美諸國者。今不思實行種族革命，以逐腥羶，令吾民重見漢天；實行政治革命，以强吾國，使四鄰莫敢余侮。不此是務，乃呶呶以無國界無種界教民，使其愛國尚武精神，銷歸烏有，吾敢曰亡中國者此主義也。

夫非難者之言，如是日日聒於吾耳，憶曩者子曾以是相詰，彼時予無以應，今請應之曰：政治革命者，社會革命所必由之。何也？善乎《新世紀》之言曰：言排滿不如言排王。吾亦曰：言種族革命不如言政治革命也。梁啓超之君主立憲，亦政治革命也；《民報》之共和，亦政治革命也。請申其説。夫《新世紀》之論，言排滿不如言排王也，以為使滿人而自知天命，遊心揖讓之美，去王冠帝冕，而為純粹之平民也，則大善矣，吾方且謳美之不暇，奚用排之，安可排之。如其不能也，則排王實與《民報》之排滿暗合也。且使今日儼然據帝位者為漢人也，則吾人遂不排之耶？決不然也。而奈何以排滿自小也。故曰言排滿不如言排王。吾之論，言種族革命，不如言政治革命也，亦如是。蓋使滿人而甘心聽吾人為純粹的社會主義之政治革命也，則大善矣，安用種族革命為。如其不能也，則政治革命，亦卽《民報》之種族革命，是二而一者也。設使漢人，或英、德、法、美、日、俄人，於吾之政治革命，生阻力也，則我遂不敵之耶？否否。而奈何以種族革命自小也。余故言種族革命，不若言社會主義之政治革命也。然則吾人之昌言無種界無國界，亦非與種族革命及政治革命相背而馳也，但規模較大耳，彼所謀者不過一國之幸福，若我輩之所謀者，則世界之幸福耳。至若英、日、俄、德、法、美諸國，苟不以理而以强力臨我，若是，則人道之敵耳，我等固以誅除人道之賊為目的為宗旨者也，安能容之。若是，則我等雖不言保國固種，而以反對人道之敵為主義，則國自保種自固矣。且夫彼提倡愛國尚武，此只能自保，不能禁人之不來也，曷若主持反對人道之敵者為能抑其野心，而不言保國而國自保，不言固種而種自固，馴至於無種界無國界，不亦善乎！

平民革命論分部

論說

《新世紀》第四二期《去矣，與會黨為伍！》 發難自平民，而竊獲其利樂者，則為一時之權貴，往古之革命然也。發難自平民，而均享幸福者，則為舉世之黎氓，今後革命之所期也。二者不問何居，革命主動，首推平民。此東西所共見，證諸理論，亦莫能易斯轍也。在今日論中國革命，更不問其或發願於政治之改革，或注目於社會之更新，事之前驅，舍平民揭竿斬木之外，更無他道。【略】

考究中國平民之能力，足以與有為者，則在乎其富於團結力。以其有團結力故，而秘密會黨之盛，甲於全球各國。故曰會黨者，中國平民之代表也。回觀往迹，會黨之能力發現於革命而奏偉業者，約有二端。一曰驅逐胡元。夫以胡元蹂躪歐亞之餘威，臨制文弱之中國，本易易也。然不逾百年，而使胡酋大去燕京，逃歸沙漠者，固非吮筆嚼字學士之力，亦不得僅云徐達、常遇春武士之功，實秘密會黨積威有以致之。當日之白蓮教，乃秘密會黨之著者，韓林兒、朱元璋輩亦不過彼黨之一分子耳。一曰反抗滿清。自滿清盜中國以來，其能反抗最力者，首推太平天國，人所熟知。然太平天國致盛之由，不得不推洪門結社之功。洪、有人云秀全並非洪姓，因加盟洪門，遂以洪為姓。楊之徒，僅其一毫毛耳。據此二端，則中國會黨之力，實足為中國近史上之偉觀。往事已矣，即若今日，會黨之勢力仍足以左右中國之社會。在理教即昔日之白蓮，哥老會、三合會即昔日之洪門。試推會黨之原始，白蓮之稱，無從推究。或云起於東晉。洪門之號，據彼中人謂，悉少陵五祖及陳近南之所開創云。五祖不知其何指，近南更不知其籍貫。以意察之，當悉明末遺民，哀中邦之陵夷，痛異族之淫暴，棄士冠而走入草澤，散資財以結納平民者。積年既久，反清復明之觀念遂浸潤平民之間，致成今日之盛。試披今日之報章，無一日無會黨之記事，良有以也。在理、三合、哥老無論矣，即若鹽梟、大刀會、小刀會、道友會以及東三省之馬鬍子，名目繁多，屈指難數。總計其人，當亦不下百萬。滿清兵備，防會黨如防敵國，亦誠未有之奇。惜乎近世之文明尚未傳布於其間，故不能謂會黨於中國文明上有多少之價值。然政府時抱民心怨叛之慮，財政匱乏至如此極，尚不敢橫徵暴斂者，未始非會黨之賜也。且中國會黨較諸中上社會，其道義有可高貴。趨生避死，人之恒情，而中國之中上社會尤為甚焉。非謂會黨中人，皆頂禮羅拜，然其視死如歸，大有古武士風。故雖政府日加以淫威，施以酷刑，而其盤據於通邑大都，出没於山澤江湖，未之或息。較諸吾黨數年以來，尚不能樹一威勢於內地者為何如耶！

劉師培《劉申叔遺書補遺·總同盟罷工論序》 吾歷睹中邦往述，凡揭竿斬木之變，雖由一二豪傑為倡率。然發難之萌，率胎於勞力之民。三代而上，田有定分，歲用民力，不踰三日。雖《傳》言『小人勞力以事上』，然授產之則布於朝，復稽時休民，俾有餘力。故等儀之辨雖嚴，而下鮮謗讟。東遷迹熄，暴政朋興，囊括民財，斬艾民力。觀魏君重斂，殘食於民，而《碩鼠》之刺興。《詩》言『逝將去汝，適彼樂土』，言民去其國也。梁伯好土功，民疲不堪，而《春秋》書梁亡。《公羊傳》稱之曰『魚爛而亡』，言民逃其上也。夫懷土之念，首邱之思，凡在黎氓，罔不同具。其所以輕於去鄉者，則以避布粟力役之征耳。其在《易》之《渙》曰：『渙其血去，逖出，（无）〔無〕咎。』《象》曰：『渙其血，遠害也。』其此之謂乎？特封建之朝，鄰封密邇，罹虐之民，其象為去。混一之世，四方靡騁，罹虐之民，其象為畔。昔秦皇窮困萬民，以適其欲，築阿房，設馳道，驪山役徒以巨萬計。百姓任罷，內外騷動。一夫大呼，雲人響應。賈山《至言》論之曰：『秦帝以民自養，力罷不能勝其役，財盡不能勝其求，勞罷者不得休息，飢寒不得衣食，人與為怨，家與為仇，故天下以壞。』由是言之，則民罷財盡，為羣黎昌亂之階，秦社之覆，咎由民勞。閭左戍卒，功未足多。山言具在，可覆審也。後世而降，國有罷民，則掩社之災，其象隱肇。試觀隋煬穿漕，衆夫側目；宋徽還石，羣盜滿山；元侈濬河，而徐、韓禍作；明興丱利，而張、李變萌。此豈（歷）［曆］數之不屬哉？蓋民有恆性，率親利而遠勞，至於給役萬人，發（他）［征］無藝，財力（互）［亘］罄，詛祝式興，勢必奮臂草澤，以少抒其蘊。故世變之生，率以勞力之民為功首，夫奚英傑之足云！清室宅夏，矯虔之虐，施於士族；臣工黎庶，鮮親其酷。故舍田僕灶丁外，鄉鄙之衆，恒自食其力，備物給用，俱贍而交利。今則莫然。桑、孔之輩，駢肩於朝；豪商黠賈，欣盜其説以自殖。巨邑達都，工場臻密，進席市利，退杜民業，致農士工女，靡所之讐其貨。及物值騰躍，細民仰屋嗟生，或背遺井里，以供富室之役。力作之劬，有苦隸虜。復靳其賃貲，俾所入弗勝自贍。雖秦、隋辟王之暴，曾蔑是過。惑者不審，以為興利術昌，則失業之民鮮，不知方今勞力之民，衡以向昔失業之民，疾苦滋巨。蓋失業之民，境屯而躬佚，今則操業鮮休，瘁躬胼體，而艱屯之況若昔。蚩氓雖冥，亦何樂朘罄膏血，益殷戶之侈，俾之以財力相君哉！加以貸耕之農，見十稅五，採（艸）［丱］之夫，營道之卒，莫不躬罹箠楚，裋褐不完。及遙適殊方，則晢人復繩以苛則。民生多艱，實振古所罕睹。故抗稅、休市之變，交相踵而呈。

又《論中國宜組織勞民協會》 布魯東《何謂私有財產》之言曰：『私有財產權者，乃世界罪惡之根源。凡人類自有生以來，所罹極端之罪惡及災害，此其連（瑣）［鎖］之第一環也。』羅列《社會總同盟罷工》亦曰：『近世民，雖非永作一人之奴隸，然去此適彼，仍終其身為資本階級之奴隸而已。社會一日不破，將永無脱身之期。』則處今之世，一切革命均由經濟革命發生，而經濟革命又由勞民團體發生。此必然之勢也。故吾黨對於中國，首冀勞民之革命。而反對其説者，或以中國勞民無革命資格，且無結合之團體；或謂中國勞民欲興革命，為期尚遠。此均影響之談也。試證之歷史，視察今日之社會，而知勞民協會之制，必可推行於中國，嗣後眞正大革命，亦必由勞民協會而生。試舉其證如左：

一、中國歷代之革命，均發端於勞民，則現今中國革命，必以勞民為根本。歐美近日之革命，均由勞民為主動。及考之中國歷史，則平民革命，不生於輕徭薄賦之朝，而生於民罷財盡之世。【略】

二、欲提倡勞民革命，必先從事於勞民結合，而中國勞民，素有結合之團體。中國在上之人，乏結合之性，而在下之人，則團體轉堅。【略】此等團體，卽苦魯巴［特］金所謂『由互助感情而生自由之集合』者也。惟商董、工頭、首領之制，背於平等，若由此固有之團體，依平等之旨，籌結合之法，復將各境各業之團體互相聯合，則勞民協會不難成立矣。

三、中國自今以往，乃資本家擴張勢力之時代。資本家勢力既擴張，則勞民愈苦，勞民既苦，則必由憤激而思團結，由團結而思革命。【略】

以上所舉，均工人切身所受之困苦也。然關於經濟者，復有數端。

一則昔日作工於家，持貨易錢，可得全值，足償其工作之勞，且克自由使用；今則服役工廠，若所成之貨足售一元，所得賃金，或不及半。於貨物成之己手者，且需出資相購，此困苦增於往昔者一也。

二則工場所作之物，多非貧民日用所必需，如鐵廠及絹絲、烟草是。驅昔日務本之農，羣營末業，則本業日荒，而民生日用之物日貴，因是工人所得賃金不足贍家族。是工人因希貪重值，致物值日昂，而愈以促其生計。此困苦增於往昔者二也。

三則都市為華奢之地，貧民一入都市，必染其風，而銷費亦日巨；至其結果，必愈趨於貧。此困苦增於往昔者三也。又如上海電車開行，人力車多失業，若嗣後工場日增，貨物不克銷售，則必有因之閉業者。所雇工人，必蹈法美解雇之禍。故勞民至於今日，乃困苦達於極點者也。考歐美勞民叛亂其恒例有二：一由勞民日趨於困苦，一由勞民萃集於一區。今中國勞民困苦既達極端，而各大都市復集數十萬勞民之一境，則勞民叛亂，勢必為期甚邇，故組織勞民協會，以促叛亂於速生，乃當今之急務，而吾黨唯一之天職也。

·

案：此等罷工，所謂工錢的同盟罷工也，與吾黨所主張之社會總同盟罷工似有不同。然觀歐美昔日罷工，亦恒從要求工價而起，及工人漸萌自覺心，由是有政治的同盟罷工，以要求選舉權。其有由勞民直接行動，實行社會總同盟罷工，以冀行『收用』政策者，則始於近數載。吾深冀中國工人由『工錢的同盟罷工』，進而為『社會總同盟罷工』，則此次蘇州之事件，不啻工民叛亂之前驅矣。記者識。

又《農民討官吏檄》 嗚呼！自古迄今，農民受困於官吏，非一日矣。近世以來，清丈、圈佔、丁役諸弊政，姑置不論。惟究近歲之現勢言之，而知農民所受之害，計端不上十餘。試明揭其證，以申官吏之罪，以達農民之憤。

農村之間，官吏歲必數至，或因墾荒，或因勘災，或因命案。然舟車火食，供臆煩多；僕從差役，累民尤衆。而莊頭、保正，則攤派於農民，甚至多方需索，民力為竭。蹂躪禾麥，破壞室廬，其罪一也。

土豪巨室，稅額弗盈，棄置勿詰，或攤派貧民以為償。惟赤貧農民，則計及秋（豪）〔毫〕，不復稍恕。其罪二也。

正供之稅，為額雖輕，然平餘、火耗，（巳）〔已〕成定制。而州縣糧差所收之額，較之藩庫實收之額，或增一倍，或增數倍。至於分外誅求，無名賠補，又巧立運兑幫貼諸名目，從事於勒折浮收，以備上級各層之侵蝕。而糧差私索之費，尤不可勝數。其罪三也。

拖欠之糧，按年攤補。補肉剜瘡，民弗克供。為牧令者，或挪移費用，仍以欠稅誣農民，其罪四也。

墾荒之地，地力未盡，收穫甚稀。便令升科，或誣報所墾之多，冀邀上賞，則捏指未墾之田，迫民納稅。又或於所墾之地，匿不報部，而以升科誣民，以私取其租。是曰喫荒。其罪五也。

完糧之頃，不惟濫徵，且縱令糧差作弊，納銀鈉粟，橫索百端。如銀價既賤，仍每兩折錢二千；其量穀之升，亦較民間為巨，以致民間之銀米，喪失於無形，其罪六也。

昔日民田，淤為陂湖，或土地墝瘠，廢棄不耕。田既不存，徵糧自若。或由閭村攤派，其罪七也。

徵收之期，尚未屆達。使令差役，四出催徵。彼倚官力，騷擾村里。既索供張，復徵私賄。其罪八也。

貧民納稅，稍延其期，則糧差代為完納。既納之後，索償之價，恒出十倍之上。否則，捕縛其身，致之官署，或牢獄，或罹鞭撻，非所索既盈，不克放釋。所受私刑，尤為慘酷。其罪九也。

水旱洊至，寸粒無存。政府既布蠲租之令，為牧令者趁諭旨未達之先，限期徵稅，以嚴威相迫。致為農民者，恒賣妻鬻子以為償。然官吏得之，悉歸私橐。甚至蠲免之區，私徵如故；緩徵之額，不復延期。其罪十也。

民值奇荒，待賑甚急。官吏有賑災之名，無賑災之實。購米、購薪，半歸中飽；施藥、施粥，殆成具文。以至農民受餒，或為流民於四方。其罪十一也。

近日牧令偽行新法，以媚大僚。農田、水利、積穀諸大政，置若罔聞，致奇荒疊至。其罪十二也。

畝有畝捐，串有串捐，穀有穀捐，別有斗捐、雜糧捐諸稅。甚至擔糞城中，亦有糞捐；荷薪入郭，亦有柴捐。又或加捐米商，致米商購米農民，强抑其價。農民罹害，以今為甚。其罪十三也。

若田主訟佃，或富民與貧民爭田，牧令各官，均直田主、富民，舍理論勢，以淩貧弱。其罪十四也。

各村農民，或起抗糧之事，則飛稟大吏，調兵相征。或遷聯無辜，處之死刑。或一村受屠，毀室劫財；係累老稚，姦淫婦女。其罪十五也。

由以上所言觀之，則官吏欺抑農民之罪，上通於天矣。雖然，差役之虐民，恃有官吏。官吏之虐民，恃有政府。欲除差役，首除官吏；欲除官吏，首除政府。非顛覆政府，則農民之困莫克伸。故農民革命，即以無政府為目的，而欲達無政府之目的，必自殺官抗稅始。

《新世紀》第一五期《普及革命》　革命憑公理，而最不合公理者，强權，故革命者，排强權也。强權最盛者為政府，故排强權者，傾覆政府也。然傾復政府，非得大多數之承認之贊成不可，今猶非其時也。蓋不知公理，拘於道德，迷於利祿，溺於功名，怵於禍患者居多數。大半助强權者，損人以利己，以致釀成此不公平之社會。故今世紀之革命，尚不為平和。政府恃軍備，以利槍快礮，保其强權，主革命者，何能見之於疆場？私運軍火，則嚴禁，隱練軍隊，則干涉，欲大起革命軍，以傾覆政府者，今猶非其時矣。無已，普及革命，使大多數承認之贊成之，則强權不待排而掃地矣。

公理顯明，始知革命必要，為社會之進化，承認之贊成之者多，則實行甚易，而進步殊速。故革命之出於一人或少數人也，則危險大，而進步遲，蓋大多數人不知革命為必要，而反對之，於是殺人如麻，徒生擾亂者，是之謂易姓改朝之革命。革命之出少數人或多數人也，則危險較小，而進步較速，蓋反對之者少，成之於多數人之意，猶不難也，是之謂政治革命。至於革命之出於多數人或全體也，則平和而進步速，蓋無反對者，舉凡一切憑衆意規劃，合公理則行，不合公理則去，是之謂社會革命。

【略】

吾之『普及革命』論終矣。雖然，傳達與鼓吹革命，欲使其普及，以圖社會之進化，其所反對，其所實行，豈盡括於是論哉，吾不過舉其一二大者而略言之。若欲論現世界之事事物物，一一指摘之，縱論何者當反對：何者當實行，雖汗牛充棟，猶不能盡也。夫革命者，全社會之事，非吾一私人之事也。吾之所言，欲有所忠告耳。議論自議論，實行自實行，熱心於社會之改良者，自不好多議論，惟不憚煩，盡其所能，隨事隨地，隨時隨勢，而一一反對其所不公理者，實行其合公理者，無所推托，尤無所畏避也。有公理在，吾當以為權衡。吾之所反對，所欲實行者正多，盡吾一分心力，必有一分補益，勿以一人力薄，而不能任此大事也。尤勿以所懷抱之目的，為太高尚，時候不到，不能實行也。人各有良心，第問所懷抱之目的如何耳。果認為較為善，而可以改良現今之社會也，吾主張之，實行之，利害不能易吾心，毀譽不能動吾容，威武不可屈，貨利不可餌。人各如是，社會逐漸改良，何危險的革命之有哉？

今之反對革命畏革命者，輒以革命為危險，不知其危險自造之也。積數年、數十年、數百年、數千年之惡弊，應當一一予以數十、數百、數千萬、數億兆之小革命者，相因相乘，愈積愈大，遂合為今之大革命，欲一旦廓清而掃除之，豈無危險哉？苟人人不因循坐誤，彌縫補苴，而時時求改良，刻刻求進化，自無危險之革命也。蓋革命者，革去社會一切之惡弊，合公理則存，不合公理則去，苟一事一物，能隨時而進化，因時而改良，雖欲大革而無所革也。惟不進化，不改良者，必革命；已進化，已改良，而不隨時進化，不因時改良者，亦必革命。故革命催進化，促改良也。一不進化，一不改良，則革命；故革命不已，而進化改良無窮也。

男女革命論分部

論說

《秋瑾集·〈精衛石〉序》 余日頂香拜祝女子之脱奴隸之範圍，作自由舞臺之女傑、女英雄、女豪傑，脱離奴隸範圍，作自由舞臺之女英雄、女豪傑。其速繼羅蘭繼羅蘭、馬尼他、蘇非亞、批茶、如安而興起焉。余願嘔心滴血以拜求之，祈余二萬萬女同胞無負此國民責任也。速振！速振！女界其速振！

改造漢宮春

極目傷心，嘆中華祖國，黑暗沉淪。大好江山，忍歸異族鯨吞？空有四萬萬後裔，奴隸根深。甘屈伏他人胯下，覥顔獻媚爭榮。幸得重生忠義士，從頭收拾舊乾坤。

可憐女界無光彩，祗懨懨待斃，恨海愁城。湮没木蘭壯膽、紅玉雄心。驀地馳來，歐風美雨返精魂。脱範圍，奮然自拔，都成女傑雌英。飛上舞臺新世界，天教紅粉定神京。

又 《〈中國女報〉發刊辭》 夫今日女界之現象，固於四千年來黑暗世界中稍稍放一綫光矣。然而茫茫長路，行將何之？吾聞之其作始也簡，其將畢也鉅，苟不確定方針，則毫釐之差，謬以千里。殷鑑不遠，觀數十年來我中國學生界之現狀可以知矣。當學堂不作，科舉盛行時代，其有毅然舍高頭講章，稍稍習外國語言文字者，詎不曰，新少年！新少年！然而大道不明，眞理未出，求學者盡皆無宗旨，無意識，其效果乃以多數聰穎子弟，養成翻譯、買辦之材料，不亦大可痛哉！十年來此風稍息，此論亦漸不聞。然而吾又見多數學生，以東瀛為終南捷徑，以學堂為改良之科舉矣！今且考試留學生，某科舉人、某科進士之名稱，又喧騰於耳矣。自茲以後，行見東瀛留學界蒸蒸日盛矣。嗚乎！此等現象進步歟？退步歟？吾不敢知。要之此等魔力，必不能混入我女子世界中，我女界前途必不經此二階級，是吾所敢決者。然而聽晨鐘之初動，宿醉未醒，睹東方之乍明，睡魔不遠。人心薄弱，不克自立，扶得東來西又倒，於我女界為尤甚，苟無以鞭策之，糾繩之，吾恐無方針之行駛，將旋於巨浪盤渦中以沉溺也。然則具左右輿論之勢力，擔監督國民之責任者，非報紙而何？吾今欲結二萬萬大團體於一致，通全國女界聲息於朝夕，為女界之總機關，使我女子生機活潑，精神奮飛，絕塵而奔，以速進於大光明世界，為醒獅之前驅，為文明之先導，為迷津筏，為暗室燈，使我中國女界中放一光明燦爛之異彩，使全球人種驚心奪目，拍手而歡呼，無量願力請以此報創。吾願與同胞共勉之。

《白話》第二期《秋瑾〈敬告中國二萬萬女同胞〉》 唉！世界上最不平的事，就是我們二萬萬女同胞了。從小生下來，遇著好老子，還說得過；遇著脾氣雜冒、不講情理的，滿嘴邊說：『晦氣，又是一個沒用的。』恨不得拿起來摔死。總抱著『將來是別人家的人』這句話，冷一眼、白一眼的看待；沒到幾歲，也不問好歹，就把一雙雪白粉嫩的天足脚，用白布纏着，連睡覺的時候，也不許放鬆一點，到了後來肉也爛盡了，骨也折斷了，不過討親戚、朋友、鄰居們一聲『某人家姑娘脚小』罷了。這還不說，到了擇親的時光，只憑着兩個不要臉媒人的話，只要男家有錢有勢，不問身家清白，男人的性情好壞、學問高低，就不知不覺應了。到了過門的時候，用一頂紅紅綠綠的花轎，坐在裏面，連氣也不能出。到了那邊，要是遇著男人雖不怎麼樣，卻還安分，這就算前生有福今生受了。遇著不好的，總不是說『前生做了孽』，就是說『運氣不好』。要是說一二句抱怨的話，或是勸了男人幾句，反了腔，就打罵俱下；別人聽見還要說：『不賢惠，不曉得婦道呢！』諸位聽聽，這不是有冤沒處訴麼？還有一樁不公的事：男子死了，女子就要帶三年孝，不許二嫁。女子死了，男人只帶幾根藍辮線，有嫌難看的，連帶也不帶；人死還沒三天，就出去偷雞摸狗；七還未盡，新娘子早已進門了。上天生人，男女原沒有分別。試問天下沒有女人，就生出這些人來麼？為什麼這樣不公道呢？那些男子，天天說『心是公的，待人是要和平的』，又為什麼把女子當作非洲的□□一樣看待，不公不平，直到這步田地呢？

諸位，你要知道天下事靠人是不行的，總要求己為是。當初那些腐儒說什麼『男尊女卑』、『女子無才便是德』、『夫為妻綱』這些胡說，我們女子要是有志氣的，就應當號召同志與他反對。陳後主興了這纏足的例子，我們要是有羞耻的，就應當興師問罪；即不然，難道他捆着我的腿？我不會不纏的麼？男子怕我們有知識、有學問、爬上他們的頭，不准我們求學，我們難道不會和他分辯，就應了麼？這總是我們女子自己放棄責任，樣樣事體一見男子做了，自己就樂得偷懶，圖安樂。男子說我沒用，我就沒用；說我不行，只要保着眼前舒服，就作奴隸也不問了。自己又看看無功受祿，恐怕行不長久，一聽見男子喜歡脚小，就急急忙忙把他纏了，使男人看見喜歡，庶可以藉此吃白飯。至於不叫我們讀書、習字，這更是求之不得的，有什麼不贊成呢？諸位想想，天下有享現成福的麼？自然是有學問、有見識、出力作事的男人得了權利，我們作他的奴隸了。既作了他的奴隸，怎麼不壓制呢？自作自受，又怎麼怨得人呢？這些事情，提起來，我也覺得難過。諸位想想總是個中人，亦不必用我細說。

但是從此以後，我還望我們姐妹們，把從前事情，一概擱開，把以後事情，盡力作去，譬如從前死了，現在又轉世為人了。老的呢，不要說『老而無用』，遇見丈夫好的要開學堂，不要阻他；兒子好的，要出洋留學，不要阻他。中年作媳婦的，總不要拖着丈夫的腿，使他氣短志頹，功不成、名不就；生了兒子，就要送他進學堂，女兒也是如此，千萬不要替他纏足。幼年姑娘的呢，若能夠進學堂更好；就不進學堂，在家裏也要常看書、習字。有錢作官的呢，就要勸丈夫開學堂、興工廠，作那些與百姓有益的事情。無錢的呢，就要幫著丈夫苦作，不要偷懶吃閒飯。這就是我們的望頭了。諸位曉得國是要亡的了，男人自己也不保，我們還想靠他麼？我們自己要不振作，到國亡的時候，那就遲了。諸位！諸位！須不可以打斷我的念頭纔好呢！

金天翮《女界鐘・緒論》 立於不平等之地位，而受專制之勝利，則必以平等為憎惡之物、不祥之名，盡死力以排去，保其固有之地位，故限制王權之說，乃數百萬平民擲頭顱、塗肝腦以爭，非君主所樂出也。今世界男子無不受專制，女人之勝利，苟不以為玩好，則以為殖民地也。故女權之說雖有彌勒約翰、斯賓塞之徒倡之，亦如拿破侖之布自由民權，遭歐洲君主之公敵也。而十九世紀歐洲，婦人業已自出手腕，以與男子爭已失之權利，雖文明梯級未許共登，然而女權之種子，經春風一嘘拂，既勾萌而甲拆矣。嗟我神州，同胞如玉，靈魂怯弱，品性狷廉，欲拯之九淵之中，而登於九天之上，非獨智有所不及，乃亦力有所不勝。嗚呼，吾為此懼！

吾今欲正襟危坐，以告我二萬萬同胞之善女人，而不能充分以直接也。吾先被髮裂喉，告我二萬萬同胞之善男子曰：凡身領壓制之況味，受壓制之苦痛之人，必腐心切齒於壓制政體，不願世間有此等惡現象。故法蘭西人之言曰：『願以世界君主之血染紅地球。』今世界君主之國，問覥顏存者幾何矣！佛云：『我不入地獄，誰入地獄。』今世界地獄之民，可屈指數者又幾何矣。普渡衆生，吾等之宏願；一視同仁，吾等之天職。民權與女權如蟬跗萼而生，不可遏抑也。吾為此說，非獨為二萬萬同胞姊妹說法也，為中國四萬萬人民普通說法也。請試言之：國於天地必有與立，與立者國民之謂也。而女子者，國民之母也。今吾中國『國民』之稱其無有矣，其代名詞則『萬姓』是也。是代表吾國民無精采、不風骨，往於史姓韵編占一席地而已。夫個人之品性，雖由外界之風俗境遇熏染刺激而化，亦自因內界之數十代遺傳根性醞釀陶鑄而成。而根性之傳，必離母以附子，陽施陰受，頓漸各殊。故國民無師，其所師則女子也。嗟我同胞，二千年來，鬚眉如鯽，求可入王粲英雄之記，布爾特奇豪傑之談，既不概見；而紅粉蛾眉，無論不足比貞德、瑪利儂後見、韋露、蘇菲亞、批茶、娜丁格爾之徒，即班昭、龐娥、緹縈、木蘭、馮嫽等，亦不許望肩背也。我彤管其無光？我青史其無色？我神州其終不發達？我黃種其永不名譽？秏矣哀哉！國無人！國無人！

十九世紀之中國，一落千丈於世界競爭之盤渦；若二十世紀之中國，則一躍千丈於世界競爭之舞臺，此理勢之必然者也。男子然，女子亦何獨不然？昔斯巴達婦人之勖其子之臨戰也，曰：『願汝負楯而歸，否則楯負汝而歸。』瑪利儂之在獄中曰：『吾等今日已不能救身，雖然，一息尚存，終不可以不救國。』壯哉此言也！我中國今日二萬萬同胞中，有是人，為是言，吾將鑄金繡絲，香花崇拜，以為誕出新中國新人物，必此人也。張女界之革命軍，立於錦繡旗前，桃花馬上，琅琅吐辭，以喚醒深閨之妖夢者，必此人也。顧亭林曰：『天下興亡，匹夫有責。』豈獨匹夫然哉，雖匹婦亦與有責焉耳。

又　第七節《女子參預政治》　其一曰：謂女子與小兒同權，此無識之言也。夫徒觀其為國之政府所善治，其形式未嘗不同，然而多數之男子亦嘗為其政府所治矣。且小兒者，人能不全，感情、希望、知覺、觀念皆不具，總總叫擲、涕笑、睡眠、飲食皆為初民時代之縮影，國家亦何嘗有法律以治之哉？治之者，惟女子。夫以初民治初民，不知今日世界何以脫野蠻之俗也？徒見其小兒之日以進化，漸長而執參政之權，而身為女子，永永不脫於專制之轄界，謂之文明國得乎？

其二曰：公私不同之制度不改良，而女子之權乃墮地。女子之私權雖苦為夫之一守護兵，而猶有管理其財產之權也。至於公權，則收女子之稅而作踐其一切之權利，是出代價而無報償之一日也。共和國民有恆言曰：『賦稅者，人民之保險金也。』又曰：『賦稅者，製造幸福之原料也。』夫納賦而不求權利，一任政府之婪索，敲骨吸髓之既盡，乃以不可思議之鬻爵彩票繼之，而終不問其歸結。此惟支那人為然，而歐洲則無是國也。然而苛不得議政之女子以納稅之責，吾謂之曰『干没』可也，謚之曰『盜府』亦可也。

其三曰：女子無議政之才，有其才而不能過男子。則吾未見普天下之男子而皆鴻博魁磊睿聰特達之士也，吾又未見普天下之女子而盡纖微委瑣蠢愚陋劣之人也。女中豈無豪傑，而可濡染大筆，奮焉以抹殺之乎？且女子亦有時而具隱權，露半面於政界之內，如拿破侖夫人坐約隱、俾斯默夫人耶亨，時操縱其怪傑木強之夫婿，使為顧問而宛轉維持之，此亦足顯其占優勝矣。且男女兩類之權必一一以才智力量，吾恐雖有量才之玉尺，無若是之不爽累黍也。

其四曰：謂女子以温良柔淑為貴，而恐其以感情易男性。則吾試問温良柔淑者為美德乎？為惡德乎？如惡德也，何以不可以治外，而可以治內乎？且此議政事件乃權利的問題，而非心理的問題也。若謂其有感情也而奪公民之權，則公權之普及乃以有感情與否為斷，感情若是其穢多也！且或者言政黨軋轢，男子猶不免於傾向，則曷不並男子之權而亦褫之，是可復其獨立不羈、圓滿成熟之專制政治矣。總之，今日世界雖近于共和，而專制女子之毒痛猶未乂也。

其五曰：使翻國家政治之歷史而女子永永不得參預政治，我女子其又何望！所尤可怪詫者，則禁一切普通女子不得出現於政界之上，而偏有一二女子踞其政治之巔，而稱之曰女皇是也。自羅馬帝赫劉加把魯許其母入議院為議員，是為女子得政權之朕。自後女主之名屢見於史，若英倫、若奧地利、若俄羅斯、若西班牙、若葡萄牙，雖其政府之造法各不同，而既莫不有女皇之稱號矣。至若近今維多里亞，且以大名高壽執世界盟主之牛耳也。何物老嫗，掌此幸福，既不許世界女子參預其國中之高等職務，而獨可一躍而為王，是集女子之視線於一人之身。吾知異日世界之覬覦神器者，不在鬚眉而為紅粉峨峨之女子也。使專制女魔加陀厘而生於今日乎，彼虛無黨女員其尤奮迅矣。

總之，女子議政之問題在今日世界已不可得而避矣。自法皇路易十四唱君權天賦之説，而武良街上布衣襤褸、英姿颯爽之盧梭從天而降，持其逐犬之杖，一舉而掊擊之。夫既非天賦，則安有不可以參預也？彼彌勒約翰、斯賓塞、拉蒲勒法儒、卑卑爾德儒、克累通瑞士，誠熱心女權之人，然苟無此數子，吾知女子其猶必發達也。女界風潮盤渦東下，身無彩鳳，突飛有期，心有靈犀，眞宰上訴。女子乎，其好規畫，其自擁護，勉為新國民！【略】

今日此會，請通世界之社會主義黨人定男女同等之細目。凡我會員，皆公認女人與男人有同等之人民權及政治權，盡力以廢除世界各國所有不與女人以同等權則之法律。

吾言至此，而歐洲女子政權之説備於是矣。其如我中國女子，今日為幼稚之時代也，萌芽之時代也。吾言之而吾自快意，陽春白雪，聽和者其終稀；殘月曉風，問酒醒其何處。夫亦作鏡中花影、海上蜃樓，徒攝印於國民之腦，如是而已乎！雖然，吾烏敢，吾有必行之志望在。

《女子世界》第三期《竹莊〈論中國女學不興之害〉》 地球生人以來，斯有男女。男女同生天地間，同有天賦之權利，同有爭存之能力。故文明之國，男女并重，教化日以進，國力日以强。獨我中國女子，五千年來沈淪於柔脆怯弱黑暗慘酷之世界，是何故哉？吾一言蔽之曰：女學不興之害也。夫女學不興之害，今日人人知之矣，吾且推論其害之所極，而臚舉其大端曰：害於個人者三，害於家族者三，害於社會者二，害於國家者二。

曷言乎害於個人也？曰：戕其肢體，錮其智識，喪其德性。世之論者曰：女子纏足，皆男子之罪也。夫男子誠有罪矣，毋亦女子之不學有以致之也。圓顱方趾，同是國民，胡為纏足一事，雖慈母之於兒女，不得不忍心害理以行之！揣其本意，亦甚可笑，蓋恐其將來不能嫁耳。夫女子無學不能自立，慮其見棄於人，至殘其肢體而不悔，終身為廢人，亦足悲矣。所謂害於個人者一也。人在動物中，所以為高尚者，為其有智識也，故為人務發達其智識。知識愈富，為用愈大。男子宜如此，女子何獨不然！往古陋儒，鑑於哲婦傾城之禍，不探其本原，輒倡為瞽説，一則曰『惟酒食是議』，再則曰『無才便是德』。是猶獨夫民賊，畏其民犯上作亂，日以愚民為事也。民智終不可遏，改革之慘禍隨之，今中國女子皆無學，宜乎，傾城之禍可危矣。然而牝后亡國之活劇，不絕於我國之歷史，蓋天然之智識，無學問以濟之，則橫決潰溢，無所不至。其下者則蠢如鹿豕，慮不出衣服金錢，足不出戶庭，愚陋暗昧，僅為男子之附屬物，至可憫也。所謂害於個人者二也。人之天性，未必不善，輔之以學，則如春雨潤花，順其天然而培植之，養成一身之道德，而人格於以完。女子既不學，則天性本馴者，日以順從為事，依賴之外一無所稱；否則乖戾謬誤，婦姑勃谿，擾亂家庭。執吾國人而問之，蓋含忍太息而莫能明言者，殆十家八九也。豈女子之性皆不善哉？逆其性，喪其德，有以致之耳。所謂害於個人者三也。

曷言乎害於家族也？曰：貧寠之媒，流傳弱種，家庭無教育。我國人所以貧，皆生利者寡，分利者多也。泰西女子，無有如中國之終身坐食，不能生利者。我國之人，自上流社會以至下流社會，無不曰家累家累，所謂家累者，即妻女之坐食也。一人謀生，依以為生活者常二、三人也，甚或五、六人也。合全國計之，坐食者，殆過其半，而婦女居多數。所謂貧寠之媒是也。兒女之生，常得父母之遺傳性。纏足之母，運動不靈，血脉停滯，人人皆病夫；所生兒女，亦瘠弱夭昏，多不獲盡其天年，其得成立者類多病夫。故我國人以病夫貽笑地球萬國，揆厥所由，大率根於秉賦。所謂流傳弱種是也。人生所最急者，莫如家庭教育。家庭之中，與兒女最親者莫如母。故文明國小學校教師，多以女子任之，為其與小兒最親也。我國女子無學，則家庭無教育；童蒙所習見習聞者，非佞佛茹素之類，即讒譖詬詈之事，其害至大，影響及於全國不可救藥，殊足悲也。所謂家庭無教育是也。

曷言乎害於社會也？曰：迷信僧道，敗壞風俗。僧道之説，誘人以未來之禍福。我國婦女，愚昧無知，且以身為女子之苦，無所希望，乃希望於來世，而僧道之説適足以中之。於是全國教育婦女之權，乃為僧道所扼，誦經禮懺，拜佛焚香，舉國如狂，滔滔不返。至於貧家婦女，積其針黹所得錢，蓄諸數十年，以供僧道之一擲，天下之至愚可憫，孰甚於是。富豪之家，布施巨萬，以崇飾寺廟土偶者又無論矣。所謂迷信僧道者此也。夫人不能恒苦而無樂，故文明國之教育，學業與遊戲並重，社會之中，則有舞蹈、賽馬、角力諸運動，凡以舒展其氣血，强健其筋骨也。中國之待婦女，拘束深閨，耳不得聞外事，目不得見外物，恒苦無樂，絶少發洩之處；而惟燒香佞佛之事，得藉口外出，父不能禁絶其女，夫不能禁絶其妻。於是佛會種種名目，如庚申坐夜之類，不可枚舉，一日之中，恒數起焉。有遊觀之樂，有飲食之樂，為婦女者，不知不覺，潛驅默運，相率入其中，雖賢明者不能免也。其下焉者，則喪身敗德之事，皆由於此。所謂敗壞風俗者此也。

曷言乎害於國家也？曰：亡國之源，亡種之源。國家者，積民而成也，無民則不能成國。民氣渙散不能爭存於强權之世界，則其國必亡。我國之滅亡，翹足可待矣，吾豈能以亡國之禍，歸咎於女子！然吾聞之，國家之强，必其國無一無用之民而後可。我國四萬萬人，女子居其半，此二萬萬之女子，皆無用之人也。而此二萬萬之男子，其有完全國民之資格者，幾何人哉；且為此二萬萬之女子，相牽相掣，以淪胥於貧且弱之境遇也。抑又聞之，女權愈振之國，其國愈文明；女權愈衰之國，其國愈衰弱。今我國女子，大都廢人、病夫，乃愚乃頑乃怯乃惰，遑論女權！雖欲國之不亡，烏得而不亡！所謂亡國之源也。女子者，國民之母，種族所由來也。黄種之繁遠過於白種，而白種之强遠過於黄種，白種人常能以少數制黄種人之多數。南洋美洲，華民數十萬，往往受制於數千白種人之下，驅之如牛馬，戮辱之如羊豕；上海一埠，白種數千人，而隱然敵國，黄種人雖多，無如之何也。日本與我同種，且於博覽會中，置我種於野蠻人類館矣，吁，可痛哉！推其原由，固由智識之不競，亦實由體魄之脆弱，體魄脆弱，非由國民之母皆纏足之故哉！抑又聞之，南洋之棕色人，美洲之紅夷，臺灣之土番，皆日漸消耗，而印度、波蘭之亡國之民，生齒亦日以促。亡國之禍，殆不若亡種之慘也！所謂亡種之源也。

凡女學不興之害，吾既論列之矣。近歲以來，滬濱明達之士，始有創設女學校者，務本女塾起於前，愛國女校起於後，而文化、宗孟、城東女學社繼之。內地如湖北、杭州、蘇州，亦有繼起者。吾嘗考驗女學生之性質，而知年幼女子之鋭敏於學，遠過於男學生；而其感覺之靈捷，愛力之團結，則又非男子之性情渙散各私其私之可比。則信乎中國女子非不可教，惜其埋没數千年，雖有英傑之姿，亦不可得見；令女學萌芽，僅此區區少數之女學生，而已嶄然顯其才智也。又惜乎中國如是之大，而僅得此區區少數之女學生，恐教育未能普及，而我國之亡已久矣。然大病垂危，醫藥終不能廢，吾猶幸及見此區區少數之女學生，而希望多數之女子，接踵而起也。抑又聞之，東西各國之改革，皆起自下，無有起自上者，且多借女子之力。吾國女子，正宜奮發其爭存之能力，規復天賦之權利，以掃除依賴男子之劣根性，各自努力於學問，以成救國之女豪傑，夫而後中國或有可望也。異日有瑪利儂、蘇菲亞其人乎？庶幾於二十世紀中遇之矣！

又 第一四期《初我〈婦女社會之對付華工禁約〉》 我女子乃位於國民半部分中，而以女權之弱著於世。民權張矣，女權顧不得復？乘彼潮流，聯合大羣，一鼓而獲之，是在對付禁約之好機會。

且我女子又以善愛羣聞者，慈善事業，突過男子。一物之命護惜之，胡至不恤吾同羣之生命？

然則今日之女子將胡從？無演説文告之材料，無聯絡商界之權力，無參予政治之資格，有之，請從拒絶美貨始。

婦女居男子之半部分，美貨之消流亦視此，而普通衣食料外，尋常化妝日用之物品，多過之矣。此增一分之抵抗，即彼分一分之責任，合大羣以謀抵制，女權之於男子，固又為相成的，而非相侵的也。

抵制之術奈何？設會通其氣，調查廉其實，運動盡其力，製造善其後，一切預備之策周，而實行之目的乃得達。嗚呼，此無上之權利，此大好之機會，吾同胞好自為之。

抑吾聞之，美女權最發達之國也。吾今拒美，吾固效美。

記者言至此，適聞海上女界有創斯舉者，不禁狂喜而頂祝曰：此女權發達之第一聲。

《中國新女界雜誌》第一期《燕斌〈中國新女界雜誌發刊詞〉》 我中國女界，數千年來，墨守古訓，積重難返。處今日世界交通、競爭劇烈之時，而男女不平等之習慣，痼塞智慧，殘賊肢體之惡魔，依然盤據於社會上，根深蒂固，未易盡除。淺見者方謂此無妨於國運之進步也。豈知中國人口雖衆，此二萬萬中最多數之女子，既已如此，則是中國雖有多數女國民之形質，而無多數女國民之精神，則有民等於無民。

況家庭腐敗者，其兒童教育必不完全，是未來數萬萬的偉大國民，已於幼稚時代，最淨潔之腦筋中，種以頑劣之惡因，流害曷可勝言！

又況女界之與男界，有最密接之關係者也。無高尚的理想，則男子之志氣為之消磨；無獨立的生活，則男子資財為之耗棄。職是之故，無怪乎以碩大民族，勢力衰微，經濟困難，至於此極。

近年以來，朝野上下，始從事於女子教育問題，通都大埠之間，女校相繼成立。雖規模未備，甫具雛形，較諸東西女界，瞠乎其後，然就吾中國論之，不可謂非為吾女學界開一新紀元也。

但深望當事者，勿徒尚物質的教育，必發揮其新道德，而活潑其新思想，斯教育一女子，即國家真得一女國民。由此類推，教育之範圍日以廣，社會之魔害日以消，國民之精神即日以發達。十年以後，如謂中國女界不足與歐美爭衡者，吾不信也。

顧東西女界，教育而外，可以發明新理、提倡精神、聯絡感情者，惟恃乎雜誌。吾中國茫茫四百餘州，雜誌之作，亦云夥矣。然出於吾女界所自力經營者，曾不獲一睹，非吾女界恥乎？

然則《新女界雜誌》之出世，其所擔負之天職何如，姑無具論，惟願吾女同胞，家置一冊，人手一編，察其主義，觀其言論，而見諸實行，更願吾男胞贊成而紹介之，令其普遍於家庭社會之間，則亦未始非改良積俗，造就國民之一助已。

《天義報》第七至一〇期《何震〈女子解放問題〉》 中國數千年之制度，以女子為奴隸者也，強女子以服從者也。又因古代之時，男子私女子為（已）〔己〕有，防其旁淫，故所立政教，首重男女之防，以為男女有別，乃天地之大經，使之深居閨閫，足不踰閾。《禮》曰：『姑姊妹女之子已嫁而反，兄弟不與同席而坐，不與同器而食。』又曰：『男女非有行媒，不相知名；非授幣，不交不親。』宋伯姬曰：『婦人夜出，不見（傳）〔傅〕母不下堂。』漢儒鄭玄曰：『婦人無外事。』此皆所謂男女有別也。故中國之言盛世也，必曰『男女異路』。蓋男女異路，乃男女有別之極端。夫古人所以隔別內外者，不過防禁淫佚耳。至其結果，則女子畢身之責任，不外育子及治家二端。夫以育子、治家為女子之職者，蓋中國之教，以後嗣代靈魂，故人皆以傳種為不死之藥。中國之政，以子孫為產業，故人皆以繁衍為致富之方。由是，挾其政教，以為縱慾之奧援。男子之於女子，特恃為人種養成之物耳。加以中國之男子，鮮克躬親小物，乃以纖末之家政，責之女子，使之服勞奉養。此育子、治家二事，所由為女子畢（身）〔生〕之職也。然推其遠因，一由男子私女子為己有；一由近世以前物價低廉，人民易於謀食，仰事俯蓄，僅賴男子之力，已克有餘，故中人以上之家，女子舍育子、治家而外，鮮事工作。古代雖名門貴族，女子猶有從事紡織者。今則女子習於懈惰，鮮有從事工作者。由是，奴隸、惰民之惡，悉集於女子之一身。然為男子者，亦安之如素。觀中國人民之稱其妻也，不曰『內人』，則曰『內子』。內也者，別乎外之詞也。因自（若）〔苦〕其妻之故，而幽（背）〔閉〕其妻，與解放婦人之旨，大相背馳。至於近日，不獨女子失其自由也，即男子亦以家室之累，而失其自由。凡奉母、蓄妻、嫁女之費，畢集於男子之身。中國女子無所事事，釀成虛榮之性，其妝飾之費，遠出男子之上。又，中國之禮俗，於婚嫁諸禮，亦尚虛榮，有（費）〔廢〕千百金者，雖貧民亦必如此。故福建及皖省旌德縣人民，因嫁女致貧者，不知凡幾。故爲夫者嫉視其妻，爲父者嫉視其女，皆由於此。此男子所受之累也。然男子雖躬罹其苦，仍以囿於禮法之故，以解放婦人為大戒。惟中人以下之家，鮮克支持，為女子者，多自食其力，或從事農作，或出為雇婢，其下者則為娼妓，雖幽閉之苦稍泯，然謂之肉體解放則可，謂之精神上之解放則不可。況所謂肉體解放者，均女子之至勞者也，均女子之至辱者也，又均女子之至賤者也，可不嘆哉！日本女子，其受幽閉之

苦也，遜於中國，而其受壓制之苦也，則甚於中國。蓋以至勞、至賤、至辱之事，責之女子者也。【略】

今日白種之婦人，漸知男女不平等之弊；又以男握政權，女子則否，為男女不平等之原。由是聯合團體，力爭選舉之權。遠事吾弗論，試卽最近之事言之。芬蘭女子，以勇烈著聞。當一千八百八十四年，卽建立協會，以謀政界上之運動。及一千八百九十八年，全境之民，忘男女之差別，惟反抗俄廷，演為武力之鬬爭。至於今歲，女子為議員者，計達十九名，為世界所僅見。其次則為（那）［挪］威。（那）［挪］威女子，近歲以來，亦爭普通（撰）［選］舉權。惟（那）［挪］威國會，於女子（撰）［選］舉權加以裁制，非年踰廿五、納稅及額者，不克有投票權，然女子獲得此權者，人數亦三十萬。其次則為英吉利、義大利。英國女子，既頻與國會、警官衝突。近義國婦人，亦結合羣力，以爭普通（撰）［選］舉［權］。此均西國婦人能力發達之徵也。然自吾觀之，則國會政策為世界萬惡之原。女子而欲謀幸福，在於求根本之改革，而根本之改革，不在爭獲（撰）［選］舉權。試言其故。

如（那）［挪］威諸國，既裁制婦女（撰）［選］舉權，限以年歲及稅額。限以年歲，猶可言也；若夫限以稅額，則納稅及額者，必其（豊）［豐］於財產者也。凡（豊）［豐］於財產之人，不為貴族卽為富室。否則亦中人以上之家，豈非（撰）［選］舉之權，均操於少數貴婦人之手乎？夫吾等所謂男女平等者，非惟使男子不壓抑女子已也；欲使男子不受制於男，女子不受制於女，斯為人人平等。若謂以少數女子握政權，與少數握政權之男子，勢均力敵，卽為男女平等，則試卽男界觀，今之世界，被治者為男子，主治者亦為男子，何以多數被治之男子，猶欲進謀革命？若昌男女分權之説，謂男界既有握權之男，卽女界應有握權之女，則英帝維多利亞，中國之呂雉、武則天，均為女主，曾有絲毫利益及於女子者乎？以是知少數女子握權，決不足以救多數女子。若如（那）［挪］威之制，以少數貴女參政，非惟無益於民已也，且使紳士閥閲之中，為女子者挾議政之權，以助上級男子之惡。至立法一端，亦僅上流婦女受其益；若下級女子，則必罹害益深。此非獨（那）［挪］威（惟）［爲］然，卽澳洲婦女，亦多參政，曾有為工女謀幸福者乎？而工女階級之中，亦鮮克入場投票，此其所以不平等也。若夫由少數選舉，擴為普通（撰）［選］舉，立法似屬差公。不知近日歐美各國，多數男子，曷嘗無普通選舉之權，何以（撰）［選］舉之人，均屬資本家？則以貧富階級不除，貧民衣食係於富民之手，不得不媚富民也。然此豈獨男界為然哉？女界之中，以貧民占多數，或為工女，或為雇婢，其衣食亦仰給富民。及選舉屆期，安得不以貴婦人應其（撰）［選］乎？觀於普通選舉之國，議員既屬富民，則知女子行普通（撰）［選］舉，其議員亦仍屬貴女。以彼例此，明證昭然。此國會政策所由為萬惡之原也。

或謂，芬蘭婦女，運動之力，半屬於平民。且據布利拜爾克芬蘭女子爲議員之第一人。所言，謂凡女子入政界者，均不得助男子施惡，則利益所被，或竟加於多數女子，亦事理所或然。然此實不然之説也。夫法、美革命之初，易君政為民政，有志之士，曷嘗不以國會既立，議士由於民（撰）［選］，必無虐政之罹？卽當時受民（撰）［選］舉者，亦復實力濟民，抗抵專制，百（竭）［遏］不回，以為衆民謀幸福。其抵抗之力，非竟出芬蘭女子之下。以迄於今，曾幾何時，而議員壓制之弊，深切著明，社會黨人所宣言，勞動團體所反抗，書報具在，可覆審也。況法、美近日之官吏，其壓民最甚者，或出於昔日之民黨。昔以抗上為能，既參國政，則與所抗之人無異。蓋人治一日不廢，權力所在之地，卽壓制所生之地也。今芬蘭女子，其勇猛雖屬可欽，然徒恃國會政策，恐數十年以降，被選之婦人，卽係壓制多數女子之婦人。此可援法、美之制為鑑者也。

或謂，近日歐美婦女，其有投身社會黨者，亦以女子普通（撰）［選］舉之説為世界倡。儻女子普通（撰）［選］舉之權獲於社會黨人之手，彼多數之女子或有解放之可圖。此又不然之説也。夫歐美社會黨人，其有持國會政策、投身政治運動者，亦恒為平民所欽悦；握左右勞動社會之權，及資格既隆，或選為代議士，或占國會議員之多數。如今歲澳國是。彼未入國會之先，豈不以既入國會、卽可改革經濟界、抵制富民，以謀多數平民之解放？及身伺國會之列，或被選不僅一人，衆咸幸平民之機將至。乃反觀勞動之民，仍屈身賃銀制度，以作富民之奴隸，虐待之苦，與昔不殊。若謂黨勢既充，（撰）［選］舉之人日益，使政權悉操其手，則改革莫難。此又河清難俟，不知待至何日者也。故觀於方今之現象，凡社會黨人入議院，既不足以濟多數貧民；即知社會黨員之女子，伺身議院，亦不足以濟多數之工女，不過使少數女子，獲參政之空名而已。昧者不察，猶謂女子全體解放，必待女子參政以後。抑思社會黨參政之國，勞動者之全體其果解放也，否耶？此又可援以為證者也。況社會黨人，一投身政界運動，即改其昔日之所為，下媚平民，上媚政府，利用貧民投票之多數，以攫一己之利權，鮮有不出於卑劣政策者，何獨子女子而弗然？

故為多數女子計，苟非行根本改革，使人人平等，寧捨選舉權而勿爭，慎勿助少數女子，俾之爭獲參政權。蓋昔日壓制多數婦女者，一為政府，一為男子；今則政府及男子而外，另受制於上級之婦人，則是於己身之上，別增一重之壓抑也。即使壓抑不增，亦僅供少數婦人所利用，夫何幸福之有哉！夫何解放之有哉！

況吾觀於芬蘭婦女，於運動政權之日，始也以言論鼓吹，繼募集運動之資，發行書報；或奔走村邑，侈陳暴政。信其説者，均以獻身社會自表，躬犯危險，以爭自由。有實行秘密運動者，有公然排擊政府者。即暗殺暴動之事，亦靡歲蔑有，雖竄身西伯利亞，處禁錮之刑，曾不稍恐。其勇敢之氣，戰鬬之方，均為歐美婦女之冠。以若斯之能力，稍俟擴張，即可謀根本改革，覆人治以弭男權。顧乃見弗及此，篤信國會政策。其目的所及，僅注意於與男子均權，故於政府貴族之暴，雖知抵抗，至於政府覊絆，則莫之能脱。政策謬誤，一至及此，不得不謂之至愚。吾深願世界婦女，不僅以芬蘭婦女為標準也。

要而論之，婦人解放問題，當使為婦人者，人人同享解放之樂。今之持解放説者，一曰女子職業之獨立，二曰男女參政權之平等。不知所謂職業獨立者屬於個人，抑屬於全體？如曰屬於個人，則僅己身不受制，非多數婦人均可免厄也；如曰屬於全體，則以今日經濟界之組織，少數富民（龍）［壟］斷生產之機關，平民失業，其數益增，而謂婦女職業均能獨立，則所謂職業獨立者，即以職業供役於人之異名耳。自由、解放，豈可得哉！故謂職業獨立則女子可以解放，不若謂實行共產，婦女斯可解放也。至於與男子均權，無論男子握權歷時已久，男女參政之柄，非倉卒所能均，即使能均，決不能人人而參政。以少數參政之女子處於主治之位，使多數無權之女子受其統治，不獨男女不平等，即女界之中，亦生不平等之階級。彼多數婦女，不甘受制男子者，豈轉甘受制女子乎？故今日之女子，與其對男子爭權，不若盡覆人治，迫男子盡去其特權，退與女平，使世界無受制之女，亦無受制之男，夫是之為解放女子！夫是之為根本改革！奚必恃國會政策，以爭獲選舉權為止境哉？儻有志之婦女，由運動政府之心，易為廢滅政府之心，則幸甚矣。

《女報》第一期《謝震〈女報發刊詞〉》 嗚呼！吾中國際茲二十世紀世界，列強環逼，內難迭興，設無以振作之、治理之，恐不十年後，將變為波蘭、印度、緬甸、安南之續耳。振作之、治理之維何？無非曰練兵也，理財也。其尤要者則在於興教育，使國民有普通知識與技能，併發公德心，慷慨出資捐軀，保中國即以保個人也。顧興教育有年矣，而全社會之黑暗如故，紛擾如故，且加一種偽文明，新客氣。曰：是無蒙小學以為之基礎也，無女學以為家庭社會之模範也。即設蒙小學、女學矣，而具熱心相與維持圖謀改良進步者少，或作冷眼觀且造謠持破壞主義者居多，二三志士，屢受挫折，非變計，即喪氣耳。社會既不開通，教育終難發達，奈何奈何！曰：欲開通社會，非辦報不可。而男社會已大概染一種偽文明，新客氣，不如女社會猶是渾渾噩噩，爛漫天真，誠宜策厲之，使日見進步，不可偏私，使男女異法也。此女報之所由發起也。然女報之設亦有年矣。在上海發刊者，最初為陳擷芬女士所創之《女學報》，次丁初我君之《女子世界》，次秋瑾女士之《中國女報》，又其次者有《天足會報》暨《中國婦人小雜誌》。在日本東京發刊者，有何震女士之《天義雜誌》，與燕斌之《中國新女界雜誌》。大率曇花一現，即歸烏有，其存焉者，亦大有日薄虞淵之景象。推其原因有二：一由於無經費。發起者不過因一時熱誠激動，諸友從而和之，遂於報界猝樹一幟，冀其發達。迨資本既罄，從前之附和者漸散，於是不得不停止。一由於無成見。吾中國男學界尚在幼稚，何論女界。今不問其程度之何若，惟採集太西各國之一般新風氣，從而發揚之，鼓勵之，意非不善也，其奈藥不對症，且虞變病何。即不然，邇來女學初萌芽，開通女界，必須經過男界之一階級。男界因疑忌而生阻力，從此冰炭矣。語云：教育愈淺，愈有勢力。又云：輸新文明，如食河豚，不善食之，反傷生。又云：教育必須研究社會的心理，然後可施以適當之方法。數語誠見眞理之言也。本報由商、學界諸同志發起，先集股組織女報社，又附設印刷局以維持之，經費可無慮矣。宗旨載在簡章，雖未詳明，總以破除迷信，注重道德與職業，期改良婦女社會，為惟一之目的。種種客氣，芟除淨盡。根基既固，阻力不生，庶幾開通女界並男界以及於全國。從此文明進步，勢力膨脹，吾中國將尊為二十世紀世界各國之主人翁，豈第扶植亞東女權而已哉！敢先為之頌曰：

《女報》萬歲！中國萬歲！

《留日女學會雜誌》第一期《柳隅〈留日女學會雜誌題辭〉》　夫國家之亡，由於政治之腐敗者半，由於社會之腐敗者亦半。而亡國之慘，一國之男子固受其禍，一國之女子亦受其禍。故國亡而不能補救，則匹夫與匹婦皆與有罪；而國將亡而思補救，則匹夫與匹婦皆與有責也。不寧惟是，以中國家族制度之不善，為女子者苟無愛國心，不特其自身放棄國民之責任而已，而為男子者亦為其所繫累，而不能萃其心力，以為國家社會造福。故女子之關係於國家之興亡，實比男子為較大；即女子之應盡對於國家之責任，亦比男子為較重也。故今日而言改革政治、改良社會，吾深有所期望於我女同胞。

今試先就政治上論之。吾不敢希望我全國女同胞今日即能享有參政權也。雖然，稽諸中國之歷史，為女子者常能插一足於政界中，以左右一國之大政，則女子與政治，其關切決非淺薄也。夫則天臨朝，宣仁聽政，雖其人之賢否不同，要皆能以巾幗之姿，宰制全國之男子，則中國女子之政治能力已可見一斑矣。雖今已時移勢異，此等事實今後未易再演於政治上。然別以他種之方法，扶翼一國政治之進步，則亦未始不可為也。夫文王得大姒而成二南之化，武王得邑姜而奏統一之功，內助之責，是今日之女子所可自勉也。斯巴達婦人之勗子從軍也，曰『願汝負楯而歸，否則以楯負汝而歸』義方之訓，是今日之女子所可自期也。相夫教子，使成功名，此間接以報國家者。若夫能進以為直接之行動，則為國家革秕政，如瑪利儂之以血浴自由，蘇菲亞之以身殉民賊，皆可師也；為國家禦外侮，則馮媛之持節絕域，如木蘭之執戈從戎，皆可法也。況乎女學誠普及，女智誠進步，則如芬蘭女子與男子立於平等之地位，能列於議會之中，以參議國政，亦非今後不可致之事乎，則其能伸其意見於政治上，更卷舒自如矣。要之，一國之人民，女子居其半數，其能直接以活動於政治上，其裨益於國家者固無窮，即能間接以活動於政治上，其裨益於國家者亦無窮。匡時濟世之業，豈必讓諸鬚眉？閨閣羣英，其曷舉雙肩以挑此責任也！我女同胞所宜自勉者，此其一。

又試再就社會上論之。中國社會之勢力，殆皆女子之勢力也。蓋中國社會之組織以家族為單位，而非以個人為單位。故中國社會之勢力，其根源實在於家族；而一家之中，其權力殆皆握於女子之手，微獨中國尊崇孝行，為子者必聽命於其母也；且男性多剛，女行多柔，而柔能制剛，不獨物理上有然，即人性上亦有然，故為夫者，亦多受操縱於其妻。緣此之故，家庭之最高權，常由女子握之。夫家族既為社會之單位，故家族之勢力支配於女子，即社會之勢力亦支配於女子也。是故社會上種種之積弊，使女子而有革舊鼎新之志焉，則可以風行雷厲而一新其規模；使女子而有因陋就簡之心焉，則恐至石爛海枯亦難動其毫末。故改革政治問題，猶可分若干事業以責望於男子；若改良社會問題，則必舉全副責任以責成於女子也。今試舉例以言之。今日欲改良社會，其第一着必恃乎教育。而國民之教育，其根本實係於母儀也。凡人之性質，因生理上之遺傳，為子者常有酷肖其母之處。故欲教育新國民，最初必恃乎胎教。古之明於胎教者，當妊子之際，目不視惡色，耳不聽惡聲，寢食起居，必循禮法，先高尚其心思，以為生理上教子之根本。而太任之生文王，即以胎教之善，豔稱古今者也。此教育國民之要件一也。抑孩提之童，其智識浚發之初期，實恃乎家庭教育。而兒童之腦根，質素簡單，語以聖賢豪傑之行誼，固翕然受之；語以貪夫大盜之舉動，亦翕然受之。故瞻依庭闈之際，母教之善不善，一生之成敗即於斯係焉。古之偉人，如孟子、范滂、歐陽修等，皆得力於母教。蓋幼學為教育之根本，故母教善良，則教育之根本善良也。此教育國民之要件二也。此二者其權皆操於女子，故從教育上觀之，社會之改良，不能不有望於女子也。抑今日欲謀社會之進步，不能不改良風俗。中國風俗之敝，固言之不能悉數，若迷信則其一端也。佞佛媚神，耗金錢於無益之地，此其害之中於經濟上者也。思乞靈於杳冥，幸心生則人力不盡，此其害之中於智能上者也。僧尼巫覡，半為淫盜之媒，為其誘惑，常因之而釀出蕩檢逾閑之事，此其害之中於道德上者也。凡此數端，其受毒最深者，實惟女子。故女子而不肯破除迷信，則是等之害，終無由革除，而社會亦終難進步矣。故由風俗上觀之，社會之改良，亦不能不有望於女子也。夫教育與風俗，特舉之以為例而已。要之社會上種種之弊害，非得女子起而任改革之責，不能掃除而廓清之。此實由女子之勢力彌漫於社會，故社會改良問題不得不借女子之腕力以解決之也。我女同胞所宜自勉者，此其二。

由上觀之，無論欲改革政治與改良社會，為女子者皆不可不起而負責任。雖然，欲使女子能盡此責任，必先開通女子之智識。苟女智不開，微獨其不知有此等之責任，且欲盡責任而亦無從也。然則欲開通女子之智識，其道何由？廣設學校，使為女子者得受善良之教育，此其最要者也。雖然，人之年齡地位，萬有不齊，其在中年以後之女子，困於家累，多不能入學讀書，此無論矣；即在青年者，因各種事情之牽制，亦豈悉能入學以讀書？故在今日，綜計全國之女子，其能入學讀書者，恐十不得一，欲恃此以開通女智，其所開通者蓋亦僅矣。故於學校之外，必不可無他道焉以補助之，其效力最大者，則新聞雜誌是也。頃者，吾留東女同胞有女學會之組織，且謀出一雜誌，以灌輸女界之智識。余觀其辦法，嘉其發願之宏也。竊以為是不獨可以開通全國女子之智識而已，使循斯以往，女學日發達，女權日伸張，則吾向所謂借女子以改革政治、改良社會者，必有見之事實之一日，而不惟存為理想已也。故於此報之出世，不禁鼓舞饕軒、距躍三百以歡迎之。

又《林士英〈論女子當具獨立性質〉》 嗚呼！我中國數百年來，女教沉淪，女權喪失，女學黑暗，女智頹靡，日復一日，不獨我二萬萬女同胞失其獨立性質，且使天所賦與之良知良能消磨於不知不覺之中。噫！誰之過歟？回天乏術，暗灑淚於風前；警世無鐘，空談兵於紙上。我祖國，我女同胞，諒亦有表同情者。英一介女流，自雄何敢？詩文一道，雖未得其門徑，生存大義，頗欲窺其藩籬。遂於庚戌年，離父母，別鄉關，萬里乘風，負笈異域，千辛萬苦，慘澹經營，所求只區區工業，毋亦不知自愛乎？曰：否。今既為社會一分子，自當為社會盡一分義務，將來自立立人，方足以獨立於天地之間；否則，以無才為美德，依人為生涯，靦然人面，豈不負生成而貽巾幗羞哉！況天尊地卑、女輕男重之種種不道德不公平之代名詞，彌漫人間，汙辱女界，施者以為當然，受者以為習慣。深閨之荆棘叢生，苦海之波濤澎湃。當此競爭劇烈時代，為女子者若仍受拘束，屈意志，垂頭喪氣，求援乞憐，甚至纏足穿耳以圖眷念，插花傅粉以博歡心，循此不變，縱令教育日進，國勢振興，陷我半數女子為無用物，亦只得為半開化而已，何以立國於二十世紀之文明時代乎？若然，吾輩女子不幾為社會蠹、歷史羞耶！言念及此，未免寒心。豈天生女子，而故陷以最悲痛最冥煩之苦境耶？抑吾輩為女子者，自侮自造之耶？推原其故，厥有三端：一曰氣節不立，二曰教育不興，三曰工藝不振。【略】

造物之於人也，性質相同，能力不異，所患者，習俗移人，經種種淘溶，受層層壓制，以致我女同胞死灰不燃，生氣殆盡，亦足悲矣！英以為不然。若主觀之根本一立，客觀之補助自來。如上所云氣節，即為主觀；而教育、工藝，即客觀之所以補助主觀之發達進行者也。最可痛者，我中國女界惟以脂粉釵環為生活，以仰承灑掃為職務，除此以外，別無思想。英雖不才，敢大聲疾呼，以敬告我最親最愛最尊敬之女同胞曰：欲中國女界昌明，須自人人有獨立性質始。其下手功夫，以氣節為先，教育、工藝副之。否則，如滅燭夜行，終無頭緒。中原女教之先河，竟是誰家之手段？

又《履夷〈婚姻改良論〉》 夫婦為人道之本。有夫婦，而後社會種種之關係由此生焉。故夫婦之制，非獨為室家問題，實為人類生存上之大問題也。夫夫婦之成立，起於婚姻，而中國現在之婚姻，其不良之點，欲悉數之，殆更僕不能終。故竊以為非改良現在婚姻之制，微特夫婦之道苦，而其弊害之及於國家社會者，亦非淺少也。夫現在婚姻之弊，所應改革者，其事固甚多，而其最要者，約而舉之，有三者焉：

（一）早婚之弊，急宜改革也。

（二）賣婚之弊，急宜改革也。

（三）婚姻專制之弊，急宜改革也。

吾之此論，聞者毋以吾但為兒女計也。蓋婚姻為人道之大經，未有夫婦不和而家庭能歡樂無事者，亦未有夫婦不和而能專心致志以為國家社會建事業者。故改良婚姻，微獨為謀社會之發達所當有事，亦為謀國家之進步所當有事也。吾是以敢舉婚姻應改良之點，為普天下之青年男女告，並為普天下之為父母者告也。

劉師培《劉申叔遺書補遺·平權論》 嗟夫！天之生人，男女蔑有異也。所以相為夫婦者，乃以延續血統，為構造人類所不得不然，非有所强迫而為也。而今之為夫者，直以其婦為奴隸。夫同生覆載之中，何人可以無學？乃男之於女，懼其知識既開，不復忍吾壓抑，遂昌無才是德之説，而使勿學。雖然，為婦人者，靈魂雖死，體魄猶存。乃加以穿耳、纏足諸刑，若囚徒之加重罰。其尤甚者，則又執三從之説，以再醮為羞。類此言者，不遑殫述。其以一男娶數女，則不以為奇；富貴之家，動以翠繞珠圍為樂，至於天子，則古有八十一御妻，而漢、唐淫佚之主，又皆有宫女數千人。噫！此何説焉？昔者謝安欲置妾，為其妻劉夫人所忌，其兄子、外甥等以『螽斯』、『麟趾』相諷，而劉謂周公身為男子，自護其類，固應爾爾。使周婆制禮，當不至此。後世傳以為笑。然平心而論，使周公而在，將何辭以對劉夫人耶？嗚呼！劉夫人者，可謂知男女不平等之故矣。勉旃！我同胞，為國民者當知此；即為英雄者，亦當知此。

吾嘗讀古人棄婦詞，有餘痛焉。夫為婦人者，遇人不淑，則終身吞聲飲泣，無可如何。至於下堂求去，則古有其人，今無其事。其尤慘者，則經於溝瀆之中，可不痛哉？且夫死而嫁，亦何害於世？乃必强人以死守，詩禮之家，往往不敢失節，甚者未嫁夫死，生平未謀一面，絕無情義之可言，而亦為父母所迫，奔喪守節，此豈人情之所甘？不過因名義所拘而已。是則名節者，苦人之具也。名節之苦人，既非人之所堪，而為女子者，竟甘心忍受，不知平權之理，以為為婦之道應如是，故數千年來之女子，均僅知隱忍，不知抵抗者也。若夫近日之女子，持自由平等主義者，雖徧於國中，然明其理者尚鮮。夫平等者，務使男女平權而後可。然姊妹試思之：彼為男子者，安能將權利讓人耶？吾等必出死力以爭之。所謂出死力以爭者，即凡革命之事，必我女子效死於軍前，以著男子之先鞭，庶幾傾曩（之）昔［之］壓辱，恢復日後之自由。此則女子應盡之職也。況吾等所以爭權利者，非獨有利於女界，亦且有益於人羣。蓋天之生人，非必男少女多也。此既有餘，則彼必有所不足。設萬人之中，百人有妻有妾，則必有鰥夫百人。苦樂失平，害莫甚焉。余不能睹沈沈黑獄，長此終古，故鼓舞我同胞，振發精神，以除其流弊也。

案：此文末（叚）［段］所言，深合公理。惟今亞西諸國，實女多於男，則男子屢死於戰。女子不死於戰之故也。若女子從事戰爭，則女子之數，必與男相平，故更即恢權之説以廣之。記者識。

又《神田某君來函案語》 （淅）［浙］江某君之妻，滿洲官費生也，東渡時，其夫與焉。居數月，有身，某欲以藥墮之，曰：『子若生，吾不以汝有婦，將併殺之。』泣訴，又不許。手自煎藥，逼飲之云。嗚呼！腹中之子，某君子也，亦非某君個人之子，世界人民之一分子也。某君故殺其子，（己）［已］有罪矣。況殺我世界之一分子乎？請言其罪。夫人之（爰）［愛］子，天性也。無論其為父為（每）［母］，其對子必有一種天賦愛情，而婦人尤甚。某之威逼墮胎，乖男女平權之道，悖天地好生之心，道德上之大罪也。即以現今之法律言之，墮胎之罪，律有明條。即日本現行刑法第三百三十三條，亦處威逼墮胎（此）［者］以一年以上、四年以下（不）（之）重禁錮。此法律上之大罪也。世界之人口，當一千八百十年，僅六億八千二百萬人。迄一千八百八十六年，增至十四億八千萬之多。其間紅黑淩夷無論矣，即黄種亦未加繁殖，劇增此（增）白種耳。際此民族競爭，我族其（暇）生聚之不［暇］（其），而自殘其種，此對於民族之大罪也。父墮子胎，古今罕見。斷然行之而不顧，其惡性無人道，亂社會之秩序，（不）［亦］大矣。此對於社會上之大罪也。請貴報轉載之。

案：此函係神田區所寄，寄函之人及函中所言，均不知何許人。又，函中所言法律各條，亦非本社所崇之昌。惟以其關於男界抑壓，故録之，以儆來者。記者識。

又《經濟革命與女子革命》 古代掠奪結婚之制，由於欲私女子為（已）［己］有也。今日結婚之制，亦仍然私女子為己有。其所以克私女子為（已）［己］有者，則以男子握金錢之權，可以制女子之死命。故現今之結婚，均金錢上之婚姻也。謂之財婚，亦非過論。歐（州）［洲］文豪伊布心民所著《海之女》小説曰：『近世之結婚，畢竟女子賣身與男子，以脱其終身之困阨，為立身之計。男子則量其經濟狀況，以買女子，與之結婚，所謂買賣是也。』由此言而觀，則男女之關係，均由經濟之關係而生。試以此意，證之中國，其所得之證如左。

一、凡父母為女擇配，必先詢其家產之若何。此何故哉？所以為女子終身計，果能受男子之贍養否也。亦有詢其才貌者，然亦以（財）［才］貌卜其能升官發財與否。蓋以男子能升官發財，則女子嫁彼後，可以足於衣食也。

二、凡貧家之女，或無父母者，則未婚之前，多寄養於夫家，名曰童養媳。日受舅姑之虐待，或至於慘死，則以衣食仰給於夫家之故也。

三、男子之富裕者，（未）［末］冠卽娶；赤貧之民，或終身不（聚）［娶］，或壯年以後，始有妻室；又或既聘以後，延期不娶。致外有曠夫，内有怨女。至於鄉僻之地，則有兄弟數人共一妻者。豈非以聘娶之費，養贍之費，非貧民所能供給哉？

四、富家之女，饒於才智。於貧家之子優於才貌者，愛情甚篤，而父母兄弟，則百計阻其謀，或堅奪其志。致為女子者，憤激自殺，或為私奔之行。豈非以嫁女於貧民，慮其衣食不給，不得不拂其愛情哉？

五、貧家之女，優於才貌，則富室無賴子弟，强與結婚。女子雖矢志不從，而父母兄弟則貪富室之賄賂，以壓力相迫，致為女子者，或陷於自殺，或於既嫁之後，終身寡歡。豈非親族為金錢所誘，致陷害其女而不顧哉？

六、富室子弟，私誘貧家之女，强與姦通，而親族莫敢禁。其原因略與前條同。

七、男女婚約，多由幼年時所定。既定之（復）［後］，或夫家貧困，則女子之父母，背棄婚約，或另與他姓約婚，卽俗話所謂『嫌貧愛富』也。各省之訟獄，多由此起。

八、近日女校各生徒，有艱於學費者。輕薄之男，恒出資相助，而迫其訂婚。有所誘不僅一人者。

九、既嫁以後，夫婦之間，薄於感情。為女子者，往往含恨飲泣，莫敢離異。甚或自促其天年。則以一（已）［己］之生活，恃男子之養贍，不得不出於飲忍也。

十、男子既死，婦女恒為殉節。此非篤於愛情也，則以仰其生活之故，不得不以死相殉。且夫死以後，失養贍之人，將陷於困窮之境，不若一死之為稍愈也。或以殉節為囿於風俗禮法。此固有之，然此事所由為習俗所共認者，則以既嫁之後，受夫贍養，故迫女子終身守節，以答其恩。然終身守節，苦於無資，乃出於殉節。此普通之恒情也。若因愛情殉節，則佔少數。觀富室之妻殉節者少，而殉節之婦，均出於無恒產之家，可以知其故矣。

由是觀之，則金錢之為物，乃愛情之公敵也。凡姦通情死之禍，均由金錢而生。徵之各小説、戲曲，可以知其一（班）［斑］。不惟為束縛女子之桎梏也，且為殘殺女子之刀鋸。故中國現今之女子，莫不受制於金錢，且受制於援金錢而生之强權。【略】

處現今之世，欲圖男女自由之幸福，則一切婚姻，必由感情結合，卽由金錢之婚姻，易為感情之婚姻是也。然欲感情之發達，必先廢金錢。金錢既廢，則經濟平等，一般男女不為金錢所束縛，依相互之感情，以行其自由結合。則凡壓制之風，賣淫之俗，均可改革於一朝。故女界革命，必與經濟革命相表裏。若經濟革命不克奏功，而徒欲昌言男女革命，可謂不揣其本矣。

吾今以一語徧告世界女子，曰：爾等不欲要求解放，以實行女界革命，斯亦已耳。如欲實行女界革命，必自經濟革命始。何謂經濟革命？卽顛覆財產私有制度，代以共產，而並廢一切之錢幣是也。

今一般論者，又以男女之愛為諱言。不知愛情發於天性，乃出於自然者也。惟由金錢而生結合，則為賣淫。無論男女，均為大羞，以其誘於金錢，因僞物而生僞愛，非出於天性所發之感情也。若處經濟革命之後，則結合均生於感情。感情之婚姻，乃世界最高尚、最純潔之婚姻也。夫何弊害之有哉？

又《女子復仇論》　嗚呼！吾女界同胞，亦知男子為女子之大敵乎？亦知女子受制於男，已歷數千載之久乎？古人言：『虐我則仇。』今男子之於女子也，既無一而非虐，則女子之於男子也，亦無一而非仇。或以臣民受制為擬，此亦弗然。何則？為男子者，雖受制異族，受制君主，受制資本家，然被治者男子，主治者亦男子也。女子則不然。貴為王后，其身不可謂不尊，而受制於男，自若也。賤為乞丐，其身不可謂不卑，而其受制於男，仍自若也。非惟古代為然，卽今代亦然；非惟中國為然，卽外邦亦然。試觀西歐各國，名為男女平等，實則陸軍、警察之中，無一女子。而議政之權，司法、行政之權，亦鮮屬於女子。所謂平等者，安在邪？

使女子而非人類也則已，使女子而為人類，又安能日受壓抑而不思抵制乎？今中國女子，其程度甚低。其有程度稍高者，則從男子之後，以拾種族革命之唾餘。夫滿洲之命，固不可不革。然吾則以為漢族之君，其禍更甚於異族之君。何則？漢族之君主，其功愈高，其蹂躪吾女界也愈甚。軒轅、黃帝，固漢族奉為始祖者也，然所生之子廿五人，得姓者十二，均從母得姓，則黃帝之妃不下十餘人。大舜、文王，中國之聖人也，然舜有三妃，文王生百男，非多妻之證乎？漢武以武功著聞，然橫肆姦淫，行若禽獸，甚至妃妾生子，則其母受誅。明太祖以攘夷樹績，然考其所言，謂『使（已）［己］身非女子所生，則當殺盡天下女子』。豈非漢族之君主，無一非女子之敵乎？漢族之君主既為女子之敵，故異族為君，其命當革；即漢族為君，其命亦當革。所以革滿洲之命者，以其以異族之民，專制吾女界也。且內而政府，外而官吏，均以男子操其權，故滿洲之命，應革於吾女子之手。若徒執攘夷之言，以附和男子，此何異漢人助滿洲人排外耳？且所以攘異族者，為其專制也。專制之政府，固當顛覆；即易專制為立憲，易立憲為共和，然既設政府，則吾人均有顛覆之責。蓋政府既設，即有統治機關，而統治機關，必操於男子之手。是與專制何異？即使男女同握政權，然不能人人均握政權也，必有主治、被治之分。以女子受制於男，固屬非公。以女子而受制於女，亦屬失平。故吾人之目的，必廢政府而後已。政府既廢，則男與男平權，女與女均勢，而男女之間，亦互相平等，豈非世界眞公之理乎？然既廢政府，不得不言公產。何則？貧富之分，為階級所從起，非惟富者役貧之背於人道也。試觀中國之中，賤視女子，莫若富民。其家愈富，則蓄妾愈多；其財愈豐，則好淫亦愈甚。故挾妓宿娼之人，均以富民佔多數。富民一日不除，則女子所受之害，亦不能一日弭。惟土地、財產均為公有，使男女無貧富之差，則男子不至飽暖而思淫，女子不至辱身而求食，此亦均平天下之道也。依此法而行，在衆生固復其平等之權，在女子亦遂其復仇之願。蓋女子之所爭，僅以至公為止境，不必念往昔男子之仇，而使男子受治於女子下也。

三綱革命論分部

論說

《新世紀》第二期《眞〈三綱革命〉》 《新世紀》常曰：去迷信與去强權，二者皆革命之要點，因此二者互相維持，以圖保存者也。所謂三綱，出於狡者之創造，以偽道德之迷信保君父等之强權也。迷信與宗教為一流，與彼相反者，則科學之眞理。若取迷信與科學比較其異同，則是非易決矣。

（甲）宗教迷信（一）君為臣綱，（二）父為子綱，（三）夫為妻綱。綱領者猶統轄之意也，是臣、子、妻皆被統轄者也。

（乙）科學眞理（一）人人平等，（二）父子平等，（三）男女平等。以眞理言之，孰有統轄之權，孰有服從之義，故一切平等。

甲一　君為臣綱

據强權而制服他人者君也，恃君之名義威權而制服他人者臣（官）也，故曰君為臣綱，又曰官為民之父母。

乙一　人人平等

君亦人也，何彼獨享特權特利？曰因其生而為君，是天子也。此乃迷信，有背科學。若因其有勢力故然，此乃强權有背眞理。

臣為君之屬物則是，因臣恃君而有者也。即官即奴隸。然民則非君之屬物，亦非臣之屬物。君與臣皆野蠻世界之代表，於新世紀中，君與臣皆當除滅。惟有人與社會，人人平等。

甲二　父為子綱

就偽道德言之，父尊而子卑；就法律言之，父得殺子而無辜；就習慣言之，父得毆詈其子，而子不敢復。

因强弱之異勢，迷信之誤謬，故父尊而子卑，父得而統轄其子，於是父為子綱。父之知道明理者，固不肯恃强欺弱，侵其子女之權，其他則以此偽道德為保護權利之具，侵侮其子，無所不至。故綱紀之義，父之明理

者固無所用之，而用之者皆暴父而已。【略】

總之為子者，自幼及長，不能脫於迷信與强權之範圍。己方未了，又以教人，世世相傳，以阻人道之進化，敗壞人類之幸福。其過何在？在人愚。乘其愚而長其過者，綱常倫紀也。作綱常倫紀者聖賢也。故助人道之進化，求人類之幸福，必破綱常倫紀之説，此亦卽聖賢革命，家庭革命。

乙二　父子平等

就科學言之，父之生子，惟一生理之問題，一先生，一後生而已，故有長幼之遺傳，而無尊卑之義理。就社會言之，人各自由，非他人之屬物。就論理言之，若生之者，得殺被生者，則被生者亦得殺生之者，既子不得殺父，故父亦不得殺子。

父之殺子與毆詈其子，昔非出於理而出於勢力，勢力卽强權，乃反背眞理者也。

科學眞理，一本於自然，不外乎人道。父人也，子亦人也，故父子平等。子幼不能自立，父母養之，此乃父母之義務，子女之權利。父母衰老不能動作，子女養之，此亦子女之義務，父母之權利。故父母子女之義務平，權利等，故父母之於子女，無非平等而已。此卽自然之人道也。

【略】

甲三　夫為妻綱

就偽道德言之，夫尊而妻卑。就法律言之，夫得出妻，妻不得離夫。夫執奸兩人之眞愛情，反謂為奸。殺妻無罪而得奬，妻殺夫則為淩遲之罪。妻殺夫因愛他人不得而為之者百之九九，阻妻之愛他人者夫，妻之殺夫非妻之罪也。

就習慣言之，夫嫖則為當然，妻與人交則為失節。因夫得嫖，且得有多妻，故無殺妻之事，然非夫之性善也。因强弱之異勢，迷信之誤謬，故夫尊而婦卑，夫得而統轄其婦，於是夫為妻綱。夫之知道明理者，固不肯恃强欺弱，侵其妻之權，其他則以此偽義，為保護利權之具，侵侮其妻，無所不至。故綱常之義，夫之明理者固無所用之，而用之者皆為暴夫而已。是故綱常之義，不外乎利於暴夫而已。

雖有知道明理之夫，而其妻不能脫於迷信之習慣，此非夫妻一部分之問題，乃男女普通之問題也。於男女革命中詳之矣。

乙三　夫妻平等

就科學言之，男女之相合，不外乎生理之一問題。就社會言之，女非他人之屬物，可從其所欲而擇交，可常可暫。就論理言之，若夫得殺妻，則妻亦得殺夫；若婦不得殺夫，則夫亦不得殺妻；若夫得嫖，則妻亦得嫖，此平等也，此科學眞理也。

《女報》增刊《女論·論三從》　三從者何？從父、從夫、從子是也。父者，我所尊親，義方之訓，理宜相從。至於夫婦，相敬相愛，如友如賓，有敵體之義，無尊卑之分，誘曰從之，已屬不通。若夫母子，則義屬倫常，負教導之責，任撫育之方，保抱提攜，以至於成人，在子有從母之義，豈在母反有從子之道乎！且所謂從之云者，有卑己尊人之道存焉。父尊于我，夫等於我，子卑於我，秩序不同，名分有別，今概曰從之，是三人者，均為我所當尊矣。均為我所當尊，則父也、夫也、子也，在男子論之，則有秩序名分，在女子一方面視之，固無所謂秩序名分矣。以束縛女子之故，並倫常而亦蔑視之，其説果可通乎！

且夫家庭教育，往往操諸女子。孟母之擇鄰，柳母之和丸，歐母之畫荻，古昔賢俊士成偉業享大名者，莫不惟母是賴。今三從之説，只言從父，而不言從母，是何故歟？借曰凡言母教者，只關男子而不關女子，則母既能教子以成人，豈獨不能教女以成人乎？有從子之義而無從母之文，是子教可受而母教可不必受也。我之母不能與我之子相比例，天下寧有是理乎！推言之，夫死從子，子死又必從孫、從曾孫矣。苟無孫曾，又將從他男子矣。左氏論齊人之殺哀姜曰：女子，從人者也。考其時，哀姜所從者為慶父。是凡屬男子，卽為女子所當從矣。彼其意蓋謂女子惟有從人之理，而無人從之之理，故其所從者盡在男界而不及女界，甚至以母之尊親，而亦不可從。夫使女子而有人從之，是女子卽能自立。女子能自立，則男界之奴之、物之、殘之、賊之，將無所施其技。故束縛之法，施之無可施，用之無可用，而出此離奇詭誕之謀，俾我女子永永失其權利也。吁，酷矣！

孔子有言：己所不欲，勿施於人。今試易地以觀，而為男界立一三從之規則曰：從母，從妻，從女。有違之者，在子則為不孝，在夫則為不賢，在父則為不慈。男界諸君其甘之乎？男界既不甘之，而獨施之於女界，揆諸公理，豈可謂平！且天下之理，以相鏡而愈明。妻者，齊也，耦也。有從夫之文，而無從妻之説，是不齊不耦矣。卑當從尊，而尊不當從卑，是母既從子，子卽不當從母矣。秕言謬説，自相矛盾。乃我國人士，奉之如金科玉律，父詔其女，夫責其妻，子强其母，無敢踰越焉，不亦惑乎！嗚呼，一言以為智，一言以為不智。三從之説，其果出諸聖人歟，抑非出諸聖人歟，吾且不必深辨，獨怪宋明諸儒，闡明倫理學者，從未一為駁正，貽禍流毒，以至今日。是則吾不能不為諸儒咎也。

祖宗革命論分部

論説

《新世紀》第二、三期《眞〈祖宗革命〉》　人類進化，腦關改良，科學以興，公理乃著，此新世紀革命之本原。與科學乃公理為反對者，卽迷信與强權也。於宗教中，用禍福毁譽之迷信，行思想之强權。於政治中，用僞道德之迷信，行長上之强權。於家庭中，兼用以上之兩種迷信，行兩種之强權，故家庭遺毒至深，人類蒙害甚切。而家庭中之最愚謬者，更莫甚於崇拜祖宗，故作祖宗革命。

甲　迷信中之祖宗與科學中之祖宗相比較

於迷信中，祖宗為神明，保佑子孫，永傳血統。子孫感其恩德，族人畏其神靈，於是祭祀之，禱祝之，奉紙幣紙帛，事死若生。故祖宗乃純然一宗教上之迷信。

於科學中，祖宗僅為傳種之古生物耳，及其死則其功用已盡，復何神靈之有。考生物進化學，乃知吾人非突然生於世，實由他生物傳演而來，故他生物中亦有吾之祖宗也。吾最近之祖宗為人，吾之遠祖宗為猿，或為他種生物，故吾之祖宗非他，卽已亡之生物耳。博物學中有『祖宗學』一科Genealogle，卽研究生物之傳演者也。

凡物愈古，其構造愈簡單，其能力愈薄弱，此自然之公例。故於科學中，吾祖宗之程度，不及吾人，是正於迷信中之祖宗相反，於迷信中，皆謂吾之祖宗勝於吾人也。由是而見科學中與迷信中祖宗價值之相異矣。

乙　祖宗與上帝比較

古人生於天地間，而不知天地為何物，聞風雨而驚，見日蝕月蝕而驚，凡一切不能解者，皆歸之於上帝，故上帝者乃憑人之妄想而創造者也。後來之人，不識先人為何物，不知其死後何之，深夜聞聲而驚，中宵夢思而驚，凡一切無可考證之謬想，皆歸之於祖宗之神靈，故祖宗之神靈亦憑人之妄想而創造者也。蓋信上帝，由於不知天地之學；信祖宗，由於不知生物之學。凡科學不明，皆腦髓之未改良；腦髓之未改良，由於人類之未進化。故崇拜祖宗，與崇拜上帝，同此原因。

昔者歐洲人，愈富貴者，崇拜上帝愈隆，支那人愈富貴者，崇拜祖宗愈隆。其為言曰：『上帝佑我。』其對貧賤者曰：『若輩得罪上帝』『若輩得罪祖宗』故爾。又曰：『汝輩今生之命運，不可挽回，惟有忍耐苦修，為下世求福。』此種之迷信通行，則貧者安之，富者固之，是以歷代帝王相繼，民無異詞，貧富懸絶，民無怨語。由此而知創造上帝祖宗之用意無異，皆以之為不平等不公道之事之護法也。

其不同處，則上帝為衆人所共，祖宗為各家所專，總之此二者不外乎至愚與自私，故二者同為吾革命黨所不容。

丙　不主祖宗革命者非自愚則自私

前人因科學未明，不識祖宗迷信之非，尚可恕，今則非其時矣，其至愚者固有之，然亦有知過不改者，是有故也。【略】

丁　凡有道之革命黨必主張祖宗革命

祖宗迷信之反背科學，有傷公理，為知道者所最不能堪者也。革命無非為求伸公理而已。然支那人生平最早所遇不合公理之事，未有如崇拜祖宗者也。是故祖宗革命，為支那革命黨之『初學試驗品』無疑。若生於新世紀，其智力不能知祖宗迷信之謬妄，吾敢斷其無新世紀革命黨之資格。若已知祖宗革命之正當而不肯實行者，是甘心服從專制，反對公道，吾亦敢斷其非新世紀之革命黨。

吾言出，則必有疑難之者至，曰：□君乃支那最誠篤之革命黨，衆望所屬。然□君似有祖宗迷信者然，於《民報》拾號八十一頁中之祝辭內見之，其言曰：『以皇祖軒轅之靈，洋溢八表。【略】白日有滅，星球有盡，種族神靈，遠大無極，敢昭告於爾丕顯皇祖軒轅烈祖金天高陽高辛陶唐有虞夏商周秦漢新魏晉宋齊梁陳隋唐梁周宋明延平太平之明王聖帝，相我子孫，宣揚國光，【略】我皇祖亦永有依歸。』□君之思想，固未必若是之舊也，然就此文觀之，其言之反背科學，有乖公理，必不能因其同儕而為之諱也。此文實具三種迷信：一崇拜帝王，二崇拜祖宗，三仇視異族。此實吾輩所謂舊世紀之革命矣。充□君之意，倘今日之皇帝為軒轅，甚至為秦始皇，皆當崇拜之矣。吾新世紀之革命則不然，不問其為何種人，或軒轅黃帝，或拿破侖，或威廉第二，或玄曄載湉，一律排斥。雖彼乃主張種族革命，所言自不免過當，然即就迷信祖宗而言，□君已大過矣。即使軒轅果可崇拜，其靈何在？即使種族自應無極，所謂神靈何解？本今日已有定論之科學公例『物力不滅，無有神靈』，復何可以此等之言，以貽誤於聞者。且我之革命乃求伸公理，非圖自私，假使祖宗靈魂不滅，亦無須祈其相我，而後革命。況滿人亦禱彼之皇祖，相彼子孫，滿人固嘗降所謂諭旨曰：『列祖列宗在天之靈。』噫！何□君此言，與滿人諭旨，同一愚陋耶！若神靈無效，則不必作此愚謬之舉動；若其有靈，各私其子孫，是乃公理之仇，無論滿祖漢祖，同在擯斥之列。以上皆不過比喻之言耳，究其實，凡此類文辭，皆野蠻時代用之惑衆，乘機利用，以圖己利。嗚呼！奈何□君以此種無理之文，用之於至正當之革命耶？若□君以公理良心，細思吾言，必否恨我，必且與吾表同情，而主張新世紀革命中之祖宗革命矣。君或以為支那人格不及，故用手段，以運動革命，然吾之所以革命者，乃欲成一正當之社會，焉有以不正當之道理，而能達其目的者乎？若以不正當為宗旨，又何取乎革命。

戊　祖宗迷信之四大罪惡

（一）反背眞理，顛倒是非。

（二）阻數千百年知識之改良，阻數千百兆人之進化。

（三）肆行迷信之專制，侵犯子孫自有之人權。

（三）耗民力民財於無用之地。

富貴者喪祭之時，祭筵無數，腐臭棄置，值巨金之紙物，頃刻燒毀，於此無形之中傷害民生無算。

（四）攘奪生民養命之源。

攘可耕之田為墓地，忍聽耕者之流離。

祖宗迷信之罪惡，皆由人力使然，以上諸端，皆當彰明其罪，勿再以迷信顛倒是非。

己　實行祖宗革命

今支那之青年，凡以科學公理為務者，想必贊助吾祖宗革命之意，且必實行之，其實行之法甚簡易。

（一）於書報演説中發闡此種新理，破數千百之迷信。

（二）凡遇含有祖宗迷信性質之禮儀，祭喪葬等。皆指公理以拒之。

（三）平墳墓，火神牌，以為警世之鐘，藉行傳布之法，或將墓牌神位，送入博物院，資後來考人智進化者之研求。

（四）凡主張祖宗革命者，當囑其子孫，於其死後，勿以昔日待祖宗之法相待；或筆之於書，俾子孫懦者，或受他種强權所阻者，亦得勉行祖宗之革命。

《警鐘日報·論中國家族壓制之原因一九〇四年四月十三日》國家之起原，起於家族。中國之恒言曰：『治國必先齊家。』又曰：『國之本在家。』而西人之言社會學者，亦以家族為國家之起點，謂民族之起原，起於公同之特性。（面）［而］公同之特性，起於血統之相同。則所為民族者，乃合數家族而成者也；同一民族，即同一國家，此家族所由為國家之起點也。吾試即中國家族之起原考之。

斯賓塞之言曰：『各宗教之起原，皆起於祖先教。』斯言也，徵之中國上古而益信。吾觀蒼頡造字，『教』字從孝。又，《孝經》有言：『夫孝，德之本也，教之所由生也。』則中國當上古之世，舍祀［祖］先而外，彼固無所謂教矣。蓋民之初生，無不報本而反始。【略】試觀中國人民言婚禮者，必曰：『上以奉宗廟。』言育子者，必曰：『用以求嗣續。』而《禮記·祭統篇》，又有『祭有十倫』之説。則家族思想之起原，悉已範圍於祭祀之禮矣。雖《禮記·太傅篇》力陳尊祖敬宗之效，而漢儒三綱之説，則由是而生。『三綱』二字始見《白虎通》，漢以前無此語。名分説興，以勢為理。蓋家族思想愈發達，則家族之壓制愈堅。吾更即中國家族之壓制觀之。

一曰壓抑婦女也。吾觀斯賓塞《社會學原理》，其論野蠻時代之結婚也，有剽掠婦女之風，有買賣婦女之俗。及按之中國之昏禮，則如陽侯殺（謬）［繆］侯竊其夫人，子黑欲殺子南而取其妻，皆剽掠婦女之風也。申人之女，因夫家禮物不具，持義不往。此買賣婦女之俗也。【略】觀《說文》訓『婦』為『服』，而《曲禮篇》亦云：『納女於諸侯曰備酒漿，於大夫曰備灑掃。』足證上古之時，以服從為足盡女子之分。故有義務、無權利，與蠻族壓抑婦女之俗同。又據《白虎通》諸書，知三代之時，惟賤如庶人，始行一夫一妻之制。若庶人以上，則皆行一夫多妻之制者也。是重男輕女之風，自昔已然，特古者夫婦之際，義合則留，不合則去。故『大歸』書於《春秋》，而《禮》有『七出』之文，使婦女不諱再嫁。若漢代以降，惑於『三綱』之說，不曰『一與之齊，終身不改』，則曰『餓死事小，失節事大』。托扶陽鋤陰之論，以壓抑女權。婦學廢而德藝衰，纏足行而能力薄。於此而猶慮壓抑，謂非不恕之甚耶？嗟乎！自名節之說行，而婦女之非命而死者衆矣。然村女里婦之受虐於姑者，其罹禍尤酷，往往有隱忍就死者。婦女何辜？竟受禍之至此極耶！中國家族之壓制，此其一。

二曰：壓抑子姓也。【略】

三曰：壓抑庶孽也。

孔丘革命論分部

論說

《河南》第五期《凡人〈開通學術議〉》　今中國學界之黑暗與進化之遲滯，是誰屍厥咎歟？歸之學堂不普及與辦理之不善乎，今則各省學堂已若林立，而辦理人員，自各省學務公所成立後，延聘議紳參預學務，盡有賢者佐理其間矣。歸之官府腐敗，不知提倡，故意强作反對乎，今則州縣官考成加入學務為舉劾，預備地方自治且莫不歸重學務矣。歸之民智不開，學界無人，上行而下不效，放棄國民之責任乎，今則南北響應，勢如破竹，有志之士奔走狂呼，死者已往，來者方續，其遠遊於外者，不見於行，且見於言，發議於報章，寄書於郵傳，莫不爭先恐後，冀速醒同胞，維持前途，轟轟烈烈，儼若人人皆英雄豪傑矣。夫誰咎？夫誰咎？

吾知解決此問題者，必曰咎在上下隔閡也。否則，曰咎在專制之下不能自由發達也。再否則，曰程度未到，時有未至也。是數說者，皆是也而有未是，皆合也而有未合。一以根本之論推之，試問何以去隔閡，何為自由，何如而程度始到而時方至，乃有文明進化之可言耶，吾恐答者必窮於是矣。盍反求其本而試驗今日學術開通與否？

夫學術中於人心，關於進化，東西一揆也。西洋學術發於希臘蘇格拉底氏，至亞里士多德為帝王師，得大行其道，而西洋之文明乃開。東洋學術始於吾國伏羲氏畫卦作易，以王天下，下傳亦多賢君，至唐虞三代道益隆，而東洋之文明遂進。由此觀之，東洋學術之盛誠在乎西洋上矣，然而東西異轍者何故？夷考其由，蓋西洋學說倡自於下，故自由公理之說早明；吾國學說倡自於上，故尊君敬長之道日嚴，雖下傳至於孔子，而孔子莫能易，是實吾國學說受病之原也。然而前此已往為閉關絕約時代，利用舊沿之學術，為禁外道，重人倫，維持舊社會，固亦足以為治矣，自今以往為東西洋文明競爭學戰勝負時代，必主張適用學理，融會東西之學說，乃能革舊弊，明新法，造就新世界，以立於天演淘汰之中也。今中國固守舊說不少變，學堂以經學為主，科學為用；功令益尊孔子，升為大祀，排斥異說不遺餘力；而學界號為開通者，莫或敢倡學說之改革，其迂者且尊孔子為空前絕後之大聖人，仰若神明，信為國是，日求昌明聖學為主義。嗚呼，學術蔽塞若此，吾恐學堂遍立，辦理得人，上提倡之，下響應之，而中國之學術實足自亡其國而已矣！

曾亦思孔子者，固博學而無所成名也。問禮於老聃，問官於郯子，學樂於師襄，曷嘗株守一先生言？其教門弟子也，德行：顏淵、閔子騫，是雜於道德；言語：宰我、子貢，是雜於遊說；政事：冉有、季路，是雜於政法；文學：子游、子夏，是雜於詞章；無非開通以示人，未嘗不許人以開通也。而後世尊崇之過甚，必為別立門戶，崇峻堂宇，使天下諸子百家不相會通，而流弊至於自相齟齬，漢宋不同派，程朱陸王不同派，互相毀謗，不可底止，至於今日，所行之孔教亦弗知何者為是、何者為非，而門戶之見堅不可破。噫嘻，是皆原於不知孔子為何如人、不識孔學為何如學也！洎今世界進化，學理發明，吾方幸孔教將日明，不至再為人誤而誤以誤人，孰知孔教亦有迷信教徒焉，執謬不回，仍信昔日孔教黑暗時期為孔教昌明，今孔教將進昌明而乃悲吾道之衰。嗚呼！亦背其師矣。

然而學者一聞此說，必怫然曰：『惡！是何言！孔子，聖人也。聖人道全德備，包羅萬有，焉得以開通言之！聖學四科，純乎天則，又焉得以雜於道德、遊說、政法、詞章而分別論之！此亦開通不倫矣！』則將應之曰：不然。吾固將正言以解決此惑也。夫聖人之名詞，傳自上古，稱讚古先聖王以立人極也，非為孔子而始名之。朱子有云：『道統之傳，有自來矣。』然道統傳至孔子而下移於士大夫，追尋原義，實有未合。而學者謂其功過堯舜，德比湯武，實與古聖王齊德，足為萬世標準，雖以名之可也。此亦中國民權發達之一紀念。此其聖人之徽號非絕無而僅有者，昭昭矣。且孔子之立教，實在五倫。五倫之教，起於虞廷司徒，後王道衰，周室不振，遺學僅存人間，孔子拾而傳之，以衍其緒。使孔子得志於明王，任以司徒，為職已盡，夫安見其道全德備哉。特不得志而專門之願不遂，於是馳騁於五倫之中，出入乎五倫之內，旁通諸說，以詔後學。孟子謂其集大成，豈孔子始心哉？吾固目孔子為時勢所造之英雄，無見其造福於當時也。【略】

夫孔子為開通之學，固開通之聖也。今士子幼讀孔書，以至老大而固守孔學，坐井觀天，詡詡然自以為得，亦可憐矣！設使有人於此，其為後進以求學也，則必求實業、治文科各達其目的，其欲有所轉移於社會也，則必學教育、攻法政各盡其能力，然而非孔學不法、非孔言不听也，讀盡十三經，閱盡廿四史，各抽出其關於各科者而研求之，雖讀破萬卷，其能有濟於今之世乎？吾知聞者鮮有不知其失者矣。知其失而猶顧戀之不忍或釋，引而附之，强使之合，學校奉為金科，老儒尊為國是，吾不知士子讀書，學而後有用乎？抑學而為尊聖人一人乎？孔子之聖，聖於昔時，亦既往矣。我尊之，於孔子無加；我不尊之，於孔子無損。吾何必不求於今之時，而甘奴於千載上之陳死人，以沮我未來一般事業之大發達哉！

且學術開通，非專取於外而不顧己國之文明也。當今新理日出，競爭日烈，世界各强國莫不探究其國固有之學，導其源而浚其流，究其本而齊其末，使其學術嶄新，確立於萬國優勝之地位，所以强其民族、擴張範圍也。吾國國學為東洋鼻祖，學術淵源，浩如煙海。如墨子之兼愛，佛學之平等，此吾國公理發明之舊，今不得闢為異端，置而不問也；如黃、老之清靜，申、韓之整肅，此吾國理法發明之舊，今不得卑為雜霸，略而不考也。若夫漢、唐之清流，黨人富有社會團結之力，宋、明之殉義烈士多達於種界華夏之判，此皆吾國歷史上之特色，有不容泯滅者。餘如考據訓詁，由小學旁及於雜家小説，無不當追溯原始，啓示後人。合數千年吾國國學之精粹，各取其長，進而參考東西各科之新理，以求其是。實業也，而實驗是信；文學也，而確切是遵。合古今、貫東西而熔鑄於一爐，從今世界學科之各大家舍吾中國學者其孰與歸，吾何必株守一家言，不深圖世界萬世之業歟！

新政為病民之根論分部

論説

《天義報》第八至一〇期《劉師培〈論新政爲病民之根〉》 中國自古迄今，凡朝廷之變法，恒與民變相表裏。王莽變法而新亡，荆公變法而宋弱。蓋舉行新政，名曰圖富强，實則利於上而不利於下。若今日中國之新政，則尤爲病民之根。蓋中國自秦、漢以降，悉爲放任政治，舍暴君重斂、嚴刑外，多數人民鮮罹其苦。加以貴農賤商，國鮮貴族，律以西人之治，殆遠過之。自變法之説既昌，以爲非推行新政，不能强國。始也，其説倡於野；繼也，其説倡於朝。大抵以立憲爲歸，以崇拜西法爲主。此無論其有名無實也，即使實力奉行，亦徒爲病民之政而已。何則？近日之人心，大抵趨於功利；而功利之説，則便於少數之人，固按之各國而皆然者也。故西人物質文明，雖多可采，然用之無政府之世，足以利民；用之有政府之世，適以病民。試觀新政既行之後，受其益者，惟新黨、資本家。舍是以外，則多數人民愈趨於貧苦。故矯今之弊，惟有實行無政府。若於政府尚存之日，則維新不如守舊，立憲不如專制。【略】

舉行新政，必增民稅，則苛政日生，如遼東現今之制，無論何業，莫不有捐。一燈之費，月必五元。而警局收費尤巨。然問其利民者何在，則誣良民爲馬賊，獲以領賞而已。由今而降，恐各省均爲遼東之續。百物因之以滋貴，飢寒之民，數必倍益。及民財既竭，勢必假款外邦，授以各省利權，近日借英款，已以江浙鐵路作抵。異日政府歛財不足，必更假外款。使各省人民，昔受制於本國資本家者，更受制於他國資本家。埃及之禍，殆將復見。此又舉行新政之結果也。

若卽社會之近況言之，則科舉廢而士人失業，汽車行而擔夫嗟生，輪舟行而舟人失所。加以迷信既破，而術數之業不克（持）［恃］以謀身；電信既通，而郵驛之夫不克恃以謀食。平民疾苦，爲往昔所未聞。且近日商埠之地，恃御車爲業者以數萬計，均屬昔日之農民。今上海之地，改試電車，則御車者又失業。援是以推，則所謂新政者，果爲利民之具耶，抑爲害民之具耶？毋亦所利者在於少數人民，而所害則在於多數人民乎？近日之制，又有確成階級之制度者。如南京警察於車之不順軌而馳者，必加干涉，然僅對於人民則然。若官吏之車，雖不順軌，亦鮮有過而問者。此貴賤不平等之證。又如中日往來商船，當夏、秋之間，必行檢疫之制。然行經日本商埠時，醫士登舟驗病，對於上級客艙之客，稍視卽去；對下級客艙之客，則凌虐百端。此貧富不平等之證。今之世界，大率皆然。則中國行新政之結果，亦不過使貴者、富者逍遙法外而已。故知新政爲病民之根也。

思想進化十派論分部

論說

《新世紀》第二〇期《眞〈進化與革命〉》　進化與革命表證之二支那近年政治社會思想之進化與革命

近年支那人思想之改變，人所共見，其大門類約有三：

（一）守舊派　惑於俗信，保守舊法。

（二）半舊半新派　取外人之所長，以圖補救。

（三）全新派　破除一切成見，惟眞理于是時較爲最眞是求。新世紀常論之，茲不贅。總言之，則曰自私，曰保守。

第一派　恒具崇拜道德、保國粹、排外諸性質，

第二派　知己國不能自立，遂思取他人之所長，以爲補救之法，然所謂己弱人強，皆由勢而窺之，而非本於確當之學現，其觀念不外彼我之損益，保守之意雖減，仍不脫於自私。以上二者有彼此相兼之時。

第三派　以科學眞理爲權衡，以社會公益為目的，此新世紀之所以求進化無窮，以期達於較善者也。

由以上三者可為公例曰：『由私而向於公，由保守而向於進化』。

思想進化與他種進化同，相關係者有二：曰內力。曰外力。內力卽腦關之改良，外力卽他事之影響。故思想進化非人之所能爲，亦非人之所能阻，此卽進化之公例也。設有不隨而進者，或從而阻之，衝突於是乎生。從『良者獨存』之公例，先爭論而後改革，此卽思想革命。

凡事之進化革命，理皆如一，人所共見之。思想進化，可爲之表證者，如與友人夜譚，論及近數十年中國人之思想，因內力外力而變遷者，約可列爲十派，以見蟬蛻之迹。茲直次某君所言如下：

甲、三綱五常派　此類思想最舊，大部束縛於時文講章之內力，又迷滯於狀元宰相之外力，故成此類。此類宗派之確立，約有數百年，在二三十年前，尚充斥於國中。今日之委蛇伴食於朝，及迂鄙爲患於鄉者，亦皆此類也。

乙、古義實學派　此類思想稍活動，因涉獵較多，其內力有所膨脹。此類卽漢學考據家之屬。極盛於二百年以來，至二三十年中，始實收其效果。蓋能使甲類所墨守之八股，與鴉片小腳，同爲可厭之物者，其原因雖多，而直接之掊擊，乃乙類之翔實，足以顯甲類之空疏也。此類在今日，如自命維新之張之洞等，甚而至於革命黨中，亦有如某君某君者，其言論雖若有進，實則思想、目的、手段，常不離此派，卽如主張存古及保國粹之類皆是也。

丙、史治民生派　此類思想愈活動。乙類則全爲其內力學問所執滯，不問張三之帽，可戴於李四之頭與否；此類乃稍受動於時勢之外力，能

知爲因時之制宜。此卽魏源之徒爲之代表，而曾國藩乃此中之翹楚。今日存於國中，稍執權勢者，有如甲類馮煦等，乙類之張之洞等，皆隱隱自以爲丙類。如馮煦等對付今日之時勢，尤與丙類爲貌似。若在野之士，或山僻州郡，尚有侈談此等派頭者，至於交通利便之區，則此類幾絶。

丁、洋務西藝派　此類之思想，有活動於內力者，李善蘭、徐壽之屬是也；有活動於外力者，李鴻章、文祥之類是也。現在此類，朝士則滿人居多數，在外國使館中之目爲陳舊者，亦皆此類。在野僅製造局等處，尚存三數老學究。其旁枝則有極守舊一類之出洋學生，若唐紹儀、辜鴻銘之徒，雖其人今方轟轟出頭，然此曹之思想、目的、手段，終不離此類。

戊、中西體用派　此類之思想，受活動於新世界之風氣者漸多。此類最爲複雜，朝士如郭嵩燾、薛福成之徒，在野如王韜、鄭官應、湯壽潛輩，其而至於今日頑固黨中，如許珏一流者，彼之思想、言論、目的，實爲此類。其近日退化之迹，乃倒行逆施，非一出於本性。至大多數之使館人員，開口閉口，津津樂道某人精通洋文，某人熟達西語，略以西藝西政爲口頭禪矣，無不爲此類。所以其旁枝，如伍廷芳、伍光建等之略有學問，亦不能脱出此類之圈外。卽洋行之剛巴度，言其氣味，亦爲此類也。而近日同文館、約翰書院出身之學生，亦皆此類。以上所舉，雖人品學問種種不同，然其思想、目的、手段，無不同。又有如張謇、鄭孝胥、端方等，由甲乙丙三類之大變相，亦可歸入此類之中。

己、變法維新派　此類複雜更甚，然其思想、目的、手段亦無不同。今之朝士則有如袁世凱、岑春煊之徒，時人目爲新學巨子者，有如馬良、嚴復之徒，餘如自命有大氣魄如康有爲之徒，自命有小作用如張元濟之徒，以及今日所謂卓卓使才如某君某君者，不謂有如文廷式之徒者，彼輩皆甲乙丙雜糅而成之一類也。皆此類也。吾舉此類，必有人疵其過於不倫不類，誣妄已極。蓋此中之人，甚多思想至高明、言論極精當者。然此乃留聲機器，不啻若自其口出，實無所動於其中。觀於此類人，常迎合於不新不舊，其眞思想可知。於進化之事業，若有意，若無意，其眞目的可知。其行動，無所謂平和，無所謂急激，其眞手段可知。故曰此類雖複雜更甚，然其思想、目的、手段亦無不同。卽今日西洋有知有識之少數學生大多數之無知無識者皆丁類或戊類。及內地搢紳先生，附和立憲，主張教育之誠懇者，皆爲此類。張之洞評隲古文詞家，有不立宗派之名目，今對此類，亦卽可以不立宗派新學家稱之。質言之，卽所謂混合夾雜之維新黨是也。

庚、開明專制派　此類之內力，不必果優於己類，然其迎受外力之感動，殊較己類為銳敏，故已有一新學最粗之組織，與其夢寐相結合，其思想、目的、手段，殊與己類不相同。梁啟超先由己類《時務報》之嫡派，一躍而爲《清議報》派，再躍而爲《新民業報》派，未及半途，猛跌一交，遂於兩報派之間，結成此類，梁啟超遂終於此。爲其死黨者，三數東洋學生。今亦有在朝列者，皆稍能了解門戶之何以成立，運動之若何進行，故今日立憲之聲，滿於國中，主動者，實爲此類，餘皆被動。

辛、強種保國派　此類卽不立宗派之革命黨。當日東洋學生之《國民報》爲之倡始，梁啟超《新民業報》幾進於此類而未能。此類人之思想，初脱羈絆，稍欲撤去中國五千年舊有之惡藩籬，然其絶對之排滿排外，仍不脱宋、明以來之劣根性，故其思想大活動，而目的手段如故。凡今日之自標革命黨，實與革命黨表同情者，皆爲此類。無論內地志士，及留學界中人，此類常居其多數。

壬、平等自由派　此類之於辛，如己之有庚。辛則思想無秩序，而目的、手段夾雜，此類則思想、目的、手段皆入一線。吾不能多有所知，如民報中之翹楚諸君，庶乎其近。卽近日上海等處革命社會中，常有一鱗一爪隱約見，亦必此類。此類人出，革命有其主動，故被動者益盛，而滿清之命運，亦以告終。

癸、眞理進化派　此類乃混同夾雜之無政府黨，文言之，亦可曰不立宗派之無政府黨也。此類萌芽幼稚，尚不能實以何等人確有此資格。然內地及留學界到處皆已見端，不需數年，必有人論定之者。至於己必有庚，辛必有壬，而癸亦必有甲。方今世界社會中，甲類早已確立，且日益隆盛，中國人猶沈沈長夜，昧旦有待，其亦詘於內力外力之無可如何者歟？中國人好言程度矣，然自科學之眞理漸明，乃知程度可按學理而造。故究知原質分合之劑量者，卽生物亦有人誠心正色而試造矣，不嫌妄也。今中國人苟小有聰明之士，就其自信力，常以爲充其內力外力，卽造己於世界最文明之資格無論思想學問而無難。如吾以爲絶無作此等思想之人，卽就區區五六百人歐洲之留學社會，必有人戟拇指自觸其鼻，笑我爲夏蟲之見者，蓋此非諸君自負之謬氣，實乃演進人類早具之能力也。然則諸君卽中國人類之一分子，中國人類，卽其全體。乃對於分子，不自菲薄如此，而導引社會，常存一卑之無甚高論之見者，誣學理歟？抑故意阻遏人之進化歟？

《大陆》第一期《淘汰篇》　且卽以學術之發達言之，則學術者固變之至速、進之至速者也。昔人所奉為至理者，今乃一變而糟粕；今人所奉為至理者，後又一變而糟粕。此思想之變遷所由愈出而愈奇也。故一理也而為一人所獨倡，當某倡此說也，當世莫不非笑之、怒罵之，然一轉瞬間而其說萬不得不行者，是何也，此所謂淘汰而適者存也。又一理也而為舉世所尊奉，或有闢其說者，則當世皆以為離經、為畔道，然一轉瞬間而某說乃不得不廢者，是何也，此所謂淘汰而不適者滅也。古今來聖賢豪傑，其發明新理、創建新世界者莫不如是，卽生學家之倡淘汰說也亦如是。昔十二世紀之頃，生學家皆信怪誕之說；自薄爾斯泰出，倡明亞歷斯度德爾之說，而黻雪奧落格斯之聖書乃不廢而自廢矣。昔生學家皆狹於見聞、短於實驗；自哥侖布發見新地，歌白尼倡天體之說，葛伯魯倡行星迴旋之說，奈端明重力之理，乾生父子有顯微鏡之制，其影響皆及於生學，而架空妄測之謬見乃不掃而自掃矣。且也，昔林納氏、丘維挨氏、亞嘎雪氏皆主異物分造之說；自蘭麻克氏、爵弗來氏、萬俾爾氏、方拔氏、華來斯氏、達爾文氏輩出，倡變遷遺傳之說，而宗教家搏土之迷信乃不衰而自衰矣。由此觀之，則卽一淘汰之說，亦莫不由淘汰而來，而凡百形上形下之學術胥視此矣。此學術淘汰之說也。

萬國新語論分部

論　說

劉師培《劉申叔遺書補遺·勸同志肄習世界語》　昔在戰國之世，各邦並峙，文各異形，言各異聲。及秦皇采李斯議，立秦文爲準鵠，而字內混一。今之世界，衆國林立，亦文各異形、言各異聲之世也。非言文統一，不能躋世界於大同。幸近今民黨，漸諳國家主義之非，欲以世界主義爲天下倡始，如社命黨、無政府黨是也。然語言閡隔，達志通欲，非譯莫由，致團結之效，勢難驟躋。由是有采用世界新語之議。考世界新語，創於俄人石門Zimenhof氏，民黨用爲暗符，近則推行各國。去歲於英國圜橋Cambridge開設巨會，赴者二千餘人。擬創立萬國聯合會，使各國小學悉列新語爲教科，而石門氏演說詞，亦以『新語通行，則國際紛爭可息』，復謂：『愛世界者爲眞愛，愛一國者爲私愛。新語普及，庶幾由愛國之情，擴爲愛世界之情。』是新語創造之初，已含博愛、大同之想。故英國無政府黨本部議以新語通函；又去歲社會黨大會，於改用新語，亦爲提議案之一端，雖未經議決，然社會黨、無政府黨員欲圖萬國之聯合，咸以嫻習新語爲先務。今萬國平和自由協會Internacin Asocio Paco Libareco創設於巴黎Paris，欲傳播新語，以爲傳道刊書之用，支會之設，徧於各國，運動平民之書冊，日有增刊。則數年以降，五洲各民黨，噲唯應對，必執新語以爲衡。加以世界名著用新語譯成者，科學、文學之編，充盈於市；專門字典，計類尤多，而無政府黨員所撰著，恒用新語刊行。惜支那人民，鮮知肄業。儻人人知新語之益，競相肄習，學成以後，用以友天下之士，讀四方之書，較之僅通英、日。今中國人所習外國語，以此二國爲多。文字者，所收之益，不啻倍（疑）［蓰］。異日眞理詮明，天下爲公，世界衆生，咸知聯合羣類，以感情相融洽，實行互助，泯國界之畦町，奏民黨之偉績，則同文之世，必有可期之一日，而新語之行，又爲同文之嚆矢。吾黨同志，如有抱世界主（意）［義］，欲聆四方民黨之論者，或亦有志於此乎？

又《世界新語Esperantisto發達記》　世界新語創於石門華。石門氏所生之地，在波蘭比靄洛斯禿城。該城人種複雜，爲俄人、波人、德人、希伯來人所雜居。人種既殊，語言遂別，以致感情薄弱，衝突日增。石門氏當幼稚之時，卽抱此憂。既入中學，恒思製人類共通之言語，以化種族之畛域。嗣由中學入烏爾速維屋城高等學校，知古代語言，決不適於現今之用，非創造新語不爲功，遂堅抱此志，以爲畢身事業。及入大學，研究醫科五載，得醫學博士。千八百七十八年，遂將國際語製成。然以未加經驗，不欲發表。復精思八年，謝絶交遊，致忘寢食，惟以新語編詩歌自慰。及千八百八十七年七月，始將所著之書，出板於烏爾速維屋城。

方此語之初發表也，他種新語，亦同時出現，而石門氏則著書相詰，至於窮竭心力，由是他種新語漸歸泯滅，惟Esperantisto新語特存。

先是，肄習新語者，惟俄人、瑞典人、德人之少數。而俄人遂創立協會於千八百八十九年，以此語刊印雜誌，於德國出板。嗣因載杜爾斯德來函，俄政府遂禁其輸入。嗣瑞典續刊一報，名曰Lingvo Internacia。至千九百年，漸爲各國所知。時法國波布倫侯亦研究此語，已於千八百九十八年創立Esperantisto普及設會，並刊La Esperantisto雜誌，以作機關。波布倫侯曾遊印度、日本、非洲、南北美洲，通各國語言，亦擬創製新語，所作名補助語Ladjuvanto，甫欲出板，而石門氏之新語發現，遂棄其所業，提倡Esperantisto。出家財爲助，學者稱爲Esperantisto第二恩父。由是各都會爭肄此語。至於今日，仍以法國所傳（所）最甚。

繼俄、法而起者，若瑞典、德國、布爾加利、義大利、匈牙利，均爭習此語。千九百二年，英國亦設立分會。由Joeeph Fhodes設立。至於次年，德國之中，復設分會；千九百五年，此語又輸入日本。近則於美洲之地，亦漸次盛行。

依昨年六月所統計，新語協會及團體計六百三十九所，各學會團體採用此語者，計六十一所，所刊雜誌計八十三種，新聞雜誌附列『新語欄』者計一十九種，而國際會議採用新語，亦十有一所，其他用以通信者，舍商界而外，其團體亦不下七十所。至於今歲，必更以增加。【略】

現各國之中，所設Esperanto領事館，計一百七、八十所。此等領事館，其所司之事，若通信，若紹介，若依托，若取物，若繙譯，若招待旅人，均周切備至。而巴黎協會復於法國全境之中，分設繙譯局，以通函譯語爲專務。【略】

去歲萬國無政府黨大會，有刊行之決議案。其最末之一則略謂：本大會之旨，以爲Esperanto語，於萬國通信方法最有功用。此可下判定之語者也。唯望同志研究此問題。又無政府黨會報，名曰Bulletin del internationale Anarchist，發行於英京。各國通信，亦恒用Esperanto文。

又《勸告中國人士宜速習世界新語》 夫世界新語，其推行迅速之由，一由音符之有定，一由名稱之畫一，一由方法之簡明。鄙人於所作《新語詞例通釋序》，既略陳其梗概矣。惟其若此，故發達至速。由於人民之公心，而不假國力。英、法之文，其推行之遠，均由於國力。豈中國人民獨能逆時勢之所趨乎？

今中國人民所以未諳習此語者，一由寡所見聞，一由疑此語爲無用，妄意學成以後，其用未宏。此實不諳時勢之故也。試將諳習新語之利益，臚列如左。

一曰學識上之利益。居今之世，欲擴充學識，必廣閲西文書報。此有識者所共知也。欲閲西文書報，必首通西文。然近今之習英文、法文者，若非入專門學校，雖習之二年，鮮克閲書，此指各普通學堂之學生（告）[言]。則以文法複雜之故也。惟世界新語，則文法至爲簡明。若僅爲肄習文法計，不出數月，即克檢字典閲書。見下文。而世界各國用此語以刊印書報者，歲以千計。舍普通書籍外，若哲學、科學、美術、音樂、實業諸書，凡爲歐美名家所著，無論其屬於何國文字，均用此語譯成。文學之書，所譯尤衆；詩歌、戲曲，莫不畢具。凡莎士比、杜爾斯德、伊布沁諸集，均有譯本。專門字典，計類尤多。有醫學、理科各種。至於新聞雜誌，依去年六月所統計，已不下八十餘種；其附列新語欄者，計數亦達二十。今歲又增益數十種。歐美各國，凡政治、學術、實業各團體，下逮寫眞之家、速記之術，均有新語所刊之報。以上各書報，鄙人於日本東京設傳習所時，所儲略半。又乞歐美各出板所寄贈，不日即至滬上。則學成以後，無論治若何學術，均可廣閲歐美書報，以擴見聞。今中國所譯，西書至少；日本所譯，其名著亦無幾。且多刪節增益，致失本眞，譯音又多歧異。是肄習新語，所費之時，遠較肄習英、法文字者爲省，而所收閲報、觀書之益，則較僅通泰西一國之文字爲尤巨。其利一也。

二曰交通上之利益。居今之世，欲擴見聞，不得不資於遊歷。然語言不通，則應對酬酢，至爲捍格。即使所通者僅一國，然遊歷各邦，不能盡人而解。況各國語音，均有習慣，其用僅適於一族。以他國之民學之，至爲生澀。故中國年逾二十者，學外國語至難。又，日本人所操兵語，其發音多不合。惟世界新語，則音符、名稱均畫一，記憶最易。無一字數義者，亦無數字一義者。且義近之字，均用接頭、接尾語添加法，所有語言甚衆，練習非難。又，石門和夫氏創造之時，曾研究各國語言，以定其音。俄近東方，故所發之音，亞人亦易於適口。無論何國人民，用以會話，均易於精諳。故現今歐洲各國，若俄，若法，商店、旅館，均以嫻此語者司應對。大酒樓、飯館亦然。而法國各境，咸分設翻譯局，助民譯語、通函。各國協會而均設立事務所，招待旅人，周切備至。卽官廳、郵局，亘有諳悉此語之人。數年以降，其用必較今尤廣。使操此語以適歐洲，無論行經何國，卽未諳其本國語言，亦至爲便利。是所習僅一種語言，而其用則與通數國語言者相等。日本文學博士黑板勝美，未諳法文，而於新語則至精。現居法國，與彼國人士遊，均操新語。此其確證也。若以之通函，則無論寄至何國，均按期而達。中國旅居各西人，均商人、教士，而學者則甚鮮，故未能盡（按）［諳］此語。然上海各西人中，諳此語者，亦不乏。其利二也。

三曰外交上之利益。世界新語，其創造之目的，卽在於用之國際，以融各國之感情。近歲以來，各國民黨，其有開國際大會者，固有采用此語之議。然各［國］政府所開會議，亦恒采此語。依去歲六月所統計，則國際會議採用新語者，已十有一所。中國多未遣使。又，去歲西曆八月，萬國平和大會開於海牙。中國曾遣駐荷錢公使赴會。其議案之中，有採用新語一則。需另譯。又，瑞士國會，近已定爲普通語言。各國銀行恒製造國際貨幣，標以新（國）［語］之文，瑞士已盛行。其圖見日本協會所刊之報。以冀推行世界。且今歲新語大會開於德國薩爾遜，各國王公、卿相，均列會席；日本政府，亦敕德國留學生赴會。此均列强採用此語之證也。由今而降，國際會議日以增加。不出數年，必悉采用新語。中國值此之時，勢不得不遣使赴會。然舉國之中，無一諳悉新語之人，以充其選，豈非並秘魯、巴西之不若乎？斯則外交之大耻矣！倘及今提倡，使肄習新語之人，漸次增益，以備他日外交之選，非唯學術之進步，亦且國家之光榮矣！其利三也。

自此以外，其利尤多。如商埠貨物，多來自異邦，而富商巨賈，不克直接定貨，則以語言殊異，致乏感情。若習此語，自無此弊。此利於商業者也。中國人民富於排外觀念，易啓釁鄰封，致釀巨禍。若習此語，則各教科書及讀本，均含博愛和親之旨，彼野蠻排外之禍，不期而自消。此利於弭亂者也。由是而言，則新語之有益於中國，詎有涯乎？

土地革命論分部

論說

《民報》第一五號《韋裔〈悲佃篇〉》 中國自古迄今，授田之法，均屬失平。上古之時，草萊初闢，然觀其所造之文，富蓄二字，其偏旁均從田，私積二字，其偏旁均從禾，則當此之時，以田穀之多寡，區別富貧，故人人均自私其田，以侈己富。厥後貴顯之人，以力農為苦，而力農之役，遂轉屬於苗民。試遠徵古訓，民為苗黎，觀《尚書》可見。氓為農民，而氓從民聲，民氓互訓，則苗民之級，與農僕同。百姓端委於朝，棄農弗務，以勞佚之殊，定尊卑之制，夫固自古為然矣。【略】

然處今之世，非復行井田卽足郅治也，必盡破貴賤之級，没豪富之田，以土地為國民所共有，斯能眞合於至公。若徒破貴賤之級，不能籍豪富之田，異日光復禹域，實行普通選舉，然以多數之佃民，屈於田主一人之下，佃民之衣食，係於田疇，而田疇與奪之權，又操於田主，及選舉屆期，佃人欲保其田，勢必曲意逢迎，僉以田主應其舉，則是有田之戶，不替世襲之議員，而無田之人，雖有選舉之名，實則失撰舉自由之柄。遠溯美歐，近徵日本，地主之弊罔不或同，然似公而實偏，因富而致貴，此其所以與公理相妨也。故豪富之田，不可不籍，然欲籍豪富之田，又必自農人革命始。夫今之田主，均大盜也，始也操蘊利之術，以殖其財，財盈則用以市田，田多則恃以攘利，民受其阨，與暴君同。今也奪其所有，以共之於民，使人人之田，均有定額，此則仁術之至大者也。夫陳涉起於傭耕，劉秀興於隴畝，鄧茂七亦起自佃民，雖所圖之業，或成或墮，然足證中國之農夫，非不足以圖大舉。世有陳涉、劉秀、鄧茂七其人乎？公理之昌，可計日而待矣。

又 第一六號《縣解〈土地國有與財政〉》 《新民叢報》既不得志於攻擊排滿之論，乃退為蹈瑕之謀，思致難於吾輩之土地國有論，此亦倔强泥沙應有之現象也。既逢掊擊，不獲一申，斯亦可以已矣。而必怙其前非，更遠攀名家之學説，以張己軍，謂可無恐。曾不知彼為梁氏所援之學説，方且見駁於通人，況能為梁助耶。蓋近世學者對於土地國有之非難，率從管理方法等方面立論，而不能探土地國有之本源以立反對之論據。所以然者，文明日進，地租日增，雖理嘉圖之例，以徵證不足詘於圭列，而地租增進之事實，誠不可掩。以一國一種地言，則時有減退，如下言英耕地是也。然舉其全體言，則為進也。由此漸增之趨勢，推測土地為一二私人獨占之效果，因謀其救治之術，而令其漸增之益歸之社會全體，則可以達社會政策之目的。斯亨利佐治土地單稅之説所由貴也。微言不昌，富室彌恣。一世之學者，竺於時而不能通，眞理以晦，即令智足以矚是，而又不能勝其譁俗取寵之念，以是狼狽遷就而不得安。欲以眞理為敵，又非所能為也。則姑不問其大節之是非，而徒指摘其難行之點。以是上不得罪於巨室，下又不召大非難，而其責畢矣。承學之子，狃於師説，益以離經道怪相誡。梁氏本無學殖，妄肆剿襲。不幸而所依傍者非人，不能有所益於辯。剿襲所不逮者，濟以舞文，庶一得當以報稱於虜朝，亦以自慰萬一，顧世不乏明目者，無聊之論，適增其醜耳。顧對於一般人吾輩有發姦擿欺之責，且指其違謬，亦足以發明吾輩所主持。故著為此論，以釋衆惑。

梁氏於《新民叢報》第十八期，《再駁某報土地國有》論文中，專就財政以攻擊吾輩之説，其論點凡十有五，叩其根據則當歸於左之諸點：

（一）以英國田租之額不足供國用，證中國地租不足供國用。

（二）中國地租不得有八十萬萬，故不足供國用，復分為三：

（甲）田賦歲入不足四千萬；

（乙）不加額不可得四萬萬；

（丙）地租不過六萬萬。

（三）以土地單稅非租稅制度之良策。

然其所為論據者，失實而多欺，今分而辯之。復著其不涉重要之點而駁之，為附論。

第一　駁麥洛克氏之説

梁氏之駁土地單稅論，首引麥洛克氏之説曰：英國全國借地料不過四千九百萬鎊，而英政府經費每年六千八百萬鎊有奇。然則雖没收全國地主所收借地料全額，而國庫尚生一千九百萬鎊之不足。以是證土地單稅不足供國用。然麥洛克氏者，純任自然之進化論者也。其主説大致謂社會進化當以一部分人為犧牲，據之以排斥社會主義者所主張。以為勞動者大多數之階級，當為少數資本家犧牲，不必為謀，亦不能為謀也。此種學説將別著論辯之。其持論偏頗如是，則其排斥土地單稅政策，自無足怪。然事實者，事實也。英國之田租統計，決不足以推翻土地單稅之論據。緣英之幅員，本至狹隘。考一八九八年統計，英之耕作地，英倫、威爾斯合二七、五八四、二六四英畝，蘇格蘭共四、八九二、七六七英畝，愛爾蘭共一一、三九〇、九四一英畝，全國共不過四七、七九二、四七四英畝。內含小島耕作地。而每十五英畝半當中國之一頃，故每英畝當中國六畝又三十一分之十四。即小餘四五、一六一、九〇三。故四千七百七十九萬二千四百七十四英畝，合中國三百零八萬三千三百八十五頃四十二畝。而此四千餘萬英畝之中，其過半為草生地，種穀類者，不過八百八十一萬餘英畝耳。此所以有食不得繼之憂也。除此耕作地外，荒地尚多，試取科利所製百分比較表證之。

國	耕地	草生地及牧草地	葡萄園	森林	荒地
比利時	五九·五	一三·八	—	一六·八	九·四
法蘭西	五三·七	一五·〇	五·三	一七·〇	九·〇
日耳曼	五一·二	一一·五	—	二七·二	九·九
不列顛	三九·〇	二七·九	—	四·七	二八·四
匈牙利	三五·九	二五·四	一·四	二七·一	一〇·二
荷蘭	三二·八	三七·〇	—	七·二	二三·〇
奧地利	三一·四	二八·三	〇·八	三二·六	六·九
意大利	二五·二	二五·八	六·六	一六·一	一九·三
愛爾蘭	二八·六	五六·三	—	一·七	一三·四

然則英之土地既狹，不墾又甲於諸國，而麥洛克氏據以駁土地單稅論，其不可據已明矣。【略】

第二　駁中國田賦歲徵不及四千萬之説【略】

滿政府之定田賦，本分銀、錢、糧、草四種賦課，而銀之數值為最多，糧次之，錢、米並少。至其歲入總額，則常例七項之內，地丁居其過半。糧為糧收之大部分，而各地有額徵錢者，其額亦不少。糧除供漕以外，並歸本省自用。草亦供本省用。然無問本省用，抑解部，皆為應行奏銷之款，卽吾所謂達於中央政府者也。此外更有雜稅一門，中有田房稅契之款，亦為地稅。其他漕折、灰石折江浙諸省課之額雖小，亦地稅也。而耗羨歸公之後，其額特多。雖然，此在官吏所濫收，不過其十餘分之一，而官吏卽納之，視同規費，益肆婪索，政府亦因利之，不復過問矣。自偽雍正年間，已定耗羨之額，文武養廉二百八十餘萬，皆取給焉，與定為賦額蓋等耳。更查偽光緒十年戶部奏頒各省彙報出入款項冊式，銀收冊收田中分銀收、錢收、糧收、草收四項。內，除地丁外，雜稅中田房契糧、漕糧、糧折中皆有折色，漕而折銀者，歸此類，否則歸糧收冊。幷續完地丁耗羨五項，皆地稅也。錢收，有小部分屬地稅。糧收、草收冊則除為屯田所納之少數外，皆為地稅。凡皆赫德、夏美奴所未及詳也。今取劉嶽雲所編《光緒會計表》摘其十三年、十五年、十六年、十九年四年之所列各省彙報總額，列之於下。糧每石折銀二兩四錢，亦依梁所計算也。

年	地丁	糧收 石數	糧收 折銀	耗羨	總
丁亥	二三三二、八一五〇	五六三、七二〇一	一三五二、九二八二	三〇四、四〇三三	三九八〇、一四五五
己丑	二二八二、二五〇八	四六一、三六四四	一一〇七、二七四五	二九二、〇八〇五	三六八一、六〇五八
庚寅	二三七三、七一一四	四五四、八一三七	一〇九一、五五二八	三〇一、二五八三	三七六六、五二二五
癸巳	二三三二、九五三三	四四九、三〇七五	一〇七八、三三八〇	三〇三、六七三五	三七一四、九六四八
平均	—	—	—	—	三七八五八〇九六

觀此表，知卽地丁、糧收、耗羨三項，每年平均已可得三千七百八十八餘萬兩之收入。而銀收冊中雜稅、漕糧、糧折、續完四項，幷有巨額之地稅，以非全為地稅，又不可以意測度其居若干分之一，故不能列入。而表中糧收不屬地稅者，亦可剔出。以此兩者相償，必猶有餘。然則滿政府歲收地稅，必不下於四千萬。此其數，赫德、夏美奴固無從知之也。且此皆以其實收言耳，若論其賦額，則決不止於四千萬兩也。試就偽《通考》所列以計之；則乾隆三十一年，天下賦銀二千九百九十一萬七千七百六十一兩有奇，糧三百八十一萬七千七百三十五石有奇。依之以糧折價，得一千九百九十六萬二千五百六十四兩有奇。合納銀之額，得四千九百八十八萬零二百二十五兩有奇。外徵草五百一十四萬四千六百五十八束。然則當時田賦總額過五千萬兩矣。而道光末年，天下田賦額徵銀三千三百三十四萬八千零三十七兩有奇，糧米稱之。視乾隆時尤進。據王慶雲《熙朝紀政》。而光緒十一年戶部具奏正雜賦稅額，額徵總數歲計三千四百餘萬兩，而近年實收僅二千三四百兩云云。查其時每年徵收雜稅，歲收百六十萬兩內外。雜稅雖多呑蝕，然以額徵，故鮮不及額。度其額亦不過百六十萬兩內外。而此三千四百餘萬兩中，除百六十萬兩，餘三千三百萬兩內外，必為地丁徵銀之額。以視道光年間，雖不能加，未嘗減也。糧、草兩項，以銀之比例，亦不當少於乾隆時，而其折價當為二千萬兩內外。合之為五千三百餘萬兩。而耗羨一項，常為稅額之什一。亦當五百萬兩矣。加餘諸稅，則其額當為六千萬兩弱也。而依下所論此實收不能如額之由，實在官吏之種種侵蝕，非土地之不能負擔此稅也。

《中國白話報》第一二期《劉申叔〈田賦〉》 世界上的國家，有一種重農業的，叫做農業國；有一種重商業的，叫做商業國。中國自古代以來，是個農業國，不是個商業國。這個緣故，一樁是因為地理好。三代的時候，西北地方，水道最多，所以雍、梁二州，田賦最好。到了現在，西北的水道少，東南的水道多，江浙田賦，就好的了不得。但由中國的內地看起來，不能種田的地方，卻也很少。一樁是因為百姓耐苦。外國的百姓，喜歡交通，所以重商業；中國的百姓，喜歡閉關自守，所以重農業。況且中國的百姓，個個耐得勞苦，所以中國四百兆人裏面，這種田的人，卻佔了一半。這就是中國重農業的緣故了。你看，中國人稱百姓的行業，都說士、農、工、商，可見讀書人而外，就是種田的尊貴了。中國人做事，没有一樁不腐敗，但到了種田一層，在上位的人，卻很曉得提倡；做百姓的人，也很曉得盡力。所以，皇帝下的諭旨，大臣上的奏摺，地方官出的告示，讀書人做的書，没有一個不勸人重農的。中國的古語説道：『民以食為天。』他曉得不種田就没有飯吃，所以把種田的一班人，看得很著重。又因為國用出入，也需財賦。這田賦一門，又是財賦的大宗。因為重田賦，就更把農業著重了。不過，後世專制的君主，共這種夷狄的賤種，都要借取賦的名目，搜括百姓的財産，眞眞是可誅可殛的了。【略】

中國田賦的制度，是歷代不同的。但到了現在，還是有兩樁最要緊。一樁是要講農學。中國從前時候，本有農家學術。到了六朝時候，又有《齊民要術》、《農桑輯要》幾部書，但都是古時候的農學。若現在的農學，都要設幾座農學學堂，教種田的人，個個都曉道農學的新法。一樁是要加賦稅。這樁事情，是中國光復後纔能行的。大約外國租稅都是很重的，所以能夠辦公共的大事。中國取稅太輕，（那）［哪］裏能夠辦事呢？但所收的田賦，都是國家的財，並不是君主的財，先要把他辨清。中國依這兩樁法子行，凡中國的農業，都可以興旺起來；就是中國的財用，也就可以漸漸的充足了。可不是當今的急務麽？

救國思潮部

理財救國論分部

論説

《新民叢報》第二期《雨塵子〈論世界經濟競爭之大勢〉》　中國不為外人政治上之領土，而為經濟上之領土，不支配于外國之政治家，而支配于商、工業家，想中國之前途，不能不為之寒心。雖然，以如此强悍之民族，而竟無自存之法，吾不信也。西人評中國人曰，彼雖撲之於地，鞭之撻之，極其耻辱，而彼已從地下攫金而去，是天生能貨殖之人種也。以固有之貨殖力，據固有之沃土，以爭霸於經濟界中，固何圖而不可！吾願吾國人勿自衰也。吾國人處經濟競爭之世界，求自存之道，蓋有二要：

一、去依賴政府之心　外人之政府，所以謀公共之利盈；其海陸軍，所以保護貿易者也。故政府賴商、工業家，商、工業家亦賴政府，兩相依賴，兩相保助，而國力以强。中國政府不知依賴商、工業家，亦不能保護之。其羅款項抽釐稅，皆盡其力之所能及，百端摧折實業而不顧。故我國民欲振興實業而依賴政府，則萬無可興之道矣。雖然，經濟上之事，政府干涉之而受益，政府放任之亦受益。以資本力而行權于國，固何求而不得！是故有政府不得商、工業之保護而衰亡，無商、工業不得政府之保護而衰弱。而況我國以人種之關係，歷史之仇怨，固萬無可使政府與民間商、工業家兩相依賴之理也。英人以一公司之力，能滅印度，割香港，願我國經濟界中人一鑑之！

二、以自族之力，保固有之土地權力　孟子有言：『吾弟則愛之，秦人之弟則不愛。』愛親不及疏，人之恒情，夫安足怪。故自族之土地權力，自族不能保，則無人能保之。近世歐洲意大利之獨立，日爾曼之聯邦，皆以同一種族，建一國家，民族主義之勢力，大振於已往之政治界。吾國之不振，非歐族使之然，自族不能建國家之故也。歐人不於十九世紀中，大振民族國家之勢力，則二十世紀中經濟競爭，必不能强横至此。於經濟競爭世界中爭自存者，皆宜如此也。

凡此所言，固多經濟上之言，於政治上似無關係。雖然，二十世紀之政治，非政治之政治，而經濟之政治也。觀帝國主義所由來，列國軍備所由盛，則今日舍經濟外，更無所謂政治也。吾願國之有政治思想者，一聽予言！

《游學譯編》第一期《楊度〈游學譯編敍〉》　埃及之亡國，財政亡之也。世界至今日而生計學之進步，其勢力更能使資本家與勞力者，判然分為兩級，不為其上，則為其下，無復有中立之地位。十九世紀之末，二十世紀之初，世界之大勢，實由政治競爭入于生計競爭之界線也。而各國所競爭之中心點，則麇集於我中國。美國元老院議員洛知氏之言曰：『非使世界各國之民，皆服從於我財政之下，則不可止也。』斯言也，非僅為我中國言也，特為與競爭中國者之各國言也。其視各國也如此，其視中國將如何？各國之所以待之者，皆無不出其死力以與爭衡。而被爭之中國之待之，與其待各國也，又將如何？其能為勞力者乎，則長為牛馬而已；其欲為資本家乎，則我國民既無國家之保護，又無合羣之公德，人人自利，競其至小而忘其至大，不能團結自理以相保而競人。日本山本那之助曰：『支那者，世界第一市場也，其面積與物産皆酷似印度，而其人種，則又自大官以至士民皆於商賈有先天敏性之人種也。』西人之言曰：『支那人之善謀利，出於天性，雖仆之於地而笞之，彼已掘金於地而去。』我民族之善於營利，實為外人所同忌，此特以現今社會之惡象而以為謔耳。我國民若能移同族自競之心以競於他族，移一身自私之見以私於一羣，而後其發生之道，管理之方，競爭之術，乃有可言，而他人之奪我利權者，亦不患無攫取以歸之一日也。録理財第五。

梁啓超《飲冰室合集・論金銀漲落》 梁啓超讀楊通政《請仿造金銀錢摺》，以問於求在我者曰：其何如？求在我者曰：其所憂者是也。其所以憂之者，則猶未也，原議以生銀鑄成先令樣式。此議之可行與否，應以鑄成以後，外國能否一律通用為斷。查歐美各國，皆有自定圜法，通行本國。同治五年，法、比、意、瑞四國，以本國圜法，其成色式樣，輕重大小，無不一一相等。因聯公會，議定四國鑄成金銀錢，彼此國庫，皆准抵用，而收付銀錢，則以一百佛郎為限。是則四國所鑄金銀，其分兩成色式樣，原無出入，而非預聯公會，彼此仍難抵用者明矣。今中國而按照外洋分兩成色式樣，仿造金銀錢，若不先與會議，其難以抵用者亦明矣。即使先與會議，彼此抵用，則通用銀錢，亦有限制，而金貴銀賤之弊，亦難補救。何則？議者以為英國先令，只重一錢五分，而足抵四錢四分生銀之用。我亦可以一錢五分之生銀，鑄成與英先同式等重之華先。購船械，還借款，以抵四錢四分之價，不知英先以見錢收付，只限十九枚，其二十枚以外，則用金鎊。是則我以生銀鑄成華先，即能抵用，而於購械還債，亦只可以權鉅款之尾數，限以十數枚而止。而應付鉅款，仍宜以時價極賤之生銀，購回極貴之金鎊以償之。然則自鑄先令也，於銀賤金貴之極弊何補？至如總署復片，謂由官定價，每一華先，合銀四錢四分，著為令，務使通行國中，則外國即不肯抵用。而以我金銀錢易得之生銀與之，其數亦適相準。又云：或疑以錢五分之華先，收閭閻四錢有奇之生銀，損下益上，勢必不行，要知國幣者非論分兩也，乃憑據也。信票也，民間行店以銀易京蚨數千，至百兩千兩之紙票，何以流通？國家以銀錢為票，出入相準以示信。尚何損益之有云云，其説似甚辨，不知彼之以英先重一錢五分，而可抵四錢四分之用。佛郎重一錢有零，而可抵四錢之用者，非其國之威令，能迫其民必遵行也。蓋彼國以金為正幣，若夫非金之品，若銀若銅若鎳，因以子母其金錢者，亦必以金抵之。故於鑄金錢流通外，凡鑄銀錢若干枚，流用民間，即提若干重金，適當銀錢所值之數，另存以待取。故民雖手持不足價之銀錢，而信其可以換等價之金也，故用之而不疑。泰西諸國有純用金者，英美諸國是也。有金銀並用者，法、比、瑞諸國是也。日本號之為單本位、兩本位。純用金者先令等銀幣只可兑金兩鎊，過此只照銀價，論金銀並用者，自五佛郎銀幣起至數千萬皆可向庫兑金錢。純用金則金之磨耗必巨。並用銀則提存之金亦不菲，而要之無論純用、並用之國，凡每鑄銀錢若干必提等價之金若干存於庫中，此是定例。《時務報》第二十冊載日本《改定圜法章程》第十款云，日本銀行應設法將庫中所存之銀盡行換金，第十一款云，新定圜法施行之前，須先貯新鑄金圓合一萬萬圓即其例也。日本現章蓋猶金銀並用之國也。然則中國而欲鑄華先，以與抵用，以通行於民間也，亦應於生銀鑄錢外，更提存相當銀價之金以備焉。非是，而彼必不信用也。譬之鈔幣之制，必有銀一萬圓而行一萬圓之鈔，則相與安之。若欲以銀五千圓，而行一萬圓之鈔，則必大亂。外國之銀行，中國之票號、錢莊，莫不皆然。彼之用銀，其例亦猶是也。用鈔者，非用鈔也，用其所代之銀也。用銀者，非用銀也，用其所權之金也。今若鑄銀先令而不提存金也，吾見其不數月而弊滋起也，是宋元交子、鈔引之虐政也。若提存金也，則議者欲少還金而多鑄銀，今轉以用銀而多備金，失算甚矣。【略】

梁啓超曰：金銀價值漲落，為今日地球第一大事。五洲之商賈，羣焉屏營憂熱驚駭汗喘以趨避之。五洲之士夫，羣焉比較測驗瞀目抵掌以論議之。五洲之政府，羣焉變革遷就左右輕重以維持之。然而金幣國病於金，銀幣國苦於銀，金銀兩幣國厭兩幣，使全球十四萬萬人，莫不心如懸旌，傈然有不可終日之勢。此其故何歟？非用金用銀，與合用金銀之為害，而天下各國，或用金，或用銀，或合用金銀，各不相通之為害。以致此盈則彼絀，甲喜則乙憂，一髮牽而全身動，銅山崩而洛鐘應。天下商務之不均，其原皆起於此。今地球文治日進，交通之勢日盛，舟通，車通，郵通，電通，士通，工通，商通，物產通，語言通，文字通，其率極速，其力極大。其不能不趨於一，昭昭然矣。而所謂幣制者，猶界以國，猶域以地，以不通之事，行於大通之世，是以萬變而萬不當也。孟子曰：『天下惡乎定，定於一。』故非一幣制不能平天下。然今日有幣之國，為金也，為銀也，為金銀並也，各有得失，各有利害。其將一於誰氏乎？曰：天下公理，由質而進於文。由賤而進於貴。故最初有幣也，用粟帛，以其所有，易其所無。秸秷而獻焉，尺寸而翦裁焉，久之苦其重贅也，而用鐵，而用銅，猶苦其重贅也。而用銀，猶苦其重贅也，而用金，今夫幣也者，飢不可食，寒不可衣，要之持之可以得衣食，實為衣食之代數而已。人人共用之代數，斯為眞數焉。夫代數者，必務極其簡易輕便，則於人之性也愈益順。鈔幣者又代數之代數也。故地球幣制不一則已，苟其一之，必一於金，此事理之無可如何者也。今者，歐美各國，雖未劃一，然大率皆以金為正位。即金銀並用之國，亦仍是以金為正位。其美國合衆主銀黨，必欲持平酌劑定為金一銀十六之比例者，雖爭論甚切，然其勢必不行，蓋地球自然之變率，非人之所能遏也。然則一於金幣之時局，實已將及，凡用兩本位之國，尚有不能自持之勢，而況我中國之以銀為正位者乎，而況我中國之號稱以銀為正位而實以銅為正位者乎？中國銅錢有圜法，銀錢尚未有圜法，僅以幾兩幾錢計，然則中國直以銅為正位耳，與銀幣之國尚隔一層，痛哉！以春秋三世言之，銅為據亂世之幣，銀為升平世之幣，金為太平世之幣。又凡必有圜法者，乃可謂之幣制，故中國秦漢之間雖用金而必不能指為金幣之國。故即靡論他事，即以國體論之，亦必宜由銅而進於銀，由銀而進於金，乃足以列於文明諸大國之數。至易明矣，故今日鑄金之當急，有不待辨而決者。雖然，既已鑄金，則必以金為正幣，而成一金銀共用之國。考日本此次新例，第十一款，新定圜法施行之前，須先貯存新鑄金圓合一萬萬圓。蓋既為正位之幣，流通於國，則一切銀鈔，皆視之為主率，故必所貯之金，足以為流通一國之用，然後可無窒也。故俄國將改行金幣，而貯藏國庫之金，至一億一千萬鎊，日本將改行金幣，而自本年一月至五月由正金銀行購金於倫敦者，六千餘萬圓，奧國近年所購之金亦極不甚少，故必得多金而後可用金。此定理也。中國雖以多銀聞於天下，而一切礦苗開採，未能如法，今即嚴申金礦出口之禁，而計每年所出口，不過合金鎊二百餘萬鎊之數，即盡收婦女簪珥之飾，充其量亦不過數萬鎊。以日本區區小國，行用金幣，猶且先貯一萬萬圓。中國人數十倍日本，為流通行用計，當貯日圓十萬萬圓。約一萬萬鎊之間。即以工藝未興，人尚簡省，通用之幣額可節減，以折半計之，亦當先貯存金鎊五千萬鎊乃可。以今日中國所出之金計之，尚未敷是額也。若如俄、日、奧諸國之例，更購金於泰西，是益增金價之飛漲，而我國受銀賤之大累者，將又添一途。此則必不可也，故不開金礦，不能言行金幣，此吾所謂一變一切變。將欲變甲，必先變乙，及其變乙，又當先丙，惟萬弩齊發，斯百廢具張，願我政府勿更以彌縫補苴之術行之，學邯鄲未就而先失其故步也。【略】

要之，今日之中國，能開金礦，則用金，莫大之利也。能興工藝，則用銀，亦莫大之利也。苟不興工藝，則用銀可以貧中國，苟不開金礦，則用金亦可以貧中國。西人惟百廢具舉商務極盛，各不相讓，故於金銀權衡，一轉移間，而非常之利害見焉。中國則此事非不為利害也。然有存乎此事之先者，必彼之既變，然後此之可圖，孟子曰：『善推其所為而已』。今我政府既采通政之議，鑑於金貴銀賤之弊，而思所以救之，則亦何不念金貴銀賤之利，而思所以用之也。雖然，今之談洋務者，方且日言購船購槍砲之不暇，必欲自煎其膏，自枯其髓，以與敵人，然後為快，而於國之工商，匪惟不教之，且又朘之削之厭之虐之，則無惑乎只受其害，而終不一受其利也。

《東方雜誌》第二卷第二號《論國立銀行之性質一九〇五年三月三十日》

吾國之有銀行，自通商銀行始，當時實由戶部撥款，以為資本，而其營業之性質，則與尋常之商業同，故可稱為民立銀行，而得官款之補助者，未可以國立銀行稱之也，近戶部創設銀行於津滬，將以為流通貨幣，綜理財政之機關，此其用意，殆與外國之國立銀行同，雖貲本不豐，辦事亦未能盡合乎法，然窺當軸之意，殆有所遲回而未發，非竟以此區區為滿意，記者竊料將來，必有擴充整頓之一日，此事影響於財政者至大，故敢狃所知者，以備采擇焉，按國立銀行之宗旨，在宣通滯塞，調劑盈虛，使一國之經濟，常處於均平，而無擾亂恐慌之患，而行政之便益附焉，雖其間獲利頗豐，然其對於上下應盡之義務甚多，且務為穩重之行為，故較之商立銀行，其利益未免大減，此在國家固明知之，而故為之者，蓋國立銀行幾全屬行政之範圍，與民間營業不可同日語也，今戶部既為整理財政而設銀行，奏派員司以重其事，其模範以為國立，然撥度情勢，上意之所重者，猶不免專注獲利之一途，方今國計奇窘，為此以給度支，亦未嘗非挹注之一策，然竊意既為國立，則其方針有不得不早定者，方針定，然後辦法隨之而定，辦法定而後宗旨可達，成效可期，中國辦事往往其始也，因事機阻格，度不能達其宗旨，遂權宜遷就之，及沿襲既久，乃杳不知昔之宗旨所存，其辦法遂一成而不能易，殊不知重大之舉，當為久遠之圖，當夫首基，雖不得已而有所遷就，然不可不預為改良之備，否則辦法必難貫徹，與初旨必相刺謬矣，今所立銀行，雖未能悉準他國辦法，然國立銀行之宗旨，固辦理者所亟宜知。夫國立銀行，有中央地方之分，為國家財政機關之所寄，凡一國之出納，莫不由此，其應享之權利，約有二事，一全國之租稅，皆納於銀行，而由銀行存貯，國家不取利息；一國家發行紙幣，常以國立銀行為機關，而國家為之保證。其應盡之義務，約有八事，一國家所存歲入之款，有保守不得虧欠之義務，一國家歲出之款，有經理支付之義務，一國用困乏時，有設法資借之義務，一因經理歲入為便民故，有明知不能獲利，而必設支店於某處之義務，一為國幣流通，有調劑盈虛使市面均平之義務，一民間經濟恐慌，有出鉅金以維市面之義務，一國外競爭，有協助民間各業之義務，一國家發行債票，有經理之義務，其餘不一而足。此八者皆幾為無權利之義務，即所享之兩權利，亦不完全，蓋列國大抵以中央銀行為國庫存貯之款，不能擅自取用，其所利者，獨紙幣耳，然準備之金，仍與他銀行等，故國立之銀行，殆無特別權利之可言，而特別之義務則甚多，即如上八條，其有損營業之利益者，豈可勝計？民立之銀行，於貨幣高下之間可出儲蓄以弋善價，而國立者不能也，民立之銀行，其設支店某處，可以自由，而國立者不能也，民立之銀行，於流通貨幣無責任，而國立者不能也，凡此皆國立銀行不利之處，然合諸不利而成一大利，則如上所言，宣通滯塞，調劑盈虛，使一國之經濟，常處於均平，而無擾亂恐慌之患是已。蓋此乃國家之責，國家不能自為，而設銀行以為之，銀行收國家之任以行政，與他官職同，所異者尚有躬營商業耳，故其辦法使銀行足以自給為止，與他銀行之投機競進，冀獲鉅利者不同，而以此故，亦永立於不敗之地，此皆國立銀行特別之情狀也。今新立銀行，資苦不豐礙難盡如許之義務，然此時亦僅有不必盡者，蓋國家歲出歲入一時斷不能即歸銀行，而國幣流通，亦祇能先及通商口岸暨繁盛都會，維持市面，其權不在市儈，則在洋商，倘非勢力既雄，亦難為力，如此等款，今日皆毋庸臆測，然既以辦國立銀行為宗旨，則無論遲早，必須達其目的，方無媿國立之名，且財政之困難糾紛，尤非以此立其綱，不能從容就理，是為大局為將來計，皆不可不於此時加之意也，願當軸熟思而審處之，幸顧名以思義則得之矣。

又 **第五卷第五號《楊毓輝〈論國家徵稅之公理一九〇八年六月二十三日〉》** 近年以來，中原多故，國用日繁，徵榷頻興，閭閻憔悴，論者遂以加稅相詬病，頃者朝廷預備立憲，實行新政，歲出之額陡增，將何以興利剔弊，計臣既窮於籌畫，於是奏請參仿西法，舉行印花之稅，而其章程規則，仍以利國而不病民為宗，體貼民情，可謂無微不至矣，乃論者猶有微詞，其殆不知國與民之關係，並不知立憲國民責任者乎。夫立憲國民，有納稅之義務，斯固環球公例，況乎亞聖有言，無君子莫治小人，無小人莫養君子，上之什一取稅，下之踴躍輸將，實國與民相維相繫之公理，所不可不辨者，在乎所稅之法為何如法，所稅之用為何如用耳。

【略】

矧以中國幅員之廣，戶口之繁，為環球各國所罕有，而其每歲所入，不逾萬萬，率以八九千萬為常，試以四百兆戶口，按數均分，每人每年平均納稅計二角五六分，而以東西各國人民每人負擔之稅額，互相比較，則輕微已甚，如俄國每人每年平均納稅十四元，英國每人每年平均納稅二十七元，固視華人負擔之額，相去判若天淵，即日本蕞爾之邦，每人每年亦平均納稅五元七角，而增於中國二十三倍，說者猶謂中國人民咸為重稅所困，豈得謂持平之論乎？

所可異者，中國之稅雖輕，而商民已覺其困，泰西之稅雖重，而平時民不為病，有事更踴躍輸將。在昔西曆一千八百五十四年，法國拿破侖第三用兵而餉項不給，下令募國債金錢二億五千萬佛朗，而國人請納四億六千萬，翌年，度支復匱，前募之債，入不敷出，乃復下令國中，增募公債金錢七億五千萬佛朗，而國人請納三十六億五千萬，其急公好義如此，以視中國之負擔雖輕，而人民轉極其病者，其中之盈虚消長必有絶大之原因焉。

然則其原因何在曰，就其表面而言，不外乎經濟之通塞，蓋泰西各國，國家之富力膨脹，社會之經濟流通，皆有有一日千里之勢，故國民負擔雖重，而不至於拮据，況以精神上而言，則有軍民一體，上下一心，舉國皆服從於憲法範圍之中，政府既視民事為國事，無一事而非為民，人民遂視國事如家事，無一民而不愛國，而國家又抱進化主義，務以開民智，厚民生，民既富庶且康，用能奉上急公，無難事並無吝色，而且取之於民者，仍悉用之於民，豫算決算之案，必經議院通過，無一毫設於虚糜，此所以税重而民不以為苛，役繁而民不以為病也。

雖然，彼之開民智者，在乎學校，我中國豈不能普興教育乎？彼之厚民生者，在乎實業，我中國豈不能振作工商乎？彼之興國際貿易政策，實為富强之本原，而其操總之方，不外乎獎勵出口，限制入口，且其對於内國工業，又不外乎保護政策，補助政策，是皆我中國所能行者，誠能切實力行，則天地之利源日開，閭閻之生計日裕，彼時加租加税，縱數倍於今日，而負擔者，轉相率樂從，此亦國家進化後必有之現象也，欲求富國者可以知所本矣！

又　第七卷第一號《中國之錢法一九一〇年三月六日》　今日之中國，一極有望之時會也，近六七年來，歐美文化漸見輸入，學制取法歐美，鐵道日見發達，電報之用處日多，郵政之萌芽已見，而最可喜者，尤莫若吏民咸注意國家之進步，雖然，難解決之問題正多，多故不能不解決，且望中國之自能解決也，方今弊政之最著者，為財政之腐敗。凡外人之居留中國而熟諳内政者，以及報館諸執筆者，皆逆料其若非改弦更張，必有決裂之一日，僕不敏，請述某友之書以證之，其言曰：『新政府無大作為，不能恢人志，闒茸委頓，一仍其舊，而中國今日最大之患，莫若輕借外債，政府也，行省也，京中之各部也，一有所需輒借外債，而究其用所應用者實鮮，其大半之如何耗用，則無有知之者。且今日國家之進項較之前十五年已大減。自菸產限制以後，減之又甚矣，循是為之，勢不至蹈轍埃及不止，為中國計，急須竭力整頓，延深通計學之士，以為顧問，而聽其指導，則庶幾有豸，不然，恐萬國監督財政之説，今日雖浮言，行且見諸實事矣。此非出自僕一人之臆度，凡中國人之有智識者，即使館中人之太半，皆作如是觀，亦如是言也。』【略】

錢制之壞，至中國而極，其本位為兩，兩者銀重一兩之謂，而兩之重，隨地而異，甚或此縣與彼縣不同，此州與彼州互異，故雖謂之無本位，亦無不可，交易出入，或用紋銀，或用銀圓，銀圓有墨西哥之鷹洋，有行省自鑄之龍圓，其重名為相等，而間有不足數者，故彼省之銀圓，流行於此省者，須加貼水，交易之小者，用制錢，制錢之種類又不一，其價值亦隨地而殊，數年前，行省始鑄銅圓，藉以圖利，利固大得，因而鑄者日益多，其弊也，值減而市面工價大受影響，銀行甚多，有屬外人者，有屬中國者，而錢店則藉兑換以取利，鈔票有銀兩鈔票、銀圓鈔票之分，錢店亦間有出錢票者，數百文或數十文不等，顧存本極微，故流行不廣，此中國今日錢制之實情，可一言以蔽之曰：雜亂無章。

錢制之弊若此，其有害於中國之國計民生，昭昭然也，國家償外債以金，而收租税以銀若銅，迺邇來銀價日跌，故其進項，以金計之，自較前為少，而政府又許民以不加税，故其末也，異想天開，加徵別税，以抵正税之額，免加税之名，而收加税之實，而民益困苦矣。

《嚴復集·論銅元充斥病國病民不可不急籌挽救之法》　論吾國之圜法，可一言而盡也，銅錢而已。《漢書·食貨志》有三品襄蹏貨布之屬，然度卽其時，已不恒用。元明以來，則有寶鈔，顧行之往往病民。故中國治世所行用者，惟圓廓方孔之通寶，其材紫銅，其重以十分兩之一為率，故稱錢焉。至於金銀雖為寶貴，然未嘗以制，範為國幣，著明重幾許精幾分也。金銀行用，準所得銅錢之市價行之，如百貨然，此其故易明者也。海禁未開，商塗猶狹，而治礦寡效，金重物輕，故如古羅馬然。幣但用銅，已足周事，是故銅錢者，翳古以來吾國圜法之本位也。此不必以為野蠻，而深自掩諱者也。

世運漸開，交易之塗日廣，歐洲人之漸集交廣也。在明嘉隆以後，適當南美發現，智利、秘魯二國，礦銀東注歐洲時，歐之財市，坐是大變。而其與東方諸國貿易，又一致銀收貨為最便。雖吾國地大物博，翕受之量至宏，顧積久之餘，其銀必多，多故易物之權日殺。蓋吾國商情，以得銀為赢，受物為絀，進出數不相抵者，謂之漏卮。其成見牢不可破，由來舊矣。嘗聞故老言，以今銀之易權，較之乾嘉間實減五倍不止。譬如乾隆時，以一兩之銀入市，買緞可得五尺，至今所得，不過一尺，其明證也。歐銀之至中國，有未成幣者，有既成幣者。未成者，銀磚白錠，同於貨物；既成者，謂之番銀、洋錢。有本洋，西班牙、葡萄牙之幣也；有鷹洋，中美墨西哥之幣也。其為物衡色齊等，尤便交易，故不數載，偏行各口，欲禁無由。林文忠公督兩廣，獨具先見之明，奏請自行鼓鑄銀元，以便民用，惜其時朝論排外之意方深，答云：『此係夷制，禁之不暇，奈何效之？』議乃報罷。遲五十年，今南皮張尚書督兩廣，獨申前議，遂邀俞允。而吾國自鑄銀元，自此始矣。

由此可知，物有至勢，方其所趨，莫能禦也。吾國通商之業既興，舊有細碎重腿之銅錢，必不可以獨用，勢必至於用銀。用銀則衡色參差之元寶細絲，必不若銀元之便。雖國不自造，民猶將假他人之所造而流通之，即有禁令，終無益耳。總之，自通商依賴，吾國交易中已成銀為本位之局，雖政府不為釐定，其勢已趨於自成，更使吾國他日商務盛於今者數倍，則用銀又為不便，而其勢必趨於用金。凡此皆勢有比至，理有固然，不必深明計學之人而後能見也。

故開鑄銅元，不可謂非吾國救時之政。庚子歲李文忠公總督兩廣，見香港仙士錢盛行，大便民用，奏請規隨其制，自鑄銅元，以抵制之。二十七年冬，廷旨謂制錢缺少，不敷周轉，銅元便利，可杜私鑄私銷之弊，飭令沿江沿海各省籌畫仿行，或向鄰省搭鑄。且令各解數十萬以應京市急需，以維圜法，則其始鑄之利可以見矣。其云可杜私鑄私銷之弊者，蓋以當十銅文，以二錢之銅，當制錢十文。本末不侔，銷毀固無所慮，而云可杜私鑄者，誠非草野愚昧所與知意。或者以銅元花紋較細，置機鼓印，民所未能。雖然，銅元名實相去已多，竊恐大利所存，終必有姦，緣之而起，置機鼓印，其在今日亦非甚難之事，難在擇地以為之耳。【略】

總之，吾國今日之銅元，使在上者稍以民瘼為心，必宜停鑄，更不宜晝夜兼工趕鑄。而所流轉民間者，宜照各國所為，急立法償之限，半元而外，法必用銀。如此，則國之圜法庶可維持，即來日以金為本位，其損害或可以彌縫。

實業救國論分部

論説

《游學譯編》第一期《楊度〈游學譯編敍〉》 有人民、有土地、有生產而後成有國；人民者，所以利用此土地生產以自供奉者也。文明之國，人人習職業，人人謀實利，下之為兒童之實業，上之為農工商礦各專門之學，程度雖殊，其欲聚一羣之人力，以發其天然之美富則其意一也。凡人生無不須此以為生養自奉之具，而當民族相爭，國界未破，則必積國民之勞動力，以成國家之勞動力，積國民之競爭力，以成國家之競爭力，各挾其實利主義，以與外來最强最智之民族相遇，而後能同享世界之利益。西人之言曰：全世界之三分之二，為無智無能之民族所掌控，不能發宣其天然之富力，以供全球人類之用；此方人滿為憂，彼乃貨棄于地，故優等民族，不可不以勢力壓服劣等民族，取天地之利而均享之。其對於各殖民地之意向，皆此旨也。吾中國今日亦其一焉。四十年來，各國探險旅行之人，足迹相望，而其最著者，如德之里特伙夫，匈牙利之貴族斯背黑尼伯爵，法之里翁市商會派遣之米洗翁與里若列濟，類皆以數年之久，行數千里之地，舉我全國之礦產、商務、工業種種關係，歸而著書，以告歐人。此外如俄國之阿伯兒之專探北方，或專考一事者，更不可勝數。特以白人方經營他洲，未暇及此，姑置之以供最後之一飽。至今日而羣手爭攫，即以區區三島驟起之日本，亦具分羹之大望。高橋邦二郎曰：『支那與我一水之隔，是天與我以無盡藏之寶庫也；我國民其可不勇往直前，開掘寶庫，攫取利源，而能坐拋此天惠耶？』由此言之，則我中國為宜于實業之國，不獨我民族所自誇，抑亦外人所同認矣。今乃以數百萬里之土地，數千萬之物產，而四萬萬人不能自理，且將舉全國之工商礦業，盡取以予人，是豈天之生我民族於非地耶？抑豈天之養我民族為未足耶？則白人之專恃覓殖民地于國外者，其得于天又何如？夫天下無主之物，已不能有，必以與人，此亦物競天擇之公理也。我國民又將誰尤？録實業第四。

又　第五期《楊度〈列强在支那之鐵道政策譯後〉》　譯者曰：立國於今世界者，以民族全體之智力而存亡，不以政府一二人經劃之善敗而存亡。以政府一二人經劃之善否而存亡者，在歐洲為十八世紀以前之時代，在亞洲東部為近五十年以前之時代。夫以政府一二人之智力，與他國政府一二人之智力相競者，其進取也以有形之軍械，其奏凱也以有限之榮譽，而其勝敗之數，蓋亦一得而一失焉。以民族全體之智力相競者，滅人之國而不以寸鐵，奴人之種而不以一戰，盡攬其工商礦產生殖之源，而坐制交通機關之利便以控馭之，已使他民族者，俯首貼耳於銜軛之下而無由以自脱矣。夫以民族全體并力集勢而競於異族也，實生齒資財之必求所泄以使之然。以工程師、企業家之侵略居其前，而以全國中民羣生活之目的從其後，故有進取而無退守，有百勝而無一跌；其勢力所至，蓋如颶風之起於南洋，其圈限愈旋而愈大，其吸管愈起而愈高，堅船巨艦，投入其漩渦中，舉之如掃落葉矣。

夫交通機關之為重要也，在歷史家所區別之時代中，形勢雖屢變，而無一不關於存亡勝敗之數。前古陸路交通時代，則所重在於通衢達道；中古河流內海交通時代，則所守在於河流海峽；近世大洋交通時代，則範圍一變，而海權之説起焉。海權者，與領海權者異。領海權者，內海及大陸近傍海面，國際法所公認之領有權。海權者，甲國大洋交通之勢力最盛，為乙國所不及，則甲國往來乙國之大洋航綫，如經乙國默許為甲國所獨有者然。自今以後，則自大洋交通時代，而入於全球大陸交通時代。於是立國於陸地者，全恃鐵路為生活之命脉，各國之所爭競，皆在於此。英人之滅杜蘭斯哇爾也，以欲造縱貫非陸之鐵路；德人之欲據南美為殖民地也，則攬巴西之鐵路，欲據小亞細亞為殖民地也，則攬小亞細亞之鐵路。而支那大陸，以饒沃聞於全球，欲分割而盤據之，莫如奪取其重要之鐵路，則不必顯居分割之名，而陰享分割之實。【略】

夫實業與交通機關者，在民族之自營之；民族不能自營者，必有他民族取而代營之；取而代營之者，則所有權為代營者之所獨制，必不能還付之於其原主。今有一富室於此，遺沃產數千萬頃，然而為主人者，庸劣無能，他人築室廬而居處焉，取耕具而播獲焉，興溝洫之利、蓄山澤之材而居積焉，其主人曾不一過問，尚得謂為所有物乎？當道有巨室，任途人之托處，顛倒筐篋莫之禁，毁壞薪木莫之禁，是謂無主之物，他人分取營繕而享有之，曾無以為不義者，為其無所屬也。今遍數國中之鐵路，不曰俄羅斯所經營之某線路，則曰英吉利所經營之某線路，不曰法蘭西、比利時所經營之某線路，則曰德意志、美利堅所經營之某線路，儼然名從主人之例，地球各國公認之，本民族亦袖手旁觀而莫之怪者。試問英吉利國中，有某線路為某別國所有者乎？問法蘭西國中，有某線路為某別國所有者乎？問俄羅斯、德意志國中，有某線路為某別國所有者乎？曰某線路為某別國所有云者，即此線路之地域為某國屬地之代名詞也，曰某國屬地之代名詞者，為全國土為無主之物也。舉支那全國為無主之物者，即不得為有國之民。過此以往，此支那地域，決不得有一支那民族之遺種，歷史上大書特書曰：支那帝國滅亡之一紀念的事實也。吾民族今日，決未有國亡而種族不銷蝕者也。悲夫！我民族國家思想之薄弱，至今日而不一悟也。

今日存國存種之計，非以民族全力傾注於實業，尤以全力傾注於實業上之交通機關，更無措手之處。顧舉民族全力傾注於實業者，必民族全體知實業生殖之根據地為民族之所自有而後可。欲救國者，必先知吾民族與此國土有何等之關係。欲救種者，必先知今世界人種所以陵逼我民族者，乘何等之罅隙。夫吾民族缺陷之所在，惟不知國家為民族之所自有而已。不知國家為民族所自有，不知國家之主權為民族所自有之主權，故失一地也，曰惟政府失之，失一利權也，曰惟政府失之。既以國家重要之主權，全然視為政府囊橐中物，而一切惟以依賴最高無上之一人為根性，則以外人削奪我主權，視為政府一二人之楚痛，而不知為民族全體之楚痛，視為政府一時之禍害，而不知為民族千載之禍害。夫政府者，雖擔任國家主權，故無勉徇外人之意旨，而以民族全體之主權贈與他國之理。夫為父兄者，有監督子弟之權，而無鬻賣子弟為人奴僕之權。況於政府，抑又非父兄之比耶？夫政府者，民族之所建置也。民族之所建置，則亦民族之所監督也。以民族所自建置、所自監督者，而不論民族之利害，貿貿然將主權貽於他國，此建置之監督之者之放棄其責任之罪也。民族既自放棄其責任，而一一仰賴於政府，政府亦非能舉民族全體之實業而代營之也，又非能知實業之關係於本民族有何等之重要也。彼異國之民族者，最有營實業之能力，又最有知實業之重要部分之經驗，起而奪之，如取金玉於赤子之懷抱。彼赤子者，固非知金玉之可貴也。華盛頓之立合衆國也，曰：『亞美利加者，亞美利加人之亞美利加。』故苦戰七年而自立。撒基尼亞王之統一意大利也，曰：『意大利者，意大利人之義大利。』故排奥地利而自立。今日欲回吾民族之厄運，非以中國為中國人之中國不可，非以中國主權為支那人種全體之主權不可。夫曰中國人之中國者，非如是云云遽可以抵抗白種之陵逼也，必其能盡此支那人種之天職，以善用此支那地域之天產地形，自開發其利源，以自營養其種姓，而後可以絕他人之覬覦，杜非族之攘奪。浮田和民曰：『無論何時代，所謂帝國主義者，有二個之方面：其一為侵略的膨脹之方面，其經營之者，以政府的及軍事的為主體；其一為自然的膨脹之方面，其經營之者，以經濟的及人民的為主體。過去之帝國主義，專屬於前者；現今之帝國主義，專屬於後者。然現今之帝國主義，於實際上往往陷於侵略主義，是實民族生存競爭自然的結果也，是在世界半開之民族及無獨立價值之國家，所不能消滅之現象也。悲歎之者，所謂婦人之仁，至無足取。夫權利者，非出於天賦，非得於自然，苟不能自維持自善用之者，即不得有享有權力之效力。知無道德及無能力之人羣，無享有何等權利之理由者，即知國家征服半開民族及無獨立價值之國家，不得為非義。』如浮田氏所言，固歐美倡言帝國主義者之所鼓吹也。吾民族於所有國土不能自開發之，於善用天產地形之天職，不能勉力以企圖之，其為他人種所吞噬，亦良不足怪。夫礦產鐵路，明知為大利所在，不能以民族全力從事於此，是錮祖國之利源以待他人之劫取也，或者樂借他民族之資本，以圖餘利於槽櫪鞭策之下，是賣祖國而自為餓虎之倀者也。吾民族能鑑前此之失而自圖之者，他民族雖陰狡而貪橫，蓋猶有亡羊補牢之望焉。

雖然，吾民族欲自發達其實業，而持中國人之中國一語，為保國保種之目的者，非亟亟趨向於地方自治之規模而進行不可。地方自治者，為今世界立國之基礎。地方自治制最完全者，其實業必最隆起，其國力必最強盛。地方自治制與實業要有密接之關係。凡一地方之實業，其合同組織之力，惟其本地方居民之所構成，而在今日則以實業之組織，寓地方自治制之組織，即借地方自治制之組織，以益興發實業之組織。一鄉里為之，一州縣為之，一省為之，則不患抗拒外人之無所憑藉。夫今世歐美諸國所稱國民教育者，尋其結果，所增進之活動力，無一不影響於實業；所成長之組織力，無一不歸宿於地方自治制。夫地方自治制，吾中國前古歷史上發達蓋亦甚早，又為今世界文明各國所通行者，於救亡之事，至為切要，是在吾民族之自為之也。

《夏聲》第一期《陝魔〈興辦西北實業要論〉》　實業於人生及國家關係如此重大，吾國富有天產之饒，顧何以不自振興，以維利權、張國本，乃甘懷寶啼飢，坐以待斃，此其中亦自有故焉。吾熟思之而得二因：

人生以昂藏七尺軀，介立於天地間，既為有機動物，必賴身心以為勞動。使個人不重勞動，則其人不能立身起家；國民不重勞動，則欲求不民衰國亡而不得。勞動之於人，大矣哉！無貴無賤無智愚賢不肖，皆必視其位之所在，力之所能，勤勞事業，斯其人非遊民，亦無曠生，自後世因習慣而重陷於誤謬之地，狹視夫勞動之範圍，僅以勞筋肉勞手足為勞動，於此而輕視蔑加，相習已久。一事不為，一業不營，徒消耗破壞，而得無限之快樂，反享無上之名譽，福里亞氏曰：『今之所謂紳士淑女者，徒衣徒食，屬人類階級中最懶惰最放逸者之異名耳。』其言洞穿時弊。嗚呼，習慣之誤人亦甚矣！重實事實業之泰西諸國，其弊猶如此，矧我國素以崇仁義輕貨利，相演成風，而欲不為習慣所弊得乎！然稽我古代財政沿革史，於振興產業，勸工惠商，非不至重且詳。興寶藏，殖貨財，農事置官，丱人有職。至周秦諸子，學有專家，派爭獨立，新説發明，於斯為盛。漢興承秦之弊，丈夫從軍旅，老弱轉糧餉，作業劇而民貧，逐利之徒積餘業以稽市物，物踴騰躍，人至此咸賤商。天下既定，高祖乃令賈人不得衣絲乘車以重辱之。高后時，除其律，然市井之子孫仍不得執贄為官。迨後匈奴數寇北邊，乃令民得輸粟拜爵，操富權者始稍見重於世。降至武帝，表章六經，罷黜百家，而農工商諸大政，咸視為末技。踵事相增，結習相沿，純盜虛聲以爭名社會，於操牙籌、荷犁鋤者，幾不齒人口焉。故其生平所學者，口談治國平天下之大道，家無一錢餘裕；日言修身齊家之要事，反安於放逸自恣。因之卑視實事實業，徒耽夫空論虛學。父以斯訓其子，師以斯督其弟，相移相推以至今。其不能立業成務，以與各國爭雄於現世界商工業戰爭烈劇之場也宜哉。重義輕利，謬於故習，此其遠因也。

開港通商事成，日見外人器物便利，始而驚，繼而羨，終欲仿效，固有弊習，因之漸破。於是學人士子，朝陳鹽鐵論，暮著榷算書，兢兢業業，若不終日。然徒逐維新虚名，鮮務實事，其弊亦與前均。故物質文明之輸入也，固增我社會便利幸福，而勤儉美德反掃地無餘，放逸奢侈之弊俗因斯以起。精神文明之輸入也，人士智識藉以增進，而高尚心思與一種可厭之學風又從而生。薄躬行實踐，嗜虚學，經世治國之空架論，驚天動地之冒險談，復結成習慣。卽遠適異國，為吸集新學術而來之學人中，或不免以陟躐功名之念，為取徑終南計，摭拾數句法律學，且曰猶太學者工藝雖巧，適以供他人建築使用。畏難苟安，崇虚棄實，此其近因也。

綜以上二原因，故雖吾國口談改革，遷延至十餘年，而一二熱心實業家，百事經營，欲一新社會耳目，卒鮮成效，反滋外人野心，蹙我愈急，幾欲盡握我版圖，為彼族殖民地。倘不振起全國企業思想，以逐貿風潮流，徒恃幅員之廣，恐精血被人吸盡，形式雖存，腫脹之病夫而已，其斃也可翹足待。矧風翻浪涌，環東半球而通航者數十國，各欲握太平洋霸權，執經濟會盟中牛耳，競爭益劇，斯進境益速，生計界亦日辟日見發皇。瞻彼西方，家給人足，洵稱樂土。吾民困苦，其何以堪！美哉中國之山河，哀哉中國之人民，懷璧坐斃，寧不傷哉！

《東方雜誌》第一卷第六號《論士人不講求實業之非一九〇四年八月六日》 今日之中國，固合朝野上下，無一足以自全之局也，政府不必言矣，而民間亦甚不足恃，團體不必論矣，卽就箇人言之，亦實無足以自保之資格。此非過言也。夫有國者之大患，莫患於全國之中，無論何人，咸露貧弱之象。而前者既種貧弱之因，今者卽食貧弱之報，此誠非玩歲愒日、朝不及夕之政府所能施其挽救，而就國民言之，則當此元黄交戰、大禍臨身之時，人人宜有自救之志，人人宜講求自救之術。盡得一分人事，卽挽回一分天運，有一分實力，卽有一分效驗。而欲救弱宜急研習兵學，欲救貧宜急研究實業，此必然之理也。兵學一科，為中國所無，於是士氣披靡，見金革而股栗，聞鼓鼙而神悚。卽有好言軍務者，率皆大言欺世，此實中國致弱之原因，不可為諱者也。近數年來，遊學日本之士，始有入彼國成城武備等學校肄業者，思欲採彼之長，以救我之短，其立志不可謂不鋭，其用意不可謂不深，然人數甚微，殊無救於全國之積弱。乃前者某制軍等，奏進學堂章程，特定一非官派生不得學武備之例，於是其途更狹，其人更少，此殆與嬴秦之銷兵、胡元之禁漢人不得持兵器同一故智，欲以起沈痾而挽積習，蓋亦難矣。至論及實業，則尤有可該詫者，中國士農工商，號為四民，實則農工二者，並無實業之可言。農人固守舊法，牢不可破，若語以改良之術，非詫為異聞，卽厭為多事，故《農學報》發行數年，中國農人未受其賜，亦足見農業之不振也。至於工人，則率係貧無聊賴之徒，欲為農則無田可耕，欲為商則無貲可營運，欲為士則家室寒微，景況窘迫，又無途以就學，始不得不迫而為工，以為糊口之計，師以是傳，徒以是學，稍及數年，便稱學成，欲其有以自見，難乎不難，此中國工業所以不發達，而終古受制於外人也。而士大夫於農工兩途，亦復不屑注意，試觀遊學日本諸生，其所占科目，率不越文學、法律、政治數門。近年新出譯述諸書，浩如煙海，亦大約不出此數門。較諸同治年間，江南製造局所譯算學、化學諸書，虚實之分便已判然。則其注重於此，而忽忘於彼，又可知也。此事雖細，然中國農工兩途，下焉者既不能有所成就，上焉者復不以為意，而又值環球交通，物力競爭之世，人瑜而我瑕，人神明而我苟簡，勢不至始於貧乏，終於澌滅不止，斯中國之前途大可懼矣。而所謂志士者流，既不屑注意於平日，則雖抱偉大之雄心，不知何所恃以發抒，天下未有枵腹之人，而能有所成就者也。而尤可懼者，假如我將大有所作為，其勢非相持數年不能猝解。則必我於農工二途，實足倚以為命，而後進可以戰，退可以守，平時潛為布置，足以增長其勢力，而後精力彌滿，乘釁而動，而人莫之敢侮，否則既不能自養，更不足以養人，不及數月，便有內潰之虞，又何所恃而無恐哉？是則實業也，大事也，又互有無形之關係，而非可取辦於倉促者也，竊願與關心時局者一論之。

又 第三卷第一號《陳筠〈實業礪志談一九〇六年二月十八日〉》 吾國今日所急須為救亡之人材者，莫不曰軍人與實業家。此盡人所知也，雖然，有軍人與實業家，遂足恃為救亡之賴乎，此無論吾國向日，隸尺籍者頗不乏人，而農工商賈，亦皆隨地而有，所謂四民與夫懸於四民以外之號為兵者。自有歷史以至今日，無代無時，而不有此數種人，蟠際於國內，顧一逆乎外勢，所受禍敗，乃至斯極。此後政治修明，雖具芽蘖，朝野之間，所以待遇於是數種人者，亦將改觀易聽，非如疇昔之恝視，然充社會之分願，對待之力所可至者，不過如是。乃遂謂今後之軍人與實業家，足以持險應變，增進後此之吾國，而大反於夙昔，此固極疑難之問題，而未易置答者也。蓋所謂軍人與實業家，無論在過去時期、現在時期、未來時期，且無問朝野上下所以待遇者，為尊榮賤辱，特觀其形質，終不過塊然為國人中之一類。且進而究其實，亦不過國人為此職務一類者而已。設令全國之人，既猶如昨所習所染，均未祓除，而乃謂軍人與實業家，獨有救亡之效，未免為計太早，淮如莊生所謂見卵而求時夜，見彈而求鴞炙者矣。夫貪生負氣，人類所同，雜觸雜受，文野各別，此教育之祈向，陶鑄改造於前途者，為獨一無二之物，而教育之物，則須以臻進人之品格，為祈向之鵠，故不獨質力名教諸科，為待資之良藥。即如哲理美術，實為增崇人格之媒，又如宗教之迷信力，亦為趨事赴功之囮，修德制行之範。吾國教育家，皆不可不致力黽勉，討論宗趣，潛施隱播，施及於國人動靜云為之地，俾受教育者得有歸墟之途，與高尚之趨，庶幾私蔽消泯。往者徒錮一身之小智，漸礱以去，擴其畛域，菀然有和洽為羣之德，固結不泮之力，如此，則吾國之前途庶或有幸，無他，蓋取鑑於美國乎！

又　第七卷第六號《勝因〈實業救國之懸談一九一〇年七月三十一日〉》　夫實業者，國民資賴以生之物，而國家之血液營養也。實業之盛衰，原為國民生計之舒慘所繫，亦為國政隆汙之所繫，且即國命延促之所繫，其義已著於上矣。瀛海大通以還，與接為構，吾國當之，常至事事失敗，始固以為兵不若人也。繼而稍悟其非，則更以為械用不若人。中更事變，錮蔽頓祛，新説勃起，乃悟智力之不若人。於是治標治本之論，中體西用之制，用為調和質劑者，復因時而憤起。由今觀之，新政之效，曾未著有苞桑之固，而民窮財盡，上下交乏，其實狀軒然呈露，則昭著而不可掩矣。近今十年，國家於新創之實業，亦未嘗無維持獎勵之意，施及於今，終無明驗大效，此則經制不定之害也。蓋國家者，握有一國最高之全權，尊無二上，其性質與個人絕異。欲興實業，國家初不必自身率先，但能改良各種行政之機關，使國民之身家財產，得有鞏固之保障，斯亦可矣。復次則整齊度量貨幣，使民人於受授之頃，得有確定不欺之率，以杜奸偽之萌生。復次則當破幽隱，通廢滯，務使百物皆不陳腐於其鄉，吐納循還，皆有至捷至便之途徑，不貳不息，相資相引，以鼓盪於無垠。復次則驅才智之民，納諸同軌之中，而大滌其前此以官為家之陋習，並盡鏟除束人才於一孔編制。又其次則定特別保護獎勸法，使民樂於從事，鼓張興會，萃精力於此塗。凡斯五端，皆為國家振興實業之要道。吾度今之贊襄密勿籌畫國計者，亦非不知有此，殆由舉措之間無明睿之觀照，執行之際無猛鷙之堅定，故於一切滌染刷新之事，皆不能實致其力。然則嗣今以往，吾國人幸勿侈述他事，誇歐化之皮相為得計也。若能審己所闕，所以不若歐美強盛之國家民族者，當知由於我人果銳宏毅之誠，迥不若彼，以致百改革而百無功，萬事並作，而亦旋墮於冥昧耳。此其關繫，絕非細故，吾國上下，萬不可視此言為迂闊，而不急惺惺然致力於性功之地也。是故吾國今日苟欲實業速興，以求存亡繼絕，挽回沈劫，揞柱傾頹，則國家於上言之五道，固當引為先務，而吾國民於果銳宏毅之心能智力，尤須淬礪磨琢，此尤持險應變之至計也。八表同昏，平路伊阻，請更略舉近頃聞見，拉雜連綴於此篇中，以資國人儆惕憂勤之用。或能憤啓如泬泉之突趵而出，則又記者所禱求也。

一者，吾國據有亞東大陸，高山平原，川谷委迤，兼具五帶氣候，以公例論，宜為農產大國，農業所出，當徧給於五洲。然今國內農況，日轉萎落，此其原因，實由禁止米穀出洋階之厲也。今羣議紛亂，記者且不欲殫此穀禁之問題，以攖死守利惰政策者之無明業火。惟以吾國現勢論之，與其侈言實業，躐進擴張於海外者，無寧急謀自保，而使固有之利，不為外貨所侵奪。由斯以談，則吾固有之大利，擥持千年而未失者，如絲如茶，今且以製作營業之不進，亦有日就萎落之勢。此尤吾國上下，所宜深思其故，力謀補救，否則再經數年，吾國絲茶或竟絕迹於外市，未可知也。苟至斯時，則國與民所蒙之大損，不可方物，將非巧歷所能算矣。失今不圖，後悔且無及矣。此外尚有一事，今日乃未為吾國人注意，然其外來實力，已至可驚。其事惟何？即德國以人造靛，而馳逐我國農產中之植物靛，其勢力已大顯著者是也。德國五十年來，各種科學均有能人，故其新發明者直駕英美而陵其上。近二十年，嘗有多數學者，將各類廢物謀變化而利用之。得其國家平日專儲鉅款，以待能者之助力，遂能大著功績，而人造靛一物，尤大生影響於各國農界。蓋當十年以前，德國所造各種顏料供織物之渲染者，即已顯稱於世界，以藍色之靛尤吾國人所嗜，此時早有此物輸來。顧其用猶未普徧，則因其時人造之靛，雖抵日光之熱力，常為日光吸去，不能耐久，又其用水化合，亦費周折，故用者多不樂從。至近三年間，彼將上言諸弊，盡行排去，於是人造靛之功用，竟已完成，不但可受日光，久不褪色，且於用時不似植物靛之煩勞，而價尤至廉，為染坊所樂購。今其勢力，固已駸闢駸廣，識者謂再歷十年，吾國農產之植物靛，殆將屏踪於市場矣。且以吾民慵怠之弱點，又為彼所窺見，彼乃更將人造靛化分於水中，以木桶盛之，輸來吾國，凡用者欲得顏色淺深，但酌量加減攙水即得，此外毫不費力。聞此種和水之靛，為利尤厚，較諸未和水者，所獲不啻倍蓰。現在江浙一帶，羣趨用此，日加一日，向以產靛著名諸地皆受大損，上海靛行已日見停閉。此為至近之事實。閱者當思用如何方法，乃可資吾國靛業之補救乎！蓋此項人造靛，乃從煤礦所生之一種油質中提出，成本至輕，獲利至巨，今日不獨吾國靛業受莫大之迫害，即英國之靛業者亦復大生恐怖，蓋英屬澳洲、印度向來均以產靛著名。自德之人造靛出，英國政府度其不利於己，即集多數學士研求此物，並抵制之策，曾糜至鉅之國帑，已能燭見人造靛之原理造法。但通全局而計之，終亦不敢仿造，蓋一經仿造，雖可抵制德來之品，然其屬地種靛者之失業，勢且加速。故不獲已，僅可行用二策：一則改良植物靛，俾其本輕用捷；一則由屬地政府增加德靛進口之稅。夫以先進之英，萬事光昌，財阜智多，而其對於人造靛一物，其汲汲皇皇者乃如此，不恤鉅帑力圖補救者又如此。今試問英人籌得之二策，吾國有一能行否？吾政府能不惜重金巨賞以求學者籌補救之策否？且能增加進口稅以限德品之輸入自如否？吾知此二策皆不能行。匪但不能行，德靛東來之勢力，已如燎原之火，遇物便燃。吾國人惟貪其便利而競用之，甚至於人造靛之名，與此物之來從何處，亦且瞢無所覺。為勢至是，尚何言哉，將見吾國之人種靛不久供燎原火之一爐而已。又有一事，亦頗與此相似。河南太康縣，地質多碱，以碱著稱。山東、直隸、山西諸省，向來亦產碱。方十年前，英人有用海水中所含鹽質而製碱者，精潔殊勝土碱。然吾國人常用碱以造食品，驟見英碱，懷疑而不敢用。彼則廣雇華夥，多攜商標樣品，深入內地，所至揭其商標，逢人便贈以各種碱樣，俾其持歸試用。其價固廉於太康碱，而色純白，鮮明可愛，久之遂有購用者。不及十年，英碱之銷行已徧中國，而太康碱遂淘汰，今日將絕迹矣。即有極錮蔽之區，其民不敢輕嘗外品，今日猶在懷疑大夢中者，然而射利商賈，則竟用英碱積壓成塊，加以褐色，仍冒太康之名，使懷疑之民，用之不疑。此射利之商賈，獲利乃逾常貨。夫以鹽制碱，非難事也；得數萬資本便可製造，亦非難籌也。當五年前，曾見一友，昕夕研究此物，未幾有效，製成之品能齊英貨，乃就東南海濱相合宜之場。方莅淮，淮之鹽商及鹽官則皇然拒曰，是與鹽務有礙，不可許也。及往浙，浙之鹽官商，拒之之詞，亦與淮同。其後請於大府，終竟無效，大府所持之詞，亦與鹽官商如一鼻孔出氣。吾國濱海之地數千里，海水之為用，再歷億萬年亦不能盡。今乃羣朦蚩蚩，如出一冶陶成，詎非可怪之至者乎。然今關東貔子窩普蘭店外人所營之鹽場，與夫九龍港澳界外輸入之私鹽，實侵額引害商害課者，則轉知之而不敢言，言之而不敢拒，而惟獨與造碱相仇，詎非悠謬之誤思耶！故竊以為欲興實業，此種僻見，首宜祓濯，而不可再有一毫存留，庶幾有濟。否則或如今年徐州宿遷焚毀麵粉公司一事，官吏袒助亂民為虐，置興業者之資本於不顧。頹波既搧，又安有敢談實業之人乎！

二者，吾國百產蕃衍，物力豐厚，庸值復賤，本佔天然之優勝。然以今日東西諸國，實業之經驗既富，復有羣力與連合資本之大勢力，頗似連雞俱棲者，則在吾國後起草創之實業，萬難與之爭勝。法宜避實乘虛，定一界說，庶可長立不敗。其說維何？蓋今吾國關稅，曾經與人協定，不能驟行保護政策，法當見可而進。竊意以為吾國實業之待興者，莫若農工林礦，其事久為衆人所共知矣。然就工之一事言之，法宜先有次序，幸勿混亂。鄙意宜定為二期：一為化學工藝時期，一為機械製造工藝時期。蓋因機械製造諸工藝，須本頗鉅，尤須賴有精敏諳習之工人。且一物之成，既難與東西熟練之匠爭勝，復難與彼富厚之公司、便利之經濟相角，其餘各事之不若彼者尤衆。故竊以為今日但可從事於化學工藝。而機械製造，苟非具特別之材能優勝者，似可置為緩圖，而先專心并力以從事於化學工藝。吾蓋思之累年，以為法宜如此。故今特伸鄙意，以與海內質證也。請更明其原因如下：一、化學工藝試驗易為也，二、就地取材事易致也，三、運費較舶來大減也，四、職工易造且工價較廉也。略舉四端，以與絜較，我已居於勝地。聞昔徐雪村已持此議，惜吾國人夢夢至今而不覺耳。以今世實業競爭之酷烈，進則可以生存，退則一落千劫，吾國上下，尚以固有實業永能自保，無須求進，而可長立不敗耶？假其不然，則既處此湍激汩流不容一瞬之中，萬無從容游泳之理。苟非當機立斷，猛進强植，則斯須之頃，即被排擠而受墮落矣。蓋今滔滔大勢，固劇迫而極烈，至為可懼，決非濡需之衆能以長生者也。

又　第一〇號《張肇熊〈各處宜亟興工廠以救民窮議一九一〇年十一月二十六日〉》　今日憂時諸君子，莫不奔走相告曰：外患憑陵，危亡在即，非速開國會，無以挽救。此固異口同聲之辭也。然余戚戚思慮，獨以為我國將來之大禍，不在外患而在內亂。不過外患易於暴露，人盡知之；內亂潛伏不現，一時未易窺破其隱耳。且外患之來，尚有抵制方法之可圖；至內亂則既蘊蓄於平昔，一旦蠭然暴動，必有既發不可復遏之勢，是則大可慮者。況以今日大局而論，不遏內亂，無以禦外患，設內亂發生，反足以招外患也。相提並論，是內亂固較外患尤為可懼。奈之何其可漠然視之哉！推將來內亂之所由生，不在盜賊黨會，而在貧民。此其動機一發，必有不可遏制之勢。何以故？蓋按社會階級而論，上中下三等人民，以上等為最少，中等次之，最多者惟下等耳。下等人民分屬於農工兩界，各謀生活。農有荒歉，農民滋事可慮；工不振興，工人闖禍堪虞。是故欲圖國家之長治久安，必於農工兩業加意提倡而維持之，以冀富裕下等人民之生計。至下等人民，不患飢寒，各得其所，則上中兩等人民，或坐擁厚資，或家道小康，固無不愛平和而保治安者，必無激而生變之理。如是，其國尚有內亂之發生者，吾不信也。歐洲各國，時有工人暴動之風潮，亦由生計艱難之故。當局者就事敷衍，免使決裂，其禍亂雖暫歸消滅，然終必有爆發之一日。蓋不於其致亂之病根上而為救濟之謀，仍無濟於事也。美國工黨之勢力，且駕國內各政黨而上之，即今以推將來，工人擾亂之趨勢，正未有艾。歐洲社會黨危言聳聽，至謂貧富不均，世界終無安寧之日。言雖過激，卻具至理。在彼工商業充分發達之國，尚不免貧民之騷擾，以我國今日實業之不振，生計日窘視之，而謂貧民不多，貧民不致激變，竊未敢以為信也。方今廟堂之上，草野之士，徒汲汲為立憲國會之謀，而置人民生計問題於不顧。遠水難救近火，吾恐憲政大行、國會方開之時，而亂機已隱伏其中矣，寧不可懼也哉！余故表而白之，深望謀國諸君子兼籌並顧，於此加諸意焉。【略】

以振興工業而救下等人民生計之困難，如上所述，固為萬全之策而不容違戾者矣。但數十年來，言振興工業者亦多矣，其所招集股份建設工廠者亦無地不有矣，顧於人民生計上仍無絲毫之影響，且徒見生計之困難日甚一日者何也？此其故亦大可思矣。蓋前此所紛紛經營者，多為大工廠，不過散見於省會商埠及繁盛州縣之間。其所集資本，少則數萬數十萬元，多至數百數千萬元，規模宏偉，創辦匪易，非有大魄力，斷難著手。以故十年之間，舉全國之工廠而一一計之，以與我國之土地人民相比較，不啻滄海之一粟耳，其不能有益於人民之生計，亦理勢所必至者也。且其所辦之工業，均為大宗物品，如紡織、繅絲、製呢、製革等，亦殊不能散布於城鄉村落之間者。以故現在工廠事業，僅能補助一地人民之生計，而不能普及於各處之人民也。如上海一隅，工廠林立，所用工人，不下數十萬人。於此等工人，而觀其生計之現象，固若優裕。然就附近上海一帶之寶山、太倉等處，而一察其人民之生計現象，則仍蕭索愁慘，而未得其毫髮之益也。是故欲興工廠以救民窮，非就地多設工廠不可。且不可徒建大工廠也，以大工廠需款浩繁，興辦為難，其澤不能廣被遠邇之貧民。似以多設小工廠為宜，舉事既易，收效又大，亦何憚而不為哉。余今更就大工廠已多之地論之，其利益亦不能普及於一般之貧民也。如上海居民藉工業而營生者，固不乏人，而其失業無歸之貧民，猶所在皆是，流氓滋事之案日多，是其明證。但此等匪類，究非性好為惡，亦迫於生計之困難，無計可施，遂入此邪途，冀得非分之財耳。推其病源，亦因無多數之小工廠，以容此一般無告之人而使然也。觀此則多興小工廠，實為救濟貧民生計之無上妙策，而不容一日或緩者也。

多設小工廠，為救濟貧民之要策，已如上述，至任其責而行其事者，吾不得不望各地之紳富矣，而尤望各地之自治公所有以提倡之也。欲辦地方政事，以籌畫財政為第一義；而欲籌畫財政，尤以籌畫人民之生計為第一義。振興本地農工商業，明載地方自治章程之中，固事有所屬，責無旁貸者也。吾今且言創設小工廠之方法，以供參酌。入手之始，宜先調查本地人民熱用之土貨及洋貨，分別其首要次要，明定表冊，招集本地紳富，會議創辦之方法。局面不求其大，以易於集事為貴。一俟基礎鞏固，再議擴張，勢既順而事亦易為。所謂不勞而獲，事半功倍，咸將於此收其明效大驗矣，最忌虛張聲勢，徒顧形式，蓋發端既備嘗艱楚，而成效又毫無著落。竊願當事者，交相勉勵，而惟此是戒者也。且苟欲各種工廠先後舉辦，尤慮事體繁重，非由地方各團體共負統一之責任不可。上既云由地方自治公所任提倡之責矣，尤宜會同商會農會等，通力合作，方可期永久之維持，而有方興未艾之望也。吾今更言小工廠創辦之資本。就其手造機製之異，以及質料工作之貴賤而言，姑定一千元至一萬元。此數雖不為多，然經營工廠，以購地建屋為最耗費。嘗觀各地集股設廠者，每至基地房屋用費一律付訖之時，而股本已將告罄，及開工製物，反以資本不敷周轉，而致竭蹶萬狀，卒至諸多牽掣，不免倒閉者，誠屢見不鮮也。故小本經營者，尤宜注意於此。創辦之初，宜先就本地公衆房屋，暫行試辦，如庵觀廟院等，無用空屋甚多，均可藉用。一俟規模粗備，徐圖更張，則不虞失敗矣。故上舉資本之數，係僅就購置製造用之質料及機器或器具而言也。至小工廠製造之物品，則舉凡土貨中之銅、鐵、竹、木、陶磁等日常應用器物，以及絲、棉、布、帛等，皆可製造。又小件之洋貨，如洋皂、洋燭、洋傘、洋燈、毛巾、手帕、火柴等一切最稱熱銷之物品，均可仿製，且均不必購用大號機器，實費小本而收大效之舉也。日本之大阪為工業最發達之地，全國所用之工業品大半出產於此，而仿造之洋貨為獨多。然其工廠之規模，均不宏敞，甚至有一人獨力經營，或數人合資經營者，可見其事之易為也。試觀市中販賣之小件東洋貨，皆此類耳。我國當此工業枯敗之時，欲求事之易為而效之易見者，亦莫善於此。凡吾國人，可以興矣。

教育救國論分部

論說

《外交報》第九〇期《癡壄堂〈論教育書〉》 然則今之教育，將盡去吾國之舊，以謀西人之新歟？曰：是又不然。英人摩利之言曰：「變法之難，在去其舊染矣，而能別擇其故所善者葆而存之。方其淘汰，往往俱去，不知是乃經百王所創垂，累葉所淘汰，設其去之，則其民之特色亡，而所謂新者從以不固。獨別擇之功，非暖姝囿習者之所能任耳，必將闊視遠想，統新故而觀其通，苞中外而計其全，而後得之，其為事之難如此。」雖然，有要道焉，可一言而蔽也。今吾國之所最患者，非愚乎？非貧乎？非弱乎？則徑而言之，凡事之可以瘉此愚、療此貧、起此弱者，皆可為。而三者之中，尤以瘉愚為最急。何則？所以使吾日由貧弱之道而不自知者，徒以愚耳。繼自今，凡可以瘉愚者，將竭力盡氣，皸手繭足以求之，惟求之為得，不暇問其中若西也，不必計其新若故也。有一道於此，致吾於愚矣，且由愚而得貧弱，雖出於父祖之親，君師之嚴，猶將棄之，等而下焉者無論已。有一道於此，足以瘉愚矣，且由是而療貧起弱焉，雖出於夷狄禽獸，猶將師之，等而上焉者無論已。何則？神州之陸沈誠可哀，而四萬萬之淪胥甚可痛也。

嗟夫，員輿之上，數十百國之所為，其廢興存亡之故，可復觀已。最近莫若日本，稍遠則有普魯士之弗烈大力、俄羅斯之大彼得，方其發憤圖自强，其棄數百千年之舊制國俗，若土苴然；他若法之所為於十八棋，英之所為於十六棋，實皆犯天下之所不韙。顧至今論世，莫不諒其民之所為者，保國存種其義最高，而文明富强之幸福至為難得故也。若夫徒軒輊於人己之間，尊其舊聞，若不可犯者，則亦有之矣，突厥、埃及、波斯、印度是已。之數國者，夫豈不主排外？其所以排外之道，夫豈不自謂文明？其於教育也，夫豈不自張其軍，而以他人為莫我若？然而其效則公等所共見而共聞者矣。吾故曰：期於文明可，期於排外不可。期於文明，則不排外而自排；期於排外，將外不可排，而反自塞文明之路。

且今世之士大夫，其所以頑錮者，由於識量之庫狹。庫狹之至，則成於孔子之鄙夫。經甲、庚中間之世變，惴惴然慮其學之無所可用，而其身之瀕於貧賤也，則倡為一切之說，以爭天下教育之權；不能得，則言宜以漢文課西學矣；又不能，則謂東文功倍而事半矣。何則？即用東文，彼猶可攘臂鼓唇於其間；獨至西文用，則此曹皆反舌也。

吾聞學術之事，必求之初地，而後得其眞。自奮耳目心思之力，以得之於兩間之見象者，上之上者也；其次則乞靈於簡策之所流傳，師友之所授業。然是二者，必資之其本用之文字，無疑也。最下乃求之翻譯，其隔塵彌多，其去眞滋遠。今夫科學術藝，吾國之所嘗譯者，至寥寥已。即日本之所勤苦而僅得者，亦非其故所有，此不必為吾鄰諱也。彼之去故就新，為時僅三十年耳。今求泰西二三千年孳乳演迤之學術，於三十年勤苦僅得之日本，雖其盛有譯著，其名義可決其未安也，其考測可卜其未密也。乃徒以近我之故，沛然率天下之學者而趨之，世有無志而不好學如此者乎！侏儒問徑天高於修人，以其愈己而遂信之。維今所為，何以異此！

至欲以漢語教西學者，意乃謂其學雖出於西，然必以吾語課之，而後有以成吾學。此其説美矣，獨惜不察當前之事情，而發之過蚤。濱海互市之區，傳教講業之地，其間操西語能西文者，非不數數覯也，顧求其可為科學師資者，幾於無有，是師難求也。欲治其業，非夙習者不能識其書，縱得其書，非心通者不能授其業，是教之術窮也。然則大報所譏中國數十年來每設學堂咸課洋文，今奉詔書推廣，猶以聘請洋文教習為先務者，夫固有所不得已，非必自蔑國語，而不知教育之要不在語學也。

夫歐洲之編籍衆矣，雖譯之者多，為之者疾，其所得以灌輸中土者，直不啻九牛之一毛。況彼中憑籍先業，歲有異而月更新，學者嶄免瞠後之憂，必傾耳張目，曠覽博聞，以與時偕極。今既不為言語文字矣，則廢耳目之用，所知者至於所譯而止，吾未見民智之能大開也。又況譯才日寡，是區區者將降而愈微耶？

若謂習外國語者將黨於外人，而愛國之意衰歇，此其見眞與兒童無以異。愛國之情根於種性，其淺深別有所繫，言語文字非其因也。且列邦為學，必用國語，亦近世既文明而富於學術乃如是耳。方培根、奈端、斯比訥查諸公著書時，所用者皆拉體諾文字，其不用國語者，以為俚淺不足載道故也。然則觀此可悟國之所患在於無學，而不患國語之不尊。使其無學而愚，因愚而得貧弱，雖甚尊其國語，直虛憍耳，又何補乎？第使其民不愚，而國以有立，則種界之性，人所同有，吾未見文明富强之國，其國語之不尊也。威爾士，英之一省也，巴斯克、不列顛，法之二部也，議院禁其語者，以杜言龐，如中國京師之用京語，從政之操官音，與所論大旨無涉。至謂夷滅人國，輒易語言，執事將謂國滅而後語易乎，抑謂徒尊國語，其國遂可以不滅也？國語者，精神之所寄也；智慧者，國民之所以為精神也。頗怪執事不務尊其精神，而徒尊其精神之所寄也。

總而論之，今日所詔設之學堂，乃以求其所本無，非以急其所舊有。中國所本無者，西學也，則西學為當務之急明矣。且既治西學，自必用西文西語，而後得其眞。若夫吾舊有之經籍典章，未嘗廢也。學者自入中學堂，以至升高等、攻專門，中間約十餘年耳，是十餘年之前後，理其舊業，為時方長。矧在學堂，其所謂中學者又未盡廢，特力有專注，於法宜差輕耳，此誠今日之所宜用也。迨夫廿年以往，所學稍富，譯才漸多，而後可議以中文授諸科學，而分置各國之言語為專科。蓋其事誠至難，非寬為程期，不能致也。誠知學問之事，非親歷塗境者，雖喻之而不知。獨有一言，敢為諸公豫告：事功成否，恒視其所由之術，而不從人意為轉移，若必拂理逆節以為之，則他日學堂，自無成效。吾聞京師洎二十餘行省，一學堂之成，費需萬金者，動以十數。是累累者，償敵之餘，夫豈易集！乃至十年，總於海內，將所費者無慮幾何，庸可使時可數過，問以人才，對曰無有。雖其時當事者亦將勉强塗飾，奏報揄揚，而無如其虎皮羊質，於國事無補毫末何也。此吾所以重思之而為高睨大談、自許熱心者股栗也。謹不避煩瀆，為大報貢其一得之愚，亮執事能優容之，而轉教其所不逮焉。

《游學譯編》第一期《楊度〈游學譯編敍〉》 歐洲大教育家，不下數十，而如拔斯脱洛，如黑拍兒，其最著者也。拔斯脱洛之學，出於路索。路索之為學也，以任放主義而為國民開自由之路，為全歐成革命之功。其言教育也亦然。以為人性皆善，其惡者，必由醜惡之社會而來，教育者，所以防社會之醜惡，而發育其善性，使之任放於自然也。拔斯脱洛本此旨而實行之，又推其五官教育之理，主實物教授法，使觀察自然之物，造其普通觀念，以期收眞正之知識，而得實地之應用。拔斯脱洛之主義，亦自由主義也。及黑拍兒出，則主服從於法律之下，其主國家教育，一本於心理學、倫理學，而發為知覺類化五段教授法諸説，類能精深奧博，集前此之大成。歐美各國向之宗拔斯脱洛學説者，羣變而宗黑拍兒學説矣。日本之始慕美國學風者，今亦變而慕德國學風矣。此豈前之人物不如後之人物乎？抑由前之時代，不如後之時代？準時立說，以救一世所不得不爾也。故凡學術之純駁，國勢之文野，皆有相依並進之自然階級。非有路索之學說，開出全歐之文明，使人民之思想言論程度驟高，共定法律以保社會之秩序，則後學改良之理論亦無自而生。考歐洲革命、日本維新之往迹，舉無不由前之學說，以為鼓舞奮興之原動力，繼而收拾和平，乃進歸於後之學說者；亦因醜惡社會，人情習於為惡，非有以洗滌而更新之，不能復其善性，此亦人性之自然者也。日本高等師範學校長嘉納治五郎之以教育事務遊吾中國也，歸而言曰：『北清之教育，有如黑暗地獄，南清稍有一線之光。』嗚呼，其黑暗也，其僅有一線光也，皆由社會之醜惡故也。今日吾國之言教育，方將萌芽，舉國上下，皆以取法泰西、日本為言。吾竊慮夫論者之徒取法夫今日之日本，而忘前日之日本所自來也；徒知日本取法夫今日之泰西，而昧前日之泰西所自來也。勢必有顛倒本末，錯亂先後，遽欲施性善之教育於性惡之時代，而遺其中間過渡轉關之一級。諄諄焉以服從法律為教，則吾未聞中國有國民所公議以自保其生命財產之法律；是所服從者，必非法律而醜惡社會之習慣也。不惟藥不符病，文不對題，且將指黑暗為光明，指醜惡為美善，烏能發出其自然之特性，而為國民求善果也哉！嘉納治五郎又言曰：『中國人之生命財產，極其危險，無所恃以自為保存，故惟思得一日之祿位，以少享人生之權利，上之為教，下之為學，意皆如此，此教育之所以不行，實由政法之不良也。』然則中國今日之言教育者，可不準此言以思救時之道，參酌中外古今之學說，求其切當於時宜，而謂可隨人趨步，易地皆可為良乎？夫吾國不能自興教育，而必取於他人，此已為事之不得已者。若但於形式求之，而不於精神求之，則有有教育與無教育等，徒以養成買辦、翻譯之材而已。若但於精神求之而不於可救今日中國之精神求之，則雖優於形式教育，然以比於時文、試帖、律賦之以忌諱為骨髓，以諛頌為面貌者，要亦不甚相遠。謂其彼善於此則可耳，謂能進吾民族為地球上一光榮美碩之民族，則吾所不敢許也。印度民族之隸屬於英也，波蘭民族之隸屬於俄、德也，不與之教育以愚其種，使無相抗之具，無獨立之心，以歸於自亡。我中國今日猶能言此，是我中國之幸也。我中國今日而不詳審其言此之方，而貿然以從事焉，則或以無眞精神之故，仍不免為印度、波蘭之續者，又豈吾所敢預知哉？録教育第二。

又　第八期《教育泛論》　有家庭之教育，有學校之教育，有社會之教育。家庭教育之範圍狹，而學校教育與社會教育之範圍廣；家庭教育之勢力小，而學校教育與社會教育之勢力大。人徒知以家庭教育為重，而不知學校教育與社會教育之為重，亦惑矣。人之生也，立於家庭之中，卽有家庭之關係；立於國家之中，卽有國家之關係；立於社會之中，卽有社會之關係。而無數之關係，悉萃於一時，無時無家庭之關係，無時無國家之關係，無時無社會之關係，相生相養，相維相制。人施而我報，此感而彼應，通功而易事，通力而合作，雖一物之微，苟細推之，未有不合千萬人之力，經千萬人之手而始成者。無社會，無國家，則無家庭，無個人。欲個人之成立，不可不通世界之大勢，不可不練政治之能力，不可不盡公衆之義務，彰彰明矣。夫研究人事之是非利害，以為實行之標準，此學問之原理莫能或外者也。家庭之現象如何，國家之現象如何，社會之現象如何，此不可不知者一；家庭之待我者如何，國家之待我者如何，社會之待我者如何，此不可不知者二；我之對家庭應如何，我之對國家應如何，我之對社會應如何，此不可不知者三。夫既不能於國家與社會之間，無所考察，而徒拘拘於家庭之教育，何足以洞察大局，泛應萬事哉？古人之於子也，有易子而教之義焉，有出就外傅之制焉，誠以單純之家庭教育，不足以養成知類通達之人才也。此為教育之第一義。

欲養成國民，不可不注意於學校教育；欲改良風俗，不可不注意於社會教育。學校教育所以充足國民之實力，社會教育所以鼓舞世界之動機。學校教育主於嚴整平實，社會教育主於活潑高尚。就形式而論，則學校教育者主也，社會教育者輔也。就精神而論，則社會教育者始之有組織學校教育之原動力，繼之有監督學校教育之持續力，終之有改良學校教育之猛進力。專恃學校教育而無社會教育不足以立國，至易明之理也。學校教育變之自上，社會教育變之自下；變之自上，不可恃者也，變之自下，可恃者也。大地各國變法，皆從民起，不從社會教育下手，而欲倚賴官力以興學校教育者，至難之事也。中國二千年來，無學校之教育，惟恃仁人君子，以其學術行誼旌式國人，維持世道；社會教育之有效，自古已然矣。今當民族競爭之世，國家主義既為必不可避之公理，自應趨重學校教育，以圖國民之統一，而要不能不以社會教育為其先驅。此為教育之第二義。

《江蘇》第三期《雲窩〈教育通論〉》 第二節 人人當受教育

國也者，合全國之人民以組織之者也。故個人與國家有絕大之關係，國之興亡不決於政府而決於社會，不決於社會而決於家庭。使一國之中，人人有愛國心而具普通之知識，則興也勃焉；人人無愛國心而缺普通之知識，則亡也忽焉。個人之責，固若是其重也。人不必盡為英雄豪傑，而斷斷不可不完全人格。孟子有言曰：『飽食暖衣，逸居而無教，則近於禽獸。』蓋人之所以異於禽獸者，本非論言語形態之超出於動物界也，要在心思腦力之不同，故必有公道德，有新智慧，而後無愧於人格。國家之要素，亦不在多得英雄豪傑，而在屬望一國之壯者、少者、男者、女者，皆為完全人格之人。以生理學衡之，神經之用固為最大，然內而循環器、呼吸器、消化器、生殖器，外而筋骨、皮肉、毛髮、爪甲之類，無一可以殘缺，且各有當盡之責任。個人之於國家亦然。欲人人盡職分之所當為，而道德不充智慧不足，猶烏乎可，甚矣哉，普及教育之重且要也！

普及教育分為三期：家庭教育、學校教育、社會教育是也。家庭為學校之基礎，欲講教育必自家庭始，蓋人生最初之時，家庭之聞見最易感觸其腦筋。故使為父母者，時時能即兒童遊戲玩好之具，日用事物之間，啓導其靈明，觸發其德性，收效之速固自易易。然而母教之益更大於父教。兒童在襁褓中，親母而遠父，愛母而畏父，惟母之一顰、一笑、一言、一行為效法，惟母之情意、聲調、顏色、狀態等為依歸，其愛之也甚摯，其信之也甚篤，而其天性又悉本自然，未為習俗所汙染，斯教育之方亦惟母為最宜。故曠覽古今，有賢父未必有賢子，有賢母則必有賢子者，理之所當然也。然而家庭教育之不修，吾祖國為尤甚。彼無知無識之下流社會中人固無論矣；即中流以上社會中人，其家教之有方者果幾何？其父母之言行足為兒童模範者果幾何？使兒童之所見所聞，無非此卑劣猥褻之談話，醜穢殘忍之行為，粗野亂暴之事業，銘刻於其腦底，少習而長安，幼學而壯行，國民之所以有劣根性者職是之故。

世界人類，必羣居而不能孤立。其聚處之方，內則為家庭，外則為社會。置身於社會中，與善人居如入芝蘭之室，與惡人居如入鮑魚之肆，積久而與之俱化，故社會中不可無教育。歐美各國文明之進步，從不求萬能於政府；要自社會教育，發達民間種種之團結，以高社會之知識，而擴充其愛國主義及世界一家主義。蓋定新教育之目的，具新放育之教材，國民即予社會中，因己之天性、己之趨向，分任社會之文明事業，努力以進於前修，社會之文化自日新而月盛。故欲國民之盡受普通教育，社會為補助之機關，實與學校相維繫。回顧祖國，此十八行省中，舍滬上諸志士外，有組織社會以提倡愛國主義世界一家主義者乎？映吾眼簾、觸吾耳膜者，惟此賭棍酒奴、狂且煙鬼、青皮紅白幫等之結黨橫行，以魚肉其鄉里。即素負盛名號稱新黨之賢士大夫，時時聚首談心，討論國故，亦相率於空談界做工夫，而不肯從事於實際。痛乎，日人岩谷氏詆京師大學堂諸同學之言曰：『中國學生俱屬亡國性質！』夫今日之不甘為亡國民者，庶幾學生，而岩谷氏猶詆之若是；若我內地社會中人，高歌漏舟之中，酣睡積薪之上，而泰然自以為安者，岩谷見之其沉痛又當何如！嗚呼，社會教育之不興，我祖國其終不國矣！

雖然吾祖國家庭教育、社會教育之興，至速率須俟三十年，其為家庭、社會之大樞紐，而今日我國民所宜以全力赴之者，則學校教育是也。請言學校。地球各國，學校中教育之方，分為普通、專門、特別三種，而尤重普通。故初等教育，凡全國人民至六歲後均當就學，謂之義務教育；為父母者，當兒童及歲時，而不使受業於學校，政府可干涉之，又謂之強迫教育。英、德、美以八年為率，法以七年為率，日以四年為率；人無論男女，家無論貧富，必須卒業於斯，然後分道揚鑣以各行其所志。若夫生而赤貧，其父兄之經濟界有不能具學資者，為之立貧民學校；幼失怙恃及父母不能保全而棄其子者，為之立孤兒學校；凡盲啞聾痴之類，身嬰痼疾不能與常人同受一教育者，為之立盲啞聾痴諸學校。務使一國中無一分子之欠缺，而有礙全體之進步。故教育最盛之國，乃至無一人不識字不讀書，教育之界固若是其備也。吾雖未得遊歐美，而日見夫同種同文之鄰國，凡車夫下女之屬，服勞之暇，動率手一卷書，目數紙報，孜孜而不倦，如遇號外新聞尤莫不先睹之為快。以車夫下女之卑，而勤求學問關心時局也猶若是，且東鄰近日，自生理學、心理學之漸有進步，而教育盲啞聾癡輩之方亦與之俱進，盲啞聾痴輩，猶得具普通之知識，而不終為無告之廢人。然以日人之教育，較之歐美各國，尚無從比例，則歐美各國之國民，其浸淫於教育也程度蓋益高。奈之何吾祖國四百零七兆有奇之國民，不若此車夫下女盲啞聾痴輩者，比比皆是；彼身為殘役而夙嬰痼疾者，固無論矣。全國民數中未受教育之婦女去其半，減餘之數未受教育之農工商又居十之七、八，僅有此士林中人身經教育。然而沉溺於帖括，糜爛於詞章，膏肓之疾中毒已深，凡哲理、科學、政治、法律之屬，茫乎未有所知。是彼之盲者、聾者、啞者、痴者，方使得不盲、不聾、不啞、不痴之用；而我國民之不盲、不聾、不啞、不痴者，乃轉盲之、聾之、啞之、痴之以自速其覆亡也。夫智慧之充、腦力之足，我國民詎居人下；其所以蔽塞若是者，殆寂處內地，見聞孤陋，非苦於不為，實苦於不知。吾知之而不大聲疾呼，正告內地諸君子，是無以對我同胞。聞此言者，苟視為泛泛無關痛癢，不悔既往之非而力圖從事教育，以一洗殘缺不完自等廢人之耻，是為自負。

耗矣哀哉，吾祖國而成為無教育之國也！夫欲以無教育之國頓為有教育之國，斷非一蹴所能幾。雖然，需者事之賊，當危急存亡之秋，而不以全國之精力養成今日切用之人才，不能生存於競爭激烈之世界。睡獅，睡獅，不醒則已，一醒必使之驚人，其必以斬釘截鐵之手段，運臥薪嚐膽之精神而後可也。曾滌生之言曰：『從前種種譬如昨日死，從後種種譬如今日生。』我同胞其念之哉！

舊教育死，新教育生，舊國民之無教育者死，新國民之有教育者生，其期請自今日始。雖然，專制政體不容於今世界，而教育則歐美列强悉用强迫主義者，何以故？非此不能使全體國民人人盡受教育，而均一其進化之程度也。吾祖國民智未開，其用强迫主義也當尤重。任政府之腐敗、宦途之庸惡，我國民必人人自警，而悉以教育為依歸。女子而不受教育，責在男子；農工商而不受教育，責在士林；士林而不備普通教育，責在鄉先生；鄉先生殷殷於教育，而不得教育之目的及方針，責在留學界。人人各盡其職，各司其事以為所當為，則强迫主義大行於域內，我國民乃盡受教育之陶成而無愧於人格矣。

梁啓超《飲冰室合集·學校總論》 吾聞之，《春秋》三世之義，據亂世以力勝，升平世智力互相勝，太平世以智勝。草昧伊始，蹄迹交於中國，鳥獸之害未消，營窟懸巢，乃克相保，力之强也。顧人雖文弱，無羽毛之飾、爪牙之衛，而卒能檻縶兕虎，駕役駝象，智之强也。數千年來，蒙古之種，回回之裔，以虜掠為功，以屠殺為樂，屢蹂名國，幾一寰宇，力之强也。近百年間，歐羅巴之衆，高加索之族，藉製器以滅國，借通商以闢地，於是全球十九，歸其統轄，智之强也。世界之運，由亂而進於平，勝敗之原，由力而趨於智，故言自强於今日，以開民智為第一義。

智惡乎開，開於學；學惡乎立，立於教。學校之制，惟吾三代為最備，家有塾，黨有庠，術有序，國有學，立學之等也。八歲入小學，十五而就大學，入學之年也。六年教之數與方名，九年教之數日，十年學書記，十有三年學樂誦詩，成童學射御，二十學禮，受學之序也；比年入學，中年考校，以離經辨志為始事，以知類通達為大成，課學之程也。《大學》一篇，言大學堂之事也；《弟子職》一篇，言小學堂之事也；《內則》一篇，言女學堂之事也；《學記》一篇，言師範學堂之事也。管子言農工商，羣萃而州處，相語以事，相示以功，故其父兄之教不肅而成，其子弟之學不勞而能，是農學、工學、商學，皆有學堂也。孔子言以不教戰，是謂棄民，晉文始入而教其民，三年而後用之。越王棲於會稽，教訓十年，是兵學有學堂也。其有專務他業，不能就學者，猶以十月事訖，使父老教於校室，見《公羊傳》宣十五年注。有不帥教者，鄉官簡而以告，其視之重而督之嚴也如此。故使一國之內，無一人不受教，無一人不知學；《兔罝》之野人，可以備干城；《小戎》之女子，可以敵王愾；販牛之鄭商，可以退敵師；斫輪之齊工，可以語治道；聽輿人之誦，可以定霸；采鄉校之議，可以聞政；舉國之人，與國為體，填城溢野，無非人才，所謂以天下之目視，以天下之耳聽，以天下之慮慮，三代盛强，蓋以此也。

馬貴與曰：『古者戶口少而才智之民多，今戶口多而才智之民少。』余悲其言；雖然，蓋有由也。先王欲其民智，後世欲其民愚，天下既定，敵國外患既息，其所慮者，草澤之豪傑，乘時而起，與議論之士，援古義以非時政也。於是乎為道以鈐制之，國有大學，省有學院，郡縣有學官，考其名猶夫古人也，視其法猶夫古人也，而問其所以為教，則曰制義也，詩賦也，楷法也，不必讀書通古今而亦能之，則中材之下，求讀書求通古今者希矣。非此一途不能自進，則奇才異能之士，不得不輟其所學，以俛焉而從事矣。其取之也無定，其得之也甚難，則倜儻之才，必有十年不第，窮愁感歎，銷磨其才氣，而無復餘力以成其學矣。如是則豪傑與議論之士必少，而於馴治天下也甚易，故秦始皇之燔詩書，明太祖之設制藝，遙遙兩心，千載同揆，皆所以愚黔首，重君權，馭一統之天下，弭內亂之道，未有善於此者也。譬之居室，慮其僮僕竊其寶貨，束而縛之，置彼嚴室，加扃鐍焉，則可以高枕而卧，無損其秋毫矣。獨惜强寇忽至，入門無門，入闥無闥，悉索所有，席卷以行，而受縛之人，徒相對咋舌，見其主之難，而無以為救也。

凡國之民，都為五等：曰士、曰農、曰工、曰商、曰兵，士者學子之稱，夫人而知也。然農有農之士，工有工之士，商有商之士，兵有兵之士。農而不士，故美國每年農產值銀三千一百兆兩，俄國值二千二百兆兩，法國值一千八百兆兩，而中國只值三百兆兩。工而不士，故美國每自創新藝，報官領照者，二萬二百十事，法國七千三百事，英國六千九百事，而中國無聞焉。商而不士，故英國商務價值二千七百四十兆兩，德國一千二百九十六兆兩，法國一千一百七十六兆兩，而中國僅二百十七兆兩。兵而不士，故去歲之役，水師軍船九十六艘，如無一船；榆關防守兵，幾三百營，如無一兵。今夫有四者之名，無士之實，則其害且至於此。矧於士而不士，聚千百帖括卷摺考據詞章之輩，於歷代掌故，瞠然未有所見，於萬國形勢，瞢然未有所聞者，而欲與之共天下，任庶官，行新政，禦外侮，其可得乎？

今之言治國者，必曰仿效西法，力圖富强，斯固然也。雖然，非其人莫能舉也。今以有約之國十有六，依西人例，每國命一使，今之周知四國，嫻於辭令，能任使才者，幾何人矣？歐、美、澳洲，日、印、緬、越、南洋諸島，其有中國人民僑寓之地，不下四百所，今之熟悉商務，明察土宜，才任領事者，幾何人矣？教案界務商務，紛紛屢起，今之達彝情，明公法，熟約章，能任總署章京，各省洋務局者，幾何人矣？泰西大國常兵皆數十萬，戰時可調至數百萬，中國之大，練兵最少亦當及五十萬為千營，每營營哨官六員，今之習於地圖，曉暢軍事，才任偏裨者，幾何人矣？嫻練兵法，諳習營制，能總大衆，遇大敵，才任統師，幾何人矣？中國若整頓海軍，但求與日本相敵，亦須有兵船百四十餘艘，今之深諳海戰，能任水弁者，幾何人矣？久歷風濤，熟悉沙線，堪勝船主大副二副者，幾何人矣？陸軍每營，水師每船，皆需醫師二三人，今之練習醫理，精達傷科，才任軍醫者，幾何人矣？每造鐵路，十英里需用上等工匠二員，次等六十員，今之明於機器，習於工程學，才任工師者，幾何人矣？中國礦產，封錮千年，得旨開採，設局漸多，今之能察礦苗，化分礦質，才任卝人者，幾何人矣？各省議設商務局以保利權，今之明商理，習商情，才任商董者，幾何人矣？能製造器械，乃能致强，能製造貨物，乃能致富，今之創新法，出新製，足以方駕彼族，衣被天下者，幾何人矣？坐是之故，往往有一切新法，盡美盡善，人人皆知，而議論數十年不能舉行者。苟漫然舉之，則僨轍立見，卒為沮抑新法者所詬詈，其稍有成效之一二事，則任用洋員者也。而輪船招商局、開平礦局、漢陽鐵廠之類，每年開銷之數，洋人薪水，幾及其半；海關釐稅，歲入三千萬，為國餉源，而聽彼族盤踞，數十年不能取代，即此數端論之，任用洋員之明效大略可睹矣。然猶幸而藉此以成就一二事，若決然舍旃，則將並此一二事者而亦無之。嗚呼！同是圓顱方趾，戴天履地，而必事事俯首拱手，待命他人，豈不可為長太息矣乎！

若夫四海之大，學子之衆，其一二識時之彥，有志之士，欲矢志獨學，求中外之故，成一家之言者，蓋有人矣。然不通西文，則非已譯之書不能讀，其難成一也。格致諸學，皆借儀器，苟非素封，末由購置，其難成二也。增廣學識，尤藉遊歷，尋常寒士，安能遠遊，其難成三也。一切實學，如水師必出海操練，礦學必入山察勘，非藉官力不能獨行，其難成四也。國家既不以此取士，學成亦無所用，猶不足以贍妻子，免饑寒，故每至半途，廢然而返，其難成五也。此所以通商數十年，而士之無所憑藉，能卓然成異材為國家用者，殆幾絶也。此又馬貴與所謂姑選其能者，而無能之人，則聽其自為不肖而已。姑進其用者，而未用之人，則聽其自為不遇而已。豚蹄滿篝之祝，旁觀猶以為笑，況復束縛之，馳驟之，銷磨而鈐制之，一旦有事，乃欲以多材望天下，安可得耶，安可得耶！

然猶曰洋務為然也。若夫內外各官，天子所以共天下也，而今日之士，他日之官也，問國之大學，省之學院，郡縣之學官，及其所至之書院，有以歷代政術為教者乎？無有也。有以本朝掌故為教者乎？無有也。有以天下郡國利病為教者乎？無有也。當其學也，未嘗為居官之地，其得官也，則當盡棄其昔者之所學，而從事於所未學。《傳》曰：『吾聞學而後入政，未聞以政學者也。』以政學猶且不可，況今之既入官而仍讀書，能有幾人也。以故一切公事，受成於胥吏之手，六部書辦，督撫幕客，州縣房科，上下其手，持其短長，官無如何也。何以故？胥吏學之，而官未學也。遂使全局糜爛，成一吏例利之天下，禍中腹心，疾不可為。是故西學之學校不興，其害小，中學之學校不興，其害大。西學不興，其一二淺末之新法，猶能任洋員以舉之，中學不興，寧能盡各部之堂司，各省之長屬，而概用洋員以承其乏也，此則可為流涕者也。

不寧惟是，中國孔子之教，歷數千載，受教之人，號稱四百兆，未為少也。然而婦女不讀書，去其半矣，農工商兵不知學，去其十之八九矣，自餘一二占畢呻嘎以從事於《四書》、《五經》者，彼其用心，則為考試之題目耳，制藝之取材耳，於經無與也，於教無與也。其有通人志士，或箋注校勘，效忠於許鄭，或束身自愛，歸命於程朱，然於古人之微言大義，所謂誦《詩》三百可以授政，《春秋》經世先王之志者，蓋寡能留意，則亦不過學其所學，於經仍無與也，於教仍無與也。故號為受教者四萬萬人，而究其實能有幾人，則非吾之所敢言也。故吾嘗謂今日之天下，幸而猶以經義取士耳，否則讀吾教之經者，殆幾絕也。此言似過，然有鐵證焉。彼《禮經》十七篇，孔子之所雅言，今試問綴學之子，能誦其文，言其義者，幾何人也。何也？科舉所不用也。然則堂堂大教，乃反藉此疲敝之科舉以圖存，夫藉科舉之所存者，其與亡也相去幾何矣。而況今日之科舉，其勢必不能久，吾向者所謂變亦變，不變亦變，與其待他人之變，而一切澌滅以至於盡，則何如吾自變之，而尚可以存其一二也。記曰：『下無學，賊民興，喪無日矣。』《傳》曰：『小雅盡廢，則四彝交侵，而中國微。』慨我儒教，爰自東京，即已不競。晉宋之間陷於老，隋唐以來淪於佛，外教一入，立見侵奪，況於彼教之徒，強聒不舍，挾以國力，奇悍無論。今吾蓋見通商各岸之商賈，西文學堂之人士，攘臂弄舌，動曰《四書》、《六經》為無用之物，而教士之著書發論，亦侃侃言曰，中國之衰弱，由於教之未善。夫以今日帖括家之所謂經，與考據家之所謂經，雖聖人復起，不能謂其非無用也。則惡能禁人之不輕薄之而遺棄之也。故準此不變，吾恐二十年以後，孔子之教，將絕於天壤，此則可為痛器者也。

亡而存之，廢而舉之，愚而智之，弱而強之，條理萬端，皆歸本於學校。西人學校之等差、之名號、之章程、之功課，彼士所著《德國學校》、《七國新學備要》、《文學興國策》等書，類能言之，無取吾言也。吾所欲言者，采西人之意，行中國之法，采西人之法，行中國之意，其總綱三：一曰教，二曰政，三曰藝。其分目十有八：一曰學堂，二曰科舉，三曰師範，四曰專門，五曰幼學，六曰女學，七曰藏書，八曰纂書，九曰譯書，十曰文字，十一曰藏器，十二曰報館，十三曰學會，十四曰教會，十五曰遊歷，十六曰義塾，十七曰訓廢疾，十八曰訓罪人。所擬章程皆附於各篇之後。

今之同文館、廣方言館、水師學堂、武備學堂、自強學堂、實學館之類，其不能得異才何也？言藝之事多，言政與教之事少。其所謂藝者，又不過語言文字之淺，兵學之末，不務其大，不揣其本，即盡其道，所成已無幾矣。又其受病之根有三：一曰科舉之制不改，就學乏才也。二曰師範學堂不立，教習非人也。三曰專門之業不分，致精無自也。故此中人士，閣束《六經》，吐棄羣籍，於中國舊學，既一切不問，而叩以西人富強之本，製作之精，亦罕有能言之而能效之者。昔嘗戲言，古人所患者，離乎夷狄，而未合乎中國。今之所患者，離乎中國，而未合乎夷狄。推其成就之所至，能任象鞮之事，已為上才矣。其次者乃適足為洋行買辦岡必達之用，其有一二卓然成就，達於中外之故，可備國家之任者，必其人之聰明才力，能藉他端以自精進，而非此諸館諸學堂之為功也。夫國家之設學，欲養人才以共天下，而其上才者僅如此，次下者乃如彼，此必非朝廷作人之初意也。今朝士言論，汲汲然以儲才為急者，蓋不乏人，學校萌芽，殆自茲矣。其亦有洞澈病根之所在，而於此三端者少為意留也乎。

抑今學校之議不行，又有由也。經費甚鉅，而籌措頗難，雖知其急，莫克任也。今夫農之治疇也，逾春涉夏，以糞以溉，稱貸苦辛，無或辭者，以為非如是則秋成無望也。中人之家，猶且節衣縮食以教子弟，冀其成就，光大門閭。今國家而不欲自強則已，苟欲自強，則悠悠萬事，惟此為大，雖百舉未遑，猶先圖之。吾聞泰西諸大國學校之費，其多者八千七百餘萬，其少者亦八百萬。小學堂費英國每年三千三百萬元，法國一千四百萬元，德國三千四百萬元，俄國五百萬元，美國八千四百萬元。中學大學共費英國每年八百六十萬元，法國三千萬元，德國二百萬元，俄國四百餘萬元，美國三百餘萬元。日本區區三島，而每年所費，亦至八九百萬，人之謀國者，豈其不思撙節之義，而甘擲黃金於虛牝乎。彼日人二十年興學之費，取償於吾之一戰而有餘矣，使吾向者舉其所謂二萬萬而百分之，取其一二以興羣學，則二十年間，人才大成，去年之役，寧有是乎？嗚呼，前事不忘，後事之師，及今不圖，恐他日之患，其數倍於今之所謂二萬萬者，未有已時；追痛創復至，而始悔今之為誤，又奚及乎？今不惜糜重帑以治海軍，而不肯舍薄費以營學校，重其所輕，而輕其所重。譬之孺子，懷果與金示之，則棄金而取果；譬之野人，持寸珠與百錢示之，則遺珠而攫錢。徒知敵人勝我之具，而不知所以勝之具，曠日窮力，以從事於目前之所見，而蔽於其所未見，究其歸宿，一無所成，此其智視孺子、野人何如矣。

西人之策中國者，以西國之人數與中國之人數為比例，而算其應有之學生，與其學校之費。謂小學之生，宜有四千萬人，每年宜費二萬二千六百萬元；中學之生，宜有一百十八萬四千餘人，每年宜費五千九百萬餘元；大學之生，宜有十六萬五千餘人，每年宜費七千一百萬餘元。今不敢為大言，請如西人百分之一，則亦當有小學生四十萬人，中學生一萬一千八百四十人，大學生一千八百五十餘人，每年當費三百五十六萬元。中國房屋衣食等費，視西人僅三之一，則每年不過一百餘萬元耳。猶有一義於此，中國科第之榮，奔走天下久矣，制藝楷法，未嘗有人獎勸而驅策之，而趨者若鶩，利祿之路然也。今創辦之始，或經費未充，但使能改科舉，歸於學校，以號召天下，學中惟定功課，不給膏火，天下豪傑之士，其羣集而俛焉從事者，必不乏人。如是則經費又可省三之一，歲費七十餘萬足矣。而學中所成之人材，即以拔十得五計之，十年之後，大學生之成就者，已可得八千人，用以布列上下，更新百度，沛然有餘矣。夫以日本之小，每年此費，尚至八九百萬，而謂堂堂中國，欲得如日本十二分一之費，而憂其無所出邪，必不然矣。

《中國白話報》第一〇期《劉申叔〈軍國民的教育〉》 中國從秦、漢以來，不曉得尚武的道理，有兩樁原故。一樁是說偃武脩文。中國的古書，都說用兵是個壞事。讀書的人，聽見『打仗』兩個字，就說他是窮兵黷武，把武健的精神，弄得一點都沒有。一樁是重文輕武。中國到了宋朝，把武官看得太輕。做文官的人，說武官是一錢不值的，所以做武官的人，也沒有甚麽期望。這就是中國不尚武的緣故了。但是，現在的外國，國裏面的百姓，都有當兵的義務。大約外國的百姓，都曉得打仗一樁事，是國民全體的事情，不是一家一姓的事情。打了勝仗，一國的人，都有好處；打了敗仗，一國的人，都要倒楣。所以，他們看打仗的事情，都共自己的事情一般。就是各國所行的制度，也是全國皆兵的制度。這就是軍國民的精神了。但軍國民的精神，都是由教育得來的。我們中國的百姓，不曉得尚武的道理，就不能一天立國了。所以，由我看起來，軍國民的教育，是現在教育中頂要緊的。但教育一層，又要著重精神教育。我就把精神教育的大綱講出來。

第一樁是要有國家思想。外國用兵的動力，是在百姓共同的意思的；中國用兵的動力，是在皇帝個人的意思的。所以，中國的軍士，都沒有愛國的思想。打了勝仗，他說是皇帝的洪福；打了敗仗，他說是皇帝的倒楣，共自己一點兒無涉。應募的兵，就同雇工一般，不過想得幾兩銀子兵糧，他就可以過活。有這等思想的人，如何能夠打仗呢？所以，現在的教育，先要教他曉得愛國家。大約國家沒有當兵的人，就不能夠守國；不能守國，就連自己的身家，一同兒都沒有了。當兵的人，都要曉得這種道理，纔能夠保衛國家。你看中國的《詩經》，一篇叫做《六月》，一篇叫做《采芑》，他說的話，都是軍士愛國的道理，所以，周宣王的時候，就能夠驅逐夷狄。又，德國從前的時候，國裏面的軍士，個個都讀《愛國歌》；法國從前的時候，國裏的百姓，個個都誦《國恥歌》，這就是教軍士有國家思想的憑據了。就是現在日本的軍士，還有一種大和魂，也是日本人愛國的憑據。吾們中國的軍人，為甚麽不曉得愛國呢？就是沒有精神教育的緣故了。以上是軍國民教育的第一樁。

第二樁是要有普通學問。中國從前的時候，領兵的將帥，都是由學校裏面出來的，所以做官的人，個個都有學問。就是外國的兵官，也沒有一個不懂學問的。由這樣看起來，學校的教育，也是極不可少的了。學校的教育，有兩樁最要緊。一樁是體育。體操一科，固然是頂要緊的；就是衛生一門，也不能不講。一樁是智育。當兵的人，固然個個要有學問，但頂要緊的學問，第一是本國的軍備，第二是海防、陸防的要務，第三是戰爭的歷史，第四是名將勇士的傳記。當兵的人，能夠曉得那幾種學問，自然曉得當兵的好處了。從前德國共法國開戰，大獲勝仗。德國的皇帝，共學校裏小學生說：這次打勝仗，是你們小學生的功勞。可見外國的學堂，頂著重軍士的，所以當兵人，都是由學堂裏面出身。中國要想自强，先要行兩種法子。一種是叫當兵的人，個個識字，個個上學堂。一種是叫現在的讀書人，個個習武，個個懂打仗的法子。這就是中國强國的第一著了。所以，『學問』兩個字，也是軍人很要緊的事情。以上是軍國民的教育第二樁。

第三樁是要有名譽心。中國從前的人，也有說從軍是個好事的。《秦風・無衣篇》說道：『王于興師，修我戈矛，與子同仇。』這就是中國喜歡打仗的憑據。又，《吳子》書上說道：『有死之榮，無生之辱。』他這句括，是說『戰死』兩個字，是天下頂有名的事情；『私逃』兩個字，是天下頂没名的事情。到了後世，中國的人，個個怕當兵。俗語說道：『好鐵不打釘，好漢不當兵。』他杷『當兵』兩字，當做下賤不堪的事情。到了打仗的時候，個個想私逃。凡有因打仗逃回來的，就一家都喜出望外了。所以，杜工部《兵車行》，也説打仗苦的了不得。這眞是一點兒名譽心都没有了。現在要想尚武，都要教軍士有名譽心。大約軍士頂好的事情，是個不顧自己的一身，代百姓保國，就是中國舊話所説的『國而忘家』了。當兵的人，果然能夠有這種心，到了用兵的時候，自然拚命的打，斷不肯自己退讓了。你看，從前十字軍的時候，教會裏面的人，哪一個不出力？就是因為他們有迷信的緣故。現在軍士的迷信名譽，是共從前的迷信宗教一樣的，所以，日本軍人進隊的時候，他的家族，都說『祈戰死』三個字送他，可不是日本軍士的名譽心嗎？中國軍士，也是要用這種法子的。以上是軍國民教育的第三樁。

第四是要有强力。從前歐洲的國，有個斯巴達。他國裏面，是頂著重當兵的。凡生下來的小孩子，到了七歲，就要教他學體操。有身體不結實的，就要把他弄死。所以，全國的人，個個曉得打仗。中國從前的人，有氣力的也很多。孔子的學生，有個樊遲。他共齊國打仗，能夠限三刻踰溝。魯國的小孩子，有個汪踦，他因為保護魯國，執著干戈戰死。這就是中國人尚力的憑據了。所以，古書上所説的很人，有身子高八、九尺的，有兩臂能夠舉千斤的，可見中國古代的人，不甚麼文弱。如若像現在的中國人，一點兒氣力都没有，哪裏能夠從軍呢？所以，教育一門，身體是頂著重的。現在要身體結實，一樁是要勤苦，是從各事不懶惰做起的。一樁是要勇壯，是從各事不推諉做起的。中國的人，身體果然能結壯，自然不怕當兵了。但『强力』兩個字，也不是只著重體魄的。《中庸》上説道：『强哉矯。』又道：『衽金革，死而不厭，北方之强也。』可見『强力』兩字，一半是重在體魄的，一半是重在精神的。如若志向不堅，就是有野蠻體魄，也是不能衛國的。所以，精神上的教育，還是要緊不過的。以上是軍國民教育的第四樁。

由這樣看起來，軍國民的教育，是現在頂著重的了。不過，文愚武弱，是中國頂壞的壞處。就是有頂好的教育，然不是一時能行的。但由我看起來，從前秦國的人勇於公戰，怯於私鬭，就是秦人軍國民的氣習；漢朝的時候，有多少遊俠，個個都有勢力，能夠救人患難，就是漢人軍國民的風尚。我們中國人，如若能夠有那種志氣，就是共日本的武士道比起來，也都是差不多的了，還有甚麼不能光復呢？

又　第一三期《講教育普及的法子》　我從前講教育的時候，做了一篇《教育普及議》，但都是文言，不是白話，恐怕列位有點兒不懂，所以又把他演成白話，給列位看看。光漢記。

現在的新黨，没有一個不講教育的，也没有一個不講教育普及的，但都没有好法子。這是甚麼緣故呢？大約中國現在的教育權，還是在從前的教書先生手裏。這種教書先生，還是用從前的舊法子，一點兒不曉得新學。把中國的小孩子，就都誤盡了終身了。況且，這種教書先生，不曉得隨時變通。拿優勝劣敗的公理推起來，一定是要餓死的了。我既可憐中國的小孩子，又可憐中國的老先生，所以就想出來一個教育普及的法子出來，把你們列位看看。

一樁是籌學費。外國的小學堂，都是地方上公立的。既然做了這個地方的百姓，就要擔任這地方的學費。現在的中國，也要用這個法子。譬如一個府城裏面，共總有十萬家。這十萬家裏面，也有頂有錢的，也有没有錢的，也有僅夠敷衍的。所以，一城的人，要把他分成上戶、中戶、下戶三級。凡到了一個月，上戶抽錢三十文，中戶抽錢二十文，下戶抽錢十文，平均算起來，既然有十萬家，就可抽三千吊錢學費。一個月抽費三千吊，合一年所抽的費算起來，就可得三萬六千吊錢。既然得了三萬六千吊錢，就可以設無數的學堂；上學的學生，都可以不收學費，就是鄉村裏面，也可以用這種法子推行。雖抽捐的時候，鄉里的愚民，都要鬧事，但我看見鄉村的地方，春秋兩季，都有賽會的事情，都是按戶斂錢的。到了散會以後，這坐會頭的人，就出一張明心榜出來，説收錢多少、用錢多少，一村的人，没有一個不相信的，也没有一個不肯出錢的。現在抽學費，也用這種法子，當未收學費的時候，先設一個預算表，裏面説學堂費用，共總要用多少錢。既收學費以後，又立一決算表，裏面説學堂的錢，已經用的多少，還有多少没有用。這一城的人，也就要個個相信了。個個相信，就能夠個個出錢。況且頂窮的人，也没有一個不能十文一月的，還有甚麽不肯呢？以上是收學費的法子。

一椿是設學校。小學堂的費用，是共中學、大學不同的。由我算起來，内地的房錢，是很公道的。又有各種的庵觀寺院，都可以借租。每年的錢，不過要用三百元。每學堂裏面，請四個教習；教地理的人，可以兼教歷史；教倫理的人，可以兼教國文；教算學的人，可以兼教初級理化，又可以兼教禮操；到了教外國文字的教習，也可以合數校公請一個人了。每教習脩金十元，一年的費用也不過僅用四百元。就是買書的錢，也不過要一百元。各教習的飯食共用奴僕，也不過要費二百元。共總算起來，要一千元，就可以設小學堂一所。如若有三萬六千吊錢，就差不多有四萬元。這種小學堂，就可以設四十個了。譬如一個府城裏面，地方有個十里。把這十里地方，分成東、西、南、北、中五區；每區裏面，共總設八個小學堂；一個學堂裏面收學生一百人，都是由七歲到十四歲的。依這個法子行，一個府城裏面，受普通教育的小孩子，就有四千人了。況且學區既劃得均平，凡住家在這學堂旁邊的，家裏的小孩子，就可以入這個學堂。這區的小孩子不許入別區的學堂，來往既然順便，就是學堂裏面的寄宿舍，也就可以不設了。我想從前的小孩子，要從教館的先生念書，每月的束脩，至少都要一元。現在的小孩子入學，除得每月薄收學費外，一點兒束脩都没有，還可以受普通教育；不出五六年，就可以進中學堂、大學堂。試問家裏面的父兄，哪一個不高興呢？以上是設學校的法子。

一椿是安插教館先生。小學堂既然普設，這從前教館的先生，就都没有飯吃了。如若就教他做學堂的教習，這種狗屁不通的人，哪里能夠懂教育？我現在又想出一個好法子來。大約一個府城裏面，教館的先生都有二百人。當小學堂未立的時候，先在府城裏面，設幾處小學師範速成科。凡本地方有學問的人，都請他做教習，把從前教館的先生，教他到這處學習，每人受科學一兩門。就是一兩門的學問，也僅要他有點兒普通、能彀做了小學教科的用處。三個月以後，就能夠畢業，就能彀做小學校教習。到了人數一層，一個學堂裏面，共總用四個人。如若有四十個學堂，就要請一百六十個教習。是從前教館的先生，個個都有飯吃了。況且各鄉各鎮，都是要設學堂。這處學堂的教習，也是要在城裏請的。從前教館的先生，如若城裏的學堂，没處安插，到了各鄉、各鎮的學堂，也就有處安插了。還有一種年紀老的人，没有精力做教習，就教他做收學費的委員。一個學堂裏面，共總設四個委員，每月也分他幾塊洋錢，教他不至受餓，也就没有怨恨的了。況且，從前教館的先生，一天忙到晚，一個月裏面，不過得了六七元。現在做了學堂的教習，除得上課以外，既没有甚麽多事，每月的束脩，又有足足的十元，還有甚麽不喜歡呢？即使有人不喜歡，也就只好聽他去了。以上是安插教館先生的法子。

以上説的話，都是頂好的法子。但細細的看起來，卻也覺得狠容易，並没有甚麽難行的地方。如若依這個法子行，不獨學校可以普設，就是教育一層，也就可以普及了，可不是一舉兩得的法子麽？

《申報·劉師培〈論中國教育之弊光緒三十二年十月十八日〉》 中國自近世以來，學校林立，持强國之論者，均曰：『教育普及，則中國可强。』吾則謂教育愈普及，則中國愈危。非教育則不足致富强也，教育既普及，在創設學校者，初無培植人才之意，不過借創設學校之名，以博當道者之獎勵；或借以廣通聲氣，為異日招權納賄之基。在肄業學校者，亦非以求學為宗旨也，不過緣學級以遷升，以冀畢業文憑之倖獲。是則學校者，人人視為利祿之途也。既視學校為利祿之途，則學校無殊於科舉，故科舉未廢以前，士之創學校、入學校者，均不為利祿所惑者也。不為利祿所惑，則其人迥異於庸流。此人才所由出于學校也。今科舉既廢，其所以注重科學者，猶之前此之注重科舉文字耳。以科舉文字視科學，無論所學之不能專精也，即使所學能專精，然觀其所肄各學科，均便于獲利祿，則必視為無足重輕。如英文、算學二門，無論何校之學生，均視為重要之科，以他日出為教科，此二科可以獲多金也。若夫中國之學術，則棄若弁髦，非眞知其不足致用也，以其不便于獲利耳。故今日之學，均趨時之學也；今日之學生，均溺于俗尚之士也。既溺於俗尚，則所志既卑；所志必卑，安能具高尚之宗旨？則所謂立志、立品諸名詞，不過以空言自欺而已。

吾觀西漢之世，以經學為利祿之階，凡學術之立于學官，頒為功令者，若歐陽、夏侯之《尚書》，施、孟、梁邱之《周易》，今皆失傳。而毛公《詩傳》、費氏《易解》，在當日均為絕學，而至今仍有全書。是則利祿之中，初無實學；利祿而外，斯有通儒。試引古昔之事以證今，則今之因利祿以求學者，均不足自成其學術，彰彰明矣。然此亦非求學者之罪也。中國數千年來，學術之興廢，均視在上者之意為轉移，上有求者，下必應。況近日生計日艱，乏于生財之術，士人迫于身家之累，不得不籌謀食之方。及見學校之可以遷升也，以為舍是不能營祿利，故所學益趨于簡陋，不暇深求，而營求祿利之思想，遂深中于學子之心。此固由所處之境使然。惟創設學校之人，以是義為倡率，未免導民以趨利耳。

嗚乎！學校者，教育英才之地也。今也視為終南之捷徑，即使人人均入學，亦不過養植數百兆喻利之小人，何益于學術？何益于國家？吾所謂『教育愈普及，則中國愈危』者，此之謂也。欲矯此弊，於入學之童，均需先定其趨向。然定其趨向，仍屬于空言也。廣興實業，以富庶民。使家給人足，庶出而求學，不致持速成之見，以自錮其心。古語有言：『衣食足而禮義興。』此即孔子『先富後教』之意也。其旨深哉！

學校既以利祿為宗旨，故創設學堂者，其對于學生，所操之術有二：一曰壓制，一曰隱忍。操壓制之說者，以為科舉既廢，爾等欲謀仕進，非學堂莫由。即加以壓制，亦安敢合力相爭，以自貽開除之咎？為學生者，亦以為學堂可以博出身。且由此校入彼校，非有聲援，莫能竟入。不若姑受壓制，以博他日之文憑。此學校壓制之風所由日長也。操隱忍之說者，以為對於學生實行干涉，則易於起競爭。競爭既起，風潮斯興。風潮既興，則學堂為官辦者，其總辦、監督必受當道者之詰責，或貽撤差之禍。為民者，亦將墜其聲譽，致為官場所攘奪。故學校起風潮，乃辦理學校者之大憂也。既以起風潮為大憂，故不得不出于隱忍。復有辦理之人，私德多虧，慮為學生持其短長；或語言不謹，慮學生因以告訐。積此數因，故其對學生也，悉用敷衍之政策。其所謂學生者，亦揚然自得，以為無學生則無學堂。學生者，學堂之主人翁也。雖干犯規則，辦事者其奈我何？由是規則盡具虛文，教科定于學生之手，而撤退教師，稽查賬目，其權悉屬于學生。學生之權既張，若稍弗其請，則以退學相挾，以開會相爭，致辦理之人，雖欲整頓而無由。此學校隱忍之習所由日深也。然操壓制之術，則必使闔校趨于放誕。頑劣則為奴隸教育，放誕則為野蠻自由。雖寬嚴有別，謂之失平則一也。

又，近歲以來，官辦之學堂，其學生多汩沒性靈；私立之學堂，其學生多增長浮氣，與眞氣不同。即古人所謂『客氣』也。在創辦學堂者，以為精神教育，不可不提倡。今日言自由，明日說改革，相習成風，人人自謂為國民，然其所謂精神者，非由于自動，實倚賴他人而發者也。是猶華人閲劇，一人鼓掌讚嘆，則和之者十、百人。此十、百人，並不知何者宜讚嘆，不過隨他人而發言耳。學生之有空精神者，亦然。使提倡者失其人，則向之所謂空精神者，一變而為虛浮，再變而為放誕。求一守規則、治實學者，渺不可得，則以氣浮于外而虛于中也。昔東漢人士，空說氣節，其民氣非不昌。然正始以降，士以虛浮。放誕為高，則向之空說氣節，推其流弊適啓人民驕惰之風。民風若此，學風亦然。世有提倡學風者，必先以根柢之學植其基，又奚必空說精神教育哉！

《東方雜誌》第三卷第五號《强迫教育私議一九〇六年六月十六日》

科舉既停，學堂漸設，今日中國之教育，固不得謂無進步矣，然不切究事之實際與內容之如何，而徒更改名目，無當也，不統籌全局，而徒觀其中之一部分，是厩馬餓且死，而以肥者應客之故智，仍於實際無當也。

比聞學部有行强迫教育之議，此誠可為吾國前途賀者，雖然，挺科舉興學堂之上論，張貼於全國，籌公款興學堂之札文徧逮於各府州縣，而環視國中，各屬之亟亟興學者，固亦有之，然究其多數而言，府州有中學，而高等小學，則因循不立，縣有高等小學，而中學則因循不立，以所奉明文，固每州府必立一中學，每縣必一高等小學也，至於初等小學，則所以施普及教育，而為陶鑄國民之洪爐，振興國家之要素者也，乃觀於各省、各屬之初等小學，其科程完備，常款豐裕，學生達三四十人以上者，十無一二。校舍合宜，校具應用，管理合方法，教授有興味者，百無一二。蓋皆就昔日之義學，稍變其功課，酌減其時刻，遂高懸一匾額，曰，此初等小學也。紳董以此應州縣之敦促，州縣以此應上官之札飭，於是某府州縣立初等小學若干所之公文，紛紛上報矣。然此猶風氣稍開之處，若徧求之各省，則並此亦不可多得，有一縣僅一高等小學，而初等小學，即就義學懸一匾額，而仍讀經書，施夏楚者矣。有立一小學，必厚津貼而勗學生之來學者矣。噫，所謂教育者，果如是乎？所謂普及教育者，果如是乎？

或謂興學之舉，始於近年，事屬早創，遽求完備，是何異責學步之孩提，與健者競走乎？斯言誠然，然吾聞創大業成大功者，必先定其規模而後從事，今吾國之興學，固已有奏定學堂章程矣，然各省當如何按照地方情形，以定切實辦法，如何配置教育機關，以期認眞經理，似亦教育界所應有事也。且上有好者，下必甚焉，上行下效，為吾國政治上之原則。獨近來興學一事，內外臣工，亟亟焉延聘教習，籌撥經費，以建立學堂為務，是上焉者亦好之，亦既行之矣。何紳役之從中阻撓，或敷衍塞責如故耶？何地方紳矜，猶視學堂為畏途，不敢稍近如故耶？何無識無知之鄉民，亦望學堂而卻步，不肯使其子弟入學肄業如故耶？東坡有言：『天下之患，莫患乎上有所求而下不應』，上有所求而下不應，即上亦將窮而自止，夫以今日之形勢言，則停止興學之舉，固不必過慮，然卽興學遲延，致教育之發達，不能為一長足之進步，吾國前途豈有幸乎。

然則必如何而後可曰，草莽之士，雖有其志而無其權，亦當就其本府州縣，竭力以提倡教育而已，至任全國全省教育之責者，吾願以一言贈之曰，欲圖教育之發達，非行强迫教育不可。

又　第四卷第一二號《哈笑〈勸學說一九〇八年一月二十八日〉》　學者何？以人事戰天行之術而已，有一時之時勢，必有一時之學術以應之，乃能爭自存於天演之場，而不敝。吾國之儒者，惟昧於此義，故其言學也，廣漠而無垠，實則單狹而易盡，深奧而難窮，實則空虛而無據，胥一國秀異魁倫之士，以從事於學，而羣治卒不蒙其澤焉，不亦可惋之至也耶，鯉生不敏，敢舉其受病之源，而一一指之，願以承教於有道之士，其可乎！

一則昧於形上形下之界說也。天下之學，莫不有形上形下之兩途焉。形上者，究其所以然之理也，形下者，備其所當然之法也。大而羣治生理之術，小而一技一能之細，莫不有其理與其法相為體用，而其術乃進於高明，可以分彼此，而不可以區重輕，可以判後先，而不可以程優劣。吾國學者，惟昧於此，人人皆侈談形上而不屑致意於形下，講治道者，重誠正，而薄治平，肄算術者，究原理而輕製造。一切九流百家之術，莫不以有道無器一語，為其受病之源，蓋實肇始於宋儒，至今日而弊乃大著，此其一也。

一則昧於分工之義也。天下之物，莫不由簡而入繁，始渾而終畫，一羣之生事日增，則一派之學，必不足以供之，故必多出。其途而後可以盡事物之變，而派別枝分，又非一手一足之所能為烈也，故必分工並進，各程其能，而後可以達所學之奧窔。西人之言學也，有玄科焉，有閑科焉，有著科焉。玄科者，名數之學是也；著科者，天地生理動植之學是也，每科各有其專門之學，而專門之中又各有其偏端之一事，條分縷析，至不可以數計，夫是以用力少而程功多，而人才之勃興，至不可勝用也。吾國則不然，一號為學者，則天下之事，皆將責之於其身，而其人亦慨然自任不疑，舉夫天地之大，民物之蕃，而欲以一人之智力，探索而經緯之，固世所必無之事矣，夫是以所學愈博，而所造愈淺也，此又其一也。

一則昧於進化之程也。天下之事理，有最不可解者，文章美術，大率古勝於今，而學術事功，大率今勝於古，吾國人不知此例，而一概論之，故崇古保守之念多，而獨立進步之思少。夫世變者日演而不窮者也，心理者愈用而愈出者也，吾既以古人為不可及，而時時存退避之思矣，則心力以不用而彌鈍，學術自不進而彌荒，學者見其然也，則愈信古人之不可及而俛焉以自安，於是神州之學派，乃每下而愈況矣，此其故人人能言之，而卒無人焉，袪障蔽而卓然獨立者，此又其一也。

一則昧於利人之旨也。學術之關繫於人羣也，有厚生正德之兩義焉，政治倫理之學，所以節性者也，工商理化之學，所以養生者也。然所以淑性陶情之本意，仍在於聯一羣之才力心思，使共逐其生，而無相擾害，則謂厚生之重，於正德焉可也。吾國之學者，昧於斯旨，故凡農宗計學，與夫機器格致之流，一切皆擯之於學外，以其為粗材而少之，於是學也者，非無用之名，即苦人之具耳，士大夫既耻心於空疏無據之地，則農工商賈之流，無所取法，而生計日流於窳敗，生事日艱，則倫常交際之間，道德之心涼，而變詐相傾之事起矣，此又其一也。

嗚呼，學術之衰也，非一日矣，有唐以前，所謂儒者，雖不得上分周秦諸子之席，下列歐西愛智之林，然而事求有濟於人，行求無媿於己，尚未侈空談而輕實事也，故其時吏治民生，猶有所賴以自持。自兩宋以來，儒者始專為無用之學，性理、考據、詞章三大派者，奄學界而有之，此外遂無復餘事，而聖賢利用厚生之大道，始截然與學不相謀矣。欲國務之克張，與民生之不蠹，其可得乎？吾願天下承學之士，俛然於格物致知之不容已，而勿謂日暮之更張，將可以起敝扶衰，而與勝我者抗也，神州之灾，庶有瘳乎！

地方自治救國論分部

論説

《新民叢報》第五至七期《明夷〈公民自治篇〉》 此明夷先生之來稿也。其推重民義，以地方自治為立國之本，可謂深通政術之大原，而最切中國當今之急務也。又其引例詳而博，論理透而達，尤足以發皇耳目，開拓心胸。因亟録之，以廣其傳。但其以立公民之事，望諸政府，又以立公民為籌款一法門，則與記者所見，不無異同。記者以為公民者，自立者也，非立於人者也，苟立於人，必非眞公民，徵諸各國歷史，有明驗矣。至公民之負担國稅，則權利義務之關係，固當如是，非捐得此名以為榮也。若以是為勸民之一術，則自由權之必不能固明矣。於此諸義，未敢苟同。雖然，論學理與論事勢其道固不得不異。茲篇所言，救時之良言也，為今日之中國説法也。讀者深知其意焉，則著者之所望也，亦記者之所望也。

本社記者識【略】

救地方之術若何？曰知病即藥，今吾中國地方之大，病在于官代民治，而不聽民自治也，救之之道，聽地方自治而已。今歐美之日强，人民之日智，地利之日出，學校之日盛，技械之日精，宮室橋梁道路之日修，警察保衛之日安，賦稅之日多，醫病恤貧之日仁，鐵路銀行之日廣，山林漁澤之日闢，因以整其兵備，精其航船，以横于大地，剪滅東方，此其本非在國政也，非在政府及疆吏令長之一二人也，乃由於舉國之公民，各竭其力，盡其智，自治其鄉邑，深固其國本故也。非惟歐美而然也，日本明治維新以來，行地方自治而驟强矣。又非惟日本為然也，專制威權無上之君權若俄者，亦已行地方自治矣，故其民才足用，而鄉政克修，地利盡舉。夫俄與我國之專制同，而强弱異者，由地方代治與自治異也。此又非今各國之新制也，我三代、漢、晉、六朝實行之。周官鄉遂之制，一萬二千五百家為鄉而有大夫，二千五百家為州而有長，五百家為黨而有正，百家為族而有族師，二十五家為閭而有閭師，五家為比而有比長。設官若此之多，而職事若此之少，此非朝廷所命也，蓋亦民自舉而官許之耳。以其自治，故能登其夫家衆寡，辨其貴賤老少廢疾，辨其弛舍及其六畜車輦，以令貢賦聽訟移民，治其祭祀喪紀、冠昏飲酒、師田行役、相保相受、刑罰慶賞之事，歲時讀法，興賢舉能，書其孝友、睦姻、有學、敬敏、任恤，其間簡兵器、教稼穡、正地域、列溝樹，行其下劑，樂昏、土宜以利民，且能大説衆志以開議會。其纖悉若此，故其自治至密，過于東西矣。漢人十里為亭則有長，十亭為鄉，有三老、嗇夫、遊徼，以掌教化、訟獄、盜賊之事，則今歐美之學校、警察、審判官也，亦皆民自舉而官命之，故政雖疏而未失。至隋盡收小吏之權，簿尉皆命于天子，而吏部數人，安能察萬里之地。官守令以上，已行崔亮停年之格，孫丕揚抽籤之制，安能及鄉。故鄉政由是盡隳，鄉官由是不舉，自治之法廢。而地方不修，民治不舉，國本不立，職是之由。自上言之，則督撫司道守令，層級累重；自下言之，則鄉州黨族里閭，無一官焉。有大官而無小官，有國官而無鄉官，有國政而無民政，有代治而無自治。故政事粗疏蕪荒，人才不進，地利不闢，而財用匱乏。蓋立法之意，但以為國，非以為民，但求不亂，非以求治。故即有循吏，至于桴鼓不鳴，龐吠無警，餘糧棲畝，訟獄少囚，則以為治效之至矣。故自來地方政論，皆以清靜無為，寬簡不擾為主。曹參曰：『勿擾獄市，乃千古治法之極則。』此皆老子愚民之法，所謂常使民無知無欲，安其居，樂其業，美其服，老死不相往來。夫所求不過如是，乃與今競爭之理相反。故謂舉國守令皆呂父杜母陽元而國必亡也。蓋將南其轅而北其轍，則愈疾行而去愈遠，起點既異，則測綫之相反，差以毫釐而謬不止百千萬里者。故天下之患，莫苦於舉國習為固然，以古自證而不知察，則其病不可救也。雖然，地方自治法，吾中國固已行之，而吾粵尤盛矣。蓋一縣之地里數百，為口百數十萬，多者乃數百萬，此蓋東西一小國之地。加拿大萬里之國，人數不過四百萬耳，順德幾幾比之矣。僅以一令及八九品數佐雜治之，此必不給之勢也。故地方之訟獄，以遼遠不及赴訴於令；地方之保衛，不能不民自為謀；學校、道路、橋梁、博施院、醫院，不能不民自為理。於是有紳士、鄉老、族正以斷其獄，選人為更練壯勇以衛其鄉，以及堤堰、廟堂、學校、道路、橋梁、公所、祭祀一切，不能不自為私歛以成之。或特別捐抽，或常行徵稅于嘗業田畝室屋人口，事畢布告其數于公所。其重且大思垂久遠者，則請之官得許而為例。鄉縣處處不同，各因其俗而人安之，雖私稅之無間言。至咸豐之亂起，紳士各團練自衛其鄉，以一鄉力薄，則聯數十鄉或數鄉因其地勢以成之，或以大鄉自為一團，號之曰局，則常有徵稅，而有鄉官治事其間。即以南海同人局言之，其治下凡三十六鄉，男女約五萬，局有長二人，以進士舉人諸生充之，鄉人有訟斷于是，局勇二十人，有武官統之，猶警察官也，有書記一人，司會一人。其一切諸局，或大如九江，則男女三十餘萬人，小則數千人，體裁詳略不同，而大體不外是，粵中幾徧省有之。局紳皆由紳舉而官允許者，亦有不請于官者。有大事則凡列紳士者得預議焉，甚類于各國議員。其大局則規模章程具備，純乎地方自治之制矣。但國家未為定制，而議員局長不由民舉，故時有世家巨紳盤踞武斷之弊，而小民尚蒙壓制愚抑之害而不得伸。此蓋貴紳遺制之害，蓋舊俗之源出于國治，而非出于民治，故雖美而未盡善。若國家有公民、議員之制，則民氣之激揚，可一朝而拔發也。蓋鄉官、公民、議員之義，出于天然之公理，國不為立，而民自立之。各直省雖不能然，然鄉落皆有紳士主持之，有事則有司咨之小民請命焉，猶然地方自治之意，此則舉國皆然矣。今若就廣東先行之，為定鄉官、議員之制，粗定大律，而聽令各鄉斟酌其枝條細目，則可立為施行矣。因其地之本有而潤色之至易為功；紓其民之積氣而利導之至易為德。夫萬國自治之效若彼，中國故事自治之善制如此，察之現時之民俗自治之制已具，故以勢言之，中國不能不改地方自治，以俗言之，中國已行地方自治，在轉移間耳。

且夫自治之制，天理也，自然之勢也，無論如何專制之國，不能鉗絕廢止之也。凡民一家之中，聽其父兄自治之，故古經名曰家君，而今律名曰家長。國法雖極密，亦萬無代治及其家者，君權雖極專，亦未嘗慮家權之分之者。蓋國者大團體也，家者小團體也。凡一大團體，必積無數小團體而後能成，此物之公理也。故人積無數血點然後成身，天積無數星球而後成天，國積無數之家、鄉、土司、縣邑、州、廳、府、省之小團而後成國之大團。故大團之國權患其不集，而小團之民權患其不分。故兵事與外交集權之益最大，民治與競爭集權之害最大。今夫人之為身也，固患腦魂不强大，心血不豐足，而若無萬千微細腦氣筋，九十餘里之微絲小血管，以徧周而營衛之，則手、足、指、爪、眼、舌，亦何能開合屈伸，便捷機警，以為言語、食飲、動作、行持之用乎！舌之腦氣筋不能自主開合，則一日而飲食絕，人死矣。其他目筋不能自主則盲，耳筋不能自主則聾，手、足、指、爪筋不能自主則不能持行而百事廢。有此者號之曰廢疾，命之曰廢人。故國之無地方自治者，其國臃腫頹敗不生活，雖龐然大物，亦號之曰廢國。有廢疾者小兒得而欺弄之，為廢國者小國得而割滅之。蓋體不備者謂之不成人，機不備者謂之不成器，法不備者謂之不成國。不成國者，大何恃乎！

且今大地民立鐵道、民立汽船、民立礦山、民立學校、民立保險、民立會社、民立工商農業各種公司，皆聽其自為立法，自為行政。其大公司用人十數萬，上下百司，同于小國，等于古之封建矣。英以一商業公司而闢萬里之印度及南洋各島；若德之克魯伯砲廠之宏大，工人數萬，綿地數十里。是皆中國人所耳熱而艷稱之者，而皆由民權自治法得之。即中國工商百業善堂皆有行、有公所、有總理、值理之人。如今上海之廣幫、浙幫、蘇幫、徽幫、閩幫，則以地聚衆而自治；錢業、絲業、及廣東之七十二行，則以業聚衆而自治之。皆在國家法律之下，而國家聽其自立，未嘗分毫撓之。此工商業所以盛也。故凡集國之大權者惟恐其不一，而民之分小權者惟恐其不多，分之愈多愈細則愈靈活，否則臃腫蹣跚而不能行，故集權與分權相反而相成者也。古者以封建，而治民可以纖悉；後世不能行封建，故遂疏闊不修。唐行口分、世業之田，其制至善，由無封建之故，故旋踵不能行。然儒生開口言三代即及封建、井田、學校，夫地方自治，即古者之封建也。但古者亂世，封建其一人，則有世及自私爭戰之患，此所以不可行也；今者升平，封建其衆人，聽民自治，聽衆公議，人人自謀其公益，則地利大闢，人工大進，風俗美而才智出。若美國之州郡並聽自治，此則古公侯大國之封建，與德國聯邦同矣；法、英、德、日本之例，但聽鄉邑自治，此則子男小國附庸之制矣。德之箍斯烏衣孖路人二十九萬，稅乃八千萬。呼路咩悟自立市方里九十九，不過中國三十里，當附庸之地耳，人口十四萬，而男子八萬，然立外務、文部、司法、大藏、警察、醫務、衛生、陸軍、商、船、港、津、鐵道、土木、殖產、救恤十六部，凡十六長官，其議員用大學卒業者十四人，商四十二人，工二十二人，上判院一，下判院二，歲入至二千三十三萬二千二百八十馬克。呂伯雷地積、政體略同，人僅六萬，乃有高等學生五百人，工學一、商學一、女高等學一、中學一、高等小學二、小學十八，學生六千七百人，報館三，警察費至十六萬，其繁盛如此，此深得古封建之意故也。今吾粵九江、沙頭、龍山、外海、容奇、桂州各鄉，皆二、三十萬口，比之古者大國二十四萬口已過之，則即今之俗，其地方自治，已合古者封建大國附庸之制而盡兼有之。但國家不為定律，而鄉官不入典章，無以增其榮而予其權，故治效不著。且無公民以擔國事，則民自安于愚賤，而不與君國分其憂，共其任，此所以頹敗而失其本也。德國自治之法行之，則一鄉而可稅數千萬，立多官羣學矣。今若此小團者數十百萬，鼓其志而發其識，大地何有焉！故通地方自治之制，知古人之所以勝于今者，在有合乎封建之意；歐美之所以勝于中國者，在以民自治而不代治之也。【略】

今中國舉行地方自治，因鄉邑之舊俗，而採英、德、法、日之制，可立推行矣。請略以萬人以上、地方十里者為一局，或名曰邑，不得過多闊矣。每局立局長一人，總任局事，兼理學校；設判官一人審訟獄，用古名曰士、曰嗇夫皆可，或名曰鄉平；警察官一人，巡捕奸宄盜賊非常；稅官一人，收賦稅筦戶籍；郵官一人，主通信兼印花，郵官或專或兼攝。皆由議員中公舉，設議事會，五官共之，而長官為議長決焉。其長官之下，設文案、雜役數人，酌其地之大小立焉。下為議例會，衆議員聚議決一鄉之政制、賦稅大事，上以應國事，下以增公益為義務。其議員視其地之大小，民之衆寡，以三、四百人舉一人，由公民公舉之。凡公民中有學識及能捐助貧民、有行未嘗犯罪為鄉里不齒者，曾辦過鄉國之事、實有閱歷及身家富厚者，皆得充焉。其有犯不孝、不弟、不睦恤及有不齒之事者，擯不得舉。如此則清議所在，汝南月旦之評，九品中正之制，而風俗知恥矣。其有職官紳士舉貢諸生向有位于鄉者，除其行不齒於衆外，皆許預議，名之曰紳議員，如各國上議院之制，日本所謂名譽員也，則紳士不失其榮矣。而議之決否，以議員人數多少為定，如是則劣紳不能武斷矣。其職事惟五官支薪水，餘皆不支，大都市宜皆以榮譽體面為勸，如善堂然，則諸官不支俸可也。每都市邑局之中，分各村各約，以千數百人為度，立正副二人，董任其事。其大鄉則增設警官、判官分治焉，地方大者其判官或多設數人同審判焉。【略】

夫舉民有鄉舉里選之遺，集議得公是公非之見。地不闊則直接而易得其情，生其地則熟習而周知其故。國當其衝，而鄉行其密。人人有言事執政之權，人人有愛國愛家之意。誘其同心，長其神氣，開其知識，發其志意，聯官民之交，而審其結合，無有阻礙。謀公益之事，則自為受用，爭自激勵，官僅為之監督，律粗為之範圍，而一切聽之。輸賦、籌餉、起債，為百事之原，則出自公議，必度民力所能，民心所樂者乃為之。皆有決算出入表，以告于衆，各議員自議之，而告于所舉之人。人人知自為自益也，知身家營業之增長也，知官未曾取之也，知强紳不得獨佔强奪之也，人自鼓舞，雖有大舉，而事無不成。觀于各善堂之大舉而可見矣。故欲養警察之卒而卒可養，欲修道路、橋梁、場所則工可立修，欲經營學校、醫院、貧院、狂院則事可立集，欲勸工闢地、植農惠商則策可立舉。人慕作鄉官議員，皆知自愛，重犯法，爭于恤民，奮于愛國，務于公益，則仁惠之風行，廉恥之俗成，風俗美而大進矣。學校多而才智出，農工商盛而財用足，國乃于是取其材，用其氣，收其財用，所謂百姓足君孰與不足也。以四五萬萬人之衆，成城斷金，誰能禦之？必若此而後富强之基可立。故行地方自治之制，而民不富樂，士不智勇，而中國尚弱者，未之有也！

《浙江潮》第二期《攻法子〈敬告我鄉人〉》 某僅白：某以浙江同鄉會之一員，借雜誌《浙江潮》之餘白，竊欲有貢獻於我鄉人，思之有日矣。願某以久遊外邦之人，挾最新之思想，憑最新之學理，欲與鄉人諸君策內地之治安，諸君不以為陳義過高，卽以為外國事例不適中國也無疑。雖然，某未言之先，願豫一言以解諸君之惑。某所言者，乃至普通之理，且為至易行之事，世界各國，均以為立國之基礎，卽中國自古至今事實上亦早有其端倪。惟其組織不完備，故各國由之而百事舉，中國則反是。自今以往，若猶不思整頓擴充，則雖日日言中國改革，改革之實終不可舉，而諸君之放棄國民責任咎無可辭。諸君為之，若反掌然，其事為諸君分內之事，而又為諸君力所能及之事。然則諸君姑一實行，卽可知某言之為不謬也。抑某所言者，非僅為浙江一省而已，全中國之地方某願以同一之言告之，並願諸省以同一之方法行之。第以浙人對浙人，則舍遠就近，義所當然，某是以先為吾鄉人告，而並望吾鄉人之為天下倡。

某今所欲言者，無他，卽諸君所熟習之地方自治問題是也。地方自治之事實，吾中國亦間有之，姑置後論；至確定地方自治之名詞，昌言地方自治之必要者，則近日之風潮也。第某所惜者，地方自治之議論日觸於耳，地方自治之實益不見於世。猶之日言民權自由，而吾國民去民權自由之境界乃愈遠，一般之人至引為詬病而不敢道。此其故何在？不知民權自由之眞義，與其實行之方法順序，夫是以妄言之、妄聽之，政府疑其不利，社會病其急激，卒之受其害者乃仍為吾國民。雖公理終不可滅，吾國民終有進於光明世界之一日，而為民權自由之鄉願，遲我數十年進化之期，則某所深惘也。地方自治之問題，在今日如新出世之產兒，其卽能圓滿直進乎，抑亦將一旦陷於悲境輾轉而始達其目的乎，某以為其責在諸君而已。諸君諸君，地方自治者，諸君之天職也。某以為諸君之達於公理，富於政治思想者，其必有熟考此問題，而深計前途之處置若何，以為地方謀其福利，而為國家盡其公職，則某之言當為諸君所樂聞也。某敢據其愚者一得之見，自附於芻蕘之列。卽不然，諸君之中或有不認地方自治為急務者，某猶敢强聒之，而必冀諸君之一悟。某不敏，請先為諸君述地方自治之意義。

自治云者，對乎官治而言。近世之國家，其行政之機關，大別之為二：一曰官府，一曰自治體。官府為國家直接之行政機關，以直接維持國權為目的，如外交、軍事、財政之類，皆官府所司之政務也。自治體為國家間接之行政機關，以地方之人治地方之事，而間接以達國家行政之目的，如教育、警察及凡關乎地方人民之安寧幸福之事皆是也。直接之行政名曰官治，間接之行政名曰自治。此行政法上常用語，而近世文明諸國皆行之有其實例者也。自治之制，蓋所以補官治之不足，而與官治相輔而行。是故其國官治不振者，則事無統一；其國自治不備者，則事必廢隳。自治之精神，在以國家之公務為地方生存之目的，而以地方之力行之。故自治體者，由地方而言則為地方之行政機關，由國家而言則仍為國家行政機關之一部分也。彼私人處理一己之事務，而與公共無涉，則無自治體之要素；官吏執行公共之事務，而為國家之直接機關，則無自治體之位置。自治體云者，以國家公共之事務，視為地方固有之事務，而實行公共團體是也。故自治體又謂之公共團體。欲舉自治之實，必自組織自治體始，後當詳述之。

其次，請言中國今日地方自治之必要。事實上之必要，中國今日與各國不無特異之點，至其原理則各國無以易也。論自治必要之原理，其最著名者，為德國葛奈斯特氏。氏之言曰：『社會與國家之間，常有不能調和之衝突起，使任其自然之勢，則弱者必為强者所抑，而自由將絕於世。調和此衝突者，國家之力也。國家之組織，足以抵制社會之勢力，猶之人類之有德義，足以抑其利欲之念也。而取調和之手段，行之最有實效者，厥惟英國之自治制度。蓋自治者，使社會有勢力之各階級，各擔任國家之行政，由是義務之思想，政治之知識，浸潤於社會各原素之中，而代議政治之基礎乃固。故自治者國家與社會之連鎖也。』又曰：『欲養人民奉公之念，莫如使之從事於公共事務。使人民無參與公共事務之機會，則不至人人依賴國家，謀一己之利，而不顧國家之公益不止。故民可使知之，不可使由之，實自治之格言也。』又曰：『欲布全國劃一之政，則事事出於中央機關，於施行之敏活則有之，而期其適於實際之事情不可得也。知地方之實情者，惟地方之住民。且地方之利益，於地方之人有密接之關係，故謀之最親切者亦惟地方之人。故地方行政，使地方之住民負擔之，最適於行政之實際也。』【略】

由前之説，中國地方自治之易行，有固然矣。雖然，就中國百事中而言，則地方自治一事，似有端倪而易於着手耳；若取自治之意義而嚴正解之，則中國現行之事實，果足稱為自治而無愧與否，某未敢斷也。中國現行之地方自治，其缺點不一而足，而其最有害於自治之發達與自治之圓滿進行者，則莫如機關之不備是也。中國之可稱為自治機關者，前所謂紳士是已。然紳士云者，有自然人之資格，而無法人之資格。故集多數之紳士，有時亦為地方自治之代表，而不能一完全之自治體。紳士之於地方公事，蓋為隨意的而非必然的，其預聞與否，由紳士之意思定之，地方不能强紳士而為之也。故紳士之於地方，若某事，若某事，自古相沿至今者，則亦習為之而不覺；至欲興一新事，行一新法，則非大有熱心具大熱力者，往往互相推諉，相率而不敢為創。又甚者，藉地方之公事，以便一己之私圖，此尤數見不鮮者也。夫以公共之事業，而無公共之機關以維持之，其弊不至廢而不行行而不善不止，此不待識者而亦知之。中國地方自治之基礎極厚，而成效乃極少者，無機關故也。地方之無自治機關，其猶國家之無政府，烏乎其可行也。故必知中國今日之缺點，然後乃有救之之道。救之之道奈何？曰組織地方自治機關而已。

《中國新報》第五期《熊範輿〈國會與地方自治〉》 今日中國救亡之道，首在改革政體。斯説也，固已成為今日輿論之勢力，而為吾一般國民所引為己責者矣。顧欲謀政體之改革也，不可不從根本上着手。根本解決，則枝節問題，卽迎刃而解。不然，國家行政，百度萬機，徒惟是補苴罅漏，不將治絲而棼之也乎？夫所謂根本上之着手者，何也？亦曰使政府之負責任焉耳。而責任政府之所以能産生者，實由有民選議院之故。故吾人所宜奔走號呼，與吾國民相將致力者，惟在開設國會而已。是固本報近來所為反復詳盡，以敬告吾國民而不憚其煩者也。乃者，吾國民輿論之傾向，蓋駸駸乎以謀開國會為亟矣。乘此動機，進而為國民之活動，憤吾民氣，積極與政府相接觸，前仆後繼，賭生命以易之，民選議院之發生，為期其或將不遠乎？雖然，吾近日聞有一種似是而非之論，最足以阻撓吾國民謀開國會之氣，而使吾國民之活動，不免有先其所緩而後其所急者，則所謂欲開國會，不可不先謀地方自治之説是也。夫吾亦非謂謀地方自治者之非也，以吾中國之大，一旦政體改革後，苟非亟圖地方自治，則中央行政必無由統一全國而控馭之，雖然，今之時何時耶？人人謀地方自治，而所謂責任政府者，其能因此發生否乎？夫政府之所以負責任者，非必其自欲負之也，不有以使之不能不負責任者在，而彼乃不得已而負之耳！欲使政府之不能不負責任，非有以國民組織之監督機關不為效。地方自治者，受政府所監督之機關，而非得監督政府者也。既不得監督政府，吾國民乃亟亟圖之，微論政府之不吾許也，卽其許之矣，而政府之不負責任如故，政體之不能改革如故，徒足代此專制之政府，分擔一部行政之義務，以受其指揮命令而從事焉已矣。至於國家全局之行政，凡所為賴以鞏固吾國權，發達吾民生者，則地方自治團體，莫由得而參預之，仍不得不一任政府之所為。彼其於國權也，不惟不能使之鞏固，而又喪失之焉。彼其於民生也，不惟不能使之發達，而又摧殘之焉。當此之時，地方自治，雖已徧行，固終無如政府何。所以然者，則皆由於無國會之所致也。難者曰：所謂欲開國會，不可不先謀地方自治者，非欲專藉地方自治，以為起政府責任之具也。所賴以起政府之責任者，仍為國會，不過藉地方自治，以為謀開國會之基礎耳。雖然，地方自治，其所以足為謀開國會之基礎者，果何在耶？難者又曰：中國自有史以來，從無以國民代議國政之事也，惟其無是事，故國民之參政思想甚為薄弱，因而國民之參政能力，尤極幼稚，今一旦遽開國會，以參政能力幼稚之國民，代議今日存亡所關之國事，吾恐為國民者，不能健全進行，盡議員之能事，以運用其參政權於國會之中也。故不若先謀地方自治，藉地方議會，以為我國民養成參政能力之地，全國之中，自治普及，斯全國國民，能力胥備，由此而開設國會，自無虞議員之不充厥用矣。雖然，是説也，若自理論上以言之，吾亦未嘗不以為是也。顧吾人今日所為亟亟欲開國會者，蓋有一重要之前提焉。則以吾今日之中國，非有責任政府卽無以圖生存，國會開而責任政府斯起矣。准難者所持之理論，必俟全國徧行地方自治後，始開國會，自必俟全國徧行地方自治後，始有責任政府之可言。然則地方自治，須待至何日而始能徧行於全國也耶？以吾中國今日國勢之不振，列强交逼，成合謀而經營之，苟數年以後，政體之專制仍如今日，責任政府無得而發生焉，則吾中國必不足以圖存於此競爭劇烈之世界，可決然者。然則此數年以內，全國之中，其果能偏行地方自治焉否乎？吾有以決其不能也。不能則數年之後，仍無國會，無國會，則仍無責任政府，無責任政府，則仍為專制政體，至於彼時而專制猶保留焉；國家不堪設想矣。且徵之東亞各國之歷史，凡為既有國會之國家，即莫不行地方自治，固也，然其國會之開設也，不必皆以地方自治為基礎。而地方自治發達於國會未開以前者，則惟有一英吉利。英國當紀元四百年後，北方蠻族侵入英倫三島，本其固有之自治制度，移入其地而用之，相推相衍，其自由權之區域，延及重大之國事，而國會遂從此萌芽。是英國之地方自治，固發達於國會未開以前者，勿容疑也。然除英國以外，其他各國，皆不能與英國同。所以然者，前此者，國家間之競爭尚未劇烈，英國人因得以天然之演進，由地方自治發達而演成國會。且當其時，世界尚不知有所謂國會者，而自治制度，又為北方蠻族所固有，然則英國之所以致此者，實為自然之勢耳。十八世紀之末，美利堅獨立，法蘭西革命，首先模仿英國之代議制度，開設國會，彼其不循英國國會進化之軌道，俟地方自治發達後而始為之者，何故也耶？十八、九世紀之交，國家間之競爭，已非復前日可比，故當時趨勢之所迫，有不暇待地方自治之發達，而聽其自然演進者。自英國前此惟不知有所謂代議政治，故其國會由自然演進而來。自英國演出此種政治而為世所必須矣，則後此者，以人為之力，仿而效之，其自然演進之軌道，亦宜有不必要者也。而吾中國今日國勢之可危，不能待地方自治之自然發達也如此，各國之開國會，除英吉利以外，其未嘗以地方自治為之基礎也又如彼，然則謂謀開國會，不能不以地方自治為基礎者，直為僅適於理論之說，而不適於實際之事情者矣。極其弊，地方自治之發達，渺不可期，而國家將隨此專制之末運以俱盡。至於彼時，又安所得而圖地方自治也乎？此以知難吾者之說之不足以為訓矣。今更由其說以推之。彼之意，固甚望地方自治遽能偏行全國者也，且又甚憂今日國民之能力不足以盡國會議員之能事者也。然吾為難吾者再進一解焉，中國之地方自治，非先開國會無由普及，國民之議員能力，非既開國會莫由充分。難吾者其將有疑吾言也乎？【略】

抑吾尤有慮者，今日亟亟謀地方自治，不惟足以阻謀開國會者之氣，而又將有危乎吾國家者在也。夫以中國之大，非偏行地方自治，則中央行政莫由統一，吾前者已言之矣。然今日國會未開，人民莫由參預國中全局之行政，惟是就各地方之利益，各各自謀而自治之，吾恐地方之見愈深，而全國內部，且將有分裂之隱患也。何也？地方自治在圖謀本地方之利益耳。惟其然也，故其所計劃，恐不免有與他地方之利益互相衝突，且不免有與國家行政之方針互相衝突者。必有國會以統一於其上，然後人民之所以籌劃全局者，庶足與地方觀念同時並進而有以調和之也。邇者，吾國省界之競爭蓋已時有所聞矣。川漢鐵路，鄂蜀兩省，利害相同者也，而四川路股，不能在鄂界招募。粵漢鐵路，湘鄂粵三省，首尾聯絡者也，而粵商路旗，鄂省且禁其通行。今日地方自治尚未施行，省界紛爭，已復如此，一旦自治團體成立矣，則全國十八省，省自為謀，一省十數府，府自為謀，一府十數縣，縣自為謀，彼其於國家全局利害之關係，微特非其力之所能兼，且亦非其慮之所能及者也。不能，則國家全部之行政，無由統一而調和之，地方行政，雖極發達，其能以各各獨立之自治團體與今世列強爭競否乎？嗚呼！吾言至此，而愈覺論者之說之不敢贊同矣。吾國民其以為何如也歟？

劉師培《劉申叔遺書補遺·論地方自治之易行》 近世以來，中國憂時之士，鑑於中央集權之弊，思以地方分權易之，於是謀泰西地方自治之法，以為獨立之基。雖然，地方自治者，必有團體之人民也，故居民、公民之分嚴，必有一定之疆土者也，故郡市町村之地畫；且以地方不可無自治權也，故有村長、市長、町長諸職。又以地方不可無機關也，故有代議、行政二機關之設。是則地方自治者，皆含有獨立之意者也。合町村而成郡，合郡、市而成縣，合衆縣而成國家。大約各國地方之制，皆以町、村屬於郡，郡屬於縣，而市則不屬於郡，直隸於縣。故地方分權者，國家之分支也。凡市、町、村皆有國家之形式，合無數小國家，而成一大國家。譬如社會之中，合民庶而成團體，而團體之中，復人人盡個人之義務，地方分權之治，亦猶是耳。【略】

若古代鄉官之權利，亦有四端。一曰不易地而官。如漢高祖為沛亭長，爰延為外黃鄉嗇夫，是也。今西人之自治體，其經選舉者，必為本地之民，而有一定之年者也，故能周知地方之民情利害。二曰出於民選。如漢高三年，令民年五十以上，有修行能率衆為善，置以為三老。擇鄉三老一人為縣三老，與縣令、丞尉，以事相教，是也。今共和政體之國，凡郡、縣、市、町、村之長，及參事會員，俱歸民選。卽立憲、君主之國，亦以參事會員之選屬民，所以昭好惡之公也。三曰有選賢能之權。《周禮·鄉大夫》言三年大比，與賢與能。《墨子·尚同篇》云：『里長者，里之仁人，聞善而不善，以告鄉長，鄉長以告國君。』今西國地方參事會，有選下議院議員之權，亦此義也。四曰有國家給俸之利。如《漢志》所言『百石以下，是為少吏』是也。今西國地方制度，舍名譽職員而外，皆有常俸，亦此義也。若四端而外，有以鄉官而升重職者，如朱邑為大司農是。有以鄉官而免徭役者，如高參謂縣正勿復徭役是。足證古代鄉官，其職甚重。

雖然，中國古代之制度，有執行機關，無代議機關，故其所謂自治者，有行政、司法之實權，而無立法之權利。以之與民利則有餘，以之伸民權則不足。厥後君權日尊，民權日抑，而所謂地方分權者，其對於中央之許可權，既無一定之範圍，而所以保其自治者，復無獨立之能力，故地方分權之制度，遂消滅於無形。此顧亭林所由興悲，見《日知録》及《菰中隨筆》。又俞理初亦有設地方分權之意。而龔健飈所由建議也。雍正七年，御史龔健飈請州縣各設鄉官，以本地之人補之。而鄂爾泰以為不可行，遂止。嗚乎！自治權利者，西人所視為天賦自由者也。歐洲人之恒言曰：『人生於世，卽有開賦之自由，卽有自治之權利。』今人民放棄其權利，以推政府為萬能，宜政務之日以廢弛也。然近世以來，僻地荒郵，皆有公共之觀念，敬尊長以判曲直，置鄉兵以衛良民，大抵皆出於人民私議，而地方紳士之權利，亦得與官吏相抗衡。此皆古代地方自治之遺意也。使能卽此制而推廣之，卽今日固有之制度，以考百代自治之規，此齊一變之至魯也。卽古代固有之規，以參之西國分權之制，此魯一變之至道也。

況此制既成，遂生五善。租稅無中飽之慮，一也。郡縣官獄訟可稀，二也。教育普及，三也。辦地方公益之事易於就理，四也。保地方安寧，五也。有此五善，足證地方自治之易行。如行之既久，國體日堅，吾知中央集權之制，必有變為地方分權之制者。中國儒者所言分權，大抵皆指復封建言，或指設邊鎮言，未有言人民之自治者。顧不善歟？

《東方雜誌》第四卷第一二期《解釋地方自治之意義及分類一九〇八年一月二十八日》我國朝野上下，明於地方自治之利益者，固不乏人，而昧於自治二字之意義者，亦復不少。不佞不揣淺陋，特就自治之意義，為我國民區分溯源而解釋之。

第一自治及他治。自治有廣狹二義。廣義之自治者，人民依自己之意思，為治自己之制度，對於他治之治法者也，他治者不問被治者之意思如何，惟以主治者一人之心思，所定治人之制度也。廣義之自治，惟行於英美二國，由理想之自治而施行於實際，為英人最美之名譽，更由此而發達而開展，為國民固有之特性，是為美國人最美之名譽，聞英美學者之説，謂自治非必為反對政府之政務，亦卽為通常政務之一種，無論其立法、行政、司法，凡人民參與國家之政務時，皆可謂自治。故不僅英美之國會，可共稱為自治之機關，卽英國之內閣、美國之大統領之政府，亦得為自治機關，以英國之國務大臣，由國會選出，保其資望與信用。而美國之大統領，亦由人民之選舉體公選而出，其他如陪審官之參與裁判事務，及治安裁判官之掌警察事務，皆無非自治，而自治之範圍，且不僅參與國家之政務，凡民間各種會社，苟為共同之集合體，皆得以社員自由之意見制定社則，自行管理其利益，而為國家所承認為公社者，其目的無論以傳教，或救恤、或文學、或為殖產興業，皆得稱為自治。

第二自治及官治。凡行政可區別為國家行政與社會行政二種，社會行政為狹義之自治，國家行政，卽屬於中央政府所掌握，故名官治。官治者，行政權之首長，得自由處分，專任官吏以施行其國權之制度，言官治之缺點，其一，行政之機關，非名譽官吏，而必專任官吏。其二、其官吏惟為行政首長之手足，奉其命令指揮以為運動，非如自治制得於一定之制限內為獨立之活動，故常言官治之行政官吏，卽為行政首長之代理人，以其所謂與行政首長無異也。凡國政無論為君主政體、民主政體，國家之行政，皆稱之為官治，故在民主政體之國家，對國家之行政言，則為自治及他治，對社會之行政言，則為自治及官治。何謂狹義之自治，卽對官治而言自治，由廣義之自治中，除去國家自治之謂也。約言之，則為地方自治與會社自治，此自治制創行於德意志國。其所為自治者，非政府得為自由處分直接使其官署執行政權，而於一定之制限內使獨立之共同團體執行之，政府不得為其監督而已。

第三地方自治。何為地方自治，地方自治者，以一府縣或一町村之名譽官吏，從國法受政府之監督，以其地方稅辦理其自己地方之政治之制度也，故地方自治，必有三要件，方能成立：（一）府縣或町村之行政機關，必由名譽職間組織成之。（二）從國法以受政府之監督。（三）以其地方稅辦理其自己地方之政治。從其第一之要素言之，名譽職以自己所營職業之餘暇，使與聞地方政務，與為專務之官吏，其性質自異，名譽職雖多屬無俸給者，亦未必盡然，惟不受由國庫支出俸給，其地方自治之行政機關，然亦未必悉為名譽職。

第四地方自治與國政之關係。地方自治與國家自治之行政關係無異，地方自治團體，自處理其一定之事務，為達其生存之目的，由人民之方面觀之，與人民自己之利益，有直接關係，與國家全般之利害，無直接關係，然由國家方面觀之，則國家全般之行政，皆由地方團體而發達，於國家行政之圓滿周到，實有密切之關係，故完全自治之國家，其地方自治，無有不發達者，否則不得稱為文明自治國，且人民又得藉此歷練政務，先由其住居之町村，使參與公共事務，自此而郡而府縣，由簡易而複雜，更進而參與國家之政法，以為全國之自治。

第五地方自治必要之準備。無論何國，既設立地方自治之機關，不可不為準備使擔任地方之政務，其人民必具之要件有三：（一）須領會其職權內之事務，不可無知識學力以處理之。（二）為保持公衆之安寧幸福，不可不盡一己之公共心。（三）必要一家之生計無憂，以餘暇與聞公務。約言之，則為知識為公共心為餘暇，有此三者，然後可得為地方自治之機關。雖然，無論何種民族之國民，欲具備此三者，於歐美各國中，亦僅居少數，遑言吾國，故地方自治，不得全認為民主政體之制度，寧認為貴族政體之制度，其艱難複雜之問題，以少數之有學識公共心者治理之，其他瑣細之事務，不必要有高尚之理想者，可委諸一般之國民助理之，如是，則地方自治，方能普及，而國民教育，亦可完全。

第六因地方自治所生之利益。既廣行地方自治後，其所生之利益，不勝枚舉，今舉其最要者約有八端：（一）能自知其地方之需要，急起而為之謀以應之，知其地之利害者，莫若住居其地之人民，於其地之利害關係最切，就其利害改良畫策，亦最為細密，非他人所能及。（二）留意地方之有才識者，以增殖地方之富源，蓋地方政務，歸其自治，則有才識者皆得就其地方盡力布置，起各種事業，以增殖地方之富源。（三）不蒙中央政府之惡政，而得保全其幸福，設使中央政治，流於貪暴，可依自治之結合力以抵禦之，而防止其掠掠，故中央政府無所施其殘暴之手段。（四）得使人民練習政治，舉各地之政務，任其自治，使人民與政務親接，可使知政治為何物，以增長人民之權利心。（五）節省政費，以本地方之人民，任本地方之政務，則費用自減，且多無給之名譽職，任公共之事務，其節省更不待言。（六）調和官民之利益，蓋官治因官民之利害感情各異，不免有因離隔而生衝突之弊，自治則治者與被治者為一體，為同種利害感覺相同，可決無此弊。（七）促社會及各箇人之自由發達進化，必各箇人自由之發達，而後社會有進化，社會進化而國家機關之組織，乃能完全，無專制及不治之弊。（八）養成人民之公共心，人民惟知各箇人之利益而無公共心，則各欲自保其利益，必置公共之政務於不問，故先使從事地方公共政務，使知公共之利益保全，而後各箇人之利益可以保全，進而參與國政，亦不至視國家之利益與人民之利益為二物，此地方自治，所以大有益於國家也。

又　第五卷第三號《論地方自治之亟一九〇八年四月二十五日》　於億兆京垓僕緣大地之黔首，獨取其秀而靈者，寵之曰國民，何謂也哉？謂其以私人小己之力，而能以成立國家，使其羣日競爭於優勝劣敗之場，而不為天行所淘汰耳，能如是者，是之謂民，是之謂國，不能如是者，不足謂之民，即不得復名為國。

吾讀甄克思氏《社會通詮》，而知合羣自治之性質，自初民而已然，蓋非是則無以生存蕃息，以至今日，不啻為吾人第二之天性矣。今之醉心歐化，主張粤國者流，輒謂吾國民族，無政治思想，無自治能力，不知其身為國家之分子，而以其國之治亂存亡，悉委之於朝廷，而於己無與焉。蠢蠢冥冥，直無數之倮蟲，蜿延於大地而已，守舊專己之徒，得其說而喜之，喜其足引以為己助也，則益主持專制，謂民間資格，尚未足跂及於立憲，而愈施其朝四暮三之術，以延緩實行憲政之時期，於乎，為是說者，是眞與於不仁之甚者矣。

吾國素為宗法之社會，而非市制之社會，故族治極發達，而市邑自治甚微弱，論者遂謂宗法為初民集合之原體，而大有障礙於人羣之進化，此其説，證以歐西之歷史，則固然矣，然亦盍思夫吾族自治之能力，綿綿延延，經二千餘年專制政體之摧殘剝蝕，而慭遺一線者，固重賴此宗法之制也乎。鄉約之制，一市府議會之規模也，郡縣之公局，一都邑議會之形式也，善堂公所，一醫院衛生局之篳路藍縷也，市鎮之團練，一民兵義勇之縮本影相也，墟廟之賽會，一祆祠教堂之儀制也，禮失而求諸野，里乘流傳，固無一不具地方自治之性質者，不過其組織未進於精嚴，進化乃形其濡滯耳，以是之故，而遽謂吾民無與外族競存之資，不亦誣乎？

居今日而謀自治，其必以教育為第一義乎，今之有司，亦知普及教育為考績殿最之要舉，而盡力提倡之矣，特其所嚮向者，在形式而不在精神，民間沿科舉之餘風，衹知以識字讀書為仕進之階梯，而不知以轉弱為强，為競存之要術，此其所以失也。欲矯其弊，則在輕佔畢而重講肄，先治事而後通經，使夫三尺之童穉，負販之小夫，皆曉然於守朝廷之法制，以禦外侮，而圖自强蕲進於有選舉之通識，克膺代議士之責任而已，吾民族能力之所最闕者，一則治生之術未周，故農工商業之初級，所當急為講授，以期於野無閒民也，一則尚武之風未振，故技擊戰陣之淺術，所當亟使練習，以期於能禦寇賊也，能是二者，則自治之要素已完，然後制丁稅以充經費，開議會以明權限，舉公民以黜遊惰，定法制以適土宜，而自治之基礎大定矣。至於易田疇，平道路，修火政，講衛生，興實業，詰奸暴，禁煙賭，訂婚喪，皆必俟地方自治確已成立，然後挈領提綱，有條而不紊，苟其蕲民閒之與聞政事，而欲新政之克行，是猶適燕而南其轅，雖跋涉窮年，有愈趨愈遠已耳。

今之議者，徒見於一鄉一邑之間，不肖紳衿，武斷閭里，吐剛茹柔，遂謂地方自治之必不可行，是則懲羹吹齏之甚者矣。今豪强之所以能為暴於鄉里，正以法律之疏闊，與民權之微弱已耳，苟其内參於朱子呂氏鄉約之遺規，外取列國市府議會之新制，合之以吾國之内情，酌之以今日之現勢，定為成憲，俾天下相與遵守，有背此法令者，與衆棄之，剝其權利，俾不得與於公民人人皆有自立之資，斯不至以孤弱見淩强禦矣，鳩地方之民財，以辦地方之民事，竭吾民所有之能力，以為自衛身家之計，以興學校，則人才不可勝用也，以嚴警備，則盜賊可以潛蹤也，以恢實業，則貧寡不足為患也，以講衛生，則疾疫弗能為厲也，吏治以之而清，訟獄以之而省，至是而其朝廷不尊，其國家不富且强者，未之有也。使必鰓鰓畏葸，持資格未及之説，以自誤而誤人，則亦末如之何也矣。

政治思想家部

龔自珍分部

傳記

清·吴昌綬《定盦先生年譜》 先生名自珍，字璱人，號定盦，一名易簡，字伯定，更名鞏祚，案：内閣漢票簽中書舍人題名，龔鞏祚榜名自珍，又名易簡。《破戒草》有《投牒更名易簡》詩，在道光七年四月，而其年十月自書《破戒草》後，則稱龔自珍，一名易簡，似擬改未果也。道光十六年五月，《送廣西巡撫梁公序》，十八年正月，《上堂上官言禮曹事書》，署名並稱鞏祚，其時稿已改定。然十六年後文字，亦有仍題自珍者。今據自訂文集重刊，不得不概從原名，附著義例於此。先生初名自暹，又字愛吾。説見後。璱人亦作率人。見鈕非石詩。姓龔氏。先世隨宋南渡，遷餘姚，後遷杭州，著籍仁和。六世祖煜，原名國昌，字旦公。吳振棫《國朝杭郡詩續輯》卷三：旦公五歲失怙，事母至孝，母歿，擬屈子《九章》以鳴其哀，讀者酸然。佐宗人作令閩中，令卒，巨盜猝發，劫庫殺人，遂挺然與盜相持，盜退，身負重傷，輿控上官，盜盡獲，乃攜其旅櫬及孤嫠以歸，其智勇絶人，而不以死生存亡易其志有如此。卒年五十二。甘泉令鑑，其孫也。高祖茂城，字汝璞，太學生，累贈朝議大夫，以孝友忠厚重於鄉黨。曾祖斌，初名鎮，字典瑞，號硯北，晚號半翁，邑增生，累封朝議大夫，吳顥《國朝杭郡詩輯》卷二十三：硯北先生，人品學問，郡人所推重，道貌凝然，從無戲言失色。顥以同里，自幼親炙，欽為人師，詩文其餘事也。阮文達《兩浙輶軒録》卷二十二：張椿年曰：先生有至性，從兄鑑遘奇疾，幾殆，時先生甫就傳，晝夜禱於神曰：兄鑑，宗族鄉黨重其行，朋輩師其學，其人不可死，願減某算，以續其年。鑑病遂瘳。晚年主趙州講席，束脩所入，贏金二百，族子某將令陝西，悉斥以佐治任，族子固具券以行。迨屬纊，謂子曰：吾行無負神明，惟曩族子某以券至，予固卻不可得，今伊廉於官以死，他日其子歸，爾等必召之來，焚其前券，予死蓋無憾。其敦睦類如此。語具成城譔《半翁先生傳》中。著有《有不能草》。曾祖母薛恭人。祖敬身，字屺懷，號匏伯，乾隆己卯舉人，己丑進士，《龔氏科名録》：公榜姓金，授職後改復本姓，《進士題名碑》同。由內閣中書轉宗人府主事，遷吏部稽勳司員外郎，兼考功司事，充己亥順天鄉試同考官，遷禮部精膳司郎中，兼祠祭司事，記名御史，出知雲南楚雄府，卓異，擢迤南兵備道，紀文達《匏伯龔公墓志》：公天性恬澹，而意氣落落，胸膈間曾無俗事。早歲讀書為文，皆刻意追古人，不甚摹仿舉子業，後以老親期望，乃以餘力治八比，每一落筆，即出尋常蹊徑外。官京師，雖皆閒曹，其中未嘗無捷徑，公夷然不屑，日惟俯首理案牘，不妄干人，人亦不敢妄干，退食則恆手一編，究訂古義，不廢交游，亦不輕交游，齏鹽風味，宛似寒家，晏如也。久乃循資外轉，得楚雄府，比抵任，杜絕餽遺，凡陋規之病民者，皆汰除之，差徭之累民者，皆籌畫調劑之，月俸雖薄，而營書院，置漏澤園，補多年之闕政，一無所恡，約束所屬，尤嚴厲。戊申四月，大理因鹽務起釁，民變戕吏卒，訛言蠭起。巡撫譚公檄公往案，公廉得其實，惟誅首惡，昭法紀，凡附和者，皆得免，民大感悅。譚公亦重其不動聲色，立弭大難，非徒硜硜自守者，薦擢迤南兵備道。未及上而丁憂，歸，遂不再出。段玉裁《匏伯龔公神道碑》：公岐嶷卽有成人度，年十一，遭母喪，哀痛特至，及長，至性過人，篤於父母昆弟，凡與人必誠，執事必敬，不為厓岸斬絕之行，而其中介不可易，自處約，至服官，終其身不改。乾隆四十八年，以郎中俸滿，授雲南楚雄府知府，居官所至輒盡職，顧以為京職勤簿書而已，太守率有司親民，必民與官休戚一體，呼吸相聞，煦嫗其疾痛，苟可以利益於民，不以官易。七邑之民，感其誠，訟者皆不赴縣，赴府，七邑令長，亦感其誠，不敢不盡心民事。大吏知其能，倚重之，全省刑名有疑，必委復讞，多所平反。五十二年，大計卓異，奏擢迤南道，而公以父憂去官矣。楚雄舊使民出官夫官馬，減其雇值，往來賓客雜遝，咸利是而民重困。又出夫數十名，馬十餘匹，日伺候堂上為儀衛，名曰站堂，公曰：何用此也？罷之！凡夫馬悉平雇於民，永禁官夫馬，勒於石首。縣民徐姓，訟羅姓舅姑殺其女，以無賴子見屍井中為證，公使縣令鞫之，井實無屍，令信無賴語，窮治，羅枉誣服。公一日自鞫之，杖無賴及徐，徐不服，公令後堂引徐女出，曰：汝等其識此人耶？二人驚駭歎服。則由被虐，逃傭他鄉，公早使人覘得之者也。大理府突以民變聞，大吏驚，勒所部兵將進，檄公往度形勢。時大理民以勒增鹽價為苛政，羣起殺役，府縣官不敢出，衆聞兵且至，益兇懼。公單騎入衆中，諭之曰：爾等皆好百姓，奈何作斫頭事？余楚雄龔知府也，來活汝，爾等寧欲活耶？公在滇，滇民無不知龔知府者，千萬厥角環拜，泣曰：幸公來，何以救我？公曰：兵之來，爾等聚衆也。衆苟不聚，兵何施？衆悉散去，杖數人以復大吏，其事遂靖。先是，滇省鹽不由商，官案民戶，分鹽斂價，相沿已久；復議增價，公議曰：案戶給鹽，胥役謳囂，民飲恨久矣，若再益之，虐民何以堪，必滋事變。至是，乃更請停各郡增價之令。順寧府廠銅缺額，大吏以為憂，公奉檄往勘，至則虔祀山神，銅卽大旺，未逾月，竟足額，遠近咸異之。巡撫譚公尚忠歎曰：銅無知，乃識廉吏，孟伯周不能專美於前矣。公之歸也，楚郡之人，祀公於郡城東迎恩寺。國朝百五十年，郡守尸祝於是者，張公允隨及公二人而已。訟棍餙永荷校者二人，公行時，縣釋之，叩頭舉酒於旁，公曰：爾不我怨而我餞乎？對曰：如公為官，其敢怨乎？小人從此不為不肖矣！非公政無缺失，烏能姦宄格心如是？五十三年，封公卒於家。初，封公就養都門，以滇道遠，不往，公常不自安，稟請終養，辭旨甚哀，大吏以格於例，不敢奏。及聞喪，痛不欲生，喪畢，遂引疾不赴銓，偕諸弟晨昏情話，種蒔花木以為樂。蓋公天性孝友，與弟澡身、禔身、理身、治身相愛善。禔身亦以舉人官內閣，公之謹慤，禔身之穎敏，一時稱兩龔，在都同官同居，如左右手。歲丙申至戊戌，禔身及妻潘孺人，及妾王氏，相繼病歿，禔身次子麗正，先為公後，遺孤六人：履正、繩正、京正、守正及二女，皆幼穉或初咳，守正方出遺腹，啼號滿前，公出入顧復，之滇，則盡挈以行，養教一如麗正，無纖毫別異。二十年來，宦學婚嫁，一一頭角嶄然：履正官廣東鹽大使，繩正為諸生有名，京正官河南從九品，守正官翰林院庶吉士，女皆歸士族。年俸無幾，不問田舍，惟以八百兩主祭祀墳墓，一千八百兩主宗姻賙卹婚喪之費，分委澡身、治身經理，又買地桃源嶺，葬族中無後者。居恆誡子姪以儉，曰：吾惟儉，故能廉，且吾節損自奉，稍稍分贍宗黨，不亦可乎？公為諸生時，以理學文章自任，以程朱韓柳為指歸，晚年嘗以古文稿付繩正，輯若干卷，藏於家。銘曰：古之良史，最重循吏，馬班之書，不傳孝義。惟孝能循，本無二事，後世分之，源流殊致。我慕陽城，終身偕弟，以刺道州，心勞撫字。世風既澆，子姪異視，不有哲人，何以觀世？原鴒綴羽，每言灑涕，諸子惸惸，吾敢不子。夫人一心，飲食教誨，封胡遏末，駢枝成器。公之愛民，與子無二，中夜叩天，甘霖遂沛。革其巫呫，迪之道藝，其學未竟，卷懷自閟。楊播匙箸，姜肱枕被，兄弟怡怡，湖山杖履。子官於朝，夙夜無寐，天不慭遺，凋我善類。不敢寢門，哭君風義。公之文章，昌黎元氣。箸實不文，曷銘公隧？刻石新阡，幸無訣愧。《杭郡詩續輯》卷十八：匏伯先生在里中時，清約自持，無貴侈習，與先王父交甚善，余家橫河，先生居泥橋，兩老人時相過從，方輯杭郡人詩時，先生每有所增益。見先王父原序中。著有《桂隱山房遺稿》。凡雜文二卷，目次見《龔氏家稿》。祖母陳恭人。本生祖禔身，字深甫，號吟臞，乾隆壬午舉人，己丑會試中正榜，官至內閣中書軍機處行走，《杭郡詩輯》卷二十五：吟臞與兄匏伯敬身、雪浦澡身齊名，有東城三龔之目。後與匏伯同官中書，參佐東西，對牀風雨，致足樂也。入直樞廷，為諸城劉文正所賞。扈蹕至熱河，癰發於肺，亟還京師，逾月而卒。稿中有《病中自述》一詩，蓋絕筆也。又云：雍正五年，有下第舉人文理明通特用教職之諭，時謂之明通榜，乾隆三十四年，有選用中書學正之諭，因又謂之中正榜。有《吟臞山房詩》。本生祖母潘恭人。考麗正，吟臞公次子，嗣為匏伯公後，字暘谷，又字賜泉，號闇齋，乾隆乙卯舉人，嘉慶丙辰進士，官至江南蘇松太兵備道，署江蘇按察使，著有《國語注補》、一作《國語韋昭注疏》，見《杭郡詩三輯小傳》。《三禮圖考》、《兩漢書質疑》、《楚詞名物考》諸書。見《東軒吟社畫象小傳》。母段恭人，諱馴，字淑齋，貴州玉屏知縣茂堂先生玉裁女，著有《綠華吟榭詩草》。《杭郡詩續輯》卷四十三：淑齋女自璋，字瑟君，能詩工書，《綠華吟榭詩草》一冊，其所手寫，極娟秀可喜。案：瑟君為先生女弟，歸新安朱氏。見詞注。龔氏世有隱德，匏伯先生以科目起家，簪纓文史，稱浙右族；及闇齋先生為段氏壻，從茂堂先生受小學訓故，以經學課子弟，先生之學，有自來矣。案：先生自譔《龔氏五世述》已佚，今參考諸書，輯其先德行實，《經韻樓集》尚有《仁和龔氏南高峯四世墓碑》，文繁不備録。

乾隆五十七年壬子。七月初五日壬寅，先生生於杭州東城馬坡巷。宅為匏伯先生戊申歲歸田所置，後歸他氏。是歲四月二十四日，祖母陳恭人卒。【略】

嘉慶八年癸亥，十二歲。外王父段先生授以《許氏説文部目》，是為以經説字、以字説經之始。在塾中，與袁琴南桐友善。《懷人館詞百字令投袁大琴南》句云：『放學花前，題詩石上，春水園亭裏。逢君一笑，人間無此歡喜。』自注乃十二歲時情事。

嘉慶九年甲子，十三歲。宋先生舉順天鄉試，仍館先生家，嘗命作《水僊花賦》，後編刻少作一卷，以此冠首；又以『伊尹曰：「先知覺後知，先覺覺後覺，知與覺何辨」』發問，於是先生有《辨知覺》之文。

嘉慶十年乙丑，十四歲。始攷古今官制，後成《漢官損益》上下篇、《百王易從論》一篇，並佚。以竟髫年志。

嘉慶十一年丙寅，十五歲。古今體詩編年，自是歲始。案《己亥雜詩》注云：詩編年，始嘉慶丙寅，終道光戊戌，勒成二十七卷。蓋先生少壯所作，咸在其中。今自《破戒草》外，隻字無傳，惜哉！

嘉慶十二年丁卯，十六歲。始讀《四庫全書提要》，為目録之學，自是蓄書頗富，多七閣未收之本。時先生侍親居京師法源寺南，嘗逃塾就寺門讀書，金壇段叟清標尋聲尾之，寺僧戲謂一猿一鶴也。段叟名玉立，一字鶴臺，包世臣《藝舟雙楫》有《與段鶴臺明經論書次東坡韻詩》段恭人之叔父。

識錢塘夏進士璜，是有朋友之始。

嘉慶十三年戊辰，十七歲。是歲睿廟五旬萬壽恩科鄉試。闇齋先生簡放廣西正考官，時官禮部郎中。案：先生《禮部題名記序》：闇齋先生由進士除禮部，補儀制司，改祠祭司，兼儀制司，又兼精膳司，前後在儀曹二十年。先生從父文恭公守正，亦以編修典試湖北，兄弟同持使節，時稱盛事。游太學，見石鼓文，大好之，由是始為金石之學。

嘉慶十四年己巳，十八歲。是歲闇齋先生入直樞垣。案：段先生與方葆巖制府書，有軍機章京龔麗正云云，乃是歲事。又見《杭郡詩三輯小傳》。春，秀水王仲瞿孝廉曇見先生於門樓胡同西首廡齋，遂訂忘年交。

嘉慶十五年庚午，十九歲。秋，應順天鄉試，由監生中式副榜第二十八名，座主長沙劉文恪公權之、新城陳鍾溪少司寇希曾、涇縣朱靜齋中丞理，房考覺羅文莊公實興。試題君子博學於文二句，故君子以人治人改而止，其為氣也至則塞於天地之間，賦得正誼明道，得明字。文已佚。始倚聲填詞，是歲宋先生卒。

嘉慶十六年辛未，二十歲。段先生賜字曰愛吾。《經韻樓集·外孫龔自珍字説》：龔壻之子，小字阿珍，嘉慶庚午，其父名以自珍，以副車貢於順天，其父書來請字於余。余曰：字以表德，古名與字必相應，名曰自珍，則字曰愛吾宜矣。夫珍之訓，藏也，藏之未有不愛之者也，愛之義，大矣哉！愛親、愛君、愛民、愛物，皆吾事也，未有不愛君、親、民、物，而可謂自愛者，未有不自愛而能愛親、愛君、愛民、愛物，充乎其量，曲當乎其宜，無慙古賢聖者，故必自愛而後能愛人。今之自愛者多途矣，以飽煖竟吾，是鳥獸吾也；以美官榮吾，是傀儡吾也；以貨利贍吾，是商儈吾也；以辭章剿説詩吾，是鞶帨吾也；以和光同塵，似忠信、似廉潔偷吾，是則莠紫吾也。吾之不為鞶帨，不為莠紫者，天下尠矣，然則孰是其能愛吾也哉？然則何以愛吾者，其必在五者之外哉。陶元亮曰：『衆鳥欣有託，吾亦愛吾廬。』夫惟元亮乃有元亮之廬，不知吾愛而惟廬之愛，雖安，何在也？書以答吾壻，固吾壻命名之意也夫。嘉慶辛未元旦，書於七葉衍祥堂，年七十有七。案：紀文達《匏伯公墓志》：孫一，自暹。時先生已九歲，其為原名無疑。段先生譔《神道碑》，則作自珍，乃後來追改。據此《字説》，知庚午以前固未名自珍也。惟愛吾之字，僅此一見而未用耳。六月二日，風雨竟晝，檢簏獲宋先生遺墨，感賦《水調歌頭》一闋。後於丙子歲譔《宋先生述》。宋先生力學，以孝聞，訓先生以敬順父母，先生追隨有年，感念師承，久而彌篤。

嘉慶十七年壬申，二十一歲。由副榜貢生考充武英殿校録，遂為校讐掌故之學。三月，闇齋先生簡放徽州知府，先生侍行。《經韻樓集·送龔婿麗正之徽州郡守序》：唐人之仕，重内而輕外，故昌黎、子厚刺潮州、柳州，非所樂為也，然二公者，有德於二州，廟食至今不替，二公不以僻遠而鄙夷其民，亦可見矣。昌黎之送陸歙州也，謂陸君之道，行於朝廷，則天下望其賜，刺一州，則專而不能咸，故賢者皆以為不宜去。夫君子在朝廷，在一州，惟君所使耳，苟有可以及民，不必在朝廷也；郡縣之長吏，親民近而化民速，庶幾可以盡其心，安見不賢於在朝廷也？吾壻龔闇齋麗正，故賢太守匏伯先生之令嗣，匏伯在乾隆年間守楚雄，亦有德於民，廟食其地。今麗正由郎官出守徽州，非有潮、柳、楚雄之遠也，天子之所選用，同於唐之陸君，又適當其地，非韓柳之有不得意可媲也。嫥心壹力於是邦，以報天子，以篤家聲，以垂聲名無窮，固予所深信於其素行者矣。麗正平日，視余猶師，既承恩命，即馳書寄余，言當益加小心，謹守先君之法，尤仰丈人誨言。余謂爾法爾之先君，善乎善也，若余，則何可言哉！余壯盛出宰，氣質未化，未能盡心於民，頗以好讀書，玩公事，年已老眊，時用自悔。夫蒞其事而不敬其事，及可為之時而不為，皆非忠也，余何足以贈言哉！至誠無偽，惟古循吏及韓柳及爾先君是師，惟余是鑑，勿以勤勞日久，外任可愒，勿以臨深為高自隘，是則余之贈言也夫。四月，從段恭人歸寧吳中。初，段先生以女孫許字，至是遂就婚焉。同還杭州。夏，汎舟西湖，有詞，旋由杭之徽州任所。《經韻樓集·懷人館詞序》：仁和龔自珍者，余女之子也。嘉慶壬申，其父由京師出守新安，自珍見余吳中，年才弱冠，余索觀所業詩文甚夥，間有治經史之作，風發雲逝，有不可一世之概，尤喜為長短句。其曰《懷人館詞》者三卷，其曰《紅禪詞》者又二卷，造意造言，幾如韓李之於文章，銀盌盛雪，明月藏鷺，中有異境，此事東塗西抹者多，到此者少也，自珍以弱冠能之，則其才之絶異，與其性情之沈逸，居可知矣。余少時慕為詞，詞不逮自珍之工，先君子誨之曰：是有害於治經史之性情，為之愈工，去道且愈遠。予謹受教，輟勿為。一行作吏，俄引疾歸，遂鋭意於經史之學，此事謝勿談者五十年，今見自珍詞，乃見獵心喜焉。昔伊川於晏叔原『夢踏楊花』之句，徘徊賞之，矧余遠不逮伊川者，為所動宜矣。雖然余之愛自珍之詞也，不如其愛自珍也，余之愛自珍也，不如其自愛也。李伯時之畫馬，黄魯直之為空中語，規之者皆以為有損於性情，況其入之愈幽而出之愈工者耶？余耄矣，重援昔所聞於趨庭者以相贈也。茂堂老人序，時年七十有八。

嘉慶十八年癸酉，二十二歲。在徽州，段先生寄書勉學。《經韻樓集·與外孫龔自珍札》：久欲作一札，勉外孫讀書，老嬾中止。徽州有可師之程易田先生，其可友者，不知凡幾也？如此好師友，好資質，而不鋭意讀書，豈有待耶？負此時光，禿翁如我者，終日讀尚有濟耶？萬季埜之戒方靈皋曰：勿讀無益之書，勿作無用之文。嗚呼！盡之矣！博聞强記，多識蓄德，努力為名儒，為名臣，勿願為名士。何謂有用之書？經史是也。茂堂泐，時年七十有九。四月入都。七月，元配段宜人卒於徽州府署。先生歸，已不及見。應順天鄉試，未售。在汪小竹水部全泰齋中見秋花有感，賦詞七闋。南旋見驛壁有『一騎南飛』四字，為《滿江紅》起句，復成如干首，名之曰《木葉詞》，一時和者甚衆。

嘉慶十九年甲戌，二十三歲。三月，攜段宜人柩歸杭暫厝。《經韻樓集·龔自珍妻權厝志》：龔自珍，吾外孫也，其母余女，其妻名美貞，余次子騽之女也。始吾重龔氏孝友，昌熾方未央，故以女孫字自珍。嘉慶壬申四月，自珍從母歸寧，婚於蘇州，同至杭而抵徽州府署，時吾壻任徽守也。美貞歸龔後，遂能聽從家教，敬事舅姑夫子，而懷病於中，有庸醫誤以為娠，且半載有餘始覺之，遂至不可治，至癸酉七月卒於府署，年二十有二，傷哉！時自珍先於四月赴京師應鄉試，出闈後遄歸，不見其人矣。甲戌之三月，自珍攜柩歸杭，暫厝於西湖之毛家步，余適至徽，因志之使石焉。銘曰：深深葬玉非余悲，乃爾姑嫜之悲，淚浪浪猶未絶兮。苟非爾之婉嫕兮，曷為經三時而猶痛其摧折。爾舅爾姑爾夫之厚爾兮，爾亦可以自慰而怡悦。委形付諸空山兮，魂氣升於寥泬。汎舟西湖，有詞。遂由杭州往徽郡。闇齋先生議修《徽州府志》，延歙汪蟄泉龍、陽湖洪孟慈飴孫、及武穆淳、胡文水諸子纂修，凡甄綜人物，搜輯掌故之役，恆命先生任之。先生謂府志為省志底本，以儲他日之史，立傳宜繁不宜簡，冀表章忠清文學幽貞郁烈之士女。移書志局商榷，同人咸為斂服。又創立氏族表，其義例曰：載大宗，次子以下不載，次子之子孫官至三品則書，其有立言明道名滿天下則書。自嘉慶之世，推而上之，得三十世以上者為甲族，得三十世者為乙族，得二十世者為丙族，箸録洪氏、吳氏、程氏、金氏、鮑氏、方氏、汪氏、戴氏、曹氏、江氏、孫氏、畢氏、胡氏、朱氏、巴氏凡十有五族，其餘羣姓附見焉。先生平生持論，特重宗法，此其一端也。作《明良論》四篇，段先生加墨矜寵，甚至謂：吾且耄，猶見此才而死，吾不恨矣！元和李四香銳及王仲瞿皆有評識，編録文集，自是歲始。案：《保甲正名》關是歲時事，與《地丁正名》皆當作於是時。冬，手植梅花三十本於郡齋。

嘉慶二十年乙亥，二十四歲。六月，闇齋先生擢江南蘇松太兵備道。案：《杭郡詩三輯小傳》：闇齋先生曾由徽州調守安慶。考先生詩文，似先後未離新安，或未赴調遂遷任歟？先生繼配何宜人來歸。宜人字吉雲，山陰人，安慶知府裕均之從女孫。紀年文有《黃山銘》、《別辛丈人文》、《明故按察使司僉事金君石闕銘》。據《金氏世德記》年月繫此。

嘉慶二十一年丙子，二十五歲。春，將之海上省侍，道經蘇州，寓段氏枝園。案：枝園在蘇州閶門外上津橋。見段先生校汲古閣《説文》識後。旋詣任所。上海綰轂東南，闇齋先生以宿學任監司，一時高才碩彥，多集其門。先生與吳縣鈕非石樹玉、錢塘何夢華元錫諸君搜討典籍，凡文淵閣未箸録者，及流傳本之據善本校者，必輾轉録副歸，由是益肆意箸述，貫串百家，究心經世之務。鈕樹玉《匪石山人詩》：《龔君率人出示詩文走筆以贈》：『翠虬遊青霄，醯雞舞盆盎，賦形既懸絕，高下焉能仿？大雅久不作，斯文日惝怳，蛙聲與蟬噪，傾耳共嗟賞。浙西挺奇人，獨立絕俛仰，萬卷羅心胸，下筆空依仗。余生實鄙陋，每獲親俶儻，徧覽所抒寫，如君竟無兩。君今方盛年，負志多慨慷，大器須晚成，良田足培養，陽氣已潛萌，萬彙滋生長。率爾成贈言，聊以資撫掌。』章鈺曰：匪石此詩，前二首，有《八月下旬琴南袁君邀余信宿南園作》，中有『瀛壖本仙鄉』云云。又挽李四香詩：『今春略聚首』，自注同在上海龔觀察署中。知匪石曾為闇齋先生記室也。王仲瞿來訪，留一月乃別去。秋，應省試，未售。紀年文有《乙丙之際箸議》。亦作《塾議》。案：依《壬癸之際胎觀》例，當是此兩年作。陽湖趙惠父直刺評本則云：乾隆終乙卯，嘉慶始丙辰。似別有微恉也。又案：《平均篇》，原集次於《箸議》之前，疑亦此時作，越七年乃作《農宗》，則當在壬午癸未間矣。

嘉慶二十二年丁丑，二十六歲。是歲王仲瞿歾，先生助其葬，墓在蘇州虎邱山南，又為譔表。夏進士將之京師銓縣令，紆道別先生海上，作序送之。紀年文有《錢吏部遺集序》、《江子屏所箸書序》附牋、《太倉王中堂奏疏書後》、《安慶知府何公墓表銘》，餘見上。

嘉慶二十三年戊寅，二十七歲。是歲睿廟六旬萬壽恩科。先生應浙江鄉試，中式第四名舉人，案：《同治崑新志稿》：有先生不屑藉門廕，以縣學生就民卷中式經魁之語。先生庚午已捷副車，《志稿》語誤。座主高郵王文簡公引之、長安李惇甫太史裕堂，房考富陽知縣向名佚，試文見《龔氏科名録》。曰既富矣，又何加焉，曰教之。議治於既富，亦保其富而已。夫視富為無加，所以不恆富也。子曰教之，亦猶保庶以富云爾。且三代之興也，不易民，或謂撫強盛斯易為功，或謂繼豐亨愈難為理，皆非也。治無升降，怙地利者卑，俗無汙隆，帥人倫者化，説在冉有與夫子論政於既富後也。未富而諱言利，是謂迂圖，顧往往救時之相，功在厚生，而名世黜其書，以為治功僅得半者，何也？未富而恥言財，允為過計，顧往往雜霸之主，才能裕國，而儒生議其後，竊謂經術未嘗聞者，何也？則請設既富之形，審既富之勢。開大利者，防大患，天地日滋生，山川日吐納，挽數百年凋殘之氣，而償以太平，蚩蚩者不知其至難遇也。造物之力已勸，而寰區歌舞之俗，日出而方新，吾君吾相，其遂將以此民貽孫子哉？利百世者憂萬世，士則有舊德，農則有舊疇，積十數傳絲粟之餘，而餉茲樂利，昧昧者不知其不足恃也。先民之矩已退，而鄉里逸諺之夫，不材而自恣，乃祖乃父，寧不以此民望神聖哉？又何加焉！冉子所以問也。子曰：不教之不足為富。猶不富之不足為庶也。保庶莫如富，保富莫如教。法制者，教之具也，粲以陳之，其秀而文者，升於國學鄉學，而樸而魯者，亦約束於律令，而勿使來奇衷之氓。三物以興，六行以勸，八刑以糾，永無墜此既富之規橅而已矣。綱常者，教之原也，明以導之，其馴而愿者，蔚為孝子順孫，其勇而悍者，亦愛惜其聲名，而不至入禽獸之路。父語其子，兄詔其弟，婦勉其夫，胥無負此既富之日月而已矣。教之一言，為教民者計，抑仍為富民者計也。尚何加哉！尚何加哉！忠信重祿，所以勸士也，時使薄斂，所以勸百姓也。合臣與民而勸，經事之二端也。蓋士與百姓，胥待勸也。為之舉曰忠信重祿，又為之舉曰時使薄斂，經之事有如此。曰：我國家承平數百年，其所以蒙愷悌之庥，而奠靈長之福者，大都不越士氣與民心二端而已。知士氣之關乎天下國家，而歎先王之體恤寒畯者，罔弗至也。

知民心之係乎天下國家，而歎先王之子惠困窮者，罔弗渥也。請繼敬大臣而陳其事。經言體羣臣，申其義曰勸士，統乎造士、俊士、選士而言之也。辭其父母，預一命之恩榮；背厥井鄉，望九重之顏色，此際之望恩倖澤者，人情容不免乎，然而大可諒矣。奠之贄，策之名，我方以忠信繩士也，而我所以待士者安在？賞可逃，邑可辭，士亦或口不言祿也，而我所以愛士者安在？是故笙與簧，結其心也，酒與醴，飫其德也，既聯其心體，而又贍其身家，遑曰養崇高、惜帑藏歟？且夫為士者，許身忠孝，自命之常，而他年之操史筆者，必溯厥本原，以為此國家養士之報，然則士固無負於天下國家，而先王加之意者，亦豈豢庸人也，尚其法文武之忠信重祿而可哉。經曰子庶民，申其義曰勸百姓，推乎同姓、異姓、庶姓而言之也。族齒雖微，天府以登版籍；酒漿雖菲，南畝以奉君王，此際之惜力吝財者，人情大抵同乎，然而正可憫矣。書則壤，詩授衣，百姓方冀我之勞之也，而我奈何不慎所以使民？補在春，助在秋，百姓且願我之惠之也，而我奈何不慎所以斂民？是故定公旬，酌以天也，議遠邇，酌以地也，既惜以歲月，而又予以脂膏，遑曰事靡監、賦無藝歟？且夫為百姓者，踴躍奉公，分所宜然，而四方之覘國勢者，輒美其君上，以為此朝廷愛民之祥，可見百姓固何負乎天下國家，而先王計之深者，夫亦利宗社也，尚其法文武之時使薄斂而可哉。將見蒙爵命之重，而奔走在公；感撫字之深，而謳吟載路。藹藹萋萋，臣盡力也；雝雝喈喈，民協服也。熙熙而遊，于于而至，普天齊進萬壽之觴也。民事不可緩也。詩云：晝爾于茅，宵爾索綯，亟其乘屋。以民事為國本，即民自言而已先亟矣。夫不知亟民事，則國不立矣，盍亦誦邠民之早亟乘屋乎。若曰：滕於宗盟是長。則當無忘教民稼穡之先，無忘即郘家室而後。蓋先世立國久遠，由今日而溯古風，民之綢繆甚切，皆君之綢繆甚殷，其兢兢焉不敢緩而且至亟，有預在未改歲時者。君之有國，猶民之有居，民不偕婦子以保其居，則陰雨迫之，君不恤黎庶以足其國，則惰農安之。在昔締造艱難，勤恤民隱，視在國之宅爾宅者，如一體焉，君其尚守開基之業乎。毋謂民寡也，民知憂而君憂其憂，則無傾，古之人，緜緜保世，而曰胥原，曰瞻原，無非為廬旅飲食之謀，此芮鞫之居所由密也。毋謂民弱也，民知樂而君樂其樂，則弗替，古之人皇皇播遷，而曰乃覯，曰乃依，遂以開牢豕匏酌之俗，此流泉之利所由相也。夫民之有事，至亟也，亟民事不以戰而以耕，亟民事不為損而為益，亟民事不恃威而恃恩，彼日以兵餉轉輸者，舍我事此，日以休養生息者備乃事，民之歸之也，猶有感瞻烏而歎誰屋者哉？乃民曰孔亟，君曰姑緩，無惑歛豳之雅頌不得聞，而豳館之遺風不可復也。使其可緩，亦思昔民之宵晝無暇逸，而先亟其功於乘屋也何居？蓋自君為國之勢而論，或近於太王之遷岐，當日迺疆迺理，惟於民事謀之諗，而遂能百堵皆興，則境處其常也，夫豈緩其所當亟，而使民鮮農桑廛舍之依哉。而自君為國之本而論，可昉自公劉之居邠，雖至九月十月，似於民事已告成，而不勝塈茨之廛，則時當其逸，民習於勞也，夫且亟其所可緩，而在民有補葺寬閑之待哉。夫乘之為言，升也、治也。彼日中為晝，夜中為宵，何以往取茅歸，而為繩之絞，則升蓋其野廬之屋也。即日索綯以待蠶用，治屋以待耘耔，其為民事則一，由是祈來年百穀於公社，有不可緩者，《七月》之詩，舊邦之業也。賦得蘆花風起夜潮來，得來字，五言八韻。莽莽扁舟夜，蘆花偏水隈。潮從雙峽起，風翦半江來。鐙影明如雪，詩情壯挾雷。秋生羅刹岸，人語子陵臺。鷗夢三更覺，鯨波萬仞開。先聲紅蓼浦，餘怒白蘋堆。鐵笛衝煙去，青衫送客回。誰將奇句覓，丁卯憶雄才。房考評其文曰：規鍥六籍，籠罩百家，入之寂而出之沸，科舉文有此，海內覩祥麟威鳳矣。又評其詩曰：瑰瑋冠場。歸安姚鏡塘兵部學塽，闇齋先生丙辰同榜，學行淳備，為先生所嚴事。嘗柬長洲陳碩甫明經奐、昌平王北堂徵君蘐齡偕訪之。又自言抱功令文二千篇見姚先生，先生初獎借之，忽正色曰：我文著墨不著筆，汝文筆墨兼用。乃自燒功令文。今鄉會試文僅存，亟録附以餉學子。紀年文有《闈告子》。案：此文至道光癸巳冬始刪定。

嘉慶二十四年己卯，二十八歲。春應恩科會試，不售，留京師，始從武進劉申受禮部逢祿受《公羊春秋》，遂大明西京微言大義之學。自匏伯先生官京師，至先生三世百年。先生少日所交多老蒼，於乾隆庚戌榜過從最親厚，次則嘉慶己未，多談藝之士，洎乎壯歲，所接海內通人勝士，尤不勝數。其為學，靡書不覽，喜與人辯駮，雖小屈，必旁徵博引以伸己說。既治西京之學，文章亦淵懿樸茂，雅近匡、劉，推究治學本原，深明周以前家法，其所造述，則益深窈簡覈，但舉大誼，不為巵詞矣。參用《杭州府志本傳》暨程庶常說。

嘉慶二十五年庚辰，二十九歲。會試仍下第，筮仕得內閣中書。案：內閣漢票簽中書舍人題名云：道光元年到閣。此據先生自譔《張青珊文集序》當得其實。先生官中書先後十餘年，於內閣故事最洽熟，識故和碩禮親王昭槤，多習當代典制。會嘉慶二十一年，治河方略館借內閣所庋順治朝及康熙初紅本，悉焜於火，案：道光二年漢票簽直廬又不戒於火，冊籍率付灰燼，時值班者，歙鮑子堅舍人庚也。先生就藏書故家，求順治前輩文章，鉤索舊聞，又獲窺累朝硃簽及絲綸簿，皆史家底本也。秋，戒詩。《北齊蘭陵武王高長恭碑》，海內孤本，舊藏何夢華家，是歲孟冬，以贈先生，有跋記之。案：全碑今復出土，碑首有安德王五言詩刻方，嘉道間孤拓僅存，固宜詫為珍異也。紀年文有《東南罷番舶議》已佚、《西域置行省議》、《徽州府志氏族表序》。

道光元年辛巳，三十歲。正月，在吳中與顧澗蘋千里作探梅之游。似於上年秋冬間南旋，闕疑俟考。旋入都。外王父段先生刻《經韻樓集》十二卷成，先生與校字之役。在內閣充國史館校對官。時館中方重修《一統志》，先生上書總裁，論西北塞外諸部落沿革，訂舊志之疏漏，凡一十八條。先是桐鄉程春廬大理同文修《會典》，其《理藩院》一門，及青海、西藏各圖，皆開斜方而得之，屬先生校理，是為天地東西南北之學之始，而於西北兩塞外部落、世系、風俗、山川形勢、原流合分、尤役心力，洞明邊事，雅稱絕詣。自譔《蒙古圖志》，訂定義例，為圖二十有八，為表十有八，為志十有二，凡三十篇，大興徐星伯舍人松，精於西北地理，先成哈薩克、布魯特二表，先生歎為當代奇作，遂沿用之。謹案：道光元年，欽定《新疆識略》，伊犁將軍松筠奏進，其稿即徐松代譔，初名《伊犁總統事略》、《哈薩克世次表》、《布魯特頭人表》，並在第十二卷《外裔門》中。惜程大理殁，孤學無助，志竟不成，集中惟存諸序，亦足見其精博矣。房師覺羅文莊公寶興任吐魯番領隊大臣，先生上書，備論天山南路事宜，及撫馭回民之策，並録《西域置行省議》獻之，蓋議遷議設，撤屯編戶，盡地力以劑中國之民，實經畫邊陲至計。《己亥雜詩》有『五十年中言定論』之句。合肥李文忠公《黑龍江述略序》曰：古今雄偉非常之端，往往創於書生憂患之所得，龔氏自珍議西域置行省於道光朝，而卒大設施於今日。蓋先生經世之學，此尤其犖犖大者。夏，考軍機章京，未録，賦《小遊僊》十五首，遂破戒作詩。除夕，與長洲彭文敬公蘊章同寓城南圓通觀，案：集中屢言道觀，據《張青琱文集序》，知為圓通觀也。彭公出平生詩，讀之竟夜。時同官中書也。紀年文擬有《進上蒙古圖志表文》、《朱殤女碣》。

道光二年壬午，三十一歲。是歲成廟登極恩科。應會試未第。先生自辛巳後，與程大理及甘泉秦敦夫編修恩復友善，相約得一異書，則互相借録，無虛旬。其時徐星伯舍人、王北堂徵君，並以搜羅精博聞於日下，先生引為同志，由是珍笈益萃。是冬，所居不戒於火，藏書燼者十八九，其後歲以酒醢奠亡書百種，皆絕無僅有之本也。豐順丁氏《持靜齋書目·西藏志》四卷，有先生是歲手跋，張石洲為靈石楊氏刻《連筠簃叢書·長春眞人西遊記》二卷，有程大理跋云：此冊為葉雲素給諫所贈，龔定盦嘗借鈔，既而徐星伯復就鈔於定盦，而為之跋。昌綬又見長洲陳碩甫徵君家寫本《畿輔水利集説》有先生朱字手校，惜未購獲。並記於此。上海李復軒秀才學璜為先生作文集序，鬱鬱千餘言，未見。以詩報之。李君配歸佩珊夫人懋儀，工詩，有女青蓮之目，丙子歲，李夫婦客吳中，先生即與倡和，歸夫人詞云：『國士無雙，名姝絕世。』指先生及吉雲夫人也。吳山人文徵為作《簫心劍態圖》。先生壬申《泛舟西湖詞》有『怨去吹簫，狂來説劍』句，歙洪子駿曰：二語實難兼得，未曾有也。因填《金縷曲》和贈，下半闋云：『俠骨幽情簫與劍，問簫心劍態誰能畫？』越十年乃圖之。先生夙以沈俊自喜，其託意如此。先是戊戌歲，武進莊卿珊綬甲館先生家，為言其祖莊公存與事行之美，且曰碑文未具。是夕綬甲夢見公者再，若有所託狀。己卯，先生之京師，識莊公外孫宋于庭翔鳳，復為推測公志，至是歲不盡三日，始屏棄人事，總羣言而刪舉其大者，譔《禮部侍郎莊公神道碑銘》。是歲有蜀人掘山藥得一窖，獲漢印涅凡百餘枚，以泥雜膠為之，估人賫至京師，大半壞裂，先生與諸城劉燕庭各得數枚，以泥質歷二千年而不壞，良可寶，詫在金玉之上。見《筠清館金文》，此泥封箸録之始。紀年文有《劉禮部庚辰大禮記注長編序》、《上海張青琱文集序》、《與人論青海事書》、《與人箋論石經五事》，餘見上。程庶常曰：先生是歲有蜚語受譏事，屢見詩詞。

道光三年癸未，三十二歲。春，在都供職，會試未第，以事詣圓明園，趨公既罷，因覽西郊形勝，過澄懷園，和內直友人詩。送青田端木鶴田國瑚出都。先生素不輕許可，與鶴田論《易》，獨歎為聞所未聞。見《處州府志端木太鶴傳》。五月，自編甲戌以還文章為文集三卷，餘集三卷，既竣，見所棄者倍所存者，因又録少作一十八篇附餘集之尾。此集為先生自刻，今流傳本絕少，昌綬搜獲一冊，尚是初印稿樣，惟無餘集，所附少作亦祇五篇耳。六月，刊定《無著詞》、初名《紅禪詞》。《懷人館詞》、《影事詞》、《小奢摩詞》四種，都一百三首。案：《無著詞》壬午春選定，《懷人館詞》、《影事詞》辛巳春選定，《小奢摩詞》則是歲近作也，此四種與《己亥雜詩》均有自刻本，未見。七月，母段恭人卒於蘇松道署，先生解職奔喪，奉櫬還杭州，殯於花園埂，在匏伯先生塋側，植梅五十本於墓上。紀年文有《五經大義終始論》暨《答問九篇》、《壬癸之際胎觀九篇》、原刻文目作《心書》。《阮尚書年譜第一序》、《與江居士書》。

道光四年甲申，三十三歲。居憂，無詩。八月，與吳縣貝簡香居士墉、江鐵君居士沅、校契唐釋宗密《圓覺經略疏》二卷，庋版蘇州婁門內三家善邨善慶庵，案：《小謨觴館集》：彭甘亭先生亦嘗寓此。又葉廷琯《鷗波漁話》引徐貫時詩序云：沈子珮聲，世以醫名，所謂吳城壩頭沈氏，壩頭在城東偏平江里第二橋圯下之三家邨，蓋宋代已有此名矣。自為願文，與妻何宜人均題名簡尾，此刻近於吳中購得。又譔後序。先生學佛，鐵君為第一導師，與仁和錢東父居士林、慈風和尚四人，皆奉徹悟禪師之書，篤信贊歎。慈公深於相宗，東父則具教、律、禪、淨四問。在京師識睿親王子鎮國公容齋居士裕恩，好讀內典，偏識額納特珂克、西藏、西洋、蒙古、回部、及滿漢字，校定全藏，凡經有新舊數譯者，皆訪得之，或校歸一是，或兩存之，三存之，自釋典入震旦以來，未之有也。又借經於龍泉寺僧唯一施南人。持《陀羅尼》滿四十九萬卷，更日定課程，誦《普賢》、《普門》、《普眼》之文。

道光五年乙酉，三十四歲。十月，服闋，客崑山，為李秀才增厚補題《夢遊天姥圖卷詩》，序云：予母喪闋才一月，勉復弄筆，未能成聲。《臘中見紅梅思親有作》自注：全家南下之歲，迄今十有四年，母在人間，百事予不知也，猶記丙子至戊寅三除夕，燒蠟兩枝，供紅梅牡丹各一枝，讀《漢書》竟夜。除夕又有《夢返故廬見先母及潘氏姑母詩》。案：段先生《鮑伯公神道碑》：女一，適福建興泉永道潘本義次子鹽大使立誠，即先生姑也。先生孝思肫摯，哀慕無窮，於此可見。夏進士卒，先生二十年故交也。賦五截句以存其人。十二月十九日，得漢鳳紐白玉印一枚，文曰婕伃妾娋印，故明李竹嬾日華六硯齋舊藏，後歸文後山鼎，流轉入先生手。嘉興鮑昌熙《金石屑》第三冊，李竹嬾記曰：漢宮趙飛燕婕伃時印，不知何年流落人間，嘉靖間曾藏嚴氏，後歸項墨林，又歸錫山華氏。余愛慕十餘載，購得藏於六硯齋，為一奇品，永為至寶，若願以十五城，豈能易也。又張叔未記曰：昨與几山連牀夜話，知後山近獲此印，翌日往同觀，各印一紙攜歸，並互録李跋，以志一時清興云。嘉慶壬戌《初冬記》。又田恩厚跋曰：李氏藏，後為阮文達所得，聞龔定盦亦有此印，歸何子貞，何轉售粵東潘某，得價五百金，某之弟鳳岐孝廉公車北上，知其事者詢之而信，但未知龔氏所藏，即出於阮氏否？此朱印本獲於張叔未家，今鉤橅付梓。案：田跋語多未晰，文亦繁猥，此印無歸阮文達事，故節録其文而附辨之。錢塘韓泰華小亭《無事為福齋隨筆》：趙婕伃印歸粵東潘氏。江編修標曰：標見趙印在《金石屑》橅本，婕从糸旁，伃从人旁，趙字則从女旁，文極工，肖字首作弚，定盦所云寓飛燕意也。戊子在粵，尚見潘氏藏印檀匣，四面刻字幾滿，印不知何屬矣？鄭中書文焯曰：飛燕印，余曾於石埭徐氏見一拓本，篆文奇古，趙字碻象鳥形，綢繆其體，想見當年宜主風流。曩題四絕句，今不復省措矣。此印諸家攷核綦詳，惟歸海山仙館後，則不知屬誰？江建霞戊子歲在嶺南，已有去珠留櫝之慨。茲遇濰縣陳受卿先生曾孫理臣別駕，始知光緒初葉，有估客何伯瑜攜自粵東，以三百金歸諸簠齋，今存理臣處，因屬其郵寄拓本，為識流傳本末，亦藝苑之英譚也。甲辰冬孟滬上記。仁和趙晉齋魏以為芝英篆，先生定是飛燕物，謂末一字為鳥篆，鳥之喙三，鳥之迹二，故知隱寓其號矣。《急就章》有縌字，碑本正作婕，史游與飛燕同時，故有『定誰工小學，或者史游鐫』之句。嘗論《西京雜記》出六朝手，所稱漢人語多六朝語，未可信。客曰：得印所以報也。為說載文集中，已佚。喜極賦四律以倡，偏徵寰中作者為詩。平湖朱為弼菽堂《蕉聲館集・詠文後山所藏漢趙婕伃玉印序》云：印徑漢慮俿尺一寸三分，皃玒純白，玒旁有朱斑半黍，繆篆四字曰婕伃妾趙。案《漢書》，飛燕、合德皆曾為婕好，此印難定為誰所佩，第其篆法古渾媚逸，非後人所能作者，矧玉澤温潤，入手凝脂，洵奇寶也。又婕字作婕，足校班書矣。詩曰：『後山雅似文三橋，閣開清閟鄰紫桃，紫桃軒中一方印，入手換卻青瓊瑤。當年姊妹聯春宴，嬌殊赤鳳無人見。何時手截素鵝肪，鳥體綢繆似飛燕。燕子飛來風自芳，纖腰攜佩雜明璫。細看小點黏紅粉，曾寫新歌鈐綠章。歌筵捉搦舞裙騁，玒皃恰仿鴛鴦頸。扶寸瑤華透骨香，平分蛤采纏菭冷。我來雅翫劇傷情，如看鮫綃玉體橫。安得金釭與相見，昭陽舊侶話深更。』錢塘陳文述雲伯《碧城仙館詩・漢趙飛燕玉印歌》：『昆刀劃雪流春乳，宛轉雙螭靜無語，胭脂紅暈漢宮春，小印流傳趙宜主。宜主風流舊有名，漢家天子重傾城，平陽歌舞春如海，一顧當筵早目成。便娟最得君王意，蛤帳宵明玉顏麗，石華廣袖紫英裙，頊刻六宮傳故事。蛾眉當日正中宮，椒殿香生四壁紅，《赤鳳歌》中春正好，綠熊席上煖初融。此印氤氳蘊蘭麝，雕鐫小字珍無價，藏處惟宜金屑茵，裹出定展香羅藉。精金彄指幾番拈，紫玉膏盛碧玉匳，樊嫕簿中湘碧亞，彭籛書上桂紅鈐。遠條別館開春宴，歸風送遠留題徧，省識何方署最多？七寶屏風九華扇。卷髮新妝麗曉霞，更聞女弟擅容華，金釭銜壁流蘇帶，爭羨昭陽第一花。再拜嘉辰貴人姊，奏書定亦工文史，蓮椀同心菱鏡圓，芳燈照字明如水。亦有當年辭輦人，甘心明月照長門，淒涼一卷東宮賦，華殿蕭條起暗塵。木門零落倉琅朽，赫蹏書字今何有？祇餘片玉暈桃花，仙乎曾綰纖纖手。宮闕西京事總非，鳳凰琴斷冷金徽，一函留得藍田璧，莫化釵頭白燕飛。』錢塘汪遠孫小米《借閑生詩·論印六絕句之一》：『苕華小印漢宮春，堯母門開賜號新。底事文人工傅會？倉琅啄矢爾何人。』自注龔定盦得漢玉印，文曰緁伃妾趙，趙字帶鳥篆形，遂以為飛燕物。余曰：屬之鉤弋，不較足重耶？仁和高錫恩古民《友石齋詩·趙飛燕玉印歌》：印藏龔氏定盦家，文四字曰緁伃妾趙，趙左作鳥篆，端木子彝決為飛燕物。考之《漢書》：『永始元年四月，封婕妤趙氏父臨為成陽侯，六月丙寅，立皇后趙氏。』則是印蓋飛燕未為后時物也。爰為作歌：『漢家玉璽崩一角，老婦臨朝淚雙落，豈知兆亂在當年，燕燕飛來姿綽約。玉顏昔日承恩奢，紫泥小篆鮮如霞，深情艷逸此四字，肯使泯滅歸塵沙？妾身本出江都尉，歌舞長安偕阿妹，一朝被寵入深宮，夜夜君王自沈醉。紫茸雲氣流蘇帳，綠琉璃隔晶屏望，未並金螭虎紐尊，（制，后璽金螭虎紐。）已超列嬪羣妃上。君王與妾心相印，白璧闌前對明鏡，繡裙小袖妹還來，五采組文作符信。一家姊妹眞嬋娟，沈香豆蔻傾溫泉，中宮正位自永始，珊瑚枕畔明珠圓。香螺卮與文犀箸，玉玦金彄不知數，想偕此印並時藏，百寶摩挲極珍護。閑來何物堪消夏，桃印當門日凝赭，更有端陽朱索懸，牙簟花光倍豔冶。搖搖太液千人舟，仙乎欲去誰為留？夢餘射鳥憶前事，歌成《赤鳳》傳新謳。君王躭此溫柔鄉，纍纍之印環諸王，忠臣檻折亦何益，皇孫啄盡眞堪傷。摩挲此印長太息，玉質玉顏應一色，當日擎思纖手柔，此時看擬瓊肌皙。銀鉤鳥篆工安排，是姊是妹休疑猜，漫將元后石璽比，合配郎官私印來。（謂世所傳董賢玉印。）我聞高帝創業初，刻印銷印無踟躇，暮年亦復戀女子，遂使人彘堪嗟吁。又聞武王好方士，王母來時捧靈璽，求仙無效悔心生，鉤弋匆匆賜環死。豈知禍水非龍漦，漢家火德於焉衰，坐看剛卯製新莽，難將倒印追前非。流傳片玉能完善，回首西京夢痕短，卯金八寶墜難尋，此印千秋抵金盌。』歙程恩澤春海《程侍郎集·緁伃玉印詩》：『截肪方寸腴可餐，繆篆鳥頭紛屈盤，日華映雪愁淪漪，點朱入肉紅而殷。緁伃妾趙文四言，褈衣為緁稱婦官，亦云緁攸伃舒安，大當以下推崇班。（漢武帝制，中宮以下，即緁伃為貴。）天水一姓三其鬟，（趙氏位緁伃凡三，一鉤弋夫人，一宜主，一合德。）鉤弋高居堯母門，雙燕飛啄倉琅根。若云拳握玉鉤闌，得無纖指親控摶？金霞帳底月蛤團，得無擎此掌中看？夜光珠照膚體寒，得無珮此來珊珊？可憐姊妹承恩歡，父馮萬金非趙曼。何如望氣求河間，奇女子有黃雲漫。時無昭儀位尤尊，金章紫綬同賜頒。（鉤弋時緁伃最尊，至元帝，始設昭儀，位在緁伃上。）此紐文采鴛鴦蟠，叩鴛無語深可歎。（『鴛鴦自有分明語』見唐人小說。）尋其流傳自冰山，（據李竹嬾記，此印嚴東樓曾實之，冰山録，乃籍嚴氏譜也。）亦棄墨林紫桃軒。（墨林所藏，後歸竹嬾。）比來歸龔復歸潘，（龔定盦、潘德輿。）日千挼挲百循環。嫵虹媚月秋霄干，想當印信初封完。嬋娟煙視花破顏，無論錦帶誰礱刓。總貯金屋珠匳端，三千年來數梁園，（梁王后璽，見印譜。）此尤芬逸誇季蘭。願將紫泥印千繙，豔呼官氏留人寰。』歸安楊峴庸齋《遲鴻軒詩·趙緁伃玉印二首》：『漢家寶璽今何在？九字奇觚已渺茫。到眼忽驚緁伃印，千年紅玉煖生香。』『班婕妤方畫眉妒，趙婕妤偏舞袖工。（班趙同侍成帝。）班家團扇空秋月，趙家玉印又春風。』右諸詩就所見輯録，凡在文氏潘氏時題詠，亦悉存之，以資考證。復擬構寶燕閣，他日居之。先生夙願恆在具區、莫釐之間，卜宅幽棲，擕鬟吹笛，有終焉之志。中年仕宦，心中溫溫然不忘東南山居曼妙之樂，嘗賦《能令公少年行》以自禱蘄；又作《莫釐仙夢》卷子，仿郭頻伽為《鷗夢圓圖》，為吳蘭雪夫婦作《桐君仙人招隱歌》，《國朝閨閣詩鈔小傳》：吳蘭雪繼配蔣，名徽，字琴香，一字錦秋，號石溪漁婦，善畫山水，著有《琴香閣詩箋》，其姬人岳綠春，善寫蘭，所謂蓮花博士侍書也。亦屢及之。追遊崑山，買徐侍郎秉義故宅，見《同治崑新志稿》，《蘇州府志·流寓門》采之。詩注所謂先得地十笏於玉山之側，後來卜居，牓曰羽琌山館，即其地也。紀年文有《古史鉤沈論》、案《國朝詩徵序》：年三十四，箸《古史鉤沈論》七千言，具稿七年，未寫定。《己亥雜詩》注則繫於癸巳歲，蓋其時方成，今所存四篇，不足五千言，則刪媘多矣。《海壇鎮總兵官丁公神道碑銘》。是歲有《詠史》一律，舊傳為南城曾賓谷鹺使作。程庶常曰：案詩意，謂曾公罷官也。先是有某官過揚州，索曾餽，不副其意，遂為詩投曾，有『破格用人明主事，暮年行樂老臣心』之句，又故流播達上聽，曾遂被召入都，坐鹽課惰銷，投秩永廢。此事予聞諸忠州李芓仙刺史士棻，刺史聞諸豐城徐稼軒侍講士穀。

道光六年丙戌，三十五歲。會試不第。是科劉申受禮部與分校，鄰房有浙江、湖南二卷，經策奧博，曰：此必仁和龔君自珍、邵陽魏君源也。亟勸力薦，不售，於是有傷浙江、湖南二遺卷之詩，詩曰：『之江人文甲天下，如山明媚兼嶙峋，盎盎春溪比西子，浣花濯錦裁銀雲。神禹開山鑄九鼎，罔兩頫伏歸洪鈞。鋒車昔走十一郡，奇祥異瑞羅繽紛。茲登新堂六十俊，（浙卷七百餘，獨分得六十卷。）就中五丁神力尤輪囷。紅霞噴薄作星火，元氣蓊鬱煇朝暾，骨驚心折且揮淚，練時良吉齋肅陳。經旬不寐探消息，那知鎩羽投邊塵，文字遼海沙蟲耳，司中司命何歡嗔？更有無雙國士長沙子，孕育漢魏眞經神，尤精選理躒鮑謝，暗中劍氣騰龍鱗。侍御披沙豁雙眼，手持示我諮嗟頻，（湖南玖肆，五策冠場，文更高妙，予決其為魏君源。）翩然雙鳳冥空碧，會見應運翔丹宸。萍蹤絮影亦偶爾，且看明日走馬塡城闉。』見劉禮部行述及詩集。案詩意，似先生卷卽出禮部房薦，先生後三年成進士，其年禮部卒，魏君至乙巳甫登第，則不及見矣。前輩賞譽之盛，於此益見。先生初與程大理齊名，稱程龔，及是學者復稱龔魏云。夏，友人謝向亭學士階樹、蘄水陳太初修撰沆相繼逝，作《二哀詩》，又祭程大理於城西古寺，賦三律。詩中並及大理配吳夫人。案《國朝閨閣詩鈔小傳》：吳玖，字瑟兮，石門人，桐鄉程大理同文繼室，著《寫韻樓詩草》，有《寫韻樓畫冊》，一時名士題詠甚多。同年績溪胡竹邨戶部培翬集同人祀漢鄭司農於寓齋，禮既成，繪為卷子，先生作《祀議》一篇質戶部，已佚。復檃栝其恉，諧為韻語，大略謂鄭君兼治十三經，惟《孟子注》見隋志，殆未可信。又言生平惡《周禮》。莊君綬甲、宋君翔鳳、劉君逢祿、張君瓚昭，案張君字洵甫，湖南平江人，著有《天文分野說》，見《經世文編》。言封建皆信《孟子》疑《周禮》，海內四人而已，張說尤悲。又云《禮經》十七篇注，為鄭功第一，千秋所當崇奉也。先生是歲春入都，何宜人同行，歲暮共幽憂，相喻所懷，相勗所尚，賦《寒月吟》，慨念勞生，有偕隱之志，自寫成卷，又題一詩。紀年文有《上海李氏藏書志序》，餘見上。

道光七年丁亥，三十六歲。是歲闇齋先生引疾歸，主講杭州紫陽書院。同年吳梅梁侍御傑，疏請唐陸宣公從祀瞽宗，得俞旨行，屬同朝為詩，以張其事，先生獻《侑神樂歌》五章。顧澗薲得唐睿宗書《順陵碑》，以拓本自吳中遠寄京師，先生本以《瘞鶴銘》及《北齊水牛山文殊般若經》懸齋中，得此而三。又藏有宋拓《漢元儒先生婁壽碑》、清河王琛玉航《漢隸今存録》：《婁壽碑》石久毁，碑本宋時董良史所藏，明代已闕四十六字，藏於華中甫眞賞齋，後歸朱臥庵，又歸邵僧彌。國朝藏顧憩閑家，何義門先生為顧氏外甥，遂為所得，繼歸同郡蔣春濤，最後歸仁和龔定盦。錢梅溪從蔣氏借鉤，寄翁覃谿一本，桂未谷遂以刻於京邸，上元張容園寶德雙鉤刻入鐵硯齋石刻文字。泉顏書《八關齋》七十二字。包世臣《藝舟雙楫》：杭州龔定盦藏宋拓《八關齋》七十二字，一見疑為《鶴銘》，始知古人《鶴銘》極似顏書之說有故。是歲於臨川李春湖中丞宗瀚家，獲觀古拓隋丁道護書《啓法寺碑》。四月，投牒更名易簡。說詳卷首。十月，録辛巳以來七年之作百二十八篇，為《破戒草》一卷，又依乙亥、庚辰兩例，存餘集凡五十七篇，亦一卷。歸安孫憲儀《秋士詩存題龔中翰破戒草》：『服或披居士，身還現宰官。非非曾想入，苦苦悉吟安。謂佛寧徒瘦，如梅卻未寒。同僚蘭雪集，可耐舍人看。』先生金石之學，精博絕特，創立義類，時出新解，集中《說宗彝》、《說爵》、《說刻石》、《說碑》諸文，其楬櫫也。初擬譔《金石通考》五十四卷，分存、佚、未見三門，書未成，至是成《羽琌山金石墨本記》五卷，趙晉齋、何夢華為之諟正。又譔《羽琌之山典寶記》二卷、《鏡苑》二卷、《瓦韻》一卷，輯官印九十方為《漢官拾遺》一卷、《泉文記》一卷。右據《己亥雜詩》自注。案文集有《漢器文録序》、《鏡録序》、《瓦録序》、《秦漢石刻文録序》、《自晉迄隋石刻文録序》，與詩注互有出入，皆手纂之本也。某布政欲譔吉金款識，為聚拓本，穿穴羣經，極談古籀形義，成書十二卷。案：此指南海吳荷屋中丞榮光。《筠清館金録》吳書自序云：一日，廖工部甡來請曰：子之金文，龔定盦禮部欲任校訂。余固知定盦研精籀篆，與家子苾編修搜訪若干，悉以付之。余再出為閩藩，則以此事屬陳禮部慶鏞，敦促成書云云。據此則今刊五卷，未必悉出原稿，惟所收先生藏器及釋文不少，別輯為卷，附刻集中。在京師為阮文達譔《齊侯中罍二壺釋文》。案此卽世稱齊侯二罍也，釋文全稿已佚，遺說一二，僅見《筠清館金録中》。又作《學海談龍》，存金石諸題識。所藏彝器之屬，今可考者，如方鼎、龍勺、魚爵、商父丁爵、立戈爵、癸歙觚、見《說衛公虎大敦》橙寫本，此文增曻爵一。商父丙爵、周從鐘鉤、秦豆、漢一升十四龠熏鑪、有嬰桃第一四字。漢剛瓶、右尉雒、左尉印、嚴道橘園、嚴道橘丞、牛轊長印諸範，見《筠清館金録》及趙之謙《補寰宇訪碑録》。召伯虎敦、百有三名。內史第五行鐙、見詩注。漢柗豆、鴻嘉鼎、大小洗十有五、見《漢器文録序》。古鏡五，見《鏡録序》。昌綬得先生鏡拓一紙，自題云：此羽琌山人平生第二寶也。手拓本丁亥付裝，記之。又云：都一百十又三字，別有釋文。案鏡銘罕逾百字者，此鏡徑三寸許，字細如髮，製作精絕，惜釋文已佚，拓本未能悉辨，原鏡不知流轉何所矣？昌綬纂年譜竟，適獲是拓，驚喜逾望，因橅緁伃玉印同裝一冊，題曰羽琌雙寶，集同人歌詠張之。又案《破戒草丁亥歲雜詩》第四首云：『我有秦時鏡，窈窕龍鸞痕；我有漢宮玉，觸手猶生溫；我有墨九行，驚鴻若可捫；玉皇忽公道，奇福三至門，欲供三炷香，先消萬古魂。古春伴憂患，詰屈生酸馨，且揭三千本，贈與人間存。』即指飛燕玉印及此鏡與《洛神賦》九行本也。古泉則有新莽時次布九百，見戴文節《古泉叢話》。又唐天寶銅造象。海鹽張燕昌《金石契》：唐天寶造象題名，銅質，金塗面，刻蠅頭楷書云：大唐天寶五載五月廿日，上為皇帝，下為一切蒼生，又為七代先亡，今為見存父母，敬造阿彌陀象一鋪，佛弟子張處方一心供養。六行，凡五十言，大唐字書於六行之中上，筆法極寬綽有餘，杭郡黄松石樹穀所藏。乾隆乙未春日，借鮑淥飲廷博訪松石令子小松易於武林門外，借歸寓齋，燈下同梁山舟侍講先生觀。又黄樹穀跋曰：甲寅秋，予得一造佛題名小銅碑，大可二寸，寬八九分許，額以雙龍蟠其上，負重在其下，僅鑄前半身，而中刻小字如半粟，碑背有鼻鈕，大略造佛既成，而繫此碑於佛座間者。案此象又見《山左金石志》。徐康《前塵夢影録》：龔定盦禮曹得唐天寶銅造象，面陽文，佛象背如碑式，小楷陰文，即張芑堂《金石契》中壓卷者。後為梁太守恭辰所得，劉方伯喜海亟賞之，太守即持以獻，旋調台州府，隱以報之，為吳中丞文鎔所劾，列入彈章。先生《己亥雜詩注》，已自言吉金星散，百存一二，卒後益零落不可問矣。丹徒嚴保庸問樵韓履卿《寶鐵齋金石跋尾序》：金石家言，自歐、趙、洪、薛以來，至我朝而極盛，保庸生平師友間，如阮芸臺相國、朱蔭堂尚書、蔣伯生大令、翟文泉進士、龔定盦禮部諸君子，皆獲接其人，讀其書，上下其議論，輒用自愧，又自豪也。又云：阮相國、龔禮部，皆君所善，且一水可達，請更以此書質之。所藏尚有玉剛卯、見《漢器文録序》。葉小鸞眉紋詩硯。先生嘗自賦《天仙子詞》。顧澗薲《思適齋集・浪淘沙》：為龔定盦賦葉小鸞眉子研，時定盦方談佛也，詞曰：『黛色割遙嵐，墨瀋微酣。是誰收拾小檀函？留得寒篁天下影，長對初三。居士借經龕，位置偏諳。偷窺曉鏡語重參。不許花箋題煮夢，解脱春蠶。』歸懋儀佩珊《題葉小鸞眉子硯詩》：『螺子輕研玉樣温，摩挲中有古吟魂。一泓煖瀉桃花水，洗出當年舊黛痕。』鄭文焯曰：小鸞眉子硯，余見之石埭徐子静案上，謂於海上得之先生冢子孝拱家，石已中斷，別有舊脱本，名流題詠殆徧。光緒初，余遊吳門，猶及見孝拱之妾褚畹香，詢以龔氏遺迹，則云：有書百餘篋，盡售之海客已。名迹則有宋拓《蘭亭定武本》、《洛神賦九行本》、此據沈氏樹鏞説。先生又蓄十三行白玉本凡二，與《蘭亭跋》並見雜著卷中。《保母甎拓本》、見詩注。李成《溪山秋曉圖》。見詞注。牽連記。紀年文有《定盦八箴》、《説衛公虎大敦》。賦《常州高才篇》贈丁若士履恒，備述乾嘉以來常州諸名流，如臧在東鏞堂、顧子述汝明、惲伯子敬、孫季逑星衍、趙味辛懷玉、管孝逸繩萊、洪孟慈、莊卿珊見前、張翰風琦、周伯恬儀暐、董方立祐誠、陸祁生繼輅，皆先生所素識也。

道光八年戊子，三十七歲。譔《尚書序大義》、《大誓答問》、《尚書馬氏家法》各一卷，成。案：《大誓答問》，汪小米先有刻本，今賴以傳，《龔氏家稿目録》，亦稱著述甚多，家存惟此一種耳。先生嘗得宋皇祐重摹魏邯鄲淳三體石經《尚書》三十九字、《左傳》三十八字，先生盛稱淳親見祕府孔壁古文，且言石經有今文、古文兩者之學，邕一字，今文家也，淳三字，古文家也。見《劉禮部集・跋杜禮部所藏漢石經後》。鄭文焯曰：光緒二十二年，許州出石經《尚書》殘字，文為三體，書曰古文篆隸，存一百十一字，殘十字，以漢慮俿尺度之，字徑寸，波磔醇健，與黄氏小蓬萊閣所庋漢石經體格迥異，攷古者以為魏邯鄲淳之眞迹也，石藏山東黄縣丁氏，余別有攷證，惜先生未及見之。紀年文有《最録尚書古文序寫定本》、《最録李白集》。

道光九年己丑，三十八歲。會試中式第九十五名。座主歙縣曹文正公振鏞、滿洲文恭公玉麟、寶應朱文定公士彥、山陽李芝齡大宗伯宗昉、歙縣吳退旃大司農椿，房考清苑王曉舲中丞植。試文見《龔氏科名録》。欲速則不達，見小利則大事不成。申言為政之戒，而恃氣與識者，廢也。夫欲速，恃其氣也，見小利，恃其識也，則弊所生也。決之曰：不達、不成，而二者將毋窮？曰：古今立功名之人不一，其大端曰氣、曰識，僨功名之人不一，要其大端曰恃氣、曰恃識。今驟語之曰：二者可用而不可恃，彼必不信。為之究其弊曰：是但與無氣無識等，庶其人進於若怯若悔之中，而勇智益為世用。無欲速，無見小利，抑思欲速、見小利之果何如人哉？抱負無積，但庸衆之胸，而既思速試以售其學，又思小試以暴其才，此其人非無情於天地民物可知也。權藉未歸，斯局外之見，而業為其速而人心不驚，業為其小而國脈已寄，此其人非無責於天地民物可知也。歲月者，豪傑所當惜，然人能惜之，人不能與造化爭之，夫不籌乎氣數之原，而知萬事萬物之有定候焉，將聖賢之惜歲月與豪傑之惜歲月何以異？經濟者，商賈亦能譚，然彼喜譚之，彼不能以學問擇之，夫不總乎成敗之林，而信陰陽人事之無全功焉，將聖賢之譚經濟與商賈之譚經濟何以異？夫然而歎恃氣者憍，非不慕久道化成，而恐天下不及待而疑己，而求天下之信己，疑信相戰，始用是皇皇矣。議因革也，因革皆條約之言，議富教也，富教孰肌膚之受？行一政思畢一政，大都取目前所易為者而鋭為之。夫然而歎恃識者淺，非不知美利不言，乃耻天下不見功而謗己，因求天下之譽己，謗譽一明，始用是沾沾矣。有司莞出納，惜國帑而國帑空；纖人給指使，收人材而人材去。舉一政反廢一政，大都取流俗所共悦者而苟悦之，而何能達？而何事之能成？吾是以思古之能制氣者，或少壯經營，而成功在耄期之日，或祖宗況瘁，而得意於孫子之朝。其定力足以當天下之大疑、而勇可恃、怯更可恃，由體達用密如爾。吾是以思古之能制識者，明知救時孔亟，謝羣策以還明廷，明知出門有功，留有餘以還天地。其定識足以敵天下之大謗，而智可恃，愚益可恃，成允成功洎如爾。莒父雖小，宰天下亦猶是矣，商也鑑之哉。或生而知之，或學而知之，或困而知之，及其知之一也。以知策君，實以天策人也。夫公知生知之異於學困，而不知學困之無異於生知也，子故以一之者策之。且臣言文武之政，至於知天知人，而天下之言道者信矣，天下之言道者又疑矣，信則信夫憲章之法必俟乎講明，疑則疑夫濬哲之原先限乎等殺。夫謂未知之前無等殺焉，不可也，謂已知之後有等殺焉，不可也。何則？形氣未判之始，此知與君臣、父子、兄弟、朋友、夫婦同渾於無形、無端，而知其所以分，又知其所以合，此不特人人所不得私，卽文武不得而私之也。而性分之中，無凡無聖，形生神發以後，此知與君臣、父子、兄弟、朋友、夫婦各燦於兩間，由是而當知其何以過，又當知其何以不及，此不特人人所不得同，卽文之與武亦必不能一致也。而中道之的，有合有離，於是一知也，而判為三矣。有言生知而學，而困從此來者，以神靈而開學術，因學術而啓顓蒙；有言困知而學，而生從此溯者，因憂患而嘗學問，以學問而返性天。有生知而下資夫學困者，待旦繼夜，雖神聖而竭憤悱之聰明；有學困偶兼夫生知者，赤子途人，以良知而契無聲之歌泣。凡此者，果有以異乎？無以異乎？以為無以異，不太早乎？以為有以異，豈其誣乎？而要未嘗於及其知之而括論之也。道有其當然者，及其所當然而後為知，聞境淺焉，思境深焉，意境虛焉，身境實焉，知之果肖乎當然，則淺者深，虛者實矣。萬古此作謀作哲，四海而一室一心。而回視夫未覺之先，如何扞格？將覺之際，如何遲徊？一身之前後甘苦，盡可泯也，舉世之甘苦，何勿泯乎？如既覺而猶差等夢寐之甘苦，則已愚。道有其所以然者，及其所以然而後為知，或得之積漸焉，或得之倏忽焉，或得之散殊焉，或得之會通焉，知之果踐乎所以然，則漸者頓，萬者一矣，靈蠢可合，何況智愚？古今可通，何況旦暮？而回溯夫所契之境，歷歷如此，求契之塗，歷歷如彼，一人之前後優劣，固贅詞也，萬人之優劣，猶非贅乎？如既悟而又剖別迷塗之優劣，則已謬。臣得而斷之曰：及其知之一也。知人此知，知天亦此知也。公其有意乎？夏曰校，殷曰序，周曰庠，學則三代共之，皆所以明人倫也。人倫明於上，小民親於下。臚三代學制之異同，而其所大同者可知矣。夫校、序、庠，其制異也，學，其制同也，至於設學之所以然，則異者固同，同者又大同。昔者，三代之制，八歲入小學，十五歲入大學，小學學六書、九數而已，大學之道，在明明德，在親民，夫千古典學之制，肇自有虞氏，曷為不言有虞？王者奉三政，存三統，與己而三，過三非所考也。故言田制，言學制，皆自夏始。抑聞之，夏有東序，周有鄉校，殷人亦養老，豈無庠？周人亦習射，豈無序？庠、序、校，三代大都同，然而言其同，不如言其異，曷異乎爾？其所偏重者異，其所為專號者異。夏實曰校，殷實曰序，周實曰庠，夫同之中有異如此，然而其同者自有在矣。三代之天子，天子之元子，公侯之適子，支子卿大夫之門子，罔不學三代之王，若曰有鄉學以化隴畝之民，無國學以儲顯懿之士，非教也。鄉學教士庶，五方之風氣或異宜，國學教貴游，朝廷之掌故必衷一。故國學則三代共之，是謂異之中有同。雖然，此其小異同也。凡三代典故，同中有異，異中有同者，皆異同之小焉者也。然則三代所大同者可知已。六書、九數，大道所寄，非道也。先知不知後知，先覺不覺後覺，自淑其身，而非淑天下之學也。三代之人才聞大道同，淑其身而必兼淑天下也同，此豈制度名物之可得而與民變革者哉，皆所以明人倫也，此之謂大同。且三代之學士，身處於下，而恒與上之人共其責焉。帝典之文曰：百姓不親，五品不遜。周之制，亦上和親為一書。夫萬物之命，治亂之紀，聚散之數，久暫之源，在乎親與不親之間而已矣，親則相羣、相別、相安，天下無不人之倫，天下自無不倫之人矣；不親則不相羣、不相別、不相安，天下有一不倫之人，天下漸化為非人之倫矣。此上之人之所蒿目而憂，而天下人之所延頸以望者也。吾得總揭三代之明效大驗曰：人倫明於上，小民親於下。獨是達道之五，必歸達德，是故明倫有時而變文曰明德：《大學》之文，不祖《康誥》，是故親民不必變文為新民，然而義可兼也。要之三代之學，三代之治，必自攷訂其異同始。賦得春色先從草際歸，得歸字。五言八韻。修到瀛洲草，孤芳敢恨微。花間猶煖薄，柳外未春歸。獨抱靈根活，還先物態菲。出山名遠志，入夢戀慈暉。黛色千荄絢，香心一雨肥。西郊初試馬，南浦莫侵衣。拾芥談何易，披榛采正稀。仙毫摛賞後，丹地許長依。殿試三甲第十九名，賜同進士出身。四月二十八日朝考，奉旨以知縣用，呈請仍歸中書原班。先生廷試對策，大致祖王荊公《上仁宗皇帝書》。及朝考，欽命題安邊綏遠疏，時張格爾甫平，方議新疆善後，先生臚舉時事，灑灑千餘言，直陳無隱，閱卷諸公皆大驚，卒以楷法不中程，不列優等。是月乙丑，太子太傅固原提督二等果勇侯楊芳自喀什噶爾入覲，先生與相揖於西淀軍機處直房，為文以紀其事；方癸未歲，楊侯任古北口提督，先生亦有詩寄之。十二月，上大學士書，言內閣故事當循者有六事，寢不行。紀年文均見上。

道光十年庚寅，三十九歲。四月九日，歙徐廉峯侍御寶善、宜黃黃樹齋編修爵滋、約同人花之寺看海棠，注見後。續江亭餞春之集，會者朱椒堂京兆為弼、彭荆田太守邦畯、潘研輔解元德輿、周雪橋檢討仲墀、汪小竹比部全泰、簡夢巖孝廉鈞培、魏默深舍人源、湯海秋儀部鵬、陳登之通守延恩、潘星齋待詔曾瑩、紱庭典簿曾綬與先生凡十四人，未至者，李方赤比部璋煜也。見徐廉峯詩集。紀年文有《最録段先生定本許氏説文》。先生自戊子至是，數年在都，皆居上斜街，見此文下題識。

道光十一年辛卯，四十歲。是歲事實無考。

道光十二年壬辰，四十一歲。春，招公車諸名士重集花之寺。嘉應楊懋建掌生《夢華瑣簿》：三官廟中有花之寺，壬辰初入京，龔定盦招余會公車諸名士宋于庭、包慎伯、魏默深、端木鶴田諸公十四五人於其中。余初不知其地所在，年伯御史中丞朱公聞之，笑謂徐少司空師曰：此必君同年生所為。既而戾止，則綺疏盡拓，湘簾四垂，花之寺綽楔在焉，前後皆鐵梗海棠，境地清華，頗愜幽賞。余詰定盦：蚪户銑溪，徐彦伯澀體，君奈何亦墜此惡趣？答曰：此曾賓谷奮言也。羅兩峯夢前身為花之寺僧，故賓谷先生為署此榜。後閲宋牧仲《筠廊偶筆》，則花之寺實有其地，在青州。案：王漁洋《分甘餘話》：沂水縣有花之寺，不解其義，張杞園問之土人，云：以寺門多花卉，而逕路窈折如之字形，故以為名。周侍郎櫟園詩：『月明蕭寺夢花之』，其長子在浚有《花之詞》一卷。又楊掌生《辛壬癸甲録》：四喜部伶楊法齡薰卿，居京師，從士大夫，長揖不拜，傖父頗用相訾謷，惟龔定盦禮部議論與予合。此正汲長孺所謂：大將軍有揖客，顧不重耶？夏，大旱，詔求直言，大學士蒙古文誠公富俊五度就訪，先生手陳當世急務八條，文誠讀至汰冗濫一條，動色以為難行，餘頗欣賞。文不存集中。紀年文有《羣經寫官答問》，已佚。《最録司馬法》。

道光十三年癸巳，四十二歲。譔《左氏春秋服杜補義》、《左氏決疣》各一卷，並佚。又《西漢君臣稱春秋之義考》一卷，同縣朱孝廉以升助先生整齊之。橙所編文目有之，今未見。紀年文有《六經正名篇》暨《答問五篇》。

道光十四年甲午，四十三歲。紀年文有《干祿新書序》。

道光十五年乙未，四十四歲。擢宗人府主事。案遷官事，詩文無徵，甲午序《干祿新書》時，尚官中書，而主事結銜，始見於丙申五月《送梁公序》，似當在甲乙之間，繫此竢攷。九日，與諸同人集於吳虹生家。會稽潘諮少白《林皋間集》、《秋日集詠記》：乙未九日，集吳氏之南軒，主人致客，得通該擅雅望者數人，皆吾浙產也。酒既行，主人欲為詠，左右談辯之氣，塞空無虛，舉杯濡懷而靜聽之；山陰徐氏説海内山川谿谷，東至滄溟，西至崑崙外，更數千里，天時物氣，指顧畢列；武林龔氏以奇物異事之傳於古者貫之；端木氏以為人事所至，猶在迹象之内，説二儀陰陽，環轉闔闢，洋洋乎以達無始；宗氏以詩書愜心善語，作詼辯而時吐之，與諸客應問，如歌按拍而為之節。吾與主人坐聽其間，上下古今，出入霄壤，容與於太虛太始，而歸於人事之内，千態萬狀，以醇酒沃之，豈不偉哉？紀年文有《工部尚書王文簡公墓表銘》、《最録南唐五百字》。

道光十六年丙申，四十五歲。長樂梁茝林中丞章鉅任廣西巡撫，陛辭出都，先生與歙程春海侍郎恩澤暨吳虹生、徐星伯，合讌梁公於虹生家，作序以贈。友人王元鳳以陳州知府獲譴，戍軍臺，託弱小於先生所，先生乞假五日，送之居庸關，逾八達嶺而返，時方修《蒙古圖志》，屬元鳳為圖所闕部落山形，以門禁嚴，不果。先生居京師久，嘗東遊至永平境，北行又北至宣化境，因作紀游合一卷，已佚。猶恨未至盧龍關、獨石口，盡窺東北兩邊形勢也。立秋日，同年慶漁山戶部勳，招同吳虹生舍人葆晉、馬湘帆戶部沅、戴雲帆水部絅孫、步香南編修際桐、徐鏡溪水部啓山集都城北積水潭秋禊，登西北高樓縱飲，有詞紀之。紀年文有《説張家口》、《説居庸關》、《陸彦若所箸書序》、《代阮中丞兩廣總督盧敏肅公神道碑銘》。案《揅經室文集》別有碑文一首，注云銘乃門下士代作，蓋此碑甚簡要，阮公文則較詳也。餘見上。

道光十七年丁酉，四十六歲。正月，宗人府京察一等引見，奉旨記名，充玉牒館纂修官，草創章程，未竟其事。三月，改禮部主事祠祭司行走，四月，補主客司主事，仍兼祠祭司。選湖北同知，不就，還原官。是歲春，以佛書入震旦，校讎者希，譔《龍藏攷證》七卷，又重定《妙法蓮華經》目次，分本迹二部，刪七品，存二十一品，復述天台家言為《三普銷文記》七卷，及《龍樹三椏記》、《重輯六妙門》，寫定法華宗魏南岳思大師、隋天台智者大師、唐荆溪湛然大師，涅盤宗唐永嘉無相大師，華嚴宗唐帝心大師、圭峯密大師各書，為《支那古德遺書》，自署名曰《觀實相之者》，齋中供智者大師檀香象，錢塘徐問蘧楙書扁曰觀不思議境，聯曰『智周萬物而無所思，言滿天下而未嘗議』。先生究心大乘，纂述甚富，雜文存目又五十餘篇。九月二十三夜，不寐，聞茶沸聲，披衣起，菊影在扉，忽證《法華》三昧，自是益臻悟境矣。是月，與徐星伯、吳虹生，聯騎遊西山寶藏寺。紀年文有《禮部題名記序》、《主客司述略》、《答人問京北可居狀》、《書蘇軾題臨皋亭子帖後》。

道光十八年戊戌，四十七歲。正月，上禮部堂上官書，論四司政體宜沿宜革者三千言。四月，據商周彝器祕文，説其形義，補《説文》一百四十七字成。是歲又成《春秋決事比》六卷，申劉禮部之誼，距禮部卒十年矣。案此書引經傳百二十事，已佚，惟存《答問》一卷。先生説經之書，尚有《詩非序》、《非毛》、《非鄭》各一卷，平生説詩，於古文、毛、今文三家，無所尊，無所廢，其雜著尚有《典客道古録》、《奉常道古録》各一卷，《布衣傳》一卷，《平生師友小記》百六十一則，訂裴駰《史記集解》之誤，為《孤虚表》一卷，今見集中。《古今用兵孤虚圖説》一卷。匏伯先生篤好《漢書》之學，家藏批校本凡六七通，又有手鈔本，先生因為《漢書》補注，未成，讀《漢書》，隨筆得四百事，皆無作書年月。又《今方言》僅存《擬進表文》、《升平分類讀史雅詩》，盛氏《續經世文編》收此序，題曰《戴天偶述》，未詳所本。《干祿新書》僅見自序，類記於此，稿本咸不可蹤迹矣。十一月，侯官林文忠公則徐由湖廣總督入覲，頒給欽差大臣關防，馳往廣東查辦海口事件，水師咸歸節制，從國史原文。先生作序贈行，極言戰守之策，並陳決定、答難、歸墟諸義，以堅其心，林公深然之，有答書，附載集中。紀年文有代宋經歷《京師悦生堂刻石》，餘見上。

道光十九年己亥，四十八歲。先生官京師，冷署閑曹，俸入本薄，性既豪邁，嗜奇好客，境遂大困，又才高動觸時忌；至是以闇齋先生年逾七旬，從父文恭公適任禮部堂上官，例當引避，乃乞養歸。四月二十三日出都，不攜眷屬傔從，以一車自載，一車載文集百卷以行，夷然傲然，不以貧自餒也。同年石屏朱丹木太守䕶引見入都，為先生治裝，先後出都。湯鵬海秋詩後集贈朱丹木結句云：『苦憶龔儀部，筵前賦白頭。』自注往時丹木入都，值定盦舍人忤其長官，賦歸去來，今舍人已下世矣。姚瑩湯海秋傳：道光初，余至京師，交邵陽魏默深、建寧張亨甫、仁和龔定盦及君。定盦言多奇僻，世頗訾之。亨甫詩歌，幾追作者。默深始治經，已更悉心時務，其所論著，史才也。君乃自成一子。是四人者，皆慷慨激厲，其志業才氣，欲淩轢一時矣。世乃習委靡文飾，正坐氣茶耳，得諸子者，大聲振之，不亦可乎？歲在丙戌，余服闋入都，諸君與周旋久之。辛卯，再入都，廉峯已病，未幾卒；定盦繼之。案湯、姚二公皆歷敍京師聚散終始，故附於此。距國門七里，吳虹生立橋上，候先生過，設茶灑淚而別，虹生為戊寅己丑同年，同出清苑王公門，殿上試，同不及格，同官內閣，同改外，同日還原官，交誼尤摯者也。張大令祖廉，得先生與吳君手簡，審其文，自丙申迄辛丑，凡十二通，録附雜著卷中。其他同年留京，如南豐劉星房良駒、南海桂皓亭文耀、永城丁樂垞彥儔、昆明戴雲帆絅孫、長白奎□□綬、臺灣黄伯雨驤雲、閩江翌雲鴻升、棗强步香南際桐、直隸布政使蒙古託渾布，以及同官京朝時相過從者，番禺黄蓉石玉階、閩陳頌南慶鏞、道州何子貞紹基、子毅紹業、會稽潘少白山人諮、鎮國公容齋居士見前、大興周□□之彥、濟寧王秋畹繼蘭、日照許印林瀚、海豐吳子苾式芬暨湯海秋、徐星伯諸公，各以絶句別之。五月十二日，過淮浦，遂抵揚州，同年何亦民俊以知府銜駐黄河，盧心農元良知甘泉，過江淮間不困厄，兩君力也。重見予告大學士阮公及秦敦夫編修、魏默深舍人、陳靜菴博士、上元蘭□□、太倉邵子顯兩廣文、秦玉笙瓛、謝夢漁增、劉楚楨寶楠、劉孟瞻文淇四孝廉、楊季子都尉暨段果行、沈錫東諸君。段、沈乃闇齋先生舊日賓客也。在邗上跌宕文酒，憑弔古今，多哀豔之作。欲如江寧，不果。過鎮江，至江陰見李申耆先生兆洛，及其門人蔣丹棱茂才彤，先生賦《常州高才篇》，恨未識李先生，至是始獲奉襟。《養一齋集與鄧守之書》：默深初夏見過，得暢談，又得讀《定盦文集》，兩君皆絶世奇才，求之於古，亦不易得，恨不能相朝夕也。案：此當亦未相見時作。途次夢顧澗蘋，歿六年矣。至蘇州，擬尋洞庭山舊遊，又不果。時宋于庭作令楚南，江鐵君先一年逝，朋舊寥落。舅氏段右白葬支硎山，詩以弔之。金媼者，先生幼時嘗保抱者也，重見於吳中，年八十有七，能言先生家六十年舊事。到秀水縣，見七叔父，訪嘉興太守王子仁壽昌，文簡公子也。拜紫柏、藕益兩人師象，求天台宗各書印本，無所得。見《楞嚴》講主逸雲，方刻明人《楞嚴宗通》一書。七月九日到杭州，闇齋先生年七十有三，倚門望久矣。到家之日，杭人早傳誦出都留別詩，時有詩先人到之謠。闇齋先生垂詢文集定本，命呈近詩。先生欲寫全集清本數十分，分貽友朋家，又欲以一分寄吳虹生，未寫竟。八月十八日，侍闇齋先生觀潮。闇齋先生扶杖出遊，里少年皆起立。時鄉先輩在籍科目年齒頡頏者，姚亮甫祖同，陳堅木嵩慶兩侍郎，張雲巢青選鹺使，張靜軒鑑與胡書農敬兩學士。親舊排日過從，乞留墨數行，為異日相思之資者，填委牖戶，惟譔次先世事行，屬為家傳墓表，則詳審為之，多存槀者。過嚴小農侍郎富春山館，觴詠旬日，其地為明金尚書別墅，杭人猶稱金衙莊，先生品題為天下名園第四。先生出都，有空山夜雨之句，是秋自淮以南，千里苦雨，謂應詩讖，頗軫哀鴻之思。時方患銀貴，先生謂古人粟紅貫朽，是公庫不必皆納鏹也。徐鐵孫大令榮論與相合。昌綬案：象州鄭小谷比部獻甫《士農兵鹽四策》，有曰：農莫若權穀帛以行，毋得專稅銀，斯銀輕而農重。其持議亦同，雖未易驟行，實儒者經世名言也。九月十一日，坐雨羽玲山館。包慎伯《贈瘞鶴銘》，以詩代跋。先生評此銘惟北朝鄭文公碑差足相匹。先生眷屬尚滯北方，料理別墅稍露厓略，將自往迎之。陳碩甫為規畫北行事，明白犀利，先生誌為良友之愛。遂於九月十五日晨發，從子劍塘送於蘇州。二十五日重到袁浦，從弟景姚以丹陽丞駐南河，館其廨中，留十日，藉讌遊以抒湮鬱之抱，所謂『醉夢時多醒時少』也，賦《寱詞》三十餘首。十月六日，渡河而北，時東河總督檄問泉源之可以濟運者，甘泉汪孟慈戶部喜孫董其事。先生過銅山縣北，見柳泉湧出，過滕縣西南，見大泉懸出，詩寄孟慈及徐鏡溪工部。先生曩在北，陳北直種桑之策於畿輔大吏，過蘇州，則陳吳中水利策於同年魯山布政裕謙，民物之懷，固無時不睠睠也。先生屢過兗州，未至曲阜，至是自幸箸書有成，慨然曰：可以謁孔林矣！乃齋於南沙河，又齋於梁家店，遂謁至聖廟。瞻仰純廟所頒祭器十事，得拓本歸，兩廡儒者有拜，有弗拜，亦有強一揖不可者。館於孔經閣憲庚家。見庚午同年曲阜令王海門大堉，其弟秋垞大淮、其子子梅鴻、孔繡山憲彝、先生為孔君母孫孺人譔墓碣，臨桂朱伯韓侍御琦書後曰：仁和龔定盦自珍此志最簡勁。梅伯言農部書後稱敍仲之賢，皆其母孺人之教。又云：敍仲交廣而不濫，是為難也。琦與敍仲別十年，復見京師，酌酒論詩，座上客長滿，敍仲信多賢友而獨能為其難者與！卷中題跋，多余舊遊，海內賢豪長者，豐才博聞之士。嗚呼！梅龔二先生死矣，覽茲遺刻，不獨賢母遺徽，邈不可及，而於友朋離合死生之感，亦不能無慨於中已。咸豐七年六月。案：敍仲，孔舍人別字也。孔氏之甥鄭子斌憲銓，皆詩人也。先生各為題圖，五君餞於矍相圃，時纔十月，忽開臘梅一枝，經閣折以伴行。至任邱縣，遣一僕入都迎眷屬。公子書來，乞稍稍北，乃進次雄縣，又請，又進次固安縣，眷屬於冬至後五日出都，石門方鐵珊參軍廷瑚、海昌陳笠雨明府希敬餞於高陽。鐵珊為方蘭坻薰之子，以詩畫名，好佛，年七十猶宦畿南，有女及笄，笠雨喪偶，先生為之蹇修。十二月十九日，過焦山，攜女辛往遊，歸舟大雪。二十二日，過無錫縣，又攜女遊惠山。先生女亦嫻文翰，嘗書馮延巳詞三闋誦之，自言能識其旨。又好讀《白石詞》。歲不盡五日，安頓眷屬於海西羽琌之山，自是恒往來吳越間。先生庚子春與吳虹生書云：弟頹放無似，往來吳越間，舟中之日居多，在家則老人且不得蕭閑如先輩林下之樂，況弟乎？出門則干求諸侯，不與筆硯親，幸老人有別業在蘇州府屬之崑山縣城，距杭州可三日程，弟月必一至，內子亦暫頓於是。弟至其地，則花竹蔚然深秀，有一小樓，面山，樓中置筆硯，第偷閑暫坐臥於是。途中雜記行程，兼述舊事，得絕句三百十五首，題曰《己亥雜詩》，平生出處、著述、交游，藉以攷見。紀年文有《己亥六月重過揚州記》、《病梅館記》、《邵子顯校刊婁東雜著序》、《縱難送曹生》、《徐泰母碣》。

道光二十年庚子，四十九歲。春，寫《己亥雜詩》竟，新安女士程金鳳書後。八月，至蘇州。旋之金陵，游秦淮，復移寓城北四松庵，溪山幽絕，人迹罕至。重之蘇州，寓滄浪亭，與王子梅諸君譚藝甚懽，子梅以教主目之。輯《庚子雅詞》一卷。無錫沈瑩殅庚留《漚吟館詞》：《一斛珠》：定盦禮部以近製《庚子雅詞》見示，索題其後：『珠塵玉屑，側商調苦聲嗚咽。愁心江上山千疊。但有情人，才絕總愁絕。板橋楊柳金閶月，累儂也到愁時節。一枝瘦竹吹來折。恰又秋宵，風雨戰梧葉。』又《水調歌頭》：定盦禮部疊次見示，並蒙贈詞，爰倚原韻奉答。又《秋霽》，寓館延秋，同集者華亭朱蔗根、仁和龔定盦、旌德江春舲、泰州程小松，主人則南昌萬淵北也。詞不備録。紀年文有《鳳山知縣常州湯公父子畫像記》，十一月初九日，《與人箋》。

道光二十一年辛丑，五十歲。春，就丹陽、雲陽書院講席，新正三日，即由杭州出行。三月初五日，闇齋先生卒，壽七十有五。錢塘諸可寶《東軒吟社畫象小傳》：觀察為金壇段大令玉裁女夫，獨得漢學眞傳。官京曹時，敝貂粗糲，處之晏如。曾一典試廣西，於各房考落卷，無不覆校，以汪能肅領解首，汪蓋知名士，實於落卷中拔之也。及出守徽州，擢蘇松太道，監督海關十年，所入羨餘，悉舉畀親族，賴以起家者甚衆，已顧不名一錢，去官日，載石而歸，其清風可想也。主紫陽書院講席，每以先器識、後文藝勗諸生，然斠課作則又甚嚴，論題輒書至數百言，所謂言行交惕者非歟。與胡學士敬相交，視凡人為摯；年七十有五卒，學士作聯語挽之曰：『司管榷者十年，宜富而貧，視古名臣無愧色；溥仁恩於三黨，為善必報，知君後嗣有傳人。』蓋實録也。《兩浙輶軒續録》卷十八暨《杭州府志》略同，此傳較詳，故録之。闇齋先生主紫陽講席有年，至是以先生嗣主其事，仍兼丹陽講席。七月，至丹陽，館於縣署。八月十二日，暴疾捐館。紀年文有《鴻雪因緣圖記序》，手寫刻本題孟秋上旬三日，蓋幾於絶筆矣。先生二子曰橙，曰陶。見《哭鄭八丈詩注》。橙字昌匏，見《己亥雜詩注》。更名公襄，字孝拱。陶後更名寶琦，字念匏，官江蘇金山知縣。女辛。又幼女名阿等，先生歿，年纔六齡。寶琦子齊崧，字定孫，以知縣需次江蘇，未幾遽歿，其後益衰替矣。魏源《定盦文録序》曰：君於經通《公羊春秋》，於史長西北輿地，其文以六書小學為入門，以周秦諸子、吉金、樂石為崖郭，以朝章、國故、世情、民隱為質幹，晚尤好西方之書，自謂造深微云。張之洞《國朝箸述諸家姓名略》：龔自珍經學家，又史學家，又古文家，又經濟家。易順鼎《國朝學案》目録《通儒學案》卷二百七十四至二百八十：龔、蔣湘南、包世臣、魏源、徐松、何秋濤、張穆，皆經學兼經濟，輿地家。湯鵬《海秋詩存》：《答龔膳部越鳥篇》：『越有鳥，胡為乎自名鳳凰？楚有鳥，胡為乎自名鳳凰？衆中弗可以獨，獨斯不詳。不見訓狐祝鳩，兔車涔澤，羣呼羣從，羣得其所以徜徉，胡為乎自名鳳凰？（一解）越鳥古光在羽，古淚在心腸，衆於何詞其德昌？匪惟弗詞其德昌，乃又謠諑，乃又相寇攘，越鳥啾啾，出亦以踉蹡，入亦以踉蹡。（二解）楚鳥生於沅澧之陽，飽餐蘭茝以有其文章，文章有神，蘭茝有香，大願薰蒸變化，上下四旁。名高患作，中道回翔，既懲既創，云胡不臧？不鳴者三年矣，罔或厭於靜，罔或萌於狂。（三解）楚鳥四顧翺張，抱道不知所屆，呼同志子，來奮來將，瞻彼越鳥，九苞六像，匪衆鳥之行，願無與衆鳥齟齬榛梗。式導以漸，式自治以莊，式定且詳。匪惟君子之祥，乃亦時之昌。（四解）蔣湘南子瀟《春暉閣詩集》：《書龔定盦主政文集後並懷魏默深舍人》：『文苑儒林合，生平服一龔。朝容方朔隱，世責展禽恭。滄海橫流溢，高山大壑逢。齊名有魏子，可許我為龍？』楊象濟利叔《汲庵詩存・讀定盦先生集》：『輿圖學可媲洪九，默深申耆以逮君。新疆置省言諤諤，説居庸者秋水文。』『長吟字字原忠孝，故衍大藏成煙波。要知奇處正平實，抉公祕鑰公毋訶！』『斯才不令修青史，乾隆以還無與倫。衣香禪榻等閑死，應為皇清惜此人！』程秉釗蒲孫《乾嘉三憶詩之一》：我憶仁和龔禮部，盱衡六合逞詞鋒。一蟲獨警誰同覺，萬馬無聲病養癰。（謂所譔西域置行省議。）余事文章淩賈董，溯源蒼籀訂斯邕。同時未識南豐面，方寸靈香日夕供。先生歿時，予方數歲。績谿程庶常秉釗，篤嗜定公文，榜所居曰龔學齋，於吳刻文集，評校綦詳。又欲譔年譜，創稾裁數十事，病未卒業，以授錢塘陳編修昌紳，編修為龔氏姻戚，就其子姓詢訪，又得如干事，復以畀昌綬，留敝篋殆十年，卒卒未暇治，今歲校輯《定盦全集》，因檢舊稾，鋭意為之，徵之本集，又徵之羣書，依年件繫，首尾麤具，凡庶常原輯十之三，昌綬補輯十之七。庶常久歿，編修今又逝，遺編斷手，期慰地下故人。國步阽危，身世未可知，先哲叢殘之緒，甚賴亟傳之也。助之整齊者，長洲章君鈺、元和張君一麐。庚子仲秋，昌綬謹書《定盦先生年譜》後。

先生以道光庚子八月遊吳中，越六十年，今光緒庚子八月，昌綬在吳中為先生纂年譜竟，殆有夙因，非偶然也。記之。

清・閔爾昌《碑傳集補》卷四九《黃守恆〈定盦年譜稿本〉》 君姓龔氏，名自珍，字爾玉，又字璱人；更名易簡，字伯定；又更名鞏祚，號定盦，又號羽琌山民，浙江仁和人。曾祖斌，字典瑞，晚號硯北老人。祖敬身，字匏伯，乾隆己丑進士，官至雲南迤南兵備道。祖母陳運風先生文釗女。父麗正，字賜泉，又字暘谷，號闇齋，嘉慶丙辰進士，官至江南蘇、松、太兵備道。母段金壇若膺先生玉裁女。

乾隆五十七年，壬子七月五日，生於郡東城馬坡巷君祖歸田時所買宅，與漢鄭康成之生其日同也。

嘉慶四年己未，八歲，得舊登科録讀之，是蒐輯二百年科名掌故之始，夢到夔相圃。七年壬戌，十一歲，別杭州入都，建德宋魯珍先生璠主其家訓，以敬順父母。八年癸亥，十二歲，外王父段先生玉裁授以許氏部目，是平生以經説字，以字説經之始。與袁琴南訂交。九年甲子，十三歲，對宋先生問知與覺之辯。有《水僊華賦》篇。十年乙丑，十四歲，始考古今官制。十一年丙寅，十五歲，詩編年由此始。十二年丁卯，十六歲，識錢塘夏進士璜，是平生有朋友之始。讀四庫提要，是平生爲目録之學始。十三年戊辰，十七歲，見石鼓，是收石刻之始。十四年己巳，十八歲，王仲瞿曇與訂忘年交。十五年庚午，十九歲，中副貢生，始倚聲填詞。十七年壬申，二十一歲，校書武英殿，是平生爲校讎之學之始。春，出都。夏，泛舟西湖。十八年癸酉，二十二歲，入都，秋，出都。十九年甲戌，二十三歲，春，泛舟西湖。侍父徽州府任，任徵討文獻之役，自編文集自是年始。有《明良論保甲正名》、《與徽州府志局纂修諸子書》等篇。二十年乙亥，二十四歲，六月，别徽州，娶山陰何奏廷先生鏞之女吉雲爲繼室。有《黄山銘别辛丈人文》等篇。二十一年丙子，二十五歲，侍父蘇、松、太道任，凡關甄綜人物搜輯掌故之役，未嘗不與焉。王仲瞿走訪東海上。有《乙丙之際箸議塾議宋先生》、《述明按察司僉事金君石闕銘》等篇。二十二年丁丑，二十六歲，九月子橙生，橙字孝琪，號昌匏。王仲瞿死，助其葬。與江子屏箋言其所著《漢學師承記》，名目有十不安，改爲《經學師承記》。有《送夏進士序》、《錢吏部遺集敍》、《王仲瞿墓表銘》、《江南安慶府知府何公墓表銘》、《與江子屏箋》等篇。二十三年戊寅，二十七歲，浙江鄉試中式，出高郵王文簡公門下。有《闡告子》、《資政大夫禮部侍郎武進莊公神道碑銘》等篇。二十四年己卯，二十八歲，始從武進劉申受受《公羊春秋》。有《書金伶》篇。二十五年庚辰，二十九歲，入都，得内閣中書，爲西域置行省議，東南罷番舶議，有謀合栞之者。秋，始戒爲詩於戕語言簡思慮之指言之詳。有《徽州府志氏族表序》篇。《上鎮守吐魯番領隊大臣寶公書》當亦是時作。

道光元年辛巳，三十歲，與程大理同文秦編修恩復約：每得一異書，互相借鈔，無虚旬。春，選録《懷人館詞》三十二首、《影事詞》六首，《破戒草》自是年夏始。有《擬上蒙古圖志表文》、《朱殤女碣》等篇。二年壬午，三十一歲，不戒於火，所蒐羅七閣未收之書，燼者十八九。自後，歲以酒醢祭亡書。春，選録無著詞四十五首。是年，勒所填詞爲六卷。李復軒秀才學璜序其文。有《論青海事宜書》、《釐正五事書》、《劉禮部庚辰大禮記注長編序》、《上海張青琱文集敍》等篇。在一統志館《上當事諸公書》當爲辛壬閒作。三年癸未，三十二歲，《五經大義終始論》成。五月，自編次甲戌以還文爲《文集》三卷、《餘集》三卷、《少作》一卷。六月，付栞《詞選》。七月，居母憂。自此至乙酉十月無詩。有《阮尚書年譜第一敍》、《與江居士箋》等篇。四年甲申，三十三歲，始與仁和曹籀訂交。有《重刊圓覺經略疏後序》等篇。五年乙酉，三十四歲，著《古史鉤沉論》七千言，宣究周以前家法，具稾，未寫定。冬，小客崑山，得漢趙倢伃玉印，得地十笏於玉山之側，擬購寶燕閣居之。有《武顯將軍福建海壇鎮總兵丁公神道碑銘》等篇。六年丙戌，三十五歲，春，復入都。同年，胡戶部培翬集同人祀鄭司農于寓齋，禮成，作《祀議》一篇。有《上海李氏藏書志敍》等篇。七年丁亥，三十六歲，四月，投牒更名易簡。録辛巳夏至丁亥十月詩百二十八篇爲《破戒草》一卷；又《存餘集》五十七篇，亦一卷。録詩以掃徹公塔詩終，成《羽琌山館金石墨本記》五卷。有《説衛公虎大敦》、《定盦八箴》等篇。八年戊子，三十七歲，成《尚書序大義》一卷、《大誓答問》一卷、《尚書馬氏家法》一卷，定《李白眞詩》百二十二篇。有《最録李白集》等篇。九年己丑，三十八歲，會試中式，殿試大指祖《王荆公上仁宗皇帝書》，三試三不及格，不入翰林。十二月，條上到閣看本等六事於大學士。有《書果勇侯入覲》、《上大學士書》等篇。十二年壬辰，四十一歲，夏，大旱，詔求直言，蒙古富公俊五度訪之，陳當世急務八條，公讀至汰冗濫一條，動色以爲難行，餘頗欣賞。《羣經寫官答問》成，又寫定《司馬法》。有《最録司馬法》等篇。十三年癸巳，四十二歲，成《左氏春秋服注補義》一卷，其劉歆竄益顯然有迹者，爲《左氏決疣》一卷，又成《西漢君臣偁春秋之義考》一卷，《六經正名論》成，《古史鉤沉論》又成。始讀天台宗書。《壬癸之際胎觀》當爲是年作。十四年甲午，四十三歲，成《干祿新書》。有《干祿新書自敍》等篇。十五年乙未，四十四歲，寫定《南唐五百字》。有《工部尚書高郵王文簡公墓表銘》、《最録南唐五百字》等篇。十六年丙申，四十五歲，官宗人府主事。正月王元鳳遣戍軍台，乞假五日，送之居庸關，逾八達嶺而返。有《陸彦若所著書敍》、《贈太子太師兵部尚書兩廣總督謚敏肅涿州盧公神道碑銘》、《送廣西巡撫梁公序》等篇。十七年丁酉，四十六歲，春，京察一等，引見蒙記名，奉旨充玉牒館纂修官。草章未竟，三月，改禮部祠祭司主事。四月，補主客司，仍兼祠祭司行走。以佛書入震旦後，校讎者希，乃爲《龍藏考證》七卷，又以《妙法蓮花經》爲北涼官中所亂，乃重定目次，分本迹二部，删七品，存廿一品，是年春成。有《禮部題名記敍》、《論京北可居狀》、《主客司述略》、《書蘇軾題臨皋亭帖子後》等篇。十八年戊戌，四十七歲，正月，上書堂上官，論四司政體宜沿宜革者三千言。嘗恨許叔重見古文少，据商周彝器祕文，說其形義，補《説文》一百四十七字，四月，書成。《詩編年》終於是歲，勒成二十七卷。有《送欽差大臣侯官林公序》、《京師悅生堂刻石重輯六妙門序》、《在禮曹與堂上官論事書》等篇。十九年己亥，四十八歲，乞假南遊，四月出都，六月抵揚州，七月到杭州料理別墅，九月復北上，迎眷屬歸於羽琌之山。冬，謁孔林，謁至聖廟，得純廟所頒祭器十事拓本以歸。出都時乞留墨數行，爲異日相思之資者，填委牖戶惟撰次先世事略，屬爲家傳墓表，則詳審爲之，多存藁者。陳吳中水利策於同年裕魯山布政。成《漢官損益》上、下二篇，《百王易從論》一篇，《平生師友小記》百六十一則。持陀羅尼已滿四十九萬卷，乃新定課程，日誦普賢普門普眼之文。又述爲《三普銷文記》七卷，又撰《龍樹三椏記》，爲《己亥雜詩》三百五十首。有《己亥六月重過揚州記》、《邵子顯校刊婁東雜著敘》、《徐泰母碣》、《送徐鐵孫敘》等篇。二十年庚子，四十九歲，僑寓吳下滄浪亭，與王子梅諸君談蓺，子梅以教主目之，爲《庚子雅詞》一卷。有《鳳山知縣常州湯公父子畫像記》、《與人箋》等七篇。二十一年辛丑，五十歲，秋，游淮上，有《鴻雪因緣圖記敘》等篇。

卒於丹陽。君二子：長橙以文學世其家；次陶，又名宗英，字念匏。二女：長適劉，次適孔。橙子啻，字去疾；寵，字汝斯。

按：君所爲著述年月未詳者甚夥，存目於下，待考信而補苴之。

《蒙古圖志》未成，《春秋決事比》六卷，《孤虛表》一卷，《古今用兵孤虛圖說》一卷，詩《非序》、《非毛》、《非鄭》各一卷，《典客道古録》一卷，《奉常道古録》一卷，《紀遊》一卷，《漢書補注》未成，《讀漢書隨筆》四百事，《金石通考》五十四卷未成，《羽琌之山典寶記》二卷，《鏡苑》一卷，《瓦韵》一卷，《漢官拾遺》一卷，《泉文記》一卷，《布衣傳》一卷，《吉金款識》十二卷，《昇平分類讀史雅詩》一卷，《漢器文録今方言》。

綜述

清·魏源《古微堂外集》卷三《定盦文録敘》 道光二十有一載，禮部儀制司主事仁和龔君卒於丹陽。越明年夏，其孤橙抱其遺書來揚州，就正於其執友邵陽魏源。源既論定其中程者，校正其章句違合者，凡得文若干篇，為十有二卷，題曰《定盦文録》；又輯其考證、雜著、詩詞十有二卷，題曰《定盦外録》，皆可殺青付繕寫。昔越女之論劍，曰：臣非有所受於人也，而忽然得之。夫忽然得之者，地不能囿，天不能嬗，父兄師友不能佑；其道常主於逆，小者逆謠俗、逆風土，大者逆運會，所逆愈甚，則所復愈大，大則復於古，古則復於本。若君之學，謂能復於本乎，所不敢知，要其復於古也決矣！

陰陽之道，偏勝者强，自孔門七十子之徒，德行、言語、政事、文學，已不能兼誼，其後分散諸國，言語家流為宋玉、唐勒、景差，益與道分裂。荀況氏、揚雄氏，亦皆從詞賦入經術，因文見道，或毗於陽，則駁於質，或毗於陰，則憒於事，徒以去聖未遠，為聖舌人，故至今其言猶立。矧生百世之下，能為百世以上之語言，能駘宕百世以下之魂魄，春如古春，秋如古秋，與聖詔告與王獻酬，躪勒、差而出入況、雄，其所復詎不大哉！火日外景則內闇，金水內景則外闇，外闇斯內照愈專。君憒於外事，而文字窔奧洞闢，自成宇宙，其金水內景者歟？雖錮之深淵，緘以鐵石，土花繡蝕，千百載後，發硎出之，相對猶如坐三代上。

君名自珍，更名鞏祚，字瑟人，浙之仁和人。於經通《公羊春秋》，於史長西北輿地。其文以六書、小學為入門，以周秦諸子、吉金樂石為崖郭，以朝章國故、世情民隱為質幹。晚猶好西方之書，自謂造深微云。自其先世祖父至君，三世皆以進士官禮曹。

論說

清·段玉裁《經韻樓集》卷九《懷人館詞序》 仁和龔自珍者，余女之子也。嘉慶壬申，其父由京師出守新安，自珍見余吳中，年才弱冠。余索觀其所業詩文甚夥，間有治經史之作，風發雲逝，有不可一世之概；尤喜為長短句，其曰《懷人館詞》者三卷，其曰《紅禪詞》者又二卷。造意造言，幾如韓、李之於文章，銀盌盛雪，明月藏鷺，中有異境，此事東塗西抹者多，到此者尠也。自珍以弱冠能之，則其才之絕異，與其性情之沈逸，居可知矣。予少時慕為詞，詞不逮自珍之工，先君子誨之曰：

『是有害於治經史之性情，為之愈工，去道且愈遠。』予謹受教，輟勿為。一行作吏，俄引疾歸，遂銳意於經史之學，此事謝勿談者五十年。今見自珍詞，乃見獵心喜焉。昔伊川於晏叔原『夢踏楊花』之句，徘徊賞之，矧余遠不逮伊川者，為所動宜矣。雖然余之愛自珍之詞也，不如其愛自珍也；予之愛自珍也，不如其自愛也。李伯時之畫馬，黃魯直之為空中語，規之者皆以為有損於性情，況其人之愈幽而出之愈工者耶！余髦矣，重援昔所聞於趨庭者以相贈也。

清・李兆洛《養一齋文集》卷一八《與鄧生守之》 默深初夏過此，得暢談。又得讀《定盦文集》。兩君皆絕世奇才，求之於古，亦不易得。恨不能相朝夕也。

清・林昌彝《射鷹樓詩話》卷一〇 儀部為金壇段茂堂先生外孫，學問淵源，蓋有所自。古文詞奇崛淵雅，不可一世。【略】其為學，凡經學六書子史，下至金石、鐘鼎古文，皆悉心精究。詩亦奇境獨闢，如千金駿馬，不受紲，美人香草之詞，傳遍萬口。善倚聲。道州何子貞師謂其詩為近代別開生面，則又賞識於絃外絃味外味者矣。中年以後，博奕，好飲酒，諸事俱廢，是亦學人之一病也。

清・蔣湘南《七經樓文抄》卷四《與田叔子論古文第三書》 戴先生往矣，吾因讀其書而私淑其人。其當吾世而獲從捧手者，有劉禮部申甫、龔禮部定盦、魏刺史默深，三君精西漢今文之家法，而又通本朝之掌故。蓋通古而不通今者，古人謂之俗儒。鄭康成引《漢律》，顏師古撰《唐禮》，大儒有用之學，未有不明當代掌故者。劉君之文，子政、子雲之流亞也。龔君之文，子長、孟堅之流亞也。魏君之文，管仲、孫武之流亞也。其於戴、錢諸先生，不必相襲；而周情孔思，自能以眞古文示天下。特天下之人染僞八家之霧已久，故未有能尊信諸君子者。僕所以謂古文之失傳，業五百年也。

清・左宗棠《左文襄公書牘》卷二四《庚辰答陶少雲書》 來書述癸巳燕臺舊句，於置省開屯時務，已預及之。五十年間，志願到今，尚行之不盡，而當時相與商榷之友朋，無一存者矣。道光朝，講經世之學者，惟默深與定盦。實則龔博而不精，不若魏之切實而有條理。近料理新疆諸務，益歎魏子所見之偉為不可及。改設郡縣，龔議多不可行。蓋未親歷其境，不習知山川條列，故所擬建置，大略多舛錯。惟如今制，邊腹不分，治兵之官多，治民之官少，求其長治久安，必不可得，定盦之議固不磨矣。

清・魏源《古微堂外集・黃象離〈重刊古微堂集跋〉》 先生文與龔定盦氏相伯仲。龔氏文既亂於書賈之手，幸得國學扶輪社主為之蒐輯而救正之。然則先生文豈忍任其霾曀而不為之所乎？但恨不得其手定本而為之殺青付繕寫耳。近日持論家謂龔、魏兩家皆深於釋氏之學，龔氏之於釋氏，固自謂造深微；先生蓋深於道家言，其《論學篇》往往見之，而《老子本義序》尤為深至明晰。余嘗謂龔氏文深入而不欲顯出，先生文深入而顯出，其為獨闢町畦，空所依傍一也。至其經史掌故輿地之學，則兩家蓋周、召分封之望云。

清・朱一新《無邪堂答問》卷二 近時龔定盦、魏默深縱橫學《國策》，廉悍學《韓非》，頗足補桐城之所未逮。龔勝於魏，而僞體尤多。定盦才氣，一時無兩，好為深湛之思，而中周、秦諸子之毒，有時為彼教語，亦非眞有得於彼教，聊以佐其蕩肆而已。刻深峭厲，既關性情；蕩檢偷閑，亦傷名教。學之頗多流弊。魏氏雖不及其精深，尚未至如是橫決。

藝文

清・鈕樹玉《匪石山人詩・龔君率人出示詩文走筆以贈》 翠虯遊青霄，醯雞舞盆盎。賦形既懸絕，高下焉能仿？大雅久不作，斯文日惝怳。蛙聲與蟬噪，傾耳共嗟賞。浙西挺奇人，獨立絕俛仰。萬卷羅心胸，下筆空依仗。余生實鄙陋，每獲親俶儻。偏覽所抒寫，如君竟無兩。君今方盛年，負志多慨慷。大器須晚成，良田足培養。陽氣已潛萌，萬彙競生長。率爾成贈言，聊以資撫掌。

清・鈕樹玉《匪石先生文集》卷下《記游洞庭》 嘉慶丁丑，余在上海道署度歲，相訂龔大自珍同遊洞庭。戊寅正月二十五日，余同葉小梧至山。二月一日午後，龔君繼至，下榻守樸居。是日同遊雨花臺、翠峰、古雪居及薇香閣，觀紫香悟道泉。三日清晨，詣翁巷葉少愚家，更至孔敬堂家，即同敬堂登四宜閣，又觀柳公井，由橘社復至古雪居。山僧出紙索書，余正書楹聯一，隸書門聯二。定盦題名於東壁，余亦續記。飯罷，振衣登莫釐峰頂，俯視環湖羣野，定盦以為平生遊覽得未曾有。歸途經三茅峰，少憩啜茗，日夕下山暢飲。四日，舟行至金灣叢桂堂午飯，飯畢，上舟至査灣，並約周君嬾漁同往石橋，遊壑舟園，登天檜閣，返至嬾漁家晚膳。二鼓登舟，直至長圻停泊。是夕微雨，抱悶而寢。天明雲霧未散，鋭意渡湖，往石公登眺。尋忽朗霽，久坐歸雲洞。龔君興酣，題名於洞右。更遊一線天，余直造其巔。還至舟中午飯，飯後放舟至鎮，下探林屋洞。洞中有水不能入，即遊靈祐觀，即唐時神景宮，俗名嶽廟也。丁巳年，余隨錢宮詹竹汀先生來遊，曾宿此。竹汀先生隸書云性軒扁，刻木懸於殿之右室。竹汀先生久歸道山，同遊者袁君壽，皆亦相繼下世，俯仰悲感，屈指相隔已二十有二年矣。定盦作長短句一首，余亦續題四十字，以志今昔云。返棹由黿山、葉餘山麓，進渡水橋，申昏至守樸居，劇談而別。六日，邀諸君同來余家小園午飯，出爐餘石刻，觀玩移時，即送龔君登舟回吳門。是年正月多雨雪，一月只晴六七日，自龔君至，至五日，無一日陰晦，豈宿緣歟？七日，坐齋中，爰志一時勝遊，所有題詠，録具別紙。

清·魏源《古微堂詩集》卷一《客懷八首柬龔定盦舍人》　一季春一度，一夜夢一枕。春去夢醒時，回首了無影。微雨原上來，洗我竹囱靜。以君衣上月，照我花前飲。門前臨大道，石坂成畦畛。左有萬蹏痕，右有千轍軫。自有宇宙來，車馬無停騁。車上客遙遙，車下塵隱隱。

長安都會地，車馬萬闐咽。所喧本非我，城市如山澤。入門紛書冊，出門耽水石。苦樂雖殊途，同為物所役。何如掩一關，虛室中宵白。勞勞嘑夜烏，夜靜未遑息。

奇才與庸福，天地慳其兼。繁豔與碩果，華實無兩全。萬中縱遇一，造物錘其偏。古來旗常士，福居才之先。春來百勢震，潮漲千艘前。疇鼓三冬雷，而使石尤船。

東風吹草青，西風吹草黃，惟有客子心，不隨草短長。束髮慕仙真，倒景淩扶桑。幸遇廣成子，牖我先天方。中道牽小術，歧路多亡羊。日暮臨廣莫，天風振枯桑。前途悵淼淼，後轍悲茫茫。鷩沙如海濤，欲濟川無梁。安得遵雲衢，及此桑榆光。

金風扇大火，衆星皆左逆。剛蟲滿山川，仁鳥遠避匿。槐風吹海雨，涼煙蕩空碧。使我萬古心，一往不可抑。日讀一編書，頃刻悲忻易。皇王帝伯迹，去如燕鴻客。天宇時獨遊，户庭長不出。蕭蕭落葉中，陰陽玩消息。

地平如板輿，天覆如穹廬。與君百年內，託足無斯須。試問所營營，花蕊上蜂鬚。一春所醞釀，廣為三冬儲。下備子孫哺，上奉君王需。區區一飽間，竭此百年軀。誰知甘似飴，出自苦之餘。

長安豈不樂，作客損紅顏。炎暑何處避，請遊清溪邊。松風忽然起，吹落高崖前。此時側吾耳，一身生一天。何當吹此聲，送入闤市間。故人隔重城，使我心悁悁。

桃源杳如許，武陵萬仞山。緬想秦時人，生死桃花間。謂世無長生，日月巡雙環。謂世有長生，樓船去不還。忽忽浮海歎，傷哉從遊難。

又《崑山別龔定盦自珍》　人神孰波濤，天地誰鐘鼓。天昌一鳥鳴，同滴胥江浦，使為世所譁，又為饑所俯。昨夜城頭雷，才響過江雨，海風吹夢涼，白月滌塵語。夜話潮入籬，起踏花影舞。半生湖海氣，百年漂泊旅。暫回屠龍技，甘作亡羊補。息心浮妙香，回光照今古。行當登莫釐，不共搴芳杜，鳴榔一回首，雲木昌平楚，明宵夢我舟，湖心浪如堵。

清·劉逢禄《劉禮部集》卷一一《題浙江、湖南遺卷》　之江人文甲天下，如山明媚兼嶙峋，盎盎春溪比西子，浣花濯錦裁銀雲。神禹開山鑄九鼎，罔兩頫伏歸洪鈞。鋒車昔走十一郡，奇祥異瑞羅繽紛。茲登新堂六十俊，就中五丁神力尤輪囷。紅霞噴薄作星火，元氣翕鬱輝朝暾。骨驚心折且揮淚，練時良吉齋肅陳。經旬不寐探消息，那知鍛羽投邊塵。文字遼海沙蟲耳，司中司命何歡嗔？更有無雙國士長沙子，孕育漢魏眞經神。尤精選理躒鮑謝，暗中劍氣騰龍鱗。侍御披沙豁雙眼，手持示我咨嗟頻，翩然雙鳳冥空碧，會見應運翔丹宸。萍蹤絮影亦偶爾，且看明日走馬填城闉。

清·吳清鵬《笏盦詩草》卷四《雨後訪張淵甫履孝廉，兼懷魏默深、龔定盦》　京國遊上才，奇士得龔魏。淵甫參其間，益見所養粹。春色映紫髯，仙響振清唳。談經已大醇，入座非小異。見之意每消，別後心常係。雲陰過晚雷，雨脚洗炎熾。出門衫履適，舉目清景麗。梧館倚高涼，蘭池升靜氣。正可一夕談，更析十年義。魏子獨奈何，尚跨玉關騎。書生走戎幕，萬里空憔悴。龔生近好遊，頗受細名累。樂此今夕行，未肯遂同轡。悵望如玉材，歎息斷金利。

清·蔣湘南《春暉閣詩集》卷五《書龔定盦主政文集後，並懷魏默深舍人》　文苑儒林合，生平服一龔。朝容方朔隱，世責展禽恭。滄海橫流溢，高山大壑逢。齊名有魏子，可許我為龍。

清·宋翔鳳《浮谿精舍詞·香草詞·珍珠簾·余庚辰應禮部試，以迴避先出都門，龔定盦賦〈紫雲回〉三絶相送，紬繹已久，因度此詞以答之》　斷腸只有春明路。侭年年，水瑟雲璈空賦。不盡玉階情，又一番風露。但見蘆溝橋上月，肯照取蹇驢歸去。難去。為引夢千絲，傷心幾樹。

簾底任我徘徊，漸啼鳥悄悄，清宵難曙。欲待問青天，怕總無憑據。都道杏花消息早，恁不把，花魂留住。誰住。分樓殿茫茫，江湖處處。

又《高陽臺·次龔定盦韻》　雲疊離情，風牽別緒，過來幾個今宵。人在天涯，芳時各恨飄蕭。尊前莫唱傷心曲，有年時種種無憀。怕蹉跎，冷到瓊花，咽到瓊簫。

休憎一水盈盈隔，喚蘭舟渡去，瑤想全拋。如此相逢，淚斑總漬冰綃。消愁説是杯中酒，為愁多，酒也難消。又無端，玉頰微侵，欲暈紅潮。

清·宋翔鳳《浮谿精舍詞·洞簫詞·百歲令·歲暮舟中讀龔定盦詞》　相逢能幾，侭相思，頻過花開時節。料理平生惟有恨，卻羨詞人能説。瓊字層層，瓊樓曲曲，護爾成冰雪。言愁偏我，回腸今夜空熱。

誰計歲月都深，新來瘦損，那是前番別。拍遍新聲疑夢裏，看盡殘釭明滅。風雨長宵，天涯多感，一片心魂結。不須頻問，暮笳何事淒絶。

又《洞仙歌·再題定盦詞》　香銷酒冷，是年來情緒。觸動淒涼得君語，為春蠶早夜。抛了繅車，如再轉，不定安排何許。

元知無倚著，墮向情天，賸有情絲理還吐。莫去問琵琶，搓作哀弦，已負盡詞人辛苦。為鎮夕，長吟寄空江。道幾尺潮添，未闌寒雨。

清·周儀暐《夫椒山館詩集》卷一八《富莊驛題壁和龔孝廉自珍韻》　何曾神女有生涯，漸覺年來事事賒。夢雨一山成覆鹿，頹雲三角未盤鴉。春心易屬將離草，歸計宜栽鉅勝花。扇底本無塵可障，一鞭清露別東華。

雜録

清·段玉裁《經韻樓集》卷九《外孫龔自珍字説》　龔壻之子，小字阿珍，嘉慶庚午，其父名以『自珍』，以副車貢於順天。其父書來，請字於余。余曰：字以表德，古名與字必相應。名曰自珍，則字曰愛吾宜矣。

夫珍之訓藏也，藏之未有不愛之者也。愛之義大矣哉！愛親、愛君、愛民、愛物，皆吾事也。未有不愛君親民物，而可謂自愛者；未有不自愛而能愛親、愛君、愛民、愛物。充乎其量，曲當乎其宜，無慙古賢聖者。故必自愛而後能愛人。今之自愛者，多塗矣。以飽暖竟吾，是鳥獸吾也；以美官榮吾，是傀儡吾也；以貨利贍吾，是商儈吾也；以辭章剿説誇吾，是幋帨吾也；以和光同塵，似忠信、似廉潔偷吾，是則莠紫吾也。吾之不為幋帨，不為莠紫者，天下尠矣。然則，孰是其能愛吾也哉？然則，何以愛吾者，其必在五者之外哉？陶元亮曰：『衆鳥欣有託，吾亦愛吾廬。』夫惟元亮乃有元亮之廬，不知吾愛而惟廬之愛廬，雖安，吾何在也！

書以答吾壻，固吾壻命名之意也夫！嘉慶辛未元旦，書於七葉衍祥堂，年七十有七。

又《與外孫龔自珍劄》　久欲作一劄，勉外孫讀書，老懶遂中止。徽州有可師之程易田先生，其可友者，不知凡幾也？如此好師友，好資質，而不鋭意讀古書，豈有待耶？負此時光，禿翁如我者，終日讀尚有濟耶？萬季埜之誡方靈皋曰：『勿讀無益之書，勿作無用之文。』嗚呼，盡之矣！博聞强記，多識蓄德，努力為名儒，為名臣，勿願為名士。何謂有用之書？經史是也。茂堂泐，時年七十有九。

清·陳元祿《羽琌逸事》　公姓龔氏，名自珍，小名阿珍，一名易簡，字愛吾，為金壇段先生玉裁所字，有《外孫龔自珍字説》一篇，載《經韻樓集》。一曰定盦，號瑟人，嘗自稱定公，後名鞏祚。道光壬辰讀爰書，有名龔自某者，惡之，乃改今名。尋復名自珍，學佛名曰鄔波索迦。

所居曰羽琌山館，在蘇州府，屬昆山縣。又曰寶燕閣，藏趙飛燕玉印者。又曰禮龍樹齋，又曰奢摩它室。

世為浙江省杭州府仁和縣人，隸籍仁和，而實居於錢唐也。公詩曰：『家住錢唐四百春』是其證。生於其鄉馬坡巷，高宗純皇帝乾隆五十七年七月五日午時也。卒於江蘇鎮江府丹陽縣縣署，今皇帝道光二十一年八月十二日辰時也。

公廣額巉頤，戟髯炬目，喜自擊其腕。

善高吟，聲淵淵若出金石。京師史氏糾同志以孟秋祀孔子於浙紹鄉祠，其祭文必屬公讀之。

公與同志縱譚天下事，風發泉湧，有不可一世之意，而後學有所問難，則源流誨之，循循然似老師，聽者有倦色，公木然也。輿皂稗販之徒暨士大夫，並稱公為龔獃子。

嗜雞子，酒闌肴罄，必煎二枚食之，曰熹其有渾沌之氣。

性不熹修飾，故衣殘履，十年不更。嘗訪按：此下原有『其子之妻之弟』六字，涂去。陳元祿於京師七井胡同，時九月也，秋氣肅然，侍者觳觫立，公衣紗衣，絲理寸斷，脫帽露頂，發中生氣蓬蓬然。

在京師初宅上斜街，手種紅梨一樹，花凡五出，日下無雙。

幼時侍父兵備公官京師，居近法源寺，唐之憫忠寺也，俗仍之。稍長，保母攜之入寺，輒據佛座嬉戲，揮之弗去。

少時讀《東方朔傳》，恍惚若有遇，自謂曼倩後身。有『曼倩後身』印，嘉興文鼎鐫之。

公詩文搖筆即成，而不苟作，梁侍郎章鉅嘗乞賦《虎丘古鼎歌》，公欲仿翁覃溪學士體為之，自謂遒鬱未及覃溪，遂不報。

在江左，好藏書，凡文淵閣未著録者，及流傳本之據善本校者，必輾轉寫副歸。道光二年毁於火，歲歲以酒醢祭之。

少好讀王文荊公《上仁宗皇帝書》，手録凡九通，慨然有經世之志。年十八，撰《西域置行省議》、《東南罷番舶議》，凡數萬言。

公於蒙古塞外山川民物，言之確確，尤熟於皇朝掌故。在京師與程大理同文相辨難，人稱程龔。

己丑朝考，御試《安邊綏遠疏》，公陳南路北路利弊及所以安之之策，娓娓千言，讀卷大臣故刑部尚書戴敦元大驚，欲置第一，同官不韙其言，竟擯之。

公在史館日，上書總裁官，論西北塞外部落源流山川形勢，訂《一統志》之疏陋五千言。在內閣日，上書大學士乞到閣看本千餘言。在禮部日，上書堂上官，論四司政體宜沿宜革者三千言。

道光十二年夏，大旱，詔求直言，大學士蒙古富文誠公俊五度訪公，公陳當世急務，辨朝儀，汰冗濫等凡八事，文誠讀至汰冗濫一條，動色，以為難行。他甚韙之。

公常至兗州，不至曲阜。道光歲癸未，《五經大義終始論》成；壬辰，《羣經寫官答問》成；癸巳，《六經正名論》成，《古史鉤沈論》又成，乃慨然曰：可以如曲阜謁孔林矣。己亥冬，乃謁林，齋於南沙河，又齋於梁家店，兩廡巡祀儒者，有拜有弗拜，亦有强公一揖不可者。

公遊曲阜，主聖裔繡山憲彝拏雲館，有『清尊三宿孔融家』之句，愛其淳古，欲以幼女妻繡山子，為他年重到之緣，繡山欣然許之。公歿後，繡山卒踐其約，光州吳侍讀葆晉及元祿為蹇修焉。

道光十九年，投牒南歸，破戒為詩，每得詩一篇，用逆旅雞毛筆書於帳簿紙，往來九千餘里，得紙團三百十五枚，蓋作詩三百十五篇也。艤舟吳門，杭人已有傳其詩者，時有詩先人到之謠。

召伯虎敦，姬大母鬲，公所藏器，朔望則具衣冠率二子拜之。指示曰：此孔子以前物也。

公童時居湖上，有小樓在六橋幽窈之際，嘗於春夜梳雙丫髻，衣淡黃衫，倚闌吹笛，歌東坡《洞仙歌》詞，觀者豔之，為作《湖樓吹笛圖》，以紀其事，余學士集題《水仙子》一詞。

公交友嚴，好直言，劉鍾汶者，俠士也。嘗遠行，公送之詩。其序曰：『方水從吾遊久矣，而氣益浮，中益淺，吾慮其出門而悔吝多也。然吾方托以大事，倚杖之如右手，以其人質直無可疑者，特不學無術耳。爰勗以一詩送其行。』

元祿謹案：鍾汶字方水，《破戒草》有《送劉三》詩，即其人也。

在京師嘗乘驢車，獨遊豐台，於芍藥深處藉地坐，拉一人共飲，抗聲高歌，花片皆落。益陽湯郎中鵬過之，公亦拉與共飲。郎中問同坐何人，公不答。郎中疑為仙，又疑為俠，終不知其人。

戊戌還杭州，居恒具盛饌，而不召一客，至期設席，舉匕鬯呼名而揖讓焉，皆鄉前輩也。最後二人則吴祭酒錫祺及先高祖王父太僕公按：陳兆崙也。

公嘗夢中受詞一卷讀之，一人曰：此天琴譜也。

又嘗夢至一區，雲廊木秀，水殿荷香，風煙郁深，金碧嵯麗，月光吞吐在百步外，盪瀣氣之空濛，都為一碧，散清景之離合，不知幾重。一人告之曰：此光明殿也。寤而賦《桂殿秋》詞紀之。

《懷人館詞·減蘭》小引曰：『偶於叢紙中得花瓣一包，紙背細書辛幼安「更能消幾番風雨」一詞，乃是京師憫忠寺海棠花，戊辰暮春所戲為也。泫然久之。』

公少嘗夢人授以玉印，內孕采痕一星，後數日，以白金六百九十七兩二錢於嘉興文氏獲漢鳳紐白玉印一枚，映日視之，朱痕宛然如夢中者，文曰『緁伃妾趙』，末一字為鳥篆，鳥之喙三，鳥之趾二，定為飛燕故物。既為《説玉》一篇載文集，復賦詩編徵寰中和之。

公所藏葉小鸞女子眉子硯，作長圓形，縱竟二寸七分，横一寸六分，厚四分，側鐫疏香閣三字，背鐫眞書云：『舅氏從海上獲硯材三，琢成，分貽余兄弟，瓊章得眉子硯云。二小詩曰：「天寶繁華事已陳，成都妙手樣能新。如今只學初三月，怕有詩人説小顰。」「素袖輕籠金鴨煙，明窗小幾展吴箋。開簾一硯櫻桃雨，潤到清琴第幾弦。」已巳寒食題。』末刻小鸞朱文長圓小印一，公賦《天仙子》詞寵之。

漢熏盧，公所藏。賦《菩薩蠻》詞曰：『冶藍活翠沉沉碧，人間無此傷心色。誰爇此盧香，才人居未央。摩挲長未忍，心上温馨肯。夢到古長安，茂陵春雨寒。』今詞集不載。

羽琌之山藏庋奇物，不可勝紀，而『三秘十華九十供奉』尤為最。

【略】

嘉慶戊寅中，撰平生師友言論及所見古物，為《學海談龍》四卷。

撰《定盦文集》百卷，子宣編校之，省為三十卷。

詩編年，始嘉慶丙寅，終道光戊戌，勒為三十卷。《破戒草》二卷，《己亥雜詩》一卷，皆別行。

年十九，學為詞，道光壬午歲勒成六卷，曰《紅禪詞》，曰《無著詞》，曰《懷人館詞》，曰《影事詞》，曰《小奢摩詞》。

選功令文，自明逮國朝數千篇，題曰《玉山温夢録》。

公曰：外王父段先生曰，為學嗜瑣固取譏，若惡瑣而肆意闊略，亦非積小以高大之義，況學問門逕既殊，既不相謀，遠而望之，皆一丘一壑耳。身入其中，乃皆成泰山滄海，涉歷艱苦，皆無盡也。又曰：貧女尚有鍼線纏綿，況學士乎？故單詞碎義，雖不成文章，棄之盡可惜。自珍服膺不敢忘。

又曰：王言四代及曾子十篇，中間多精語可采，而間有怪麗之詞，非六經之文也。餘篇亦有可采，當作漢時雜家觀，賢於讀魏晉後文章遠矣。【略】

公曰：《古文苑》僞本無疑。

公論王安石《上宋仁宗皇帝書》今士之所宜學者一段曰：自珍讀之二十年，每一讀，則浮一大白。又其書曰：『竊惟在位之人才不足，而無以稱朝廷任使之意，朝廷所以任使天下之士者，或非其理，而士不得盡其才。』公曰：萬言書，實二言而已。

公曰：《長恨歌》曰『回頭一笑百媚生』，乃形容勾欄妓女之詞，豈貴妃風度耶？嘗謂白居易眞千古惡詩之祖。

益陽湯郎中鵬，嘗遊江南，成《江南遊》七律百首。其《金陵別》有句云：『江水東流終不斷，夕陽西指是相思。』公數諷之。

公曰：書家有三等，一為通人之書，文章學問之光，書卷之味，鬱鬱於胸中，發於紙上，一生不作書則已。某日始作書，某日即當賢於古今書家者也。其上也，一為書家之書，以書家名，法度源流備於古今，一切言書法者，吾不具論。其次也，一為當世館閣之書，惟整齊是議，則臨帖最妙。夫明窗淨几，筆硯精良，專以臨帖為事，天下之閑人也，吾難得此暇日。偶遇此日，甫三四行，自覺胸中有不忍負此一日之意，遂輒弗為，更尋他務，雖及瑣碎，亦苦心耗神而後已。卒之相去幾何，眞天下之勞人，天下之薄福人也。

公告益陽湯郎中，欲撰《捕龍蛇虎豹文》，今集中無之。

清·魏季子《羽琌山民逸事》　山民己丑年四月二十八日應廷式，

交卷最早。出場，人詢之，山民舉大略以對。友慶曰：『君定大魁。』山民以鼻嗤曰：『看伊家國運何如。』蓋文內皆係實，對於西北屯政綦詳也。

山民在京師，一日，同人招遊陶然亭。有某王孫者，粗獷不識文，顧聯句賦詩。山民請首倡，遂題句云：『柳暗花明三月天』，山民聯其下云：『太夫人移步出堂前。』王孫大笑曰：『我輩賦詩，只七言或五言，子今乃成八字，何耶？』山民曰：『子乃賦詩耶？若賦詩，我定以七、五言報若矣。』

山民一日在劇園當臺坐，友列坐言龔氏歷氏學派，次及其尊人闇齋先生麗正，段金沙婿也，官蘇松太兵備道，山民微首肯曰：『稍通氣。』次及其叔父禮部尚書守正後謚文恭，山民曰：『一竅不通。』大笑，遂以足置桌上，以背倚椅，一頓身撲於地。滿園皆大笑。

山民不喜治生，交遊多山僧、畸士，下逮閨秀、優倡，揮金如土。囊罄，輒又告貸。予家有園林，在揚州倉巷，亭臺樓閣，稱一時之盛。一日，山民至，先王父出見，見所著白狐裘下截皆泥汙，而上半甚新。詢之，山民曰：『吾自金陵渡江，天大雪加寒，雨生脫裘相贈。』蓋湯公身修削，山民故短小，不知付匠修改，雖半入泥塗弗覺耳。

山民至揚，多寓予園之秋實軒。秋實軒者，有古桐數株，相傳為李唐舊植。山民暇輒低詠其下。一夕，與客談甚歡，遂坐桌上，迨送客，靴不知所在。越數日，山民行，僕輩於帳頂得之。蓋談笑極愜，手舞足蹈，無意之際，不覺靴之飛去耳。

山民喜讀書，手不釋卷。晨起，僕人置槃香一，淡巴姑一，巨罌旁置一煙筒而計甚鉅，山民日坐其間，無他事焉。倦即沈睡，雖著朝衣，戴冠鞬，亦仍之。僕有為解脫，必斥逐勿赦。

山民故簡傲，於俗人多側目，故忌嫉者多。阮文達家居，人有以鄙事相浼，則偽耳聾以避之。山民至揚，一談必罄日夕。揚人士女相嘲曰：『阮公耳聾，見龔則聰；阮公僉嗇，交龔必闊。』兩公聞此，大笑勿恤也。

山民有異表，四頂中凹，額罄下而頦上卬，短矮精悍，兩目炯炯，語言多滑稽，而常數日弗盥沐。廡予園，先王父另委兩僕恭伺之。一日晨，山民大怒，呼主人至曰：『爾僕鬭我，吾向不喜盥沐，乃用槃水數數相溷，是輕我也，賢主人乃用此僕乎？』王父笑謝之。

山民與先王父有齊名之稱，交亦至密。兩姓子弟，多用伯叔兄弟稱，而不用姓。龔孝拱稱王父為二叔，先人稱山民為大伯。二老常相謂孰後死，孰為定集。山民先卒，王父索其稿於嗣子，編為《文録》，且序之。頃吳氏所刻者，《詩録》山民自訂，而《文録》經其子手，恐不復仍存於世間。

山民之南歸也，湯海秋侍御書楹帖贈之云：『海內文章伯，周南太史公』。跋云：『定盦將之江南，書十大字以壯其行。』山民過常州，舟覆，楹帖遂失。

先王父修《聖武記》於絜園，山民書贈楹帖云：『讀萬卷書，行萬里路；綜一代典，成一家言。』

鉤弋玉印，山民極寶貴之。後歸嶺南海山仙館潘仕成氏。山民次子寶祺為予言，同治初，潘氏籍沒，此印不知流落何所。

山民學佛，主持呪及天臺、法華宗旨，詈禪字，嘗謂是不識字髡結所為，蕙風講師錢伊盦居士屢呵之，弗怪。先王父論之曰：『定盦學問，皆在語言文字，至掃除一切，不立文字，則無置身之處，此所以不識禪玄也。』

清・李伯元《南亭四話》卷一《莊諧詩話・龔定盦軼事》 龔定盦曾為宗人府主事，其時某王以遠支而管府事，定盦常以白事詣邸中。傳聞王有側福晉某氏者，素工文翰，愛定盦才，每藉左右遞簡唱酬，定盦集中《己亥絕句》有云：『一騎傳箋朱邸晚，臨風遞與縞衣人。』又詞云：『奏記簾前，佩環聽處依稀似。』即紀其事也。後為人所知，慍甚，頗有不利於定盦之意。定盦因此乞假南歸云。

魏源分部

傳記

《魏源集・附録・魏耆〈邵陽魏府君事略〉》 府君諱源，字默深，先世江西太和縣人，於明初遷湖南邵陽之金潭。曾祖諱大公，字席儒。祖諱志順，字孝立，隱居不仕，篤行著邑乘。父邦魯，字春煦，有四子，府君其仲也。生於乾隆五十九年甲寅三月二十四日辰時。先一夕，母陳太恭人夢有古衣冠者，持巨筆及金色花授之曰：『以是為汝子。』夢覺而誕。幼寡嬉笑，常獨坐。祖孝立公愛異之，常撫謂家人曰：『此子性貌並不恒。勿以常兒育之也。』

七八歲，入家塾。就扃一室，偶出，犬羣嗥。夜手一编，咿唔達旦。母憫其過勤，每夜定，滅燈令臥。乃伺二老熟寐，潛篝燈被底翻閱。久為所覺，諭以長夜攻苦，非童稚所宜，繼至涕泣，始少弛。九歲，應童子試。縣令某公，於唱名時指茶甌中畫《太極圖》曰：『杯中含太極。』時懷二麥餅，即應聲曰：『腹內孕乾坤。』令大驚異。

家素封，累世好施予，敬斯文，至席儒公尤篤。雖傭佃有子弟就傅者，亦捐其租入之半給膏火；有全不納者，亦聽之。值大饑，有司責賦急，合縣驚騷，幾致變。孝立公慨然赴縣，毁產代輸，邑衆以安，家亦中落。春煦公因筮仕江蘇，道遠不能顧，益窘。祖母匡太恭人，年衰病瘓，動須人，母陳太恭人隻身扶掖，哺甘滌穢，數年如一日。夜則燃豆秸，母績子讀，欣欣忘貧。鄉人謂先世尚義博施，而母孝子賢，天必有以昌其後。

十五歲，補縣學弟子員。始究心陽明之學，好讀史，貧無書，假之族塾。伯父坦齋公以幼學，禁雜泛，乃伺便寫讀。十七歲食餼，名聞益廣，學徒接踵。嘉慶癸酉二十歲，舉明經。明年侍春煦公起復入都，遂留從胡墨莊先生問漢儒家法。周石芳侍郎系英，偶見府君詩篇敦雅，四出揄揚，數日名滿京師，中朝公卿爭納交焉。是時，問宋儒之學於姚敬塘先生學塽，學《公羊》於劉申受先生逢祿，古文辭則與董小槎太史桂敷、龔定菴禮部自珍諸公切磋焉。湯敦甫相國金釗，為府君拔貢座主，因餉《大學》古本，五十餘日不過候，相國疑其疾，問之。府君垢面出迎，鬔髮如蓬，相國愕眙。及出所業，瞿然歎曰：『吾子勤學罕覯，乃深造至此，然而何不自珍愛乃爾也！』李春湖侍郎宗瀚，提學湖南時，府君受知最深，至是延館京邸，待之甚厚。

己卯，中順天鄉試副貢生。道光元年辛巳，又中順天鄉試副貢生。壬午，中式順天鄉試舉人第二名。善化賀耦庚制軍長齡，為江蘇布政使，延輯《皇朝經世文編》，遂留意經濟之學。時巡撫為陶文毅公澍，亦以文章經濟相莫逆，凡海運水利諸大政，咸與籌議。

戊子，遊浙江杭州，晤錢伊菴居士東甫，從聞釋典，求出世之要，潛心禪理，博覽經藏。延曦潤、慈峯兩法師，講《楞嚴》、《法華》諸大乘。畢，回蘇州，聞舟鉦，有省。

己丑，應禮部試不第，遵酌增例，以內閣中書舍人候補。內閣為典籍之藏，國朝掌故之海，乃留意一代典故之學。

庚寅，回酉張格爾擾西陲，果勇侯楊公芳參贊軍務。府君以與有文章之好，遂請從自效。至嘉峪關，聞罪人斯得而返。

辛卯春，以春煦公病亟，乞假定省。七月，春煦公棄養，哀毁骨立，幾弗勝喪，茹素三年，笑不見齒。乃究心堪輿之術，窮探極覽，不遠千里；以牛眠難驟遘，於壬辰冬暫厝於蘇州城外之金姬墩。

陶文毅督兩江，以兩淮鹽法凋弊，思更張。府君謂救弊先其急，議改淮北試行票鹽，裁浮費，減鹽價，以輕商本。於是官鹽價減於私販，梟化為良，引銷課裕，每年溢額數十萬，藉補南課之不足。至今論鹽法者，咸宗之。後兩江制府，如江夏陳公鑾、侯官林公則徐、長白璧公昌、長沙李公星沅、沔陽陸公建瀛，凡有漕、河、鹽、兵等政更張，皆延與議定而後行。

十五年，以陳太恭人春秋高，思所以盡其歡，買園於揚州新城，甃石栽花，養魚飼鶴，名曰絜園。

二十二年，英夷犯海疆，江、浙震動。欽差大臣長白裕公謙，督浙江防剿，延致幕府。數月辭歸。裕公陣歿後，撫議遂成，有感而著《聖武記》。其序曰：

『荆楚以南，有積感之民焉，生於乾隆征苗之前一歲，中更嘉慶征教匪、征海寇之歲，迄十八載畿輔靖賊之歲始貢京師，又迄道光征回疆之歲，始筮仕京師。京師，掌故海也，得借觀史館秘閣官書及士大夫私家著述，故老傳聞，於是我生以後數大事及我生以前訖國初數十大事，磊落乎耳目，磅礴乎胸臆。因以溯洄於民力物力之盛衰，人材風俗進退消息之本末。晚僑江、淮，海警沓至，愾然觸其中之所積，乃盡發其櫝藏，排比經緯，馳騁往復，先出其涉兵事及嘗所論議若干篇，為十有四卷，統四十餘萬言，告成於海夷就款江寧之月。

「乃敘其端曰：天地以五行戰陰陽，聖人飭五官則戰勝於廟堂。戰勝於廟堂者若之何？曰聖清尚矣。請言聖清以前之事：今夫財用不足，國非贏，人材不競之謂貧；令不行於海外，國非贏，令不行於境內之謂贏。故先王不患財用而惟亟人材，不憂不逞志於四夷，而憂不逞志於四境。國無不材，則國楨富；境無廢令，則國柄强。楨富柄强，則以之詰奸，奸不處；以之治財，財不蠹；以之蒐器，器不窳；以之練士，士無虛伍。如是，何患乎四夷，何憂乎禦侮！斯之謂折衝於尊俎。

「嘗觀周、漢、唐、宋、元、明之中葉矣，瞻其闕，夫豈無懸令？詢其廷，夫豈無充位？人見其令雷行於九服，而不知其令未出於階闥也；人見其材雲布於九列十二牧，而不知其槁伏於灌莽也。無一政能申軍法，則佚民玩；無一材堪充軍吏，則敖民狂；無一事非耗軍實，則四民皆荒。佚民玩則畫筆不能令一羊，敖民狂則蟄雷不能破一牆，四民皆荒。然且今日揖於堂，明日觴於隍，後日胠於藏，以節制輕桓、文，以富强歸管、商，以火烈金肅議成湯，奚必問其勝負於疆埸矣。

「《記》曰：『物恥足以振之，國恥足以興之。』故帝王處蒙業久安之世，當渙汗大號之日，必虩然以軍令飭天下之人心，皇然以軍事軍食延天下之人材。人材進則軍政修，人心肅則國威遒，一喜四海春，一怒四海秋。五官强，五兵昌，禁止令行，四夷來王，是之謂戰勝於廟堂。故後聖師前聖，後王師前王，莫近於我烈祖神宗矣。《書》曰：『其克詰爾戎兵以陟禹之迹，方行天下，至於海表，罔有不服，以覲文王之耿光，以揚武王之大烈。』用敢拜手稽首作《聖武記》。」

甲辰，中式禮部會試第十九名。乙巳，補行殿試，第三甲，奉旨賜同進士出身，以知州用，分發江蘇。是秋，奉檄權揚州府東臺縣事，禮耆德，懲奸猾，士民悅服。先是，前令葛公起元，將收漕，奸民聚譁，挾長短，幾成大獄，故大府以府君代之。開倉之次日，金聲四起，吏卒無措。府君曰：「此奸民欲踵前智也，少緩黨固矣，宜急捕。」遂率吏卒開門，尋金聲掩之，須臾，擒二十餘人，置諸獄，衆竄散。父老諭之曰：「魏公勤惠，是愛我者也，何自取夷滅耶？」多自縛輸誠，悉遣之，民益感勸，數日畢事。

丙午夏，以母憂去官，毁瘠如前，欲茹素亦三年。至冬仲，飲食日損。家人咸以素務鋭進，不事珍衛，且年逾五十，精氣非昔，不可過淡薄，固請食肉，始允。

以前年英夷撫議，當事者為其寫遠，不諳底蘊所致。遂於讀《禮》之暇，搜攬東西南北四洋海國諸紀述，輯《海國圖志》，及輪船機器各圖說，成六十卷，以資控制。其序曰：

「《海國圖志》六十卷，何所據？一據前兩廣總督林尚書所譯西夷之《四洲志》，再據歷代史志及明以來島志，並近日夷圖、夷語。鈎稽貫串，創榛闢莽，前驅先路。大都東南洋、西南洋增於原書者十之八，大、小西洋、北洋、外大西洋增於原書者十之六。又圖以經之，表以緯之，博參衆議以發揮之。何以異於昔人海圖之書？曰：彼以中土人談西洋，此則以西洋人談西洋也。是書何以作？曰：為以夷攻夷而作，為以夷款夷而作，為師夷長技以制夷而作。

「《易》曰：『愛惡相攻而吉凶生，遠近相取而悔吝生，情偽相感而利害生。』故同一禦敵，而知其形與不知其形，利害相百焉；同一款敵，而知其情與不知其情，利害相百焉。古之馭外夷者，諏以敵形，形同几席；諏以敵情，情同寢饋。

「然則執此書可以馭外夷乎？曰：唯唯，否否。此兵機也，非兵本也；有形之兵也，非無形之兵也。明臣有言：『欲平海上之倭患，先平人心之積患。』人心之積患如之何？非水，非火，非革，非金，非沿海之奸民，非吸煙販煙之莠民。故君子讀《雲漢》、《車攻》，先於《常武》、《江漢》，而知《二雅》詩人之所發憤；玩卦爻內外消息，而知大《易》作者之所憂患。憤與憂，天道所以傾否而之泰也，人心所以違寐而之覺也，人才所以革虛而之實也。

「昔準噶爾跳踉於康熙、雍正兩朝，而電掃於乾隆之中葉。夷煙流毒，罪萬準夷，吾皇上仁勤，上符列祖，天時人事，倚伏相乘，何患攘剔之無期？何患奮武之無會？此凡有血氣者所宜憤悱，凡有耳目心知者所宜講畫也。去偽，去飾，去畏難，去養癰，去營窟，則人心之寐患祛，其一。以實事程實功，以實功程實事，艾三年而蓄之，網臨淵而結之，毋馮河，毋畫餅，則人材之虛患祛，其二。寐患祛而天日昌，虛患祛而風雷行。《傳》曰：『孰荒於門，孰治於田？四海既均，越裳是臣。』敍《海國圖志》。

『以守為攻，以守為款，用夷制夷，疇司厥楗。述《籌海篇第一》。

『縱三十年，圜九萬里，經之緯之，左圖右史。述《各國沿革圖第二》。

『夷教夷煙，毋得入界，嗟我屬藩，尚堪敵愾。志《東南洋海岸各國第三》。

『呂宋、爪哇，嶼埒日本，或噬或駾，前車不遠。志《東南洋各島第四》。

『教閲三更，地割五竺，鵲巢鳩居，為震旦毒。述《西南洋五印度第五》。

『維晳與黔，地遼疆閡，役使前驅，疇咨海客。述《小西洋利未亞第六》。

『大秦海西，諸戎所巢，維利維威，實懷泮鴞。述《大西洋歐羅巴各國第七》。

『尾東首西，北盡冰溟，近交遠攻，陸戰之鄰。述《北洋俄羅斯國第八》。

『勁悍英寇，恪拱中原，遠交近攻，水戰之援。述《外大西洋彌利堅第九》。

『人各本天，教綱於聖，離合紛紜，有條不紊。述《西洋教門表第十》。

『萬里一朔，莫如中華，不聯之聯，大食、歐巴。述《中國西洋紀年表第十一》。

『中曆資西，西曆異中，民時所授，我握其宗。述《中國西曆異同表第十二》。

『兵先地利，豈間遐荒？聚米畫沙，戰勝廟堂。述《國地總論第十三》。

『雖有地利，不如人和，奇正正奇，力少謀多。述《籌夷章條第十四》。

『知己知彼，可款可戰，匪證奚方，孰醫瞑眩。述《夷情備採第十五》。

『水國恃舟，猶陸之堞，長技不師，風濤誰讋？述《戰艦條議第十六》。

『五行相剋，金火斯烈，雷奮地中，攻守一轍。述《火器火攻條議第十七》。

『軌文匪同，貨幣斯同，神奇利用，盍殫明聰！述《器藝貨幣第十八》。』

後因續得布路國人馬吉士與美里哥人高理文等所著書，又輯得四十卷，與前書合為一百卷，尤為該備。乃又敍之曰：

『談西洋輿地者，始於明萬曆中泰西人利馬竇之《坤輿圖說》、艾儒略之《職方外紀》。初入中國，人多謂之鄒衍談天。及國朝而粵東互市大開，華、梵通譯，多以漢字刊成圖說。其在京師欽天監供職者，則有南懷仁、蔣友仁之《地球全圖》；在粵東譯出者，則有鈔本之《四洲志》、《外國史略》，刊本之《萬國圖書集》、《平安通書》、《每月統紀傳》，燦若星羅，瞭如指掌，始知不披海圖海志，不知宇宙之大，南北極上下之渾圓也。

『惟是諸志多出洋商，或詳於島岸土產之繁，埠市貨船之數，天時寒暑之節；而各國沿革之始末，建置之永促，能以各國史書誌富媼山川，縱橫九萬里，上下數千年者，惜乎未之聞焉。近惟得布路國人馬吉士之《地理備考》，與美里哥國人高理文之《合省國志》，皆以彼國文人，留心《丘》、《索》，綱舉目張，而《地理備考》之《歐羅巴洲總記》上下篇，尤為雄偉，直可擴萬古之心胸。至墨利加北洲之以部落代君長，其章程可垂奕世而無弊，以及南洲孛露國之金銀，富甲四海，皆曠代所未聞。既彙成百卷，故提其總要於前，俾觀者得其綱而後詳其目，庶不致以卷帙之繁，望洋生歎焉。

『又舊書止有正面背面二總圖，而未能各國皆有，無以愜左圖右史之願。今則用廣東香港冊頁之圖，每圖一國，山水城邑，勾勒位置，開方里差，距極度數，不爽毫髮。於是從古不通中國之地，披其山川，如閲《一統志》之圖；覽其風土，如讀中國十七省之志。豈天地氣運，自西北而東南，將中外一家耶！

『夫悉其形勢，則知其控馭，必有於籌海之篇小用小效，大用大效，以震疊中國之聲靈者焉。斯則夙夜所厚幸也夫！

『至馬吉士之《天文地球合論》，與夫近日水戰火攻船械之圖，均附於後，以資博識，備利用。』

戊申，葬春煦公於江蘇上元縣之蛾眉嶺，葬陳太恭人於句容縣之龍潭蓮山。又於其旁得吉壤，以祖母匡太恭人自邵陽遷葬焉。是秋服闋。

明年己酉，奉檄權知揚州府興化縣事。興化為裏河之極窪，地勢如釜底，近高寶『郵』、洪澤二湖，秋必漲。故設南關、中新等五壩，資宣洩。民種早禾，秋初漲甚，而新穀已登，壩啓水注，無關歲事。近因堤防不堅實，慮橫決致罪，甫漲卽啓壩，雖黄穟連雲弗顧也。建瓴百里，瞬息襄陵，是以裏河七州縣，農歲苦饑，而興化尤劇。去年湖漲，壩啓早，淮、揚大饑，賴川、廣商米，不至困。是時復以漲甚，欲啓壩。節甫大暑，垂秀將實，民情洶懼。府君乍莅任，聞風馳赴，督民卒晝夜築護，與河員相持。恐不勝，請於制府陸公建瀛，亦駐節壩次，督防塞，河員乃不敢執前議。

會西風大發，澍雨翻盆兩晝夜，湖浪挾威益厲，齧堤防如沃雪。高郵將決，府君冒風雨，伏堤上哀號，願以身貸民命，自辰至未，屢為巨濤所漂，士民從者十餘萬。請少卻，不爲詘。薄暮風浪息，始休。暑雨所激，目赤腫如桃，見者感泣。陸公歎曰：『精誠所至，金石為開，豈不信然！』立秋後穫畢，壩啓，歲竟大豐。故民謂其稻曰魏公稻也。

運河舊於東堤之外，築重防，曰西堤，以捍秋汛，歲久不修，並失其址。於是，府君躬歷訪得舊基，請制府復之。嗣後，堅堤重立，足資保障，湖漲，但事築防，不得輒議宣洩，必節逾處暑，秋稼登場，始啓壩，請奏著為令，並勒石壩首。裏河士庶撰聯額詩詞頌功德，且集資建生祠，嚴檄止之。其祝釐於家者，至今不替。府君卒後，始於同治五年，士民公請附祀於興化之范文正公祠堂。不別祠者，承其志也。

庚戌，陸公念淮北改票，已著成效，而淮南鹺政敝極，欲仿法更張。府君以淮南課額重，引地遼闊，驟改之恐有鞭長莫及之虞，議改上江食岸為始，以漸推廣，則舉重若輕，弛張在握。公求急效，竟奏全改。值南鹽缺產，課不足，檄府君權淮北海州分司運判，相機調濟。乃督各場官嚴稽掃曬，杜偷漏，訪獲巨梟塘私三十餘萬，北產大盛，收逾額，以二十餘萬大引濟淮南。南課賴充，而北課又倍，因籌銀二十餘萬生息，為高、寶西堤歲修之用。議敍，得旨補缺，後以同知直隸州卽用。咸豐元年，辛亥，特授高郵州知州。因前年防堤積勞，致疸疾，目黄體脹，痰壅氣短，飲食艱，幾殆。裏河耆舊婦孺，齋戒祈禳，香火千里，吁嗟萬家。至秋雖瘳，而神明非昔矣。

癸丑二月，粵逆擾江南，陷省城，揚州繼失守。賊踪至召伯埭，去州城四十餘里。承平日久，人不知兵，合境洶沸。府君首倡團練，親督巡防，設卡以稽來往，守隘以遏竄突，添驛以通聲氣，偵探以窺賊情，重賞以作士氣，峻刑以靖內奸。旬日之間，諸務畢舉。

先是，逆舟順江而下，旌旂蔽空，莫之敢攖。自湖南永州至江蘇揚州，所當輒破，不折一矢，十餘日流毒三千餘里。以致潰逃官軍沿途焚掠，州郡不知所為。高郵南北之衝，去賊近，城中一日十數驚。府君於城外沿河，率吏卒擒斬百餘人，逃兵不敢入境，民心少安。嗣後官軍挫衄，潰兵入境，屏息潛踪，郵民無尺寸失者，實此次懲創之力也。湖西之太平莊，民居近藪澤，匿逋逃，素不法，粵警方急，建旂釁鼓謀響應。府君率吏兵夜往，擒其魁二十餘人，黎明斬示，皆懾為神，伏莽遂靖。又慮丁卒皆烏合，非戰兵之比，恐賊衆掩至瓦解，不足當。賊近必多偵者，乃徧檄州郡，張明示，稱朝廷派大員統重兵南下，已駐某地，刻日必至。間日一發，羽書絡繹。賊故徘徊瞻顧，不敢過揚州一步。三月，欽差大臣琦公善，統兵至揚，人心乃定。

道光二十九年之啓壩也，廉訪某公為淮揚兵備道，實主其議。府君尼之，大相忤。時奉命督江北防剿，遂以遲悞驛報，劾罷職。甲寅，周文忠公天爵以欽差大臣督皖軍，奏府君咨軍務。奉檄擊宿州匪，斬馘六百餘人，降衆伍仟，散其黨，平其壘而還。奉旨復官。府君以年逾六十，遭遇坎坷，世亂多故，無心仕宦，蒙文忠國士之遇，欲立微效報之，至是辭歸，而文忠亦卒。

全家時避兵僑興化，自歸不與人事，惟手訂生平著述，終日靜坐，戶不聞聲。丙辰秋初，遊杭州，寄僧舍，閉目澄心，危坐如山，客至亦不納。卽門生至戚，接二三語，便寂對若忘。丁巳二月，偶感微疾，謂從子彥曰：『昨有所徵，吾殆不久，至時，毋號哭相擾，惟靜俟氣盡，乃含殮耳。』旬日疾止，神志如常。至晦日，索湯洗濯，易襦袴。明日三月朔，金廉訪安清過候，劇談逾晷，徐謂曰：『君且休，吾將逝矣，幸致何子敬，勉進德，不及決矣！』入室凝坐，至酉刻，嗒然而逝，時年六十有四。何君紹祺，尚書文安公淩漢之子，官浙江觀察，於府君少年交，在杭常相過從者也。

嗚呼！府君生平寡言笑，鮮嗜欲。雖嚴寒酷暑，手不釋卷，至友晤談，不過數刻，卽伏案吟哦。舟中鉛黃不去手。好遊覽，遇勝輒題詠，輪蹄幾徧域中。有小印曰：『州有九，涉其八；嶽有五，登其四。』紀實也。為政尚簡恕，謂子姓曰：『守土牧令，以一人耳目之所及，防數百胥卒之欺蔽，胡可得哉？惟以誠感之，使不忍欺耳。』故聽政之暇，以典籍自娛，不事苛察。與客接，無多言；有問學者，則反覆譬導，娓娓不倦。如大政有更張，與論難，則辭辯風起，循環無端，而要歸一是。求佽助者，稱有無，無所吝，雖奴隸如其欲。受人託，必竭力踐言。族之貧乏者，依時周卹，未嘗以在遠見遺。故解組後，書籍外，無餘財。

權東臺時，泮宮前有瓦窰數十座，歷百餘年已，府君愀然曰：『國家求人材於士林，而黌庠實士之根本，烈焰衝霄，終年燔炙，復何望耶？』銳意遷之，會以母憂去官，常以為憾。知高郵時，奎星閣前有大槐，穠蔽數畝，陰翳絕景，驟命伐之，士衆譁，已無及。府君曰：『作養人材，守士者之責也，高郵近年科第斷絕，皆此故耳。今諸士不能毋怨，狃於習耳。雖然，後必有易怨而為德者。』果是秋鄉試榜出，文武諸生中式者八人，高郵至今甲科不絕。因曰：『為官苟存心利物，隨時皆可施惠，何論大小。此不過一舉手之勞，而高郵多士，受福無窮。「民可使由之，不可使知之。」若必議定而後伐，則無伐期矣，故甘一時之聒耳。』又曰：『聽訟欲不屈人，非聖賢弗能。一人涉訟，合室倒懸，日羈月縶，卽屈申枉直，家業已蕩盡矣。故結訟宜速，但不皂白倒置，縱小不盡意，民得早歸各治生業，全者衆矣。至於縶囚，一入犴狴，卽無告之窮民，尤宜顧卹，刑之以其罪，無所怨，虐之，則咎在官，於心安乎？況恩澤之流，自近及遠，囹圄隔一垣，惠尚不及，矧僻遠哉！』故其所歷各州縣，牢獄皆深檐敞牖，煖室涼棚，給衣施藥，囚逸且安，無殃折者。

至於改建書院、儲卷籍、置義塚、設義學，整飭育嬰堂、卹嫠會，傳種牛痘，興水利，培地脈，一切善政，不可枚舉，宜詳志乘，茲不殫述。

既卒，以生平愛杭州西湖，遂葬於南屏之方家峪。配同邑嚴氏，原任揚州府通判諱安儒公孫，候選布政司經歷諱翊羲公女也。子耆。孫男三：桂、恒、繇。所著書有《詩文集》、《聖武記》、《海國圖志》、《書古微》、《詩古微》、《公羊古微》、《曾子發微》、《高子學譜》、《孝經集傳》、《孔子年表》、《孟子年表》、《小學古經》、《大學發微》、《兩漢今古文家法考》，並所輯《皇朝經世文編》、《論學文選》、《明代兵食二政録》，及《春秋繁露》、《老子》、《墨子》、《說苑》、《六韜》、《孫子》、《吳子》注，各如干卷。

清·閔爾昌《碑傳集補》卷二四《姚永樸〈魏默深先生傳〉》　魏先生諱源，字默深。先世由江西太和縣遷居湖南之邵陽。曾祖諱大公，祖諱志順。考諱邦魯，生四子。先生其仲也。八歲受書，卽解大義。扃一室不出，偶出，犬不識，輒羣嗥。父母恐其致疾，夜滅燈，趣之寢。先生俟二親睡熟，更篝燈被底默誦。年十有五，補諸生，乃究心王陽明氏學，尤好讀史。嘉慶十九年，以拔貢入都，復從胡先生承珙問漢儒學，姚先生學塽問宋儒學，又別受公羊學於劉先生逢祿，詩、古文詞，則與董君桂敷、龔君自珍相切劘。蕭山湯公金釗雅重之，嘗造其寓。先生出迓，髩髮如蓬，湯公愕眙。既知訂《大學古本》，歎曰：『吾子深造，乃若是邪？』尋兩中副榜，道光二年，舉順天鄉試。善化賀公長齡為江蘇布政使，延輯《皇朝經世文編》，由是留心時務。九年，納貲為內閣中書，得徧觀秘籍，由是又熟於國故朝章。二十四年，成進士，以嘗改知州，殿試後，仍以知州發江蘇用。明年，權知東臺縣，為政平恕，民便之。又明年，丁母憂，歸。

二十九年，服闋，復權興化縣。興化於裏河，地極窪，形如釜底，近高寶、洪澤二湖，秋必漲。舊設南關、中新等壩，資宣洩。嗣以隄防不固，河員慮橫決致罪，甫漲卽啓壩，雖穀未登弗顧。裏河七州縣，用是歲恒饑，而興化尤劇。先生至時方大暑，河員遽議啓壩，民洶洶。先生止之不可，則馳至總督署擊鼓。總督陸公建瀛親往勘，得免。是歲大穰，民謂其稻曰『魏公稻』也。先生勘運河東隄外故有西隄，久未修，白陸公，復之。又定啓壩期於處暑後，自是水不為災。初，陶公澍為總督，籌辦海運水利，變淮北鹽行票法，多諮於先生。三十年，陸公以淮北改票已效，欲推行淮南。先生謂：『淮南課額重，引地遼闊，宜先自食岸始，以漸圖之。』陸公不從。值南鹽產缺，檄先生權淮北海州運判。先生督各場官稽掃曬，杜偷漏，於是北產大盛，收逾額，以二十餘萬大引濟淮南。南課以充，而北課又倍，因籌銀三十萬生息，為高寶西隄歲修之用。

咸豐元年，補高郵州知州。三年，粵賊擾江南，省城陷，揚州繼失守。賊至召伯埭，去州城四十里。先生倡辦團練，督以防堵，又斬奸民內應者。會欽差大臣琦善統兵至，人心乃安。已而與大吏忤，坐驛報遲誤，奪職。明年，周侍郎天爵督軍於皖，奏留營以剿宿州匪，降其衆，復原官。先生於時年逾六十矣。辭歸，僑居興化，尋卒。

先生罕嗜欲，自博覽羣籍外，惟好游，輪蹄幾徧域內。與客接，無多言，獨至古今成敗、國家利病、學術得失，則反覆辨難，風起潮湧，不可遏，或未當，亦能虛以受人。嘗至粵，聞陳君澧議其書，大喜，亟易所撰，與論交。因有感於英吉利搆釁，述開國以來兵事，為《聖武記》十四卷。又考東西洋諸國地形，為《海國圖志》一百卷。此外尚有《書古微》、《詩古微》、《公羊古微》、《曾子發微》、《子思子發微》、《高子學譜》、《孝經集傳》、《孔子年表》、《孟子年表》、《小學古經》、《大學古本》、《兩漢今古文家法考》、《明代兵食二政録》、《春秋繁露》、《老子》、《墨子》、《説苑》、《六韜》、《孫子》、《吴子》注及詩文集各若干卷，或行於世，或藏於家。

論曰：昔乾隆中，有總督劾縣令者，高宗知其人賢。會總督陛見，詰之，對曰：『以書氣重耳。』上曰：『官氣不可有，若書氣，人之命脈，豈為牧、令可無邪！』今觀先生博極羣書而居官慈惠若此，益信高宗之言，洵千古用人者之蓍龜也。自明末泰西人利馬竇、艾儒畧撰《坤輿圖説》、《職方外紀》，吾國人始談西洋地理。其後南懷仁、蔣友仁復有《地球全圖》之作，林文忠公在粵東，亦譯《四州志》。先生因之輯《海國圖志》。雖近年來晚出之書或益翔實，然創為之者之艱何如哉！永樸大父與先生交頗篤，丙辰春，適得先生子耆所為《行述》於京師，爰論次之，以貽今之史氏。

綜述

清·李元度《國朝先正事略》卷四四《文苑·魏源先生事略》 同郡魏先生源，字默深，邵陽人。嘉慶癸酉拔貢。己卯及道光辛巳，兩中副榜。壬午舉順天鄉試，冠南籍。試卷進呈，宣廟手批嘉賞，名藉甚。入貲為內閣中書，改知州。甲辰第進士，發江蘇以知州用，權東臺、興化縣事。己酉，大水，河帥將啓閘，先生力爭，不能得，則躬赴制府擊鼓，陸制軍建瀛聞報，立往勘，始得免啓，七州縣士民皆德之。未幾，補高郵州。坐驛遞遲誤免。尋以緝獲梟匪功，經袁副憲甲三奏復其官。咸豐六年卒。先生文筆奧衍，熟於掌故，尤悉心時務，精輿地之學。其論河務，謂宜改復北行故道。咸豐五年，銅瓦廂之決，河復北流，由大清河入海，適與所論相合，蓋猶及見之云。所著有《曾子章句》二卷、《聖武記》十四卷、《海國圖志》六十卷、《詩古微》十卷、《書古微》十卷、《公羊微》十卷、《春秋繁露注》十二卷、《清夜齋文集》二十卷，選《皇朝經世文編》及《論學文選》若干卷。方先生之舉京兆也，文譽飈起，典會試者爭欲羅致之，得一卷，文筆絕類先生，揭曉，則同年生益陽湯海秋也。

論說

清·董桂敷《自知室文集》卷一《與魏默深書》 足不出都言別，未得一面，悵何可言？所存陳秋舫處書三種，俱已披閲。仰見孜孜嗜學，實事求是之心，良深敬服。惟是尊意欲將三書寄刻，則區區之意，竊不能無説也。

夫《讀書分年日程》及《人譜》二書，程元程端禮、劉明劉宗周兩先生當日皆經數番手定，行世已久，後儒不敢有所增損。今足下私自删改其辭句，更易其篇次，以便省觀可也，欲以公天下、詔來學，則即無一字不歸至當，而僭越之罪，已無所逃。【略】二書刻行，適足叢詬。夫叢詬猶其小也，設不幸將來有識量遠不逮足下，而師足下之輕改先儒成書以為著述者，則是吾道中又添出一種無忌憚路徑。關人心術，尤非淺鮮，作俑之咎，將有所歸，此不可不預憂也。

至若尊著《曾子章句》，簡當分曉，自無可議，而鄙見亦謂可緩刻者，昔人著書，嘗數易稿而後定。當初稿成時，豈遂自謂未善，久之而所見有進，則又改易，而又久之，而所見更進，復有改易。設當其後之改定時，有人取其初稿刻之，心必不慊。今足下之章句稿本僅成，尚未自定，所附采掇諸篇，尚不免顛倒遺漏，遽以授友人校而刻之，安知他日不自追悔？且以未定之本草草付梓，此一念已墮苟且。苟且之萌，其伏有根，不除此根，後將益甚。君子之為學，精益求精，密益求密，而容有此乎？足下聰明果鋭，學與年進，將來著述精審，何患不傳，嘉惠來學，何患不廣，豈必今日？

又《再與魏默深書》 六月十一日接讀足下三月來書，於反復詳盡中見嚴毅精悍之氣，良深敬畏。愚所論各書既蒙虚衷採納矣，惟程氏《分年日程》，尊意尚不謂然，且備示原本諸失，以明其當修。愚竊謂尊意固善，但厘改前人成書非難，厘改之而尚於人人之心則難。【略】所論江刻《近思録》各條，欲附刻勉齋三書於朱呂原序下，所輯文集語録各條之後，亦善。【略】足下天資之英敏，識量之宏達，求道之勇敢，用心之精專，俱非愚所敢望。但愚卻有過慮之言思效一得者：大凡少年鋭氣，一意孤行，往往觀書於心不安，輒欲折衷，以歸於一，此亦實事求是之心，初非有病，但一任如此，則恐漸長輕易更長之習。要知此時心之所不安者，未必即是。理之未安，不如於不安時，且條記之，積久而玩思，則或得或失將自見。自見一番，失則憬悟一番，出論自持重一番，可永無輕易之患矣。非足下之殷勤垂詢，不敢妄為此言。言雖近過，然於直諒之道，或可無謬，倖存思之。【略】至尊意以《近思録》注家未有善本，屬鄙陋重為集注，且謂可以養心，無傷於病體，又不妨寬之以歲時，誠相愛之厚意。愚曷敢自外，然而豈得直任也。【略】夫壯未聞道，晚乃思愆，檢點身心，在在謬妄，旋改旋蹈，懼終為君子之棄，而小人之歸。疾病之餘，惟有借古人之書，少自針砭積習，以期不即於大惡。乃欲强倚一孔之窺，掇拾揣測，以冀昭示來學，夫何敢亦何能耶？【略】此時只有慚恧而已矣，悚懼而已矣！區區之誠，伏惟鑑察。

又《答默深書》 客臘病中得來書及贈詩，讀之忻與愧並。爾時不能握管，未即復謝，稽緩至今，歉甚歉甚！

士之無志於學久矣！自束髮受書，長而從事帖括，但知記誦詞章，博取利禄，否則考據細碎，謬托儒雅之名，誰復反而自治其身者。獨足下以雄邁之才，抗心希古，覃精以窮理，刻厲以自修，學與日新，德隨年進。又復虚衷取善，愚劣如僕，亦樂引以為他山之錯，誠可謂高志絶俗，勇於從道者矣。特僕自顧庸憊已甚，懼無以副下問之誠耳。然竊願有獻者，足下高明果毅，氣不患不壯，志不患不鋭，所憂乘其壯鋭而求之，欲速將急遽而中不自得，馴至入於苟且而不自知。此雖事之不必然，而實慮之不容不及若也。足下於此似已自覺，若因覺而早自檢制則善矣。【略】來書言歸館已辭，不知今年何所寄。倘復來都，得遂把晤，所願望也。承惠詩，詞意俱美，恧非所荷。第一章第六句陳蕃字，是偶然誤記否。率此布復，並謝教不宣。

又 卷二《大學古本章句疏證序》 既成，出以示余，觀其思之精，識之卓，援引之詳明，論説之確當，實有近代諸家所未及者。以此羽翼經傳，闡發章句，功良偉矣。蓋魏君篤信朱子之學者也。朱子之學，曾子【略】之學也。後人不能如朱子之學曾子，而於《大學》之文動以改易古本為非議，不惟不明於章句，實亦未嘗究心於古本。得魏君此疏，而後之談古本者，可以無庸置喙，而章句者亦可以觀其會通矣。

清·陳世鎔《求志居集》卷二三《贈鄧守之序》 山人歿時，守之十餘歲，武進李申耆先生宰懷寧，招入署讀書。常州經學甚盛，劉禮部申甫講《公羊》，張編修皋文説《虞氏易》。申耆先生無偏主，與申甫號『二申』，而湖南魏默深出入『二申』之門，守之因得從申甫遊，並交默深。默深廣結納，不擇人。同時有能為大言造作名譽以欺世者，默深亦為所欺，然固自能以博聞强記，取重當世。

又 卷二七《與魏默深書》 自丙申金陵作別，歲星一周。中間接足下書一，蕭梅生書一，劉子玉書一。梅生言：足下鹽利大獲，在揚州買宅，居然與富商等，子玉亦云。又言申甫先生已安葬鄭潭橋湖畔，兄舉一子，已中副車，兩郎皆舉於鄉，稱謝青烏有驗，不知足下曾得吉壤以妥先靈否也。足下詢問關中形勢【略】足下究心此事，借以遊覽山川則可，幸勿過於膠柱。弟本無遠大之猷，又值衰遲之境，出山之日定期十年卽歸，已於去秋返里。諸所聞見，多非故常，大劫將臨，足下毋亦有出世之思乎？懷與安，實敗名；維揚樂土，非所敢知。弟則已於皖公山腹構茅屋三間，種竹萬竿，以娛晚景。足下若懷舊念初，當不惜山陰訪戴也。

清·陸心源《儀顧堂集》卷四《魏刺史文集序》 余年十五六，卽聞當代賢豪魁傑之士，首推邵陽魏默深先生。後得先生所著《詩古微》、《聖武記》、《海國圖志》讀之，益信先生之學，實事求是，可以傳，可以行，余益心儀其為人。既相見於武林旅舍，時先生方患病，委頓甚，而四方之志未衰。余出所作《藏言》就正，先生擊節歎賞，比之賈誼、崔寔，以後起相推許，因出所著文集命余序之。

余思古者一代之學卽一代之治，故時之所謂士者，必考其典章，明其阨塞，而周知其利弊，處之弦誦占畢，出則為條教號令。夫是以聖如孔子，必曰：『鬱鬱乎文哉！吾從周。』而周、殷之禮，則僅曰『學之而已』。噫，士豈徒貴知古哉！後世儒者不明此義，談心性者薄訓詁，講考證者鄙詞章，各執一端，不相通曉；抗顔自命為大儒，人亦羣然信之，而於兵刑禮樂之要，安內攘外之方，則沓然而不知，一旦加於人上，求非所學也，學非所用也，儒之所為詬病乎！豪傑之不作不亦久乎？

先生少負異資，博涉經史百家，近及國朝官書案牘，旁逮歐羅巴人所著，莫不究其所以然，而求其可以行。居常憤時感事，奮欲有所樹立，穆然於秦皇、漢武之所為，故發為文章，古勁遒俊，奇氣勃勃，精者可以羽翼六經，粗者亦與國家大政有裨，蓋非求工文句間者比矣！

嗟乎！先生抱用世之具，卒以盱衡抵掌縱論時事，不為時貴所喜，僕僕半生，需次以老，徒令海內賢士大夫，識與不識，想望丰采，而終不得一被其澤，豈獨先生之不幸哉！聖天子思得奇偉非常之士，共濟中興，他日求賢詔下，足以副旁求之意者，舍先生其誰與歸？

清·姚輿《姚正父文集》卷七《魏刺史高郵事記》 魏默深刺史，名源，甲辰進士，湖南人。來訪，贈《聖武記》、《海國圖志》各一部。嗣屢往還，知其學問深，識見短，雖談經濟而世故人情似欠諳練。然刺史任高郵州時，賊破金陵，繼襲維揚，高郵、邵伯等處勢甚危殆，幾有朝不及夕之勢，而刺史出示安民，募雇壯勇，日日習練，到處巡緝。遇有土匪劫奪者，立卽梟示，逃兵潰勇，盡行驅逐；一有犯法之事，亦卽重懲；官兵過境有犯奸擄掠等事，卽拿正法，帶兵官討情亦無一允者。因之地方清肅，高郵無恙，寶應、邵伯亦各安堵，皆刺史一人之力。苟守土官皆如是，賊能東竄西劫，如入無人之境乎？孰意刺史因整頓地方而獲罪於統兵大員，借驛傳事革職。後卒於浙江，可惜也，亦可慨也。

清·陳澧《東塾集》卷二《書〈海國圖志〉後呈張南山先生》 魏君可謂有志之士矣！能毅然以振國威、安邊境為己任。何其編録之周詳、議論之激切如此哉！澧謂其書羅列荒遠之國，指掌形勢，可謂奇書。其所論則以調客兵不如練土兵，及裁兵并糧，水師將弁用舵工炮手出身諸條為最善，切實可行，眞有用之言也。【略】去其瑕，正所以顯其瑜，固厚待魏君之意也。【略】後數年，魏君來粤，余以此書所説質之，魏君大悦，遂定交焉，並屢改《海國圖志》之書。其虛以受言，殊不可及也。

清·林昌彝《射鷹樓詩話》卷二 默深經術湛深，讀書淵博，精於國朝掌故。海內利病，了如指掌。著有《書古微》、《詩古微》、《春秋公羊古微》，專闡西漢今文之學，博而能精。《聖武記》及《海國圖志》尤為有用之書，誠經國之大業，不朽之盛事也。所編《經世文編》已家有其書，又有《元史新編》、《古微堂文集》皁然巨冊。

默深所為詩文，皆有裨於經濟，關係運會，視世之章繪句藻者相去遠矣。詩筆雄浩奔軼，而復堅蒼遒勁，直入唐賢之室。近代與顧亭林為近。雖粗服亂頭，不加修飾，而氣韻天然，非時髦所能躡步也。道州何子貞師默深詩如雷電倏忽，金石爭鳴，包孕時感，揮灑萬有，少作已奇，壯更跖實，誠為切論。

默深尚友誼，重氣節，醰粹淵懿，古道照人。與余為摯友，瀝膽披肝，今之鮑叔也。兼精內典，嘗與余論金液大還火符之秘，五芽三一之文，參同道德之旨，無不宛合。余公車北上，每過揚州相訪，必留連信宿，厚惠道里費。默深論詩，喜吾閩漳浦黃石齋及昆山顧亭林。余謂默深奇處似石齋，厚處又似亭林也。

藝　文

清·張維屏《草堂集》卷三《次韻答魏默深》　風蟬不成音，霧豹焉有文。文之有收放，亦與秋與春。憂時賈長沙，齊物莊漆園。是皆眞氣魄，足動人心魂。我坐守蟫蠹，君行踏黿鼉。友聲念谷鳥，夷事歌庭貆。忽枉瑤華贈，辭意何溫醇。今皆南海月，夢見東海雲。

清·張維屏《花地集》卷三《魏默深進士源來書，以所著〈海國圖志〉見寄，賦此奉答，即題卷端》　憶曾握手向京華，別久書來豁眼花。氣壯羣推魏無忌，心孤誰識賈長沙？九州縮地憑揮翰，四海披圖當泛槎。太息繞朝謀不用，為君一讀一長嗟。

清·陳沆《簡學齋詩刪》卷三《古風一首贈魏默深，即題〈北道集〉後》　直木無卑枝，清漪無雜鱗。君今甫二十，出語如有神。灑然風雨氣，傾倒萬斛塵。古風回蕪穢，大道成迷津。各抱嬋娟性，何以稱詩人？遂如緇與素，漸染漸失眞。賤子不量力，頹翮思一振。區區自怡悅，安計笑且嗔。把君《北道集》，懷抱生古春。流離浩滿眼，憑車發哀呻。惜哉徒為爾，不救民苦辛。今當與子別，行矣各愛身。所期浮囂盡，遠與淡泊鄰。

清·陳沆《簡學齋詩存》卷三《丙子送魏默深歸湖南》　出門求師友，入門戀庭闈。古人學如此，君乃今庶幾。三年長安住，艱苦厚自持。在紛氣不亂，獨行貌如疑。甚愧君意厚，繽紛摘吾疵。願同歲寒節，奈何舍我歸？門閭此時望，雨雪安可違？羡君南行樂，自感遊子衣。此去過長沙，我父官於斯。登堂視我母，具道兒今肥。古來賢豪士，常願生同時。同生不同氣，偶合終成離。送君旋閉戶，積此悠悠思。

又《送默深歸邵陽二首》　歸家何事樂忘飢，為有良朋講習資。名到無成方肯悔，學當欲進轉多疑。江湖歲暮愁行役，風雨城南繞夢思。誰使索居增悵歎，聚無三月又將離。

俗學支離誤此生，浮華既重本根輕。我今暫釋庭闈望，君更無虧菽水情。戀母心隨湘水轉，還家客似雁孤征。平生願學惟曾子，養志當年未鼎烹。

清·陳世鎔《求志居集》卷三四《弔魏默深文》　於呼默深，百止於斯！斯豈樂土，而子是依。念吾與子，本不相知。拔萃雖同，地隔境睽。萍水之合，金閶不期。驟裹乘風，跛鱉莫追。知章擁彗，淵明布帷。網羅文獻，搜剔華彝。細析焦螟，大納須彌。千金一字，無敢竊窺。嗟子之名，世震若雷。高視百代，尚友子姬。龍門孤桐，乃昵麇絲。長沙席上，聚不一期。風塵我耐，清秘子宜。刦近紅羊，怪起支祈。枯槎犯鬥，幕燕分飛。微聞草檄，羽扇從揮。清晨隴首，念子輖饑。曾因越鳥，遙寄南枝。小山招隱，道在知幾。子不我答，應笑書癡。脫履簪笏，我則徑歸。讀《易》三載，仰見包羲。楚氛未忍，剞劂聿施。買舟東下，金陵暫棲。聞子在淮，可釋痗思。徑造子居，具見榱題。謂當款洽，而乃差池。一水襟帶，邈若天涯。逾年再蒞，子適在茲。一刺甫入，喜溢雙眉。天下英雄，方今數誰？蕭郎既隕，龔生亦摧。而我與子，相見亦稀。莫愁桃葉，難得茲時。宜開綺席，徐動瑤徽。呼之侑酒，盡醉休辭。感子顧曲，為子傾卮。忽念楚粵，陰瘴蔽虧。子方得意，未睹氛埃。廣利之灶，刺史之鄉。天塹雖險，砥柱防隳。六沴將至，我為子危。朱甍畫棟，子實棲遲。歌喉舞袖，子樂忘疲。不為早圖，將賦《黍離》。去子之別，曾不幾時。何故至此，錢塘之湄。春秋享祀，誰為主祠？鷲濤齧岸，恐逐鴟夷。嗚呼哀哉，紙錢一陌，清酒一杯，故人如念，魂兮歸來！

清·鄧顯鶴《南村草堂詩鈔》卷一一《湘江舟夜獨酌，檢行篋得魏默深源手劄，缺然久不報，因效山谷以『同心之言，其臭如蘭』為韻，作詩代簡，兼寄春湖中丞，默深為春湖視學楚中時所得士也》　其二　思君不能至，中夜愴離魂。開篋得子書，快若湘水翻。書中所陳義，都非今世言。感彼在陰和，一鳴息衆喧。

吾衰不復振，責望及鄉閭。子於鄉閭中，乃獨稱相如。竊聞諸老先，待子承明廬。放子出一頭，勉旃副時譽。

又《寄贈唐鏡海太守鑑，兼簡陶雲汀方伯、魏默深孝廉》　昔我居長安，飽滓京洛塵。悽悽如狗馬，未嘗輕詣人。獨有陶士行，下直時見存。最後來魏子，愛我如弟昆。二子俱人傑，交口共譽君。長風一飆馳，聚散同浮雲。不意荒徼外，所見逾所聞。陶公今益貴，為封疆大臣。魏子舉京兆，裒然作南元。君雖屈遠郡，坐使吾道尊。賤子亦何幸，蕭艾藉蘭薰。相期古先哲，共矢軌步遵。兼勖陶與魏，感歎勞心魂。

又　卷二〇**《宿揚州魏默深絜園留題一首》**　眼明寫正羣經字，脚健穿殘萬嶺雲。樹影深藏燈影靜，市聲初歇鶴聲聞。貧能將母謀絜養，窮坐著書多古芬。我别揚州今十載，重來何幸一逢君。

清·何紹基《東洲草堂詩鈔》卷三《柬魏默深》　蕙抱蘭懷只自憐，美人遙在碧雲邊。東風不救紅顏老，恐誤青春又一年。

又　卷七《揚州魏默深留飲絜園》　著述絅絅吾老默，今日絜園眞請客。杯盤好在不經意，正似征人有行色。霜餘果味方滿園，讀書養親天所恩。今古微言恣探討，又聞精猛課宗門。

清·湯鵬《海秋詩集》卷一九《得魏默深書卻寄》　太息魏夫子，誰為借著籌。寸心江海上，萬事鬢先秋。愧我依黄閣，因君訪白鷗。菰蘆何處好，吾亦擬歸休。

清·陸嵩《意苕山館詩稿》卷八《書魏默深中翰〈海國圖志〉後即贈》　荆湘之間積感民，以此自稱伊何人？平時讀書破萬卷，抱負誰得知其眞。遭逢干戈動海國，鯨鯢騰躍豹貙奔。材官宿將盡淪没，傳烽列燧猶郊闉。我朝武功邁前古，指麾豈遂忘疆臣；艅艎深入意無忌，貔貅十萬驚虚屯。獻琛貢盡數屬國，效忠況念朝廷恩。彼夷雖黠敢無畏，遠情恨莫通天閽。急急議撫識何意，痛哭誰笑賈書陳。開編什讀發感喟，著論深切悲鬼神。造船鑄炮有原義，重洋指畫如躬親。宣室儻蒙召夜半，班超西域功休論。當時重寄歎誰負，拊膺扼腕生酸辛。空言徒托總何補，孰當箋注蟲魚勤。獻諸廊廟備乙覽，採擇要可垂千春。紛紛防海議當局，讀此那勿慚逡巡。

又　卷九《魏默深刺史過訪有贈》　魏公本是老經師，往日聲名海內知。學道從容忌作客，著書慷慨識憂時。螭坳日暖揮毫易，燕寢香凝退食遲。一别十年驚草草，燕雲楚雨總堪思。

清·黄爵滋《仙屏書屋初集·詩録》卷九《歲末懷人詩·憶魏默深中翰源》　江亭一别後，芳蹤何落落。知君不凡才，出處肯輕托。予懷若白雲，裊裊寄虚廓。

清·鄒漢勳《敩藝齋詩存》卷二《聞魏默深之征西幕府》　大兒要執殳矛柄，貔貅百萬頫從命。一麾回紇無隻輪，那教小醜遂强横。功成約法出銅柱，更使要荒永綏靖。底事窮年一卷經，小語詹詹辨王鄭。誠使功伐書大常，何必著書名聖證。賀若麒麟終載名，士則指揮西川定。但當抗志希韓白，自有行人問去病。我是護兒方受《詩》，讀至擊鼓發豪興。忽聞祖生先著鞭，使我通宵不能瞑。

清·楊季鸞《春星閣詩鈔》卷一一《寄魏默深》　京華談笑隔年餘，紅樹秋來葉又疏。北望燕臺空入夢，南尋禹穴問何如。憂時賈誼休垂涕，臥病虞卿且著書。衡岳洞庭幽絶處，待君同隱結鄰居。

清·曹楙堅《曇雲閣詩集》卷六《贈魏默深刺史源二首》　平生最有魏夫子，知余一寸纏綿心。胡繩纚纚葛蔓蔓，思美人兮湘水深。

胸中何止四大洲，神光往來鞭赤虯。且走龍堂割龍石，經輪不盡海西頭。

清·邊浴禮《健修堂詩集》卷一〇《送魏默深出都》　浮沉郎署君不屑，登陟玉堂君不為。高名耻受達官薦，碩學翻貽俗子譏。人間科第久無意，不幸誤中張良椎。罹罟野雉炫文采，難禁鴻鵠沖天飛。一榮一枯若朝菌，於君何加又何損？騁懷且作山水遊，招友試為文字飲。縱談霸術陋管、商，熟玩兵機思起、臏。琅玕披腹大可呈，虎豹天門礪牙吻。生平著述高等身，此行名實且相賓。寬饒之猛長孺戇，待挽一發回千鈞。三年報最非難事，好為斯民養元氣。海邦瀆洞多見聞，援筆還須補《圖志》。

清·吴清鵬《笏庵詩鈔》卷五《簡贈魏默深孝廉》　且停衆説聽吾説，一笑應為衆解頤。履武不疑生子事，重華偏信娶妻詩。平生懶作千家注，公等宜須十日思。若問《凱風》何不怨，試看《雲漢》豈無遺？

清·汪士鐸《汪梅村先生集》卷四《感知己贊》　魏侯經世，為世營平。《海國》問俗，《聖武》談兵。苗瑤在目，滇黔是程。鬱此時棟，所受難盈。

雜録

清·光聰諧《有不為齋隨筆·名流錮習》　道光辛巳，余與膠州張曾霱鐵橋為順天鄉試同考官，首題『上長長而民興弟』。張得一卷，卓犖奇肆，薦之戴可亭相國，極為推賞。旋因內用『尺布之謠』四字，嫌係漢事，抑置副榜。逮填榜，知為湖南名士魏源，大為懊惋。下科，魏卽中式順天榜第二名。

洪仁玕分部

傳記

《逸經》第九期《太平天國干王洪仁玕供辭之回譯》 我係廣東省花縣人，今年四十三歲。自幼讀書，廿八九歲試舉業不成，繼續讀書，好研究歷史、天文及其他學問。一八五〇年卽道光卅年週遊各處，因是時太平軍已起事，官府監督甚嚴，不能不在外遊歷也。一八五一年由廣州到Hain Chow住於Kucheng侯姓家。因不能達到天王處，故轉回家鄉。一八五三年到香港外人處學道。一八五四年曾到上海，欲到南京，但不得外人助力。其時三合會佔領上海城。他們不信我為天王兄弟及曾受外人教訓者，由是回香港，繼續研究天文，乘船四天由滬抵港。居此四年，至一八五九年由西人處得資助，起程再赴天京，由廣州到南雄，越梅嶺，卒到饒州Teai Karg-Yeh之營。八月間輔王攻清軍，我逃時行李盡失。後由饒州走至湖北黃梅縣，為縣官醫好其姪之病，得獲酬謝醫金，乃在Lang Ping購置用物逕至江南。至一八六〇年陰曆三月十三日卒到達天京，大受歡迎。天王卽封我為王及軍師。我謙辭，因恐初到封王令人嫉忌及不滿也。我到天京之宗旨，惟在告訴天王以吾家之窮苦狀況，欲得些錢財接濟使家人得以容易過活耳。不意天王憐余窮困，知余有志上進，驟加封典，超出衆人之上，但我深不願惹人嫉忌也。自被封為軍師之後，我惟有努力盡忠以報知遇。

冬間一八五九、六〇，我與忠王李秀成討論多次，計劃援救數城，及攻取數地。一八六一年曾在安徽浙江開戰及多方援救安慶。四月遣兵援英王陳玉成，時彼正在黃州及德安附近也。我因不能與忠王合作，以致章王林紹璋在桐城失敗，因此之故安慶不守而江北繼續失了許多地方。失去此機會最令我心中憂痛及憤怒。結果，我被譴革職，此皆由章王之奸謀有以致之。林紹璋為人只顧自私自利，不知第一要著原則乃是：安邦定國，全靠財力。乃彼受任辦軍中輜重，而不遵令去辦，只吞没為個人私財。卒至外人不為我用，受賄買而為清廷所用。蘇州、杭州、丹陽、常州及其他城相繼失陷，而我軍糧食日漸不敷，天京益無保障矣。

一八六三年，天王特諭我照顧幼主。接旨時我三呼萬歲，恐有負君命，乃至下淚。去年一八六三陰曆十月，我得旨催各路兵回救天京。我親去丹陽、常州、湖州各處，但不幸眼見各軍多在沮喪狀況中，無可挽救，亦不受指揮。一八六四年，天王患病二十日，於陽曆五月廿四日，龍馭上賓。其時得救兵解圍之望已絕，每欲離京他去，但李鴻章早知此謀，在陰曆六月炸開城垣，大兵攻入。幼主與忠王離京，已有萬人平安抵廣德州了。在此幸喜得逃生，只痛惜天京失陷耳。在湖州之衆見無希望，知不可守，決離此他去，到江西建章及福州，將與侍王李世賢及康王汪海洋聯合而入湖北，冀得翼王之助力。我遵天王遺諭，職在照顧幼主，但不幸在石城地方，因一夜防守不密，大營被襲，我等全體被擒，而幼主亦被捕獲，此皆我之罪過也。夫人各有心，士各有志。大宋忠臣文天祥之被捕是天命不可逃，不可違；每讀其歷史及詩歌不禁感慨於中，淚隨聲下。吾願效法此忠臣，生死以之，成敗得失，悉聽天命耳。

我本天王族弟，自幼隔巷同居於一村。年愈長則知天王愈深。【略】

一八五九年，我到天京，因略有智識，故蒙不次之封典，已見上文。陳玉成與李秀成兩人皆極活動而有決心的，此時均被封王爵。前者為英王，後者為忠王。忠王曾與我討論三次，求得善法以救天京之危局。我答云：『非攻湖州及杭州無以解天京之圍。清軍一知後路被攻，必以全力回師救杭州、湖州。如此我軍可急返，而天京必得救矣。』於是決議英王往援安慶，而忠王則率軍假冒清軍服裝，偷襲杭州及湖州。但忠王之軍只顧偷馬而不能依計賺入杭州，只有圍攻而謀炸開城墻。湖州雖未攻克，但困京之敵軍果退。此時吾人之志不在得地而惟在解救天京。為達此目的計，領軍攻浙之侍王受令從別路回軍。於是英王率軍由Ton Kuan進攻，侍王由Yen Tzo Hill燕子磯回來，而忠王則從句容攻清軍之後方。此計劃十分成功，故陰曆三月廿日，天京圍解，而不再受危險矣。

四月初一陰曆朝內慶祝大勝利，同時又聞軍事會議而討論將來軍事計劃。英王主意是要全力救安慶，侍王獻議攻略閩浙，惟忠王則與余同意，乃立定計劃如下：第一，南京與西之山西、四川，北之長城，及南之雲南、貴州、廣東、廣西，均相距千五百里至二千里之遙，但去東之蘇州、杭州及上海不過三百里，且由此路成功之可能比較為多。俟東路得手之後卽購船廿隻，駛往揚子上游，同時遣軍二支，一由南面入江西，一則由北面入蘄黄，Chan-huang兩軍會合於一地之後卽合兵攻湖北。如此我軍將可佔領長江兩岸而為將來進展之好根據矣。

天王批准照此計而行。蘇杭二州果被攻下，英王亦依計入蘄黄。忠王由吉安府進兵至興國州。但因水漲，不敢前進，乃退兵回浙。因此致令英王關於援救安慶之計劃，十分焦灼，他乃急進至該處，而全部計劃遂作廢矣。

我軍雖得杭州，但安慶之陷落為極大之損失，因其為天京之鎖鑰也。忠王既得蘇杭二州，治安恢復之後，卽停止不進，無心照顧安慶之局面矣。余迫得揮函與其談論彼之行動，函文大意如下：『自古得天下者，必先得北方西方然後及於南方東方，蓋由北至南由上至下則易，反之則難。而且佔領長江兩岸之城鎮最為重要，前已證明由此可保障天京之安全而免危險。在此危機當中，失了此等地而得蘇杭二州，足令我朝毁滅長久留存之可能性矣。以吾兄之賢達竟以蘇杭之佔據卽可免危險，眞令人不可思議者也。吾兄如此之見解，將必惹人談論。須知長江猶之長蛇，鄂省為蛇首，安慶為蛇身，江南僅蛇尾耳。安慶一失，鄂非我有，而長蛇被分為數段矣。蛇尾雖存，只是暫局耳。吾兄之見如此，眞不能苟同矣。』云云。忠王回書曰：『吾兄高見，弟深為佩服。拜讀來示，只令弟極為心痛耳。現在再無機會可勝諸妖。此可悲可痛之事，不堪回首，猶之未熟之果，嘗之乃覺苦澀也。前時實在失計，但以後不再蹈前轍矣。【略】』云云。

現在説到我朝禍害之源，卽洋人助妖之事。自我軍兩位勇猛王爵英王、翼王死後，我軍確受重大損失，但如洋人不助敵軍，則吾人斷可長久支持。但一自妖軍賄買洋人以攻我軍，我朝連續失城失地，屢戰屢敗，我軍無力抵擋。末日快到了。天王之自殺更令全局混亂。天京在兩年長圍之下，遂無力再守矣。

在未结束之先，今再追述天京在太平安靜時之状況。

在一八六〇及六一年間，我軍雖屢有失敗，但吾等之努力亦常得勝利，亦有新得土地。此時我軍在疆場上有兩個好首領，卽英忠二王是也。後來不幸英王被人所賣，落在清軍之手，因而被殺。如英王不死，天京之圍必大不同，因為若彼能在江北活動，令我等常得交通之利，便可獲得仙女廟及其附近諸地之源源接濟也。英王一去，軍勢軍威同時墮落，全部瓦解，因此清軍便容易戰勝。我軍最重大之損失乃是安慶落在清軍之手。此城實為天京之鎖鑰而保障其安全者。一落在妖手，卽可為攻我之基礎。安慶一失，沿途至天京之城相繼陷落不可復守矣。安慶一日無恙，則天京一日無險。其時天朝内因太平安靜，絕無憂患可虞。全城覺得安全無患，各事平靜如常。

此時政事歸我、章王、林紹璋贊王蒙得恩三人掌握。贊王於一八六一年去世。天王之次兄仁達亦干預政事。在一八六一至六二之上半年，我掌處理外交之事，直至某事發生令天王不悦，乃令我移交章王掌管之。當我在位時，我得一洋人為助，遇有交涉事卽請其任我之繙譯。按：此洋人卽為羅孝全牧師。此人居於吾府，受我款待多時，但一日因些少誤會卽便不告而別，逃出城外，無論如何不能挽留之。

天京之圍始於一八六二年四月陽曆，妖軍在安慶及Pillers東西兩妖之勝利早令我等猜疑必順流東下進攻天京，但從未準備彼等能突如其來如是之速。我軍毫無預備，彼軍若急進當早得大勝，然而彼等竟不乘勝急攻，只是佔了兩座砲臺便自滿足而停軍不進；由是令我等得乘時修理砲臺，分配各守衛軍而準備攻擊。彼等戰勝之後卽不事急攻乃予吾等以所欲之機會以圖準備對敵者。起初一見有危險，我等非常焦急，但危險轉瞬過去，我等又放心矣。自此吾等又得稍為安靜而得有自信力。

每當戰船停止活動之時，吾等卽從事重建七里洲及中關對面之砲臺。此外，又屯戰船二艘於小河内及另置一艘於外。我們又安置幾尊極好的大砲於要害之地，又為加意防衛天京計，更在獅子山上築雙重的防禦綫，而在山頂安置一尊重砲。如此布置，我們覺得十分妥當足以防禦一切攻擊，天京此面之安全絕無可慮。惟是最大的恐慌之源乃在南城外久駐圍攻之妖軍，兵力常常加增。統領為曾國荃，深溝高壘，樹有不敗之地位，至今我們無法可驅逐之。江面之戰船並不十分活動。各船依期攻擊各砲臺，但總是不得手反自家損失，每次均有數船被炸或遇其他死傷。獅子山頭之重砲只是偶一發放。各砲臺所發之砲大概已足防禦任何攻擊，除非敵勢大盛，敵船太多，則上言之重砲始一開用，於是敵船又被驅逐遠離矣。除曾國藩在天京上游之戰船外，尚有戰船一隊在下游出現，常對天京那方而施以恐嚇。但是彼等之封鎖並不嚴密，因我們反可籍彼等之力由Eching而得米鹽之接濟也。

妖軍來攻之第一警告乃在一日晚上，中關及其上之砲臺同時開炮向一隊由天京上游駛下小河之戰船。因此惹起衆人之注意，北岸之砲臺亦急忙開砲攻擊。敵船欲渡江，已駛至九洑洲北岸砲臺，卒遭大敗，因其陷於砲火前後夾攻中迫得急退。如果敵船能駛過此雙方砲火而得佔七里洲，又如彼等得天京下游之戰船合作相助，當得些利益，因為中關以下之砲臺無有保障而大部皆已毀壞者。

起初，我們絕不以此圍攻為十分嚴重，因深信忠王將必可來解救。如蘇州不被攻，又如妖軍無外人之援助，解圍斷能成功。安慶之失天京已危，及蘇州一陷，得救之望絕少矣。回憶三年前余在天京居高位，執大權，今日大局竟至如此，而余亦被辱待死，眞夢想不到之事也。

在我們之中其享福最久者，首推天王。起自廣西田間首事諸人惟彼存留至最後，而其結局並非喪在妖軍之手卻在自己之手。與天王同起者為東、西、北、南四王。翼王石達開亦同時被封，但其位稍次。南、西二王未及見到天京，事業未成，中途即死。東、北二王則到京後不久即自起內訌，兩均被殺。翼王見大局如此不滿意，乃決離京遠征，一去不回。彼在四川作戰，得獲勝利，亦佔得數地。卒之，他被四川總督駱秉璋所部擒獲。關於忠王，吾只能言彼保護幼主離京而已。

又　第二〇期《干王洪仁玕親筆供辭》　現年四十三歲，廣東花縣人。自幼讀書，至二十八九歲經考五科不售，習經史天文曆數，遍遊各洋避禍，實因我主天王庚戌金田起義，各憲嚴查，不能家居也。辛亥年遊廣西，到潯州圩，寓於古城侯姓之家四十餘日，不能追隨我主天王不遇而回。癸丑遊香港，授書夷牧。甲寅由上海洋人不肯送予進南京，其上海城內紅兵不信予為天王之弟，乃在夷館學習天文曆數。是冬返回香港，仍習天文，授教夷牧。坐火輪船四日到港。吟詩一律：『船帆如箭鬥狂濤，風力相隨志更豪。海作疆場波列陣，浪翻星月影麾旄。雄驅島嶼飛千里，怒戰貔貅走六鰲。四日凱旋欣奏績，軍聲十萬尚嘈嘈。』一連四年在香港。己未年，洋人助路費百金，由廣東省到南雄，過梅嶺，到饒州蔡康業營。八月內與天朝輔王在景德鎮打仗敗，棄行李一空。由饒州到湖北黃梅縣，知縣覃瀚元請予醫其姪頭風之症，得有謝金。在龍坪辦貨物下江南，於三月十三日到天京，蒙我主恩封福爵，二十九日封義爵加主將，四月初一日改封開朝精忠軍師頂天扶朝綱干王。予因初到，恐將心不服，屢辭未蒙恩准。予原意只欲到京奏明家中苦難，聊托恩蔭，以終天年，殊我主恩加叠叠，念予苦志求名，故不避朝貴，特加殊封。予自受以來，亦祇宜竭力效忠，以報知遇之恩。己未冬，與忠王議解圍攻取之策悉載前帙。辛酉年，出師徽浙，催兵解安省之困。四月交兵數萬與英王統往黃州德安一路。因與忠王會剿失約，章王在桐城敗績，遂致安省不能保，而北岸陸續失陷。予因衆軍將機錯用，日夜憂憤，致被革，皆由章王林紹璋內外陰結而務財用私設，各守疆土，招兵固寵，不肯將國庫以固根本。又章王奉命催糧不力，衆只留為實自之用，遂敵人買通洋鬼，攻破蘇杭丹常等郡縣。京糧益缺，而京困益無所恃。殊我主於癸亥年恩錫顧命，囑扶我幼天王。予於此時三呼萬歲後，不勝惶恐流涕，恐負聖命遺托。於去歲十一月奉旨催兵解圍，身歷丹陽、常州、湖州。殊各路天兵憚於無糧，多不應命。至今年四月十九，我主老天王臥病二旬昇天。京內人心望援不至，本欲棄城。而李鴻章揣知其意，於六月轟開京垣而入。我幼天王與大臣忠王等萬有餘人出京，一路平安到廣德州。君臣大會，喜悲交集。因湖州軍乏軍單，恐難建都立業，故議到建昌、撫州等處會合侍王、康王往湖北，再會翼王、扶王等大隊。殊至□□聞□□又至□□，又予因前承詔旨顧命，自宜力扶幼天王。嘆予在石城隸也實不力，黑夜驚營，君臣失散，此誠予之大罪也。此成擒也。但思人各有心，心各有志。故趙宋文天祥敗於五坡嶺，為張宏範所擒。傳車送窮者，亦只知人臣之分當如此，非不知人力之難與天抗也。予每讀其史傳及正氣歌，未嘗不三嘆流涕也。今予亦祇法文丞相已。至於得失生死，付之於天，非吾所敢多述也。本藩與老天王原是五服宗港，巷里相接，長年交遊起居，頗有見聞而知者。【略】己未年，予由粵東到天京，我主天王念予少有聰慧，陞封各爵。繼封英王、忠王等，各有奮興之志。忠王三次面□畫策。予曰：『此時京圍難以力攻，必向湖杭虛處力攻其背。彼必返救湖杭，俟其撤兵遠去，卽行返旆自救，必獲捷報也。』乃約英王虛援安省，而忠、侍王卽偽裝纓帽號衣一路潛入杭湖二處，因忠王隊內貪獲馬匹，未得入城，卽被緊閉城門，復經開挖地壠攻入杭城。惟韃子城未破。料圍京之清兵撤動。此刻重在解京，不重在得地，忠王卽約侍王由小路回師。後果大解京圍，英王破頭關而入，侍王破燕子山而入，忠王兜殺句容一帶。三月二十六日解圍。四月初一日登朝慶賀，且議進取良策。英王意在救安省，侍王意取閩浙，獨忠王從吾所議云：『為今之計，自天京而論，北距川陜，西距長城，南距雲貴兩粤，俱有五六千里之遙。惟東距蘇杭上海，不及千里之遠。厚薄之勢既殊，而乘勝下取，其功易成。一俟下路既得，卽取百萬買置火輪二十個，沿長江上取。另發兵一枝，由南進江西。發兵一枝由北進蘄黃，合取湖北。則長江兩岸俱為我有，則根本可久大矣。』乃蒙旨准，卽依議發兵，覺為得手。及取蘇杭等郡縣後，英王如議進取蘄黃，忠王由吉安府繞取興郭州等縣。殊忠王憚於水勢稍漲，卽撤兵下取浙江。英王因忠王既撤，亦急於解救安省，遂失前議大局之計。後雖得杭州等郡，而失一安省，為京北屏大有可虞之勢。殊忠王既撫有蘇杭兩省，以為高枕無憂，不以北岸及京都為憂。故予行文曉之曰：『自古取江山，屢先西北而後東南，蓋由上而下其勢順而易，由下而上其勢逆而難。況江之北，河之南，自稱為中洲渔米之地，前數年京內所恃以恐者，實賴有此地屏藩資益也。今棄而不顧，徒以蘇杭繁華之地，一經挫折，必不能久遠。今殿下云有蘇浙可以高枕無憂，此必有激之談，諒殿下高才大志必不出此也。夫長江者，古號為長蛇，湖北為頭，安省爲中，而江南為尾。今湖北未得，倘安徽有失，則蛇中既折，其尾雖生不久，而殿下之言非吾所敢共聞也。後忠王覆以『特識高見，讀之心驚神恐，但今敵無可敗之勢，如食果未及其時，其味必苦，後當凛遵』云云。此後□妖買通洋鬼，交為中國患，無非力所强為謀之耳。

藝文

清・洪仁玕《軍次實録・四十千秋自詠》　不惑年臨感轉滋，知非尚欠九秋期。

位居極地詩强仕，天命與人幸早知。
寵遇偏嗤莘野薄，奇逢半笑渭濱遲。
茲當帝降劬勞日，喜接羣僚慶賀詩。

清・洪仁玕《洪仁玕親書絕命詩》　春秋大義別華夷，時至於今昧不知。

北狄迷伊眞本性，綱常文物倒顛之。
志在攘夷願未酬，七月苗格德難侔。
足跟踏破山雲路，眼底空懸海月秋。
意馬不辭天地闊，心猿常與古今愁。
世間誰是英雄輩，徒使企予歎白頭。
英雄吞氣吐如虹，慨古悲今怒滿胸。
玁狁侵周屢代恨，五胡亂晉苦予衷。
漢唐突厥單于犯，明宋遼元韃靼凶。
中國世仇難並立，免將流毒穢蒼穹。
北狄原非我一家，錢糧兵勇盡中華。
誑吾兄弟相殘殺，豪士常興萬古嗟。

廿七日　仁玕

『補遺』四句：

臨終有一語，
言之心欣慰。
我國雖消逝，
他日必復生。

雜録

清・王韜《甕牖餘談》卷七《記干賊事》　干賊，洪逆之從昆弟也。名仁玕，字益謙，少習舉子業。當洪逆作難時，縣令知其為寇族，執而繫之獄，後有為之緩頰者，始得釋，遣歸家，乃逃之香港，授西人書以糊口。咸豐癸丑，洪逆陷金陵，僭偽號，建偽都，勢張甚。干賊思欲往投，特未得間。八月，上海劉麗川亂作，矯稱奉洪逆命，遙受偽封。干賊乃擬籍以達洪逆，有西人助以資斧，始得航海至，仍住西人舍。居年餘，無計可通。西人但以幸舍處之，絕不為之畫策，於是困甚求歸，仍返粵中。七年，復取道於庾嶺，由江西而至漢口，籍卜筮以供旅貲。客中與之往來者，悉不敢少露蹤迹。久之，知所主家固與金陵賊黨相通者，凡米粟轉輸，所以濟寇用者，恃以為東道主。一日，偕主人登樓，去梯長跪，自白其故，求主人代為設計，得達賊所。主人慨然引以自任曰：『此事易易耳！』使附貨舶渡江，遂入賊境。始謁洪逆，大喜逾望，立畀偽封為干天福，蓋賊中之顯職也。踰年，寵任益深，卽升之為偽干王，兼稱偽軍師，掌文衡正總裁，一切偽政，咸決其手。特創偽王府，大興土木，自書其兩壁云：『干戈底定，王道蕩平。』賊中屢開偽科，考選甄別，悉委干賊，而干賊亦妄欲以收攬人才為己任。所有為偽主考、偽總裁者，無不奔走其門下。顧干賊性懦緩，僅能掉弄文字，實無才略。楚粵老寇，自恃以百戰勳勞，必當大酬厥功，而干賊以後起新進，無尺寸建白，一旦驟出其上，因是多不平。洪逆亦微聞其故，擇其功鉅酬薄者，悉授封偽王，或有以納賄得者。於是賊中徒擁虛名，無所統制，而疆埸之陷陣衝鋒者，皆有勞而無賞，因之無不解體。

干賊恥己無武功，請於洪逆，願提師解安慶之圍。咸豐十一年五月，干賊率黨出偽都，盛飾軍容，途中慨然謂其下曰：『此大丈夫得志一時之所為哉！』因議先攻江西，冀分官軍之勢。時集於安慶城外者有六偽王，偽王長兄洪仁發，偽王次兄洪仁達，偽輔王楊輔清，偽章王林紹璋，偽英王陳玉成，偽黨數十萬衆，厚集其陣，期一鼓以退官軍。曾中丞國荃以奇兵當其衝，督兵捍禦，躬冒矢石；守城賊將為葉芸來，百戰之悍寇也。城外皆官軍，外援之賊，又在外圍，而曾軍於外復成長圍，環之三匝，併命相持，六偽王皆不得前。至七月，偽干王最先遁歸。蓋洪逆促之還偽都也。是年冬，安慶卒為官軍所復，洪逆追咎干賊援兵不力，師勞無功，貶其偽王位，旋又以偽王娘之譖，盡削其權。偽王娘者，洪逆妻也，夢干賊身御龍衮，而首冠翎頂，謂其心未忘官軍，不可大用。是時西人之至偽都者，絡繹於道，皆主干賊家，以干賊向在香港，多與相識也，出入賊中，招搖於市。洪逆聞之頗不喜，故特假夢兆以抑之。

同治元年，官軍圍金陵急，干賊預守城役，後仍還其舊封。迨官軍克復金陵，干賊先火其偽府，乘間奪路得逸，與偽幼主洪福瑱偕遁，其衆尚數百騎。遁時遇一溪，與衆浮水而過。中有一人屢顧偽幼主者，干賊卽手刃之，於是衆皆股栗。竄至江西，謀易服薙髮潛歸粵東，為其信任之人密白於官，遂被執。時豫撫沈中丞葆楨，特委他員審鞫，干賊詞色不撓，歷供前後作賊事不少諱，越日卽寘諸極典。

迹干賊生平，特一粗識之無之一庸妄男子耳，卽在賊中，亦不過掉弄文字以自矜異，與奪地覆城之悍黨較，其罪尚可末減，徒以位列偽王，分居寇族，妄思僭逆，遂陷大戮。使其戢影潛蹤，自匿窮荒遐島之中，則雖至今存可也。

馮桂芬分部

傳記

清·馮芳緝、馮芳植《顯考景定府君行狀》　府君姓馮氏，諱桂芬，字林一，又字夢奈，號景定，晚號懁叟，江蘇吳縣籍。九世祖瞻雲公諱惠始，自常熟遷郡城。五傳至堯初公，諱義謨，是為府君曾祖，覃恩誥贈榮祿大夫，妣王，覃恩誥贈一品夫人。祖雲文公諱禮瑞，覃恩誥贈奉直大夫，晉贈中憲大夫，累贈榮祿大夫，妣錢，覃恩誥贈宜人，晉贈恭人，累贈一品夫人。父春圃公諱智懋，覃恩誥封奉直大夫，晉封奉政大夫，累贈榮祿大夫，妣謝，覃恩誥封宜人，晉封恭人，累贈一品夫人。春圃公四子：長伯父諱信孚，次伯父諱信衡，俱幼殤，叔父諱蘭芬，未娶卒，府君其三也。

生之前一夕，先大母夢老僧踵門，獻蘋婆果一，曰：此佳種，幸留之，不能多也。稍長入塾，性穎異，讀書目數行下，先大父母並鍾愛之。道光丁亥，年十九，補吳庠博士弟子員，明年應本省鄉試，中副榜。府君文名藉甚，涇縣朱蘭坡宮贊時主講正誼書院，尤奇賞之，所選刻課藝，府君作最多。壬辰，林文忠公撫吳，考校書院，首拔府君，招至署中讀書。

是歲中本省鄉試十六名，明年赴禮部試，報罷歸。應江陰陳明府希敬之聘，賓主投洽，遇事規正，陳公奉諱去官，府君為佐理交代事，鄭重而別。又嘗為某邑令記室，兼錢穀，令以欠糧怒諸生某，欲申請斥革，府君力爭不得，遂拂衣去。迭遊陳芝楣、陶雲汀、裕魯山諸公幕。蓋府君學問體用兼賅，於河漕兵刑鹽錢諸務及國家條例，並能洞達條貫，雖老於幕者，咸嘆弗及也。戊戌會試後，留京考補咸安宮教習。庚子會試，中式第十名，殿試一甲二名及第，授編修，是秋假歸，為先大母稱七十壽觴。

辛丑入都，散館，迎養先大父母於京邸。府君性耿介，不妄交遊。外官來京者，非有年世誼，不輕與通。暇時惟與陳給諫慶鏞、姚觀察瑩、趙宮贊振祚、曹廉訪楙堅、張孝廉穆數君，講論文章、經濟及時事得失，癸卯大考翰詹列二等。分校順天鄉試，得士十四人，解元余萼銜出府君房。甲辰典廣西鄉試，與副主考壽陽祁公宿藻悉心校閱，遍搜各房落卷，得士嚴寅恭等四十五人，多老宿。在道作行紀二卷，所歷山川古迹，悉有考證。

乙巳冬，先大母歿於京邸，府君體素弱，幼時即有咯血症，至是哀毀骨立。明年春，侍先大父扶大母柩，由潞河回里。為卜葬地，窮究青囊書，偕地師遍歷郡西諸山，逾年負土畢，以營甘旨故嘗一遊汴梁。繼應制府李公星沅聘，主講金陵惜陰書院。戊申服闋，侍先大父入都供職。庚戌，文宗御極，詔中外大臣各舉賢才。同邑太傅潘公以林公則徐、姚公瑩、邵公懿辰與府君名同上，得蒙召見。秋，先大父棄養，扶柩歸，又相地得貞山塢吉壤，遂遷先大母柩合葬焉。時陸公建瀛督兩江，聘修《鹽法志》，客維揚兩年。壬子服闋。

癸丑春，粵匪陷金陵，奉特旨，與程公庭桂、韓公崇、胡公清綬同辦勸捐團練。其時省城戒嚴，居民移徙一空。府君與同人議設協濟局，勸各富戶輸捐饋餉大營；又議設團防，城廂內外布置周密。數月後，人心少定。時撫軍許公乃釗為向忠武公副帥，駐師金陵，羽檄日數至，凡商略軍事者，局中裁復，皆府君主之。中書馬君釗客許公幕，謁假歸，言及蘇松空虛可慮，大營餘丁甚衆，若募之為留守策應之師，計甚便。府君即與程公定議，籌款付馬君招募，名曰撫勇。事甫集，而青浦周立春、上海閩匪劉麗川先後竊發，連陷松郡南匯、川沙、青浦、嘉定、上海各城。許公令劉主事存厚與馬中書率撫勇馳剿，抵青浦一鼓而下，乘勝復諸城，合圍上海。繼許公督師至，府君與郡紳籌辦軍裝，軍火無或缺。明年吉勇烈公代許公平上海，入奏敘府君勞，奉旨賞五品頂戴，以中允即補。六年五月，補右春坊右中允，部文促來京供職。撫軍趙公德轍以勸捐事挽留甚多，不果行。時有蜚語，謂府君大興土木，勸捐阿庇親戚，奉旨查辦，旋得白。戊午春，束裝北上，不孝芳緝隨侍，及至都，則已以逾限開缺。在都候補者年餘，舊疾復作。適不孝應京兆試事竣，遂於中秋後請假回籍，蓋己未歲也。

庚申四月蘇城陷，流離遷播，至冬僑寓滬上。雖家業蕩然，警報迭至，府君猶日手一編不置。薛撫軍煥聘主敬業書院，辛酉賊氛益逼，滬城瀕危。府君蒿目時艱，常慮滬軍不足恃。會同郡顧公文彬，自楚來滬，倡入皖乞援之議，府君與潘公曾瑋力贊成之。請於團練大臣龐閣學鐘璐，復介吳太守雲達諸當事，往復數四，議遂定。諸紳以函稿屬府君，乃統籌時局，代草數千言，歷陳危急情形、用兵先後機宜。薦今豫撫錢公鼎銘，屬以包胥秦庭之事。錢公持書入皖，謁曾文正營次。文正得書感動，與今爵相合肥李公謀，檄吳方伯煦具貲糧，雇輪船，涉海往迎。李公遂統師至滬，不數年，蘇省蕩平。後府君見文正於金陵，猶縱言及援師事，謂厥後東南全局，不出君一書，亦一段文字因緣云。

李公之蒞滬也，敦請府君入幕，奏奉諭旨，府君堅辭不獲，力疾在行間兩年，曾以核減蘇松賦額請入奏。先是吳中困重賦，先大母家為催科所破，每謂府君曰：汝他日有言責，此第一事也。府君讀書之餘，尤留心漕務，官中一言一事涉漕務者，必求其詳，手録成帙，民間苦累纖悉周知。條議説帖，歲有所作，不下數萬言，蓋懷欲陳者三十餘年。癸丑歲，嘗慫恿大吏行均賦法，革除大小戶舊弊。不便者撓之，不果行。至是力陳漕弊，李公深韙之。即與府君議定章程，會同制軍曾公入奏，蒙恩准蘇松太減三分之一，常鎮減十分之一，民困以蘇。府君謂不孝等曰：平生宏誓大願，於是始了，可慰吾母於地下矣。府君雖衰病，猶力任之。一切善後，如建學宮，浚河道，廣學額，修葺祠宇，復設書院，籌備賓興以及減租、積穀、恤嫠諸務，公呈條議，咸出府君手，心力為之交瘁。甲子主講正誼書院。遇朝廷詔求賢才，皖撫喬公松年薦府君『性情方正，不為苟同，品學兼優，才堪幹濟，若内而試以卿寺，外而試以兩司，必能卓越尋常，有所建樹』。合肥李公薦府君『識略宏通，學有本源，在江蘇紳士，固不多得，即近時詞臣，似亦罕有』。同治四年七月三十日奉上諭：前詹事府中允馮桂芬著來京交吏部帶領引見，欽此。府君以病不克就道。正誼書院舊課時藝，是年改課經解古學，仍主講席。府君以夙疾頻作，城中酬應煩苦，遂於丙寅冬，買屋靈岩山下，挈家居焉。

丁卯二月，合肥李公以蘇松太三屬辦團善後出力人員保奏，奉旨加四品卿銜。己巳，丁撫軍日昌聘府君總纂《蘇州府志》。庚午，合肥李公片奏：四品卿銜詹事府右中允馮桂芬平居講學著書，巋然為東南耆宿，臣前督師至滬，該紳創立會防局，調和中外，襄籌防剿，動中機宜，臣與商擬江蘇減賦章程，期於實惠及民。謀設上海廣方言館，務求博通西學，卓識宏議，定裨軍國而垂久遠，屢蒙召旨垂詢，以年老多病，不克赴京為憾，臣馳剿東西捻股，該紳雖未隨至前敵，而函牘往返，諮度軍事，多所匡救，茲值中原肅清，東南大定之際，追念前勞，允翕衆望，可否仰懇聖恩，破格優獎，賞給三品卿銜，以為留心時事者勸。四月初二日，奉上諭：馮桂芬著賞加三品卿銜，欽此。部議以核與定章不符，奏駁改為議敘。李公續奏馮桂芬講學著書，為江鄉耆宿，有裨軍國，前次聲敘懇恩破格優獎，實為激厲人才起見，在該紳淡於榮利，久以不求聞達為懷。惟思朝廷錫賚之典，所以旌功勸善，臣自督師馳剿髮捻，與東南士大夫相接最久，而品端學邃，體用兼賅如馮桂芬者，洵不多覯，不敢不亟為表揚，矜式末俗，且在籍紳士渥被殊榮，似與在京供職之員加銜不得逾品者微有區別，用再籲懇天恩，可否將馮桂芬特賞三品卿銜，出自鴻施，嗣後不得援以為例。十二月十四日奉上諭，馮桂芬著改為賞加三品銜，以昭激勸，欽此。辛未，曾文正公奏保上海通商辦理洋務出力人員，同治十一年三月十六日奉旨：馮桂芬著加一級紀録三次，欽此。府君嘗以不獲追封三代為憾，及得賞加三品銜，欣然謂不孝等曰：此願庶可償矣。於是循例加級，三代皆受一品封。豈意誥軸甫頒，而府君遽不起。嗚呼痛哉！府君自離亂後，血氣漸虧，舊疾時作，醫家謂思慮傷脾所致，不宜用心。而府君素喜操勞，年來以修訂郡志，竭慮殫心，又月校書課藝，公私往來書翰，多出手裁，幾於日不暇給。本年二月，偶患腹瀉，旋即平復。三月中又患吐瀉，一夕旋止，胸膈時隱隱作痛，飲食遞減，然猶坐起如常，不廢筆墨。四月五日，喘促陡作，舌光渴飲，進人參及養陰之品，喘得漸止。方謂可有轉機，詎料病勢日重，百計莫挽，延至十三日卯刻遽棄不孝等而長逝，嗚呼痛哉！不孝芳緝自戊辰通籍後，觀政刑曹，是秋即擬歸省。府君馳書諭止，謂部務宜學習，勿輕告假。嗣後每寄諭函，輒以立身勵學為訓，不令南歸。今年春，不孝芳植睹府君氣體漸衰，欲不應會試，府君敦促不已，乃入都。都中時接南來信，言府君時病時愈，不孝等頗以為憂。三月晦，猶親筆作書寄不孝等，望芳植成名甚切，期芳緝秋冬旋里。四月望接初六日家信，謂府君病勢驟重，不孝等遂星夜馳歸，不意行抵申江，陡聞凶耗，嗚呼痛哉！此皆不孝等侍奉無狀，罪通於天，以致病不能嘗湯藥，歿不能視含殮，中路搶呼，萬死莫贖，嗚呼痛哉！

府君生有至性，事大父母至孝，大父母既歿，遇諱日，終身屏酒肉，謝賓客。以先大母居姑喪時，哀毀致疾，倩畫工作《麥飯哀圖》，丐海内文人題詠，今藏於家。我族中人丁稀少，曾祖行諸昆二十有一人，子孫散處無譜系可考。先大父爰命府君遠近訪求，手輯族譜成帙，而建宗祠、立義莊，亦以漸經劃，規模粗具。府君同胞五人，兄弟俱早世。惟一姊適王公堉，甥錫祿幼孤。府君撫之如子，教養迄於成立。前年姑母卒，身後事府君一任之，並予地一區，命錫祿營葬。曰：我在，可親為定向也。府君性恬淡，登第後，服官不及十年，即引疾歸。每春秋佳日，或買舟，或乘輿，作山水遊。尤喜鄧尉，梅放時，輒一往，自號鄧尉山人。與詩僧覺阿善，時策杖訪之，或信宿乃返，嘗於光福創建一仁堂，得元人徐良夫耕漁軒遺址，地臨西崦，湖光山色，景絶勝。於其地築室數椽，供憑眺，自為文記之。

府君雖無意顯達，而於天下大計，無一日不往來於胸中，有所見常慷慨論列，或與當道相抵牾，不顧也。居上海時，作《抗議》四十篇，於政治源流，縷覼畢貫，見者咸嘆為通儒之學。滬上設立廣方言館，集生童習文藝兼及西法，章程皆府君手定。又制定向尺及反羅經，用以步田、繪圖，法頗捷適。當道議舉清丈，屬府君赴川沙試行之。府君即偕同志數人，親履其地，指授各法，冒風日涉原野者累月，事尋中輟。有《丈田繪圖章程》已刊行。後地方官重議清丈，用部頒五尺步弓，田多額缺，無從核實。府君遍查《會典》及《皇朝文獻通考》，戶工部則例，知乾隆間以各省步弓不同，定議丈量舊田，仍用舊行六尺步弓，惟新漲沙田，用新頒五尺步弓。乃援成案，請今中丞張公入奏，部議奉旨允准。上年廷議議治黃河，欲挽使南流，一復道光時淮徐故道，詔李爵相妥議。府君上書爵相，痛陳南流之弊。爵相用府君說入奏，議遂定。嘗仿泰西水法，制龍尾車、虹吸等器，欲以教農人省力作，惜未行。

府君自少力學，讀書至艱深處，必窮日達夜，以通其旨。嘗謂書須苦思力索，若一覽無餘，有何意味？幼時為駢偶文，古近體詩，絕崖岸，不蹈襲前人。中年以後，肆力古文，寢饋於盲左、國策及周秦諸子；於唐宗韓柳，旁及孫可之、皇甫持正；於宋則歐蘇。有所作，必數易稿而後定。所著《顯志堂詩文集》凡十數冊，無寫定本，不孝等擬編次付刊。解經宗漢儒說，而亦不廢宋儒。尤精小學，嘗欲就字書體例，逐字廣列古訓為一書，搜輯數載未成。嘗得影宋本徐楚金《說文韻譜》，輒大喜，謂李舟《切韻》已亡，賴此可以存之。遂與同里顧河之瑞清、上元龔生丙孫商榷，作校勘記，未卒業，而有粵匪之難，稿失其大半。府君乃先手摹篆文，命及門分書原注付梓，以校勘殘本藏於家。又以段氏玉裁《說文解字注》為治許書者必讀，而其中引用頗多訛誤，與及門管生禮耕、沈生嘉澍等作《段注考證》十六卷，有定稿未刊。素喜疇人家言，先後從李申耆、李尚之兩先生究其術，著《弧矢算術細草圖解》付刊。晚年以西人《代微積拾級》一書文義難通，與金陵陳子晉璠作《西算新法直解録》有定本；又校正《李氏恒星圖》，測定咸豐紀元中星表付刊。書法宗率更，少從同郡聞過庭先生學，而不囿於師傳。篆隸及行草具有古法，海內索書者坌集，府君應之無倦容。自奉儉約，不喜鮮衣華食，愛習靜，旁無姬侍。自壬戌先慈見背，左右服御只一二僮僕。同人或折簡相招，非公宴及文酒社不赴，於徵歌選勝事若不解者。其愛士一出於至誠，後生有片長足録，輒留心引掖。四方寒畯來從遊者，卻其贄，或窮無所歸，必力為之地。先後主講書院幾二十年，批閱課藝必再三乃定。卷中有制勝處，或有疵纇，必為指出。所拔多知名士，其素無文譽而為府君激賞，底於成材者不可勝數。所取文，必軌先正，而仍不背時趨，故掇科第以去者踵相接。嘗刻惜陰書院課藝，海內奉為圭臬。正誼書院課藝，曾選定一集，今待刊。

其於善舉，尤盡心力。癸丑金陵陷，收養江南北流亡，設法賑濟，全活無算。壬戌癸亥間，大軍每剿賊獲勝，屍骸遍野，拔出難民多奄奄待斃。時府君在滬，請李公奏設撫恤局，捐貲備船隻隨大營後，專辦掩埋及棲流。又別與秀水王公亨謙倡立保息、安節等局。蘇城復，諸善堂以次設立。府君經理女普濟、錫類兩堂，撙節經費，營建堂屋，規制遂大備。此府君行事，為不孝等所習知者，其不知者不敢具，懼誣府君也。

府君生於嘉慶十四年九月初十日子時，享年六十有六歲。誥授通議大夫，晉授榮祿大夫，賜進士及第三品銜四品卿銜。縣庠生，戊子科副榜，壬辰科舉人，戊戌科考取咸安宮教習，庚子科一甲二名進士，翰林院編修，詹事府右春坊右中允，充國史館協修、纂修。癸卯科順天鄉試同考官，甲辰科廣西正考官，乙巳教習庶吉士。先妣黃夫人，誥贈奉直大夫湖北隨州知州太倉黃公諱近誠孫女，太學生諱鸛文公女。讀書明大義，在室以孝聞，年二十八歸府君，勤儉持家三十年，不私蓄一錢。先府君十二年卒。誥封宜人，例封恭人，晉贈一品夫人。子二，芳緝，邑庠生，己未順天舉人，戊辰進士，記名總理各國事務衙門章京員外郎銜，刑部主事貴州司行走。娶葉氏，鹽運司運同銜候選同知名承銑公女；芳植出嗣蘭芬公，邑庠生，甲子補行戊午舉人，賞戴花翎五品銜內閣中書。娶王氏，誥授中憲大夫布政使司理問議敘同知，賞戴藍翎奉旨賜恤諱亨謙公女，附貢生試用訓導、刑部山西司郎中鹽運使銜、盡先選用道、賞戴花翎名恩壽公撫女。女二：長適誥授奉政大夫晉贈中憲大夫戊戌進士、署安徽六安州知州、恤贈知府雲騎尉世職金公諱寶樹子，元和縣附貢生候選光祿寺署正，恤贈員外郎雲騎尉世職諱肇元；次殤。孫七，芳緝出者四：世澂，邑庠生，娶王氏，丁酉拔貢、布政使銜、前陝西按察使署布政使、賞戴花翎名承基公女；次世灝、世涑殤，次世銘。芳植出者三：世選，妾汪氏出，次世棨殤，次世霖。孫女八，芳緝出者三：長適候選主事，附貢公潘公諱仁麟嗣子，國子監學録、辛亥舉人諱誠貴公次子、邑庠生志裘。次殤。次未字。芳植出者五：長許字道銜候選員外郎吳公嘉椿第六子乃泰，餘未字。曾孫一，澤榮。

先妣以丙寅冬先葬吳縣二十一都八圖陽甲字圩北祝塢，今筮於本年冬月吉日奉合葬焉，嗚呼痛哉！不孝芳緝以薄宦羈身，芳植又以應試在北，不能審慎於幾先，致成終天之訣，眞有不可為人不可為子者，尚何言哉？惟念府君一生居心立行，學問經濟不可湮没，忍死濡墨，粗述梗概，倘蒙當代鉅公、立言君子，錫之銘誄以光泉壤，不孝等世世子孫感且不朽。不孝芳緝、芳植泣血謹述。

綜述

清・馮桂芬《顯志堂稿》卷首《左宗棠〈中允馮君景庭家傳〉》 君諱桂芬，字林一，又字景庭，吳縣馮氏。先世由常州遷吳，遂爲吳縣人。君幼穎異，弱冠補縣學生員。道光十二年舉於鄉，二十年一甲二名進士，授職編修。

文宗御極，大臣疏舉人材，以君與林文忠同薦，旋以憂歸，比服闋，而賊已陷金陵矣。承詔勸捐輸、練鄉團。事辦，敍克復諸城勞晉五品銜，特旨擢中允。有間之者，告歸不復出也。金陵師潰，賊犯吳中。時泰西海舶鱗集滬上，衆議藉以禦寇，君亦謂然。比蘇州、松江陷，滬益不支，所望者曾侯駐皖之軍。吳人畫赴皖乞援之策，慮侯不遽許，推君具草。君爲陳危急情狀，並時局利鈍及用兵先後所宜，語甚辨。曾侯許之，令福建延建邵道今相國李公以水陸諸營東下。李公益召淮陽豪俊與俱，遂成平吳之功。吳平，李公開府吳中，就君諮訪郡縣利病諸時政，多取決焉。如蘇、松減漕額，長、元、吳三縣減佃租，舉八百數十年歷代名公卿思爲民請命不可得，積歉終古者，一旦如其意而澌雪之，如沉痾之去體。非遇聖仁在上，當事無所顧慮，民間呻吟疾苦奚由徹諸殿陛也。吳人兵燹餘生，蠲貸及於寬政，幸矣。茲如常制更減除數十萬租賦，永爲太平幸民，微君有言而孰貽之。第以赴皖請援謂君大有造於鄉邦，抑又淺矣。君著述甚富，堪裨實用，算學尤邃，稱於時。茲撮其有關國故者録之。君卒於同治十三年四月，年六十有六。子二：芳緝、芳植，有聞於時。【略】

論曰：士之有意用世者，蓋欲行其志焉。而行之有難易，成之有遲速，則時爲之。使君於大臣論薦時遽膺重寄，固宜大有設施。然時會未值，議論或足以害其成，未可知也。觀君所爲，如雷霆之乘風載響，霖雨之因雲灑潤也，事成而神功亦斂如此。語曰：『識時務者在於俊傑』，諒哉！

論說

清・馮桂芬《顯志堂稿》卷首《俞樾〈顯志堂稿序〉》 自孔氏諸弟子各以其所學散處諸侯之國，原遠而末分。至於今，益甚有曰性理之學，則究性命辨義利者也。有曰經世之學，則策富强課農戰者也。有曰經籍之學，則窮訓詁考制度者也。有曰載記之學，則誌得失鏡古今者也。有曰曆算之學，則精推步測高廣者也。有曰詞章之學，則研聲律儷清白者也。是數者，各得其質之所近，各行其業之所習，彼此相笑而莫能通。孔子曰：吾道一以貫之，苟不得其所以貫，萬猶不給也，苟有以貫之，則此數者固可得而一，若景庭馮先生其有以貫之乎。

先生於余爲同館前輩，同治中余寓吳下主講，紫陽先生亦主正誼講席，時相過從，其後先生移家木瀆，距城稍遠，然歲必一再至談經史疑義，又或縱言及於時事。甲戌正月猶過我春在草堂，而是年夏，余自武林歸，則已聞先生之訃矣。先生既歿，相國李公言於朝，建祠於其鄉，俾後進之士俎豆尸祝有所矜式。而先生之書亦遂次第刊刻，行於時。其嗣君申之、培之以《顯志堂稿》十二卷，求序於余，余讀而歎曰：是我所謂能貫之者也。

先生於學無所不通，而其意則在務爲當世有用之學，所著有《抗議》四十篇，蓋漢仲長公理《昌言》之流。方咸豐、同治間，吳會可謂多故矣，而於先生集中見二事焉，則皆大局之所繫。其一，迎師於皖，皖軍至而東南以次底定，旋乾轉坤於是乎在。其一，減三吳之浮賦，四百年來積重難返之弊，一朝而除，爲東南無疆之福。而是二者，稿皆出於先生。

先生治經通小學，故不爲浮詞，尤精隸首之學，能推而行之，清丈之法生焉。敍庚申間事有史筆，間爲小文，清而腴。嗚呼！豈非吾所謂有以貫之？則此數者固可得而一乎。

先生以廷試第二人官翰林，負重望。咸豐初，潘文恭公以先生與林文忠同薦，使先生大用於時。其所設施必將赫然爲中興名臣之冠，豈止於此而已哉！然使後之人拜先生之祠而讀其書，皆務爲有用之學，則先生之澤固遠而大矣。

又 **《吴大澂〈顯志堂稿序〉》** 道光朝侯官林文忠公撫吴，有政聲。公餘之暇，與紫陽、正誼兩書院肄業士講求文藝，鑑别人倫。吾師林一馮公以學問文章受知於文忠最深，有一時無兩之譽。當是時，吾吴漕糧幫費之重，積困已久，勢不得改弦而更張。文忠疏請緩漕一二分或三四分，與民休息，歲以爲常。此公爲諸生時耳熱而稔知也。迨後湘鄉曾公、合肥李公疏請裁減蘇松太浮糧之議，實自公創之，公與李公書問往復，輒以道咸間三十餘年實徵舊籍稽核比較，議減三分之一，疏稿皆公手屬，得邀俞允，民困以蘇。然則減漕之舉，文忠導之於前，公與曾李二公成之於後。以此見文忠之知人，公亦可謂不負知己矣。

公於書無所不讀，經史而外，天文、輿地、算學、小學、水利、農田，無不精究，而尤諳於歷代掌故。公於文無所不長，詩古文辭駢體制藝，無不卓然成一家言，而尤達於經世之學，集中所存抗議十五篇，於時政之得失、風俗之盛衰，言之深切著明。公自謂古法有難復，有易復，有復之而善，有復之而不善。然則公之議固非執一不可通之論也。公序潘功甫先生之文，謂其論漕賦區田數篇，尤東南民命所繫，不見諸實用，猶膏雨之雨於海、雨於山，而旱苗之不救。余謂公之文亦然。然如乞師、減賦、修學宫、製禮器、改建正誼書院、修輯郡志諸大端，皆公引疾歸里後二十年中次第成之。公之澤不及於天下而猶及於鄉里，後生小子得所沾匄，與世之得位乘時而始行其志者，其難易不且倍蓰哉？

藝文

清·馮桂芬《顯志堂稿》卷一二《五十自訟文》 歲在著雍敦牂，余年五十。

客曰：『子學者也，昔蘧伯玉行年五十而知四十九年之非，子亦知其非乎？』

余曰：『子言誠是也，雖然有非，有未必非，不可以無辨。』

客曰：『子何言之愎也？伯玉，三代上賢者，大聖人之友，猶知非若彼，子何言之愎也？』

余曰：『是有説焉。傳記所載伯玉事，年歲先後不盡可考。据《左氏傳》，初紀從近關出，在襄公十四年。《孔子世家》再紀主蘧伯玉家，在哀公三年，相距六十有八年。當是弱冠登朝，歷事獻、殤、襄、靈、出五公。其年五十，在襄、靈之際。《傳》所紀君制其國，誰敢奸之？侃侃正論，不與時相孫林父、寧喜爲黨者。其事在五十以前無疑。從可知所謂知非者，蓋學問中精微之語，於生平大節無與。不然，以不黨時相爲非，將以黨爲是乎？且以伯玉之賢，亦何至四十九年之全非，而待五十之改弦更張也？知人論世，宜體此意矣。余何人斯，庸敢與伯玉比？顧亦有不肯妄自菲薄者，願爲子一一陳之。生平居官，未嘗於長吏求一差使；居家，未嘗於當事進一關説，未嘗受一瞞人之錢，未嘗爲一負人之事。天地鬼神，實鑑臨之。前者被謗之舉，爲民爲國，開罪於權門勢族而不悔，亦庶幾不黨孫、寧之遺意。以此爲非，將隨波逐流爲是乎？其不然明矣。承先人遺業，薄田十頃，衣食僅給，米鹽靡密，輒親爲之。人或以善治生爲非，顧將不衣食乎？抑不求諸此轉求諸彼，如世之鑄横財者爲是乎？其不然又明矣。惟是妄念有未盡耶？機心有未忘耶？嗜欲或由强制，大廷是而有衾影之非耶？出入難免持籌，廉儉是而有慳嗇之非耶？好名太過而矯矜之非耶？憂世太過而怨尤之非耶？是固不足言學問精微，而必宜知其非者也。雖然，未已也。余好讀書，未嘗一日廢業。性迂，未嘗與一曲讌。自謂無足奇，人輒交口稱之，余滋恧焉。至生平所自信者有二：操守第一，萬鍾千駟不能易吾節。吏事次之，少賤通知民情，留意掌故。二者竊自謂不居人下。乃人輒目爲文學之士，不以吏事相許。至以非義之取嘗試者，斥甲而乙至，斥乙而丙至。蓋自通籍二十年，雖漸久漸稀，而終不能絶。以汔於今，何與生平所自信者適相反也。柳下惠曰：伐國不問仁人，吾豈有遺德耶？然則，身之不修，行之不立，聞望之不足孚於人，可知也。此尤無形之非也。勉之哉！自此以往，若輩絶迹，此心昭然大白於同人，則吾學之進矣。若前者被謗之舉，則雖身修行立，聞望孚於人，滋之不免也。必欲免之，則必入於非而可。吾所謂有非有未必非者如此。』

客悦曰：『然則，子眞知非者也。』客退，録爲自訟文，置之坐右。

清·馮桂芬《夢奈詩稿·五十初度自題小影》 萬軸牙籤一片氈，此中燥髮到華顛。蹉跎建豎今生已，慚愧文章四海傳。朵殿臚名叨上第，繡衣持節歷南天。不才循省良逾分，多少寒儒鐵硯穿。

生來傲骨獨崚嶒，閱盡崎嶇氣倍增。心事明明天上月，知交落落澗中冰。一官蓬島鮎緣竹，五載枌鄉鼠囓藤。差異東林六君子，聖明洞鑑幸堪憑。

東南民力困徵輸，藿食蕭條鼎食腴。穿溜寒心成積釁，移山隻手效孤愚。私期中澤綏饗雁，無意深淵觸短狐。猶冀將來賢吏士，終成吾志福三吳。

底須駟馬與高車，差喜兒曹知讀書。向子中年了婚嫁，香山數頃足耕漁。尋常身耻同邱貉，尺寸功應問蠹魚。料檢叢殘憑炳燭，行謀歸去鍵蓬廬。

又《五十初度小影又題》 有官五品勿卑小，有田十頃勿見少。人生五十不爲夭，何況餘生猶未了。束髮讀書志探討。綺羅絲竹迹如埽，終南捷徑避若燎。環堵蕭然中處藐，蒼生饑溺入寸抱。蒿目時艱頭欲掉，許身稷契孤懷矯。科名青紫何足道，不惜身心集荼蓼。要使狂瀾挽既倒，咄嗟世道習狙巧。申椒不芳糞壤寶，含沙三足翔雲表。小試輒已招嫉媚，江湖滿地百憂悄。九關欲敂愁窅窱，眼看青鬢變華皓。攬鏡衰顏蒲柳早，壯懷衹付東流杳。誓當扁舟泛湖泖，菰蒲煙雨夢魂繞。插架圖書萬卷好，丹黃狼藉尺厚稾。卅年嘔心非草草，千慮詎無一得瞭。名山覆瓿聽幽渺，且擁百城此中者。魯齋治生夙所曉，敝裘稱身粗糲飽。曾無暮夜金分秒，一瓣清香謝蒼昊。落落人寰氣浩浩，雲淨天空秋月皎。

清·馮桂芬《顯志堂稿》卷首《李鴻章〈墓志銘〉》 東南經寇亂，逾十年而後定。故家文籍蕩然，猶賴碩望耆儒，若伏生、申公者，抱遺經，蓄道德，後學奉爲依歸；而官其土者，有大政，或遇事變，得所諮度焉，中允馮君桂芬殆其人矣。君生有異稟，幼擅文譽、工制舉業及駢體。中年以後，乃肆力於古文，探源《左》、《國》，下及唐、宋，説經宗漢儒，亦不廢宋，精研小學。嘗手摹《楚金》、《説文》、《韻譜》，敍而刊之。喜疇人家言，師事李申耆、李尚之兩先生。嘗以意造定向尺及反羅經，用以步田繪圖，試行於川沙。又以江南清丈用部頒五尺步弓，田多溢額，考《會典》、《皇朝文獻通考》及戶、工事例，定用舊行六尺步弓量舊田，新頒五尺步弓量新漲沙田。君於學無所不窺，而期於實用。天下大計，無日不往來於胸中，其於河漕、兵刑、鹽錢諸政，國家條例源流，洞達而持之介然。少時爲某邑令記室，兼治錢穀。令以欠糧，欲褫生員，君力爭不得，拂衣去。客游陶文毅、裕忠靖諸公幕中。自未仕時已名重大江南北。粵匪之陷蘇城，避居滬上。是時，予方從曾文正公治兵皖疆，今河南巡撫錢君鼎銘持書乞援，陳滬城危狀，及用兵先後機宜，累數千言。其書君所創藁，文正得之感動，乃定計以予率師乘輪舟東下，卒解滬上之圍，克蘇州，文正嘗言東南大局不出君一書也。予既至滬，奏辟君自隨。君創立會防局，調和中外。又設廣方言館，求博通西學之才，儲以濟變。嘗爲予言，外家破於催科，究心漕務者三十餘年，周知民間苦累，因力陳其弊，予於是有奏減漕糧之疏，凡蘇、松、太減三分之一，常鎮減十之一。前年予奉詔議治河事，有欲挽河使南流，復淮、徐故道者。君書來，痛陳南流之弊，予於是有故道難復之疏。予以非才謬膺重任，敬耆老而咨故實，庶幾免愆戾焉。而君遽隕喪，予滋戚已。君字林一，又字景亭。先世諱惠者，始自常熟遷蘇州郡城，占籍吳縣。曾祖義謨，妣王；祖禮瑞，妣錢；考智懋，妣謝。君未弱冠，補縣學生員。道光十二年舉人，二十年一甲二名進士，授編修，嘗充順天鄉試同考官，廣西鄉試正考官，教習庶吉士。丁母憂，服闕。

文宗御極，用大臣薦，召見。旋丁父憂，服甫闋，而金陵陷，奉詔勸捐團練，以克復松江、南匯、川沙、青浦、嘉定、上海諸城，功晉五品銜，擢中允。爲蜚語所中，得白赴京。期年，復告歸。今上初元，予密疏薦，得旨宣召，君病不克赴。以蘇、松、太治團善後功，奏加四品卿銜。迨中原肅清，東南大定，追念前勞，奏加三品卿銜，格於部議。予續奏稱君江南耆宿，講學著書，卓識閎議，有裨軍國，特詔賜三品銜。君遂循例加級，三代皆贈一品秩。同治十三年四月十三日，卒於里第，年六十有六。妻黃先卒，贈一品夫人。子芳緝，己未舉人，戊辰進士，員外郎銜刑部主事；芳植，甲子舉人，五品銜內閣中書。孫世澂，縣學生員；世灝、世涑、世銘、世選、世榮、世霖。曾孫澤榮。女二，孫女八。君性恬澹，登第後，服官不及十年，即引疾歸。徜徉山水，蕭然自得，儉約廉靜，旁無姬侍，而遇事奮發，勇於有爲。凡蘇、滬諸善堂，及濬河、建學、積穀、賑撫諸善舉，條議悉出君手。先後主講金陵惜陰、上海敬業、蘇州紫陽正誼諸書院，爲後進講論學術，評隲文藝。書宗率更，兼工篆隸，四方求書者踵至，研朱揮翰，昕夕忘倦。所著《顯志堂詩文集》、《説文解字段註考正》、《弧矢算術細草圖解》、《西算新法直解》、《校正李氏恆星圖》、《測定咸豐紀元恆星表》、《丈田繪圖章程》、《使粵行紀》、《抗議》、《家譜》、《兩淮鹽法志》、《蘇州府志》各若干卷。每一書成，遠近學者爭快睹焉。烏虖，使君出而佐天子治庶政，其見於世者豈止如是而已哉！芳緝將以十三年十一月二十一日奉君喪，與黄夫人合葬於吳縣二十一都八圖鱗甲字圩北祝塢。銘曰：江南文獻，先帝儒臣，衆望是資。均賦，治河，運籌決勝，條變晝奇。舒古琳今，齡謀晦斷，一身兼之。不榮於祿，而富於書，浩博無涯。我銘藏幽，君書在世，其傳奚疑。

雜録

清・馮桂芬《顯志堂稿》卷首《許賡颺〈祭文〉》 嗚呼！大雲散彩，小草失滋，喬木委地，巢禽辭枝，惟公明懿，經師人師，同聲一慟，知與不知，公之文章，常在人口，公之科名，高於北斗，自公視之，皆其所後，立德立言，斯爲不朽，我朝大儒，首推亭林，郡國利病，經緯在心，公抱微尚，奉若南鍼，抗議萬言，希古切今，言之非艱，行之惟力，吾吳田賦，沿明舊則，屢奉恩減，民困未息，貢必取盈，吏濟以墨，大户小户，尤患不均，高下其手，同域異畛，公時在籍，奉詔戒晨，去其泰甚，先減算緡，算緡既減，徐議蠲復，比户告歡，當途側目，旋罷不行，且興謗讟，退而著書，依山之麓，公志未遂，公心甚長，出贊戎幄，規復舊鄉，堅城喋血，喜動天閶，一疏得請，湛恩汪洋。

嗚呼！晝穀夜絲，惟帝之賜，則壤成賦，惟公之志，展轉十年，前跋後躓，公殫其憂，人食其利，近世儒業，專攻決科，《爾雅》不熟，寸策或訛，即論詞賦，亦病媕娿，駢四儷六，遑審其他，惟昔儀徵，華樸兼采，浙之詁經，粵之學海，又若惜陰，講席斯在，公昔主之，百川來匯，惟我吳地，抑獨闕如，昔盛羣彥，今惟虛車，言之大吏，謀闢廣居，輟而弗康，火急軍書，洎會貞元，投戈講藝，嘘枯振槁，飛翹揚滯，爰啓舊館，別敞新第，秦風權輿，漢學根柢，惟公創始，樂觀厥成，非公斯席，孰發其英，唐弓夏服，各受榜檠，柳管袁葉，久且益精，昔歲癸丑，連牆未覿，愁賦一篇，先被賞擊，繼游公門，疑義時晰，目我舞鶴，憫我退鷁，張儉無家，躑躅海濱，公假以館，息其風塵，王充閲肆，溷迹途人，公爲延譽，草檄充賓，春風扇和，此其身受，身受者獨，不如衆有，上善無名，入人彌久，崇巒已成，餘皆培塿，近纂郡志，抑石追王，博稽羣籍，定自禮堂，方命犢子，來執脩羊，言充校録，近侍門牆，何圖哲人，龍蛇遽厄，屬稿未成，俄焉易簀，續公之書，後死之責，孰更如公，成此完璧？疇昔之日，貽我尺鱗，答言而外，凄笛感鄰，及聞撤瑟，曾不兼旬，引領南望，能不霑巾？

嗚呼！在山之泉，公固能淡，門業蟬嫣，公更無憾，惟茲後生，旁皇燭暗，回首廿年，倏忽如暫。

嗚呼哀哉！仙龕一築，逝矣難留，平子後身，來者其疇？吳門如練，燕雲若浮。

王韜分部

傳記

清・王韜《弢園文録外編》卷一一《弢園老民自傳》 老民姓王氏，素居蘇州城外長洲之甫里村，即唐陸天隨所隱處也。老民以道光八年十月四日生，初名利賓。十八歲，以第一入縣學，督學使者為秦中張筱坡侍郎，稱老民文有奇氣。旋易名瀚，字懶今。遭難後避粵，乃更名韜，字仲弢，一字子潛，自號天南遯叟，五十後又曰弢園老民。老民世系本出崑山王氏，有明時巨族也，族中多有位於朝。明末兵事起，吾家闔門殉國難，始祖必憲甫在垂髫，逸出存一線，自此至晉侯、詒孫、載颺，居崑凡四世，並讀書習儒業，有聲庠序間。載颺諱鵬翀，品端學博，尤為士林所推重。以早世，子尚幼，戚串中有覬覦者，乃遷甫里。大父諱科進，字敬齋，習端木術，篤厚慎默，見義勇赴，鄉里稱善人。父諱昌桂，字肯堂，一字雲亭，著籍學官，邃於經學，九歲盡十三經，背誦如流，有神童之譽。家貧，刻苦自勵，教授生徒，足迹不入城市。老民上有三兄，十日間，俱以痘殤。禱於武林，遂生老民。

老民幼時，屢夢浮屠佛像，魂自能從泥丸宮出入，十餘歲後始止。自少性情曠逸，不樂仕進，尤不喜帖括，雖勉為之，亦豪放不中繩墨。既孤，家益落，以衣食計，不得已橐筆滬上，時西人久通市我國，文士漸與往還。老民欲窺其象緯輿圖諸學，遂往適館授書焉，顧荏苒至一十有三年，則非其志也。滬上雖為全吳盡境，而當南北要衝，四方冠蓋往來無虚日，名流碩彦接迹來遊，老民俱與之修士相見禮，投縞贈紵，無不以國士目之。中如姚梅伯、張嘯山、周弢甫、龔孝拱，其交尤密。西館中，時則有海寧李壬叔、寶山蔣劍人、江寧管小異、華亭郭友松並負才名，皆與老民為莫逆交。惟是時事日艱，寇氛益迫，老民蒿目傷心，無可下手，每酒酣耳熱，抵掌雄談，往往聲震四壁，或慷慨激昂，泣數行下，不知者笑為狂，生弗顧也。

金陵既陷為賊窟，而滬上亦以閩，粵會匪起，戕官據城，老民思出奇計以復之，卒不能。發憤抑鬱，患咯血疾幾殆。咸豐八年，徐君青中丞開府吳中，與老民固有文字之契，老民以和戎防海弭盜三大端進言，前後上書十數通，皆蒙優答。

十年，金陵大營潰，賊竄吾吳，常、鎮、蘇、太同時俱陷，東南半壁至此糜爛，四郡村鄉亦蹂躪無完土。老民於是志愈孤，心彌苦。方捧上官檄督辦諸鄉團練，老民知其貪詐畏怯，萬不可恃，屢上書當事，代畫方略，言過切直，當事外優異而內忌嫉之，顧所言頗見施行，能多見效，其最要者以西人為領隊官教授火器，名曰洋槍隊。後行之益廣，卒以收復江南。然用其言而仍棄其人，並欲從而中傷之，此老民之所以扼腕太息痛哭流涕長往而不顧者也。

惟時賊於蘇鄉遍設偽官，立董事，皆土著人，暴斂橫徵，偽卡林立。老民固素識諸董事，密相結納，説以反正，言曾帥善用兵，祗以方剿上游，未遑兼顧。今安慶已復，援軍旦夕必至，不可不自為計。因激以忠義，勉以功名，令諸董事入賊中説頭目結内應，皆有成説，其黠者亦從而徘徊觀望。老民密縱反間，使賊黨互相猜貳，自翦羽翼，諸内應者多急欲見功，勢頗可乘。而當事者遽以通賊疑老民，禍且不測，聞者氣沮。老民急還滬上，猶思面為折辨，顧久之，事卒不解，不得已航海至粵，旅居香海。自此杜門削迹，一意治經，著有《毛詩集釋》，專主毛氏，後見陳碩甫《毛氏傳》、胡墨莊《毛詩後箋》，遂廢不作。

同治二三年間，李宫保方次第克復吳中郡縣，老民代粵人某上書宫保，陳善後事宜，並言諏遠情，師長技，自致富强之術，頗蒙采納。

六年冬，西儒理君雅各招往泰西佐譯經籍，遂得遍遊域外諸國，覽其山川之詭異，察其民俗之醇漓，識其國勢之盛衰，稔其兵力之强弱。道經法都，得瞻其宫室之壯麗，士女之便娟，廛市之駢闐，財物之殷阜，與英之倫敦並峙稱雄，同為歐洲巨擘焉。既至英土，居蘇格蘭之西境，其地近北極，少燠而多寒，春夏之交，徹夜有光，而山水清淑，巖壑秀美，遊屐所至，殊足娛情適志。九年二月還粵。此三年中，老民以孤身往還數萬里，嘗登舵樓以眺望，決目極天，蕩胸無際，波濤消其壯志，風雨破其奇懷，未嘗不感愴身世，悲憫天人，擊碎唾壺，淚涔涔墮也。

老民既還自泰西，當事頗有知其冤者，或貽書勸其出山，或欲託人招致幕下，老民俱謝不往。豐順丁公，一代偉人也，尤賞識老民，謂當今通達時務，熟稔外情，莫若老民，為之揄揚於南北諸大僚，於是諸大僚始稍稍知有老民者。嗚呼！此老民生平第一知己也。老民固極思感激驅馳以報知己，而憂患以來，精氣消亡，才華零腐，既不能上馬殺賊，下馬草檄，又不能雕琢文字，刻畫金石，以稱頌功德，徒為聖朝之棄物，盛世之廢民而已。

辛未秋，普、法戰事起，七閲月而後定，老民綜其前後事實，作《普法戰紀》。是書雖僅載二國之事，而他國之合縱締交，情僞變幻，無不畢具，於是談泰西掌故者，可以此為鑑。惟倉卒秉筆，或患冗蕪，尚有待於異日之重輯，而老民自知其必傳於後無疑已。癸酉，香海諸同人醵貲設印局，創行日報，延老民總司厥事，老民著述乃得次第排印。

光緒五年己卯，老民作東瀛之遊，藉以養宿疴，滌煩慮。取道滬瀆，放櫂金閶，得重見故鄉風景。闊別二十年矣，眞覺城郭則是，人民則非，有丁令威化鶴歸來情況。及身而重閲滄桑，生還枌梓，固老民初念所未及料者也。既至日東，遍歷崎陽、神户、浪華、西京諸名勝，居江户者十旬，遍交其賢士大夫，一時執贄請受業者户外屨滿，壺觴之會，壇坫之開，無日無之，唱和諸作，頗有豪氣。中又為日光山之遊，遍覽諸瀑布，窮其幽邃。老民將歸，日之賢士大夫餞别於中村酒樓，星使參贊以下至者百有餘人，日人謂自開國數千年來所未有也。

老民久居粵東，意鬱鬱不歡，恒思歸耕故鄉，卜居於莫釐、鄧尉之間，築三椽之屋，拓五畝之園，藏書數萬卷，買田一二頃，徜徉誦讀其中，優遊卒歲，以没吾齒。顧是願卒未能遂，豈非天耶。

嗚呼！老民雖流徙遐裔，僻處菰蘆，而睠懷家國，未嘗一日忘。嘗言此數十年中，時局一變，髮、捻、回、苗悉數蕩平，左帥用兵新疆，擴地數萬里，功震寰中，威行徼外，赫然見中興盛烈。然而泰西大小諸邦叩關互市，輒以兵力佐其商力，所至各埠，設官置戍，艨艟相望，每挾其所長，從而淩辱我，來必應請必遂，一旦齟齬，環而伺我者數十國，腹心肘腋間遍布森列，幾於國不可為國矣。嗟乎！此蓋誤於羈縻之説，而駕馭未得其宜也。近者日併琉球，俄據伊犁，我國家並持節往問，而時虞失和，勢且岌岌。老民外感於時勢之艱難，内憤於措施之顛倒，舊疾陡發，誠使祈死得死，亦復何憾。

老民有弟曰利貞，字叔亨，一字諮卿，讀書未成名而卒，年僅二十有七。有姊曰媖，字伯芬，嫁吳村周氏，癸酉六月先老民而逝。老民妻楊氏夢蘅，名保艾，字臺芳，娶僅四年没於滬。續娶林氏名琳，字懷蘅，一字泠泠，經歷患難中與老民同甘苦。老民無子，有女二：長曰婉，字苕仙，歸吳興茂才錢徵，早殞；次曰嫻，字稺仙，生不能言。嗚呼！老民既無子矣，而復奪其女，不解造物者所以待之抑何刻酷至斯哉！自始祖必憲至今二百四十餘年，七葉相承，五代單傳，僅得男子十有五人。老民以下有從姪三人，相繼夭没。於是自明以來，巍然碩果，僅存老民一人而已。天之所廢，誰能興之，天不獨厄老民，而或將並以毒王氏也，恐王氏一線之延，至老民而斬矣，噫嘻！不大可痛歟？尤可異者，曾王父娶於沙氏，大父娶於李氏，父娶於朱氏，其家並無後。老民弟娶於夏氏，髫齔俱亡。老民先娶於楊氏，危乎不絶如縷，繼娶於林氏，亦已不祀。祖姑嫁於汪，伯姑嫁於曹，宗祧並絶。老民族黨無存，密親蓋寡，側身天地，形影相弔，豈天之生是使獨歟？老民每一念及，未嘗不拔劍斫地，呵壁問天也。

老民少承庭訓，自九歲迄成童，畢讀羣經，旁涉諸史，維説無不該貫，一生學業悉基於此，自後奔走四方，無暇潛心默識矣。父在未嘗盡一日養。奉母居滬上，扁舟道路，甘旨缺如，而母氏絶無不豫色，但勖以忠義節廉而已。老民母固知書識大體，四五歲時，字義都由母氏口授，夏夜納涼，率為述古人節烈事，老民聽至艱苦處，輒哭失聲，因是八九歲即通説部。吳門既亂，母氏憂形夢寐，逮老民遘罹奇禍，母氏竟以憂殞其生。老民以此積慘終身，痛欲剜心，贖難糜體，雖仍偷息人世，不可復為人矣。

老民於詩文無所師承，喜即為之下筆，輒不能自休，生平未嘗屬稿，恒揮毫對客，滂沛千言，忌者或訾其出之太易。至於身遭讒謗，目擊亂離，懷古傷今，憂離弔逝，往往歌哭無端，悲愉易狀，天下傷心人别有懷抱也。

老民邇來潦倒頹唐，百事俱廢，去冬咯血，至今未愈，日在藥爐火邊作生活，深懼一旦溘然，平生著述，必為人拉雜摧燒。因先將詩録八卷檢付手民；其餘藏於行篋者尚多，不足供糊窗覆瓿。因病得閒，聊自料理，所著有《春秋左氏傳集釋》六十卷、《春秋朔閏考》三卷、《春秋日食辨正》一卷、《皇清經解劄記》二十四卷、《瀛壖雜志》六卷、《臺事竊憤録》三卷、《普法戰紀》十四卷、《四溟補乘》三十六卷、《法志》八卷、《俄志》八卷、《美志》八卷、《西事》凡十六卷、《甕牖餘談》十二卷、《火器説略》三卷、《乘桴漫記》一卷、《扶桑遊記》三卷、《海陬冶遊録》七卷、《花國劇談》二卷、《老饕贅語》十六卷、《遯窟讕言》十二卷、《淞隱漫録》十六卷、《弢園文録》八卷、《弢園文録外編》十二卷、《蘅華館詩録》八卷、《弢園尺牘》十二卷、《弢園尺牘續鈔》四卷，都二十有六種。

生而作傳，非古也。老民蓋懼没世無聞，特自敍梗概如此。

清·王韜《遯窟讕言》卷一《天南遯叟》 天南孤島之中峰，有隱者焉，非粵產而以避兵僑寄於粵。居久之，自號曰『天南遯叟』。遯叟生於吳下，世通儒理，有名於時。少好學，資賦穎敏，迥異凡兒，讀書數行俱下，一展卷卽能終身不忘。一鄉之人，咸嘖嘖嘆羡曰：『某家有子矣！』年十六，補博士弟子員，賀客盈門，而叟方執卷朗吟，置不為意。其族兄稱之曰：『此子，我家千里駒也！』並引近人詩『見榜不知名士貴，登筵未識管絃歡』之句以調之。叟卽釋卷對曰：『區區一矜，何足為孺子重輕？他日當為天下畫奇計，成不世功，安用此三寸毛錐子哉？不然，寧以布衣終老泉石，作煙波釣徒一流人也。』族兄益奇其言。弱冠卽棄舉子業，致力經史。偶與客談論，辨析毫芒，如肉貫串。於史尤精地理，凡遇山川扼塞，及古今用兵爭戰之處，輒能言其勝敗，瞭如指掌。生平嗜酒好遊，蠟屐攜筇，不問遠近；歷佳山水，則引卮大嚼，神與默契。長於詩歌，跌宕自豪，不名一家。交遊所及滿海內，無不以文章氣節相砥礪。人有一技之長，譽之弗容口，而見凡近齷齪者，擯之門牆，如恐弗及。以是人或憚其崖岸之高，而叟自若也。

叟於靈巖左偏，築一別墅，名曰『弢園』，為藏修遊息之所，一邱一壑，一鶴一琴，備極幽閒勝致。誦讀之暇，玩山臨水，調鶴撫絃，蕭散自喜，藉以消遣塵慮，超然有不復用世之志。少嘗好狹邪遊，後並悔之，曾於咏蝶詩中，自見其志。中二聯云：『文章金粉終何用？身世飄零空自嗟。萬里家山春已老，一生風月念多差。』其寄慨深矣。遂顏其讀書之齋曰『蘧菴』，蓋有所托也。嘗嘆曰：『人皆夢夢，世尚滔滔，吾其為莊周矣乎？』鄉人有勸其出仕者，笑而不答，為抗聲誦衡門之首章，響震金石。

八户宏光順叔，東瀛之名儒也，渡海至粵，耳遯叟名，造廬請謁。既見，歡若平生，訂世外交甚密，嘗謂叟曰：『先生以盛年抱負奇姿，璠璵品望，鬱為國珍，固此邦之南金也。奈何闇彩韜光，屈蹤隴畝，安石不出，其如蒼生何？今乃以弢園名室，空以琢磨文字自娛，甚非所望於先生也。』遯叟曰：『老子有言，「知白守黑」，拙者善藏之道也，吾將終身守之。今朝廷之上，則有伊、皋，行陣之間，則有衛、霍，文武競勸，中外咸孚，黼藻隆平，奮揚鴻烈，此千載一時也。僕何敢以菲材薄植，自炫於明時？惟嘲弄風月，陶冶性情，以自適其天而已。』順叔聞之，憮然有間，曰：『曠逸哉，君也！此《易》所謂高尚其志，不事王侯者歟？』順叔特囑其友，撰次始末，為別傳一篇，郵寄其國中，而並係以贊曰：『懷才負志，含貞抱璞，矯然於霄漢而不可方物，其古之有道之士歟？顧彼豈無意於世者哉？用之則為鴻漸，不用則為蠖屈，如僅目為山林隱逸者流，亦淺之乎視遯叟矣！』

清·王韜《弢園尺牘·與英國理雅各學士》 雅各先生執事：韜生不辰，以非才而值亂世，横被禍灾，竄流絶嶠。鄉關遥隔，北望悲來，歲月不居，西歸何日，每一念及，未嘗不輟箸而欷歔，廢書而歎息也。竊念韜少時稟承庭訓，十八歲入邑庠，十九試京兆，一擊不中，遂薄功名而弗事。於是杜門息影，屏棄帖括，肆力於經史，思欲上抉聖賢之精微，下悉古今之繁變，期以讀書十年，然後出而用世；不意天特限之。己酉六月，先君子見背，其時江南大水，衆庶流離，研田亦荒，居大不易，承麥都思先生遺使再至，貽書勸行，因有滬上之遊。繆廁講席，雅稱契合，如石投水，八年間若一日。麥君返國，仍與讎校之役。庚辛之際，江浙陷賊，焚戮之慘，所不忍言。辛酉冬杪，母病在里，倉卒奔視，旋以兵阻，雪窖冰天，道途梗絶。韜里去吳門尚四十里，蓋皆民居而非賊窟，固滬、蘇之通道也。壬春方擬回滬，忽聞官軍緝獲賊書，指為韜作。當事不察，竟論通賊，忌毁者衆，百喙莫明。然而韜竟冒危往滬者，誠以區區之心可白無他。蓋進甘蒙隕首之誅，而退不甘受附賊之罪，退則猶可緩死，進則必無一生，而韜竟舍生取死者，其志亦斷可識已。幸而麥領事慕西士曲鑑其愚，力為斡旋，不至徒死而被惡名。逃死南陲，得逢執事，授餐適館，禮意優崇，俾羈旅之人弗至失所，感激之私，淪肌浹髓。韜遘罹巨釁，淪落異方，已同没世之人，並少生人之樂。去家萬里，欲歸則無可歸之家；避地一隅，欲往則無可往之地。舊朋無一字之來，新知乏半面之雅，所恃者執事一人而已。執事學識高邃，經術湛深，每承講論，皆有啓發，於漢、唐、宋諸儒，皆能辨别其門徑，決擇其瑕瑜；玆也壁書已竟，又將從事於葩經。不揣固陋，輯成《毛詩集釋》三十卷，繕呈清覽，庶少助高深於萬一。始於去歲五月，而成於今歲三月，將周一載，凌晨辨色以興，入夜盡漏而息，採擇先哲之成言，纂集近儒之緒語，折衷諸家，務求其是。韜承知遇之恩，於束修之外，饋以兼金，辭受均難，感愧交並，耿耿於心，未有以報。伏思世間一切食用服御，皆先生所固有，且貧者不必以貨財為禮也，惟此筆墨之事，貢自愚衷，或可少為先生所許耳。臨書竦仄，無任感懷。

綜　述

清・黄式權《淞南夢影録》卷三　弢園先生姓王名韜，字仲弢，紫詮其號也。才氣横逸，下筆輒數千言，尤熟於外洋時事。道光末年，英人麥都思設墨海書館於滬北，延先生主筆政。所交多海内知名士，與李壬叔、蔣劍人以詩酒倘徉於海上，時人目為『三異民』。癸丑赭寇之亂，曾獻策當道，不能用也。庚辛之間，江浙淪陷。吴曉帆方伯檄辦諸鄉團練，幕府籌議，多採用其言。後以避兵客粤，理君雅各延譯五經，以重金聘至英土。於是歷游海外諸國，所至都人士爭倒屣相迎，酒盞詩筒，殆無虚日。既而東泛扶桑，與竹添漸卿、重野成齋、龜穀省軒、岡鹿門諸名士相唱和。時先生方患難迍邅，備嘗辛苦，而意氣略不稍衰。酒酣耳熱，歌呼嗚嗚，大有辛稼軒旁若無人之概。不知者以為狂，弗惜也。海天遊倦，息影嶺南。癸未孟夏，以養疴返申江。時予方假館蕭氏，入門一揖，歡若生平。自是荷院招風，茗樓話雨，班荆交訂，爾我俱忘。先生著作成林，《蘅華館詩録》尤為海内風行。佳句如『連天鼙鼓紅顔老，滿地江湖白髮生』、『亂世功名惟殺賊，雄才詩酒亦窮途』、『江湖作客悲王粲，風雨聯牀憶子由』、『亂世頑民輕鬥殺，清時司牧寄安危』、『閭里共欣兵氣靜，江山始歎霸才難』、『但出羈縻終下策，能肩憂患始眞才』，憂時感事，雅近浣花。間有效三十六體者，皆係少年筆墨，如『無憑無據蛇醫褪，疑喜疑嗔燕語尖』、『生無可樂何辭死，情尚難忘況受恩』、『湘簾涼月移花影，團扇西風卻畫羅』等句，置之《靈芬集》中，幾於莫辨楮葉。先生嘗録印章云：『天南遯叟』、『淞北逸民』、『歐西經師』、『日東詩祖』，磊落胸襟，亦可概見矣。

論　説

清・王韜《甕牖餘談・序》　吴郡王紫詮先生，博極羣書，弱冠即有澄清天下之志。顧無所藉手，居恒鬱鬱不自得。中更離亂，益復無聊。思欲立功海外，命駕造歐羅巴之英吉利，暇則默識其輿圖風俗，與夫西人之爭奇鬥勝諸物，故凡鐵甲船、火輪船、火輪車、槍礮、飛天球之製，以及算學、化學、重學，無不融會於心。時普魯士方與法蘭西搆兵，先生爰有《普法戰紀》之作。其兵機之利鈍、器械之優絀、疆域之險要，瞭然如指諸掌。談西國形勢者，無不奉為圭臬也。比還中原，屏居香海，時與願違，然華門圭竇之中，以筆墨為生涯，以詩書為肴饌；而偶發一論，偶吐一辭，猶復繫情君國，蓋眞有杜子美寄迹成都之意焉！所著有《弢園文録》、《遯窟讕言》、《瀛壖雜志》、《春秋朔閏考》、《蘅花館詩鈔》諸書。《甕牖餘談》者，先生經世之書也。紀亞西亞洲、歐羅巴洲、阿非利加洲、亞墨利加洲諸事迹，幾於纖悉畢具。若粤匪中諸賊首之始末，及賊之鴟張狼顧諸情形，並載於冊；而於忠臣義士、節婦烈女，尤惓惓於懷，不忍須臾忘。嗚呼！僕與先生，未謀半面，而讀先生書，竊有以窺先生之用意為至深遠也。夫紀外疆風土者，《瀛環志略》、《海國圖志》諸書尚已；記逆迹者，則有《粤匪聞見録》、《江南春夢盦筆記》諸作。若夫合二事以成一書者，其惟先生乎？先生蓋實見夫聖代懷保小民，不忍蒼生久罹兵革，所以兼容并包，曲許外邦廥集；即偶有齟齬，概不與校；萬不料宵人窺伺，即逞其毒痡天下之心；赤子何辜，半遭鋒鏑？今幸中原底定，遺孽蕩除，出水火而登衽席之安，猶不纂述舊聞，用垂龜鑑，千百年後，方沐浴聖天子之膏澤，不復知有前此之蕩析離居矣！此書其可緩乎？顧比來滇人殺探火輪車路之英員馬加利，英國震怒，邊事孔亟。然而長駕遠馭之謀，書中已約略言之矣。苟當軸者採而行之，其即為籌邊之良策乎？時光緒紀元，歲次乙亥，中秋前二日，縷馨仙史序於海上鑄鐵龕。

清・王韜《遯窟讕言・洪士偉〈遯窟讕言〉前序》　吴郡王紫詮先生，著有《遯窟讕言》一書，蓋涉於《齊諧》、《虞初》者流，文人遊戲之所為作也。今刊行於滬上，既蔵事，索序於不佞。午夜挑燈讀之，風雨滿山，繁響坌集。嗚呼！先生此書，其殆有為而作哉？不揣檮昧，為之序曰：　夫宇宙山川靈秀之氣，必有所鍾，其鍾之而見用於世者，則為名公鉅卿，其鍾之而不見用於世者，則為文人逸士。其事迹之隱顯雖殊，而均為不虚生於天壤間，則一也。紫詮先生天挺異姿，負才抱學，上稽瓠史，旁及稗官，靡不醰粹於心，鍾鑪在手。所著《普法戰紀》，遍傳南北，幾於紙貴一時。嘗從友人處得卒讀其書，竊歎敍事得馬、班之神，議論擅蘇、曾之勝，實近今一大手筆也。乙亥春間，薄遊香海，獲交於旅次，領先生之言論風采，始悉先生以濟世為心，凡民生之利弊，時事之安危，早已備悉其端倪而潛究其得失。惜不為世用，雖欲小試而無從，而嫉之者且搆蜚語，思中傷之。於是翩然遠遊，遍歷歐洲諸國，歸乃遯迹於嶺嶠之間，居恒鬱鬱，藉著書以自遣。前後十數年，著作宏富。嘗以耳目所聞見，撰成《甕牖餘談》八卷，而別有所謂《遯窟讕言》者，則滑稽玩世之作也。本子虛之瑣事，逞曼倩之詼諧，徵神説鬼，半涉於支離怪誕。蓋先生之志荒，而先生之心彌苦矣！夫士君子苟負出類之才，必遭非常之遇，其上則輔聖明以進退百官，奠苞桑於宗社；其次則膺重寄以捍衛邊圉，靖鋒鏑於閭閻。即不然，而本其所學，致之乎吾相，薦之乎吾君，雖不得卿大夫之位，猶取一障而乘之，亦何至遽以『遯』稱哉？然則先生之遯也，其有大不得已者在乎？吾則以為此非知先生者也，蓋先生隱居以求其志者也。朝廷之上，已有臯、夔，草野之中自容巢、許，顯晦窮通本一致耳。昔莊子遯於漆園，以其荒唐之詞鳴，而後世咸宗之，與老聃之《道德經》五千言並傳。今之《讕言》，毋亦同於莊周之荒唐耶？世之好之者，將先覩以為快。或謂先生以遯居而為是言，其立言以不朽耶？抑遯世而無悶耶？不知此特先生出其緒餘也。所謂遊戲三昧，無所不可，烏足為先生病？欲知先生之全，自有弢園述撰在。

光緒紀元之歲，暮春之初，禺山愚弟洪士偉拜手敍。

又 《黄懷珍〈遯窟讕言·序〉》 長洲王紫詮先生，沈浸古籍，凡中朝掌故、海外輿圖，靡不洞悉胸中。為文有磊落雄偉氣，尤工於論敍時務，嘗刊其所著《普法戰紀》行世，讀者莫不服其論而奇其才，以不得見用於世為惜。蓋其言足以救世，其學足以匡世，元元本本，殫見洽聞，非空疏無具者比也。每慨俗學之儒，埋頭帖括，户庭不出，經史不觀，未識有名山事業。否則貌為淹傳，識小遺大，或高譚不根，或剿説無當，以視先生鴻才卓識，動關心國計民生，倜乎遠矣。當夫先生崎嶇戎馬，羈旅江湖，耳目見聞，皆歸紀載。中間談諧笑謔，神怪鬼狐，並入文章，隨時劄記，類成《遯窟讕言》一書，託於《齊諧》、《虞初》者流，寄其慷慨激昂之致，殆所謂遯世無悶者乎？遯之四曰『好』，即先生之不干權貴也；遯之五曰『嘉』，即先生之隨遇而安也；遯之上曰『肥』，即先生之枕葄經籍也。物不可以終遯，故遯錯為臨，臨之象曰容，保民無疆。方當乘此强仕之年，出經綸而潤色鴻業，編之詩書而無愧，垂之史策而有光，俾天下後世傳其讜論，讕言云乎哉？

光緒紀元，歲次乙亥季春上澣，愚弟黄懷珍拜序。

藝　文

清·鄒弢《三借廬筆談》卷一〇《天南遯叟》 長洲王紫詮韜，又字仲弢，才大學博，倜儻有奇氣。髮匪之亂，太平戰事起，以獻策忠王。事平，當道索之急，遁迹香港，自號『天南遁叟』。平生著作等身，有《春秋左氏傳集釋》六十卷、《春秋朔閏考》三卷、《春秋日食辨正》一卷、《皇清經解劄記》二十四卷、《普法戰紀》十四卷，其餘又有《瀛壖雜志》、《遯窟讕言》、《海陬冶遊録》、《弢園詩文集》、《尺牘》等，不下數十卷。壬午春，歸自香港，年已五十餘，雖兩鬢已蒼，而談笑詼諧，猶有豪氣，人因以東方朔比之。先生著有《蘅華詩鈔》兩冊。《避居西廨》云：

倉皇烽火逼殘春，蹈死孤臣敢惜身。
報國空陳平賊論，辨冤誰作上書人。
早拚骨肉填溝壑，妄冀功名動鬼神。
一切恩情盡灰冷，君親但結再來因。

《紀夢》云：

靈簫墨會託神仙，今夕相逢休問年。
事到難言卿自解，容誰可比我猶憐。
花間玉笛涼無語，枕畔銀釭照不眠。
碧宇紅牆原咫尺，重來未必隔人天。

《閨興》云：

畫仙書窟寄閒身，紈扇初題墨尚新。
新著單紗還怕熱，偷揩香汗避生人。

疏桐陰底小庭幽，簾外溟濛雨未收。

涼煞夜深花怯病，海棠先帶一分秋。

雜句如『薄俗輕文字，雄心擾米薪』，『亂世文章多賈禍，窮途性命尚憂時』，『有價始知官長賤，無求轉覺布衣尊』，『垂死雄心王景略，一生低首謝宣城』，『雙槳人來曾有約，六朝山好半無名』，『竹葉杯中春似海，梅花帳裏夢如煙』。先生通知西學，當時日本海禁初開，學者多師事之。交人則暖暖姝姝，雅俗無少忤，蓋亦篤於情者。

《逸經》第三三期《陳振國〈長毛狀元王韜〉》 倉皇烽火逼殘春，蹈死孤臣敢惜身。

報國空陳平賊論，辨冤誰作上書人。

早拼骨肉填溝壑，妄冀功名動鬼神。

一切恩情皆灰冷，君視但結再來因。

陳無我《老上海三十年見聞録·李舲仙〈哭輓天南遁叟〉》 弢園小築未經年，一夕音容隔九泉。生有異才偏遁世，死多善果定歸天。衣冠寫意今名士，詩酒陶情古哲賢。策馬紅欄橋畔過，不堪涕淚灑漣漣。

十年滬上聚萍蹤，景略才雄世罕逢，月地呼觴清漏永，花天擊鼓綺懷濃。文章兩漢追司馬。王佐千秋夫臥龍。願展輞川圖一幅，風流大雅溯眞容。

清·黄遵憲《人境廬詩草》卷六《歲暮懷人詩》 走遍環球西復東，尊鱸歸隱臥吳淞。

可憐一副傷時淚，灑盡吞花臥酒中。

清·王韜《遯窟讕言·錢振〈讀遯窟讕言奉題五絶〉》 紫詮先生與振未嘗有一日之雅，而心嚮往之。昔年讀其所著《普法戰紀》，已嘆其為史才矣。兹復得《遯窟讕言》讀之，乃知先生之才之大，無所不有，無所不包，能者固不可測哉！披閱未竟，欽遲曷既？敬題小律，用誌瓣香，海天匪遙，風雨若接，寄語同好，與我和之。

非關干寶愛搜神，自是留仙要後身；客子風懷才子筆，先生原屬素心人。健筆淩雲萬象涵，蘭成才調擅江南；遙知香海花田上，耆舊同推老學龕。湘靈佳句儘風流，冰玉高名出一頭；皮裏陽秋絃外意，著書端不為窮愁。字字華嚴曠世才，詞人偏不到蓬萊；誰知一帙齊諧記，曾閱瀛寰萬里來？惆悵吟壇未執鞭，枉教蹤迹滿南天；頭顱三十成何事？戎馬關山已廿年。 靜妙山房錢振拜稿

清·王韜《淞隱漫録》卷一一《東瀛才女》 雲萍吹合大瀛中，兩地因緣兩度逢。君自勾留儂自去，從兹勞燕各西東。

清·王韜《弢園文録外編》卷七《〈蘅花館詩録〉自序》 余不能詩，而詩亦不盡與古合。正惟不與古合，而我之性情乃足以自見。余足不出里巷，目不睹邱墳，所與交接者，又絶少當世通人名士、方弇鄙自愧，何敢言詩？不惟不敢，更何足以知詩。然竊見今之所為詩人矣，撏撦以為富，刻畫以為工，宗唐祧宋以為高，摹杜範韓以為能；而於己之性情無有也，是則雖多奚為？慨自雅頌降為古風，古風淪為律體，時代既殊，人才亦變。自漢、魏、六朝迄乎唐、宋、元、明，以詩名者殆不下數千家，後之學者難乎繼矣。詩至今日，殆不可作。然自有所為我之詩者，足以寫懷抱，言閲歷，平生鬚眉顯顯如在，同此風雲月露，草木山川，而有一己之神明入乎其中，則自異矣。原不必別創一格，號稱初祖，然後翹然殊於衆也。

余自少讀詩，自古作者以逮本朝諸大家，皆欲討流溯源，窮其旨趣，久之益知作詩之難。及長，雖有所作，未敢持以問世。惟顧滌盦明經師，楊醒逋茂才稍稍見之，以為可存。竊嘗謂所貴乎詩者，與苟同寧立異。必自淺之深，由粗而精。歷觀古人作，亦有不盡佳，要其研精殫力，積數年十年而後成，自有一家面目在，夫豈徒以絺章飾句為事哉。性情之用眞，而學問亦寓乎其中，然後始可與言詩矣。余今年二十有二歲，積詩凡數百首，要不盡可存，但願質諸天下後世之能詩者，以共相印證可也。

道光二十九年己酉夏四月下旬，蘅華館主識於甫里行素園之南窗。

雜録

清·王韜《扶桑遊記·中村正直〈扶桑遊記序〉》 憶四五年前，余於重野成齋几上始見《普法戰紀》。時成齋語余曰：『聞此人有東遊之意，果然，則吾儕之幸也。』察其意，若繾綣不能已者。其後栗本匏盦過余而論文，酒半，睨余曰：『吾既與佐田白茅諸子遊梅園，盟於暗香疏影

之下，約共招王弢園，子亦不得不與此盟矣！』蓋成齋與匏盦之景慕先生，出於誠意如此。其他如岡天爵、龜穀省軒、寺田士弧等，皆先於先生之未東遊，而感召牽引，亦與有力焉。

明治十一年，先生遂來遊。於是，成齋、匏盦為東道主人。都下名士，爭與先生交。文酒談宴，殆無虚日，山游水嬉，追從如雲，極一時之盛。讀《扶桑遊記》一書，而可知其厓略也。

清·王韜《遯窟讕言·錢徵〈遯窟讕言跋〉》 癸酉冬十二月，徵附輪舶渡重洋，見先生於香海旅次。時先生方病咳，伏几而臥者半月矣。見徵至，欣然色喜，病若為之稍減。次日便挈遊遯窟，即先生讀書處也。屋不甚軒敞，顧後枕山麓，前俯海嶠，估帆番舶，時往來於眉睫間，亦足豁胸臆，破岑寂也。几上書籍，鱗次紛積，約寸許，禿筆數十枝，顛倒横陳於故紙中。四壁俱嵌以文木櫃，而各有籤記，蓋庋以珍函焉。几之旁，又積有束卷如牛腰然，披閱之，則皆先生平時之著述，大都晰經義者十之四，講詞章者十之二，曠覽古今發為偉論者十之三，餘則耳聞目見，信筆直書而已。於是徵晨夕盤桓，幾如楊玠盜書，捫腹自負矣。第香海氣候濕熱，居常多病，故明年夏仍返櫂申江。時適尊聞閣主人有徵刻説部之舉，囑徵代為寄聲先生，因以《遯窟讕言》十二卷見示，並云：『此書於花晨月夕時，隨意撰就，脱稿後並不加以修飾。』意若欲徵為之點竄者。不知亂頭粗服，亦復正佳，且徵顧何人，而敢為佛頭著糞耶？惟其中如《傳鸞史》數則，似已見之別部，本當刪去。既念傳聞之詳略，敍述之異同，亦各有見。即古經籍中，如《左氏》而外，尚有《公》、《穀》兩傳，今亦並存，而況小説九百，本自《虞初》乎？至所述之姓名里居，大都寓言八九，不足盡據；如必欲求其人以實之，則未免失之鑿矣。先生尚有《弢園文録》、《蘅華館詩鈔》、《春秋朔閏考》、《瀛壖雜識》、《甕牖餘談》等著，業已付之手民，將即刊印。他日匯為全集，傳播環瀛，此不獨紙貴洛陽，抑將雞林爭購矣。然則是書也，特猶之嚆矢也夫！

光緒紀元乙亥春二月下浣，子壻錢徵謹跋於上海修月樓。

薛福成分部

傳記

清·閔爾昌《碑傳集補》卷一三《夏寅官〈薛福成傳〉》 薛先生福成，字叔耘，號庸盦，江蘇無錫縣人。性孝友，喜觀儒先性理書。稍長，縱覽經史，好爲經世之學。中式，同治六年副貢。曾文正剿捻寇北上，張榜郡縣，招賢才，先生於寶應舟中上萬言書，文正大奇之，延入幕，軍謀機要多所贊畫。光緒元年，以直隸州知州復入大學士李文忠幕，掌箋奏，文忠知其可屬大事。朝鮮內亂，上書直督張公樹聲，請迅調兵輪渡海。日本艦至，我軍已定變，尋盟而退。當時，郭侍郎筠仙、丁文誠、張文襄皆以賢才密薦。七年，署宣化府。十年，授浙江寧紹臺道。值法越搆兵，馬江敗，浙防戒嚴，購器築壘，布置井井，法兵犯鎮海，奮力抵禦，相持四五十日卒不得逞，論者謂與鎮南關之捷相匹云。十四年，授湖南按察使。十五年，以三品京堂候補出使英、法、義、比四國大臣，轉光祿寺卿、太常寺卿、大理寺卿、都察院左副都御史皆未涖任。至英，疏請添設南洋各島領事，又請保護華僑，豁除舊禁。飭關役無得擾累閩粵人，尸祝之瀕緬畫界通商事宜，與英外部爭持逾兩年，始允讓地立約。每當交涉迫切，親至外部，斷斷爭駁，不少假借。雖外人亦服其堅韌。二十年四月，卸事內渡。六月十九，以微疾歿於上海行臺。生於道光十八年三月十八日，年五十有七。事聞，賜卹賜祭葬，恩禮優渥。先生初私淑姚江王氏，以收斂身心爲主，自師事曾文正學識日，大凡歷史掌故、山川險要以至兵機、天文、陰陽、奇遁之書，靡不鉤稽講貫洞然於心。故遇事立應，略無窒礙。近世士大夫謂本理學而談洋務者，先生一人而已。自壯至老，讀書從公日有常課，辰而治事，夜分始寢。數十年來，逐日行事，悉載日記，勤以率下，儉以奉身，待人接物，一主以誠。故雖軍國大事日不暇給，而端坐凝然，百務就理。蓋得力於文正者深矣。治古文不拘宗派，原本忠孝，而以閎雅眞摯之文行之。所造於柏梘山房求闕齋爲近，其書已刻者有《庸盦文編》四卷，《續編》二卷，《外編》四卷，《海外文編》四卷，《籌洋芻議》一卷，《浙東籌防録》四卷，《出使日記》十六卷，《出使奏疏》二卷，《出使公牘》四卷，《庸盦隨筆》十卷，尚有《幕府古文書牘》、《東西洋地誌》稿數十卷藏於家。

夏寅官曰：余與先生長子翼運戊子同歲生，景仰懿行，未獲親炙，讀集中紀事諸篇，翔實不誣，足徵信史，尤長外交，深識遠慮，燭照暨數十百年以後，今日時局阽危，老成凋謝，緬維先生籌洋諸篇，益令人感喟噓唏而不能已也。

論説

清·薛福成《庸盦文編·黎庶昌〈庸盦文編敍〉》 古之君子，無所謂文辭之學，所習者經世要務而已。後儒一切廢棄不講，顓並此心與力於文辭，取塗已陋，而其所習，又非古人立言之謂。舉天下大事，芒昧乎莫贊其一辭。道光末年，風氣薾然，頹放極矣。湘鄉曾文正公始起而正之，以躬行爲天下先，以講求有用之學爲僚友勸，士從而與之遊，稍稍得聞往聖昔賢修己治人平天下之大旨。而其幕府辟召，皆極一時英儁，朝夕論思，久之窺見本末，推闡智慮，各自發攄，風氣至爲一變。故其成就，上者經綸大業，翊贊中興；次則謨謀帷幄；下亦不失爲圭璧自飭，謹身寡過之士。叔耘之從公游，在同治四年北征剿捻時，視余略後。而相從獨久，先後入幕府者八年。文正既没，復參今傅相合肥李公幕府。又踰十年，天下不第以高叔耘，而益歎頌曾、李兩相國之賢。事同一家，士之居其幕，如客得歸，自適其適，爲前古所未有也。叔耘既佐治久，聞見出於人人，紀述論著，亦且獨多，不屑爲無本之學。是編所載，如策治平者六，籌海防者十，敍練兵者一，論治河者一，議鐵路者一，議援越南者四，論傳教者一，論援朝鮮者一，論海防總司者一，書僧忠親王、曾文正、胡文忠、程忠烈遺事者十。雖其言或用或否，其所述或親見，或傳聞，而中括機宜，皆所謂經世要務，當代掌故得失之林也。尤拳拳於曾文正公之德之業，反覆稱述，樂道不厭。蓋自公没已十七年，鄉之同事諸賢，存世無幾，流風餘韻，漸就湮没，幾無復有能言者，得是編而軼事遺聞，網羅無闕。其義比於陳壽之定諸葛氏故事，此尤今日跫然足音。庶昌所爲心契叔耘，愈久而彌敬者也。叔耘辭筆醕雅有法度，不規規於桐城論文，而氣息與子固穎濱爲近。讀是編者，當自得之，姑不備論云。

清·薛福成《庸盦海外文編·陳光淞〈庸盦海外文編跋〉》 公性情渾穆，學行純粹。初本姚江王氏，以收斂身心爲主。後乃師事曾文正公，奉以終身。其生平好爲經世有用之學，於古今成敗興壞之局，中外阨塞山川形勢險要之紀，以及天文陰陽奇門卜筮之書，靡不鉤稽講貫，洞然於心。故能遇事立應，略無窒礙。發爲文章，淵懿精美，不徒爲高論，皆切於當世之用，而料事罔弗效。公書已刻行者，久爲海内所宗仰。蓋惟研之也精，故審之也當，養之也裕，故出之也醕。是編之文，以交涉洋務、籌議時政者爲多，觀其謀慮深遠，隱然以天下爲己任，可以知公之志矣。光淞不才，不能窺見公行詣於萬一，而特表其大略如此，以告世之讀公書者。倘弗徒富其言而尋其旨，以期明體而達用焉。是則公之厚望也夫。

清·薛福成《浙東籌防録·黎庶昌〈浙東籌防録序〉》 光緒十年，法人侵奪我越南屬國地，挾兵船踔入東南洋面【略】，叔耘奉命備兵寧紹臺，莅任甫數月，即遘此變。中丞廬江劉公駐省垣，提挈綱維，稔知叔耘賢，防務事悉委成之。又令盡護諸將，凡前敵築臺增礮釘椿沈船塞口，以及遷教士，杜引水，明賞罰，固民心，皆不憚煩勞。百計營度，與諸將協規同力，一泯異同。故備禦嚴而折衷當，部署麤定。馬之敗耗已聞，自是法益肆其慓疾勁悍之氣，伺瑕抵隙，遊目北窺。明年正月，遂犯鎮海口門，卒兩次被創，斂旗而退。相持四月之久，浙防無恙，豈非任得其人哉？叔耘忠信醕篤，悃愊無華。嘗佐曾文正公暨傅相合肥李公幕府有年，閲天下之義禮多，故能措注咸宜若此也。今觀其處事之詳審，持議之明通，不專己，不徇人，庶昌自愧弗如遠甚。宇宙至大，世變無窮。然則是録也，其卽未雨綢繆海防前事之師邪，神而明之存乎人，若以爲既往之陳迹而忽諸，是非能善讀吾叔耘書者。

又《楊楷〈浙東籌防録跋〉》 光緒乙酉春正月，法蘭西寇鎮海，我軍縱礮連卻之，相持數月，卒以無事。時吾師庸盦薛公備兵浙東，以大府檄總理營務，規畫防禦，算無遺策。既事平，公乃裒輯當時往來文牘，釐爲四卷，名曰《浙東籌防録》，自序而刊之。方事之殷，公手批口答，草檄發電，筆不停揮，覃思孤往，其運籌常在天下之大，而不遺一事之細。故援公法以謀羈巴使，申舊約以保護定海，電請督府飭臺軍急攻基隆，使孤拔疲於奔命，皆關天下全勢，不規規爲一方計，卒之一方亦蒙其福。始楚軍、淮軍分駐南北岸，稍有違言，負意氣不相下，且内閧。公上書大府曰：師克在和，今强敵在門，而將士未協，非所以圖勝也。大府喻其指申，警將士以相忍爲功，公亦委曲調護，衆軍輯睦，遂卻勍敵。蓋公之精神，用之於調和諸將者爲最專，其勞既至而效亦鉅。此中曲折，惟楷知之頗深，外人不盡知也。至於憂世之深，思慮其所得，與當世相印證，逆料異時防海得失之林，將日出而不窮，故欲以是爲之嚆矢。昔曾文正公嘗稱文章之可傳者，惟道政事較有實際。張江陵擅文藻，而其不朽者，乃在籌邊論事諸牘；王陽明精性理，而其尤切者，實在告示條約諸篇。韙哉斯言，是録之成，亦庶幾有裨於經世實學云。

清·薛福成《出使日記續刻·沈林一〈出使日記續刻跋〉》 中朝自簡使出洋以來，軺車絡繹，而識者推不辱君命之才，必曰曾薛。二公奉使英俄皆天下莫强之國，【略】薛公籌議滇緬分界，既得科干等地，並收回車里、孟連兩土司全權。蓋自中西交涉議界案起，奉命之臣能不自蹙地者已尠，況能拓地千數百里之廣，扞衛邊圉。此非忠誠智力浹服遠人，不能折衝樽俎。如是也，惜乎！當事不察，約未逾年，遽以車里之孟阿南北讓給法人，英人起而責言，悉改舊約，已得之地仍歸於英，且償以西江通商之利。而公回華未久，積勞前卒，已不及見矣。中外臣士未嘗不爲朝廷痛惜也。【略】公嘗議續《瀛環志略》，分飭隨員繙繹《泰西地志》，已十得六七，而摘其大略於日記之中。觀公所記當日議界一案，考地之精詳，持論之堅決，操縱上下，蓋心力交瘁僅而得之。惟能明地勢審敵情，故應機決策不爲所蒙，此公所以措施之本也。林一嘗有《五洲屬國志略》之作，而苦囿聞見不詳不備，今得覩公之記，補所不逮，則又林一之所私淑，而恨不獲就正於公者矣。

清·薛福成《出使公牘·張美翊〈出使公牘〉跋》 自光緒初元以來，使者首稱湘鄉曾惠敏公，而公實繼之。公威重宏毅，學問識量，異於人人。至其憂國如家，深謀遠慮，凡關繫交涉之事，與彼國長官相見，或應機立斷，意在必行，或往復辨難，務衷至當。退則考覽圖籍，稽核舊約成案，每論一事，申之以公牘，加之以書函，載以忠誠，而達以文辭。故當軸諸公，輒從其請，即外人亦敬而服之。是編所載，如滇緬交界南洋領事諸案，其所籌議，皆有裨大局。觀其辭命問答，委折美備，殆子產叔向之亞，若蘇張之流。何足以云也？美翊從公者久，知之頗深，追論遺事，未敢多讓。自公薨後，東事益棘。朝廷諮嗟太息，深惜中道告逝，未盡其用。而憂時念亂之君子，羣居私論，且謂使公而在，當不至此。蓋其勳業聲名，既歿而逾彰。

雜録

清·李鴻章《李文忠公全集·奏稿》卷三一《薛福成辭參贊片》

三等參贊候補知府薛福成前在直隸當差，光緒三年正月二十三日，告假赴山東省親旋丁母憂，扶柩回籍，經臣諮報吏部在案。前接總理衙門來文，並接劉錫鴻函稱襄贊需人，囑臣飭令薛福成作速出洋，俾資臂助。臣當即劄飭該員知照，茲據薛福成稟稱丁憂人員例，應終制出使參贊職，守綦重實與居官無異。劉錫鴻奏調時想係未聞該員丁憂信息，懇奏明撤銷差事等語。臣查丁憂人員照例不准當差，雖辦理洋務稍與他事不同，然苟非萬不得已自當遵守定章，以敦風化。丁憂知府薛福成以玉帛冠裳之會，未便以素服從事，情詞出於至誠，所有派充出使德國三等參贊應即請旨撤銷。

又 卷三四《奏調薛福成片》 直隸候補知府薛福成於光緒三年正月請假赴山東省親，二月初二日即在山東省城丁憂扶柩回籍守制。四年二月，臣接准總理衙門諮奏派薛福成充出使德國參贊，應令作速起程。當即劄飭該員知照，旋據稟稱丁憂人員例，應終制未便遠役，經臣奏明請旨撤銷在案。現計該員將屆服闋，向例候補人員起服到省，應由原籍地方官飭取供結，輾轉詳諮稍稽時日。近值各國交涉事務漸繁，亟須得人襄助，查薛福成志力閎毅，操行篤實，平日究心洋務，研窮事理，於輕重緩急機宜確有體會，爲不可多得之才。前在曾國藩與臣處從事多年，深資得力，應請旨敕下江蘇撫臣轉飭該原籍府縣，於薛福成服闋之期一面催取該員供結，迅速詳諮，即令該員趕早北來，以資差遣。

又 卷四六《奏留薛福成片》 儘先補用道薛福成，前因其胞兄薛福辰奉旨調補通永道缺，循例呈請迴避，經吏部籤改河南署，督臣張樹聲飭令將經手事件交代清楚，再行給諮前往，現正清理完竣。臣查薛福成器識沈毅，才猷練達，學術湛深。前署宣化府，任內於均徭恤獄諸事，均能實力整理，尤究心中外大局，歷在前督臣曾國藩及臣處隨辦軍務、洋務多年。近來如煙臺議約、朝鮮定變贊畫機宜，均有裨助。現值越南多事，籌布海防，辦理交涉，需才方亟。擬請旨准將河南候補道薛福成暫留北洋差遣，以資得力。

《申報·使星韜采光緒二十年六月二十一日》 前出使英法義比四國大臣薛叔耘星使，於前日雇就官舫，擬卽錦旋。不料將晚忽患時疫。夫人與三公子立卽延醫診治，而病勢略不稍瘥。夫人見勢不佳，飭丁稟報江海關，道憲黃觀察急乘輿前往，半途聞星使已於亥刻騎箕而逝，遂卽折回。當星使易簀時，夫人發電至無錫珂鄉，催大公子來滬治喪。旋於昨日酉時小殮。江海關道黃觀察、提右營廖恭戎、松海防劉司馬、上海縣黃大令俱至行轅送殮。車馬紛紜，一時稱盛。擇於今日大殮。

陳虬分部

傳記

劉久安《盜天廬集·陳蟄廬先生行述》 先生姓陳氏，諱虬，原名國珍，字志三，號蟄廬。光緒己丑恩科舉人。籍隸樂清而家於瑞安。生有異稟，龍顏隆准，面瘦削，頤無肉，胸骨直豎，腰窄若束，而精神十倍於常人，辯有口，喜談兵，發聲若雷，目光炯炯射人，當者魄喪。主考陳彝謂其貌似明太祖，才如陳同甫，不虛也。

生平無書不讀，所作古文辭，自成一家言。好言變法，慕商君、荆公之為人。嘗竊歎曰：『胡天不生秦孝公、宋仁宗也。』又言：『吾少懷陳、項志。先母戒吾曰：「汝目有殺氣，恐不得其死！」乃重自抑斂，借醫自隱。』

同治乙酉間，與陳栗盦、池雲珊等創利濟醫院於瑞安縣城東北隅，開學堂，招生徒，自署其門曰：『生平事業文中子，陸地神仙陶隱居。』可以想見其志趣矣。又念醫始炎、黃，道存《靈》、《素》，遂以《內經》課其徒。曰：『《內經》者，古之三墳也。舉凡天星、曆律、地理、人事無不賅，羲皇康濟天下之法盡寓於是，苟能明其道，雖致世界於大同，不難也。若徒作活人書讀，則隘矣！』

光緒丁酉，宗觀察湘文邀辦利濟分院於郡城，從者數百人，要之屏襄辦《利濟學堂報》，以黃帝紀元，黃帝紀元之説自先生始。是歲，公車北上，康有為、梁啓超等議開强國會，要先生屬草稿上書、定章程，二公皆自為勿及。已而，陳時事策於山東巡撫張曜。張奇其才，禮為上賓，以為陳同甫復生。與山陰湯壽潛蟄仙齊名，京師號為『浙江二蟄』。諸當道咸勸其仕進，先生笑曰：『吾自有事業。』遂浩然歸。

先生平日深信佛氏輪回之説，嘗語余曰：『吾自度前生是精靈轉身，非龍虎卽猿猴，好食畜血及果。一切聰明才識，自問不讓古人。惟德性不及程、朱諸公。若再九轉輪回，經千百番淘滌淬煉，雖華盛頓可幾也！』又言：『吾死後百年必有人繼吾志者！』著有《蟄廬叢書》數十種。《治平通議》熔鑄今古，貫穿中外，開中國變法之先河，其最著者也。欲統一國語，制字母，變文體，號曰甌文，未行而卒。卒年五十九。蓋光緒癸卯十一月十四日也。

綜述

陳黻宸《飲水齋文集·陳蟄廬孝廉〈報國録〉序》 國家崇儒重道，菁樸儲材，中興魁碩，應運挺生。通商以來，風氣稍移，浮淺之徒，侈談西學，剽竊失據；轉或芻狗《詩》、《書》，求其融會中西，貫穿古今，通經致用，蔚為一代儒宗者蓋鮮。夫以中國四千餘年聖人之治，不為之鮮扁彌縫，修吾聲名文物，而徒震驚乎異域雜霸功利之見，儒術之衰，非吾輩責歟！近得吾蟄廬先生而慰矣！

先生學問深博無涯涘，於諸子百氏九流之説皆洞徹源流，得其旨要，匯為一宗。而於經世之學尤所致意，間有制定，悉協情勢，非逞奇飾智，苟為異同者可比，《報國録》其一也。《録》中大旨謂：今日舍治鄉團不能自治，非參古法不能制亂。而惓惓於君民上下之故，尤足使讀者油然而生其忠愛，愊抑卓詭，粹然蓋皆一出於儒。

先生古貌古心，於時流少所投合。顧獨辱與宸交甚契，夜廬風雨，一燈相對，縱談古今，悲憤所激，令人不知哀感之何從，古性情中人也。久屈不遇，寄意撰述，或有以河洛數推者，謂命值《師》之二爻，乃歎曰：『此銅川府君筮河汾卦也，吾殆將以空言垂世乎！』乃始出其所著，略十數種，約近百卷。自以身世之間既溫溫無所試，舉凡所得，悉寓之醫，以故岐、黃家言獨夥，殆亦昔賢良相良醫之旨有感而然歟？《録》初刊於去冬，嗣以兵尚未試，不敢率爾，旋止。蓋其慎也！宸謂：『闔廬之語孫武曰：「子之十三篇，吾已盡觀之矣。」是亦先傳其書而後裨於用。今中日失和，書恐有不得終閟者！因促其刊成，以為乘韋之先。龍騰而淵雲起，虎嘯而谷風生，聲氣翕合，海內必有想望風采，紬繹論議，起高臥以共濟時艱，使盡出其所學，應時際會，大慰其拳拳報國之願者！茲特其一斑耳，豈此《録》所能盡哉！』

時光緒二十年，歲在閼逢敦牂壯月，同郡陳黻宸介石書於午堤飲水齋。

《宋恕遺稿・書陳蟄廬〈治平通議〉後》　宋室南渡，甌學始盛。陳、葉諸子，心期王佐，純乎永康，實於新安。新安師徒，外强中鄙，陽述孔、孟，陰祖商、李，媚上專權，抑制殊己。閩黨横行，百家畔降，而甌學亦幾絶矣。

國朝右文，鴻儒稍出。甌僻人荒，吾師孫太僕、學士兄弟，始表章鄉哲遺書，勉英紹緒，甌學復振。

蟄廬先生少好名、兵、縱横、詞賦家言，漸進儒家，力追鄉哲，長恕齡十餘。恕童居飛雲江南，深慕先生在江北創求志社、利濟醫院。戊子、己丑間始獲密接，縱談政教，每連宵晝。然恕自信甚，不合輒面折，聲色俱厲，先生不罪，反益揚許。嗟乎！昔由喜告過，賜謝知十，杏壇之風庶存蟄廬歟！

辛卯一別五祀，頃赴春試，訪恕滬濱，示所著《治平通議》，其説與恕戊子所著《高議》、辛卯所著《卑議》離合半，然同歸仁民。其博徵經史，條理井然，馮氏《抗議》所勿逮也！然恕敢有諍焉：周後明前，儒家興西，法家熾東，董、韓、蘇、程之倫，莫不以法亂儒，長夜神州，孤識隱痛！先生茲議，辨界儒法，似猶未精，豈憚駭習士，姑雜叔世語歟？然恕私懼書播海外，或被山鹿、物氏者流徵致不滿，將非美之憾歟？《傳》曰：『智者千慮，必有一失，愚者千慮，必有一得。』以一得諍一失，古之道乎？先生必樂聞之！

光緒乙未二月，六字課齋主人世愚侄同郡宋恕嗣素謹書後。

又《宋恕致陳志三書》　一　別來無恙！

昨姚頤仲來言：『聞金陵帥幕説：「香帥見陳氏《通議》而大悦，渴欲接談，屢向幕員詢蹤，而皆以不知對。」我今欲勸志三往謁，又恐帥情莫測，萬一始愛忽憎，途窮可慮，是以未敢冒昧勸駕，或俟我到省後再看何如？彼時同年同客，諸事似較便也！』此公現將以知縣到省引見過此。姚言如此。侄理應立即通知，至往謁與否，長者自酌！侄不敢勸，亦不敢阻。【略】

回亂日甚，陝甘大震，楊石泉已得革職留任處分，董軍望風降潰，全局又復搖動，劉仲良以保教不力，革職永不敍用。常熟當國，乃有此舉，較之合肥，孰為畏洋人乎？

日本日督在台設局保良，開學教士，極意招撫漢番，臺北民心不可復挽矣！《申報》所云全係子虛，避嫌婧閱，不得不然也。不習臺灣水土，兵士亡於疫瘴甚多，頓守北中，不敢向南，淵亭孤忠可敬！但恐難為精衛耳！唐景崧則做假皇帝不成不失為富家翁矣！可嘆！

近日西人奇議甚多，不敢述也。穰卿以議開崇實學堂之故，幾不容於鄉，省垣尚如此，然則利濟之蒙謗宜也！

侄恕頓首　中秋日

二　叔明來，接諭，誦悉姚未出京，尊函俟其來滬面交。

此間西報館接北京電信，言甘肅已大半為回所據，政府不敢宣播，將成李夏之局。八月下旬，日本下臺南，兵民望風降潰，劉帥亦送降書，既降而內渡，竟與北邊諸將一轍，殊出意外。蓋劉軍之必不能勝彼，我早知之，而終歸於降，則我所不料也。

舍五弟幸列泮宮，皆先仲丈與先生循循善誘之力，感何可言！侄頻年不歸應歲科試，非薄優、拔貢而不希冀也，徒以法賊未滅，不忍歸、不敢歸也。鄉人或談及，無論親疏貴賤，均祈直告以此故！

至前拙函所以堅囑文伯勿輕交人帶瑞者，恐忌先生者衆，或有私拆、匿去之弊，故函面題介石不題尊姓字，以介石名稍晦，易免私拆；又未敢信文伯，故函中事情不敢向文伯説起，區區苦心，惟恐誤長者之事，非因中有『法賊云云』恐人開看。蓋法賊之為我深仇，十年前已明宣諸人，何況近年！親友中有代我明宣者，君子也，侄之所感也。有不肯代我明宣者，小人也，陰為法賊地者也。偶申及之。介石、立侖諸同志均此。

現不敢與宗觀察通信，亦以法賊之故，恐其影射虐良，非忘宗公之知我也！晤宗公時，乞亦直告此意！

九月廿二日　托季本帶交

論　説

《陳虬集·宋恕〈宋恕論陳虬〉》　志公愛我之厚，令人感激無地！惟里居太遠，不悉弟之處境有奇艱處，故勸我、規我之言，往往未著痛癢。今索性説個明白，看渠眼力如何？如以為兄弟間怨憾至此，必非好人，亦是常解，不得咎他。如能曲鑑苦衷，從此以後眞可為密友矣！《致陳介石書》

同郡陳介石、陳志三、蔣屏侯三孝廉赴試過滬，詢奇津客，敬舉先生！三君欲修士相見禮，伏望引與縱談，益其不足！【略】志三著有《治平通議》，其宗旨與禮不合，考證亦或欠核。然才雄學博，亭林、默深之亞，殆非今日經濟家張孝達、張季直輩所及，但未能與執事及夏穗卿抗衡耳！至其厚骨肉，篤朋友，善談名理，廣涉藝術，則居然典午上人物矣！《致王浣生書》

通州張季直、同郡陳志三皆自負經濟，大罵合肥，實則季直稍勝孝達，志三稍勝季直，去平章尚遠。東甌宋子，獨犯衆怒，而申平章，唇焦舌敝，罕肯虚聽。近與志三力爭，幾傷雅道！仲容與志三結怨甚深，互相醜詆，俱失其平。恕昔以調停，故得罪仲容，又被誚志三，兼所學兩異，仲、志愈趨愈遠，愈不可合。年來好事者遂有『温學三黨』之目，實則仲、志有黨，而恕無黨，猶洛、蜀、朔三黨，朔本無黨，徒以秉公論理，不附洛、蜀，遂有『朔黨』之目耳。至此重公案，則仲容之罵合肥更甚志三，悲哉悲哉！岑南康長素，頃晤談半日，所學似過季直、志三。《致楊定甫書》

志三刊行《治平通議》，弟今春始得見，多未浹鄙意。《致貴翰香書》

志三孝廉，有書囑寄，附上左右！此公論議，誠極超羣，然按之鄙衷，離合猶半。至其内行純篤，大度汪洋，樹骨蒼堅，治事整暇，則五體投地，遠愧勿如矣！《致姚頤仲書》

中頌經學湛深，然其品評人物，談論事理，與恕離多合少，故雖有戚誼而久不通問。志三與中頌向有深怨，敝郡之人莫不知志三於恕為父執，往日過蒙獎借，然其品評談論與恕亦多岐異。然之二君勇於辦事，敢於任怨，其興會之佳，要皆遠出恕輩上。《復章枚叔書》

十月廿七夕，席間承面詢陳介石孝廉與孫仲頌主事結訟情形，以口耳易忘易誤，囑開奉節略。【略】仲容經學湛深，郡人莫不仰若山斗。獨陳志三起，而以經濟之説與之爭雄，温州學子遂分二黨，積不相能。日尋舌鋒以相攻擊，於是彼此醜詆，略似北宋之蘇、程。仲容與介石本無嫌怨，因曾力勸介石絶交志三，而介石不聽，反益與志三親密，此為結怨之根。【略】通政素不學無文，外間酬應之作，其稍妥者皆他人代筆。瑞安近年略涉書、史者頗多，少年流莫不意輕之，或口出笑侮之言騰於廣坐。通政疑此輩皆係志三、介石之門徒，因是憾志三、介石等刺骨，久思興大獄以打盡之而未有機會。又通政曾向介石戚友處强借，而為介石所持，憾益甚。介石妹夫黄姓文童，本年應府試時，挨、認均已畫押，廪生彭姓向之强借不遂，乃指稱其祖曾充縣役，臨場搶卷毆童。介石送考目睹，與之互毆，多人勸散，兩無損傷。而彭姓知介石與通政及仲容有憾，遂激怒沖容，出面呈控介石；又妄稱黄姓之錢極多以誑通政，通政遣人連召黄姓之伯父，至，授意獻賄，而渠伯父不能領略微言，通政疑為介石所阻，則大怒，遂致函藩、學諸憲，請革介石。介石之友及門人大憤，將動公呈力剖，卽非其友及其門人亦多為介石不平，甚至通政之侄孫女婿章味三孝廉亦右介石，而代為呈剖。通政且怒且恐不勝鄉里之公憤，會八月大變，通政喜有美機可乘，乃挾『康黨』二字，以圖置志三、介石於死地，且以禁制鄉人為志三、介石鳴冤，此案大略如此。弟畏通政甚於虎狼，本不敢口出一聲，今承高誼垂詢，不敢不實對！黄姓氣忿不過，欲投西教自保，介石、志三力阻之，今頗怨介石等阻其入教，身家難保。《致葉浩吾書》

又 **《孫詒讓〈致汪穰卿書〉》** 至於小人以洋務為竿牘求利，則私衷深嫉之。如敝鄉某孝廉者，其鄙俗詭險，早在洞鑑！前者以書干張中丞，卽以南走越、北走胡為恫喝之計。丙申七月廿五日

至二陳之事，執事蓋微有所聞，而未審其詳。志三之心術、學術，弟前奉致之函，嘗陳其略。其人在鄉鄙惡狂謬，不可殫述，其假維新為職志，而肆其植黨牟利，無所不至。介石愚而拙，被其牢籠，遂為之胥附先後，以致沈溺不返，深足慨也！弟於志三十年前卽痛斥為小人，而於介石則無恩無怨。然以志三稔惡，不知其非，是是天下之大愚也！如知其非，而甘心助之為惡，則其謬亦甚矣！二者介石必居其一，是有喙三尺不能為之辯也。故弟平時持論，謂介石有愛憎無是非，卽舍親宋燕生亦復如是。其力學合肥，痛議南皮可證。而執事乃謂『志三亢而不能慮以下人』，是殆猶未見其深，而為其所紿乎？本年夏間，介石妹婿黄姓者祖父縣役，例不得考。介石介志三為求温守王琛違例收考，衆廪與闔邑童生阻之，介石率利濟醫院友直入考棚，拉廪生趙姓痛毆之幾死，以是敝里大譁。黄漱蘭丈與趙略有姻連，頗斥其非，而志三為介石作書致黄丈，語極狂妄，以是士論益不平，闔邑廪童同攻之，弟與執矛焉。此乃介石自取，並非為康黨而起。且其事在六月間，時康、梁方得志，豈有假以攻二陳之理？刻黄生已扣考，惟介石擅入考棚毆廪生案尚待鞫。志三為介石奥援，為之控訴，波及黄丈暨弟，則何、鄭操戈，方興未艾，而假康黨以傾陷人，則弟向不肯為，亮執事亦鑑及之！戊戌九月十五日

潁川事前已詳陳，當可釋然。渠抵掌談時務，祇為屠門大嚼計耳！豈有强中國、拯黄種之心哉？其所論絕淺陋，而南海不免為所紿，宜其敗也。弟嘗謂維新雖為今日急務，然亦須嚴辨君子小人，否則雖精習洋情，亦只多一中行説、張元耳，於時局曷有毫杪之補乎？弟前年奉書卽略及之，亮執事必以為然也。頃聞渠途窮走杭，干高君子衡欲攬礦務。果爾，必敗壞不可收拾。渠意在攫數萬金，飽便颺去，高君儻誤信之，其為宋寶華等之續可券也。天下事未遽不可為，常苦為之者無識力，為此輩所誤，豈徒礦務一端而已哉！前宗湘文在温為所紿，後大悔之，然無及矣！此可為長太息者也。敝里訟事未已，然至今無一字及志三，亦尚無一字及保國會。至於事變離奇，不可喻度，它日潰決，未能知其所止，此非不佞所能任也。戊戌十一月廿五日

陳案近有居間調處者，或可解甲。但不佞與此輩較卓如與執事情事迴不同，蓋天下事有君子意見之異，則宜彼此推讓，曲維大局。若遇庸人，則直以財利豢之，使不為吾患，足以了之矣。至於處小人，則非擯絕艾獮之不可！彼誠無一可用，又厚蓄其陰鷙螯毒以為天下大害，寧可博寬厚之名，貽它日噬臍之禍乎？黨人遍天下，大抵君子、小人參半，此其所以敗也！戊戌十二月十六日

又 **《譚嗣同〈論利濟學堂報〉》** 《利濟學堂報》乃緣《時務報》已登告白，故買閲之。今寄到，不意中多迂陋荒謬之談，直欲自創教，不關於學術。彼既刊本，自可拆購，現寄到四本，卽請自此截然而止。【略】非嗣同敢為反復，致勞清神，實慮此報為害不淺。其陰陽、五行、風水、壬遁、星命諸説，本為中學致亡之道，吾輩辭而闢之猶恐不及；若更張其焰，則守舊黨益將有詞，且適以貽笑於外國，不可不察也！彼欲為教主之私意猶其小意者也！丁酉六月廿四日

又 **《黄紹箕致陳志三書》** 志三仁兄大人閣下：

日前晤敍，渥領教言，頓消鄙吝。弟在郡於廿七日上船，卅日抵滬。委託之事不敢弭忘。惟弟在滬熟識中止有三處：一係大東門外龍德橋成茂筍乾行，寧人王調梅世丈所開；一係洪口外大橋祥生懋鐵行，寧人戴綬之兄所開；此兩處事繁人雜，察看情形似不能為枝棲之借。一係茅家橋孫春祥茶棧，裕大生號蔡仁卿、信記坐號黄聲如均在此，惟陳盡老亦在此，未免有逼處之嫌。若勉强暫寓，則此猶善於彼，但每日恐仍不能無儹費，較客棧略便宜耳。三處弟均已寫一大名條子面交，懇為隨處説項。兄到滬後須再親自關會為妙。

弟動身以前為應酬所困，重以舟中顛簸不食，形神俱敝，有至好力勸在此就醫。每日至朱滋仁寓。其門如市，近服藥數劑，略愈，不知是否藥力。

弟參考見聞，如吾兄為行醫計，有數要義必須降就：醫寓不可無排場，卻又不可有脾氣；醫法不可無别才，卻又不可不時樣；醫效不可無

明驗，卻又不可為急圖。此皆在高明洞鑑之中，但恐或限於性，或牽於勢，未必肯與之委蛇耳。

手此，順請

侍安諸惟愛照不宣

令昆仲均此道候

弟黃紹箕頓首

五月初六日

楊逢春《利濟課藝・書陳蟄廬先生〈保種首當習醫論〉後》 嗚呼！醫道之晦也久矣！自種類之將瘠、將弱、將殄、將絕，冥冥之間隱受其荼毒者已非一日，智者不加察，愚者樂於所安，遂使生養休息聽其自澌自憊，此可為痛哭流涕者也！夫人生有限之春秋，寒暑侵於外，憂患傷其內，小病致甚，大病致死，流連疾苦，輒至夭折，吾輩尚溷溷然不知所以匡濟而提揭之，夫復奚言！

我師陳蟄廬先生心焉憂之，以保種為己任。常言：『種者，國之所與立也。種榮則國昌，種悴則國懦。』於是悼大局之糜爛，憤異族之憑淩，慨然思興醫學，為保種之基礎。光緒乙未，在浙甌創設利濟學堂，廣招生徒，訓以中西一切格致醫理，使於性命、材力、年壽之紀配合位育、生長、嗣續之傳，微言奧妙，大義綦詳，誠欲將來醫道大明，益我民智，保我種族，為恢復神州最精最巨之一大關鍵也。

近者泰西講求名物之理至詳至備，每言進種、選種，靈智天開，超越千古，其專門之學如衛生、體操、治心免病諸大旨，尤與吾中國古聖移精變氣之意相吻合，其種族之振起有自來矣！豈中國民智之不靈，終無養種保種之道，超前軼後，駕彼族而上之耶？今得先生言，始豁然知我中華文明之胄靈氣獨全，昔之聽其自澌自憊者，在無匡濟而提揭之之人。苟得其道而擴充焉，則鼓舞振興正在今日，故醫雖執技之流，實寄天地離合之任。陰陽剝復之權，保種萌芽，罔不由此！願世之讜國俊義，共宏斯舉，庶幾醫道日昌，種類大振，躋仁壽之域，成大同之化，天下幸甚！蒼生幸甚！

《甌風雜志・文苑內編・池志澂〈陳蟄廬先生五十壽序〉》 光緒二十六年秋，我東甌利濟醫院主講孝廉陳蟄廬先生五十生辰，同人將謀祝之。先生曰：『余生於咸豐建元辛亥閏八月二十日，至今上庚子，適年五十，亦閏八月。方期舉酒為歡，不意神都被陷，帝后蒙塵，正人君子痛心嘗膽之秋，奚忍崇飾開筵為事！』逾歲乃命志澂曰：『子最知我，頗嫻古文義法，其為銓次平生梗概以告同院，勝壽我多矣！』志澂拜手曰諾。

志澂六七歲時在堂叔家塾，從城東胡先生蒙學。其時先生昆仲亦從其遊。先生年方十一二，聰特負力，讀書目十數行下，嬉戲好為將帥，嘗取同學而行伍之。塾師惡其頑梗不羣，特日授書數十冊以困先生，先生終日不作誦聲，及背讀無一字遺，師嘗目先生為怪物。稍長尤不羈，使酒負氣，習拳棒，善泅水，見不平，叱咤用武，雖不敵不計。不屑屑於帖括，博覽羣籍，好說部，兼涉曆、相、星命諸學，遇老師宿儒，往往摘經史以難先生，於是得狂名。

年十五，始折節從其先仲兄仲舫明經習舉業。十七，出應試，每藝千餘言。長沙徐尚書樹銘視浙學，見先生文，奇之，破例補諸生發落，手詔先生曰：『爾文恢怪奇偉，他日當以文章橫行一世！』於是始學詞章，間復留心訓詁。庚午、癸酉、丙子歷應省試，歷薦不售。己卯復應省試，時我師孫太僕開藩江寧，枉道謁太僕於金陵，喈嘆論文，左右色動，旋即以文章受知於沈文肅。文肅召見，大奇之！時志澂亦遊學鐘山。既而，我鄉許上舍拙學、林典籍祁生、周司馬曉芙及今黃廉訪叔頌皆先後至。遂同先生泛舟遊秦淮、莫愁，登鐘山，謁孝陵，至明故宮，徘徊感慨者久之；出揚子江，觀金山、焦山，過揚州，登平山堂，道姑蘇，訪滄浪亭，上穹窿，瞰太湖，沿毗陵，飲惠山泉，遂折回杭州，又不第。時先生年已三十，乃專心經世，以過勞咯血，旁攻岐、黃，特與何明經志石、陳主政介石、陳上舍栗庵建利濟醫院於瑞安。久屈不遇，遂著《治平通議》，所言皆皇王經世大略。而於今日談西學變法者，先生無不早已及之。己丑，始舉於鄉，已擬解首，以二、三場奇異，特置榜末，海內爭誦其闈藝焉。

庚寅會試，謁張勤果公於山東。公號得士，幕府皆俊傑，先生入談經世，退後條陳八事，張公大加敬禮，特聘先生纂修《東志》。歸自海上，聞伯兄國學之喪，逾月又奉太宜人諱，先生閉門讀禮，方擬周喪而後與志澂並赴濟南，令志澂先杭以待，未幾張公薨，先生家居不出。而志澂遂由杭而滬、而皖、而臺南北，飄泊五六寒暑，還顧室廬，鞭長莫及，無啼饑號寒之慨者，皆先生誼也！

中日役興，朝廷亟議變法。先生以公車赴都，與海内志士上書首倡保國，旋為頑錮所阻。先生年逾四十，知天下事不可為，乃東歸，一意於醫。乙未，遂與志澂創辦郡城利濟醫院，建藥房，設學堂，開報館。嗟夫！先生之建院設教，原欲寓教於醫，出其所學力行利濟，以補國家政治所不及，使黄帝、神農之精光遠出基督、浮屠之上。不意戊戌政變，風潮反對，罷學堂，閉報館，雲散二百徒，累敗八千金，任當世之誣謗、笑忌、傾擠，百折不回，先生之志亦可謂堅且大矣！

先生性直敢言，與世少合，而情誼所係，雖從井不辭。追思昔時結求志社，聚集城北槐吟館，夜廬風雨，道古談今，每漏下三鼓始歸，半生友朋之樂無逾斯時！同社者許拙學、張祝延、王筱雲、蔣志渭、金韜甫、陳介石、何志石及先生仲兄仲舫、五弟叔和諸君，當時東甌布衣有天下人物之名。今忽忽二十餘年，逝者長已矣，存者或異趨，而獨先生與志澂二三人肝膽相照，勿以終始歧視。每當一燈對坐，仰視先生鬚髮半蒼，志氣愈奮，落落大才，至老不遇，悲憤所激，令人不知哀感之何從！雖然，先生年方五十，其生平所謂識想、事業、著述，已有極他人數百年所不及者。更進而耄耋期頤，天必錫先生以無量之福，豈徒先生一人之壽而已哉！志澂書此為同院告，即為先生壽，而不顧五十之年志澂已鬖鬖及之矣！

藝　文

清・宋恕《楊青詩録・燕都篇：贈陳志三孝廉入都也》　燕都城闕與雲齊，黄塵昏曙逐輪蹄。侯邸戚里相招赴，銀鞍金絡生光輝。平章院落重門里，寵貴年華全盛時。後堂夜宴列羅綺，別館晝接賦榱題。翰林後進容顏好，磨墨含毫工頌禱。諛墓千言賀得縑，彈棋六博喧爭道。已儲舞女身手馴，更蓄歌童喉舌狡。歌童舞女侍杯觴，月墜霜侵歡未央。平明戒秣謁田、竇，廣坐論學詁荀、揚。多財譽滿公卿口，交薦密援登顯右。分符治郡馬如飛，持節督州虎大吼。子孫安步入臺閣，衰老乞身歸印綬。田良宅美樂無有，咳玉唾珠誰敢否？世間事業等若斯，看君夙昔獨恢奇。懷中別有管、樂術，腕下更富馬、班詞。東甌布衣足豪俊，先生方略尤殊勝。旁徵仙釋獲圓通，餘事方技療疾病。十年隱晦臥蟄廬，一日聲名若雷震。宋學取士五百春，謹嚴科律如束薪。紫陽自是一曲説，安能折服高明人？屈、莊、韓、墨各不朽，文貴自立賤循因。望溪岩岩斥雜學，矜言別偽吾不憑。咸同以來敝加敝，醜婦施朱良可憎。非茅非葦竟何物？乍視欲嘔況吟呻！天遣先生起科目，特為經義別開新。豈徒險語破鬼膽，直恐妙理發神扃。決疑冒忌惜佳士，賢哉二公李與陳。奇文初出俗腹誹，勝流爭識元才子。當時弄獐笑微賤，改圖附驥來趨唯。定知作賦驚春官，即看對策對天耳。同甫能生臨安色，太沖頓貴洛陽紙。洛陽紙貴未足論，祝君柄國經中原。斟酌古今采歐美，更改制度活黎元。永嘉舊學大施展，水心、君舉慰精魂！賤子芳潔慕蘭茝，落魄頻年客江海。談空説有貫百代，人主出奴悲千載。吳英越秀謬相譽，皆言君才當今無。青春可惜應須惜，莫敢空老傾城姝！傾城傾國亦何益，欲訴遭逢再三咽！豈有黄金交紫綬，況復青蠅玷白璧。陽春曲高知者稀，故人祿薄書已絕。夜深飛夢落三山，安期授我煉藥訣。曉來束裝欲東渡，川路多艱意未央。叔夜玩世漸不恭，賈生太息尤中熱。丹楓滿地菊芳歇，燕雁去來歎如瞥。客中鎮日對《楞嚴》，欲覓此心不生滅。不生不滅理亦知，無奈結習難遽移。且當弄筆學摩詰，畫取江山自娛嬉。感君不棄常往返，殷勤誨我靜致遠。平生頗識山林佳，憐愛蒼黔愁歲晚。功名太切翻為累，敬佩贈言求其本。武林城内雪始花，挑燈縱語雜笑嗟，君將入都我浮海，分手各在天一涯。天涯離合安可占，但願毋忘在莒年。臨行慷慨相期許，忽憶前聞心惘然。自從石郎割中國，遂使金、元吞宋室。至今啼鴂怨桑公，志士聞之淚橫臆。聖朝疆宇邁堯、湯，處士不議股肱良。銘勳詠德如有暇，為我遙吊燕昭王！

《宋恕遺稿・題陳志三孝廉〈上山東張撫帥書〉》　俗儒守舊如守土，小民畏吏如畏虎。欲教世界少悲愁，不設議院無是處。先生雄才大國楚，五湖三江納胸腑。偶揖將軍條政要，首陳及此良非腐。江南奇士張經甫，憫今晤療更知古。昔年曾與論此事，上下縱橫千萬語。仁人志士不得所，歲月如流意氣沮，中宵感歎淚如雨！

又　《又題志公〈族譜例言〉》　煌煌宗法議，何日世庸吾？手定一家譜，神游千祀初。文章逼劉、董，凡例掩歐、蘇。薄俗詎難感，仁人言藹如！

《陳虬集·楊青〈挽陳志三孝廉詩〉》　浪傳噩耗到甌東，獨立蒼茫恨不窮。斯世不應少此老，青山無可遽埋公。十年氣鬱孤燈下，戊戌後孝廉更無聊。萬卷血枯老屋中。孝廉劬心著述。如此大才如此了，曷勝雙淚泣西風！

章安百里隔温城，南望君家倍愴情。把卷未翻腸已斷，時閲孝廉《治平通議》。賦詩遥挽淚先傾！文章經濟傳當代，琴酒笑談了此生。有客他鄉同聞訃，扁舟赴殯哭吞聲。謂陳介石主政。

平生杖履幾追陪，説我終非草莽才。妙手立教沉疾起，昔患熱淋，賴孝廉調治。高談猶帶宿疴來。秋前猶帶病過訪。丹山靈鳳難鳴盛，湖海無龍忽氣衰。安得九原重起汝，草堂風雨更啣杯！

秋宵樽酒共談經，四壁風吹鬢髮青。猶道子雲長寂寞，爭悲仲舉遽凋零。斯人泉下先朝露，知己天涯幾曉星。逝者滔滔川水急，那堪身世總浮萍。

回頭事事總堪哀，卅載高談濁酒杯。曾説看花須有福，孝廉賞菊楊園，曾曰：歲歲看花，想見主人强健，客亦多福。更期賞菊幾番來。孝廉前月過訪已衰頽不堪，猶言：『如此秋光，不知再得幾番高會』。籲！言乃心聲，不料竟成長別了。交遊何遽成長逝，搖落無端未盡才。許贈序文今已矣，孝廉許贈詩文集序。遺篇重檢抵瓊瑰。

亦説歸休林下游，孝廉約創公家花園作林下游。勞人歎息祇牢愁。杜陵得句多忠憤，孝廉賞菊詩有『秋叢易感杜陵愁』句。賈誼著書每涕流。孝廉著書多慷慨時事。在世長懷天下事，蓋棺方許此生休。茫茫今古同虚幻，剩得青山土一邱。

龍馬精神氣浩然，傷時感事促天年。先生作古難言命，時事於今莫問天。遺囑楹書留女讀，到頭絶學付誰傳？如斯搖落眞堪慟，四海横流滿目前！

海國烽煙不勝嗟，彼蒼何忍忌才華。空懷滿腹天人策，少個千秋著作家。死後夢魂繞北直，生前聲望震南沙。徐長沙尚書。舊遊泰岱題詩遍，搔首天涯落日斜。

又《楊逢春〈弔先師陳蟄廬孝廉〉》　祖國有奇傑，鈐韜比子房。蟠藏傷寂寞，豹隱感滄桑。才大遭時妬，醫興憂道亡。一朝悲憤死，瞻拜薦馨香。

楊逢春《餘閒叢録·挽陳師聯語録》　我師陳蟄廬夫子，浙東名士也。生平志趣熱誠，冠絶一時。所著《治平通議》、《保國録》各書，久為海内諸君子所佩服，啓新學之先聲，為富强之要旨。自戊戌政變後，憤鬱立言，而欲廣行其道，手創永、瑞兩醫院，兼設藥房，教訓生徒，以開學派。癸卯春間，創造甌文，欲使四百兆黎元皆能識字，苦心孤詣，捨身救人，誠有蘇民困、開民智、救民苦之念，漸至大同之治。公抱病講學，孜孜不倦，於癸卯十一月十四日而逝。遺書數十種。鄉黨中及門弟子挽者甚夥，無不惋惜矣！謹録之以為紀念！

甲辰正月廿一日，弟子楊逢春謹識

挽联

生平以神農、黄帝、孔子、釋迦、基督、摩西、謨罕默德自命，死乃獨遺書萬卷；

歷歲為劫餘、欠泉、志石、雲卿、博三、養頤、令兄仲舫慟哭，今況又折公一人。

宗弟黻宸

浙東又弱陳同甫，

河朔方愁鐵木眞！

世侄宋衡

著述數萬言，識想數千載，精神數百人，而文章議論殆猶其餘，問世大才，老死中原恨非地！

以年則我兄，以德則我師，以交則總角，更患難膽肝相期無負，先生此去，利濟一脈屬何人？

教弟池志澄

聖賢志趣，仙佛心腸，英雄手段，乃至出河海行徑，受盜跖聲名，慨人世毁譽浮沉，惟我獨窺公底蘊；

學問師友，氣誼金石，性味苔芩，況當疾病相扶持，患難同體恤，歎此後知交零落，更誰可與共平生。

宗小弟陳葆善

元龍豪氣，永康軼材，志士嗟虚生，從古名賢同一歎；
大陸風潮，清流黨錮，及身能倖免，後來世事益難言。

年世侄項崧

韓非忠憤，鬼谷縱横，處士僅遺書，求稿惜無御詔使；
方演龍宫，字參鳥篆，院師今下世，諸徒應有築場人。

世弟項方蒨

撒手西歸，文字長留甌海派；
側身南望，醫星忽隕太邱門。

愚弟呂渭英

從傍行斜上，特闢形聲，鋭志在維新，甌海獨推文字祖；
兼賈策匡疏，蔚成著作，奇才嗟不遇，蟄廬剩有《治平篇》。

晚生李炳光

湖海氣節之交，知己中又弱一個；
經濟文章而外，論醫道亦足千秋。

愚弟李懋勳

斯民疾苦千般，舉目瘡痍，國病未興公遽逝！
舊友凋零幾輩，滿腔憂怨，時艱孔亟我尤悲！

愚弟楊青

悲！悲！悲！人皆悲斯文，我獨悲斯世！
哭！哭！哭！有淚哭先生，無淚哭蒼生！

愚弟楊黄

公乃甌海名家，胸臆中本具絶大經濟，區區一醫，猶其餘技；奈何命與時違，老死奇才悲伏櫪！
我亦樂成著籍，學界上未能輸進文明，沉沉若輩，孰是知心？惟有淚隨泣下，愴懷世事弔先生！

晚學王佑宸

霖雨何年冷？猿鶴空山，歎息霸才無主！
陸沉此日生，龍蛇大澤，蒼茫來者為誰？

愚弟錢振塤

名滿諸侯，盧國遺書尊扁鵲；
才雄一代，下邳豪氣失元龍！

宗弟祖綬

倦遊京洛，歸臥海濱，賣藥隱韓康，至竟諱談天下事；
球界大才，蟄廬著作，倚梅弔君復，何時遺稿茂陵求？

愚弟胡調元

談著作《通議》數卷，《講義》數卷，《新字》數卷，精神所注，先生歿而猶存，他年四庫校藏，應有遺書如君舉！
考平素結會自由，出版自由，擇業自由，疑謗不驚，中國間為一見，今日蓋棺論定，還將刻石拜盧棱！

晚學陳璪

交契辱髫年，憶曩時同學敝廬，前無古，後無今，杯酒論時艱，直欲拯四百兆黎元，獨有先生能建白。
傷心悲老大，幸此日兒曹受業，授以醫，妻以女，門牆聯姻婭，果克承千萬年香火，勖哉小子勉昌黄！

姻弟胡希銓

公為醫院死，醫院不死，公死猶生！惟黄教未昌，小子無材，僅於十六字世系勉承聖緒！
我推軒岐道，軒岐衛道，我道不孤！願先生無恨，遺言在耳，總使千萬年香火永壽人間！

受業婿胡鑫

陳同甫一代儒宗，《五論》落人間，立德立言齊不朽！
孫京兆萬年醫統，《千金》傳嫡派，壽民壽世具精神！

內弟張耀煌

甌文一筆而成，從此小民皆識字，
醫學千秋不朽，勤求古義有傳書。

表弟何甡

醫有傳人，字有傳人，經濟更有傳人，平生腦力所充，萬軸遺書，應在門牆同補輯！
言可不朽，德可不朽，功業亦可不朽，此後神靈如在，千年香火，當從軒、頡並馨香！

兄去何之？悵生前緒論萬言，强國强民，竟把杞憂歸上界；
人誰無死！願此後兒曹可造，為家為院，勉傳衣缽慰先靈！
內兄張煥煃

濟世張仲景，憂國賈長沙，上下數千年，如此奇才能有幾？
堅忍瑪志尼，深思俾思麥，縱橫二萬里，從今繼起更何人！
功服弟國琛

千萬言著作等身，經濟文章，公死自能成不朽！
五十載交情如昨，艱危安樂，我懷舊事總堪悲！
襟弟徐琅

論私誼兼師友姻親，問字憶童年，夙欽元季弟昆，各有高名垂不朽；
嗟大才竟湮没護落，雄心應未死，此後紀羣學業，勖哉宅相勉傳人！
世弟王明揚

斯人一去，時局攸關，豈獨姻親悲失助！
偉業未成，大星忽隕，空嗟造物妒奇才！
姻弟伍守彝

滿目瘡痍，斯世誰為醫國手？
千秋事業，名山自有等身書！
表弟邱學熙

目前餘子誰良相？身後千秋我蟄廬！緯地經天，倉聖以還推巨手；
先憂後樂，希文不幸作良醫！
年弟諸葛鈞

首戊戌志士，開闢風氣，公其一人，無如朝局阽危，經世大才悲莫用！
本歐美音學，製造文字，僕愧未竣，所恨先生歸去，成書有誤乞誰刊？
愚弟吳蓉

利濟長存公不死，
甌文請教我無人！
晚學林旭

君所謂奇男子非歟？蘇、張之辯，管、葛之才，伊、呂之志，不得已乃以醫名，講學大傳人，公乘遺書天下貴；
余如此其傷心已矣！亨道雲亡，元伯尋逝，輞川就終，至今日又歌哀些，衰年誰屬望？中原多事故交稀！
晚學郭弼

公具蘇、張辯資，允卜治平當世。胡□□干謁果敏、南海之間，韜晦終身，天阨英雄死北牖。
道通靈、素古誼，非博利濟微名。□此後肇定醫院、甌文以來，功成身退，神歸兜率泣東垣。
愚弟蔣夢熊、璜

公歿越人誰起死？
天艱國士不長生！
晚學孫況

《治平》數萬言：《經世博議》、《救時要議》、《東遊條議》，先天下而開風氣；
先生三不朽：識想千古，醫學千古，新字千古，願身後勿悲子孫！
晚學林祖同

出其熱誠，著《治平》、《報國》；
別開新派，鼎羅馬、華嚴。
晚學林濤

嗚呼我公！神農醫聖也，而公纘其統；倉頡字聖也，而公革其命；落落此一身，前不見古人，後不見來者；
籲嗟彼族！保全之局裂，則彼墟我國；瓜分之局成，則彼滅我種；茫茫今世界，生無得自立，死猶得自安！
愚弟林文澤、藻

醫國良方，老死終竟未試，瓜分大禍已目前！希望種族自存，新學皆病狂，舊學皆病痿，鑄造無材，乃惜權謀奇傑！
等身著作，新字當推特點，六書舊法不足論！比較世界合音，梵音無其賅，西音無其便，精神有在，何須形體子孫！
晚學黃遵、公起

晚學滇南饒方猷

先生殆倉、沮後身，造字竟遭天鬼忌！
舉世方瘡痍滿目，焚香願駐藥王靈！

晚學生童煜

大造素憐才，聞賢人機動龍蛇，讖兆竟為先歲見！
九京堪避世，縱君子盡為猿鶴，灾祲總不及公身！

世侄項兆東

以蓋世文章論議，為中原力策富强。杞漆罄憂思，獨惜北海不生，當道衣冠，誰引正平登薦牘？

捐一身事業功名，為醫學大開教育。門牆叨著録，深恨東垣老去，藏山撰述，我非謙父愧傳書！

弟子池虬

半生《靈》《素》，獨得眞詮，當年醫院肇興，力與東甌開學派，
廿載門牆，飫聞緒論，今日遺書具在，愴懷吾黨孰傳人？

弟子張烈

公學不名一家，抗志在昌黄，直欲壓回、佛、耶、希而上！
我亦從遊十載，分科傳德育，愧無如伯倫亞里之才！

弟子林獬

心服近三十年，觀我公抱負非常，始欲立功，繼欲立學，又欲立教；方冀大有所為，奈天奇其人，人妬其才，半生歷盡風潮，豈料絕世英雄，畢竟如斯結局！

遠行周數萬里，慨小子遭時不幸，在寧哭友，在浙哭弟，在鄂哭師；況值國步多艱，對北徼雲愁，東鄰風慘，此後無量浩劫，為問匡時事業，到頭的有何人？

以一身戰衆忌羣疑，道力總艱貞，磨蠍臨宮，空怪俗流騰謗議；

弟子王瀚

論餘技猶六通四辟，靈思何變幻，神龍昂首，豈容末學贊高深！

弟子朱襄

醫派十六字，著書百萬言，何如北海才名，竟以布衣終老死！
睽教七八年，歸裝三千里，此日南洲涕淚，將哭天下豈為私？

弟子何翼然

名山立説各有專家，惟先生萬象包羅，黄族文明，澎湃古甌推起點；
科舉累人孰能無恨？會賤子數年侍從，青衫故我，愴懷梁木負知音！

弟子陳京

發軒、頡邃古不傳秘，為甌海啓文明，廿餘年虛附門牆，自恨一無成，未學醫又未學字；

當歐、亞列强爭競秋，適藐躬遭變故，百十日方悲風木，昊天何不弔，喪我父復喪我師！

弟子郭鳳誥、鳴

授衛生奥旨，倏近十年，自慚樗櫟庸才，衣鉢虛懸，未獲登堂編撰述；

與中表締姻，甫逾兩載，況復朱陳同里，門牆相望，那堪長笛聽淒涼！

弟子池錦濂

此後儀型，我將安仰？
生前功德，民不能忘！

弟子林日東

公不以榮世希望，專力救民思想，獨創《新字》一書，足令支那復元氣！
志欲扶斯民疾苦，秏盡畢生心血，太息軒、岐大義，從今道統付何人？

弟子何樾

『不殄厥愠，不殞厥問』，惟先生有此語；
仰之彌高，鑽之彌堅，予小子莫能名！

弟子程雲

時事勿可為，恨中國甲午敗於東，庚子亂於西，近又德、美、英、俄諸異種，交涉愈艱，當此排解需人，竟使奇才終抑鬱！

自古皆有死，痛我師性命在醫院，氣脈在學堂，加以著作文字諸雅道，流傳不朽，盡是精神壽世，雖然長去猶生存！

弟子鄭駿聲

同胞皆痛癢相關，惟我公道濟羣生，結十利因緣，幸老衲亦居弟子列；

此歸定世界極樂，還求住圓光半點，度一切苦阨，願後身長駐藥王靈！

弟子曾月波

制字創教，開將來國度頭等文明，何期大厦忽傾，頓使同洲齊震慟！

利己濟人，是我師建院一生宗旨，卻恨仞牆初傍，未能醫學衍心傳！

弟子殷鍇

仰先生若北斗泰山，航海來遊，校字新叨弟子席；

痛《甌文》方出版開世，譯林未就，補書孰是顛盧才？

弟子陳瑜、潤

新文開派，先生千古！

醫學立教，利濟萬年！

受業門生楊逢春

軒轅乃萬古醫宗，惟先生薪火能傳，書就《元經》，道未盛行悲地下；

同甫亦一時人傑，慨此日大星忽隕，文成《五論》，空留宏著落人間！

受業侄婿楊鐘麟

洞時艱於甲午大創以前，痛哭、流涕、太息，特著《治平》萬言，卓識如公，方謂太傅長才，有道漢文應側席；

論姻好在葭莩相依之末，字學、經術、醫宗，自愧未傳一脈，迂疏如我，空負先生明訓，傷心宋玉賦招魂！

受業侄婿徐玉鳴

數十年辛苦經營，昌黄教，建醫院，開學堂，設報館，風潮撼山岳而來，百折不回，毅力如公能有幾？

百餘種遺書宏著，制《甌文》，傳《通議》，纂《元經》，成《講義》，識想直天人貫徹，一時無兩，不材如我孰能窺！

受業侄婿何懿典

就音創字，先生千古！

高山景行，弟子再傳。

再傳弟子殷汝鏜

讀《報國録》、《都利音》、《治平通議》、《利濟講義》諸書，五十年落落大才，恨小子未能一見！

與俾思麥、瑪志尼、特爾康德、西鄉南州比例，二萬里沉沉震旦，如先生今有幾人？

再傳弟子殷汝礪

公本王佐才，豈唯立説著書羣欽北斗！

我亦弟子列，那堪山頹木壞頓失南車！

附學弟子黄精勤

本草主神農，曾以存心勉小子；

軒經昌黄教，當得繼起慰先生！

藥房夥伴劉廷騏等同挽

僕來執役未終年，適逢新字堂開，大德如公，不以奴隸相期，使我廁居弟子末；

爺在服從多缺恨，況復蘭台駕召，感恩似我，惟有馨香祈拜，祝公列入梵仙班！

沐恩家人林鴻濤

後荆山鑄鼎四千年，甌海出眞人，創黄教，立儒宗，議治平，制新字，萬葉火薪，欲為軒轅開正派；

自利濟落成十九祀，先生論事業，建醫院，設藥房，立學堂，辦報館，滿腔熱血，直忘性命度羣生！

同院諸子公挽

雜録

清·宋恕《辛卯日記》 辛卯九月十三日，夜飯後，志公來，新自樂清回。少頃，立盦亦來，伍人共談至夜分，雲卿越談越有精采。志、立二人四更去，余與雲、介直談至天明。十七日，傍晚，志、介二公來，在此過夜飯，談訟事，有頃去。十八，草《稟瑞令》稿。傍晚，志公過。

十九，抄《稾》，費一日工夫，將近二更，送竹友處，竹隨與志三同來勸止，余執欲遞。二十，志公以語介公，介公早喚渠去，令渠潛行抽《稾》，渠不敢。余聞之大怒，立寫一信止志三，立往介石處，適遇志、介，因面斥之。

十月初八，下半天，陳志三、介石來，談少頃，旋與介石同出，看立盦恙。晚，志、介與大嵒人迪齋來談。志以《治平通議》已抄就者二本見示，多不刊之論！文章尤雄深雅健，直逼西漢，眞天下奇才也！初十，上半天，宗易、仲麟、嗽霞、志公陸續來談，見志公為梅翁擬首藝硃卷一篇，甚佳。十四，夜飯後，陳兆麟、胡芝山來談，易堂同來，志三續來，談至四更乃去。十九，與介同到醫院。少頃，志公來。又少頃，易堂來，遂在醫院吃夜飯。四人談至三更。廿三，傍晚，志公來談，取介石處《江南墨》去，以愚初《致介石信》見示。廿六，上半天，如志公處，晤。廿九，上半天，如志公處，晤。夜，志公來，接滌齋信一封。

十一月初三上半天，志有信來，頗有疑意。與載甫同往志處，不遇。夜，在志處談甚久，易堂亦在。

戊戌五月廿六，是日評定崇正夏卷四十六本，共七十六本，評竟，夜填甲乙竟。是課題録左：【略】《書陳鄉舉虬等〈請開保浙公會公呈〉後》。【略】十一月初二日，以《陳事節略》交浩吾。

壬寅九月十四日，出門謝弔，調和孫、陳，先陳後孫，皆允。十五日，再走白陳，訂樂清來面和。

孫寶瑄《忘山廬日記》　戊戌五月初五日，訪陳志三虬於長春棧，小談歸。

十一月十三日，晴。於忘山廬中設長案，置餅果花桔，如西餐式，待雅集諸同志。晡，至者七人，為經甫、鶴笙、稷塍、仲遜、仲宣、燕生、志三，暨余與堅仲共九人，茗談，抵暮各散，是為重立雅集第一期。

劉紹寬《厚莊日記》　辛卯四月初八，志三先生説《論語·道之以法章》云：『此夫子言為政之次第，非言為政效驗也。』金稚師亦為此説。先生又謂：『物之壞皆由炭氣，即白果之熟亦炭氣為之。』

甲午正月廿七日，陳志三先生虬《治平通議》十二卷已刊就，粗讀一過。三月初五，余謂志三先生所著《救時要議》，設使行之，流弊甚多。

戊戌四月廿四日，昨謁陳志三丈，因同候宋燕生。六月廿七日己酉，晴。午後，宋燕生先生來言：『【略】又論君主國、民主國、君民共主之國並列地球，君主之國必弱，上之壓力太重，虐使其下，下之民智不開，愚瞽以奉其上，以遇他國人人皆智，烏得而不弱！大抵君主之國將來必盡為君民共主之國，君民共主之國必皆變為民主之國，必然之勢。由君主變為君民共主，其勢難；由共主變為民主，其勢易。如中國變為共主，必先使軍機、督撫等官壓勢日輕，郡縣等官勢將日重；次至郡縣等官勢亦日輕，大紳權重；次至大紳勢輕，小紳與之同體；次至士商農工一概與之同體。然必民權以扶而共主之體以成，此決不可一蹴而幾也。陳志三、章枚叔皆不知此理，鋭欲有為。枚叔一監生，何能有為於國？必至於人人不合，必窮而後已，將來必至發瘋！志三之辦鐵路，立保浙學會，無論軍機不能代奏，即使代奏邀准，立降諭旨，特賞四五品卿銜，令與浙撫商辦事機，得手至矣！而浙撫一見，不過茶話一時，命出與十一府諸紳妥商而已。杭郡鄉紳，貴首朱智，富首丁崧生，一依其勢，一倚其財，欲辦此事，不能不求見二人，而是二人亦不過一回拜一敬席而已。一上諭之勢至此而至矣盡矣，而於所辦之事毫無裨益。推究至此，將復何為！況又借商債而為之，一旦僨轍，身名瓦裂，亦勢所必至，此皆於今日情事見之未徹也。』

己亥二月初七日，陳志三先生欲著《甌乘》，欲添氏族一門，頗合予意。其論學謂：『中國古語如「冬起雷」、「夏造冰」，西洋人百思得之，不謂為中國前人所已發問。』中國人心如此離渙，將何法可以聯絡之？曰：『此當兼論運氣。嘗學醫，悟得三元之運，非如僧傳舊説，當以五行，每一行各六十年，三分其年為上中下元。自乾隆以後，火運用事，此刻水運用事，故海道大通，火已退，氣將來，輪舟之類當改氣而不必用火。中國此時最亂，人心當□□□。緣本朝以火德王，水克火故也。待三十年一交土運，黃種將興，剝極可復。然最盛者，其惟沙非利亞乎！嘗以此推之歷史，的有明徵，與先兄以《易卦》推算，不謀而合。先兄謂陳仲舫先生，名國楨。』又云：『嘗以此推之醫學，東垣時正行土運，故專治脾胃；丹溪時正行金運，河間時正行火運，故治法各不同。徐靈胎亦云：本朝以火德王，故血證獨多，學醫者不可不知元運也！』又云：『學醫須兼通訓詁，如《素問》、《靈樞》必須以治經之法治之，始能通其古奧之義。』問：《內經校議》書好否？曰：『此正其例，當因此益推廣之！』又云：『温病治書以《温熱經緯》、《温病條辨》、《世補齋醫書》為最。《世補齋》係陸鳳石殿撰潤庠之父陸九芝所著，專從傷寒得治温之法。』又自言於古音分二十三部，當先明古今之元音，然後以分古音之部。較之顧、段諸家專以偏旁定聲韻，當更有辨。今按：論五行一段殊未確，當姑照録之。

壬寅四月十六日，謁陳志三先生，晤陳宗易。

陳熾分部

傳記

《趙柏岩集》卷三《陳農部傳》　陳君名熾，字次亮，江西人也。以孝廉為户部郎，久植樞垣。留心天下利病，深研經濟學。嘗以學問之道非遊歷多、見聞廣不足濟大艱、任大事、興革大利弊，乃仗劍遊海疆，足迹滿天下。歸著《庸書》內外百篇，言綜名實，故以《名實》篇託首。其于審官、牧民、興學、理財、平律、治兵、籌邊，反復於古今盛衰之故，中外名實之科，治亂之條貫備矣。而於風化治本，尤欽欽致意焉。

甲午以後，士大夫鑑遼東之戰，稍稍談振作，農部慨然曰：『京師者，天下之首善也。移風易俗，必自根本起。』乃與元和江標、南皮張權、江右陳三立、文廷式、熊亦奇等數十人，立强學會於京中，購書籍，備儀器，將在研實學而開風氣。尋為御史楊崇伊所劾，得旨封錮。翁常熟相國密奏曰：『教育人才，自强之本，未可阻遏，使天下寒心。』而御史胡孚宸，亦以書局有益人才，請詔總署議行，乃改强學會為官書局。京師之有官書局，此其起點也。熾又以各國之强，皆原於富，著《富國策》，於物産、製造、商務，言之娓娓，後以世變日鉅，鬱鬱不得志，酒前燈下，往往高歌痛哭，若癡若狂，歸江西數年，卒。

趙炳麟曰：『世之將治也，豪傑有志之士，率皆雲興霞起，專讚嘉猷，求志達道，各遂其欲而去。及將亂也，豪傑志士，往往抑塞窮途，寃結鬱軫，以至於老且死。嗚呼！十餘年來，吾同心同志若江標、陳熾之徒，或隱或死，或寒心遠蹈，不知其幾十百矣。神州陸沈，伊於何底，述其梗概，不勝慘然！』

綜述

《陳熾集·宋育仁〈庸書序〉》　陳次亮農部，湛深經世之學，既稽於古，知其本源，久直樞垣。明當世之事，周諮博采，遍歷沿海大埠，至香港、澳門，又旁考西書，至於輶軒譯語，鏡機甄微，感念時變，乃探綜古今中外全局，發憤著《庸書》內外百篇。言綜名實，故以《名實》篇托首，其於審官、牧民、興學、理財、平律、治兵、籌邊，反覆於古今盛衰之故，中外名實之科，治亂之條貫備矣。而於風化治本，尤欽欽致意焉，始以《自强》，終以《聖道》。《自强》之言曰：『形而上者謂之道，形而下者謂之器。器為道之粗迹，先王遺意之所存，經秦政之酷烈澌滅而遷流於外域。天將以器還中國，而以道行泰西，表裏精粗，交易而退。』《聖道》之言曰：『宜及此時，上下同心，修明學校，博采泰西製器尚象之理，强兵富國之原，使天下萬世，不得議其迂疏而寡效。』夫孔子之書，言政者過半矣。《周官》治內，《春秋》治外，先富而後教，由兵而反禮，則何者不備？豈果迂疏而寡效哉！後世欲任私智，背先王，歷朝之效亦可覩，又鑑於今矣。然則舍孔子何法？舍六經何向？善乎《自敍》引蘇軾之言曰：『謀國者定所向。』定所向而得失之辨明。夫安有築室而道謀，一哄之市，而不勝異議者哉！外患之與內憂，恒相因而相積，不必言外交也，言內治而已。明政刑，興教養，理財治兵，今固有其名也，而未始有其實也。言內治者，亦審名實而已；審名實之實，亦用人而已。敷奏以言，明試以功，此聖人之所以審名實而熙庶績也。故百篇言治者備，而以《名實》為樞，若網在綱，有條而不紊。

唯達者知通為一，為是不用而寓諸庸，旨在斯乎？未有不通為一而足以言治者也。倘能早見施行，舉而措之，與天下更始，羣策羣力，相與軫國步之髓而消唫呷之房『癘』，庶有瘳乎？

光緒二十二年夏四月宋育仁謹敍

又《余鏻〈庸書內外篇重刊序〉》《庸書》百篇，吾鄉陳次亮先生所撰。原刊次年，盛君筱吾自京華歸，舉以贈余，初得披玩，心思、耳目為之增新者不少，固知先生經世功深，曠達源遠，與時下耳食之流不識今古變遷、妄談中外利病者，大相軒輊。

然世局至今日，已不易為參議矣。何則？天高地厚，庶蘊畢宣，物曲人官，利能各盡，猶復精奇日出，靈異非常，殆將有後之視今更甚於今之視昔者矣！

間嘗偕知己二三，舉國一切救時之政，自强之策，私相計議，雖有所得，疏漫猶多，或井蛙陋見，不足與言，天下大事，不以為怪。而躬親遊歷諸君子，異國歸來，皇皇立説，亦或言過其實，鋪張於目，不出軒序者之前，求補弱貧之積習，反蔽富强之本原，問如斯而立國，不亦難乎？

先生蓋知之深而慮之久矣。故是書之編，首《名實》，終《聖道》，知本齊末，舉事揚言，大義昭昭，不諱當道，此則先生之識量之氣節也。至若皋牟六合，研究一時，羅五大洲於掌握，鑑二十四史為紀綱，則又先生之經濟之文章也。往者朱純卿兄丈與先生同季，為余道先生事甚詳，因縱言是書，謂大有裨於斯世，指詣伐善，實獲我心，而同輩諸君，共相欣賞，借鈔披閱，架不留簽，緣此重付梨棗，以公同好，特先生是書成於猝，有重傷世局之思焉！而婉辭尚形激烈，有大為盛世之望焉！而危言或過偏持，是在慧眼諒其用心。第攬其通冊，主客華夷，上下道器，見聞殫洽，咸趨乎自强之一途，允足為有志之士擴新推崇、化厥膠固者也。

唯期海內施行，悉歸舉措，濟國步之艱難，振愚庸之聾聵，其殆庶幾，此不僅作者之大幸，而鄙人之願尤有勝焉耳！

光緒二十有三年，歲次丁酉六月戊辰朔，豫寧余鏻識于湘水校經堂東序。

論　説

《鄭觀應集・與陳次亮部郎書一》迭接手函並《地球各國新政考》，敬悉種切，佩服無任。《泰西新史攬要》一書，弟本擬集資重印，惟照西例當問之著書之人方可付梓。昨詢李提摩太，覆書不允別人代印，必須由美華書館排刊，價定小本每部洋銀兩元，大本每部洋三元。若弟購以贈人，價作八扣。因公學會藏書樓譯報館集股無多，事遂中止。

昔擬藏書樓議，費巨難成，不如公報之可大可小，或日報、或旬報、或月報均無不可。轉移風俗，聯絡同志，以通各省風氣，達上下之情，莫善於此。惟須公議章程，稟請南、北洋奏准朝廷，方敢開辦。昨與杭州汪穰卿、上海張經甫、經蓮珊等商酌，大意已於《日報論・下篇》略言之矣。《中世紀聞》卽江南製造局所刊之《西國近事匯編》，可緘至該局，每月寄數百冊分送當道可也。

弟等譯有泰西刑律、學校、官制、兵制、國用諸書，雖譯者費資巨萬，不願輕以示人，弟擬擇其要者匯寄斧正，或卽付梓，或進呈御覽飭總署排印，悉聽卓裁。李提摩太、林樂知皆有職事，不遑他顧，且非厚資不能聘也。《盛世危言》現將續集附入，分八本，已鑄鉛板，板費六百元，紙工在外，較刊板稍廉，約中秋節後可成，容當多寄以副雅望。

弟生平自誓潔己從公，未敢責人重而自責輕，曾於神前上表：如有所獲，除仰事俯畜外，當盡充善舉，故年來舍己芸人，已招好名之誚。承示與紫詮、瀚濤將外洋有用之書次第譯刊。兩君之才誠足當此任，且亦素有此志，無如皆係寒士，若專力丹鉛，譯人之費、鈔胥之資與兩君薪水，非月得三四百金不能敷用。譯書之難有心無力，未易成事，弟年來備嘗艱辛，不敢再經手銀錢事務，故入商局卽與督辦聲明，以免後累。自愧才拙，資格未深，何敢望出使之缺。與其徒費同志之心，不如守分安命，或者澹泊足以明志也。老子有云：『不求可非之行，不憎人之非，己修足譽之德，不求人之譽己。』竊以此自勉而已。

又《與陳次亮部郎書二》滬上强學會，南洋士大夫多列名助款，藉辦事者無條理，不允選舉商董協力維持。昨江督聞京師書局被封，卽囑停辦。今世風日下，假公濟私，不顧大局者多。宜開日報館、設藏書樓並選譯東西洋有用之書。弟近譯《英國報律》一書，俟譯成擬請當道酌定出奏。擇日報主筆，公正者獎之，奸邪者罰之，毋慮一言不慎輒為當道封禁，亦不致任主筆亂説也。

慨自中日和後，半年來毫無振作，而内訌外侮，不談革命則説瓜分。時事日亟，我國創辦一事猶聚議盈庭，議論多而成功少。當軸諸公以為老成持重，由漸而進，粉飾因循，恐河清難俟。岌岌不可終日之勢逼不及待矣。

鄙見朝庭宜簡懿親重臣素有識見者，藉賀俄皇加冕為詞，順道周遊列國，物色人才，訪各國退位之總統、歸田之宰相，凡素有聲望品行端方者，勿論其廉俸之重，每部聘請一人回華以為顧問，講究政治之本原，通世界之大勢，識國民之原理。若開國會、立憲法，不致上下相蒙。擴養國民實力，置其國於威德完盛，即向各國借款數百兆，百廢俱舉，除故習，去私意，化畛域，凡學校、開礦、鐵路、製造、槍炮、廠、船塢，不拘各省，均准中外人合力為之，必使遵守我國規矩，中股多而外股少，大權不至旁落。如是，則羣雄虎視之心可以稍息，我國富强指日可卜，而人材亦日出矣。

或慮用夏變夷。不知我變者乃富强之術，非孔孟三綱五常之道也。或云：權自外操。獨不思各海關總歸總税司經理，其大權不已重乎！既人材出，兵力强，凡事須請旨。所謂紅匪雖平，元氣未復，黨患迭起，同室操戈，滿漢到處不和，時聞衝突，鄉愚動輒械鬥，不知合羣，罔顧公益，只顧私利，怯於公敵，勇於私鬥，可見教化未敷，絕無愛國思想。所謂物腐而後蟲生，家必自侮而後人侮之，國必自伐而後人伐之是也。印度、緬甸、朝鮮亡國均坐此病，非效法、德、日維新變政不可。然變政首在教育。外人譏我華人無教育，無賞罰；家有百萬盡傳其不肖子孫，只知有家，不知有國，所以國家貧弱也。

又《致京都文學士道希陳部郎次亮書》 孫尚書寄來書局勸捐冊，弟已分送各友，所收之數除付儀器價外，已盡數交百川通票號匯上，想孫尚書已照收矣。

滬上强學會，南省士大夫多列名捐款相助。藉辦事者未允選舉滬上殷商為董事，所舉者多政界中人，故《强學報》未能暢銷也。昨江督聞京都書局被封，即囑强學會停辦矣。京都書局因何被封尚未詳悉，然弟不禁竊有感矣。

嘗聞泰西保國之道在國强，國强之道不盡在兵力，猶要教育；教育之道不盡在學校，猶要立會。故泰西各國有道學會，有農學會，有商學會，有工學會，凡百事業無不有會研究。老子有云：乘衆人之智者即無不任也，用人之力者即無不勝也。處二十世紀競爭之舞臺，合羣立會顧不重哉！獨是世之所謂羣者植黨營私，甚而黨同伐異，入室操戈，只知有利，不知有義，種種弊端，誠如鳩鵲爭巢，不知大厦之將傾也。彼不通中西政治，及粗諳西語而無歷練者，輒矜矜自詡，日惟從事於鑽營，迨膺重任，斧柯得假，强不知以為知，與外人交涉之案於是無不受虧。而且假公濟私，不求工商之發達、實業之振興，以致國計民生日就貧弱。所以鄙人所著《盛世危言》一書大聲疾呼，使政界中人猛省知愛國保民之道也。

查日本自明治維新而後，設學堂、辦銀行、重商務、興實業，外國需我國之貨自行販運，我國需外國之貨自行製造，且對於興辦各種商務與及實業，國家非惟保護，又有補助法，日新月盛，無微不至，所以舉國男女老幼無不具有國家思想。雖致此不一其途，而教化有方，保護有法，賞罰嚴明，實有以致此。我國有保護之名，無保護之實。甚至從中勒索，求飽私囊，不顧公益，無是非、無賞罰，而清廉者困窮，桀黠者得志，小人道長，君子道消，是以遊民日多，而戲館、酒館、茶館日盛，上下無耻，泄泄沓沓，如燕之巢幕，偷安旦夕，事事與日本相反。宜乎西人謂中國為無教之國，又謂支那人心如散沙。故謂中國如圖强，莫如仿照日本，准民間士農工商合羣立會，研究學術，求所以保種保國之道，使人人有愛國思想而去其自私自利之心。雖不能驟至於富强，而富强之基在是矣。

國家安危，匹夫有責。公素懷幹濟，必有挽狂瀾於既倒者，尚祈示悉，以慰杞憂為荷。

藝文

清・黄遵憲《人境廬詩草》卷六《歲暮懷人詩》 天竺新茶日本絲，中原爭利漸難支。相期共煉補天石，一借丸泥丸塞漏巵。

清・陳三立《散原精舍詩文集》卷上《陳次亮户部以去歲五月卒于京師，追哭一首》 亘古伤心剩不归，谁憐此士死长饑？罪言杜牧佯狂廢，遺行東方世俗非。

下榻琴尊来舊夢，買山徒侶泣先幾。料难瞑目烽煙外，定有羈魂逐六飛。

清・陳三立《散原精舍詩文集補編・詩録第一・寄京師陳户部同年》　紫燕辭南雁辭北，離思飄飄逐秋色。
天邊羽翼寧當乖，寂寞孤城憶京國。
京國繇華佳可遊，共君蹀躞御溝頭。
龍驤宫闕朝霞起，魚貫胡同夕照浮。
清時歌舞年年在，輦轂歡蹤散人海。
等閒取酒向貂蟬，爛漫珠璫動光采。
二八雛鬟正妙齡，第一才名四座傾。
朝朝留飲不辭醉，夜夜聞歌若有情。
花底光陰如石火，一時淪落君還我。
宣武門前車馬鳴，綽約啼妝遮道左。
別來世事儘堪憐，狡虜樓船暗塞天。
朝議紛紜氣欲奪，軍容慘澹還戍邊。
莽蕩瀛寰鼓聲死，跨海旌旗連萬里。
從約何曾決兩言，捷音徒震旁人耳。
儒生太息道空存，劍佩蕭條但閉門。
相望兵戈況滿眼，零亂關山有夢痕。

譚嗣同分部

傳記

《知新報》第七五册《清國殉難六士傳・譚嗣同光緒二十四年十一月十一》　譚嗣同，字復生，清國瀏陽人也。少好談經濟，見解卓越。議論切實，議者許爲天下第一流。既儒術深湛，復博通於周漢諸子及佛氏、基督之説。年三十著《仁學》一書，發揚中西古聖之旨甚精，其他雜著尚多。餘事工於詞章也，詩有唐音。文師汪容甫與龔定盦，識卓論奇，當世罕其倫比，以是叢忌。爲諸生時，困於秋試，乃勉從父命，就捐知府候補江蘇。然一談時事，竊聲淚俱下。仕宦富貴，非其志也，居恆鬱鬱不樂，隱痛若有難排遣者。其父繼洵久任巡撫，性好守舊，嗣同每幾諫，輒被怒責。光緒甲午歲後，清人被創，稍稍去守陋之習。

於是，南海康有爲及其門人梁啓超等，大申保國保教保種之義，盛倡變法，嗣同起，心摺焉，和之甚力，且自居弟子之列。歲丁酉，湖南巡撫陳寶箴，奏設時務學堂於長沙，延梁啓超爲總教，啓超日進其門人，講授《春秋》經世之學。時清國禁講學已二百餘年，久廢忽舉，於是士情踴躍，遂開南學會，推嗣同爲會長。湖南之風氣故閉塞，江標於時爲督學，創設《湘學報》，徐仁鑄爲督學，蕭規曹隨之，又得陳公爲巡撫，黄遵憲爲臬司，大吏皆極一時之選，又得梁啓超爲總教，嗣同爲會長，齊願協力，大新風氣，於是湖南之閉塞頓開，文明進步，驟甲於諸行省。

戊戌之歲，恭忠親王卒，清帝決意變法，下敕求賢。翰林院學士徐致靖者，仁鑄之父也，於康有爲、譚嗣同、黄遵憲、梁啓超、張元濟之五人，疏薦其大可用。嗣同既得見上，慷慨論列當年之利弊。上大悦，七月十一日賜四品卿銜，與楊鋭、林旭、劉光第同充軍機章京，令參贊新政事宜。時上已從康有爲之請，悉除舊禁，百官士民皆得上書言事，上書日數十百封，上悉下嗣同等，令批閲。嗣同主持新政最力，懷塔布、許應騤等以阻格主事王照上書革職。由是上書者日衆，民間疾苦悉上達，京外貪虐之大臣，咸懼不保富貴，益協力攻康，上終不爲動，乃密白太后，以謀奪上權。御史楊崇伊耆，故與康有怨，密白太后，請訓政，草奏章，請大學士李鴻章首署姓名，鴻章謝之，楊乃出天津謁北洋大臣榮禄請首署，榮許之，遂署數十，密陳皇太后。已革尚書懷塔布、軍機大臣剛毅等，復自中力請太后速奪上權。上聞變，亟召有爲及嗣同等，籌自保策。嗣同獻策，令召袁世凱入衛。袁世凱者，新建軍之統領，握重兵駐近京畿。京中神機營之將帥，並八旗人，皆黨榮禄。嗣同以爲不可謀，遂決策召袁入，密諭以誅榮，帥兵入京彈壓榮黨。而榮先嚴兵自衛，以防上捕，袁恐不勝，遂反噬以求自全，悉以上命告榮，榮聞大怒，遽電致太后，太后立奪上權，夜半閉九門，捕康有爲及嗣同等。康先奉密諭出京，半途又遇英人救之，幸獲免。嗣同與同事三人及康廣仁、楊深秀均八月十三日斬於市。

初嗣同之未捕也，有西士重其人，請與俱奔某國使館避禍。嗣同謝曰：『不有行者，誰圖將來；不有死者，誰鼓士氣。自古至今，地球萬國爲民變法必先流血，我國二百年來，未有爲民變法流血者。流血請自譚嗣同始，但願康南海亡命得脱，得以將來上救皇上，下救萬民。譚嗣同雖死猶生矣。』既下獄，題詩於壁曰：『望門投止思張儉，忍死須臾待杜根。我自横刀向天笑，去留肝膽兩崑崙。』讀其詩，可知其志矣。臨刑神色不撓，張目怒視，大駡奸賊，觀者咸嗟歎泣下。

在獄中作絶命書二，其一遺梁啓超曰：『八月六日之禍，天地反覆。嗚呼痛哉，我聖上之命，懸於太后賊臣之手，嗣同死矣，嗣同之事畢矣。天下之大，臣民之衆，寧無一二忠臣義士，傷心君父，痛忿神州，出而爲平勃敬業之義舉乎？果而則中國人心眞已死盡。强鄰分割，即在目前。嗣同不恨先衆人而死，而恨後嗣同而死者之虚生也。嚙血書此，告我中國臣民，同興義憤，翦除國賊，保全我聖上。嗣同生不能報國，死亦爲厲鬼，爲海内義師之助。卓如未死，以此書付之，卓如其必不負嗣同、負皇上也。八月十日，嗣同獄中絶筆。』其一遺康有爲曰：『受衣帶詔者六人，我四人必受戮。彼首鼠兩端者，不足與語，千鈞一髮，惟先生一人而已。天若未絶中國，先生必不死。嗚呼，其無使死者徒死，而生者徒生也。嗣同爲其易，先生爲其難。魂當爲厲，以助殺賊。裂襟嚙血，言盡於斯。南海先生，嗣同絶筆敬上。』

當嗣同等之下獄也，太后命軍機大臣，會同刑部，嚴鞫之。御史黄桂鋆者，素仇新政諸君子者也。至是，奏請速殺此六人，緩恐外人代求免死。榮禄亦言太后曰：『諸人所爲，乃奉上旨，若審出親供詞必連上，傳播天下，大不便，宜不審，速殺以滅口。』於是不審而殺。故事，雖叛賊，必取審供，由刑部復奏乃刑，不審而死，獨此獄耳。

先是，清帝與嗣同等，議定於八月八日，開懋勤殿，革舊圖新，普告天下，行一切便民之政，而變乃起於六日。嗣同少時，最慕宋之陳同甫，故自名曰嗣同。然同甫一生不得志，得終天年。嗣同得志十日，遽慘死。譚氏之先，蓋出東周之譚子雲。嗣同既死，湖南士氣大衰。江標、徐仁鑄、陳寶箴皆革黜，永不敍用。黄遵憲亦逮捕，外人力爭之，僅免死。梁啓超、王照，海外亡命。薦主徐致靖永被囚，同薦張元濟，亦永被革。而榮禄執政，剛毅輔之，懷塔布起任都御史，許應騤任閩浙總督。遂嚴禁學會報館，及上書言事，廢工商總局，停經濟特科，復八股弓刀石以試士。

《清議報・梁啓超〈譚嗣同傳〉》 譚君，字復生，又號壯飛，湖南瀏陽縣人。少倜儻有大志，淹通羣籍，能文章，好任俠，善劍術。父繼洵，官湖北巡撫。幼喪母，為父妾所虐，備極孤孽苦，故操心危，慮患深，而德慧術智日增長焉。弱冠，從軍新疆，遊巡撫劉公錦棠幕府。劉大奇其才，將薦之於朝，會劉以養親去官，不果。自是十年，來往於直隸、新疆、甘肅、陝西、河南、湖南、湖北、江蘇、安徽、浙江、臺灣各省，察視風土，物色豪傑，然終以巡撫君拘謹，不許遠遊，未能盡其四方之志也。自甲午戰事後，益發憤提倡新學，首在瀏陽設一學會，集同志講求磨礪，實為湖南全省新學之起點焉。時南海先生方倡强學會於北京及上海，天下志士，走集應和之。君乃自湖南溯江，下上海，遊京師，將以謁先生，而先生適歸廣東，不獲見。余方在京師强學會，任記纂之役，始與君相見，語以南海講學之宗旨，經世之條理，則感動大喜躍，自稱私淑弟子，自是學識更日益進。

時和議初定，人人懷國恥，士氣稍振起，君則激昂慷慨，大聲疾呼，海内有志之士，覩其丰采，聞其言論，知其為非常人矣。以父命就官為候補知府，需次金陵者一年，閉户養心讀書，冥探孔、佛之精奥，會通羣哲之心法，衍繹南海之宗旨，成《仁學》一書。又時時至上海與同志商量學術，討論天下事，未嘗與俗吏一相接，君常自謂作吏一年，無異入山。時陳公寶箴為湖南巡撫，其子三立輔之，慨然以湖南開化為己任。丁酉六月，黄君遵憲適拜湖南按察使之命。八月，徐君仁鑄又來督湘學，湖南紳士□□□□□□□□等蹈厲奮發，提倡桑梓，志士漸集於湘楚。陳公父子與前任學政江君標，乃謀大集豪傑於湖南，并力經營，為諸省之倡。於是聘余及□□□□□等為學堂教習，召□□□歸練兵，而君亦為陳公所敦促，即棄官歸，安置眷屬於其瀏陽之鄉，而獨留長沙，與羣志士辦新政。於是湖南倡辦之事，若内河小輪船也，商辦礦務也，湘粤鐵路也，時務學堂也，武備學堂也，保衛局也，南學會也，皆君所倡論擘畫者，而以南學會最為盛業。設會之意，將合南部諸省志士，聯為一氣，相與講愛國之理，求救亡之法，而先從湖南一省辦起，蓋實兼學會與地方議會之規模焉。地方有事，公議而行，此議會之意也；每七日大集衆而講學，演説萬國大勢及政學原理，此學會之意也。於時君實為學長，任演説之事，每會集者千數百人，君慷慨論天下事，聞者無不感動，故湖南全省風氣大開，君之功居多。

今年四月，定國是之詔既下，君以學士徐公致靖薦，被徵，適大病不能行，至七月乃扶病入覲，奏對稱旨，皇上超擢四品卿銜軍機章京，與楊銳、林旭、劉光第，同參預新政，時號為軍機四卿。參預新政者，猶唐、宋之參知政事，實宰相之職也。皇上欲大用康先生，而上畏西后，不敢行其志。數月以來，皇上有所詢問，則令總理衙門傳旨。先生有所陳奏，則著之於所進呈書之中而已。自四卿入軍機，然後皇上與康先生之意始能少通，銳意欲行大改革矣，而西后及賊臣忌益甚，未及十日，而變已起。

初，君之始入京也，與言皇上無權、西后阻撓之事，君不之信。及七月二十七日，皇上欲開懋勤殿設顧問官，命君擬旨，先遣内侍持歷朝聖訓授君，傳上言謂康熙、乾隆、咸豐三朝，有開懋勤殿故事，令查出引入上諭中，蓋將以二十八日親往頤和園請命西后云。君退朝，乃告同人曰：『今而知皇上之眞無權矣。』至二十八日，京朝人人咸知懋勤殿之事，以為今日諭旨將下，而卒不下，於是益知西后與帝之不相容矣。二十九日，皇上召見楊銳，遂賜衣帶詔，有『朕位幾不保，命康與四卿及同志速設法籌救』之詔，君與康先生捧詔慟哭，而皇上手無寸柄，無所為計。時諸將之中，惟袁世凱久使朝鮮，講中外之故，力主變法，君密奏請皇上結以恩遇，冀緩急或可救助，詞極激切。八月初一日，上召見袁世凱，特賞侍郎，初二日復召見，初三日夕，君徑造袁所寓之法華寺，直詰袁曰：『君謂皇上何如人也？』袁曰：『曠代之聖主也。』君曰：『天津閱兵之陰謀，君知之乎？』袁曰：『然，固有所聞。』君乃直出密詔示之曰：『今日可以救我聖主者，惟在足下足下欲救則救之。』又以手自撫其頸曰：『苟不欲救，請至頤和園首僕而殺僕，可以得富貴也。』袁正色厲聲曰：『君以袁某為何如人哉？聖主乃吾輩所共事之主，僕與足下，同受非常之遇，救護之責，非獨足下，若有所教，僕固願聞也。』君曰：『榮祿密謀，全在天津閱兵之舉，足下及董、聶三軍，皆受榮所節制，將挾兵力以行大事。雖然，董、聶不足道也，天下健者，惟有足下。若變起，足下以一軍敵彼二軍，保護聖主，復大權，清君側，肅宫廷，指揮若定，不世之業也。』袁曰：『若皇上於閱兵時疾馳入僕營，傳號令以誅奸賊，則僕必能從諸君子之後，竭死力以補救。』君曰：『榮祿遇足下素厚，足下何以待之？』袁笑而不言，袁幕府某曰：『榮賊並非推心待慰帥者，昔某公欲增慰帥兵，榮曰：「漢人未可假大兵權。」蓋向來不過籠絡耳。即如前年胡景桂參劾慰帥一事，胡乃榮之私人，榮遣其劾帥，而己查辦昭雪之以市恩。既而胡即放寧夏知府，旋升寧夏道，此乃榮賊心計險極巧極之處，慰帥豈不知之？』君乃曰：『榮祿固操、莽之才，絶世之雄，待之恐不易易。』袁怒目視曰：『若皇上在僕營，則誅榮祿如殺一狗耳。』因相與言救上之條理甚詳，袁曰：『今營中槍彈火藥，皆在榮賊之手，而營哨各官，亦多屬舊人，事急矣，既定策，則僕須急歸營，更選將官，而設法備貯彈藥，則可也。』乃丁寧而去。時八月初三夜漏三下矣。至初五日，袁復召見，聞亦奉有密詔云。至初六日，變遂發。

時余方訪君寓，於坐榻上，有所擘畫，而抄捕南海館之報忽至，旋聞垂簾之諭，君從容語余曰：『昔欲救皇上，既無可救，今欲救先生，亦無可救，吾已無事可辦，惟待死期耳！雖然，天下事知其不可而為之，足下試入日本使館謁伊藤氏，請致電上海領事而救先生焉。』余是夕宿於日本使館。君竟日不出門以待捕者，捕者既不至，則於其明日入日本使館，與余相見，勸東遊，且攜所箸書及詩文辭稿本數冊，家書一篋託焉，曰：『不有行者，無以圖將來；不有死者，無以酬聖主。今南海之生死未可卜，程嬰、杵臼，月照、西鄉，吾與足下分任之。』遂相與一抱而別。初七、八、九三日，君復與俠士謀救皇上，事卒不成。初十日，遂被逮。被逮之前一日，日本志士數輩，苦勸君東遊，君不聽，再四强之，君曰：『各國變法，無不從流血而成，今中國未聞有因變法而流血者，此國之所以不昌也。有之，請自嗣同始。』卒不去，故及於難。君既繫獄，題一詩於獄壁曰：『望門投宿思張儉，忍死須臾待杜根，我自橫刀向天笑，去留肝膽兩崑崙。』蓋念南海也。以八月十三日斬於市，春秋三十有三。就義之日，觀者萬人，君慷慨神氣不少變。時軍機大臣剛毅監斬，君呼剛前曰：『吾有一言。』剛去不聽，乃從容就戮。嗚呼，烈矣！

君資性絶特，於學無所不窺，而以日新為宗旨，故無所沾滯，善能舍己從人，故其學日進，每十日不相見，則議論學識必有增長。少年曾為考據、箋注、金石刻鏤、詩古文辭之學，亦好談中國古兵法，三十歲以後，悉棄去。究心泰西天文、算術、格致、政治、歷史之學，皆有心得。又究心教宗，當君之與余初相見也，極推崇耶氏兼愛之教，而不知有佛，不知有孔子，既而聞南海先生所發明《易》、《春秋》之義，窮大同太平之條理，體乾元統天之精意，則大服。又聞華嚴性海之説，而悟世界無量，現身無量，無人無我，無去無住，無垢無淨，舍救人外更無他事之理。聞相宗識浪之説，而悟衆生根器無量，故説法無量，種種差別，與圓性無礙之理，則益大服。自是豁然貫通，能匯萬法為一，能衍一法為萬，無所罣礙，而任事之勇猛亦益加。作官金陵之一年，日夜冥搜孔、佛之書，金陵有居士楊文會者，博覽教乘，熟於佛故，以流通經典為己任。君時時與之遊，因得偏窺三藏，所得日益精深。其學術宗旨，大端見於《仁學》一書，又散見於與友人論學書中。所著書《仁學》之外，尚有《寥天一閣文》二卷，《莽蒼蒼齋詩》二卷，《遠遺堂集外文》一卷，《劄記》一卷，《興算學議》一卷，已刻。《思緯吉凶臺短書》一卷，《壯飛樓治事》十篇，《秋雨年華館叢脞書》四卷，《劍經衍葛》一卷，《印録》一卷，並《仁學》皆藏於余處。又政論數十篇，見於《湘報》者，及與師友論學論事書數十篇，余將與君之石交□□□□□□□□□等共搜輯之，為譚瀏陽遺集若干卷。其《仁學》一書，先擇其稍平易者，附印《清議報》中，公諸世焉。君平生一無嗜好，持躬嚴整，面稜稜有秋肅之氣。無子女。妻李閏，為中國女學會倡辦董事。

論曰：復生之行誼磊落，轟天撼地，人人共知，是以不論，論其所學：自唐、宋以後，呫畢小儒，徇其一孔之論，以謗佛毀法，固不足道，而震旦末法流行。百數年來，宗門之人，耽樂小乘，墮斷常見，龍象之才，罕有聞者，以為佛法者清淨而已，寂滅而已。豈知大乘之法，悲智雙修，與孔子必仁且智之義，如兩爪之相印。惟智也，故知即世間即出世間，無所謂淨土，即人即我，無所謂衆生，世界之外無淨土，衆生之外無我，故惟有舍身以救衆生。佛説：『我不入地獄，誰入地獄？』孔子曰：『吾非斯人之徒與而誰與？天下有道，丘不與易。』故即智即仁焉。既思救衆生矣，則必有救之之條理，故孔子治《春秋》，為大同小康之制，千條萬緒，皆為世界也，為衆生也，舍此一大事，無他事也。華嚴之菩薩行也，所謂誓不成佛也，《春秋》三世之義，救過去之衆生，與救現在之衆生，救現在之衆生，與救將來之衆生，其法異而不異。救此土之衆生，與救彼土之衆生，其法異而不異；救全世界之衆生，與救一國之衆生，救一人之衆生，其法異而不異：此相宗之唯識也。因衆生根器各各不同，故説法不同，而實法無不同也。既無淨土矣，既無我矣，則無所希戀，無所罣礙，無所恐怖，夫淨土與我且不愛矣，復何有利害毀譽稱譏苦樂之可以動其心乎？故孔子言不憂不惑不懼，佛言大無畏，蓋即仁即智即勇焉。通乎此者，則遊行自在，可以出生，可以入死，可以仁，可以救衆生。

綜述

清·譚嗣同《譚瀏陽集·文集》卷中《三十自紀》　古無集部書，《七略》雖有詩賦，而班氏所敍，仍判賦家歌詩為二，稱某賦若干篇，某歌詩若干篇而已。列傳中亦弟稱所著詩賦箴銘頌贊若干篇，初不言集。若夫漢武帝命所忠求相如遺書，魏文帝詔天下上孔融文章，漸昭風軌，猶無集名。自荀況諸集，編題後人，張融《玉海》，標目己意，乃始波積霧靡，不可勝遏。宋明以還，降而鄙濫，粗了文義，莫不各有專集。精識雅才，所當借鑑其失，何復更效之也。嗣同少頗為桐城所震，刻意規之數年，久自以為似矣。出示人，亦以為似，誦書偶多，廣識當世淹通婞壹之士，稍稍自慙，即又無以自達。或授以魏晉間文，乃大喜，時時籀繹，益篤耆之。由是上溯秦漢，下循六朝，始悟心好沈博絶麗之文，子雲所以獨遼遼焉。舊所爲，遺棄殆盡，續有論箸及棄不盡者，部居無所，仍命為集。亦以識不學之陋，後便不復稱集。昔侯方域少喜駢文，壯而悔之，以名其堂。嗣同亦既壯，所悔乃在此不在彼。竊意侯氏之駢文特偽體，非然，正爾不容悔也。所謂駢文，非四六排偶之謂，體例氣息之謂也。則存乎深觀者，既悔其所為，又悔其成集。子雲抑有言，雕蟲篆刻，壯夫不為。處中外虎爭文無所用之日，丁盛衰互紐膂力方剛之年，行並其所悔者悔矣，由是自名壯飛。

五歲受書，卽審四聲，能屬對。十五學詩。二十學文。今凡有《寥天一閣文》二卷，《莽蒼蒼齋詩》二卷，《遠遺堂集外文初編》一卷，《續編》一卷，《石菊影廬筆識》二卷，《仲叔四書義》一卷，《謚考前編》二卷，《瀏陽譚氏譜》四卷，都十五卷。又《緯學》，翼經也；《史例》，書法也；《謚考正編今編》，名典也；《張子正蒙參兩篇補注》，天治也；《王志》，私淑船山也；《瀏陽三先生弟子箸録》，歐陽塗劉也；《思緯壹壹臺短書》，甄俗也；《劍經衍葛》，武事也；《楚天涼雨軒懷人録》，思舊也；《寸碧岑樓玩物小記》，耆古也；未成，無卷數，惟《史例》有敍。

同治四年春二月己卯，嗣同生於京師宣武城南孏眠胡同邸第。旋徙庫堆胡同，今為瀏陽會館者也。光緒元年春，隨任北通州，猶時往京師。三年冬，歸湖南，取道天津，浮海逕煙臺，至上海，易舟溯江，逕江蘇、安徽、九江至湖北，又易舟仍溯江，泛洞庭，溯湘至長沙，陸抵瀏陽。四年春，赴甘肅，舟至長沙，易舟流湘，泛洞庭，流江逕湖北，溯漢至襄陽，陸逕洛陽，入函谷潼關，至陝西。秋，至蘭州，回抵秦州。五年夏，歸湖南，取道徽縣，流嘉陵江至略陽，陸至漢中，流漢至襄陽，易舟仍流漢，逕湖北，溯江，泛洞庭。秋，至長沙，陸抵瀏陽。七年秋，遊長沙，尋歸。八年春，赴甘肅，舟至長沙，易舟流湘，泛洞庭，流江逕湖北，溯漢至襄陽，又易舟仍溯漢，溯丹至荆紫關，陸逕陝西。夏，抵秦州，從行縣伏羌。秋，赴蘭州，冬返。九年春，赴蘭州。十一年春，歸湖南，逕陝西至龍駒寨，流丹，逕淅川，流漢至襄陽，易舟，仍流漢，至湖北，又易舟溯江，泛洞庭，溯澬，至益陽，又易舟流澬，溯湘，至長沙。夏，陸抵瀏陽。秋，赴長沙，尋歸。冬，赴甘肅，陸至長沙，流湘，泛洞庭，流江逕湖北，溯漢，至襄陽，易舟仍溯漢，溯丹，至荆紫關，陸逕陝西。十二年春，抵蘭州。十四年夏，歸湖南，逕陝西，至龍駒寨，流丹，逕淅川，流漢，至老河口，易舟，仍流漢，至沙洋，又易舟，至荆州，又易舟溯江，出太平口，泛洞庭，流澬，溯湘，至長沙，陸抵瀏陽。秋，赴長沙，尋歸。冬，赴甘肅，同十一年。十五年春，抵蘭州，尋上京師，逕陝西，出潼關，渡河，逕山西，夏抵京師，尋歸湖南，同三年。秋，抵瀏陽。十六年春，赴湖北，舟至長沙，易舟流湘，泛洞庭，流江抵湖北。夏，歸湖南，秋返。赴安徽，流江逕九江，抵安徽，尋返。十七年秋，歸湖南，抵長沙，遊衡嶽，冬返。十九年春，赴蕪湖，流江逕九江、安徽，抵蕪湖，尋返。夏，上京師，流江逕九江、安徽、江蘇，至上海，易舟浮海，逕煙臺，至天津，又易舟溯潞，至北通州，陸抵京師。秋，返湖北，取道天津，浮海，逕煙臺，至上海，易舟，溯江逕江蘇，至安徽，易舟，仍溯江，逕九江，抵湖北。二十年秋，歸湖南，抵長沙，陸赴湘鄉，尋流漣，流湘，返長沙，陸抵瀏陽，冬返湖北。為此僕僕，迫於試事居多，十年中至六赴南北省試，惟一以兄憂不與試。然行既萬有餘里矣，合數都八萬餘里，引而長之，堪繞地球一周。經大山若朱圉、鳥鼠、崆峒、六盤、太華、終南、霍山、匡廬無算，小水若涇、渭、漆、沮、滻、灞、洮、潼、灃、藍、伊、洛、澗、瀍、恒、衛、汾、沁、滹沱、無定、沅、澧、蒸淥無算。形勢勝迹益無算，制情偷惰，未付簡畢，退緬遊樂，難忘於懷，風景不殊，山河頓異，城郭猶是，人民復非，續此以往，仍有前之升峻遠覽以寫憂，浮深縱涉以騁志，哀鳴籥於淩霞，翼疊鼓於華輈者乎？不敢知也。聊復登録，識一時欣遇，云補遊記焉爾。

東海褰冥，厥系孔多；姓嬴氏譚，作瀏於家；乃名嗣同，錫由假蠹；死而復生，字余維嘉。復子自目，聊欲婆獻；復思復思，罘罳是儀；徑言復復，故舊謐譏；曰通眉生，衛詩匹蟻。辰在軋紐，維吾則訛；核理達藝，篤念編摩；隸首豎亥，摘洛鉤河；博弈角觝，鐘律鳥蝌。典墳莫莫，篇章峨峨；妄心騶吾，渺思鸞鉌；孰是不類，變亂駢苛；嶼屬渚族，瀺灂讕詑。瘈噬京周，滂沱泣嗟；觸藩羸角，行棘荷戈；豫章之蝨，不撥奚爲；焦冥嬉巢，蝱麋掌撾。川蟹不歸，緊獨逢罹；反袂告絶，悽矣其歌。

藝文

清·黄遵憲《人境廬詩草》卷九《感事》 其七 師未多魚遂漏言，如何此事竟推袁。柏人誰白孱王罪，改子終傷慈母恩。金玦庞涼含隱痛，杯弓蛇影負奇冤。五洲變法都流血，先累維新案畫翻。

清·康有為《康南海先生詩集》卷四《戊戌八月紀變·哀譚復生

詩》　澧蘭沅芷思公子，桂酒瓊茅祭國殤。絕世英靈魂魄毅，鬼雄請帝在帝旁。

又　卷四《戊戌八月紀變・六哀詩》　復生奇男子，神劍吐光瑩。長虹亘白日，紫瀾捲蒼溟。足迹徧西域，抵掌好談兵。橫厲志無前，虛公心能平。才明挺峻特，涉獵得其榮。於學無不窺，海涵而淵渟。文詞發瑰怪，火齊雜水晶。孤孽既備嘗，德慧更耀靈。偏探異氏奧，遽徙筐頻傾。歸心服大雄，悲智能長惺。聞吾談春秋，三世志太平。其道終於仁，乃服孔教精。貫串中外學，開通治教程。奇聞破宦奧，華妙啓化誠。大哉《仁學》書，勃窣天為驚。金翅未大鵬，溟海掣長鯨。巨力擎燭龍，雷霆吼大聲。吾道有譚生，大地放光明。師師陳義寧，撫楚救黎蒸。變法與民權，新政百務興。湘楚多奇材，君實主其盟。大開南學會，千萬萃才英。新法丕矯變，舊俗滌以清。聖主發維新，賢哲應求徵。奉詔來京師，翔鳳集紫庭。宣室前席問，帝心特簡膺。有命參新政，超階列羣卿。向以天下任，益為救國楨。旅吾南海館，緯繣夜不寧。首商尊君權，次商救民萌。條理皆闡合，次第擬推行。煌煌十七日，新政煥庚庚。大猷未及告，奇變怒已形。衣帶忽飛傳，痛哭發精誠。大牀方臥疾，揮涕起結纓。自任救聖主，揮吾出神京。橫刀說袁紹，慷慨氣填膺。奇計仗義俠，惜哉皆不成。神堯遂幽囚，王母宴飛瓊。緹騎捕黨人，黑雲散冥冥。吾時將蹈海，欲救無可營。東國哀良臣，援拯與東征。上言念聖主，下言念先生。兩者皆已矣，誓死延待刑。慷慨厲氣猛，從容就義輕。竟無三字獄，遂以誅董承。毅魄請於天，神旗化長星。

雜録

《申報・新黨被逮情形光緒二十四年八月十七日》　昨有友人自北京來，告知初九日有旨，將此數月以來新進諸臣，凡曾干預新政者，如楊鋭、劉光第、林旭、譚嗣同、王照、張元濟凡數十人，傳至六項公所。命禮、慶兩王詢問，有無與康有爲朋比爲姦情事，如有實迹，卽當治以應得之罪云云。後聞張蔭恆、徐致靖、楊鋭、劉光弟、林旭、譚嗣同，並交刑部，餘尚無所聞云。

又　《視死如歸光緒二十四年八月十七日》　有西人自北京來，傳述初六、七日中國朝局既變，卽有某國駐京公使署中人，前往康氏弟子譚嗣同處，以外國使館可以設法保護之説諷之。譚嗣同曰：『丈夫不作事則已，作事則磊磊落落，一死亦何足惜！且外國變法未有不流血者，中國以變法流血者，請自譚嗣同始。』卽糾數十人謀大舉，事未作而被逮。聞中國國家擬卽日正法以儆效尤。

又　《湘撫電保四卿光緒二十四年八月十七日》　軍機四卿奉旨被逮，而外省尚未之知也。日前湖南陳右銘中丞電保劉、楊、譚、林四人均屬才識優長，可以裨益新政。所慮者更事未多，尚欠歷練，應請皇上特召湖廣督臣張之洞入參樞密，以為四卿領袖，庶遇事得所折衷云云。

又　《京友再述國事要聞光緒二十四年八月十七日》　是日黎明，步軍統領崇大金吾復率弁兵出正陽門至宣武門外南橫街，將新授軍機章京內閣侍讀楊鋭、刑部主事劉光第、內閣中書林旭、知府譚嗣同並其家丁等一並拿解。聞是日劉、林二人方在內廷值班，既已拿獲，復至其家搜查往來信函及其家丁等同解入城。同日禮部主事王照亦奉懿旨革職，永不敘用，惟尚未降明文。又聞日前康有為倡設保國會，結黨三百數十人，皆係宦途，現已奉旨派步軍統領崇大金吾按名嚴拿歸案懲辦。

又　《京友三述國事要聞光緒二十四年八月二十三日》　京師訪事友人云：本月十三日刑部署前站有營兵三百數十人，禁止書差人等出入，觀者人山人海。俄由內廷傳旨將官犯楊深秀、楊鋭、劉光第、林旭、譚嗣同及康有為之弟康廣仁等六犯一並正法。午後四點鐘時，步軍統領三堂憲傳集劊子手並囚車六輛，將六犯由獄中提出裝入車內，督帶官兵護解至宣武門外菜市口處決。時被康誘惑之各官紳及保國會中人皆栗栗危懼，幸朝廷寬大，不予深究，得免株連。先是，十二日晚步軍統領傳諭點派綠步各營兵丁若干名，於次早齊赴刑部伺候。十三日欽派會審官犯之某大臣等，齊集刑部秋審處，提訊徐致靖等七犯，各遞親供，諸大臣立刻復命。旋於三點鐘後奉諭旨只留徐致靖一犯，永禁囹圄，其餘楊深秀等六犯，立卽處決。當行刑時，有某犯官之弟，呆立人叢中，見兄俯首就戮，悲痛迫切，如醉如癡，幸經家人極力喚醒扶之而去。移時各犯親屬聞訊俱至，將屍首縫合，舁回棺殮。康之害人，亦甚矣哉！聞革員張蔭桓由德皇傳到急電，力為保全，經總署代達天聽，故十一日有暫行看管之諭。刑部遵旨提張出獄，為之掃除一舍，妥為安置。又聞皇上聖躬時有不豫，皇太后命居瀛臺靜養休息。禁垣外每處增設兵丁二十名，往來巡查，日夜不息，門禁亦較常嚴緊。

梁啓超分部

傳記

梁啓超《飲冰室合集·文集·三十自述》 『風雲入世多，日月擲人急。如何一少年，忽忽已三十。』此余今年正月二十六日在日本東海道汽車中所作《三十初度·口占十首》之一也。人海奔走，年光蹉跎，所志所事，百未一就，攬鏡據鞍，能無悲慚？擎一既結集其文，復欲為作小傳。余謝之曰：『若某之行誼經歷，曾何足有記載之一值。若必不獲已者，則人之知我，何如我之自知？吾死友譚瀏陽曾作《三十自述》，吾毋寧效顰焉。』作《三十自述》。

余鄉人也，於赤縣神州，有當秦漢之交，屹然獨立羣雄之表數十年，用其地，與其人，稱蠻夷大長，留英雄之名譽於歷史上之一省。於其省也，有當宋元之交，我黃帝子孫與北狄異種血戰不勝，君臣殉國，自沈崖山，留悲憤之記念於歷史上之一縣，是卽余之故鄉也。鄉名［熊］子，距崖山七里强，當西江入南海交匯之衝，其江口列島七，而［熊］子宅其中央，余實中國極南之一島民也。先世自宋末由福州徙南雄，明末由南雄徙新會，定居焉，數百年棲於山谷。族之伯叔兄弟，且耕且讀，不問世事，如桃源中人，顧聞父老口碑所述，吾大王父最富於陰德，力耕所獲，一粟一帛，輒以分惠諸族黨之無告者。王父諱維清，字鏡泉，為郡生員，例選廣文，不就。王母氏黎。父名寶瑛，字蓮澗。夙教授於鄉里。母氏趙。

余生同治癸酉正月二十六日，實太平國亡於金陵後十年，清大學士曾國藩卒後一年，普法戰爭後三年，而意大利建國羅馬之歲也。生一月而王母黎卒。逮事王父者十九年。王父及見之孫八人，而愛余尤甚。三歲仲弟啓勳生，四五歲就王父及母膝下授四子書、《詩經》，夜則就睡王父榻，日與言古豪傑哲人嘉言懿行，而尤喜舉亡宋、亡明國難之事，津津道之。六歲後，就父讀，受中國略史，五經卒業。八歲學為文。九歲能綴千言。十二歲應試學院，補博士弟子員，日治帖括，雖心不慊之，然不知天地間於帖括外，更有所謂學也，輒埋頭鑽研，顧頗喜詞章。王父、父母時授以唐人詩，嗜之過於八股。家貧無書可讀，惟有《史記》一，《綱鑑易知録》一，王父、父日以課之，故至今《史記》之文，能成誦者八九。父執有愛其慧者，贈以《漢書》一，姚氏《古文辭類纂》一，則大喜，讀之卒業焉。父慈而嚴，督課之外，使之勞作，言語舉動稍不謹，輒呵斥不少假借，常訓之曰：『汝自視乃如常兒乎！』至今誦此語不敢忘。十三歲始知有段、王訓詁之學，大好之，漸有棄帖括之志。十五歲，母趙恭人見背，以四弟之產難也。余方游學省會，而時無輪船奔喪，歸鄉已不獲親含殮，終天之恨，莫此為甚。時肄業於省會之學海堂，堂為嘉慶間前總督阮元所立，以訓詁詞章課粵人者也。至是乃決舍帖括以從事於此，不知天地間於訓詁詞章之外，更有所謂學也。己丑年十七，舉於鄉，主考為李尚書端棻、王鎮江仁堪。年十八計偕入京師，父以其穉也，挈與偕行，李公以其妹許字焉。下第歸道上海，從坊間購得《瀛環志略》讀之，始知有五大洲各國，且見上海製造局譯出西書若干種，心好之，以無力不能購也。

其年秋，始交陳通甫。通甫時亦肄業學海堂，以高才生聞。既而通甫相語曰：『吾聞南海康先生上書請變法，不達，新從京師歸，吾往謁焉，其學乃為吾與子所未夢及，吾與子今得師矣。』於是乃因通甫修弟子禮事南海先生。時余以少年科第，且於時流所推重之訓詁詞章學，頗有所知，輒沾沾自喜。先生乃以大海潮音，作獅子吼，取其所挾持之數百年無用舊學更端駁詰，悉舉而摧陷廓清之。自辰入見，及戌始退，冷水澆背，當頭一棒，一旦盡失其故壘，惘惘然不知所從事，且驚且喜，且怨且艾，且疑且懼，與通甫聯牀竟夕不能寐。明日再謁，請為學方針，先生乃教以陸王心學，而並及史學、西學之梗概。自是決然舍去舊學，自退出學海堂，而間日請業南海之門。生平知有學，自茲始。

辛卯，余年十九，南海先生始講學於廣東省城長興里之萬木草堂，徇通甫與余之請也。先生為講中國數千年來學術源流，歷史政治，沿革得失，取萬國以比例推斷之。余與諸同學日劄記其講義，一生學問之得力，皆在此年。先生又常為語佛學之精奧博大，余夙根淺薄，不能多所受。先生時方著《公理通》、《大同學》等書，每與通甫商榷，辨析入微，余輒侍末席，有聽受，無問難，蓋知其美而不能通其故也。先生著《新學偽經考》，從事校勘；著《孔子改制考》，從事分纂。日課則《宋元明儒學案》、《二十四史》、《文獻通考》等，而草堂頗有藏書，得恣涉獵，學稍進矣。其年始交康幼博。十月，入京師，結婚李氏。明年壬辰，年二十，王父棄養。自是學於草堂者凡三年。

甲午，年二十二，客京師，於京國所謂名士者多所往還。六月，日本戰事起，惋憤時局，時有所吐露，人微言輕，莫之聞也。顧益讀譯書，治算學、地理、歷史等。明年乙未，和議成，代表廣東公車百九十人，上書陳時局。既而南海先生聯公車三千人，上書請變法，余亦從其後奔走焉。其年七月，京師强學會開，發起之者，為南海先生，贊之者為郎中陳熾、郎中沈曾植、編修張孝謙、浙江温處道、袁世凱等。余被委為會中書記員。不三月，為言官所劾，會封禁。而余居會所數月，會中於譯出西書購置頗備，得以餘日盡瀏覽之，爾後益斐然有述作之志。其年始交譚復生、楊叔嶠、吳季清、鐵樵子發父子。

京師之開强學會也，上海亦踵起。京師會禁，上海會亦廢。而黄公度倡議續其餘緒，開一報館，以書見招。三月去京師，至上海，始交公度。七月《時務報》開，余專任撰述之役，報館生涯自茲始，著《變法通議》、《西學書目表》等書。其冬，公度簡出使德國大臣，奏請偕行，會公度使事輟，不果。出使美、日、秘大臣伍廷芳，復奏派為參贊，力辭之。伍固請，許以來年往，既而終辭，專任報事。丁酉四月，直隸總督王文韶、湖廣總督張之洞、大理寺卿盛宣懷，連銜奏保，有旨交鐵路大臣差遣，余不之知也。既而以劄來，黏奏摺上諭焉，以不願被人差遣辭之。張之洞屢招邀，欲致之幕府，固辭。時譚復生宦隱金陵，間月至上海，相過從，連輿接席。復生著《仁學》，每成一篇，輒相商榷，相與治佛學，復生所以砥礪之者良厚。十月，湖南陳中丞寶箴、江督學標，聘主湖南時務學堂講席，就之。時公度官湖南按察使，復生亦歸湘助鄉治，湘中同志稱極盛。未幾，德國割據膠州灣事起，瓜分之憂，震動全國，而湖南始創南學會，將以為地方自治之基礎，余頗有所贊畫。而時務學堂於精神教育，亦三致意焉。其年始交劉裴邨、林暾谷、唐紱丞，及時務學堂諸生李虎村、林述唐、田均一、蔡樹珊等。

明年戊戌，年二十六。春，大病幾死，出就醫上海，既痊，乃入京師。南海先生方開保國會，余多所贊畫奔走。四月，以徐侍郎致靖之薦，總理衙門再薦，被召見，命辦大學堂譯書局事務。時朝廷鋭意變法，百度更新，南海先生深受主知，言聽諫行，復生、暾谷、叔嶠、裴邨，以京卿參預新政，余亦從諸君子之後，黽勉盡瘁。八月政變，六君子為國流血，南海以英人仗義出險，余遂乘日本大島兵艦而東。去國以來，忽忽四年矣。

戊戌九月至日本，十月與横濱商界諸同志謀設《清議報》。自此居日本東京者一年，稍能讀東文，思想為之一變。己亥七月，復與濱人共設高等大同學校於東京，以為内地留學生預備科之用，即今之清華學校是也。其年美洲商界同志，始有中國維新會之設，由南海先生所鼓舞也。冬間美洲人招往遊，應之。以十一月首途，道出夏威夷島，其地華商二萬餘人，相縶留，因暫住焉，創夏威夷維新會。適以治疫故，航路不通，遂居夏威夷半年。至庚子六月，方欲入美，而義和團已大起，内地消息，風聲鶴唳，一日百變。已而屢得内地函電，促歸國，遂回馬首而西，比及日本，已聞北京失守之報。七月急歸滬，方思有所效，抵滬之翌日，而漢口難作，唐、林、李、蔡、黎、傅諸烈，先後就義，公私皆不獲有所救。留滬十日，遂去。適香港，既而渡南洋，謁南海，遂道印度，遊澳洲，應彼中維新會之招也。居澳半年，由西而東，環洲歷一周而還。辛丑四月，復至日本。

爾來蟄居東國，忽又歲餘矣，所志所事，百不一就。惟日日為文字之奴隸，空言喋喋，無補時艱。平旦自思，只有慚悚。顧自審我之才力，及我今日之地位，舍此更無術可以盡國民責任於萬一。兹事雖小，亦安得已。一年以來，頗竭棉薄，欲草一中國通史以助愛國思想之發達，然荏苒日月，至今猶未能成十之二。惟於今春為《新民叢報》，冬間復創刊《新小說》，述其所學所懷抱者，以質於當世達人志士，冀以為中國國民遒鐸之一助。嗚呼！國家多難，歲月如流，眇眇之身，力小任重。吾友韓孔廣詩云：『舌下無英雄，筆底無奇士。』嗚呼，筆舌生涯，已催我中年矣！此後所以報國民之恩者，未知何如？每一念及，未嘗不驚心動魄，抑塞而誰語也。

孔子紀元二千四百五十三年壬寅十一月，任公自述。

論說

《宋恕集》卷七《函牘下·致飲冰子書》 飲冰子侍史：

丁酉以後，頻年臥病，蹤迹遂疏，然精神之交反密於丁酉以前萬倍，何也？

西前雖與君周旋談論，而心頗不滿於君及君之師更生。西後則於君及君之師更生日服一日，自愧弗如矣！如復生、易一則一向無分毫不滿。其原因甚多，未暇細陳，今舉其最大之原因以直告君：

前之不滿於更生工部者，大因二：一為阻和東，一為强學會。《公車第一書》，更生以此得赫赫之名，而僕乃以此疑更生為媚世之徒，否則南宋毒種。强學會自是好事，但僕見更生引大民賊某帥及一書未讀、荒淫橫暴之黃紳為領袖，則益疑更生決非正人，故拂衣自絕。此不滿更生之二大原因也。

前之不滿於君者，大因亦二：一為《時務報》，《時務報》至要事也。然乙未冬，更生之局為某公所逼閉，易一、君勉之論為某公所痛抑，君續開報，仍力與某公講和，僕私疑君背師媚貴，故曾面諷不留餘地。一為逐餘杭，餘杭經學文章，今日江浙實無其敵，君於不通已極之岸賈，尚以大度登其大謬之《駮〈闢韓〉》，而不肯登餘杭之作，僕時則益疑君非正人。此不滿君之二大原因也。

後之日服一日者，其原因亦甚多，而最大者乃信君為正人。自君到湘後始，而戊戌五月後信益堅，入東後信益堅。其最大之起信物則《上右帥》一長書，最大之堅信物則《戊戌政變記》，是為二大。此不負君師友之據，若自便不著此《記》，則僕又疑君為非正人矣！戊春見更生《孔子改制考》，始服更生之能師聖，始知更生能行汙身救世之行，而前疑冰釋。《新學偽經考》，僕不甚服。見《請開制度局、十二局、民政局》一長摺，則益信更生眞刻不忘民，確為尼山嫡派，是為二大。此西後於更生及君五體投地之最大四原因也，敢以直告。

《清議報》期期讀、字字讀，撰譯皆勝《時務報》萬倍，恨不能銷於內地。《知新報》亦勝於前，此間《亞東報》僕不在該館執筆，亦不在他報館執筆。不及《知新》而賢於《萬國公報》。五月以後，滬報稍佳，然愈佳愈難銷，可為浩歎！

丁酉秋，同鄉某君開一館於浙，其取名大而不通，其條目及所登之文、所譯之報可笑者居十之八九，僕不過月寄文三首，餘一概不與聞。甫寄數首而衆謗沸騰，與館主意見日離日遠，遂絕不寄，而該報館旋亦停閉。僕生平文字惟是年登數首於報紙，前後皆無隻字，以自揣學派政論太與今支那人寡合，而又不肯曲說阿世，故不願送登。不願中雖含有大分不屑的長性質，亦合有幾分不敢的短性質。庚寅、壬辰上某某兩書，《漢報》及《萬國公報》自採登之，非僕送登，頗有數語點金成鐵，縣名亦誤。

丁酉以後，此間最密者：寒松主人中禺及西狩。然寒松、西狩所處之境與僕異，所從入之學派亦與僕異，談論不能盡合。蓋寒松從洛、閩入，西狩從許、鄭入，而僕從三王仲任、文中、陽明入。今寒松雖早出洛、閩圈，然第七識中似尚有留滯之自發力；西狩雖早出許、鄭圈，然第七識中自發力似尚可畏於寒松。要之，二子將來進境皆不可量，而寒松尤心虛力實，恐將軼西狩；惟文章決不能進及西狩耳。

許、鄭雖鈍，然於儒書畢竟功多罪少。古來儒書大魔的是伊川、紫陽，然未可因此二大魔而斥濂、關及大程，其他宋儒尤不可妄行概罵。僕昔曾著《儒教嗚冤録》力攻二魔，他日呈教！

繩正主人和平溫厚，自是可交之士，但太不悅學，太不用思，又生長租界，處境太順，於朝野情形太隔痛癢，與談事理，雖至淺者猶不能領受。承其愛我而竟無法益他智識，亦一恨事！

僕前數年主講一小地方，力唱《禮運》、《孟子》之宗旨，風氣驟新，取怒偽黨，於西歲被誣控，幾遭禍。幸其時本管大吏方日新，又有解護之者，得免。戊戌政變後，不肯改節負心，立辭此席不戀。

自八月六日聞變至今歲，終日悲憤，賤軀益弱，不能辦稍辛勞事。惟代舍親評閱之席尚仍舊為糊口計耳。大約明歲當送敝眷回里，再作生計。此間米珠薪桂，雖極刻儉，決難久支矣！承詢略聞。

拂塵信不愧復生之友，但得見尚希，其深未悉，其《內言》數卷則非有眞性情、眞見解者決不能有此眞文章矣！走筆書此，語無綱紀，敬問起居無恙

弟名心叩　中秋後三日

七言十章，《寄懷飲冰子》，録呈。

拙詩可登《清議報》，但乞執事勿告中、東人，言是弟作，以處窄天地之中實無可奈何，不能不膽怯也。

然則何為通信寄詩？情不能已也！嗚呼！若非情不能已，而視同族如犬豕，視聖主、忠臣客秋六士之忠，合於古誼之忠也。亦然，則如星海之《梁王功德碑》何難一夕而揮萬言乎！噫！朱舜水、張忠烈非不能為李光地、姚啓聖也，情不能已也。魯兩生非不能為叔孫通也，情不能已也。柳柳州非不能為韓昌黎也，情不能已也。王叔文謀振唐室，為賊閹所誣害，昌黎乃附和閹黨，反目王君為逆，宜其聖紂而欲誅文王矣！噫！

《嚴復集·與梁啓超書》　卓如先生足下：

前得復緘於無似，私心若桴鼓之相應，喜慰過望，殆難以言語形容也。近復得九月二日書，其用意懇到，盎溢行墨間，自維何物，乃膺斯寵。

《時務報》已出七帙，中間述作率皆采富响閎，譬如扶桑朝旭，氣象萬千，人間陰曀，不得不散，遒人木鐸之義，正如此耳。風行海內，良非偶然。

甲午春半，正當東事臬兀之際，覺一時胸中有物，格格欲吐，於是有《原强》、《救亡決論》諸作，登布《直報》，才窘氣苶，不副本心，而《原强》諸篇尤屬不為完作。蓋當日無似不揣淺狹，意欲本之格致新理，溯源競委，發明富强之事，造端於民，以智、德、力三者為之根本，三者誠盛，則富强之效不為而成；三者誠衰，則雖以命世之才，刻意治標，終亦隳廢。故其為論，首明强弱兼并乃天行之必至，而無可逃，次指中國之民智、德、力三者已窳之實迹，夫如是，而使窳與窳遇，則雌雄勝負效不可知，及乎衰與盛鄰，則其終必折以入。然則中國由今之道，無變今之俗，存亡之數，不待再計而可知矣。是以今日之政，於除舊，宜去其害民之智、德、力者；於布新，宜立其益民之智、德、力者。以此為經，而以格致所得之實理眞知為緯。本既如是，標亦從之。本所以期百年之盛大，標所以救今日之阽危，雖文、周、管、葛生今，欲舍是以為術，皆無當也。僕之命意如此，故篇以《原强》名也。能事既不足心副，而人事牽率，遂以中絶。今者取觀舊篇，眞覺不成一物，而足下見其爪咀，過矜羽毛，善善從長，使我顔汗也。

載誦來書，撝抑之語，皆由至誠，尤徵學養。如謂學不知本，則隔靴搔癢，不通文語，則凡所誦習，皆彼中粗邇吐棄之譚云云，此自盛德若虛，不自滿假語耳。自僕觀之，則足下雖未通其文，要已一往破的。無似因緣際會，得治彼學二十餘年，顧自揣所有，其差有一日之長者，不過名物象數之末而已。至其宏綱大旨，則與足下爭一旦之命，勝負之數，眞未可知。況足下年力盛壯如此，聰明精鋭如此，文章器識又如此，從此眞積力久，以至不惑、知命之年，則其視無似輩豈止吹劍首者一吷已哉！梁君梁君，無怠，嗟呼！士顧願力何如耳。

復自入學官以來，所謂同學者，以十數；所謂後進者，以百數；又其中以他途進者，不識幾何人，此皆通其文語，親見國俗，習其藝數者也。而試求所謂殫衆生之便蕃，察教派之流變者幾人哉？有幾人哉？承示，從馬兄眉叔習拉丁諸文，往者聖祖仁皇帝曾從西士學之，其名如此作。甚感甚感！此文及希臘文，乃西洋文學根本，猶之中國雅學，學西文而不與此，猶導河未至星宿，難語登峰造極之事。獨恐頗［足］下事煩，能日抽一二時為之，期勿作輟，一年之後，自有妙驗。近來士大夫欲問津西洋文字者，頗不乏人，淺嘗之後，多以俗累致廢，又懷望過奢，求效太亟，見初學蹇淺之事，意弗屑也，因以怠廢。故以中年而從事西學者，非絶有忍力人，必不能也。在他人，僕固未嘗慫恿之，至於足下，則深願此業之就。使足下業此而就，則豈徒吾輩之幸而已，黃種之民之大幸也。

拙譯《天演論》，僅將原稿寄去。登報諸稿，挑寄數篇，金玉當前，自慚形穢，非敢靳也。《原强》如前所陳，擬更刪益成篇，容十許日後續呈法鑑何如？余惟愛護波潮，敬勖光采，以副慕仰之私而已。

嚴復頓首

《新民叢報》第七期《嚴復〈與新民叢報論所譯原富書〉》 新民

執事：

承贈寄所刊《叢報》三期，首尾循誦，風生潮長，為亞洲二十世紀文明運會之先聲。而辭意懇惻，於祖國若孝子事親，不忘幾諫，尤徵遊學以來，進德之猛。曙曦東望，延跂何窮！三編所載，皆極有關係文字，而鄙誠所尤愛者，則第一期之《新史學》、第二期之《論保教》、第三期之《論中國學術變遷》。凡此皆非囿習拘虛者所能道其單詞片義者也。大報嘗謂學理邃賾，宜以流暢鋭達之筆行之，誠哉其為流暢鋭達也。編中屢舉疇昔鄙言，又紹介新著，於拙譯《原富》之前二編，許其精善，凡此已悉出於非望矣。至乃謂於中學西學，皆第一流人物，則不徒增受者之慙顔，亦將羞神州當世賢豪，而大為執事知言之詬。僕於西學，特為於衆人不為之時，而以是竊一日之長耳。今者我皇上廣厲學官，欲採中西之學術於一爐而冶之，則十年以往，才賢輩出，而置不佞於前魚之列可知也。抑且無俟遠跂，即執事同社諸賢，親朋揮手以來，其藝能之愈富者何限。據現在以逆將來，是譏議者之不足以云，又可決也。若夫僕中學之淺深，尤為朋友所共見，非為謙也。道不兩隆，有所棄者而後有取。加以晚學無師，於聖經賢傳，所謂宮室之富、百官之美，皆未得其門而入之。其所勞苦而僅得者，徒文辭耳，而又不知所以變化。此所以聞執事結習之議評，不徒不以為忤而轉以之欣欣也。

竊以謂文辭者，載理想之羽翼，而以達情感之音聲也。是故理之精者不能載以粗獷之詞，而情之正者不可達以鄙俗之氣。中國文之美者，莫若司馬遷、韓愈。而遷之言曰：『其志潔者，其稱物芳。』愈之言曰：『文無難易，惟其是。』僕之於文，非務淵雅也，務其是耳。且執事既知文體變化與時代之文明程度為比例矣，而其論中國學術也，又謂戰國隋唐為達於全盛而放大光明之世矣，則宜用之文體，舍二代其又誰屬焉？且文界復何革命之與有？持歐洲挽近世之文章，以與其古者較，其所進者在理想耳。在學術耳，其情感之高妙，且不能比肩乎古人；至於律令體制，直謂之無幾微之異可也。若夫翻譯之文體，其在中國，則誠有異於古所云者矣，佛氏之書是已。然必先為之律令名義，而後可以喻人。設今之譯人，未為律令名義，闖然循西文之法而為之，讀其書者乃悉解乎？殆不然矣。若徒為近俗之辭，以取便市井鄉僻之不學，此於文界，乃所謂淩遲，非革命也。且不佞之所從事者，學理邃賾之書也，非以餉學僮而望其受益也，吾譯正以待多讀中國古書之人。使其目未睹中國之古書，而欲稗販吾譯者，此其過在讀者，而譯者不任受責也。夫著譯之業，何一非以播文明思想於國民？第其為之也，功候有深淺，境地有等差，不可混而一之也。慕藏山不朽之名譽，所不必也。苟然為之，言龐意纖，使其文之行於時，若蜉蝣旦暮之已化。此報館之文章，亦大雅之所諱也。故曰：聲之眇者不可同於衆人之耳，形之美者不可混於世俗之目，辭之衍者不可回於庸夫之聽。非不欲其喻諸人人也，勢不可耳。

台教所見，要之兩事：其本書對照表，友人嘉興張氏既任其勞；若敍述派別源流，此在本學又為專科，功巨緒紛，非別為一書不能晰也。今之所為，僅及斯密氏之本傳，又為譯例言數十條，發其旨趣。是編卒業，及一歲矣，所以遲遲未出者，緣譯稿散在友人，遭亂抵滯，而既集校勘，又需時日。幸今以次就緒，四五月間，當以問世。其自任更譯最後一書，此誠下走刻未去抱，第先為友人約譯《穆勒名學》，勢當先了此書，乃克徐及。不佞生於震旦，當十九、二十世紀之交會，目擊同種阽危，剝新換故，若巨蛇之蛻蚹，而未由一藉手。其所以報答四恩，對揚三世，以自了國民之天責者，區區在此。密勿勤劬，死而後已，惟愛我者靜以俟之可耳。

旅居珍重，惟照察不宣。

嚴復頓首

藝文

《譚嗣同全集》卷四《贈梁卓如四首》 大成大闢大雄氏，據亂昇平及太平。五始當王迄麟獲，三言不識乃鷄鳴。人天帝網光中現，來去雲孫脚下行。漫共龍蛙爭寸土，從知教主亞洲生。

普遍根塵入刹那，茫無絶續感川波。眼簾繪影影非實，耳鼓肖聲聲已過。外道頑空徒爾許，凡天執箸更如何。一眞法界相容納，海印分明萬象羅。

虛空以太顯諸仁，絡定間浮腦氣筋。何者衆生非佛性，但牽一髮動全身。機鈴地軸言微緯，吸力星林主有神。帝子梯西無著處，智悲香海返吾眞。

祖龍羅馬東西帝，萬古沈冤紫與蛙。僞禮誰攻秦博士，少年今見賈長沙。斯文未喪寄生國，公法居然賣餅家。聞道潮音最親切，更從南海覓靈槎。

《黃遵憲全集》卷八《贈梁任公同年》 一

列國縱橫六七帝，斯文興廢五千年。黃人捧日撐空起，要放光明照大千。

二

佉盧左字力橫馳，臺閣官書帖括詩。守此毛錐三寸管，絲柔綿薄諒難支。

三

白馬東來更達摩，青牛西去越流沙。君看浮海乘槎語，倘有同文到一家？

四

寸寸河山寸寸金，瓜離分裂力誰任？杜鵑再拜憂天淚，精衛無窮填海心。

五

又天可汗又天朝，四表光輝頌帝堯。今古方圓等顱趾，如何下首讓天驕？

六

青者皇穹黑劫灰，上憂天墜下山頹。三千六百釣鼇客，先看任公出手來。

又 卷一一《病中紀夢述寄梁任父》 一

陰風颯然來，君提君頭顱。自言逆旅中，倏遇狙擊狙。閃電刃一揮，忽如絳市蘇。道逢兩神人，排雲上天衢。此挹蹇民袖，彼褰烈士襦。邂逅哭復歌，互訊今何如？君言今少年，大罵余非夫。當服九世仇，折箠笞東胡。逐逐揮日戈，彎彎射天弧。孰能張網羅，盡殺革命徒。汝輩主立憲，寧非愚欲迂。我方欹枕聽，鳴雞亂驚呼。殘日掛危檐，猶照君眉鬚。遙知白日光，明明耀子軀。子魂渡海來，道有風波無？蛟螭日攫人，子行猶坦途。懸金購君頭，彼又安蔽辜。在在神護持，天固弗忍誅。君頭倚我壁，滿壁紅模糊。起起拭眼看，噫吁瓜分圖！

二

我生托此國，舉國重科第。記昔持墨卷，出應羣兒試。夢謁文宣王，旁立朱衣吏。手指平頭憲，云是汝名字。爾時意氣盛，年少矜爪嘴。謂彼牛醫兒，徒一唐名士！不如《黨錮傳》，人人主清議。汪汪千頃波，陋比涔蹄水。捧龜訴天呼，區區競餘畀。烏知當是時，東海波騰沸。攘夷復尊王，僉議以法治。立憲定公名，君民同一體。果遵此道行，日幾太平世。我隨使槎來，見此發深喟。嗚呼專制國，今既四千歲。豈謂及余身，竟能見國會。以此名我名，蒼蒼果何意。人言廿世紀，無復容帝制。舉世趨大同，度勢有必至。懷刺久磨滅，惜哉吾老矣！日去不可追，河清究難俟！倘見德化成，願緩須臾死。

三

子今歸自美，云夢俄羅斯。憒作顛倒想，故非癡人癡。中原今逐鹿，此角復彼犄。此鹿竟誰得，夢境猶迷離。遼東百萬家，戰黃血淋漓。不特薄福龍，重重圍鐵圍。哀彼金翅鳥，毛羽咸離披。方圖食小龍，展翼漫天池。鼓衰氣三竭，遍體成瘡痍。吁嗟自專主，天鑑明在茲。人人自為戰，人人公忘私。人人心頭血，濡染紅日旗。我今托中立，竟忘當局危。散作槍炮聲，能無驚睡獅。睡獅果驚起，牙爪將何為？將下布憲詔，太阿知在誰？我慚嘉富洱，子慕瑪志尼。與子平生願，終難償所期。何時睡君榻？同話夢境迷。即今不識路，夢亦徒相思。

《近代詩鈔·夏曾佑〈贈新會梁卓如孝廉七首〉》 端門受命啓微言，《禮運》、《中庸》兩大原。文質由來無定尚，明夷噩夢即貞元。

孟子荀卿同一傳，竟將才士作輿臺。遺文五十三篇在，夏道原從附會來。

表微零落遺編蝕，刊誤蹉跎宿草深。顯學於今無巨子，十年徒抱著書心。

璱人申受出方耕，孤緒微茫接董生。一片蒼蒼蘭省月，當年曾照兩畸英。

知本無涯生有涯，萬源並騖等恒沙。往而不返眞虚語，大海澄圓本一家。

情懷孤寄三千界，圖史如流一萬年。日用限前無所得，奇才老去例逃禪。

閻浮世界生龍象，奮迅憑淩勢本雄。下視蒼蒼應一笑，人天何限可憐蟲。

又《戲贈梁啓超》 不見佞人三日了，不知為佞去何方？春光如此不遊賞，終日棲棲為底忙。

又《贈梁任公》 滔滔孟夏逝如斯，亹亹文王鑑在茲。帝殺黑龍才士隱，書蜚赤鳥太平遲。民皇備矣三重信，人鬼同謀百姓知。天且不違何況物，望先萬物出於機。

又《滬上贈梁啓超》 有人雄起琉璃海，獸魄蛙魂龍所徙。天發殺機蛇起陸，羔方婚禮鬼盈車。南朝文酒韜乾戰，西婉山川失寶書。君自為繁我為簡，白雲歸去帝之居。

又《贈任公二首》 壬辰在京師，廣座見吾子。草草致一揖，僅足記姓氏。洎乎癸甲間，相居望衡宇。春騎醉鶯花，秋燈狎圖史。青霄與黄泉，上下窮其旨。冥冥蘭陵門，刀鬼頭如蟻。修羅舉隻手，陽烏為之死。祖裼往暴之，一擊類執豕。酒酣擲杯起，跌宕笑相視。頗謂天地間，差足快吾意。夕烽從東來，孤帆共南指。再別再相見，便已十年矣。吾子尚青春，英聲乃如此。嗟嗟吾黨人，視此為泰否。

衣食困庸才，遂老關山路。對人詡流略，清夜知其誤。滄海正横流，箜篌唱無渡。所望我佳人，崛起匡天步。長嘯覽太空，國土恒沙布。而子都不遊，乃獨遊此土。此土億萬年，又與此時遇。嗟哉天所戮，那得知其故？為子發圖書，治亂紛如霧。一治一亂間，鐵血為其具。譬如一滴水，微蟲逞威怒。既生微蟲間，此怒詎可措。落月滿征衣，煙帆從此去。雪耻酬百王，無為疾所怖。

又《箱根重晤任公》 自從別後艱危久，握手猶疑在夢魂。草草杯盤燈火暗，沉沉風雨語言温。十年往事歸青史，一臥滄江剩酒痕。罷飲登樓西望久，自雲何日出山村？

《宋恕集》卷九《詩詞・送梁卓如暫返嶺南》 嶺表饒佳士，君才不可攀。文章劉、董伍，經術夏、游間。學老多流怯，扶儒孰任艱？勉持兼愛願，莫戀四熊山。

《新民叢報》第一六號《烏目山僧〈贈任公〉》 洗刷乾坤字字新，攜來霹靂剖微塵。九幽故國生魂死，一放光明賴有人。筆退須彌一塚攢，海波為墨血磨幹。歐風墨雨隨君手，洗盡文明衆腦肝。

雜録

梁啓超《飲冰室合集・文集・我之為童子時》 我所愛之童子乎？汝若不知我為誰，問汝先生及汝父兄，或能告汝。汝欲聽我為童子時之故事乎？我大半忘記，所記一二，請以語汝。

我為童子時，未有學校也。我初認字，則我母教我。直至十歲，皆受學於我祖父、我父。我祖父母及我父母皆鍾愛我，並責罵且甚少，何論鞭撻？然我亦嘗受鞭三次，至今猶歷歷可記，汝等願聞此老受鞭之故乎？

我家之教，凡百罪過，皆可饒恕，惟説謊話，斯不饒恕。我六歲時，不記因何事，忽説謊一句，所説云何，亦已忘卻，但記不久即為我母發覺，時我父方在省城應試也。晚飯後，我母傳我至臥房，嚴加盤詰。我一入房，已驚駭不知所措。蓋我母温良之德，全鄉皆知，我有生以來，只見我母終日含笑，今忽見其盛怒之狀，幾不復認識為吾母矣。我母命我跪下受考問。我若矢口自承其罪，則此鞭或遂逃卻，亦未可知。無奈我忽覩母威，倉皇失措，妄思欺飾以霽母怒。汝等試思母已知我犯罪，然後發怒，豈復可欺飾者？當時我以童子無識，出此下策，一何可笑！汝等勿笑，可憐我稚嫩温澤之軀，自出胎以來，未嘗經一次苦楚，當時被我母翻伏在膝前，力鞭十數。我母當時教我之言甚多，我亦不必一一為汝等告，但記有數語云：『汝若再説謊，汝將來便成竊盜，便成乞丐！』汝等試思，我母之言，得毋太過否？偶然説句謊話，何至便成竊盜？便成乞丐？我母旋又教我曰：『凡人何故説謊？或者有不應為之事，而我為之，畏人之責其不應為而為也，則謊言吾未嘗為；或者有必應為之事，而我不為，畏人之責其應為而不為也，則謊言吾已為之。夫不應為而為，應為而不為，已成罪過矣。若己不知其為罪過，猶可言也，他日或自能知之，或他人告之，則改焉而不復如此矣。今說謊者，則明知其為罪過而故犯之也，不惟故犯，且自欺欺人，而自以為得計也。人若明知罪過而故犯，且欺人而以為得計，則與竊盜之性質何異？天下萬惡，皆起於是矣！然欺人終必為人所知，將來人人皆指而目之曰，此好說謊話之人也，則無人信之。既無人信，則不至成為乞丐焉而不止也！』我母此段教訓，我至今常記在心，謂為千古名言。汝等試思此為名言否耶？最可憐者，我伯姊陪我長跪半宵，猶復獨哭一夜。伯姊何為哭？懼我父知之，我所受鞭撲更甚於今夕也。雖然，我伯姊之懼徒懼矣。我母愛我甚，且察我已能受教，遂未嘗為我父言也。嗚呼！吾母棄養將三十年矣，吾姊即世亦且十年。吾述此事，吾涕沾紙矣。汝等有母之人，須知天下愛我者，無過於母。而母之教訓，實不易多得，長大而思母訓，恐母不我待矣。

《光華日報·鐵壓〈梁啓超又倒運一九一一年六月二十一日〉》 梁啓超不齒於海外，乃創《國風報》，專以迎合內地社會立言，以為內地人心易於籠絡，必將大受歡迎，指日哄動虜廷，延頸以作國務大臣矣。不意上海各報歷揭其奸，啓超恚甚，即與各報爭論，愈觸公怒，羣起討其罪，於是梁啓超復大著醜名於上海矣。夫《新民報》倒閉，而《國風報》發現。《國風報》又將倒閉，梁啓超將奈何？

嗟乎！汪精衛太寡鄉情，上海報不留餘地。可憐鸚鵡名士，薄荷淚幾時乾也？

又《梁啓超一窮至此乎一九一一年七月二十一日》 北京某走狗報謂：梁窮困已極，幾至斷炊。而梁自致滬報書亦謂：只有敝書數簏，別無長物。嘻！梁啓超果一窮至此乎？

試遊神户須浦之濱，風土清嘉，亭園宏廠，有人焉，左擁長頸鶴，右挾檳榔婆，詩酒流連，歌舞酣嬉。彼何人斯？何安享信陵君醇酒婦人之樂也？試覘其人，則老康護法大弟子。

又試遊北京都市，有宏壯之報館，實偽國會代表公團所創辦也。經濟不足，難以支持，有人焉，以萬五千元購去，以為彼運動作官之機關報。彼何人斯？何儼如崔烈之恃錢買官也？試覘其人，則又老康護法大弟子。

嗚呼！梁啓超眞困窮至此，吾知之，吾信之，特不知吾海外之華僑，能哀憐之而再賑濟之否也？

章炳麟分部

論說

《宋恕集》卷七《函牘下·復章枚叔書》 連接手書，甚慰！

別悵時館之事，恕與孫君中璵、胡君中巽等大為執事不平，極望別樹正旗，摧彼驕敵。今得胡、童兩君同聲相應，實天之未絕斯文，恕雖久怠，豈願自外！所以告緩到於總理者，實以賤軀及賤事之故。何圖兩君誤會，疑恕有所不滿於兩君，冤哉枉矣！兩君氣味極與恕投，但恕恐其財力難以持久，故乃者屢貢忠告，請其慎始。今勢已騎虎，恕感兩君一見如故之意，自必竭力酬知，況加以執事亦在此館乎！所以未克遵命、立即到館之故，已具詳於初十日《復兩君》函中，字字眞實，乞索一閱，茲不復贅。

中頌經學湛深，然其品評人物、談論事理，與恕離多合少，故雖有戚誼，而久不通問。志三與中頌向有深怨，敝郡之人莫不知志三於恕為父執，往日過蒙獎借，然其品評談論與恕亦多歧異。然之二君勇於辦事、敢於任怨，其興會之佳要皆遠出恕輩上，偶附及之。

執事欲振浙學，與恕蓋有同情。然非開學會不可，非請曲園師領袖其事不可。鄙意欲俟此館既開，擬一《浙學會章程》，邀集同門雅士，公請曲園師出名領袖。倘蒙師允，即將章程登報，立總會於此館，漸立支會於各府縣城，期於大昌梨洲之學、德清之道，方能為浙人吐氣。執事以為何如？

酷暑揮汗，不多及。敬請

著安不宣

弟宋恕拜白　十五日

此信寫畢未發。又接鐘生書，知初十日拙函已達，想兩君疑可釋矣。並接執事《復仲頌書》，遵為轉寄。十二綱承示為贄、志二公所定，未審是蟄是志？蟄、志皆浙東豪傑，然學派與弟稍殊，故立例之旨與弟未能盡合。然就此十二綱言之，尚無大左之處。今輒奉鐘、亦二君之命，改『學政』為『士政』，改『格致』為『萬物實理』，送交《申報》，未知執事以為然否？學會一事可否如此開辦？乞示知！連日滬濱酷暑，武林何如？

恕又白　十六日

又《答章枚叔書》　枚叔足下：

來書敬悉！僕交區三：曰論交，曰心交，曰迹交。論交以見，心交以品，迹交以事。見離吾宗則絕論交，品離吾宗則絕心交，是僕外交之私律也。

君守節忤獻忠，可為品合吾宗之據，心交其終古乎！雖然，論交則有不敢不告絕者。夫獻忠，獸也，君所斥諸人雖可斥乎，然皆人也。夫人也而君抑下之獸，此尊見之大離吾宗者一也。商鞅滅文學，禁仁孝，以便獨夫，禍萬世，此最僕所切齒痛恨，而君乃有取焉，此尊見之大離吾宗者又一也。

君高文博學，素講仁孝，意前言豈戲耶？鈍根疑上乘，庸耳惑咸池耶？暫絕論交，勉卒心交，其可矣！

抑更有忠告者：僕壯志久灰，飄零江海，憔悴孤危，苟全性命，棲神淨域，斷夢神州；君著述等身，兼通百氏，實齋、容甫。把臂無慚，然涉今太淺，觀勢似昧。今何時也？白種諸雄，分據要害，利權任奪，民賊仰護，獻忠之儔，縱橫先驅，天方授白，黃種盡奴，堅冰共覩，非復履霜。而君猶比例莘、渭，庶幾子、姬，不已愚乎？徒自苦耳！願君速捐妄想，擇術娛生，若必難忘情，則慎閉乃口，深談緘臆，抑其次也。

已矣章子！以芳潔品，居險詐羣，戰戰兢兢。且懼不免，矧乃脫略忌諱，不憚四坐，泰山鴻毛，輕重宜審，勸誦明遠《行難》之篇。毋蹈次公往覆之轍，論交雖絕，心交依然，區區之忠，幸鑑不宣！

宋恕頓首

廖氏書送仲璵閱過璧上

藝　文

《宋恕集》卷九《詩詞·贈章枚叔》　四海文章一正平，鳳兮安適獨傷情。多蠅楚國連城棄，匪兕儒家曠野徵。赤石難為悲此日，紫芝得識幸吾生！閑雲五色何時雨？汾曲先廬且隱名！

又《束髮篇：答枚叔〈幽人行〉之贈》　戊戌夏季□□□勸駕出山，作此謝之。非高也，知天下無可為也。

束髮惜分陰，常恐曜靈匿。鄉國號顏子，寧屑百夫特！弱齡蓬轉飈，逾立鳳垂翼。結客思黃金，黃金那可得？漫漫人海中，孤直吾道窮。盈盈嗟一水，彼美隔西東。夢繞天孫石，眼枯精衛功。朝雲非吾仇，不雨迷荊丘。登高望中原，塵沙暗齊州。儒俠流風盡，巨盜交獻酬。悲來獨哽咽，微管念桓侯。驅車且四顧，猛虎紛當路。婦哭一何苦，虎嘯一何怒。卞莊彼何人？慨然欲追步。追步不及東，追步不及西。追步不及南，追步不及北。四顧靈蹤絕，太息謝驂服。托命禮觀音，移情存淨域。踽踽素臣身，棲棲大澤濱。殷勤再三贈，强飯抑酸辛。緘口密復密，鶗鴂警騷人。

又《送餘杭東渡：調寄〈買陂塘〉》　駭啼鵑，洛城春盡，徐郎求藥東去。古來三島棲眞所，騎鶴嘯儔知數。留客住，秋不到，琪花瑤草蓬壺路。臨歧無語。願勉把前塵，姒悲姚恨，付與一天絮。

人間世，好事千齡幾誤。黃龍高會天妒。聲聲白雁蘭成賦，哀怨兩猿誰訴？休起舞，君不見，故鄉錢趙空抔土。林荒霧苦。莫復憶西湖，傷心極目，先輩射潮處。

又《寄餘杭》　甬東一夜猿聲斷，終古《黃書》淚萬行。借問幼安無寸土，欲將何術拯姬姜？

儒風俠行盛扶桑，文物衣冠水一方。聞説尚存唐樂舞，北條功德最無量！

又《送章枚叔別》　削髮欲何之？區中不可為！贈君無別語，莫作稼軒詞。

又《贈別章太炎》　太炎先生，評人論事與僕多歧，偏怒偏悲性亦稍異，或遇使然！乃其精於左、荀、賈氏，博覽如子政、子雲，善思如仲任、子玄，文章則且汗流籍、湜，心誠折之！折故珍，珍故懼，夫懼故規，忘其數矣！

頃同居一月，吐懷益暢，聞又將遠遊，不覺黯然，敬賦此贈別，二六時中，倖存區區！

庚子季冬望日　恕再拜

絕學竟誰識？遺墟常獨升。何由對宣室，豈得令蘭陵！丹鳳至難俟，蒼鵝感不勝。名山多少事，莫遽氣成冰！

豈不知辛子？其如惜范生。勤勤頻歲諫，惻惻故人情。浊世可莊語，危途當折行。嘗聞諾將士，暴虎戒時英！

《近代詩鈔·夏曾佑〈己亥與章枚叔夜飲，即送其之天津〉》　我從北海君東海，浩蕩江湖倖一逢。零雨淒風秋正苦，疏燈草具酒將空。一生遺恨沉吟老，數著殘棋萬變中。世界果然無作者，殷勤重為拭青鋒。拔劍高歌望友生，强施枉策助長征。神經孤寄苟劉外，世法兼持老墨衡。四海何年歸倦羽，一生自受盡生平。箜篌唱遍西風惡，延佇孤雲一愴倚。

《國民日日報彙編·囂囂〈懷人〉》　壯哉奇男子，支那第一人。危言不怕死，感世斯至深。肝胆照天下，頭顱值萬金。同胞四百兆，應體此公心。

《新民叢報》第一六號《烏目山僧〈贈太炎〉》　神州莽莽事堪傷，（浪）［狼］藉家私贓客王。斷髮著書黄歇浦，哭麟歌鳳豈佯狂？

《江蘇》第五期《中央〈駁康書〉書後》　餘杭章，南海康，章公如麟康如狼。狼欲遮道為虎倀，麟起啖之暴其腸。廿周新紀太平洋，墨雨歐潮推亞强。軍國民志正激昂，奔雷掣電孰敢當？胡牛瞎騎逐臭忙，兔引狐牽金滿裝。喻猶一盲導犀盲。夜半沖暗投深坑。投深坑，自作殃，一顛再蹶徒心喪。獨立幟已揚霄光，國仇誓雪民權昌。昆侖血脈還係黄，嗚呼噫嘻南海康！

又　第六期《中央〈寄太炎〉》　憑君不短英雄氣，斬虜勇肝憶倍加。留個鐵頭鑄銅像，羈囚有地勝無家。颯颯飛霜點鐵衣，音容憔悴鬚髮肥。稔君獄讀《瑜珈論》，還與《馗書》理合非。

又　《再寄太炎、威丹》　大魚飛躍浙江潮，雷峰塔震玉泉號。哀吾同胞正酣睡，萬籟微聞鼾聲調。獨着峨嵋一片月，凜凜相照印月濤。神州男儿氣何壯？義为山岳死鴻毛。自投夷獄經百日，兩顆頭顱爭一刀。

《警鐘日報·劍公〈題太炎先生駁康氏政見〉》　拔劍何崢嶸，俠骨磨青天。煌煌漢族史，英名垂萬年。一曲廣陵散，為向何人傳？此曲苟有傳，我意亦已宣。但求種强植，不計身首全。萬年青銅像，讓公著先鞭。

豪傑不可覩，詩士莽縱横。岳岳章夫子，正義不可傾。種禍日益棘，憂患曷有程。蚩尤幻作霧，天地誰肅清？當頭一棒喝，如發霹靂聲。保皇正龍頭，頓使吃一驚。從此大漢土，日月重光明。

我祖黄帝没，數傳失强權。異族恣攫啖，死灰屢復然。嗟哉我中夏，忍看汙腥羶。子孫多不肖，祖業甘棄捐。劉裕朱元璋，偉烈堪比肩。是大光復家，宜把銅像鐫。其餘心此心，百折志不遷。仗義逐胡虜，正義壯山川。我拜王而農，《黄書》至今傳。我拜岳武穆，我拜洪秀全。我拜文文山，謂此皆豪賢。我拜章炳麟，道統一脈延。

夷狄主中國，衣冠付棘荆。虜運五百年，古語不可憑。陡起浙江潮，澎湃鳴不平。自投匈奴獄，夷然無怨聲。備受諸苦惱，慘慘竟莫名。寧為自由死，不作牛馬生！男兒發大願，公理終得明。公眞救世主，例當受極刑。雲黑天模糊，消息未分明。倘然竟冤死，吾愧無以生。

《復報》第五期《鄒容〈獄中答西狩〉》　我兄章枚叔，憂國心如焚。並世無知己，吾生苦不文。一朝淪地獄，何日掃妖氛！昨夜夢和爾，同興革命軍。

雜録

《光華日報·鐵厓〈哀章太炎〉一九一一年七月六日》　《天鐸報》有短評曰《哀某文豪》，其言曰：『文豪某，軒轅黄帝之肖子也。抱冤禽之隱痛，羈旅海外，十餘易寒暑，近聞窮途潦倒，將至斷炊。嗚呼！天何酷我文豪至於此極也？雖然，彼亦有所自取焉。以彼文章聲譽，苟能少為推移，揣摩時尚，高官厚祿，何患不予取予攜？乃牢抱高尚主義，與俗相違，幾於窮餓而死，得不令當世之所謂通人名士笑汝拙乎？子輿氏有言：富貴不能淫，貧賤不能移。文豪之所為無負文豪，則亦以此。』

其言蓋指章太炎也。數年來嫉惡太炎者，每誣其致書端方求官道高毀來，自古然矣。旁觀之公論如此，太炎之心，夫豈汨乎？嗟乎！西山薇蕨，千古高風，愈窮餓而偉人之心迹愈昭著焉矣。

《元明清政治分典近代卷》引用書目

清仁宗實録	中華書局一九八六年影印本
清文宗實録	中華書局一九八六年影印本
清穆宗實録	中華書局一九八七年影印本
清德宗實録	中華書局一九八七年影印本
宣統政紀	中華書局一九八七年影印本
平定陝甘新疆回匪方略　奕訢等　清	中國書店一九八五年影印本
籌辦夷務始末（道光朝）　文慶等　清	近代中國史料叢刊本
籌辦夷務始末（咸豐朝）　賈楨等　清	近代中國史料叢刊本
籌辦夷務始末（同治朝）　寶鋆等　清	中華書局二〇〇八年標點本
咸豐朝硃批奏摺	中國第一歷史檔案館藏
咸豐條約　汪毅、張承棨	臺灣文海出版社《近代中國史料叢刊》本
咸豐同治兩朝上諭檔　中國第一歷史檔案館	廣西師範大學出版社一九九八年影印本
光緒朝上諭檔　中國第一歷史檔案館	廣西師範大學出版社一九九六年影印本
平回志　楊毓秀　清	清光緒十四年劍南王氏刻本
大清會典　昆岡等　清	清光緒三十四年刻本
光緒政要　沈桐生等　清	清宣統元年上海崇義堂石印本
（宣統）新疆圖志　袁大化等	續修四庫全書本
宮中電報檔	中國第一歷史檔案館藏
宮中硃批奏摺	中國第一歷史檔案館藏
宮中檔光緒朝奏摺	臺灣《故宫文獻特刊》本
軍機處原摺	中國第一歷史檔案館藏
軍機處録副奏摺	中國第一歷史檔案館藏
軍機處上諭檔	中國第一歷史檔案館藏
軍機處電寄檔	中國第一歷史檔案館藏
軍機處洋務檔	中國第一歷史檔案館藏
軍機處照會檔	中國第一歷史檔案館藏
夷務清本	中國第一歷史檔案館藏
總理各國事務衙門清檔	清光緒間鈔本
訓練近畿陸軍各衙門檔	中國第一歷史檔案館藏
漢文俄羅斯檔	中國第一歷史檔案館藏
關於日俄戰事經過地方呈報損失人命財產的文件	遼寧省檔案館藏軍督部堂檔
劉銘傳撫臺檔案	臺灣省立博物館藏
清代吉林檔案	吉林省檔案館藏
大清北洋海軍章程　總理海軍事務衙門　清	清光緒十四年鉛印本
大清法規大全續編（殘卷）	清末石印本
商部奏定新章五种　載振等　清	清光緒二十九年北京第一書局鉛印本
商會簡明章程	清光緒間鉛印本
奏定京内各官制	清末石印本

高等實業學堂章程　農工商部　清　清宣統元年鉛印本
農會章程・商會簡明章程・商船公會簡明章程　農工商部　清　清光緒三十三年鉛印本
大清京師各審判試辦章程　清光緒三十三年鉛印本
京外各級審判廳檢察廳章程　清光緒三十三年刻本
大清法規大全　清末政學社石印本
大清光緒新法令　清宣統元年上海商務印書館鉛印本
大清宣統新法令　清宣統二年上海商務印書館鉛印本
大清教育新法令　商務印書館編譯所　清　清宣統二年商務印書館鉛印本
法部奏定審判檢查廳辦事章程　法部　清　清末石印本
法部奏定提法司辦事劃一章程　法部　清　清宣統三年石印本
法部奏定修正承發吏職務章程　法部　清　清宣統三年鉛印本
法院編制法附各種暫行章程　清憲政編查館　鉛印本
度支部奏為酌擬臣部清理財政處各省清理財政局辦事章程繕單摺　清末安徽官紙印刷局鉛印本
萬國刑律監獄改良會通告　中國第一歷史檔案館藏外務部檔案全宗
外務部為擬派徐謙等赴萬國刑律監獄改良會事致美駐華署使費勒器函　中國第一歷史檔案館藏外務部檔案全宗
外務部為日俄兵至遼西中立區活動及與其交涉經過給增祺咨　遼寧省檔案館藏軍督部堂檔
外務部為應否派員赴美京刑律監獄改良會事致法部等咨文　中國第一歷史檔案館藏外務部檔案全宗
外務部奏英法隆興公司承辦雲南七屬礦務改定合同章程摺　中國第一歷史檔案館藏外務部檔案全宗
法部為赴美監獄改良會之徐謙等呈具報告書一摺現刷印原奏請遵照事致民政部咨文　中國第一歷史檔案館藏刑部法部檔案全宗
法部為赴刑律監獄改良會之徐謙等擬先到歐洲考察應知照本國駐使事致外務部咨呈　中國第一歷史檔案館藏刑部法部檔案全宗
法部為京師高等檢察廳檢察長徐謙等堪以派赴刑律監獄改良會事致外務部咨呈　中國第一歷史檔案館藏刑部法部檔案全宗
法部為派員赴美京第八次萬國監獄改良會現已蕆事具呈報告事奏摺　中國第一歷史檔案館藏刑部法部檔案全宗
法部為徐謙等赴美刑律會起程日期一摺現録旨刷奏請遵照事致外務部咨呈　中國第一歷史檔案館藏刑部法部檔案全宗
法部為奏派徐謙等赴萬國刑律監獄改良會一摺現録旨刷奏請遵照事致外務部咨呈　中國第一歷史檔案館藏刑部法部檔案全宗
大理院為本院刑科推事金紹城等堪以派赴刑律監獄改良會事致外務部咨呈　中國第一歷史檔案館藏刑部法部檔案全宗
大理院為派員赴美京刑律監獄改良會抄録諭旨原摺事致外務部咨呈　中國第一歷史檔案館藏刑部法部檔案全宗
美駐華署使費勒器為華盛頓擬開各國刑律監獄改良會請派員事致外務部函　中國第一歷史檔案館藏外務部檔案全宗
民政部為赴美監獄改良會之報告書頗可參酌希再送數本以便分發事致法部咨文　中國第一歷史檔案館藏民政部檔案全宗
具呈第八次萬國監獄會報告書　徐謙等　清　中國第一歷史檔案館藏刑部法部檔案全宗

四川保路運動傳單　日本外務省藏檔案
譚張孝檔案　美國加利福尼亞大學洛杉磯分校東方圖書館藏
同文館題名録　京師同文館　清　清光緒間刻本
同治中興京外奏議約編　陳弢　清　清光緒元年刻本
皇朝經世文編　賀長齡等　清　清道光六年刊本
皇朝經世文三編　陳忠倚　清　清光緒間石印本
皇朝經世文四編　何良棟　清　近代中國史料叢刊本
皇朝經世文統編　邵之棠　清　清光緒二十七年刻本
皇朝經世文新編　麥仲華　近代中國史料叢刊本
皇朝經世文新編續集　楊鳳藻　清　近代中國史料叢刊本
皇朝經世文新增續編　葛士濬　清　清光緒二十七年上海久敬齋石印本
皇朝蓄艾文編　王實軒　清　清光緒二十八年刻本
龔自珍全集　龔自珍　清　上海人民出版社一九七五年標點本
聖武記　魏源　清　清道光間刻本
校邠廬抗議　馮桂芬　清　清光緒二十四年天津北洋石印官書局石印本
西陲事略　李雲麟　清　清光緒間抄本
沈文肅公牘　沈葆楨　清　九洲出版社、廈門大學出版社影印本
沈文肅公政書　沈葆楨　清　清光緒六年刻本
丁中丞政書　丁日昌　清　近代中國史料叢刊本
左文襄公全集　左宗棠　清　清光緒十八年刻本
國朝先正事略　李元度　清　民國間上海中華書局鉛印本
使德日記　李鳳苞　清　清光緒十七年上海著易堂鉛印《小方壺齋輿地叢鈔》本
退一步齋文集　方濬師　清　清光緒三十年刻本
曾忠襄公奏議　曾國荃　清　清光緒二十九年零陵許寅軒刻本
曾惠敏公遺集　曾紀澤　清　清光緒間江南製造總局鉛印本
羅景山臺灣海防並開山日記　羅大春　清　福州古舊書店一九八五年影印本
北戌草　張光藻　清　清光緒二十三年刻本
倫敦與巴黎日記　郭嵩燾　清　岳麓書社二〇〇八年鉛印《走向世界叢書》本
使西紀程　郭嵩燾　清　清光緒二十四年上海書局石印《各國日記彙編》本
郭侍郎奏疏　郭嵩燾　清　清光緒刻本
養知書屋詩文集　郭嵩燾　清　清光緒十八年刻本
醇親王巡閱北洋海防日記　周馥　清　鈔本
醇親王使德往來文電　首都博物館藏
使東述略　何如璋　清　一九三五年鉛印本
使東雜詠　何如璋　清　一九三五年鉛印本
英軺私記　劉錫鴻　清　清光緒二十一至二十三年間元和江標湖南使院刻《靈鶼閣叢書》本
使歐奏稿　洪鈞　清　科學出版社一九五四年鉛印《近代史資料》本
盛京典制備考　崇厚　清　清光緒四年刻本
劉襄勤公奏稿　劉錦棠　清　清光緒二十四年湖南長沙刻本
清朝續文獻通考　刘锦藻　清　近代中國史料叢刊本
籌洋芻議　薛福成　清　清光緒三十三年上海醉六堂石印本
出使公牘　薛福成　清　清光緒二十四年刻本
出使英法意比四國日記續刻　薛福成　清　近代中國史料叢刊本
庸庵海外文編　薛福成　清　清光緒間無錫薛氏刻本
庸庵文編　薛福成　清　清光緒間無錫薛氏刻本
劉壯肅公奏議　劉銘傳　清　臺灣大通書局標點本
拙尊園叢稿　黎庶昌　清　清光緒二十三年石印本
西洋雜誌　黎庶昌　清　清光緒二十六年遵義黎氏刻本
漫遊隨録　王韜　清　清光緒十七年上海著易堂鉛印《小方壺齋輿地叢鈔》本

弢園文録外編　王韜　清　清光緒間鉛印本
臺事紀聞　王韜　清　臺灣文獻史料叢刊本
變法自强奏議彙編　毛佩之　清　清光緒二十七年上海書局石印本
湘軍記　王定安　清　清光緒十五年江南書局刻本
許文肅公遺稿　許景澄　清　上海古籍出版社續修四庫全書本
三洲日記　張蔭桓　清　清光緒三十二年石印本
甲午日記　張蔭桓　清　稿本
適可齋記言　馬建忠　清　清光緒二十三年慎記書莊石印本
庸書内編　陳熾　清　清光緒間刻本
擴充商務十條　鍾天緯　一九三七年上海生活書店鉛印《晚清文選》本
李文忠公朋僚函稿　李鴻章　清　一九二一年影印《李文忠公全集》本
李文忠公全集　李鴻章　清　清光緒三十一年金陵刻本
中俄會商交收東三省電報匯鈔電慶邸李相（光緒二十六年冬月二十八日）　楊儒　清　科學出版社一九五四年《近代史資料》本
劉坤一遺集　劉坤一　清　中華書局一九五九年標點本
劉忠誠公遺集　劉坤一　清　近代中國史料叢刊本
澗于集　張佩綸　清　清宣統間豐潤張氏澗于草堂刻本
桐城吴先生尺牘　吴汝綸　清　清光緒二十九年刻本
翁文恭公日記　翁同龢　清　一九二五年上海商務印書館影印本
清季外交史料　王彦威　清　書目文獻出版社一九八七年影印本
西巡大事記　王彦威　清　一九三三年鉛印本
劉文莊公奏議　劉秉璋　清　清光緒三十四年江寧刻本
黄遵憲集　黄遵憲　清　天津人民出版社二〇〇三年本
人境廬詩草　黄遵憲　清　一九三一年黄能立鉛印本
革命軍　鄒容　一九〇三年上海大同書局石印本
官場現形記五編　李寶嘉　清　清宣統元年崇本堂石印本
清朝柔遠記　王之春　清　清光緒十七年廣雅書局刻本
欽定學堂章程　張百熙等　清　清光緒間石印本
奏定學堂章程　張百熙等　清　清光緒三十年刻本
李傅相歷聘歐美記　（美）林樂知　清光緒二十五年上海廣學會譯著圖書集成局鉛印本
全地五大洲女俗通考　（美）林樂知　清光緒二十九年上海廣學會鉛印本
江楚會奏變法三摺　張之洞、劉坤一　清　近代中國史料叢刊本
勸學篇　張之洞　清　近代中國史料叢刊本
張文襄公公牘未刊稿　張之洞　清　鈔本
張文襄公全集　張之洞　清　一九三七年北平楚學精廬刻本
張文襄公奏稿　張之洞　清　民國間石印本
出使美日秘國日記　崔國因　清　清光緒二十年鉛印本
出使九國日記　戴鴻慈　清　清光緒三十二年北京第一書局鉛印本
六字課齋卑議　宋恕　清　中華書局一九九三年本
道咸同光四朝奏議　王延熙、王樹敏　清　清光緒二十八年上海久敬齋石印本
端忠敏公奏稿　端方　清　民國間鉛印本
汪穰卿先生遺文　汪康年　清　民國間杭州汪氏鉛印本
申呈外務部（光緒二十八年正月十三日）　（英）赫德　三聯書店一九五七年《中外舊約章彙編》本
丘逢甲集　丘逢甲　清　岳麓書社二〇〇一年本
小方壺齋輿地叢鈔　王錫祺　清　清光緒中南清河王氏排印本
帕米爾分界私議　錢恂　清　《小方壺齋輿地叢鈔補編》十二帙
新政真詮　何啓、胡禮桓　清　清光緒二十七年上海格致新報館鉛印本
東方兵事紀略　姚錫光　清　臺灣中華書局《中國近百年史資料初編》本
勘定新疆紀　魏光燾　清　中國近代史資料叢刊本
新建陸軍兵略録存　袁世凱　清　清光緒二十四年石印本
藏事紀略　羅惇曧　清　臺灣中華書局《中國近百年史資料初編》本

蔡松坡先生遺集　蔡鍔　清　一九四三年湖南邵陽蔡公蹯集編印委員會鉛印本

愚齋存稿　盛宣懷　清　民國間武進盛氏刻本

盛宣懷檔案　上海圖書館藏

東華續録　王先謙　清　續修四庫全書本

出使奏稿　張德彝　清　清鈔本

航海述奇　張德彝　清　清光緒十七年上海著易堂鉛印《小方壺齋輿地叢鈔》本

五述奇　張德彝　清　稿本

六述奇　張德彝　清　清光緒三十年稿本

歐美環遊記　張德彝　清　湖南人民出版社一九八一年標點本

隨使法國記　張德彝　清　湖南人民出版社一九八二年本

初使泰西記　志剛　清　清光緒三年刻本

臺陽見聞録　唐贊衮　清　臺灣文獻史料叢刊本

論招工　李東沅　清　一九三七年上海生活書店鉛印《晚清文選》本

湖南鄉縣會匪記　胡裕春　清　科學出版社一九五四年鉛印《近代史資料》本

東游日記　項文瑞　清　清光緒間稿本

滬游雜記　葛元煦　清　清光緒十七年上海著易堂鉛印《小方壺齋輿地叢鈔》本

臺灣八日記　俞明震　清　臺灣文獻史料叢刊本

日游彙編　繆荃孫　清　清光緒二十九年刻本

自强軍創制公言　沈敦和　清　清光緒間石印本

周慤慎公全集　周馥　清　一九二二年秋浦周氏校刻本

東瀛學校舉概　姚錫光　清　清光緒二十四年石印本

盛世危言　鄭觀應　清光緒二十一年鉛印本

嚴復集　嚴復　中華書局一九八六年標點本

嚴幾道詩文鈔　嚴復　一九二二年國華書局鉛印本

戊戌履霜録　胡思敬　一九一三年南昌退廬刻本

述德筆記　毓盈　清　民族出版社二〇〇九年鉛印本

考察日本學校記　李宗棠　清　清光緒二十八年石印本

張季子九録　張謇　一九三一年上海中華書局排印本

大同書　康有為　中華書局二〇一二年本

戊戌奏稿　康有為　清宣統三年鉛印本

康南海文集　康有為　一九一五年上海羣學社石印本

未刊遺札　康有為　科學出版社一九五四年鉛印《近代史資料》本

式洪室詩文遺稿　梁慶桂　清　近代中國史料叢刊本

且頑老人七十歲自敘　李平書　清　一九二三年上海中華書局鉛印本

禁豬仔議　李鐘玨　清　一九三七年上海生活書店鉛印《晚清文選》本

清稗類鈔　徐珂　中華書局一九八四年標點本

約章成案匯覽　北洋洋務局　清　清光緒三十一年點石齋刊本

光緒朝東華録　朱壽朋　清　中華書局一九五八年校點本

割臺記　羅惇曧　一九二〇年成都昌福公司第四版鉛印本

中日兵事本末　羅惇曧　臺灣中華書局《中國近百年史資料初編》本

中日戰輯選録　王炳耀　清　臺灣文獻史料叢刊本

中西兵略指掌　陳龍昌　清　清光緒二十三年東山草堂石印本

藏事舉要　胡炳熊　宣統清風橋文茂印局鉛印本

西疆交涉誌要　鍾鏞　清　清宣統年間鉛印本

庸盦尚書奏議　陳夔龍　清　一九一三年鉛印本

睇嚮齋秘録　陳灨一　清　上海文明書局一九二二年鉛印本

海軍大事記　池仲祐　清　一九一八年鉛印本

世載堂雜憶　劉成愚　清　中華書局一九六〇年本

顏惠慶自傳　顏惠慶　清　商務印書館二〇〇三年鉛印本

孫文學說　孫文　上海人民出版社、上海書店二〇〇〇年鉛印《辛亥革命資料叢刊》本

書名　作者	版本
檀香山興中會成立宣言　孫文	上海人民出版社、上海書店二〇〇〇年鉛印《辛亥革命資料叢刊》本
香港興中會宣言　孫文	上海人民出版社、上海書店二〇〇〇年鉛印《辛亥革命資料叢刊》本
梁啓超全集　梁啓超	北京出版社一九九九年標點本
戊戌政變記　梁啓超	清末鉛印本
飲冰室合集　梁啓超	中華書局一九八九年影印本
飲冰室詩話　梁啓超	人民文學出版社一九五九年標點本
教授音樂之初步　曾志忞	清光緒三十年鉛印本
教育唱歌　曾志忞	清光緒三十二年鉛印本
教育唱歌集　曾志忞	清光緒三十三年上海時中書局第六版鉛印本
程將軍守江奏稿　程德全	近代中國史料叢刊本
日游筆記　王景禧	清光緒三十年學務處排印局鉛印本
女子新唱歌三集　葉玉森	清光緒間鉛印本
方家園雜詠紀事　王照	近代中國史料叢刊本
東三省政略　徐世昌	吉林文史出版社一九八九年影印本
退耕堂政書　徐世昌	中國書店一九八四年據民國間刻本重印
扶桑兩月記　羅振玉	清光緒二十八年教育世界社排印本
同治條約　許同莘等	臺灣文海出版社《近代中國史料叢刊》本
國學唱歌集　李叔同	一九〇五年上海中新書局國學會鉛印本
科學補習所革命運動始末記　歐陽瑞驊	上海人民出版社、上海書店二〇〇〇年鉛印《辛亥革命資料叢刊》本
蒙古獨立記　郭孝成	辛亥革命資料叢刊本
蒙古起義清方檔案	辛亥革命資料叢刊本
御香縹緲録　德齡	雲南人民出版社鉛印本
歸潛記　錢單士釐	湖南人民出版社一九八一年鉛印《走向世界叢書》本
學校唱歌集　沈心工	清光緒三十年上海文明書局鉛印本
學校唱歌二集　沈心工	清光緒三十年上海文明書局鉛印本
小學唱歌教授法　沈心工	清光緒三十一年鉛印本
長沙華興會　馮自由	辛亥革命資料叢刊本
光復會　馮自由	辛亥革命資料叢刊本
唱歌遊戲　王季梁、胡君復	清光緒三十二年商務印書館鉛印本
一生之回憶　曹汝霖	中國大百科全書出版社二〇〇九年鉛印本
共進會的原起及其若干制度　鄧文翬	上海人民出版社、上海書店二〇〇〇年鉛印《辛亥革命資料叢刊》本
共進會宣言書	辛亥革命資料叢刊本
科學補習所始末　張難先	上海人民出版社、上海書店二〇〇〇年鉛印《辛亥革命資料叢刊》本
日知會始末　張難先	上海人民出版社、上海書店二〇〇〇年鉛印《辛亥革命資料叢刊》本
中學唱歌集　辛漢	一九〇六年鉛印本
新燕語　雷震	新中國圖書局一九一三年第二版鉛印本
宋教仁集　陳旭麓	中華書局一九八一年本
文碩奏牘　吳豐培	中國藏學出版社一九九四年《西藏漢學文獻匯刻》本
有泰奏稿　吳豐培	中國藏學出版社一九九四年《西藏漢學文獻匯刻》本
香山縣鄉土志　黃鴻釗	澳門基金會一九九八年《中葡澳門交涉史料》本
秦隴復漢軍調遣步馬燉工輜各標營隊總都督張雲山諭民白話檄	科學出版社一九五四年鉛印《近代史資料》本
陝甘總督崧蕃為將平羅教案先後電奏及信函抄録事諮呈外務部文	中華書局一九九六年《中國近代史資料叢刊續編》本

陝西同州府諭文　科學出版社一九五四年鉛印《近代史資料》本

為鐵路風潮檄滿洲政府文　臺北中央研究院近代史研究所一九九四年《四川保路運動史料匯纂》本

川人告哀文　留東四川同鄉會　科學出版社一九五四年鉛印《近代史資料》本

謝英伯致李是男函　科學出版社一九五四年鉛印《近代史資料》本

夜半鐘聲　佚名　日本國立公文書館藏清刻本

修身唱歌書　田北湖、鄒華民　清光緒三十一年鉛印本

新編唱歌集　清光緒三十二年鉛印本

清國俗樂集　（日）近森出來治　清光緒三十四年鉛印本

清光緒朝中日交涉史料　北平故宮博物院　故宮博物院一九三二年排印本

中英江寧條約（一八四二年八月二十九日）　商務印書館一九二六年鉛印《分類編輯不平等條約》本

中英南京條約（一八四二年八月二十九日）　商務印書館一九二六年鉛印《分類編輯不平等條約》本

中英五口通商附粘善後條款（道光二十三年八月十五日）　三聯書店一九五七年《中外舊約章彙編》本

中美望廈條約（一八四四年七月三日）　商務印書館一九二六年鉛印《分類編輯不平等條約》本

中法五口貿易章程（一八四四年十月二十四日）　三聯書店一九五七年《中外舊約章彙編》本

中國瑞典那威通商條約（一八四七年三月二十日）　商務印書館一九二六年鉛印《分類編輯不平等條約》本

中俄愛琿城和約（一八五八年五月二十八日）　三聯書店一九五七年《中外舊約章彙編》本

中俄天津條約（一八五八年六月十三日）　商務印書館一九二六年鉛印《分類編輯不平等條約》本

中美天津條約（一八五八年六月十八日）　商務印書館一九二六年鉛印《分類編輯不平等條約》本

中英天津條約（一八五八年六月二十六日）　商務印書館一九二六年鉛印《分類編輯不平等條約》本

中法天津條約（一八五八年六月二十七日）　三聯書店一九五七年《中外舊約章彙編》本

中法天津條約和約章程補遺（一八五八年六月二十七日）　商務印書館一九二六年鉛印《分類編輯不平等條約》本

中美通商章程（一八五八年十一月八日）　商務印書館一九二六年鉛印《分類編輯不平等條約》本

中法通商章程（一八五八年十一月二十日）　三聯書店一九五七年《中外舊約章彙編》本

中英通商章程善後條約海關稅則（咸豐八年十月初三日）　商務印書館一九二六年鉛印《分類編輯不平等條約》本

中英通商章程（一八五九年十一月八日）　商務印書館一九二六年鉛印《分類編輯不平等條約》本

中俄北京續增條約（一八六〇年十一月十四日）　三聯書店一九五七年《中外舊約章彙編》本

中英北京條約（一八六〇年十月二十四日）　商務印書館一九二六年鉛印《分類編輯不平等條約》本

中俄北京條約（一八六〇年十一月十四日）　商務印書館一九二六年鉛印《分類編輯不平等條約》本

中法北京條約（一八六〇年十月二十五日）　商務印書館一九二六年鉛印《分類編輯不平等條約》本

中法續增條約（一八六〇年十月二十五日）　商務印書館一九二六年鉛印《分類編輯不平等條約》本

天津紫竹林法國租地條約（一八六一年六月二日）　三聯書店一九五七年《中外舊約章彙編》本

勘分東界約記（一八六一年六月二十八日）　三聯書店一九五七年《中外舊約章彙編》本

中丹通商條約（一八六三年七月十三日） 商務印書館一九二六年鉛印《分類編輯不平等條約》本

中和通商條約（一八六三年十月六日） 三聯書店一九五七年《中外舊約章彙編》本

總税務司通札（一八六四年六月二十一日） 三聯書店一九五七年《中外舊約章彙編》本

中俄勘分西北界約記（一八六四年十月七日） 商務印書館一九二六年鉛印《分類編輯不平等條約》本

中國西班牙通商條約（一八六四年十月十日） 三聯書店一九五七年《中外舊約章彙編》本

中意通商條約（一八六六年十月二十六日） 三聯書店一九五七年《中外舊約章彙編》本

中法越南條約（一八八五年六月九日） 商務印書館一九二六年鉛印《分類編輯不平等條約》本

中比通商條約（一八六五年十一月二日） 三聯書店一九五七年《中外舊約章彙編》本

續定招工章程條約（英法）（一八六六年三月五日） 三聯書店一九五七年《中外舊約章彙編》本

中美續增條約（一八六八年七月二十八日） 商務印書館一九二六年鉛印《分類編輯不平等條約》本

中英增訂通商條約（一八六九年十月二十三日） 三聯書店一九五七年《中外舊約章彙編》本

古巴華工條款（西班牙）（一八七三年十月二十二日） 三聯書店一九五七年《中外舊約章彙編》本

中秘天津條約會議專條（一八七四年六月二十六日） 商務印書館一九二六年鉛印《分類編輯不平等條約》本

中秘通商條約（一八七四年六月二十六日） 商務印書館一九二六年鉛印《分類編輯不平等條約》本

中英煙台條約（一八七六年九月十三日） 三聯書店一九五七年《中外舊約章彙編》本

中日北京專條（附憑單）（一八七四年十月三十一日） 三聯書店一九五七年《中外舊約章彙編》本

會訂古巴華工條款（西班牙）（一八七七年十一月十七日） 三聯書店一九五七年《中外舊約章彙編》本

會訊船貨入官章程（一八七八年） 商務印書館一九二六年鉛印《分類編輯不平等條約》本

中美續約附立條款（一八八〇年十一月十七日） 商務印書館一九二六年鉛印《分類編輯不平等條約》本

中俄伊犁條約（一八八一年二月二十四日） 三聯書店一九五七年《中外舊約章彙編》本

中巴通商條約（一八八一年十月三日） 三聯書店一九五七年《中外舊約章彙編》本

中俄塔爾巴哈台西南界約（一八八三年十月三日） 三聯書店一九五七年《中外舊約章彙編》本

中俄續勘喀什噶爾界約（一八八四年六月三日） 三聯書店一九五七年《中外舊約章彙編》本

中法龍州至鎮南關鐵路合同（一八九六年六月五日） 商務印書館一九二六年鉛印《分類編輯不平等條約》本

中法續議越南商務專條（一八八七年六月二十六日） 商務印書館一九二六年鉛印《分類編輯不平等條約》本

中法越南邊界通商章程（一八八六年四月二十日） 商務印書館一九二六年鉛印《分類編輯不平等條約》本

中葡北京條約（一八八七年十二月一日） 商務印書館一九二六年鉛印《分類編輯不平等條約》本

中英續增煙台條約專條（一八九〇年閏二月十一日） 商務印書館一九二六年鉛印《分類編輯不平等條約》本

中英會議藏印條約（一八九〇年三月十七日） 三聯書店一九五七年《中外舊約章彙編》本

中英續議藏印條款（一八九三年十二月五日） 商務印書館一九二六年鉛印《分類編輯不平等條約》本

限禁來美華工保護寓美華條約（一八九四年三月十七日）　三聯書店一九五七年《中外舊約章彙編》本

中日馬關條約（一八九五年四月十七日）　商務印書館一九二六年鉛印《分類編輯不平等條約》本

交接臺灣文據（一八九五年六月二日）　三聯書店一九五七年《中外舊約章彙編》本

中法續議越南商務專條附章（一八九五年六月二十日）　商務印書館一九二六年鉛印《分類編輯不平等條約》本

中日遼南條約（一八九五年十一月八日）　商務印書館一九二六年鉛印《分類編輯不平等條約》本

英德兩國借款草合同（一八九六年三月十一日）　三聯書店一九五七年《中外舊約章彙編》本

英德借款詳細章程（一八九六年三月二十三日）　三聯書店一九五七年《中外舊約章彙編》本

中日通商行船條約（一八九六年七月二十一日）　三聯書店一九五七年《中外舊約章彙編》本

杭州塞德耳門原議日本租界章程（一八九六年九月二十七日）　三聯書店一九五七年《中外舊約章彙編》本

通商口岸設立日本專管租界公文（一八九六年）　商務印書館一九二六年鉛印《分類編輯不平等條約》本

中英續訂滇緬條約附款（一八九七年二月四日）　商務印書館一九二六年鉛印《分類編輯不平等條約》本

蘇州日本租界章程（一八九七年三月五日）　三聯書店一九五七年《中外舊約章彙編》本

中俄會訂旅大租地條約（一八九八年三月二十七日）　三聯書店一九五七年《中外舊約章彙編》本

中俄續訂旅大租地條約（一八九八年四月二十五日）　商務印書館一九二六年鉛印《分類編輯不平等條約》本

山西商務局與福公司合辦礦務章程（英國）（一八九八年五月二十一日）　三聯書店一九五七年《中外舊約章彙編》本

中英展拓香港界址專條（一八九八年六月九日）　商務印書館一九二六年鉛印《分類編輯不平等條約》本

河南礦務合同章程（英國）（一八九八年六月二十一日）　三聯書店一九五七年《中外舊約章彙編》本

中英租借威海衛專條（一八九八年七月一日）　商務印書館一九二六年鉛印《分類編輯不平等條約》本

續補內港行輪章程（一八九八年九月三日）　三聯書店一九五七年《中外舊約章彙編》本

南票礦務合同（英國）（一八九八年十月十日）　三聯書店一九五七年《中外舊約章彙編》本

改正上海地產章程（一八九八年）　商務印書館一九二六年鉛印《分類編輯不平等條約》本

修改長江通商章程（一八九八年）　商務印書館一九二六年鉛印《分類編輯不平等條約》本

華洋輪船駛赴中國內港章程（一八九八年）　商務印書館一九二六年鉛印《分類編輯不平等條約》本

地方官接待教士事宜條款（一八九九年三月十五日）　三聯書店一九五七年《中外舊約章彙編》本

大冶鑛石合同（日本）（一八九九年四月七日）　三聯書店一九五七年《中外舊約章彙編》本

中俄勘分旅大專條（一八九九年四月二十五日）　商務印書館一九二六年鉛印《分類編輯不平等條約》本

中法廣州灣租借條約（一八九九年十一月十六日）　商務印書館一九二六年鉛印《分類編輯不平等條約》本

新疆省合辦金礦合同（俄國）（一八九九年十二月十日）　三聯書店一九五七年《中外舊約章彙編》本

福州日本租界另約章程（一八九九年三月十九日）　商務印書館一九二六年鉛印《分類編輯不平等條約》本

福州日本租界條款（一八九九年三月十九日）　商務印書館一九二六年鉛印《分類編輯不平等條約》本

四川礦務華洋合辦章程（英國）（一八九九年四月十四日） 三聯書店一九五七年《中外舊約章彙編》本

四川礦務章程（法國）（一八九九年五月） 三聯書店一九五七年《中外舊約章彙編》本

中墨通商條約（一八九九年十二月十四日） 商務印書館一九二六年鉛印《分類編輯不平等條約》本

山東華德礦務公司章程（一九〇〇年三月二十一日） 三聯書店一九五七年《中外舊約章彙編》本

出賣開平礦務局合同（英國）（一九〇〇年七月三十日） 三聯書店一九五七年《中外舊約章彙編本

移交開平礦務局合同及副約（一九〇一年二月十九日） 三聯書店一九五七年《中外舊約章彙編》本

新訂吉林開辦金礦條約（俄國）（一九〇一年三月十五日） 三聯書店一九五七年《中外舊約章彙編》本

改訂吉林開採煤觔合同（俄國）（一九〇一年七月十四日） 三聯書店一九五七年《中外舊約章彙編》本

黑龍江省採勘礦苗草約（俄國）（一九〇一年七月二十三日） 三聯書店一九五七年《中外舊約章彙編》本

續訂吉林開辦金礦條約（俄國）（一九〇一年五月） 三聯書店一九五七年《中外舊約章彙編》本

辛丑各國條約（一九〇一年九月七日） 三聯書店一九五七年《中外舊約章彙編》本

中英馬凱條約（一九〇二年九月五日） 商務印書館一九二六年鉛印《分類編輯不平等條約》本

廈門鼓浪嶼公共地界章程（一九〇二年） 商務印書館一九二六年鉛印《分類編輯不平等條約》本

中英馬凱條約附件丙（一九〇二年九月五日） 商務印書館一九二六年鉛印《分類編輯不平等條約》本

天津義國租界章程合同（一九〇三年六月） 三聯書店一九五七年《中外舊約章彙編》本

中日通商行船追加條約（一九〇三年八月十八日） 商務印書館一九二六年鉛印《分類編輯不平等條約》本

中日通商行船追加條約附件（一九〇三年八月十八日） 商務印書館一九二六年鉛印《分類編輯不平等條約》本

天津日本租界推廣章程（一九〇三年四月） 商務印書館一九二六年鉛印《分類編輯不平等條約》本

中美續議通商行船條約（一九〇三年十月八日） 三聯書店一九五七年《中外舊約章彙編》本

中美續議通商行船條約附件（一九〇三年十月八日） 商務印書館一九二六年鉛印《分類編輯不平等條約》本

中法滇越鐵路章程（一九〇三年十月二十八日） 商務印書館一九二六年鉛印《分類編輯不平等條約》本

中日會議東三省事宜附約（一九〇五年十一月二十六日） 商務印書館一九二六年鉛印《分類編輯不平等條約》本

日俄和約（一九〇五年） 商務印書館一九二六年鉛印《分類編輯不平等條約》本

中英續訂藏印條約（一九〇六年四月二十七日） 三聯書店一九五七年《中外舊約章彙編》本

新奉吉長鐵路協約（一九〇七年四月五日） 三聯書店一九五七年《中外舊約章彙編》本

中英修訂藏印通商章程（一九〇八年四月二十日） 商務印書館一九二六年鉛印《分類編輯不平等條約》本

中日新奉吉長鐵路借款續約（一九〇八年十月十九日） 商務印書館一九二六年鉛印《分類編輯不平等條約》本

中俄東省鐵路公議大綱（一九〇九年五月十日） 三聯書店一九五七年《中外舊約章彙編》本

東省中俄合辦公司合同章程（一九〇九年五月十一日） 商務印書館一九二六年鉛印《分類編輯不平等條約》本

間島條約（宣統元年七月二十日） 商務印書館一九二六年鉛印《分類編輯不平等條約》本

圖們江中韓界務交涉（一九〇九年七月二十日）　三聯書店一九五七年《中外舊約章彙編》本

同治甲戌日兵侵臺始末　佚名　清　臺灣文獻史料叢刊本

澳門專檔　中國近代史資料彙編本

京師大學堂檔案選編　北京大學、中國第一歷史檔案館　北京大學出版社二〇〇一年影印本

中國教會新報　林樂知等　一八六八至一八七二年上海林華書院出版發行

教會新報　林樂知等　一八七二至一八七四年上海林華書院出版發行

中西聞見録　古韙良等　一八七二年至一八七五年八月該刊社北京印行

申報　申報館　一八七二至一九四九年申報館上海發行

匯報　鄺其照等　一八七四至一八七五年匯報社上海發行

萬國公報　林樂知　一八七四至一九〇七年上海廣學會出版發行

中西教會報　一八九一至一九一七年上海廣學會出版發行

新聞報　蔡爾康　一八九三年至一九四九年新聞報社上海印行

强學報　徐勤、何樹齡　一八九六年强學會上海印行

時務報　梁啓超等　一八九六至一八九八年時務館上海發行

實學報　章炳麟　一八九七年實學報社上海發行

湘學報　一八九七至一八九八年湘學報館湖南長沙印行

國聞報　嚴復　一八九七至一九〇一年國聞報館天津發行

臺灣日日新聞報　一八九八至一九四四年臺灣印行

知新報　一八九七至一九〇一年知新報社澳門印行

湘報　一八九八年三月至十月湘報館湖南長沙印行

亞東時報　一八九八至一九〇〇年亞東時報社上海發行

清議報　一八九八至一九〇一年英人馮鏡如日本横濱印行

中外日報　汪康年等　一八九八年至一九一一年中外日報社上海印行

同文滬報　一九〇〇至一九〇八年同文滬報社上海發行

學務雜志　杜亞泉　一九〇一至一九〇二年上海發行

教育世界　王國維　一九〇一至一九〇八年教育世界刊社上海印行

通問報耶穌家庭新聞　陳春生　一九〇一年通問報館上海印行

大公報　一九〇二年大公報館天津發行

嶺東日報　楊源等　一九〇二年嶺東日報報社廣東發行

覺民　高旭等　一九〇二年覺民報館松江發行

遊學譯編　遊學譯編社　湖南師範大學出版社二〇〇八年影印本

新民叢報　馮紫珊　一九〇二至一九〇七年日本横濱印行

外交報　一九〇二至一九一一年外交報社上海發行

浙江潮　嚴北溟等　一九〇三年浙江潮刊社日本東京發行

北洋官報　北洋官報局　一九〇三至一九一〇年北洋官報局天津印行

湖北學生界　湖北同鄉會雜誌部　一九〇三年湖北學生界刊社日本東京印行

江蘇　江蘇同鄉會　一九〇三至一九〇四年江蘇同鄉會出版部日本東京印行

女子世界　陳如瑾　一九〇三至一九〇七年上海大同書局發行

中國白話報　一九〇三至一九一五年間中國白話報社上海印行

廣益叢報　楊庶堪、朱必謙　一九〇三年廣益叢報館重慶印行

大同報（東京）　恒鈞等　一九〇四年大同報館東京發行

大同報（上海）　上海廣學會出版　一九〇四年大同報館上海發行

醒獅　李曇　一九〇四至一九〇七年日本東京留學生總會等印行

警鐘報　劉光漢等　一九〇四至一九一〇年警鐘報館上海發行

時報　一九〇四至一九二一年上海鉛印本

廣東日報　鄭貫一、李宗漢　一九〇四至一九一〇年香港發行

東方雜誌　胡愈之等　一九〇四至一九四八年上海商務印書館印行

國粹學報　鄧實　一九〇五至一九一一年上海國粹學報館印行

音樂小雜誌　李叔同　一九〇六年日本印行

直隸教育雜誌　直隸學務公所圖書課　一九〇六至一九〇八年天津直隸學務公所圖書課印行

雲南　吳琨、孫志增　一九〇六至一九一〇年雲南刊社日本東京發行

新譯界　范熙壬等　一九〇六年新譯界報館日本東京印行

振華五日大事記　莫梓軨　一九〇七至一九〇八年振華五日大事記報館廣州印行

中國女報　秋瑾　一九〇七年中國女報館上海發行

天義報　劉師培　一九〇七至一九〇八年日本東京發行

復報　章炳麟　一九〇七至一九〇八年復報社日本東京印行

政論　蔣智由　一九〇七至一九〇八年政聞社日本東京發行

中國新報　一九〇七至一九〇八年間中國新報社日本印行

華制存考　擷華書局　一九〇七至一九〇九年鉛印本

新世紀　一九〇七至一九一〇年新世紀社法國巴黎發行

政治官報　清政治考察館　一九〇七年至一九一一年官報局印行

黔報　周培藝等　一九〇七至一九一二年貴陽發行

神州日報　一九〇七至一九四六年神州日報社上海發行

江西　一九〇八年江西刊社日本東京印行

半星期報　莫梓軨　一九〇八年半星期報館廣州印行

商務報　詹大悲　一九〇九至一九一〇年漢口羣治學社印行

教育雜誌　陸費逵　一九〇九至一九四八年上海商務印書館印行

國風報　何國楨　一九一〇至一九一一年上海國風報館發行

華商聯合報　陳熙壽等　一九〇九年華商聯合報館上海印行

江西官報　柯逢時　一九〇九年江西官報館九江印行

兩廣官報　兩廣官報編輯所　近代中國史料叢刊本

克復學報　李瑞椿等　一九一一年克復學報館上海印行

時事新報月刊　汪仲閣　一九一一年時事新報月刊館印行

不忍雜誌　康有為　等　一九一三至一九一七年上海廣智書局發行

晨報　梁啓超等　一九一六至一九二八年北京晨報館印行

民聲　黃侃　全國圖書館縮微文獻複製中心二〇〇九年影印《晚清珍稀期刊彙編》本

民心　全國圖書館縮微文獻複製中心二〇〇九年影印《晚清珍稀期刊彙編》本

《中華大典》辦公室

主　任：于永湛

副主任：伍　傑
　　　　姜學中

編　審：趙含坤
　　　　崔望雲
　　　　馮寶志
　　　　宋志英
　　　　谷笑鵬

封面裝幀設計：章耀達

《中華大典·政治典·元明清政治分典》

責任編輯：王　萍　邵永忠　劉志江
　　　　　沈　偉　詹　奪　黄煦明

美術編輯：肖　輝　王歡歡

圖書在版編目（CIP）數據

中華大典．政治典．元明清政治分典：全四冊 /《中華大典》工作委員會，《中華大典》編纂委員會編纂．—北京：人民出版社，2017.12
ISBN 978-7-01-017191-3

Ⅰ．①中… Ⅱ．①中… ②中… Ⅲ．①百科全書—中國 ②政治制度史—中國—元代 ③政治制度史—中國—明清時代
Ⅳ．①Z227 ②D69

中國版本圖書館CIP數據核字(2016)第303813號

中華大典·政治典·元明清政治分典

編纂：《中華大典》工作委員會
《中華大典》編纂委員會

出版：人民出版社
（北京市東城區隆福寺街99號　郵政編碼 100706）

印刷：北京墨閣印刷有限公司

經銷：全國新華書店

開本：787毫米×1092毫米　1/16

印張：327.5　　**字數：**10400千字

2017年12月第1版　2017年12月北京第1次印刷

書號：ISBN 978-7-01-017191-3

定價：2800.00圓（全四冊）